Minidicionário **Houaiss** *da língua portuguesa*

Direitos de reprodução, divulgação e distribuição
exclusivos no Brasil reservados à
EDITORA MODERNA LTDA.

Instituto *Antônio Houaiss* de Lexicografia

DIRETORES

† ANTÔNIO HOUAISS

MAURO DE SALLES VILLAR

FRANCISCO MANOEL DE MELLO FRANCO

Minidicionário Houaiss *da língua portuguesa*

RIO DE JANEIRO | 2010

4ª edição — revista e aumentada

OBJETIVA

© 2001 by Instituto Antônio Houaiss

Direitos de edição para a língua portuguesa
no Brasil reservados à
Editora Objetiva Ltda.
Rua Cosme Velho, 103
Rio de Janeiro – RJ – CEP 22241-090
Tel.: (21) 2199-7824 – Fax: (21) 2199-7825
www.objetiva.com.br

Direitos de reprodução, divulgação e distribuição
exclusivos no Brasil reservados à
Editora Moderna Ltda.
Rua Padre Adelino, 758
São Paulo – SP – CEP 03303-904
Tel.: (11) 6090-1300 – Fax: (11) 6090-1501
www.moderna.com.br

CIP-BRASIL. CATALOGAÇÃO-NA-FONTE
SINDICATO NACIONAL DOS EDITORES DE LIVROS, RJ

H83m
4.ed

Houaiss, Antônio, 1915-1999
Minidicionário Houaiss da língua portuguesa / [Antônio Houaiss e Mauro de Salles Villar ; elaborado no Instituto Antônio Houaiss de Lexicografia e Banco de Dados da Língua Portuguesa]. - 4.ed. rev. e aumentada. - Rio de Janeiro : Objetiva, 2010.
1.024 p.

ISBN 978-85-390-0108-8

1. Língua portuguesa - Dicionários. I. Villar, Mauro de Salles, 1939-. II. Instituto Antônio Houaiss de Lexicografia. III. Título.

10-3405.

CDD: 469.3
CDD: 811.134.3(81)(038)

15.07.10 16.07.10 020197

In memoriam

Henrique Sérgio Gregori e

Ana Elisa Lisboa Gregori

AGRADECIMENTOS

Homenagem a Antônio Fernando de Bulhões Carvalho
e a José Augusto Assis de Almeida. Agradecimentos ao Instituto Brasileiro
de Geografia e Estatística e ao Instituto Socioambiental.

Sumário

Equipe editorial

DIRETORES

† ANTÔNIO HOUAISS
(da Academia Brasileira de Letras e Academia Brasileira de Filologia)

MAURO DE SALLES VILLAR
(da Academia Brasileira de Filologia)

FRANCISCO MANOEL DE MELLO FRANCO
(planejamento e coordenação geral)

DIRETOR DE PROJETO

Mauro de Salles Villar

GRUPO REDATORIAL DA 4ª EDIÇÃO

Liana Koiller (chefia)
Elisabeth Lissovsky
José Monteiro Grillo
Rita Bueno de Abreu
Sérgio Marques de Sousa
Vera Lúcia Coelho Villar

GRUPO REDATORIAL DE BASE

Rita de Cássia Marinho Bueno de Abreu (chefia)
Elisabeth Lissovsky
Eloiza Dias Neves
Mônica da Silva Auler
Sílvia Rosa de Oliveira (verbos)
Conceição de Campos Sousa

E PARCIALMENTE:

Carlos Sussekind
Evangelista Picone
Flávio de Aguiar Barbosa
José Monteiro Grillo
Laura do Carmo
Liana Koiller
Luiz Cláudio de Medeiros
Maria Elisa da Silveira
Vera Lúcia Coelho Villar

COLABORAÇÃO EXTERNA

Vera Cristina Rodrigues (conjugação dos verbos)
Flávio de Aguiar Barbosa (resumo gramatical)
Vera Lúcia Coelho Villar (enciclopédia)

REVISORES

Elisabeth Lissovsky
Maria Isabel Newlands
Rita Bueno de Abreu
Sergio Marques de Sousa
Vania Martins Santos

PROJETO GRÁFICO

Victor Burton (diretor de arte)
Angelo Allevato Bottino (*design*)
Ana Paula Daudt Brandão (assistência de *design*)
Natali Soares Nabekura (assistência de *design*)

CRIAÇÃO DA TIPOLOGIA HOUAISS®

Rodolfo Capeto

EDITORAÇÃO ELETRÔNICA

TEXTOS & FORMAS LTDA.

INFORMATIZAÇÃO

FL GAMA DESIGN LTDA.

Palavras iniciais

MAURO DE SALLES VILLAR

Este dicionário, agora em 4ª edição, percorre a língua portuguesa em 30.367 verbetes e locuções, muitos deles neologismos recentes acrescentados. Embora a obra já estivesse em conformidade com as normas do Acordo Ortográfico de 1990, posteriores resoluções ortográficas da Academia Brasileira de Letras vieram a alterar o modo de grafarmos o texto de seus verbetes. Entre as alterações na ortografia propostas pelo Acordo, estão a supressão do trema em palavras do português, da acentuação gráfica em vocábulos como *heroico* e *ideia*, e a simplificação do emprego do hífen.

Esta edição do dicionário seguiu o mais de perto possível a orientação do grupo de ortógrafos do Vocabulário Ortográfico da ABL, incluindo as alterações de sua errata e posteriores aditamentos, mesmo no caso das palavras compostas que tinham conectivos e perderam os hifens. Classificamo-las de substantivos, adjetivos etc., por não terem perdido sua natureza substantiva ou adjetiva etc., embora consideremos que, quanto à forma, elas tenham passado a locuções.

Nessa 4ª edição, empenhamo-nos em aprimorar ainda mais a concisão, a clareza e a precisão das definições, concentrando-nos no público-alvo do dicionário, que são os alunos do segundo ciclo do ensino fundamental – embora não apenas neles, por se tratar de obra de utilidade geral.

O dicionário ocupa-se, além das definições, com a ortoépia, plurais de palavras terminadas em *-ão*, *-n*, *-x*, plural de palavras compostas e das estrangeiras, femininos, aumentativos e diminutivos irregulares, timbre da vogal tônica quando este se altera no plural, divisão silábica, superlativos absolutos sintéticos irregulares ou eruditos, particípios verbais duplos, sinônimos, modelos de conjugação verbal, indicação de maiusculização em substantivos; manda confrontar parônimos e homônimos, assinala a etimologia de homônimos homógrafos homófonos e traz outros dados de natureza gramatical e morfológica. Acrescenta a isso coletivos, vozes de animais, antônimos e pronúncia figurada de palavras estrangeiras. Os verbos trazem a informação sobre as preposições requeridas por suas regências.

Grande número de adendos, que incluem uma história da língua, uma minigramática com noções de sintaxe, morfologia, pontuação, crase, hífen, formas de tratamento, grupos indígenas brasileiros e suas línguas, tabela periódica de elementos químicos etc., completam o painel de informações desta pequena mas abrangente obra, além de uma enciclopédia com 2.145 verbetes e seus adendos específicos.

Nosso grupo de lexicografia teve como meta continuar a fazer desta obra uma ferramenta muito eficiente para seus usuários. Confiamos em que o esforço tenha resultado positivo.

Chave do uso

A coluna da direita reproduz verbetes do dicionário; a da esquerda esclarece a sua natureza.

homônimos homógrafos homófonos
marcas registradas
entrada múltipla
remissiva de entrada múltipla
divisão de sílabas
prefixos
sufixos
palavras só usadas em certas fórmulas
timbre da vogal tônica
informações gramaticais básicas
alteração de timbre no plural
antônimo
modelo de conjugação
regências verbais
preposição que a regência pede
exemplos de uso
só usado no Brasil
nível de uso
minidefinição
observações
plural com sentido próprio
outras informações de gramática e uso
palavras relacionadas com a entrada
pronúncia figurada

¹co.la *s.f.* sinal que se deixa ao passar; rastro [ORIGEM: do esp. *cola* 'cauda de animal']
²co.la *s.f.* 1 substância grudenta, goma 2 *B infrm.* conjunto de respostas preparadas para serem us. às escondidas num exame [ORIGEM: do gr. *kólla,ēs* 'goma, cola']
Te.flon ® *s.m.* nome comercial de material não aderente e resistente ao calor, us. em revestimentos, isolantes térmicos etc.
as.so.bi.o ou **as.so.vi.o** *s.m.* som ger. agudo que se produz expirando o ar pelos lábios comprimidos
as.so.vi.o *s.m.* → ASSOBIO
on.ça-pin.ta.da [pl.: *onças-pintadas*] *s.f.* grande felino ameaçado de extinção (....)
re– *pref.* 1 'volta, recuo': *recaída, regredir* 2 'repetição': *reeditar, refazer*
–ez ou **–eza** \ê\ *suf.* 'qualidade': *beleza, limpeza, mesquinhez, nudez*
a.ves.sas *s.f.pl.* ◗ só us. em: às a. *loc.adv.* ao contrário, ao avesso ⟨*vestiu as meias às a.*⟩
ce.pa \ê\ *s.f.* 1 tronco da videira (....)
an.ci.ão [pl.: *-ãos, -ães* e *-ões*; fem.: *anciã*] *s.m.* 1 homem idoso (....)
cu.ri.o.so \ô\ [pl.: *curiosos* \ó\] *adj.s.m.* 1 que(m) tem vontade de saber (....)
al.to *adj.* 1 de altura superior à média ⮌ baixo (....)
sen.tir *v.* {mod. 28} (....)
com.prar *v.* {mod. 1} *t.d. e t.d.i.* 1 (prep. *de*) adquirir, pagando (a pessoa, empresa etc.), a propriedade ou o uso de ⮌ vender ❑ *t.d.* 2 *fig.* conseguir com muito esforço (....)
in.ves.tir *v.* {mod. 28} *t.d.,t.i. e pron.* 1 (prep. *contra*) atirar-se com ímpeto contra; atacar ❑ *t.d.i. e t.d.pred.* 2 (prep. *em*) conferir (cargo, responsabilidade, dignidade) a (....)
sen.tir *v.* {mod. 28} *t.d.* 1 perceber por qualquer órgão dos sentidos 2 experimentar no corpo, na mente ⟨*s. dor, fome, medo*⟩ 3 ser sensível a: comover-se por ⟨*s. a dor alheia*⟩ (....)
a.gi.to *s.m. B infrm.* 1 estado de agitação, de excitação 2 aglomeração ruidosa
pi.ra.do *adj. B gír.* louco
fi.na.lís.si.ma *s.f.* final ('última prova')
jú.pi.ter *s.m.* nome do quinto e maior planeta do sistema solar ☞ inicial maiúsc.; cf. *Júpiter* na parte enciclopédica
fun.da.men.to *s.m.* 1 base, apoio principal 2 *fig.* causa, motivo (....) ▼ *fundamentos* *s.m.pl.* 5 princípios básicos de uma ciência, arte etc.
a.gu.do *adj.* 1 que termina em ponta (....) ⊙ GRAM/USO sup.abs.sint.: *agudíssimo, acutíssimo*
ras.te.jar *v.* {mod. 1} *t.d.* 1 seguir a pista de (caça, fugitivo etc.); rastrear (....) ~ **rastejador** *adj.s.m.* · **rastejante** *adj.2g.* · **rastejo** *s.m.*
joy.stick [ing.; pl.: *joysticks*] *s.m.* em jogos de computador e vídeo, dispositivo com alavancas e botões para controle de movimentos na tela ⇨ pronuncia-se **djóistic**

Como é este dicionário

MAURO DE SALLES VILLAR

ENTRADA

1 **Entrada** é a palavra, locução, sigla ou elemento de composição (prefixo ou sufixo) que abre o verbete, sendo objeto de definição e/ou de informação. Neste dicionário, vem em negrito e em tipo redondo, se se tratar de língua portuguesa, e em negrito e em tipo itálico, se se tratar de palavra ou locução de língua estrangeira.

> **ju.ba** *s.f.* 1 crina de leão 2 *p.ext.* vasta cabeleira
> ***a pri.o.ri*** [lat.] *loc.adj.* 1 independente da experiência (raciocínio, método etc.) ■ *loc.adv.* 2 por dedução, a partir de elementos prévios (...)
> **ISS** *s.m.* sigla de *imposto sobre serviços*
> **deci–** *pref.* 'a décima parte' (em unidades de medida): *decibel, decilitro*

1.1 No caso de variantes próximas ou puramente gráficas, com estatística de uso semelhante ou aproximada e mesmo nível de uso, utilizaram-se **entradas múltiplas**. Todas as vezes que esse múltiplo não vier imediatamente anteposto ou posposto ao verbete em que está definido, a palavra ganha entrada autônoma, meramente remissiva, na nominata alfabetada do dicionário.

> **as.so.bi.o** ou **as.so.vi.o** *s.m.* som ger. agudo que se produz expirando o ar pelos lábios comprimidos
> **as.so.vi.o** *s.m.* → ASSOBIO

1.2 As palavras simples, as compostas por hífen e as locuções trazem sempre indicação de sua **divisão silábica** marcada por pontos:

> **mi.o.pi.a** *s.f.* deficiência visual em que (....)
> **on.ça-pin.ta.da** [pl.: *onças-pintadas*] *s.f.* grande felino (....)
> ***cur.ri.cu.lum vi.tae*** [lat.; pl.: *curricula vitae*] *loc.subst.* documento que reúne (....)

1.2.1 Nessa separação, nos casos dos encontros vocálicos da língua que ficam, na pronúncia, entre o ditongo e o hiato (diérese e sinérese) [ca.de/a.do, de.cep.ci/o.nan.te, es.pé.ci/e, ma.lí.ci/a etc.] utilizamos preferencialmente as divisões de uso mais comum, embora, geralmente, ambas sejam consideradas igualmente válidas.

1.2.2 No caso das palavras estrangeiras, o dicionário registrou algumas das de uso percentualmente mais corriqueiro na língua, com sua pronúncia figurada (ver item **11**).

1.3 Nas entradas, só se usaram letras **maiúsculas** quando se tratou de símbolos (por exemplo, W, Hz), de siglas (por exemplo, as dos estados brasileiros: SP, RJ, MG), de alguns acrônimos (FEB) e de certas marcas comerciais, quando assim registradas no departamento competente (*Lycra*). Quando a maiusculização se emprega apenas em determinada acepção, é no campo das OBSERVAÇÕES, de que mais à frente falaremos (ver o item **6**), que o fato vem indicado. São quatro as variedades possíveis de indicação de maiusculização:

inicial maiúsc.
inicial ger. maiúsc.
inicial freq. maiúsc.
inicial por vezes maiúsc.

an.ti.gui.da.de \gu *ou* gü\ *s.f.* **1** qualidade do que é antigo **2** época remota; tempo antigo **3** período da história, de início indefinido, encerrado com a queda do Império Romano do Ocidente ☞ inicial maiúsc. **4** objeto antigo
tu.pã *s.m.* na mitologia dos indígenas de língua tupi, o trovão, cultuado como divindade suprema ☞ inicial freq. maiúsc.
ân.ge.lus *s.m.2n.* **1** prece à Virgem Maria, que se reza ao amanhecer, ao meio-dia e ao anoitecer ☞ inicial por vezes maiúsc. **2** toque do sino que anuncia a hora da ave-maria

1.3.1 No caso das siglas, sejam elas sigloides ou siglemas, e das acrossemias, este dicionário optou, geralmente, por não interromper com pontos de abreviação a sua sequência, seguindo o uso mais recente da mídia. Em verdade, ocorre atualmente grande flutuação dentro da língua no emprego de pontos nas siglas. Quem preferir pontuá-las na escrita, portanto, não estará incorrendo em erro: ONU ou O.N.U., CPF ou C.P.F. etc.

1.3.2 Quando a sigla é objeto de verbete definitório dentro do dicionário, seu intitulativo aparece em itálico, para indicar uma remissão:

Alca *s.f.* sigla de *Área de Livre Comércio das Américas*

Se o intitulativo da sigla não tiver entrada autônoma no dicionário, aparece em tipo redondo:

FGTS *s.m.* sigla de Fundo de Garantia do Tempo de Serviço

1.4 Nas entradas que são **marcas registradas**, a indicação dessa sua qualidade patenteia-se logo na cabeça do verbete com o sinal ®:

Te.flon® *s.m.* nome comercial de material não aderente e resistente ao calor, us. em revestimentos, isolantes térmicos etc.

1.5 Homônimos homógrafos homófonos. Um algarismo alceado à esquerda da unidade léxica que se define é usado nos casos de grupos desses vocábulos que se escrevem e pronunciam da mesma maneira, mas têm origens etimológicas diferentes. Em tal oportunidade, registramos a etimologia de cada uma dessas palavras, para justificar ao leitor a autonomia das entradas.

[1]co.la *s.f.* sinal que se deixa ao passar; rastro [ORIGEM: do esp. *cola* 'cauda de animal'] (....)

²co.la *s.f.* **1** substância grudenta, goma **2** *B infrm.* conjunto de respostas preparadas para serem us. às escondidas num exame [ORIGEM: do gr. *kólla,ēs* 'goma, cola']
³co.la *s.f.* noz-de-cola [ORIGEM: do lat.cien. gên. *Cola*]

1.6 Homônimos homógrafos não homófonos. Neste caso, não há número alceado nas entradas, pois a ortoépia se encarrega de justificá-los como palavras de entrada autônoma. Na nominata, os de timbre aberto entram sempre antes dos de timbre fechado.

bes.ta \é\ *s.f.* antiga arma portátil (....)
bes.ta \ê\ *s.f.* **1** quadrúpede, ger. doméstico (....)

1.7 Se a entrada é um **afixo** (prefixo ou sufixo), aparece igualmente grafada em negrito redondo (não antecedida de nenhum símbolo convencional, exceto o seu hífen, se se tratar de afixo pospositivo):

re– *pref.* **1** 'volta, recuo': *recaída, regredir* **2** 'repetição': *reeditar, refazer*
trans–, **tra–**, **tras–** ou **tres–** *pref.* 'mudança, deslocamento para além de ou através de': *transatlântico, transbordar, trasladar, travestir, tresnoitado*
–ez ou **–eza** \ê\ *suf.* 'qualidade': *beleza, limpeza, mesquinhez, nudez*

Neste dicionário, os **prefixos** e **sufixos** vêm alfabetados no conjunto de verbetes do corpo do dicionário, para facilitar o seu acesso. Foram redigidos de modo muito simples, a fim de se poder dar o máximo de informação na forma mais concisa possível.

1.8 Quanto a **gentílicos**, constam do corpo do dicionário apenas aqueles das capitais dos estados brasileiros, do Distrito Federal e de países frequentemente citados na mídia. Entre os adendos, nas páginas finais do dicionário, uma lista bastante completa com nomes de países, suas moedas e gentílicos nacionais cobre essa área.

1.9 No caso das palavras que só se usam em determinadas locuções ou coocorrências, o dicionário não as definiu, passando de imediato à locução ou coocorrência em causa. Um sinal de meia-lua (◗) indica esse tipo de verbete:

a.ves.sas *s.f.pl.* ◗ só us. em: **às a.** *loc.adv.* ao contrário, ao avesso ⟨*vestiu as meias às a.*⟩
bre.ca *s.f.* ◗ só us. em: **da b.** *loc.adj.* muito incômodo; insuportável • **levado da b.** *loc.adj.* muito travesso

CAMPO DA ORTOÉPIA

2 Ortoépia é a indicação normativa da pronúncia de um vocábulo da língua. É apresentada entre barras invertidas, imediatamente a seguir à entrada.

2.1 Na **ortoépia**, o dicionário indica o timbre das vogais tônicas fechadas *e* e *o*, quando já não expressamente acentuadas com sinal diacrítico e, conforme o Acordo Ortográfico de 1990, o timbre aberto das vogais *e* e *o* dos ditongos orais que deixaram de ser acentuados graficamente, e a indicação da prolação do *u* nas combinações *gue*, *gui*, *que* e *qui*, anteriormente tremado; indica também hiatos e o som da letra *x*, no caso de esta valer por \cs\, \gs\ ou \z\. Exemplos:

ce.pa \ê\ *s.f.* **1** tronco da videira (....)
to.co \ô\ *s.m.* **1** parte de planta cortada (....)
i.dei.a \éi\ *s.f.* **1** representação mental (....)
he.roi.co \ói\ *adj.* **1** característico de herói (....)
quin.qua.ge.ná.rio \qü\ *adj.s.m.* (o) que tem entre 50 e 59 anos de idade
lin.gui.ça \gü\ *s.f.* **1** tripa recheada de carne (....)
tó.xi.co \cs\ *adj.s.m.* **1** (o) que produz efeitos nocivos no organismo (....)
ê.xi.to \z\ *s.m.* **1** consequência, efeito **2** bom resultado (....)

2.1.1 Se houver mais de uma pronúncia possível para determinada palavra, o campo refere-o:

gru.me.te \ê *ou* é\ *s.m.* marinheiro de menor graduação na armada
lí.qui.do \qu *ou* qü\ *adj.s.m.* **1** (substância) que flui ou corre (....)

2.1.2 Para elucidação, o dicionário por vezes indica o som de vogais tônicas de timbre aberto, não acentuadas com sinal gráfico (diacrítico), especialmente no caso de vocábulos terminológicos ou quando frequentemente sobre a palavra incida equívoco de pronúncia:

lo.bo \ó\ *s.m.* **1** parte de um órgão (....)
bes.ta \é\ *s.f.* antiga arma portátil que arremessa setas curtas
ca.te.ter \tér\ *s.m.* tubo ou sonda (....)

2.1.3 O *Vocabulário Ortográfico da Língua Portuguesa*, da Academia Brasileira de Letras, nas palavras formadas com o elemento de composição antepositivo **hex**(a)–, registra como pronúncias aceitáveis \cs ou z\. Em tais casos, registramos as três pronúncias que hoje se averbam tanto no Brasil como em Portugal:

he.xá.go.no \z, cs *ou* gz\ *s.m.* GEOM polígono de seis lados

2.2 As transcrições de palavras estrangeiras que fazemos não aparecem nesse campo, mas no final do verbete (ver item **11**).

Campo das informações gramaticais imediatas

3 A seguir à ortoépia, o dicionário indica, junto à cabeça do verbete e entre colchetes, dados gramaticais relativos a plural e feminino.

3.1 Os plurais das palavras terminadas em *–ão*, *–x*, *–n* são sempre registrados; no caso das terminadas em *–n*, indica-se o plural aceito na língua como um todo e o usado apenas no Brasil (com um *B*).

ar.te.são [pl.: *-ãos*; fem.: *artesã*] *s.m.* artista ou profissional que (....)
ti.gre [fem.: *tigresa*] *s.m.* grande felino asiático de pelo amarelado com listras negras
sax \cs\ [pl.: *saxes*] *s.m.2n.* saxofone
hí.fen [pl.: *hífenes* e *(B) hifens*] *s.m.* sinal [-] us. para unir os elementos de palavras compostas (....)
guar.di.ão [pl.: *-ões*, *-ães*; fem.: *guardiã*] *s.m.* **1** indivíduo que defende ou conserva algo (....)
an.ci.ão [pl.: *-ãos*, *-ães* e *-ões*; fem.: *anciã*] *s.m.* **1** homem idoso ■ *adj.* **2** antigo (....)

3.1.1 Registra-se o plural, simples ou duplo, das palavras locucionais ou compostas por hífen e também das palavras ou locuções estrangeiras:

sem.pre-vi.va [pl.: *sempre-vivas*] *s.f.* nome comum dado a flores ornamentais que secam sem murchar
na.vi.o-tan.que [pl.: *navios-tanque* e *navios-tanques*] *s.m.* navio destinado ao transporte de líquidos, ger. água ou combustíveis
cur.ri.cu.lum vi.tae [lat.; pl.: *curricula vitae*] *loc.subst.* documento que reúne os dados pessoais, acadêmicos e profissionais de alguém (....)

3.1.2 Em relação ao plural das palavras estrangeiras e locuções, ele entra na cabeça do verbete, na língua original, como se vê no último exemplo acima. Em casos especiais, damos nesse local o plural utilizado na língua estrangeira, e no campo GRAM/USO informamos o plural corrente no Brasil:

piz.za [it.; pl.: *pizze*] *s.f.* massa assada em forma de disco, coberta por molhos diversos, fatias de mozarela, tomate etc. ⊙ GRAM/USO pl. corrente no Brasil: *pizzas* ⇨ pronuncia-se **pitsa** ⊡ **acabar em *p*.** *loc.vs. fig. B infrm.* ficar sem punição (falta ou crime)

3.2 Registra-se, ainda, a alteração de timbre da tônica nos plurais em que tal fato sucede:

cu.ri.o.so \ô\ [pl.: *curiosos* \ó\] *adj.s.m.* **1** que(m) tem vontade de saber (....)

Campo da classe gramatical

4 No esquema estrutural do verbete, é a **classificação gramatical** da unidade léxica o que se segue a essas informações. Ela vem sempre grafada em itálico e na segunda cor:

cur.ri.cu.lum vi.tae [lat.; pl.: *curricula vitae*] *loc.subst.* documento que reúne os dados pessoais (....)
be.lis.cão [pl.: *ões*] *s.m.* apertão dado na pele com as pontas ou nós dos dedos (....)

4.1 Nos verbetes de abertura de letras, um triângulo colorido (▲) dá entrada aos símbolos, pelo fato de estes não serem substantivos nem adjetivos, mas de classificação autônoma:

¹a *s.m.* **1** primeira letra e primeira vogal do nosso alfabeto (....) ▲ **4** símbolo de *are*

4.2 Em alguns verbetes, as categorias gramaticais podem vir combinadas. Isto ocorre basicamente nos verbetes curtos e especialmente nos puramente remissivos:

a.ca.dê.mi.co *adj.s.m.* **1** próprio de ou membro de academia ou de universidade (....)
e.fe.mi.na.do *adj.s.m.* afeminado

4.3 Quando uma acepção ou uma palavra tem dupla classe, como *adjetivo* e como *substantivo*, usou-se frequentemente de parênteses para distinguir a definição adjetiva da do substantivo. O substantivo é o elemento parentético. Veja a acp. **3** a seguir:

po.ei.ra *s.f.* **1** qualquer substância reduzida a pó muito fino **2** terra seca reduzida a pó ■ *adj.s.m.* **3** *B* (cinema) de baixa categoria (....)

Campo das definições

5 As **acepções** dos verbetes são numeradas sequencialmente e separadas por um símbolo convencional (■), todas as vezes que se altera o qualificativo da classe gramatical ou quando a classe muda:

se.não *conj.altv.* **1** do contrário ⟨*coma, s. ficará de castigo*⟩ ■ *conj.advrs.* **2** mas ⟨*não conseguiu apoio nem aprovação, s. críticas*⟩ ■ *prep.* **3** exceto ⟨*todos, s. você, riram*⟩ ■ *s.m.* **4** pequena imperfeição; falha ⟨*um teste sem qualquer s.*⟩ (....)

5.1 Quando não se trata de uma nova acepção, mas sim de uma subacepção do sentido anterior, em vez de um número inteiro, usou-se um decimal:

sul *s.m.* **1** direção à direita (....) ■ *adj.2g.s.m.* **3** que ou o que se situa ao sul (diz-se de região ou conjunto de regiões) [abrev.: *S.*] **3.1** diz-se de ou região brasileira que compreende os estados do Paraná, Santa Catarina e Rio Grande do Sul [abrev.: *S.*] ☞ inicial maiúsc. (....)

Nos verbetes de sua nominata, este minidicionário registra as acepções mais utilizadas e com maior expressividade no uso da língua viva.

5.2 Em grande número das acepções que comportam **antonímia**, esta vem indicada, após uma seta reversa (↺) – com o que a definição informada se completa e se fecha na indicação do seu oposto semântico:

tris.te.za \ê\ *s.f.* **1** estado emocional caracterizado pela melancolia ↺ alegria (....)

5.3 No caso dos **verbos**, a primeira informação especial que o leitor encontra vem logo após a classe gramatical: um número que remete a um dos 32 paradigmas de conjugação, que o ajudará a conhecer e usar as flexões do verbo da entrada (ver página XLVII).

a.de.quar *v.* {mod. 3} (....)
sen.tir *v.* {mod. 28} (....)

5.3.1 As **regências** das acepções verbais precedem a sua numeração. As acepções estão agregadas em blocos por suas regências comuns; se não há indicação de regência na acepção de um verbo, é por ser ela igual à última referida:

sen.tir *v.* {mod. 28} *t.d.* **1** perceber por qualquer órgão dos sentidos **2** experimentar no corpo, na mente ⟨*s. dor, fome, medo*⟩ **3** ser sensível a; comover--se por ⟨*s. a dor alheia*⟩ **4** perceber ao longe ou antes de acontecer; pressentir, prever (....)
com.prar *v.* {mod. 1} *t.d.* e *t.d.i.* **1** (prep. *de*) adquirir, pagando (a pessoa, empresa etc.), a propriedade ou o uso de ⤻ vender ❑ *t.d.* **2** *fig.* conseguir com muito esforço ⟨*comprou sua paz ao quitar as dívidas*⟩ **3** subornar ou conseguir com suborno ⟨*c. um fiscal o silêncio do réu*⟩ **4** apanhar (carta) do baralho (....)

5.3.2 Todas as vezes que há mudança de regência, este sinal (❑) indica-o:

sen.tir *v.* {mod. 28} *t.d.* **1** perceber por qualquer órgão dos sentidos **2** experimentar no corpo, na mente ⟨*s. dor, fome, medo*⟩ **3** ser sensível a; comover--se por ⟨*s. a dor alheia*⟩ **4** perceber ao longe ou antes de acontecer; pressentir, prever ❑ *t.d.* e *pron.* **5** ter ou tomar consciência de (impressão íntima, estado espiritual, ou condição física) ⟨*s. o amor pulsar*⟩ ⟨*s.-se bem à mesa*⟩ **6** encarar de modo negativo; ressentir--se ❑ *pron.* **7** estar em certa condição física, mental provisória; passar ⟨*s.-se mal no calor*⟩ ❑ *t.d.*,*t.d.pred.* e *pron.* **8** julgar(-se), considerar(-se) ❑ *int.* **9** ter pesar ⟨*sinto por tê-lo traído*⟩

5.3.3 A fim de facilitar a consulta, mas também para manter a obra próxima da realidade de sala de aula e acessível ao maior número de pessoas, evitamos criar novas nomenclaturas para a classificação dos verbos quanto à predicação, priorizando o que recomenda a Nomenclatura Gramatical Brasileira (NGB). Não utilizamos a designação *verbo de ligação*, optando por manter *verbo predicativo*, convenção adotada no *Grande dicionário Houaiss da língua portuguesa*, pelo fato de também poder ser usada junto aos verbos que, além do objeto, exigem, por seu sentido, um predicativo do seu objeto.

Eis as classificações e as abreviações adotadas neste dicionário:

t.d. – transitivo direto
t.i. – transitivo indireto
t.d.i. – transitivo direto e indireto
t.d.pred. – transitivo direto predicativo
t.i.pred. – transitivo indireto predicativo
pred. – predicativo (verbo de ligação)
int. – intransitivo

NOTAS: **a)** Apesar de havermos utilizado prioritariamente a terminologia da NGB, há fenômenos da língua não contemplados por essa nomenclatura, como é o caso de verbos complementados por sintagmas adverbiais. Para não sugerir nova categorização para tais verbos, optamos, em tais casos, por dar sempre um exemplo de uso e explicar, no campo das OBSERVAÇÕES (☞), que se trata de *circunstância que funciona como complemento*.

ar.re.me.ter *v.* {mod. 8} *t.i.* e *int.* **1** (prep. *contra*) lançar-se em ataque (contra) ❑ *int.* **2** ir apressadamente em direção a ⟨*a. à saída*⟩ ☞ *à saída* é circunstância que funciona como complemento (....)

b) Quanto às regências registradas, pautamo-nos pela gramática da norma culta, não inventariando o que está em dinâmica na língua, uma vez que o objeto desta obra são informações linguísticas voltadas aos usos do ensino oficial do Brasil.

5.3.4 As acepções encontram-se ordenadas basicamente pelo critério semântico e de uso na língua – registram-se antes as acepções mais comuns –, mas os vários sentidos dos verbos submeteram-se também a um segundo critério de organização, o da predicação, para facilitar a consulta ao leitor. Vêm separados em blocos, de acordo com as regências comuns a diferentes acepções.

5.3.5 Incluiu-se nos verbos outra informação, relacionada à sua regência. Junto a cada acepção pertencente a um bloco que tenha predicação *t.i.*, *t.d.i.* ou *pron.*, o dicionário fornece a **preposição** ou **preposições** que a regência verbal pede. Vai-se, com isso, além da sua classificação, facultando ao leitor um dado fundamental para o uso da língua:

in.ves.tir *v.* {mod. 28} *t.d.,t.i. e pron.* **1** (prep. *contra*) atirar-se com ímpeto contra; atacar ❑ *t.d.i. e t.d.pred.* **2** (prep. *em*) conferir (cargo, responsabilidade, dignidade) a; nomear ⟨*investiram-no na presidência*⟩ ⟨*investiram-no rei*⟩ ❑ *pron.* **3** (prep. *em*) tomar posse de ❑ *t.i.* e *t.d.i.* **4** (prep. *em*) empregar (recursos, tempo, esforço etc.) em (algo), esperando obter sucesso **5** (prep. *em*) fazer (investimento financeiro) em; aplicar ~ **investidor** *adj.s.m.* - **investimento** *s.m.*

5.3.6 O dicionário fornece exemplos de uso sempre que estes ajudem na compreensão de determinada acepção. Não se deram exemplos de todas as regências nos verbetes de verbos por motivo de espaço, mas procuraram-se contemplar especialmente aquelas que exigem preposição. Exemplifica-se também todas as vezes que há dificuldades sintáticas ou semânticas.

5.4 Quanto aos **grupos indígenas** brasileiros, só foram deixadas no corpo do dicionário as denominações mais corriqueiras (aimoré, tupinambá, tupiniquim, xavante etc.), ou seja, aquelas de 'nível zero' na língua comum. Todos os outros fazem parte de um minucioso quadro posto em adendo nas páginas finais do dicionário.

5.5 Os **elementos químicos** têm verbetes no corpo do dicionário com informações úteis sobre a sua utilização, e remetem para a *tabela periódica*, um adendo posto também no bloco final do dicionário.

pro.mé.cio *s.m.* elemento químico radiativo, us. em baterias nucleares, para medir espessuras muito finas etc. [símb.: *Pm*] ☞ cf. *tabela periódica* (no fim do dicionário)

5.6 As acepções neste dicionário, especialmente quando se trata de terminologia, têm indicação da área do saber ou fazer humano a que pertencem por meio de uma **rubrica** temática, como se pode ver nos exemplos abaixo, para auxílio de sua localização no universo lexical da língua. As rubricas usadas neste dicionário estão listadas a seguir a estas informações, na página XXV.

lú.pus *s.m.2n.* MED inflamação crônica da pele, caracterizada por ulcerações ou manchas
[1]so.ma *s.f.* **1** conjunto constituído pela reunião de diversos subconjuntos; total, conjunto, somatório **2** MAT operação e resultado da adição **3** *p.ext.* grande quantidade (....)
u.su.fru.to *s.m.* **1** DIR direito de gozar ou fruir de um bem que pertence a outrem **2** *p.ext.* posse (....)

5.7 O dicionário informa sobre a **derivação** das acepções, sempre que se trata de sentidos metafóricos (*fig.*) ou de sentidos derivados de metonímias, sinédoques e analogias (*p.ext.*):

a.cla.rar *v.* {mod. 1} *t.d.,int. e pron.* **1** tornar(-se) claro; iluminar(-se) **2** dar ou tomar cor mais clara ❑ *t.d.* e *pron.fig.* **3** tornar(-se) compreensível; esclarecer (-se)
mi.lhão [pl.: *-ões*] *n.card.* **1** mil vezes mil (10^6) ■ *s.m. p.ext.* **2** grande quantidade ⟨*contou a história um m. de vezes*⟩ (....)

5.8 Se determinada palavra, locução ou acepção é de emprego exclusivo no Brasil (dialetismo vocabular ou semântico) ou é uma variante brasileira de uma palavra da língua, esse dado é informado ao leitor por meio de um *B*:

a.gi.to *s.m. B infrm.* **1** estado de agitação, de excitação **2** aglomeração ruidosa

5.9 O dicionário informa também sobre o **nível de uso**, na língua, da palavra, locução ou acepção registrada, ou seja, a faixa linguística de expressão em que é empregada. Eis os níveis de uso averbados neste dicionário:

a) linguagem formal *frm.*:

lá.ba.ro *s.m. frm. bandeira*

b) linguagem informal *infrm.*:

a.gi.to *s.m. B infrm.* **1** estado de agitação, de excitação **2** aglomeração ruidosa

c) gíria *gír.*:

ga.ma.do *adj. B gír.* apaixonado

d) os tabuísmos, expressões consideradas chulas, grosseiras ou ofensivas na maioria dos contextos *gros.*:

por.ra.da *s.f. gros.* **1** pancada, bordoada **2** grande quantidade

e) linguagem pejorativa *pej.*:

gen.ti.nha *s.f. pej.* **1** indivíduo de baixa condição social, econômica e/ou cultural **2** pessoa mesquinha, dada a intrigas (....)

f) palavra, locução ou acepção jocosa *joc.*:

e.co.no.mês *s.m. joc.* linguajar técnico dos economistas

g) linguagem infantil *l.inf.*:

do.dói *adj.2g. l.inf.* **1** acometido por doença ■ *s.m. l.inf.* **2** *infrm.* escoriação, ferida **3** doença

(Por vezes, mais de um nível pode qualificar uma única acepção: por exemplo, *infrm. joc.*)

5.10 Alguns verbetes têm **registro diacrônico** expresso, indicando que a palavra ou determinada acepção sua foi empregada na língua só até o fim do século XIX (*ant.*). São muito poucos os registros do dicionário nessa faixa de vocábulos:

²ca.lar *v.* {mod. 1} *t.d.* e *int. ant.* mover para baixo, descer [ORIGEM: contrv., talvez do lat.tar. *calāre* 'fazer baixar; abrir']

5.11 O dicionário, em suas **remissões**, não refere números de acepções de outros verbetes. Usa, em lugar disso, uma *minidefinição* da acepção para a qual se remete – síntese curta, geralmente em uma ou duas palavras, entre parênteses e aspas simples –, para que o leitor saiba imediatamente do que se trata ou, desejando, possa ir à definição completa no outro verbete, encontrando-a com facilidade:

fi.na.lís.si.ma *s.f.* final ('última prova')

5.12 O emprego dos parênteses nas definições do dicionário seguiu o seguinte padrão:

a) usados nas palavras que podem ser consideradas ou desconsideradas no texto de uma definição (ver **afiar**, acp. **1**, em seguida);

b) usados nos sujeitos e objetos potenciais nos verbos (ver **afiar**, acp. **3**, em seguida);

c) usados nas acepções verbais que são objetivas diretas conjuntamente com a voz pronominal, quando o *-se* é indicado parenteticamente (ver **afiar**, acp. **4**, em seguida);

d) usados nas acepções verbais que são objetivas diretas, conjuntamente com outras regências, onde o *fazer* interparentético vale pela regência objetiva direta (ver **acrescer**, acp. **1**, em seguida);

e) usados para identificar a partícula que a regência pede (ver **acrescer**, acp. **1**, em seguida);

a.fi.ar *v.* {mod. 1} *t.d.* **1** tornar (mais) cortante o gume de; amolar **2** tornar fino na ponta; afilar ⟨*a. a haste da flecha*⟩ **3** tornar (o que se diz) mordaz, ferino ❑ *t.d.* e *pron. fig.* **4** tornar(-se) apurado, refinado; aprimorar(-se) ⟨*a. o ouvido*⟩ ~ **afiador** *adj.s.m.*
a.cres.cer *v.* {mod. 8} *t.d.,t.d.i.* e *int.* **1** (prep. *de, a*) [fazer] crescer, esp. pela adição de elementos; aumentar ❑ *t.i.,t.d.i.* e *pron.* **2** (prep. *a*) juntar-se (uma coisa) [a outra]; acrescentar(-se) ❑ *t.i.,int.* e *pron.* **3** (prep. *a*) ser condição ou fato complementar a ser considerado ⟨*acresce (a isso) que foi impossível convencê-lo*⟩

NOTA: todas as vezes que parênteses ocorrem dentro de parênteses ou parênteses são colocados ao lado de outros segmentos também interparentéticos, um par deles torna-se colchetes (ver **acrescer** acp. 1 e 2, aqui acima)

CAMPO DAS OBSERVAÇÕES

6 Este campo, sinalizado por um índice (☞), contém informações que ger. não são da natureza da gramática ou do uso vocabular ou locucional. Eis as suas utilizações neste minidicionário:

a) indicações de maiusculização (ver o item **1.3**);

b) indicação, em certas palavras compostas por hífen e locuções, de que existe uma forma reduzida também usada (*tb. se diz apenas*):

li.te.ra.tu.ra *s.f.* **1** arte da utilização estética da linguagem (....) ⊡ **l. de cordel** *loc.subst.* **1** literatura popular (esp. novelas e poesias), de impressão barata, exposta à venda em cordéis **2** *p.ext.* pequeno livro contendo esse material ☞ tb. se diz apenas *cordel*

c) sugestão de que se confira outro verbete (cf.), por se tratar, por exemplo, de um parônimo ou homônimo, ou por sua definição ter a ver com o verbete que se está consultando etc.:

ab.sol.ver *v.* {mod. 8} *t.d.* e *t.d.i.* **1** (prep. *de*) isentar (alguém) [de acusação, crime, pena etc.] ⊃ condenar ❑ *t.d.,t.d.i.* e *pron.* **2** (prep. *de*) perdoar(-se), desconsiderando erros passados ⊃ castigar(-se) ☞ cf. *absorver* ~ **absolvição** *s.f.*

d) remissões à enciclopédia, que faz parte da segunda parte do volume:

jú.pi.ter *s.m.* nome do quinto e maior planeta do sistema solar ☞ inicial maiúsc.; cf. *Júpiter* na parte enciclopédica

e) no caso dos verbos, informação sobre algum fenômeno morfológico peculiar ligado a determinada acepção (ver **8.1**);

f) informação sobre o emprego mais frequente de uma palavra ou acepção no plural:

ar.re.dor (....) ■ *s.m.* **3** conjunto das localidades vizinhas; redondeza ☞ nesta acp., mais us. no pl.

g) indicação da natureza adverbial de certos complementos verbais (ver **5.3.3** NOTAS);

h) remissão de um verbete de elemento químico para a *tabela periódica*:

pa.lá.dio *s.m.* elemento químico metálico, us. em diferentes ligas e em trabalhos de joalheria, prótese dentária etc. [símb.: *Pd*] ☞ cf. *tabela periódica* (no fim do dicionário)

CAMPO DO PLURAL COM SENTIDO PRÓPRIO

7 Este campo vem englobado no corpo do verbete, antes das locuções, e um triângulo invertido (▼) indica o seu início.

A numeração das acepções do verbete se estende até ele, em sequência. O plural, em tais oportunidades, aparece escrito por extenso, em negrito-itálico, fazendo as vezes de uma subentrada dentro do corpo do verbete:

fun.da.men.to *s.m.* **1** base, apoio principal **2** *fig.* causa, motivo ⟨*apoiou-se em f. justos para a expulsão*⟩ **3** explicação para fatos, acontecimentos etc. ⟨*a história deve ter f.*⟩ **4** demonstração da autenticidade de algo; prova ⟨*acusações sem f.*⟩ ▼ ***fundamentos*** *s.m.pl.* **5** princípios básicos de uma ciência, arte etc.

O dicionário só lança mão deste recurso quando a unidade léxica inclui de fato um ou mais sentidos especiais, privativos de sua forma plural. Caso contrário, o fato não passa de uma acepção do singular dessa entrada que também é usada no plural, ou que é mais usada no plural, ou frequentemente empregada no plural – embora tenha o mesmo sentido no singular:

ar.re.dor (....) ■ *s.m.* **3** conjunto das localidades vizinhas; redondeza ☞ nesta acp., mais us. no pl.

CAMPO DA GRAMÁTICA E/OU USO

8 Na estrutura do verbete, este campo segue-se imediatamente àquele do plural com sentido próprio. Em ⊙ GRAM/USO, encontram-se informações gramaticais não fornecidas no grupo ligado à cabeça do verbete (item **3**). Nesse campo registram-se aumentativos e diminutivos irregulares; superlativo absoluto sintético etc. e dados sobre o emprego do vocábulo ou locução.

mão [pl.: *-ãos*] *s.f.* **1** extremidade do braço (....) ⊙ GRAM/USO aum. irreg.: *manzorra, manopla*
a.gu.do *adj.* **1** que termina em ponta aguçada (....) ⊙ GRAM/USO sup.abs.sint.: *agudíssimo, acutíssimo*
si.cra.no *s.m.* indivíduo indeterminado ⊙ GRAM/USO empr. ger. depois de *fulano* e de *beltrano*

8.1 Por ser o verbo uma classe de palavras de comportamento morfológico peculiar, este dicionário fornece, quando necessário, variadas informações sobre elas no campo de GRAM/USO e também, em algumas acepções, no das OBSERVAÇÕES. Indicam-se os particípios irregulares, os duplos particípios, assim como quando os verbos são defectivos, impessoais, conjugados em certas pessoas ou, ainda, quando há alguma informação importante sobre a sua conjugação nos comentários do modelo de flexão verbal incluído no início do dicionário (ver item **5.3**).

des.pra.zer {mod. 13} *t.i.* e *int.* **1** (prep. *a*) não agradar (a); desagradar ■ *s.m.* **2** ausência de prazer; desagrado, descontentamento ↄ prazer ⊙ GRAM/USO a) verbo só us. nas 3as p.; **b**) cf. observação no modelo

CAMPO DA ORIGEM DA PALAVRA

9 Este dicionário só registra a origem etimológica dos homônimos homógrafos homófonos, para justificar a sua entrada em separado na nominata. Fazê-lo para todas as palavras, como seria o ideal, significaria um enorme aumento do volume do texto, mesmo usando de etimologias compactas, pois seria necessário incluir, por exemplo, várias centenas de elementos mórficos da língua na nominata, além dos afixos que registramos. Tal fato impôs-nos a opção pelos homônimos homógrafos homófonos apenas. Quando existente no verbete, este campo segue-se ao da GRAM/USO:

¹cir.cu.lar *adj.2g.* **1** relativo ou semelhante a círculo **2** *p.ext.* que se transmite de pessoa a pessoa; circulante ⟨*comentário c.*⟩ **3** cíclico ⟨*comportamento c.*⟩ ■ *adj.2g.s.f.* **4** (texto escrito) que se envia a muitas pessoas com interesse comum [ORIGEM: do lat. *circulāris,e* 'que tem a forma de círculo']

²cir.cu.lar *v.* {mod. 1} *t.d.* **1** formar círculo(s) em torno de; cercar **2** estar à volta de ❑ *int.* **3** mover-se num circuito, retornando ao ponto inicial **4** deslocar--se em diversas direções; transitar ⊃ parar **5** mover-se em torno de um centro; girar **6** valer (moeda, dinheiro) **7** *p.ext.* ser divulgado; difundir-se [ORIGEM: do lat. *circulāre* 'fazer círculo ou roda']

Campos dos coletivos e vozes de animais

10 O dicionário informa **coletivos** e **vozes** de animais em campos específicos no corpo de seus verbetes, quando tais informações são pertinentes. Este sinal (⊙) dá entrada a tais informações:

lo.bo \ô\ [fem.: *loba* \ô\] *s.m.* grande mamífero carnívoro (....) ⊙ COL alcateia ⊙ VOZ v.: uivar, ulular; subst.: uivo
pom.bo *s.m.* ave de voo possante, bico coberto de cera na base, domesticada para servir de alimento e correio ⊙ COL revoada ⊙ VOZ v. e subst.: arrulhar; subst.: arrulho
ba.lei.a *s.f.* **1** nome comum a várias espécies de grandes mamíferos cetáceos marinhos ☞ cf. *caxaréu* **2** *p.ext. infrm. pej.* pessoa muito gorda ⊙ COL baleal ⊙ VOZ v. e subst.: bufar

Campo da pronúncia

11 As palavras estrangeiras têm uma representação simplificada de sua pronúncia, uma vez que não se poderia transcrevê-las em caracteres fonéticos num minidicionário voltado basicamente para o ensino fundamental. Essa representação vem no fim do verbete, em seguida a um índice (⇨) e a expressão "pronuncia-se":

joy.stick [ing.; pl.: *joysticks*] *s.m.* em jogos de computador e vídeo, dispositivo com alavancas e botões para controle de movimentos na tela ⇨ pronuncia-se **djóistic**

11.1 O dicionário usa dos acentos agudo (´) e circunflexo (^), nessas representações de pronúncia, apenas para marcar timbre aberto ou fechado, respectivamente, das vogais, sendo a sílaba tônica assinalada por negrito:

ko.sher [iídiche] *adj.2g.2n.* **1** que é permitido pela lei judaica (diz-se de alimento) **2** que se comporta de acordo com a lei judaica ⟨*pessoa* k.⟩ ⇨ pronuncia-se **cô**xer
body-board [ing.; pl.: *body-boards*] *s.m.* **1** prancha flutuante sobre a qual se deita o tronco para deslizar nas ondas **2** esse esporte ⇨ pronuncia-se **bó**di **bórd**

Campo das locuções e da fraseologia

12 Na estrutura do verbete, o campo dos sintagmas locucionais e das chamadas frases feitas segue-se ao campo geral das definições. Nele, registram-se as combinações da unidade léxica que é cabeça do verbete com outra ou outras palavras. Este símbolo (⊡) dá-lhe entrada.

12.1 Todas as locuções e frases feitas são grafadas em negrito e iniciam-se por letra minúscula, salvo se se tratar de antropônimo, topônimo ou qualquer dos outros casos em que a maiusculização é de uso.

12.2 Quando a palavra que é cabeça do verbete tem mais de duas letras, reduz-se, na locução, à sua inicial e um ponto, mesmo que se trate de palavra composta com hífen. Faz-se exceção a isso quando na locução ela aparece no plural e tal coisa não se pode inferir do conjunto do texto. Neste caso, ela vem grafada por extenso. O mesmo ocorre quando se trata de verbo flexionado, pois só no infinitivo impessoal se pode reduzi-lo à sua primeira letra mais um ponto. (Os verbos de regência pronominal, no infinitivo, abreviam-se também, mas o *-se* permanece visível.)

12.3 Em caso de haver multiplicidade de sentidos para a locução (*polissemia*), cada acepção vem antecedida de um número sequente em negrito:

cou.ro *s.m.* tecido curtido e resistente feito da pele de certos animais, us. na confecção de sapatos, roupa, móveis etc. ⊡ (....) **tirar o c. de** *loc.vs. infrm.* **1** falar mal de alguém **2** explorar (alguém) financeiramente **3** forçar (alguém) a realizar um trabalho

12.4 Todas as locuções recebem classificação gramatical, e um ponto visível as separa quando mais de uma existir nesse campo; o mesmo quanto à fraseologia:

á.gua *s.f.* **1** líquido sem cor, odor ou sabor, (....) ⊡ **á. doce** *loc.subst.* água (de rios, lagos etc.) que não contém cloreto de sódio • **á. mineral** *loc.subst.* água potável de valor terapêutico por seus sais minerais • **á. oxigenada** *loc.subst.* líquido antisséptico e alvejante • **á. sanitária** *loc.subst.* líquido desinfetante à base de cloro • **de primeira á.** *loc.adj. fig.* excelente
coi.sa *s.f.* **1** tudo o que existe ou pode existir **2** qualquer ser (....) ⊡ • **c. pública** *loc.subst.* os negócios e interesses do Estado ou da coletividade • **cheio de c.** *loc.adj.* que se ofende facilmente • **não dizer c. com c.** *fraseol.* falar de modo incoerente

Campo dos derivados e cognatos

13 Os derivados e os cognatos cujo sentido é depreensível daquele(s) da palavra-base definida não têm verbete autônomo no dicionário, entrando 'embutidos' depois dos campos acima referidos. Este sinal (~) antecede as inclusões do campo:

a.pru.mar *v.* {mod. 1} *t.d.* e *pron.* **1** pôr(-se) em linha vertical ⊃ desaprumar(-se) **2** (....) **4** *fig. B* melhorar de sorte, saúde etc. ~ **aprumação** *s.f.* - **aprumado** *adj.*
ras.te.jar *v.* {mod. 1} *t.d.* **1** seguir a pista de (caça, fugitivo etc.); rastrear (....) ~ **rastejador** *adj.s.m.* - **rastejante** *adj.2g.* - **rastejo** *s.m.*

NOTA: quando o derivado ou o cognato é palavra de emprego percentualmente alto na língua ou o seu sentido não é imediatamente dedutível da palavra-raiz, ou quando contém acepções que devem ser necessariamente esclarecidas ao leitor, ele se torna um verbete autônomo na macroestrutura do dicionário, contrariando a regra referida no item **13** (é o que ocorre, por exemplo, com **condensador**, **condensação**, **condensar**).

14 A primeira parte desse volume se completa com uma série de adendos que incluem correspondências de medidas, prefixos para múltiplos e submúltiplos decimais, unidades de base e derivadas, um quadro de algarismos, um quadro de numerais, os alfabetos grego e latino, tabela periódica de elementos químicos e tabela de conversão de Fahrenheit para centígrados e vice-versa.

15 A segunda parte do volume é a da enciclopédia com seus adendos específicos (ver página 830).

Abreviações, rubricas e sinais

abrev.	abreviação; abreviatura
AC	Acre
acp.	acepção ou acepções
adj.	adjetivo
adj.2g.	adjetivo de dois gêneros
adj.2g.2n.	adjetivo de dois gêneros e dois números
adj.2g.2n.s.2g.	adjetivo de dois gêneros e dois números e substantivo de dois gêneros
adj.2g.2n.s.2g.2n.	adjetivo de dois gêneros e dois números e substantivo de dois gêneros e dois números
adj.2g.2n.s.m.	adjetivo de dois gêneros e dois números e substantivo masculino
adj.2g.2n.s.m.2n.	adjetivo de dois gêneros e dois números e substantivo masculino de dois números
adj.2g.s.2g.	adjetivo de dois gêneros e substantivo de dois gêneros
adj.2g.s.2g.s.f.	adjetivo de dois gêneros, substantivo de dois gêneros e substantivo feminino
adj.2g.s.2g.s.m.	adjetivo de dois gêneros, substantivo de dois gêneros e substantivo masculino
adj.2g.s.f.	adjetivo de dois gêneros e substantivo feminino
adj.2g.s.m.	adjetivo de dois gêneros e substantivo masculino
adj.2n.s.m.2n.	adjetivo de dois números e substantivo masculino de dois números
adj.s.m.	adjetivo e substantivo masculino
adp.	adaptação
adv.	advérbio, adverbial
afrn.	africânder
al.	alemão
AL	Alagoas
AM	Amazonas
AMAZ	Amazônia
ANAT	anatomia
ant.	antigo
antr.	antropônimo
ANTRPOL	antropologia
AP	Amapá

aport.	aportuguesamento
aprox.	aproximadamente
ár.	árabe
arc.	arcaico
ARQ	arquitetura
arrizot.	(forma) arrizotônica
art.	artigo
art.def.	artigo definido
art.ind.	artigo indefinido
ASTR	astronomia
ASTRL	astrologia
aum.	aumentativo
aum.irreg.	aumentativo irregular
AUTOM	automobilismo
B	Brasil, brasileirismo
BA	Bahia
B C.-O.	centro-oeste do Brasil
B E.	este do Brasil
BIO	biologia
BIOQ	bioquímica
b.-lat.	baixo-latim
B N.	norte do Brasil
B N.E.	nordeste do Brasil
B N.O.	noroeste do Brasil
BOT	botânica
B S.	sul do Brasil
B S.E.	sudeste do Brasil
B S.O.	sudoeste do Brasil
CE	Ceará
cf.	conferir
chn.	chinês
CINE	cinema
CIR	cirurgia
COMN	comunicação
comp.inf.	comparativo de inferioridade
comp.super.	comparativo de superioridade
conj.	conjunção
conj.adt.	conjunção aditiva
conj.advrs.	conjunção adversativa
conj.altv.	conjunção alternativa
conj.caus.	conjunção causal
conj.comp.	conjunção comparativa
conj.concl.	conjunção conclusiva
conj.concs.	conjunção concessiva
conj.cond.	conjunção condicional
conj.confr.	conjunção conformativa
conj.consec.	conjunção consecutiva
conj.coord.	conjunção coordenativa
conj.coord.explc.	conjunção coordenativa explicativa
conj.explc.	conjunção explicativa
conj.fin.	conjunção final
conj.intg.	conjunção integrante
conj.prop.	conjunção proporcional
conj.sub.	conjunção subordinativa
conj.temp.	conjunção temporal
contr.	contração; contracto
contrv.	controversa
CUL	culinária
D	defectivo
DESP	desporto, esportes
desus.	desusado
DF	Distrito Federal
dim.	diminutivo
dim.irreg.	diminutivo irregular
DIR	direito
drg.	linguagem de drogados
ECO	ecologia
ECON	economia
ELETR	eletricidade
ELETRÔN	eletrônica
empr.	empregado(s)/a(s); emprega-se
ENG	engenharia em geral, esp. a civil
ES	Espírito Santo
esp.	espanhol; especialmente
E.U.A.	Estados Unidos da América
ex.	exemplo
FARM	farmacologia
f.divg.	forma divergente
fem.	feminino
fig.	figurado
FIL	filosofia
FÍS	física
FISQUÍM	fisioquímica
FN	Fernando de Noronha
f. não pref. e mais us.	forma não preferencial e mais usada
FON	fonética; fonologia
FOT	fotografia
f. pref. e menos us.	forma preferencial e menos usada
fr.	francês
fraseol.	fraseologia
freq.	frequentemente
frm.	linguagem formal
fut.	futuro
FUTB	futebol
fut.pres	futuro do presente
fut.subj.	futuro do subjuntivo
gen.	general
GEN	genética

gên. .... gênero (taxonômico)
GEO .... geografia
GEOL .... geologia
GEOM .... geometria
ger. .... geralmente
ger.infrm. .... geralmente informal
ger.maiúsc. .... com inicial geralmente maiúscula
gír. .... gíria
gr. .... grego
GRÁF .... gráfica, artes gráficas
GRAM .... gramática
GO .... Goiás
gros. .... grosseiro
hab. .... habitante
heb. .... hebraico
HIST .... história
imp. .... imperativo
imp.afirm. .... imperativo afirmativo
indic. .... indicativo
INF .... informática
inf. .... infinitivo
infrm. .... linguagem informal
ing. .... inglês
ing.n.-am. .... inglês norte-americano
int. .... intransitivo
int. e pron .... intransitivo e pronominal.
interj. .... interjeição, interjetiva/o, interjetivamente
irreg. .... irregular, irregularidade
it. .... italiano
jap. .... japonês
joc. .... jocoso
lat. .... latim
lat.cien. .... latim científico
lat.tar. .... latim tardio
lat.vulg. .... latim vulgar
l.inf. .... linguagem infantil
LING .... linguística
LIT .... literatura
LITUR .... liturgia
loc.adj. .... locução adjetiva
loc.adv. .... locução adverbial
loc.conj. .... locução conjuntiva
loc.interj. .... locução interjetiva
loc.prep. .... locução prepositiva
loc.subst. .... locução substantiva
loc.subst.2n. .... locução substantiva de dois números
loc.verb. .... locução verbal
loc.vs. .... locução verbossubstantiva
m. .... masculino

MA .... Maranhão
maiúsc. .... maiúscula(s)
mal. .... malaio; marechal
MAR .... marinha (termo de); náutica
MAT .... matemática
MED .... medicina
MET .... meteorologia
MG .... Minas Gerais
MIL .... militar (termo), assuntos militares (esp. exército)
MINER .... mineralogia
MIT .... mitologia
mod. .... modelo
MS .... Mato Grosso do Sul
MT .... Mato Grosso
MÚS .... música
n. .... número (gramatical); numeral
n.card. .... numeral cardinal
n.frac. .... numeral fracionário
n.mult. .... numeral multiplicativo
n.ord. .... numeral ordinal
obj.dir. .... objeto direto
obj.ind. .... objeto indireto
ODONT .... odontologia
ÓPT .... óptica
p., *p.* .... pessoa; pessoal
PA .... Pará
part. .... particípio
pas. .... passivo/a
PB .... Paraíba
PE .... Pernambuco
pej. .... pejorativo
p.ex. .... por exemplo
PI .... Piauí
pl. .... plural
port. .... português
port.arc. .... português arcaico
pred. .... predicativo
pred. e pron. .... predicativo e pronominal
pred.,int. e pron. ...... predicativo, intransitivo e pronominal
pref. .... prefixo
prep. .... preposição
prepos. .... prepositiva
pres. .... presente
pres.ind. .... presente do indicativo
pres.subj. .... presente do subjuntivo
pret.imperf. .... pretérito imperfeito
pret. m.-q.-perf. ...... pretérito mais-que-perfeito
pret.perf. .... pretérito perfeito
1ª p.pl. .... primeira pessoa do plural

1ª p.s.	primeira pessoa do singular
pron.	pronome; pronominal, reflexivo e/ou recíproco
pron.dem.	pronome demonstrativo
pron.ind.	pronome indefinido
pron.ind.pl.	pronome indefinido plural
pron.interg.	pronome interrogativo
pron.p.	pronome pessoal
pron.pos.	pronome possessivo
pron.rel.	pronome relativo
pron.trat.	pronome de tratamento
PSIC	psicologia
PSICN	psicanálise
PSIQ	psiquiatria
p.us.	pouco usado
QUÍM	química
quimb.	quimbundo
RÁD	rádio
red.	redução; forma reduzida
regr.	regressivo
REL	religião
rizot.	(forma) rizotônica
RJ	Rio de Janeiro
RN	Rio Grande do Norte
RO	Rondônia
RR	Roraima
RS	Rio Grande do Sul
S	século (datação)
sânsc.	sânscrito
SC	Santa Catarina
s.2g.	substantivo de dois gêneros
s.2g.2n.	substantivo de dois gêneros e dois números
s.2g.pl.	substantivo de dois gêneros plural
SE	Sergipe
séc.	século
2ª p.pl.	segunda pessoa do plural
2ªs p.	segundas pessoas
s.f.	substantivo feminino
s.f.2n.	substantivo feminino de dois números
s.f.pl.	substantivo feminino plural
símb.	símbolo
sing.	singular
s.m.	substantivo masculino
s.m.2n.	substantivo masculino de dois números
s.m.pl.	substantivo masculino plural
SOC	sociologia
SP	São Paulo (estado)
subj.	subjuntivo
subst.	substantivo
suf.	sufixo
sup.abs.sint.	superlativo absoluto sintético
tb.	também
t.d.	transitivo direto
t.d. e int.	transitivo direto e intransitivo
t.d. e pron.	transitivo direto e pronominal
t.d. e t.d.i.	transitivo direto e transitivo direto e indireto
t.d. e t.d.pred.	transitivo direto e transitivo direto predicativo
t.d. e t.i.	transitivo direto e transitivo indireto
t.d.i.	transitivo direto e indireto
t.d.i. e int.	transitivo direto e indireto e intransitivo
t.d.i. e pron.	transitivo direto e indireto e pronominal
t.d.i. e t.d.pred.	transitivo direto e indireto e transitivo direto predicativo
t.d.,int. e pron.	transitivo direto, intransitivo e pronominal
t.d.i.,int. e pron.	transitivo direto e indireto, intransitivo e pronominal
t.d.pred.	transitivo direto predicativo
t.d.pred. e pron.	transitivo direto predicativo e pronominal
t.d.pred. e t.i.pred.	transitivo direto predicativo e transitivo indireto predicativo
t.d.,t.d.i. e int.	transitivo direto, transitivo direto e indireto e intransitivo
t.d.,t.d.i. e pron.	transitivo direto, transitivo direto e indireto e pronominal
t.d.,t.d.i., int. e pron.	transitivo direto, transitivo direto e indireto, intransitivo e pronominal
t.d.,t.d.i.,t.i. e int.	transitivo direto, transitivo direto e indireto, transitivo indireto e intransitivo

t.d.,t.d.i.,t.i., int. e pron.	transitivo direto, transitivo direto e indireto, transitivo indireto, intransitivo e pronominal
t.d.,t.d.pred. e pron	transitivo direto, transitivo direto predicativo e pronominal
t.d.,t.d.pred. e t.d.i.	transitivo direto, transitivo direto predicativo e transitivo direto e indireto
t.d.,t.d.pred., t.d.i. e pron.	transitivo direto, transitivo direto predicativo, transitivo direto e indireto e pronominal
t.d.,t.i. e int.	transitivo direto, transitivo indireto e intransitivo
t.d.,t.i. e pron.	transitivo direto, transitivo indireto e pronominal
t.d.,t.i. e t.d.i.	transitivo direto, transitivo indireto e transitivo direto e indireto
t.d.,t.i.,int. e pron.	transitivo direto, transitivo indireto, intransitivo e pronominal
t.d.,t.i.,t.d.i. e pron.	transitivo direto, transitivo indireto, transitivo direto e indireto e pronominal
t.d.,t.i.pred. e int.	transitivo direto, transitivo indireto predicativo e intransitivo
t.d.,t.i., t.d.pred. e pron.	transitivo direto, transitivo indireto, transitivo direto predicativo e pronominal
TEAT	teatro
TEL	telecomunicações
3ª p.pl.	terceira pessoa do plural
3ª p.s.	terceira pessoa do singular
3ªs p.	terceiras pessoas
term.	terminação
t.i.	transitivo indireto
t.i. e int.	transitivo indireto e intransitivo
t.i. e pron.	transitivo indireto e pronominal
t.i. e t.d.i.	transitivo indireto e transitivo direto e indireto
t.i.,int. e pron.	transitivo indireto, intransitivo e pronominal
t.i.,t.d.i. e int.	transitivo indireto, transitivo direto e indireto e intransitivo
t.i.,t.d.i. e pron.	transitivo indireto, transitivo direto e indireto e pronominal
t.i.,t.i.pred. e int.	transitivo indireto, transitivo indireto predicativo e intransitivo
TO	Tocantins
top.	topônimo
TV	televisão
us.	usado(s)/a(s)
v.	verbo
verb.	verbal
VET	veterinária
ZOO	zoologia

Sinais

■	mudança de classe gramatical ou do qualificativo da classe gramatical
□	mudança de regência
®	marca registrada
▲	símbolo (sem classe gramatical)
☞	campo das observações
▼	plural com sentido próprio
⊙	gramática e/ou uso, coletivos e vozes
⊡	início das locuções
•	separador de locuções
~	campo das palavras embutidas
→	remissão a uma entrada múltipla
◗	ver diretamente a locução
⇨	pronúncia
↩	antônimo

Gramática

FLÁVIO DE AGUIAR BARBOSA

I História, domínio e variedade da língua portuguesa

Para contar a história da língua portuguesa devemos nos deslocar até o continente europeu e voltar no tempo a oito séculos antes de Cristo. Nessa época, algumas tribos que viviam no território que hoje corresponde à Itália se uniram, formando uma cidade chamada Roma. Esse foi o ponto de partida para a criação de um dos maiores impérios da história: o Império Romano.

Os romanos, grandes guerreiros e conquistadores, foram pouco a pouco aumentando os seus domínios a partir de disputas militares por territórios; suas conquistas avançaram cada vez mais e chegaram à sua extensão máxima no segundo século depois de Cristo, quando o Império Romano ocupava a maior parte da Europa, além de territórios na África e na Ásia.

Durante a expansão do império, os guerreiros romanos chegaram à ponta ocidental da Europa, região que chamaram de *Hispânia* e que hoje é a península Ibérica, onde ficam Portugal e Espanha.

Quando conquistavam um território, os romanos implantavam nele o seu modo de viver e também a sua língua, o *latim*, para facilitar a administração e a comunicação por todo o império; o domínio romano, portanto, trazia geralmente alterações na economia, na política, na integração do território, no desenvolvimento das cidades, na cultura etc.

Depois do desenvolvimento máximo, o Império Romano entrou em declínio. Surgiram crises políticas, econômicas, populacionais, que foram se agravando até que, no quinto século depois de Cristo, o império se desintegrou.

Cada um dos territórios conquistados pelos romanos passou a ter um desenvolvimento mais individual depois da queda do império. A partir dessa individualização, formaram-se aos poucos nações com governos independentes e línguas próprias. Muitas dessas línguas (principalmente as europeias) são da mesma família, pois todas se desenvolveram do latim: são *línguas neolatinas*, como o português, o espanhol, o francês, o italiano e o romeno.

Portugal foi um desses territórios que se desenvolveram e unificaram, formando uma nação. Suas fronteiras terminaram de ser instauradas em 1252 e a língua portuguesa, que vinha se formando desde o fim do Império Romano, também terminou o seu estabelecimento nessa época (os textos mais antigos em português são do final do século XII).

O próximo momento histórico importante para explicar a chegada da língua portuguesa ao Brasil, assim como a outras partes do mundo, é o século XVI. Nessa época, graças a avanços nos conhecimentos sobre navegação, os portugueses fizeram várias expedições, descobrindo novas terras, principalmente na África e na América. Fundaram colônias nesses lugares e, como os romanos, implantaram nelas o seu modo de viver e a sua língua.

Vendo a extensão dos domínios coloniais de Portugal nessa época, podemos compreender a amplitude do domínio atual da nossa língua pelo mundo: a partir do século XIX as colônias portuguesas foram conquistando a independência. Ficando independentes, ou adotaram o português como língua oficial (como fez o Brasil), ou mantiveram suas línguas anteriores, com influências da língua dos colonizadores (como fez Goa, estado da Índia).

A grande difusão da língua portuguesa, que hoje é falada oficialmente em três continentes, não quer dizer unidade absoluta: é só compararmos o jeito de falar de um português com o de um brasileiro para percebermos que cada um dos dois usa uma variedade diferente da língua.

Nem é preciso comparar países diferentes para perceber que a língua não é uniforme. Se observarmos apenas o vocabulário do português do Brasil, perceberemos que há várias maneiras de dizer a mesma coisa, usadas em diferentes situações, por diferentes tipos de pessoas, ou com diferentes intenções.[1]

Para o que chamamos regularmente de *alimento*, ou *comida*, dependendo da situação, das intenções do falante, da região do país etc., pode-se usar *manjar* (uso formal e elogioso); *pão* (uso figurado); *papá* (uso infantil); *boia*, *gravanço*, *paparoca*, *salgueiro* ou *rango* (usos informais), *gororoba*, *bodega*, *mistela*, *soquete* ou *grude* (usos informais e depreciativos); *de-comer* (uso popular); *mixórdia* (uso depreciativo); *xepa* (uso informal entre militares); *épula* ou *cibo* (uso antigo); *manjuba* (uso informal da Bahia e de São Paulo).

Para o que regularmente qualificamos como *ótimo* ou *excelente*, também dependendo da situação, podemos usar *soberbo*, *excelso*, *luculento* ou *fabuloso* (usos formais), *superno* (uso formal e figurado); *legal*, *bonzão*, *genial*, *bacana* (usos informais); *supimpa* (uso informal e jocoso); *maneiro*, *irado* (gírias); *mantena* (uso de Goiás e Tocantins); *marmo* (uso do nordeste do Brasil e de Minas Gerais).

Da mesma forma, *trabalho*, *ocupação* ou *serviço* podem ser *afã*, *labor*, *labuta*, *lida* ou *mister* (usos formais); *andança*, *batalha*, *canseira* ou *suor* (usos figurados); *batente*, *bico*, *biscate*, *esfrega*, *galho*, *gregueu*, *quefazer*, *rojão*, *trabulança* ou *viração* (usos informais); *trampo* (uso informal de São Paulo).

Muitos outros exemplos poderiam ser dados, mas, a partir desses, você já deve ter constatado que, na unidade geral da língua portuguesa do Brasil, há espaço para uma série de variações que podem acontecer de acordo com o lugar, a situação, a identidade ou mesmo a intenção de quem fala.

A variedade da língua faz parte da riqueza da nossa cultura. Para que essa herança cultural não fique de fora dos nossos estudos de português, devemos buscar conhecer não só a forma oficial da língua — que, sem dúvida, deve ser valorizada e preservada, pois é a referência geral, que garante a sua unidade —, mas também essas diferentes opções de uso. Alcançar o conhecimento abrangente da língua portuguesa é indispensável para dominá-la verdadeiramente.

II A estrutura básica das orações

A maioria das orações na língua portuguesa é construída a partir de duas estruturas básicas: o sujeito, que geralmente tem como núcleo um substantivo, e o predicado, que tem como núcleo um verbo.

Ex.: [O casal] [viajou em férias.]
SUJEITO PREDICADO

O verbo é o único elemento realmente indispensável para a existência de uma oração. A estrutura básica da oração é estabelecida a partir do significado e das possibilidades de combinação dessa palavra com outras. Vejamos, a seguir, os tipos principais de verbos que formam diferentes construções de orações.

Há verbos que precisam de uma única unidade nominal para formar uma oração:

Ex.: [O bebê] dormiu.
SUJEITO

Obs.: além da definição da estrutura da oração, o verbo *dormir*, por seu significado, restringe o grupo dos substantivos que podem ocupar a posição de sujeito: a não ser que se fale em linguagem figurada (mudando o sentido original das palavras), não se diz, por exemplo, *o tijolo dormiu*.

Há verbos que precisam de duas unidades nominais para formar uma oração:

Ex.: [Meu pai] varreu [o quintal] ontem.
SUJEITO OBJETO DIRETO

Obs.: **1**) novamente, a não ser que se fale em linguagem figurada, não se diz, por exemplo, *a cadeira varreu o lixo da calçada*, ou *o faxineiro varreu os postes da rua*;

[1] *Algumas das palavras listadas nos exemplos a seguir pertencem a usos muito específicos do português do Brasil. Por isso, você não encontrará todas elas neste minidicionário. Se quiser saber mais sobre alguma que não esteja registrada aqui, procure-a em um dicionário de grande porte.*

2) no exemplo anterior, além do sujeito e do objeto direto, há a palavra *ontem*, que não estava prevista na estrutura estabelecida pelo verbo: é um advérbio, que situa a ação de varrer no tempo. Os advérbios servem para esclarecer circunstâncias relacionadas ao significado do verbo; para mais informações sobre essa classe de palavras, veja o que se diz sobre advérbios na seção "Classes de palavras".

Há verbos que precisam de três unidades nominais para formar uma oração:

Ex.: [Nós] vendemos [o apartamento] [aos antigos inquilinos.]
SUJEITO / OBJETO DIRETO / OBJETO INDIRETO

Obs.: por causa do significado do verbo *vender*, a não ser que se fale em linguagem figurada, não se diz *a cortina vendeu um carro ao jovem*, ou *o balconista vendeu cinco soluços ao cliente*, ou *vendi livros a meu cachorro*.

Os verbos de ligação, como seu nome já diz, *ligam* um sujeito a um predicativo, que traz informações novas sobre o sujeito.

Ex.: [Eu] estou [atrasado.]
SUJEITO / PREDICATIVO

[Meu nome] é [Paulo.]
SUJEITO / PREDICATIVO

[Esta porta] é [de ferro.]
SUJEITO / PREDICATIVO

[Nossos amigos] ficaram [felizes.]
SUJEITO / PREDICATIVO

[O jogo] é [hoje.]
SUJEITO / PREDICATIVO

Obs.: como os verbos de ligação não têm significado próprio, nas orações com esse tipo de verbo as restrições de combinação dependem do significado do sujeito e do predicativo; assim, a não ser que se fale em linguagem figurada, não se diz, por exemplo, *a madeira está enferrujada*, ou *a noite é ensolarada*.

Alguns poucos verbos não precisam de nenhuma unidade nominal para formar uma oração. Esses verbos geralmente nomeiam fenômenos da natureza.

Ex.: Chove. Troveja. Venta muito.

Obs.: em alguns usos da linguagem figurada, esses verbos precisam que um sujeito e, por vezes, também um objeto direto os complementem:

Ex.: Choveram [denúncias] durante a investigação.
SUJEITO

[O pai,] exaltado, trovejava [insultos.]
SUJEITO / OBJETO DIRETO

III Classes de palavras

Esta é uma descrição geral das classes de palavras, baseada em três categorias de cada uma delas: significado, forma e função.

Substantivos

Significado: nomeiam principalmente seres, coisas e ideias.

Ex.: *homem* (um ser); *pedra* (uma coisa); *felicidade* (uma ideia ou sentimento).

Forma: são geralmente variáveis; suas variações expressam as ideias de gênero (masculino ou feminino) e número (singular ou plural).

Ex.: *moço* (masculino singular) / *moça* (feminino singular)
moços (masculino plural) / *moças* (feminino plural)

Obs.: veja mais informações sobre a formação do feminino e do plural nas seções deste dicionário dedicadas a esses assuntos.

Função: ocupam o núcleo de unidades nominais, como o sujeito, o objeto direto, o objeto indireto, o predicativo ou o agente da passiva.

Ex.: [O *balconista*] informou [as *horas*] [à *cliente*.]
SUJEITO / OBJETO DIRETO / OBJETO INDIRETO

[O meu *irmão* mais velho] é [*professor*.]
SUJEITO / PREDICATIVO

[O *samba*] foi muito bem interpretado [pelo jovem *cantor*.]
SUJEITO / AGENTE DA PASSIVA

Verbos

Significado: nomeiam principalmente ações, processos e fenômenos da natureza.

Ex.: *Protegi*-me da chuva forte. (nomeação de uma ação);

A água *molhou* as minhas compras. (nomeação de um processo);

Choveu por duas horas. (nomeação de um fenômeno da natureza).

Obs.: os chamados *verbos de ligação* não têm significado próprio; costumam ligar o sujeito a uma qualidade ou estado.

Ex.: meus pés *estavam* molhados.

Forma: são variáveis; suas variações expressam as ideias de pessoa, número, tempo e modo.

Ex.: Se eles *gostassem* de chocolate, eu *faria* esta torta para a sobremesa.

gostassem — verbo *gostar*; pessoa: terceira; número: plural; tempo: pretérito imperfeito; modo: subjuntivo;

faria — verbo *fazer*; pessoa: primeira; número: singular; tempo: futuro do pretérito; modo: indicativo.

Obs.: além de verbos simples, há, também, locuções verbais, como *tinha perguntado* (em vez de *perguntara*) e *teria molhado* (em vez de *molharia*).

Função: ocupam o núcleo do predicado; são a base da oração.

Ex.: [Toda a família] [*vai* ao casamento.]
SUJEITO PREDICADO

Obs.: em frases com verbo de ligação, como

[Nós] [*estamos* atrasados para a festa.]
SUJEITO PREDICADO

o predicado é considerado nominal, porque o núcleo do seu significado é um nome: o adjetivo *atrasados*.

Adjetivos

Significado: nomeiam principalmente qualidades, características ou estados.

Ex.: música *agradável* (nomeação de uma qualidade).

fio *metálico* (nomeação de uma característica).

pãezinhos *quentes* (nomeação de estado).

Forma: são geralmente variáveis; suas variações expressam as ideias de gênero (masculino ou feminino) e número (singular ou plural).

Ex.: caderno *novo* (masculino singular) / cadernos *novos* (masculino plural)

caneta *nova* (feminino singular) / canetas *novas* (feminino plural)

Obs.: **1**) veja mais informações sobre a formação do feminino e do plural nas seções deste dicionário dedicadas a esses assuntos;

2) além de adjetivos simples, como *metálico*, há também locuções adjetivas, como *de metal*, *de pedra* e *de madeira*. As locuções adjetivas são estruturas de mais de uma palavra sempre introduzidas por uma preposição.

Função: na maioria dos casos, ligam-se a substantivos, modificando o seu significado:

Ex.: [O *jovem* balconista] informou [as horas *exatas*] [à cliente *apressada*.]

Podem, também, ter a função de núcleo do predicativo:

Ex.: A pintura da casa ficou [bonita].

Advérbios

Significado: nomeiam circunstâncias.

Ex.: Chegamos *tarde*. (circunstância de tempo)

Passeamos *calmamente por toda a cidade*. (circunstâncias de modo e de lugar)

Estávamos *muito* cansados. (circunstância de intensidade)

Forma: são invariáveis.

Obs.: além de advérbios simples, como *sempre* e *cuidadosamente*, há, também, locuções adverbiais, como *por toda a cidade*, *à noite* e *com cuidado*. As locuções adverbiais são estruturas de mais de uma palavra sempre introduzidas por uma preposição.

Função: ligam-se a verbos, adjetivos e substantivos, modificando o seu significado.

Ex.: Estudei *ontem* para a prova de biologia.

Estava *meio* aborrecida.

O jogo é *hoje*.

Obs.: **1**) Os advérbios de intensidade podem, também, se ligar a outros advérbios.

Ex.: Comemos *muito* bem no jantar.

2) Em alguns casos, o advérbio pode se ligar a uma oração inteira:

Ex.: *Infelizmente*, não ouvimos o seu chamado.

Artigos

Significado: indicam se o significado dos substantivos aos quais se ligam é específico ou genérico — o artigo definido é usado para marcar um significado específico (determinado) e o indefinido é usado para marcar um significado genérico (indeterminado).

Ex.: *O* rapaz da padaria esteve aqui. (artigo definido: ideia específica)
Um rapaz esteve aqui. (artigo indefinido: ideia genérica)

Forma: são variáveis. Suas variações expressam as ideias de gênero (masculino ou feminino) e número (singular ou plural).

Ex.: *o* rapaz / *os* rapazes / *um* rapaz / *uns* rapazes
a moça / *as* moças / *uma* moça / *umas* moças

Função: ligam-se a substantivos especificando ou indeterminando o seu significado.

Numerais

Significado: nomeiam quantidades (inteiras, fracionárias ou multiplicativas) e indicam a posição de elementos em uma série.

Ex.: Já li *dois* livros neste mês. (nomeação de uma quantidade inteira)
Fiz *dois terços* do trabalho. (nomeação de uma quantidade fracionária)
Ele é o *décimo terceiro* da fila. (indicação da posição em uma série)
Consegui cinco novas figurinhas e ele conseguiu o *dobro* disso. (indicação da multiplicação de uma quantidade)

Forma: há dois grupos — um de numerais variáveis e um de numerais invariáveis.

Ex.: Essas *duas* senhoras moram a *dois* quarteirões daqui. (numeral variável)
Vamos fazer *meia* viagem em *meio* dia. (numeral variável)
O filme começa às *dez* horas e *dez* minutos. (numeral invariável)
As *três* amigas foram conhecer a Praça dos *Três* Poderes. (numeral invariável)

Função: podem ocupar o núcleo do sujeito, do objeto direto, do objeto indireto, do predicativo ou do agente da passiva (função substantiva) ou ligar-se a um substantivo, modificando o seu significado (função adjetiva).

Ex.: Elas eram sempre
[as *primeiras* a chegar.] (função substantiva)
PREDICATIVO
[A *primeira* coisa que fiz] foi limpar aquela bagunça. (função adjetiva)

Pronomes

Significado: **1**) indicam as pessoas participantes de uma situação comunicativa (quem fala – a 1ª pessoa; com quem se fala – a 2ª pessoa; de quem se fala – a 3ª pessoa); **2**) indicam uma pessoa ou coisa indefinida, desconhecida ou já mencionada; **3**) situam as pessoas e coisas no tempo e no espaço e estabelecem relações entre elas e outros elementos.

Ex.: *Eu te* disse que sairíamos hoje. (indicação da 1ª e da 2ª pessoas do singular)
Tudo estava preparado para a apresentação. (indicação de coisas indefinidas)
Quem está aí? (indicação de pessoa desconhecida, que se quer descobrir)
Um amigo *que* sabe ouvir é um tesouro. (indicação de uma pessoa já mencionada)
Este carro é maior do que *aquele*. (indicação da localização de objetos em relação aos falantes)
Nossos trabalhos foram premiados. (indicação de relação de posse)

Forma: há dois grupos – um de pronomes variáveis e um de pronomes invariáveis.

Ex.: *Eles a* convidaram para sair, mas *ela* não quis acompanhá-*los*. (pronomes variáveis)
Aquele pacote está molhado. *Aqueles outros* estão secos. (pronomes variáveis)
Alguém esteve na biblioteca. (pronome invariável)
Aquilo parece um incêndio. (pronome invariável)

Função: podem ocupar o núcleo do sujeito, do objeto direto, do objeto indireto, do predicativo ou do agente da passiva (função substantiva) ou ligar-se a um substantivo, modificando o seu significado (função adjetiva).

Ex.: *Eu o* vi ontem à noite. (função substantiva)

[*Este* **relógio**] é caro. (função adjetiva)

Preposições

Significado: em geral são consideradas palavras vazias de significado, sendo definidas apenas a partir da sua função de ligar palavras:

Ex.: Gosto *de* bananas. (palavra vazia de significado)

Concordo *com* você. (palavra vazia de significado)

O livro consiste *em* anotações e artigos inéditos. (palavra vazia de significado)

Entretanto, em certos casos, pode-se perceber seu significado:

Ex.: Fui *de* São Paulo *a* Fortaleza. (preposição *de* com a ideia de 'ponto de partida' e preposição *a* com a ideia de 'destino')

Fui à praia *com* a família. (ideia de 'companhia')

O presente foi entregue *em* uma caixa colorida. (ideia de 'localização no interior')

Obs.: além de preposições simples, há, também, locuções prepositivas, como *a partir de*, *dentro de*, *antes de* etc.

Forma: são invariáveis.

Função: ligam palavras dentro do limite da oração, relacionando-as sintaticamente.

Ex.: Essa **porta** [*de* madeira] é resistente. (função adjetiva)

Lutamos [*contra* a discriminação]. (função adverbial)

Conjunções

Significado: em geral são consideradas palavras vazias de significado, sendo definidas apenas a partir da sua função de ligar palavras:

Ex.: Pedro *e* Paulo saíram apressados. (palavra vazia de significado)

Disse *que* me ajudaria. (palavra vazia de significado)

Entretanto, em certos casos, pode-se perceber seu significado:

Ex.: Estou cansado. *Entretanto*, não consigo dormir. (ideia de 'oposição de informações')

Está ficando tarde. *Portanto*, devemos sair logo. (ideia de 'conclusão')

Obs.: além de conjunções simples, há, também, locuções conjuntivas, como *no entanto*, *por conseguinte*, *desde que*, *ainda que* etc.

Forma: são invariáveis.

Função: ligam palavras ou locuções dentro de uma mesma oração, ou orações entre si.

Ex.: Preciso de [pratos] *e* [talheres] novos. (ligação de palavras dentro da mesma oração)

[**Ganhamos** o jogo,] [*mas* o campeonato **não acabou**]. (ligação de orações)

[**Saímos**] [*quando* o filme **terminou**]. (ligação de orações)

Interjeições

Significado: exprimem sentimentos e emoções de quem fala ou escreve.

Ex.: *Droga*! Deu tudo errado! (expressão de aborrecimento)

Nossa, como essa menina cresceu! (expressão de espanto)

Viva! Passei de ano! (expressão de alegria)

Forma: são invariáveis.

Obs.: além de interjeições simples, como *ai*! e *hem*?, há, também, locuções interjectivas: *puxa vida*!; *meu Deus do céu*!; *que beleza*!

Função: têm o valor de frases isoladas (sem função sintática dentro da oração), que exprimem sentimentos e emoções.

IV A formação do plural em português

Apresentam-se, a seguir, os principais mecanismos de formação do plural de substantivos e adjetivos:

Regra geral: Para formar o plural de uma dessas palavras, geralmente se usa *-s*. Por exemplo: *casa* > *casas*; *beijo* > *beijos*; *grande* > *grandes*; *doce* > *doces*.

Veja alguns casos nos quais a regra geral sofre alterações:

Caso	**Alteração**	**Exemplos**
final em *-ão*	torna-se *-ões*	*informação* > *informações* *caminhão*; *cartão*; *chorão*; *comilão*; *coração*; *exceção*; *leão*; *limão*; *milhão*; *portão* etc.
	torna-se *-ãos*	*irmão* > *irmãos* *acórdão*; *artesão*; *bênção*; *grão*; *mão*; *órfão*; *órgão*; *são*; *sótão*; *vão* etc.
	torna-se *-ães*	*pão* > *pães* *alemão*; *cão*; *capelão*; *capitão*; *sacristão* etc.
	tem mais de um plural	*aldeão* > *aldeões*, *aldeãos* e *aldeães*; *ancião* > *anciãos*, *anciões* e *anciães*; *guardião* > *guardiões* e *guardiães*; *vilão* > *vilões*, *vilãos* e *vilães* etc.
final em *-l*	torna-se *-is*[1]	*animal* > *animais*; *anel* > *anéis*; *servil* > *servis*; *anzol* >*anzóis* *carnaval*; *mortal*; *cascavel*; *cruel*; *nível*; *papel*; *barril*; *funil*; *sutil*; *álcool*; *espanhol*; *lençol*; *azul*; *paul* etc.
	torna-se *-eis*	*útil* > *úteis* *afável*; *amável*; *móvel*; *notável*; *fácil*; *fóssil*; *fútil*; *projétil*; *réptil*[2] etc.
	tem mais de um plural	*cal* > *cais* ou *cales*; *aval* > *avais* ou *avales*
	outras exceções	*cônsul* > *cônsules*; *mal* > *males*
finais em *-m* ou *-n*	tornam-se *-ns*	*imagem* > *imagens*; *pólen* > *polens*; *álbum*; *batom*; *bom*; *comum*; *homem*; *refém*; *selim*; *totem* etc.
	tem mais de um plural	*abdômen* > *abdomens* e *abdômenes*; *gérmen* > *germens* e *gérmenes*; *hífen* > *hifens* e *hífenes* etc.
final em *-r*	torna-se *-res*	*jantar* > *jantares*; *ator*; *cantor*; *senhor*; *torcedor*; *trator*; *vencedor*; *amor*; *bar*; *cor*; *elixir*; *flor*; *hambúrguer*; *mar*; *mártir* etc.
final em *-s*	torna-se *-ses*	*país* > *países*; *cortês*; *freguês*; *marquês*; *ás*; *cós*; *gás*; *mês* etc.
	mantém-se invariável	*bis*; *cais*; *clitóris*; *cútis*; *íris*; *lápis*; *xis*; *atlas*; *isósceles*; *ônibus*; *ourives*; *pires*; *reles*; *simples* etc.
final em *-x*	mantém-se invariável	*anticlímax*; *bômbix*; *clímax*; *dúplex*; *ônix*; *tórax* etc.
	flexão facultativa	*durex* > *durex*, *durexes*; *fax*; *pirex*; *sax*; *xerox* etc.
final em *-z*	torna-se *-zes*	*paz* > *pazes* *capataz*; *cartaz*; *gravidez*; *vez*; *cicatriz*; *giz*; *avestruz*; *luz* etc.

Veja, a seguir, outros casos, que destoam dos já registrados:

Classe	**Caso**	**Exemplos**
substantivos	normalmente não se empregam no plural[3]	*oxigênio*, *ouro* (na acp. química) etc.
	normalmente só se empregam no plural[4]	*anais*; *núpcias*; *parabéns*; *víveres* etc.

[1] ***Cuidado**: os substantivos terminados por* -u *seguem a regra geral. Passá-los para o plural como se fossem terminados por* -l *é uma confusão comum. Veja:* troféu >troféus; *idem para* céu, degrau *etc.*

[2] Reptil *e* projetil, *como oxítonos, fazem plural em* -is: reptil >reptis; projetil >projetis.

[3] *Referem-se geralmente a coisas indivisíveis ou incontáveis.*

[4] *Referem-se, geralmente, a coisas que existem aos pares ou que têm implícita a ideia de pluralidade; podem, ainda, ser usados assim por convenção.*

Formação do plural de compostos com hífen e locuções substantivas

1 Quando o composto é formado por um verbo e um substantivo, só o segundo elemento recebe a marca de plural: para-choque > para-choques. *Idem* para bate-boca; beija-flor; fura-bolo; guarda-roupa; marca-passo; mata-burro; pega-ladrão; porta-bandeira; quebra-queixo; vaga-lume etc.;

2 quando o composto é formado pela repetição de um verbo, há duas opções: pisca-pisca > pisca-piscas ou piscas-piscas. *Idem* para corre-corre; mata-mata; mexe-mexe; pega-pega; pula-pula; treme-treme etc.;

3 quando o composto é formado por palavras que imitam sons, somente a última pluraliza-se: pingue-pongue > pingue-pongues. *Idem* para bangue-bangue; reco-reco; teco-teco; tique-taque; vapt-vupt; tico-tico etc.;

4 quando o composto é formado por uma palavra invariável[5] e uma variável,[6] só a última recebe a marca de plural: super-homem > super-homens. *Idem* para abaixo-assinado; alto-falante; ave-maria; bem-estar; contra-ataque; ex-namorado; grã-fino; grão-vizir; mal-educado; pré-vestibular; sempre-viva; vice-campeão etc.;

5 quando o composto é formado por um substantivo e um adjetivo, ambos pluralizam-se: cabeça-dura > cabeças-duras. *Idem* para ar-condicionado; bicho-papão; boia-fria; cabra-cega; cachorro-quente; carne-seca; cartão-postal; conta-corrente; conversa-fiada; dedo-duro; guarda-florestal; novo-rico; pão-duro; pé-frio; ponta-direita; quadro-negro etc.;

6 quando o composto é formado por dois substantivos, segue um dos modelos abaixo:

6.1 carta-bomba[7] > cartas-bomba ou cartas-bombas. *Idem* para carro-pipa; cobra-coral; couve-flor; decreto-lei; fruta-pão; homem-sanduíche; livro-caixa; navio-escola; pau-brasil; porco-espinho; rádio-relógio; salário-família; samba-enredo; tamanduá-bandeira etc.;

6.2 diretor-gerente[8] > diretores-gerentes. *Idem* para médico-professor; sócio-proprietário; tenente-coronel etc.;

7 quando o composto, ou locução, é formado por substantivos ligados por preposição, só o primeiro substantivo recebe a marca de plural: banana-da-terra > bananas-da-terra; água de coco > águas de coco. *Idem* para baião de dois; carne de sol; castanha-de-caju; estrela-do-mar; flor-de-lis; fruta-de-conde; leão de chácara; mala sem alça; mula sem cabeça; pau de arara; rosa dos ventos; porco-do-mato etc.;

8 quando o composto, ou locução, é formado por uma frase substantiva, é ger. invariável: leva e traz (singular e plural). *Idem* para bumba meu boi; chove não molha; comigo-ninguém-pode; disse me disse; louva-a-deus, tomara que caia etc. Exceções: bem-te-vi (pl.: bem-te-vis), bem-me-quer (pl.: bem-me-queres).

Adjetivos compostos

Regra geral: na maioria dos casos, apenas a segunda palavra desse tipo de composto se pluraliza: congressos *afro-brasileiros*; ações *político-sociais*.

Exceção em surdo-mudo, ambas as palavras pluralizam-se – jovens *surdos-mudos*.

Quando o adjetivo composto designa uma cor, segue um dos modelos seguintes:

5 *Advérbio, preposição etc.*
6 *Substantivo, adjetivo etc.*

7 *O segundo substantivo geralmente especifica ou qualifica o primeiro.*
8 *O segundo substantivo geralmente indica cargo ou função.*

1 geralmente, apenas a última palavra recebe a marca de plural: paletós *azul-escuros*. *Idem* para cinza-claro, rubro-negro, verde-azul, amarelo-fosco etc.[9]

Exceções: azul-marinho e furta-cor permanecem invariáveis no plural – calças *azul-marinho*, tecidos *furta-cor*.

2 quando a segunda palavra é um substantivo designativo de algo que tem a cor nomeada na primeira parte do composto, ele permanece invariável no plural: toalhas *verde-oliva*. *Idem* para azul-violeta, vermelho-sangue, amarelo-ouro etc.

V A formação do feminino em português

Apresentam-se, a seguir, os principais mecanismos de formação do feminino de substantivos e adjetivos:

Regra geral: para formar o feminino de uma dessas palavras, geralmente usa-se *-a*. Por exemplo: *moço* > *moça*; *urso* > *ursa*; *belo* > *bela*; *alto* > *alta*.

Veja alguns casos nos quais a regra geral sofre alterações:

Caso	Alteração	Exemplos
terminação *-ão*	torna-se *-ã*	*órfão* > *órfã* *irmão; afegão; aldeão; alemão; anão; ancião; artesão; capitão; cidadão; cristão; espião; tabelião; sacristão* etc.
	torna-se *-ona*	*valentão* > *valentona* *adulão; aldrabão; bonachão; chorão; comilão; folião; mandão; solteirão; valentão; quarentão* etc.
	torna-se *-oa*	*leitão* > *leitoa* *ermitão; leão; patrão; pavão*
	exceções	*barão* > *baronesa*; *cafetão* > *cafetina*; *sultão* > *sultana*; *cão* > *cadela*; *perdigão* > *perdiz*; *lebrão* > *lebre* etc.
terminação *-eu*	torna-se *-eia*	*europeu* > *europeia* *ateu; fariseu; galileu; hebreu; pigmeu*
	torna-se *-ia*	*judeu* > *judia*; *sandeu* > *sandia*

Em outros casos, o feminino é formado por adição ou mudança de sufixo:

Caso	Alteração	Exemplos
sufixos *-dor* **ou** *-tor*	tornam-se *-triz*	*imperador* > *imperatriz* *ator; embaixador*[1]
	seguem a regra geral *maioria dos casos	*carregador* > *carregadora* *embaixador;*[2] *imitador; sofredor; poupador; autor; cantor; doutor* etc.
terminação *-éu*	torna-se *-oa*	*ilhéu* > *ilhoa*; *tabaréu* > *tabaroa*
	exceção	*réu* > *ré*
substantivos com diferentes sufixos ou terminações (ger. nomeando títulos)	recebem os sufixos *-esa* ou *-essa*	*cônsul* > *consulesa*; *duque; príncipe; marquês*; *abade* > *abadessa*; *conde*[3]
	recebem o sufixo *-ina*	*maestro* > *maestrina* *czar; herói*
	recebem o sufixo *-isa*	*poeta* > *poetisa* *papa; diácono; profeta; sacerdote*
	recebem o sufixo *-inha*	*rei* > *rainha* *galo* > *galinha*

Obs.: em certos casos há mais de um feminino possível: *ladrão* > *ladra, ladrona* ou *ladroa*; *vilão* > *vilã* ou *viloa*; *bordador* > *bordadora* ou *bordadeira*; *presidente* > *presidenta* ou *presidente*; *prior* > *priora* ou *prioresa*.

9 *Como substantivos, essas palavras seguem as regras de formação daquela classe de compostos (consulte-as no item anterior): azuis-escuros, azuis-marinhos; verdes-olivas ou verdes-oliva; furta-cores; etc.*

1 Embaixadora *é a mulher que tem o cargo de embaixador.*

2 Embaixatriz *é a esposa do embaixador.*

3 *Se já são terminados por -s, seguem a regra geral:* marquês >marquesa.

Finalmente, veja a seguir casos excepcionais, que destoam dos já registrados:

Classe	Caso	Exemplo
substantivos	feminino nomeado por um substantivo diferente do masculino	*pai > mãe; homem > mulher; macho > fêmea; boi > vaca; cavalo > égua; bode > cabra* etc.
	mesma forma para o masculino e o feminino, com variação de artigo	*o chefe > a chefe homossexual; policial; pedinte; profissional* etc.
	mesma forma para o masculino e o feminino, sem variação de artigo	*a sentinela; a criança; a testemunha; o músico; a vítima; a cobaia; o animal; a pessoa* etc.
	uso dos adjetivos *macho* e *fêmea* para diferenciar os sexos	*cobra-macho; jacaré-fêmea*
adjetivos	mesma forma para o masculino e o feminino	*agrícola; breve; comum; contente; doente; exemplar; experiente; feliz; feroz; fiel; simples; útil* etc.

VI O emprego da crase

Ocorre a crase quando a preposição 'a' se encontra e funde com outro 'a'.

A Usa-se a crase:

1 diante de palavra feminina precedida do artigo definido ('a'), singular ou plural: ⟨*ir à aula*⟩, ⟨*dedicar-se às crianças*⟩;

2 diante dos pronomes demonstrativos 'a'(s), 'aquele'(s), 'aquela'(s), 'aquilo': ⟨*roupa semelhante à que ela tinha*⟩, ⟨*nunca assistiu àquele filme*⟩;

3 diante do pronome relativo feminino 'a qual' ⟨*sabe a matéria à qual o professor se referiu*⟩;

4 em locução adverbial, prepositiva ou conjuntiva, que contenha ou introduza palavra do gênero feminino ⟨*à tarde*⟩, ⟨*às vezes*⟩, ⟨*devido à (situação)*⟩, ⟨*à medida que*⟩;

5 para indicar hora: ⟨*às dez horas*⟩, ⟨*à uma hora*⟩, ⟨*à meia-noite*⟩;

6 antes da palavra moda (expressa ou não): ⟨*vestido à (moda) antiga*⟩, ⟨*bigode à (moda de) Hitler*⟩.

B Nunca se usa a crase:

1 diante de palavra masculina ⟨*andar a cavalo*⟩;

2 diante de verbo ⟨*decidido a renunciar*⟩;

3 diante de artigo indefinido, numeral cardinal e pronome (exceto os supracitados): ⟨*tributo a uma heroína*⟩, ⟨*a duas léguas de distância*⟩, ⟨*atenda a ela primeiro*⟩, ⟨*cumprimentos a V.Ex.ª*⟩, ⟨*não sabe a quem pedir*⟩;

4 em expressões formadas por palavras repetidas: ⟨*linha a linha*⟩, ⟨*frente a frente*⟩;

5 diante de topônimos que não requerem o artigo definido feminino: ⟨*ir a Roma*⟩ (cf. ⟨*vir de Roma*⟩);

6 diante de palavras femininas não precedidas do artigo definido ⟨*a estratégia refere-se a leis de mercado, a direito tributário e a competição*⟩.

C Casos excepcionais:

1 diante de nome próprio feminino: ⟨*respondeu a* (ou *à*) *Maria com um sim*⟩;

2 diante de pronome possessivo feminino: ⟨*respondeu a (ou à) sua pergunta*⟩.

Obs.: **1**) no caso da palavra *casa*, só se usa a crase se estiver determinada: ⟨*foi à casa da avó*⟩ (mas: *foi a casa, saiu de casa, está em casa, dirigiu-se para casa*); **2**) na linguagem de Marinha, a palavra *terra* não admite crase: ⟨*foi a terra, desceu a terra*⟩.

D Sugestões práticas para o uso da crase

1 substituir a palavra feminina por uma masculina e ver se aparece 'ao'; se aparecer, a crase é obrigatória (cf. *vou à cidade – vou ao teatro / barco a vela – barco a motor*);

2 substituir a preposição 'a' por outra (para, em, de, por etc.) e ver se se usaria 'para a', 'na', 'da', 'pela' etc.

VII Acentuação gráfica

Antes de listar as regras de acentuação gráfica, é preciso explicar o conceito de **sílaba tônica**: quando falamos uma palavra de mais de uma sílaba, pronunciamos uma delas com maior força do que a(s) outra(s). É essa sílaba mais forte que chamamos de sílaba tônica. Por exemplo, nas palavras *mú-si-ca, li-vro* e *ca-ju* a sílaba em destaque é a tônica.

Dependendo da posição da sílaba tônica, as palavras podem ser classificadas como: **oxítonas** – as que têm a última sílaba tônica, como *pa-pel* e *ma-ré*; **paroxítonas** – as que têm a penúltima sílaba tônica, como *ca-ne-ta* e *tú-nel*; e **proparoxítonas** – as que têm a antepenúltima sílaba tônica, como *mé-di-co* e *câ-ma-ra*.

Observando os exemplos anteriores, podemos perceber que em algumas daquelas palavras a sílaba tônica é marcada por um acento gráfico e em outras, não. Há algumas regras que determinam se as palavras devem receber acentuação gráfica ou não:

1 As palavras oxítonas que forem terminadas em *a(s), e(s), o(s), em(-ens)* são acentuadas. Por exemplo: *Pa-rá, li-lás; ca-fé, con-vés; ro-bô, ro-bôs; re-fém, re-féns*.

2 As palavras paroxítonas que ***não terminam*** em *a(s), e(s), o(s), em(-ens)* são acentuadas. Por exemplo: *cá-qui, lá-pis; ló-tus, bô-nus; a-gra-dá-vel, de-cá-tlon, pôs-ter, tó-rax; ál-bum, ór-fão, vô-lei, í-mã; co-mé-dia, ca-ná-rio, es-pé-cie*.

Obs.: repare que em *co-mé-dia, ca-ná-rio* e *es-pé-cie*, as terminações não são simplesmente *a, o* e *e*: nesses casos, encontramos os ditongos *ia, io* e *ie*. Por isso aquelas palavras são acentuadas.

3 *Todas* as palavras proparoxítonas são acentuadas. Por exemplo: *ár-vo-re, lá-gri-ma, pé-ro-la, al-môn-de-ga*.

4 Os **monossílabos tônicos** (palavras que têm uma única sílaba e são pronunciadas com voz forte), quando terminam em *a(s), e(s)* e *o(s)*, recebem acento. Por exemplo: *gás, mês, nó*.

5 Os ditongos abertos *ei* e *oi*, quando estão na sílaba tônica, não são acentuados em vocábulos paroxítonos. Por exemplo: *i-dei-a, cau-bói, cha-péu, ji-boi-a*.

6 As vogais *i* e *u*, quando são tônicas e estão em hiato com outras vogais de sílaba anterior, são acentuadas. Já os grupos de vogais *oo* e *ee*, também quando estão em hiato, não recebem acento no primeiro *o* e *e*. Por exemplo: *pa-ra-í-so, sa-ú-de, vi-ú-vo; vo-o, cre-em*.

Obs.: há exceções para essa regra. As vogais *i* e *u*, mesmo tônicas e em hiato com a vogal anterior, ***não são acentuadas*** se forem seguidas de *l, m, n, r* ou *z*. Por exemplo: *Ra-ul, cons-ti-tu-in-te, a-men-do-im, ca-ir, ju-iz*. Essas mesmas vogais também não são acentuadas quando estão em hiato e são seguidas de *nh*, mesmo que não seja na mesma sílaba. Por exemplo: *mo-i-nho, ra-i-nha, ba-i-nha*.

VIII Notações léxicas

Veremos, agora, alguns sinais que trazem informações sobre como as palavras devem ser pronunciadas:

´ Acento agudo

O acento agudo sempre cai na sílaba tônica. Quando usado nas vogais *e* ou *o*, informa que devem ser pronunciadas abertas.

Ex.: *pé*; *sá*; *ca-fé*; *for-ró*; *va-ta-pá*; *prá-ti-co*; *quí-mi-ca*; *mú-si-ca*.

ˆ Acento circunflexo

O acento circunflexo sempre cai na sílaba tônica, sobre as vogais *a*, *e* ou *o*. Quando é usado, informa que essas vogais devem ser pronunciadas fechadas:

Ex.: *dê*; *xô*; *vo-vô*; *tâ-ma-ra*; *fê-me-a*; *cô-mi-co*.

˜ Til

O til é usado sobre as letras *a* e *o* para informar que o seu som é nasalizado.

Ex.: *fã*; *lã*; *cristã*; *órfã*; *canções*.

ç Cedilha

A cedilha é usada na letra *c*, sempre antes de *a*, *o* ou *u*, para indicar que o seu som é como o da letra *s* no início de uma palavra (em seta, por exemplo).

Ex.: *pe-ça*; *po-ço*; *a-çú-car*.

` Acento grave

O acento grave é usado para informar que houve uma fusão (também chamada de *crase*) entre duas vogais *a* (geralmente uma preposição e um artigo).

Ex.: Ir *à* praia; dar um presente *à* namorada. Dediquei-me *àquele* projeto o quanto pude.

' Apóstrofo

O apóstrofo serve para informar que um som foi apagado de uma locução.

Ex.: *gota de água / gota d'água*; *cabelos de ouro / cabelos d'ouro*.

- Hífen

O hífen serve para:

1) ligar as partes de palavras compostas: Ex.: *bem-te-vi*; *tira-teima*; *beija-flor*.

2) ligar verbos e pronomes: Ex.: *decida-se*; *pedi-lhe um conselho*; *faltava-nos tempo para esperar*.

3) separar sílabas: Ex.: *Pegou a mala sem fazer barulho e saiu de-va-ga-ri-nho*.

¨ Trema

O trema é usado para alterar o som de determinada vogal (como no alemão *Führer*) em palavras derivadas de nomes próprios estrangeiros (p.ex., *mülleriano*, a partir de J. Fritz T. *Müller*, *hübnerita*, a partir de Adolf *Hübner*).

IX Pontuação

Esta é a relação dos sinais de pontuação usados em língua portuguesa, com uma breve explicação do seu uso:

. Ponto

O ponto indica, na leitura, uma pausa longa. Esse sinal costuma ser usado no final de uma frase.

Ex.: Siga a rua do museu até chegar a uma praça. Vire, então, à direita e procure uma casa amarela.

, Vírgula

A vírgula indica, na leitura, uma pausa breve e é usada para separar frases encadeadas entre si ou elementos dentro de uma frase.

Ex.: Vou ao supermercado comprar carne, leite, feijão, arroz, farinha e óleo. Fui ao banco, conversei com o gerente, fiz o pagamento e voltei para casa.

; Ponto e vírgula

O ponto e vírgula indica, na leitura, uma pausa média. Destacaremos, aqui, dois de seus usos: **1)** antes de conjunções como *logo*, *portanto, assim, entretanto, contudo, todavia* etc., interrompendo o que se fala para depois continuar o raciocínio; **2**) separando, em uma série de itens, cada um deles:

Ex.: Está chovendo; portanto, talvez seja melhor ficarmos em casa.
Estamos cansados; entretanto, acho que devemos andar mais um pouco.
Tarefas domésticas: a) lavar a louça; b) varrer a casa; c) arrumar o quarto.

: Dois-pontos

Os dois-pontos geralmente são usados para indicar que em seguida será feita uma citação ou alguma coisa será explicada ou esclarecida.

Ex.: Então ele disse: "Acredito em você; por isso vou ajudar."
Por isso você está atrasado: só foi dormir hoje de madrugada.
Gostaria de lembrar uma coisa: na próxima semana estaremos viajando.

? Ponto de interrogação

O ponto de interrogação é usado para frases interrogativas:

Ex.: – Boa noite. Qual é o seu nome?
– Carlos. E o seu?
– Helena. Prazer em conhecê-lo.

! Ponto de exclamação

O ponto de exclamação marca expressões de espanto, animação e irritação, entre outras.

Ex.: Nossa! Que dia bonito!
Parabéns! Você é papai!
Droga! Perdi o ônibus.

... Reticências

As reticências marcam uma interrupção do que está sendo dito, porque a frase não foi mesmo terminada ou porque alguma coisa foi deixada sugerida.

Ex.: – Olha, a bateria do celular está acabando. Eu queria te avisar que...
Conversamos na fila do cinema, compramos pipoca, peguei em sua mão, pus o braço sobre seus ombros, ela sorriu, aí...

" " Aspas

As aspas são usadas para abrir e fechar citações ou destacar palavras ou expressões em uma frase:

Ex.: Lembre-se do velho ditado: "Prudência e caldo de galinha não fazem mal a ninguém."
"Furdunço" significa "festa animada".

( ) Parênteses

Os parênteses são usados para acrescentar nos textos comentários e explicações:

Ex.: O hábito de fumar (que eu, aliás, acho horroroso) é prejudicial à saúde.
Deodoro da Fonseca (o primeiro presidente da República do Brasil) era alagoano.

– Travessão

O travessão serve para indicar, por escrito, as falas que compõem diálogos ou (assim como os parênteses) para acrescentar comentários em um texto:

Ex.: – Alô.
– Bom dia, é da casa da Cláudia?
– Bom dia, aqui não mora nenhuma Cláudia, não.
– Ah, então me desculpe. Foi engano.
A encomenda – esperada ansiosamente por todos – finalmente chegou.

[ ] Colchetes

Os colchetes são usados para inserir comentários em uma citação ou para, num trecho que já está entre parênteses, acrescentar mais comentários:

Ex.: O solista interrompeu a apresentação: "[com voz irritada] Desculpem-me, mas a qualidade do som está péssima. [dirigindo-se ao técnico:] Vou fazer uma pausa para você ajeitar isso."
Os animais vertebrados (peixes, anfíbios, répteis, aves e mamíferos [e, dentre estes últimos, o homem]) são os mais desenvolvidos biologicamente.

X Regras de ortografia

A ortografia é o estudo das regras que estabelecem como escrever corretamente as palavras. Também cuida de assuntos como pontuação e acentuação gráfica, já tratados em outras seções deste minidicionário.

A consulta ao dicionário é a melhor maneira de se ter certeza sobre como se escreve uma palavra: uma das funções desse tipo de livro é exatamente registrar a forma de escrever corretamente.

Certas regras ajudam a resolver algumas dúvidas de ortografia:

1 Regras para o uso de *x* ou *ch*:
• após um ditongo, usa-se *x*. Por exemplo: *baixo*, *frouxo*, *queixo*;
• escreve-se com *x* a maioria das palavras iniciadas pelo prefixo *en-*. Por exemplo: *enxaguar*, *enxofre*, *enxugar*.

Exceções: as palavras da família de *encher* (como *enchente* e *preencher*) e as derivadas de outras que são escritas com *ch* (como *enchapelar*, que vem de *chapéu*) não seguem essa regra;
• escrevem-se com *x* as palavras iniciadas por *me* (como *mexer*, *mexicano* e *mexerica*).

Exceções: a palavra *mecha* e as outras da sua família (como *mechar* e *mechagem*) não seguem essa regra;
• em geral, escrevem-se com *x* palavras que vêm de línguas indígenas e africanas: *abacaxi*, *pataxó*, *Xingu*, *axabeba*, *axé*, *oxalá*, *maxixe*.

2 Regras sobre o uso de *g* ou *j*:
• escrevem-se com *g* as palavras terminadas pelos sufixos *-agem*, *-igem* e *-ugem*. Por exemplo: *bobagem*, *origem*, *ferrugem*.

Exceções: as palavras *pajem* e *lambujem* não seguem essa regra.

Obs.: *viagem* (substantivo) escreve-se com *g*, mas o verbo *viajar*, em todas as suas flexões, é escrito com *j*;
• também escrevem-se com *g* as palavras terminadas por *-ágio*, *-égio*, *-ígio*, *-ógio* e *-úgio*. Por exemplo: *estágio*, *colégio*, *vestígio*, *relógio*, *subterfúgio*;
• depois de *a* no início da palavra, usa-se *ge* ou *gi*. Por exemplo: *agência*, *agitar*.

Exceções: algumas palavras de origem indígena e as palavras da família de *jeito*, mesmo que comecem com *a*, são escritas com *j*: veja as duas regras seguintes;
• em geral, escrevem-se com *j* as palavras que vêm de línguas indígenas e africanas: *jenipapo*, *jequitibá*, *jerimum*; *acarajé*, *canjerê*, *hadji*, *jiló*;
• escrevem-se com *j* palavras derivadas de outras escritas com *j*. Por exemplo: ***jeito*** / *ajeitar*, *jeitoso*; ***loja*** / *lojista*; ***nojo*** / *nojeira*, *nojento*; ***sujo*** / *sujeira*.

3 Regras sobre o uso de *s* ou *z*:
• escrevem-se com *s* as palavras derivadas de outras escritas com *s*. Por exemplo: ***base*** / *basear*, *básico*; ***brasa*** / *abrasador*, *abrasar*, *braseiro*; ***prisão*** / *aprisionar*, *prisioneiro*;
• da mesma forma, escrevem-se com *z* as palavras derivadas de outras escritas com *z*. Por exemplo: ***cinza*** / *cinzeiro*, *cinzento*; ***cruz*** / *cruzado*, *cruzamento*, *cruzeiro*;
• preste atenção na diferença: são escritos com *s* substantivos que nomeiam uma nacionalidade ou um título e que são terminados pelos sufixos *-ês*, *-esa*: *português*, *japonesa*, *marquês* e *baronesa*. Por outro lado, são escritos com *z* substantivos que nomeiam ideias abstratas e que são terminados pelos sufixos *-ez*, *-eza*: *estupidez*, *palidez*, *beleza*, *certeza*;
• escrevem-se com *s* os sufixos *-ense*, *-oso* e *-osa*. Por exemplo: *botafoguense*, *canadense*, *cearense*; *arenoso*, *gostoso*, *ocioso*; *babosa*, *mucosa*, *nebulosa*;
• escreve-se com *z* o sufixo *-izar*. Por exemplo: *agilizar*, *cicatrizar*, *parabenizar*.

Exceções: cuidado! Os verbos terminados em *-ar* que vêm de palavras escritas com *s* continuam com *s*. Por exemplo: *análise* / *analisar*; *liso* / *alisar*; *pesquisa* / *pesquisar*;
• depois de ditongo, usa-se *s*. Por exemplo: *aplauso*, *ousado*, *pausa*, *repouso*;
• nas flexões dos verbos *pôr* e *querer* usa-se *s*. Por exemplo: *pusemos*, *pusesse*, *puser*; *quisemos*, *quisesse*, *quiser*.

XI Emprego do hífen em compostos por prefixos e falsos prefixos

1º elemento	2º elemento
aero agro ('terra') alfa ante anti arqui auto beta bi bio contra eletro entre extra foto geo hetero hidro hipo homo infra intra iso lipo macro maxi meso micro mini mono multi neo neuro paleo para ('junto a') peri pluri poli proto pseudo psico retro semi sobre supra tele tetra tri ultra	**a**) iniciado por vogal igual à vogal final do 1º elemento **b**) iniciado por *h*
re	iniciado por *h*
hiper inter nuper super	iniciado por *h* e *r*
ab ob sob sub	iniciado por *b*, *h* e *r*

1º elemento	2º elemento
ad	iniciado por *d*, *h* e *r*
pan	**a**) iniciado por qualquer vogal **b**) iniciado por *h*, *m* e *n* (diante de *b* e *p* passa a *pam*)
circum	**a**) iniciado por qualquer vogal **b**) iniciado por *h*, *m* e *n*
além aquém ex ('cessamento'; 'estado anterior') para ('de parar') recém sem sota soto vice	qualquer (sempre com hífen)
pós pré pró	sempre que conserve autonomia vocabular

Observações:

a) Emprega-se o hífen, nas palavras compostas por sufixação, somente naquelas terminadas por sufixos de origem tupi-guarani, como *açu*, *guaçu* e *mirim*, quando o primeiro elemento termina em vogal acentuada graficamente ou quando a pronúncia exige a distinção gráfica dos dois elementos: *amoré-guaçu*, *anajá-mirim*, *capim-açu*.

b) Não se emprega o hífen em palavras cujo prefixo ou elemento antepositivo termina em vogal e o segundo elemento começa por *r* ou *s*, que se duplicam: *antirreligioso*, *antissemita*, *infrassom*, *minissaia*.

c) Não se emprega o hífen em palavras cujo prefixo ou elemento antepositivo termina em vogal e o segundo elemento começa por vogal diferente: *antiaéreo*, *coeducação*, *extraescolar*, *aeroespacial*, *autoestrada*, *agroindustrial*, *hidroelétrico*.

d) *euro*, *indo*, *sino*, *franco*, *anglo*, *luso*, *afro* etc. escrevem-se sem hífen quando funcionam adjetivamente como elemento mórfico (*eurocomunista*, *afrolatria*, *francofonia*, *sinofilia*, *lusofilia*); quando se trata da soma de duas ou mais identidades, o hífen tem de ser empregado: *euro-africano*, *euro-afro-americano*, *indo-português*, *anglo-americano*, *franco-suíço*, *sino-japonês*.

e) Palavras com os prefixos *ab-*, *ad-*, *ob-*, *sob-* e *sub-* seguidos da consoante *r*: em conformidade com a ABL, mantém-se a grafia consagrada com hífen (*ab-rogar*, *ad-renal*, *ob-rogar*, *sob-roda*, *sub-reptício*), uma vez que o *r* dos grupos *br* e *dr*, nesses casos, não representa uma vibrante alveolar (como, p.ex., em *abraço*), tratando-se de duas sílabas separadas. Já *adrenalina* só se escreve sem hífen, e *ab-rupto* e *ad-renal* aceitam dupla grafia, com ou sem hífen.

f) Palavras com o prefixo *co-* escrevem-se sem hífen, mesmo havendo encontro da vogal *o* (*coobrigado*, *coordenação* etc.). Quando o segundo elemento começa por *h*, a ABL sugere a supressão dessa letra na posição intermédia, a exemplo de *coabitar*, registrando, em seu Vocabulário Ortográfico, *coerdar* e *coerdeiro*.

XII Formas de tratamento de autoridades

1 Civis

Título	Cabeçalho de correspondência	Abreviatura	Forma de referência	Abreviatura
presidente da República, governador, ministro de Estado, chefe da casa civil, senador, deputado, secretário de Estado, embaixador, prefeito	Excelentíssimo Senhor	Exmo Sr.	Vossa Excelência	V. Exª
diretor (de estatal, autarquia etc.)	Senhor Diretor	Sr.	Vossa Senhoria	V. S^{a}
vereador	Senhor Vereador	Sr.	Vossa Excelência	V. Exª
cônsul	Ilustríssimo Senhor Cônsul	Il.^{mo} Sr.	Vossa Excelência	V. Exª
reitor	Magnífico Reitor	—	Vossa Magnificência	V. Mag.^{a}

2 Judiciárias

Título	Cabeçalho de correspondência	Abreviatura	Forma de referência	Abreviatura
desembargador, promotor, curador	Excelentíssimo Senhor	Exmo Sr.	Vossa Excelência	V. Exª
juiz	Excelentíssimo Senhor Juiz	Exmo Sr.	Meritíssimo	MM

3 Militares

Título	Cabeçalho de correspondência	Abreviatura	Forma de referência	Abreviatura
oficiais generais ou comandantes (até coronel ou capitão de mar e guerra)	Excelentíssimo Senhor (patente)	Exmo Sr. (patente)	Vossa Excelência	V. Exª
demais patentes	Ilustríssimo Senhor (patente)	Il.^{mo} Sr. (patente)	Vossa Senhoria	V. S^{a}

4 Eclesiásticas

Título	Cabeçalho de correspondência	Abreviatura	Forma de referência	Abreviatura
papa	Sua Santidade	S. S.	Sua Santidade	S. S.
cardeal	Eminentíssimo Senhor	Em.^{mo} Sr.	Vossa Eminência Reverendíssima	V. Em^{a} Rev.^{ma}
arcebispo, bispo	Reverendíssimo Senhor	Rev.^{mo} Sr.	Vossa Excelência Reverendíssima	V. Ex.ª Rev.^{ma}
abade, cônego, monsenhor, sacerdote, superior de ordem religiosa e demais autoridades	Reverendíssimo Senhor	Rev.^{mo} Sr.	Vossa Reverendíssima	V. Rev.^{ma}

5 Monárquicas

Título	Cabeçalho de correspondência	Abreviatura	Forma de referência	Abreviatura
rei, rainha	Sua Majestade (Real)	S.M.(R.)	Vossa Majestade	V.M.
imperador, imperatriz	Sua Majestade Imperial	S.M.I.	Vossa Majestade	V.M.
príncipe, princesa	Sua Alteza (Cristianíssima, Fidelíssima, Imperial, Real ou Sereníssima)	S.A. (S.A.C., S.A.F., S.A.I, S.A.R., S.A.S.)	Vossa Alteza	V.A.

6 Diversas

Título	Cabeçalho de correspondência	Abreviatura	Forma de referência	Abreviatura
dom	Digníssimo Dom	Dig.^{mo} D.	Vossa Senhoria	V.S^{a}
doutor	Senhor Doutor	Sr. Dr.	Doutor	Dr.
professor	Senhor Professor	Sr. Prof.	Professor	Prof.
comendador	Senhor Comendador	Sr. Com.	Comendador	Com.

Obs.: As práticas de abreviação modernas condenam o uso excessivo de superposições (p.ex.: Il.^{mo}, Exmo, Rev.^{mo} etc.)

Conjugação dos verbos

VERA CRISTINA RODRIGUES

[ADAPTAÇÃO ÀS NORMAS DO ACORDO ORTOGRÁFICO DE 1990 POR JOSÉ CARLOS AZEREDO]

Cada verbo do dicionário remete a um dos 32 **modelos** de conjugação aqui descritos. Os conceitos empregados na descrição desses modelos vão aqui explicados.

Rizotônicas são as formas do verbo cuja acentuação tônica recai no radical; **arrizotônicas** são aquelas que têm acentuação tônica fora do radical. Para efeito desta descrição da conjugação de verbos, essa diferença importa, sobretudo, no pres.ind., no pres.subj. e no imp.afirm. dos verbos da 1ª conjugação:

Rizotônicas

	pres.ind.	pres.subj.	imp.
1ª p.s.	rizot.	rizot.	–
2ª p.s.	rizot.	rizot.	rizot.
3ª p.s.	rizot.	rizot.	rizot.
1ª p.pl.			
2ª p.pl.			
3ª p.pl.	rizot.	rizot.	rizot.

Arrizotônicas

	pres.ind.	pres.subj.	imp.
1ª p.s.			–
2ª p.s.			
3ª p.s.			
1ª p.pl.	arrizot.	arrizot.	arrizot.
2ª p.pl.	arrizot.	arrizot.	arrizot.
3ª p.pl.			

São aqui considerados verbos de **irregularidade 1 (irreg.1)** e de **irregularidade 2 (irreg.2)** os que apresentam alteração no radical, nas formas assinaladas nos quadros a seguir:

Irregularidade 1

	pres.ind.	pres.subj.	imp.
1ª p.s.	irreg.1	irreg.1	–
2ª p.s.		irreg.1	
3ª p.s.		irreg.1	irreg.1
1ª p.pl.		irreg.1	irreg.1
2ª p.pl.		irreg.1	
3ª p.pl.		irreg.1	irreg.1

Irregularidade 2

	pres.ind.	pres.subj.	imp.
1ª p.s.	irreg.2	irreg.2	–
2ª p.s.	irreg.2	irreg.2	irreg.2
3ª p.s.	irreg.2	irreg.2	irreg.2
1ª p.pl.		irreg.2	irreg.2
2ª p.pl.		irreg.2	
3ª p.pl.	irreg.2	irreg.2	irreg.2

Os poucos verbos de **irregularidade 3 (irreg.3)** apresentam alterações nas 2ª e 3ª p.s., 3ª p.pl. do pres.ind. e 2ª p.s. do imp. Os de **irregularidade 4 (irreg.4)** são os chamados irregulares fortes e anômalos, que têm, em sua conjugação, radicais primários diferentes. Por isso, nesses verbos, diferentemente dos das outras três irregularidades e dos regulares, não haverá identidade nas formas do infinitivo flexionado e do fut.subj.: *caber*, *caberes* etc., *couber*, *couberes* etc.

Verbos **defectivos** são aqueles a que faltam algumas formas; a uns, identificados aqui por **D1**, faltam as formas marcadas no quadro irreg.1; a outros, chamados **D2**, faltam as formas marcadas no quadro irreg.2; outros, ainda, os **D3**, só são conjugados nas 3ªs p. de todos os tempos verbais.

D1

	pres.ind.	pres.subj.	imp.
1ª p.s.	falta	falta	–
2ª p.s.		falta	
3ª p.s.		falta	falta
1ª p.pl.		falta	falta
2ª p.pl.		falta	
3ª p.pl.		falta	falta

D2

	pres.ind.	pres.subj.	imp.
1ª p.s.	falta	falta	–
2ª p.s.	falta	falta	falta
3ª p.s.	falta	falta	falta
1ª p.pl.		falta	falta
2ª p.pl.		falta	
3ª p.pl.	falta	falta	falta

Verbos **abundantes** são os que têm mais de uma forma em determinadas flexões: uns apresentam duas – e até três – formas para o particípio: uma regular, outra(s) irregular(es), p.ex., *aceitado/aceito/aceite*; outros, em algumas de suas pessoas, apresentam variações, geralmente de ordem dialetal, como *constróis/construis*.

Para alguns verbos pode haver necessidade de **adequação ortográfica**:

-car: o *-c-* passa a *-qu-* antes de *-e*
-çar: o *-ç-* passa a *-c-* antes de *-e*
-gar: o *-g-* passa a *-gu-* antes de *-e*
-cer, *-scer*, *-cir*: o *-c-* passa a *-ç-* antes de *-o* e *-a*
-ger, *-gir*: o *-g-* passa a *-j-* antes de *-o* e *-a*
-guer, *-guir*: o *-gu-* (sem pronúncia do *-u-*) perde o *-u-* diante de *-o* e *-a*

Os **tempos compostos** são formados pelos auxiliares *ter* ou *haver* seguidos do part. do verbo principal:

Indicativo

	pret.perf.	
1ª p.s.	tenho/hei	aceitado
2ª p.s.	tens/hás	
3ª p.s.	tem/há	
1ª p.pl.	temos/havemos	
2ª p.pl.	tendes/haveis	
3ª p.pl.	têm/hão	

	pret.m.-q.-perf.	
1ª p.s.	tinha/havia	aceitado
2ª p.s.	tinhas/havias	
3ª p.s.	tinha/havia	
1ª p.pl.	tínhamos/havíamos	
2ª p.pl.	tínheis/havíeis	
3ª p.pl.	tinham/haviam	

	fut.pres.	
1ª p.s.	terei/haverei	aceitado
2ª p.s.	terás/haverás	
3ª p.s.	terá/haverá	
1ª p.pl.	teremos/haveremos	
2ª p.pl.	tereis/havereis	
3ª p.pl.	terão/haverão	

	fut.pret.	
1ª p.s.	teria/haveria	aceitado
2ª p.s.	terias/haverias	
3ª p.s.	teria/haveria	
1ª p.pl.	teríamos/haveríamos	
2ª p.pl.	teríeis/haveríeis	
3ª p.pl.	teriam/haveriam	

Subjuntivo

	pret.perf.	
1ª p.s.	tenha/haja	aceitado
2ª p.s.	tenhas/hajas	
3ª p.s.	tenha/haja	
1ª p.pl.	tenhamos/hajamos	
2ª p.pl.	tenhais/hajais	
3ª p.pl.	tenham/hajam	

	pret.m.-q.-perf.	
1ª p.s.	tivesse/houvesse	aceitado
2ª p.s.	tivesses/houvesses	
3ª p.s.	tivesse/houvesse	
1ª p.pl.	tivéssemos/houvéssemos	
2ª p.pl.	tivésseis/houvésseis	
3ª p.pl.	tivessem/houvessem	

	fut.	
1ª p.s.	tiver/houver	aceitado
2ª p.s.	tiveres/houveres	
3ª p.s.	tiver/houver	
1ª p.pl.	tivermos/houvermos	
2ª p.pl.	tiverdes/houverdes	
3ª p.pl.	tiverem/houverem	

Formas nominais não conjugadas

infinitivo	gerúndio	
ter/haver	tendo/ havendo	aceitado

Infinitivo flexionado

1ª p.s.	ter/haver	aceitado
2ª p.s.	teres/haveres	
3ª p.s.	ter/haver	
1ª p.pl.	termos/havermos	
2ª p.pl.	terdes/haverdes	
3ª p.pl.	terem/haverem	

Forma-se a **voz passiva**, de todos os tempos e modos, com o verbo auxiliar *ser* flexionado, acompanhado do part. do verbo principal. Quando o verbo admite mais de um part., a passiva geralmente se faz com a forma irregular: *fomos aceitos*.

O **imperativo negativo** se faz com as formas do pres.subj. precedidas de advérbio de negação: *não fales* tu, *não faleis* vós.

Os verbos com os pronomes oblíquos *o/a, os/as*, enclíticos (ou mesoclíticos), sofrem alterações em algumas das desinências número-pessoais: os *-s* e *-r* (ou *-z*) finais caem, e o pronome passa a se apoiar na consoante *l-*; quando a desinência é nasal, o pronome vem precedido de *n-*. Como algumas dessas formas passam a oxítonas, há alterações na acentuação gráfica, como se vê nos exemplos a seguir, antecedidos da forma correspondente com o pronome proclítico:

pronome proclítico	pronome mesoclítico	pronome enclítico
tu o amas		(tu) ama-lo
nós as perdemos		(nós) perdemo-las
de o dizer		de dizê-lo
(para) eu o conseguir		(para eu) consegui-lo
eu os fiz		(eu) fi-los
elas o quiseram		(elas) quiseram-no
eu o direi	(eu) di-lo-ei	
vós o saberíeis	(vós) sabê-lo-íeis	

Na 1ª p.pl. a desinência número-pessoal perde o *-s* diante do pron.p. *nos*: *perdemo-nos*.

Os verbos tomados como modelo para a conjugação de outros estão, a seguir, apresentados em caixa alta.

Modelos

Modelo 1 AMAR

Indicativo

	pres.	pret.imperf.	pret.perf.
1ª p.s.	amo	amava	amei
2ª p.s.	amas	amavas	amaste
3ª p.s.	ama	amava	amou
1ª p.pl.	amamos	amávamos	amamos
2ª p.pl.	amais	amáveis	amastes
3ª p.pl.	amam	amavam	amaram

	pret.m.-q.-perf.	fut.pres.	fut.pret.
1ª p.s.	amara	amarei	amaria
2ª p.s.	amaras	amarás	amarias
3ª p.s.	amara	amará	amaria
1ª p.pl.	amáramos	amaremos	amaríamos
2ª p.pl.	amáreis	amareis	amaríeis
3ª p.pl.	amaram	amarão	amariam

Subjuntivo

	pres.	pret.imperf.	fut.
1ª p.s.	ame	amasse	amar
2ª p.s.	ames	amasses	amares
3ª p.s.	ame	amasse	amar
1ª p.pl.	amemos	amássemos	amarmos
2ª p.pl.	ameis	amásseis	amardes
3ª p.pl.	amem	amassem	amarem

Imperativo/infinitivo flexionado

	imp.	imp. neg.	inf. flex.
1ª p.s.	–	–	amar
2ª p.s.	ama	não ames	amares
3ª p.s.	ame	não ame	amar
1ª p.pl.	amemos	não amemos	amarmos
2ª p.pl.	amai	não ameis	amardes
3ª p.pl.	amem	não amem	amarem

Formas nominais não conjugadas

infinitivo	particípio	gerúndio
amar	amado	amando

Observações:

1) Grafa-se sem acento circunflexo o hiato *-oo* da 1ª p.s. do pres. ind. dos verbos em *-oar*: *abençoo*, *enjoo*, *perdoo*.

2) Os verbos em *-oiar* têm ditongo aberto, nas formas rizotônicas, sem marca gráfica: *apoio*, *apoie* etc.

3) Os verbos *mobiliar*, *resfolegar* e *tresfolegar* têm, em função de sua tonicidade, suas formas rizotônicas graficamente acentuadas: *mobílio*, *mobílias*, *mobílie*, *mobílies* etc., *mobília* tu, *mobílie* você, *mobíliem* vocês; *resfólego*, *tresfólegas* etc. Também existem as variantes mobilhar, resfolgar e tresfolgar, que são regulares.

4) Não se acentuam graficamente as flexões *para*, *pelo*, *pela* e *pelas*, respectivamente dos verbos *parar* e *pelar*.

5) O verbo *grassar* é **D3**.

Modelo 2 SAUDAR/ARRUINAR

Os verbos que seguem este modelo apresentam hiato graficamente acentuado nas formas rizotônicas; as outras são totalmente regulares, seguindo o Modelo [1].

Hiato acentuado nas formas rizotônicas

	pres.ind.	pres. subj.	imp.
1ª p.s.	saúdo/ arruíno	saúde/ arruíne	–
2ª p.s.	saúdas/ arruínas	saúdes/ arruínes	saúda/ arruína
3ª p.s.	saúda/ arruína	saúde/ arruíne	saúde/ arruíne
1ª p.pl.			
2ª p.pl.			
3ª p.pl.	saúdam/ arruínam	saúdem/ arruínem	saúdem/ arruínem

Modelo 3 AGUAR

Os verbos terminados em *-aguar*, *-inguar* e *-inquar* têm, nas formas rizotônicas, acento gráfico no *-a-* ou no *-i-*. O *-u-* é sempre pronunciado, sem receber qualquer sinal gráfico.

Acentuação nas formas rizotônicas

	pres.ind.	pres.subj.	imp.
1ª p.s.	águo	águe	–
2ª p.s.	águas	águes	água
3ª p.s.	água	águe	águe
1ª p.pl.			
2ª p.pl.			
3ª p.pl.	águam	águem	águem

Observações:

1) Alguns gramáticos brasileiros admitem ou preferem para estes verbos a conjugação prevista no Modelo [4].

2) O verbo *adequar*, tradicionalmente considerado defectivo (**D2**), já é amplamente usado no Brasil segundo este modelo.

Modelo 4 APAZIGUAR

Este modelo abrange os verbos terminados em *-iguar*, *-eguar* e *-iquar*, e difere do anterior pela tonicidade no *-u-* nas respectivas formas rizotônicas. Como no Modelo [3], o *-u-* é sempre pronunciado, sem receber qualquer sinal gráfico.

Acentuação nas formas rizotônicas

	pres.ind.	pres.subj.	imp.
1ª p.s.	apaziguo	apazigue	–
2ª p.s.	apaziguas	apazigues	apazigua
3ª p.s.	apazigua	apazigue	apazigue
1ª p.pl.			
2ª p.pl.			
3ª p.pl.	apaziguam	apaziguem	apaziguem

Modelo 5 CEAR

Nos verbos terminados em *-ear*, o *-e-* passa a *-ei-* nas formas rizotônicas; as demais formas seguem o Modelo [1]. Para os verbos *estrear* e *idear* e para os terminados em *-iar*, ver observações.

Ditongação das rizotônicas

	pres.ind.	pres.subj.	imp.
1ª p.s.	ceio	ceie	–
2ª p.s.	ceias	ceies	ceia
3ª p.s.	ceia	ceie	ceie
1ª p.pl.			
2ª p.pl.			
3ª p.pl.	ceiam	ceiem	ceiem

Observações:

1) Os verbos *idear* e *estrear* apresentam ditongo aberto, sem acentuação gráfica: *ideio*, *estreias* etc.

2) Os verbos em *-iar* são regulares, mas *ansiar*, *incendiar*, *intermediar*, *mediar*, *remediar* e *odiar* seguem o padrão dos verbos em *-ear* nas formas rizotônicas: *medeio*, *anseias*, *remedeiem* etc.

Modelo 6 DAR

Indicativo

	pres.	pret.imperf.	pret.perf.
1ª p.s.	dou	dava	dei
2ª p.s.	dás	davas	deste
3ª p.s.	dá	dava	deu
1ª p.pl.	damos	dávamos	demos
2ª p.pl.	dais	dáveis	destes
3ª p.pl.	dão	davam	deram

	pret.m.-q.-perf.	fut.pres.	fut.pret.
1ª p.s.	dera	darei	daria
2ª p.s.	deras	darás	darias
3ª p.s.	dera	dará	daria
1ª p.pl.	déramos	daremos	daríamos
2ª p.pl.	déreis	dareis	daríeis
3ª p.pl.	deram	darão	dariam

Subjuntivo

	pres.	pret.imperf.	fut.
1ª p.s.	dê	desse	der
2ª p.s.	dês	desses	deres
3ª p.s.	dê	desse	der
1ª p.pl.	demos	déssemos	dermos
2ª p.pl.	deis	désseis	derdes
3ª p.pl.	deem	dessem	derem

Imperativo/infinitivo flexionado

	imp.	imp. neg.	inf. flex.
1ª p.s.	–	–	dar
2ª p.s.	dá	não dês	dares
3ª p.s.	dê	não dê	dar
1ª p.pl.	demos	não demos	darmos
2ª p.pl.	dai	não deis	dardes
3ª p.pl.	deem	não deem	darem

Formas nominais não conjugadas

infinitivo	particípio	gerúndio
dar	dado	dando

Modelo 7 ESTAR

Indicativo

	pres.	pret.imperf.	pret.perf.
1ª p.s.	estou	estava	estive
2ª p.s.	estás	estavas	estiveste
3ª p.s.	está	estava	esteve
1ª p.pl.	estamos	estávamos	estivemos
2ª p.pl.	estais	estáveis	estivestes
3ª p.pl.	estão	estavam	estiveram

	pret.m.-q.-perf.	fut.pres.	fut.pret.
1ª p.s.	estivera	estarei	estaria
2ª p.s.	estiveras	estarás	estarias
3ª p.s.	estivera	estará	estaria
1ª p.pl.	estivéramos	estaremos	estaríamos
2ª p.pl.	estivéreis	estareis	estaríeis
3ª p.pl.	estiveram	estarão	estariam

Subjuntivo

	pres.	pret.imperf.	fut.
1ª p.s.	esteja	estivesse	estiver
2ª p.s.	estejas	estivesses	estiveres
3ª p.s.	esteja	estivesse	estiver
1ª p.pl.	estejamos	estivéssemos	estivermos
2ª p.pl.	estejais	estivésseis	estiverdes
3ª p.pl.	estejam	estivessem	estiverem

Imperativo/infinitivo flexionado

	imp.	imp. neg.	inf. flex.
1ª p.s.	–	–	estar
2ª p.s.	está	não estejas	estares
3ª p.s.	esteja	não esteja	estar
1ª p.pl.	estejamos	não estejamos	estarmos
2ª p.pl.	estai	não estejais	estardes
3ª p.pl.	estejam	não estejam	estarem

Formas nominais não conjugadas

infinitivo	particípio	gerúndio
estar	estado	estando

Modelo 8 VENDER

Para verbos terminados em *-screver*; para *jazer* e derivados; para os defectivos, ver observações.

Indicativo

	pres.	pret.imperf.	pret.perf.
1ª p.s.	vendo	vendia	vendi
2ª p.s.	vendes	vendias	vendeste
3ª p.s.	vende	vendia	vendeu
1ª p.pl.	vendemos	vendíamos	vendemos
2ª p.pl.	vendeis	vendíeis	vendestes
3ª p.pl.	vendem	vendiam	venderam

	pret.m.-q.-perf.	fut.pres.	fut.pret.
1ª p.s.	vendera	venderei	venderia
2ª p.s.	venderas	venderás	venderias
3ª p.s.	vendera	venderá	venderia
1ª p.pl.	vendêramos	venderemos	venderíamos
2ª p.pl.	vendêreis	vendereis	venderíeis
3ª p.pl.	venderam	venderão	venderiam

Subjuntivo

	pres.	pret.imperf.	fut.
1ª p.s.	venda	vendesse	vender
2ª p.s.	vendas	vendesses	venderes
3ª p.s.	venda	vendesse	vender
1ª p.pl.	vendamos	vendêssemos	vendermos
2ª p.pl.	vendais	vendêsseis	venderdes
3ª p.pl.	vendam	vendessem	venderem

Imperativo/infinitivo flexionado

	imp.	imp. neg.	inf. flex.
1ª p.s.	–	–	vender
2ª p.s.	vende	não vendas	venderes
3ª p.s.	venda	não venda	vender
1ª p.pl.	vendamos	não vendamos	vendermos
2ª p.pl.	vendei	não vendais	venderdes
3ª p.pl.	vendam	não vendam	venderem

Formas nominais não conjugadas

infinitivo	particípio	gerúndio
vender	vendido	vendendo

Observações:

1) Os verbos *escrever* e seus derivados têm part. irreg.: *escrito*, *circunscrito* etc.

2) O verbo *jazer* e seus derivados perdem o *-e* da 3ª p.s. (ele *jaz*), mantendo a variante com *-e* no imperativo afirmativo: *jaz* ou *jaze* tu.

3) Os verbos *precaver* e *desprecaver* são **D2**. (O verbo *viger*, geralmente considerado **D1**, tem apresentado pres.subj.: *vija*.)

Modelo 9 MOER

Para defectivos, ver observação.

Indicativo

	pres.	pret.imperf.	pret.perf.	pret.m.-q.-perf.	fut.pres.	fut.pret.
1ª p.s.	moo	moía	moí	moera	moerei	moeria
2ª p.s.	móis	moías	moeste	moeras	moerás	moerias
3ª p.s.	mói	moía	moeu	moera	moerá	moeria
1ª p.pl.	moemos	moíamos	moemos	moêramos	moeremos	moeríamos
2ª p.pl.	moeis	moíeis	moestes	moêreis	moereis	moeríeis
3ª p.pl.	moem	moíam	moeram	moeram	moerão	moeriam

Subjuntivo

	pres.	pret.imperf.	fut.
1ª p.s.	moa	moesse	moer
2ª p.s.	moas	moesses	moeres
3ª p.s.	moa	moesse	moer
1ª p.pl.	moamos	moêssemos	moermos
2ª p.pl.	moais	moêsseis	moerdes
3ª p.pl.	moam	moessem	moerem

Imperativo/infinitivo flexionado

	imp.	imp. neg.	inf. flex.
1ª p.s.	–	–	moer
2ª p.s.	mói	não moas	moeres
3ª p.s.	moa	não moa	moer
1ª p.pl.	moamos	não moamos	moermos
2ª p.pl.	moei	não moais	moerdes
3ª p.pl.	moam	não moam	moerem

Formas nominais não conjugadas

infinitivo	particípio	gerúndio
moer	moído	moendo

Observações:

1) São defectivos os verbos *soer* (**D1**), *doer* e *condoer* (**D3**).

2) Quando pronominais, *doer-se* e *condoer-se* têm conjugação completa.

Modelo 10 Verbos com irregularidade 1 (irreg.1)

Para todos estes verbos, as formas não assinaladas no quadro da **irreg.1** são regulares, conjugando-se pelo Modelo [8].

VALER: *valho, vales etc.; valha, valhas etc.; vale, valha, valhamos, valei, valham.*

PERDER: *perco, perdes etc.; perca, percas etc.; perde, perca, percamos, perdei, percam.*

REQUERER: *requeiro, requeres, requer etc.; requeira, requeiras etc.; requer(e), requeira, requeiramos, requerei, requeiram.*

	pres.ind.	pres.subj.	imp.
1ª p.s.	lh/c/ei	lh/c/ei	–
2ª p.s.		lh/c/ei	
3ª p.s.		lh/c/ei	lh/c/ei
1ª p.pl.		lh/c/ei	lh/c/ei
2ª p.pl.		lh/c/ei	
3ª p.pl.		lh/c/ei	lh/c/ei

Modelo 11 CRER

Ditongo *-ei-* nas formas de **irreg.1**. Assinala-se com circunflexo apenas o timbre fechado das formas terminadas em *-ê* e *-ês*: *crê, descrês*.

	pres.ind.	pres.subj.	imp.
1ª p.s.	creio	creia	–
2ª p.s.	crês	creias	crê
3ª p.s.	crê	creia	creia
1ª p.pl.	cremos	creiamos	creiamos
2ª p.pl.	credes	creiais	crede
3ª p.pl.	creem	creiam	creiam

Atenção: *creem, descreem.*

Modelo 12 VER

Assinala-se com circunflexo apenas o timbre fechado das formas terminadas em *-ê* e *-ês*: *vê, revê, provês*. Para *prover* e *desprover*, ver observação.

Indicativo

	pres.	pret.imperf.	pret.perf.
1ª p.s.	vejo	via	vi
2ª p.s.	vês	vias	viste
3ª p.s.	vê	via	viu
1ª p.pl.	vemos	víamos	vimos
2ª p.pl.	vedes	víeis	vistes
3ª p.pl.	veem	viam	viram

	pret.m.-q.-perf.	fut.pres.	fut.pret.
1ª p.s.	vira	verei	veria
2ª p.s.	viras	verás	verias
3ª p.s.	vira	verá	veria
1ª p.pl.	víramos	veremos	veríamos
2ª p.pl.	víreis	vereis	veríeis
3ª p.pl.	viram	verão	veriam

Subjuntivo

	pres.	pret.imperf.	fut.
1ª p.s.	veja	visse	vir
2ª p.s.	vejas	visses	vires
3ª p.s.	veja	visse	vir
1ª p.pl.	vejamos	víssemos	virmos
2ª p.pl.	vejais	vísseis	virdes
3ª p.pl.	vejam	vissem	virem

Imperativo/infinitivo flexionado

	imp.	imp. neg.	inf. flex.
1ª p.s.	–	–	ver
2ª p.s.	vê	não vejas	veres
3ª p.s.	veja	não veja	ver
1ª p.pl.	vejamos	não vejamos	vermos
2ª p.pl.	vede	não vejais	verdes
3ª p.pl.	vejam	não vejam	verem

Formas nominais não conjugadas

infinitivo	particípio	gerúndio
ver	visto	vendo

Observação: *prover* e *desprover* conjugam-se por VER, mas são regulares no pret.perf. e tempos dele derivados (m.-q.-perf., pret.imperf. e fut.subj.) e no particípio – *provi, proveste, proveu* etc; *provera, provesse, prover* etc.; *provido*.

Atenção: *veem, reveem, proveem.*

Modelo 13 HAVER

Para *prazer* e seus derivados e para defectivos, ver observações.

Indicativo

	pres.	pret.imperf.	pret.perf.
1ª p.s.	hei	havia	houve
2ª p.s.	hás	havias	houveste
3ª p.s.	há	havia	houve
1ª p.pl.	havemos/ hemos	havíamos	houvemos
2ª p.pl.	haveis/ heis	havíeis	houvestes
3ª p.pl.	hão	haviam	houveram

	pret.m.-q.-perf.	fut.pres.	fut.pret.
1ª p.s.	houvera	haverei	haveria
2ª p.s.	houveras	haverás	haverias
3ª p.s.	houvera	haverá	haveria
1ª p.pl.	houvéramos	haveremos	haveríamos
2ª p.pl.	houvéreis	havereis	haveríeis
3ª p.pl.	houveram	haverão	haveriam

Subjuntivo

	pres.	pret.imperf.	fut.
1ª p.s.	haja	houvesse	houver
2ª p.s.	hajas	houvesses	houveres
3ª p.s.	haja	houvesse	houver
1ª p.pl.	hajamos	houvéssemos	houvermos
2ª p.pl.	hajais	houvésseis	houverdes
3ª p.pl.	hajam	houvessem	houverem

Imperativo/infinitivo flexionado

	imp.	imp. neg.	inf. flex.
1ª p.s.	–	–	haver
2ª p.s.	há	não hajas	haveres
3ª p.s.	haja	não haja	haver
1ª p.pl.	hajamos	não hajamos	havermos
2ª p.pl.	havei	não hajais	haverdes
3ª p.pl.	hajam	não hajam	haverem

Formas nominais não conjugadas

infinitivo	particípio	gerúndio
haver	havido	havendo

Observações:

1) Os verbos *prazer*, *aprazer*, *desprazer* são **D3** e conjugam-se como HAVER no pretérito perfeito e formas dele derivadas. Nas demais formas, são regulares (Modelo [8]), perdendo a vogal temática na 3ª p.s. do pres.ind. (*praz*). Há divergências entre os gramáticos quanto à conjugação defectiva desses verbos. Alguns admitem, também, sua conjugação totalmente regular.

2) O verbo *comprazer*, de conjugação completa, é também abundante, pois apresenta, para o pretérito perfeito e formas dele derivadas, variantes regulares (Modelo [8]).

3) Quando pronominais, *prazer* e seus derivados têm conjugação completa.

4) O verbo *reaver* é **D2**.

Modelo 14 FAZER

Indicativo

	pres.	pret.imperf.	pret.perf.
1ª p.s.	faço	fazia	fiz
2ª p.s.	fazes	fazias	fizeste
3ª p.s.	faz	fazia	fez
1ª p.pl.	fazemos	fazíamos	fizemos
2ª p.pl.	fazeis	fazíeis	fizestes
3ª p.pl.	fazem	faziam	fizeram

	pret.m.-q.-perf.	fut.pres.	fut.pret.
1ª p.s.	fizera	farei	faria
2ª p.s.	fizeras	farás	farias
3ª p.s.	fizera	fará	faria
1ª p.pl.	fizéramos	faremos	faríamos
2ª p.pl.	fizéreis	fareis	faríeis
3ª p.pl.	fizeram	farão	fariam

Subjuntivo

	pres.	pret.imperf.	fut.
1ª p.s.	faça	fizesse	fizer
2ª p.s.	faças	fizesses	fizeres
3ª p.s.	faça	fizesse	fizer
1ª p.pl.	façamos	fizéssemos	fizermos
2ª p.pl.	façais	fizésseis	fizerdes
3ª p.pl.	façam	fizessem	fizerem

Imperativo/infinitivo flexionado

	imp.	imp. neg.	inf. flex.
1ª p.s.	–	–	fazer
2ª p.s.	faze / faz	não faças	fazeres
3ª p.s.	faça	não faça	fazer
1ª p.pl.	façamos	não façamos	fazermos
2ª p.pl.	fazei	não façais	fazerdes
3ª p.pl.	façam	não façam	fazerem

Formas nominais não conjugadas

infinitivo	particípio	gerúndio
fazer	feito	fazendo

Modelo 15 DIZER

Indicativo

	pres.	pret.imperf.	pret.perf.
1ª p.s.	digo	dizia	disse
2ª p.s.	dizes	dizias	disseste
3ª p.s.	diz	dizia	disse
1ª p.pl.	dizemos	dizíamos	dissemos
2ª p.pl.	dizeis	dizíeis	dissestes
3ª p.pl.	dizem	diziam	disseram

	pret.m.-q.-perf.	fut.pres.	fut.pret.
1ª p.s.	dissera	direi	diria
2ª p.s.	disseras	dirás	dirias
3ª p.s.	dissera	dirá	diria
1ª p.pl.	disséramos	diremos	diríamos
2ª p.pl.	disséreis	direis	diríeis
3ª p.pl.	disseram	dirão	diriam

Subjuntivo

	pres.	pret.imperf.	fut.
1ª p.s.	diga	dissesse	disser
2ª p.s.	digas	dissesses	disseres
3ª p.s.	diga	dissesse	disser
1ª p.pl.	digamos	disséssemos	dissermos
2ª p.pl.	digais	dissésseis	disserdes
3ª p.pl.	digam	dissessem	disserem

Imperativo/infinitivo flexionado

	imp.	imp. neg.	inf. flex.
1ª p.s.	–	–	dizer
2ª p.s.	diz / dize	não digas	dizeres
3ª p.s.	diga	não diga	dizer
1ª p.pl.	digamos	não digamos	dizermos
2ª p.pl.	dizei	não digais	dizerdes
3ª p.pl.	digam	não digam	dizerem

Formas nominais não conjugadas

infinitivo	particípio	gerúndio
dizer	dito	dizendo

Modelo 16 TER

Para os verbos derivados de TER, ver observação.

Indicativo

	pres.	pret.imperf.	pret.perf.
1ª p.s.	tenho	tinha	tive
2ª p.s.	tens	tinhas	tiveste
3ª p.s.	tem	tinha	teve
1ª p.pl.	temos	tínhamos	tivemos
2ª p.pl.	tendes	tínheis	tivestes
3ª p.pl.	têm	tinham	tiveram

	pret.m.-q.-perf.	fut.pres.	fut.pret.
1ª p.s.	tivera	terei	teria
2ª p.s.	tiveras	terás	terias
3ª p.s.	tivera	terá	teria
1ª p.pl.	tivéramos	teremos	teríamos
2ª p.pl.	tivéreis	tereis	teríeis
3ª p.pl.	tiveram	terão	teriam

Subjuntivo

	pres.	pret.imperf.	fut.
1ª p.s.	tenha	tivesse	tiver
2ª p.s.	tenhas	tivesses	tiveres
3ª p.s.	tenha	tivesse	tiver
1ª p.pl.	tenhamos	tivéssemos	tivermos
2ª p.pl.	tenhais	tivésseis	tiverdes
3ª p.pl.	tenham	tivessem	tiverem

Imperativo/infinitivo flexionado

	imp.	imp. neg.	inf. flex.
1ª p.s.	–	–	ter
2ª p.s.	tem	não tenhas	teres
3ª p.s.	tenha	não tenha	ter
1ª p.pl.	tenhamos	não tenhamos	termos
2ª p.pl.	tende	não tenhais	terdes
3ª p.pl.	tenham	não tenham	terem

Formas nominais não conjugadas

infinitivo	particípio	gerúndio
ter	tido	tendo

Observação: os verbos derivados de TER recebem acento agudo nas 2ª e 3ª p.s. do pres.ind. e na 2ª p.s. do imperativo: *conténs*, *contém*; *contém* tu.

Modelo 17 PODER

Indicativo

	pres.	pret.imperf.	pret.perf.
1ª p.s.	posso	podia	pude
2ª p.s.	podes	podias	pudeste
3ª p.s.	pode	podia	pôde
1ª p.pl.	podemos	podíamos	pudemos
2ª p.pl.	podeis	podíeis	pudestes
3ª p.pl.	podem	podiam	puderam

	pret.m.-q.-perf.	fut.pres.	fut.pret.
1ª p.s.	pudera	poderei	poderia
2ª p.s.	puderas	poderás	poderias
3ª p.s.	pudera	poderá	poderia
1ª p.pl.	pudéramos	poderemos	poderíamos
2ª p.pl.	pudéreis	podereis	poderíeis
3ª p.pl.	puderam	poderão	poderiam

Subjuntivo

	pres.	pret.imperf.	fut.
1ª p.s.	possa	pudesse	puder
2ª p.s.	possas	pudesses	puderes
3ª p.s.	possa	pudesse	puder
1ª p.pl.	possamos	pudéssemos	pudermos
2ª p.pl.	possais	pudésseis	puderdes
3ª p.pl.	possam	pudessem	puderem

Imperativo/infinitivo flexionado

	imp.	imp. neg.	inf. flex.
1ª p.s.	–	–	poder
2ª p.s.	pode	não possas	poderes
3ª p.s.	possa	não possa	poder
1ª p.pl.	possamos	não possamos	podermos
2ª p.pl.	podei	não possais	poderdes
3ª p.pl.	possam	não possam	poderem

Formas nominais não conjugadas

infinitivo	part.	gerúndio
poder	podido	podendo

Observação: raramente o verbo *poder* é empregado no imperativo.

Modelo 18 QUERER

Indicativo

	pres.	pret.imperf.	pret.perf.
1ª p.s.	quero	queria	quis
2ª p.s.	queres	querias	quiseste
3ª p.s.	quer	queria	quis
1ª p.pl.	queremos	queríamos	quisemos
2ª p.pl.	quereis	queríeis	quisestes
3ª p.pl.	querem	queriam	quiseram

	pret.m.-q.-perf.	fut.pres.	fut.pret.
1ª p.s.	quisera	quererei	quereria
2ª p.s.	quiseras	quererás	quererias
3ª p.s.	quisera	quererá	quereria
1ª p.pl.	quiséramos	quereremos	quereríamos
2ª p.pl.	quiséreis	querereis	quereríeis
3ª p.pl.	quiseram	quererão	quereriam

Subjuntivo

	pres.	pret.imperf.	fut.
1ª p.s.	queira	quisesse	quiser
2ª p.s.	queiras	quisesses	quiseres
3ª p.s.	queira	quisesse	quiser
1ª p.pl.	queiramos	quiséssemos	quisermos
2ª p.pl.	queirais	quisésseis	quiserdes
3ª p.pl.	queiram	quisessem	quiserem

Imperativo/infinitivo flexionado

	imp.	imp. neg.	inf. flex.
1ª p.s.	–	–	querer
2ª p.s.	quer/quere	não queiras	quereres
3ª p.s.	queira	não queira	querer
1ª p.pl.	queiramos	não queiramos	querermos
2ª p.pl.	querei	não queirais	quererdes
3ª p.pl.	queiram	não queiram	quererem

Formas nominais não conjugadas

infinitivo	particípio	gerúndio
querer	querido	querendo

Modelo 19 SABER

Indicativo

	pres.	pret.imperf.	pret.perf.
1ª p.s.	sei	sabia	soube
2ª p.s.	sabes	sabias	soubeste
3ª p.s.	sabe	sabia	soube
1ª p.pl.	sabemos	sabíamos	soubemos
2ª p.pl.	sabeis	sabíeis	soubestes
3ª p.pl.	sabem	sabiam	souberam

	pret.m.-q.-perf.	fut.pres.	fut.pret.
1ª p.s.	soubera	saberei	saberia
2ª p.s.	souberas	saberás	saberias
3ª p.s.	soubera	saberá	saberia
1ª p.pl.	soubéramos	saberemos	saberíamos
2ª p.pl.	soubéreis	sabereis	saberíeis
3ª p.pl.	souberam	saberão	saberiam

Subjuntivo

	pres.	pret.imperf.	fut.
1ª p.s.	saiba	soubesse	souber
2ª p.s.	saibas	soubesses	souberes
3ª p.s.	saiba	soubesse	souber
1ª p.pl.	saibamos	soubéssemos	soubermos
2ª p.pl.	saibais	soubésseis	souberdes
3ª p.pl.	saibam	soubessem	souberem

Imperativo/infinitivo flexionado

	imp.	imp. neg.	inf. flex.
1ª p.s.	–	–	saber
2ª p.s.	sabe	não saibas	saberes
3ª p.s.	saiba	não saiba	saber
1ª p.pl.	saibamos	não saibamos	sabermos
2ª p.pl.	sabei	não saibais	saberdes
3ª p.pl.	saibam	não saibam	saberem

Formas nominais não conjugadas

infinitivo	particípio	gerúndio
saber	sabido	sabendo

Modelo 20 TRAZER

Indicativo

	pres.	pret.imperf.	pret.perf.
1ª p.s.	trago	trazia	trouxe
2ª p.s.	trazes	trazias	trouxeste
3ª p.s.	traz	trazia	trouxe
1ª p.pl.	trazemos	trazíamos	trouxemos
2ª p.pl.	trazeis	trazíeis	trouxestes
3ª p.pl.	trazem	traziam	trouxeram

	pret.m.-q.-perf.	fut.pres.	fut.pret.
1ª p.s.	trouxera	trarei	traria
2ª p.s.	trouxeras	trarás	trarias
3ª p.s.	trouxera	trará	traria
1ª p.pl.	trouxéramos	traremos	traríamos
2ª p.pl.	trouxéreis	trareis	traríeis
3ª p.pl.	trouxeram	trarão	trariam

Subjuntivo

	pres.	pret.imperf.	fut.
1ª p.s.	traga	trouxesse	trouxer
2ª p.s.	tragas	trouxesses	trouxeres
3ª p.s.	traga	trouxesse	trouxer
1ª p.pl.	tragamos	trouxéssemos	trouxermos
2ª p.pl.	tragais	trouxésseis	trouxerdes
3ª p.pl.	tragam	trouxessem	trouxerem

Imperativo/infinitivo flexionado

	imp.	imp. neg.	inf. flex.
1ª p.s.	–	–	trazer
2ª p.s.	traze/traz	não tragas	trazeres
3ª p.s.	traga	não traga	trazer
1ª p.pl.	tragamos	não tragamos	trazermos
2ª p.pl.	trazei	não tragais	trazerdes
3ª p.pl.	tragam	não tragam	trazerem

Formas nominais não conjugadas

infinitivo	particípio	gerúndio
trazer	trazido	trazendo

Modelo 21 CABER

Indicativo

	pres.	pret.imperf.	pret.perf.
1ª p.s.	caibo	cabia	coube
2ª p.s.	cabes	cabias	coubeste
3ª p.s.	cabe	cabia	coube
1ª p.pl.	cabemos	cabíamos	coubemos
2ª p.pl.	cabeis	cabíeis	coubestes
3ª p.pl.	cabem	cabiam	couberam

	pret.m.-q.-perf.	fut.pres.	fut.pret.
1ª p.s.	coubera	caberei	caberia
2ª p.s.	couberas	caberás	caberias
3ª p.s.	coubera	caberá	caberia
1ª p.pl.	coubéramos	caberemos	caberíamos
2ª p.pl.	coubéreis	cabereis	caberíeis
3ª p.pl.	couberam	caberão	caberiam

Subjuntivo

	pres.	pret.imperf.	fut.
1ª p.s.	caiba	coubesse	couber
2ª p.s.	caibas	coubesses	couberes
3ª p.s.	caiba	coubesse	couber
1ª p.pl.	caibamos	coubéssemos	coubermos
2ª p.pl.	caibais	coubésseis	couberdes
3ª p.pl.	caibam	coubessem	couberem

Imperativo/infinitivo flexionado

	imp.	imp. neg.	inf. flex.
1ª p.s.	–	–	caber
2ª p.s.	cabe	não caibas	caberes
3ª p.s.	caiba	não caiba	caber
1ª p.pl.	caibamos	não caibamos	cabermos
2ª p.pl.	cabei	não caibais	caberdes
3ª p.pl.	caibam	não caibam	caberem

Formas nominais não conjugadas

infinitivo	particípio	gerúndio
caber	cabido	cabendo

Observação: raramente o verbo *caber* é empregado no imperativo.

Modelo 22 SER

Indicativo

	pres.	pret.imperf.	pret.perf.
1ª p.s.	sou	era	fui
2ª p.s.	és	eras	foste
3ª p.s.	é	era	foi
1ª p.pl.	somos	éramos	fomos
2ª p.pl.	sois	éreis	fostes
3ª p.pl.	são	eram	foram

	pret.m.-q.-perf.	fut.pres.	fut.pret.
1ª p.s.	fora	serei	seria
2ª p.s.	foras	serás	serias
3ª p.s.	fora	será	seria
1ª p.pl.	fôramos	seremos	seríamos
2ª p.pl.	fôreis	sereis	seríeis
3ª p.pl.	foram	serão	seriam

Subjuntivo

	pres.	pret.imperf.	fut.
1ª p.s.	seja	fosse	for
2ª p.s.	sejas	fosses	fores
3ª p.s.	seja	fosse	for
1ª p.pl.	sejamos	fôssemos	formos
2ª p.pl.	sejais	fôsseis	fordes
3ª p.pl.	sejam	fossem	forem

Imperativo/infinitivo flexionado

	imp.	imp. neg.	inf. flex.
1ª p.s.	–	–	ser
2ª p.s.	sê	não sejas	seres
3ª p.s.	seja	não seja	ser
1ª p.pl.	sejamos	não sejamos	sermos
2ª p.pl.	sede	não sejais	serdes
3ª p.pl.	sejam	não sejam	serem

Formas nominais não conjugadas

infinitivo	particípio	gerúndio
ser	sido	sendo

Modelo 23 PÔR

Indicativo

	pres.	pret.imperf.	pret.perf.
1ª p.s.	ponho	punha	pus
2ª p.s.	pões	punhas	puseste
3ª p.s.	põe	punha	pôs
1ª p.pl.	pomos	púnhamos	pusemos
2ª p.pl.	pondes	púnheis	pusestes
3ª p.pl.	põem	punham	puseram

	pret.m.-q.-perf.	fut.pres.	fut.pret.
1ª p.s.	pusera	porei	poria
2ª p.s.	puseras	porás	porias
3ª p.s.	pusera	porá	poria
1ª p.pl.	puséramos	poremos	poríamos
2ª p.pl.	puséreis	poreis	poríeis
3ª p.pl.	puseram	porão	poriam

Subjuntivo

	pres.	pret.imperf.	fut.
1ª p.s.	ponha	pusesse	puser
2ª p.s.	ponhas	pusesses	puseres
3ª p.s.	ponha	pusesse	puser
1ª p.pl.	ponhamos	puséssemos	pusermos
2ª p.pl.	ponhais	pusésseis	puserdes
3ª p.pl.	ponham	pusessem	puserem

Imperativo/infinitivo flexionado

	imp.	imp. neg.	inf. flex.
1ª p.s.	–	–	pôr
2ª p.s.	põe	não ponhas	pores
3ª p.s.	ponha	não ponha	pôr
1ª p.pl.	ponhamos	não ponhamos	pormos
2ª p.pl.	ponde	não ponhais	pordes
3ª p.pl.	ponham	não ponham	porem

Formas nominais não conjugadas

infinitivo	particípio	gerúndio
pôr	posto	pondo

Modelo 24 PARTIR

Ver observações para os verbos *abrir*, *boquiabrir*, *entreabrir*, *reabrir*; para os verbos em *-uzir*; para os verbos em *-guir*; para os verbos *coibir*, *proibir* e *reunir*, e para defectivos.

Indicativo

	pres.ind.	pret.imperf.	pret.perf.
1ª p.s.	parto	partia	parti
2ª p.s.	partes	partias	partiste
3ª p.s.	parte	partia	partiu
1ª p.pl.	partimos	partíamos	partimos
2ª p.pl.	partis	partíeis	partistes
3ª p.pl.	partem	partiam	partiram

	pret.m.-q.-perf.	fut.pres.	fut.pret.
1ª p.s.	partira	partirei	partiria
2ª p.s.	partiras	partirás	partirias
3ª p.s.	partira	partirá	partiria
1ª p.pl.	partíramos	partiremos	partiríamos
2ª p.pl.	partíreis	partireis	partiríeis
3ª p.pl.	partiram	partirão	partiriam

Subjuntivo

	pres.	pret.imperf.	fut.
1ª p.s.	parta	partisse	partir
2ª p.s.	partas	partisses	partires
3ª p.s.	parta	partisse	partir
1ª p.pl.	partamos	partíssemos	partirmos
2ª p.pl.	partais	partísseis	partirdes
3ª p.pl.	partam	partissem	partirem

Imperativo/infinitivo flexionado

	imp.	imp. neg.	inf. flex.
1ª p.s.	–	–	partir
2ª p.s.	parte	não partas	partires
3ª p.s.	parta	não parta	partir
1ª p.pl.	partamos	não partamos	partirmos
2ª p.pl.	parti	não partais	partirdes
3ª p.pl.	partam	não partam	partirem

Formas nominais não conjugadas

infinitivo	particípio	gerúndio
partir	partido	partindo

Observações:

1) *abrir*, *boquiabrir*, *entreabrir*, *reabrir* têm part. em *aberto* (*boquiaberto etc.*).

2) Os verbos terminados em *-uzir* perdem o *-e* na 3ª p.s. do pres.ind., podendo mantê-lo na 2ª p.s. do imp. (*traduz*, *traduz/traduze* tu).

3) Os verbos *coibir*, *proibir* e *reunir* apresentam hiato com acentuação gráfica, nas formas rizotônicas: *coíbo*, *coíbes*, *coíbe*, *coíbem*; *proíba*, *proíbas*, *proíba*, *proíbam*; *reúne* tu, *reúna* você, *reúnam* vocês.

4) Verbos terminados em *-guir* (sem pronúncia do *-u-*) perdem esta letra diante de *-o* ou *-a*: *distingo*, *distingam*.

5) São defectivos:

D1: *abolir*, *aturdir*, *balir*, *banir*, *bramir*, *brandir*, *carpir*, *comedir*, *demolir*, *descomedir-se*, *extorquir*, *fremir*, *fulgir*, *ganir*, *premir*, *refulgir*, *retorquir*.

	pres.ind.	pres.subj.	imp.
1ª p.s.	falta	falta	–
2ª p.s.		falta	
3ª p.s.		falta	falta
1ª p.pl.		falta	falta
2ª p.pl.		falta	
3ª p.pl.		falta	falta

(Muitos verbos considerados defectivos têm sido usados com conjugação completa: é o caso, por exemplo, de *colorir*, *eclodir*, *erodir*, *esculpir*, *implodir*, *explodir* [que eu *exploda* ou *expluda*]; de *haurir* e *exaurir*; de *espargir*; dos verbos em *-ungir*; de *emergir*, *imergir*, *submergir* – que têm assumido conjugação regular. Quanto aos verbos *brunir* e *tugir* há gramáticos que preferem considerá-los **D1**.)

D2: *aducir*, *aguerrir*, *combalir*, *ebulir*, *empedernir*, *escandir*, *espavorir*, *falir*, *florir*, *fornir*, *garrir*, *inanir*, *lenir*, *reflorir*, *remir*, *ressequir*.

	pres.ind.	pres.subj.	imp.
1ª p.s.	falta	falta	–
2ª p.s.	falta	falta	falta
3ª p.s.	falta	falta	falta
1ª p.pl.		falta	falta
2ª p.pl.		falta	
3ª p.pl.	falta	falta	falta

(O verbo *ressarcir*, considerado por muitos defectivo, tem hoje conjugação completa e regular.)

D3: *concernir* e *urgir*.

(Para alguns gramáticos, o verbo *rugir* é sempre D3.)

Modelo 25 SAIR

Para defectivos, ver observação.

Indicativo

	pres.	pret.imperf.	pret.perf.
1ª p.s.	saio	saía	saí
2ª p.s.	sais	saías	saíste
3ª p.s.	sai	saía	saiu
1ª p.pl.	saímos	saíamos	saímos
2ª p.pl.	saís	saíeis	saístes
3ª p.pl.	saem	saíam	saíram

	pret.m.-q.-perf.	fut.pres.	fut.pret.
1ª p.s.	saíra	sairei	sairia
2ª p.s.	saíras	sairás	sairias
3ª p.s.	saíra	sairá	sairia
1ª p.pl.	saíramos	sairemos	sairíamos
2ª p.pl.	saíreis	saireis	sairíeis
3ª p.pl.	saíram	sairão	sairiam

Subjuntivo

	pres.	pret.imperf.	fut.
1ª p.s.	saia	saísse	sair
2ª p.s.	saias	saísses	saíres
3ª p.s.	saia	saísse	sair
1ª p.pl.	saiamos	saíssemos	sairmos
2ª p.pl.	saiais	saísseis	sairdes
3ª p.pl.	saiam	saíssem	saírem

Imperativo/infinitivo flexionado

	imp.	imp. neg.	inf. flex.
1ª p.s.	–	–	sair
2ª p.s.	sai	não saias	saíres
3ª p.s.	saia	não saia	sair
1ª p.pl.	saiamos	não saiamos	sairmos
2ª p.pl.	saí	não saiais	sairdes
3ª p.pl.	saiam	não saiam	saírem

Formas nominais não conjugadas

infinitivo	particípio	gerúndio
sair	saído	saindo

Observação: o verbo *embair* é **D2**.

Modelo 26 AFLUIR

Os verbos em *-uir* com o *-u-* pronunciado são conjugados pela regra de AFLUIR (não o são, portanto, os com terminação em *-quir* e *-guir*, que seguem o modelo [25]). Para *construir*, *desconstruir*, *reconstruir*, *destruir*, ver observações.

Indicativo

	pres.	pret.imperf.	pret.perf.
1ª p.s.	afluo	afluía	afluí
2ª p.s.	afluis	afluías	afluíste
3ª p.s.	aflui	afluía	afluiu
1ª p.pl.	afluímos	afluíamos	afluímos
2ª p.pl.	afluís	afluíeis	afluístes
3ª p.pl.	afluem	afluíam	afluíram

	pret.m.-q.-perf.	fut.pres.	fut.pret.
1ª p.s.	afluíra	afluirei	afluiria
2ª p.s.	afluíras	afluirás	afluirias
3ª p.s.	afluíra	afluirá	afluiria
1ª p.pl.	afluíramos	afluiremos	afluiríamos
2ª p.pl.	afluíreis	afluireis	afluiríeis
3ª p.pl.	afluíram	afluirão	afluiriam

Subjuntivo

	pres.	pret.imperf.	fut.
1ª p.s.	aflua	afluísse	afluir
2ª p.s.	afluas	afluísses	afluíres
3ª p.s.	aflua	afluísse	afluir
1ª p.pl.	afluamos	afluíssemos	afluirmos
2ª p.pl.	afluais	afluísseis	afluirdes
3ª p.pl.	afluam	afluíssem	afluírem

Imperativo/infinitivo flexionado

	imp.	imp. neg.	inf. flex.
1ª p.s.	–	–	afluir
2ª p.s.	aflui	não afluas	afluíres
3ª p.s.	aflua	não aflua	afluir
1ª p.pl.	afluamos	não afluamos	afluirmos
2ª p.pl.	afluí	não afluais	afluirdes
3ª p.pl.	afluam	não afluam	afluírem

Formas nominais não conjugadas

infinitivo	part.	gerúndio
afluir	afluído	afluindo

Observações:

Os verbos *construir*, *desconstruir*, *reconstruir*, *destruir* apresentam variantes nas seguintes formas: pres.ind. *constróis*, *constrói*, *constroem*; imp.afirm. *constrói* tu. As formas regulares – *construis*, *construi*, *construem* – são mais usadas em Portugal.

Modelo 27 Verbos com irregularidade 2 (irreg.2)

Todos os verbos deste modelo apresentam **irreg.2** em relação ao Modelo [24]. Para *cerzir*, ver observação.

AGREDIR: o *-e-* da penúltima sílaba do infinitivo passa a *-i-* nas formas de irreg.2: *agrido, agrides, agride, agridem; agrida, agridas* etc.
POLIR: o *-o-* da penúltima sílaba do infinitivo passa a *-u-* nas formas de irreg.2: *pulo, pules, pule, pulem, pula, pulas* etc.

	pres.ind.	pres.subj.	imp.
1ª p.s.	i/u	i/u	–
2ª p.s.	i/u	i/u	i/u
3ª p.s.	i/u	i/u	i/u
1ª p.pl.		i/u	i/u
2ª p.pl.		i/u	
3ª p.pl.	i/u	i/u	i/u

Observação: para *cerzir*, também é aceita a conjugação *cirzo, cerzes, cerze* etc.

Modelo 28 Verbos com irregularidade 1 (irreg.1)

Todos os verbos deste modelo apresentam irregularidade em relação ao Modelo [24] nas formas da irreg.1.

PEDIR: *peço; peça, peças* etc.
OUVIR: *ouço; ouça, ouças* etc.
ADERIR: *adiro; adira, adiras* etc
TOSSIR: *tusso; tussa, tussas* etc.
PARIR: *pairo; paira, pairas* etc.

	pres.ind.	pres.subj.	imp.
1ª p.s.	ç/i/u/ai	ç/i/u/ai	–
2ª p.s.		ç/i/u/ai	
3ª p.s.		ç/i/u/ai	ç/i/u/ai
1ª p.pl.		ç/i/u/ai	ç/i/u/ai
2ª p.pl.		ç/i/u/ai	
3ª p.pl.		ç/i/u/ai	ç/i/u/ai

Modelo 29 Verbos com irregularidade 3 (irreg.3)

ACUDIR/FRIGIR

	pres.ind.	imp.
1ª p.s.		–
2ª p.s.	acodes/freges	acode/frege
3ª p.s.	acode/frege	
1ª p.pl.		
2ª p.pl.		
3ª p.pl.	acodem/fregem	

Modelo 30 RIR

Os dois verbos deste modelo mantêm a vogal temática *-i-* em todas as formas e têm a desinência *-des* na 2ª p.pl. do pres.ind.; o imp. para as 2ªˢ p. é *ri, ride, sorri, sorride.*

Modelo 31 VIR

Indicativo

	pres.	pret.imperf.	pret.perf.
1ª p.s.	venho	vinha	vim
2ª p.s.	vens	vinhas	vieste
3ª p.s.	vem	vinha	veio
1ª p.pl.	vimos	vínhamos	viemos
2ª p.pl.	vindes	vínheis	viestes
3ª p.pl.	vêm	vinham	vieram

	pret.m.-q.-perf.	fut.pres.	fut.pret.
1ª p.s.	viera	virei	viria
2ª p.s.	vieras	virás	virias
3ª p.s.	viera	virá	viria
1ª p.pl.	viéramos	viremos	viríamos
2ª p.pl.	viéreis	vireis	viríeis
3ª p.pl.	vieram	virão	viriam

Subjuntivo

	pres.	pret.imperf.	fut.
1ª p.s.	venha	viesse	vier
2ª p.s.	venhas	viesses	vieres
3ª p.s.	venha	viesse	vier
1ª p.pl.	venhamos	viéssemos	viermos
2ª p.pl.	venhais	viésseis	vierdes
3ª p.pl.	venham	viessem	vierem

Imperativo/infinitivo flexionado

	imp.	imp. neg.	inf. flex.
1ª p.s.	–	–	vir
2ª p.s.	vem	não venhas	vires
3ª p.s.	venha	não venha	vir
1ª p.pl.	venhamos	não venhamos	virmos
2ª p.pl.	vinde	não venhais	virdes
3ª p.pl.	venham	não venham	virem

Formas nominais não conjugadas

	infinitivo	particípio	gerúndio
	vir	vindo	vindo

Observação: todos os verbos derivados de *vir* têm acento agudo nas 2ª e 3ª p.s. do pres.ind. e na 2ª p.s. do imperativo: *advéns*, *advém*; *advém* tu.

Modelo 32 IR

Indicativo

	pres.	pret.imperf.	pret.perf.
1ª p.s.	vou	ia	fui
2ª p.s.	vais	ias	foste
3ª p.s.	vai	ia	foi
1ª p.pl.	vamos	íamos	fomos
2ª p.pl.	ides	íeis	fostes
3ª p.pl.	vão	iam	foram

	pret.m.-q.-perf.	fut.pres.	fut.pret.
1ª p.s.	fora	irei	iria
2ª p.s.	foras	irás	irias
3ª p.s.	fora	irá	iria
1ª p.pl.	fôramos	iremos	iríamos
2ª p.pl.	fôreis	ireis	iríeis
3ª p.pl.	foram	irão	iriam

Subjuntivo

	pres.	pret.imperf.	fut.
1ª p.s.	vá	fosse	for
2ª p.s.	vás	fosses	fores
3ª p.s.	vá	fosse	for
1ª p.pl.	vamos	fôssemos	formos
2ª p.pl.	vades	fôsseis	fordes
3ª p.pl.	vão	fossem	forem

Imperativo/infinitivo flexionado

	imp.	imp. neg.	inf. flex.
1ª p.s.	–	–	ir
2ª p.s.	vai	não vás	ires
3ª p.s.	vá	não vá	ir
1ª p.pl.	vamos	não vamos	irmos
2ª p.pl.	ide	não vades	irdes
3ª p.pl.	vão	não vão	irem

Formas nominais não conjugadas

	infinitivo	particípio	gerúndio
	ir	ido	indo

Minidicionário **Houaiss** *da língua portuguesa*

A a

c. 200 A.C. c. 100 A.C. c. 800 c.1500 c.1800 1890 1927 2001

[1]a *s.m.* **1** primeira letra (vogal) do nosso alfabeto ■ *n.ord.(adj.2g.2n.)* **2** diz-se do primeiro elemento de uma série ⟨*casa A*⟩ ⟨*item 1a*⟩ ☞ empr. posposto a um subst. ou numeral **3** diz-se da primeira classe na escala de poder e riqueza ⟨*classe A*⟩ ▲ **4** símbolo de *are* ⊙ GRAM/USO na acp. s.m., pl.: *aa* [ORIGEM: do nome da primeira letra do alfabeto latino]

[2]a *art.def.* **1** fem. de *o* (art.def.) ■ *pron.dem.* **2** fem. de *o* (pron.dem.) ■ *pron.p.* **3** fem. de *o* (pron.p.) [ORIGEM: do acusativo latino *illu(m)* e *illa(m)* do pron.dem. latino *ille, illa, illud* 'aquele, aquela, ele, ela']

[3]a *prep.* **1** subordina e exprime **1.1** movimento ⟨*caminhava da casa à loja*⟩ ⟨*volto daqui a uma semana*⟩ ⟨*sua vida vai de mal a pior*⟩ **1.2** situação ⟨*sentava-se à cabeceira*⟩ ⟨*chegaremos ao entardecer*⟩ ⟨*gastar dinheiro à toa*⟩ ⟨*a 100 metros*⟩ ⟨*a 3 %*⟩ ⟨*cara a cara*⟩ **1.3** modo, meio ou matéria ⟨*falar aos berros*⟩ ⟨*andar a pé*⟩ ⟨*pintura a óleo*⟩ **2** antes de um verbo no infinitivo, exprime **2.1** uma circunstância ⟨*estar a brincar*⟩ **2.2** o início de uma ação ⟨*começar a perceber*⟩ **2.3** um propósito ou fim ⟨*estar a ouvir*⟩ [ORIGEM: da prep. latina *ad* 'aproximação etc.']

A símbolo de *ampere*

[1]a– ou **ad–** *pref.* 'proximidade': *abeirar, adjunto, adrenal, arribar, assimilação* [ORIGEM: da prep.lat. *ad* 'em direção a, aproximação']

[2]a– , **ab–** ou **abs–** *pref.* 'distanciamento': *abdicar, abster, aversão* [ORIGEM: da prep.lat. *ab* 'id.']

[3]a– ou **an–** *pref.* 'negação, privação': *acefalia, amoral, anaeróbio* [ORIGEM: do pref.gr. *an-* 'id.']

à *contr.* da prep. *a* com o art.def. *a*

ab– *pref.* → [2]*A-*

a.ba *s.f.* **1** parte saliente (de chapéu, de roupa, de um objeto) **2** lugar adjacente a outro ⟨*plantou o pinheiro na a. do terreno*⟩ **3** parte inferior de montanha; sopé ⮌ cume ⊙ GRAM/USO dim.irreg.: *abeta*

a.ba.ca.te *s.m.* fruto do abacateiro

a.ba.ca.tei.ro *s.m.* árvore de até 20 m, cultivada por seus frutos ovais com semente esférica envolta por nutritiva polpa verde e amarelada, esp. us. em saladas e em sobremesas ⊙ COL abacateiral

a.ba.ca.xi *s.m.* **1** planta terrestre da fam. das bromeliáceas, nativa do Brasil, que traz uma coroa de folhas com beirada espinhosa sobre seus frutos comestíveis, que chegam a 15 cm **2** o fruto dessa planta **3** *fig. infrm.* problema, complicação

a.ba.ca.xi.zei.ro *s.m.* abacaxi ('planta') ⊙ COL abacaxizal

a.ba.ci.al *adj.2g.* **1** relativo a abade ou a abadia **2** próprio de abade ⟨*postura a.*⟩

á.ba.co *s.m.* quadro us. em operações aritméticas, composto de fileiras de pequenas bolas que deslizam sobre hastes fixas

a.ba.de [fem.: *abadessa \ê*] *s.m.* **1** título ou cargo do monge que dirige uma ordem religiosa ou uma abadia **2** indivíduo com esse título ou cargo

a.ba.di.a *s.f.* **1** mosteiro em que monges ou monjas vivem em retiro **2** instituição religiosa à qual pertencem esses monges ou monjas, ger. dirigida por abade ou abadessa **3** tipo de governo ou poder eclesiástico associado ao cargo de abade

a.ba.fa.do *adj.* **1** coberto para manter o calor **2** em que não se pode respirar; sufocante ⮌ arejado, ventilado **3** *p.ext.* muito agasalhado **4** *p.ext.* não divulgado, ocultado **5** diz-se de som fraco, amortecido **6** *infrm.* muito ocupado ~ **abafadiço** *adj.*

a.ba.fa.dor \ô\ *adj.s.m.* **1** (utensílio) que se usa para apagar uma chama **2** (dispositivo) que diminui o som de um instrumento

a.ba.fa.men.to *s.m.* **1** falta de ar ou ventilação **2** *p.ext.* aflição ou cansaço provocados por falta de ar; sufocação

a.ba.fan.te *adj.2g.* **1** que abafa, sufoca **2** *infrm.* que se destaca pela elegância, beleza etc. **3** *fig.* que envolve, absorve

a.ba.far *v.* {mod. 1} *t.d.* **1** cobrir para manter o calor ⟨*a. um prato de comida*⟩ **2** interromper (combustão) **3** *fig.* conter, dominar ⟨*a. uma revolta*⟩ ⮌ instigar **4** dificultar que se ouça um som, amortecendo-o **5** *fig.* impedir aparecimento ou divulgação de; esconder ⟨*a. um caso*⟩ ⮌ revelar ❑ *t.d.,int. e pron.* **6** impedir que respire ou não poder respirar **7** cobrir(-se) com agasalho ❑ *int.* **8** *fig. gír.* furtar, roubar **9** *fig. B gír.* ser um sucesso

a.bai.xar *v.* {mod. 1} *t.d. e pron.* **1** tornar(-se) baixo ou mais baixo ⮌ erguer(-se) **2** mover(-se) de cima para baixo; inclinar(-se), curvar(-se) ⟨*a. o olhar*⟩ ⟨*a.-se para calçar o sapato*⟩ ⮌ levantar(-se) **3** *fig.* humilhar(-se), rebaixar(-se) ⮌ valorizar(-se) ❑ *int.* **4** descer ao chão ou ao fundo de recipiente (pó, resíduo etc.) ❑ *t.d. e int.* **5** diminuir de valor, intensidade, grau ou quantidade ⟨*a. o som, os preços*⟩ ⮌ aumentar ~ **abaixamento** *s.m.*

a.bai.xo *adv.* **1** em lugar menos elevado; embaixo ⮌ acima **2** em posição subsequente ⮌ anteriormente **3** em direção descendente ⮌ acima **4** ao chão ⟨*o prédio veio a.*⟩ ■ *interj.* **5** exclamação de protesto e repúdio

a.bai.xo-as.si.na.do [pl.: *abaixo-assinados*] *s.m.* documento de reivindicação assinado por várias pessoas

a.ba.jur *s.m.* peça adaptada a uma lâmpada que dirige a claridade para determinada área; quebra-luz

a.ba.la.da *s.f.* correria

a.ba.lan.çar *v.* {mod. 1} *t.d.* **1** pesar em balança **2** calcular (valor, quantidade etc.), com ou sem precisão ❑ *t.d.,int. e pron.* **3** mover(-se) de um lado para outro; balançar ❑ *pron.* **4** (prep. *a*) arriscar-se, aventurar-se ⮌ hesitar

a.ba.lar *v.* {mod. 1} *t.d. e pron.* **1** (fazer) tremer ⮌ estabilizar(-se) **2** *fig.* (fazer) sentir forte emoção; impressionar(-se) **3** *fig.* tornar(-se) perturbado; desassossegar(-se) ⮌ tranquilizar(-se) ❑ *t.d.,int. e pron.* **4** (fazer) perder a firmeza, a resistência; enfraquecer(-se) ⮌ fortalecer(-se) ❑ *int. e pron.* **5** ir embora; partir ⮌ chegar, voltar ❑ *int.* **6** pôr-se em fuga; escapar ~ **abalamento** *s.m.*

a.ba.li.za.do *adj.* **1** marcado com balizas **2** que se assinalou; indicado **3** que demonstra muita competência; capaz ⮌ incompetente ~ **abalizamento** *s.m.*

a.ba.li.zar *v.* {mod. 1} *t.d.* **1** demarcar (campo, terreno etc.) com balizas ⮌ desbalizar **2** assinalar, marcar ⟨*a. um ponto de escavação*⟩ ⮌ desmarcar ❑ *t.d.i.* **3** *fig.* (prep. *a*) impor (limites ou restrições) a ❑ *pron.* **4** (prep. *em*) adquirir importância, peso; destacar-se

a.ba.lo *s.m.* **1** tremor, trepidação **2** *fig.* comoção, perturbação emocional

a.bal.ro.ar *v.* {mod. 1} *t.d.,t.i.,int. e pron.* (prep. *com*) ir de encontro a; chocar-se com ⟨*o navio abalroou (com) uma lancha*⟩ ⟨*os dois abalroaram(-se) no corredor*⟩ ~ **abalroamento** *s.m.*

a.ba.na.dor \ô\ *adj.s.m.* **1** (o) que abana ■ *s.m.* **2** abano

a.ba.nar *v.* {mod. 1} *t.d. e pron.* **1** refrescar(-se) com o vento de abano, leque ❑ *t.d. e int.* **2** agitar de um lado para outro; sacudir ⮌ aquietar(-se)

[1]**a.ban.car** *v.* {mod. 1} *t.d.* **1** guarnecer de bancos ❑ *int. e pron.* **2** tomar assento; sentar(-se) [ORIGEM: [1]*a-* + *banco* + [2]*-ar*]

[2]**a.ban.car** *v.* {mod. 1} *t.d.,int. e pron.* **1** sentar(-se) à banca ou à mesa ❑ *int. e pron.* **2** ficar muito tempo num lugar ou se instalar com tal intenção ⟨*a.(-se) na casa dos pais*⟩ [ORIGEM: [1]*a-* + *banca* + [2]*-ar*]

a.ban.da.lhar *v.* {mod. 1} *t.d. e pron.* (fazer) perder a dignidade ou qualidade; aviltar(-se) ⮌ dignificar(-se)

a.ban.do.nar *v.* {mod. 1} *t.d.* **1** largar de vez; deixar ⟨*a. a casa dos pais, os estudos*⟩ **2** deixar sem condições (de sobreviver, p.ex.); desamparar ⟨*a. os filhos*⟩ ⮌ amparar **3** desistir de; renunciar ⟨*a. os ideais, a religião*⟩ ⮌ manter ❑ *pron.* **4** (prep. *a*) entregar-se, render-se ⟨*a.-se ao fracasso*⟩

a.ban.do.no *s.m.* **1** partida sem a intenção de volta ⮌ permanência **2** desistência ⮌ insistência **3** falta de amparo ou cuidado ⮌ proteção **4** sensação de relaxamento físico e/ou mental ⟨*os passeios eram momentos de a.*⟩

a.ba.no *s.m.* objeto com que se agita o ar manualmente ⊙ GRAM/USO dim.irreg.: *abanico*

a.ban.tes.ma \ê\ *s.2g.* alma do outro mundo; fantasma

a.ba.rá *s.m.* *B* massa de feijão-fradinho enrolada em folha de bananeira e cozida

a.bar.can.te *adj.2g.* abrangente

a.bar.car *v.* {mod. 1} *t.d.* **1** envolver com os braços ou as mãos **2** conter em si; abranger **3** alcançar, atingir, abranger ~ **abarcamento** *s.m.*

a.bar.ro.tar *v.* {mod. 1} *t.d. e t.d.i.* **1** (prep. *de, com*) encher demais; entulhar ⮌ esvaziar ❑ *pron.* **2** comer demais; empanturrar-se ⮌ desempanturrar-se ~ **abarrotamento** *s.m.*

a.bas.ta.do *adj.* **1** bem provido ⮌ escasso **2** rico, endinheirado ⮌ carente, desprovido ~ **abastadamente** *adv.*

a.bas.tan.ça *s.f.* **1** abastecimento satisfatório; suficiência ⮌ penúria **2** abundância, riqueza ⮌ pobreza, privação

a.bas.tar.dar *v.* {mod. 1} *t.d. e pron.* **1** (fazer) perder as características originais **2** degenerar(-se) moralmente; corromper(-se) ⮌ regenerar(-se)

a.bas.te.ce.dor \ô\ *adj.s.m.* (o) que abastece; fornecedor

a.bas.te.cer *v.* {mod. 8} *t.d.,t.d.i. e pron.* (prep. *de*) fornecer ou passar a ter, contar com [o que for necessário, útil]; prover(-se), munir(-se) ⮌ desprover(-se) ~ **abastecimento** *s.m.*

a.ba.ta.ta.do *adj.* **1** que tem forma de batata **2** diz-se de nariz grosso e largo

a.ba.te *s.m.* **1** matança de animais para consumo **2** derrubada de árvores ⮌ plantio **3** abatimento ('desconto') ⮌ aumento

a.ba.te.dou.ro *s.m.* matadouro

a.ba.ter *v.* {mod. 8} *t.d.* **1** fazer cair; derrubar ⟨*a. avião inimigo*⟩ **2** cortar ⟨*a. árvores*⟩ **3** matar (animais) ❑ *t.d. e t.d.i.* **4** (prep. *em, de*) descontar (valor, preço etc.) [de um total] ⮌ aumentar ❑ *t.d. e pron. fig.* **5** tornar(-se) triste, desanimado; abalar(-se) ⮌ animar(-se) ❑ *t.d.,int. e pron. fig.* **6** (fazer) perder as forças; debilitar(-se) ⮌ fortalecer(-se)

a.ba.ti.do *adj.* **1** que se abateu **2** lançado por terra; caído, derrubado **3** que desmoronou ou desabou **4** *fig.* que foi descontado (de um total); deduzido ⮌ acrescentado, aumentado **5** *fig.* que perdeu o ânimo ou as forças; desanimado, enfraquecido, prostrado ⮌ alvoroçado, animado **6** *fig.* que aparenta estar doente; debilitado ⮌ forte, saudável **7** que foi morto (esp. animal)

a.ba.ti.men.to *s.m.* **1** abate **2** *fig.* desconto ou redução em valor, preço etc. ⮌ acréscimo, majoração **3** *fig.* falta de ânimo ⮌ alento, ânimo

a.ba.u.lar *v.* {mod. 1} *t.d.,int. e pron.* tornar(-se) convexo; arquear(-se) ⮌ aplainar, nivelar ~ **abaulamento** *s.m.*

abc *s.m.* abecê

ab.di.car *v.* {mod. 1} *t.d.,t.i. e int.* **1** (prep. *de*) renunciar a (poder, autoridade) por vontade própria ⮌ assumir ❑ *t.d.,t.i. e pron.* **2** (prep. *de*) abrir mão de; desistir ⮌ insistir ~ **abdicação** *s.f.*

ab.do.me ou **ab.dô.men** [pl.: *abdômenes* e *(B) abdomens*] *s.m.* no homem e em outros animais vertebrados, parte do corpo entre o tórax e a bacia ('cavidade'); barriga, ventre

ab.do.mi.nal *adj.2g.* **1** do abdome ■ *s.2g.* **2** exercício para fortalecer os músculos dessa região ☞ mais us. no pl.

ab.du.ção [pl.: *-ões*] *s.f.* **1** ANAT movimento de afastamento (de membro ou parte de membro) do corpo humano ⮌ adução **2** rapto por violência ou sedução

ab.du.zir *v.* {mod. 24} *t.d.* **1** desviar de um ponto; afastar **2** raptar, sequestrar ⟨*disse que extraterrestres o abduziram*⟩

a.be.be.rar *v.* {mod. 1} *t.d. e pron.* saciar a sede (de)

a.be.cê ou **á-bê-cê** [pl.: *á-bê-cês*] *s.m.* **1** forma substantivada das três primeiras letras do abecedário, com que se designa o alfabeto **2** as primeiras noções de uma arte, ciência, técnica, doutrina etc. **3** rudimentos da instrução primária **4** cartilha ou livro de leitura elementar

a.be.ce.dá.rio *s.m.* alfabeto

a.bei.rar *v.* {mod. 1} *t.d. e t.d.i.* **1** (prep. *a*) pôr(-se) à beira de ❑ *t.d. e pron.* **2** chegar perto de; aproximar(-se) ⮌ afastar(-se) ~ **abeirado** *adj* - **abeiramento** *s.m.*

a.be.lha \ê\ *s.f.* inseto que vive em colônia e produz mel e cera ⊙ GRAM/USO masc.: *zangão* ⊙ COL enxame ⊙ VOZ v.: zumbir, zunir; subst.: zumbido, zunido

a.be.lha-mes.tra [pl.: *abelhas-mestras*] *s.f.* única fêmea fecundada de uma colônia de abelhas; rainha

a.be.lhu.do *adj.s.m.* curioso, intrometido ⮌ discreto ~ **abelhudice** *s.f.*

a.ben.ço.ar *v.* {mod. 1} *t.d.* **1** dar bênção a; benzer **2** *p.ext.* desejar bem a ⮌ amaldiçoar ❑ *pron.* **3** fazer o sinal da cruz; persignar-se

a.ber.ra.ção [pl.: *-ões*] *s.f.* **1** desvio do que é considerado padrão; anomalia **2** imperfeição, monstruosidade **3** desvio da lógica ou do bom senso; extravagância

a.ber.rar *v.* {mod. 1} *t.i. e pron.* (prep. *de*) ser ou tornar(-se) diferente (do que é normal, natural) ~ **aberrante** *adj.2g.*

a.ber.ta *s.f.* **1** abertura; fenda **2** clareira **3** vala, canal **4** lugar por onde se pode passar; acesso **5** curta estiagem durante um período chuvoso

a.ber.to *adj.* **1** desimpedido, desobstruído ⮌ fechado **2** sem cobertura ⮌ coberto **3** amplo, sem limites (diz-se de espaço) ⮌ estreito, limitado **4** cuja entrada é permitida a todos ⮌ restrito **5** franco; manifesto ⮌ dissimulado **6** articulado com a língua mais baixa do que a posição de descanso (diz-se de som de vogal) ⊙ GRAM/USO part. de *abrir* ⊡ **em a.** *loc.adv.* a ser resolvido (assunto, questão etc.)

a.ber.tu.ra *s.f.* **1** fenda; buraco; passagem **2** primeiro momento; início ⮌ encerramento **3** inauguração ⮌ fechamento **4** *fig.* tolerância, acessibilidade ⮌ resistência **5** timbre de uma vogal resultante do distanciamento entre a língua e o céu da boca **6** apresentação que inicia determinado programa de rádio ou TV

a.bes.pi.nhar *v.* {mod. 1} *t.d. e pron.* (fazer) ficar irritado ou aborrecido, amuado; agastar(-se) ⮌ deleitar(-se) ~ **abespinhamento** *s.m.*

a.bes.ta.lhar-se *v.* {mod. 1} *pron.* **1** ficar pasmo; surpreender-se **2** tornar-se tolo; imbecilizar-se **3** tornar-se bruto

a.be.to \ê\ *s.m.* pinheiro da América do Norte e Europa, cultivado esp. pela madeira, us. em marcenaria e no fabrico de papel

a.bi.ei.ro *s.m.* árvore frondosa nativa da Amazônia, muito cultivada no Brasil por seus frutos comestíveis e pela madeira de boa qualidade

a.bi.o *s.m.* fruto do abieiro, de polpa amarela e doce ☞ forma a evitar: *abiu*

a.bi.o.se *s.f.* BIO **1** interrupção aparente de vida pela retirada de algum elemento vital, como a água ou o oxigênio **2** ausência de vida **3** estado do que é incapaz de viver ~ **abiótico** *adj.*

a.bis.coi.tar *v.* {mod. 1} *t.d.* **1** conseguir, ganhar ⮌ perder **2** *B* receber (vantagem ou melhoria)

a.bis.mal *adj.2g.* **1** relativo a abismo; abissal **2** *fig.* muito profundo e insondável **3** *fig.* que apavora; aterrorizante

a.bis.mar *v.* {mod. 1} *t.d. e pron.* **1** lançar(-se) no abismo **2** espantar(-se); admirar(-se) ❑ *pron.* **3** (prep. *em*) ficar absorto; concentrar-se ⮌ distrair-se

a.bis.mo *s.m.* **1** grande depressão ou cavidade natural, quase vertical, ou vertical; precipício, despenhadeiro ⮌ topo **2** *fig.* o que é insondável, misterioso **3** *fig.* grande distância ⟨*a falta de diálogo provocou um a. entre nós*⟩ ~ **abismático** *adj.*

a.bis.sal *adj.2g.* **1** relativo a abismo; abismal **2** diz-se de profundidade oceanográfica de mais de 2.000 m **3** *fig.* imenso ⮌ diminuto

a.bis.sí.nio *adj.* **1** da Abissínia, atual Etiópia ■ *s.m.* **2** natural ou habitante desse país

a.biu *s.m.* abio ☞ f. a evitar

ab.je.ção [pl.: *-ões*] *s.f.* baixeza; infâmia ⮌ dignidade, nobreza

ab.je.to *adj.* moralmente baixo; desprezível; infame ⮌ digno

ab.ju.rar *v.* {mod. 1} *t.d. e int.* **1** renegar (fé religiosa, crença etc.) ⮌ aceitar ❑ *t.d.* **2** voltar atrás (sobre algo confuso, polêmico); retratar-se ⮌ recalcitrar ~ **abjuração** *s.f.* - **abjuramento** *s.m.*

a.bla.ção [pl.: *-ões*] *s.f.* MED retirada cirúrgica de uma parte do corpo, esp. devido a tumor

a.bla.ti.vo *adj.* **1** que pode tirar, cortar, privar de alguma coisa ■ *adj.s.m.* **2** diz-se de ou caso ('flexão') que indica circunstâncias de instrumento, afastamento, origem, matéria etc.

a.blu.ção [pl.: *-ões*] *s.f.* **1** lavagem do corpo ou de parte dele **2** ritual religioso de purificação por meio da água

ab.ne.ga.do *adj.s.m.* (o) que revela abnegação, dedicação desinteressada; altruísta

ab.ne.gar *v.* {mod. 1} *t.d.* **1** abrir mão de; renunciar a ⮌ aceitar ❑ *t.i.* **2** (prep. *de*) renegar (fé, crença) ⮌ professar ❑ *pron.* **3** sacrificar-se em benefício de alguém ou algo ~ **abnegação** *s.f.*

a.bó.ba.da *s.f.* **1** construção em arco **2** teto abaulado; cúpula ⊡ **a. celeste** *loc.subst.* o céu • **a. palatina** *loc.subst.* o céu da boca

a.bo.ba.dar *v.* {mod. 1} *t.d.* **1** construir abóbadas em ⟨*a. uma sala*⟩ **2** dar forma de abóbada a; arquear

a.bo.ba.do *adj.* tolo, abobalhado ⮌ esperto ~ **abobar** *v.t.d. e pron.*

a.bo.ba.lha.do *adj.* bobo; tolo ⮌ sagaz ~ **abobalhar** *v.t.d. e pron.*

a.bó.bo.ra *s.f.* **1** fruto da aboboreira, de polpa comestível, de um tom entre o alaranjado e o vermelho ■ *s.m.* **2** a cor desse fruto ■ *adj.2g.2n.* **3** que tem essa cor **4** diz-se dessa cor

a.bo.bo.rei.ra *s.f.* nome comum a várias ervas, trepadeiras e rastejantes, cultivadas pela polpa e sementes dos frutos

a.bo.bri.nha *s.f.* **1** variedade de abóbora alongada, de casca verde-clara com riscas escuras e polpa esverdeada **2** *B infrm.* asneira, bobagem

a.bo.ca.nhar *v.* {mod. 1} *t.d.* **1** pegar com a boca **2** dar dentadas em; morder **3** *B infrm.* obter de forma ilegal ou indevida, com astúcia, artimanhas ⟨*a. um cargo*⟩ ~ **abocanhador** *adj.s.m.* - **abocanhamento** *s.m.*

a.boi.o \ô\ *s.m. B* canto, ger. lento e sem palavras, com que os vaqueiros guiam ou chamam a boiada ~ **aboiar** *v.t.d. e int.*

a.bo.le.tar *v.* {mod. 1} *t.d. e pron.* **1** dar alojamento a ou alojar-se; instalar(-se) ⮌ desalojar(-se) ❑ *pron.* **2** (prep. *em*) estirar-se, refestelar-se ⟨*a.-se no sofá*⟩ ⮌ levantar-se ~ **aboletamento** *s.m.*

a.bo.li.ção [pl.: *-ões*] *s.f.* **1** anulação, supressão ⮌ manutenção **2** revogação de um costume ou lei ⟨*a. da escravatura*⟩ ⮌ restauração

a.bo.li.cio.nis.mo *s.m.* **1** movimento político que pregava o fim da escravatura **2** doutrina originada desse movimento

a.bo.li.cio.nis.ta *adj.2g.* **1** relativo ao abolicionismo ■ *adj.2g.s.2g.* **2** partidário do abolicionismo

a.bo.lir *v.* {mod. 24} *t.d.* **1** tirar a validade de; revogar, anular ⟨*a. uma lei*⟩ **2** deixar de usar; largar ⟨*a. o cigarro*⟩ ❑ *t.d.i.* **3** (prep. *de*) afastar, banir ⟨*a. o exercício da rotina*⟩ ⊙ GRAM/USO verbo defectivo

a.bo.ma.so *s.m.* ZOO quarta câmara do estômago dos ruminantes, onde ocorre a digestão

a.bo.mi.nar *v.* {mod. 1} *t.d. e pron.* detestar(-se), odiar(-se) ⮌ adorar(-se) ~ **abominação** *s.f.* - **abominado** *adj.* - **abominando** *adj.*

a.bo.mi.ná.vel *adj.2g.* que merece ser abominado; detestável, odioso ⮌ admirável, adorável

a.bo.na.ção [pl.: *-ões*] *s.f.* **1** garantia de uma obrigação ou compromisso; caução, fiança **2** recomendação favorável; abono **3** atitude de aprovação; abono **4** ato de relevar falta(s) ao trabalho; abono

a.bo.na.do *adj.* **1** garantido; aprovado ⮌ desabonado **2** abastado, rico ⮌ pobre **3** (vocábulo) que teve comprovada sua existência e uso

a.bo.nar *v.* {mod. 1} *t.d. e pron.* **1** mostrar(-se) ser bom, válido, verdadeiro ❑ *t.d.* **2** comprovar, confirmar ⮌ contestar **3** ser fiador de; afiançar ⟨*a. um contrato*⟩ **4** relevar (falta, atraso etc.) ❑ *t.d.i.* **5** (prep. *a*) conceder (liberdade, licença etc.) para ⮌ negar ~ **abonador** *adj.s.m.* - **abonatório** *adj.*

a.bo.no *s.m.* **1** aprovação; recomendação ⮌ desaprovação, descrédito **2** gratificação salarial **3** ato de relevar falta(s), não descontando as ausências ao trabalho

a.bor.da.gem *s.f.* **1** aproximação de duas embarcações; abalroamento **2** *p.ext.* qualquer tipo de aproximação **3** *fig.* maneira ou método de tratar ou interpretar algo

a.bor.dar *v.* {mod. 1} *t.d. e int.* **1** encostar-se (o navio) com o bordo (em cais, outro navio etc.) ⮌ desacostar ❑ *t.d.* **2** chegar à beira de ⟨*a. o penhasco*⟩ ⮌ afastar(-se) **3** *p.ext.* aproximar-se de ⮌ distanciar-se **4** tratar de (tema, questão, ideia etc.)

a.bo.rí.gi.ne ou **a.bo.rí.ge.ne** *adj.2g.s.2g.* (aquele) que é nascido na terra onde vive; indígena, autóctone, nativo ⮌ estrangeiro

a.bor.re.cer *v.* {mod. 8} *t.d. e pron.* **1** causar ou sofrer desgosto ou contrariedade; desagradar(-se) ⟨*discus-*

sões tolas aborrecem-no⟩ ⟨*a.-se com tolices*⟩ ⮌ agradar(-se) **2** causar ou sentir tédio; enfadar(-se) ⟨*a espera aborreceu-o*⟩ ⟨*a.-se com a demora da mulher*⟩ ⮌ alegrar(-se) **3** tornar(-se) zangado; irritar(-se) ⟨*a insistência do filho aborreceu-o*⟩ ⟨*a.-se com o assédio do vizinho*⟩ ⮌ acalmar(-se) ~ **aborrecedor** *adj.s.m.*

a.bor.re.ci.do *adj.* **1** que se aborreceu; chateado, contrariado ⮌ satisfeito **2** que causa aborrecimento; desagradável; maçante

a.bor.re.ci.men.to *s.m.* **1** sentimento de desgosto; contrariedade, desagrado ⮌ agrado, contentamento **2** sensação de enfado, vazio ou zanga; tédio **3** coisa ou situação que aborrece

a.bor.tar *v.* {mod. 1} *int.* **1** expulsar o feto do útero, natural ou artificialmente ❑ *t.d. e int.* **2** *fig.* (fazer) falhar; frustrar ❑ *t.d.* INF **3** interromper (processo ou tarefa) propositalmente ou não

a.bor.ti.vo *adj.s.m.* (substância) que provoca aborto

a.bor.to \ô\ *s.m.* **1** expulsão prematura do feto **2** *fig.* o que não obteve sucesso

a.bo.to.a.du.ra *s.f.* adorno us. para fechar punho de camisa

a.bo.to.ar *v.* {mod. 1} *t.d.* **1** fechar (peça de roupa), introduzindo os botões nas casas ⮌ desabotoar **2** pregar botões em ❑ *int. e pron.* **3** deitar (a planta) botões; germinar ❑ *int. B gír.* **4** morrer ~ **abotoamento** *s.m.*

a.bra.ca.da.bra *s.m.* **1** palavra de significado secreto a que se atribuía a propriedade de curar doenças **2** *p.ext.* palavra mágica

a.bra.ça.dei.ra *s.f.* **1** peça em forma de braço, us. para prender outras peças **2** tira que prende cortina

a.bra.çar *v.* {mod. 1} *t.d. e pron.* **1** envolver(-se) com os braços ⮌ desabraçar ❑ *t.d.* **2** *fig.* dispor-se em torno de; cercar ⟨*águas abraçam a ilha*⟩ **3** *fig.* seguir (profissão, ideia, causa etc.) ❑ *pron.* **4** prender-se com os braços; agarrar-se ⮌ soltar(-se)

a.bra.ço *s.m.* **1** ato de apertar, envolver entre os braços **2** *fig.* sinal de afeto ou amizade ⟨*mandou um a. aos primos*⟩

a.bran.dar *v.* {mod. 1} *t.d.,int. e pron.* **1** tornar(-se) flexível, macio ⟨*a. a cera*⟩ ⮌ endurecer **2** *fig.* diminuir a intensidade (de) ⟨*a. o calor, a dor*⟩ ⮌ intensificar(-se) **3** *fig.* tornar(-se) sereno ou suave ⟨*a. a ira*⟩ ⮌ intensificar ~ **abrandamento** *s.m.*

a.bran.gen.te *adj.2g.* que abrange, envolve, contém; abrangedor

a.bran.ger *v.* {mod. 8} *t.d.* **1** envolver, cercar ⟨*a. o tronco com os braços*⟩ **2** conter em si ou em seus limites; compreender, incluir ⮌ excluir **3** chegar a; atingir, alcançar ⟨*o fogo pode a. toda a mata*⟩ ~ **abrangedor** *adj.s.m.* - **abrangência** *s.f.*

a.bra.sa.dor \ô\ *adj.s.m.* **1** (o) que abrasa ⮌ resfriador **2** (o) que está muito quente **3** *fig.* (o) que é excitante, arrebatador

a.bra.sa.men.to *s.m.* **1** ato de pôr fogo, de incendiar; queima **2** *fig.* entusiasmo ⮌ desânimo **3** *fig.* paixão ou excitação sexual

a.bra.são [pl.: *-ões*] *s.f.* **1** desgaste por fricção **2** esfolamento, escoriação **3** erosão de rocha por fricção ou impacto (de vento, água corrente etc.)

a.bra.sar *v.* {mod. 1} *t.d.,int. e pron.* **1** reduzir(-se) a brasa; queimar(-se) **2** (fazer) ficar quente; arder ⮌ esfriar(-se) ❑ *t.d. e pron. fig.* **3** tornar(-se) da cor de brasa; avermelhar(-se), ruborizar **4** (fazer) ter sentimentos intensos; entusiasmar(-se) ⮌ abater(-se) ~ **abrasante** *adj.2g.*

a.bra.si.lei.rar *v.* {mod. 1} *t.d. e pron.* adequar(-se) ao modo de ser ou costumes brasileiros ~ **abrasileiramento** *s.m.*

a.bra.si.vo *adj.s.m.* (o) que causa abrasão, desgaste ou dá polimento

a.bre-a.las *s.m.2n.* carro ou grupo que abre desfile de agremiação carnavalesca

a.breu.gra.fi.a *s.f.* radiografia do tórax ☞ f. pref. e menos us.: *abreografia*

a.bre.vi.a.ção [pl.: *-ões*] *s.f.* **1** redução, encurtamento ⮌ alongamento **2** redução de palavra a algumas sílabas ou letras; abreviatura **3** redução de uma palavra que passa a funcionar como seu sinônimo (p.ex., *microcomputador/micro, videocassete/vídeo* etc.)

a.bre.vi.ar *v.* {mod. 1} *t.d.* **1** tornar breve ou mais breve; encurtar, reduzir ⮌ prolongar **2** resumir, sintetizar ⟨*a. um texto*⟩ ⮌ encompridar **3** reduzir (palavra, locução) a algumas de suas letras ou sílabas, de modo compreensível ou por critério convencionado

a.bre.vi.a.tu.ra *s.f.* **1** abreviação **2** redução de uma palavra ou locução **3** redução de uma locução a uma sigla **4** sinal ou cifra com que se representa uma palavra ou locução

a.bri.có *s.m.* fruto do abricoteiro, semelhante ao damasco

a.bri.co.tei.ro *s.m.* árvore de até 18 m, nativa da América Central e cultivada no Brasil, de folhas verde-escuras, flores brancas aromáticas e frutos grandes e carnosos us. na confecção de doces

a.bri.co.zei.ro *s.m.* abricoteiro

a.bri.dei.ra *s.f.* **1** máquina de fiar **2** *infrm.* bebida alcoólica servida como aperitivo

a.bri.dor \ô\ *adj.s.m.* **1** (o) que abre ■ *s.m.* **2** utensílio que abre garrafas, latas etc.

a.bri.gar *v.* {mod. 1} *t.d. e pron.* **1** dar ou receber acolhida; hospedar(-se) ⮌ desabrigar(-se) ❑ *t.d.,t.d.i. e pron.* **2** (prep. *de*) proteger(-se) [de dano, ameaça etc.]; resguardar(-se) ⮌ desproteger(-se) ❑ *t.d.* **3** poder conter; comportar ⟨*o galpão abriga mil frangos*⟩

a.bri.go *s.m.* **1** refúgio, proteção ⮌ desproteção **2** agasalho **3** casa que acolhe desamparados **4** *fig.* amparo, acolhimento ⮌ abandono ~ **abrigada** *s.f.* - **abrigadouro** *s.m.*

a.bril *s.m.* o quarto mês do ano no calendário gregoriano, composto de 30 dias ~ **abrilino** *adj.* - **aprilino** *adj.*

a.bri.lhan.tar *v.* {mod. 1} *t.d. e pron.* **1** (fazer) ficar reluzente, brilhante ⮌ embaçar(-se) **2** *fig.* dar ou receber brilho, pompa; realçar(-se) ⮌ ofuscar(-se) ~ **abrilhantamento** *s.m.*

a.brir *v.* {mod. 24} *t.d.* **1** desunir as partes móveis de ⟨*a. os olhos, a blusa*⟩ ⮌ fechar **2** retirar a tampa ou invólucro de ⟨*a. garrafa, carta*⟩ **3** tornar acessível ⟨*a. novos horizontes*⟩ ⟨*a. um porto*⟩ **4** estender, esticar ⟨*a. os braços, as asas*⟩ ⮌ encolher **5** cortar, rasgar ⟨*a. a testa*⟩ ⟨*a. um abscesso*⟩ **6** quebrar, partir ⟨*o tremor abriu o muro*⟩ **7** cavar (poço, túnel etc.) **8** deixar fluir (algo retido ou bloqueado) ⟨*a. o gás*⟩ ⮌ fechar **9** dar início a; pôr em funcionamento; começar, inaugurar ⟨*a. inquérito, a. uma loja*⟩ ⮌ terminar, fechar **10** obter (vantagem, melhor pontuação etc.) sobre o adversário ⟨*a. sete pontos no placar*⟩ **11** INF acessar (arquivo, programa) ❑ *t.d. e int.* **12** mover(-se) [porta, janela etc.], possibilitando acesso a um lugar ⮌ fechar(-se) ❑ *t.d. e pron.* **13** possibilitar a passagem (por); desbloquear(-se) ⟨*a. estrada*⟩ ⮌ bloquear(-se) ❑ *int. e pron.* **14** desabrochar **15** rasgar(-se), partir(-se) ⟨*a calça abriu(-se)*⟩ ❑ *int.* **16** *B* desanuviar (condições meteorológicas) ⮌ nublar **17** começar a funcionar ⟨*a loja abre cedo*⟩ ⮌ fechar **18** passar a verde (sinal de trânsito), permitindo o avanço de veículos ou pedestres ⮌ fechar ❑ *pron.* **19** fazer confidência(s); desabafar ⊙ GRAM/USO part.: *aberto*

ab-ro.gar *v.* {mod. 1} *t.d.* **1** revogar (lei) ⮌ validar **2** pôr fora de uso (hábito, costume etc.); abolir ~ **ab-rogação** *s.f.* - **ab-rogatório** *adj.*

a.bro.lho \ô\ [pl.: *abrolhos* \ó\] *s.m.* rochedo marinho, recife ☞ freq. us. no pl.

ab-rup.to [pl.: *ab-ruptos*] ou **ab.rup.to** *adj.* **1** muito inclinado, íngreme ⮌ plano, reto **2** *fig.* que ocorre de maneira súbita; repentino ⮌ esperado, previsível **3** *fig.* rude, indelicado ⮌ brando, suave

a.bru.ta.lha.do *adj.* de modos brutos; grosseiro ⮌ afável, gentil ~ **abrutalhar** *v.t.d. e pron.*

abs– *pref.* → [2]A-

abs.ces.so *s.m.* acúmulo de pus causado por inflamação

abs.cis.sa *s.f.* GEOM **1** distância numa reta entre um ponto e outro tomado como origem **2** coordenada que define a posição de um ponto num plano ou no espaço

abs.con.so *adj.* **1** escondido, oculto **2** *fig.* difícil de compreender

ab.sen.tis.mo ou **ab.sen.te.ís.mo** *s.m.* **1** falta de assiduidade ao trabalho, à escola etc. **2** prática habitual de abandonar o cumprimento de deveres e funções de determinado posto ou cargo

ab.si.de *s.f.* local onde fica o altar-mor em certas igrejas

ab.sin.to *s.m.* **1** erva aromática nativa da Europa, de que se extrai um óleo tóxico, us. no licor de absinto; losna **2** bebida alcoólica, esverdeada, preparada com óleo de absinto, anis e outras plantas aromáticas

ab.so.lu.tis.mo *s.m.* **1** sistema de governo em que o dirigente assume poderes ilimitados **2** *p.ext.* qualquer forma de tirania ~ **absolutista** *adj.2g.s.2g.*

ab.so.lu.to *adj.* **1** independente; soberano ⮌ dependente **2** que não admite condições, obrigações, limites ⮌ limitado, restrito **3** único, supremo **4** que não permite contestação; incondicional ■ *s.m.* **5** realidade plena, que só depende de si mesma para existir

ab.sol.ver *v.* {mod. 8} *t.d. e t.d.i.* **1** (prep. *de*) isentar (alguém) [de acusação, crime, pena etc.] ⮌ condenar ❑ *t.d.,t.d.i. e pron.* **2** (prep. *de*) perdoar(-se), desconsiderando erros passados ⮌ castigar(-se) ☞ cf. *absorver*

ab.sol.vi.ção [pl.: *-ões*] *s.f.* perdão de pecados, culpas, erros ou faltas ⮌ condenação

ab.sor.ção [pl.: *-ões*] *s.f.* **1** processo de absorver ou de ser absorvido **2** processo químico em que uma substância é retida no interior de outra ☞ cf. *adsorção* **3** concentração mental ⮌ distração

ab.sor.to \ô\ *adj.* **1** que se absorveu; absorvido **2** concentrado em seus pensamentos ⮌ disperso

ab.sor.ven.te *adj.2g.* **1** que absorve ou assimila **2** *fig.* que atrai, chama a atenção ■ *s.m.* **3** o que absorve ⊡ **a. higiênico** *loc.subst.* peça de material absorvente, us. para recolher o fluxo da menstruação

ab.sor.ver *v.* {mod. 8} *t.d.* **1** encher-se de (líquido); embeber **2** reter em si; incorporar **3** aspirar, respirar ⟨*a. a poeira*⟩ **4** consumir (tempo, energia, paciência etc.) **5** tomar para si; monopolizar ⟨*a. todo o lucro*⟩ ❑ *t.d.,t.d.i. e pron.* **6** (prep. *em*) deter a atenção, o pensamento (em); concentrar(-se) ⮌ desconcentrar(-se) ☞ cf. *absolver* ~ **absorvedor** *adj.*

ab.sor.vi.do *adj.* **1** absorto **2** consumido aos poucos; corroído, dissipado **3** puxado para dentro; aspirado, inalado, sorvido **4** que foi monopolizado; açambarcado

abs.tê.mio *adj.s.m.* que(m) não toma bebida alcoólica ⮌ beberrão

abs.ten.ção [pl.: *-ões*] *s.f.* **1** privação ⟨*a. de comida*⟩ **2** recusa de membro de assembleia de intervir em deliberação, decisão etc. **3** declaração de que não se quer alguma coisa ⟨*a. de herança*⟩ **4** recusa em votar ~ **abstencionismo** *s.m.* - **abstencionista** *adj.2g.s.2g.*

abs.ter *v.* {mod. 16} *t.d.i. e pron.* **1** (prep. *de*) privar(-se) [de exercer função ou direito]; impedir(-se) ⮌ permitir(-se) ❑ *pron.* **2** (prep. *de*) abrir mão de; abdicar **3** não intervir

abs.ti.nên.cia *s.f.* **1** renúncia ao uso de alguma coisa **2** privação voluntária de bens materiais ou desejos sexuais ~ **abstinente** *adj.2g.s.2g.*

abs.tra.ção [pl.: *-ões*] *s.f.* **1** ato de abstrair(-se) ou o seu efeito **2** imagem mental irreal ⮌ realidade **3** escultura ou desenho não figurativo **4** alheamento, distração ⮌ concentração

abs.tra.cio.nis.mo *s.m.* arte sem imagens figurativas ~ **abstracionista** *adj.2g.s.2g.*

abs.tra.ir *v.* {mod. 25} *t.d.i.* **1** (prep. *de*) observar (elemento, qualidade etc.) à parte (de um todo), avaliando suas propriedades em separado ⟨*a. de um objeto a sua cor*⟩ ❑ *t.i. e pron.* **2** (prep. *de, em*) não se deter em; alhear-se ⮌ concentrar-se ❑ *pron.* **3** (prep. *em*) deter toda a atenção em; concentrar-se ⮌ distrair-se

abs.tra.to *adj.* **1** que opera unicamente com ideias e suas associações e não diretamente com a realidade sensível ↄ concreto **2** *fig.* distraído ↄ concentrado **3** *fig.* que é de difícil compreensão ↄ objetivo, preciso **4** relativo aos estilos de arte não figurativa do sXX **5** diz-se do substantivo que nomeia seres imateriais, como qualidade, ação, sentimento, estado, modo de ser etc. ☞ cf. *concreto*

abs.tru.so *adj.* **1** escondido, oculto **2** difícil de compreender; confuso ↄ compreensível

ab.sur.do *adj.s.m.* (o) que contraria a razão ou o bom senso ↄ sensato ~ **absurdez** *s.f.* - **absurdeza** *s.f.* - **absurdidade** *s.f.*

a.bu.li.a *s.f.* perda ou diminuição da vontade ou da iniciativa ↄ ânimo ~ **abúlico** *adj.*

a.bun.dân.cia *s.f.* **1** grande quantidade; fartura ↄ escassez **2** *p.ext.* quantidade excessiva; fortuna, luxo ↄ miséria

a.bun.dan.te *adj.2g.* **1** que existe em grande número ou quantidade; copioso, farto ↄ escasso, minguado **2** que é rico ou opulento; abastado ↄ carente, desprovido **3** que apresenta mais de uma forma de particípio passado (diz-se de verbo)

a.bun.dan.te.men.te *adv.* **1** em grande quantidade ⟨*choveu a. este ano*⟩ ↄ escassamente **2** de modo abundante; com abundância; abastadamente, fartamente ⟨*após a herança, passou a viver a.*⟩ ↄ parcimoniosamente, pobremente

a.bun.dar *v.* {mod. 1} *t.i. e int.* **1** (prep. *em*) ter ou existir em grande quantidade ↄ faltar ❑ *int.* **2** sobrar, superabundar

a.bu.sa.do *adj.s.m.* **1** (o) que vai além do razoável ou permitido ↄ respeitoso **2** intrometido, confiado ↄ discreto

a.bu.sar *v.* {mod. 1} *t.i.* **1** (prep. *de*) usar de modo inadequado **2** (prep. *de*) usar em excesso; exceder-se ↄ moderar-se **3** (prep. *de*) desonrar, violentar ⟨*a. de uma donzela*⟩ ❑ *t.i. e int.* **4** (prep. *de*) tirar vantagem; aproveitar-se, explorar ↄ respeitar ❑ *int.* **5** fazer mal uso de condição superior ⟨*os poderosos abusam*⟩

a.bu.si.va.men.te *adv.* **1** com abuso (de poder ou autoridade); arbitrariamente **2** em excesso; exageradamente ↄ moderadamente

a.bu.so *s.m.* **1** uso exagerado, injusto ou errado ↄ moderação **2** desaforo, desrespeito ↄ consideração **3** defloramento, estupro

a.bu.tre *s.m.* **1** ave de rapina da Europa, Ásia e África, de até 1 m de comprimento e 3 m de envergadura, ger. de cabeça e pescoço pelados **2** *fig. pej.* pessoa ambiciosa

a.C. abrev. de *antes de Cristo*

Ac símbolo de *actínio*

AC sigla do Estado do Acre

–aça *suf.* 'aumento': *barcaça, caraça, couraça*

a.ça *adj.2g.s.2g.* **1** albino ■ *s.2g.* **2** mulato alourado

a.ca.ba.do *adj.* **1** concluído, pronto ↄ inacabado **2** perfeito ⟨*um exemplo a. do bom funcionário*⟩ ↄ tosco **3** *fig.* abatido; envelhecido ↄ conservado **4** *fig.* com as forças reduzidas; exausto

a.ca.ba.men.to *s.m.* **1** operação que completa ou aperfeiçoa algo; arremate **2** resultado dessa operação ⟨*roupa de a. perfeito*⟩ **3** fim, termo ↄ começo

a.ca.ba.na.do *adj.* **1** em forma de cabana **2** cabano

a.ca.ba.nar *v.* {mod. 1} *t.d.* **1** usar como cabana **2** *B* dobrar para baixo ou fazer descer (chapéu ou sua aba)

a.ca.bar *v.* {mod. 1} *t.d.,t.i.,int. e pron.* **1** (prep. *com*) [fazer] chegar ao fim; terminar, encerrar(-se) ↄ começar ❑ *t.i.* **2** (prep. *com*) dar cabo de; exterminar ⟨*a. com cupim*⟩ **3** (prep. *em*) ter como fim; terminar em ⟨*a festa acabou em confusão*⟩ **4** (prep. *com*) causar grande prejuízo a; destruir ⟨*o boato acabou com sua imagem*⟩ ❑ *pred.* **5** vir a ser; tornar-se ⟨*estudou e acabou aprovado*⟩ ❑ *t.i.,int. e pron.* **6** (prep. *com*) causar ou sofrer dano à saúde; consumir(-se) ↄ fortalecer(-se) ❑ *t.i. e int.* **7** (prep. *com*) estragar(-se), envelhecer ↄ rejuvenescer

a.ca.bo.cla.do *adj.* **1** de origem ou aparência cabocla **2** de comportamento rústico; caipira ↄ urbano

a.ca.bru.nha.do *adj.* **1** abatido, desanimado ↄ revigorado **2** humilhado; envergonhado ↄ estimulado ~ **acabrunhador** *adj.s.m.*

a.ca.bru.nhar *v.* {mod. 1} *t.d.,int. e pron.* **1** causar ou sentir falta de ânimo, abatimento; prostrar(-se) ↄ revigorar(-se) ❑ *t.d. e pron.* **2** entristecer(-se), desalentar(-se) ↄ alegrar(-se) **3** envergonhar(-se), mortificar(-se) ↄ estimular(-se) ~ **acabrunhamento** *s.m.* - **acabrunhante** *adj.2g.*

a.ca.çá *s.m.* **1** bolinho de farinha de arroz ou de milho, cozido, envolvido ainda quente em folhas de bananeira **2** refresco fermentado de fubá, arroz ou milho

a.ca.ça.par ou **a.ca.cha.par** *v.* {mod. 1} *t.d. e pron.* **1** esconder(-se) bem; ocultar(-se) ↄ mostrar(-se) **2** achatar(-se), encolher(-se) ↄ mostrar(-se) ❑ *t.d. fig.* **3** derrotar, dominar ⟨*a. o adversário*⟩ **4** diminuir moralmente; humilhar ↄ exaltar ~ **acaçapado/acachapado** *adj.*

a.cá.cia *s.f.* **1** nome comum a árvores e arbustos da fam. das leguminosas, muitos cultivados como ornamentais, outros como forrageiros ou para extração de tinturas e resinas us. em medicina e perfumaria **2** flor amarela de uma dessas árvores, que nasce em cachos

a.ca.de.mi.a *s.f.* **1** escola de ensino superior; faculdade, universidade **2** agremiação cultural (literária, científica, artística) **3** *p.ext.* o conjunto dos membros dessa agremiação **4** local para práticas desportivas ou recreativas

a.ca.de.mi.cis.mo *s.m.* **1** comportamento de quem integra a academia **2** mentalidade clássica ou conservadora **3** em artes plásticas, obediência às regras acadêmicas **4** *p.ext.* cópia de obras de arte da escola clássica

a.ca.dê.mi.co *adj.s.m.* **1** próprio de ou membro de academia ou de universidade ■ *adj.* **2** de estilo clássico ou conservador

a.ca.fa.jes.ta.do *adj.* que se veste ou age como um cafajeste ↄ digno, honrado ~ **acafajestar** *v.t.d. e pron.*

a.ça.frão [pl.: *-ões*] *s.m.* **1** erva nativa da Europa e cultivada desde a Antiguidade para uso na culinária e no fabrico de bebidas e corantes **2** pó preparado com os estigmas da flor dessa erva, de cor amarela, us. como corante e tempero culinário

a.ça.í *s.m.* **1** palmeira de até 25 m, que produz palmito e pequenos frutos roxo-escuros, em cachos, de polpa comestível; açaizeiro **2** fruto dessa palmeira **3** o sumo desse fruto consumido como suco ou pirão

a.ça.i.zei.ro *s.m.* palmeira de açaí ⊙ COL açaizal

a.ca.ju *s.m.* **1** mogno **2** madeira castanho-avermelhada como o mogno ■ *adj.2g.2n.* **3** dessa cor **4** diz-se dessa cor

a.ca.lan.tar → *ACALENTAR*

a.ca.lan.to *s.m.* cantiga de ninar

a.ca.len.tar ou **a.ca.lan.tar** *v.* {mod. 1} *t.d. e pron.* **1** (fazer) dormir ao som de cantiga ❑ *t.d.* **2** levar consolo a; confortar ⮌ desconsolar **3** *fig.* incentivar, alimentar (ideias, planos, projetos etc.) ⮌ desestimular

a.ca.len.to *s.m.* **1** ação de adormecer criança **2** acalanto **3** conforto, consolo ⮌ desconsolo **4** demonstração de afeto; carícia

a.cal.mar *v.* {mod. 1} *t.d.,int. e pron.* **1** tornar(-se) calmo; tranquilizar(-se) ⮌ agitar(-se) **2** (fazer) perder a intensidade; amansar(-se) ⮌ intensificar(-se)

a.ca.lo.ra.do *adj.* **1** quente; afogueado **2** animado, entusiasmado ⮌ desanimado **3** *fig.* impetuoso; inflamado ⮌ sereno

a.ca.lo.rar *v.* {mod. 1} *t.d. e pron.* **1** dar ou receber calor; aquecer(-se) ⮌ refrescar(-se) **2** *fig.* tornar(-se) vivo, caloroso ⟨*a. os ânimos*⟩ ⮌ arrefecer

a.ca.ma.do *adj.* **1** deitado na cama; estendido, recostado ⮌ levantado **2** que está de cama; adoentado, doente ⮌ curado, sadio, são **3** disposto em camadas ou camas

a.ca.mar *v.* {mod. 1} *t.d. e pron.* **1** deitar(-se) em cama ou outra superfície ⮌ levantar ❑ *int. e pron.* **2** ficar doente ⮌ curar(-se) ❑ *t.d.* **3** arrumar em camadas

a.çam.bar.car *v.* {mod. 1} *t.d.* **1** tomar com exclusividade; monopolizar ⮌ compartilhar **2** tomar para si; apoderar-se ⮌ desfazer-se ~ **açambarcador** *adj.s.m.* - **açambarcamento** *s.m.*

a.cam.pa.men.to *s.m.* **1** instalação de tropa(s) militar(es) em barracas **2** instalação de um grupo de pessoas em marcha **3** *p.ext.* o local onde essas pessoas se instalam **4** grupo de pessoas acampadas ⊡ **levantar a.** *loc.vs.* ir-se embora

a.cam.par *v.* {mod. 1} *t.d.,int. e pron.* **1** instalar(-se) em campo ou acampamento, esp. militar **2** *p.ext.* alojar(-se) provisoriamente ⮌ desalojar(-se)

a.ca.na.lhar *v.* {mod. 1} *t.d. e pron.* tornar(-se) canalha, desprezível ⮌ nobilitar(-se) ~ **acanalhado** *adj.*

a.ca.nha.do *adj.* **1** pouco espaçoso; apertado ⟨*sala a.*⟩ ⮌ largo **2** tímido, inibido

a.ca.nha.men.to *s.m.* **1** falta de espaço; aperto, estreiteza ⮌ amplidão **2** falta de traquejo social; embaraço, timidez ⮌ desembaraço, desenvoltura

a.ca.nhar *v.* {mod. 1} *t.d. e pron.* **1** (fazer) sentir vergonha; encabular(-se) ⮌ desinibir(-se) **2** tornar(-se) estreito, apertado ⮌ alargar(-se) **3** submeter(-se) a pressão; intimidar(-se) ⮌ encorajar(-se)

a.can.to *s.m.* **1** nome comum a arbustos de flores vistosas e folhas muito recortadas **2** ornato arquitetônico inspirado nas folhas desses arbustos

a.can.to.nar *v.* {mod. 1} *t.d.,int. e pron.* acampar (tropa) em lugar habitado (p.ex., para descansar) ~ **acantonamento** *s.m.*

a.ção [pl.: *-ões*] *s.f.* **1** evidência de uma força, de um agente etc. e o seu efeito ⟨*a. do tempo*⟩ ⟨*a. de um medicamento*⟩ **2** disposição ou capacidade para agir ⟨*a notícia deixou-a sem a.*⟩ **3** modo de proceder; comportamento ⟨*a. típica de um mau-caráter*⟩ **4** conjunto de eventos de uma história, filme etc.; intriga, enredo **5** DIR meio processual pelo qual se pode reclamar à justiça um direito ou a punição de um infrator das leis penais **6** ECON título ou documento de propriedade representativo de uma fração do capital de uma sociedade, e cujo valor indica o limite dos direitos e obrigações do seu titular ⊡ **a. de graças** *loc.subst.* ato de devoção com que se agradece a Deus ou a um santo um benefício recebido ~ **acional** *adj.2g.*

a.ca.rá *s.m.* peixe de água doce com padrões de cores variados

a.ca.ra.jé *s.m.* *B* bolinho de feijão-fradinho frito em azeite de dendê

a.ca.re.ar *v.* {mod. 5} *t.d. e t.d.i.* **1** (prep. *com*) pôr cara a cara **2** (prep. *com*) reunir perante autoridade judicial (testemunhas com declarações conflitantes) ~ **acareação** *s.f.* - **acareamento** *s.m.*

a.ca.ri *s.m.* peixe de rio de cabeça grande e corpo delgado, revestido por uma couraça formada por placas ósseas

a.ca.ri.a.se ou **a.ca.rí.a.se** *s.f.* **1** infestação por ácaros **2** sarna

a.ca.ri.ci.ar *v.* {mod. 1} *t.d. e pron.* **1** fazer(-se) carícias em ou trocar carícias ❑ *t.d.* **2** *p.ext.* tocar ou roçar levemente; afagar ⟨*a brisa acaricia as flores*⟩ **3** *fig.* tratar com carinho; lisonjear ⟨*a. o ego*⟩ ⮌ maltratar

a.ca.ri.ci.da *adj.2g.s.m.* (substância) que elimina ácaros

a.ca.ri.nhar *v.* {mod. 1} *t.d.* **1** dar tratamento carinhoso a **2** tocar ou roçar levemente; afagar ⮌ maltratar ❑ *t.d. e pron.* **3** fazer carícias em ou trocar carícias ~ **acarinhamento** *s.m.*

a.ca.ri.no.se *s.f.* acariase

a.car.nei.ra.do *adj.* **1** que lembra o carneiro **2** *fig.* doce, manso, suave ⮌ rebelde **3** *fig.* que não tem vontade própria **4** *fig.* coberto de pequenas nuvens (diz-se do céu e das próprias nuvens)

á.ca.ro *s.m.* nome comum a pequenos aracnídeos parasitas, entre os quais se incluem os causadores da sarna e de outras doenças cutâneas no homem e em animais

a.car.re.tar *v.* {mod. 1} *t.d. e t.d.i.* (prep. *a*) trazer como consequência; ocasionar ⊃ evitar ~ **acarretamento** *s.m.*

a.ca.sa.la.men.to *s.m.* **1** junção de macho e fêmea para procriação; cruzamento **2** ato sexual; coito

a.ca.sa.lar *v.* {mod. 1} *t.d.,t.d.i.,int. e pron.* **1** (prep. *com*) juntar(-se), formando um casal, um par ⊃ separar(-se) **2** (prep. *com*) unir(-se) [macho e fêmea] para procriar ⊃ desacasalar(-se)

a.ca.so *s.m.* **1** sorte, destino **2** acontecimento casual, incerto ou imprevisível ⊃ certeza ■ *adv.* **3** talvez, porventura ⊡ **ao a.** *loc.adv.* a esmo, sem reflexão • **por a.** *loc.adv.* de modo imprevisto

a.cas.ta.nha.do *adj.* **1** que tem o tom marrom da castanha ou com ela se parece **2** diz-se dessa cor ■ *s.m.* **3** essa cor

a.ca.tar *v.* {mod. 1} *t.d.* agir de acordo com (ordem, regulamento, opinião etc.); obedecer, seguir ⊃ desobedecer ~ **acatamento** *s.m.* - **acato** *s.m.*

a.cau.ã *s.2g.* ave de até 50 cm de comprimento, penas creme e dorso escuro, cujo canto, emitido no nascer e no pôr do sol, é considerado de mau agouro

a.cau.te.la.do *adj.* **1** posto de sobreaviso; cauteloso, precavido, prudente ⊃ desprevenido, imprudente **2** dotado de astúcia; ardiloso, esperto ⊃ simplório **3** que está resguardado; cuidado, protegido ⊃ desabrigado, desprotegido

a.cau.te.lar *v.* {mod. 1} *t.d.,t.d.i. e pron.* **1** (prep. *de, contra*) pôr(-se) a salvo, protegido (contra mal, dano etc.); resguardar(-se) ⊃ descuidar(-se) **2** (prep. *contra*) pôr(-se) de sobreaviso; prevenir(-se), precaver(-se) ⊃ desprevenir(-se) ~ **acautelamento** *s.m.*

a.cau.te.la.tó.rio *adj.* que serve para prevenir(-se)

a.ca.va.la.do *adj.* **1** que se acavalou **2** semelhante a cavalo **3** *fig. pej.* de modos grosseiros; estúpido ⊃ cortês

a.ca.va.lar *v.* {mod. 1} *t.d.* **1** cobrir (a égua) para procriar ❑ *t.d. e pron.* **2** sobrepor(-se), amontoar(-se)

a.ce.bo.la.do *adj.* **1** semelhante a cebola **2** com gosto de cebola **3** feito com cebola

a.ce.der *v.* {mod. 8} *t.i. e int.* **1** (prep. *a, em*) estar de acordo; concordar ⊃ discordar **2** (prep. *a, em*) conformar-se, aceitar ⊃ recusar ~ **acedência** *s.f.* - **acedente** *adj.2g.s.2g.*

a.ce.fa.li.a *s.f.* **1** anomalia no feto que provoca o nascimento de corpo sem cabeça **2** *fig.* ausência de liderança, comando ou orientação

a.cé.fa.lo *adj.s.m.* **1** que(m) não tem cabeça ■ *adj.* **2** *fig.* sem inteligência **3** *fig.* sem chefia ~ **acefalismo** *s.m.*

[1]**a.cei.rar** *v.* {mod. 1} *t.d.* **1** converter (ferro) em aço ❑ *t.d. e pron.* **2** (fazer) adquirir resistência; fortalecer(-se) ⟨*a. os sentimentos*⟩ [ORIGEM: [1]*aceiro* + [2]*-ar*]

[2]**a.cei.rar** *v.* {mod. 1} *t.d.* isolar (parte de terreno) fazendo clareira na vegetação, para impedir a propagação de incêndios [ORIGEM: [2]*aceiro* + [2]*-ar*]

[1]**a.cei.ro** *adj.s.m.* **1** que(m) trabalha em aço ■ *adj.* **2** que tem as propriedades do aço [ORIGEM: lat. tardio *aciarium* 'aço']

[2]**a.cei.ro** *s.m.* faixa limpa em torno de um terreno que o protege de incêndio [ORIGEM: contrv.] ~ **aceiramento** *s.m.*

a.cei.ta.ção [pl.: *-ões*] *s.f.* **1** ato ou efeito de concordar; aquiescência, anuência ⊃ discordância **2** facilidade em ser bem recebido e acolhido publicamente; receptividade **3** ato ou efeito de aprovar, de considerar bom; aplauso, aprovação ⊃ desaprovação, reprovação **4** ato ou efeito de respeitar, de adotar (doutrina, teoria etc.)

a.cei.tan.te *adj.2g.s.2g.* pessoa ou entidade que se responsabiliza pelo pagamento de letra de câmbio ou de duplicata de fatura

a.cei.tar *v.* {mod. 1} *t.d.* **1** ficar com (algo dado ou oferecido) **2** estar de acordo com; aprovar, concordar ⊃ discordar **3** submeter-se sem revolta a (fato, condição etc.); conformar-se ⊃ divergir **4** tomar para si; assumir ⟨*a. a culpa*⟩ **5** ter como verdadeiro, correto ❑ *t.d.pred.* **6** admitir, reconhecer ⟨*a. como verdadeira a história*⟩ ⊃ negar ⊙ GRAM/USO part.: *aceitado, aceito, aceite* ~ **aceitável** *adj.2g.*

a.cei.te *s.m.* DIR **1** assinatura do responsável pelo pagamento de um título de crédito **2** esse título de crédito ⊙ GRAM/USO tb. part. de *aceitar*

a.ce.le.ra.ção [pl.: *-ões*] *s.f.* **1** ato ou efeito de acelerar(-se); aceleramento **2** aumento de velocidade ou de movimento ⊃ desaceleração **3** encurtamento do tempo de ocorrência; abreviação, antecipação ⟨*a. da cura*⟩ ⊃ atraso

a.ce.le.ra.dor \ô\ *adj.s.m.* **1** (o) que acelera ■ *s.m.* **2** pedal ou dispositivo que regula a velocidade de um motor

a.ce.le.ra.men.to *s.m.* ato ou efeito de acelerar(-se); aceleração

a.ce.le.rar *v.* {mod. 1} *t.d.,int. e pron.* **1** (fazer) adquirir mais velocidade ou movimento ❑ *t.d. e pron.* **2** (fazer) ocorrer com maior agilidade; apressar(-se) ⟨*a. a cura*⟩ ⊃ demorar(-se) ❑ *t.d.* **3** estimular, instigar ⟨*a. uma rebelião com discursos*⟩ ⊃ desestimular

a.cel.ga *s.f.* hortaliça de folhas grandes, ger. verdes, claras e crespas

a.ce.lu.lar *adj.2g.* não formado por células (diz-se de organismo ou tecido)

a.cém *s.m.* carne do lombo do boi

a.ce.nar *v.* {mod. 1} *t.i. e int.* **1** (prep. *a, para*) fazer sinais (com as mãos, cabeça ou olhos), para prevenir, provocar, despedir-se, chamar etc. ❑ *t.d.* **2** dar a perceber; indicar, mostrar ❑ *t.i.* **3** (prep. *a*) fazer alusão; referir-se

a.cen.de.dor \ô\ *adj.s.m.* (o) que acende

a.cen.der *v.* {mod. 8} *t.d.,int. e pron.* **1** pôr fogo em ou pegar fogo; (fazer) arder ⟨*a. vela, cigarro, lareira*⟩ ⊃ apagar **2** pôr(-se) em funcionamento (luz, aparelho, equipamento etc.) ⊃ desligar(-se) ❑ *t.d. e pron. fig.* **3** inflamar(-se), acalorar(-se) ⊃ refrescar(-se) ☞ cf. *ascender* ⊙ GRAM/USO part.: *acendido, aceso* ~ **acendimento** *s.m.*

a.ce.no *s.m.* **1** gesto de cabeça, mão ou olhos **2** chamamento; apelo

a.cen.to *s.m.* **1** realce de intensidade, altura ou duração que uma sílaba ou uma palavra têm em comparação com outras **2** sinal gráfico que indica a tonicidade ou o timbre de uma vogal **3** sotaque ☞ cf. *assento* ▣ **a. agudo** *loc.subst.* sinal gráfico (´) us. para marcar a vogal tônica (*dádiva, país, baú*) e, no caso das vogais *e* e *o*, tb. o timbre aberto (*café, óbvio*) • **a. circunflexo** *loc.subst.* sinal gráfico (^) us. para indicar a sílaba tônica associada ao timbre fechado das vogais *e* e *o* (*você* e *capô*), e a tonicidade da sílaba com *a* seguida de consoante nasal (*lâmpada*) • **a. diferencial** *loc.subst.* o acento circunflexo us. para diferençar palavras de mesma grafia e sons diferentes (verbo *pôr* e preposição *por*; o pretérito *pôde* e o presente *pode*) • **a. grave** *loc.subst.* sinal gráfico (`) que assinala a existência de crase (*ir à cidade* e *ir àquela cidade*) ~ **acentual** *adj.2g.*

a.cen.tu.a.ção [pl.: *-ões*] *s.f.* **1** tom de voz que revela a intenção ou o sentimento de quem fala; entonação, inflexão, modulação **2** colocação de acento gráfico sobre vogal **3** realce dado na execução de uma nota ou acorde musical **4** ato ou efeito de destacar um detalhe em uma foto; realce

a.cen.tu.a.da.men.te *adv.* **1** com grande intensidade ⟨*pressão a. elevada*⟩ ⮌ imperceptivelmente, levemente **2** com destaque ou relevo; marcadamente

a.cen.tu.a.do *adj.* **1** que se destaca; proeminente, saliente **1.1** que leva acento gráfico ⟨*sílaba a.*⟩ **2** que é bem marcado; definido ⟨*rugas a.*⟩ ⮌ atenuado, suave **3** feito com ênfase; enfático, sublinhado **4** posto em destaque; realçado

a.cen.tu.ar *v.* {mod. 1} *t.d.* **1** emitir (uma sílaba) com mais força que as outras **2** pôr acento gráfico em (palavra) ❑ *t.d. e pron.* **3** pôr ou estar em destaque; realçar(-se) ⟨*acentuou que queria se vingar*⟩ ⟨*sua beleza acentua-se nessa roupa*⟩ **4** tornar(-se) mais forte, mais intenso; aumentar ❑ *int.* **5** falar ou escrever as palavras com os devidos acentos

-áceo *suf.* 'semelhança, pertinência': *farináceo, sebáceo*

a.cep.ção [pl.: *-ões*] *s.f.* cada sentido de uma palavra ou frase de acordo com cada contexto

a.ce.pi.pe *s.m.* **1** aperitivo, petisco **2** comida saborosa

a.ce.rar *v.* {mod. 1} *t.d.* **1** converter em aço **2** revestir de aço **3** afiar, amolar **4** *fig.* estimular, excitar ⟨*a. a ira do inimigo*⟩ ⮌ acalmar ~ **acerado** *adj.*

a.cer.bo \ê\ *adj.* **1** de sabor azedo ou amargo ⮌ doce **2** difícil de suportar; cruel, terrível

a.cer.ca \ê\ *adv. ant.* perto ▣ **a. de** *loc.prep.* a respeito de, sobre

a.cer.car *v.* {mod. 1} *t.d.i. e pron.* **1** (prep. *de*) colocar(-se) perto; aproximar(-se) ⮌ afastar(-se) ❑ *t.d. e pron.* **2** (prep. *de*) cercar(-se), rodear(-se) ~ **acercamento** *s.m.*

a.ce.ro.la *s.f.* **1** planta da América tropical, amplamente cultivada por seus frutos comestíveis, ricos em vitamina C **2** o fruto dessa planta

a.cér.ri.mo *adj.* **1** muito azedo **2** firme, obstinado, muito perseverante ⟨*a. defensor da lei*⟩ ⮌ resignado ⊙ GRAM/USO sup.abs.sint. de [1]*acre*

a.cer.tar *v.* {mod. 1} *t.d.* **1** descobrir, encontrar ⟨*a. a saída*⟩ ⮌ desacertar **2** deixar certo, regulado; consertar, endireitar ⮌ desacertar, desregular **3** pôr em harmonia; igualar ⟨*a. o passo*⟩ **4** eliminar erro de; corrigir ⮌ desacertar, errar ❑ *t.d. e t.d.i.* **5** (prep. *com*) resolver em conjunto; combinar **6** (prep. *em*) aplicar (golpe, soco etc.) [em alguém ou algo] ❑ *t.i.* **7** (prep. *em, com*) ser bem-sucedido ou satisfazer-se ⟨*a. com um médico*⟩

a.cer.to \ê\ *s.m.* **1** acordo, ajuste ⮌ desacordo **2** ação correta **3** acaso feliz, sorte ⮌ azar ☞ cf. *asserto* ▣ **a. de contas** *loc.subst.* desforra, vingança

a.cer.vo \ê\ *s.m.* conjunto de bens de uma pessoa, de uma instituição ou de um país

a.ce.so \ê\ *adj.* **1** que se acendeu; iluminado ⮌ apagado **2** *fig.* vivo, entusiasmado ■ *s.m.* **3** auge, apogeu

a.ces.são [pl.: *-ões*] *s.f.* **1** adesão, consentimento ⮌ dissensão, recusa **2** promoção a um posto superior **3** acréscimo, adição **4** aquisição de propriedade com todos os seus bens móveis e imóveis

a.ces.sar *v.* {mod. 1} *t.d.* obter acesso a (informação, dados de computador etc.)

a.ces.sí.vel *adj.2g.* **1** a que se pode ter acesso; fácil de chegar ⮌ inacessível **2** que se pode comprar ou possuir; de valor razoável **3** que é facilmente compreendido ⟨*discurso a.*⟩ ⮌ complicado **4** sociável; comunicativo ⟨*pessoa a.*⟩ ⮌ introvertido ~ **acessibilidade** *s.f.*

a.ces.so *s.m.* **1** caminho, passagem **2** possibilidade de alcançar (algo difícil) ⟨*poucos tiveram a. a uma boa educação*⟩ **3** direito à entrada (em local ou instituição) **4** INF comunicação com um dispositivo, unidade de rede, arquivo etc., visando receber ou fornecer dados **5** ataque repentino; crise

a.ces.só.rio *adj.* **1** secundário; adicional ⮌ essencial ■ *s.m.* **2** detalhe; complemento ☞ cf. *assessório*

a.ce.tal *s.m.* nome genérico dos compostos resultantes da combinação de um aldeído com um álcool

a.ce.tal.de.í.do *s.m.* aldeído líquido, incolor e solúvel em água, que funciona como intermediário químico em compostos orgânicos

a.ce.ta.to *s.m.* **1** sal ou éster do ácido acético ou ânion dele derivado **2** base não inflamável de película fotográfica e cinematográfica **3** disco de alumínio us. como matriz de discos fonográficos

a.cé.ti.co *adj.* relativo ao ácido que forma o vinagre ☞ cf. *ascético*

a.ce.ti.le.no *s.m.* gás combustível us. na indústria química e em maçaricos para corte e soldagem de metais

a.ce.til.sa.li.cí.li.co *s.m.* ácido us. como analgésico; aspirina ⊙ GRAM/USO tb. us. como adj.

a.ce.ti.na.do *adj.* lustroso e macio como cetim

a.ce.ti.nar *v.* {mod. 1} *t.d. e pron.* tornar(-se) macio e lustroso (papel, tecido) ~ **acetinagem** *s.f.*

a.ce.to.na *s.f.* líquido incolor, volátil e inflamável us. como solvente

a.cha *s.f.* pedaço de madeira us. para lenha

a.cha.ca.di.ço *adj.* sujeito a doenças leves; doentio

a.cha.car *v.* {mod. 1} *t.d.* **1** causar aborrecimento a; molestar **2** *B infrm.* exigir dinheiro (para não prender, não multar etc.) ❑ *t.d. e t.d.pred.* **3** (prep. *de*) tachar, acusar ⮌ defender ❑ *int. e pron.* **4** cair doente

a.cha.do *adj.* **1** encontrado ■ *s.m.* **2** aquilo que se achou, encontrou; descoberta **3** sorte, acaso providencial **4** *infrm.* pechincha

a.cha.ma.lo.ta.do *adj.* semelhante ao chamalote

a.cha.que *s.m.* mal-estar, indisposição

a.char *v.* {mod. 1} *t.d.* **1** deparar com (algo que se procurava ou não); encontrar **2** *fig.* criar, descobrir ou inventar ❑ *t.d. e t.d.pred.* **3** pensar, crer ❑ *t.d.pred. e pron.* **4** julgar(-se), considerar(-se) ❑ *pron.* **5** estar em certo lugar ou situação; encontrar-se ~ **achamento** *s.m.*

a.cha.ta.do *adj.* **1** que tem ou tomou forma chata; plano ⮌ arrebitado, empinado **2** *fig.* que foi diminuído ou rebaixado; aviltado ⟨*salário a.*⟩ ⮌ decente, digno **3** *fig.* diminuído moralmente; apequenado, humilhado ⮌ enaltecido, exaltado **4** *fig.* suplantado ou derrotado física ou intelectualmente; arrasado, batido

a.cha.tar *v.* {mod. 1} *t.d. e pron.* **1** tornar(-se) chato, plano **2** *fig.* rebaixar(-se), humilhar(-se) ~ **achatamento** *s.m.*

a.che.ga \ê\ *s.f.* **1** algo que se junta ao principal; acréscimo **2** ajuda, subsídio, contribuição

a.che.gar *v.* {mod. 1} *t.d.,t.d.i. e pron.* **1** (prep. *a*) pôr(-se) perto (de); aproximar(-se) ❑ *t.d.* **2** agrupar, reunir

a.che.go \ê\ *s.m.* **1** aconchego, proteção **2** achega ('ajuda')

a.chin.ca.lhar *v.* {mod. 1} *t.d.* **1** zombar de; ridicularizar **2** tratar com desdém; rebaixar ~ **achincalhação** *s.f.* - **achincalhe** *s.m.*

-acho *suf.* 'diminuição': *riacho, fogacho*

a.cho.co.la.ta.do *adj.s.m.* **1** (o) que tem a cor ou o sabor do chocolate **2** (o) que contém chocolate ~ **achocolatar** *v.t.d.*

a.ci.a.ri.a *s.f.* unidade em usina siderúrgica em que se produz aço

a.ci.ca.tar *v.* {mod. 1} *t.d.* **1** incitar (mula, cavalo) usando espora **2** *fig.* estimular, instigar ⟨*a. o desejo*⟩

a.ci.ca.te *s.m.* **1** espora **2** *fig.* estímulo, encorajamento

a.ci.cu.lar *adj.2g.* que tem feitio de agulha

a.ci.den.ta.do *adj.* **1** cheio de elevações e depressões; irregular ⟨*terreno a.*⟩ ■ *adj.s.m.* **2** que(m) sofreu acidente

a.ci.den.tal *adj.2g.* **1** eventual, casual **2** acessório, suplementar ~ **acidentalidade** *s.f.*

a.ci.den.tal.men.te *adv.* por acaso; casualmente, fortuitamente ⮌ deliberadamente, intencionalmente

a.ci.den.tar *v.* {mod. 1} *t.d. e pron.* **1** causar ou sofrer acidente; vitimar(-se) **2** tornar(-se) [um terreno] irregular

a.ci.den.te *s.m.* **1** acontecimento imprevisto **2** desastre **3** alteração de relevo ⊡ **a. vascular cerebral** *loc.subst.* hemorragia cerebral seguida de perda das funções cerebrais [sigla: *AVC*]

a.ci.dez \ê\ *s.f.* **1** qualidade do que é ácido ou azedo; azedume **2** quantidade de ácido existente numa substância química

á.ci.do *adj.* **1** azedo, amargo ⟨*gosto á.*⟩ **2** de odor picante **3** que tem propriedade ácida, corrosiva ⟨*dissolvente á.*⟩ **4** *fig.* irônico ou cruel; corrosivo ⟨*comentário á.*⟩ ■ *s.m.* **5** substância ou íon capaz de doar prótons e que reage com base para formar sal e água ⊡ **a. ascórbico** *loc.subst.* substância rica em vitamina C encontrada em vegetais verdes e frutas cítricas • **á. bromídrico** *loc.subst.* ácido us. na produção de sedativos, hormônios sintéticos e como catalisador • **á. cianídrico** *loc.subst.* ácido altamente tóxico us. para o extermínio de insetos e roedores e em câmaras de gás, na execução de condenados • **á. clorídrico** *loc.subst.* ácido us. na produção de cloretos empregados no tratamento de metais, na indústria alimentícia etc.; ácido muriático • **á. desoxirribonucleico** *loc.subst.* ácido contido nos cromossomos que determina a estrutura e função de cada célula e é responsável pela herança biológica de quase todos os seres vivos [sigla: *ADN* (tb. us. *DNA*, em ing.)] • **á. fosfórico** *loc.subst.* ácido que contém fósforo, us. na produção de fertilizantes, detergentes, catalisadores, acidulantes etc. • **á. graxo** *loc.subst.* ácido orgânico com número par de átomos de carbono, encontrado nas gorduras e óleos animais e vegetais • **á. lisérgico** *loc.subst.* substância alucinógena us. como auxiliar no tratamento de desordens mentais [sigla: *LSD*] • **á. muriático** *loc.subst.* ácido clorídrico • **á. nítrico** *loc.subst.* ácido us. na produção de fertilizantes, corantes, explosivos etc. • **á. nitroso** *loc.subst.* ácido que contém nitrato de potássio • **á. ribonucleico** *loc.subst.* ácido que transporta as informações contidas no ADN, do núcleo para o citoplasma [sigla: *ARN* e, em ing., *RNA*] • **á. sulfúrico** *loc.subst.* ácido us. na fabricação de fertilizantes, detergentes, pigmentos inorgânicos, catalisadores etc. • **á. úrico** *loc.subst.* ácido presente na urina dos animais carnívoros, us. em síntese orgânica

á.ci.do-ba.se [pl.: *ácidos-base* e *ácidos-bases*] *adj.s.m.* QUÍM (equilíbrio) entre ácidos e bases

a.ci.do.se *s.f.* acúmulo de ácido no organismo ou perda de reserva alcalina

a.ci.du.lar *v.* {mod. 1} *t.d. e pron.* **1** tornar(-se) ácido ou mais ácido ❑ *t.d.* **2** juntar ácido a ⟨*a. um refrigerante*⟩ **3** ferir, danificar ou irritar com ácido ~ **acidulação** *s.f.* - **acidulado** *adj.*

a.cí.du.lo *adj.* levemente ácido

a.ci.ma *adv.* **1** em lugar mais alto ⟨*voou a. da cidade*⟩ **2** para cima ⟨*marcharam montanha a.*⟩ ⊡ **a. de** *loc.prep.*

em situação, posição etc. superior a ⟨*inteligência a. da média*⟩
a.cin.te *s.m.* ofensa; provocação ~ **acintoso** *adj.*
a.cin.zen.tar *v.* {mod. 1} *t.d.,int. e pron.* **1** tornar(-se) cinzento **2** *p.ext.* tornar(-se) menos luminoso ou colorido; escurecer(-se)
a.cio.nar *v.* {mod. 1} *t.d.* **1** pôr em ação; fazer funcionar **2** mover ação judicial contra; processar ~ **acionador** *adj.s.m.*
a.cio.nis.ta *adj.2g.s.2g.* que(m) possui ação de empresa, sociedade anônima etc.
a.cir.ra.do *adj.* **1** que teve a agressividade despertada ou aumentada; atiçado, instigado ⮌ acalmado, apaziguado **2** que está com raiva; exasperado, irritado ⮌ equilibrado, pacífico, tranquilo **3** que foi levado a agir ou reagir; excitado, estimulado **4** que não admite qualquer concessão ou compromisso; intransigente, obstinado, teimoso ⮌ dócil, maleável
a.cir.rar *v.* {mod. 1} *t.d. e t.d.i.* **1** (prep. *contra*) despertar ou aumentar a agressividade de **2** *p.ext.* (prep. *a*) levar (alguém) [a determinada reação]; instigar, incitar ❑ *t.d. e pron.* **3** *p.ext.* irritar(-se), enervar(-se) **4** aguçar(-se), avivar(-se) ~ **acirramento** *s.m.*
a.cla.ma.ção [pl.: *-ões*] *s.f.* **1** saudação entusiasmada **2** aprovação ruidosa **3** proclamação, declaração
a.cla.mar *v.* {mod. 1} *t.d.* **1** saudar com entusiasmo **2** manifestar aprovação, ger. com gritos, aplausos etc. ❑ *t.d.pred. e pron.* **3** proclamar(-se), declarar(-se) ⟨*aclamaram-no rei*⟩
a.cla.rar *v.* {mod. 1} *t.d.,int. e pron.* **1** tornar(-se) claro; iluminar(-se) **2** dar ou tomar cor mais clara ❑ *t.d. e pron. fig.* **3** tornar(-se) compreensível; esclarecer(-se)
a.cli.mar *v.* {mod. 1} *t.d.,t.d.i. e pron.* **1** (prep. *a*) adaptar(-se) [a condições atmosféricas ou climáticas, ou a ambiente ou meio biológico] **2** *fig.* (prep. *a*) harmonizar(-se) [com ambiente, condições etc.] ❑ *t.d.i. e pron.* **3** (prep. *a*) habituar(-se), acostumar(-se) ⮌ desacostumar(-se)
a.cli.ma.tar *v.* {mod. 1} *t.d.,t.d.i. e pron.* aclimar ~ **aclimatação** *s.f.*
a.cli.ve *s.m.* subida, ladeira
ac.ne *s.f.* erupção causada por inflamação de folículo piloso com acúmulo de secreção sebácea; espinha
-́aco *suf.* 'relativo a': *cardíaco, demoníaco, maníaco*
–aço *suf.* 'aumento': *inchaço, ricaço*
a.ço *s.m.* **1** liga de ferro e carbono **2** qualquer arma branca
a.co.ber.tar *v.* {mod. 1} *t.d. e pron.* **1** pôr(-se) coberta, capa; cobrir(-se) **2** manter(-se) seguro; resguardar(-se) ❑ *t.d.* **3** manter em segredo; encobrir, esconder ⟨*a. falcatruas*⟩ ~ **acobertamento** *s.m.*
a.co.bre.ar *v.* {mod. 5} *t.d. e pron.* **1** dar ou adquirir a cor do cobre ❑ *t.d.* **2** revestir com camada de cobre
a.co.co.rar *v.* {mod. 1} *t.d. e pron.* **1** pôr(-se) de cócoras; agachar(-se) **2** *fig.* rebaixar(-se), humilhar(-se)
a.ço.dar *v.* {mod. 1} *t.d. e pron.* **1** aumentar velocidade, ritmo (de); acelerar(-se) **2** apressar(-se), precipitar(-se) ❑ *t.d.* **3** instigar, atiçar (esp. cão) ~ **açodamento** *s.m.*
a.coi.mar *v.* {mod. 1} *t.d.* **1** fazer pagar multa **2** *p.ext.* castigar, punir ❑ *t.d.pred. e pron.* **3** atribuir(-se) [culpa, responsabilidade ou defeito] ~ **acoimado** *adj.*
a.coi.tar *v.* {mod. 1} *t.d. e pron.* **1** abrigar(-se); proteger(-se) **2** dar ou receber abrigo ❑ *t.d.,t.d.i. e pron.* **3** (prep. *de*) proteger(-se), amparar(-se) ❑ *t.d.* **4** esconder da justiça (infrator, criminoso)
a.çoi.tar *v.* {mod. 1} *t.d. e pron.* **1** golpear(-se) com açoite ou outro instrumento ❑ *t.d.* **2** *p.ext.* causar dor, morte, dano e/ou destruição a ~ **açoitador** *adj.s.m.* - **açoitamento** *s.m.*
a.çoi.te *s.m.* **1** chicote **2** golpe aplicado com açoite; chicotada
a.co.lá *adv.* em lugar afastado da pessoa que fala e de seu interlocutor; naquele lugar, lá, além, adiante
a.col.cho.a.do *adj.* **1** guarnecido com colcha ou com forro macio ■ *s.m.* **2** colcha ou tecido de forro macio
a.col.cho.ar *v.* {mod. 1} *t.d.* **1** tecer, ornar ou forrar como uma colcha **2** forrar com colcha **3** revestir com material macio, como algodão, lã etc. ~ **acolchoamento** *s.m.*
a.co.lhe.dor \ô\ *adj.s.m.* (o) que oferece bom acolhimento; hospitaleiro ⮌ inóspito
a.co.lher *v.* {mod. 8} *t.d. e pron.* **1** dar ou obter refúgio, proteção ou conforto físico **2** hospedar(-se), abrigar(-se) ❑ *t.d.* **3** reagir, receber ⟨*a. mal as críticas*⟩ **4** aceitar, atender a (pedidos, sugestões etc.) ~ **acolhimento** *s.m.*
a.co.lhi.da *s.f.* **1** maneira de receber ou de ser recebido; acolhimento, recepção ⮌ desacolhida, rejeição **2** abrigo gratuito; hospitalidade ⮌ inospitalidade **3** local seguro; abrigo, refúgio
a.co.li.tar *v.* {mod. 1} *t.d. e int.* **1** auxiliar em serviço religioso, na função de acólito ❑ *t.d.* **2** estar sempre próximo a (alguém), auxiliando-o
a.có.li.to *s.m.* **1** na Igreja católica, pessoa que auxilia o padre nas missas; sacristão **2** ajudante
a.co.me.ter *v.* {mod. 8} *t.d.,t.d.i.,t.i.,int. e pron.* **1** (prep. *contra*) [fazer] iniciar agressão, esp. com arma ou força física; atacar ❑ *t.d.* **2** insultar, hostilizar **3** chocar-se com; abalroar **4** tomar completamente ❑ *t.d. e int.* **5** afetar (alguém) de repente (doença, paixão, raiva etc.) ~ **acometedor** *adj.s.m.*
a.co.me.ti.da *s.f.* acometimento
a.co.me.ti.men.to *s.m.* **1** investida vigorosa; ataque **2** manifestação repentina **3** esforço para obter algo difícil; empreendimento, tentativa
a.co.mo.da.ção [pl.: *-ões*] *s.f.* **1** ato de alojar(-se), de hospedar(-se); alojamento, hospedagem **2** divisão de um local; aposento, cômodo, dependência **3** adaptação, adequação, conformidade ⮌ desadaptação, inadaptação **4** meio de vida; colocação, emprego **5** ausência de ambição ou de aspiração; apatia, conformismo, desinteresse ⮌ ambição, interesse **6** movimento da crosta terrestre, com nivelamento ou superposição de camadas

a.co.mo.da.do *adj.* **1** convenientemente disposto; arrumado, acondicionado, organizado ⤿ desorganizado **2** instalado, alojado, hospedado ⤿ desalojado **3** que aceita ou se submete a uma situação indesejada; conformado, resignado ⤿ inconformado, revoltado ■ *s.m.* **4** indivíduo que se acomodou

a.co.mo.dar *v.* {mod. 1} *t.d.* **1** tornar cômodo; adaptar **2** conter ou poder conter; comportar **3** pôr em ordem; arrumar ❑ *t.d. e pron.* **4** instalar(-se), provisoriamente ou não, com relativo conforto ⤿ desacomodar ❑ *t.d.,t.d.i. e pron. fig.* **5** (prep. *a, com*) pôr(-se) em acordo ou harmonia; adequar(-se) ❑ *pron.* **6** acostumar-se a, resignar-se com

a.co.mo.da.tí.cio *adj.* que se acomoda com facilidade

a.com.pa.drar *v.* {mod. 1} *pron.* **1** (prep. *com*) tornar-se compadre (de) **2** *p.ext.* fazer alianças; aliar-se ❑ *t.d.,t.d.i. e pron. p.ext.* **3** (prep. *com*) firmar relações de amizade (com) ~ **acompadração** *s.f.*

a.com.pa.nha.dor \ô\ *adj.s.m.* **1** acompanhante **2** (instrumentista) que acompanha cantor ou outro instrumentista

a.com.pa.nha.men.to *s.m.* **1** conjunto de pessoas que acompanha outra(s); cortejo, comitiva, séquito **2** aquilo que acompanha ou vem em seguida **2.1** guarnição de um prato de comida **3** assistência ou supervisão de profissional a alguém que esteve sob seus cuidados **4** parte de composição musical (voz, instrumento) que reforça a melodia

a.com.pa.nhan.te *adj.2g.s.2g.* **1** que(m) acompanha **2** que(m) faz companhia e assiste pessoa idosa ou doente

a.com.pa.nhar *v.* {mod. 1} *t.d.* **1** estar, ficar ou ir junto com ⤿ desacompanhar **2** ir na mesma direção de **3** estar associado ou relacionado a **4** observar o andamento, o progresso de **5** *fig.* prestar atenção a, entendendo o que é dito, pensado etc. ⟨*a. um raciocínio*⟩ **6** tomar consciência ou conhecimento de ⟨*a. as notícias*⟩ ❑ *t.d. e pron.* **7** seguir, com voz ou instrumento, a melodia ❑ *pron.* **8** (prep. *de*) ter junto a si companhia, ajudante(s); cercar-se, rodear-se

a.con.che.gan.te *adj.2g.* que aconchega, acolhe agradavelmente; acolhedor, caloroso, cômodo ⤿ des(a)conchegante, desagradável, incômodo

a.con.che.gar *v.* {mod. 1} *t.d.,t.d.i. e pron.* **1** (prep. *a*) colocar(-se) próximo; achegar(-se) ❑ *t.d. e pron.* **2** posicionar(-se) confortavelmente; acomodar(-se) ❑ *t.d.* **3** tornar mais confortável ⟨*a. um travesseiro*⟩

a.con.che.go \ê\ *s.m.* **1** proteção, acolhimento, amparo físico **2** ligação, união **3** comodidade, conforto

a.con.di.cio.nar *v.* {mod. 1} *t.d.* **1** dotar de certa condição, índole, caráter **2** guardar em lugar ou em condições adequadas, esp. para conservação **3** embalar, empacotar ~ **acondicionamento** *s.m.*

a.con.se.lhar *v.* {mod. 1} *t.d.,t.d.i.,int. e pron.* **1** (prep. *a*) dar ou pedir conselho(s) [a alguém] ❑ *t.d. e t.d.i.* **2** (prep. *a*) mostrar a necessidade ou conveniência de; sugerir ~ **aconselhamento** *s.m.*

a.con.se.lhá.vel *adj.2g.* recomendável; indicado

a.con.te.cer *v.* {mod. 8} *t.i. e int.* **1** (prep. *com*) ser ou tornar-se realidade; ocorrer ❑ *int. B infrm.* **2** fazer sucesso ~ **acontecido** *adj.s.m.*

a.con.te.ci.men.to *s.m.* **1** fato, evento **2** pessoa ou fato que causa sensação; sucesso

a.co.pla.gem *s.f.* acoplamento

a.co.pla.men.to *s.m.* **1** junção, encaixe **2** junção, no espaço, de duas naves, ou de uma nave e uma estação espacial, para abastecimento ou outro serviço

a.co.plar *v.* {mod. 1} *t.d.,t.d.i. e pron.* **1** (prep. *a*) juntar(-se) fisicamente num único conjunto **2** (prep. *a, com*) estabelecer ou apresentar vínculo ou compatibilidade

a.cór.dão [pl.: *-ãos*] *s.m.* sentença definitiva dada por tribunal

[1]**a.cor.dar** *v.* {mod. 1} *t.d.,t.i.,t.d.i. e pron.* **1** (prep. *com, a*) [fazer] ficar em acordo, em harmonia; conciliar(-se), concordar ❑ *t.d. e t.i.* **2** (prep. *com*) admitir como verdadeiro ou legítimo **3** (prep. *com*) consentir, permitir ⤿ proibir **4** (prep. *em*) decidir ou resolver conjuntamente ❑ *t.d.,t.i. e pron.* **5** (prep. *em*) resolver(-se), decidir(-se) individualmente [ORIGEM: de um lat. **accordāre*]

[2]**a.cor.dar** *v.* {mod. 1} *t.d.,t.d.i.,t.i. e int.* **1** (prep. *de*) [fazer] sair do sono ou recobrar os sentidos; despertar ❑ *t.d. fig.* **2** tornar mais ativo, intenso; avivar ❑ *t.d. e t.d.i. fig.* **3** (prep. *em*) provocar (emoção, sentimento) [em alguém] [ORIGEM: do adj. *acordado* 'prudente']

a.cor.de *s.m.* **1** execução simultânea de duas ou mais notas musicais **2** *p.ext.* som musical

a.cor.de.ão [pl.: *-ões*] ou **a.cor.de.om** [pl.: *-ons*] *s.m.* instrumento musical portátil dotado de teclado e um fole que faz vibrar palhetas de metal; sanfona

a.cor.de.o.nis.ta *adj.2g.s.2g.* que(m) toca ou fabrica acordeão

a.cor.do \ô\ *s.m.* **1** entendimento recíproco **2** ajuste formal; pacto, convenção **3** permissão, consentimento

a.ço.ri.a.no *adj.* **1** do arquipélago português dos Açores ■ *s.m.* **2** natural ou habitante dessas ilhas

a.co.ro.ço.ar *v.* {mod. 1} *t.d.,t.d.i. e pron.* (prep. *a*) [fazer] sentir coragem, ânimo ⤿ desanimar(-se), amedrontar(-se)

a.cor.ren.tar *v.* {mod. 1} *t.d.,t.d.i. e pron.* **1** (prep. *a*) prender(-se) com corrente; amarrar(-se) **2** *fig.* (prep. *a*) pôr(-se) na dependência forçada de; sujeitar(-se) ~ **acorrentamento** *s.m.*

a.cor.rer *v.* {mod. 8} *t.d.,t.i. e int.* (prep. *a*) ir ou vir em auxílio de; acudir, socorrer ~ **acorrimento** *s.m.*

a.cos.sar *v.* {mod. 1} *t.d.* **1** perseguir, caçar **2** machucar, ferir (física e moralmente) **3** *fig.* perturbar insistentemente; atormentar ⟨*jornalistas acossavam-na*⟩ ~ **acossador** *adj.s.m.*

a.cos.ta.men.to *s.m.* faixa lateral de uma rodovia, destinada a paradas de emergência dos veículos

a.cos.tar *v.* {mod. 1} *t.d.,t.d.i. e pron.* **1** (prep. *a*) [fazer] tocar a superfície de ❑ *t.d.,int. e pron.* **2** (prep. *a*) pôr(-se) junto ou próximo a; encostar(-se) ~ **acostado** *adj.*

a.cos.tu.ma.do *adj.* **1** que age habitualmente de determinada maneira; habituado ⮌ desabituado, desafeito, desacostumado **2** costumeiro, habitual ⮌ incomum **3** condicionado por estímulos externos; adaptado ⮌ desadaptado

a.cos.tu.mar *v.* {mod. 1} *t.d.,t.i.,t.d.i. e pron.* **1** (prep. *a, com*) [fazer] agir de certo modo, com regularidade ou frequência; habituar(-se) ❑ *t.d.i. e pron.* **2** (prep. *a*) adaptar(-se), ajustar(-se) ⟨*a. a vista à escuridão*⟩

a.co.to.ve.lar *v.* {mod. 1} *t.d.* **1** tocar ou golpear com o cotovelo ❑ *pron.* **2** dar cotoveladas ou esbarrões recíprocos; empurrar-se

a.çou.gue *s.m.* lugar onde se vende carne a varejo

a.çou.guei.ro *s.m.* **1** proprietário ou funcionário de açougue **2** *pej.* mau cirurgião; carniceiro

a.co.var.dar *v.* {mod. 1} *t.d. e pron.* **1** tornar(-se) covarde; intimidar(-se) **2** *fig.* (fazer) perder o ânimo, a disposição ~ **acovardamento** *s.m.*

a.cra.ci.a *s.f.* **1** falta de forças; debilidade física **2** anarquia

a.cra.ni.a *s.f.* ausência total ou parcial do crânio

[1]**a.cre** *adj.2g.* **1** azedo **2** *fig.* que não é amável; áspero, ríspido ⟨*aquele autor tem um humor a.*⟩ ⊙ GRAM/USO sup.abs.sint.: *acríssimo, acérrimo* [ORIGEM: do lat. *acer,acris,acre* 'id.'] ~ **acridade** *s.f.* - **acridez** *s.f.*

[2]**a.cre** *s.m.* unidade de medida agrária [ORIGEM: do ing. *acre* 'campo; medida agrária']

a.cre.di.ta.do *adj.* **1** que é aceito como possível ou verdadeiro **2** que se considera provável ou possível; crível, plausível ⮌ improvável, inacreditável, inverossímil **3** bem conceituado, digno de confiança; confiável, qualificado, respeitado ⮌ desacreditado, desconceituado, mal-afamado

a.cre.di.tar *v.* {mod. 1} *t.i. e int.* **1** (prep. *em*) tomar por verdadeiro; crer ⟨*a. em Deus*⟩ ⮌ descrer ❑ *t.i.* **2** (prep. *em*) ter confiança; crer ⟨*a. num amigo*⟩ ⮌ descrer, desconfiar **3** (prep. *em*) ter esperança; confiar ⟨*a. na vitória*⟩ ❑ *t.d.* **4** credenciar (alguém) para representar país ou instituição (perante países estrangeiro ou outra instituição) ❑ *t.d. e pron.* **5** tornar(-se) digno de estima e confiança ⮌ desacreditar(-se), desmoralizar(-se) ❑ *t.d. e t.d.pred.* **6** pensar, sem ter certeza; julgar, supor ~ **acreditável** *adj.2g.*

a.cres.cen.tar *v.* {mod. 1} *t.d.,t.d.i. e pron.* **1** (prep. *a*) tornar(-se) maior em tamanho, número, força, extensão; aumentar **2** (prep. *a*) juntar (uma coisa) [a outra]; adicionar(-se) ~ **acrescentador** *adj.s.m.* - **acrescentamento** *s.m.* - **acrescento** *s.m.*

a.cres.cer *v.* {mod. 8} *t.d.,t.d.i. e int.* **1** (prep. *de, a*) [fazer] crescer, esp. pela adição de elementos; aumentar ❑ *t.i.,t.d.i. e pron.* **2** (prep. *a*) juntar-se (uma coisa) [a outra]; acrescentar(-se) ❑ *t.i.,int. e pron.* **3** (prep. *a*) ser condição ou fato complementar a ser considerado ⟨*acresce (a isso) que foi impossível convencê-lo*⟩

a.crés.ci.mo *s.m.* o que se acrescenta; adição, aumento

a.cri.a.no *adj.* **1** do Acre ■ *s.m.* **2** natural ou habitante desse estado

a.cri.do.ce *adj.2g.s.m.* agridoce

a.crí.li.co *s.m.* **1** resina sintética transparente ■ *adj.* **2** feito de ou com propriedades dessa resina

a.cri.mô.nia *s.f.* **1** azedume **2** tratamento indelicado; aspereza, rispidez ~ **acrimonioso** *adj.*

a.cri.so.lar *v.* {mod. 1} *t.d.* **1** tirar as impurezas de (metal precioso) ❑ *t.d. e pron. fig.* **2** tornar(-se) melhor; aperfeiçoar(-se) **3** purificar(-se) moralmente pelo sofrimento

a.cro.ba.ci.a *s.f.* **1** exercício executado por acrobata **2** *fig.* manobra audaciosa

a.cro.ba.ta *s.2g.* artista que realiza exercícios de agilidade, força e destreza em espetáculos ou competições

a.cro.bá.ti.co *adj.* relativo a acrobata ou acrobacia

a.cro.fo.bi.a *s.f.* medo de altura ~ **acrofóbico** *adj.s.m.* - **acrófobo** *adj.s.m.*

a.cro.má.ti.co *adj.* **1** sem cor **2** que não distingue as cores ~ **acromatismo** *s.m.*

a.cro.me.ga.li.a *s.f.* crescimento exagerado das extremidades do corpo (pés, mãos, rosto) ~ **acromegálico** *adj.s.m.*

a.crô.ni.mo *adj.s.m.* (palavra) que se forma com as iniciais ou sílabas de uma locução, frase etc. (p.ex., *Sudam* = *Su*perintendência do *D*esenvolvimento da *Am*azônia)

a.cró.po.le *s.f.* local mais alto das antigas cidades gregas, que servia de cidadela

a.crós.ti.co *s.m.* poesia em que as letras iniciais de cada verso, quando lidas verticalmente, formam uma palavra ou frase ⊙ GRAM/USO tb. us. como adj.

ACTH *s.m.* hormônio da hipófise que estimula o córtex da glândula suprarrenal

ac.tí.nia *s.f.* anêmona-do-mar

ac.ti.ni.í.deo *s.m.* qualquer elemento da família dos actiniídeos, que, na tabela periódica, vai de actínio ao laurêncio ☞ cf. *tabela periódica* (no fim do dicionário) ⊙ GRAM/USO tb. us. como adj.

ac.tí.nio *s.m.* elemento químico radioativo [símb.: *Ac*] ☞ cf. *tabela periódica* (no fim do dicionário)

a.cu.ar *v.* {mod. 1} *t.d.* **1** levar (caça, perseguido) a local ou situação de fuga impossível; encurralar ❑ *int.* **2** empacar (animal) ❑ *t.d. e pron. fig.* **3** (fazer) ficar sem saída, sem alternativa; inibir(-se) ~ **acuação** *s.f.* - **acuamento** *s.m.*

a.çú.car *s.m.* **1** substância doce obtida esp. da cana-de-açúcar e da beterraba; sacarose **2** designação genérica dada a carboidratos de sabor doce e solúveis em água, como sacarose, frutose, glicose

a.çu.ca.rar *v.* {mod. 1} *t.d.* **1** temperar ou cobrir com açúcar ❑ *t.d.,int. e pron.* **2** converter(-se) em açúcar (mel, calda) ❑ *t.d. e pron. fig.* **3** tornar(-se) agradável, suave (tom, palavra, discurso)

a.çú.car-can.de [pl.: *açúcares-cande* e *açúcares-candes*] *s.m.* açúcar formado pela cristalização da sacarose

a.çu.ca.rei.ro *s.m.* **1** pote para guardar e servir açúcar ■ *adj.* **2** relativo a açúcar ou cana-de-açúcar ⟨*indústria a.*⟩

a.çu.ce.na *s.f.* planta ornamental e sua flor, apreciada pelo perfume intenso

a.çu.de *s.m.* **1** barragem **2** lago que se forma por represamento

a.cu.dir *v.* {mod. 29} *t.d.,t.i. e int.* **1** (prep. *a*) pôr-se à disposição de (alguém em dificuldade); ajudar, socorrer ❑ *t.i. e int.* **2** (prep. *a*) atender ou obedecer a (pedido, convite, ordem etc.) ❑ *t.i. e pron.* **3** (prep. *a, de*) recorrer, valer-se

a.cui.da.de *s.f.* **1** agudeza **2** grande capacidade de percepção

a.çu.lar *v.* {mod. 1} *t.d. e t.d.i.* **1** (prep. *contra*) atiçar (cão) a morder, atacar **2** (prep. *contra*) provocar, irritar **3** (prep. *a*) estimular, incentivar ~ **açulamento** *s.m.*

a.cú.leo *s.m.* **1** estrutura vegetal dura e pontiaguda que cresce na superfície de certas plantas e pode ser arrancada sem ferir muito a planta ☞ cf. *espinho* **2** ferrão ou espinho de animais **3** *p.ext.* ponta aguçada

a.cul.tu.ra.ção [pl.: *-ões*] *s.f.* adaptação de um indivíduo ou grupo a uma cultura diferente ~ **aculturar** *v.t.d. e pron.*

a.cu.mu.la.ção [pl.: *-ões*] *s.f.* **1** ajuntamento; amontoamento **2** GEOL sedimentação

a.cu.mu.la.da *s.f.* no turfe, aposta num só jogo em cavalos de vários páreos

a.cu.mu.la.dor \ô\ *adj.s.m.* **1** (o) que acumula **2** que ou o que é capaz de transformar, de forma reversível, energia química em energia elétrica (diz-se de dispositivo)

a.cu.mu.lar *v.* {mod. 1} *t.d. e pron.* **1** reunir(-se) ordenada ou desordenadamente; amontoar(-se) ⮌ dispersar(-se) **2** realizar(-se) sucessivamente ⟨*a. feitos heroicos*⟩ ❑ *t.d. e t.d.i.* **3** (prep. *a*) associar, combinar **4** (prep. *a, com*) exercer (cargos, funções) simultaneamente ~ **acumulativo** *adj.*

a.cú.mu.lo *s.m.* acumulação

a.cu.pun.tu.ra *s.f.* ramo da medicina tradicional chinesa que introduz agulhas em determinados pontos do corpo do paciente para tratá-lo

a.cu.rar *v.* {mod. 1} *t.d.* **1** cuidar de (alguém ou algo) com dedicação, atenção ❑ *t.d. e pron.* **2** aprimorar(-se), aperfeiçoar(-se)

a.cu.sa.ção [pl.: *-ões*] *s.f.* **1** atribuição de culpa ou crime **2** crítica desfavorável do comportamento de alguém **3** advogado da parte que acusa

a.cu.sa.do *adj.* **1** que foi alvo de acusação; incriminado, indiciado ⮌ eximido, inocentado **2** posto a descoberto; denunciado, revelado **3** censurado, repreendido ⮌ aplaudido, aprovado ■ *s.m.* **4** pessoa que é alvo de acusação **5** réu em processo judicial

a.cu.sar *v.* {mod. 1} *t.d.,t.d.i.,int. e pron.* **1** (prep. *de*) atribuir (falta, crime) [a alguém ou si próprio]; culpar(-se) ❑ *t.d.pred.* **2** (prep. *de*) qualificar, tachar ❑ *t.d.* **3** tornar conhecido; mostrar **4** notificar, confirmar (recepção de carta, ofício etc.) ~ **acusador** *adj.s.m.*

a.cu.sa.ti.vo *adj.* **1** relativo a acusação ■ *s.m.* **2** caso ('flexão') que indica o objeto direto

a.cús.ti.ca *s.f.* **1** ramo da física que estuda os sons **2** qualidade de um local do ponto de vista da propagação do som ⟨*um teatro com boa a.*⟩

a.cús.ti.co *adj.* **1** relativo ao som ou à acústica **2** relativo à audição ou ao ouvido

a.cu.tân.gu.lo *adj.* que tem todos os ângulos agudos ~ **acutangulado** *adj.* - **acutangular** *adj.2g.*

a.cu.tís.si.mo *adj.* muito agudo ⊙ GRAM/USO sup.abs.sint. de *agudo*

ad– *pref.* → 'A-

–ada *suf.* **1** 'coleção': *bicharada, boiada* **2** 'porção contida em': *colherada* **3** 'produto alimentício': *laranjada, macarronada* **4** 'ação ou resultado da ação': *caminhada, facada, largada*

a.da.ga *s.f.* espada curta e larga, de um ou dois gumes

[1]a.dá.gio *s.m.* composição musical ou movimento de uma composição em andamento lento [ORIGEM: it. *adagio* 'devagar, lentamente']

[2]a.dá.gio *s.m.* sentença moral de origem popular; provérbio [ORIGEM: lat. *adagĭum,i* 'id.']

a.da.man.ti.no *adj.* semelhante ao diamante

a.da.mas.ca.do *adj.* **1** que apresenta relevo semelhante ao damasco ('tecido') **2** da cor ou do sabor do damasco ('fruto') ~ **adamascar** *v.t.d.*

a.dap.ta.ção [pl.: *-ões*] *s.f.* **1** acomodação, harmonização ⟨*não foi fácil a a. à nova cidade*⟩ **2** conversão de uma obra escrita a outro meio de comunicação ⟨*a a. do romance para o cinema foi muito elogiada*⟩

a.dap.ta.dor \ô\ *adj.s.m.* **1** que(m) adapta **2** (dispositivo) que pode associar dois sistemas elétricos ou eletrônicos

a.dap.tar *v.* {mod. 1} *t.d.i. e pron.* **1** (prep. *a*) pôr(-se) de acordo, em harmonia; ajustar(-se), adequar(-se) ❑ *t.d. e t.d.i.* **2** (prep. *a, para*) adequar (obra escrita) [a outro público, veículo de comunicação] ~ **adaptável** *adj.2g.*

a.de.ga *s.f.* **1** local onde se guardam vinhos e outras bebidas **2** coleção de vinhos e outras bebidas **3** estabelecimento onde se servem vinhos, iguarias etc.

a.de.jar *v.* {mod. 1} *int.* **1** agitar as asas durante voo **2** dar pequenos e repetidos voos ☞ nas duas acp., só us. nas 3as p., exceto quando fig. ❑ *t.d. e int.* **3** mover ou agitar, como o bater de asas; abanar ⟨*a. os braços*⟩ ~ **adejo** *s.m.*

a.del.ga.çar *v.* {mod. 1} *t.d.,int. e pron.* **1** tornar(-se) delgado, estreito; afinar(-se) ❑ *t.d. e pron.* **2** emagrecer ~ **adelgaçamento** *s.m.*

a.de.mais *adv.* além disso, além do mais

a.de.ma.ne *s.m.* gesto com as mãos; trejeito ☞ mais us. no pl. ⊙ GRAM/USO tb. se diz *ademã*

a.den.do *s.m.* ou **a.den.da** *s.f.* aquilo que se junta (a uma obra escrita) ⟨*fazer um a. ao relatório*⟩

a.de.no.car.ci.no.ma *s.m.* tumor maligno de um tecido glandular

a.de.noi.de \ói\ *adj.2g.* **1** em forma de glândula ■ *s.f.* **2** tecido dos gânglios linfáticos entre as fossas nasais e a garganta **3** desenvolvimento excessivo desse tecido ☞ mais us. no pl. nessas duas acp.

a.de.no.ma *s.m.* tumor, ger. benigno, cuja estrutura se assemelha à das glândulas

a.de.no.ví.rus *s.m.2n.* vírus encontrado no tecido adenoide e responsável por infecções respiratórias agudas

a.den.sar *v.* {mod. 1} *t.d.,int. e pron.* **1** tornar(-se) mais espesso, compacto ❑ *t.d. e pron.* **2** aumentar em número

a.den.trar *v.* {mod. 1} *t.d.,int. e pron.* entrar, penetrar em ~ **adentramento** *s.m.*

a.den.tro *adv.* em direção ao interior de ⟨*entrar casa a.*⟩

a.dep.to *adj.s.m.* que(m) segue uma escola, doutrina, hábito; partidário, seguidor

a.de.qua.do *adj.* **1** que está em perfeita conformidade com algo; adaptado, ajustado ↄ desajustado, inadaptado **2** próprio para determinado uso ou fim; apropriado, conveniente, oportuno ↄ impróprio, incompatível, inconveniente

a.de.quar *v.* {mod. 3} *t.d.i. e pron.* **1** (prep. *a*) pôr(-se) ou estar ajustado, em harmonia; adaptar(-se), combinar **2** (prep. *a*) tornar(-se) conveniente, próprio ~ **adequação** *s.f.*

a.de.re.çar *v.* {mod. 1} *t.d. e pron.* enfeitar(-se), adornar(-se) ~ **adereçamento** *s.m.*

a.de.re.ço \ê\ *s.m.* **1** enfeite, adorno **2** acessório que compõe a cena de teatro, cinema etc. ▼ ***adereços*** *s.m.pl.* **3** joias, bijuterias etc. **4** arreios de cavalo

a.de.rên.cia *s.f.* **1** qualidade ou atributo de aderente **2** adesão de uma coisa a outra(s); junção ↄ descolamento, desprendimento **3** força de contato entre os pneus de um veículo e o solo

a.de.ren.te *adj.2g.s.2g.* **1** (o) que é pegajoso, adesivo **2** que(m) aceitou uma ideia ou credo; seguidor

a.de.rir *v.* {mod. 28} *t.i. e int.* **1** (prep. *a*) tornar-se aderente; grudar, colar ⟨*a fuligem aderia à pele*⟩ ❑ *t.i.* **2** (prep. *a*) tornar-se adepto (de causa, seita, partido etc.) **3** (prep. *a*) apoiar (pessoa, causa etc.) **4** (prep. *a*) adaptar-se a (local, situação etc.) ⟨*a. à nova terra*⟩ ❑ *t.d.i.* **5** (prep. *a*) juntar, unir ⟨*a. nova peça ao motor*⟩

a.der.nar *v.* {mod. 1} *t.d. e int.* inclinar(-se) [embarcação] sobre um dos lados; virar ~ **adernamento** *s.m.*

a.de.são [pl.: *-ões*] *s.f.* ação de aderir

a.de.sio.nis.mo *s.m.* costume de aderir prontamente a ideias ou práticas novas; adesismo ~ **adesionista** *adj.2g.s.2g.*

a.de.sis.mo *s.m.* adesionismo ~ **adesista** *adj.2g.s.2g.*

a.de.si.vo *adj.* **1** que gruda, adere ■ *s.m.* **2** objeto colante (fita, papel, plástico etc.) **3** substância que cola

a.des.tra.dor \ô\ *adj.s.m.* que(m) adestra; amestrador, treinador

a.des.trar *v.* {mod. 1} *t.d. e pron.* **1** tornar(-se) capaz, hábil; preparar(-se) ❑ *t.d.* **2** ensinar (animais) a ter certas habilidades; treinar ~ **adestramento** *s.m.*

a.deus *interj.* **1** expressão de despedida ■ *s.m.* **2** separação ⟨*chorou por causa do a.*⟩

a.di.a.men.to *s.m.* transferência para outra ocasião

a.di.an.ta.men.to *s.m.* **1** movimento para a frente **2** aceleração ⟨*o a. do trabalho será compensado*⟩ **3** progresso, desenvolvimento **4** pagamento antecipado de parte de um total

a.di.an.tar *v.* {mod. 1} *t.d. e pron.* **1** movimentar(-se) para diante; avançar ❑ *t.d.* **2** apressar ou antecipar a execução, a realização de ❑ *t.d. e t.d.i.* **3** (prep. *a*) dizer ou anunciar antes **4** (prep. *a*) pagar com antecipação (parte ou todo) ❑ *int.* **5** trazer proveito, benefício; valer a pena **6** trabalhar (o relógio) mais depressa que o normal

a.di.an.te *adv.* **1** na frente; à frente; antes ■ *interj.* **2** exprime incentivo, estímulo

a.di.ar *v.* {mod. 1} *t.d.* deixar para outro dia, marcar para depois; transferir, postergar ⟨*a. festa, encontro, reunião*⟩ ↄ antecipar ~ **adiável** *adj.2g.*

a.di.ção [pl.: *-ões*] *s.f.* **1** MAT operação aritmética que une em um único número unidades ou frações de unidades; soma **2** acréscimo

a.di.cio.nal *adj.2g.s.2g.* **1** (o) que se acrescenta ■ *s.m.* **2** gratificação salarial **3** cobrança extra

a.di.cio.nar *v.* {mod. 1} *t.d.i.* **1** (prep. *a*) juntar (alguma coisa) [a outra]; acrescentar ❑ *t.d. e int.* **2** realizar a adição ('operação'); somar

a.di.do *s.m.* funcionário com cargo especial numa embaixada

a.dim.plên.cia *s.f.* DIR cumprimento de uma obrigação ↄ inadimplência

a.dim.plen.te *adj.2g.s.2g.* que(m) cumpre com uma obrigação ↄ inadimplente

a.di.po.so \ô\ [pl.: *adiposos* \ó\] *adj.* **1** muito gordo ou obeso **2** ANAT que contém ou é formado por gordura (diz-se de tecido) ~ **adiposidade** *s.f.*

a.dir *v.* {mod. 24} *t.d.i.* **1** (prep. *a*) juntar, acrescentar ❑ *pron.* **2** (prep. *a*) pôr-se junto; agregar-se ⟨*a.-se aos rebeldes*⟩ ⊙ GRAM/USO verbo defectivo

a.di.ta.men.to *s.m.* adendo, complementação (em um documento)

a.di.tar *v.* {mod. 1} *t.d.,t.d.i. e int.* **1** (prep. *a*) fazer acréscimo(s) [a]; adicionar ❑ *pron.* **2** (prep. *a*) pôr-se junto; ligar-se

a.di.ti.vo *adj.s.m.* **1** (o) que se acrescenta ■ *s.m.* **2** substância química acrescentada a outra para modificar-lhe as propriedades

a.di.vi.nha *s.f.* **1** enigma, adivinhação **2** mulher vidente

a.di.vi.nhar *v.* {mod. 1} *t.d.* **1** desvendar por supostos meios sobrenaturais ⟨*a. o futuro*⟩ **2** descobrir por suposição ou por acaso ~ **adivinhação** *s.f.*

a.di.vi.nho *s.m.* vidente

ad.ja.cên.cia *s.f.* qualidade do que está próximo, adjacente; vizinhança

ad.ja.cen.te *adj.2g.* que fica ao lado; contíguo

ad.je.ti.var *v.* {mod. 1} *t.d.* **1** qualificar com adjetivo(s), atributo(s) ❑ *t.d.pred. e pron.* **2** (prep. *de*) ter(-se) por; considerar(-se) ❑ *int.* **3** usar adjetivos ~ **adjetivação** *s.f.*

ad.je.ti.vo *adj.s.m.* **1** (palavra) que modifica o significado de um substantivo, acrescentando-lhe uma característica, extensão ou quantidade ■ *adj.* **2** subordinado, conexo; secundário ⟨*razões a.*⟩ ⊡ **a. de dois gêneros** *loc.subst.* o que tem a mesma forma para os gêneros masculino e feminino, como *fácil, exemplar, crescente, ruim* • **a. de dois números** *loc.subst.* o que tem a mesma forma no singular e no plural, como *simples, isósceles* ~ **adjetival** *adj.2g.*

ad.ju.di.car *v.* {mod. 1} *t.d. e t.d.i.* **1** (prep. *a*) entregar a posse de (algo) [a alguém], por decisão judicial ❑ *t.d.i. e pron.* **2** (prep. *a*) considerar(-se) responsável por; atribuir(-se) ~ **adjudicação** *s.f.*

ad.ju.di.ca.tá.rio *s.m.* pessoa que recebe legalmente um bem

ad.jun.ção [pl.: *-ões*] *s.f.* junção, associação de uma coisa ou pessoa com outra

ad.jun.to *adj.* **1** próximo a, contíguo ■ *adj.s.m.* **2** (o) que auxilia; assistente, assessor ■ *s.m.* **3** aquele que substitui alguém; suplente **4** GRAM palavra ou expressão que serve para modificar ou restringir o sentido de outra ⊡ **a. adnominal** *loc.subst.* palavra ou expressão que modifica o significado de um substantivo • **a. adverbial** *loc.subst.* palavra ou expressão que indica uma circunstância de um verbo, um adjetivo ou um advérbio

ad.ju.tó.rio *s.m.* **1** prestação de ajuda; auxílio **2** *B* ajuda coletiva e gratuita, esp. entre trabalhadores do campo; mutirão

ad.mi.nis.tra.ção [pl.: *-ões*] *s.f.* **1** ato ou efeito de administrar **2** ação de governar ou gerir empresa, órgão público etc. ~ **administrativo** *adj.*

ad.mi.nis.tra.dor \ô\ *adj.s.m.* que(m) administra, gerencia ou governa

ad.mi.nis.trar *v.* {mod. 1} *t.d. e int.* **1** exercer mando, ter poder de decisão (sobre); dirigir, gerir ❑ *t.d. e t.d.i.* **2** (prep. *a*) ministrar (sacramento) [a alguém] **3** (prep. *a*) determinar o uso de (líquido, remédio etc.) [a pessoa ou animal] ❑ *t.d.i.* **4** (prep. *a*) aplicar (golpe, pancada etc.) [em alguém]

ad.mi.ra.ção [pl.: *-ões*] *s.f.* **1** respeito, consideração **2** sentimento de surpresa ou espanto ~ **admirativo** *adj.*

ad.mi.ra.dor \ô\ *adj.s.m.* **1** que(m) admira, venera (alguém ou algo); aficionado, apreciador, entusiasta ⮌ avesso, desinteressado **2** *p.ext.* que sente e/ou manifesta grande paixão, amor por outrem; amante, apaixonado ⮌ indiferente

ad.mi.rar *v.* {mod. 1} *t.d.* **1** observar com deleite, interesse; apreciar ⟨*a. um espetáculo*⟩ ❑ *t.d. e pron.* **2** considerar(-se) com respeito, veneração, apreço ⟨*a. os pais*⟩ ❑ *t.i. e int.* **3** (prep. *a*) causar espanto (a); surpreender ❑ *pron.* **4** (prep. *de*) sentir surpresa; espantar-se

ad.mi.rá.vel *adj.2g.* capaz de provocar admiração ou digno dela

ad.mis.são [pl.: *-ões*] *s.f.* ato ou efeito de admitir

ad.mis.sí.vel *adj.2g.* passível de se admitir; aceitável, adotável ⮌ inadmissível, inaceitável, inconcebível

ad.mi.tir *v.* {mod. 24} *t.d.* **1** reconhecer (algo evidente, incontestável) **2** ter como aceitável; consentir, tolerar ⟨*a. atrasos*⟩ ⮌ inadmitir **3** deixar entrar em recinto, instituição etc. **4** tornar possível; permitir ⮌ inadmitir **5** aceitar como hipótese; supor ❑ *t.d. e t.d.pred.* **6** aceitar ou contratar (alguém) para exercer atividade, ofício ~ **admitido** *adj.*

ad.mo.es.tar *v.* {mod. 1} *t.d.* **1** avisar de incorreção no modo de agir, pensar etc.; repreender ❑ *t.d.i.* **2** (prep. *a*) advertir de maneira branda (sobre algo); aconselhar ~ **admoestação** *s.f.*

ADN *s.m.* sigla de *ácido desoxirribonucleico* (tb. us. *DNA*, em ing.)

ad.no.mi.nal *adj.2g.* GRAM que determina um substantivo, qualificando-o, quantificando-o etc. (diz-se de adjunto)

–ado *suf.* **1** 'titulação, instituição': *bacharelado, noviciado* **2** 'território subordinado a um titular': *condado* **3** 'posse, abundância': *barbado, denteado* **4** 'caráter, semelhança': *amarelado*

a.do.be \ô\ *s.m.* tijolo seco ao sol

a.do.çan.te *adj.2g.* **1** que adoça ■ *s.m.* **2** substância, natural ou artificial, us. para adoçar alimento, bebida ou medicamento

a.do.ção [pl.: *-ões*] *s.f.* **1** ato ou efeito de adotar **2** processo legal em que se aceita uma criança ou jovem como filho

a.do.çar *v.* {mod. 1} *t.d.* **1** tornar doce, adicionando açúcar, mel etc. ❑ *t.d. e pron. fig.* **2** tornar(-se) agradável, aprazível **3** aliviar(-se) [sofrimento, aflição, dor etc.] ~ **adoçamento** *s.m.*

a.do.ci.ca.do *adj.* **1** de sabor levemente doce ⟨*biscoito a.*⟩ **2** *fig.* suave, brando, agradável ⟨*palavras a.*⟩ ~ **adocicar** *v.t.d.*

a.do.e.cer *v.* {mod. 8} *t.d. e int.* tornar(-se) doente; enfermar

a.do.en.ta.do *adj.* um pouco doente ~ **adoentar** *v.t.d. e pron.*

a.doi.da.do *adj.* **1** meio maluco **2** que não tem prudência; estouvado ■ *adv. infrm.* **3** muito; à beça ⟨*choveu a.*⟩

a.do.les.cên.cia *s.f.* período da vida humana entre a infância e a idade adulta ~ **adolescer** *v.int.*

a.do.les.cen.te *adj.2g.* **1** relativo a adolescência ■ *adj.2g.s.2g.* **2** que(m) está na adolescência

a.dô.nis *s.m.2n.* jovem muito bonito ☞ cf. *Adônis* na parte enciclopédica

a.do.ra.ção [pl.: *-ões*] *s.f.* **1** culto que se rende a divindade ou a alguém ou algo assim considerado; veneração **2** *p.ext.* amor excessivo; idolatria, paixão **3** *p.ext.* gosto descomedido, exagerado ⟨*a. por sapatos*⟩

a.do.rar *v.* {mod. 1} *t.d.* **1** prestar culto a (divindade) **2** ter veneração por; reverenciar **3** *infrm.* gostar muito de ⟨*a. cinema*⟩ ❑ *t.d. e pron.* **4** amar(-se) de maneira extrema, apaixonada ~ **adorador** *adj.s.m.*

a.do.rá.vel *adj.2g.* **1** digno de se adorar **2** que exerce fascínio; encantador

a.dor.me.cer *v.* {mod. 8} *t.d. e int.* **1** (fazer) dormir **2** *fig.* entorpecer (sentimentos, emoções etc.); anestesiar ❑ *t.d.* **3** reduzir a sensibilidade física de ⟨*a. o braço*⟩ ~ **adormecimento** *s.m.*

a.dor.nar *v.* {mod. 1} *t.d. e pron.* colocar(-se) enfeites; ornar(-se)

a.dor.no \ô\ *s.m.* enfeite

a.do.tar *v.* {mod. 1} *t.d.* **1** tomar (alguém) legalmente como filho, dando-lhe direitos **2** seguir (ideia, doutrina etc.) ⟨*a. uma religião*⟩ **3** usar temporariamente (atitude, comportamento); assumir ⟨*a. postura rude*⟩ **4** dar preferência a; escolher

a.do.ti.vo *adj.* **1** relativo a adoção **2** que foi adotado ⟨*o mais velho era filho a.*⟩ **3** que adotou ⟨*tinha muito carinho pela mãe a.*⟩

ad.qui.rir *v.* {mod. 24} *t.d. e t.d.i.* **1** (prep. *de*) tornar-se dono de (algo), por compra, troca etc. ❑ *t.d.* **2** passar a ter (qualidade, condição etc.); alcançar, assumir ⟨*a. habilidades*⟩ **3** vir a ter (doença, moléstia); contrair ~ **adquirente** *adj.2g.s.2g.*

a.dre.de \ê\ *adv.* de propósito, com intenção

a.dre.na.li.na *s.f.* **1** hormônio secretado pelas glândulas suprarrenais cuja ação estimula o coração e eleva a pressão arterial **2** *p.ext. infrm.* disposição física; vigor, energia

a.dri.á.ti.co *adj.* relativo ao mar Adriático ou às regiões por ele banhadas

a.dri.ça *s.f.* cabo para içar vela ou bandeira ~ **adriçamento** *s.m.*

a.dro *s.m.* pátio externo de uma igreja

ad.sor.ção [pl.: *-ões*] *s.f.* processo químico em que íons, átomos ou moléculas são retidos na superfície de um sólido ou líquido ☞ cf. *absorção*

ads.trin.gen.te *adj.2g.s.m.* **1** (o) que adstringe, comprime **2** (substância) que provoca constrição

ads.trin.gir *v.* {mod. 24} *t.d. e pron.* **1** comprimir(-se), apertar(-se) **2** limitar(-se), restringir(-se) ❑ *t.d.* **3** produzir contração em (tecidos orgânicos) ~ **adstringência** *s.f.*

ads.tri.to *adj.* **1** ligado a, incorporado **2** inscrito, gravado; registrado **3** *p.ext.* submetido a; sujeitado

a.du.a.na *s.f.* alfândega

a.du.a.nei.ro *adj.* **1** relativo a aduana ■ *s.m.* **2** funcionário de aduana

a.du.bar *v.* {mod. 1} *t.d.* pôr adubo em (terra, terreno)

a.du.bo *s.m.* conjunto de resíduos minerais ou vegetais us. para fertilizar a terra; estrume

a.du.e.la *s.f.* **1** cada uma das tábuas arqueadas que formam os tonéis e os barris **2** madeira que guarnece o vão de porta ou janela

a.du.lar *v.* {mod. 1} *t.d.* lisonjear muito, de modo servil; bajular ~ **adulação** *s.f.* - **adulador** *adj.s.m.*

a.dul.te.ra.ção [pl.: *-ões*] *s.f.* **1** alteração das características iniciais; mudança, modificação **2** falsificação ~ **adulterador** *adj.s.m.*

a.dul.te.rar *v.* {mod. 1} *t.d. e pron.* **1** causar alteração em ou sofrer mudança; modificar(-se) ❑ *t.d.* **2** falsificar (esp. documentos) ❑ *int.* **3** cometer adultério

a.dul.te.ri.no *adj.* **1** em que ocorre adultério; adúltero **2** decorrente de adultério ⟨*filho a.*⟩

a.dul.té.rio *s.m.* infidelidade no casamento

a.dúl.te.ro *adj.s.m.* que(m) comete adultério

a.dul.to *adj.s.m.* **1** (o) que já terminou seu crescimento ⟨*aves a.*⟩ ⟨*os a. cuidam dos mais novos*⟩ ■ *adj.* **2** maduro; amadurecido ⟨*decisão a.*⟩

a.dun.co *adj.* em forma de gancho; curvo ⟨*nariz a.*⟩ ~ **aduncar** *v.t.d.*

a.dus.tão [pl.: *-ões*] *s.f.* **1** ação de queimar **2** MED cauterização com fogo, esp. contra mordidas venenosas

a.du.to.ra \ô\ *s.f.* canal ou cano que conduz água para um reservatório

a.du.zir *v.* {mod. 24} *t.d. e t.d.i.* (prep. *a*) expor (razões, provas etc.)

ád.ve.na *adj.2g.s.2g.* (o) que vem de fora; adventício, estrangeiro

ad.ven.tí.cio *adj.s.m.* **1** que chega de fora; forasteiro, ádvena ■ *adj.* **2** que ocorre inesperadamente; acidental **3** BIO que se encontra fora de seu local ou de sua época normal ⟨*folha, raiz a.*⟩

ad.ven.tis.mo *s.m.* doutrina ou seita protestante que acredita na iminência de uma segunda vinda de Cristo à Terra ~ **adventista** *adj.2g.s.2g.*

ad.ven.to *s.m.* **1** chegada; início **2** período de quatro semanas que antecedem o Natal ☞ inicial maiúsc.

ad.ver.bi.al *adj.2g.* **1** próprio de advérbio **2** que tem valor, caráter ou função de advérbio ⟨*oração, locução a.*⟩

ad.vér.bio *s.m.* palavra invariável que modifica verbo, adjetivo, outro advérbio ou frase, atribuindo circunstância de tempo, modo, intensidade etc.

ad.ver.sá.rio *adj.s.m.* (o) que se opõe a ou compete com

ad.ver.sa.ti.vo *adj.* que exprime oposição; contrário a; oposto

ad.ver.si.da.de *s.f.* **1** qualidade do que é adverso **2** infortúnio, revés **3** transtorno, contrariedade

ad.ver.so *adj.* **1** que provoca infortúnio; prejudicial, desfavorável **2** contrário, antagônico ⟨*ideias a.*⟩

ad.ver.tên.cia *s.f.* **1** aviso, informação **2** repreensão

ad.ver.tir *v.* {mod. 28} *t.d. e t.d.i.* **1** (prep. *de, a*) fazer (alguém) ciente (de algo); avisar, informar **2** (prep. *de, a*) fazer saber antes; prevenir **3** (prep. *de*) dar advertência; repreender ~ **advertido** *adj.*

ad.vir *v.* {mod. 31} *t.i. e int.* **1** (prep. *a*) acontecer, ocorrer ❑ *t.i.* **2** (prep. *de*) surgir como consequência; resultar

ad.vo.ca.ci.a *s.f.* **1** profissão de advogado **2** o exercício dessa profissão

ad.vo.ca.tí.cio *adj.* **1** referente a advocacia **2** investido de poder para advogar, para defender

ad.vo.ga.do *s.m.* **1** pessoa habilitada a prestar assistência jurídica **2** *p.ext.* indivíduo que protege alguém ou uma causa

ad.vo.gar *v.* {mod. 1} *t.d.* **1** representar (pessoa ou causa) em juízo **2** defender (alguém ou algo) com argumentos, ideias etc. ⟨*a. a causa dos oprimidos*⟩

❑ *t.d. e t.i.* **3** (prep. *por*) atuar a favor de; trabalhar por ❑ *int.* **4** atuar como advogado

ae.des [lat.] *s.m.2n.* gênero de mosquitos vetores de várias doenças, abundantes na região tropical e subtropical ⇨ pronuncia-se édes ⊡ *a. aegipti loc.subst.* mosquito vetor da febre amarela e da dengue

a.e.ra.ção [pl.: *-ões*] *s.f.* renovação do ar, ventilação ~ aerar *v.t.d.*

a.é.reo *adj.* **1** relativo ao ar **2** diz-se de órgão vegetal que se desenvolve acima do solo e da água **3** relativo a avião ou aviação ⟨*combate a.*⟩ **4** *fig.* distraído, desatento

a.e.rí.co.la *adj.2g.* que vive no ar

a.e.ro.bar.co *s.m.* barco que desliza rente à superfície da água

a.e.ró.bi.ca *s.f.* método de condicionamento físico que envolve exercícios rápidos para ativar a oxigenação do organismo

a.e.ró.bi.co *adj.* **1** cujo metabolismo requer oxigênio **2** relativo a aeróbica

a.e.ró.bio *adj.s.m.* (organismo) que precisa de oxigênio para sobreviver ☞ cf. *anaeróbio*

a.e.ro.bi.on.te *s.m.* aeróbio

a.e.ro.clu.be *s.m.* **1** centro que forma pilotos civis **2** clube para prática amadora de voos

a.e.ro.di.nâ.mi.ca *s.f.* parte da física que estuda o movimento dos gases e a interação desse movimento com corpos sólidos

a.e.ro.di.nâ.mi.co *adj.* **1** relativo a aerodinâmica **2** modelado de forma a minimizar a resistência na passagem por um meio fluido

a.e.ro.du.to *s.m.* encanamento para conduzir o ar

a.e.ro.es.pa.ci.al *adj.2g.* relativo a aeroespaço

a.e.ro.es.pa.ço *s.m.* espaço aéreo

a.e.ro.fó.lio *s.m.* peça aerodinâmica que aumenta a estabilidade de um veículo

a.e.ró.gra.fo *s.m.* **1** aparelho que estuda as propriedades do ar **2** instrumento de ar comprimido us. para aplicar tinta

a.e.ro.gra.ma *s.m.* carta aérea pré-franqueada

a.e.ró.li.to *s.m.* meteorito

a.e.ro.mo.ça \ô\ *s.f.* tripulante que atende os passageiros de avião comercial; comissária de bordo

a.e.ro.mo.de.lis.mo *s.m.* **1** construção de aeromodelo para pesquisa ou diversão **2** prática de manobras com aeromodelo ~ **aeromodelista** *adj.2g.s.2g.*

a.e.ro.mo.de.lo \ê\ *s.m.* miniatura de aeronave

a.e.ro.nau.ta *s.2g.* quem comanda ou tripula aeronave

a.e.ro.náu.ti.ca *s.f.* **1** ciência e prática da navegação aérea **2** força militar responsável pela defesa aérea da nação ☞ inicial maiúsc. ~ **aeronáutico** *adj.*

a.e.ro.na.val *adj.2g.* **1** relativo às forças aérea e naval simultaneamente **2** da força aérea da Marinha

a.e.ro.na.ve *s.f.* veículo capaz de se sustentar e conduzir no ar

a.e.ro.na.ve.ga.ção [pl.: *-ões*] *s.f.* navegação aérea; aeronáutica

a.e.ro.pla.no *s.m.* veículo aéreo com asas; avião

a.e.ro.por.to \ô\ [pl.: *aeroportos* \ó\] *s.m.* local para pouso e decolagem de aeronaves, provido de instalações para embarque e desembarque de passageiros e de cargas

a.e.ro.por.tu.á.rio *adj.* **1** referente a aeroporto ■ *adj.s.m.* **2** que(m) trabalha em aeroporto

a.e.ros.sol *s.m.* **1** suspensão de partículas sólidas ou líquidas num meio gasoso **2** embalagem que permite espargir essas partículas

a.e.ros.tá.ti.ca *s.f.* **1** parte da física que estuda os gases em equilíbrio **2** estudo dos aeróstatos e da técnica de manejá-los

a.e.ros.tá.ti.co *adj.* relativo a aerostática ou a aeróstato

a.e.rós.ta.to *s.m.* veículo aéreo sustentado por ar quente ou gás mais leve que o ar

a.e.ro.ter.res.tre *adj.2g.* **1** referente ao ar e à terra ao mesmo tempo **2** relativo às forças militares do ar e da terra sob único comando

a.e.ro.trans.por.te *s.m.* **1** transporte de passageiros, cargas etc. feito por via aérea **2** avião com grande capacidade de transporte

a.e.ro.vi.a *s.f.* **1** espaço aéreo delimitado para organizar e controlar o tráfego de aviões entre aeroportos **2** rota de aviões, esp. de carreira

a.e.ro.vi.á.rio *adj.* **1** relativo a aerovia ou a aerotransporte ■ *s.m.* **2** funcionário de empresa aérea

a.é.ti.co *adj.* [2]anético

a.fã *s.m.* **1** trabalho intenso, penoso; faina, lida **2** *p.ext.* empenho, zelo **3** muita pressa; afobação **4** sentimento de aflição; ansiedade

a.fa.bi.li.da.de *s.f.* qualidade ou comportamento de quem é afável; amabilidade, benevolência, cortesia, delicadeza ⮌ desatenção, grosseria, indelicadeza, rudeza

a.fa.di.gar *v.* {mod. 1} *t.d. e pron.* (fazer) sentir fadiga; cansar(-se)

a.fa.gar *v.* {mod. 1} *t.d.,int. e pron.* **1** fazer(-se) carinho, ger. com a mão ❑ *t.d. fig.* **2** dar proteção a; favorecer **3** alimentar, acalentar (sonhos, planos etc.)

a.fa.go *s.m.* **1** carícia **2** *fig.* favor, agrado que se faz a alguém

a.fa.ma.do *adj.* que adquiriu fama; célebre, famoso, insigne ⮌ desconceituado, desconhecido, obscuro

a.fa.mar *v.* {mod. 1} *t.d. e pron.* (fazer) adquirir fama; notabilizar(-se)

a.fa.nar *v.* {mod. 1} *int. e pron.* **1** trabalhar ativamente ❑ *t.d. e int. B infrm.* **2** roubar, furtar

a.fa.si.a *s.f.* MED enfraquecimento ou perda do uso da linguagem devido a lesão cerebral ~ **afásico** *adj.s.m.*

a.fas.ta.do *adj.* **1** que está muito longe; longínquo, remoto ⮌ contíguo, próximo, vizinho **2** que foi separado; apartado, distante ⮌ achegado, junto, unido **3** cujo grau de parentesco é longínquo **4** que está desatualizado ⮌ atualizado, ciente **5** que foi demitido ou exonerado de cargo ou está de licença por problema de saúde

a.fas.ta.men.to *s.m.* **1** ato ou efeito de pôr(-se) a certa distância; distanciamento, separação ⮌ aproximação **1.1** *fig.* distanciamento (ger. físico) do convívio social e/ou familiar ⮌ convivência **2** desligamento de funcionário (esp. público) das funções ou do cargo que exerce; demissão, exoneração ⮌ admissão, nomeação **3** licença para tratamento de saúde

a.fas.tar *v.* {mod. 1} *t.d.,t.d.i. e pron.* **1** (prep. *de*) pôr(-se) a certa distância de; distanciar(-se), separar(-se) ⮌ aproximar(-se) ❑ *t.d.i. e pron.* **2** (prep. *de*) demitir(-se) [de função, cargo etc.]

a.fá.vel *adj.2g.* **1** delicado, educado no trato; amável ⮌ grosseiro **2** de aspecto agradável, bondoso ⟨*rosto a.*⟩ ⮌ duro **3** que proporciona prazer; aprazível ⟨*tarde a.*⟩ ⮌ desagradável ⊙ GRAM/USO sup.abs.sint.: *afabilíssimo*

[1]**a.fa.zer** *v.* {mod. 14} *t.d.i. e pron.* **1** (prep. *a*) acostumar(-se), habituar(-se) **2** (prep. *a*) pôr(-se) em harmonia (com novo ambiente); adaptar(-se) [ORIGEM: [1]*a-* + *fazer*]

[2]**a.fa.zer** *s.m.* tarefa a ser cumprida; ocupação ☞ mais us. no pl. [ORIGEM: substantivação da expressão *a fazer*]

a.fec.ção [pl.: *-ões*] *s.f.* doença física ou psíquica

a.fe.gão [pl.: *-ãos*; fem.: *afegã*] *adj.s.m.* **1** natural ou habitante do Estado Islâmico do Afeganistão ■ *s.m.* **2** língua us. no Estado Islâmico do Afeganistão ■ *adj.* **3** próprio do Estado Islâmico do Afeganistão ou dos afegãos ⟨*cultura a.*⟩ **4** relativo à língua us. nesse país

a.fei.ção [pl.: *-ões*] *s.f.* **1** ligação afetiva; afeto **2** inclinação para algo ⟨*a. pelas artes*⟩

[1]**a.fei.ço.ar** *v.* {mod. 1} *t.d.,t.d.i. e pron.* **1** (prep. *a, de*) [fazer] sentir afeto, amizade, amor por ⮌ desafeiçoar(-se) ❑ *t.d.i. e pron.* **2** (prep. *a*) [fazer] desenvolver gosto por ⮌ desafeiçoar(-se) [ORIGEM: *afeição* sob a f. *afeiço-* + [2]*-ar*] ~ **afeiçoamento** *s.m.*

[2]**a.fei.ço.ar** *v.* {mod. 1} *t.d. e pron.* **1** dar ou tomar certa forma; modelar(-se) ❑ *t.d.i. e pron.* **2** (prep. *a*) adaptar(-se), ajustar(-se) [ORIGEM: [1]*a-* + *feição* sob a f. *feiço-* + [2]*-ar*] ~ **afeiçoamento** *s.m.*

a.fei.to *adj.* acostumado, habituado

a.fé.lio *s.m.* ponto da órbita de um planeta, ou de um cometa, em que este alcança a sua distância máxima do Sol ⮌ peri-hélio

a.fe.mi.na.do *adj.s.m.* **1** que(m) não tem ou perdeu os modos masculinos **2** (homem) homossexual ■ *adj.* **3** *fig.* que é exageradamente delicado, sensual ~ **afeminar** *v.t.d. e pron.*

a.fe.ren.te *adj.2g.* **1** que conduz, que traz ou leva **2** ANAT que conduz sangue a um órgão, linfa a um gânglio ou estímulo a centro nervoso ⟨*vaso a.*⟩ ⟨*nervo a.*⟩

a.fé.re.se *s.f.* FON supressão de fonema(s) no princípio da palavra ~ **aferésico** *adj.* - **aferético** *adj.*

a.fe.ri.ção [pl.: *-ões*] *s.f.* **1** ação ou efeito de aferir (pesos, medidas etc.); o resultado dessa ação; aferimento **2** o que resulta de uma comparação; avaliação

a.fe.rir *v.* {mod. 28} *t.d.* **1** comparar (pesos, medidas etc.) com os padrões **2** examinar a exatidão de (instrumentos para pesar, medir etc.) ❑ *t.d. e t.d.i. fig.* **3** (prep. *a*) julgar por comparação; avaliar, verificar ~ **aferidor** *adj.s.m.*

a.fer.rar *v.* {mod. 1} *t.d.* **1** prender, segurar com gancho de ferro ⟨*a. carne no frigorífico*⟩ **2** prender, fixar (com ferro ou outro material) ⟨*a. a coluna com madeira*⟩ ❑ *t.d. e pron. p.ext.* **3** agarrar(-se) com força; prender(-se) ❑ *pron. fig.* **4** (prep. *a*) apegar-se com firmeza (a sentimentos, ideias) **5** dedicar-se (a tarefa, trabalho etc.) ~ **aferrado** *adj.*

a.fer.ro.ar *v.* {mod. 1} *t.d.* **1** picar com ferrão **2** *fig.* magoar, ofender **3** *fig.* despertar reação (física, moral ou mental); provocar, estimular

a.fer.ro.lhar *v.* {mod. 1} *t.d.* **1** fechar ou prender com ferrolho ⮌ desaferrolhar **2** *p.ext.* pôr na prisão **3** *p.ext.* trancar em local seguro ~ **aferrolhado** *adj.*

a.fer.ven.tar *v.* {mod. 1} *t.d.* ferver rapidamente ⟨*a. legumes*⟩

a.fer.vo.rar *v.* {mod. 1} *t.d.* **1** pôr em ebulição; ferver ❑ *t.d. e pron. fig.* **2** tornar(-se) caloroso, intenso; intensificar(-se) ⟨*a. a fé*⟩ ⟨*sua crença afervorou-se*⟩

a.fe.ta.ção [pl.: *-ões*] *s.f.* **1** ausência de naturalidade **2** atitude fingida, falsa ⮌ sinceridade **3** desejo de atrair admiração; vaidade, pedantismo ⮌ modéstia

a.fe.ta.do *adj.* **1** sem naturalidade; empolado ⟨*gestos a.*⟩ ⮌ natural **2** acometido por uma doença ou afecção ⟨*pulmões a.*⟩ **3** tocado de forma afetiva; abalado ⟨*a. com a morte do pai*⟩

a.fe.tar *v.* {mod. 1} *t.d.* **1** aparentar, fingir ⟨*a. modéstia*⟩ **2** causar lesão em; atingir **3** fazer mal a; afligir **4** comover, sensibilizar **5** dizer respeito a; interessar, concernir ❑ *pron.* **6** apurar-se de modo exagerado, ridículo ⟨*a.-se ao falar*⟩

a.fe.ti.vo *adj.* **1** relativo a afeto ou a afetividade **2** que tem ou denota afeição; afetuoso ⮌ indiferente ~ **afetividade** *s.f.*

[1]**a.fe.to** *s.m.* **1** afeição por uma pessoa ou um animal ⮌ desafeto **2** o objeto dessa afeição ⟨*trazia seu a. junto de si*⟩ ⮌ desafeto [ORIGEM: do lat. *affectus,us* 'id.']

[2]**a.fe.to** *adj.* **1** admirador, simpatizante ⟨*militante a. da violência*⟩ ⮌ avesso **2** que se destina a algo ⟨*recursos a. ao fim da fome*⟩ **3** subordinado a alguém ou algo ⟨*decisões a. ao juiz*⟩ [ORIGEM: do lat. *affĕctus,a,um* 'afetado, cheio etc.']

a.fe.tu.o.si.da.de *s.f.* **1** demonstração de afeto; apego, carinho ⮌ desinteresse **2** simpatia por algo ou alguém ⮌ antipatia

a.fe.tu.o.so \ô\ [pl.: *afetuosos* \ó\] *adj.* cheio de afeto; amigo, carinhoso ⮌ indiferente

a.fi.a.do *adj.* **1** que tem gume bem amolado; cortante ⮌ cego, embotado **2** *fig.* feito com perspicácia; penetrante ⟨*observação a.*⟩ ⮌ tolo **3** *B infrm.* em boas condições para fazer algo; preparado ⮌ despreparado

a.fi.an.çar *v.* {mod. 1} *t.d.,int. e pron.* **1** responsabilizar-se (por), ser fiador (de) ❑ *t.d. e t.d.i. p.ext.* **2** (prep. *a*) afirmar com certeza; assegurar ~ **afiançamento** *s.m.* - **afiançável** *adj.2g.*

a.fi.ar *v.* {mod. 1} *t.d.* **1** tornar (mais) cortante o gume de; amolar **2** tornar fino na ponta; afilar ⟨*a. a haste da flecha*⟩ **3** *fig.* tornar (o que se diz) mordaz, ferino ❑ *t.d. e pron. fig.* **4** tornar(-se) apurado, refinado; aprimorar(-se) ⟨*a. o ouvido*⟩ ~ **afiador** *adj.s.m.*

a.fi.cio.na.do *adj.s.m.* **1** (o) que é entusiasta, simpatizante **2** que(m) aprecia e/ou pratica uma atividade esportiva, artística etc.

a.fi.dí.deo *s.m.* ZOO **1** espécime dos afidídeos, família de insetos sem asas, vulgarmente chamados pulgões, sugadores de ramos ou folhas de plantas, considerados pragas sérias de lavouras ■ *adj.* **2** relativo a essa família de insetos

a.fi.gu.rar *v.* {mod. 1} *t.d.* **1** apresentar a forma ou figura de; assemelhar-se a ❑ *t.d. e t.d.pred.* **2** representar na mente; imaginar

[1]**a.fi.lar** *v.* {mod. 1} *t.d.* **1** dar forma de fio a ❑ *t.d. e pron.* **2** tornar(-se) fino e comprido ❑ *t.d.,int. e pron.* **3** tornar(-se) pontudo; aguçar [ORIGEM: prov. do fr. *affiler* 'afiar'] ~ **afilação** *s.f.* - **afilamento** *s.m.*

[2]**a.fi.lar** *v.* {mod. 1} *t.d.* **1** provocar reação; excitar **2** provocar (o cão) para atacar [ORIGEM: *a-* protético + [3]*filar*]

[3]**a.fi.lar** *v.* {mod. 1} *t.d.* encadear em fila, um adiante do outro [ORIGEM: [1]*a-* + *fila* + [2]*-ar*]

a.fi.lha.da.gem *s.f.* **1** grupo numeroso de afilhados **2** favoritismo para com afilhados; nepotismo

a.fi.lha.do *s.m.* **1** quem recebeu batismo, casou-se etc., em relação a seu padrinho e/ou madrinha **2** quem recebe proteção como se fosse filho ⊙ COL afilhadagem

a.fi.li.ar *v.* {mod. 1} *t.d.i. e pron.* (prep. *a*) associar(-se) [a clube, entidade, sociedade etc.] ~ **afiliação** *s.f.* - **afiliado** *adj.s.m.*

a.fim *adj.2g.* **1** que tem afinidade, semelhança ou ligação ⟨*profissões a.*⟩ ☞ cf. *a fim de* ■ *adj.2g.s.2g.* **2** (indivíduo) ligado a outro(s) por parentesco

a.fi.na.do *adj.* **1** tornado fino **2** sem impurezas; purificado ⮌ impuro **3** ajustado à altura ou frequência convencionada; harmonioso ⟨*piano a.*⟩ ⮌ desafinado **4** que segue a afinação convencionada ⟨*cantor a.*⟩ ⮌ desafinado

a.fi.nal *adv.* **1** enfim, finalmente ⟨*a., formou-se*⟩ **2** afinal de contas

a.fi.nar *v.* {mod. 1} *t.d.* **1** tornar fino ou mais fino ⮌ engrossar **2** pôr em harmonia (instrumentos, vozes) **3** livrar (metais) de impurezas; purificar ❑ *t.d. e pron. fig.* **4** tornar(-se) melhor, mais perfeito; apurar(-se) ❑ *t.i.,t.d.i. e pron. fig.* **5** (prep. *com, a*) pôr(-se) em concordância, equilíbrio; ajustar(-se) ~ **afinação** *s.f.*

a.fin.car *v.* {mod. 1} *t.d. e pron.* **1** fixar(-se), cravar(-se) ❑ *t.i. e pron. fig.* **2** (prep. *a, em*) insistir, teimar ~ **afincamento** *s.m.*

a.fin.co *s.m.* conduta firme; perseverança ⟨*estudar com a.*⟩

a.fi.ni.da.de *s.f.* **1** vínculo de parentesco originado no casamento ⟨*parentes por a.*⟩ **2** relação entre pessoas existente pela coincidência ou semelhança (de gostos, sentimentos etc.) **3** relação de semelhança entre coisas ⟨*a. entre o som e a cor*⟩

a.fir.ma.ção [pl.: *-ões*] *s.f.* **1** ato de dizer sim ou seu efeito; asserção ⮌ negação **2** o que se afirma como verdade; afirmativa **3** declaração firme; afirmativa, asserção **4** autoafirmação ⟨*adolescente em busca de a.*⟩

a.fir.mar *v.* {mod. 1} *t.d. e t.d.i.* **1** (prep. *a*) dizer com firmeza, assumindo a verdade do que é dito; asseverar ❑ *t.d. e pron.* **2** tornar(-se) firme; estabelecer(-se), consolidar(-se) ⟨*a. termos do contrato*⟩ ⟨*a.-se no emprego*⟩ ❑ *t.d.* **3** garantir a veracidade, a existência de; comprovar

a.fir.ma.ti.va *s.f.* **1** afirmação **2** resposta positiva; confirmação ⮌ negativa

a.fir.ma.ti.vo *adj.* **1** que afirma ou que envolve afirmação ⟨*dar um olhar a.*⟩ **2** que revela certeza; categórico ⟨*declaração a.*⟩ **3** em que não há negação (diz-se de palavra, frase etc.)

a.fi.ve.lar *v.* {mod. 1} *t.d.* **1** prender com fivela **2** pôr fivela em

a.fi.xar \cs\ *v.* {mod. 1} *t.d.* **1** tornar fixo; fixar **2** colar (aviso, cartaz etc.) ⟨*a. um quadro no mural*⟩ ☞ *no mural* é circunstância que funciona como complemento ~ **afixação** *s.f.*

a.fi.xo \cs\ *adj.* **1** unido, preso ■ *s.m.* GRAM **2** elemento acrescentado ao início, meio ou fim de uma palavra-base, us. para formar outra palavra, por derivação, ou para flexioná-la em número, gênero etc. ☞ cf. *prefixo, sufixo* e [2]*infixo*

a.flau.ta.do *adj.* **1** diz-se de som semelhante ao produzido pela flauta **2** *fig.* doce, suave **3** *fig.* longo e delgado

a.fli.ção [pl.: *-ões*] *s.f.* **1** agitação, inquietação ⮌ calma **2** sentimento de persistente dor física ou moral; angústia ⮌ alívio **3** preocupação, receio ⮌ tranquilidade

a.fli.gir *v.* {mod. 24} *t.d. e pron.* **1** (fazer) sentir inquietação, angústia; atormentar(-se) ❑ *t.d.* **2** causar destruição a; assolar, devastar ⟨*a seca aflige a região*⟩

a.fli.ti.vo *adj.* **1** que provoca aflição; angustiante, desesperador ⮌ aliviador, animador **2** que consome, tortura; lancinante, martirizante

a.fli.to *adj.s.m.* **1** que(m) está angustiado, preocupado ⮌ tranquilo **2** que(m) está muito ansioso; inquieto

a.flo.rar *v.* {mod. 1} *int.* **1** vir à superfície; emergir ❑ *t.d. e int. fig.* **2** tornar(-se) visível; manifestar(-se) ~ **afloração** *s.f.* - **afloramento** *s.m.*

a.flu.ên.cia *s.f.* **1** chegada ou presença de muitas pessoas ou coisas **2** concorrência de dois ou mais rios a um ponto **3** esse ponto

a.flu.en.te *adj.2g.* **1** que acorre em grande quantidade ⟨*público a.*⟩ **2** abundante, caudaloso ■ *adj.2g.s.m.* **3** (rio) que deságua em outro rio ou em lago

a.flu.ir *v.* {mod. 26} *int.* **1** correr para; confluir ⟨*o Amazonas aflui ao Atlântico*⟩ ☞ *ao Atlântico* é circunstância que funciona como complemento **2** chegar em quantidade ⟨*fiéis afluíam ao templo*⟩ ☞ *ao templo* é circunstância que funciona como complemento ~ **afluição** *s.f.*

a.flu.xo \cs\ *s.m.* **1** fluxo, enchente ⟨*o a. das águas*⟩ **2** convergência em quantidade grande; abundância

a.fo.ba.ção [pl.: *-ões*] *s.f. B* **1** muita pressa, precipitação **2** grande atrapalhação ou perturbação **3** *fig.* cansaço, fadiga ~ **afobado** *adj.*

a.fo.bar *v.* {mod. 1} *t.d. e pron.* **1** (fazer) ficar com muita pressa ou precipitação **2** (fazer) ficar perturbado; atrapalhar(-se) **3** cansar(-se), afadigar(-se) ~ **afobamento** *s.m.*

a.fo.far *v.* {mod. 1} *t.d. e int.* tornar(-se) fofo, mole; amaciar(-se) ~ **afofamento** *s.m.*

a.fo.ga.di.lho *s.m.* pressa, precipitação ⊡ **de a.** *loc.adv.* às pressas, precipitadamente

a.fo.gar *v.* {mod. 1} *t.d. e pron.* **1** matar(-se) ou morrer por asfixia, imergindo em líquido ❑ *t.d. fig.* **2** procurar esquecer; abafar ⟨*a. as mágoas*⟩ ❑ *int. p.ext.* **3** enguiçar (motor de veículo) por excesso de gasolina ou deficiência de entrada de ar no carburador ~ **afogado** *adj.s.m.* - **afogador** *adj.s.m.* - **afogamento** *s.m.*

a.fo.gue.a.do *adj.* **1** muito quente, escaldante ⟨*tarde a.*⟩ **2** *p.ext.* de tonalidade vermelha; rubro ⟨*poente a.*⟩ **3** *fig.* cheio de animação, caloroso, vibrante ⟨*debate a.*⟩

a.fo.gue.ar *v.* {mod. 5} *t.d.* **1** pôr fogo em; queimar **2** tornar muito quente; abrasar ❑ *t.d. e pron. p.ext.* **3** tornar(-se) corado; ruborizar(-se) ~ **afogueamento** *s.m.*

a.foi.to *adj.* **1** que tem coragem, ousadia; destemido **2** que é muito valente; valentão **3** apressado, precipitado; ansioso ~ **afoitar** *v.t.d. e pron.* - **afoiteza** *s.f.*

a.fo.ni.a *s.f.* perda parcial ou total da voz

a.fô.ni.co *adj.* **1** que padece de afonia total ou parcial **2** relativo a ou próprio da afonia

a.fo.ra *adv.* **1** para fora ⟨*saiu porta a.*⟩ **2** adiante, em frente (no tempo ou no espaço) ⟨*pela vida a.*⟩ ⟨*pela estrada a.*⟩ ■ *prep.* **3** exceto ⟨*a. o irmão, todos o abandonaram*⟩ **4** além de ⟨*a. o novo emprego, ganhou na loteria*⟩

a.fo.ra.men.to *s.m.* direito de gozo perpétuo de imóvel mediante a obrigação de não deteriorá-lo e de pagar um foro anual, certo e invariável

a.fo.rar *v.* {mod. 1} *t.d. e t.d.i.* **1** (prep. *a*) dar ou tomar por aforamento ❑ *pron.* **2** (prep. *de*) atribuir-se (direitos, qualidades etc.)

a.fo.ris.mo *s.m.* máxima ou sentença que exprime um preceito moral ⊙ COL analecto ~ **aforista** *adj.2g.s.2g.* - **aforístico** *adj.*

a.for.mo.se.ar *v.* {mod. 5} *t.d. e pron.* **1** tornar(-se) formoso; embelezar(-se) **2** enfeitar(-se), adornar(-se)

a.for.tu.na.do *adj.s.m.* que(m) foi abençoado com a boa sorte, felicidade; bem-aventurado ⮌ mal-afortunado ~ **afortunar** *v.t.d. e pron.*

a.fo.xé *s.m.* cortejo do candomblé no período do carnaval, na Bahia

a.fran.ce.sar *v.* {mod. 1} *t.d. e pron.* dar ou tomar aspecto ou característica própria do povo, da cultura, da língua francesa

a.fres.co \ê\ *s.m.* **1** arte ou método de pintura mural feita sobre a argamassa molhada **2** pintura feita desse modo

a.fri.cân.der ou **a.fri.câ.ner** *s.m.* **1** uma das línguas oficiais da África do Sul, derivada do holandês ■ *s.2g.* **2** indivíduo sul-africano, descendente de holandês, que fala essa língua **3** raça sul-africana de gado bovino ■ *adj.2g.* **4** relativo a essa língua, a esse indivíduo e a essa raça bovina

a.fri.ca.nis.mo *s.m.* **1** influência africana na cultura dos demais continentes **2** palavra, construção ou expressão tomada de empréstimo de qualquer das línguas africanas

a.fri.ca.ni.zar *v.* {mod. 1} *t.d. e pron.* dar ou tomar aspecto ou característica própria dos povos, culturas, línguas da África

a.fri.ca.no *adj.* **1** da África ■ *s.m.* **2** natural ou habitante desse continente

a.fro *adj.s.m.* **1** (indivíduo) dos afros, antigo povo da África, que deu origem ao nome do continente **2** africano ■ *adj.2g.2n.* **3** típico da África negra ⟨*cabelos, dança a.*⟩

a.fro-bra.si.lei.ro [pl.: *afro-brasileiros*] *s.m.* **1** brasileiro descendente de africanos negros ■ *adj.* **2** relativo a esse descendente **3** relativo ao mesmo tempo à África e ao Brasil **4** que é uma mistura das duas culturas ⟨*literatura a.*⟩

a.fro-cu.ba.no [pl.: *afro-cubanos*] *s.m.* **1** cubano de ascendência africana ■ *adj.* **2** relativo a esse cubano **3** relativo ao mesmo tempo a África e a Cuba

a.fro.des.cen.den.te *adj.2g.s.2g.* que ou quem descende de família ou indivíduo africano

a.fro.di.sí.a.co *adj.s.m.* (substância) que aumenta ou restabelece os desejos sexuais ~ **afrodisia** *s.f.*

a.fron.ta *s.f.* **1** ofensa, insulto, ultraje **2** *fig.* aquilo que contraria ou ofende um padrão estabelecido ⟨*o livro é uma a. à literatura*⟩ **3** sensação de falta de ar; afrontamento **4** sensação de mal-estar; indisposição

a.fron.ta.do *adj.* **1** que sofreu afronta; insultado **2** que sofre sufocação; asfixiado **3** abatido pelo cansaço; fatigado **4** *infrm.* que se sente incomodado por má digestão

a.fron.tar *v.* {mod. 1} *t.d. e pron.* **1** enfrentar(-se), defrontar(-se) ❑ *t.d.* **2** dirigir ofensa a; insultar **3** causar mal-estar físico a ~ **afrontamento** *s.m.*

a.fron.to.so \ô\ [pl.: *afrontosos* \ó\] *adj.* **1** que causa mal-estar ou fadiga; cansativo, fatigante **2** que provoca asfixia, falta de ar; asfixiante, sufocante **3** que encerra ou envolve afronta, ofensa; injurioso, ofensivo, ultrajante ⮌ dignificante, glorificante, honroso

a.fror.re.li.gi.o.so \ô\ [pl.: *afrorreligiosos* \ó\] *adj.* relativo a, pertencente a ou próprio da tradição religiosa africana

a.frou.xar *v.* {mod. 1} *t.d. e int.* **1** tornar(-se) frouxo, flexível **2** tornar(-se) mais largo, mais solto ⮌ apertar(-se) ❑ *t.d. e pron.* **3** (fazer) perder rigor, severidade ⟨*a. a disciplina*⟩ ❑ *int.* **4** perder o ânimo ou a coragem ~ **afrouxamento** *s.m.*

af.ta *s.f.* pequena lesão dolorosa, nas mucosas, atribuída a vírus ou fungos, desequilíbrio hormonal, problemas alimentares ou estresse

af.to.sa *s.f.* febre aftosa

af.to.se *s.f.* qualquer doença com presença de aftas

af.to.so \ô\ [pl.: *aftosos* \ó\] *adj.* relativo a afta ou a aftosa, ou que as tem

a.fu.gen.tar *v.* {mod. 1} *t.d.* **1** pôr em fuga; expulsar, enxotar **2** *fig.* fazer desaparecer; extinguir ⟨*a luz afugenta as trevas*⟩ ~ **afugentador** *adj.s.m.* - **afugentamento** *s.m.*

a.fun.dar *v.* {mod. 1} *t.d.,int. e pron.* **1** (fazer) ir ao fundo; imergir ⟨*a. o pé numa poça*⟩ ⟨*não deixava o filho a.(-se)*⟩ ⮌ emergir ☞ *numa poça* é circunstância que funciona como complemento **2** naufragar ❑ *t.d.* **3** escavar para tornar fundo ⟨*a. o leito do rio*⟩ ❑ *t.d. e pron.* **4** *fig. infrm.* (fazer) sair-se mal ⟨*a prova difícil afundou a turma*⟩ ❑ *int. e pron.* **5** ter mau êxito; fracassar ~ **afundamento** *s.m.*

a.fu.ni.lar *v.* {mod. 1} *t.d. e pron.* **1** (fazer) tomar forma de funil **2** afinar(-se) na extremidade; estreitar(-se) ☞ cf. *enfunilar* ~ **afunilamento** *s.m.*

Ag símbolo de *prata*

a.gá *s.m.* nome da letra *h*

a.ga.cha.men.to *s.m.* **1** ato ou efeito de agachar-se; abaixamento, acocoramento **2** *fig.* atitude servil; submissão, subserviência ⮌ insubordinação, rebeldia

a.ga.char *v.* {mod. 1} *t.d. e pron.* **1** (fazer) ficar abaixado, de cócoras ❑ *pron.* **2** submeter-se, rebaixar-se

a.ga.da.nhar *v.* {mod. 1} *t.d.* agarrar, ferir com as mãos, unhas, garras etc.

a.ga.lac.ti.a *s.f.* na mulher, ausência de produção de leite após o parto ~ **agaláctico** *adj.*

á.ga.pe *s.2g.* **1** refeição dos antigos cristãos para celebrar a Eucaristia **2** *p.ext.* refeição de confraternização

á.gar-á.gar [pl.: *ágar-ágares*] *s.m.* substância tirada de certas algas, us. para dar consistência gelatinosa a alimentos, cosméticos etc.; ágar

a.gá.ri.co *s.m.* nome comum a fungos comestíveis, conhecidos como cogumelos, de corpo grande, carnoso e de coloração variada

a.gar.ra.ção [pl.: *-ões*] *s.f.* agarramento

a.gar.ra.do *adj.* **1** preso com garra ou mão ⮌ livre, solto **2** *fig.* muito unido; próximo, enlaçado ⟨*irmãos a.*⟩ ⮌ desapegado **3** *fig.* apegado com firmeza; convicto **4** *pej.* indecoroso (diz-se de namoro) **5** *fig.* avarento ⮌ gastador, generoso ■ *s.m. B infrm.* **6** passagem estreita entre rochas ou numa trilha

a.gar.ra.men.to *s.m.* **1** ato de agarrar(-se) ou o seu efeito; agarração **2** *fig. B infrm.* união estreita e constante entre pessoas **3** *B pej.* namoro indecoroso ou contato sensual **4** *fig. B* apego a dinheiro, avareza

a.gar.rar *v.* {mod. 1} *t.d.* **1** prender com garra **2** conseguir pegar, chegar a; prender, deter ⟨*a. o culpado, um ladrão*⟩ **3** pegar, apanhar, segurar ⟨*agarrou a bolsa e saiu*⟩ ❑ *t.d. e pron. fig.* **4** (prep. *a*) segurar(-se) com força **5** (prep. *a*) lançar mão de; valer-se ❑ *pron.* **6** estar sempre próximo a; grudar-se ⟨*a.-se a um político*⟩

a.ga.sa.lhar *v.* {mod. 1} *t.d. e pron.* **1** cobrir(-se) com agasalho; aquecer(-se) **2** *p.ext.* acolher(-se), hospedar(-se) **3** *p.ext.* proteger(-se), resguardar(-se) ❑ *t.d. fig.* **4** guardar no íntimo; nutrir ⟨*a. um sonho*⟩ **5** conter em si; abrigar ⟨*a mata agasalha vasta fauna*⟩

a.ga.sa.lho *s.m.* **1** roupa que protege da chuva ou do frio **2** *fig.* o que protege ou ampara **3** *fig.* acolhimento caloroso, aceitação

a.gas.ta.men.to *s.m.* **1** ato ou efeito de agastar(-se), aborrecimento, amofinação, apoquentação ⮌ contentamento **2** condição de agastado; zanga, cólera, ira **3** o que importuna; amofinação, apoquentação

a.gas.tar *v.* {mod. 1} *t.d. e pron.* (fazer) ficar irritado; zangar(-se), aborrecer(-se)

á.ga.ta *s.f.* **1** pedra semipreciosa com cores em círculos, us. na confecção de joias e objetos ornamentais **2** ferro esmaltado; ágate

á.ga.te *s.m.* ferro esmaltado; ágata

a.ga.vá.cea *s.f.* BOT espécime das agaváceas, família de árvores e ervas tropicais e subtropicais, de folhas ger. estreitas, suculentas, cultivadas pelas fibras, como o sisal, ou para cercas vivas ~ **agaváceo** *adj.*

a.ga.ve *s.m.* nome comum a certas plantas de folhas ger. grandes, carnosas e rígidas, us. como depurativas e estomacais, algumas das quais fornecem fibras e se empregam na produção, p.ex., da tequila

–agem *suf.* **1** 'ação ou resultado da ação': *lavagem, regulagem* **2** 'coleção': *folhagem, plumagem*

a.gên.cia *s.f.* **1** empresa que presta serviços, ger. como intermediária, em negócios alheios **2** sucursal de indústria, banco, firma, jornal etc.

a.gen.ci.ar *v.* {mod. 1} *t.d.* **1** cuidar de (negócios, interesses), como representante ou agente **2** buscar, solicitar (benefício) ⟨*a. um empréstimo*⟩ ~ **agenciador** *adj.s.m.* - **agenciamento** *s.m.*

a.gen.da *s.f.* **1** conjunto de compromissos diários a serem cumpridos **2** *p.ext.* livro que registra esses compromissos e afins **3** *p.ext.* esse registro ⊡ **a. eletrônica** *loc.subst.* aparelho computadorizado que armazena compromissos, nomes, endereços etc.

a.gen.dar *v.* {mod. 1} *t.d.* incluir (compromisso) em agenda

a.gen.te *adj.2g.s.2g.* **1** que(m) atua, opera, agencia ■ *s.2g.* **2** pessoa ou algo que desencadeia ação ou efeito **3** intermediário em negociações mercantis ou de artistas, escritores, músicos etc. **4** membro de corporação policial ■ *s.m.* **5** causa, motivo **6** o que impulsiona; motor, propulsor ■ *adj.2g.s.m.* **7** GRAM (aquele) que executa a ação expressa pelo verbo ⊡ **a. da passiva** *loc.subst.* GRAM na voz passiva, complemento verbal que expressa o ser que executa a ação do verbo • **a. secreto** *loc.subst.* espião

a.gi.gan.ta.do *adj.* **1** que tem dimensões de gigante; colossal, grandioso, descomunal ⮌ mínimo, minúsculo, pequeno **2** dotado de grande força;

hercúleo, potente, robusto, vigoroso ⮌ debilitado, fraco

a.gi.gan.tar *v.* {mod. 1} *t.d. e pron.* **1** tornar(-se) gigante, enorme **2** *fig.* aumentar muito; exagerar ☐ *pron. fig.* **3** ter grande destaque; sobressair ~ **agigantamento** *s.m.*

á.gil *adj.2g.* **1** que se move com facilidade; ligeiro ⮌ lento, vagaroso **2** desembaraçado, vivo, rápido ⟨*diálogo á.*⟩ **3** eficiente no trabalho; diligente ⟨*juiz á.*⟩ ⊙ GRAM/USO sup.abs.sint.: *agílimo, agilíssimo*

a.gi.li.da.de *s.f.* **1** qualidade de ágil; ligeireza, presteza, rapidez ⮌ lentidão, lerdeza, morosidade **2** *fig.* desenvoltura, desembaraço, vivacidade ⟨*a. de pensamento*⟩ ⮌ lerdeza

a.gi.li.zar *v.* {mod. 1} *t.d. e pron.* tornar(-se) mais rápido, mais ativo, mais eficiente ~ **agilização** *s.f.*

á.gio *s.m.* **1** lucro nas operações do câmbio de moeda **2** juro superior à taxa legal, obtido por empréstimo em dinheiro

a.gi.o.ta *adj.2g.s.2g.* **1** que(m) se dedica à agiotagem **2** que(m) pratica a usura; onzeneiro, usurário

a.gi.o.ta.gem *s.f.* **1** especulação sobre o câmbio, o preço de mercadorias etc., visando a grandes lucros **2** empréstimo de dinheiro a juros superiores à taxa legal; usura ~ **agiotar** *v.int.*

a.gir *v.* {mod. 24} *int.* **1** tomar providências; atuar **2** produzir efeito ou reação **3** exercer atividade; atuar **4** proceder, comportar-se

a.gi.ta.ção [pl.: *-ões*] *s.f.* **1** ato ou efeito de agitar(-se); agitamento **2** movimento irregular e repetido; balanço, oscilação ⮌ imobilidade, inércia **3** perturbação moral, psíquica etc.; desassossego, inquietação, intranquilidade ⮌ calma, equilíbrio, serenidade **4** movimento que resulta de grande concentração de pessoas (na rua, em bares etc.); alvoroço, rebuliço, tumulto ⮌ calmaria, paz **5** grupo de pessoas unidas por reivindicações e/ou protestos; comício, manifestação

a.gi.ta.do *adj.* **1** que se movimenta muito ⟨*mar a.*⟩ ⮌ calmo **2** *fig.* que transcorre com desassossego, inquietação ⟨*vida a.*⟩ ⮌ calmo, sereno, tranquilo **3** perturbado, inquieto ⟨*gestos e palavras a.*⟩ ■ *adj.s.m.* **4** que(m) se mostra perturbado, inquieto ou travesso

a.gi.ta.dor \ô\ *adj.s.m.* que(m) provoca agitação; fomentador, incitador, instigador ⮌ apaziguador, pacificador

a.gi.tar *v.* {mod. 1} *t.d. e pron.* **1** mover(-se) muito; sacudir **2** tornar(-se) inquieto; perturbar(-se) ☐ *t.d.* **3** incitar à revolta; sublevar

a.gi.to *s.m. B infrm.* **1** estado de agitação, de excitação **2** aglomeração ruidosa

a.glo.me.ra.ção [pl.: *-ões*] *s.f.* **1** ato ou efeito de juntar(-se), misturar(-se); aglomerado, agregação, concentração, mistura ⮌ desagregação, dissolução, fragmentação **2** grande quantidade de coisas ou pessoas; aglomerado, multidão

a.glo.me.ra.do *adj.* **1** reunido ■ *s.m.* **2** conjunto de coisas ou pessoas reunidas; aglomeração **3** bloco ou peça formada de fragmentos de pedra, cortiça etc., prensados e colados com cimento ou resina, us. como material de construção **4** *B* chapa plana prensada de partículas de madeira e resina

a.glo.me.rar *v.* {mod. 1} *t.d. e pron.* pôr(-se) junto; reunir(-se), amontoar(-se)

a.glu.ti.na.ção [pl.: *-ões*] *s.f.* **1** união e integração de elementos distintos, formando um todo em que dificilmente se reconhecem as partes originais **2** GRAM reunião de dois ou mais vocábulos distintos em um só vocábulo, com significado novo, perda de fonemas e esp. de acento de um dos vocábulos aglutinados (p.ex.: *aguardente* por *água* + *ardente*, *pernalta* por *perna* + *alta*) ☞ cf. *justaposição* e *composição*

a.glu.ti.nan.te *adj.2g.s.m.* **1** (o) que aglutina, que pega como grude ■ *s.m.* **2** substância que liga e fixa pigmento de tinta

a.glu.ti.nar *v.* {mod. 1} *t.d.,t.d.i. e pron.* **1** (prep. *a, com*) unir(-se) com grude, cola **2** (prep. *a, com*) juntar(-se) [coisas diversas]; reunir(-se) **3** *fig.* (prep. *a, com*) unir(-se), tornando as partes indistintas; fundir(-se), misturar(-se)

ag.na.ção [pl.: *-ões*] *s.f.* parentesco por linhagem paterna ou masculina

ag.nos.ti.cis.mo *s.m.* doutrina filosófica segundo a qual é impossível a compreensão de questões como Deus, origem e destino dos seres, por elas ultrapassarem a possibilidade de comprovação científica ☞ cf. *ateísmo*

ag.nós.ti.co *adj.* **1** relativo ao agnosticismo ■ *adj.s.m.* **2** partidário ou seguidor do agnosticismo

a.go.gô *s.m. B* instrumento afro-brasileiro formado de dois cones metálicos interligados, percutidos com vareta de metal

a.go.ni.a *s.f.* **1** respiração ruidosa dos moribundos **2** *fig.* aflição ou sofrimento agudo, de origem física ou moral **3** *fig.* últimos momentos; declínio **4** *infrm.* ânsia provocada por enjoo ou náusea ~ **agônico** *adj.*

a.go.ni.a.do *adj.* **1** que sente agonia, estertores de aflição e morte; ansiado, agonizado **2** *p.ext.* que sente dores **3** *p.ext.* que está sofrendo de indisposição ou enjoo; indisposto, nauseado ⮌ bem-disposto **4** *fig.* dominado por amargura, por tristeza; amargurado, atormentado, mortificado ⮌ alegre, contente **5** *B* que tem pressa; afobado, apressado ⮌ calmo, tranquilo

a.go.ni.ar *v.* {mod. 1} *t.d. e pron.* **1** tornar(-se) amargurado, aflito; atormentar(-se) **2** (fazer) ficar irritado; agastar(-se)

a.go.ni.zan.te *adj.2g.s.2g.* **1** que(m) agoniza, está prestes a morrer; moribundo ■ *adj.2g.* **2** próprio da agonia **3** *p.ext.* que causa agonia, que aflige, atormenta; aflitivo, angustiante, atormentador **4** *fig.* que declina de modo rápido ou está em decadência; arruinado, decadente, declinante ⟨*sociedade a.*⟩ ⮌ florescente, próspero

a.go.ni.zar *v.* {mod. 1} *int.* **1** estar prestes a morrer **2** *fig.* estar em decadência ⟨*a monarquia agonizava*⟩ ☐ *t.d.* **3** causar aflição a; atormentar

a.go.ra *adv.* **1** neste momento, neste instante ⟨*está entrando a. em casa*⟩ **2** há poucos instantes ⟨*chegou a. mesmo*⟩ **3** atualmente ⟨*a. vivemos tempos difíceis*⟩ **4** daqui por diante ⟨*a. resta esperar*⟩ ■ *conj.advrs.* **5** porém; contudo ⟨*falar é fácil, a. fazer é difícil*⟩ ■ *conj.altv. frm.* **6** ora

á.go.ra *s.f.* na Grécia antiga, praça principal, em que ficava o mercado e aconteciam as assembleias do povo; era tb. um centro religioso

a.go.ra.fo.bi.a \àgo\ *s.f.* medo mórbido de se achar sozinho em grandes espaços abertos ou lugares públicos ↄ claustrofobia ~ **agorafóbico** *adj.s.m.* - **agoráfobo** *adj.s.m.*

a.go.ri.nha *adv. B* há poucos instantes, agora mesmo

a.gos.to \ô\ *s.m.* o oitavo mês do ano no calendário gregoriano, composto de 31 dias

a.gou.rar *v.* {mod. 1} *t.d.,t.i.,t.d.i. e pron.* **1** (prep. *de, a, para*) adivinhar, prever, pressentir ❑ *t.d.* **2** desejar mau agouro a **3** ser sinal de (mau agouro, desgraça etc.) ~ **agoureiro** *adj.s.m.*

a.gou.ren.to *adj.s.m.* **1** que(m) crê em agouros **2** *pej.* (o) que envolve ou traz mau agouro

a.gou.ro *s.m.* **1** predição, vaticínio **2** sinal que pressagia algo **3** presságio de acontecimento ou notícia ruim ~ **agoural** *adj.2g.*

a.gra.ci.ar *v.* {mod. 1} *t.d.,t.d.pred. e t.d.i.* (prep. *com*) conceder (graças, condecorações, honras etc.) [a alguém] ~ **agraciador** *adj.s.m.*

a.gra.dar *v.* {mod. 1} *t.d. e t.i.* **1** (prep. *a*) estar a gosto de; contentar, satisfazer **2** (prep. *a*) dar satisfação, prazer a; deleitar ❑ *pron.* **3** (prep. *de*) encantar-se com

a.gra.dá.vel *adj.2g.* **1** que agrada, satisfaz ⟨*visão a.*⟩ **2** delicado, cortês ⟨*modos a.*⟩ ■ *adj.2g.s.m.* **3** (o) que dá prazer, satisfação ⊙ GRAM/USO sup.abs.sint.: *agradabilíssimo*

a.gra.de.cer *v.* {mod. 8} *t.d.,t.d.i.,t.i. e int.* **1** (prep. *a*) mostrar gratidão (por algo) [a alguém]; reconhecer ❑ *t.d.* **2** retribuir, recompensar ⟨*a. uma gentileza*⟩ ~ **agradecimento** *s.m.*

a.gra.de.ci.do *adj.* **1** que revela gratidão; grato, penhorado, reconhecido ↄ ingrato, mal-agradecido **2** fórmula de agradecimento; grato, obrigado

a.gra.do *s.m.* **1** sentimento de satisfação; contentamento, gosto ↄ desgosto **2** ato de consentir; consentimento ↄ desaprovação **3** suavidade ao trato, afabilidade, cortesia ↄ descortesia **4** manifestação de carinho; carícia **5** *B infrm.* presente, gratificação

a.gra.ma.ti.cal *adj.2g.* que não foi formado de acordo com a estrutura gramatical de uma língua

a.grá.rio *adj.* relativo ao campo e à agricultura; rural

a.gra.va.do *adj.* **1** mais grave; piorado ⟨*doença a.*⟩ ↄ atenuado **2** que se enfureceu; colérico ■ *adj.s.m.* **3** (pessoa ou decisão judicial) que recebeu agravo

a.gra.van.te *adj.2g.s.2g.* **1** (o) que agrava, sobrecarrega **2** que(m) interpõe recurso de agravo **3** (circunstância) que torna mais grave crime ou falta ↄ atenuante

a.gra.var *v.* {mod. 1} *t.d. e pron.* **1** tornar(-se) grave ou mais grave; piorar ↄ desagravar ❑ *t.d.* **2** aumentar (impostos, taxas etc.) **3** DIR recorrer com agravo ('recurso') ❑ *t.d.,t.i. e pron.* **4** (prep. *a*) ofender(-se), magoar(-se) ↄ desagravar(-se) ~ **agravamento** *s.m.*

a.gra.vo *s.m.* **1** ofensa que se faz a alguém; injúria, afronta **2** dano sofrido; prejuízo ↄ ganho **3** agravamento de mal ou doença ↄ melhora **4** recurso a uma instância judicial superior, para que se mude decisão de juiz de instância inferior

a.gre.dir *v.* {mod. 27} *t.d.* **1** praticar agressão contra; atacar **2** dirigir ofensas a; insultar **3** causar sensação ruim em; incomodar ⟨*o odor agrediu seu olfato*⟩ ❑ *pron.* **4** trocar agressões ~ **agressor** *adj.s.m.*

a.gre.ga.do *adj.* **1** que está junto ou anexo; reunido ■ *s.m.* **2** conjunto, aglomerado **3** *B* quem se junta a uma família, como membro ou serviçal **4** *B* trabalhador rural que mora em terras alheias, cultiva a terra e dá alguns dias de trabalho ao dono, como remuneração

a.gre.gar *v.* {mod. 1} *t.d. e pron.* **1** juntar(-se) em um só (elementos sem ligação natural) **2** reunir(-se), agrupar(-se) ⟨*a. fiéis para a missa*⟩ ❑ *t.d.i. e pron.* **3** (prep. *a*) associar(-se), acrescentar(-se) ~ **agregação** *s.f.* - **agregativo** *adj.*

a.gre.mi.a.ção [pl.: *-ões*] *s.f.* **1** associação, agrupamento **2** grupo de pessoas com atividades ou interesses comuns, submetidas a um regulamento; grêmio

a.gre.mi.ar *v.* {mod. 1} *t.d.* **1** reunir em grêmio, assembleia, agremiação ❑ *t.d. e pron.* **2** (prep. *a*) tornar(-se) associado; agregar(-se)

a.gres.são [pl.: *-ões*] *s.f.* **1** ataque à integridade física ou moral de alguém **2** ato de hostilidade, de provocação **3** ofensa ou insulto com palavras

a.gres.si.va.men.te *adv.* **1** de modo agressivo; com a intenção de ferir física ou moralmente; violentamente **2** com atitude hostil ou provocadora

a.gres.si.vi.da.de *s.f.* **1** qualidade, caráter ou condição de agressivo ↄ brandura, delicadeza, suavidade **2** disposição para agredir e/ou provocar **3** espírito empreendedor; atividade, combatividade, dinamismo

a.gres.si.vo *adj.* **1** que agride, envolve ou revela agressão ⟨*olhar a.*⟩ ↄ gentil **2** voltado para o ataque; aguerrido, lutador ↄ defensivo ■ *adj.s.m.* **3** que(m) tem tendência para um comportamento hostil ou destrutivo

a.gres.te *adj.2g.s.m.* **1** (o) que se refere aos campos; selvagem ↄ citadino, urbano **2** *fig.* que(m) se caracteriza, no trato social, pela aspereza, grosseria ↄ civilizado ■ *s.m.* **3** no nordeste do Brasil, zona árida, próxima ao litoral, entre a mata e a caatinga ~ **agrestia** *s.f.* - **agrestidade** *s.f.*

a.gri.ão [pl.: *-ões*] *s.m.* erva ger. aquática, cultivada pelos talos e folhas verdes, de sabor azedo, ger. consumidos em saladas, ricos em minerais e propriedades medicinais

a.grí.co.la *adj.2g.* **1** relativo ao campo, à agricultura; agrário, agreste, campestre, rural **2** que se dedica à agricultura ou nela se baseia ■ *s.2g.* **3** agricultor

a.gri.cul.tor \ô\ *adj.s.m.* que(m) se dedica à agricultura; cultivador, lavrador

a.gri.cul.tu.ra *s.f.* **1** cultivo do solo para produção de vegetais úteis ao ser humano e/ou para a criação de animais; lavoura **2** conjunto de métodos e técnicas desse cultivo

a.gri.do.ce \ô\ *adj.2g.s.m.* (sabor) que é acre e doce ao mesmo tempo; acre-doce, acridoce

a.gri.lho.ar *v.* {mod. 1} *t.d.* **1** prender com grilhões; acorrentar **2** *fig.* reprimir, refrear ❑ *t.d.i. e pron. fig.* **3** (prep. *a*) tornar(-se) submisso ou escravo ~ **agrilhoamento** *s.m.*

a.gri.men.sor \ô\ *adj.s.m.* que(m) está legalmente habilitado para medir, dividir e/ou demarcar terras ou propriedades rurais

a.gri.men.só.rio *adj.* relativo a agrimensura ou a agrimensor

a.gri.men.su.ra *s.f.* **1** medição de terras, campos etc. **2** técnica dessa medição ~ **agrimensar** *v.t.d.*

a.gro.bi.o.lo.gi.a *s.f.* estudo da nutrição e crescimento das plantas direcionado ao aumento da produção agrícola

a.gro.e.co.lo.gi.a *s.f.* parte da ecologia que estuda os agroecossistemas

a.gro.e.cos.sis.te.ma *s.m.* ecossistema artificial que se estabelece em áreas agrícolas

a.gro.in.dús.tria *s.f.* indústria que se ocupa da transformação de produtos agrícolas

a.gro.in.dus.tri.al *adj.2g.* referente à agroindústria

a.gro.lo.gi.a *s.f.* ramo da agricultura ligado ao estudo dos solos

a.gro.ne.gó.cio *s.m.* ECON conjunto de operações da cadeia produtiva, que vai desde as atividades agropecuárias até a comercialização do produto

a.gro.no.mi.a *s.f.* conjunto das ciências, técnicas e conhecimentos sobre a prática da agricultura ~ **agronômico** *adj.*

a.grô.no.mo *s.m.* diplomado ou especialista em agronomia

a.gro.pe.cu.á.ria *s.f.* atividade que envolve a agricultura e a pecuária ao mesmo tempo ~ **agropecuário** *adj.*

a.gro.tó.xi.co \cs\ *adj.s.m.* (produto químico) us. no combate e prevenção de pragas da lavoura

a.gro.vi.a *s.f.* via (terrestre, marítima, fluvial) que liga centros de produção agrícola e armazenagem com os de consumo

a.gro.vi.la *s.f. B* povoado que abriga os que trabalham na construção de estradas de desbravamento

a.gru.pa.men.to *s.m.* condição do que se acha agrupado, reunido, aglomerado; agrupação, associação, grupo ↄ dispersão

a.gru.par *v.* {mod. 1} *t.d. e pron.* juntar(-se) em grupo(s); reunir(-se)

a.gru.ra *s.f.* **1** acidez, azedume **2** *fig.* situação difícil; empecilho, obstáculo **3** *fig.* padecimento físico ou espiritual; aflição, insatisfação

á.gua *s.f.* **1** líquido sem cor, odor ou sabor, essencial à vida **2** a parte líquida da superfície terrestre **3** cada lado do telhado ▼ ***águas*** *s.f.pl.* **4** grandes extensões de água (mares, rios, lagos) **5** as chuvas **6** nascentes de águas minerais e medicinais; termas ⊡ **á. doce** *loc.subst.* água (de rios, lagos etc.) que não contém cloreto de sódio • **á. mineral** *loc.subst.* água potável de valor terapêutico por seus sais minerais • **á. oxigenada** *loc.subst.* líquido antisséptico e alvejante • **á. sanitária** *loc.subst.* líquido desinfetante à base de cloro • **de primeira á.** *loc.adj. fig.* excelente

a.gua.çal *s.m.* **1** pântano **2** *B* área alagada depois de grandes chuvas **3** massa de água corrente

a.gua.cei.ro *s.m.* chuva forte, súbita e passageira

a.gua.cen.to *adj.* **1** impregnado de água; encharcado **2** que verte água **3** diluído em água; aquoso

á.gua com a.çú.car *adj.2g.2n.* **1** piegas, açucarado ⟨*filme a.*⟩ **2** simples, ingênuo ⟨*romance a.*⟩

a.gua.da *s.f.* **1** provisão de água potável para viagem **2** lugar em que se faz essa provisão **3** técnica us. em aquarela, nanquim etc. em que a tinta é diluída em água **4** obra em que é us. essa técnica **5** mistura de água e clara de ovo us. por encadernadores

á.gua de chei.ro [pl.: *águas de cheiro*] *s.f. B infrm.* água-de-colônia

á.gua de co.co [pl.: *águas de coco*] *s.f. B* albume líquido do coco, consumido como bebida refrescante

á.gua-de-co.lô.nia [pl.: *águas-de-colônia*] *s.f.* preparação com álcool e certos óleos aromáticos, us. como perfume; água de cheiro

á.gua de flor [pl.: *águas de flor*] *s.f.* água aromatizada com flores de laranjeira

a.gua.do *adj.* **1** diluído em água **2** que tem muita água e pouca substância nutritiva (diz-se de caldos, sopas, refrescos etc.) **3** inundado de água; regado, molhado **4** *B infrm.* com água na boca **5** *fig.* que se frustrou, fracassado ⟨*plano a.*⟩ **6** *B* que se embebedou; embriagado

á.gua-for.te [pl.: *águas-fortes*] *s.f.* **1** solução de ácido nítrico **2** técnica de gravura a entalhe em metal obtido com ácido nítrico **3** chapa de cobre, zinco ou ferro us. nessa técnica **4** gravura que se obtém por esse processo

á.gua-for.tis.ta [pl.: *água-fortistas*] *adj.2g.s.2g.* (artista) que usa a técnica de água-forte

á.gua-fur.ta.da [pl.: *águas-furtadas*] *s.f.* cômodo entre o telhado e o forro de uma casa; mansarda

á.gua-ma.ri.nha [pl.: *águas-marinhas*] *s.f.* pedra brasileira, semipreciosa, azul-clara ou verde-mar

a.gua.men.to *s.m.* inflamação da pata dos cavalos devido ao frio ou a trabalho excessivo

a.gua.pé *s.m.* **1** nome comum a várias plantas aquáticas flutuantes, cultivadas como ornamentais, como forragem para o gado e esp. para purificar a água 2 emaranhado de plantas aquáticas que cobre as águas dos rios, lagos e pantanais

a.guar *v.* {mod. 3} *t.d.* **1** molhar, regar **2** adicionar água a (um líquido) **3** *fig.* estragar, frustrar (prazer, alegria etc.) ❑ *int. e pron. infrm.* **4** salivar, por vontade de comer algo ~ **aguador** *adj.s.m.*

a.guar.dar *v.* {mod. 1} *t.d. e t.i.* **1** (prep. *por*) ficar na expectativa de; esperar ❑ *t.d.* **2** ter obediência a; respeitar ~ **aguardo** *s.m.*

a.guar.den.te *s.f.* bebida de alto teor alcoólico obtida da destilação de produtos vegetais (cana-de-açúcar, cereais, raízes etc.) depois de fermentados ~ **aguardenteiro** *s.m.*

á.gua-ré.gia [pl.: *águas-régias*] *s.f.* mistura corrosiva de ácido nítrico com ácido clorídrico, capaz de dissolver metais nobres como o ouro e a platina

a.guar.rás *s.f.* essência de terebintina, us. como solvente

á.gua-vi.va [pl.: *águas-vivas*] *s.f.* nome comum a animais invertebrados, marinhos, de corpo mole, gelatinoso e transparente, cujos tentáculos podem provocar sérias queimaduras nos humanos

a.gu.ça.do *adj.* **1** terminado em bico ou proeminência fina; agudo, bicudo, pontudo ↄ rombudo **2** que apresenta forma afilada; adelgaçado, fino ↄ grosso **3** que tem gume; afiado, amolado ↄ cego, embotado **4** *fig.* capaz de perceber sensações com exatidão (diz-se de qualquer dos sentidos); apurado, atento ↄ desatento **5** *fig.* que apresenta perspicácia, sagacidade, agudeza de espírito; astuto, atilado, perspicaz ↄ pacóvio, pateta

a.gu.çar *v.* {mod. 1} *t.d. e int.* **1** tornar(-se) pontiagudo ❑ *t.d.* **2** afiar, amolar **3** *fig.* fazer surgir ou intensificar-se; estimular **4** *p.ext.* aumentar a capacidade sensorial de ⟨*a. os ouvidos, a vista*⟩ ~ **aguçamento** *s.m.*

a.gu.dez \ê\ *s.f.* agudeza

a.gu.de.za \ê\ *s.f.* **1** característica de pontiagudo ou afilado ⟨*a. da torre*⟩ **2** qualidade do que é amolado, afiado ⟨*a. da faca*⟩ **3** estado agudo de doença, problema etc. **4** *fig.* inteligência penetrante; sagacidade **5** *fig.* falta de delicadeza; aspereza **6** qualidade do som agudo, alto, elevado

a.gu.do *adj.* **1** que termina em ponta aguçada; pontiagudo ⟨*lápis a.*⟩ ↄ rombudo **2** que tem gume ou aresta ⟨*navalha a.*⟩ ↄ cego, embotado **3** *fig.* perspicaz, sutil ⟨*espírito a.*⟩ ↄ ingênuo **4** *fig.* que é áspero, cortante, frio (diz-se do vento) **5** *fig.* que apresenta fortes sintomas e evolução rápida (diz-se de doença) **6** diz-se de acento agudo **7** que mede menos de 90° (diz-se de ângulo) **8** *fig.* que demonstra ironia, mordacidade; irônico ↄ grave, sério ■ *adj.s.m.* **9** (som) elevado na escala musical ⟨*os a. de uma soprano*⟩ ↄ baixo, grave ⊙ GRAM/USO sup.abs.sint.: *agudíssimo*, *acutíssimo*

a.guen.tar \gü\ *v.* {mod. 1} *t.d.* **1** sustentar (carga, peso etc.) **2** tolerar, suportar **3** manter a sobrevivência de; sustentar ❑ *t.d. e int.* **4** resistir, suportar ❑ *pron.* **5** manter-se, conservar-se ⟨*a.-se na presidência*⟩

a.guer.ri.do *adj.* **1** preparado, armado, treinado para a guerra **2** exaltado, violento ↄ calmo, manso **3** *p.ext.* que demonstra destemor; valente, corajoso ↄ covarde, fraco

a.guer.rir *v.* {mod. 24} *t.d. e pron.* **1** preparar(-se) para a guerra **2** *p.ext.* habituar(-se) à luta, ao trabalho **3** tornar(-se) destemido, corajoso ⊙ GRAM/USO verbo defectivo

á.guia *s.f.* **1** ave de grande porte, cosmopolita, da família dos gaviões, predadora, dotada de bico e garras muito robustas **2** *fig.* pessoa notável por seu talento e/ou inteligência ■ *s.2g. B pej.* **3** pessoa velhaca, espertalhona

a.gui.lhão [pl.: *-ões*] *s.m.* **1** ponta afiada de ferro **2** *fig.* fator estimulante, excitante **3** ferrão de certos insetos

a.gui.lho.a.da *s.f.* **1** picada ou ferimento com aguilhão **2** *fig.* dor forte e súbita; pontada **3** *fig.* estímulo

a.gui.lho.ar *v.* {mod. 1} *t.d.* **1** picar com aguilhão **2** *fig.* estimular, provocar **3** *fig.* causar dor física ou moral em ~ **aguilhoamento** *s.m.*

a.gu.lha *s.f.* **1** haste fina e aguçada de metal, com orifício na extremidade, por onde passa linha, lã, barbante etc., us. para coser, bordar ou tecer **2** qualquer objeto alongado e/ou pontiagudo construído pelo ser humano **3** peça com ponta us. para transmitir vibrações, como as de um disco fonográfico **4** peça metálica pontiaguda us. em injeções, costuras cirúrgicas e punções **5** ponteiro (de relógio, bússola, rádio etc.) **6** parte móvel do trilho, que permite que o trem passe de uma via para outra **7** MAR equipamento us. para navegação, que indica o norte **8** torre alta **9** pico de montanha com extremidade pontiaguda

a.gu.lha.da *s.f.* **1** picada de agulha **2** *fig.* dor forte e súbita; pontada

a.gu.lhei.ro *s.m.* **1** estojo ou suporte para guardar agulhas de coser **2** nas estradas de ferro, o encarregado de movimentar a agulha dos trilhos

ah *interj.* exprime alegria, decepção, surpresa, ironia etc.

ai *interj.* **1** exprime dor, tristeza, lamento ■ *s.m.* **2** manifestação de sofrimento, dor ☞ tb. us. no pl.

a.í *adv.* **1** nesse lugar, próximo ao ouvinte ⟨*o livro está aí na sua frente*⟩ **2** no lugar a que se fez referência; lá, ali ⟨*foi para a biblioteca e aí vai estudar*⟩ **3** nesse aspecto, nesse ponto ⟨*é aí que está o problema*⟩ **4** nesse momento; então ⟨*a noiva chegou e, aí, a festa começou*⟩ **5** junto, anexado ⟨*aí vai o dinheiro*⟩ ■ *interj.* **6** *B infrm.* exprime aprovação, aplauso ou incentivo ⟨*aí, garoto, aguenta firme!*⟩ **7** denota sentido brincalhão ⟨*aí, hem, namorando!*⟩

ai.a *s.f.* **1** criada de uma dama nobre; camareira **2** dama de companhia

ai.a.to.lá *s.m.* líder religioso dos muçulmanos xiitas

–aico *suf.* 'referência, pertinência': *hebraico*

ai.dé.ti.co *adj.s.m.* (indivíduo) infectado pelo vírus HIV e que apresenta aids

aids *s.f.2n.* deficiência do sistema imunológico, adquirida esp. por via sexual, transfusão de sangue contaminado ou uso compartilhado de seringas infectadas ⊙ GRAM/USO tb. grafado com letras maiúsc.: AIDS

ai.ki.do [jap.] *s.m.* ver *AIQUIDÔ* ⇨ pronuncia-se aiquidô

ai.mo.ré *s.2g.* **1** indivíduo dos aimorés, designação de grupos indígenas que não falavam o tupi ■ *adj.2g.* **2** relativo a esse indivíduo ou aos seus grupos indígenas

a.in.da *adv.* **1** até este momento (presente) ⟨*a. não chegou*⟩ **2** até aquele momento (passado) ⟨*quando saí, ele a. estava lá*⟩ **3** agora mesmo; em tempo recente (passado) ⟨*a. há cinco minutos estava aqui*⟩ **4** até lá, até esse tempo (futuro) ⟨*quando ele voltar, ela estará a. à sua espera*⟩ **5** um dia, algum dia (futuro) ⟨*a. serei feliz*⟩ **6** além disso, também, mais ⟨*há a. outras pessoas interessadas*⟩ **7** ao menos ⟨*se a. tivesse dinheiro, poderia comer*⟩ **8** mesmo, até, inclusive ⟨*a. os mais pobres entraram*⟩ ⊡ **a. agora** *loc.adv.* há pouco ⟨*a. agora estava aqui*⟩ • **a. bem** *loc.adv.* felizmente • **a. que** *loc.conj.* mesmo que

ai.pim *s.m.* **1** arbusto nativo do Brasil, muito semelhante à mandioca, porém menos venenoso, cultivado pelas raízes, de elevado teor alimentício **2** essa raiz, consumida frita, assada ou cozida; macaxeira ☞ cf. *mandioca*

ai.po *s.m.* erva com propriedades para combater a febre, os gases intestinais e o escorbuto, us. em saladas e sopas; salsão

ai.qui.dô *s.m.* arte marcial japonesa baseada em movimentos de rotação e esquiva, nos quais a própria força do oponente é us. para desequilibrá-lo e vencê-lo

ai.ro.so \ô\ [pl.: *airosos* \ó\] *adj.* **1** que tem boa aparência ⟨*corpo a.*⟩ ⊃ deselegante, desleixado **2** que demonstra gentileza; delicado ⟨*gestos a.*⟩ ⊃ indelicado, rude **3** honroso, digno ⟨*saída a.*⟩ ⊃ indigno ~ **airosidade** *s.f.*

a.jan.ta.ra.do *s.m.* *B* **1** refeição farta servida fora do horário habitual, ger. aos domingos e feriados, para dispensar o jantar ■ *adj.* **2** semelhante a um jantar

a.jar.di.nar *v.* {mod. 1} *t.d.* construir ou plantar jardim em ~ **ajardinamento** *s.m.*

a.jei.tar *v.* {mod. 1} *t.d.,t.d.i. e pron.* **1** (prep. *a*) pôr(-se) a jeito; acomodar(-se) ❑ *t.d. e t.d.i.* **2** (prep. *a, para*) conseguir por meios hábeis; arranjar ❑ *pron.* **3** sair de dificuldade **4** (prep. *com*) relacionar-se bem ~ **ajeitação** *s.f.* - **ajeitamento** *s.m.*

a.jo.e.lhar *v.* {mod. 1} *t.d.,int. e pron.* **1** pôr(-se) de joelhos **2** *fig.* (fazer) agir com submissão ~ **ajoelhado** *adj.*

a.jou.jo *s.m.* **1** correia, cordão ou corrente com que se prendem dois a dois (cães, bois etc.) **2** *p.ext.* par de animais presos um ao outro ~ **ajoujado** *adj.* - **ajoujar** *v.t.d.*

a.ju.da *s.f.* **1** auxílio, amparo, socorro ⊃ abandono, omissão **2** favor que se presta a alguém; obséquio ⊃ desfavor ⊡ **a. de custo** *loc.subst.* remuneração por despesa ou serviço extraordinário

a.ju.dan.te *adj.2g.s.2g.* **1** que(m) ajuda; auxiliar **2** (funcionário) às ordens de outro; assistente

a.ju.dan.te de or.dens [pl.: *ajudantes de ordens*] *s.m.* oficial sob o comando de um superior militar ou civil

a.ju.dar *v.* {mod. 1} *t.d.,t.d.i.,t.i.,int. e pron.* **1** (prep. *a, em*) prestar socorro, assistência (a outrem ou si mesmo); auxiliar(-se) ⊃ desajudar ❑ *t.d.* **2** tornar mais fácil; facilitar

a.ju.i.za.do *adj.* **1** que tem juízo; sensato, prudente ⊃ desajuizado, imprudente **2** submetido a juiz; processado

a.ju.i.zar *v.* {mod. 2} *t.d. e t.i.* **1** (prep. *de*) formar juízo ou ideia sobre; julgar ❑ *t.d.* **2** fazer a avaliação de; calcular ⟨*a. os prejuízos*⟩ **3** DIR levar a juízo ❑ *t.d. e pron.* **4** (fazer) ter discernimento, moderação e bom senso ~ **ajuizamento** *s.m.* - **ajuizável** *adj.2g.*

a.jun.tar *v.* {mod. 1} *t.d.,t.d.i.,int. e pron.* juntar ~ **ajuntamento** *s.m.*

a.ju.ra.men.tar *v.* {mod. 1} *t.d.* **1** tomar juramento de ou fazer jurar **2** declarar, revelar sob juramento ❑ *pron.* **3** obrigar-se por juramento

a.jus.tar *v.* {mod. 1} *t.d.* **1** fazer os reparos necessários; acertar **2** fazer acerto para; combinar **3** saldar, liquidar (contas, dívidas) **4** fixar, determinar ⟨*a. um preço*⟩ **5** tornar mais justo; apertar ❑ *t.i.,t.d.i. e pron.* **6** (prep. *em, a*) adaptar(-se) com perfeição; acomodar(-se) ~ **ajustagem** *s.f.* - **ajustamento** *s.m.* - **ajustável** *adj.2g.*

a.jus.te *s.m.* **1** adaptação em um contexto ⊃ desajuste **2** pacto, acordo ⊃ distrato ⊡ **a. de contas** *loc.subst.* **1** quitação de dívidas e obrigações **2** *fig.* vingança, acerto de contas

-al *suf.* **1** 'relação': *anual, brutal, intestinal, pessoal* **2** 'coleção': *laranjal, seringal*

Al símbolo de *alumínio*

AL sigla do Estado de Alagoas

a.la *s.f.* **1** fileira de objetos; fila **2** facção (dentro de um grupo ou partido) **3** cada parte lateral (de prédio, de ponte) **4** subdivisão (de batalhão, escola de samba etc.) ■ *adj.2g.s.2g.* *B* **5** (atleta) que atua pelas laterais do campo

a.la.bar.da *s.f.* antiga lança cuja ponta é atravessada por uma lâmina em forma de meia-lua ~ **alabardeiro** *s.m.* - **alabardino** *adj.*

a.la.bas.tro *s.m.* **1** rocha branca e transparente, finamente granulada ou maciça **2** vaso ou outro ornamento feito dessa pedra **3** *fig.* brancura, branquidão ~ **alabastrino** *adj.*

á.la.cre *adj.2g.* vivo, animado, alegre ⟨*música a.*⟩ ⊃ triste, sorumbático

a.la.do *adj.* **1** dotado de asas, que voa **2** *fig.* que possui graça ou elegância; airoso ⊃ desajeitado, deselegante **3** com forma de asa

a.la.ga.di.ço *adj.* **1** sujeito a inundações **2** encharcado, lodoso ■ *s.m.* **3** solo úmido e pesado, próprio para a cultura do arroz

a.la.ga.do *adj.* 1 coberto de água; encharcado, inundado ■ *s.m.* 2 pequeno lago, lagoa ou porção de água estagnada, de existência temporária, decorrente de chuva ou inundação 3 terreno pantanoso; atoleiro, brejo, charco, lodaçal

a.la.gar *v.* {mod. 1} *t.d. e pron.* 1 cobrir(-se) ou encher(-se) de água; inundar(-se) 2 molhar(-se) muito; encharcar(-se) ⟨*o suor alagava seu rosto*⟩ ~ **alagamento** *s.m.*

a.la.go.a.no *adj.* 1 de Alagoas ■ *s.m.* 2 natural ou habitante desse estado

a.la.li.a *s.f.* perda total ou parcial da capacidade de falar

a.la.mar *s.m.* 1 enfeite de roupa, feito com cordão trançado de seda, lã ou metal 2 peça de uniforme militar formada por cordões trançados ☞ nesta acp., mais us. no pl.

a.lam.bi.ca.do *adj.* 1 destilado em alambique 2 *fig. pej.* presumido, pretensioso ⮌ modesto

a.lam.bi.que *s.m.* 1 aparelho us. para destilar, composto por caldeira, tubulação e condensador 2 local onde se realiza essa destilação

a.lam.bra.do *adj.* 1 que possui cerca de arame ■ *s.m.* 2 cerca de arame 3 terreno com essa cerca ☞ cf. *aramado*

a.la.me.da \ê\ *s.f.* 1 rua (ou caminho) com árvores enfileiradas 2 lugar arborizado para passeio; aleia

[1]**a.lar** *v.* {mod. 1} *t.d.* levar para cima; içar, suspender [ORIGEM: do fr. *haler* 'puxar']

[2]**a.lar** *v.* {mod. 1} *pron.* 1 adquirir asas 2 movimentar-se voando ☞ nas duas acp., só us. nas 3as p., exceto quando fig. ❑ *t.d.* 3 dispor ou organizar em alas ⟨*a. a tropa*⟩ [ORIGEM: *ala* 'asa' + [2]*-ar*]

[3]**a.lar** *adj.2g.* 1 em forma de asa; aliforme 2 relativo ou semelhante a asa [ORIGEM: do lat. *alāris,e* 'das alas de um exército']

a.la.ran.ja.do *s.m.* 1 a cor do fruto da laranjeira; laranja ■ *adj.* 2 que lembra essa cor ⟨*calça a.*⟩ 3 diz-se dessa cor ⟨*a cor a.*⟩ 4 que tem gosto, forma ou odor de laranja

a.lar.de *s.m.* 1 atitude exibicionista e ostentosa 2 vaidade grande e infundada; vanglória

a.lar.de.ar *v.* {mod. 5} *t.d.* 1 exibir ou anunciar com ostentação ❑ *int. e pron.* 2 gabar-se, vangloriar-se ~ **alardeamento** *s.m.*

a.lar.gar *v.* {mod. 1} *t.d.,int. e pron.* 1 tornar(-se) mais largo ⮌ estreitar(-se) 2 tornar(-se) menos apertado; afrouxar ❑ *t.d. e pron.* 3 tornar(-se) mais amplo, maior; aumentar ⟨*a. a clientela*⟩ ⟨*a. um prazo*⟩ ❑ *int. e pron.* 4 dilatar, aumentar ~ **alargado** *adj.* - **alargamento** *s.m.*

a.la.ri.do *s.m.* 1 ruído de vozes, de gritos; algazarra, gritaria ⮌ silêncio 2 lamentação, lamúria

a.lar.man.te *adj.2g.* 1 que causa alarme; assustador 2 que apresenta gravidade, perigo ⟨*quadro clínico a.*⟩

a.lar.mar *v.* {mod. 1} *t.d. e pron.* pôr(-se) em alarme, em sobressalto; assustar(-se), inquietar(-se) ~ **alarmado** *adj.*

a.lar.me *s.m.* 1 aviso de ameaça de perigo 2 dispositivo de segurança em portas, janelas etc., para denunciar tentativas de roubo, invasão etc. 3 situação de tumulto ⟨*a notícia causou a. na rua*⟩

a.lar.mis.mo *s.m.* divulgação de boatos ou notícias alarmantes

a.lar.mis.ta *adj.2g.s.2g.* que(m) costuma propagar notícias ou boatos alarmantes; atemorizador

a.lar.ve *adj.2g.s.2g.* 1 que(m) é rústico, abrutalhado, grosseiro, ignorante ⮌ educado, fino 2 tolo, parvo ⮌ esperto 3 que(m) come em demasia; glutão ⮌ inapetente

a.las.tra.men.to *s.m.* ato ou efeito de alastrar(-se); difusão, disseminação, propagação

a.las.trar *v.* {mod. 1} *t.d.,int. e pron.* 1 espalhar(-se) gradualmente; estender(-se) ❑ *t.d. e pron.* 2 tornar(-se) conhecido; difundir(-se) 3 aumentar a ação ou incidência (de vírus, doença etc.); proliferar(-se) ~ **alastrante** *adj.2g.*

a.las.trim *s.m.* forma branda da varíola

a.la.ú.de *s.m.* instrumento musical de cordas dedilháveis, de origem árabe

a.la.van.ca *s.f.* 1 barra resistente us. para mover ou erguer objetos pesados 2 *fig.* meio us. para obter um resultado; instrumento ⟨*a educação é a a. do progresso*⟩ ⊙ GRAM/USO dim.irreg.: *alavancote*

a.la.van.car *v.* {mod. 1} *t.d.* 1 mover, erguer com alavanca 2 *fig.* favorecer o desenvolvimento de; incentivar, impulsionar

a.la.zão [pl.: *-ães* e *-ões*; fem.: *alazã*] *adj.s.m.* (cavalo) que tem o pelo cor de canela

al.ba *s.f.* 1 primeira claridade da manhã; alva, aurora ⮌ ocaso, poente 2 *p.ext.* gênero de poesia medieval cujo tema é a despedida de dois amantes ao romper da aurora

al.ba.nês *adj.* 1 da Albânia, país europeu da península Balcânica ■ *s.m.* 2 natural ou habitante desse país 3 língua indo-europeia falada na Albânia, Iugoslávia (esp. Kossovo) e em alguns pontos da Grécia, Itália e Turquia

al.bar.da *s.f.* 1 sela grosseira us. em bestas de carga 2 *fig. infrm.* roupa malfeita

al.bar.dão [pl.: *-ões*] *s.m.* 1 grande albarda ('sela') 2 conjunto de pequenas elevações, alternadas de baixadas, ao longo de cursos de água 3 terreno elevado à margem de rios ou lagunas

al.ba.troz *s.m.* ave oceânica do hemisfério sul, de corpo robusto, cauda curta e asas longas e estreitas, que atinge mais de 3,5 m de envergadura

al.ber.gar *v.* {mod. 1} *t.d.,int. e pron.* 1 alojar(-se), hospedar(-se) ⟨*a. o amigo*⟩ ❑ *t.d. e pron.* 2 abrigar(-se), asilar(-se) ⟨*a. um sem-teto*⟩ ~ **albergamento** *s.m.*

al.ber.gue *s.m.* 1 hospedaria, estalagem 2 *p.ext.* hospício, asilo 3 *p.ext.* local de refúgio; retiro

al.bi.nis.mo *s.m.* anomalia genética caracterizada pela ausência total ou parcial de pigmentação na pele, pelos e olhos

al.bi.no *adj.s.m.* que apresenta a anomalia genética do albinismo; aça, gazo, sarará

al.bor \ô\ *s.m.* → ALVOR
al.bor.noz *s.m.* **1** manto de lã com capuz, us. pelos árabes **2** casaco de mangas largas, com capuz ou gola subida
ál.bum *s.m.* **1** livro próprio para colagem de fotografias, postais, selos etc. **2** livro de registro de notas pessoais, autógrafos etc. **3** volume composto por um ou mais discos, CDs, CD-ROMs etc., ger. acompanhado de folheto informativo
al.bu.me ou **al.bú.men** [pl.: *albúmenes* e *(B) albumens*] *s.m.* **1** clara de ovo **2** BOT tecido rico em substâncias nutritivas que envolve o embrião nas sementes
al.bu.mi.na *s.f.* proteína solúvel em água e coagulável com o calor, encontrada na clara de ovo, leite, sangue e plantas ~ **albuminoso** *adj.*
al.bur.no *s.m.* parte periférica do tronco das árvores constituída por células vivas que realizam a condução de água
Alca *s.f.* sigla de *Área de Livre Comércio das Américas*
al.ça *s.f.* **1** parte de um objeto, ger. em forma de asa ou presilha, us. para segurá-lo ou movê-lo **2** tira que se passa pelos ombros para segurar certas peças do vestuário **3** parte de um órgão que descreve um arco ⟨*a. do intestino*⟩
al.cá.cer *s.m.* **1** palácio ou fortaleza moura **2** *p.ext.* moradia suntuosa
al.ca.cho.fra \ô\ *s.f.* **1** planta hortense cujas folhas (brácteas) e sua base carnosa são comestíveis e ricas em minerais **2** a flor dessa planta ⊙ COL alcachofral
al.ca.çuz *s.m.* **1** arbusto cultivado pelo seu rizoma, do qual se extrai uma pasta ou xarope us. em confeitaria, remédios para tosse e na produção de cerveja preta **2** essa pasta ou xarope
al.ça.da *s.f.* **1** jurisdição; limite de competência ou autoridade de juiz, tribunal, chefes de repartição pública etc. **2** *fig.* campo de atuação; atribuição
al.ca.gue.tar \gü\ *v.* {mod. 1} *t.d.* e *t.d.i.* **1** (prep. *a*, *para*) denunciar como culpado; acusar **2** (prep. *a*, *para*) fazer denúncia de; delatar ⟨*a. o esconderijo (à polícia)*⟩
al.ca.gue.te \güê *ou* guê\ *s.2g. B infrm.* **1** espião da polícia **2** delator; dedo-duro
al.cai.de [fem.: *alcaidessa* \ê\] *s.m.* **1** antigo governador de castelo ou província **2** antigo funcionário encarregado de cumprir determinações judiciais **3** autoridade espanhola correspondente ao prefeito
ál.ca.li *s.m.* QUÍM hidróxido cuja solução aquosa reage com (ou neutraliza) ácidos para formar sal e água
al.ca.li.no *adj.* **1** relativo a álcali **2** que tem pH maior que 7; básico ■ *s.m.* **3** metal alcalino ~ **alcalinidade** *s.f.*
al.ca.li.no-ter.ro.so [pl.: *alcalino-terrosos*] *s.m.* **1** óxido de metais básicos bivalentes **2** metal alcalino-terroso ■ *adj.* **3** relativo aos metais do grupo II da tabela periódica, bivalentes
al.ca.loi.de \ói\ *s.m.* classe de compostos orgânicos de nitrogênio e, freq., oxigênio, que tb. podem ser obtidos por síntese; alguns possuem ação terapêutica (morfina, estricnina, atropina)
al.can.çar *v.* {mod. 1} *t.d.* **1** chegar junto de (alguém ou algo) **2** pegar, tocar (algo) ger. com as mãos **3** abarcar com a vista; avistar **4** *fig.* entender, compreender **5** atingir número, quantidade, quantia de; chegar a ❑ *t.d.,t.d.i. e int.* **6** (prep. *de*) ter êxito na conquista de; conseguir ~ **alcançável** *adj.2g.*
al.can.ce *s.m.* **1** distância dentro da qual se consegue ver, tocar ou atingir algo **2** obtenção, conquista ⟨*o a. da vitória estava distante*⟩ **3** importância, valor ⟨*comentário de pouco a.*⟩ **4** perseguição ⟨*foi em a. do amigo*⟩ **5** inteligência, perspicácia ⟨*faltou a. ao seu raciocínio*⟩ **6** intenção ⟨*não entendeu o a. da proposta*⟩
al.can.do.rar-se *v.* {mod. 1} *pron.* **1** pousar em poleiro (a ave) ☞ só us. nas 3as p., exceto quando fig. **2** *p.ext.* colocar-se ou situar-se no alto **3** *p.ext.* sublimar-se, engrandecer-se
al.ca.no *s.m.* QUÍM hidrocarboneto saturado, de cadeia aberta; parafina
al.can.til *s.m.* **1** rochedo alto, com forte declive **2** lugar íngreme; precipício **3** cume, píncaro ⮌ sopé ~ **alcantilado** *adj.*
al.ça.pão [pl.: *-ões*] *s.m.* **1** porta ou abertura que dá passagem ao porão ou ao desvão do telhado **2** armadilha para pássaro
al.ca.par.ra *s.f.* **1** alcaparreira **2** botão floral da alcaparreira, verde, aromático, conservado em vinagre, us. como condimento ⊙ COL alcaparral
al.ca.par.rei.ra *s.f.* arbusto da região do Mediterrâneo, cultivado esp. por seu botão floral, a alcaparra; alcaparra
al.çar *v.* {mod. 1} *t.d. e pron.* **1** tornar(-se) mais alto; erguer(-se), levantar(-se) ❑ *t.d.* **2** realizar construção de; erigir ❑ *pron.* **3** (prep. *a*) alcançar posição de destaque; elevar-se ~ **alçamento** *s.m.*
al.ca.tei.a \éi\ *s.f.* **1** bando de lobos **2** *fig.* bando de criminosos
al.ca.ti.fa *s.f.* **1** alfombra ('tapete') **2** *p.ext.* tudo o que cobre o chão como um tapete ~ **alcatifar** *v.t.d.*
al.ca.tra *s.f.* carne da parte superior da anca do boi
al.ca.trão [pl.: *-ões*] *s.m.* líquido negro e viscoso destilado de substâncias orgânicas, como o petróleo e o carvão, us. em produtos químicos e farmacêuticos ~ **alcatroar** *v.t.d.*
al.ca.traz *s.m.* grande ave marinha, de cauda bifurcada e plumagem escura, que ocorre em grande parte do litoral brasileiro
al.ce *s.m.* mamífero ruminante das regiões frias do hemisfério norte, pelos escuros, ponta do focinho larga e chifres ramificados, presentes apenas nos machos
al.ce.ar *v.* {mod. 5} *t.d.* **1** pôr no alto; erguer **2** pôr alça em ~ **alceado** *adj.* - **alceamento** *s.m.*
al.ce.no *s.m.* QUÍM hidrocarboneto de cadeia aberta que contém ligação dupla

al.ci.no *s.m.* QUÍM hidrocarboneto de cadeia aberta que contém ligação tripla

al.cio.ná.ceo *s.m.* ZOO **1** espécime dos alcionáceos, ramo de animais invertebrados aquáticos, tropicais, conhecidos como corais-moles, cuja colônia tem a forma de cogumelo ■ *adj.* **2** relativo a esse ramo de animais

ál.co.ol *s.m.* **1** QUÍM nome comum a compostos derivados dos hidrocarbonetos pela substituição de um átomo de hidrogênio por uma hidroxila **2** bebida alcoólica ⊡ **á. etílico** *loc.subst.* substância obtida da fermentação ou destilação de açúcares e us. em bebidas, perfumaria e como combustível • **á. metílico** *loc.subst.* metanol

al.co.ó.la.tra *adj.2g.s.2g.* que(m) sofre de alcoolismo

al.co.ó.li.co *adj.* **1** relativo a álcool **2** que contém álcool ■ *s.m.* **3** alcoólatra

al.co.o.lis.mo *s.m.* dependência física e psíquica de bebidas alcoólicas

al.co.o.li.za.do *adj.* **1** que contém álcool **2** que se embriagou; bêbado ~ **alcoolizar** *v.t.d. e pron.*

al.co.rão [pl.: *-ões* e *-ães*] *s.m.* Corão ☞ inicial maiúsc.; cf. *Corão* na parte enciclopédica

al.co.va \ô\ *s.f.* **1** quarto de dormir sem passagem para o exterior **2** quarto de mulher ou casal

al.co.vi.tar *v.* {mod. 1} *t.d. e t.d.i.* **1** (prep. *a*) mediar as relações amorosas de ❑ *int.* **2** fazer intrigas; mexericar ~ **alcovitaria** *s.f.* - **alcovitice** *s.f.*

al.co.vi.tei.ro *adj.s.m.* **1** intermediário de relações amorosas **2** *p.ext.* fofoqueiro

al.cu.nha *s.f.* denominação que substitui ou é acrescentada ao nome próprio de alguém, de um grupo de pessoas, de um povo etc.; apelido ~ **alcunhar** *v.t.d.pred.*

al.de.a.men.to *s.m.* **1** conjunto de aldeias **2** *B* povoação de índios administrada por missionários ou autoridades leigas

al.de.ão [pl.: *-ãos*, *-ães* e *-ões*; fem.: *aldeã*] *adj.* **1** relativo a aldeia **2** camponês, rústico ■ *s.m.* **3** natural ou habitante de aldeia

al.de.ar *v.* {mod. 5} *t.d.* **1** construir aldeia(s) em ⟨*a. uma região*⟩ **2** dispor em aldeias **3** reunir numa só aldeia

al.dei.a *s.f.* **1** povoado indígena **2** pequeno povoado ⊙ GRAM/USO dim.irreg.: *aldeola* e *aldeota* ⊙ COL aldeamento

al.de.í.do *s.m.* QUÍM composto orgânico formado pela desidrogenação de um álcool

al.de.o.la *s.f.* pequena aldeia ⊙ GRAM/USO dim. irreg. de *aldeia*

al.de.o.ta *s.f.* pequena aldeia ⊙ GRAM/USO dim. irreg. de *aldeia*

al.dra.va ou **al.dra.ba** *s.f.* **1** pequena tranca metálica de porta ou janela **2** peça móvel de metal com que se bate à porta

a.le.a.tó.rio *adj.* que depende do acaso ⮌ previsto ☞ cf. *alheatório*

a.le.crim *s.m.* **1** arbusto aromático, nativo da Europa, cujo óleo das sementes é us. como cicatrizante e em cosméticos, e as flores e folhas us. como tempero **2** ramo, folha ou flor desse arbusto

a.le.ga.ção [pl.: *-ões*] *s.f.* o que se apresenta como argumento; explicação

a.le.gar *v.* {mod. 1} *t.d. e t.d.i.* (prep. *a*) apresentar (fatos, argumentos etc.) como defesa, justificativa, explicação de algo

a.le.go.ri.a *s.f.* **1** representação de pensamentos, ideias etc. por elementos simbólicos **2** história, pintura, discurso etc. com personagens e acontecimentos simbólicos **3** carro ou ornamentação que ilustra um enredo de escola de samba

a.le.gó.ri.co *adj.* referente a alegoria; que envolve ou contém alegoria; figurado, figurativo, metafórico

a.le.grar *v.* {mod. 1} *t.d.,int. e pron.* **1** (fazer) sentir alegria, satisfação, prazer ⮌ entristecer(-se) ❑ *t.d. e int.* **2** deixar bonito, cheio de vida; avivar ⟨*flores alegram a casa*⟩

a.le.gre *adj.2g.* **1** que causa ou sente alegria, contentamento ⮌ triste **2** ligeiramente bêbado **3** de tom forte, vivo (diz-se de cor) ⮌ pálido

a.le.gri.a *s.f.* **1** estado de satisfação e prazer; contentamento ⮌ desolação **2** acontecimento feliz ⟨*a chegada dos pais foi uma a.*⟩

a.le.gro *s.m.* composição musical ou movimento de uma composição em andamento rápido

a.lei.a \éi\ *s.f.* alameda

a.lei.ja.do *adj.s.m.* que(m) tem uma deformação física

a.lei.jão [pl.: *-ões*] *s.m.* **1** deformidade física **2** *p.ext.* qualquer coisa disforme ou malfeita

a.lei.jar *v.* {mod. 1} *t.d.,int. e pron.* tornar(-se) aleijado ~ **aleijamento** *s.m.*

a.lei.tar *v.* {mod. 1} *t.d.* dar leite a; amamentar ~ **aleitamento** *s.m.*

a.lei.vo.si.a *s.f.* **1** traição, deslealdade ⮌ lealdade **2** acusação baseada numa mentira; calúnia ~ **aleivoso** *adj.*

a.le.lui.a *s.f.* **1** REL cântico de alegria ou de ação de graças, na ocasião da Páscoa **2** o sábado de Páscoa **3** trecho da missa que antecede o Evangelho **4** cupim alado ■ *interj.* **5** exclamação de alegria

a.lém *adv.* **1** mais adiante ⮌ aquém **2** mais longe ⮌ aquém ■ *s.m.* **3** o outro mundo ⊡ **a. de** *loc.prep.* **1** mais à frente de **2** para mais de ⟨*já ia a. dos 50 quando casou*⟩ **3** do outro lado de ⟨*a casa fica a. da serra*⟩ **4** acima de ⟨*come a. do que precisa*⟩

a.le.mão [pl.: *-ães*; fem.: *alemã*] *adj.* **1** da Alemanha (Europa) ■ *s.m.* **2** natural ou habitante desse país **3** a língua oficial desse país

a.lém-mar [pl.: *além-mares*] *s.m.* **1** território situado do outro lado do mar ■ *adv.* **2** do outro lado do mar

a.lém-tú.mu.lo [pl.: *além-túmulos*] *s.m.* o que vem depois da morte

a.len.ca.ri.a.no *adj.* **1** relativo ao escritor José de Alencar ou à sua obra ☞ cf. *José de Alencar* na parte enciclopédica ■ *adj.s.m.* **2** que(m) é admirador ou estudioso da obra desse escritor

a.len.tar *v.* {mod. 1} *t.d. e pron.* **1** (fazer) recobrar ânimo; encorajar(-se) ❑ *t.d.* **2** *fig.* tornar mais forte, vigoroso; alimentar ⟨*o sonho alenta seu espírito*⟩ ❑ *int. e pron.* **3** tomar alento; respirar ~ **alentado** *adj.* - **alentador** *adj.s.m.*

a.len.to *s.m.* **1** fôlego, respiração **2** ânimo, entusiasmo ↺ desalento **3** *p.ext.* o que alimenta, revigora

a.ler.gê.ni.co *adj.* que causa alergia

a.lér.ge.no ou **a.ler.gê.nio** *s.m.* substância que causa alergia

a.ler.gi.a *s.f.* **1** intolerância do organismo a certa substância **2** *fig.* aversão, ojeriza ↺ atração

a.lér.gi.co *adj.* **1** de ou próprio de alergia ⟨*reação a.*⟩ ■ *adj.s.m.* **2** que(m) tem alergia

a.ler.gis.ta *adj.2g.s.2g.* especialista em doenças alérgicas; alergologista

a.ler.go.lo.gi.a *s.f.* estudo e tratamento das doenças alérgicas ~ **alergologista** *adj.2g.s.2g.*

a.ler.ta *adj.2g.* **1** atento, vigilante ↺ desatento ■ *s.m.* **2** sinal ou aviso para estar vigilante ■ *adv.* **3** atentamente; de vigia ■ *interj.* **4** grito de aviso

a.ler.tar *v.* {mod. 1} *t.d.,int. e pron.* (fazer) ficar atento, de sobreaviso

a.le.tri.a *s.f.* macarrão de fio muito fino us. em pratos salgados e doces

a.le.vi.no *s.m.* estágio inicial da vida dos peixes

[1]**a.le.xan.dri.no** *adj.* **1** de Alexandria (Egito) ■ *s.m.* **2** natural ou habitante dessa cidade [ORIGEM: do lat. *alexandrīnus,a,um* 'id.']

[2]**a.le.xan.dri.no** *s.m.* **1** verso de 12 sílabas, ger. com acento na sexta ■ *adj.* **2** relativo a esse verso [ORIGEM: do antr. *Alexandre* + *-ino*]

[1]**al.fa** *s.m.* **1** primeira letra do alfabeto grego (α, Α) **2** estrela principal de uma constelação [ORIGEM: do lat. *ālpha* 'id.']

[2]**al.fa** *s.f.* planta nativa do oeste do Mediterrâneo, de caules fibrosos, muito us. para fabricar papel, cordas, esteiras etc. [ORIGEM: do fr. *alfa* 'id.']

al.fa.be.tar *v.* {mod. 1} *t.d.* pôr em ordem alfabética ~ alfabetação *s.f.* - **alfabetamento** *s.m.*

al.fa.bé.ti.co *adj.* **1** relativo ou pertencente a alfabeto **2** que segue a ordem das letras do alfabeto

al.fa.be.ti.za.do *adj.s.m.* que(m) aprendeu a ler e a escrever ↺ analfabeto

al.fa.be.ti.zar *v.* {mod. 1} *t.d. e pron.* ensinar ou aprender a ler e escrever ~ **alfabetização** *s.f.*

al.fa.be.to *s.m.* **1** série ordenada das letras de uma língua **2** qualquer série ou sistema de sinais convencionados para representar letras, fonemas, palavras etc. ⟨*a. fonético*⟩

al.fa.ce *s.f.* hortaliça de folhas largas dispostas em roseta, verde-claras ou violáceas, us. em salada

al.fa.fa *s.f.* erva us. mundialmente para alimentar o gado

al.fai.a *s.f.* **1** móvel ou adorno de uma casa **2** enfeite; joia **3** REL paramento de igreja

al.fai.a.ta.ri.a *s.f.* oficina e/ou loja de alfaiate

al.fai.a.te [fem.: *alfaiata*] *s.m.* aquele que faz roupas masculinas ~ **alfaiatar** *v.t.d. e int.*

al.fân.de.ga *s.f.* **1** repartição pública que fiscaliza bagagens e mercadorias que entram e saem de um país **2** local onde funciona essa repartição

al.fan.de.ga.gem *s.f.* **1** cobrança de taxas pela alfândega **2** armazenagem de mercadorias na alfândega

al.fan.de.ga.men.to *s.m.* alfandegagem

al.fan.de.gá.rio *adj.* relativo ou pertencente a alfândega; aduaneiro

al.fan.je *s.m.* sabre de lâmina curta e larga

al.fa.nu.mé.ri.co *adj.* composto por letras e números ⟨*teclado a.*⟩

al.far.rá.bio *s.m.* **1** livro antigo **2** *p.ext.* anotação antiga ☞ mais us. no pl.

al.far.ra.bis.ta *adj.2g.s.2g.* **1** que(m) negocia livros usados **2** que(m) coleciona, lê ou consulta alfarrábios com frequência

al.fa.va.ca *s.f.* arbusto de pequenas folhas, flores lilases ou amarelo-esverdeadas, de uso medicinal e culinário

al.fa.ze.ma *s.f.* **1** planta cultivada como ornamental e para extração de óleo essencial, us. em perfumaria e medicina; lavanda **2** essência aromática extraída dessa planta ~ **alfazemar** *v.t.d.*

al.fe.nim *s.m.* **1** massa de açúcar muito branca e consistente **2** *fig.* pessoa delicada, franzina

al.fe.res *s.m.2n.* antiga patente de oficial abaixo de tenente

al.fi.ne.ta.da *s.f.* **1** picada com alfinete **2** dor aguda e rápida, comparável à dessa picada; fisgada **3** *fig.* crítica ou dito mordaz; insinuação, remoque

al.fi.ne.tar *v.* {mod. 1} *t.d.* **1** espetar ou prender com alfinete **2** *fig.* provocar sensação de picada a **3** *fig.* criticar ou observar com sarcasmo

al.fi.ne.te \ê\ *s.m.* **1** fina haste de metal de ponta aguçada, us. para prender ou marcar peças de roupa, papéis etc. **2** enfeite que se espeta em gravata, chapéu etc. ⊡ **a. de fralda** *loc.subst.* alfinete de segurança em forma de gancho que abre e fecha, com que se prendem as fraldas de bebês • **a. de segurança** *loc.subst.* alfinete composto de duas partes articuladas, em que a ponta de uma se prende na cavidade de uma cabeça soldada à outra

al.fom.bra *s.f.* **1** tapete espesso e macio, de cores e desenhos variados; alcatifa **2** *p.ext.* chão coberto de relva, flores etc. ~ **alfombrar** *v.t.d.*

al.for.je *s.m.* saco duplo, fechado nas extremidades e aberto no meio, formando duas bolsas iguais ~ **alforjar** *v.t.d.*

al.for.ri.a *s.f.* **1** liberdade concedida ao escravo **2** *p.ext.* libertação; emancipação

al.for.ri.a.do *adj.s.m.* que(m) recebeu alforria ou carta de alforria; aforrado, forrado, liberto, manumisso

al.for.ri.ar *v.* {mod. 1} *t.d.* **1** dar alforria a; libertar ❑ *pron.* **2** ficar livre; libertar-se

al.ga *s.f.* espécime das algas, divisão do reino vegetal que reúne plantas de coloração diversa, com grande variedade de formas e tamanhos, que vivem em água salgada ou doce ⊡ **a. azul** *loc.subst.* cianofícea • **a. parda** *loc.subst.* feofícea • **a. verde** *loc.subst.* clorofícea • **a. vermelha** *loc.subst.* rodofícea

al.ga.ra.vi.a *s.f.* **1** linguagem confusa, incompreensível **2** *p.ext.* o que é difícil de entender ~ **algaraviar** *v.t.d.*

al.ga.ris.mo *s.m.* sinal convencional us. para representação gráfica dos números ⊡ **a. arábico** *loc.subst.* cada um dos dez caracteres representativos dos números 0 (zero), 1 (um), 2 (dois), 3 (três), 4 (quatro), 5 (cinco), 6 (seis), 7 (sete), 8 (oito), 9 (nove) • **a. romano** *loc.subst.* representação numérica por meio das letras I (um), V (cinco), X (dez), L (cinquenta), C (cem), D (quinhentos), M (mil) ~ **algarítmico** *adj.*

al.gar.vi.o *adj.* **1** do Algarve (Portugal) ■ *s.m.* **2** natural ou habitante desta região

al.ga.zar.ra *s.f.* barulheira, gritaria

ál.ge.bra *s.f.* **1** parte da matemática elementar que generaliza a aritmética, introduzindo letras e outros símbolos para representar os números **2** tratado ou compêndio dessa matéria **3** teoria das equações e das propriedades gerais das operações ~ **algébrico** *adj.*

al.ge.ma *s.f.* par de argolas interligadas, us. para prender alguém pelos pulsos ou tornozelos ☞ mais us. no pl. ~ **algemar** *v.t.d.*

al.ge.si.a *s.f.* MED sensibilidade à dor ⊃ analgesia

al.gi.bei.ra *s.f.* pequeno bolso, ger. costurado no lado de dentro da roupa

ál.gi.do *adj.* muito frio, glacial ⊃ cálido ~ **algidez** *s.f.*

al.go *pron.ind.* **1** alguma coisa; qualquer coisa ■ *adv.* **2** um pouco, em algum grau ⟨*era um bom aluno, mas a. disperso*⟩

al.go.dão [pl.: *-ões*] *s.m.* **1** algodoeiro **2** conjunto de pelos longos, entrelaçados e ger. brancos que revestem as sementes do algodoeiro **3** fio ou tecido que se fabrica com esses pelos ⊙ COL algodoal

al.go.do.a.ri.a *s.f.* fábrica de fiação ou de tecidos de algodão

al.go.do.ei.ro *s.m.* **1** arbusto que fornece o algodão ■ *adj.s.m.* **2** que(m) produz algodão

al.go.lo.gi.a *s.f.* ramo da botânica dedicado ao estudo das algas

al.go.rit.mo *s.m.* sequência finita de regras, raciocínios ou operações que, aplicada a um número finito de dados, permite solucionar classes semelhantes de problemas matemáticos ~ **algorítmico** *adj.*

al.goz \ó *ou* ô\ [pl.: *algozes* \ó *ou* ô\] *s.2g.* **1** [1]carrasco ⊃ vítima **2** *fig.* aquele que trata outrem com crueldade

al.guém *pron.ind.* **1** uma pessoa sem identidade definida ou especificada **2** pessoa importante ⟨*lutava para ser a.*⟩ ■ *s.m.* **3** ser humano, pessoa

al.gui.dar *s.m.* vaso cuja borda é muito mais larga que o seu fundo

al.gum *pron.ind.* **1** us. para indicar um indivíduo ou coisa indeterminada; um, certo número de algo ⟨*a. de nós terá de sair*⟩ ⟨*a. velas estão acesas*⟩ **2** nem muito nem pouco ⟨*já tem a. experiência*⟩ **3** nenhum (quando segue um subst.) ⟨*dinheiro a. o trará de volta*⟩

al.gu.res *adv.* em algum lugar

–alha *suf.* 'quantidade': *gentalha*

a.lhe.ar *v.* {mod. 5} *t.d.* **1** passar a alguém domínio ou direito de; alienar ⟨*a. um bem*⟩ ❑ *t.d.,t.d.i. e pron.* **2** (prep. *de*) manter(-se) afastado; desviar(-se) ❑ *pron.* **3** distrair-se, absorver-se **4** ficar em êxtase; enlevar-se ~ **alheação** *s.f.* - **alheamento** *s.m.*

a.lhe.a.tó.rio *adj.* que alheia ☞ cf. *aleatório*

a.lhei.o *adj.s.m.* **1** (o) que pertence a outrem ⊃ próprio ■ *adj.* **2** que não se relaciona com o assunto de que se trata; impróprio ⊃ pertinente **3** que se mostra indiferente; distraído ⊃ interessado **4** louco

a.lhei.ro *s.m.* **1** quem cultiva ou negocia alhos **2** cultura de alhos

a.lho *s.m.* **1** erva de até 60 cm, com flores brancas ou avermelhadas e cujo bulbo, formado por gomos (dentes), é us. como condimento **2** o bulbo dessa erva ⊙ COL alhada, alhal, réstia ~ **aliáceo** *adj.*

a.lho-por.ro \ô\ [pl.: *alhos-porros*] ou **a.lho-po.ró** [pl.: *alhos-porós*] *s.m.* erva originária da Eurásia e norte da África, com um ou dois bulbos e folhas longas, us. na alimentação humana

a.lhu.res *adv.* em outro lugar

a.li *adv.* **1** em lugar diferente do que se está ⟨*vou a. e já volto*⟩ **2** naquele lugar, momento ou situação

a.li.a.do *adj.s.m.* **1** (o) que se liga a outro para defender a mesma causa ou atacar o mesmo inimigo ⊃ adversário **2** cúmplice, parceiro

a.li.an.ça *s.f.* **1** pacto ou tratado entre indivíduos, partidos, povos ou governos **2** união, ligação por casamento **3** anel de noivado ou casamento

a.li.ar *v.* {mod. 1} *t.d.,t.d.i. e pron.* (prep. *a, com*) firmar união, ligação, pacto (com); associar(-se), combinar(-se)

a.li.ás *adv.* **1** de outro modo ⟨*estuda muito, a. tiraria notas ruins se não estudasse*⟩ **2** além disso ⟨*a., não era a primeira vez que faltava*⟩ **3** isto é; ou seja ⟨*estamos em agosto, a. julho*⟩

á.li.bi *s.m.* **1** prova que inocenta o réu do crime de que foi acusado **2** *p.ext. infrm.* justificação ou desculpa aceitável

a.li.ca.te *s.m.* ferramenta composta de duas barras articuladas como tesoura, com extremidades achatadas ou recurvadas, us. para segurar ou cortar

a.li.cer.çar *v.* {mod. 1} *t.d.* **1** colocar o(s) alicerce(s) de **2** *fig.* dar base a; fundamentar ⟨*a. uma opinião*⟩ **3** *fig.* tornar firme, sólido; consolidar ⟨*a. uma amizade*⟩

a.li.cer.ce *s.m.* **1** bloco de alvenaria sobre o qual se assentam as estruturas externas de uma construção; base, fundação **2** *fig.* o que serve de fundamento para algo

a.li.ci.a.dor \ô\ *adj.s.m.* aliciante

a.li.ci.an.te *adj.2g.s.2g.* **1** (o) que atrai **2** *fig.* sedutor, fascinante **3** (o) que instiga

a.li.ci.ar *v.* {mod. 1} *t.d.* atrair, criando a esperança de prazer ou proveito ~ **aliciamento** *s.m.*

a.li.e.na.ção [pl.: *-ões*] *s.f.* **1** afastamento, alheamento **2** transferência de um bem ou direito para outra pessoa **3** indiferença às questões políticas ou sociais **4** loucura, perda da razão

a.li.e.na.do *adj.* **1** que foi transferido, cedido ou vendido ■ *adj.s.m.* **2** *infrm.* louco, maluco **3** *infrm.* que(m), voluntariamente ou não, se mantém distanciado da realidade política e social

a.li.e.nan.te *adj.2g.s.2g.* **1** que(m) aliena ou transfere para outrem domínio ou propriedade; alienador ■ *adj.2g.* **2** que contribui para manter um indivíduo ou grupo de indivíduos em estado de alienação, de ignorância da realidade

a.li.e.nar *v.* {mod. 1} *t.d.* e *t.d.i.* **1** (prep. *de*) transferir a posse de; alhear ❑ *t.d.* e *pron.* **2** (fazer) ficar maluco; enlouquecer **3** tornar(-se) indiferente esp. às questões sociais e políticas ❑ *t.d.i.* e *pron.* **4** (prep. *de*) tornar(-se) separado; afastar(-se)

a.li.e.na.tá.rio *s.m.* DIR aquele a quem se transfere algum direito, bem, posse etc.

a.li.e.ní.ge.na *adj.2g.s.2g.* **1** que(m) é natural de outro país; estrangeiro **2** *fig.* (o) que é de outros planetas ☞ cf. *indígena*

a.li.e.nis.ta *s.2g.* médico especialista em doenças mentais

a.li.gá.tor ou **a.li.ga.tor** \ô\ *s.m.* jacaré da América do Norte e da China

a.li.ga.to.rí.deo *s.m.* ZOO **1** espécime dos aligatorídeos, família de répteis de água doce, conhecidos como jacarés ■ *adj.* **2** relativo a essa família

a.li.gei.rar *v.* {mod. 1} *t.d.* e *pron.* **1** tornar(-se) rápido; apressar(-se) **2** tornar(-se) mais suave; aliviar(-se) ⟨*a. a dor*⟩ ❑ *t.d.* **3** tornar mais leve ⟨*a. o navio lançando carga ao mar*⟩

a.li.ja.men.to *s.m.* ato ou efeito de alijar(-se)

a.li.jar *v.* {mod. 1} *t.d.* **1** jogar fora de uma embarcação (a carga), para torná-la mais leve ❑ *t.d.* e *pron.* **2** (prep. *de*) [fazer] ficar livre de; afastar(-se)

a.li.má.ria *s.f.* **1** animal, esp. quadrúpede **2** besta de carga **3** *fig.* pessoa estúpida e grosseira

a.li.men.ta.ção [pl.: *-ões*] *s.f.* **1** abastecimento com as substâncias necessárias à conservação da vida; sustento **2** *p.ext.* abastecimento de algo com o necessário ao seu funcionamento ⟨*a. de uma caldeira (com água)*⟩ ⟨*a. de uma impressora (com papel)*⟩

[1]**a.li.men.tar** *v.* {mod. 1} *t.d.* e *pron.* **1** prover(-se) de substâncias necessárias ao metabolismo; nutrir(-se) **2** *fig.* manter(-se) vivo, aceso (sonho, emoção etc.) ❑ *t.d.* **3** abastecer, munir ⟨*a. uma caldeira*⟩ [ORIGEM: *alimento* + [2]*-ar*]

[2]**a.li.men.tar** *adj.2g.* **1** relativo a alimento ou a alimentação ⟨*despesas a.*⟩ **2** próprio para a alimentação ⟨*produtos a.*⟩ [ORIGEM: *alimento* + [1]*-ar*]

a.li.men.tí.cio *adj.* que alimenta, que nutre

a.li.men.to *s.m.* **1** toda substância que sirva para alimentar ou nutrir **2** *p.ext.* tudo o que contribui para a manutenção de algo ⟨*o álcool serviu de a. para o fogo*⟩ **3** *fig.* o que sustenta

a.lí.nea *s.f.* **1** primeira linha de um novo parágrafo **2** subdivisão de um artigo de lei, decreto ou contrato

a.li.nha.do *adj.* **1** colocado em linha reta ↩ desalinhado **2** vestido com elegância ↩ desleixado **3** correto nas maneiras e ações; íntegro ↩ desonesto

a.li.nha.men.to *s.m.* **1** fila de pessoas ou coisas em linha reta **2** *fig.* apuro, correção **3** direção (de rua, canal etc.) **4** tomada de partido; adesão, engajamento ⊡ **a. das rodas** *loc.subst.* ajuste da suspensão de um veículo para garantir segurança e estabilidade

a.li.nhar *v.* {mod. 1} *t.d.* e *pron.* **1** pôr(-se) em linha reta; enfileirar(-se) ↩ desalinhar(-se) **2** *fig.* tornar(-se) bem cuidado; enfeitar(-se) ↩ desalinhar(-se) ❑ *pron.* **3** (prep. *a*) pôr-se no mesmo nível; equiparar-se **4** (prep. *a*) ligar-se, aderir

a.li.nha.var *v.* {mod. 1} *t.d.* **1** costurar provisoriamente, com pontos largos **2** *fig.* traçar as linhas gerais de; esboçar **3** *fig.* fazer às pressas e/ou com imperfeições

a.li.nha.vo *s.m.* **1** ponto largo de costura provisória **2** *fig.* disposição prévia; arranjo; esboço, delineamento **3** *fig.* elaboração apressada

a.lí.quo.ta *s.f.* **1** percentual a ser pago sobre o valor de algo **2** MAT parte que divide um todo sem deixar resto

a.li.sar *v.* {mod. 1} *t.d.* **1** tornar plano; nivelar, igualar ⟨*a. madeira*⟩ **2** deslizar a mão ou os dedos sobre, ger. com delicadeza ⟨*a. o bigode*⟩ ❑ *t.d.,int.* e *pron.* **3** (fazer) ficar sem rugas, pregas, dobras; esticar(-se) ⟨*a. pele, roupa*⟩ **4** (fazer) perder as ondulações; desencrespar(-se) ☞ cf. *alizar* ~ **alisador** *adj.s.m.* - **alisamento** *s.m.*

a.lí.sio *adj.s.m.* (vento) que sopra durante todo o ano, de sudeste para noroeste no hemisfério sul e de nordeste para sudoeste no hemisfério norte

a.lis.ta.men.to *s.m.* inscrição, arrolamento, esp. para prestar o serviço militar

a.lis.tar *v.* {mod. 1} *t.d.* **1** colocar em lista; relacionar ❑ *t.d.* e *pron.* **2** inscrever(-se), p.ex., para o serviço militar, para um trabalho voluntário

a.li.te.ra.ção [pl.: *-ões*] *s.f.* repetição de sons idênticos ou semelhantes no início de várias palavras de uma frase ou verso ~ **aliterar** *v.t.d.* e *int.*

a.li.vi.ar *v.* {mod. 1} *t.d.* **1** diminuir o peso de ⟨*a. a carroça*⟩ ❑ *t.d.* e *int.* **2** (fazer) ficar mais brando, suave; atenuar ↩ intensificar ❑ *t.d.,int.* e *pron.* **3** (prep. *de*) [fazer] sentir, ter tranquilidade, consolo, alívio

a.lí.vio *s.m.* **1** diminuição de peso, sofrimento, trabalho etc. **2** consolo

a.li.zar *s.m.* **1** revestimento de madeira que cobre as ombreiras das portas e janelas **2** rodapé **3** lambri ☞ nesta acp., mais us. no pl. **4** faixa de madeira, fixada à altura do encosto da cadeira, us. para proteger a parede ☞ cf. *alisar*

al.ja.va *s.f.* estojo para guarda e transporte de flechas, pendente do ombro

al.jô.far *s.m.* 1 pérola miúda e irregular 2 *fig.* gota de orvalho

al.jo.fre \ô\ *s.m.* aljôfar

al.ma *s.f.* 1 REL parte imortal do homem; espírito ☞ cf. *corpo* 2 natureza moral e emocional de uma pessoa ⟨*era uma a. revoltada*⟩ 3 ser humano ⟨*é uma boa a.*⟩ 4 caráter de uma pessoa ou grupo ⟨*a a. do povo italiano*⟩ 5 fonte de animação ou liderança ⟨*ela é sempre a a. das festas*⟩ 6 expressão de emoção ou sentimento ⟨*cantar com a.*⟩ 7 fantasma 8 condição essencial ⟨*o segredo é a a. do negócio*⟩ 9 peça de couro colocada entre a palmilha e a sola do calçado 10 interior oco de arma de fogo, que vai da parte anterior da câmara da carga até a boca

al.ma.ço *adj.s.m.* diz-se de ou papel branco encorpado, próprio para documentos, registros etc.

al.ma.na.que *s.m.* 1 publicação que contém o calendário anual e informações úteis, recreativas etc. 2 edição especial de revistas

al.mei.rão [pl.: *-ões*] *s.m.* chicória

al.me.jar *v.*{mod. 1} *t.d. e t.i.*(prep. *por*) desejar muito; ansiar ~**almejo** *s.m.*

al.mi.ran.ta.do *s.m.* 1 título de almirante 2 conjunto de almirantes

al.mi.ran.te *s.m.* 1 o mais alto posto da Marinha de Guerra 2 oficial nesse posto ⊙ COL almirantado

al.mi.ran.te de es.qua.dra [pl.: *almirantes de esquadra*] *s.m.* 1 o posto de oficial-general mais elevado na hierarquia da Marinha do Brasil, em tempo de paz, logo acima do vice-almirante e abaixo do almirante 2 oficial que detém esse posto

al.mís.car *s.m.* 1 substância de odor penetrante obtida de certos animais (como o almiscareiro) 2 essência dessa substância ou com tal odor ~**almiscarar** *v.t.d. e pron.*

al.mis.ca.rei.ro *s.m.* mamífero ruminante da família dos cervos, veados e renas, de tamanho pequeno, sem chifres, cujos machos possuem no abdome uma glândula produtora de almíscar, substância us. em perfumes

al.mo.çar *v.*{mod. 1} *int.* 1 ingerir o almoço ⟨*almoçou bem*⟩ ❑ *t.d.* 2 comer (algo) ao almoço ⟨*almoçou peixe*⟩

al.mo.ço \ô\ *s.m.* 1 a primeira refeição substancial depois do desjejum, feita ger. por volta do meio-dia 2 a comida servida nessa refeição

al.mo.cre.va.ri.a *s.f.* 1 profissão de almocreve 2 transporte de mercadoria feito por almocreve

al.mo.cre.ve *s.m.* quem conduz bestas de carga

al.mo.fa.da *s.f.* 1 saco estofado para encosto, assento etc. 2 peça saliente ou superfície de pequena extensão contornada por moldura, em portas, móveis etc. 3 pequeno acolchoado que retém a tinta, us. para tingir os carimbos

al.mo.fa.di.nha *adj.2g.s.2g.* que(m) se veste com correção e apuro exagerados; janota ~**almofadismo** *s.m.*

al.mo.fa.riz *s.m.* recipiente para triturar e homogeneizar substâncias sólidas

al.môn.de.ga *s.f.* bolinho de carne moída cozido ou frito, servido ger. com molho

al.mo.to.li.a *s.f.* 1 recipiente cônico de gargalo estreito us. para azeite e óleos 2 pequena vasilha, com bico estreito e comprido, us. para lubrificar máquinas

al.mo.xa.ri.fa.do *s.m.* numa empresa, depósito de materiais para reposição

al.mo.xa.ri.fe *s.m.* responsável pelo almoxarifado

a.lô *interj.* 1 us. para chamar a atenção de alguém 2 us. como saudação, esp. ao telefone ■ *s.m.* 3 cumprimento em que se usa essa palavra ⟨*dirigiu-me um seco a.*⟩ 4 aviso, lembrete ⟨*passei para dar um a. sobre a festa*⟩

a.lo.car *v.*{mod. 1} *t.d.* 1 pôr (alguém ou algo) em determinado lugar 2 destinar (verba, recursos etc.) para uma entidade ou fim específico ~**alocação** *s.f.*

a.lóc.to.ne *adj.2g.s.2g.* que(m) não é originário do país onde se encontra ⮌ autóctone

a.lo.cu.ção [pl.: *-ões*] *s.f.* discurso curto, ger. proferido em solenidades

a.lo.é *s.m.* ou **a.lo.és** *s.m.2n* 1 planta medicinal de hastes longas e carnudas e folhas em forma de espada; babosa 2 sumo extraído da folha dessa planta

a.lo.ga.mi.a *s.f.* 1 BIO reprodução sexuada da qual participam indivíduos que produzem gametas diferentes, como o óvulo e o espermatozoide 2 BOT fecundação de uma flor pelo pólen de outra ☞ cf. *autogamia* ~**alogâmico** *adj.*

a.loi.ra.do *adj.* → ALOURADO

a.loi.rar *v.*{mod. 1} *t.d.,int. e pron.* → ALOURAR

a.lo.ja.men.to *s.m.* 1 local onde se mora provisoriamente 2 acampamento de tropa militar

a.lo.jar *v.*{mod. 1} *t.d.,int. e pron.* 1 oferecer ou receber abrigo, hospedagem 2 acampar ❑ *pron.* 3 tomar posição fixa; ficar ⟨*a bala alojou-se na perna*⟩ ~**alojado** *adj.*

a.lon.ga.do *adj.* 1 que se dilatou, prolongou (diz-se de prazo); dilatado, estendido, prorrogado ⮌ encurtado, reduzido 2 cuja forma é longa; comprido ⟨*veículo de chassi a.*⟩ ⮌ curto, pequeno 3 que foi ou está estendido, esticado, encompridado ⟨*músculo a.*⟩ ⮌ contraído, encolhido 4 *B* que foge para o mato e não volta (diz-se de animal doméstico) ⟨*boi a.*⟩

a.lon.ga.men.to *s.m.* 1 aumento de comprimento; prolongamento ⮌ encurtamento 2 exercício físico destinado a estender os músculos

a.lon.gar *v.*{mod. 1} *t.d. e pron.* 1 expandir(-se) no tempo ou no espaço; prolongar(-se), estender(-se) 2 esticar(-se), estender(-se)

a.lo.pa.ta ou **a.ló.pa.ta** *adj.2g.s.2g.* (profissional) que utiliza a alopatia

a.lo.pa.ti.a *s.f.* método de tratamento cujos remédios combatem as doenças, produzindo, no organismo, efeitos contrários a elas ☞ cf. *homeopatia* ~**alopático** *adj.*

a.lo.pe.ci.a *s.f.* perda ou ausência de cabelo ou pelos

a.lo.pé.ci.co *adj.* 1 relativo a alopecia ■ *adj.s.m.* 2 que(m) tem alopecia

a.lo.pra.do *adj.s.m. infrm.* **1** muito agitado ⮌ disciplinado **2** doido, desatinado ⮌ ponderado ~ **aloprar** *v.int.*
a.lo.tro.pi.a *s.f.* propriedade que algumas substâncias e elementos químicos têm de se apresentarem em duas ou mais formas, como p.ex. o grafite e o diamante, formas cristalinas diferentes do carbono ~ **alotrópico** *adj.*
a.lou.ra.do ou **a.loi.ra.do** *adj.* **1** um pouco louro **2** tostado ou dourado ao fogo
a.lou.rar ou **a.loi.rar** *v.* {mod. 1} *t.d.,int. e pron.* tornar(-se) louro
[1]al.pa.ca *s.f.* **1** mamífero ruminante de menor porte que a lhama, pelagem longa e lanosa, encontrado no sul do Peru e oeste da Bolívia **2** a lã desse animal **3** tecido feito com essa lã [ORIGEM: do esp. *alpaca* 'id.']
[2]al.pa.ca *s.f.* liga de cobre, zinco, níquel e prata; metal-branco [ORIGEM: duvidosa]
al.par.ga.ta *s.f.* alpercata
al.pen.dra.do *adj.* **1** com formato ou aspecto de alpendre **2** que tem alpendre
al.pen.dre *s.m.* **1** cobertura saliente na entrada de uma construção **2** varanda ou pátio coberto
al.per.ca.ta *s.f.* **1** sandália com tiras de couro ou pano **2** sapato de lona com sola de corda
al.pi.nis.mo *s.m.* esporte que consiste em escalar montanhas, picos etc.; montanhismo
al.pi.nis.ta *adj.2g.s.2g.* relativo a alpinismo ou aquele que pratica esse esporte; montanhista
al.pi.no *adj.* **1** dos Alpes ☞ cf. *Alpes* na parte enciclopédica ■ *s.m.* **2** natural ou habitante dessas montanhas
al.pis.te *s.m.* **1** grão us. na alimentação de pássaros domésticos ou engaiolados **2** planta que produz esse grão
al.que.bra.do *adj.* **1** que anda curvado, devido a doença, cansaço ou velhice; arqueado, vergado ⮌ aprumado, empertigado **2** que se apresenta abatido, cansado, prostrado ⮌ forte, renovado, vigoroso
al.que.brar *v.* {mod. 1} *t.d. e int.* **1** dobrar (a coluna) por doença, fraqueza ou velhice ❑ *t.d.,int. e pron.* **2** tornar(-se) fraco, abatido moral ou fisicamente; debilitar(-se) ~ **alquebramento** *s.m.*
al.quei.re *s.m.* unidade de medida de superfície agrária ⊡ **a. mineiro** *loc.subst.* medida agrária equivalente a 48.400 m² • **a. paulista** *loc.subst.* medida agrária equivalente a 24.200 m²
al.qui.la *s.f.* QUÍM radical orgânico monovalente, derivado de um alcano
al.qui.mi.a *s.f.* química medieval que buscava descobrir a cura de todos os males e a pedra filosofal, capaz de transformar metais em ouro ~ **alquímico** *adj.*
al.qui.mis.ta *adj.2g.s.2g.* que(m) se dedicava à alquimia
al.ta *s.f.* **1** elevação de preço ou cotação ⟨*a. dos laticínios*⟩ ⟨*a. do dólar*⟩ **2** autorização dada ao paciente para deixar o hospital
al.ta-cos.tu.ra [pl.: *altas-costuras*] *s.f.* **1** arte de criar e confeccionar roupas femininas exclusivas e sofisticadas **2** conjunto dos grandes costureiros
al.ta-fi.de.li.da.de [pl.: *altas-fidelidades*] *s.f.* **1** técnica de reproduzir e amplificar som sem distorções e com baixos níveis de ruído **2** equipamento de som cujo funcionamento se baseia nessa técnica
al.ta.na.ri.a *s.f.* **1** capacidade de voar alto (aves) **2** caçada feita com aves de rapina treinadas **3** arte de adestrar tais aves **4** *fig.* orgulho, altivez ⮌ humildade
al.ta.nei.ro *adj.* **1** que se eleva ou voa muito alto **2** cheio de altivez; orgulhoso ⮌ modesto
al.tar *s.m.* **1** mesa sagrada em que se celebra a missa **2** estrutura ger. elevada destinada a sacrifícios ou imolações; ara **3** *fig.* objeto venerável, digno de sacrifícios
al.tar-mor [pl.: *altares-mores*] *s.m.* altar principal de uma igreja
al.ta-ro.da [pl.: *altas-rodas*] *s.f.* alta sociedade; elite ⮌ ralé
al.te.ar *v.* {mod. 5} *t.d.,int. e pron.* **1** tornar(-se) alto ou mais alto; erguer(-se), aumentar ⮌ baixar(-se) ❑ *int.* **2** crescer em volume; inchar ❑ *pron.* **3** (prep. *a*) subir (de posto, posição social etc.) ~ **alteamento** *s.m.*
al.te.ra.ção [pl.: *-ões*] *s.f.* **1** modificação, mudança do estado normal **2** ato de adulterar algo voluntariamente; adulteração, falsificação **3** decomposição, degeneração, deterioração **4** estado de excitação, desassossego **5** *B* discussão, bate-boca, confusão **6** modificação feita pelo autor em texto já composto
al.te.rar *v.* {mod. 1} *t.d. e pron.* **1** causar ou sofrer mudança; transformar(-se) ⮌ conservar(-se) **2** *fig.* causar ou sentir inquietação; perturbar(-se) **3** *fig.* irritar(-se), enfurecer(-se) ⮌ acalmar(-se) **4** decompor(-se), deteriorar(-se) ⟨*umidade altera os alimentos*⟩ ⮌ conservar(-se) ~ **alterável** *adj.2g.*
al.ter.ca.ção [pl.: *-ões*] *s.f.* discussão acalorada; bate-boca, briga, desavença ⮌ acordo, conciliação
al.ter.car *v.* {mod. 1} *t.i. e int.* (prep. *com*) discutir com exaltação, com veemência
al.te.ri.da.de *s.f.* qualidade do que é outro; diversidade
al.ter.na.dor \ô\ *adj.s.m.* **1** (o) que alterna ■ *s.m.* **2** sistema elétrico que fornece corrente alternada
al.ter.nân.cia *s.f.* **1** repetição intercalada de dois ou mais elementos, sempre obedecendo à mesma ordem **2** revezamento
al.ter.nar *v.* {mod. 1} *t.d.,t.d.i.,int. e pron.* (prep. *com*) suceder(-se) ou substituir(-se) de forma intercalada; revezar
al.ter.na.ti.va *s.f.* uma de duas ou mais possibilidades pelas quais se pode optar ⟨*suas a. eram desistir do projeto ou começar de novo*⟩
al.ter.na.ti.vo *adj.* **1** que oferece possibilidade de escolha **2** que representa uma opção não convencional ⟨*imprensa a.*⟩ ⮌ tradicional

al.te.ro.so \ô\ [pl.: *alterosos* \ó\] *adj.* **1** que tem altura elevada **2** *fig.* cheio de altivez; majestoso ⟨*torre a.*⟩ ⮌ diminuto

al.te.za \ê\ *s.f.* **1** título dado aos príncipes ☞ inicial maiúsc. **2** *fig.* elevação moral; nobreza

al.tí.me.tro *s.m.* instrumento para medir altitudes

al.ti.pla.no *s.m.* planalto

al.tis.so.nan.te *adj.2g.* **1** que soa muito alto; retumbante **2** *fig.* que demonstra pompa; rebuscado ⮌ simples

al.ti.tu.de *s.f.* **1** altura em relação ao nível do mar **2** o ponto mais alto de uma elevação

al.ti.vez \ê\ *s.f.* **1** sentimento de dignidade **2** arrogância; orgulho ⮌ submissão

al.ti.vo *adj.* **1** de grande altura; elevado ⮌ baixo **2** dotado de brio, de dignidade; digno, brioso, ilustre ⮌ indigno **3** que demonstra magnanimidade; generoso, magnânimo, nobre ⮌ mesquinho **4** dominado pela arrogância, pela soberba; arrogante, emproado, presunçoso ⮌ humilde, modesto **5** diz-se de estilo altissonante, empolado, pomposo ⮌ despojado, simples

al.to *adj.* **1** de altura superior à média ⮌ baixo **2** *fig.* caro ⟨*preço a.*⟩ ⟨*despesa a.*⟩ ⮌ baixo **3** *fig.* de nível elevado, superior ⟨*a. ciência*⟩ **4** *fig.* de qualidades notáveis; sublime **5** diz-se de som agudo ⮌ baixo **6** afastado da costa ⟨*mar a.*⟩ **7** que se encontra muito distante ⟨*a. sertão*⟩ **8** distanciado no tempo; remoto ⟨*a. Idade Média*⟩ **9** *infrm.* ligeiramente bêbado ⮌ sóbrio ■ *s.m.* **10** o ponto mais elevado ■ *adv.* **11** a grande altura do solo ⟨*voar a.*⟩ ⮌ baixo **12** com som forte ou agudo ⟨*falem mais a.*⟩ ⟨*a flauta tocava a.*⟩ ⊙ GRAM/USO nas acp. adj., sup.abs.sint.: *altíssimo*

al.to-as.tral [pl.: *altos-astrais* (subst.); *alto-astrais* (adj.)] *adj.2g.s.2g.* (o) que é simpático, interessante, estimulante ⮌ baixo-astral

al.to-co.mis.sá.rio [pl.: *altos-comissários*] *s.m.* delegado especial do governo, com amplos poderes

al.to-cú.mu.lo [pl.: *altos-cúmulos*] *s.m.* formação de nuvens altas, dispostas em grandes flocos

al.to-es.tra.to [pl.: *altos-estratos*] *s.m.* nuvem alta em forma de véu espesso e acinzentado

al.to-fa.lan.te [pl.: *alto-falantes*] *s.m.* **1** amplificador de som em certos aparelhos **2** aparelho que transforma um sinal audível para o ouvido humano normal em onda acústica **3** megafone

al.to-for.no [pl.: *altos-fornos*] *s.m.* forno revestido de chapas metálicas por fora e tijolos refratários por dentro, que funde minério de ferro, transformando-o em ferro-gusa

al.to-mar [pl.: *altos-mares*] *s.m.* região marítima longe da costa ou fora das águas territoriais de uma nação; mar alto

al.to-re.le.vo [pl.: *altos-relevos*] *s.m.* figura que se esculpe ou molda sobre uma superfície da qual se destaca em acentuado relevo ☞ cf. *baixo-relevo*

al.tru.ís.mo *s.m.* preocupação com a felicidade e o bem-estar alheio ⮌ egoísmo ~ **altruístico** *adj.*

al.tru.ís.ta *adj.2g.* **1** relativo a altruísmo **2** que revela altruísmo ⟨*gesto a.*⟩ ■ *adj.2g.s.2g.* **3** que(m) pratica o altruísmo; filantropo, humanitário ⮌ egoísta, individualista, misantropo

al.tu.ra *s.f.* **1** dimensão de um corpo, da base para cima ⟨*a a. do prédio*⟩ **2** dimensão vertical de um indivíduo; estatura **3** ponto elevado; elevação, cume ⟨*daquela a., avista-se a cidade*⟩ **4** qualidade do som (grave ou agudo), determinada pela frequência das vibrações das ondas sonoras **5** determinado ponto; lugar ⟨*caminhe até aquela a.*⟩ **6** momento determinado; instante ⟨*a certa a., todos saíram*⟩

a.lu.á *s.m.* refresco feito com cascas de frutas, sumo de limão e farinha de arroz ou milho

a.lu.a.do *adj.s.m.* que(m) é distraído, lunático ⮌ atento ~ **aluar** *v.t.d. e pron.*

a.lu.ci.na.ção [pl.: *-ões*] *s.f.* **1** perturbação mental caracterizada pelo aparecimento de sensações (visuais, auditivas etc.) atribuídas a causas que na realidade não existem **2** *p.ext.* impressão falsa; delírio, ilusão

a.lu.ci.na.do *adj.* **1** que(m) sofre de alucinações; enlouquecido, ensandecido, louco **2** que(m) perdeu momentaneamente o uso da razão, do entendimento; desvairado, maluco ⮌ ajuizado, comedido **3** que(m) está ou ficou fascinado; deslumbrado, encantado, enfeitiçado ⮌ desencantado, desinteressado

a.lu.ci.nan.te *adj.2g.* **1** que provoca alucinação, que perturba a mente e os sentidos com visões ou percepções imaginárias; alucinatório **2** que produz impressão fascinante ou deslumbrante; extraordinário ⟨*espetáculo a.*⟩ ⮌ desinteressante **3** *p.ext.* que apaixona, que arrebata; arrebatador, estonteante, tentador

a.lu.ci.nar *v.* {mod. 1} *t.d. e pron.* **1** (fazer) perder momentaneamente a razão, o entendimento; desvairar(-se) **2** (prep. *com*) maravilhar(-se), encantar(-se) ⟨*o filme alucinou o menino*⟩ ⟨*alucinou-se com a apresentação*⟩ ❑ *t.d.* **3** provocar delírio ou desvario em ~ **alucinatório** *adj.*

a.lu.ci.nó.ge.no *adj.s.m.* (substância) que provoca alucinações

a.lu.de *s.m.* **1** avalanche **2** *fig.* grande quantidade de pessoas ou coisas em movimento

a.lu.dir *v.* {mod. 24} *t.i.* (prep. *a*) fazer rápida menção; referir-se ⊙ GRAM/USO não aceita o pron. *lhe(s)*, apenas *a ele(s)*, *a ela(s)*

a.lu.gar *v.* {mod. 1} *t.d. e t.d.i.* **1** (prep. *a, para*) conceder (a outrem) o uso de (algo), por certo tempo e mediante pagamento; locar ❑ *t.d.* **2** usar (algo de outrem) por um período, pagando por isso ⟨*alugou a casa e se mudou para lá*⟩ **3** *B gír.* tomar o tempo, a atenção de (alguém)

a.lu.guel *s.m.* **1** uso de algo móvel ou imóvel por tempo e valor determinados; arrendamento **2** o preço pago por esse uso

a.lu.ir *v.* {mod. 26} *t.d.* **1** tirar a firmeza de; abalar **2** arruinar, prejudicar ⟨*a. o bom nome de alguém*⟩

❑ *t.d.,int. e pron.* **3** (fazer) cair; derrubar(-se) ❑ *int.* **4** sair do lugar; mexer-se ~ **aluimento** *s.m.*

a.lu.me ou **a.lú.men** [pl.: *alúmenes* e *(B) alumens*] *s.m.* QUÍM sulfato duplo de alumínio e metais alcalinos, us. em corantes, papel, porcelana, purificação de água, clarificação de açúcar; ume

a.lu.mi.ar *v.* {mod. 1} *t.d.,int. e pron.* **1** encher(-se) de luz, tornar(-se) claro; iluminar(-se) ❑ *t.d.* **2** fazer sair luz de; acender ~ **alumiação** *s.f.* - **alumiamento** *s.m.*

a.lu.mí.nio *s.m.* elemento químico metálico abundante na crosta terrestre, branco-prateado, flexível e leve, com boa condutividade elétrica e térmica e resistente à oxidação, us. na indústria [símb.: *Al*] ☞ cf. *tabela periódica* (no fim do dicionário) ~ **alumínico** *adj.* - **aluminizar** *v.t.d.*

a.lu.nis.sar *v.* {mod. 1} *int.* pousar na Lua ~ **alunissagem** *s.f.*

a.lu.ni.zar *v.* {mod. 1} *int.* alunissar

a.lu.no *s.m.* quem recebe instrução ou educação em estabelecimento de ensino ou particularmente; discípulo, estudante ⊙ COL alunado, classe

a.lu.são [pl.: *-ões*] *s.f.* referência rápida ou vaga a algo ou alguém ~ **alusivo** *adj.*

a.lu.vi.ão [pl.: *-ões*] *s.2g.* **1** inundação de terras provocada por águas correntes, pluviais etc.; enchente, enxurrada **2** cascalho, argila, areia etc., transportados e depositados por correntes de água, que podem conter minerais valiosos ~ **aluvial** *adj.2g.*

al.va *s.f.* **1** veste branca e comprida us. pelos padres **2** alba, aurora **3** parte branca do olho; esclerótica

al.va.cen.to *adj.* quase branco; esbranquiçado

al.va.di.o *adj.* alvacento

al.vai.a.de *s.m.* QUÍM pigmento branco, constituído de carbonato de chumbo, us. em pintura de exteriores

al.var *adj.2g.* **1** de cor branca; alvacento **2** *fig.* tolo, ingênuo

al.va.rá *s.m.* **1** licença concedida por autoridade administrativa para o exercício de certas atividades como comércio, construção etc. **2** documento judiciário ou administrativo em favor de alguém e no qual se ordenam ou se autorizam determinados atos

al.ve.dri.o *s.m.* livre vontade; arbítrio

al.ve.jan.te *adj.2g.s.m.* (substância) que alveja, torna branco

[1]**al.ve.jar** *v.* {mod. 1} *t.d. e int.* tornar(-se) branco ou mais branco [ORIGEM: [1]*alvo* + *-ejar*]

[2]**al.ve.jar** *v.* {mod. 1} *t.d.* acertar com precisão; atingir ⟨*a. a caça*⟩ [ORIGEM: [2]*alvo* + *-ejar*]

al.ve.na.ri.a *s.f.* **1** pedra, tijolo etc. us. em construção **2** qualquer obra de pedra e cal

ál.veo *s.m.* **1** leito de rio ou de qualquer outro curso de água **2** corte em terreno; sulco

al.ve.o.lar *adj.2g.* **1** relativo ou pertencente a alvéolo **2** semelhante a alvéolo; alveolado

al.vé.o.lo *s.m.* **1** pequena cavidade **2** local, no favo, onde a abelha deposita o mel ⊡ **a. dental** *loc.subst.* cada uma das cavidades em que os dentes se encaixam nos maxilares • **a. pulmonar** *loc.subst.* cada uma das pequenas cavidades, em forma de saco, no fundo do pulmão

al.vís.sa.ras *interj.* exclamação de alegria por notícia ou acontecimento feliz

al.vis.sa.rei.ro *adj.s.m.* **1** (o) que anuncia boas-novas ■ *adj.* **2** promissor

al.vi.trar *v.* {mod. 1} *t.d. e t.d.i.* **1** (prep. *a*) mostrar a necessidade ou conveniência de; sugerir, propor **2** (prep. *a*) atribuir, fixar (remuneração) ~ **alvitramento** *s.m.*

al.vi.tre *s.m.* o que é sugerido ou lembrado; conselho

[1]**al.vo** *adj.* **1** branco, claro **2** *fig.* inocente [ORIGEM: do lat. *albus,a,um* 'id.']

[2]**al.vo** *s.m.* **1** a cor branca **2** a parte branca do olho; esclerótica **3** ponto de mira que se procura atingir com tiro, flecha etc. **4** *fig.* objetivo, finalidade ⊙ GRAM/USO na acp. fig., pode vir ligado por hífen a outro subst., como palavra invariável (*público-alvo, mercados-alvo*) [ORIGEM: do lat. *album,i* 'cor branca; parte branca de algo; quadro, lista de nomes etc.']

al.vor ou **al.bor** \ô\ *s.m.* **1** a primeira luz do amanhecer **2** *fig.* começo, princípio ⟨*nos a. do século XIX*⟩ **3** *fig.* alvura ⟨*o a. da neve*⟩ **4** *p.ext.* brilho; luz viva

al.vo.ra.da *s.f.* **1** primeira claridade da manhã; amanhecer ⮌ ocaso **2** canto das aves ao amanhecer **3** MIL toque de corneta para acordar a tropa **4** manifestação (salva de tiros, foguetório etc.) ao alvorecer de dia festivo **5** *fig.* começo, princípio ⟨*a. da vida*⟩

al.vo.re.cer *v.* {mod. 8} *int.* **1** raiar (o dia); amanhecer **2** *fig.* surgir, aparecer ■ *s.m.* **3** o nascimento do dia; alvorada ⊙ GRAM/USO verbo só us. na 3ª p., exceto quando fig.

al.vo.ro.çar *v.* {mod. 1} *t.d. e pron.* **1** pôr(-se) agitado; inquietar(-se) **2** encher(-se) de alegria; entusiasmar(-se) **3** revoltar(-se), sublevar(-se) **4** assustar(-se), espantar(-se) ~ **alvoroço** *s.m.*

al.vu.ra *s.f.* **1** brancura **2** *fig.* inocência, pureza

Am símbolo de *amerício*

AM sigla do Estado do Amazonas

–ama *suf.* 'quantidade, abundância, coleção': *dinheirama*

a.ma *s.f.* **1** senhora, patroa **2** babá

a.ma.bi.li.da.de *s.f.* **1** delicadeza, gentileza ⮌ descortesia **2** dito ou ato amável

a.ma.ci.ar *v.* {mod. 1} *t.d.* **1** fazer ficar macio; amolecer ⟨*a. o couro*⟩ **2** deixar liso ⟨*a. o pelo*⟩ ❑ *t.d. e pron.* **3** *fig.* tornar(-se) brando; acalmar(-se) ❑ *t.d. e int.* *B* **4** (fazer) trabalhar (motor), a baixa velocidade, para ajuste das peças ~ **amaciamento** *s.m.* - **amaciante** *adj.2g.s.2g.*

a.ma de lei.te [pl.: *amas de leite*] *s.f.* mulher que amamenta filho de outra; ama ☞ cf. *ama-seca*

a.ma.do *adj.s.m.* (o) que é muito querido

a.ma.dor \ô\ *adj.s.m.* **1** que(m) se dedica a uma arte ou ofício por gosto, não por profissão ⮌ profissional **2** que(m) gosta muito de algo; amante, apreciador

3 *pej.* inexperiente ■ *adj.* 4 praticado por amadores (diz-se de esporte, arte ou ofício) ↄ profissional

a.ma.do.ris.mo *s.m.* 1 dedicação a arte ou ofício, sem caráter profissional; diletantismo 2 *pej.* demonstração de incompetência ou inabilidade em atividade ~ **amadorista** *adj.2g.s.2g.*

a.ma.du.re.cer *v.* {mod. 8} *t.d.,int. e pron.* 1 desenvolver(-se) plenamente [esp. fruto] ❑ *t.d. e int. fig.* 2 tornar(-se) mais experiente, consciente, sensato ❑ *t.d.* 3 elaborar, desenvolver ⟨*a. uma ideia*⟩ ~ **amadurecimento** *s.m.*

â.ma.go *s.m.* 1 parte central de alguma coisa ou pessoa; cerne 2 *fig.* a parte mais íntima ou fundamental; essência ⟨*o â. da questão*⟩ 3 *fig.* a parte mais profunda de um ser; alma ⟨*o choro vinha do â.*⟩

a.mai.nar *v.* {mod. 1} *t.d. e int.* 1 perder força, ímpeto (vento, mar etc.) ❑ *t.d.,int. e pron. fig.* 2 tornar(-se) sereno; abrandar(-se)

a.mal.di.ço.ar *v.* {mod. 1} *t.d.* 1 lançar maldição a; praguejar, maldizer ↄ abençoar 2 ter horror a; abominar ⟨*a. a má sorte*⟩ 3 destinar à má sorte, desgraça; castigar ~ **amaldiçoado** *adj.s.m.* · **amaldiçoador** *adj.s.m.*

a.mál.ga.ma *s.m.* 1 nome genérico das ligas metálicas que contêm mercúrio, us. em obturações dentárias, no garimpo de ouro etc. 2 *fig.* conjunto formado por elementos diferentes ou heterogêneos

a.mal.ga.mar *v.* {mod. 1} *t.d.* 1 fazer liga de mercúrio com (outro metal) ❑ *t.d.,t.d.i. e pron. fig.* 2 (prep. *com*) fazer ou sofrer mistura, fusão; combinar(-se), juntar(-se)

a.ma.lu.car *v.* {mod. 1} *t.d.,int. e pron.* (fazer) ficar louco; endoidecer

a.ma.men.tar *v.* {mod. 1} *t.d. e int.* dar de mamar (a); aleitar ~ **amamentação** *s.f.*

a.man.ce.bar-se *v.* {mod. 1} *pron.* (prep. *com*) unir-se maritalmente sem se casar; amasiar-se ~ **amancebado** *adj.s.m.* · **amancebamento** *s.m.*

a.ma.nei.ra.do *adj.* 1 que tem modos artificiais; afetado ↄ espontâneo 2 que é estudado, rebuscado ⟨*estilo a.*⟩ ↄ singelo ~ **amaneiramento** *s.m.* · **amaneirar** *v.t.d.,t.d.i. e pron.*

a.ma.nhã *adv.* 1 no dia seguinte ao presente 2 em um futuro indeterminado ■ *s.m.* 3 o dia seguinte ⟨*a. será outro dia*⟩ 4 o futuro ⟨*queria um a. seguro*⟩ ↄ presente

a.ma.nhar *v.* {mod. 1} *t.d.* 1 cultivar, lavrar (a terra) 2 pôr ordem em; arrumar ⟨*a. as malas*⟩ ❑ *t.d. e pron. infrm.* 3 enfeitar(-se) para ficar elegante

a.ma.nhe.cer *v.* {mod. 8} *int.* 1 começar, raiar (a manhã, o dia) ■ *s.m.* 2 o começo do dia; alvorecer 3 *fig.* o início de algo ⊙ GRAM/USO verbo impessoal, exceto quando fig.

a.ma.nho *s.m.* 1 lavoura, cultura 2 ação de arrumar, de preparar; arranjo, arrumação 3 qualidade de quem tem compostura 4 ato de corrigir ou seu efeito

a.man.sar *v.* {mod. 1} *t.d.,int. e pron.* 1 (fazer) ficar manso ou dócil ↄ agitar(-se) 2 *fig.* tornar(-se) calmo, sereno; aquietar(-se) ⟨*o mar amansou suas ondas*⟩ ⟨*a tempestade amansou(-se)*⟩ ❑ *t.d. e pron. fig.* 3 tornar(-se) mais suave; aliviar(-se) ↄ intensificar(-se) ~ **amansamento** *s.m.*

a.man.te *adj.2g.s.2g.* 1 que(m) ama; apaixonado 2 admirador, apreciador ■ *s.2g.* 3 pessoa que mantém relações sexuais extraconjugais com outra; amásio

a.man.tei.ga.do *adj.* 1 untado com manteiga 2 semelhante a manteiga 3 *fig.* que é brando, macio, mole ⟨*coração a.*⟩ ■ *adj.s.m.* 4 (o) que é feito com muita manteiga ⟨*biscoito a.*⟩ ⟨*os famosos a. de Petrópolis*⟩

a.ma.nu.en.se *s.2g.* 1 quem escreve texto à mão; escrevente 2 antigo burocrata que copiava ou registrava documentos ~ **amanuensal** *adj.2g.*

a.ma.pa.en.se *adj.2g.* 1 do Amapá ■ *s.2g.* 2 natural ou habitante desse estado

a.mar *v.* {mod. 1} *t.d. e int.* 1 sentir amor (por) ❑ *t.d.* 2 sentir grande devoção por; adorar ⟨*a. Deus*⟩ ☞ tb. us. com a prep. *a* 3 gostar muito de; apreciar ⟨*ama praticar esportes*⟩ ❑ *t.d. e pron.* 4 ter relações sexuais (com) ❑ *pron.* 5 ter muito amor-próprio

a.ma.ran.tá.cea *s.f.* BOT espécime das amarantáceas, família de muitas ervas, alguns arbustos, trepadeiras e poucas árvores, cultivadas como ornamentais, como as sempre-vivas, ou para alimentação ~ **amarantáceo** *adj.*

a.ma.ran.to *s.m.* nome comum a diversas plantas nativas de regiões tropicais e temperadas, cultivadas como ornamentais e/ou pelas sementes e folhas comestíveis

[1]**a.ma.rar** *v.* {mod. 1} *t.d.,int. e pron.* amerissar [ORIGEM: [1]*a-* + *mar* + [2]*-ar*] ~ **amaragem** *s.f.*

[2]**a.ma.rar** *v.* {mod. 1} *t.d. e pron.* causar ou sentir angústia, aflição; amargurar(-se) [ORIGEM: *amaro* 'amargo' + [2]*-ar*]

a.ma.re.la.do *adj.* 1 que tem cor tirante a amarelo ⟨*retrato a.*⟩ 2 diz-se dessa cor ⟨*a cor a. das cortinas*⟩ 3 que amarelou; amarelecido 4 sem viço; anêmico, descorado, pálido ⟨*pele a.*⟩ ↄ corado, rosado, viçoso ■ *s.m.* 5 a cor amarelada ⟨*o a. dos dentes*⟩

a.ma.re.lão [pl.: *-ões*] *s.m.* ancilostomíase

a.ma.re.lar *v.* {mod. 1} *t.d.,int. e pron.* 1 tornar(-se) amarelo ou amarelado ❑ *int.* 2 perder o viço, o frescor; empalidecer ⟨*sua pele amarelou*⟩ 3 *infrm.* perder a coragem em situação difícil, perigosa etc.; acovardar-se

a.ma.re.len.to *adj.* 1 amarelado 2 *fig.* um tanto pálido, descorado, doentio ↄ corado ■ *adj.s.m. B* 3 doente de febre amarela

a.ma.re.li.dão [pl.: *-ões*] *s.f.* 1 qualidade da cor amarela; amarelidez 2 *fig.* palidez

a.ma.re.li.dez *s.f.* amarelidão

a.ma.re.li.nha *s.f. B* brincadeira infantil em que se pula em uma só perna dentro de quadrados riscados no chão, saltando aquele em que se jogou uma pedrinha achatada, ou objeto semelhante

a.ma.re.lo *s.m.* 1 a cor da gema do ovo, do açafrão, do ouro ■ *adj.* 2 que tem essa cor ⟨*pano a.*⟩ 3 diz-se dessa cor ⟨*a cor a.*⟩ 4 descorado, pálido ↄ corado 5 *fig.* sem espontaneidade; contrafeito ⟨*riso a.*⟩

a.mar.fa.nhar *v.* {mod. 1} *t.d. e pron.* encher(-se) de pregas, vincos ou dobras; amassar(-se) ↻ desenrugar

a.mar.gar *v.* {mod. 1} *int.* **1** ter sabor amargo ou azedo ❑ *t.d.* **2** tornar amargo ⟨*a. um molho com vinagre*⟩ ↻ adoçar **3** *fig.* tornar doloroso, penoso ⟨*a traição amargou sua vida*⟩ ❑ *t.d. e pron. fig.* **4** (fazer) sentir amargura, tristeza; afligir(-se)

a.mar.go *adj.* **1** de sabor áspero como o do fel de animais ⟨*remédio a.*⟩ ↻ adocicado **2** não doce; sem doce ⟨*toma café a.*⟩ **3** *fig.* penoso, aflitivo ⟨*sentimento a.*⟩ **4** *fig.* cheio de mágoa, de amargura; ressentido ↻ feliz ■ *s.m.* **5** amargor ('sabor') ⊙ GRAM/USO sup.abs.sint.: *amarguíssimo, amaríssimo* ~ **amargoso** *adj.*

a.mar.gor \ô\ *s.m.* **1** sabor amargo ↻ doçura **2** *fig.* desgosto; angústia

a.mar.gu.ra *s.f.* **1** sabor amargo ⟨*a a. do jiló*⟩ **2** *fig.* aflição, angústia ⟨*a a. da solidão*⟩

a.mar.gu.rar *v.* {mod. 1} *t.d. e pron.* **1** causar ou sentir angústia, aflição; afligir(-se) ❑ *t.d.* **2** tornar penoso, difícil ⟨*a solidão amargurou sua vida*⟩ ~ **amargurante** *adj.2g.*

a.ma.rí.li.co *adj.* *B* referente à febre amarela

a.ma.ri.li.dá.cea *s.f.* BOT espécime das amarilidáceas, família composta de ervas dotadas de grandes e belas flores coloridas, como a açucena ~ **amarilidáceo** *adj.*

a.ma.rí.lis *s.2g.2n.* nome comum de plantas cultivadas por suas flores ger. róseo-avermelhadas e cheirosas, vulgarmente conhecidas como açucena

a.mar.ra *s.f.* **1** corrente ou cabo que prende a âncora à embarcação **2** *p.ext.* qualquer cabo, corda ou corrente com que se prende algo

a.mar.rar *v.* {mod. 1} *t.d.,t.d.i. e pron.* **1** (prep. *a, em*) ligar fortemente; atar, prender ⟨*a. o cavalo à árvore*⟩ ⟨*a. um pé ao outro*⟩ ⟨*amarrou-se à árvore*⟩ ☞ *à árvore* é circunstância que funciona como complemento ❑ *t.d. e pron.* **2** *fig.* prender(-se) com laços amorosos **3** prender por obrigação moral ⟨*a promessa amarrava-o*⟩ ⟨*a.-se por uma dívida*⟩ ❑ *t.d.* **4** atar (com corda, fita etc.) ⟨*a. um embrulho*⟩ **5** *fig.* *B* impedir o bom andamento de; travar ⟨*a. o trabalho alheio*⟩ ❑ *t.d.i.* **6** *fig.* (prep. *a*) fazer depender; sujeitar ⟨*a. um aumento a outro*⟩ ↻ desvincular ❑ *pron.* **7** *B gír.* (prep. *em*) gostar demais ⟨*a.-se em teatro*⟩ **8** *fig.* (prep. *a*) ligar-se a (convicções, ideias) ⟨*a.-se à política*⟩ ~ **amarração** *s.f.*

a.mar.ron.za.do *adj.* *B* **1** que apresenta tonalidade tirante ao marrom ou que a ela se assemelha; acastanhado ⟨*cabelo a.*⟩ **2** diz-se dessa cor ⟨*papel de cor a.*⟩ ■ *s.m.* **3** a cor amarronzada ⟨*usa lentes coloridas para cobrir o a. dos olhos*⟩

a.mar.ro.tar *v.* {mod. 1} *t.d. e pron.* **1** encher(-se) de vincos, dobras por compressão ou pressão; amassar(-se) ↻ desamarrotar(-se) ❑ *t.d. fig.* **2** machucar com pancadas (ger. o rosto) ~ **amarrotamento** *s.m.*

a.ma-se.ca [pl.: *amas-secas*] *s.f.* mulher que cuida de criança sem amamentar; ama ☞ cf. *ama de leite*

a.ma.si.ar-se *v.* {mod. 1} *pron.* unir-se maritalmente sem registro legal; amigar-se

a.má.sio *s.m.* **1** aquele que vive maritalmente sem ser casado; amigado **2** amante ('pessoa')

a.mas.sar *v.* {mod. 1} *t.d.* **1** transformar em massa ou pasta **2** *fig.* dar pancada em; bater ⟨*a. o nariz de alguém*⟩ ❑ *t.d.,int. e pron.* **3** achatar(-se) por pressão ou esmagamento ↻ desamassar(-se) **4** encher(-se) de dobras, rugas; amarrotar(-se) ↻ desamassar(-se), desamarrotar(-se) ~ **amassadela** *s.f.* - **amassadura** *s.f.*

a.má.vel *adj.2g.* **1** digno de ser amado ↻ desprezível **2** afável, simpático ↻ descortês **3** que causa impressão agradável; encantador ↻ desagradável ⊙ GRAM/USO sup.abs.sint.: *amabilíssimo*

a.ma.vi.o *s.m.* **1** poção para despertar o amor **2** meio de sedução, encanto, feitiço ☞ em todas as acps., mais us. no pl.

a.ma.zo.na *s.f.* **1** mulher que anda a cavalo **2** mulher corajosa ▼ *amazonas* *s.f.pl.* **3** corajosas guerreiras lendárias que, na Antiguidade, teriam vivido às margens do mar Negro

a.ma.zo.nen.se *adj.2g.* **1** do Amazonas ■ *s.2g.* **2** natural ou habitante desse estado

[1]**a.ma.zô.ni.co** *adj.* relativo a amazona [ORIGEM: do lat. *amazonicus,a,um* 'id.']

[2]**a.ma.zô.ni.co** *adj.* relativo ou pertencente à Amazônia; amazônio ☞ cf. a parte enciclopédica [ORIGEM: do topônimo *Amazônia* + *-ico*]

âm.bar *s.m.* **1** a cor do âmbar-amarelo ■ *adj.2g.* **2** que tem a cor entre castanho e amarelo **3** diz-se dessa cor ⟨*a cor a.*⟩ ~ **ambarino** *adj.*

âm.bar-a.ma.re.lo [pl.: *âmbares-amarelos*] *s.m.* resina fóssil, semitransparente, de cor entre o castanho e o amarelo, us. na confecção de piteiras, colares etc.

âm.bar-cin.zen.to [pl.: *âmbares-cinzentos*] *s.m.* âmbar-gris

âm.bar-gris [pl.: *âmbares-grises*] *s.m.* substância formada no intestino dos cachalotes e us. na indústria de perfumes; âmbar-cinzento

am.bá.ri.co *adj.* **1** relativo ao âmbar; ambarino **2** feito de âmbar-amarelo

ambi– *pref.* 'duplicidade': *ambidestro, ambivalente*

am.bi.ção [pl.: *-ões*] *s.f.* **1** anseio por poder, riqueza, fama etc.; cobiça ↻ desapego **2** anseio forte de alcançar determinado objetivo; pretensão ↻ desinteresse

am.bi.cio.nar *v.* {mod. 1} *t.d.* **1** desejar com ardor (esp. riquezas, honras); cobiçar **2** ter como objetivo, desejo; pretender

am.bi.ci.o.so \ô\ [pl.: *ambiciosos* \ó\] *adj.s.m.* **1** que(m) tem ambição; cobiçoso ↻ desapegado ■ *adj.* **2** cuja execução exige competência ou coragem; arrojado ⟨*projeto a.*⟩ ↻ tímido

am.bi.des.tro \é *ou* ê\ *adj.s.m.* que(m) usa as duas mãos com a mesma habilidade ~ **ambidestreza** *s.f.* - **ambidestria** *s.f.*

am.bi.ên.cia *s.f.* **1** o meio físico em que vive um animal ou um vegetal; meio ambiente **2** *p.ext.* conjunto de condições sociais, culturais, morais etc.

que cercam e influenciam uma pessoa; meio ambiente **3** espaço preparado para criar um meio próprio (físico, estético ou psicológico) para o exercício de atividades humanas; ambiente

am.bi.en.ta.lis.mo *s.m.* conjunto de ideias, ideologia ou movimento em defesa da preservação do meio ambiente ~ **ambientalista** *adj.2g.s.2g.*

am.bi.en.tar *v.* {mod. 1} *t.d. e pron.* **1** adaptar(-se) a um ambiente ↄ desambientar(-se) ❑ *pron.* **2** acontecer (filme, peça, história) em determinado lugar ~ **ambientação** *s.f.*

am.bi.en.te *adj.2g.s.m.* **1** (o) que rodeia e constitui o meio em que se vive ■ *s.m.* **2** recinto, espaço, em que se está ou vive **3** conjunto de condições que envolve as pessoas; atmosfera **4** ambiência ('espaço') **5** conjunto dos aspectos de um meio social, natural ou histórico em que se situa uma ação **6** INF configuração de um computador ~ **ambiental** *adj.2g.*

am.bi.gui.da.de \gü\ *s.f.* **1** característica ou condição do que é ambíguo **2** imprecisão de sentidos (de palavras, formas, expressões etc.) ↄ clareza **3** hesitação entre possibilidades; dúvida, incerteza ↄ precisão

am.bí.guo *adj.* **1** que tem ou pode ter mais de um sentido; equívoco **2** que desperta dúvida; vago ↄ preciso

âm.bi.to *s.m.* **1** espaço que rodeia, envolve; periferia ↄ centro **2** espaço físico limitado; recinto ⟨*â. do plenário*⟩ **3** *fig.* setor, área de atuação ⟨*â. da educação*⟩

am.bi.va.len.te *adj.2g.* que apresenta dois poderes ou valores contrários ou não ~ **ambivalência** *s.f.*

am.bos *pron.pl.* **1** os dois, um e outro (referente a pessoas ou coisas mencionadas em pares) ⟨*beijou-lhe a. as mãos*⟩ **2** os dois, um e outro (referente a pessoas ou coisas de que se falou anteriormente) ⟨*a. os candidatos estão aptos para o cargo*⟩ **3** os dois, um e outro (em relação a pessoas ou coisas referidas anteriormente) ⟨*quanto aos livros emprestados, a. são bons*⟩ ⊙ GRAM/USO não pode ser us. em referência a pessoas ou coisas em oposição: *as duas partes chegaram a um acordo no processo* (e não *ambas as partes*)

am.bro.si.a *s.f.* **1** MIT manjar dos deuses do Olimpo, que concedia ou mantinha a imortalidade **2** *fig.* o que causa grande prazer **3** *B* doce de ovos cozidos em leite com açúcar e baunilha

am.bro.sí.a.co *adj.* **1** relativo a ambrosia **2** que tem as qualidades da ambrosia; delicioso, saboroso ↄ dessaboroso

am.bu.lân.cia *s.f.* carro equipado para atender e transportar enfermos e feridos

am.bu.lan.te *adj.2g.* **1** que se transporta sempre de um lugar para outro ⟨*biblioteca, comércio a.*⟩ ■ *adj.2g.s.2g.* **2** que(m) exerce sua atividade em local não fixo ⟨*vendedor a.*⟩ ⟨*os a. fugiram da polícia*⟩

am.bu.la.tó.rio *s.m.* **1** enfermaria para consulta ou primeiros socorros, em hospital, fábrica etc. ■ *adj.* **2** que não força o doente a ficar acamado (diz-se esp. de doença ou tratamento) ~ **ambulatorial** *adj.2g.*

–ame *suf.* 'quantidade, abundância, coleção': *vasilhame*

a.me.a.ça *s.f.* **1** promessa de castigo ou dano ⟨*a. de morte*⟩ **2** prenúncio ou indício de acontecimento desagradável; ameaço, sinal ⟨*a. de temporal*⟩ **3** início de algo negativo, que não chega a consumar-se ⟨*a. de enfarte*⟩ **4** constrangimento imposto a alguém ⟨*compareceu sob a.*⟩ ~ **ameaçador** *adj.s.m.*

a.me.a.çar *v.* {mod. 1} *t.d.* **1** pôr medo em, com promessas de causar dano, dar castigo **2** *p.ext.* pôr em risco; prejudicar **3** *fig.* fazer menção de (fazer algo) ❑ *t.d. e int.* **4** estar prestes a (acontecer, chegar)

a.me.a.ço *s.m.* ameaça ('sinal')

a.me.a.lhar *v.* {mod. 1} *t.d. e int.* **1** juntar (dinheiro) aos poucos; economizar ❑ *t.d.* **2** dividir, distribuir em pequenas partes ~ **amealhador** *adj.s.m.*

a.me.ba *s.f.* microrganismo que se instala no intestino humano, causando colite, disenteria e cólica ~ **amebiano** *adj.* - **amébico** *adj.*

a.me.bí.a.se *s.f.* infecção causada por ameba, que se caracteriza por diarreia dolorosa com perda de sangue

a.me.dron.tar *v.* {mod. 1} *t.d.,int. e pron.* (fazer) ficar com medo; aterrorizar(-se) ~ **amedrontador** *adj.s.m.* - **amedrontamento** *s.m.*

a.mei.a *s.f.* cada um dos parapeitos separados regularmente por saliências, na parte superior das muralhas de fortalezas e castelos ☞ mais us. no pl.

a.mêi.joa *s.f.* molusco comestível, branco opaco, encontrado no lodo de mangues; lambreta, sarnambi, sernambi

a.mei.xa *s.f.* **1** arbusto da família da maçã, pera, pêssego etc., de fruto com único caroço, roxo-escuro, carnoso, suculento e comestível, com propriedade laxante; ameixeira **2** esse fruto

a.mei.xei.ra *s.f.* ameixa ('arbusto')

a.mém *interj.* REL **1** assim seja ■ *s.m. infrm.* **2** aprovação, consentimento ⟨*deu a. ao projeto*⟩

a.mên.doa *s.f.* **1** fruto e semente da amendoeira e suas variedades **2** *p.ext.* qualquer semente contida num caroço

a.men.do.ei.ra *s.f.* árvore nativa da Europa e Ásia, de frutos esverdeados contendo uma semente, a amêndoa

a.men.do.im *s.m.* **1** planta anual, brasileira, de fruto cilíndrico que se desenvolve e amadurece sob a terra **2** a semente dessa planta, muito us. na alimentação humana

a.me.ni.a *s.f.* amenorreia

a.me.ni.da.de *s.f.* **1** qualidade, estado do que é ameno, aprazível **2** conjunto de qualidades e condições que despertam o bem-estar ⟨*a. do clima*⟩ **3** graciosidade; delicadeza ↄ deselegância **4** demonstração de polidez; cortesia ⟨*a. nas maneiras*⟩ ↄ rudeza ▼ *amenidades s.f.pl.* **5** assuntos, atividades etc. agradáveis e leves ⟨*tratou apenas de a.*⟩

a.me.nis.ta *s.2g.* aquele que diz amém a tudo, que concorda com tudo

a.me.ni.zar *v.* {mod. 1} *t.d.,int. e pron.* **1** tornar(-se) ameno, suave; abrandar(-se) **2** tornar(-se) menos penoso, difícil; suavizar(-se) ~ **amenização** *s.f.*

a.me.no *adj.* **1** que causa bem-estar; agradável, brando, suave ⟨*clima, lugar a.*⟩ ⮌ desagradável **2** que tem serenidade; calmo, tranquilo ⟨*vida a.*⟩ ⮌ agitado, perturbado

a.me.nor.rei.a \éi\ *s.f.* ausência de menstruação; amenia ~ **amenorreico** *adj.*

a.me.ri.ca.nis.mo *s.m.* **1** admiração, mania ou imitação da cultura norte-americana **2** identidade cultural americana, esp. dos E.U.A. **3** palavra ou expressão própria dos E.U.A. ou que aí teve origem **4** conjunto de ciências e estudos sobre o continente americano, esp. os E.U.A. ~ **americanista** *adj.2g.s.2g.*

a.me.ri.ca.ni.zar *v.* {mod. 1} *t.d. e pron.* dar ou tomar aspecto ou característica própria do povo, da cultura, da língua dos E.U.A. ~ **americanização** *s.f.*

a.me.ri.ca.no *adj.* **1** relativo à América ou às línguas indígenas faladas nesse continente **2** relativo aos E.U.A.; estadunidense, norte-americano, ianque ■ *s.m.* **3** natural ou habitante da América **4** natural ou habitante dos E.U.A.; estadunidense, norte-americano, ianque

a.me.rí.cio *s.m.* elemento químico da família dos actiniídeos [símb.: *Am*] ☞ cf. *tabela periódica* (no fim do dicionário)

a.me.rín.dio *s.m.* **1** indígena americano **2** cada uma das línguas indígenas nativas do continente americano ■ *adj.* **3** relativo a esse indígena ou língua

a.me.ris.sar *v.* {mod. 1} *t.d.,int. e pron.* **1** afastar(-se) da terra em direção ao alto-mar; amarar ❑ *t.d.* **2** pousar (aeronave) na água; amarar ~ **amerissagem** *s.f.*

a.mes.qui.nhar *v.* {mod. 1} *t.d. e pron.* tornar(-se) pequeno, de pouco valor; rebaixar(-se) ~ **amesquinhador** *adj.s.m.* - **amesquinhamento** *s.m.*

a.mes.trar *v.* {mod. 1} *t.d.* **1** ensinar (animais) a desenvolver habilidades; treinar **2** *p.ext.* tornar manso (animal); domar ~ **amestrador** *adj.s.m.* - **amestramento** *s.m.*

a.me.tis.ta *s.f.* pedra, variedade de quartzo, lilás, semipreciosa

a.mi.an.to *s.m.* nome comercial de um mineral refratário ao calor, us. em materiais (como fios para tecidos, placas etc.) que não queimam

a.mi.cal *adj.2g.* amigável, amigo

a.mí.da.la *s.f.* → *AMÍGDALA*

a.mi.da.li.te *s.f.* → *AMIGDALITE*

a.mi.do *s.m.* carboidrato presente em vegetais, como trigo, arroz, batata etc.

a.mi.gar-se *v.* {mod. 1} *pron.* (prep. *com*) unir-se maritalmente sem se casar; amancebar-se ~ **amigado** *adj.*

a.mi.gá.vel *adj.2g.* **1** característico de amigo(s); amistoso **2** expresso ou realizado de forma conciliadora ⟨*separação a.*⟩

a.míg.da.la ou **a.mí.da.la** *s.f.* cada um dos órgãos formados por uma aglomeração de nódulos linfáticos, esp. os que se situam, em par, à entrada da garganta

a.mig.da.li.te ou **a.mi.da.li.te** *s.f.* inflamação, de origem infecciosa, da(s) amígdala(s)

a.mi.go *adj.s.m.* **1** que(m) ama, demonstra amizade **2** (o) que mantém relações amistosas com outro(s); aliado ⮌ inimigo ■ *s.m. infrm.* **3** amante, amásio **4** partidário de alguém ou de alguma causa; simpatizante ⟨*a. da ecologia*⟩

a.mi.go da on.ça [pl.: *amigos da onça*] *s.m. B infrm.* amigo falso, hipócrita, infiel; amigo-urso

a.mi.go-o.cul.to [pl.: *amigos-ocultos*] *s.m. B infrm.* espécie de sorteio entre amigos, colegas de trabalho e familiares, realizado esp. no Natal e em que cada um recebe em sigilo o nome da pessoa a quem deve presentear; amigo-secreto

a.mi.go-se.cre.to [pl.: *amigos-secretos*] *s.m.* amigo-oculto

a.mi.go-ur.so [pl.: *amigos-ursos*] *s.m. B infrm.* amigo da onça

a.mi.lá.ceo *adj.* **1** semelhante ao amido **2** que contém amido ou similar

a.mi.na *s.f.* classe de compostos orgânicos que derivam da amônia

a.mi.no.á.ci.do *s.m.* ácido orgânico, principal componente das proteínas

a.mis.to.so \ô\ [pl.: *amistosos* \ó\] *adj.* **1** que é próprio de amigo(s); amigável, afetuoso ⮌ agressivo, hostil ■ *adj.s.m. B* **2** (partida, ger. de futebol) fora de campeonato ou de torneio

[1]**a.mi.u.dar** *v.* {mod. 2} *t.d.* **1** fazer (algo) com frequência ⮌ rarear ❑ *int. e pron.* **2** acontecer muitas vezes, repetidamente [ORIGEM: *amiúde* + [2]*-ar*] ~ **amiudado** *adj.*

[2]**a.mi.u.dar** *v.* {mod. 2} *t.d.,int. e pron.* **1** tornar(-se) miúdo; apequenar(-se) ❑ *t.d.* **2** examinar bem; esmiuçar ⟨*a. um caso*⟩ [ORIGEM: [1]*a-* + *miúdo* + [2]*-ar*]

a.mi.ú.de *adv.* repetidas vezes, frequentemente ⟨*visitava a. o amigo*⟩ ⮌ às vezes, raramente

a.mi.za.de *s.f.* **1** sentimento de simpatia, de afeição **2** concordância de sentimentos ou posição a respeito de algo; aliança ⟨*tratado de a.*⟩ **3** *p.ext.* amigo, companheiro, camarada ⟨*era uma das a. preferidas*⟩

am.né.sia *s.f.* perda de memória ~ **amnésico** *adj.s.m.*

âm.nio *s.m.* ANAT membrana da bolsa que protege o feto dos vertebrados ~ **amniótico** *adj.*

am.ni.o.cen.te.se *s.f.* retirada de líquido amniótico do abdome materno para análise

am.ni.os.co.pi.a *s.f.* exame direto do líquido amniótico e das membranas, feito no final da gravidez

a.mo *s.m.* dono da casa, patrão

a.mo.fi.na.ção [pl.: *-ões*] *s.f.* ato ou efeito de amofinar(-se), de apoquentar(-se); amolação, contrariedade, desagrado, desgosto ⮌ deleite, prazer, satisfação

a.mo.fi.nar *v.* {mod. 1} *t.d. e pron.* (fazer) ficar triste, descontente; aborrecer(-se)

a.mo.la.ção [pl.: *-ões*] *s.f.* **1** afiação de instrumento de corte; amoladura **2** aquilo que aborrece, que incomoda; amolação, contrariedade, maçada ⊃ aprazimento, contentamento, prazer, satisfação

a.mo.la.dor \ô\ *adj.s.m.* **1** (o) que amola **2** *B* (o) que aborrece ■ *s.m.* **3** máquina ou instrumento us. para amolar facas, tesouras etc.

a.mo.lar *v.* {mod. 1} *t.d.* **1** tornar (mais) cortante o gume de; afiar ❑ *t.d.,int. e pron. fig. B* **2** causar ou sofrer aborrecimento; importunar(-se)

a.mol.dar *v.* {mod. 1} *t.d. e pron.* **1** ajustar(-se) ao molde; moldar(-se) ❑ *t.d.,t.d.i. e pron. fig.* **2** (prep. *a*) tornar(-se) adequado a; conformar(-se) ❑ *t.d.i. e pron. fig.* **3** (prep. *a*) acostumar(-se), habituar(-se)

a.mo.le.ca.do *adj.* **1** com jeito de moleque ⟨*ar a.*⟩ **2** que procede como moleque; irresponsável ⟨*sujeito a.*⟩

a.mo.le.cer *v.* {mod. 8} *t.d.,int. e pron.* **1** tornar(-se) mole, flexível, macio **2** *fig.* tornar(-se) menos rígido, mais brando; enternecer(-se) ❑ *int. fig. infrm.* **3** ceder a pedido, súplica etc. ~ **amolecimento** *s.m.*

a.mol.gar *v.* {mod. 1} *t.d.,int. e pron.* **1** deformar(-se) esmagando ou amassando ⊃ desamolgar ❑ *t.d.i. fig.* **2** (prep. *a*) obrigar, forçar ❑ *int. e pron.* **3** submeter-se, sujeitar-se ~ **amolgadura** *s.f.*

a.mô.nia *s.f.* solução aquosa do amoníaco, us. como reagente químico; hidróxido de amônia

a.mo.ní.a.co *s.m.* gás incolor de cheiro forte, us. em fertilizantes, fluido de refrigeração etc. ~ **amoniacal** *adj.2g.*

a.mon.to.ar *v.* {mod. 1} *t.d.* **1** pôr em montão, com ou sem ordem ❑ *t.d. e pron.* **2** pôr ou estar disposto de qualquer maneira, esp. sem ordem ❑ *int. e pron.* **3** formar monte; acumular-se ~ **amontoado** *adj.s.m.* - **amontoamento** *s.m.*

a.mor \ô\ *s.m.* **1** atração afetiva ou física **2** adoração, veneração, culto ⟨*a. a Deus*⟩ **3** afeto, carinho, ternura, dedicação **4** aventura amorosa; caso, namoro ⟨*tinha muitos a.*⟩ **5** o ato sexual **6** o ser amado **7** demonstração de zelo, dedicação; fidelidade **8** *fig.* apego a algo que dá prazer; paixão, fascínio ⟨*a. à natureza*⟩

a.mo.ra *s.f.* **1** fruto vermelho-escuro quase negro da amoreira, comestível ao natural ou em geleias **2** amoreira

a.mo.ral *adj.2g.* **1** moralmente neutro (nem moral, nem imoral) ■ *s.2g.* **2** pessoa destituída de senso moral ☞ cf. *imoral* ~ **amoralidade** *s.f.*

a.mo.rá.vel *adj.2g.* **1** inclinado ao amor e à amizade; afetuoso **2** *fig.* ameno, agradável ⟨*clima a.*⟩

a.mor.da.çar *v.* {mod. 1} *t.d.* **1** pôr mordaça em **2** *fig.* proibir de falar, de dar opinião; silenciar ~ **amordaçamento** *s.m.*

a.mo.rei.ra *s.f.* árvore nativa do Irã, de folhas que servem de alimento ao bicho-da-seda e cujos frutos são as amoras; amora ⊙ COL amoreiral

a.mor.fo *adj.* indefinido na forma ~ **amorfia** *s.f.* - **amórfico** *adj.* - **amorfismo** *s.m.*

a.mor.nar *v.* {mod. 1} *t.d.,int. e pron.* **1** (fazer) ficar morno ❑ *int.* **2** *fig.* perder o entusiasmo, a intensidade

a.mo.ro.so \ô\ [pl.: *amorosos* \ó\] *adj.s.m.* **1** (o) que tem inclinação para o amor ■ *adj.* **2** que tem ou demonstra amor ⟨*palavras a.*⟩ **3** que demonstra ternura, afeto; terno ⟨*pai a.*⟩ ~ **amorosidade** *s.f.*

a.mor-per.fei.to [pl.: *amores-perfeitos*] *s.m.* erva nativa da Europa, de flores com coloração roxa, branca e amarela, muito cultivada como ornamental

a.mor-pró.prio [pl.: *amores-próprios*] *s.m.* sentimento de dignidade, estima ou respeito por si mesmo

a.mor.te.ce.dor \ô\ *adj.* **1** que amortece **2** atenuante ■ *s.m.* **3** em veículos automotores, peça ajustada ao sistema de suspensão que amortece a oscilação das molas

a.mor.te.cer *v.* {mod. 8} *t.d.,int. e pron.* **1** (fazer) ficar dormente; entorpecer(-se) **2** (fazer) perder a força (golpe, choque etc.) **3** *fig.* acalmar(-se), moderar(-se) [paixão, sentimento etc.] ~ **amortecimento** *s.m.*

a.mor.ti.zar *v.* {mod. 1} *t.d.* pagar (dívida, empréstimo etc.) aos poucos ou em prestações ~ **amortização** *s.f.*

a.mos.tra *s.f.* **1** parte que pode dar ideia do todo ⟨*a. de bolo*⟩ **2** mostra, sinal, revelação ⟨*sorriso, a. de alegria*⟩ **3** exemplo perfeito, completo ⟨*a. da beleza da mulher brasileira*⟩ **4** exibição, exposição ⟨*isso é uma a. do seu talento*⟩ **5** em estatística, subconjunto cujas características ou propriedades são estudadas com o objetivo de estendê-las a outro conjunto do qual é parte

a.mos.tra.gem *s.f.* ação, processo ou técnica de escolha de amostras para análise de um todo

a.mo.ti.nar *v.* {mod. 1} *t.d.,t.d.i. e pron.* (prep. *contra*) provocar motim em ou envolver(-se) em motim; rebelar(-se) ~ **amotinador** *adj.s.m.*

a.mo.ví.vel *adj.2g.* **1** que se pode remover ou transferir **2** que não oferece estabilidade; temporário ⟨*cargo a.*⟩ ⊃ efetivo, estável ~ **amovibilidade** *s.f.*

am.pa.rar *v.* {mod. 1} *t.d. e pron.* **1** segurar(-se) para não cair; escorar(-se) ❑ *t.d.,t.d.i. e pron.* **2** (prep. *de, contra*) proteger(-se), resguardar(-se) ❑ *t.d.* **3** garantir o sustento de ⟨*a. os pais*⟩ **4** dar amparo moral a; apoiar ⊃ desamparar

am.pa.ro *s.m.* **1** ato de amparar ou o seu efeito; apoio **2** pessoa ou algo que ajuda, protege, socorre

am.pe.ra.gem *s.f.* intensidade de corrente elétrica, medida em amperes

am.pe.re *s.m.* unidade de medida para a corrente elétrica no Sistema Internacional [símb.: *A*]

am.ple.xo \cs\ *s.m.* abraço

am.pli.a.ção [pl.: *-ões*] *s.f.* **1** alargamento, dilatação, aumento **2** reprodução fotográfica em escala maior que o negativo **3** a foto aumentada

am.pli.a.dor \ô\ *adj.* **1** que amplia ■ *s.m.* **2** aparelho que aumenta e imprime imagens fotográficas

am.pli.ar *v.* {mod. 1} *t.d. e pron.* **1** tornar(-se) mais abrangente, maior (em tamanho, extensão, intensidade etc.) ❑ *t.d.* **2** reproduzir (fotografia, imagem) em tamanho maior ~ **ampliativo** *adj.* - **ampliável** *adj.2g.*

am.pli.dão [pl.: *-ões*] *s.f.* **1** grande extensão; vastidão, grandeza ⊃ pequenez **2** o espaço, o céu
am.pli.fi.ca.dor \ô\ *adj.* **1** que aumenta, intensifica ■ *s.m.* **2** aparelho us. na reprodução ou aumento de sons
am.pli.fi.car *v.* {mod. 1} *t.d. e pron.* tornar(-se) amplo ou mais amplo; ampliar(-se) ~ **amplificação** *s.f.*
am.pli.tu.de *s.f.* **1** grande extensão ou largueza; vastidão, amplidão ⟨*a. dos mares*⟩ **2** *fig.* importância, valor, relevância ⟨*entender a a. de um ato*⟩ **3** *fig.* extensão, amplidão ⟨*a. da alma*⟩
am.plo *adj.* **1** de grandes dimensões; vasto, espaçoso ⟨*quarto a.*⟩ ⊃ exíguo, pequeno **2** muito extenso; abundante ⟨*a. material de trabalho*⟩ ⊃ escasso, reduzido **3** que apresenta grande largura; folgado ⟨*paletó a.*⟩ ⊃ apertado, estreito **4** abrangente ⟨*pesquisa a.*⟩ **5** que é aberto, franco, generoso ⟨*sorriso a.*⟩ **6** sem restrições ⟨*a. poderes*⟩ ⊃ limitado, restrito
am.po.la \ô\ *s.f.* **1** tubo inteiriço e totalmente fechado após a introdução de um fluido **2** empola
am.pu.lhe.ta \ê\ *s.f.* instrumento que serve para medir o tempo, com a ajuda da areia que escorre de um recipiente para o outro
am.pu.tar *v.* {mod. 1} *t.d.* **1** cortar (membro ou parte dele); decepar **2** cortar membro, ou parte dele, a (alguém) **3** *fig.* eliminar, suprimir ~ **amputação** *s.f.*
a.mu.a.do *adj.* enfadado, mal-humorado, carrancudo
a.mu.ar *v.* {mod. 1} *t.d.,int. e pron.* (fazer) ficar mal-humorado, aborrecido
a.mu.la.ta.do *adj.* que tem cor ou aparência de mulato ~ **amulatar** *v.t.d. e pron.*
a.mu.le.to \ê\ *s.m.* objeto, fórmula escrita ou figura (medalha, figa etc.) que alguém guarda consigo para defesa contra azares, desgraças, malefícios etc. ~ **amulético** *adj.*
a.mu.o *s.m.* enfado ou mau humor manifestado por gestos, palavras ou silêncios significativos ⊃ alegria, bom humor
a.mu.ra.da *s.f.* **1** parapeito em convés de navio **2** muro de arrimo; paredão
a.mu.ra.lhar *v.* {mod. 1} *t.d.* cercar (casa, propriedade) de muralhas ou muros
a.mu.rar *v.* {mod. 1} *t.d.* **1** cercar de muros; amuralhar **2** *B* pôr na prisão; prender
an– *pref.* → [3]*A-*
ana– *pref.* **1** 'inversão': *anagrama* **2** 'repetição': *anabatismo*
a.nã *s.f.* mulher anormalmente baixa ⊙ GRAM/USO fem. de *anão*
a.na.ba.tis.mo *s.m.* seita protestante que prega o batismo na idade adulta ~ **anabatista** *adj.2g.s.2g.*
a.na.bo.lis.mo *s.m.* conjunto de fenômenos metabólicos em que as substâncias são incorporadas às células, após a digestão; assimilação ~ **anabólico** *adj.*
a.na.bo.li.zan.te *adj.2g.s.m.* (substância) que favorece o anabolismo, esp. o aumento da massa muscular
a.na.car.di.á.cea *s.f.* BOT espécime das anacardiáceas, família de árvores, arbustos, cipós e poucas ervas, cultivadas pelos frutos comestíveis, como a manga, o caju e o pistache, pela madeira, ou para extração de tinturas e produção de laca ~ **anacardiáceo** *adj.*
a.na.co.lu.to *s.m.* GRAM ruptura da construção sintática de uma frase que gera uma descontinuidade, ger. depois de uma pausa [p.ex.: *quem ama o feio, bonito lhe parece*]
a.na.con.da *s.f.* sucuri
a.na.co.re.ta \ê\ *s.m.* **1** monge cristão ou eremita que vive em retiro ☞ cf. *cenobita* **2** *fig.* pessoa que vive afastada do convívio social; eremita
a.na.crô.ni.co *adj.* **1** fora de época ⟨*roupa a.*⟩ **2** contrário ao que é moderno; retrógrado ⟨*espírito a.*⟩
a.na.cro.nis.mo *s.m.* **1** erro na datação de acontecimentos **2** atitude ou fato que não está de acordo com sua época
a.na.e.ró.bio *adj.s.m.* (microrganismo) capaz de viver na ausência de ar ou de oxigênio ☞ cf. *aeróbio*
a.na.fi.la.xi.a \cs\ *s.f.* reação violenta de organismo vivo a um antígeno ~ **anafilático/anafiláctico** *adj.*
a.ná.fo.ra *s.f.* GRAM repetição de uma palavra ou grupo de palavras no início de duas ou mais frases sucessivas, para dar ênfase
a.na.fro.di.sí.a.co *adj.s.m.* (substância, remédio etc.) que inibe o desejo sexual ⊃ afrodisíaco ~ **anafrodisia** *s.f.* - **anafrodita** *adj.2g.s.2g.* - **anafrodítico** *adj.*
a.na.gra.ma *s.m.* palavra formada pela troca da ordem das letras de outra palavra ou frase (p.ex., *amor*, por *Roma*) ~ **anagramático** *adj.* - **anagramatizar** *v.t.d. e int.*
a.ná.gua *s.f.* saia que as mulheres usam sob outra saia ou vestido
a.nais *s.m.pl.* **1** narração ou história organizada ano por ano **2** história de uma instituição, um povo etc. **3** publicação periódica de caráter científico, literário ou artístico **4** registro de memórias, fatos pessoais
a.nal *adj.2g.* relativo ou pertencente a ânus
a.nal.fa.be.to *adj.s.m.* **1** que(m) não sabe ler nem escrever **2** *p.ext. B* que(m) desconhece ou conhece muito mal um assunto ou matéria ~ **analfabetismo** *s.m.*
a.nal.ge.si.a *s.f.* perda ou ausência de sensibilidade à dor ⊃ algesia
a.nal.gé.si.co *adj.* **1** relativo a analgesia ■ *adj.s.m.* **2** (remédio) que diminui ou tira a dor
a.na.li.sar *v.* {mod. 1} *t.d.* **1** separar elementos ou componentes de (um todo) **2** observar, examinar em detalhes
[1]**a.ná.li.se** *s.f.* **1** estudo das diversas partes de um todo ⟨*a. de uma substância*⟩ **2** investigação; exame [ORIGEM: do fr. *analyse* 'id.']
[2]**a.ná.li.se** *s.f.* psicanálise [ORIGEM: red. de *psicanálise*]
[1]**a.na.lis.ta** *adj.2g.s.2g.* **1** (aquele) que analisa **2** (aquele) que realiza análises (químicas, clínicas

etc.) [ORIGEM: do fr. *analyste* 'id.',] ⊡ **a. de sistemas** *loc.subst.* em informática, profissional que elabora, desenvolve ou organiza sistemas de informação

²a.na.lis.ta *adj.2g.s.2g.* psicanalista [ORIGEM: red. de *psicanalista*]

¹a.na.lí.ti.co *adj.* **1** relativo a análise **2** que tem tendência ao estudo detalhado ou age desse modo **3** que separa um todo em suas partes ⟨*método a.*⟩ [ORIGEM: do lat.tar. *analytĭcus,a,um* 'analítico, explicativo']

²a.na.lí.ti.co *adj.* relativo a psicanálise; psicanalítico [ORIGEM: red. de *psicanalítico*]

a.na.lo.gi.a *s.f.* **1** relação ou semelhança entre coisas ou fatos ⮌ diferença, dissemelhança **2** lógica baseada nessa semelhança **3** criação ou alteração de forma linguística para se adaptar a um modelo existente

a.na.ló.gi.co *adj.* **1** que tem relação de semelhança **2** que se funda ou se baseia na analogia ⟨*leis a.*⟩ **3** em informática, diz-se de representação de grandezas em fluxo contínuo, sem hiatos ☞ cf. *digital*

a.ná.lo.go *adj.s.m.* (o) que é semelhante, parecido, afim

a.na.nás [pl.: *ananases*] *s.m.* **1** planta tropical da família das bromeliáceas, cujo fruto carnoso tem propriedades medicinais **2** fruto dessa planta; abacaxi

a.não [pl.: *-ãos* e *-ões*; fem.: *anã*] *adj.s.m.* (o) que tem tamanho muito abaixo do normal ⮌ gigante ⊙ GRAM/USO como adj., pode ligar-se ou não por hífen a um subst. precedente (*estrela anã*; *bananeira-anã*)

a.nar.qui.a *s.f.* **1** sistema político baseado na negação do princípio da autoridade **2** confusão, desordem, baderna ⟨*esta casa é uma a.*⟩ ⮌ disciplina, ordem

a.nár.qui.co *adj.* **1** relativo a anarquia **2** desorganizado, confuso, caótico ⟨*estado a. da economia*⟩

a.nar.quis.mo *s.m.* **1** teoria e movimento político que sustenta a ideia de que a sociedade existe de forma independente e contrária ao poder exercido pelo Estado **2** *p.ext.* qualquer ataque ou afronta à ordem social ~ **anarquista** *adj.2g.s.2g.*

a.nar.qui.zar *v.* {mod. 1} *t.d. e pron.* **1** (fazer) cair na anarquia ❑ *t.d.* **2** pôr em desordem; desorganizar ⟨*a. os arquivos*⟩ **3** causar anarquia ou desordem em ⟨*a. cidade, governo*⟩ ❑ *t.d. e t.i. fig.* **4** (prep. *com*) criticar violentamente **5** (prep. *com*) desmoralizar, ridicularizar ⟨*a.* (*com*) *o empregado diante de todos*⟩ ~ **anarquização** *s.f.* - **anarquizador** *adj.s.m.*

a.nás.tro.fe *s.f.* GRAM inversão da ordem natural entre duas palavras (p.ex., *de ira cheio* por *cheio de ira*)

a.ná.te.ma *s.m.* **1** sentença de maldição que expulsa da Igreja; excomunhão **2** *p.ext.* reprovação enérgica; condenação ■ *adj.s.m.* **3** que(m) sofreu excomunhão; excomungado **4** *p.ext.* que(m) está à margem da sociedade; maldito, execrado ~ **anatemático** *adj.*

a.na.te.ma.ti.zar *v.* {mod. 1} *t.d.* **1** condenar com anátema; excomungar ❑ *t.d. e pron. p.ext.* **2** reprovar(-se), amaldiçoar(-se) ~ **anatematização** *s.f.*

a.na.tí.deo *s.m.* ZOO **1** espécime dos anatídeos, família de aves aquáticas, que incluem marrecos, patos, cisnes e afins, com ampla distribuição mundial ■ *adj.* **2** relativo a essa família

a.na.to.mi.a *s.f.* **1** dissecação do corpo humano ou de qualquer animal ou vegetal para estudo de sua organização interna **2** ramo da medicina que realiza esse estudo do corpo humano **3** livro, compêndio, tratado sobre esse estudo **4** forma e estrutura de qualquer corpo, máquina etc. **5** *fig.* aparência externa do corpo humano ⟨*ter bela a.*⟩ **6** *fig.* exame detalhado, análise crítica ⟨*a. de uma obra literária*⟩ ~ **anatômico** *adj.* - **anatomista** *adj.2g.s.2g.*

an.ca *s.f.* cada uma das laterais do corpo humano, da cintura à articulação da coxa; cadeira, quadril ☞ tb. us. no pl.

–ança ou **–ância** *suf.* 'ação ou resultado da ação': *implicância, lembrança, liderança, observância*

an.ces.tral *adj.2g.* **1** próprio dos antepassados ou antecessores **2** muito antigo ou velho ⮌ moderno, novo ■ *s.m.* **3** familiar antepassado ⮌ descendente, sucessor ▼ *ancestrais s.m.pl.* **4** avós, antepassados ~ **ancestralidade** *s.f.*

an.cho *adj.* **1** que tem grande extensão; amplo, espaçoso **2** *fig.* convencido, orgulhoso

an.cho.va \ô\ *s.f.* *B* peixe ósseo, de grande valor comercial, que ocorre no Atlântico, semelhante às manjubas brasileiras; enchova

–ância *suf.* → *-ANÇA*

an.ci.ão [pl.: *-ãos, -ães* e *-ões*; fem.: *anciã*] *s.m.* **1** homem idoso ■ *adj.* **2** antigo, velho ~ **ancianidade** *s.f.*

an.ci.lo.se *s.f.* MED diminuição ou perda de movimento de uma articulação

an.ci.los.to.mí.a.se *s.f.* doença caracterizada por grave anemia, produzida no ser humano e em vários mamíferos por vermes nematódeos; amarelão, ancilostomose

an.ci.lós.to.mo *s.m.* verme parasita do intestino de mamíferos, causador da ancilostomíase no ser humano

an.ci.los.to.mo.se *s.f.* ancilostomíase

an.ci.nho *s.m.* ferramenta agrícola dentada e com longo cabo, us. para juntar palha, folhas etc. e preparar a terra para o plantio

ân.co.ra *s.f.* **1** peça de ferro forjado que, lançada à água, retém as embarcações **2** *fig.* amparo, proteção, abrigo ⟨*era a â. da família*⟩ ■ *s.2g.* **3** principal apresentador e comentarista de programas jornalísticos de rádio e televisão

an.co.ra.dou.ro *s.m.* lugar próprio para a ancoragem segura de embarcações

an.co.rar *v.* {mod. 1} *t.d. e int.* **1** lançar âncora de (embarcação) ⮌ desancorar ❑ *t.i.,t.d.i. e pron. fig.* **2** (prep. *em*) tomar como fundamento; basear(-se) ~ **ancoragem** *s.f.*

an.da *s.f.* perna de pau ('vara')

an.da.ço *s.m. infrm.* **1** epidemia sem gravidade **2** *B* diarreia

an.da.dor \ô\ *adj.s.m.* **1** (pessoa ou animal) que anda muito ou rápido ■ *s.m.* *B* **2** aparelho de apoio para ajudar a andar

an.da.du.ra *s.f.* modo de andar (esp. de cavalgadura)

an.dai.me *s.m.* **1** armação provisória que apoia ou suspende operários nas construções **2** caminho estreito sobre os muros das fortalezas

an.da.luz *adj.2g.* **1** da Andaluzia, região do sul da Espanha **2** relativo ao dialeto do espanhol falado nessa região ■ *s.m.* **3** natural ou habitante dessa região **4** o dialeto falado nessa região

an.da.men.to *s.m.* **1** ato de andar ou seu efeito; andada **2** velocidade ou modo com que se anda **3** *fig.* curso de um processo, um negócio etc. **4** MÚS grau de velocidade das pulsações de um trecho musical; tempo, movimento

an.dan.ça *s.f.* **1** ato de andar ou seu efeito; andamento **2** viagem ou série de viagens ☞ nesta acp., mais us. no pl.

¹an.dan.te *adj.2g.* **1** errante; aventureiro ⟨*cavaleiro a.*⟩ ■ *s.2g.* **2** passante, transeunte ■ *adj.2g.s.m.* **3** (semana, mês, ano) que está em curso; corrente [ORIGEM: *andar* + *-nte*]

²an.dan.te *s.m.* MÚS composição musical ou movimento de uma composição em andamento moderado, entre o 'adágio e o alegro [ORIGEM: do it. *andante* 'id.']

an.dar *v.* {mod. 1} *int.* **1** percorrer ou fazer caminho a pé; caminhar **2** mover-se, por força própria ou não **3** decorrer, passar (o tempo) **4** funcionar, trabalhar (ger. mecanismo) **5** comportar-se, agir **6** ser conduzido ou transportado ⟨*a. de avião, a cavalo*⟩ **7** mover-se, agir com pressa; aviar-se ⟨*anda, ou se atrasará*⟩ **8** estar acompanhado ⟨*sempre anda com mulheres*⟩ ❑ *pred.* **9** estar, sentir-se, viver (em certo estado ou condição) ⟨*a. doente*⟩ ■ *s.m.* **10** ato ou modo de caminhar; marcha **11** cada uma das áreas funcionais em que se divide horizontalmente um edifício; pavimento **12** *p.ext.* cada divisão do que é formado de partes superpostas; camada ⟨*bolo de dois a.*⟩

an.da.ri.lho *adj.s.m.* (o) que anda muito

an.de.jo \ê\ *adj.s.m.* **1** (o) que anda muito **2** (o) que não para em lugar algum

an.di.no *adj.* **1** dos Andes ☞ cf. *Andes* na parte enciclopédica ■ *s.m.* **2** natural ou habitante dessa região; andícola

an.di.ro.ba *s.f.* árvore tropical, de até 30 m, com madeira de qualidade, flores amarelas ou vermelhas, de cujas sementes se extrai óleo medicinal ⊙ COL andirobal

an.dor \ô\ *s.m.* armação em que se levam as imagens sacras nas procissões

an.do.ri.nha *s.f.* pequena ave, migratória, de asas longas e pontiagudas, que vive em bandos e se alimenta de insetos, ger. capturados em voo ⊙ COL revoada ⊙ VOZ v. e subst.: cantar, chilrear, gorjear, pipiar, trinfar, trissar, zinzilular; subst.: chiada, chilreada, chilreio, chilro, chirrio, gazeio, trisso

an.dra.jo *s.m.* **1** pano velho e rasgado; trapo ▼ *andrajos s.m.pl.* **2** vestes sujas e/ou rasgadas ~ **andrajoso** *adj.*

an.dro.ceu *s.m.* conjunto dos órgãos masculinos da flor, os estames ☞ cf. *gineceu*

an.dro.fo.bi.a *s.f.* **1** aversão ao ser humano **2** MED distúrbio mental caracterizado por horror ao sexo masculino ⮌ androlatria

an.dró.gi.no *adj.s.m.* **1** hermafrodita **2** (o) que tem aparência sexualmente indefinida ~ **androginia** *s.f.*

an.droi.de \ói\ *adj.2g.* **1** semelhante ao ser humano; antropoide ■ *s.m.* **2** robô com figura de humano, cujos movimentos imita

an.dro.la.tri.a *s.f.* adoração divina dedicada a um homem ⮌ androfobia

an.dro.pau.sa *s.f.* MED diminuição ou parada da atividade genital no homem por envelhecimento

a.ne.do.ta *s.f.* **1** narrativa curta e engraçada; piada **2** história curiosa e pouco divulgada de pessoa ou fato histórico ⊙ COL anedotário

a.ne.do.tá.rio *s.m.* conjunto de anedotas

a.nel *s.m.* **1** aro ou fita circular com que se prende ou segura algo **2** pequeno aro com que se adorna um dedo **3** *p.ext.* qualquer objeto, órgão, linha ou figura circular ⟨*a. de cabelo*⟩ **4** *p.ext.* cada um dos diversos elos de uma corrente **5** matéria que circula ao redor de um corpo celeste

¹a.ne.lar *v.* {mod. 1} *int.* **1** respirar com dificuldade; ofegar ❑ *t.d. e t.i.* **2** (prep. *por*) desejar ardentemente; ansiar [ORIGEM: do lat. *anhelāre* 'respirar com dificuldade']

²a.ne.lar *v.* {mod. 1} *t.d. e pron.* (fazer) tomar forma de anel; enrolar(-se) [ORIGEM: *anel* + ²*-ar*]

³a.ne.lar *adj.2g.* **1** em forma de anel ■ *adj.2g.s.m.* **2** (dedo da mão) entre o médio e o mínimo, em que se usa aliança ou anel; anular [ORIGEM: *anel* + ¹*-ar*]

a.ne.lí.deo *s.m.* ZOO **1** espécime dos anelídeos, ramo de invertebrados de corpo segmentado em forma de anéis, que inclui as minhocas e sanguessugas ■ *adj.* **2** relativo a esse ramo

a.ne.lo *s.m.* desejo intenso

a.ne.mi.a *s.f.* **1** diminuição do número de glóbulos vermelhos no sangue ou seu teor de hemoglobina, freq. produzindo sintomas como palidez e fadiga **2** *fig.* estado de debilidade; fraqueza, abatimento ⮌ força, vigor

a.nê.mi.co *adj.s.m.* **1** que(m) sofre de anemia ■ *adj.* **2** relativo a anemia **3** *fig.* sem brilho, sem destaque ⟨*desempenho a.*⟩ ⮌ forte, intenso

a.ne.mo.fi.li.a *s.f.* BOT polinização das plantas por ação do vento

a.ne.mô.me.tro *s.m.* aparelho que mede a velocidade dos ventos e, às vezes, tb. a sua direção

a.nê.mo.na *s.f.* erva muito cultivada pelas suas flores decorativas e por suas propriedades medicinais

a.nê.mo.na-do-mar [pl.: *anêmonas-do-mar*] *s.f.* nome comum a animais aquáticos invertebrados bem coloridos, que habitam águas costeiras, onde ger. aderem a outras substâncias; actínia

-âneo *suf.* 'relação': *litorâneo, momentâneo*

a.ne.quim *s.m.* *B* tubarão encontrado nos mares tropicais e temperados, muito veloz e agressivo, de focinho pontudo e nadadeira caudal em forma de meia-lua; enequim

a.nes.te.si.a *s.f.* MED **1** perda da sensibilidade, por problemas neurológicos ou por medicamento ⮌ hiperestesia **2** medicamento anestésico ⊡ **a. peridural** *loc.subst.* anestesia aplicada em espaço peridural da medula espinhal que insensibiliza o tórax e a parte inferior do corpo

a.nes.te.si.ar *v.* {mod. 1} *t.d.* **1** reduzir ou eliminar a sensibilidade física de **2** *fig.* tornar frio, indiferente; insensibilizar ~ **anestesiante** *adj.2g.*

a.nes.té.si.co *adj.s.m.* MED (substância, medicamento) que diminui ou elimina a sensibilidade

a.nes.te.sis.ta *adj.2g.s.2g.* (profissional) que prepara e administra anestesia

[1]**a.né.ti.co** *adj.* que reduz a dor (diz-se de medicamento) [ORIGEM: do gr. *anetikós,ḗ,ón* 'que relaxa, que enfraquece']

[2]**a.né.ti.co** *adj.* contrário à ética, à moral; aético, antiético [ORIGEM: *a(n)-* 'privação' + *ético*]

a.ne.to \ê\ *s.m.* erva de odor forte, cujas sementes e folhas são us. como condimento em peixes, sopas, conservas e licores

a.neu.ris.ma *s.m.* dilatação anormal de veia ou artéria ~ **aneurismal** *adj.2g.* - **aneurismático** *adj.*

a.ne.xar \cs\ *v.* {mod. 1} *t.d.i.* **1** (prep. *a*) juntar, como anexo (a algo principal); unir, acrescentar **2** (prep. *a*) incorporar (país, região etc.) [a outro] ❑ *pron.* **3** (prep. *a*) passar a fazer parte de; unir-se ~ **anexação** *s.f.* - **anexador** *adj.s.m.*

a.ne.xim *s.m.* provérbio popular que expressa um conselho sábio

a.ne.xo \cs\ *adj.s.m.* **1** (o) que é ligado ou subordinado a algo principal; apenso ■ *adj.* **2** que tem relação lógica com outra coisa; correlacionado ⟨*ideia a.*⟩ ⮌ desconexo, oposto ■ *s.m.* **3** coisa ou parte que está ligada a outra principal ⟨*o a. do hotel*⟩

an.fe.ta.mi.na *s.f.* substância estimulante do sistema nervoso, us. no tratamento da doença de Parkinson, entre outras; benzedrina

anfi- *pref.* **1** 'duplicidade': *anfíbio* **2** 'ao redor': *anfiteatro*

an.fí.bio *s.m.* ZOO **1** espécime dos anfíbios, classe de animais vertebrados, que inclui os sapos e salamandras entre outros, de pele lisa, sem escamas, rica em glândulas de veneno e muco; os adultos são terrestres e as larvas, aquáticas ■ *adj.* **2** ZOO relativo a essa classe **3** que tanto pode andar ou pousar sobre solo ou água (diz-se de tanque, lancha, avião etc.)

an.fí.po.de *s.m.* **1** espécime dos anfípodes, ordem de crustáceos de corpo lateralmente comprimido e carapaça ausente ■ *adj.2g.* **2** relativo a essa ordem **3** que tem dois tipos de pés (diz-se de crustáceo)

an.fi.te.a.tro *s.m.* espaço circular, oval ou semicircular, com arquibancadas e palco, us. para encenações teatrais, aulas, palestras etc. ~ **anfiteatral** *adj.2g.* - **anfiteátrico** *adj.*

an.fi.tri.ão [pl.: *-ões*; fem.: *anfitriã* e *anfitrioa*] *s.m.* o dono da casa, que recebe convidados

ân.fo.ra *s.f.* vaso de cerâmica, com duas asas, us. pelos antigos gregos e romanos para líquidos e cereais ⊙ GRAM/USO dim.: *anforeta, anfórula* ~ **anforal** *adj.2g.*

an.frac.tu.o.so \ô\ [pl.: *anfractuosos* \ó\] *adj.* que tem saliência, depressão ou sinuosidade irregulares; sinuoso ⟨*terreno a.*⟩ ~ **anfractuosidade** *s.f.*

an.ga.ri.ar *v.* {mod. 1} *t.d.* **1** obter mediante solicitação (colaboração, adesão) **2** atrair para grupo, agremiação etc.; recrutar ~ **angariação** *s.f.* - **angariador** *adj.s.m.*

an.ge.li.cal *adj.2g.* **1** relativo a ou próprio de anjo; angélico **2** *fig.* completamente puro; imaculado, angélico ⟨*espírito a.*⟩ ⮌ impuro, maculado **3** de grande beleza e perfeição; angélico ⟨*rosto a.*⟩

an.gé.li.co *adj.* angelical

ân.ge.lus *s.m.2n.* **1** prece à Virgem Maria, que se reza ao amanhecer, ao meio-dia e ao anoitecer ☞ inicial por vezes maiúsc. **2** toque do sino que anuncia a hora da ave-maria

an.gi.co *s.m.* nome comum a várias árvores nativas da América tropical, a maioria do Brasil, freq. exploradas ou cultivadas pela boa madeira

an.gi.na *s.f.* MED **1** dor sufocante **2** infecção de garganta e faringe ⊡ **a. do peito** *loc.subst.* doença do coração caracterizada por dor forte no peito e ombro esquerdo, acompanhada da sensação de sufocação e desmaio

an.gi.o.gra.ma *s.m.* MED chapa radiográfica de vaso(s) sanguíneo(s)

an.gi.o.lo.gi.a *s.f.* MED **1** parte da anatomia que estuda o coração e os vasos sanguíneos e linfáticos **2** ramo da medicina que estuda as doenças vasculares e seu tratamento ~ **angiológico** *adj.* - **angiologista** *adj.2g.s.2g.*

an.gi.o.pa.ti.a *s.f.* MED nome genérico para as doenças do aparelho vascular ~ **angiopático** *adj.*

an.gi.o.plas.ti.a *s.f.* MED cirurgia para reparar vaso sanguíneo

an.gi.os.per.ma *s.f.* BOT espécime das angiospermas, subdivisão do reino vegetal que compreende as plantas que produzem flores, cujas sementes ficam dentro do fruto; ao final do sXX, alguns taxonomistas passaram a usar a denominação *magnoliófita* ☞ cf. *gimnosperma*

an.gli.ca.nis.mo *s.m.* doutrina e religião protestante oficial na Inglaterra

an.gli.ca.no *adj.* **1** relativo ou pertencente à Inglaterra, aos ingleses, a sua língua ou religião oficial ■ *adj.s.m.* **2** (o) que professa ou é partidário do anglicanismo

an.gli.cis.mo *s.m.* palavra ou expressão inglesa us. em outra língua

an.glo-bra.si.lei.ro [pl.: *anglo-brasileiros*] *adj.* **1** relativo ou pertencente ao mesmo tempo à Grã-Bretanha e ao Brasil ■ *adj.s.m.* **2** que(m) é brasileiro de origem e/ou de língua inglesa

an.glo-sa.xão \cs\ [pl.: *anglo-saxões*] *s.m.* **1** indivíduo dos anglo-saxões, povo germânico resultante da fusão dos anglos, saxões e jutos que se fixaram na Inglaterra no sV **2** *p.ext.* inglês ('natural') **3** idioma falado pelos anglo-saxões, que deu origem ao inglês ■ *adj.* **4** relativo a esse indivíduo, povo e língua

an.go.rá *adj.2g.s.2g.* **1** (raça de gato, coelho, cabra) de pelo longo e sedoso **2** (roupa ou tecido) feito com esse material

an.gra *s.f.* pequena baía ou enseada

an.gu *s.m. B* **1** papa feita de farinha de milho (fubá), de mandioca ou de arroz, cozida com água; polenta **2** *infrm.* falta de ordem; confusão, complicação **3** *infrm.* briga que envolve muitas pessoas

an.gui.lí.deo \gü\ *s.m.* ZOO **1** espécime dos anguilídeos, família de peixes ósseos, vulgarmente conhecidos como enguias e moreias, encontrados em alguns mares tropicais e temperados ■ *adj.* **2** relativo a essa família

an.gu.la.do *adj.* que tem ângulo(s); anguloso

an.gu.lar *adj.2g.* **1** relativo a ângulo **2** em forma de ou com ângulo(s); angulado, anguloso ~ **angularidade** *s.f.*

ân.gu.lo *s.m.* **1** GEOM figura geométrica delimitada por duas semirretas de mesma origem **2** GEOM medida do afastamento de duas semirretas que têm ponto comum **3** esquina, canto, quina **4** *fig.* aspecto sobre o qual se observa ou analisa algo; ponto de vista ⊡ **â. agudo** *loc.subst.* aquele menor que um ângulo reto (menos de 90 graus) • **â. obtuso** *loc.subst.* ângulo maior do que um ângulo reto (mais de 90 graus) • **â. reto** *loc.subst.* ângulo formado por duas retas perpendiculares, formando 90 graus • **â. suplementar** *loc.subst.* ângulo que se deve adicionar a outro para se obter 180 graus

an.gu.lo.so \ô\ [pl.: *angulosos* \ó\] *adj.* **1** angulado **2** com arestas ou saliências pontudas; ossudo ⟨*rosto a.*⟩ ~ **angulosidade** *s.f.*

an.gús.tia *s.f.* **1** redução de espaço ou de tempo; carência, falta **2** estado de ansiedade, inquietude; sofrimento, tormento ↄ contentamento, paz ~ **angustiador** *adj.s.m.* - **angustiante** *adj.2g.* - **angustioso** *adj.*

an.gus.ti.ar *v.* {mod. 1} *t.d. e pron.* (fazer) sentir aflição, ansiedade; agoniar(-se)

a.nhan.gá *s.m. B* ente mitológico tupi-guarani, protetor dos animais em relação a caçadores e pescadores

a.nhan.gue.ra \gü\ *s.m. B* **1** gênio manhoso e velhaco **2** valente ■ *adj.2g.s.m. B* **3** que(m) é corajoso, valentão

a.nhi.mí.deo *s.m.* **1** espécime dos anhimídeos, família de aves aquáticas e cosmopolitas, representadas por marrecos, patos, anhumas etc., que vivem em pântanos ou charcos da América do Sul ■ *adj.* **2** relativo a essa família

a.nho *s.m.* cordeiro ⊙ VOZ v. e subst.: balar, balir; subst.: balado, balido

a.nhu.ma *s.f.* ave aquática, originária dos pântanos ou charcos amazônicos, de plumagem preta e branca, e uma saliência na testa ⊙ VOZ v. e subst.: cantar, estridular, gritar

a.ni.a.gem *s.f.* tecido grosseiro us. esp. na confecção de sacos e fardos

a.ni.dri.do *s.m.* produto químico derivado dos ácidos pela remoção de água

a.ni.dro *adj.* que não contém água, líquidos orgânicos etc. ⟨*álcool a.*⟩

a.nil *adj.2g.2n.* **1** diz-se de certa tonalidade de azul ⟨*janelas de cor azul a.*⟩ **2** que tem certa tonalidade de azul ⟨*céu a.*⟩ ■ *s.m.* **3** QUÍM corante azul de origem vegetal ou sintética; índigo **4** o tom de azul desse corante **5** azul ⟨*o a. da Bandeira Nacional*⟩ ~ **anilar** *v.t.d.*

a.ni.lho *s.m.* pequena argola para enfiar cordões ou para proteger furos de ilhós

a.ni.li.na *s.f.* substância venenosa, derivada do benzeno, muito us. em corantes, resinas, perfumes etc.

a.ni.ma.ção [pl.: *-ões*] *s.f.* **1** expressividade, vida ⟨*olhos cheios de a.*⟩ ↄ apatia, tristeza **2** agitação, movimento, rebuliço ⟨*a a. do mercado*⟩ ↄ calma, quietude **3** *fig.* entusiasmo, paixão, vivacidade ⟨*debate cheio de a.*⟩ **4** técnica de produzir a ilusão de movimento a partir de imagens fixas, por meio de dispositivo mecânico, cinematográfico etc.

a.ni.ma.do *adj.* **1** dotado de vida e de movimento ⟨*ser a.*⟩ ↄ inanimado, morto **2** que parece ter movimento ⟨*desenho a.*⟩ **3** *fig.* muito alegre; bem-disposto, vivaz ↄ triste **4** *fig.* cheio de entusiasmo, de vivacidade ⟨*debate a.*⟩ **5** *fig.* muito confiante; esperançoso ⟨*a. com o novo projeto*⟩ ↄ descrente, desesperançado ~ **animadamente** *adv.*

a.ni.ma.dor \ô\ *adj.s.m.* **1** (o) que estimula ↄ desanimador **2** que(m) apresenta programas de auditório, em rádio ou televisão, ou faz *show* em casas de espetáculo; mestre de cerimônias **3** que(m) faz animação de imagens audiovisuais

a.ni.mal *s.m.* **1** ser vivo multicelular, heterotrófico, capaz de locomover-se e de reagir a estímulos externos **2** animal irracional **3** indivíduo bruto ■ *adj.2g.* **4** relativo a animal ⟨*gênero a.*⟩ **5** relativo a ou próprio dos animais irracionais; bestial ⟨*instinto a.*⟩ ↄ humanal, humano **6** que se relaciona com o físico, o material; carnal ⟨*prazer a.*⟩ ↄ espiritual ⊙ COL fauna ⊡ **a. irracional** *loc.subst.* qualquer animal, exceto o ser humano; bicho, alimária • **a. racional** *loc.subst.* o ser humano

a.ni.ma.les.co \ê\ *adj.* **1** relativo a ou próprio de animal **2** *fig.* bruto, estúpido

a.ni.ma.li.da.de *s.f.* **1** conjunto de características próprias dos animais irracionais e da parte instintiva do homem; bestialidade, brutalidade **2** *fig.* o que é brutal, grosseiro, violento

a.ni.ma.lis.mo *s.m.* **1** qualidade ou característica de animal **2** corrente artística que se caracteriza por tomar os animais como tema

a.ni.ma.li.zar *v.* {mod. 1} *t.d. e pron.* assemelhar(-se) a um animal; bestializar(-se) ~ **animalização** *s.f.*
a.ni.mar *v.* {mod. 1} *t.d.* **1** dar alma ou vida a **2** intensificar, avivar ⟨*a. fogo, chama*⟩ **3** *fig.* despertar (sentimento, ideia); aguçar ❑ *t.d. e pron.* **4** (fazer) adquirir entusiasmo, vivacidade; alegrar(-se) ⟨*a. a festa*⟩ ❑ *t.d.,t.d.i.,int. e pron.* **5** *fig.* (prep. *a*) (fazer) criar ânimo, coragem, alento; encorajar(-se)
a.ní.mi.co *adj.* relativo a ou próprio da alma
a.ni.mis.mo *s.m.* cada uma das doutrinas que afirmam a existência da alma humana, considerada como base das percepções, sentimentos e pensamentos ~ **animista** *adj.2g.s.2g.*
â.ni.mo *s.m.* **1** manifestação de desejo; vontade ⟨*não teve â. de sair*⟩ **2** determinação diante do perigo ou do sofrimento; coragem, decisão ⟨*faltou-lhe â. na luta*⟩ ⊃ abatimento **3** índole natural; gênio, temperamento ⟨*tem â. alegre*⟩ **4** espírito pensante; alma ⊃ carne, matéria ■ *interj.* **5** coragem, força ⟨*â., já estamos chegando!*⟩
a.ni.mo.si.da.de *s.f.* **1** aversão rancorosa ⊃ afeição **2** hostilidade ⊃ simpatia
a.ni.mo.so \ô\ [pl.: *animosos* \ó\] *adj.* **1** que tem ânimo, corajoso ⊃ covarde **2** que se empenha na realização de uma tarefa ⊃ desleixado
a.ni.nhar *v.* {mod. 1} *t.d. e pron.* **1** recolher(-se) em ninho **2** acomodar(-se) confortavelmente ⟨*a. o filho no peito*⟩ ⟨*a.-se no sofá*⟩ ❑ *int.* **3** fazer ninho
â.ni.on [pl.: *aníones, ânions*] *s.m.* íon de carga elétrica negativa
a.ni.qui.lar *v.* {mod. 1} *t.d.* **1** destruir, exterminar **2** tornar sem efeito; anular ⟨*a. ordem judicial*⟩ ❑ *t.d. e pron.* **3** abater(-se) física ou moralmente ~ **aniquilação** *s.f.* - **aniquilador** *adj.s.m.* - **aniquilamento** *s.m.*
a.nis *s.m.* **1** erva aromatizante e sua semente, us. em balas, licor etc. **2** anisete
a.ni.se.te *s.m.* licor de anis
a.nis.ti.a *s.f.* DIR perdão de algum delito político ou legal ~ **anistiar** *v.t.d.*
a.nis.tó.ri.co *adj.* **1** que não participa da história; não histórico **2** avesso à história; anti-histórico
a.ni.ver.sa.ri.an.te *adj.2g.s.2g.* que(m) faz aniversário
a.ni.ver.sá.rio *s.m.* dia em que algo ou alguém completa ano(s) ~ **aniversariar** *v.int.*
an.jo *s.m.* **1** REL mensageiro celestial entre Deus e os homens **2** criança vestida de anjo nas procissões **3** *fig.* pessoa boa e tranquila ⊃ demônio **4** criança morta
–ano *suf.* **1** 'origem, procedência': *sergipano* **2** 'relação': *republicano, freudiano*
ano *s.m.* **1** intervalo de tempo que a Terra leva para circundar o Sol, equivalente a 365 dias e 6 horas, aprox. **2** período de 12 meses ⊡ a. **bissexto** *loc.subst.* ano de 366 dias e que ocorre a cada quatro anos • a. **civil** *loc.subst.* período de 1° de janeiro a 31 de dezembro • a. **letivo** *loc.subst.* período do ano em que são dadas as aulas nas escolas
a.no.di.ni.a *s.f.* ausência de dor
a.nó.di.no *adj.* **1** que diminui a dor **2** *fig.* pouco eficaz; insignificante
a.nó.fe.le *s.m.* designação comum a mosquitos de distribuição cosmopolita e responsáveis pela transmissão da malária ~ **anofelino** *adj.s.m.*
a.noi.te.cer *v.* {mod. 8} *int.* **1** tornar-se noite ☞ nesta acp., é impessoal, exceto quando fig. ❑ *t.d. fig.* **2** cobrir de trevas; escurecer ■ *s.m.* **3** o início da noite
a.no-luz [pl.: *anos-luz*] *s.m.* unidade que corresponde à distância (aprox. 9 trilhões e 450 bilhões de km) percorrida pela luz, no vácuo, durante um ano, à velocidade de 300 mil km/s
a.no.ma.li.a *s.f.* **1** o que não é normal; irregularidade **2** aberração
a.nô.ma.lo *adj.* **1** fora da ordem, da norma estabelecida; diferente do normal; anormal, atípico, estranho ⊃ corriqueiro, natural, normal **2** diz-se de verbo que não segue as regras gerais de formação
a.no.ni.ma.to *s.m.* condição ou qualidade do que é anônimo
a.nô.ni.mo *adj.* **1** sem o nome do autor **2** de nome desconhecido ⊃ conhecido **3** que não tem fama, renome ⊃ famoso
a.no-no.vo [pl.: *anos-novos*] *s.m.* **1** ano que entra **2** meia-noite do dia 31 de dezembro; ano-bom **3** dia 1° de janeiro; ano-bom ☞ nas 3 acp., iniciais por vezes maiúsc.
a.no.ra.que *s.m.* agasalho de pele e com capuz us. pelos esquimós **2** *p.ext.* agasalho impermeável com capuz
a.no.re.xi.a \cs\ *s.f.* perda de apetite ⊃ orexia ⊡ a. **nervosa** *loc.subst.* grave perda de apetite, de fundo emocional
a.no.ré.xi.co \cs\ *adj.s.m.* **1** que(m) tem anorexia ■ *adj.* **2** relativo a anorexia
a.nor.mal *adj.2g.* **1** que não está de acordo com a norma ⊃ comum, normal ■ *adj.2g.s.2g.* **2** que(m) é deficiente mental ~ **anormalidade** *s.f.*
a.no.ta.ção [pl.: *-ões*] *s.f.* **1** ato ou efeito de anotar, de tomar notas **2** indicação escrita breve; apontamento, assentamento, nota **3** série de comentários (ger. sobre produção literária, artística ou científica); comentário, glosa, observação
a.no.tar *v.* {mod. 1} *t.d.* **1** tomar nota(s) de; registrar **2** incluir nota em (texto) **3** comentar por meio de notas ~ **anotador** *adj.s.m.*
an.sei.o *s.m.* desejo forte
ân.sia *s.f.* **1** náusea, enjoo **2** mal-estar profundo; ansiedade **3** anseio
an.si.ar *v.* {mod. 5} *t.d. e t.i. fig.* **1** (prep. *por*) desejar muito; almejar ❑ *t.d. e pron.* **2** (fazer) sentir ansiedade, preocupação; angustiar(-se) ❑ *t.d.,int. e pron.* **3** (fazer) sentir náusea(s); enjoar
an.si.e.da.de *s.f.* **1** angústia, inquietação, intranquilidade ⊃ calma **2** desejo premente
an.si.o.lí.ti.co *adj.s.m.* (medicamento) que reduz a ansiedade, a tensão
an.si.o.sa.men.te *adv.* **1** com grande inquietação, angústia, aflição, nervoso; exasperadamente, impa-

cientemente ⟨*procurou a. a lista de aprovados*⟩ ⮌ calmamente, pacientemente, tranquilamente **2** com muita ânsia, desejo, avidez; avidamente, sofregamente ⮌ sobriamente

an.si.o.so \ô\ [pl.: *ansiosos* \ó\] *adj.* que tem ânsia

an.ta *s.f.* mamífero selvagem, pesado e de pernas curtas, com focinho comprido em forma de uma pequena tromba; tapir

an.ta.gô.ni.co *adj.* que se opõe; contrário, incompatível

an.ta.go.nis.mo *s.m.* tendência contrária; rivalidade, oposição ⟨*a. de ideias, de princípios*⟩

an.ta.go.nis.ta *adj.2g.s.2g.* **1** que(m) age em sentido oposto; opositor **2** que(m) é contra alguém ou contra alguma coisa; adversário, rival ■ *adj.2g.* **3** relativo a antagonismo

an.ta.go.ni.zar *v.* {mod. 1} *t.d. e pron.* mostrar-se contrário, antagônico a; opor-se

an.ta.nho *adv.* em épocas passadas; antigamente

an.tár.ti.co *adj.* do polo sul ⮌ ártico

ante– *pref.* 'precedência': *anteontem, anteprojeto*

–ante *suf.* equivale a *-nte*

an.te *prep.* em frente a; diante de

an.te.bra.ço *s.m.* porção do braço entre o pulso e o cotovelo

an.te.câ.ma.ra *s.f.* antessala

an.te.ce.dên.cia *s.f.* anterioridade

an.te.ce.den.te *adj.2g.* **1** que se passou anteriormente; anterior ⟨*dia a. à mudança*⟩ ⮌ posterior, seguinte ▼ ***antecedentes*** *s.m.pl.* **2** fatos do passado de uma pessoa ⟨*suspeito sem a. criminais*⟩

an.te.ce.der *v.* {mod. 8} *t.d. e t.i.* **1** (prep. *a*) ser anterior a, vir antes de; preceder ⮌ seguir ❑ *pron.* **2** (prep. *a*) adiantar-se, antecipar-se

an.te.ces.sor \ô\ *adj.s.m.* que(m) antecede ⮌ sucessor

an.te.ci.pa.ção [pl.: *-ões*] *s.f.* **1** ocorrência antes do tempo normal ⟨*a. das aulas*⟩ ⮌ adiamento **2** posicionamento adiante

an.te.ci.par *v.* {mod. 1} *t.d.,int. e pron.* **1** (prep. *a*) fazer chegar ou ocorrer antes do esperado; adiantar(-se) ❑ *t.d.i.* **2** (prep. *a*) comunicar com antecedência ❑ *t.d. e pron.* **3** (prep. *a*) chegar antes de; adiantar(-se) ~ **antecipado** *adj.* - **antecipatório** *adj.*

an.te.da.tar *v.* {mod. 1} *t.d.* falsificar (documento, escrito) pondo-lhe data anterior a sua elaboração ☞ cf. *pré-datar*

an.te.di.lu.vi.a.no *adj.* **1** anterior ao dilúvio bíblico **2** *fig.* muito antigo

an.te.go.zar *v.* {mod. 1} *t.d.* deliciar-se por (algo) antes de sua realização ⟨*a. a vitória*⟩ ~ **antegozo** *s.m.*

an.te-his.tó.ri.co [pl.: *ante-históricos*] *adj.* pré-histórico ☞ cf. *anti-histórico*

an.te.mão *adv.* ▶ só usado em: **de a.** *loc.adv.* antecipadamente

an.te.me.ri.di.a.no *adj.* anterior ao meio-dia

an.te.na *s.f.* **1** dispositivo que capta e transmite ondas eletromagnéticas **2** cada um dos apêndices sensoriais alongados de insetos, crustáceos etc.

an.te.na.do *adj.* **1** com antena(s) **2** *fig. infrm.* bem informado; atento

an.te.nis.ta *adj.2g.s.2g.* que(m) instala ou conserta antenas

an.te.on.tem *adv.* no dia que precedeu o de ontem

an.te.pa.rar *v.* {mod. 1} *t.d.* **1** pôr anteparo em **2** *fig.* evitar, impedir ⟨*a. um mal*⟩ ❑ *t.d. e int.* **3** (fazer) parar antecipadamente ❑ *int. e pron.* **4** parar de repente ❑ *t.d.,t.d.i. e pron. p.ext.* **5** (prep. *de*) oferecer ou dar proteção (física ou moral); defender(-se)

an.te.pa.ro *s.m.* o que se coloca diante de alguém ou de algo para abrigo ou defesa

an.te.pas.sa.do *adj.* **1** já passado ou decorrido; anterior, precedente ■ *s.m.* **2** parente em linha ascendente ⮌ descendente ▼ ***antepassados*** *s.m.pl.* **3** gerações anteriores de um indivíduo; ancestrais

an.te.pas.to *s.m.* iguaria servida antes da refeição; aperitivo

an.te.pe.núl.ti.mo *adj.s.m.* (o) que está antes do penúltimo

an.te.por *v.* {mod. 23} *t.d.i. e pron.* **1** (prep. *a*) pôr(-se) antes de; antecipar(-se) ⮌ pospor(-se) **2** (prep. *a*) pôr(-se) em oposição a; contrapor(-se) ❑ *t.d.i. fig.* **3** (prep. *a*) considerar mais importante; preferir ⊙ GRAM/USO part.: *anteposto* ~ **anteposição** *s.f.*

an.te.pro.je.to *s.m.* projeto preliminar

an.te.ra *s.f.* BOT extremidade dilatada do estame onde fica o pólen

an.te.ri.or \ô\ *adj.2g.* **1** que vem antes ⟨*a infância é a. à adolescência*⟩ ⮌ posterior **2** situado na parte da frente ⮌ posterior ~ **anterioridade** *s.f.*

an.te.ri.or.men.te *adv.* **1** em tempo anterior; antes ⟨*a. viviam como condenados*⟩ ⮌ depois **2** na frente ou na parte dianteira ⮌ posteriormente

an.tes *adv.* **1** em tempo ou lugar anterior ⟨*chegou a. de todos*⟩ ⮌ depois **2** de preferência, melhor ⟨*a. pobre que desmoralizado*⟩ **3** primeiro, primeiramente **4** ao contrário, pelo contrário

an.tes.sa.la *s.f.* **1** sala que precede a principal **2** sala de espera

an.te.ver *v.* {mod. 12} *t.d.* **1** ver, observar com antecedência **2** perceber (fato futuro) por meios sobrenaturais; prever, adivinhar ~ **antevisão** *s.f.*

an.te.vés.pe.ra *s.f.* o dia anterior à véspera

anti– *pref.* 'oposição': *antipatia, antigripal, antioxidante*

an.ti.a.bo.li.cio.nis.mo *s.m.* movimento político contrário à abolição da escravidão ⮌ abolicionismo

an.ti.a.bor.to \ô\ *adj.2g.2n.* que se opõe à prática do aborto ⟨*manifestações antiaborto*⟩

an.ti.á.ci.do *adj.s.m.* (remédio) que combate a acidez gástrica

an.ti.a.de.ren.te *adj.2g.s.2g.* (produto ou revestimento) que impede aderência ⟨*frigideira a.*⟩ ⟨*material revestido com a.*⟩ ~ **antiaderência** *s.f.*

an.ti.a.é.reo *adj.* que protege de ataques aéreos ⟨*esconderijo a.*⟩

an.ti.a.lér.gi.co *adj.s.m.* **1** (medicamento) que combate alergia ■ *adj.* **2** que não provoca alergia

an.ti.a.me.ri.ca.no *adj.s.m.* que(m) é contra os E.U.A. ou a sua influência em outros países ⊃ americanista

an.ti.as.má.ti.co *adj.s.m.* (medicamento) que combate a asma

an.ti.bac.te.ri.a.no *adj.s.m.* (agente ou substância) que inibe o desenvolvimento de bactérias

an.ti.bi.ó.ti.co *adj.s.m.* (substância) que combate microrganismos causadores de doenças infecciosas

an.ti.cas.pa *adj.2g.2n.s.m.* (substância) que evita ou combate a caspa

an.ti.ci.clo.ne *s.m.* zona de alta pressão atmosférica, de onde os ventos sopram em espiral ~ **anticiclônico** *adj.*

an.ti.cle.ri.cal *adj.2g.s.2g.* que(m) combate a influência política, social ou moral do clero ~ **anticlericalismo** *s.m.* - **anticlericalista** *adj.2g.s.2g.*

an.ti.clí.max \cs\ *s.m.2n.* numa narrativa, cena menos relevante do que a antecedente (o clímax)

an.ti.co.a.gu.lan.te *adj.2g.s.m.* (substância) que evita a coagulação do sangue ⊃ coagulante

an.ti.con.cep.ção [pl.: *-ões*] *s.f.* método ou conjunto de métodos para evitar a fecundação ou a nidação; contracepção

an.ti.con.cep.cio.nal *adj.2g.s.m.* **1** (o) que impede a fecundação do óvulo; contraceptivo ⟨*métodos a.*⟩ ■ *s.m.* **2** medicamento us. por mulheres para evitar a gravidez

an.ti.cons.ti.tu.cio.nal *adj.2g.* que contraria ou infringe a Constituição de um país

an.ti.con.vul.si.vo *adj.s.m.* (medicamento) que previne ou combate convulsões

an.ti.cor.po \ô\ [pl.: *anticorpos \ó*] *s.m.* BIO proteína do soro sanguíneo que neutraliza os efeitos nocivos dos antígenos no organismo

an.ti.cor.ro.si.vo *adj.s.m.* (o) que evita ou combate a corrosão

an.ti.cor.rup.ção [pl.: *-ões*] *adj.2g.2n.* que investiga e/ou combate a corrupção ⟨*medidas anticorrupção*⟩

an.ti.cris.to *s.m.* **1** no Apocalipse, falso profeta **2** *p.ext.* indivíduo que se opõe a Cristo e ao cristianismo

an.ti.de.pres.si.vo *adj.s.m.* (medicamento) que evita ou atenua depressão psíquica

an.ti.der.ra.pan.te *adj.2g.s.m.* (o) que impede a derrapagem

an.tí.do.to *adj.s.m.* (medicamento) que combate a ação de toxina ou veneno

an.ti.e.co.nô.mi.co *adj.* **1** que não gera economia ou não reduz gastos **2** contrário à boa gestão da economia

an.ti.es.pas.mó.di.co *adj.s.m.* (substância) que combate espasmos; antispasmódico, antispástico

an.ti.es.tá.ti.co *adj.* FÍS **1** que impede ou limita a formação de eletricidade estática **2** que diminui interferências atmosféricas nas comunicações sem fio

an.tí.fo.na *s.f.* versículo cantado antes e depois de um salmo ~ **antifônico** *adj.*

an.tí.fra.se *s.f.* emprego de palavra ou frase com sentido oposto ao verdadeiro, como, p.ex., *muito bonito!* por *que coisa feia!* ~ **antifrástico** *adj.*

an.ti.fu.te.bol *s.m.* maneira de jogar o futebol que consiste em recorrer sistematicamente à violência e ao antijogo

an.ti.ga.men.te *adv.* **1** em época remota, no passado; outrora ⊃ atualmente, recentemente ■ *s.m.* **2** época mais ou menos distante no tempo ⟨*veste roupas de a.*⟩

an.tí.ge.no *s.m.* substância que provoca a formação de anticorpos quando introduzida no organismo ~ **antigenicidade** *s.f.* - **antigênico** *adj.*

an.ti.gi.nás.ti.ca *s.f.* ginástica de movimentos suaves com o intuito de promover consciência corporal e correção postural

an.ti.go *adj.* **1** que existe há muito tempo ⊃ novo **2** que tem precedência; anterior ⟨*era mais feliz na casa a.*⟩ ⊃ novo ⊙ GRAM/USO sup.abs.sint.: *antiguíssimo, antiquíssimo*

an.ti.gri.pal *adj.2g.s.m.* (medicamento) que combate ou previne a gripe

an.ti.gua.lha ou **an.ti.qua.lha** *s.f.* qualquer coisa antiga

an.ti.guer.ra *adj.2g.2n.* que tem por objetivo evitar guerras ou mostrar-se contrário a elas ⟨*movimentos antiguerra*⟩

an.ti.gui.da.de \gu *ou* gü\ *s.f.* **1** qualidade do que é antigo **2** época remota; tempo antigo **3** período da história, de início indefinido, encerrado com a queda do Império Romano do Ocidente ☞ inicial maiúsc. **4** objeto antigo

an.ti-he.rói [pl.: *anti-heróis*; fem.: *anti-heroína*] *s.m.* personagem cujas características se opõem às do herói

an.ti-hi.dro.fó.bi.co [pl.: *anti-hidrofóbicos*] *adj.s.m.* antirrábico

an.ti-hi.gi.ê.ni.co [pl.: *anti-higiênicos*] *adj.* contrário às normas da higiene

an.ti-his.ta.mí.ni.co [pl.: *anti-histamínicos*] *adj.s.m.* (medicamento) us. esp. contra alergia, enjoos e úlceras

an.ti-his.tó.ri.co [pl.: *anti-históricos*] *adj.* contrário à história, seus dados e fundamentos; anistórico ☞ cf. *ante-histórico*

an.ti-ho.rá.rio [pl.: *anti-horários*] *adj.* que tem rotação contrária à dos ponteiros do relógio

an.ti-ic.té.ri.co [pl.: *anti-ictéricos*] *adj.s.m.* (medicamento) que combate a icterícia

an.ti-in.fec.ci.o.so [pl.: *anti-infecciosos*] *adj.s.m.* (substância) que combate infecção

an.ti-in.fla.cio.ná.rio [pl.: *anti-inflacionários*] *adj.* que previne ou age contra a inflação

an.ti-in.fla.ma.tó.rio [pl.: *anti-inflamatórios*] *adj.s.m.* (medicamento) que combate inflamações

an.ti.jo.go \ô\ [pl.: *antijogos \ó*] *s.m.* comportamento, em campo ou na quadra, que contraria o espírito desportivo, a lealdade, a lisura entre os oponentes

an.ti.ju.dai.co *adj.s.m.* que(m) é contra os judeus
an.ti.ju.rí.di.co *adj.* que contraria as normas jurídicas; ilegal
an.ti.lha.no *adj.* **1** das Antilhas ☞ cf. *Antilhas* na parte enciclopédica ■ *s.m.* **2** natural ou habitante desse arquipélago
an.ti.lo.ga.rit.mo *s.m.* número que corresponde a um logaritmo dado; logaritmo inverso
an.tí.lo.pe *s.m.* mamífero ruminante de chifres longos e arqueados para trás, comum na África
an.ti.mag.né.ti.co *adj.* que resiste à magnetização
an.ti.ma.té.ria *s.f.* matéria hipotética de átomos formados por antipartículas
an.ti.mi.có.ti.co *adj.s.m.* (medicamento) que combate micoses
an.ti.mís.sil *s.m.* armamento destinado a interceptar e destruir mísseis
an.ti.mô.nio *s.m.* elemento químico us. em ligas metálicas [símb.: *Sb*] ☞ cf. *tabela periódica* (no fim do dicionário) ~ **antimonial** *adj.2g.s.m.*
an.ti.na.tu.ral *adj.2g.* contrário às leis da natureza
an.ti.ne.vrál.gi.co *adj.s.m.* (medicamento) que alivia dor nevrálgica
an.ti.no.mi.a *s.f.* **1** contradição entre princípios ou doutrinas **2** posição totalmente contrária; oposição ~ antinômico *adj.*
an.ti.nu.cle.ar *adj.2g.* **1** contrário ao uso de energia atômica ou armamento nuclear **2** que protege da radiação nuclear (diz-se de abrigo)
an.ti.o.fí.di.co *adj.s.m.* (substância) que combate veneno de cobra
an.ti.o.xi.dan.te \cs\ *adj.2g.s.m.* (substância) que evita a oxidação ~ **antioxidação** *s.f.*
an.ti.par.tí.cu.la *s.f.* partícula subatômica idêntica a outra partícula subatômica quanto à massa, mas que apresenta propriedades elétricas e magnéticas opostas a ela
an.ti.pa.ti.a *s.f.* aversão não premeditada ⊃ simpatia
an.ti.pá.ti.co *adj.s.m.* que(m) provoca antipatia ⊃ simpático
an.ti.pa.ti.zar *v.* {mod. 1} *t.i.* (prep. *com*) ter antipatia por, aversão a; implicar ⊃ simpatizar
an.ti.pa.tri.o.ta *adj.2g.s.2g.* que(m) é contra a sua pátria ⊃ patriota
an.ti.pa.tri.ó.ti.co *adj.* contra os interesses da pátria ⊃ patriótico
an.ti.pa.tri.o.tis.mo *s.m.* **1** falta de patriotismo **2** atitude antipatriótica
an.ti.pe.da.gó.gi.co *adj.* contrário à pedagogia ⊃ pedagógico
an.ti.pers.pi.ran.te *adj.2g.s.m.* (substância) que reduz o suor; antitranspirante
an.ti.pi.ré.ti.co *adj.s.m.* (medicamento) que combate a febre; antitérmico
an.tí.po.da *s.m.* **1** habitante do globo que, em relação a outro, vive em lugar diametralmente oposto ■ *adj.2g.s.m.* **2** (o) que se situa em lugar diametralmente oposto **3** *p.ext.* (o) que tem características opostas ⊃ semelhante
an.ti.pó.lio *adj.2g.s.f.* (vacina) contra a poliomielite
an.ti.po.lu.en.te *adj.2g.s.m.* (substância ou processo) que reduz a poluição ambiental ⊃ poluente
an.ti.po.pu.lar *adj.2g.* contrário aos desejos do povo, à opinião pública ☞ cf. *impopular*
an.ti.pro.gres.sis.ta *adj.2g.s.2g.* que(m) é contrário ao progresso ⊃ progressista
an.ti.pru.ri.gi.no.so \ô\ [pl.: *antipruriginosos* \ó\] *adj.s.m.* (substância) que combate pruridos
an.ti.qua.do *adj.* ultrapassado, fora de moda ⊃ atual, moderno
an.ti.qua.lha → ANTIGUALHA
an.ti.quá.rio *s.m.* **1** colecionador ou vendedor de objetos antigos **2** loja de objetos antigos
an.ti.quís.si.mo \qü\ *adj.* muito antigo ⊙ GRAM/USO sup.abs.sint. de *antigo*
an.tir.rá.bi.co *adj.s.m.* (medicamento) que evita ou combate a raiva ('doença')
an.tir.re.gi.men.tal *adj.2g.* que contraria regimento ou estatuto
an.tir.re.tro.vi.ral *adj.2g.s.m.* (droga) que tem efeito contrário aos retrovírus
an.tir.ru.í.do *adj.2g.2n.* que bloqueia ou diminui ruídos
an.tis.pas.mó.di.co *adj.s.m.* antiespasmódico
an.tis.se.mi.ta *adj.2g.s.2g.* **1** que(m) se opõe aos semitas, esp. aos judeus **2** antijudaico ~ **antissemítico** *adj.*
an.tis.se.mi.tis.mo *s.m.* **1** aversão aos semitas **2** atitude política contrária aos judeus
an.tis.sép.ti.co *adj.s.m.* (medicamento) que impede a contaminação e combate a infecção ⊃ séptico
an.tis.si.fi.lí.ti.co *adj.s.m.* (medicamento) que combate a sífilis
an.tis.so.ci.al *adj.2g.* **1** contrário às ideias, costumes ou interesses da sociedade **2** patologicamente avesso à vida social
an.ti.tér.mi.co *adj.s.m.* **1** (o) que protege do calor **2** antipirético
an.tí.te.se *s.f.* **1** ideia que é o oposto de uma outra ideia; contradição **2** figura de retórica que opõe duas ideias ou palavras de sentido contrário ~ **antitético** *adj.*
an.ti.te.tâ.ni.co *adj.s.m.* (medicamento) que evita ou combate o tétano
an.ti.tó.xi.co \cs\ *adj.s.m.* antídoto ~ **antitoxicidade** *s.f.*
an.ti.trans.pi.ran.te *adj.2g.s.m.* antiperspirante
an.ti.trus.te *adj.2g.2n.* que restringe a formação de truste
an.ti.tús.si.co *adj.s.m.* antitussígeno
an.ti.tus.sí.ge.no *adj.s.m.* (medicamento) que acalma ou elimina a tosse
an.ti.va.ri.ó.li.co *adj.s.m.* (medicamento) que previne ou trata a varíola
an.ti.vi.ral *adj.2g.* que imuniza ou atua contra vírus

an.ti.vi.ró.ti.co *adj.s.m.* (substância) que combate vírus
an.ti.ví.rus *adj.2g.2n.s.m.2n.* INF (programa) que detecta e elimina vírus de computador
an.to.lhos \ó\ *s.m.pl.* par de peças colocadas ao lado dos olhos de animal de montaria, para que ele só olhe para frente
an.to.lo.gi.a *s.f.* coleção de textos organizados segundo tema, época etc. ~ **antológico** *adj.* - **antologista** *adj.2g.s.2g.*
an.to.ní.mia *s.f.* **1** relação de sentido que opõe dois termos ⮌ sinonímia **2** estudo de ou teoria sobre antônimos **3** lista de antônimos
an.tô.ni.mo *adj.s.m.* (palavra) de sentido contrário a outra ⮌ sinônimo ⊙ COL antonímia ~ **antonímico** *adj.*
an.to.no.má.sia *s.f.* substituição de um nome de pessoa, objeto etc. por outra denominação (*um romeu* por *um homem apaixonado*)
an.traz *s.m.* MED carbúnculo
an.tro *s.m.* **1** caverna profunda e escura **2** lugar onde se reúnem criminosos ou pessoas de má índole
an.tro.po.cên.tri.co *adj.* que interpreta a realidade na perspectiva do antropocentrismo
an.tro.po.cen.tris.mo *s.m.* forma de pensamento que considera o homem o centro do universo e tudo interpreta de acordo com valores e experiências humanas ~ **antropocentrista** *adj.2g.s.2g.*
an.tro.po.fa.gi.a *s.f.* ato ou fato de comer carne humana ~ **antropofágico** *adj.*
an.tro.pó.fa.go *adj.s.m.* que(m) come carne humana
an.tro.poi.de \ói\ *adj.2g.* **1** semelhante ao homem **2** relativo aos antropoides ■ *s.m.* **3** espécime dos antropoides, subordem de primatas desprovidos de cauda, como o homem, o orangotango etc.
an.tro.po.lo.gi.a *s.f.* ciência que estuda a natureza do homem e sua cultura ~ **antropológico** *adj.* - **antropologista** *adj.2g.s.2g.*
an.tro.pó.lo.go *s.m.* o especialista em antropologia
an.tro.po.mor.fo *adj.* que tem forma humana; antropoide ~ **antropomorfia** *s.f.* - **antropomórfico** *adj.*
an.tro.po.ní.mia *s.f.* **1** estudo dos nomes próprios de pessoa **2** lista de antropônimos
an.tro.pô.ni.mo *s.m.* nome de pessoa ~ **antroponímico** *adj.*
an.tú.rio *s.m.* planta tropical de flor ornamental
a.nu ou **a.num** *s.m.* pequena ave preta de bico forte e cauda longa
a.nu.al *adj.2g.* **1** que ocorre uma vez por ano ⟨*festas a.*⟩ **2** que dura um ano ⟨*contrato a.*⟩
a.nu.á.rio *s.m.* publicação anual
a.nu.ên.cia *s.f.* consentimento, aprovação ⮌ proibição
a.nu.i.da.de *s.f.* **1** quantia que se paga anualmente **2** pagamento anual para constituição de um capital ou para amortização de uma dívida
a.nu.ir *v.* {mod. 26} *t.i. e int.* (prep. *a*) estar de acordo; aprovar, permitir
[1]**a.nu.lar** *v.* {mod. 1} *t.d. e pron.* **1** tornar(-se) nulo, sem efeito; invalidar(-se) ❑ *t.d.* **2** destruir, exterminar ❑ *pron.* **3** perder a identidade; desvalorizar-se [ORIGEM: do lat. *anulāre* 'id.'] ~ **anulação** *s.f.* - **anulador** *adj.s.m.* - **anulatório** *adj.*
[2]**a.nu.lar** *adj.2g.* **1** relativo a anel **2** que tem feitio de anel ■ *adj.2g.s.m.* **3** [1]anelar [ORIGEM: do lat. *anulāris,e* 'id.']
a.num *s.m.* → *ANU*
a.nun.ci.a.ção [pl.: *-ões*] *s.f.* **1** comunicação de uma mensagem **2** REL notícia recebida por Maria de que ela conceberia o Filho de Deus **3** REL festa da Igreja católica em memória desse acontecimento
a.nun.ci.an.te *adj.2g.s.2g.* **1** (o) que anuncia ou prenuncia; anunciador, divulgador **2** (o) que patrocina anúncios em qualquer meio de comunicação; patrocinador
a.nun.ci.ar *v.* {mod. 1} *t.d.,t.d.i. e int.* **1** (prep. *a*) comunicar, divulgar ❑ *t.d. e t.d.i.* **2** (prep. *a*) mostrar claramente, por gesto, sinal etc.; indicar **3** (prep. *a*) prevenir da presença ou chegada de ❑ *t.d. e int.* **4** fazer propaganda (de produto, serviço etc.) ~ **anunciador** *adj.s.m.*
a.nún.cio *s.m.* **1** ação de divulgar algo ao público; notícia **2** sinal que indica acontecimento futuro **3** comercial
a.nu.ro *adj.* **1** que não possui cauda ■ *s.m.* **2** espécime dos anuros, ordem de anfíbios cujos adultos não possuem cauda
â.nus *s.m.2n.* ANAT abertura do reto por onde saem as fezes
a.nu.vi.ar *v.* {mod. 1} *t.d. e pron.* **1** cobrir(-se) de nuvens; nublar(-se) ⮌ desanuviar(-se) **2** *fig.* entristecer(-se), perturbar(-se) ⮌ desanuviar(-se) ~ **anuviamento** *s.m.*
an.ver.so *s.m.* **1** parte da frente de qualquer objeto que apresente dois lados opostos ⮌ verso **2** nas moedas e medalhas, face com emblema ou efígie; cara
an.zol *s.m.* pequeno gancho com uma ponta farpada us. para fisgar peixes
[1]**-ão** *suf.* **1** 'aumento': *camisolão* **1.1** com sentido pejorativo: *machão* **1.2** com sentido afetivo: *paizão* **2** 'diminuição': *calção* **3** 'ação ou seu resultado': *encontrão* [ORIGEM: lat. *-ĭo,iōnis*]
[2]**-ão** *suf.* **1** ligado a hábitos (ger. censuráveis): *beberrão* **2** a numerais: *bilhão, trilhão* **3** a idade: *quarentão* **4** a origem gentílica ou de lugar: *bretão, aldeão* **5** a ofícios, profissões: *cirurgião, tecelão* **6** a instrumentos: *boticão, pilão* [ORIGEM: lat. *-anu-*]
[3]**-ão** *suf.* de origens diversas (grega, árabe, espanhola, francesa, italiana, tupi etc.): *anão, algodão, chimarrão, avião, artesão, mutirão* etc.
a.on.de *adv.* a que lugar, para que lugar
a.or.ta *s.f.* ANAT grande artéria que distribui sangue do ventrículo esquerdo do coração para todo o organismo ~ **aórtico** *adj.*
AP sigla do Estado do Amapá
APA *s.f.* sigla de *área de proteção ambiental*

a.pa.che *s.2g.* **1** indivíduo dos apaches, povo indígena dos E.U.A. ■ *s.m.* **2** língua falada pelos apaches ■ *adj.2g.* **3** relativo a esse indivíduo, povo ou língua

a.pa.dri.nhar *v.* {mod. 1} *t.d.* **1** ser padrinho de (em batizado, casamento, formatura etc.) **2** patrocinar, financiar **3** lutar em favor de; defender ~ **apadrinhamento** *s.m.*

a.pa.ga.do *adj.fig.* **1** que não tem fogo ou luz; extinto ⟨*lareira a., lâmpada a.*⟩ ↺ aceso, vivo **2** *fig.* sem brilho; amortecido, embaciado ⟨*olhar a.*⟩ ↺ claro, luminoso **3** *fig.* que não se destaca; insignificante, medíocre ↺ importante, notável **4** *fig.* desprovido de cultura, inteligência ou vivacidade intelectual; inculto ⟨*escritor a.*⟩ ↺ culto **5** *fig.* riscado, raspado, sumido (diz-se de escrita) **6** excluído da lembrança; esquecido, olvidado ↺ lembrado, recordado **7** em estado de letargia, causado por drogas ou álcool **8** *fig.* sem ânimo ou entusiasmo; abatido, desanimado, murcho ↺ animado, entusiasmado **9** *fig. B infrm.* que perdeu a vida; assassinado, morto ↺ vivo

a.pa.ga.dor \ô\ *adj.s.m.* **1** (o) que apaga ■ *s.m.* **2** utensílio com uma superfície de feltro ou esponja us. para limpar os escritos em quadro-negro ou similar

a.pa.gão [pl.: *-ões*] *s.m.* falta repentina de eletricidade ☞ cf. *blecaute*

a.pa.gar *v.* {mod. 1} *t.d.,int. e pron.* **1** (fazer) acabar (luz, fogo) ❑ *t.d.* **2** desligar (rádio, televisão etc.) **3** *fig.* esquecer, anular ⟨*a. uma lembrança*⟩ **4** *B infrm.* tirar a vida de; matar ⟨*a. o traidor*⟩ ❑ *t.d. e pron.* **5** (fazer) sumir escrito, traço, marca **6** (fazer) perder o brilho, o colorido; embaciar(-se); desbotar ❑ *t.d. e int. B infrm.* **7** (fazer) perder os sentidos ❑ *int. e pron. B* **8** ceder ao cansaço, dormir ~ **apagamento** *s.m.*

a.pai.xo.na.da.men.te *adv.* **1** com um amor intenso e profundo; com paixão ⟨*amar a.*⟩ **2** com arrebatamento, exaltação, fervor

a.pai.xo.na.do *adj.s.m.* **1** que(m) está dominado por paixão amorosa, por amor intenso e profundo; enamorado ↺ desinteressado, indiferente **2** que(m) denota paixão, arrebatamento; exaltado, inflamado ⟨*revelou-se um (leitor) apaixonado*⟩ **3** que gosta muito; admirador, entusiasta, fanático ⟨*é (um) a. por futebol*⟩

a.pai.xo.nan.te *adj.2g.* que apaixona, que prende a atenção; cativante, envolvente, sedutor ↺ desinteressante

a.pai.xo.nar *v.* {mod. 1} *t.d. e pron.* **1** (prep. *por*) despertar ou sentir paixão **2** (prep. *por*) encher(-se) de entusiasmo; arrebatar(-se)

a.pa.la.vrar *v.* {mod. 1} *t.d. e t.d.i.* **1** (prep. *a*) combinar verbalmente; acertar ❑ *pron.* **2** dar a palavra; comprometer-se ~ **apalavramento** *s.m.*

a.pal.pa.de.la *s.f.* toque delicado com as mãos ⊡ **às a.** *loc.adv.* com dúvida ou hesitação

a.pal.par *v.* {mod. 1} *t.d. e pron.* **1** tocar(-se) com a(s) mão(s); tatear(-se) ❑ *t.d. B infrm.* **2** tocar (alguém) com fins libidinosos; bolinar ~ **apalpação** *s.f.* - **apalpamento** *s.m.*

a.pa.ná.gio *s.m.* **1** atributo peculiar **2** vantagem particular; privilégio

a.pa.nha *s.f.* **1** ato ou efeito de apanhar **2** captura de animais em larga escala ⟨*a. de peixes*⟩ **3** colheita de qualquer produto agrícola ⟨*a. de café*⟩

a.pa.nha.do *adj.* **1** que foi agarrado, recolhido ■ *s.m.* **2** resumo ⟨*um a. dos acontecimentos*⟩

a.pa.nhar *v.* {mod. 1} *t.d.* **1** recolher ou segurar (algo), com auxílio das mãos ou de objeto; pegar **2** tornar prisioneiro; capturar **3** embarcar em (veículo) **4** ser atingido (por chuva, vento etc.) **5** chegar junto a (o que vai à frente); alcançar **6** contrair (doença) ❑ *int.* **7** levar surra ↺ bater **8** *B infrm.* ter dificuldade; sofrer ❑ *t.d.pred. e pron.* **9** encontrar(-se) [em certo estado, situação ou lugar]; flagrar ❑ *t.i. e int.fig.* **10** (prep. *de*) ser derrotado; perder ↺ vencer ~ **apanhador** *adj.s.m.*

a.pa.ni.gua.do *adj.s.m.* **1** protegido, predileto ↺ desfavorecido **2** partidário ↺ rival ~ **apaniguar** *v.t.d.*

a.pa.ra *s.f.* sobra de qualquer material (papel, madeira etc.) que foi cortado

a.pa.ra.dei.ra *s.f. infrm.* parteira

a.pa.ra.dor \ô\ *s.m.* móvel onde se apoiam as travessas durante a refeição

a.pa.ra.fu.sar *v.* {mod. 1} *t.d.* **1** fixar, apertar com parafuso; atarraxar ↺ desaparafusar **2** tornar firme, fixo; firmar ❑ *t.i. e int.fig. B infrm.* **3** (prep. *em*) pensar muito; matutar

a.pa.rar *v.* {mod. 1} *t.d.* **1** segurar, sustentar (com mãos, objeto etc.) [algo que cai] **2** retirar o excesso de (algo) cortando, serrando ⟨*a. grama, tábua*⟩ **3** tornar fino ou pontudo; aguçar **4** *fig.* melhorar a qualidade de; aprimorar ~ **aparação** *s.f.* - **aparo** *s.m.*

a.pa.ra.to *s.m.* **1** demonstração de luxo; ostentação, pompa ↺ simplicidade, modéstia **2** organização de festividade ou cerimônia faustosa **3** aparelho us. para um fim específico; aparelho **4** conjunto de elementos necessários ao desenvolvimento de uma atividade ⟨*a. teórico de uma tese*⟩ ~ **aparatoso** *adj.*

a.par.cei.rar *v.* {mod. 1} *t.d. e pron.* tornar(-se) parceiro ou cúmplice

a.pa.re.cer *v.* {mod. 8} *t.i. e int.* **1** (prep. *a, para*) tornar-se visível, perceptível; surgir ❑ *int.* **2** estar presente; comparecer ↺ ausentar-se **3** *fig. B* fazer-se notar; exibir-se

a.pa.re.ci.men.to *s.m.* **1** manifestação, aparição ↺ desaparecimento **2** primeira aparição; origem, princípio ↺ fim

a.pa.re.lha.gem *s.f.* conjunto de peças que compõem um equipamento

a.pa.re.lha.men.to *s.m.* conjunto de providências necessárias para realização de algo

a.pa.re.lhar *v.* {mod. 1} *t.d.,int. e pron.* **1** prover(-se) do que é necessário; (fazer) ficar em condições de funcionar; equipar(-se) ❑ *t.d.* **2** pôr arreios em

a.pa.re.lho \ê\ *s.m.* **1** equipamento de uso específico **2** ANAT grupo de órgãos que participam de uma mesma função ⊙ COL aparelhagem ⊡ **a. dentário** *loc.subst.* peça para correção da arcada dentária

a.pa.rên.cia *s.f.* **1** aquilo que se mostra imediatamente; aspecto **2** apresentação enganosa; fingimento ⊃ verdade

[1]**a.pa.ren.ta.do** *adj.* que tem parentesco [ORIGEM: part. de [1]*aparentar*]

[2]**a.pa.ren.ta.do** *adj.* parecido, semelhante [ORIGEM: part. de [2]*aparentar*]

[1]**a.pa.ren.tar** *v.* {mod. 1} *t.d.,t.d.i. e pron.* (prep. *com*) tornar(-se) parente [ORIGEM: [1]*a-* + *parente* + [2]*-ar*]

[2]**a.pa.ren.tar** *v.* {mod. 1} *t.d.* **1** revelar na aparência ⟨*a. cansaço*⟩ ❑ *pred. e pron.* **2** (prep. *de*) dar(-se) ares de; afetar(-se) ❑ *pron.* **3** tornar-se semelhante, esp. na forma ⟨*os quadros aparentam-se*⟩ [ORIGEM: *aparente* + [2]*-ar*]

a.pa.ren.te *adj.2g.* **1** visível, evidente ⊃ oculto **2** cuja aparência não corresponde à realidade; suposto ⊃ autêntico, real

a.pa.ren.te.men.te *adv.* **1** pelo que se pode observar; pela aparência exterior ⟨*está a. recuperado da doença*⟩ **2** ao que parece; pelo visto; supostamente ⟨*problema a. resolvido*⟩

a.pa.ri.ção [pl.: *-ões*] *s.f.* **1** ato ou efeito de aparecer; aparecimento, surgimento ⊃ desaparecimento **2** ser sobrenatural que se faz visível; assombração, visagem

a.par.ta.men.to *s.m.* cada uma das residências num edifício de habitação

a.par.tar *v.* {mod. 1} *t.d.,t.d.i. e pron.* **1** (prep. *de*) afastar(-se), desunir(-se) **2** (prep. *de*) pôr(-se) à parte; separar(-se) **3** (prep. *de*) desviar(-se) [de caminho, direção etc.] ❑ *t.d.* **4** separar (quem briga, discute) **5** dividir, repartir ❑ *t.d. e t.d.i.* **6** (prep. *de*) servir como separação entre ~ **apartação** *s.f.* - **apartador** *adj.s.m.*

a.par.te *s.m.* fala que interrompe um discurso ☞ cf. *à parte*

a.par.te.ar *v.* {mod. 5} *t.d. e int.* *B* interromper (fala, discurso etc.) com aparte(s)

apart.heid [afrn.] *s.m.* regime de segregação racial, esp. o que se estabeleceu na República da África do Sul pela minoria branca ⇨ pronuncia-se apartêid

a.part-ho.tel [pl.: *apart-hotéis*] *s.m.* prédio de apartamentos com serviços de hotel

a.par.ti.dá.rio *adj.* **1** que não segue um partido ⊃ partidário **2** que não apoia nenhuma das partes em disputa, que não toma partido

a.par.ti.da.ris.mo *s.m.* teoria política que propõe a ausência de organização partidária ~ **apartidarista** *adj.2g.s.2g.*

a.par.va.lha.do *adj.* **1** tolo ou que age como tolo **2** desorientado, desnorteado ⊃ lúcido, sensato ~ **aparvalhamento** *s.m.* - **aparvalhar** *v.t.d. e pron.*

a.pas.cen.tar *v.* {mod. 1} *t.d.* **1** conduzir ao pasto **2** vigiar no pasto ❑ *t.d. e pron.* *fig.* **3** deleitar(-se), entreter(-se) ~ **apascentador** *adj.s.m.* - **apascentamento** *s.m.*

a.pas.si.va.dor \ô\ *adj.s.m.* (elemento gramatical) que coloca o verbo na voz passiva

a.pa.te.ta.do *adj.* **1** que é tolo ou age como tolo **2** desnorteado, distraído ⊃ atento ~ **apatetar** *v.t.d. e pron.*

a.pa.ti.a *s.f.* **1** estado caracterizado por falta de atividade e de interesse **2** *p.ext.* falta de ânimo; abatimento, moleza ⊃ interesse, vibração

a.pá.ti.co *adj.* que demonstra apatia; desanimado, desinteressado, indiferente, insensível ⊃ animado, ativo, entusiasmado, interessado

a.pá.tri.da *adj.2g.s.2g.* que(m) perdeu sua nacionalidade de origem e não adquiriu outra; que(m) está oficialmente sem pátria

a.pa.vo.ra.do *adj.* que sente muito pavor; assustado, atemorizado, aterrorizado ⊃ desassombrado

a.pa.vo.ran.te *adj.2g.* que provoca pavor; amedrontador, aterrador, temível

a.pa.vo.rar *v.* {mod. 1} *t.d.,int. e pron.* (fazer) sentir grande medo; aterrorizar(-se) ~ **apavoramento** *s.m.*

a.pa.zi.guar *v.* {mod. 4} *t.d. e pron.* **1** pôr(-se) em paz; pacificar(-se) ⊃ indispor(-se) **2** pôr(-se) em acordo; harmonizar(-se) ⊃ divergir ~ **apaziguador** *adj.s.m.* - **apaziguamento** *s.m.*

a.pe.ar *v.* {mod. 5} *t.d.,int. e pron.* **1** (fazer) descer de montaria ou veículo ❑ *t.d.* **2** *fig.* pôr abaixo; derrubar ❑ *int. e pron.* *B* **3** hospedar-se, acomodar-se ~ **apeamento** *s.m.*

a.pe.dre.jar *v.* {mod. 1} *t.d.* **1** jogar pedra(s) em **2** matar a pedradas ❑ *t.d. e int.* *fig.* **3** dizer injúrias, xingamentos etc.; insultar ⊃ louvar ~ **apedrejamento** *s.m.*

a.pe.gar *v.* {mod. 1} *t.d.i. e pron.* **1** (prep. *a*) [fazer] sentir apego a; afeiçoar(-se) ⊃ rejeitar **2** (prep. *a*) habituar(-se), acostumar(-se) ⊃ desabituar(-se) ❑ *pron.* **3** (prep. *a*) grudar-se, agarrar-se ⟨*a hera se apegou ao muro*⟩ **4** (prep. *a*) pôr-se sob a proteção de; recorrer ~ **apegado** *adj.*

a.pe.go \ê\ *s.m.* **1** ligação afetuosa, estima ⟨*tem grande a. ao irmão*⟩ ⊃ indiferença **2** dedicação excessiva ⟨*a. ao dinheiro*⟩ ⊃ desprezo, rejeição

a.pe.la.ção [pl.: *-ões*] *s.f.* **1** recurso judicial para revisão de processo **2** *infrm.* artimanha de explorar a ingenuidade ou os sentimentos de outrem, para obter vantagem, sair de dificuldade etc.

a.pe.lar *v.* {mod. 1} *t.d.* **1** DIR recorrer de sentença por apelação ❑ *t.i.* **2** (prep. *para*) pedir auxílio, proteção a; recorrer ❑ *t.i. e int.* *B* *infrm.* **3** (prep. *para*) usar (recurso rude, grosseiro, ilícito) para ter vantagem, sair de dificuldade ~ **apelatório** *adj.*

a.pe.la.ti.vo *adj.s.m.* **1** (o) que denomina (alguém ou algo) ■ *adj.* *infrm.* **2** que atrai a atenção ou a piedade com o uso de recursos excessivos e por vezes contrários à ética e à moral ⟨*propaganda a.*⟩

a.pe.li.dar *v.* {mod. 1} *t.d.,t.d.pred. e pron.* *B* (prep. *de*) chamar(-se) por apelido; alcunhar(-se) ~ **apelidação** *s.f.*

a.pe.li.do *s.m.* *B* nome familiar e informal

a.pe.lo \ê\ *s.m.* solicitação de ajuda; pedido

a.pe.nas *adv.* **1** só, unicamente ⟨*falava a. com a mãe*⟩ **2** a custo, com dificuldade ⟨*debilitado, a. sussurrava*⟩

■ *conj.temp.* 3 logo que, assim que ⟨*a. o dia clareou, começaram a mudança*⟩

a.pên.di.ce *s.m.* 1 parte pertencente a outra, maior, e que a completa; acessório 2 ANAT parte acessória de um órgão 3 ANAT apêndice cecal ⊡ **a. cecal** *loc.subst.* ANAT prolongamento saliente do ceco que apresenta a forma de um dedo de luva

a.pen.di.ci.te *s.f.* inflamação do apêndice cecal

a.pen.sar *v.* {mod. 1} *t.d.i.* (prep. *a*) pôr em anexo; juntar, incorporar ~ **apensação** *s.f.* - **apensamento** *s.m.*

a.pen.so *adj.* 1 que se acrescentou ⟨*manuscrito a.*⟩ ↺ desanexado, retirado ■ *s.m.* 2 texto, documento etc. que se anexa a uma obra; suplemento

a.pe.que.nar *v.* {mod. 1} *t.d. e pron.* 1 tornar(-se) pequeno; encolher(-se) ↺ crescer 2 *fig.* rebaixar(-se), humilhar(-se) ↺ valorizar(-se)

a.per.ce.ber *v.* {mod. 8} *t.d. e pron.* 1 (prep. *de*) dar(-se) conta de; perceber, notar 2 preparar(-se) para tarefa, missão, ação etc. ~ **apercebimento** *s.m.*

a.per.fei.ço.ar *v.* {mod. 1} *t.d. e pron.* tornar(-se) melhor ou perfeito; aprimorar(-se) ↺ piorar ~ **aperfeiçoamento** *s.m.*

a.per.ga.mi.nha.do *adj.* que parece pergaminho

a.pe.ri.ti.vo *adj.s.m.* (bebida ou comida) que se serve antes da refeição, para abrir o apetite

a.per.re.ar *v.* {mod. 5} *t.d. e pron.* aborrecer(-se), irritar(-se) ↺ alegrar(-se) ~ **aperreação** *s.f.* - **aperreamento** *s.m.*

a.per.tar *v.* {mod. 1} *t.d. e pron.* 1 segurar(-se) em volta, com força; cingir(-se) ↺ soltar(-se) 2 unir(-se) muito, anulando espaços entre; comprimir(-se) ↺ folgar(-se) 3 afligir(-se), angustiar(-se) ❑ *t.d.* 4 fixar com força; firmar ⟨*a. um parafuso*⟩ ↺ afrouxar 5 fazer pressão em; pressionar ↺ soltar 6 tornar menos largo ou frouxo; ajustar ⟨*a. um vestido*⟩ ↺ alargar 7 interrogar com insistência; pressionar ⟨*a. testemunha*⟩ ❑ *int.* 8 tornar-se mais intenso, forte, rigoroso ⟨*no inverno, a chuva aperta*⟩ ↺ amenizar ❑ *pron. B infrm.* 9 estar com dificuldades financeiras ~ **apertadela** *s.f.* - **apertado** *adj.* - **apertão** *s.m.*

a.per.to \ê\ *s.m.* 1 pressão 2 *fig.* constrangimento físico ou psicológico ⟨*precisaram dar um a. na turma*⟩ 3 ajuste, estreitamento ↺ folga 4 lugar estreito, sem espaço ⟨*aquela sala era um a.*⟩ 5 *fig.* dificuldade temporária ⟨*passou por um grande a. após a perda do emprego*⟩ 6 *fig.* aflição, angústia ⟨*a. no coração*⟩

a.per.tu.ra *s.f.* 1 característica do que é estreito 2 urgência 3 situação difícil; embaraço 4 aflição, angústia

a.pe.sar *adv.* ▸ só usado em: **a. de** *loc.prep.* a despeito de ⟨*a. de ser jovem, era muito responsável*⟩ • **a. de que** *loc.conj.* ainda que ⟨*há tempos não se viam, apesar de que se gostavam muito*⟩

a.pe.te.cer *v.* {mod. 8} *t.d.* 1 ter apetite por (comida) ❑ *t.i. e int.* 2 (prep. *a*) despertar apetite (em) 3 (prep. *a*) despertar interesse; agradar ↺ desagradar ~ **apetecedor** *adj.s.m.*

a.pe.tên.cia *s.f.* apetite ↺ inapetência

a.pe.ti.te *s.m.* 1 desejo, vontade de comer ↺ inapetência; saciedade 2 *fig.* ânimo para agir; vontade ⟨*acordou sem a. para sair*⟩ ↺ desinteresse, enfado 3 *fig.* interesse, desejo (sexual)

a.pe.ti.to.so \ô\ [pl.: *apetitosos* \ó\] *adj.* 1 saboroso ↺ desapetitoso 2 que provoca o desejo, tentador

a.pe.tre.cho \ê\ *s.m.* utensílio, ferramenta ~ **apetrechar** *v.t.d. e pron.*

a.pi.á.rio *s.m.* 1 local para criação de abelhas ■ *adj.* 2 relativo a abelha

á.pi.ce *s.m.* 1 ponto mais alto; topo ↺ raiz, sopé 2 *fig.* o mais alto grau; apogeu ⟨*está no á. da carreira*⟩ ↺ declínio

a.pi.cul.tu.ra *s.f.* criação de abelhas ~ **apicultor** *adj.s.m.*

a.pi.e.dar *v.* {mod. 1} *t.d. e pron.* (fazer) sentir piedade, compaixão; comover(-se)

a.pi.men.ta.do *adj.* 1 condimentado, temperado com pimenta; picante 2 *p.ext.* que excita, estimula o apetite, o desejo; estimulante, instigante, provocante ⟨*namoro a.*⟩ ↺ calmo, comportado 3 *fig.* malicioso, licencioso, indecente ⟨*anedota a.*⟩ ↺ decente, inocente

a.pi.men.tar *v.* {mod. 1} *t.d.* 1 temperar com pimenta 2 *fig.* tornar (dito, discurso etc.) malicioso

a.pi.nha.do *adj.* 1 muito cheio; abarrotado, lotado, repleto ↺ esvaziado, vazio 2 muito junto; aglomerado, amontoado, empilhado ↺ apartado, separado

a.pi.nhar *v.* {mod. 1} *t.d. e pron.* 1 unir(-se) estreitamente 2 encher(-se) completamente; coalhar(-se)

a.pi.tar *v.* {mod. 1} *int.* 1 emitir som usando apito 2 *B infrm.* manifestar opinião sem ter sido solicitado ❑ *t.d. e int.* 3 ser juiz (em jogo); arbitrar

a.pi.to *s.m.* 1 tubo metálico mais estreito numa ponta ou com uma fenda por onde se força a passagem de ar ou vapor para produzir som ⟨*o a. da fábrica, da locomotiva*⟩ 2 pequeno instrumento de sopro cujo som é produzido pela passagem de ar através de uma ranhura ⟨*a. de juiz de futebol*⟩ 3 silvo produzido por esses instrumentos 4 *p.ext.* ruído prolongado e estridente

a.pla.car *v.* {mod. 1} *t.d., int. e pron.* 1 tornar(-se) quieto, tranquilo; serenar ↺ agitar(-se) 2 (fazer) diminuir a força, intensidade de; suavizar(-se) ↺ intensificar(-se)

a.plai.nar *v.* {mod. 1} *t.d.* 1 passar plaina em 2 tornar plano; nivelar, aplanar ⟨*a. um terreno*⟩ ↺ arquear; enrugar

a.pla.nar *v.* {mod. 1} *t.d. e pron.* tornar(-se) plano ou raso, aplainar; nivelar(-se)

a.plau.dir *v.* {mod. 24} *t.d. e int.* 1 dar aplausos a ↺ vaiar ❑ *t.d. e pron.* 2 aprovar(-se), elogiar(-se)

a.plau.so *s.m.* 1 aclamação ruidosa (esp. com palmas) ↺ apupo, vaia 2 *p.ext.* manifestação de apoio dada a alguém; aprovação, elogio ↺ censura, crítica

a.pli.ca.ção [pl.: *-ões*] *s.f.* 1 uso prático de algo ⟨*a a. de uma lei*⟩ 2 sobreposição (de algo) em superfície ⟨*tecido com aplicações de pérolas*⟩ 3 administração de remédio **4** investimento financeiro **5** atenção constante; dedicação ⟨*aluno de muita a.*⟩ ⮌ desinteresse

a.pli.car *v.* {mod. 1} *t.d.* **1** pôr em cima de; sobrepor ⟨*a. compressa na ferida*⟩ ⮌ subpor **2** pôr como enfeite, adorno ⟨*a. renda em vestido*⟩ **3** investir (capital) **4** dar, ministrar (medicamento) ❑ *t.d. e t.d.i.* **5** (prep. *a*) impor (pena, castigo etc.) [a pessoa, instituição etc.] **6** (prep. *em*) desferir (golpe, pancada) [contra alguém ou algo] **7** (prep. *a*) pôr em prática; empregar ❑ *pron.* **8** dedicar-se com afinco a (estudo, trabalho etc.) ⮌ desinteressar-se ~ **aplicabilidade** *s.f.*

a.pli.ca.ti.vo *s.m.* programa de computador projetado para auxiliar a execução de uma tarefa específica (p.ex., processamento de textos, cálculos etc.)

a.pli.que *s.m.* **1** adorno sobreposto a tecido, parede etc. **2** *B* mecha de cabelo aplicada sobre a cabeça ou sobre os próprios cabelos de uma pessoa

ap.nei.a \éi\ *s.f.* breve interrupção da respiração ~ apneico *adj.*

a.po.as.tro *s.m.* ponto da órbita de um astro em que este se acha mais distante do seu centro de atração ⮌ periastro

a.po.ca.lip.se *s.m.* **1** qualquer dos antigos textos judaicos ou cristãos com revelações, esp. sobre o fim do mundo **2** último livro do Novo Testamento ☞ inicial maiúsc. **3** *fig.* catástrofe ~ **apocalíptico** *adj.*

a.pó.co.pe *s.f.* queda de um ou vários fonemas no final de uma palavra ~ **apocopado** *adj.*

a.pó.cri.fo *adj.s.m.* **1** (livro, documento etc.) de autoria não comprovada **2** (obra religiosa) destituída de autoridade canônica ~ **apocrifia** *s.f.*

a.po.dar *v.* {mod. 1} *t.d.* **1** tornar ridículo; zombar ❑ *t.d.,t.d.pred. e pron.* **2** (prep. *de*) dar(-se) apelido; alcunhar(-se)

á.po.de *adj.2g.* **1** sem pés **2** sem nadadeiras ventrais (diz-se de peixe) ~ **apodia** *s.f.*

a.po.de.rar-se *v.* {mod. 1} *pron.* **1** (prep. *de*) tomar posse de (bem, objeto de valor etc.); apossar-se ⮌ devolver **2** *fig.* (prep. *de*) tomar conta de; invadir ⟨*a tristeza apoderou-se dele*⟩ ⮌ abandonar

a.po.do \ô\ *s.m.* **1** apelido **2** dito irônico; troça, gracejo

a.po.dre.cer *v.* {mod. 8} *t.d.,int. e pron.* **1** tornar(-se) podre; estragar(-se) **2** *fig.* deteriorar(-se) moralmente; corromper(-se) ~ **apodrecimento** *s.m.*

a.pó.fi.se *s.f.* saliência na superfície de um osso (atualmente denominada *processo*) ~ **apofisário** *adj.* - apofisiário *adj.*

a.po.geu *s.m.* **1** o mais alto grau; auge ⟨*o a. da felicidade*⟩ ⮌ declínio **2** ASTR maior distância do Sol ou de um satélite em relação à Terra ⮌ perigeu

a.poi.ar *v.* {mod. 1} *t.d.* **1** dar apoio a; aprovar ⟨*a. uma decisão*⟩ ⮌ reprovar **2** ajudar, amparar ⟨*a. um amigo*⟩ ⮌ abandonar ❑ *t.d. e pron.* **3** encostar(-se), amparar(-se) ⮌ desencostar(-se) ❑ *t.d.i. e pron.* **4** (prep. *em*) ter como base; fundamentar(-se)

a.poi.o \ô\ *s.m.* **1** o que serve para sustentar; suporte ⟨*sem a. adequado, a mesa cairá*⟩ **2** ajuda, amparo ⮌ abandono **3** aprovação ⟨*o diretor deu total a. à iniciativa dos alunos*⟩

a.pó.li.ce *s.f.* **1** documento de dívida comercial **2** ação financeira de uma companhia ou de uma sociedade anônima ⊡ **a. de seguro** *loc.subst.* contrato feito com uma companhia de seguros, e que garante indenização por determinado prejuízo (p.ex., perda de bens, acidente, morte etc.)

a.po.lí.neo *adj.* **1** relativo a Apolo ☞ cf. *Apolo* na parte enciclopédica **2** belo como esse deus grego

a.po.lí.ti.co *adj.* **1** que não é político, que não apresenta significado político ■ *adj.s.m.* **2** que(m) não se interessa por política

a.po.lo.gé.ti.co *adj.* **1** que encerra apologia; que defende e justifica (conceito, ideia etc.); apológico, laudatório ■ *s.m.* **2** discurso abonatório; defesa que se faz de alguém ou de algo

a.po.lo.gi.a *s.f.* **1** discurso de defesa ou elogio **2** *p.ext.* defesa apaixonada de alguém ou algo ⮌ depreciação, menosprezo ~ **apologista** *adj.s.m.*

a.pó.lo.go *s.m.* narrativa mais ou menos longa, ger. dialogada, que contém uma lição moral ☞ cf. *fábula*

¹a.pon.ta.dor \ô\ *adj.s.m.* **1** (indivíduo) que aponta, que faz pontas através de instrumento **2** *B* (objeto) que é us. para apontar lápis [ORIGEM: *apontado* (part. de *¹apontar*) + *-or*]

²a.pon.ta.dor \ô\ *adj.s.m.* **1** que(m) é encarregado de anotar o ponto ('registro') dos outros empregados **2** que(m) serve de ponto ('funcionário') nos teatros [ORIGEM: *apontado* (part. de *²apontar*) + *-or*]

a.pon.ta.men.to *s.m.* resumo ou registro de algo lido, ouvido ou observado ☞ mais us. no pl.

¹a.pon.tar *v.* {mod. 1} *t.d.* **1** fazer a ponta de ⟨*a. um lápis*⟩ ⮌ embotar **2** *fig.* fazer referência a; mencionar ⟨*a. os traidores*⟩ ⮌ omitir **3** *fig.* apresentar (razões, provas etc.) ⮌ ocultar ❑ *t.d.,t.d.i. e int.* **4** (prep. *a, para*) mostrar, indicar com dedo, gesto, olhar etc. ⟨*apontou o assaltante*⟩ ⟨*a. ao pedestre o caminho certo*⟩ ⟨*apontou para o ônibus*⟩ ☞ *para o ônibus* é circunstância que funciona como complemento [ORIGEM: *¹a-* + *ponta* + *²-ar*]

²a.pon.tar *v.* {mod. 1} *t.d.* **1** marcar com ponto ou sinal **2** *fig.* tomar notas; registrar ❑ *t.d.,t.d.i. e int.* **3** (prep. *para*) dirigir para um ponto ou alvo; mirar ⟨*a. a luneta para o céu*⟩ ⟨*a. a arma para o inimigo*⟩ ☞ *para o céu* é circunstância que funciona como complemento [ORIGEM: *¹a-* + *ponto* + *²-ar*]

a.po.plé.ti.co ou **a.po.pléc.ti.co** *adj.* **1** relativo a apoplexia **2** *fig.* vermelho de raiva; furioso ⮌ tranquilo ■ *adj.s.m.* **3** (indivíduo) acometido de apoplexia

a.po.ple.xi.a \cs\ *s.f.* hemorragia cerebral que causa paralisia

a.po.quen.tar *v.* {mod. 1} *t.d. e pron.* aborrecer(-se) com coisas menores, pouco importantes ~ **apoquentação** *s.f.* - **apoquentador** *adj.s.m.*

a.por *v.* {mod. 23} *t.d.i.* **1** (prep. *em*) pôr junto a; colocar ⟨*a. endereço no envelope*⟩ ⮌ retirar **2** (prep. *a*) acrescentar, juntar ⟨*a. um comentário à petição*⟩ ⮌suprimir ⊙GRAM/USO part.: *aposto*

a.por.ri.nhar *v.*{mod. 1} *t.d. e pron.infrm.* apoquentar ~**aporrinhação** *s.f.*

a.por.tar *v.*{mod. 1} *t.d. e int.* **1** (fazer) chegar (embarcação) a porto, ilha etc. ⟨*a. o navio em Santos*⟩ ⟨*o barco aportou cedo*⟩ ❑ *int.* **2** chegar ao porto

a.por.tu.gue.sar *v.*{mod. 1} *t.d. e pron.* dar ou tomar aspecto ou característica própria do povo, da cultura ou da língua portuguesa ~ **aportuguesamento** *s.m.*

a.pós *prep.* **1** atrás de, em seguida a (no espaço) ⟨*as crianças entraram a. os idosos*⟩ ⮌antes de **2** depois de (no tempo) ⟨*a. uma breve pausa, continuou*⟩ ■ *adv.* **3** em seguida ⟨*o sinal abriu e, logo a., ela atravessou*⟩ ⮌antes

a.po.sen.ta.do *adj.s.m.* **1** que(m) obteve aposentadoria **2** que(m) recebe mensalmente a pensão da aposentadoria

a.po.sen.ta.do.ri.a *s.f.* **1** afastamento (de uma pessoa) do trabalho por invalidez ou por já ter completado o tempo de serviço estabelecido por lei **2** remuneração mensal recebida pelo aposentado

a.po.sen.tar *v.*{mod. 1} *t.d. e pron.* **1** conceder ou obter aposentadoria ❑ *t.d.fig.* **2** *B* pôr de lado; deixar de usar ⟨*a. roupa velha*⟩

a.po.sen.to *s.m.* cômodo de uma casa, esp. o quarto de dormir ☞ mais us. no pl.

a.po.si.ção [pl.: *-ões*] *s.f.* **1** união de alguma coisa a outra; justaposição **2** GRAM emprego de um substantivo ou locução substantiva como aposto

a.po.si.ti.vo *adj.* **1** relativo a aposição **2** em que existe aposição ■ *adj.s.m.* GRAM **3** (palavra ou locução invariável) que condensa uma frase de caráter adjetivo (p.ex., leis *antidroga* = leis que combatem o uso das drogas)

a.pos.sar *v.* {mod. 1} *t.d.* **1** dar posse a ❑ *pron.* **2** (prep. *de*) tomar posse de; apoderar-se ⮌devolver **3** *fig.* (prep. *de*) tomar conta, apoderar-se ⟨*o pânico apossou-se dela*⟩

a.pos.ta *s.f.* **1** ajuste entre pessoas com opiniões diferentes acerca de um fato, em que a que perder ou errar paga à outra o valor combinado **2** quantia ou coisa em que se aposta

a.pos.tar *v.*{mod. 1} *t.d.,t.d.i.,t.i. e int.* **1** (prep. *em*) fazer aposta; arriscar, jogar ❑ *t.d.* **2** afirmar com convicção; asseverar ⟨*aposto que ele não vem*⟩ ❑ *t.i.* **3** (prep. *em*) confiar no sucesso, na vitória de ~**apostador** *adj.s.m.*

a.pos.ta.si.a *s.f.* **1** renúncia de uma religião ou crença **2** abandono da vida sacerdotal, sem autorização superior

a.pós.ta.ta *adj.2g.s.2g.* que(m) abandonou sua fé

a.pos.ta.tar *v.*{mod. 1} *t.i. e int.*(prep. *de*) desligar-se de, renegar (religião, doutrina, partido, grupo)

a.pos.te.ma *s.m.* **1** abscesso **2** *fig.* grande sofrimento; desgosto

a.pos.te.mar *v.*{mod. 1} *t.d.* **1** produzir abscesso em ❑ *int. e pron.* **2** criar pus; supurar

a pos.te.ri.o.ri [lat.] *loc.adj.* **1** baseado na experiência ■ *loc.adv.* **2** por indução; posterior à observação ⟨*solução dada* a p.⟩ ☞ cf. *a priori* ⇨ pronuncia-se a posterióri

a.pos.ti.la *s.f.* **1** nota complementar ou esclarecedora acrescentada à margem de um texto **2** livro que reúne anotações feitas em outras obras **3** *B* brochura que contém resumo de textos, aulas etc.

a.pos.ti.lar *v.*{mod. 1} *t.d. e t.d.i.*(prep. *a*) acrescentar (nota, comentário etc.) [a textos, documentos, ger. nas margens]

a.pos.to \ô\ [pl.: *apostos* \ó\] *adj.* **1** posto ao lado de **2** GRAM ligado a outro por aposição ■ *s.m.* GRAM **3** termo que explica, desenvolve ou resume outro, adquirindo seu valor sintático; p.ex.: João, *primo de Maria*

[1]a.pos.to.la.do *s.m.* **1** grupo dos 12 apóstolos de Jesus Cristo ☞ cf. *Jesus* na parte enciclopédica **2** obrigação de apóstolo **3** *p.ext.* difusão de uma doutrina ou ideia [ORIGEM: do lat. *apostolātus,us* 'id.']

[2]a.pos.to.la.do *adj.* **1** doutrinado por apóstolo **2** difundido, vulgarizado (doutrina ou ideia) [ORIGEM: particípio de [1]*apostolar*]

[1]a.pos.to.lar *v.*{mod. 1} *t.d.,t.d.i. e int.*(prep. *a*) difundir (Evangelho, doutrina, ensinamento etc.); pregar [ORIGEM: *apóstolo* + [2]*-ar*]

[2]a.pos.to.lar *adj.2g.* **1** próprio de apóstolo **2** *fig.* que encerra justiça e virtude; exemplar ⟨*atitude a.*⟩ [ORIGEM: *apóstolo* + [1]*-ar*]

a.pos.tó.li.co *adj.* **1** relativo a ou próprio de apóstolo **2** procedente dos apóstolos ou por eles estabelecido ⟨*ensinamento a.*⟩ **3** relativo ao papa ou que provém da sua autoridade ⟨*mandado a.*⟩ **4** relativo à Santa Sé ⟨*palácio a.*⟩

a.pós.to.lo *s.m.* **1** cada um dos 12 discípulos de Jesus Cristo ☞ cf. *Jesus* na parte enciclopédica **2** *p.ext.* quem se dedica à defesa e propagação de uma doutrina; evangelizador, doutrinador ⮌ contrariador, opositor

a.pós.tro.fe *s.f.* **1** interrupção súbita do discurso, para dirigir-se a alguém ou a algo (p.ex.: a seguir, *leitor amigo*, contarei a história tal como sucedeu) **2** palavra ou expressão que inicia um enunciado, para indicar o destinatário da mensagem (p.ex.: *você*, venha cá) **3** frase violenta com que se interrompe ou ataca alguém ☞ cf. *apóstrofo* ~**apostrofar** *v.t.d. e int.*

a.pós.tro.fo *s.m.* sinal em forma de vírgula suspensa que indica supressão de letra(s) e som(ns) ['] ☞ cf. *apóstrofe*

a.po.té.cio *s.m.* órgão de frutificação, em forma de taça, presente nos cogumelos e em alguns liquens

a.pó.te.ma *s.m.* perpendicular que une o centro de um polígono regular a um de seus lados

a.po.te.o.se *s.f.* **1** glorificação ⮌ depreciação, desprezo **2** momento mais importante de um acontecimento ⮌derrocada, ruína **3** cena final gloriosa (em espetáculos) ~**apoteótico** *adj.*

a.pou.car *v.*{mod. 1} *t.d. e pron.* **1** reduzir(-se), diminuir **2** tornar(-se) menos intenso; enfraquecer(-se)

⊃ intensificar(-se) **3** tornar(-se) sem importância ou valor; rebaixar(-se) ~ **apoucamento** *s.m.*

a.pra.zar *v.*{mod. 1} *t.d.* **1** marcar (tempo, data) para realização de algo ⟨*a. a data do noivado*⟩ **2** determinar dia, data de ⟨*a. uma reunião*⟩ **3** estipular (duração, tempo, prazo) ⟨*a. um ano para o fim da obra*⟩ ~ **aprazamento** *s.m.*

a.pra.zer *v.* {mod. 13} *t.i.,int. e pron.* (prep. *a, em*) causar prazer a ou sentir prazer; deleitar(-se) ⊙ GRAM/USO **a)** só us. nas 3as p., exceto quando pron. **b)** cf. observação no modelo ~ **aprazimento** *s.m.*

a.pra.zí.vel *adj.2g.* **1** que causa prazer; agradável ⊃ desagradável **2** que tem aspecto agradável e clima ameno (diz-se de lugar) ~ **aprazibilidade** *s.f.*

a.pre.çar *v.* {mod. 1} *t.d.* **1** perguntar, discutir ou ajustar o preço de **2** avaliar o preço de ☞ cf. *apressar* ~ **apreçamento** *s.m.*

a.pre.ci.a.ção [pl.: *-ões*] *s.f.* **1** opinião moral sobre (alguém ou algo); análise, juízo, julgamento **2** o resultado dessa opinião **3** estimação do valor venal de objeto, bem material etc.; avaliação, cotação **4** atenção dedicada a algo que proporcione prazer, emoção, fruição estética etc.; fruição, gozo ⟨*a. de um bom vinho*⟩

a.pre.ci.a.dor \ô\ *adj.s.m.* que(m) aprecia; admirador ⟨*a. de bons vinhos*⟩

a.pre.ci.ar *v.* {mod. 1} *t.d.* **1** dar valor a, ter apreço por; estimar, prezar **2** deleitar-se com; admirar **3** fazer estimativa de; avaliar ⟨*a. os prejuízos*⟩ ~ **apreciativo** *adj.*

a.pre.ço \ê\ *s.m.* consideração que se tem por alguém ou algo; estima ⊃ desprezo

a.pre.en.der *v.*{mod. 8} *t.d.* **1** assimilar mentalmente; compreender **2** tomar, pegar ⟨*a. cigarros do filho*⟩ **3** tomar posse de (algo) com base legal; confiscar ⟨*a. um contrabando*⟩ ~ **apreensível** *adj.2g.*

a.pre.en.são [pl.: *-ões*] *s.f.* **1** compreensão; percepção ⟨*texto de difícil a.*⟩ **2** confisco ⊃ devolução **3** preocupação, temor ⟨*a. diante do futuro*⟩ ⊃ despreocupação

a.pre.en.si.vo *adj.* **1** que apreende **2** preocupado, receoso

a.pre.go.ar *v.*{mod. 1} *t.d.* **1** anunciar (produtos) em pregão **2** tornar público; divulgar ❑ *t.d. e pron.* **3** (fazer) ficar muito conhecido; promover(-se) ~ **apregoador** *adj.s.m.* - **apregoamento** *s.m.*

a.pren.der *v.*{mod. 8} *t.d.,t.i. e int.* **1** (prep. *a*) adquirir conhecimento (de) ou habilidade prática (em) ⟨*a. língua, esporte*⟩ ⟨*a. a dançar*⟩ ⟨*tem facilidade para a.*⟩ ❑ *t.d.,t.i. e t.d.i.* **2** (prep. *a, com*) ter melhor compreensão de (algo), esp. por intuição, experiência, convivência ⟨*a. que dinheiro não é tudo*⟩ ⟨*a. a comer melhor*⟩ ⟨*a. o exemplo com os pais*⟩

a.pren.diz *s.m.* **1** quem aprende uma arte ou ofício **2** quem começa a aprender algo; principiante, novato ⊃ veterano

a.pren.di.za.do *s.m.* **1** processo de aprender; aprendizagem **2** duração desse processo; aprendizagem

a.pren.di.za.gem *s.f.* aprendizado

a.pre.sar *v.*{mod. 1} *t.d.* **1** tomar como presa; capturar **2** agarrar com as presas ⟨*o gavião apresou o coelho*⟩ ~ **apresamento** *s.m.*

a.pre.sen.ta.ção [pl.: *-ões*] *s.f.* **1** ação de fazer (alguém) conhecer (alguém ou algo) ⟨*fez ontem a a. de seu namorado à família*⟩ **2** espetáculo ⟨*os músicos só farão duas a.*⟩ **3** aparência pessoal ⟨*ter boa a.*⟩ **4** texto inicial de obra literária; prefácio **5** parte, ger. inicial, de filme, programa de rádio ou TV na qual se indicam o título e os nomes dos que participaram da obra

a.pre.sen.ta.dor \ô\ *adj.s.m.* **1** que(m) faz a apresentação inicial de um programa ou de um espetáculo **2** que(m) conduz programa de entrevistas, debates ou de auditório

a.pre.sen.tar *v.* {mod. 1} *t.d.,t.d.i. e pron.* **1** (prep. *a*) pôr(-se) em contato (uma pessoa) [com outra(s)] ❑ *t.d.i. e pron.* **2** (prep. *a*) pôr(-se) diante ou na presença de; mostrar(-se) ❑ *t.d. e t.d.i.* **3** (prep. *a*) pôr à vista; evidenciar; mostrar ⟨*a. sinais de arrombamento*⟩ ⟨*a.-lhe as credenciais*⟩ ⊃ esconder **4** (prep. *a*) dar a conhecer ou tornar público; expor, divulgar ⊃ ocultar ❑ *t.d.* **5** ter em si; conter, mostrar ⟨*o livro apresenta falhas*⟩ ❑ *pron.* **6** estar presente; comparecer ⟨*a.-se na diretoria*⟩ **7** atuar em (espetáculo, teatro etc.)

a.pre.sen.tá.vel *adj.2g.* de boa aparência ⟨*casa a.*⟩

a.pres.sa.do *adj.* **1** que tem pressa ⊃ vagaroso **2** que se caracteriza pela falta de reflexão; precipitado (diz-se de ato) ⊃ cuidadoso **3** impaciente, ansioso ⊃ paciente

a.pres.sar *v.*{mod. 1} *t.d. e pron.* **1** (fazer) agir ou realizar algo com maior agilidade; aviar(-se) ⟨*a. os filhos*⟩ ⟨*a.-se para sair*⟩ ❑ *t.d.* **2** fazer adquirir velocidade, agilidade; acelerar ⟨*a. o passo, o trabalho*⟩ **3** fazer que ocorra mais cedo; precipitar ☞ cf. *apreçar*

a.pres.su.rar *v.*{mod. 1} *t.d. e pron.* (fazer) ficar com pressa; apressar(-se)

a.pres.tar *v.* {mod. 1} *t.d. e pron.* preparar(-se) prontamente; aprontar(-se) ~ **aprestamento** *s.m.* - **apresto** *s.m.*

a.pri.mo.rar *v.* {mod. 1} *t.d. e pron.* tornar(-se) melhor, mais perfeito; aperfeiçoar(-se) ~ **aprimoramento** *s.m.*

a pri.o.ri [lat.] *loc.adj.* **1** independente da experiência (raciocínio, método etc.) ■ *loc.adv.* **2** por dedução, a partir de elementos prévios ⟨a p., *todos temos os mesmos direitos*⟩ ☞ cf. *a posteriori* ⇨ pronuncia-se a prióri

a.pris.co *s.m.* curral de ovelhas

a.pri.sio.nar *v.* {mod. 1} *t.d.* **1** fazer prisioneiro; prender **2** pôr na prisão; encarcerar ~ **aprisionador** *adj.s.m.* - **aprisionamento** *s.m.*

a.pro.ar *v.* {mod. 1} *t.d.* **1** levar a proa de (embarcação) para certo rumo ⟨*a. o barco para oeste*⟩ ❑ *int.* **2** chegar (embarcação) a porto, ilha etc.; aportar

a.pro.ba.ti.vo *adj.* **1** que aprova **2** que contém ou manifesta aprovação

a.pro.ba.tó.rio *adj.* aprobativo

a.pro.fun.dar *v.* {mod. 1} *t.d. e pron.* **1** tornar(-se) mais fundo ou profundo **2** meter(-se) muito para dentro; adentrar(-se) **3** *fig.* examinar, estudar, observar minuciosamente (tema, problema, fato etc.) ⟨*a. um debate*⟩ ⟨*não se a. num assunto*⟩ **4** *fig.* levar ou chegar ao extremo ~ **aprofundamento** *s.m.*

a.pron.tar *v.* {mod. 1} *t.d. e pron.* **1** pôr(-se) pronto; preparar(-se) **2** *infrm.* vestir(-se), enfeitar(-se) para sair; arrumar(-se) ❑ *t.d.* **3** pôr em condições de uso ou funcionamento; aparelhar ❑ *t.d. e int. B infrm.* **4** fazer (algo errado, indevido) ou proceder mal, ger. provocando confusão ⟨*a. um escândalo*⟩ ⟨*bebe e apronta*⟩ ~ **aprontamento** *s.m.* - **apronto** *s.m.*

a.pro.po.si.ta.do *adj.* **1** que vem a propósito; adequado, oportuno ⮌ desapropositado, despropositado **2** equilibrado; sensato ~ **apropositar** *v.t.d.,t.d.i. e pron.*

a.pro.pri.a.do *adj.* adequado, conveniente ⟨*roupa a. para a ocasião*⟩ ⮌ inapropriado

a.pro.pri.ar *v.* {mod. 1} *t.d. e pron.* **1** (prep. *de*) tomar para si; apoderar(-se) ❑ *t.d.i. e pron.* **2** (prep. *a*) tornar(-se) próprio ou adequado; adaptar(-se) ~ **apropriação** *s.f.*

a.pro.va.ção [pl.: *-ões*] *s.f.* **1** manifestação de consentimento; anuência, assentimento, licença ⟨*obteve a. dos pais para namorar*⟩ ⮌ desautorização, proibição, veto **2** avaliação positiva de conduta, ato etc.; aplauso, louvor ⟨*atitude merecedora de a.*⟩ ⮌ depreciação, desabonação, desaprovação **3** ato pelo qual se considera alguém aprovado em exame, concurso etc. ⮌ reprovação

a.pro.va.do *adj.s.m.* **1** (o) que obteve aprovação ⮌ reprovado ■ *adj.* **2** em que houve acordo ⟨*proposta a.*⟩ ⮌ recusado

a.pro.var *v.* {mod. 1} *t.d.* **1** considerar bom, justo, adequado; concordar ⮌ desaprovar, reprovar **2** permitir a realização de; autorizar ⮌ proibir **3** dar por habilitado (candidato, aluno)

a.pro.vei.ta.dor \ô\ *adj.s.m.* **1** que(m) aproveita **2** que(m) tira vantagem de uma situação de forma inescrupulosa; explorador

a.pro.vei.ta.men.to *s.m.* **1** ato ou efeito de tirar proveito ou vantagem; desfrute ⟨*a. do tempo ocioso*⟩ **2** progresso físico, mental ou moral; avanço, desenvolvimento, melhoramento ⟨*bom a. nos estudos*⟩ ⮌ atraso, desaproveitamento **3** utilização adequada de algo; emprego, exploração, proveito ⟨*a. de terras férteis*⟩ ⮌ desaproveitamento, desperdício

a.pro.vei.tar *v.* {mod. 1} *t.d.,int. e pron.* **1** (prep. *de*) tirar proveito ou vantagem de; utilizar, valer-se ❑ *t.d. e int.* **2** fazer progresso esp. intelectual (em) ❑ *t.d.* **3** fazer uso de (algo que já tenha sido usado ou descartado) ⟨*a. as roupas do irmão*⟩ ❑ *pron.* **4** (prep. *de*) abusar da ingenuidade ou da benevolência alheia

a.pro.vi.sio.nar *v.* {mod. 1} *t.d. e pron.* munir(-se) de provisões; abastecer(-se) ~ **aprovisionador** *adj.s.m.* - **aprovisionamento** *s.m.*

a.pro.xi.ma.ção \ss\ [pl.: *-ões*] *s.f.* **1** proximidade no espaço ou no tempo; acercamento, avizinhamento ⮌ afastamento, distância, distanciamento **2** restabelecimento de relações pessoais ou políticas; reconciliação ⮌ desunião, inimizade **3** avaliação próxima a determinado resultado; estimativa, previsão ⟨*chegar a um valor por a.*⟩ **4** *fig.* comparação entre coisas, fatos ou ideias; confronto, paralelo

a.pro.xi.ma.da.men.te \ss\ *adv.* cerca de; mais ou menos ⟨*há a. dois anos não tira férias*⟩

a.pro.xi.mar \ss\ *v.* {mod. 1} *t.d.,t.d.i. e pron.* **1** (prep. *de*) pôr(-se), tornar(-se) próximo no espaço ou no tempo ⮌ distanciar(-se) **2** (prep. *de*) estabelecer ou restabelecer relações; unir(-se) ❑ *pron.* **3** (prep. *de*) ter semelhança; parecer ~ **aproximativo** *adj.*

a.pru.ma.do *adj.* **1** que está a prumo; direito, ereto, vertical ⮌ arqueado, curvado, desaprumado, torto **2** que tem boa postura; empertigado, endireitado, ereto ⮌ curvado, desempertigado **3** muito correto e digno; decente, honesto, íntegro ⮌ desonesto, incorreto, indigno **4** *fig. B* recuperado nos negócios, nas finanças ou na saúde ⮌ abalado

a.pru.mar *v.* {mod. 1} *t.d. e pron.* **1** pôr(-se) em linha vertical ⮌ desaprumar(-se) **2** pôr(-se) reto, direito; endireitar(-se) ⮌ desaprumar(-se) ❑ *pron.* **3** vestir-se com elegância **4** *fig. B* melhorar de sorte, saúde etc. ~ **aprumação** *s.f.*

a.pru.mo *s.m.* **1** posição vertical **2** *fig.* altivez; arrogância ⮌ humildade **3** *B* elegância, capricho no vestir ⮌ desleixo **4** *B* melhoria financeira, de saúde etc.

ap.ti.dão [pl.: *-ões*] *s.f.* **1** vocação, inclinação ⟨*tinha a. para o ensino*⟩ **2** série de condições necessárias para exercer determinada atividade, função etc.

ap.to *adj.* **1** capaz, hábil ⮌ inapto **2** autorizado legalmente

a.pu.nha.lar *v.* {mod. 1} *t.d. e pron.* **1** ferir(-se) ou matar(-se) com punhal ❑ *t.d. e int. fig.* **2** ferir moralmente; magoar ❑ *t.d. fig.* **3** ser desleal, infiel a; trair ⟨*a. o sócio*⟩

a.pu.po *s.m.* vaia ⮌ aplauso ~ **apupar** *v.t.d. e int.*

a.pu.ra.ção [pl.: *-ões*] *s.f.* **1** exame cuidadoso; averiguação, investigação, verificação **2** levantamento de informações para matéria jornalística; esclarecimento **3** contagem de votos de uma eleição; cômputo **4** situação difícil; apuro, contrariedade, dificuldade **5** ação de reduzir, concentrar algo para dar consistência; concentração, espessamento ⟨*a. de um molho*⟩ **6** aguçamento de sentido; ativação, estímulo, intensificação ⟨*a. do paladar*⟩

a.pu.rar *v.* {mod. 1} *t.d.,int. e pron.* **1** livrar(-se) de impurezas; purificar(-se) **2** tornar(-se) melhor; aprimorar(-se) ❑ *t.d.* **3** examinar em detalhes ⟨*a. a verdade*⟩ **4** tornar mais sensível, preparado; aguçar ⟨*a. a audição*⟩ **5** fazer a contagem de; calcular **6** obter, juntar (dinheiro de venda, coleta, trabalho etc.) ❑ *t.d. e int.* **7** concentrar(-se) [líquido], por meio de ebulição demorada ~ **apurativo** *adj.*

a.pu.ro *s.m.* **1** toque de requinte; esmero **2** situação difícil ☞ mais us. no pl. **3** última correção; retoque

a.qua.cul.tu.ra *s.f.* aquicultura ~ **aquacultor** *adj.s.m.*

A.qua-Lung® [ing.; pl.: *Aqua-Lungs*] *s.m.* dispositivo us. em respiração subaquática ⇨ pronuncia-se **áqua lang**

a.qua.pla.na.gem *s.f.* **1** pouso ou deslizamento sobre a água **2** *infrm.* derrapagem em pista molhada ~ **aquaplanar** *v.int.*

a.qua.re.la *s.f.* **1** tinta diluída em água **2** técnica de pintura com essa tinta **3** a pintura feita com essa técnica ~ **aquarelista** *adj.2g.s.2g.*

a.qua.ri.a.no *adj.s.m.* **1** que(m) é do signo de Aquário ■ *adj.* **2** relativo ao signo de Aquário

a.quá.rio *s.m.* **1** reservatório de água para manter, criar ou observar plantas e animais aquáticos **2** décima primeira constelação zodiacal, situada entre Capricórnio e Peixes ☞ inicial maiúsc. **3** ASTRL décimo primeiro signo do zodíaco (de 21 de janeiro a 19 de fevereiro) ☞ inicial maiúsc.

a.qua.rio.fi.li.a *s.f.* criação de peixes em aquário ~ **aquariófilo** *adj.s.m.*

a.quar.te.lar *v.* {mod. 1} *t.d. e pron.* **1** alojar(-se) [tropa, soldado etc.] em quartel **2** *p.ext.* instalar(-se) em qualquer lugar ~ **aquartelamento** *s.m.*

a.quá.ti.co *adj.* **1** que vive na água ou à sua superfície ⟨*animal a.*⟩ ⟨*plantas a.*⟩ **2** que se refere ou se realiza na água ⟨*equipamento a.*⟩ ⟨*balé a.*⟩

a.qua.vi.a *s.f.* hidrovia ~ **aquaviário** *adj.*

a.que.ce.dor \ô\ *adj.s.m.* **1** (o) que aquece ■ *s.m.* **2** aparelho us. para aquecer água, ambientes etc.

a.que.cer *v.* {mod. 8} *t.d.,int. e pron.* **1** tornar(-se) quente; esquentar **2** *fig.* passar ou receber calor, conforto ☐ *t.d. e pron.* **3** *fig.* tornar(-se) excitado; entusiasmar(-se) **4** pôr(-se) em boas condições físicas (esp. os músculos) ☐ *t.d.* **5** intensificar a atividade econômica em (setor, mercado etc.)

a.que.ci.men.to *s.m.* **1** elevação da temperatura ⮌ resfriamento **2** série de exercícios físicos leves, feitos antes de ginástica, jogo, competição etc. **3** aumento das vendas ou da atividade econômica ⊡ **a. global** *loc.subst.* elevação da temperatura na superfície da Terra, prov. causada por efeito estufa

a.que.du.to *s.m.* canal artificial para condução de água

a.que.le \ê\ *pron.dem.* designa o que está afastado da pessoa que fala e da que ouve ⟨*a. homem lá fora é meu tio*⟩ ⟨*a. dia foi inesquecível para os alunos*⟩

a.quém *adv.* na parte de cá, neste lado ⮌ além ⊡ **a. de** *loc.prep.* **1** do lado de cá, antes de ⟨*mora a. da ponte*⟩ **2** abaixo de, menos que ⟨*o preço pedido está a. do seu valor real*⟩

a.qui *adv.* **1** neste ou a este lugar ⟨*moro a.*⟩ **2** até este lugar ⟨*de Recife a. é uma grande distância*⟩ **3** nesta ocasião, neste ponto ⟨*a. houve uma pausa, depois continuaram*⟩

a.qui.cul.tu.ra \qü\ *s.f.* criação de animais ou plantas aquáticas; aquacultura ~ **aquicultor** *adj.s.m.*

a.qui.es.cer *v.* {mod. 8} *t.i. e int.* (prep. *a, em*) agir ou considerar com transigência; condescender ~ **aquiescência** *s.f.* - **aquiescente** *adj.2g.*

a.qui.e.tar *v.* {mod. 1} *t.d.,int. e pron.* pôr(-se) ou tornar(-se) quieto; tranquilizar(-se) ~ **aquietação** *s.f.*

a.qui.la.tar *v.* {mod. 1} *t.d.* **1** determinar o quilate de (metal ou pedra preciosa) **2** *fig.* apreciar, avaliar o valor de ☐ *t.d. e pron. fig.* **3** tornar(-se) melhor; aperfeiçoar(-se) ~ **aquilatação** *s.f.*

a.qui.li.no *adj.* **1** próprio de águia **2** recurvo como bico de águia ⟨*nariz a.*⟩

a.qui.lo *pron.dem.* designa algo distante, no espaço ou no tempo, tanto do falante como do ouvinte ⟨*a. ali é a entrada do sítio*⟩ ⟨*a. foi uma tragédia*⟩

a.qui.nho.ar *v.* {mod. 1} *t.d.* **1** dividir em partes; repartir **2** favorecer, agraciar ☐ *t.d. e t.i.* **3** (prep. *de*) participar de; compartilhar ~ **aquinhoamento** *s.m.*

a.qui.si.ção [pl.: *-ões*] *s.f.* **1** compra ou tomada de posse de uma coisa ⮌ venda **2** a coisa comprada ou apossada ⟨*a casa foi uma ótima a.*⟩

a.qui.si.ti.vo *adj.* **1** relativo a aquisição ⟨*período a.*⟩ **2** que faz adquirir ⟨*poder a.*⟩

a.quo.so \ô\ [pl.: *aquosos* \ó\] *adj.* **1** que contém água **2** da natureza da água ou semelhante a ela ~ **aquosidade** *s.f.*

[1]**-ar** *suf.* 'relação': *escolar, retangular, vocabular* [ORIGEM: do suf. lat. formador de adj. *-aris,e*]

[2]**-ar** *term.* de verbos da 1ª conjugação: *cantar, esparramar, pleitear* [ORIGEM: da term. lat. *-are*, formadora de verbos da 1ª conjugação]

ar *s.m.* **1** mistura gasosa que forma a atmosfera terrestre **2** brisa, vento **3** *fig.* indício ⟨*um ar de felicidade rondava a sala*⟩ **4** *fig.* aparência, aspecto ⟨*ar de superioridade*⟩ ⊡ **ar condicionado** *loc.subst.* ar resfriado ou aquecido por meio de aparelho próprio ☞ cf. *ar-condicionado* • **ao ar livre** *loc.adv.* em espaço aberto • **ir ao ar** *loc.vs.* ser veiculado por estação de rádio e/ou televisão ⟨*o seriado vai ao ar às quintas-feiras*⟩

Ar símbolo de *argônio*

a.ra *s.f.* altar ('estrutura')

á.ra.be *s.2g.* **1** natural ou habitante da península Arábica (Ásia) ■ *s.m.* **2** língua dessa região ■ *adj.2g.* **3** relativo a essa região, habitante ou língua

a.ra.bes.co \ê\ *s.m.* **1** ornamento de origem árabe, onde linhas, ramagens, flores etc. se entrelaçam **2** *p.ext.* linha irregular; rabisco

a.rá.bi.co *adj.* relativo à Arábia, aos árabes ou a sua cultura ⟨*algarismos a.*⟩ ⟨*costumes a.*⟩

a.ra.bis.mo *s.m.* **1** palavra ou expressão característica da língua árabe **2** defesa dos valores árabes

a.ra.bis.ta *adj.2g.s.2g.* **1** especialista na língua e/ou cultura árabes **2** partidário do arabismo ('defesa')

a.ra.bi.zar *v.* {mod. 1} *t.d. e pron.* dar ou tomar aspecto ou característica própria do povo, da cultura, da língua árabe

a.ra.çá *s.m.* **1** fruta silvestre semelhante à goiaba **2** a planta que produz essa fruta; araçazeiro

a.ra.ca.ju.a.no *adj.* **1** de Aracaju (SE) ■ *s.m.* **2** natural ou habitante dessa capital

a.ra.ca.ju.en.se *adj.2g.s.2g.* aracajuano

a.ra.ça.zei.ro *s.m.* nome comum a vários arbustos e árvores com o tronco malhado e frutos, ger. comestíveis, semelhantes aos da goiabeira; araçá ⊙ COL araçazal

a.rac.ní.deo *s.m.* ZOO **1** espécime dos aracnídeos, classe de animais invertebrados mais conhecidos por aranhas, ácaros e escorpiões, com quatro pares de patas e sem antenas ■ *adj.* **2** relativo a essa classe

a.rac.no.fo.bi.a *s.f.* medo mórbido de aranhas ⮌ aracnofilia ~ **aracnofóbico** *adj.* - **aracnófobo** *adj.s.m.*

a.rac.noi.de \ói\ *adj.2g.s.f.* **1** ANAT diz-se de ou membrana serosa, delgada e transparente que envolve o cérebro e a medula espinhal ☞ cf. *dura-máter* e *pia-máter* ■ *adj.2g.* **2** semelhante a uma aranha

a.ra.do *s.m.* instrumento para lavrar a terra

a.ra.gem *s.f.* brisa

a.ra.ma.do *adj.* **1** feito de arame **2** fechado por cerca de arame ■ *s.m.* **3** tela ou cerca de arame ☞ cf. *alambrado*

a.ra.mai.co *s.m.* língua falada na antiga Síria e na Mesopotâmia

a.ra.me *s.m.* fio metálico ⊡ a. **farpado** *loc.subst.* cabo constituído por fios de arame enrolados, com pontas agudas ou farpas

a.ra.mi.da *s.f.* poliamida sintética e aromática, com que se produzem fibras de alta resistência mecânica e térmica (us. em blindagens, na fabricação de luvas industriais e coletes à prova de balas etc.)

a.ran.de.la *s.f.* **1** suporte de parede para lâmpada ou vela **2** peça circular colocada na boca do castiçal para recolher os pingos de cera

a.ra.nha *s.f.* nome comum aos aracnídeos de aspecto e tamanho variados, muitos dos quais tecem teias para capturar suas presas

a.ra.nha-ca.ran.gue.jei.ra [pl.: *aranhas-caranguejeira* e *aranhas-caranguejeiras*] *s.f.* aranha grande, que não faz teia, e que possui o corpo coberto de pelos

a.ran.zel *s.m.* **1** discurso enfadonho; lenga-lenga **2** confusão, briga

a.ra.pon.ga *s.f.* **1** ave de plumagem branca, garganta e face nuas e esverdeadas, cujo canto lembra o som de golpes de ferro numa bigorna ■ *s.2g. fig. B infrm.* **2** quem trabalha para serviços de informação; espião ⊙ voz v. e subst.: gritar, martelar, tinir

a.ra.pu.ca *s.f.* **1** armadilha para caçar pássaros pequenos **2** *fig.* armadilha, cilada **3** *fig.* estabelecimento em que se fazem negócios fraudulentos

a.rar *v.* {mod. 1} *t.d.* sulcar (a terra) com o arado, preparando-a para o cultivo ~ **aração** *s.f.* - **arada** *s.f.*

a.ra.ra *s.f.* **1** ave de cores vivas, bico alto e curvo e cauda longa **2** peça roliça presa a dois suportes us. para pendurar cabides e peças de vestuário ⊙ voz v.: berrar, gritar, palrar, taramelar

a.ra.ru.ta *s.f.* **1** erva de cujo caule subterrâneo se produz uma farinha **2** farinha branca e nutritiva, extraída dessa planta, muito us. em alimentação

a.ra.ti.cum ou **a.ra.ti.cu** *s.m.* **1** fruta grande, de gomos amarelos e doces **2** a árvore dessa fruta

a.ra.tu *s.m.* caranguejo cinza e de carapaça quadrada, capaz de subir nas árvores do mangue, onde se alimenta e se acasala

a.rau.cá.ria *s.f.* pinheiro de copa uniforme, típico do Estado do Paraná

a.rau.to *s.m.* **1** oficial das monarquias medievais encarregado de missões secretas, do anúncio de guerra ou paz etc. **2** *fig.* aquele que anuncia; pregoeiro ⟨*a cigarra é o a. do verão*⟩ **3** *fig.* aquele que defende (uma ideia, uma causa etc.) ⟨*tornou-se o a. das reformas políticas*⟩

ar.bi.tra.gem *s.f.* **1** julgamento, avaliação por árbitro(s) ou perito(s) **1.1** atuação de árbitro em jogos e competições ⟨*anular o gol foi uma decisão da a.*⟩ **2** poder concedido a juiz, ou pessoa escolhida, para que decida sobre litígio entre partes em conflito

ar.bi.trar *v.* {mod. 1} *int.* **1** servir de juiz ❑ *t.d.* **2** decidir, resolver **3** DESP dirigir (jogo) como árbitro; apitar ❑ *t.d.i.* **4** (prep. *a*) decidir judicialmente; estabelecer ⟨*arbitraram-lhe a baixa pensão*⟩ ~ **arbitramento** *s.m.*

ar.bi.tra.rie.da.de *s.f.* **1** abuso de autoridade; violência **2** comportamento ilógico e injusto; capricho

ar.bi.trá.rio *adj.* **1** que depende da vontade de quem age; sem regras **2** que se pode fazer ou não; eventual, facultativo **3** abusivo, violento ~ **arbitrariamente** *adv.*

ar.bí.trio *s.m.* **1** vontade própria **2** domínio ou poder absoluto **3** sentença de juiz ou árbitro; parecer

ár.bi.tro *s.m.* **1** DIR mediador, juiz **2** em um jogo ou competição, quem faz cumprir as regras estabelecidas; juiz

ar.bó.reo *adj.* **1** relativo ou próprio de árvore **2** que apresenta características de árvore (diz-se de planta)

ar.bo.res.cen.te *adj.2g.* que se apresenta como uma árvore

ar.bo.re.to \ê\ *s.m.* mata cultivada para fins científicos, exibição pública etc.

ar.bo.rí.co.la *adj.2g.* que vive nas árvores

ar.bo.ri.cul.tu.ra *s.f.* estudo, técnica e cultivo de árvores ~ **arboricultor** *s.m.*

ar.bo.ris.mo *s.m.* prática esportiva que consiste em percorrer um circuito formado por diferentes estruturas (pontes de cordas, redes etc.), montadas entre copas de árvores; arvorismo

ar.bo.ri.zar *v.* {mod. 1} *t.d.* plantar árvores em ⮌ desarborizar ~ **arborização** *s.f.*

ar.bus.to *s.m.* vegetal de tamanho variável, mas não superior a 6 m de altura, cujo caule emite ramificações muito próximas do solo ~ **arbustivo** *adj.*

ar.ca *s.f.* caixa grande para guardar roupas, objetos, louças etc.; baú ⊡ **a. da aliança** *loc.subst.* arca em que os hebreus guardavam as tábuas da lei mosaica

ar.ca.bou.ço *s.m.* **1** esqueleto **2** ossatura do tórax **3** estrutura de uma construção **4** esboço ⟨*a. de um romance*⟩

ar.ca.buz *s.m.* antiga arma de fogo, portátil, de cano curto e largo

ar.ca.da *s.f.* **1** série de arcos em sequência (em galerias, passagens etc.) **2** ANAT estrutura em forma de arco ⟨*a. dentária*⟩ **3** MÚS direção do movimento do arco em instrumento de cordas

ár.ca.de *adj.2g.* **1** relativo à Arcádia, região da Grécia **2** próprio do estilo das arcádias ■ *s.2g.* **3** natural ou habitante da Arcádia **4** membro de uma arcádia

ar.cá.dia *s.f.* nome comum das sociedades literárias dos sXVII-XVIII adeptas do Classicismo e cujos membros adotavam nomes de pastores ~ **arcádico** *adj.*

ar.ca.dis.mo *s.m.* **1** corrente literária ou escola representada pelas arcádias ☞ inicial maiúsc. **2** caráter arcádico, neoclássico ~ **arcadista** *adj.2g.*

ar.cai.co *adj.* **1** muito antigo **2** ultrapassado, obsoleto ⊃ moderno

ar.ca.ís.mo *s.m.* **1** palavra, expressão ou acepção que deixou de ser usada na norma atual de uma língua ⊃ neologismo **2** uso ou tendência para usar palavras ou expressões arcaicas

ar.ca.i.zar *v.* {mod. 2} *t.d. e pron.* **1** (fazer) adquirir feição arcaica ❑ *int.* **2** empregar arcaísmos ~ **arcaização** *s.f.* - **arcaizante** *adj.2g.*

ar.can.jo *s.m.* REL anjo de ordem superior

ar.ca.no *adj.s.m.* (o) que é misterioso, secreto

ar.ção [pl.: *-ões*] *s.m.* armação arqueada e saliente da sela

[1]**ar.car** *v.* {mod. 1} *t.d.* **1** dar forma de arco a **2** guarnecer de arcos ⟨*a. um barril*⟩ ❑ *t.d.,int. e pron.* **3** sofrer ou impor força para baixo; curvar(-se) [ORIGEM: do lat. *arcuāre* 'dobrar em arco']

[2]**ar.car** *v.* {mod. 1} *t.i. e int.* **1** (prep. *com*) lutar corpo a corpo ❑ *t.i.* **2** (prep. *com*) carregar (algo pesado) **3** (prep. *com*) responsabilizar-se por; assumir; enfrentar ⟨*a. com as despesas, as consequências*⟩ [ORIGEM: *arca* + [2]*-ar*]

ar.caz *s.m.* grande arca com gavetões

ar.ce.bis.pa.do *s.m.* **1** território sob a jurisdição de um arcebispo **2** cargo de arcebispo **3** período de exercício desse cargo

ar.ce.bis.po *s.m.* bispo responsável por uma arquidiocese ~ **arcebispal** *adj.2g.*

ar.cho.te *s.m.* corda untada de breu, que se acende para iluminar um lugar ou caminho; tocha

ar.co *s.m.* **1** MAT segmento de uma curva **2** curvatura **3** arma portátil constituída de vara flexível com uma corda presa às suas extremidades, para atirar setas **4** a forma recurva de uma abóbada **5** FUTB o conjunto formado pelas balizas e rede; gol **6** peça us. para fazer vibrar as cordas de violino, viola, contrabaixo etc. **7** círculo metálico ou de madeira que prende as aduelas de um barril; aro

ar.co-í.ris *s.m.2n.* arco luminoso multicolorido produzido quando a luz solar é refletida por gotículas de água provenientes da chuva

ar-con.di.cio.na.do [pl.: *ares-condicionados*] *s.m.* aparelho us. para resfriar ambientes fechados ☞ cf. *ar condicionado*

ar.dên.cia *s.f.* **1** qualidade ou estado do que arde, fica em fogo, queima; ardor, calor, quentura **2** qualidade de aceso, cintilante, iluminado **3** sensação semelhante ao ardor de queimadura; afogueamento, enrubescimento, vermelhidão ⟨*creme para a. na pele*⟩ **4** sabor picante **5** *fig.* vivacidade, atividade, entusiasmo ⊃ apatia, indolência, inatividade

ar.den.te *adj.* **1** que queima em chamas ou brasas **2** que concentra ou causa calor ⟨*verão a.*⟩ ⊃ frio **3** picante ⟨*tempero a.*⟩ **4** *fig.* entusiasmado, intenso ⟨*sentimento a.*⟩ ⊃ desanimado

ar.der *v.* {mod. 8} *int.* **1** estar em chamas; queimar **2** estar aceso ⟨*o lampião já não arde*⟩ **3** ter sabor picante **4** sentir muito calor **5** *fig.* ficar com a face vermelha; ruborizar-se ❑ *t.d. e int.* **6** (fazer) ter sensação de ardor; queimar ⟨*o iodo ardeu a ferida*⟩ ⟨*a queimadura ardia*⟩ ~ **ardimento** *s.m.*

ar.dil *s.m.* **1** artimanha, astúcia ⊃ correção **2** armação, cilada ~ **ardileza** *s.f.*

ar.di.lo.so \ô\ [pl.: *ardilosos* \ó\] *adj.* que faz uso de ardis, cheio de astúcias; astucioso, astuto, esperto, manhoso, velhaco ⊃ confiável, correto

ar.dor \ô\ *s.m.* **1** calor forte **2** amor intenso, paixão **3** *fig.* entusiasmo ⊃ indiferença

ar.do.ro.so \ô\ [pl.: *ardorosos* \ó\] *adj.* que tem ardor, entusiasmo, paixão; apaixonado, ardente, entusiástico ⊃ desapaixonado, frio, indiferente

ar.dó.sia *s.f.* rocha compacta, de granulação fina e cor cinza, us. para revestimento de pisos, paredes, telhados etc.

ár.duo *adj.* **1** de difícil acesso; íngreme **2** *fig.* cansativo; trabalhoso ⊃ fácil, leve ~ **arduidade** *s.f.*

a.re *s.m.* medida agrária equivalente a 100 m^2 [símb.: *a*]

á.rea *s.f.* **1** extensão limitada de espaço, terreno ou superfície **2** GEOM a medida de superfície de uma figura geométrica ⟨*a á. do triângulo*⟩ **3** campo de ação ⟨*á. científica*⟩ **4** pátio interno ☞ cf. *ária* ⊡ **Á. de Livre Comércio das Américas** *loc.subst.* organização internacional criada em 1994 para eliminar as barreiras alfandegárias entre os 34 países americanos (exceto Cuba) [sigla: *Alca*] • **á. de proteção ambiental** *loc.subst.* região legalmente preservada para a conservação da vida silvestre e dos recursos naturais [sigla: *APA*]

a.re.al *s.m.* **1** extensa superfície coberta de areia; areão **2** local de onde se extrai areia **3** praia

a.re.ão [pl.: *-ões*] *s.m.* **1** areal ('superfície') **2** areia grossa

a.re.ar *v.* {mod. 5} *t.d. e pron.* **1** cobrir(-se) com areia ❑ *t.d.* **2** limpar ou polir, esfregando com areia ou algo similar ⟨*a. panela*⟩ **3** escovar (os dentes) ~ **areamento** *s.m.*

a.re.en.to *adj.* misturado ou coberto com areia; arenoso

a.rei.a *s.f.* **1** conjunto de partículas granulosas de origem mineral que se encontra no leito dos rios, dos mares, nas praias e nos desertos **2** *p.ext.* praia **3** grão calcificado encontrado na urina ⊡ **a. movediça** *loc.subst.* atoleiro de areia • **entrar a. em** *fraseol. infrm.* surgir um imprevisto que dificulta ou impossibilita a realização de algo planejado

a.re.ja.do *adj.* **1** que se arejou **2** que tem boa circulação de ar ⟨*aposento a.*⟩ **3** *fig.* que é aberto ao que é novo, ao não convencional; compreensivo, esclarecido, liberal ⟨*mente a.*⟩

a.re.jar *v.* {mod. 1} *t.d.* **1** fazer circular o ar em; ventilar ⟨*a. o recinto*⟩ **2** expor ao ar para secar, eliminar odor etc. ⟨*a. a roupa*⟩ **3** *fig.* entrar em contato com o novo; renovar ⟨*a. as ideias*⟩ ❑ *int. e pron.* **4** tomar ar renovado **5** *fig.* tomar novo ânimo; espairecer ~ **arejamento** *s.m.*

a.re.na *s.f.* **1** parte central, coberta de areia, dos anfiteatros romanos **2** *p.ext.* anfiteatro **3** área central do circo; picadeiro **4** espaço circular para touradas e outros espetáculos **5** estrado onde lutam os boxeadores **6** *p.ext.* local de debate, de desafio

a.ren.ga *s.f.* **1** discurso **2** discurso cansativo; lenga-lenga **3** discussão, disputa ~ **arengar** *v.t.d.,t.i. e int.*

a.re.ni.to *s.m.* rocha sedimentar de origem detrítica, us. como material de construção, pavimentação etc.

a.re.no.so \ô\ [pl.: *arenosos* \ó\] *adj.* cheio de areia ou semelhante a ela

a.ren.que *s.m.* peixe com cerca de 30 cm de comprimento, dorso azulado e ventre prateado, encontrado no Pacífico e Atlântico norte, consumido fresco, salgado, defumado ou em conserva

a.ré.o.la *s.f.* **1** pequena área **2** área castanha ou rosada que circunda o mamilo **3** área luminosa que circunda o Sol ou a Lua ☞ cf. *auréola* ~ **areolado** *adj.* - **areolar** *adj.2g.*

a.res.ta *s.f.* **1** GEOM a reta formada pela interseção de dois planos **2** ângulo; quina ▼ *arestas s.f.pl.* **3** pequenos pontos de conflito; detalhes ⟨*ainda precisamos aparar algumas a. para fecharmos o negócio*⟩ ~ **arestoso** *adj.*

–aréu *suf.* 'aumento': *fogaréu, mundaréu*

ar.far *v.* {mod. 1} *int.* **1** respirar com dificuldade; ofegar **2** balançar, oscilar ⟨*ao vento, as folhas arfam*⟩ ~ **arfagem** *s.f.* - **arfante** *adj.2g.*

ar.ga.mas.sa *s.f.* mistura de areia, água e um aglutinante us. em construções

ar.ge.li.no *adj.* **1** da Argélia (África) ■ *s.m.* **2** natural ou habitante desse país **3** a língua árabe falada na Argélia

ar.gên.teo *adj.* **1** feito de ou que contém prata **2** da cor da prata

ar.gen.ti.no *adj.* **1** da Argentina (América do Sul) ■ *s.m.* **2** natural ou habitante desse país

ar.gi.la *s.f.* barro de grande plasticidade e cores variadas ~ **argiloso** *adj.*

ar.go.la *s.f.* **1** aro metálico para prender ou puxar algo **2** qualquer objeto circular e vazio no meio **3** brinco de forma circular

ar.go.nau.ta *s.2g.* navegante destemido ~ **argonáutico** *adj.*

ar.gô.nio *s.m.* gás nobre us. em lâmpadas incandescentes, soldas, *laser* etc. [símb.: *Ar*] ☞ cf. *tabela periódica* (no fim do dicionário)

ar.gú.cia *s.f.* **1** percepção apurada; sagacidade ↄ ingenuidade **2** sutileza de raciocínio ~ **argucioso** *adj.*

ar.guei.ro *s.m.* **1** pequena partícula separada de um corpo; cisco **2** *fig.* coisa sem importância; ninharia

ar.gui.ção \gü\ [pl.: *-ões*] *s.f.* **1** alegação, argumentação **2** prova oral

ar.guir \gü\ *v.* {mod. 26} *t.d. e t.d.i.* **1** (prep. *de*) repreender, censurar ❑ *t.d. e int. B* **2** examinar (aluno, candidato), questionando ou interrogando ❑ *t.d.* **3** contradizer com argumentos; refutar ⟨*a. uma acusação*⟩ ~ **arguidor** *adj.s.m.*

ar.gu.men.tar *v.* {mod. 1} *t.d.,t.i. e int.* **1** (prep. *com, contra*) apresentar fatos, razões, provas contra ou a favor (de algo) ❑ *t.d.* **2** apresentar (ideia, fato) como argumento; alegar ⟨*argumentou que está falido*⟩ ~ **argumentação** *s.f.*

ar.gu.men.to *s.m.* **1** raciocínio que conduz à dedução de algo **2** prova que serve para afirmar ou negar um fato **3** resumo do enredo a partir do qual se desenvolve um roteiro cinematográfico ou de televisão

ar.gu.to *adj.* capaz de perceber rapidamente as coisas mais sutis; perspicaz ↄ ingênuo

–aria *suf.* **1** 'local, estabelecimento': *carvoaria, padaria* **2** 'coleção': *pedraria* **3** 'ação de alguém': *patifaria, pirataria*

¹á.ria *adj.2g.s.2g.* (indivíduo) dos árias, subgrupo dos indo-europeus; ariano ☞ cf. *área* [ORIGEM: do sânsc. *ārya* 'nobre']

²á.ria *s.f.* movimento ou parte de uma ópera, cantata ou oratório, para voz solista ☞ cf. *área* [ORIGEM: do it. *aria* 'id.']

a.ri.a.nis.mo *s.m.* teoria nazista que afirmava a superioridade dos descendentes do povo ariano ~ **arianista** *adj.2g.s.2g.*

¹a.ri.a.no *adj.s.m.* **1** 'ária **2** (suposta raça) que abrangeria todos os indivíduos que compartilhavam as línguas indo-europeias no passado e seus descendentes não miscigenados na atualidade [ORIGEM: do lat. *ariānus,a,um* 'de ou relativo à região de Ária (Pérsia)']

²a.ri.a.no *adj.s.m.* **1** que(m) é do signo de Áries ■ *adj.* **2** relativo ao signo de Áries [ORIGEM: *ári(es)* + *-ano*]

á.ri.do *adj.* **1** seco ⟨*clima á.*⟩ ↄ úmido **2** estéril, improdutivo ⟨*terreno á.*⟩ ↄ fértil **3** *fig.* árduo; maçante ⟨*texto á.*⟩ ↄ interessante ~ **aridez** *s.f.*

á.ries *s.2g.* **1** primeira constelação zodiacal, situada entre Peixes e Touro; Carneiro ☞ inicial maiúsc. **2** ASTRL primeiro signo do zodíaco (de 21 de março a 20 de abril); Carneiro ☞ inicial maiúsc.

a.rí.e.te *s.m.* antiga máquina de guerra us. para derrubar muralhas

a.ri.lo *s.m.* saliência ou conjunto de camadas, presente na superfície de muitas sementes como a mamona, a noz-moscada etc.

–ário *suf.* **1** 'relação': *diário, contrário, temporário* **2** 'profissão': *bancário, ferroviário* **3** 'local': *orquidário, vestiário*

a.ri.ra.nha *s.f.* mamífero carnívoro, diurno e semiaquático, com cerca de 1 m de comprimento, corpo marrom e cauda achatada em forma de remo

a.ris.co *adj.* **1** desconfiado, tímido **2** de difícil trato **3** que não se deixa domesticar (diz-se de animal)

a.ris.to.cra.ci.a *s.f.* **1** organização sociopolítica em que uma classe social formada por nobres detém, ger. por herança, o monopólio do poder **2** classe dos nobres; nobreza **3** *fig.* grupo de pessoas que se distinguem pelo saber ou por diversas formas de merecimento

a.ris.to.cra.ta *adj.2g.s.2g.* **1** que(m) é membro da aristocracia **2** que(m) tem atitudes nobres

a.ris.to.crá.ti.co *adj.* **1** pertencente ou relativo à aristocracia; fidalgo, nobre ⮌ plebeu **2** *fig.* que demonstra distinção, nobreza; discreto, elegante, fino ⮌ grosseiro, rude, vulgar

a.ris.to.té.li.co *adj.* **1** relativo a Aristóteles ou à sua doutrina ■ *adj.s.m.* **2** adepto do aristotelismo ☞ cf. *Aristóteles* na parte enciclopédica

a.ris.to.te.lis.mo *s.m.* doutrina de Aristóteles, cujos conceitos serviram à criação da lógica formal e da ética, que ainda influencia o pensamento ocidental ☞ cf. *Aristóteles* na parte enciclopédica ~ **aristotelista** *adj.2g.s.2g.*

a.rit.mé.ti.ca *s.f.* **1** ramo da matemática que estuda as operações numéricas: soma, subtração, multiplicação, divisão **2** livro, esp. escolar, que contém essa matéria **3** *p.ext.* tudo que exige um cálculo qualquer ⟨*a a. de um orçamento*⟩ ~ **aritmético** *adj.*

ar.le.quim *s.m.* **1** personagem da antiga comédia italiana, de traje feito de losangos coloridos, que divertia o público nos intervalos ☞ inicial maiúsc. **2** *p.ext.* fantasia carnavalesca inspirada nesse personagem **3** *fig.* que se comporta de maneira ridícula; palhaço

ar.ma *s.f.* **1** instrumento, aparelho, substância preparada ou adaptada para ataque ou defesa **2** *fig.* argumento estrategicamente us. para tentar vencer ou defender-se numa discussão **3** cada uma das tropas de um exército (cavalaria, artilharia etc.) **4** cada uma das três forças militares (Exército, Marinha, Aeronáutica) ▼ *armas s.f.pl.* **5** as forças armadas de um país ⊙ COL armamento ⊡ **a. branca** *loc.subst.* arma constituída de lâmina metálica e cabo • **a. de fogo** *loc.subst.* toda arma que lança projétil por deflagração de uma carga explosiva • **a. química** *loc.subst.* arma que usa produtos químicos destrutivos • **a. biológica** *loc.subst.* arma que utiliza seres vivos ou substâncias derivadas de seres vivos para promover a morte de seres humanos ou a destruição de rebanhos ou lavouras • **de armas e bagagem** *loc.adv.* com todos os seus pertences ⟨*mudou-se para cá de armas e bagagem*⟩

ar.ma.ção [pl.: *-ões*] *s.f.* **1** conjunto de peças que sustenta, reforça ou une as partes de um todo ⟨*a. dos óculos*⟩ **2** estrutura ou arcabouço de alguma coisa ⟨*com o barco ainda na a., sonhavam com viagens*⟩ **3** *infrm.* o que se planeja com a finalidade de lograr alguém; golpe

ar.ma.da *s.f.* **1** conjunto das forças navais de um país **2** conjunto de navios de guerra; esquadra

ar.ma.di.lha *s.f.* **1** artifício ou engenho para capturar animais **2** *fig.* artifício enganador; cilada

ar.ma.dor \ô\ *s.m.* **1** construtor de navios **2** decorador de igrejas, salas etc. **3** *B* gancho que prende rede de dormir **4** *infrm.* quem prepara armadilhas ou arquiteta situações para levar vantagem sobre os outros **5** *B* jogador de futebol que arma jogadas do meio do campo, distribuindo a bola para os companheiros de ataque; meia-armador ■ *adj.s.m.* **6** (o) que arma

ar.ma.du.ra *s.f.* **1** vestimenta de guerra dos antigos guerreiros (elmo, couraça, malha etc.) **2** *p.ext.* qualquer estrutura (cornos, espinhos, carapaça, escudo etc.) us. pelos animais para defesa ou ataque **3** tudo aquilo que sustenta qualquer obra; armação **4** *fig.* sistema de proteção; defesa ⟨*fechara-se numa a. intransponível*⟩

ar.ma.ge.dão [pl.: *-ões*] ou **ar.ma.ge.dom** *s.m.* batalha final entre o Bem e o Mal ☞ inicial maiúsc.

ar.ma.men.tis.mo *s.m.* teoria que defende o armamento ou o aumento de material bélico de um país ou países ~ **armamentista** *adj.2g.s.2g.*

ar.ma.men.to *s.m.* **1** ato de munir-se de armas ou o seu efeito **2** conjunto de armas de um exército, de um país etc.

ar.mar *v.* {mod. 1} *t.d. e pron.* **1** (prep. *de, com*) munir(-se) de arma(s) ❑ *t.d.* **2** preparar (arma de fogo) para atirar **3** *p.ext.* aprontar (mecanismo) para funcionar **4** montar, instalar ⟨*a. um abrigo*⟩ **5** *fig.* pensar, arquitetar (plano, situação etc.) **6** *infrm.* fazer (algo errado, indevido) ou proceder mal, ger. provocando confusão ⟨*a. escândalo*⟩ ❑ *pron.* **7** *fig.* (prep. *contra*) tomar medidas preventivas; resguardar-se ⟨*a.-se contra o frio*⟩

ar.ma.ri.a *s.f.* **1** conjunto ou depósito de armas **2** a arte dos brasões; heráldica

ar.ma.ri.nho *s.m.* **1** pequeno armário **2** *B* loja em que se vendem aviamentos de costura e outras miudezas

ar.má.rio *s.m.* **1** móvel com divisões internas para guardar roupas, louças etc. **2** *fig. B infrm.* homem muito grande e forte

ar.ma.zém *s.m.* **1** estabelecimento comercial onde se vendem gêneros alimentícios e vários utensílios caseiros; mercearia **2** grande depósito de mercadorias, munições etc.

ar.ma.ze.nar *v.* {mod. 1} *t.d.* **1** guardar em armazém **2** *fig.* acumular, juntar ⟨*a. energias*⟩ **3** conter, comportar ⟨*o galpão armazena mil sacas*⟩ **4** INF guardar (dados) na memória, para recuperá-los depois ❑ *t.d. e int.* **5** criar provisão, estoque de (alimentos, mantimentos) para uso futuro ~ **armazenagem** *s.f.* - **armazenamento** *s.m.*

ar.mei.ro *s.m.* **1** quem fabrica, conserta, limpa ou vende armas **2** local para guardar armas **3** responsável pela guarda e distribuição de armas de uma tropa, batalhão ou quartel

ar.mê.nio *s.m.* **1** indivíduo natural ou habitante da Armênia (sudeste da Europa) **2** língua indo-europeia falada na Armênia, na Geórgia e na Turquia

■ *adj.* **3** relativo a esse indivíduo, país, língua ou povo

ar.mi.nho *s.m.* **1** mamífero carnívoro da família das doninhas, lontras e ariranhas, encontrado em regiões polares, cuja pelagem é vermelho-acastanhada no verão e branca no inverno **2** a pele ou pelo desse animal ▼ ***arminhos*** *s.m.pl.* **3** títulos de nobreza

ar.mis.tí.cio *s.m.* acordo que suspende uma guerra; trégua

ar.mo.ri.a.do *adj.* ornado de armas ou brasões ⟨*encadernação a.*⟩

ar.mo.ri.al *s.m.* **1** livro de registro dos brasões da nobreza ■ *adj.2g.* **2** relativo a heráldica ou brasões; heráldico

ARN *s.m.* sigla de *ácido ribonucleico*

ar.nês *s.m.* **1** armadura completa dos antigos guerreiros **2** arreio de cavalo **3** *fig.* proteção ⟨*o a. da religião*⟩

ar.ni.ca *s.f.* **1** planta nativa de regiões árticas e temperadas do hemisfério norte, de flores amarelas ou alaranjadas, cultivada como ornamental ou medicinal **2** tintura extraída dessa planta

a.ro *s.m.* **1** linha circular de extremidades ligadas, formando um círculo; anel, argola **2** armação circular das rodas de certos veículos ⟨*a. de bicicleta*⟩ **3** armação de óculos ou luneta **4** peça us. como moldura da janela ou da porta

a.ro.ei.ra *s.f.* árvore originária dos Andes peruanos, explorada ou cultivada pela madeira compacta, pelas propriedades medicinais da resina da casca e pelos frutos que tb. fornecem tintura amarela e rósea

a.ro.ma *s.m.* **1** odor natural agradável ⟨*a. do campo*⟩ **2** cheiro agradável que emana de substâncias de origens diversas ⟨*a. de desodorante, de bolo*⟩ ⮌ fedor, pestilência **3** aditivo que reforça ou dá sabor ou cheiro a alimentos industrializados ⟨*pudim com a. de baunilha*⟩

a.ro.ma.te.ra.pi.a *s.f.* aromoterapia

a.ro.má.ti.co *adj.* **1** relativo a aroma **2** que tem aroma agradável ⮌ fedorento, fétido

a.ro.ma.ti.zar *v.* {mod. 1} *t.d.,int. e pron.* (fazer) ficar com aroma; perfumar(-se)

a.ro.mo.te.ra.pi.a *s.f.* terapia baseada na ingestão, inalação ou massagem do corpo com essências vegetais aromáticas

ar.pão [pl.: *-ões*] *s.m.* instrumento de ferro em forma de seta que se fixa a um cabo, us. para fisgar grandes peixes e cetáceos

ar.pe.jar *v.* {mod. 1} *int.* executar arpejos ☞ cf. *harpejar*

ar.pe.jo \ê\ *s.m.* execução sucessiva das notas de um acorde musical

ar.péu *s.m.* pequeno arpão

ar.po.ar *v.* {mod. 1} *t.d.* **1** cravar o arpão em ❑ *int.* **2** arremessar o arpão ~ **arpoação** *s.f.* - **arpoador** *adj.s.m.*

ar.que.ar *v.* {mod. 5} *t.d. e pron.* dobrar(-se) em forma de arco; curvar(-se) ~ **arqueação** *s.f.* - **arqueadura** *s.f.* - **arqueamento** *s.m.*

[1]**ar.quei.ro** *s.m.* **1** quem fabrica ou vende arcos **2** guerreiro armado de arco **3** *B* goleiro de futebol [ORIGEM: *arco* + *-eiro*, com alt. gráf. *-c-* > *-qu-*]

[2]**ar.quei.ro** *s.m.* quem fabrica e/ou vende arcas [ORIGEM: *arca* + *-eiro*, com alt. gráf. *-c-* > *-qu-*]

ar.que.jar *v.* {mod. 1} *int.* respirar com dificuldade ou sob tensão; ofegar ~ **arquejamento** *s.m.* - **arquejante** *adj.2g.*

ar.que.jo \ê\ *s.m.* respiração difícil e ger. acelerada

ar.que.o.lo.gi.a *s.f.* ciência que, utilizando processos como coleta e escavação, estuda os costumes e culturas dos povos antigos através do material (artefatos, monumentos etc.) que restou da vida desses povos ~ **arqueológico** *adj.*

ar.que.ó.lo.go *s.m.* aquele que se dedica à arqueologia, que tem essa disciplina como profissão

ar.que.óp.te.rix *s.m.2n.* nome da primeira ave conhecida, que viveu no Jurássico

ar.que.o.zoi.co \ói\ *s.m.* **1** segundo período geológico da era pré-cambriana, entre o Azoico e o Proterozoico, em que aparecem as primeiras formas de vida, como certos tipos de bactérias e algas ☞ inicial maiúsc. ■ *adj.* **2** desse período

ar.qué.ti.po *s.m.* modelo, protótipo

ar.qui.ban.ca.da *s.f.* **1** conjunto de bancadas ou assentos destinados ao público de um evento artístico ou esportivo **2** público que ocupa esse espaço

ar.qui.di.o.ce.se *s.f.* diocese que tem poder sobre outras e que se encontra sob o controle oficial de um arcebispo; arcebispado ~ **arquidiocesano** *adj.*

ar.qui.du.ca.do *s.m.* **1** conjunto de terras de um arquiduque **2** dignidade de arquiduque

ar.qui.du.cal *adj.2g.* relativo a arquiduque e a arquiducado

ar.qui.du.que [fem.: *arquiduquesa*] *s.m.* **1** título superior ao de duque **2** quem tem esse título

ar.qui.e.pis.co.pa.do *s.m.* arcebispado ~ **arquiepiscopal** *adj.2g.*

ar.qui-i.ni.mi.go [pl.: *arqui-inimigos*] *adj.s.m.* que(m) é o maior inimigo ou o maior rival; arquirrival

ar.qui.mi.lio.ná.rio *adj.s.m.* que(m) é muitas vezes milionário

ar.qui.pé.la.go *s.m.* grupo de ilhas numa superfície marítima

ar.quir.ri.val *adj.2g.s.2g.* arqui-inimigo

ar.qui.te.tar *v.* {mod. 1} *t.d.* **1** fazer o projeto arquitetônico de **2** *fig.* planejar, tramar ⟨*a. uma vingança*⟩

ar.qui.te.to *s.m.* profissional que idealiza, planeja, desenha e acompanha projetos de construção, jardins etc.

ar.qui.te.tu.ra *s.f.* **1** arte e técnica de organizar espaços e criar ambientes para as diversas atividades humanas **2** conjunto das construções que caracterizam uma época, um povo ou um lugar **3** projeto ou estilo de uma construção **4** *fig.* conjunto de elementos de um todo; estrutura, natureza, organização ⟨*a. humana*⟩ ~ **arquitetônico** *adj.*

ar.qui.tra.ve *s.f.* viga mestra horizontal, assentada sobre pilares ou colunas

ar.qui.var *v.* {mod. 1} *t.d.* **1** guardar em arquivo **2** interromper andamento jurídico de (inquérito ou processo) **3** *fig.* guardar na mente; memorizar **4** *fig. infrm.* deixar de lado; esquecer ~ **arquivamento** *s.m.*

ar.qui.vis.ta *adj.2g.s.2g.* que(m) é responsável por um arquivo

ar.qui.vo *s.m.* **1** conjunto de documentos relativos à história de um país, região, cidade, instituição, família, pessoa etc. **2** local ou móvel onde se guardam esses documentos **3** conjunto de dados ou instruções armazenados em computador, identificado por nome

–arra *suf.* 'aumento': *bocarra*

ar.ra.bal.de *s.m.* **1** parte de uma cidade ou povoação que fica fora ou nas vizinhanças; subúrbio **2** lugar muito afastado do centro de uma cidade ou povoação; arredor, cercania ☞ tb. us. no pl.

ar.rai.a *s.f. B* **1** peixe ovovivíparo, de corpo achatado e nadadeiras peitorais muito desenvolvidas, cuja cauda pode ter ferrão; raia **2** pipa; papagaio

ar.rai.al *s.m.* **1** lugarejo de caráter provisório, temporário **2** pequena aldeia ⟨*a. de pescadores*⟩ **3** cenário para festas juninas

ar.rai.a-mi.ú.da [pl.: *arraias-miúdas*] *s.f.* a camada social mais baixa da sociedade; plebe, ralé

ar.rai.gar *v.* {mod. 1} *t.d.,int. e pron.* **1** fixar(-se) [a planta] pela raiz **2** *fig.* estabelecer(-se), firmar(-se) de maneira definitiva ou profunda ⟨*a. os imigrantes na cidade*⟩ ⟨*a doença arraigou(-se)*⟩ ~ **arraigamento** *s.m.*

ar.rais *s.m.2n.* mestre ou comandante de embarcação

ar.ran.car *v.* {mod. 1} *t.d.* **1** tirar, extrair fazendo uso da força ❑ *t.d. e t.d.i.* **2** (prep. *de*) suscitar, provocar ⟨*a. aplausos* (*da plateia*)⟩ ❑ *t.d.i.* **3** (prep. *de*) obter com dificuldade ⟨*a. uma confissão do réu*⟩ ❑ *int.* **4** avançar, sair com ímpeto ~ **arrancamento** *s.m.*

ar.ran.ca-ra.bo [pl.: *arranca-rabos*] *s.m. B infrm.* discussão, briga

ar.ran.char *v.* {mod. 1} *t.d. e pron.* **1** reunir(-se) em ranchos ('grupos de pessoas'); associar(-se) **2** abrigar(-se), hospedar(-se) ❑ *int. e pron.* **3** estabelecer-se provisoriamente **4** consumir o rancho ('comida') ~ **arranchamento** *s.m.*

ar.ra.nha-céu [pl.: *arranha-céus*] *s.m.* prédio muito alto, com muitos andares

ar.ra.nha.du.ra *s.f.* arranhão

ar.ra.nhão [pl.: *-ões*] *s.m.* **1** ferimento superficial na pele; arranhadura, arranhado **2** fenda pouco profunda em superfície polida; arranhadura

ar.ra.nhar *v.* {mod. 1} *t.d.,int. e pron.* **1** ferir(-se) levemente, com a unha, objeto pontiagudo, superfície áspera ❑ *t.d. e int.* **2** causar, por atrito, sensação desagradável (em) ❑ *t.d.* **3** produzir ranhura, traço em (superfície); riscar **4** *infrm.* conhecer pouco (assunto, língua etc.)

ar.ran.jar *v.* {mod. 1} *t.d.* **1** pôr em ordem; arrumar **2** colocar enfeites em; adornar **3** pôr em condições de funcionar; consertar **4** fazer arranjo de (peça musical) ❑ *t.d. e t.d.i.* **5** (prep. *a, para*) conseguir, obter (algo que era almejado) ❑ *pron.* **6** sair-se bem de dificuldades ~ **arranjamento** *s.m.*

ar.ran.jo *s.m.* **1** disposição harmoniosa ou artística ⟨*a. dos quadros na sala*⟩ **2** ordem, harmonia, conforto no cotidiano ⟨*a. para uma vida melhor*⟩ **3** situação ou circunstância planejada, ordenada ⟨*a. no horário*⟩ **4** combinação, ajuste ⟨*a. para dividir o trabalho*⟩ **5** *B* acordo para lesar ou enganar outras pessoas; negociata **6** MÚS adaptação de uma melodia a uma outra forma de execução ▼ *arranjos s.m.pl.* **7** preparativos ⟨*a. para a festa*⟩

ar.ran.que *s.m.* **1** movimento inesperado, feito de uma só vez **2** partida súbita e violenta; arrancada **3** ação de expirar; agonia, estertor ☞ nesta acp., tb. us. no pl.

–arrão *suf.* 'aumento': *canzarrão, gatarrão, homenzarrão*

ar.ras *s.f.pl.* **1** recursos pagos como sinal num contrato **2** acordos que asseguram obrigações futuras; promessas, garantias **3** evidências, provas ⟨*o aluno deu a. de sua competência*⟩

ar.ra.sar *v.* {mod. 1} *t.d.* **1** causar muitos estragos a; danificar, destruir **2** tornar raso, plano; nivelar ⟨*o matagal arrasou o terreno*⟩ ❑ *t.d. e pron.* **3** debilitar(-se) física ou moralmente; abater(-se) ❑ *t.i.* **4** (prep. *com*) agir contra (alguém), com palavras ou atos ⟨*a crítica arrasou com o autor*⟩ ❑ *int. gír.* **5** ser um sucesso; abafar ❑ *pron.* **6** perder a riqueza, o dinheiro; arruinar-se ~ **arrasador** *adj.s.m.* - **arrasamento** *s.m.* - **arrasante** *adj.2g.*

ar.ras.tão [pl.: *-ões*] *s.m.* **1** *B* ação de recolher do mar a rede de pesca **2** *p.ext.* a pesca realizada desta forma **3** *p.ext.* rede que se emprega nesse tipo de pesca **4** *B infrm.* assalto cometido por turmas em praias, praças etc.

ar.ras.ta-pé [pl.: *arrasta-pés*] *s.m. B infrm.* **1** baile popular cujas músicas e ritmos são o forró, o samba etc. **2** reunião informal, esp. familiar, para dançar

ar.ras.tar *v.* {mod. 1} *t.d.* **1** puxar fazendo deslizar pelo chão ou por uma superfície qualquer **2** mover (texto, arquivo etc.) no computador, com o auxílio do *mouse* ❑ *t.d. e pron.* **3** conduzir(-se) à força ou com dificuldade ❑ *t.d.,int. e pron.* **4** (fazer) roçar no chão ⟨*a. a cauda do vestido*⟩ ❑ *pron.* **5** deslizar por qualquer superfície; rastejar **6** passar lentamente; demorar ⟨*o domingo se arrastou*⟩ ~ **arrastamento** *s.m.* - **arrasto** *s.m.*

–arraz *suf.* 'aumento': *pratarraz*

ar.ra.zo.ar *v.* {mod. 1} *t.i.* **1** (prep. *sobre*) abordar (tema), expondo razões ou pontos de vista ❑ *t.d.* **2** fazer censura a; repreender **3** apresentar razões, argumentos de (ideia, tese) em juízo ⟨*a. a defesa*⟩ ❑ *t.i. e int.* **4** (prep. *com*) altercar, discutir ~ **arrazoado** *adj.s.m.* - **arrazoamento** *s.m.*

ar.re *interj.* **1** voz com que se tocam animais de carga ⟨*a., mula!*⟩ **2** voz que exprime enfado, zanga ou raiva ⟨*a., que chatice!*⟩

ar.re.ar *v.* {mod. 5} *t.d.* colocar arreios em (cavalgadura) ☞ cf. *arriar* ~ **arreamento** *s.m.*

ar.re.a.ta *s.f.* 1 corda para conduzir ou atar bestas 2 grupo de animais de carga ligados por essa corda

ar.re.ba.nhar *v.* {mod. 1} *t.d.* 1 reunir em rebanho 2 *p.ext.* fazer a convocação de; recrutar ❑ *t.d. e pron.* 3 juntar(-se) em grupo; reunir(-se) ~ **arrebanhamento** *s.m.*

ar.re.ba.tar *v.* {mod. 1} *t.d.* 1 puxar, levar com força ou de repente; arrancar ❑ *t.d. e pron.* 2 encantar(-se), deslumbrar(-se) 3 enfurecer(-se), irar(-se) ~ **arrebatador** *adj.s.m.* - **arrebatamento** *s.m.* - **arrebatante** *adj.2g.*

ar.re.ben.ta.ção [pl.: *-ões*] *s.f.* 1 choque das ondas sobre a praia, recife ou outro obstáculo; rebentação 2 local onde as ondas se quebram; rebentação

ar.re.ben.tar *v.* {mod. 1} *t.d.,int. e pron.* rebentar ~ **arrebentamento** *s.m.*

ar.re.bi.ta.do *adj.* 1 que tem a ponta virada para cima ⟨*nariz a.*⟩ 2 que ficou de pé ⟨*corpo a.*⟩ 3 *fig.* espevitado, vivo ⟨*criança a.*⟩ ⮌ apático, parado 4 *fig.* que demonstra petulância, insolência ⮌ discreto, humilde 5 *fig. B* que se irrita com facilidade; genioso ⮌ calmo, dócil

ar.re.bi.tar *v.* {mod. 1} *t.d.* 1 virar para cima ❑ *t.d. e pron.* 2 pôr(-se) em pé; levantar(-se) ❑ *pron.fig.* 3 tornar-se arrogante, presunçoso 4 *B* tornar-se irritado; enfurecer-se ~ **arrebitamento** *s.m.*

ar.re.bol *s.m.* cor avermelhada do nascer ou do pôr do sol

ar.re.ca.dar *v.* {mod. 1} *t.d.* 1 fazer cobrança ou recolhimento de; receber ⟨*a. taxas, donativos*⟩ 2 ter ou guardar em segurança ⟨*a. joias*⟩ ~ **arrecadação** *s.f.* - **arrecadador** *adj.s.m.* - **arrecadamento** *s.m.*

ar.re.ci.fe *s.m.* recife

ar.re.dar *v.* {mod. 1} *t.d.,int. e pron.* 1 (fazer) ir para trás; recuar(-se), afastar(-se) ⮌ aproximar(-se) ❑ *t.d.* 2 remover, retirar ⟨*a. a cadeira para sentar*⟩ ❑ *t.d.i. e pron.* 3 (prep. *de*) dissuadir(-se), demover(-se) ⮌ convencer(-se) ~ **arredamento** *s.m.*

ar.re.di.o *adj.* 1 que foge ao convívio social 2 que se desvia ou separa; apartado

ar.re.don.da.do *adj.* de forma ou feitio redondo, circular ou esférico; abaulado, boleado, roliço, torneado

ar.re.don.dar *v.* {mod. 1} *t.d. e pron.* 1 tornar(-se) redondo ❑ *t.d.* 2 calcular (valor, número) dispensando as frações ~ **arredondamento** *s.m.*

ar.re.dor *adv.* 1 ao redor, em volta, em torno ■ *adj.2g.* 2 que está localizado na vizinhança; adjacente ⟨*montanhas a.*⟩ ■ *s.m.* 3 conjunto das localidades vizinhas; redondeza ☞ nesta acp., mais us. no pl.

ar.re.fe.cer *v.* {mod. 8} *t.d.,int. e pron.* 1 tornar(-se) frio; esfriar ⮌ esquentar 2 *fig.* (fazer) ficar com desânimo; desalentar(-se) ❑ *int.* 3 *fig.* ficar mais brando, mais fraco ⟨*a febre arrefeceu*⟩ ⮌ intensificar-se ~ **arrefecedor** *adj.s.m.* - **arrefecimento** *s.m.*

ar.re.ga.çar *v.* {mod. 1} *t.d.* 1 dobrar ou puxar para cima (roupa ou parte dela) ❑ *t.d. e pron.* 2 levantar(-se) [os lábios], enrolando-os, arqueando-os ou enrugando-os ~ **arregaçamento** *s.m.*

ar.re.ga.lar *v.* {mod. 1} *t.d.* abrir muito (os olhos), por alegria, espanto etc.; esbugalhar

ar.re.ga.nhar *v.* {mod. 1} *t.d.* 1 abrir muito (a boca, os olhos etc.) ❑ *t.d. e pron.* 2 deixar ver (os dentes) abrindo os lábios ⟨*a. os dentes num sorriso*⟩ ⟨*a.-se numa careta*⟩ ❑ *pron.* 3 rir muito; gargalhar ~ **arreganhamento** *s.m.* - **arreganho** *s.m.*

ar.re.gi.men.tar *v.* {mod. 1} *t.d.* 1 reunir em regimento militar ❑ *t.d. e pron.* 2 associar(-se) em partido, grupo etc. ~ **arregimentação** *s.f.*

ar.rei.o *s.m.* conjunto de peças us. para preparar a cavalgadura para montaria ou para trabalho de carga ☞ mais us. no pl. ⊙ COL selaria

ar.re.li.a *s.f.* 1 aborrecimento, apoquentação ⮌ contentamento 2 falta de paciência; pressa, sofreguidão ⮌ paciência 3 rolo, confusão 4 mau agouro

ar.re.li.ar *v.* {mod. 1} *t.d. e pron.* (fazer) ficar aborrecido, zangado; aborrecer(-se) ~ **arreliação** *s.f.* - **arreliado** *adj.*

ar.re.ma.tar *v.* {mod. 1} *t.d.,int. e pron.* 1 dar ou alcançar finalização; acabar ❑ *t.d.* 2 completar com detalhes, retoques finais 3 dizer (algo) para encerrar conversa ou discussão 4 comprar em leilão ~ **arrematação** *s.f.* - **arrematador** *adj.s.m.*

ar.re.ma.te *s.m.* 1 término, desfecho, remate 2 acabamento final de uma roupa (como bainhas, colocação de botões etc.)

ar.re.me.dar *v.* {mod. 1} *t.d.* 1 tentar reproduzir (som, estilo etc.) 2 imitar, fazendo graça ou zombaria 3 *fig.* ser semelhante a; parecer ~ **arremedo** *s.m.*

ar.re.mes.são [pl.: *-ões*] *s.m.* impulso de lançar(-se) para longe; arremesso, arremessamento

ar.re.mes.sar *v.* {mod. 1} *t.d.* 1 lançar longe, com força; atirar ❑ *pron.* 2 lançar-se em ataque, com ímpeto ⟨*a.-se contra o inimigo*⟩ 3 (prep. *a*) arriscar-se, aventurar-se ~ **arremessador** *adj.s.m.* - **arremessamento** *s.m.*

arremesso \ê\ *s.m.* 1 ato ou efeito de arremessar 2 arremessão 3 ação ofensiva; ataque, acometimento, arremetida ⮌ defesa 4 grande coragem; arrojo, audácia, bravura, ousadia ⮌ covardia 5 lançamento da bola à cesta, no basquete

ar.re.me.ter *v.* {mod. 8} *t.i. e int.* 1 (prep. *contra*) lançar-se em ataque (contra) ❑ *int.* 2 ir apressadamente em direção a ⟨*a. à saída*⟩ ☞ *à saída* é circunstância que funciona como complemento ~ **arremetimento** *s.m.*

ar.re.me.ti.da *s.f.* 1 atitude de investir com fúria ou ímpeto; investida ⮌ defensiva 2 ação impetuosa que demonstra grande coragem ⮌ covardia 3 conflito, luta, disputa ⮌ conciliação

ar.ren.da.dor \ô\ *adj.s.m.* que(m) oferece algo, ger. bem imóvel, em arrendamento

ar.ren.da.men.to *s.m.* 1 contrato que garante o uso e gozo de bem imóvel (ger. rural) por tempo e preço determinados 2 título ou escritura desse contrato

ar.ren.dar *v.* {mod. 1} *t.d. e t.d.i.* 1 (prep. *a*) permitir uso de (imóvel, ger. rural), por certo tempo e mediante pagamento **2** (prep. *de*) poder usar por certo tempo (imóvel, ger. rural), mediante pagamento

ar.ren.da.tá.rio *s.m.* indivíduo que toma alguma coisa em arrendamento; inquilino, rendeiro

ar.re.pa.nhar *v.* {mod. 1} *t.d.* **1** pegar ou arrancar com violência **2** roubar, furtar **3** arregaçar ⟨*a. o vestido*⟩ ❑ *t.d. e pron.* **4** tornar(-se) enrugado ~ **arrepanho** *s.m.*

ar.re.pe.lar *v.* {mod. 1} *t.d. e pron.* puxar, arrancar (pelos, cabelos, barba etc.) ⟨*a. os cabelos*⟩ ⟨*gritava e se arrepelava*⟩

ar.re.pen.der-se *v.* {mod. 8} *pron.* (prep. *de*) lamentar mal, erro ou ato do passado ~ **arrependido** *adj.s.m.*

ar.re.pen.di.men.to *s.m.* **1** lamentação por um mal cometido ↄ contumácia, impenitência **2** negação ou desistência de algo feito ou pensado no passado ⟨*o a. de ter estudado medicina*⟩

ar.re.pi.an.te *adj.2g.* **1** que dá arrepios **1.1** que aterroriza, causa pavor; amedrontador, apavorante, assustador, medonho

ar.re.pi.ar *v.* {mod. 1} *t.d. e int.* **1** levantar(-se) [cabelos, pelos, penas etc.] ❑ *t.d.,int. e pron.* **2** (fazer) sentir arrepios, por frio, medo ~ **arrepiadura** *s.f.* · **arrepiamento** *s.m.*

ar.re.pi.o *s.m.* **1** rápido tremor involuntário, por frio, medo etc.; calafrio **2** leve ondulação, tremulação ⟨*o vento causa a. no lago*⟩

ar.res.to *s.m.* apreensão judicial dos bens do devedor, para garantir a futura cobrança da dívida; embargo ~ **arrestante** *adj.2g.s.2g.* · **arrestar** *v.t.d.*

ar.re.ve.sa.do *adj.* **1** colocado às avessas ⟨*camisa a.*⟩ **2** de difícil compreensão; complicado, confuso ⟨*fala um alemão a.*⟩ ↄ entendível **3** de pronúncia difícil (diz-se de vocábulo)

ar.re.ve.sar *v.* {mod. 1} *t.d.* **1** pôr às avessas ⟨*a. uma roupa*⟩ **2** dar sentido contrário a; inverter ⟨*a. uma intenção*⟩

ar.ri.ar *v.* {mod. 1} *t.d.* **1** fazer descer; abaixar ↄ suspender, levantar **2** pousar (objeto) em superfície plana, esp. o chão ❑ *int.* **3** cair ou vergar-se por pressão ou falta de sustentação ⟨*a prateleira arriou*⟩ **4** perder as energias, o ânimo **5** *B* ficar sem carga (bateria); descarregar ☞ cf. *arrear* ~ **arriamento** *s.m.*

ar.ri.ba *adv.* **1** acima, adiante ⟨*mora a. daquela casa*⟩ ↄ abaixo, antes ■ *interj.* **2** acima, adiante

ar.ri.ba.ção [pl.: *-ões*] *s.f.* **1** chegada a algum lugar; arribada **2** deslocamento de animais, ger. aves e peixes, de uma região para outra

ar.ri.ba.da *s.f.* **1** arribação ('chegada') **2** retorno (de navio) ao porto de origem **3** rebanho disperso, fugido **4** *infrm.* recuperação de saúde

ar.ri.bar *v.* {mod. 1} *int.* **1** chegar (embarcação) a porto, praia etc.; aportar **2** *p.ext.* chegar (a algum lugar) ⟨*a. em outra cidade*⟩ **3** mudar de região (aves); migrar ❑ *t.i.* **4** (prep. *de*) não dar continuidade a; desistir ❑ *t.i. e int.* **5** (prep. *de*) melhorar de (saúde, sorte etc.)

ar.ri.ei.ro *s.m.* **1** guia de animais de carga; tropeiro **2** *fig.* pessoa que usa linguagem grosseira

ar.ri.mar *v.* {mod. 1} *t.d. e pron.* **1** fornecer(-se) apoio ou suporte; amparar(-se), sustentar(-se) ❑ *t.d. fig.* **2** dar amparo (financeiro, afetivo etc.) a **3** pôr em pilha; empilhar ⟨*a. os livros*⟩ ❑ *pron.* **4** usar como apoio ou base; valer-se; basear-se ⟨*a.-se na fortuna do pai*⟩ ⟨*a.-se nos fatos*⟩

ar.ri.mo *s.m.* **1** peça ou lugar onde se encosta ou se apoia; encosto, apoio **2** indivíduo ou situação que protege, dá apoio afetivo, financeiro etc. ⟨*casou e perdeu o a. do pai*⟩ ↄ desarrimo, desamparo

ar.ris.ca.do *adj.* **1** que oferece risco; perigoso ↄ inofensivo **2** ousado, audacioso ⟨*soldado a.*⟩ ↄ covarde

ar.ris.car *v.* {mod. 1} *t.d. e pron.* **1** pôr(-se) em risco, perigo; expor(-se) **2** sujeitar(-se) a boa ou má sorte; aventurar(-se)

ar.rit.mi.a *s.f.* **1** irregularidade no ritmo ↄ eurritmia **2** MED arritmia cardíaca ⊡ **a. cardíaca** *loc.subst.* MED irregularidade nas contrações cardíacas ~ **arrítmico** *adj.*

ar.ri.vis.ta *adj.2g.s.2g.* que(m) é ambicioso e inescrupuloso ~ **arrivismo** *s.m.*

ar.ri.zo.tô.ni.co *adj.* GRAM diz-se de forma verbal cujo acento tônico recai fora do radical (p.ex., *livr-eiro, am-amos*) ↄ rizotônico

ar.ro.ba \ô\ *s.f.* **1** unidade de peso equivalente a 15 kg **2** sinal gráfico (@) us. em endereços de correio eletrônico

ar.ro.char *v.* {mod. 1} *t.d. e pron.* **1** apertar(-se) muito ↄ desarrochar ❑ *t.d. e int. fig.* **2** ser implacável, duro, exigente; oprimir ~ **arrochamento** *s.m.*

ar.ro.cho \ô\ *s.m.* **1** pau torto e curto us. para torcer e apertar as cordas que fixam fardos, cargas etc. **2** qualquer coisa que sirva para atar ou apertar **3** *infrm.* abraço impetuoso **4** *fig.* circunstância difícil ↄ facilidade **5** *B* forte repressão policial ou de outras autoridades ⊡ **a. salarial** *loc.subst.* grande contenção do nível de salários, por contenção de despesas ou estabilização de preços • **dar um a. em** *loc.vs.* exercer forte pressão ou coação sobre alguém

ar.ro.gân.cia *s.f.* **1** ato de atribuir a si direito, poder ou privilégio, ou o seu efeito ⟨*a. da liderança mundial por um país*⟩ **2** *p.ext.* orgulho ostensivo, altivez ↄ humildade **3** *p.ext.* insolência, atrevimento ↄ respeito

ar.ro.gan.te *adj.2g.s.2g.* **1** que(m) demonstra arrogância; orgulhoso, altivo ↄ humilde ■ *adj.2g.* **2** insolente, mal-educado, atrevido ↄ educado

ar.ro.gar *v.* {mod. 1} *t.d.,int. e pron.* (prep. *a*) atribuir(-se) [direito, poder etc.] ~ **arrogação** *s.f.*

ar.roi.o \ô\ *s.m.* pequeno curso de água; regato

ar.ro.ja.do *adj.* **1** temerário, arriscado ⟨*negócio a.*⟩ ↄ seguro **2** que apresenta características inovadoras, progressistas; ousado ⟨*arquitetura a.*⟩ ↄ tradicional ■ *adj.s.m.* **3** que(m) é muito valente; valentão, intrépido ↄ covarde

ar.ro.jar *v.* {mod. 1} *t.d. e pron.* **1** lançar(-se) com força; jogar(-se) **2** arrastar(-se) no chão ❑ *pron.* **3** (prep.

a) fazer (algo) com ousadia; aventurar-se ~ **arrojamento** *s.m.*

ar.ro.jo \ô\ *s.m.* **1** movimento que atira longe; lançamento, arremesso **2** *p.ext.* ação de expelir; expulsão, excreção ⟨*a. do vômito*⟩ **3** *infrm.* furúnculo, abscesso **4** *fig.* grande coragem; audácia, ousadia ⮌ covardia **5** aparato, ostentação

ar.ro.lar *v.* {mod. 1} *t.d.* **1** pôr em rol ou lista; relacionar ❑ *t.d.* e *pron.* **2** inscrever(-se), alistar(-se) ~ **arrolador** *adj.s.m.* - **arrolamento** *s.m.*

ar.ro.lhar *v.* {mod. 1} *t.d.* tapar com rolha ⮌ desarrolhar ~ **arrolhamento** *s.m.* - **arrolho** *s.m.*

ar.rom.ba *s.f.* cantiga viva e ruidosa, tocada na viola ⊡ **de a.** *loc.adj.* *B infrm.* sensacional, assombroso, estupendo ⟨*festa de a.*⟩

ar.rom.bar *v.* {mod. 1} *t.d.* **1** abrir um rombo em; romper **2** abrir à força, de modo violento ~ **arrombador** *adj.s.m.* - **arrombamento** *s.m.*

ar.ros.tar *v.* {mod. 1} *t.d.*,*t.i.* e *pron.* (prep. *com*) olhar(-se) de frente, sem medo; encarar(-se)

ar.ro.tar *v.* {mod. 1} *t.d.* e *int.* **1** soltar (gases estomacais) pela boca, ger. com ruído; eructar ❑ *t.d. fig.* **2** vangloriar-se de, alardear ⟨*a. valentia*⟩ ~ **arrotação** *s.f.* - **arrotador** *adj.s.m.*

ar.ro.te.ar *v.* {mod. 5} *t.d.* **1** limpar (terreno), preparando-o para plantação **2** *fig.* dar educação a; instruir ~ **arroteamento** *s.m.*

ar.ro.to \ô\ *s.m.* emissão dos gases do estômago pela boca; eructação

ar.rou.bo *s.m.* êxtase, enlevo ~ **arroubar** *v.t.d.* e *pron.*

ar.ro.xe.a.do *adj.* **1** que tem cor aproximada ou semelhante a roxo ⟨*lenço a. de seda*⟩ **2** diz-se dessa cor ⟨*a cor a. duma flor*⟩ ■ *s.m.* **3** essa cor

ar.roz \ô\ *s.m.* **1** planta com inúmeras variedades, cultivada pelos grãos, importante elemento da dieta básica de grande parte da população mundial **2** o grão dessa planta ⊙ COL arrozal, arrozeira

ar.ru.a.ça *s.f.* **1** motim, tumulto ou desordem de rua **2** *p.ext.* muito barulho; barulheira ~ **arruaçar** *v.int.*

ar.ru.a.cei.ro *adj.s.m.* **1** que(m) promove ou participa de arruaça, confusão na rua; baderneiro, badernista ⮌ ordeiro **2** que(m) demonstra valentia em brigas de rua; brigão, provocador, valentão ⮌ covarde, medroso

ar.ru.a.men.to *s.m.* **1** traçado, demarcação ou abertura de ruas **2** disposição, distribuição das ruas de um loteamento ou bairro

ar.ru.ça.do *adj.* que se tornou ruço, pardacento ou grisalho

ar.ru.da *s.f.* planta de odor muito forte, cultivada por seus usos medicinais

ar.ru.e.la *s.f.* plaqueta com furo central, que se coloca entre a porca e o parafuso

ar.ru.far *v.* {mod. 1} *t.d.*,*int.* e *pron.* **1** tornar(-se) irritado; zangar(-se) **2** tornar(-se) crespo, arrepiado; ouriçar ~ **arrufo** *s.m.*

ar.ru.i.nar *v.* {mod. 2} *t.d.* **1** transformar em ruínas ⟨*o tremor arruinou o prédio*⟩ **2** *p.ext.* causar dano(s) ou devastação a; destruir, arrasar ❑ *t.d.* e *pron. fig.* **3** reduzir(-se) à miséria; empobrecer **4** levar(-se) à decadência física e/ou moral; destruir(-se) ~ **arruinação** *s.f.*

ar.ru.lhar *v.* {mod. 1} *int.* emitir arrulhos (pombo, rola) ⊙ GRAM/USO só us. nas 3as p., exceto quando fig.

ar.ru.lho *s.m.* voz, canto ou gemido característico de rolas e pombos

ar.ru.ma.ção [pl.: *-ões*] *s.f.* **1** conjunto de operações para manter algo em ordem ⮌ desarrumação **2** *fig.* disposição harmônica; organização ⟨*suas ideias precisam de a.*⟩

ar.ru.ma.dei.ra *s.f.* *B* empregada que arruma e limpa casa, escritório etc.

ar.ru.ma.de.la *s.f.* arrumação rápida e superficial, para organizar um pouco; arrumada

ar.ru.mar *v.* {mod. 1} *t.d.* **1** pôr (algo) em ordem; organizar, ordenar ⮌ desarrumar **2** dar rumo a (embarcação) **3** *infrm.* consertar, reparar **4** *B* provocar a ocorrência de ⟨*a. confusão, problema*⟩ ❑ *t.d.* e *t.d.i.* **5** *B* (prep. *a*, *para*) conseguir, obter, arranjar ❑ *pron.* **6** conseguir boa situação; arranjar-se **7** sair de dificuldades; avir-se **8** cuidar da aparência, esp. no vestuário; aprontar-se ~ **arrumado** *adj.*

ar.se.nal *s.m.* **1** fábrica e depósito de armas **2** grande quantidade de qualquer coisa; conjunto ⟨*a. de ideias*⟩ **3** *fig.* arquivo, depósito ⟨*ela é um a. de informações*⟩

ar.sê.ni.co *adj.s.m.* **1** (ácido) us. como agente desfolhante, esterilizante de solo, na fabricação de vidros etc. **2** (substância) us. como inseticida, em tingimento etc.

ar.sê.nio *s.m.* elemento químico us. em ligas metálicas, semicondutores, xerografia etc. [símb.: *As*] ☞ cf. *tabela periódica* (no fim do dicionário)

art dé.co [fr.] *loc.subst.* estilo artístico esp. decorativo, de formas geométricas, retilíneas, simétricas e ziguezagueantes, de fácil adaptação à produção industrial ☞ inicial freq. maiúsc. ⇨ pronuncia-se ar decô

ar.te *s.f.* **1** habilidade humana de pôr em prática uma ideia, pelo domínio da matéria ⟨*a a. de usar o fogo*⟩ **2** o uso dessa habilidade nos campos do pensamento e do conhecimento humano e/ou da experiência prática ⟨*a a. da música*⟩ **3** perfeição técnica na elaboração; requinte ⟨*um jardim com a.*⟩ **4** o conjunto de técnicas características de um ofício ou profissão, esp. manual **5** o próprio ofício ⟨*a. da marcenaria*⟩ **6** capacidade especial; aptidão, jeito, dom ⟨*a a. de lidar com crianças*⟩ **7** ardil, artimanha, astúcia ⟨*usar de a. para seduzir*⟩ **8** *B infrm.* travessura, traquinagem ☞ tb. us. no pl. **9** produção de obras, formas ou objetos com ideal de beleza e harmonia ou para a expressão da subjetividade humana ⟨*a. literária*⟩ **10** conjunto dessas obras, pertencente a determinada época, corrente, espaço geográfico ou cultural ⟨*a. moderna*⟩ ⊡ **a. plásticas** *loc.subst.* conjunto de artes que inclui o desenho, a pintura, a escultura, a gravura e a arquitetura

ar.te.fa.to *s.m.* **1** objeto, dispositivo, artigo industrializado **2** aparelho, engenho construído para um fim determinado ⟨*um a. de medicina nuclear*⟩

ar.te-fi.nal [pl.: *artes-finais*] *s.f.* **1** projeto final de um trabalho gráfico **2** esse trabalho pronto para reprodução ~ **arte-finalista** *adj.2g.s.2g.*

ar.tei.ro *adj.* **1** esperto, ardiloso, sagaz ⮌ escrupuloso **2** *B* que apronta artes ou travessuras ⮌ quieto ~ **arteirice** *s.f.*

ar.te.lho \ê\ *s.m.* ANAT **1** articulação; junta de ossos **2** cada um dos dez dedos dos pés

ar.té.ria *s.f.* veia que transporta sangue oxigenado do coração para o resto do corpo, exceto para os pulmões ~ **arterial** *adj.2g.*

ar.te.ri.os.cle.ro.se *s.f.* **1** doença degenerativa da artéria devido à destruição de suas fibras ☞ cf. *aterosclerose* **2** *p.ext. infrm.* condição de quem está ou de quem se diz estar caduco ~ **arteriosclerótico** *adj.*

ar.te.ri.os.cle.ro.so \ô\ [pl.: *arteriosclerosos* \ó\] *adj.* **1** relativo a arteriosclerose **2** que é afetado por essa doença

ar.te.sa.nal *adj.2g.* **1** relativo a ou próprio de artesão ou artesanato **2** *fig.* sem sofisticação, rústico ⮌ sofisticado

ar.te.sa.na.to *s.m.* **1** arte ou técnica do trabalho manual não industrializado, realizado por artesão **2** peça ou conjunto de peças artesanais

ar.te.são [pl.: *-ãos*; fem.: *artesã*] *s.m.* artista ou profissional que se dedica a trabalhos manuais

ar.te.si.a.no *adj.* **1** diz-se do lençol de água subterrâneo escoado por um poço cavado **2** relativo a esse poço

ár.ti.co *adj.* **1** do polo norte ⮌ antártico **2** que se encontra ao norte; setentrional, boreal ⮌ meridional

ar.ti.cu.la.ção [pl.: *-ões*] *s.f.* **1** ponto de junção de duas partes do corpo ou de dois ou mais ossos **2** sequência das etapas da emissão de um som **3** pronúncia clara das palavras **4** ajuste entre partes; inter-relação ⟨*a. de grupos*⟩

¹ar.ti.cu.lar *v.* {mod. 1} *t.d.* e *pron.* **1** unir(-se) pelas articulações **2** tornar(-se) ligado; unir(-se), juntar(-se) ❑ *t.d.* **3** dizer, pronunciar [ORIGEM: do lat. *articulāre* 'separar, pronunciar distintamente'] ~ **articulável** *adj.2g.*

²ar.ti.cu.lar *adj.2g.* relativo às articulações ⟨*dor a.*⟩ [ORIGEM: do lat. *articulāris,e* 'id.']

ar.ti.cu.lis.ta *adj.2g.s.2g.* que(m) escreve artigos de jornal, revista etc.

ar.tí.fi.ce *s.2g.* **1** trabalhador, artesão que produz algum artefato ou que abraça uma arte **2** *fig.* quem cria algo; autor

ar.ti.fi.ci.al *adj.2g.* **1** que não revela naturalidade; afetado ⟨*gestos a.*⟩ ⮌ espontâneo **2** feito pelo homem; postiço ⟨*braço a.*⟩ ⮌ natural **3** em que há dissimulação; fingido ⟨*sorriso a.*⟩ ⮌ sincero ~ **artificialidade** *s.f.* - **artificialismo** *s.m.* - **artificializar** *v.t.d.* e *pron.*

ar.ti.fí.cio *s.m.* **1** processo ou meio através do qual se obtém um artefato ou um objeto artístico **2** *p.ext.* processo ou meio us. para produzir determinado efeito ⟨*os a. da oratória*⟩ **3** *p.ext.* expediente, meio engenhoso ⟨*usar um a. para o carro andar*⟩ **4** *p.ext.* uso da astúcia a fim de enganar; sagacidade ⟨*com um a. fugiu dos ladrões*⟩ ~ **artificioso** *adj.*

ar.ti.go *s.m.* **1** mercadoria, objeto de comércio **2** cada uma das divisões, ordinalmente numeradas, de uma constituição, código, lei, tratado etc. **3** texto completo e independente de uma publicação ⟨*a. de jornal*⟩ **4** em gramática, palavra que precede o substantivo, indicando-lhe gênero e número

ar.ti.lha.ri.a *s.f.* **1** MIL conjunto de materiais de guerra (canhões, projéteis etc.) **2** o corpo de artilheiros ('militares') **3** *B* em futebol, a linha de ataque **4** *fig.* conjunto de argumentos numa discussão

ar.ti.lhei.ro *s.m.* **1** militar que maneja peças de artilharia **2** *B* jogador que faz mais gols numa partida ou numa competição ⊙ COL artilharia

ar.ti.ma.nha *s.f.* procedimento para levar alguém ao engano; ardil, artifício

ar.tio.dác.ti.lo *adj.s.m.* artiodátilo

ar.tio.dá.ti.lo *s.m.* **1** espécime dos artiodátilos, ordem de mamíferos herbívoros providos de casco e dedos pares, como os porcos, camelos e ruminantes; artiodáctilo ■ *adj.* **2** relativo a essa ordem; artiodáctilo

ar.tis.ta *s.2g.* **1** quem se dedica às belas-artes ou faz delas sua profissão **2** quem interpreta papéis em teatro, cinema, televisão ou rádio; ator **3** quem tem habilidades especiais e as exibe em circos, feiras etc. ■ *adj.2g.* **4** que tem o sentimento ou o gosto da arte ■ *adj.2g.s.2g.* **5** *infrm.* que(m) tem talento, engenho ⊙ COL elenco, companhia

ar.tís.ti.co *adj.* **1** relativo às artes, esp. às belas-artes ⮌ inartístico **2** que foi executado com arte

art nou.veau [fr.] *loc.subst.* estilo ornamental caracterizado pelo uso de linhas longas, sinuosas e assimétricas, e de formas associadas a elementos da natureza ⇨ pronuncia-se ar nuvô

ar.tri.te *s.f.* inflamação de uma articulação ~ **artrítico** *adj.s.m.*

ar.tro.pa.ti.a *s.f.* MED qualquer doença das articulações

ar.tró.po.de *s.m.* **1** espécime dos artrópodes, filo de animais invertebrados, com corpo segmentado e membros articulados, como os crustáceos, insetos, lacraias, aranhas, ácaros e escorpiões ■ *adj.2g.* **2** relativo a esse filo

a.ru.a.que *s.m.* **1** indígena pertencente a qualquer dos grupos aruaques, povos distribuídos pelas Antilhas e América do Sul **2** família linguística que compreende as línguas faladas por esses povos **3** língua dessa família ■ *adj.2g.* **4** relativo a esse indígena, a esses povos e a essas línguas

ar.vo.rar *v.* {mod. 1} *t.d.* **1** hastear (bandeira, insígnia etc.) **2** *p.ext.* pôr no alto; levantar, erguer ⮌ baixar ❑ *pron. fig.* **3** (prep. *a*, *de*) assumir por vontade própria título, encargo etc. ⟨*a.-se a defensor dos oprimidos*⟩ ~ **arvorado** *adj.*

ár.vo.re *s.f.* vegetal composto de um caule ereto e único, o tronco, que emite ramificações formadoras da copa ⊙ GRAM/USO dim.irreg.: *arbúscula, arbúsculo, arvoreta* ⊙ COL ala, alameda, aleia, arboreto, arvoredo, bosque, bosquete, floresta, mata, pomar, vergel ▣ **á. genealógica** *loc.subst.* representação gráfica dos antepassados de um indivíduo
As símbolo de *arsênio*
ás *s.m.* **1** carta de baralho que inicia ou termina a sequência de cada naipe **2** *fig.* pessoa que se destaca em sua atividade (esporte, profissão etc.)
a.sa *s.f.* **1** cada um dos membros superiores das aves, morcegos, insetos voadores, us. para voar **2** *p.ext.* parte lateral pela qual se pegam objetos ⟨*a. da xícara*⟩ **3** cada parte lateral que sustenta um avião no ar ⊙ GRAM/USO dim.irreg.: *álula, aselha*
a.sa-del.ta [pl.: *asas-delta* e *asas-deltas*] *s.f.* aparelho composto de armação metálica triangular coberta por tecido sintético, us. para a prática de voo livre
as.bes.to *s.m.* mineral incombustível, us. como isolante térmico, acústico e elétrico ☞ cf. *amianto*
as.bes.to.se *s.f.* MED doença pulmonar causada pela inalação de partículas de asbesto
as.ca.rí.deo *adj.s.m.* ZOO ascaridídeo
as.ca.ri.dí.a.se *s.f.* MED doença causada pela presença de vermes ascaridídeos nos intestinos; ascaríase
as.ca.ri.dí.deo *s.m.* ZOO **1** espécime dos ascaridídeos, família de vermes que reúne seis gêneros de parasitas intestinais de vertebrados ■ *adj.* **2** relativo a essa família
as.cen.dên.cia *s.f.* **1** movimento para cima; subida ⟨*a. do balão*⟩ ⮌ descida **2** *p.ext.* promoção profissional ou social ⮌ declínio **3** origem, genealogia ⮌ descendência **4** influência que se exerce sobre alguém ⟨*a. sobre os filhos*⟩
as.cen.den.te *adj.2g.s.m.* **1** diz-se de ou pessoa de quem se descende; ancestral, antepassado ⮌ descendente ☞ mais us. no pl. ■ *adj.2g.* **2** que se eleva, que se dirige para cima, vai progredindo, aumentando, crescendo; afluente, crescente ⮌ decrescente ■ *adj.2g.s.m.* **3** diz-se de ou astro do zodíaco que se eleva no horizonte oriental no momento do nascimento de alguém, ou de um evento
as.cen.der *v.* {mod. 8} *int. e pron.* **1** mover(-se) para cima; subir ⟨*a.(-se) ao segundo andar*⟩ ⮌ descer ☞ *ao segundo andar* é circunstância que funciona como complemento ❑ *t.i. fig.* **2** (prep. *a*) elevar-se (em cargo, posto etc.) ☞ cf. *acender* ~ **ascendimento** *s.m.*
as.cen.são [pl.: *-ões*] *s.f.* **1** ato ou efeito de ascender; ascendimento, elevação, subida ⮌ abaixamento, descida, queda **2** REL a subida ao céu de Jesus Cristo ressuscitado ☞ inicial maiúsc. **3** acesso ou elevação a cargo ou categoria superior; avanço, evolução, promoção ⮌ declínio, involução, rebaixamento
as.cen.sio.nis.ta *adj.2g.s.2g.* (o) que sobe uma montanha ou aos ares
as.cen.sor \ô\ *adj.s.m.* **1** (o) que ascende ■ *s.m.* **2** máquina que serve para elevar; elevador
as.cen.so.ris.ta *adj.2g.s.2g.* que(m) maneja um elevador
as.ce.se *s.f.* **1** conjunto de exercícios de meditação religiosa ou melhoria corporal que leva ao aperfeiçoamento espiritual **2** misticismo, exaltação religiosa
as.ce.ta *s.2g.* **1** quem se dedica à ascese **2** *p.ext.* pessoa que leva uma vida austera, privando-se dos prazeres materiais
as.ce.ti.cis.mo *s.m.* ascetismo
as.cé.ti.co *adj.s.m.* **1** que(m) se dedica ao ascetismo **2** *p.ext.* que(m) é sisudo, austero, incorruptível ☞ cf. *acético*
as.ce.tis.mo *s.m.* **1** doutrina que considera a disciplina e autocontrole do corpo e do espírito como o caminho a Deus, à verdade ou à virtude; asceticismo **2** o conjunto de práticas e comportamentos dessa doutrina; asceticismo
–asco *suf.* 'aumento': *penhasco*
as.co *s.m.* **1** aversão natural pelo que seja hediondo ou repugnante; nojo, enjoo, náusea ⟨*a. de um alimento*⟩ **2** *fig.* aversão, desprezo ⮌ atração
as.fal.to *s.m.* **1** impermeabilizante derivado do petróleo, us. para pavimentação; betume **2** essa pavimentação **3** *fig.* espaço urbanizado e privilegiado das grandes cidades, em oposição esp. a favela ou a ambiente rural **4** *p.ext.* a rua, avenida, passarela por onde desfilam as escolas de samba, os blocos etc. durante o carnaval ⟨*a passista desfilará no a.*⟩ ~ **asfaltamento** *s.m.* - **asfaltar** *v.t.d.*
as.fi.xi.a \cs\ *s.f.* dificuldade ou impossibilidade de respirar, causada por estrangulamento, afogamento etc.
as.fi.xi.ar \cs\ *v.* {mod. 1} *t.d. e int.* **1** (fazer) perder a respiração; sufocar ❑ *t.d. e pron.* **2** matar(-se) ou morrer por asfixia ❑ *int. e pron.* **3** não poder respirar livremente ⟨*passageiros (se) asfixiam em trens lotados*⟩ ~ **asfixiante** *adj.2g.s.2g.*
a.si.á.ti.co *adj.* **1** da Ásia ■ *s.m.* **2** natural ou habitante desse continente
a.si.lar *v.* {mod. 1} *t.d. e pron.* **1** abrigar(-se) em asilo de caridade **2** dar ou procurar para si proteção em local seguro
a.si.lo *s.m.* **1** instituição de assistência social que abriga crianças, doentes mentais, idosos etc. **2** *fig.* proteção, amparo, segurança ⟨*buscar a. na casa dos pais*⟩
a.si.ni.no *adj.* **1** relativo a asno **2** *fig.* desprovido de inteligência; estúpido
as.ma *s.f.* doença dos brônquios caracterizada por crises de falta de ar, respiração ruidosa e ofegante, tosse seca e sensação de opressão no peito
as.má.ti.co *adj.s.m.* relativo a asma ou indivíduo que sofre dessa doença
as.ne.ar *v.* {mod. 5} *int. infrm.* dizer ou fazer bobagens, tolices
as.nei.ra *s.f.* **1** ato ou dito tolo ou impensado; bobagem **2** dito picante ~ **asneirento** *adj.s.m.* - **asnice** *s.f.*

as.no [fem.: *asna*] *s.m.* **1** jumento **2** *fig. infrm.* indivíduo pouco inteligente; burro ⊃ gênio ⊙ COL asnada, asnaria, manada, récova, récua ⊙ VOZ v. e subst.: azurrar, ornejar, zurrar; subst.: ornejo, orneio, zurro

as.par.go *s.m.* planta cultivada pelas raízes medicinais e esp. pelos brotos carnosos, muito apreciados como alimento

as.par.ta.me *s.m.* adoçante artificial 160 vezes mais forte que o açúcar comum

as.pas *s.f.pl.* sinal gráfico (" ") us. para delimitar citações, títulos de obras, sentidos figurados etc.

as.pec.to *s.m.* **1** aparência exterior **2** ponto de vista, ângulo, lado ⟨*um dos a. de um problema*⟩ **3** parte de um todo ⟨*diferentes a. de uma doença*⟩

as.pe.re.za \ê\ *s.f.* **1** qualidade ou condição do que não é liso e uniforme ⊃ lisura, uniformidade **2** parte saliente de uma superfície desigual; crespidão, irregularidade, rugosidade ⊃ lisura, maciez, suavidade **3** característica do que é ácido; acidez, azedume, travo ⟨*estranhou a. do vinho*⟩ ⊃ doçura, suavidade **4** *fig.* qualidade do que impressiona desagradavelmente os ouvidos; desarmonia, dissonância ⊃ eufonia, harmonia **5** *fig.* ausência de harmonia nos traços e/ou nas cores de um quadro, gravura etc. **6** característica de quem é rude; dureza, grosseria, indelicadeza, rudeza ⊃ amabilidade, delicadeza, doçura, gentileza

as.per.gir *v.* {mod. 28} *t.d. e pron.* molhar(-se) com pequenas gotas; borrifar(-se) ⟨*a. a sala com lavanda*⟩ ⟨*a. água benta nos fiéis*⟩ ~ **aspersão** *s.f.*

ás.pe.ro *adj.* **1** que tem superfície desigual, ger. desagradável ao tato ⟨*tecido á.*⟩ ⊃ macio **2** cheio de irregularidades (diz-se de terreno); acidentado, escarpado ⊃ regular **3** desagradável ao paladar; ácido, acre ⟨*vinho á.*⟩ ⊃ doce **4** sem harmonia, desagradável aos ouvidos ⟨*música á.*⟩ ⊃ harmônico **5** *fig.* árduo, penoso ⟨*tarefa á.*⟩ ⊃ fácil **6** *fig.* de trato difícil; rude, ríspido, duro ⊃ delicado ⊙ GRAM/USO sup.abs.sint.: *asperíssimo*, *aspérrimo*

as.per.sor \ô\ *adj.s.m.* **1** (o) que asperge ■ *s.m.* **2** peça us. em irrigação de plantas

as.per.só.rio *s.m.* LITUR instrumento us. para aspergir água benta

ás.pi.de *s.f.* serpente europeia, de corpo marrom com estrias negras nas costas, que em regiões mais frias pode hibernar por longos períodos

as.pi.ra.ção [pl.: *-ões*] *s.f.* **1** ato de aspirar ou o seu efeito; inspiração, sucção ⊃ expiração **2** *fig.* sonho, ambição ⊃ desambição **3** ruído de atrito produzido pela saída do ar na expiração durante a articulação de certos sons

as.pi.ra.dor \ô\ *adj.s.m.* **1** (o) que aspira ■ *s.m.* **2** aparelho us. para sugar gases, vapores e líquidos

as.pi.ran.te *adj.2g.s.2g.* **1** (o) que aspira, suga **2** (o) que ambiciona (objeto, posição etc.) ■ *s.m.* **3** militar que ocupa hierarquicamente a posição de aspirante (aspirante a oficial, aspirante a guarda-marinha)

as.pi.ran.te a guar.da-ma.ri.nha [pl.: *aspirantes a guarda-marinha*] *s.m.* estudante (praça especial) que cursa os primeiros quatro anos dos cursos de graduação em ciências navais da Escola Naval ☞ cf. *guarda-marinha*

as.pi.ran.te a o.fi.ci.al [pl.: *aspirantes a oficial*] *s.m.* **1** patente do aluno que concluiu o curso superior de uma escola militar e aguarda a promoção a oficial **2** militar dessa patente

as.pi.rar *v.* {mod. 1} *t.d.* **1** atrair ou recolher por sucção **2** trazer (o ar) aos pulmões; inalar, inspirar ⊃ expirar **3** absorver, sugar ❑ *t.i.* **4** (prep. *a*) desejar muito; almejar

as.pi.ri.na *s.f.* medicamento contra dor e febre ☞ marca registrada (*Aspirina*) que passou a designar esse gênero de remédio

as.quel.min.to *s.m.* conjunto de pequenos vermes marinhos e de água doce, com espécimes alongados e ger. cilíndricos

as.que.ro.so \ô\ [pl.: *asquerosos* \ó\] *adj.* **1** que causa nojo; repugnante ⊃ adorável **2** *fig.* que tem conduta condenável; sórdido, ignóbil ⊃ digno ~ **asquerosidade** *s.f.*

as.sa.car *v.* {mod. 1} *t.d.i.* (prep. *a*) atribuir sem fundamento; caluniar ~ **assacador** *adj.s.m.*

as.sa.dei.ra *s.f.* utensílio de cozinha em que se levam alimentos ao forno para assar

as.sa.do *adj.s.m.* **1** (carne) que se assou **2** (pele) que apresenta assaduras

as.sa.du.ra *s.f.* inflamação causada por transpiração e atritos nas dobras da pele

as.sa-fé.ti.da [pl.: *assas-fétidas*] *s.f.* **1** nome comum a plantas de odor forte, antigamente muito us. como remédio, condimento ou na conservação de alimentos **2** resina obtida dessas plantas, us. em perfumaria ou como remédio

as.sa.la.ri.a.do *adj.s.m.* que(m) trabalha por salário ~ **assalariar** *v.t.d. e pron.*

as.sal.tan.te *adj.2g.s.2g.* que(m) assalta; agressor, criminoso, ladrão, malfeitor ⊙ COL bando, quadrilha

as.sal.tar *v.* {mod. 1} *t.d. e int.* **1** atacar com ímpeto e de repente **2** atacar (pessoa, instituição, residência) levando bens, pertences, mediante ameaça e/ou violência; roubar

as.sal.to *s.m.* **1** ataque repentino com uso de força e intuito de roubo ⟨*a. ao banco*⟩ **2** ataque repentino e violento, físico ou emocional ⟨*a. de dor de cabeça*⟩ ⟨*a. de remorso*⟩ **3** cada período em que se divide uma luta livre, de boxe etc. **4** *fig. B infrm.* exorbitância de preço ⊃ pechincha

ás.sa.na *s.m.* **1** cada uma das posições corporais da ioga **2** a posição sentada dos personagens humanos e divinos retratados nas artes indianas

as.sa.nha.men.to *s.m.* **1** estado de irritação; fúria, sanha **2** *B infrm.* excitação erótica; assanho

as.sa.nhar *v.* {mod. 1} *t.d. e pron.* **1** causar ou ter sanha, fúria; irritar(-se) **2** *B infrm.* (fazer) ficar irrequieto, turbulento ou animado; alvoroçar(-se) ⊃ serenar **3** tornar(-se) revolto (a água, o mar) ⊃ acalmar ❑ *pron.* **4** portar-se revelando excitação, às vezes sem compostura ou comedimento ~ **assanho** *s.m.*

as.sar *v.* {mod. 1} *t.d. e int.* **1** preparar (alimento) ao forno ou junto a brasas **2** provocar assadura (em) **3** causar ou sofrer muito calor; queimar ~ **assador** *adj.s.m.*

as.sas.si.nar *v.* {mod. 1} *t.d.* **1** tirar a vida de; matar **2** *fig.* dar fim a; exterminar, destruir 〈*a. a democracia*〉 **3** *fig.* praticar ou executar mal (arte, ofício etc.) 〈*a. o idioma*〉 ~ **assassinado** *adj.*

as.sas.si.na.to *s.m.* **1** destruição premeditada da vida humana; assassínio, morte **2** destruição cruel de vida; assassínio **3** *fig.* destruição, ruína moral; assassínio 〈*acusar injustamente a instituição foi um a.*〉

as.sas.sí.nio *s.m.* assassinato

as.sas.si.no *s.m.* **1** indivíduo que tira a vida a alguém **2** *fig.* indivíduo que causa uma perda ou ruína 〈*a. das alegrias alheias*〉 ↄ protetor ■ *adj.* **3** que causa a morte de algo ou alguém 〈*arma a.*〉 ⊙ COL alcateia, bando, caterva, corja, horda, malta, quadrilha, récua, súcia

as.saz *adv.* **1** em alto grau; muito 〈*os prejuízos o deixaram a. preocupado*〉 ↄ pouco **2** suficientemente 〈*ser a. astuto para uma missão*〉

as.se.ar *v.* {mod. 5} *t.d. e pron.* tornar(-se) limpo; lavar(-se) ↄ sujar(-se)

as.se.cla *s.2g.* pessoa que segue alguém; adepto, correligionário ↄ adversário

as.se.di.ar *v.* {mod. 1} *t.d.* **1** pôr cerco a; sitiar **2** perseguir com insistência; importunar

as.sé.dio *s.m.* **1** estabelecimento de um cerco com a finalidade de exercer o domínio ↄ desbloqueio **2** *fig.* insistência impertinente, perseguição constante, em relação a alguém 〈*a. de jornalistas*〉 ⊡ **a. sexual** *loc.subst.* **1** abordagem com intenções sexuais **2** pressão de um superior para obter favores sexuais de subalterno(a)

as.se.gu.rar *v.* {mod. 1} *t.d. e t.d.i.* **1** (prep. *a*) tornar (algo) infalível, garantido, seguro; garantir **2** (prep. *a*) afirmar com certeza; asseverar ❑ *pron.* **3** (prep. *de*) ter certeza; certificar-se ~ **asseguração** *s.f.*

as.sei.o *s.m.* **1** qualidade do que é limpo; higiene, limpeza ↄ sujeira **2** qualidade do que é bem-feito; esmero, capricho ↄ descuido

as.sel.va.jar *v.* {mod. 1} *t.d. e pron.* tornar(-se) selvagem, brutal ↄ civilizar(-se)

as.sem.blei.a \éi\ *s.f.* **1** reunião de pessoas para discutir e deliberar sobre um tema determinado **2** local ou instituição onde acontece essa reunião; plenário ⊡ **a. constituinte** *loc.subst.* assembleia que se reúne para fazer ou alterar a Constituição de um país; constituinte • **a. legislativa** *loc.subst.* **1** lugar ou órgão em que se reúnem os representantes do povo de um estado ou país; congresso, parlamento **2** no Brasil, órgão legislativo estadual que elabora as leis de sua competência ☞ iniciais maiúsc.

as.se.me.lhar *v.* {mod. 1} *t.d.,t.d.i. e pron.* **1** (prep. *a*) tornar(-se) semelhante a ↄ dessemelhar(-se) ❑ *pron.* **2** (prep. *a*) ser semelhante a; parecer-se ~ **assemelhação** *s.f.*

as.se.nho.re.ar *v.* {mod. 5} *t.d.* **1** dominar, comandar como senhor 〈*a. províncias*〉 ❑ *pron.* **2** (prep. *de*) tornar-se dono de; apoderar-se ~ **assenhoramento** *s.m.*

as.sen.ta.men.to *s.m.* **1** registro escrito de algo; apontamento **2** *B* núcleo de povoamento constituído por camponeses ou trabalhadores rurais **3** *B* ato que fixa o trabalhador rural a terras desapropriadas ou o seu efeito

as.sen.tar *v.* {mod. 1} *t.d. e pron.* **1** pôr(-se) sobre assento; acomodar(-se) **2** estabelecer(-se) em núcleo de povoamento ❑ *t.d.,int. e pron.* **3** pôr ou estar apoiado, de forma estável 〈*a. os alicerces*〉 〈*a viga assenta(-se) sobre o solo*〉 ❑ *t.d.* **4** montar, instalar **5** *B* dar posse legal de terra a (trabalhador rural que não a possuía) **6** concluir em função de reflexão; supor **7** anotar, registrar 〈*a. as despesas*〉 **8** manter arrumado (cabelo ou penteado) **9** aplicar, passar 〈*a. uma camada de tinta*〉 **10** dar, aplicar (golpe, pancada) em ❑ *t.d. e t.d.i.* **11** (prep. *de*) decidir, resolver, combinar ❑ *t.d.i.* **12** *fig.* (prep. *sobre, em*) estabelecer (sobre uma base); fundamentar 〈*a. a moral sobre princípios rígidos*〉 ❑ *t.d. e int.* **13** tornar(-se) ajuizado, ponderado ❑ *int.* **14** pousar, baixar 〈*a poeira assentou*〉 ↄ subir ❑ *pron.* **15** inscrever-se, alistar-se 〈*a.-se num partido*〉 ⊙ GRAM/USO part.: *assentado, assente*

as.sen.te *adj.2g.* **1** colocado sobre; assentado, apoiado 〈*escultura a. no pedestal*〉 ↄ desapoiado **2** *fig.* fundamentado, baseado 〈*estudo a. em muita pesquisa*〉 **3** estabelecido com firmeza; sólido, estável 〈*paz a. e duradoura*〉 ↄ instável **4** estabelecido de comum acordo; definido, ajustado 〈*regras a. para utilização da máquina*〉 ↄ indefinido **5** anotado em lugar próprio; escrito, registrado 〈*fatos a. na ata da reunião*〉 ⊙ GRAM/USO part. de *assentar*

as.sen.tir *v.* {mod. 28} *t.i.* **1** (prep. *em, a*) dar permissão ou aprovação para; consentir 〈*a. na escolha dele*〉 ❑ *int.* **2** entrar em acordo; concordar ~ **assentimento** *s.m.*

as.sen.to *s.m.* **1** superfície ou coisa sobre a qual se senta **2** parte horizontal de uma cadeira, sofá etc. onde se senta **3** lugar que oferece segurança e/ou estabilidade 〈*bom a. para a cabeça*〉 **4** *infrm.* conjunto das nádegas **5** *fig.* tranquilidade de espírito; repouso ↄ intranquilidade **6** *fig.* bom senso, juízo, prudência ↄ imprudência ☞ cf. *acento*

as.sep.si.a *s.f.* MED conjunto de meios us. para impedir a entrada de germes patogênicos no organismo e prevenir infecções ~ **asséptico** *adj.*

as.ser.ção [pl.: *-ões*] *s.f.* afirmação categórica; assertiva, asserto ↄ negativa ~ **assertivo** *adj.*

as.ser.ti.va *s.f.* asserção

as.ser.to \ê\ *s.m.* asserção ☞ cf. *acerto*

as.ses.sor \ô\ *s.m.* **1** quem ajuda alguém em suas funções; auxiliar, assistente ■ *adj.* **2** que assessora, assiste ~ **assessorial** *adj.2g.*

as.ses.so.rar *v.* {mod. 1} *t.d.* **1** servir de assessor a ❑ *pron.* **2** (prep. *de*) cercar-se de assessores ou procurar assessoria ~ **assessoramento** *s.m.*

as.ses.so.ri.a *s.f.* 1 órgão ou pessoa(s) que prestam ajuda técnica a um chefe 2 serviço de coleta e fornecimento de dados relacionados a um assunto ⟨*contratou uma firma de a.*⟩

as.ses.só.rio *adj.* referente ou pertencente a assessor ⟨*competência a.*⟩ ☞ cf. *acessório*

as.ses.tar *v.* {mod. 1} *t.d. e t.d.i.* (prep. *para, contra*) direcionar, apontar, mirar ⟨*a. a luneta para o céu*⟩ ⟨*a. arma contra o inimigo*⟩ ☞ *para o céu* é circunstância que funciona como complemento

as.se.ve.rar *v.* {mod. 1} *t.d. e t.d.i.* 1 (prep. *a*) declarar com certeza; assegurar ❑ *t.d.* 2 dar como certo; provar ⟨*nada assevera seu erro*⟩ ~ **asseveração** *s.f.* - **asseverativo** *adj.*

as.se.xu.a.do \cs\ *adj.s.m.* 1 (ser) que não tem órgãos sexuais 2 (o) que é desprovido de processo reprodutivo envolvendo os órgãos sexuais 3 que(m) não tem interesse ou atividade sexual

as.se.xu.al \cs\ *adj.2g.* BIO que ocorre sem fecundação ⟨*reprodução a.*⟩

as.sí.duo *adj.* 1 que se faz presente constantemente em determinado lugar ⟨*a. frequentador de cinema*⟩ ⊃ infrequente 2 que não falta às suas obrigações ⟨*trabalhador a.*⟩ ⊃ negligente 3 que não sofre interrupção; contínuo, constante ⟨*cuidados a.*⟩ ⊃ inconstante ~ **assiduidade** *s.f.*

as.sim *adv.* 1 deste, desse ou daquele modo ⟨*não faça a. com seu irmão*⟩ 2 de natureza igual ⟨*nunca vi chuva a.*⟩ ■ *conj.concl.* 3 deste modo, portanto ⟨*você está de dieta, a. não deve comer doces*⟩ ⊡ **a. como** *loc.adv.* bem como, do mesmo modo que ⟨*os velhos, a. como os jovens, também têm seus ímpetos*⟩ • **a. mesmo** *loc.conj.* ainda assim, apesar disso ⟨*não está preparado, a. mesmo vai competir*⟩ • **a. que** *loc.adv.* logo que, mal, tão logo ⟨*o telefone tocou a. que você saiu*⟩

as.si.me.tri.a *s.f.* 1 ausência de simetria ⊃ simetria 2 *fig.* grande diferença; disparidade, discrepância ⟨*a. de temperamentos*⟩ ⊃ semelhança ~ **assimétrico** *adj.*

as.si.mi.la.ção [pl.: *-ões*] *s.f.* 1 identidade ou semelhança de fenômenos naturais entre si 2 ato de absorver uso, costume etc. e incorporá-los como parte integrante sua, ou o seu efeito ⟨*a. da cultura grega*⟩ 3 anabolismo

as.si.mi.lar *v.* {mod. 1} *t.d.* 1 converter em substância própria ⟨*a. nutrientes*⟩ ❑ *t.d. e t.d.i.* 2 (prep. *a*) incorporar (costume, técnica, cultura etc.) ❑ *t.d.i. e pron.* 3 (prep. *a*) fazer ou tornar(-se) similar a ❑ *pron.* 4 (prep. *a*) passar a fazer parte de; incorporar-se ~ **assimilativo** *adj.* - **assimilável** *adj.2g.*

as.si.na.la.do *adj.* 1 designado, apontado ⟨*sentar-se no lugar a. na plateia*⟩ 2 que se distinguiu; ilustre ⟨*homem a.*⟩ ⊃ desconceituado 3 marcado com sinal ⟨*correção a.*⟩

as.si.na.lar *v.* {mod. 1} *t.d.* 1 marcar com um sinal 2 diferenciar por traços especiais; particularizar ❑ *t.d. e pron.* 3 pôr(-se) em destaque; evidenciar(-se) ~ **assinalação** *s.f.* - **assinalamento** *s.m.*

as.si.nan.te *adj.2g.s.2g.* 1 que(m) assina um papel, documento etc. 2 que(m) recebe produto ou serviço por meio de uma assinatura ('contrato')

as.si.nar *v.* {mod. 1} *t.d.* 1 firmar com o nome, assumindo autoria, responsabilidade, ciência de algo; subscrever ⟨*a. obra, documento*⟩ 2 fazer assinatura ('contrato') de (publicações e/ou serviços)

as.si.na.tu.ra *s.f.* 1 nome de uma pessoa escrito por ela mesma; firma 2 contrato entre fornecedor e cliente para que este receba regularmente um produto ou serviço ⟨*a. de jornal*⟩ ⟨*a. de TV a cabo*⟩

as.sín.cro.no *adj.* 1 que não apresenta sincronia ⊃ síncrono 2 ELETR que gira sem relação constante entre a corrente elétrica e a velocidade ~ **assincronia** *s.f.* - **assincronismo** *s.m.*

as.sin.dé.ti.co *adj.* GRAM diz-se de oração sem conjunção

as.sin.to.má.ti.co *adj.* que não tem ou não produz os sintomas característicos ⊃ sintomático

as.sí.rio *adj.* 1 da Assíria (Mesopotâmia, atual Oriente Médio) ■ *s.m.* 2 natural ou habitante desse antigo reino

as.si.sa.do *adj.* que age com siso; ajuizado ⊃ desajuizado

as.sis.tên.cia *s.f.* 1 grupo de pessoas presentes num evento 2 proteção, amparo ⊃ abandono 3 socorro médico 4 *B* ambulância ('carro') 5 no futebol e no basquete, passe que possibilita ao companheiro de equipe fazer gol ou cesta ~ **assistencial** *adj.2g.*

as.sis.ten.te *adj.2g.s.2g.* 1 que(m) auxilia alguém nas suas funções; auxiliar, ajudante ⊃ superior 2 que(m) presencia; espectador

as.sis.tir *v.* {mod. 24} *t.i.* 1 (prep. *a*) estar presente a; presenciar, ver ☞ não pode ligar-se ao pronome *lhe(s)* 2 (prep. *a*) ser responsabilidade de; caber, competir ❑ *t.d. e t.i.* 3 (prep. *a*) prestar auxílio ou assistência a; socorrer; ajudar ❑ *t.d. e int.* 4 dar atendimento a, servir (clientes) em loja, restaurante etc. ❑ *int.* 5 residir, morar ⟨*a. em Londres*⟩

as.so.a.lhar *v.* {mod. 1} *t.d.* pôr piso de tábuas, tacos ou material similar em

as.so.a.lho *s.m.* piso de madeira ou similar

as.so.ar *v.* {mod. 1} *t.d. e pron.* soprar o ar (pelo nariz) para expelir o muco ou secreção

as.so.ber.ba.do *adj.* 1 que age com soberba; altivo, arrogante ⊃ modesto 2 muito atarefado ⊃ desocupado ~ **assoberbamento** *s.m.* - **assoberbar** *v.t.d.,t.d.i.,int. e pron.*

as.so.bi.ar ou **as.so.vi.ar** *v.* {mod. 1} *int.* 1 emitir assobio ou produzir som semelhante ❑ *t.d.* 2 reproduzir (melodia) com assobios

as.so.bi.o ou **as.so.vi.o** *s.m.* som ger. agudo que se produz expirando o ar pelos lábios comprimidos ⊙ COL assobiada ~ **assobiador** *adj.s.m.*

as.so.bra.da.do *adj.* de dois pavimentos (diz-se de prédio) ~ **assobradar** *v.t.d. e int.*

as.so.ci.a.ção [pl.: *-ões*] *s.f.* 1 ação de aproximar, de combinar ⊃ isolamento 2 reunião de pessoas que têm interesses comuns ⟨*a. de moradores*⟩ ⊃ desunião

as.so.ci.a.do *adj.* 1 que se associou ■ *s.m.* 2 sócio ou membro de associação

as.so.ci.ar *v.* {mod. 1} *t.d.,t.d.i. e pron.* 1 (prep. *a*) pôr(-se) junto; reunir(-se), unir(-se) 2 (prep. *a*) tornar(-se) sócio ~ **associativo** *adj.*

as.so.la.dor \ô\ *adj.s.m.* (o) que assola

as.so.lar *v.* {mod. 1} *t.d.* 1 pôr por terra; devastar, destruir 2 *fig.* pôr em grande aflição; agoniar ~ **assolação** *s.f.* - **assolamento** *s.m.*

as.so.mar *v.* {mod. 1} *int.* 1 subir ao alto, ao cume ⟨*a. ao monte*⟩ ☞ *ao cume* é circunstância que funciona como complemento 2 surgir num ponto alto para ver ou ser visto ⟨*a. ao terraço*⟩ ☞ *ao terraço* é circunstância que funciona como complemento 3 aparecer, surgir

as.som.bra.ção [pl.: *-ões*] *s.f.* 1 sentimento de terror por coisas inexplicáveis ⮌ valentia 2 fantasma

as.som.brar *v.* {mod. 1} *t.d.,int. e pron.* 1 causar ou sentir susto, medo; aterrorizar(-se) 2 (fazer) sentir espanto ou admiração; maravilhar(-se) ❑ *t.d. e pron.* 3 cobrir(-se) de sombra ~ **assombramento** *s.m.*

as.som.bro *s.m.* 1 grande espanto ou admiração ⮌ indiferença 2 pessoa ou coisa que causa admiração ⮌ banalidade 3 pessoa ou coisa que causa terror

as.som.bro.so \ô\ [pl.: *assombrosos* \ó\] *adj.* 1 espantoso, maravilhoso 2 incomum, prodigioso ⮌ comum, banal 3 impressionante

as.so.mo \ô\ *s.m.* 1 surgimento, aparecimento ⮌ desaparecimento 2 aspecto revelador; indício 3 irritação, raiva ⮌ calma

as.so.nân.cia *s.f.* semelhança ou igualdade de sons em palavras próximas ⮌ dissonância ~ **assonântico** *adj.*

as.so.nan.te *adj.2g.s.2g.* (o) que tem ou produz assonância

as.so.prar *v.* {mod. 1} *t.d.,t.d.i. e int.* soprar ~ **assopradela** *s.f.* - **assopramento** *s.m.*

as.so.pro \ô\ *s.m.* sopro

as.so.re.a.men.to *s.m.* acúmulo de areia ou outros sedimentos carregados por um rio ⮌ desassoreamento

as.so.re.ar *v.* {mod. 5} *t.d.,int. e pron.* obstruir(-se) [rio, canal] com areia, terra etc.

as.so.vi.ar *v.* {mod. 1} *t.d. e int.* → *ASSOBIAR*

as.so.vi.o *s.m.* → *ASSOBIO*

as.su.a.da *s.f.* 1 desordem, arruaça ⮌ ordem 2 vaia, apupo ⮌ aclamação, ovação

as.su.ar *v.* {mod. 1} *t.d.* 1 reunir (pessoas) esp. para motim 2 dar vaia em

as.su.mir *v.* {mod. 24} *t.d.* 1 tomar para si; apropriar-se 2 ser ou ficar responsável por ⟨*a. cuidar do filho*⟩ 3 adquirir, apresentar (característica, aparência) ⟨*a. um ar severo*⟩ 4 vir a ter; alcançar, atingir ⟨*o caso assumiu proporção inesperada*⟩ ❑ *t.d. e int.* 5 tomar posse (em cargo, função) ❑ *t.d. e pron.* 6 revelar(-se), declarar(-se) ~ **assumido** *adj.*

as.sun.ção [pl.: *-ões*] *s.f.* 1 promoção a um cargo ou dignidade 2 REL dogma relativo à subida do corpo de Maria ao céu ☞ inicial maiúsc. 3 REL festa católica que celebra esse evento ☞ inicial maiúsc.

as.sun.tar *v.* {mod. 1} *t.d. e int.* 1 prestar atenção (em); observar, reparar ❑ *t.d.* 2 verificar com detalhes; apurar ❑ *t.i. e int.* 3 (prep. *em*) pensar longamente; refletir

as.sun.to *s.m.* aquilo que é tema de observação, consideração, interesse etc. ⟨*o a. da tese*⟩ ⟨*o a. de um quadro*⟩

as.sus.ta.dor \ô\ *adj.s.m.* (o) que assusta

as.sus.tar *v.* {mod. 1} *t.d.,int. e pron.* (fazer) levar susto ou sentir medo; apavorar(-se) ⮌ acalmar, encorajar ~ **assustadiço** *adj.* - **assustado** *adj.*

as.ta.tí.nio *s.m.* elemento químico artificial e radiativo [símb.: *At*] ☞ cf. *tabela periódica* (no fim do dicionário)

as.te.ca *s.2g.* 1 indivíduo dos astecas, povo indígena que fundou, no território do México atual, um império pré-colombiano ■ *s.m.* 2 língua falada pelos astecas ■ *adj.2g.* 3 relativo a esse indivíduo, povo ou língua

as.te.ni.a *s.f.* MED perda ou diminuição da força física

as.tê.ni.co *adj.* MED 1 referente a astenia ■ *adj.s.m.* MED 2 que(m) sofre de astenia

as.te.ris.co *s.m.* sinal gráfico em forma de estrela (*) us. em textos como chamada para notas

as.te.roi.de \ói\ *adj.2g.* 1 em forma de estrela ■ *s.m.* 2 qualquer dos pequenos corpos celestes que gravitam em torno do Sol; planetoide

as.tig.má.ti.co *adj.* 1 relativo a astigmatismo ■ *adj.s.m.* 2 que(m) tem astigmatismo

as.tig.ma.tis.mo *s.m.* deficiência visual causada por deformação na curvatura da córnea, do cristalino ou do globo ocular

as.tra.cã *s.m.* 1 pele com pelos escuros e frisados de certo cordeiro asiático recém-nascido ou que não chegou a nascer 2 tecido de lã que imita essa pele

as.tral *adj.2g.* 1 dos astros; sideral ■ *s.m.* 2 *B infrm.* estado de espírito ⟨*pessoa de bom a.*⟩ 3 ASTRL plano intermediário entre o mundo físico e o espiritual

–astro *suf.* 'aumento e depreciação': *poetastro*

as.tro *s.m.* 1 qualquer corpo celeste (estrela, planeta etc.), com ou sem luz própria 2 pessoa que se destaca na sua atividade 3 ator de grande fama

as.tro.fí.si.ca *s.f.* ramo da física que estuda as propriedades dos astros, bem como sua origem e evolução

as.tro.fí.si.co *adj.* 1 referente a astrofísica ■ *s.m.* 2 especialista em astrofísica

as.tro.lá.bio *s.m.* antigo instrumento náutico que media a altura dos astros para determinar a latitude e a longitude

as.tro.lo.gi.a *s.f.* estudo da suposta influência dos astros na vida das pessoas e no curso dos acontecimentos terrestres ~ **astrológico** *adj.*

as.tró.lo.go *adj.s.m.* especialista em astrologia

as.tro.nau.ta *s.2g.* piloto ou passageiro de nave espacial; cosmonauta

as.tro.náu.ti.ca *s.f.* ciência da construção e operação de veículos espaciais ~ **astronáutico** *adj.*
as.tro.na.ve *s.f.* nave espacial
as.tro.no.mi.a *s.f.* ciência que estuda os astros e o espaço sideral; uranografia
as.tro.nô.mi.co *adj.* **1** referente a astronomia **2** *fig.* de grandes proporções; altíssimo ⟨*inflação a.*⟩ ⊃ irrisório
as.trô.no.mo *s.m.* especialista em astronomia
as.tú.cia *s.f.* **1** habilidade para não se deixar enganar; sagacidade ⊃ ingenuidade **2** habilidade para usar artifícios enganadores; malícia, artimanha ⊃ franqueza
At símbolo de *astatínio*
–ata *suf.* 'ação ou resultado da ação': *passeata*
[1]**a.ta** *s.f.* registro escrito de uma reunião [ORIGEM: do lat. *acta,ōrum* 'coisas feitas, obras']
[2]**a.ta** *s.f.* fruta-de-conde [ORIGEM: contrv.]
a.ta.ba.lho.ar *v.* {mod. 1} *t.d.* **1** fazer às pressas, de qualquer jeito **2** fazer ou dizer (algo) sem ordem nem propósito ❑ *t.d. e pron.* **3** confundir(-se), atrapalhar(-se) ~ **atabalhoamento** *s.m.*
a.ta.ba.que *s.m.* tambor comprido e afunilado dotado, percurtido com as mãos ou varetas
a.ta.ca.dis.ta *adj.2g.s.2g.* **1** (comerciante) que negocia por atacado ⊃ varejista ■ *adj.2g.* **2** do comércio de [2]atacado ⊃ varejista
[1]**a.ta.ca.do** *adj.* **1** que sofreu ataque **2** *infrm.* mal-humorado; irritado [ORIGEM: part. de *atacar*]
[2]**a.ta.ca.do** *s.m.* venda de mercadorias em grande escala ⊃ varejo [ORIGEM: contrv.]
a.ta.can.te *adj.2g.s.2g.* **1** que(m) ataca; que(m) toma a ofensiva ⊃ defensor ■ *s.2g.* **2** DESP jogador que atua no ataque
a.ta.car *v.* {mod. 1} *t.d. e int.* **1** investir contra (alguém ou algo), de repente e com violência **2** DESP procurar marcar ponto, deixando (o adversário) na defensiva ❑ *t.d. e pron.* **3** agredir(-se) fisicamente ❑ *t.d.* **4** lançar ofensas contra; insultar **5** reprovar moralmente; criticar ⟨*a. os fumantes*⟩ **6** afetar de repente; acometer ⟨*a gripe atacou-o*⟩ **7** causar estragos a; danificar **8** *B infrm.* comer com grande apetite; devorar
a.ta.du.ra *s.f.* **1** ato ou efeito de atar **2** tira de tecido us. para fixar curativo
a.ta.lai.a *s.2g.* **1** vigia, sentinela ■ *s.f.* **2** local alto de onde se vigia
a.ta.lai.ar *v.* {mod. 1} *t.d. e int.* **1** ficar de sentinela; vigiar ❑ *t.d.* **2** defender, proteger ❑ *pron.* **3** ficar de sobreaviso
a.ta.lhar *v.* {mod. 1} *t.d.* **1** impedir que prossiga; interromper ❑ *t.d. e int.* **2** seguir por atalho para encurtar (caminho) ~ **atalhador** *adj.s.m.* - **atalhamento** *s.m.*
a.ta.lho *s.m.* caminho secundário mais curto do que o principal
a.ta.man.car *v.* {mod. 1} *t.d.* **1** fazer às pressas, sem cuidado ❑ *int.* **2** agir com precipitação
a.ta.que *s.m.* **1** investida violenta **2** agressão física ou moral **3** manifestação inesperada ⟨*a. de tosse*⟩ **4** DESP jogada ofensiva **5** DESP grupo de jogadores encarregados das jogadas ofensivas
a.tar *v.* {mod. 1} *t.d. e t.d.i.* **1** (prep. *a, em*) prender com nó; amarrar ❑ *t.d.,t.d.i. e pron.* **2** (prep. *a*) criar vínculo (entre); ligar(-se) **3** (prep. *a*) sujeitar(-se), submeter(-se) ❑ *t.d. e pron. fig.* **4** tolher(-se), conter(-se) ⟨*o susto atou sua voz*⟩
a.ta.ran.ta.do *adj.* confuso, atrapalhado ⊃ convicto
a.ta.ran.tar *v.* {mod. 1} *t.d. e pron.* perturbar o raciocínio, a percepção (de); desnortear(-se), confundir(-se) ~ **atarantação** *s.f.*
a.ta.re.far *v.* {mod. 1} *t.d.* **1** dar tarefa a ❑ *t.d. e pron.* **2** sobrecarregar(-se) de trabalho ~ **atarefamento** *s.m.*
a.tar.ra.ca.do *adj.* **1** bem apertado ⊃ frouxo **2** baixo e corpulento ⊃ esbelto
a.tar.ra.xar *v.* {mod. 1} *t.d.* **1** apertar ou fixar com tarraxa **2** tornar firme, fixo; prender
a.tas.ca.dei.ro *s.m.* lugar onde há lama; lamaçal
a.tas.car *v.* {mod. 1} *t.d. e pron.* **1** meter(-se) na lama; atolar(-se) ⊃ desatolar(-se) **2** ligar-se a vício, mau hábito; degradar-se
a.ta.ú.de *s.m.* caixão de defunto
a.ta.vi.o *s.m.* enfeite ~ **ataviamento** *s.m.* - **ataviar** *v.t.d. e pron.*
a.ta.vis.mo *s.m.* reaparição de características de algum antepassado remoto que não estavam presentes em ascendentes diretos ~ **atávico** *adj.*
a.ta.za.nar *v.* {mod. 1} *t.d.* **1** importunar insistentemente; azucrinar ⟨*a. o avô*⟩ **2** causar dor em; mortificar ⟨*a saudade o atazanava*⟩ ~ **atazanamento** *s.m.*
a.té *prep.* **1** expressa limite de tempo e de espaço ⟨*esperou a. o meio-dia*⟩ ⟨*a trilha vai a. a estrada*⟩ ■ *adv.* **2** também, inclusive, ainda ⟨*come de tudo, a. carne crua*⟩ **3** no máximo ⟨*só pago a. 30*⟩
a.te.ar *v.* {mod. 5} *t.d.i.* **1** (prep. *em*) provocar (fogo, incêndio) em ❑ *t.d. e pron.* **2** começar, intensificar(-se) [ideias, paixões, lutas etc.]
a.te.ís.mo *s.m.* doutrina de quem não crê na existência de qualquer divindade ☞ cf. *agnosticismo* ~ ateísta *adj.2g.s.2g.*
a.te.li.ê *s.m.* oficina de artesãos ou artistas; estúdio
a.te.moi.a \ói\ *s.f.* fruta da família da fruta-do-conde, ger. em forma de coração ou arredondada, com polpa doce, suculenta e poucas sementes pretas
a.te.mo.ri.zar *v.* {mod. 1} *t.d.,int. e pron.* (fazer) sentir temor ou susto; assustar(-se) ~ **atemorizante** *adj.2g.*
a.tem.po.ral *adj.2g.* que não varia em função do tempo ⟨*verdade a.*⟩ ⊃ mutável, passageiro
a.te.na.zar *v.* {mod. 1} *t.d.* **1** apertar com tenaz **2** submeter à tortura **3** *fig.* causar dor em; mortificar **4** *fig.* importunar insistentemente; azucrinar
a.ten.ção [pl.: *-ões*] *s.f.* **1** concentração da atividade mental sobre algo ⟨*ouvir com a. a aula*⟩ ⊃ distração **2** cuidado, zelo com algo ou alguém ⟨*dedicava muita a. aos avós*⟩ ⊃ descaso ■ *interj.* **3** expressa advertência

a.ten.ci.o.so \ô\ [pl.: *atenciosos* \ó\] *adj.* **1** que presta atenção; atento, concentrado ⮌ distraído **2** cuidadoso, gentil ⮌ antipático

a.ten.den.te *adj.2g.s.2g.* *B* **1** auxiliar de enfermagem **2** recepcionista

a.ten.der *v.* {mod. 8} *t.d. e t.i.* **1** (prep. *a*) dar atenção a ⟨*a.* (*a*)*os conselhos do pai*⟩ **2** (prep. *a*) responder a (chamado) **3** (prep. *a*) estar disponível para ouvir; receber ⟨*a.* (*a*)*os suplicantes*⟩ **4** (prep. *a*) dar solução a; resolver ⟨*isto não atende* (*a*)*o nosso caso*⟩ **5** (prep. *a*) ser favorável a; deferir; aprovar ⟨*a. as* (*às*) *reivindicações*⟩ **6** (prep. *a*) prestar socorro; acudir ❑ *t.d.,t.i. e int.* **7** (prep. *a*) dar audiência ou consulta (a) ⟨*a.* (*a*)*os ministros*⟩ ⟨*o médico não atende hoje*⟩ ❑ *int.* **8** cumprir ordem; obedecer ⟨*mandou-o sair, e ele atendeu*⟩ ~ **atendimento** *s.m.*

a.te.neu *s.m.* instituição de ensino

a.te.ni.en.se *adj.2g.* **1** de Atenas (Grécia) ■ *s.2g.* **2** natural ou habitante dessa cidade

[1]**a.ten.ta.do** *s.m.* **1** infração, violação das normas ⟨*a. contra o bom gosto*⟩ ⮌ respeito **2** ato criminoso contra pessoas, ideias etc. [ORIGEM: do fr. *attentat* 'id.'] ~ **atentatório** *adj.*

[2]**a.ten.ta.do** *adj.* que tem prudência; atencioso ⮌ distraído [ORIGEM: part. de [2]*atentar*]

[3]**a.ten.ta.do** *adj.* *B* *infrm.* muito levado; endiabrado ⮌ comportado [ORIGEM: part. de [3]*atentar*]

[1]**a.ten.tar** *v.* {mod. 1} *t.i.* **1** (prep. *contra*) cometer crime contra **2** *fig.* (prep. *contra*) cometer ofensa, abuso contra ⟨*a. contra a moral*⟩ ❑ *t.d.* **3** pôr em execução; empreender ⟨*a. um projeto*⟩ ❑ *t.d. e int.* *B* *infrm.* **4** causar aborrecimento (a); importunar [ORIGEM: do lat. *attemptāre* 'experimentar, atacar, intentar']

[2]**a.ten.tar** *v.* {mod. 1} *t.d. e t.i.* **1** (prep. *em*, *a*) observar com atenção; reparar ❑ *t.d.,t.i. e int.* **2** (prep. *em, a, para*) fazer reflexões, ponderações (sobre) ❑ *t.d.* **3** aplicar com atenção ⟨*a. o faro*⟩ [ORIGEM: *atento* + [2]*-ar*]

[3]**a.ten.tar** *v.* {mod. 1} *t.d.* induzir a ou seduzir para o mal; tentar ⟨*a cobiça o atentou*⟩ [ORIGEM: *a-* protético + *tentar*]

a.ten.to *adj.* **1** que se aplica ao que faz ⮌ desconcentrado **2** feito com atenção ⟨*análise a. dos fatos*⟩ ⮌ superficial **3** que presta atenção ⮌ disperso

a.te.nu.an.te *adj.2g.s.f.* DIR (circunstância) que diminui a gravidade de um delito ⮌ agravante

a.te.nu.ar *v.* {mod. 1} *t.d. e pron.* **1** fazer(-se) menos espesso ⟨*a. a viscosidade dum líquido*⟩ ⟨*o sangue atenuou-se*⟩ ⮌ engrossar **2** tornar(-se) menos intenso, forte; suavizar(-se) ⮌ intensificar(-se) ~ **atenuação** *s.f.*

a.te.ros.cle.ro.se *s.f.* MED depósito de placas de gordura na parede das artérias ☞ cf. *arteriosclerose* ~ **aterosclerótico** *adj.*

a.ter.ra.gem *s.f.* **1** aterrissagem **2** aproximação (de barco) da terra

[1]**a.ter.rar** *v.* {mod. 1} *t.d.,int. e pron.* aterrorizar [ORIGEM: prov. *a-* + lat. *terrere* 'atemorizar']

[2]**a.ter.rar** *v.* {mod. 1} *t.d.* **1** cobrir ou encher com terra **2** depositar esp. terra sobre (área), formando chão ou base firme, nivelado ou alteado ⟨*a. um pântano*⟩ ❑ *int.* **3** pousar em terra (aeronave, astronave etc.); aterrissar [ORIGEM: *a-* + *terra* + *-ar*]

a.ter.ris.sa.gem *s.f.* descida em terra de aeronave, paraquedas etc.; aterragem, pouso ⮌ decolagem

a.ter.ris.sar *v.* {mod. 1} *int.* pousar em terra (aeronave, paraquedas etc.) ⮌ decolar

a.ter.ri.zar *v.* {mod. 1} *int.* aterrissar

a.ter.ro \ê\ *s.m.* **1** terra ou entulho us. para nivelar ou elevar um terreno **2** terreno aterrado ⊡ **a. sanitário** *loc.subst.* área preparada para o depósito de lixo, que é disposto em camadas intercaladas com terra ☞ cf. *lixão*

a.ter.ro.ri.zar *v.* {mod. 1} *t.d.,int. e pron.* (fazer) sentir terror, pavor; apavorar(-se), aterrar(-se) ~ **aterrorização** *s.f.* - **aterrorizante** *adj.2g.*

a.ter-se *v.* {mod. 16} *pron.* **1** (prep. *a*) dedicar-se exclusivamente a; limitar-se ⟨*a.-se ao trabalho*⟩ **2** encostar-se em; apoiar-se **3** (prep. *a*) subordinar-se a; conformar-se

a.tes.ta.do *s.m.* **1** documento no qual se atesta algo; certificado **2** *infrm.* prova, evidência

a.tes.tar *v.* {mod. 1} *t.d.* **1** afirmar ou provar oficialmente **2** declarar por escrito ❑ *t.d. e t.d.i.* **3** (prep. *a*) dar prova ou demonstração de; comprovar ~ **atestação** *s.f.* - **atestatório** *adj.*

a.teu [fem.: *ateia* \éi\] *adj.s.m.* (indivíduo) que não crê na existência de qualquer divindade; ateísta ⮌ crente ☞ cf. *agnóstico*

a.ti.çar *v.* {mod. 1} *t.d.* **1** ativar ou avivar (fogo, chama etc.) **2** *fig.* estimular, fomentar ⟨*a. amores, brigas*⟩ ❑ *t.d. e t.d.i.* *fig.* **3** (prep. *a*) dar incentivo a (alguém) [para fazer algo]; incitar, impelir ~ **atiçador** *adj.s.m.* - **atiçamento** *s.m.*

–átil *suf.* 'passível de': *portátil, volátil*

a.ti.la.do *adj.* **1** que age com inteligência; esperto, vivo ⮌ tolo, estúpido **2** cumpridor de suas obrigações ⮌ negligente **3** que tem juízo; sensato ⮌ imprudente ~ **atilamento** *s.m.*

a.ti.lar *v.* {mod. 1} *t.d.* **1** fazer com cuidado e atenção **2** dar o último retoque em ❑ *t.d. e pron.* **3** tornar(-se) esperto, hábil ~ **atilamento** *s.m.*

a.ti.lho *s.m.* **1** barbante ou fita para atar **2** estopim ('fio') **3** *B* feixe de espigas de milho

á.ti.mo *s.m.* porção mínima ⊡ **num á.** *loc.adv.* rapidamente ⮌ lentamente

a.ti.nar *v.* {mod. 1} *t.d. e t.i.* **1** (prep. *com*) descobrir por dedução, observação; perceber ❑ *t.i.* **2** (prep. *com*) dar-se conta de; reparar ⮌ ignorar **3** (prep. *com*) recordar, lembrar ⮌ esquecer ~ **atino** *s.m.*

a.ti.nen.te *adj.2g.* que diz respeito a ⟨*problemas a. a todos nós*⟩ ~ **atinência** *s.f.*

a.tin.gir *v.* {mod. 24} *t.d.* **1** chegar a, até (lugar, objeto, pessoa etc.); alcançar ⟨*a. a Lua*⟩ **2** *fig.* conseguir (um objetivo) ⟨*a. metas*⟩ **3** *fig.* chegar a (certa quantidade, marca, ponto etc.); alcançar **4** *fig.* dizer respeito a; abranger **5** *fig.* ter compreensão, percepção de; apreender **6** *fig.* fazer mal a; afetar ⟨*suas ofensas não o atingem*⟩ **7** acertar, ferir ~ **atingível** *adj.2g.*

a.tí.pi.co *adj.* incomum, raro ⮌ corriqueiro ~ **atipicidade** *s.f.*

a.ti.ra.dei.ra *s.f.* bodoque; estilingue

a.ti.ra.do *adj.s.m.* (indivíduo) destemido, desembaraçado ⮌ acanhado

a.ti.rar *v.* {mod. 1} *t.d. e pron.* **1** lançar(-se) longe, com força; jogar(-se) ⟨*a. o copo ao chão*⟩ ⟨*a.-se ao mar*⟩ ❑ *t.i. e int.* **2** (prep. *em*) dar tiro (em) ❑ *pron.* **3** *fig.* (prep. *a*) entregar-se inteiramente; lançar-se **4** deixar-se cair ⟨*a.-se na cama*⟩ ~ **atirador** *adj.s.m.* - **atiramento** *s.m.*

a.ti.tu.de *s.f.* **1** maneira como o corpo está posicionado; pose, postura **2** modo de agir

a.ti.va *s.f.* **1** exercício total ou parcial de uma atividade ⟨*embora idoso, continua na a.*⟩ **2** período em que um servidor público militar ou civil realiza atividade funcional

a.ti.va.do *adj.* que se tornou ativo ou mais intenso ⮌ desativado

a.ti.var *v.* {mod. 1} *t.d. e pron.* **1** tornar(-se) ativo ⮌ desativar, parar **2** aumentar a atividade (de); intensificar(-se) ~ **ativação** *s.f.*

a.ti.vi.da.de *s.f.* **1** qualidade do que é ativo **2** ocupação profissional ou trabalho produtivo ⟨*a. industrial*⟩ ⟨*a. de empresário*⟩ **3** realização de várias ações de modo acelerado e vigoroso ⟨*a a. do cão o incomodava*⟩

a.ti.vis.mo *s.m.* doutrina que privilegia a ação em detrimento da especulação; engajamento, militância ~ **ativista** *adj.2g.s.2g.*

a.ti.vo *adj.* **1** que envolve ação ou movimento ⮌ inativo **2** que é mais dado à ação do que à contemplação; atuante, diligente **3** que exerce ação intensa ⟨*medicamento a.*⟩ **4** que está ou poderá entrar em erupção (diz-se de vulcão) ⮌ extinto **5** esperto, vivo ⟨*criança a.*⟩ ⮌ desinteressado ■ *s.m.* **6** conjunto de bens e capitais de pessoa ou empresa ☞ cf. *passivo*

a.tlân.ti.co *adj.* **1** do oceano Atlântico ■ *adj.s.m.* **2** que(m) é das regiões banhadas por esse oceano

a.tlas *s.m.2n.* **1** livro que contém uma coleção de mapas **2** ANAT a primeira vértebra cervical, que sustenta o crânio

a.tle.ta *s.2g.* **1** praticante de qualquer modalidade esportiva; esportista, desportista **2** praticante de atletismo **3** indivíduo forte, são ⊙ COL time, equipe

a.tlé.ti.co *adj.* relativo a atleta ou a atletismo

a.tle.tis.mo *s.m.* **1** conjunto de exercícios físicos que compreendem corrida, lançamento (de disco, peso, dardo) e salto **2** a prática do atletismo

at.mos.fe.ra *s.f.* **1** camada de gases que envolve um planeta **2** ar que envolve a Terra **3** céu **4** *fig.* ambiente social ou espiritual; clima ⟨*a. de tranquilidade*⟩ **5** FÍS unidade de pressão equivalente à pressão do ar no nível do mar ~ **atmosférico** *adj.*

-ato *suf.* **1** 'titulação; instituição': *mecenato, pensionato* **2** 'atividade, ofício': *artesanato*

a.to *s.m.* **1** aquilo que se faz; ação ⟨*a. de caridade*⟩ **2** solenidade social ou política **3** cada parte de uma peça de teatro, de um balé etc. **4** DIR documento público que expõe a deliberação de uma autoridade ⟨*a. administrativo*⟩

à to.a *adj.2g.2n.* **1** fácil de fazer ⮌ difícil **2** insignificante, desprezível ⮌ relevante **3** sem utilidade; inútil ⮌ indispensável ☞ cf. *à toa* (loc.adv.)

a.to.a.lha.do *adj.* **1** de textura felpuda ■ *s.m.* **2** pano ou toalha de mesa ~ **atoalhar** *v.t.d.*

a.to.bá *s.m.* ave de asas compridas e estreitas que se alimenta de peixes que captura mergulhando

a.to.char *v.* {mod. 1} *t.d.* **1** fazer entrar com força; enfiar ⟨*a. uma rolha na garrafa*⟩ ☞ *na garrafa* é circunstância que funciona como complemento **2** encher em demasia; entulhar

a.tol *s.m.* recife de forma oval, com lagoa central, que se forma distante da costa ☞ cf. *recife*

a.to.la.dou.ro *s.m.* atoleiro

a.to.lar *v.* {mod. 1} *t.d.,int. e pron.* **1** meter(-se), afundar(-se) em atoleiro, na lama, no lodo ❑ *t.d.i. e pron.* **2** (prep. *de, com*) encher(-se) de (trabalho, obrigação etc.) ❑ *pron.* **3** *fig.* meter-se em dificuldades, embaraços ⮌ desenredar-se ~ **atolador** *adj.s.m.* - **atolamento** *s.m.*

a.to.lei.mar *v.* {mod. 1} *t.d. e pron.* tornar(-se) tolo; apatetar(-se)

a.to.lei.ro *s.m.* **1** solo pantanoso, alagadiço; atoladouro **2** *infrm.* situação difícil; apuro

a.tô.mi.co *adj.* **1** próprio do ou pertencente ao átomo **2** referente ao poder produzido pela energia liberada pela desintegração do núcleo do átomo **3** que utiliza essa energia

a.to.mi.za.dor \ô\ *adj.s.m.* nebulizador

a.to.mi.zar *v.* {mod. 1} *t.d. e pron.* **1** reduzir(-se) a átomos **2** *p.ext.* reduzir(-se) a dimensões mínimas ❑ *t.d.* **3** *fig.* dividir em partes menores; fragmentar ⟨*a. uma empresa*⟩ **4** borrifar com atomizador

á.to.mo *s.m.* QUÍM a menor parte de um elemento que pode existir sozinha ou em combinação com outra

a.to.na.li.da.de *s.f.* MÚS qualidade melódica e harmônica sem tonalidade

a.to.ni.a *s.f.* MED perda de força física e mental; debilidade geral ⮌ vigor

a.tô.ni.to *adj.* **1** assombrado, admirado ⮌ tranquilo **2** confuso, atrapalhado

á.to.no *adj.* GRAM sem acento tônico (diz-se de vogal, sílaba ou palavra) ⮌ tônico ~ **atonicidade** *s.f.*

a.to.pe.tar *v.* {mod. 1} *t.d.* **1** atingir o topo de **2** *B* encher demais; abarrotar

a.tor \ô\ [fem.: *atriz*] *s.m.* **1** homem que representa em teatro, cinema etc. **2** *fig.* fingidor

a.tor.do.ar *v.* {mod. 1} *t.d. e pron.* **1** (fazer) sofrer perturbação da mente e dos sentidos por efeito de pancada, queda, bebida, estrondo etc.; aturdir(-se) ❑ *t.d.* **2** surpreender muito; maravilhar ⟨*a beleza da moça atordoou-o*⟩ ~ **atordoado** *adj.s.m.* - **atordoamento** *s.m.* - **atordoante** *adj.2g.*

a.tor.men.tar *v.* {mod. 1} *t.d. e int.* **1** submeter a tormento; torturar **2** *fig.* causar incômodo ou aborrecimento (a); importunar ❑ *t.d. e pron. fig.* **3** (fazer) sofrer desgosto ou angústia; afligir(-se) ~ **atormentação** *s.f.*

a.tó.xi.co \cs\ *adj.* não tóxico; não venenoso ⊃ tóxico

a.tra.ca.dou.ro *s.m.* lugar onde se atracam as embarcações

a.tra.ção [pl.: *-ões*] *s.f.* **1** força que aproxima dois corpos materiais **2** *fig.* fascínio, encanto ⊃ repulsa **3** *fig.* interesse ⊃ antipatia **4** divertimento oferecido ao público

a.tra.car *v.* {mod. 1} *t.d. e int.* **1** aproximar(-se) [embarcação] do cais ou de outra embarcação ⊃ desatracar ❑ *pron.* **2** entrar em luta corpo a corpo; engalfinhar-se **3** *infrm.* (prep. *com*) abraçar-se com força; agarrar-se ~ **atracação** *s.f.*

a.tra.en.te *adj.2g.* que tem o poder de atrair ⊃ repugnante

a.trai.ço.ar *v.* {mod. 1} *t.d.* **1** trair a confiança de; enganar **2** ser infiel a; trair ❑ *t.d. e pron.* **3** revelar (segredo íntimo); denunciar(-se)

a.tra.ir *v.* {mod. 25} *t.d.* **1** trazer para si; aproximar **2** ser objeto de desejo, de cobiça **3** conquistar atenção, admiração, desejo ou afeto de **4** fazer surgir (ideia, sentimento, opinião etc.); provocar ❑ *t.d.i.* **5** (prep. *para*) levar à adesão de; aliciar ⟨*a. deputados para o partido*⟩

a.tra.pa.lhar *v.* {mod. 1} *t.d. e int.* **1** ser um obstáculo a; estorvar ❑ *t.d.* **2** agir mal, impedindo as ações de ⟨*a. o estudo do irmão*⟩ ❑ *pron.* **3** ficar confuso; confundir-se ~ **atrapalhação** *s.f.*

a.trás *adv.* **1** em posição posterior; detrás ⟨*a tomada fica a. da mesa*⟩ ⊃ à frente **2** depois, após ⟨*um cão vinha correndo a.*⟩ **3** antes ⟨*chegou dias a.*⟩ **4** no passado ⟨*tempos a.*⟩

a.tra.sar *v.* {mod. 1} *t.d.* **1** fazer recuar ⟨*a. o ponteiro do relógio*⟩ **2** passar para data posterior; adiar **3** *fig.* impedir o progresso de; prejudicar ⟨*isso atrasou sua vida*⟩ **4** fazer com que demore; retardar ⟨*a. os colegas*⟩ ❑ *t.d.,int. e pron.* **5** (fazer) chegar, realizar-se, acontecer após o previsto ⟨*a. o pagamento*⟩ ⟨*a festa, o trem, a noiva atrasou(-se)*⟩ ❑ *int. e pron.* **6** trabalhar com menos velocidade do que o normal, o necessário

a.tra.so *s.m.* **1** demora, retardamento ⟨*chegou com a.*⟩ **2** falta de pontualidade ⊃ adiantamento **3** falta de desenvolvimento econômico ou cultural; subdesenvolvimento ⊃ avanço **4** falta, carência ⟨*tirar o a.*⟩

a.tra.ti.vo *s.m.* **1** o que atrai, seduz **2** estímulo, incentivo ■ *adj.* **3** que chama a atenção; atraente ⊃ repulsivo **4** que é capaz de atrair ⟨*força a. do ímã*⟩ ~ **atratividade** *s.f.*

a.tra.van.car *v.* {mod. 1} *t.d.* **1** pôr obstáculos em (um lugar), impedindo o trânsito ou o acesso ⟨*a. uma rua*⟩ ⊃ desatravancar, desobstruir **2** *fig.* causar dificuldade a; atrapalhar ⟨*a. a ação da justiça*⟩ **3** encher por completo; abarrotar ⟨*a. a sala de móveis*⟩ ⊃ desatravancar ~ **atravancamento** *s.m.* - **atravanco** *s.m.*

a.tra.vés *adv.* transversalmente, de lado a lado ⊡ **a. de** *loc.prep.* **1** pelo interior de ⟨*caminhar a. da floresta*⟩ **2** no decorrer de ⟨*tradição que vigora a. dos anos*⟩

a.tra.ves.sa.dor \ô\ *adj.s.m.* **1** (o) que atravessa **2** que(m) compra mercadorias do produtor e revende para o varejista; intermediário

a.tra.ves.sar *v.* {mod. 1} *t.d. e pron.* **1** dispor(-se) transversalmente a ❑ *t.d.* **2** passar para o outro lado de **3** passar por entre ⟨*a. a multidão*⟩ **4** percorrer de ponta a ponta; cruzar, transpor **5** perfurar **6** durar (certo tempo) **7** passar, sofrer (dificuldades, crises) **8** comprar dos produtores para revender com lucro ~ **atravessado** *adj.s.m.*

a.tre.lar *v.* {mod. 1} *t.d.* **1** prender (animais) com trela ❑ *t.d. e t.d.i. p.ext.* **2** (prep. *a*) ligar, engatar, prender ⟨*a. o carro (ao reboque)*⟩ ❑ *t.d.i. fig.* **3** (prep. *a*) tornar dependente; submeter, vincular ~ **atrelagem** *s.f.*

a.tre.ver-se *v.* {mod. 8} *pron.* (prep. *a*) ter coragem, audácia suficiente para; ousar, arriscar-se

a.tre.vi.do *adj.s.m.* **1** que(m) não demonstra medo ou submissão; ousado, destemido ⊃ covarde **2** que(m) não demonstra o devido respeito ⊃ respeitoso

a.tre.vi.men.to *s.m.* **1** coragem excessiva; petulância, audácia ⊃ covardia **2** falta de respeito; desaforo ⊃ respeito

a.tri.bu.i.ção [pl.: *-ões*] *s.f.* **1** ação de atribuir **2** o que foi atribuído **3** responsabilidade própria de um cargo ou função

a.tri.bu.ir *v.* {mod. 26} *t.d.i.* **1** (prep. *a*) considerar causador, autor ou possuidor de; imputar **2** (prep. *a*) conceder, conferir, dar ❑ *pron.* **3** tomar para si; arrogar-se ~ **atribuível** *adj.2g.* - **atributivo** *adj.*

a.tri.bu.la.ção [pl.: *-ões*] *s.f.* **1** adversidade ⊃ bonança **2** acontecimento desagradável ⊃ alegria

a.tri.bu.lar *v.* {mod. 1} *t.d. e pron.* (fazer) sofrer atribulações; perturbar(-se), afligir(-se)

a.tri.bu.to *s.m.* **1** qualidade, característica **2** símbolo

a.tri.ção [pl.: *-ões*] *s.f.* **1** ação de atritar **2** desgaste do atrito **3** *p.ext.* arrependimento, remorso

á.trio *s.m.* **1** ARQ pátio **2** saguão **3** adro **4** ANAT cavidade do coração que recebe sangue venoso

a.tri.to *s.m.* **1** fricção entre dois corpos **2** *fig.* desentendimento, desavença ⊃ acordo ~ **atritar** *v.t.d.,t.d.i. e pron.*

a.triz *s.f.* **1** mulher que representa em teatro, cinema etc. **2** *fig.* mulher capaz de simular sentimentos, atitudes etc.

a.tro.a.da *s.f.* grande barulho

a.tro.ar *v.* {mod. 1} *t.d.* **1** fazer estremecer por estrondo **2** *fig.* aturdir com barulho ❑ *int.* **3** fazer grande barulho; ressoar ~ **atroo** *s.m.*

a.tro.ci.da.de *s.f.* ato cruel; perversidade ⊃ bondade

a.tro.fi.a *s.f.* **1** falta de desenvolvimento de um corpo, órgão, membro etc., ou sua diminuição ⊃ fortalecimento **2** *fig.* diminuição da capacidade de ação **3** *fig.* decadência ⊃ ascensão ~ **atrófico** *adj.*

a.tro.fi.ar *v.* {mod. 1} *t.d.,int. e pron.* **1** causar ou sofrer atrofia (corpo, órgão etc.) **2** *fig.* tornar(-se) debilitado ou menos intenso; enfraquecer ⮌ desenvolver(-se) ~ **atrofiamento** *s.m.*

a.tro.pe.lar *v.* {mod. 1} *t.d.* **1** bater em (algo), derrubando-o e/ou passando por cima dele **2** *fig.* realizar mal ou com pressa **3** *fig.* ignorar a ordenação de ⟨*a. etapas*⟩ ❑ *t.d. e pron.* **4** mover-se dando esbarrões e cotoveladas (em); empurrar(-se) **5** (fazer) perder a coerência (palavras, ideias etc.) ~ **atropelamento** *s.m.*

a.tro.pe.lo \ê\ *s.m.* **1** falta de organização; confusão, tumulto ⮌ ordem **2** *fig.* aflição, preocupação

a.troz *adj.2g.* **1** muito cruel; impiedoso ⮌ bondoso **2** que é horrível; assombroso, monstruoso ⊙ GRAM/USO sup.abs.sint.: *atrocíssimo*

a.tu.a.ção [pl.: *-ões*] *s.f.* **1** ato de agir, atuar ⮌ inatividade **2** o efeito desse ato **3** interpretação de personagem em filme, peça teatral etc.; representação

a.tu.al *adj.2g.* da época presente ⮌ passado

a.tu.a.li.da.de *s.f.* momento ou época presente ⮌ passado

a.tu.a.li.zar *v.* {mod. 1} *t.d. e pron.* **1** tornar(-se) atual; modernizar(-se) **2** informar(-se) sobre pesquisas, dados, notícias etc. mais atuais ou mais recentes ~ **atualização** *s.f.*

a.tu.al.men.te *adv.* nos dias que correm; na atualidade, no presente; hoje

a.tu.an.te *adj.2g.* ativo, participante, militante

a.tu.ar *v.* {mod. 1} *int.* **1** exercer ação ou atividade; agir **2** interpretar um papel (em peça, filme etc.) ❑ *t.i.* **3** (prep. *em*) ter influência em; influir **4** (prep. *sobre*) fazer pressão; pressionar, coagir ❑ *t.i. e int.* **5** (prep. *em*) produzir efeito

a.tu.á.ria *s.f.* estudo da teoria e do cálculo de seguros ~ **atuarial** *adj.2g.*

a.tu.á.rio *s.m.* especialista em seguros

a.tu.lhar *v.* {mod. 1} *t.d.,t.d.i. e pron.* entulhar ~ **atulhamento** *s.m.*

a.tum *s.m.* designação comum a certos peixes marinhos de corpo alongado e robusto, de carne muito apreciada

a.tu.rar *v.* {mod. 1} *t.d.* lidar com (algo desagradável, ruim, prejudicial) com paciência e resignação; suportar, tolerar, aceitar ~ **aturável** *adj.2g.*

a.tur.di.do *adj.* **1** com a mente ou os sentidos perturbados ⮌ equilibrado **2** assombrado, espantado ⮌ indiferente

a.tur.dir *v.* {mod. 24} *t.d.,int. e pron.* **1** (fazer) sofrer perturbação da mente e dos sentidos; aturdir(-se) ❑ *t.d.* **2** causar surpresa a; maravilhar, pasmar ⊙ GRAM/USO verbo defectivo ~ **aturdimento** *s.m.*

Au símbolo de *ouro*

au.dá.cia *s.f.* **1** impulso que leva o indivíduo a realizar ações difíceis ⮌ covardia **2** falta de respeito; atrevimento ⮌ consideração

au.da.ci.o.so \ô\ [pl.: *audaciosos* \ó\] *adj.* **1** valente ⮌ covarde **2** impetuoso, atrevido **3** inovador ⮌ antiquado

au.daz *adj.2g.* audacioso ⊙ GRAM/USO sup.abs.sint.: *audacíssimo*

au.di.ção [pl.: *-ões*] *s.f.* **1** sentido que permite captar os sons **2** apresentação pública de obra musical ou teatral

au.di.ên.cia *s.f.* **1** ato de ouvir ou de dar atenção a quem fala **2** sessão de tribunal **3** *p.ext.* público (de ouvintes ou espectadores) **4** *p.ext.* reunião de uma autoridade com pessoas que desejam falar-lhe

áu.dio *s.m.* **1** sinal sonoro; som **2** transmissão, recepção e reprodução de sons **3** equipamento us. para tal

au.dio.con.fe.rên.cia *s.f.* conferência na qual o diálogo entre as várias pessoas se estabelece através de circuito telefônico

au.dio.lo.gi.a *s.f.* estudo da audição e suas doenças ~ **audiológico** *adj.* - **audiólogo** *s.m.*

au.dio.me.tri.a *s.f.* MED exame da capacidade auditiva por meio de instrumentos

au.di.ô.me.tro *s.m.* aparelho para medir os limites da audição

au.dio.vi.su.al *adj.s.m.* (o) que abrange som e imagem conjuntamente

au.di.ta.gem *s.f.* auditoria

au.di.ti.vo *adj.* relativo ao ouvido ou à audição

au.di.to.ri.a *s.f.* **1** análise dos movimentos financeiros de uma empresa **2** *p.ext.* exame do funcionamento de uma atividade ~ **auditar** *v.t.d.* - **auditor** *s.m.*

au.di.tó.rio *s.m.* **1** sala para conferências, concertos etc. **2** público que a ocupa

au.dí.vel *adj.2g.* que pode ser ouvido ⮌ inaudível ~ **audibilidade** *s.f.*

au.fe.rir *v.* {mod. 28} *t.d. e t.d.i.* (prep. *de*) ter como resultado; conseguir, obter ~ **auferível** *adj.2g.*

au.ge *s.m.* apogeu, máximo

au.gu.rar *v.* {mod. 1} *t.d.,t.d.i. e int.* **1** (prep. *a*) fazer previsão (sobre); prever, pressagiar ❑ *t.d.* **2** dar indícios de; indicar ❑ *t.d. e t.d.i.* **3** (prep. *a*) fazer votos de; desejar

au.gú.rio *s.m.* profecia, vaticínio

au.gus.to *adj.* **1** que merece respeito ⮌ desprezível **2** de grande imponência; majestoso ⮌ vil

au.la *s.f.* **1** explicação sobre alguma matéria; lição **2** sala em que se leciona; classe **3** parte de um programa de ensino, no conjunto de um curso ⟨*o curso se divide em dez a.*⟩

áu.li.co *adj.s.m.* cortesão, palaciano

au.men.tar *v.* {mod. 1} *t.d. e int.* **1** tornar(-se) maior (em extensão, quantidade, intensidade etc.) ⮌ diminuir ❑ *t.d.* **2** tornar mais grave; piorar ⟨*o silêncio aumenta sua agonia*⟩ ⮌ suavizar ❑ *t.d.i.* **3** (prep. *a*) adicionar, acrescentar ❑ *t.i.* **4** (prep. *em*) ter progresso em; desenvolver-se

au.men.ta.ti.vo *adj.* **1** que aumenta ⮌ diminutivo ■ *s.m.* **2** GRAM grau que acresce ao substantivo e ao adjetivo a noção de aumento

au.men.to *s.m.* **1** desenvolvimento em tamanho ou quantidade ⮌ diminuição **2** acréscimo no valor do salário ⟨*os funcionários receberam um a.*⟩ ⮌ redução

au.ra *s.f.* **1** brisa **2** indício, vislumbre ⟨*a. de respeitabilidade*⟩ **3** suposto campo de energia que irradia dos seres vivos **4** MED conjunto de sintomas que precedem crises epilépticas, enxaquecas etc. ~ **aural** *adj.2g.*

áu.reo *adj.* **1** de ouro ou dourado **2** *fig.* que brilha, sobressai; esplendoroso, magnífico ↄ decadente

au.ré.o.la *s.f.* **1** aro de metal ou dourado colocado sobre a cabeça de imagens de santos **2** *p.ext.* circunferência luminosa; halo, clarão ☞ cf. *aréola*

[1]**au.re.o.lar** *v.* {mod. 1} *t.d. e pron.* **1** ornar(-se) com auréola; coroar **2** *fig.* (fazer) adquirir prestígio; glorificar(-se) ⟨*a boa atuação vai a. o ator*⟩ ⟨*a.-se com vitórias*⟩ [ORIGEM: *auréola* + [2]*-ar*]

[2]**au.re.o.lar** *adj.2g.* em forma de ou semelhante a auréola ⟨*luz a.*⟩ [ORIGEM: *auréola* + [1]*-ar*]

au.rí.cu.la *s.f.* ANAT **1** parte externa da orelha **2** cada uma das cavidades superiores do coração, acima dos ventrículos ~ **auricular** *adj.2g.*

au.rí.fe.ro *adj.* que contém ouro

au.ri.ver.de \ê\ *adj.2g.* dourado (ou amarelo) e verde

au.ro.ra *s.f.* **1** claridade que precede o nascer do sol **2** *p.ext.* a primeira manifestação de qualquer coisa ↄ ocaso ▣ **a. austral** *loc.subst.* fenômeno luminoso resultante do encontro de partículas solares com a atmosfera da região antártica • **a. boreal** *loc.subst.* fenômeno luminoso resultante do encontro de partículas solares com a atmosfera da região ártica ~ **auroral** *adj.2g.* - **auroreal** *adj.2g.*

aus.cul.ta.dor \ô\ *adj.s.m.* **1** que(m) ausculta ■ *s.m.* **2** estetoscópio **3** peça do aparelho telefônico que converte impulsos elétricos em ondas sonoras

aus.cul.tar *v.* {mod. 1} *t.d.* **1** escutar, com ou sem aparelho, ruídos de (parte do organismo) para fazer diagnóstico **2** *fig.* procurar saber; investigar ~ **ausculta** *s.f.* - **auscultação** *s.f.*

au.sên.cia *s.f.* **1** separação física, afastamento ↄ retorno **2** não comparecimento ⟨*muitos sentiram sua a. na solenidade*⟩ ↄ presença **3** tempo em que se está ausente **4** falta, carência **5** MED perda temporária de consciência

au.sen.tar *v.* {mod. 1} *t.d. e pron.* **1** afastar(-se) de um local por tempo limitado; retirar(-se) ❑ *pron.* **2** (prep. *de*) não participar de algo **3** (prep. *de*) não se manifestar

au.sen.te *adj.2g.s.2g.* **1** (indivíduo) cujo desaparecimento foi reconhecido por um juiz **2** que(m) se afastou **3** que(m) não compareceu ↄ presente

aus.pi.ci.ar *v.* {mod. 1} *t.d. e t.d.i.* (prep. *a*) prever, predizer (algo), ger. em sentido favorável

aus.pí.cio *s.m.* **1** bom ou mau pressentimento ▼ *auspícios s.m.pl.* **2** apoio financeiro, patrocínio

aus.pi.ci.o.so \ô\ [pl.: *auspiciosos* \ó\] *adj.* de bom agouro ↄ desfavorável

aus.te.ro *adj.* **1** de caráter severo; sóbrio, rigoroso ⟨*juiz a.*⟩ ⟨*disciplina a.*⟩ ↄ fácil, brando **2** sem ornatos ⟨*arquitetura a.*⟩ ~ **austeridade** *s.f.*

aus.tral *adj.2g.* do sul ⟨*terras a.*⟩ ⟨*vento a.*⟩ ↄ setentrional

aus.tra.li.a.no *adj.* **1** da Austrália (Oceania) ■ *s.m.* **2** natural ou habitante desse país

aus.tra.lo.pi.te.co *s.m.* primata da família dos hominídeos, de postura ereta e marcha bípede

au.tar.qui.a *s.f.* *B* entidade pública que tem autonomia administrativa e presta serviço auxiliar ao estado ~ **autárquico** *adj.*

au.ten.ti.car *v.* {mod. 1} *t.d.* **1** reconhecer como autêntico ou verdadeiro; legitimar **2** tornar legítimo (ato ou documento), declarando-o verdadeiro; validar ~ **autenticação** *s.f.*

au.ten.ti.ci.da.de *s.f.* **1** caráter do que é genuíno, verdadeiro ⟨*provaram a a. do quadro*⟩ ↄ inautenticidade **2** caráter do que é adequado; pertinência ⟨*a a. de uma opinião*⟩ ↄ inadequação

au.tên.ti.co *adj.* **1** verdadeiro, legítimo ↄ falso **2** adequado, pertinente ↄ inadequado

au.tis.mo *s.m.* PSIQ fenômeno patológico que se caracteriza por privilegiar o mundo dos pensamentos, das representações e dos sentimentos pessoais, com perda, em maior ou menor grau, da relação com os dados e exigências do mundo real

au.tis.ta *adj.2g.s.2g.* **1** PSIQ que(m) é centrado sobre si mesmo, preso a seu mundo interior, com grande dificuldade de se comunicar com os outros, por força de certa desordem mental ■ *adj.2g.* **2** relativo a autismo ou aos autistas ⟨*reações a.*⟩ ~ **autístico** *adj.*

[1]**au.to** *s.m.* **1** cerimônia pública **2** registro de diligência judicial ou administrativa **3** gênero do teatro medieval **4** teatro ligado às festas do Natal ▼ *autos s.m.pl.* **5** documentos de um processo judicial [ORIGEM: do lat. *ăctus,us* 'movimento; representação de peça teatral']

[2]**au.to** *s.m.* automóvel [ORIGEM: do fr. *automobile* 'que se move por si mesmo']

au.to.a.cu.sa.ção [pl.: *-ões*] *s.f.* acusação a si próprio

au.to.a.de.si.vo *adj.s.m.* (etiqueta, papel, impresso) que tem substância colante em um dos lados

au.to.a.fir.ma.ção [pl.: *-ções*] *s.f.* **1** tentativa ou fato de se impor à aceitação do meio **2** demonstração de independência ~ **autoafirmar-se** *v.pron.*

au.to.a.ten.di.men.to *s.m.* autosserviço

au.to.a.va.li.a.ção [pl.: *-ões*] *adv.* avaliação de si próprio

au.to.bi.o.gra.fi.a *s.f.* relato da vida de uma pessoa, escrito por ela mesma ~ **autobiográfico** *adj.*

au.to.cen.su.ra *s.f.* censura dos próprios atos, pensamentos etc.

au.to.cen.tra.do *adj.* **1** voltado para si mesmo ⟨*personalidade a.*⟩ **2** independente de forças ou influências externas; autossuficiente ⟨*desenvolvimento a.*⟩

au.to.cla.ve *s.f.* **1** aparelho em que se podem controlar condições como a pressão e a temperatura, us. para diversos fins **2** MED aparelho que utiliza vapor de água sob pressão para esterilizar instrumentos

au.to.com.bus.tão [pl.: *-ões*] *s.f.* combustão de uma substância sem causa externa

au.to.con.fi.an.ça *s.f.* confiança em si mesmo

au.to.con.tro.le \ô\ *s.m.* domínio sobre as próprias emoções e reações
au.to.cra.ci.a *s.f.* regime político em que o governante detém poder ilimitado e absoluto
au.to.cra.ta *adj.2g.s.2g.* (governante) cujo poder é ilimitado e absoluto
au.to.crí.ti.ca *s.f.* **1** capacidade de reconhecer os próprios erros e acertos, defeitos e qualidades **2** essa capacidade ~ **autocriticar-se** *v.pron.* - **autocrítico** *adj.*
au.tóc.to.ne *adj.2g.s.2g.* **1** que(m) é natural do lugar em que habita ↄ alóctone ■ *adj.2g.* **2** que se origina da região onde é encontrado ⟨*vegetação a.*⟩ ~ **autoctonia** *s.f.* - **autoctonismo** *s.m.*
au.to de fé [pl.: *autos de fé*] *s.m.* cerimônia de proclamação e execução de sentença pelo tribunal da Inquisição
au.to.de.fe.sa \ê\ *s.f.* defesa de si mesmo ~ **autodefender-se** *v.pron.*
au.to.des.tru.i.ção [pl.: *-ões*] *s.f.* destruição de si mesmo ~ **autodestruir-se** *v.pron.*
au.to.de.ter.mi.na.ção [pl.: *-ões*] *s.f.* poder de decidir por si mesmo
au.to.di.da.ta *adj.2g.s.2g.* que(m) se instrui, sem a ajuda de mestre ~ **autodidatismo** *s.m.*
au.tó.dro.mo *s.m.* local destinado a corridas de automóveis, composto de pistas e instalações diversas (oficinas, arquibancadas etc.)
au.to.es.co.la *s.f.* escola que forma motoristas
au.to.es.tra.da *s.f.* rodovia para tráfego veloz com pistas duplas ou triplas e acessos limitados; autopista
au.to.fa.gi.a *s.f.* BIO processo de autodestruição da célula ~ **autofágico** *adj.* - **autófago** *adj.s.m.*
au.to.fe.cun.da.ção [pl.: *-ões*] *s.f.* **1** BIO fecundação sem participação de outro indivíduo **2** BOT autogamia
au.to.ga.mi.a *s.f.* BOT fecundação de uma flor através do próprio pólen; autofecundação ☞ cf. *alogamia* ~ **autogâmico** *adj.*
au.tó.ge.no *adj.* produzido sem influência externa
au.to.ges.tão [pl.: *-ões*] *s.f.* administração de uma empresa pelos próprios empregados
au.tó.gra.fo *s.m.* **1** assinatura de pessoa célebre ou autor ■ *adj.s.m.* **2** (manuscrito) original de um autor ⟨*carta a. de Machado de Assis*⟩ ~ **autografar** *v.t.d.*
au.to.i.mu.ne *adj.2g.* **1** que diz respeito a autoimunidade **2** produzido por autoimunidade
au.to.i.mu.ni.da.de *s.f.* MED patologia em que um organismo é agredido por seus próprios anticorpos
au.to.i.no.cu.la.ção [pl.: *-ções*] *s.f.* introdução num corpo de agente patológico proveniente desse mesmo corpo
au.to.ma.ção [pl.: *-ões*] *s.f.* **1** operação automática dos dispositivos mecânicos ou eletrônicos de um aparelho, processo ou sistema no lugar do trabalho humano **2** processo de substituição do trabalho humano por esse tipo de operação
au.to.ma.ti.ca.men.te *adv.* **1** de forma automática, mecânica, sem operadores ⟨*o disjuntor desliga a.*⟩ **2** *fig.* de modo maquinal, não deliberado; espontaneamente, inconscientemente ↄ conscientemente, deliberadamente **3** sem intervenção de causas externas ⟨*vagas preenchidas a.*⟩
au.to.má.ti.co *adj.* **1** que funciona por si mesmo ↄ manual **2** *fig.* que opera involuntariamente ⟨*gesto a.*⟩ ↄ refletido
au.to.ma.ti.zar *v.* {mod. 1} *t.d.* **1** prover de máquinas, para agilizar produção, serviços etc. ☐ *t.d. e pron. fig.* **2** tornar(-se) maquinal ou inconsciente (pessoa, ação, reação etc.) ~ **automatização** *s.f.* - **automatizado** *adj.*
au.tô.ma.to *s.m.* **1** aparelho com movimentos mecânicos (p.ex., um relógio) **2** máquina com aparência de um ser animado, movido por meios mecânicos ou eletrônicos **3** *fig.* pessoa que age como máquina, sem raciocínio e sem vontade própria ~ **automatismo** *s.m.*
au.to.me.di.car-se *v.* {mod. 1} *pron.* consumir remédio sem orientação médica ~ **automedicação** *s.f.*
au.to.mo.bi.lis.mo *s.m.* **1** indústria de fabricação de automóveis **2** esporte cuja prática consiste em corridas de automóvel ~ **automobilístico** *adj.*
au.to.mo.de.lis.mo *s.m.* **1** ciência ou técnica de projetar e construir modelos reduzidos de automóveis **2** passatempo que gira em torno dessa atividade
au.to.mo.ti.vo *adj.* relativo a automóvel ou à indústria automobilística
au.to.mo.tor \ô\ *adj.* **1** cujo movimento resulta de mecanismo próprio, sem intervenção de força exterior **2** movido a motor
au.to.mo.triz *s.f.* trem que possui motor próprio, tendo, portanto, função de locomotiva e de vagão
au.to.mó.vel *s.m.* veículo de passageiros, movido a motor de explosão, ger. de quatro rodas ⊡ **a. conversível** *loc.subst.* automóvel cuja capota pode ser baixada, recolhida ou retirada ☞ tb. se diz apenas *conversível*
au.to.no.mi.a *s.f.* **1** capacidade de governar a si próprio ↄ dependência **2** direito reconhecido a um país de ser governado segundo suas próprias leis; soberania ↄ dependência **3** liberdade, independência moral ou intelectual ↄ submissão **4** distância percorrida por um veículo sem ser reabastecido
au.tô.no.mo *adj.* **1** capaz de determinar as próprias normas de conduta, sem imposições (diz-se de indivíduo, instituição etc.) ↄ submisso **2** que se governa segundo as suas leis e costumes ↄ dependente ■ *adj.s.m.* **3** que(m) exerce por conta própria uma atividade profissional remunerada
au.to.pe.ça *s.f.* **1** peça ou acessório para automóvel **2** *p.ext.* loja que vende essa peça ou acessório
au.to.pis.ta *s.f.* autoestrada
au.to.pre.ser.va.ção [pl.: *-ões*] *s.f.* **1** proteção contra a destruição ou ferimento de si mesmo ↄ autodestruição **2** tendência instintiva para agir em função da preservação da própria existência ↄ autodestruição

au.tóp.sia *s.f.* exame médico de um cadáver, para determinar o momento e a causa da morte; necropsia ~ **autopsiar** *v.t.d.*

au.to.pu.ni.ção [pl.: *-ões*] *s.f.* punição imposta a si próprio ~ **autopunitivo** *adj.*

au.tor \ô\ *s.m.* **1** aquele que causa algo; agente ⟨*a. desse fato feliz*⟩ **2** escritor **3** inventor, descobridor ⟨*a. da bomba atômica*⟩ **4** DIR quem pratica um delito **5** DIR quem inicia processo judicial ~ **autoria** *s.f.*

au.to.ral *adj.2g.* relativo a autor de obra literária, artística ou científica

au.to.ra.ma *s.m.* miniatura de pista automobilística para carros de brinquedo guiados por controle remoto

au.to.ri.da.de *s.f.* **1** direito ou poder de ordenar, de decidir, de se fazer obedecer **2** pessoa com esse direito ou poder **3** representante do poder público **4** influência exercida por pessoa sobre outra; ascendência ⟨*a. com os filhos*⟩ **5** força convincente; peso ⟨*sua sinceridade deu mais a. à sua história*⟩ **6** especialista respeitado em um assunto ⮌ aprendiz; diletante

au.to.ri.tá.rio *adj.* **1** que se apoia numa autoridade forte ⟨*regime a.*⟩ ⮌ democrático **2** dominador ⟨*temperamento a.*⟩ ⮌ liberal **3** relativo a autoridade ~ **autoritarismo** *s.m.*

au.to.ri.zar *v.* {mod. 1} *t.d.* e *t.d.i.* **1** (prep. *a*) dar motivo, razão para; legitimar, validar ⟨*a violência autorizou a rígida reação*⟩ ⟨*a injustiça autoriza o povo a reclamar*⟩ ⮌ invalidar **2** (prep. *a*) dar permissão para; consentir ⟨*a. novas contratações*⟩ ⟨*autorizei-o a sair*⟩ ⮌ proibir ~ **autorização** *s.f.*

au.tor.re.tra.to *s.m.* retrato feito por um indivíduo de si mesmo ~ **autorretratar-se** *v.pron.*

au.tos.ser.vi.ço *s.m.* **1** sistema em que o cliente se serve sozinho em lojas, postos de gasolina etc.; autoatendimento **2** *p.ext.* estabelecimento que adota esse sistema

au.tos.su.fi.ci.en.te *adj.2g.* **1** capaz de viver sem depender de ninguém; independente ⮌ dependente **2** ECON capaz de atender às próprias necessidades de consumo, sem importar ⟨*país a. em petróleo*⟩ ~ **autossuficiência** *s.f.*

au.tos.su.ges.tão [pl.: *-ões*] *s.f.* ato de convencer a si mesmo de algo por meio de sugestão ou sugestões

au.tos.sus.ten.tá.vel *adj.2g.* capaz de assegurar sua própria sobrevivência

au.to.tró.fi.co *adj.* BIO que é capaz de produzir seu próprio alimento (diz-se de alguns vegetais e bactérias) ~ **autotrofia** *s.f.* - **autotrofismo** *s.m.* - **autótrofo** *adj.s.m.*

au.to.va.ci.na *s.f.* MED vacina feita de germes colhidos de secreções ou tecidos do próprio paciente ~ **autovacinação** *s.f.*

au.tu.ar *v.* {mod. 1} *t.d.* **1** lavrar auto de infração contra **2** reunir e ordenar nos autos ~ **autuação** *s.f.* - **autuado** *adj.s.m.*

[1]au.xi.li.ar \ss\ *adj.2g.* **1** que auxilia, que socorre ⟨*doação a.*⟩ ■ *adj.2g.s.2g.* **2** que(m) ajuda alguém em seu trabalho ou função **3** que(m) exerce função secundária ⮌ principal [ORIGEM: do lat. *auxiliāris,e* 'que socorre, ajuda']

[2]au.xi.li.ar \ss\ *v.* {mod. 3} *t.d.* e *t.d.i.* **1** (prep. *em*) prestar ajuda, assistência a ⟨*a. os refugiados (na fuga)*⟩ ❑ *t.d.* e *t.i.* **2** (prep. *em*) dar apoio a; contribuir, colaborar ⟨*a tecnologia auxilia nosso progresso*⟩ ⟨*a. numa campanha*⟩ ❑ *t.d.* **3** trabalhar como ajudante, assistente etc. [ORIGEM: de *auxílio* + [2]*-ar*]

au.xí.lio \ss\ *s.m.* **1** contribuição para a realização de uma tarefa; ajuda **2** amparo, proteção ⟨*a. às crianças de rua*⟩ **3** *infrm.* doação material sob a forma de esmola ⟨*dar a. ao mendigo*⟩

a.va.ca.lhar *v.* {mod. 1} *t.d.* e *pron.* *infrm.* **1** desmoralizar(-se), ridicularizar(-se) ❑ *t.d.* *infrm.* **2** fazer sem cuidado, sem capricho ⮌ caprichar ~ **avacalhação** *s.f.* - **avacalhado** *adj.*

a.val *s.m.* **1** DIR garantia pessoal, em título de crédito, de cumprimento das obrigações de outra pessoa **2** *fig.* apoio, aprovação ⟨*a. da família na difícil decisão*⟩ ⮌ desaprovação ~ **avalista** *adj.2g.s.2g.*

a.va.lan.cha *s.f.* avalanche

a.va.lan.che *s.f.* **1** queda rápida e violenta de neve ou gelo pela encosta de montanhas altas **2** *fig.* tudo o que surge ou invade com força ⟨*a. de lágrimas, de ideias*⟩ **3** *fig.* queda barulhenta de coisas pesadas ⟨*a. de pedras*⟩

a.va.li.a.ção [pl.: *-ões*] *s.f.* **1** cálculo do valor de um bem; cômputo, estimativa **2** *p.ext.* valor determinado por quem avalia **3** apreciação ou conjectura sobre condições, extensão, intensidade, qualidade etc. de algo; análise, parecer ⟨*a. médica de um paciente*⟩ **4** apreciação da competência de um profissional, do progresso de um aluno etc. ⟨*obteve do professor a. positiva*⟩

a.va.li.ar *v.* {mod. 1} *t.d.* **1** estabelecer o valor ou o preço de **2** determinar a quantidade de; contar **3** pensar ou determinar a qualidade, a intensidade etc. de

a.va.li.zar *v.* {mod. 1} *t.d.* **1** dar aval a **2** *fig.* garantir a honestidade, a propriedade etc. de **3** *fig.* apoiar, abonar

a.van.ça.do *adj.* **1** que está adiante ⟨*tropa a.*⟩ ⮌ recuado **2** que atingiu um nível alto de desenvolvimento ⟨*país a.*⟩ ⮌ atrasado **3** adiantado no tempo ⟨*idade a.*⟩ **4** muito moderno, inovador ⟨*ideia a.*⟩ ⮌ antiquado **5** *fig.* exótico, singular ⟨*roupas a.*⟩ ⮌ banal **6** saliente ⟨*varanda a.*⟩ ⮌ recuado

a.van.çar *v.* {mod. 1} *t.d.* e *int.* **1** mover(-se) para frente **2** (fazer) ter progresso; desenvolver(-se) ❑ *t.d.* **3** ir além de (ponto permitido); ultrapassar ⟨*a. o sinal*⟩ ❑ *t.i.* **4** (prep. *para, contra*) investir, atacar ❑ *int.* **5** estender-se, expandir-se **6** passar (o tempo) ~ **avanço** *s.m.*

a.van.ta.ja.do *adj.* **1** que excede; superior ⮌ inferior **2** maior do que o comum ⟨*feições a.*⟩ ⮌ pequeno

a.van.ta.jar *v.* {mod. 1} *t.d., t.d.i.* e *pron.* **1** (prep. *a*) [fazer] sobressair; destacar(-se) ❑ *t.d.* e *pron.* **2** tornar(-se) mais vantajoso; melhorar ❑ *t.d.* *fig.* **3** considerar melhor, maior do que é ⟨*a. suas virtudes*⟩ ~ **avantajamento** *s.m.*

a.van.te *adv.* 1 para frente ⟨*seguiram a. até o próximo vilarejo*⟩ ↄ atrás 2 em localização à frente; adiante ⟨*mais a. pegaremos um atalho*⟩ ↄ atrás ■ *interj.* 3 expressa estímulo para que se prossiga ⟨*meninos, a.!*⟩

a.va.ran.da.do *adj.* 1 que tem varanda ⟨*janela a.*⟩ ■ *s.m.* 2 varanda coberta; alpendre

a.va.ren.to *adj.s.m.* 1 que(m) é obcecado por juntar dinheiro; avaro, sovina ↄ gastador 2 *p.ext.* que(m) não é generoso; avaro ↄ dadivoso ~ **avareza** *s.f.*

a.va.ri.a *s.f.* qualquer dano, deterioração ou desgaste que ocorra a algo ~ **avariar** *v.t.d. e pron.*

a.va.ro *adj.s.m.* avarento

a.vas.sa.lar *v.* {mod. 1} *t.d.* 1 tornar vassalo 2 causar devastação a; arrasar 3 *fig.* ter domínio sobre; subjugar ~ **avassalador** *adj.s.m.* - **avassalamento** *s.m.*

a.va.tar *s.m.* na crença hindu, materialização de um deus em forma humana ou animal

AVC *s.m.* sigla de *acidente vascular cerebral*

¹a.ve *s.f.* 1 nome comum a animais vertebrados, que põem ovos, de corpo coberto por penas, com asas, bico duro e sem dentes ▼ *aves s.f.pl.* 2 classe de animais vertebrados encontrados no mundo inteiro ⊙ GRAM/USO dim.irreg.: *avícula*; aum.irreg.: *avejão* [ORIGEM: do lat. *āvis,is* 'ave'] ⊙ COL avifauna, bandada, bando, ninhada, redada, revoada ⊡ **a. de rapina** *loc.subst.* 1 nome comum a diversas aves carnívoras, como os gaviões, águias, falcões e corujas, de bico, curto e curvo, e garras fortes 2 *fig.* pessoa ambiciosa

²a.ve *interj.* forma us. em saudação, equivalente a 'salve' [ORIGEM: do lat. *avēre* 'dar bom-dia a alguém, saudar']

a.vei.a *s.f.* 1 cereal nativo do Mediterrâneo, com grãos altamente nutritivos, muito cultivado para a alimentação humana e animal 2 o grão desse cereal

-ável *suf.* equivalente a *-vel*

a.ve.lã *s.f.* 1 aveleira 2 o fruto dessa árvore

a.ve.lei.ra *s.f.* árvore cultivada como ornamental, pelas sementes muito us. em doces, chocolates e licores, e pelas raízes com propriedades medicinais; avelã

a.ve.lu.da.do *adj.* 1 que tem a textura ou a aparência do veludo 2 *fig.* agradável ao sentidos ('órgão'); suave ⟨*pele a.*⟩ ↄ áspero

a.ve-ma.ri.a [pl.: *ave-marias*] *s.f.* REL 1 oração à Virgem Maria ☞ inicial por vezes maiúsc. 2 cântico que tem como tema essa oração ▼ *ave-marias s.f.pl.* 3 conjunto de três badaladas do sino, que chama os fiéis à reza da ave-maria; ângelus

a.ve.na *s.f.* nome comum a plantas nativas da Europa, África e Ásia, mais conhecidas como aveia, entre as quais algumas são cultivadas como cereais

a.ven.ca *s.f.* nome comum a várias plantas nativas do Brasil, de folhas muito delicadas, que ger. nascem e vivem em lugares sombrios e úmidos

a.ve.ni.da *s.f.* via pública urbana, mais larga do que a rua

a.ven.tal *s.m.* vestimenta us. para proteger a roupa

a.ven.tar *v.* {mod. 1} *t.d.* 1 expor e agitar ao vento; ventilar 2 pressentir, prever ⟨*a. o fracasso*⟩ ❑ *t.d. e t.d.i.* 3 (prep. *a*) sugerir, propor

a.ven.tu.ra *s.f.* 1 circunstância ou fato inesperado; peripécia ⟨*as a. de um andarilho*⟩ 2 experiência arriscada e perigosa ⟨*sair à noite aqui é uma a.*⟩ 3 relacionamento amoroso passageiro

a.ven.tu.rar *v.* {mod. 1} *t.d. e pron.* (prep. *a*) submeter(-se) ao desconhecido e/ou ao perigo; arriscar(-se), ousar

a.ven.tu.rei.ro *adj.* 1 em que há risco, perigo; arriscado, incerto ⟨*expedição a.*⟩ ↄ seguro ■ *adj.s.m.* 2 que(m) ama ou procura aventuras ('peripécia'); audacioso ↄ covarde 3 que(m) conta com a sorte e vive de golpes

a.ver.bar *v.* {mod. 1} *t.d.* 1 firmar por escrito; registrar ⟨*a. um depoimento*⟩ 2 anotar na margem de um documento ou registro público ~ **averbação** *s.f.* - **averbamento** *s.m.*

a.ve.ri.guar *v.* {mod. 4} *t.d.* 1 (prep. *de*) fazer cuidadoso exame de; apurar 2 concluir por meio de pesquisa ❑ *t.d.i.* 3 (prep. *de*) procurar informações sobre; indagar ~ **averiguação** *s.f.* - **averiguador** *adj.s.m.* - **averiguável** *adj.2g.*

a.ver.me.lha.do *adj.* 1 que tem cor tirante a vermelho ou que a ela se assemelha ⟨*olhos a.*⟩ 2 puxado para o vermelho ⟨*roxo a.*⟩ 3 diz-se dessa cor ⟨*a cor a. das folhas no outono*⟩ ■ *s.m.* 4 a cor avermelhada ⟨*o a. do crepúsculo*⟩

a.ver.me.lhar *v.* {mod. 1} *t.d.,int. e pron.* 1 tornar(-se) vermelho 2 *p.ext.* corar, enrubescer (face, rosto, pele) ~ **avermelhamento** *s.m.*

a.ver.são [pl.: *ões*] *s.f.* 1 sentimento de repugnância; repulsão ⟨*a. ao cigarro*⟩ ↄ atração 2 rancor, ódio ⟨*a. ao padrasto*⟩ ↄ afeição

a.ves.sas *s.f.pl.* ◗ só usado em: às a. *loc.adv.* ao contrário, ao avesso ⟨*vestiu as meias às a.*⟩

a.ves.so \ê\ *adj.* 1 que é contra algo; antagônico, hostil ⟨*a. às práticas esportivas*⟩ 2 não adepto (no sentido moral) ⟨*a. às manifestações do espírito*⟩ ↄ inclinado ■ *s.m.* 3 a parte de trás, o reverso de algo ⟨*o a. da saia*⟩ ↄ direito 4 *fig.* o oposto ⟨*o a. da irmã*⟩ 5 aspecto negativo; defeito ⟨*tudo na vida tem seu a.*⟩ ↄ qualidade

a.ves.truz *s.2g.* maior ave que existe, com cerca de 2,5 m de altura, pernas longas e fortes, e cabeça e pescoço quase sem penas ⊙ VOZ v. e subst.: grasnar, roncar, rugir; subst.: grasnada, grasno, ronco, rugido

a.vi.a.ção [pl.: *-ões*] *s.f.* 1 sistema de navegação aérea 2 ciência relativa aos transportes aéreos 3 frota de aeronaves, funcionários especializados etc. que fornecem o transporte aéreo ⟨*a. comercial*⟩ 4 indústria e técnica de fabricação de aeronaves 5 MIL conjunto de aeronaves ⟨*a. militar*⟩ ~ **aviatório** *adj.*

¹a.vi.a.dor \ô\ *adj.s.m.* (o) que avia receitas [ORIGEM: rad. do part. *aviado* + *-or*]

²a.vi.a.dor \ô\ *s.m.* indivíduo que pilota avião [ORIGEM: do fr. *aviateur* 'id.']

a.vi.ão [pl.: *-ões*] *s.m.* 1 aeronave impulsionada por motor e dotada de asas que a mantém no ar 2 *fig. B* *infrm.* mulher atraente **3** *B drg.* quem vai buscar droga para o usuário

a.vi.ar *v.* {mod. 1} *t.d.* **1** levar a efeito (trabalho, obra etc.); executar, concluir **2** fazer medicamento seguindo (receita médica) **3** preparar (medicamento) **4** despachar, expedir ⟨*a. encomendas*⟩ **5** pôr a caminho ⟨*a. os hóspedes*⟩ ❑ *int. e pron.* **6** mover-se ou agir com maior pressa; apressar-se ~ **aviado** *adj.* - **aviamento** *s.m.*

[1]**a.vi.á.rio** *s.m.* **1** viveiro de aves **2** local de criação ou venda de aves [ORIGEM: do lat. *aviarĭum,ĭi* 'id.']

[2]**a.vi.á.rio** *adj.* referente a aves; avícola [ORIGEM: do lat. *aviarĭus,a,um* 'id.']

a.vi.cul.tu.ra *s.f.* criação de aves ~ **avicultor** *adj.s.m.*

á.vi.do *adj.* **1** que deseja com ardor ⟨*á. de comida, por aventuras*⟩ **2** ansioso ⟨*á. pela resposta da amada*⟩ ⮌ indiferente ~ **avidamente** *adv.* - **avidez** *s.f.*

a.vil.tar *v.* {mod. 1} *t.d.,int. e pron.* **1** tornar(-se) vil, indigno; desonrar(-se) ⮌ honrar(-se) ❑ *t.d. e pron.* **2** submeter(-se) a vexame; humilhar(-se) ❑ *t.d.* **3** baixar o preço de; baratear ⮌ encarecer ~ **aviltação** *s.f.* - **aviltamento** *s.m.* - **aviltante** *adj.2g.*

a.vi.na.gra.do *adj.* **1** que contém vinagre ⟨*salada a.*⟩ **2** que tem gosto ou cheiro de vinagre; azedo ⟨*vinho a.*⟩

a.vi.na.grar *v.* {mod. 1} *t.d.* **1** temperar com vinagre ❑ *int. e pron.* **2** tornar-se azedo ❑ *int.* **3** transformar-se em vinagre

a.vin.do *adj.* convencionado, ajustado, combinado

a.vi.o *s.m. B* **1** execução de algo **2** cada um dos materiais, equipamentos etc. us. na realização de uma tarefa ☞ nesta acp., mais us. no pl.

a.vir *v.* {mod. 31} *t.d. e pron.* **1** pôr(-se) em harmonia (com); conciliar(-se) ❑ *pron.* **2** (prep. *com*) adaptar-se, ajustar-se

a.vi.sa.do *adj.* **1** que recebeu aviso ⮌ desinformado **2** que usa de cautela e prudência; ajuizado, sensato ⮌ imprudente **3** discreto, reservado ⮌ extrovertido

a.vi.sar *v.* {mod. 1} *t.d.,t.d.i.,int. e pron.* **1** (prep. *de, a*) fazer(-se) ciente; informar(-se), comunicar(-se) ⟨*a. o vizinho da reunião*⟩ ⟨*a. aos alunos a data da prova*⟩ ⟨*saiu e não avisou*⟩ ⟨*avisaram-se da presença do policial*⟩ ❑ *t.d.,t.d.i. e int.* **2** (prep. *a*) mostrar a conveniência de; aconselhar, recomendar ⟨*avisou-o para largar o cigarro*⟩ ⟨*avisei-lhe que não saísse*⟩ ⟨*ele avisou, mas não o ouvi*⟩ ❑ *t.d.i. e int.* **3** (prep. *de*) chamar a atenção (de); advertir

a.vi.so *s.m.* **1** toda e qualquer espécie de comunicação, informação ou declaração prestada a outrem **2** carta ou documento pelo qual se informa algo a alguém **3** aquilo que adverte; advertência, conselho, recomendação ⟨*foi um a. providencial*⟩ **4** juízo, opinião, parecer **5** MAR *B* embarcação a motor, de pequeno porte, sem armamento, destinada a transporte de pessoal e/ou material

a.vis.tar *v.* {mod. 1} *t.d.* **1** alcançar com a vista; enxergar, ver **2** *fig.* perceber, pressentir ⟨*a. perigo*⟩ ❑ *pron.* **3** (prep. *com*) encontrar-se por acaso; topar

a.vi.ta.mi.no.se *s.f.* MED doença causada por falta de vitamina(s)

a.vi.var *v.* {mod. 1} *t.d. e pron.* **1** tornar(-se) mais vivo; animar(-se), revigorar(-se) ⮌ desanimar(-se) **2** tornar(-se) mais forte; intensificar(-se) ⮌ enfraquecer **3** realçar(-se), destacar(-se) ❑ *t.d.,int. e pron.* **4** (fazer) recobrar os sentidos; reanimar(-se) ~ **avivador** *adj.s.m.* - **avivamento** *s.m.*

a.vi.zi.nhar *v.* {mod. 1} *t.d.,t.d.i. e pron.* **1** (prep. *de*) [fazer] ficar próximo; aproximar(-se) ❑ *t.d.* **2** ser vizinho de; confinar ⟨*a igreja avizinha o museu*⟩ ~ **avizinhação** *s.f.* - **avizinhamento** *s.m.*

a.vo *s.m.* MAT palavra justaposta ao numeral do denominador de uma fração, quando este é maior que dez (p.ex.: um doze avos, quatro vinte avos) ☞ mais us. no pl.

a.vó *s.f.* a mãe do pai ou da mãe; vovó ⊙ GRAM/USO masc.: *avô*

a.vô [fem.: *avó*] *s.m.* **1** o pai do pai ou da mãe; vovô ▼ *avôs s.m.pl.* **2** o pai do pai e o pai da mãe conjuntamente ▼ *avós s.m.pl.* **3** o avô e a avó (o casal) de um indivíduo **4** os antepassados ⮌ descendentes

a.vo.a.do *adj. B* **1** que está ou vive distraído, aéreo ⮌ atento **2** que causa confusão, embaraço ao redor; trapalhão ⮌ habilidoso

a.vo.car *v.* {mod. 1} *t.d.* **1** chamar para si ❑ *t.d.i.* **2** (prep. *a, para*) levar à adesão de; atrair ⟨*a. indecisos para seu partido*⟩ ❑ *pron.* **3** atribuir-se, arrogar-se ⟨*a.-se o poder de decisão*⟩ ~ **avocação** *s.f.* - **avocatório** *adj.*

a.vo.en.go *adj.* **1** que se herdou dos avós ⟨*bens a.*⟩ ■ *s.m.* **2** avô; antepassado ⟨*traços herdados de a.*⟩ ☞ nesta acp., freq. us. no pl

a.vo.lu.mar *v.* {mod. 1} *t.d.,int. e pron.* aumentar (em volume, tamanho, quantidade, intensidade) ⮌ diminuir ~ **avolumamento** *s.m.*

à von.ta.de [pl.: *à vontades*] *s.m.* desinibição no comportamento ⮌ timidez ☞ cf. *à vontade* (loc.adv.)

a.vul.são [pl.: *-ões*] *s.f.* **1** ato de extrair algo violentamente **2** MED extração de um órgão ou parte de órgão; evulsão

a.vul.so *adj.* **1** que não faz parte de um todo ⟨*selos a.*⟩ ⮌ integrado **2** separado do corpo de que faz parte ⟨*venda a. de periódico*⟩ **3** arrancado ou separado à força ■ *s.m.* **4** folha impressa com manifesto, anúncio etc.; volante

a.vul.tar *v.* {mod. 1} *t.d.,int. e pron.* **1** tornar(-se) maior ou mais intenso; aumentar, intensificar(-se) ⮌ diminuir ❑ *t.d.* **2** elevar (custo, preços etc.) ⮌ baixar **3** engrandecer, glorificar ⮌ denegrir **4** representar em forma de vulto ou relevo ❑ *int.* **5** distinguir-se, sobressair ~ **avultação** *s.f.* - **avultante** *adj.2g.* - **avultoso** *adj.*

a.vun.cu.lar *adj.2g.* relativo ao tio ou à tia, esp. maternos

a.xa.dre.za.do *adj.* **1** que apresenta quadrados semelhantes ao tabuleiro de xadrez ⟨*toalha de mesa a.*⟩ **2** disposto em forma de xadrez ⟨*calçadas a.*⟩ ~ **axadrezar** *v.t.d.*

a.xi.al \cs\ *adj.2g.* **1** relativo a ou em forma de eixo **2** que opera como eixo, que divide ao meio **3** *fig.* essencial, primordial **4** BOT que penetra verticalmente no solo (diz-se da raiz primária)
a.xi.la \cs\ *s.f.* cavidade sob o ombro; sovaco ~ **axilar** *adj.2g*
a.xi.o.lo.gi.a \cs\ *s.f.* FIL teoria ou crítica sobre a questão dos valores morais, éticos etc. ~ **axiológico** *adj.*
a.xi.o.ma \cs\ *s.m.* **1** enunciado considerado verdadeiro sem necessidade de demonstração **2** *p.ext.* máxima, provérbio ~ **axiomático** *adj.*
–az *suf.* 'aumento': *audaz, eficaz, voraz*
a.za.do *adj.* conveniente, oportuno ⟨*momento a.*⟩ ⮌ desazado
a.zá.fa.ma *s.f.* **1** pressa na execução de algo ⟨*com a., terminamos a obra*⟩ ⮌ moderação **2** *p.ext.* grande atividade e confusão; atropelo ⮌ tranquilidade ~ **azafamado** *adj.*
a.za.fa.mar *v.* {mod. 1} *t.d. e pron.* **1** tornar(-se) mais ágil; apressar(-se) ⮌ acalmar(-se) **2** sobrecarregar(-se) de tarefas **3** pôr ou ficar em azáfama; alvoroçar(-se), agitar(-se)
a.za.gai.a *s.f.* qualquer lança de arremesso; zagaia
a.zá.lea *s.f.* nome comum a plantas nativas de clima temperado do hemisfério norte, mundialmente cultivadas pelas flores coloridas
a.za.lei.a \éi\ *s.f.* azálea
a.zar *s.m.* **1** infelicidade, infortúnio ⮌ sorte **2** acaso, eventualidade ■ *interj.* *B* **3** exprime aceitação da má sorte (freq. acompanhada de gesto, p.ex., dar de ombros) ~ **azarado** *adj.s.m.*
a.za.rão [pl.: *-ões*] *s.m.* **1** cavalo com poucas chances de vencer uma corrida ⮌ favorito **2** *p.ext.* resultado inesperado; zebra
a.za.rar *v.* {mod. 1} *t.d.* **1** levar má sorte a ❑ *t.d. e int. gír.* **2** mostrar interesse amoroso (por); paquerar
a.za.ren.to *adj.* **1** que tem má sorte; azarado ⟨*pessoa a.*⟩ ⮌ sortudo **2** que traz ou produz azar ⟨*dia a.*⟩ ⮌ alvissareiro
a.ze.dar *v.* {mod. 1} *t.d. e int.* **1** (fazer) ficar azedo ('ácido', 'estragado'); estragar(-se) **2** *fig.* tornar(-se) amargo, irritado; agastar(-se) ⮌ alegrar(-se) ~ **azedamento** *s.m.*
a.ze.do \ê\ *adj.* **1** de sabor ou cheiro ácido; acre ⟨*uva a.*⟩ ⮌ doce **2** estragado pela fermentação (diz-se de alimento) **3** *infrm.* amargo ⟨*café frio e a.*⟩ **4** *fig.* de mau humor; irritado ⮌ afável **5** *fig.* que demonstra contrariedade; áspero, rude ⟨*tom a.*⟩ ⮌ gentil ■ *s.m.* **6** o sabor ácido; acidez ⮌ doçura ⊙ GRAM/USO dim.irreg.: *azedete, azedote*
a.ze.du.me *s.m.* **1** sabor ácido; acidez **2** estado de espírito que demonstra amargor, irritação ⮌ alegria
a.zei.te *s.m.* **1** substância líquida e oleosa extraída da azeitona, us. na alimentação **2** *p.ext.* óleo extraído de outros frutos, plantas, ou de alguns animais ~ **azeitar** *v.t.d.*
a.zei.to.na *s.f.* **1** fruto da oliveira; oliva ■ *s.m.* **2** a cor verde desse fruto ■ *adj.2g.2n.* **3** que tem essa cor; oliva ⟨*calças a.*⟩ **4** diz-se dessa cor ⟨*a cor a.*⟩ ~ **azeitonado** *adj.s.m.*
a.zê.mo.la *s.f.* besta de carga
a.ze.nha \ê\ *s.f.* moinho movido a água
a.ze.vi.che *s.m.* **1** substância mineral us. para fazer objetos de adorno **2** a cor negra dessa substância ⟨*cabelos de a.*⟩
a.zi.a *s.f.* sensação semelhante à de uma queimadura que vai do estômago à faringe, ger. acompanhada de arroto e aumento de saliva; pirose
a.zi.a.go *adj.* **1** que traz má sorte; azarento ⟨*agosto é um mês a.*⟩ ⮌ sortudo **2** em que há infelicidade; desafortunado ⟨*vida a.*⟩ ⮌ feliz
a.zi.do.ti.mi.di.na *s.f.* MED substância inibidora da duplicação do vírus da aids [sigla: *AZT*]
á.zi.mo *adj.s.m.* (pão) sem fermento ou levedura
a.zi.nha.vre *s.m.* camada verde que se forma no cobre ou latão expostos à umidade; zinabre ~ **azinhavrar** *v.t.d.,int. e pron.*
–ázio *suf.* 'aumento': *copázio*
a.zo *s.m.* motivo, causa; oportunidade
a.zo.a.do *adj.* **1** tonto **2** aborrecido, irritado ⮌ feliz
a.zoi.co \ói\ *s.m.* **1** primeiro e mais antigo período geológico da era pré-cambriana, anterior ao Arqueozoico, caracterizado pela ausência de vida e pela formação das primeiras rochas magmáticas ☞ inicial maiúsc. ■ *adj.* **2** desse período
a.zor.ra.gue *s.m.* **1** chicote formado por correias presas a cabo ou pau; açoite **2** *fig.* padecimento moral; punição
a.zo.to \ô\ *s.m.* QUÍM antiga denominação para nitrogênio ~ **azótico** *adj.s.m.*
a.zou.gue *s.m.* **1** QUÍM mercúrio **2** pessoa de muita vivacidade e inquietude ⮌ apático
AZT ® *s.m.* sigla de *azidotimidina*, droga us. no tratamento de aids
a.zu.cri.nar *v.* {mod. 1} *t.d.,int. e pron.* importunar(-se), aborrecer(-se) ⮌ alegrar(-se) ~ **azucrinação** *s.f.* - **azucrinante** *adj.2g.*
a.zul *s.m.* **1** cor primária entre o verde e o violeta **2** *p.ext.* o céu ■ *adj.2g.* **3** que tem essa cor ⟨*canetas azuis*⟩ **4** diz-se dessa cor ⟨*a cor a.*⟩
a.zu.la.do *adj.* **1** que tem cor tirante a azul, ou que a ele se assemelha **2** diz-se dessa cor ⟨*flor de cor a.*⟩ ■ *s.m.* **3** a cor azulada ⟨*o a. de seus olhos*⟩
a.zu.lão [pl.: *-ões*] *s.m.* *B* **1** tom forte de azul **2** tecido rústico de algodão, de cor azul **3** ave canora, cujos machos têm plumagem azulada, asas e cauda negras, e as fêmeas são pardas ⊙ voz v.: gorjear
a.zu.lar *v.* {mod. 1} *t.d.,int. e pron.* **1** (fazer) adquirir tom azul ou azulado ❑ *int.* *B infrm.* **2** fugir, escapar
a.zu.le.jo \ê\ *s.m.* placa de cerâmica esmaltada, colorida, com que se revestem paredes ~ **azulejador** *adj.s.m.* - **azulejar** *v.t.d.* - **azulejista** *adj.2g.s.2g.*
a.zul-ma.ri.nho [pl.: *do subst.: azuis-marinhos*] *s.m.* **1** tom escuro similar ao azul do mar ■ *adj.2g.2n.* **2** que tem essa cor ⟨*calças azul-marinho*⟩ **3** diz-se dessa cor ⟨*a cor a.*⟩
a.zul-pis.ci.na [pl.: *do subst.: azuis-piscina* e *azuis-piscinas*] *s.m.* **1** cor azul tendente a verde ■ *adj.2g.2n.* **2** que tem essa cor ⟨*olhos azul-piscina*⟩ **3** diz-se dessa cor ⟨*a cor a.*⟩

Bb

B B B Bb Bb Bb Bb Bb

C. 200 A.C. C. 100 A.C. C. 800 C.1500 C.1800 1890 1927 2001

b *s.m.* **1** segunda letra (consoante) do nosso alfabeto ■ *n.ord.(adj.2g.2n.)* **2** diz-se do segundo elemento de uma série ⟨*casa B*⟩ ⟨*item 1b*⟩ ☞ empr. posposto a um substantivo ou numeral **3** diz-se da segunda classe na escala de poder e riqueza ⟨*classe B*⟩ ⊙ GRAM/USO na acp. s.m., pl.: *bb*

B **1** símbolo de *byte* **2** símbolo de *boro*

Ba símbolo de *bário*

BA sigla do Estado da Bahia

ba.ba *s.f.* **1** saliva que escorre involuntariamente **2** gosma segregada por caracóis e lesmas **3** substância viscosa de certos vegetais ⟨*b. de quiabo*⟩ **4** *gír.* muito dinheiro, uma fortuna ⟨*esse livro custa uma b.*⟩

ba.bá *s.f.* empregada doméstica que cuida das crianças

ba.ba.çu *s.m.* **1** palmeira de folhas us. no fabrico de esteiras, cestos etc. e frutos com sementes comestíveis, das quais se extrai óleo **2** o fruto dessa palmeira ⊙ COL babaçual, babaçuzal

ba.ba.çu.zal ou **ba.ba.çu.al** *s.m.* *B* grande concentração de babaçus em determinada área

ba.ba de mo.ça [pl.: *babas de moça*] *s.f.* doce feito com leite de coco, gemas e açúcar

ba.ba.do *adj.* **1** molhado de baba ■ *s.m.* **2** enfeite ou remate de tecido franzido **3** *infrm.* fofoca; mexerico

ba.ba.dor \ô\ *s.m.* proteção, ger. de pano, us. para proteger a roupa ao comer e/ou aparar a baba de crianças e idosos

ba.ba.dou.ro *s.m.* babador

ba.ba.lo.ri.xá [fem.: *ialorixá*] *s.m.* no candomblé, o responsável pelo culto aos orixás; pai de santo

ba.bão [pl.: *-ões*; fem.: *babona*] *adj.s.m.* **1** que(m) fala ou faz tolices; bobo **2** (o) que baba muito **3** *fig.* que(m) está perdidamente apaixonado

ba.ba-o.vo [pl.: *baba-ovos*] *s.2g.* *infrm.* o que adula; bajulador

ba.ba.qua.ra *adj.2g.s.2g.* *infrm.* tolo; babaca

ba.ba.qui.ce *s.f.* *infrm.* tolice; asneira ~ **babaca** *adj.2g.s.2g.*

ba.bar *v.* {mod. 1} *t.d.,int. e pron.* **1** molhar(-se), sujar(-se) de baba ❑ *t.d.* **2** gaguejar, balbuciar ⟨*b. coisas estranhas*⟩ ❑ *pron.fig.infrm.* **3** (prep. *por*) gostar muito de ⟨*b.-se por cinema*⟩

ba.bau *interj.* *infrm.* acabou-se; sumiu

ba.bel *s.f.* **1** confusão de línguas **2** *p.ext.* confusão de vozes ⮌ silêncio **3** *p.ext.* movimentação barulhenta de pessoas; balbúrdia ⮌ tranquilidade ~ **babélico** *adj.*

ba.bi.lô.ni.co *adj.s.m.* babilônio

ba.bi.lô.nio *adj.* **1** relativo à cidade ou ao império da Babilônia **2** *fig.* imenso ⮌ pequenino ■ *s.m.* **3** natural ou habitante dessa cidade ou império

ba.bo.sa *s.f.* **1** aloé **2** sua resina

ba.bo.sei.ra *s.f.* dito irrelevante; asneira

ba.bu.gem *s.f.* **1** baba **2** espuma formada pela agitação da água **3** restos, esp. de comida **4** coisa sem importância

ba.bu.i.no *s.m.* macaco africano de focinho longo, que vive em grandes bandos

ba.bu.jar *v.* {mod. 1} *t.d.i. e pron.* **1** (prep. *de*) sujar(-se) [com baba ou comida] ❑ *t.d.* **2** *fig.* tratar sem respeito ⮌ respeitar **3** bajular, adular

ba.ca.ba *s.f.* **1** nome comum a várias palmeiras, umas produtoras de frutos e sementes oleaginosas, outras de palmito **2** o fruto dessas palmeiras e seu sumo **3** a fibra dessas palmeiras ~ **bacabeira** *s.f.*

ba.ca.lhau *s.m.* **1** peixe do Atlântico Norte, ger. vendido seco e salgado **2** *B* chicote de couro cru trançado us. para castigar escravos **3** *infrm.* pessoa muito magra

ba.ca.lho.a.da *s.f.* bacalhau cozido, preparado com azeite, batatas, cebolas etc.

ba.ca.lho.ei.ro *s.m.* **1** pescador ou vendedor de bacalhau ■ *adj.* **2** relativo à pesca, ao comércio e à industrialização desse peixe

ba.ca.mar.te *s.m.* espingarda de cano curto e largo, em forma de sino; trabuco

ba.ca.na *adj.2g.B infrm.* **1** palavra que qualifica pessoas ou coisas com atributos positivos; bonito, bom, correto etc. ⟨*um vestido b.*⟩ ⟨*uma irmã b.*⟩ ⟨*uma atitude b.*⟩ ■ *s.2g.* **2** indivíduo rico; grã-fino ↄ pobre

ba.ca.nal *s.f.* **1** festa em honra de Baco, deus do vinho **2** *p.ext. infrm.* orgia sexual com mais de duas pessoas

ba.can.te *s.f.* **1** sacerdotisa do deus Baco **2** *fig.* mulher depravada

ba.ca.rá *s.m.* **1** jogo de cartas em que a carta dez equivale a zero e cujo objetivo é perfazer nove pontos **2** a carta dez nesse jogo

ba.ce.lo \ê\ *s.m.* **1** muda de videira us. para reprodução **2** *p.ext.* videira pequena e nova

ba.cha.rel *s.m.* **1** quem completa curso universitário **2** quem se forma em direito; advogado ~ **bacharelar** *v.t.d. e pron.*

ba.cha.re.la.do ou **ba.cha.re.la.to** *s.m.* **1** curso para obter grau de bacharel **2** esse grau ~ **bacharelando** *s.m.*

ba.ci.a *s.f.* **1** recipiente largo e raso para líquidos **2** depressão de terra ocupada por rio, lago etc. **3** ANAT cavidade formada pelos ossos do quadril, sacro e cóccix; pelve

ba.ci.lo *s.m.* bactéria alongada, em forma de bastonete ~ **bacilar** *adj.2g.*

ba.ci.o *s.m.* penico

[1]**ba.ço** *s.m.* víscera, próxima ao estômago, que destrói glóbulos vermelhos inúteis e libera hemoglobina [ORIGEM: prov. do gr. *hēpátion*, dim. de *hêpar* 'fígado']

[2]**ba.ço** *adj.* **1** embaciado, opaco **2** moreno [ORIGEM: de um lat. *opaceus*, der. de *opācus* 'opaco, sombrio']

ba.con [ing.] *s.m.* toucinho defumado ⊙ GRAM/USO em ing., invariável ⇨ pronuncia-se **bêicon**

ba.co.re.jar *v.*{mod. 1} *t.d.* **1** adivinhar, prever **2** sugerir, propor ❑ *int.* **3** grunhir (o leitão) ☞ nesta acp., só us. nas 3as p., exceto quando fig.

ba.co.ri.nho *s.m.* **1** bácoro pequeno **2** *infrm.* criança ou filho pequeno; neném

bá.co.ro *s.m.* porco novo ⊙ COL bacorada, bacoral ⊙ VOZ v.: bacorejar, coinchar, grunhir, guinchar

bac.té.ria *s.f.* micróbio, parasita ou não, essencial para o processo de decomposição de matéria orgânica ~ **bacteriano** *adj.* - **bactérico** *adj.*

bac.te.ri.ci.da *adj.2g.s.m.* (substância) que elimina bactérias

bac.te.ri.ó.fa.go *adj.s.m.* (vírus) que destrói bactérias

bac.te.rio.lo.gi.a *s.f.* ciência que estuda as bactérias e suas propriedades ~ **bacteriológico** *adj.* - **bacteriologista** *adj.2g.s.2g.* - **bacteriólogo** *s.m.*

bac.te.ri.os.ta.se ou **bac.te.ri.ós.ta.se** *s.f.* condição em que não há reprodução de bactérias ~ **bacteriostático** *adj.s.m.*

bá.cu.lo *s.m.* **1** bastão de extremidade curva us. pelos bispos **2** *p.ext.* cajado, [1]bordão **3** *fig.* apoio moral ou financeiro

[1]**ba.cu.ri** *s.m.* **1** árvore da região amazônica, de madeira nobre, flores rosadas e frutos grandes us. para refrescos e doces; bacurizeiro **2** o fruto dessa árvore [ORIGEM: do tupi *ïwaku'ri* 'espécie de palmeira']

[2]**ba.cu.ri** *s.m.* menino pequeno [ORIGEM: prov. de *bacorinho*]

ba.cu.ri.zei.ro *s.m.* [1]bacuri

ba.da.la.ção [pl.: *-ões*] *s.f. infrm.* **1** vida social ativa; divertimento ↄ quietude **2** divulgação de algo, exagerando suas qualidades ↄ modéstia

ba.da.la.da *s.f.* **1** pancada do badalo no sino **2** o som produzido por essa pancada

ba.da.lar *v.*{mod. 1} *t.d. e int.* **1** fazer soar ou soar por badalada(s) ❑ *int. B infrm.* **2** frequentar lugares diversos, festas etc. ❑ *t.d. fig. infrm.* **3** promover, divulgar ↄ ocultar ~ **badalador** *adj.s.m.*

ba.da.lo *s.m.* peça pendente no interior de sinos, sinetas etc.

ba.de.jo \ê *ou* é\ *s.m. B* nome comum a vários peixes de valor comercial, que vivem sobre fundos rochosos ou arenosos das águas costeiras tropicais e não formam cardumes

ba.der.na *s.f.* situação em que há desordem ↄ ordem ~ **badernar** *v.t.d. e int.* - **badernista** *adj.2g.s.2g.*

ba.der.nei.ro *adj.s.m.* **1** que(m) é dado a fazer baderna, a criar desordem ou confusão; arruaceiro, badernista, desordeiro **2** que(m) promove noitadas ou vive na pândega; boêmio, farrista

ba.du.la.que *s.m.* **1** penduricalho ▼ ***badulaques*** *s.m.pl.* **2** coisa pequena e de pouco valor

ba.e.ta \ê\ *s.f.* tecido felpudo, de lã ou algodão

ba.fa.fá *s.m. B infrm.* tumulto, confusão ↄ tranquilidade

ba.fe.jar *v.*{mod. 1} *int.* **1** (prep. *de*) exalar bafo ⟨*b. de cansaço*⟩ ❑ *t.d.* **2** soprar sobre **3** favorecer, proteger ⟨*a sorte o bafeja*⟩ ↄ desamparar ~ **bafejador** *adj.s.m.*

ba.fe.jo \ê\ *s.m.* **1** ar que sai da boca; sopro ↄ inspiração **2** *fig.* proteção ⟨*b. da sorte*⟩ ↄ desproteção

ba.fi.o *s.m.* cheiro característico de ambientes úmidos e abafados

ba.fo *s.m.* **1** ar expirado dos pulmões ↄ inspiração **2** hálito contaminado por outro odor ⟨*estar com b. de cigarro*⟩ **3** leve sopro **4** *infrm.* conversa fiada, mentira ↄ verdade ⊡ **b. de onça** *loc.subst.* mau hálito

ba.fô.me.tro *s.m. B infrm.* aparelho que mede o grau de concentração de álcool no sangue de uma pessoa pelo teor alcoólico de sua expiração

ba.fo.ra.da *s.f.* **1** exalação quente de gás ou vapor **2** fumaça expelida ao fumar ↄ tragada **3** bafo prolongado ~ **baforar** *v.t.d. e int.*

ba.ga *s.f.* 1 fruto carnudo, ger. comestível 2 gota (de suor, de orvalho) ☞ cf. *bago*

ba.ga.cei.ra *s.f.* 1 local onde se junta bagaço 2 *p.ext.* resto; tralha 3 *B infrm.* aguardente de cana

ba.ga.ço *s.m.* 1 resto (de fruta, cana etc.) após a extração do sumo 2 *p.ext.* resto de coisa muito usada 3 em certos jogos de baralho, conjunto de cartas descartadas 4 *fig.* pessoa com má aparência ou muito cansada ⟨*ficou um b. depois da separação*⟩

ba.ga.gei.ro *adj.s.m.* 1 (o) que transporta bagagens ■ *s.m.* 2 estrutura metálica presa ao teto de carro, ônibus etc. para acomodar bagagens

ba.ga.gem *s.f.* 1 conjunto de malas etc. de viagem 2 conteúdo dessas malas 3 *fig.* experiência de vida ⊃ inexperiência 4 *fig.* conjunto de obras de um artista, cientista etc.

ba.ga.na *s.f. drg.* ponta de *baseado, depois de fumado

ba.ga.te.la *s.f.* 1 coisa sem valor 2 quantia insignificante; ninharia ⟨*vendeu o carro por uma b.*⟩

ba.go *s.m.* 1 cada fruto do cacho de uvas 2 *p.ext.* fruto carnoso semelhante à uva 3 *p.ext.* grão miúdo 4 *infrm.* testículo ☞ cf. *baga*

ba.gre *s.m.* peixe sem escamas, com barbilhões no maxilar inferior, que vive no fundo de águas salgadas ou doces

ba.gue.te *s.f.* pão francês comprido e fino

ba.gu.lho *s.m. infrm.* 1 coisa de má qualidade; cacareco 2 qualquer objeto 3 pessoa feia ou envelhecida 4 *drg.* maconha

ba.gun.ça *s.f. infrm.* falta de ordem; confusão ⊃ organização ~ **baguncear** *v.t.d.,t.i. e int.* - **bagunceiro** *adj.s.m.*

ba.gun.çar *v.* {mod. 1} *t.d. e int.* 1 promover desordem (em) ⊃ organizar ❑ *t.d. e t.i.* 2 (prep. *com*) agir de modo destrutivo quanto a; arrasar ⟨*b. (com) um projeto*⟩

bai.a *s.f.* 1 compartimento da cocheira em que ficam os cavalos 2 *p.ext.* ambiente separado por divisórias 3 *B* área reservada para embarque e desembarque de passageiros em ônibus

ba.í.a *s.f.* GEO 1 enseada num litoral em que se pode aportar 2 *p.ext. B* lagoa que se comunica com um rio através de um canal

bai.a.cu *s.m.* peixe espinhoso de água salgada ou doce que infla o corpo quando ameaçado

bai.a.na *s.f.* 1 mulher natural ou habitante da Bahia 2 *p.ext.* vendedora de quitutes da culinária afro-baiana 3 seu traje típico

bai.a.no *adj.* 1 da Bahia ■ *s.m.* 2 natural ou habitante desse estado

bai.ão [pl.: *-ões*] *s.m.* dança e canto popular nordestinos com influência do samba e da conga

bai.la *s.f.* ▸ só usado em: **vir à b.** *loc.vs.* ser mencionado • **trazer à b.** *loc.vs.* lembrar oportunamente

bai.la.do *adj.* 1 em que há dança ■ *s.m.* 2 dança 3 *p.ext.* qualquer movimento que lembre uma dança ⟨*o b. das folhas ao vento*⟩ 4 coreografia

bai.lar *v.* {mod. 1} *t.d. e int.* 1 mover o corpo em certo ritmo, ger. com música; dançar ❑ *int.* 2 *p.ext.* agitar-se, balançar 3 *p.ext.* mover-se em curvas, volteios ~ **bailador** *adj.s.m.*

bai.la.ri.no *adj.s.m.* (indivíduo) que dança profissionalmente

bai.le *s.m.* festa dançante ▣ **dar um b.** *loc.vs. fig. B infrm.* ter excelente atuação

ba.i.nha *s.f.* 1 estojo de arma branca 2 dobra cosida nas barras de roupas etc. 3 tecido que recobre um órgão ou estruturas como vasos, músculos etc. 4 base da folha que envolve o ramo ou o caule

bai.o *adj.s.m.* (cavalo) de cor castanha

bai.o.ne.ta \ê\ *s.f.* lâmina metálica pontuda que se prende à boca do fuzil

bair.ris.mo *s.m.* defesa entusiasmada de seu bairro ou terra natal ~ **bairrista** *adj.2g.s.2g.*

bair.ro *s.m.* cada uma das divisões de uma cidade ou vila

bai.ta *adj.2g. B infrm.* 1 muito grande ⟨*uma b. sala*⟩ ⊃ pequeno 2 *fig.* muito bom no que faz ⟨*um b. cantor*⟩ ⊃ incapaz

bai.u.ca *s.f. infrm.* 1 taberna, botequim 2 *p.ext.* local sujo, mal frequentado

bai.xa *s.f.* 1 depressão de terreno ⊃ chapada 2 diminuição de valor ⟨*a b. dos juros*⟩ ⊃ alta 3 dispensa de emprego ou serviço militar ⊃ admissão 4 soldado morto, ferido ou capturado em ação militar 5 *p.ext.* perda ou afastamento (de alguém num grupo) ⊃ acréscimo

bai.xa.da *s.f.* área plana entre montanhas

bai.xa-mar [pl.: *baixa-mares*] *s.f.* maré depois da vazante, até começar a encher; maré baixa

bai.xar *v.* {mod. 1} *t.d.,int. e pron.* 1 (fazer) descer ou diminuir ⊃ aumentar, subir ❑ *t.i.* 2 (prep. *a*) encaminhar-se, descer ⟨*b. ao inferno*⟩ ❑ *t.d. e t.d.i.* 3 (prep. *para*) expedir (portaria, aviso etc.) [para setor, seção etc.] ⊃ suspender 4 INF (prep. *de, para*) transferir (dados) de um computador (para outro) ❑ *t.i. e int.* REL *B* 5 (prep. *em*) incorporar-se, materializar-se ⊃ desmaterializar-se ❑ *pron.* 6 humilhar-se

bai.xa.ri.a *s.f. infrm.* pessoa, coisa, ação desagradável, grosseira

bai.xe.la *s.f.* conjunto de travessas, pratos, talheres etc. de metal

bai.xe.za \ê\ *s.f.* 1 característica ou estado do que é baixo ou está embaixo ⊃ grandeza 2 *fig.* falta de dignidade ⊃ nobreza

bai.xi.o *s.m.* banco de areia ou rochedo à flor da água

bai.xis.ta *adj.2g.s.2g.* que(m) toca contrabaixo

bai.xo *adj.* 1 de pouca estatura 2 de nível inferior ao normal ⟨*o rio está b.*⟩ 3 que está a pouca altura do solo ⟨*voo b.*⟩ ⊃ alto 4 grosseiro, mal-educado ⊃ nobre 5 mais próximo no tempo ⟨*b. Idade Média*⟩ ■ *s.m.* 6 MÚS voz masculina de registro mais grave 7 cantor com essa voz ⊃ agudo 8 contrabaixo 9 parte inferior de algo ⊃ superior ■ *adj.2g.* 10 que tem registro grave (diz-se de cantor ou instrumento) ⟨*flauta b., sax b.*⟩ ⊃

agudo ■ *adv.* **11** a pouca altura do solo **12** com pouco volume ⟨*falem b.*⟩ ⮌ forte **13** em tom grave ⮌ agudo ▼ *baixos s.m.pl.* **14** depressões de terreno

bai.xo-as.tral [pl.: *baixos-astrais* (subst.); *baixo-astrais* (adj.)] *adj.2g.s.2g. infrm.* (o) que é desagradável, deprimente etc. ⮌ alto-astral

bai.xo-la.tim [pl.: *baixos-latins*] *s.m.* latim da Idade Média, us. esp. como língua escrita

bai.xo-re.le.vo [pl.: *baixos-relevos*] *s.m.* figura esculpida com pouco relevo em relação ao fundo ☞ cf. *alto-relevo*

bai.xo.te *adj.s.m. pej.* que(m) é muito baixo

bai.xo-ven.tre [pl.: *baixos-ventres*] *s.m.* parte inferior do abdome

ba.jou.jar *v.* {mod. 1} *t.d.* **1** bajular **2** cobrir de carinho; acariciar

ba.ju.lar *v.* {mod. 1} *t.d.* lisonjear para obter vantagens; adular ⮌ agredir ~ **bajulação** *s.f.* - **bajulador** *adj.s.m.*

ba.la *s.f.* **1** projétil de arma de fogo **2** guloseima doce de tamanho pequeno e consistência variada ⊙ GRAM/USO aum. irreg.: *balaço, balázio* ⊡ **b. na agulha** *loc.subst.* dinheiro

ba.la.ço *s.m.* **1** bala grande **2** *infrm.* tiro de bala

ba.la.da *s.f.* **1** poema narrativo popular, acompanhado ou não de música **2** canção romântica em ritmo lento

ba.lai.o *s.m.* cesto grande para guardar ou transportar objetos

ba.la.lai.ca *s.f.* instrumento russo de três cordas, braço com trastes e caixa triangular

ba.lan.ça *s.f.* **1** aparelho us. para pesar **2** o signo de Libra ☞ inicial maiúsc. ⊡ **b. comercial** *loc.subst.* registro do saldo entre exportações e importações

ba.lan.çar *v.* {mod. 1} *t.d.,int. e pron.* **1** mover(-se) de um lado para outro ⮌ imobilizar ☐ *t.d.i.* **2** (prep. *com*) compensar, equilibrar ⮌ desequilibrar ☐ *t.d.* **3** *fig.* causar abalo a; comover, afetar ⟨*o acidente balançou-o*⟩ ⮌ estabilizar ☐ *t.i.* **4** (prep. *entre, em*) ficar indeciso; hesitar ⮌ decidir

ba.lan.cê *s.m.* passo de quadrilha em que a pessoa desloca o peso do corpo de um pé para o outro, sem sair do lugar

ba.lan.ce.a.do *adj.* **1** que se balanceou **2** que tem elementos nutritivos equilibrados ⟨*dieta b.*⟩ ■ *s.m.* **3** ginga, movimento

ba.lan.ce.ar *v.* {mod. 5} *t.d.,int. e pron.* **1** mover(-se) de um lado para outro ☐ *t.d.i.* **2** (prep. *com*) compensar, equilibrar ☐ *t.i.* **3** (prep. *em, entre*) hesitar, vacilar ☐ *t.d.* **4** equilibrar (as rodas de um veículo) para garantir estabilidade ~ **balanceamento** *s.m.*

ba.lan.ce.te \ê\ *s.m.* **1** levantamento parcial das despesas e receitas de uma firma, condomínio etc. **2** *fig.* avaliação; estimativa de valor

ba.lan.cim *s.m.* **1** dispositivo oscilatório que transmite movimento a outras peças **2** prensa us. para impressão em relevo **3** órgão de equilíbrio localizado em cada lado do tórax dos insetos dípteros

ba.lan.ço *s.m.* **1** oscilação de um corpo ⮌ imobilidade **2** verificação de receita e despesa de uma empresa etc. **3** *fig.* análise; exame profundo ⟨*fez um b. de seus atos*⟩ **4** assento suspenso por correntes, cordas etc., us. para balançar-se

ba.lan.gan.dã *s.m.* enfeite pendente; berloque

ba.lão [pl.: *-ões*] *s.m.* **1** aeronave cheia de ar quente ou gás mais leve que o ar **2** objeto de papel fino inflado pelo ar aquecido por buchas acesas **3** bola de encher **4** *B* local para retorno em estradas, vias etc. **5** espaço para diálogos nas histórias em quadrinhos ⊡ **b. dirigível** *loc.subst.* dirigível

ba.lão de en.sai.o [pl.: *balões de ensaio*] *s.m.* **1** pequeno balão que verifica a direção do vento **2** recipiente esférico de vidro com gargalo estreito us. em laboratórios químicos **3** *fig.* experiência, tentativa

ba.lão-son.da [pl.: *balões-sonda* e *balões-sondas*] *s.m.* balão de observação meteorológica

ba.lar *v.* {mod. 1} *int.* balir ⊙ GRAM/USO só us. nas 3as p., exceto quando fig.

ba.la.ta *s.f.* **1** árvore de madeira resistente de que se extrai o látex **2** o látex dessa árvore, us. como isolante e na fabricação de correias de transmissão

ba.la.us.tra.da *s.f.* **1** série de balaústres que forma um parapeito **2** *p.ext.* corrimão, grade de apoio ou parapeito

ba.la.ús.tre *s.m.* **1** pequena coluna de sustentação **2** haste em transportes coletivos para auxiliar o embarque e desembarque de passageiros

bal.bu.ci.ar *v.* {mod. 1} *t.d. e int.* **1** pronunciar gaguejando **2** emitir sons sem sentido **3** *fig.* falar (sobre algo) sem conhecimento ~ **balbuciação** *s.f.* - **balbuciante** *adj.2g.* - **balbucio** *s.m.*

bal.búr.dia *s.f.* **1** algazarra ⮌ silêncio **2** situação confusa ⮌ ordem ~ **balburdiar** *v.t.d.*

bal.ca.ni.zar *v.* {mod. 1} *t.d.* **1** dividir (região, país etc.) em estados menores **2** *p.ext.* subdividir, dispersar ~ **balcanização** *s.f.*

bal.cão [pl.: *-ões*] *s.m.* **1** varanda, sacada **2** móvel comprido para atender público ou expor mercadorias **3** setor da plateia entre os camarotes e as galerias

bal.co.nis.ta *adj.2g.s.2g.* que(m) atende fregueses em estabelecimentos comerciais; vendedor

bal.da *s.f.* **1** mania ou hábito **2** carta sem valor para o jogo ou o parceiro

bal.da.quim ou **bal.da.qui.no** *s.m.* tipo de cobertura com cortinas, apoiada em colunas, us. sobre altares, tronos etc.

bal.dar *v.* {mod. 1} *t.d. e pron.* tornar(-se) inútil; frustrar(-se), anular(-se) ⮌ ajudar, funcionar

bal.de *s.m.* **1** recipiente com alça, us. para tirar ou carregar líquidos, areia etc. **2** *p.ext.* qualquer recipiente com esse formato ⟨*comprou um b. de pipoca*⟩

bal.de.ar *v.* {mod. 5} *t.d.,t.d.i. e int.* **1** (prep. *para*) transferir (alguém ou algo) de um veículo (para outro) ⮌ manter ☐ *t.d.i. e pron. p.ext.* **2** (prep. *para*) transferir(se), deslocar(-se) ⮌ manter(-se) **3** tirar (algo) com balde **4** molhar ou lavar com balde ~ **baldeação** *s.f.*

bal.di.o *adj.* **1** sem cultivo ⟨*terreno b.*⟩ ⊃ cultivado **2** que não vale a pena; inútil ⟨*esperanças b.*⟩ ⊃ útil

ba.lé *s.m.* **1** dança, música e dramatização conjuntas; bailado **2** peça musical para execução dessa dança **3** grupo profissional de bailarinos ⟨*o b. Stagium*⟩ **4** coreografia **5** *fig.* qualquer coisa em movimento que lembre um balé ⟨*o b. das águas*⟩

ba.le.ar *v.* {mod. 5} *t.d.* ferir ou matar com bala de arma de fogo

ba.le.ei.ra *s.f.* embarcação pequena us. para salvamento, desembarque e baldeação

ba.le.ei.ro *adj.s.m.* **1** que(m) pesca baleias ■ *s.m.* **2** navio-baleeiro

ba.lei.a *s.f.* **1** nome comum a várias espécies de grandes mamíferos cetáceos marinhos ☞ cf. *caxaréu* **2** *p.ext. pej.* pessoa muito gorda ⊙ COL baleal ⊙ VOZ v.: *bufar*

ba.lei.ro *s.m.* **1** vendedor ambulante de balas, doces etc. **2** pote para balas, doces etc.

ba.le.la *s.f.* boato; mentira

ba.le.o.te *s.m.* baleia de até 10 m, com cabeça quase triangular, corpo cinza e nadadeira peitoral com uma grande mancha branca

ba.li.do *s.m.* **1** som emitido por ovelha ou por cordeiro **2** *fig.* reclamação dos paroquianos contra o pároco

ba.lir *v.* {mod. 24} *int.* berrar (ovelha ou cordeiro) ⊙ GRAM/USO só us. nas 3as p., exceto quando fig.

ba.lís.ti.ca *s.f.* estudo da trajetória dos projéteis, esp. os disparados por armas de fogo ~ **balístico** *adj.*

ba.li.za *s.f.* **1** marco delimitador **2** estaca ou cone us. em cursos e provas de direção de automóveis **3** ponto de referência para navegação (boia, farol, torre etc.) ■ *s.2g.* **4** quem abre desfiles manejando um bastão

ba.li.zar *v.* {mod. 1} *t.d.* **1** marcar com balizas; delimitar ⊃ desbalizar **2** determinar a grandeza de; medir ❑ *t.d.i.* **3** (prep. *de*) distinguir, separar ~ **balizagem** *s.f.* - **balizamento** *s.m.*

bal.ne.ar *adj.2g.* relativo a banho ou próprio para banhos; balneário

bal.ne.á.rio *adj.* **1** relativo a banho; balnear ■ *s.m.* **2** estância de águas medicinais ou minerais **3** *p.ext.* local público destinado a banhos, us. para descanso e lazer **4** edifício construído para banhos, com banheiras, duchas, piscinas

ba.lo.ei.ro *s.m.* quem faz ou solta balões

ba.lo.fo \ô\ *adj.* **1** muito volumoso em relação ao peso ⟨*almofada b.*⟩ ⊃ minguado **2** muito gordo ⊃ magro **3** fofo, de consistência leve ⟨*bolo b.*⟩ ⊃ denso ■ *s.m.* **4** pessoa gorda ⊃ magro ~ **balofice** *s.f.*

ba.lo.nis.mo *s.m.* passatempo ou técnica de soltar balões ou esporte de neles voar ~ **balonista** *adj.2g.s.2g.*

ba.lou.çar *v.* {mod. 1} *t.d.,int. e pron.* mover(-se) de um lado para outro; balançar(-se) ⊃ parar

bal.sa *s.f.* **1** transporte flutuante para curtas distâncias **2** embarcação que atravessa veículos e pessoas em rios sem ponte ~ **balsear** *v.t.d. e int.*

bal.sa.mar *v.* {mod. 1} *t.d.* **1** destilar bálsamo em **2** perfumar, aromatizar **3** *fig.* tornar mais ameno ou suave; aliviar ⟨*b. o sofrimento*⟩

bal.sa.mi.zar *v.* {mod. 1} *t.d.* balsamar

bál.sa.mo *s.m.* **1** resina aromática de certas plantas us. em perfumaria e farmácia **2** *p.ext.* infusão caseira com que se friccionam partes doloridas do corpo **3** aroma agradável ⊃ fedor **4** alívio ⟨*viver aqui é um b.*⟩ ~ **balsâmico** *adj.s.m.*

ba.lu.ar.te *s.m.* **1** fortaleza, bastião **2** *p.ext.* local totalmente seguro **3** alicerce, base ⟨*b. da civilização*⟩

bal.za.qui.a.no *adj.* **1** referente ao escritor francês Honoré de Balzac ou à sua obra ■ *adj.s.m.* **2** *p.ext.* que(m) tem 30 ou mais anos de idade

bam.ba *adj.2g.s.2g. infrm.* **1** que(m) é valentão **2** *fig.* que(m) domina um assunto; bambambã ⟨*ele é b. em física*⟩ ⊃ aprendiz

bam.bam.bã *adj.2g.s.2g.* bamba

bam.be.ar *v.* {mod. 5} *t.d. e int.* **1** tornar(-se) bambo; afrouxar(-se) ⊃ esticar(-se) ❑ *int.* **2** hesitar, vacilar ⊃ decidir-se ~ **bambeio** *s.m.*

bâm.bi *s.m.* **1** filhote de gazela ou corça **2** bovídeo africano de até 1,15 m, de pelo cinza ou amarelado e chifres curtos

bam.bi.ne.la *s.f.* cortina franjada dividida em duas partes erguidas e presas dos lados

bam.bo *adj.* **1** que não está esticado ⟨*corda b.*⟩ ⊃ esticado **2** pouco firme, instável ⟨*dente b., cadeira b.*⟩ ⊃ estável

bam.bo.cha.ta *s.f.* **1** gênero de pintura que representa festas e cenas populares ou burlescas **2** *p.ext.* orgia, pândega

bam.bo.lê *s.m.* aro, us. como brinquedo, que se faz girar em torno do corpo

bam.bo.le.ar *v.* {mod. 5} *t.d.,int. e pron.* **1** mover(-se), balançando (quadris, corpo); gingar(-se) ❑ *int.p.ext.* **2** tremular, tremer ~ **bamboleio** *s.m.*

bam.bu *s.m.* planta de caule oco us. para ornamento, divisão de terrenos, mobília, cestaria etc. ⊙ COL bambual, bambuzal ~ **bambuada** *s.f.*

bam.bur.rar *v.* {mod. 1} *int.* **1** ter sorte no garimpo **2** *p.ext.* enriquecer de repente

bam.búr.rio *s.m.infrm.* **1** descoberta casual de ouro ou pedras preciosas **2** *p.ext.* fortuna súbita **3** sorte em jogo

ba.nal *adj.2g.* sem originalidade; vulgar, corriqueiro ⊃ incomum, sofisticado

ba.na.li.da.de *s.f.* condição ou atributo do que é banal; insignificância, trivialidade

ba.na.li.zar *v.* {mod. 1} *t.d. e pron.* tornar(-se) banal, comum; vulgarizar(-se) ⊃ singularizar(-se) ~ **banalização** *s.f.*

ba.na.na *s.f.* **1** fruta tropical sem sementes, rica em amido e potássio, alongada, recurvada, de casca amarela **2** *B infrm.* gesto ofensivo em que se apoia a mão na dobra do outro braço, mantendo-o erguido e de punho fechado ■ *adj.2g.s.2g.* **3** *infrm.* que(m) é covarde ⊃ corajoso **4** *infrm.* que(m) não tem iniciativa ⮌ ativo ▣ **b. de dinamite** *loc.subst.* dinamite embalada em cartucho cilíndrico, fino e alongado

ba.na.na.da *s.f.* 1 grande quantidade de bananas 2 doce de banana

ba.na.na-d'á.gua [pl.: *bananas-d'água*] *s.f.* banana comprida de polpa amarela e doce

ba.na.na-da-ter.ra [pl.: *bananas-da-terra*] *s.f.* banana grande, de casca espessa, que se come cozida

ba.na.na-ma.çã [pl.: *bananas-maçã* e *bananas-maçãs*] *s.f.* banana de casca fina e polpa esbranquiçada que, mesmo madura, tem muita cica

ba.na.na-na.ni.ca [pl.: *bananas-nanicas*] *s.f.* banana muito pequena de casca fina, polpa amarela e doce; banana-ouro

ba.na.na-ou.ro [pl.: *bananas-ouro*] *s.f.* banana-nanica

ba.na.na-são-to.mé [pl.: *bananas-são-tomé*] *s.f.* banana muito doce que se come assada ou frita

ba.na.nei.ra *s.f.* planta que produz a banana ⊙ COL bananal, bananeiral, pacobal, pacoval ▣ **ser b. que (já) deu cacho** *fraseol. infrm.* ser decadente • **plantar b.** *loc.vs.* ficar de cabeça para baixo, apoiando-se nas mãos

ba.na.nei.ro *adj.* 1 relacionado a banana ■ *s.m.* 2 quem cultiva e/ou comercializa bananas

ba.na.ni.cul.tu.ra *s.f.* plantação de bananeiras com fins comerciais ou industriais ~ **bananicultor** *adj.s.m.*

ba.na.no.sa *s.f. infrm.* situação muito complicada

ban.ca *s.f.* 1 grande mesa rústica 2 grupo de examinadores 3 escritório de advocacia 4 conjunto de bancos ou banqueiros 5 *p.ext.* em jogos de azar, fundo de apostas destinado a pagar aos jogadores 6 local de venda de jornais e revistas 7 *infrm.* pose ▣ **pôr** ou **botar b.** *loc.vs. infrm.* gabar-se

ban.ca.da *s.f.* 1 balcão de trabalho ou apoio 2 representação política de um estado, partido etc.

ban.car *v.* {mod. 1} *t.d. e int.* 1 servir de banqueiro (em jogos de azar) ❑ *t.d.* 2 financiar, custear ⮌ desamparar ❑ *pred. infrm.* 3 fazer-se de; fingir ⟨*b. o conquistador*⟩ ⮌ ser

ban.cá.rio *adj.* 1 relativo a banco ou a funcionário de banco ■ *s.m.* 2 funcionário de banco

ban.car.ro.ta \ô\ *s.f.* falência ⮌ enriquecimento ~ bancarrotear *v.int.*

ban.co *s.m.* 1 assento sem encosto 2 instituição financeira 3 local onde algo é guardado para utilização futura ⟨*b. de leite*⟩ ▣ **b. central** *loc.subst.* instituição estatal que emite moeda e fiscaliza o sistema bancário • **b. de areia** *loc.subst.* elevação do fundo do mar ou de curso de água • **b. de dados** *loc.subst.* conjunto de informações armazenadas em sistemas de processamento de dados • **b. de reservas** *loc.subst.* 1 assento em que ficam os reservas de uma equipe durante a partida 2 conjunto dos jogadores reservas à disposição do técnico • **b. eletrônico** *loc.subst.* banco que tem suas operações realizadas por meios eletrônicos, pela internet

[1]**ban.da** *s.f.* 1 grupo de seres ou coisas 2 conjunto de música popular 3 parte lateral; lado ⟨*pulou de uma b. para outra*⟩ 4 metade de algo ⟨*comi só uma b. da maçã*⟩ ⮌ unidade 5 *RJ* rasteira aplicada de pé ⟨*dar uma b.*⟩ ⟨*levar uma b.*⟩ ▼ ***bandas*** *s.f.pl.* 6 lugar; local 7 direção; lado(s) [ORIGEM: fr. *bande* 'tropa'] ▣ **b. de música** *loc.subst.* conjunto de instrumentos de sopro e percussão ☞ tb. se diz apenas *banda* • **b. podre** *loc.subst. B pej.* parcela ruim de uma coletividade

[2]**ban.da** *s.f.* 1 tira de tecido; barra 2 cinta dos oficiais do exército 3 faixa ou listra larga [ORIGEM: fr. *bande* / *bende* (ant.) 'faixa, tira'] ▣ **b. larga** *loc.subst.* em telecomunicações, ampla faixa de frequências disponível para transmitir informações

ban.da.gem *s.f.* 1 faixa de gaze ou outro tecido us. como curativo ou para sustentar um órgão 2 tecido de algodão macio e com trama aberta

band-aid [ing.; pl.: *band-aids*] *s.m.* pequeno curativo adesivo ☞ marca registrada (*Band-Aid*) que passou a designar o seu gênero ⇨ pronuncia-se **bandêid**

ban.da.lha *s.f. RJ* 1 bandalheira 2 corja ~ **bandalhice** *s.f.*

ban.da.lhei.ra *s.f. B pej.* 1 atitude de bandalho; indignidade 2 negócio ilícito; roubalheira ⮌ honestidade

ban.da.lho *s.m.* 1 indivíduo maltrapilho 2 pessoa sem dignidade

ban.da.ri.lha *s.f.* haste enfeitada que o toureiro crava no touro ~ **bandarilheiro** *s.m.*

ban.de.ar *v.* {mod. 5} *t.d.,int. e pron.* 1 juntar(-se) em bando ❑ *int. e pron.* 2 mudar de opinião ou ligar-se a outro partido, grupo ❑ *t.d.* 3 inclinar para o lado ⟨*b. a gola da blusa*⟩ 4 balançar, agitar ⟨*b. o lenço*⟩ ⮌ parar ❑ *t.i.* 5 (prep. *entre*) hesitar, vacilar ⮌ decidir ~ **bandeamento** *s.m.*

ban.dei.ra *s.f.* 1 pano com cores e/ou desenhos que simbolizam uma nação, partido etc.; estandarte, lábaro, pavilhão, pendão 2 pedaço de pano usado para transmitir mensagens codificadas 3 lema; ideal 4 dispositivo no taxímetro que marca o início da corrida 5 no Brasil colonial, expedição pelo interior do país para capturar indígenas e descobrir novas jazidas minerais ⊙ GRAM/USO dim. irreg.: *bandeirola* ▣ **dar b.** *loc.vs. infrm.* 1 *gír.* deixar transparecer que está sob efeito de drogas 2 *p.ext.* deixar escapar algo que deveria ser ocultado • **b. branca** *loc.subst.* pano branco com que se acena ao inimigo o desejo de cessar o combate • **b. a meio pau** *loc.subst.* aquela içada até a metade do mastro em sinal de luto

ban.dei.ra.da *s.f.* 1 sinal dado com uma bandeira 2 valor mínimo em corrida de táxi

ban.dei.ran.te *s.m.* 1 homem que tomava parte de uma bandeira ('expedição') ■ *s.f.* 2 menina ou moça que se dedica ao bandeirantismo ■ *adj.2g.s.2g.* 3 pioneiro, desbravador 4 paulista ■ *adj.2g.* 5 próprio de bandeirante 6 relativo ao bandeirantismo

ban.dei.ran.tis.mo *s.m.* variação feminina do escotismo

ban.dei.ri.nha *s.2g.* **1** auxiliar de arbitragem em futebol ■ *s.f.* **2** pequena bandeira; bandeirola **3** cada uma das bandeirolas presas em um barbante us. para enfeitar festas juninas, quermesses etc.

ban.dei.ro.la *s.f.* pequena bandeira ⊙ GRAM/USO dim.irreg. de *bandeira*

ban.dei.ro.so \ô\ [pl.: *bandeirosos \ó*] *adj. gír.* que revela o que devia ser ocultado; que dá bandeira ⊃ discreto

ban.de.ja \ê\ *s.f.* recipiente raso usado para apoiar e transportar objetos ⊡ **dar de b.** *loc.vs.* revelar ou entregar espontaneamente

ban.di.do *s.m.* **1** indivíduo que pratica crimes; assaltante, malfeitor ⊃ benfeitor **2** pessoa de mau caráter ⊃ honrado ■ *adj.* **3** que tem características de bandido **4** cruel, infeliz ⟨*vida b.*⟩ ⟨*amor b.*⟩ ⊙ COL bandidagem, bando, quadrilha

ban.di.tis.mo *s.m.* **1** modo de vida de bandido **2** criminalidade

ban.do *s.m.* **1** grupo de pessoas ou animais **2** grupo de bandidos

ban.dô *s.m.* peça decorativa que oculta o trilho das cortinas

ban.do.lei.ra *s.f.* correia us. a tiracolo para prender arma de fogo

ban.do.lei.ro *s.m.* **1** *infrm.* bandido **2** cangaceiro **3** *infrm.* trapaceiro ■ *adj.* **4** inconstante no amor **5** sem destino certo; errante **6** sem ocupação; vadio

ban.do.lim *s.m.* instrumento de quatro cordas duplas tocado com palheta ~ **bandolinista** *adj.2g.s.2g.*

ban.du.lho *s.m. pej.* barriga volumosa; pança

ban.ga.lô *s.m.* casa, ger. de madeira, com varandas e estilo campestre

ban.guê \gü\ *s.m.* **1** padiola para carregar diferentes objetos, como material de construção, bagaço de cana etc. **2** *B* padiola us. para transportar o cadáver dos escravos **3** engenho de açúcar primitivo, movido por animal

ban.gue-ban.gue [pl.: *bangue-bangues*] *s.m.* **1** faroeste ('filme ou livro') **2** troca de tiros; tiroteio

ban.gue.la *adj.2g.s.2g.* que(m) tem falta de um ou mais dentes da frente; desdentado ⊡ **na b.** *loc.adv. infrm.* em ponto morto ⟨*desceu a ladeira na b.*⟩

ba.nha *s.f.* **1** gordura animal, esp. a de porco **2** gordura localizada ⊃ magreza

ba.nha.do *s.m. B S.* pântano raso coberto de vegetação

ba.nhar *v.* {mod. 1} *t.d. e pron.* **1** dar ou tomar banho; lavar(-se) ⊃ sujar ❑ *t.d.* **2** molhar; umedecer ⊃ secar **3** passar em ou junto de; correr por ⟨*o rio banha a vila*⟩ ❑ *t.d.i.* **4** (prep. *em*) mergulhar (algo) [em água ou outro líquido]

ba.nhei.ra *s.f.* **1** grande cuba us. para lavar o corpo **2** *p.ext.* recipiente us. para banho de imersão **3** *infrm.* em futebol, impedimento

ba.nhei.ro *s.m.* **1** local público ou privado com vaso sanitário; toalete **2** cômodo para banho, equipado com banheira e/ou chuveiro

ba.nhis.ta *s.2g.* **1** quem está em traje de banho numa praia, piscina etc. **2** *B* salva-vidas ('nadador')

ba.nho *s.m.* **1** imersão de algo em um líquido, para lavar, higienizar, refrescar ⟨*b. de chuveiro*⟩ **2** o líquido us. para esse fim ⟨*b. quente*⟩ **3** exposição a raios, vapores etc. **4** solução us. para tingir tecidos **5** *fig. infrm.* vitória com grande diferença de pontos ▼ *banhos s.m.pl.* **6** balneário

ba.nho-ma.ri.a [pl.: *banhos-maria* e *banhos-marias*] *s.m.* recurso de mergulhar em água fervente o recipiente que contém o que se quer aquecer ⊡ **cozinhar em b.** *loc.vs.* protelar, adiar

ba.ni.do *adj.s.m.* **1** que(m) foi condenado ao exílio **2** *p.ext.* que(m) foi expulso

ba.nir *v.* {mod. 24} *t.d.* **1** mandar embora de um lugar, esp. da pátria; desterrar ⊃ repatriar **2** expulsar, excluir ⟨*b. do clube um associado*⟩ ⊃ readmitir ☞ *do clube* é circunstância que funciona como complemento **3** pôr de lado; afastar ⟨*b. o medo*⟩ ⊃ atrair **4** eliminar, abolir ⟨*b. uma norma*⟩ ⊃ reintegrar ⊙ GRAM/USO verbo defectivo ~ **banimento** *s.m.*

ban.jo *s.m.* instrumento de cordas cujo corpo se assemelha a um pandeiro ~ **banjoísta** *adj.2g.s.2g.*

ban.quei.ro *s.m.* **1** quem dirige ou é proprietário de um banco **2** quem controla as apostas em jogos de azar

ban.que.ta \ê\ *s.f.* **1** pequeno banco **2** pequena banca ou mesa

ban.que.te \ê\ *s.m.* **1** refeição solene para muitos convidados **2** refeição farta e refinada

ban.que.te.ar *v.* {mod. 5} *t.d.* **1** oferecer banquete a, ou em honra de ❑ *pron.* **2** (prep. *de, em*) participar de banquete **3** (prep. *de, com*) comer muito bem

ban.to *s.m.* **1** grupo de línguas faladas em extensa área africana, da atual Cabinda até a África do Sul ■ *adj.s.m.* **2** (indivíduo) dos bantos, povos negroides africanos falantes de qualquer dessas línguas **3** (indivíduo desse grupo) trazido como escravo para o Brasil

ban.zar *v.* {mod. 1} *t.d.* **1** causar surpresa a; pasmar ❑ *int.* **2** ficar pensativo; refletir

ban.zé *s.m.* **1** *infrm.* confusão, tumulto ⊃ calmaria **2** *infrm.* gritaria, algazarra ⊃ silêncio

ban.zo *s.m.* **1** nostalgia profunda que acometia negros africanos escravizados no Brasil ■ *adj.* **2** *p.ext.* abatido, triste

ba.o.bá *s.m.* árvore de tronco muito largo, originária da África, cujos frutos, flores e sementes são comestíveis e possuem usos medicinais

ba.que *s.m.* **1** som de um corpo ao cair ou ao bater em outro **2** queda **3** contratempo ⊃ sorte

ba.que.ar *v.* {mod. 5} *int.* **1** tombar de repente, vir abaixo; desabar ⊃ levantar-se **2** *fig.* falir ⊃ prosperar ❑ *t.d. fig.* **3** enfraquecer, debilitar ⟨*o câncer baqueou-o*⟩ ⊃ fortalecer ❑ *t.d. e int. fig.* **4** abater(-se), abalar(-se) ⟨*o acidente baqueou-o*⟩ ⟨*b. diante de alguém*⟩ ⊃ animar(-se)

ba.que.ta \ê\ *s.f.* vareta de madeira us. em instrumentos de percussão

bar *s.m.* **1** balcão em que se vendem bebidas e petiscos; botequim **2** móvel no qual se guardam garrafas de bebida

ba.ra.ço *s.m.* **1** corda fina **2** corda usada para enforcar

ba.ra.fun.da *s.f.* situação confusa; bagunça, tumulto ⮌ tranquilidade

ba.ra.fus.tar *v.* {mod. 1} *int. e pron.* **1** entrar com violência ou rapidez ⟨*b.(-se) pelo bosque atrás do filho*⟩ ☞ *pelo bosque* é circunstância que funciona como complemento ❑ *int.* **2** espernear, debater-se ⮌ aquietar-se **3** esforçar-se (por algo) ⟨*b. por um emprego*⟩ ⮌ acomodar-se

ba.ra.lha.da *s.f.* confusão; barafunda ⮌ tranquilidade

ba.ra.lhar *v.* {mod. 1} *t.d. e pron.* embaralhar ~ **baralhador** *adj.s.m.* - **baralhamento** *s.m.*

ba.ra.lho *s.m.* conjunto de cartas de jogo

ba.ran.ga *adj.2g. pej.* **1** de baixa qualidade ■ *s.f. pej.* **2** mulher feia ou deselegante

ba.rão [pl.: *-ões*; fem.: *baronesa*] *s.m.* **1** homem com título de nobreza abaixo de visconde **2** *p.ext.* magnata

ba.ra.ta *s.f.* nome comum a insetos de corpo achatado e oval, ger. de hábitos noturnos e domésticos ⊡ **b. tonta** *loc.subst.* pessoa desnorteada

ba.ra.ta-cas.cu.da [pl.: *baratas-cascudas*] *s.f.* barata de hábitos domésticos que chega a medir 45 mm

ba.ra.te.ar *v.* {mod. 5} *t.d. e int.* **1** diminuir de preço; baixar ⮌ encarecer ❑ *t.d. e pron.* **2** dar(-se) pouco valor; depreciar(-se) ⮌ valorizar(-se) ❑ *t.d.* **3** pechinchar ~ **barateamento** *s.m.* - **barateio** *s.m.*

ba.ra.tei.ro *adj.* que cobra preços baixos

ba.ra.ti.nar *v.* {mod. 1} *t.d. e pron.* (fazer) perder a serenidade, o controle; desnortear(-se)

ba.ra.to *adj.* **1** de baixo custo ⮌ caro **2** sem qualidade ⮌ superior **3** vulgar ⮌ fino ■ *s.m.* **4** *infrm.* o que proporciona prazer **5** *infrm.* o que está na moda **6** *infrm.* sensação provocada pelo uso de droga ■ *adv.* **7** por preço baixo (tb. fig.) ⟨*comprou b. a bicicleta*⟩ ~ **barateza** *s.f.*

bá.ra.tro *s.m.* **1** abismo **2** *fig.* inferno

bar.ba *s.f.* **1** pelos que nascem nas faces do homem **2** fios do focinho ou bico de certos animais **3** arestas de madeira serrada ou papel aparado ⊡ **nas b. de** *loc.adv.* na presença de

bar.ba-a.zul [pl.: *barbas-azuis*] *s.m.* **1** homem que ficou viúvo várias vezes **2** conquistador de mulheres

bar.ba.da *s.f.* **1** lábio inferior do cavalo **2** cavalo favorito no páreo **3** *infrm.* competição, tarefa etc. supostamente fácil de ganhar

bar.ba.do *adj.s.m.* **1** que(m) usa barba ou está com a barba por fazer ⮌ desbarbado ■ *s.m. infrm.* **2** homem adulto ⮌ menino

bar.ban.te *s.m.* cordão fino

bar.ba.ri.da.de *s.f.* **1** selvageria, crueldade ⮌ humanidade **2** absurdo, tolice ⮌ harmonia **3** erro grosseiro de linguagem ou escrita; barbarismo ■ *interj.* **4** exclamação de espanto, admiração

bar.bá.rie *s.f.* qualidade ou estado de bárbaro; selvageria ⮌ bondade

bar.ba.ris.mo *s.m.* **1** barbárie **2** erro de pronúncia ou gramatical etc.

bar.ba.ri.zar *v.* {mod. 1} *t.d. e pron.* **1** tornar(-se) bárbaro, rude; embrutecer(-se) ⮌ civilizar(-se), polir(-se) ❑ *int.* **2** *infrm.* ter bom desempenho ⮌ fracassar **3** cometer barbarismo ('erro')

bár.ba.ro *adj.s.m.* **1** (indivíduo) dos povos invasores do Império Romano; estrangeiro **2** que(m) é rude, grosseiro ⮌ educado **3** que(m) é cruel, desumano ⮌ bondoso ■ *adj. infrm.* **4** que é muito bom ⟨*uma viagem b.*⟩ ⟨*um amigo b.*⟩ **5** que é impróprio, incorreto ⟨*estilo b.*⟩ ■ *interj.* **6** exprime admiração, espanto ~ **barbaresco** *adj.* - **barbaria** *s.f.*

bar.ba.ta.na *s.f.* **1** dobra cutânea externa de peixes e de certos animais marinhos **2** haste flexível us. na armação de certas peças do vestuário

bar.be.a.dor \ô\ *s.m.* aparelho de barbear

bar.be.ar *v.* {mod. 5} *t.d. e pron.* fazer a barba (de)

bar.be.a.ri.a *s.f.* salão ou loja de barbeiro

bar.bei.ra.da *s.f. infrm.* barbeiragem

bar.bei.ra.gem *s.f. infrm.* imperícia, ação descuidada ⟨*b. no trânsito*⟩ ⮌ habilidade

bar.bei.ro *s.m.* **1** indivíduo que barbeia por profissão **2** barbearia **3** inseto transmissor da doença de Chagas ■ *adj.s.m.* **4** profissional descuidado ⮌ cuidadoso

bar.be.la *s.f.* **1** pelanca sob o pescoço de ruminantes e lagartos ou sob o bico de certas aves **2** papada

bar.bi.cha *s.f.* **1** barba curta e rala **2** a barba do bode

bar.bi.lhão [pl.: *-ões*] *s.m.* **1** filamento sensitivo desenvolvido nos maxilares de certos peixes **2** barbela

bar.bi.lho *s.m.* **1** tipo de focinheira us. em certos animais para que não comam, mordam ou mamem **2** *infrm.* obstáculo, impedimento

bar.bi.tú.ri.co *s.m.* medicamento de efeito sonífero e calmante

bar.bu.do *adj.s.m.* que(m) tem muita barba

bar.ca *s.f.* embarcação de fundo raso us. para transporte de cargas e passageiros em rios e baías

bar.ca.ça *s.f.* **1** grande barca **2** embarcação de madeira us. para carregar ou descarregar navios **3** *B* local para secagem dos caroços de cacau

bar.ca.ro.la *s.f.* **1** canção dos gondoleiros de Veneza **2** peça musical inspirada nessa canção **3** gênero de poesia

bar.co *s.m.* qualquer embarcação miúda

bar.do *s.m.* **1** entre os celtas e gauleses, compositor ou declamador de poemas épicos **2** *p.ext.* qualquer poeta, trovador

bar.ga.nha *s.f.* **1** *infrm.* transferência mútua de coisas, ger. de pouco valor, entre seus respectivos donos; troca **2** *pej.* troca de favores e/ou privilégios de forma pouco ética, esp. em política **3** negócio conseguido por meio de trama ardilosa **4** algo cujo preço é muito baixo; pechincha

bar.ga.nhar *v.* {mod. 1} *t.d. e int.* **1** pedir redução no preço (de); pechinchar ❑ *t.d. e t.d.i.* **2** (prep. *por*) negociar por troca ↄ destrocar ~ **barganhista** *adj.2g.s.2g.*

bá.rio *s.m.* elemento químico us. em velas de ignição, tubos de alto vácuo etc. [símb.: *Ba*] ☞ cf. *tabela periódica* (no fim do dicionário)

ba.ris.fe.ra *s.f.* núcleo rígido da Terra ☞ cf. *litosfera* e *pirosfera*

ba.rí.to.no *s.m.* 1 voz masculina de registro entre o tenor e o baixo 2 cantor com essa voz ■ *adj.2g.* 3 que tem esse registro (diz-se de cantor ou instrumento)

bar.la.ven.to *s.m.* 1 direção da qual sopra o vento 2 lado da embarcação que recebe o vento ☞ cf. *sota-vento*

bar mitz.vah [heb.; pl.: *bnei mitzvah*] *loc.subst.* 1 entre os judeus, menino que atinge a maioridade religiosa (ao completar 13 anos) 2 a cerimônia de sua iniciação religiosa ⇨ pronuncia-se bar mitsva

bar.na.bé *s.2g.pej.* funcionário público de baixa hierarquia

ba.rô.me.tro *s.m.* aparelho que mede a pressão atmosférica ~ **barométrico** *adj.*

ba.ro.na.to *s.m.* título de barão

ba.ro.ne.sa \ê\ *s.f.* 1 esposa de barão 2 mulher que recebeu baronato ('título')

bar.quei.ro *s.m.* indivíduo que dirige barco

bar.ra *s.f.* 1 entrada de baía 2 desembocadura, foz 3 borda ou acabamento de vestimenta 4 bainha ('dobra') 5 faixa ('tira') 6 bloco de qualquer substância rígida ⟨*b. de ouro*⟩ ⟨*b. de sabão*⟩ 7 sinal gráfico vertical ou oblíquo 8 peça rígida, comprida e estreita 9 apoio de exercícios de ginástica ou balé com essas características 10 *B infrm.* situação difícil

bar.ra.ca *s.f.* 1 abrigo portátil para acampamento 2 tenda de fácil remoção ⟨*b. de frutas*⟩ 3 guarda-sol

bar.ra.cão [pl.: *-ões*] *s.m.* 1 galpão us. como alojamento, depósito ou oficina 2 barraco

bar.ra.co *s.m.* 1 *B* moradia pobre de acabamento tosco 2 *infrm.* escândalo ⊡ **armar um b.** *loc.vs.* arrumar confusão ↄ manter a calma

bar.ra.cu.da *s.f.* peixe grande cuja carne é considerada tóxica

bar.ra.gem *s.f.* obstáculo artificial que interrompe ou desvia um curso de água; açude, dique, levada, represa

bar.ra-lim.pa [pl.: *barras-limpas*] *adj.2g.s.2g. infrm.* que(m) é confiável ou boa-praça

bar.ran.ca *s.f.* → *BARRANCO*

bar.ran.cei.ra *s.f.* 1 rocha argilosa na beira do rio 2 grande ribanceira de rio

bar.ran.co *s.m.* ou **bar.ran.ca** *s.f.* 1 escavação em terreno provocada pelo homem ou pela natureza 2 margem de rio alta e íngreme 3 obstáculo; dificuldade ↄ facilidade

bar.ra-pe.sa.da [pl.: *barras-pesadas*] *adj.2g.s.2g. infrm.* 1 (pessoa) perigosa ou tida como tal 2 (situação) de difícil solução

bar.ra.quei.ro *adj.s.m.* 1 que(m) possui ou trabalha em barraca 2 que(m) fabrica ou vende barraca

[1]**bar.rar** *v.* {mod. 1} *t.d.* 1 atravessar com barras ⟨*b. uma porta*⟩ 2 adornar com barra(s) ⟨*b. uma saia*⟩ 3 converter em barra(s) ⟨*b. ouro*⟩ 4 *fig.* impedir, proibir ⟨*barrou sua entrada*⟩ ↄ permitir 5 *p.ext. B* não escalar (jogador) [ORIGEM: *barra* + [2]*-ar*]

[2]**bar.rar** *v.* {mod. 1} *t.d.* cobrir, encher ou tapar (algo) usando barro [ORIGEM: *barro* + [2]*-ar*]

[1]**bar.rei.ra** *s.f.* 1 trincheira construída com estacas alinhadas entre si 2 obstáculo, impedimento 3 escarpa sem vegetação à beira de rio 4 deslizamento de terra à margem de estrada 5 posto fiscal de fronteiras para controle de veículos e mercadorias [ORIGEM: *barra* + *-eira*] ⊡ **b. do som** *loc.subst.* resistência do ar a um avião que se aproxima ou atinge a velocidade do som

[2]**bar.rei.ra** *s.f.* local de onde se extrai barro [ORIGEM: *barro* + *-eira*]

bar.rei.ro *s.m.* 1 [2]barreira 2 terreno com salitre aonde vão o gado e os animais silvestres em busca de sal

bar.re.la *s.f.* solução de cinzas vegetais us. para clarear roupa

bar.ren.to *adj.* 1 que contém muito barro 2 da cor do barro

bar.re.ta.da *s.f.* 1 saudação com o barrete ou o chapéu 2 cumprimento exagerado; rapapé

bar.re.te \ê\ *s.m.* 1 espécie de gorro de tecido mole 2 chapéu quadrangular sem aba us. pelos cardeais 3 cavidade do estômago dos ruminantes

bar.ri.ca *s.f.* pequeno tonel de madeira

bar.ri.ca.da *s.f.* trincheira improvisada para obstruir uma passagem

bar.ri.do ou **bar.ri.to** *s.m.* som emitido pelo elefante

bar.ri.ga *s.f.* 1 abdome 2 protuberância na região do abdome 3 *p.ext.* saliência em qualquer superfície ↄ reentrância 4 notícia falsa publicada em jornal ⊡ **b. da perna** *loc.subst.* panturrilha • **chorar de b. cheia** *loc.vs.* lamentar-se sem motivo • **empurrar com a b.** *loc.vs.* adiar a solução de um problema • **pegar b.** *loc.vs.* engravidar

bar.ri.ga.da *s.f.* 1 golpe na ou com a barriga 2 prenhez dos animais 3 *p.ext.* conjunto de filhotes paridos de uma só vez; ninhada

bar.ri.ga-d'á.gua [pl.: *barrigas-d'água*] *s.f.* acúmulo de líquido na cavidade do abdome

bar.ri.ga-ver.de [pl.: *barrigas-verdes*] *adj.2g.s.2g. infrm.* catarinense

bar.ri.gu.do *adj.s.m.* que(m) tem barriga grande ↄ desembarrigado

bar.ril *s.m.* tonel ⊙ GRAM/USO dim.irreg.: *barrilete*

bar.ri.le.te \ê\ *s.m.* pequeno barril

bar.ri.lha *s.f.* nome comercial dos carbonatos de sódio e de potássio, us. na fabricação de vidro, fibras sintéticas etc.

bar.ri.to *s.m.* → *BARRIDO*

bar.ro *s.m.* 1 terra us. para fazer tijolos, telhas etc.; argila 2 *infrm.* objeto ou escultura desse material ~ **barrear** *v.t.d.* - **barroso** *adj.*

bar.ro.ca *s.f.*1 buraco formado por enxurrada; barranco 2 precipício

bar.ro.co \ô\ *s.m.*1 estilo artístico que vigorou entre os séculos XVII e XVIII caracterizado pela abundância de ornamentos, linhas curvas e expressões de movimento ☞inicial maiúsc. ■ *adj.*2 que pertence ou se assemelha a esse estilo 3 extravagante, excêntrico ↄcomum

bar.ro.quis.mo *s.m.*1 qualidade do que é barroco 2 *pej.* extravagância, exagero

bar.ro.te *s.m.*peça de madeira us. para fixar assoalho, forro etc.

ba.ru.lhen.to *adj.*1 que faz barulho ↄ silencioso 2 em que há barulho ↄtranquilo

ba.ru.lho *s.m.*1 ruído ↄsilêncio 2 algazarra, tumulto ↄtranquilidade 3 revolta, motim 4 alarde ↄdiscrição ~**barulhada** *s.f.* - **barulheira** *s.f.*

ba.sal *adj.2g.*1 relativo à base; básico 2 indicador do patamar mínimo de atividade de um organismo em total repouso

ba.sal.to *s.m.* rocha vulcânica escura ~ **basáltico** *adj.*

bas.ba.que *adj.2g.s.2g.* 1 que(m) se admira à toa 2 que(m) diz tolices 3 tolo; ingênuo ↄesperto ~**basbaquice** *s.f.*

bas.co ou **vas.co** *adj.*1 do País Basco (região entre a França e a Espanha) ■ *s.m.*2 natural ou habitante dessa região 3 a língua basca; vasconço

bás.cu.la *s.f.*1 balança para corpos pesados 2 báscula ('ponte') 3 movimento basculante

bas.cu.lan.te *adj.2g.*1 que sobe e desce com auxílio de um contrapeso ■ *s.m.*2 janela cujos painéis de vidro se abrem girando em seus eixos horizontais ~**bascular** *v.t.d.*

bás.cu.lo *s.m.*1 ponte levadiça 2 peça de metal que gira numa cavilha para abrir ou fechar portas, janelas etc.

ba.se *s.f.*1 aquilo que serve de apoio ou sustentação 2 QUÍM substância que reage com ácidos, formando um sal 3 a parte inferior de alguma coisa ⟨*a b. da montanha*⟩ 4 origem, princípio ⟨*a b. da nova teoria*⟩ 5 central de apoio militar ⟨*b. aérea*⟩ ⟨*b. naval*⟩ 6 primeira camada que cobre uma superfície sobre a qual se aplica(m) outra(s) de acabamento 7 ingrediente principal de uma mistura 8 conjunto de militantes de partido ou sindicato ☞mais us. no pl. 9 em potência matemática, número que fica abaixo do expoente 10 GEOM lado ou face de uma figura geométrica sobre a qual ela se apoia ⊡**b. de dados** *loc.subst.*banco de dados • **b. espacial** *loc.subst.*centro de lançamento de foguetes e satélites • **b. vetorial** *loc.subst.* MAT conjunto de vetores linearmente independentes que gera um dado espaço vetorial

[1]**ba.se.a.do** *adj.* fundamentado [ORIGEM: part. de *basear*]

[2]**ba.se.a.do** *s.m.B infrm.* cigarro de maconha [ORIGEM: obscura]

ba.se.ar *v.*{mod. 5} *t.d.*1 servir de base a; fundamentar ❑ *t.d.i. e pron.*2 (prep. *em*) firmar(-se), apoiar(-se) ⟨*b. a defesa em provas*⟩

ba.si.ca.men.te *adv.*1 na essência, no que é fundamental ⟨*o salário garantia-lhe b. moradia e alimentação*⟩ 2 quase exclusivamente ⟨*alimenta-se b. de vegetais*⟩

bá.si.co *adj.*1 que faz parte da base 2 fundamental, essencial ↄauxiliar 3 QUÍM que tem propriedade de base ('substância'); alcalino

ba.si.lar *adj.2g.*1 que está na base ou a constitui 2 básico, fundamental ↄsecundário

ba.sí.li.ca *s.f.*igreja com jurisdição própria concedida pelo papa

ba.si.lis.co *s.m.*1 lagarto ou serpente lendária que tinha o poder de matar com o olhar, o bafo ou contato 2 lagarto da fam. dos iguanídeos que ocorre do México à Colômbia 3 antigo canhão feito de bronze

bas.que.te *s.m.*basquetebol

bas.que.te.bol *s.m.*jogo em que os times marcam pontos lançando a bola numa cesta suspensa

bas.sê *s.m.* cão de pernas curtas, corpo e focinho longos

bas.ta *interj.*1 chega; não mais ■ *s.m.*2 ponto final; limite, termo ⊡**dar um b.** *loc.vs.*interromper ou finalizar

bas.tan.te *adj.2g.*1 que basta, que é suficiente ↄ insuficiente 2 numeroso, abundante ↄpouco ■ *adv.* 3 em quantidade suficiente ↄpouco

bas.tão [pl.: *-ões*] *s.m.*1 pedaço de madeira roliço e alongado 2 cajado 3 insígnia de elevado poder na hierarquia militar

bas.tar *v.*{mod. 1} *t.i. e int.*1 (prep. *a, para, de*) ser suficiente; chegar ↄfaltar ❑ *pron.*2 ser autossuficiente

bas.tar.do *adj.s.m.* 1 (o) que nasceu fora do casamento 2 que(m) é ilegítimo ↄlegítimo

bas.ti.ão [pl.: *-ães* e *-ões*] *s.m.* 1 parte avançada de uma fortificação us. para vigiar a face externa da muralha; baluarte 2 *p.ext.* posto avançado para defesa de um território, país etc.

bas.ti.dor \ô\ *s.m.* 1 par de aros entre os quais se prende o pano esticado para bordar ▼ ***bastidores*** *s.m.pl.*2 espaço que contorna o palco atrás do cenário; coxias 3 ambiente em que resoluções são tomadas sem o conhecimento do grande público ⟨*os b. do sindicato*⟩ ⟨*os b. da empresa*⟩

bas.to *adj.*1 espesso, encorpado ↄleve 2 abundante, numeroso ↄescasso ~**bastidão** *s.f.* - **bastura** *s.f.*

bas.to.ne.te \ê\ *s.m.* 1 pequeno bastão 2 bactéria em forma de bastão

ba.ta *s.f.*1 traje feminino solto e largo 2 blusa feminina larga e reta us. por fora da saia ou da calça 3 traje de trabalho us. sobre a roupa para protegê-la; jaleco

ba.ta.lha *s.f.* 1 confronto armado entre forças rivais; combate 2 disputa acirrada ⟨*b. partidária*⟩ 3 trabalho, empenho ⟨*a b. diária contra a delinquência*⟩

ba.ta.lha.dor \ô\ *adj.s.m.*1 que(m) batalha; lutador 2 que(m) trabalha muito; trabalhador 3 defensor militante de uma ideia, um princípio, uma religião, uma instituição, um partido etc.

ba.ta.lhão [pl.: *-ões*] *s.m.*1 unidade militar de um regimento subdividida em companhias **2** *infrm.* grande número de pessoas; multidão

ba.ta.lhar *v.*{mod. 1} *int.*1 entrar em batalha; combater, lutar ⊃pacificar ❑ *t.i.fig.* **2** (prep. *por*) brigar ou agir em favor de; lutar ⟨*b. pela democracia*⟩ ❑ *t.d. e t.i. fig.* **3** (prep. *por*) esforçar-se, empenhar-se ⊃ desistir

ba.ta.ta *s.f.*1 tubérculo comestível de certos vegetais, como a batata-inglesa **2** *p.ext.* qualquer tubérculo **3** *infrm.* erro gramatical ⊙ COL batatal ⊡ **b. da perna** *loc.subst.* panturrilha • **b. quente** *loc.subst. infrm.* problema, dificuldade ⟨*passaram a b. quente para o novato*⟩ • **na b.** *loc.adv.infrm.* **1** na certa; sem falta **2** pontualmente • **ser b.** *loc.vs.infrm.* não falhar; não deixar de ocorrer ⟨*a advertência do pai foi b.: sucedeu tudo daquela forma*⟩ • **plantar batatas** *loc.vs.*parar de incomodar ⟨*ora, vá plantar batatas!*⟩

ba.ta.ta-ba.ro.a [pl.: *batatas-baroas*] *s.f.*1 erva de tubérculos amarelos comestíveis e cujas folhas servem de forragem; mandioquinha **2** o tubérculo dessa planta

ba.ta.ta.da *s.f.* **1** grande quantidade de batatas **2** *infrm.* grande tolice

ba.ta.ta-do.ce [pl.: *batatas-doces*] *s.f.*1 erva cujos tubérculos, ricos em açúcar, são comestíveis **2** o tubérculo dessa planta

ba.ta.ta-in.gle.sa [pl.: *batatas-inglesas*] *s.f.* **1** erva cultivada mundialmente por seus tubérculos comestíveis e dos quais se extrai fécula **2** o tubérculo dessa planta

ba.ta.vo *adj.s.m.*holandês

ba.te.a.da *s.f.* quantidade de minério ou detritos de uma bateia

ba.te-ba.te [pl.: *bate-bates, bates-bates*] *s.m.* movimento contínuo da colisão de dois objetos

ba.te-bo.ca [pl.: *bate-bocas*] *s.m.*discussão agressiva; desentendimento ⊃acordo

ba.te-bo.la [pl.: *bate-bolas*] *s.m.*jogo recreativo de futebol para treino ou aquecimento; pelada

ba.te.dei.ra *s.f.*1 aparelho, manual ou elétrico, que mexe ingredientes de massas e de outras misturas culinárias **2** *infrm.* palpitação cardíaca

ba.te.dor \ô\ *adj.s.m.*1 (o) que bate **2** que(m) vai à frente de um grupo ou personalidade para abrir-lhe caminho

ba.te-es.ta.cas *s.m.2n.*máquina para fincar estacas no solo

bá.te.ga *s.f.*chuva forte ☞mais us. no pl.

ba.tei.a \êi *ou* éi\ *s.f.*recipiente de madeira ou metal us. na garimpagem de pedras e metais preciosos ~batear *v.t.d.* - **bateeiro** *s.m.*

ba.tel *s.m.*pequeno barco

ba.te.la.da *s.f.*1 carga transportada por um batel **2** *p.ext.* grande quantidade ⊃escassez

ba.te.lão [pl.: *-ões*] *s.m.*barca us. para transporte de carga pesada

ba.te.lei.ro *s.m.*1 proprietário de batel **2** quem comanda ou tripula batel

ba.ten.te *s.m.*1 relevo no vão de porta ou janela em que ela bate ao fechar **2** *infrm.* trabalho diário; ganha-pão

ba.te-pa.po [pl.: *bate-papos*] *s.m.*conversa amigável

ba.te-pron.to [pl.: *bate-prontos*] *s.m.* **1** rebatida de bola que mal tocou o chão **2** *p.ext.* resposta rápida

ba.ter *v.*{mod. 8} *t.d.*1 dar pancadas ou golpes em **2** *fig.* agitar (asas) **3** misturar, sovar (alimento) **4** vencer; superar, ultrapassar ⟨*b. um inimigo, um recorde*⟩ **5** mover, tremer (dentes, queixo), de frio, medo, raiva etc. **6** percorrer (área) em exploração, a passeio etc. **7** usar muito; surrar **8** *B infrm.* furtar, roubar ⟨*b. carteira*⟩ **9** *B infrm.* comer vorazmente; devorar **10** *B* executar (jogada) ⟨*b. um pênalti*⟩ ❑ *t.i. e int.*11 (prep. *a, em*) dar golpes (em porta, janela etc.), para que atendam **12** (prep. *com, em*) chocar-se, colidir com ❑ *t.d. e t.i. fig.* **13** (prep. *em*) alcançar, atingir (um valor) ❑ *t.d. e int.*14 datilografar; digitar **15** soar, tocar ❑ *t.d.,t.i. e int.*16 (prep. *com*) fechar(-se) com força ❑ *int.*17 pulsar, palpitar ⟨*sentia o coração b.*⟩ ❑ *pron.* **18** lutar, empenhar-se

ba.te.ri.a *s.f.*1 unidade da artilharia **2** conjunto de peças de artilharia **3** sucessão de ataques infligidos da artilharia à cidade ou ao forte; bombardeio **4** conjunto de panelas **5** fonte de voltagem contínua que converte energia química, térmica, nuclear ou solar em energia elétrica **6** MÚS instrumento de percussão constituído por bumbo, caixas, tarol e pratos **7** MÚS grupo de percussão numa escola de samba **8** conjunto de testes, exames ou provas **9** cada etapa de um torneio esportivo

ba.te.ris.ta *adj.2g.s.2g.* MÚS que(m) toca bateria ('instrumento')

ba.ti.cum *s.m. B* **1** som de sapateado e palmas, como nos batuques **2** *p.ext.* série de pancadas fortes, marteladas etc.

ba.ti.da *s.f.*1 pulsação **2** choque entre dois corpos **3** *p.ext.* vibração sonora produzida por pancada ⟨*a b. dos tambores*⟩ **4** *p.ext. infrm.* ritmo musical ⟨*a b. do samba*⟩ **5** andamento rápido em alguma atividade ⟨*é difícil acompanhar sua b. no trabalho*⟩ **6** averiguação policial **7** bebida preparada com cachaça e suco de fruta

ba.ti.do *adj.*1 gasto pelo uso **2** banalizado; comum ■ *adv.*3 rapidamente ⟨*passou b. pela portaria*⟩

ba.ti.men.to *s.m.*1 choque; pancada **2** movimento pulsatório ⟨*b. cardíaco*⟩

ba.ti.me.tri.a *s.f.*ciência que mede a profundidade das massas de água (oceanos, lagos etc.) e determina a topografia do seu leito

ba.ti.na *s.f.* **1** veste longa sem gola e de mangas compridas us. por sacerdotes católicos; roupeta **2** *p.ext.* a vida religiosa

ba.ti.que *s.m.*1 método manual de estampar tecido revestindo com cera partes dele e retirando-a após sua imersão em tinta **2** tecido assim estampado

ba.tis.mo *s.m.* 1 REL o primeiro sacramento dos cristãos e seu ritual; batizado 2 rito de iniciação ou purificação 3 ato de dar um nome 4 MAR ato de benzer (navio) 5 *infrm.* adição de água a bebida, gasolina etc. ~ **batismal** *adj.2g.*

ba.tis.ta *adj.2g.s.2g.* 1 que(m) batiza ■ *adj.2g.* 2 diz-se do protestantismo que prega o batismo consentido pelo fiel ■ *s.2g.* 3 membro dessa religião

ba.tis.té.rio *s.m.* local da igreja onde fica a pia batismal

ba.ti.za.do *s.m.* 1 rito do batismo ■ *adj.* 2 que recebeu batismo ⊃ pagão

ba.ti.zar *v.*{mod. 1} *t.d. e pron.* 1 ministrar batismo a ou (fazer) receber esse sacramento ❑ *t.d.* 2 ser padrinho ou madrinha de batismo de (alguém) 3 *infrm.* adulterar (líquido), ger. adicionando água ❑ *t.d. e t.d.pred.* 4 *fig.* (prep. *de*) dar nome, apelido a (alguém ou algo) ⟨*b. uma invenção*⟩ ⟨*batizou-o (de) Pedro*⟩

bat mitz.vah [heb.; pl.: *bnot mitzvah*] *loc.subst.* 1 entre os judeus, menina que atinge a maioridade religiosa (por volta dos 12 anos) 2 a cerimônia de sua iniciação religiosa ⇨ pronuncia-se bat mitsva

ba.tom *s.m.* 1 pasta sólida e oleosa em forma de bastão us. como cosmético para os lábios 2 o bastão desse cosmético e sua embalagem

ba.to.que *s.m.* 1 rolha que veda orifício no bojo de barris 2 *p.ext.* esse furo 3 *p.ext. pej.* pessoa baixa e gorda

ba.to.ta *s.f.* 1 fraude em jogo 2 *p.ext.* qualquer forma de trapaça 3 casa de jogo ~ **batoteiro** *adj.s.m.*

ba.trá.quio *adj.s.m.* (animal) anfíbio de cabeça fundida ao corpo, sem cauda, com membros posteriores próprios para o salto e a natação (sapo, rã, perereca)

ba.tu.ca.da *s.f.* 1 ato ou efeito de batucar; batuque 2 ritmo do batuque 3 canção que acompanha o batuque 4 diversão popular com instrumentos de percussão, podendo haver dança e canto

ba.tu.car *v.*{mod. 1} *t.d. e int. B* 1 marcar ritmo (de algo) com percussão ❑ *int.* 2 dançar e cantar o batuque ~ **batucador** *adj.s.m.*

ba.tu.que *s.m.* 1 ritmo marcado por tambores 2 música e dança afro-brasileiras acompanhadas de percussão ~ **batuqueiro** *adj.s.m.*

ba.tu.ta *s.f.* 1 bastão fino e leve com que os regentes dirigem orquestras, bandas etc. ■ *adj.2g.* 2 *B infrm.* excelente, primoroso ⟨*uma atitude b.*⟩ ⟨*um jogo b.*⟩ ⊃ péssimo ■ *adj.2g.s.2g.* 3 *B infrm.* que(m) é muito capaz ⟨*é um elenco b.*⟩ ⟨*ele é um b. em física*⟩ ⊃ fraco

ba.ú *s.m.* 1 caixa com tampa para guardar ou transportar bens 2 caçamba fechada de caminhão 3 *B infrm.* pessoa rica ⊃ pobre

bau.ni.lha *s.f.* 1 planta aromática tropical de frutos compridos dos quais se extrai a essência de baunilha 2 o fruto seco dessa planta 3 substância extraída desse fruto ou produzida sinteticamente, us. em culinária e perfumaria

bau.ru *s.m.* sanduíche de pão francês com rosbife, tomate, mozarela, picles de pepino etc.

bau.xi.ta *s.f.* rocha com a aparência da argila, mas não moldável, principal fonte de alumínio ~ **bauxítico** *adj.*

bá.va.ro *adj.* 1 da Baviera (Alemanha) ■ *s.m.* 2 natural ou habitante dessa região

ba.zar *s.m.* 1 loja de artigos variados 2 exposição e venda de objetos ger. com fins beneficentes

ba.zó.fia *s.f.* vaidade exagerada e sem motivo ⊃ simplicidade

ba.zo.fi.ar *v.* {mod. 1} *t.d.,t.i. e int.* (prep. *de*) dizer, mostrar bazófia; vangloriar-se ⊃ rebaixar-se ~ **bazofiador** *adj.s.m.* - **bazófio** *adj.*

ba.zu.ca *s.f.* arma portátil manejada por duas pessoas, com um tubo de disparo us. para lançar granadas-foguete

B.C.G. *s.f.* vacina contra tuberculose, sigla de Bacilo de Calmette-Guérin, bacteriologistas franceses que a descobriram

Be símbolo de *berílio*

bê *s.m.* nome da letra *b*

be.a.bá ou **bê-á-bá** [pl.: *bê-á-bás*] *s.m.* 1 conjunto das letras do alfabeto; abecedário 2 *fig.* noção básica de algum assunto

[1]**be.a.ta** *s.f.* 1 mulher beatificada pela Igreja 2 mulher muito dedicada às práticas religiosas 3 *pej.* mulher excessivamente religiosa e puritana; carola [ORIGEM: fem. substv. de beato]

[2]**be.a.ta** *s.f. drg.* ponta queimada de cigarro de maconha; guimba [ORIGEM: obsc.]

be.a.ti.ce *s.f. pej.* devoção exagerada, fingida ou afetada

be.a.ti.fi.ca.ção [pl.: *-ões*] *s.f.* REL ato e cerimônia em que um indivíduo falecido, de reconhecidas virtudes, é incluído pelo papa no catálogo dos bem-aventurados ☞ cf. *canonização*

be.a.ti.fi.car *v.*{mod. 1} *t.d. e pron.* 1 REL declarar ou ser declarado beato em cerimônia de beatificação 2 *fig.* elogiar(-se) com entusiasmo ou em excesso

be.a.ti.tu.de *s.f.* 1 serenidade trazida à alma pelo êxtase místico 2 *p.ext.* felicidade suprema; bem-aventurança ⊃ descontentamento

be.a.to *adj.s.m.* 1 que(m) goza da bem-aventurança celeste; bem-aventurado 2 que(m) foi beatificado pela Igreja católica ⊃ pecador 3 que(m) é muito devoto ⊃ ateu 4 *pej.* carola ■ *s.m.* 5 *B N.E.* fanático que prega pelo sertão

bê.ba.do ou **bê.be.do** *adj.s.m.* 1 que(m) se intoxicou com bebida alcoólica 2 que(m) se embriaga por hábito ■ *adj.* 3 estonteado, zonzo, atarantado

be.bê *s.2g.* criança de poucos meses; neném ⊡ **b. de proveta** *loc.subst.* criança gerada por fecundação em laboratório

be.be.dei.ra *s.f.* 1 estado de quem ingeriu bebida(s) alcoólica(s) e ficou bêbedo; embriaguez ⊃ sobriedade 2 ato de embebedar-se

bê.be.do *adj.s.m.* → *BÊBADO*

be.be.dou.ro *s.m.* 1 aparelho do qual jorra água filtrada; bebedor 2 local onde os animais matam a sede

be.ber *v.* {mod. 8} *t.d.* **1** ingerir (líquido) **2** ingerir o conteúdo líquido de **3** absorver (líquido) por ser esponjoso, poroso etc. **4** *fig.* aproveitar **5** *fig.* absorver com atenção; mergulhar em ⟨*b. os ensinamentos*⟩ ❑ *t.d. e int. fig. B* **6** (veículo) consumir muito (combustível) ❑ *int.* **7** ingerir bebida alcoólica ~ **bebedor** *adj.s.m.*

be.be.ra.gem *s.f.* **1** preparado terapêutico caseiro; garrafada **2** bebida de sabor ruim

be.be.ri.car ou **be.ber.ri.car** *v.* {mod. 1} *t.d.* **1** beber a goles pequenos ❑ *t.d. e int.* **2** beber pouco, repetida e frequentemente

be.ber.rão [pl.: *-ões*; fem.: *beberrona*] *adj.s.m.* que(m) bebe muito; ébrio

be.bi.da *s.f.* **1** qualquer líquido que se bebe **2** bebida alcoólica **3** vício de se embriagar ⟨*foi vencido pela b.*⟩

be.bi.do *adj.* **1** que foi ingerido **2** bêbado

be.ca *s.f.* **1** longa veste us. por formandos de grau superior, juízes e advogados **2** *infrm.* roupa elegante

be.ça *s.f.* ◗ só usado em: à b. *loc.adv.* **1** em grande quantidade **2** enormemente; muito ⮌ pouco

be.ca.pe *s.m.* ver CÓPIA DE SEGURANÇA ~ **becapar** *v.t.d.* - becapear *v.t.d.*

be.co \ê\ *s.m.* rua estreita e curta ⊡ **b. sem saída** *loc.subst. fig.* **1** situação difícil; aperto **2** problema sem solução

be.del *s.m.* **1** inspetor de alunos **2** funcionário encarregado de tarefas administrativas nas faculdades

be.de.lho \ê\ *s.m.* ferrolho de porta ⊡ **meter o b.** *loc.vs. infrm.* intrometer-se onde não é chamado

be.du.í.no *s.m.* **1** árabe nômade do deserto ■ *adj.* **2** próprio desse nômade

be.ge *adj.2g.2n.s.m.* diz-se de ou cor da lã natural, ou de fibras de tecido não tingidas, entre o branco e o marrom muito claro

be.gô.nia *s.f.* **1** planta ornamental de folhagem vistosa e flores coloridas **2** a flor dessa planta

be.go.ni.á.cea *s.f.* espécime das begoniáceas, família de ervas de folhas grandes e coloridas e flores brancas, róseas ou vermelhas, mais encontradas em lugares úmidos ~ **begoniáceo** *adj.*

be.ha.vio.ris.mo *s.m.* teoria psicológica que procura examinar o comportamento humano e animal com ênfase na observação das reações físicas a estímulos ~ **behaviorista** *adj.2g.s.2g.*

bei.ço *s.m.* **1** lábio **2** borda revirada como um lábio ⟨*o b. de um jarro*⟩

bei.ço.la *s.f.* **1** lábio grosso e grande ■ *s.2g.* **2** beiçudo ⊙ GRAM/USO aum.irreg. de *beiço*

bei.çu.do *adj.s.m.* que(m) tem beiços grossos

bei.ja-flor [pl.: *beija-flores*] *s.m.* pequena ave de bico longo e voo veloz, que se alimenta do néctar das flores

bei.ja-mão [pl.: *beija-mãos*] *s.m.* ato ou ritual de beijar as costas da mão de um soberano

bei.ja-pé [pl.: *beija-pés*] *s.m.* REL cerimônia que consiste em beijar os pés (do papa ou de uma imagem de Cristo) em sinal de respeito e humildade

bei.jar *v.* {mod. 1} *t.d.* **1** dar beijo(s) em; oscular **2** roçar os lábios sobre **3** *fig.* tocar levemente; roçar ⟨*a brisa beija a folha*⟩ **4** *fig. joc.* bater em, chocar-se com ⟨*b. o poste*⟩ ❑ *pron.* **5** trocar beijo(s) com

bei.jo *s.m.* toque com lábios, com leve sucção, que exprime afeto ou reverência

bei.jo.ca *s.f.* **1** beijo estalado **2** beijo leve ~ **beijocar** *v.t.d. e pron.*

bei.jo.quei.ro *adj.s.m.* que(m) gosta de dar beijos ou beijocas

bei.ju *s.m.* quitute de goma de tapioca ou massa de mandioca assada

bei.ra *s.f.* **1** margem de rio, lago, mar etc **2** parte que determina os limites (de qualquer coisa); borda, aba ⟨*a b. da mesa*⟩ ⟨*encheu o copo até a b.*⟩ **3** espaço vizinho, cercania ⟨*mora lá para as b. de Mauá*⟩ ☞ nesta acp. tb.us no pl.

bei.ra.da *s.f.* **1** borda, margem **2** parte pequena que se tira de um todo, junto à borda ⟨*tirou apenas uma b. do bolo*⟩ **3** região vizinha

bei.ral *s.m.* borda de telhado

bei.ra-mar [pl.: *beira-mares*] *s.f.* região costeira, litoral ⊡ **à b.** *loc.adv.* junto ao mar, na praia

bei.rão [pl.: *-ões*; fem.: *beiroa*] *adj.* **1** das Beiras (Litoral, Alta e Baixa) ■ *s.m.* **2** natural ou habitante dessas regiões portuguesas

bei.rar *v.* {mod. 1} *t.d.* **1** mover-se, ir pela margem de ⟨*b. o rio*⟩ **2** *fig.* estar a ponto de atingir; aproximar-se ⟨*b. a loucura*⟩ ❑ *t.d. e t.i.* **3** (prep. *com*) fazer limite com; confinar **4** (prep. *por*) contar aproximadamente ⟨*b. (pel)os 20 anos*⟩

bei.ru.te *s.m.* sanduíche em pão árabe, ger. com rosbife, queijo derretido e tomate

bei.se.bol *s.m.* jogo entre dois times de nove componentes que devem, um por vez, rebater a bola com bastão e tentar dar uma volta completa em torno do campo, passando por suas quatro bases

be.la.do.na *s.f.* erva originária da Europa e da Ásia cultivada para uso medicinal

be.las-ar.tes *s.f.pl.* manifestações artísticas de natureza visual e plástica

be.las-le.tras *s.f.pl.* **1** artes literárias e poéticas **2** manifestações literárias consideradas sob o ponto de vista de suas qualidades estéticas, seu valor, sua beleza

bel.chi.or *s.m.* **1** comerciante de coisas usadas **2** a loja desse comerciante; brechó

bel.da.de *s.f.* **1** qualidade do que é belo; beleza **2** mulher muito bela

be.le.léu *s.m. infrm.* morte; desaparecimento ⊡ **ir para o b.** *loc.vs. infrm.* **1** morrer **2** sumir ⟨*o carro novo foi para o b.*⟩ **3** *fig.* não ter êxito ⟨*o encontro foi para o b.*⟩ • **mandar para o b.** *loc.vs. infrm.* **1** matar **2** fazer desaparecer **3** desistir de (algo) ⟨*mandou o emprego para o b.*⟩

be.le.nen.se *adj.2g.* **1** de Belém (PA) ■ *s.2g.* **2** natural ou habitante dessa capital

be.le.za \ê\ *s.f.* **1** qualidade do que é belo ou bom **2** pessoa ou coisa bela

be.le.zo.ca *s.2g. infrm.* pessoa ou coisa bonita
bel.ga *adj.2g.* **1** da Bélgica (Europa) ■ *s.2g.* **2** natural ou habitante desse país
be.li.che *s.m.* **1** móvel com duas ou mais camas apoiadas uma(s) sobre a(s) outra(s), ligadas por escada; cama-beliche **2** vão para camas em cabines de trem ou navio
be.li.cis.mo *s.m.* **1** doutrina ou tendência que incita à guerra ou ao armamentismo **2** a prática dessas ideias ~ **belicista** *adj.2g.s.2g.*
bé.li.co *adj.* **1** relativo à guerra ou ao belicismo **2** *p.ext.* que apresenta comportamento agressivo
be.li.co.so \ô\ [pl.: *belicosos* \ó\] *adj.s.m.* **1** que(m) tende ou incita à guerra **2** que(m) é agressivo ~ **belicosidade** *s.f.*
be.li.da *s.f.* mancha permanente na córnea causada por traumatismo
be.li.ge.rân.cia *s.f.* **1** estado de quem está em guerra **2** belicosidade, agressividade ~ **beligerante** *adj.2g.s.2g.*
be.lis.cão [pl.: *ões*] *s.m.* apertão dado na pele com as pontas ou nós dos dedos ou com as unhas, para causar dor
be.lis.car *v.* {mod. 1} *t.d.,int. e pron.* **1** dar beliscão (em outrem ou em si próprio) ❑ *t.d.* **2** ferir levemente **3** mordiscar (a isca) ❑ *t.d. e int.* **4** *fig.* tirar ou comer pequena porção (de)
be.lo *adj.* **1** que tem formas e proporções harmônicas ⟨*uma b. pintura*⟩ **2** que causa admiração ⟨*uma b. paisagem*⟩ **3** vantajoso, lucrativo ⟨*fez um b. negócio*⟩ **4** de elevado valor moral ⟨*b. alma*⟩ **5** notável pela quantidade, pelo número etc ⟨*uma b. coleção*⟩ ■ *s.m.* **6** beleza
be.lo-ho.ri.zon.ti.no [pl.: *belo-horizontinos*] *adj.* **1** de Belo Horizonte (MG) ■ *s.m.* **2** natural ou habitante dessa capital
be.lo.na.ve *s.f.* navio de guerra
bel-pra.zer [pl.: *bel-prazeres*] *s.m.* vontade ou prazer pessoal ⊡ **a (seu) b.** *loc.adv.* segundo a (sua) própria escolha
bel.tra.no *s.m.* pessoa indeterminada ⊙ GRAM/USO empr. ger. depois de *fulano* e antes de *sicrano*
bel.ve.der \dê\ ou **bel.ve.de.re** \dê\ *s.m.* mirante
bel.ze.bu *s.m.* o demônio
bem *s.m.* **1** o que é bom ☞ por vezes maiúsc. **2** ente querido **3** o que traz bem-estar **4** patrimônio ☞ mais us. no pl. ■ *adv.* **5** de modo bom **6** com saúde, disposição **7** em paz; à vontade **8** muito, bastante **9** com acerto, precisão **10** com fartura ■ *adj.2g.2n.* **11** bem-nascido; rico ⊡ **bem como** *loc.conj.* da mesma forma que • **bens de capital** *loc.subst.* os que servem para a produção de outros, esp. de consumo (p.ex. máquinas, materiais de construção etc.) • **bens comuns** *loc.subst.* **1** os de propriedade e de uso geral (p.ex. o ar, o mar etc.) **2** os pertencentes a duas ou mais pessoas, em condomínio **3** os pertencentes ao casal, pelo regime de comunhão • **bens de consumo** *loc.subst.* os que suprem necessidades da população (p.ex. um automóvel, um eletrodoméstico) • **de bem** *loc.adj.* correto; honesto • **nem bem** *loc.conj.* logo que ⟨*nem bem saiu, começou a chover*⟩
bem-a.ca.ba.do [pl.: *bem-acabados*] *adj.* realizado com capricho
bem-a.ma.do [pl.: *bem-amados*] *adj.* **1** que é ou foi objeto de grande estima ou amor particular ■ *s.m.* **2** aquele a quem se quer muito
bem-a.pes.so.a.do [pl.: *bem-apessoados*] *adj.* de boa aparência ↄ mal-apessoado
bem-a.ven.tu.ra.do [pl.: *bem-aventurados*] *adj.s.m.* **1** merecedor das graças divinas **2** que(m) foi beatificado pela Igreja **3** que(m) é feliz ~ **bem-aventurança** *s.f.*
bem-bom [pl.: *bem-bons*] *s.m.* vida folgada
bem-com.por.ta.do [pl.: *bem-comportados*] *adj.* que se porta ou se comporta bem
bem-dis.pos.to [pl.: *bem-dispostos*] *adj.* em bom estado de ânimo e de saúde
bem-do.ta.do [pl.: *bem-dotados*] *adj.* **1** bonito **2** de inteligência ou habilidade acima da média ☞ cf. *superdotado* **3** *joc.* de pênis grande (diz-se de homem)
bem-e.du.ca.do [pl.: *bem-educados*] *adj.* que recebeu boa educação, que tem boas maneiras; educado ↄ malcriado, mal-educado
bem-es.tar [pl.: *bem-estares*] *s.m.* **1** estado de satisfação plena **2** sensação de segurança, tranquilidade
bem-fei.to [pl.: *bem-feitos*] *adj.* **1** feito com capricho **2** que tem belas formas; elegante
bem-hu.mo.ra.do [pl.: *bem-humorados*] *adj.* de bom humor; alegre ↄ mal-humorado
bem-in.ten.cio.na.do [pl.: *bem-intencionados*] *adj.s.m.* (aquele) que tem boas intenções ↄ mal-intencionado
bem-me-quer [pl.: *bem-me-queres*] *s.m.* erva de flores amarelas nativa dos campos do Brasil; malmequer
bem-nas.ci.do [pl.: *bem-nascidos*] *adj.s.m.* que(m) vem de família rica ou nobre
be.mol *s.m.* MÚS **1** sinal gráfico que indica que a nota por ele antecedida deve ser abaixada de um semitom [símb.: ♭] ■ *adj.2g.* **2** afetada por este sinal (diz-se de nota) ☞ cf. *sustenido* ~ **bemolizar** *v.t.d.*
bem-pos.to [pl.: *bem-postos*] *adj.* **1** harmonioso nos movimentos **2** vestido com elegância; alinhado
bem-que.rer *v.* {mod. 18} *t.d.* **1** desejar o bem a ■ *s.m.* **2** sentimento de amizade, afeição; benquerença ⟨*granjear o b. dos mestres*⟩ **3** boa disposição de ânimo; benevolência ⊙ GRAM/USO pl.: *bem-quereres* (subst.)
bem-su.ce.di.do [pl.: *bem-sucedidos*] *adj.* **1** de sucesso **2** *p.ext.* cuja situação financeira é boa
bem-te-vi [pl.: *bem-te-vis*] *s.m.* pequena ave de bico longo, dorso verde-oliva, ventre amarelo e cabeça preta e branca com uma mancha amarela no topo, reconhecida por seu canto, que lembra seu nome
bem-vin.do [pl.: *bem-vindos*] *adj.* recebido ou aceito com gosto
bem-vis.to [pl.: *bem-vistos*] *adj.* **1** considerado ⟨*um artista muito b. pela crítica*⟩ **2** estimado, querido

bên.ção [pl.: *-ãos*] *s.f.* **1** pedido de proteção divina **2** graça divina **3** *p.ext.* algo oportuno e bom **4** voto de felicidade ou aprovação dito em favor de alguém ⟨*viajou com a b. da família*⟩

ben.di.to *adj.* **1** que se abençoou **2** que faz o bem; generoso **3** oportuno, conveniente ⟨*b. a hora em que saímos*⟩ **4** protegido ■ *s.m.* **5** cântico católico iniciado por essa palavra ⊙ GRAM/USO part. de *bendizer*

ben.di.zer *v.* {mod. 15} *t.d.* **1** lançar bênção sobre; benzer ⟨*b. os fiéis*⟩ **2** tornar feliz ou próspero; abençoar **3** agradecer favor ou graça recebidos ⮌ maldizer ⊙ GRAM/USO part.: *bendito* ~**bendição** *s.f.*

be.ne.di.ti.no *s.m.* **1** monge da ordem de São Bento ☞ cf. *São Bento* na parte enciclopédica ■ *adj.* **2** próprio desses monges ou de sua ordem **3** *fig.* meticuloso

be.ne.fi.cên.cia *s.f.* **1** inclinação para o bem **2** caridade

be.ne.fi.cen.te *adj.2g.* **1** caritativo **2** benéfico

be.ne.fi.cen.tís.si.mo *adj.* **1** muito benéfico **2** extremamente beneficente ⊙ GRAM/USO sup.abs.sint. de *benéfico* e *beneficiente*

be.ne.fi.ci.ar *v.* {mod. 1} *t.d.* e *pron.* **1** (prep. *com*) trazer benefício(s) a ou usufruir dele(s); favorecer(-se) ❑ *t.d.* **2** (prep. *com*) melhorar (produtos, imóveis etc.) com reformas, processos industriais etc. ~**beneficiamento** *s.m.*

be.ne.fi.ci.á.rio *adj.s.m.* **1** favorecido por vantagem ou direito ■ *adj.* **2** relativo a benefício ■ *s.m.* **3** segurado ou dependente da previdência social que tem direito à prestação de serviços e benefícios

be.ne.fí.cio *s.m.* **1** auxílio, favor **2** privilégio ou provento concedidos a alguém **3** resultado de benfeitoria **4** circunstância favorável ⟨*o b. da dúvida*⟩ **5** auxílio da previdência social, assegurado em lei

be.né.fi.co *adj.* **1** que faz bem **2** que beneficia; positivo, favorável

be.ne.mé.ri.to *adj.s.m.* **1** que(m) merece louvor; benemerente **2** que(m) colabora com causa ou instituição ■ *adj.* **3** distinto, ilustre ~**benemerência** *s.f.*

be.ne.plá.ci.to *s.m.* **1** consentimento, concordância **2** aprovação dada por autoridade superior ⟨*b. régio*⟩

be.nes.se *s.2g.* **1** remuneração eclesiástica **2** *p.ext.* presente, dádiva **3** *p.ext.* vantagem obtida sem esforço

be.ne.vo.lên.cia *s.f.* **1** boa vontade **2** generosidade; complacência ~**benevolente** *adj.2g.*

be.ne.vo.len.tís.si.mo *adj.* **1** cuja tendência a praticar o bem é muito grande **2** extremamente generoso ⊙ GRAM/USO sup.abs.sint. de *benevolente* e *benévolo*

be.né.vo.lo *adj.* **1** favorável, benfazejo **2** que tem bons propósitos; bem-intencionado **3** compreensivo ⊙ GRAM/USO sup.abs.sint.: *benevolentíssimo*

ben.fa.ze.jo \ê\ *adj.* que pratica ou proporciona o bem ⮌ malfazejo

ben.fei.tor \ô\ *adj.s.m.* **1** (o) que pratica o bem **2** (o) que faz benfeitorias

ben.fei.to.ri.a *s.f.* obra de melhoria ou reparo em propriedades ~**benfeitorizar** *v.t.d.*

ben.ga.la *s.f.* **1** bastão us. como apoio para caminhar **2** pão longo e fino **3** tipo de fogo de artifício

be.nig.no *adj.* **1** de bom caráter e boa índole **2** prestativo, generoso **3** sem gravidade (diz-se de tumor ou doença) ~**benignidade** *s.f.*

ben.ja.mim *s.m.* **1** filho caçula ou predileto **2** *p.ext.* o mais jovem ou preferido de um grupo **3** peça que acresce entradas às tomadas elétricas

ben.jo.ei.ro *s.m.* planta de que se extrai o benjoim

ben.jo.im *s.m.* **1** resina aromática de uso cosmético e medicinal **2** planta que produz essa resina; benjoeiro

ben.que.ren.ça *s.f.* **1** fato de querer bem a; afeição, afeto, amor **2** manifestação de estima; amizade, carinho **3** benevolência ~**benquerente** *adj.2g.*

ben.que.rer *v.* {mod. 18} *t.d.*,*t.i.* e *pron.* **1** (prep. *a*) querer bem a; votar grande afeição, amizade, estima a (algo, alguém ou reciprocamente) ⟨*benqueremos (a) o nosso torrão natal*⟩ ⟨*era visível que os dois se benqueriam*⟩ ■ *s.m.* **2** pessoa amada ou estimada; bem-amado

ben.quis.to *adj.* querido ou aceito por todos

ben.ti.nho *s.m.* escapulário, patuá

ben.to *adj.* **1** benzido em ritual religioso ■ *s.m.* **2** monge beneditino

ben.tos *s.m.pl.* fauna e flora do fundo dos mares, rios e lagos ~**bêntico** *adj.* - **bentônico** *adj.*

ben.ze.du.ra *s.f.* reza proferida por leigo com o intuito de afastar o mal ~**benzedeiro** *adj.s.m.*

ben.ze.no *s.m.* QUÍM hidrocarboneto aromático (C_6H_6) us. como solvente e na fabricação de polímeros, detergentes, corantes etc.

ben.zer *v.* {mod. 8} *t.d.* **1** invocar a graça divina sobre; abençoar ⟨*b. os fiéis*⟩ **2** consagrar ao culto de Deus ⟨*b. uma igreja*⟩ **3** fazer benzedura(s) em; rezar ❑ *pron.* **4** fazer o sinal da cruz ⊙ GRAM/USO part.: *benzido*, *bento*

ben.zi.na *s.f.* solvente us. em detergentes, corantes etc.

ben.zo.di.a.ze.pi.na *s.f.* QUÍM substância us. em tranquilizantes

be.ó.cio *adj.s.m.* **1** que(m) é natural ou habitante da Beócia, região da antiga Grécia **2** *p.ext.* *pej.* (indivíduo) grosseiro, ignorante ou ingênuo ■ *s.m.* **3** dialeto falado na antiga Beócia

be.qua.dro *s.m.* MÚS sinal musical que anula sustenidos e bemóis e repõe em seu tom natural a nota elevada ou abaixada [símb.: ♮]

be.que *s.m.* FUTB zagueiro

ber.çá.rio *s.m.* local, nas maternidades e hospitais, onde ficam os recém-nascidos

ber.ço \ê\ *s.m.* **1** cama para bebês **2** origem ⟨*b. da colonização*⟩ **3** local de nascimento; pátria **4** nascente de rio ⊡ **nascer em b. de ouro** *loc.vs.fig.* nascer em família abastada • **ter b.** *loc.vs.fig.* vir de família de nível socioeconômico elevado

be.ren.guen.dém *s.m.* balangandã

ber.ga.mo.ta *s.f.* **1** pequena árvore de flores aromáticas e fruto em forma de pera, com casca fina, lisa e amarela **2** o fruto dessa árvore **3** *B S.* tangerina ~ **bergamoteira** *s.f.*

be.ri.bé.ri *s.m.* MED inflamação nos nervos devida à carência de vitamina B1, causadora de paralisia, esp. das pernas, edemas e problemas cardíacos

be.rí.lio *s.m.* elemento químico us. em ogivas de foguetes, molas de relógio, reatores atômicos, tubos de raios X, computadores etc. [símb.: *Be*] ☞ cf. *tabela periódica* (no fim do dicionário)

be.ri.li.o.se *s.f.* doença nos pulmões causada pela inalação de poeira de berílio

be.ri.lo *s.m.* mineral, principal fonte do berílio, que forma cristais us. como pedras preciosas ou semipreciosas

be.rim.bau *s.m.* MÚS instrumento com um arco de madeira tensionado por um fio de arame e uma meia cabaça presa em sua extremidade inferior, us. na capoeira

be.rim.bau de bo.ca [pl.: *berimbaus de boca*] *s.m.* MÚS pequeno instrumento cujo som, produzido pela vibração de uma lingueta metálica que sai do seu centro, é controlado com a boca e o polegar

be.rin.ge.la *s.f.* berinjela ⊙ GRAM/USO encontra-se o registro dessa palavra com *g* desde a sua entrada na língua portuguesa; a partir do sXX, a grafia com *j* passa a ser usual

be.rin.je.la *s.f.* **1** planta de horta de fruto roxo comestível, rico em iodo **2** esse fruto

ber.ké.lio *s.m.* elemento químico artificial da família dos actiniídeos [símb.: *Bk*] ☞ cf. *tabela periódica* (no fim do dicionário)

ber.lin.da *s.f.* **1** carruagem pequena com vidraças laterais **2** pequeno oratório envidraçado **3** jogo infantil em que uma criança é alvo de comentários de outras, contados a ela anonimamente ⊡ **estar na b.** *loc.vs.* **1** ser o alvo dos comentários, no jogo da berlinda **2** *p.ext.* ser objeto de comentários ou atenção

ber.li.nen.se *adj.2g.* **1** de Berlim (Alemanha) ■ *s.2g.* **2** natural ou habitante dessa capital

ber.lo.que *s.m.* **1** enfeite que se traz pendurado na corrente de relógio, pulseira etc.; penduricalho **2** coisa de pouco valor ☞ nesta acp., mais us. no pl.

ber.mu.da *s.f.* bermudas

ber.mu.das *s.f.pl.* calças curtas à altura dos joelhos

ber.ne *s.m.* **1** larva de certa mosca **2** tumor subcutâneo criado por essa larva

ber.qué.lio *s.m.* berkélio

ber.ran.te *adj.2g.* **1** que berra **2** de cor vistosa ⟨*uma jaqueta b.*⟩ ■ *s.m.* **3** trombeta de chifre us. para tanger o gado

ber.rar *v.* {mod. 1} *int.* **1** soltar a voz (vários animais); urrar ☞ só us. nas 3ªs p., exceto quando fig. **2** chorar forte **3** *fig.* produzir ruído contínuo e agudo; zunir ⟨*o vento berrava*⟩ **4** ter cor muito viva **5** não combinar; destoar ❑ *t.d.,t.i. e int.* **6** (prep. *com, por*) dizer aos berros, falar alto; gritar

ber.rei.ro *s.m.* **1** série de berros; gritaria **2** choro ruidoso

ber.ro *s.m.* **1** voz de ovelha, cabrito etc. **2** grito **3** *infrm.* revólver

ber.ru.ga *s.f.* → VERRUGA

be.sou.ro *s.m.* nome genérico dado a insetos com aparelho bucal mastigador e um par de asas membranosas, protegidas por um par de asas duras; cascudo ~ **besoural** *adj.2g.*

bes.ta \é\ *s.f.* antiga arma portátil que arremessa setas curtas

bes.ta \ê\ *s.f.* **1** quadrúpede, ger. doméstico **2** animal de carga **3** burro ('animal estéril') **4** *fig.* pessoa grosseira **5** demônio ■ *adj.2g.s.2g. pej.* **6** (indivíduo) pouco inteligente ⮌ sagaz **7** grosso; bruto; bárbaro ■ *adj.2g.infrm.* **8** banal, sem importância ⟨*um acidente b.*⟩ ⮌ expressivo **9** pasmo ⟨*ficou b. de ver como cresci*⟩ ⮌ indiferente **10** arrogante ⮌ modesto ⊙ COL bestaria, lote, récua, tropa ⊙ VOZ v.: relinchar, rifar, rinchar; subst.: relincho, rincho ⊡ **fazer (alguém) de b.** *loc.vs. fig. infrm.* enganar (alguém) • **fazer-se de b.** *loc.vs. fig. infrm.* **1** fazer-se de tolo, fingir desconhecimento **2** intrometer-se com alguém ⟨*fez-se de b. com a diretora e quase foi expulso*⟩ • **metido a b.** *loc.adj. fig. infrm.* pretensioso, arrogante

bes.ta-fe.ra [pl.: *bestas-feras*] *s.2g.* **1** animal feroz **2** *fig.* indivíduo cruel, desumano

bes.ta.lhão [pl.: *-ões*; fem.: *bestalhona*] *adj.s.m.* tolo, bobo, besta

bes.tar *v.* {mod. 1} *int. infrm.* **1** falar ou fazer besteira **2** andar sem destino; errar **3** ficar à toa

bes.tei.ra *s.f.* **1** bobagem, asneira **2** insignificância, ninharia **3** *infrm.* melindre, suscetibilidade ⟨*ele é cheio de besteiras*⟩ ☞ nesta acp., mais us. no pl.

bes.ti.al *adj.2g.* **1** animalesco **2** sanguinolento, cruel **3** sórdido; imoral ⟨*prazeres b.*⟩ ~ **bestialidade** *s.f.*

bes.ti.a.li.zar *v.* {mod. 1} *t.d. e pron.* **1** assemelhar(-se) a uma besta; animalizar(-se) ⮌ humanizar(-se) **2** *fig.* tornar(-se) bruto, ignorante; brutalizar(-se) ⮌ polir(-se)

bes.ti.a.ló.gi.co *adj. infrm.* **1** sem nexo ■ *s.m.* **2** fala ou texto disparatado

bes.ti.ce *s.f.* **1** tolice **2** arrogância

bes.ti.fi.car *v.* {mod. 1} *t.d. e pron.* **1** bestializar(-se) **2** *B* (fazer) ficar espantado; pasmar(-se)

best-sell.er [ing.; pl.: *best-sellers*] *s.m.* **1** livro de sucesso **2** produto muito vendido ⇨ pronuncia-se **bést séler**

bes.tun.to *s.m. infrm.* **1** cabeça **2** *pej.* inteligência limitada

be.sun.tar *v.* {mod. 1} *t.d.,t.d.i. e pron.* **1** (prep. *de, com*) dotar(-se) [de camada gordurosa] **2** *p.ext.* (prep. *de, com*) sujar(-se), lambuzar(-se)

be.ta *s.m.* segunda letra do alfabeto grego (β, B)

be.ta.blo.que.a.dor \ô\ *adj.s.m.* (substância) us. no tratamento de cardíacos e hipertensos

be.ta.ca.ro.te.no *s.m.* provitamina A frequente em legumes e frutas amarelo-escuros ou verde-escuros

be.tão [pl.: *-ões*] *s.m.* concreto
be.ter.ra.ba *s.f.* 1 planta de raiz comestível rica em açúcar e betacaroteno 2 a raiz dessa planta ~ **beterrabal** *s.m.*
be.to.nei.ra *s.f.* máquina de misturar concreto
be.tu.lá.cea *s.f.* espécime das betuláceas, família de mais de 100 espécies de árvores e arbustos ger. cultivadas pela madeira, pelas nozes comestíveis ou como ornamentais
be.tu.me *s.m.* 1 impermeabilizante us. na pavimentação de estradas e no fabrico de borrachas, tintas etc. 2 massa de vidraceiro ~ **betumar** *v.t.d.* - **betuminoso** *adj.*
be.xi.ga *s.f.* 1 órgão que acumula a urina antes de ser excretada 2 *p.ext.* bola de encher 3 *infrm.* varíola 4 marca deixada por essa doença
be.xi.guen.to *adj.s.m.* (o) que tem bexiga (varíola ou suas marcas)
be.zer.ro \ê\ *s.m.* filhote de vaca que ainda mama ⊙ COL bezerrada ⊙ VOZ v.: berrar, mugir; subst.: mugido ▣ **como (um) b. desmamado** *loc.adv.* com estridência ⟨*chorar como um b. desmamado*⟩
Bh símbolo de *bóhrio*
bi– ou **bis–** *pref.* 'dois, duas vezes': *bianual, bicarbonado, bisavô*
Bi símbolo de *bismuto*
bi.a.nu.al *adj.2g.* que surge ou se dá a cada dois anos; bienal ~ **bianualidade** *s.f.*
bi.be.lô *s.m.* 1 pequeno objeto decorativo 2 *p.ext.* quem tem beleza delicada 3 *p.ext. pej.* pessoa ou coisa bela e inútil
bí.blia *s.f.* 1 livro sagrado que compreende o Antigo e o Novo Testamentos ☞ inicial ger. maiúsc. 2 *p.ext.* qualquer livro sagrado 3 *p.ext.* livro muito importante ~ **biblicismo** *s.m.* - **bíblico** *adj.*
bi.bli.o.can.to *s.m.* peça em L para conservar livros em posição vertical sobre mesas, prateleiras etc.
bi.bli.o.fi.li.a *s.f.* bibliomania ~ **bibliofílico** *adj.* - **bibliófilo** *adj.s.m.*
bi.bli.o.gra.fi.a *s.f.* 1 relação de obras consultadas ou citadas em livros, textos etc. 2 listagem de obras de um autor ~ **bibliográfico** *adj.* - **bibliógrafo** *adj.s.m.*
bi.bli.o.lo.gi.a *s.f.* ciência da história e composição dos livros ~ **bibliológico** *adj.* - **bibliólogo** *adj.s.m.*
bi.bli.o.ma.ni.a *s.f.* interesse por colecionar livros, esp. os raros ~ **bibliomaníaco** *adj.s.m.*
bi.bli.o.te.ca *s.f.* 1 coleção de livros 2 local onde se guardam, ordenam e catalogam livros e outros impressos para consulta, leitura e empréstimo ao público
bi.bli.o.te.cá.rio *s.m.* 1 quem trabalha em biblioteca ■ *adj.* 2 relativo a biblioteca
bi.bli.o.te.co.no.mi.a *s.f.* ciência da organização e administração de bibliotecas ~ **biblioteconômico** *adj.* - **biblioteconomista** *adj.2g.s.2g.*
bi.bo.ca *s.f.* 1 local de difícil acesso ou perigoso 2 *p.ext.* lugar suspeito 3 casa humilde 4 pequena mercearia
bi.ca *s.f.* 1 abertura por onde escorre líquido 2 fonte de água corrente 3 torneira 4 duto para escoar água ▣ **estar na b.** *loc.vs. infrm.* estar quase • **suar em bica(s)** *loc.vs. infrm.* suar demais
bi.ca.ma *s.f.* móvel com duas camas, uma embutida sob a outra
bi.ca.me.ra.lis.mo *s.m.* sistema de governo que divide o poder legislativo em duas câmaras ☞ p.opos. a *unicameralismo* ~ **bicameral** *adj.2g.* - **bicameralista** *adj.2g.s.2g.*
bi.car *v.* {mod. 1} *t.d.,int. e pron.* 1 picar(-se) com o bico ❑ *t.d.* 2 pegar com o bico, ger. para comer ou beber 3 *p.ext.* tirar pequena porção de 4 *p.ext.* bebericar ❑ *int. e pron. B* 5 ingerir bebida alcoólica ~ **bicada** *s.f.*
bi.car.bo.na.do *adj.* que contém dois átomos de carbono
bi.car.bo.na.to *s.m.* QUÍM sal ou ânion (HCO_3^-) derivado do ácido carbônico ▣ **b. de sódio** *loc.subst.* sal us. no tratamento da acidez estomacal
bi.cen.te.ná.rio *adj.* 1 que tem entre 200 e 300 anos ■ *s.m.* 2 espaço de 200 anos
bí.ceps *s.m.2n.* músculo com duas inserções na extremidade superior ~ **bicipital** *adj.2g.*
bi.cha *s.f.* 1 *infrm.* verme, esp. lombriga ■ *adj.2g.s.2g.* 2 *infrm.* (indivíduo) afeminado
bi.cha.do *adj.* 1 estragado ou comido por bicho 2 *infrm.* que sofre de mal crônico 3 *p.ext. infrm.* defeituoso
bi.cha.no *s.m.* 1 gato manso, ger. doméstico 2 filhote de gato
bi.char *v.* {mod. 1} *int.* encher-se (ferida, madeira, fruta etc.) de bicho (verme ou inseto)
bi.cha.ra.da *s.f.* uma porção de animais; bicharia
bi.chei.ra *s.f.* 1 ferida causada por larva de moscas 2 essa larva
bi.chei.ro *s.m.* banqueiro do jogo do bicho ou seu empregado
bi.cho *s.m.* 1 animal 2 fera 3 verme, inseto, larva 4 jogo do bicho 5 gratificação que jogadores e técnico recebem após uma vitória 6 estudante novato; calouro ⊃ veterano
bi.cho-ca.be.lu.do [pl.: *bichos-cabeludos*] *s.m.* lagarta que queima; taturana
bi.cho-car.pin.tei.ro [pl.: *bichos-carpinteiros*] *s.m.* 1 nome comum a várias espécies de besouro que durante a fase larvar furam troncos ou cascas de árvores 2 escaravelho ▣ **estar com b.** *loc.vs.* mostrar-se muito irrequieto
bi.cho-da-se.da [pl.: *bichos-da-seda*] *s.m.* inseto cujo casulo fornece as fibras com que se faz a seda
bi.cho de se.te ca.be.ças [pl.: *bichos de sete cabeças*] *s.m.* coisa de difícil solução
bi.cho-do-pé [pl.: *bichos-do-pé*] ou **bi.cho-de-pé** [pl.: *bichos-de-pé*] *s.m.* inseto cuja fêmea fecundada penetra sob a pele, ger. do pé, causando infecção
bi.cho-pa.pão [pl.: *bichos-papões*] *s.m.* monstro imaginário para meter medo em crianças
bi.cho-pau [pl.: *bichos-pau* e *bichos-paus*] *s.m.* inseto semelhante a um graveto

bi.ci.cle.ta *s.f.* **1** veículo de duas rodas alinhadas uma atrás da outra, impulsionado por pedais **2** no futebol, chute para trás, por cima da cabeça

bi.co *s.m.* **1** saliência resistente e dura da boca das aves **2** extremidade pontuda de um objeto **3** FUTB chute com a ponta da chuteira **4** *infrm.* serviço eventual; biscate

bi.co de ja.ca [pl.: *bicos de jaca*] *s.m.* lapidação em cristal que lembra a casca da jaca

bi.co de pa.pa.gai.o [pl.: *bicos de papagaio*] *s.m.* **1** deformação na articulação das vértebras **2** nariz curvo ☞ cf. *bico-de-papagaio*

bi.co-de-pa.pa.gai.o [pl.: *bicos-de-papagaio*] *s.m.* planta ornamental com folhas vermelhas ☞ cf. *bico de papagaio*

bi.co de pe.na [pl.: *bicos de pena*] *s.m.* **1** técnica de desenho que utiliza pena de bico fino e nanquim **2** a obra realizada com essa técnica

bi.co.lor \ô\ *adj.2g.* de duas cores

bi.côn.ca.vo *adj.* de duas faces côncavas opostas ~ **biconcavidade** *s.f.*

bi.con.ve.xo \cs\ *adj.* de duas faces convexas opostas ~ **biconvexidade** *s.f.*

bi.cu.do *adj.* **1** de bico grande **2** pontudo **3** *infrm.* difícil **4** *infrm.* mal-humorado

bi.dé ou **bi.dê** *s.m.* bacia sanitária para higiene íntima

bi.di.men.sio.nal *adj.2g.* que possui duas dimensões

bi.e.la *s.f.* **1** haste de aço articulada a duas peças móveis que transmite a uma o movimento da outra **2** nos automóveis, caminhões, aviões etc., peça de ligação entre o êmbolo e o eixo de manivelas, que transforma o movimento retilíneo alternado do primeiro no movimento circular do segundo

bi.e.lor.rus.so *adj.* **1** da Bielorrússia, país da Europa central **2** relativo à língua falada nesse país ■ *s.m.* **3** natural ou habitante desse país **4** a língua eslava oriental falada nesse país

bi.e.nal *adj.2g.* **1** que dura ou vale por dois anos **2** que ocorre de dois em dois anos

bi.ê.nio *s.m.* período de dois anos consecutivos

bi.es.tá.vel *adj.2g.* ELETRÔN (circuito elétrico ou eletrônico) que tem dois estados estáveis de operação

bi.fá.si.co *adj.* de duas fases

bi.fe *s.m.* **1** fatia de carne, esp. bovina **2** essa fatia grelhada, cozida ou frita, us. como alimento **3** *infrm.* corte acidental na pele ao fazer a barba, as unhas etc. ⟨*tirar um b.*⟩

bi.fo.cal *adj.2g.* **1** com dois focos **2** com duas distâncias focais diferentes, uma para a visão a distância, outra para a visão próxima (diz-se de lente, óculos)

bi.fur.car *v.* {mod. 1} *t.d. e pron.* dividir(-se) em dois ramos, caminhos; bipartir(-se) ~ **bifurcação** *s.f.*

bi.ga *s.f.* na Roma antiga, carro de duas ou quatro rodas puxado por dois cavalos

bi.ga.mi.a *s.f.* realização de novo casamento sem dissolução do anterior ☞ cf. *monogamia, poligamia* ~ **bígamo** *adj.s.m.*

big bang [ing.] *loc.subst.* **1** teoria que explica a criação do universo a partir de uma explosão cósmica **2** essa explosão ⇨ pronuncia-se **bigue bengue**

big.no.ni.á.cea *s.f.* espécime das bignoniáceas, família com mais de 700 espécies de árvores e cipós, cultivadas para ornamentação ou arborização urbana; algumas fornecem madeiras nobres (ipê, peroba-de-campos) ~ **bignoniáceo** *adj.*

bi.go.de *s.m.* parte da barba crescida no lábio superior

bi.go.dei.ra *s.f.* bigode farto

bi.gor.na *s.f.* **1** peça de ferro sobre a qual se malham ou amoldam metais **2** ANAT pequeno osso da orelha, situado na caixa do tímpano, entre o martelo e o estribo

bi.gor.ri.lha *s.2g.* *pej.* indivíduo desprezível e sem importância

bi.guá *s.m.* ave aquática ger. negra, semelhante ao pelicano, do tamanho de um pato, de bico estreito e curvo, pescoço e cauda longos, e asas curtas

bi.ju *s.m.* beiju

bi.ju.te.ri.a *s.f.* objeto de adorno como brincos, anéis etc. que imitam joias

bike [ing.; pl.: *bikes*] *s.f.* bicicleta ⇨ pronuncia-se baik

bi.la.bi.a.do *adj.* que tem dois lábios

bi.la.te.ral *adj.2g.* **1** que tem dois lados **2** que diz respeito a dois lados ⟨*paralisia b.*⟩ **3** em que há um pacto entre as duas partes ⟨*contrato b.*⟩ ~ **bilateralidade** *s.f.*

bil.bo.quê *s.m.* brinquedo composto de uma bola de madeira com um furo, ligada por um cordel a um pequeno bastão, onde ela deve se encaixar, depois de atirada para o ar

bi.le *s.f.* BÍLIS

bi.lha *s.f.* **1** vaso de barro para líquidos; moringa **2** pequena esfera de aço us. dentro dos rolamentos para reduzir atrito

bi.lhão [pl.: *-ões*] *n.card.* **1** mil milhões ■ *s.m.* **2** conjunto de mil milhões **3** *p.ext.* grande quantidade ⟨*ainda temos um b. de provas para fazer*⟩

bi.lhar *s.m.* **1** jogo com duas bolas vermelhas e uma branca que devem ser impelidas por um taco sobre uma mesa retangular, forrada de feltro verde, com tabelas e sem caçapas **2** mesa onde esse jogo é praticado **3** estabelecimento onde se joga sinuca e/ou bilhar

bi.lhe.te \ê\ *s.m.* **1** carta breve **2** ingresso para espetáculos, jogos etc. **3** impresso que permite o transporte por via aérea, marítima, rodoviária etc. ⟨*b. de avião*⟩ ⟨*b. de metrô*⟩ **4** cédula numerada de loteria

bi.lhe.te.ri.a *s.f.* posto de venda de ingressos, passagens etc. ~ **bilheteiro** *adj.s.m.*

bi.li.ão [pl.: *-ões*] *n.card.* bilhão

bi.li.ar.dá.rio *adj.s.m.* bilionário

bi.lín.gue \gü\ *adj.2g.* **1** que fala duas línguas **2** que é escrito ou apresentado em duas línguas

bi.lin.guis.mo \gü\ *s.m.* **1** coexistência de duas línguas oficiais num país **2** uso regular de duas línguas por um falante ou grupo

bi.li.o.ná.rio *adj.s.m.* que(m) possui patrimônio (bens, valores etc.) cujo montante ultrapassa a ordem do bilhão ou bilhões

bi.li.o.né.si.mo *n.ord. (adj.s.m.)* **1** (o) que, numa sequência, ocupa a posição do número um bilhão ■ *n.frac. (adj.s.m.)* **2** (o) que é um bilhão de vezes menor que a unidade

bi.li.o.so \ô\ [pl.: *biliosos* \ó\] *adj.* **1** que tem bílis **2** produzido ou provocado pela bílis **3** *p.ext.* mal-humorado **4** da cor da bílis

bi.lir.ru.bi.na *s.f.* composto de coloração alaranjada comum na bile de vertebrados, resultante da degradação da hemoglobina

bí.lis *s.f.2n.* **1** líquido amarelo-esverdeado segregado pelo fígado; fel **2** mau humor ~ **biliar** *adj.2g.* - **biliário** *adj.*

bil.ro *s.m.* peça de madeira ou metal em forma de fuso, us. para fazer renda artesanal

bil.tre *adj.2g.s.2g.* (indivíduo) desprezível

bim.ba.lhar *v.* {mod. 1} *t.d. e int.* soar ou fazer soar (sino ou similar); badalar

bi.men.sal *adj.2g.* **1** que ocorre de 15 em 15 dias **2** que ocorre de dois em dois meses ☞ cf. *bimestral* ~ **bimensalidade** *s.f.*

bi.mes.tral *adj.2g.* que ocorre de dois em dois meses ☞ cf. *bimensal* ~ **bimestralidade** *s.f.*

bi.mes.tre *s.m.* período de dois meses

bi.mo.tor \ô\ *adj.s.m.* (veículo) de dois motores

bi.na *s.m.* dispositivo eletrônico que identifica o número de origem de uma chamada telefônica

bi.na.cio.nal *adj.2g.* **1** de duas nações **2** que tem dupla nacionalidade

bi.ná.rio *adj.* **1** que tem dois elementos ou unidades **2** MÚS que tem dois tempos ⟨*compasso b.*⟩

bin.go *s.m.* **1** jogo de azar com cartelas numeradas que devem ser preenchidas à medida que os números vão sendo sorteados; loto **2** reunião ou local onde se pratica esse jogo ■ *interj.* **3** grito us. para indicar que se completou o cartão e venceu o jogo

bi.nó.cu.lo *s.m.* instrumento óptico portátil para observação a distância composto de dois telescópios focalizáveis simultaneamente

bi.nô.mio *s.m.* **1** MAT expressão algébrica composta de dois termos ligados por um sinal de mais ou de menos ■ *adj.s.m.* **2** (o) que tem duas partes ~ **binomial** *adj.2g.*

bi.o.ce.no.se *s.f.* BIO comunidade ('conjunto')

bi.o.ci.clo *s.m.* sequência de fases por que passam certos seres vivos; ciclo vital

bi.o.ci.ên.cia *s.f.* biologia

bi.o.com.bus.tí.vel *adj.2g.s.m.* (combustível) produzido a partir de matéria orgânica (vegetais, lixo etc.)

bi.o.de.gra.dá.vel *adj.2g.* que pode ser destruído por um agente biológico (p.ex., bactérias) ~ **biodegradação** *s.f.* - **biodegradar** *v.t.d. e pron.*

biodiesel \dízel\ *s.m.* combustível biodegradável, não tóxico e pouco poluente, produzido a partir de óleos vegetais, e que pode ser usado em motores diesel

bi.o.di.ges.tor \ô\ *s.m.* equipamento us. para produzir biogás

bi.o.di.ver.si.da.de *s.f.* BIO **1** conjunto de todos os seres vivos **2** conjunto de todos os seres vivos de determinada região ou época

bi.o.e.ner.gé.ti.ca *s.f.* **1** ramo da biologia que estuda as transformações de energia nos seres vivos **2** terapia que trabalha integradamente corpo e mente, liberando-lhes energia para promover bem-estar ~ **bioenergético** *adj.*

bi.o.e.ner.gi.a *s.f.* **1** energia renovável obtida da transformação química da biomassa **2** força vital

bi.o.en.ge.nha.ri.a *s.f.* **1** engenharia genética **2** aplicação de princípios e técnicas da engenharia na criação de equipamentos para solução de problemas biomédicos ~ **bioengenheiro** *s.m.*

bi.o.e.ta.nol *s.m.* etanol produzido a partir de biomassa ou de resíduos orgânicos, para utilização como biocombustível

bi.o.é.ti.ca *s.f.* estudo das questões morais relativas às pesquisas médicas e genéticas e suas aplicações

bi.o.gás *s.m.* gás obtido da fermentação, sem oxigênio, de material orgânico

bi.o.gê.ne.se *s.f.* BIO formação de um ser vivo a partir de outro preexistente ~ **biogenético** *adj.*

bi.o.ge.o.ce.no.se *s.f.* ecossistema

bi.o.ge.o.gra.fi.a *s.f.* estudo da distribuição das espécies de seres vivos no planeta e de suas relações com o ambiente em que vivem ~ **biogeográfico** *adj.* - **biogeógrafo** *s.m.*

bi.o.gra.far *v.* {mod. 1} *t.d.* pesquisar e escrever a biografia de alguém

bi.o.gra.fi.a *s.f.* **1** relato da vida de alguém **2** livro, filme etc. que contém esse relato ~ **biográfico** *adj.* - **biógrafo** *s.m.*

bi.o.lo.gi.a *s.f.* ciência que estuda a estrutura, funcionamento, evolução, distribuição e relações dos seres vivos entre si e com o ambiente ~ **biológico** *adj.* - **biologista** *adj.2g.s.2g.* - **biólogo** *s.m.*

bi.o.lu.mi.nes.cên.cia *s.f.* emissão de luz por seres vivos ~ **bioluminescente** *adj.2g.*

bi.o.ma *s.m.* comunidade ecológica estável e desenvolvida, caracterizada ger. por um tipo predominante de vegetação, p.ex., a floresta temperada, o deserto

bi.o.mas.sa *s.f.* **1** massa de matéria viva **2** matéria de origem vegetal us. como fonte de energia

bi.om.bo *s.m.* divisória móvel ger. feita de caixilhos ou de folhas de madeira articuladas por dobradiças

bi.o.me.câ.ni.ca *s.f.* estudo das leis da mecânica aplicadas às estruturas orgânicas vivas, esp. ao sistema locomotor do corpo humano ~ **biomecânico** *adj.s.m.*

bi.o.me.di.ci.na *s.f.* medicina baseada nas ciências naturais (biologia, bioquímica etc.) ~ **biomédico** *adj.s.m.*

bi.o.me.tri.a *s.f.* análise estatística de fatos biológicos ~ **biométrico** *adj.*

bi.ô.ni.co *adj.s.m.* **1** que(m) tem capacidade humana reforçada por mecanismos eletrônicos **2** *infrm.* que ou aquele que assume por nomeação um cargo de natureza eletiva (diz-se esp. de deputado e senador)

bi.o.po.lí.me.ro *s.m.* macromolécula formada em um sistema biológico, p.ex. proteínas, ácidos nucleicos

bi.óp.sia ou **bi.op.si.a** *s.f.* **1** exame de fragmento de tecido vivo para diagnóstico **2** esse fragmento

bi.o.quí.mi.ca *s.f.* ramo da química que estuda as transformações ocorrentes nas substâncias e moléculas provenientes de seres vivos e de seus processos metabólicos ~ **bioquímico** *adj.s.m.*

bi.or.rit.mo *s.m.* manifestação cíclica de processos biológicos ~ **biorrítmico** *adj.*

bi.os.fe.ra *s.f.* **1** parte da Terra onde há ou pode haver vida **2** conjunto dos organismos vivos e seu ambiente; ecosfera ~ **biosférico** *adj.*

bi.os.sín.te.se *s.f.* QUÍM produção de compostos químicos por seres vivos; biogênese

bi.os.sis.te.ma *s.m.* ecossistema

bi.os.so.cio.lo.gi.a *s.f.* estudo biológico do comportamento social animal e humano; sociobiologia

bi.o.ta *s.f.* conjunto de todos os seres vivos de uma região

bi.o.tec.ni.a *s.f.* biotécnica

bi.o.téc.ni.ca *s.f.* conjunto de técnicas que visa adequar a utilização de seres vivos às necessidades humanas; biotecnia

bi.o.tec.no.lo.gi.a *s.f.* **1** tecnologia desenvolvida a partir de conhecimentos de uma ou mais áreas da biologia, ger. com finalidade produtiva **2** estudo e desenvolvimento de organismos geneticamente modificados e seu uso ~ **biotecnológico** *adj.*

bi.o.ter.ro.ris.mo *s.m.* forma de terrorismo que recorre a armas biológicas para destruição em massa ~ **bioterrorista** *adj.2g.s.2g.*

bi.ó.ti.co *adj.* **1** relativo a biota **2** relativo ou pertencente à vida ou aos seres vivos

bi.o.ti.na *s.f.* substância importante para o crescimento de animais e microrganismos encontrada esp. na gema do ovo, no levedo e no fígado

bi.o.ti.po *s.m.* f. não pref. de biótipo

bi.ó.ti.po *s.m.* **1** grupo de indivíduos geneticamente semelhantes **2** tipo físico ~ **biotípico** *adj.* - **biotipologia** *s.f.*

bi.ó.to.po *s.m.* conjunto de condições físicas e químicas que caracterizam um ecossistema ou bioma

bi.o.vu.lar *adj.2g.* derivado de dois óvulos (diz-se de gêmeos)

bi.par *v.* {mod. 1} *t.d.* chamar (alguém) por meio de bipe

bi.par.ti.da.ris.mo *s.m.* existência de apenas dois partidos, ou de apenas dois partidos importantes, na vida política de um país ~ **bipartidário** *adj.* - **bipartidarista** *adj.2g.s.2g.*

bi.par.tir *v.* {mod. 24} *t.d. e pron.* dividir(-se) em duas partes, iguais ou não ~ **bipartição** *s.f.*

bi.pe *s.m.* **1** sinal sonoro curto e agudo **2** aparelho portátil ligado a uma central de recados

bí.pe.de *adj.2g.s.m.* (o) que tem ou anda com dois pés ~ **bipedal** *adj.2g.*

bi.po.lar *adj.2g.* que tem ou opõe dois polos ~ **bipolaridade** *s.f.*

bi.po.lo *s.m.* dispositivo elétrico ou eletrônico que apresenta dois terminais

bi.quei.ra *s.f.* **1** peça que se ajusta à extremidade de algo, para complementar ou dar acabamento; ponteira **2** bico ou ponta de calçado

bi.quí.ni *s.m.* **1** maiô de duas peças **2** calcinha

bi.ri.ba *s.f.* **1** jogo de cartas semelhante à canastra, no qual, além das 11 cartas distribuídas aos jogadores, são reservados mais dois conjuntos de cartas para aqueles que conseguirem descartar a primeira mão **2** esse conjunto de cartas; morto

bi.ri.ta *s.f.* *infrm.* **1** cachaça **2** *p.ext.* qualquer bebida alcoólica ~ **biritar** *v.t.d. e int.*

bi.rô *s.m.* **1** escrivaninha **2** escritório **3** estúdio de computação gráfica ou editoração eletrônica

bi.ros.ca *s.f.* *infrm.* **1** pequena venda, misto de bar e mercearia, ger. estabelecida em comunidades pobres **2** *p.ext.* bar ou venda de aspecto sujo

bir.ra *s.f.* **1** insistência exagerada; teimosia **2** antipatia sem motivo aparente **3** mau humor, aborrecimento ~ **birrar** *v.t.i. e int.* - **birrento** *adj.s.m.*

bi.ru.ta *s.f.* **1** saco cônico preso no alto de um mastro para indicar o rumo do vento ■ *adj.2g.s.2g.* **2** *infrm.* (indivíduo) sem rumo; maluco

bis- *pref.* → BI-

bis *s.m.2n.* **1** repetição (de algo) ⟨*pedir b.*⟩ **2** qualquer peça que um artista repete, a pedido do público **3** o grito com que se pede que uma peça ou número seja repetido ■ *interj.* **4** expressa pedido de repetição de uma peça musical ou prolongamento de um espetáculo

bi.são [pl.: *-ões*] *s.m.* bovídeo encontrado na América do Norte e Europa, de pelagem longa sobre o quarto anterior do corpo e cabeça grande, com chifres curtos e firmes

bi.sar *v.* {mod. 1} *t.d. e int.* **1** tornar a fazer, dizer etc.; reiterar ☐ *t.d.* **2** repetir ou pedir repetição de (parte de espetáculo)

bi.sa.vó *s.f.* mãe do avô ou da avó

bi.sa.vô [fem.: *bisavó*] *s.m.* **1** o pai do avô ou da avó ▼ *bisavós* *s.m.pl.* **2** o bisavô e a bisavó (o casal) de um indivíduo **3** os antepassados

bis.bi.lho.tar *v.* {mod. 1} *t.d. e int.* **1** investigar (algo alheio); intrometer-se **2** o bisavô e a bisavó (o casal) de um indivíduo **3** buscar com minúcia; vasculhar ~ **bisbilhoteiro** *adj.s.m.* - **bisbilhotice** *s.f.*

bis.ca *s.f.* 1 nome dado a diversas modalidades de jogo para duas ou quatro pessoas, em que se usa um baralho de 52 cartas **2** a carta de número sete, quando us. como trunfo **3** *pej.* indivíduo mau-caráter, patife

bis.ca.te *s.m.* ocupação ou serviço ocasional e ger. mal pago; bico ~ **biscatear** *v.int.*

bis.ca.tei.ro *adj.s.m.* que faz ou vive de biscates, de trabalhos ocasionais ou de pouca remuneração

bis.coi.tei.ra *s.f.* **1** recipiente em que se guardam biscoitos e bolachas **2** mulher que faz e/ou vende biscoitos e bolachas

bis.coi.to *s.m.* petisco crocante de massa doce ou salgada ~ **biscoiteiro** *s.m.*

bis.cuit [fr.; pl.: *biscuits*] *s.m.* **1** massa de porcelana fina **2** objeto feito dessa massa ⇨ pronuncia-se biscui

bi.sel *s.m.* **1** corte diagonal em borda de vidro, cristal, metal etc.; chanfradura **2** borda de vidro ou cristal cortada obliquamente ~ **biseladora** *s.f.* - **biselamento** *s.m.* - **biselar** *v.t.d.*

bis.mu.to *s.m.* elemento químico us. em extintores de incêndio e fusíveis [símb.: *Bi*] ☞ cf. *tabela periódica* (no fim do dicionário)

bis.na.ga *s.f.* **1** tubo flexível us. como embalagem de cremes **2** pão de formato comprido

bis.ne.to *s.m.* filho de neto ou neta

bi.so.nho *adj.* **1** sem habilidade ou treinamento; inexperiente **2** que não tem confiança em si mesmo **3** *infrm.* malvestido

bi.son.te *s.m.* bisão

bis.pa.do *s.m.* **1** cargo de bispo **2** período de exercício desse cargo **3** conjunto de paróquias

bis.par *v.* {mod. 1} *int.* **1** exercer a função de bispo ❑ *t.d. p.ext. infrm.* **2** ver sem muita clareza; entrever ❑ *t.d. e int. infrm.* **3** observar de longe; espreitar

bis.po *s.m.* **1** sacerdote que exerce a direção espiritual de uma diocese **2** peça do jogo de xadrez que se move, em diagonal, para frente e para trás ⊙ COL concílio, episcopado

bis.se.ção ou **bis.sec.ção** [pl.: *-ões*] *s.f.* divisão em duas partes iguais ~ **bissecional/bissecciomal** *adj.2g.* - **bissetar/bissectar** *v.t.d.*

bis.sec.triz *s.f.* → *BISSETRIZ*

bis.se.ma.nal *adj.2g.* que se faz, se efetua ou aparece duas vezes por semana

bis.se.triz ou **bis.sec.triz** *s.f.* reta que divide ao meio um ângulo

bis.sex.to \ê\ *s.m.* **1** o dia que, de quatro em quatro anos, é acrescido ao mês de fevereiro ■ *adj.* **2** em que isso acontece (diz-se do ano) **3** que exerce atividade eventual

bis.se.xu.al \cs\ *adj.2g.* **1** que abrange ou reúne os dois sexos ■ *adj.2g.s.2g.* **2** hermafrodita **3** que(m) sente atração sexual por homens e mulheres ~ **bissexualidade** *s.f.* - **bissexualismo** *s.m.*

bis.trô *s.m.* pequeno bar e restaurante aconchegante

bis.tu.ri *s.m.* instrumento cirúrgico cortante, de lâmina curta

bit [ing.; pl.: *bits*] *s.m.* **1** menor parcela de informação processada por um computador **2** algarismo do sistema binário que só pode assumir as formas 0 ou 1; dígito binário [símb.: *b*] ⇨ pronuncia-se bit

bi.to.la *s.f.* **1** medida-padrão us. em gráfica, construção, indústria etc. **2** largura entre trilhos **3** largura de um filme cinematográfico (p.ex. 35 mm, 16 mm, 8 mm)

bi.to.lar *v.* {mod. 1} *t.d.* **1** medir com bitola **2** definir a bitola de ❑ *t.d. e pron.* **3** tornar(-se) limitado na conduta ou no pensamento ~ **bitolado** *adj.*

bi.tran.si.ti.vo *adj.s.m.* GRAM (verbo) que pede simultaneamente objeto direto e indireto

bi.tri.bu.ta.ção [pl.: *-ões*] *s.f.* incidência de dois tributos sobre um mesmo ato ou produto ~ **bitributar** *v.t.d.*

bi.u.ní.vo.co *adj.* que associa a cada um dos elementos de um conjunto um único elemento de outro conjunto, e vice-versa (diz-se de relação)

bi.va.len.te *adj.2g.* **1** que tem valência química dois **2** que possui dois usos, duas funções ~ **bivalência** *s.f.*

bi.val.ve *adj.2g.s.m.* (o) que tem duas conchas, esp. moluscos

bi.vi.te.li.no *adj.* **1** que apresenta dois ovos ou óvulos **2** relativo à gestação de fetos formados de dois óvulos distintos ⟨*gravidez b.*⟩ **3** que provém de gestação desse tipo ⟨*gêmeos b.*⟩

bi.volt *adj.2g.* que pode ser ligado em duas voltagens ⟨*estabilizador b.*⟩

bi.xá.cea \cs\ *s.f.* espécime das bixáceas, família de árvores e arbustos nativos dos trópicos, cultivados como ornamentais e por fornecerem corantes, fibras etc.

bi.zan.ti.nis.mo *s.m.* **1** estudo da história e da civilização do Império Bizantino **2** *fig.* tendência a se preocupar com temas complexos e sem importância ou consequência prática ~ **bizantinista** *adj.2g.s.2g.*

bi.zan.ti.no *adj.* **1** fútil, inútil **2** de Bizâncio (atual Istambul, Turquia), antiga capital do Império Romano do Oriente ■ *s.m.* **3** natural ou habitante dessa antiga capital

bi.zar.ro *adj.* **1** que se destaca pela boa aparência e maneiras refinadas **2** *infrm.* esquisito, extravagante ~ **bizarria** *s.f.* - **bizarrice** *s.f.* - **bizarrismo** *s.m.*

Bk símbolo de *berkélio*

black tie [ing.; pl.: *black ties*] *loc.subst.* ver *SMOKING* ⇨ pronuncia-se **blék tai**

bla.gue *s.f.* troça; gozação

blan.dí.cia ou **blan.dí.cie** *s.f.* **1** ato de ternura; carícia **2** adulação ☞ mais us. no pl. ~ **blandicioso** *adj.*

blas.fe.mar *v.* {mod. 1} *int.* **1** proferir blasfêmia ('afirmação') **2** rogar praga(s); amaldiçoar ❑ *t.i.* **3** (prep. *de, contra, sobre*) usar insultos ao se dirigir ou se referir a ~ **blasfemador** *adj.s.m.*

blas.fê.mia *s.f.* **1** afirmação que insulta o que é considerado sagrado **2** ultraje ao que é digno de respeito ~**blasfematório** *adj.*

blas.fe.mo \ê\ *adj.* **1** herege; ofensivo ■ *adj.s.m.* **2** (aquele) que profere insultos ou heresias

bla.so.nar *v.* {mod. 1} *t.d.* **1** anunciar, alardear ❑ *pred.,int. e pron.* **2** (prep. *de*) gabar-se, vangloriar-se ↄ rebaixar-se ~**blasonador** *adj.s.m.*

bla.tá.rio *s.m.* espécime dos blatários, subordem dos insetos terrestres, alados ou não, de corpo alongado e longo ovopositor, como os gafanhotos, as esperanças e as baratas

bla.te.rar *v.* {mod. 1} *int.* **1** soltar a voz (o camelo) ☞ só us. nas 3as p., exceto quando fig. ❑ *t.d. e int.p.ext.* **2** falar muito, alto ou com ênfase

bla.tí.deo *adj.s.m.* (espécime) dos blatídeos, família de pequenas baratas cosmopolitas, com antenas longas, patas finas e ger. aladas

blaz.er [ing.; pl.: *blazers*] *s.m.* paletó esportivo ⇨ pronuncia-se **bleizer**

ble.cau.te *s.m.* interrupção noturna da luz elétrica, planejada ou não ☞ cf. *apagão*

ble.far *v.* {mod. 1} *int.* **1** iludir no jogo, fingindo ter boas cartas, para intimidar o(s) oponente(s) ❑ *t.d. e int.p.ext.* **2** enganar, iludir ~**blefador** *adj.s.m.* - **blefista** *adj.2g.s.2g.*

ble.fe \é *ou* ê\ *s.m.* simulação ou fingimento para tirar proveito de uma situação, esp. em jogo de cartas

ble.nor.ra.gi.a *s.f.* doença bacteriana sexualmente transmissível que provoca inflamação da mucosa genital; gonococia, gonorreia ~**blenorrágico** *adj.s.m.*

blin.dar *v.* {mod. 1} *t.d.* **1** revestir com peça(s) ou camada(s) de metal, aço ❑ *t.d. e t.i. p.ext.* **2** (prep. *de, com*) cobrir, envolver (com algo resistente ou impermeável) ❑ *t.d.i. e pron.fig.* **3** (prep. *de, contra*) preservar(-se), guardar(-se) ~**blindagem** *s.f.*

blitz [al.; pl.: *Blitze*] *s.f.* **1** ataque militar repentino **2** batida policial ⊙ GRAM/USO em al., inicial maiúsc. ⇨ pronuncia-se **blitz**

blo.co *s.m.* **1** porção de matéria sólida **2** grupo de coisas afins **3** cada prédio de um conjunto habitacional **4** grupo carnavalesco **5** certo tipo de obturação dentária **6** maço de folhas destacáveis

blog [ing.; pl.: *blogs*] *s.m.* blogue ⇨ pronuncia-se **blóg**

blo.gue *s.m.* página pessoal ou coletiva na internet, atualizada periodicamente, em que os usuários podem trocar experiências, comentários etc.

blo.que.a.dor \ô\ *adj.s.m.* (o) que bloqueia ⊡ **b. solar** *loc.subst.* preparação química para proteção da pele humana contra as radiações solares

blo.que.ar *v.* {mod. 5} *t.d.* **1** impor cerco militar sobre; sitiar **2** impedir a passagem por ⟨*b. uma rua*⟩ ↄ desbloquear, liberar **3** impedir o trânsito ou o movimento de; parar, travar ⟨*b. a frota, as rodas*⟩ **4** *fig.* criar obstáculos a; dificultar ⟨*b. um aumento*⟩ ↄ facilitar

blo.quei.o *s.m.* **1** ato ou efeito de bloquear **2** obstrução ou impedimento de entrada, saída ou passagem, por meio de algum obstáculo físico; barreira ⟨*b. de estrada*⟩ ↄ desbloqueio, desimpedimento, desobstrução **3** interrupção de movimento, desenvolvimento, funcionamento etc. de algo ⟨*b. de telefone*⟩ **4** cerco militar à entrada e saída de pessoas, informações, mantimentos etc.; assédio, sítio **5** no voleibol, tentativa de deter o ataque adversário, ger. com a[s] mão[s], erguida[s] acima da rede **6** MED interrupção de uma função normal ⟨*b. cardíaco*⟩ **7** PSIQ interrupção repentina do pensamento ou de um ato (gesto, palavra etc.) causada por fatores emocionais

blue.tooth® [ing.] *s.m.* padrão global e tecnologia de conexão e troca de informações sem fio, via frequência de rádio, entre equipamentos habilitados (p.ex. telefones celulares, computadores etc.) ⇨ pronuncia-se **blutus**

blu.sa *s.f.* peça de roupa que cobre o tronco

blu.são [pl.: *-ões*] *s.m.* **1** camisa folgada **2** casaco; jaqueta

bo.a-fé [pl.: *boas-fés*] *s.f.* pureza de intenções ↄ má-fé

bo.a.na *s.f.* **1** tábua fina **2** cardume de peixes muito pequenos

bo.a-noi.te [pl.: *boas-noites*] *s.m.* cumprimento com que se saúda alguém à noite

bo.a-no.va [pl.: *boas-novas*] *s.f.* notícia feliz

bo.a-pin.ta [pl.: *boas-pintas*] *adj.2g.s.2g. infrm.* que(m) tem boa aparência

bo.a-pra.ça [pl.: *boas-praças*] *adj.2g.s.2g. infrm.* que(m) é afetuoso, simpático, confiável

bo.as-fes.tas *s.f.pl.* votos de felicitações por ocasião do Natal e do Ano-Novo

bo.as-vin.das *s.f.pl.* expressão de satisfação pela chegada de alguém

bo.a-tar.de [pl.: *boas-tardes*] *s.m.* cumprimento com que se saúda alguém à tarde

bo.a.te *s.f.* casa de entretenimento noturno, ger. com pista de dança

bo.a.to *s.m.* notícia divulgada sem fundamento ~**boataria** *s.f.* - **boateiro** *adj.s.m.*

bo.a-vi.da [pl.: *boas-vidas*] *adj.2g.s.2g.* **1** que(m) pouco trabalha **2** que(m) vive sem preocupação

bo.a-vis.ten.se [pl.: *boa-vistenses*] *adj.2g.* **1** de Boa Vista (RR) ■ *s.2g.* **2** natural ou habitante dessa capital

bo.ba.gem *s.f.* **1** tolice; disparate **2** coisa de pouca importância ou de pouco valor **3** *infrm.* presente modesto **4** *infrm.* alimento pouco nutritivo

bo.ba.lhão [pl.: *-ões*] *adj.s.m.* tolo demais

bo.be *s.m.* rolinho us. para cachear cabelos

bo.be.ar *v.* {mod. 5} *int.* **1** fazer ou dizer bobagem, tolice **2** *infrm.* desperdiçar uma oportunidade ↄ aproveitar **3** *infrm.* deixar-se enganar, descuidar-se ~**bobeada** *s.f.*

bo.bei.ra *s.f.* **1** *infrm.* atitude de tolo **2** desatenção; credulidade **3** coisa insignificante ⊡ **de b.** *loc.adv.* à toa • **marcar b.** *loc.vs.* perder oportunidades

bo.bi.na *s.f.* carretel us. para enrolar fios, fitas, papel etc. ~**bobinagem** *s.f.* - **bobinar** *v.t.d.*

bo.bo \ô\ *s.m.* **1** palhaço do rei; bufão ■ *adj.s.m.* **2** que(m) é fútil, idiota ou ingênuo; tolo ■ *adj.* **3** de pouco valor

bo.bó *s.m.B* creme de inhame ou aipim cozido com azeite de dendê e temperos, que se come puro ou com frutos do mar ⟨*b. de camarão*⟩

bo.bo.ca *adj.2g.s.2g.* ingênuo, bobo ⮌ ladino

bo.ca \ô\ *s.f.* **1** cavidade da cabeça pela qual os homens e os animais ingerem os alimentos **2** o contorno dos lábios **3** abertura; entrada; início **4** foz **5** *fig.* indivíduo a ser alimentado **6** *B infrm.* chance de ganhar dinheiro fácil **7** *B drg.* local de venda de drogas ⊡ **com a b. na botija** *loc.adv. infrm.* em flagrante

bo.ca-a.ber.ta [pl.: *bocas-abertas*] *s.2g.* pessoa que se admira à toa

bo.ca de si.ri [pl.: *bocas de siri*] *s.f.B infrm.* **1** atitude de reserva; silêncio ■ *s.2g.* **2** indivíduo muito discreto ⮌ tagarela ■ *interj.* **3** expressão que pede ou sugere discrição, reserva ⟨*vocês já sabem: b. de siri!*⟩ ⊙ GRAM/USO este subst. ger. não se usa no pl. ⊡ **fazer b. de siri** *loc.vs.B infrm.* silenciar sobre algo ⟨*fez b. de siri quanto ao combinado*⟩

bo.ca.do *s.m.* **1** porção de comida que cabe na boca **2** fração, parte ⊡ **passar um mau b.** *fraseol.* ter dificuldades • **um b.** *loc.adv.* muito, bastante

bo.ca do li.xo [pl.: *bocas do lixo*] *s.f. infrm.* zona de tráfico e prostituição

bo.cai.na *s.f.* vale entre duas serras

bo.cai.u.va *s.f.* **1** palmeira de caule liso cujos frutos têm polpa comestível, amarela e doce **2** esse fruto

bo.çal *adj.2g.s.2g.* que(m) é rude ou insensível ~ **boçalidade** *s.f.*

bo.ca-li.vre [pl.: *bocas-livres*] *s.f. infrm.* **1** evento social com entrada, comida e bebida de graça **2** mamata

bo.ca-ri.ca [pl.: *bocas-ricas*] *s.f. infrm.* chance de ganhar dinheiro sem esforço

bo.car.ra *s.f.* boca enorme ou toda aberta ⊙ GRAM/USO aum.irreg. de *boca*

bo.ce.jo \ê\ *s.m.* movimento involuntário de abrir a boca por sono ou enfado ~ **bocejador** *adj.s.m.* - **bocejar** *v.int.*

bo.ce.ta \ê\ *s.f.* **1** caixinha **2** caixa de rapé **3** *gros.* vulva

bo.cha *s.f.* **1** jogo praticado com bolas maciças grandes e uma pequena **2** cada uma dessas bolas

bo.che.cha \ê\ *s.f.* cada lado carnoso da face

bo.che.char *v.* {mod. 1} *t.d. e int.* agitar (líquido) na boca, enchendo e esvaziando as bochechas

bo.che.cho \ê\ *s.m.* **1** ação de agitar líquido na boca **2** porção desse líquido

bo.che.chu.do *adj.s.m.* (aquele) que tem bochechas grandes

bo.chi.cho *s.m. B infrm.* **1** aglomeração ruidosa de pessoas; tumulto, confusão **2** rumor, boato

bó.cio *s.m.* inchaço crônico na glândula tireoide devido à carência de iodo

bo.có *adj.2g.s.2g.* que(m) é tolo, simplório

bo.da \ô\ *s.f.* cerimônia de casamento ☞ mais us. no pl.

bo.de *s.m.* **1** o macho da cabra **2** *infrm.* briga, encrenca **3** *infrm.* exaustão, prostração **4** *infrm.* mal-estar causado por ingestão de droga ⊡ **b. expiatório** *loc.subst.* pessoa ou coisa sobre a qual recaem culpas alheias

bo.de.ga *s.f.* **1** local que serve refeições baratas **2** pequeno armazém **3** *infrm.* coisa suja ou de má qualidade ~ **bodegueiro** *adj.s.m.*

bo.do.que *s.m.* brinquedo us. para atirar pedras, feito com uma forquilha e elástico; atiradeira

bo.dum *s.m.* **1** fedor de bode não castrado **2** fedor de suor de gente ou bicho **3** mau cheiro

body-board [ing.; pl.: *body-boards*] *s.m.* **1** prancha flutuante sobre a qual se deita o tronco para deslizar nas ondas **2** esse esporte ⇨ pronuncia-se **bódi bórd**

bo.e.mi.a *s.f.* **1** modo de vida de boêmio **2** vida alegre e desregrada **3** vadiagem

bo.ê.mia *s.f.* f.mais cor. e menos us. que *boemia*

bo.ê.mio *adj.* **1** da Boêmia, região ocidental da República Tcheca **2** próprio dos ciganos ■ *s.m.* **3** natural ou habitante da Boêmia **4** dialeto tcheco dessa região **5** cigano ■ *adj.s.m.* **6** que(m) vive em noitadas **7** que(m) leva vida desregrada e de prazeres

bô.er [pl.: *bôeres*] ou **bó.er** [pl.: *bóeres*] *adj.2g.s.2g.* sul-africano descendente de holandeses que colonizaram a atual República da África do Sul

bo.fe *s.m.* **1** *infrm.* pulmão ☞ mais us. no pl. **2** *infrm.* indivíduo feio ▼ *bofes s.m.pl.* **3** vísceras de animal **4** temperamento

bo.fe.ta.da *s.f.* **1** tapa na face **2** ofensa, afronta

bo.fe.tão [pl.: *-ões*] *s.m.* bofetada ('tapa') violenta

bo.ga.ri *s.m.* arbusto de flores perfumadas com as quais se aromatizam chás e cuja essência é us. em perfumaria

bo.go.ta.no *adj.* **1** de Bogotá (Colômbia) ■ *s.m.* **2** natural ou habitante dessa capital

bóh.rio *s.m.* elemento químico artificial radioativo, anteriormente denominado *unnilseptium* [símb.: *Bh*] ☞ cf.: *tabela periódica* (no fim do dicionário)

boi [fem.: *vaca*] *s.m.* **1** mamífero ruminante, ger. domesticado, us. para tração e extração de carne, couro etc. **2** touro adulto castrado ⊙ COL boiada, rebanho ⊙ VOZ v. mugir, urrar; subst. mugido, urro

bói *s.m.* empregado que faz trabalhos de entregas, pagamentos etc. de um escritório; contínuo, mensageiro

boi.a \ói\ *s.f.* **1** objeto que flutua na água e serve para sinalizar algo ou auxilia a flutuação de outros corpos **2** *infrm.* comida

boi.a.da *s.f.* rebanho bovino

boi.a.dei.ro *adj.s.m.* **1** que(m) toca boiada **2** proprietário de boiada

boi.a-fri.a [pl.: *boias-frias*] *adj.2g.s.2g.* trabalhador rural temporário e itinerante

boi.ar *v.* {mod. 1} *t.d. e int.* **1** (fazer) flutuar em meio líquido, prendendo(-se) ou não a boia(s) ❑ *int. B gír.* **2** não entender ou perceber algo

boi-bum.bá [pl.: *bois-bumbá* e *bois-bumbás*] *s.m.* variação do bumba meu boi

boi.co.tar *v.* {mod. 1} *t.d.* **1** recusar, como forma de punição, qualquer tipo de relação com **2** negar colaboração a **3** recusar e/ou proibir transação comercial com

boi.co.te *s.m.* **1** recusa de um grupo a trabalhar ou fazer transações com determinada indústria ou estabelecimento comercial **2** ação ou efeito de se esquivar a qualquer atividade a que se tenha sido convidado **3** rompimento de relações com indivíduo ou grupo a que(m) se queira punir ou constranger a algo **4** não participação em determinado ato ou manifestação pública

bo.í.deo *adj.s.m.* (espécime) dos boídeos, família de cobras tropicais que inclui a sucuri e a jiboia

boil.er [ing.; pl.: *boilers*] *s.m.* caldeira elétrica para aquecimento de água ⇨ pronuncia-se **bóiler**

boi.na *s.f.* boné achatado sem pala, ger. de lã

boi.ta.tá *s.m.* **1** *B* mito indígena simbolizado por uma cobra de fogo ou por um touro que lança fogo pelas ventas **2** fogo-fátuo

boi.u.na *s.f.* **1** *B* cobra lendária capaz de se transformar em embarcação **2** sucuri

bo.jo \ô\ *s.m.* **1** parte mais larga do interior de um recipiente **2** parte interna de qualquer objeto; cavidade **3** *fig.* âmago

bo.ju.do *adj.* **1** que tem a parte interna arredondada **2** barrigudo

bo.la *s.f.* **1** qualquer objeto de forma esférica; globo **2** objeto esférico us. em diferentes jogos ou esportes **3** círculo; circunferência **4** futebol, pelada ⟨*quebrou o pé jogando b.*⟩ **5** droga entorpecente **6** carne envenenada que se usa para matar cães **7** pessoa ou coisa engraçada ⟨*você é uma b.*⟩ ⊙ GRAM/USO dim.irreg. *bolota* ⊡ **b. de cristal** *loc.subst.* esfera de cristal usada supostamente para prever o futuro • **b. de encher** *loc.subst.* artefato de borracha em forma de saco com pequena abertura que se enche de ar; bexiga • **b. de gude** *loc.subst.* pequena esfera de vidro us. no jogo de gude • **bater b.** *loc.vs.* jogar bate-bola • **certo da b.** *loc.adj.* ajuizado • **dar b. a** *loc.vs. infrm.* **1** dar importância a; ligar **2** flertar, paquerar • **estar com a b. toda** *fraseol.* estar no domínio da situação • **estar pela b. sete** *fraseol.* **1** no jogo de sinuca, proximidade do fim da partida **2** *infrm.* esperar algum acontecimento próximo • **pisar na b.** *loc.vs.* cometer um erro • **ruim da b.** *loc.adj.* sem juízo; amalucado

bo.la.cha *s.f.* **1** biscoito crocante e achatado **2** *infrm.* bofetada **3** círculo de papelão us. em bares para apoiar copo de chope **4** objeto circular e achatado; disco

bo.la.ço *s.m.* **1** bola grande **2** em qualquer jogo com bola, jogada executada com excelência; bolão ⊙ GRAM/USO aum.irreg. de *bola*

¹bo.la.da *s.f.* arremesso ou golpe com bola [ORIGEM: *bola + -ada*]

²bo.la.da *s.f. infrm.* muito dinheiro [ORIGEM: *¹bolo + -ada*]

bo.la de ne.ve [pl.: *bolas de neve*] *s.f.* situação que se desenvolve rapidamente e sem controle

¹bo.lão [pl.: *-ões*] *s.m.* **1** bola grande **2** bolaço ('jogada') **3** grande quantidade de qualquer coisa [ORIGEM: *bola + -ão*]

²bo.lão [pl.: *-ões*] *s.m. infrm.* **1** grande prêmio em dinheiro **2** aposta feita coletivamente [ORIGEM: *¹bolo + -ão*]

bo.lar *v.* {mod. 1} *t.d. infrm.* criar na mente; inventar, arquitetar ⟨*b. um plano*⟩

bo.las *s.f.pl.* **1** *infrm.* testículos ■ *interj.* **2** expressa desagrado, aborrecimento

bol.bo *s.m.* bulbo

bol.che.vi.que *adj.2g.s.2g.* bolchevista

bol.che.vis.ta *adj.2g.s.2g.* (membro) da antiga ala esquerda do Partido Comunista russo ☞ cf. *menchevista* ~ **bolchevismo** *s.m.*

bol.do \ô\ *s.m.* árvore de cujas folhas se faz chá digestivo

bol.dri.é *s.m.* **1** tira passada de um ombro ao quadril oposto que serve para sustentar uma espada ou a haste de uma bandeira **2** cinturão largo de couro **3** cadeirinha ('conjunto')

bo.le.a.dei.ras *s.f.pl.* peça com três esferas revestidas de couro e unidas por três tiras de couro presas entre si, us. para laçar animais

bo.le.ar *v.* {mod. 5} *t.d.* **1** dar forma de bola a **2** *B S.* arremessar boleadeiras e prender com elas (um animal) ❑ *t.d. e pron.* **3** tornar(-se) arredondado ou roliço ❑ *t.d.,int. e pron.* **4** requebrar(-se), rebolar(-se) ❑ *pron. B* **5** tombar do cavalo depois que ele empina

bo.lei.a \éi\ *s.f.* **1** assento do cocheiro ou motorista **2** em caminhões, cabine do motorista

bo.le.ro *s.m.* **1** música e dança popular espanhola **2** música e dança popular na América Latina **3** jaqueta curta us. sobre outra peça

bo.le.tim *s.m.* **1** breve texto informativo para circulação interna ou para divulgação pública **2** documento com as notas de um aluno

bo.le.to \ê\ *s.m.* **1** documento de um pagamento a ser feito no banco **2** entrada para um espetáculo

bo.lha \ô\ *s.f.* **1** pequeno globo de ar **2** borbulha de água na pele ■ *adj.2g.s.2g.* **3** *infrm.* maçante

bo.li.che *s.m.* **1** jogo cujo objetivo é derrubar pinos de madeira com uma bola pesada arremessada por uma pista estreita **2** local onde se pratica esse jogo

bó.li.de *s.f.* **1** meteorito muito grande que produz ruído e deixa um rastro luminoso ao atravessar a atmosfera **2** corpo que se desloca em alta velocidade

bo.li.na *s.f.* **1** cabo que orienta a vela para o vento **2** chapa adaptada verticalmente na quilha de embarcações para equilibrá-las

bo.li.nar *v.* {mod. 1} *t.d.* **1** conduzir (barco) usando bolina ('cabo') **2** aproximar a proa da linha do vento ❑ *t.d. e int. B infrm.* **3** tocar ou encostar-se com fins libidinosos ~ **bolinação** *s.f.* - **bolinador** *adj.s.m.* - **bolinagem** *s.f.*

bo.li.vi.a.no *adj.* **1** da Bolívia (América do Sul) ■ *s.m.* **2** natural ou habitante desse país

¹bo.lo \ô\ *s.m.* **1** qualquer substância amontoada em forma de bola **2** massa, doce ou salgada, à base de farinha cozida ao forno **3** *infrm.* ajuntamento desordenado, confusão **4** monte de dinheiro, ou seu equivalente, em mesa de jogo **5** prêmio **6** *infrm.* golpe dado na palma da mão **7** *infrm.* confusão, rolo [ORIGEM: prov. de *bola* \ó\] ⊡ **dar (o) b.** *loc.vs. infrm.* faltar a compromisso ou encontro

[2]**bo.lo** \ô\ *s.m.* **1** argila avermelhada por conter ferro **2** *p.ext.* porção de barro us. na criação de objetos de cerâmica [ORIGEM: lat.*bŏlus,i* 'massa, argila'] ⊡ **b. alimentar** *loc.subst.* MED massa de alimento mastigado, formado na boca no início da digestão

bo.lo.nhês *adj.* **1** de Bolonha (Itália) ■ *s.m.* **2** natural ou habitante dessa cidade ⊡ **à bolonhesa** *loc.adj.* com molho de tomate e carne moída

bo.lor \ô\ *s.m.* **1** mofo **2** bafio ~ **bolorento** *adj.*

bo.lo.ta *s.f.* **1** pequena bola **2** fruto do carvalho **3** *infrm.* pompom

bol.sa \ô\ *s.f.* **1** saco de couro, tecido etc., ger. com alça e fecho, us. para transportar ou guardar objetos diversos; sacola **2** ANAT qualquer cavidade semelhante a um saco **3** MED bolha, ger.de água ou pus **4** auxílio financeiro para a realização de alguma tarefa ⟨*b. de estudo*⟩ **5** instituição em que se comercializam mercadorias ou documentos de valor (ações, títulos, fundos) ⟨*b. de valores*⟩ ⟨*b. de mecadorias*⟩

bol.são [pl.: *-ões*] *s.m.* **1** bolsa ou bolso grande **2** área em que ocorre um fenômeno em contraste com o meio circundante ⟨*bolsões de pobreza*⟩

bol.sis.ta *adj.2g.s.2g.* que(m) recebe bolsa de estudos

bol.so \ô\ *s.m.* **1** pequeno saco costurado na roupa para guardar miudezas **2** *fig. infrm.* dinheiro, patrimônio ⟨*as despesas saem do meu b.*⟩ ⊡ **de b.** *loc.adj.* pequeno; portátil

bom [fem.: *boa*] *adj.* **1** que apresenta as qualidades esperadas ⟨*b. aluno*⟩ ⟨*b. resposta*⟩ **2** generoso; bondoso **3** saboroso **4** competente; eficaz **5** agradável ⟨*tivemos um b. dia*⟩ **6** curado de um mal **7** grande **8** favorável ⟨*b. acordo*⟩ ■ *s.m.* **9** pessoa honrada ☞ mais us. no pl. **10** qualidade positiva ⟨*o b. da peça são os atores*⟩ **11** o que é superior em qualidade, beleza etc. ⟨*ele é o b. em física*⟩ ⊙ GRAM/USO a) comp.super.: *melhor*; sup.abs.sint.irreg.: *ótimo;* b) usa-se dizer corretamente "mais bom" e "mais boa" e não "melhor" quando se comparam duas qualidades diferentes em relação à mesma pessoa ou coisa: *um filme mais bom do que ruim*

bom.ba *s.f.* **1** artefato explosivo **2** máquina para extrair ou sugar líquidos **3** doce de massa cozida recheado de creme; ecler **4** canudo para tomar chimarrão **5** *infrm.* reprovação em exame ⟨*levou b. em ciências*⟩ **6** *infrm.* medicamento forte **7** *infrm.* anabolizante **8** acontecimento inesperado ⊡ **b. atômica** *loc.subst.* explosivo formado por átomos de urânio ou plutônio ☞ tb. se diz apenas *bomba A* • **b. de hidrogênio** *loc.subst.* bomba atômica ativada pelo superaquecimento de átomos leves como lítio ou hidrogênio ☞ tb. se diz apenas *bomba H*

bom.ba.cá.ce.a *s.f.* espécime das bombacáceas, árvores tropicais ger. cultivadas para extração da paina ou para arborização de ruas, como a paineira ~ bombacáceo *adj.*

bom.ba.chas *s.f.pl.* *B* calças largas nas pernas e apertadas nos tornozelos

bom.ba.da *s.f.* **1** cada movimento completo de uma bomba ('máquina') **2** *infrm.* prejuízo, perda

bom.ba.do *adj. infrm.* quem toma remédio para superdesenvolver os músculos

bom.bar *v.* {mod. 1} *t.d.* **1** bombear ❑ *t.i. gír.* **2** (prep. *em*) ser reprovado (em prova, exame) ⮌ passar

bom.bar.dão [pl.: *-ões*] *s.m.* MÚS **1** instrumento metálico de sopro com pistons **2** bombardino

bom.bar.de.ar *v.* {mod. 5} *t.d.* **1** lançar bombas ou projéteis de artilharia em ❑ *t.d. e t.d.i. fig.* **2** (prep. *com*) incomodar, combater, agredir (com argumentos, perguntas etc.) ~ **bombardeio** *s.m.*

bom.bar.dei.ro *s.m.* avião projetado para lançar bombas

bom.bar.di.no *s.m.* MÚS **1** instrumento metálico de sopro de timbre doce us. em banda **2** trombone de pistons **3** quem toca esses instrumentos

bom.ba-re.ló.gio [pl.: *bombas-relógio* e *bombas-relógios*] *s.f.* dispositivo que explode em momento prefixado

bom.bás.ti.co *adj.* **1** que tem efeito devastador **2** cuja linguagem é empolada

bom.be.ar *v.* {mod. 5} *t.d.* movimentar (fluido) por meio de bomba ~ **bombeamento** *s.m.*

bom.bei.ro *s.m.* **1** membro de corporação que presta socorro em caso de incêndio ou sinistro **2** *RJ* encanador

bôm.bi.ce *s.m.* bômbix

bom.bi.lha *s.f.* canudo ger. metálico para beber chimarrão

bôm.bix \cs\ *s.m.2n.* bicho-da-seda

bom.bo ou **bum.bo** *s.m.* tambor grande; zabumba

bom-bo.ca.do [pl.: *bons-bocados*] *s.m.* bolinho de doce de coco ou de queijo

bom.bom *s.m.* confeito de chocolate, recheado ou não

bom.bo.na *s.f.* frasco para armazenar gases ou produtos químicos

bom.bo.ne.ri.a *s.f.* estabelecimento em que se vendem bombons, balas etc.

bom.bor.do *s.m.* lado esquerdo de uma embarcação ou aeronave, olhando da popa para a proa ☞ cf. *boreste* e *estibordo*

bom-di.a [pl.: *bons-dias*] *s.m.* cumprimento com que se saúda alguém de manhã

bom-mo.ço [pl.: *bons-moços*] *s.m.* aquele que se faz passar por honesto, sério

bom-tom [pl.: *bons-tons*] *s.m.* bom comportamento social ⊡ **de b.** *loc.adj.* apropriado

bo.na.chão [pl.: *-ões*; fem.: *bonachona*] *adj.s.m.* que(m) é simples e muito bondoso

bo.na.chei.rão [pl.: *-ões*; fem.: *bonacheirona*] *adj.s.m.* bonachão

bo.nan.ça *s.f.* **1** tempo propício à navegação **2** tranquilidade, sossego ~ **bonançoso** *adj.*

bon.da.de *s.f.* **1** aquilo que é bom **2** ação de praticar o bem **3** cortesia; favor

bon.de *s.m.* veículo urbano que trafega sobre trilhos ⊡ **pegar o b. andando** *fraseol. infrm.* entrar numa conversa já iniciada, sem saber o que foi dito antes • **tomar o b. errado** *loc.vs. infrm.* equivocar-se

bon.do.so \ô\ [pl.: *bondosos* \ó\] *adj.* que tem ou demonstra bondade

bo.né *s.m.* cobertura para cabeça com pala sobre os olhos

bo.ne.ca *s.f.* **1** objeto que representa a figura feminina, ger. us. como brinquedo **2** moça atraente **3** *infrm.* homem afeminado **4** projeto gráfico de livro ou revista **5** trouxinha de pano (com tempero ou outra substância) us. em culinária ou tarefas domésticas **6** GRÁF modelo experimental de uma publicação (livro, revista etc.) **7** *B pej.* homossexual masculino

bo.ne.co *s.m.* **1** objeto que representa a figura masculina, ger. usado como brinquedo **2** *infrm.* pessoa facilmente influenciável ⊡ **b. de engonço** *loc.subst.* boneco articulado; fantoche; marionete

bo.ne.quei.ro *adj.s.m.* **1** que(m) fabrica ou vende bonecos **2** que(m) manipula bonecos em espetáculos

bon.gô *s.m.* MÚS instrumento de percussão constituído de dois pequenos tambores ligados entre si

bo.ni.fi.ca.ção [pl.: *-ões*] *s.f.* concessão de prêmio ou vantagem; gratificação ~ **bonificar** *v.t.d.*

bo.ni.fra.te *s.m.* **1** fantoche **2** *fig. pej.* pessoa que é manipulada por outra **3** *fig. pej.* quem se veste ou age de forma ridícula

bo.ni.to *adj.* **1** que agrada aos sentidos **2** de aspecto admirável; belo ⟨*joias b.*⟩ **3** nobre; generoso ⟨*uma ação b.*⟩ **4** notável pela qualidade e quantidade ⟨*b. coleção*⟩ **5** diz-se de dia ensolarado ■ *adv.* **6** com bom estilo; bem; acertadamente ⟨*falou b.*⟩ ■ *interj.* **7** exprime aprovação ou reprovação ~ **boniteza** *s.f.*

bo.no.mi.a *s.f.* característica de quem é bom, crédulo, simples

bon.sai *s.m.* **1** técnica japonesa de cultivar plantas em miniatura **2** árvore cultivada nessa técnica

bô.nus *s.m.2n.* **1** pagamento extra dado a um empregado; abono **2** *p.ext.* algo que se dá ou recebe além do esperado **3** prêmio oferecido por estabelecimento comercial a seus clientes **4** ECON título de crédito emitido por empresa pública ou privada

bon.zo *s.m.* monge budista

bo.quei.ra *s.f.* ferida no canto dos lábios

bo.quei.rão [pl.: *-ões*] *s.m.* **1** boca grande **2** grande abertura de rio ou canal

bo.que.jar *v.* {mod. 1} *t.d. e int.* **1** falar baixo e/ou com mau humor ❑ *t.i.* **2** (prep. *de, em, sobre*) falar mal de ❑ *t.i. e int.* **3** (prep. *com*) discutir

bo.qui.a.ber.to *adj.* **1** de boca aberta **2** estupefato ~ **boquiabrir** *v.t.d. e pron.*

bo.qui.nha *s.f.* boca pequena ⊡ **fazer b.** *loc.vs.* franzir os lábios como sinal de zanga • **fazer uma b.** *loc.vs.* fazer uma refeição leve

bo.ra.gi.ná.cea *s.f.* BOT espécime das boragináceas, família de ervas, árvores ou arbustos, cultivadas como ornamentais, como o miosótis, e pela madeira, tinturas ou frutos comestíveis ~ **boragináceo** *adj.*

bo.ra.to *s.m.* qualquer sal do ácido bórico

bó.rax \cs\ *s.m.2n.* substância us. como antisséptico

bor.bo.le.ta \ê\ *s.f.* **1** inseto diurno com asas coloridas **2** dispositivo com três ou quatro barras giratórias us. para dar passagem a uma pessoa por vez (em ônibus, cinema, estádio etc.); roleta, catraca, molinete **3** estilo de nado **4** dobradiça com duas asas para sustentar janelas de guilhotina **5** pessoa inconstante **6** parafuso provido de duas asinhas, com as quais ele é apertado ⊙ COL panapaná

bor.bo.le.te.ar *v.* {mod. 5} *int.* **1** dar voos curtos, sem rumo certo **2** *p.ext.* andar a esmo; errar **3** *fig.* devanear, sonhar ⟨*a mente vive a b.*⟩

bor.bo.rig.mo ou **bor.bo.ris.mo** *s.m.* ruído intestinal causado por gases em movimento

bor.bo.tão [pl.: *-ões*] *s.m.* jato forte e volumoso; jorro ⊡ **aos b.** *loc.adv. fig.* em profusão

bor.bo.tar *v.* {mod. 1} *t.d.* **1** expelir, expulsar, lançar ⟨*vulcões borbotam lava*⟩ ❑ *int.* **2** jorrar, brotar, espirrar ⟨*o sangue borbotava da ferida*⟩ **3** *fig.* surgir em grande número **4** formar botões (a planta)

bor.bu.lha *s.f.* **1** bolha de ar formada pela agitação ou ebulição de líquido **2** bolha de água ou pus na pele

bor.bu.lhar *v.* {mod. 1} *int.* **1** produzir borbulhas **2** sair em borbulhas ou gotas ~ **borbulhante** *adj.2g.* - **borbulhento** *adj.*

bor.co \ô\ *s.m.* ▸ só usado em: **de b.** *loc.adv.* **1** de bruços **2** com a abertura para baixo

bor.da *s.f.* **1** extremidade de superfície; beira **2** parte que arremata e enfeita um objeto ⟨*b. da toalha*⟩ **3** faixa de terra que ladeia qualquer massa de água; margem

bor.da.dei.ra *s.f.* mulher que faz bordado(s)

bor.da.do *s.m.* **1** ato de bordar **2** trabalho ornamental sobre tecido feito com agulha e linha ~ **bordador** *adj.s.m.*

[1]**bor.dão** [pl.: *-ões*] *s.m.* **1** cajado us. como apoio; bastão **2** *fig.* aquele ou aquilo que ampara, ajuda **3** *B* palavra ou frase repetida na fala ou na escrita [ORIGEM: lat. *būrdo,ōnis* 'bastão']

[2]**bor.dão** [pl.: *-ões*] *s.m.* MÚS nota ou corda mais grave de instrumento musical [ORIGEM: fr. *bourdon*, onomatopeia do zumbido de abelha]

[1]**bor.dar** *v.* {mod. 1} *t.d. e int.* enfeitar (pano ou estofo) com fios, pérolas etc. usando agulha [ORIGEM: de um lat. **brosdare*]

[2]**bor.dar** *v.* {mod. 1} *t.d.* **1** acompanhar a margem de **2** encher até a borda ⊃ esvaziar [ORIGEM: *borda* + *-ar*]

bor.de.jar *v.* {mod. 1} *int.* **1** navegar em zigue-zague, com o vento alternando-se entre os dois bordos **2** *fig.*

cambalear 3 *fig. B infrm.* buscar aventuras amorosas ❑ *t.d.* 4 andar ao redor de

bor.de.jo \ê*s.m.* 1 navegação em zigue-zague ou a esmo 2 *p.ext. B infrm.* passeio a esmo 3 *B infrm.* busca de aventura amorosa

bor.del *s.m.* casa de prostituição

bor.de.rô *s.m.* documento que detalha os débitos e créditos de uma operação bancária ou comercial

bor.do \ó\ *s.m.* 1 limite de uma superfície; borda 2 cada lado de embarcação☞ cf. *bombordo, boreste, estibordo* ▣ a b. *loc.adv.* dentro (de barco, avião, trem)

bor.dô *s.m.* 1 a cor do vinho tinto ■ *adj.2g.2n.* 2 que tem essa cor ⟨*vestido b.*⟩ 3 diz-se dessa cor ⟨*cor b.*⟩

bor.do.a.da *s.f.* 1 pancada com bordão; cacetada, paulada 2 *fig.* o que causa grande abalo psicológico; golpe

bor.du.na *s.f.* tacape~ **bordunada** *s.f.*

bo.ré *s.m.* espécie de flauta indígena, com sons roucos

bo.re.al *adj.2g.* 1 relativo ao hemisfério norte 2 pertencente ao norte terrestre; ártico ⟨*aurora b.*⟩ 3 que vem do lado norte; setentrional

bo.res.te *s.m.* lado direito de uma embarcação; estibordo☞ cf. *bombordo*

bó.ri.co *adj.* 1 diz-se de ácido us. em materiais à prova de fogo, cosméticos, corantes e como antisséptico ■ *s.m.* 2 esse ácido~ **boricado** *adj.*

bor.la *s.f.* 1 pompom do qual pendem franjas 2 barrete de doutores e magistrados 3 *p.ext.* grau de doutor

bor.nal *s.m.* embornal

bo.ro *s.m.* elemento químico us. em aços, reatores nucleares, semicondutores etc. [símb.: *B*]☞ cf. *tabela periódica* (no fim do dicionário)

bo.ro.co.xô *adj.2g.s.2g. B infrm.* que(m) está envelhecido e/ou desanimado

bo.ro.ro \ô\ ou **bo.ro.ró** *s.2g.* 1 indivíduo dos bororos, povo indígena do leste de Mato Grosso ■ *s.m.* 2 língua falada pelos bororos ■ *adj.2g.* 3 relativo a esse indivíduo, povo ou língua

bor.ra \ô\ *s.f.* 1 resíduo espesso de uma substância 2 parte mais grosseira e espessa da lã, do algodão etc., de que se fazem tecidos mais grossos

bor.ra-bo.tas *s.2g.2n. pej.* 1 mau profissional 2 joão-ninguém

bor.ra.cha *s.f.* 1 substância elástica sintética ou de látex 2 pedaço industrializado dessa substância us. para apagar traços escritos 3 [2]mangueira ('tubo') 4 *B infrm.* cassetete ▣ **passar a b.** *loc.vs. fig.* perdoar; esquecer

bor.ra.cha.ri.a *s.f. B* estabelecimento em que se consertam e/ou se vendem pneumáticos; borracheiro

bor.ra.chei.ra *s.f.* 1 bebedeira 2 ato, dito ou comportamento de borracho ('bêbado') 3 *p.ext. infrm.* coisa de má qualidade ou malfeita

bor.ra.chei.ro *s.m.* 1 pessoa ou loja que repara ou vende pneus 2 *B* seringueiro

bor.ra.cho *adj.s.m.* 1 bêbado ■ *s.m.* 2 pombo de plumagem incompleta, que ainda não voa

bor.ra.chu.do *adj. B infrm.* 1 com a consistência da borracha ⟨*bife b.*⟩ 2 sem fundos (diz-se de cheque) ■ *s.m.* 3 nome comum a mosquitos negros de fêmeas que picam

bor.ra.dor \ô\ *adj.s.m.* 1 (o) que borra 2 (o) que serve para rascunho ■ *s.m.* 3 diário de registro de operações comerciais

bor.ra.lha *s.f.* 1 borralho 2 cinza

bor.ra.lhei.ra *s.f.* local onde se acumula a borralha; borralheiro

bor.ra.lhei.ro *adj.* 1 que vive junto ao borralho ou nele se aquece 2 sujo de cinzas 3 *p.ext.* que pouco sai de casa ■ *s.m.* 4 borralheira

bor.ra.lho *s.m.* 1 braseiro coberto de cinzas; borralha 2 *fig.* lugar aquecido e confortável 3 o calor da lareira

bor.rão [pl.: *-ões*] *s.m.* 1 mancha de tinta 2 borrador ('rascunho') 3 *fig.* mácula na honra ou reputação 4 *infrm.* pessoa covarde

bor.rar *v.* {mod. 1} *t.d.,int. e pron. infrm.* 1 sujar(-se) com borrão; manchar(-se) ❑ *t.d. e pron. gros.* 2 sujar(-se) com fezes ❑ *t.d. p.ext.* 3 rabiscar, riscar (algo escrito) ❑ *pron. fig. gros.* 4 ter medo; apavorar-se

bor.ras.ca *s.f.* tempestade violenta, esp. no mar; temporal, tormenta ⊃ calmaria

bor.re.go \ê\ *s.m.* cordeiro de até um ano ⊙ COL borregada ⊙ voz v.: balar, balir

bor.re.li.o.se *s.f.* MED termo geral que designa um grupo de doenças causadas por piolhos e carrapatos

bor.ri.far *v.* {mod. 1} *t.d. e pron.* molhar(-se) salpicando pequenas gotas~ **borrifador** *adj.s.m.*

bor.ri.fo *s.m.* 1 difusão ou aspersão de gotas 2 porção de gotas miúdas de orvalho ou de chuva

bor.ze.guim *s.m.* bota fechada com cadarço

bos.que *s.m.* 1 reunião de árvores e arbustos que resta de antigas florestas europeias, africanas e do maciço central brasileiro 2 *p.ext.* mata, pequena floresta

bos.que.jo \ê\ *s.m.* 1 desenho ligeiro, incompleto e simplificado; esboço, rascunho 2 *p.ext.* descrição vaga ou genérica de algo; síntese~ **bosquejar** *v.t.d. e int.*

bos.sa *s.f.* 1 saliência nas costas ou no peito; corcova 2 calombo produzido por uma contusão 3 *B infrm.* inclinação para alguma atividade; talento 4 *infrm.* virtude que diferencia algo ou alguém ▣ **b. nova** *loc.subst.* movimento e estilo musical brasileiro iniciado nos anos 1960

bos.ta *s.f.* 1 excremento animal ou humano 2 *fig. pej.* indivíduo mole, preguiçoso 3 *fig. pej.* coisa malfeita ■ *interj.* 4 *gros.* expressa aborrecimento, desprazer, descontentamento

bo.ta *s.f.* calçado de cano alongado

bo.ta-fo.ra *s.m.2n.* festa de despedida

bo.tâ.ni.ca *s.f.* campo da biologia que estuda o reino vegetal

bo.tâ.ni.co *s.m.* 1 especialista em botânica ■ *adj.* 2 relativo a botânica e a esse especialista

bo.tão [pl.: *-ões*] *s.m.* 1 pequena peça, ger. redonda, us. para unir partes de uma roupa 2 gema ('protuberância') 3 protuberância da flor antes de seu desabrochar 4 peça us. para controlar sintonia, volume, ligar ou desligar aparelhos e máquinas

bo.tar *v.* {mod. 1} *int. e pron. infrm.* 1 (fazer) tomar posição, deslocar(-se); pôr(-se) ❑ *t.d. infrm.* 2 vestir, calçar 3 lançar para fora; expelir 4 preparar, arrumar ⟨*b. a mesa*⟩ 5 *infrm.* fazer cair dentro de; deitar ⟨*b. água no feijão*⟩ ☞ *no feijão* é circunstância que serve como complemento 6 introduzir, meter ⟨*b. a mão no bolso*⟩ ☞ *no bolso* é circunstância que funciona como complemento 7 fazer ingressar; pôr ⟨*b. o amigo na firma*⟩ ☞ *na firma* é circunstância que funciona como complemento 8 pôr, colocar, estender ⟨*b. roupa na cama*⟩ ☞ *na cama* é circunstância que funciona como complemento 9 guardar, depositar ⟨*b. as economias no banco*⟩ ☞ *no banco* é circunstância que funciona como complemento ❑ *t.d.i.* 10 *fig. infrm.* (prep. *em*) atribuir, conferir ⟨*b. defeito em tudo*⟩ ❑ *t.d. e int. infrm.* 11 pôr (ovos) ❑ *t.d.pred. infrm.* 12 fazer ficar; tornar ⟨*b. a mãe nervosa*⟩ ❑ *int.* 13 (prep. *para*) dirigir-se para; ir 14 florescer, frutificar

bo.ta.réu *s.m.* pilar afastado da parede que a apoia estruturalmente e absorve o peso da cobertura

[1]**bo.te** *s.m.* pequeno barco ou escaler [ORIGEM: do fr. *bot* 'id'.]

[2]**bo.te** *s.m.* 1 golpe aplicado com lança, espada, pau etc. 2 *p.ext.* salto (de animal, esp. cobra) sobre a presa 3 *fig.* qualquer agressão ou investida ⟨*b. contra a honestidade*⟩ [ORIGEM: regr. de *botar*]

bo.te.co *s.m.* botequim

bo.te.lha \ê\ *s.f.* 1 frasco para líquidos 2 o seu conteúdo

bo.te.quim *s.m.* bar popular em que servem bebidas, lanches, tira-gostos e pratos simples; boteco

bo.te.qui.nei.ro *s.m.* proprietário, responsável ou servente de botequim

bo.ti.ca *s.f.* antiga farmácia em que se preparavam e vendiam remédios

bo.ti.cão [pl.: *-ões*] *s.m.* alicate para extrair dente

bo.ti.cá.rio *s.m.* 1 proprietário ou administrador de botica 2 farmacêutico ('profissional')

bo.ti.ja *s.f.* vasilhame, de gargalo fino e curto, ger. com asa

bo.ti.jão [pl.: *-ões*] *s.m. B* 1 recipiente para armazenar e transportar voláteis e gases; bujão 2 o conteúdo desse recipiente

bo.ti.na *s.f.* bota de cano baixo, mais us. por homens

[1]**bo.to** \ô\ *adj.* 1 que perdeu o fio ou a ponta; rombudo ⟨*dente b.*⟩ ↄ aguçado, agudo 2 *fig.* cuja inteligência é lerda e escassa; bronco ⟨*aluno b.*⟩ ↄ perspicaz [ORIGEM: contrv.]

[2]**bo.to** \ô\ *s.m.* pequeno mamífero cetáceo, marinho ou de água doce [ORIGEM: do lat.tar. *buttis* 'odre de vinho' e p.ext. 'golfinho']

bo.to.a.ri.a *s.f.* fábrica, indústria ou loja de botões de roupa

bo.to.cu.do *s.m.* 1 nome dado pelos portugueses aos indivíduos de vários povos indígenas que usavam botoque ■ *adj.* 2 relativo a esses indivíduos ■ *adj.s.m.* 3 *pej.* que(m) é inimigo das boas maneiras; rude, incivil

bo.to.ei.ra *s.f.* 1 casa de botão 2 painel com os botões de comando dos elevadores

bo.to.ei.ro *s.m.* quem fabrica ou vende botões

bo.to.que *s.m.* 1 *B* enfeite indígena us. no lábio inferior e orelhas 2 rolha para vedar orifícios

bo.to-ver.me.lho [pl.: *botos-vermelhos*] *s.m. B* boto dos rios Amazonas e Orenoco, de focinho longo, corpo alongado de coloração cinza ou rosada e olhos pequenos

Bo.tox ® [ing.] *s.m.* nome comercial de uma toxina, que, injetada em pequenas doses em músculos ou glândulas, reduz temporariamente sua atividade ⇨ pronuncia-se **botócs**

bo.tu.li.na *s.f.* BIOQ toxina que age sobre o sistema nervoso, causando paralisia muscular

bo.tu.lis.mo *s.m.* intoxicação provocada por bacilo presente em alimentos mal enlatados ou conservados ~ **botulínico** *adj.*

bou.ba *s.f.* 1 doença tropical contagiosa caracterizada por lesões da pele e dos ossos 2 ferimento 3 pequeno tumor de origem venérea

bo.ví.deo *s.m.* 1 espécime dos bovídeos, mamíferos ruminantes, de chifres ocos, pares e não ramificados, representados pelos bois, cabras e ovelhas ■ *adj.* 2 relativo a esse espécime

bo.vi.no *adj.* 1 relativo ou próprio do boi ⟨*casco b.*⟩ ■ *s.m.* 2 o animal bovídeo

[1]**bo.xe** \cs\ *s.m.* luta de socos, em que se usam luvas especiais; pugilismo [ORIGEM: do ing. *boxing* 'id.']

[2]**bo.xe** \cs\ *s.m.* 1 compartimento separado de outros por divisórias, em cavalariças, nos mercados, nas enfermarias, nas garagens 2 compartimento para banho de chuveiro 3 texto posto dentro de um retângulo, numa página impressa [ORIGEM: do ing. *box* 'caixa, compartimento pequeno']

bo.xe.a.dor \cs...ô\ *s.m.* 1 praticante do [1]boxe ■ *adj.* 2 relativo a essa luta ~ **boxear** *v.int.*

bó.xer [pl.: *bóxeres*] *s.m.* cão de origem alemã, robusto, de tamanho médio, pelo curto e focinho achatado

bps sigla de *bits por segundo*, velocidade da transferência digital de dados

Br símbolo de *bromo*

bra.bo *adj.* 1 feroz ⟨*animal b.*⟩ ↄ manso 2 *p.ext.* que está furioso; irado ↄ calmo, tranquilo 3 revolto, violento ⟨*mar b.*⟩ ↄ calmo, sereno 4 que tende a se envolver em rixas; brigão 5 que não é bom para comer; venenoso ⟨*mandioca b.*⟩ 6 difícil, ruim ⟨*fase b.*⟩ ~ **brabeza** *s.f.* - **brabura** *s.f.*

bra.ça *s.f.* 1 antiga unidade de comprimento equivalente a 2,2 m 2 medida de comprimento equivalente a 1,829 m, us. em sondagens de marinha

bra.ça.da *s.f.* **1** o que se pode abarcar com os braços ⟨*b. de flores*⟩ **2** pancada aplicada com o braço **3** movimento do braço ao nadar

bra.ça.dei.ra *s.f.* **1** faixa us. no braço **2** tira ou argola fixada atrás do escudo e pela qual se enfia o braço **3** presilha que une ou firma duas ou mais peças

bra.ce.jar *v.* {mod. 1} *int.* **1** gesticular fortemente **2** *p.ext.* mover-se como braços ~ **bracejador** *adj.s.m.* - **bracejamento** *s.m.*

bra.ce.le.te \ê\ *s.m.* adorno usado no pulso ou braço

bra.ço *s.m.* **1** membro superior entre o ombro e a mão **2** *fig.* trabalhador braçal **3** autoridade, poder ⟨*b. da lei*⟩ **4** haste ou barra horizontal **5** menor haste da cruz **6** porção de mar ou rio que entra pela terra **7** ramificação de rio **8** parte sobre a qual ficam as cordas dos instrumentos musicais **9** apoio para o antebraço nas cadeiras, poltronas etc. **10** o comprimento convencional de um braço (75 cm) **11** tentáculo ⊡ **b. direito** *loc.subst.* auxiliar principal • **de b. dado** *loc.adv.* com o braço enlaçado no de outra pessoa ~ **braçal** *adj.2g.*

bra.ço de fer.ro [pl.: *braços de ferro*] *s.m.* **1** pessoa enérgica, rigorosa **2** queda de braço ⊡ **com b. de ferro** *loc.adv.* com autoridade, com rigor ⟨*administra a empresa com b. de ferro*⟩

brác.tea *s.f.* folha modificada situada abaixo de uma flor

bra.dar *v.* {mod. 1} *t.d.* e *int.* **1** dizer aos brados ou soltar brados; gritar ⊃ sussurrar ❑ *t.i.* **2** (prep. *por, contra*) pedir, protestar em voz alta ⊃ silenciar

bra.di.car.di.a *s.f.* MED redução do ritmo cardíaco abaixo de uma frequência de 60 batimentos por minuto ⊃ taquicardia ~ **bradicardíaco** *adj.s.m.*

bra.do *s.m.* **1** voz forte e enérgica de forma a ser ouvida longe ou com temor; grito **2** grito de queixa, súplica ou protesto; clamor

bra.gui.lha *s.f.* abertura na parte dianteira das calças, cuecas etc.

brail.le ou **brai.le** *s.m.* **1** sistema de leitura e escrita para cegos ■ *adj.2g.* **2** próprio desse sistema

[1]**bra.ma** *s.f.* cio dos veados [ORIGEM: regr. de *bramar*]

[2]**bra.ma** *s.m.* deus supremo da religião hindu ☞ inicial maiúsc. [ORIGEM: do sânsc. *brāhmanas* 'casta de sacerdotes hindus']

[3]**bra.ma** *s.f. infrm.* cerveja de qualquer marca [ORIGEM: marca registrada (*Brahma*) que passou a designar seu gênero]

brâ.ma.ne ou **brâ.mi.ne** *adj.2g.s.2g.* (indivíduo) dos brâmanes, membros da casta sacerdotal, a primeira da estratificação social indiana ~ **bramanismo** *s.m.* - **bramanista** *adj.s.2g.*

bra.mar *v.* {mod. 1} *int.* **1** soltar a voz (certos mamíferos); berrar **2** estar no cio (esp. veado) ☞ nestas acp., só us. nas 3as p., exceto quando fig. **3** *p.ext.* falar ou reclamar em tom colérico **4** produzir grande ruído; retumbar ❑ *t.i. p.ext.* **5** (prep. *por*) suplicar aos gritos

bra.mi.do *s.m.* **1** rugido de fera **2** *p.ext.* reclamação em alta voz; clamor **3** *p.ext.* ruído forte e impressionante; estrondo

bra.mir *v.* {mod. 24} *int.* **1** soltar a voz (as feras, o gamo) ☞ só us. nas 3as p., exceto quando fig. **2** gritar com fúria ⊃ sussurrar **3** produzir grande ruído; retumbar **4** *p.ext.* estar revolto ou em tempestade (mar, atmosfera etc.) ❑ *t.i. fig.* **5** (prep. *por*) suplicar aos berros ⊙ GRAM/USO verbo defectivo

bran.ca.cen.to *adj.* quase branco

bran.co *s.m.* **1** a cor do leite, da cal etc. **2** indivíduo de um grupo populacional ou étnico que se caracteriza por reduzida pigmentação da pele (freq. tb. dos cabelos e olhos), e que, em geral, difere de outros indivíduos cuja coloração da pele é negra, parda, amarela ou acobreada **3** *fig. infrm.* lapso mental ■ *adj.* **4** diz-se dessa cor ⟨*cor b.*⟩ **5** de cor cinza-pálida brilhante; prateado ⟨*ouro b.*⟩ **6** que tem essa cor **7** de cor branco-amarelada ou rosada (diz-se de carnes, peixes etc.) **8** *fig.* pálido, sem cor ⟨*b. de medo*⟩ **9** *fig.* inocente, puro, ingênuo ⟨*alma b.*⟩ ⊡ **em b.** *loc.adj.* que não está preenchido ⟨*cheque em b.*⟩ ~ **brancura** *s.f.*

bran.dir *v.* {mod. 24} *t.d.* **1** erguer (arma) antes do ataque ou disparo **2** agitar (a mão ou algo nela contido) como ameaça **3** balançar, agitar ⟨*b. uma bandeira*⟩ ❑ *int.* **4** oscilar, vibrar ⊙ GRAM/USO verbo defectivo ~ **brandimento** *s.m.*

bran.do *adj.* **1** afável ⟨*temperamento b.*⟩ **2** que reflete suavidade, doçura ⟨*voz b.*⟩ ⊃ áspero **3** pouco intenso ⟨*fogo b.*⟩ ⊃ forte **4** sem vigor; moroso ⊃ lépido, rápido **5** macio, mole ⟨*carne b.*⟩ ⊃ duro ~ **brandura** *s.f.*

bran.que.ar *v.* {mod. 5} *t.d.* e *int.* **1** tornar(-se) branco ou mais branco; alvejar(-se) ⊃ escurecer ❑ *t.d.* **2** cobrir com tinta, pó de cor branca ~ **branqueador** *adj.s.m.* - **branqueamento** *s.m.*

brân.quia *s.f.* estrutura respiratória dos animais aquáticos; guelra ~ **branquial** *adj.2g.*

bran.qui.cen.to *adj.* um tanto branco; brancacento

bran.qui.nha *s.f.* B *infrm.* cachaça

bra.qui.al *adj.2g.* relativo a braço

bra.quí.ce.ro *adj.s.m.* (espécime) dos braquíceros, subordem de insetos, cujas antenas e chifres são curtos

bra.qui.lo.gi.a *s.f.* brevidade na expressão verbal (em palavra, expressão, no discurso etc.), sem prejuízo do sentido

bra.qui.ó.po.de *s.m.* ZOO **1** espécime dos braquiópodes, ramo de animais invertebrados, marinhos, cujos tentáculos servem para locomoção e respiração ■ *adj.2g.* **2** relativo a esse ramo de animais

bra.qui.os.sau.ro *s.m.* nome comum aos maiores dinossauros existentes, herbívoros, de cabeça pequena e cauda e pescoços longos

bra.sa *s.f.* **1** carvão que arde sem chama **2** *fig.* coisa muito quente, escaldante **3** *fig. infrm.* desejo ardente; ardor, paixão **4** *fig. infrm.* raiva, cólera ⊙ COL braseiro

bra.são [pl.: *-ões*] *s.m.* **1** conjunto de figuras que compõem escudo de famílias nobres, cidades, corporações, estados etc. **2** *fig.* lema, princípio
bra.sei.ro *s.m.* **1** grande quantidade de brasa, lenha, carvões ou objetos incendiados **2** fogareiro **3** aquecedor alimentado por brasas **4** *p.ext.* calor intenso
bra.si.lei.ri.ce *s.f.* modo de ser dos brasileiros
bra.si.lei.ris.mo *s.m.* palavra ou expressão típica do português do Brasil
bra.si.lei.ro *adj.* **1** do Brasil (América do Sul) ■ *s.m.* **2** natural ou habitante desse país ⊙ COL brasileirada
bra.si.li.a.na *s.f.* conjunto das obras sobre o Brasil
bra.si.li.a.nis.ta *adj.2g.s.2g.* (estrangeiro) especializado em temas brasileiros ~ **brasilianismo** *s.m.*
bra.sí.li.co *adj.* **1** relativo aos indígenas brasileiros ■ *adj.s.m.* **2** brasileiro
bra.si.li.da.de *s.f.* amor ao Brasil; brasileirismo
bra.si.li.en.se *adj.2g.* **1** de Brasília (DF) ■ *s.2g.* **2** natural ou habitante dessa capital
bra.ú.na *s.f.* árvore de madeira muito dura e escura
bra.va.ta *s.f.* **1** atitude ou ação arrogante; fanfarronice **2** prova de força ou de coragem desnecessária e danosa
bra.va.te.ar *v.* {mod. 5} *t.d.,t.i.pred. e int.* **1** (prep. *de*) mostrar-se presumido; gabar-se ❑ *t.d.,t.d.i. e int.* **2** (prep. *a*) dirigir (ameaças, insultos etc.) [a] ~ **bravateador** *adj.s.m.*
bra.vi.o *adj.* **1** não domesticado; selvagem, feroz ↄ manso, domesticado **2** impolido, rude, bruto ↄ educado, civilizado **3** revolto, tempestuoso ↄ calmo, tranquilo
bra.vo *adj.* **1** rude, não civilizado **2** feroz, brabo ↄ manso **3** que está em estado de fúria **4** que não é cultivado; bravio ⟨*terra b.*⟩ **5** que é tempestuoso, revolto, violento ⟨*mar b.*⟩ ↄ calmo, sereno ■ *adj.s.m.* **6** que(m) é destemido ■ *interj.* **7** exclamação de aprovação, de entusiasmo ~ **braveza** *s.f.*
bra.vu.ra *s.f.* **1** coragem, destemor **2** ferocidade, selvageria ↄ mansidão **3** ímpeto, violência
bre.ar *v.* {mod. 5} *t.d.* **1** revestir de breu **2** dar cor de breu a ❑ *t.d. e pron.infrm.* **3** sujar(-se)
bre.ca *s.f.* ▸ só usado em: **da b.** *loc.adj.* muito incômodo; insuportável • **levado da b.** *loc.adj.* muito travesso
bre.car *v.* {mod. 1} *t.d. e int.* parar (veículo) com o breque; frear ↄ acelerar ~ **brecada** *s.f.*
bre.cha *s.f.* **1** fenda, rachadura, em cerca, muralha, tapume etc. **2** espaço vazio; lacuna **3** *fig.* tempo livre; folga **4** *fig.* chance ⟨*dar b. para o diálogo*⟩
bre.chó *s.m.* loja de objetos usados; belchior
bre.ga *adj.2g.s.2g.infrm.* **1** deselegante, cafona **2** *pej.* que(m) tem mau gosto ~ **breguice** *s.f.*
bre.gue.ço \ê\ [pl.: *bregueços* \é\] *s.m.B infrm.* **1** roupa velha **2** cacareco, quinquilharia, traste **3** objeto pessoal, pertence **4** qualquer objeto ☞ em todas as acp., mais us. no pl.
bre.jei.ro *adj.s.m.* **1** que(m) habita um brejo **2** que(m) tem graciosidade e certa malícia ⊙ COL brejeirada ~ **brejeiral** *adj.2g.* - **brejeirice** *s.f.*
bre.jo *s.m.* **1** terreno lodoso; pântano **2** *fig.* lugar impuro ⊡ **ir para o b.** *loc.vs.B infrm.* não se concretizar; gorar ~ **brejento** *adj.*
bre.nha *s.f.* **1** mata cerrada; matagal **2** *p.ext.* coisa emaranhada **3** *fig.* algo intrincado, indecifrável, secreto ⟨*b. do destino*⟩ ~ **brenhoso** *adj.*
bre.que *s.m.B* **1** freio **2** estilo de samba ⟨*samba do b.*⟩
bre.tão [pl.: *-ões*; fem.: *bretã*] *adj.s.m.* **1** (natural ou habitante) da Grã-Bretanha (Inglaterra, Escócia e País de Gales) **2** (natural ou habitante) da Bretanha, região francesa ■ *s.m.* **3** língua falada na Bretanha
breu *s.m.* **1** substância inflamável obtida do alcatrão **2** *fig.* escuridão
bre.ve *adj.2g.* **1** de curta duração ↄ prolongado **2** que é de limitada extensão espacial ⟨*distância b.*⟩ ↄ extenso, longo **3** sucinto, resumido ↄ extenso, prolixo **4** pouco profundo; resumido **5** pouco numeroso ⟨*livro de b. páginas*⟩ ■ *s.m.* **6** patuá com uma oração **7** documento que contém decisões do papa ■ *adv.* **8** logo, brevemente
bre.vê *s.m.* **1** diploma de piloto de avião **2** registro de invenção ou patente
bre.vi.á.rio *s.m.* **1** resumo, sumário **2** livro das rezas cotidianas dos sacerdotes **3** *p.ext.* conjunto de princípios, convicções etc.
bre.vi.da.de *s.f.* **1** curta duração **2** concisão **3** tipo de bolinho doce quebradiço
bri.ca.bra.que *s.m.* **1** conjunto de objetos usados **2** brechó ~ **bricabraquista** *adj.2g.s.2g.*
bri.da *s.f.* **1** rédea **2** formação fibrosa de cicatrizes, úlceras etc. ⊡ **a toda b.** *loc.adv.* em disparada
bri.ga *s.f.* **1** luta, combate **2** *p.ext.* discussão; bate-boca **3** disputa por um privilégio, um favor etc. ⟨*b. de poder*⟩ **4** rompimento de relações
bri.ga.da *s.f.* **1** unidade militar organizada **2** grupo de pessoas voltado para a execução de certos serviços ~ **brigadista** *adj.2g.s.2g.*
bri.ga.dei.ro *s.m.* **1** oficial que comanda uma brigada **2** oficial que detém esse posto **3** doce de chocolate com leite condensado
bri.ga.dei.ro do ar [pl.: *brigadeiros do ar*] *s.m.* oficial que detém a patente intermediária entre a de major-brigadeiro e a de coronel-aviador
bri.ga.lha.da *s.f.* série de brigas constantes ou generalizadas
bri.gão [pl.: *-ões*; fem.: *brigona*] *adj.s.m.* que(m) é dado a brigas; briguento
bri.gar *v.* {mod. 1} *t.i. e int.* **1** (prep. *com*) combater, lutar **2** (prep. *com*) desentender-se, discutir ↄ entender-se **3** *B* (prep. *com*) romper relações sociais ou amorosas ❑ *t.i.* **4** (prep. *com*) ralhar, repreender ↄ elogiar **5** *B* (prep. *por*) disputar, batalhar
bri.guen.to *adj.s.m.* brigão
bri.lhan.te *adj.2g.* **1** que emite ou reflete uma luz forte; luzente ↄ apagado **2** que, por ter lustre, reluz; lustroso ⟨*cabelo b.*⟩ ↄ baço **3** *fig.* vivo, forte, vistoso ⟨*cor b.*⟩ ↄ desbotado **4** *fig.* que apresenta grande luxo; magnificente ⟨*cerimônia b.*⟩ ↄ simples **5** *fig.* que tem grande notoriedade e distinção; ilustre ↄ obs-

curo **6** *fig.* inteligente e/ou original ⟨*aluno b.*⟩ ■ *s.m.* **7** diamante lapidado

bri.lhan.ti.na *s.f.* cosmético que dá brilho e fixa os cabelos

bri.lhan.tis.mo *s.m.* **1** qualidade do que é brilhante; brilho, cintilação **2** *fig.* grande luxo; esplendor, pompa **3** *fig.* grande talento; maestria, perícia **4** *fig.* perfeição, excelência

bri.lhar *v.* {mod. 1} *int.* **1** lançar ou refletir luz; luzir ⊃ apagar-se **2** *fig.* mostrar-se superior; sobressair ⊃ obscurecer-se ❑ *t.i. fig.* **3** (prep. *em*) revelar-se, manifestar-se ⟨*o ódio brilha no seu olhar*⟩ ⊃ esconder-se

bri.lho *s.m.* **1** luz que um corpo irradia ou reflete **2** intensidade, vibração **3** *fig.* opulência, grandiosidade ⟨*o b. dos salões*⟩ **4** *fig.* qualidade do que é primoroso ⟨*o b. de um orador*⟩ ⟨*o b. de um discurso*⟩

bri.lho.so \ô\ [pl.: *brilhosos \ó*] *adj.* que brilha; brilhante, lustroso

brim *s.m.* tecido resistente de linho, algodão, fibra sintética etc.

brin.ca.dei.ra *s.f.* **1** jogo, divertimento, esp. de crianças; passatempo **2** gracejo, zombaria **3** *infrm.* algo fácil de resolver ⊡ **não estar para b.(s)** *fraseol.* não querer ser importunado com gracejos etc. • **nem de b.** *loc.adv.* de jeito nenhum

brin.ca.lhão [pl.: *-ões*; fem.: *brincalhona*] *adj.s.m.* **1** que(m) gosta de brincar **2** que(m) faz gracejo

brin.car *v.* {mod. 1} *t.i. e int.* **1** (prep. *com*) distrair-se com jogos, brinquedos infantis **2** (prep. *com*) entreter-se, divertir-se ❑ *t.i.* **3** (prep. *de*) divertir-se, fingindo-se de **4** (prep. *com*) não dar importância ⊃ importar-se ❑ *t.d.,t.i.e int.* **5** (prep. *com*) não falar a sério

brin.co *s.m.* **1** enfeite us. na orelha **2** *fig.* palavra que designa uma série de qualidades positivas: coisa bem-feita, bem organizada, bem cuidada ⟨*a festa estava um b.*⟩ ⟨*sua casa é um b.*⟩

brin.dar *v.* {mod. 1} *t.d.,t.i. e int.* **1** (prep. *a*) beber em homenagem a **2** (prep. *a*) levantar brinde (a) ❑ *t.d.i.* **3** (prep. *com*) presentear

brin.de *s.m.* **1** votos de saudação a algo ou alguém ⟨*um b. ao novo projeto*⟩ **2** presente, mimo ⟨*o b. de Natal fez sucesso*⟩

brin.que.do \ê\ *s.m.* **1** objeto de brincar **2** jogo; distração

bri.o *s.m.* **1** sentido de dignidade; amor-próprio ☞ tb. us. no pl. **2** coragem; disposição

bri.o.che *s.m.* pãozinho de massa leve

bri.ó.fi.ta *s.f.* BOT espécime das briófitas, divisão do reino vegetal que reúne plantas sem flores, como os musgos

bri.ó.fi.to *s.m.* BOT briófita

bri.o.so \ô\ [pl.: *briosos \ó*] *adj.* **1** que tem brio; digno, honrado **2** orgulhoso de sua condição; altivo **3** corajoso, valente ⊃ covarde, medroso **4** generoso, liberal ⊃ mesquinho, avarento **5** que tem muita energia (diz-se de cavalo); fogoso

bri.sa *s.f.* vento leve e fresco; aragem

bri.ta *s.f.* fragmentos de pedra us. em estradas de rodagem, composição de concreto, filtragem de água etc.; cascalho

bri.ta.dei.ra *s.f.* máquina para quebrar pedras, concreto, asfalto etc.

bri.tâ.ni.co *adj.* **1** da Grã-Bretanha (Inglaterra, Escócia e País de Gales) ou do Reino Unido (Grã-Bretanha e Irlanda do Norte) ■ *s.m.* **2** natural ou habitante dessas regiões

bri.tar *v.* {mod. 1} *t.d.* quebrar em pequenos pedaços; triturar ~ **britador** *adj.s.m.* - **britagem** *s.f.* - **britamento** *s.m.*

bro.a \ô\ *s.f.* pão ou bolo arredondado de fubá de milho

bro.ca *s.f.* **1** instrumento de perfuração **2** *p.ext.* furo, orifício **3** *B* inseto que perfura ou corrói madeiras, livros, plantas etc. ~ **brocar** *v.t.d. e int.*

bro.ca.do *s.m.* **1** tecido bordado a ouro e/ou prata **2** qualquer tecido que imite esse bordado ■ *adj.* **3** bordado como esses tecidos

bro.car.do *s.m.* **1** máxima jurídica **2** *p.ext.* qualquer máxima ou provérbio ~ **brocárdico** *adj.*

bro.cha *s.f.* **1** prego curto e chato; tacha **2** pincel grande us. em pintura corrida e caiação ■ *adj.2g.s.2g.* **3** *B pej.* impotente sexualmente **4** *p.ext. infrm.* (indivíduo) desanimado, indiferente

bro.chan.te *adj.2g.* **1** *pej.* desestimulante da potência sexual ⊃ afrodisíaco **2** *p.ext. infrm.* desanimador; desencorajador ⊃ estimulante

bro.char *v.* {mod. 1} *t.d.* **1** encadernar (livro, publicação) em brochura **2** pregar brocha ('prego') em **3** pintar com brocha ('pincel') ❑ *int. B* **4** *gros.* perder, provisoriamente ou não, a potência sexual **5** *infrm.* desanimar

bro.che *s.m.* joia ou bijuteria com alfinete e fecho, us. ger. ao peito para prender ou enfeitar a roupa

bro.che.te *s.f.* **1** espeto para grelhar ou assar carnes na brasa **2** alimento assim preparado; espetinho

bro.chu.ra *s.f.* **1** livro de capa mole **2** a capa us. nesse tipo de livro

bró.co.lis ou **bró.co.los** *s.m.pl.* nome comum a diversas variedades de couve cultivada, com pequenos botões florais muito próximos

bro.ma.to *s.m.* sal do ácido brômico ou ânion dele derivado, us. em pigmentos e intermediários químicos

bro.mé.lia *s.f.* nome comum a plantas da família das bromeliáceas, nativas da América tropical, cultivadas como ornamentais

bro.me.li.á.cea *s.f.* BOT espécime das bromeliáceas, família de plantas de caule pequeno, cultivadas como ornamentais, ou por suas fibras ou frutos, como o abacaxi

bro.me.li.á.ceo *adj.* relativo às bromeliáceas

bro.me.to \ê\ *s.m.* sal do ácido bromídrico ou ânion dele derivado ⊡ **b. de prata** *loc.subst.* substância sensível à luz, us. em filmes fotográficos

bro.mo *s.m.* elemento químico tóxico, avermelhado, us. em corantes e produtos de farmácia [símb.: *Br*] ☞ cf. *tabela periódica* (no fim do dicionário)

bron.ca *s.f. B infrm.* **1** repreensão áspera ⟨*levou uma b. pelo atraso*⟩ **2** reclamação ou crítica a respeito de pessoa ou estado de coisas ⟨*depois da b., o barulho cessou*⟩ **3** implicância, cisma ⟨*tem b. dos amigos da filha*⟩

bron.co *adj.s.m.* que(m) é ignorante, grosseiro, pouco inteligente

bron.cop.neu.mo.ni.a *s.f.* inflamação aguda do tecido pulmonar

bron.que.ar *v.* {mod. 5} *t.i.* **1** (prep. *com*) dar bronca em; repreender ❑ *t.i. e int.* **2** (prep. *com*) protestar, reclamar

brôn.quio *s.m.* cada um dos dois canais que se ramificam da traqueia e conduzem o ar aos pulmões ~ **bronquial** *adj.2g.* - **brônquico** *adj.*

bron.qui.te *s.f.* inflamação da traqueia e dos brônquios

bron.tos.sau.ro *s.m.* nome comum a dinossauros quadrúpedes, herbívoros, de até 30 t e 22 m de comprimento

bron.ze *s.m.* **1** liga de cobre e estanho **2** *p.ext.* obra de arte fundida em bronze **3** *p.ext.* medalha feita de bronze ⟨*ganhou o b. nas olimpíadas*⟩ **4** *p.ext.* a cor do bronze ou que lembra a do bronze **5** *p.ext. B* a cor morena da pele ■ *adj.2g.2n.* **6** que tem a cor dessa liga metálica ~ **brônzeo** *adj.*

bron.ze.a.dor \ô\ *adj.s.m.* **1** (o) que bronzeia ■ *s.m.* **2** substância própria para bronzear a pele

bron.ze.ar *v.* {mod. 5} *t.d. e int.* **1** revestir ou cobrir de bronze ❑ *t.d.,int. e pron.* **2** dar ou tomar aspecto ou cor do bronze **3** (fazer) adquirir tom moreno; amorenar(-se) ~ **bronzeamento** *s.m.*

bro.tar *v.* {mod. 1} *t.d.,t.i. e int.* **1** (prep. *de*) gerar rebentos (a planta); germinar ❑ *t.i. fig.* **2** (prep. *de*) ter origem; nascer, provir ⮌ acabar ❑ *t.d.* **3** produzir (secreção); expelir ❑ *t.i. e int.* **4** (prep. *de*) sair em jato; jorrar ❑ *int.fig.* **5** aparecer, surgir ⮌ sumir, desaparecer ~ **brotamento** *s.m.*

bro.to \ô\ *s.m.* **1** início do desenvolvimento de um novo órgão numa planta; rebento **2** *p.ext. B infrm.* pessoa jovem **3** *p.ext. B infrm.* pessoa bem conservada **4** *B infrm.* namorado ou namorada

bro.to.e.ja \ê\ *s.f.* erupção na pele que forma pequenas bolhas muito próximas umas das outras e causa coceira

brown.ie [ing.; pl.: *brownies*] *s.m.* variedade de bolo de chocolate com nozes, amêndoas etc. ⇨ pronuncia-se **brauni**

brows.er [ing.; pl.: *browsers*] *s.m.* ver *NAVEGADOR* ⇨ pronuncia-se **brauzer**

bro.xa *adj.2g.s.2g.* forma a evitar, por *brocha*

bru.a.ca *s.f. B* **1** saco ou mala de couro cru, us. para transporte de víveres sobre bestas **2** *pej.* mulher idosa e feia

bru.ce.lo.se *s.f.* infecção bacteriana transmitida ao homem por contato com caprinos, bovinos, suínos e cães

bru.ços *s.m.pl.* ◗ só usado em: **de b.** *loc.adv.* deitado de barriga para baixo

bru.ma *s.f.* **1** nevoeiro; neblina **2** névoa, esp. no mar ~ **brumoso** *adj.*

bru.nir *v.* {mod. 24} *t.d.* **1** tornar brilhante; polir, lustrar **2** *fig.* apurar, aperfeiçoar (estilo, ideia etc.) ~ **brunidor** *adj.s.m.* - **brunidura** *s.f.*

brus.co *adj.* **1** rude, indelicado ⟨*modos b.*⟩ **2** repentino, imprevisto ⟨*manobra b.*⟩ ~ **brusquidão** *s.f.*

bru.tal *adj.2g.* **1** próprio de bruto; irracional ⟨*fome b.*⟩ **2** violento; cruel **3** que impressiona ⟨*um acidente b.*⟩ **4** *infrm.* excessivo; extraordinário ⟨*uma ideia de b. importância*⟩ ~ **brutalizar** *v.t.d.,int. e pron.*

bru.ta.li.da.de *s.f.* **1** qualidade do que é bruto ou brutal **2** violência, selvageria **3** ação ou palavra grosseira; grosseria, estupidez ⮌ civilidade, cortesia

bru.ta.mon.te *s.2g.* brutamontes

bru.ta.mon.tes *s.2g.2n.* **1** indivíduo corpulento **2** indivíduo de modos rudes

bru.to *adj.s.m.* **1** (animal) que vive em estado natural; selvagem **2** que(m) age como um animal selvagem **3** que(m) não tem instrução ou refinamento **4** que(m) é violento ■ *adj.* **5** que não foi tocado ⟨*diamante b.*⟩ **6** que não é racional; violento ⟨*força b.*⟩ **7** que está sem desconto ou abatimento ⟨*renda b.*⟩ ⟨*peso b.*⟩ ⮌ líquido ~ **bruteza** *s.f.* - **brutidade** *s.f.*

bru.xa *s.f.* **1** mulher que usa forças supostamente sobrenaturais para causar o mal, prever o futuro e fazer feitiços **2** *p.ext. pej.* mulher má e/ou feia **3** boneca de trapos **4** nome comum a diversas mariposas com mais de 10 cm e de cor escura

bru.xa.ri.a *s.f.* **1** ação ou prática de bruxa; feitiço, mandinga **2** *fig.* atração irresistível; encantamento

bru.xis.mo \cs\ *s.m.* hábito de ranger os dentes durante o sono ⊙ GRAM/USO pronúncia corrente *bruxismo* \ch\

bru.xu.le.ar *v.* {mod. 5} *int.* **1** brilhar com tremulações ou fracamente **2** *fig.* estar para acabar; agonizar ~ **bruxuleante** *adj.2g.* - **bruxuleio** *s.m.*

bu.bão [pl.: *-ões*] *s.m.* **1** inchação de gânglio; íngua **2** pústula ou tumor de pele ~ **bubônico** *adj.*

bu.cal *adj.2g.* relativo a boca; oral

bu.ca.nei.ro *s.m.* pirata que atuava no Caribe no sXVII

bu.cha *s.f.* **1** objeto us. para vedar orifício ou fenda **2** peça que se embute na parede para fixar prego ou parafuso **3** trepadeira alta, de flores amarelas rajadas de verde, nativa e/ou cultivada em regiões tropicais por seus usos medicinais e seus brotos, frutos e fibras **4** material fibroso extraído do fruto seco da bucha, us. como esfregão para banho **5** *p.ext.* qualquer tipo de material, natural ou sintético, us. para tomar banho ou lavar louças; esponja **6** pedaço de papel ou pano us. para prender e calcar a carga de armas de carregar pela boca **7** chumaço combustível dos balões juninos ⊡ **b. de canhão** *loc.subst.* pessoa us. como escudo ou proteção • **na b.** *loc.adv.* imediatamente

bu.cha.da *s.f.* 1 estômago e demais entranhas de animais 2 cozido das entranhas de bode, cabrito, carneiro ou ovelha

bu.cho *s.m.* 1 estômago de animais 2 *B infrm.* estômago do homem; barriga, ventre 3 *B pej.* mulher velha e/ou muito feia

bu.clê *adj.s.m.*(tecido) cujos fios formam pequenas alças, parecendo crespos

bu.ço *s.m.* penugem do lábio superior

bu.có.li.co *adj.* 1 relativo a pastores e animais de qualquer rebanho 2 relacionado à vida e aos costumes do campo 3 *p.ext.* relativo a natureza ~**bucolismo** *s.m.* - **bucolista** *adj.2g.s.2g.*

bu.da *s.m.* título dado pelos budistas a quem alcança a iluminação ☞ inicial ger. maiúsc.

bu.dis.mo *s.m.* religião e filosofia oriental que busca a superação do sofrimento humano ~ **budista** *adj.2g.s.2g.*

bu.ei.ro *s.m.* 1 abertura para escoamento de águas para o subsolo 2 *p.ext.* a caixa de ferro dessa abertura e sua tampa grelhada

bú.fa.lo *s.m.* nome comum a duas espécies de bovídeos, a africana, selvagem, e a asiática, atualmente domesticada e distribuída pelo mundo, de que se usam o leite, a carne e o couro

bu.fan.te *adj.2g.* folgado e afastado do corpo (diz-se de roupa ou parte dela) ⟨*mangas b.*⟩

bu.fão [pl.: *-ões*; fem.: *bufona*] *s.m.* 1 palhaço de rei; bobo ■ *adj.s.m.* 2 *p.ext.* (pessoa) que fala ou se comporta de modo cômico ou inoportuno 3 *p.ext.* que(m) se vangloria muito ~**bufonaria** *s.f.*

bu.far *v.*{mod. 1} *t.d. e int.* 1 expelir (ar, sopro, vapor etc.) com força ❑ *t.i. e int.fig.* 2 (prep. *de*) enfurecer-se ou protestar intensamente

bu.fê *s.m.* 1 mesa, aparador 2 serviço que fornece comidas e bebidas em festas, reuniões etc. 3 *p.ext.* conjunto das comidas e bebidas servidas nessas ocasiões

bu.fo *s.m.* 1 palhaço de rei; bobo, bufão ■ *adj.* 2 com texto e música cômicos; burlesco (diz-se de peça teatral)

bug [ing.; pl.: *bugs*] *s.m.* defeito ou falha no código de um programa de computador ⇨ pronuncia-se bâg

bu.ga.lho *s.m.* 1 nódulo globular no carvalho formado por ação de insetos, fungos, bactérias etc. 2 *p.ext.* qualquer objeto esférico que lembre esse nódulo 3 *p.ext. infrm.* o olho

bu.gan.ví.lia *s.f.* trepadeira ornamental com espinhos nos galhos e cacho de flores coloridas; primavera

bu.gi.gan.ga *s.f.* objeto de pouco valor

bu.gi.o *s.m.* macaco ~**bugiar** *v.int.* - **bugiaria** *s.f.*

bu.gre [fem.: *bugra*] *s.m.* 1 *pej.* nome dado pelos europeus a todos os índios 2 *fig. pej.* pessoa mal-educada e inculta 3 *fig.* pessoa desconfiada ⊙ COL bugrada, bugraria

bu.jão [pl.: *-ões*] *s.m.* 1 peça us. para vedar 2 botijão

bu.jar.ro.na *s.f.* vela grande, triangular, que se iça à proa da embarcação

bu.la *s.f.* 1 impresso explicativo de um medicamento 2 decreto papal ~**bulático** *adj.*

bul.bo *s.m.* 1 órgão vegetal arredondado, aéreo ou subterrâneo, responsável pela nutrição da planta ⟨*b. de cebola*⟩ ⟨*b. de tulipa*⟩ 2 *p.ext.* qualquer estrutura, elemento ou parte dele que lembre um bulbo 3 parte dilatada de órgão vegetal ou animal 4 cobertura de metal ou vidro em lâmpada ou válvula ~ **bulbar** *adj.2g.* - **bulboso** *adj.*

bul.do.gue *s.m.* cão inglês, baixo, musculoso, de pelo curto, patas dianteiras separadas e maxilar inferior proeminente

bul.dô.zer *s.m.* trator de terraplenagem equipado com lâmina frontal de aço

bu.le *s.m.* recipiente de louça, metal etc. com tampa, asa e bico em que se faz e/ou serve chá, café etc.

bu.le.var *s.m.* rua ou avenida larga, ger. arborizada

búl.ga.ro *adj.* 1 da Bulgária (Europa) ■ *s.m.* 2 natural ou habitante desse país 3 a língua búlgara

bu.lha *s.f.* 1 confusão de vozes; gritaria 2 *p.ext.* desordem; tumulto ~ **bulhar** *v.t.i. e int.* - **bulhento** *adj.s.m.*

bu.lhu.fas *pron.ind. B infrm.* coisa nenhuma, nada ⟨*não entende b. de química*⟩

bu.lí.cio *s.m.* 1 ruído de agitação; murmúrio 2 inquietação

bu.li.ço.so \ô\ [pl.: *buliçosos \ó*] *adj.* agitado, inquieto

bu.li.mi.a *s.f.* apetite insaciável

bu.lir *v.*{mod. 29} *t.d.,t.i.,int. e pron.* 1 (prep. *com*) mover(-se) ou agitar(-se) de leve; mexer(-se) ❑ *t.i.* 2 (prep. *em*) pôr as mãos; tocar 3 *fig.* (prep. *com*) aborrecer; incomodar ~**bulimento** *s.m.*

bul.ly.ing [ing.] *s.m.2n.* comportamento insistente de quem procura intimidar, por meio de violência física ou psicológica, alguém que é incapaz de se defender, ger. em ambiente escolar ⊙ GRAM/USO em ing., invariável ⇨ pronuncia-se bâliing

bum.ba meu boi *s.m.2n.* drama folclórico do ciclo natalino cujo protagonista é um boi que morre e ressuscita; boi-bumbá, cavalo-marinho

bum.bo *s.m.* → BOMBO

bum.bum *s.m.B l.inf.* bunda

bu.me.ran.gue *s.m.* peça arqueada de madeira, us. para caça e guerra, que retorna ao ponto do qual foi lançada

bun.da *s.f.* 1 região das nádegas 2 *p.ext. infrm.* conjunto das nádegas e do ânus ⊙ GRAM/USO aum.irreg.: bundão ⊡ **nascer com a b. para a lua** *fraseol. infrm.* ter muita sorte

bun.da-mo.le [pl.: *bundas-moles*] *adj.2g.s.2g. pej.* 1 que(m) é fraco, medroso 2 que(m) é apático, desanimado

bun.dão [pl.: *-ões*; fem.: *bundona*] *adj.s.m. infrm.* 1 que(m) é tolo, desanimado, maçante ■ *s.m.* 2 bunda grande ⊙ GRAM/USO aum.irreg. de *bunda*

bu.quê *s.m.* 1 ramo de flores 2 aroma dos vinhos envelhecidos

bu.ra.co *s.m.* 1 espaço vazio, natural ou artificial, em um corpo ou superfície 2 toca ⟨*b. de tatu*⟩ 3 *fig. pej.* lugar isolado, pobre e/ou pequeno 4 jogo de cartas, semelhante à canastra, que utiliza dois baralhos e pode ser jogado com ou sem parcerias ▣ **b. de ozônio** *loc.subst.* efeito destruidor da poluição atmosférica na camada de ozônio • **b. negro** *loc.subst.* 1 região cósmica dotada de força gravitacional intensíssima 2 *joc.* local ou situação em que coisas desaparecem sem explicação

bu.ra.quei.ra *s.f.* grande quantidade de buracos

bur.bu.re.jar *v.*{mod. 1} *int.* ter som de água a borbulhar ⊙GRAM/USO só us. nas 3ªs p., exceto quando fig.

bur.bu.ri.nho *s.m.* 1 ruído prolongado de vozes 2 murmúrio ~**burburinhar** *v.int.*

bur.ca *s.f.* vestimenta que cobre todo o corpo, desde a cabeça, us. por algumas mulheres muçulmanas

bu.rel *s.m.* tecido grosseiro de lã parda, marrom ou preta

bur.go *s.m.* 1 na Idade Média, fortaleza 2 povoação, aldeia

bur.go.mes.tre *s.m.* cargo equivalente a prefeito, em certas cidades alemãs, belgas, holandesas e suíças

bur.guês *s.m.* 1 na Idade Média, habitante livre de um burgo ■ *adj.* 2 relativo ou próprio do burgo ■ *adj.s.m.* 3 que(m) pertence à classe média 4 *pej.* que(m) é preconceituoso, reacionário e apegado a valores materiais

bur.gue.si.a *s.f.* 1 conjunto dos que exercem profissões liberais, estando mais ou menos ligados às esferas dirigentes e detentoras da economia; classe média 2 *pej.* caráter considerado típico dessa classe social

bu.ril *s.m.* 1 ferramenta de aço com ponta oblíqua cortante us. na gravação em metal e madeira 2 *p.ext.* gênero de gravura em placa de metal na qual se trabalha diretamente com o buril

bu.ri.lar *v.*{mod. 1} *t.d. e t.d.i.* 1 (prep. *em*) gravar ou lavrar com buril 2 *fig.* aprimorar, melhorar ⮌piorar ~**burilada** *s.f.*

bu.ri.ti *s.m.* 1 palmeira de cujas folhas se extrai fibra us. em cobertura de casas e artesanato 2 seu fruto ⊙COL buritizal

bu.ri.ti.zal *s.m.* grande concentração de buritis

bu.ri.ti.zei.ro *s.m.* buriti ('palmeira')

bur.lar *v.*{mod. 1} *t.d.* 1 enganar, ludibriar 2 fraudar 3 desrespeitar, transgredir ⟨*b. a lei*⟩ ⮌ obedecer ~**burla** *s.f.* - **burlador** *adj.s.m.* - **burlão** *adj.s.m.*

bur.les.co \ê\ *adj.* cômico ou grotesco

bu.ro.cra.ci.a *s.f.* 1 sistema de procedimentos administrativos 2 *pej.* a ineficiência no desempenho desses procedimentos 3 conjunto de funcionários desse sistema ~**burocratização** *s.f.* - **burocratizar** *v.t.d.,int. e pron.*

bu.ro.cra.ta *s.2g.* 1 funcionário da burocracia 2 *pej.* indivíduo preso a rotinas

bu.ro.crá.ti.co *adj.* 1 relativo a burocracia 2 próprio de burocrata

bur.ra *s.f.* 1 fêmea do burro 2 caixa em que se guardavam objetos de valor e/ou dinheiro; cofre

bur.ra.da *s.f.* 1 ajuntamento de burros 2 ato estúpido

bur.ri.ce *s.f.* 1 falta de inteligência 2 asneira; tolice

bur.ri.co *s.m.* burro pequeno ⊙GRAM/USO dim.irreg. de *burro* ~**burrical** *adj.2g.*

bur.ri.fi.car *v.*{mod. 1} *t.d.,int. e pron.* (fazer) perder a inteligência; emburrecer

bur.ri.nho *s.m.* 1 burro pequeno ou jovem 2 bomba para aspirar líquidos 3 compressor de ar ou óleo, esp. o us. no sistema de freios dos automóveis

bur.ro *s.m.* 1 jumento 2 animal estéril, cruza de cavalo com jumenta ou de jumento com égua; mu, muar, mulo ■ *adj.s.m. fig.* 3 teimoso; ignorante ⊙ GRAM/USO dim.irreg.: *burrico* ▣ **b. de carga** *loc.subst.infrm.* indivíduo muito trabalhador • **pra b.** *loc.adv.infrm.* muito ⟨*a topada doeu pra b.*⟩

bur.si.te *s.f.* inflamação de alguma bolsa do organismo

bus.ca-pé [pl.: *busca-pés*] *s.m.* fogo de artifício que corre em zigue-zague pelo chão antes de estourar

bus.car *v.*{mod. 1} *t.d.* 1 esforçar-se por descobrir, encontrar 2 pesquisar, investigar 3 apanhar, pegar ⟨*veio b. os livros*⟩ 4 tentar obter; procurar ⟨*b. a salvação*⟩ 5 esforçar-se por, empenhar-se 6 imaginar, pensar ⟨*b. um modo de vencer*⟩ 7 dirigir-se, ir para ⟨*rios buscam o mar*⟩ ⮌afastar-se ~**busca** *s.f.*

bu.sí.lis *s.m.* a essência do problema; dificuldade

bús.so.la *s.f.* 1 instrumento formado por uma agulha magnética, imantada, que gira na horizontal sobre um pino colocado no seu centro de gravidade e aponta para o norte magnético 2 *fig.* direção a seguir; meta 3 *fig.* o que serve de guia

bus.ti.ê *s.m.* corpete feminino curto, ger. sem alças

bus.to *s.m.* 1 parte do corpo da cintura para cima 2 estátua ou pintura da parte superior do tronco humano 3 os seios da mulher

bu.ta.no *s.m.* gás incolor us. como combustível

bu.ti.á *s.m.* 1 palmeira de fruto oleaginoso e longas folhas us. em artesanato 2 seu fruto ~**butiazeiro** *s.m.*

bu.ti.que *s.f.* 1 loja pequena de artigos finos 2 *p.ext.* qualquer loja pequena e elegante

bu.tu.ca *s.f.* 1 mutuca 2 *B infrm.* olho ☞mais us. no pl. ▣ **de b.** *loc.subst.B infrm.* de olho; à espreita

bu.zi.na *s.f.* 1 corneta ou trombeta 2 dispositivo sonoro de veículos ⟨*b. de carro, de lancha*⟩ 3 *p.ext.* qualquer aparelho que produza som estridente com fins de sinalização ~**buzinada** *s.f.*

bu.zi.nar *v.*{mod. 1} *t.d. e int.* 1 tocar a buzina (de) ❑ *t.d. e t.d.i.fig.* 2 (prep. *a*) repetir várias vezes; repisar

bú.zio *s.m.* 1 nome comum dado a diversos moluscos dotados de grandes conchas 2 a concha espiralada desses moluscos ▣ **jogar búzios** *loc.vs.* ler a sorte conforme a disposição dos búzios lançados sobre mesa ou peneira

by.te [ing.; pl.: *bytes*] *s.m.*INF unidade de informação constituída por 8 *bits* [símb.: *B*] ⇨ pronuncia-se**bait**

c *s.m.* **1** terceira letra (consoante) do nosso alfabeto ■ *n.ord.* *(adj.2g.2n.)* **2** diz-se do terceiro elemento de uma série ⟨*casa C*⟩ ⟨*item 1c*⟩ ☞ empr. posposto a um substantivo ou numeral **3** diz-se da terceira classe na escala de poder e riqueza ⟨*classe C*⟩ ⊙ GRAM/USO na acp. s.m., pl.: *cc*

C **1** símbolo de '*carbono* **2** símbolo de *coulomb*

Ca símbolo de *cálcio*

[1]**cá** *adv.* aqui [ORIGEM: do lat. *eccum hāc* 'eis aqui']

[2]**cá** *s.m.* nome da letra *k* [ORIGEM: pronúncia da letra grega *kapa*]

[1]**cã** *s.f.* cabelo branco ☞ mais us. no pl. [ORIGEM: do lat. *canas*, fem. pl. de *canus,a,um* 'id.']

[2]**cã** *s.m.* título de alguns chefes ou governantes da Ásia oriental [ORIGEM: do turco-tártaro *han* 'id.']

ca.a.ba *s.f.* **1** santuário sagrado dos muçulmanos, localizado em Meca, Arábia Saudita **2** a pedra sagrada ali colocada

ca.a.po.ra *s.2g.B* caipora ('ser')

ca.a.tin.ga *s.f.* **1** vegetação típica do nordeste brasileiro e de parte do norte de MG, de clima quente e seco, com arbustos espinhentos e cactáceas **2** área dessa vegetação

ca.ba.ça *s.f.* **1** planta de frutos ocos e casca dura, us. no fabrico de diferentes objetos; cabaceira, cabaceiro **2** cuia ger. feita da metade desse fruto

ca.ba.cei.ro *s.m.* **1** pequena árvore, de madeira branca e leve, própria para caixotaria **2** cabaça ('planta')

ca.ba.ço *s.m.gros.* **1** o hímen **2** mulher ou homem virgem

ca.bal *adj.2g.* que é ou está como deve ser; completo, categórico ⊃ imperfeito, inacabado

ca.ba.la *s.f.* **1** sistema filosófico-religioso judaico de interpretações dos textos do Antigo Testamento **2** *fig.* negociação ou combinação secreta; conspiração, intriga ~**cabalista** *adj.2g.s.2g.*

ca.ba.lar *v.* {mod. 1} *int.* **1** conspirar, tramar ❑ *t.d. e int.* **2** obter (votos), aliciar (eleitores) por meios ilícitos

ca.ba.lís.ti.co *adj.* **1** relativo a cabala **2** *fig.* que tem significado oculto ⊃ aberto, revelado

ca.ba.na *s.f.* casa pequena e rústica, ger. campestre

ca.ba.no *adj.* diz-se de animais cujos chifres ou orelhas são voltados para baixo; acabanado

ca.ba.ré *s.m.* casa de diversões em que há bebida, dança, música e, ger., espetáculos

ca.baz *s.m.* cesto de vime, junco etc., com alças e ger. com tampa

ca.be.ça \ê\ *s.f.* **1** parte do corpo humano que contém o crânio, a face, o cérebro e os órgãos da visão, audição, olfato e paladar **2** *fig.* pessoa reconhecida por sua inteligência e/ou cultura **3** extremidade maior, superior ou anterior de qualquer corpo, objeto ou estrutura ⟨*c. de prego, de osso*⟩ **4** *infrm.* parte do crânio coberta pelo couro cabeludo **5** o centro do intelecto, da memória, da compreensão e do controle emocional; inteligência **6** indivíduo ou animal considerado como a unidade de um grupo ⟨*c. de gado*⟩ **7** centro de determinada região; capital **8** *infrm.* a glande do pênis ■ *s.2g.* **9** figura proeminente; líder

ca.be.ça-cha.ta [pl.: *cabeças-chatas*] *s.2g.* **1** *pej.* apelido dado a nordestino, esp. cearense **2** ZOO perigoso tubarão costeiro, de carne saborosa, pele us. como couro, de cujo fígado se extrai óleo

ca.be.ça.da *s.f.* **1** pancada dada com a cabeça **2** no futebol, futevôlei etc., ato de receber ou passar a bola com a cabeça **3** *B* tipo de cabresto ou arreio, ger. de couro, que tb. pode servir de rédea de cavalo **4** *fig.* atitude impensada, insensata ou leviana **5** *fig. infrm.* mau negócio

ca.be.ça de ne.gro [pl.: *cabeças de negro*] *s.f.* pequena bomba característica dos festejos juninos, que se detona com estrondo por meio de uma cabeça de fósforo ☞ cf. *cabeça-de-negro*

ca.be.ça-de-ne.gro [pl.: *cabeças-de-negro*] *s.f.* arbusto brasileiro, de flores amarelas e frutos comestíveis, com sementes tidas como antidiarreicas ☞ cf. *cabeça de negro*

ca.be.ça de pon.te [pl.: *cabeças de ponte*] *s.f.* posição de vanguarda que uma tropa invasora ocupa em terreno inimigo ☞ cf. *cabeça de praia*

ca.be.ça de por.co [pl.: *cabeças de porco*] *s.f.* **1** cortiço ('casa') **2** prédio de muitos apartamentos pequenos

ca.be.ça de prai.a [pl.: *cabeças de praia*] *s.f.* área conquistada no litoral inimigo para desembarque de tropas e material ☞ cf. *cabeça de ponte*

ca.be.ça de pre.go [pl.: *cabeças de prego*] *s.f. infrm.* furúnculo pequeno ☞ cf. *cabeça-de-prego*

ca.be.ça-de-pre.go [pl.: *cabeças-de-prego*] *s.f.* inseto circular marrom, que ataca árvores frutíferas ☞ cf. *cabeça de prego*

ca.be.ça de ven.to [pl.: *cabeças de vento*] *s.2g. infrm.* pessoa que não age com atenção, bom senso, prudência ou responsabilidade

ca.be.ça-du.ra [pl.: *cabeças-duras*] *s.2g.* **1** pessoa estúpida, sem inteligência ou sem instrução **2** indivíduo teimoso, insistente ou obstinado

ca.be.ça.lho *s.m.* **1** peça dianteira dos carros de bois, da qual pende a canga **2** indicação de nome, data etc. no alto de publicações, cartas, memorandos etc.

ca.be.ção [pl.: *-ões*] *s.m.* **1** tipo de cabresto de cavalo **2** gola larga da parte superior de roupa de clérigos ou de mulher

ca.be.ce.ar *v.* {mod. 5} *int.* **1** balançar a cabeça **2** mexer a cabeça, deixando-a pender, por sono, cansaço ❑ *t.d. e int.* **3** golpear ou impulsionar com a cabeça ~cabeceio *s.m.*

ca.be.cei.ra *s.f.* **1** parte da cama em que se pousa a cabeça **2** cada uma das duas extremidades de uma mesa retangular ou oval **3** posição ou lugar de maior destaque à mesa de refeição ou reunião **4** nascente de um rio ☞ nesta acp. mais us. no pl.

ca.be.ço \ê\ *s.m.* **1** monte pequeno e arredondado **2** cume arredondado de um monte ⊙ GRAM/USO aum.: *cabeçorro*

ca.be.çor.ra \ô\ *s.f.* cabeça grande

ca.be.çor.ro \ô\ *s.m.* grande cabeço ('monte'); morro

ca.be.ço.te *s.m.* **1** acessório us. para fixar peça a ser trabalhada à mesa de trabalho **2** peça inteiriça da parte superior de um motor a explosão **3** mecanismo de leitura e gravação de disquete ou fita magnética

ca.be.çu.do *adj.s.m.* **1** (o) que tem cabeça grande **2** *fig.* que(m) é teimoso

ca.be.dal *s.m.* patrimônio material, intelectual ou moral

ca.be.de.lo \ê\ *s.m.* elevação de areia que se forma junto à foz dos rios

ca.be.lei.ra *s.f.* **1** o conjunto de cabelos da cabeça quando longos e/ou cheios **2** peruca **3** ASTR nuvem luminosa de gás e poeira que envolve o núcleo de um astro; coma

ca.be.lei.rei.ro *s.m.* **1** profissional que corta e trata cabelos **2** seu local de trabalho

ca.be.lo \ê\ *s.m.* **1** conjunto de pelos que crescem no corpo humano, esp. na cabeça **2** cada um desses pelos **3** molinha de aço que regula o mecanismo dos relógios ⊙ COL cabeleira, madeixa, mecha, melena, tufo

ca.be.lu.do *adj.s.m.* **1** (o) que tem cabelos longos e/ou cheios ■ *adj.fig. infrm.* **2** difícil de lidar com ou de resolver; complicado ⊃ descomplicado, fácil **3** sem sutileza ou finura; exagerado, grosseiro ⟨*mentira c.*⟩ ⊃ fino, sutil **4** obsceno, imoral ⟨*piada c.*⟩

ca.ber *v.* {mod. 21} *int.* **1** poder ser ou estar contido dentro de ⟨*aqui cabem dez pessoas*⟩ **2** poder entrar ou passar por ⟨*o móvel coube no corredor*⟩ **3** poder realizar-se (em um dado espaço de tempo) ⟨*a fala cabe em uma hora*⟩ **4** ter cabimento; convir ⟨*já não cabem recursos*⟩ ❑ *t.i.* **5** (prep. *a*) competir a, pertencer, tocar **6** (prep. *a*) ser adequado; convir ~**cabível** *adj.2g.*

ca.bi.de *s.m.* **1** haste, gancho ou suporte em que se penduram roupas, chapéus, toalhas etc. **2** peça de madeira, plástico e/ou outros materiais, no tamanho aproximado dos ombros, com gancho, us. para pendurar roupas

ca.bi.de.la *s.f.* **1** conjunto das extremidades das aves (cabeça, pescoço, pés, asas) e dos miúdos em geral **2** guisado feito com esses miúdos e o sangue da ave

[1]**ca.bi.do** *s.m.* **1** conjunto de cônegos de catedral ou igreja **2** *p.ext.* qualquer outra assembleia, corporação ou associação [ORIGEM: do lat. *capitŭlum,i* 'cabeça pequena; capitel de coluna etc.']

[2]**ca.bi.do** *adj.* **1** que tem cabimento; admissível, válido **2** adequado, apropriado; merecido ⊃ descabido **3** *infrm.* que se mete onde não deve; intrometido [ORIGEM: part. de *caber*]

ca.bil.da *s.f.* **1** aldeia de mouros **2** grupo nômade que se muda em busca de pasto

ca.bi.men.to *s.m.* **1** condição do que é aceitável, plausível **2** condição ou qualidade do que é conveniente, apropriado, oportuno

ca.bi.na *s.f.* cabine

ca.bi.ne *s.f.* **1** local para experimentar roupas nas lojas **2** camarote em navios, trens etc. **3** parte do avião em que ficam os instrumentos de voo e na qual viajam pilotos e tripulantes **4** boxe ou guarita para se falar em telefone público **5** guarita **6** plataforma ou caixa móvel do elevador

ca.bi.nei.ro *s.m.* **1** quem atende nas cabines de trem **2** ascensorista

ca.bis.bai.xo *adj.* **1** de cabeça baixa ↄ aprumado, ereto **2** *fig.* moralmente abatido; triste ↄ alegre, vibrante

ca.bi.ú.na ou **ca.vi.ú.na** *s.f.* **1** tipo de jacarandá, de madeira útil e preta ■ *adj.2g.* **2** de cor escura ■ *adj.2g.s.2g.* **3** da cor dessa madeira quando escura **4** (boi ou cavalo) de pelo escuro ■ *s.2g.* **5** negro ou mulato escuro

[1]**ca.bo** *s.m.* **1** extremidade pela qual se maneja ou segura algo **2** feixe de fios metálicos us. em tração **3** condutor us. para transmissão de sinais [ORIGEM: do lat. *capŭlum,i* 'corda para laçar, prender ou guiar animais, esp. o cavalo']

[2]**ca.bo** *s.m.* **1** graduação de praça logo acima da de soldado (no Exército e na Aeronáutica) ou de marinheiro (na Marinha) e imediatamente inferior a terceiro-sargento (nas três armas) **2** militar que detém qualquer dessas graduações **3** GEO ponta de terra que entra pelo mar **4** parte, elemento ou período final ou terminal [ORIGEM: do lat. *caput,ĭtis* 'cabeça, extremidade etc.'] ⊡ **c. eleitoral** *loc.subst.* quem faz campanha para um candidato a cargo eletivo

ca.bo.clo \ô\ *s.m.* **1** mestiço descendente de índio e branco **2** caipira, roceiro, matuto ■ *adj.* **3** relativo a esse mulato e caipira, seus aspectos, seus hábitos, sua índole **4** da cor morena do cobre ⊙ COL caboclada

ca.bo de guer.ra [pl.: *cabos de guerra*] *s.m.* jogo entre duas equipes que puxam em direções opostas as pontas de uma corda, para arrastar o oponente

ca.bo.gra.ma *s.m.* telegrama transmitido por cabo submarino

ca.bo.ré *s.2g.* *B* caburé ('caipira', 'indivíduo feio', 'coruja')

ca.bo.ta.gem *s.f.* navegação em águas costeiras

ca.bo.ti.no *s.m.* **1** ator, esp. cômico, ambulante ■ *adj.s.m.* **2** que(m) proclama suas próprias qualidades ~ **cabotinagem** *s.f.* - **cabotinice** *s.f.* - **cabotinismo** *s.m.*

ca.bo-ver.di.a.no [pl.: *cabo-verdianos*] *adj.* **1** de Cabo Verde (África) ■ *s.m.* **2** natural ou habitante desse país

ca.bra *s.f.* **1** fêmea do bode **2** *fig. pej.* mulher pouco recatada, devassa ■ *s.2g. infrm.* **3** indivíduo, sujeito, cara **4** quem se coloca a serviço em troca de pagamento; capanga ⊙ COL cabrual, fato, rebanho ⊙ VOZ v.: balar, balir, barregar, berrar, berregar, bezoar; subst.: berro, balido

ca.bra-ce.ga [pl.: *cabras-cegas*] *s.f.* jogo de pique em que o pegador vendado deve agarrar um participante para substituí-lo

ca.bra-ma.cho [pl.: *cabras-machos*] *s.m. B infrm.* indivíduo corajoso e decidido

ca.brão [pl.: *-ões*] *s.m.* **1** macho da cabra; bode **2** *p.ext.* criança berrona ou chorona

cá.brea *s.f.* guindaste para grandes pesos de construção, artilharia etc.

ca.brei.ro *adj.s.m.* **1** que(m) lida com cabra **2** *fig.* que(m) sabe agir ou trabalhar com cuidado, rapidez e eficiência ■ *adj.* **3** relativo a cabra **4** *B infrm.* astucioso, enganador, dissimulado ↄ correto, leal **5** *B infrm.* desconfiado, arisco ↄ confiante

ca.bres.tan.te *s.m.* mecanismo para içar grandes pesos, âncoras etc. ☞ cf. [2]*guincho*

ca.bres.to \ê\ *s.m.* **1** arreio para prender animais de montaria ou controlar sua marcha **2** *fig.* algo que subjuga

ca.bre.ú.va *s.f.* árvore brasileira de madeira nobre, serragem us. em perfumaria, e de folhas e frutos medicinais; cabriúva

[1]**ca.bril** *s.m.* curral de cabras [ORIGEM: do lat. *caprīle,is* 'id.']

[2]**ca.bril** *adj.2g.* **1** relativo a cabra(s) ou próprio dela(s) **2** agreste ou hostil, por ser rochoso e escarpado (diz-se de terreno) [ORIGEM: do lat. *caprīlis,le* 'relativo a cabra']

ca.bri.o.la *s.f.* **1** salto de cabra **2** cambalhota **3** salto em que o dançarino, ainda no ar, bate com os pés ou calcanhares, um de encontro ao outro **4** *fig.* mudança súbita de opinião ou de partido político

ca.bri.o.lar *v.* {mod. 1} *int.* **1** dar cabriolas **2** *p.ext.* ter muitas curvas, voltas (p.ex., um rio)

ca.bri.o.lé *s.m.* **1** carruagem de capota móvel, de duas rodas, puxada por cavalo **2** carroceria de carro conversível de dois ou três lugares

ca.bri.ta *s.f.* **1** cabra nova **2** *B infrm.* menina-moça **3** cabo de serra manual

ca.bri.tar *v.* {mod. 1} *int.* saltitar como cabrito

ca.bri.to *s.m.* **1** bode jovem **2** *fig. infrm.* menino levado **3** *fig. infrm.* homem mulato ou bem moreno; cabrocha

ca.bri.ú.va *s.f.* cabreúva

ca.bro.cha *s.2g.* *B* **1** mestiço jovem ■ *s.f. B infrm.* **2** mulher que gosta de sambar ou que participa de desfiles carnavalescos

ca.brum *adj.2g.* caprino ('semelhante')

cá.bu.la *s.f.* **1** falta às aulas por vadiagem **2** artimanha para escapar do trabalho ■ *adj.s.m.* **3** (aluno) que falta às aulas; gazeteiro **4** que(m) faz artimanhas para escapar do trabalho; enganador ~ **cabulice** *s.f.*

ca.bu.lar *v.* {mod. 1} *int.* **1** não comparecer à aula **2** usar artifícios para fugir de obrigações

ca.bu.lo.so \ô\ [pl.: *cabulosos* \ó\] *adj. B infrm.* **1** que traz ou tem azar; azarento **2** maçante, tedioso ↄ agradável, interessante **3** desagradável, antipático ↄ estimulante, simpático **4** complicado, obscuro ↄ claro, conhecido

ca.bu.ré *s.m.* *B* **1** mestiço de negro com índio; cafuzo **2** mestiço de branco com índio; caboclo **3** habitante da roça; caipira, caboré **4** indivíduo feio e melancólico; caboré **5** pessoa baixa e corpulenta **6** tipo pequeno de coruja de hábitos diurnos; caboré

ca.ca *s.f. l.inf.* **1** fezes **2** qualquer porcaria

ca.ça *s.f.* **1** caçada **2** conjunto de animais que podem ser caçados ⟨*a c. é proibida*⟩ **3** o animal caçado **4** *fig.* busca insistente; perseguição ☞ cf. *cassa*

ca.ça.dor-co.le.tor [pl.: *caçadores-coletores*] *adj.s.m.* que(m) vive da caça, pesca e coleta de materiais da natureza
ca.ça-do.tes *s.2g.2n.* quem busca enriquecer casando-se com pessoa rica
ca.ca.jau *s.m.* nome comum a macacos amazônicos, da família dos cebídeos, conhecidos vulgarmente como uacaris
ca.çam.ba *s.f. B* **1** balde ger. preso a uma corda, us. para tirar água de poços **2** parte da betoneira em que se prepara o cimento **3** lata ou balde de argamassa dos pedreiros **4** qualquer tipo de recipiente ou depósito ⟨*c. de lixo*⟩ **5** receptáculo de caminhões, guindastes, escavadeiras etc.
ca.ça-mi.nas *s.m.2n. B* **1** dispositivo em carros de combate para detectar e destruir minas **2** navio com esse fim
ca.ça-ní.queis *s.m.2n.* **1** máquina de jogo de azar que funciona com introdução de moedas ■ *adj.2g.2n.s.m.2n.* **2** (obra, produção artística etc.) que visa ao lucro sem atenção à qualidade
ca.ção [pl.: *-ões*] *s.m.* tubarão de pequeno ou médio porte
ca.ça.pa *s.f.* na sinuca, cada uma das seis redes em que caem as bolas
ca.ça.po *s.m.* **1** filhote de coelho **2** *fig.* homem baixo e gordo
ca.çar *v.* {mod. 1} *t.d.* **1** perseguir (animal) para prender ou matar **2** *p.ext.* procurar para prender; perseguir ⟨*c. ladrões*⟩ **3** buscar insistentemente; catar ☞ cf. *cassar* ~ caçada *s.f.* - caçador *adj.s.m.*
ca.ca.re.co *s.m. B* **1** objeto velho e/ou bastante us. **2** *p.ext.* objeto sem valor ⊙ GRAM/USO mais us. no pl.
ca.ca.re.jar *v.* {mod. 1} *int.* **1** cantar (a galinha) ☞ só us. nas 3as p., exceto quando fig. **2** *fig. pej.* falar muito; tagarelar
ca.ca.re.jo \ê\ *s.m.* **1** ação ou efeito de cacarejar **2** canto da galinha **3** *fig.* ação ou hábito de quem fala demais; tagarelice
[1]**ca.ca.ri.a** *s.f.* porção de cacos [ORIGEM: *caco* + *-aria*]
[2]**ca.ca.ri.a** *s.f. B* **1** grupo de ladrões **2** antro de ladrões [ORIGEM: obscura]
ca.ça.ro.la *s.f.* panela alta, com alças e tampa
ca.ca.tu.a *s.f.* nome comum a aves pequenas e médias, da família dos psitacídeos, de plumagem ger. branca e longo topete de penas
ca.cau *s.m.* **1** fruto do cacaueiro, com polpa adocicada e comestível **2** matéria-prima do chocolate extraída das sementes dessa fruta ⊙ COL cacaual
ca.cau.ei.ro ou **ca.cau.zei.ro** *s.m.* árvore muito cultivada pelos seus frutos e sementes, conhecidos como cacau
ca.cau.i.cul.tu.ra *s.f.* plantação ou cultivo de cacau ~ **cacauicultor** *adj.s.m.*
ca.cau.zei.ro *s.m.* → *CACAUEIRO*
ca.ce.ta.da *s.f.* **1** bordoada **2** *fig.* amolação, aborrecimento **3** *infrm.* grande quantidade ⟨*tomou uma c. de remédios*⟩
ca.ce.te \ê\ *s.m.* **1** bastão de madeira, us. para dar pancadas, servir de apoio etc. **2** algo cuja forma comprida e/ou cilíndrica lembra a desse bastão **3** *gros.* o pênis **4** *B infrm.* cacetada, bordoada **5** *p.ext. infrm.* surra ■ *adj.2g.s.2g.* **6** (o) que provoca tédio, aborrecimento; maçante ■ *interj.* **7** *gros.* expressa apreensão, lembrança repentina, aborrecimento ~ **cacetar** *v.t.d.,int. e pron.*
ca.ce.te.a.ção [pl.: *-ões*] *s.f. B* **1** coisa ou situação que aborrece **2** estado causado por algo maçante; aborrecimento
ca.ce.te.ar *v.* {mod. 5} *t.d. e int.* **1** bater com cacete ('bastão') [em] ❑ *t.d.,int. e pron. B* **2** aborrecer(-se), chatear(-se) ↄ alegrar(-se)
ca.cha.ça *s.f.* **1** aguardente obtida da fermentação e destilação das borras do melaço da cana-de-açúcar **2** qualquer bebida alcoólica, esp. destilada **3** *fig. infrm.* aquilo que se faz com entusiasmo; paixão
ca.cha.ção [pl.: *-ões*] *s.m.* **1** empurrão ou pancada na nuca **2** *p.ext.* tapa, cascudo
ca.cha.cei.ro *adj.s.m.* **1** beberrão ■ *s.m.* **2** árvore amazônica de até 30 m, com folhas de até 1 m e tronco que exala odor de cachaça ao ser cortado
ca.cha.ço *s.m.* **1** parte posterior do pescoço; nuca **2** *fig.* opinião demasiado boa e lisonjeira sobre si mesmo; arrogância **3** pescoção, tapa ou soco **4** porco reprodutor; varrão
ca.cha.lo.te *s.m.* baleia cinzenta ou preta, com até 20 m de comprimento, de cabeça quase quadrangular e dentes apenas nas mandíbulas
ca.chão [pl.: *-ões*] *s.m.* **1** agitação ou turbilhão de água ou outro líquido **2** jato forte e volumoso; borbotão **3** queda-d'água
ca.chê *s.m.* remuneração que ator, músico, palestrante etc. recebe por apresentação
ca.che.ar *v.* {mod. 5} *t.d. e int.* **1** deixar ou ficar (o cabelo) com cachos ↄ alisar ❑ *int.* **2** ficar (a planta) com cachos
ca.che.col *s.m.* manta estreita e comprida us. em volta do pescoço
ca.chim.ba.da *s.f.* ato de aspirar e soltar a fumaça do cachimbo
ca.chim.bar *v.* {mod. 1} *int.* **1** fumar cachimbo **2** *fig.* exalar vapor(es) ou fumaça ⟨*um vulcão a c.*⟩
ca.chim.bo *s.m.* **1** utensílio para fumar, composto de um tubo ligado a um bojo no qual arde o tabaco **2** bocal do castiçal
ca.chi.mô.nia *s.f. infrm.* **1** centro do intelecto; mente **2** sagacidade, perspicácia **3** capacidade de lembrar-se; memória
ca.cho *s.m.* **1** conjunto de flores ou frutos que brotam em um eixo comum **2** anel de cabelo **3** *B infrm.* caso amoroso
ca.cho.ei.ra *s.f.* **1** torrente de água que corre ou cai formando um borbotão **2** queda-d'água volumosa
ca.cho.la *s.f. infrm.* cabeça ('centro do intelecto')
ca.cho.le.ta \ê\ *s.f.* **1** pancada que se dá na cabeça, com o dorso da(s) mão(s) ou com uma vara **2** *fig.* censura, repreensão

ca.chor.ra.da *s.f.* 1 bando de cães 2 *fig. infrm.* ato ou comportamento baixo, indigno; safadeza

ca.chor.ro \ô\ *s.m.* 1 cão ■ *adj.s.m. fig.* 2 que(m) é indigno, vil ou infame ⊙ COL matilha ⊙ VOZ v.: ganir, ladrar, latir, rosnar; subst.: ganido, latido, rosnado

ca.chor.ro-quen.te [pl.: *cachorros-quentes*] *s.m.* salsicha quente, com ou sem molho, servida em um pão alongado

ca.ci.fe *s.m. B* 1 em jogo de aposta, quantia mínima que cada jogador deve ter para participar 2 *fig. infrm.* conjunto de condições, materiais ou não, necessárias para realizar algo

ca.cim.ba *s.f.* poço que se cava até atingir um lençol de água subterrâneo; cisterna

ca.ci.que *s.m.* 1 chefe de tribo de índios 2 *fig.* mandachuva 3 *fig.* indivíduo de influência política, eleitoral ou administrativa

ca.co *s.m.* 1 pequeno pedaço quebrado (de algo) 2 *p.ext. infrm.* pessoa envelhecida e/ou doente 3 *B infrm.* o que resta de dente cariado ou que está por extrair 4 TEAT *infrm.* fala improvisada introduzida pelo ator no texto original

ca.ço.ar *v.* {mod. 1} *t.i. e int.* (prep. *de*) ridicularizar com gestos, palavras etc.; zombar ~**caçoada** *s.f.*

ca.co.e.te \ê\ *s.m.* 1 contração muscular involuntária e repetitiva; tique 2 *p.ext.* prática repetitiva; mania

ca.có.fa.to *s.m.* som ou palavra desagradável que se forma do encontro de sons de palavras vizinhas

ca.co.fo.ni.a *s.f.* 1 união não harmônica de sons diversos 2 GRAM pronúncia feia ou incorreta de palavras, formando cacófato ☞ cf. *eufonia* ~**cacofônico** *adj.*

ca.co.gra.far *v.* {mod. 1} *t.d. e int.* escrever (algo) com erros de ortografia ~**cacografia** *s.f.*

cac.tá.cea *s.f.* BOT espécime das cactáceas, família de arbustos ou ervas espinhentas, de regiões quentes e secas das Américas, com caules engrossados por amplas reservas de água, cultivado como ornamental, como alimento ou como cerca viva

cac.to *s.m.* nome comum a várias plantas com caule espinhento e suculento; cáctus ~**cactáceo** *adj.*

các.tus *s.m.2n.* cacto

ca.çu.la *adj.2g.s.2g. B* (o) mais novo dos filhos ou irmãos

ca.cun.da *s.f.* 1 deformidade da coluna vertebral; corcunda ■ *adj.2g.s.2g.* 2 (pessoa) com essa deformidade

ca.da *pron.ind.* num conjunto, série ou totalidade, todo e qualquer elemento considerado individualmente

ca.da.fal.so *s.m.* 1 palanque ou estrado para realização de atos públicos ou cerimônias solenes 2 tablado para execução pública de condenados; patíbulo

ca.dar.ço *s.m.* 1 cordão de seda, algodão etc. 2 cordão para amarrar o calçado

ca.das.trar *v.* {mod. 1} *t.d.* 1 reunir e organizar num cadastro dados sobre (itens diversos) ❑ *t.d. e pron.* 2 incluir num cadastro nome e/ou informações (de) ~**cadastramento** *s.m.*

ca.das.tro *s.m.* 1 registro de dados (sobre clientes, fornecedores, bens etc.) 2 documento ou arquivo que contém esses dados ⊡ **c. de pessoa física** *loc.subst.* documento de pessoa física, exigido pela Receita Federal para regulamentação do imposto de renda [sigla: *CPF*] • **c. geral de contribuinte** *loc.subst.* identificação de pessoa jurídica na Receita Federal [sigla: *CGC*] ~**cadastral** *adj.2g.*

ca.dá.ver *s.m.* corpo morto, esp. de um ser humano ⊙ COL mortualha

ca.da.vé.ri.co *adj.* 1 relativo a cadáver ou semelhante a ele ⟨*rigidez c.*⟩ 2 que se dá ou se faz no cadáver ⟨*exame c.*⟩ 3 *fig.* muito magro

ca.dê *adv. B infrm.* quede

ca.de.a.do *s.m.* tranca portátil e móvel, provida de uma barra ou de arco em forma de U, cuja extremidade livre é presa ao corpo da tranca

ca.dei.a *s.f.* 1 corrente de elos, anéis etc., us. para prender, amarrar, sustentar etc. 2 *p.ext.* série ou conjunto de fatos ou ações relacionados entre si 3 *p.ext.* conjunto de elementos dispostos em sequência linear; sequência 4 *fig.* prisão 5 conjunto de restaurantes, supermercados, hotéis etc. de mesmo dono ou empresa 6 grupo de emissoras que transmitem, no todo ou em parte, a mesma programação; rede ⊡ **c. alimentar** *loc.subst.* ECO representação da transferência de energia ou das relações alimentares em um ecossistema, através de uma série em que os seres vivos se alimentam e servem de alimento para outros seres vivos • **c. aberta** *loc.subst.* QUÍM cadeia constituída de átomos que não formam anel quando se unem • **c. fechada** *loc.subst.* QUÍM cadeia constituída de átomos que se unem formando anel

ca.dei.ra *s.f.* 1 assento com encosto e pernas, ger. para uma pessoa 2 *fig.* lugar de honra ocupado por político, cientista, literato etc. 3 *fig.* disciplina; cátedra 4 *fig.* anca, quadril ☞ freq. us. no pl. 5 lugar privilegiado em teatros, estádios etc.

ca.dei.ran.te *adj.2g.s.2g.* (pessoa) que se locomove em cadeira de rodas

ca.dei.ri.nha *s.f.* 1 liteira pequena 2 conjunto de montanhismo, feito de fitas de náilon, resistentes, costuradas entre si para envolver as coxas e a cintura do escalador; boldrié

ca.de.la *s.f.* 1 a fêmea do cão 2 *pej.* mulher vulgar ⊙ GRAM/USO dim.irreg.: *cadelita*; fem.irreg. de *cão*

ca.dên.cia *s.f.* 1 encadeamento ou sucessão regular de sons, movimentos etc. 2 *p.ext.* ritmo, compasso

ca.den.ci.ar *v.* {mod. 1} *t.d.* 1 dar cadência a; ritmar 2 *p.ext.* executar com lentidão ⟨*c. o trabalho*⟩

ca.den.te *adj.2g.* 1 que cai ou está caindo 2 que tem cadência ('ritmo')

ca.der.ne.ta \ê\ *s.f.* pequeno caderno para registros diversos ⊡ **c. de poupança** *loc.subst. B* depósito bancário em que a quantia não movimentada rende juros; poupança

ca.der.no *s.m.* **1** conjunto de folhas de papel reunidas, que formam um livro para anotações, desenhos etc. **2** obra publicada, ger. seriada, sobre determinado assunto ⟨*c. literários*⟩ ☞ mais us. no pl. **3** suplemento de jornal, revista etc. ⟨*c. de esporte*⟩

ca.de.te \ê\ *s.m.* aspirante a oficial do Exército, Marinha ou Aeronáutica

ca.di.nho *s.m.* vaso resistente ao fogo us. para fundir minérios, minerais etc.

cád.mio *s.m.* elemento químico us. em reatores nucleares, fusíveis etc. [símb.: *Cd*] ☞ cf. *tabela periódica* (no fim do dicionário)

ca.du.car *v.* {mod. 1} *int.* **1** envelhecer **2** tornar-se antigo ou obsoleto ⟨*tal hábito caducou*⟩ **3** *B* perder a lucidez, por velhice **4** desaparecer, extinguir-se ⟨*sua fé caducou*⟩ **5** perder a validade ou o efeito legal (contrato, direito etc.) ⮌ validar-se

ca.du.ceu *s.m.* **1** bastão de ouro com duas serpentes enroscadas e asas na extremidade superior, símbolo do deus Hermes ou Mercúrio e da Medicina **2** emblema com essa figura **3** esse emblema us. como símbolo da Medicina

ca.du.ci.da.de *s.f.* **1** decadência (de pessoa ou coisa); decrepitude **2** velhice **3** perda da memória ou da lucidez, esp. devida à velhice **4** DIR prescrição (de uma ação), decadência (de um direito), ou a circunstância em que isso se dá

ca.du.co *adj.* **1** que cai **2** que perdeu a força, a firmeza e/ou o brilho; decrépito, velho **3** DIR sem validade ⟨*lei c.*⟩ ⮌ válido, vigente ■ *adj.s.m.* **4** que(m) perdeu parcialmente o juízo devido à idade ou à doença mental ~**caduquez** *s.f.* - **caduquice** *s.f.*

ca.e.té *s.2g.* **1** indivíduo dos caetés, povo indígena que vivia no litoral nordestino, da foz do rio São Francisco à foz do rio Parnaíba, na Paraíba, no sXVI ■ *adj.2g.* **2** relativo a esse indivíduo e a esse povo

ca.fa.jes.te *adj.2g.s.2g.* **1** (pessoa) sem refinamento, atrevida e que se veste ger. com mau gosto **2** (pessoa) mau-caráter; velhaco ■ *adj.2g.* **3** de modos grosseiros, ordinários, abusados ⮌ educado, gentil **4** desordeiro, valentão ⮌ ordeiro, pacato ~**cafajestada** *s.f.* - **cafajestagem** *s.f.* - **cafajestice** *s.f.*

ca.far.na.um *s.m.* **1** lugar sem ordem ou muito distante **2** *p.ext.* falta de ordem; confusão **3** *B* coisa ou objeto muito velho

ca.fé *s.m.* **1** fruto do cafeeiro **2** bebida feita desse fruto depois de seco, torrado e moído **3** cafeeiro **4** estabelecimento onde se servem café, bebidas, lanches **5** a cor marrom do grão do café ■ *adj.2g.2n.* **6** que tem a cor do café ('fruto', 'bebida') **7** diz-se dessa cor ⟨*cor c.*⟩

ca.fé com lei.te [pl.: *cafés com leite* (subst.)] *s.m.* **1** a cor bege da mistura do café com leite ■ *adj.2g.2n.* **2** que tem essa cor ⟨*móvel c.*⟩ **3** diz-se dessa cor ⟨*cor c.*⟩ ■ *adj.2g.2n.s.m.* **4** (criança menor) a quem as regras de jogo infantil se aplicam de modo especial ou mais brando

ca.fé da ma.nhã [pl.: *cafés da manhã*] *s.m.* *B* refeição que se toma ao acordar; desjejum

ca.fe.ei.ro *s.m.* **1** arbusto de cujas sementes se faz, por torrefação e moagem, o pó de café ■ *adj.* **2** relativo a café, esp. à produção ou ao comércio ⊙ COL cafezal

ca.fe.i.cul.tu.ra *s.f.* cultivo ou plantação de cafeeiros ~**cafeicultor** *adj.s.m.*

ca.fe.í.na *s.f.* substância estimulante e diurética presente no café, mate etc.

ca.fé-pe.que.no [pl.: *cafés-pequenos*] *s.m.* **1** *fig. infrm.* coisa simples, fácil de fazer **2** *fig. infrm.* pessoa, coisa ou fato sem importância

ca.fe.tã *s.m.* túnica comprida, ger. forrada de peles, us. pelos turcos, árabes e povos vizinhos

ca.fe.tão [pl.: *-ões*; fem.: *cafetina*] *s.m.* *B* quem explora a prostituição; cáften

ca.fe.tei.ra *s.f.* vasilha ou máquina para fazer e/ou servir café

ca.fe.ti.na *s.f.* *B* mulher que vive da exploração de prostitutas; caftina

ca.fe.zal *s.m.* grande plantação de café

cá.fi.la *s.f.* **1** grupo de camelos que transportam mercadorias **2** caravana de mercadores na Ásia e África **3** *pej.* corja

ca.fo.na *adj.2g.s.2g.* *B* *infrm.* (o) que revela mau gosto, pouca sofisticação ~**cafonice** *s.f.*

caf.ta *s.f.* iguaria árabe de carne moída, farinha de trigo e especiarias, assada (em espeto ou em forno) ou frita

cáf.ten [pl.: *cáftens*; fem.: *caftina, cafetina*] *s.m.* cafetão

caf.ti.na *s.f.* *B* cafetina

ca.fu.a *s.f.* **1** cova, caverna **2** *p.ext.* lugar isolado e escuro **3** antro, esconderijo **4** *B* aposento escuro onde os alunos eram deixados de castigo; cafundó ⊙ GRAM/USO aum.: *cafuão*

ca.fun.dó *s.m.* *B* **1** baixada estreita entre encostas altas e íngremes **2** lugar distante e pouco habitado ☞ tb. us. no pl. **3** cafua ('aposento')

ca.fu.né *s.m.* carícia na cabeça ☞ tb. us. no pl.

ca.fu.zo *adj.s.m.* *B* **1** mestiço de negro com índio **2** *p.ext.* mestiço de pele muito escura ou negra e cabelos lisos e cheios

cá.ga.do *s.m.* **1** réptil de água doce de pescoço longo e casco mais achatado que o do jabuti ■ *adj.s.m.* *fig. infrm.* **2** (o) que é lento, vagaroso

ca.gar *v.* {mod. 1} *int.* **1** expelir fezes; defecar ❑ *t.d. e pron.* **2** (prep. *de*) sujar(-se), emporcalhar(-se) ⟨*c.-se de tinta*⟩ ❑ *t.i.* *fig.* *B* **3** (prep. *para*) não dar importância a; desprezar ❑ *pron.* **4** sujar-se de fezes; borrar-se

cai.a.na *s.f.* **1** tipo da cana-de-açúcar **2** *p.ext.* *B* *infrm.* aguardente de cana; cachaça

cai.a.pó *s.2g.* **1** indivíduo dos caiapós, grupo indígena brasileiro ■ *s.m.* **2** língua falada pelos caiapós ■ *adj.2g.* **3** relativo a esse indivíduo e a esse grupo

cai.a.que *s.m.* **1** canoa esquimó feita de ossos de baleia e coberta com pele animal **2** *p.ext.* canoa similar para esporte e lazer

cai.ar *v.* {mod. 1} *t.d.* **1** pintar com mistura de cal, água e, ger., cola **2** *p.ext.* cobrir com substância branca **3** *fig.* tornar branco ou mais branco ⟨*a neve caiou a rua*⟩ ~ **caiação** *s.f.*

cãi.bra ou **câim.bra** *s.f.* contração muscular súbita, dolorosa e involuntária

cai.bro *s.m.* peça de madeira retangular, us. em armação de telhado, forro, soalho etc.

cai.ça.ra *s.f.* **1** cerca feita de varas ■ *s.2g.* **2** habitante do litoral, que vive da pesca ou similar ⊙ COL caiçarada

ca.í.do *adj.* **1** que caiu ou foi derrubado; tombado ⟨*árvore c.*⟩ **2** que está voltado para baixo, esp. devido ao próprio peso; pendente ⟨*seios c.*⟩ **3** *fig.* abatido, enfraquecido ⮌ fortalecido, robusto **4** *p.ext.* desanimado, triste ⮌ alegre, contente **5** cuja situação (física, econômica, moral etc.) piorou; decadente ⮌ próspero **6** *fig.* muito apaixonado; seduzido ⮌ desinteressado, indiferente

cai.ei.ra *s.f.* *B* **1** forno próprio para fazer a cal **2** fábrica de cal **3** forno ou fogueira us. para cozer tijolos

cai.mão [pl.: *-ões*] *s.m.* nome de várias espécies de jacaré, encontradas em rios e lagos das Américas Central e do Sul

câim.bra *s.f.* → CÃIBRA

ca.i.men.to *s.m.* **1** desvio, inclinação **2** *fig.* estado de abatimento, desânimo; prostração **3** *B* modo como tecido ou roupa toma a forma do corpo

ca.i.nhar *v.* {mod. 1} *int.* gemer (o cão) de dor, sofrimento; ganir ⊙ GRAM/USO só us. nas 3as p., exceto quando fig.

cai.pi.ra *adj.2g.s.2g.* **1** que(m) é da roça **2** *p.ext.* que(m) é simplório, não tem requinte ou muita instrução **3** *fig.* que(m) é tímido, acanhado, pouco sociável ■ *adj.2g.* *B* **4** relativo a festas juninas e seus trajes ~ **caipirada** *s.f.* - **caipiragem** *s.f.*

cai.pi.ri.nha *s.f.* bebida batida, feita de limão macerado, aguardente, açúcar e gelo

cai.pi.ris.mo *s.m.* *B* **1** atitude ou ato de pessoa acanhada **2** tolice

cai.pi.rís.si.ma *s.f.* caipirinha em que a aguardente é substituída por vodca

cai.po.ra *s.2g.* *B* **1** ser mitológico indígena protetor das matas; caapora ■ *adj.2g.s.2g.* *fig.* *B* **2** (indivíduo) azarento ■ *s.f.* *fig.* *B* **3** má sorte, azar, infelicidade ⮌ felicidade, fortuna

cai.po.ri.ce *s.f.* *B* má sorte constante; caiporismo

cai.po.ris.mo *s.m.* *B* caiporice

ca.ir *v.* {mod. 25} *int.* **1** ir de cima para baixo; tombar ⮌ levantar **2** descer sobre a terra ⟨*caiu forte chuva*⟩ **3** perder força, qualidade, intensidade ⟨*o atendimento caiu muito*⟩ ⮌ melhorar **4** soltar-se, desprender-se ⟨*seus cabelos caíram*⟩ **5** jogar-se, atirar-se ⟨*c. na piscina*⟩ **6** estar pendurado; pender **7** desvalorizar-se (moeda, ação etc.) ⮌ subir **8** perder cargo ou poder **9** ser enganado **10** sofrer interrupção (sistema de comunicação, funcionamento, transmissão) ⟨*a ligação, o servidor caiu*⟩ **11** baixar, diminuir (temperatura, preço etc.) ⮌ aumentar **12** *infrm.* participar intensamente ⟨*c. no samba, na gandaia*⟩ **13** ocorrer ⟨*o feriado cai na quinta-feira*⟩ ☞ *na quinta-feira* é circunstância que funciona como complemento **14** ter caimento ⟨*este tecido cai bem*⟩ ❑ *t.i.* **15** (prep. *em*) recair, incidir ⟨*o acento cai nesta sílaba*⟩ **16** (prep. *em*) incorrer (em erro, falta) ⟨*c. em tentação*⟩ **17** (prep. *com*) ajustar-se, combinar ⟨*a roupa cai bem com a ocasião*⟩ ❑ *pred.* **18** tornar-se; ficar ⟨*c. doente*⟩

cai.ro.ta *adj.2g.* **1** do Cairo (Egito) ■ *s.2g.* **2** natural ou habitante dessa capital

cais *s.m.2n.* num porto, plataforma para embarque e desembarque de passageiros ou carga

cái.ser *s.m.* imperador alemão

cai.ti.tu *s.m.* *B* mamífero aparentado dos porcos, de pernas longas, casco pequeno e pelagem áspera cinza-escura com uma faixa branca no pescoço; porco-do-mato, cateto

cai.xa *s.f.* **1** recipiente de formatos diversos, com ou sem tampa, us. para guardar ou transportar objetos **1.1** seu conteúdo ⟨*c. de remédios*⟩ **2** local no comércio onde é feito pagamento e recebimento de valores **3** ECON provisão de dinheiro ■ *s.m.* **4** livro de registro de receita e despesa ■ *s.2g.* **5** funcionário que opera a caixa registradora ⊙ GRAM/USO dim.irreg.: *caixeta, caixote* ⊡ **c. dois** *loc.subst.* livro de registro de dinheiro não declarado ao fisco • **c. eletrônico** *loc.subst.* equipamento acionado por cartão magnético, que presta serviços bancários automáticos ao correntista • **c. postal** *loc.subst.* nas agências de correio, caixa particular numerada para recebimento da correspondência • **c. registradora** *loc.subst.* máquina para registrar e guardar o dinheiro recebido e emitir recibos

cai.xa-al.ta [pl.: *caixas-altas*] *s.f.* em tipografia, letra maiúscula

cai.xa-bai.xa [pl.: *caixas-baixas*] *s.f.* em tipografia, letra minúscula

cai.xa-d'á.gua [pl.: *caixas-d'água*] *s.f.* reservatório de água que abastece casa, edifício, bairro, cidade etc.

cai.xa-for.te [pl.: *caixas-fortes*] *s.f.* recinto de alta segurança, ger. num banco, empresa etc., para guarda de dinheiro, documentos e outros valores

cai.xão [pl.: *-ões*] *s.m.* **1** caixa grande **2** caixa de madeira com tampa onde o defunto é colocado para ser enterrado

cai.xa-pre.gos *s.m.2n.* *B* *infrm.* lugar ermo e afastado; cafundó

cai.xa-pre.ta [pl.: *caixas-pretas*] *s.f.* **1** aparelho que grava os dados de funcionamento de uma aeronave e as conversas entre os tripulantes e os controladores de voo **2** *fig.* sistema, instituição etc., cujos mecanismos de funcionamento interno são obscuros

cai.xei.ro *s.m.* balconista ~ **caixeiral** *adj.2g.*

cai.xei.ro-vi.a.jan.te [pl.: *caixeiros-viajantes*] *s.m.* vendedor que exerce sua atividade viajando

cai.xe.ta \ê\ *s.f.* **1** caixa pequena **2** *p.ext.* *B* forminha de papel para bolos, doces etc. **3** árvore nativa do Brasil, de madeira branca, porosa e mole, us. para boias, salva-vidas e palmilhas; caxeta

cai.xi.lho *s.m.* moldura onde são fixados vidros de janelas, portas, painéis etc. ⊙ COL caixilharia ~ **encaixilhar** *v.t.d.*
cai.xi.nha *s.f. B infrm.* **1** gorjeta recebida por empregado de bar, restaurante etc. **2** coleta de dinheiro para algum fim
cai.xo.te *s.m.* **1** caixa pequena **2** caixa tosca de madeira para embalar e transportar produtos **3** *fig. B infrm.* forte onda do mar que quebra abruptamente e por inteiro ⟨*levar c.*⟩ ⊙ COL caixotaria
ca.já *s.m.* **1** fruto da cajazeira, amarelo, azedo e aromático **2** cajazeira **3** cajá-manga
ca.ja.do *s.m.* **1** vara com a extremidade superior curvada em gancho, us. por pastores **2** bastão us. como apoio **3** *fig.* apoio, esteio ~ **cajadada** *s.f.*
ca.já-man.ga [pl.: *cajás-mangas* e *cajás-manga*] *s.m.* árvore nativa do Brasil, da família da manga e do cajá, cultivada pelos frutos comestíveis; cajá, cajarana **2** o fruto dessa árvore
ca.ja.ra.na *s.f.* cajá-manga
ca.ja.zei.ra *s.f.* grande árvore nativa dos trópicos, de madeira branca e fruto alaranjado, resinoso e ácido; cajá, cajazeiro, taperebá
ca.ja.zei.ro *s.m.* cajazeira
ca.ju *s.m.* **1** pedúnculo comestível do fruto do cajueiro, amarelo, rosado ou vermelho, rico em vitamina C, e o fruto propriamente dito, duro e oleaginoso (castanha-de-caju); acaju **2** cajueiro ~ **cajuzeiro** *s.m.*
ca.ju.a.da *s.f. B* refresco ou doce de caju
ca.ju.al *s.m.* cajueiral
ca.ju.ei.ral *s.m.* grande concentração de cajueiros em determinada área; cajual
ca.ju.ei.ro *s.m.* árvore que produz o caju ⊙ COL cajual, cajueiral
ca.ju.í.na *s.f. B* espécie de vinho feito com caju
cal [pl.: *cais* e *cales*] *s.f.* **1** pó branco extraído de pedras calcárias, us. em cerâmicas, tintas, revestimento contra fogo, na manufatura de papel etc. ▲ **2** símbolo de *caloria*
ca.la.bou.ço *s.m.* **1** prisão subterrânea **2** recinto escuro, esp. nos subterrâneos de um castelo ou fortaleza, que serve como prisão
ca.la.brês *adj.* **1** da Calábria, sul da Itália ■ *s.m.* **2** natural ou habitante dessa região **3** dialeto italiano falado nessa região
ca.la.da *s.f.* silêncio completo
[1]**ca.la.do** *adj.s.m.* que(m) não fala ou fala pouco; caladão [ORIGEM: part. de [1]*calar*]
[2]**ca.la.do** *s.m.* distância vertical entre a parte inferior da quilha e a linha de flutuação de uma embarcação [ORIGEM: part. de [2]*calar*, usado como subst.]
ca.la.fa.te *s.m.* profissional cujo ofício é calafetar
ca.la.fe.tar *v.* {mod. 1} *t.d.* vedar (frestas, juntas etc.) com massa apropriada, estopa, papel etc. ~ **calafetação** *s.f.* - **calafetagem** *s.f.* - **calafetamento** *s.m.*
ca.la.fri.o *s.m.* sensação de frio e tremores fortes causados por frio, febre, má condição orgânica, medo etc.
ca.la.mar *s.m. B* lula
ca.la.mi.da.de *s.f.* **1** grande dano, desgraça, destruição; catástrofe **2** *fig.* grande infortúnio ou infelicidade pessoal ⟨*a perda do filho foi uma c.*⟩
ca.la.mi.to.so \ô\ [pl.: *calamitosos* \ó\] *adj.* que causa calamidade; desastroso, catastrófico
ca.lan.dra *s.f.* máquina para produzir matrizes de reprodução tipográfica, acetinar papel, lustrar, alisar ou frisar tecido ~ **calandragem** *s.f.* - **calandrar** *v.t.d.*
ca.lan.go *s.m.* nome comum a pequenos lagartos, esp. da família dos teiídeos, que vivem ger. no solo, na terra ou em pedreiras e que se alimentam de vermes, insetos etc.; calangro
ca.lan.gro *s.m.* calango
ca.lão [pl.: *-ões*] *s.m.* linguajar grosseiro ⊡ **baixo c.** *loc.subst.* linguajar vulgar e obsceno
[1]**ca.lar** *v.* {mod. 1} *int. e pron.* **1** manter-se em silêncio ⮌ falar ❑ *t.d. e pron.* **2** (fazer) parar de falar; silenciar(-se) ❑ *t.d.,int. e pron.* **3** conter(-se), reprimir(-se) ⟨*c. a opinião pública*⟩ ⟨*a oposição calou(-se)*⟩ [ORIGEM: contrv., talvez de um lat. **callare* 'baixar a voz']
[2]**ca.lar** *v.* {mod. 1} *t.d. e int. ant.* mover para baixo, descer [ORIGEM: contrv., talvez do lat.tar. *calāre* 'fazer baixar; abrir']
cal.ça *s.f.* calças
cal.ça.da *s.f. B* caminho pavimentado para pedestres, numa rua; passeio
cal.ça.dei.ra *s.f.* apetrecho us. para facilitar a entrada do pé no calçado
cal.ça.do *adj.* **1** revestido de pedras, paralelepípedos ou outro material; pavimentado **2** que tem os pés protegidos por sapatos etc. **3** apoiado ou equilibrado em calço ■ *s.m.* **4** peça do vestuário para cobrir os pés
cal.ça.men.to *s.m.* **1** ato ou efeito de calçar **2** pavimentação
cal.câ.neo *adj.s.m.* (osso) do calcanhar
cal.ca.nhar *s.m.* a parte posterior, arredondada, do pé humano, abaixo do tornozelo
cal.ca.nhar de a.qui.les [pl.: *calcanhares de aquiles*] *s.m.* o ponto fraco de alguém ou de algo
cal.ção [pl.: *-ões*] *s.m.* **1** calça curta, de boca larga, presa à cintura por cordão ou elástico **2** traje de banho masculino ☞ cf. *caução*
cal.car *v.* {mod. 1} *t.d.* **1** apertar com os pés; pisar **2** comprimir com força; apertar ⮌ soltar **3** decalcar ('reproduzir') **4** *fig.* menosprezar, depreciar ⟨*c. as leis*⟩ ⮌ valorizar **5** conter, reprimir ⟨*c. um impulso*⟩ ⮌ liberar ❑ *t.d.i. fig.* **6** (prep. *em*) ter como base; basear ~ **calcador** *adj.s.m.* - **calcamento** *s.m.*
cal.çar *v.* {mod. 1} *t.d. e pron.* **1** revestir pés ou mãos (de sapatos, meias, luvas etc.) ⮌ descalçar ❑ *t.d.* **2** revestir (ruas, caminhos etc.) com pedras, pavimento ⮌ descalçar **3** pôr calço em ⮌ descalçar ❑ *int.* **4** adaptar-se, ajustar-se ⟨*a bota calça bem*⟩
cal.cá.rio *s.m.* **1** nome comum a rochas ricas em carbonato de cálcio e magnésio, us. na produção de cal, na refinação do açúcar etc. ■ *adj.* **2** relativo a cal ou a calcário, ou que os contém

cal.ças *s.f.pl.* peça única de roupa masculina ou feminina que se ajusta à cintura e cobre cada uma das pernas, ger. até os tornozelos; calça

cal.cei.ro *s.m.* **1** fabricante de calças **2** peça para guardar calças, em armários, *closets* etc.

cal.ce.mi.a *s.f.* presença de cálcio no sangue

cal.ce.ta \ê\ *s.f.* antiga argola de ferro fixada no tornozelo do prisioneiro

cal.ce.tar *v.* {mod. 1} *t.d.* revestir (ruas, caminhos etc.) com pedras, postas lado a lado; calçar ~ **calceteiro** *s.m.*

cal.ci.fi.ca.ção [pl.: *-ões*] *s.f.* **1** aplicação de substância com cálcio para diminuir a acidez dos solos **2** ossificação de tecidos, que pode ser normal ou patológica ~ **calcificar** *v.t.d. e pron.*

cal.ci.nar *v.* {mod. 1} *t.d. e int.* **1** aquecer muito; abrasar ❑ *t.d. e pron. p.ext.* **2** queimar(-se) completamente; incinerar(-se)

cal.ci.nha *s.f.* calcinhas

cal.ci.nhas *s.f.pl.* calça muito curta do vestuário feminino íntimo, que vai da cintura, ou pouco abaixo da cintura, até as virilhas; calcinha

cál.cio *s.m.* elemento químico extraído da cal, us. em ligas e processos metalúrgicos [símb.: *Ca*] ☞ cf. *tabela periódica* (no fim do dicionário)

cal.ço *s.m.* algo que se põe sob ou junto a um objeto para nivelá-lo, firmá-lo ou elevá-lo

cal.co.gê.neo *s.m.* **1** qualquer elemento do seguinte grupo: oxigênio, enxofre, selênio, telúrio e polônio ■ *adj.* **2** relativo a cada um desses elementos

cal.çu.do *adj.* **1** que usa calças compridas **2** *fig.* diz-se da ave que tem penas compridas que lhe cobrem as pernas

cal.cu.la.do.ra \ô\ *s.f.* máquina que faz cálculos matemáticos

cal.cu.lar *v.* {mod. 1} *t.d. e int.* **1** determinar (um valor) por meio de operações matemáticas ❑ *t.d.* **2** avaliar (algo) com base em indícios; estimar **3** fazer ideia de; imaginar 〈*tente c. a minha dor*〉 **4** adivinhar, supor, prever 〈*não pôde c. que perderia*〉 ~ **calculador** *adj.s.m.* - **calculável** *adj.2g.*

cal.cu.lis.ta *adj.2g.s.2g.* **1** que(m) faz cálculos **2** *fig.* que(m) é friamente interesseiro, cobiçoso, egoísta

cál.cu.lo *s.m.* **1** execução de um procedimento matemático ou algébrico **2** *fig.* estimativa, avaliação **3** corpo sólido que se forma nos rins, vesícula etc., por sedimentação de certas substâncias ou sais minerais

cal.da *s.f.* **1** líquido grosso obtido da fervura de água ou suco de fruta e/ou ervas com açúcar **2** *B* resíduo da destilação da qual se obtém o álcool ou a aguardente de cana [tb. us. no pl.] ☞ cf. *cauda*

cal.de.ar *v.* {mod. 5} *t.d.* **1** tornar incandescente ou maleável (metal, vidro etc.) **2** soldar (metal aquecido) **3** mergulhar (ferro em brasa) na água para lhe dar têmpera **4** transformar em calda ou massa ❑ *t.d.,t.d.i. e pron. fig.* **5** (prep. *com*) amalgamar(-se), misturar(-se) ~ **caldeamento** *s.m.*

cal.dei.ra *s.f.* grande recipiente metálico para aquecer líquidos, produzir vapor, cozinhar alimentos etc.

cal.dei.rão [pl.: *-ões*] *s.m.* panelão alto, ger. com alças

cal.dei.rei.ro *s.m.* **1** quem fabrica caldeiras e outros utensílios de metal **2** quem trabalha nas caldeiras dos engenhos de açúcar

cal.dei.ri.nha *s.f.* pequeno recipiente para água benta

cal.deu [fem.: *caldeia \éi*] *s.m.* **1** indivíduo dos caldeus, povo que habitava a Caldeia, país na antiga Mesopotâmia, às margens do rio Eufrates **2** a língua semítica falada pelos caldeus ■ *adj.* **3** pertencente ou relativo a esse indivíduo, país, língua ou povo

cal.do *s.m.* **1** alimento líquido ou molho preparado a partir do cozimento de carne, peixe, legumes etc. **2** sumo de frutas, vegetais etc. **3** *p.ext. infrm.* puxão ou empurrão da cabeça de alguém para baixo da água, por brincadeira ou crueldade

ca.le.ça *s.f. B* caleche

ca.le.che *s.f.* carruagem com quatro rodas e dois assentos, puxada por dois cavalos em parelha; caleça

ca.le.fa.ção [pl.: *-ões*] *s.f.* **1** sistema de aquecimento para recintos fechados **2** FÍS aparecimento de uma camada de vapor entre um líquido e uma superfície muito aquecida

ca.lei.dos.có.pio ou **ca.li.dos.có.pio** *s.m.* **1** tubo cilíndrico com jogo interno de espelhos que produzem múltiplas imagens simétricas **2** *fig.* conjunto de objetos, cores, formas etc. que formam imagens em constante mutação

ca.le.jar *v.* {mod. 1} *t.d.,int. e pron.* **1** criar ou adquirir calos **2** *fig.* tornar(-se) insensível; empedernir(-se) ↩ sensibilizar(-se)

ca.len.dá.rio *s.m.* **1** sistema oficial de medida que divide o tempo em anos, meses e dias **2** tabela dos dias, semanas, meses e feriados do ano; folhinha **3** *p.ext.* datas especiais prefixadas 〈*c. de provas*〉 ⊡ c. **gregoriano** *loc.subst.* calendário universal, introduzido pelo papa Gregório XIII em 1582

ca.len.das *s.f.pl.* entre os antigos romanos, o primeiro dia de cada mês

ca.lên.du.la *s.f.* erva anual, ornamental, de flores alaranjadas, us. contra febres, frieiras, verrugas etc., como aromatizante e no fabrico de cosméticos

ca.lha *s.f.* **1** cano aberto na parte superior, us. para escoar as águas da chuva **2** *p.ext.* qualquer canal para escoar líquidos, grãos etc.

ca.lha.ma.ço *s.m. infrm.* livro ou caderno com muitas páginas

ca.lham.be.que *s.m.* carro velho

ca.lhan.dra *s.f.* ave de belo canto, encontrada na Europa, Ásia e África, semelhante à cotovia

ca.lhar *v.* {mod. 1} *int.* **1** ser oportuno; convir **2** ocorrer por acaso, ao mesmo tempo; acontecer, coincidir ❑ *t.i.* **3** (prep. *a*) cair bem; adaptar-se 〈*a roupa calha a seu estilo*〉

ca.lhau *s.m.* fragmento de rocha
ca.lhor.da *adj.2g.s.2g.* que(m) é desprezível, sem valor ~ **calhordice** *s.f.*
ca.li.bra.dor \ô\ *adj.s.m.* **1** (o) que calibra ■ *s.m.* **2** aparelho us. para calibrar; calibre
ca.li.brar *v.* {mod. 1} *t.d.* **1** medir ou ajustar o calibre de **2** dar a correta pressão de ar a (pneu, câmara de ar etc.) ~ **calibragem** *s.f.*
ca.li.bre *s.m.* **1** diâmetro da parte interior de um cilindro **2** diâmetro interno de uma peça de artilharia **3** diâmetro exterior de um projétil ou corpo cilíndrico **4** *fig.* volume, tamanho ou grandeza consideráveis ⟨*obra de grande c.*⟩ **5** *p.ext.* valor, importância ⟨*escritores de mesmo c.*⟩ **6** calibrador ('aparelho')
ca.li.ça *s.f.* **1** entulho de obra **2** camada de cal ou argamassa que recobre uma superfície; reboco
[1]**cá.li.ce** *s.m.* **1** pequena taça us. para servir vinhos, licores etc. **2** o conteúdo dessa taça **3** taça us. na missa para a consagração do vinho [ORIGEM: do lat. *calix,ĭcis* 'id.']
[2]**cá.li.ce** *s.m.* envoltório de flores mais externo, formado pelas sépalas, ger. verdes e herbáceas [ORIGEM: do gr. *káluks,ukos* 'id.'] ~ **calicinal** *adj.2g.* - **calicino** *adj.*
cá.li.do *adj.* **1** quente ↺ frio **2** *fig.* que irradia entusiasmo, ardor; ardente, fogoso ↺ frio, indiferente ~ **calidez** *s.f.*
ca.li.dos.có.pio *s.m.* → CALEIDOSCÓPIO
ca.li.fa *s.m.* título de soberano muçulmano, tido como líder espiritual e mundano da comunidade islâmica, sucessor de Maomé (c570-632)
ca.li.fa.do *s.m.* **1** conjunto de princípios seguidos por chefes políticos e religiosos após a morte de Maomé (c570-632) **2** território governado por califa **3** tempo de duração do governo de um califa
ca.li.fór.nio *s.m.* elemento químico artificial radioativo [símb.: *Cf*] ☞ cf. *tabela periódica* (no fim do dicionário)
ca.li.gra.fi.a *s.f.* **1** arte ou técnica de escrever à mão com beleza e harmonia **2** escrita produzida com essa arte ou técnica **3** estilo ou maneira própria de escrever à mão ⟨*tem péssima c.*⟩ ~ **caligráfico** *adj.* - **calígrafo** *s.m.*
ca.li.pí.gio *adj.* que possui belas nádegas
ca.lip.so *s.m.* gênero musical originário do Caribe, com andamento vívido e muito acentuado
ca.lis.ta *s.2g.* especialista no cuidado e tratamento dos pés (esp. dos calos)
ca.li.tri.quí.deo *s.m.* **1** espécime dos calitriquídeos, família de pequenos primatas florestais, encontrados nas Américas Central e do Sul, conhecidos vulgarmente como saguis ou micos ■ *adj.* **2** relativo ou pertencente a essa família
cal.ma *s.f.* **1** calor forte do dia **2** ausência de ventos, esp. no mar; calmaria **3** *fig.* serenidade de ânimo ou de disposição; relaxamento
cal.man.te *adj.2g.s.2g.* **1** (o) que acalma ■ *s.m.* **2** medicamento sedativo
cal.mar *v.* {mod. 1} *t.d.,int. e pron.* acalmar
cal.ma.ri.a *s.f.* **1** ausência de ventos ↺ ventania **2** grande calor sem ventos **3** *fig.* serenidade de espírito, de ânimo; calma, tranquilidade ↺ agitação, perturbação
cal.mo *adj.* **1** que não apresenta movimento, agitação, perturbação; quieto, sossegado ⟨*céu c.*⟩ ↺ agitado, movimentado **2** *fig.* sereno; tranquilo ⟨*pessoa c.*⟩ ↺ impaciente, nervoso ~ **calmamente** *adv.*
cal.mo.so \ô\ [pl.: *calmosos* \ó\] *adj.* abafado, calorento
ca.lo *s.m.* **1** pele endurecida por atrito, compressão ou outra irritação física ou química frequente **2** *fig.* manha ou malícia de quem é experiente ~ **caloso** *adj.*
ca.lom.bo *s.m.* **1** inchação endurecida e protuberante na superfície do corpo resultante de queda ou pancada **2** *p.ext.* ondulação ou proeminência numa superfície
ca.lor \ô\ *s.m.* **1** qualidade, estado ou condição do que é ou está quente **2** sensação de aquecimento ⟨*sentia c. na sala*⟩ **3** *fig.* veemência, impetuosidade ⟨*fez um discurso com c.*⟩ **4** *fig.* afeto demonstrado por palavras, gestos, olhares etc. **5** em física, forma de energia que se transfere de um sistema para outro graças à diferença de temperatura entre eles ~ **calorígero** *adj.s.m.*
ca.lo.ren.to *adj.* **1** quente **2** que provoca ou produz sensação de calor ⟨*sala c.*⟩ **3** sensível ao calor ↺ friorento
ca.lo.ri.a *s.f.* **1** unidade de medida do valor energético dos alimentos [símb.: *cal*] **2** unidade de medida de energia [símb.: *cal*]
ca.ló.ri.co *adj.* **1** referente a calor ou a caloria **2** que contém muitas calorias
ca.lo.rí.fe.ro *adj.s.m.* (o) que tem, produz ou transmite calor
ca.lo.rí.fi.co *adj.* **1** relativo a calor ou a produção de calor **2** que tem capacidade de realizar ou passar por trocas de energia sob forma de calor
ca.lo.ro.so \ô\ [pl.: *calorosos* \ó\] *adj.* **1** que tem ou provoca calor **2** que demonstra entusiasmo; ardoroso **3** que inspira ânimo, simpatia
ca.lo.si.da.de *s.f.* endurecimento da pele em locais submetidos a atrito ou irritação
ca.lo.ta *s.f.* **1** qualquer cobertura ou parte superior de forma esférica, côncavo-convexa, recurvada ou abaulada **2** peça metálica que protege a extremidade dos eixos das rodas do automóvel ⊡ **c. polar** *loc.subst.* região que se estende ao redor do polo de um planeta, coberta de gelo ou outras substâncias congeladas
ca.lo.te *s.m. infrm.* **1** dívida não paga **2** *p.ext.* o fato de não se pagar uma dívida ~ **calotear** *v.t.d. e int.* - **caloteiro** *adj.s.m.* - **calotismo** *s.m.*
ca.lou.ro *s.m.* novato em uma instituição, corporação ou grupo, esp. estudante recém-chegado à universidade ~ **calourice** *s.f.*
ca.lu.da *interj.* palavra us. para pedir silêncio
ca.lun.du *s.m.* *B* mau humor e irritabilidade

ca.lun.ga *s.m.* 1 entre os povos de origem banta, divindade associada à morte, ao mar e ao inferno 2 imagem dessa divindade ■ *s.2g.* 3 pequeno boneco tosco 4 qualquer objeto de tamanho reduzido 5 *B* no maracatu, boneca carregada pela rainha do cortejo
ca.lú.nia *s.f.* 1 afirmação falsa e desonrosa sobre alguém 2 *p.ext.* mentira, invenção
ca.lu.ni.ar *v.*{mod. 1} *t.d. e int.* acusar, difamar com calúnias ~**caluniador** *adj.s.m.*
ca.lu.ni.o.so \ô\ [pl.: *caluniosos* \ó\] *adj.* 1 que faz calúnia 2 que contém calúnia ⟨*acusação c.*⟩
cal.va *s.f.* porção do couro cabeludo onde os cabelos deixaram de crescer; careca
cal.vá.rio *s.m.* 1 colina onde Cristo foi crucificado ☞ inicial maiúsc. 2 *fig. infrm.* sofrimento
cal.ví.cie *s.f.* ausência total ou parcial de cabelos
cal.vi.nis.mo *s.m.* doutrina fundada por Calvino (1509-1564), teólogo e reformador cristão, um dos grandes nomes da Reforma protestante ~**calvinista** *adj.2g.s.2g.*
cal.vo *adj.s.m.* que(m) é careca ~ **calvejar** *v.t.d. e pron.*
ca.ma *s.f.* 1 móvel para deitar ou dormir, composto de um estrado sobre o qual se põe um colchão 2 camada de material macio
ca.ma-be.li.che [pl.: *camas-beliches*] *s.f.* beliche
ca.ma.da *s.f.* 1 porção de matéria estendida por igual sobre uma superfície 2 classe social ⊡ c. de ozônio *loc.subst.* camada da atmosfera que absorve parte da radiação ultravioleta
ca.ma de ga.to [pl.: *camas de gato*] *s.f.* 1 brincadeira infantil que se joga entrelaçando nos dedos um barbante com as pontas unidas 2 golpe em que se empurra alguém de encontro a outro que está agachado atrás dele 3 *p.ext.* lance, esp. no futebol, em que se derruba o adversário desequilibrando-o por trás com o corpo
ca.ma.feu *s.m.* 1 pedra semipreciosa, com duas camadas de cor ou tonalidade, numa das quais se esculpe uma figura em alto-relevo 2 *p.ext.* qualquer peça de pedra fina ou qualquer figura talhada em relevo 3 *infrm.* mulher de rosto delicado
ca.ma.le.ão [pl.: *-ões*] *s.m.* 1 lagarto arborícola, dotado de língua longa e pegajosa e capaz de alterar a sua cor para se proteger dos predadores 2 *fig.* quem muda de opinião ou atitude por interesse ou conveniência ~**camaleônico** *adj.*
ca.ma.rá *s.m.* arbusto nativo do Brasil, de flores amarelas, laranja ou vermelhas e fruto carnoso roxo-escuro; cambará
câ.ma.ra *s.f.* 1 aposento de uma casa 2 assembleia de poderes e atribuições legislativas, com funcionamento institucional ⟨*Câmara dos Deputados*⟩ ⟨*Câmara dos Vereadores*⟩ ☞ inicial maiúsc. 3 local onde funciona essa assembleia 4 junta de indivíduos ligados a determinada atividade ⟨*c. de comércio*⟩ 5 designação comum a várias cavidades do corpo 6 compartimento do tambor de um revólver 7 seção de um tribunal de apelações ⟨*c. civil*⟩ ⟨*c. criminal*⟩ 8 máquina de filmar ou fotografar ☞ tb. se diz *câmera* ■ *s.2g.* 9 o operador dessa máquina; cinegrafista ⊡ **c. lenta** *loc.subst.* recurso cinematográfico que torna lento um movimento natural • c. **municipal** *loc.subst.* 1 conjunto dos vereadores 2 prédio onde eles se reúnem
ca.ma.ra.da *adj.2g.* 1 que expressa companheirismo, amizade ⟨*gesto c.*⟩ 2 *p.ext.* que é um favor ou benefício ⟨*preço c.*⟩ ■ *s.2g.* 3 companheiro, colega 4 *infrm.* indivíduo ~**camaradagem** *s.f.*
câ.ma.ra de ar [pl.: *câmaras de ar*] *s.f.* globo ou tubo circular de borracha que, cheio de ar, dá consistência e forma a pneus, bolas etc.
ca.ma.rão [pl.: *-ões*] *s.m.* 1 nome comum a crustáceos marinhos ou de água doce, abdome longo e corpo comprimido nas laterais, muito us. na culinária 2 *fig. B infrm.* pessoa muito vermelha por exposição ao sol
ca.ma.rei.ro *s.m.* 1 quem arruma quartos em hotéis, navios de passageiros etc. 2 em espetáculos, filmagens ou gravações, profissional encarregado de organizar os figurinos e auxiliar os artistas a vesti-los
ca.ma.ri.lha *s.f.* grupo que convive com um chefe, influenciando nas suas decisões
ca.ma.rim *s.m.* recinto reservado onde os artistas se preparam para sua apresentação
ca.ma.ri.nha *s.f.* 1 gabinete de uso pessoal 2 pequena prateleira num canto ou nicho da sala 3 *fig.* gotícula que se espalha sobre uma superfície ☞ nesta acp., mais us. no pl.
ca.ma.ro.ei.ro *s.m.* 1 rede para pescar camarões 2 pescador de camarões
ca.ma.ro.te *s.m.* 1 em salas de espetáculo, espaço para espectadores, fechado e separado da plateia 2 aposento em navios; cabine ~**camaroteiro** *s.m.*
ca.mar.te.lo *s.m.* tipo de martelo us. para cortar ou picar pedra
cam.ba *s.f.* cada uma das peças curvas que forma a circunferência externa da roda de um veículo
cam.ba.da *s.f.* 1 porção de objetos pendurados ou enfiados em algum suporte 2 molho de chaves 3 *fig.* corja
cam.bai.o *adj.s.m.* 1 que(m) tem pernas tortas 2 que(m) tem dificuldade de andar; cambeta, trôpego ~**cambaiar** *v.t.d. e pron.*
cam.ba.la.cho *s.m.* *infrm.* 1 negócio fraudulento 2 tramoia ~**cambalachar** *v.int.*
cam.ba.le.ar *v.*{mod. 5} *int.* 1 andar sem equilíbrio, sem firmeza; bordejar 2 balançar, oscilar ~**cambaleante** *adj.2g.* - **cambaleio** *s.m.*
cam.ba.lho.ta *s.f.* 1 giro completo do corpo sobre a cabeça 2 *p.ext.* qualquer movimento em que algo gira sobre si mesmo ~**cambalhotar** *v.int.*
cam.ba.pé *s.m.* 1 rasteira 2 *fig.* golpe traiçoeiro
[1]**cam.bar** *v.*{mod. 1} *t.d. e t.i.*(prep. *em*) passar a ser de outro modo; transformar(-se) [ORIGEM: alt. de *cambiar*]

[2]**cam.bar** *v.*{mod. 1} *t.d. e int.* **1** (fazer) ficar inclinado; tombar ❑ *int.* **2** andar sem equilíbrio; cambalear [ORIGEM: prov. do celta **kamb* 'curvo'] ~**cambamento** *s.m.*

cam.ba.rá *s.m.* **1** árvore frondosa de flores amarelas em cachos e frutos em forma de cápsulas **2** camará

cam.ba.xir.ra ou **cam.ba.xil.ra** *s.f.* pequena ave parda com faixas negras nas asas e cauda

cam.be.ta \ê\ *adj.2g.s.2g.* que(m) tem pernas tortas ~**cambetear** *v.int.*

cam.bi.al *adj.2g.* **1** relativo a câmbio ('troca') **2** relativo a letras de câmbio e outros títulos de crédito ■ *s.2g.* **3** qualquer título de crédito que representa uma promessa ou ordem de pagamento em dinheiro, como cheque, duplicata etc. ~**cambialidade** *s.f.*

cam.bi.an.te *adj.2g.* **1** que passa por mudanças **2** que muda ou parece mudar de cor; matizado, irisado ■ *s.m.* **3** cor indefinida

cam.bi.ar *v.*{mod. 1} *t.d. e t.d.i.* **1** (prep. *por*) trocar, permutar ⮌ destrocar ❑ *t.d.,t.d.i. e int.* **2** (prep. *por*) trocar (moeda de um país) [por moeda de outro] ❑ *t.i.* **3** (prep. *de*) mudar, trocar ⮌ manter ❑ *t.d. e int.* **4** causar ou apresentar alteração de aspecto, cor etc. ❑ *t.d.,t.d.i. e pron.* **5** *fig.* (prep. *em*) transformar(-se), modificar(-se)

cam.bi.á.rio *adj.* relativo aos títulos de crédito cambiais ou às disposições legais que os regulam

câm.bio *s.m.* **1** troca **2** operação de venda, compra ou troca da moeda de um país pela de outro **3** *p.ext.* a relação numérica que se estabelece entre a moeda de um país e a de outro nas operações de câmbio **4** alavanca us. pelo motorista para alterar as marchas do veículo ⊡ c. **negro** *loc.subst.* prática ilegal do câmbio; mercado paralelo de moeda estrangeira ou de mercadoria

cam.bis.ta *adj.2g.s.2g.* **1** que(m) negocia dinheiro ou outros títulos de crédito **2** que(m) revende, ilicitamente, ingressos a preços mais altos

cam.bi.to *s.m.* perna fina de homem ou mulher

cam.brai.a *s.f.* tecido fino de algodão ou linho

cam.bri.a.no *s.m.* **1** primeiro e mais antigo período geológico da era paleozoica, anterior ao Ordoviciano, em que se verifica a presença de grande parte dos grupos de invertebrados e começam a surgir as plantas terrestres ☞ inicial maiúsc. ■ *adj.* **2** desse período

cam.bu.cá *s.m.* **1** árvore de flores brancas e frutos amarelos comestíveis; cambucazeiro **2** seu fruto

cam.bu.ca.zei.ro *s.m.* cambucá ('árvore')

cam.bu.ci *s.m.* **1** árvore nativa do Brasil, de flores brancas e frutos comestíveis **2** o fruto dessa árvore

cam.bu.lha.da *s.f.* **1** grande agrupamento de coisas; cambada **2** *fig.* reunião de coisas diversas; mistura **3** falta de ordem; confusão

cam.bu.qui.ra *s.f.* **1** broto da aboboreira **2** guisado feito desse broto

cam.bu.rão [pl.: *-ões*] *s.m.* carro de polícia com compartimento traseiro fechado, para transporte de presos

ca.mé.lia *s.f.* **1** arbusto japonês de flores coloridas, cultivado como ornamental **2** sua flor

ca.me.lo \ê\ *s.m.* mamífero ruminante com duas corcovas no dorso ~ **cameleiro** *adj.s.m.* - **camelino** *adj.*

ca.me.lô *s.2g.* vendedor que expõe suas mercadorias na rua

câ.me.ra *s.f.* **1** câmara ('máquina') ■ *s.2g.* **2** quem opera tal máquina

ca.mer.len.go *s.m.* cardeal que governa a Igreja no período entre a morte de um papa e a eleição do sucessor

ca.mi.ca.se *adj.2g.s.m.* **1** (avião japonês) utilizado para ataques suicidas a alvos inimigos na Segunda Guerra Mundial **2** (piloto) treinado para pilotar esse avião ■ *adj.2g.* **3** *fig.* que envolve certeza ou risco de autodestruição ⟨*atitude c.*⟩ ■ *adj.2g.s.2g.* **4** *fig.* (o) que se arrisca muito ao agir

ca.mi.nha.da *s.f.* **1** passeio a pé **2** longo percurso feito ou por fazer **3** passeata

ca.mi.nhão [pl.: *-ões*] *s.m.* **1** veículo motorizado, com quatro ou mais rodas, destinado ao transporte de grandes cargas **2** *p.ext.* porção de carga que esse veículo pode levar ⟨*precisamos de dois c. de areia*⟩ **3** *fig.* grande quantidade ⟨*leva um c. de roupas quando viaja*⟩ ~**caminhonagem** *s.f.*

ca.mi.nhar *v.*{mod. 1} *int.* **1** percorrer ou fazer caminho a pé; andar **2** *fig.* desenvolver-se, progredir ⮌ regredir ❑ *t.i.* **3** *fig.* (prep. *para, a*) ter propensão a; tender ⟨*o caso caminha para o desenlace*⟩ ~**caminhante** *adj.2g.s.2g.* - **caminheiro** *adj.s.m.*

ca.mi.nho *s.m.* **1** faixa de terreno que leva de um lugar a outro **2** rumo, direção ⟨*tomou o c. do norte*⟩ **3** trajeto, rota ⟨*seguiram pelo mesmo c.*⟩ **4** *fig.* maneira de atingir um objetivo ⟨*conversar sempre fora o melhor c.*⟩ ⊡ c. **das pedras** *loc.subst.* maneira mais fácil ou eficaz de chegar a um lugar ou objetivo desejado

ca.mi.nho.nei.ro *s.m.* motorista de caminhão

ca.mi.nho.ne.ta \ê\ *s.f.* caminhonete

ca.mi.nho.ne.te *s.f.* veículo para transporte de passageiros com espaço para pequenas cargas; perua, picape

ca.mi.sa *s.f.* peça de roupa com mangas, ger. fechada na frente por botões, que cobre o tronco ~**camisaria** *s.f.*

ca.mi.sa de for.ça [pl.: *camisas de força*] *s.f.* **1** espécie de camisa de tecido resistente us. para controlar loucos em acessos de fúria **2** *p.ext.* algo que limita ou impede movimento ou ação

ca.mi.sa de vê.nus [pl.: *camisas de vênus*] *s.f.* invólucro de látex muito fino que cobre o pênis, us. nas relações sexuais para evitar a concepção e doenças sexualmente transmissíveis; camisinha, preservativo

ca.mi.sei.ro *s.m.* **1** quem faz ou vende camisas **2** móvel com gavetas para guardar camisas

ca.mi.se.ta \ê\ *s.f.* camisa sem botões, ger. de malha, com ou sem mangas
ca.mi.si.nha *s.f. infrm.* camisa de vênus
ca.mi.so.la *s.f.* 1 roupa feminina para dormir 2 vestido largo
ca.mo.mi.la *s.f.* erva nativa da Europa, de flores brancas e amarelas, com propriedades digestivas e calmantes
ca.mo.ni.a.no *adj.* 1 relativo ao poeta português Luís de Camões (c1525-1580) ■ *adj.s.m.* 2 que(m) estuda a obra ou a vida de Camões
ca.mor.ra \ô\ *s.f.* 1 antiga máfia napolitana 2 *p.ext.* qualquer associação de criminosos ~ **camorrismo** *s.m.* - **camorrista** *adj.2g.s.2g.*
[1]**cam.pa** *s.f.* sino pequeno; sineta [ORIGEM: do lat. *campāna,ae* 'espécie de balança; sino']
[2]**cam.pa** *s.f.* 1 laje que cobre a sepultura 2 *p.ext.* túmulo [ORIGEM: obscura]
cam.pa.i.nha *s.f.* 1 pequeno sino de mão 2 dispositivo, ger. elétrico, que ao ser acionado emite sinal sonoro 3 *infrm.* úvula
cam.pal *adj.2g.* 1 relativo ao campo 2 que se realiza em campo aberto, esp. missa e batalha
cam.pa.na *s.f.* sino
cam.pa.ná.rio *s.m.* 1 torre da igreja onde ficam os sinos 2 abertura da torre onde se encaixam os sinos
cam.pa.nha *s.f.* 1 soma de esforços para alcançar um objetivo ⟨*c. contra a fome*⟩ 2 conjunto de meios utilizados para conseguir um fim ⟨*c. publicitária*⟩ ⟨*c. eleitoral*⟩ 3 série de operações militares em determinado lugar por determinado tempo 4 planície
cam.pâ.nu.la *s.f.* 1 objeto em forma de sino 2 redoma us. para proteger da poeira etc. objetos ou alimentos
cam.pe.ão [pl.: *-ões*; fem.: *campeã*] *adj.s.m.* 1 vencedor de prova, torneio etc. 2 que(m) se destaca por fazer algo melhor que a maioria
cam.pe.ar *v.* {mod. 5} *t.d.* 1 procurar (animais) no campo, a cavalo 2 *p.ext.* buscar, procurar ☐ *int.* 3 acampar 4 estar ou viver no campo 5 estar em campanha; batalhar 6 exercer domínio; imperar ~ **campeação** *s.f.* - **campeio** *s.m.*
[1]**cam.pei.ro** *s.m.* tocador de campa ou sino [ORIGEM: [1]*campa* + *-eiro*]
[2]**cam.pei.ro** *adj.* 1 relativo ao campo 2 que vive no campo ■ *adj.s.m.* 3 que(m) trabalha no campo, cuida do gado e monta bem [ORIGEM: *campo* + *-eiro*]
cam.pe.o.na.to *s.m.* torneio esportivo que dá ao vencedor o título de campeão
cam.pe.si.na.to *s.m.* o conjunto dos camponeses; a condição camponesa
cam.pe.si.no *adj.* 1 campestre 2 próprio do campo; rústico
cam.pes.tre *adj.2g.* relativo ao campo; campesino
cam.pi.na *s.f.* campo extenso, plano e sem árvores
camp.ing [ing.] *s.m.* 1 ato ou prática de acampar fazendo uso de barraca, tenda etc.; acampamento 2 *p.ext.* local destinado a essa atividade ⊙ GRAM/USO em ing., invariável ⇨ pronuncia-se **kemping**
cam.po *s.m.* 1 extensão de terra, ger. destinada à agricultura ou pastagem 2 região fora da cidade 3 matéria; assunto ⟨*seu saber se reduz ao c. da física*⟩ 4 local para a prática de certos esportes ⟨*c. de futebol*⟩ ⟨*c. de beisebol*⟩ 5 área de interesse ou atividade; campo de ação ⊡ **c. de concentração** *loc.subst.* local de confinamento de prisioneiros de guerra, presos políticos etc. • **c. de força** *loc.subst.* campo cuja grandeza física é uma força • **c. magnético** *loc.subst.* campo criado por cargas elétricas em movimento, sujeitas à força magnética
cam.po-gran.den.se [pl.: *campo-grandenses*] *adj.2g.* 1 de Campo Grande (MS) ■ *s.2g.* 2 natural ou habitante dessa capital
cam.po.li.na *s.2g.* 1 cavalo de raça marchador com pelagem clara ■ *adj.2g.* 2 diz-se desse cavalo
cam.po.nês *adj.s.m.* 1 que(m) vive e trabalha no campo ■ *adj.* 2 relativo ao campo; agrário
cam.pô.nio *s.m.* camponês
cam.po-san.to [pl.: *campos-santos*] *s.m.* cemitério
cam.pus [lat.; pl.: *campi*] *s.m.* conjunto das instalações de uma universidade ⇨ pronuncia-se **campus**
ca.mu-ca.mu [pl.: *camus-camus*] *s.m.* 1 pequeno arbusto amazônico, que produz frutos cuja polpa é rica em vitamina C 2 esse fruto
ca.mu.flar *v.* {mod. 1} *t.d. e pron.* 1 disfarçar(-se) para confundir(-se) com o meio ambiente, esp. na guerra 2 *fig.* dissimular(-se), disfarçar(-se) ⮌ mostrar(-se), expor(-se) ~ **camuflagem** *s.f.*
ca.mun.don.go *s.m.* roedor caseiro com cerca de 8 cm de comprimento, orelhas grandes e arredondadas e cauda longa e sem pelos
ca.mur.ça *s.f.* 1 mamífero de montanha semelhante à cabra 2 a pele curtida desse animal
[1]**ca.na** *s.f.* 1 caule de várias gramíneas como a cana-de-açúcar e o bambu 2 cana-de-açúcar 3 *p.ext. infrm.* cachaça [ORIGEM: do lat. *canna,ae* 'cana, junco fino, caniço']
[2]**ca.na** *s.f.* 1 *infrm.* cadeia ■ *s.2g.* 2 *infrm.* agente policial ou soldado [ORIGEM: obscura]
ca.na-cai.a.na [pl.: *canas-caianas*] *s.f.* variedade de cana-de-açúcar, originária de Caiena (Guiana Francesa)
ca.na-de-a.çú.car [pl.: *canas-de-açúcar*] *s.f.* planta alta, nativa da Ásia e cultivada no Brasil, de cujo caule se extrai suco para produção de açúcar, aguardente, álcool combustível etc.
ca.nal *s.m.* 1 sulco por onde corre água 2 via natural ou artificial de comunicação entre rios, mares etc. 3 braço de mar ou rio 4 duto para transportar líquidos ou gases 5 leito de rio 6 *fig.* caminho, via ☞ mais us. no pl. 7 via de entrada, memória ou saída de som ou imagem, em equipamentos de gravação, edição ou reprodução sonora ou televisiva ⟨*gravador de quatro c.*⟩ 8 faixa de frequência para emissão de rádio ou tv ⊙ GRAM/USO dim.irreg.: *canalículo, canalete* ⊡ **c. deferente** *loc.subst.* ANAT denominação substituída por *ducto deferente*

ca.na.le.ta \ê\ *s.f.* **1** calha **2** duto de concreto, retangular, com tampas, us. na instalação de condutores elétricos

ca.na.le.te \ê\ *s.m.* **1** pequeno canal **2** calha ⊙ GRAM/USO dim.irreg. de *canal*

ca.na.lha *adj.2g.s.2g.* **1** (o) que é infame, vil ■ *s.f.* **2** conjunto de pessoas desprezíveis ~ **canalhada** *s.f.* - **canalhice** *s.f.*

ca.na.lí.cu.lo *s.m.* pequeno canal ⊙ GRAM/USO dim.irreg. de canal

ca.na.li.zar *v.* {mod. 1} *t.d.* **1** fazer escorrer por canais, valas, canos etc. **2** instalar rede de água e esgoto em ❑ *t.d.i. fig.* **3** (prep. *para, contra*) conduzir, dirigir para ⟨*c. a força para o trabalho*⟩ ~ **canalização** *s.f.*

ca.na.neu [fem.: *cananeia* \éi\] *adj.* **1** de Canaã (Palestina) ■ *s.m.* **2** natural ou habitante dessa região

ca.na.pé *s.m.* **1** espécie de sofá com encosto e braços **2** pequena fatia de pão coberta por patê, frios etc., servida como aperitivo

ca.na.ri.no *adj.* **1** das ilhas Canárias (África) ■ *s.m.* **2** natural ou habitante desse arquipélago

ca.ná.rio *s.m.* **1** ave original das ilhas Canárias, verde-amarelada, de belo canto ■ *adj.s.m.* **2** canarino ■ *s.2g.* **3** *infrm.* cantor

[1]**ca.nas.tra** *s.f.* **1** cesta quadrada, de madeira, com ou sem tampa **2** *B* maleta para miudezas [ORIGEM: *canastro* 'cesta estreita, de lados altos']

[2]**ca.nas.tra** *s.f.* **1** jogo com dois baralhos de 52 cartas, jogado ger. por quatro pessoas em duas parcerias, cujo objetivo é formar sequências de sete cartas **2** nos jogos de biriba, buraco e canastra, sequência de sete cartas de mesmo naipe ou valor [ORIGEM: do esp. *canasta* 'jogo de baralho'] ⊡ **c. real** *loc.subst.* canastra ('sequência') sem curinga • **c. suja** *loc.subst.* canastra ('sequência') com um curinga

ca.nas.trão [pl.: *-ões*; fem.: *canastrona*] *s.m. infrm.* mau ator ⊙ GRAM/USO tb. us. como adj.

ca.na.vi.al *s.m.* grande plantação de canas-de-açúcar

ca.na.vi.ei.ro *adj.* **1** próprio de cana-de-açúcar ■ *s.m.* **2** quem planta cana-de-açúcar

can.cã *s.m.* dança típica dos cabarés de Paris, na qual as dançarinas lançam as pernas para o alto, erguendo e sacudindo as saias com as mãos

can.ção [pl.: *-ões*] *s.f.* **1** composição musical para ser cantada **2** poesia dos trovadores medievais

can.ce.la *s.f.* **1** porteira **2** dispositivo us. em passagens de nível para abrir ou fechar o trânsito

can.ce.lar *v.* {mod. 1} *t.d.* **1** interromper definitivamente ou não; suspender **2** riscar (algo escrito) para torná-lo sem efeito **3** invalidar, anular ↄ validar ~ **cancelamento** *s.m.*

cân.cer *s.m.* **1** tumor maligno **2** quarta constelação zodiacal, situada entre Gêmeos e Leão ☞ inicial maiúsc. **3** ASTRL o quarto signo do zodíaco (de 22 de junho a 21 de julho) ☞ inicial maiúsc. ~ **cancerologista** *adj.2g.s.2g.*

can.ce.ri.a.no *adj.s.m.* **1** que(m) é do signo de Câncer ■ *adj.* **2** relativo a esse signo

can.ce.rí.ge.no *adj.* que gera câncer

can.ce.ro.so \ô\ [pl.: *cancerosos* \ó\] *adj.* **1** próprio do câncer ■ *adj.s.m.* **2** que(m) tem câncer

can.cha *s.f.* **1** campo (de futebol, tênis, basquete etc.) **2** pista de corrida de cavalos **3** *infrm.* experiência; conhecimento **4** lugar; local

can.cio.nei.ro *s.m.* coleção de canções ou de poesias

can.cio.nis.ta *s.2g.* quem compõe canções

can.ço.ne.ta \ê\ *s.f.* **1** pequena canção **2** canção leve bem-humorada ou satírica

can.cro *s.m.* **1** ferida na pele ou mucosas comum a várias doenças venéreas **2** *fig.* mal que destrói gradativamente um organismo ⟨*a miséria é um c. na sociedade*⟩

can.dan.go *s.m.* **1** operário que construiu Brasília (DF) **2** *p.ext.* cada um dos primeiros habitantes de Brasília

can.de ou **cân.di** *s.m.* açúcar-cande

can.de.ei.ro *s.m.* utensílio para iluminação provido de líquido combustível e mecha

can.dei.a *s.f.* aparelho de iluminação com óleo ou gás inflamável e mecha, preso à parede por um prego

can.de.la *s.f.* FÍS unidade de intensidade luminosa do Sistema Internacional

can.de.la.bro *s.m.* castiçal com vários ramos providos de focos luminosos nas extremidades

can.den.te *adj.2g.* em brasa ~ **candência** *s.f.*

cân.di *s.m.* → *CANDE*

cân.di.da *s.f. infrm.* nome comum a fungos causadores de micoses, como pé de atleta, vaginite, afta e sapinho

can.di.da.tar *v.* {mod. 1} *t.d.i. e pron.* (prep. *a*) apresentar(-se) como candidato

can.di.da.to *s.m.* quem concorre (a um cargo eletivo, em concurso etc.)

can.di.da.tu.ra *s.f.* **1** condição de candidato **2** indicação de um candidato para eleição

can.di.dí.a.se *s.f.* micose que ocorre na boca, vagina etc.

cân.di.do *adj.* **1** muito branco **2** *fig.* puro, inocente ~ **candidez** *s.f.* - **candor** *s.m.*

can.dom.blé *s.m.* **1** religião afro-brasileira que cultua os orixás com danças, cantos e oferendas **2** local desse culto

can.don.ga *s.f.* **1** carinho fingido **2** intriga; fofoca **3** pessoa querida ~ **candonguice** *s.f.*

can.don.gar *v.* {mod. 1} *t.d.* **1** fazer lisonja; adular ❑ *int.* **2** fazer mexerico; intrigar

can.don.guei.ro *adj.s.m.* **1** que(m) demonstra falso afeto **2** mexeriqueiro ■ *s.m.* **3** atabaque pequeno de som agudo

can.du.ra *s.f.* **1** brancura **2** *fig.* pureza, inocência

ca.ne.ca *s.f.* copo com asa

ca.ne.co *s.m.* **1** caneca alta e estreita **2** *B infrm.* troféu em campeonatos

ca.ne.la *s.f.* **1** parte anterior da perna entre o joelho e o pé **2** árvore cuja casca é us. como tempero **3** essa casca em pó ou pedaços ■ *s.m.* **4** cor marrom da canela em pó ■ *adj.2g.2n.* **5** que tem essa cor **6** diz-se dessa cor ⊡ **esticar as c.** *loc.vs. infrm.* morrer

ca.ne.la.da *s.f.* pancada na canela da perna

ca.ne.lei.ra *s.f.* **1** proteção acolchoada us. na canela da perna **2** tornozeleira pesada us. em musculação

ca.ne.ta \ê\ *s.f.* utensílio para escrever ou desenhar à tinta

ca.ne.ta-tin.tei.ro [pl.: *canetas-tinteiro* e *canetas-tinteiros*] *s.f.* caneta com reservatório para tinta

cân.fo.ra *s.f.* substância química extraída da madeira da canforeira e tb. sintetizada, us. em produtos farmacêuticos e cosméticos ~ **canforado** *adj.* - **canforar** *v.t.d.*

can.fo.rei.ra *s.f.* árvore de até 25 m, nativa da China e do Japão, de copa piramidal, flores brancas ou amareladas, de cuja madeira se obtém cânfora

[1]**can.ga** *s.f.* **1** peça de madeira que prende a junta de bois ao carro ou ao arado **2** *fig.* opressão [ORIGEM: prov. do célt. **cambica* 'madeira curva']

[2]**can.ga** *s.f.* tecido que se enrola da cintura para baixo, sobre a roupa de banho, us. como saída de praia [ORIGEM: prov. do port. *tanga*]

can.ga.cei.ro *s.m.* bandido fortemente armado que andava em bando pelos sertões do nordeste brasileiro

can.ga.ço *s.m.* **1** bagaço da uva depois de pisada **2** conjunto de armas conduzidas por bandidos, malfeitores, cangaceiros **3** *p.ext.* modo de vida do cangaceiro

can.ga.lha *s.f.* armação que sustenta a carga no lombo de animais

can.gam.bá *s.m.* jaritataca

can.ga.pé *s.m.* *B* pontapé na barriga da perna

can.go.te *s.m.* nuca

can.gu.ru *s.m.* mamífero marsupial saltador, encontrado na Austrália e arredores, de cabeça pequena, orelhas grandes, patas posteriores longas e fortes, e cauda longa e grossa

ca.nha.da *s.f.* terreno plano e baixo entre duas colinas pequenas

câ.nha.mo *s.m.* **1** arbusto asiático de 2 m a 3 m, cujo caule fornece fibras têxteis e de cujas folhas e flores originam-se a maconha e o haxixe **2** fibra, fio ou tecido desse arbusto

ca.nhão [pl.: *-ões*] *s.m.* **1** arma pesada de cano longo para tiro horizontal de grande alcance **2** *infrm.* pessoa feia **3** extremidade do cano da bota **4** refletor potente com foco ajustável e gelatinas ('folha de celofane') para mudança da cor de cena

ca.nhes.tro \ê\ *adj.* **1** desajeitado; sem habilidade **2** *fig.* tímido

ca.nho.na.ço *s.m.* **1** disparo de canhão **2** *fig. infrm.* mulher muito grande e feia

ca.nho.ne.ar *v.* {mod. 5} *t.d.* dar tiros de canhão contra

ca.nho.nei.ro *adj.* **1** provido de canhão ■ *adj.s.m.* **2** que(m) lida com canhão

ca.nho.to \ô\ [fem.: *canhota* \ó\] *adj.s.m.* **1** que(m) é mais hábil com a mão esquerda ■ *s.m.* **2** num talonário (de recibos, cheques etc.), a parte não destacável, ger. à esquerda **3** *infrm.* diabo

ca.ni.bal *adj.2g.s.2g.* **1** (animal) que devora outro da mesma espécie **2** antropófago ~ **canibalesco** *adj.*

ca.ni.ba.lis.mo *s.m.* ato, comportamento de canibal ~ **canibalístico** *adj.*

ca.ní.cie *s.f.* **1** embranquecimento dos cabelos **2** *p.ext.* velhice

ca.ni.ço *s.m.* **1** cana fina **2** vara de pescar **3** *p.ext. infrm.* pessoa magra e alta

[1]**ca.ní.cu.la** *s.f.* **1** a maior estrela da constelação do Cão Maior, tb. dita Sírio ☞ inicial maiúsc. **2** período em que essa estrela está em conjunção com o Sol **3** *p.ext.* calor muito forte [ORIGEM: do lat. *Canicŭla,ae* 'cadelinha; nome da estrela Sírius; constelação']

[2]**ca.ní.cu.la** *s.f.* pequena cana; caniço [ORIGEM: *cana* + *-i-* de ligação + *-cula*]

ca.ni.cu.lar *adj.2g.* **1** próprio da canícula **2** *fig.* ardente, abrasador

ca.ni.cul.tu.ra *s.f.* criação de cães ~ **canicultor** *adj.s.m.*

ca.ní.deo *s.m.* ZOO **1** espécime dos canídeos, família de mamíferos que andam sobre os dedos, da ordem dos carnívoros, que inclui os cães, os lobos e as raposas ■ *adj.* **2** relativo ou pertencente a essa família

ca.nil *s.m.* local para alojamento e/ou comercialização de cães

ca.ni.na.na *s.f.* **1** cobra preta e amarela não venenosa com cerca de 2,5 m de comprimento **2** *p.ext. infrm.* pessoa irritadiça

ca.nin.dé *s.m.* arara de até 80 cm de comprimento, parte superior do corpo azul e inferior amarela, alto da cabeça verde, penas negras na face e garganta

ca.ni.nha *s.f.* **1** cana pequena **2** *infrm.* cachaça

ca.ni.no *adj.* **1** relativo a cão ou próprio dele ■ *adj.s.m.* ODONT **2** (dente) pontudo que permite rasgar os alimentos

câ.nion [pl.: *caníones* e *(B) cânions*] *s.m.* grande desfiladeiro sinuoso por onde corre um rio

ca.ni.tar *s.m.* cocar us. pelos indígenas em suas cerimônias

ca.ni.ve.te *s.m.* pequena navalha com lâmina dobrável

can.ja *s.f.* **1** sopa de galinha com arroz **2** *B infrm.* o que é fácil **3** *B infrm.* apresentação não programada de um artista

can.je.rê *s.m.* **1** reunião para a prática de feitiçaria **2** *p.ext.* feitiço, bruxaria

can.ji.ca *s.f.* **1** mingau de milho branco com leite de coco; munguzá **2** papa de milho verde ralado e cozido com leite e açúcar

can.ji.rão [pl.: *-ões*] *s.m.* jarro grande de boca larga

ca.no *s.m.* **1** cilindro longo e oco para escoar líquido ou gás **2** em arma de fogo, tubo por onde sai a

bala **3** parte da bota que cobre a perna acima do tornozelo ⊙ COL encanamento, tubulação
ca.no.a \ô\ *s.f.* **1** pequena embarcação a remo, sem quilha **2** qualquer objeto com a forma dessa embarcação ▣ **embarcar em** c. **furada** *fraseol.* meter-se em uma situação arriscada
ca.no.a.gem *s.f.* modalidade de esporte na qual a descida de rios encachoeirados é realizada em canoas e botes ~ **canoísta** *adj.2g.s.2g.*
ca.no.ei.ro *s.m.* aquele que conduz canoa
câ.no.ne ou **câ.non** [pl.: *cânones*] *s.m.* **1** norma ou dogma decretado por um conselho da Igreja **2** *p.ext.* lista dos livros considerados de inspiração divina **3** a parte mais solene e invariável da missa **4** uma das regras ou princípios sobre o qual algo é baseado ⟨*os c. da boa narrativa*⟩ **5** *p.ext.* maneira de agir; padrão **6** composição musical cujo tema, iniciado por uma voz, é repetido por outra(s) em tempos diferentes ~ **canonista** *adj.2g.s.2g.*
ca.no.ni.cal *adj.2g.* relativo a cônego e canonicato
ca.no.ni.ca.to *s.m.* ofício de cônego
ca.nô.ni.co *adj.* **1** relativo a cânone **2** conforme as regras ou dogmas da Igreja **3** *fig. infrm.* certo, pontual ~ **canonicidade** *s.f.*
ca.no.ni.sa *s.f.* religiosa com cargo semelhante ao do cônego
ca.no.ni.zar *v.* {mod. 1} *t.d.* (o papa) declarar santo (alguém já morto), concedendo-lhe culto ilimitado ~ **canonização** *s.f.*
ca.no.ro *adj.* que canta bem; melodioso
can.sa.ço *s.m.* **1** fadiga causada por excesso de esforço ou doença; canseira **2** *fig.* aborrecimento, tédio ⟨*esse assunto provocou um enorme c.*⟩
can.sa.do *adj.* **1** que se cansou **2** *p.ext.* que se aborreceu **3** *p.ext.* diz-se de terra que já não produz **4** *p.ext.* diz-se de órgão visual já não exato em curtas distâncias ⟨*vista c.*⟩
can.san.ção [pl.: *-ões*] *s.m.* urtiga
can.sar *v.* {mod. 1} *t.d.,int. e pron.* **1** (prep. *de*) causar ou sentir esgotamento (físico ou mental) ↺ descansar **2** *fig.* (prep. *de*) aborrecer(-se), enfastiar(-se) ↺ agradar, alegrar(-se) ❑ *t.i. e pron.* **3** (prep. *de*) desistir, parar ⟨*c.(-se) de brigar*⟩ ↺ continuar
can.sa.ti.vo *adj.* que causa cansaço; fatigante ↺ revigorante
can.sei.ra *s.f.* **1** cansaço, fadiga **2** trabalho intenso; faina
can.ta.da *s.f. fig. infrm.* conversa sedutora ▣ **dar** ou **passar uma** c. *loc.vs.* tentar conquistar ou convencer (alguém) com conversa sedutora
can.ta.dor \ô\ *adj.s.m.* **1** que(m) canta ■ *s.m.B* **2** cantor ou poeta popular
can.tão [pl.: *-ões*] *s.m.* divisão territorial de alguns países europeus, como a Suíça
can.tar *v.* {mod. 1} *t.d. e int.* **1** expressar-se vocalmente por frases melódicas; entoar ❑ *int.* **2** emitir sons (ave) ❑ *t.d.* **3** celebrar em verso ou prosa ⟨*c. feitos heroicos*⟩ **4** *fig. B infrm.* tentar convencer (alguém) a fazer algo ■ *s.m.* **5** [2]canto
can.ta.ri.a *s.f.* pedra lavrada em forma geométrica para construções
cân.ta.ro *s.m.* vaso para líquidos, bojudo e com asas
can.ta.ro.lar *v.* {mod. 1} *t.d. e int.* cantar baixo, ger. para si mesmo
can.ta.ta *s.f.* **1** composição vocal-instrumental, freq. religiosa, em vários movimentos ('parte') **2** poema para ser cantado
can.tei.ro *s.m.* porção de terra demarcada para cultivar plantas ▣ c. **de obras** *loc.subst. B* local anexo à área da construção us. como depósito, alojamento etc.
cân.ti.co *s.m.* **1** hino religioso em louvor à divindade **2** *p.ext.* hino ou poema de louvor
can.ti.ga *s.f.* **1** canção **2** composição poética dos trovadores
can.til *s.m.* pequeno recipiente us. por soldados, esportistas etc. para levar água
can.ti.le.na *s.f.* **1** canção ou poema breve e simples **2** *fig.* queixa repetida e monótona **3** *fig.* conversa maçante
can.tim.plo.ra *s.f.* recipiente de metal us. para resfriar água; catimplora
can.ti.na *s.f.* **1** local onde se vendem alimentos e bebidas em escolas, quartéis etc. **2** restaurante simples de comida italiana
[1]**can.to** *s.m.* **1** quina; ângulo **2** local afastado [ORIGEM: do lat. *canthus,i* 'área ou faixa de ferro que envolve a roda'] ▣ **em todo** c. *loc.subst.* em todo lugar; por toda parte • **olhar pelo** c. **do olho** *fraseol.* olhar de lado, com desconfiança
[2]**can.to** *s.m.* **1** ato de cantar **2** música cantada ou som vocal melódico **3** técnicas para aprimoramento da voz ⟨*ele vai estudar c.*⟩ **4** cada parte de um poema longo [ORIGEM: do lat. *cantus,us* 'id.'] ▣ c. **coral** *loc.subst.* **1** canto em coro **2** nome dado às atividades ligadas à música para coro • c. **de sereia** *loc.subst.* apelo irresistível • c. **do cisne** *loc.subst.* última e magnífica obra de um artista • c. **gregoriano** *loc.subst.* antigo canto litúrgico católico a uma só voz • c. **orfeônico** *loc.subst.* canto coral escolar
can.to.chão [pl.: *-ãos*] *s.m.* **1** canto gregoriano **2** *p.ext. pej.* algo monótono, repetitivo
can.to.nei.ra *s.f.* **1** móvel que se encaixa em ângulo da parede **2** peça de metal em L para sustentar prateleiras **3** reforço nos cantos de pastas, encadernações etc. **4** triângulo de papel que prende, pelos cantos, fotografias, selos etc.
can.tor \ô\ *adj.s.m.* que(m) canta, esp. como profissional ⊙ COL coro
can.to.ri.a *s.f.* **1** conjunto de vozes cantando **2** *B* desafio de cantadores
ca.nu.do *s.m.* **1** tubo estreito **2** *p.ext. infrm.* diploma universitário
câ.nu.la *s.f.* **1** pequeno tubo adaptável a instrumentos cirúrgicos, seringas etc. **2** tubo de tamanhos e materiais variados us. após cirurgias, inserido em órgãos ou cavidades

ca.nu.ti.lho *s.m.* pequeno canudo de vidro e/ou fio de ouro ou prata enrolado em espiral us. em bordados e passamanaria
can.zar.rão [pl.: *-ões*] *s.m.* cão muito grande ⊙ GRAM/USO aum.irreg. de *cão*
can.zo.a.da *s.f.* **1** agrupamento de cães **2** barulheira de cães
cão [pl.: *-ães*; fem.: *cadela*] *s.m.* **1** mamífero quadrúpede, carnívoro, domesticável, da família dos canídeos, descendente dos lobos; cachorro **2** *fig.* pessoa muito má; vil **3** *B infrm.* o diabo **4** peça da arma de fogo que faz disparar a cápsula ⊙ GRAM/USO aum.irreg.: *canzarrão* ⊙ COL matilha ⊙ VOZ v.: ganir, ladrar, latir, rosnar, uivar; subst.: ganido, latido, rosnado, uivo
ca.o.lho \ô\ *adj.s.m.* **1** cego de um olho **2** estrábico
ca.os *s.m.2n.* **1** o estado desorganizado da matéria primordial antes da criação das formas distintas **2** mistura de coisas desarrumadas; confusão ⟨*sua gaveta é um c.*⟩ **3** *fig.* mistura de ideias e sentimentos ~ **caotização** *s.f.* - **caotizar** *v.t.d.*
ca.ó.ti.co *adj.* confuso, desordenado
cão-ti.nho.so \ô\ [pl.: *cães-tinhosos* \ó\] *s.m.infrm.* o diabo
[1]**ca.pa** *s.f.* **1** manto **2** *p.ext.* envoltório que protege ou oculta **3** veste impermeável contra a chuva **4** parte exterior de qualquer publicação [ORIGEM: do lat.tar. *cappa,ae* 'proteção para a cabeça; certo tipo de casaco com capuz'] ⊡ **c. e espada** *loc.subst.* aventura de espadachins ⟨*filme de c. e espada*⟩ ⟨*romance de c. e espada*⟩
[2]**ca.pa** *s.m.* nome da décima letra do alfabeto grego (κ, K) [ORIGEM: do gr. *káppa* 'id.']
ca.pa.ce.te \ê\ *s.m.* proteção para cabeça feita com material resistente a impactos
ca.pa.cho *s.m.* **1** tapete us. para limpar as solas dos sapatos **2** *p.ext. infrm.* bajulador; puxa-saco ~ **capachismo** *s.m.*
ca.pa.ci.da.de *s.f.* **1** volume que pode ser contido em algo ⟨*a sala tem c. para 100 pessoas*⟩ **2** poder de produção ⟨*reduzimos nossa c. em 30%*⟩ **3** competência e/ou talento para realizar ou compreender algo **4** *p.ext.* pessoa de muito talento ⟨*esse aluno é uma c.*⟩
ca.pa.ci.ta.ção [pl.: *-ões*] *s.f.* aptidão, habilitação
ca.pa.ci.tar *v.* {mod. 1} *t.d.i. e pron.* **1** (prep. *para*) tornar(se) apto (a uma função, serviço etc.); habilitar(-se) **2** (prep. *de*) convencer(-se), persuadir(-se)
ca.pa.ci.tor \ô\ *adj.s.m.* (equipamento) que armazena carga e energia elétricas
capado *adj.* **1** castrado ■ *s.m. B* **2** porco castrado para engorda
ca.pa.dó.cio *adj.* **1** da Capadócia (Ásia Menor) ■ *s.m.* **2** natural ou habitante dessa província ■ *adj.s.m.* **3** *B* que(m) é impostor, trapaceiro
ca.pan.ga *s.f.* **1** bolsa pequena, us. a tiracolo por viajantes, comerciantes etc. **2** *p.ext.* bolsa de mão para homem ■ *s.m.* **3** guarda-costas; jagunço
[1]**ca.pão** [pl.: *-ões*] *s.m.* animal castrado esp. para engorda [ORIGEM: do lat. *capo,onis* 'galo castrado']
[2]**ca.pão** [pl.: *-ões*] *s.m.* pequena extensão de vegetação, de volume e composição variados, e aspecto diverso da que a circunda [ORIGEM: do tupi *ka'a pu'ã* 'mato redondo' ou *kaa'paũ* 'mato isolado']
ca.par *v.* {mod. 1} *t.d.* retirar ou inutilizar órgão reprodutor de; castrar ~ **capação** *s.f.* - **capador** *adj.s.m.*
ca.pa.taz *s.m.* **1** chefe de grupo organizado de trabalhadores braçais **2** administrador de fazenda
ca.pa.ta.zi.a *s.f.* **1** função de capataz **2** *p.ext.* grupo de trabalhadores chefiado por um capataz
ca.paz *adj.2g.* **1** que pode conter, abrigar etc. algo em si ⟨*ônibus c. de levar 44 pessoas*⟩ **2** que tem competência ou habilidade ⟨*vidro c. de isolar o calor*⟩ ⟨*ele já é c. de dirigir*⟩ **3** legalmente apto ⊙ GRAM/USO sup.abs.sint. *capacíssimo*
cap.ci.o.so \ô\ [pl.: *capciosos* \ó\] *adj.* **1** que engana **2** que procura confundir ⟨*questão c.*⟩
ca.pe.ar *v.* {mod. 5} *t.d.* **1** guarnecer de capa; encapar **2** recobrir (muros, estradas etc.) com o revestimento final **3** *fig.* encobrir, disfarçar ⟨*c. as emoções*⟩ ~ **capeamento** *s.m.*
ca.pe.la *s.f.* **1** pequena igreja com um só altar **2** *p.ext.* local em uma igreja, com altar próprio, reservado para orações, meditação etc. **3** *p.ext.* local destinado ao culto religioso fora das igrejas ⟨*a missa foi na c. do hospital*⟩ **4** grinalda
ca.pe.lão [pl.: *-ães*] *s.m.* **1** padre de uma capela **2** padre que dá assistência espiritual em quartéis, hospitais, asilos etc. ~ **capelania** *s.f.*
ca.pe.lo \ê\ *s.m.* **1** capuz de frade **2** chapéu de cardeal **3** pequena capa us. por doutores em cerimônias acadêmicas
ca.pen.ga *adj.2g.s.2g.* **1** que(m) puxa da perna; manco ■ *adj.2g.fig.* **2** incompleto; defeituoso ⟨*texto c.*⟩ ⟨*desculpa c.*⟩
ca.pen.gar *v.* {mod. 1} *t.i. e int.* (prep. *de*) caminhar apoiando-se mais em uma das pernas; mancar ~ **capengante** *adj.2g.*
ca.pe.ta \ê\ *s.m.infrm.* **1** o diabo ■ *adj.2g.s.2g.infrm.* **2** que(m) é travesso
ca.pe.ti.ce *s.f.* **1** travessura **2** careta, trejeito
ca.pi.au [fem.: *capioa*] *adj.s.m.* roceiro
ca.pi.lar *adj.2g.* **1** relativo a cabelo **2** fino como fio de cabelo ■ *s.m.* ANAT **3** vaso sanguíneo muito fino **4** *p.ext.* qualquer vaso ~ **capilaridade** *s.f.*
ca.pim *s.m.* nome comum a diversas gramíneas us. para forragem
ca.pi.na *s.f.* retirada de capim
ca.pi.na.ção [pl.: *-ões*] *s.f.* capina
ca.pi.nar *v.* {mod. 1} *t.d.* retirar de (terreno, plantação) capim, erva daninha etc.
ca.pin.zal *s.m.* terreno coberto de capim
ca.pi.on.go *adj.* deprimido, macambúzio
ca.pis.car *v.* {mod. 1} *t.d.* **1** descobrir (trama, ardil) **2** *p.ext.* entender, compreender
ca.pis.ta *s.2g.* profissional que cria capas de livros, discos etc.
ca.pi.tal *adj.2g.* **1** principal, fundamental ⟨*importância c.*⟩ **2** que traz a morte; fatal ⟨*pena c.*⟩ ■ *s.f.* **3** cidade

que sedia um governo **4** letra maiúscula ■ *s.m.* **5** patrimônio; riqueza **6** bem econômico aplicável à produção **7** riqueza capaz de produzir renda ⊡ **c. de giro** *loc.subst.* bens e valores us. na movimentação do negócio

ca.pi.ta.lis.mo *s.m.* regime socioeconômico baseado no lucro e na propriedade privada dos bens de produção ☞ cf. *socialismo, comunismo* ~ **capitalístico** *adj.*

ca.pi.ta.lis.ta *adj.2g.* **1** relativo a capital **2** próprio do capitalismo ⟨*regime c.*⟩ ■ *adj.2g.s.2g.* **3** que(m) possui capital ('bem') e vive de renda **4** *p.ext.* que(m) é muito rico

ca.pi.ta.li.zar *v.* {mod. 1} *t.d.* **1** converter em capital ('bem') **2** *fig.* juntar, reunir (valores, dados etc.) ❑ *int.* **3** acumular riquezas ~ **capitalização** *s.f.* - **capitalizável** *adj.2g.*

ca.pi.ta.ne.ar *v.* {mod. 5} *t.d.* **1** comandar como capitão **2** *p.ext.* dirigir, governar

ca.pi.ta.ni.a *s.f.* **1** cargo de capitão **2** sede administrativa de um porto ⊡ **c. dos portos** *loc.subst.* repartição do Ministério da Marinha responsável por inspecionar, policiar e controlar os portos e o pessoal marítimo • **c. hereditária** *loc.subst.* cada uma das unidades administrativas do Brasil colonial

ca.pi.tâ.nia *s.f.* navio em que viaja o capitão da esquadra ⊙ GRAM/USO tb. us. como adj.: *navio capitânia*

ca.pi.tão [pl.: *-ães*; fem.: *capitã* e *capitoa*] *s.m.* **1** posto militar abaixo de major e acima de tenente **2** oficial nesse posto **3** comandante de navio **4** *p.ext.* chefe de qualquer grupo de pessoas

ca.pi.tão de cor.ve.ta [pl.: *capitães de corveta*] *s.m.* **1** posto de oficial da Marinha de Guerra superior ao de capitão-tenente e inferior ao de capitão de fragata **2** oficial que tem esse posto

ca.pi.tão de fra.ga.ta [pl.: *capitães de fragata*] *s.m.* **1** posto de oficial da Marinha de Guerra superior ao de capitão de corveta e inferior ao de capitão de mar e guerra **2** oficial que tem esse posto

ca.pi.tão de mar e guer.ra [pl.: *capitães de mar* e *guerra*] *s.m.* **1** posto de oficial da Marinha de Guerra superior ao de capitão de fragata e inferior ao de contra-almirante **2** oficial que tem esse posto

ca.pi.tão do ma.to [pl.: *capitães do mato*] *s.m.* caçador de escravos fugidos

ca.pi.tão-mor [pl.: *capitães-mores*] *s.m.* título dado aos donatários das capitanias hereditárias

ca.pi.tão-te.nen.te [pl.: *capitães-tenentes*] *s.m.* **1** posto de oficial da Marinha de Guerra superior ao de primeiro-tenente e inferior ao de capitão de corveta **2** oficial que tem esse posto

ca.pi.ta.ri *s.m.* **1** árvore ribeirinha da Amazônia de flores róseas e madeira castanho-escura us. para marcenaria **2** tartaruga macho

ca.pi.tel *s.m.* parte superior, ger. trabalhada, de uma coluna

ca.pi.tó.lio *s.m.* **1** uma das sete colinas de Roma ☞ inicial maiúsc. **2** templo de Júpiter construído nessa colina ☞ inicial maiúsc. **3** *p.ext.* edificação imponente, esp. sede de governo **4** *fig.* glória, triunfo

ca.pi.to.so \ô\ [pl.: *capitosos* \ó\] *adj.* **1** de cabeça grande **2** *fig.* teimoso **3** que embriaga, entontece

[1]**ca.pi.tu.lar** *v.* {mod. 1} *t.d.* **1** acertar sob determinada condição ⟨*c. um acordo*⟩ **2** dividir em capítulos **3** *p.ext.* enumerar, listar ❑ *t.d.pred.* **4** (prep. *de*) dar a qualificação de; classificar ❑ *int.* **5** deixar de resistir; render-se **6** *p.ext.* ceder, transigir [ORIGEM: do lat. *capitulare* 'fazer um pacto'] ~ **capitulação** *s.f.*

[2]**ca.pi.tu.lar** *adj.2g.* relativo ou pertencente a capítulo ('assembleia') [ORIGEM: do lat. *capitulāris,e* 'id.']

ca.pí.tu.lo *s.m.* **1** divisão de livro, código etc. **2** assembleia de religiosos para decidir sobre dado assunto **3** inflorescência formada de pequenas flores inseridas em um só receptáculo

ca.pi.va.ra *s.f.* o maior dos mamíferos roedores, semiaquático, de corpo compacto, pernas curtas, pés anteriores com quatro dedos e posteriores com três

ca.pi.xa.ba *adj.2g.* **1** do Espírito Santo ■ *s.2g.* **2** natural ou habitante desse estado

ca.pô *s.m.* cobertura móvel que protege o motor dos automóveis

[1]**ca.po.ei.ra** *s.f.* **1** terreno desmatado para cultivo ou outros fins **2** vegetação que surge após a derrubada da mata original [ORIGEM: do tupi *ko'pwera*, de *ko* 'roça' + *pwera* 'que já foi']

[2]**ca.po.ei.ra** *s.m.* **1** negro que vivia na capoeira ('terreno') e assaltava viajantes ■ *s.f.* **2** luta introduzida pelos escravos bantos [ORIGEM: contrv.; de '*capoeira* ou do umbundo *kapwila* 'pancada, tabefe; surra'] ~ **capoeiragem** *s.f.* - **capoeirista** *s.2g.*

ca.po.ral *s.m.* *B* tabaco picado, de má qualidade

ca.po.ta *s.f.* cobertura de automóveis, removível ou não

ca.po.tar *v.* {mod. 1} *int.* **1** tombar (veículo), de rodas para cima ou dando voltas sobre si **2** *fig. gír.* dormir de repente, ger. por cansaço

ca.po.te *s.m.* **1** capa larga e longa, com ou sem capuz **2** casacão

ca.po.tei.ro *s.m.* aquele que faz ou conserta capotas de veículos

ca.pri.char *v.* {mod. 1} *t.i. e int.* (prep. *em*) agir com apuro (em relação a); esmerar-se

ca.pri.cho *s.m.* **1** apuro; esmero **2** desejo ou vontade repentina, que muda com frequência **3** atitude de quem insiste sem razão; teimosia, obstinação

ca.pri.cho.so \ô\ [pl.: *caprichosos* \ó\] *adj.* **1** que faz as coisas com capricho; cuidadoso, aplicado ⮌ desleixado, negligente **2** elaborado com apuro; esmerado ⮌ mal-acabado, malfeito **3** que age por capricho; cuja vontade muda com frequência

ca.pri.cor.ni.a.no *adj.s.m.* que(m) é do signo de Capricórnio

ca.pri.cór.nio *adj.* **1** que possui chifres como a cabra ■ *s.m.* **2** décima constelação zodiacal, situada ao sul do equador celeste, entre Sagitário e Aquário ☞ inicial maiúsc. **3** ASTRL décimo signo do zodíaco (de 22 de dezembro a 20 de janeiro) ☞ inicial maiúsc.

ca.pri.no *adj.* **1** relativo a cabras, bodes, cabritos **2** semelhante a ou próprio de cabra ou bode; cabrum ⟨*voz c.*⟩

cáp.su.la *s.f.* **1** pequeno invólucro vedado (contendo medicamento, explosivo de bala etc.) **2** compartimento pressurizado de uma espaçonave, que leva os astronautas e os instrumentos

[1]**cap.su.lar** *adj.2g.* em forma de cápsula ou relativo a ela [ORIGEM: *cápsula* + [1]*-ar*]

[2]**cap.su.lar** *v.* {mod. 1} *t.d.* encapsular [ORIGEM: *cápsula* + [2]*-ar*]

cap.tar *v.* {mod. 1} *t.d.* **1** trazer para si; atrair, conquistar **2** recolher, obter ⟨*c. recursos*⟩ **3** compreender, entender ⟨*c. a mensagem*⟩ **4** receber (sinais de áudio e vídeo) ~ **captação** *s.f.* - **captatório** *adj.* - **captor** *adj.s.m.*

cap.tu.ra *s.f.* ato ou efeito de capturar; prisão, aprisionamento ⊃ soltura, libertação

cap.tu.rar *v.* {mod. 1} *t.d.* privar da liberdade; prender ~ **capturador** *adj.s.m.*

ca.pu.chi.nho *adj.s.m.* (religioso) de uma ordem franciscana

ca.pu.cho *s.m.* **1** capuz **2** espuma do leite tirado da teta da vaca ■ *adj.s.m.* **3** franciscano

ca.pu.lho *s.m.* **1** cápsula que envolve o algodão **2** conjunto de folhas que envolve uma flor **3** botão de flor prestes a desabrochar

ca.puz *s.m.* cobertura para a cabeça presa a uma vestimenta

ca.qué.ti.co *adj.* **1** que sofre de caquexia **2** *fig.* muito abatido, envelhecido **3** *fig.* que se apresenta em péssimo estado

ca.que.xi.a \cs\ *s.f.* MED grau extremo de enfraquecimento causado por desnutrição ou outras enfermidades

ca.qui *s.m.* fruto avermelhado do caquizeiro, de polpa gelatinosa e doce

cá.qui *s.m.* **1** cor castanho-amarelada **2** brim dessa cor, ger. us. em uniformes militares ■ *adj.2g.* **3** que tem essa cor ⟨*bolsa c.*⟩ **4** diz-se dessa cor

ca.ra *s.f.* **1** face ('região') **2** aparência, fisionomia **3** lado da moeda que contém um rosto ☞ cf. *coroa* ■ *s.2g. infrm.* **4** indivíduo, pessoa qualquer ⟨*o c. atravessou a rua*⟩ ⊙ GRAM/USO aum.irreg.: *caraça, carão* ⊡ **c. de tacho** *loc.subst.* fisionomia de desapontamento • **encher a c.** *loc.vs.* beber muito; embriagar-se • **estar na c.** *loc.vs.* ser evidente, óbvio • **livrar a c. de** *loc.vs.* defender(-se)

ca.rá *s.m.* **1** trepadeira cujo tubérculo, rico em amido, é comestível **2** o tubérculo dessa planta

ca.ra.bi.na *s.f.* espingarda curta; clavina ~ **carabinada** *s.f.*

ca.ra.bi.nei.ro *s.m.* **1** soldado que usa carabina **2** pessoa que fabrica ou vende carabina

ca.ra.ca *s.f.* **1** casca de ferida **2** camada de sujeira na pele **3** meleca endurecida **4** craca

ca.ra.ça *s.f.* **1** cara enorme ■ *s.m.* **2** boi ou cavalo com mancha branca no focinho

ca.ra.ca.rá *s.m.* → *CARCARÁ*

ca.ra.col *s.m.* **1** molusco terrestre com concha espiralada **2** cacho de cabelo

ca.ra.co.lar *v.* {mod. 1} *t.d. e int.* (fazer) mover-se em círculos ou em espiral

ca.rac.te.re *s.m.* INF qualquer letra, algarismo, símbolo, sinal que pode ser armazenado em computador ☞ cf. *caráter*

ca.rac.te.rís.ti.ca *s.f.* **1** o que particulariza algo; qualidade distintiva **2** MAT a parte inteira de um logaritmo

ca.rac.te.rís.ti.co *adj.* que caracteriza; distintivo, particular, próprio ⊃ inespecífico

ca.rac.te.ri.zar *v.* {mod. 1} *t.d. e pron.* **1** (prep. *por*) evidenciar, destacar as características (de); distinguir(-se) **2** preparar(-se) [ator] para encarnar um personagem ~ **caracterização** *s.f.* - **caracterizador** *adj.s.m.* - **caracterizante** *adj.2g.*

ca.ra.cu *adj.2g.s.2g.* (boi) de pelo curto e ruivo

ca.ra de pau [pl.: *caras de pau*] *adj.2g.s.2g. infrm.* **1** cínico, descarado ■ *s.f. infrm.* **2** ousadia, atrevimento

ca.ra.du.ra *s.f. pej.* **1** falta de vergonha ■ *adj.2g.s.2g. pej.* **2** ousado, cara de pau

ca.ra.du.ris.mo *s.m. infrm.* caradura, desfaçatez

ca.ra.í.ba *s.m.* **1** coisa sagrada ou sobrenatural **2** entre os falantes do tupi antigo, homem branco, europeu

ca.ra.já *adj.2g.s.2g.* **1** (indivíduo) dos carajás, povo indígena que vive ao longo do rio Araguaia ■ *s.m.* **2** língua do tronco macro-jê falada por esse povo

ca.ra.man.chão [pl.: *-ões*] *s.m.* construção leve, ger. de madeira e coberta por plantas trepadeiras nos jardins

ca.ram.ba *interj. infrm.* expressa surpresa, admiração ou ironia

ca.ram.bo.la *s.f.* **1** fruto da caramboleira, facetado, de sabor ácido e cor amarelada **2** no bilhar, a bola vermelha **3** nesse jogo, tacada que atinge duas bolas de uma vez

ca.ram.bo.lar *v.* {mod. 1} *int.* **1** no bilhar, atingir duas bolas numa tacada **2** *fig.* trapacear, enganar

ca.ram.bo.lei.ra *s.f.* ou **ca.ram.bo.lei.ro** *s.m.* árvore da carambola

ca.ra.me.lo *s.m.* **1** calda de açúcar queimado **2** guloseima feita dessa calda; puxa-puxa **3** a cor do açúcar queimado ■ *adj.2g.2n.* **4** que tem essa cor **5** diz-se dessa cor ~ **caramelizar** *v.t.d.,int. e pron.*

ca.ra-me.ta.de [pl.: *caras-metades*] *s.f. infrm.* parceiro amoroso ideal

ca.ra.min.guás *s.m.pl. infrm.* **1** pertences de pouco valor **2** dinheiro miúdo

ca.ra.mi.nho.las *s.f.pl. infrm.* **1** histórias falsas; mentiras **2** sonhos impossíveis; fantasias

ca.ra.mu.jo *s.m.* molusco de água doce ou salgada, de concha espiralada, grossa e forte

ca.ra.mu.nha *s.f.* **1** lamentação, queixa **2** choradeira de crianças **3** careta, esgar

ca.ran.gue.jei.ra *s.f.* aranha-caranguejeira

ca.ran.gue.jo \ê\ *s.m.* nome comum de vários crustáceos de carapaça larga, encontrados em mangues

ca.ran.gue.jo.la *s.f.* **1** armação pouco firme, de madeira **2** *p.ext.* estrutura instável de objetos sobrepostos

ca.ran.to.nha *s.f.* **1** cara feia e grande **2** máscara grotesca **3** careta

ca.rão [pl.: *-ões*] *s.m.* **1** cara muito grande **2** carantonha **3** repreensão, advertência ⊙ GRAM/USO aum.irreg. de *cara*

ca.ra.o.quê *s.m.* **1** ato de cantar acompanhado pelos músicos da casa ou por fundo instrumental já gravado **2** estabelecimento que oferece essa diversão

ca.ra.pa.ça *s.f.* **1** escudo rígido no dorso de certos animais, como tartarugas, tatus, caranguejos **2** *p.ext.* qualquer proteção rígida

ca.ra-pá.li.da [pl.: *caras-pálidas*] *s.2g.* **1** pessoa de pele branca, para os índios norte-americanos **2** *infrm.* qualquer indivíduo (expressa estranhamento ou oposição entre pessoas) ⟨*a quem pensa que engana, c.?*⟩

ca.ra.pa.nã *s.m.* AMAZ mosquito

ca.ra.pau *s.m.* **1** peixe comestível que nada em pequenos cardumes **2** *infrm.* pessoa muito magra

ca.ra.pe.ba *s.f.* peixe comestível de boca pequena e sem dentes

ca.ra.pi.cu *s.m.* nome comum a vários peixes que possuem nadadeiras anais com espinhos

ca.ra.pi.nha *s.f.* cabelo muito crespo; pixaim

ca.ra.pi.nha.da *s.f.* bebida feita com xarope ou sumo de fruta e raspas de gelo

ca.ra-pin.ta.da [pl.: *caras-pintadas*] *adj.2g.s.2g.* **1** (jovem) que pintava o rosto nas manifestações a favor do *impeachment* do então presidente Fernando Collor (1990-1992) **2** *p.ext.* (jovem) que pinta o rosto em manifestações políticas de rua

ca.ra.pu.ça *s.f.* **1** gorro em forma de cone **2** crítica indireta ⊡ **vestir a c.** *loc.vs.* sentir-se atingido por uma crítica supostamente impessoal

ca.ra.tê *s.m.* método oriental de defesa pessoal em que se usam apenas os pés e as mãos

ca.ra.te.ca *s.2g.* indivíduo que pratica caratê

ca.rá.ter [pl.: *caracteres*] *s.m.* **1** sinal (letra, número etc.) ou figura us. na escrita ☞ cf. *caractere* **2** traço distintivo de pessoa, coisa ou grupo **3** característica **4** personalidade, temperamento, índole **5** honestidade ⊡ **a c.** *loc.adv.* de acordo com o lugar, a época, os costumes (diz-se de trajes) ⟨*compareceram vestidos a c.*⟩

ca.ra.tin.ga *s.m.* **1** peixe comum no sudeste brasileiro, mas de carne pouco apreciada **2** trepadeira nativa do Brasil com tubérculo comestível

ca.ra.va.na *s.f.* **1** grupo de mercadores ou viajantes que se juntam para atravessar regiões perigosas **2** *p.ext.* qualquer grupo de pessoas ou veículos que viajam juntos ~ **caravaneiro** *s.m.*

ca.ra.van.ça.rá *s.m.* no Oriente Médio, estalagem gratuita para caravanas

ca.ra.ve.la *s.f.* **1** antiga embarcação veloz, a vela e com até quatro mastros **2** água-viva

ca.ra.xu.é *s.m.* *B* nome comum a aves silvícolas tb. conhecidas como sabiás

car.bo-hi.dra.to [pl.: *carbo-hidratos*] ou **car.bo.i.dra.to** *s.m.* composto orgânico formado por carbono, hidrogênio e oxigênio, tal como os açúcares, o amido e a celulose

car.bo.na.to *s.m.* sal do ácido carbônico

car.bo.ne.to \ê\ *s.m.* combinação química com carbono

car.bo.ní.fe.ro *s.m.* **1** quinto período geológico da era paleozoica, entre o Devoniano e o Permiano, em que se formaram grandes jazidas de carvão e surgiram os batráquios e répteis ☞ inicial maiúsc. ■ *adj.* **2** desse período **3** que contém ou produz carvão

car.bo.ni.la *s.f.* radical orgânico divalente, encontrado em aldeídos e cetonas

car.bo.ni.zar *v.* {mod. 1} *t.d. e pron.* **1** reduzir(-se) a carvão ❑ *t.d.* **2** queimar completamente ~ **carbonização** *s.f.*

[1]**car.bo.no** *s.m.* **1** elemento químico que constitui os diamantes, o carvão, o grafite etc. [símb.: *C*] ☞ cf. *tabela periódica* (no fim do dicionário) [ORIGEM: lat. *carbo,ōnis* 'carvão'] ⊡ **c. 14** *loc.subst.* isótopo radioativo do carbono us. na datação arqueológica ~ **carbônico** *adj.s.m.*

[2]**car.bo.no** *s.m.* papel-carbono [ORIGEM: red. de *papel-carbono*]

car.bún.cu.lo *s.m.* MED infecção que ataca homens e animais caracterizada pela presença de pústulas necrosantes na pele ou em outros tecidos; antraz

car.bu.ra.dor \ô\ *s.m.* **1** dispositivo que mistura ar e combustível em motores de explosão ■ *adj.* **2** que carbura

car.bu.ran.te *s.m.* **1** produto ou combustível us. em motor de explosão ■ *adj.2g.* **2** que carbura, queima

car.bu.rar *v.* {mod. 1} *t.d.* misturar (vapor de combustível) com ar, em motor de explosão ~ **carburação** *s.f.*

car.bu.re.to \ê\ *s.m.* carboneto

car.ca.ça *s.f.* **1** esqueleto de animal **2** parte externa de uma máquina **3** *infrm.* corpo velho, cansado

car.ca.ma.no *s.m.* *pej.* italiano ou seu descendente

car.ca.rá ou **ca.ra.ca.rá** *s.m.* ave de rapina semelhante ao gavião, com até 56 cm de comprimento, encontrada nas Américas

car.ce.ra.gem *s.f.* **1** ação de encarcerar; aprisionamento **2** despesa com a manutenção de presos **3** nas delegacias, local onde ficam os presos

cár.ce.re *s.m.* **1** prisão, cadeia **2** cela em que o preso fica detido ~ **carcerário** *adj.*

car.ce.rei.ro *s.m.* pessoa que vigia os prisioneiros

car.ci.nó.ge.no *s.m.* agente que provoca carcinoma

car.ci.no.ma *s.m.* tumor maligno que se origina em tecido epitelial ou glandular; câncer ~ **carcinomatoso** *adj.*

car.ci.no.se *s.f.* disseminação de um câncer pelo organismo

car.co.ma *s.f.* **1** caruncho **2** o que destrói

car.co.mer *v.* {mod. 8} *t.d.* **1** reduzir (madeira) a pó **2** *p.ext.* corroer, desgastar **3** *fig.* arruinar, destruir ↄ preservar

car.da *s.f.* **1** ferramenta us. para cardar lã, algodão, linho etc. **2** máquina industrial para desembaraçar e limpar fibras têxteis

car.da.mo.mo *s.m.* **1** erva cujas sementes são us. como condimento **2** essa semente

car.dá.pio *s.m.* **1** nos restaurantes, lista de pratos com seus preços; menu **2** relação de um conjunto de refeições

car.dar *v.* {mod. 1} *t.d.* desembaraçar fios de (lã, algodão, pelo etc.) ~ **cardação** *s.f.* - **cardadura** *s.f.* - **cardagem** *s.f.*

car.de.al *adj.2g.* **1** fundamental, principal ☞ cf. *ponto cardeal* ■ *s.m.* **2** cada um dos bispos que têm a prerrogativa de eleger o papa e que formam o seu colégio consultivo **3** nome comum de várias aves encontradas na América do Sul que se distinguem por possuir cabeça vermelha ou com topete

cár.dia *s.f.* denominação substituída por *óstio cárdico* ~ **cardial** *adj.2g.*

car.dí.a.co *adj.* **1** relativo ao coração ■ *adj.s.m.* **2** que(m) sofre de doença no coração

car.di.gã *s.m.* casaco de malha, aberto na frente e sem gola

car.di.nal *adj.2g. fig.* **1** principal ■ *adj.2g.s.m.* **2** (numeral) que expressa quantidade absoluta ☞ cf. *ordinal*

car.di.na.la.to *s.m.* título de cardeal

car.di.na.lí.cio *adj.* relativo a cardeal ('bispo')

car.dio.gra.fi.a *s.f.* registro dos movimentos do coração por meio do cardiógrafo ~ **cardiográfico** *adj.*

car.di.ó.gra.fo *s.m.* aparelho que registra os movimentos do coração

car.dio.gra.ma *s.m.* gráfico obtido por meio do cardiógrafo

car.dio.lo.gi.a *s.f.* ramo da medicina que estuda o coração e suas enfermidades ~ **cardiológico** *adj.* - **cardiologista** *adj.2g.s.2g.*

car.dio.pa.ti.a *s.f.* nome genérico das doenças do coração ~ **cardiopata** *s.2g.*

car.dio.pul.mo.nar *adj.2g.* relativo ao coração e aos pulmões

car.dio.vas.cu.lar *adj.2g.* relativo ao coração e aos vasos sanguíneos

car.do *s.m.* nome comum a várias plantas com folhas espinhosas e caule revestido de pelos

car.du.me *s.m.* agrupamento de peixes

ca.re.ca *adj.2g.s.2g.* **1** que(m) não tem cabelos; calvo ■ *s.f.* **2** parte da cabeça sem cabelos; calvície, calva ■ *adj.2g. infrm.* **3** diz-se de pneu já gasto

ca.re.cer *v.* {mod. 8} *t.i.* **1** (prep. *de*) ser desprovido de; não ter **2** (prep. *de*) precisar, necessitar ↄ dispensar ~ **carecedor** *adj.s.m.* - **carecente** *adj.2g.* - **carecimento** *s.m.*

ca.rei.ro *adj.* **1** que cobra caro ⟨*pedreiro c.*⟩ **2** que vende por preço elevado ⟨*supermercado c.*⟩

ca.re.na *s.f.* **1** parte da quilha do navio que fica submersa **2** *p.ext.* peça formada pelas duas pétalas inferiores das flores cuja forma parece uma quilha **3** *p.ext.* ZOO crista em forma de quilha, de certos ossos, como no esterno das aves

ca.rên.cia *s.f.* **1** falta, necessidade ⟨*c. de alimento*⟩ ⟨*c. afetiva*⟩ **2** tempo de espera para ter direito aos benefícios de um seguro

ca.ren.te *adj.2g.* **1** que tem necessidade **2** que nada possui; pobre

ca.re.pa *s.f.* **1** caspa **2** superfície áspera de madeira grosseiramente desbastada **3** pó que aparece na superfície de algumas frutas secas **4** penugem de alguns frutos

ca.res.ti.a *s.f.* **1** escassez, falta **2** encarecimento do custo de vida **3** preço elevado, acima do valor real

ca.re.ta \ê\ *s.f.* **1** trejeito facial ■ *adj.2g.s.2g. infrm.* **2** que(m) é conservador **3** *drg.* que(m) não usa drogas

ca.re.tei.ro *adj.s.m.* que(m) faz caretas

ca.re.ti.ce *s.f. infrm.* qualidade de quem é careta

car.ga *s.f.* **1** ação de carregar; carregação, carregamento ⟨*local para c. e descarga*⟩ **2** grande quantidade de algo **3** porção de explosivo com que se carrega uma arma de fogo **4** quantidade de eletricidade acumulada num corpo **5** investida impetuosa

car.ga-d'á.gua [pl.: *cargas-d'água*] *s.f.* **1** chuva forte ▼ *cargas-d'água* *s.f.pl. infrm.* **2** motivo misterioso ⟨*por que cargas-d'água você disse isso?*⟩

car.go *s.m.* **1** função; emprego **2** responsabilidade

car.guei.ro *adj.* **1** que leva carga ■ *s.m.* **2** besta de carga **3** pessoa que conduz besta de carga **4** navio que transporta carga

ca.ri.ar *v.* {mod. 1} *t.d. e int.* provocar cárie em ou criar cárie

ca.ri.be.nho *adj.* **1** do Caribe ■ *s.m.* **2** natural ou habitante dessa região

ca.ri.bo.ca *s.2g.* → CURIBOCA

ca.ri.ca.to *adj.* **1** semelhante a uma caricatura **2** que causa riso; ridículo

ca.ri.ca.tu.ra *s.f.* **1** desenho em que se exageram os traços de uma pessoa ou situação para dar um tom jocoso ou grotesco **2** *p.ext.* reprodução deformada de alguma coisa **3** *p.ext.* indivíduo de aparência ou modos ridículos ~ **caricatural** *adj.2g.* - **caricaturar** *v.t.d.* - **caricaturesco** *adj.*

ca.ri.ca.tu.ris.ta *adj.2g.s.2g.* **1** que(m) faz caricaturas ■ *adj.2g.* **2** relativo a caricatura

ca.rí.cia *s.f.* manifestação de afeição ou amor por meio de toque

ca.ri.da.de *s.f.* **1** ação que beneficia outra pessoa **2** donativo ou ajuda que se dá aos pobres; esmola ~ **caridoso** *adj.*

cá.rie *s.f.* lesão progressiva de dente ou osso ⟨*c. dentária*⟩

ca.ri.jó *adj.2g.s.2g.* (galo ou galinha) de penas salpicadas de preto e branco; pedrês

ca.ril *s.m.* **1** tempero indiano feito de várias especiarias; *curry* **2** molho com esse tempero

ca.ri.mã *s.2g.* **1** farinha de mandioca seca e fina **2** bolo de farinha de mandioca **3** praga que ataca algodoeiros

ca.rim.bar *v.* {mod. 1} *t.d.* fazer marca com carimbo em ~ **carimbação** *s.f.* - **carimbador** *adj.s.m.* - **carimbagem** *s.f.*

ca.rim.bo *s.m.* **1** peça com uma base contendo inscrição ou figura em relevo us. para marcar à tinta papel, tecido etc. **2** marca feita por essa peça

ca.rim.bó *s.m.* **1** dança típica do Pará, em que homens e mulheres dançam sozinhos, ger. em roda **2** tambor que acompanha essa dança

ca.ri.nho *s.m.* manifestação de estima, desvelo, cuidado

ca.ri.nho.so \ô\ [pl.: *carinhosos* \ó\] *adj.* **1** que trata com carinho; afetuoso, terno **2** em que há carinho

ca.ri.o.ca *adj.2g.* **1** da cidade do Rio de Janeiro (RJ) ■ *s.2g.* **2** natural ou habitante dessa cidade

ca.ris.ma *s.m.* **1** dom de inspiração divina **2** *p.ext.* fascínio pessoal que influencia as outras pessoas ~ **carismático** *adj.*

ca.ri.ta.ti.vo *adj.* que tem caridade; caridoso

ca.riz *s.m.* **1** fisionomia, semblante **2** aparência, aspecto

car.lo.vín.gio *adj.* → CAROLÍNGIO

car.ma *s.m.* resultado das boas ou más ações de uma pessoa que a afetam nesta ou nas existências seguintes, segundo o budismo e o hinduísmo ~ **cármico** *adj.*

car.me.li.ta *adj.2g.s.2g.* (frade ou freira) da ordem de Nossa Senhora do Carmo ou do Monte Carmelo

car.me.sim *s.m.* carmim

car.mim *s.m.* **1** substância corante de tom vermelho forte; magenta **2** a cor desse corante ■ *adj.2g.2n.* **3** dessa cor **4** diz-se dessa cor

car.mo.na *s.f.* cremona

car.na.ção [pl.: *-ões*] *s.f.* **1** a cor da carne ou da pele humana **2** representação do corpo humano nu e com a cor natural

car.na.du.ra *s.f.* **1** aparência externa do corpo humano **2** parte carnosa do corpo humano

car.nal *adj.2g.* **1** do corpo, em oposição ao espírito **2** relativo ao instinto sexual; sensual **3** consanguíneo ~ **carnalidade** *s.f.*

car.na.ú.ba *s.f.* **1** palmeira nativa do nordeste brasileiro, com até 15 m de altura, de cujas folhas se extrai cera **2** a cera dessa palmeira ⊙ COL carnaubal

car.na.val *s.m.* **1** período de três dias anteriores à quarta-feira de cinzas, marcados por desfiles e bailes populares **2** conjunto de festejos desses dias **3** *infrm.* alegria coletiva; folia

car.na.va.les.co \ê\ *adj.* **1** relativo a carnaval **2** ridículo, grotesco ■ *s.m.* **3** folião **4** artista responsável pela produção do enredo e do desfile de uma escola de samba

car.ne *s.f.* **1** tecido muscular do corpo humano e animal **2** carne animal comestível ⟨*c. de peixe*⟩ ⟨*c. de boi*⟩ **3** o corpo, por oposição ao espírito, à alma **4** o instinto sexual **5** a parte comestível das frutas; polpa

car.nê *s.m.* talonário para pagamento de prestações

car.ne.ar *v.* {mod. 5} *t.d. e int.* abater e esquartejar (gado) ~ **carneação** *s.f.* - **carneador** *adj.s.m.*

car.ne de sol [pl.: *carnes de sol*] *s.f.* carne bovina levemente salgada e seca ao sol

car.ne.gão [pl.: *-ões*] *s.m.* carnicão

car.nei.ra.da *s.f.* **1** rebanho de carneiros **2** *fig.* grupo de pessoas submissas

[1]**car.nei.ro** *s.m.* **1** animal bovídeo criado pelo homem por sua lã, carne e leite **2** onda espumosa **3** *infrm.* pessoa obediente, submissa **4** o signo de Áries ☞ inicial maiúsc. [ORIGEM: de um lat. **carnariu* 'id.'] ⊙ voz v. e subst.: balar, balir, berrar, berregar; subst.: balado, balido

[2]**car.nei.ro** *s.m.* urna para sepultar cadáver [ORIGEM: do lat. *carnarĭum* 'id.']

car.ne-se.ca [pl.: *carnes-secas*] *s.f.* charque

car.ni.ça *s.f.* **1** carne podre de animal morto **2** jogo infantil no qual várias crianças se postam em fila e pulam sucessivamente por sobre as costas daquelas a sua frente

car.ni.cão [pl.: *-ões*] *s.m.* núcleo purulento e endurecido dos furúnculos

car.ni.cei.ro *adj.* **1** que se alimenta de carne; carnívoro ■ *adj.s.m.* **2** sanguinário ■ *s.m.* **3** açougueiro **4** *infrm.* mau cirurgião

car.ni.fi.ci.na *s.f.* massacre, matança

car.ní.vo.ro *adj.s.m.* **1** (o) que se alimenta de carne ■ *adj.* **2** diz-se de planta que captura e digere insetos ▼ *carnívoros s.m.pl.* **3** ordem de mamíferos que possuem dentes adaptados para cortar carne

car.no.so \ô\ [pl.: *carnosos* \ó\] *adj.* **1** cheio de carne **2** com aparência ou consistência de carne ~ **carnosidade** *s.f.*

car.nu.do *adj.* **1** cheio de carne **2** com músculos desenvolvidos

ca.ro *adj.* **1** de preço alto **2** que tem preço acima do valor real **3** querido, amado ■ *adv.* **4** por preço alto **5** à custa de sacrifícios morais ou materiais

ca.ro.á *s.m.* **1** planta bromeliácea cujas folhas fornecem fibras longas e resistentes us. na fabricação de cordas **2** a fibra dessa planta

ca.ro.ba *s.f.* nome comum a várias árvores da família das bignoniáceas, nativas do Brasil e de propriedades medicinais

ca.ro.chi.nha *s.f.* *infrm.* mulher velha e/ou bruxa ⟨*história da c.*⟩

ca.ro.ço \ô\ [pl.: *caroços* \ó\] *s.m.* **1** camada dura que envolve a semente de certos frutos, como ameixa, azeitona, manga etc. **2** qualquer semente de fruto com casca endurecida **3** *infrm.* porção de farinha endurecida que se forma em cremes ou molhos **4** *infrm.* gânglio endurecido ~ **caroçudo** *adj.*

ca.ro.la *adj.2g.s.2g.* que(m) é muito devoto, frequentador assíduo de cerimônias religiosas ~ **carolice** *s.f.* - **carolismo** *s.m.*

ca.ro.lín.gio ou **car.lo.vín.gio** *adj.* relativo à dinastia de Carlos Magno (742-814), rei dos francos e imperador do Ocidente
ca.ro.lo *s.m.* **1** pancada na cabeça com pau, vara ou com os nós dos dedos **2** espiga de milho sem os grãos; sabugo
ca.ro.na *s.f.* **1** peça dos arreios colocada diretamente sobre o dorso da cavalgadura **2** transporte gratuito ■ *s.2g.* **3** aquele que viaja de graça
ca.ro.te.no *s.m.* substância de pigmentação amarelo-avermelhada presente em certos animais, na gema do ovo e na manteiga
ca.ró.ti.da *s.f.* artéria que leva sangue do coração à cabeça ~ **carotídeo** *adj.*
car.pa *s.f.* grande peixe de água doce, ornamental e comestível
car.pe.lo *s.m.* folha transformada que entra na constituição do gineceu da flor
car.pe.te *s.m.* tapete fixo que cobre todo o piso de um cômodo ~ **acarpetar** *v.t.d.*
car.pi.dei.ra *s.f.* **1** mulher contratada para chorar durante os funerais **2** *p.ext.* mulher chorona
car.pi.na *s.m.* carpinteiro
car.pin.ta.ri.a *s.f.* ofício, obra ou oficina de carpinteiro
car.pin.tei.ro *s.m.* operário que trabalha com madeira, montando esp. obras pesadas ~ **carpintejar** *v.t.d. e int.*
car.pir *v.* {mod. 24} *t.d.* **1** livrar do mato, de erva daninha; capinar ❑ *t.d. e pron.* **2** exprimir(-se) com lamentos, queixas; lastimar(-se) ⊙ GRAM/USO verbo defectivo ~ **carpição** *s.f.* - **carpidura** *s.f.* - **carpimento** *s.m.*
car.po *s.m.* **1** conjunto de ossos entre a mão e o antebraço **2** fruto ('órgão')
car.pó.fa.go *adj.s.m.* (animal) que se alimenta de frutos; frugívoro ~ **carpofagia** *s.f.*
car.que.ja \ê\ *s.f.* planta de uso medicinal, esp. para males do estômago
car.qui.lha *s.f.* ruga, franzido da pele
car.ra.da *s.f.* **1** carga que um carro transporta de uma só vez **2** *fig.* grande quantidade ⊡ **às carradas** *loc.adv.* em grande quantidade • **com carradas de razão** *loc.adv.* com toda razão
car.ran.ca *s.f.* **1** fisionomia de mau humor **2** figura ornamental de madeira colocada na proa de embarcações
car.ran.ça *adj.2g.s.2g.* que(m) vive preso ao passado, às tradições
car.ran.cu.do *adj.* **1** de fisionomia fechada **2** mal-humorado ⊃ risonho
car.ra.pa.ti.ci.da *adj.2g.s.m.* (preparado) que mata carrapatos
car.ra.pa.to *s.m.* **1** nome comum a vários ácaros parasitas, que se agarram à pele de vertebrados terrestres para sugar-lhes o sangue **2** *infrm.* pessoa que não desgruda da outra
car.ra.pe.ta \ê\ *s.f.* **1** pequeno pião **2** peça que impede o fluxo da água quando a torneira é fechada
car.ra.pi.cho *s.m.* **1** nome comum a várias plantas que possuem frutos com espinhos ou pelos que aderem às roupas e aos pelos dos animais **2** o fruto dessas plantas
[1]**car.ras.co** *s.m.* **1** pessoa que executa a pena de morte; algoz, verdugo **2** *fig.* indivíduo cruel [ORIGEM: do antr. Belchior Nunes *Carrasco*]
[2]**car.ras.co** *s.m.* *B* **1** formação vegetal muito densa presente na caatinga **2** terreno pedregoso ou arenoso com essa vegetação [ORIGEM: orig.duv.]
car.ras.pa.na *s.f.* *infrm.* **1** bebedeira **2** repreensão
car.re.ar *v.* {mod. 5} *t.d.* **1** levar de arrasto; carregar **2** transportar em carro ❑ *t.d. e t.d.i.* **3** (prep. *a*) causar, acarretar ⊃ resultar ❑ *int.* **4** guiar carro ~ **carreação** *s.f.*
car.re.a.ta *s.f.* *B* passeata de carros em demonstração de protesto ou comemoração
car.re.ga.ção [pl.: *-ões*] *s.f.* **1** peso que se suporta ou se carrega **2** *B* doença ⊡ **de c.** *loc.subst.* malfeito ou de má qualidade
car.re.ga.dei.ra *s.f.* saúva
car.re.ga.dor \ô\ *adj.s.m.* **1** que(m) transporta carga ou carrega bagagem ■ *s.m.* **2** pente de balas nas armas de fogo
car.re.ga.men.to *s.m.* conjunto do que forma a carga
car.re.gar *v.* {mod. 1} *t.d.* **1** ter consigo; transportar, levar **2** pôr carga em ⟨*c. o navio*⟩ ⊃ descarregar **3** pôr munição em (arma de fogo) **4** acumular eletricidade em ⟨*c. a bateria do carro*⟩ **5** *fig.* arcar com, suportar ⟨*c. o peso da idade*⟩ **6** transferir (dados de um programa) para a memória do computador ❑ *t.i.* **7** (prep. *em*) pôr muito; exagerar ❑ *t.d. e t.i.* **8** (prep. *com*) levar consigo; conduzir, arrastar ❑ *int. e pron. fig.* **9** tornar(-se) sombrio; anuviar(-se) ⊃ desanuviar(-se)
car.rei.ra *s.f.* **1** profissão em que há promoção ou progresso ⟨*c. diplomática*⟩ **2** corrida veloz **3** rota habitual de aviões e navios **4** sequência de pessoas ou coisas dispostas em fila **5** *drg.* pó de cocaína disposto em fileira para ser aspirado ⊡ **às c.** *loc.adv.* às pressas
car.rei.ris.ta *adj.2g.s.2g.* que(m) usa métodos moralmente condenáveis para vencer com rapidez na carreira ~ **carreirismo** *s.m.*
car.rei.ro *s.m.* **1** condutor do carro de bois **2** caminho estreito **3** fileira de formigas
car.re.ta \ê\ *s.f.* **1** pequeno carro de duas rodas **2** carroça **3** *B* caminhão para cargas pesadas; jamanta
car.re.tei.ro *s.m.* indivíduo que dirige carro ou carreta
car.re.tel *s.m.* cilindro com bordas salientes us. para enrolar materiais longos e flexíveis, como fita, linha, arame etc.; bobina
car.re.ti.lha *s.f.* instrumento dentado para cortar ou pontilhar massas, tecidos etc.
car.re.to \ê\ *s.m.* **1** serviço de frete **2** o preço desse serviço
car.ril *s.m.* **1** rastro que as rodas de um veículo deixam no chão **2** trilho ('barras paralelas')

car.ri.lhão [pl.: *-ões*] *s.m.* **1** conjunto de sinos afinados em diversos tons **2** relógio que badala com som de sino

car.ri.nho *s.m.* **1** carro pequeno **2** carro para levar bebês **3** carro de brinquedo

car.ri.nho de mão [pl.: *carrinhos de mão*] *s.m.* carro de uma só roda dianteira us. para carregar materiais de construção

car.ro *s.m.* **1** veículo dotado de rodas, motorizado ou não, para o transporte de coisas ou pessoas **2** vagão de um trem

car.ro.ça *s.f.* **1** carro ger. de madeira puxado por animais **2** *infrm.* carro velho

car.ro.ção [pl.: *-ões*] *s.m.* **1** carroça grande com cobertura para o transporte de pessoas **2** *infrm.* expressão matemática com muitos termos **3** no jogo de dominó, o seis duplo

car.ro.cei.ro *s.m.* pessoa que conduz carroça

car.ro.ce.ri.a *s.f.* **1** estrutura sobre o chassi dos automóveis em que vão o motorista e os passageiros **2** parte traseira dos caminhões em que vai a carga

car.ro.ci.nha *s.f.* **1** pequena carroça **2** veículo que recolhe cães abandonados nas ruas

car.ro-for.te [pl.: *carros-fortes*] *s.m.* carro blindado que transporta valores

car.ro-guin.cho [pl.: *carros-guincho* e *carros-guinchos*] *s.m.* reboque, guincho

car.ro-pi.pa [pl.: *carros-pipa* e *carros-pipas*] *s.m.* caminhão dotado de grande tanque para o transporte de água

car.ros.sel *s.m.* conjunto de cavalos de brinquedo dispostos em uma plataforma circular que gira em torno de seu eixo central

car.ru.a.gem *s.f.* elegante carro de quatro rodas puxado por cavalos

car.ta *s.f.* **1** mensagem escrita que se envia a uma pessoa, ger. num envelope; missiva, epístola **2** cada peça do baralho **3** cardápio **4** mapa ▣ c. **branca** *loc.subst.* autorização dada a uma pessoa para agir da maneira que julgar melhor • c. **de crédito** *loc.subst.* documento que abre crédito ao seu portador • c. **magna** *loc.subst.* a Constituição de um país • **dar as** c. *loc.vs.* **1** distribuir as cartas de um jogo de baralho **2** comandar uma situação; dar as ordens • **pôr as** c. **na mesa** *loc.vs.* **1** esclarecer uma questão **2** declarar francamente suas intenções

car.ta.da *s.f.* **1** lance com uma carta em jogo de baralho **2** *fig.* empreendimento ousado

car.ta.gi.nês *adj.* **1** relativo à antiga cidade de Cartago (África) ■ *s.m.* **2** natural dessa cidade africana **3** a língua fenícia falada em Cartago

car.tão [pl.: *-ões*] *s.m.* **1** papel espesso **2** retângulo desse papel para nele se escrever ▣ c. **de crédito** *loc.subst.* cartão emitido por financeira, que permite a seu titular a aquisição de produtos ou serviços para pagamento posterior • c. **magnético** *loc.subst.* cartão ger. de plástico que contém uma faixa magnética na qual são armazenados dados que serão lidos por dispositivos eletrônicos

car.tão-pos.tal [pl.: *cartões-postais*] *s.m.* cartão com uma face ilustrada e a outra reservada para correspondência; postal

car.ta.pá.cio *s.m.* **1** carta muito grande **2** livro grande e antigo **3** folhas manuscritas e papéis avulsos encadernados

car.ta-res.pos.ta [pl.: *cartas-resposta* e *cartas-respostas*] *s.f.* impresso, ger. com porte postal pré-pago, que se envia a um público-alvo para obter informações, receber pedidos de compra etc.

car.taz *s.m.* **1** anúncio ou aviso, afixado em lugares públicos **2** *infrm.* fama, notoriedade ~ **cartazista** *adj.2g.s.2g.*

car.te.a.do *s.m.* qualquer jogo de cartas

car.te.ar *v.* {mod. 5} *int.* **1** dar as cartas no jogo ❑ *t.d. e int.* **2** jogar (cartas) ~ **carteador** *adj.s.m.* - **carteamento** *s.m.* - **carteio** *s.m.*

car.tei.ra *s.f.* **1** pequena bolsa achatada para documentos, dinheiro etc. **2** mesa pequena ou cadeira escolar **3** documento oficial de identificação ou licença em forma de cartão ou caderneta ⟨*c. de identidade*⟩ ⟨*c. de trabalho*⟩ ⟨*c. escolar*⟩

car.tei.ro *s.m.* funcionário do correio que entrega correspondência

car.tel *s.m.* acordo comercial entre empresas para controle de preços e produção, inibindo a livre concorrência ☞ cf. *truste* ~ **cartelista** *adj.2g.s.2g.* - **cartelização** *s.f.* - **cartelizar** *v.t.d. e int.*

car.te.la *s.f.* **1** mostruário de miudezas **2** embalagem para pequenos objetos, remédios etc. **3** cartão de jogos como víspora, bingo etc.

cár.ter [pl.: *cárteres*] *s.m.* em automóveis, caixa metálica que recolhe e resfria o óleo do motor

car.te.si.a.nis.mo *s.m.* **1** doutrina filosófica de René Descartes (1596-1650) e de seus seguidores que preconiza o questionamento constante do método para obtenção da verdade ☞ cf. *Descartes* na parte enciclopédica **2** a herança intelectual dessa doutrina ~ **cartesianista** *adj.2g.s.2g.*

car.te.si.a.no *adj.s.m.* **1** que(m) segue o cartesianismo; cartesianista **2** metódico, racional

car.ti.la.gem *s.f.* tecido resistente e flexível de que se originam os ossos e encontrado nas articulações, nas orelhas, no nariz etc. ~ **cartilaginoso** *adj.*

car.ti.lha *s.f.* **1** livro que ensina a ler **2** *p.ext.* livro que contém os fundamentos básicos sobre um assunto

car.to.fi.li.a *s.f.* ocupação ou passatempo de quem coleciona cartões-postais

car.to.gra.fi.a *s.f.* **1** arte ou ciência de produzir mapas **2** descrição ou tratado sobre mapas ~ **cartográfico** *adj.* - **cartógrafo** *s.m.*

car.to.la *s.f.* **1** chapéu masculino de copa alta e cilíndrica ■ *s.m.pej.* **2** dirigente de clube esportivo

car.to.li.na *s.f.* cartão menos espesso que o papelão

car.to.man.ci.a *s.f.* leitura da sorte por meio de cartas de baralho ~ **cartomante** *adj.2g.s.2g.*

car.to.na.do *adj.s.m.* (livro) encadernado com lâminas de cartão
car.to.na.gem *s.f.* **1** fabricação de produtos de cartão ou papelão **2** encadernação com cartão ou papelão ~ **cartonar** *v.t.d.* - **cartonista** *adj.2g.s.2g.*
car.tó.rio *s.m.* **1** local onde são arquivados documentos importantes **2** repartição de registro, autenticação ou emissão de documentos, certidões etc. ~ **cartorial** *adj.2g.*
car.tu.cha.me *s.m.* conjunto de cartuchos para arma de fogo
car.tu.chei.ra *s.f.* cinturão para guardar cartuchos de arma de fogo
car.tu.cho *s.m.* **1** invólucro cilíndrico e alongado **2** recipiente que contém a carga de arma de fogo **3** recipiente que contém algo substituível (tinta, fita magnética etc.) ☞ cf. *cartuxo*
car.tum *s.m.* **1** desenho caricatural ou humorístico, com ou sem legenda **2** história em quadrinhos **3** desenho animado ~ **cartunista** *adj.2g.s.2g.*
car.tu.xa *s.f.* **1** ordem religiosa fundada em 1066 por São Bruno e conhecida por sua disciplina austera **2** convento dessa ordem
car.tu.xo *adj.s.m.* (religioso) da ordem cartuxa ☞ cf. *cartucho*
ca.run.char *v.* {mod. 1} *int. e pron.* ficar cheio de carunchos
ca.run.cho *s.m.* **1** designação genérica de insetos e larvas que perfuram madeira, livros e cereais **2** o pó da madeira carcomida por esses insetos ~ **carunchoso** *adj.*
ca.ru.ru *s.m.* prato afro-brasileiro à base de quiabo, camarão seco, peixe e azeite de dendê
car.va.lho *s.m.* árvore de até 45 m, nativa da Europa e do Mediterrâneo, de madeira nobre e resistente, cujo fruto é us. na alimentação de porcos ⊙ COL carvalhal
car.vão [pl.: *-ões*] *s.m.* **1** substância combustível, sólida, negra, rica em carbono e resultante da decomposição de matéria vegetal no subsolo **2** qualquer matéria carbonizada **3** lápis para desenho feito dessa substância **4** o desenho feito com esse lápis ▣ **c. vegetal** *loc.subst.* matéria obtida de madeira verde carbonizada pelo fogo • **c. ativado** *loc.subst.* carvão submetido a tratamento químico us. em máscaras contra gases, medicamentos, solventes etc. ~ **carvoento** *adj.*
car.vo.a.ri.a *s.f.* local onde se fabrica ou armazena carvão
car.vo.ei.ro *s.m.* quem fabrica e vende carvão
ca.sa *s.f.* **1** construção, ger. destinada a habitação **2** morada de uma família; lar **3** o conjunto dos membros de uma família **4** estabelecimento; firma **5** abertura pela qual passa o botão da roupa **6** cada uma das divisões de um tabuleiro de jogo (dama, xadrez etc.) **7** posição de cada algarismo de um número ⊙ GRAM/USO aum.irreg.: *casarão*; dim.irreg.: *casebre*, *casinhola* ⊙ COL casario ▣ **c. da moeda** *loc.subst.* estabelecimento federal em que são impressas as notas e cunhadas as moedas • **c. de cômodos** *loc.subst.* cortiço ('casa') • **c. de detenção** *loc.subst.* penitenciária • **c. de marimbondo** *loc.subst.* coisa ou assunto que pode desencadear consequências imprevisíveis • **c. de saúde** *loc.subst.* hospital particular • **santa c.** *loc.subst.* instituição de caridade destinada a obras de assistência hospitalar
ca.sa.ca *s.f.* veste masculina solene, curta na frente e pontuda atrás ▣ **virar (a) c.** *loc.vs.* trocar de partido, time, opinião
ca.sa.cão [pl.: *-ões*] *s.m.* sobretudo
ca.sa.co *s.m.* vestimenta de mangas longas, que se pode fechar na frente e us. para agasalhar o tronco
ca.sa.do *adj.s.m.* **1** que(m) contraiu matrimônio ■ *adj.* **2** unido **3** combinado
ca.sa.dou.ro *adj.* **1** que está na idade de casar **2** que deseja casar
ca.sa-for.te [pl.: *casas-fortes*] *s.f.* caixa-forte
ca.sa-gran.de [pl.: *casas-grandes*] *s.f.* casa do proprietário de engenho ou fazenda
ca.sal *s.m.* **1** par formado por macho e fêmea **2** marido e mulher **3** duas coisas iguais; par
ca.sa.ma.ta *s.f.* abrigo subterrâneo blindado para estocar material bélico
ca.sa.men.tei.ro *adj.* que promove casamentos
ca.sa.men.to *s.m.* **1** vínculo conjugal entre um homem e uma mulher **2** DIR união, por meio de contrato civil, de duas pessoas, visando a uma vida em comum **3** *p.ext.* concubinato **4** *p.ext.* cerimônia matrimonial **5** *fig.* aliança; associação
ca.sa.no.va *s.m.* mulherengo
ca.sar *v.* {mod. 1} *t.d.,t.i.,int. e pron.* **1** (prep. *com*) unir(-se) por matrimônio ⮌ separar(-se) **2** (prep. *com, a*) harmonizar(-se); combinar(-se) ⮌ destoar ❑ *t.d. e t.d.i.* **3** (prep. *com*) unir em par; emparelhar ⮌ descasar ❑ *t.d. infrm.* **4** juntar (dinheiro) à aposta de outro(s)
ca.sa.rão [pl.: *-ões*] *s.m.* **1** casa grande **2** casa rica, opulenta
ca.sa.ri.o *s.m.* série ou conjunto de casas
cas.ca *s.f.* **1** camada externa de diversas partes dos vegetais (fruto, semente, caule etc.) **2** qualquer crosta que reveste total ou parcialmente alguma coisa ⟨*c. de ovo*⟩ ⟨*c. de pão*⟩ **3** *fig.* aparência, superfície ⟨*é muito brincalhão por baixo daquela c. de seriedade*⟩ ~ **cascoso** *adj.* - **cascudo** *adj.*
cas.ca.bu.lho *s.m.* **1** monte de cascas **2** *infrm.* coisa de pouca importância
cas.ca-gros.sa [pl.: *cascas-grossas*] *adj.2g.s.2g.* que(m) é grosseiro, rude
cas.ca.lho *s.m.* **1** pedra britada ou lascas de pedra us. em construção **2** mistura de conchas, areia e pedras miúdas, nas praias e no fundo do mar **3** *infrm.* dinheiro miúdo, esp. moedas
cas.cão [pl.: *-ões*] *s.m.* **1** casca grossa **2** crosta **3** camada de sujeira na pele
cas.ca.ta *s.f.* **1** pequena queda-d'água **2** *infrm.* mentira ~ **cascatear** *v.int.*
cas.ca.tei.ro *adj.s.m.* *infrm.* que(m) mente

cas.ca.vel *s.2g.* **1** nome comum a várias serpentes venenosas com guizo na cauda, encontradas nas Américas **2** *fig.* pessoa traiçoeira

cas.co *s.m.* **1** couro cabeludo **2** unha de paquidermes, ruminantes e animais de montaria **3** costado e quilha do navio **4** *infrm.* garrafa vazia

cas.cu.do *s.m.* pancada na cabeça com os nós dos dedos; cocorote

ca.se.ar *v.* {mod. 5} *t.d.* fazer casa de botão em

ca.se.bre *s.m.* casa pequena e pobre

ca.se.í.na *s.f.* proteína rica em fósforo encontrada no leite

ca.sei.ro *s.m.* **1** empregado que cuida da casa, esp. de sítio, casa de praia etc. ■ *adj.* **2** que se usa em casa **3** que gosta de ficar em casa **4** que é feito em casa

ca.ser.na *s.f.* alojamento de soldados em quartel, forte etc.

ca.si.mi.ra *s.f.* tecido leve de lã

ca.si.nho.la *s.f.* casa pequena ou humilde

cas.mur.ro *adj.s.m.* **1** que(m) é teimoso **2** que(m) é fechado em si mesmo; ensimesmado ~ **casmurral** *adj.2g.* - **casmurrice** *s.f.*

ca.so *s.m.* **1** fato, ocorrência **2** circunstância **3** narrativa **4** *infrm.* aventura amorosa **5** em línguas declináveis, a flexão que indica a função sintática da palavra na frase ■ *conj.cond.* **6** se

ca.só.rio *s.m. infrm.* casamento

cas.pa *s.f.* descamação natural do couro cabeludo ~ **caspento** *adj.s.m.*

cás.pi.te *interj.* expressa admiração, com tom de ironia

cas.quen.to *adj.* que tem muita casca ou casca grossa

cas.que.te *s.m.* boné

cas.qui.nar *v.* {mod. 1} *int.* dar uma série de risadas ~ **casquinada** *s.f.*

cas.qui.nha *s.f.* **1** casca muito fina **2** cone ou copinho de biscoito para servir sorvete **3** o sorvete assim servido ⊡ **tirar (uma) c.** *loc.vs.* tirar pequeno proveito de algo

cas.sa *s.f.* tecido fino, transparente, de linho ou de algodão ☞ cf. *caça*

cas.sar *v.* {mod. 1} *t.d.* **1** (prep. *a*) anular (mandatos, licenças, direitos etc.) [de] **2** privar dos direitos políticos, profissionais **3** apreender (documentos, publicações etc.) ↄ devolver ☞ cf. *caçar* ~ **cassação** *s.f.* - **cassatório** *adj.*

cas.sa.ta *s.f.* sorvete recheado com frutas cristalizadas e bolo

cas.se.te *s.m.* **1** estojo que contém fita magnética para gravação ou reprodução de áudio e/ou imagem em aparelhos próprios **2** aparelho para gravar e reproduzir sons com esse estojo ⊙ GRAM/USO tb. us. como adj.2g.2n.: *fita cassete*, *gravadores cassete*

cas.se.te.te *s.m.* bastão de madeira ou borracha, ger. us. por policiais

cas.si.no *s.m.* casa de diversões e de jogos de azar

cas.si.te.ri.ta *s.f.* minério do estanho

cas.ta *s.f.* **1** na Índia, grupo social fechado e hereditário, cujos membros têm a mesma raça, profissão ou religião **2** *p.ext.* qualidade, espécie, gênero **3** *p.ext.* linhagem, raça

cas.ta.nha *s.f.* **1** fruto do castanheiro-da-europa, cuja polpa é consumida assada, cozida e em doces **2** fruto do cajueiro **3** a semente desse fruto; castanha-de-caju

cas.ta.nha-de-ca.ju [pl.: *castanhas-de-caju*] *s.f.* castanha ('semente')

cas.ta.nha-do-bra.sil [pl.: *castanhas-do-brasil*] *s.f.* castanha-do-pará

castanha-do-pará [pl.: *castanhas-do-pará*] *s.f.* semente de uma grande árvore amazônica (a castanheira-do-pará), muito nutritiva, consumida crua ou assada, em confeitos e doces; castanha-do-brasil

cas.ta.nhei.ro *s.m.* ou **cas.ta.nhei.ra** *s.f.* **1** nome comum a diversas plantas com sementes comestíveis tb. conhecidas como castanhas **2** árvore de até 30 m de altura, nativa do Mediterrâneo, cujo fruto é muito apreciado na culinária

cas.ta.nhei.ro-da-eu.ro.pa [pl.: *castanheiros-da-europa*] *s.m.* árvore de até 30 m de altura, nativa do Mediterrâneo, cujo fruto é muito apreciado na culinária; castanheira, castanheiro

cas.ta.nho *adj.s.m.* **1** (o) que tem a cor da castanha ■ *adj.* **2** diz-se dessa cor

cas.ta.nho.las *s.f.pl.* instrumento de percussão formado de peças côncavas de madeira tocadas aos pares, batendo-se uma contra a outra

cas.tão [pl.: *-ões*] *s.m.* enfeite no punho de bengalas

cas.te.lão [pl.: *-ões* e *-ãos*; fem.: *castelã*] *s.m.* dono ou governador de castelo

cas.te.lha.no *adj.* **1** de Castela (Espanha) ■ *s.m.* **2** natural ou habitante dessa região **3** o idioma espanhol

cas.te.lo *s.m.* **1** grande residência real ou senhorial com fortificações **2** *p.ext.* palácio

cas.ti.çal *s.m.* utensílio com bocal para encaixar vela ('peça de cera')

cas.ti.ço *adj.* **1** puro, de boa qualidade **2** que apresenta linguagem correta, sem estrangeirismos; vernáculo

cas.ti.da.de *s.f.* **1** abstinência sexual **2** *p.ext.* pureza

cas.ti.gar *v.* {mod. 1} *t.d.,int.* e *pron.* **1** infligir(-se) castigo, pena; punir(-se) ↄ premiar(-se) ❑ *t.d.* **2** repreender, advertir ↄ elogiar **3** exigir demais; sobrecarregar ⟨*c. a voz*⟩ ↄ poupar

cas.ti.go *s.m.* **1** pena imposta a culpado; punição **2** repreensão **3** imposição de sofrimento ⟨*fazer dieta é um c.*⟩

cas.to *adj.* **1** que se abstém de relações sexuais **2** inocente, cândido **3** *fig.* puro, recatado

cas.tor \ô\ *s.m.* **1** roedor semiaquático com cauda achatada em forma de remo **2** o pelo desse animal **3** a cor amarronzada desse pelo ■ *adj.* **4** dessa cor **5** diz-se dessa cor

cas.trar *v.* {mod. 1} *t.d.* **1** retirar ou inutilizar órgão reprodutor de **2** *fig.* reprimir iniciativa pessoal ou a personalidade de ⮌ estimular ~ **castração** *s.f.* - **castrado** *adj.* - **castrador** *adj.s.m.*

cas.tren.se *adj.2g.* **1** relativo à classe militar **2** relativo a acampamento militar

ca.su.al *adj.2g.* **1** que ocorre por acaso; fortuito, eventual **2** informal (diz-se de roupa) ~ **casualmente** *adv.*

ca.su.a.li.da.de *s.f.* qualidade do que é casual; acaso

ca.su.a.ri.na *s.f.* nome comum a várias árvores nativas da Indonésia e Oceania cultivadas como quebra-vento, pela madeira ou como ornamentais

ca.su.ís.mo *s.m.* **1** submissão a ideias, doutrinas ou princípios **2** obediência total à lei **3** argumento enganoso fundado em caso particular e não em princípio geral ~ **casuísta** *adj.2g.s.2g.* - **casuística** *s.f.* - **casuístico** *adj.*

ca.su.lo *s.m.* **1** invólucro sedoso ou filamentoso construído pela larva de alguns insetos **2** invólucro de certas sementes, como as do algodão

cata– *pref.* **1** 'embaixo, para baixo': *catacumba, catarata* **2** 'de cima para baixo, completamente': *cátodo, catálise*

ca.ta *s.f.* **1** procura, busca **2** *B* garimpagem

ca.ta.ce.go *adj. infrm.* **1** que enxerga mal **2** *fig.* pouco esperto

ca.ta.clis.mo *s.m.* **1** alteração geológica brusca e violenta na superfície terrestre **2** calamidade, desastre **3** *fig.* convulsão social

ca.ta.cre.se *s.f.* GRAM emprego de palavra em sentido figurado, por falta de termo próprio

ca.ta.cum.ba *s.f.* **1** sepultura **2** galeria subterrânea para sepultamento ☞ nesta acp., mais us. no pl.

ca.ta.di.óp.tri.co *s.m.* cada um dos instrumentos próprios para a reflexão e refração da luz us. na sinalização das vias públicas e nos veículos; olho de gato

ca.ta.du.pa *s.f.* **1** queda-d'água de altura considerável, em grande quantidade e com estrondo **2** *fig.* jorro, derramamento

ca.ta.du.ra *s.f.* **1** expressão do semblante **2** *p.ext.* aparência

ca.ta.fal.co *s.m.* estrado alto sobre o qual se coloca o ataúde ou a representação de um morto a quem se quer homenagear; essa

ca.ta.lão [pl.: *-ães*; fem.: *catalã*] *adj.* **1** da Catalunha (Espanha) ■ *s.m.* **2** natural ou habitante dessa região **3** língua românica falada na Catalunha, em Valência, Andorra e ilhas Baleares

ca.ta.lep.si.a *s.f.* estado temporário de rigidez muscular, perda de movimento e insensibilidade ~ **cataléptico** *adj.s.m.*

ca.ta.li.sa.dor \ô\ *adj.s.m.* **1** (substância) que modifica a velocidade de uma reação química sem se alterar **2** *fig.* (o) que estimula ou dinamiza ⟨*c. de novas ideias*⟩ ~ **catalisar** *v.t.d.*

ca.tá.li.se *s.f.* modificação da velocidade de uma reação química pela presença de um catalisador ~ **catalítico** *adj.*

ca.ta.lo.gar *v.* {mod. 1} *t.d.* inscrever, ordenar em catálogo ~ **catalogação** *s.f.* - **catalogador** *adj.s.m.*

ca.tá.lo.go *s.m.* **1** lista organizada, ger. por ordem alfabética **2** fichário de biblioteca

ca.ta.ma.rã *s.m.* bote com dois cascos paralelos unidos por peças transversais sobre as quais se monta uma plataforma

ca.ta.na *s.f.* espada japonesa curva e curta ⊡ **meter a c. em** *loc.vs.* falar mal de

ca.tan.du.va ou **ca.tan.du.ba** *s.f.* **1** árvore brasileira de madeira boa, flores amarelas e vagens em forma de foice **2** terreno argiloso e pouco fértil **3** mato espinhoso e rasteiro, comum nesse tipo de terreno

ca.tão [pl.: *-ões*] *adj.s.m.* (pessoa) de princípios e costumes muito rígidos

ca.ta-pi.o.lho [pl.: *cata-piolhos*] *s.m. infrm.* o dedo polegar da mão

ca.ta.plas.ma *s.m.* papa medicamentosa aplicada sobre local dolorido ou inflamado

ca.ta.po.ra *s.f.* doença infecciosa, comum na infância, provocada por vírus e caracterizada por febre e pequenas bolhas na pele; varicela

ca.ta.pul.ta *s.f.* **1** antiga máquina de guerra para lançar projéteis **2** *B* em navios de guerra, aparelho para dar impulso inicial ao voo de aviões

ca.ta.pul.tar *v.* {mod. 1} *t.d.* **1** arremessar por meio de catapulta **2** *fig.* fazer progredir; levantar ⟨*a descoberta vai c. sua pesquisa*⟩

ca.tar *v.* {mod. 1} *t.d.* **1** pegar, recolher dentre outras coisas **2** procurar com insistência **3** tirar (piolhos, pulgas etc.) de **4** selecionar, limpar ⟨*c. feijão*⟩ ~ **catador** *adj.s.m.*

ca.ta.ra.ta *s.f.* **1** cachoeira **2** opacidade total ou parcial da lente do olho

ca.ta.ri.nen.se *adj.2g.* **1** de Santa Catarina ■ *s.2g.* **2** natural ou habitante desse estado

ca.tar.ral *adj.2g.* **1** relativo a catarro ■ *s.2g.* **2** *infrm.* bronquite aguda

ca.tar.rei.ra *s.f. infrm.* grande quantidade de catarro

ca.tar.ro *s.m.* secreção das membranas mucosas inflamadas ~ **catarrento** *adj.*

ca.tar.se *s.f.* **1** eliminação, purgação **2** liberação de emoções ou tensões reprimidas **3** evacuação dos intestinos

ca.tár.ti.co *adj.* **1** relativo a catarse ■ *adj.s.m.* **2** (medicamento) que aumenta a evacuação intestinal

ca.tás.tro.fe *s.f.* **1** acidente de grandes proporções **2** *p.ext.* fato de consequências graves ⟨*o fim das doações foi uma c.*⟩ ~ **catastrófico** *adj.*

ca.tas.tro.fis.mo *s.m.* **1** tendência a crer na ameaça de grandes riscos e perigos **2** *p.ext.* inquietação pela possibilidade de tais riscos ~ **catastrofista** *adj.2g.s.2g.*

ca.ta.tau *s.m.* **1** castigo físico; pancada **2** espada velha **3** *B* falatório; intriga **4** coisa volumosa ⟨*o livro era um c. de 600 páginas*⟩ **5** *B* indivíduo muito baixo

ca.ta-ven.to [pl.: *cata-ventos*] *s.m.* **1** aparelho que indica a velocidade e a direção do vento **2** mecanismo que usa a força do vento para puxar água de poços **3** brinquedo composto de uma haste de madeira que tem em sua extremidade papel em forma de pás de moinho

ca.te.cis.mo *s.m.* **1** ensino básico de uma religião, esp. a cristã **2** livro com esse ensinamento

ca.te.cú.me.no *s.m.* quem se prepara para receber o batismo

cá.te.dra *s.f.* **1** cargo de professor titular de universidade **2** assento do bispo em sua catedral

ca.te.dral *s.f.* principal igreja da diocese

ca.te.drá.ti.co *adj.* **1** relativo a cátedra ■ *adj.s.m.* **2** (professor) detentor de uma cátedra de escola superior ■ *s.m.* *B infrm.* **3** profundo conhecedor de determinado assunto ⟨*ele é um c. em samba*⟩

ca.te.go.ri.a *s.f.* **1** divisão; classe **2** posição na hierarquia ⟨*seu sonho era mudar de c.*⟩ **3** alta qualidade ⟨*um trabalho de c.*⟩

ca.te.gó.ri.co *adj.* **1** relativo a categoria **2** que não admite dúvidas; indiscutível ⟨*resposta c.*⟩

ca.te.go.ri.zar *v.* {mod. 1} *t.d.* dispor em categorias; classificar

ca.te.gu.te *s.m.* fio de origem animal us. em suturas cirúrgicas

ca.te.ná.ria *s.f.* curva plana que representa a forma de equilíbrio de um fio homogêneo suspenso pelas extremidades e submetido apenas à força da gravidade

ca.tê.nu.la *s.f.* **1** pequena cadeia ('corrente') **2** *p.ext.* desenho em forma de corrente ⊙ GRAM/USO dim.irreg. de *cadeia*

ca.te.que.se *s.f.* **1** ensino da fé cristã e das coisas religiosas em geral **2** *p.ext.* doutrinação ~ **catequista** *adj.2g.s.2g.*

ca.te.qui.zar *v.* {mod. 1} *t.d.* **1** instruir nos princípios da religião **2** iniciar em ou converter a uma doutrina, ideia etc.

ca.te.re.tê *s.m.* dança em que homens e mulheres em fila sapateiam e batem palmas ao som da viola; catira

ca.ter.va *s.f.* **1** grupo de pessoas, animais ou coisas **2** grupo de desordeiros

ca.te.te \ê\ *s.m.* milho de espiga curta e grão pequeno

ca.te.ter \tér\ *s.m.* tubo ou sonda milimétrica introduzida em canais ou cavidades do corpo para retirar líquido, ministrar soro, medicamentos etc. ⊙ GRAM/USO no Brasil, a pronúncia corrente é *catéter*

ca.te.te.ris.mo *s.m.* introdução do cateter nas cavidades do corpo

[1]**ca.te.to** \ê\ *s.m.* GEOM cada um dos lados do ângulo reto no triângulo retângulo [ORIGEM: do latim *cathĕtus,i* 'linha perpendicular']

[2]**ca.te.to** \ê\ *s.m.* caititu; porco-do-mato [ORIGEM: prov. alt. de *caititu*]

ca.ti.li.ná.ria *s.f.* acusação violenta contra alguém

ca.tim.bau *s.m.* catimbó

ca.tim.bó *s.m.* **1** ritual de feitiçaria que junta magia branca europeia com elementos afros, ameríndios e católicos **2** *p.ext.* cachimbo us. nesse ritual

ca.tim.plo.ra *s.f.* cantimplora

[1]**ca.tin.ga** *s.f.* mau cheiro [ORIGEM: prov. do tupi *kati* 'id.'] ~ **catingar** *v.int.* - **catingoso** *adj.s.m.* - **catinguento** *adj.s.m.*

[2]**ca.tin.ga** *s.f.* caatinga [ORIGEM: do tupi *kaa'tinga*]

cá.tion [pl.: *catíones* e *(B) cátions*] *s.m.* íon com carga elétrica positiva

ca.ti.on.te *s.m.* cátion

ca.ti.ra *s.2g.* cateretê

ca.ti.ri.pa.po *s.m.* *B infrm.* **1** tapa, tabefe **2** empurrão

ca.ti.ta *adj.2g.s.2g.* **1** que(m) se veste bem ou com elegância ■ *adj.2g.* **2** bonito, atraente, bom

ca.ti.van.te *adj.2g.* atraente; sedutor

ca.ti.var *v.* {mod. 1} *t.d. e pron.* **1** tornar(-se) cativo, preso (física ou moralmente) ↺ libertar(-se) ❑ *t.d.* **2** *fig.* obter a simpatia ou o amor de ❑ *pron.* **3** (prep. *de*) apaixonar-se ~ **cativação** *s.f.* - **cativador** *adj.s.m.*

ca.ti.vei.ro *s.m.* **1** servidão; escravidão **2** lugar em que alguém se encontra preso **3** *fig.* opressão ou prisão moral

ca.ti.vo *adj.s.m.* **1** que(m) perdeu a liberdade **2** *fig.* que(m) está seduzido ou dominado ⟨*coração c.*⟩

ca.tó.dio *s.m.* cátodo

cá.to.do *s.m.* elétrodo de carga elétrica negativa ⊙ GRAM/USO f. não pref. e mais us.: *catodo* ~ **catódico** *adj.*

ca.to.li.cis.mo *s.m.* **1** o conjunto dos dogmas e preceitos da Igreja católica **2** a totalidade dos católicos; catolicidade

ca.tó.li.co *adj.* **1** da Igreja católica ■ *adj.s.m.* **2** que(m) professa o catolicismo ~ **catolicizar** *v.t.d.* - **catolizar** *v.t.d.*

ca.tra.ca *s.f.* borboleta ('dispositivo'), roleta

ca.trai.a *s.f.* pequeno barco com duas proas us. para serviços nos portos ~ **catraieiro** *s.m.*

ca.tra.pus *s.m.* **1** o galopar do cavalo **2** queda repentina e ruidosa ■ *interj.* **3** exprime o som do galope ou de queda ruidosa

ca.tre *s.m.* **1** cama rústica e pobre **2** cama de viagem, dobrável

ca.tu.a.ba *s.f.* arbusto brasileiro de flores grandes e cápsulas de tom ocre, cultivado como ornamental e por suas propriedades medicinais e afrodisíacas

ca.tu.cão *s.m.* → CUTUCÃO

ca.tu.car *v.* {mod. 1} *t.d.* → CUTUCAR

ca.tur.ra *adj.2g.s.2g.* **1** que(m) é obstinado, agarrado a ideias ou hábitos antigos **2** *p.ext.* que(m) gosta de discutir por questões sem importância ~ **caturrar** *v.t.i. e int.* - **caturrice** *s.f.* - **caturrismo** *s.m.*

cau.bói *s.m.* **1** em filmes de faroeste, figura heroica de vaqueiro **2** *p.ext.* boiadeiro, vaqueiro

cau.ção [pl.: *-ões*] *s.f.* **1** valor que se deposita como garantia de um contrato ou de pagamento de dívida **2** cuidado em evitar dano ou prejuízo; precaução

☞ cf. *calção* ~ **caucionante** *adj.2g.s.2g.* - **caucionário** *adj.s.m.*

cau.ca.si.a.no *adj.* **1** do Cáucaso, cordilheira da Europa oriental **2** diz-se das línguas não indo-europeias faladas na região ■ *s.m.* **3** natural ou habitante dessa região ~ **caucásico** *adj.s.m.* - **caucásio** *adj.s.m.*

cau.cho *s.m.* **1** árvore brasileira com mais de 35 m, folhas alongadas, frutos com polpa mole e madeira própria para pasta de papel e látex de que se faz borracha **2** borracha

cau.cio.nar *v.* {mod. 1} *t.d.* **1** dar dinheiro, ações etc. como caução de ⟨*c. uma dívida*⟩ ❑ *t.d.i.* **2** (prep. *de*) proteger, resguardar ⟨*c. os filhos da dor*⟩ ❑ *t.d. e t.d.i.* **3** (prep. *de*) assegurar, garantir

cau.da *s.f.* **1** apêndice que prolonga o corpo do animal; rabo **2** *p.ext.* parte posterior ou prolongamento de alguma coisa ⟨*c. de avião*⟩ ⟨*a c. do vestido*⟩ **3** rasto luminoso dos cometas, formado por partículas de poeira e material gasoso ☞ cf. *calda*

[1]**cau.dal** *adj.2g.s.2g.* (água) que jorra ou escorre em abundância [ORIGEM: do latim *capitalis,e* 'relativo a cabeça; capital, principal', pelo espanhol *caudal* 'id.'] ~ **caudaloso** *adj.*

[2]**cau.dal** *adj.2g.* da cauda [ORIGEM: *cauda* + *-al*]

cau.da.tá.rio *s.m.* **1** quem carrega a cauda do manto de autoridades em solenidades **2** adepto, partidário ■ *adj.s.m.* **3** que(m) é servil **4** que(m) não tem originalidade

cau.di.lho *s.m.* **1** político com força militar própria **2** *p.ext.* ditador ~ **caudilhesco** *adj.* - **caudilhismo** *s.m.*

cau.im *s.m.* bebida indígena feita de mandioca cozida e fermentada

cau.le *s.m.* haste das plantas, freq. aérea, com folhas e ligada à raiz ~ **caulificação** *s.f.*

cau.lim *s.m.* argila branca, us. em cerâmica e porcelana

cau.sa *s.f.* **1** razão para uma ação ou estado; motivo **2** o que faz com que algo exista ou aconteça; origem **3** ideia ou princípio que alguém se propõe a defender ou apoiar **4** ação judicial ~ **causação** *s.f.* - **causativo** *adj.*

cau.sal *adj.2g.* relativo a causa

cau.sa.li.da.de *s.f.* **1** qualidade do que é causal, do que produz efeito **2** ligação entre causa e efeito

cau.sar *v.* {mod. 1} *t.d. e t.d.i.* (prep. *a*) ser causa de; motivar, provocar ~ **causador** *adj.s.m.*

cau.sí.di.co *s.m.* advogado

cau.so *s.m. infrm.* **1** caso, conto **2** caso sério; problema ⟨*esse menino é um c.*⟩

caus.ti.can.te *adj.2g.* **1** que caustica; cáustico **2** que aquece intensamente; abrasador, ardente **3** *fig.* que causa tédio ou aborrecimento; maçante

caus.ti.car *v.* {mod. 1} *t.d.* **1** pôr substância cáustica em ⟨*c. uma ferida*⟩ ❑ *t.d. e int.* **2** aquecer muito; queimar

cáus.ti.co *adj.s.m.* **1** (substância) que corrói ou queima ■ *adj.* **2** que aquece muito; ardente **3** *p.ext.* sarcástico ⟨*humor c.*⟩ ~ **causticidade** *s.f.*

cau.te.la *s.f.* **1** cuidado; prudência **2** recibo de depósito ou de penhor

cau.te.lo.so [pl.: *cautelosos* \ó\] *adj.* que age ou pensa com cautela, com prudência; cauto ⮌ imprudente, incauto

cau.té.rio *s.m.* agente químico ou físico (p.ex., bisturi elétrico) us. para extinguir lesões e cicatrizes ou para estancar sangramentos

cau.te.ri.zar *v.* {mod. 1} *t.d.* **1** aplicar cautério em **2** *fig.* extinguir, destruir ⮌ avivar ~ **cauterização** *s.f.*

cau.to *adj.* que tem cautela

ca.va *s.f.* **1** ação de cavar **2** escavação em torno de fortaleza; fosso, vala **3** *p.ext.* local cavado **4** numa roupa, aberturas por onde passam os braços e a cabeça **5** qualquer uma das veias que drenam o sangue do corpo para a aurícula direita; veia cava

ca.va.ção [pl.: *-ões*] *s.f.* **1** escavação **2** *fig.* busca minuciosa **3** *B infrm.* negócio ou vantagem obtido ilicitamente **4** *B infrm.* esforço para obter vantagens ou condições melhores

ca.va.co *s.m.* **1** lasca de madeira **2** *p.ext.* cavaquinho **3** *fig. infrm.* conversa informal, bate-papo; cavaqueira **4** contrariedade ⊡ **catar c.** *loc.vs.* correr tentando restabelecer o equilíbrio após tropeção ou choque físico

ca.va.la *s.f.* peixe marinho comestível com cerca de 1,5 m de comprimento, dorso azul-escuro e ventre prateado

ca.va.lar *adj.2g.* **1** próprio de cavalo **2** *fig. infrm.* desmedido, excessivo

ca.va.la.ri.a *s.f.* **1** conjunto de cavalos **2** tropa militar a cavalo **3** na Idade Média, ordem da nobreza feudal

ca.va.la.ri.a.no *s.m.* soldado da cavalaria

ca.va.la.ri.ça *s.f.* alojamento de cavalos

ca.va.la.ri.ço *s.m.* empregado que cuida de cavalos

ca.va.lei.ro *adj.s.m.* **1** que(m) anda a cavalo **2** que(m) é membro de uma ordem de cavalaria ou da nobreza **3** *fig.* que(m) é nobre ou valente ⊡ **c. andante** *loc.subst.* na Idade Média, cavaleiro que corria terras em busca de aventuras e lutas por causas justas

ca.va.le.te \ê\ *s.m.* **1** estrutura móvel com três pés, us. como suporte para telas, trabalhos em madeira etc. **2** *p.ext.* armação em que marceneiros, mecânicos etc. apoiam instrumentos de trabalho

ca.val.ga.da *s.f.* **1** grupo de pessoas a cavalo **2** a marcha ou galope desse grupo

ca.val.ga.du.ra *s.f.* **1** animal us. para montar; montaria **2** *fig. pej.* pessoa estúpida ou grosseira

ca.val.gar *v.* {mod. 1} *int.* **1** andar a cavalo ❑ *t.d. e t.i.* **2** (prep. *em*) montar sobre ~ **cavalgação** *s.f.* - **cavalgamento** *s.m.*

ca.va.lha.da *s.f.* **1** manada de cavalos **2** folguedo em que cavaleiros encenam lutas, lembrando as disputas medievais ☞ mais us. no pl.

ca.va.lhei.res.co \ê\ *adj.* **1** delicado; galante **2** relativo a cavaleiro ou a romances de cavalaria

ca.va.lhei.ris.mo *s.m.* gentileza, cortesia

ca.va.lhei.ro *s.m.* **1** homem distinto **2** parceiro na dança ☞ cf. *dama* **3** *p.ext.* homem ■ *adj.s.m.* **4** que(m) possui educação esmerada

ca.va.lo [fem.: *égua*] *s.m.* **1** mamífero quadrúpede de grande porte, cauda e crina longas, us. como montaria **2** *pej.* pessoa grosseira; cavalgadura **3** planta em que se faz enxerto **4** peça do jogo de xadrez que se movimenta em L no tabuleiro **5** cavalo-vapor **6** cavalo de pau ('aparelho') ⊙ COL cavalaria ⊙ VOZ v.: nitrir, relinchar, rinchar, trinir; subst.: nitrido, relincho, rincho ⊡ **tirar o c. da chuva** *fraseol.* desistir de ideia ou projeto ☞ tb. se diz *tirar o cavalinho da chuva*

ca.va.lo de pau [pl.: *cavalos de pau*] *s.m.* **1** aparelho composto de travessa de madeira, com ou sem alças, sobre quatro pernas, us. no atletismo para saltos e volteios; cavalo **2** freada súbita que inverte o rumo de um veículo

ca.va.lo-ma.ri.nho [pl.: *cavalos-marinhos*] *s.m.* **1** peixe marinho que nada em posição vertical e cuja cabeça, em ângulo reto com o corpo, lembra a de um cavalo; hipocampo **2** bumba meu boi

ca.va.lo-va.por [pl.: *cavalos-vapor*] *s.m.* unidade de medida de potência equivalente a 735,5 watts [símb.: *cv*] ☞ tb. se diz apenas *cavalo*

ca.va.nha.que *s.m.* barba crescida na parte inferior do queixo

ca.va.que.ar *v.* {mod. 5} *t.i. e int.* (prep. *com*) conversar informalmente; papear

ca.va.quei.ra *s.f.* cavaco ('lasca de madeira' e 'conversa')

ca.va.qui.nho *s.m.* pequeno instrumento musical de quatro cordas dedilháveis, us. sobretudo no samba e no choro

ca.var *v.* {mod. 1} *t.d.* **1** revolver ou furar (a terra), usando pá, enxada, as mãos etc. **2** fazer (algo) na terra, na pedra, abrindo nela uma cavidade ⟨*c. um túnel*⟩ **3** fazer (buraco, vala, fenda etc.) ⟨*c. uma vala no quintal*⟩ **4** *p.ext.* abrir buraco ou fenda em ⟨*c. o tronco da árvore*⟩ **5** abrir ou aumentar a cava de (roupa) ❑ *t.d. e t.d.i.fig.* **6** (prep. *a*, *para*) conseguir (algo) [para si ou outrem] ⟨*c. um emprego*⟩ ⟨*cavou-lhe uma vaga*⟩ ~**cavado** *adj.*

ca.va.ti.na *s.f.* MÚS pequena ária, com seção única, sem repetição

ca.ve *s.f.* adega

ca.vei.ra *s.f.* **1** crânio e ossos da face, descarnados **2** esqueleto **3** *fig.* rosto muito magro **4** *fig.* desgraça; prejuízo ⟨*o chefe quer ver a minha c.*⟩ ⊡ **fazer a c. de** *fraseol. infrm.* difamar

ca.ver.na *s.f.* **1** cavidade profunda numa rocha **2** *p.ext.* qualquer cavidade profunda ~**cavernal** *adj.2g.*

ca.ver.na.me *s.m.* conjunto das peças que dão forma ao casco de uma embarcação

ca.ver.ní.co.la *adj.2g.s.2g.* (o) que habita em caverna

ca.ver.no.so \ô\ [pl.: *cavernosos* \ó\] *adj.* **1** semelhante a caverna **2** dotado de cavernas ou cavidades **3** rouco e profundo (diz-se de som) ~**cavernosidade** *s.f.*

ca.vi.ar *s.m.* ova de esturjão em conserva

ca.vi.da.de *s.f.* parte oca no interior de um corpo ou objeto ⟨*c. abdominal*⟩

ca.vi.í.deo *s.m.* ZOO **1** espécime dos caviídeos, família de roedores sul-americanos como a cobaia e o preá, sem cauda, com pelos grossos, orelhas curtas, membros anteriores com quatro dedos e posteriores com três ■ *adj.* **2** relativo a esse espécime ou a essa família

ca.vi.la.ção [pl.: *-ões*] *s.f.* **1** trama ardilosa **2** zombaria ~**cavilar** *v.t.i. e int.* - **caviloso** *adj.*

ca.vi.lha *s.f.* pino de madeira ou metal us. para tapar orifícios ou juntar peças

ca.vi.ta.ção [pl.: *-ões*] *s.f.* **1** formação de bolhas de vapor ou de gás num líquido por redução da pressão **2** formação de vácuos na água pela rotação de uma hélice

ca.vi.ú.na *adj.2g.s.2g.s.f.* → CABIÚNA

ca.vo *adj.* **1** com cavidade **2** oco; vazio **3** *fig.* rouco, cavernoso (diz-se de som)

ca.vou.car *v.* {mod. 1} *t.d. e int.* **1** abrir cova, buraco (em) ⮌ tapar, fechar ❑ *t.d. p.ext.* **2** mexer em; cutucar ⟨*c. o nariz*⟩

ca.vou.co *s.m.* escavação ou buraco na terra

ca.vou.quei.ro *s.m.* **1** quem abre cavoucos **2** trabalhador de minas ou pedreiras

ca.xam.bu *s.m.* **1** dança afro-brasileira semelhante ao batuque, com canto ao som de tambor e cuícas **2** esse tambor, semelhante a uma zabumba, us. nessa dança e no jongo

ca.xan.gá *s.m.* siri encontrado nas Américas e Europa, de carapaça cinzenta ou verde-azulada e carne muito apreciada

ca.xa.réu, **ca.xa.re.la** ou **ca.xa.re.lo** *s.m.* macho adulto de baleia

ca.xe.mi.ra *s.f.* **1** lã fina e macia feita do pelo de cabra da Caxemira (Índia e Paquistão) **2** fio dessa lã ⟨*gorro de c.*⟩

ca.xe.ren.guen.gue *s.m.* → CAXIRENGUENGUE

ca.xe.ta \ê\ *s.f.* caixeta ('árvore')

ca.xi.as *adj.2g.2n.s.2g.2n. infrm.* que(m) cumpre suas obrigações com extremo rigor

ca.xin.gue.lê *s.m.B* esquilo florestal da Amazônia e leste do Brasil, com cerca de 20 cm de comprimento, cauda longa, pelo marrom e laranja

ca.xi.ren.guen.gue ou **ca.xe.ren.guen.gue** *s.m.* faca gasta e inútil

ca.xum.ba *s.f.* doença contagiosa que causa febre moderada e inflamação das parótidas e, às vezes, inflamação dos testículos, ovários e meninges; papeira ~**caxumbento** *adj.*

Cd símbolo de *cádmio*

CD [ing.; pl.: *CDs*] *s.m.* disco compacto ⇨ pronuncia-se **cidi**, *corrente* **cedê**

CD play.er [ing.; pl.: *CD players*] *loc.subst.* equipamento que executa arquivos de multimídia (esp.

músicas) gravados em *CD* ⇨ pronuncia-se cidi plêier, *corrente* cedê plêier

CD-ROM [ing.; pl.: *CD-ROMs*] *s.m.* disco compacto que armazena imagem e som digitalizados ⇨ pronuncia-se **cidi-rom**, *corrente* cedê **rom**

Ce símbolo de *cério*

CE sigla do Estado do Ceará

cê *s.m.* nome da letra *c*

ce.ar *v.* {mod. 5} *t.d. e int.* comer a ou à ceia

ce.a.ren.se *adj.2g.* **1** do Ceará ■ *s.2g.* **2** natural ou habitante desse estado

ce.bí.deo *s.m.* ZOO **1** espécime dos cebídeos, família de primatas florestais e arborícolas, de cauda longa e peluda, e cujo polegar do pé é desenvolvido e passível de se opor aos demais dedos ■ *adj.* **2** relativo a essa família

ce.bo.la \ô\ *s.f.* **1** erva com bulbos membranosos, folhas ocas e compridas e flores esbranquiçadas **2** bulbo dessa planta, de sabor forte e picante, us. como condimento ~ **cebolada** *s.f.*

ce.bo.lão [pl.: *-ões*] *s.m.* **1** antigo relógio de bolso, grande e redondo **2** *infrm.* termostato que aciona a ventoinha do radiador nos motores automotivos

ce.bo.li.nha *s.f.* **1** erva de folhas compridas e cilíndricas, us. como tempero **2** *infrm.* no motor de explosão, sensor que mede a temperatura da água ou do óleo

ce.ce.ar *v.* {mod. 5} *int.* pronunciar o som do *s* e do *z* com a ponta da língua entre os dentes ~ **ceceadura** *s.f.* - **ceceio** *s.m.* - **ceceísmo** *s.m.* - **ceceoso** *adj.*

cê-ce.di.lha [pl.: *cês-cedilhas*] *s.m.* letra *c* com o sinal gráfico da cedilha (ç)

ce.co *s.m.* ANAT o início do intestino grosso ~ **cecal** *adj.2g.*

ce.der *v.* {mod. 8} *t.d. e t.d.i.* **1** (prep. *a*) transferir (a alguém) uma posse ou direito sobre (algo) **2** (prep. *a*) emprestar ❑ *t.i. e int.* **3** (prep. *a*) não resistir; sucumbir ❑ *int.* **4** perder a intensidade; diminuir ⮌ aumentar **5** cessar, acabar ⮌ começar **6** tornar-se mais largo, solto; afrouxar ⮌ apertar

ce.di.ço *adj.* **1** podre **2** *fig.* sabido de todos **3** *fig.* que está fora de uso ou de moda **4** *fig.* sem novidade; comum **5** *p.ext.* entediante, maçante

ce.di.lha *s.f.* sinal gráfico colocado sob a letra *c* para indicar o som *'ss'* ~ **cedilhado** *adj.* - **cedilhar** *v.t.d.*

ce.dí.vel *adj.2g.* que pode ser transferido, doado ou emprestado ~ **cedibilidade** *s.f.*

ce.do \ê\ *adv.* **1** antes do tempo previsto **2** em pouco tempo; logo ⟨*c. virá o arrependimento*⟩ **3** no início do dia

ce.dro *s.m.* **1** nome comum a árvores da família dos pinheiros, cultivadas como ornamentais e pelas madeiras de qualidade **2** *p.ext.* a madeira dessas árvores ⊙ COL cedral

cé.du.la *s.f.* **1** papel-moeda **2** documento impresso ⊡ **c. eleitoral** *loc.subst. B* impresso próprio para votação com nome e/ou número de candidatos ou espaço para escrevê-los ~ **cedular** *adj.2g.*

ce.fa.lei.a \éi\ *s.f.* dor de cabeça

ce.fá.li.co *adj.* da cabeça

ce.fa.ló.po.de *adj.2g.s.m.* (espécime) dos cefalópodes, classe de moluscos marinhos, predadores, com cabeça e olhos grandes, boca circundada por oito ou dez braços ou tentáculos (lulas e polvos)

ce.ga *s.f.* mulher que não enxerga ⊡ **às cegas** *loc.adv.* **1** sem ver **2** sem raciocinar

ce.ga.men.te *adv.* **1** sem prestar atenção ao que há de negativo (vícios, defeitos etc.) ⟨*obedecer c. a um líder megalômano*⟩ **2** sem pensar nas consequências; às cegas, inconscientemente ⟨*entrou c. num negócio arriscado*⟩

ce.gar *v.* {mod. 1} *t.d.,int. e pron.* **1** tornar(-se) cego ❑ *t.d. e int.* **2** impedir ou perturbar a visão (de) ❑ *t.d. e pron.* **3** *fig.* deslumbrar(-se), fascinar(-se) **4** *fig.* (fazer) perder a razão; alucinar(-se) **5** (fazer) ficar sem corte (faca, canivete etc.) ☞ cf. *segar*

ce.go *adj.s.m.* **1** que(m) não enxerga ■ *adj.* **2** que enfraquece ou anula a razão ⟨*fé c.*⟩ **3** sem gume ⟨*faca c.*⟩ **4** difícil de desatar ⟨*nó c.*⟩

ce.go.nha *s.f.* **1** ave pernalta migratória, de bico e pernas vermelhos, penas brancas e asas negras, encontrada na Europa, África e Ásia **2** *B* engenho com peça comprida para tirar água de poços **3** *B* caminhão longo, adequado para o transporte de carros

ce.guei.ra *s.f.* **1** privação do sentido da visão **2** *fig.* falta de lucidez **3** *fig.* deslumbramento; fanatismo

cei.a *s.f.* última refeição do dia ⊡ **Santa C.** *loc.subst.* a última refeição de Jesus com seus apóstolos

cei.fa *s.f.* **1** ação ou efeito de ceifar **2** colheita de cereais **3** *p.ext.* a época de ceifar **4** *fig.* matança, carnificina ~ **ceifeiro** *adj.s.m.*

cei.fa.dei.ra *s.f.* máquina de ceifar; segadeira

cei.far *v.* {mod. 1} *t.d. e int.* **1** cortar (cereais, ervas etc.) com foice ❑ *t.d.* **2** *fig.* abater (a vida) a **3** tirar a vida de; matar **4** *fig.* eliminar, destruir

ce.la *s.f.* **1** quarto muito pequeno **2** aposento de frades e freiras **3** compartimento de prisão ☞ cf. *sela*

ce.le.bér.ri.mo *adj.* muito célebre ⊙ GRAM/USO sup.abs.sint. de *célebre*

ce.le.bra.ção [pl.: *-ões*] *s.f.* **1** ato ou efeito de celebrar; comemoração, festejo **2** realização formal de um contrato, acordo etc. **3** realização de ofício religioso **4** ofício religioso ⟨*c. eucarística*⟩

ce.le.brar *v.* {mod. 1} *t.d.* **1** comemorar, festejar ⟨*c. um aniversário*⟩ **2** realizar (contrato, acordo etc.) com solenidade **3** acolher com festejos ⟨*c. a vitória*⟩ **4** louvar, exaltar ⟨*c. os heróis*⟩ ❑ *t.d. e int.* **5** rezar (missa) ~ **celebrante** *adj.2g.s.2g.*

cé.le.bre *adj.2g.* **1** famoso, conhecido **2** ilustre ⊙ GRAM/USO sup.abs.sint.: *celebérrimo*

ce.le.bri.da.de *s.f.* **1** fama, notabilidade **2** *p.ext.* pessoa célebre, notável

ce.le.bri.zar *v.* {mod. 1} *t.d. e pron.* tornar(-se) célebre; notabilizar(-se)

ce.lei.ro *s.m.* **1** construção rural para armazenar grãos ou provisões **2** *p.ext.* grande fonte de algo ⟨*c. de talentos*⟩ ☞ cf. *seleiro*

ce.len.te.ra.do *s.m.* espécime dos celenterados, nome antigo do filo dos cnidários e ctenóforos

ce.le.ra.do *adj.s.m.* **1** que(m) cometeu crime violento **2** que(m) tem má índole

cé.le.re *adj.2g.* ligeiro; veloz ~ **celeridade** *s.f.*

ce.les.te *adj.2g.* **1** do céu **2** divino, sobrenatural **3** *fig.* de excelente qualidade **4** cuja tonalidade assemelha-se ao céu claro (diz-se da cor azul) ~ **celestial** *adj.2g.*

ce.leu.ma *s.f.* **1** algazarra; tumulto **2** *fig.* discussão acalorada

ce.li.ba.tá.rio *adj.s.m.* que(m) não se casou

ce.li.ba.to *s.m.* condição de pessoa solteira

ce.lo.fa.ne *adj.s.m.* diz-se de ou papel fino, transparente e impermeável; papel celofane

Cel.sius *adj.2g.2n.s.m.2n.* diz-se de ou grau na escala Celsius de temperatura [símb.: *C*] ☞ cf. *centígrado*

cel.so *adj.* **1** alto, elevado **2** sublime, excelso ~ **celsitude** *s.f.*

cel.ta *s.2g.* **1** indivíduo dos celtas, povos que ocuparam a Europa ocidental na Antiguidade ■ *s.m.* **2** língua falada por esses povos ■ *adj.2g.* **3** relativo a esse indivíduo, povo ou língua ~ **céltico** *adj.*

cel.ti.be.ro \bé\ *adj.* **1** da Celtibéria, antiga Hispânia ■ *s.m.* **2** natural ou habitante dessa região ~ **celtibérico** *adj.s.m.*

cé.lu.la *s.f.* **1** BIO unidade microscópica estrutural e funcional dos seres vivos, constituída de material genético, citoplasma e membrana plasmática **2** pequena cela **3** *fig.* grupo de pessoas com um mesmo ideal ou atuação ⟨*c. revolucionária*⟩ ⊡ c. **fotoelétrica** *loc.subst.* dispositivo fotossensível que gera corrente ou tensão elétrica quando estimulado ~ **celulosidade** *s.f.* - **celuloso** *adj.*

cé.lu.la-o.vo [pl.: *células-ovo* e *células-ovos*] *s.f.* BIO célula resultante da fertilização de um óvulo, ainda não dividida

ce.lu.lar *adj.2g.* BIO **1** relativo a célula **2** composto de células ■ *s.m.* **3** telefone celular

cé.lu.la-tron.co [pl.: *células-tronco* e *células-troncos*] *s.f.* BIO célula capaz de dividir-se para formar outros tipos de células com propriedades e funções específicas

ce.lu.li.te *s.f.* inflamação, por vezes infecciosa, da pele ou do tecido subcutâneo

ce.lu.loi.de \ói\ *s.m.* plástico inflamável, us. em brinquedos, filmes fotográficos etc.

ce.lu.lo.se *s.f.* substância vegetal us. como matéria-prima na produção do papel ~ **celulósico** *adj.* - **celulótico** *adj.*

cem *n.card.* **1** noventa mais dez **2** diz-se desse número ⟨*ofício de número c.*⟩ **3** diz-se do centésimo elemento de uma série ⟨*capítulo c.*⟩ **4** que equivale a essa quantidade (diz-se de medida ou do que é contável) ⟨*festa para c. convidados*⟩ **5** grande número indeterminado ⟨*contou a história umas c. vezes*⟩ ■ *s.m.* **6** representação gráfica desse número ⟨*no exame de vista, não pôde ler o c.*⟩ ☞ em algarismos arábicos, *100*; em algarismos romanos, *C*

ce.mi.té.rio *s.m.* **1** lugar onde se enterram os mortos; necrópole **2** *fig.* lugar em que se atiram ou depositam objetos velhos

ce.na *s.f.* **1** palco ⟨*ele já está em c.*⟩ **2** subdivisão de uma peça teatral **3** situação ou passagem de uma peça, filme etc. ⟨*a c. do tiro*⟩ **4** *fig.* fingimento **5** *fig.* escândalo; inconveniência ⟨*fazer c.*⟩ ~ **cênico** *adj.*

ce.ná.cu.lo *s.m.* **1** local onde ocorreu a Santa Ceia **2** refeitório **3** grupo de pessoas com ideias afins

ce.ná.rio *s.m.* **1** o local e a decoração das ações de peça, filme, romance etc. **2** *p.ext.* lugar em que se desenrola algum fato ⟨*essa rua já foi c. de diversas disputas*⟩ **3** *p.ext.* panorama; paisagem

ce.na.ris.ta *s.2g.* quem faz cenografia; cenógrafo

ce.nho *s.m.* **1** expressão ou fisionomia fechada **2** rosto; semblante

ce.nó.bio *s.m.* **1** habitação de monges; convento **2** colônia de organismos unicelulares que constituem um único organismo funcional ~ **cenobial** *adj.2g.*

ce.no.bi.ta *adj.2g.s.2g.* (monge) que vive em comunidade ☞ cf. *anacoreta* ~ **cenobítico** *adj.* - **cenobitismo** *s.m.*

ce.no.gra.fi.a *s.f.* arte de projetar cenários de filmes, peças etc. ~ **cenográfico** *adj.* - **cenógrafo** *s.m.*

ce.no.tá.fio *s.m.* túmulo ou monumento fúnebre em memória de alguém cujo corpo não está ali sepultado

ce.no.téc.ni.ca *s.f.* técnica de executar cenários para teatro, cinema etc. ~ **cenotécnico** *adj.s.m.*

ce.nou.ra *s.f.* **1** raiz comestível alaranjada, rica em açúcar, caroteno e glúten **2** a planta dessa raiz

ce.no.zoi.co \ói\ *s.m.* **1** era geológica mais recente, posterior ao Mesozoico e dividida em período terciário e quaternário, caracterizada pelo grande desenvolvimento dos mamíferos e extinção dos répteis gigantes ☞ inicial maiúsc. ■ *adj.* **2** dessa era

cen.so *s.m.* recenseamento ☞ cf. *senso* ~ **censitário** *adj.* - **censual** *adj.2g.*

cen.sor \ô\ *adj.s.m.* **1** (o) que censura **2** (o) que critica, sugere correções etc. ■ *s.m.* **3** indivíduo cujo ofício é censurar filmes, livros etc. ☞ cf. *sensor*

cen.só.rio *adj.* relativo a censor ('quem censura') ou a censura ☞ cf. *sensório*

cen.su.ra *s.f.* **1** controle moral ou político de obras artísticas, publicações etc. **2** *p.ext.* comissão de pessoas encarregada de exercer esse controle **3** advertência severa; repreensão

cen.su.rar *v.* {mod. 1} *t.d.* **1** exercer censura sobre (obra, filme etc.) **2** desaprovar, reprovar ⟨*c. os atos de alguém*⟩ ⊃ aprovar **3** repreender ⟨*c. o filho*⟩ ~ **censurável** *adj.2g.*

cen.tau.ro *s.m.* ser mitológico metade homem, metade cavalo ~ **centáureo** *adj.*

cen.ta.vo *s.m.* a centésima parte da moeda oficial de diversos países

cen.tei.o *s.m.* planta de até 2 m, folhas planas e flores em espigas, com grãos ricos em glúten us. na feitura de pães ~ **centenoso** *adj.*

cen.te.lha \ê*s.f.* **1** partícula que salta de um corpo em brasa; fagulha, faísca **2** luz forte que surge do choque entre dois corpos duros, ou de um corpo eletrizado **3** *p.ext.* brilho momentâneo ⟨*percebi uma c. em seu olhar*⟩ **4** *fig.* inspiração ou intuição súbita ~ **centelhar** *v.int.*

cen.te.na *s.f.* **1** grupo de 100 unidades; cento, centúria **2** número de três algarismos

cen.te.ná.rio *s.m.* **1** período de 100 anos **2** centésimo aniversário ■ *adj.s.m.* **3** que(m) atingiu 100 anos

cen.té.si.mo *n.ord. (adj.s.m.)* **1** (o) que, numa sequência, ocupa a posição número 100 ■ *n.frac. (adj.s.m.)* **2** (o) que é 100 vezes menor que a unidade ~ **centesimal** *adj.2g.*

centi– *pref.* 'a centésima parte' (em unidades de medida): *centigrama, centímetro*

cen.ti.a.re *s.m.* unidade de medida agrária que corresponde a um metro quadrado ou à centésima parte do are

cen.ti.gra.do *adj.* **1** dividido em 100 graus ■ *s.m.* **2** a centésima parte do grado

cen.tí.gra.do *adj.s.m.* diz-se de ou um grau na escala de temperatura de 100 graus ☞ cf. *Celsius*

cen.ti.gra.ma *s.m.* unidade de medida de massa equivalente à centésima parte do grama [símb.: *cg*]

cen.ti.li.tro *s.m.* unidade de medida de volume equivalente à centésima parte do litro [símb.: *cl*]

cen.tí.me.tro *s.m.* unidade de medida de comprimento equivalente à centésima parte do metro [símb.: *cm*]

cên.ti.mo *s.m.* a centésima parte da moeda de diversos países

cen.to *s.m.* **1** conjunto de 100 unidades; centena ■ *n.card.* **2** cem

cen.to.pei.a \éi *ou* êi*s.f.* lacraia

cen.tral *adj.2g.* **1** situado no centro **2** relativo ao centro **3** *p.ext.* que está na base do funcionamento de (órgão, setor), por oposição ao que é local, regional etc. ⟨*banco c.*⟩ ⟨*governo c.*⟩ **4** *fig.* principal; fundamental ■ *s.f.* **5** instalação que visa ao abastecimento, à distribuição, à geração etc. ⟨*c. de operações*⟩ ⟨*c. hidrelétrica*⟩

cen.tra.li.za.ção [pl.: *-ões*] *s.f.* **1** ato ou efeito de centralizar(-se) **2** reunião em um mesmo centro ou local **3** forte concentração de poder nas mãos de um único centro ou grupo ⟨*c. econômica*⟩ ⮌ descentralização ~ **centralismo** *s.m.*

cen.tra.li.zar *v.* {mod. 1} *t.d. e pron.* **1** colocar(-se) ou reunir(-se) no centro ⮌ descentralizar **2** (fazer) ir para o mesmo ponto; concentrar(-se) ❑ *t.d.* **3** atrair, chamar ⟨*c. os olhares da plateia*⟩ ~ **centralizador** *adj.s.m.*

cen.trar *v.* {mod. 1} *t.d.* **1** situar em posição central; centralizar **2** focalizar ⟨*c. a mira*⟩ ~ **centragem** *s.f.*

cen.trí.fu.ga *s.f.* aparelho de alta rotação que separa substâncias de densidades diferentes

cen.tri.fu.gar *v.* {mod. 1} *t.d.* **1** submeter à força centrífuga ❑ *t.d. e pron. p.ext.* **2** desviar(-se) do centro ⟨*c. o trânsito*⟩

cen.trí.fu.go *adj.* que se afasta do centro

cen.trí.pe.to *adj.* que se aproxima do centro

cen.tris.mo *s.m.* atitude ou orientação política equidistante das posições extremadas ~ **centrista** *adj.2g.s.2g.*

cen.tro *s.m.* **1** ponto ou posição do meio **2** área de bairro ou cidade onde se concentram atividades comerciais, burocráticas e de serviços **3** *p.ext.* ponto de convergência de (olhares, pessoas etc.) ⟨*ele era o c. das atenções*⟩ **4** *p.ext.* lugar principal de certas atividades ⟨*c. nervoso*⟩ ⟨*c. cirúrgico*⟩ **5** posição política moderada ~ **centramento** *s.m.*

cen.tro-a.me.ri.ca.no [pl.: *centro-americanos*] *adj.* **1** da América Central ■ *s.m.* **2** natural ou habitante desse continente

cen.tro.a.van.te *s.2g.* no futebol, jogador que atua no ataque, entre o meia-direita e o meia-esquerda

cen.tro-o.es.te [pl.: *centro-oestes*] *adj.2g.s.m.* **1** (o) que está no centro de uma área a oeste **2** que ou o que abrange áreas centrais e ocidentais (diz-se de região ou conjunto de regiões) [abrev.: *C.-O.*] **3** diz-se de ou região brasileira que compreende o Distrito Federal, Goiás, Mato Grosso e Mato Grosso do Sul [abrev.: *C.-O.*] ☞ nesta acp., iniciais maiúsc.

cen.tu.pli.car *v.* {mod. 1} *t.d. e pron.* **1** multiplicar(-se) por cem **2** *p.ext.* aumentar muito

cên.tu.plo *n.mult.* **1** que é 100 vezes maior que outro ■ *s.m.* **2** o produto da multiplicação por 100

cen.tú.ria *s.f.* **1** tropa romana de 100 cavaleiros **2** centena **3** período de 100 anos; século

cen.tu.ri.ão [pl.: *-ões*] *s.m.* líder de uma centúria romana

CEP *s.m.* sigla de *código de endereçamento postal*

ce.pa \ê*s.f.* **1** tronco da videira **2** grupo de animais de mesma espécie, mantido para procriação com fins diversos **3** *p.ext.* estirpe; linhagem ⊡ **de boa c.** *loc.adj.* de boa origem

ce.pá.ceo *adj.* **1** da cebola **2** que tem forma e/ou cheiro de cebola

ce.po \ê*s.m.* **1** pedaço de tronco de árvore cortado transversalmente **2** *p.ext.* tábua ou madeira grossas

cep.ti.cis.mo *s.m.* → CETICISMO

cép.ti.co *adj.s.m.* → CÉTICO

ce.ra \ê*s.f.* **1** substância amarelada e pastosa produzida pelas abelhas **2** nome genérico de substância semelhante à cera das abelhas **3** produto us. para polir madeiras, pisos etc. **4** *fig. B infrm.* prolongamento desnecessário da execução de trabalho, competição esportiva etc. ⟨*faz c. sempre que está perdendo*⟩ ~ **ceráceo** *adj.*

ce.râ.mi.ca *s.f.* **1** arte de fabricar objetos de argila **2** *p.ext.* matéria-prima us. nessa fabricação **3** *p.ext.* o objeto resultante dessa atividade **4** *p.ext.* local onde são fabricadas peças de cerâmica ~ **cerâmico** *adj.*

ce.ra.mis.ta *adj.2g.s.2g.* que(m) fabrica e/ou vende objetos de cerâmica

ce.ra.ti.na *s.f.* proteína fibrosa e pouco solúvel em água, comum na epiderme, constituinte principal do cabelo, unhas, chifres etc. ⊙ GRAM/USO f. não pref. e mais us.: *queratina*

ce.ra.tos.sau.ro *s.m.* nome comum aos dinossauros carnívoros que viveram no período Jurássico superior da América do Norte, com cerca de 6 m de comprimento e chifres na cabeça

[1]cer.ca \ê\ *s.f.* obra de madeira, arame etc. que circunda um terreno [ORIGEM: prov. regressivo do v. *cercar*] ⊡ **c. viva** *loc.subst.* cerca feita de plantas • **pular a c.** *fraseol.* trair o(a) namorado(a), marido, esposa etc.

[2]cer.ca \ê\ *adv.* ▶ só usado em: **c. de** *loc.adv.* aproximadamente ⟨*esperamos c. de duas horas*⟩ [ORIGEM: do lat. *cĭrca* 'ao redor de, em volta de']

cer.ca.do *adj.* **1** com [1]cerca **2** rodeado ⟨*casa c. de árvores*⟩ **3** que sofreu cerco; sitiado ■ *s.m.* **4** terreno delimitado por [1]cerca

cer.ca.du.ra *s.f.* o que cerca; contorno, orla

cer.ca.ni.a *s.f.* arredor; imediação ☞ mais us. no pl.

cer.car *v.* {mod. 1} *t.d.* **1** circundar (área) com cerca ou muro **2** impedir a passagem de; parar **3** pôr cerco a; sitiar **4** perseguir, assediar ❑ *t.d. e t.d.i.* **5** (prep. *de*) estar, ficar ou pôr (algo) em volta de; rodear ❑ *pron.* **6** (prep. *de*) acompanhar-se

cer.ce *adj.2g.* **1** rente ⟨*um corte c.*⟩ ■ *adv.* **2** pela base, pela raiz ⟨*cortar c.*⟩

cer.ce.ar *v.* {mod. 5} *t.d.* **1** cortar rente **2** aparar ou cortar toda a volta de **3** pôr fim a; impedir ↄ estimular, liberar **4** *fig.* impor limite a; restringir ↄ estimular, ampliar ~ **cerceamento** *s.m.*

cer.co \ê\ *s.m.* **1** ação ou efeito de cercar **2** roda em torno de algo **3** bloqueio a uma cidade, praça de guerra etc.

cer.da \ê\ *s.f.* **1** pelo espesso e rígido de certos animais **2** *p.ext.* pelo ou fibra natural ou sintética de escova, pincel etc. ~ **cerdoso** *adj.*

cer.do \ê\ *s.m.* porco

ce.re.al *s.m.* **1** planta que produz grão comestível, p.ex. arroz, milho, trigo, soja **2** *p.ext.* grão ou semente dessas plantas **3** *p.ext.* alimento industrializado à base dos grãos dessas plantas ⊙ COL tulha

ce.re.be.lo \ê\ *s.m.* parte posterior do cérebro, situada acima da medula, responsável pela coordenação muscular e manutenção do equilíbrio ~ **cerebelar** *adj.2g.*

cé.re.bro *s.m.* **1** parte do sistema nervoso central situada no crânio; órgão do pensamento e da coordenação neural **2** *p.ext.* inteligência; talento **3** *p.ext.* líder ⟨*o c. do time*⟩ ~ **cerebração** *s.f.* - **cerebral** *adj.2g.*

ce.re.ja \ê\ *s.f.* **1** pequeno fruto redondo vermelho e doce, com um só caroço no centro ■ *s.m.* **2** a cor desse fruto ■ *adj.2g.2n.* **3** de cor vermelho-escura, similar à desse fruto **4** diz-se dessa cor

ce.re.jei.ra *s.f.* árvore com cerca de 20 m, casca lisa e cinzenta, flores brancas e frutos vermelhos comestíveis

ce.rí.fe.ro *adj.* produtor de cera

ce.ri.mô.nia *s.f.* **1** conjunto de atos formais e solenes segundo regras rigorosas ⟨*c. de casamento*⟩ **2** *p.ext.* padrão de comportamento que expressa relação formal entre pessoas; protocolo **3** *p.ext.* timidez diante de pessoa ou fato ⟨*ela, por c., recusou o convite*⟩

ce.ri.mo.ni.al *s.m.* **1** o conjunto das formalidades de um evento solene ■ *adj.2g.* **2** cerimonioso

ce.ri.mo.ni.o.so \ô\ [pl.: *cerimoniosos* \ó\] *adj.* que segue regras de polidez e etiqueta

cé.rio *s.m.* elemento químico us. em isqueiros, dispositivos de ignição etc. [símb.: *Ce*] ☞ cf. *sério*; cf. *tabela periódica* (no fim do dicionário)

cer.nam.bi *s.m.* forma a evitar, por *sernambi*

cer.ne *s.m.* **1** parte interna do tronco das árvores, formada por células mortas, em que não ocorre o transporte de água; durame, durâmen **2** *fig.* centro, âmago ⟨*vamos direto ao c. da questão*⟩

ce.roi.la *s.f.* → *CEROULA*

ce.roi.las *s.f.pl.* → *CEROULAS*

ce.rol *s.m.* mistura de vidro moído e cola que se passa na linha da pipa, para, no ar, cortar a linha de outra pipa

ce.ro.ma *s.f.* **1** tumor de tecidos que sofreram degeneração gordurosa **2** pele na base da maxila do bico das aves, por onde se abrem as narinas

ce.rou.la ou **ce.roi.la** *s.f.* ceroulas

ce.rou.las ou **ce.roi.las** *s.f.pl.* roupa masculina, us. sob as calças, que cobre da cintura ao tornozelo

cer.ra.ção [pl.: *-ões*] *s.f.* **1** nevoeiro denso **2** *p.ext.* escuridão

cer.ra.do *adj.* **1** fechado **2** apertado ⟨*punhos c.*⟩ **3** encoberto de nuvens ⟨*céu c.*⟩ **4** espesso; compacto ⟨*bosque c.*⟩ ■ *s.m.* **5** mata de vegetação herbácea e árvores pequenas, tortuosas e de casca grossa, típica do planalto central brasileiro

cer.rar *v.* {mod. 1} *t.d. e pron.* **1** unir duas ou mais partes de, impedindo que passe ar, luz etc.; fechar(-se) ↄ abrir(-se), descerrar(-se) ❑ *t.d.* **2** bloquear abertura de; tapar ↄ abrir **3** unir com força; apertar ↄ soltar ❑ *int. e pron.* **4** cobrir(-se) de névoa (o tempo); escurecer ↄ abrir ☞ cf. *serrar*

cer.ro \ê\ *s.m.* elevação; colina

cer.ta *s.f.* ▶ só usado em: **na c.** *loc.adv.* com certeza

cer.ta.me *s.m.* **1** combate físico **2** *p.ext.* debate **3** *p.ext.* disputa esportiva

cer.tei.ro *adj.* que acerta com exatidão; preciso ↄ errado, impreciso

cer.te.za \ê\ *s.f.* **1** qualidade do que é certo ou considerado certo ⟨*a morte é uma c.*⟩ ↄ dúvida, incerteza **2** convicção ⟨*temos c. de que vai vencer*⟩ ↄ hesitação **3** conhecimento indiscutível ⟨*nunca teve c. de seus gastos*⟩ **4** algo que não oferece dúvida

cer.ti.dão [pl.: *-ões*] *s.f.* **1** documento emitido por tabelião ou escrivão comprovando algo ⟨*c. de nascimento*⟩ **2** documento legal no qual se reproduzem peças processuais ou se certifica algo

cer.ti.fi.ca.do *adj.* **1** que se certificou ■ *s.m.* **2** documento que certifica ou comprova algo ⟨*c. de comparecimento*⟩

cer.ti.fi.car *v.* {mod. 1} *t.d. e t.d.i.* **1** (prep. *a*) afirmar (a alguém) a certeza, a verdade de; atestar ↄ desmentir ❑ *t.d.* **2** passar certidão de ❑ *pron.* **3** dar

ou ter certeza de; assegurar(-se) ~ **certificador** *adj.s.m.* - **certificante** *adj.2g.s.2g.* - **certificativo** *adj.*
cer.to *adj.* **1** sem erro **2** fácil de demonstrar ⟨*é c. que abril tem 30 dias*⟩ **3** combinado; fixo ⟨*o dia c. de entregar o trabalho*⟩ **4** que não falha ⊃ duvidoso **5** correto, incontestável ⟨*resposta c.*⟩ ⊃ errado, falso **6** convicto ⟨*estou c. de que vencerei*⟩ ⊃ equivocado, indeciso ■ *pron.ind.* **7** indeterminado; algum, um, qualquer ⟨*queria um c. remédio para gripe*⟩ ■ *adv.* **8** com certeza **9** corretamente ■ *s.m.* **10** o que é correto
ce.rú.leo *adj.* **1** do céu **2** que tem a cor do céu em dias claros ■ *s.m.* **3** a cor azul do céu
ce.ru.me *s.m.* cera do ouvido ~ **ceruminoso** *adj.*
cer.ve.ja \ê\ *s.f.* bebida alcoólica fermentada, feita de cereais, esp. a cevada, e aromatizada com lúpulo ~ **cervejeiro** *adj.s.m.*
cer.ve.ja.ri.a *s.f.* **1** fábrica de cerveja **2** casa comercial onde se consome cerveja, entre outras bebidas e comidas
cer.vi.cal *adj.2g.* relativo à cerviz
cer.ví.deo *s.m.* ZOO **1** espécime dos cervídeos, família de mamíferos ruminantes, como os veados, cervos, alces e renas, cujos machos possuem chifres ger. ramificados, trocados periodicamente ■ *adj.* **2** relativo a essa família
cer.viz *s.f.* **1** a parte posterior do pescoço **2** o colo ('porção estreitada') de um órgão
cer.vo \ê\ *s.m.* nome comum a diversas espécies de veado do hemisfério norte ☞ cf. *servo*
cer.zi.dei.ra *s.f.* **1** agulha de cerzir **2** *p.ext.* mulher que cirze
cer.zir *v.* {mod. 27} *t.d. e int.* costurar (tecido puído ou rasgado) com pontos miúdos, quase imperceptíveis ~ **cerzidor** *adj.s.m.* - **cerzidura** *s.f.* - **cerzimento** *s.m.*
ce.sá.rea *s.f.* cesariana
ce.sa.ri.a.na *s.f.* incisão cirúrgica no abdome e útero para retirar o feto
cé.sio *s.m.* elemento químico us. em células fotelétricas, relógios atômicos, tubos de alto vácuo etc. [símb.: *Cs*] ☞ cf. *tabela periódica* (no fim do dicionário)
ces.são [pl.: *-ões*] *s.f.* **1** ato de ceder **2** transferência de posse ou direito ⊃ manutenção, retenção **3** renúncia, desistência ⊃ perseverança, resistência **4** empréstimo ☞ cf. *sessão* e *seção*
ces.sar *v.* {mod. 1} *t.d. e int.* **1** dar fim a ou ter fim; parar ⊃ iniciar, continuar ❑ *t.i.* **2** (prep. *com, de*) não levar adiante; desistir ⊃ persistir ~ **cessação** *s.f.* - **cessante** *adj.2g.*
ces.sar-fo.go [pl.: *cessar-fogos*] *s.m.* interrupção ou fim de um combate, guerra etc.
ces.sio.ná.rio *adj.s.m.* que(m) se beneficia de uma cessão
ces.ta \ê\ *s.f.* **1** utensílio de vime, palha etc., us. para guardar ou carregar coisas **2** rede sem fundo, presa a um aro, por onde a bola de basquete deve passar para marcar ponto **3** cada ponto marcado no basquete ☞ cf. *sesta* ⊡ **c. básica** *loc.subst.* conjunto dos itens essenciais à subsistência de uma família durante um mês ~ **cesteiro** *adj.s.m.*
ces.ta.ri.a *s.f.* arte e técnica de fabricar cestas ou cestos
ces.ti.nha *s.f.* **1** cesta pequena ■ *s.2g.* DESP **2** no basquete, jogador que marca o maior número de pontos da partida **3** *p.ext.* jogador de basquete que marca muitos pontos
ces.to \ê\ *s.m.* cesta
ce.su.ra *s.f.* abertura em superfície; corte ~ **cesurar** *v.t.d.*
ce.tá.ceo *adj.s.m.* (espécime) dos cetáceos, ordem de mamíferos aquáticos com corpo semelhante ao de peixes e orifícios respiratórios no alto da cabeça (p.ex., baleia, boto, golfinho)
ce.ti.cis.mo ou **cep.ti.cis.mo** *s.m.* disposição para incredulidade ⊃ confiança, credulidade
cé.ti.co ou **cép.ti.co** *adj.s.m.* que(m) duvida ou descrê ⊃ confiante, crédulo
ce.tim *s.m.* tecido de seda lustroso e macio ~ **cetinoso** *adj.*
ce.to.na *s.f.* classe de compostos orgânicos que contém o grupamento carbonila ligado a dois átomos de carbono
ce.to.se *s.f.* acidose causada pelo aumento de cetona
ce.tro *s.m.* **1** bastão que simboliza o poder real **2** *fig.* o poder do rei
céu *s.m.* **1** espaço onde se localizam e movem os astros **2** REL local onde estão Deus, os anjos, as almas dos justos **3** *p.ext.* local de felicidade e harmonia ⟨*a casa era meu c.*⟩ ⊃ inferno ⊡ **c. da boca** *loc.subst.infrm.* arco do palato • **c. de brigadeiro** *loc.subst.infrm.* condições atmosféricas ideais para voo de aeronave • **a c. aberto** *loc.adv.* ao ar livre • **cair do c.** *loc.vs.fig.* ocorrer de modo inesperado e bem-vindo
ce.va *s.f.* **1** ato ou efeito de cevar **2** alimento para engordar animais **3** *B* local onde se prendem os animais para a engorda
ce.va.da *s.f.* cereal us. como alimento para o homem e o gado, e no fabrico de cerveja e outras bebidas alcoólicas
ce.va.do *adj.* **1** bem alimentado, nutrido **2** gordo ■ *s.m.* **3** animal criado na ceva ('local')
ce.var *v.* {mod. 1} *t.d.* **1** alimentar bem (animal) para que engorde **2** colocar isca em (anzol, armadilha) ❑ *t.d. e pron.* **3** alimentar(-se), nutrir(-se) **4** saciar(-se), fartar(-se) ❑ *pron.fig.* **5** enriquecer-se ⟨*c.-se com diamantes*⟩
Cf símbolo de *califórnio*
CFC *s.m.* sigla de *clorofluorcarboneto*
cg símbolo de *centigrama*
CGC *s.m.* sigla de *cadastro geral de contribuinte*
chá *s.m.* **1** chá-da-índia **2** *p.ext.* a folha de chá-da-índia **3** infusão dessas folhas **4** *p.ext.* infusão preparada com outros tipos de ervas ⟨*c. de hortelã*⟩ **5** reunião social com chá ('infusão') e comidas leves
chã *s.f.* **1** planície **2** carne da coxa do boi

cha.bu *s.m. B* falha em fogo de artifício ▣ **dar c.** *loc.vs.fig. infrm.* não sair como o previsto

cha.cal *s.m.* mamífero carnívoro semelhante ao lobo que vive na África e na Ásia

chá.ca.ra *s.f.* pequena propriedade rural ☞ cf. *xácara* ~ **chacareiro** *adj.s.m.*

cha.ci.na *s.f.* assassinato em massa ~ **chacinar** *v.t.d.*

cha.coa.lhar *v.* {mod. 1} *t.d. e pron.* **1** sacudir(-se), ger. com barulho ❑ *t.d. e int. B gír.* **2** aborrecer, chatear

cha.co.ta *s.f.* deboche, zombaria ~ **chacoteação** *s.f.* - **chacotear** *v.t.d. e t.i.*

cha.cri.nha *s.f. infrm.* **1** *B* reunião informal **2** *p.ext.* conversa fiada **3** *p.ext.* agitação; bagunça ⟨*sentavam atrás para fazer c.*⟩

chá-da-ín.dia [pl.: *chás-da-índia*] *s.m.* arbusto nativo da Índia e da China, de folhas verde-escuras de que se faz chá

chã de den.tro [pl.: *chãs de dentro*] *s.f.* carne da parte interior da coxa do boi

chã de fo.ra [pl.: *chãs de fora*] *s.f.* carne da parte exterior da coxa do boi

chá de pa.ne.la [pl.: *chás de panela*] *s.m. B* reunião em que os convidados trazem para a noiva presentes para uso na cozinha ou na casa

cha.fa.riz *s.m.* construção com uma ou mais bicas

cha.fur.dar *v.* {mod. 1} *int. e pron.* **1** atolar-se, revolver-se (em lama, lamaçal etc.) ❑ *t.i.* **2** (prep. *em*) envolver-se (em vícios) ❑ *t.d.fig.* **3** macular, sujar ⟨*c. o nome do pai*⟩ ~ **chafurda** *s.f.* - **chafurdice** *s.f.*

cha.ga *s.f.* ferida aberta; úlcera ~ **chaguento** *adj.*

cha.la.ça *s.f.* **1** dito espirituoso **2** gracejo de mau gosto ~ **chalacear** *v.t.d.,t.i. e int.* - **chalaceiro** *s.m.*

cha.la.na *s.f.* pequena embarcação fluvial de fundo chato, lados retos e proa e popa salientes

cha.lé *s.m.* **1** casa de campo, de madeira, com telhado inclinado e terminando em ângulo agudo **2** casa rústica de madeira

cha.lei.ra *s.f.* **1** vasilha de metal com bico e tampa, us. para ferver água ■ *adj.2g.s.2g. B infrm.* **2** que(m) bajula

cha.lei.rar *v.* {mod. 1} *t.d.* bajular, adular

chal.rar *v.* {mod. 1} *int.* chalrear

chal.re.ar *v.* {mod. 5} *int.* **1** soltar a voz (algumas aves), como a imitar a fala ☞ só us. nas 3as p., exceto quando fig. **2** *fig.* falar com descontração, fazendo algazarra **3** falar muito; tagarelar ~ **chalreio** *s.m.*

cha.ma *s.f.* **1** mistura gasosa e incandescente, acompanhada de luz e calor **2** *p.ext.* labareda, fogo **3** *fig.* ardor; entusiasmo

cha.ma.da *s.f.* **1** ato de chamar; chamamento **2** ato de chamar as pessoas para verificar suas presenças **3** telefonema **4** advertência; repreensão **5** resumo (em jornal, revista, rádio, tv etc.) que chama atenção para certa matéria ou programa

cha.ma.lo.te *s.m.* tecido cuja trama produz efeitos ondulados ~ **chamalotado** *adj.*

cha.mar *v.* {mod. 1} *t.d. e t.i.* **1** (prep. *por*) dizer o nome de (alguém), esperando comunicação, aproximação ou indicação de presença **2** (prep. *por*) atrair a atenção de, com voz ou gesto ❑ *t.d.* **3** tirar do sono; acordar **4** acionar mecanismo de (elevador) ❑ *t.d.i.* **5** (prep. *para*) convocar (para cargo, emprego); nomear ❑ *t.d. e t.d.i.* **6** (prep. *para*) pedir a presença ou participação de (alguém) [em festa, reunião etc.]; convidar, convocar ❑ *t.d.pred.* **7** dar nome, apelido ou qualificativo a ❑ *int.* **8** soar (telefone) ❑ *pron.* **9** ter por nome ⟨*c.-se Carlos*⟩ **10** dizer-se, intitular-se ⟨*c.-se vencedor*⟩ ~ **chamado** *adj.s.m.* - **chamamento** *s.m.*

cha.ma.riz *s.m.* **1** ave us. para atrair outra à armadilha **2** *fig.* coisa que atrai; isca ⟨*o c. da loja eram os preços baixos*⟩

chá-ma.te [pl.: *chás-mate* e *chás-mates*] *s.m.* mate

cha.ma.ti.vo *adj.* **1** atraente; atrativo ⮌ comum, discreto **2** berrante; vívido ⟨*cores c.*⟩ ⮌ discreto

cham.bre *s.m.* roupão

cha.me.go \ê\ *s.m.* **1** afeição; apego **2** namoro **3** paixão ou atração sexual **4** excitação ~ **chameguento** *adj.*

cha.me.jar *v.* {mod. 1} *int.* **1** lançar chamas; queimar ❑ *t.d.* **2** passar (algo) pela chama para aquecer ou desinfetar; flambar ~ **chamejamento** *s.m.* - **chamejante** *adj.2g.*

cha.mi.né *s.f.* **1** tubo por onde escapa a fumaça de fornalha, fogão, lareira etc. **2** *fig. pej.* pessoa que fuma excessivamente

cham.pa.nha ou **cham.pa.nhe** *s.2g.* **1** vinho espumante, branco ou rosado, produzido em Champagne, na França **2** qualquer vinho semelhante a esse

cham.pi.nhom *s.m.* cogumelo comestível, freq. cultivado

cha.mus.ca *s.f.* chamuscamento

cha.mus.ca.men.to *s.m.* **1** queima de leve daquilo que se passa pelo fogo; chamusca, chamusco **2** enegrecimento pelo fogo; chamusca, chamusco

cha.mus.car *v.* {mod. 1} *t.d. e pron.* queimar(-se) ligeiramente ~ **chamuscado** *adj.*

cha.mus.co *s.m.* **1** chamuscamento **2** *p.ext.* cheiro de queimado

chan.ça *s.f.* **1** dito zombeteiro ou mordaz; troça, gracejo **2** vaidade, soberba

chan.ce *s.f.* **1** possibilidade de algo acontecer **2** oportunidade, sorte ⟨*tive a c. de conhecê-lo*⟩

chan.ce.la *s.f.* **1** selo ou carimbo em documento **2** ato de fechar documento com esse selo **3** *p.ext.* aprovação, referendo ⟨*a c. do tempo*⟩ ~ **chancelar** *v.t.d.*

chan.ce.la.ri.a *s.f.* **1** unidade do serviço público onde se aplica o selo do Estado em documentos **2** o Ministério das Relações Exteriores ou dos Negócios Estrangeiros de certos países **3** cargo de chanceler

chan.ce.ler \lér\ *s.m.* **1** chefe de governo ou primeiro-ministro de certos países **2** ministro das Relações Exteriores, em alguns países

chã-chã [pl.: *chã-chãs*] *s.m.* grande pica-pau sul-americano, campestre e terrícola; pica-pau-do-campo

chan.cha.da *s.f.* **1** espetáculo ou filme ridiculamente cômico **2** *p.ext. pej.* qualquer espetáculo de baixa qualidade **3** gênero de cinema brasileiro nas décadas de 1940 e 1950

chan.fa.lho *s.m.* espada grande, velha e enferrujada

chan.frar *v.* {mod. 1} *t.d.* cortar na diagonal ou em meia-lua borda de (vidro, madeira etc.) ~ **chanfrador** *adj.s.m.* - **chanfradura** *s.f.* - **chanfro** *s.m.*

cha.nís.si.mo *adj.* muito chão (adj.) ⟨*negócio c.*⟩ ⊙ GRAM/USO sup.abs.sint. de *chão*

chan.ta.ge.ar *v.* {mod. 5} *t.d. e int.* exigir (de alguém) dinheiro ou vantagem, p.ex., para não revelar fato desabonador a seu respeito

chan.ta.gem *s.f.* pressão sobre alguém para obter dinheiro ou favores mediante ameaças; extorsão ~ chantagista *adj.2g.s.2g.*

chan.ti.li *s.m.* creme de leite fresco batido e açucarado

chan.tre *s.m.* membro encarregado da direção dos coros nas igrejas e capelas

cha.nu.ca [heb.] *s.m.* festa judaica, tb. dita da Consagração ou das Luzes, comemorada próximo do Natal ☞ inicial maiúsc. ⇨ pronuncia-se ranuca

chão [pl.: *chãos*] *s.m.* **1** superfície da Terra; solo **2** pavimento; piso ■ *adj.* **3** em que não há saliências ou reentrâncias; plano, liso ⟨*piso c.*⟩ **4** que se eleva a pouca altura ou desce a pouca profundidade; raso, rasteiro ⟨*vegetação c.*⟩ **5** tranquilo, sereno ⟨*águas c.*⟩ **6** *fig.* destituído de ornatos; simples ⟨*decoração c.*⟩ **7** *fig.* singelo, despretensioso ⟨*desempenho c.*⟩ **8** *fig.* que se expressa sinceramente; franco ⟨*pessoa c.*⟩ **9** *fig.* moralmente baixo; vulgar ⟨*história c.*⟩ ⊙ GRAM/USO fem. do adj.: *chã*; sup.abs.sint. do adj.: *chaníssimo*

cha.pa *s.f.* **1** peça plana, fina, feita de metal, vidro etc., ger. us. para revestir, reforçar ou proteger algo; lâmina, folha **2** *p.ext.* radiografia **3** peça metálica que se aquece para cozer ou fritar alimentos **4** conjunto de candidatos de um grupo ou partido **5** *B* placa de veículo ■ *s.2g.* **6** *infrm.* amigo, camarada

cha.pa.da *s.f.* **1** planície **2** planalto

cha.pa.dão [pl.: *-ões*] *s.m.* **1** chapada ou planalto extenso **2** série de chapadas

cha.pa.do *adj.* **1** que está estatelado, estirado ⟨*viu o assaltante c. no chão*⟩ **2** *fig. B infrm.* que está exausto, deprimido ou drogado

cha.par *v.* {mod. 1} *t.d.* **1** pôr chapa(s) em **2** dar forma de chapa a **3** cunhar (moeda) ❑ *pron.* **4** (prep. *em*) cair estendido; estatelar-se

cha.pe.ar *v.* {mod. 5} *t.d.* **1** pôr chapa(s) em **2** fazer com argamassa, barro ou cimento revestimento áspero e desigual em (parede ou teto)

cha.pe.la.ri.a *s.f.* local onde são fabricados e vendidos chapéus ~ **chapeleiro** *s.m.*

cha.pe.lei.ra *s.f.* **1** cabide para chapéu, bonés etc. **2** caixa para guardar e transportar chapéus

cha.pe.le.ta \ê\ *s.f.* **1** pequeno chapéu **2** válvula de couro us. em certas bombas de água

cha.péu *s.m.* peça de vestuário para a cabeça ⊙ GRAM/USO aum.: *chapelão, chapeirão*; dim.: *chapeleta, chapelete, chapelinho*

cha.péu-co.co [pl.: *chapéus-coco* e *chapéus-cocos*] *s.m.* chapéu de homem, de feltro duro, de copa arredondada e de aba estreita voltada para cima

cha.péu de chu.va [pl.: *chapéus de chuva*] *s.m.* guarda-chuva

cha.péu de sol [pl.: *chapéus de sol*] *s.m.* guarda-sol

cha.péu-pa.na.má [pl.: *chapéus-panamá* e *chapéus-panamás*] *s.m.* chapéu masculino de palha fina; panamá

cha.pi.nhar *v.* {mod. 1} *t.d. e int.* **1** agitar (água, lama etc.) com os pés ou as mãos ❑ *int.* **2** atolar

cha.pis.co *s.m.* argamassa de cimento e areia que se aplica em superfície lisa para formar uma base irregular, áspera, sobre a qual se fixa o reboco ~ **chapiscar** *v.t.d.*

cha.ra.da *s.f.* **1** enigma cuja solução é uma palavra ou expressão **2** *p.ext.* linguagem pouco inteligível, enigmática, obscura **3** *fig.* coisa difícil de solucionar ou de entender; enigma, problema ~ **charadismo** *s.m.* - **charadista** *adj.2g.s.2g.* - **charadístico** *adj.*

cha.ran.ga *s.f.* **1** antiga banda de música formada principalmente por instrumentos de sopro **2** *p.ext. pej.* conjunto musical desafinado e barulhento **3** *B infrm.* carro velho

cha.rão [pl.: *-ões*] *s.m.* **1** verniz de laca, negro ou vermelho, us. no revestimento de madeira, papelão, couro etc. **2** objeto de madeira revestido com esse verniz

char.co *s.m.* lugar com água parada e lamacenta ~ charcoso *adj.*

char.ge *s.f.* cartum que contém crítica social, política etc. ~ **chargista** *adj.2g.s.2g.*

char.lar *v.* {mod. 1} *int.* conversar à toa, sem assunto determinado ~ **charla** *s.f.* - **charlador** *adj.s.m.*

char.la.ta.ni.ce *s.f.* atitude, linguagem, método ou obra de charlatão

char.la.ta.nis.mo *s.m.* **1** charlatanice **2** prática ilegal da medicina

char.la.tão [pl.: *-ões* e *-ães*; fem.: *charlatona*] *adj.s.m.* **1** que(m) explora a credulidade alheia **2** *p.ext.* que(m) se faz passar por médico ~ **charlatanear** *v.t.d. e int.* - charlatanesco *adj.*

char.me *s.m.* graça sedutora própria daquele que agrada, cativa ou mesmo deslumbra ~ **charmoso** *adj.*

char.ne.ca *s.f.* pântano

cha.ro.la *s.f.* andor

char.que *s.m.* carne bovina cortada em mantas, salgada e seca, ger. ao sol; jabá ~ **charqueador** *adj.s.m.* - **charquear** *v.t.d. e int.* - **charqueio** *s.m.*

char.que.a.da *s.f.* *B* local onde os bois são abatidos e onde se prepara o charque

char.re.te *s.f.* veículo para duas ou três pessoas, com duas rodas, puxado por cavalo

char.ru.a *s.f.* **1** grande arado de ferro **2** *fig.* lavoura ~ charruar *v.t.d. e int.*

char.ter [ing.; pl.: *charters*] *s.m.* avião alugado por contrato para fim específico ⇨ pronuncia-se tcharter

cha.ru.ta.ri.a *s.f. B* tabacaria

cha.ru.tei.ra *s.f.* estojo para charutos

cha.ru.tei.ro *adj.* **1** relativo a charuto ou a charutaria ■ *s.m.* **2** fabricante de charutos **3** dono de charutaria

cha.ru.to *s.m.* pequeno rolo alongado de folhas secas de tabaco para se fumar

chas.si *s.m. B* **1** moldura em que se fixa vidro, pano, *slide*, papel etc. **2** estrutura de aço sobre a qual se monta a carroceria de um veículo

chat [ing.; pl.: *chats*] *s.m.* bate-papo virtual entre usuários da internet, em que as mensagens escritas aparecem no monitor em tempo real ⇨ pronuncia-se tchét

cha.ta *s.f.* embarcação quadrangular, de fundo chato, us. para dragagem, transporte de carga etc.

cha.te.ar *v.* {mod. 5} *t.d.,int. e pron.* **1** provocar ou ter aborrecimento; irritar(-se) **2** causar ou sentir tédio; enfadar(-se) ⮌ agradar, entreter ~ **chateação** *s.f.*

cha.ti.ce *s.f. infrm.* coisa que aborrece; chatura, chateação

cha.to *adj.* **1** que tem a superfície plana ou uniforme ⟨*terreno c.*⟩ **2** *p.ext.* de pouca profundidade; raso ⟨*vasilha c.*⟩ **3** *p.ext.* de pouca altura ou pouca espessura ⟨*travesseiro c.*⟩ ■ *adj.s.m. fig. infrm.* **4** que(m) é entediante, monótono ou insistente ■ *s.m.* **5** piolho encontrado nos pelos pubianos do ser humano

chau.vi.nis.mo \chô\ *s.m.* **1** patriotismo exagerado e agressivo **2** entusiasmo intransigente por uma causa, atitude etc. ~ **chauvinista** *adj.2g.s.2g.*

cha.vão [pl.: *-ões*] *s.m.* **1** chave grande **2** frase ou dito tão repetido que já perdeu seu valor expressivo; clichê, lugar-comum

cha.ve *s.f.* **1** peça metálica que abre e fecha uma fechadura **2** *p.ext.* ferramenta para ajuste de peças, parafusos etc. **3** posse efetiva (de imóvel, negócio etc.) ⟨*entrega das c.*⟩ ☞ freq. us. no pl. **4** interruptor **5** numa linha férrea, dispositivo por meio do qual se faz a passagem de um trem para outra linha vizinha **6** *fig.* elemento essencial ⟨*a competência dos empregados é a c. do sucesso da empresa*⟩ **7** *fig.* explicação ⟨*a c. dos sonhos*⟩ **8** início ou final de uma poesia **9** o sinal gráfico ({), que agrupa os elementos de uma operação matemática **10** o sinal gráfico ({), que indica a reunião de itens relacionados entre si formando um grupo ☞ mais us. no pl. **11** em campeonatos esportivos, cada um dos grupos de participantes, que devem enfrentar os adversários de outro(s) grupo(s) **12** golpe que comprime uma parte do corpo do adversário com os braços ou com as pernas ⟨*c. de braço*⟩ **13** MÚS mecanismo que, em certos instrumentos de sopro, controla a abertura dos orifícios ⊙ GRAM/USO dim.irreg. *chaveta*; aum.irreg. *chavão* ⊡ **c. de boca** *loc.subst.* ferramenta que agarra a porca ou a cabeça do parafuso • **c. inglesa** *loc.subst.* chave de boca cujo orifício é ajustável a uma rosca em espiral • **c. mestra** *loc.subst.* chave que abre todas as portas de um imóvel • **c. de ouro** *loc.subst.* **1** fecho de belo efeito num poema **2** *fig.* conclusão perfeita

cha.vei.ro *s.m. B* **1** profissional que faz cópias ou conserta chaves **2** objeto portátil ou fixo onde se prendem chaves

cha.ve.lho \ê\ *s.m.* chifre

chá.ve.na *s.f.* xícara

cha.ve.ta \ê\ *s.f.* **1** pequena chave **2** peça que, na extremidade do eixo, fixa a roda **3** peça que segura um pino **4** haste que une as duas partes de uma dobradiça

che.ca.pe *s.m.* **1** exame médico minucioso **2** *p.ext.* análise profunda para verificação de uma situação, de um fato etc.

che.car *v.* {mod. 1} *t.d.* **1** verificar, conferir ❑ *t.d.i.* **2** (prep. *com*) confrontar, comparar ~ **checagem** *s.f.*

check-in [ing.; pl.: *check-ins*] *s.m.* **1** nos aeroportos comerciais, verificação do bilhete de viagem e autorização para embarcar **2** registro das informações pessoais na chegada a um hotel, hospital, congresso etc. ⇨ pronuncia-se tchéc in

check-out [ing.; pl.: *check-outs*] *s.m.* ato ou efeito de desocupar o cômodo que se usava e pagar pela estada (freq. num hotel) ⇨ pronuncia-se tchéc aut

che.co *adj.s.m.* tcheco

cheesebúrguer \tchis *ou* xis\ *s.m.* hambúrguer com uma fatia de queijo sobre a carne

che.fa.tu.ra *s.f.* **1** seção, esp. na polícia, onde o chefe trabalha **2** cargo de chefe; chefia

che.fe *s.2g.* **1** autoridade principal **2** aquele que dirige, governa ⟨*c. do bando*⟩ ⊙ GRAM/USO tb. aceita-se o fem. infrm. *chefa*

che.fi.a *s.f.* **1** chefatura ('cargo') **2** função de chefe **3** *B infrm.* chefe, patrão

che.fi.ar *v.* {mod. 1} *t.d. e int.* exercer cargo ou função de chefe (em)

che.ga \ê\ *interj.* basta

che.ga.da *s.f.* **1** ato ou efeito de chegar ⮌ partida, saída **2** momento em que algo ou alguém chega a um lugar ⟨*previmos a c. do ônibus para as 11 horas*⟩ **3** fato de estar próximo ou iminente ⟨*todos aguardam a c. da primavera*⟩ **4** DESP marca que indica o final de uma corrida

che.ga.do *adj.* **1** que acabou de chegar ⟨*amigo c. de viagem*⟩ **2** muito próximo no espaço ⟨*eles dançavam c.*⟩ ⮌ afastado, distante **3** ligado por amizade ⟨*pai c.*⟩ ⮌ afastado, distante **4** propenso ⟨*c. à bebida*⟩ ⮌ desinteressado, indiferente

che.ga pra lá *s.m.2n. B infrm.* **1** encontrão, empurrão ⟨*o jogador deu um c. pra lá no adversário*⟩ **2** ato de repreender alguém e seu efeito ⟨*a turma não se importou com o c. pra lá que levou do professor*⟩ **3** ato de manter alguém afastado ou seu efeito ⟨*precisou dar um c. pra lá nos convidados inconvenientes*⟩

che.gar *v.* {mod. 1} *int.* **1** atingir o fim de um percurso de ida e/ou de vinda ⟨*c. da Europa*⟩ ⟨*c. à reunião*⟩ ⮌

partir ☞ *da Europa* e *à reunião* são circunstâncias que funcionam como complementos **2** alcançar um ponto no espaço ou no tempo **3** começar, acontecer ⟨*a noite chegou*⟩ ❑ *t.d.i.* **4** (prep. *a*) juntar duas coisas; aproximar ⟨*c. o lenço à fronte*⟩ ⮌ afastar ❑ *t.i.* **5** (prep. *a*) alcançar (quantia, valor) ⟨*o lucro chega a 100 mil*⟩ **6** (prep. *de, para*) ser suficiente; bastar ⮌ faltar ❑ *pron.* **7** achegar-se, aproximar-se ⮌ distanciar-se

chei.a *s.f.* **1** aumento rápido do nível de um curso de água ☞ cf. *vazante* **2** *p.ext.* inundação, enchente

chei.o *adj.* **1** totalmente preenchido; lotado **2** que tem muito ou muitas coisas ⟨*caixa c. de joias*⟩ **3** *fig.* que não é oco; maciço **4** *fig.* que não está disponível; ocupado ⟨*táxi c.*⟩ ⮌ disponível, livre **5** *fig.* bem preenchido ou sem horas vagas ⟨*dia c.*⟩ **6** nutrido, forte, redondo ⟨*rosto c.*⟩ **7** *B infrm.* que está nos limites da paciência, da tolerância; farto ⊙ GRAM/USO sup.abs.sint.: *cheiíssimo* ▣ **c. de si** *loc.adj.* arrogante, convencido, metido

chei.rar *v.* {mod. 1} *t.d.* e *int.* **1** sentir ou tentar sentir (um cheiro) ❑ *t.d.* **2** inalar (rapé, droga etc.) ❑ *t.i.* e *int.* **3** (prep. *a*) exalar um odor (de) ❑ *t.i. infrm.* **4** (prep. *a*) dar indício de; parecer ⟨*isso cheira a confusão*⟩

chei.ro *s.m.* **1** impressão produzida no olfato pela emanação volátil dos corpos; odor ⟨*c. forte*⟩ **2** fragrância, perfume ⟨*pôr c. nos cabelos*⟩ **3** *fig.* indício, rastro ⟨*foi pego porque deixou c.*⟩

chei.ro.so \ô\ [pl.: *cheirosos* \ó\] *adj.* que tem um cheiro agradável ⟨*feijão c.*⟩

chei.ro-ver.de [pl.: *cheiros-verdes*] *s.m.* raminho de salsa, cebolinha etc., us. para temperar a comida

che.ni.le *s.f.* tecido de fio aveludado, com fibras protuberantes, us. esp. em colchas e tapetes

che.que *s.m.* documento por meio do qual o titular de uma conta ordena ao banco o pagamento de certa quantia a favor de outra pessoa ou firma ☞ cf. *xeque*

cher.ne *s.m. B* peixe ósseo, marinho, da família dos badejos e garoupas, de águas tropicais, com cerca de 1,5 m de comprimento, apreciado como alimento

chi.a.do *adj.* **1** que chia ■ *s.m.* **2** ruído **3** pio prolongado, produzido por vários animais

chi.ar *v.* {mod. 1} *int.* **1** emitir chiados (certos animais) **2** produzir ruído áspero (ger. por atrito); ranger **3** produzir som semelhante ao de fervura ou fritura **4** *gír.* reclamar, protestar ~ **chiada** *s.f.* - **chiadeira** *s.f.*

chi.ba.ta *s.f.* **1** vara flexível us. para bater **2** *B* chicote ~ **chibatar** *v.t.d.*

chi.ba.ta.da *s.f.* golpe com chibata; chicotada

chi.ca.na *s.f.* **1** argumentação astuciosa de um advogado **2** *p.ext.* tramoia, ardil **3** passagem de carro em zigue-zague por obstáculos **4** cada um desses obstáculos ~ **chicanear** *v.int.*

chi.ca.nei.ro *adj.s.m.* que(m) faz chicana, trapaceia; chicanista

chi.ca.no [esp.] *adj.s.m.* (norte-americano) de origem mexicana ⇨ pronuncia-se tchicano

chi.cle *s.m.* **1** o látex do sapotizeiro, matéria-prima da goma de mascar **2** goma de mascar

chi.cle.te *s.m.* goma de mascar

chi.co *s.m. B infrm.* **1** mico ou macaco doméstico **2** *infrm.* menstruação

chi.có.ria *s.f.* erva da família das compostas, de folhas amargas, comestíveis, us. como forragem ou como mistura para o café; almeirão

chi.co.ta.da *s.f.* golpe dado com chicote; chibatada

chi.co.te *s.m.* conjunto de tiras de couro presas a um cabo us. para golpear um animal ou castigar uma pessoa; chibata ~ **chicoteamento** *s.m.* - **chicotear** *v.t.d.*

chi.co.te-quei.ma.do [pl.: *chicotes-queimados*] *s.m.* jogo em que as crianças devem encontrar um objeto previamente escondido

chi.fom *s.m.* tecido fino feito de seda, náilon ou raiom

chi.fra.da *s.f.* golpe com o(s) chifre(s)

chi.frar *v.* {mod. 1} *t.d.* **1** ferir com o(s) chifre(s) ☞ nesta acp., só us. nas 3as p., exceto quando fig. **2** *infrm.* ser infiel a (namorado, cônjuge); trair

chi.fre *s.m.* **1** cada um dos dois apêndices ósseos na cabeça de muitos ruminantes; corno **2** cada um dos tentáculos de um caracol ou das antenas de um inseto; corno

chi.fru.do *adj.s.m.* **1** (animal) que tem chifre(s) **2** *B infrm.* (cônjuge) enganado pelo parceiro; corno ■ *s.m. infrm.* **3** diabo

chi.le.no *adj.* **1** do Chile (América do Sul) ■ *s.m.* **2** natural ou habitante desse país

chi.li *s.m.* molho de pimenta vermelha muito forte, comum na culinária do México e de Macau

chi.li.que *s.m. infrm.* **1** ataque de nervos; faniquito **2** desfalecimento, desmaio

chil.rar *v.* {mod. 1} *t.d.* e *int.* → *CHILREAR*

chil.re.a.da *s.f.* chilreio

chil.re.ar *v.* {mod. 5} ou **chil.rar** *v.* {mod. 1} *t.d.* e *int.* cantar, gorjear (pássaros) ⊙ GRAM/USO só us. nas 3as p., exceto quando fig.

chil.rei.o *s.m.* voz de pássaro que se faz ouvir em pipilos, trinados ou gorjeios sucessivos; chilreada

chi.mar.rão [pl.: *-ões*] *s.m.* mate amargo que se bebe sem açúcar, ger. numa cuia, com uma bomba ('canudo')

chim.pan.zé ou **chi.pan.zé** *s.m.* nome comum a macacos primatas, de orelhas e lábios grandes, braços mais longos que as pernas, capazes de criar ferramentas para a obtenção de alimento

[1]**chi.na** *s.2g.* chinês ('natural ou habitante') [ORIGEM: do top. *China*, us. por *chinês*]

[2]**chi.na** *adj.2g.s.f.* (mulher) indígena ou descendente de índio [ORIGEM: do quích. *tchina* 'fêmea de animal']

chin.chi.la *s.f.* **1** nome comum a pequenos roedores, da família dos chinchilídeos, ger. de pelo cinza macio, muito valorizado no comércio de peles **1.1** essa pele

chin.chi.lí.deo *s.m.* ZOO **1** espécime dos chinchilídeos, família de roedores sul-americanos, de pelagem densa, cauda longa e olhos e orelhas grandes, como as chinchilas ■ *adj.* **2** relativo a essa família
chi.ne.la *s.f.* chinelo
chi.ne.la.da *s.f.* pancada com chinela ou chinelo
chi.ne.lo *s.m.* calçado confortável us. em casa; chinela
chi.nês *adj.* **1** da China (Ásia) ■ *s.m.* **2** natural ou habitante desse país **3** grupo de línguas faladas nesse país
chin.frim *adj.2g. pej.* ordinário, de mau gosto
chin.fri.na.da *s.f. infrm.* coisa ridícula, grotesca
chi.nó *s.m.* cabeleira postiça no alto da cabeça
chi.o *s.m.* **1** chiado **2** som do atrito de duas superfícies polidas
chip [ing.; pl.: *chips*] *s.m.* INF circuito integrado ⇨ pronuncia-se tchip
chi.pan.zé *s.m.* → *CHIMPANZÉ*
chi.que *adj.2g.* que se destaca pela elegância e pelo bom gosto ⟨*mulher c.*⟩
chi.quê *s.m. B infrm.* afetação pretensiosa de luxo, requinte ou ostentação
chi.quei.ro *s.m.* **1** curral para porcos; pocilga **2** *fig. infrm.* lugar imundo
chis.pa *s.f.* **1** faísca ('fragmento luminoso') **2** *fig.* talento notável
chis.pa.da *s.f. B* corrida veloz, disparada
chis.par *v.* {mod. 1} *t.d. e int.* **1** soltar (chispas); faiscar ❑ *int. infrm.* **2** correr, disparar ⟨*chispa daqui!*⟩
chis.pe *s.m.* pé de porco
chis.te *s.m.* dito espirituoso, ger. de humor fino e adequado; gracejo ~ **chistoso** *adj.*
chi.ta *s.f.* tecido barato de algodão, estampado em cores
chi.tão [pl.: *-ões*] *s.m.* chita com grandes estampados
cho.ça *s.f.* cabana, casebre de palha, ramos etc.
cho.ca.dei.ra *s.f.* aparelho aquecido, us. para chocar ovos e abrigar as crias; incubadora
cho.ca.lhar *v.* {mod. 1} *t.d. e int.* **1** fazer soar ou soar (chocalho ou objeto similar) **2** *p.ext.* agitar (líquido ou recipiente que o contenha) ~ **chocalhante** *adj.2g.*
cho.ca.lho *s.m.* **1** instrumento de metal, provido de badalo, em forma de cone ou cilindro, que se põe no pescoço de animais **2** objeto de metal ou plástico, us. para distração de crianças de colo **3** instrumento musical que consiste numa estrutura oca contendo pedras ou sementes
cho.can.te *adj.2g.* **1** que escandaliza **2** *B infrm.* muito bom, bonito ou divertido
[1]**cho.car** *v.* {mod. 1} *t.d.,int. e pron.* **1** (prep. *com*) ofender(-se), escandalizar(-se) ❑ *t.i. e pron.* **2** (prep. *em, contra, com*) ir de encontro a; bater(-se) [ORIGEM: do fr. *choquer*]
[2]**cho.car** *v.* {mod. 1} *t.d.* **1** aquecer (ovo) para a ave nascer **2** *fig. B* pensar muito em ❑ *int. fig.* **3** esperar por muito tempo [ORIGEM: prov. [2]*choco* + [2]*-ar*]
cho.car.ri.ce *s.f.* **1** chiste **2** gracejo de mau gosto, insolente ~ **chocarrear** *v.t.d. e int.* - **chocarreiro** *adj.s.m.*
cho.char *v.* {mod. 1} *int.* **1** ficar murcho, seco (a planta) ☞ só us. nas 3as p., exceto quando fig. **2** não ir à frente; gorar ⟨*o projeto vai c.*⟩
cho.cho \ô\ *adj.* **1** sem suco ou miolo **2** *fig.* sem interesse ou consistência; superficial, fraco ⟨*artigo c.*⟩ **3** *fig.* sem graça; desanimado ⟨*festa c.*⟩
[1]**cho.co** \ô\ [pl.: *chocos* \ó\] *s.m.* estado ou período de incubação [ORIGEM: regr. de [2]*chocar*]
[2]**cho.co** \ô\ [pl.: *chocos* \ó\] *adj.* **1** que está chocando (ave) **2** que gorou (ovo) **3** *p.ext.* que se deteriorou; podre, estragado **4** que perdeu a efervescência ⟨*cerveja c.*⟩ [ORIGEM: prov. de um lat. **clocca*, onom. da voz da galinha *choca*]
cho.co.la.te *s.m.* **1** pasta de cacau e açúcar em forma de tablete ou bombom **2** pó feito de cacau e açúcar **2.1** a bebida preparada com esse pó **3** cor ou tom amarronzado de chocolate ■ *adj.2g.2n.* **4** que tem essa cor ⟨*camurça c.*⟩ **5** diz-se dessa cor ⟨*cor c.*⟩
cho.co.la.tei.ra *s.f.* jarro em que se prepara ou serve chocolate ('bebida')
cho.co.la.tei.ro *adj.s.m.* **1** que(m) fabrica ou vende chocolate ('pasta de cacau') **2** *B infrm.* que(m) negocia ou produz cacau
cho.fer *s.m.* motorista de automóvel
cho.fre \ô\ *s.m.* choque repentino ⊡ **de c.** *loc.adv.* **1** de repente ⟨*ouviu-se um tiro de c.*⟩ **2** em cheio ⟨*o sol batia de c. no quarto*⟩
chol.dra \ô\ *s.f. infrm.* **1** tumulto causado por gente de má índole **2** gente vil; ralé, escória **3** coisa que não presta; droga
cho.pe \ô\ *s.m.* **1** cerveja fresca servida em barril sob pressão **2** um copo ou uma caneca dessa cerveja ~ **choperia** *s.f.*
cho.que *s.m.* **1** encontro violento entre corpos e o seu efeito **2** *p.ext.* luta violenta **3** *fig.* oposição violenta; conflito ⟨*c. de opiniões*⟩ **4** abalo emocional ou psíquico ⟨*levou um c. ao saber da morte do irmão*⟩ **5** efeito nervoso no homem e no animal, produzido por uma descarga elétrica ⊡ **c. cultural** *loc.subst.* conflito entre culturas diferentes
cho.ra.dei.ra *s.f.* **1** choro longo ou ruidoso **2** *p.ext.* queixa lamentosa; lamúria
cho.ra.mi.gas *s.2g.2n.* choramingas
cho.ra.min.gar *v.* {mod. 1} *int.* **1** chorar sem motivo, repetidamente e com poucas lágrimas ❑ *t.d. e int.* **2** reclamar ou pedir com voz chorosa
cho.ra.min.gas *s.2g.2n.* pessoa que choraminga; chorão
cho.rão [pl.: *ões*; fem.: *chorona*] *adj.s.m.* **1** que(m) chora muito **2** *B* (instrumentista) que toca choro ■ *adj.* **3** de ramos pendentes para o chão (planta)
cho.rar *v.* {mod. 1} *int.* **1** derramar lágrimas **2** *B infrm.* servir choro ('dose') ❑ *t.d.* **3** queixar-se de, ger. com lágrimas; lastimar ⟨*c. a separação*⟩ **4** expressar tristeza pela perda ou ausência de ⟨*c. um ente querido*⟩

❑ *t.d. e int. B infrm.* **5** pedir redução do preço (de); pechinchar

cho.ri.nho *s.m. B* **1** variante do choro ('gênero de música') de andamento vivo e corrido **2** *infrm.* choro ('dose extra')

cho.ro \ô\ *s.m.* **1** ato de chorar ou seu efeito ⮌ risada, riso **2** ação de verter lágrimas; pranto **3** gênero de música popular brasileira, cuja formação hoje compreende um bandolim, um ou dois violões de seis cordas e outro de sete cordas, um cavaquinho, um pandeiro e, eventualmente, um ou mais instrumentos de sopro **4** conjunto que executa esse gênero musical e a música desse gênero **5** *B infrm.* dose extra de bebida alcoólica servida, sem ser cobrada, além da regular; chorinho

cho.ro.so \ô\ [pl.: *chorosos* \ó\] *adj.* **1** que chora ⮌ risonho **2** *fig.* que indica tristeza, sofrimento, lástima ⟨*voz c.*⟩ ⮌ alegre, feliz **3** *fig.* sentimental, piegas ⟨*filme c.*⟩

chor.ri.lho *s.m.* conjunto de coisas semelhantes, que se sucedem como que jorrando

cho.ru.me.la *s.f. B* coisa de pouco valor; ninharia

chou.pa.na *s.f.* casa tosca e humilde

chou.po *s.m.* nome comum a árvores da família do salgueiro, de folhas espiraladas, ger. cultivadas pelas madeiras, pelos usos medicinais e como ornamentais ⊙ COL choupal

chou.ri.ço *s.m.* tripa recheada de carne de porco picada, gordura e temperos, e defumada

cho.ve não mo.lha *s.m.2n. B infrm.* coisa ou situação que não se resolve

cho.ver *v.* {mod. 8} *int.* **1** cair chuva **2** cair como chuva ⟨*c. granizo, cinza, pétalas*⟩ ☞ nestas acp., é impessoal, exceto quando fig. **3** *fig.* chegar em quantidade ⟨*c. pedidos, cartas*⟩

chu.ca *s.f.* pequena mamadeira com formato apropriado para dar água, remédios ou outros líquidos aos bebês

[1]**chu.char** *v.* {mod. 1} *t.d. e int.* **1** mamar ao seio **2** chupar, sugar ❑ *t.d. p.ext.* **3** ingerir (líquido); beber [ORIGEM: prov. onomatopaica]

[2]**chu.char** *v.* {mod. 1} *t.d.* **1** estimular a raiva de; cutucar **2** atiçar ânimo, curiosidade de ⮌ desestimular [ORIGEM: *chuço* + *²-ar*]

chu.chu *s.m.* **1** trepadeira da família da abóbora, do melão, do pepino e da melancia, tropical das Américas, com frutos em forma de peras, verdes, amarelados ou esbranquiçados, rugosos, de até 20 cm, comestíveis após cozimento **2** esse fruto **3** *B infrm.* pessoa, animal ou coisa bonita

chu.ço *s.m.* vara provida de uma ponta de ferro aguçada

chu.cro *adj.* **1** não domado; bravo ⟨*cavalo c.*⟩ ⮌ manso **2** *p.ext.* desprovido de cultura, conhecimento ⮌ instruído

chu.cru.te *s.m.* iguaria de repolho picado e fermentado em salmoura

chu.é *adj.2g.* **1** ordinário, reles ⟨*presente c.*⟩ **2** sem cuidado; desleixado ⟨*moça c.*⟩

chu.la *s.f.* **1** dança popular portuguesa, com canto acompanhado por rabecas, violas, guitarras e percussão **2** dança gaúcha com canto e sapateado ao redor de uma lança fincada no chão

chu.lé *s.m. infrm.* **1** mau cheiro dos pés humanos **2** sujeira malcheirosa que se forma entre os dedos dos pés

chu.le.ar *v.* {mod. 5} *t.d. e int.* dar pontos nas bordas de (tecido), para que não desfie ~ **chuleio** *s.m.*

chu.lo *adj.* **1** grosseiro, rude **2** *p.ext.* de baixo calão, obsceno ⟨*palavras c.*⟩ ~ **chulice** *s.f.* - **chulismo** *s.m.*

chu.ma.ço *s.m.* **1** pequena porção arredondada de algodão, cabelo, paina etc. **2** material com que se acolchoa qualquer coisa; estofo ⊙ GRAM/USO dim.irreg.: *chumacete* ~ **chumaçamento** *s.m.* - **chumaçar** *v.t.d.*

chum.ba.da *s.f.* **1** tiro de chumbo **2** ferimento por ele causado **3** *B* pedaço de chumbo preso à rede ou à linha de pescar

chum.bar *v.* {mod. 1} *t.d.* **1** soldar, prender ou tapar com chumbo ou outro metal fusível **2** ferir ou matar com tiro; balear **3** munir com pesos de chumbo **4** *fig.* fechar muito bem

chum.bo *s.m.* **1** elemento químico us. em soldas, fusíveis, baterias, encanamentos e proteção contra radiações [símb.: *Pb*] ☞ cf. *tabela periódica* (no fim do dicionário) **2** *fig.* objeto muito pesado **3** a cor cinza-escura do metal ■ *adj.2g.2n.* **4** que tem essa cor ⟨*tintas c.*⟩ **5** diz-se dessa cor ⟨*paletó de cor c.*⟩

chu.pa-flor [pl.: *chupa-flores*] *s.m.* beija-flor

chu.pão [pl.: *-ões*] *s.m. B infrm.* **1** beijo violento **2** marca deixada por uma sucção na pele

chu.par *v.* {mod. 1} *t.d.* **1** sugar (líquido) **2** fazer movimentos de sucção em ⟨*c. o dedo*⟩ **3** encher-se de (líquido); absorver **4** manter (algo) na boca, dissolvendo na saliva ⟨*c. bala*⟩ **5** *fig. B* imitar, copiar (ideia, invenção)

chu.pe.ta \ê\ *s.f.* **1** bico de borracha em forma de mamilo **2** *B* recurso que consiste em carregar a bateria de um veículo ligando-a a outra em perfeitas condições

chu.pim *s.m. B* **1** ave canora cujo macho é azul-violeta e a fêmea, negra, que põe seus ovos nos ninhos de outras aves **2** *p.ext.* quem vive à custa de outrem **3** melro

chu.pi.tar *v.* {mod. 1} *t.d.* chupar ou beber aos poucos, lentamente

chur.ras.ca.ri.a *s.f. B* restaurante cuja especialidade é churrasco

chur.ras.co *s.m. B* carne assada na grelha ou no espeto ~ **churrasqueiro** *s.m.*

chur.ras.quei.ra *s.f. B* aparelho ou instalação us. para fazer churrasco

chur.ro *s.m.* cilindro de massa de farinha frito, recheado ou não com doce, e ger. passado em açúcar e canela

chus.ma *s.f.* grande quantidade de pessoas ou coisas; montão

chu.tar *v.* {mod. 1} *t.d.e int.* **1** dar chute(s) [em] ❑ *t.d.* **2** *B gír.* tentar acertar (repostas, testes) por sorte **3** *B gír.* abandonar (namorado, cônjuge, emprego etc.)

chu.te *s.m.* **1** golpe com a ponta do pé dado em bola **2** pontapé **3** *fig. B infrm.* tentativa de acertar uma resposta sobre assunto que pouco ou nada se conhece

chu.tei.ra *s.f. B* sapato fechado com travas, próprio para jogar futebol ▣ **pendurar as c.** *loc.vs.fig.* **1** encerrar a carreira como jogador profissional **2** *p.ext.* deixar de exercer qualquer profissão

chu.va *s.f.* **1** precipitação atmosférica formada de gotas de água, resultante da condensação do vapor de água contido na atmosfera **2** *fig.* abundância de algo ⟨*c. de perguntas*⟩ ▣ **c. ácida** *loc.subst.* chuva contaminada por poluentes ricos em enxofre

chu.va.da *s.f.* chuva abundante, mas passageira; chuvarada

chu.va.ra.da *s.f. B* chuvada

chu.vei.ra.da *s.f. B* banho rápido de chuveiro

chu.vei.ro *s.m.* **1** chuva forte **2** *p.ext.* peça perfurada colocada no bico dos regadores e de objetos semelhantes **3** *B* dispositivo com uma chapa dotada de furos pela qual jorra a água com que se toma banho **4** *p.ext. B* local onde está instalado esse dispositivo **5** *B* anel com uma pedra preciosa rodeada de brilhantes ▣ **c. automático** *loc.subst.* sistema contra incêndios dotado de dispositivos que, a determinada temperatura, fazem chover água no recinto incendiado; *sprinkler*

chu.vis.car *v.* {mod. 1} *int.* cair chuva fina e rala ou chover pouco, em intervalos ⊙ GRAM/USO verbo impessoal, exceto quando fig.

chu.vis.co *s.m.* **1** chuva fina **2** *B* docinho de gema de ovo, em forma de gota

chu.vo.so \ô\ [pl.: *chuvosos* \ó\] *adj.* **1** em que chove; com chuva ⟨*dia c.*⟩ **2** em que chove muito ou frequentemente ⟨*clima c.*⟩ ⮌ seco

ci.a.ne.to \ê\ *s.m.* sal do ácido cianídrico ou ânion dele derivado e que é um poderoso veneno

cí.a.no *s.m.* **1** a cor azul pura, uma das três cores básicas ■ *adj.* **2** que tem essa cor ⟨*corante c.*⟩ **3** diz-se dessa cor ⟨*cor c.*⟩

ci.a.no.bac.té.ria *s.f.* BIO espécime das cianobactérias, ramo de bactérias capazes de realizar fotossíntese, anteriormente denominadas algas azuis ou cianófitas

ci.a.no.fí.cea *s.f.* espécime das cianofíceas, classe de algas microscópicas, abundantes na água doce e no solo, onde formam tapetes conhecidos como limo ou se associam a certos fungos, formando os liquens; alga azul ~ **cianofíceo** *adj.*

ci.a.no.se *s.f.* tom azulado da pele e das mucosas, devido à baixa oxigenação do sangue ~ **cianótico** *adj.s.m.*

ci.a.nu.re.to \ê\ *s.m.* cianeto

ci.a.te.á.cea *s.f.* BOT espécime das ciateáceas, família de plantas como as samambaias e avencas, sem flores, mas com esporos ~ **ciateáceo** *adj.*

ci.á.ti.ca *s.f.* dor causada por irritação ou lesão do nervo ciático, que se irradia para a parte posterior do quadril e da coxa, podendo chegar até o pé; lumbago

ci.á.ti.co *adj.* **1** relativo à articulação do quadril **2** próprio do nervo ciático

ci.ber.ca.fé *s.m.* café ('estabelecimento') onde os clientes dispõem de computadores com acesso à internet

ci.be.res.pa.ço *s.m.* **1** espaço das comunicações por redes de computação **2** espaço da realidade virtual

ci.ber.né.ti.ca *s.f.* ciência que estuda comparativamente os sistemas de comunicação, controle e regulação nos seres vivos e nas máquinas ~ **ciberneticista** *adj.2g.s.2g.* - **cibernético** *adj.*

ci.ber.pi.ra.ta *s.2g.* pessoa com conhecimentos de informática que eventualmente os utiliza para violar sistemas ou exercer outras atividades ilegais

ci.bor.gue *s.m.* criatura que é parcialmente humana e parcialmente máquina

ci.ca *s.f. B* sabor amargo e adstringente, característico esp. das frutas verdes

ci.ca.dí.deo *s.m.* ZOO **1** espécime dos cicadídeos, família de insetos que produzem um som característico na época de reprodução, representados pelas cigarras ■ *adj.* **2** relativo a essa família

ci.ca.triz *s.f.* marca ou tecido fibroso formado pela cicatrização de uma lesão, corte etc. ~ **cicatricial** *adj.2g.*

ci.ca.tri.zar *v.* {mod. 1} *t.d.,int.e pron.* curar(-se) pela formação de cicatriz; fechar(-se) ~ **cicatrização** *s.f.* - **cicatrizante** *adj.2g.s.m.*

ci.ce.ro.ne *s.2g.* pessoa que mostra e explica a visitantes ou a turistas os aspectos de determinado lugar; guia ~ **ciceronear** *v.t.d.*

ci.ci.ar *v.* {mod. 1} *int.* **1** fazer ruído fraco e contínuo, como sussurro ❑ *t.d.e int.* **2** dizer em voz baixa; sussurrar ⮌ berrar, gritar

ci.ci.o *s.m.* **1** som brando, continuado e agudo ⟨*c. das folhagens das árvores*⟩ **2** ruído de vozes baixo e confuso; murmúrio

ci.cla.gem *s.f.* frequência de oscilação de uma corrente elétrica alternada

ci.cla.ma.to *s.m.* grupo de sintéticos, us. como adoçante dietético

cí.cli.co *adj.* **1** relativo ou pertencente a ciclo **2** *fig.* que se repete com regularidade

ci.clí.deo *s.m.* ZOO **1** espécime dos ciclídeos, família de peixes ósseos, fluviais, representados especialmente pelos acarás, muito apreciados para aquários ■ *adj.* **2** relativo a essa família

ci.clis.mo *s.m.* locomoção ou exercício em bicicleta como esporte ou recreação ~ **ciclístico** *adj.*

ci.clis.ta *adj.2g.s.2g.* **1** (aquele) que se locomove de bicicleta **2** praticante de ciclismo

ci.clo *s.m.* **1** espaço de tempo durante o qual um fenômeno ou um fato ocorre e se completa ⟨*c. da vida*⟩ **2** série de fatos que ocorrem periodicamente ⟨*c. das* *estações*⟩ **3** fase em que predomina determinado fato político, social, econômico etc. ⟨*c. do ouro no Brasil*⟩ ▣ c. **vital** *loc.subst.* sequência de etapas por que passam certos seres vivos; biociclo

ci.clo.ne *s.m.* tempestade de ventos violentos e velozes que giram em turbilhão ~ **ciclonal** *adj.2g.* - **ciclônico** *adj.*

ci.clo.pe *s.m.* forte gigante mitológico, com um só olho no meio da testa ~ **ciclópico** *adj.*

ci.clo.vi.a *s.f.* pista para a prática de ciclismo ~ **cicloviário** *adj.*

ci.co.ni.í.deo *s.m.* zoo **1** espécime dos ciconiídeos, família de aves de grande porte, pescoço e bico longos, pernaltas, de ampla distribuição, representadas pelos jaburus, tuiuiús etc. ■ *adj.* **2** relativo a essa família

ci.co.ni.i.for.me *s.m.* **1** espécime dos ciconiiformes, ordem de grandes aves tropicais, de pescoço e pernas compridas, e ger. de bico longo, que se alimentam de peixes, como as garças, os flamingos etc. ■ *adj.* **2** relativo a essa ordem

ci.cu.ta *s.f.* **1** nome comum a ervas venenosas, nativas do hemisfério norte **2** o veneno extraído dessas ervas

ci.da.da.ni.a *s.f.* qualidade ou condição de cidadão

ci.da.dão [pl.: *-ãos*; fem.: *cidadã* e *cidadoa*] *s.m.* **1** habitante da cidade **2** indivíduo que goza de direitos e deveres civis e políticos num país **3** *infrm.* indivíduo qualquer; sujeito

ci.da.de *s.f.* **1** área geograficamente circunscrita, com concentração populacional não agrícola, na qual são desenvolvidas atividades culturais, industriais, financeiras etc. **2** *fig.* núcleo dessa área em que estão concentradas importantes atividades administrativas, comerciais, financeiras etc.; centro **3** conjunto de habitantes dessa área **4** *B* sede de município **5** a vida urbana

ci.da.de.la *s.f.* fortaleza localizada estrategicamente, que domina e protege uma cidade

ci.dra *s.f.* fruto da cidreira, cuja casca é muito us. em compotas ☞ cf. *sidra*

ci.drei.ra *s.f.* arbusto cítrico, originário da Índia e da Indochina, de folhas com óleo essencial, e de frutos cujas cascas são us. na confecção de compotas

ci.ên.cia *s.f.* **1** conjunto de conhecimentos sistematizados relativos a um determinado objeto de estudo **2** noção precisa; consciência ⟨*tomar c. do problema*⟩ **3** conjunto de conhecimentos práticos, técnicos ou intuitivos ⟨*há c. em fazer bolos*⟩ ▼ *ciências s.f.pl.* **4** conhecimentos ou disciplinas sobre um determinado tema ⟨*c. econômicas*⟩ **5** disciplinas voltadas para o estudo sistemático da natureza ou para o cálculo matemático

ci.en.te *adj.2g.* **1** informado, sabedor **2** versado em qualquer ciência ou matéria; sábio ■ *s.m.* **3** assinatura posta a um documento ao se tomar conhecimento de seu conteúdo

ci.en.ti.fi.car *v.* {mod. 1} *t.d.i. e pron.* (prep. *de, sobre*) tornar(-se) ciente; informar(-se)

ci.en.ti.fi.cis.mo *s.m.* concepção filosófica que afirma a superioridade da ciência sobre todas as outras formas de compreensão humana da realidade; cientismo

ci.en.tí.fi.co *adj.* **1** relativo à ciência ('conjunto de conhecimentos') **2** que possui o rigor e a objetividade da ciência

ci.en.tis.mo *s.m.* cientificismo

ci.en.tis.ta *adj.2g.s.2g.* que(m) se dedica a uma ciência

ci.fo.se *s.f.* convexidade anormal da coluna vertebral, na região do tórax, devido a causas patológicas ou postura imprópria ☞ cf. *escoliose* e *lordose*

ci.fra *s.f.* **1** algarismo zero (o), que confere valores relativos aos algarismos que o acompanham, segundo a posição que ocupam **2** *p.ext.* montante, valor ⟨*a c. de votos computados*⟩ **3** *p.ext.* conjunto de sinais, palavras convencionadas, us. em escrita secreta **4** *fig.* linguagem obscura, metafórica ⟨*falar por c.*⟩ **5** número ou letra que representa um acorde musical

ci.fra.do *adj.* em código ⟨*telegrama c.*⟩

ci.frão [pl.: *-ões*] *s.m.* o sinal gráfico [$] que indica as unidades monetárias de diversos países

ci.frar *v.* {mod. 1} *t.d.* **1** registrar em cifras ('algarismos') ⟨*c. dados*⟩ **2** comunicar em código ❑ *t.d.i. e pron.* **3** (prep. *a, em*) reduzir(-se), limitar(-se)

ci.ga.no *adj.s.m.* **1** (indivíduo) dos ciganos, povo itinerante que emigrou da Índia para todo o mundo, com talento para a música e a magia; zíngaro **2** *p.ext.* que(m) tem vida incerta e errante; boêmio ☞ esta acp. é por vezes preconceituosa ⊙ COL bando, cabilda, ciganada, gitanaria ~ **ciganear** *v.int.*

ci.gar.ra *s.f.* **1** nome comum a insetos sugadores de seiva, da família dos cicadídeos, notáveis devido à cantoria entoada pelos machos no período quente do ano **2** sirene estridente **3** *fig.* pessoa pouco previdente ⊙ VOZ v.: cantar, zumbir, zunir; subst.: canto, chiado, grito, zumbido, zunido

ci.gar.rei.ra *s.f.* porta-cigarros

ci.gar.ri.lha *s.f.* cigarro enrolado na própria folha de tabaco

ci.gar.ri.nha *s.f.* nome comum e genérico de muitas espécies de pequenos insetos, saltadores e sugadores de seiva, que causam prejuízos à agricultura

ci.gar.ro *s.m.* fumo picado, enrolado em papel ou palha

ci.la.da *s.f.* **1** ação de surpreender o inimigo ou a caça; emboscada **2** ação que visa iludir, lograr; ardil, armadilha, arapuca **3** *fig.* traição

ci.la.rí.deo *s.m.* **1** espécime dos cilarídeos, família de crustáceos de dez patas e antenas curtas, de ampla distribuição marinha, como os lagostins ■ *adj.* **2** relativo a essa família

ci.lha *s.f.* cinta us. na barriga das cavalgaduras para prender a sela ou a carga ~ **cilhar** *v.t.d.*

ci.li.ar *adj.2g.* **1** relativo ou semelhante a cílio(s) **2** que margeia cursos de água (diz-se de formação vegetal, mata etc.)

ci.lí.cio *s.m.* 1 veste ou faixa de pano grosseiro us. sobre a pele por penitência 2 cinto ou cordão com cerdas ou correntes de ferro pontudas, amarrado ao corpo, us. como penitência ☞ cf. *silício*

ci.lin.dra.da *s.f.* 1 capacidade máxima de volume do gás carburante do cilindro de um motor a explosão 2 esse volume multiplicado pelo número de cilindros, expresso em centímetros ou polegadas cúbicos, ou em litros

ci.lin.drar *v.* {mod. 1} *t.d.* 1 passar cilindro ou rolo sobre (matéria pastosa) 2 dar forma de cilindro a

ci.lín.dri.co *adj.* que tem forma de cilindro

ci.lin.dro *s.m.* 1 corpo alongado e roliço, com o mesmo diâmetro em todo o seu comprimento 2 peça cilíndrica na qual se move o pistom de um motor

cí.lio *s.m.* 1 cada um dos pelos unidos das bordas das pálpebras, que protegem os olhos; pestana 2 filamento muito fino da superfície celular, dotado de movimento sincronizado, responsável pela locomoção dos organismos unicelulares e de certas larvas de invertebrados

ci.ma *s.f.* ▶ só usado em: **dar em** c. **de** *fraseol. B infrm.* 1 cortejar abertamente 2 exigir muito; pressionar • **de** c. *loc.adv.* 1 da parte mais alta, do topo 2 *fig.* da autoridade; dos poderosos • **em** c. **de** *loc.prep.* 1 na parte superior; sobre ⟨*as travessas estão em c. do aparador*⟩ 2 depois, após, sobre ⟨*ouviam-se gritos em c. de gritos*⟩ 3 *fig.* com base em; apoiado em ⟨*escreveu o artigo em c. dos fatos*⟩ • **para** c. **e para baixo** *loc.adv.* de um lado para outro

ci.ma.lha *s.f.* moldura saliente que arremata a fachada de um edifício em que são assentados os beirais

cím.ba.lo *s.m.* 1 antigo instrumento de cordas 2 instrumento de percussão constituído de pratos metálicos; prato

ci.mei.ro *adj.* 1 que está no alto 2 *fig.* do mais alto nível ⟨*conferência c.*⟩

ci.men.tar *v.* {mod. 1} *t.d.* unir, encher ou revestir com cimento

ci.men.to *s.m.* 1 massa de substâncias calcárias e argilosas misturadas com água, que se enrijece ao secar 2 essa massa pulverizada industrialmente ⟨*saco de c.*⟩

ci.mi.cí.deo *s.m.* zoo 1 espécime dos cimicídeos, família de insetos desprovidos de asas, de corpo achatado, que sugam o sangue de animais, conhecidos como percevejos ■ *adj.* 2 relativo a essa família

ci.mi.tar.ra *s.f.* espada de lâmina curva e mais larga na extremidade livre, us. pelos guerreiros muçulmanos

ci.mo *s.m.* 1 a parte de cima; topo 2 ponto mais alto de morro, serra etc.; cume

ci.na.mo.mo *s.m.* nome comum a árvores e arbustos tropicais, aromáticos, muitos cultivados pelas cascas de que se extraem aromatizantes, essências e substâncias medicinais, como, p.ex., a canela e a canforeira

cin.ca.da *s.f.* 1 engano, erro, inexatidão 2 comentário desastrado; gafe ~ **cincar** *v.int.*

cin.co *n.card.* 1 quatro mais um 2 diz-se desse número ⟨*cartões de número c.*⟩ 3 diz-se do quinto elemento de uma série ⟨*nota c.*⟩ 4 que equivale a essa quantidade (diz-se de medida ou do que é contável) ⟨*bebê de c. quilos*⟩ ■ *s.m.* 5 representação gráfica desse número ⟨*no exame de vista, não pôde ler o c.*⟩ ☞ em algarismos arábicos, 5; em algarismos romanos, *V*

cin.dir *v.* {mod. 24} *t.d.,t.d.i. e pron.* 1 (prep. *em*) dividir(-se), separar(-se) [em duas ou mais partes] ⮌ unir(-se) ❑ *t.d.* 2 abrir traços fundos; sulcar 3 passar transversalmente; cruzar 4 *fig.* tornar nulo; romper ⟨*c. um compromisso*⟩ ⮌ preservar, manter

ci.ne *s.m.* cinema

ci.ne.as.ta *s.2g.* diretor ou realizador de filme

ci.ne.clu.be *s.m.* associação de caráter amador, para estudo, debates e para exibição de filmes selecionados ~ **cineclubista** *adj.2g.s.2g.*

ci.né.fi.lo *adj.s.m.* que(m) ama o cinema como arte ou forma de lazer

ci.ne.gé.ti.ca *s.f.* a arte da caça com cães ~ **cinegético** *adj.*

ci.ne.gra.fis.ta *adj.2g.s.2g.* que(m) opera câmara de cinema ou de televisão

ci.ne.ma *s.m.* 1 sala de projeção de filmes cinematográficos 2 cinematografia 3 o conjunto de pessoas que trabalham na indústria cinematográfica

ci.ne.ma.te.ca *s.f.* 1 coleção de filmes; filmoteca 2 local onde são conservados filmes cinematográficos, esp. aqueles com valor cultural ou artístico 3 entidade incumbida de guardar e exibir esses filmes

ci.ne.má.ti.ca *s.f.* ramo da física que estuda os movimentos dos corpos, sem referência às forças que os produzem ☞ cf. *cinética* ~ **cinemático** *adj.*

ci.ne.ma.to.gra.fi.a *s.f.* arte e técnica us. para transformar imagens estáticas sequenciais (fotogramas) em filme cinematográfico; cinema ~ **cinematográfico** *adj.*

ci.ne.ma.tó.gra.fo *s.m.* antigo equipamento de fotografia e projeção de imagens em sequência, com a ilusão de cenas em movimento

ci.ne.ra.ma *s.m.* projeção de cinema com três aparelhos sincronizados em tela côncava, capaz de dar ao espectador uma sensação de tridimensionalidade

ci.ne.rá.rio *adj.* 1 relativo a cinzas 2 que contém as cinzas de um morto 3 relativo aos mortos; fúnebre ■ *s.m.* 4 jazigo, sepultura 5 caixão mortuário

ci.né.reo *adj. frm.* de cor cinzenta; cinzento

ci.nes.có.pio *s.m.* tubo de imagem de televisão

ci.né.ti.ca *s.f.* ramo da física que trata da ação das forças nas mudanças de movimento dos corpos ☞ cf. *cinemática* ~ **cinético** *adj.*

cin.gir *v.* {mod. 24} *t.d. e t.d.i.* 1 (prep. *de*) fechar, conter ou incluir no seu interior; rodear ❑ *t.d.,t.d.i. e pron.* 2 (prep. *com*) pôr (enfeite, acessório etc.) ao redor de (parte do corpo) ⮌ tirar 3 (prep. *a*) apertar(-se), envolver(-se) fortemente ⮌ soltar(-se) ❑ *t.d.*

4 pôr na cinta ❑ *t.d.i. e pron. fig.* **5** (prep. *a*) limitar(-se), ater(-se) ⟨*c. a conversa a amenidades*⟩ ⟨*c.-se a ouvir*⟩ ~ **cingido** *adj.*

cín.gu.lo *s.m.* cordão longo us. pelo sacerdote para prender a veste

cí.ni.co *adj.s.m.* **1** que(m) afronta as convenções e conveniências morais e sociais **2** *p.ext.* que(m) é dado a atos e/ou ditos imorais, impudicos, escandalosos; desavergonhado **3** que(m) é fingido, hipócrita

ci.nis.mo *s.m.* atitude ou caráter de pessoa que revela descaso pelas convenções sociais e pela moral vigente; desfaçatez

ci.no.ce.fa.lí.deo *s.m.* ZOO **1** espécime dos cinocefalídeos, família de mamíferos de hábitos noturnos, conhecidos como lêmures-voadores, que possuem os membros unidos por uma prega de pele que se estende até o pescoço, dedos e cauda, e que os permite planar entre as árvores ■ *adj.* **2** relativo ou pertencente a essa família

ci.no.cé.fa.lo *adj.* **1** que tem cabeça ou face de cão ■ *s.m.* **2** cinocefalídeo ('espécime')

ci.no.gra.fi.a *s.f.* tratado descritivo sobre as raças caninas

ci.no.lo.gi.a *s.f.* estudo sobre os cães

cin.quen.tão \qü\ [pl.: *-ões*] *adj.s.m. infrm.* que(m) está na faixa dos 50 anos; quinquagenário

cin.quen.te.ná.rio \qü\ *s.m.* quinquagésimo aniversário de alguém ou de algum fato relevante

cin.ta *s.f.* **1** peça íntima us. para apertar e modular a cintura e o abdome **2** tira que se amarra à cintura **3** cinto

cin.tar *v.* {mod. 1} *t.d.* **1** pôr faixa ou cinta para envolver ou prender **2** costurar (roupa), marcando a cintura

cin.ti.lan.te *adj.2g.* **1** que emite raios luminosos, em intervalos curtos ⟨*estrela c.*⟩ **2** que emite brilho faiscante ⟨*maquiagem c.*⟩

cin.ti.lar *v.* {mod. 1} *int.* **1** luzir com pequenos intervalos; faiscar **2** brilhar muito; reluzir ~ **cintilação** *s.f.*

cin.to *s.m.* tira de couro, tecido etc., us. em torno da cintura, presa com fivela ou outro fecho ⊡ **c. de segurança** *loc.subst.* tira ajustável us. na cintura de passageiros de aviões, automóveis etc., para dar estabilidade e segurança

cin.tu.ra *s.f.* **1** a parte mais estreita do tronco humano situada entre os quadris e a região inferior do busto **2** *p.ext.* a circunferência que rodeia essa parte ⟨*tem c. de 70 cm*⟩ ⊡ **c. pélvica** *loc.subst.* a que liga os membros inferiores à coluna vertebral, constituída pelos dois ossos do quadril que se articulam entre si e com o osso sacro ~ **cinturado** *adj.*

cin.tu.rão [pl.: *-ões*] *s.m.* **1** cinto largo **2** faixa de terreno que limita uma área ⊡ **c. verde** *loc.subst.* região periférica de centros urbanos, cujo objetivo é melhorar as condições ambientais ou fornecer produtos hortifrutigranjeiros

cin.za *s.f.* **1** pó resultante da queima de certas substâncias (madeira, folhas etc.); borralha ■ *adj.2g.2n. s.m.* **2** cinzento ▼ *cinzas s.f.pl.* **3** restos mortais

cin.zei.ro *s.m.* pequeno recipiente us. para despejo de cinzas, pontas de cigarro e charuto

cin.zel *s.m.* instrumento com extremidade cortante us. para entalhar, esculpir, cortar ou gravar materiais duros ~ **cinzelador** *adj.s.m.* - **cinzeladura** *s.f.* - **cinzelamento** *s.m.*

cin.ze.lar *v.* {mod. 1} *t.d.* **1** trabalhar (peça, material) com cinzel **2** *fig.* fazer com esmero; apurar

cin.zen.to *s.m.* **1** a cor da cinza; cinza ■ *adj.* **2** que tem essa cor; cinza ⟨*tapete c.*⟩ **3** diz-se dessa cor; cinza ⟨*cor c.*⟩ **4** *fig.* sem luz ou sem brilho; escuro, apagado ⟨*escritos c.*⟩

ci.o *s.m.* **1** estado fisiológico cíclico das fêmeas de muitos mamíferos, favorável à fecundação e à gestação; estro **2** *p.ext.* o período de excitação sexual próprio de tal estado; estro

ci.o.so \ô\ [pl.: *ciosos* \ó\] *adj.* **1** que tem ciúmes ou zelos por amizade ou por amor ⟨*amigo c.*⟩ **2** que zela cuidadosamente por algo a que está ligado ⟨*profissional c. de sua reputação*⟩ ⮌ descuidado, negligente **3** invejoso ⟨*Caim era c. das qualidades de Abel*⟩

ci.pe.rá.cea *s.f.* BOT espécime das ciperáceas, família de ervas ger. perenes, que se apoiam em suportes para crescer, ou arbustivas, cultivadas como ornamentais, ou para a produção de papel e de fibras, como o junco e o papiro ~ **ciperáceo** *adj.*

ci.pó *s.m.* *B* nome comum a plantas tropicais, lenhosas e trepadeiras, que pendem das árvores e nelas se trançam; liana

ci.po.al *s.m.* **1** emaranhado de cipós, difícil de atravessar **2** *fig.* situação complicada ⟨*o c. da burocracia*⟩

ci.pres.te *s.m.* nome comum a árvores e arbustos com copa ger. muito estreita e esguia ou piramidal, muito cultivados como ornamentais e pela madeira

ci.pri.ni.cul.tu.ra *s.f.* criação de ciprinídeos, esp. carpas ~ **ciprinicultor** *adj.s.m.*

ci.pri.ní.deo *s.m.* ZOO **1** espécime dos ciprinídeos, família de peixes ósseos, fluviais, representados esp. pelas carpas, importantes para a alimentação, a criação em aquários e o desenvolvimento de pesquisas ■ *adj.* **2** relativo a essa família

ci.pri.o.ta *adj.2g.* **1** da ilha de Chipre (mar Mediterrâneo) ■ *s.2g.* **2** natural ou habitante dessa ilha

cip.se.lí.deo *s.m.* ZOO **1** espécime dos cipselídeos, família de aves vulgarmente conhecidas como andorinhões, migratórias, de pescoço e bico curtos, este largo na base, próprio à captura de insetos em voo ■ *adj.* **2** relativo a essa família

ci.ran.da *s.f.* **1** dança de roda com trovas cantadas; cirandinha **2** *fig.* movimentação, agitação ⟨*c. dos preços*⟩ **3** peneira grossa de palha ~ **cirandar** *v.t.d. e int.*

cir.ca.di.a.no *adj.* **1** que dura cerca de 24 horas **2** que ocorre no organismo diariamente mais ou menos à(s) mesma(s) hora(s) [diz-se do processo rítmico]

cir.co *s.m.* **1** recinto circular coberto por toldo, ger. desmontável, que tem um picadeiro rodeado por arquibancadas, no qual acontece espetáculo com malabaristas, acrobatas, animais, palhaços etc. **2** esse espetáculo ~ **circense** *adj.*

cir.cui.to *s.m.* **1** linha fechada que limita uma superfície, um espaço; contorno ⟨*o c. da piscina*⟩ **2** deslocamento espacial em torno de uma área; percurso, volta **3** *fig.* série de espetáculos realizados sucessivamente em locais diferentes ▣ **c. elétrico** *loc.subst.* série de condutores elétricos interligados entre si • **c. integrado** *loc.subst.* INF pequeno dispositivo que incorpora todos os componentes de um circuito eletrônico completo, com funções determinadas; microcircuito, *chip* ~ **circuitar** *v.t.d. e int.*

cir.cu.la.ção [pl.: *-ões*] *s.f.* **1** movimento ordenado e contínuo de um corpo num trajeto circular com retorno ao ponto de partida ⟨*c. de água na caldeira*⟩ **2** *p.ext.* movimentação contínua de pessoas ou coisas; marcha, deslocamento ⟨*c. de hóspedes no hotel*⟩ **3** movimento contínuo de líquido no organismo, que distribui substâncias essenciais e remove excreções ⟨*c. sanguínea*⟩ **4** quantidade de exemplares de uma publicação ⟨*jornal de grande c.*⟩ ~ **circulante** *adj.2g.* - **circulatório** *adj.*

cir.cu.la.dor \ô\ *adj.s.m.* (aparelho) que faz circular ar, água etc.

[1]**cir.cu.lar** *adj.2g.* **1** relativo ou semelhante a círculo **2** *p.ext.* que se transmite de pessoa a pessoa; circulante ⟨*comentário c.*⟩ **3** cíclico ⟨*comportamento c.*⟩ ■ *adj.2g.s.f.* **4** (texto escrito) que se envia a muitas pessoas com interesse comum [ORIGEM: do lat. *circulāris,e* 'que tem a forma de círculo']

[2]**cir.cu.lar** *v.* {mod. 1} *t.d.* **1** formar círculo(s) em torno de; cercar **2** estar à volta de ❑ *int.* **3** mover-se num circuito, retornando ao ponto inicial **4** deslocar-se em diversas direções; transitar ↺ parar **5** mover-se em torno de um centro; girar **6** valer (moeda, dinheiro) **7** *p.ext.* ser divulgado; difundir-se [ORIGEM: do lat. *circulāre* 'fazer círculo ou roda']

cír.cu.lo *s.m.* **1** superfície plana limitada por uma circunferência, cujos pontos são equidistantes do centro **2** movimento circular; circuito ⟨*o avião fazia c.*⟩ **3** anel, arco, roda ⟨*o tigre saltou o c. de fogo*⟩ **4** associação de pessoas com interesses comuns ⟨*c. literário*⟩ ▣ **c. vicioso** *loc.subst.* **1** falha lógica que consiste em deduzir uma proposição por meio de outra, sendo que esta só pode ser demonstrada através da primeira **2** *fig.* dificuldade insolúvel em que os resultados possíveis esbarram sempre no mesmo obstáculo; impasse

circum– ou **circun–** *pref.* 'em volta de': *circum-navegar, circumpolar, circunscrever, cincunvizinhança*

cir.cum-na.ve.gar *v.* {mod. 1} *t.d. e int.* rodear (continente, ilha etc.) navegando ~ **circum-navegação** *s.f.* - **circum-navegador** *adj.s.m.*

cir.cum.po.lar *adj.2g.* próximo ou em torno do polo terrestre

circun– *pref.* → CIRCUM-

cir.cun.cen.tro *s.m.* o centro da circunferência circunscrita

cir.cun.ci.dar *v.* {mod. 1} *t.d.* realizar a circuncisão em ~ **circuncidado** *adj.s.m.*

cir.cun.ci.são [pl.: *-ões*] *s.f.* **1** retirada cirúrgica do prepúcio **2** cerimônia judaica em que se pratica ritualmente tal ato ~ **circunciso** *adj.s.m.*

cir.cun.dar *v.* {mod. 1} *t.d.* **1** estar em volta de; cercar **2** mover-se à volta de; rodear ~ **circundante** *adj.2g.*

cir.cun.fe.rên.cia *s.f.* **1** linha curva fechada que limita um círculo **2** *p.ext.* perímetro de uma área; contorno ⟨*a c. de uma ilha*⟩

cir.cun.fle.xo \cs\ *adj.* **1** dobrado em forma de arco **2** diz-se do sinal gráfico de acentuação (^) ■ *s.m.* **3** esse sinal

cir.cun.ja.cen.te *adj.2g.* que está próximo ou ao redor de

cir.cun.lo.cu.ção [pl.: *-ões*] *s.f.* circunlóquio

cir.cun.ló.quio *s.m.* **1** série de palavras ou locuções us. em lugar de um termo específico; perífrase, circunlocução **2** uso excessivo de palavras num enunciado que não chega a ser claramente expresso; rodeio, circunlocução

cir.cuns.cre.ver *v.* {mod. 8} *t.d.* **1** traçar um círculo em torno de **2** definir limites de (área, espaço) **3** *fig.* conter em si; abranger ↺ excluir ❑ *t.d.,t.d.i. e pron.* **4** (prep. *a*) limitar(-se), restringir(-se) ↺ estender(-se) ⊙ GRAM/USO part.: *circunscrito*

cir.cuns.cri.ção [pl.: *-ões*] *s.f.* divisão territorial para fins administrativos, eleitorais etc.

cir.cuns.cri.to *adj.* **1** de limites bem marcados ⟨*tumor c.*⟩ **2** *fig.* limitado, restrito ⟨*liberdade c.*⟩ ↺ ilimitado, amplo

cir.cuns.pec.to ou **cir.cuns.pe.to** *adj.* **1** que encara com cuidado todos os aspectos de um fato, uma questão etc. **2** que mantém atitude séria e reservada ~ **circunspecção/circunspeção** *s.f.*

cir.cuns.tân.cia *s.f.* **1** condição de tempo, lugar ou modo associada a um fato ou situação ⟨*sua presença é c. indispensável para a palestra*⟩ **2** contexto **3** momento, ocasião **4** formalidade ⟨*pompa e c.*⟩

cir.cuns.tan.ci.al *adj.2g.* **1** relativo a circunstância **2** que depende ou está ligado a uma circunstância ⟨*escolha c.*⟩ **3** GRAM que indica uma circunstância (lugar, tempo, modo etc.) ⟨*complemento c.*⟩ **4** DIR que se baseia em indícios e deduções, sem demonstrar uma direta evidência dos fatos (diz-se de prova)

cir.cuns.tan.ci.ar *v.* {mod. 1} *t.d.* relatar (fato, situação) com detalhes

cir.cuns.tan.te *adj.2g.* **1** que está ao redor ⟨*objetos c.*⟩ ■ *adj.2g.s.2g.* **2** participante ou espectador de algo

cir.cun.vi.zi.nhan.ça *s.f.* território ou população vizinha ~ **circunvizinho** *adj.*

cir.cun.vo.lu.ção [pl.: *-ões*] *s.f.* **1** volta em torno de um centro **2** contorno sinuoso ⟨*as c. de um rio*⟩

ci.ri.gue.la \gü\ *s.f.* **1** umbu ('fruto') **2** umbuzeiro ☞ cf. *seriguela*

cí.rio *s.m.* **1** grande vela de cera **2** procissão em que se conduz essa vela ☞ cf. *sírio*

[1]cir.ro *s.m.* nuvem formada por pequenos cristais de gelo e situada de 6.000 a 12.000 m de altitude [ORIGEM: do lat.*cirrus,i* 'anel de cabelo']

[2]cir.ro *s.m.* **1** câncer de consistência dura **2** respiração ruidosa dos moribundos [ORIGEM: do lat. *scirrhus* ou *cirros,i* 'tumor duro']

cir.ro-cú.mu.lo [pl.: *cirros-cúmulos*] *s.m.* cúmulo-cirro

cir.ro-es.tra.to [pl.: *cirros-estratos*] *s.m.* nuvem de cristais de gelo, que dá a impressão de um véu fino e esbranquiçado; estrato-cirro

cir.ro.se *s.f.* doença crônica do fígado, que provoca alteração de suas células ~ **cirrosidade** *s.f.* - **cirrótico** *adj.*

ci.rur.gi.a *s.f.* tratamento de doenças e traumatismos por meio de processos operatórios ▣ **c. plástica** *loc.subst.* a que busca mudar, ger. embelezando, uma parte do corpo; plástica ~ **cirúrgico** *adj.*

ci.rur.gi.ão [pl.: *-ões* e *-ães*; fem.: *cirurgiã*] *s.m.* profissional que pratica cirurgia

cis– *pref.* 'aquém': *cisalpino, cisplatino*

ci.sal.pi.no *adj.* que se situa aquém dos Alpes (Europa)

ci.san.di.no *adj.* que se situa aquém dos Andes (oeste da América do Sul)

ci.são [pl.: *-ões*] *s.f.* **1** ato ou efeito de cindir **2** divisão de um partido, sociedade etc. ▣ **c. nuclear** *loc.subst.* fissão nuclear

cis.car *v.* {mod. 1} *t.d.* e *int.* **1** *B* remexer (o solo) [a galinha] ❑ *t.d.* **2** tirar ou afastar ciscos, folhas etc. de

cis.co *s.m.* **1** graveto, folha ou qualquer pequeno detrito **2** *B* pequena partícula ou grão (de poeira etc.) que entra no olho

[1]cis.ma *s.f.* **1** ato ou efeito de cismar **2** preocupação obsessiva **3** desconfiança [ORIGEM: regressivo de *cismar*]

[2]cis.ma *s.m.* divisão (numa religião, partido etc.) [ORIGEM: do lat. *schisma,ătis* 'divisão, separação']

cis.mar *v.* {mod. 1} *t.d.,t.i.* e *int.* **1** (prep. *em*) pensar muito (em algo) **2** (prep. *em, de*) teimar, insistir (em) ❑ *t.i.* **3** (prep. *com*) antipatizar, implicar ↄ simpatizar ~ **cismático** *adj.* - **cismativo** *adj.*

cis.ne *s.m.* ave aquática, de corpo pesado, plumagem branca e pescoço muito longo

cis.pla.ti.no *adj.* que está aquém do Rio da Prata (sul da América do Sul) ☞ cf. *transplatino*

cis.si.pa.ri.da.de *s.f.* BIO processo de reprodução assexuada em que um organismo unicelular se divide em dois organismos semelhantes; divisão binária

cis.ter.na *s.f.* **1** reservatório de águas pluviais, abaixo do nível da terra; cacimba, poço **2** *B* em prédios urbanos, reservatório subterrâneo de água potável

cis.ti.te *s.f.* inflamação da mucosa da bexiga

cis.to *s.m.* acúmulo de substância mole incrustada em um órgão ou tecido; quisto ~ **cístico** *adj.*

ci.ta.di.no *adj.* **1** relativo a cidade ■ *adj.s.m.* **2** habitante de cidade

ci.tar *v.* {mod. 1} *t.d.* **1** fazer referência a; mencionar **2** usar (palavras, texto etc.) como exemplo, abonação **3** intimar para ir a juízo ou cumprir ordem judicial ~ **citação** *s.f.* - **citado** *adj.s.m.*

cí.ta.ra *s.f.* instrumento de cordas indiano, com longo braço e corpo em forma de cebola, que se toca apoiado, com as cordas para cima, sobre as pernas cruzadas ~ **citarista** *adj.2g.s.2g.*

ci.to.lo.gi.a *s.f.* estudo da estrutura, desenvolvimento e função das células ~ **citológico** *adj.* - **citologista** *adj.2g.s.2g.* - **citólogo** *s.m.*

ci.to.plas.ma *s.m.* fluido gelatinoso, rico em moléculas orgânicas e organelas, que circunda o núcleo das células ~ **citoplasmático** *adj.*

cí.tri.co *adj.* **1** relativo a árvores como o limoeiro, a laranjeira etc. e suas frutas **2** relativo ao ácido nelas encontrado

ci.tri.cul.tu.ra *s.f.* cultivo de frutas cítricas ~ **citricultor** *adj.s.m.*

ci.tri.no *adj.s.m.* **1** (o) que tem cor e sabor da cidra ou do limão ■ *adj.* **2** diz-se dessa cor ou sabor ■ *s.m.* **3** fruto cítrico **4** variedade de quartzo amarelado, semelhante ao topázio

ci.tro.ne.la *s.f.* **1** gramínea asiática da qual se extrai essência us. como repelente de insetos **2** essa essência

ci.ú.me *s.m.* **1** sentimento causado pelo receio de perder o afeto de alguém para outrem ☞ mais us. no pl. **2** medo de perder alguma coisa **3** inveja ⟨*tem c. das minhas conquistas*⟩ ~ **ciumada** *s.f.* - **ciumento** *adj.s.m.*

ci.u.mei.ra *s.f.* *infrm.* **1** ciúme exagerado **2** demonstração pública de ciúme

cí.vel *adj.2g.* relativo ao direito civil

cí.vi.co *adj.* **1** relativo ao cidadão como membro do Estado ⟨*deveres c.*⟩ **2** que revela amor à pátria; patriótico

ci.vil *adj.2g.* **1** relativo ao cidadão **2** cível **3** que não é militar nem eclesiástico ⟨*registro c.*⟩ ⟨*casamento c.*⟩ ■ *s.2g.* **4** quem não é militar

ci.vi.li.da.de *s.f.* conjunto de formalidades adotadas para demonstrar mútuo respeito e consideração; polidez, cortesia

ci.vi.lis.mo *s.m.* doutrina que defende o exercício do poder por civis ~ **civilista** *adj.2g.s.2g.* - **civilístico** *adj.*

ci.vi.li.za.ção [pl.: *-ões*] *s.f.* **1** conjunto de aspectos referentes à vida intelectual, artística, moral etc. de um povo, de um lugar ou de um período ⟨*c. asteca*⟩ **2** o progresso **3** tipo de cultura ⟨*c. tecnológica*⟩

ci.vi.li.za.do *adj.* **1** que tem civilização; desenvolvido ⟨*povo c.*⟩ ↄ primitivo, subdesenvolvido **2** que é bem-educado, cortês ↄ mal-educado, bronco

ci.vi.li.zar *v.* {mod. 1} *t.d.* e *pron.* **1** tirar ou sair do estado primitivo ↄ asselvajar(-se) **2** tornar(-se) educado, gentil ↄ embrutecer(-se) ~ **civilizador** *adj.s.m.*

ci.vis.mo *s.m.* ardor cívico; patriotismo

ci.zâ.nia *s.f.* **1** joio **2** *fig.* falta de harmonia; discórdia

cl símbolo de *centilitro*

Cl símbolo de *cloro*
clã *s.m.* tribo ou conjunto de famílias com ancestrais comuns
cla.mar *v.* {mod. 1} *t.d.* e *int.* **1** gritar, bradar ❑ *t.i.* e *int.* **2** (prep. *contra, por*) protestar, reclamar ❑ *t.d.,t.i.* e *t.d.i.* **3** (prep. *por, a*) suplicar, implorar
cla.mor \ô\ *s.m.* **1** brado, grito **2** queixa ou súplica em voz alta
cla.mo.ro.so \ô\ [pl.: *clamorosos* \ó\] *adj.* **1** que se faz ou manifesta por clamor; feito com clamor ⟨*protesto c.*⟩ **2** muito claro; gritante ⟨*erro c.*⟩
clan.des.ti.no *adj.* **1** feito em segredo **2** ilegal, ilegítimo ■ *adj.s.m.* **3** que(m) entrou ilegalmente num país ou num meio de transporte ~ **clandestinidade** *s.f.*
clan.gor \ô\ *s.m.* som forte, estridente, como o de alguns instrumentos metálicos de sopro (trombeta, trompa etc.)
cla.que *s.f.* **1** grupo contratado para aplaudir ou vaiar uma peça, um ator etc. **2** *p.ext.* conjunto dos admiradores de alguém ou de algo
cla.ra *s.f.* **1** o branco do ovo **2** o branco do olho; esclerótica **3** clareira ⊡ **às claras** *loc.adv.* **1** à vista de todos **2** sem preconceitos
cla.ra.boi.a \ói\ *s.f.* abertura no teto, ger. envidraçada, por onde entra luz; vigia
cla.rão [pl.: *-ões*] *s.m.* **1** claridade intensa **2** jato de luz momentâneo **3** revelação de um sentimento ou breve duração de um estado de espírito ⟨*c. de bondade*⟩
cla.re.ar *v.* {mod. 5} *t.d.* e *int.* **1** tornar(-se) claro; iluminar(-se) ↺ escurecer **2** *fig.* tornar(-se) compreensível ↺ obscurecer(-se) ~ **clareamento** *s.m.*
cla.rei.ra *s.f.* espaço sem árvores em bosque, mata, floresta
cla.re.za \ê\ *s.f.* **1** qualidade do que é claro **2** qualidade do que é fácil de entender ⟨*a c. de um discurso*⟩ **3** estado que permite distinguir bem objetos, avaliar fatos etc. ⟨*ver com c.*⟩ ⟨*pensar com c.*⟩
cla.ri.da.de *s.f.* **1** qualidade do que é claro **2** luz intensa **3** foco luminoso
cla.ri.fi.car *v.* {mod. 1} *t.d.* e *pron.* **1** tornar(-se) claro ou mais claro ⟨*c. a água*⟩ ↺ turvar(-se) **2** tornar(-se) facilmente compreensível; esclarecer(-se) ↺ complicar(-se) ~ **clarificação** *s.f.*
cla.rim *s.m.* instrumento de sopro com bocal e tubo mais estreito que o da corneta, us. em sinais militares
cla.ri.na.da *s.f.* toque de clarim
cla.ri.ne.ta \ê\ *s.f.* ou **cla.ri.ne.te** \ê\ *s.m.* instrumento de sopro, de madeira ou metal, de palheta simples ~ **clarinetista** *adj.2g.s.2g.*
cla.ri.vi.dên.cia *s.f.* **1** capacidade de pensar com clareza **2** percepção extrassensorial ~ **clarividente** *adj.2g.s.2g.*
cla.ro *adj.* **1** que ilumina; resplandecente **2** que é iluminado ⟨*sala c.*⟩ **3** límpido; transparente ⟨*rio de águas c.*⟩ **4** distinto, perceptível **5** diz-se da parte do dia em que o sol está acima do horizonte **6** de cor não muito forte **7** que se ouve bem **8** fácil de entender **9** evidente ⟨*sua intenção era c.*⟩ ■ *s.m.* **10** espaço vazio; lacuna ■ *adv.* **11** com clareza ■ *interj.* **12** sem dúvida
cla.ro-es.cu.ro [pl.: *claro-escuros* e *claros-escuros*] *s.m.* em pintura, desenho, fotografia etc., efeito de luz e sombra
clas.se *s.f.* **1** cada um dos grupos ou divisões de uma série ou conjunto **2** categoria legal ou social ⟨*c. dirigente*⟩ ⟨*c. militar*⟩ **3** categoria de pessoas baseada em mérito ou capacidade individual ⟨*ator de segunda c.*⟩ **4** grau atribuído a pessoas ou coisas segundo uma ordem de importância ⟨*hotel de primeira c.*⟩ **5** grupo de pessoas de mesma ocupação, opinião etc. ⟨*c. dos motoristas*⟩ **6** veículo ou parte de veículo de transporte segundo as acomodações ou o valor da passagem ⟨*c. econômica*⟩ ⟨*viajar na primeira c.*⟩ **7** *B infrm.* elegância de maneiras; educação **8** aula **9** grupo de alunos que frequenta determinada aula ⟨*a c. de ciências*⟩ **10** local onde são dadas as aulas **11** na classificação dos seres vivos, categoria que agrupa ordens relacionadas segundo a história da evolução e distinguíveis das outras por diferenças marcantes ⊡ **c. de palavras** *loc.subst.* subconjunto das palavras que compõem o vocabulário de uma língua, reunido por propriedades comuns, definidas por critério sintático ou semântico
clas.si.cis.mo *s.m.* **1** conjunto de ideais da Antiguidade greco-latina **2** doutrina estética baseada nesses ideais **3** época em que os clássicos produziam obras de arte ☞ inicial freq. maiúsc. nessas acp. **4** qualidade do que é clássico ~ **classicista** *adj.2g.*
clás.si.co *adj.* **1** da Antiguidade greco-romana **2** que pertence ou se inspira no Classicismo **3** que serve de modelo; exemplar **4** tradicional ■ *s.m.* **5** obra ou autor que constitui modelo digno de imitação **6** jogo entre dois times importantes
clas.si.fi.ca.do *adj.s.m.* **1** que(m) se classificou ■ *s.m.* **2** pequeno anúncio de compra, venda, emprego, aluguel etc., em jornal ou revista ☞ nesta acp., mais us. no pl.
clas.si.fi.car *v.* {mod. 1} *t.d.* e *t.d.i.* **1** (prep. *em*) distribuir (objetos, pessoas etc.) [em classes] ❑ *t.d.* **2** pôr em ordem (coleções, documentos etc.) ↺ desorganizar ❑ *t.d.* e *pron.* **3** aprovar ou ser aprovado em exame, concurso etc. ❑ *t.d.pred.* e *pron.* **4** (prep. *de*) emitir opinião ou julgamento sobre; considerar(-se) ~ **classificação** *s.f.* - **classificador** *adj.s.m.*
clau.di.can.te *adj.2g.* **1** que manca; capenga **2** *fig.* que revela incerteza; vacilante **3** *fig.* que comete erro **4** *fig.* que tem falha; deficiente ~ **claudicância** *s.f.*
clau.di.car *v.* {mod. 1} *int.* **1** capengar, mancar **2** ter defeito, imperfeição; falhar ↺ exceler ❑ *t.i. fig.* **3** (prep. *em*) cometer falta; errar ⟨*c. nas contas*⟩ ↺ acertar
claus.tro *s.m.* **1** pátio interno cercado de arcadas, num convento ou mosteiro **2** *p.ext.* convento, mosteiro ~ **claustral** *adj.2g.*

claus.tro.fo.bi.a *s.f.* medo de ficar em lugares fechados ~ **claustrofóbico** *adj.s.m.* - **claustrófobo** *adj.s.m.*

cláu.su.la *s.f.* cada um dos itens de um contrato, testamento etc.

clau.su.ra *s.f.* **1** local fechado (esp. em convento ou mosteiro) **2** vida reclusa ~ **clausural** *adj.2g.*

cla.va *s.f.* tora com uma extremidade mais larga, us. como arma ⊙ GRAM/USO dim.irreg.: *clávula*

cla.ve *s.f.* sinal colocado no início da pauta musical que identifica o nome e o tom das notas

cla.ví.cu.la *s.f.* osso que articula o esterno com a escápula ~ **clavicular** *adj.2g.*

clá.vu.la *s.f.* pequena clava ⊙ GRAM/USO dim.irreg. de *clava*

cle.mên.cia *s.f.* **1** disposição para perdoar as ofensas; indulgência, bondade **2** *p.ext.* suavidade, brandura ~ **clemente** *adj.2g.*

clep.si.dra *s.f.* instrumento formado por dois cones, um deles cheio de água, unidos pelo ápice, us. para medir o tempo; relógio de água

clep.to.ma.ni.a *s.f.* desejo doentio de roubar ~ **cleptomaníaco** *adj.s.m.* - **cleptômano** *adj.s.m.*

cle.ri.cal *adj.2g.* relativo ao ou próprio do clero ⊃ laical, laico, leigo

cle.ri.ca.lis.mo *s.m.* poder ou influência do clero sobre assuntos temporais

clé.ri.go *s.m.* **1** quem recebeu as ordens sacras **2** sacerdote cristão ⊙ COL clero ~ **clericato** *s.m.*

cle.ro *s.m.* o conjunto dos clérigos de uma religião, esp. a católica, ou de um país, cidade etc.

cli.car *v.* {mod. 1} *t.d. e int.* **1** apertar (um botão, a tecla do *mouse* do computador etc.) ❑ *t.d.* **2** fotografar

cli.chê *s.m.* **1** frase ou ideia banalizada por repetição excessiva; lugar-comum **2** placa gravada em relevo para impressão tipográfica ~ **clicheria** *s.f.* - **clicherista** *adj.2g.s.2g.*

cli.en.te *s.2g.* quem recebe, em troca de pagamento, serviços de dentista, advogado, comerciante, banco etc. ⊙ COL clientela

cli.en.te.la *s.f.* **1** conjunto de clientes **2** *p.ext.* frequentadores regulares de um estabelecimento

cli.en.te.lis.mo *s.m.* prática eleitoreira de privilegiar um conjunto de indivíduos em troca de seus votos ~ **clientelista** *adj.2g.s.2g.*

cli.ma *s.m.* **1** conjunto das condições do tempo (temperatura, pressão, umidade etc.) de uma região ou de um período **2** *fig.* ambiente favorável ou não para a realização de algo **3** *fig.* ambiente favorável para um encontro amoroso ~ **climático** *adj.*

cli.ma.té.rio *s.m.* período que antecede o término da vida reprodutiva da mulher ~ **climatérico** *adj.*

cli.ma.ti.za.ção [pl.: *-ões*] *s.f.* **1** criação ou manutenção, num local, de certa temperatura e umidade **2** *p.ext.* conjunto dos aparelhos us. para esse fim **3** acondicionamento de produto, material etc. para resistir à ação do clima ~ **climatizar** *v.t.d.*

clí.max \cs\ *s.m.2n.* **1** ápice, auge **2** parte de uma narrativa de maior tensão dramática **3** orgasmo

clí.ni.ca *s.f.* **1** prática ou exercício da medicina **2** a clientela de um médico **3** local de consulta, tratamento e realização de exames, cirurgias etc. ⊡ **c. geral** *loc.subst.* especialidade médica que trata doenças dos vários aparelhos e sistemas do corpo que não necessitam de tratamento cirúrgico

cli.ni.car *v.* {mod. 1} *int.* praticar a medicina

clí.ni.co *adj.* **1** relativo à clínica ou ao tratamento médico ■ *adj.s.m.* **2** (médico) de clínica geral

cli.pa.gem *s.f.* **1** serviço que apura e fornece recortes de matérias de jornais e revistas a respeito de determinado tópico, instituição etc. **2** o conjunto desses recortes **3** conjunto de sinopses das principais notícias da mídia impressa ou eletrônica

[1]cli.pe *s.m.* **1** pequena peça us. para juntar papéis **2** broche [ORIGEM: do ing. *clip* 'id.', der. de *to clip* 'prender, segurar']

[2]cli.pe *s.m.* videoclipe [ORIGEM: red. de *videoclipe*]

cli.que *s.m.* **1** ação de clicar **2** som curto e estalado

clis.ter *s.m.* introdução de água e medicamentos no organismo por via retal; lavagem intestinal

cli.tó.ris *s.m.2n.* pequeno órgão erétil do aparelho genital feminino, situado na parte anterior da vulva ~ **clitorídeo** *adj.* - **clitoridiano** *adj.*

clo.a.ca *s.f.* **1** fossa ou cano para receber dejetos **2** vaso sanitário **3** cavidade comum dos sistemas digestivo, excretor e reprodutor de aves, répteis, anfíbios e muitos peixes ~ **cloacal** *adj.2g.* - **cloacino** *adj.*

clo.na.gem *s.f.* técnica que permite passar material genético de uma célula a outra, a qual adquire e multiplica as características genéticas da primeira

clo.nar *v.* {mod. 1} *t.d.* **1** gerar (organismo, célula etc.) por clonagem **2** *fig.* fazer cópia ou imitação de

clo.ne *s.m.* **1** GEN indivíduo geneticamente idêntico a outro, produzido por engenharia genética **2** *fig.* o que é ou parece ser a cópia de um original **3** INF cópia de um elemento de *hardware* ou *software* capaz de executar as mesmas funções que o original

clo.rar *v.* {mod. 1} *t.d. e int.* **1** tratar (água) com cloro ❑ *t.d.* **2** misturar cloro com ⊃ desclorar ~ **cloração** *s.f.*

clo.re.to \ê\ *s.m.* sal do ácido clorídrico ou ânion dele derivado ⊡ **c. de sódio** *loc.subst.* **1** substância us. na fabricação do ácido clorídrico, em misturas refrigerantes, na indústria de corantes e cerâmicas, como anti-inflamatório tópico etc. **2** *p.ext.* *infrm.* sal de cozinha

clo.ro *s.m.* elemento químico us. como alvejante, desinfetante e no tratamento de águas [símb.: *Cl*] ☞ cf. *tabela periódica* (no fim do dicionário)

clo.ro.fí.cea *s.f.* BOT espécime das clorofíceas, classe de um dos maiores grupos de algas, em número e ocorrência, apresentando grande diversidade de formas; alga verde ~ **clorofíceo** *adj.*

clo.ro.fi.la *s.f.* pigmento verde dos vegetais essencial à realização da fotossíntese ~ **clorofilado** *adj.*

clo.ró.fi.ta *s.f.* espécime das clorófitas, divisão do reino vegetal que reúne algas de coloração verde que ocorrem nos seis continentes

clo.ro.flu.or.car.bo.ne.to \ê\ *s.m.* gás us. em refrigeração, aerossóis etc. que destrói a camada de ozônio da atmosfera, afetando a absorção das radiações ultravioletas [sigla: *CFC*]

clo.ro.fór.mio *s.m.* substância volátil us. como solvente, empr. no passado como anestésico ~ **clorofórmico** *adj.* - **cloroformizar** *v.t.d.*

clo.ro.plas.to *s.m.* BOT organela que contém clorofila, presente na maioria das células das plantas autotróficas expostas à luz

clo.ro.se *s.f.* **1** MED anemia que ataca mulheres jovens e causa esverdeamento da pele do rosto, perturbações menstruais e fraqueza **2** BOT amarelecimento ou branqueamento das folhas provocado por parasita ou deficiência mineral

clo.set [ing.; pl.: *closets*] *s.m.* compartimento fechado, ger.anexo ao dormitório, us. como guarda-roupa ⇨ pronuncia-se **clózet**

clu.be *s.m.* **1** associação com objetivo recreativo, cultural, esportivo etc. **2** local onde se realizam as reuniões dessa associação ~ **clubismo** *s.m.*

cm símbolo de *centímetro*

Cm símbolo de *cúrio*

CNBB *s.f.* sigla de *Conferência Nacional dos Bispos do Brasil*

cni.dá.rio *s.m.* ZOO espécime dos cnidários, animais aquáticos invertebrados como as águas-vivas, os corais, as anêmonas-do-mar, de corpo simétrico, boca localizada na parte inferior do corpo, circundada por tentáculos

co–, **com–**, **con–** ou **cor–** *pref.* 'companhia, proximidade, junto com': *coabitar, coautor, coleção, compressão, comprometer, consanguíneo, conviver, correlação, corroer*

Co símbolo de *cobalto*

C.-O. abreviatura de *Centro-Oeste* ('região')

co.a.bi.tar *v.* {mod. 1} *t.d.,t.i. e int.* **1** (prep. *com*) morar junto com ou existir no mesmo espaço que ❑ *t.i. e int.* **2** (prep. *com*) viver (com alguém) como marido e mulher ❑ *t.d. e int. fig.* **3** conviver pacificamente (em) ⟨*ideias opostas coabitam sua mente*⟩ ⟨*com a crise, foram obrigados a c.*⟩ ~ **coabitação** *s.f.*

[1]**co.a.ção** [pl.: *-ões*] *s.f.* **1** ato ou efeito de coagir **2** constrangimento [ORIGEM: do lat. *coactĭo,ōnis* 'ação de recolher, resumo, condição imposta']

[2]**co.a.ção** [pl.: *-ões*] *s.f.* ato ou efeito de coar [ORIGEM: *coar* + *-ção*]

co.ad.ju.tor \ô\ *adj.s.m.* **1** que(m) ajuda **2** (padre) auxiliar ou substituto ~ **coadjutoria** *s.f.*

co.ad.ju.van.te *adj.2g.s.2g.* **1** 'auxiliar **2** (ator ou atriz) que tem o papel secundário

co.ad.ju.var *v.* {mod. 1} *t.d. e t.d.i.* **1** (prep. *em*) prestar auxílio a [em tarefa, problema etc.] ⮌ atrapalhar ❑ *pron.* **2** (prep. *em*) ajudar-se mutuamente ~ **coadjuvação** *s.f.*

co.a.dor \ô\ *adj.s.m.* (utensílio) que serve para coar

co.a.du.nar *v.* {mod. 1} *t.d.* **1** pôr junto, para formar um todo; reunir ⮌ separar ❑ *t.d.,t.d.i. e pron.* **2** (prep. *com*) pôr(-se) em harmonia; combinar(-se) ⮌ conflitar ~ **coadunação** *s.f.*

co.a.gir *v.* {mod. 24} *t.d. e t.d.i.* (prep. *a*) obrigar (alguém) [a fazer ou não fazer algo]; forçar ⮌ desobrigar

co.a.gu.la.ção [pl.: *-ões*] *s.f.* passagem de líquido (esp. sangue, leite) ao estado sólido, pela ação de mecanismos físicos e químicos

co.a.gu.lar *v.* {mod. 1} *t.d.,int. e pron.* (fazer) perder a fluidez, transformando(-se) em massa ou sólido [esp. sangue e leite] ⮌ liquefazer(-se) ~ **coagulador** *adj.s.m.* - **coagulante** *adj.2g.s.m.*

co.á.gu.lo *s.m.* massa semissólida de sangue ou linfa

co.a.la *s.m.* pequeno marsupial australiano de pelos cinzentos e brancos, que vive em árvores e alimenta-se de folhas de eucalipto

co.a.lha.da *s.f.* leite coalhado

co.a.lhar *v.* {mod. 1} *t.d.,int. e pron.* **1** coagular(-se) ⮌ liquefazer(-se) ❑ *t.d.,t.d.i. e pron.* **2** (prep. *de*) encher(-se) inteiramente (de algo); apinhar(-se)

co.a.lhei.ra *s.f.* **1** cavidade do estômago dos ruminantes onde ocorre a digestão; abomaso **2** *p.ext.* substância ou produto us. nas queijarias para coalhar o leite; coalho

co.a.lho *s.m.* **1** coágulo **2** coalheira ('substância')

co.a.li.zão [pl.: *-ões*] *s.f.* acordo ou aliança para fins comuns ~ **coalizar-se** *v.pron.*

co.ar *v.* {mod. 1} *t.d.* separar as partículas sólidas de (líquido), fazendo-o passar por coador, peneira etc.

co.au.tor *s.m.* quem executa com outro(s) obra ou trabalho ~ **coautoria** *s.f.*

co.a.xar *v.* {mod. 1} *int.* soltar a voz (a rã, o sapo) ⊙ GRAM/USO só us. nas 3as p., exceto quando fig.

co.a.xi.al \cs\ *adj.2g.* **1** que tem eixos coincidentes **2** montado sobre um mesmo eixo

co.bai.a *s.f.* **1** roedor encontrado como animal doméstico, us. em experiências de laboratório; preá **2** *p.ext.* qualquer animal ou pessoa us. como objeto de experimentação

co.bal.to *s.m.* **1** elemento químico us. em aços, cerâmicas, catalisadores etc. [símb.: *Co*] ☞ cf. *tabela periódica* (no fim do dicionário) **2** a cor azul-escura do cobalto ■ *adj.2g.2n.* **3** que tem essa cor **4** diz-se dessa cor ~ **cobáltico** *adj.*

co.ber.ta *s.f.* **1** o que se usa para cobrir, esp. colcha **2** *fig.* abrigo; proteção

co.ber.to *adj.* **1** que se cobriu **2** protegido **3** vestido ou agasalhado **4** carregado; repleto ⟨*árvore c. de frutos*⟩ **5** garantido

co.ber.tor \ô\ *s.m.* coberta grossa us. para agasalhar

co.ber.tu.ra *s.f.* **1** tudo o que serve para cobrir (teto, tampa, coberta etc.) **2** *fig.* entre policiais, esportistas etc., ato ou efeito de proteger ou apoiar o(s) envolvido(s) numa situação de ataque e defesa ⟨*ninguém ficou na c. do zagueiro*⟩ **3** apartamento construído sobre a laje do último andar dos edifícios **4** registro de um fato pela imprensa ⟨*a fuga teve uma c. pequena*⟩ **5** pagamento; garantia **6** proteção dada por um contrato de seguro

co.bi.ça *s.f.* forte desejo de possuir ou conseguir bens materiais, honrarias etc.

co.bi.çar *v.* {mod. 1} *t.d.* **1** ter ambição por (esp. riquezas, honras) **2** desejar imoderadamente ⮌ desinteressar-se ~ **cobiçável** *adj.2g.* - **cobiçoso** *adj.s.m.*

COBOL *s.m.* INF linguagem de programação us. em aplicações comerciais e financeiras

co.bra *s.f.* **1** nome comum aos répteis carnívoros, de corpo alongado coberto de escamas, sem membros, ouvidos e pálpebras, e com língua terminada em duas pontas; serpente, ofídio **2** *fig.* pessoa má ■ *adj.2g.s.2g.* **3** *B infrm.* (pessoa) muito capaz ⟨*é c. em física*⟩

co.bra-co.ral [pl.: *cobras-coral* e *cobras-corais*] *s.f.* nome comum a serpentes venenosas, de até 1,5 m de comprimento, corpo colorido, ger. uma combinação de anéis vermelhos, amarelos e pretos ☞ tb. se diz apenas *coral*

co.bran.ça *s.f.* **1** ato ou efeito de cobrar e receber (dívida, doação etc.) **2** arrecadação; coleta de quantias

co.brar *v.* {mod. 1} *t.d.* e *t.d.i.* **1** (prep. *a*) fazer que (alguém) pague (dívida, conta etc.) ou cumpra (promessa, compromisso etc.) **2** (prep. *a*) fazer exigências (a); pedir, reclamar ⟨*c. (ao pai) aumento de mesada*⟩ ⮌ dispensar ❑ *t.d.* **3** exigir em troca ⟨*ao pagar, cobre recibo*⟩ **4** *B* executar (jogada) como punição de uma infração do adversário ou para dar sequência à partida ⟨*c. pênalti*⟩ ~ **cobrador** *adj.s.m.*

co.bre *s.m.* **1** metal us. em fios condutores de eletricidade, encanamentos, ligas etc. [símb.: *Cu*] ☞ cf. *tabela periódica* (no fim do dicionário) **2** *fig. infrm.* dinheiro ~ **cúprico** *adj.* - **cuprino** *adj.*

co.brei.ro *s.m.* lesão na pele popularmente atribuída ao contato com roupa sobre a qual passou uma cobra; herpes-zóster

co.bre.lo \ê\ *s.m.* cobreiro

co.brir *v.* {mod. 28} *t.d.* e *t.d.i.* **1** (prep. *de, com*) colocar (algo que tapa ou protege) sobre ⮌ descobrir **2** (prep. *de, com*) ocupar (uma superfície) [com algo]; encher ⟨*c. de rosas o canteiro*⟩ ❑ *t.d.* **3** estender-se por cima de **4** sobrepor-se a (fêmea) para o ato sexual (alguns animais) ☞ nesta acp., só us. nas 3as p., exceto quando fig. **5** pagar, liquidar ⟨*c. o cheque especial*⟩ **6** fazer reportagem sobre **7** percorrer (distância) ❑ *t.d.i.* e *pron.* **8** (prep. *de*) encher(-se), cumular(-se) ⟨*c. o filho de beijos*⟩ ⊙ GRAM/USO part.: *coberto*

[1]**co.ca** *s.f.* **1** arbusto com folhas que concentram alcaloides, de uso medicinal para mastigação e em chá e como principal fonte da pasta com a qual se produzem o *crack* e a cocaína **2** *B infrm.* cocaína [ORIGEM: do esp. *coca* 'arbusto da América do Sul de cujas folhas se extrai a substância cocaína']

[2]**co.ca** *s.f.* refrigerante gaseificado, aromatizado com extratos vegetais e tingido com corante caramelo [ORIGEM: red. de *Coca-Cola*, marca registrada]

co.ça *s.f.* surra

co.ca.da *s.f.* doce açucarado de coco ralado

co.ca.í.na *s.f.* alcaloide extraído das folhas da coca, us. com restrições como anestésico, por causar dependência

co.ca.i.nô.ma.no *s.m.* quem é viciado em cocaína ~ cocainomania *s.f.*

co.car *s.m.* **1** adorno de cabeça us. pelos indígenas, feito de penas com suporte trançado ou tecido **2** pluma, enfeite de fita ou laço us. na cabeça ou no chapéu

co.çar *v.* {mod. 1} *t.d.* e *pron.* **1** esfregar (parte do corpo) com as unhas ou objeto áspero ❑ *int.* **2** produzir coceira ⟨*a ferida coça muito*⟩ ~ **coçadura** *s.f.*

coc.ção [pl.: *-ões*] *s.f.* cozimento

coc.ci.ne.lí.deo *s.m.* ZOO **1** espécime dos coccinelídeos, família de besouros com cerca de 5.000 espécies conhecidas vulgarmente por joaninha, que apresenta corpo arredondado, convexo e de coloração brilhante ■ *adj.* **2** relativo a essa família

cóc.cix \csis\ *s.m.2n.* osso da extremidade inferior da coluna vertebral

có.ce.ga *s.f.* sensação que provoca vontade de rir, causada por toques em certos pontos do corpo ☞ mais us. no pl. ~ **coceguento** *adj.* - **cosquento** *adj.*

co.cei.ra *s.f.* **1** grande vontade de se coçar **2** irritação na pele causada pelo ato continuado de coçar

co.che \ô\ *s.m.* **1** carruagem fechada **2** *B* carro fúnebre

co.chei.ra *s.f.* **1** local para guardar coches e carruagens **2** cavalariça

co.chei.ro *s.m.* quem conduz os cavalos de carruagem, coche ou charrete

co.chi.char *v.* {mod. 1} *t.d.,t.i.* e *int.* (prep. *com*) falar (algo) [com alguém] em voz baixa; sussurrar ~ **cochicho** *s.m.*

co.chi.lar *v.* {mod. 1} *int.* **1** dormir de leve **2** *fig. infrm.* distrair-se ou descuidar-se ⮌ atentar ~ **cochilo** *s.m.*

co.chi.ni.lha *s.f.* → COCHONILHA

co.cho \ô\ *s.m.* **1** tronco escavado us. para colocar comida ou água para o gado **2** comedouro ou bebedouro para o gado com formato parecido ao de um tronco escavado ☞ cf. *coxo*

co.cho.ni.lha ou **co.chi.ni.lha** *s.f.* nome comum a famílias de insetos parasitas de plantas, alguns dos quais segregam corante vermelho us. em alimentos, medicamentos e como indicador químico

co.ci.en.te *s.m.* quociente

cock.pit [ing.; pl.: *cockpits*] *s.m.* local para o piloto nos aviões e carros de corrida ⇨ pronuncia-se **cókpit**

có.clea *s.f.* ANAT parte anterior do labirinto que serve à audição, situada na orelha interna

co.co \ó\ *s.m.* BIO bactéria de forma esférica

[1]**co.co** \ô\ *s.m.* **1** fruto do coqueiro, grande e oval, de casca impermeável e polpa fibrosa, com um líquido interior que se torna carnoso quando maduro **2** fruto de palmeiras, de tamanho menor e formato semelhante ao do fruto do coqueiro **3** máscara ou objeto com que se mete medo às crianças [ORIGEM: prov. do

lat. *calcāre* 'pressionar, apertar'; o nome do fruto foi dado por sua semelhança com a máscara]

[2]**co.co** \ô\ *s.m. B* tipo de dança de roda cantada em coro e acompanhada por percussão [ORIGEM: obscura]

co.có *s.m.* coque de cabelo

co.cô *s.m.* **1** *infrm.* excremento; fezes **2** *p.ext. pej.* coisa de péssima qualidade

có.co.ras *s.f.pl.* ◗ só usado em: **de c.** *loc.adj.* apoiado sobre os pés ou a ponta dos pés, com os joelhos dobrados e as nádegas sobre os calcanhares; agachado ⟨*parto de c.*⟩

co.co.ri.car *v.* {mod. 1} *int.* cantar (o galo) ⊙ GRAM/USO só us. nas 3as p., exceto quando fig. ~ **cocoricó** *s.m.*

co.co.ro.te *s.m.* cascudo

co.cu.ru.to *s.m.* **1** o ponto mais alto de algo; ápice, cume **2** o alto da cabeça

cô.dea *s.f.* **1** parte exterior do pão, queijo etc.; crosta **2** *p.ext.* pedaço de pão endurecido

co.de.í.na *s.f.* produto anestésico e analgésico preparado a partir da morfina

co.di.fi.ca.dor \ô\ *adj.s.m.* **1** (o) que codifica **2** (circuito elétrico) que emite uma série de pulsos para identificação **3** (dispositivo) que traduz uma forma de expressão para outra aceitável por um computador

co.di.fi.car *v.* {mod. 1} *t.d.* **1** reunir (p.ex., leis) em um código **2** reunir numa obra (textos diversos) **3** converter (mensagem) em código ~ **codificação** *s.f.*

có.di.go *s.m.* **1** conjunto sistematizado de leis ou normas **2** sistema de sinais que contêm uma mensagem ▣ **c. de barras** *loc.subst.* conjunto de barras paralelas que representam números e caracteres e pode ser lido por uma máquina de leitura óptica • **c. de endereçamento postal** *loc.subst. B* código postal que identifica um município, cidade, bairro ou logradouro público [sigla: *CEP*] • **c. Morse** *loc.subst.* código telegráfico constituído de sinais longos e curtos

co.di.no.me *s.m.* nome que oculta a identidade de pessoa, ação, plano etc.

co.dor.na *s.f.* nome comum a aves de duas famílias, uma us. como presa de caça e outra doméstica, apreciada por sua carne e ovos

co.dor.niz *s.f.* codorna

co.e.di.ção [pl.: *-ções*] *s.f.* edição realizada por convênio entre editores ~ **coeditar** *v.t.d.* - **coeditor** *s.m.*

co.e.fi.ci.en.te *s.m.* **1** número pelo qual um outro é multiplicado **2** propriedade que um corpo ou fenômeno tem de ser avaliado numericamente; grau, nível ⟨*c. de rendimento*⟩

co.e.lhei.ra *s.f.* local para criação de coelhos

co.e.lho \ê\ *s.m.* pequeno mamífero roedor, herbívoro, de longas orelhas, cauda curta, pelo macio e dois pares de dentes incisivos superiores ▣ **matar dois c. com uma cajadada** *fraseol. fig.* atingir dois objetivos de uma só vez

co.en.tro *s.m.* erva de odor forte, us. como tempero

co.er.ção [pl.: *-ões*] *s.f.* repressão; coação

co.er.ci.ti.vo *adj.* que exerce coerção ~ **coercitividade** *s.f.*

co.er.cí.vel *adj.2g.* **1** que se pode reprimir ou conter **2** que se pode fechar em espaço menor

co.er.ci.vo *adj.* coercitivo

co.er.dei.ro ou **co-her.dei.ro** [pl.: *co-herdeiros*] *s.m.* quem herda com outros ⊙ GRAM/USO O Acordo Ortográfico de 1990 cita expressamente o termo co-herdeiro [Base XVI 1° a)]

co.e.rên.cia *s.f.* **1** ligação, lógica ou harmonia entre dois fatos ou ideias **2** harmonia de algo com o fim a que se destina ~ **coerente** *adj.2g.*

co.e.são [pl.: *-ões*] *s.f.* **1** força de atração entre átomos e moléculas que constituem um corpo evitando que este se quebre **2** *fig.* coerência de um pensamento ou de uma obra **3** *fig.* solidariedade entre os integrantes de um grupo

co.e.so \é *ou* ê\ *adj.* **1** que é ou está intimamente ligado, unido **2** *fig.* que apresenta harmonia, lógica ⟨*texto c.*⟩

co.e.tâ.neo *adj.s.m.* que(m) é da mesma idade ou época; coevo, contemporâneo

co.e.vo \ê\ *adj.s.m.* coetâneo, contemporâneo

co.e.xis.tir \z\ *v.* {mod. 24} *t.i. e int.* (prep. *com*) existir junto (com) ou ao mesmo tempo (que) ~ **coexistência** *s.f.* - **coexistente** *adj.2g.*

co.fi.ar *v.* {mod. 1} *t.d.* afagar, alisar (bigode, barba, cabelo) com os dedos, a mão

co.fre *s.m.* caixa ou móvel resistente onde se guardam dinheiro, documentos, joias etc.

co.gi.tar *v.* {mod. 1} *t.d. e t.i.* **1** (prep. *em, sobre*) pensar com insistência (sobre) ❑ *t.d.* **2** ter em mente; planejar ⟨*c. viajar*⟩ ❑ *int.* **3** entregar-se a reflexões; meditar ~ **cogitação** *s.f.*

cog.na.to *adj.s.m.* **1** que(m) descende do mesmo tronco que outro(s) **2** LING (palavra) de mesma raiz que outra(s) ~ **cognação** *s.f.* - **cognático** *adj.*

cog.ni.ção [pl.: *-ões*] *s.f.* **1** capacidade de adquirir conhecimento **2** *p.ext.* conhecimento

cog.ni.ti.vo *adj.* relativo ao conhecimento, à cognição

cog.no.me *s.m.* apelido ~ **cognominar** *v.t.d.,t.d.pred. e pron.*

cog.nos.cí.vel *adj.2g.* que pode ser conhecido ~ **cognoscibilidade** *s.f.* - **cognoscitivo** *adj.*

co.gu.la *s.f.* túnica larga e sem mangas us. por certos religiosos

co.gu.lo *s.m.* diferença para mais de qualquer quantidade sobre outra; excesso

co.gu.me.lo *s.m.* fungo de talo curto e mais estreito que a cabeça, arredondada, com algumas espécies comestíveis e outras venenosas

co-her.dei.ro [pl.: *co-herdeiros*] *s.m.* → COERDEIRO

co.i.bir *v.* {mod. 24} *t.d.* **1** impedir que continue; refrear ⮌ estimular ❑ *t.d.i.* **2** (prep. *a*) impor limites a; restringir ⮌ liberar **3** (prep. *de*) impedir, proibir ❑ *pron.* **4** (prep. *de*) conter-se em ou privar-se de ~ **coibente** *adj.2g.* - **coibição** *s.f.*

coi.ce *s.m.* 1 golpe com as patas traseiras dado por certos quadrúpedes 2 recuo da arma de fogo quando disparada ~ **coicear** *v.t.d. e int.*
coi.fa *s.f.* exaustor de fogão ou chaminé
coi.ma *s.f.* 1 pena em dinheiro por pequenos furtos 2 *p.ext.* multa por infração
co.in.ci.dên.cia *s.f.* 1 identidade, igualdade de formas, ideias etc. 2 ocorrência simultânea ~ **coincidente** *adj.2g.*
co.in.ci.dir *v.* {mod. 24} *t.i. e int.* 1 (prep. *com*) ser condizente (com); combinar ↄ destoar 2 (prep. *com*) ser igual (a) ↄ diferir ❑ *t.i.* 3 (prep. *com*) ocorrer ao mesmo tempo
coi.o.te *s.m.* mamífero da América do Norte e Central, semelhante ao lobo, porém menor, mais magro e com orelhas mais compridas
coi.ra.na *s.f.* nome comum a arbustos de folhas com odor desagradável e propriedades diuréticas, sedativas e antiespasmódicas
co.ir.mão [pl.: *-ãos*] *adj.s.m.* 1 que(m) é primo em primeiro grau ■ *adj.* 2 que pertence ao mesmo grupo ou partilha de interesses afins (diz-se de empresa etc.)
coi.sa *s.f.* 1 tudo o que existe ou pode existir 2 qualquer ser inanimado 3 realidade; fato concreto 4 ato; empreendimento ⟨*c. espetacular o concerto*⟩ 5 algo que não se quer ou não se pode nomear ⟨*disse-lhe uma porção de coisas*⟩ 6 objeto; item 7 assunto; tema 8 o que acontece; evento 9 o que não se sabe ⟨*ali tem c.*⟩ 10 *infrm.* indisposição súbita ⊡ **c. pública** *loc.subst.* os negócios e interesses do Estado ou da coletividade • **cheio de c.** *loc.adj.* que se ofende facilmente • **não dizer c. com c.** *fraseol.* falar de modo incoerente
coi.sa à to.a [pl.: *coisas à toa*] *s.2g.* 1 indivíduo desprezível ■ *s.m. B infrm.* 2 diabo
coi.sa-fei.ta [pl.: *coisas-feitas*] *s.f.* bruxaria
coi.sa-ru.im [pl.: *coisas-ruins*] *s.m. B infrm.* diabo
coi.si.fi.car *v.* {mod. 1} *t.d.* 1 reduzir (o homem) a coisa, a objeto ⟨*atitudes que coisificam as pessoas*⟩ 2 tratar (ser humano) como ser inanimado ⟨*c. os empregados*⟩ ~ **coisificação** *s.f.*
coi.ta.do *adj.s.m.* 1 (o) que é infeliz ■ *interj.* 2 exprime dó, compaixão
coi.tei.ro *s.m. B* quem dá asilo a bandido
[1]**coi.to** *s.m.* ato sexual [ORIGEM: do lat. *coĭtus,us* 'ação de juntar-se; casamento; cópula']
[2]**coi.to** *s.m.* local de recolhimento; abrigo [ORIGEM: do lat. *cautum,i* 'cautela, precaução']
coi.va.ra *s.f.* ramagens a que se põe fogo para limpar um terreno e adubá-lo com as cinzas
col– *pref.* co-
[1]**co.la** *s.f.* sinal que se deixa ao passar; rastro [ORIGEM: do esp. *cola* 'cauda de animal'] ⊡ **andar na c. de** *loc.vs. B infrm.* 1 seguir algo ou alguém de perto 2 vigiar o comportamento de alguém
[2]**co.la** *s.f.* 1 substância grudenta, goma 2 *B infrm.* conjunto de respostas preparadas para serem us. às escondidas num exame [ORIGEM: do gr. *kólla,ēs* 'goma, cola']
[3]**co.la** *s.f.* noz-de-cola [ORIGEM: do lat.cien. gên. *Cola*]
co.la.bo.ra.ção [pl.: *-ões*] *s.f.* 1 cooperação, ajuda, auxílio 2 participação em obra literária, científica etc. 3 artigo de jornal ou revista feito por pessoa de fora da redação
co.la.bo.ra.cio.nis.ta *adj.2g.s.2g.* que(m) auxilia ou apoia o inimigo ~ **colaboracionismo** *s.m.*
co.la.bo.ra.dor \ô\ *adj.s.m.* 1 (aquele) que colabora 2 que(m) produz com outro(s) qualquer trabalho ou obra; coautor 3 que(m) escreve para jornal, revista etc. sem pertencer ao grupo permanente de seus redatores
co.la.bo.rar *v.* {mod. 1} *t.i.* 1 (prep. *com*) ajudar (alguém) em tarefa, trabalho etc.; cooperar ↄ atrapalhar 2 (prep. *em, para*) participar (de tarefa, trabalho etc.) 3 (prep. *para*) ter parte (em um resultado); contribuir ⟨*isso vai c. para nosso sucesso*⟩
co.la.ção [pl.: *-ões*] *s.f.* 1 cotejo; comparação 2 concessão de título ou grau superior 3 refeição leve
co.la.gem *s.f.* obra de arte feita de materiais diversos colados sobre uma superfície
co.lá.ge.no *s.m.* proteína fibrilar presente no tecido conjuntivo de animais ~ **colagênico** *adj.*
co.lap.so *s.m.* 1 diminuição ou esgotamento no vigor ou no estado físico geral 2 *fig.* diminuição súbita de eficiência ou poder; ruína ⟨*c. econômico*⟩ ⊡ **c. nervoso** *loc.subst.* termo genérico que indica depressão ou problema psicológico agudo
[1]**co.lar** *s.m.* enfeite de pedras, contas etc., us. em torno do pescoço [ORIGEM: lat. *collare,is* 'id.']
[2]**co.lar** *v.* {mod. 1} *t.d.,t.d.i. e int.* 1 (prep. *a*) [fazer] grudar com cola ↄ descolar, desgrudar ❑ *t.d. e int. B gír.* 2 copiar de outro ou ter consigo indevidamente (respostas, soluções etc.), num exame ❑ *t.d.i. e pron.* 3 (prep. *a, em*) pôr(-se) bem perto (de); grudar(-se) ↄ afastar(-se) ❑ *int. gír.* 4 ser aceito ⟨*a mentira não colou*⟩ [ORIGEM: [2]*cola* ('goma') + [2]*-ar*]
[3]**co.lar** *v.* {mod. 1} *t.d.* receber (cargo, título, grau) [ORIGEM: de *colação*]
co.la.ri.nho *s.m.* 1 gola de camisa 2 *B infrm.* espuma num copo de chope ou cerveja
co.la.ri.nho-bran.co [pl.: *colarinhos-brancos*] *s.m. B* profissional ou funcionário de alto nível
co.la.te.ral *adj.2g.* 1 que está ao lado ou ocorre ao mesmo tempo ■ *adj.2g.s.m.* 2 (parente) que não está em linha direta, p.ex. tios e sobrinhos ~ **colateralidade** *s.f.*
col.cha \ô\ *s.f.* coberta de cama
col.chão [pl.: *-ões*] *s.m.* grande peça estofada onde se deita, ger. us. sobre o estrado da cama ~ **colchoaria** *s.f.* - **colchoeiro** *s.m.*
col.chei.a *s.f.* 1 figura de ritmo que equivale à metade da semínima 2 seu símbolo (♪)
col.che.te \ê\ *s.m.* 1 pequeno gancho de metal para juntar duas partes de uma peça de roupa 2 parênteses retos [ ]
col.cho.ne.te *s.m.* pequeno colchão portátil
col.dre *s.m.* estojo para revólver, ger. preso ao cinto

co.le.ar *v.* {mod. 5} *t.d.,int. e pron.* mover-se em curvas, fazendo zigue-zagues ~ **coleamento** *s.m.* - **coleante** *adj.2g.* - **coleio** *s.m.*

co.le.ção [pl.: *-ões*] *s.f.* **1** conjunto de objetos, reunidos por terem alguma qualidade em comum **2** coletânea, compilação **3** conjunto de modelos de alta-costura **4** grande número, quantidade considerável

co.le.cio.nar *v.* {mod. 1} *t.d.* reunir (objetos) em coleção, considerando qualidade(s) em comum ~ **colecionador** *adj.s.m.*

co.le.ga *s.2g.* companheiro de estudos, trabalho, profissão etc.

co.le.gi.a.do *adj.* **1** que está reunido em colégio ■ *s.m.* **2** órgão cujos membros possuem poderes iguais

co.le.gi.al *s.2g.* **1** aluno de colégio ■ *adj.2g.* **2** próprio de colégio ou desse aluno

co.lé.gio *s.m.* **1** estabelecimento que se dedica ao ensino fundamental ou médio **2** associação de indivíduos de mesma profissão ou atividade ⟨*c. de cirurgiões*⟩ ⊡ c. **eleitoral** *loc.subst.* conjunto dos eleitores de um local, município, estado etc. ⟨*o c. eleitoral do Pará*⟩ ⟨*o c. eleitoral da Academia Brasileira de Letras*⟩

co.le.guis.mo *s.m.* camaradagem; solidariedade

co.lei.ra *s.f.* correia us. em volta do pescoço de cães e outros animais

co.lên.qui.ma *s.m.* tecido vegetal de parede celular com reforços de celulose, para sustentação dos órgãos em desenvolvimento ☞ cf. *esclerênquima*

co.le.óp.te.ro *s.m.* **1** besouro ■ *adj.* **2** relativo a besouro

có.le.ra *s.f.* **1** raiva intensa; ira ■ *s.2g.* **2** doença infecciosa causada pelo vibrião colérico, transmitida esp. pela água, que provoca forte diarreia, cãibras, diminuição da urina e fraqueza ~ **colérico** *adj.*

co.les.te.rol *s.m.* substância produzida pelas células dos vertebrados, presente em gorduras animais, cujo nível elevado está relacionado a doenças cardiovasculares

co.le.ta *s.f.* **1** arrecadação; cota **2** quantia que se paga de imposto **3** ato de colher ou recolher produtos, elementos etc. ⟨*c. de dados*⟩ ⟨*c. de sangue*⟩

co.le.tâ.nea *s.f.* **1** conjunto de textos selecionados de diversas obras **2** coleção de várias obras ou coisas

co.le.tar *v.* {mod. 1} *t.d.* **1** reunir, juntar (dados, provas etc.) **2** fazer a coleta de (doações, pagamentos etc.); recolher **3** colher (sangue, frutas etc.)

co.le.te \ê\ *s.m.* veste curta sem gola nem mangas, us. sobre a camisa

co.le.ti.vi.da.de *s.f.* **1** qualidade do que é coletivo **2** grupo com interesses comuns; agremiação

co.le.ti.vis.mo *s.m.* doutrina pela qual os meios de produção e os bens de consumo são igualmente distribuídos por cada membro da coletividade ~ **coletivista** *adj.2g.s.2g.* - **coletivizar** *v.t.d. e pron.*

co.le.ti.vo *adj.* **1** que abrange, pertence ou é utilizado por muitos ■ *adj.s.m.* GRAM **2** (substantivo) que indica conjunto ■ *s.m.* **3** veículo para transporte de muitas pessoas

co.le.tor \ô\ *adj.s.m.* **1** (o) que coleta ou recebe algo **2** (eletrodo) que coleta elétrons em um componente elétrico ou eletrônico ■ *s.m.* **3** funcionário federal encarregado de arrecadar os impostos determinados em lei

co.le.to.ri.a *s.f.* **1** repartição pública arrecadadora de impostos **2** cargo de coletor

co.lhei.ta *s.f.* **1** coleta de produtos agrícolas **2** *p.ext.* o conjunto desses produtos colhidos num dado período

co.lher *s.f.* **1** utensílio de mesa, composto de um cabo com uma parte côncava na extremidade, us. para misturar, servir e levar alimentos à boca **2** colherada **3** *p.ext.* outros utensílios de feitio semelhante ⟨*c. de pedreiro*⟩ ⊡ **dar uma c. de chá** *fraseol.* facilitar; favorecer

co.lher \ê\ *v.* {mod. 8} *t.d.* **1** tirar (flores, frutos etc.), separando do ramo, da árvore etc. **2** retirar, pegar de um lugar ⟨*c. água do poço*⟩ ⮌ pôr ☞ *do poço* é circunstância que funciona como complemento **3** conseguir (informações, dados etc.) **4** arrecadar, coletar **5** ter plantação de; cultivar **6** *fig.* ter como recompensa ⟨*c. os louros da vitória*⟩ ❑ *t.d. e int.* **7** fazer a colheita (de) ~ **colhimento** *s.m.*

co.lhe.ra.da *s.f.* porção que cabe numa colher

co.lhe.rei.ro *s.m.* ave de pescoço e pernas compridas, plumagem rosada e bico semelhante a uma colher com o qual captura pequenos crustáceos na areia ou na lama

co.li.ba.ci.lo *s.m.* bactéria presente na água, no leite e em certos alimentos e que vive como parasita no intestino

co.li.bri *s.m.* beija-flor

có.li.ca *s.f.* dor espasmódica na cavidade abdominal, esp. no cólon

co.li.dir *v.* {mod. 24} *t.d.,t.i. e int.* **1** (prep. *com*) [fazer] ir de encontro (a); chocar(-se) ⟨*colidiu o carro contra o muro*⟩ ⟨*o carro colidiu com o bonde*⟩ ⟨*colidimos contra o muro*⟩ ☞ *contra o muro* é circunstância que funciona como complemento ❑ *t.i. e int.* **2** (prep. *com*) ser oposto ou contraditório (a); contradizer(-se) ⮌ condizer

co.li.for.me *adj.2g.s.m.* (bacilo) de origem intestinal cuja presença na água indica poluição fecal e contaminação bacteriana potencial

co.li.ga.ção [pl.: *-ões*] *s.f.* associação (de pessoas, entidades, países etc.) que visa a um objetivo comum

co.li.gar *v.* {mod. 1} *t.d.,t.d.i. e pron.* (prep. *a*, *com*) unir(-se) em aliança; aliar(-se) ⮌ separar(-se) ~ **coligativo** *adj.*

co.li.gir *v.* {mod. 24} *t.d.* **1** reunir em coleção; colecionar ❑ *t.d. e t.d.i.* **2** (prep. *com*) juntar, reunir (algo disperso) ⮌ dispersar ❑ *t.d.i.* **3** (prep. *de*) concluir logicamente; deduzir

co.li.na *s.f.* pequena elevação de terreno

co.li.ne.ar *adj.2g.* que está sobre uma mesma reta que outro(s) ⟨*pontos c.*⟩

co.lí.rio *s.m.* **1** medicamento líquido para os olhos **2** *infrm.* pessoa muito bonita ⟨*ele é um c. para os nossos olhos*⟩

co.li.são [pl.: *-ões*] *s.f.* **1** embate entre dois ou mais corpos; batida **2** luta; conflito **3** discordância extrema ⟨*c. de opiniões*⟩ ~ **colisivo** *adj.*

co.li.seu *s.m.* **1** grande anfiteatro **2** *p.ext.* estádio ou ginásio amplo

co.li.te *s.f.* inflamação do cólon

col.lant [fr.; pl.: *collants*] *s.m.* **1** roupa de malha elástica que adere ao corpo ⟨c. *de bailarina*⟩ **2** meia-calça ⇨ pronuncia-se colã

col.mei.a \éi *ou* êi\ *s.f.* **1** habitação de abelhas, natural ou artificial **2** *fig.* acúmulo de coisas ou pessoas ⊙ GRAM/USO segundo a norma culta, a palavra tem timbre fechado; no Brasil, no entanto, a forma mais comum é com o ditongo aberto \éi\ ~ **colmeeiro** *s.m.*

col.mo \ô\ *s.m.* **1** o caule das gramíneas, como o milho, o trigo, a cana etc. **2** palha comprida extraída de diversas plantas

[1]**co.lo** *s.m.* **1** parte do corpo humano que liga a cabeça ao tronco; pescoço **2** porção estreitada de um órgão ⟨*c. do útero*⟩ **3** parte estreita entre o corpo e a cabeça de certos ossos ⟨*c. do fêmur*⟩ **4** espaço da cintura até os joelhos de uma pessoa sentada; regaço [ORIGEM: do lat. *collum,i* 'id.']

[2]**co.lo** *s.m.* cólon [ORIGEM: gr. *kólon,ou* 'id.']

co.lo.ca.ção [pl.: *-ões*] *s.f.* **1** lugar ocupado em uma sequência ⟨*ficou com a segunda c.*⟩ **2** exposição de opinião, proposta, crítica etc. **3** emprego, ocupação ⟨*conseguiu uma boa c. no ministério*⟩

co.lo.car *v.* {mod. 1} *t.d.* **1** pousar sobre; pôr, deixar ⟨*c. o pé no estribo*⟩ ↄ retirar ☞ *no estribo* é circunstância que funciona como complemento **2** fixar, colar ⟨*c. pregos, cartazes na parede*⟩ ☞ *na parede* é circunstância que funciona como complemento **3** arrumar, assentar ⟨*passou o dia a c. tijolos*⟩ **4** pôr em foco, em discussão; propor, aventar **5** usar segundo as normas ⟨*c. vírgulas*⟩ **6** fazer investimento em; aplicar ⟨*c. dinheiro na poupança*⟩ ☞ *na poupança* é circunstância que funciona como complemento ❑ *t.d.i.* **7** (prep. *em*) deixar (alguém) em (certa situação, condição); meter ⟨*c. o amigo em problemas*⟩ ❑ *t.d. e pron.* **8** conseguir emprego (para) ⟨*c. o primo na empresa*⟩ ⟨*custou a c.-se no mercado*⟩ ☞ *na empresa* é circunstância que funciona como complemento **9** (fazer) tomar posição; posicionar(-se) ⟨*c. o filho na fila*⟩ ⟨*c.-se à frente de todos*⟩ ☞ *na fila* é circunstância que funciona como complemento

co.lo.fão [pl.: *-ões*] *s.m.* nos livros, inscrição final que indica data, lugar, tipo de papel em que a obra foi impressa

co.lo.ga.rit.mo *s.m.* logaritmo do inverso de um número

co.loi.de \ói\ *s.m.* sistema sólido, líquido e gasoso, aparentemente homogêneo, no qual partículas se encontram suspensas em um fluido; possui propriedades particulares de dispersão de luz, passagem através de membranas etc. ~ **coloidal** *adj.2g.*

co.lom.bi.a.no *adj.* **1** da Colômbia (América do Sul) ■ *s.m.* **2** natural ou habitante desse país

co.lom.bi.na *s.f.* **1** personagem da antiga comédia italiana, mulher sedutora, esperta e volúvel ☞ inicial maiúsc. **2** traje carnavalesco nela inspirado

có.lon [pl.: *cólones* e *(B) cólons*] *s.m.* porção média do intestino grosso que vai do ceco ao reto; colo

co.lô.nia *s.f.* **1** território ocupado e administrado por um Estado, fora do âmbito de suas fronteiras geográficas **2** grupo de pessoas de mesma origem que habitam uma outra região ou país ⟨*a c. coreana de São Paulo*⟩ **3** *p.ext.* conjunto de organismos de uma mesma espécie e que vivem juntos ⟨*c. de bactérias*⟩ ~ **colonial** *adj.2g.*

co.lo.ni.a.lis.mo *s.m.* política pela qual uma nação mantém sob seu domínio econômico, político ou cultural outra nação ou território ~ **colonialista** *adj.2g.s.2g.*

co.lo.ni.zar *v.* {mod. 1} *t.d.* **1** criar colônia(s) em ou transformar em colônia **2** habitar como colono ~ **colonização** *s.f.* - **colonizador** *adj.s.m.*

co.lo.no *s.m.* **1** habitante de uma colônia **2** quem emigra para povoar uma terra estranha **3** lavrador assalariado que trabalha em terra alheia

co.lo.qui.al *adj.2g.* **1** relativo a colóquio **2** informal

co.ló.quio *s.m.* **1** conversa entre duas ou mais pessoas **2** debate entre especialistas

co.lo.ran.te *adj.2g.* **1** que dá cor ■ *adj.2g.s.m.* **2** (substância) empregada para colorir alimentos, tecidos etc.; corante

co.lo.rar *v.* {mod. 1} *t.d. e pron.* colorir ~ **coloração** *s.f.*

co.lo.rau *s.m.* condimento e colorante vermelho feito de pimentão seco ou de urucum

co.lo.ri.do *adj.* **1** que tem ou recebeu cores ⟨*livro c.*⟩ **2** que tem cores vivas, fortes ⟨*vestia uma blusa c. e bufante*⟩ ↄ pálido ■ *adj.s.m.* **3** (o) que tem vivacidade, brilho ⟨*estilo c.*⟩ ⟨*o c. de um trecho musical*⟩ ■ *s.m.* **4** efeito do uso e distribuição das cores **5** cor ou mistura de cores ⟨*o c. de um vitral*⟩

co.lo.rir *v.* {mod. 24} *t.d. e pron.* **1** (fazer) adquirir cor(es) ↄ descolorir(-se) ❑ *t.d. fig.* **2** tornar vivo ou expressivo ⟨*c. as descrições*⟩ **3** enfeitar, ornar ⟨*luzes coloriam a cena*⟩

co.lo.ri.zar *v.* {mod. 1} *t.d.* dotar de cores (filmes em preto e branco) ~ **colorização** *s.f.*

co.los.sal *adj.2g.* **1** que tem dimensões de colosso; enorme, imenso ↄ minúsculo **2** muito vasto, muito extenso ⟨*império c.*⟩ **3** *fig.* espantoso, extraordinário ⟨*bravura c.*⟩

co.los.so \ô\ *s.m.* **1** estátua gigantesca **2** *p.ext.* pessoa ou coisa muito grande ou excelente

co.los.tro \ô\ *s.m.* líquido amarelado rico em anticorpos, secretado pelas glândulas mamárias alguns dias antes e logo após o parto

col.pi.te *s.f.* inflamação das paredes da vagina; vaginite

co.lu.brí.deo *s.m.* ZOO **1** espécime dos colubrídeos, grande família de serpentes, com cerca de 1.000 espécies, ger. inofensivas ao homem, encontradas em todos os continentes, tanto na água doce como na terra ■ *adj.* **2** relativo a essa família

co.lum.bí.deo *s.m.* ZOO **1** espécime dos columbídeos, família de aves com cabeça pequena e arredondada, corpo pesado, conhecidas como pombas ou rolas ■ *adj.* **2** relativo a essa família

co.lu.na *s.f.* **1** pilar cilíndrico que sustenta ou enfeita construções **2** *p.ext.* o que atinge uma altura considerável, apresentando forma mais ou menos cilíndrica ⟨*c. de fumaça*⟩ **3** *fig.* cada uma das divisões verticais de uma página impressa **4** *p.ext.* seção regularmente publicada em periódico **5** tropa em deslocamento ou alinhada em fila ▣ c. **vertebral** *loc.subst.* conjunto das vértebras superpostas, na parte dorsal do tronco, do crânio ao cóccix; raque

co.lu.nis.ta *adj.2g.s.2g.* que(m) escreve crônicas, comentários etc. em periódicos

com– *pref.* → *co-*

com *prep.* **1** expressa mais comumente os sentidos de: **1.1** companhia; união ⟨*café c. leite*⟩ **1.2** comparação ⟨*são muito parecidos c. a mãe*⟩ **1.3** modo de ser ou de agir ⟨*cozinhar c. prazer*⟩ **1.4** simultaneidade ⟨*acorda c. as galinhas*⟩ **1.5** objetivo; propósito ⟨*saiu c. a intenção de voltar logo*⟩ **1.6** meio ou instrumento ⟨*pegou a caneta c. um guardanapo*⟩

¹co.ma *s.f.* **1** juba, penacho ou cabelo crescido **2** copa de árvore frondosa **3** cabeleira ('nuvem') [ORIGEM: do lat. *coma,ae* 'id.']

²co.ma *s.f.* nas partituras musicais, sinal em forma de vírgula que indica o momento para respirar [ORIGEM: do lat. *comma,ătis* 'membro do período, parte de uma frase ou de um verso']

³co.ma *s.m.* estado de inconsciência profunda [ORIGEM: do gr. *kôma,atos* 'sono profundo'] ~ **comatoso** *adj.*

co.ma.dre *s.f.* **1** a madrinha de uma pessoa em relação aos pais desta **2** a mãe de uma pessoa em relação aos padrinhos desta **3** *p.ext. infrm.* mulher com quem se mantém estreita relação de amizade **4** *infrm.* urinol achatado us. por doentes que não podem se levantar da cama ⊙ GRAM/USO masc.: *compadre*

co.man.da *s.f.* **1** talão onde o garçom anota os pedidos **2** *p.ext.* o papel onde essa anotação é feita

co.man.dan.te *adj.2g.s.2g.* **1** que(m) comanda ■ *s.m.* **2** oficial que exerce comando

co.man.dar *v.* {mod. 1} *t.d.* **1** ter autoridade sobre; mandar ⟨*c. uma tropa*⟩ ↄ subordinar-se **2** administrar, governar ⟨*c. uma fábrica*⟩ **3** chefiar, coordenar ⟨*c. um assalto, uma equipe*⟩ **4** *fig.* ter domínio sobre; controlar ⟨*não pôde c. as pernas*⟩

co.man.di.ta *s.f.* sociedade comercial em que alguns sócios entram com capital mas não gerenciam os negócios ~ **comanditário** *adj.s.m.*

co.man.do *s.m.* **1** função ou posto de comandante **2** controle ⟨*perdeu o c. da situação*⟩ **3** força militar para operações especiais **4** INF instrução de um programa de computador que, especificada pelo usuário, faz com que uma determinada ação se realize

co.mar.ca *s.f.* região sob a jurisdição de um juiz de direito

com.ba.lir *v.* {mod. 24} *t.d. e pron.* **1** tornar(-se) fraco; debilitar(-se) ↄ fortalecer(-se) **2** (fazer) sofrer abalo emocional; abater(-se) ⊙ GRAM/USO verbo defectivo

com.ba.te *s.m.* **1** batalha, refrega **2** *fig.* discussão sobre um assunto

com.ba.ter *v.* {mod. 8} *t.d.,t.i. e int.* **1** (prep. *por, contra*) lutar em combate ❑ *t.d.* **2** ser contra; opor-se a **3** argumentar contra; contestar ~ **combatente** *adj.2g.s.2g.*

com.ba.ti.vo *adj.* **1** que tem espírito de combatente **2** que não recusa lutar **3** brigão **4** que defende ativamente uma causa; militante ~ **combatividade** *s.f.*

com.bi.na.ção [pl.: *-ões*] *s.f.* **1** ordenação de coisas por suas semelhanças ou diferenças **2** acordo, entendimento **3** conjunto de números que regulam a fechadura de um cofre **4** peça íntima feminina us. sob o vestido ~ **combinatório** *adj.*

com.bi.nar *v.* {mod. 1} *t.d. e t.d.i.* **1** (prep. *com*) unir (coisas diferentes ou afins); juntar **2** (prep. *com*) pactuar (ação, resolução etc.) [com alguém] ❑ *t.d.,t.d.i.,t.i. e int.* **3** (prep. *com*) pôr(-se) em harmonia; ajustar(-se), condizer ↄ destoar

com.bo [ing.; pl.: *combos*] *s.m.* **1** MÚS pequeno conjunto de *jazz* de no máximo oito músicos **2** combinação de diferentes produtos que se vendem juntos, ger. por um preço menor que o cobrado por cada item separadamente ⟨c. *de pipoca e refrigerante*⟩ ⇨ pronuncia-se **combou**, *corrente* combo

com.boi.o \ô\ *s.m.* **1** série de veículos que se deslocam juntos **2** série de navios mercantes ou de guerra que navegam escoltados **3** conjunto de vagões puxados por locomotiva; trem

com.bu.ren.te *adj.2g.s.2g.* (o) que queima ou alimenta a combustão

com.bus.tão [pl.: *-ões*] *s.f.* **1** ato ou efeito de queimar **2** fenômeno da combinação de oxigênio com uma substância combustível, gerando luz e calor

com.bus.tí.vel *adj.2g.* **1** que tem a propriedade de se queimar ou de se consumir pela combustão ■ *adj.2g.s.m.* **2** (matéria) que se queima para gerar energia térmica **3** (elemento químico) que libera energia por fissão ou fusão ~ **combustibilidade** *s.f.*

co.me.çar *v.* {mod. 1} *t.d. e int.* **1** dar início a ou ter início ↄ findar, acabar ❑ *int.* **2** fazer a primeira experiência ou tentativa

co.me.ço \ê\ *s.m.* **1** momento inicial; princípio **2** causa primeira; origem

co.mé.dia *s.f.* **1** peça teatral ou filme que provoca o riso **2** *fig.* pessoa ou fato cômico; ridículo

co.me.di.an.te *s.2g.* ator ou atriz de comédia

co.me.di.do *adj.* moderado, criterioso ↄ exagerado

co.me.di.men.to *s.m.* **1** moderação, sobriedade **2** prudência

co.me.dir *v.* {mod. 24} *t.d. e pron.* pôr(-se) no meio-termo; moderar(-se), controlar(-se) ↄ descontrolar(-se) ⊙ GRAM/USO verbo defectivo

co.me.mo.ra.ção [pl.: *-ções*] *s.f.* **1** ato ou efeito de comemorar, de trazer à lembrança; memoração, recordação **2** cerimônia festiva em que se comemora um acontecimento ou uma pessoa

co.me.mo.rar *v.* {mod. 1} *t.d.* fazer festa, solenidade por; celebrar ~ **comemorativo** *adj.*

co.men.da *s.f.* **1** antigo benefício concedido a militar ou eclesiástico **2** distinção honorífica ~ **comendadoria** *s.f.*

co.men.da.dor \ô\ *s.m.* quem recebeu comenda

co.men.sal *s.2g.* **1** cada um daqueles que comem juntos **2** BIO organismo que vive em comensalismo ☞ nas duas acp., tb. us. como adj.2g. ~ **comensalidade** *s.f.*

co.men.sa.lis.mo *s.m.* BIO tipo de associação de dois organismos de espécies diferentes, com benefício para um deles, mas sem prejuízo para o outro; inquilinismo

co.men.su.rar *v.* {mod. 1} *t.d.* **1** avaliar tamanho, extensão etc. de; medir **2** em matemática, medir (grandezas) com a mesma unidade ~ **comensurabilidade** *s.f.* - **comensurável** *adj.2g.*

co.men.tar *v.* {mod. 1} *t.d. e t.d.i.* **1** (prep. *com*) conversar (com alguém) sobre ☐ *t.d.* **2** tornar compreensível, interpretar **3** analisar criticamente

co.men.tá.rio *s.m.* **1** observação crítica ou esclarecedora **2** parecer, ponto de vista

co.men.ta.ris.ta *adj.2g.s.2g.* que(m) comenta fatos, textos, notícias etc. na imprensa falada e escrita ⟨*c. esportivo*⟩

co.mer *v.* {mod. 8} *t.d.* **1** pôr (alimentos) na boca, mastigando-os e engolindo-os **2** em xadrez e damas, eliminar (pedras do adversário) **3** corroer, gastar **4** omitir, eliminar **5** roubar, furtar **6** *gros.* manter relação sexual com ☐ *t.i. fig.* **7** (prep. *de*) experimentar, provar ☐ *int.* **8** alimentar-se ~ **comedor** *adj.s.m.* - **comedouro** *s.m.*

co.mer.ci.al *adj.2g.* **1** relativo a comércio **2** que dá ou pode dar lucro ■ *s.m.* **3** mensagem publicitária veiculada em rádio ou televisão; propaganda, reclame, anúncio

co.mer.ci.a.li.zar *v.* {mod. 1} *t.d.* **1** pôr no comércio **2** tornar comerciável ou comercial ☐ *t.d.i.* **3** (prep. *com*) fazer negócio de (mercadoria, serviço) [com empresa, pessoa etc.] ~ **comercialização** *s.f.*

co.mer.ci.an.te *adj.2g.s.2g.* que(m) trabalha com comércio

co.mer.ci.ar *v.* {mod. 1} *int.* **1** fazer negócios, exercer comércio ☐ *t.i. e t.d.i.* **2** (prep. *com*) fazer comércio (de mercadoria, serviço etc.) [com pessoa, empresa etc.]

co.mer.ci.á.rio *adj.s.m. B* que(m) trabalha no comércio

co.mér.cio *s.m.* **1** troca, compra ou venda com fins lucrativos **2** classe dos comerciantes **3** aglomerado de lojas em um bairro, cidade etc. ⊡ **c. eletrônico** *loc.subst.* comércio em que as transações são feitas pela internet

co.mes.tí.vel *adj.2g.s.m.* (o) que se pode comer

co.me.ta \ê\ *s.m.* astro de cauda luminosa que gira em torno do Sol

co.me.ter *v.* {mod. 8} *t.d.* **1** fazer que ocorra; consumar ⟨*c. uma loucura*⟩ **2** praticar, perpetrar ⟨*c. um crime*⟩ ~ **cometida** *s.f.*

co.me.ti.men.to *s.m.* **1** execução **2** ato praticado **3** tentativa arriscada; aventura **4** encargo, obrigação

co.me.zai.na *s.f.* **1** refeição farta **2** festa para se comer e beber muito

co.me.zi.nho *adj.* **1** fácil de comer **2** fácil de entender; simples **3** corriqueiro

co.mi.chão [pl.: *-ões*] *s.f.* **1** coceira **2** desejo ansioso

co.mi.char *v.* {mod. 1} *t.d. e int.* causar ou sentir comichão

co.mí.cio *s.m.* manifestação política de rua que reúne cidadãos em torno de alguém que discursa

cô.mi.co *adj.* **1** relativo a comédia **2** que diverte e/ou causa riso ■ *s.m.* **3** ator ou autor de comédias ~ **comicidade** *s.f.*

co.mi.da *s.f.* **1** aquilo que se come; alimento **2** refeição ⟨*a família se reunia na hora da c.*⟩ **3** culinária ⟨*a c. baiana é muito apreciada*⟩

co.mi.go *pron.p.* **1** com a minha pessoa ⟨*foi c. à festa*⟩ **2** em minha companhia ⟨*viveu c. muitos anos*⟩ **3** em mim ⟨*trago c. uma boa impressão daquela gente*⟩

co.mi.go-nin.guém-po.de *s.m.2n.* planta nativa da Amazônia, ornamental, venenosa e de folhas verdes com manchas brancas

co.mi.lan.ça *s.f.* ação de comer demais

co.mi.lão [pl.: *-ões*; fem.: *comilona*] *adj.s.m.* glutão

co.mi.nar *v.* {mod. 1} *t.d.i.* (prep. *a*) fazer ameaça de ou impor (castigo, pena) [a alguém], por infração cometida ~ **cominação** *s.f.* - **cominativo** *adj.* - **cominatório** *adj.*

co.mi.nho *s.m.* erva aromática cuja semente é us. como tempero

co.mi.se.ra.ção [pl.: *-ões*] *s.f.* piedade ~ **comiserativo** *adj.*

co.mi.se.rar *v.* {mod. 1} *t.d. e pron.* inspirar ou sentir piedade, compaixão

co.mis.são [pl.: *-ões*] *s.f.* **1** incumbência **2** grupo de pessoas encarregadas de resolver um assunto **3** trabalho ou cargo temporário **4** prêmio pago a uma pessoa pela execução de um serviço ⊡ **c. executiva** *loc.subst.* grupo responsável pela execução das decisões tomadas pelos membros do partido, agremiação ou reunião a que pertence; executiva • **c. parlamentar de inquérito** *loc.subst.* grupo de deputados, vereadores ou especialistas num dado setor, encarregado de realizar um inquérito, após escândalo, denúncias de corrupção etc. [sigla: *CPI*]

co.mis.sa.ri.a.do *s.m.* **1** cargo de comissário **2** local onde esse cargo é exercido

co.mis.sá.rio *s.m.* **1** aquele que exerce uma incumbência **2** delegado de polícia ⊡ **c. de bordo** *loc.subst.* em aviões comerciais, tripulante encarregado do atendimento aos passageiros durante o voo

co.mis.sio.nar *v.* {mod. 1} *t.d.* **1** dar a (alguém) comissão, esp. cargo ou mandato **2** confiar a (alguém) tarefa temporária ~ **comissionado** *adj.s.m.*
co.mis.su.ra *s.f.* **1** ponto, superfície ou linha de união de duas partes correspondentes **2** ANAT nome genérico das junções dos lados de aberturas em forma de fenda, no corpo, p.ex., pálpebras, lábios etc.
co.mi.tê *s.m.* **1** grupo encarregado de resolver determinado assunto; comissão **2** o local de reunião desse grupo
co.mi.ti.va *s.f.* grupo de pessoas que acompanha alguém ou algo; séquito
co.mo *conj.caus.* **1** porque; visto que ⟨*c. estava atrasado, acelerou o passo*⟩ ■ *conj.confr.* **2** do mesmo modo que; tal qual ⟨*ela adula o menino, c. fazem todas as mães*⟩ ■ *adv.* **3** de que modo ⟨*c. chegaram a lugar tão longínquo?*⟩ **4** quanto; quão ⟨*c. me sinto bem naquela fazenda!*⟩
co.mo.ção [pl.: *-ões*] *s.f.* **1** emoção forte **2** agitação, revolta popular **3** MED distúrbio no funcionamento de um órgão em decorrência de abalo físico ou nervoso
cô.mo.da *s.f.* móvel de gavetas sobrepostas us. para guardar roupas
co.mo.di.da.de *s.f.* **1** conforto, adequação **2** facilidade, conveniência
co.mo.dis.ta *adj.2g.s.2g.* que(m) só pensa em sua própria comodidade ~ **comodismo** *s.m.*
cô.mo.do *adj.* **1** que atende à finalidade a que se destina; conveniente **2** confortável ■ *s.m.* **3** cada divisão do interior de uma casa; aposento
co.mo.ven.te *adj.2g.* que comove; emocionante, triste
co.mo.ver *v.* {mod. 8} *t.d.,int. e pron.* **1** emocionar(-se), impressionar(-se) **2** (fazer) perder a dureza de alma; enternecer(-se) ⮌ endurecer ❑ *t.d.* **3** mover fortemente; agitar ⮌ serenar ~ **comovedor** *adj.s.m.*
com.pac.tar *v.* {mod. 1} *t.d.* **1** tornar (mais) compacto **2** juntar (partes, elementos etc.) num todo ⮌ separar **3** INF *B* comprimir (dados), de forma a ocupar menor espaço na memória ~ **compactação** *s.f.*
com.pac.to *adj.* **1** cujas partes constituintes estão muito próximas; condensado, comprimido **2** cujas partes estão firmemente unidas; maciço, denso **3** de pequeno tamanho; reduzido ■ *s.m.* **4** edição resumida de programa de rádio ou TV **5** pequeno disco de vinil
com.pac.tu.ar *v.* {mod. 1} *t.i.* (prep. *com*) ser conivente; condescender ⮌ opor-se
com.pa.de.cer *v.* {mod. 8} *pron.* **1** (prep. *de*) sentir compaixão por; apiedar-se ❑ *t.d.* **2** inspirar compaixão em ~ **compadecimento** *s.m.*
com.pa.dre [fem.: *comadre*] *s.m.* **1** o padrinho de uma pessoa em relação aos pais desta **2** o pai de uma pessoa em relação aos padrinhos desta **3** *p.ext. infrm.* indivíduo com quem se mantém estreita relação de amizade
com.pa.dri.o *s.m.* **1** relação entre compadres **2** *p.ext.* sentimento de grande amizade ~ **compadresco** *adj.s.m.*
com.pai.xão [pl.: *-ões*] *s.f.* piedade
com.pa.nhei.ris.mo *s.m.* convívio amigável e solidário; coleguismo, camaradagem
com.pa.nhei.ro *adj.s.m.* **1** que(m) faz companhia ■ *s.m.* **2** camarada, amigo **3** homem em relação à mulher com quem vive
com.pa.nhi.a *s.f.* **1** aquele ou aquilo que acompanha **2** presença de algo ou alguma coisa perto de alguém; convívio ⟨*os idosos gostam da c. de cães ou gatos*⟩ **3** sociedade comercial ou industrial **4** associação de pessoas para desenvolver um trabalho comum ⟨*c. de teatro, de dança*⟩ **5** subdivisão do batalhão ('unidade militar')
com.pa.ra.ção [pl.: *-ões*] *s.f.* ato ou efeito de comparar; cotejo, confronto
com.pa.rar *v.* {mod. 1} *t.d. e t.d.i.* **1** (prep. *com,a*) aproximar (coisas, seres, ideias) para achar suas semelhanças e diferenças ❑ *t.d.,t.d.i. e pron.* **2** (prep. *com,a*) igualar(-se), equiparar(-se) ⮌ diferenciar(-se) ~ **comparável** *adj.2g.*
com.pa.ra.ti.vo *adj.* que envolve comparação
com.pa.re.cer *v.* {mod. 8} *int.* (prep. *a, em*) ir a ou estar em local, evento etc. ⮌ faltar
com.pa.re.ci.men.to *s.m.* ato ou efeito de comparecer; apresentação de uma pessoa em determinado lugar a que foi convidada ou convocada
com.par.sa *s.2g.* cúmplice
com.par.ti.lhar *v.* {mod. 1} *t.d. e t.i.* **1** (prep. *de*) ter ou tomar parte em; participar ❑ *t.d.i.* **2** (prep. *com*) repartir (algo) [com alguém]; partilhar ~ **compartilhamento** *s.m.* - **compartilhante** *adj.2g.s.2g.*
com.par.ti.men.tar *v.* {mod. 1} *t.d.* **1** dividir em compartimentos **2** *fig.* separar em partes, categorias
com.par.ti.men.to *s.m.* cada uma das divisões de uma casa, móvel etc.
com.par.tir *v.* {mod. 24} *t.d. e t.i.* **1** (prep. *de*) participar de; compartilhar ⟨*c. (de) dor alheia*⟩ ❑ *t.d.i.* **2** (prep. *com*) partilhar, dividir ⟨*c. alegrias com amigos*⟩ ❑ *t.d.* **3** compartimentar
com.pas.sar *v.* {mod. 1} *t.d.* **1** medir com compasso **2** dividir com simetria **3** dar ritmo regular a ⮌ descompassar **4** tornar mais lento ou espaçado
com.pas.si.vo *adj.* que se compadece; piedoso
com.pas.so *s.m.* **1** instrumento para traçar círculos ou transferir medidas que consiste de duas hastes móveis presas em uma extremidade **2** medida do tempo musical
com.pa.ti.bi.li.zar *v.* {mod. 1} *t.d.,t.d.i. e pron.* (prep. *com*) tornar(-se) compatível; harmonizar(-se) ⮌ incompatibilizar(-se)
com.pa.tí.vel *adj.2g.* **1** capaz de coexistir **2** que pode funcionar conjuntamente ⟨*equipamentos c.*⟩ ~ **compatibilidade** *s.f.*
com.pa.tri.o.ta *adj.2g.s.2g.* que(m) é do mesmo país ou mesma região
com.pe.lir *v.* {mod. 28} *t.d.* **1** fazer deslocar-se à força; empurrar ❑ *t.d.i. fig.* **2** (prep. *a*) fazer agir sob coação; obrigar ⮌ desobrigar

com.pên.dio *s.m.* **1** resumo de uma teoria, ciência etc. **2** livro que contém esse resumo ~ **compendiar** *v.t.d.* - **compendioso** *adj.*

com.pe.ne.tra.do *adj.* **1** que se compenetrou **2** concentrado, absorto ⊃ disperso

com.pe.ne.trar *v.* {mod. 1} *t.d.i. e pron.* (prep. *de*) levar ou passar a crer; convencer(-se) ⊃ dissuadir(-se) ~ **compenetração** *s.f.*

com.pen.sa.ção [pl.: *-ões*] *s.f.* **1** ação de compensar **2** benefício, recompensa **3** liberação do valor de um cheque depositado

com.pen.sa.do *s.m.* **1** chapa formada por lâminas finas de madeira prensadas ■ *adj.* **2** que se compensou

com.pen.sa.dor \ô\ *adj.s.m.* **1** (o) que compensa ■ *adj.* **2** vantajoso **3** gratificante

com.pen.sar *v.* {mod. 1} *t.d.,t.d.i.,int. e pron.* **1** (prep. *com*) reparar (algo bom ou ruim) [com o efeito oposto]; contrabalançar ❑ *t.d.* **2** estabelecer o equilíbrio entre; contrabalançar ⊃ desequilibrar **3** regular (bússola, balança etc.) **4** fazer a compensação de (cheque) ~ **compensativo** *adj.* - **compensatório** *adj.*

com.pe.tên.cia *s.f.* **1** conjunto de conhecimentos ou habilidades; aptidão **2** autoridade atribuída a um indivíduo por seu cargo ou sua função; atribuição, alçada

com.pe.ten.te *adj.2g.* **1** que tem competência **2** adequado, conveniente

com.pe.ti.ção [pl.: *-ões*] *s.f.* **1** ação de competir **2** prova esportiva em que concorrem pessoas ou equipes

com.pe.ti.dor \ô\ *adj.s.m.* (o) que compete; concorrente

com.pe.tir *v.* {mod. 28} *t.i. e int.* **1** (prep. *com*) entrar em concorrência simultânea (com); concorrer ❑ *t.i.* **2** (prep. *a*) ser da responsabilidade ou direito de; caber

com.pi.lar *v.* {mod. 1} *t.d.* reunir numa obra (textos de origens diversas) ~ **compilação** *s.f.* - **compilador** *adj.s.m.*

com.pla.cên.cia *s.f.* **1** disposição de atender os desejos de outra pessoa para agradar-lhe; tolerância **2** *pej.* condescendência ou submissão condenável **3** brandura, benignidade ~ **complacente** *adj.2g.*

com.plei.ção [pl.: *-ões*] *s.f.* **1** constituição física **2** índole; temperamento

[1]**com.ple.men.tar** *v.* {mod. 1} *t.d. e pron.* dar ou receber complemento; completar(-se) ⊃ retirar [ORIGEM: *complemento* + [2]*-ar*] ~ **complementação** *s.f.*

[2]**com.ple.men.tar** *adj.2g.* relativo a ou que é o complemento de algo ⟨*cores, explicações c.*⟩ [ORIGEM: *complemento* + [1]*-ar*] ~ **complementaridade** *s.f.*

com.ple.men.to *s.m.* o que completa ou aperfeiçoa um todo

com.ple.ta.men.te *adv.* **1** de modo completo, inteiro; totalmente, inteiramente ⟨*os açudes estão c. cheios*⟩ ⟨*o pedido não foi c. atendido*⟩ ⊃ parcialmente **2** em alto grau; totalmente, absolutamente ⟨*ficou c. surpresa com a notícia*⟩

com.ple.tar *v.* {mod. 1} *t.d. e pron.* **1** acrescentar a (algo) o que falta para torná-lo completo ou perfeito ⊃ suprimir ❑ *t.d.* **2** concluir, terminar **3** atingir (número, valor etc.)

com.ple.to *adj.* **1** que possui todas as partes integrantes **2** *fig.* concluído, perfeito **3** no máximo da capacidade

com.ple.tu.de *s.f.* qualidade do que está perfeito, acabado

com.ple.xo \cs\ *adj.* **1** que se compõe de elementos diversos relacionados entre si ■ *s.m.* **2** conjunto, aglomerado **3** PSIC conjunto de sentimentos de forte valor emocional que se refletem na personalidade de uma pessoa ~ **complexidade** *s.f.*

com.pli.ca.ção [pl.: *-ões*] *s.f.* **1** ato ou efeito de complicar(-se) ⊃ simplificação **2** estado ou condição do que é complicado; complexidade ⊃ simplicidade **3** aquilo que complica; dificuldade, complicador ⊃ facilidade **4** coisa complicada, confusa ⟨*a trama da história era uma c.*⟩ **5** MED surgimento de um novo processo patológico durante a evolução de uma doença ou em consequência de cirurgia ou outro procedimento ⟨*morreu por causa das c. de uma pneumonia*⟩

com.pli.ca.do *adj.* **1** que apresenta complicação ou dificuldade; complexo, difícil ⟨*máquina c.*⟩ ⟨*texto c.*⟩ ⊃ simples, fácil **2** que se comporta de maneira obsessiva ou imprevisível; que cria complicações ⟨*uma pessoa c.*⟩

com.pli.car *v.* {mod. 1} *t.d. e pron.* **1** tornar(-se) menos simples de apreender, usar, resolver ⊃ simplificar **2** MED tornar(-se) pior; agravar(-se) ❑ *t.d.i.* **3** (prep. *em*) conduzir a (problema, constrangimento etc.); comprometer ⟨*c. o amigo numa situação embaraçosa*⟩ ~ **complicador** *adj.s.m.*

com.plô *s.m.* conspiração; trama secreta

com.po.nen.te *adj.2g.s.2g.* (o) que é parte de um todo

com.por *v.* {mod. 23} *t.d. e pron.* **1** fazer parte de ou ser formado por **2** pôr(-se) em harmonia; reconciliar(-se) ⊃ desarmonizar(-se), desavir(-se) ❑ *t.d.* **3** criar (música, poema etc.) **4** dar boa ou melhor disposição a; arrumar ⟨*c. a roupa, os móveis*⟩ ❑ *pron.* **5** arrumar-se, ajeitar-se ⟨*c.-se para sair*⟩ ⊃ desarrumar-se ⊙ GRAM/USO part.: *composto*

com.por.ta *s.f.* porta que retém a água num dique

com.por.ta.men.to *s.m.* procedimento, conduta

com.por.tar *v.* {mod. 1} *t.d.* **1** dar condições para; possibilitar ⊃ impossibilitar **2** conter ou poder conter em si **3** ter como exigência; requerer ⊃ dispensar **4** ter como consequência; envolver ❑ *pron.* **5** proceder socialmente **5.1** portar-se bem ⊃ exceder-se

com.po.si.ção [pl.: *-ões*] *s.f.* **1** organização das partes de um todo; disposição, arrumação **2** criação artística, esp. musical **3** redação escolar **4** acordo, consenso **5** na indústria gráfica, montagem dos elementos tipográficos para fazer a impressão **6** conjunto dos vagões de um trem **7** GRAM processo de formação de palavra pela união de elementos independentes ☞ cf. *aglutinação* e *justaposição*

com.po.si.tor \ô\ *s.m.* indivíduo que compõe música

com.pos.ta *s.f.* espécime das compostas, família de ervas em forma de arbustos, árvores e trepadeiras, em sua maioria daninhas, mas também cultivadas como medicinais, na produção de inseticidas, como alimento ou pelas flores, como p.ex. a margarida, a dália, a alface, a alcachofra e o girassol

com.pos.to \ô\ [pl.: *compostos* \ó\] *adj.* **1** formado por mais de um elemento ■ *s.m.* **2** QUÍM mistura homogênea de diferentes átomos ou moléculas

com.pos.tu.ra *s.f.* decência, recato, comedimento

com.po.ta *s.f.* doce de fruta cozida em calda de açúcar

com.po.tei.ra *s.f.* recipiente de vidro, provido de tampa e pé, para compotas

com.pra *s.f.* **1** ato ou efeito de comprar **2** aquilo que se compra

com.prar *v.* {mod. 1} *t.d. e t.d.i.* **1** (prep. *de*) adquirir, pagando (a pessoa, empresa etc.), a propriedade ou o uso de ⮌ vender ❑ *t.d.* **2** *fig.* conseguir com muito esforço ⟨*comprou sua paz ao quitar as dívidas*⟩ **3** subornar ou conseguir com suborno ⟨*c. um fiscal o silêncio do réu*⟩ **4** apanhar (carta) do baralho ~ **comprador** *adj.s.m.*

com.pra.zer *v.* {mod. 13} *t.i. e int.* **1** (prep. *a*, *com*) ser gentil (com) ❑ *t.i.* **2** (prep. *a*) ceder, atender (a súplica, pedido etc.) ⮌ negar **3** (prep. *com*) ser tolerante, piedoso ⟨*c. com os relapsos*⟩ ❑ *pron.* **4** (prep. *com*, *de*) experimentar deleite; deliciar-se ⊙ GRAM/USO verbo abundante ~ **comprazimento** *s.m.*

com.pre.en.der *v.* {mod. 8} *t.d.* **1** conter em si; abranger ⮌ excluir **2** apreender o sentido de; entender ⮌ desentender **3** ter compreensão, simpatia, atenção com ⟨*c. os jovens, os pobres*⟩ ⮌ antipatizar ~ **compreendido** *adj.s.m.*

com.pre.en.são [pl.: *-ões*] *s.f.* **1** percepção, entendimento **2** domínio intelectual de um assunto **3** complacência, indulgência ~ **compreensivo** *adj.*

com.pres.sa *s.f.* **1** pedaço de tecido no qual se aplica medicamento e se comprime sobre uma ferida **2** tecido embebido em água quente ou fria que se põe sobre o corpo para aliviar dor ou febre

com.pres.são [pl.: *-ões*] *s.f.* **1** ação de comprimir **2** aperto, pressão **3** contração ~ **compressibilidade** *s.f.*

com.pres.sor \ô\ *adj.s.m.* **1** (o) que comprime ■ *s.m.* **2** máquina de comprimir fluidos

com.pri.do *adj.* **1** extenso ou longo **2** alto

com.pri.men.to *s.m.* a maior ou mais longa dimensão de um objeto ☞ cf. *cumprimento*

com.pri.mi.do *adj.* **1** que sofreu compressão ■ *s.m.* **2** pequena massa rígida de medicamento para ser ingerida; pílula ⊙ GRAM/USO part. de *comprimir*

com.pri.mir *v.* {mod. 24} *t.d. e pron.* **1** pressionar(-se), amassar(-se) **2** reduzir(-se) volume por pressão; contrair(-se) ⮌ expandir(-se)

com.pro.ba.tó.rio *adj.* que comprova; comprovatório

com.pro.me.te.dor \ô\ *adj.s.m.* (o) que compromete ou pode comprometer

com.pro.me.ter *v.* {mod. 8} *t.d. e pron.* **1** expor(-se) a risco ou embaraço ⮌ precaver(-se) ❑ *t.d.* **2** causar dano a **3** dar como garantia moral; empenhar ❑ *pron.* **4** (prep. *com*, *a*) obrigar-se por compromisso ⮌ descomprometer-se **5** (prep. *com*) combinar casamento ~ **comprometimento** *s.m.*

com.pro.mis.so *s.m.* **1** obrigação assumida **2** combinação entre pessoas ou instituições; pacto, trato, acordo ~ **compromissivo** *adj.* - **compromissório** *adj.*

com.pro.va.ção [pl.: *-ões*] *s.f.* prova, confirmação ~ **comprovativo** *adj.* - **comprovatório** *adj.*

com.pro.van.te *adj.2g.s.m.* **1** (o) que comprova ■ *s.m.* **2** documento que comprova algo ⟨*c. de venda*⟩ ⟨*c. de rendimentos*⟩

com.pro.var *v.* {mod. 1} *t.d.* **1** afirmar como verdadeiro; confirmar ⮌ contestar **2** afirmar com prova(s); provar ⮌ contestar ❑ *t.d. e t.d.i.* **3** (prep. *a*) tornar evidente; demonstrar ⟨*c. sua coragem (a todos)*⟩ ⮌ esconder, dissimular ~ **comprovador** *adj.s.m.*

com.pul.são [pl.: *-ões*] *s.f.* tendência irresistível que leva um sujeito a comportar-se de forma contrária a sua vontade

com.pul.sar *v.* {mod. 1} *t.d.* folhear (livros, documentos etc.) pesquisando ~ **compulsação** *s.f.*

com.pul.si.vo *adj.* **1** relativo a ou que envolve compulsão **2** irrefreável; inflexível

com.pul.só.ria *s.f.* **1** aposentadoria imposta a servidores públicos por limite de idade **2** sentença de um juiz para que outro, inferior, cumpra ordem sua

com.pul.só.rio *adj.* obrigatório

com.pun.ção [pl.: *-ões*] *s.f.* **1** grave pesar; arrependimento **2** manisfestação desse sentimento; contrição

com.pun.gir *v.* {mod. 24} *t.d. e pron.* **1** (prep. *de*) causar ou sentir arrependimento **2** afligir(-se) moralmente; atormentar(-se) **3** (fazer) perder a dureza de alma; sensibilizar(-se) ⮌ insensibilizar(-se) ~ **compungimento** *s.m.* - **compungitivo** *adj.*

com.pu.ta.ção [pl.: *-ões*] *s.f.* **1** cômputo, contagem **2** processamento de dados por computador

com.pu.ta.dor \ô\ *adj.s.m.* **1** (o) que computa ou calcula ■ *s.m.* **2** equipamento eletrônico capaz de guardar, analisar e processar dados de acordo com programas previamente estabelecidos ~ **computadorização** *s.f* - **computadorizar** *v.t.d. e int.*

com.pu.tar *v.* {mod. 1} *t.d. e t.d.i.* **1** (prep. *em*) fixar a contagem de (algo) [em um valor]; calcular ❑ *t.d.i.* **2** (prep. *entre*) incluir, inscrever ⮌ excluir

côm.pu.to *s.m.* contagem, apuração

co.mum *adj.2g.* **1** que pertence a mais de dois seres ou coisas ⟨*amigo c.*⟩ **2** usual, habitual ⟨*um acontecimento c.*⟩ **3** relativo a todos os elementos de um conjunto; coletivo, geral ⟨*interesses c.*⟩ **4** simples ⟨*roupas c.*⟩ ■ *s.m.* **5** o que é corriqueiro ou habitual ⟨*o c. era o neném chorar muito*⟩

co.mum de dois [pl.: *comuns de dois*] *adj.2g.s.m.* GRAM (substantivo) que possui apenas uma forma para o feminino e o masculino, sendo a flexão de gênero indicada no artigo, pronome ou adjetivo (p.ex.: o colega/a colega, bom dentista/boa dentista) ☞ cf. *epiceno e sobrecomum*

co.mu.na *s.f.* **1** na Idade Média, cidade emancipada ■ *s.2g. B infrm.* **2** comunista

co.mun.gar *v.* {mod. 1} *t.d.,int. e pron.* **1** dar ou receber a comunhão ❑ *t.d. e t.i.* **2** (prep. *com*) concordar com (ideias, tendências etc.) ⮌ dissentir, discordar ❑ *t.i.* **3** (prep. *de*) ter participação; compartilhar ~ **comungante** *adj.2g.s.2g.*

co.mu.nhão [pl.: *-ões*] *s.f.* **1** ação de fazer algo em comum ou o seu efeito **2** compartilhamento de sentimentos, de modo de pensar ou agir; identificação ⟨*c. espiritual*⟩ ⮌ desarmonia **3** REL o sacramento da Eucaristia **4** REL a administração e o recebimento desse sacramento ~ **comunial** *adj.2g.*

co.mu.ni.ca.ção [pl.: *-ões*] *s.f.* **1** transmissão de uma mensagem **2** a informação contida nessa mensagem **3** via de acesso ⟨*aquela estrada era a c. entre as duas cidades*⟩ **4** exposição, oral ou escrita, sobre determinado tema ⟨*todas as c. do congresso serão publicadas*⟩ ▼ *comunicações s.f.pl.* **5** telecomunicações **6** rede de transportes ~ **comunicabilidade** *s.f.* - **comunicacional** *adj.2g.*

co.mu.ni.ca.do *adj.* **1** transmitido **2** tornado conhecido ■ *s.m.* **3** informe de fonte oficial difundido pela mídia

co.mu.ni.ca.dor \ô\ *adj.* **1** que comunica ■ *s.m.* **2** profissional que trabalha em comunicação **3** apresentador de espetáculos, programas de rádio, televisão etc.

co.mu.ni.car *v.* {mod. 1} *t.d. e t.d.i.* **1** (prep. *a*) passar (informação, ordem, mensagem etc.) [a alguém] ❑ *t.d.i. e pron.* **2** (prep. *a*) transmitir(-se) [força, ação, energia etc.] para ❑ *t.d.,t.d.i. e pron.* **3** (prep. *com*) possibilitar a ida de (um lugar) [a outro]; ligar(-se) **4** (prep. *a*) transmitir(-se) por contágio ❑ *pron.* **5** (prep. *com*) manter boas relações; entender-se ⮌ desentender-se ~ **comunicante** *adj.2g.* - **comunicável** *adj.2g.*

co.mu.ni.ca.ti.vo *adj.* **1** que envolve comunicação **2** sociável, conversador

co.mu.ni.da.de *s.f.* **1** conjunto de habitantes de um mesmo local ⟨*o prefeito ouviu as reivindicações da c.*⟩ **2** conjunto de indivíduos com características comuns ⟨*a c. japonesa de São Paulo*⟩ ⟨*a c. muçulmana*⟩ **3** BIO conjunto de populações que habitam uma mesma área ao mesmo tempo; biocenose

co.mu.nis.mo *s.m.* sistema que prega a coletivização dos meios de produção numa sociedade sem classes ☞ cf. *socialismo, capitalismo* ~ **comunista** *adj.2g.s.2g.* - **comunização** *s.f.* - **comunizar** *v.t.d. e pron.*

co.mu.ni.tá.rio *adj.* **1** relativo a ou que pertence a uma comunidade ⟨*biblioteca c.*⟩ **2** em que sobressai o sentimento de comunidade ⟨*trabalho c.*⟩

co.mu.ta.dor \ô\ *s.m.* **1** interruptor ■ *adj.* **2** que comuta

co.mu.tar *v.* {mod. 1} *t.d. e t.d.i.* **1** (prep. *por, com*) trocar, substituir (uma coisa) [por outra] **2** (prep. *em*) em direito, trocar (pena, castigo) [por outro menor] ~ **comutação** *s.f.* - **comutável** *adj.2g.*

co.mu.ta.ti.vo *adj.* MAT cujo resultado independe da ordem dos elementos (diz-se de operação)

con– *pref.* → *co-*

con.ca.te.nar *v.* {mod. 1} *t.d.,t.i.,t.d.i. e pron.* **1** (prep. *com*) encadear(-se) logicamente **2** (prep. *com*) harmonizar(-se), condizer ⮌ destoar ~ **concatenação** *s.f.* - **concatenamento** *s.m.*

côn.ca.vo *adj.* **1** que tem uma depressão curva, como a superfície interna de uma calota ⮌ convexo ■ *s.m.* **2** cavidade ~ **concavar** *v.t.d. e pron.* - **concavidade** *s.f.*

con.ce.ber *v.* {mod. 8} *t.d.* **1** formar (um ser), pela fecundação do óvulo **2** *fig.* formar (ideia) na mente; criar **3** acalentar, alimentar (sonhos, ideais etc.) **4** perceber a razão de; entender ~ **concebível** *adj.2g.*

con.ce.der *v.* {mod. 8} *t.d. e t.d.i.* **1** (prep. *a*) pôr à disposição (de); dar ⮌ recusar **2** (prep. *a*) permitir, consentir ~ **concessor** *adj.s.m.*

con.cei.ção [pl.: *-ões*] *s.f.* o dogma católico da concepção sem pecado da Virgem Maria ☞ inicial freq. maiúsc.

con.cei.to *s.m.* **1** explicação de ideia por palavras; definição **2** noção, concepção, ideia ⟨*seu c. de moral é ultrapassado*⟩ **3** opinião, ponto de vista **4** reputação, fama **5** grau de avaliação do resultado escolar ~ **conceitual** *adj.2g.*

con.cei.tu.a.do *adj.* **1** de boa reputação **2** famoso

con.cei.tu.ar *v.* {mod. 1} *t.d.* **1** criar e/ou enunciar conceito sobre; definir **2** emitir opinião sobre; avaliar ❑ *t.d.pred.* **3** (prep. *de*) atribuir qualidade a; classificar de ~ **conceituação** *s.f.*

con.ce.le.brar *v.* {mod. 1} *t.d. e int.* **1** comemorar em conjunto **2** celebrar (missa) com outro(s) sacerdote(s)

con.cen.tra.ção [pl.: *-ões*] *s.f.* **1** ação de concentrar(-se) **2** proporção de soluto dissolvido em uma solução química **3** recolhimento de jogadores de futebol antes de um jogo **4** local onde ficam esses jogadores

con.cen.tra.do *adj.* **1** que se concentrou ■ *s.m.* **2** alimento reduzido à consistência pastosa ou sólida **3** extrato mineral que contém os componentes mais valiosos

con.cen.trar *v.* {mod. 1} *t.d. e pron.* **1** (fazer) convergir para um mesmo ponto ⮌ dispersar, difundir **2** reunir(-se) num espaço limitado **3** tornar(-se) mais denso ⮌ descondensar(-se) ❑ *t.d.i. e pron.* **4** (prep. *em*) voltar totalmente (atenção, disposição etc.) [para um fim] ❑ *t.d.,t.d.i. e pron.* **5** (prep. *em*) apresentar(-se) em grande quantidade ou intensidade (em); acumular(-se)

con.cên.tri.co *adj.* que possui o mesmo centro ~ **concentricidade** *s.f.*

con.cep.ção [pl.: *-ões*] *s.f.* **1** fecundação de um óvulo **2** produção intelectual; teoria; criação **3** compreensão, percepção **4** ponto de vista, opinião ~ **conceptivo** *adj.*

con.cer.nen.te *adj.2g.* relativo, referente

con.cer.nir *v.* {mod. 24} *t.i.* **1** (prep. *a*) ter relação com **2** (prep. *a*) ser adequado a; caber **3** (prep. *a*) ser do interesse de; importar ⊙ GRAM/USO só us. nas 3as p. ~ **concernência** *s.f.*

con.cer.tar *v.* {mod. 1} *t.d.,t.i. e pron.* **1** (prep. *com*) harmonizar(-se), conciliar(-se) [com] ❑ *t.d.,t.i. e t.d.i.* **2** (prep. *com, em*) entrar em acordo (sobre); combinar, concordar ❑ *int.* **3** soar harmoniosamente ☞ cf. *consertar* ~ **concertamento** *s.m.* - **concertante** *adj.2g.*

con.cer.ti.na *s.f.* acordeão de forma hexagonal e dotado de dois teclados

con.cer.to \ê\ *s.m.* **1** composição musical longa com orquestra e solista(s) **2** execução ou audição pública ou privada de obra(s) musical(is) **3** combinação; harmonia ☞ cf. *conserto* ~ **concertista** *adj.2g.s.2g.*

con.ces.são [pl.: *-ões*] *s.f.* **1** consentimento **2** entrega, doação **3** licença obtida do Estado para explorar recurso natural ou serviço público ~ **concessionário** *adj.s.m.*

con.ces.sio.ná.ria *s.f.* **1** empresa que recebeu uma concessão ('licença') **2** revendedora de automóveis novos ou usados

con.cha *s.f.* **1** casca curva e rígida que envolve certos moluscos **2** qualquer coisa que lembre essa forma **3** colher funda de cabo longo us. para servir caldos, sopas etc.

con.cha.vo *s.m.* **1** acordo, combinação **2** trama inescrupulosa; conluio ~ **conchavar** *v.t.d.,int. e pron.*

con.ci.da.dão [pl.: *-ãos*; fem.: *concidadã*] *s.m.* pessoa que, em relação a outra, é do mesmo país ou cidade

con.ci.li.á.bu.lo *s.m.* assembleia secreta com propósitos malévolos

con.ci.li.a.ção [pl.: *-ões*] *s.f.* acordo, harmonização

con.ci.li.a.dor \ô\ *adj.* **1** que concilia ou tem facilidade para conciliar ⟨*gesto c.*⟩ ⟨*espírito c.*⟩ ⮌ pacificador ■ *s.m.* **2** indivíduo conciliador

[1]**con.ci.li.ar** *v.* {mod. 1} *t.d. e pron.* **1** (prep. *com*) pôr(-se) em acordo; congraçar(-se) ⮌ indispor(-se) **2** (prep. *com*) pôr(-se) em harmonia (coisas contrárias, incompatíveis); compatibilizar(-se) [ORIGEM: do lat. *conciliāre* 'reunir, associar'] ~ **conciliante** *adj.2g.* - **conciliatório** *adj.*

[2]**con.ci.li.ar** *adj.2g.* próprio ou resultante de concílio (de bispos etc.) [ORIGEM: *concílio* + [1]*-ar*]

con.cí.lio *s.m.* **1** junta de eclesiásticos, esp. bispos, presidida ou aprovada pelo papa **2** assembleia, reunião

con.ci.são [pl.: *-ões*] *s.f.* qualidade do que é conciso; brevidade ⮌ prolixidade

con.ci.so *adj.* reduzido ao essencial

con.ci.tar *v.* {mod. 1} *t.d. e t.d.i.* **1** (prep. *a*) convencer (alguém) [a praticar uma ação, ger. negativa]; instigar ❑ *pron.* **2** irritar-se, enfurecer-se ⮌ acalmar-se

con.cla.mar *v.* {mod. 1} *t.d.* **1** gritar em conjunto ❑ *t.d. e t.d.i.* **2** (prep. *a*) convocar, chamar ❑ *t.d. e t.d.pred.* **3** aclamar coletivamente (alguém) [para ocupar cargo, função etc.] ❑ *int.* **4** protestar aos gritos ~ **conclamação** *s.f.*

con.cla.ve *s.m.* **1** reunião de cardeais para eleger o papa **2** local dessa reunião **3** *p.ext.* reunião para se discutir algo; congresso ~ **conclavista** *adj.2g.s.2g.*

con.clu.ir *v.* {mod. 26} *t.d.* **1** (fazer) chegar ao fim; terminar ⮌ iniciar **2** chegar a um acordo sobre ❑ *t.d. e t.d.i.* **3** (prep. *de*) chegar a (resultado, ideia, afirmação), com base em dados, observações; deduzir ~ **concludente** *adj.2g.* - **concluso** *adj.*

conclusão [pl.: *-ões*] *s.f.* **1** ato ou efeito de concluir; acabamento, arremate ⟨*c. de uma reforma*⟩ **2** encerramento, fim ⟨*c. dos trabalhos*⟩ **3** proposição a que se chega ao final de um raciocínio; dedução **4** ensinamento que se extrai de um texto ou fato; moral **5** acerto definitivo de um contrato, negócio etc.

con.clu.si.vo *adj.* **1** que contém ou leva a uma conclusão **2** GRAM que inicia uma oração que é conclusão de outra (diz-se da conjunção coordenativa ou oração coordenada)

con.co.mi.tan.te *adj.2g.* simultâneo, coexistente ~ **concomitância** *s.f.*

con.cor.dân.cia *s.f.* **1** ação de concordar **2** em gramática, a correspondência de flexões existente entre dois termos de uma oração, como entre verbo e sujeito, entre substantivo e adjetivo

con.cor.dar *v.* {mod. 1} *t.d. e t.d.i.* **1** (prep. *com*) pôr em harmonia (com); combinar ⟨*c. interesses*⟩ ⟨*c. os acessórios com a roupa*⟩ ❑ *t.i.* **2** (prep. *com, em*) pôr-se ou estar de acordo ⮌ discordar **3** (prep. *em*) responder afirmativamente a um pedido; permitir ⮌ proibir ❑ *t.d.* **4** resolver por acordo; pactuar ⮌ descombinar ❑ *t.i. e t.d.i.* **5** (prep. *com*) estar ou pôr em concordância gramatical ~ **concordante** *adj.2g.* - **concorde** *adj.2g.*

con.cor.da.ta *s.f.* recurso jurídico que permite o prosseguimento das atividades de uma empresa insolvente ~ **concordatário** *adj.s.m.*

con.cór.dia *s.f.* **1** entendimento, harmonia **2** paz

con.cor.rên.cia *s.f.* **1** competição, disputa **2** competição mercantil entre produtores ou comerciantes **3** conjunto desses competidores ⟨*a c. obrigou-os a baixar os preços*⟩ **4** encontro, afluência **5** simultaneidade

con.cor.rer *v.* {mod. 8} *t.i. e int.* **1** (prep. *com*) opor-se (a outrem), tendo o mesmo objetivo que ele e buscando vencê-lo ⮌ aliar-se **1.1** (prep. *com*) candidatar-se (a cargo, a emprego etc.) ⮌ renunciar **1.2** (prep. *com*) disputar clientela no mercado ❑ *int.* **2** existir ao mesmo tempo ❑ *t.i.* **3** (prep. *para*) ter parte (em um resultado); contribuir ~ **concorrente** *adj.2g.s.2g.*

con.cor.ri.do *adj.* **1** muito disputado **2** muito frequentado

con.cre.ção [pl.: *-ões*] *s.f.* **1** ação de tornar concreto; concretização **2** agregação de partículas sólidas precipitadas em uma solução ~ **concrecional** *adj.2g.*

con.cre.tis.mo *s.m.* corrente artística, do início do sXX, que busca mostrar conceitos intelectuais através de formas concretas ~ **concretista** *adj.2g.s.2g.*

con.cre.ti.zar *v.* {mod. 1} *t.d. e pron.* realizar(-se), materializar(-se) ~ **concretização** *s.f.*

con.cre.to *adj.s.m.* **1** (o) que é real, existente ■ *adj.* **2** material, palpável, sólido **3** diz-se do substantivo que nomeia tudo que é perceptível aos sentidos, seres e objetos do mundo físico ☞ cf. *abstrato* **4** diz-se da arte ligada ao concretismo ■ *s.m.* **5** massa de cimento, água, areia etc., us. em construções

con.cu.bi.na *s.f.* mulher que vive em concubinato

con.cu.bi.na.to *s.m.* união livre e estável de um homem e uma mulher que não são casados um com o outro e que vivem juntos como se fossem casados ~ **concubinagem** *s.f.* - **concubinar-se** *v.pron.*

con.cu.nha.da *s.f.* cunhada de um cônjuge em relação ao outro

con.cu.nha.do *s.m.* cunhado de um cônjuge em relação ao outro

con.cu.pis.cên.cia *s.f.* **1** ambição por bens materiais **2** luxúria ~ **concupiscente** *adj.2g.*

con.cur.sa.do *adj.s.m.* que(m) foi aprovado em concurso

con.cur.so *s.m.* **1** exame de seleção para candidatos a uma vaga **2** competição **3** afluência, encontro ⟨*houve um forte c. de pessoas ao local do crime*⟩ **4** cooperação ⟨*o c. da família foi decisivo na recuperação do menino*⟩

con.cus.são [pl.: *-ões*] *s.f.* **1** abalo, pancada **2** obtenção de vantagens ilícitas por funcionário público ~ **concussionário** *adj.s.m.*

con.cu.tir *v.* {mod. 24} *t.d.* **1** dar pancadas ou golpes em; bater **2** fazer estremecer; sacudir **3** *fig.* inspirar, incutir

con.da.do *s.m.* **1** título de conde **2** território sob o domínio de conde **3** divisão administrativa em alguns países

con.dão [pl.: *-ões*] *s.m.* **1** dom ou capacidade especial **2** poder mágico

con.de [fem.: *condessa \ê*] *s.m.* homem com título de nobreza acima de visconde e abaixo de marquês ~ **condal** *adj.2g.*

con.de.co.rar *v.* {mod. 1} *t.d. e t.d.i.* (prep. *com*) conferir título ou honraria a ~ **condecoração** *s.f.* - **condecorativo** *adj.*

con.de.na.ção [pl.: *-ões*] *s.f.* **1** ação de condenar **2** sentença condenatória **3** pena imposta por essa sentença **4** reprovação, rejeição ~ **condenatório** *adj.*

con.de.nar *v.* {mod. 1} *t.d. e pron.* **1** declarar(-se) culpado ⊃ inocentar(-se) ❑ *t.d. e t.d.i.* **2** (prep. *a*) impor pena a ❑ *t.d.* **3** declarar ou mostrar o perigo de **4** reprovar, rejeitar ⊃ aprovar **5** considerar (doente) incurável ❑ *t.d.,t.d.i. e pron.* **6** *fig.* (prep. *a*) impor(-se) obrigação ou castigo; forçar(-se)

con.den.sa.ção [pl.: *-ões*] *s.f.* **1** agregação, concentração **2** passagem do estado gasoso para o estado líquido **3** síntese, resumo

con.den.sa.dor \ô\ *adj.s.m.* **1** (o) que condensa ■ *s.m.* **2** capacitor

con.den.sar *v.* {mod. 1} *t.d. e pron.* **1** tornar(-se) mais denso ou espesso ⊃ descondensar(-se) **2** tornar(-se) líquido (gás ou vapor) ❑ *t.d.,t.d.i. e pron.* **3** (prep. *em*) resumir(-se), sintetizar(-se) ❑ *t.d.* **4** *fig.* concentrar, juntar ⟨*c. esforços*⟩ ⊃ dispersar

con.des.cen.dên.cia *s.f.* ato de condescender; complacência, consentimento

con.des.cen.den.te *adj.2g.* **1** que condescende; indulgente, transigente ⊃ intransigente, inflexível **2** que não impõe ordem, disciplina

con.des.cen.der *v.* {mod. 8} *t.i. e int.* (prep. *a, com, em*) concordar ou ceder em favor de (alguém ou algo), por interesse, bondade, temor etc. ⊃ negar-se, resistir

con.des.sa \ê\ *s.f.* **1** esposa de conde **2** na Idade Média, mulher que possuía um condado

con.di.ção [pl.: *-ões*] *s.f.* **1** modo de ser **2** estado (de algo ou alguém) ⟨*encontrou a avó em boa c.*⟩ **3** requisito, exigência ⟨*não concordei com as c. daquele contrato*⟩ **4** situação ou posição na sociedade; classe ⟨*era uma família de c. humilde*⟩ ⟨*ele sofria discriminação pela sua c. de operário*⟩

con.di.cio.na.dor \ô\ *adj.s.m.* **1** (o) que condiciona **2** (produto) que torna os cabelos macios e desembaraçados ⊡ **c. de ar** *loc.subst.* ar-condicionado

con.di.cio.nal *adj.2g.* **1** que contém uma condição ('requisito') **2** liberdade condicional **3** GRAM que expressa condição ou suposição ⟨*conjunção c.*⟩ ⟨*oração c.*⟩ ⟨*modo c.*⟩ ~ **condicionalidade** *s.f.*

con.di.cio.nar *v.* {mod. 1} *t.d.* **1** regular a natureza, a existência ou o comportamento de ⟨*a economia condiciona nossa vida*⟩ ❑ *t.d.i.* **2** (prep. *a*) impor (algo) como condição de ❑ *t.d. e t.d.i.* **3** (prep. *a*) sugestionar, influenciar ⟨*c. o povo a resignar-se*⟩ ❑ *t.d.i. e pron.* **4** (prep. *a*) adaptar(-se) [a novas condições] ⟨*c. o corpo à altitude*⟩ ⟨*c.-se à rotina*⟩ ~ **condicionamento** *s.m.*

con.dig.no *adj.* **1** adequado, merecido **2** que tem dignidade; digno

con.di.lo.ma *s.m.* MED lesão da pele ou das mucosas que se localizam esp. na região genital e anal, causada por vírus e bactérias

[1]**con.di.men.tar** *v.* {mod. 1} *t.d.* **1** pôr condimento(s) em; temperar **2** *fig.* tornar malicioso (texto, dito etc.) [ORIGEM: *condimento* + [2]*-ar*] ~ **condimentação** *s.f.* - **condimentoso** *adj.*

[2]**con.di.men.tar** *adj.2g.* relativo a condimento ou próprio para temperar ⟨*ervas c.*⟩ [ORIGEM: *condimento* + [1]*-ar*]

con.di.men.to *s.m.* substância que realça o sabor dos alimentos; tempero

con.di.zer *v.* {mod. 15} *t.i. e int.* **1** (prep. *com*) estar em harmonia ou de acordo (com); combinar, conferir ⊃ discrepar, destoar **2** (prep. *com*) ser proporcional (a) ⊙ GRAM/USO part.: *condito* ~ **condizente** *adj.2g.*

con.do.er *v.* {mod. 9} *t.d. e pron.* inspirar ou sentir tristeza, compaixão; comover(-se) ⊃ insensibilizar(-se) ⊙ GRAM/USO só us. nas 3as p., exceto quando pron. ~ **condoimento** *s.m.*

con.do.lên.cia *s.f.* **1** piedade, compaixão ▼ *condolências s.f.pl.* **2** pêsames ~ **condolente** *adj.2g.*

con.do.mí.nio *s.m.* **1** posse simultânea de uma propriedade por duas ou mais pessoas; copropriedade **2** edifício residencial ou conjunto de casas cujos moradores dividem dependências e equipamentos de uso comum **3** administração de um prédio ou conjunto de casas **4** taxa mensal para as despesas com essa administração ~**condominial** *adj.2g.*

con.dô.mi.no *s.m.* **1** indivíduo que, com outro(s), exerce o direito de propriedade sobre um bem não dividido; coproprietário **2** cada proprietário de um condomínio

con.dor \ô\ *s.m.* grande ave de rapina dos Andes

con.do.rei.ro *adj.s.m.* **1** (poeta ou obra) que segue o condoreirismo, escola poética de cunho político, da última fase do Romantismo brasileiro **2** (estilo) elevado, grandiloquente ~**condoreirismo** *s.m.*

con.du.ção [pl.: *-ões*] *s.f.* **1** ação de conduzir **2** meio de transporte, esp. coletivo

con.du.cen.te *adj.2g.* que conduz ou tende para um fim

con.du.í.te *s.m.* tubo, ger. embutido na parede, por onde passam fios elétricos

con.du.ta *s.f.* procedimento

con.du.tân.cia *s.f.* capacidade de conduzir eletricidade; condutividade

con.du.ti.bi.li.da.de *s.f.* qualidade do que pode ser conduzido ou propagado

con.du.ti.vo *adj.* que conduz; condutor, transportador ~**condutividade** *s.f.*

con.du.to *s.m.* **1** passagem para escoar algo de um local para outro; duto, canal **2** ANAT qualquer canal do organismo ⟨*c. lacrimal*⟩ ⟨*c. auditivo*⟩

con.du.tor \ô\ *adj.s.m.* **1** (o) que conduz ⟨*o c. do barco*⟩ ⟨*o fio c. da novela*⟩ ■ *s.m.* **2** cobrador de passagens em trens e bondes

con.du.zir *v.*{mod. 24} *t.d.* **1** acompanhar, de um lugar para outro, dando direção e/ou comando; guiar, dirigir ⟨*c. rebanho, tropa*⟩ ⟨*c. um barco ao porto*⟩ ↄ desencaminhar ☞ *ao porto* é circunstância que funciona como complemento **2** ser responsável por; administrar **3** *fig.* dar direção, ordem a; orientar **4** ser condutor de (energia) ⟨*o ar conduz o som*⟩ ❑ *t.i.* **5** (prep. *a*) possibilitar o acesso a **6** *fig.* (prep. *a*) dar como resultado; levar a ❑ *pron.* **7** dirigir seus atos; comportar-se

co.ne *s.m.* GEOM sólido geométrico formado por um plano que converge de uma base circular para um vértice ~**cônico** *adj.*

co.nec.tar *v.*{mod. 1} *t.d.,t.d.i. e pron.* **1** (prep. *com, a*) estabelecer conexão entre; ligar(-se) ↄ desconectar(-se) **2** INF *B* (prep. *com,a*) interligar(-se) [dispositivos, computadores] para transferir dados ❑ *pron.* INF **3** (prep. *a*) acessar (informações, serviços etc.) por meio de dispositivos, computadores postos em comunicação

co.nec.ti.vo *adj.* **1** que estabelece conexão ■ *s.m.* **2** termo que liga palavras ou orações (preposição ou conjunção) ~**conectividade** *s.f.*

co.nec.tor \ô\ *adj.* **1** que conecta ■ *s.m.* **2** peça que conecta outras **3** componente de circuito elétrico que une dois dispositivos para a passagem da corrente elétrica

cô.ne.go *s.m.* padre secular pertencente ao colegiado de uma igreja

co.ne.xão \cs\ [pl.: *-ões*] *s.f.* **1** ligação, junção **2** relação lógica, coerência **3** peça que liga tubulações ~**conexidade** *s.f.* - **conexivo** *adj.*

co.ne.xo \cs\ *adj.* em que há correlação

con.fa.bu.lar *v.* {mod. 1} *t.i. e int.* **1** (prep. *com*) ter conversa amigável **2** (prep. *com*) maquinar, tramar ~**confabulação** *s.f.*

con.fec.ção [pl.: *-ões*] *s.f.* **1** fabricação, preparação **2** pequena fábrica de roupas ~ **confeccionista** *adj.2g.s.2g.*

con.fec.cio.nar *v.*{mod. 1} *t.d.* **1** preparar (comida, bebida, remédio etc.) **2** fabricar (roupas, bolsas, adereços etc.)

con.fe.de.ra.ção [pl.: *-ões*] *s.f.* **1** associação de estados autônomos sob um governo central **2** agrupamento de associações ~ **confederar** *v.t.d. e pron.* - **confederativo** *adj.*

con.fei.tar *v.* {mod. 1} *t.d.* enfeitar (bolos, tortas etc.) com açúcar ou cobertura doce (ger. glacê) ~**confeiteiro** *adj.s.m.*

con.fei.ta.ri.a *s.f.* estabelecimento onde se fabricam e/ou comercializam doces, tortas, biscoitos etc.

con.fei.to *s.m.* **1** castanha coberta com calda de açúcar seca **2** bolinha colorida para enfeitar bolos e doces **3** *B* bala ('guloseima')

con.fe.rên.cia *s.f.* **1** conversa ou debate sobre tema importante **2** exposição oral para um auditório; palestra **3** ação de verificar semelhanças e diferenças entre duas coisas; comparação, confronto

con.fe.ren.ci.ar *v.*{mod. 1} *t.i. e int.* **1** (prep. *com*) discutir, analisar (algo) em conversa **2** (prep. *sobre*) proferir uma conferência

con.fe.ren.cis.ta *adj.2g.s.2g.* que(m) faz conferências públicas

con.fe.rir *v.*{mod. 28} *t.d. e t.d.i.* **1** (prep. *com*) ver se há igualdade (entre); comparar **2** (prep. *a*) conceder, transmitir ↄ negar **3** (prep. *a*) imprimir (característica, qualidade) [a] ❑ *t.d.* **4** ver se há exatidão em (contas, listas etc.) ❑ *t.i. e int.* **5** (prep. *com*) estar exato ou conforme; condizer ↄ diferir, destoar ~**conferição** *s.f.*

con.fes.sar *v.*{mod. 1} *t.d. e t.d.i.* **1** (prep. *a*) admitir, revelar (erro, culpa etc.) [a] ↄ ocultar ❑ *t.d.,t.d.i. e pron.* **2** (prep. *a, com*) contar (os pecados) [a um padre] ❑ *t.d.* **3** ouvir (um padre) os pecados de **4** *fig.* deixar transparecer; revelar ↄ dissimular ~**confessável** *adj.*

con.fes.sio.ná.rio *s.m.* local na igreja onde o padre ouve confissões

con.fes.so *adj.* **1** que confessou ⟨*réu c.*⟩ ⟨*segredo c.*⟩ **2** que se converteu ao cristianismo ⟨*judeu c.*⟩

con.fes.sor \ô\ *s.m.* **1** sacerdote que ouve confissões **2** pessoa que morreu confessando a fé cristã com heroísmo

con.fe.te *s.m.* **1** porção de pequeninas rodelas de papel colorido que os foliões jogam uns nos outros **2** *fig.* elogio, adulação

con.fi.an.ça *s.f.* **1** sentimento de segurança na sinceridade ou na competência de alguém **2** crença de que alguma coisa sucederá bem; otimismo, esperança **3** *infrm.* atrevimento, insolência

con.fi.ar *v.* {mod. 1} *t.d.i. e pron.* **1** (prep. *a*) pôr(-se) sob os cuidados de; entregar(-se) ❑ *t.d.i.* **2** (prep. *a*) revelar (segredos, informações etc.) ⮌ ocultar ❑ *t.i. e int.* **3** (prep. *em*) ter esperança, fé (em); crer ⮌ descrer ~ **confiante** *adj.2g.* - **confiável** *adj.2g.*

con.fi.dên.cia *s.f.* comunicação feita em segredo

con.fi.den.ci.al *adj.2g.* sigiloso, secreto

con.fi.den.ci.ar *v.* {mod. 1} *t.d. e t.d.i.* (prep. *a*) comunicar em reservado (algo íntimo, secreto) [a outrem]

con.fi.den.te *adj.2g.s.2g.* (pessoa) a quem se confiam segredos ou intimidades ☞ cf. *confitente*

con.fi.gu.ra.ção [pl.: *-ões*] *s.f.* **1** aspecto externo de um corpo ou conjunto **2** disposição, arranjo **3** INF conjunto de opções definidas para o bom funcionamento de um *hardware* ou *software* ~ **configurativo** *adj.*

con.fi.gu.rar *v.* {mod. 1} *t.d.,t.d.i. e pron.* **1** (prep. *em*) dar ou tomar forma de; desenhar ❑ *t.d.* **2** ser indicação de; caracterizar

con.fim *adj.2g.* **1** confinante, fronteiriço ■ *s.m.* **2** fronteira, limite **3** lugar distante ☞ mais us. no pl.

con.fi.nar *v.* {mod. 1} *t.i. e pron.* **1** (prep. *com*) fazer fronteira (com) ❑ *t.d.* **2** traçar limites para; demarcar ❑ *t.d. e pron.* **3** obrigar(-se) a ficar num espaço limitado; isolar(-se) ⮌ libertar(-se) ~ **confinamento** *s.m.* - **confinante** *adj.2g.* - **confinidade** *s.f.*

con.fir.ma.ção [pl.: *-ões*] *s.f.* **1** demonstração da verdade ou da exatidão de afirmação, crença ou fato anterior ⟨*provas que requerem c.*⟩ ⮌ negação **2** validação de um ato ou fato anterior ⟨*c. de um privilégio*⟩ ⮌ invalidação **3** REL sacramento mediante o qual se reafirma a graça do batismo; crisma ~ **confirmatório** *adj.*

con.fir.mar *v.* {mod. 1} *t.d. e t.d.i.* **1** (prep. *a*) declarar (a alguém) como verdadeiro, exato (fato, crença, decisão anterior) ⮌ retificar **2** (prep. *em*) manter, conservar ⟨*confirmou-o no cargo*⟩ ❑ *t.d.i. e pron.* **3** (prep. *com*) provar(-se) verdadeiro; comprovar(-se) ❑ *t.d. e pron.* **4** dar ou receber a crisma ~ **confirmativo** *adj.*

con.fis.car *v.* {mod. 1} *t.d.* **1** apreender (algo) em proveito do fisco **2** tomar (algo), como punição ou cumprimento de regra que proíbe seu uso ~ **confiscação** *s.f.*

con.fis.co *s.m.* ato ou efeito de confiscar; confiscação ⟨*c. de bens*⟩

con.fis.são [pl.: *-ões*] *s.f.* **1** revelação de própria culpa, crime, pecado etc. **2** revelação do que se sabe, sente ou pensa ⟨*uma c. de amor*⟩ **3** desabafo, confidência ⟨*ouvir as c. de uma amiga*⟩ ☞ freq. us. no pl. **4** REL cada uma das profissões de fé ou credos cristãos ⟨*c. luterana, anglicana, católica*⟩ **5** REL sacramento em que o católico revela os próprios pecados ao confessor ou a Deus, visando a sua absolvição; penitência **6** ação em que o católico faz tal revelação e o sacerdote a ouve ⟨*o padre não pode revelar segredos de c.*⟩ ~ **confessional** *adj.2g.* - **confessório** *adj.*

con.fi.ten.te *adj.2g.s.2g.* **1** que(m) revela os seus pecados para deles ser absolvido **2** que(m) revela o que sabe em juízo ☞ cf. *confidente*

con.fla.gra.ção [pl.: *-ões*] *s.f.* **1** grande incêndio **2** *fig.* conflito armado entre vários países; guerra **3** *fig.* explosão de sentimentos ⟨*c. de ciúmes acumulados*⟩

con.fla.grar *v.* {mod. 1} *t.d. e pron.* **1** incendiar(-se) por completo ❑ *t.d. fig.* **2** estimular o conflito de; agitar ⟨*c. uma nação*⟩ **3** estimular, inflamar ⟨*c. ódios*⟩ ❑ *pron. fig.* **4** irritar-se, enfurecer-se ⮌ acalmar-se

con.fli.tar *v.* {mod. 1} *t.i. e int.* **1** (prep. *com*) ficar ou estar em conflito; divergir ❑ *int.* **2** ser incompatível ⮌ compatibilizar-se ~ **conflitante** *adj.2g.*

con.fli.to *s.m.* **1** ato, estado ou efeito de divergirem muito ou de se oporem duas ou mais coisas ⟨*c. de ideias, de interesses*⟩ **2** choque, enfrentamento ⟨*c. entre polícia e manifestantes*⟩ **3** discussão acalorada; desavença

con.fli.tu.o.so \ô\ [pl.: *conflituosos* \ó\] *adj.* **1** em que há conflito(s) ⟨*opiniões c.*⟩ ⟨*época c.*⟩ **2** propenso a conflitos ⟨*temperamento c.*⟩ ⟨*pessoa c.*⟩

con.flu.ên.cia *s.f.* **1** fato de se reunirem em um mesmo ponto (rios, dutos etc.); convergência **2** ponto dessa convergência

con.flu.ir *v.* {mod. 26} *int.* **1** correr para o mesmo lugar; afluir ⟨*as ruas confluem para a praça*⟩ ☞ *para a praça* é circunstância que funciona como complemento ❑ *t.i. e int.* **2** *fig.* (prep. *com*) tornar-se afim (com); coincidir ⮌ divergir ~ **confluente** *adj.2g.s.2g.*

con.for.mar *v.* {mod. 1} *t.d. e pron.* **1** dar ou tomar forma; configurar(-se) ⮌ desfigurar(-se) ❑ *t.d.,t.d.i. e pron.* **2** (prep. *a, com*) pôr(-se) em acordo (uma coisa) [com outra]; ajustar(-se) ❑ *pron.* **3** (prep. *com, em*) resignar-se, aceitar ⮌ resistir ~ **conformação** *s.f.*

con.for.me *adj.2g.* **1** igual, semelhante ou parecido **2** nos devidos termos ⟨*a certidão está c.*⟩ **3** proporcional, adequado ⟨*reação c. aos estímulos*⟩ **4** da mesma opinião; concorde **5** conformado, resignado ⟨*estar c. ao peso dos anos*⟩ ■ *conj.confr.* **6** de acordo com; como ⟨*tudo foi um equívoco, c. se vê*⟩ ■ *conj.temp.* **7** *B* no momento em que; mal, assim que ⟨*c. ele entrou, a mãe chegou*⟩ ■ *conj.prop.* **8** à medida que ⟨*c. iam chegando, iam sentando-se*⟩ ■ *prep.* **9** de acordo com ⟨*fez tudo c. o previsto*⟩ **10** à medida que ⟨*a taxa é cobrada c. o (ou ao) lucro*⟩ ~ **conformidade** *s.f.*

con.for.mis.mo *s.m.* resignação, passividade ~ **conformista** *adj.2g.s.2g.*

con.for.tar *v.* {mod. 1} *t.d. e pron.* **1** *fig.* ter ou trazer consolo (a); animar(-se) ⮌ desalentar(-se) **2** renovar as forças (de); revigorar(-se) ⮌ debilitar(-se) ~ **confortador** *adj.s.m.* - **confortante** *adj.2g.*

con.for.tá.vel *adj.2g.* **1** que proporciona conforto físico ⟨*chinelo c.*⟩ **2** que proporciona bem-estar, segurança **3** livre de problemas; cômodo ⟨*situação c.*⟩ ⮌ desagradável, incômodo

con.for.to \ô\ *s.m.* **1** ato ou efeito de confortar(-se); alívio, consolo **2** aquilo que traz facilidade e bem-estar físico e emocional **3** bem-estar, comodidade ⟨*viver com c.*⟩ ⮌ desconforto, incômodo

con.fran.ger *v.* {mod. 8} *t.d.* **1** quebrar com força; esmigalhar ❑ *t.d. e pron.* **2** contrair(-se), apertar(-se) **3** *fig.* afligir(-se), angustiar(-se) ⮌ alegrar(-se), acalmar(-se)

con.fra.ri.a *s.f.* **1** associação de leigos com fins religiosos; congregação, irmandade **2** *p.ext.* grupo ligado por profissão ou gostos comuns ~ **confrade** *s.m.*

con.fra.ter.ni.za.ção [pl.: *-ões*] *s.f.* **1** ato ou efeito de confraternizar **2** demonstração mútua de amizade, cordialidade e estímulo

con.fra.ter.ni.zar *v.* {mod. 1} *t.d.* **1** unir como irmãos ❑ *t.i.* **2** (prep. *com, em*) partilhar (ideias, sentimentos etc.) ❑ *t.i. e int.* **3** (prep. *com*) mostrar ou manter companheirismo, amizade (com alguém); festejar

con.frei *s.m.* erva da família das boragináceas, nativa da Europa, de folhas ásperas e de pontas finas, muito us. na medicina caseira

con.fron.tar *v.* {mod. 1} *t.d. e pron.* **1** estar em frente (de) ❑ *t.d.,t.d.i. e pron.* **2** (prep. *com*) pôr ou ficar frente a frente (com) ❑ *t.d. e t.d.i.* **3** (prep. *com*) comparar, cotejar ~ **confrontação** *s.f.* - **confrontador** *adj.s.m.*

con.fron.te *adj.2g.* **1** que está em frente; defronte **2** fronteiriço

con.fron.to *s.m.* **1** encontro face a face **2** comparação, cotejo **3** enfrentamento de interesses ou de ideias; luta ⟨*um c. entre estudantes e a polícia*⟩ ⮌ concórdia **4** disputa esportiva

con.fun.dir *v.* {mod. 24} *t.d.* **1** tornar(-se) indistinto; misturar(-se) ⮌ diferençar(-se) ❑ *t.d. e t.d.i.* **2** (prep. *com*) tomar (uma coisa) [por outra]; trocar ⮌ distinguir ❑ *t.d. e pron.* **3** causar ou sofrer perturbação, perdendo concentração, segurança etc. ❑ *pron.* **4** cometer engano; equivocar-se

con.fu.são [pl.: *-ões*] *s.f.* **1** ato ou efeito de identificar uma coisa com outra até torná-las indistintas ⟨*c. de vinhos*⟩ **2** *p.ext.* mistura confusa, desordenada, de seres ou coisas; mixórdia, misturada ⟨*c. de cores e formas*⟩ **3** *fig.* falta de clareza, de exatidão ⟨*c. de ideias*⟩ **4** *fig.* falta de ordem; desarrumação, bagunça ⟨*c. de um quarto*⟩ **5** *fig.* tumulto, briga, enfrentamento ⟨*c. entre camelôs e polícia*⟩ **6** *fig.* equívoco, engano ⟨*por c. de horário, cheguei cedo*⟩ **7** *fig.* hesitação, perplexidade, embaraço ⟨*teve c. na hora de reagir*⟩ ~ **confusional** *adj.2g.*

con.fu.so *adj.* **1** desordenado, caótico ⟨*dados c.*⟩ ⮌ ordenado, organizado **2** que os sentidos não captam com nitidez; indistinto ⟨*som c.*⟩ ⮌ distinto, nítido **3** *fig.* sem clareza, exatidão ou método; obscuro ⟨*tese c.*⟩ ⮌ claro, inequívoco **4** emaranhado, intrincado, entrelaçado ⟨*instalação elétrica c.*⟩ **5** *fig.* inseguro, hesitante ⟨*c. sobre como reagir*⟩

con.fu.tar *v.* {mod. 1} *t.d.* **1** contestar (argumentos, ideias) ⮌ admitir, aceitar ❑ *pron.* **2** dar provas contra si; contradizer-se ~ **confutação** *s.f.*

con.ga *s.f.* **1** dança e música popular em Cuba e em outros países da América Central **2** tambor que as acompanha

con.ga.da *s.f. B* dança afro-brasileira que encena a coroação dos reis do Congo

con.ge.la.dor \ô\ *adj.* **1** que congela ■ *s.m.* **2** compartimento da geladeira ou eletrodoméstico us. para fazer gelo e congelar alimentos

con.ge.la.men.to *s.m.* **1** solidificação de líquido por resfriamento **2** conservação de alimentos abaixo de -18°; congelação **3** entorpecimento por ação do frio; congelação ⟨*c. dos pés*⟩ **4** *fig.* tabelamento temporário (de valores, preços etc.) **5** *fig.* imobilização de movimento, imagem; paralisação ⟨*c. da imagem num certo instante*⟩

con.ge.lar *v.* {mod. 1} *t.d. e pron.* **1** tornar(-se) sólido por ação do frio ⮌ descongelar(-se) ❑ *t.d. e int.* **2** (fazer) sentir muito frio ❑ *t.d.* **3** *fig.* manter sem movimento ⟨*c. uma imagem*⟩ **4** manter inalterado (preço, salário, tarifa etc.) ⮌ descongelar, liberar

con.ge.mi.nar *v.* {mod. 1} *t.d. e pron.* **1** multiplicar(-se), redobrar(-se) **2** harmonizar(-se), reconciliar(-se) ⮌ desarmonizar(-se)

con.gê.ne.re *adj.2g.s.2g.* (o) que tem o mesmo gênero, espécie, origem etc. que outro

con.gê.ni.to *adj.* **1** que nasce com o indivíduo ⟨*doença c.*⟩ **2** que se manifesta espontaneamente; inato, natural ⟨*tendência c. para a música*⟩ **3** apropriado, adequado ⟨*trabalho c. ao seu temperamento*⟩

con.ges.tão [pl.: *-ões*] *s.f.* acumulação excessiva de fluidos, esp. sangue, em um órgão ou região do corpo

con.ges.tio.na.men.to *s.m.* **1** congestão **2** *B* acúmulo de pessoas, veículos ou objetos, impedindo ou dificultando a circulação

con.ges.tio.nar *v.* {mod. 1} *t.d. e pron.* **1** causar ou sofrer (órgão ou parte do corpo) acúmulo de fluido ⮌ descongestionar(-se) **2** alterar(-se) ruborizando (rosto, face etc.); corar ❑ *t.d.,int. e pron. fig. B* **3** deixar ou ficar obstruído (via, porto, praça etc.) pelo acúmulo de carros, pessoas etc. ~ **congestionante** *adj.2g.s.2g.*

con.glo.bar *v.* {mod. 1} *t.d. e pron.* **1** juntar(-se) tomando forma esférica **2** convocar ou atender a convocação; reunir(-se) **3** reunir(-se), aglomerar(-se) ⮌ dispersar

con.glo.me.ra.do *adj.* **1** reunido, aglutinado ■ *s.m.* **2** agrupamento das mais diversas empresas **3** rocha sedimentar formada por fragmentos cimentados

con.glo.me.rar *v.* {mod. 1} *t.d. e pron.* reunir(-se) em massa compacta ou num todo coerente ~ **conglomeração** *s.f.*

con.go *s.m.* **1** indivíduo dos congos, conjunto de povos bantos que habitam o baixo Zaire (ou Congo) **2** língua banta falada por esse povo **3** dança dramática afro-brasileira ■ *adj.s.m.* **4** que(m) participa, como personagem, dessa dança ■ *adj.* **5** relativo a esse indivíduo, a esse povo e a essa língua

con.go.nha *s.f.* nome comum a várias plantas cujas folhas são us. como substitutas das do mate por a elas se assemelharem

con.gra.çar *v.* {mod. 1} *t.d.,t.d.i. e pron.* (prep. *com*) [fazer] voltar à paz; reconciliar(-se) ⮌ desavir(-se) ~ **congraçamento** *s.m.*

con.gra.tu.la.ção [pl.: *-ões*] *s.f.* **1** ato de congratular(-se) ou seu efeito ▼ *congratulações s.f.pl.* **2** parabéns, felicitações, cumprimentos ☞ aceita-se tb. us. no sing. ~ **congratulatório** *adj.*

con.gra.tu.lar *v.* {mod. 1} *t.d.* **1** parabenizar, felicitar ❑ *pron.* **2** (prep. *por, com, de*) alegrar-se com o sucesso, a felicidade próprios ou de alguém ⮌ lastimar-se ~ **congratulante** *adj.*

con.gre.ga.ção [pl.: *-ões*] *s.f.* **1** ato ou efeito de congregar(-se); reunião **2** associação de sacerdotes, religiosos e/ou leigos

con.gre.gar *v.* {mod. 1} *t.d. e pron.* **1** pôr(-se) junto; reunir(-se) ⮌ separar(-se) **2** reunir(-se) em congresso, junta etc. **3** agregar(-se), misturar(-se) ⮌ separar(-se) ~ **congregante** *adj.2g.s.2g.*

con.gres.so *s.m.* **1** reunião de especialistas para que se apresentem questões de interesse comum, estudos, novas descobertas etc. **2** parlamento ~ **congressional** *adj.2g.* - **congressista** *adj.2g.s.2g.* - **congressual** *adj.2g.*

côn.grua *s.f.* antiga pensão paga aos padres para seu sustento

con.gru.ên.cia *s.f.* adequação, concordância, harmonia ~ **congruente** *adj.2g.*

co.nha.que *s.m.* bebida destilada de vinho branco

co.nhe.cer *v.* {mod. 8} *t.d.* **1** obter informações sobre; saber ⮌ ignorar **2** ter consciência de ⟨*c. a própria força*⟩ ⮌ desconhecer **3** ver, visitar **4** saber muito sobre; dominar **5** experimentar, sentir ⟨*c. a dor da perda*⟩ ❑ *t.d. e pron.* **6** ser apresentado (a) **7** manter relações pessoais (com) ❑ *pron.* **8** ter consciência das próprias características, sentimentos etc. ~ **conhecedor** *adj.s.m.*

co.nhe.ci.do *adj.* **1** que muitos conhecem ou sabem ⟨*canção c.*⟩ **2** célebre, famoso ⟨*cirurgião plástico c.*⟩ **3** chamado, denominado ⟨*homem c. como Lampião*⟩ ■ *adj.s.m.* **4** (pessoa) com quem mantemos relação superficial

co.nhe.ci.men.to *s.m.* **1** cognição, percepção ⟨*o c. das causas de um fenômeno*⟩ **2** fato, estado ou condição de compreender; entendimento **3** domínio (de um tema, arte etc.); competência, experiência ⟨*seu c. de português faz dele um bom redator*⟩ **4** coisa ou pessoa conhecida ⟨*a busca do c. é inerente ao ser humano*⟩ ▼ *conhecimentos s.m.pl.* **5** erudição, sabedoria, cultura ⟨*apesar de poucos c., é muito capaz na sua profissão*⟩

co.ní.fe.ra *s.f.* espécime das coníferas, classe de árvores que vivem em regiões tropicais e frias, cultivadas como ornamentais, pelas sementes comestíveis, pela madeira e para produção de celulose e resinas

co.ni.for.me *adj.2g.* que tem forma de cone

co.ni.ven.te *adj.2g.* **1** que encobre um mal praticado por alguém; condescendente **2** que participa de crime; cúmplice ~ **conivência** *s.f.*

con.jec.tu.rar ou **con.je.tu.rar** *v.* {mod. 1} *t.d. e int.* **1** traçar hipóteses (sobre); supor ❑ *t.d.* **2** considerar como provável; presumir **3** ver antes; prever ~ **conjectura/conjetura** *s.f.* - **conjectural/conjetural** *adj.2g.*

con.ju.ga.ção [pl.: *-ões*] *s.f.* **1** ato ou efeito de conjugar(-se); reunião, ligação **2** GRAM cada um dos conjuntos de formas flexionadas de um verbo

con.ju.ga.do *s.m.* apartamento constituído, em uma só peça, de quarto e sala, banheiro e cozinha

con.ju.gal *adj.2g.* **1** de cônjuge **2** do casal; matrimonial ⟨*propriedade c.*⟩ **3** do casamento ou da vida de casado ⟨*problemas c.*⟩

con.ju.gar *v.* {mod. 1} *t.d.,t.d.i. e pron.* **1** (prep. *a, com*) unir(-se), combinar(-se) ⮌ desagregar(-se) ❑ *t.d.* **2** falar ou escrever formas de (um verbo) em algum dos ou em todos os seus tempos, modos, pessoas e números ~ **conjugável** *adj.2g.*

côn.ju.ge *s.m.* o marido em relação à esposa e vice-versa; consorte

con.jun.ção [pl.: *-ões*] *s.f.* **1** união ⟨*c. de rios, de corpos celestes*⟩ **2** oportunidade, ocasião; conjuntura ⟨*uma boa c. para viajarmos*⟩ **3** palavra invariável que liga duas orações ou dois termos, do mesmo tipo ou função, de uma oração ~ **conjuncional** *adj.2g.*

con.jun.ti.va *s.f.* membrana que cobre o globo ocular e a parte interna das pálpebras ~ **conjuntival** *adj.2g.*

con.jun.ti.vi.te *s.f.* inflamação da conjuntiva

con.jun.ti.vo *adj.* **1** que junta, reúne ⟨*tecido c.*⟩ **2** que serve para estabelecer relações entre pessoas ou coisas ⟨*testamento c.*⟩ **3** que une palavras ou orações

con.jun.to *s.m.* **1** reunião de elementos vistos como um todo **2** soma total de elementos; totalidade ⟨*c. de palavras de um dicionário*⟩ **3** grupo de pessoas empenhadas num trabalho comum integrado; equipe **4** grupo de músicos ou de dançarinos ■ *adj.* **5** simultâneo ⟨*ação c.*⟩ **6** situado em local próximo; adjacente ⟨*a casa c. ao morro*⟩ **7** somado, reunido ⟨*o clamor c. da multidão*⟩

con.jun.tu.ra *s.f.* **1** combinação de circunstâncias num dado momento; quadro ⟨*c. favorável, adversa*⟩ **2** oportunidade, ocasião ⟨*naquela c. a sorte chegou*⟩ ~ **conjuntural** *adj.2g.*

con.ju.ra.ção [pl.: *-ões*] *s.f.* **1** associação de indivíduos para um fim comum **2** conspiração, trama, inconfidência ⟨*c. mineira*⟩ **3** conjuro ('prece')

con.ju.rar *v.* {mod. 1} *t.d.,t.d.i. e pron.* **1** (prep. *contra*) unir(-se) em conspiração ❑ *t.d.* **2** tramar em comum ⟨*c. um assassinato*⟩ **3** pedir, suplicar **4** exorcizar ❑ *t.i. e pron.* **5** (prep. *para, contra*) contribuir, concorrer ❑ *pron.* **6** lamentar-se, lastimar-se

con.ju.ro *s.m.* **1** prece mágica dirigida a forças, ocultas ou naturais, para que obedeçam à vontade de alguém; esconjuro **2** exorcismo

con.lui.ar *v.* {mod. 1} *t.d.,t.d.i. e pron.* **1** (prep. *contra, com*) juntar(-se) em trama ou aliança ❑ *t.d.i. e pron. p.ext.* **2** (prep. *com*) combinar(-se), somar(-se) ⟨*c. inteligência com beleza*⟩ ⟨*conluíam-se nela amor e dedicação*⟩

con.lui.o *s.m.* **1** trama para prejudicar terceiro(s) **2** acordo, aliança, coligação ⟨*c. de estados africanos*⟩

co.nos.co \ô\ *pron.p.* **1** em nossa companhia ⟨*vive c.*⟩ **2** em nosso poder ⟨*o dinheiro ficou c.*⟩ **3** a nosso encargo

co.no.ta.ção [pl.: *-ões*] *s.f.* **1** algo que uma palavra ou coisa sugere; implicação ⟨*um cobertor macio tem a c. de aconchego*⟩ **2** GRAM ampliação do significado básico, direto e imediato de uma palavra ☞ cf. *denotação* ~ **conotar** *v.t.d.* - **conotativo** *adj.*

con.quan.to *conj.concs.* embora; se bem que ⟨*não concorreu, c. pudesse fazê-lo*⟩

con.quis.ta *s.f.* **1** aquisição de algo pela força das armas ou pela concorrência ⟨*c. de novas terras*⟩ ⟨*c. do título de campeão*⟩ **2** sedução **3** coisa ou pessoa conquistada ~ **conquistador** *adj.s.m.*

con.quis.tar *v.* {mod. 1} *t.d.* **1** obter com esforço ou receber por merecimento ↄ perder **2** apossar-se de; tomar **3** *fig.* obter simpatia, amor, respeito de ~ **conquistável** *adj.2g.*

con.sa.gra.ção [pl.: *-ões*] *s.f.* **1** ação sagrada de dedicar (algo ou alguém) a Deus ou aos deuses **2** dedicação integral; entrega ⟨*c. a um trabalho*⟩ **3** louvor, elogio ⟨*a c. de um artista*⟩ **4** *fig.* validação, legitimação, reconhecimento ⟨*a c. de um princípio*⟩

con.sa.gra.do *adj.* **1** que se consagrou **2** dedicado a Deus ou aos santos **3** devotado, dedicado ⟨*um pai c. aos filhos*⟩ **4** que obteve sucesso na sua atividade ⟨*artista c.*⟩

con.sa.grar *v.* {mod. 1} *t.d.* e *t.d.i.* **1** (prep. *a*) tornar sagrado, dedicando a divindade(s) ↄ desconsagrar ❑ *t.d.i. e pron.* **2** (prep. *a*) oferecer(-se) [a Deus, a santo etc.], por voto ou promessa **3** (prep. *a*) ocupar(-se) intensamente; dedicar(-se) ❑ *t.d.* **4** REL converter (pão e vinho) em corpo e sangue de Cristo **5** legitimar, reconhecer ↄ rejeitar ❑ *t.d. e pron.* **6** (fazer) ter sucesso, notoriedade, reconhecimento ~ **consagrador** *adj.s.m.* - **consagrante** *adj.2g.s.2g.*

con.san.guí.neo \gü\ *adj.* **1** que tem a mesma origem **2** realizado entre parentes (diz-se de casamento) ■ *adj.s.m.* **3** descendente do mesmo ancestral **4** que(m) é irmão de alguém por parte de pai ~ **consanguinidade** *s.f.*

cons.ci.ên.cia *s.f.* **1** compreensão que se tem da própria existência **2** conhecimento, discernimento ⟨*tem c. dos seus direitos*⟩ **3** faculdade de se julgar moralmente ⟨*não faz nada que seja contra a sua c.*⟩ **4** posse das faculdades como ver, ouvir, pensar etc. ⟨*perder a c.*⟩ **5** sentido de responsabilidade, dever ⟨*trabalho feito com c.*⟩ **6** dignidade, honradez ⟨*pessoa de c.*⟩

cons.ci.en.ci.o.so \ô\ [pl.: *conscienciosos* \ó\] *adj.* **1** honesto, responsável ⟨*médico c.*⟩ ↄ inescrupuloso **2** cuja execução é minuciosa; meticuloso, cuidadoso ⟨*pesquisa c.*⟩ ↄ descuidado

cons.ci.en.te *adj.2g.* **1** que tem consciência de sua existência **2** que tem capacidade de pensar, desejar, perceber, raciocinar etc. **3** cônscio, ciente, informado ⟨*c. dos perigos que corria*⟩ **4** acordado, desperto ■ *s.m.* **5** nível superior da vida mental do qual uma pessoa tem percepção ☞ cf. *inconsciente* e *subconsciente* ~ **conscientemente** *adv.*

cons.ci.en.ti.zar *v.* {mod. 1} *t.d.,t.d.i. e pron.* **1** (prep. *de*) fazer(-se) sabedor ou consciente de ↄ alienar(-se) ❑ *t.d. e pron.* **2** politizar(-se) ~ **conscientização** *s.f.*

côns.cio *adj.* **1** que sabe, que tem noção clara; ciente, consciente **2** feito com meticulosidade, proficiência, cuidado ⟨*um parecer c.*⟩

cons.cri.ção [pl.: *-ões*] *s.f.* alistamento para o serviço militar ~ **conscrito** *adj.s.m.*

con.se.cu.ção [pl.: *-ões*] *s.f.* **1** obtenção, alcance ⟨*a c. de um fim*⟩ **2** sequência, encadeamento, sucessão ⟨*c. dos tempos*⟩

con.se.cu.ti.vo *adj.* **1** que se segue após o outro; seguido ⟨*vencer três vezes c.*⟩ ↄ intervalado **2** resultante ⟨*pneumonia c. de resfriado mal curado*⟩

con.se.guin.te *adj.2g.s.m.* (o) que se segue ▣ **por c.** *loc.conj.* portanto, logo

con.se.guir *v.* {mod. 28} *t.d. e t.d.i.* **1** (prep. *para*) sair-se bem na busca de (resultado, objetivo etc.); conquistar ↄ falhar ❑ *t.d.* **2** ter êxito na realização de **3** alcançar (número, quantia etc.)

con.se.lhei.ris.ta *adj.2g.* **1** relativo a Antônio Conselheiro (1830-1897) ou ao movimento messiânico que este liderou no interior da Bahia ☞ cf. *Antônio Conselheiro* na parte enciclopédica ■ *adj.2g.s.2g.* **2** participante da ou especialista na Guerra de Canudos (1896-1897)

con.se.lhei.ro *adj.s.m.* **1** que(m) aconselha ■ *s.m.* **2** título da época do Império **3** indivíduo com esse título **4** membro de conselhos ou tribunais

con.se.lho \ê\ *s.m.* **1** opinião, parecer ⟨*dar, pedir c.*⟩ **2** bom senso; sabedoria ⟨*opinião cheia de c.*⟩ ↄ imprudência **3** corpo consultivo e/ou deliberativo de uma instituição pública ou privada ▣ **c. de segurança** *loc.subst.* órgão da ONU encarregado da paz e da segurança mundial

con.sen.so *s.m.* **1** concordância ou uniformidade de opiniões, sentimentos etc. **2** bom senso, senso comum ⟨*conforme o c., não se deve rasgar dinheiro*⟩ ~ **consensual** *adj.2g.* - **consensualidade** *s.f.*

con.sen.tâ.neo *adj.* **1** apropriado, adequado ⟨*resposta c. com a provocação*⟩ ↄ inadequado **2** que combina com; coerente ⟨*voz c. ao corpinho*⟩ ↄ incoerente

con.sen.ti.men.to *s.m.* **1** permissão, licença ⟨*casar sem o c. dos pais*⟩ ↄ desautorização **2** manifestação de que se aprova algo; concordância ⟨*o chefe deu c. ao novo projeto*⟩ **3** tolerância, condescendência ↄ intransigência

con.sen.tir *v.* {mod. 28} *t.d.,t.i. e int.* **1** (prep. *a, em*) não se opor (a); concordar, aprovar ❑ *t.d. e t.d.i.* **2** (prep. *em*) dar permissão (para); deixar; tolerar ↄ proibir **3** (prep. *a*) possibilitar, propiciar ↄ impedir, impossibilitar

con.se.quên.cia \qü\ *s.f.* **1** efeito, resultado **2** conclusão que deriva de um raciocínio lógico; dedução **3** alcance, importância ⟨*uma questão de grande c.*⟩ ~ **consequencial** *adj.2g.*

con.se.quen.te \qü\ *adj.2g.* **1** que se segue como resultado ou efeito de algo ⟨*o trabalho e o c. sucesso*⟩ **2**

racional, coerente ⟨*raciocínio c.*⟩ **3** inferido ou deduzido por raciocínio lógico ⟨*conclusões c.*⟩ ■ *s.m.* **4** nome dado aos denominadores de uma proporção matemática **5** o termo seguinte, em relação a um dado termo de uma sequência

con.se.quen.te.men.te *adv.* como resultado; em consequência ⟨*as chuvas prejudicaram a colheita; c., o preço dos vegetais aumentou*⟩

con.ser.tar *v.* {mod. 1} *t.d.* **1** pôr em boas condições (algo danificado, parado, defeituoso etc.); reparar ⊃ danificar **2** *fig.* anular ou diminuir (efeitos de má atitude); remediar ☞ cf. *concertar* ~ **consertador** *adj.s.m.*

con.ser.to \ê\ *s.m.* **1** restauração ou recomposição de coisa deteriorada, partida etc. **2** *fig.* emenda ⟨*a gafe não tem c.*⟩ ☞ cf. *concerto*

con.ser.va *s.f.* alimento preservado em calda, vinagre ou outro preparado ~ **conserveiro** *adj.s.m.*

con.ser.va.ção [pl.: *-ões*] *s.f.* **1** preservação contra dano, perda ou desperdício **2** BIO conjunto de práticas que visa à utilização dos recursos naturais, de modo a permitir que se preservem e renovem ☞ cf. *preservação* ~ **conservativo** *adj.*

con.ser.va.dor \ô\ *adj.s.m.* **1** que(m) defende a manutenção do que é tradicional ou da ordem estabelecida **2** *pej.* que(m) se opõe a reformas políticas radicais ~ **conservadorismo** *s.m.* - **conservantismo** *s.m.*

con.ser.van.te *adj.2g.s.m.* (substância química) que é us. em produtos alimentícios para prevenir ou retardar a deterioração

con.ser.var *v.* {mod. 1} *t.d.,t.d.pred. e pron.* **1** manter(-se) em bom estado ou no estado anterior ⊃ deteriorar(-se) **2** continuar [em um lugar, de um jeito etc.] ❑ *t.d. e pron.* **3** manter(-se) sem alteração (dado, característica etc.) ⊃ alterar(-se) **4** continuar a ter ou a exercer (cargo, emprego etc.) ❑ *t.d.* **5** não se desfazer de; preservar

con.ser.va.tó.rio *s.m.* escola em que se ensinam música e canto

con.si.de.ra.ção [pl.: *-ões*] *s.f.* **1** respeito ou estima por algo ou alguém; deferência **2** reflexão, observação ⟨*vamos ouvir suas c.*⟩ ☞ freq. us. no pl. **3** exame atento de algo ou alguém ⟨*tema que exige c.*⟩

con.si.de.rar *v.* {mod. 1} *t.d.* **1** decidir após reflexão; julgar **2** levar em conta ⊃ ignorar, desconsiderar **3** respeitar, prezar ⊃ desrespeitar, desconsiderar ❑ *t.i. e int.* **4** (prep. *sobre, em*) refletir, pensar ❑ *t.d.pred. e pron.* **5** julgar(-se), qualificar(-se)

con.si.de.rá.vel *adj.2g.* **1** digno de consideração ⟨*o mais c. dos mestres*⟩ ⊃ irrelevante **2** *p.ext.* grande ⟨*fortuna, burrice c.*⟩ ⊃ pequeno

con.sig.nar *v.* {mod. 1} *t.d.* **1** registrar por escrito ❑ *t.d. e t.d.i.* **2** (prep. *a*) fazer saber; declarar ⊃ esconder, omitir **3** (prep. *a*) confiar aos cuidados (de alguém) **4** (prep. *a*) entregar (mercadorias) [a alguém] para que as venda ~ **consignação** *s.f.* - **consignador** *adj.s.m.*

con.sig.na.tá.rio *s.m.* quem recebe mercadoria alheia para vender

con.si.go *pron.p.* **1** em sua companhia ⟨*traga seus filhos c.*⟩ **2** em seu poder ⟨*tinha uma arma c.*⟩ **3** dentro de si ⟨*levar c. boa impressão*⟩

con.sis.tên.cia *s.f.* **1** estado duro, sólido e coeso de um corpo ⟨*c. de uma parede*⟩ **2** estado pastoso, espesso, de um líquido ⟨*a c. de um molho*⟩ **3** *fig.* coerência ⟨*um discurso sem c.*⟩

con.sis.ten.te *adj.2g.* **1** compacto, duro, sólido ⟨*madeira c.*⟩ **2** que se tornou pastoso, espesso ⟨*molho c.*⟩ **3** *fig.* duradouro, estável ⟨*conhecimentos pouco c.*⟩ **4** *fig.* que tem base bem estruturada e coerente ⟨*argumentação c.*⟩

con.sis.tir *v.* {mod. 24} *t.i.* **1** (prep. *em*) ser, traduzir-se por ⟨*seu objetivo consiste em reerguer a empresa*⟩ **2** (prep. *em*) ser constituído por; compor-se ⟨*seu lanche consistia num só sanduíche*⟩ **3** (prep. *em*) fundar-se, resumir-se ⟨*sua vitória consiste na desgraça alheia*⟩

con.sis.tó.rio *s.m.* assembleia de cardeais da cúria romana convocada e presidida pelo papa

con.so.a.da *s.f.* **1** ceia noturna leve em dia de jejum **2** ceia familiar da noite de Natal ou de véspera de Ano-novo

con.so.an.te *adj.2g.* **1** que concorda; harmonioso ■ *adj.2g.s.f.* **2** (fonema) em cuja produção o ar encontra obstáculo à sua passagem **3** (letra) que representa esse fonema ■ *conj.confr.* **4** conforme ⟨*aja c. manda a sua vontade*⟩ ■ *prep.* **5** de acordo com ⟨*reajo c. a provocação*⟩

con.so.la.ção [pl.: *-ões*] *s.f.* **1** alívio, conforto ⊃ aflição, amargura **2** pessoa ou coisa que consola **3** compensação, consolo ⟨*prêmio de c.*⟩

con.so.lar *v.* {mod. 1} *t.d. e pron.* **1** (tentar) aliviar o sofrimento (de), com palavras, recompensas etc. ⊃ desconsolar(-se) ❑ *t.d.,int. e pron.fig.* **2** dar ou ter boa sensação; satisfazer(-se) ❑ *pron.* **3** (prep. *de*) conformar-se, resignar-se ⊃ revoltar-se ~ **consolador** *adj.s.m.* - **consolável** *adj.2g.*

[1]**con.so.le** *s.m.* tipo de prateleira em que se põem vasos, enfeites etc. [ORIGEM: do fr. *console* 'id.']

[2]**con.so.le** *s.m.* **1** painel com alguns botões, chaves etc., us. para operar uma máquina **2** espaço, em carros, entre os bancos dianteiros, us. para guardar objetos, cinzeiro etc. [ORIGEM: do ing. *console* 'id.']

con.so.li.da.ção [pl.: *-ões*] *s.f.* **1** solidificação, endurecimento **2** *fig.* estabilidade, firmeza ⟨*a c. da democracia*⟩ **3** código, compilação de textos legais ⟨*c. das leis do trabalho*⟩ **4** fusão de várias indústrias em uma única

con.so.li.dar *v.* {mod. 1} *t.d. e pron.* **1** tornar(-se) firme, estável; fortalecer(-se) ⊃ abalar(-se) ❑ *t.d.,int. e pron.* **2** tornar(-se) sólido; endurecer(-se) ⊃ amolecer

con.so.lo \ô\ *s.m.* o que consola; alívio

con.so.nân.cia *s.f.* **1** ato ou efeito de soar ao mesmo tempo ⟨*sons em c.*⟩ **2** *fig.* concordância, conformidade **3** harmonia de sons musicais **4** rima ⟨*versos ricos em c.*⟩

con.so.nan.tal *adj.2g.* **1** formado por consoante(s) ⟨*grupo c.*⟩ **2** relativo a consoante, próprio de consoante ☞ cf. *vocálico*

con.sor.ci.ar *v.* {mod. 1} *t.d.,t.d.i. e pron.* **1** (prep. *com, a, em*) pôr(-se) junto; unir(-se), associar(-se) ⮌ dissociar(-se) **2** (prep. *com*) casar(-se)

con.sór.cio *s.m.* **1** associação, união **2** união matrimonial **3** cooperativa de compradores de um tipo de mercadoria, que é entregue a cada um por ordem de sorteio ou lance ~ **consorciamento** *s.m.*

con.sor.te *s.2g.* **1** colega, companheiro **2** *p.ext.* cônjuge

cons.pí.cuo *adj.* **1** bem visível **2** *p.ext.* notável, eminente, distinto, ilustre ⟨*o jurista mais c. do seu tempo*⟩ **3** *p.ext.* muito grave ou circunspecto; sério ⟨*semblante c.*⟩ **4** que serve para identificar espécie, grupo etc.; característico, típico ⟨*animal c.*⟩ ~ **conspicuidade** *s.f.*

cons.pi.ra.ção [pl.: *-ões*] *s.f.* trama para prejudicar outro ~ **conspirativo** *adj.* - **conspiratório** *adj.*

cons.pi.rar *v.* {mod. 1} *t.i. e int.* **1** (prep. *contra*) planejar, secretamente e em conjunto, ações danosas (contra alguém); conluiar ❑ *t.i. fig.* **2** (prep. *contra*) ser desfavorável ⮌ favorecer **3** (prep. *para, a*) concorrer, contribuir ~ **conspirador** *adj.s.m.*

cons.pur.car *v.* {mod. 1} *t.d.* **1** sujar, manchar ⮌ limpar ❑ *t.d. e pron.* **2** pôr ou estar em dúvida (caráter, honra etc.); macular(-se) ⮌ ilibar(-se) **3** tornar(-se) vil; corromper(-se) ⮌ reabilitar(-se) ~ **conspurcação** *s.f.* - **conspurcador** *adj.s.m.*

cons.tân.cia *s.f.* **1** assiduidade, frequência **2** persistência, insistência, obstinação **3** quantidade de repetições de uma ação, um fenômeno etc. ⟨*é grande a c. de raios aqui*⟩ **4** prosseguimento, continuidade

cons.tan.te *adj.2g.* **1** que faz parte de algo; incluído **2** inalterável, imutável, invariável, fixo **3** contínuo, frequente ⟨*barulho c.*⟩ ⮌ raro **4** *p.ext.* progressivo, contínuo ⟨*o c. crescimento das plantas*⟩ ■ *s.f.* **5** MAT grandeza cujo valor não varia

cons.tan.te.men.te *adv.* **1** com muita frequência, quase sempre ⟨*aqui chove c.*⟩ **2** de modo contínuo, progressivo ⟨*o bom profissional se atualiza c.*⟩

cons.tar *v.* {mod. 1} *t.i. e int.* **1** (prep. *a*) ser do conhecimento (de) ❑ *t.i.* **2** (prep. *de, em*) fazer parte de ⮌ faltar **3** (prep. *de*) ser composto de

cons.ta.tar *v.* {mod. 1} *t.d.* **1** tomar conhecimento de; perceber ⮌ ignorar **2** verificar, observar **3** provar, demonstrar ~ **constatação** *s.f.*

cons.te.la.ção [pl.: *-ões*] *s.f.* **1** grupo de estrelas próximas umas das outras, vistas da Terra **2** *fig.* grupo de pessoas famosas **3** ASTR cada uma das 88 subdivisões da esfera celeste

cons.ter.nar *v.* {mod. 1} *t.d. e pron.* causar ou sentir grande tristeza, perturbação ou desânimo; abater(-se) ⮌ alegrar(-se) ~ **consternação** *s.f.* - **consternador** *adj.s.m.*

cons.ti.pa.ção [pl.: *-ões*] *s.f.* **1** prisão de ventre ⮌ diarreia **2** estado de gripe; resfriado

cons.ti.par *v.* {mod. 1} *t.d. e pron.* **1** causar ou sofrer retenção de fezes ❑ *t.d.,int. e pron.* **2** resfriar(-se)

cons.ti.tu.cio.nal *adj.2g.* **1** relativo a Constituição ('conjunto de leis') **2** de acordo com a Constituição; legítimo, legal **3** que faz parte da constituição biológica do indivíduo ~ **constitucionalidade** *s.f.*

cons.ti.tu.cio.na.lis.mo *s.m.* **1** doutrina que defende o regime constitucional **2** regime político regulado por uma Constituição ~ **constitucionalista** *adj.2g.s.2g.*

cons.ti.tu.i.ção [pl.: *-ões*] *s.f.* **1** conjunto das leis fundamentais que regem uma nação; carta magna ☞ inicial maiúsc. **2** preceitos e regras que regem uma instituição; regulamento, estatuto, regimento **3** formação, composição ⟨*a c. da mesa diretora dos trabalhos*⟩ **4** compleição, físico

[1]**cons.ti.tu.in.te** *adj.2g.* **1** referente a constituição ■ *adj.2g.s.2g.* **2** integrante, componente **3** (congresso, assembleia, deputado etc.) que tem a missão de elaborar a Constituição **4** (deputado ou senador) que participa de uma assembleia constituinte **5** que(m) nomeia outrem seu procurador; outorgante [ORIGEM: *constituir* + *-nte*]

[2]**cons.ti.tu.in.te** *s.f.* assembleia constituinte [ORIGEM: red. de *assembleia constituinte*]

cons.ti.tu.ir *v.* {mod. 26} *t.d. e pron.* **1** ser ou ter como a parte principal; compor(-se) **2** criar(-se), formar(-se) ⮌ desfazer(-se) ❑ *t.d.pred.* **3** escolher, nomear ~ **constitutivo** *adj.*

cons.tran.ger *v.* {mod. 8} *t.d.* **1** sujeitar, dominar ❑ *t.d.i.* **2** (prep. *a*) obrigar (alguém), ger. com ameaças, (a fazer o que não quer); coagir ❑ *t.d. e pron.* **3** envergonhar(-se), embaraçar(-se) **4** (fazer) perder o bom humor; aborrecer(-se) ~ **constrangedor** *adj.s.m.*

cons.tran.gi.men.to *s.m.* **1** ato ou efeito de forçar alguém a fazer algo contra a própria vontade; pressão, coação **2** algo desagradável que não se pode evitar; aborrecimento, descontentamento **3** falta de coragem diante de outras pessoas; acanhamento, timidez

cons.trin.gir *v.* {mod. 24} *t.d.* **1** fazer pressão; apertar ⮌ descomprimir ❑ *t.d. e pron.* **2** diminuir o volume (de) [músculo, órgão etc.]; contrair(-se) ⮌ descontrair(-se) ~ **constrição** *s.f.* - **constringente** *adj.2g.* - **constritivo** *adj.*

cons.tru.ção [pl.: *-ões*] *s.f.* **1** ação de reunir diferentes elementos, formando um todo ⟨*c. de navio, máquina, prédio*⟩ **2** a obra construída ⟨*c. novas*⟩ **3** organização, estruturação de algo ⟨*c. de projeto*⟩ **4** evolução, consolidação ⟨*a c. do socialismo*⟩ **5** colocação das palavras numa oração

cons.tru.ir *v.* {mod. 26} *t.d.* **1** erguer (edifícios, casas etc.) ⮌ demolir **2** fabricar, produzir (veículos, máquinas etc.) ⮌ destruir **3** *fig.* elaborar, criar ~ **construtor** *adj.s.m.*

cons.tru.ti.vo *adj.* **1** próprio para construir **2** *fig.* criativo, fecundo ⟨*trabalho c.*⟩ **3** *fig.* que visa melhorar; positivo ⟨*crítica c.*⟩

con.subs.tan.ci.ar *v.* {mod. 1} *t.d.,t.d.i. e pron.* **1** (prep. *em*) reunir(-se), unificar(-se) **2** (prep. *em*) concretizar(-se), resumir(-se) ~ **consubstancial** *adj.2g.*

con.su.e.tu.di.ná.rio *adj.* **1** habitual, usual **2** relativo a ou baseado nos costumes de um povo ⟨*direito c.*⟩

côn.sul [pl.: *cônsules*; fem.: *consulesa*] *s.m.* representante diplomático local de uma nação em país estrangeiro, encarregado da assistência aos seus concidadãos, de representar o embaixador etc. ~ consular *adj.2g.*

con.su.la.do *s.m.* **1** cargo ou função de cônsul **2** escritório ou residência de cônsul

con.su.len.te *adj.2g.s.2g.* que(m) consulta algo ou alguém em busca de informação, conselho, opinião etc.

con.sul.ta *s.f.* **1** pedido de opinião de alguém mais experiente ou especialista sobre algo **2** parecer, conselho **3** ato de atender, aconselhar, diagnosticar ou efetuar tratamento médico ou seu efeito; atendimento ⟨*marcar uma c.*⟩ **4** processo de obtenção de informação em banco de dados ou via internet

con.sul.tar *v.* {mod. 1} *t.d.,t.d.i. e pron.* **1** (prep. *sobre*) pedir (a alguém) [opinião, parecer etc.] ❑ *t.d.* **2** buscar informações em ❑ *t.d. e int.* **3** dar consulta (a)

con.sul.ti.vo *adj.* **1** referente a consulta **2** que emite parecer, sem deliberar ou tomar decisões ⟨*órgão c.*⟩

con.sul.tor \ô\ *adj.s.m.* que(m) dá conselho ou parecer

con.sul.tó.rio *s.m.* local em que médicos e dentistas dão consulta aos seus clientes

[1]**con.su.ma.ção** [pl.: *-ões*] *s.f.* finalização, realização [ORIGEM: do lat. *consummatĭo,ōnis* 'ação de somar, soma']

[2]**con.su.ma.ção** [pl.: *-ões*] *s.f.* consumo de bebida ou de comida estipulado por certas boates, casas de *show* etc. ⟨*c. mínima*⟩ [ORIGEM: do fr. *consommation* na acp. 'porção de alimento que se serve num restaurante']

con.su.ma.do *adj.* **1** terminado **2** abalizado, competente ⟨*c. pesquisador*⟩

con.su.mar *v.* {mod. 1} *t.d. e pron.* **1** concluir(-se), finalizar(-se) ⮌ iniciar(-se) ❑ *t.d.* **2** realizar, fazer ❑ *pron.* **3** aprimorar-se, aperfeiçoar-se

con.su.mi.ção [pl.: *-ões*] *s.f.* **1** destruição total; aniquilamento **2** sofrimento, tormento **3** *B infrm.* aquilo que incomoda; amolação ⟨*carregar mala sem alça é uma c.*⟩

con.su.mi.dor \ô\ *adj.s.m.* **1** (o) que consome **2** que(m) compra para usar; comprador, freguês

con.su.mir *v.* {mod. 29} *t.d. e pron.* **1** destruir(-se) totalmente ⮌ poupar(-se) **2** *fig.* (prep. *de*) afligir(-se); aborrecer(-se) **3** danificar(-se) [a saúde]; debilitar(-se) ⮌ fortalecer(-se) ❑ *t.d.,t.i. e int.* **4** (prep. *com*) gastar dinheiro (com produtos, serviços etc.) ❑ *t.d.* **5** fazer uso de; utilizar, gastar **6** ingerir (comida ou bebida)

con.su.mis.mo *s.m.* consumo exagerado e supérfluo de bens ~ **consumista** *adj.2g.s.2g.*

con.su.mo *s.m.* **1** compra e venda de produtos **2** o que se gasta; despesa, consumação ⟨*o c. na viagem foi grande*⟩ **3** gasto, uso, emprego ⟨*c. de eletricidade*⟩ **4** ingestão, utilização ⟨*c. de medicamentos*⟩

con.ta *s.f.* **1** cálculo **2** operação aritmética ⟨*c. de somar*⟩ **3** nota de despesas feitas em restaurante, hotel etc. **4** fatura cobrando por fornecimentos de várias espécies ⟨*c. de luz, gás etc.*⟩ **5** cliente de agência publicitária **6** pequena peça furada no centro pela qual passa barbante, arame etc. para formar colares, rosários, bordados etc. **7** *fig.* conceito, reputação ⟨*ter alguém em alta c.*⟩ ⊡ **afinal de contas** *loc.adv.* em conclusão, no fim ⟨*afinal de contas, fomos todos aprovados*⟩ • **fazer de c.** *loc.vs.* fingir, simular, imaginar

con.tá.bil *adj.2g.* relativo a contabilidade

con.ta.bi.li.da.de *s.f.* **1** ciência e técnica de registro e cálculo de movimentações financeiras de uma firma ou empresa **2** conjunto desses cálculos ⟨*fazer a c. da firma*⟩ ~ **contabilista** *s.2g.* - **contabilização** *s.f.*

con.ta.bi.li.zar *v.* {mod. 1} *t.d.* **1** registrar sistematicamente (transações financeiras de uma empresa) **2** *p.ext. infrm.* calcular, avaliar ⟨*c. os gastos*⟩

con.ta-cor.ren.te [pl.: *contas-correntes*] *s.f.* inscrição em banco que dá direito a recebimento de salário, guarda de dinheiro, emissão de cheques etc.

con.tac.tar ou **con.ta.tar** *v.* {mod. 1} *t.d.,t.d.i. e int.* **1** (prep. *com*) ligar(-se), conectar(-se) ❑ *t.d. e t.i.* **2** (prep. *com*) entrar em contato com; comunicar-se

con.tac.to *s.m.* → CONTATO

con.ta.dor \ô\ *adj.s.m.* **1** que(m) narra histórias, fatos etc. **2** *B* que(m) formou-se em contabilidade ou em ciências contábeis **3** que(m) faz a contabilidade de firmas; guarda-livros **4** (o) que conta, mede, registra ■ *s.m.* **5** aparelho que mede o consumo de água, gás, luz etc.

con.ta.do.ri.a *s.f.* firma ou repartição que faz pagamentos e verificação de contas

con.ta.gem *s.f.* **1** ato de contar **2** soma ou cômputo que se obtém **3** *B* placar de jogo esportivo; escore

con.ta.gi.an.te *adj.2g.* **1** que contagia **2** *fig.* que se propaga pela intensidade, pelo poder de influência etc.; contagioso ⟨*alegria c.*⟩

con.ta.gi.ar *v.* {mod. 1} *t.d. e pron.* **1** transmitir ou adquirir (doença); contaminar(-se) ⮌ descontaminar(-se) **2** *fig.* influenciar ou deixar-se influenciar por

con.tá.gio *s.m.* **1** transmissão de doença **2** *fig.* transmissão de características negativas, de vícios etc. ⟨*c. da avarice*⟩

con.ta.gi.o.so \ô\ [pl.: *contagiosos* \ó\] *adj.* **1** transmitido por contato ou contágio ⟨*doença c.*⟩ **2** que constitui veículo para o contágio ⟨*secreção c.*⟩ **3** *fig.* que se transmite pela intensidade, pela influência etc.; contagiante ⟨*bocejo c.*⟩

con.ta-go.tas *s.m.2n.* dispositivo us. para pingar gotas de um líquido

con.ta.mi.nar *v.* {mod. 1} *t.d. e pron.* **1** (fazer) adquirir doença; contagiar(-se) ⮌ descontaminar(-se) **2** tornar(-se) impuro **3** influenciar(-se), contagiar(-se) ~ **contaminação** *s.f.* - **contaminador** *adj.s.m.*

con.tan.to *adv.* ▸ só usado em: **c. que** *loc.conj.* com a condição de que; desde que ⟨*ajudaria, c. que não houvesse interferências*⟩

con.tar *v.* {mod. 1} *t.d.,t.i. e t.d.i.* **1** (prep. *sobre, de, a*) descrever (história, caso etc.) [a]; relatar ❑ *t.d. e int.* **2** calcular **3** levar ou ser levado em conta; incluir(-se) ↺ excluir(-se), ignorar ❑ *t.d. e t.i.* **4** (prep. *com*) ter à disposição **5** (prep. *com*) fazer previsão de; esperar **6** (prep. *em, com*) ter intenção de; pretender ❑ *t.i.* **7** (prep. *com*) ter como certa a ajuda e/ou apoio de; confiar ❑ *t.d. e t.d.i.* **8** (prep. *a*) revelar, divulgar ⟨*c. um segredo (ao padre)*⟩ ↺ omitir ❑ *int.* **9** ter importância; pesar, importar ⟨*inteligência conta mais que beleza*⟩ ~ **contável** *adj.2g.*

con.ta.tar *v.* {mod. 1} *t.d.,t.d.i.,t.i. e int.* → CONTACTAR

con.ta.to ou **con.tac.to** *s.m.* **1** toque **2** ligação **3** convívio **4** em publicidade, o profissional que representa a agência junto ao cliente

con.têi.ner [pl.: *contêineres*] *s.m.* grande recipiente destinado ao acondicionamento e transporte de carga em navios, trens etc.

con.tem.pla.ção [pl.: *-ões*] *s.f.* **1** concentração da vista em algo ⟨*c. da paisagem*⟩ **2** concentração do espírito nas coisas divinas **3** *p.ext.* meditação, reflexão **4** consideração, benevolência ⟨*não teve c. com o pobre homem*⟩

con.tem.plar *v.* {mod. 1} *t.d. e pron.* **1** olhar(-se) com atenção ou encantamento ❑ *t.d.* **2** levar em conta; considerar **3** conceder algo (a alguém), como prêmio, por consideração ~ **contemplativo** *adj.*

con.tem.po.râ.neo *adj.s.m.* **1** (o) que viveu ou existiu na mesma época **2** (o) que é do tempo atual ~ **contemporaneidade** *s.f.*

con.tem.po.ri.zar *v.* {mod. 1} *t.i. e int.* **1** (prep. *com*) ser flexível, tolerante (com) ❑ *t.d.* **2** distrair, para ganhar tempo ⟨*c. as crianças*⟩ ~ **contemporização** *s.f.* - **contemporizador** *adj.s.m.*

[1]**con.ten.ção** [pl.: *-ões*] *s.f.* **1** briga, luta ⟨*c. por uma mulher*⟩ **2** desentendimento verbal ou da ordem das ideias; debate ☞ cf. *contensão* [ORIGEM: do lat. *contentĭo* ou *contensio,ōnis* 'id.']

[2]**con.ten.ção** [pl.: *-ões*] *s.f.* **B** ato de conter(-se) ou o seu efeito ⟨*c. de despesas*⟩ ☞ cf. *contensão* [ORIGEM: rad. de *conter* sob a f. *conten-* (por infl. do lat. *continēre*) + *-ção*]

con.ten.ci.o.so \ô\ [pl.: *contenciosos* \ó\] *adj.* **1** em que há [1]contenção; litigioso ⟨*questão c.*⟩ **2** sujeito a dúvidas, a reivindicações; incerto ■ *s.m.* **3** órgão público ou privado que cuida de pendências judiciais

con.ten.da *s.f.* **1** luta, combate, guerra **2** rixa, discussão ⟨*as c. de uma família*⟩ **3** disputa judicial

con.ten.der *v.* {mod. 8} *t.i. e int.* **1** (prep. *com*) brigar, discutir ❑ *t.i.* **2** (prep. *por*) disputar, concorrer **3** (prep. *com*) ser igual ou superior (a) ~ **contendor** *adj.s.m.*

[1]**con.ten.são** [pl.: *-ões*] *s.f.* [1]contenção

[2]**con.ten.são** [pl.: *-ões*] *s.f.* uso concentrado da atenção, da inteligência ⟨*c. do espírito*⟩ ☞ cf. *contenção* [ORIGEM: *con-* 'com' + *tensão*]

con.ten.ta.men.to *s.m.* **1** estado de contente; alegria, júbilo **2** satisfação, agrado, prazer

con.ten.tar *v.* {mod. 1} *t.d. e pron.* **1** (prep. *com, em*) satisfazer os desejos, as exigências (de) ↺ desagradar(-se) ❑ *t.d.* **2** tranquilizar, sossegar ↺ agitar

con.ten.te *adj.2g.* cujos desejos, exigências etc. foram atendidos ou realizados; satisfeito ↺ insatisfeito **2** alegre, feliz ↺ aborrecido, triste

con.ten.to *s.m.* contentamento ⊡ **a c.** *loc.adv.* satisfatoriamente ⟨*a festa saiu a c.*⟩

con.ter *v.* {mod. 16} *t.d. e pron.* **1** controlar(-se), refrear(-se) ↺ descontrolar(-se) **2** ter em si; incluir(-se), encerrar(-se) ↺ excluir ❑ *t.d.* **3** ter capacidade para abrigar, receber; comportar

con.ter.râ.neo *adj.s.m.* que(m) é da mesma terra (cidade, estado etc.) que outro; compatriota

con.tes.ta.ção [pl.: *-ões*] *s.f.* **1** ato de contestar; oposição, objeção **2** rebeldia, insubmissão

con.tes.tar *v.* {mod. 1} *t.d.* **1** não aceitar a validade de; refutar ↺ aceitar **2** pôr em dúvida; questionar ❑ *t.i.* **3** (prep. *a*) replicar, responder ⟨*c. a uma arguição*⟩ ~ **contestador** *adj.s.m.* - **contestável** *adj.2g.*

con.tes.ta.tá.rio *adj.* **1** que envolve contestação; contestatório ■ *adj.s.m.* **2** (indivíduo) que põe em causa a ordem social

con.tes.te *adj.2g.* **1** cujo depoimento ou afirmação é igual a de outrem ⟨*testemunhas c.*⟩ ↺ inconteste **2** que contém as mesmas afirmações ou dados de outro ⟨*atestados c.*⟩ ↺ inconteste

con.te.ú.do *s.m.* **1** aquilo que ocupa o espaço em algo ⟨*o c. de uma garrafa*⟩ ☞ cf. *continente* **2** tópico abrangido em livro, anúncio etc.; assunto **3** significação mais profunda; relevância ⟨*filme sem c.*⟩

con.tex.to \ê\ *s.m.* **1** inter-relação de circunstâncias que acompanham um fato ou uma situação **2** o encadeamento do discurso ⟨*o c. é importante na tradução de uma obra*⟩ ~ **contextual** *adj.*

con.tex.tu.a.li.zar *v.* {mod. 1} *t.d.* **1** integrar num contexto **2** prover de contexto ~ **contextualização** *s.f.*

con.tex.tu.ra *s.f.* **1** modo como estão interligadas as partes de um todo; composição, estrutura **2** encadeamento de ideias, palavras etc. num conjunto organizado; contexto ⟨*a c. de um poema*⟩ **3** entrelaçamento dos fios em um tecido; textura

con.ti.go *pron.p.* **1** em tua companhia **2** dentro de ti **3** referente a ti

con.tí.guo *adj.* **1** adjacente, vizinho ⟨*poltronas c.*⟩ **2** *fig.* próximo no tempo ou no sentido ⟨*ideias c. às minhas*⟩ ↺ distante ~ **contiguidade** *s.f.*

con.ti.nên.cia *s.f.* **1** comportamento contido; comedimento **2** castidade **3** saudação militar

con.ti.nen.te *adj.2g.* **1** moderado nas palavras ou gestos; contido ⟨*comportamento c.*⟩ ↺ descontrolado ■ *adj.2g.s.m.* **2** (o) que contém algo ☞ cf. *conteúdo* ■ *s.m.* **3** grande extensão de terra cercada por oceanos, que constitui cada uma das divisões tradicionais da Terra ~ **continental** *adj.2g.*

con.tin.gên.cia *s.f.* possibilidade, eventualidade

con.tin.gen.ci.ar *v.* {mod. 1} *t.d.* **1** controlar (despesas) do orçamento governamental para evitar desequilíbrio financeiro **2** impor política econômica que estabeleça limites a

con.tin.gen.te *adj.2g.* **1** que pode ocorrer ou não; incerto 〈*situação c.*〉 **2** acidental; casual, fortuito 〈*fatores c. precipitam os acontecimentos*〉 ■ *s.m.* **3** grupamento, esp. de militares **4** determinação quantitativa; número 〈*c. populacional*〉

con.ti.nu.ar *v.* {mod. 1} *t.d. e t.i.* **1** (prep. *com*) levar adiante, não interromper ⮌ interromper, parar ❑ *t.d.,t.i. e int.* **2** (prep. *com*) prosseguir (atividade interrompida) ⮌ descontinuar, interromper ❑ *int.* **3** seguir existindo; manter-se ❑ *t.i.* **4** (prep. *em*) persistir, insistir ⮌ desistir ❑ *pred.* **5** manter-se do mesmo modo; permanecer 〈*a lei continua vigente*〉 ~ continuação *s.f.* - **continuidade** *s.f.*

con.ti.nu.ís.mo *s.m. B* doutrina ou manobra que visa à perpetuação de uma pessoa ou grupo no poder

con.ti.nu.ís.ta *adj.2g.s.2g.* **1** que(m) é adepto do continuísmo **2** que(m) é responsável pela continuidade em filmagem ou gravação de programa

con.tí.nuo *adj.* **1** sem interrupção ⮌ constante **2** que se repete a intervalos breves e regulares; sucessivo ■ *s.m.* **3** bói

con.to *s.m.* história curta em prosa, com um só conflito e ação, e poucos personagens ☞ cf. *fábula* e *romance* ~ **contista** *adj.2g.s.2g.*

con.to do vi.gá.rio [pl.: *contos do vigário*] *s.m. B* trapaça para tomar dinheiro de pessoa de boa-fé ou ambiciosa

con.tor.cer *v.* {mod. 8} *t.d. e pron.* imprimir movimentos fortes de torção (a); retorcer(-se) ⮌ endireitar(-se) ~ **contorção** *s.f.*

con.tor.cio.nis.ta *adj.2g.s.2g.* (pessoa) capaz de fazer movimentos e assumir posições contorcidas antinaturais na postura humana ~ **contorcionismo** *s.m.*

con.tor.nar *v.* {mod. 1} *t.d.* **1** mover-se à volta de; rodear **2** estar em volta de; cercar **3** traçar o contorno de **4** *fig.* dar a (problema, situação difícil etc.) resolução imperfeita ou incompleta

con.tor.no \ô\ *s.m.* **1** desenho, perfil 〈*c. dos olhos*〉 **2** circunferência, volta, perímetro 〈*o c. do parque*〉 **3** desvio, volta

con.tra *prep.* **1** em oposição a 〈*luta c. a corrupção*〉 **2** no rumo oposto 〈*nadar c. a corrente*〉 **3** de encontro a 〈*o carro chocou-se c. o poste*〉 **4** de frente para 〈*o rosto c. o sol*〉 **5** junto de 〈*apertou o filho c. o peito*〉 **6** de combate a (doença, mal etc.) 〈*vacina c. a gripe*〉 **7** na escala de; para 〈*aposto dez c. um*〉 ■ *adj.2g.* **8** contra seu próprio time 〈*fez um gol c.*〉 ■ *s.m.* **9** empecilho, obstáculo ☞ mais us. no pl. **10** objeção 〈*dar um c.*〉 ■ *adv.* **11** desfavoravelmente 〈*quantos votaram c.?*〉

con.tra-al.mi.ran.te [pl.: *contra-almirantes*] *s.m.* **1** na Marinha de Guerra brasileira e portuguesa, posto logo abaixo de vice-almirante e imediatamente acima de capitão de mar e guerra **2** oficial que detém esse posto

con.tra-ar.gu.men.tar *v.* {mod. 1} *t.d.* apresentar argumentos contrários a ~ **contra-argumento** *s.m.*

con.tra-a.ta.car *v.* {mod. 1} *t.d. e int.* **1** revidar um ataque ⮌ capitular **2** reagir com argumentos; rebater ⮌ concordar

con.tra-a.ta.que [pl.: *contra-ataques*] *s.m.* **1** ofensiva militar para desbaratar, destruir etc. força atacante **2** em jogo, domínio súbito da bola, impedindo o adversário de armar a defesa

con.tra-a.vi.so [pl.: *contra-avisos*] *s.m.* aviso que muda ou anula um anterior

con.tra.bai.xo *s.m.* maior e mais grave instrumento da família dos violinos; baixo, rabecão ~ **contrabaixista** *adj.2g.s.2g.*

con.tra.ba.lan.çar *v.* {mod. 1} *t.d.* **1** ser igual em peso a ❑ *t.d. e t.d.i. fig.* **2** (prep. *com*) reparar (algo bom ou ruim) [com o efeito oposto]; compensar **3** (prep. *com*) equilibrar 〈*c. receita e despesa*〉 ⮌ desequilibrar

con.tra.ban.dis.ta *adj.2g.s.2g.* (aquele) que faz contrabando; muambeiro

con.tra.ban.do *s.m.* **1** importação clandestina de mercadorias estrangeiras sem pagamento de impostos **2** mercadoria contrabandeada; muamba ~ **contrabandear** *v.t.d. e int.*

con.tra.ção [pl.: *-ões*] *s.f.* **1** ato de contrair(-se) ou seu efeito; encolhimento 〈*c. do mercado imobiliário*〉 **2** tensionamento de músculo ou órgão **3** GRAM combinação das preposições *de* e *em*, que sofrem redução em sua forma, com os artigos definidos e indefinidos, com os pronomes pessoais, demonstrativos e indefinidos, formando um vocábulo único (p.ex.: *do, dele, daquela, deste*; *no, naquele* etc.)

con.tra.ca.pa *s.f.* cada uma das duas faces internas da capa de livro, revista etc.

con.tra.ce.nar *v.* {mod. 1} *t.i.* **1** (prep. *com*) atuar (com outro ator) ❑ *int.* **2** atuar em cenas secundárias

con.tra.cep.ção [pl.: *-ões*] *s.f.* conjunto dos métodos que visam evitar a fecundação de um óvulo ou a nidação do ovo; anticoncepção

con.tra.cep.ti.vo *adj.s.m.* (meio físico ou químico) que evita a concepção ('fecundação'); anticoncepcional

con.tra.che.que *s.m.* documento emitido pelo empregador que especifica o salário de um funcionário, autorizando-o a receber o que lhe é devido; holerite

con.tra.cul.tu.ra *s.f.* movimento cultural que rejeita e questiona valores e práticas da cultura dominante da qual faz parte

con.tra.dan.ça *s.f.* **1** dança de quatro ou mais pares, uns de frente para o outro **2** música que acompanha essa dança **3** *fig. infrm.* mudança frequente ou sucessiva 〈*a c. política*〉

con.tra.di.ção [pl.: *-ões*] *s.f.* **1** dito, procedimento ou atitude oposta ao que se tinha dito, ou a que se adotara anteriormente ⟨*cair em c.*⟩ **2** *p.ext.* falta de lógica; incoerência

con.tra.di.ta *s.f.* **1** impugnação; contestação **2** o conjunto das alegações contra a credibilidade de testemunha em processo judicial

con.tra.di.tar *v.* {mod. 1} *t.d.* **1** contrariar, contestar ⮌ aceitar **2** pôr em dúvida; questionar

con.tra.di.tó.rio *adj.* que envolve contradição; incoerente ⟨*atitudes c.*⟩ ⮌ coerente

con.tra.di.zer *v.* {mod. 15} *t.d. e pron.* **1** dizer o contrário de (algo já dito); desmentir(-se) ⮌ confirmar, corroborar **2** não condizer (com); destoar ⮌ combinar ❑ *t.d.* **3** ter posição contrária a; opor-se a ⮌ aceitar ⊙ GRAM/USO part.: *contradito*

con.tra.en.te *adj.2g.s.2g.* que(m) assume um contrato; contratante

con.tra.fa.zer *v.* {mod. 14} *t.d.* **1** falsificar **2** imitar, por comicidade ou zombaria ❑ *t.d. e pron.* **3** dissimular(-se), disfarçar(-se) ❑ *pron.* **4** violentar a própria vontade; forçar-se ~ **contrafação** *s.f.* - **contrafator** *adj.s.m.*

con.tra.fé *s.f.* cópia autêntica de citação ou intimação judicial entregue ao intimado por oficial de justiça

con.tra.fei.to *adj.* **1** imitado por falsificação ⟨*caligrafia c.*⟩ ⮌ autêntico **2** constrangido, sem jeito ⟨*sorriso c.*⟩ ⮌ espontâneo **3** feito contra a vontade; forçado ⟨*recuou, quando c.*⟩

con.tra.fi.lé *s.m.* *B* corte de carne macia e magra, retirada da região lombar do boi

con.tra.gol.pe *s.m.* **1** golpe dado em reação a outro recebido **2** iniciativa que se antecipa a um golpe

con.tra.gos.to \ô\ *s.m.* ▸ só usado em: **a c.** *loc.adv.* contra a vontade ⟨*aceitou o convite a c.*⟩

con.tra.in.di.ca.ção [pl.: *-ões*] *s.f.* **1** indicação oposta a outra **2** circunstância de desaconselhamento ou proibição de uso de medicamento ou recurso médico

con.tra.in.di.car *v.* {mod. 1} *t.d. e t.d.i.* **1** (prep. *a*) considerar prejudicial ou inadequado (a); desaconselhar ⮌ indicar ❑ *t.d.* **2** ser inadequado a

con.tra.ir *v.* {mod. 25} *t.d. e pron.* **1** diminuir o volume, a forma (de); apertar, encolher ⮌ descontrair ❑ *t.d.* **2** adquirir (doença) ⮌ sarar **3** assumir (obrigação, dívida etc.) ⮌ descontratar **4** ajustar (contrato, matrimônio etc.) ⮌ anular

con.tral.to *s.m.* MÚS **1** a voz feminina de registro mais grave ■ *s.2g.* **2** cantora com essa voz ■ *adj.2g.* **3** que tem esse registro (diz-se de cantora ou instrumento)

con.tra.luz *s.f.* **1** efeito obtido ao se iluminar um objeto por trás **2** lugar oposto à incidência da luz **3** foco de luz que incide do palco sobre a plateia

con.tra.mão [pl.: *-ãos*] *s.f.* *B* **1** sentido de rua, avenida etc. proibido ao fluxo de veículos vindos em direção oposta ⟨*entrar na c.*⟩ **2** *fig.* posição contrária ao que foi estabelecido ou convencionado ■ *adj.2g.2n.* **3** que fica no sentido contrário ao de um fluxo ⟨*pistas contramão*⟩ **4** *fig.* de difícil acesso; fora de mão

con.tra.mar.cha *s.f.* marcha em sentido contrário ao que se fazia ou em retrocesso ao local em que foi iniciada

con.tra.me.di.da *s.f.* providência que anula ou atenua o efeito de outra medida

con.tra.mes.tre *s.m.* **1** chefe de um grupo de operários de fábrica, obras etc. **2** substituto do capitão no comando de um navio

con.tra.o.fen.si.va *s.f.* **1** operação estratégica de retomada da iniciativa, após uma fase de defesa **2** operação em conjunto que responde a um ataque ('investida') do inimigo

con.tra.o.fer.ta *s.f.* nova oferta que modifica a anterior ~ **contraofertar** *v.t.d.*

con.tra.or.dem *s.f.* ordem que se opõe a ou revoga outra ~ **contraordenar** *v.t.d. e int.*

con.tra.pa.ren.te *s.2g.* **1** parente longínquo **2** parente por vínculo originado no casamento

con.tra.par.te *s.f.* **1** complemento, contrapartida **2** parte musical que dialoga com outra, esp. em duetos

con.tra.par.ti.da *s.f.* **1** complemento, contraparte **2** *p.ext.* correlação, correspondência, equivalência ⟨*o sucesso nos negócios tem sua c. em prestígio social*⟩

con.tra.pe.sar *v.* {mod. 1} *t.d.* **1** equilibrar o peso de ⮌ desequilibrar **2** *fig.* recompensar, compensar **3** *fig.* avaliar, pesar

con.tra.pe.so \ê\ *s.m.* **1** peso que compensa uma força oposta ou um outro peso **2** pequena porção que se acrescenta a uma mercadoria para completar o peso desejado pelo comprador **3** *fig.* aquilo que dá compensação e/ou equilíbrio

con.tra.pon.to *s.m.* **1** técnica de composição musical que consiste na superposição de duas melodias diferentes **2** composição que utiliza essa técnica

con.tra.por *v.* {mod. 23} *t.d. e t.d.i.* **1** (prep. *a*) pôr frente a frente; confrontar **2** (prep. *a*) comparar ❑ *t.d. e pron.* **3** (prep. *a*) pôr(-se) em contraste; opor(-se) ⮌ aceitar ⊙ GRAM/USO part.: *contraposto*

con.tra.po.si.ção [pl.: *-ões*] *s.f.* **1** posição ou disposição em sentido contrário **2** contrariedade, oposição, divergência ⟨*c. de interesses*⟩ ⮌ concordância

con.tra.pro.du.cen.te *adj.2g.* **1** que produz resultado oposto ao esperado; contraprodutivo ⟨*conselho c.*⟩ **2** que prova o contrário do que se tinha intenção de provar

con.tra.pro.pa.gan.da *s.f.* proposta alternativa que visa à anulação dos efeitos de outra

con.tra.pro.pos.ta *s.f.* proposta alternativa a outra que não se aprovou ~ **contrapropor** *v.t.d.*

con.tra.pro.va *s.f.* **1** em direito, prova que invalida a anterior **2** segunda experiência, que tem o objetivo de verificar a exatidão da primeira **3** prova tipográfica feita depois das emendas de uma prova anterior ~ **contraprovar** *v.t.d.*

con.tra.ri.ar *v.* {mod. 1} *t.d.* **1** dizer ou fazer o contrário de ⮌ aprovar **2** estar em desacordo com ⮌ concordar ❑ *t.d.,int. e pron.* **3** aborrecer(-se), descontentar(-se) ⮌ contentar(-se)

con.tra.ri.e.da.de *s.f.* 1 coisa ou situação que aborrece; desgosto ⮌ satisfação 2 o que embaraça a realização ou o desenvolvimento de algo; dificuldade, estorvo ⮌ facilitação 3 oposição, resistência ⮌ acordo, apoio

con.trá.rio *adj.* 1 que tem direção ou sentido oposto ⟨*ventos c.*⟩ 2 avesso; reverso ⟨*vestira a blusa do lado c.*⟩ 3 em que há desacordo ou contradição ⟨*abordam a questão de formas c.*⟩ 4 que é hostil a; averso, antagônico ⟨*pessoas c. à pena de morte*⟩ 5 nocivo, prejudicial ⟨*estilo de vida c. à saúde*⟩ 6 que traz desventura; desfavorável ⟨*sorte c.*⟩ ■ *s.m.* 7 o que é oposto ou inverso 8 adversário, inimigo ⊡ **ao c.** *loc.adv.* 1 do lado avesso ⟨*pôs a toalha ao c.*⟩ 2 de frente para trás ⟨*vestiu a suéter ao c.*⟩ 3 trocado ⟨*colocou a meia ao c.*⟩ • **do c.** *loc.adv.* se assim não for

con.trar.re.gra *s.2g.* 1 técnico (em cinema, teatro, TV) que cuida dos objetos de cena, indica as entradas e saídas dos atores etc. 2 sonoplasta ■ *s.f.* 3 ofício desse técnico

con.trar.re.vo.lu.ção [pl.: *-ões*] *s.f.* revolução posterior que se propõe a anular os resultados de outra ~ **contrarrevolucionário** *adj.s.m.*

con.tras.se.nha *s.f.* palavra, frase ou sinal secreto que responde a uma senha

con.tras.sen.so *s.m.* ato ou dito contrário à boa lógica, à razão; disparate

con.tras.tar *v.* {mod. 1} *t.d. e t.d.i.* 1 (prep. *com*) examinar, comparando; confrontar ❑ *t.d. e t.i.* 2 (prep. *com*) mostrar-se o oposto de ⮌ combinar ❑ *t.d.* 3 ir contra; contrariar ⮌ condizer ~ **contrastante** *adj.2g.*

con.tras.te *s.m.* 1 diferença ou oposição entre coisas de mesma natureza ⟨*o c. entre o preto e o branco*⟩ 2 *p.ext.* comparação de objetos similares para se estabelecerem as respectivas diferenças ⟨*c. entre dois textos do mesmo autor*⟩ 3 variação de claro e escuro numa imagem de televisão, cinema ou fotografia 4 substância introduzida no organismo do paciente para a realização de exames médicos em certas estruturas ou órgãos

con.tra.ta.ção [pl.: *-ões*] *s.f.* 1 combinação, trato 2 admissão a emprego

con.tra.tar *v.* {mod. 1} *t.d.* 1 ajustar por contrato ⮌ descontratar 2 admitir em emprego; empregar ⮌ demitir 3 combinar, tratar ⮌ distratar ~ **contratador** *adj.s.m.* - **contratante** *adj.2g.*

con.tra.tem.po *s.m.* 1 circunstância ou incidente inesperado 2 *p.ext.* obstáculo, estorvo, empecilho 3 contrariedade, aborrecimento, desgosto 4 MÚS a parte fraca da pulsação musical

con.trá.til *adj.2g.* capaz de sofrer contração, de diminuir ~ **contratibilidade** *s.f.*

con.tra.to *s.m.* 1 acordo legal entre pessoas, com delimitação de seus direitos e deveres 2 documento que sela esse acordo ~ **contratual** *adj.2g.*

con.tra.tor.pe.dei.ro *s.m.* navio veloz de combate, que dispõe de torpedos; destróier

con.tra.tu.ra *s.f.* 1 diminuição de tamanho; encolhimento 2 contração muscular involuntária e prolongada

con.tra.ven.ção [pl.: *-ões*] *s.f.* transgressão de regulamentos, contratos ou leis ~ **contravencional** *adj.2g.*

con.tra.ve.ne.no *s.m.* substância que neutraliza a ação de um veneno; antídoto

con.tra.ven.tor \ô\ *adj.s.m.* que(m) faz contravenção; infrator, transgressor

con.tri.bu.i.ção [pl.: *-ões*] *s.f.* 1 ato ou efeito de contribuir; ajuda, colaboração 2 parte que cabe a cada um em despesa ou encargo comum; cota, quinhão

con.tri.bu.ir *v.* {mod. 26} *t.i.* 1 (prep. *em*) colaborar na execução de ⮌ atrapalhar 2 (prep. *para*) ter parte (em um resultado); concorrer 3 (prep. *com*) prestar (ajuda material e/ou financeira) ⮌ recusar(-se) ❑ *t.i. e int.* 4 (prep. *para, em*) pagar cota (de despesa, encargo etc.) 5 (prep. *com*) pagar impostos ~ **contribuinte** *adj.2g.s.2g.* - **contributivo** *adj.*

con.tri.ção [pl.: *-ões*] *s.f.* 1 arrependimento dos pecados cometidos e pela ofensa a Deus 2 prece que expressa esse arrependimento

con.tris.tar *v.* {mod. 1} *t.d.,int. e pron.* tornar(-se) triste; entristecer(-se) ~ **contristação** *s.f.*

con.tri.to *adj.* pesaroso, arrependido

con.tro.lar *v.* {mod. 1} *t.d.* 1 submeter a exame e vigilância ⮌ negligenciar 2 agir com restrição sobre; conter ⮌ exaltar 3 ter domínio sobre ⮌ submeter-se ❑ *pron.* 4 manter o autocontrole; conter-se ⮌ descontrolar-se ~ **controlável** *adj.2g.*

con.tro.le \ô\ *s.m.* 1 monitoração ou fiscalização minuciosa de acordo, padrões, normas etc. ⟨*c. da taxa de colesterol*⟩ 2 chave, botão etc. que controla e regula máquinas, aparelhos ou instrumentos ⟨*c. do som*⟩ 3 *fig.* poder, domínio ou autoridade sobre alguém ou algo ⟨*c. dos presos*⟩ 4 *fig.* domínio da própria vontade ou das emoções ⟨*perdeu o c.*⟩

con.tro.vér.sia *s.f.* discussão, debate, referente a ações ou propostas sobre as quais há divergências

con.tro.ver.so *adj.* que provoca controvérsia, polêmica, discussão; controvertido ⮌ incontroverso

con.tro.ver.ter *v.* {mod. 8} *t.d.* pôr em dúvida; contestar ⟨*c. uma teoria*⟩ ⮌ aceitar

con.tro.ver.ti.do *adj.* 1 debatido, discutido 2 controverso ⊙ GRAM/USO part. de *controverter*

con.tu.do *conj.advrs.* mas, porém, entretanto, todavia

con.tu.má.cia *s.f.* 1 extrema teimosia; insistência, obstinação 2 desobediência consciente a ordens judiciais 3 falta de comparecimento em juízo por questão criminal

con.tu.maz *adj.2g.s.2g.* 1 teimoso, cabeçudo, obstinado 2 (indivíduo) que não comparece em juízo por questão criminal ■ *adj.2g.* 3 que constitui hábito; habitual, costumeiro ⊙ GRAM/USO sup.abs.sint.: *contumacíssimo*

con.tun.den.te *adj.2g.* 1 capaz de ferir ⟨*instrumento c.*⟩ 2 *fig.* categórico, incisivo ⟨*prova c.*⟩ 3 *fig.* que causa sofrimento, mágoa ⟨*palavras c.*⟩ ~ **contundência** *s.f.*

con.tun.dir *v.* {mod. 24} *t.d. e pron.* 1 causar ou sofrer contusão ⮌ curar(-se) ❑ *t.d. fig.* 2 magoar, ofender ⮌ agradar

con.tur.bar *v.* {mod. 1} *t.d. e pron.* 1 causar ou sentir perturbação; abalar(-se) ⮌ acalmar(-se) 2 rebelar(-se), revoltar(-se) ⮌ pacificar(-se) ~ **conturbação** *s.f.*

con.tu.são [pl.: *-ões*] *s.f.* lesão causada por impacto, sem que haja ruptura da pele; traumatismo, pisadura

co.nú.bio *s.m.* 1 casamento, matrimônio 2 *fig.* relação íntima

con.va.les.cen.ça *s.f.* período de recuperação das forças e da saúde, depois de doença, cirurgia etc.

con.va.les.cer *v.* {mod. 8} *t.d.,t.i.,int. e pron.* (prep. *de*) [fazer] recobrar aos poucos o ânimo, a saúde, abalados por doença, lesão etc. ⮌ piorar; recair ~ **convalescente** *adj.2g.s.2g.*

con.ven.ção [pl.: *-ões*] *s.f.* 1 acordo, pacto, combinação sobre determinado assunto 2 conjunto de costumes sociais estabelecidos e aceitos pelos indivíduos de uma comunidade, como regras de boa educação, de boa conduta etc. 3 assembleia ou encontro para tratar de assunto comum; congresso, conferência

con.ven.cer *v.* {mod. 8} *t.d.,t.d.i.,int. e pron.* (prep. *a, de*) levar ou passar a crer, por motivo ou argumento bem fundado ⮌ desconvencer(-se)

con.ven.ci.do *adj.* 1 que foi persuadido, convicto ⮌ hesitante, incerto ■ *adj.s.m.* 2 *B* presunçoso, arrogante

con.ven.ci.men.to *s.m.* 1 ação de fazer alguém aceitar um fato ou opinião através de argumentos 2 aceitação decorrente dessa ação 3 *B* atitude imodesta; presunção

con.ven.cio.nal *adj.2g.* 1 criado por convenção 2 consolidado pelo uso ou pela prática ⟨*saudação c.*⟩ 3 que obedece a padrões aceitos; comum ⟨*uma beleza c.*⟩ 4 que não utiliza energia nuclear; não atômico ⟨*armas c.*⟩ ■ *s.2g.* 5 membro de um congresso ~ **convencionalismo** *s.m.* - **convencionalista** *adj.2g.s.2g.*

con.ven.cio.nar *v.* {mod. 1} *t.d.,t.i. e pron.* (prep. *em*) estipular por convenção; ajustar ⮌ descombinar

con.ve.ni.ên.cia *s.f.* 1 o que atende ao gosto, às necessidades de alguém ⟨*para sua c. foi instalado um frigobar no quarto*⟩ 2 utilidade, vantagem ⟨*a c. de um serviço*⟩ 3 interesse ou vantagem material, social etc. ⟨*casamento de c.*⟩ 4 decoro, decência ⟨*ato contrário à c. pública*⟩

con.ve.ni.en.te *adj.2g.* 1 apropriado, oportuno ⟨*atitude c.*⟩ ⮌ inconveniente, impróprio 2 que traz vantagem; útil, proveitoso ⟨*negócio c.*⟩ 3 que facilita; cômodo, favorável ⟨*é c. trabalhar de manhã*⟩ ⮌ inconveniente, incômodo 4 decente, decoroso ⟨*ato pouco c.*⟩ ⮌ indecente, indecoroso ■ *adj.2g.s.2g.* 5 que(m) toma parte em convênio

con.vê.nio *s.m.* 1 contrato de prestação de serviço entre entidades públicas ou privadas 2 acordo entre pessoas; pacto ~ **conveniar** *v.t.d. e int.*

con.ven.to *s.m.* habitação de uma comunidade religiosa ~ **conventual** *adj.2g.s.2g.*

con.ver.gên.cia *s.f.* 1 ato de dirigir-se a ou unir-se em um mesmo ponto ⮌ divergência, dispersão 2 concordância de objetivos, sentimentos ou opiniões ⮌ divergência

con.ver.gir *v.* {mod. 28} *t.i.* 1 (prep. *para, em*) dirigir-se (a um mesmo ponto) ⮌ dispersar-se 2 (prep. *em*) reunir-se, agrupar-se ⮌ separar-se 3 *fig.* (prep. *para*) tender (para um objetivo); concentrar-se ⮌ divergir ~ **convergente** *adj.2g.*

con.ver.sa *s.f.* 1 troca de palavras, de ideias entre duas ou mais pessoas; diálogo, conversação, palestra 2 assunto dessa troca 3 *infrm.* lábia, astúcia ⟨*c. de vendedor*⟩ 4 *infrm.* mentira, invenção ⟨*essa história é c.*⟩ ▣ **c. fiada** *loc.subst. infrm.* 1 conversa sem relevância 2 proposta ou promessa que não se tem intenção de cumprir 3 palavreado com intuito de enganar; falsidade ☞ cf. *conversa-fiada*

con.ver.sa.ção [pl.: *-ões*] *s.f.* 1 ação de conversar; conversa, colóquio 2 arte de conversar (ger. em língua estrangeira) ⟨*aula de c.*⟩

con.ver.sa-fi.a.da [pl.: *conversas-fiadas*] *s.2g.* *B infrm.* 1 pessoa que não cumpre o que se dispõe a fazer ou o que promete 2 indivíduo que conta vantagem; gabola, garganta 3 quem tem prazer em conversar ☞ cf. *conversa fiada*

con.ver.são [pl.: *-ões*] *s.f.* 1 transformação de uma coisa em outra 2 mudança de religião ou seita, de costumes etc. 3 operação de cálculo do valor da moeda de um país em relação à moeda de outro

con.ver.sar *v.* {mod. 1} *t.i.,t.d.i. e int.* (prep. *com*) trocar palavras, ideias, informações (com alguém) [sobre algo] ⮌ calar ~ **conversador** *adj.s.m.*

[1]**con.ver.sí.vel** *adj.2g.* 1 que se pode converter 2 cuja capota se pode dobrar ou remover (diz-se de carro, barco etc.) [ORIGEM: do lat. *conversibĭlis* ou *convertiblis,e* 'que se pode virar ou mudar'] ~ **conversibilidade** *s.f.*

[2]**con.ver.sí.vel** *s.m.* automóvel conversível [ORIGEM: red. de *automóvel conversível*]

con.ver.so *adj.s.m.* 1 que(m) se converteu a religião ou a forma de pensamento; convertido ■ *s.m.* 2 indivíduo leigo que serve em convento

con.ver.sor \ô\ *s.m.* 1 aparelho que transforma corrente elétrica contínua em alternada e vice-versa 2 dispositivo que ajuda receptor de rádio ou televisão a operar

con.ver.ter *v.* {mod. 8} *t.d.i. e pron.* 1 (prep. *em*) transformar(-se) em ⮌ permanecer ❑ *t.d. e pron.* 2 (prep. *a*) [fazer] mudar de religião, de costumes etc. ⮌ desconverter ❑ *t.d.i.* 3 (prep. *em*) trocar (moeda de um país) [pela de outro] ❑ *t.d.* 4 fazer mudar de direção 5 DESP no basquete, encestar

con.vés [pl.: *conveses*] *s.m.* pavimento dos navios descoberto ou protegido por toldo; deque

con.ve.xo \cs\ *adj.* que tem relevo exterior, como uma calota ⊃ côncavo ~ **convexidade** *s.f.*

con.ve.xo-côn.ca.vo [pl.: *convexo-côncavos*; fem.: *convexo-côncava*] *adj.* convexo de um lado e côncavo do outro

con.vic.ção [pl.: *-ões*] *s.f.* crença ou opinião firme a respeito de algo ⊃ dúvida ~ **convicto** *adj.*

con.vi.da.do *adj.s.m.* que(m) recebeu convite ⊃ desconvidado

con.vi.dar *v.* {mod. 1} *t.d. e t.d.i.* **1** (prep. *para, a*) solicitar a presença ou participação de (alguém) [em algo]; chamar ⊃ desconvidar ❑ *t.i.,t.d.i. e int.* **2** (prep. *a*) despertar a vontade; induzir ⊃ desencorajar ❑ *pron.* **3** ir a festa, evento etc. sem ter sido chamado

con.vi.da.ti.vo *adj.* que atrai, que seduz; atraente ⟨*preços c.*⟩ ⊃ desconvidativo

con.vin.cen.te *adj.2g.* **1** que convence; persuasivo ⟨*provas c.*⟩ **2** que manifesta certeza ⟨*um ar c. não deixava dúvidas*⟩

con.vir *v.* {mod. 31} *t.i.* **1** (prep. *em*) concordar, aceitar ⊃ rejeitar **2** (prep. *a*) vir a propósito; servir ❑ *t.i. e int.* **3** (prep. *a*) ser adequado, útil **4** (prep. *com*) ficar bem; condizer ⊃ destoar

con.vi.te *s.m.* **1** solicitação da presença ou participação de alguém em algo; convocação **2** meio que formaliza tal solicitação **3** apelo, chamamento ⟨*um c. à fraude*⟩ **4** bilhete gratuito para espetáculo

con.vi.va *s.2g.* convidado em jantar, festa etc.; comensal

con.vi.vên.cia *s.f.* **1** vida em comum; convívio **2** intimidade, familiaridade, convívio ⟨*evita a c. com os vizinhos*⟩

con.vi.ver *v.* {mod. 8} *t.i. e int.* **1** (prep. *com*) viver em comum ⊃ separar-se **2** (prep. *com*) ter relações cordiais ⊃ afastar-se **3** (prep. *com*) coexistir ❑ *t.i.* **4** (prep. *com*) adaptar-se, habituar-se (a certas condições) ⊃ desadaptar-se ~ **convivente** *adj.2g.s.2g.*

con.vi.vio *s.m.* convivência

con.vo.car *v.* {mod. 1} *t.d. e t.d.i.* **1** (prep. *para*) chamar (alguém) [para reunião, evento oficial etc.] ⊃ desconvocar ❑ *t.d.* **2** reunir, formar ⟨*c. uma junta*⟩ ⊃ dissolver ~ **convocação** *s.f.* - **convocatório** *adj.*

con.vo.ca.tó.ria *s.f.* carta, circular ou ordem de convocação

con.vol.vu.lá.cea *s.f.* BOT espécime das convolvuláceas, família de arbustos, raras árvores e ervas, muitas espécies cultivadas como ornamentais, algumas pelos tubérculos, us. como purgativos ou na alimentação (como a batata-doce), e outras, para extração de drogas alucinógenas ~ **convolvuláceo** *adj.*

con.vos.co \ô\ *pron.p.* **1** em vossa companhia **2** dentro de vós **3** referente a vós

con.vul.são [pl.: *-ões*] *s.f.* **1** grande agitação, alvoroço **2** revolta social de grande impacto; revolução **3** MED contração violenta, dolorosa e involuntária do corpo ~ **convulsante** *adj.2g* - **convulsivo** *adj.* - **convulso** *adj.*

con.vul.sio.nar *v.* {mod. 1} *t.d.* **1** causar grande agitação a ⊃ acalmar ❑ *t.d. e pron.* **2** revoltar(-se), sublevar(-se) ⊃ pacificar(-se); submeter(-se)

co.o.bri.ga.do *adj.s.m.* (o) que assumiu obrigação juntamente com outrem

co.o.nes.tar *v.* {mod. 1} *t.d.* **1** fazer parecer honesto; disfarçar **2** reconhecer como autêntico; legitimar

co.o.pe.ra.ção [pl.: *-ões*] *s.f.* ato ou efeito de cooperar; ajuda, colaboração

co.o.pe.ra.do *adj.s.m.* que(m) é membro de uma cooperativa; cooperativado

co.o.pe.rar *v.* {mod. 1} *t.i. e int.* **1** (prep. *com*) ajudar (alguém), contribuindo com trabalho, esforços ⊃ atrapalhar **2** (prep. *para*) auxiliar (em tarefa, problema etc.); colaborar ~ **cooperativo** *adj.*

co.o.pe.ra.ti.va *s.f.* associação civil gerenciada coletivamente em favor dos sócios

co.o.pe.ra.ti.va.do *adj.s.m.* cooperado

co.o.pe.ra.ti.vis.mo *s.m.* sistema econômico baseado em cooperativas ~ **cooperativista** *adj.2g.s.2g.*

co.op.tar *v.* {mod. 1} *t.d.* **1** admitir em instituição, grupo etc., fora das condições usuais de admissão **2** atrair, aliciar ~ **cooptação** *s.f.*

co.or.de.na.ção [pl.: *-ões*] *s.f.* **1** disposição ou funcionamento segundo uma certa ordem **2** ato de conjugar um conjunto de elementos, de atividades etc., que tendem a resultado harmonioso ⟨*c. de esforços*⟩ **3** direção, gerenciamento de projeto, setor etc. **4** GRAM relação entre elementos linguísticos com as mesmas propriedades sintáticas

co.or.de.na.da *s.f.* **1** em geometria, referência que permite localizar um ponto numa linha, superfície ou espaço **2** diretriz, indicação; dado, informação ⟨*as c. de um plano*⟩ ☛ nesta acp., mais us. no pl.

co.or.de.na.dor \ô\ *adj.s.m.* (aquele) que coordena

co.or.de.nar *v.* {mod. 1} *t.d. e pron.* **1** organizar(-se), ordenar(-se) ⊃ desestruturar(-se) ❑ *t.d. e t.d.i.* **2** (prep. *com, a*) conjugar, unir ⊃ desarmonizar ❑ *t.d.* **3** ser responsável por (setor, equipe etc.) ~ **coordenativo** *adj.*

co.pa *s.f.* **1** topo de árvore, constituído pelos ramos (com ou sem folhas) ☛ cf. *fronde* **2** saleta ligada à cozinha onde há uma mesa de refeições **3** local em hospitais, hotéis etc. onde são preparadas refeições leves **4** torneio cujo troféu é uma taça **5** parte do chapéu, do boné que cobre a cabeça ▼ *copas s.f.pl.* **6** um dos quatro naipes do baralho, representado por um coração vermelho

co.pa.i.ba *s.f.* **1** nome comum a árvores da família das leguminosas, nativas do Brasil, de boa madeira e com óleo cicatrizante e antitetânico **2** esse óleo

co.pal *s.2g.* **1** resina secretada pelo jatobá, us. na fabricação de vernizes e colas ■ *adj.2g.* **2** diz-se dessa resina ■ *s.m.* **3** nome comercial dessa resina

co.par.ti.ci.par *v.* {mod. 1} *t.i.* (prep. *de, em*) tomar parte (em algo), juntando-se a outros ~ **coparticipação** *s.f.* - **coparticipante** *adj.2g.s.2g.*

co.pá.zio *s.m.* **1** copo grande **2** conteúdo desse copo ⊙ GRAM/USO aum.irreg. de *copo*

co.pei.ro *s.m.* empregado doméstico que serve à mesa, atende à porta etc. ⊙ COL copeiragem

có.pia *s.f.* **1** transcrição de um texto original **2** imitação de obra de arte ou trabalho original **3** reprodução de um texto, gravura, filme, fita por meio de impressão, gravação, fotografia etc. **4** *fig.* pessoa muito semelhante a outra; retrato ⟨*é a c. da mãe*⟩ ▣ **c. de segurança** *loc.subst.* cópia de arquivo(s) de computador feita para preservar dados, em caso de dano ou destruição do original; becape ~ **copiador** *adj.s.m.*

co.pi.ar *v.* {mod. 1} *t.d.* **1** fazer outra versão de (algo), mantendo as mesmas características do original; reproduzir ⮌ inventar **2** falsificar, plagiar ❑ *t.d. e t.d.i.* **3** (prep. *de*) tomar por modelo; imitar ⮌ criar

co.pi.des.que *s.m.* **1** revisão de texto para correção e adequação às normas editoriais **2** setor de jornal, editora etc. onde se executa essa revisão ■ *s.2g.* **3** profissional que faz essa revisão ~ **copidescagem** *s.f.* - **copidescar** *v.t.d.*

co.pi.lo.to \ô\ *s.m.* piloto auxiliar de uma aeronave

co.pi.o.so \ô\ [pl.: *copiosos* \ó\] *adj.* **1** em que há abundância; farto, numeroso ⟨*chuva c., cabelo c.*⟩ ⮌ escasso, raro **2** extenso, longo ⟨*discurso c. e chato*⟩ ⮌ conciso, curto ~ **copiosidade** *s.f.*

co.pir.rai.te *s.m.* direito exclusivo do autor de imprimir, reproduzir ou vender sua obra literária, artística ou científica; direito autoral

co.pis.ta *adj.2g.s.2g.* **1** que(m) copia textos à mão, esp. partituras musicais **2** *pej.* (autor) sem originalidade; imitador

co.pla *s.f.* poesia popular espanhola, de estrofes curtas, ger. cantada com música improvisada

co.po *s.m.* **1** recipiente cilíndrico, sem asa e sem tampa, us. para beber **2** *p.ext.* o conteúdo desse recipiente **3** *fig.* bebida alcoólica ⟨*tomar uns c.*⟩ **4** *fig. infrm.* bebedor de bebidas alcoólicas ⟨*é um bom c.*⟩ ⊙ GRAM/USO aum.irreg.: *copaço, coparrão, copázio*; dim.irreg.: *copito*

co.po-de-lei.te [pl.: *copos-de-leite*] *s.m.* planta aquática aveludada e de aroma suave, da família do antúrio, do inhame e da taioba, cultivada como ornamental

co.pro.du.zir *v.* {mod. 24} *t.d.* realizar (filmes, peças teatrais etc.) junto com indivíduo(s), empresa(s) etc. ~ **coprodução** *s.f.* - **coprodutor** *adj.s.m.*

co.pro.pri.e.da.de *s.f.* condomínio ('posse') ~ **coproprietário** *adj.s.m.*

có.pu.la *s.f.* **1** ligação, união, vínculo **2** ato sexual; coito ~ **copular** *v.t.d.,t.d.i.,t.i. e int.* - **copulativo** *adj.*

[1]**co.que** *s.m.* leve pancada na cabeça com os nós dos dedos [ORIGEM: onomatopaica]

[2]**co.que** *s.m.* carvão mineral ou vegetal, us. como combustível na indústria química, na produção de calor etc. [ORIGEM: do ing. *coke* 'id.']

[3]**co.que** *s.m.* penteado em que o cabelo é enrolado em espiral ou em forma de concha no alto da cabeça [ORIGEM: do fr. *coque* 'id.']

co.quei.ral *s.m.* grande concentração de coqueiros em determinada área

co.quei.ro *s.m.* palmeira tropical, litorânea, cujas folhas são us. como cobertura ou em cestaria, as fibras dos frutos como material para cordas, isolamento e estofamento, e os frutos (coco), como alimento; coqueiro-da-baía ⊙ COL coqueiral

co.quei.ro-da-ba.í.a [pl.: *coqueiros-da-baía*] *s.m.* coqueiro

co.que.lu.che *s.f.* **1** doença infectocontagiosa, causada por bacilo, caracterizada por fortes ataques de tosse **2** *fig. infrm.* objeto da preferência e/ou do entusiasmo momentâneo; moda

co.que.te *adj.2g.s.2g.* **1** que(m) procura despertar admiração, ger. apenas pelo prazer de seduzir **2** que(m) é bastante cuidadoso com a aparência pessoal ~ **coquetear** *v.int.* - **coquetismo** *s.m.*

co.que.tel *s.m.* **1** drinque que combina bebidas, ger. alcoólicas **2** *p.ext.* combinação de remédios **3** reunião social com iguarias e bebidas

co.que.te.lei.ra *s.f.* B recipiente alongado, com tampa, us. para misturar ingredientes de um coquetel ('drinque')

cor– *pref.* → *co-*

cor \ó\ *s.m.* ◗ só usado em: **de c.** *loc.adv.* de memória ⟨*saber de c. a tabuada*⟩

cor \ô\ *s.f.* **1** propriedade dos corpos de absorver ou refletir a luz em maior ou menor grau **2** o que se opõe ao preto e ao branco **3** colorido, matiz ⟨*o filme tem a c. desbotada*⟩ **4** a cor ou o conjunto de cores que constituem elementos distintivos ou simbólicos de alguma coisa ⟨*o branco é a c. da paz*⟩ **5** coloração da pele ⟨*discriminação pela c.*⟩ **6** *fig.* vitalidade de linguagem; realce, colorido ⟨*dar c. à frase*⟩

co.ra.ção [pl.: *-ões*] *s.m.* **1** órgão muscular oco, que recebe o sangue das veias e o impulsiona para as artérias **2** *p.ext.* peito ⟨*levar a mão ao c.*⟩ **3** objeto ou desenho com o formato desse órgão **4** *fig.* símbolo do amor **5** *fig.* a parte mais central ou mais profunda de algo; âmago ⟨*no c. da floresta*⟩ **6** *fig.* a parte mais íntima de um ser ⟨*as razões do c. escapam à lógica*⟩ **7** generosidade; piedade ⟨*pessoa sem c.*⟩ ⮌ egoísmo

co.ra.do *adj.* **1** que tem cor; colorido **2** *p.ext.* que apresenta as faces rosadas ou avermelhadas **3** *p.ext.* tomado de vergonha; vexado **4** tostado ao fogo ⟨*amêndoas c.*⟩

co.ra.dou.ro *s.m.* quaradouro

co.ra.gem *s.f.* **1** moral e firmeza diante do perigo e dos riscos; bravura **2** capacidade de suportar esforço prolongado **3** *pej.* ousadia; desfaçatez ⟨*teve a c. de mentir*⟩ ■ *interj.* **4** exclamação para encorajar, animar

co.ra.jo.so \ô\ [pl.: *corajosos* \ó\] *adj.s.m.* **1** que(m) tem coragem; bravo, valente ⮌ covarde, medroso **2** que(m) é disposto e tem energia diante das situações difíceis ou críticas ⟨*povo c.*⟩ ■ *adj.* **3** que revela audácia, destemor (diz-se de ato, atitude etc.) ⮌ acanhado

[1]**co.ral** *s.m.* **1** nome comum a diversos animais marítimos, cuja secreção calcárea é responsável pela formação de recifes **2** essa secreção calcária, us. em joias e adornos **3** a cor avermelhada dessa secreção

■ *adj.2g.2n.* **4** que tem essa cor; coralino ⟨*almofadas coral*⟩ **5** diz-se dessa cor ⟨*a cor c.*⟩ [ORIGEM: do lat.tar. *corallĭum,ĭi* 'coral']

[2]**co.ral** *adj.2g.* **1** referente a coro ('conjunto de cantores') ■ *s.m.* **2** coro ('conjunto de cantores') [ORIGEM: do lat. *choralis* 'relativo a coro, canto']

[3]**co.ral** *s.f.* cobra-coral [ORIGEM: red. de *cobra-coral*]

co.ra.li.no *adj.* **1** relativo a ou próprio de [1]coral **2** da cor do [1]coral; coral

co.ral-mo.le [pl.: *corais-moles*] *s.m.* ZOO nome comum a ramo de animais marinhos, tropicais, que inclui as águas-vivas, corais e anêmonas-do-mar, cujas colônias têm a forma de um cogumelo

co.ral-pé.treo [pl.: *corais-pétreos*] *s.m.* nome comum a corais da ordem dos escleractíneos, habitantes de mares quentes, principais formadores de recifes de coral

co.ra.mi.na ® *s.f.* substância us. como estimulante cardíaco e respiratório

co.ran.te *adj.2g.s.m.* **1** (substância) que possui cor **2** (substância) capaz de tingir

co.rão [pl.: *-ões* e *-ães*] *s.m.* Alcorão ☞ inicial maiúsc.; cf. *Corão* na parte enciclopédica

co.rar *v.* {mod. 1} *t.d. e int.* **1** dar ou tomar cor ⊃ desbotar **2** tornar(-se) rosado (pele); ruborizar(-se) ⊃ empalidecer **3** tostar pela ação do fogo ou do calor **4** clarear (roupas, panos etc.), expondo ao sol ❑ *int. fig.* **5** ficar envergonhado; acanhar-se

cor.be.lha *s.f.* cesta, ger. de vime, com arranjos de flores, frutas ou doces

cor.cel *s.m.* cavalo muito veloz ⊙ VOZ v.: nitrir, relinchar, rinchar; subst.: nitrido, relincho, rincho

cor.ço \ô\ *s.m.* pequeno veado da Europa e da Ásia, de pelo avermelhado e marrom-acinzentado, com galhadas curtas e pontudas ☞ cf. *corso* ⊙ VOZ v.: balar

cor.co.va *s.f.* **1** corcunda, esp. em animais **2** curva, sinuosidade, volta ⟨*a c. do caminho*⟩ **3** *B* salto ou pinote de cavalgadura; corcovo

cor.co.var *v.* {mod. 1} *t.d. e int.* **1** arquear (o corpo); curvar(-se) ❑ *int.* **2** tornar-se corcunda **3** dar saltos, curvando o dorso para cima (cavalo, burro etc.); corcovear

cor.co.ve.ar *v.* {mod. 5} *int.* **1** corcovar ('dar saltos') **2** arquear o corpo (pessoa); curvar-se ⊃ aprumar-se, endireitar-se **3** mover-se formando curvas ⟨*o trem corcoveia pelo vale*⟩

cor.co.vo \ô\ [pl.: *corcovos* \ó\] *s.m.* corcova ('salto')

cor.cun.da *s.f.* **1** formação saliente no dorso dos animais; bossa, corcova **2** curvatura nas costas ou no peito do ser humano ■ *adj.2g.s.2g.* **3** (pessoa) com essa deformidade; cacunda

cor.da *s.f.* **1** feixe de fios torcidos em espiral **2** varal de roupa **3** cabo de brincar de pular **4** mecanismo que aciona relógios, brinquedos etc. **5** fio de tripa, seda ou aço em violões, violinos etc., que produz som ao ser vibrado **6** *fig. infrm.* boa disposição física e mental; energia, vigor ▼ *cordas s.f.pl.* **7** o conjunto dos instrumentos de cordas em uma orquestra ⊙ COL cordame ⊡ **c. bamba** *loc.subst.* **1** corda suspensa sobre a qual anda um equilibrista **2** *fig.* situação instável • **c. vocal** *loc.subst.* ANAT denominação substituída por *prega vocal* ~ **cordoaria** *s.f.* - **cordoeiro** *adj.s.m.*

[1]**cor.da.do** *s.m.* **1** espécime dos cordados, ramo de animais dotados, ao menos durante uma das fases da vida, de uma notocorda, guelras e cordão nervoso ■ *adj.* **2** relativo aos cordados [ORIGEM: do lat.cien. filo *Chordata*]

[2]**cor.da.do** *adj.* cuja base forma curva para dentro (diz-se de folha) [ORIGEM: do lat. *cordātus,a,um* 'referente a coração']

cor.da.me *s.m.* conjunto de cordas ou de cabos

cor.dão [pl.: *-ões*] *s.m.* **1** corda fina e flexível **2** adorno de ouro ou prata, us. no pescoço **3** cadarço **4** linha ou fila ininterrupta de pessoas ou coisas; cadeia, corda ⟨*c. de policiais*⟩ **5** *B* grupo de foliões carnavalescos ⊡ **c. umbilical** *loc.subst.* **1** ANAT estrutura que contém os vasos que ligam o feto à placenta e lhe asseguram oxigênio e nutrientes provindos do sangue da mãe **2** *fig.* laço muito forte que une alguém a uma figura ou fato marcante do passado

cor.da.to *adj.* **1** que concorda **2** sensato, judicioso, prudente ~ **cordura** *s.f.*

cor.dei.ro *s.m.* **1** filhote de carneiro de até um ano de idade **2** *fig.* pessoa pacífica, cândida ⊙ COL alfeire ⊙ VOZ v.: balar, balir, berregar; subst.: balado, balido

[1]**cor.del** *s.m.* corda fina e flexível; barbante [ORIGEM: do fr. *cordeau*, dim. do fr. *corde* 'id.']

[2]**cor.del** *s.m.* *B* literatura de cordel [ORIGEM: red. de *literatura de cordel*]

cor-de-ro.sa *s.m.2n.* **1** cor vermelho-clara da flor de certas roseiras ■ *adj.2g.2n.* **2** que tem essa cor ⟨*fitas cor-de-rosa*⟩ **3** *fig.* feliz, venturoso ⟨*período c.*⟩

cor.di.al *adj.2g.* **1** caloroso, franco ⟨*abraço c.*⟩ **2** que revela disposição favorável em relação a outrem ⟨*chefe c., mas rigoroso*⟩ **3** em que há boa vontade ou convergência de pontos de vista ⟨*reunião c.*⟩ ■ *s.m.* **4** bebida ou medicamento que fortalece ou conforta

cor.di.a.li.da.de *s.f.* **1** qualidade de cordial **2** manifestação de afeto e simpatia ⊃ hostilidade, frieza

cor.di.lhei.ra *s.f.* grande cadeia de montanhas

cor.do.vão [pl.: *-ões*] *s.m.* couro de cabra curtido, us. esp. para fazer calçados

co.re.a.no *adj.* **1** da República da Coreia (Coreia do Sul) ou da República Democrática Popular da Coreia (Coreia do Norte) **2** relativo à língua falada nesses países ■ *s.m.* **3** natural ou habitante desses países **4** a língua falada nesses países

co.rei.a \éi\ *s.f.* **1** dança, bailado **2** síndrome nervosa caracterizada por movimentos involuntários, esp. no ombro e no quadril; remelexo

co.re.o.gra.fi.a *s.f.* **1** arte de criar movimentos e passos de dança **2** conjunto desses movimentos e passos **3** *fig.* qualquer sequência de movimentos que lembram uma dança ⟨*c. das borboletas*⟩ ~ **coreografar** *v.t.d.* - **coreográfico** *adj.* - **coreógrafo** *s.m.*

co.re.to \ê\ *s.m.* nas praças, construção com teto e sem parede, us. para concertos musicais

co.ri.á.ceo *adj.* **1** da consistência do couro **2** semelhante ao couro

co.ri.feu *s.m.* **1** regente do coro no antigo teatro grego **2** *p.ext.* líder de um grupo

co.ris.car *v.* {mod. 1} *int.* **1** produzir coriscos; relampejar ☞ nesta acp., é impessoal, exceto quando fig. **2** brilhar ou brotar como um corisco ☞ nesta acp., só us. nas 3as p., exceto quando fig.

co.ris.co *s.m.* faísca elétrica da atmosfera; raio ⊙ COL coriscada ~ **coriscante** *adj.2g.*

co.ris.ta *adj.2g.s.2g.* **1** que(m) canta em coro **2** (mulher) que dança e canta em teatros de revista, musicais etc.

co.ri.za *s.f.* corrimento nasal decorrente de inflamação ou alergia; defluxo

cor.ja *s.f.* grupo de indivíduos grosseiros, de má índole; malta, súcia

cór.nea *s.f.* membrana transparente que forma a parte anterior do olho

cór.ner *s.m.* *B* **1** escanteio **2** cada canto do campo de futebol

cor.ne.ta \ê\ *s.f.* instrumento de sopro feito de metal, com bocal e tubo cilíndrico que termina em forma de cone ~ **cornetear** *v.int.* - **corneteiro** *adj.s.m.*

cor.ní.fe.ro *adj.* que tem chifres; cornígero, cornudo

cor.ní.ge.ro *adj.* cornífero

cor.ni.ja *s.f.* moldura saliente que arremata o alto de paredes, portas, móveis etc.

cor.no \ô\ [pl.: *cornos* \ó\] *s.m.* **1** chifre ■ *adj.s.m.* **2** *infrm.* que(m) foi traído por namorado, companheiro etc. ▼ *cornos* *s.m.pl.* *B infrm.* **3** cara, rosto ⊙ GRAM/USO dim.irreg.: *cornicho, cornículo* ~ **cornear** *v.t.d.* - **córneo** *adj.*

cor.nu.có.pia *s.f.* vaso em forma de chifre, que derrama flores e frutos; antigo símbolo da fertilidade e abundância, hoje simboliza a agricultura e o comércio

cor.nu.do *adj.s.m.* **1** que(m) tem cornos; chifrudo **2** *fig. pej.* (homem) traído pela mulher, amante ou namorada; corno

co.ro \ô\ *s.m.* **1** conjunto de cantores que cantam ao mesmo tempo ou em várias vozes; coral **2** composição musical para conjunto de cantores **3** *p.ext.* conjunto de quaisquer sons ⟨*c. de buzinas*⟩ **4** balcão de igreja reservado aos cânticos e ao clero

co.ro.a \ô\ *s.f.* **1** ornamento circular de cabeça que denota realeza, vitória ou enfeite **2** a realeza ☞ nesta acp., inicial ger. maiúsc. **3** o rei ☞ nesta acp., inicial ger. maiúsc. **4** círculo luminoso que se forma ao redor do Sol ou da Lua **5** a parte mais elevada de algo; cocuruto, cume ⟨*c. de morro*⟩ **6** o reverso de uma moeda ☞ cf. *cara* ■ *s.2g.* *B infrm.* **7** pessoa de meia-idade ☞ cf. *balzaquiano* ⊡ **c. dentária** *loc.subst.* ODONT a parte do dente revestida de esmalte ~ **coronal** *adj.2g.s.m.* - **coronário** *adj.*

co.ro.a.ção [pl.: *-ões*] *s.f.* **1** ato ou efeito de coroar **2** cerimônia em que se coroa alguém ⟨*c. de um rei*⟩ **3** *fig.* conclusão, arremate perfeito

co.ro.ar *v.* {mod. 1} *t.d.* **1** pôr coroa em **2** estar à volta de; rodear **3** arrematar, completar (ação, tarefa etc.) **4** *fig.* premiar, recompensar **5** satisfazer (desejo, vontade etc.) ~ **coroamento** *s.m.*

co.ro.ca *adj.2g.* *B pej.* **1** enfraquecido, adoentado ou idoso; caduco, decrépito ■ *s.2g.* *B pej.* **2** indivíduo velho e feio

co.ro.i.nha *s.2g.* jovem que ajuda o padre nas missas e ladainhas

co.ro.la *s.f.* conjunto das pétalas de uma flor ⊙ GRAM/USO dim.irreg.: *corólula*

co.ro.lá.rio *s.m.* **1** verdade que se demonstra incidentalmente, na demonstração de uma outra **2** consequência natural; dedução ⟨*o c. da política econômica foi a recessão*⟩

co.ro.ná.ria *s.f.* cada uma das duas artérias que irrigam o coração

co.ro.nel *s.m.* **1** oficial superior da Aeronáutica e do Exército **2** *B* indivíduo, ger. grande proprietário rural, que exerce influência política e econômica em determinada região ~ **coronelato** *s.m.*

co.ro.ne.lis.mo *s.m.* poder ou influência de uma elite rural sobre a vida política, econômica e social de uma região ~ **coronelista** *adj.2g.s.2g.*

co.ro.nha *s.f.* peça para o encaixe do cano da arma de fogo e para a empunhadura ~ **coronhada** *s.f.*

cor.pa.ço *s.m.* **1** grande corpo; corpanzil **2** *B infrm.* corpo muito bonito, bem-feito ⊙ GRAM/USO aum.irreg. de *corpo*

cor.pan.zil *s.m.* corpo grande, forte; corpaço ⊙ GRAM/USO aum.irreg. de *corpo*

cor.pe.te \ê\ *s.m.* **1** blusa justa e até a cintura **2** sutiã

cor.po \ô\ [pl.: *corpos* \ó\] *s.m.* **1** estrutura física dos animais e do ser humano **2** no ser humano, o conjunto da cabeça, tronco e membros **3** *p.ext.* o tronco humano ou animal ⟨*tinha o c. atarracado*⟩ **4** *p.ext.* compleição física de alguém; estatura ⟨*ainda era moço, mas já tinha c.*⟩ **5** cadáver **6** *fig.* a materialidade do ser ⟨*os prazeres do c.*⟩ ☞ cf. *alma* **7** a substância, a matéria, tudo o que ocupa lugar ⟨*c. líquido*⟩ **8** parte essencial ou principal de algo ⟨*o c. de uma casa*⟩ ⟨*o c. de um projeto*⟩ **9** conjunto de profissionais ⟨*c. de médicos*⟩ **10** tamanho de letra impressa ⊙ GRAM/USO aum.irreg.: *corpaço, corpanzil*; dim.irreg.: *corpúsculo* ⊡ **c. a c.** *loc.adv.* em luta física ☞ cf. *corpo a corpo* (subst.) • **c. de bombeiros** *loc.subst.* grupo paramilitar dedicado à prevenção e combate a incêndios e a prestar socorro à população • **c. de delito** *loc.subst.* exame feito por perito, para constatar a existência de crime ~ **corpóreo** *adj.*

cor.po a cor.po *s.m.2n.* *B* **1** luta física **2** *p.ext.* confronto de ideias, opiniões etc. **3** contato direto de um político ou candidato a cargo legislativo com a população ☞ cf. *corpo a corpo* (loc.adv.)

cor.po.ra.ção [pl.: *-ões*] *s.f.* **1** associação de pessoas, freq. da mesma profissão, sujeitas a um mesmo regulamento, visando a um fim comum **2** empresa ou grupo de empresas de grande porte ~ **corporativo** *adj.*

cor.po.ral *adj.2g.* **1** relativo ao corpo, próprio dele ou a ele pertencente **2** que tem corpo; material, físico ↺ incorpóreo, imaterial

cor.po.ra.ti.vis.mo *s.m.* doutrina baseada no agrupamento das classes produtoras em corporações de defesa dos próprios interesses ~ **corporativista** *adj.2g.s.2g.*

cor.po.ri.fi.car *v.* {mod. 1} *t.d.,t.d.i.,int. e pron.* (prep. *em*) dar ou adquirir corpo, matéria; concretizar(-se), materializar(-se)

cor.pu.len.to *adj.* **1** de corpo grande **2** *p.ext.* obeso, rotundo **3** *p.ext.* de grande volume ou vulto ⟨*guindaste c.*⟩ ~ **corpulência** *s.f.*

cor.pús.cu.lo *s.m.* corpo muito pequeno ⊙ GRAM/USO dim.irreg. de *corpo*

cor.re.ção [pl.: *-ões*] *s.f.* **1** conserto ⟨*c. da postura*⟩ **2** ato de reparar injustiça, ofensa etc., ou o seu efeito **3** aperfeiçoamento de uma obra, um trabalho etc. ⟨*pronto o livro, começou a fazer-lhe as c. necessárias*⟩ **4** comportamento incorrupto; honestidade ↺ desonestidade **5** repreensão ou castigo ⟨*a mãe deu uma c. ao filho*⟩ **6** indicação de erros e acertos em provas, testes etc. ☞ cf. *correição* ⊡ **c. monetária** *loc.subst.* reajuste do valor de um título financeiro, para compensar a perda do poder aquisitivo da moeda ~ **correcional** *adj.2g.s.m.*

cor.re-cor.re [pl.: *corre-corres* e *corres-corres*] *s.m.* correria

cor.re.dei.ra *s.f.* *B* trecho do rio com águas que correm mais rápidas; cachoeira

cor.re.di.ço *adj.* que desliza ou escorrega facilmente; corredio

cor.re.di.o *adj.* corrediço

cor.re.dor \ô\ *adj.s.m.* **1** (o) que corre bem **2** *B* (cavalo) de corrida **3** que(m) participa de corridas a pé, de moto etc. ■ *s.m.* **4** passagem mais ou menos estreita no interior de prédio, apartamento etc.

cor.re.ge.dor \ô\ *s.m.* magistrado que fiscaliza e corrige erros de autoridades judiciais ~ **corregedoria** *s.f.*

cór.re.go *s.m.* **1** *B* riacho **2** via estreita e funda entre montanhas; desfiladeiro

cor.rei.a *s.f.* tira resistente, ger. de couro, us. para atar, prender etc. ⊙ COL correagem, correame, encorreadura ~ **correaria** *s.f.* - **correeiro** *s.m.*

cor.rei.ção [pl.: *-ões*] *s.f.* **1** conserto de erro, imperfeição etc. **2** ofício de corregedor **3** região sob a alçada de um juiz; comarca **4** *B* fila de formigas ☞ cf. *correção*

cor.rei.o *s.m.* **1** órgão público que recebe e expede correspondência **2** *p.ext.* prédio onde funciona esse órgão **3** *p.ext.* carteiro **4** *infrm.* pessoa que passa adiante informações confidenciais; informante ⟨*é um c. da irmã*⟩ **5** correspondência pessoal ⟨*não abriu o c. hoje*⟩ ⊡ **c. eletrônico** *loc.subst.* **1** troca de mensagens por meios eletrônicos, esp. em rede de computadores **2** mensagem de texto eletrônica

cor.re.la.ção [pl.: *-ões*] *s.f.* **1** ligação mútua entre dois ou mais termos, coisas etc. **2** relação de conformidade; correspondência ⟨*c. de dois pontos de vista*⟩ ~ **correlacionar** *v.t.d.i. e pron.* - **correlativo** *adj.s.m.* - **correlato** *adj.s.m.*

cor.re.li.gio.ná.rio *adj.s.m.* que(m) é do mesmo grupo, partido, doutrina etc. ↺ adversário

cor.ren.te *s.f.* **1** conjunto de argolas **2** correnteza **3** *p.ext.* movimento do ar **4** *fig.* série continuada de pessoas ou coisas interligadas de alguma maneira ⟨*c. de esperança*⟩ **5** fluxo ⟨*c. de pensamento*⟩ **6** linha de pensamento ⟨*as diversas c. filosóficas do sXIX*⟩ ■ *adj.2g.* **7** que corre ou flui ⟨*água c.*⟩ **8** que, no momento, está passando (diz-se de tempo) ⟨*mês c.*⟩ **9** que tem curso; vigente ⟨*moeda c.*⟩ **10** que é usual; comum ⟨*hábito c.*⟩ **11** evidente, claro, notório ⟨*problema c.*⟩ ⊡ **c. de ar** *loc.subst.* **1** movimento do vento em determinada direção **2** fluxo de ar num espaço fechado • **c. elétrica** *loc.subst.* fluxo e intensidade de carga elétrica • **c. sanguínea** *loc.subst.* circulação do sangue no corpo • **c. trifásica** *loc.subst.* corrente elétrica com três tensões, produzida em um gerador elétrico

cor.ren.te.za \ê\ *s.f.* fluxo forte de águas

cor.ren.ti.o *adj.* **1** corrente ⟨*porta c.*⟩ **2** *fig.* que apresenta fluidez; fluente ⟨*leitura c.*⟩

cor.ren.tis.ta *adj.2g.s.2g.* *B* que(m) tem conta-corrente em banco

cor.rer *v.* {mod. 8} *int.* **1** deslocar-se velozmente, pelo contato rápido dos pés ou patas com uma superfície ↺ arrastar-se; parar **2** dirigir-se com pressa (a um lugar) ⟨*c. para casa*⟩ **3** participar de corrida ('competição') **4** fluir ou descer (líquido) ⟨*águas, lágrimas correm*⟩ **5** passar delicadamente; deslizar ⟨*c. os dedos pelo rosto*⟩ **6** decorrer, passar ⟨*o tempo correu*⟩ ↺ deter-se, parar **7** prosseguir, tramitar ⟨*fazer c. uma ação*⟩ **8** *fig.* tornar-se público; espalhar-se ⟨*a notícia correu toda a cidade*⟩ ❑ *t.d.* **9** percorrer, viajar ⟨*c. toda a França*⟩ **10** mover, fazendo deslizar ⟨*c. as cortinas*⟩ **11** examinar ou percorrer, procurando algo ⟨*c. um lugar, um livro*⟩ **12** estar sujeito a (risco, perigo etc.) ❑ *t.d. e t.i.* **13** (prep. *com*) expulsar, enxotar

cor.re.ri.a *s.f.* **1** ato, processo ou efeito de correr; corre-corre ⟨*alunos em c.*⟩ **2** grande pressa; corre-corre ⟨*dias cheios de c.*⟩ **3** tumulto, briga; corre-corre ⟨*fugiu da c.*⟩

cor.res.pon.dên.cia *s.f.* **1** relação mútua entre pessoas ou coisas; conformidade ⟨*c. entre palavras e atos*⟩ **2** intercâmbio de mensagens, cartas etc. entre pessoas **3** conjunto de cartas, telegramas etc.

cor.res.pon.den.te *adj.2g.* **1** que apresenta analogia, semelhança ⟨*teoria e prática c.*⟩ **2** conveniente, adequado ■ *s.2g.* **3** jornalista que envia notícias de outra cidade ou país **4** quem troca correspondência com alguém

cor.res.pon.der *v.* {mod. 8} *t.i.* **1** (prep. *a*) ser equivalente, adequado, proporcional ↺ destoar **2** (prep. *a*) responder (a gesto, favor etc.) de modo semelhante; retribuir ❑ *pron.* **3** (prep. *com*) comunicar-se por meio de carta

cor.res.pon.sá.vel *adj.2g.s.2g.* que(m) divide responsabilidade com outrem ~ **corresponsabilidade** *s.f.*

cor.re.ta.gem *s.f.* **1** atividade ou serviço de um [2]corretor **2** comissão recebida por esse serviço ~ **corretar** *v.int.*

cor.re.to *adj.* **1** sem falha, erros ou defeitos ⟨*atitude c.*⟩ ⊃ inadequado, incorreto **2** emendado, corrigido ⟨*versão c. da obra*⟩ **3** que corresponde (a certo padrão, norma etc.); perfeito ⟨*peso c. para sua idade*⟩ **4** que apresenta exatidão ⟨*soma c.*⟩ ⊃ errado, incorreto, inexato **5** digno, irrepreensível, honrado (diz-se de pessoa) ⊃ incorreto, indigno

[1]**cor.re.tor** \ô\ *adj.s.m.* **1** que(m) corrige **2** (cosmético) que cobre pequenas falhas da epiderme [ORIGEM: do lat. *corrĕctor,ōris* 'o que emenda, corrige']

[2]**cor.re.tor** \ô\ *adj.s.m.* que(m) compra e vende bens de outrem ou ações da bolsa de valores em troca de comissão [ORIGEM: do ant. provençal *corratier* 'intermediário']

cor.re.to.ra \ô\ *s.f.* entidade que atua no comércio de títulos e valores de bens móveis

cor.ri.da *s.f.* **1** competição esportiva de velocidade (a pé ou em veículo) **2** caminho percorrido entre dois pontos; curso **3** nos táxis, quantia a ser paga pelo passageiro por um certo percurso

cor.ri.do *adj.* **1** que correu **2** que passou (diz-se esp. de tempo) ⟨*mês c.*⟩

cor.ri.gen.da *s.f.* **1** repreensão, reprimenda **2** documento com lista de erros de uma obra; errata

cor.ri.gir *v.* {mod. 24} *t.d. e pron.* **1** dar ou tomar forma correta, melhor; endireitar(-se) **2** castigar(-se), punir(-se) ⊃ absolver; premiar ❑ *t.d.* **3** indicar acertos e erros em (prova, teste etc.) **4** reparar, remediar (injustiça, ofensa etc.) ⊃ cometer ~ **corretivo** *adj.s.m.* - **corrigibilidade** *s.f.*

cor.ri.mão [pl.: *-ãos* e *-ões*] *s.m.* barra de apoio para a mão em escadas, rampas etc.

cor.ri.men.to *s.m.* secreção que escorre de um órgão doente

cor.ri.o.la *s.f.* **1** jogo com uma fita dobrada, na qual se metem ponteiros entre as voltas, ganhando quem consegue prender algum desses ponteiros quando a fita se desenrola **2** essa fita **3** *fig. infrm.* laço, artifício com que se engana uma pessoa; armadilha **4** *B infrm.* grupo de pessoas desonestas ou inescrupulosas; quadrilha

cor.ri.quei.ro *adj.* **1** que é usual; comum, trivial ⟨*situação c.*⟩ **2** sem graça, estilo ou brilho; desgracioso ⟨*enfeite c.*⟩ ~ **corriqueirice** *s.f.*

cor.ro.bo.rar *v.* {mod. 1} *t.d.* confirmar, comprovar ⊃ desmentir ~ **corroboração** *s.f.* - **corroborativo** *adj.*

cor.ro.er *v.* {mod. 9} *t.d. e pron.* **1** consumir(-se) aos poucos; desgastar(-se) **2** *fig.* destruir(-se) ⟨*o ódio corroeu-o*⟩ ⊃ estimular

cor.rom.per *v.* {mod. 8} *t.d. e pron.* **1** tornar(-se) estragado; deteriorar(-se) **2** (fazer) comportar-se contra a ética, a moral etc.; perverter(-se) ⊃ dignificar(-se) ❑ *t.d.* **3** alterar, adulterar ⟨*c. um texto*⟩

cor.ro.são [pl.: *-ões*] *s.f.* desgaste gradual de um corpo qualquer (rocha, metal etc.) por razões químicas ou físicas

cor.ro.si.vo *adj.s.m.* (o) que causa corrosão

cor.ru.ga.do *adj.* que tem rugas ou pregas ⟨*papel c.*⟩ ~ **corrugar** *v.t.d.,int. e pron.*

cor.rup.ção [pl.: *-ões*] *s.f.* **1** deterioração física de algo; putrefação ⟨*c. dos alimentos*⟩ ⊃ conservação **2** *fig.* depravação de hábitos, costumes etc.; devassidão ⊃ decência **3** oferta de dinheiro ou vantagem em troca de um benefício, ger. ilegal; suborno ~ **corruptível** *adj.2g.*

cor.ru.pi.ão [pl.: *-ões*] *s.m. B* ave muito conhecida pela sua voz e pela capacidade de imitar melodias, com algumas espécies de cor negra e laranja e outras, apenas laranja ⊙ voz v.: gorjear; subst.: gorjeio

cor.ru.pi.ar *v.* {mod. 1} *t.d. e int.* (fazer) girar em torno de um eixo; rodopiar

cor.ru.pi.o *s.m.* **1** brincadeira em que um par rodopia de mãos dadas **2** cata-vento ('brinquedo')

cor.rup.te.la *s.f.* pronúncia ou escrita de palavra, expressão etc. distanciada de linguagem com maior prestígio social

cor.rup.to *adj.* **1** em que houve corrupção; estragado ■ *adj.s.m.* **2** (aquele) que age com desonestidade, ger. em benefício próprio

cor.rup.tor \ô\ *adj.s.m.* **1** (o) que desvirtua (costumes, hábitos etc.) **2** (o) que suborna outra pessoa, em função de interesse próprio ou alheio

cor.sá.rio *s.m.* **1** navio que promove pirataria **2** pirata

[1]**cor.so** \ô\ *s.m.* **1** guerra marítima que envolve navio mercante armado ou de guerra **2** antigo desfile carnavalesco de carros enfeitados com serpentinas, fitas etc. ☞ cf. *corço* [ORIGEM: do it. *corsa* 'ação bélica contra navios mercantes inimigos']

[2]**cor.so** \ô\ *adj.* **1** da Córsega (mar Mediterrâneo) ■ *s.m.* **2** natural ou habitante dessa ilha ☞ cf. *corço* [ORIGEM: do lat. *corsus,a,um* 'id.'] ~ **córsico** *adj.s.m.*

cor.ta.da *s.f.* no tênis e no vôlei, forte e rápido golpe na bola de cima para baixo

cor.ta-fo.go *adj.2g.2n.* que impede a propagação do fogo ⟨*portas c.*⟩

cor.ta-ja.ca [pl.: *corta-jacas*] *s.m.* dança caracterizada pela movimentação dos pés juntos, quase sem nenhuma flexão das pernas

cor.tan.te *adj.2g.* **1** que corta; afiado **2** *p.ext.* frio, gélido ⟨*vento c.*⟩ **3** que se apresenta de modo agudo (diz-se de som); estridente, ruidoso

cor.tar *v.* {mod. 1} *t.d.* **1** dividir em partes com instrumento afiado ou as próprias mãos ⟨*c. uma folha ao meio*⟩ **2** talhar (costura) **3** retirar o excesso de; aparar **4** interromper a transmissão de ⟨*c. energia elétrica*⟩ ⊃ religar **5** acabar com; anular ⟨*remédio para c. a febre*⟩ **6** deixar de usar ⟨*c. doces*⟩ **7** sulcar (água de mar, rio etc.) **8** *fig.* cruzar (caminho, rua etc.) ⟨*a rua corta a avenida*⟩ **9** *B infrm.* tomar a dianteira de (veículo) ❑ *t.d. e* *t.d.i.* **10** (prep. *de*) separar (parte) [de um todo] com instrumento afiado ⟨*c. da pizza só uma fatia*⟩ **11** (prep. *de*) eliminar, suprimir ⟨*c. do texto dois parágrafos*⟩ ❑ *t.d. e pron.* **12** ferir(-se) com objeto cortante ❑ *int.* **13** ser afiado **14** em alguns jogos, interceptar a bola ou jogada do adversário ~ **cortador** *adj.s.m.*

cor.te *s.m.* **1** talho praticado com algo cortante; incisão **2** fio de faca, tesoura etc. **3** abate de animais em açougue ou matadouro **4** acabamento de uma roupa ⟨*vestido de bom c.*⟩ **5** diminuição (de quantidade, intensidade) ⟨*c. de cabelo*⟩ **6** supressão de trecho em livro, filme etc. **7** interrupção, suspensão ⟨*c. de energia elétrica*⟩ **8** *fig.* rompimento de relação entre pessoas, países etc. ⟨*c. das relações diplomáticas*⟩

cor.te \ô\ *s.f.* **1** residência de soberano; paço **2** a nobreza que rodeia esse soberano; séquito **3** cidade onde o soberano reside ⟨*o camponês visitou a c.*⟩ **4** atenção ou galanteio **5** tribunal de justiça ⟨*c. de apelação*⟩ ⊡ **c. marcial** *loc.subst.* tribunal para crimes militares, em tempo de paz, e crimes, mesmo comuns, em tempo de guerra

cor.te.jar *v.* {mod. 1} *t.d.* **1** tratar com cortesia, educação ⮌ desconsiderar **2** fazer corte a (mulher); galantear **3** *pej.* bajular, adular ⮌ criticar

cor.te.jo \ê\ *s.m.* **1** saudação solene e especial **2** procissão, comitiva ⟨*grande c. seguia o rei*⟩ **3** galanteio, amabilidade, gentileza

cor.tês *adj.2g.* **1** da corte ('cidade') **2** refinado, civilizado, urbanizado ⟨*pessoa de hábitos c.*⟩ **3** *fig.* delicado nas palavras e ações; gentil ⟨*homem c.*⟩

cor.te.sã *s.f.* **1** antiga dama da corte, favorita do rei **2** prostituta de luxo

cor.te.são [pl.: *-ãos* e *-ões*; fem.: *cortesã*] *adj.* **1** próprio da corte ⟨*costumes c.*⟩ **2** urbanizado, civilizado **3** cortês, refinado ⮌ rude ■ *s.m.* **4** pessoa que vive e/ou trabalha na corte **5** indivíduo cortês

cor.te.si.a *s.f.* **1** amabilidade, polidez **2** brinde ou presente ⟨*recebeu flores como c.*⟩

cór.tex \cs\ *s.m.2n.* parte externa de órgão ou estrutura animal ou vegetal ~ **cortical** *adj.2g.*

cor.ti.ça *s.f.* **1** camada macia e porosa de alguns troncos e raízes, us. no fabrico de rolhas, boias etc. **2** nome comum a várias árvores que possuem essa camada, como o sobreiro, muitas tb. conhecidas como corticeira ⊙ COL cortiçada ~ **corticeiro** *adj.s.m.*

cor.ti.ço *s.m.* **1** *fig. B* casa que serve de habitação coletiva para a população pobre; cabeça de porco **2** *p.ext. B* aglomerado de casas pobres **3** peça feita de casca de árvore, para alojar colônias de abelhas

cor.ti.coi.de \ói\ *adj.2g.s.m.* corticosteroide

cor.ti.cos.te.roi.de \ói\ *adj.2g.s.m.* (grupo de hormônios do córtex suprarrenal ou sintéticos) us. esp. como anti-inflamatórios; corticoide

cor.ti.na *s.f.* peça suspensa, ger. de pano, para cobrir vãos, separar e proteger espaços etc.

cor.ti.na.do *s.m.* armação de filó que envolve cama ou berço

cor.ti.so.na *s.f.* hormônio extraído das glândulas suprarrenais de animais domésticos e tb. produzido sinteticamente, us. para tratar artrites, alergias etc.

co.ru.ja *s.f.* **1** ave de hábitos crepusculares e noturnos, com face em forma de coração e voo silencioso, que engole por inteiro pequenos mamíferos, insetos e aranhas, e depois vomita os pelos e fragmentos de ossos ■ *adj.2g.* **2** muito admirado e orgulhoso do que criou ou produziu ⟨*escritor c.*⟩ ⊙ GRAM/USO masc.: *corujo*; aum.: *corujão* ⊙ VOZ v.: arrulhar, carpir, chalrar, chalrear, chiar, chirriar, crocitar, gritar, piar, pipilar; subst.: arrulho, chirriada, crocito, grito, pio, riso

co.rus.car *v.* {mod. 1} *int.* emitir brilho, luz intensa; reluzir ⊙ GRAM/USO só us. nas 3as p., exceto quando fig. ~ **coruscação** *s.f.* - **coruscante** *adj.2g.*

cor.ve.jar *v.* {mod. 1} *int.* **1** emitir som (o corvo) ☞ só us. nas 3as p., exceto quando fig. **2** imitar ou lembrar o seu som

cor.ve.ta \ê\ *s.f.* navio de guerra de porte médio e boa mobilidade, menor que a fragata

cor.ví.deo *s.m.* ZOO **1** espécime dos corvídeos, família de grandes aves quase cosmopolitas, que inclui as gralhas e corvos, de asas largas, cauda longa, bico grande e forte, ger. pretas ou azul-violeta ■ *adj.* **2** relativo a essa família

cor.vi.na *s.f.* peixe ósseo, marinho, de dorso dourado com estrias negras e ventre amarelado, com grande valor comercial

cor.vo \ô\ [pl.: *corvos* \ó\; fem.: *corva* \ô\ e *corvacha*] *s.m.* grande ave preta, da família dos corvídeos, famosa pela astúcia e inteligência, encontrada em todos os continentes, menos na América do Sul ⊙ GRAM/USO dim.irreg.: *corvacho* ⊙ VOZ v.: corvejar, crocitar, grasnar; subst.: crás, crocito, grasnada, grasnido, grasno, grito ~ **corvino** *adj.*

cós *s.m.2n.* faixa de pano reforçada de arremate na cintura de calças, saias etc.

cos.ca *s.f. infrm.* cócega

cos.co.rão [pl.: *-ões*] *s.m.* casca grossa de ferida durante a cicatrização

cos.co.ro \ô\ *s.m.* **1** rigidez, dureza de um tecido que recebeu goma **2** enrugamento da pele **3** crosta

co.ser *v.* {mod. 8} *t.d. e int.* unir com pontos feitos com agulha e linha, fio etc.; costurar ⮌ descoser ☞ cf. *cozer* ~ **cosedura** *s.f.*

cos.mé.ti.ca *s.f.* **1** ciência de embelezamento físico por meio de produtos próprios **2** indústria desses produtos ~ **cosmetologia** *s.f.*

cos.mé.ti.co *s.m.* **1** produto de higiene e beleza da pele e cabelos ☞ mais us. no pl. ■ *adj.* **2** relativo a esse produto **3** *fig. pej.* não substancial, superficial ⟨*medidas c.*⟩

cos.mo *s.m.* cosmos

cos.mo.go.ni.a *s.f.* corpo de doutrinas (religiosas, míticas ou científicas) que se ocupa em explicar a origem do universo ☞ cf. *cosmologia*

cos.mo.lo.gi.a *s.f.* ramo da astronomia que estuda a origem, a estrutura e a evolução do universo ☞ cf. *cosmogonia*

cos.mo.nau.ta *s.2g.* piloto ou passageiro de nave espacial; astronauta

cos.mo.náu.ti.ca *s.f.* ciência e técnica de pilotagem de naves espaciais

cos.mo.po.li.ta *adj.2g.* **1** relativo a grandes cidades **2** que ocorre em todos os continentes e/ou águas oceânicas (diz-se de organismo, espécie, gênero etc.) ■ *adj.2g.s.2g.* **3** (indivíduo) que viveu em muitos países e não demonstra ligação com sua terra natal **4** *p.ext.* (indivíduo) muito viajado ~ **cosmopolitismo** *s.m.*

cos.mos *s.m.2n.* espaço universal, composto de matéria e energia; cosmo, universo

cos.sa.co *s.m.* **1** indivíduo dos cossacos, povos guerreiros esp. do sul da Rússia, da Ucrânia e da Sibéria **2** soldado do exército russo czarista ■ *adj.* **3** referente a esse indivíduo, soldado ou povo

cos.se.can.te *adj.2g.s.f.* (função) que é definida como o inverso do seno [símb.: *csc*]

cos.se.no *s.m.* em um ângulo de um triângulo retângulo, o quociente entre o cateto adjacente e a hipotenusa

cos.ta *s.f.* **1** área próxima ao mar; litoral **2** parte do mar junto da terra firme ⟨*navios ancorados na c.*⟩ **3** encosta ▼ *costas s.f.pl.* **4** dorso ('região') **5** parte de trás de um objeto **6** parte de móvel onde se descansa as costas; encosto ~ **costeiro** *adj.*

cos.ta.do *s.m.* **1** parte lateral (esp. de barcos) **2** grau de inclinação de um terreno; declive **3** *infrm.* dorso de pessoa; costas **4** cada um dos quatro avós de uma pessoa

cos.ta-ri.que.nho [pl.: *costa-riquenhos*] *adj.* **1** da Costa Rica (América Central); costarriquenho ■ *s.m.* **2** natural ou habitante desse país; costarriquenho

cos.te.ar *v.* {mod. 5} *t.d.* e *int.* **1** navegar ao longo da costa (de) ❑ *t.d.* **2** percorrer pelas margens ⟨*c. a serra*⟩

cos.te.la *s.f.* **1** cada um dos 12 pares de ossos chatos e curvos que formam o tórax **2** *fig. B* a esposa de um homem

cos.te.le.ta \ê\ *s.f.* **1** costela de animais, ger. entranhada com carne **2** prato feito com essa costela **3** *B* faixa de barba junto à orelha; suíça

cos.tu.mar *v.* {mod. 1} *t.d.i.* e *pron.* **1** (prep. *a*) habituar(-se), adaptar(-se) ⮌ desabituar(-se) ❑ *t.d.* **2** ter por hábito ⟨*ela costuma sair cedo*⟩ ❑ *int.* **3** ser comum (fato, ação etc.) ⟨*costuma chover*⟩ ☞ nesta acp., é impessoal

[1]**cos.tu.me** *s.m.* **1** hábito, prática ⟨*c. de caminhar*⟩ **2** modo de pensar e agir característico de pessoa, povo etc.; comportamento ☞ mais us. no pl. **3** moda ⟨*o c. da minissaia*⟩ **4** particularidade de algo; peculiaridade ⟨*isqueiro com o c. de ter chama alta*⟩ [ORIGEM: do lat. *consuetūdo,ĭnis* 'costume, hábito, uso']

[2]**cos.tu.me** *s.m.* **1** traje adequado a ocasiões sociais formais **2** [2]terno ('traje') [ORIGEM: do fr. *costume* 'vestimenta especial']

cos.tu.mei.ro *adj.* que é ou se tornou comum, habitual; frequente

cos.tu.rar *v.* {mod. 1} *t.d.* e *int.* **1** unir com pontos feitos com agulha e linha ⮌ descosturar **2** confeccionar (roupas), profissionalmente ou não ❑ *t.d.* e *t.d.i.* *fig.* **3** (prep. *com*) combinar, articular ⟨*c. um acordo (com a oposição)*⟩ ❑ *int. fig. B* **4** dirigir um veículo em zigue-zague ~ **costura** *s.f.*

cos.tu.rei.ro *adj.s.m.* **1** (profissional) de costura **2** (músculo) que realiza a flexão da coxa e da perna

co.ta *s.f.* **1** parcela determinada de um todo; quinhão ⟨*c. da herança*⟩ **2** porção determinada ou não de algo ⟨*recebeu sua c. de pão*⟩ **3** fração determinada de um sócio no capital de uma empresa **4** prestação paga por algum objeto **5** tempo de um anunciante em programa ou esquema publicitário ~ **cotista** *adj.2g.s.2g.*

co.ta.ção [pl.: *-ões*] *s.f.* **1** ato de estabelecer preço, valor etc. de algo ou o seu efeito **2** o valor de uma mercadoria, moeda etc., estabelecido pelo mercado ⟨*a c. do dólar está alta*⟩ **3** *fig. infrm.* apreço, consideração

co.tan.gen.te *s.f.* **1** função definida pelo quociente entre as funções cosseno e seno [símb.: *cot*] **2** razão entre o cateto adjacente e o oposto a um ângulo, em um triângulo retângulo

co.ta-par.te [pl.: *cotas-partes*] *s.f.* parte que cabe a cada pessoa na divisão de um todo

co.tar *v.* {mod. 1} *t.d.* e *t.d.i.* **1** (prep. *a*, *em*) fixar ou pesquisar o valor de ❑ *t.d.* **2** calcular a medida de ❑ *t.d.pred.* **3** qualificar, tachar

co.te.jar *v.* {mod. 1} *t.d.* e *t.d.i.* (prep. *com*) investigar semelhanças e/ou diferenças entre; comparar

co.te.jo \ê\ *s.m.* **1** comparação entre pessoas, coisas, elementos etc. **2** confronto entre duas provas tipográficas para se buscar erros

co.te.lê *adj.2g.s.m.* (o) que apresenta textura grossa, composta de listras finas e paralelas em relevo ⟨*veludo c.*⟩ ⟨*comprou um bom c. para a saia*⟩

cô.te.lé [fr.] *adj.2g.s.m.* ver COTELÊ ⇨ pronuncia-se cotelê

co.ti.di.a.no *adj.* **1** que é comum a todos os dias; diário **2** *p.ext.* que é comum; banal ■ *s.m.* **3** conjunto de ações realizadas por alguém todos os dias **4** dia a dia

co.ti.lé.do.ne *s.m.* a primeira folha que surge depois da germinação da semente, que nutre a planta germinada ~ **cotiledôneo** *adj.*

co.tin.gí.deo *s.m.* ZOO **1** espécime dos cotingídeos, família de aves tropicais das Américas, representadas pelas arapongas e afins, muito coloridas, cabeça larga, bico forte e asas grandes ■ *adj.* **2** relativo a essa família

co.ti.zar *v.* {mod. 1} *t.d.* **1** dividir em cotas ⟨*c. dívida*⟩ ❑ *pron.* **2** contribuir individualmente ~ **cotização** *s.f.*

co.to \ô\ *s.m.* **1** parte restante de braço ou perna humana amputada **2** *p.ext.* resto de vela, lápis, cigarro etc.

co.tó *adj.s.m. infrm.* **1** (indivíduo) que tem braço ou perna amputado; aleijado **2** (indivíduo) baixo, de pequena estatura ■ *adj.* **3** sem rabo

co.to.co \ô\ *s.m. B infrm.* **1** coto **2** pequeno pedaço de algo **3** indivíduo muito baixo

co.to.ne.te *s.m.* haste flexível, com algodão na ponta, us. para limpar ouvido, nariz etc. ☞ marca registrada (*Cotonete*) que passou a designar seu gênero

co.to.ni.cul.tu.ra *s.f. B* cultivo de algodão ~ **cotonicultor** *adj.s.m.*

co.to.ve.la.da *s.f.* **1** golpe forte com o cotovelo **2** pressão leve com o cotovelo, us. para chamar a atenção

co.to.ve.lo \ê\ *s.m.* **1** atualmente chamado de *cúbito*, osso que une braço e antebraço **2** *p.ext.* parte da manga de uma vestimenta, localizada sobre a região desse osso **3** *p.ext.* ângulo de rio, estrada etc. **4** peça em forma de L que junta dois canos

co.to.vi.a *s.f.* ave famosa pelo canto melodioso, de penas marrons ou pardas e garras posteriores compridas e retas, us. como suporte para andar e correr ⊙ voz v.: cantar, chalrar, chilrear, gazear, gorjear, piar, trilar, trinar; subst.: canto, casquinada, chilreio, chilro, grito, trilo

co.tur.no *s.m. B* bota de cano alto com cordões, us. por soldados

cou.lomb *s.m.* unidade de medida para a carga elétrica no Sistema Internacional [símb.: *C*] ☞ cf. *ampere*

cou.ra.ça *s.f.* **1** armadura para proteção do tronco dos soldados, de couro ou metal **2** *p.ext.* mecanismo de defesa **3** conjunto de placas ou escamas ósseas que revestem o corpo de certos animais **4** espesso revestimento de aço us. em navios de combate

cou.ra.ça.do *adj.* **1** protegido por couraça, revestimento; encouraçado ■ *s.m.* **2** grande navio de guerra com poderosa artilharia e mísseis; encouraçado ~ **couraçar** *v.t.d. e pron.*

cou.ro *s.m.* tecido curtido e resistente feito da pele de certos animais, us. na confecção de sapatos, roupas, móveis etc. ⊡ c. **cabeludo** *loc.subst.* pele do crânio sob os cabelos • **dar no c.** *loc.vs. fig.* mostrar-se eficiente em algo • **tirar o c. de** *loc.vs. infrm.* **1** falar mal de alguém **2** explorar (alguém) financeiramente **3** forçar (alguém) a realizar um trabalho

cou.ve *s.f.* hortaliça de folha verde-escura e ondulada

cou.ve-flor [pl.: *couves-flor* e *couves-flores*] *s.f.* couve de caule curto, com folhas ger. verde-escuras e muitas hastes com flores carnosas e comestíveis

cou.vert [fr.; pl.: *couverts*] *s.m. B* **1** conjunto de pratos, talheres, guardanapos etc. postos à mesa para refeição **2** conjunto de alimentos (ger. pão, pastas, azeitonas etc.) que precedem a refeição; entrada **3** o preço desse conjunto ⇨ pronuncia-se cuvér

co.va *s.f.* **1** escavação feita na terra para semear **2** *p.ext.* cavidade profunda; caverna **3** buraco na terra onde se enterram cadáveres ⊙ GRAM/USO dim.irreg.: *covacho* e *coveta*

co.var.de *adj.2g.s.2g.* **1** que(m) é medroso, sem coragem **2** que(m) é desleal, perverso ~ **covardia** *s.f.*

co.vei.ro *s.m.* indivíduo que abre covas e enterra os mortos no cemitério

co.vil *s.m.* **1** cova habitada por animais ferozes; toca **2** antro de ladrões, malfeitores etc.

[1]**co.vo** \ô\ *adj.s.m.* (o) que apresenta profundidade, concavidade; côncavo [ORIGEM: do lat. *covus,a,um* 'id.']

[2]**co.vo** \ô\ *s.m.* **1** cesto comprido, feito ger. de vime e us. para pescar **2** gaiola para criação de galinhas [ORIGEM: de *côvão* 'cesto para apanhar peixes em rio', com perda de nasalidade]

co.xa \ô\ *s.f.* parte da perna entre o quadril e o joelho

co.xe.ar *v.* {mod. 5} *t.i. e int.* (prep. *de*) caminhar apoiando-se mais em uma das pernas; mancar ~ **coxeadura** *s.f.*

co.xi.a *s.f.* **1** espaço situado nas laterais e atrás do palco dos teatros, que não é visto pelo público ☞ mais us. no pl. **2** assento extra nas plateias **3** espaço ocupado por cada cavalo em uma cavalariça

co.xim *s.m.* **1** leito ou sofá sem costas e sem braços, com colchão fino; divã **2** assento da sela

co.xo \ô\ *adj.s.m.* **1** (o) que apresenta irregularidade temporária ou permanente ao caminhar ■ *adj.* **2** a que falta uma perna ou pé (diz-se de objeto) **3** *fig.* incompleto ou defeituoso ☞ cf. *cocho*

co.zer *v.* {mod. 8} *t.d. e int.* cozinhar ☞ cf. *coser* ~ **cozedura** *s.f.* - **cozimento** *s.m.*

co.zi.do *s.m.* prato composto de carnes e legumes ensopados

co.zi.nha *s.f.* **1** local onde se preparam os alimentos **2** a arte ou técnica de preparo dos alimentos **3** o conjunto de pratos característicos de um país ou região ⟨*a c. nordestina*⟩

co.zi.nhar *v.* {mod. 1} *t.d. e int.* **1** preparar (alimentos) ger. pela ação do fogo **2** *infrm.* tardar a resolver ou fazer; remanchar ⮌ apressar ❑ *t.d. p.ext.* **3** submeter à ação do fogo ⟨*c. tijolos*⟩ **4** *infrm.* enganar com ardil; engambelar ⟨*vive cozinhando a noiva*⟩ ❑ *int. fig.* **5** fingir que trabalha ou prejudicar o andamento normal de algo; embromar

co.zi.nhei.ro *s.m.* quem cozinha, esp. como profissão

CPF *s.m.* sigla de *cadastro de pessoa física*

CPI *s.f.* sigla de *comissão parlamentar de inquérito*

Cr símbolo de *cromo*

cra.ca *s.f.* nome comum a crustáceos marinhos que vivem presos a rochas, corais e objetos flutuantes, fechados em uma carapaça semelhante a um pequeno vulcão

cra.chá *s.m.* cartão de identificação que se usa preso à roupa

cra.cí.deo *s.m.* zoo **1** espécime dos cracídeos, família de aves representadas pelos aracuãs, jacus, jacutingas e mutuns, com topete, bico curto e forte, asas curtas e arredondadas ■ *adj.* **2** relativo a essa família

crack [ing.; pl.: *cracks*] *s.m.* droga de alta concentração e toxicidade, que mistura cocaína, bicarbonato de sódio etc. ⇨ pronuncia-se **craque**
crâ.nio *s.m.* **1** caixa óssea que envolve o cérebro **2** *p.ext.* o cérebro, fonte do pensamento **3** *p.ext. infrm.* pessoa muito inteligente ~ **craniano** *adj.*
cra.pô *s.m.* tipo de paciência ('jogo de cartas') jogada por uma ou duas pessoas
crá.pu.la *adj.2g.s.2g.* **1** devasso **2** canalha ■ *s.f.* **3** vida desregrada; devassidão ~ **crapuloso** *adj.*
¹cra.que *s.2g.* **1** quem é bom no que faz ■ *s.m.* **2** cavalo de corrida com desempenho excelente [ORIGEM: do ing. *crack* 'o que tem capacidade superior']
²cra.que *s.m.* **1** queda acentuada na cotação de bolsas de valores **2** *p.ext.* ruína financeira [ORIGEM: do ing. *crash* 'queda súbita de negócios, valores etc.']
cra.se *s.f.* **1** contração da prep. *a* com o artigo *a* ou com pronomes demonstrativos iniciados por *a* **2** acento grave que a indica (`) ~ **crasear** *v.t.d.*
cras.so *adj.* **1** espesso, denso **2** *fig.* grosseiro ⟨*erro c.*⟩ ~ **crassidade** *s.f.* - **crassitude** *s.f.*
cra.te.ra *s.f.* **1** boca por onde saem a lava e os gases do vulcão **2** *p.ext.* grande buraco, cova aberta em uma superfície ⟨*uma estrada cheia de c.*⟩
cra.te.ú *s.2g.* **1** indivíduo pertencente ao grupo indígena dos crateús, hoje considerado extinto, que habitava o Piauí no sXVIII ■ *adj.2g.* **2** relativo a esse indivíduo ou grupo
cra.var *v.* {mod. 1} *t.d.,t.d.i. e pron.* **1** (prep. *em*) [fazer] penetrar à força e com profundidade ⟨*c. o machado na árvore*⟩ ⟨*c. o punhal no inimigo*⟩ ⟨*as raízes cravaram-se no solo*⟩ ⮌ descravar(-se) ☞ *na árvore* é circunstância que funciona como complemento ❑ *t.d.i. fig.* **2** (prep. *em*) fixar (o olhar) [em alguém ou algo] **3** (prep. *em*) fixar (pedraria) [em joias, peças etc.] ⮌ desengastar
cra.vei.ro *s.m.* **1** erva de flores vermelhas, brancas ou variadas e frutos em forma de cápsula, muito cultivada como ornamental; cravo **2** serralheiro que faz cravos de ferraduras
cra.vei.ro-da-ín.dia [pl.: *craveiros-da-índia*] *s.m.* árvore de até 15 m, nativa da Indonésia, com madeira de qualidade, flores róseas ou vermelhas, esp. cultivada pelo botão de sua flor
cra.ve.jar *v.* {mod. 1} *t.d.* **1** fixar usando cravos, pregos etc. ⮌ desencravar ❑ *t.d.i.* **2** (prep. *em*) embutir (pedraria) [em peça, joia]; cravar ⮌ desencastoar **3** *fig.* (prep. *com, de*) pôr (algo) intercaladamente em; entremear ⟨*Deus cravejou o céu de estrelas*⟩ ~ **cravejamento** *s.m.*
cra.ve.lha \ê\ *s.f.* chave com que se retesam as cordas dos instrumentos musicais ~ **cravelhal** *s.m.* - **cravelhame** *s.m.*
¹cra.vo *s.m.* **1** flor do craveiro **2** botão seco da flor do craveiro-da-índia, us. como condimento; cravo-da-índia **3** *p.ext.* prego **4** *p.ext.* calo em forma de cone na planta do pé **5** entupimento do poro por gordura e resíduos de pele e poeira [ORIGEM: do lat. *clavus,i* 'prego, cravo'] ⊡ **dar uma no c., outra na ferradura** *fraseol.* apoiar duas coisas contraditórias
²cra.vo *s.m.* instrumento precursor do piano, com um ou dois teclados, cujo som é produzido por palhetas internas que puxam as cordas, fazendo-as vibrar [ORIGEM: prov. adp. do fr. *clavier* 'teclado'] ~ **cravista** *s.2g.*
cra.vo-da-ín.dia [pl.: *cravos-da-índia*] *s.m.* 'cravo ('botão seco')
crawl [ing.] *s.m.2n.* ver *NADO CRAWL* ⇨ pronuncia-se **cról**
cream-cracker [ing.; pl.: *cream-crackers*] *s.m.* biscoito delgado e levemente salgado, que se come com acompanhamentos diversos ⇨ pronuncia-se **crim crêiquer**, *corrente* **crem cráquer**
cre.che *s.f.* instituição que cuida de crianças pequenas enquanto seus pais trabalham
cre.den.ci.al *adj.2g.* **1** que confere crédito ⟨*carta c.*⟩ ■ *s.f.* **2** documento que concede poderes, autoridade, *status* ☞ mais us. no pl.
cre.den.ci.ar *v.* {mod. 1} *t.d.* **1** dar credencial a ⮌ descredenciar ❑ *t.d.,t.d.i. e pron.* **2** (prep. *a*) tornar(-se) apto (para função, atividade etc.); habilitar(-se) ⮌ desqualificar(-se)
cre.di.á.rio *s.m.* sistema de venda a prestações ~ **crediarista** *adj.2g.s.2g.*
cre.di.bi.li.da.de *s.f.* característica do que é confiável
cre.di.tar *v.* {mod. 1} *t.d. e pron.* **1** dar(-se) crédito (a); garantir(-se) ⟨*o chefe creditou-o para o cargo*⟩ ⟨*c.-se na realização da tarefa*⟩ ⮌ desacreditar(-se) ❑ *t.d.i. e pron.* **2** (prep. *a*) considerar causador, autor ou possuidor de; atribuir ⟨*creditou ao amigo o sucesso da peça*⟩ ⟨*c.-se todo o fracasso*⟩ ⮌ desacreditar(-se) ❑ *t.d. e t.d.i.* **3** (prep. *em*) depositar (em conta-corrente) ⮌ retirar, sacar
cré.di.to *s.m.* **1** confiança **2** *p.ext.* boa reputação; confiabilidade **3** depósito em conta bancária **4** o que é devido a alguém **5** indicação de autoria ou participação em livros, filmes, discos etc. ~ **creditício** *adj.*
cre.do *s.m.* **1** oração cristã em latim, iniciada por *credo in unum Deus Patrem* ('creio em Deus pai') **2** *p.ext.* parte da missa que começa com essa oração **3** crença religiosa; fé **4** doutrina; programa ideológico ou político ■ *interj.* **5** exprime espanto e, por vezes, repulsa
cre.dor \ô\ *adj.s.m.* (aquele) a quem se deve
cré.du.lo *adj.s.m.* que(m) acredita com facilidade em qualquer pessoa ou coisa ~ **credulidade** *s.f.*
crei.om *s.m.* **1** lápis de grafite macio, us. em desenho **2** *p.ext.* desenho feito com esse tipo de lápis
cre.ma.lhei.ra *s.f.* peça ou trilho dentado para transmissão e transformação do movimento em engrenagens diversas
cre.mar *v.* {mod. 1} *t.d.* reduzir (cadáver) a cinzas ~ **cremação** *s.f.*
cre.ma.tó.rio *adj.s.m.* (forno) próprio para cremar
cre.me *s.m.* **1** substância espessa e gordurosa que se forma na superfície do leite fervido, us. na produção de diversos alimentos; nata **2** prato doce ou salgado preparado com leite engrossado, ovos e

temperos variados **3** qualquer produto pastoso us. na higiene pessoal ou como cosmético ⟨*c. dental*⟩ ⟨*c. para as mãos*⟩ ■ *adj.2g.2n.s.m.* **4** (o) que tem a cor branco-amarelada ■ *adj.2g.2n.* **5** diz-se dessa cor ~ cremoso *adj.*

cre.mo.na *s.f.* ferragem us. para trancar portas e janelas

cren.ça *s.f.* **1** fato de acreditar-se numa coisa ou pessoa **2** a coisa ou pessoa em que se acredita **3** religião **4** convicção profunda

cren.di.ce *s.f.* superstição

cren.te *adj.2g.s.2g.* **1** que(m) crê **2** que(m) segue uma fé religiosa **3** *B pej.* protestante adepto das correntes mais populares **4** *p.ext.* crédulo; ingênuo

cre.o.li.na *s.f.* nome comercial de líquido desinfetante de cheiro forte, composto de óleo de alcatrão mineral e substâncias antissépticas e germicidas

cre.pe *s.m.* **1** tecido leve e crespo **2** faixa de tecido preto us. em sinal de luto **3** panqueca de massa fina

cre.pi.tar *v.* {mod. 1} *int.* produzir estalidos (sólido em combustão ou o próprio fogo, as brasas) ⟨*a madeira crepitava na lareira*⟩ ~ **crepitação** *s.f.* - **crepitante** *adj.2g.*

cre.pom *s.m.* **1** tecido de seda, lã ou algodão, crespo ou ondulado ■ *adj.s.m.* **2** diz-se de ou papel de seda enrugado; papel crepom

cre.pús.cu.lo *s.m.* **1** claridade entre a noite e o nascer do sol ou entre o pôr do sol e a noite **2** *p.ext.* o tempo de duração dessa claridade **3** *fig.* decadência; declínio ~ **crepuscular** *adj.2g.*

crer *v.* {mod. 11} *t.i.* **1** (prep. *em*) tomar por verdadeiro; acreditar ⮌ descrer **2** (prep. *em*) ter confiança ⮌ desconfiar ❑ *t.d.,t.d.pred. e pron.* **3** presumir(-se), imaginar(-se), julgar(-se)

cres.cen.do *s.m.* **1** intensificação progressiva de um som musical ☞ cf. *diminuendo* **2** *fig.* aumento, gradação

cres.cen.te *adj.2g.* **1** que cresce, se amplia ou prospera ■ *s.m.* **2** quarto crescente **3** qualquer coisa em forma de meia-lua

cres.cer *v.* {mod. 8} *int.* **1** aumentar (em quantidade, tamanho, intensidade, extensão etc.) ⮌ diminuir **2** tornar-se mais experiente, maduro ❑ *t.i. infrm.* **3** (prep. *para, sobre, contra*) avançar para agredir

cres.ci.men.to *s.m.* **1** aumento de dimensão, volume ou quantidade **2** ampliação; expansão **3** *fig.* desenvolvimento ou prosperidade

cres.po \ê\ *adj.* **1** que tem superfície áspera; rugoso ⟨*tecido c.*⟩ **2** que apresenta textura ondulada ⟨*cabelos c.*⟩ ~ **crespidão** *s.f.*

cres.tar *v.* {mod. 1} *t.d. e pron.* **1** queimar(-se) levemente; tostar(-se) **2** ressecar por excesso de calor ou de frio ~ **cresta** *s.f.*

cre.tá.ceo *s.m.* **1** terceiro e mais recente período geológico da era Mesozoica, posterior ao Jurássico, em que aparecem os primeiros mamíferos, de pequeno porte, e as primeiras plantas floríferas ☞ inicial maiúsc. ■ *adj.* **2** desse período

cre.ti.no *adj.s.m.* que(m) é insolente ou idiota ~ **cretinice** *s.f.* - **cretinismo** *s.m.* - **cretinizar** *v.t.d. e pron.*

cre.to.ne *s.m.* tecido grosso de linho ou algodão, us. em colchas, cortinas etc.

cri.a *s.f.* **1** animal recém-nascido ou que ainda mama **2** *p.ext. infrm.* criança **3** *p.ext.* pessoa criada em casa alheia **4** pessoa intelectualmente devedora de outra; seguidor ⟨*ele é c. do último diretor*⟩

cri.a.ção [pl.: *-ões*] *s.f.* **1** ação de conceber, inventar, gerar ou de dar nova forma ou uso a algo já existente **2** *p.ext.* produção artística ou intelectual; obra **3** educação de uma pessoa ⟨*gastam muito com a c. dos filhos*⟩ **4** conjunto de animais ger. criados para venda, abate etc.

cri.a.cio.nis.mo *s.m.* doutrina segundo a qual o mundo foi criado por Deus a partir do nada ~ **criacionista** *adj.2g.s.2g.*

cri.a.do *s.m.* empregado doméstico ⊙ COL criadagem

cri.a.do-mu.do [pl.: *criados-mudos*] *s.m.* mesa de cabeceira

cri.a.dor \ô\ *adj.s.m.* (o) que cria, produz, inventa, gera

cri.an.ça *s.f.* **1** bebê **2** ser humano antes de ser adulto ■ *adj.2g.s.f.* **3** que(m) age de maneira não madura ⊙ COL criançada

cri.an.ça.da *s.f.* **1** grupo de crianças **2** criancice

cri.an.ci.ce *s.f.* comportamento infantil

cri.an.ço.la *s.m.* adolescente ou adulto que age como criança

cri.ar *v.* {mod. 1} *t.d.* **1** dar origem a; gerar ⮌ extinguir **2** imaginar, inventar (algo ger. original, novo) **3** fundar, instituir ⟨*c. um mercado*⟩ ⮌ aniquilar **4** passar a ter; adquirir ⟨*c. fama*⟩ ⮌ perder **5** educar, sustentar ⟨*c. os filhos*⟩ **6** *p.ext.* alimentar, sustentar ⟨*c. esperança*⟩ ⮌ perder **7** cultivar (plantas) ❑ *t.d.i.* **8** (prep. *para*) ocasionar, causar ❑ *t.d.i. e pron.* **9** (prep. *com*) crescer em convívio ❑ *pron.* **10** crescer (em determinado lugar)

cri.a.ti.vi.da.de *s.f.* talento para criar, inventar, inovar; inventividade

cri.a.ti.vo *adj.* **1** inventivo; inovador **2** original

cri.a.tó.rio *s.m.* local para criação de animais

cri.a.tu.ra *s.f.* **1** ser criado **2** indivíduo **3** *p.ext.* monstro

cri.ci.ú.ma *s.f.* gramínea cujo caule é us. no fabrico de cestos

cri-cri *adj.2g.s.2g. B infrm.* **1** (o) que se refere apenas a crianças e criados (diz-se de conversa) **2** *p.ext.* (o) que é maçante, que só fala de coisas sem nenhum interesse

cri.cri.lar *v.* {mod. 1} *int.* cantar (o grilo) ⊙ GRAM/USO só us. nas 3as p., exceto quando fig.

cri.me *s.m.* **1** ato ilegal **2** ação condenável ⊡ **c. de colarinho-branco** *loc.subst. B* o praticado contra a ordem econômico-social por agentes econômico-financeiros • **c. de lesa-pátria** *loc.subst.* crime de leso-patriotismo ☞ tb. se diz apenas *lesa-pátria* • **c. de leso-patriotismo** *loc.subst.* traição ao próprio país, em tempo de guerra, mediante acordos com nação inimiga; crime de lesa-pátria ☞ tb. se diz apenas *leso-patriotismo* ~**criminal** *adj.2g.* - **criminalidade** *s.f.*

cri.mi.na.lis.ta *adj.2g.s.2g.* (advogado) especializado em direito penal e/ou casos criminais ~**criminalística** *s.f.* - **criminalístico** *adj.*

cri.mi.na.li.zar *v.*{mod. 1} *t.d.*considerar como crime ⮌ descriminalizar

cri.mi.no.so \ô\ [pl.: *criminosos* \ó\] *adj.s.m.* **1** que(m) comete crime ■ *adj.* **2** relativo a crime ou que envolve crime **3** *p.ext.* contrário às leis morais ou sociais

cri.na *s.f.* **1** pelo do alto da cabeça, do pescoço e da cauda de cavalo, zebra, leão etc. **2** tecido áspero, de fibras vegetais, us. para fricção ~**crinal** *adj.2g.*

cri.o.ge.ni.a *s.f.*estudo da produção de temperaturas muito baixas e de seus fenômenos ~**criogênico** *adj.*

cri.ou.lo *adj.s.m.* **1** negro nascido no continente americano **2** *p.ext.* diz-se de ou qualquer negro **3** LING diz-se de ou língua derivada do contato de um idioma europeu com línguas nativas

crip.ta *s.f.* **1** galeria ou sala subterrânea us. para sepultamentos **2** *p.ext.* gruta; caverna

crip.tô.nio *s.m.*gás nobre us. em lâmpadas fluorescentes, fotografia, *laser* de ultravioleta etc. [símb.: *Kr*] ☞ cf. *tabela periódica* (no fim do dicionário)

crí.que.te *s.m.*jogo inglês disputado em um gramado, entre duas equipes de 11 jogadores, com uma pequena bola maciça e pás de madeira

cri.sá.li.da *s.f.* estado intermediário entre o de lagarta e o de borboleta

cri.sân.te.mo *s.m.* planta ornamental nativa da Ásia e sua flor; monsenhor

cri.se *s.f.* **1** estado de manifestação aguda ou agravamento de doença física, mental ou emocional **2** manifestação repentina de um sentimento ⟨*c. de ciúme*⟩ ⟨*c. de amabilidade*⟩ **3** estado de incerteza ou vacilação ⟨*c. de fé*⟩ **4** fase crítica de uma situação **5** momento de desequilíbrio emocional

cris.ma *s.f.* **1** sacramento que confirma o batismo **2** cerimônia em que se celebra esse sacramento ■ *s.m.* **3** óleo bento us. nesse sacramento

cris.mar *v.*{mod. 1} *t.d.,int. e pron.* **1** ministrar ou receber a crisma ('sacramento') **2** dar ou receber unção com crisma ('óleo')

cri.só.fi.ta *s.f.* divisão que compreende algumas classes de algas com formas diversas e coloração amarelo-esverdeada

cri.sol *s.m.* cadinho

cris.par *v.* {mod. 1} *t.d. e pron.* **1** encrespar(-se), frisar(-se) ⮌ desencrespar(-se) **2** contrair(-se) em espasmo ⮌ relaxar ~**crispação** *s.f.* - **crispamento** *s.m.*

cris.ta *s.f.* **1** saliência carnosa na cabeça de certas aves **2** ornato de plumas na cabeça de certas aves; topete **3** protuberância no alto da cabeça ou no dorso de alguns peixes, répteis e anfíbios **4** o ponto mais alto ⊡ **baixar a c.** *fraseol.* tornar-se humilde; acovardar-se

cris.tal *s.m.* **1** mineral claro e transparente **2** GEOM poliedro com faces planas, regulares e unidas **3** vidro de boa qualidade, muito puro e transparente **4** *p.ext.* objeto feito com esse vidro ■ *adj.2g.* **5** granulado ⟨*açúcar c.*⟩ ⊡ **c. líquido** *loc.subst.* líquido com propriedades ópticas us. em computadores portáteis, relógios eletrônicos etc.

cris.ta.lei.ra *s.f.*móvel envidraçado para guardar e expor esp. objetos de cristal

cris.ta.li.no *adj.* **1** claro e transparente como o cristal ■ *s.m.* **2** corpo transparente em forma de lente, na parte anterior do olho; lente

cris.ta.li.zar *v.* {mod. 1} *t.d.,int. e pron.* **1** transformar(-se) em cristal **2** *fig.* imobilizar(-se), estagnar(-se) ⮌ evoluir ❑ *t.d.* **3** cobrir com açúcar ~ **cristalização** *s.f.*

cris.tan.da.de *s.f.* conjunto dos povos ou países cristãos

cris.tão [pl.: *-ãos*; fem.: *cristã*] *adj.s.m.* **1** que(m) professa o cristianismo ■ *adj.* **2** de acordo com o cristianismo ■ *s.m.* **3** *infrm.* qualquer pessoa ⊙ COL cristandade

cris.tão-no.vo [pl.: *cristãos-novos*; fem.: *cristã-nova*] *s.m.* **1** judeu que se converteu ao cristianismo **2** quem se converteu recentemente ao cristianismo

cris.ti.a.nis.mo *s.m.* **1** doutrina dos evangelhos **2** conjunto das religiões baseadas nessa doutrina

cris.ti.a.ni.zar *v.*{mod. 1} *t.d. e pron.*tornar(-se) cristão ~**cristianização** *s.f.*

cri.té.rio *s.m.* **1** norma de avaliação e escolha **2** *p.ext.* capacidade de identificar o que é certo; discernimento **3** *p.ext.* base para uma decisão ~ **criterioso** *adj.*

crí.ti.ca *s.f.* **1** arte ou técnica de julgar a obra de um autor, período etc. **2** conjunto das pessoas que exercem tal atividade **3** *p.ext.* gênero literário proveniente dessa atividade **4** análise; exame; julgamento **5** *p.ext.* censura; depreciação

cri.ti.car *v.*{mod. 1} *t.d.* **1** analisar, julgar (obras, peças, filmes etc.) **2** *p.ext.* apontar defeitos, dizer mal de; depreciar ⮌ elogiar

cri.ti.cá.vel *adj.2g.* censurável

crí.ti.co *adj.s.m.* **1** que(m) avalia fundamentando **2** que(m) censura, deprecia ■ *adj.* **3** que indica crise; grave ⟨*agora é a fase c. da doença*⟩ **4** difícil; embaraçoso **5** que implica perigo ou riscos ⊙ COL crítica

cri.var *v.* {mod. 1} *t.d.* **1** peneirar ❑ *t.d.i. e pron.* **2** (prep. *de*) furar(-se) em muitos pontos **3** *fig.* (prep. *de*) lançar(-se) em quantidade; encher(-se) ~ **crivação** *s.f.*

crí.vel *adj.2g.*que se pode crer; acreditável ⊙ GRAM/USO sup.abs.sint.: *credibilíssimo*

cri.vo *s.m.* **1** peneira **2** *p.ext.* exame detalhado **3** bordado de bastidor em que se removem alguns fios do tecido, formando uma grade sobre a qual se trabalha; labirinto

cro.chê ou **cro.ché** *s.m.* trabalho feito à mão com uma agulha terminada em gancho, que produz um trançado semelhante ao da malha ou renda

cro.ci.tar *v.* {mod. 1} *int.* soltar a voz (corvo, coruja etc.) ⊙ GRAM/USO só us. nas 3as p., exceto quando fig. ~ crocitante *adj.2g.*

cro.co.di.li.a.no *s.m.* **1** espécime dos crocodilianos, ordem de répteis aquáticos e ovíparos que inclui os crocodilos, jacarés e o gavial, encontrados esp. em regiões tropicais ■ *adj.* **2** relativo a essa ordem

cro.co.di.lo *s.m.* grande réptil de pele grossa, focinho longo com grandes dentes cônicos, mandíbulas fortes, pernas curtas terminadas em garras e cauda longa

crois.sant [fr.; pl.: *croissants*] *s.m.* pãozinho de massa leve em forma de meia-lua ⇨ pronuncia-se kroassã

cro.mar *v.* {mod. 1} *t.d.* aplicar camada de cromo sobre (superfície metálica) ~ **cromado** *adj.s.m.* - **cromagem** *s.f.*

cro.má.ti.co *adj.* relativo a cores e a semitons musicais

cro.mo *s.m.* **1** elemento químico us. no aço inoxidável e no revestimento de metais [símb.: *Cr*] ☞ cf. *tabela periódica* (no fim do dicionário) **2** figura colorida impressa ou recortada, colada em álbuns, cadernos etc. **3** diapositivo **4** couro macio e resistente us. no fabrico de calçados finos

cro.mos.so.mo *s.m.* parte da célula vegetal ou animal que contém os genes determinantes das características desse vegetal ou animal ~ **cromossômico** *adj.*

cro.mo.te.ra.pi.a *s.f.* tratamento por meio de luzes de cores diversas ~ **cromoterápico** *adj.*

crô.ni.ca *s.f.* **1** registro de fatos históricos em ordem cronológica **2** pequeno texto ger. baseado em fatos do cotidiano **3** seção ou coluna de jornal sobre tema especializado

crô.ni.co *adj.* **1** que dura muito tempo ⟨*mal c.*⟩ **2** que sofre de doença de longa duração (diz-se de paciente) ~ **cronicidade** *s.f.*

cro.nis.ta *adj.2g.s.2g.* que(m) escreve crônicas

cro.no.gra.ma *s.m.* gráfico com as etapas e os prazos previstos para a execução de um trabalho

cro.no.lo.gi.a *s.f.* **1** estudo do tempo e de suas divisões para distinguir a ordem de ocorrência dos fatos **2** relação de datas e fatos históricos **3** qualquer listagem de situações e eventos na ordem em que aconteceram ~ **cronológico** *adj.*

cro.no.me.trar *v.* {mod. 1} *t.d.* **1** medir com cronômetro a duração de **2** *p.ext.* delimitar com rigor a duração de ~ **cronometragem** *s.f.*

cro.nô.me.tro *s.m.* instrumento de precisão capaz de medir o tempo em até frações de segundo ~ **cronométrico** *adj.*

cro.que.te *s.m.* bolinho frito de carne, soja etc. moídas

cro.qui *s.m.* esboço à mão de desenho, pintura, planta, projeto arquitetônico

cros.ta \ô\ *s.f.* camada endurecida que se forma sobre uma superfície ⊡ c. **terrestre** *loc.subst.* camada mais externa da litosfera, constituída por rochas relativamente leves ~ **encrostar** *v.int.*

cru *adj.* **1** não cozido **2** *fig.* em fase inicial; não elaborado **3** *fig.* ingênuo; não amadurecido **4** sem piedade; cruel **5** no tom natural da fibra ⟨*linho c.*⟩ ~ **crueza** *s.f.*

cru.ci.al *adj.2g.* **1** em forma de cruz **2** *fig.* decisivo

cru.ci.an.te *adj.2g.* **1** que crucia **2** *fig.* que aflige, tortura

cru.ci.ar *v.* {mod. 1} *t.d.* **1** pregar na cruz; crucificar **2** *fig.* atormentar, afligir ⊃ ajudar; aplaudir

cru.cí.fe.ra *s.f.* espécime das crucíferas, família de ervas com várias espécies cultivadas para alimentação, como a mostarda, a couve e o repolho

cru.ci.fe.rá.rio *s.m.* aquele que leva a cruz, esp. nas procissões

cru.ci.fi.car *v.* {mod. 1} *t.d.* **1** pregar na cruz **2** *fig.* atormentar, afligir ⊃ ajudar; aplaudir **3** *fig.* criticar duramente ⊃ louvar ~ **crucificação** *s.f.*

cru.ci.fi.xo \cs\ *s.m.* a imagem de Cristo crucificado

cru.de.lís.si.mo *adj.* muitíssimo cruel ⊙ GRAM/USO sup.abs.sint. de *cruel*

cru.el *adj.2g.* **1** que gosta de maltratar **2** doloroso; infeliz ⟨*destino c.*⟩ ⊙ GRAM/USO sup.abs.sint.: *crudelíssimo* e *cruelíssimo*

cru.el.da.de *s.f.* **1** característica do que é cruel **2** *p.ext.* prazer em fazer o mal **3** severidade; dureza ⟨*a c. da última enchente*⟩

cru.en.to *adj.* **1** ensanguentado **2** que gosta de derramar sangue; sanguinário

cru.pe *s.m.* obstrução da laringe devida a infecção, alergia, corpo estranho ou tumor, que provoca tosse, rouquidão e pode levar à asfixia

cru.pi.ê *s.2g.* empregado de cassino que paga e recolhe as apostas

crus.tá.ceo *s.m.* **1** espécime dos crustáceos, animais marinhos artrópodes que têm o corpo recoberto por uma crosta: camarões, cracas, tatuzinhos, lagostas, caranguejos e siris ■ *adj.* **2** relativo a esses animais

cruz *s.f.* **1** instrumento de tortura e execução formado por duas toras de madeira transversais **2** o símbolo do cristianismo ☞ inicial maiúsc. **3** *fig.* sofrimento ■ *interj.* **4** indica medo, susto etc. ☞ tb. us. no pl. ⊙ GRAM/USO dim.irreg.: *cruzeta* ~ **cruciforme** *adj.2g.*

cru.za *s.f.* **1** acasalamento **2** o produto desse acasalamento ⟨*c. de burro com égua*⟩

cru.za.da *s.f.* **1** na Idade Média, expedição militar e religiosa dos cristãos contra os muçulmanos para recuperar a Terra Santa ou contra quaisquer seitas hereges **2** *p.ext.* empreendimento por causa nobre ⟨*c. contra o analfabetismo*⟩

[1]**cru.za.do** *adj.* **1** disposto em cruz **2** atravessado; cortado ⟨*caminhos c.*⟩ **3** que resulta de cruzamento; mestiço **4** interceptado ⟨*linha c.*⟩ ■ *adj.s.m.* **5** (golpe oblíquo) que atinge o rosto do boxeador adversário [ORIGEM: part. de *cruzar*]

[2]**cru.za.do** *adj.s.m.* **1** participante de uma cruzada ■ *s.m.* **2** meio através do qual eram efetuadas transações monetárias no Brasil de 28 de fevereiro de 1986 a 15 de janeiro de 1989 [ORIGEM: de *cruzada*, com alt. da desin. *-a* para *-o*] ▣ **c. novo** *loc.subst.* meio através do qual eram efetuadas transações monetárias no Brasil de 16 de janeiro de 1989 a 15 de março de 1990

cru.za.dor \ô\ *adj.s.m.* **1** (o) que cruza **2** (navio de guerra de grande porte) utilizado em explorações e escolta de comboios etc.

cru.za.men.to *s.m.* **1** disposição em forma de cruz **2** encruzilhada **3** acasalamento

cru.zar *v.* {mod. 1} *t.d. e pron.* **1** dispor(-se) [uma coisa sobre outra] em cruz ⮌ descruzar ❑ *t.d.* **2** atravessar, cortar ⟨*a ponte cruza o rio*⟩ **3** passar através de ⟨*c. a porta*⟩ ❑ *t.i.* **4** (prep. *com*) deparar-se, encontrar-se ❑ *t.d. e t.d.i.* **5** (prep. *com*) acasalar (animais)

cru.zei.ro *s.m.* **1** cruz erguida em lugar público **2** parte da igreja entre a nave e a capela principal **3** viagem turística em navio **4** meio através do qual eram efetuadas transações monetárias no Brasil nos períodos de novembro de 1942 a fevereiro de 1967; de junho de 1970 a fevereiro de 1986 e de março de 1990 a julho de 1993 ▣ **c. novo** *loc.subst.* meio através do qual eram efetuadas transações monetárias no Brasil de março de 1967 a maio de 1970 • **c. real** *loc.subst.* meio através do qual eram efetuadas transações monetárias no Brasil de agosto de 1993 a julho de 1994

Cs símbolo de *césio*

cte.nó.fo.ro *s.m.* espécime dos ctenóforos, animais marinhos semelhantes às medusas, com oito faixas de placas com cílios e dois tentáculos

Cu símbolo de *cobre*

cu.ba *s.f.* **1** grande recipiente de madeira para vinho, vinagre e outros líquidos **2** grande recipiente us. para fins industriais **3** recipiente de louça ou vidro us. em laboratórios

cu.ba-li.bre [pl.: *cubas-libres*] *s.f.* bebida preparada com rum e refrigerante à base de noz-de-cola

cu.ba.no *adj.* **1** de Cuba (América Central) ■ *s.m.* **2** natural ou habitante desse país

cú.bi.co *adj.* **1** em forma de ou relativo a cubo ('sólido') **2** referente ou pertencente a cubo ('terceira potência') ⟨*metro c.*⟩ ⟨*raiz c.*⟩

cu.bí.cu.lo *s.m.* **1** pequeno quarto **2** cela de convento ~ **cubicular** *adj.2g.*

cu.bis.mo *s.m.* estilo artístico surgido na primeira década do sXX, que retratava as formas como se pudessem ser vistas de vários ângulos ao mesmo tempo ☞ inicial maiúsc. ~ **cubista** *adj.2g.s.2g.*

cú.bi.to *s.m.* ANAT denominação substituída por *ulna* ~ **cubital** *adj.2g.*

cu.bo *s.m.* **1** GEOM sólido de seis faces quadradas de igual tamanho **2** *p.ext.* qualquer objeto com a forma desse sólido **3** a terceira potência de um número

[1]**cu.ca** *s.f.* **1** ser fantástico us. para assustar crianças **2** *infrm.* cabeça **3** *infrm.* equilíbrio emocional; psiquismo [ORIGEM: ver em [1]*coco* /ô/]

[2]**cu.ca** *s.f.* bolo de origem alemã que, no Brasil, pode ser coberto de maçã ou banana [ORIGEM: do alemão *Kuchen* 'bolo']

cu.co *s.m.* **1** pequena ave de bico forte e curvo, cauda longa, plumagem cinzenta no dorso, cujo canto é composto por duas notas **2** *p.ext.* em certos relógios de pêndulo, pássaro mecânico que marca as horas com um canto semelhante ao dessa ave ⊙ voz v. e subst.: cantar, crocitar, cucar, cucular, palrar, piar, rir; subst.: brado, sarrido

cu.e.ca *s.f.* cuecas

cu.e.cas *s.f.pl.* peça íntima do vestuário masculino que consiste em um calção us. sob as calças

cu.ei.ro *s.m.* pano leve e macio com que se envolvem os bebês da cintura para baixo

cui.a *s.f.* **1** fruto da cuieira, oval, de casca muito dura **2** vasilha feita desse fruto depois de esvaziado e seco

cui.a.ba.no *adj.* **1** de Cuiabá (MT) ■ *s.m.* **2** natural ou habitante dessa capital

cu.í.ca *s.f.* **1** marsupial com cerca de 30 cm, cauda longa, peito e barriga de cor amarelo-clara e manchas da mesma cor acima dos olhos **2** tambor com uma varinha em seu interior em contato com a membrana que, ao ser friccionada, produz um som rouco

cui.da.do *adj.* **1** aprimorado; bem-feito ⮌ desleixado ■ *s.m.* **2** atenção especial; cautela ⮌ negligência **3** desvelo que se dedica a algo ou alguém ■ *interj.* **4** exprime advertência ~ **cuidadoso** *adj.*

cui.dar *v.* {mod. 1} *t.d.,t.i. e int.* **1** (prep. *em*) pensar, ponderar ❑ *t.i.* **2** (prep. *em*) prestar atenção; reparar ⮌ descuidar-se **3** (prep. *de*) tomar conta; tratar ⮌ negligenciar ❑ *t.d.,t.i.,t.d.pred. e pron.* **4** (prep. *de*) supor(-se), julgar(-se) ❑ *pron.* **5** ter atenção consigo mesmo ⮌ relaxar **6** prevenir-se ⮌ descuidar-se

cui.ei.ra *s.f.* árvore frondosa nativa do Brasil, de folhas variadas, grandes flores coloridas e frutos ovais (cuias), com mais de 30 cm, de que se fazem vasilhas e instrumentos musicais

cu.jo *pron.rel.* **1** relaciona dois substantivos, sendo o segundo possuidor de algo (qualidade, condição, sentimento, ser etc.) designado pelo primeiro ⟨*a árvore cuja beleza admirava*⟩ ⟨*os quadros com cuja segurança gastaram uma fortuna*⟩ ■ *s.m.* **2** ser de que já se falou e não se quer ou não se pode nomear; fulano, dito-cujo

cu.la.tra *s.f.* parte posterior do cano de arma de fogo

cu.li.ná.ria *s.f.* **1** arte e técnica de cozinhar **2** conjunto de pratos típicos de uma região ~ **culinário** *adj.*

cul.mi.nan.te *adj.2g.* que atingiu o mais elevado ou intenso grau, ponto etc. ⟨*ponto c.*⟩ ⟨*momento c.*⟩

cul.mi.nar *v.* {mod. 1} *t.i.* (prep. *em, com*) chegar ao auge ⮌ começar ~ **culminância** *s.f.*

-culo *suf.* → -ULO

cu.lo.te *s.m.* **1** excesso de gordura na face exterior da coxa, na altura da cabeça do fêmur **2** calça larga na parte de cima e bem justa nas pernas, própria para montaria ☞ mais us. no pl.

cul.pa *s.f.* **1** responsabilidade por dano causado a outrem ⊃ inocência **2** falta, delito **3** fato de que resulta um outro fato ruim; causa ⟨*o baixo rendimento é c. da má administração*⟩

cul.pa.do *adj.s.m.* **1** (aquele) que tem culpa **2** (aquele) que é responsável por qualquer falta ou crime ⊃ inocente

cul.par *v.* {mod. 1} *t.d.,t.d.i. e pron.* **1** (prep. *por*) declarar(-se) responsável por (delito, falta etc.) ⊃ defender(-se); inocentar(-se) ❑ *t.d. e t.d.i.* **2** (prep. *por*) apontar (algo) como causa ⊃ irresponsabilizar ~ **culpabilidade** *s.f.*

cul.po.so \ô\ [pl.: *culposos* \ó\] *adj.* **1** que tem ou sente culpa **2** em que há culpa **3** em que há culpa, mas não a intenção ⟨*homicídio c.*⟩ ☞ cf. *doloso*

cul.ti.va.do *adj.* **1** que é objeto de cultivo ⟨*flores c.*⟩ **2** produzido por tratamento especial ⟨*pérola c.*⟩ **3** *fig.* a que se dedicou atenção ⟨*amizade c.*⟩ **4** *p.ext.* que possui grande cultura ⟨*um homem c.*⟩ ⊃ ignorante

cul.ti.var *v.* {mod. 1} *t.d.* **1** plantar com cuidados especiais **2** criar artificialmente ⟨*c. pérolas*⟩ **3** buscar manter ou conservar **4** passar a ter; criar ⟨*c. inimizades*⟩ ❑ *t.d. e pron.* **5** educar(-se), aperfeiçoar(-se) ~ **cultivador** *adj.s.m.* - **cultivável** *adj.2g.* - **cultivo** *s.m.*

cul.to *s.m.* **1** reverência a uma divindade **2** *p.ext.* ritual religioso **3** veneração; paixão intensa por alguém ou algo ■ *adj.* **4** que se cultivou ⟨*terras c.*⟩ ⊃ inculto **5** que tem cultura ('conhecimento'); instruído ⊃ analfabeto, inculto

cul.tu.ar *v.* {mod. 1} *t.d.* tratar como objeto de culto; venerar

cul.tu.ra *s.f.* **1** ação ou efeito de cultivar a terra; cultivo **2** criação de certos animais **3** *p.ext.* produto de tal cultivo ou tal criação **4** conjunto de padrões de comportamento, crenças, costumes, atividades etc. de um grupo social **5** forma ou etapa evolutiva das tradições e dos valores de um lugar ou período específico; civilização **6** *fig.* conhecimento; instrução ⊃ ignorância ~ **cultural** *adj.2g.s.m.*

cu.ma.ri ou **cu.ma.rim** *s.m.* pimenta-malagueta

cum.bu.ca *s.f.* **1** cuia; cabaça **2** armadilha para apanhar macacos feita com essa cabaça

cu.me *s.m.* **1** ponto mais alto de monte, serra etc.; cimo, ápice ⊃ base **2** *fig.* auge, ponto máximo de algo ⟨*c. da carreira profissional*⟩ ⊙ COL cumeada

cu.me.a.da *s.f.* sucessão de cumes de montanhas

cu.me.ei.ra *s.f.* parte mais alta de um telhado

cúm.pli.ce *adj.2g.s.2g.* **1** que(m) contribui de forma secundária para o crime de outra pessoa **2** *p.ext. infrm.* que(m) colabora com outra pessoa; sócio, parceiro ■ *adj.2g.* **3** que favorece a realização de algo

cum.pli.ci.da.de *s.f.* ação, estado ou qualidade de cúmplice

cum.pri.men.tar *v.* {mod. 1} *t.d.,int. e pron.* **1** dirigir cumprimentos (a); saudar(-se) ❑ *t.d.i.,int. e pron.* **2** (prep. *por*) felicitar (reciprocamente) [por algo]

cum.pri.men.to *s.m.* **1** gesto ou palavra de saudação **2** elogio; felicitação ⟨*receberam os c. pelo noivado*⟩ ☞ mais us. no pl. **3** execução de algo ⟨*o c. de uma tarefa*⟩ ⊃ descumprimento

cum.prir *v.* {mod. 24} *t.d.,t.i. e pron.* **1** (prep. *com*) realizar(-se) [algo dito, prometido, proposto etc.] ⊃ descumprir ❑ *t.i.* **2** (prep. *a*) ser da responsabilidade de; caber ❑ *t.d.* **3** submeter-se, sujeitar-se a ⟨*c. sentença*⟩ **4** completar, atingir ⟨*c. dez anos de prisão*⟩ **5** acatar, obedecer ⟨*c. os mandamentos*⟩ ⊃ descumprir, desrespeitar **6** preencher, satisfazer ⟨*c. requisitos*⟩ **7** satisfazer, realizar ⟨*c. a vontade do pai*⟩ ❑ *int.* **8** convir, valer ⟨*cumpre ficar atento*⟩ ❑ *pron.* **9** desenvolver-se, desenrolar-se ~ **cumpridor** *adj.s.m.*

cu.mu.lar *v.* {mod. 1} *t.d.,t.d.i. e pron.* acumular ~ **cumulativo** *adj.*

cú.mu.lo *s.m.* **1** grande quantidade de coisas sobrepostas; acúmulo **2** ponto mais alto de algo positivo ou negativo; máximo, auge ⟨*o c. da bondade*⟩ ⟨*o c. da chateação*⟩ **3** nuvem que lembra um floco de algodão

cú.mu.lo-cir.ro [pl.: *cúmulos-cirros*] *s.m.* conjunto de nuvens formadas por pequenos flocos brancos dispostos em grupos ou fileiras; cirro-cúmulo

cú.mu.lo-es.tra.to [pl.: *cúmulos-estratos*] *s.m.* estrato-cúmulo

cú.mu.lo-nim.bo [pl.: *cúmulos-nimbos*] *s.m.* nuvem carregada de chuva que toma, por causa dos cristais de gelo, uma forma que lembra a de torres superpostas; nimbo-cúmulo

cu.nei.for.me *adj.2g.* **1** com forma de cunha **2** inscrito, gravado em forma de cunha ⟨*escrita c.*⟩ ⟨*caracteres c.*⟩

cu.nha *s.f.* peça triangular de metal ou madeira que se introduz numa brecha para rachar, ou calçar, ajustar e/ou nivelar algo

cu.nhã *s.f. AM* mulher jovem

cu.nha.da *s.f.* irmã de um dos cônjuges em relação ao outro e vice-versa

cu.nha.do *s.m.* irmão de um dos cônjuges em relação ao outro e vice-versa ~ **cunhadio** *s.m.*

cu.nhar *v.* {mod. 1} *t.d.* **1** imprimir marca em **2** transformar (metal) em moeda **3** *fig.* inventar, criar ⟨*c. uma expressão*⟩ ~ **cunhagem** *s.f.*

cu.nho *s.m.* **1** peça de ferro para marcar moedas e medalhas **2** *p.ext.* marca deixada por essa peça **3** traço característico de algo; selo, marca, caráter ⟨*texto de c. jornalístico*⟩

cu.ni.cul.tu.ra *s.f.* criação de coelhos ~ **cunicultor** *adj.s.m.*

cu.pão [pl.: *-ões*] *s.m.* → CUPOM

cu.pi.dez \ê\ *s.f.* cobiça de bens materiais; ambição

cu.pi.do *s.m.* deus do amor, representado ger. com asas e arco e flechas, para acertar os corações ☞ inicial maiúsc.

cú.pi.do *adj.* **1** tomado por intenso desejo **2** ambicioso de dinheiro ou bens materiais

cu.pim *s.m.* **1** nome comum a insetos abundantes nos trópicos, que se alimentam de madeira ou outras matérias vegetais **2** seu ninho **3** corcova dos touros, esp. zebus **4** a carne dessa corcova

cu.pin.cha *s.2g. infrm.* amigo; camarada

cu.pin.zei.ro *s.m. B* monte de terra e outros resíduos, construído pelos cupins, constituindo o seu ninho

cu.pom ou **cu.pão** [pl.: *-ões*] *s.m.* **1** fração destacável de um título, apólice etc. que dá direito a recebimento de juros e/ou dividendos **2** *p.ext.* cédula ou cartão destacável que dá direito a brindes, encomenda de mercadorias, participação em espetáculos etc.

cu.pres.sá.cea *s.f.* BOT espécime das cupressáceas, família de árvores e arbustos explorados e/ou cultivados pelas madeiras, resinas, frutos e tb. como ornamentais, como os ciprestes ~ **cupressáceo** *adj.*

cu.pu.a.çu *s.m.* **1** fruta amazônica de casca dura e polpa aromática us. em doces, refrescos etc. **2** a árvore dessa fruta

cú.pu.la *s.f.* **1** teto curvilíneo; abóbada **2** *fig.* conjunto constituído pelos dirigentes de uma instituição, partido político, empresa etc.; chefia, direção

cu.ra *s.f.* **1** restabelecimento da saúde **2** *fig.* solução; remédio ⟨*essa situação não tem c.*⟩ **3** método de secagem de queijo, chouriço etc. ■ *s.m.* **4** vigário de aldeia

cu.ra.çau *s.m.* licor feito com cascas de laranja-da-terra, originário da ilha de Curaçau (Antilhas holandesas)

cu.ra.dor \ô\ *adj.s.m.* DIR que(m) é judicialmente incumbido de zelar pelos interesses e bens dos que estejam impossibilitados de fazê-lo, p.ex. órfãos menores, doentes mentais etc. ⊡ **c. de artes** *loc.subst.* quem organiza e mantém exposições de obras de arte em museus, galerias etc.

cu.ra.do.ri.a *s.f.* DIR função, cargo ou poder de curador; curatela

cu.ran.dei.ro *s.m.* **1** quem trata doentes sem habilitação médica, ger. por meio de rezas, beberagens etc. **2** *p.ext.* feiticeiro ~ **curandeirice** *s.f.* - **curandeirismo** *s.m.*

cu.rar *v.* {mod. 1} *t.d.,t.d.i.,int. e pron.* **1** (prep. *de*) livrar(-se) [de doença] **2** *fig.* (prep. *de*) corrigir(-se) [defeito, vício etc.] ❑ *t.d.* **3** secar ou defumar (queijo, peixe etc.) ~ **curável** *adj.2g.*

cu.ra.re *s.m.* **1** veneno paralisante extraído de plantas, us. pelos índios em pontas de flechas **2** extrato vegetal us. como relaxante muscular e anestésico

cu.ra.te.la *s.f.* curadoria

cu.ra.ti.vo *adj.* **1** que cura ■ *s.m.* **2** limpeza e desinfecção de ferimento **3** material ou medicamento us. para esse fim

cu.ra.to *s.m.* **1** função ou residência de cura ('vigário') **2** aldeia pastoreada por um cura ('vigário')

cu.rau *s.m.* papa de milho verde ralado e cozido com leite e açúcar

cu.re.ta.gem *s.f.* ato cirúrgico de raspagem interna de uma cavidade natural ou patológica ~ **cureta** *s.f.* - **curetar** *v.t.d.*

cú.ria *s.f.* tribunal eclesiástico constituído pelo papa e pelos bispados

cu.ri.al *adj.2g.* **1** da cúria **2** *fig.* conveniente; apropriado

cu.ri.bo.ca ou **ca.ri.bo.ca** *s.2g.* caboclo ('mestiço')

cu.ri.mã *s.f. B* espécie de tainha

cu.rin.ga *s.m.* **1** carta de baralho que, em certos jogos, vale para substituir outras **2** *B* pessoa versátil

cu.ri.ó *s.m.* pássaro cantor, sendo o macho negro com o ventre castanho, lado inferior das asas branco e a fêmea acastanhada

cú.rio *s.m.* elemento químico artificial us. como fonte de calor em baterias termonucleares [símb.: *Cm*] ☞ cf. *tabela periódica* (no fim do dicionário)

cu.ri.o.si.da.de *s.f.* **1** desejo de conhecer, experimentar algo novo **2** *p.ext.* vontade de aprender, pesquisar etc.; interesse intelectual **3** *p.ext.pej.* desejo de saber da vida alheia; indiscrição **4** informação interessante e surpreendente ⟨*o texto expunha várias c.*⟩

cu.ri.o.so \ô\ [pl.: *curiosos* \ó\] *adj.s.m.* **1** que(m) tem vontade de saber **2** *p.ext. pej.* que(m) se interessa pela vida alheia; bisbilhoteiro ⮌ discreto **3** *infrm.* que(m) desempenha uma atividade sem formação regular; amador ⮌ profissional ■ *adj.* **4** estranho, inesperado

cu.ri.ti.ba.no *adj.* **1** de Curitiba (PR) ■ *s.m.* **2** natural ou habitante dessa capital

cur.ra *s.f. B infrm.* agressão sexual cometida por mais de uma pessoa ~ **currar** *v.t.d.*

cur.ral *s.m.* **1** local onde se recolhe o gado **2** *B* armadilha de apanhar peixes

cur.rí.cu.lo *s.m.* **1** programação de um curso ou de matéria a ser examinada **2** *curriculum vitae* ~ **curricular** *adj.2g.*

cur.ri.cu.lum vi.tae [lat.; pl.: *curricula vitae*] *loc.subst.* documento que reúne os dados pessoais, acadêmicos e profissionais de alguém ⇨ pronuncia-se curriculum vite

cur.ru.pi.ra *s.m.* → CURUPIRA

cur.ry [ing.; pl.: *curries*] *s.m.* caril ⇨ pronuncia-se câri

cur.sar *v.* {mod. 1} *t.d.* **1** fazer um curso de; estudar **2** percorrer (espaços)

cur.si.lho *s.m.* reunião de católicos adultos para refletir sobre a fé ~ **cursilhista** *adj.2g.s.2g*

cur.si.nho *s.m.* curso preparatório para o exame vestibular

cur.si.vo *adj.s.m.* (escrita) que é traçada de forma corrente, com letra manuscrita

cur.so *s.m.* **1** corrida **2** movimento contínuo; trajetória ⟨*c. de um rio*⟩ **3** sequência, duração ⟨*o c. dos acontecimentos*⟩ **4** divisão de uma programação de estudos ⟨*c. superior*⟩ **5** programa de estudos específicos para a atividade ou profissão pretendida ⟨*c. de medicina*⟩ ⟨*c. de fotografia*⟩ **6** *p.ext.* estabelecimento em que se realiza algum ensino sistemático ⊡ **c. de água** *loc.subst.* corrente de água doce

cur.sor \ô\ *s.m.* **1** peça que corre ao longo de outra **2** em informática, sinal que se move na tela acompanhando os movimentos do *mouse* **3** em informática, sinal que pulsa na tela para indicar onde será inserido o próximo caractere ■ *adj.* **4** que se desloca

cur.ta-me.tra.gem [pl.: *curtas-metragens*] *s.m.* filme com duração de até 30 minutos

cur.tir *v.* {mod. 24} *t.d.* **1** pôr de molho em líquido apropriado (comida, couro etc.) **2** *fig.* suportar (sofrimento, dor etc.) **3** *B gír.* aproveitar, desfrutar ❑ *int.* **4** tornar-se insensível; empedernir-se ~ **curtição** *s.f.* - **curtidor** *adj.s.m.*

cur.to *adj.* **1** de pouco comprimento ⮌ comprido **2** de pouca duração; breve ⮌ longo **3** insuficiente ⟨*o dinheiro está c.*⟩ **4** *fig.* limitado, tacanho ⟨*o rapaz é simpático, mas de entendimento c.*⟩ **5** curto-circuito ~ **curteza** *s.f.*

cur.to-cir.cui.to [pl.: *curtos-circuitos*] *s.m.* **1** num circuito elétrico ou eletrônico, conexão acidental entre os polos que resulta numa passagem excessiva de corrente **2** *p.ext.* colapso no funcionamento de algo; pane

cur.tu.me *s.m.* **1** curtimento de couro, pele etc. **2** estabelecimento em que se exerce essa atividade

cu.ru.mim ou **cu.ru.mi** *s.m. AM* menino

cu.ru.pi.ra ou **cur.ru.pi.ra** *s.m.* ente fantástico das matas, descrito como um anão de cabelos vermelhos e pés virados para trás

cu.ru.ru *s.m.* **1** sapo-cururu **2** dança de roda com palmas e sapateado

cur.va *s.f.* **1** linha, superfície ou espaço em forma de arco **2** trecho de estrada, avenida, rua etc. com essa característica **3** traço que representa graficamente as alterações de algum fenômeno ⟨*c. de temperatura*⟩ ▼ *curvas s.f.pl.* **4** as formas arredondadas e bem-feitas do corpo

cur.var *v.* {mod. 1} *t.d.,int. e pron.* **1** tornar(-se) arqueado; envergar(-se) ⮌ descurvar ❑ *t.d. e pron.* **2** inclinar(-se) ger. para frente e para baixo ⮌ aprumar(-se) **3** submeter(-se), sujeitar(-se) ⮌ insurgir(-se) ~ **curvado** *adj.*

cur.va.tu.ra *s.f.* **1** forma curva de algo **2** arqueamento **3** cumprimento inclinando o corpo para frente; vênia

cur.ve.ta \ê\ *s.f.* passo cadenciado do cavalo, levantando e abaixando as patas, esp. as dianteiras ~ **curvetear** *v.t.d. e int.*

cur.vi.lí.neo *adj.* **1** com linhas curvas **2** com movimentos curvos

cur.vo *adj.* arqueado; inclinado ⮌ reto

cus.cuz *s.m.2n.* **1** bolo de farinha de milho ou de arroz cozido no vapor **2** iguaria feita de farinha de milho ou tapioca assada na grelha **3** massa doce de tapioca com leite de coco ⊙ GRAM/USO admite-se tb. o pl. *cuscuzes*

cus.pa.ra.da *s.f.* **1** grande quantidade de cuspe **2** ato de expelir essa quantidade de cuspe

cus.pe ou **cus.po** *s.m.* saliva

cus.pir *v.* {mod. 29} *t.i. e int.* **1** (prep. *em*) lançar cuspe (em) ❑ *t.d. e int.* **2** expelir pela boca (qualquer substância) ⟨*c. sangue*⟩ ⮌ engolir ~ **cuspidela** *s.f.*

cus.po *s.m.* → CUSPE

cus.ta *s.f.* **1** gasto com alguma coisa ▼ *custas s.f.pl.* **2** despesas em processos judiciais ⊡ **à(s) c.(s) de** *loc.adv.* **1** por conta de ⟨*vivia à c. do pai*⟩ **2** com sacrifício de

cus.tar *v.* {mod. 1} *t.d. e int.* **1** ter determinado preço; valer ⟨*a blusa custa dez reais*⟩ ⟨*a casa custou caro*⟩ ❑ *t.d. e t.d.i. fig.* **2** (prep. *a*) ser adquirido por determinado preço ⟨*a casa custou (ao homem) milhões*⟩ **3** (prep. *a*) ocasionar (para alguém) [prejuízo material, moral etc.] ⟨*o erro custou (ao jornalista) o emprego*⟩ ❑ *t.i. e int.* **4** *B* (prep. *a*) ser difícil, trabalhoso ou sofrido ⟨*custa (ao marido) aceitar a traição*⟩ **5** *B* (prep. *a*) ser lento; demorar ⟨*a hora custa a passar*⟩ ⟨*custou, mas o resultado saiu!*⟩

cus.te.ar *v.* {mod. 5} *t.d.* pagar despesas, gasto(s) de; financiar ⮌ desassistir

cus.tei.o *s.m.* ato ou efeito de custear; financiamento

cus.to *s.m.* **1** valor financeiro de algo **2** *p.ext.* dificuldade, esforço físico ou intelectual ⟨*com muito c. fez o trabalho*⟩ **3** *p.ext. B* demora; morosidade ⟨*foi um c. chegar, o trânsito estava horrível*⟩ ⊡ **c. Brasil** *loc.subst.* conjunto dos custos da produção no Brasil em relação aos dos concorrentes estrangeiros • **c. de vida** *loc.subst.* índice da variação dos preços de bens e serviços, com o qual é possível avaliar o poder de compra dos salários e o valor real da moeda • **a todo c.** *loc.adv.* sem medir esforços

cus.tó.dia *s.f.* **1** DIR guarda; proteção **2** detenção **3** *p.ext.* lugar onde se guarda algo em segurança **4** REL ostensório

cus.to.di.ar *v.* {mod. 1} *t.d.* **1** colocar em custódia; proteger, guardar **2** prender sob custódia

cus.tó.dio *adj.* que guarda ou protege

cus.to.so \ô\ [pl.: *custosos* \ó\] *adj.* **1** que custa; que exige grande despesa; caro, dispendioso **2** que apresenta dificuldade; trabalhoso, árduo

cu.tâ.neo *adj.* relativo à cútis

cu.te.la.ri.a *s.f.* oficina ou loja de instrumentos cortantes

cu.te.lo *s.m.* **1** antigo instrumento de corte, com lâmina semicircular presa a um cabo de madeira **2** instrumento cortante us. para talhar carnes ~ **cuteleiro** *adj.s.m.*

cu.ti.a *s.f.* roedor de até 60 cm e 4 kg, pelagem curta e áspera, escura no dorso, e cauda curta

cu.tí.cu.la *s.f.* película que se forma no contorno da unha ~ **cuticular** *adj.2g.*

cu.ti.la.da *s.f.* **1** golpe com cutelo ou outro instrumento de corte **2** corte causado por esse golpe

cú.tis *s.f.2n.* pele

cu.tu.cão ou **ca.tu.cão** *s.m. B infrm.* **1** ato de tocar alguém com força, usando a ponta dos dedos e/ou o cotovelo ou seu efeito **2** golpe com objeto cortante

cu.tu.car ou **ca.tu.car** *v.* {mod. 1} *t.d.* **1** tocar (alguém) com os dedos, o cotovelo etc. para chamar-lhe a atenção **2** introduzir a ponta do dedo ou objeto fino e pontudo em (cavidade, orifício etc.) ⟨*c. o ouvido*⟩ ~ **cutucada/catucada** *s.f.*

cv símbolo de *cavalo-vapor*

cy.ber.ca.fé [ing.; pl.: *cybercafés*] *s.m.* ver *CIBERCAFÉ* ⇨ pronuncia-se **saiber cafei**

czar [fem.: *czarina*] *s.m.* **1** título oficial do soberano russo; tzar **2** na Idade Média, título us. por soberanos búlgaros e sérvios ~ **czarismo** *s.m.* - **czarista** *adj.2g.s.2g.*

czar.da *s.f.* → *XARDA*

Dd

D D ð Dd Dd Dd Dd Dd

c. 200 a.c. c. 100 a.c. c. 800 c.1500 c.1800 1890 1927 2001

d *s.m.* **1** quarta letra (consoante) do nosso alfabeto ■ *n.ord. (adj.2g.2n.)* **2** diz-se do quarto elemento de uma série ⟨*casa D*⟩ ⟨*item 1d*⟩ ☞ empr. posposto a um substantivo ou numeral **3** diz-se da quarta classe na escala de poder e riqueza ⟨*classe D*⟩ ⊙ GRAM/USO na acp. s.m., pl.: *dd*

dá.bliu ou **dá.blio** *s.m.* nome da letra *w*

-dade *suf.* 'qualidade': *capacidade, solidariedade*

dá.di.va *s.f.* **1** oferta espontânea; doação **2** *fig.* favor; graça ⟨*d. do céu*⟩ ~ **dadivar** *v.t.d.*

da.di.vo.so \ô\ [pl.: *dadivosos* \ó\] *adj.* que gosta ou tem o hábito de fazer dádivas; generoso

¹da.do *adj.* **1** que se deu de graça **2** amável, amistoso ⮌ grosseiro **3** habituado ou propenso a ⟨*d. ao estudo*⟩ ⮌ desacostumado **4** certo, determinado ⟨*nesse d. momento, iniciaremos a transmissão*⟩ ■ *s.m.* **5** informação que serve de base para a solução de algo ⟨*sem d. novos para argumentar*⟩ **6** *p.ext.* resultado de cálculo, pesquisa etc. ⟨*os d. do detetive diferiam dos da polícia*⟩ **7** informação capaz de identificar um indivíduo ⟨*d. pessoais*⟩ ■ *pron.ind.* **8** não determinado; algum, qualquer ⟨*recebeu uma d. quantia em dinheiro*⟩ [ORIGEM: do lat. *dătus,a,um* 'dado, entregue']

²da.do *s.m.* objeto cúbico, cujas faces são marcadas por números, naipes, figuras etc., us. em jogos [ORIGEM: prov. do ár. *dad* 'dado de jogo, o jogo' (persa *dada*)]

dag símbolo de *decagrama*

dal símbolo de *decalitro*

da.lai-la.ma [pl.: *dalai-lamas*] *s.m.* supremo sacerdote e líder espiritual do Tibete

dá.lia *s.f.* **1** planta ornamental e sua flor **2** TV cartaz, escondido em um objeto de cena ou ao lado da câmera, com o texto que os apresentadores ou intérpretes devem dizer

dál.ma.ta *adj.2g.* **1** da Dalmácia, região do sul da Europa ■ *s.2g.* **2** natural ou habitante dessa região **3** raça de cão de porte médio, de pelo branco com pintas pretas, focinho quadrado e orelhas pendentes **4** esse cão

dal.to.nis.mo *s.m.* MED incapacidade de diferenciar as cores, esp. o vermelho e o verde ~ **daltônico** *adj.s.m.*

dam símbolo de *decâmetro*

da.ma *s.f.* **1** mulher; senhora **2** na dança, mulher que faz par com um cavalheiro **3** carta de baralho com a figura de uma mulher **4** no jogo de damas, cada uma das peças que atinge a última linha de quadrados e que passa a ter movimentação livre pelo tabuleiro ▼ *damas s.f.pl.* **5** jogo para dois parceiros, com dois conjuntos de 12 peças, cada um de uma cor, sobre um tabuleiro dividido em 64 quadrados, em duas cores alternadas; jogo de damas ⊡ **d. de honra** *loc.subst.* jovem que precede a noiva ao entrar na igreja

da.mas.ce.no *adj.* **1** de Damasco (Síria) ■ *s.m.* **2** natural ou habitante dessa capital

da.mas.co *s.m.* **1** fruto de tom alaranjado, com polpa carnuda e suculenta, comestível ao natural, como passa ou doce; abricó **2** a cor desse fruto **3** tecido de seda ou lã bordado em relevo, com fios da mesma cor; adamascado ■ *adj.2g.2n.* **4** da cor do damasco ('fruto') **5** diz-se dessa cor

da.mas.quei.ro *s.m.* árvore que atinge de 3 a 10 m, muito cultivada em diversos países, esp. pelo fruto (damasco)

da.na.ção [pl.: *-ões*] *s.f.* **1** decadência completa; ruína ↄ prosperidade **2** condenação, desgraça ↄ absolvição **3** raiva ↄ mansidão
da.na.do *adj.* **1** condenado ao inferno; maldito ↄ abençoado **2** raivoso; irado **3** *infrm.* habilidoso; inteligente ⟨*é d. para fazer contas*⟩ ↄ desajeitado **4** *infrm.* levado, travesso ↄ calmo **5** de grande proporção; imenso ⟨*a mudança deu um trabalho d.*⟩ ↄ normal
da.nar *v.* {mod. 1} *t.d. e pron.* **1** (fazer) sofrer mal, perda ou prejuízo; prejudicar(-se), estragar(-se) ↄ preservar(-se) **2** passar ou adquirir hidrofobia ('raiva') **3** *fig.* tornar(-se) zangado, furioso; enraivecer(-se) ↄ acalmar(-se) ❑ *t.i. B* **4** (prep. *a*) iniciar (ação) com ímpeto e vontade ⟨*d. a chorar*⟩ ❑ *pron.* **5** ter dificuldade em algo; extenuar-se ⟨*d.-se para vencer*⟩ **6** *B infrm.* sair-se mal; dançar
dan.ça *s.f.* **1** conjunto de movimentos ritmados do corpo, executados ger. ao som de música **2** estilo, gênero ou modo particular de dançar ⟨*a d. dos índios xavantes*⟩ **3** baile ▣ **entrar na d.** *loc.vs.* participar de acontecimento do qual se era apenas espectador
dan.çar *v.* {mod. 1} *t.d. e int.* **1** movimentar o corpo em (certo ritmo), ger. seguindo música ⟨*d. samba*⟩ ⟨*gosta de d.*⟩ ❑ *int.* **2** *p.ext.* ir de um lado a outro; balançar **3** *fig.* estar largo, bambo ⟨*a saia está dançando*⟩ **4** *fig. B gír.* sair-se mal; danar-se **5** *B gír.* perder oportunidade, benefício, vantagem ⟨*quem se atrasar, dança*⟩ **6** *B gír.* deixar de acontecer ou não dar certo ⟨*nosso passeio dançou*⟩ ↄ acontecer
dan.ça.ri.no *adj.s.m.* que(m) gosta de dançar ou o faz profissionalmente
dan.ce.te.ri.a *s.f.* estabelecimento comercial de lazer, no qual se pode dançar, comer e beber
dân.di *s.m.* **1** homem que se veste com elegância e requinte **2** *p.ext.* homem que se veste e se comporta com afetação e delicadeza ~ **dandismo** *s.m.*
da.ni.fi.car *v.* {mod. 1} *t.d. e pron.* **1** causar ou sofrer prejuízo material ou moral; estragar(-se) ↄ preservar(-se) **2** (fazer) funcionar mal ou não funcionar; quebrar, enguiçar ↄ consertar ~ **danificação** *s.f.*
da.ni.nho *adj.* que produz dano; danoso, nocivo ↄ benéfico ~ **daninhar** *v.t.d.,int. e pron.* - **daninheza** *s.f.*
da.no *s.m.* **1** estrago ⟨*os móveis sofreram alguns d. no transporte*⟩ **2** prejuízo, ruína ↄ lucro ~ **danífico** *adj.*
da.no.so \ô\ [pl.: *danosos* \ó\] *adj.* daninho
dan.tes.co \ê\ *adj.* **1** relativo a Dante Alighieri ou a sua obra ☞ cf. *Dante* na parte enciclopédica **2** *fig.* de grande horror; pavoroso
–dão *suf.* 'qualidade': *escuridão, prontidão*
dar *v.* {mod. 6} *t.d.i.* **1** (prep. *a*) pôr na posse de; entregar **2** (prep. *a*) presentear ⟨*d. uma camisa ao pai*⟩ **3** (prep. *a*) pôr à disposição de; oferecer, conceder ⟨*d. proteção aos fracos*⟩ ↄ recusar, negar **4** (prep. *a*) tornar possível por consentimento, autorização; conceder, permitir ⟨*deu entrada aos visitantes*⟩ ↄ negar, proibir ❑ *t.d. e t.d.i.* **5** (prep. *a, para*) fazer doação de (algo) [para pessoa, instituição etc.] ⟨*deu livros (para os alunos)*⟩ **6** (prep. *a, para*) realizar, promover (evento, curso etc.) **7** (prep. *a*) passar (informação, ordem, mensagem, aviso etc.) [a alguém] **8** (prep. *a*) ser a causa de; provocar, suscitar ⟨*a palestra (lhe) deu sono*⟩ **9** (prep. *a*) manifestar, expressar ⟨*d. conselho (aos filhos)*⟩ **10** (prep. *em*) aplicar, desferir ⟨*d. uma bofetada (no inimigo)*⟩ **11** (prep. *a*) ministrar, administrar ⟨*d. remédio (ao filho)*⟩ ❑ *t.d.* **12** gerar, produzir ⟨*vacas dão leite*⟩ **13** apresentar ⟨*d. explicação*⟩ **14** emitir, soltar ⟨*d. um grito*⟩ **15** passar, aplicar ⟨*d. uma demão de tinta*⟩ **16** bater, soar ⟨*o relógio deu uma hora*⟩ **17** infestar-se de (uma praga, p.ex.) ⟨*a cômoda deu bicho*⟩ ❑ *t.d.pred.* **18** ter na conta de; considerar ⟨*d. o atropelado como morto*⟩ ❑ *int.* **19** ser capaz de passar por ou estar contido em; caber ⟨*o armário não dá aqui*⟩ ❑ *t.i.* **20** (prep. *para*) ser suficiente para; bastar ⟨*o dinheiro não dá para comprar o carro*⟩ **21** (prep. *em*) dar golpes em; bater ⟨*deu muito no animal*⟩ ❑ *pron.* **22** acontecer, ocorrer ⟨*o fato deu-se ontem*⟩ **23** (prep. *com*) ter contato com; relacionar-se ⟨*d.-se com os vizinhos*⟩
dar.de.jar *v.* {mod. 1} *t.d. e int.* **1** lançar dardo(s) [contra] ❑ *int.* **2** emitir brilho; cintilar ↄ apagar-se ~ **dardejante** *adj.2g.*
dar.do *s.m.* **1** arma constituída por uma haste de madeira com uma ponta de ferro e que se arremessa horizontalmente **2** DESP haste semelhante à arma, us. em provas de arremesso a distância **3** pequena haste com uma ponta de ferro em um dos lados e penas do outro, us. como arma ou em jogos
darms.tád.tio *s.m.* elemento químico sintético, anteriormente denominado *ununnilium* [símb.: *Ds*] ☞ cf. *tabela periódica* (no fim do dicionário)
dar.wi.nis.mo *s.m.* BIO teoria de evolução que se baseia na seleção natural para explicar origem, transformação e perpetuação das espécies, fundamentada nas ideias de Charles Darwin ☞ cf. *Darwin* na parte enciclopédica ~ **darwinista** *adj.2g.s.2g.*
da.si.po.dí.deo *s.m.* ZOO **1** espécime dos dasipodídeos, família de mamíferos desdentados, conhecidos popularmente como tatus ■ *adj.* **2** relativo a essa família
da.ta *s.f.* **1** indicação de ano, mês e/ou dia ⟨*d. de nascimento*⟩ **2** *p.ext.* período de tempo, época ⟨*naquela d. eu não era nascido*⟩
da.ta.do *adj.* **1** que traz a data em que foi feito **2** característico de época passada; desatualizado ⟨*filme d.*⟩
da.tar *v.* {mod. 1} *t.d.* **1** pôr em (algo) a data de conclusão, emissão etc. **2** atribuir, por suposição ou indício, uma data a ⟨*d. um osso de 250 d.C.*⟩ ☞ *de 250 d.C.* é circunstância que funciona como complemento ❑ *int.* **3** existir a partir de ⟨*a cidade data da época medieval*⟩ ☞ *da época medieval* é circunstância que funciona como complemento **4** *p.ext.* ocorrer, acontecer (em uma data) ⟨*o Descobrimento data de 1500*⟩ ☞ *de 1500* é circunstância que funciona como complemento
da.ti.lo.gra.far *v.* {mod. 1} *t.d. e int.* escrever à máquina ~ **datilografia** *s.f.* - **datilógrafo** *adj.s.m.*

da.ti.los.co.pi.a *s.f.* técnica para registrar e identificar impressões digitais ~ **datiloscópico** *adj.* - **datiloscopista** *adj.2g.s.2g.*

da.ti.vo *s.m.* caso ('flexão') que indica a pessoa ou coisa a que se destina uma ação ou em cujo proveito ou prejuízo ela se realiza

dB símbolo de *decibel*

Db símbolo de *dúbnio*

dc símbolo de *decímetro*

d.C. *abrev.* de depois de Cristo

DDC *s.m.* sigla de *discagem direta a cobrar*

DDD *s.m.* sigla de *discagem direta a distância*

DDI *s.m.* sigla de *discagem direta internacional*

DDT *s.m.* sigla de *diclorodifeniltricloretano*

de- *pref.* **1** 'movimento para baixo': *decrescer* **2** 'separação': *depenar*

de *prep.* **1** subordina e exprime: **1.1** ponto de partida, origem ⟨*venho de Brasília*⟩ **1.2** assunto ⟨*falamos de cinema*⟩ **1.3** causa ⟨*barulho das máquinas*⟩ **1.4** matéria ⟨*casaco de couro*⟩ **1.5** instrumento ⟨*queimadura de ácido*⟩ **1.6** meio ⟨*vive de renda*⟩ **1.7** modo ⟨*sair de fininho*⟩ **1.8** tempo ⟨*começou de manhã*⟩ **2** ligando dois substantivos (ou equivalentes), diretamente ou com auxílio de verbos de ligação, adquire, entre outros, os sentidos de: **2.1** posse ou autoria ⟨*o jardim (é) da escola*⟩ ⟨*poema de Manuel Bandeira*⟩ **2.2** aquilo de que é parte ⟨*maçaneta da porta*⟩ **2.3** finalidade ⟨*roupa de festa*⟩ **2.4** continente ou conteúdo ⟨*copo de água*⟩ ⟨*a água do copo*⟩ **2.5** característica ⟨*mulher de cabelos longos*⟩ **2.6** dimensão ⟨*árvore de 3 metros*⟩ **2.7** mecanismo de manuseio de algo ⟨*carrinho de mão*⟩ **2.8** destino (equivalendo a *para*) ⟨*o trem de São Paulo não parte mais desta estação*⟩ **2.9** valor ⟨*bolsa de 90 reais*⟩ **2.10** origem ⟨*o trem de São Paulo atrasou*⟩

dê *s.m.* nome da letra *d*

de.am.bu.lar *v.* {mod. 1} *int.* andar sem rumo; vagar

de.ba.cle *s.f.* fracasso, ruína ↄ prosperidade

de.bai.xo *adv.* em posição inferior, abaixo ⟨*afastaram a mesa sem reparar que havia livros d.*⟩ ⊡ **d. de** *loc.prep.* sob ⟨*deitou d. da árvore*⟩

de.bal.de *adv.* em vão; inutilmente

de.ban.dar *v.* {mod. 1} *int.* **1** sair da fila, da ordem ou do rumo; dispersar-se ❑ *t.d. e int.* **2** pôr(-se) em fuga desordenada; dispersar ~ **debandada** *s.f.*

de.ba.te *s.m.* **1** discussão acalorada entre duas ou mais pessoas sobre um tema **2** exposição de ideias, razões em defesa de ou contra algum argumento, ordem etc.

de.ba.ter *v.* {mod. 8} *int.* **1** entrar em discussão; altercar ❑ *t.d.* **2** expor razões contra (ideia, argumento etc.); questionar ❑ *t.d. e int.* **3** discutir, examinar (assunto, problema etc.) ⟨*d. (sobre) um projeto*⟩ ❑ *pron.* **4** agitar o corpo e/ou os membros, para livrar-se de sujeição física; contorcer-se ~ **debatedor** *adj.s.m.*

de.be.lar *v.* {mod. 1} *t.d.* **1** vencer em luta armada; derrotar ↄ perder **2** *fig.* reprimir, combater **3** *fig.* eliminar, extinguir ↄ gerar ~ **debelação** *s.f.* - **debelatório** *adj.*

de.bên.tu.re *s.f.* ECON título de crédito ao portador que representa uma dívida garantida pelo patrimônio de quem o emitiu ~ **debenturista** *adj.2g.s.2g.*

de.bi.car *v.* {mod. 1} *t.d. e int.* **1** comer pequena quantidade (de); provar **2** picar (a ave) com o bico; bicar ❑ *t.d.,t.i. e int. fig.* **3** (prep. *de*) zombar de

dé.bil *adj.2g.* **1** sem força ou vigor físico; fraco ⟨*pessoa d.*⟩ ⟨*passos d.*⟩ ↄ forte **2** *p.ext.* desanimado, enfraquecido ↄ entusiasmado ■ *adj.2g.s.2g.* **3** *infrm.* pouco inteligente, tolo ↄ esperto ~ **debilitante** *adj.2g.*

de.bi.li.da.de *s.f.* qualidade ou condição do que é débil; fraqueza, fragilidade

de.bi.li.tar *v.* {mod. 1} *t.d. e pron.* **1** (fazer) perder o vigor físico ou a saúde; enfraquecer(-se) ↄ fortalecer(-se) **2** (fazer) perder o ânimo; esmorecer ↄ animar(-se) ~ **debilitação** *s.f.*

de.bi.tar *v.* {mod. 1} *t.d.* **1** lançar (débito) numa conta **2** inscrever (alguém) como devedor

dé.bi.to *s.m.* dívida ↄ crédito

de.bo.cha.do *adj.* **1** que manifesta deboche, zombaria ⟨*jeito d.*⟩ ■ *adj.s.m.* **2** (aquele) que tem o hábito de debochar dos outros

de.bo.char *v.* {mod. 1} *t.i.* **1** *B* (prep. *de*) zombar explicitamente de; escarnecer **2** (prep. *de*) não dar valor a; menosprezar ↄ valorizar ❑ *t.d. e pron.* **3** entregar(-se) à devassidão, à libertinagem

de.bo.che *s.m.* **1** caçoada, zombaria ↄ respeito **2** libertinagem, devassidão ↄ decência

de.bre.ar *v.* {mod. 5} *t.d. e int.* fazer uso do pedal de embreagem (de)

de.bru.ar *v.* {mod. 1} *t.d.* **1** contornar com debrum (orla de roupa, gravura etc.) **2** *p.ext.* acompanhar a margem de; beirar

de.bru.çar *v.* {mod. 1} *t.d. e pron.* **1** tombar para a frente; inclinar(-se) **2** pôr(-se) de bruços

de.brum *s.m.* fita que se cose dobrada à orla de um tecido, ou tira que se prega em torno de quadro, gravura etc.

de.bu.lha *s.f.* **1** extração de grãos, bagos ou sementes **2** retirada da casca de cereal, fruta, legume etc.

de.bu.lhar *v.* {mod. 1} *t.d.* **1** retirar grãos, bagos, sementes ou casca de (cereal, fruta, legume) ❑ *pron. fig.* **2** desmanchar-se, desfazer-se em ⟨*d.-se em lágrimas*⟩ ~ **debulhador** *adj.s.m.* - **debulho** *s.m.*

de.bu.tan.te *adj.2g.s.2g.* **1** que(m) se inicia em alguma atividade **2** (jovem) que se inicia na vida social **3** *p.ext.* que(m) está completando 15 anos

de.bu.tar *v.* {mod. 1} *int.* **1** iniciar-se na vida social **2** *p.ext.* iniciar-se em alguma atividade **3** *B* completar (esp. moça) 15 anos

dé.ca.da *s.f.* **1** período de dez anos; decênio **2** conjunto de dez dias consecutivos **3** dezena

de.ca.dên.cia *s.f.* estado do que está começando a se degradar; declínio ⟨*d. moral*⟩ ↄ ascensão ~ **decadente** *adj.2g.s.2g.*

de.ca.e.dro *s.m.* GEOM poliedro de dez faces

de.cá.go.no *s.m.* GEOM polígono que tem dez lados e dez ângulos ~ **decagonal** *adj.2g.*

de.ca.gra.ma *s.m.* unidade de medida de massa correspondente a dez gramas [símb.: *dag*]

de.ca.ir *v.* {mod. 25} *int.* **1** tombar, pender ⟨*os galhos decaíram*⟩ **2** diminuir, baixar (pressão, velocidade etc.) ⤺ aumentar, subir **3** *fig.* passar a estado ou condição inferior; piorar ⤺ melhorar ☐ *t.i.* **4** (prep. *de*) deixar de ter; perder ⤺ ganhar ~ **decaído** *adj.s.m.*

de.cal.car *v.* {mod. 1} *t.d.* **1** reproduzir (desenho) por um papel transparente ou comprimindo-o sobre uma superfície; calcar **2** *p.ext.* imitar, copiar ⟨*d. um estilo*⟩ ⤺ criar, inventar

de.cal.co.ma.ni.a *s.f.* reprodução de imagens coloridas em que se comprime o material já estampado sobre a superfície que se pretende decorar

de.ca.li.tro *s.m.* unidade de medida de volume correspondente a dez litros [símb.: *dal*]

de.cá.lo.go *s.m.* **1** REL os dez mandamentos da lei de Deus **2** conjunto de dez leis ou princípios

de.cal.que *s.m.* **1** transferência de imagem gráfica **2** estampa ger. adesiva **3** *fig.* imitação, plágio

de.câ.me.tro *s.m.* unidade de medida de comprimento correspondente a dez metros [símb.: *dam*]

de.ca.na.to *s.m.* **1** seção de dez graus do zodíaco, correspondente a um terço de cada signo ⟨*nascido no primeiro d. de Gêmeos*⟩ **2** grupo chefiado por decano

de.ca.no *s.m.* **1** membro mais antigo de uma instituição, corporação, assembleia etc. **2** numa universidade, o chefe de um centro ou de uma sub-reitoria

[1]**de.can.ta.dor** \ô\ *adj.s.m.* **1** (o) que celebra em canto ou verso **2** (o) que elogia; enaltecedor [ORIGEM: *decantado* (part. de [1]*decantar*) + *-or*]

[2]**de.can.ta.dor** \ô\ *adj.s.m.* (recipiente) us. para decantar ou receber líquidos; filtrador [ORIGEM: *decantado* (part. de [2]*decantar*) + *-or*]

[1]**de.can.tar** *v.* {mod. 1} *t.d.* **1** celebrar em cantos ou poemas; cantar ⟨*d. a pátria*⟩ **2** elogiar, enaltecer ⤺ aviltar, depreciar [ORIGEM: do lat. *decantāre* 'louvar, exaltar'] ~ **decantação** *s.f.*

[2]**de.can.tar** *v.* {mod. 1} *t.d.* e *t.d.i.* **1** (prep. *de*) separar (sedimentos, impurezas) de [um líquido], deixando-o em repouso **2** *fig.* (prep. *de*) livrar (alguém) [de um mal]; purificar ☐ *pron.* **3** desaguar (fluxo, corrente) em ⟨*o rio decanta-se no oceano*⟩ [ORIGEM: do fr. *décanter* 'id.'] ~ **decantação** *s.f.*

de.ca.pi.tar *v.* {mod. 1} *t.d.* cortar a cabeça de; degolar ~ **decapitação** *s.f.*

de.cá.po.de *s.m.* **1** espécime dos decápodes, ordem de crustáceos, ger. marinhos, que compreende camarões, lagostas, caranguejos e siris ■ *adj.2g.* **2** relativo a essa ordem **3** que tem dez pés ou patas

de.cas.sé.gui *s.m.* descendente de japonês trabalhando temporariamente no Japão

de.ca.tlo *s.m.* conjunto de dez provas atléticas: corridas de 100 m, 400 m, 1.500 m e 110 m com barreiras; saltos em distância, altura e com vara; lançamentos de peso, disco e dardo

de.ce.nal *adj.2g.* **1** que abrange um período de dez anos **2** que acontece a cada dez anos

de.cên.cia *s.f.* **1** conformidade com os padrões morais e éticos da sociedade; decoro ⤺ indignidade **2** recato, vergonha ⤺ descaramento, indecência ☞ cf. *deiscência* ~ **decente** *adj.2g.*

de.cê.nio *s.m.* período de dez anos; década

de.ce.par *v.* {mod. 1} *t.d.* extrair ou separar (parte de um todo) com objeto cortante ~ **decepamento** *s.m.*

de.cep.ção [pl.: *-ões*] *s.f.* **1** sentimento de tristeza ou frustração pela ocorrência de fato inesperado; desilusão ⟨*d. amorosas*⟩ ⤺ satisfação **2** *p.ext.* esse fato ⟨*o congresso foi uma d.*⟩ ~ **decepcionante** *adj.2g.*

de.cep.cio.nar *v.* {mod. 1} *t.d.* **1** desiludir(-se), desapontar(-se) ☐ *int. fig.* **2** ser um fracasso ⟨*a seleção decepcionou na Copa*⟩

de.cer.to *adv.* certamente ⟨*d. virá manhã*⟩

de.ces.so *s.m.* **1** morte, óbito **2** rebaixamento a um nível inferior (de classe, cargo etc.)

deci- *pref.* 'a décima parte' (em unidades de medida): *decibel*, *decilitro*

de.ci.bel *s.m.* unidade que mede a intensidade do som [símb.: *dB*]

de.ci.di.do *adj.* **1** resolvido, solucionado ⤺ indefinido **2** firme em seus princípios; resoluto ⤺ hesitante **3** disposto a; determinado ⟨*estava d. a viajar*⟩

de.ci.dir *v.* {mod. 24} *t.d.*, *t.i.* e *int.* **1** (prep. *sobre*) tomar resolução (sobre); deliberar, resolver ☐ *t.d.* e *t.i.* **2** (prep. *de*) estabelecer, instituir **3** (prep. *sobre*) emitir juízo final sobre (questão, causa etc.) ☐ *t.d.* e *pron.* **4** (fazer) chegar a um resultado; resolver(-se) ☐ *pron.* **5** (prep. *por*) optar por; escolher ⤺ hesitar

de.cí.duo *adj.* BIO que se desprende ou cai em certa fase do desenvolvimento ⟨*folha d.*⟩ ⟨*dente d.*⟩

de.ci.frar *v.* {mod. 1} *t.d.* **1** ler, interpretar (texto ou inscrição em código total ou parcialmente desconhecido ou em mau estado, mal escrito, apagado etc.); decodificar ⤺ codificar **2** *p.ext.* resolver, desvendar (problema, enigma etc.) ~ **decifração** *s.f.* - **decifrável** *adj.2g.*

de.ci.gra.ma *s.m.* medida de massa ou peso correspondente a um décimo do grama [símb.: *dg*]

de.ci.li.tro *s.m.* medida de volume ou capacidade equivalente a um décimo do litro [símb.: *dl*]

de.ci.mal *adj.2g.* **1** relativo a décimo; que se constitui de décimos ou se baseia em décimos ■ *s.2g.* MAT **2** algarismo que representa a parte menor que a unidade de um número decimal, escrito após uma vírgula

de.cí.me.tro *s.m.* medida de comprimento equivalente a um décimo do metro [símb.: *dm*]

dé.ci.mo *n.ord.* (*adj.s.m.*) **1** (o) que, numa sequência, ocupa a posição número dez ■ *n.frac.* (*adj.s.m.*) **2** (o) que é dez vezes menor que a unidade

de.ci.são [pl.: *-ões*] *s.f.* **1** resolução tomada após julgamento; sentença **2** livre escolha; opção **3** capacidade de resolver sem hesitação; firmeza ⤺ insegurança

de.ci.si.vo *adj.* **1** em que há ou houve decisão irrefutável **2** que dá a solução; definitivo ⟨*golpe d.*⟩ ⤺ inconclusivo **3** que impõe decisão; corajoso ⟨*atitude d.*⟩

de.ci.só.rio *adj.* que tem o poder de decidir

de.cla.mar *v.* {mod. 1} *t.d. e int.* dizer (texto) em voz alta, usando gestos, expressões faciais e entonação apropriados; recitar ~ **declamação** *s.f.* - **declamativo** *adj.*

de.cla.ra.ção [pl.: *-ões*] *s.f.* **1** manifestação oral ou escrita; anúncio **2** revelação de sentimento ou intenção amorosa **3** proclamação oficial; decreto **4** depoimento, explicação ⟨*foi à delegacia prestar d.*⟩ ☞ mais us. no pl.

de.cla.rar *v.* {mod. 1} *t.d.,t.d.i. e pron.* **1** (prep. *a*) tornar(-se) público; anunciar(-se), revelar(-se) ⮌ esconder(-se) ❑ *t.d. e t.d.i.* **2** (prep. *a*) informar sobre (bens, renda etc.) [a órgãos públicos de fiscalização] **3** (prep. *a*) anunciar oficialmente; decretar ⟨*d. guerra (ao inimigo)*⟩ ❑ *t.d.pred. e pron.* **4** julgar(-se), considerar(-se) **5** nomear(-se), designar(-se) ❑ *pron.* **6** (prep. *a*) revelar sentimento ⟨*d.-se ao amado*⟩ ~ **declarante** *adj.2g.s.2g.* - **declarativo** *adj.* - **declaratório** *adj.*

de.cli.na.ção [pl.: *-ões*] *s.f.* **1** ato ou efeito de declinar **2** GRAM flexão de palavras **3** GRAM grupo de palavras que se declinam do mesmo modo ⟨*a primeira d. latina*⟩

de.cli.nar *v.* {mod. 1} *t.d.,t.d.i.,t.i. e int.* **1** (prep. *de*) tirar ou sair de (rumo, rota, caminho); desviar(-se) ❑ *t.d. e int.* **2** direcionar(-se) para baixo; baixar ⮌ erguer, elevar ❑ *int.* **3** piorar, decair ⮌ melhorar **4** perder a intensidade; diminuir ⮌ aumentar, subir ❑ *t.d. e t.i.* **5** (prep. *de*) demonstrar desinteresse; recusar ⮌ interessar-se, aceitar ❑ *t.d.* **6** flexionar (palavra) em caso ('flexão') ~ **declinável** *adj.2g.*

de.clí.nio *s.m.* **1** perda ou diminuição de intensidade ou força ⮌ fortalecimento **2** decadência, ruína ⮌ ascensão

de.cli.ve *s.m.* **1** GEOM grau de inclinação de uma superfície ⮌ aclive ■ *adj.2g.s.m.* **2** diz-se de ou superfície cuja altura diminui gradualmente

dé.co [fr.] *adj.2g.2n.* relativo à ou próprio da *art déco* ⟨*decorações* d.⟩ ⇨ pronuncia-se decô

de.cô *adj.2g.2n.* ver DÉCO

de.co.di.fi.car ou **des.co.di.fi.car** *v.* {mod. 1} *t.d.* passar (mensagem) para linguagem compreensível; decifrar ⮌ codificar ~ **decodificação/descodificação** *s.f.* - **decodificador/descodificador** *adj.s.m.*

de.co.lar *v.* {mod. 1} *int.* levantar voo (aeronave) ⮌ aterrissar ~ **decolagem** *s.f.*

de.com.por *v.* {mod. 23} *t.d.,t.d.i. e pron.* **1** (prep. *em*) dividir(-se) [um todo] (em seus constituintes, em partes); analisar(-se), desfazer(-se) ❑ *t.d. e pron.* **2** apodrecer, estragar **3** *fig.* transformar(-se), deformar(-se) ⮌ preservar(-se) ⊙ GRAM/USO part.: *decomposto* ~ **decomponente** *adj.2g.s.m.*

de.com.po.si.ção [pl.: *-ões*] *s.f.* **1** ato ou efeito de decompor(-se); divisão de algo em seus elementos integrantes **2** separação do que está unido; desagregação **3** deterioração, apodrecimento

de.co.ra.ção [pl.: *-ões*] *s.f.* **1** ato ou efeito de ²decorar **2** *p.ext.* aquilo que decora, que adorna; arranjo ornamental ⟨*pagaram caro pela d. da sala*⟩

de.co.ra.dor \ô\ *adj.s.m.* **1** (o) que ²decora **2** (profissional) que se dedica à decoração de ambientes

¹de.co.rar *v.* {mod. 1} *t.d. e int.* gravar na memória; memorizar ⮌ esquecer [ORIGEM: *decor-* (lat. *de* + *cor, cordis* 'coração') + ²*-ar*] ~ **decorativo** *adj.*

²de.co.rar *v.* {mod. 1} *t.d.* **1** prover (casa, recinto) de elementos que a embelezem, como móveis, quadros **2** servir de ornamento para; ornar ⟨*tapetes decoram a casa*⟩ **3** ornamentar, enfeitar [ORIGEM: do lat. *decorāre* 'enfeitar, honrar']

de.co.re.ba *s.f.* ação de decorar dados sem a preocupação de entendê-los ou relacioná-los

de.co.ro \ô\ *s.m.* decência, recato ⮌ descaramento

de.cor.rer *v.* {mod. 8} *int.* **1** passar (tempo) **2** desenrolar-se, transcorrer ⟨*a negociação decorre bem*⟩ **3** ocorrer, acontecer ❑ *t.i.* **4** (prep. *de*) ter origem em; derivar ~ **decorrência** *s.f.*

de.co.ta.do *adj.* **1** que tem decote (diz-se de peça de roupa) **2** que usa roupa com decote (diz-se de pessoa)

de.co.tar *v.* {mod. 1} *t.d.* **1** recortar em volta ou por cima; aparar **2** abrir decote em (roupa) ❑ *pron.* **3** vestir-se com roupa decotada

de.co.te *s.m.* abertura na parte de cima da roupa, pela qual passa a cabeça

de.cré.pi.to *adj.* muito velho ou gasto

de.cre.pi.tu.de *s.f.* estado de adiantada velhice ⟨*d. de um prédio, de uma pessoa*⟩ ⮌ conservação

de.cres.cen.te *adj.2g.* **1** que decresce, que diminui de tamanho, quantidade ou intensidade ⮌ crescente **2** que está em declínio; decadente ⮌ crescente, próspero

de.cres.cer *v.* {mod. 8} *t.i. e int.* (prep. *em*) diminuir aos poucos; baixar, enfraquecer ⮌ aumentar, crescer ~ **decrescimento** *s.m.*

de.crés.ci.mo *s.m.* diminuição ⮌ acréscimo

de.cre.tar *v.* {mod. 1} *t.d.* **1** estabelecer por decreto ❑ *t.d.,t.d.i. e int.* **2** (prep. *a, para*) determinar, mandar, ordenar ~ **decretação** *s.f.*

de.cre.to *s.m.* **1** ordem por escrito de autoridade superior **2** *p.ext.* determinação, ordem

de.cre.to-lei [pl.: *decretos-leis* e *decretos-lei*] *s.m.* decreto do poder executivo com força de lei

de.cú.bi.to *s.m.* posição do corpo deitado ⊡ **d. dorsal** *loc.subst.* posição de quem está deitado de costas • **d. ventral** *loc.subst.* posição de quem está deitado de bruços

de.cu.par *v.* {mod. 1} *t.d.* dividir (roteiro) em cenas, sequências e planos numerados, para facilitar a gravação

dé.cu.plo *n.mult.* *(adj.s.m.)* (o) que contém dez vezes a mesma quantidade ~ **decuplicar** *v.t.d.,int. e pron.*

de.cur.so *s.m.* **1** período de tempo; duração ⟨*o d. de um mandato*⟩ **2** DIR espaço de tempo já decorrido **3** distância percorrida em um determinado tempo; percurso

de.da.da *s.f.* **1** quantidade que se pega com o dedo ⟨*tirou uma d. da cobertura do bolo*⟩ **2** mancha, sinal ou

impressão deixada por um dedo **3** toque ou pancada com o dedo
de.dal *s.m.* peça oca e cilíndrica que se encaixa na ponta do dedo, para ajudar a empurrar a agulha de costura
de.dar *v.* {mod. 1} *t.d.* dedurar
de.dei.ra *s.f.* cobertura de borracha, pano etc. que protege o dedo
de.de.ti.zar *v.* {mod. 1} *t.d.* aplicar DDT ou outro inseticida em; desinsetizar ~ **dedetização** *s.f.*
de.di.ca.ção [pl.: *-ões*] *s.f.* **1** devotamento, entrega ⟨*d. aos estudos*⟩ ⟨*d. a uma causa*⟩ ⮌ desdém **2** manifestação de amor e consideração ⮌ descaso
de.di.ca.do *adj.* que se dedica; que se empenha inteiramente; aplicado, devotado ⟨*estudante d.*⟩
de.di.car *v.* {mod. 1} *t.d.i.* **1** (prep. *a*) destinar com afeição a; oferecer, ofertar ⟨*d. livro ao pai*⟩ **2** (prep. *a*) dar, prestar (adoração, afeto, amizade etc.) ⮌ negar **3** (prep. *a*) aplicar, empregar (tempo, esforço etc.) ❑ *pron.* **4** (prep. *a*) entregar-se, empenhar-se
de.di.ca.tó.ria *s.f.* mensagem escrita com que se dedica uma obra, um presente etc. a alguém
de.di.lhar *v.* {mod. 1} *t.d.* **1** tocar (cordas de instrumento musical) com os dedos **2** executar (música) em instrumento de cordas ❑ *int. p.ext.* **3** bater com os dedos; tamborilar ~ **dedilhação** *s.f.* - **dedilhado** *adj.s.m.* - **dedilhamento** *s.m.*
de.do \ê\ *s.m.* **1** cada um dos prolongamentos articulados das mãos e dos pés **2** medida correspondente à espessura de um dedo humano ⟨*bebeu só dois d. de vinho*⟩ **3** *fig.* manifestação de autoridade ⟨*ali tem o d. do patrão*⟩ **4** *fig.* marca de habilidade ⟨*podemos perceber o d. do artista*⟩ ⊡ **d. anular** *loc.subst.* o que ger. carrega a aliança ou o anel
de.do-de-mo.ça [pl.: *dedos-de-moça*] *s.m.* pimenta cultivada originariamente no Brasil, cujo fruto, parecido com um pequeno dedo, é vermelho quando maduro e tem sabor levemente picante ⊙ GRAM/USO tb. us. como adj.2g.2n.: *pimenta dedo-de-moça*
de.do-du.rar *v.* {mod. 1} *t.d. B gír.* dedurar
de.do-du.ro [pl.: *dedos-duros*] *adj.2g.s.m.* delator
de.du.ção [pl.: *-ões*] *s.f.* **1** conclusão lógica de um raciocínio ☞ cf. *indução* **2** retirada de uma parte de algo; diminuição ⟨*d. do imposto de renda*⟩ ⮌ aumento **3** DIR exposição ordenada de argumentos para embasar solicitação, contestação, acusação etc.
de.du.rar *v.* {mod. 1} *t.d.* fazer denúncia de; delatar, alcaguetar
de.du.ti.vo *adj.* **1** relativo à dedução **2** que parte de premissas ou hipóteses para tirar conclusões (método ou raciocínio)
de.du.zir *v.* {mod. 24} *t.d. e t.d.i.* **1** (prep. *de*) concluir pelo raciocínio, a partir de fatos, indícios; inferir **2** (prep. *de*) descontar (valor, preço etc.) [de um total]; abater ⮌ acrescentar ~ **dedutível** *adj.2g.* - **deduzível** *adj.2g.*
de.fa.sa.gem *s.f.* **1** ELETR diferença de fase entre dois sinais alternados de mesma frequência **2** *fig.* falta de sintonia; atraso ~ **defasar** *v.t.d. e pron.*
de.fault [ing.] *s.m.* INF escolha automática, feita pelo programa, quando o usuário não especifica uma opção ⊙ GRAM/USO em ing. invariável ⇨ pronuncia-se defólt
de.fe.car *v.* {mod. 1} *int.* **1** expelir as fezes; evacuar ❑ *t.d.* **2** separar (líquido) das fezes ou de sedimento; depurar ~ **defecação** *s.f.* - **defecatório** *adj.*
de.fec.ção [pl.: *-ões*] *s.f.* **1** abandono ou renúncia (a um partido, crença etc.) **2** DIR deserção
de.fec.ti.vo *adj.* **1** que não é completo; defeituoso **2** LING que não apresenta todas as formas do modelo a que pertence (diz-se esp. de verbo) ~ **defectividade** *s.f.*
de.fei.to *s.m.* **1** imperfeição física ou moral ⮌ perfeição **2** falha; enguiço
de.fei.tu.o.so \ô\ [pl.: *defeituosos* \ó\] *adj.* **1** com defeito; imperfeito **2** que não funciona como deve; enguiçado ⟨*máquina d.*⟩
de.fen.der *v.* {mod. 8} *t.d., t.d.i. e pron.* **1** (prep. *de, contra*) proteger(-se), resguardar(-se) [contra ataque, mal, perigo etc.] ⮌ atacar ❑ *t.d. e t.d.i.* **2** (prep. *de, contra*) lutar em favor de ⮌ atacar, combater **3** (prep. *de, contra*) sustentar (argumento, opinião etc.), expondo as razões ❑ *t.d. B* **4** DESP impedir ou fazer resistência a (ataque, gol, cortada etc.)
de.fe.nes.trar *v.* {mod. 1} *t.d.* **1** atirar violentamente pela janela **2** *fig.* dar cabo de (alguém); marginalizar ~ **defenestração** *s.f.*
de.fen.sá.vel *adj.2g.* que pode ser defendido ⮌ indefensável
de.fen.si.va *s.f.* atitude de defesa ⮌ ofensiva
de.fen.si.vo *adj.* **1** próprio para a defesa ⮌ ofensivo ■ *s.m.* **2** o que defende, preserva ⊡ **d. agrícola** *loc.subst.* agrotóxico
de.fen.sor \ô\ *adj.s.m.* **1** que(m) defende ou protege ⮌ acusador **2** DIR que(m) defende em juízo os interesses de outra pessoa ⊡ **d. público** *loc.subst.* advogado do Estado que defende gratuitamente o réu carente ⮌ promotor público
de.fe.rên.cia *s.f.* respeito, consideração ⮌ desprezo ~ **deferente** *adj.2g.*
de.fe.ri.men.to *s.m.* **1** despacho favorável; consentimento ⮌ indeferimento **2** ação de conceder; concessão ⮌ indeferimento **3** manifestação de complacência ☞ cf. *diferimento*
de.fe.rir *v.* {mod. 28} *t.d. e t.d.i.* **1** (prep. *a*) atender a (pedido, requerimento) ⮌ negar, indeferir ❑ *t.d.i.* **2** (prep. *a*) conceder ou atribuir (algo) a; conferir ⟨*d. medalha ao vencedor*⟩ ⟨*d. a herança ao requerente*⟩ ☞ cf. *diferir*
de.fe.sa \ê\ *s.f.* **1** capacidade de resistir a ataques ⟨*d. de uma fronteira*⟩ **2** meio de proteção ⟨*aulas de d. pessoal*⟩ **3** argumento favorável; justificação ⮌ acusação
dé.fi.ce *s.m.* ver *DEFICIT*
de.fi.ci.ên.cia *s.f.* **1** perda de quantidade ou qualidade; falta, carência ⟨*d. de vitaminas*⟩ ⮌ excesso **2** MED insuficiência de uma função psíquica ou intelectual **3** MED insuficiência ou ausência de funcionamento de um órgão

de.fi.ci.en.te *adj.2g.* **1** que tem alguma deficiência; falho, falto ■ *adj.2g.s.2g.* **2** portador de algum tipo de deficiência física ou mental
de.fi.cit [lat.] *s.m.2n.* **1** ECON o que falta, de um total previsto ⊃ *superavit* **2** *p.ext.* ECON situação decorrente dessa falta **3** MED deficiência que se pode medir, quantitativa ou qualitativamente ⟨*d. auditivo*⟩ ⇨ pronuncia-se déficit
dé.fi.cit *s.m.* ver *DEFICIT*
de.fi.ci.tá.rio *adj.* em que há *deficit*; em que falta alguma coisa ⊃ superavitário
de.fi.nhar *v.* {mod. 1} *t.d. e pron.* **1** (fazer) perder as forças; debilitar(-se) ⊃ fortalecer(-se) ❑ *int.* **2** ficar aos poucos fraco, magro, abatido **3** ficar murcho; secar ~ **definhamento** *s.m.*
de.fi.ni.ção [pl.: *-ões*] *s.f.* **1** estabelecimento de limites ⊃ indefinição **2** significação precisa de ⟨*é difícil dar a d. de amor*⟩
de.fi.ni.do *adj.* **1** exatamente delimitado; bem determinado ⟨*mapa de contornos d.*⟩ **2** explicado com precisão ⟨*palavras bem d.*⟩ **3** exposto com clareza ⟨*a programação das férias está d.*⟩ **4** GRAM que individualiza ou se refere a algo ou alguém já identificado no contexto da fala ou da escrita (diz-se de artigo)
de.fi.nir *v.* {mod. 24} *t.d.* **1** demarcar os limites de; delimitar **2** determinar, estabelecer com precisão **3** explicar o sentido de ❑ *t.d. e pron.* **4** retratar(-se) pelos caracteres particulares
de.fi.ni.ti.vo *adj.* **1** que leva à conclusão; decisivo ⊃ inconcluso **2** final ⟨*versão d. do texto*⟩ ⊃ provisório
de.fla.ção [pl.: *-ões*] *s.f.* ECON **1** ato de frear a inflação com medidas como controle do crédito, enquadramento de preços etc. **2** diminuição do dinheiro em circulação ~ **deflacionar** *v.t.d.* - **deflacionista** *adj.2g.*
de.fla.gra.ção [pl.: *-ões*] *s.f.* **1** QUÍM combustão rápida que provoca explosão **2** *fig.* aparecimento repentino ⟨*d. da guerra*⟩
de.fla.grar *v.* {mod. 1} *t.d. e int.* **1** inflamar(-se) de repente, com chamas, explosões **2** *fig.* provocar ou surgir repentinamente; incitar, irromper
de.flo.rar *v.* {mod. 1} *t.d. e pron.* **1** retirar ou perder as flores; desflorar(-se) ⊃ florescer **2** *fig.* (fazer) perder a virgindade; desvirginar(-se) ~ **defloração** *s.f.* - **defloramento** *s.m.*
de.flu.ir *v.* {mod. 26} *int.* **1** correr (líquido) ❑ *t.i. fig.* **2** (prep. *de*) vir de; emanar, provir
de.flu.xo \cs\ *s.m.* **1** inflamação da mucosa nasal **2** coriza
de.for.mar *v.* {mod. 1} *t.d. e pron.* **1** (fazer) mudar a forma ou aspecto original; desfigurar(-se) ❑ *t.d. fig.* **2** mudar para pior (modos, atitude etc.); corromper ⊃ melhorar ~ **deformação** *s.f.*
de.for.mi.da.de *s.f.* **1** estado do que perde sua forma original **2** defeito de constituição de um órgão ou parte do corpo **3** *fig.* defeito moral ou estético; imperfeição
de.frau.dar *v.* {mod. 1} *t.d. e t.d.i.* **1** (prep. *de*) privar (alguém) [de algo] por meio de fraude ⟨*d. o herdeiro (de seus bens)*⟩ ❑ *t.d.* **2** prejudicar com intenção ⟨*d. fregueses*⟩ **3** desrespeitar (norma, lei), usando subterfúgios ~ **defraudação** *s.m.*
de.fron.tar *v.* {mod. 1} *t.d.,t.i. e pron.* **1** (prep. *com*) pôr(-se) ou estar diante de ❑ *t.d. e t.d.i.* **2** (prep. *com*) confrontar, comparar ⟨*d. duas cópias (com o original)*⟩ ❑ *t.i. e pron.* **3** (prep. *com*) deparar-se com; topar ⟨*d.(-se) com um conhecido*⟩ ❑ *t.d. e pron.* **4** (prep. *com*) encarar, enfrentar (p.ex. perigo, inimigo) ⊃ fugir ~ **defrontação** *s.f.*
de.fron.te *adv.* diante, em frente ⟨*moro na casa ali d.*⟩
de.fu.ma.dor \ô\ *adj.s.m.* **1** (o) que defuma **2** (recipiente) que contém substâncias para serem defumadas
de.fu.mar *v.* {mod. 1} *t.d.* **1** queimar substância aromática, ervas, raízes para perfumar ou para purificar, atrair boa sorte a **2** secar (carne, peixe etc.) expondo à fumaça ~ **defumação** *s.f.*
de.fun.to *adj.s.m.* que(m) morreu; falecido
de.ge.lar ou **des.ge.lar** *v.* {mod. 1} *t.d.,int. e pron.* **1** (fazer) sair de congelamento; descongelar(-se) ⊃ congelar(-se) **2** *fig.* tornar(-se) menos rígido e/ou formal; amolecer
de.ge.lo \ê\ *s.m.* descongelamento
de.ge.ne.rar *v.* {mod. 1} *int. e pron.* **1** perder (o ser vivo) as características próprias da espécie **2** mudar para pior; estragar(-se) ⊃ melhorar ❑ *t.d.,int. e pron.* **3** (fazer) adquirir hábitos, práticas ruins; corromper(-se) ⊃ regenerar(-se) ❑ *t.d.* **4** alterar, deturpar ⟨*d. uma história*⟩ ~ **degeneração** *s.f.* - **degenerado** *adj.s.m.* - **degenerativo** *adj.*
de.ge.ne.res.cên.cia *s.f.* **1** ato de degenerar ou seu efeito; degeneração **2** redução ou declínio de qualidade ~ **degenerescente** *adj.2g.*
de.glu.tir *v.* {mod. 24} *t.d. e int.* levar (bolo alimentar) da boca ao estômago; engolir ~ **deglutição** *s.f.*
de.go.lar *v.* {mod. 1} *t.d. e pron.* **1** cortar o pescoço (de) ❑ *t.d.* **2** cortar a cabeça de; decapitar ~ **degola** *s.f.* - **degolação** *s.f.*
de.gra.da.ção [pl.: *-ões*] *s.f.* **1** degeneração moral ⟨*a d. de um alcoólatra*⟩ ⊃ decência **2** *p.ext.* estrago, devastação ⟨*d. das encostas*⟩ **3** *fig.* condenação ao exílio; desterro **4** deposição desonrosa de cargo, dignidade etc. ⊃ admissão
de.gra.dar *v.* {mod. 1} *t.d. e t.d.i.* **1** (prep. *de*) privar (de graus, títulos etc.) com desonra ❑ *t.d. e pron.* **2** tornar(-se) indigno; rebaixar(-se) ⊃ dignificar(-se) ❑ *t.d. p.ext.* **3** estragar, deteriorar ⊃ preservar ☞ cf. *degredar* ~ **degradante** *adj.2g.*
de.gra.dê *s.m.* diminuição gradual de tons ou de intensidade (de cores, luzes etc.)
de.grau *s.m.* **1** cada peça plana em que se pisa, numa escada **2** *p.ext.* cada um dos elementos ou níveis que compõem uma série; grau
de.gre.dar *v.* {mod. 1} *t.d.* expulsar da pátria; banir, desterrar ⟨*d. um traidor para outro país*⟩ ⊃ repatriar ☞ cf. *degradar*
de.gre.do \ê\ *s.m.* **1** condenação ao desterro; exílio **2** local onde vive o degredado

de.grin.go.lar *v.* {mod. 1} *int.* **1** cair, tombar ⟨*a roupa degringolou do varal*⟩ **2** ficar na ruína, entrar em decadência; decair **3** *fig.* desorgarnizar-se; desandar ⟨*o negócio ia bem, até que degringolou*⟩ ⮌ deslanchar ~ **degringolada** *s.f.*

de.gus.ta.ção [pl.: *-ões*] *s.f.* **1** ato ou efeito de degustar; prova **2** avaliação atenta através do paladar ⟨*d. de vinhos*⟩ **3** *p.ext.* experiência prazerosa, ger. de caráter sensorial ⟨*d. musical*⟩

de.gus.tar *v.* {mod. 1} *t.d.* **1** apreciar o sabor de; saborear **2** experimentar (bebida, comida), avaliando sua qualidade

de.i.da.de *s.f.* divindade

de.i.fi.car *v.* {mod. 1} *t.d. e pron.* atribuir(-se) natureza divina; endeusar(-se) ~ **deificação** *s.f.*

–deira *suf.* equivale a *-eira* ('ocupação')

deis.cên.cia *s.f.* BOT fenômeno em que um órgão vegetal se abre naturalmente ao alcançar a maturação ☞ cf. *decência* ~ **deiscente** *adj.2g.*

de.ís.mo *s.m.* doutrina que considera a razão como a única via capaz de nos assegurar da existência de Deus ~ **deísta** *adj.2g.s.2g.*

dei.tar *v.* {mod. 1} *t.d.,int. e pron.* **1** estender(-se) horizontalmente **2** pôr(-se) na cama, para dormir, repousar etc. ⮌ levantar ❑ *t.d.* **3** deixar inclinado, pendente; inclinar ⟨*o vento deitou as árvores*⟩ ⮌ endireitar **4** fazer cair; pôr ⟨*d. sal na comida*⟩ ☞ *na comida* é circunstância que funciona como complemento **5** expelir, secretar (substância) ⟨*d. sangue, resina*⟩ **6** deixar escorrer (líquido); derramar ⟨*o cano deitou água*⟩

dei.xa *s.f.* **1** no teatro, palavra ou gesto que indica o momento de entrar, falar ou agir em cena **2** acontecimento ou afirmação que possibilita reação; oportunidade ⟨*o último discurso foi a d. para a invasão*⟩

dei.xar *v.* {mod. 1} *t.d.* **1** sair de; retirar-se ⟨*d. a sala*⟩ ⮌ entrar **2** não fazer mais parte de; abandonar ⟨*d. a empresa, a família*⟩ **3** não se dedicar mais a (tarefas, atividades etc.) ⟨*d. o emprego, o esporte*⟩ **4** desistir de (hábitos, vícios etc.) ⟨*d. o cigarro, a rotina*⟩ **5** não levar consigo, por intenção ou esquecimento ⟨*d. a chave em casa*⟩ **6** pôr, colocar, pousar ⟨*d. o livro na mesa*⟩ **7** levar, conduzir ⟨*d. a noiva em casa*⟩ ⮌ buscar **8** dar autorização para; permitir ⟨*d. o filho sair*⟩ ⮌ proibir **9** tornar possível a; permitir, possibilitar ⟨*a chuva não o deixou sair*⟩ ⮌ impossibilitar ❑ *t.d. e t.d.i.* **10** (prep. *em*) causar (sensação, sentimento etc.) ⟨*d. (em todos) boa impressão*⟩ ❑ *t.d.i.* **11** (prep. *para*) transmitir em herança; legar ⟨*d. bens para a viúva*⟩ ❑ *t.i.* **12** (prep. *de*) parar, cessar ⮌ começar ❑ *pron.* **13** não reagir ou resistir ⟨*d.-se levar pelas ondas*⟩

de.je.ção [pl.: *-ões*] *s.f.* **1** excreção de fezes; dejeto, evacuação **2** GEOL matéria expelida por vulcões

de.je.jum *s.m.* desjejum

de.je.tar *v.* {mod. 1} *t.d. e int.* **1** excretar (fezes); evacuar ❑ *t.d.* **2** pôr para fora; expulsar ⟨*o vulcão dejetava lava*⟩

de.je.to *s.m.* **1** dejeção ('excreção') **2** excremento, resíduo

de.la.ção [pl.: *-ões*] *s.f.* acusação secreta, denúncia ☞ cf. *dilação*

de.la.tar *v.* {mod. 1} *t.d.,t.d.i. e pron.* **1** (prep. *a*) denunciar(-se) como responsável por crime ❑ *t.d. e t.d.i.* **2** (prep. *a*) revelar (delito ou fato ligado a ele) ❑ *t.d. fig.* **3** deixar perceber; evidenciar ⮌ esconder ☞ cf. *dilatar*

de.la.tor \ô\ *adj.s.m.* (aquele) que delata; acusador, denunciante

de.le.ga.ção [pl.: *-ões*] *s.f.* **1** autorização para agir em nome de outrem; procuração **2** comissão que representa um país, uma escola etc.

de.le.ga.ci.a *s.f.* **1** repartição pública a cargo de um delegado ⟨*d. regional da receita federal*⟩ **2** *B* repartição de um delegado de polícia

de.le.ga.do *s.m.* **1** representante ⟨*d. do centro acadêmico*⟩ **2** *B* maior autoridade policial de uma delegacia

de.le.gar *v.* {mod. 1} *t.d. e t.d.i.* **1** (prep. *a*) transmitir, conceder (poder) [a pessoa, comissão, instituição] ❑ *t.d.i.* **2** (prep. *para*) enviar (alguém) com poder de agir, falar em seu nome ⟨*d. representante para a reunião*⟩

de.lei.te *s.m.* sensação agradável; satisfação, prazer ⮌ dissabor ~ **deleitar** *v.t.d.,int. e pron.* - **deleitoso** *adj.*

de.le.tar *v.* {mod. 1} *t.d.* palavra a evitar, por *apagar, suprimir*

de.le.té.rio *adj.* **1** que é prejudicial à saúde ⮌ salubre **2** *p.ext.* que possui efeito nocivo

del.fim *s.m.* **1** golfinho **2** o filho mais velho do rei da França, herdeiro do trono ~ **delfínico** *adj.* - **delfinino** *adj.*

del.ga.do *adj.* **1** de pouca espessura; fino ⮌ espesso **2** magro ⮌ cheio ~ **delgadeza** *s.f.*

de.li.be.rar *v.* {mod. 1} *t.d. e pron.* **1** (prep. *a*) decidir(-se), após reflexão e/ou consultas ❑ *int.* **2** refletir, discutir, ponderar ~ **deliberação** *s.f.* - **deliberadamente** *adv.* - **deliberado** *adj.* - **deliberante** *adj.2g.s.2g.*

de.li.be.ra.ti.vo *adj.* **1** relativo a deliberação; em que há deliberação ⟨*conselho d.*⟩ **2** que delibera; deliberante

de.li.ca.de.za \ê\ *s.f.* **1** constituição frágil ⟨*d. de um objeto, de uma pessoa*⟩ **2** falta de resistência; debilidade ⟨*d. de seu estado de saúde*⟩ **3** beleza sutil **4** cortesia, civilidade ⮌ indelicadeza

de.li.ca.do *adj.* **1** de espessura reduzida; fino **2** carente de forças; frágil ⟨*estado de saúde d.*⟩ ⮌ forte **3** de beleza sutil ⟨*traços d.*⟩ **4** que possui ternura; meigo ⟨*gesto d.*⟩ ⮌ malcriado **5** *fig.* complicado, difícil ⟨*situação d.*⟩

de.li.ca.tés.sen [pl.: *delicatessens*] *s.f.* loja em que se vendem iguarias finas

de.lí.cia *s.f.* **1** sabor muito agradável ⟨*a d. de um bom café*⟩ **2** sensação de muito prazer; satisfação ⟨*passear por essa estrada é uma d.*⟩ ⮌ desprazer

de.li.ci.ar *v.* {mod. 1} *t.d. e pron.* (fazer) sentir contentamento, prazer; aprazer(-se), deleitar(-se) ⮌ desagradar(-se)

de.li.ci.o.so \ô\ [pl.: *deliciosos* \ó\] *adj.* **1** que provoca delícia; muito gostoso **2** que encanta pela beleza ⟨*paisagem d.*⟩ **3** espirituoso, divertido ⟨*contou-nos uma história d.*⟩

de.li.mi.tar *v.*{mod. 1} *t.d.* **1** fixar os limites espaciais de; demarcar ⟨*d. as fronteiras*⟩ **2** *p.ext.* estabelecer limites para ⟨*d. direitos, atribuições*⟩ ~**delimitação** *s.f.*

de.li.ne.a.dor \ô\ *adj.s.m.* **1** (o) que delineia ■ *s.m.* **2** maquiagem líquida para o contorno dos olhos

de.li.ne.ar *v.*{mod. 5} *t.d.* **1** desenhar os contornos de; esboçar **2** *fig.* planejar, arquitetar ~**delineação** *s.f.* - **delineamento** *s.m.* - **delineativo** *adj.*

de.lin.quen.te \qü\ *adj.2g.s.2g.* criminoso, infrator ~**delinquência** *s.f.* - **delinquir** *v.t.i. e int.*

de.lí.rio *s.m.* **1** MED perturbação mental que provoca alucinações **2** *p.ext.* sentimento de grande entusiasmo; exaltação ⟨*d. poético*⟩ ~ **delirante** *adj.2g.* - **delirar** *v.int.*

de.li.to *s.m.* **1** DIR ato que contraria uma lei; crime **2** violação da moral ou de preceito preestabelecido

de.li.tu.o.so \ô\ [pl.: *delituosos* \ó\] *adj.* em que há delito ⟨*fato d.*⟩

de.lon.ga *s.f.* atraso, demora ⊃ antecipação

de.lon.gar *v.*{mod. 1} *t.d.* **1** tornar longo, demorado; retardar ⊃ apressar **2** deixar para depois; adiar ⟨*d. uma decisão*⟩ ⊃ antecipar ❑ *t.d. e pron.* **3** manter(-se), prolongar(-se) ⊃ abreviar

del.ta *s.m.* **1** quarta letra do alfabeto grego (δ, Δ) **2** acúmulo de terra, de forma triangular, junto à foz dos rios ~**deltaico** *adj.*

de.ma.go.gi.a *s.f.* **1** *pej.* ação política que apela às emoções populares para exercer dominação **2** *infrm.* apoio ou simpatia fingidos ~**demagogice** *s.f.* - **demagógico** *adj.*

de.ma.go.go \ô\ *adj.s.m.pej.* (aquele) que age com demagogia, que finge defender os interesses populares para alcançar os próprios objetivos

de.mais *adv.* **1** em excesso ⟨*será d. avisá-la novamente da importância da prova*⟩ ⊃ pouco **2** de maneira muito forte ⟨*o concerto nos agradou d.*⟩ ⊃ pouco ■ *pron.ind.pl.* **3** os outros, os que sobram ⟨*você pode sair, os d. ficam*⟩

de.man.da *s.f.* **1** busca, procura **2** necessidade, precisão ⟨*crianças têm uma d. permanente de atenção*⟩ **3** ECON qualquer bem ou serviço procurado no mercado por determinado preço e em determinado momento **4** DIR processo judicial; ação, litígio

de.man.dar *v.*{mod. 1} *t.d.* **1** tentar obter, por pedido ou exigência; reivindicar **2** exigir, por ser necessário ou adequado; requerer ⟨*estudo demanda disciplina*⟩ ⊃ dispensar **3** partir em busca de; procurar **4** ir para; dirigir-se ⊃ voltar, retornar **5** instaurar processo judicial contra; processar ~**demandante** *adj.2g.s.2g.*

de.mão [pl.: *-ãos*] *s.f.* camada de tinta, cal, verniz etc. aplicada sobre uma superfície

de.mar.car *v.*{mod. 1} *t.d.* **1** fixar os limites de; delimitar **2** *p.ext.* definir, estabelecer ⟨*d. tarefas, prazos*⟩ **3** *fig.* determinar as diferenças entre; distinguir ⟨*d. questões diversas*⟩ ⊃ igualar ~**demarcação** *s.f.* - **demarcativo** *adj.* - **demarcatório** *adj.*

de.ma.si.a *s.f.* o que está em excesso ⊡ **em d.** *loc.subst.* de forma exagerada ⟨*reclama em d.*⟩ ~**demasiar** *v.t.d. e int.*

de.ma.si.a.do *adj.* **1** excessivo, exagerado ■ *adv.* **2** por demais; excessivamente

de.mên.cia *s.f.* **1** MED deterioração mental; loucura **2** *p.ext.* comportamento que aparenta ou sugere loucura; insensatez ~**demencial** *adj.2g.*

de.men.te *adj.2g.s.2g.* **1** que(m) sofre de demência; louco **2** *infrm.* que(m) age de forma incoerente ou fora do comum; insensato

de.mé.ri.to *s.m.* ausência ou perda de consideração e estima; desmerecimento ⊃ mérito

de.mis.são [pl.: *-ões*] *s.f.* ato ou efeito de demitir(-se); dispensa dos serviços profissionais de uma pessoa ⊃ admissão

de.mis.sio.ná.rio *adj.* que pediu demissão

de.mi.tir *v.*{mod. 24} *t.d.,t.d.i. e pron.* (prep. *de*) dispensar ou sair (de emprego, cargo); exonerar(-se), despedir(-se) ⊃ admitir, contratar

[1]**de.mo** *s.m.* demônio [ORIGEM: do lat. *daemon,ŏnis* 'divindade, gênio, demônio']

[2]**de.mo** *adj.2g.2n.s.2g.* (fita, vídeo, *CD* etc.) produzido para demonstração [ORIGEM: do ing. *demo*, red. de *demonstration* 'demonstração']

de.mo.cra.ci.a *s.f.* **1** governo em que o povo exerce a soberania **2** sistema comprometido com a igualdade ou a distribuição igualitária de poder

de.mo.cra.ta *adj.2g.s.2g.* (aquele) que defende os princípios da democracia

de.mo.crá.ti.co *adj.* **1** relativo à democracia **2** próprio do povo

de.mo.dê *adj.2g.* fora de moda

de.mo.gra.fi.a *s.f.* estudo quantitativo das populações humanas ~**demográfico** *adj.* - **demógrafo** *s.m.*

de.mo.lir *v.*{mod. 24} *t.d.* **1** pôr abaixo (algo construído); derrubar **2** *fig.* destruir, arrasar, aniquilar **3** *fig.* obter vitória esmagadora sobre ⊙ GRAM/USO verbo defectivo ~**demolição** *s.f.*

de.mo.ní.a.co *adj.* relativo a ou próprio de demônio; diabólico, satânico

de.mô.nio *s.m.* **1** espírito do mal ☞ inicial por vezes maiúsc. **2** *fig.* indivíduo cruel **3** *fig.* indivíduo irrequieto ⟨*esse menino é um d.*⟩ ⊃ anjo

de.mo.nis.mo *s.m.* **1** crença nos demônios **2** veneração dos demônios ~**demonista** *adj.2g.s.2g.*

de.mons.tra.ção [pl.: *-ões*] *s.f.* **1** ato ou efeito de demonstrar **2** qualquer recurso capaz de atestar a veracidade de alguma coisa; prova **3** apresentação de habilidades especiais ou espetaculares; exibição ⟨*d. de mágica*⟩

de.mons.trar *v.*{mod. 1} *t.d. e t.d.i.* **1** (prep. *a*) tornar evidente através de provas; comprovar ⊃ esconder **2** (prep. *a*) tornar perceptível por sinais, indícios; manifestar ⊃ esconder **3** (prep. *a*) expor, apresentar, mostrar ~**demonstrável** *adj.2g.*

de.mons.tra.ti.vo *adj.s.m.* **1** (o) que demonstra **2** (pronome) que localiza a coisa ou pessoa de que ou de quem se fala ■ *s.m.* **3** documento com a análise dos elementos de uma importância recebida ou paga

de.mo.ra *s.f.* **1** atraso, espera **2** estada, permanência ⟨*a d. do bonde na estação é de 10 minutos*⟩ ⊡ **sem d.** *loc.adv.* já, agora ⟨*precisamos nos mudar sem d.*⟩

de.mo.rar *v.* {mod. 1} *int.* **1** tardar a se realizar ou estender-se no tempo ❑ *t.d.* **2** causar atraso a; retardar ↄ antecipar ❑ *int. e pron.* **3** ficar por longo tempo ⟨*d.(-se) no trabalho*⟩ ❑ *t.i. e pron.* **4** (prep. *a*) passar do tempo necessário ou combinado; atrasar-se, custar ⟨*d. a sair*⟩ ⟨*d.-se em tomar a decisão*⟩

de.mo.ver *v.* {mod. 8} *t.d.,t.d.i. e pron.* **1** (prep. *de*) [fazer] desistir de (intento, ideia etc.); dissuadir ❑ *t.d.* **2** mudar de lugar; deslocar, remover ⟨*d. uma pedra*⟩

den.dê *s.m.* **1** fruto do dendezeiro **2** azeite obtido da polpa desse fruto, us. na culinária afro-brasileira e na fabricação de sabão, graxas e lubrificantes e na indústria siderúrgica

den.de.zei.ro *s.m.* palmeira do dendê

de.ne.gar *v.* {mod. 1} *t.d.* **1** afirmar que não é verdade; negar ↄ confirmar **2** não atender a; indeferir ⟨*d. requerimento*⟩ ↄ deferir **3** rejeitar, recusar ⟨*d. uma oferta*⟩ ↄ aceitar ❑ *pron.* **4** (prep. *a*) recusar-se ⟨*d.-se a colaborar*⟩ ~ **denegação** *s.f.*

de.ne.grir *v.* {mod. 27} *t.d. e pron.* → DENIGRIR

den.go *s.m.* **1** lamentação infantil; birra, manha **2** delicadeza no comportamento; meiguice ~ **denguices** *.f.*

den.go.so \ô\ [pl.: *dengosos* \ó\] *adj.* **1** que se comporta de maneira manhosa, birrenta (diz-se de criança) **2** que tem comportamento delicado, terno **3** que age de forma astuciosa; ardiloso

den.gue *s.m.* **1** dengo ■ *s.f.* **2** doença infecciosa, transmitida pela picada do mosquito *Aedes aegypti*, caracterizada por febre alta, dor na cabeça e no corpo e cansaço

de.ni.grir ou **de.ne.grir** *v.* {mod. 27} *t.d. e pron.* **1** tornar(-se) negro ou escuro; escurecer(-se) ↄ clarear **2** *fig.* diminuir a pureza, o valor de; desvalorizar(-se) ↄ valorizar(-se)

de.no.do \ô\ *s.m.* **1** ousadia, bravura ↄ covardia **2** atitude irrefletida; precipitação ↄ prudência **3** *fig.* brio, distinção ↄ deselegância ~ **denodado** *adj.*

de.no.mi.na.ção [pl.: *-ões*] *s.f.* **1** atribuição de um nome a um ser **2** o nome atribuído

de.no.mi.na.dor \ô\ *adj.s.m.* **1** que(m) nomeia ■ *s.m.* **2** MAT número ou termo situado sob o traço de fração, e que representa o divisor ⊡ **d. comum** *loc.subst.* **1** MAT qualquer múltiplo dos denominadores de um conjunto de frações **2** *infrm.* o que dois ou mais seres possuem em comum

de.no.mi.nar *v.* {mod. 1} *t.d. e t.d.pred.* **1** pôr nome em; designar, nomear ❑ *pron.* **2** dar-se apelido ou qualificação de; intitular-se ~ **denominativo** *adj.*

de.no.ta.ção [pl.: *-ões*] *s.f.* GRAM relação direta de significação que um nome estabelece com um objeto da realidade ☞ cf. *conotação* ~ **denotativo** *adj.*

de.no.tar *v.* {mod. 1} *t.d.* **1** mostrar por sinais ou indícios; indicar ⟨*febre denota problemas de saúde*⟩ ↄ esconder **2** ser a imagem de; simbolizar ⟨*a balança denota a Justiça*⟩

den.si.da.de *s.f.* **1** espessura, grossura ⟨*d. da cortina*⟩ ↄ delgadeza **2** *fig.* profundidade, complexidade ⟨*d. de um texto*⟩ ↄ leveza ⊡ **d. populacional** *loc.subst.* índice que expressa a quantidade de indivíduos de uma população por unidade de área ou volume

den.si.to.me.tri.a *s.f.* **1** ÓPT medição de densidade óptica em chapas fotográficas **2** exame radiológico da densidade de um órgão ⊡ **d. óssea** *loc.subst.* exame para avaliar o conteúdo mineral dos ossos, esp. a percentagem de cálcio

den.so *adj.* **1** que possui estrutura compacta; espesso ↄ ralo **2** *fig.* intenso em conteúdo; profundo ↄ superficial

den.ta.da *s.f.* **1** compressão feita com os dentes; mordida **2** ferida provocada por essa compressão

den.ta.du.ra *s.f.* **1** o conjunto dos dentes **2** estrutura de dentes postiços que substitui os naturais

den.tar *v.* {mod. 1} *t.d.* **1** dentear **2** dar dentadas em; morder ❑ *int.* **3** começar a apresentar dentes

den.te *s.m.* **1** cada um dos corpos duros implantados nos maxilares, us. para morder e mastigar **2** *p.ext.* cada um dos recortes salientes de certos objetos ou instrumentos ⟨*d. de uma engrenagem*⟩ **3** *p.ext.* saliência ou ponta ⟨*os d. de um pente*⟩ ⊙ COL dentadura ⊡ **d. de leite** *loc.subst.* cada um dos dentes que surgem entre seis e 30 meses de idade e são substituídos pelos permanentes por volta dos seis anos ~ **dental** *adj.2g.* - **dentário** *adj.*

den.te.ar *v.* {mod. 5} *t.d.* **1** fazer dentes em ⟨*d. uma roda*⟩ **2** recortar na forma de dentes ⟨*d. papel, couro*⟩ ~ **denteado** *adj.*

den.ti.ção [pl.: *-ões*] *s.f.* **1** processo de formação, nascimento e crescimento dos dentes **2** o conjunto dos dentes

den.ti.frí.cio *adj.s.m.* (pasta, creme etc.) us. para limpar os dentes

den.ti.na *s.f.* tecido rico em cálcio que recobre a polpa dos dentes

den.tis.ta *adj.2g.s.2g.* (profissional) que trata dos dentes; odontologista

den.tre *contr.* das prep. *de* e *entre*; do meio de ⟨*d. os atletas, um disparou na frente*⟩

den.tro *adv.* **1** na parte interior ⟨*aqui d. está frio*⟩ ↄ fora **2** para o interior de ⟨*entrou casa d.*⟩ ↄ afora

den.tu.ça *s.f.* **1** arcada dos dentes da frente grandes ou salientes ■ *s.2g.* **2** quem tem essa arcada

den.tu.ço *adj.s.m.* *B* que(m) tem dentes grandes ou salientes

de.nún.cia *s.f.* **1** acusação de ato ilegal ⟨*d. de corrupção*⟩ **2** DIR cessação (de contrato, acordo etc.) **3** revelação de segredo ⟨*d. dos outros terroristas*⟩ **4** manifestação exterior de algo até então oculto; sinal ⟨*fumaça é d. de fogo*⟩ ⊡ **d. vazia** *loc.subst.* DIR ação de despejo sem qualquer motivo por parte do dono de imóvel

de.nun.ci.ar *v.* {mod. 1} *t.d.,t.d.i. e pron.* **1** (prep. *a*) declarar(-se) responsável por (crime, delito, falta); acusar(-se) ⊃ inocentar(-se) ❑ *t.d. e t.d.i.* **2** (prep. *a*) tornar conhecido; revelar, anunciar ❑ *t.d. e pron.* **3** expôr(-se) à vista; evidenciar(-se), revelar(-se) ⊃ esconder(-se) ~ **denunciação** *s.f.* - **denunciante** *adj.2g.s.2g.* - **denunciativo** *adj.*

de.nun.cis.mo *s.m.* onda de denúncias em sequência

de.pa.rar *v.* {mod. 1} *t.d.,t.i. e pron.* **1** (prep. *com*) encontrar-se de modo inesperado (com); topar ❑ *pron.* **2** surgir de repente

de.par.ta.men.to *s.m.* setor, seção de organização pública ou privada (empresa, loja, faculdade etc.) ~ **departamental** *adj.2g.*

de.pau.pe.rar *v.* {mod. 1} *t.d.* **1** reduzir ou esgotar os recursos econômicos de ⟨*d. um orçamento*⟩ ❑ *t.d. e pron.* **2** (fazer) perder o vigor físico ou a saúde; enfraquecer(-se), debilitar(-se) ⊃ fortalecer(-se) ~ **depauperação** *s.f.* - **depauperamento** *s.m.* - **depauperante** *adj.2g.*

de.pe.nar *v.* {mod. 1} *t.d. e pron.* **1** arrancar as penas de ou perdê-las ❑ *t.d. fig. infrm.* **2** tirar o dinheiro, os bens de **3** tirar as peças de (veículo roubado ou abandonado)

de.pen.dên.cia *s.f.* **1** estado ou qualidade de dependente; subordinação ⊃ independência **2** submissão à vontade do outro ⟨*relação de d. com o marido*⟩ ⊃ autonomia **3** relação necessária; conexão ⟨*d. entre a teoria e a prática*⟩ ⊃ desconexão **4** cômodo de uma residência ⟨*casa com d. amplas*⟩ ☞ mais us. no pl. **5** consumo contínuo de qualquer tipo de droga

de.pen.den.te *adj.2g.s.2g.* **1** (o) que depende ⊃ independente **2** que(m) sente dificuldade de parar com a ingestão de drogas ou álcool **3** que(m) vive às custas de outra pessoa

de.pen.der *v.* {mod. 8} *t.i.* **1** (prep. *de*) estar sujeito a ⟨*d. de horários, da sorte*⟩ **2** (prep. *de*) requerer decisão, resolução de **3** (prep. *de*) precisar do auxílio, proteção, sustento de ⟨*d. dos pais para viver*⟩ **4** (prep. *de*) surgir em consequência de; derivar, resultar ⟨*o sucesso depende do trabalho*⟩ ⊃ causar, originar

de.pen.du.rar *v.* {mod. 1} *t.d. e pron.* pendurar ~ **dependura** *s.f.*

de.pe.ni.car *v.* {mod. 1} *t.d.* **1** arrancar aos poucos penas ou pelos de ❑ *t.d.,t.i. e int.* **2** (prep. *em*) comer aos poucos, em pequenas porções; beliscar

de.pe.re.cer *v.* {mod. 8} *int.* **1** morrer aos poucos **2** perder a força aos poucos; definhar ⊃ fortalecer-se ~ **deperecimento** *s.m.*

de.pi.la.dor \ô\ *adj.s.m.* **1** que(m) faz depilação como atividade profissional **2** (aparelho) que serve para depilar

de.pi.lar *v.* {mod. 1} *t.d. e pron.* extrair ou raspar os pelos (de) ~ **depilação** *s.f.*

de.pi.la.tó.rio *adj.s.m.* **1** (o) que depila ■ *s.m.* **2** preparado us. para retirar os pelos do corpo

de.ple.ção [pl.: *-ões*] *s.f.* MED perda de elementos fundamentais do organismo, como água, sangue etc.

de.plo.rar *v.* {mod. 1} *t.d. e pron.* **1** mostrar aflição, sofrimento por; lastimar(-se) **2** revelar inconformismo, desagrado; lamentar(-se) ~ **deploração** *s.f.* - **deplorável** *adj.2g.*

de.po.en.te *adj.2g.s.2g.* que(m) depõe em juízo, ger. como testemunha

de.po.i.men.to *s.m.* **1** ato de depor ou seu efeito **2** DIR declaração, em juízo, da testemunha sobre um fato

de.pois *adv.* **1** em seguida, após ⟨*refletiu e d. se decidiu*⟩ ⊃ antes **2** atrás ⟨*d. do capitão vinham os soldados*⟩ ⊃ na frente **3** além disso ⟨*é perigoso e, d., contrário à moral*⟩

de.por *v.* {mod. 23} *t.d.* **1** pôr à parte; largar, deixar ⊃ pegar **2** renunciar a (cargo, título) **3** repousar (objeto) num lugar; pôr ⟨*d. o copo na mesa*⟩ ☞ *na mesa* é circunstância que funciona como complemento ❑ *t.d. e t.d.i.* **4** (prep. *de*) destituir (de cargo, poder) ❑ *t.d. e int.* **5** declarar ou testemunhar em juízo ❑ *pron.* **6** acumular-se no fundo ⊙ GRAM/USO part.: *deposto* ~ **deposição** *s.f.*

de.por.ta.ção [pl.: *-ões*] *s.f.* pena de expulsão de estrangeiro pelo Estado; desterro ⊃ repatriação

de.por.tar *v.* {mod. 1} *t.d.* expulsar do país; banir

de.po.si.tar *v.* {mod. 1} *t.d.* **1** pôr (algo valioso) [em depósito] ⟨*d. dinheiro no cofre*⟩ ☞ *no cofre* é circunstância que funciona como complemento **2** repousar (objeto) num lugar; colocar ⟨*d. o copo sobre a mesa*⟩ ☞ *sobre a mesa* é circunstância que funciona como complemento ❑ *t.d.i.* **3** (prep. *a*) comunicar em confiança; confiar ❑ *pron.* **4** acumular-se no fundo; depor-se, assentar ~ **depositante** *adj.2g.s.2g.*

de.po.si.tá.rio *s.m.* **1** quem recebe e guarda um depósito **2** aquele a quem foi confiado um segredo ou confidência

de.pó.si.to *s.m.* **1** colocação de algo em algum lugar específico **2** a coisa depositada **3** local ou recipiente onde se guarda ou acumula algo ⟨*d. de lixo*⟩ **4** resíduo material acumulado no fundo de um líquido; borra, sedimento **5** estabelecimento comercial de venda de grande quantidade de mercadorias; armazém ⊡ **d. bancário** *loc.subst.* quantia depositada em um banco comercial

de.pra.va.ção [pl.: *-ões*] *s.f.* **1** ato ou efeito de depravar(-se); corrupção, perversão **2** estado de quem se depravou

de.pra.va.do *adj.s.m.* que(m) está moralmente corrompido; devasso ⊃ recatado

de.pra.var *v.* {mod. 1} *t.d. e pron.* **1** corromper(-se) moralmente; perverter(-se) ⊃ dignificar(-se), regenerar(-se) **2** mudar para pior; danificar(-se) ⊃ melhorar

de.pre.car *v.* {mod. 1} *t.d.,t.d.i. e int.* (prep. *a*) pedir com submissão e insistência; suplicar, implorar

de.pre.ci.ar *v.*{mod. 1} *t.d. e pron.fig.* **1** rebaixar o valor, a virtude (de); desvalorizar(-se) ↄ valorizar(-se) ❑ *t.d.* **2** reduzir o preço de; baratear ↄ encarecer ~**depreciação** *s.f.*

de.pre.ci.a.ti.vo *adj.* **1** que deprecia ⟨*comentário d.*⟩ **2** pejorativo

de.pre.dar *v.*{mod. 1} *t.d.* **1** destruir, arruinar ⟨*d. um monumento*⟩ **2** roubar, saquear ⟨*d. uma casa*⟩ ~**depredação** *s.f.* - **depredatório** *adj.*

de.pre.en.der *v.*{mod. 8} *t.d.* **1** perceber o sentido de; entender, compreender ❑ *t.d. e t.d.i.* **2** (prep. *de*) deduzir, concluir ~**depreensão** *s.f.*

de.pres.sa *adv.* de maneira apressada, rápida; com pressa ⟨*falar, andar d.*⟩ ↄ devagar

de.pres.são [pl.: *-ões*] *s.f.* **1** cova de pequena profundidade ⟨*d. no terreno*⟩ ↄ elevação **2** diminuição de pressão ⟨*d. sanguínea, atmosférica*⟩ ↄ aumento **3** crise econômica em que há queda no consumo, produção e emprego de um país ↄ expansão **4** sensação de prostração física ou abatimento moral ↄ euforia

de.pri.mir *v.* {mod. 24} *t.d. e pron.* **1** (fazer) sentir abatimento, tristeza, melancolia ↄ animar(-se) ❑ *t.d.* **2** rebaixar ⟨*d. um terreno*⟩ ↄ elevar **3** reduzir, diminuir ⟨*d. a pressão sanguínea*⟩ ↄ aumentar ~**depressivo** *adj.s.m.* - **deprimente** *adj.2g.*

de.pu.rar *v.*{mod. 1} *t.d.,t.d.i. e pron.* **1** (prep. *de*) limpar (-se) [de sujeira ou substâncias indesejáveis] ↄ sujar(-se) **2** (prep. *de*) purificar(-se) [de mácula ou pecado]; purgar(-se) ↄ corromper(-se) ~**depuração** *s.f.*

de.pu.ra.ti.vo *adj.s.m.* **1** (o) que depura **2** (substância) que purifica o organismo de toxinas e resíduos

de.pu.ta.do *s.m.* **1** quem recebeu autorização para agir em comissão; delegado, enviado **2** membro eleito de câmara ou assembleia legislativa ⊙ COL assembleia, bancada, câmara

de.pu.tar *v.*{mod. 1} *t.d.i.* **1** (prep. *a*) enviar em missão **2** (prep. *na*) investir (em alguém) [poderes, expectativas]; delegar, depositar ~**deputação** *s.f.*

de.que *s.m.* **1** piso descoberto de uma embarcação; convés **2** *p.ext.* terraço, patamar ou plataforma feita de tábuas paralelas

de.ri.va *s.f.* desvio de rota de navios ou aeronaves causado pelo vento, correntes ou força da gravidade ⊡ **à d.** *loc.adv.* **1** sem rumo (a propósito de embarcação) **2** *fig.* ao sabor dos acontecimentos ⟨*viver à d.*⟩

de.ri.va.ção [pl.: *-ões*] *s.f.* **1** ação de desviar um curso de água **2** *p.ext.* movimento de afastamento do caminho normal; desvio ⟨*d. da estrada*⟩ ⟨*d. do assunto de uma narrativa*⟩ **3** GRAM processo de formação de palavras, com uso de afixos ~**derivativo** *adj.*

de.ri.va.do *adj.s.m.* **1** (o) que se origina de transformação material ⟨(*produtos*) *d. do petróleo*⟩ **2** GRAM (o) que deriva de outro (diz-se de palavra) ■ *adj.* **3** procedente, resultante ⟨*doença d. de má alimentação*⟩

de.ri.var *v.*{mod. 1} *t.d.,int. e pron.* **1** mudar a direção (de) ❑ *t.i. e pron.* **2** (prep. *de*) ter origem em; proceder ❑ *t.d.i.* **3** (prep. *de*) extrair, retirar ⟨*d. dos fatos hipóteses*⟩ ❑ *int. e pron.* **4** correr (o líquido); fluir ⟨*a água deriva(-se) da nascente para a represa*⟩ ❑ *t.i. p.ext.* **5** (prep. *de*) formar-se (uma palavra) a partir de outra, com acréscimo de afixos ~**derivante** *adj.2g.s.f.*

der.ma *s.m.* derme

der.máp.te.ro *s.m.* **1** espécime dos dermápteros, ordem de insetos encontrados em regiões tropicais, de hábitos ger. noturnos, vulgarmente conhecidos como lacrainhas ■ *adj.* **2** relativo a essa ordem

der.ma.ti.te *s.f.* MED inflamação da pele

der.ma.to.lo.gi.a *s.f.* ramo da medicina que trata do diagnóstico e tratamento das doenças da pele ~ **dermatologista** *adj.2g.s.2g.*

der.ma.to.se *s.f.* MED qualquer doença de pele, esp. quando não há inflamação

der.me *s.f.* a camada da pele sob a epiderme; derma ~**dérmico** *adj.*

der.móp.te.ro *s.m.* **1** espécime dos dermópteros, ordem de mamíferos conhecidos como lêmures-voadores, por possuírem membros unidos por uma prega de pele que se estende até o pescoço, dedos e cauda, o que lhes permite planar por entre as árvores das florestas tropicais da Ásia ■ *adj.* **2** relativo a esses mamíferos

der.ra.dei.ro *adj.* **1** que não é sucedido por nenhum outro de seu gênero ⟨*olhar d.*⟩ **2** final; último ⟨*d. instante*⟩ ↄ primeiro

der.ra.ma *s.f.* HIST no período colonial, imposto pago pelos mineradores ou cobrança dos quintos atrasados

der.ra.mar *v.*{mod. 1} *t.d. e pron.* **1** (fazer) sair (líquido, grãos etc.), ger. em grande quantidade e espalhando(-se) **2** *p.ext.* espalhar(-se) sem direção precisa ⟨*a janela derrama luz pela casa*⟩ ⟨*o cheiro derramava-se pela sala*⟩ **3** *fig.* expressar(-se) de forma abundante (sentimentos, emoções etc.) ❑ *t.d.* **4** cortar ou aparar os ramos de ❑ *pron.fig.* **5** (prep. *por*) estar apaixonado ~**derramamento** *s.m.*

der.ra.me *s.m.* **1** ato de derramar ou o seu efeito; derramamento ⟨*d. de sangue*⟩ **2** ruptura de vaso sanguíneo gerando hemorragia ⊡ **d. cerebral** *loc.subst. infrm.* acidente vascular cerebral

der.ra.par *v.* {mod. 1} *int.* deslizar de maneira desgovernada ~**derrapada** *s.f.* - **derrapagem** *s.f.* - **derrapante** *adj.2g.*

der.re.ar *v.*{mod. 5} *t.d. e pron.* **1** (fazer) tomar posição inclinada, dobrada; curvar(-se) ↄ endireitar(-se) **2** (fazer) ficar muito cansado; esgotar(-se) ↄ descansar ~**derreamento** *s.m.*

der.re.dor *adv.* em volta, em torno

der.re.ter *v.* {mod. 8} *t.d.,int. e pron.* **1** tornar(-se) líquido; liquefazer(-se) ↄ solidificar(-se) **2** *fig.* (fazer) sentir emoção intensa; comover(-se) ↄ insensibilizar(-se) **3** *fig.* tornar(-se) mais suave; abrandar(-se) ↄ endurecer(-se) ❑ *pron. fig.* **4** (prep. *em*) mostrar sentimentos, emoções; desfazer-se ⟨*d.-se em lágrimas*⟩ **5** (prep. *por*) estar apaixonado

der.re.ti.men.to *s.m.* **1** transformação de sólido em líquido; fundição ↄ solidificação **2** *fig.* encantamento; atração ↄ desinteresse

der.ri.bar *v.* {mod. 1} *t.d.* **1** fazer cair **2** impor domínio sobre; vencer ⟨*d. o inimigo*⟩ ⮌ perder **3** abater, prostrar ⮌ fortalecer ❑ *t.d. e t.d.i.* **4** (prep. *de*) privar de (cargo, função, poder etc.); destituir ❑ *pron.* **5** atirar-se, lançar-se

der.ro.ca.da *s.f.* **1** demolição de construção humana ou natural ⮌ construção **2** *fig.* queda acompanhada de decadência ⟨*d. das instituições*⟩ ⮌ ascensão

der.ro.ca.men.to *s.m.* derrocada

der.ro.car *v.* {mod. 1} *t.d. e pron.* **1** pôr ou vir abaixo; destruir(-se) ⮌ erguer(-se) ❑ *t.d. fig.* **2** destituir do poder; derrubar ⟨*d. o governo*⟩

der.ro.gar *v.* {mod. 1} *t.d.* **1** alterar em parte (lei, regulamento ou sentença) **2** tornar nulo; invalidar ⮌ validar ❑ *t.i.* **3** (prep. *a*) contrariar (lei ou costume) ~ **derrogação** *s.f.* - **derrogatório** *adj.*

der.ro.ta *s.f.* **1** perda de uma batalha, uma guerra ⮌ vitória **2** revés (em negócio, amor etc.) ⮌ sucesso **3** derrubada do poder; queda ⟨*d. de ministro*⟩ ⮌ nomeação **4** *B infrm.* acontecimento desventurado, doloroso; calamidade ⮌ felicidade

der.ro.tar *v.* {mod. 1} *t.d.* **1** vencer em luta, guerra, competição etc. ⮌ perder **2** produzir cansaço em; fatigar ⮌ descansar **3** desencorajar, desestimular ⟨*as dificuldades derrotaram-no*⟩ ⮌ encorajar ~ **derrotista** *adj.2g.s.2g.*

der.ro.tis.mo *s.m.* atitude pessimista daquele que só crê no fracasso, na derrota

der.ru.bar *v.* {mod. 1} *t.d.* **1** deixar ou fazer cair **2** vencer, arrasar ⟨*d. o inimigo*⟩ ⮌ perder **3** *B gír.* pôr em situação desvantajosa; prejudicar ⮌ ajudar **4** *fig.* abater, prostrar, desanimar ⮌ animar ❑ *t.d. e t.d.i.* **5** (prep. *de*) privar (de cargo, função, poder etc.); destituir ~ **derrubada** *s.f.* - **derrubador** *adj.s.m.* - **derrubamento** *s.m.*

der.ru.ir *v.* {mod. 26} *t.d. e pron.* **1** pôr ou vir abaixo; destruir(-se) **2** *fig.* aniquilar(-se), extinguir(-se)

der.vi.xe *s.m.* monge muçulmano que faz votos de pobreza, humildade e castidade

des– *pref.* **1** 'separação, afastamento': *descascar, desenterrar* **2** 'oposição, negação': *desamor, desnortear* **3** 'aumento, reforço': *desinfeliz*

de.sa.ba.far *v.* {mod. 1} *t.d. e pron.* **1** retirar o que abafa; descobrir(-se) ⮌ abafar(-se) ❑ *t.d.* **2** fazer circular o ar em; arejar ⟨*d. a sala*⟩ ❑ *t.d., t.i., t.d.i. e pron.* **3** (prep. *com*) dizer (o que sente ou pensa) [a alguém] ~ **desabafamento** *s.m.*

de.sa.ba.fo *s.m.* **1** manifestação de sentimentos e pensamentos íntimos **2** desafogo, desopressão ⟨*a minha vitória foi um d.*⟩

de.sa.ba.la.do *adj.* **1** que parece não ter freios ou limites; desembestado ⟨*corrida d.*⟩ **2** excessivo, enorme ⟨*dor d.*⟩ ⮌ comedido ■ *s.m.* **3** movimento precipitado, descomedido ⟨*no d. da fuga atropelou duas pessoas*⟩

de.sa.bar *v.* {mod. 1} *int.* **1** despencar, cair, desmoronar **2** *p.ext.* cair com violência (chuva, temporal etc.) ~ **desabamento** *s.m.*

de.sa.bi.li.tar *v.* {mod. 1} *t.d., t.d.i. e pron.* (prep. *para*) [fazer] perder a habilidade (para atividade, função etc.) ⮌ qualificar(-se)

de.sa.bi.tar *v.* {mod. 1} *t.d.* **1** deixar de habitar (casa, moradia etc.) ⮌ habitar, morar **2** deixar (local) sem habitantes; despovoar ⮌ povoar ~ **desabitado** *adj.*

de.sa.bi.tu.ar *v.* {mod. 1} *t.d.i. e pron.* (prep. *de*) [fazer] perder o hábito (de); desacostumar(-se) ⮌ habituar(-se)

de.sa.bo.nar *v.* {mod. 1} *t.d. e pron.* tornar(-se) desmerecedor de estima, consideração, crédito; desacreditar(-se) ⮌ abonar(-se) ~ **desabonador** *adj.s.m.* - **desabono** *s.m.*

de.sa.bo.to.ar *v.* {mod. 1} *t.d.* **1** pôr os botões de (roupa) para fora das casas ⮌ abotoar ❑ *t.d. e pron.* **2** desabrochar(-se) [botão de flor] **3** abrir a roupa (de), soltando os botões ⮌ abotoar

de.sa.bri.do *adj.* **1** insolente, inconveniente ⟨*palavras d.*⟩ ⮌ amável **2** que é fisicamente desagradável; áspero, rude ⟨*frio d.*⟩ ⮌ ameno ~ **desabrimento** *s.m.*

de.sa.bri.ga.do *adj.s.m.* que(m) não tem abrigo ou perdeu o abrigo

de.sa.bri.gar *v.* {mod. 1} *t.d. e pron.* **1** tirar ou sair do abrigo; desalojar(-se) ⮌ abrigar(-se) ❑ *t.d. p.ext.* **2** desamparar, abandonar ⮌ proteger, resguardar

de.sa.bri.go *s.m.* **1** falta de abrigo ⟨*d. das famílias*⟩ ⮌ abrigo **2** *p.ext.* situação de desamparo, abandono ⮌ amparo

de.sa.bro.char *v.* {mod. 1} *int. e pron.* **1** abrir(-se) [o botão] em flor **2** *fig.* nascer, surgir ⮌ acabar **3** *fig.* desenvolver-se de forma bela ou eficaz; crescer, florescer ~ **desabrochamento** *s.m.* - **desabrocho** *s.m.*

de.sa.bu.sa.do *adj.* **1** que perdeu a ilusão, preconceito ou superstição ■ *adj.s.m.* **2** que(m) é atrevido, confiado, insolente

de.sa.ca.tar *v.* {mod. 1} *t.d.* **1** não tratar com respeito ⟨*d. uma autoridade*⟩ ⮌ respeitar **2** não dar importância a; desconsiderar, desobedecer ⟨*d. usos, ordens*⟩ ⮌ considerar ~ **desacatamento** *s.m.*

de.sa.ca.to *s.m.* **1** falta de respeito ⟨*d. à autoridade*⟩ ⮌ respeito **2** sucesso estrondoso; deslumbramento ⟨*o show foi um d.!*⟩ ⮌ fracasso

de.sa.ce.le.rar *v.* {mod. 1} *t.d. e int.* **1** diminuir a velocidade (de) ⮌ acelerar **2** *p.ext.* tornar mais lento o progresso (de); retardar ⟨*d. o crescimento industrial*⟩ ⟨*a inflação desacelerou*⟩ ~ **desaceleração** *s.f.*

de.sa.cer.tar *v.* {mod. 1} *t.d.* **1** não acertar; errar **2** não conseguir encontrar ⟨*d. caminho, solução*⟩ ⮌ achar ❑ *t.d. e pron.* **3** desfazer(-se) o acerto, a correção **4** desregular(-se) [motor, relógio etc.] ❑ *int.* **5** agir de modo incorreto, equivocado; errar

de.sa.cer.to \ê\ *s.m.* **1** erro ⮌ acerto **2** despropósito, asneira, tolice **3** falta de entendimento; desavença, desunião ⮌ concordância

de.sa.co.mo.dar *v.* {mod. 1} *t.d. e pron.* **1** incomodar(-se), perturbar(-se) ❑ *t.d.* **2** tirar do cômodo, do aposento; desalojar ⮌ acomodar **3** desarrumar, desorganizar ⟨*d. os livros*⟩ ⮌ arrumar

de.sa.com.pa.nha.do *adj.* **1** sem companhia; só, solitário ⮌ acompanhado **2** sem a presença de algo ⟨*arroz d. de feijão*⟩ ⮌ acompanhado

de.sa.com.pa.nhar *v.* {mod. 1} *t.d.* **1** deixar de acompanhar; largar ⮌ acompanhar **2** recusar apoio a; desproteger **3** perder o interesse por ⟨*d. assunto, questão*⟩ ⮌ interessar-se

de.sa.con.se.lhar *v.* {mod. 1} *t.d. e t.d.i.* (prep. *a*) aconselhar (alguém) a não fazer (algo); dissuadir, contraindicar ⮌ indicar, recomendar ~ **desaconselhável** *adj.2g.*

de.sa.cor.ço.ar, **de.sa.co.ro.ço.ar** ou **des.cor.ço.ar** *v.* {mod. 1} *t.d. e int.* **1** (fazer) perder o ânimo ou a coragem; esmorecer, acovardar(-se) ⮌ animar(-se) **2** desapontar(-se), decepcionar(-se)

[1]de.sa.cor.da.do *adj.* que perdeu os sentidos; desmaiado ⮌ acordado [ORIGEM: part. de [1]*desacordar*]

[2]de.sa.cor.da.do *adj.* que está em divergência; discordante ⮌ combinado [ORIGEM: part. de [2]*desacordar*]

[1]de.sa.cor.dar *v.* {mod. 1} *int. e pron.* **1** perder os sentidos; desmaiar ❑ *t.i. e pron.* **2** (prep. *de*) esquecer ⮌ lembrar [ORIGEM: *des-* + [2]*acordar*]

[2]de.sa.cor.dar *v.* {mod. 1} *t.d.,t.i.,int. e pron.* **1** (prep. *de*) pôr(-se) em desacordo, em divergência ⮌ acordar ❑ *t.d. e int. p.ext.* **2** (fazer) perder a harmonia (de cores, sons etc.) ⮌ harmonizar ❑ *int. p.ext.* **3** deixar de combinar; destoar [ORIGEM: *des-* + [1]*acordar*]

de.sa.cor.do \ô\ *s.m.* **1** ausência de entendimento; desavença ⮌ acordo **2** *p.ext.* conjunto desarmônico (de sons, cores etc.) ⮌ harmonia **3** *p.ext.* falta de integração; desarmonia ⟨*d. entre os setores da empresa*⟩ ⮌ integração

de.sa.co.ro.ço.ar *v.* {mod. 1} *t.d. e int.* → DESACORÇOAR

de.sa.cor.ren.tar *v.* {mod. 1} *t.d. e pron.* **1** desprender(-se) de corrente ⮌ acorrentar(-se) **2** *fig.* livrar(-se) de prisão ou situação aprisionadora ⮌ prender(-se)

de.sa.cos.tu.mar *v.* {mod. 1} *t.d.i. e pron.* (prep. *de*) [fazer] perder o costume de; desabituar(-se) ⮌ habituar(-se)

de.sa.cre.di.tar *v.* {mod. 1} *t.d. e pron.* **1** (fazer) perder a boa reputação; desabonar(-se) ❑ *t.d.* **2** depreciar, desmerecer ⟨*d. o empregado*⟩ ⮌ valorizar **3** não crer em ⮌ acreditar ~ **desacreditado** *adj.*

de.sa.fei.ção [pl.: *-ões*] *s.f.* falta, diminuição ou perda de afeto, de amizade ⮌ afeição

[1]de.sa.fei.ço.ar *v.* {mod. 1} *t.d.* mudar as feições de; desfigurar [ORIGEM: *des-* + [2]*afeiçoar*]

[2]de.sa.fei.ço.ar *v.* {mod. 1} *t.d.i. e pron.* (prep. *de*) [fazer] perder o afeto, a amizade ou o gosto, o prazer por ⮌ afeiçoar(-se) [ORIGEM: *des-* + [1]*afeiçoar*]

de.sa.fei.to *adj.* que perdeu o costume de; desacostumado ⮌ acostumado

de.sa.fer.ro.lhar *v.* {mod. 1} *t.d.* **1** abrir, correndo o ferrolho ⮌ aferrolhar **2** *fig.* retirar de onde está aferrolhado ou guardado ⟨*d. presos, joias*⟩ ⮌ guardar ❑ *t.d. e pron. fig.* **3** (fazer) ganhar livre curso; soltar(-se)

de.sa.fe.ta.ção [pl.: *-ões*] *s.f.* espontaneidade no modo de ser, falar e agir; naturalidade ⮌ afetação

de.sa.fe.to *s.m.* **1** ausência de afeto ou afeição ⮌ amor **2** *B* adversário, inimigo ⮌ amigo ■ *adj.* **3** que se mostra hostil a; contrário ⟨*pessoas d. a um partido político*⟩

de.sa.fi.ar *v.* {mod. 1} *t.d.* **1** provocar (alguém) para luta, combate, competição **2** *fig.* opor-se a, ger. com desrespeito; contestar ⟨*d. um juiz*⟩ **3** *fig.* pôr à prova; testar ❑ *t.d.i.* **4** (prep. *a*) incitar (alguém) a agir de certo modo ou fazer algo, ger. supondo sua incapacidade ~ **desafiado** *adj.s.m.* - **desafiador** *adj.s.m.* - **desafiante** *adj.2g.s.2g.*

de.sa.fi.nar *v.* {mod. 1} *t.d.,int. e pron.* **1** (fazer) produzir sons discordantes **2** desajustar(-se) [instrumento] ❑ *t.i. e int. fig.* **3** (prep. *de*) ser incompatível com; destoar ⮌ combinar ~ **desafinação** *s.f.* - **desafinado** *adj.* - **desafinamento** *s.m.*

de.sa.fi.o *s.m.* **1** ato de provocar alguém para duelo **2** *p.ext.* convocação para jogo, competição etc. **3** esse jogo, competição etc. **4** *fig.* tarefa difícil ⟨*d. da paz*⟩ **5** *fig.* ato ou atitude de desrespeito e provocação; afronta ⟨*olhar de d.*⟩ **6** *p.ext. B* diálogo cantado com versos de improviso

de.sa.fi.ve.lar *v.* {mod. 1} *t.d.* abrir ou soltar, desprendendo de fivela ou presilha ⮌ afivelar

de.sa.fo.gar *v.* {mod. 1} *t.d. e t.d.i.* **1** (prep. *de*) livrar (do que afoga, asfixia, sufoca) ❑ *t.d.,t.d.i. e pron.* **2** *fig.* (prep. *de*) libertar(-se) [do que pesa à consciência, ao espírito]; desabafar(-se) **3** (prep. *de*) tornar(-se) menos congestionado; esvaziar(-se) ❑ *t.d. e pron. fig.* **4** livrar(-se) de problemas financeiros

de.sa.fo.go \ô\ *s.m.* **1** estado de quem se encontra aliviado ⟨*d. da dor*⟩ ⮌ aflição **2** despreocupação financeira; folga ⟨*viver em d.*⟩ ⮌ privação

de.sa.fo.ra.do *adj.s.m.* que(m) ofende pela falta de respeito; atrevido, insolente ⮌ respeitoso

de.sa.fo.ro \ô\ *s.m.* atrevimento, insolência; desaforamento ⮌ respeito ~ **desaforar** *v.t.d. e pron.*

de.sa.for.tu.na.do *adj.s.m.* (o) que é marcado pela má sorte, pelo fracasso, pela desgraça; desgraçado, infeliz ⮌ afortunado

de.sa.fron.ta *s.f.* reparação de uma ofensa; desagravo, vingança ⮌ afronta

de.sa.fron.tar *v.* {mod. 1} *t.d.,t.d.i. e pron.* **1** (prep. *de*) reparar afronta, ofensa etc.; vingar(-se) **2** (prep. *de*) livrar(-se) [de ataque, perseguição]; defender(-se) **3** (prep. *de*) libertar(-se) [de mal físico ou moral]; aliviar(-se)

de.sa.ga.sa.lha.do *adj.* **1** sem agasalho ⮌ agasalhado **2** *fig.* desamparado, desprotegido ⮌ protegido ~ **desagasalhar** *v.t.d. e pron.*

de.sá.gio *s.m.* ECON **1** desvalorização do valor nominal de título ou de mercadoria em relação ao seu valor de mercado ⮌ ágio **2** desvalorização da moeda ⮌ valorização

de.sa.gra.dar *v.* {mod. 1} *t.d.,t.i. e pron.* **1** (prep. *a*) [fazer] ter desprazer, desgosto, insatisfação; descontentar(-se) ⮌ contentar(-se) ❑ *t.d. e t.i.* **2** (prep. *a*) causar reação desfavorável ⮌ agradar

de.sa.gra.dá.vel *adj.2g.* **1** que desagrada; que causa desprazer ou incômodo **2** que aborrece, que desgosta ⟨*notícias d.*⟩

de.sa.gra.do *s.m.* **1** ausência de agrado; desprazer ⮌ prazer **2** indelicadeza no trato ⟨*agir com d.*⟩ ⮌ delicadeza

de.sa.gra.var *v.* {mod. 1} *t.d.,t.d.i. e pron.* **1** (prep. *de*) reparar(-se) de (ofensa ou insulto); desafrontar(-se), vingar(-se) ❑ *t.d.* **2** tornar menos grave; suavizar ⮌ agravar **3** aliviar (mal físico)

de.sa.gra.vo *s.m.* reparação de uma ofensa ⮌ injúria

de.sa.gre.ga.ção [pl.: *-ões*] *s.f.* **1** separação de algo em partes; divisão, fragmentação ⟨*d. de um território*⟩ ⮌ união **2** perda da unidade de um conjunto organizado; dissolução ⟨*d. de uma empresa*⟩ ⮌ conservação

de.sa.gre.gar *v.* {mod. 1} *t.d.,t.d.i. e pron.* **1** (prep. *em*) separar(-se) em partes; dividir(-se) ⮌ juntar(-se) ❑ *t.d. e pron. fig.* **2** dissolver(-se), deteriorar(-se), desorganizar(-se) ⟨*d. costumes*⟩ ⟨*a família desagregou-se*⟩

de.sa.gua.dou.ro *s.m.* lugar para onde e/ou por onde se escoam águas; vala

de.sa.guar *v.* {mod. 3} *t.d.* **1** fazer a água escoar de **2** tornar seco; secar, drenar ⮌ irrigar ❑ *int. e pron.* **3** terminar seu curso; desembocar, despejar(-se) ⟨*o rio deságua(-se) no mar*⟩ ~ **desaguamento** *s.m.*

de.sai.re *s.m.* **1** aparência desalinhada; deselegância ⮌ elegância **2** ato vergonhoso; vexame ⟨*sua postura é um d. para a família*⟩ ⮌ honra **3** desgraça, derrota ⟨*d. nos negócios*⟩ ⮌ sucesso

de.sai.ro.so \ô\ [pl.: *desairosos* \ó\] *adj.* **1** sem elegância; deselegante ⟨*roupa d.*⟩ ⮌ elegante **2** que demonstra falta de decência; inconveniente ⟨*ato d.*⟩ ⮌ decente

de.sa.jei.ta.do *adj.* **1** fora de ordem; desarrumado ⟨*quarto d.*⟩ ⮌ arrumado ■ *adj.s.m.* **2** que(m) tem falta de jeito, de destreza, de habilidade **3** (o) que demonstra timidez ⮌ extrovertido **4** que(m) é malfeito de corpo; desengonçado, troncho ⮌ elegante ~ **desajeitamento** *s.m.* - **desajeitar** *v.t.d. e pron.*

de.sa.ju.dar *v.* {mod. 1} *t.d. e int.* **1** não dar auxílio (a) **2** prestar ajuda de forma inconveniente; atrapalhar

de.sa.ju.i.za.do *adj.s.m.* que(m) demonstra insensatez; insensato, imprudente ⮌ prudente ~ **desajuizar** *v.t.d.*

de.sa.jus.tar *v.* {mod. 1} *t.d.* **1** desfazer (ajuste, combinação, acordo etc.) ❑ *t.d. e pron.* **2** desunir(-se) [peças, conexões etc.]; afrouxar(-se) **3** desequilibrar(-se) emocionalmente ~ **desajustamento** *s.m.* - **desajuste** *s.m.*

de.sa.len.tar *v.* {mod. 1} *t.d.,int. e pron.* (fazer) perder o alento, o ânimo; esmorecer, desanimar(-se) ⮌ animar(-se) ~ **desalentador** *adj.s.m.*

de.sa.len.to *s.m.* estado de quem se mostra sem ânimo; desânimo, abatimento ⮌ vigor

de.sal.ge.mar *v.* {mod. 1} *t.d.* **1** tirar as algemas de ⮌ algemar **2** *p.ext.* pôr em liberdade; soltar ⮌ prender

de.sa.li.nhar *v.* {mod. 1} *t.d. e pron.* **1** tirar ou sair do alinhamento ⮌ alinhar(-se) **2** *p.ext.* dar ou adquirir aparência malcuidada; desarrumar(-se) ⮌ arrumar(-se)

de.sa.li.nha.var *v.* {mod. 1} *t.d.* tirar os alinhavos de (roupa, costura etc.) ⮌ alinhavar

de.sa.li.nho *s.m.* **1** falta de alinhamento ⟨*d. dos prédios*⟩ ⮌ alinhamento **2** *fig.* desarrumação, desordem ⟨*d. nos negócios*⟩ ⮌ cuidado **3** falta de cuidado com a aparência ⟨*cabelos em d.*⟩ ~ **desalinhamento** *s.m.*

de.sal.ma.do *adj.s.m.* **1** que(m) demonstra ter maus sentimentos; cruel ⮌ bondoso ■ *adj.* **2** que se caracteriza pela rigidez e crueldade ⟨*lei d.*⟩ ⮌ piedoso

de.sa.lo.jar *v.* {mod. 1} *t.d.,int. e pron.* **1** (fazer) sair de alojamento, de moradia etc.; retirar(-se) ❑ *t.d.* **2** forçar a abandonar posto, posição; expulsar ⮌ acolher ~ **desalojado** *adj.* - **desalojamento** *s.m.*

de.sa.mar.rar *v.* {mod. 1} *t.d.,int. e pron.* **1** desfazer(-se) o nó ou o laço de; desatar(-se), soltar(-se) **2** *fig.* (fazer) perder zanga, preocupação (rosto, feição) ❑ *t.d.* **3** desprender (o que está amarrado) ⟨*d. um embrulho*⟩

de.sa.mar.ro.tar *v.* {mod. 1} *t.d.,int. e pron.* tornar(-se) liso, sem vincos ou dobras ⮌ amarrotar(-se)

de.sa.mas.sar *v.* {mod. 1} *t.d.,int. e pron.* tornar(-se) liso, sem amassados, dobras, vincos; alisar(-se) ⮌ amassar(-se)

de.sam.bi.ção [pl.: *-ões*] *s.f.* ausência de ambição; desapego ⮌ ambição

de.sam.bi.en.tar *v.* {mod. 1} *t.d.* **1** tirar do ambiente natural ou rotineiro ❑ *t.d. e pron.* **2** (fazer) sentir-se fora do ambiente, inadaptado ⮌ adaptar(-se)

de.sa.mon.to.ar *v.* {mod. 1} *t.d.* separar o que está acumulado em monte(s); desaglomerar ⮌ amontoar

de.sa.mor \ô\ *s.m.* **1** ausência de amor; desafeição ⮌ afeição **2** desprezo, desdém ⟨*d. pela guerra*⟩ ⮌ atração ~ **desamoroso** *adj.*

de.sam.pa.rar *v.* {mod. 1} *t.d.* **1** privar de ajuda material e/ou moral; abandonar ⮌ amparar ❑ *t.d. e pron.* **2** (prep. *de*) privar(-se) de apoio, escora ~ **desamparado** *adj.*

de.sam.pa.ro *s.m.* **1** estado do que ou de quem se encontra abandonado **2** falta de ajuda material e/ou moral ⟨*viver no d.*⟩

de.sa.mu.ar *v.* {mod. 1} *t.d. e pron.* (fazer) deixar de sentir amuo; alegrar(-se), desemburrar(-se)

de.san.car *v.* {mod. 1} *t.d.* **1** curvar com golpes nas ancas **2** *p.ext.* bater muito em; espancar **3** *fig.* criticar severamente ⮌ endeusar ~ **desancamento** *s.m.*

de.san.co.rar *v.* {mod. 1} *t.d. e int.* levantar a âncora (de); desaferrar ⮌ ancorar

de.san.dar *v.* {mod. 1} *t.d.* **1** mover (veículo, animal etc.) para trás ❑ *t.d. e int.* **2** percorrer (caminho, trajeto) em sentido oposto; retroceder **3** não (deixar) atingir a consistência desejada ⟨*d. um creme*⟩ ⟨*o molho desandou*⟩ **4** *B* (fazer) ficar com diarreia ❑ *t.i.* **5** (prep. *a*) pôr-se a; começar ⟨*d. a rir*⟩ **6** (prep. *em*) ter como resultado; descambar ❑ *int.* **7** entrar em declínio; decair ⮌ melhorar ~ **desando** *s.m.*

de.sa.ne.xar \cs\ *v.* {mod. 1} *t.d. e t.d.i.* (prep. *de*) separar (o que está anexado); desligar ⮌ anexar

de.sa.ni.ma.ção [pl.: *-ões*] *s.f.* **1** estado de quem se mostra abatido; desânimo ⮌ ânimo **2** falta de alegria ⮌ animação

de.sa.ni.mar *v.* {mod. 1} *t.d.,t.d.i.,t.i.,int. e pron.* **1** (prep. *de*) [fazer] perder o ânimo, o entusiasmo, a vontade; desalentar(-se) ⮌ animar(-se) ❑ *int.* **2** perder a agitação, a vibração ⟨*a festa começou a d.*⟩ ⮌ animar-se ~ **desanimadamente** *adv.* - **desanimador** *adj.s.m.*

de.sâ.ni.mo *s.m.* perda ou falta de ânimo; desanimação ⮌ ânimo

de.sa.nu.vi.ar *v.* {mod. 1} *t.d.,int. e pron.* **1** limpar(-se) de nuvens ⮌ anuviar(-se) ❑ *t.d.,t.d.i.,int. e pron.fig.* **2** (prep. *de*) [fazer] perder sentimento ou ar de preocupação, contrariedade, tensão etc.; serenar ⮌ anuviar(-se)

de.sa.pa.ra.fu.sar *v.* {mod. 1} *t.d.* **1** tirar ou afrouxar o(s) parafuso(s) de ❑ *int. e pron.* **2** ficar com os parafusos frouxos, soltos ⟨*com o uso, o banco pode d.(-se)*⟩

de.sa.pa.re.cer *v.* {mod. 8} *int.* **1** deixar de estar visível; sumir ⟨*acenou até o carro d.*⟩ ⮌ aparecer **2** *p.ext.* deixar de existir, de manifestar-se; acabar ⮌ surgir **3** *fig.* ausentar-se, ger. sem avisar **4** morrer ❑ *t.i. e int.* **5** (prep. *com*) [fazer] sair do devido lugar; sumir ~ **desaparecido** *adj.s.m.*

de.sa.pa.re.ci.men.to *s.m.* **1** ato de deixar de ser visto ou o seu efeito ⟨*d. de um cometa*⟩ **2** ato de deixar de existir ou de manifestar-se, ou o seu efeito ⟨*d. de uma floresta*⟩ ⟨*d. de moléstia*⟩ ⮌ surgimento **3** extravio ou roubo ⟨*d. das malas*⟩ ⮌ achamento **4** morte, falecimento

de.sa.pa.ri.ção [pl.: *-ões*] *s.f.* desaparecimento

de.sa.pe.ar *v.* {mod. 5} *t.d.,int. e pron.* apear

de.sa.pe.gar *v.* {mod. 1} *t.d.i. e pron.* **1** (prep. *de*) tornar(-se) menos afeiçoado a ⮌ afeiçoar(-se) **2** (prep. *de*) [fazer] perder o envolvimento com; afastar(-se) ⮌ apegar(-se), envolver(-se) ❑ *t.d.,t.d.i.,t.i.,int. e pron.* **3** (prep. *de*) despegar(-se)

de.sa.pe.go \ê\ *s.m.* **1** qualidade ou estado de quem revela desamor ⮌ amor **2** qualidade ou estado de quem demonstra desinteresse ⮌ interesse

de.sa.per.ce.bi.do *adj.* **1** descuidado, desprevenido ⟨*viu-a d. e roubou-lhe a bolsa*⟩ ⮌ prevenido **2** de que não se tem conhecimento, não observado; despercebido ⮌ observado ~ **desaperceber** *v.t.d.,t.d.i. e pron.* - **desapercebimento** *s.m.*

de.sa.per.tar *v.* {mod. 1} *t.d. e pron.* **1** tornar(-se) folgado; afrouxar(-se) ⮌ apertar(-se) **2** *fig.* aliviar(-se) do que preocupa, angústia ⮌ angustiar(-se) ❑ *t.d.* **3** abrir ou afrouxar botão, fivela etc. de ⟨*d. um cinto*⟩ **4** *fig.* tirar de aperto financeiro ~ **desaperto** *s.m.*

de.sa.pi.e.dar *v.* {mod. 1} *t.d. e pron.* tornar(-se) indiferente à dor e ao sofrimento alheio ⮌ sensibilizar(-se)

[1]de.sa.pon.tar *v.* {mod. 1} *t.d.* tornar rombuda a ponta de ⮌ afiar [ORIGEM: *des-* + [1]*apontar*] ~ **desapontado** *adj.* - **desapontamento** *s.m.* - **desaponto** *s.m.*

[2]de.sa.pon.tar *v.* {mod. 1} *t.d. e pron.* iludir(-se) em seus desejos e/ou expectativas; decepcionar(-se) [ORIGEM: do ing. (*to*) *disappoint* 'frustrar']

de.sa.pos.sar *v.* {mod. 1} *t.d.i.* **1** (prep. *de*) privar da posse, do domínio de ❑ *pron.* **2** renunciar à posse de ⮌ apoderar-se

de.sa.pre.ço \ê\ *s.m.* menosprezo, desestima, desprezo ⮌ estima

de.sa.pren.der *v.* {mod. 8} *t.d.,t.d.i. e int.* (prep. *de, a*) esquecer (o que se sabia ou aprendeu) ⮌ aprender

de.sa.pren.di.za.do *s.m.* a perda de conhecimento, o esquecimento de algo ⮌ aprendizado

de.sa.pro.pri.ar *v.* {mod. 1} *t.d. e t.d.i.* **1** (prep. *de*) privar do direito à propriedade sobre ❑ *t.d.* **2** tornar (propriedade particular) um bem público ⟨*d. latifúndios improdutivos*⟩ ❑ *pron.* **3** (prep. *de*) renunciar à posse de ~ **desapropriação** *s.f.* - **desapropriador** *adj.s.m.*

de.sa.pro.var *v.* {mod. 1} *t.d.* não considerar bom, justo, adequado; reprovar ⮌ aprovar ~ **desaprovação** *s.f.* - **desaprovador** *adj.s.m.*

de.sa.pru.mar *v.* {mod. 1} *t.d.,int. e pron.* **1** (fazer) sair de prumo; inclinar(-se) ⮌ endireitar(-se) **2** *fig.* (fazer) perder a compostura; transtornar(-se) ⮌ acalmar(-se)

de.sa.pru.mo *s.m.* falta de aprumo ⮌ aprumo

de.sa.que.cer *v.* {mod. 8} *t.d.* **1** esfriar ⟨*d. um motor*⟩ ⮌ esquentar ❑ *t.d. e int. fig.* **2** (fazer) perder força (ger. atividade econômica); enfraquecer ⮌ aquecer

de.sar.mar *v.* {mod. 1} *t.d. e pron.* **1** (fazer) largar as armas ⮌ armar(-se) **2** reduzir ou extinguir os armamentos (de) ⟨*d. um país*⟩ ⟨*a nação deve d.-se*⟩ ❑ *t.d.* **3** privar dos instrumentos de ataque e defesa ⟨*d. um forte*⟩ **4** desativar (bomba, mina etc.) **5** desfazer (o que está armado, montado); desmontar ⟨*d. a árvore de Natal*⟩ ⮌ armar **6** *fig.* deixar sem ação; paralisar ⟨*a resposta desarmou-o*⟩ **7** *fig.* tornar sem efeito; frustrar ⟨*d. um plano*⟩ ~ **desarmamento** *s.m.* - **desarme** *s.m.*

de.sar.mo.ni.a *s.f.* **1** MÚS qualidade daquilo que contraria a harmonia dos sons ⮌ afinação **2** estado daquilo que carece de equilíbrio na forma, nas proporções, nas cores ⮌ simetria **3** *fig.* divergência, discordância, divisão ⟨*d. na família*⟩ ⮌ harmonia

de.sar.mo.ni.zar *v.* {mod. 1} *t.d.* **1** tornar dissonante ⟨*d. uma melodia*⟩ ⮌ harmonizar **2** tirar a proporção, o equilíbrio, a harmonia de ⮌ harmonizar ❑ *t.d. e pron.* **3** pôr(-se) em desacordo; desavir(-se) ⮌ harmonizar(-se)

de.sar.rai.gar *v.* {mod. 1} *t.d.* **1** arrancar (planta, árvore etc.) pela raiz ❑ *t.d.,t.d.i. e pron.fig.* **2** (prep. *de*) pôr fim a ou ter fim ⟨*d. mau hábito (do filho)*⟩ ⟨*o amor não vai d.-se do coração*⟩ ⮌ arraigar(-se) ~ **desarraigamento** *s.m.*

de.sar.ran.jar *v.* {mod. 1} *t.d. e pron.* **1** pôr(-se) em desordem; desarrumar(-se) ⊃ arrumar **2** transtornar(-se) o curso, o desenrolar normal de; perturbar(-se) ❑ *t.d.,int. e pron. infrm.* **3** (fazer) ficar com diarreia

de.sar.ran.jo *s.m.* **1** falta de arrumação; desalinho ⊃ arrumação **2** estado daquilo que está enguiçado ⊃ desenguiço **3** contratempo; incômodo ▣ **d. intestinal** *loc.subst.* diarreia

de.sar.ra.zo.a.do *adj.* **1** dominado pela emoção ⟨*pessoa, decisão d.*⟩ ⊃ racional **2** despropositado, absurdo ⟨*crítica d.*⟩ ⟨*preço d.*⟩ ⊃ sensato, razoável ~ **desarrazoar** *v.int.*

de.sar.re.ar *v.* {mod. 5} *t.d.* **1** retirar os arreios de ⊃ arrear ❑ *pron. p.ext.* **2** tirar os enfeites, adornos ⟨*d.-se ao chegar da festa*⟩ ⊃ enfeitar-se

de.sar.ro.char *v.* {mod. 1} *t.d.* desapertar (algo arrochado ou atado); afrouxar ⊃ arrochar

de.sar.ru.ma.ção [pl.: *-ões*] *s.f.* **1** ato de colocar fora de ordem ou de alterar a arrumação de algo, ou o seu efeito **2** confusão, bagunça ⊃ arrumação

de.sar.ru.mar *v.* {mod. 1} *t.d.* **1** pôr em desordem; desarranjar ⊃ arrumar **2** *fig.* causar transtorno a; perturbar ❑ *t.d. e pron.* **3** (fazer) ficar em desalinho (pessoa, cabelos) ⊃ ajeitar(-se)

de.sar.ti.cu.la.ção [pl.: *-ões*] *s.f.* **1** falta de articulação ⟨*d. entre ministérios*⟩ ⊃ articulação **2** *fig.* desmantelamento; fragmentação ⟨*d. de uma rede de contrabando*⟩ ⊃ organização **3** *fig.* ausência de sequência lógica ⟨*d. de um texto*⟩ **4** MED amputação de um membro na articulação, com a manutenção do osso

de.sar.ti.cu.lar *v.* {mod. 1} *t.d. e pron.* **1** (fazer) sair da articulação (osso ou parte do corpo); deslocar(-se) **2** (fazer) sair do(s) encaixe(s); desconjuntar(-se) ⊃ encaixar(-se) **3** *fig.* romper a unidade (de); fragmentar(-se) ⟨*d. greve, partido*⟩ ⟨*o bando desarticulou-se*⟩

de.sar.vo.ra.do *adj.* **1** sem saber o que fazer; desnorteado ⊃ orientado **2** *p.ext.* que denota desassossego; alvoroçado ⊃ sossegado **3** *fig.* que sai ou foge desordenadamente; esbaforido ~ **desarvoramento** *s.m.*

de.sar.vo.rar *v.* {mod. 1} *t.d.* **1** pôr abaixo (algo erguido) ⟨*d. um poste*⟩ ❑ *int.* **2** sair em disparada; fugir ❑ *t.d. e pron.* B **3** tornar(-se) confuso, desnorteado; desorientar(-se) ⊃ acalmar(-se)

de.sas.nar *v.* {mod. 1} *t.d.,int. e pron.* (fazer) adquirir instrução ou conhecimentos básicos sobre um ofício, arte etc.; instruir(-se)

de.sas.sei.o *s.m.* ausência de asseio; sujeira ⊃ limpeza

de.sas.si.sa.do *adj.s.m.* que(m) não tem siso, juízo; doido ⊃ ajuizado

de.sas.sis.ti.do *adj.* **1** que não tem amparo, proteção; desvalido ⟨*criança d.*⟩ ⊃ assistido **2** carente de auxílio, de cuidados ⟨*doente d.*⟩ ⊃ assistido ~ **desassistir** *v.t.d.*

de.sas.so.ci.ar *v.* {mod. 1} *t.d.,t.d.i. e pron.* **1** (prep. *de*) [fazer] romper o vínculo com; separar(-se) ⊃ ligar(-se) ❑ *t.d.i.* **2** (prep. *de*) deixar de ou não estabelecer ligação entre; dissociar ⊃ associar ❑ *pron.* **3** (prep. *de*) deixar de ser sócio ou integrante ⊃ associar-se

de.sas.som.bra.do *adj.* **1** sem sombra; claro, iluminado ⊃ sombreado **2** *p.ext.* descampado, aberto ⟨*terreno d.*⟩ **3** *fig.* sem tristeza; desanuviado ⟨*feições d.*⟩ ⊃ carregado **4** *fig.* marcado pela coragem; valente ⟨*atitude d.*⟩ ⊃ medroso, covarde **5** franco, direto ⟨*comentário d.*⟩

de.sas.som.bro *s.m.* **1** atitude ou dito ousado; valentia ⟨*enfrenta o inimigo com d.*⟩ ⊃ covardia **2** franqueza, honestidade ⟨*falar com d.*⟩ ⊃ falsidade

de.sas.sos.se.gar *v.* {mod. 1} *t.d.,int. e pron.* (fazer) perder o sossego, a calma; inquietar(-se) ⊃ acalmar(-se)

de.sas.sos.se.go \ê\ *s.m.* agitação, alvoroço ⊃ sossego

de.sas.tra.do *adj.s.m.* **1** (o) que revela falta de jeito; desajeitado ■ *adj.* **2** que constitui ou resulta em um desastre; catastrófico ⟨*aventura d.*⟩ ⊃ feliz

de.sas.tre *s.m.* **1** acontecimento que causa sofrimento e prejuízo; desgraça, infortúnio **2** fracasso completo ⟨*o congresso foi um d.*⟩ ⊃ sucesso **3** acidente, sinistro ⟨*d. de avião*⟩ ▣ **d. ecológico** *loc.subst.* catástrofe causada, ger. pela ação humana, sobre um ecossistema

de.sas.tro.so \ô\ [pl.: *desastrosos* \ó\] *adj.* que causa ou constitui um desastre; catastrófico

de.sa.tar *v.* {mod. 1} *t.d.* **1** desfazer (um nó) ⊃ atar **2** *fig.* encontrar solução para (dificuldades, dúvidas etc.); resolver ❑ *t.d.,t.d.i. e pron.* **3** (prep. *de*) soltar(-se) o nó de ⊃ amarrar ❑ *t.d.i. e pron. fig.* **4** (prep. *de*) livrar(-se), desobrigar(-se), desvincular(-se) ⊃ atar(-se), submeter(-se) ❑ *t.i.* **5** (prep. *em, a*) começar de súbito; romper ⟨*d. num choro*⟩ ⟨*d. a rir*⟩ ~ **desatamento** *s.m.* - **desate** *s.m.*

de.sa.tar.ra.xar *v.* {mod. 1} *t.d.* tirar ou desapertar a(s) tarraxa(s) de ⊃ atarraxar

de.sa.ta.vi.ar *v.* {mod. 1} *t.d. e pron.* retirar enfeites, adornos (de); desenfeitar(-se) ⊃ ataviar(-se)

de.sa.ten.ção [pl.: *-ões*] *s.f.* **1** falta de concentração; distração ⟨*demonstra d. durante a aula*⟩ ⊃ concentração **2** falta de cortesia; indelicadeza ⟨*d. com os clientes*⟩ ⊃ cortesia **3** falta de cuidado; descaso ⟨*d. com a família*⟩ ⊃ cuidado ~ **desatencioso** *adj.*

de.sa.ten.der *v.* {mod. 8} *t.d. e t.i.* **1** (prep. *a*) não dar atenção a; desconsiderar, ignorar **2** (prep. *a*) não dar assistência a ⊃ assistir **3** (prep. *a*) desrespeitar, desacatar ⊃ respeitar **4** (prep. *a*) não satisfazer, não cumprir ⊃ atender

de.sa.ten.tar *v.* {mod. 1} *t.i.* **1** (prep. *de*) não reparar em ⊃ atentar **2** (prep. *de*) não ter os cuidados devidos a; descuidar ⊃ cuidar

de.sa.ten.to *adj.s.m.* **1** (o) que não dá atenção ao que vê, escuta ou faz **2** que(m) revela falta de preocupação ou interesse

de.sa.ti.no *s.m.* 1 ausência de bom senso, de juízo; loucura ⮌ tino 2 contrassenso, disparate ⮌ acerto ~ desatinar *v.t.d. e int.*

de.sa.ti.var *v.* {mod. 1} *t.d.* 1 tornar inativo, inoperante ⮌ ativar 2 inutilizar dispositivos de detonação de (artefato explosivo) ⮌ ativar ~ **desativação** *s.f.*

de.sa.to.lar *v.* {mod. 1} *t.d.,int. e pron.* (fazer) sair do atoleiro ⮌ atolar(-se)

de.sa.tra.car *v.* {mod. 1} *t.d. e int.* 1 afastar(-se) [embarcação] do cais ou de outra embarcação ⮌ atracar ❑ *t.d. e pron.* 2 (fazer) parar de brigar (pessoas ou animais em luta corporal) ⮌ atracar(-se) ~ **desatracação** *s.f.*

de.sa.tra.van.car *v.* {mod. 1} *t.d.* 1 remover o(s) obstáculo(s) de; desobstruir ⟨*d. a passagem*⟩ ⮌ atravancar, obstruir 2 desocupar, esvaziar ⟨*d. a mesa, o quarto*⟩ ⮌ atravancar, encher

de.sa.tre.lar *v.* {mod. 1} *t.d. e pron.* 1 soltar(-se) da trela (animais, esp. cães) ⮌ atrelar(-se) 2 desprender(-se) do engate; desengatar(-se) ⮌ engatar(-se)

de.sau.to.rar *v.* {mod. 1} *t.d. e pron.* 1 tirar de ou perder honras, cargo, dignidades 2 (fazer) perder autoridade, respeito; desacreditar(-se) ~ **desautoração** *s.f.*

de.sau.to.ri.za.ção [pl.: *-ões*] *s.f.* 1 recusa de permissão ⮌ permissão 2 falta de consideração; desrespeito 3 perda de prestígio, de autoridade ou de crédito

de.sau.to.ri.zar *v.* {mod. 1} *t.d.* 1 negar permissão para ⮌ autorizar ❑ *t.d. e pron.* 2 (fazer) perder autoridade, respeito; desacreditar(-se) ~ **desautorizamento** *s.m.*

de.sa.ven.ça *s.f.* 1 conflito entre pessoas por falta de concordância sobre algo; discórdia ⮌ concordância 2 *p.ext.* rompimento de relações ⮌ conciliação

de.sa.ver.go.nha.do *adj.s.m.* que(m) perdeu ou demonstra não ter vergonha; sem-vergonha ~ **desavergonhamento** *s.m.* - **desavergonhar** *v.t.d. e pron.*

de.sa.vin.do *adj.* que se encontra em desarmonia; brigado ⟨*vizinhos d.*⟩ ⮌ conciliado

de.sa.vir *v.* {mod. 31} *t.d.,t.d.i. e pron.* (prep. *com*) pôr(-se) em desavença; indispor(-se), brigar ⮌ reconciliar(-se)

de.sa.vi.sa.do *adj.* que dá prova de falta de juízo; imprudente ⮌ prudente ~ **desavisar** *v.t.d. e pron.*

de.sa.vi.so *s.m.* 1 aviso contrário a outro anteriormente dado; contra-aviso 2 ausência de juízo ou de prudência; leviandade ⮌ prudência

de.sa.za.do *adj.* 1 sem cabimento; impróprio ⟨*comparação d.*⟩ ⮌ adequado 2 sem aptidão; inábil, inapto ⮌ hábil 3 falto de cuidados; desmazelado ⮌ cuidadoso

des.ban.car *v.* {mod. 1} *t.d.* 1 ser ou tornar-se superior a; suplantar 2 triunfar sobre; vencer ⮌ perder 3 ganhar de (alguém) o dinheiro da banca de jogo ~ **desbanque** *s.m.*

des.ba.ra.ta.men.to *s.m.* 1 esbanjamento, dissipação ⟨*d. de bens*⟩ ⮌ poupança 2 destruição ou devastação ⟨*d. da quadrilha de ladrões*⟩ 3 derrota ⟨*d. do inimigo*⟩ 4 desordem, confusão ⮌ ordem

des.ba.ra.tar *v.* {mod. 1} *t.d.* 1 gastar ou usar (bens) indevidamente; desperdiçar 2 destruir, estragar, arruinar ⮌ preservar 3 pôr em desordem ⮌ organizar ❑ *t.d. e pron.* 4 pôr(-se) em fuga; dispersar(-se)

des.bar.ran.ca.do *adj.* 1 muito escavado; desaterrado ■ *s.m.* 2 grande escavação de um terreno; erosão 3 abismo, despenhadeiro

des.bas.tar *v.* {mod. 1} *t.d.* 1 remover o excesso de 2 afinar, alisar ou igualar, cortando ou polindo 3 *fig.* tornar mais educado, polido; refinar ~ **desbastamento** *s.m.* - **desbaste** *s.m.*

des.bei.çar *v.* {mod. 1} *t.d.* 1 quebrar ou gastar a beirada de; esbeiçar ⟨*d. um prato*⟩ ❑ *int.* 2 perder a forma ou a elasticidade, por causa de uso ou de esforço ⟨*a meia desbeiçou*⟩ ~ **desbeiçado** *adj.*

des.blo.que.ar *v.* {mod. 5} *t.d.* 1 livrar (o que está sitiado, cercado) ⟨*d. uma cidade, uma rua*⟩ ⮌ cercar, sitiar 2 fazer voltar a funcionar ⟨*d. um mecanismo*⟩ ⮌ travar 3 possibilitar o acesso a ou a passagem por; liberar ⟨*d. uma rua*⟩ ⮌ fechar ~ **desbloqueio** *s.m.*

des.bo.ca.do *adj.s.m. fig. infrm.* que(m) usa palavras grosseiras, obscenas

des.bo.tar *v.* {mod. 1} *t.d.,int. e pron.* 1 (fazer) perder a vivacidade da cor 2 tornar(-se) pálido; descorar(-se) ⮌ corar(-se) ~ **desbotado** *adj.* - **desbotamento** *s.m.*

des.bra.ga.do *adj.* 1 *infrm.* que se faz notar pelo exagero ⟨*luxo d.*⟩ ⮌ discreto ■ *adj.s.m.* 2 que(m) se expressa de modo a agredir a decência; libertino ~ **desbragamento** *s.m.*

des.bra.gar *v.* {mod. 1} *t.d. e pron.* 1 tornar(-se) devasso, impudico; depravar(-se) ⮌ recatar(-se) 2 manifestar(-se) [linguagem, sentimentos etc.] com liberdade, inconveniência ⮌ conter(-se)

des.bra.var *v.* {mod. 1} *t.d.* 1 fazer perder a braveza; amansar ⟨*d. um animal*⟩ 2 *fig.* tornar culto, civilizado; polir 3 preparar (terra) para plantio 4 explorar (lugares desconhecidos) 5 *fig.* vencer (desafios, obstáculos etc.) ~ **desbravador** *adj.s.m.* - **desbravamento** *s.m.*

des.bu.ro.cra.ti.za.ção [pl.: *-ões*] *s.f.* 1 redução ou eliminação da excessiva influência e poder administrativo 2 redução ou eliminação da excessiva burocracia, a fim de agilizar ou simplificar os serviços ~ **desburocratizar** *v.t.d. e pron.*

des.ca.be.lar *v.* {mod. 1} *t.d.* 1 arrancar os cabelos de 2 deixar em desalinho o cabelo de; despentear ❑ *pron. fig.* 3 entrar em desespero; desesperar-se ~ **descabelamento** *s.m.*

des.ca.bi.do *adj.* fora de propósito; impróprio, inoportuno ⮌ apropriado

des.ca.dei.ra.do *adj.* 1 com dor nas cadeiras 2 de quadris deformados 3 *fig.* cansado, extenuado

des.ca.fe.i.na.do *adj.* que teve a cafeína retirada ou reduzida ⮌ cafeinado

des.ca.í.da *s.f.* 1 ato de descair 2 descuido cometido; indiscrição 3 decadência, degeneração ⮌ ascensão

des.ca.i.men.to *s.m.* **1** ato de descair ⊃ ascensão **2** *fig.* estado de prostração; abatimento ⊃ ânimo **3** *fig.* decadência de algo; degeneração ⊃ desenvolvimento **4** MAR mudança de rumo de uma embarcação

des.ca.ir *v.* {mod. 25} *t.d. e int.* **1** (deixar) cair ou pender ❑ *int.* **2** curvar-se, vergar-se ⊃ esticar-se **3** perder as forças; desfalecer **4** passar a condição pior; decair ⊃ melhorar ❑ *t.i.* **5** (prep. *de*) mover(-se), afastando-se de 〈*d. do percurso planejado*〉 **6** (prep. *em*) resultar em; descambar

des.ca.la.bro *s.m.* **1** estado de decadência; ruína 〈*d. de um país*〉 ⊃ desenvolvimento **2** prejuízo pesado; dano 〈*d. nos negócios*〉 **3** desorganização generalizada; caos

des.cal.çar *v.* {mod. 1} *t.d. e pron.* **1** tirar (meias, luvas, sapatos) ⊃ calçar(-se) **2** tirar meias, luvas e esp. sapatos (de) ⊃ calçar(-se) ❑ *t.d.* **3** tirar o calço de 〈*d. a mesa*〉 ⊃ calçar **4** retirar as pedras de (rua, estrada etc.) ~ **descalçamento** *s.m.*

des.cal.ço *adj.* **1** sem calçados **2** não empedrado (diz-se de rua, estrada etc.) ⊃ pavimentado

des.ca.li.brar *v.* {mod. 1} *t.d. e int.* (fazer) perder o calibre adequado (pneu, câmara de ar) ⊃ calibrar

des.ca.mar *v.* {mod. 1} *t.d.,int. e pron.* retirar ou perder (escamas, crosta, pele etc.) ~ **descamação** *s.f.*

des.cam.bar *v.* {mod. 1} *int.* **1** cair com toda força; despencar, tombar **2** tomar determinada direção 〈*d. para a esquerda*〉 ❑ *t.i. fig.* **3** (prep. *para*) tender a; resvalar 〈*sua fala descamba para tons liberais*〉 **4** (prep. *em*) mudar para pior; degenerar ~ **descambação** *s.f.*

des.ca.mi.nho *s.m.* **1** desvio do caminho certo **2** *fig.* desregramento, mau comportamento **3** extravio de rendas

des.ca.mi.sa.do *adj.s.m.* **1** que(m) não tem ou está sem camisa **2** *fig.* que(m) se apresenta maltrapilho, esfarrapado ⊃ alinhado

des.cam.pa.do *adj.s.m.* (campo) vasto, plano, sem árvores e desabitado

des.can.sa.do *adj.* **1** não cansado **2** sem trabalho; ocioso ⊃ ocupado **3** despreocupado; tranquilo 〈*vida d.*〉 ⊃ tenso **4** lento nas ações; vagaroso ⊃ lépido

des.can.sar *v.* {mod. 1} *t.d.,t.d.i.,t.i. e int.* **1** (prep. *de*) livrar(-se) de atividade cansativa ou de cansaço ⊃ cansar(-se) ❑ *t.d.,t.d.i. e int.* **2** (prep. *de*) livrar(-se) de receio, preocupações; acalmar(-se) ⊃ agitar(-se), inquietar(-se) ❑ *int.* **3** ficar em repouso, dormindo ou não 〈*o médico mandou d.*〉 **4** *p.ext.* morrer **5** deixar de empenhar-se 〈*só vai d. quando ganhar*〉 ❑ *t.d. e int.* **6** apoiar(-se) 〈*d. os pés na almofada*〉 〈*a tábua descansa sobre a pilastra*〉 ☞ *na almofada* e *sobre a pilastra* são circunstâncias que funcionam como complemento

des.can.so *s.m.* **1** pausa (no trabalho, no movimento etc.); repouso ⊃ atividade **2** estado de quem descansou 〈*sensação de d.*〉 **3** ato de cochilar ou dormir; sono **4** *fig.* tranquilidade de espírito; sossego ⊃ intranquilidade **5** período sem ocupação; ócio **6** lentidão, morosidade 〈*falar com d.*〉 ⊃ pressa **7** utensílio que apoia objetos (como travessas de comida, copos etc.)

des.ca.pi.ta.li.zar *v.* {mod. 1} *t.d.,int. e pron.* gastar ou perder capital ou bem de valor (de alguém ou o próprio) ~ **descapitalização** *s.f.*

des.ca.rac.te.ri.zar *v.* {mod. 1} *t.d. e pron.* **1** (fazer) perder as qualidades distintivas ⊃ caracterizar(-se) **2** despojar(-se) de maquiagem, roupa etc. usada para representar um personagem ~ **descaracterização** *s.f.*

des.ca.ra.do *adj.* **1** que indica cinismo ⊃ respeitoso ■ *adj.s.m.* **2** que(m) não se sente constrangido por seus atos censuráveis; sem-vergonha

des.ca.ra.men.to *s.m.* **1** falta de vergonha; descaração, desfaçatez ⊃ vergonha **2** desaforo, atrevimento

des.car.ga *s.f.* **1** descarregamento de veículo, embarcação etc. ⊃ carregamento **2** liberação de uma substância 〈*d. de adrenalina*〉 ⊃ retenção **3** rajada de tiros 〈*recebeu uma d. no peito*〉 **4** válvula de vaso sanitário **5** escapamento de gás, fumaça **6** *fig.* ato de manifestar um sentimento com intensidade 〈*d. de ódio*〉 ⊃ interiorização **7** ELETR anulação ou diminuição de carga de um dispositivo elétrico

des.car.na.do *adj.* **1** separado da carne 〈*osso d.*〉 **2** *fig.* sem carnes ou muito magro 〈*perna d.*〉 **3** *fig.* que carece de; destituído 〈*alma d. de esperança*〉 ⊃ provido

des.car.nar *v.* {mod. 1} *t.d.* **1** retirar a carne de (osso) **2** separar do caroço **3** retirar a casca de; descascar ❑ *t.d. e pron. fig.* **4** tornar(-se) muito magro; emagrecer ~ **descarnadura** *s.f.*

des.ca.ro.ça.dor \ô\ *adj.s.m.* (instrumento) us. para retirar caroços

des.ca.ro.çar *v.* {mod. 1} *t.d.* **1** tirar o(s) caroço(s) de **2** *fig. infrm.* eliminar dificuldades em; destrinçar 〈*d. um problema*〉 ~ **descaroçamento** *s.m.*

des.car.re.gar *v.* {mod. 1} *t.d. e int.* **1** livrar(-se) de carga ou carregamento 〈*d. um navio*〉 ⊃ carregar **2** (fazer) perder a carga elétrica ❑ *t.d.* **3** retirar (carga ou carregamento) 〈*d. as malas*〉 **4** aliviar ou liberar, removendo o que está em excesso ❑ *t.d.,int. e pron.* **5** despejar (suas águas) [em] 〈*o rio descarrega (suas águas) no oceano*〉 ❑ *t.d. e pron.* **6** (prep. *de*) externar (emoção, sentimento etc.) **7** tranquilizar(-se), aliviar(-se) ⊃ inquietar(-se), agitar(-se) ❑ *t.d.i.* **8** (prep. *em*) dar vazão a (problema, preocupação etc.), sendo agressivo com; descontar 〈*d. a raiva no empregado*〉 **9** (prep. *em*) transferir, passar 〈*d. a culpa, o trabalho no colega*〉 **10** (prep. *em*) atirar várias vezes ou até esgotar a munição 〈*d. o revólver no bandido*〉 ~ **descarregador** *adj.s.m.* - **descarregamento** *s.m.* - **descarrego** *s.m.*

des.car.ri.lar ou **des.car.ri.lhar** *v.* {mod. 1} *t.d. e int.* **1** (fazer) sair dos trilhos ⊃ encarrilar, encarrilhar **2** *fig.* (fazer) sair do caminho aceitável, agindo mal; desencaminhar(-se) ⊃ encaminhar(-se) ~ **descarrilamento** *s.m.*

des.car.tar *v.* {mod. 1} *t.d.,int. e pron.* **1** pôr de lado (carta de baralho, jogo etc.) ❑ *t.d.* **2** *fig.* não levar em conta; desconsiderar ⊃ considerar **3** jogar fora após o uso ❑ *t.d. e pron.* **4** (prep. *de*) livrar(-se) de (pessoa, situação etc. indesejável)

des.car.tá.vel *adj.2g.* **1** que se joga fora após o uso **2** *fig.* que se caracteriza por ser passageiro, sem profundidade ou importância ⟨*ideia d.*⟩

des.car.te *s.m.* **1** ato de colocar(-se) de lado a carta de baralho que não mais interessa, ou o seu efeito **2** essa(s) carta(s) **3** *p.ext.* ato de se jogar fora algo inútil ou que não se deseja mais **4** *fig.* refugo, resto

des.ca.sa.do *adj.* **1** que não combina com seu par; desemparelhado ⟨*meia d.*⟩ ↄ emparelhado ■ *adj.s.m.* **2** que(m) se separou do cônjuge ↄ casado

des.ca.sar *v.* {mod. 1} *t.d., int. e pron.* **1** separar(-se) ou fazer a separação de (um casal) ↄ casar(-se) ❑ *t.d. e t.d.i.* **2** *fig.* (prep. *de*) separar (uma coisa) [de outra], esp. pares, duplas ↄ casar, unir ❑ *t.d.i. e pron.* **3** (prep. *de*) afastar(-se), distanciar(-se) ↄ aproximar(-se)

des.cas.ca.dor \ô\ *adj.s.m.* **1** (o) que descasca ■ *s.m.* **2** aparelho us. para descascar legumes, cereais, grãos etc.

des.cas.car *v.* {mod. 1} *t.d. e int.* **1** (fazer) perder a casca, pele, revestimento etc. ❑ *t.d. fig. B* **2** falar mal de; criticar ↄ elogiar **3** *fig. B* censurar, repreender ~ descascação *s.f.* - **descascamento** *s.m.*

des.ca.so *s.m.* desconsideração, desprezo ↄ consideração

des.cen.dên.cia *s.f.* **1** vínculo de parentesco baseado na filiação ↄ ascendência **2** série de pessoas que descendem de um antepassado comum; prole ↄ procedência

des.cen.den.te *adj.2g.s.2g.* **1** (o) que descende de uma família ou de um indivíduo ↄ ascendente **2** que(m) possui uma determinada origem **3** (o) que apresenta filiação espiritual, de ideologia etc. ■ *adj.2g.* **4** que desce ⟨*curva d.*⟩ ↄ ascendente **5** de valor decrescente ⟨*progressão d.*⟩ ↄ crescente ▼ *descendentes* *s.m.pl.* **6** os filhos, netos etc. de uma família ↄ ascendentes ⊙ COL descendência, posteridade

des.cen.der *v.* {mod. 8} *t.i.* **1** (prep. *de*) provir de (família, geração, raça) **2** *p.ext.* (prep. *de*) ter origem em (algo), por ligação ideológica, linguística etc.; derivar

des.cen.so *s.m.* **1** ato ou processo de descer, ou seu efeito; descida ↄ subida **2** MÚS abaixamento do tom de voz

des.cen.tra.li.za.ção [pl.: *-ões*] *s.f.* **1** sistema político e administrativo que prega a autonomia dos órgãos administrativos em relação ao governo central ↄ centralização **2** afastamento do centro ~ **descentralismo** *s.m.* - **descentralizar** *v.t.d.*

des.cen.trar *v.* {mod. 1} *t.d. e pron.* desviar(-se) do eixo central; descentralizar ↄ centralizar(-se)

des.cer *v.* {mod. 8} *t.d. e int.* **1** movimentar(-se) de lugar mais alto para um mais baixo ↄ subir **2** (fazer) cair ⟨*d. os braços em desalento*⟩ ⟨*as lágrimas desciam rapidamente*⟩ ❑ *t.d.* **3** dirigir para baixo; abaixar ⟨*d. os olhos, a vista*⟩ ↄ elevar, erguer **4** estender para baixo, aumentando ⟨*d. a bainha da saia*⟩ ↄ subir ❑ *int.* **5** baixar, diminuir ⟨*a maré desceu*⟩ ⟨*os preços desceram*⟩ ↄ subir **6** desembarcar ⟨*d. do táxi*⟩ ↄ embarcar ❑ *t.d.i.* **7** (prep. *em*) desferir (golpes, socos etc.) [em alguém] ❑ *t.i.* **8** *fig.* (prep. *sobre*) incidir sobre; recair ⟨*a bênção desceu sobre o casal*⟩ ~ **descimento** *s.m.*

des.cer.rar *v.* {mod. 1} *t.d. e pron.* **1** abrir(-se) o que está fechado ↄ cerrar(-se), fechar(-se) **2** *fig.* descobrir(-se), revelar(-se)

des.ci.da *s.f.* **1** deslocamento para baixo ↄ subida **2** saída de um meio de transporte ↄ embarque **3** perda de intensidade; declínio **4** *fig.* decadência ⟨*d. na carreira*⟩ ↄ ascensão **5** passagem para nível inferior; rebaixamento ⟨*d. de cargo*⟩ ↄ ascensão **6** diminuição, queda ⟨*d. da temperatura com a chuva*⟩ ↄ elevação **7** qualquer plano inclinado; declive ↄ aclive

des.clas.si.fi.car *v.* {mod. 1} *t.d.* **1** fazer sair de classe ou categoria a que pertence **2** considerar inapto (concorrente, candidato); eliminar ❑ *t.d. e pron.* **3** desmoralizar(-se), desacreditar(-se) ↄ acreditar(-se) ~ **desclassificação** *s.f.* - **desclassificado** *adj.s.m.*

des.co.ber.ta *s.f.* **1** processo de descobrir alguém ou algo que se desconhecia ou ignorava; achado, invenção, descobrimento **2** essa pessoa ou coisa **3** HIST a chegada e exploração de território desconhecido; descobrimento ⟨*d. da América*⟩

des.co.ber.to *adj.* **1** não coberto por; exposto, visível ⟨*cabeça d.*⟩ ↄ escondido **2** que revela seu interior; aberto, destapado ⟨*cesta d.*⟩ ↄ fechado **3** que se tornou conhecido; sabido ⟨*planeta d.*⟩ ↄ desconhecido **4** que se denunciou ⟨*segredo d.*⟩ ↄ escondido **5** que foi criado; inventado ⟨*vacina d.*⟩ **6** exposto ao perigo; desprotegido ⟨*tropa d.*⟩ ↄ protegido ⊡ **a d.** *loc.adj. infrm.* **1** sem proteção **2** sem dinheiro **3** com toda franqueza

des.co.bri.men.to *s.m.* descoberta ('processo', 'chegada')

des.co.brir *v.* {mod. 28} *t.d.* **1** tirar o que cobre ou protege ↄ cobrir **2** inventar ou atestar pela primeira vez a existência ou ocorrência de **3** fazer conhecer (algo até então ignorado) ⟨*Cabral descobriu o Brasil*⟩ **4** tomar conhecimento de; perceber ❑ *t.d. e pron.* **5** pôr(-se) à mostra ↄ esconder(-se), cobrir(-se) ❑ *t.d., t.d.i. e pron.* **6** (prep. *a*) mostrar(-se), revelar(-se) ↄ esconder(-se) ❑ *pron.* **7** tirar o chapéu, por polidez, por força do vento ⊙ GRAM/USO part.: *descoberto* ~ **descobridor** *adj.s.m.*

des.co.di.fi.car *v.* {mod. 1} *t.d.* → DECODIFICAR

des.co.la.do *adj.* **1** que se descolou; que perdeu a cola **2** *B gír.* habilidoso na solução de questões, no trato com as pessoas etc.; esperto

des.co.lar *v.* {mod. 1} *t.d., t.d.i., int. e pron.* **1** (prep. *de*) separar(-se) o que está colado; desgrudar(-se) ↄ colar(-se), grudar(-se) ❑ *t.d. B gír.* **2** conseguir (dinheiro, favor, emprego etc.) ~ **descolagem** *s.f.*

des.co.lo.ni.za.ção [pl.: *-ões*] *s.f.* aquisição de independência política, econômica e cultural por parte de antigas colônias ↄ colonização

des.co.lo.ra.ção [pl.: *-ões*] *s.f.* ato ou processo de fazer perder total ou parcialmente o colorido, ou seu efeito; desbotamento ↄ coloração

des.co.lo.rar *v.* {mod. 1} *t.d.,int. e pron.* (fazer) perder a cor; descorar ↄ colorir

des.co.lo.rir *v.* {mod. 24} *t.d.,int. e pron.* **1** (fazer) perder a cor; descorar ↄ colorir(-se) ❑ *t.d. e pron. fig.* **2** (fazer) perder o brilho, o colorido; desvigorar(-se)

des.co.me.di.do *adj.* **1** sem compostura; desrespeitoso, inconveniente ⟨*comentário d.*⟩ ↄ respeitoso **2** sem propósito; absurdo ⟨*discurso d.*⟩ ↄ adequado **3** imoderado, nada contido ⟨*paixão d.*⟩ ↄ moderado **4** imprudente, desajuizado ⟨*menino d.*⟩ ↄ prudente

des.co.me.di.men.to *s.m.* **1** falta de respeito, de consideração; insolência ↄ respeito **2** exagero nos atos, nas palavras; excesso ↄ comedimento

des.co.me.dir-se *v.* {mod. 24} *pron.* agir e/ou falar sem comedimento, com imprudência; exceder-se ↄ comedir-se, controlar-se ⊙ GRAM/USO verbo defectivo (cf. modelo)

des.co.mer *v.* {mod. 8} *int.* expelir as fezes; evacuar, defecar

des.com.pas.so *s.m.* **1** ausência de regularidade; desproporção ↄ regularidade **2** *p.ext.* falta de compostura; exagero ↄ comedimento **3** MÚS irregularidade rítmica ↄ cadência **4** *fig.* divergência, desacordo, desarmonia ⟨*d. entre colegas*⟩ ↄ acordo ~ **descompassar** *v.t.d.,int. e pron.*

des.com.por *v.* {mod. 23} *t.d. e pron.* **1** pôr(-se) em desordem; desarrumar(-se) ↄ arrumar(-se); organizar(-se) **2** livrar(-se) de vestuário; despir(-se) ↄ vestir(-se) **3** alterar(-se) radicalmente; desfigurar(-se) **4** *fig.* (fazer) perder a compostura, o comedimento ❑ *t.d.* **5** repreender com veemência ⊙ GRAM/USO part.: *descomposto* ~ **descomposição** *s.f.* - **descomposto** *adj.*

des.com.pos.tu.ra *s.f.* **1** falta de ordem, desarranjo ↄ ordem **2** repreensão, censura

des.co.mu.nal *adj.2g.* **1** fora do comum; extraordinário ↄ comum **2** de proporções gigantescas; imenso, colossal ↄ pequeno

des.con.cei.tu.a.do *adj.s.m.* que ou o que perdeu a boa reputação; desacreditado ↄ ilustre

des.con.cei.tu.ar *v.* {mod. 1} *t.d. e pron.* (fazer) perder a boa reputação; desabonar(-se)

des.con.cen.trar *v.* {mod. 1} *t.d.* **1** tirar ou afastar do centro ↄ concentrar **2** dispersar, espalhar ↄ concentrar ❑ *t.d.,t.i. e pron. fig.* **3** (prep. *de*) distrair(-se), dispersar(-se) ⟨*d. a atenção*⟩ ⟨*d.(-se) das tarefas*⟩ ↄ concentrar(-se) ~ **desconcentração** *s.f.*

des.con.cer.ta.do *adj.* **1** sem harmonia, sem ordem ↄ organizado **2** embaraçado, sem jeito ⟨*sua resposta deixou-o d.*⟩

des.con.cer.tan.te *adj.2g.* que desconcerta, desorienta

des.con.cer.tar *v.* {mod. 1} *t.d. e pron.* **1** (fazer) perder a ordem, a harmonia ↄ harmonizar(-se) **2** desnortear(-se), desorientar(-se) ↄ acalmar(-se) **3** (fazer) ficar inseguro ou embaraçado por ser apanhado de surpresa **4** pôr(-se) em desalinho; desarrumar(-se) ↄ arrumar(-se) ❑ *t.d.,t.i. e pron.* **5** (prep. *de, com*) pôr(-se) em desacordo; discrepar ↄ concordar ☞ cf. *desconsertar* ~ **desconcerto** *s.m.*

des.co.nec.tar *v.* {mod. 1} *t.d.* interromper ou desfazer a conexão entre; desligar ↄ conectar, ligar ~ **desconexão** *s.f.*

des.co.ne.xo \cs\ *adj.* **1** desunido, desligado ↄ conectado **2** *p.ext.* que não tem coerência ↄ coerente

des.con.fi.a.do *adj.s.m.* **1** que(m) não confia ↄ confiante **2** que(m) tem suspeitas; receoso ↄ destemido ~ **desconfiança** *s.f.*

des.con.fi.ar *v.* {mod. 1} *t.i.* **1** (prep. *de*) considerar possível, mesmo sem comprovação; supor, julgar ❑ *t.i. e int.* **2** (prep. *de*) pôr-se de sobreaviso; duvidar, suspeitar ↄ crer, confiar ~ **desconfiança** *s.f.*

des.con.for.me *adj.2g.* **1** que não está em concordância com determinado padrão ↄ adequado **2** de tamanho muito grande; descomunal ↄ pequeno ~ **desconformidade** *s.f.*

des.con.for.to *s.m.* **1** falta de conforto ↄ comodidade **2** tristeza, aflição ↄ ânimo ~ **desconfortável** *adj.2g.*

des.con.ge.la.men.to *s.m.* **1** derretimento (de algo congelado) ↄ congelamento **2** ECON liberação, desbloqueio (de preços, salários etc.) ↄ congelamento

des.con.ge.lar *v.* {mod. 1} *t.d.,int. e pron.* **1** (fazer) sair do congelamento; degelar(-se) ⟨*d. a carne*⟩ ⟨*o lago custou a d.(-se)*⟩ ↄ congelar(-se) ❑ *t.d. fig.* **2** liberar (preços, salários, tarifas etc.) ↄ congelar, tabelar ~ **descongelação** *s.f.*

des.con.ges.tio.na.men.to *s.m.* ação de livrar de algum obstáculo; desobstrução ↄ congestionamento

des.con.ges.tio.nan.te *adj.2g.s.m.* (substância) que reduz ou elimina a congestão ⟨*remédio d.*⟩ ⟨*d. nasal*⟩

des.con.ges.tio.nar *v.* {mod. 1} *t.d. e pron.* **1** (fazer) ficar livre de congestão; desinchar ⟨*d. as fossas nasais*⟩ ↄ congestionar(-se) ❑ *t.d.* **2** desobstruir, desimpedir ⟨*d. o tráfego*⟩ ↄ bloquear

des.co.nhe.cer *v.* {mod. 8} *t.d.* **1** não ter conhecimento de; ignorar ↄ conhecer, saber **2** deixar de reconhecer ↄ identificar **3** não aceitar; recusar ⟨*d. limites*⟩ ↄ admitir ~ **desconhecedor** *adj.s.m.* - **desconhecimento** *s.m.*

des.co.nhe.ci.do *adj.* **1** que não é conhecido ou se conhece pouco ↄ conhecido **2** que não tem fama ↄ famoso ■ *adj.s.m.* **3** (indivíduo) cuja identidade se ignora ↄ conhecido

des.con.jun.tar *v.* {mod. 1} *t.d. e pron.* **1** (fazer) sair das juntas, das articulações; desencaixar(-se) ↄ encaixar(-se) **2** desmantelar(-se), desfazer(-se) ❑ *t.d.* **3** separar, desunir ↄ ligar, unir ~ **desconjuntamento** *s.m.*

des.con.ju.rar *v.* {mod. 1} *t.d.,t.d.i. e pron.* esconjurar

des.con.ser.tar *v.* {mod. 1} *t.d. e pron.* **1** (fazer) deixar de funcionar; estragar(-se) ↄ consertar **2** pôr(-se) em desalinho; desarrumar(-se) ↄ arrumar(-se) ☞ cf. *desconcertar* ~ **desconserto** *s.m.*

des.con.si.de.ra.ção [pl.: *-ões*] *s.f.* **1** falta de consideração; desrespeito ↄ respeito **2** *p.ext.* ofensa, ultraje ↄ elogio **3** descrédito ↄ credibilidade
des.con.si.de.rar *v.* {mod. 1} *t.d.* **1** não levar em conta; desprezar ↄ considerar **2** fazer pouco de; desvalorizar ↄ enaltecer **3** tratar sem consideração; desrespeitar ↄ respeitar ~ **desconsiderado** *adj.s.m.*
des.con.so.lar *v.* {mod. 1} *t.d.,int. e pron.* **1** entristecer(-se) profundamente ↄ alegrar(-se) **2** causar ou sentir desinteresse, desânimo ↄ animar(-se)
des.con.so.lo \ô\ *s.m.* tristeza, desgosto ↄ alegria ~ **desconsolação** *s.f.* - **desconsolado** *adj.*
des.con.tar *v.* {mod. 1} *t.d. e t.d.i.* **1** (prep. *de*) subtrair (valor ou preço) [de um total]; deduzir ↄ acrescentar ❑ *t.d.* **2** receber o valor de (cheque) **3** não levar em conta; desconsiderar ↄ considerar **4** *infrm.* revidar, vingar ❑ *t.d.i.* **5** (prep. *em*) dar vazão a (problema, preocupação etc.), sendo agressivo com; descarregar ⟨*d. a raiva na mulher*⟩
des.con.ten.ta.men.to *s.m.* falta de contentamento; desgosto ↄ contentamento, felicidade
des.con.ten.tar *v.* {mod. 1} *t.d. e pron.* (fazer) ficar insatisfeito ou triste; desagradar(-se) ↄ agradar, alegrar(-se)
des.con.ten.te *adj.2g.* **1** que não está contente; insatisfeito ↄ satisfeito **2** mal-humorado ↄ contente
des.con.tex.tu.a.li.zar *v.* {mod. 1} *t.d.* retirar do contexto habitual ~ **descontextualização** *s.f.*
des.con.tí.nuo *adj.* que apresenta interrupções ⟨*aprendizado d.*⟩ ⟨*linhas d.*⟩ ↄ constante ~ **descontinuidade** *s.f.*
des.con.to *s.m.* **1** redução no total de uma quantia; abatimento **2** ECON valor abatido na negociação antecipada de título de crédito
des.con.tra.ção [pl.: *-ões*] *s.f.* **1** relaxamento ↄ tensão **2** ausência de constrangimento; desembaraço ↄ timidez
des.con.tra.ir *v.* {mod. 25} *t.d. e pron.* **1** (fazer) perder a contração; relaxar(-se) ↄ contrair(-se) **2** (fazer) perder o constrangimento, a timidez ↄ constranger(-se), envergonhar(-se) ~ **descontraído** *adj.*
des.con.tro.lar *v.* {mod. 1} *t.d. e pron.* **1** (fazer) perder o controle; desequilibrar(-se), desgovernar(-se) ↄ controlar **2** (fazer) perder o domínio de si mesmo; alterar(-se), exaltar(-se) ↄ conter(-se)
des.con.tro.le *s.m.* falta de controle ↄ controle
des.con.ver.sar *v.* {mod. 1} *int.* **1** fugir do assunto numa conversa, mostrar-se desentendido;disfarçar **2** mudar o curso ou interromper a conversa; tergiversar
des.co.rar *v.* {mod. 1} *t.d.,int. e pron.* **1** (fazer) perder a cor; desbotar(-se) **2** (fazer) ficar pálido, sem cor ↄ corar(-se) ~ **descoramento** *s.m.*
des.cor.ço.ar *v.* {mod. 1} *t.d. e int.* → *DESACORÇOAR*
des.cor.tês *adj.2g.* **1** que age com indelicadeza ↄ gentil **2** que é grosseiro; rude ↄ amável
des.cor.te.si.a *s.f.* falta de cortesia; grosseria ↄ delicadeza
des.cor.ti.nar *v.* {mod. 1} *t.d.* **1** tirar ou levantar a cortina de **2** ver, avistar **3** *fig.* tomar consciência de; perceber ❑ *t.d. e pron.* **4** trazer ou vir à tona; mostrar(-se), revelar(-se) ↄ ocultar(-se)
des.cor.ti.no *s.m.* **1** ação de descortinar ou seu efeito **2** facilidade de ver ao longe **3** percepção rápida e fácil; perspicácia
des.co.ser *v.* {mod. 8} *t.d. e pron.* descosturar ↄ coser, costurar ~ **descosedura** *s.f.*
des.cos.tu.rar *v.* {mod. 1} *t.d.,int. e pron.* desfazer(-se) a costura (de); descoser(-se) ↄ costurar
des.cre.den.ci.ar *v.* {mod. 1} *t.d.* retirar o credenciamento ou as credenciais de ↄ credenciar
des.cré.di.to *s.m.* **1** perda de crédito; desconfiança ↄ confiança **2** má fama; desonra ↄ honra
des.cren.ça *s.f.* **1** falta de crença; desconfiança ↄ confiança **2** falta de religiosidade, de fé ↄ crença
des.cren.te *adj.2g.s.2g.* **1** que(m) não acredita em nada ↄ crente, crédulo **2** que(m) não tem religião ↄ religioso
des.crer *v.* {mod. 11} *t.i.* **1** (prep. *de*) não acreditar ou deixar de acreditar em ↄ crer **2** (prep. *de, em*) perder a confiança em; duvidar ↄ confiar
des.cre.ver *v.* {mod. 8} *t.d. e pron.* **1** representar(-se), por escrito ou oralmente, no seu todo ou em detalhes ❑ *t.d. e t.d.i.* **2** *p.ext.* (prep. *a*) contar em detalhes; relatar ❑ *t.d.* **3** desenhar, traçar ⊙ GRAM/USO part.: *descrito* ~ **descritível** *adj.2g.*
des.cri.ção [pl.: *-ões*] *s.f.* **1** relato das características (de algo) ⟨*d. de uma doença*⟩ **2** exposição oral ou escrita ⟨*d. do encontro*⟩ ☞ cf. *discrição*
des.cri.mi.na.ção [pl.: *-ões*] *s.f.* DIR ato de excluir a criminalidade de um fato ⟨*d. do consumo de drogas*⟩ ↄ incriminação ☞ cf. *discriminação*
des.cri.mi.na.li.zar *v.* {mod. 1} *t.d.* descriminar
des.cri.mi.nar *v.* {mod. 1} *t.d.* **1** isentar de culpa; inocentar ↄ culpar, incriminar **2** retirar o caráter ilegal de (um ato) ☞ cf. *discriminar*
des.cri.ti.vo *adj.* **1** que descreve **2** que traz a descrição de alguma matéria ⟨*anatomia d.*⟩
des.cru.zar *v.* {mod. 1} *t.d.* desfazer o cruzamento de ⟨*d. os braços*⟩ ↄ cruzar ~ **descruzado** *adj.*
des.cui.da.do *adj.s.m.* **1** que(m) é negligente ou despreocupado ↄ cuidadoso ■ *adj.* **2** que não recebeu atenção ↄ aplicado
des.cui.dar *v.* {mod. 1} *t.d.,t.i. e pron.* **1** (prep. *de*) não ter cuidados com; negligenciar ↄ cuidar, tratar ❑ *pron.* **2** não estar atento, alerta; distrair-se ↄ atentar
des.cui.do *s.m.* **1** atitude não pensada ↄ prudência **2** falta de atenção ↄ preocupação **3** falta de cuidado; negligência ↄ empenho **4** que contraria uma norma; erro ↄ acerto
des.cul.pa *s.f.* **1** perdão, arrependimento ↄ condenação **2** motivo alegado para defender (a si ou outra pessoa) de algo **3** motivo alegado para se livrar de alguma obrigação; pretexto
des.cul.par *v.* {mod. 1} *t.d.,t.d.i. e pron.* **1** (prep. *de*) conceder(-se) perdão por falta cometida; perdo-

ar(-se) ❑ *t.d.* **2** ser tolerante com; relevar **3** servir de pretexto, justificativa para ⟨*a doença desculpa sua inércia*⟩ ❑ *pron.* **4** (prep. *com*) explicar-se, justificar-se **5** (prep. *por*) pedir desculpa(s), perdão ~ **desculpável** *adj.2g.*

des.cum.prir *v.* {mod. 24} *t.d.* deixar de cumprir; infringir, transgredir ⟨*d. ordens*⟩ ↄ obedecer ~ **descumpridor** *adj.s.m.* - **descumprimento** *s.m.*

des.cu.rar *v.* {mod. 1} *t.d.,t.i. e pron.* (prep. *de*) não ter cuidados com; descuidar(-se), negligenciar ↄ cuidar(-se), tratar(-se)

des.de *prep.* a partir de ⟨*veio a pé d. sua casa*⟩ ⊡ **d. que** *loc.conj.* **1** depois que ⟨*não tive notícias dele d. que viajou*⟩ **2** uma vez que ⟨*d. que seja possível, será feito*⟩

des.dém *s.m.* **1** desprezo, arrogância ↄ apreço **2** negligência, indiferença ↄ interesse

des.de.nhar *v.* {mod. 1} *t.d. e t.i.* **1** (prep. *de*) tratar com desprezo; desprezar **2** *p.ext.* (prep. *de*) fazer troça de; zombar ❑ *t.d.,t.i. e pron.* **3** (prep. *de*) rebaixar(-se), desvalorizar(-se) ↄ valorizar(-se) ~ **desdenhoso** *adj.*

des.den.ta.do *adj.s.m.* **1** que(m) não tem alguns ou todos os dentes ■ *s.m.* **2** espécime dos desdentados, mamíferos sem dentes ou com dentição imperfeita, como os tamanduás, as preguiças e os tatus ■ *adj.* **3** relativo aos desdentados

des.di.ta *s.f.* má sorte, desgraça ↄ ventura ~ **desditoso** *adj.*

des.di.zer *v.* {mod. 15} *t.d. e pron.* **1** negar ou retirar (o que foi dito); desmentir(-se) ↄ confirmar ❑ *t.d.* **2** contradizer a afirmação de; desmentir ↄ confirmar ⊙ GRAM/USO part.: *desdito*

des.do.brar *v.* {mod. 1} *t.d. e pron.* **1** desmanchar(-se) a dobra de; abrir(-se) ↄ dobrar(-se) **2** dividir(-se) em dois; repartir(-se) **3** *fig.* desenvolver(-se) sucessivamente; desenrolar(-se) ❑ *t.d. e t.d.i.* **4** (prep. *em*) dividir (um todo) [em várias partes] ❑ *pron.* **5** esforçar-se, empenhar-se ~ **desdobramento** *s.m.* - **desdobrável** *adj.2g.*

des.dou.ro *s.m.* descrédito, desonra ↄ honra ~ **desdourar** *v.t.d. e pron.*

de.se.du.car *v.* {mod. 1} *t.d. e pron.* **1** (fazer) perder a educação; embrutecer(-se) ↄ civilizar(-se) ❑ *t.d.* **2** educar mal **3** dar mau exemplo a ~ **deseducação** *s.f.*

de.se.jar *v.* {mod. 1} *t.d.,t.d.i. e pron.* **1** (prep. *de*) sentir vontade de possuir ou realizar (o que satisfaça exigência intelectual, emocional ou física); querer ❑ *t.d.* **2** ter gosto ou empenho em realizar (algo); ansiar, pretender **3** sentir forte atração por ❑ *t.d. e t.d.i.* **4** (prep. *a*) fazer votos de (saúde, sucesso etc.) [a alguém]; estimar ~ **desejável** *adj.2g.* - **desejoso** *adj.*

de.se.jo \ê\ *s.m.* **1** vontade de conseguir (algo) ⟨*d. de dormir*⟩ ↄ apatia **2** ambição ⟨*todos notavam seu d. de poder*⟩ ↄ desapego **3** impulso sexual ⟨*seu d. pelo marido continuava o mesmo*⟩ ↄ frieza **4** *infrm.* ânsia de satisfazer certos apetites durante a gravidez

de.se.ma.ra.nhar *v.* {mod. 1} *t.d. e pron.* **1** desmanchar(-se) o emaranhado de; desembaraçar(-se) ↄ emaranhar(-se) **2** *fig.* tornar(-se) entendível (o que está confuso); esclarecer(-se)

de.sem.ba.çar *v.* {mod. 1} *t.d.,int. e pron.* (fazer) recuperar o brilho, a transparência ↄ embaçar(-se)

de.sem.ba.i.nhar *v.* {mod. 1} *t.d.* **1** tirar (arma) da bainha ('estojo') ↄ embainhar **2** descosturar a bainha de (roupa) ↄ embainhar

¹de.sem.ba.lar *v.* {mod. 1} *t.d. e int.* (fazer) perder o embalo, a velocidade; desacelerar ↄ embalar [ORIGEM: *des-* + *¹embalar*]

²de.sem.ba.lar *v.* {mod. 1} *t.d.* retirar da embalagem; desembrulhar ↄ embalar [ORIGEM: *des-* + *²embalar*]

de.sem.ba.ra.ça.do *adj.* **1** sem nós; desemaranhado ↄ embaraçado **2** livre de dificuldades ↄ embaraçado **3** desinibido ↄ acanhado

de.sem.ba.ra.çar *v.* {mod. 1} *t.d. e pron.* **1** desfazer nó ou embaraço de (fio, meada etc.); desemaranhar(-se) ↄ embaraçar(-se) **2** (fazer) perder a timidez; soltar(-se) ↄ inibir(-se) ❑ *t.d.,t.d.i. e pron.* **3** (prep. *de*) livrar(-se) [do que obstrui ou incomoda]

de.sem.ba.ra.ço *s.m.* **1** ausência de obstáculo; desimpedimento ↄ dificuldade **2** agilidade nas ações; presteza ↄ acanhamento **3** valentia diante dos perigos; coragem ↄ covardia

de.sem.ba.ra.lhar *v.* {mod. 1} *t.d.* **1** organizar (o que está embaralhado); desembaraçar ⟨*d. um novelo*⟩ **2** *fig.* tornar compreensível ⟨*d. um contrato*⟩ ↄ complicar ❑ *int. e pron.* **3** tornar(-se) claro ⟨*a visão desembaralhou(-se)*⟩ ↄ embaralhar(-se), confundir(-se)

de.sem.bar.ca.dou.ro *s.m.* local de desembarque ↄ embarcadouro

de.sem.bar.car *v.* {mod. 1} *t.d. e int.* tirar ou sair de barco, carro, avião etc. ↄ embarcar

de.sem.bar.ga.dor \ô\ *s.m.* juiz de Tribunal de Justiça ou de Apelação

de.sem.bar.que *s.m.* **1** retirada ou saída (de objetos ou pessoas) de um veículo ↄ embarque **2** local onde ocorre desembarque ⟨*a família o esperava no d.*⟩ ↄ embarque

de.sem.bes.ta.do *adj.* **1** sem freio **2** desabalado, apressado ↄ lento

de.sem.bes.tar *v.* {mod. 1} *int.* **1** *B* correr desenfreadamente; disparar **2** *fig.* perder a calma; descontrolar-se ↄ conter-se ❑ *t.d. fig.* **3** dizer com raiva (insultos, ofensas ou tolices)

de.sem.bo.ca.du.ra *s.f.* foz

de.sem.bo.car *v.* {mod. 1} *int.* **1** sair de lugar estreito para um mais largo ⟨*o cortejo vai d. do beco*⟩ ☞ *do beco* é circunstância que funciona como complemento **2** terminar seu curso; desaguar ⟨*o rio desemboca no mar*⟩ ☞ *no mar* é circunstância que funciona como complemento **3** dar, terminar em ⟨*a rua desemboca na praça*⟩ ☞ *na praça* é circunstância que funciona como complemento

de.sem.bol.sar *v.* {mod. 1} *t.d.* **1** tirar da bolsa ou do bolso ❑ *t.d. e int. p.ext.* **2** fazer gasto (de); gastar

de.sem.bol.so *s.m.* valor que se desembolsou

de.sem.bru.lhar *v.* {mod. 1} *t.d. e pron.* **1** (fazer) ficar livre de confusão, embaraço; esclarecer(-se) ❑ *t.d.* **2** desfazer, abrir (embrulho, pacote) ↄ embrulhar **3** retirar (o conteúdo) de embrulho **4** retirar a(s) dobra(s) de; estender ↄ dobrar

de.sem.bu.char *v.* {mod. 1} *t.d. e int.* expor francamente (sentimentos, pensamentos); desabafar

de.sem.bur.rar *v.* {mod. 1} *t.d.,int. e pron.* **1** tornar(-se) mais instruído; instruir(-se) **2** (fazer) perder o enfezamento; alegrar(-se) ↄ emburrar

de.se.mol.du.rar *v.* {mod. 1} *t.d.* retirar a moldura de ↄ emoldurar

de.sem.pa.car *v.* {mod. 1} *t.d. e int.* **1** (fazer) voltar a andar (cavalgadura) **2** *B infrm.* (fazer) retomar o desenvolvimento ↄ parar

de.sem.pa.co.tar *v.* {mod. 1} *t.d.* **1** retirar (o conteúdo) de pacote; desembalar ↄ embalar **2** desfazer (pacote, embrulho); desembrulhar ↄ embrulhar ~ **desempacotamento** *s.m.*

de.sem.pa.re.lhar *v.* {mod. 1} *t.d. e pron.* **1** separar(-se) [elementos em par] ↄ emparelhar(-se) ❑ *t.d. fig.* **2** fazer brigar; desunir ↄ unir

de.sem.pa.tar *v.* {mod. 1} *t.d. e int.* **1** (fazer) sair do empate; decidir(-se) ↄ empatar ❑ *t.d.* **2** remover dificuldade de; resolver ⟨*d. uma questão*⟩ ❑ *t.d. e pron.* **3** (deixar) ficar livre; desimpedir(-se) ~ **desempate** *s.m.*

de.sem.pe.nar *v.* {mod. 1} *t.d.,int. e pron.* tornar(-se) direito, reto; endireitar(-se) ↄ entortar ~ **desempenamento** *s.m.*

de.sem.pe.nhar *v.* {mod. 1} *t.d.* **1** recuperar (bem penhorado) ↄ empenhar **2** executar, realizar (cargo, tarefa etc.) ❑ *t.d.,t.d.i. e pron.* **3** (prep. *de*) liberar(-se) [de compromisso]; desobrigar(-se) ↄ obrigar(-se) ❑ *t.d. e int.* **4** representar, interpretar (um personagem)

de.sem.pe.nho *s.m.* **1** execução (de tarefa etc.) **2** atuação, comportamento **3** maneira de representar; interpretação ⟨*d. da atriz*⟩

de.sem.pe.no *s.m.* **1** nivelamento **2** instrumento formado de duas réguas us. para verificar se uma superfície está nivelada **3** *fig.* elegância **4** *fig.* agilidade, coragem

de.sem.per.rar *v.* {mod. 1} *t.d.,int. e pron.* **1** soltar(-se) [algo emperrado]; destravar(-se) ↄ emperrar **2** (fazer) recuperar o funcionamento **3** *fig.* (fazer) perder a inibição; soltar(-se) ↄ inibir(-se)

de.sem.pi.lhar *v.* {mod. 1} *t.d.* desarrumar (objetos em pilha); desamontoar ↄ empilhar

de.sem.po.ar *v.* {mod. 1} *t.d. e pron.* **1** limpar(-se) de pó ou poeira **2** *fig.* (fazer) ficar livre de preconceitos **3** *fig.* tornar(-se) modesto, simples

de.sem.po.çar *v.* {mod. 1} *t.d.* **1** drenar a poça de ⟨*d. uma estrada*⟩ ↄ empoçar **2** tirar de poça ou atoleiro; desatolar ↄ atolar ☞ cf. *desempossar*

de.sem.pos.sar *v.* {mod. 1} *t.d.i.* **1** (prep. *de*) privar da posse de ❑ *pron.* **2** (prep. *de*) renunciar à posse de ↄ apoderar-se ☞ cf. *desempoçar*

de.sem.pre.ga.do *adj.s.m.* (pessoa) que está sem emprego

de.sem.pre.go \ê\ *s.m.* **1** falta de emprego ⟨*alta taxa de d.*⟩ **2** estado dos trabalhadores que não conseguem emprego ⟨*o d. atinge muitos trabalhadores*⟩

de.sen.ca.de.a.men.to *s.m.* **1** separação, desligamento **2** *fig.* falta de ordenação **3** manifestação ⟨*d. de euforia*⟩

de.sen.ca.de.ar *v.* {mod. 5} *t.d. e pron.* **1** desprender(-se) de cadeia, de corrente **2** separar(-se), soltar(-se) [elementos ligados] ↄ unir(-se), ligar(-se) ❑ *t.d.* **3** causar ação súbita e/ou em cadeia; suscitar, provocar ❑ *int. e pron.* **4** manifestar-se com ímpeto (vento, chuva etc.)

de.sen.cai.xar *v.* {mod. 1} *t.d.,t.d.i. e pron.* (prep. *de*) soltar(-se) de encaixe; desconjuntar(-se) ↄ encaixar(-se)

de.sen.cai.xo.tar *v.* {mod. 1} *t.d.* retirar de caixote ou caixa ↄ encaixotar ~ **desencaixotamento** *s.m.*

de.sen.ca.la.crar *v.* {mod. 1} *t.d. e pron.* livrar(-se) de dificuldades, esp. financeiras ↄ encalacrar(-se)

de.sen.ca.lhar *v.* {mod. 1} *t.d. e int.* **1** (fazer) retomar (embarcação) o andamento ou movimento interrompido pela presença de obstáculo **2** *B* dar saída a ou ter saída (mercadoria) ❑ *t.d.fig.* **3** dar andamento a (algo parado, interrompido) ❑ *int.fig. B infrm.* **4** casar-se quando se esperava que não fosse mais possível ~ **desencalhe** *s.m.*

de.sen.ca.mi.nhar *v.* {mod. 1} *t.d. e pron.* **1** (fazer) sair do caminho a seguir; desviar(-se) ↄ encaminhar(-se) ❑ *t.d.,t.d.i. e pron. fig.* **2** (prep. *de*) afastar(-se) [do bom caminho, do dever]; corromper(-se) ↄ encaminhar(-se), regenerar(-se) ~ **desencaminhador** *adj.s.m.*

de.sen.can.ta.men.to *s.m.* **1** decepção ↄ satisfação **2** quebra do encantamento ↄ encantamento

de.sen.can.tar *v.* {mod. 1} *t.d.,t.d.i. e pron.* **1** (prep. *de*) livrar(-se) de encanto, magia ↄ enfeitiçar(-se) **2** *p.ext.* (prep. *de*) [fazer] perder as ilusões, o entusiasmo com; desapontar(-se) ↄ encantar(-se) ❑ *t.d. infrm.* **3** descobrir (algo raro, difícil de encontrar) ❑ *t.d. e pron. fig. infrm.* **4** (fazer) aparecer (algo sumido ou latente)

de.sen.can.to *s.m.* desencantamento

de.sen.ca.par *v.* {mod. 1} *t.d.* tirar a capa, o envoltório de ↄ encapar, envolver

de.sen.car.ce.ra.men.to *s.m.* libertação de cárcere; soltura ↄ encarceramento ~ **desencarcerar** *v.t.d.e pron.*

de.sen.car.dir *v.* {mod. 24} *t.d.* **1** tirar a sujeira de; limpar ↄ sujar **2** tirar a cor encardida de (roupa, tecido etc.) ↄ encardir ❑ *t.d. e t.d.i. fig.* **3** (prep. *de*) livrar de (impureza, desonra etc.); purificar ⟨*d. a alma (do ódio)*⟩

de.sen.car.go *s.m.* **1** cumprimento ou desobrigação de um encargo ↄ obrigação **2** diminuição da ansiedade; alívio ↄ angústia

de.sen.car.nar *v.* {mod. 1} *t.d.* **1** separar a carne de ❑ *int.* **2** separar-se (alma, espírito) definitivamente do corpo; morrer ❑ *t.i. e int. B pej.* **3** (prep. *de*) separar-se de; desgrudar(-se) ~ **desencarnação** *s.f.*

de.sen.car.qui.lhar *v.* {mod. 1} *t.d.* fazer desaparecer as rugas; desenrugar ↄ enrugar, encarquilhar

de.sen.car.re.gar *v.* {mod. 1} *t.d.* **1** libertar de culpa; aliviar ❑ *t.d.,t.d.i. e pron.* **2** (prep. *de*) desobrigar(-se) [de tarefa, cargo etc.] ⮌ obrigar(-se), incumbir(-se)

de.sen.cas.que.tar *v.* {mod. 1} *t.d.,t.d.i. e pron.* (prep. *de*) tirar da cabeça (de alguém) [ideia, mania etc.]; dissuadir(-se) ⮌ encasquetar(-se)

de.sen.cas.to.ar *v.* {mod. 1} *t.d.* **1** tirar o castão de (bengala) **2** soltar (pedra preciosa, p.ex.) do engaste ⟨*d. pedras da tiara*⟩ ⮌ engastar, prender ☞ *na tiara* é circunstância que funciona como complemento ~ **desencastoamento** *s.m.*

de.sen.ca.var *v.* {mod. 1} *t.d.* **1** soltar da cavidade ⟨*d. uma pedra*⟩ **2** escavar, cavar **3** *fig. B* descobrir, encontrar ⟨*d. documentos antigos*⟩

de.sen.ci.lhar *v.* {mod. 1} *t.d.* **1** retirar a cilha de (cavalgadura) **2** *p.ext. B* retirar os arreios de (montaria) ⮌ arrear ~ **desencilhamento** *s.m.*

de.sen.con.trar *v.* {mod. 1} *pron.* **1** não estar no mesmo lugar ao mesmo tempo; perder-se ⮌ encontrar-se ❑ *int. e pron. fig.* **2** ser oposto, incompatível; divergir ⮌ combinar

de.sen.con.tro *s.m.* **1** ação de desencontrar ou seu efeito ⮌ encontro **2** divergência (de ideias, sentimentos etc.) ⮌ acordo

de.sen.co.ra.ja.men.to *s.m.* desalento, desânimo

de.sen.co.ra.jar *v.* {mod. 1} *t.d.,t.d.i. e pron.* (prep. *de*) [fazer] perder a coragem, o ânimo; acovardar(-se), desanimar(-se) ⮌ animar(-se)

de.sen.cor.par *v.* {mod. 1} *t.d.* **1** tornar menos corpulento, volumoso ⮌ encorpar **2** tornar menos consistente, espesso; desengrossar ⮌ engrossar

de.sen.cos.tar *v.* {mod. 1} *t.d. e pron.* **1** afastar(-se) de onde se estava apoiado ⟨*d. as camas*⟩ ⟨*d. o móvel da parede*⟩ ⟨*d.-se da porta*⟩ ☞ *da parede* é circunstância que funciona como complemento **2** *fig. infrm.* afastar(-se) de apoio moral, ajuda ❑ *t.d.* **3** abrir (o que estava fechado); descerrar ⟨*d. a porta*⟩ ⮌ fechar, cerrar

de.sen.cra.var *v.* {mod. 1} *t.d.* **1** arrancar (cravo, prego) ⟨*d. um prego da parede*⟩ ⮌ cravar, pregar ☞ *da parede* é circunstância que funciona como complemento **2** tirar os pregos de; despregar ⮌ pregar **3** fazer que não fique encravado na carne ⟨*d. unha*⟩ ❑ *int. B infrm.* **4** desencalhar ('casar-se') ❑ *pron. fig.* **5** livrar-se de dificuldades; desencalacrar-se

de.sen.cres.par *v.* {mod. 1} *t.d. e pron.* **1** alisar(-se) [cabelo crespo] ⮌ encrespar(-se) **2** (fazer) perder ruga(s) ou marca(s) ⮌ enrugar(-se) ❑ *t.d.* **3** desemaranhar, desembaraçar ⮌ emaranhar ❑ *int.* **4** tornar-se sereno, calmo (superfície da água)

de.sen.cur.var *v.* {mod. 1} *t.d. e pron.* (fazer) perder a curvatura; endireitar ⮌ curvar(-se)

de.se.ne.vo.ar *v.* {mod. 1} *t.d. e pron.* **1** dispersar(-se) a névoa; aclarar(-se) ⮌ enevoar(-se) **2** (fazer) recuperar a tranquilidade; serenar(-se) ⮌ inquietar(-se)

de.sen.fa.dar *v.* {mod. 1} *t.d. e pron.* livrar(-se) do enfado, do aborrecimento; distrair(-se) ⮌ aborrecer(-se)

de.sen.fa.do *s.m.* **1** alívio do tédio ⮌ agitação **2** divertimento, recreação ⮌ aborrecimento

de.sen.fai.xar *v.* {mod. 1} *t.d. e pron.* soltar(-se) das faixas ⮌ enfaixar(-se)

de.sen.far.dar *v.* {mod. 1} *t.d.* **1** retirar do(s) fardo(s); desembrulhar ⮌ embalar **2** retirar o(s) fardo(s) de ~ **desenfardamento** *s.m.*

de.sen.fei.ti.çar *v.* {mod. 1} *t.d. e pron.* **1** libertar(-se) de feitiço; desencantar(-se) ⮌ enfeitiçar(-se) ❑ *t.d.,t.d.i. e pron. p.ext.* **2** (prep. *de*) libertar(-se) [do que exerce fascínio ou paixão]

de.sen.fei.xar *v.* {mod. 1} *t.d.* **1** desfazer um feixe de ⮌ enfeixar **2** extrair do feixe ⮌ enfeixar **3** desatar, desunir, separar ⮌ unir, juntar

de.sen.fer.ru.jar *v.* {mod. 1} *t.d.* **1** tirar a ferrugem de ⮌ enferrujar ❑ *t.d. e pron. fig.* **2** (fazer) sair da inércia, de inatividade ⮌ parar **3** (fazer) recobrar o ânimo; reanimar(-se) ⮌ desanimar(-se)

de.sen.fi.ar *v.* {mod. 1} *t.d.* **1** tirar o fio que passa pelo orifício de ⮌ enfiar ❑ *t.d.,int. e pron.* **2** soltar(-se) de (aquilo em que está enfiado) ⮌ enfiar(-se)

de.sen.fre.a.do *adj.* **1** sem freio **2** *p.ext.* que corre incontrolavelmente; desembestado ⟨*multidão d.*⟩ **3** *fig.* que não se contém; solto ⟨*desejos, língua d.*⟩ ⮌ contido **4** *fig.* sem limites; desmedido ⟨*ambição d.*⟩ ⮌ moderado **5** *fig.* furioso, irado ⮌ calmo **6** *fig.* devasso, licencioso ⮌ recatado

de.sen.fre.ar *v.* {mod. 5} *t.d. e pron.* **1** soltar(-se) do freio ❑ *int. e pron.* **2** correr muito, com ímpeto; desabalar **3** *fig.* manifestar(-se) com força, violência ⟨*sua ira desenfreou(-se)*⟩ ❑ *t.d. fig.* **4** livrar de limitação; libertar ⟨*d. o pensamento*⟩ ⮌ refrear ❑ *pron.* **5** enfurecer-se, irar-se **6** exceder-se ⮌ conter-se

de.sen.fur.nar *v.* {mod. 1} *t.d. e pron.* **1** (fazer) sair da toca, caverna etc. ⮌ enfurnar(-se) **2** *fig.* (fazer) sair de isolamento, voltando ao convívio social ⮌ enclausurar(-se)

de.sen.ga.ja.men.to *s.m.* desligamento de compromisso, esp. os de caráter ideológico ⮌ engajamento

de.sen.ga.jar *v.* {mod. 1} *t.d. e pron.* liberar(-se) de participação, compromisso; desobrigar(-se) ⮌ engajar(-se)

de.sen.ga.na.do *adj.* **1** livre de engano ou desilusão ⮌ iludido **2** que não tem cura (diz-se de doente) ~ **desengano** *s.m.*

de.sen.ga.nar *v.* {mod. 1} *t.d. e pron.* **1** esclarecer(-se) a respeito de um erro; desiludir(-se) ⮌ iludir(-se) ❑ *t.d.* **2** não dar esperança de vida a ⟨*d. um doente*⟩

de.sen.gan.char *v.* {mod. 1} *t.d.* **1** tirar o gancho de **2** soltar (o que está enganchado) do que o prende; desengatar ⟨*d. a blusa do prego*⟩ ⮌ enganchar ☞ *do prego* é circunstância que funciona como complemento

de.sen.gar.ra.far *v.* {mod. 1} *t.d.* **1** retirar da garrafa ⮌ engarrafar **2** *p.ext.* acabar com engarrafamento de; liberar, desobstruir ⟨*d. o trânsito*⟩

de.sen.gas.gar *v.* {mod. 1} *t.d. e pron.* livrar(-se) de engasgo; desentalar(-se) ⮌ engasgar(-se) ~ **desengasgo** *s.m.*

de.sen.gas.tar *v.* {mod. 1} *t.d.* soltar do engaste; desencastoar ⟨*d. uma pedra do anel*⟩ ⮌ engastar ☞ *do anel* é circunstância que funciona como complemento

de.sen.ga.tar *v.* {mod. 1} *t.d. e pron.* **1** separar(-se) do engate; desencaixar(-se) ⮌ engatar(-se) ❑ *t.d. e int.* **2** desengatilhar(-se) [arma de fogo] ⮌ engatilhar **3** soltar(-se) a embreagem de (veículo); desengrenar ⮌ engrenar ~ **desengatamento** *s.m.* - **desengate** *s.m.*

de.sen.ga.ti.lhar *v.* {mod. 1} *t.d.* **1** disparar (arma de fogo) ❑ *t.d. e pron.* **2** desarmar(-se) o gatilho de (arma de fogo)

de.sen.go.mar *v.* {mod. 1} *t.d. e int.* (fazer) perder a goma; amolecer ⮌ engomar

de.sen.gon.ça.do *adj.* **1** que não é gracioso; desajeitado ⮌ elegante **2** desconjuntado ⟨*cadeira d.*⟩ ~ **desengonçar** *v.t.d. e pron.*

de.sen.gor.du.rar *v.* {mod. 1} *t.d.* **1** tirar gordura ou seu excesso de **2** fazer que não fique oleoso ⟨*d. a pele, os cabelos*⟩ **3** remover restos ou mancha de gordura em ⮌ engordurar

de.sen.gros.sar *v.* {mod. 1} *t.d. e int.* **1** tornar(-se) mais fino; adelgaçar(-se) ⮌ engrossar **2** (fazer) ficar ralo, menos grosso ⮌ espessar **3** desinchar, murchar ⮌ inchar

de.sen.gui.çar *v.* {mod. 1} *t.d. e pron.* **1** livrar(-se) de quebranto, má-sorte ❑ *t.d. B* **2** deixar sem defeito; consertar ⮌ enguiçar, quebrar

de.se.nhar *v.* {mod. 1} *t.d. e int.* **1** representar por meio de desenho ❑ *t.d. fig.* **2** dar a ideia de; descrever, figurar ⟨*no seu relato, desenhou com precisão as pessoas*⟩ **3** planejar, elaborar ❑ *t.d. e pron.* **4** (fazer) ressaltar o contorno, o desenho; distinguir(-se)

de.se.nhis.ta *adj.2g.s.2g.* que(m) desenha ⊡ **d. industrial** *loc.subst.* profissional do desenho industrial; *designer*

de.se.nho *s.m.* **1** representação gráfica de objetos e ideias feita sobre uma superfície **2** representação por linhas da forma de um objeto; contorno, traçado ⊡ **d. animado** *loc.subst.* série de desenhos filmados que, projetados, criam movimento • **d. industrial** *loc.subst.* arte e técnica de desenhar objetos destinados à produção industrial; *design*

de.sen.la.ce *s.m.* **1** desfazimento de um laço ⮌ enlance **2** *fig.* desfecho, solução ⟨*d. de uma história*⟩ ⟨*d. do negócio*⟩ ~ **desenlaçar** *v.t.d. e pron.*

de.sen.lei.o *s.m.* **1** soltura de qualquer coisa que estava amarrada ⮌ enleio **2** *p.ext.* desembaraço de apuro ⮌ enleio

de.se.no.do.ar ou **des.no.do.ar** *v.* {mod. 1} *t.d.* **1** limpar nódoas, manchas de ⮌ manchar **2** *fig.* restabelecer o crédito, a confiança a ⟨*d. o nome na praça*⟩ ⮌ macular

de.se.no.ve.lar ou **des.no.ve.lar** *v.* {mod. 1} *t.d. e pron.* **1** desfazer(-se) um novelo; desenrolar(-se) ⮌ enovelar(-se) **2** *fig.* dar(-se) a conhecer; revelar(-se) ❑ *t.d. fig.* **3** resolver (trama ou intriga)

de.sen.qua.drar *v.* {mod. 1} *t.d.* **1** retirar a moldura de ⮌ emoldurar **2** retirar do contexto habitual; descontextualizar ❑ *t.i. e pron.* **3** (prep. *com*) não combinar com; desarmonizar(-se) ⮌ harmonizar(-se) ~ **desenquadramento** *s.m.*

de.sen.ra.i.za.do *adj.* **1** arrancado pela raiz **2** distante de seu lugar de origem ⮌ enraizado

de.sen.ra.i.zar *v.* {mod. 2} *t.d.* **1** arrancar (planta, árvore etc.) pela raiz ❑ *t.d. e pron. fig.* **2** (fazer) ter fim; acabar, extinguir(-se) ⮌ surgir **3** (fazer) sair de (terra natal) ⟨*nada a desenraizaria da cidade natal*⟩ ⟨*d.-se da cidade natal*⟩ ☞ *da cidade natal* é circunstância que funciona como complemento ~ **desenraizamento** *s.m.*

de.sen.ras.car *v.* {mod. 1} *t.d.* **1** desprender da rede ⮌ enrascar ❑ *t.d. e pron.* **2** livrar(-se) de dificuldade, de confusão ⮌ enrascar(-se)

de.sen.re.dar *v.* {mod. 1} *t.d.* **1** desprender da rede; desenrascar **2** desembaraçar, desemaranhar ⮌ emaranhar ❑ *t.d. e pron.* **3** *fig.* tornar(-se) claro, compreensível ⮌ complicar(-se) ❑ *pron. fig.* **4** livrar-se de dificuldade, confusão ⮌ atolar-se ~ **desenredo** *s.m.*

de.sen.ro.lar *v.* {mod. 1} *t.d. e pron.* **1** (fazer) perder a forma de rolo; estender(-se) ⮌ enrolar(-se) **2** *fig.* revelar(-se) ou desenvolver(-se) pouco a pouco ❑ *t.d.* **3** desembalar, desembrulhar ⮌ embrulhar **4** *fig.* resolver (atrapalhação, dificuldade) ⟨*d. pendências do inventário*⟩ ❑ *pron.* **5** ocorrer sucessivamente ~ **desenrolamento** *s.m.*

de.sen.ros.car *v.* {mod. 1} *t.d. e pron.* **1** (fazer) deixar de ter a forma de rosca ⮌ enroscar(-se) **2** livrar(-se) do que se torceu ao redor ⟨*d. o arame da estaca*⟩ ⟨*d.-se de um abraço*⟩ ⮌ enroscar(-se) ❑ *t.d.* **3** remover da rosca; desaparafusar ⟨*d. parafusos*⟩

de.sen.ru.gar *v.* {mod. 1} *t.d. e pron.* (fazer) perder as rugas ou pregas; desfranzir(-se)

de.sen.sa.car *v.* {mod. 1} *t.d.* retirar do saco ou da saca ⮌ ensacar

de.sen.tai.par *v.* {mod. 1} *t.d.* **1** retirar de entre taipas **2** abrir, tirando os taipais ⟨*d. o paiol*⟩ **3** *fig.* livrar de impedimento; liberar **4** *fig.* revelar, mostrar ⟨*d. intimidades*⟩ ⮌ esconder **5** reparar ofensa, insulto; desafrontar

de.sen.ta.lar *v.* {mod. 1} *t.d.* **1** retirar a tala de ⮌ entalar ❑ *t.d. e pron. p.ext.* **2** livrar(-se) [o que está comprimido]; desapertar(-se) ⟨*abriu a gola para d. o pescoço*⟩ ⟨*d. o pé do buraco*⟩ ⟨*a novilha logo se desentalou*⟩ ⮌ apertar(-se), entalar(-se) ☞ *do buraco* é circunstância que funciona como complemento **3** *infrm.* (fazer) perder o engasgo ⮌ engasgar(-se) **4** livrar(-se) de apuro ou dificuldade ⮌ enrascar(-se)

de.sen.ten.der *v.* {mod. 8} *t.d.* **1** não entender **2** fingir não entender ❑ *pron.* **3** pôr-se em desavença; brigar ⮌ reconciliar-se

de.sen.ten.di.men.to *s.m.* **1** falta de entendimento, de percepção ⮌ entendimento **2** briga, desavença ⮌ concordância

de.sen.ter.rar *v.* {mod. 1} *t.d.* **1** retirar de debaixo da terra **2** *fig.* descobrir (algo escondido ou difícil de ser achado) **3** *fig.* tirar do esquecimento, trazer à baila ⟨*d. lembranças*⟩ ⮌ enterrar ❑ *t.d. e pron. p.ext.*

4 pôr(-se) para fora ⊃ enterrar(-se) ~ **desenterramento** *s.m.* - **desenterro** *s.m.*

de.sen.to.a.ção [pl.: *-ões*] *s.f.* 1 saída do tom; desafinação ⊃ afinação 2 comportamento inconveniente; despropósito ⊃ moderação

de.sen.to.a.men.to *s.m.* desentoação

de.sen.to.ar *v.* {mod. 1} *t.d. e int.* 1 (fazer) produzir sons discordantes; desafinar ❑ *int. e pron. fig.* 2 agir ou falar de forma inconveniente; exceder-se

de.sen.to.car *v.* {mod. 1} *t.d. e pron.* 1 (fazer) sair da toca ⊃ entocar(-se) 2 *fig.* (fazer) sair do isolamento ⊃ isolar(-se)

de.sen.tor.pe.cer *v.* {mod. 8} *t.d., int. e pron.* 1 (fazer) perder o torpor (membro do corpo) ⊃ entorpecer(-se) 2 (fazer) perder o desânimo, a inércia; reanimar(-se) ⊃ desanimar(-se)

de.sen.tor.tar *v.* {mod. 1} *t.d. e pron.* 1 endireitar(-se) [o que está torto, curvado] ⊃ curvar(-se), entortar(-se) 2 *fig.* eliminar faltas, erros [de]; corrigir(-se) ⊃ entortar(-se)

de.sen.tra.nhar *v.* {mod. 1} *t.d.* 1 fazer sair das entranhas; parir 2 arrancar as vísceras de 3 *fig.* extrair de lugar escondido; desenterrar ⟨*d. riquezas do mar*⟩ ☞ *do mar* é circunstância que funciona como complemento ❑ *t.d. e pron. fig.* 4 soltar(-se) da alma, do coração ~ **desentranhamento** *s.m.*

de.sen.tu.lhar *v.* {mod. 1} *t.d.* 1 retirar o entulho, o lixo de ⊃ entulhar 2 *p.ext.* tirar de (um lugar) o que ali existe em excesso; arrumar ⊃ atravancar, abarrotar

de.sen.tu.pir *v.* {mod. 29} *t.d.* acabar com o entupimento de; desobstruir ⊃ obstruir, entupir

de.sen.vol.to \ô\ *adj.* 1 desembaraçado, vivo ⊃ inibido 2 *infrm.* travesso, irrequieto ⟨*criança d.*⟩ ⊃ comportado

de.sen.vol.tu.ra *s.f.* 1 desembaraço, vivacidade ⊃ inibição 2 *infrm.* travessura

de.sen.vol.ver *v.* {mod. 8} *t.d. e pron.* 1 tornar(-se) maior, mais forte, volumoso; crescer 2 (fazer) ir à frente, avançar, progredir ⊃ regredir; estagnar ❑ *t.d.* 3 expor em detalhes 4 elaborar, criar ❑ *pron.* 5 desenrolar-se, prosseguir

de.sen.vol.vi.do *adj.* 1 que se desenvolveu; que cresceu e se tornou forte 2 que progrediu; adiantado, avançado ⊃ subdesenvolvido

de.sen.vol.vi.men.to *s.m.* 1 crescimento ⟨*d. de um organismo*⟩ 2 adiantamento, progresso ⟨*d. do comércio*⟩ ⊃ retrocesso ⊡ **d. sustentável** *loc.subst.* desenvolvimento planejado a fim de não esgotar ou degradar os recursos naturais

de.sen.xa.bi.do *adj.* 1 sem sabor ⊃ saboroso 2 sem graça; aborrecido ⊃ interessante

de.se.qui.li.bra.do *adj.* 1 sem equilíbrio ⊃ equilibrado 2 desprovido de harmonia; desproporcional ⊃ harmonioso ■ *adj.s.m.* 3 que(m) não tem equilíbrio mental; doido, louco

de.se.qui.li.brar *v.* {mod. 1} *t.d. e pron.* 1 (fazer) perder o equilíbrio ⊃ equilibrar(-se) ❑ *t.d.* 2 romper a harmonia de; desestabilizar ⊃ equilibrar; estabilizar 3 *infrm.* causar perturbação mental ou emocional a; desatinar ~ **desequilíbrio** *s.m.*

de.ser.ção [pl.: *-ões*] *s.f.* 1 abandono de serviço militar sem autorização 2 abandono de um compromisso ou uma afinidade; renúncia ⊃ permanência

de.ser.da.do *adj.s.m.* 1 que(m) foi privado de herança 2 que(m) é desprovido de bens, qualidades etc.

de.ser.dar *v.* {mod. 1} *t.d.* privar da herança ou sucessão a que (alguém) tinha direito

de.ser.tar *v.* {mod. 1} *t.d.* 1 tornar (lugar) deserto; despovoar ⊃ povoar ❑ *t.d. e t.i.* 2 (prep. *de*) abandonar, deixar, desistir ⊃ aderir ❑ *t.i. e int.* 3 (prep. *de*) deixar as forças armadas sem licença

de.sér.ti.co *adj.* 1 característico de deserto ⟨*clima d.*⟩ ⊃ fértil 2 sem formas de vida; despovoado ⊃ povoado

de.ser.ti.fi.ca.ção [pl.: *-ões*] *s.f.* modificação ambiental de uma área formando uma paisagem árida ~ **desertificar** *v.t.d. e pron.*

de.ser.to *s.m.* 1 região de chuvas escassas, vegetação rara e pouco habitada ■ *adj.* 2 privado de habitantes; ermo, desabitado ⊃ habitado 3 vazio ⟨*o teatro estava d.*⟩ ⊃ cheio

de.ser.tor \ô\ *adj.s.m.* 1 (soldado ou oficial) que abandona ilegalmente o serviço militar; trânsfuga 2 que(m) abandona suas convicções ou seus compromissos; trânsfuga

de.ses.pe.ran.ça *s.f.* falta ou perda de esperança; descrença ⊃ esperança

de.ses.pe.rar *v.* {mod. 1} *t.d., int. e pron.* 1 (fazer) sentir angústia, aflição; afligir(-se) ⊃ serenar 2 irritar(-se) profundamente; enfurecer(-se) ⊃ acalmar(-se) ❑ *t.d., t.d.i., t.i., int. e pron.* 3 (prep. *de*) [fazer] perder a esperança, a confiança ou a fé (em)

de.ses.pe.ro \ê\ *s.m.* 1 estado de profundo desânimo ⊃ alegria 2 desesperança ⊃ esperança 3 irritação profunda; cólera, raiva ⊃ tolerância ~ **desesperação** *s.f.* - **desesperador** *adj.*

de.ses.ta.bi.li.za.ção [pl.: *-ões*] *s.f.* perda da estabilidade; instabilidade

de.ses.ta.bi.li.zar *v.* {mod. 1} *t.d. e pron.* (fazer) perder a estabilidade, a segurança; descontrolar(-se) ⊃ estabilizar(-se)

de.ses.ta.ti.zar *v.* {mod. 1} *t.d.* excluir a gestão do Estado em ou reduzir sua participação em ⊃ estatizar ~ **desestatização** *s.f.*

de.ses.ti.ma *s.f.* 1 falta de estima ⊃ estima 2 ausência de afeto; indiferença ⊃ afeição 3 insatisfação, descontentamento ⊃ satisfação

de.ses.ti.mu.lan.te *adj.2g.* que desestimula, desanima ⊃ instigante

de.ses.ti.mu.lar *v.* {mod. 1} *t.d. e pron.* (fazer) perder o estímulo; desanimar(-se) ⊃ animar(-se) ~ **desestimulador** *adj.s.m.*

de.ses.tí.mu.lo *s.m.* falta ou perda de estímulo; desencorajamento ⊃ estímulo

des.fa.ça.tez \ê\ *s.f.* falta de vergonha, cinismo ⊃ acanhamento

des.fal.car *v.* {mod. 1} *t.d. e t.d.i.* **1** (prep. *de*) suprimir (uma parte) [de um todo] ⟨*d. a estante (de uns livros)*⟩ ⊃ acrescentar **2** (prep. *de*) tirar fraudulentamente de; roubar ❏ *t.d.* **3** reduzir, diminuir ❏ *pron.* **4** (prep. *de*) privar-se de ⟨*d.-se de objetos pessoais*⟩

des.fa.le.cer *v.* {mod. 8} *int.* **1** perder as forças momentaneamente; desmaiar **2** *fig.* diminuir em intensidade, quantidade ⊃ aumentar ❏ *t.i. e int.* **3** (prep. *em*) diminuir em força, disposição; enfraquecer ⊃ fortalecer(-se) ~ **desfalecido** *adj.*

des.fa.le.ci.men.to *s.m.* **1** desmaio **2** *p.ext.* perda de ânimo; esmorecimento ⊃ ânimo

des.fal.que *s.m.* **1** retirada de uma parte ⊃ acréscimo **2** desvio de dinheiro alheio; roubo ⟨*funcionário acusado de d.*⟩ **3** o montante desviado ⟨*o d. foi da ordem de milhões*⟩ **4** ausência de jogador numa partida

des.fas.ti.o *s.m.* **1** apetite ⊃ fastio **2** *fig.* prazer de viver

des.fa.vor \ô\ *s.m.* **1** desconsideração **2** prejuízo ⟨*nunca diz algo em d. do colega*⟩

des.fa.vo.rá.vel *adj.2g.* **1** hostil, adverso ⟨*opinião d. ao projeto*⟩ ⊃ favorável **2** prejudicial ⟨*clima d. ao cultivo de morangos*⟩ ⊃ propício

des.fa.vo.re.cer *v.* {mod. 8} *t.d.* privar de algo vantajoso; prejudicar ⊃ favorecer

des.fa.zer *v.* {mod. 14} *t.d. e pron.* **1** alterar(-se) de modo que deixe de estar feito, elaborado, construído; desmanchar(-se), desmontar(-se) **2** pôr(-se) fora da ordem; desarrumar(-se) ⟨*d. a cama*⟩ ⟨*o penteado desfez-se*⟩ ⊃ arrumar(-se) **3** separar(-se) [conjunto de pessoas, animais]; desunir(-se), dispersar(-se) ⟨*d. um grupo*⟩ ⟨*o rebanho desfez-se*⟩ **4** fazer(-se) em pedaços; despedaçar(-se) **5** (fazer) cessar, dispersando(-se); dissipar(-se) ⟨*d. a espuma*⟩ ⟨*o nevoeiro desfez-se*⟩ **6** pôr fim a ou chegar ao fim; extinguir(-se) **7** tornar(-se) nulo; invalidar(-se) ❏ *t.i.* **8** (prep. *de*) fazer pouco caso; desdenhar ❏ *pron.* **9** (prep. *de*) abrir mão de; despojar-se ⟨*d.-se de velharias*⟩ **10** (prep. *em*) manifestar-se com exagero; derramar-se ⟨*d.-se em lágrimas*⟩ ⊙ GRAM/USO part.: *desfeito* ~ **desfazimento** *s.m.*

des.fe.char *v.* {mod. 1} *t.d. e int.* **1** dar tiro com (arma de fogo); descarregar **2** dar (tiro); disparar ❏ *t.d.* **3** dar, aplicar (golpe) **4** tirar o que fecha (algo); abrir ⊃ fechar, cerrar ❏ *t.d. e t.i.* **5** (prep. *em*) manifestar-se com força, de súbito; desatar ❏ *t.i. e int.* **6** (prep. *em*) concluir, terminar ⊃ começar

des.fe.cho \ê\ *s.m.* **1** conclusão, desenlace ⟨*o d. do romance*⟩ ⊃ início **2** solução, resultado

des.fei.ta *s.f.* procedimento grosseiro; indelicadeza, ofensa ⊃ consideração ~ **desfeitear** *v.t.d.*

des.fei.to *adj.* **1** que voltou a seu estado anterior ou foi convertido em algo diferente ⟨*o telhado ficou d. com o vendaval*⟩ **2** abatido, desfigurado ⟨*aparência d.*⟩ **3** que chegou ao fim ou foi elucidado ⟨*casamento d.*⟩ ⟨*dúvida d.*⟩

des.fe.rir *v.* {mod. 28} *t.d.* **1** lançar de si; emitir ⟨*d. raios, luz*⟩ **2** emitir (sons, canto) ❏ *t.d. e t.d.i.* **3** (prep. *em*) aplicar (golpe) [em alguém]; desfechar **4** (prep. *em*) tocar (sons, acordes, música) [em instrumento de corda]

des.fer.rar *v.* {mod. 1} *t.d. e pron.* (fazer) ficar sem a ferradura (o animal) ⊃ ferrar

des.fi.ar *v.* {mod. 1} *t.d. e pron.* **1** desmanchar(-se) em fios (tecido) ❏ *t.d.* **2** reduzir a filamentos ou lascas ⟨*d. carne-seca*⟩ **3** passar entre os dedos as contas de (rosário, terço etc.) **4** *fig.* expor, contar em detalhes ~ **desfiadura** *s.f.*

des.fi.bra.do *adj.* **1** sem fibras **2** reduzido a fibras; desfiado ■ *adj.s.m.* **3** (indivíduo) sem disposição física; fraco **4** (indivíduo) sem coragem; covarde ~ **desfibrador** *adj.s.m.* - **desfibramento** *s.m.* - **desfibrar** *v.t.d. e pron.*

des.fi.bri.la.dor \ô\ *adj.s.m.* MED (aparelho) que combate a fibrilação do coração com choques elétricos aplicados no tórax do paciente ~ **desfibrilação** *s.f.* - **desfibrilar** *v.t.d.*

des.fi.gu.rar *v.* {mod. 1} *t.d. e pron.* **1** alterar o aspecto (de), tornando(-se) irreconhecível; transfigurar(-se) **2** *p.ext.* tornar(-se) feio; enfear ❏ *t.d.* **3** alterar os traços essenciais de; deturpar ⟨*d. um fato, um depoimento*⟩ ~ **desfiguração** *s.f.* - **desfiguramento** *s.m.*

des.fi.la.dei.ro *s.m.* passagem estreita entre montanhas; estreito

des.fi.lar *v.* {mod. 1} *int.* **1** andar ou marchar em fila **2** apresentar-se em passarela (modelo, escola de samba etc.) ❏ *t.d.* **3** mostrar num desfile ⟨*d. uma nova coleção*⟩ **4** *p.ext.* *B infrm.* ostentar, exibir ⟨*d. o novo visual*⟩ ⊃ esconder

des.fi.le *s.m.* **1** deslocamento ordenado em fila **2** marcha militar solene em coluna **3** *p.ext.* caminhada de manequins sobre passarela para exibir coleção de moda **4** *B* exibição pública de escola de samba

des.flo.rar *v.* {mod. 1} *t.d. e pron.* deflorar ~ **desfloração** *s.f.* - **desfloramento** *s.m.*

des.flo.res.ta.men.to *s.m.* desmatamento ⊃ reflorestamento ~ **desflorestar** *v.t.d. e int.*

des.fo.car *v.* {mod. 1} *t.d.* **1** ajustar (câmera, filmadora) para obter imagens fora de foco ⊃ focar **2** deixar turvo, fora de foco ⟨*d. o rosto na fotografia*⟩ ⊃ focar ~ **desfocamento** *s.m.*

des.fo.lhar *v.* {mod. 1} *t.d. e pron.* despojar(-se) das folhas ou pétalas ~ **desfolhação** *s.f.* - **desfolhadura** *s.f.* - **desfolhamento** *s.m.*

des.for.ra *s.f.* reparação de uma ofensa; vingança

[1]**des.for.rar** *v.* {mod. 1} *t.d.* retirar o forro, o revestimento de [ORIGEM: *des-* + [2]*forrar*]

[2]**des.for.rar** *v.* {mod. 1} *t.d., t.d.i. e pron.* **1** (prep. *de*) tirar desforra de (ofensa); vingar(-se) **2** (prep. *de*) compensar(-se), indenizar(-se) [por perda, prejuízo] [ORIGEM: *des-* + [1]*forrar*]

des.fral.dar *v.* {mod. 1} *t.d. e pron.* abrir(-se), soltar(-se) ao vento (velas, bandeiras etc.)

des.fran.zir *v.* {mod. 24} *t.d.* **1** desfazer o franzido ou as pregas de; alisar, esticar ⊃ franzir ❏ *t.d. e pron.* **2** desenrugar(-se) [testa, feições etc.] ⊃ enrugar(-se)

des.fru.tar *v.* {mod. 1} *t.d. e t.i.* **1** (prep. *de*) gozar, usufruir de (vantagem, benefício) ❑ *t.d.fig.* **2** deleitar-se com; apreciar **3** viver à custa de **4** zombar

des.fru.te ou **des.fru.to** *s.m.* **1** ato de usufruir de alguma vantagem ou oportunidade **2** *infrm.* exposição ao ridículo; zombaria ⟨*dar-se ao d.*⟩ ↄ respeito

des.ga.lhar *v.* {mod. 1} *t.d.* retirar os galhos, ramos de

des.gar.rar *v.* {mod. 1} *t.d.,t.i.,int. e pron.* **1** (prep. *de*) afastar(-se) de (rumo, rota); desviar(-se) ❑ *t.d.,t.i.,t.d.i. e pron.* **2** (prep. *de*) separar(-se) [de companhia, grupo] **3** *fig.* (prep. *de*) afastar(-se) [da moral]; corromper(-se) ↄ regenerar(-se)

des.gas.tan.te *adj.2g.* **1** que desgasta, consome ⟨*substância d.*⟩ ⟨*trabalho d.*⟩ **2** *p.ext.* que provoca tédio, enfado; incômodo ↄ divertido

des.gas.tar *v.* {mod. 1} *t.d.* **1** consumir por fricção, abrasão ou atrito; corroer **2** *infrm.* fazer a digestão; digerir ❑ *t.d. e pron.fig.* **3** consumir(-se) pela ação do tempo, pelo esforço ⟨*d. a saúde*⟩ ⟨*d.-se no trabalho*⟩

des.gas.te ou **des.gas.to** *s.m.* **1** corrosão **2** *fig.* envelhecimento, ruína **3** *fig.* enfraquecimento **4** *infrm.* digestão

des.ge.lar *v.* {mod. 1} *t.d.,int. e pron.* → DEGELAR

des.glo.sar *v.* {mod. 1} *t.d.* **1** separar (algo) de um todo **2** dividir (um todo) em partes; desmembrar

des.gos.tar *v.* {mod. 1} *t.d. e pron.* **1** (fazer) sentir descontentamento; aborrecer(-se), desagradar(-se) ↄ alegrar(-se) ❑ *t.i. e pron.* **2** (prep. *de*) não gostar ou deixar de gostar de ↄ estimar, gostar ❑ *pron.* **3** sentir-se ofendido; magoar-se

des.gos.to \ô\ *s.m.* **1** falta de prazer, de alegria; aborrecimento ⟨*causar d. a alguém*⟩ ↄ prazer **2** sentimento de grande tristeza, mágoa ⟨*o filho causa-lhe d.*⟩ ↄ satisfação ~ **desgostoso** *adj.*

des.go.ver.nar *v.* {mod. 1} *t.d. e int.* **1** governar mal ❑ *t.d.,int. e pron.* **2** (fazer) ficar sem controle (veículo, montaria etc.) ❑ *t.d. e pron.fig.* **3** afastar(-se) do bom caminho; corromper(-se) ↄ regenerar(-se) ❑ *pron.* **4** perder o domínio de si mesmo; descontrolar-se ↄ controlar-se, conter-se ~ **desgoverno** *s.m.*

des.gra.ça *s.f.* **1** perda das boas graças; desfavor ⟨*cair em d.*⟩ **2** *p.ext.* avesso da fortuna; azar, infelicidade ⟨*seu casamento foi uma d.*⟩ ↄ felicidade **3** *p.ext.* acontecimento trágico; calamidade ⟨*a enchente foi uma d.*⟩ ↄ felicidade **4** *p.ext.* grande pobreza; miséria ↄ riqueza **5** *p.ext.* estado de aflição; angústia ⟨*foi uma d. acabar o trabalho*⟩ ↄ tranquilidade **6** *infrm.* pessoa ou coisa desajeitada, irritante, digna de lástima

des.gra.ça.da.men.te *adv.* de modo desgraçado; para a desgraça de alguém; infelizmente

des.gra.ça.do *adj.s.m.* **1** que(m) perdeu as boas graças ou favores ↄ afortunado **2** (o) que inspira pena, piedade; infeliz, desventurado ↄ afortunado **3** (o) que revela estado de pobreza extrema; indigente ↄ afortunado **4** que(m) é pouco ágil; desajeitado **5** (aquele) cujo caráter inspira indignação, desprezo; infame **6** *infrm.* traquinas, travesso ■ *adj.* **7** pouco acertado; inábil ⟨*comentário d.*⟩ ↄ adequado **8** dotado de infortúnio e causador de prejuízo; funesto ⟨*dia d.*⟩ ↄ favorável **9** *B infrm.* danado, extraordinário ⟨*sorte d.*⟩

des.gra.çar *v.* {mod. 1} *t.d. e pron.* **1** tornar(-se) desgraçado, infeliz ↄ afortunar(-se) ❑ *t.i.* **2** (prep. *a*) iniciar (ação) com ímpeto e vontade; danar ⟨*d. a falar*⟩ ❑ *t.d.* **3** causar dano(s) a; arruinar **4** *B infrm.* tirar a virgindade de; desvirginar

des.gra.cei.ra *s.f. B* **1** grande sucessão de desgraças ou calamidades **2** *infrm.* coisa malfeita, de má qualidade

des.gra.ci.o.so \ô\ [pl.: *desgraciosos* \ó\] *adj.* desprovido de graça, de elegância; desajeitado ↄ elegante ~ **desgraciosidade** *s.f.*

des.gre.nhar *v.* {mod. 1} *t.d. e pron.* emaranhar(-se) [o cabelo]; despentear(-se) ↄ pentear ~ **desgrenhado** *adj.s.m.*

des.gru.dar *v.* {mod. 1} *t.d.,t.d.i.,t.i.,int. e pron.* **1** (prep. *de*) separar(-se) [o que está colado] (daquilo a que se juntou); descolar(-se) ↄ colar(-se), grudar(-se) **2** *fig.* pôr(-se) longe de; afastar(-se) ↄ juntar(-se) ~ **desgrude** *s.m.*

des.guar.ne.cer *v.* {mod. 8} *t.d.,t.d.i. e pron.* (prep. *de*) privar(-se) [do que seria esperado ou necessário]; desprover(-se) ↄ guarnecer(-se) ~ **desguarnecimento** *s.m.*

de.si.de.ra.to *s.m.* o que se deseja; aspiração

de.sí.dia *s.f.* **1** indolência, ociosidade, preguiça ↄ ânimo **2** falta de atenção, de zelo; desleixo ↄ cuidado

de.si.dra.ta.ção [pl.: *-ões*] *s.f.* **1** ato ou efeito de desidratar(-se) **2** MED perda excessiva de água do organismo causada por insuficiente reposição de líquidos **3** QUÍM retirada de moléculas de água de uma substância

de.si.dra.tar *v.* {mod. 1} *t.d. e pron.* **1** (fazer) baixar o teor de água (de corpo ou organismo) para níveis abaixo do mínimo recomendável ou normal ↄ hidratar(-se) ❑ *t.d.* **2** retirar moléculas de água de (substância) ↄ hidratar ~ **desidratante** *adj.2g.s.m.*

de.sign [ing.] *s.m.* **1** a concepção de um produto, esp. no que se refere à sua forma e funcionalidade **2** *p.ext.* desenho industrial ⊙ GRAM/USO em ing., invariável ⇨ pronuncia-se **dizaine**

de.sig.nar *v.* {mod. 1} *t.d. e t.d.i.* **1** (prep. *a*) indicar de maneira a distinguir dos demais; apontar ❑ *t.d.* **2** ser marca, símbolo de; representar ❑ *t.d.pred.* **3** chamar, qualificar ⟨*d. o rei como traidor*⟩ ❑ *t.d.,t.d.pred. e t.d.i.* **4** (prep. *para*) indicar, nomear (para atividade, cargo) ~ **designação** *s.f.* - **designativo** *adj.*

de.sign.er [ing.; pl.: *designers*] *s.2g.* desenhista industrial ⇨ pronuncia-se **dizainer**

de.síg.nio *s.m.* ideia de realizar algo; intenção, propósito ⟨*os d. de Deus*⟩

de.si.gual *adj.2g.* **1** cuja qualidade, quantidade, natureza diferem; diferente ⟨*força d.*⟩ ↄ igual **2** que favorece um em detrimento do outro; desproporcional ⟨*luta d.*⟩ ↄ equilibrado **3** sem simetria (diz-se de superfície); assimétrico ↄ regular, simétrico **4** sem uniformidade; incerto, variável ⟨*pulsação d.*⟩ ↄ estável ~ **desigualar** *v.t.d.,t.i.,t.d.i. e pron.*

de.si.lu.dir *v.* {mod. 24} *t.d.,int. e pron.* **1** (fazer) perder a ilusão; desenganar(-se) ↄ iludir(-se) **2** *p.ext.* (fazer) sofrer decepção; desapontar(-se)

de.sim.pe.di.do *adj.* **1** sem obstrução ou embaraço; livre ↄ obstruído **2** *fig.* sem entrave(s); liberado ⟨*o andamento do processo está d.*⟩ ↄ obstruído **3** *fig.* livre de obrigações; desocupado ↄ ocupado **4** livre de compromisso afetivo; solteiro ↄ comprometido

de.sim.pe.dir *v.* {mod. 28} *t.d.* **1** remover o que obstrui; desobstruir ↄ obstruir, atravancar **2** *fig.* facilitar ⟨*d. a tramitação do inventário*⟩ ↄ dificultar

de.sin.char *v.* {mod. 1} *t.d.,int. e pron.* (fazer) perder ou diminuir a inchação; murchar(-se) ↄ inchar(-se)

de.sin.cor.po.rar *v.* {mod. 1} *t.d.,t.d.i. e pron.* **1** (prep. *de*) [fazer] abandonar corporação; desvincular(-se) ↄ associar(-se), incorporar(-se) **2** *p.ext.* (prep. *de*) separar(-se), desligar(-se) ↄ unir(-se), incorporar(-se) ❑ *int.* REL *B* **3** abandonar (entidade, espírito) o corpo de um médium ↄ incorporar ~ **desincorporação** *s.f.*

de.sin.cum.bir *v.* {mod. 24} *pron.* **1** (prep. *de*) realizar incumbência, tarefa ❑ *t.d.i.* **2** (prep. *de*) desencarregar(-se), desobrigar(-se) ↄ obrigar(-se), encarregar(-se)

de.sin.de.xar \cs\ *v.* {mod. 1} *t.d.* eliminar reajuste de (preços, salários etc.) por um índice, ger. de inflação ~ **desindexação** *s.f.*

de.si.nên.cia *s.f.* GRAM sufixo indicador de flexão (de número, gênero, pessoa, tempo etc.) ~ **desinencial** *adj.2g.*

de.sin.fe.liz *adj.2g.s.2g. infrm.* infeliz ↄ feliz

de.sin.fe.tan.te *adj.2g.s.m.* **1** (substância) que destrói bactérias **2** antisséptico

de.sin.fe.tar *v.* {mod. 1} *t.d. e int.* **1** destruir germes de ↄ infectar ❑ *int. B gír.* **2** retirar-se de; sair, sumir ~ **desinfecção** *s.f.*

de.sin.fla.ção [pl.: *-ões*] *s.f.* ECON redução das pressões inflacionárias a fim de manter o valor real da moeda ↄ inflação ~ **desinflacionar** *v.t.d.*

de.sin.fla.ma.ção [pl.: *-ões*] *s.f.* **1** cura da inflamação ↄ inflamação **2** *fig.* redução da excitação, do ardor

de.sin.fla.mar *v.* {mod. 1} *t.d.,int. e pron.* **1** curar(-se) de inflamação ↄ inflamar(-se) ❑ *t.d. e pron.fig.* **2** diminuir o ardor, a excitação (de) ⟨*d. a torcida rival*⟩ ⟨*o jogador desinflamou-se*⟩

de.sin.for.ma.ção [pl.: *-ões*] *s.f.* **1** falta de informação; ignorância ↄ conhecimento **2** informação falsa, dada no propósito de confundir ou induzir a erro ~ **desinformar** *v.t.d.*

de.si.ni.bi.do *adj.* que revela falta de timidez; desembaraçado, extrovertido ↄ inibido

de.si.ni.bir *v.* {mod. 24} *t.d. e pron.* **1** livrar(-se) do que impede atividade fisiológica ou psicológica ⟨*d. o movimento das pernas*⟩ ⟨*d.-se com psicoterapia*⟩ ↄ inibir(-se), tolher(-se) **2** (fazer) perder a timidez ↄ acanhar(-se), envergonhar(-se)

de.sin.qui.e.to *adj.* **1** em movimento; agitado, inquieto ↄ quieto **2** *infrm.* levado, traquinas, travesso ↄ comportado ~ **desinquietação** *s.f.* - **desinquietar** *v.t.d. e pron.*

de.sin.so.fri.do *adj.* muito impaciente; agitado ↄ calmo

de.sin.te.grar *v.* {mod. 1} *t.d. e pron.* **1** (fazer) perder a coesão; decompor(-se), desfazer(-se) ↄ agregar(-se), aglutinar(-se) ❑ *t.d.i.* **2** (prep. *de*) separar de (um todo, um conjunto) ⟨*d. do livro dois ensaios*⟩ ↄ juntar, integrar ~ **desintegração** *s.f.*

de.sin.te.li.gên.cia *s.f.* **1** desacordo entre pontos de vista; desentendimento ↄ acordo **2** *p.ext.* falta de amizade; hostilidade ↄ amizade **3** falta de inteligência ↄ inteligência

de.sin.te.res.sa.do *adj.* **1** destituído de interesses ou lucros ↄ interessado **2** que não toma partido; imparcial ⟨*análise d.*⟩ **3** sem curiosidade; indiferente ⟨*d. do futebol*⟩ ↄ simpatizante **4** que perdeu o amor por; desapaixonado ⟨*mulher d.*⟩ ↄ apaixonado **5** que não se empenha; descuidado ↄ cuidadoso **6** desprendido, generoso ↄ mesquinho

de.sin.te.res.sar-se *v.* {mod. 1} *pron.* **1** (prep. *de*) perder o interesse, o gosto por **2** (prep. *de*) não se empenhar; descuidar-se ↄ importar-se ~ **desinteressante** *adj.2g.*

de.sin.te.res.se \ê\ *s.m.* **1** falta de curiosidade, de gosto por; indiferença ↄ interesse **2** *p.ext.* falta de cuidado; descuido, negligência ↄ zelo **3** abnegação, desprendimento, generosidade ↄ ambição

de.sin.to.xi.car \cs\ *v.* {mod. 1} *t.d.,int. e pron.* **1** eliminar os efeitos de intoxicação (em) ❑ *t.d. p.ext.* **2** curar os efeitos do veneno em **3** eliminar as propriedades venenosas de ~ **desintoxicação** *s.f.* - **desintoxicante** *adj.2g.*

de.sin.tu.mes.cer *v.* {mod. 8} *t.d. e int.* (fazer) perder o inchaço; desinchar ↄ inchar, intumescer ~ **desintumescimento** *s.m.*

de.sir.ma.nar *v.* {mod. 1} *t.d. e pron.* **1** desunir(-se) [irmãos] ↄ irmanar(-se), unir(-se) **2** (fazer) romper laços de amizade; brigar ↄ reconciliar(-se) ❑ *t.d.* **3** deixar incompleto (jogo, conjunto); descasar ⟨*d. os sapatos*⟩ ↄ casar

de.sis.tên.cia *s.f.* renúncia de algo que se desejava; abstinência ↄ insistência

de.sis.tir *v.* {mod. 24} *t.i. e int.* (prep. *de*) não ir à frente (num intento); abster-se, renunciar ↄ insistir ~ **desistente** *adj.2g.s.2g.*

des.je.jum *s.m.* a primeira refeição do dia; café da manhã, dejejum ~ **desjejuar** *v.t.d.,int. e pron.*

des.jun.gir *v.* {mod. 24} *t.d.* disjungir

des.la.crar *v.* {mod. 1} *t.d.* remover o lacre de; abrir ↄ lacrar

des.lan.char *v.* {mod. 1} *t.d. e int.* **1** pôr(-se) em atividade, ger. de modo repentino ou brusco **2** *fig.* (fazer) ter seguimento; prosseguir ↄ parar, estagnar **3** (fazer) ter progresso; avançar, progredir ↄ regredir ❑ *int.* **4** ir embora; partir ~ **deslanche** *s.m.*

des.la.va.do *adj.* **1** cuja cor se perdeu; desbotado ↄ colorido **2** *fig. infrm.* de comportamento atrevido;

descarado, sem-vergonha ⮌ respeitoso **3** desprovido de sal ou de sabor ⟨*comida d.*⟩ ⮌ saboroso

des.le.al *adj.2g.* **1** que desrespeita os princípios e as regras estabelecidas ⟨*concorrência d.*⟩ ⮌ justo **2** que apresenta conduta traiçoeira; falso, desonesto ⟨*colega d.*⟩ ⮌ verdadeiro

des.le.al.da.de *s.f.* **1** falta de honestidade; traição ⮌ honestidade **2** falta de firmeza ou de fidelidade a alguém ou algo; infidelidade ⮌ lealdade

des.lei.xa.do *adj.* **1** feito com desleixo; descuidado ⟨*trabalho d.*⟩ ■ *adj.s.m.* **2** (aquele) que faz as coisas sem cuidado; negligente, desmazelado

des.lei.xar *v.* {mod. 1} *t.d. e pron.* deixar de (se) cuidar com zelo; negligenciar(-se) ⮌ cuidar(-se)

des.lei.xo *s.m.* **1** falta de cuidado, de atenção, de apuro ⟨*d. no vestir*⟩ ⮌ esmero **2** falta de esforço, de ânimo, de atividade ⮌ aplicação

des.lem.bran.ça *s.f.* ausência de lembrança; esquecimento ⮌ lembrança

des.li.ga.do *adj.* **1** separado de um todo; desunido, destacado ⮌ unido **2** que se encontra distante; afastado, isolado ⮌ próximo **3** que não está ligado ou funcionando; apagado ⟨*luz d.*⟩ ⮌ ligado **4** que se encontra sem vínculo com órgãos, instituições etc. ⮌ vinculado ■ *adj.s.m. infrm.* **5** que(m) é desatento ou distraído

des.li.ga.men.to *s.m.* **1** ato de desfazer conexão entre duas ou mais coisas, ou seu efeito; separação ⟨*d. dos elos de corrente*⟩ ⮌ união **2** falta de ligamento ⟨*d. das juntas*⟩ ⮌ ligamento **3** interrupção de funcionamento ⟨*d. de luz*⟩ **4** desvinculação de obrigação, laço afetivo etc. ⮌ vinculação **5** dispensa de emprego ou trabalho; exoneração ⮌ contratação **6** desatenção, distração ⮌ atenção

des.li.gar *v.* {mod. 1} *t.d. e t.d.i.* **1** (prep. *de*) desfazer a ligação entre; separar ⮌ ligar, unir ❑ *t.d.* **2** fazer deixar de funcionar; apagar ⟨*d. o gás, o telefone*⟩ ⮌ ligar ❑ *t.d.,t.d.i. e pron.* **3** (prep. *de*) livrar(-se) [de vínculo, obrigação] **4** (prep. *de*) demitir(-se) [de emprego, função] ❑ *pron.* **5** *infrm.* (prep. *de*) parar de pensar em (ger. algo ruim, problemático) ⟨*d.-se dos problemas*⟩ **6** (prep. *de*) distanciar-se, afastar-se ⟨*d.-se dos amigos*⟩

des.lin.dar *v.* {mod. 1} *t.d.* **1** fazer demarcação em; balizar ⟨*d. um terreno*⟩ **2** tornar compreensível; esclarecer ⮌ complicar **3** investigar, pesquisar ⟨*d. o inconsciente*⟩ **4** dar solução a; resolver ⟨*d. um enigma*⟩ ❑ *t.d.i.* **5** (prep. *de*) separar, apartar ⟨*d. sonho da realidade*⟩ ⮌ aproximar ~ **deslindamento** *s.m.* - **deslinde** *s.m.*

des.li.za.men.to *s.m.* deslocamento de terra; desmoronamento

des.li.zar *v.* {mod. 1} *int. e pron.* **1** deslocar-se sobre uma superfície sem perder o contato com ela; escorregar ❑ *t.d.,int. e pron.* **2** (fazer) correr por ⟨*d. a mão pelo rosto*⟩ ⟨*lágrimas deslizam(-se) pelo rosto*⟩ ☞ *pelo rosto* é circunstância que funciona como complemento ❑ *int.* **3** cometer deslize(s); falhar ⮌ acertar ~ **deslizante** *adj.2g.*

des.li.ze *s.m.* **1** deslizamento de terra **2** falha moral, desvio de conduta ou de dever ⟨*d. dos jovens*⟩ ⮌ acerto **3** pequena falha ou engano (intencional ou não) ⮌ acerto

des.lo.ca.men.to *s.m.* **1** ato ou efeito de mover(-se) de um lugar para outro ⟨*d. de um astro*⟩ **2** transferência (de pessoas ou grupos de pessoas) de um lugar, posto ou função; remoção, transferência **3** desconjuntamento de osso; luxação

des.lo.car *v.* {mod. 1} *t.d. e pron.* **1** (fazer) sair das juntas; desarticular(-se) ❑ *t.d.* **2** mudar, tirando do lugar ❑ *t.d.i.* **3** (prep. *para*) transferir ⟨*d. o funcionário para outro setor*⟩ ❑ *pron.* **4** ir de um ponto para outro; mover-se

des.lum.bra.do *adj.* **1** que se deslumbrou; ofuscado **2** que se fascinou; encantado, maravilhado ■ *adj.s.m. infrm.* **3** que(m) se deixa ingenuamente fascinar por algo que lhe falta (p.ex., riqueza, inteligência etc.)

des.lum.bra.men.to *s.m.* **1** turvação da vista por excesso de luz **2** *fig.* estado de quem é dominado por admiração; encantamento **3** *fig.* perturbação do entendimento; alucinação, obcecação

des.lum.bran.te *adj.2g.* **1** que turva a vista por excesso de luz ou brilho; ofuscante ⟨*branco d.*⟩ **2** que impressiona pelas qualidades positivas; fascinante ⟨*beleza d.*⟩ ⮌ comum **3** *p.ext.* suntuoso, luxuoso ⮌ despojado

des.lum.brar *v.* {mod. 1} *t.d. e int.* **1** ofuscar, por excesso de luz ou brilho ❑ *t.d.,int. e pron. fig.* **2** encantar(-se), maravilhar(-se) ❑ *t.d. fig.* **3** confundir, perturbar ~ **deslumbre** *s.m.*

des.lus.trar *v.* {mod. 1} *t.d. e pron.* **1** (fazer) perder o brilho ⮌ brilhar **2** *fig.* (fazer) perder o valor, o encanto; ofuscar(-se) **3** *fig.* manchar(-se) [a reputação, a memória etc.]

des.lus.tre *s.m.* **1** falta de brilho ou polimento; deslustro ⮌ lustre **2** *fig.* mancha moral; desonra, deslustro ⮌ honra

des.lus.tro *s.m.* deslustre

des.mai.ar *v.* {mod. 1} *int.* **1** perder os sentidos; desfalecer ❑ *t.d. e int.* **2** (fazer) perder a cor; desbotar ⮌ corar(-se)

des.mai.o *s.m.* **1** perda passageira de sentidos; desfalecimento **2** perda de cor; desbotamento

des.ma.mar *v.* {mod. 1} *t.d.* **1** suspender a amamentação de ❑ *int. e pron.* **2** interromper a amamentação ⟨*o bebê desmamou(-se) cedo*⟩

des.ma.me *s.m.* ou **des.ma.ma** *s.f.* ato ou efeito de desmamar

des.man.cha-pra.ze.res *s.2g.2n.* *infrm.* aquele que acaba com o prazer e a alegria dos outros

des.man.char *v.* {mod. 1} *t.d. e pron.* **1** alterar a forma ou arrumação (de); desfazer(-se) **2** desfazer(-se) [o que estava feito, montado ou construído]; desmontar(-se) ⮌ montar(-se) **3** fazer(-se) em pedaços; despedaçar(-se) **4** desunir(-se), separar(-se) **5** dispersar(-se), espalhar(-se) **6** tornar(-se) inválido; anular(-se)

des.man.che *s.m.* *B* **1** ato de desmontar mecanismos, engenhos ou máquinas, ou seu efeito **2** desmonte ilegal de carros

des.man.cho *s.m.* 1 decomposição, desestruturação de algo construído ou elaborado ⟨*d. de barracos*⟩ ⮌ construção 2 falta de moderação; excesso ⮌ comedimento 3 falta de ordem; desordem, confusão ⮌ disciplina 4 *B* negócio malsucedido

des.man.do *s.m.* 1 excesso no modo de tratar algo; exagero, abuso ⟨*d. nos gastos*⟩ ⮌ moderação 2 desregramento moral; devassidão ⮌ moralidade 3 violação de ordens; indisciplina, desobediência ⮌ acatamento ~ **desmandar** *v.t.d.,int. e pron.*

des.man.te.lar *v.* {mod. 1} *t.d. e pron.* 1 (fazer) vir abaixo; desmoronar(-se) 2 (fazer) ter fim, desaparecer; desbaratar(-se) 3 decompor(-se) [algo montado, unido ou equilibrado]; desmanchar(-se) ~ **desmantelamento** *s.m.* - **desmantelo** *s.m.*

des.mar.car *v.* {mod. 1} *t.d.* 1 tirar marcas ou marcos de ⮌ demarcar, marcar 2 anular ou transferir para outra ocasião ⟨*d. uma viagem*⟩ ~ **desmarcação** *s.f.*

des.mas.ca.rar *v.* {mod. 1} *t.d. e pron.* 1 tirar a máscara do rosto (de) ⮌ mascarar(-se) 2 *fig.* mostrar(-se) tal como é, sem disfarces; revelar(-se) ⮌ disfarçar(-se) ❑ *t.d.* 3 denunciar ou desvendar (segredo, arranjo etc.) ~ **desmascaramento** *s.m.*

des.ma.ta.men.to *s.m.* 1 limpeza de mato 2 ECO *B* remoção da vegetação de uma área, causando a destruição do ecossistema; desflorestamento ⮌ reflorestamento ~ **desmatar** *v.t.d. e int.*

des.ma.ze.la.do *adj.* 1 que demonstra desmazelo, falta de cuidado; desleixado, negligente ■ *s.m.* 2 pessoa desmazelada

des.ma.ze.lo \ê\ *s.m.* relaxamento, negligência, descuido ⮌ cuidado ~ **desmazelar-se** *v.pron.*

des.me.di.do *adj.* 1 acima da medida usual; desmesurado ⮌ pequeno 2 excessivo, exagerado ⟨*ciúme d.*⟩ ⮌ contido 3 extraordinário, notável ⟨*talento d.*⟩ ⮌ normal

des.me.dir-se *v.* {mod. 28} *pron.* mostrar-se abusivo ou inconveniente; exceder-se ⮌ comedir-se

des.mem.brar *v.* {mod. 1} *t.d.,t.d.i. e pron.* 1 (prep. *em*) separar(-se) em partes; dividir(-se) ⮌ juntar(-se) ❑ *t.d.i. e pron.* 2 (prep. *de*) desligar(-se), desassociar(-se) ⟨*d. um serviço de outro*⟩ ⮌ ligar(-se), associar(-se) ~ **desmembramento** *s.m.*

des.me.mo.ri.a.do *adj.s.m.* que(m) perdeu a memória ou tem a memória fraca ~ **desmemoriar** *v.t.d.*

des.men.ti.do *adj.* 1 que se negou; negado, contestado ⟨*contestação d.*⟩ ⮌ confirmado ■ *s.m.* 2 negação ou contestação de afirmação anterior ⮌ confirmação

des.men.tir *v.* {mod. 28} *t.d.* 1 afirmar ter (alguém) mentido; desdizer, contradizer 2 afirmar o contrário de; negar ⟨*d. uma informação*⟩ ⮌ confirmar 3 estar em contradição com; destoar ⟨*o olhar desmentia suas palavras*⟩ ⮌ confirmar ❑ *pron.* 4 afirmar o contrário do que dissera; contradizer-se

des.me.re.cer *v.* {mod. 8} *t.d.* 1 tornar-se indigno de ⮌ merecer ❑ *t.d. e pron.* 2 rebaixar, diminuir as qualidades (de); depreciar(-se) ⮌ valorizar(-se) ~ **desmerecimento** *s.m.*

des.me.su.ra.do *adj.* desmedido

des.mi.o.la.do *adj.* 1 sem miolo(s) ■ *adj.s.m.* 2 *fig.* que(m) não age com bom senso, prudência ou responsabilidade 3 *fig.* que(m) tem má memória

des.mis.ti.fi.ca.ção [pl.: *-ões*] *s.f.* 1 perda do caráter místico ou misterioso ⮌ mistificação 2 desmascaramento, denúncia ⮌ encobrimento

des.mis.ti.fi.car *v.* {mod. 1} *t.d.* 1 eliminar o caráter místico ou misterioso de 2 *p.ext.* privar da falsa imagem; desmascarar, revelar ⟨*d. um charlatão*⟩

des.mi.ti.fi.ca.ção [pl.: *-ões*] *s.f.* 1 perda do caráter mítico ou lendário ⮌ mitificação 2 *p.ext.* perda dos atrativos ⮌ mitificação

des.mi.ti.fi.car *v.* {mod. 1} *t.d.* retirar caráter de mito, aspectos lendários de (figura, personagem)

des.mo.bi.li.ar ou **des.mo.bi.lhar** *v.* {mod. 1} *t.d.* despojar (casa, recinto etc.) do mobiliário ⮌ mobiliar, mobilhar

des.mo.bi.li.za.ção [pl.: *-ões*] *s.f.* 1 retorno à vida civil ⟨*d. de tropas*⟩ 2 impedimento de mobilização ⟨*d. de visitantes*⟩

des.mo.bi.li.zar *v.* {mod. 1} *t.d. e pron.* 1 (fazer) deixar de estar mobilizado ⮌ mobilizar(-se) ❑ *t.d.* 2 fazer retornar à vida civil (tropas) 3 impedir a mobilização de (militantes, trabalhadores etc.) ~ **desmobilizável** *adj.2g.*

des.mo.don.tí.neo *s.m.* 1 espécime dos desmodontíneos, subfamília de morcegos vulgarmente ditos *vampiros*, que se alimentam do sangue fresco de animais adormecidos ■ *adj.* 2 relativo a essa subfamília

des.mon.tar *v.* {mod. 1} *t.d.* 1 desfazer (conjunto ou todo), separando-lhe os elementos; desarmar ⮌ montar, armar 2 *fig.* destruir, arrasar ⟨*um incidente pode d. o projeto*⟩ ❑ *t.d.,t.i.,t.d.i. e pron.* 3 (prep. *de*) [fazer] descer de montaria; apear(-se) ⮌ montar

des.mon.te *s.m.* 1 ato de descer de montaria ou seu efeito; apeamento 2 ato de separar as partes (de máquina, aparelho etc.) ou seu efeito 3 desmoronamento de morro 4 extração de minério de jazidas

des.mo.ra.li.zan.te *adj.2g.* 1 que causa a perda do senso de moralidade ⮌ moralizante 2 que causa descrédito; desonroso ⟨*atos d.*⟩ ⮌ honroso 3 que tira o ânimo; desanimador ⟨*derrota d.*⟩ ⮌ encorajador

des.mo.ra.li.zar *v.* {mod. 1} *t.d. e pron.* 1 tornar(-se) imoral; corromper(-se) ⮌ regenerar(-se) 2 (fazer) perder o ânimo, a confiança; desanimar(-se) ⮌ animar(-se) 3 (fazer) perder a boa reputação; desacreditar(-se) ~ **desmoralização** *s.f.*

des.mo.ro.nar *v.* {mod. 1} *t.d.,int. e pron.* (fazer) vir abaixo; derrubar; cair, desabar ~ **desmoronamento** *s.m.*

des.mo.ti.van.te *adj.2g.* que desmotiva, desanima ⮌ animador

des.mo.ti.var *v.* {mod. 1} *t.d. e pron.* (fazer) perder a motivação; desestimular(-se) ⮌ motivar(-se), animar(-se)

des.mu.nhe.car *v.* {mod. 1} *t.d.* 1 fraturar ou cortar a mão de 2 *p.ext.* cortar parte de (um todo) ❑ *int.*

infrm. **3** portar-se (homem) como mulher, com modos delicados ou afetados **4** ser ou tornar-se (um homem) homossexual ~**desmunhecado** *adj.s.m.*

des.na.cio.na.li.za.ção [pl.: *-ões*] *s.f.* **1** perda do caráter nacional ↄ nacionalização **2** anulação da nacionalidade de origem ou adquirida ↄ nacionalização **3** transferência de empresa, atividade estatal etc. para o setor privado ↄ estatização **4** aquisição por empresas ou grupos estrangeiros de setores da economia de um país ↄ nacionalização

des.na.ta.dei.ra *s.f.* máquina que separa a gordura do leite e concentra-a em forma de nata; desnatadora

des.na.ta.do.ra *s.f.* desnatadeira

des.na.tu.ra.do *adj.* **1** cuja natureza e/ou características foram muito alteradas ⟨*sal d.*⟩ ■ *adj.s.m.* **2** que(m) não tem sentimentos considerados como naturais dos humanos ↄ humano ~**desnaturação** *s.f.* - **desnaturar** *v.t.d. e pron.*

des.ne.ces.sá.rio *adj.* **1** que não é necessário; inútil, supérfluo ↄ indispensável **2** que deveria ter sido evitado; inoportuno, inconveniente ⟨*problema d.*⟩ ↄ conveniente

des.ní.vel *s.m.* **1** diferença de nível ⟨*d. da estrada*⟩ ↄ nivelamento **2** desigualdade ⟨*d. social*⟩ ↄ igualdade

des.ni.ve.lar *v.* {mod. 1} *t.d.* **1** desfazer o nivelamento de ⟨*o tremor desnivelou o piso*⟩ **2** estabelecer diferença entre; distinguir ↄ igualar, nivelar ~**desnivelamento** *s.m.*

des.no.do.ar *v.* {mod. 1} *t.d.* → DESENODOAR

des.nor.te.ar *v.* {mod. 5} *t.d. e pron.* **1** (fazer) sair do rumo; desviar(-se) ↄ encaminhar(-se) ❑ *t.d.,int. e pron. fig.* **2** tornar(-se) confuso, inseguro; desorientar(-se) ~**desnorteado** *adj.s.m.* - **desnorteante** *adj.2g.*

des.no.ve.lar *v.* {mod. 1} *t.d. e pron.* → DESENOVELAR

des.nu.dar *v.* {mod. 1} *t.d. e pron.* **1** pôr(-se) nu; despir(-se) ↄ vestir(-se) ❑ *t.d.* **2** tirar da bainha ⟨*d. a faca*⟩ ↄ embainhar **3** *fig.* tornar conhecido; revelar ↄ esconder, ocultar ~ **desnudamento** *s.m.* - **desnudo** *adj.*

des.nu.tri.ção [pl.: *-ões*] *s.f.* **1** carência alimentar ↄ nutrição **2** enfraquecimento ou emagrecimento por falta de nutrição ↄ fortalecimento

des.nu.tri.do *adj.s.m.* **1** que(m) deixou de se alimentar ou se nutre de forma inadequada; subnutrido, malnutrido **2** (indivíduo) magro ou fraco por carência alimentar

de.so.be.de.cer *v.* {mod. 8} *t.i. e int.* (prep. *a*) recusar-se a seguir (ordens, comandos, de leis, normas etc.) ↄ obedecer

de.so.be.di.ên.cia *s.f.* falta de obediência; insubordinação ↄ obediência

de.so.be.di.en.te *adj.2g.s.2g.* (o) que não obedece ordens, comandos ou prescrições

de.so.bri.ga.ção [pl.: *-ões*] *s.f.* **1** liberação ou cumprimento de dever, compromisso etc. ↄ obrigação **2** quitação de dívida (esp. hipoteca, penhor etc.) ↄ endividamento

de.so.bri.gar *v.* {mod. 1} *t.d.,t.d.i. e pron.* (prep. *de*) livrar(-se) [de dever, compromisso, obrigação] ↄ comprometer(-se)

de.sobs.tru.ir *v.* {mod. 26} *t.d. e pron.* desembaraçar(-se) do que obstrui; desimpedir(-se) ↄ obstruir(-se) ~**desobstrução** *s.f.*

de.so.cu.pa.do *adj.s.m.* **1** que(m) não tem trabalho; ocioso, desempregado ■ *adj.* **2** em que não há nada ou ninguém (diz-se de lugar, espaço etc.); desabitado ⟨*terreno d.*⟩ ↄ habitado **3** que não está sendo preenchido por tarefa, obrigação etc. ⟨*horas d.*⟩ ↄ preenchido **4** que está em condições de ser utilizado; livre ⟨*telefone d.*⟩ ↄ ocupado

de.so.cu.par *v.* {mod. 1} *t.d.* **1** sair de ⟨*d. a casa, a cidade*⟩ ↄ ocupar **2** deixar (cargo, função) **3** tornar vazio; esvaziar ↄ encher **4** deixar de usar ⟨*d. o telefone*⟩ ~ **desocupação** *s.f.*

de.so.do.ran.te *adj.2g.s.m.* **1** desodorizante ■ *s.m.* **2** produto us. para diminuir odores desagradáveis de axilas, pés etc.

de.so.do.ri.zan.te *adj.2g.s.m.* (o) que serve para eliminar odores desagradáveis; desodorante ~**desodorização** *s.f.* - **desodorizar** *v.t.d.*

de.so.la.ção [pl.: *-ões*] *s.f.* **1** destruição arrasadora; ruína, devastação **2** desertificação, despovoamento **3** falta de amparo; abandono ↄ amparo **4** grande aflição causada por desgraça; tristeza ↄ alegria ~ **desolador** *adj.s.m.*

de.so.la.do *adj.* **1** que é triste por estar vazio (diz-se de lugar, região etc.) ↄ agradável **2** que se devastou; arrasado, arruinado **3** muito triste ou que sente grande desilusão ↄ contente

de.so.lar *v.* {mod. 1} *t.d. e pron.* **1** tornar(-se) deserto; despovoar(-se) ↄ povoar(-se) **2** arruinar(-se), destruir(-se) ❑ *t.d.* **3** causar grande tristeza; afligir ↄ serenar, alegrar

de.so.ne.rar *v.* {mod. 1} *t.d.,t.d.i. e pron.* **1** (prep. *de*) livrar(-se) [de encargo, obrigação]; isentar(-se) ↄ obrigar(-se) ❑ *t.d.i. fig.* **2** (prep. *de*) livrar de; aliviar ⟨*d. a língua de estrangeirismos*⟩ ~**desoneração** *s.f.*

de.so.nes.ti.da.de *s.f.* **1** falta de decência ou de pudor ↄ moralidade **2** falta de integridade, ger. em relação a valores ou negócios; ilegalidade ↄ honestidade **3** falta de verdade, de sinceridade ↄ sinceridade

de.so.nes.to *adj.s.m.* **1** (aquele) que não é honesto; **2** que(m) não tem vergonha nem decoro ■ *adj.* **3** contrário à honestidade ⟨*ato d.*⟩

de.son.ra *s.f.* **1** perda de dignidade, do respeito ou do prestígio ⟨*d. de uma família*⟩ ↄ respeito **2** ato que provoca essa perda ⟨*sofrer uma d.*⟩

de.son.rar *v.* {mod. 1} *t.d. e pron.* **1** prejudicar(-se) comprometendo a honra, a reputação; infamar(-se) ↄ dignificar(-se) **2** (fazer) perder (mulher, moça) a castidade; desvirginar(-se) ~**desonroso** *adj.*

de.so.pi.la.ção [pl.: *-ões*] *s.f.* **1** desobstrução (esp. do fígado) ↄ opilação **2** *fig.* relaxamento de um estado de tensão; alívio

de.so.pi.lar *v.*{mod. 1} *t.d.* MED **1** desobstruir (esp. o fígado) ❑ *t.d.,int. e pron.p.ext.* **2** (fazer) esquecer preocupações, tristezas; distrair(-se) ⮌ aborrecer(-se), entristecer ~ **desopilante** *adj.2g.* - **desopilativo** *adj.*

de.so.pres.são [pl.: *-ões*] *s.f.* libertação de peso, constrangimento ou opressão ⮌ opressão

de.so.pri.mir *v.* {mod. 24} *t.d.,t.d.i. e pron.* **1** (prep. *de*) livrar(-se) [de dor, tensão etc.] ⮌ oprimir **2** (prep. *de*) libertar(-se) [de tirania, de regime opressor] ⮌ oprimir

de.so.ra *s.f.* alta noite ☞ mais us. no pl. ⊡ **a desoras** *loc.adv.* **1** a altas horas da noite **2** em hora(s) inoportuna(s)

de.sor.dei.ro *adj.s.m.* (o) que pratica ou gosta de desordens; baderneiro ⮌ ordeiro ⊙ COL bando, caterva, corja, farândola, horda, malta, matula, quadrilha, récua, súcia

de.sor.dem *s.f.* **1** falta de arrumação, de organização ⟨*d. de roupas*⟩ ⮌ arrumação **2** falta de lógica; incoerência ⟨*d. de pensamento*⟩ ⮌ coerência **3** falta de regularidade; desarmonia ⟨*d. dos gestos*⟩ ⮌ harmonia **4** desarranjo por má gestão ⟨*d. administrativa*⟩ ⮌ ordem **5** falta ou perturbação da ordem de um grupo, coletividade etc. ⮌ disciplina

de.sor.de.nar *v.*{mod. 1} *t.d. e pron.* **1** romper(-se) a ordem de; desorganizar(-se) ⮌ ordenar(-se) ❑ *pron.* **2** passar dos limites; exceder-se ⮌ conter-se ~ **desordenado** *adj.*

de.sor.ga.ni.za.ção [pl.: *-ões*] *s.f.* **1** destruição ou mudança do funcionamento de um corpo animal ou vegetal ⟨*d. celular*⟩ ⮌ organização **2** *fig.* destruição ou mudança da organização de um corpo administrativo, político, militar etc. ⟨*d. de partido político*⟩ ⮌ organização **3** desarranjo da organização ou da ordem de um conjunto organizado; confusão ⟨*d. do ensino*⟩ ⮌ organização

de.sor.ga.ni.zar *v.*{mod. 1} *t.d. e pron.* destruir(-se) ou alterar(-se) a organização, o funcionamento, a estrutura de; desordenar(-se) ⮌ organizar(-se)

de.so.ri.en.tar *v.*{mod. 1} *t.d. e pron.* **1** (fazer) perder o rumo; desencaminhar(-se) ⮌ orientar(-se) **2** *fig.* tornar(-se) confuso, inseguro ou perplexo; perturbar(-se) ~ **desorientação** *s.f.* - **desorientado** *adj.s.m.*

de.sos.sar *v.*{mod. 1} *t.d.* **1** separar, retirar os ossos de **2** *fig.* espancar, surrar ~ **desossamento** *s.m.*

de.so.va *s.f.* **1** postura de ovos (esp. de peixes) **2** *p.ext.* a época dessa postura **3** *fig.* ato de dar vazão a algo; escoamento **4** *B* ato de esconder em local ermo cadáveres, carros roubados etc.

de.so.var *v.* {mod. 1} *int.* **1** pôr ovos (esp. peixes) ❑ *t.d.* **2** *fig.* dar vazão a; escoar ⟨*d. mercadoria*⟩ **3** *B gír.* dar sumiço em (cadáver, carro roubado etc.)

des.pa.cha.do *adj.* **1** que se despachou ■ *adj.s.m.* **2** que(m) é ágil, ativo, desembaraçado **3** que(m) é valente, arrojado; atrevido **4** *B* que(m) é espontâneo, franco, sem cerimônia

des.pa.chan.te *adj.2g.s.2g.* **1** (profissional) que providencia documentação para terceiros **2** (profissional) que desembaraça negócios, despacha cargas, mercadorias etc.

des.pa.char *v.* {mod. 1} *int.* **1** lavrar despacho(s) ❑ *t.d.* **2** pôr despacho em **3** mandar embora; dispensar **4** tirar a vida de; matar **5** REL *B* fazer despacho ('oferenda') para ❑ *t.d.,t.d.i. e int.* **6** (prep. *com*) resolver depois de exame; deliberar ❑ *t.d. e t.d.i.* **7** (prep. *a*) enviar, remeter ⟨*d. a bagagem (aos passageiros)*⟩ ❑ *t.i.* **8** (prep. *com*) dar fim a ❑ *pron.* **9** mover-se ou agir com pressa; apressar-se, aviar-se

des.pa.cho *s.m.* **1** resposta escrita que se dá a um requerimento ou pedido, por parte de autoridade **2** decisão (oral ou escrita) tomada após exame; deliberação **3** carta ou ofício sobre assuntos de interesse público, enviado entre ministros **4** *B* procedimento rápido; desembaraço ⟨*impressionar pelo d. ao lavar a louça*⟩ ⮌ lentidão **5** desenvoltura, desembaraço ⟨*d. da criança*⟩ ⮌ acanhamento **6** envio de encomendas; remessa ⮌ recebimento **7** conjunto de papéis oficiais preenchidos à saída de mercadorias na alfândega **8** oferenda a divindade, da qual se espera um favor, deixada ger. em encruzilhadas

des.pa.ra.fu.sar *v.*{mod. 1} *t.d.,int. e pron.* desaparafusar

des.pau.té.rio *s.m.* dito ou ação absurda; disparate, tolice ⮌ sensatez

des.pe.da.çar *v.*{mod. 1} *t.d. e pron.* **1** fazer(-se) em pedaços; partir(-se); rasgar(-se) **2** *fig.* (fazer) sentir grande dor, aflição; afligir(-se) ⮌ alegrar(-se) ~ **despedaçamento** *s.m.*

des.pe.di.da *s.f.* **1** ato de dizer adeus, no momento de separação **2** *fig.* ato de pôr fim a algo ou seu efeito; conclusão ⟨*a d. do campeonato*⟩ ⮌ início

des.pe.dir *v.*{mod. 28} *t.d. e pron.* **1** (mandar) sair de casa, emprego etc.; demitir(-se) ⮌ admitir ❑ *t.d.* **2** desferir, desfechar ⟨*d. um soco*⟩ **3** exalar, soltar ⟨*d. um gemido*⟩ ❑ *pron.* **4** (prep. *de*) saudar na ocasião de saída, partida, separação **5** ir-se, acabar ⟨*o ano despedia-se em meio a festejos*⟩

des.pe.gar *v.* {mod. 1} *t.d.,t.i.,int. e pron.* **1** (prep. *de*) desunir(-se), descolar(-se) ⮌ pegar(-se), colar ❑ *t.i.,t.d.i. e pron.* **2** (prep. *de*) separar(-se), afastar(-se) ⟨*d. o filho da televisão*⟩ ⟨*d.(-se) da leitura*⟩ ⮌ aproximar(-se) ❑ *t.d.i. e pron.fig.* **3** (prep. *de*) tornar(-se) menos afeiçoado ou indiferente; desligar(-se) ⮌ afeiçoar(-se)

[1]**des.pei.ta.do** *adj.s.m.* **1** que(m) sente ou demonstra despeito **2** (o) que está ressentido, magoado [ORIGEM: part. de *despeitar*]

[2]**des.pei.ta.do** *adj. B joc.* que tem o peito magro ou seios pequenos (diz-se esp. de mulher) [ORIGEM: des- + *peito* + *-ado*]

des.pei.to *s.m.* desgosto causado por desfeita, humilhação ou ofensa ao amor-próprio; ressentimento ⊡ **a d. de** *loc.prep.* apesar de ⟨*a d. do luto, sorria*⟩ ~ **despeitar** *v.t.d. e pron.*

des.pe.jar *v.*{mod. 1} *t.d.* **1** derramar, esvaziar o conteúdo de **2** *B infrm.* esvaziar bebendo ⟨*d. o copo de chope*⟩ **3** fazer sair de imóvel, propriedade ⟨*d. um* *inquilino*⟩ ❑ *t.d.i.* **4** (prep. *em*) fazer recair sobre; lançar ⟨*d. sua ira no inimigo*⟩ ❑ *t.d.,t.d.i. e pron.* **5** (prep. *de*) livrar(-se), desimpedir(-se) [de estorvos, obstáculos]

des.pe.jo \ê\ *s.m.* **1** desocupação de imóvel, esp. por ordem judicial **2** o imóvel desocupado **3** *p.ext.* lixo, imundície, sujeira **4** local para guardar objetos velhos ou de pouco uso **5** ausência de pudor; descaramento ⊃ vergonha **6** soltura de espírito, de maneiras; desembaraço ⊃ embaraço **7** ausência de temor; ousadia, audácia ⊃ covardia

[1]**des.pe.lar** *v.* {mod. 1} *t.d.,int. e pron.* **1** tirar o pelo de ou perdê-lo ❑ *int. e pron. p.ext.* **2** soltarem-se ou levantarem-se fios, cerdas etc. [ORIGEM: *des-* + *pelo* + [1]*-ar*]

[2]**des.pe.lar** *v.* {mod. 1} *t.d.* **1** tirar a pele ou a casca de ❑ *int. e pron. B* **2** cair ou perder a pele ou partes dela ⟨*despelou(-se) porque se queimou muito ao sol*⟩ [ORIGEM: *des-* + *pele* + [1]*-ar*]

des.pen.car *v.* {mod. 1} *t.d.,int. e pron.* **1** soltar(-se) da penca, do cacho ❑ *int. e pron. B* **2** cair de muito alto ⟨*d.(-se) da árvore*⟩ ❑ *int. p.ext.* **3** sofrer queda acentuada (moeda, juros, preços etc.) ❑ *pron. B* **4** correr muito, com ímpeto; desabalar **5** vir de ou ir para lugar distante, de difícil acesso

des.pen.der *v.* {mod. 8} *t.d.,t.d.i. e int.* **1** (prep. *em*) fazer despesas (com); gastar ⊃ economizar ❑ *t.d. e t.d.i. fig.* **2** (prep. *em*) fazer uso de; empregar, gastar ⟨*d. energia (num trabalho)*⟩

des.pe.nha.dei.ro *s.m.* rocha escarpada; precipício

des.pen.sa *s.f.* local da residência onde se guardam mantimentos e objetos ligados à manutenção ☞ cf. *dispensa*

des.pen.te.ar *v.* {mod. 5} *t.d.,int. e pron.* **1** desmanchar(-se) o penteado de ⊃ pentear(-se) ❑ *pron.* **2** ficar com os cabelos em desalinho ⊃ pentear-se

des.per.ce.bi.do *adj.* **1** que não se sentiu, viu ou ouviu ⟨*arranhão leve, d.*⟩ ⊃ percebido **2** que não se notou; distraído ⟨*fez-se d. e chutou a irmã*⟩ ~ **desperceber** *v.t.d.* - **despercebimento** *s.m.*

des.per.di.çar *v.* {mod. 1} *t.d.* **1** gastar com exagero; esbanjar ⊃ poupar **2** usar sem proveito, sem necessidade ⟨*d. água*⟩ ⟨*d. tempo*⟩ ⊃ aproveitar **3** não tirar proveito de; perder ⟨*d. uma oportunidade*⟩ ⊃ aproveitar

des.per.dí.cio *s.m.* **1** despesa ou gasto exagerado; esbanjamento ⟨*d. de dinheiro*⟩ **2** uso sem proveito; perda ⟨*d. de tempo*⟩ ▼ *desperdícios s.m.pl.* **3** coisas que não se aproveitam; sobras ⟨*d. de papel*⟩

des.per.so.na.li.zar *v.* {mod. 1} *t.d. e pron.* (fazer) perder as características específicas, individuais; descaracterizar(-se) ⊃ personalizar(-se) ~ **despersonalização** *s.f.*

des.per.su.a.dir *v.* {mod. 24} *t.d.,t.d.i. e pron.* (prep. *de*) [fazer] mudar de opinião ou intenção; dissuadir(-se) ⊃ persuadir(-se), convencer(-se) ~ **despersuasão** *s.f.*

des.per.ta.dor \ô\ *adj.s.m.* **1** (o) que desperta **2** (relógio) que soa ger. para despertar alguém que dorme

des.per.tar *v.* {mod. 1} *t.d.,t.d.i.,t.i. e int.* **1** (prep. *de*) [fazer] sair (do sono, de estado dormente); acordar ❑ *t.i.,t.d.i. e int.* **2** (prep. *de*) [fazer] sair (de torpor, inércia) ❑ *t.d. e t.d.i.* **3** (prep. *em*) dar ocasião ou origem a; provocar, estimular ❑ *pron.* **4** revelar-se, manifestar-se ~ **desperto** *adj.*

des.pe.sa \ê\ *s.f.* **1** ato de gastar dinheiro em compras, obrigações etc., ou seu efeito; gasto ⊃ economia **2** *p.ext.* o que se gastou ou consumiu; custo **3** ato de empregar; uso, aplicação ⟨*d. de tempo com o lazer*⟩

des.pe.ta.lar *v.* {mod. 1} *t.d.,int. e pron.* tirar as pétalas de ou perdê-las

des.pi.ci.en.do *adj.* **1** que deve ser desprezado por inútil, errôneo etc. ⟨*o aluno apresentou uma questão d.*⟩ ⊃ pertinente **2** merecedor de desdém; desprezível ⟨*lucro pequeno, mas não d.*⟩ ⊃ respeitável

des.pi.do *adj.* **1** falto de vestimenta; nu, desnudo ⟨*dormir d.*⟩ ⊃ vestido **2** sem folhas ⟨*árvore d.*⟩ ⊃ enfolhado **3** *fig.* que não possui; desprovido ⟨*homem d. de ambições*⟩ ⊃ repleto

des.pi.que *s.m.* vingança de ofensa ou afronta; desforra ~ **despicar** *v.t.d.,t.d.i. e pron.*

des.pir *v.* {mod. 28} *t.d.,t.d.i. e pron.* **1** (prep. *a, de*) tirar (roupa) do corpo (de) **2** (prep. *de*) pôr(-se) nu; desnudar(-se) ⊃ vestir(-se) ❑ *t.d. e pron.* **3** (prep. *de*) tirar (o que está calçado); descalçar(-se) ⊃ calçar(-se) **4** *fig.* (prep. *de*) pôr de lado; largar, despojar-se ~ **despimento** *s.m*

des.pis.tar *v.* {mod. 1} *t.d.* **1** fazer perder a pista **2** *fig.* iludir a vigilância de ⟨*deixou o paletó para d. o chefe*⟩ **3** *fig.* enganar, eliminando as desconfianças de

des.plan.te *s.m.* **1** em esgrima, posição em que o corpo se apoia na perna esquerda **2** *fig.* atitude atrevida; atrevimento, ousadia

des.po.ja.do *adj.* **1** privado da posse de algo; desapossado ⟨*povo d. dos seus bens*⟩ **2** privado do que revestia, adornava ou cobria; despido **3** sem enfeites; simples ⟨*decoração d.*⟩ ⊃ luxuoso **4** posto de lado; descartado **5** sem ambição; desprendido ⊃ ambicioso

des.po.ja.men.to *s.m.* **1** ato ou efeito de despojar(-se); despojo **2** qualidade do que é despojado; simplicidade

des.po.jar *v.* {mod. 1} *t.d.i. e pron.* **1** (prep. *de*) privar(-se) da posse de; desapossar(-se) ❑ *t.d.,t.d.i. e pron.* **2** (prep. *de*) privar(-se) [do que reveste, adorna ou cobre]; despir(-se) ❑ *pron.* **3** (prep. *de*) pôr de lado; abandonar

des.po.jo \ô\ [pl.: *despojos* \ó\] *s.m.* **1** ato ou efeito de despojar(-se); despojamento **2** o que foi retirado ou caiu após servir de revestimento ou adorno (p.ex., penas de animal, folhas de planta etc.) **3** presa que se toma ao inimigo ▼ *despojos s.m.pl.* **4** restos, fragmentos ⟨*d. mortais*⟩

des.po.li.me.ri.za.ção [pl.: *-ões*] *s.f.* QUÍM reação química que transforma uma macromolécula em moléculas mais simples que mantêm a mesma fórmula ⊃ polimerização

des.po.lu.i.ção [pl.: *-ões*] *s.f.* eliminação ou diminuição da poluição ⊃ poluição ~ **despoluir** *v.t.d.*

des.pon.tar *v.* {mod. 1} *t.d. e pron.* **1** gastar(-se) a ponta de ⮌ apontar ❑ *int.* **2** começar a aparecer, a revelar-se; surgir ~ **despontado** *adj.*

des.por.to \ô\ [pl.: *desportos* \ó\] *s.m.* esporte ('atividade física', 'conjunto de jogos') ~ **desportismo** *s.m.* - **desportista** *adj.2g.s.2g.* - **desportivo** *adj.*

des.po.sar *v.* {mod. 1} *t.d.,t.d.i. e pron.* (prep. *com*) unir(-se) por matrimônio a; casar(-se) ⮌ separar(-se) ~ **desposado** *adj.*

des.pos.su.í.do *adj.* **1** que perdeu a posse ■ *adj.s.m.* **2** (aquele) que não tem posses, que não tem recursos

dés.po.ta *adj.2g.s.2g.* **1** (governante) que exerce autoridade arbitrária ou absoluta; tirano **2** *p.ext.* (o) que tem caráter autoritário e tirânico ~ **despótico** *adj.* - **despotizar** *v.t.d. e int.*

des.po.tis.mo *s.m.* **1** forma de governo baseada no poder isolado, arbitrário e absoluto de um déspota **2** esse poder **3** *p.ext.* qualquer manifestação de autoridade que tende à tirania e à opressão

des.po.vo.a.ção [pl.: *-ões*] *s.f.* ato de tornar-se desabitado ou desguarnecido, ou seu efeito; despovoamento

des.po.vo.a.men.to *s.m.* despovoação

des.po.vo.ar *v.* {mod. 1} *t.d. e pron.* (fazer) ficar sem ou com poucos habitantes ⮌ povoar

des.pra.zer *v.* {mod. 13} *t.i. e int.* **1** (prep. *a*) não agradar (a); desagradar ■ *s.m.* **2** ausência de prazer; desagrado, descontentamento ⮌ prazer ⊙ GRAM/USO **a)** verbo ger. só us. nas 3as p.; **b)** cf. observação no modelo

des.pre.ca.tar-se *v.* {mod. 1} *pron.* (prep. *de*) não ter cautela; descuidar-se ⮌ precaver-se ~ **desprecatado** *adj.*

des.pre.ca.ver *v.* {mod. 8} *t.d. e pron.* não se precaver contra; desacautelar(-se) ⮌ precaver(-se), prevenir(-se) ⊙ GRAM/USO verbo defectivo

des.pre.gar *v.* {mod. 1} *t.d.* **1** arrancar os pregos de ❑ *t.d. e pron.* **2** soltar(-se) [o que estava pregado ou preso] ⟨*d. o quadro da parede*⟩ ⟨*o salto despregou-se*⟩ ⮌ pregar, prender ☞ *da parede* é circunstância que funciona como complemento ❑ *t.d.,t.d.i. e pron. fig.* **3** (prep. *de*) desviar (os olhos, a atenção) de ⟨*d. a atenção da tela*⟩ ⟨*d. os olhos do filho*⟩ ⟨*sua atenção não se desgruda dali*⟩ ☞ *da tela* é circunstância que funciona como complemento

des.pren.der *v.* {mod. 8} *t.d.,t.d.i. e pron.* **1** (prep. *de*) livrar(-se) [o que se prendeu]; desatar(-se) ⮌ atar(-se), prender(-se) **2** (prep. *de*) pôr(-se) de lado; afastar(-se) ❑ *t.d.* **3** emitir, soltar (sons diversos) ⟨*d. gemidos de dor*⟩ ❑ *pron.* **4** (prep. *de*) lançar de si; exalar ⟨*o odor desprendia-se das rosas*⟩ **5** (prep. *de*) ter desinteresse por; desligar-se ⮌ apegar-se

des.pren.di.do *adj.* **1** que foi solto, desamarrado ⮌ atado **2** que foi separado, desligado ⮌ preso **3** lançado ao ar; exalado ⟨*mau cheiro d. de águas sujas*⟩ **4** *fig.* abnegado, indiferente ⟨*pessoa d. de bens materiais*⟩ ⮌ apegado ~ **desprendimento** *s.m.*

des.pre.o.cu.pa.ção [pl.: *-ões*] *s.f.* ausência de preocupação ⮌ preocupação

des.pre.o.cu.par *v.* {mod. 1} *t.d.,t.d.i. e pron.* (prep. *de*) livrar(-se) de preocupação (com); sossegar(-se) ⮌ preocupar(-se)

des.pre.pa.ro *s.m.* **1** ausência de conhecimento ⟨*percebe-se seu d. para o cargo*⟩ ⮌ preparo **2** falta de organização; desarranjo ⮌ arrumação

des.pres.su.ri.za.ção [pl.: *-ões*] *s.f.* ato de interromper a pressurização (em cabine de avião, nave espacial etc.) ⮌ pressurização

des.pres.ti.gi.ar *v.* {mod. 1} *t.d. e pron.* (fazer) perder o prestígio; desmoralizar(-se) ⮌ valorizar(-se)

des.pres.tí.gio *s.m.* falta de prestígio; descrédito ⮌ prestígio

des.pre.ten.são [pl.: *-ões*] *s.f.* **1** ausência de vaidade ⮌ presunção **2** atitude de modéstia ⮌ ambição

des.pre.ve.ni.do *adj.* **1** que não se preveniu; desacautelado ⮌ precavido **2** que não foi informado; despreparado ⮌ preparado **3** sem defesa; desarmado ⟨*d., nem reagiu ao assalto*⟩ ⮌ prevenido **4** a que falta o necessário; desprovido ⟨*despensa d.*⟩ ⮌ provido **5** livre de preconceito ⟨*espírito d.*⟩ ⮌ desconfiado **6** *infrm.* sem dinheiro

des.pre.ve.nir *v.* {mod. 27} *t.d. e pron.* não se prevenir (contra); desacautelar(-se) ⮌ precaver(-se)

des.pre.zar *v.* {mod. 1} *t.d.* **1** tratar com desprezo; desdenhar ⟨*d. o vizinho*⟩ ⮌ respeitar **2** não levar em conta; descartar, ignorar ⮌ considerar

des.pre.zí.vel *adj.2g.* **1** que pode ser desprezado ⟨*quantia d.*⟩ ⮌ considerável **2** merecedor de desprezo; vil, vergonhoso ⮌ digno

des.pre.zo \ê\ *s.m.* **1** falta de estima, apreço; desdém ⮌ consideração **2** sentimento acima da cobiça, do medo etc.; desprendimento ⟨*d. pelo dinheiro*⟩ ⮌ interesse **3** sentimento de repulsa ⮌ simpatia

des.pri.mor \ô\ *s.m.* **1** falta de capricho, de excelência ⮌ perfeição **2** descortesia, indelicadeza ⮌ delicadeza ~ **desprimoroso** *adj.*

des.pro.por.ção [pl.: *-ões*] *s.f.* **1** desigualdade na proporção ⟨*d. nas formas*⟩ ⮌ harmonia **2** desconformidade, anormalidade ⮌ proporção ~ **desproporcional** *adj.2g.*

des.pro.po.si.ta.do *adj.* **1** inconveniente, impróprio, não pertinente ⟨*comentário d.*⟩ ⮌ oportuno **2** que fala ou age sem propósito; disparatado ⟨*pessoa d.*⟩ ⮌ sensato **3** *p.ext.* que não tem prudência; estouvado ⟨*atitude d.*⟩ ⮌ prudente

des.pro.pó.si.to *s.m.* **1** o que não tem propósito ou pertinência; contrassenso **2** desatino, destempero ⮌ comedimento **3** *B infrm.* grande quantidade (de pessoas ou coisas) ⟨*um d. de comida*⟩ ⮌ escassez ~ **despropositar** *v.t.i. e pron.*

des.pro.te.ção [pl.: *-ões*] *s.f.* ausência de proteção; abandono ⮌ amparo

des.pro.te.ger *v.* {mod. 8} *t.d.* deixar sem proteção; desamparar ⮌ amparar

des.pro.vei.to *s.m.* **1** falta de aproveitamento; desperdício ⮌ aproveitamento **2** detrimento, prejuízo ⟨*premiar alguns em d. de outros*⟩ ⮌ proveito

des.pro.ver *v.* {mod. 12} *t.d.,t.d.i. e pron.* (prep. *de*) privar(-se) [de provisões ou do que é necessário] ⮌ munir(-se)

des.pro.vi.do *adj.* **1** em que não há provisões; desabastecido ⮌ abastecido **2** a que falta, que não tem ou foi privado de algo ⮌ cheio ~ **desprovimento** *s.m.*

des.pu.dor \ô\ *s.m.* falta de vergonha ⮌ decência ~ despudorado *adj.s.m.*

des.qua.li.fi.ca.do *adj.s.m.* **1** (o) que perdeu qualidade superior ⮌ qualificado **2** que(m) perdeu a reputação ⮌ qualificado **3** que(m) foi excluído ou eliminado de disputa; desclassificado ⮌ classificado

des.qua.li.fi.car *v.* {mod. 1} *t.d.* **1** fazer perder as boas qualidades ⮌ qualificar ❑ *t.d. e pron.* **2** eliminar(-se) de torneio, concurso etc.; desclassificar(-se) ⮌ classificar(-se) **3** tornar(-se) indigno; desmoralizar(-se) ~ **desqualificação** *s.f.*

des.qui.te *s.m.* separação legal de corpos e bens dos cônjuges, sem extinção do casamento ~ **desquitado** *adj.s.m.* - **desquitar** *v.t.d. e pron.*

des.ra.ti.zar *v.* {mod. 1} *t.d.* eliminar os ratos de (um local) ~ **desratização** *s.f.*

des.re.gra.men.to *s.m.* **1** ausência de regra ou método **2** falta de ordem; desarrumação ⮌ ordem **3** abuso, desmando ⮌ moderação **4** devassidão, libertinagem ⮌ castidade

des.re.grar *v.* {mod. 1} *t.d. e pron.* **1** (fazer) sair da regra, da ordem estabelecida **2** *p.ext.* tornar(-se) descomedido; descontrolar(-se) ⮌ conter(-se)

des.re.gu.lar *v.* {mod. 1} *t.d. e pron.* (fazer) deixar de estar regulado, ajustado; desajustar(-se) ⮌ regular(-se)

des.res.pei.tar *v.* {mod. 1} *t.d.* **1** não dar o devido respeito a; desconsiderar ⮌ respeitar **2** não seguir (regras, determinações); desobedecer ⮌ obedecer **3** perturbar, transtornar ~ **desrespeitador** *adj.s.m.*

des.res.pei.to *s.m.* falta de consideração ⮌ respeito ~ **desrespeitoso** *adj.*

des.se.ca.ção [pl.: *-ões*] *s.f.* ato de eliminar a umidade ou seu efeito ☞ cf. *dissecação*

des.se.car *v.* {mod. 1} *t.d.* retirar toda a umidade de; secar ⮌ molhar ☞ cf. *dissecar*

des.se.me.lhan.te *adj.2g.* que não tem semelhança; diferente ⮌ semelhante ~ **dessemelhança** *s.f.* - **dessemelhar** *v.t.d.,t.d.i. e pron.*

des.ser.vi.ço *s.m.* **1** mau serviço ou trabalho **2** o que vai contra o interesse ou benefício de alguém ou algo; dano, prejuízo ⮌ ganho **3** *p.ext.* ato desleal praticado de má-fé; deslealdade

des.so.rar *v.* {mod. 1} *t.d.,int. e pron.* **1** transformar(-se) em soro **2** retirar de ou perder o soro ❑ *t.d. e pron. fig.* **3** debilitar(-se), enfraquecer(-se) ⮌ fortalecer(-se) ❑ *int.* **4** escorrer ~ **dessoramento** *s.m.*

des.ta.bo.ca.do *adj.s.m. B infrm.* **1** que(m) perdeu toda a timidez; atrevido ⮌ tímido **2** *p.ext.* que(m) não tem decoro nem decência; inconveniente **3** que(m) fala e brinca muito

des.ta.ca.men.to *s.m.* MIL unidade de ação que se separa da tropa

des.ta.car *v.* {mod. 1} *t.d.* **1** enviar (tropa, destacamento) em missão ou serviço ❑ *t.d.i.* **2** *p.ext.* (prep. *para*) incumbir (de serviço ou missão); designar ❑ *t.d.,t.d.i. e pron.* **3** (prep. *de*) separar(-se), desligar(-se) ⟨*d. (do caderno) duas folhas*⟩ ⟨*as pétalas logo se destacaram*⟩ ⮌ juntar(-se) ❑ *t.d.,int. e pron.* **4** (fazer) sobressair; distinguir(-se) ~ **destacado** *adj.* - **destacável** *adj.2g.*

des.tam.par *v.* {mod. 1} *t.d.* tirar tampa, tampo de; abrir ⮌ tampar

des.tam.pa.tó.rio *s.m. infrm.* **1** falta de comedimento; despropósito ⮌ moderação **2** muito barulho; gritaria ⮌ quietude **3** *p.ext. B* discussão violenta

des.ta.par *v.* {mod. 1} *t.d.* retirar tampa, cobertura ou proteção de; destampar, abrir ⮌ tapar, tampar

des.ta.que *s.m.* **1** qualidade ou estado do que sobressai; realce, relevo **2** *B* figura ou assunto relevante ⟨*d. do noticiário do dia*⟩ **3** *B* em escola de samba, pessoa que desfila ger. no alto de carro alegórico, com fantasia de impacto visual e/ou muito luxuosa **4** *B* parte destacada de texto de projeto de lei, apresentada com modificações, para ser votada em separado

des.tar.te *adv.* assim, desta maneira

des.te.lhar *v.* {mod. 1} *t.d. e pron.* retirar, quebrar as telhas de ou perdê-las ⮌ telhar ~ **destelhamento** *s.m.*

des.te.mi.do *adj.* **1** que não teme; corajoso, valente ⮌ medroso **2** que revela coragem; audacioso ⟨*atitude d.*⟩ ⮌ prudente ~ **destemer** *v.t.d.* - **destemeroso** *adj.*

des.te.mor \ô\ *s.m.* falta de medo; coragem ⮌ temor

des.tem.pe.rar *v.* {mod. 1} *t.d.,int. e pron.* **1** reduzir ou perder a consistência (aço, ferro etc.) ❑ *t.d.* **2** enfraquecer o sabor de ⮌ temperar **3** diluir (tinta) com água ou outro solvente ❑ *t.d. e pron.* **4** (fazer) perder a afinação; desafinar ⮌ afinar ❑ *int. e pron.* **5** perder a cabeça; exaltar-se ~ **destemperado** *adj.*

des.tem.pe.ro \ê\ *s.m.* **1** grande disparate; despropósito ⮌ sensatez **2** perda de sabor ⮌ gosto **3** falta de afinação; desarmonia, ⮌ afinação **4** falta de regulagem; desconcerto ⮌ regulagem **5** excesso de arrebatamento; desvario **6** *infrm.* diarreia, disenteria **7** *B infrm.* despropósito, excesso ⟨*comeu um d. de panquecas*⟩

des.ter.rar *v.* {mod. 1} *t.d. e pron.* (fazer) sair da terra natal; exilar(-se) ⮌ repatriar(-se) ~ **desterrado** *adj.s.m.*

des.ter.ro \ê\ *s.m.* **1** afastamento da terra natal, por condenação (degredo) ou voluntariamente ⮌ repatriação **2** local onde vive o desterrado **3** DIR pena que obriga o réu a permanecer nesse local **4** *p.ext.* local ermo, deserto ⮌ povoação **5** *p.ext.* isolamento, solidão

des.ti.la.ção [pl.: *-ões*] *s.f.* **1** gotejamento de líquido **2** local onde se destila **3** processo de purificação de um líquido por evaporação com condensação posterior, para se obter um novo líquido **4** transpiração, sudorese

des.ti.la.do *adj.* **1** que cai em gotas ⟨*suor d.*⟩ **2** *fig.* que se deixou perceber; insinuado ⟨*maldade d. em suas palavras*⟩ ■ *adj.s.m.* **3** (líquido) obtido por destilação

des.ti.lar *v.* {mod. 1} *t.d. e int.* **1** (deixar) sair em gotas; gotejar ❑ *t.d.* **2** fazer evaporar (líquido) e fazer condensação do vapor resultante deste processo **3** *fig.* deixar perceber; insinuar, revelar ⟨*seu olhar destila ódio*⟩

des.ti.la.ri.a *s.f.* local onde se processa a destilação

des.ti.nar *v.* {mod. 1} *t.d.i.* **1** (prep. *para*) reservar (algo) [para certa finalidade ou destino] ⟨*d. recursos para a educação*⟩ ❑ *pron.* **2** (prep. *a*) dedicar-se, entregar-se ⟨*d.-se ao magistério*⟩ ~ **destinação** *s.f.*

des.ti.na.tá.rio *s.m.* **1** aquele a quem se destina ou envia algo **2** *fig.* aquele a que algo é dirigido; alvo, objeto **3** em comunicação, aquele que recebe a mensagem; receptor

des.ti.no *s.m.* **1** sucessão de fatos na vida do ser humano que ocorrem independentemente de sua vontade; sorte **2** sequência de fatos inevitáveis; fatalidade ⟨*quis o d. que ele morresse cedo*⟩ **3** o que há de acontecer; futuro ⟨*ninguém sabe o seu d.*⟩ **4** fim reservado para algo ⟨*que d. teve o dinheiro?*⟩ **5** local de chegada; rumo ⟨*d. de avião, ônibus*⟩

des.tin.to *adj.* que perdeu a cor; desbotado ⮌ tinto ☞ cf. *distinto*

des.ti.tu.ir *v.* {mod. 26} *t.d.,t.d.i. e pron.* **1** (prep. *de*) demitir(-se) [de dignidade, cargo, emprego] ⮌ empregar(-se), nomear(-se) ❑ *t.d.i. e pron.* **2** (prep. *de*) privar(-se) da posse de; desapossar(-se) ⮌ apoderar(-se) ~ **destituição** *s.f.*

des.to.ar *v.* {mod. 1} *int.* **1** perder o tom; desafinar ❑ *t.i.* **2** (prep. *de*) ter opinião contrária a; discordar ⮌ concordar **3** (prep. *de*) não combinar com ou não ser próprio de ⮌ condizer, combinar ~ **destoante** *adj.2g.*

des.tor.cer *v.* {mod. 8} *t.d. e pron.* **1** endireitar(-se) [o que estava torcido] ⮌ torcer(-se) ❑ *t.d.* **2** voltar para o lado oposto ⟨*d. o pescoço para vê-la*⟩ ☞ cf. *distorcer*

des.tra *s.f.* a mão direita ⮌ sinistra

des.tram.be.lha.do *adj.s.m. infrm.* (indivíduo) sem juízo; amalucado ⮌ sensato ~ **destrambelhar** *v.t.d. e int.*

des.tran.car *v.* {mod. 1} *t.d.* retirar a tranca de; abrir ⟨*d. o portão*⟩ ⮌ trancar

des.tran.çar *v.* {mod. 1} *t.d.* **1** soltar a trança de ⮌ trançar **2** separar os fios de ⟨*d. uma corda*⟩

des.tra.tar *v.* {mod. 1} *t.d.* tratar mal com palavras; insultar ☞ cf. *distratar*

des.tra.var *v.* {mod. 1} *t.d. e pron.* **1** soltar(-se) [o que estava travado] ⮌ travar(-se) **2** *fig.* livrar(-se) de entrave; soltar(-se), desembaraçar(-se) ⟨*d. a língua*⟩ ⟨*d.-se com bebida*⟩ ~ **destravamento** *s.m.*

des.trei.na.do *adj.* sem treino ⮌ treinado ~ **destreinar** *v.t.d. e pron.*

des.tre.za \ê\ *s.f.* **1** agilidade de movimentos ⮌ lentidão **2** aptidão, habilidade ⮌ imperícia

des.trin.çar *v.* {mod. 1} *t.d.* destrinchar

des.trin.char *v.* {mod. 1} *t.d.* **1** separar os fios ou fibras de **2** analisar ou expor em detalhes; esmiuçar **3** solucionar, resolver ~ **destrinchamento** *s.m.*

des.tro \ê\ *adj.* **1** que usa a mão direita ⮌ canhoto **2** que está à direita **3** *p.ext.* hábil, ágil ⮌ inábil ⊙ GRAM/USO ocorre tb. a pronúncia com o *e* aberto

des.tro.car *v.* {mod. 1} *t.d.* desfazer a troca de ⮌ trocar

des.tro.çar *v.* {mod. 1} *t.d.* **1** causar a destruição de; arruinar **2** fazer em pedaços; despedaçar, estraçalhar

des.tro.ço \ô\ [pl.: *destroços* \ó\] *s.m.* **1** ato de destroçar e seu efeito; destruição ▼ *destroços s.m.pl.* **2** restos (de uma destruição)

des.trói.er *s.m.* contratorpedeiro

des.tro.nar *v.* {mod. 1} *t.d.* **1** destituir do trono **2** *fig.* fazer perder liderança, prestígio etc.; rebaixar ~ **destronamento** *s.m.*

des.tron.car *v.* {mod. 1} *t.d. e int.* **1** (fazer) sair da articulação ou da junta; deslocar ❑ *t.d.* **2** apartar (ramo, galho etc.) do tronco ~ **destroncamento** *s.m.*

des.tru.i.ção [pl.: *-ões*] *s.f.* **1** ação de pôr abaixo o que está construído; demolição ⮌ construção **2** ação de tirar a vida; exterminação ⮌ surgimento **3** estrago, ruína ⟨*a seca provocou a d. da plantação*⟩ ⮌ florescimento

des.tru.ir *v.* {mod. 26} *t.d.* **1** pôr no chão (algo construído); demolir ⮌ construir **2** causar a morte de; exterminar ⟨*a poluição pode d. a fauna e a flora*⟩ **3** causar a perda de; arruinar, devastar ⟨*o fogo destruiu a plantação*⟩ ⮌ salvar **4** *fig.* eliminar, extinguir ⟨*d. uma ilusão*⟩ ⮌ criar **5** *fig.* ter efeito negativo sobre ⟨*o incidente destruiu sua imagem*⟩ ⮌ melhorar ~ **destruidor** *adj.s.m.* - **destrutível** *adj.2g.*

des.tru.ti.vo *adj.* que destrói ou serve para destruir ⮌ construtivo

de.su.ma.ni.da.de *s.f.* **1** crueldade **2** ato bárbaro; selvageria ⮌ compaixão

de.su.ma.ni.zar *v.* {mod. 1} *t.d.,int. e pron.* **1** (fazer) perder o caráter humano ⮌ humanizar(-se) **2** tornar(-se) desumano, cruel

de.su.ma.no *adj.* **1** cruel ⮌ bondoso **2** que não é humano; insensível ⟨*atitude d.*⟩ ⮌ caridoso

de.su.ni.ão [pl.: *-ões*] *s.f.* **1** falta de união; desarmonia **2** divisão, separação ⮌ união **3** *fig.* falta de acordo; discórdia ⮌ reconciliação

de.su.nir *v.* {mod. 24} *t.d. e pron.* **1** separar(-se) [o que estava unido, ligado]; afastar(-se) ⮌ unir(-se), ligar(-se) **2** *fig.* (fazer) ficar em desarmonia, desavença; indispor(-se) ⮌ reconciliar(-se)

de.su.sa.do *adj.* **1** que não é usado **2** fora de uso; antiquado ⮌ moderno

de.su.so *s.m.* falta ou diminuição de uso ~ **desusar** *v.t.d. e pron.*

des.vai.ra.do *adj.s.m.* que(m) perdeu o juízo; alucinado ⮌ ajuizado

des.vai.rar *v.* {mod. 1} *t.d.* **1** deixar em desvario; enlouquecer ❑ *int. e pron.* **2** praticar ou dizer desatinos;

disparatar **3** perder a cabeça; exaltar-se ⊃ acalmar-se ~ **desvairamento** *s.m.*

des.vai.ro *s.m.* → DESVARIO

des.va.li.a *s.f.* **1** falta ou perda de valor; desvalimento ⊃ valia **2** falta de apoio; desamparo ⊃ apoio

des.va.li.do *adj.s.m.* **1** (o) que não tem valia **2** desprotegido; desamparado ⊃ assistido **3** pobre, miserável ⊃ endinheirado

des.va.li.men.to *s.m.* desvalia

des.va.lor \ô\ *s.m.* **1** falta ou perda de valor; depreciação ⊃ valor **2** falta de aceitação ou de crédito; descrédito ⊃ valor **3** covardia ⊃ valor

des.va.lo.ri.zar *v.* {mod. 1} *t.d. e pron.* **1** (fazer) perder o valor **2** *fig.* rebaixar o apreço, a reputação, a virtude (de); desmerecer(-se), depreciar(-se) ⊃ valorizar(-se) ~ **desvalorização** *s.f.* - **desvalorizador** *adj.s.m.*

des.va.ne.cer *v.* {mod. 8} *t.d.,int. e pron.* **1** (fazer) sumir; extinguir(-se), desfazer(-se) ⊃ aparecer **2** tornar(-se) orgulhoso; envaidecer(-se) ❑ *t.d.* **3** acalmar, aliviar ⟨*d. a dor*⟩ ⊃ estimular ❑ *pron.* **4** perder a cor; desbotar ~ **desvanecimento** *s.m.*

des.va.ne.ci.do *adj.* **1** que se desfez; extinto **2** sem vivacidade; desbotado ⟨*cor d.*⟩ ⊃ vivo **3** cheio de vaidade; orgulhoso ⊃ modesto

des.van.ta.gem *s.f.* **1** inferioridade em qualquer assunto ⊃ vantagem **2** prejuízo ⊃ vantagem

des.van.ta.jo.so \ô\ [pl.: *desvantajosos* \ó\] *adj.* desfavorável, prejudicial ⊃ vantajoso

des.vão [pl.: *-ãos*] *s.m.* **1** sótão **2** espaço fechado sob uma escada **3** esconderijo

des.va.ri.o ou **des.vai.ro** *s.m.* **1** loucura ⊃ sanidade **2** delírio ⊃ juízo **3** extravagância, excesso ⊃ normalidade

^{1}**des.ve.lar** *v.* {mod. 1} *t.d.* **1** privar do sono ❑ *t.d. e int.* **2** passar (a noite) sem dormir; velar ❑ *pron.* **3** dedicar-se muito; empenhar-se [ORIGEM: do esp. *desvelar* 'ficar sem dormir'] ~ **desvelamento** *s.m.*

^{2}**des.ve.lar** *v.* {mod. 1} *t.d. e pron.* **1** pôr(-se) à vista, tirando o que recobria ⊃ cobrir(-se) **2** *fig.* fazer(-se) conhecer; revelar(-se), mostrar(-se) ⊃ ocultar(-se) [ORIGEM: *des-* + ^{2}*velar*]

des.ve.lo \ê\ *s.m.* dedicação, zelo ⊃ negligência

des.ven.ci.lhar *v.* {mod. 1} *t.d.,t.d.i. e pron.* (prep. *de*) tornar(-se) livre; soltar(-se), libertar(-se) ⊃ prender(-se) ~ **desvencilhamento** *s.m.*

des.ven.dar *v.* {mod. 1} *t.d.* **1** tirar a venda dos olhos de ⊃ vendar **2** descobrir (os olhos), retirando a venda ❑ *t.d.,t.d.i. e int.* **3** *fig.* (prep. *a*) tornar(-se) evidente; revelar(-se) ⊃ esconder(-se), ocultar(-se)

des.ven.tu.ra *s.f.* falta de sorte; desgraça ⊃ êxito, ventura

des.ves.tir *v.* {mod. 28} *t.d. e pron.* **1** tirar a roupa (de); despir(-se) ⟨*d. o filho*⟩ ⟨*d.-se para dormir*⟩ ⊃ vestir(-se) ❑ *t.d.* **2** retirar (a roupa ou parte dela) ⟨*d. o casaco*⟩ ⊃ vestir

des.vi.ar *v.* {mod. 1} *t.d. e pron.* **1** mudar a direção ou a orientação (de) ❑ *t.d.* **2** tirar da linha reta; entortar ⟨*d. a coluna vertebral*⟩ ⊃ endireitar **3** mudar lugar ou posição de; deslocar ⟨*d. a cabeça para não ser atingido*⟩ **4** alterar o destino de; desencaminhar ⟨*d. verbas*⟩ ❑ *t.d.i. e pron.* **5** (prep. *de*) [levar a] desistir de; dissuadir(-se) ⊃ convencer(-se)

des.vin.car *v.* {mod. 1} *t.d.* tirar vinco ou enrugamento de; alisar ⊃ vincar, amarrotar

des.vin.cu.la.ção [pl.: *-ões*] *s.f.* liberação de vínculo(s) ⊃ vinculação

des.vin.cu.lar *v.* {mod. 1} *t.d.,t.d.i. e pron.* (prep. *de*) livrar(-se) de vínculo(s); desligar(-se) ⊃ vincular(-se), ligar(-se)

des.vi.o *s.m.* **1** mudança do caminho, direção ou posição normal **2** caminho fora da rota comum; atalho **3** o que foge aos padrões normais ⟨*d. de comportamento*⟩

des.vi.rar *v.* {mod. 1} *t.d.* **1** pôr na posição normal (o que estava virado) ⊃ virar **2** desfazer (dobra, volta) ⟨*d. o punho da camisa*⟩ ⊃ dobrar

des.vir.gi.nar *v.* {mod. 1} *t.d. e pron.* (fazer) perder a virgindade ~ **desvirginamento** *s.m.*

des.vir.tu.ar *v.* {mod. 1} *t.d.* **1** diminuir ou tirar a virtude de; desmoralizar ❑ *t.d. e pron.* **2** alterar(-se) de maneira viciosa; deturpar(-se) ~ **desvirtuamento** *s.m.*

des.vi.ta.li.zar *v.* {mod. 1} *t.d.* tirar a vitalidade de; enfraquecer ⊃ vitalizar ~ **desvitalização** *s.f.* - **desvitalizado** *adj.*

de.ta.lhar *v.* {mod. 1} *t.d.* **1** expor, explicar em detalhes; particularizar **2** esboçar os traços gerais de; delinear ~ **detalhamento** *s.m.*

de.ta.lhe *s.m.* **1** narração minuciosa; pormenor ⊃ generalidade **2** objeto dessa narração; pequeno elemento ⊃ todo **3** *p.ext.* coisa ou fato sem importância ~ **detalhado** *adj.*

de.ta.lhis.ta *adj.2g.s.2g.* que(m) se preocupa com detalhes ~ **detalhismo** *s.m.*

de.tec.ção [pl.: *-ões*] *s.f.* descoberta; revelação

de.tec.tar *v.* {mod. 1} *t.d.* → DETETAR

de.tec.tor \ô\ ou **de.te.tor** \ô\ *adj.s.m.* **1** (o) que detecta **2** (o) que revela a presença de algo

de.ten.ção [pl.: *-ões*] *s.f.* **1** estado do que se acha detido **2** retenção prolongada **3** DIR prisão provisória, preventiva ou correcional ⊃ libertação **4** *p.ext.* prédio da prisão

de.ten.to *s.m.* preso, prisioneiro

de.ter *v.* {mod. 16} *t.d. e pron.* **1** (fazer) parar; conter(-se) **2** (fazer) demorar; reter(-se) **3** conter(-se), controlar(-se) ⊃ liberar(-se) ❑ *t.d.* **4** conservar em seu poder; reter **5** DIR determinar a detenção ('prisão') de; prender ⊃ libertar ❑ *pron.* **6** (prep. *em*) ocupar-se demoradamente com ⟨*d.-se em minúcias*⟩ ~ **detentor** *adj.s.m.*

de.ter.gen.te *adj.s.m.* **1** (substância) que limpa ou purifica ■ *s.m.* **2** produto doméstico de limpeza

de.te.ri.o.ra.ção [pl.: *-ões*] *s.f.* **1** decomposição, estrago ⊃ conservação **2** *fig.* estado de decadência; degeneração ⊃ prosperidade

de.te.ri.o.rar *v.* {mod. 1} *t.d. e pron.* **1** (fazer) ficar em mau estado; danificar(-se), estragar(-se) ⊃ conservar(-se) **2** *fig.* tornar(-se) pior; agravar(-se) ⊃ melhorar **3** *fig.* tornar(-se) inferior, vil; degenerar(-se) ⮌ engrandecer(-se) ~ **deteriorante** *adj.2g.* - **deteriorável** *adj.2g.*

de.ter.mi.na.ção [pl.: *-ões*] *s.f.* **1** indicação precisa; definição **2** descrição das características; especificação ⟨*d. das espécies*⟩ **3** ordem superior; prescrição ⟨*tudo foi feito por d. governamental*⟩ **4** firmeza; persistência ⟨*agir com d.*⟩ ⮌ indeterminação **5** resolução ⟨*mostrou-se firme em sua d. de mudar de emprego*⟩ ⮌ indecisão

de.ter.mi.na.do *adj.* **1** previamente estabelecido ⟨*saíram na hora d.*⟩ **2** definido ⮌ indeterminado **3** decidido; ousado ⟨*pessoa d.*⟩ ⮌ hesitante ■ *pron.ind.* **4** não especificado; qualquer ⟨*recebeu de herança uma d. quantia*⟩

de.ter.mi.nan.te *adj.2g.* **1** decisivo ⟨*argumento d.*⟩ ■ *adj.2g.s.2g.* **2** (circunstância) que causa algo ⟨*o fator d. da mudança*⟩ ⟨*o d. do rompimento*⟩

de.ter.mi.nar *v.* {mod. 1} *t.d.* **1** marcar limites a (algo indefinido); delimitar **2** precisar, indicar a partir de análise, avaliação; definir **3** ordenar, estabelecer ⟨*d. novas normas*⟩ **4** ser a causa de; provocar, motivar **5** discriminar, diferenciar ⟨*d. os componentes de uma fórmula*⟩ ⮌ misturar, confundir ❑ *t.d.,t.d.i. e pron.* **6** (prep. *a*) decidir(-se), resolver(-se) ~ **determinativo** *adj.s.m.*

de.ter.mi.nis.mo *s.m.* teoria segundo a qual no universo tudo decorre de uma relação de causa e efeito ~ **determinista** *adj.2g.s.2g.*

de.tes.tar *v.* {mod. 1} *t.d. e pron.* sentir raiva, aversão por (algo, outrem, si mesmo ou reciprocamente); odiar(-se) ⮌ adorar(-se), amar(-se)

de.tes.tá.vel *adj.2g.* **1** que inspira aversão ⮌ admirável **2** muito desagradável ⮌ adorável

de.te.tar ou **de.tec.tar** *v.* {mod. 1} *t.d.* **1** revelar ou descobrir (algo encoberto, escondido); identificar **2** localizar ou ter contato com (algo) por radar, sonar, rádio etc. ⟨*d. aviões, submarinos*⟩

de.te.ti.ve *s.m.* investigador (policial ou particular)

de.te.tor \ô\ *adj.s.m.* → DETECTOR

de.ti.do *adj.* **1** parado, impedido ⮌ livre **2** que não se devolveu; retido ⟨*o passaporte ficou d. na alfândega*⟩ ⮌ liberado ■ *adj.s.m.* **3** preso ⟨*d. para averiguações*⟩

de.to.na.dor \ô\ *adj.s.m.* **1** (o) que detona ■ *s.m.* **2** dispositivo ou substância que provoca detonação de cargas explosivas

de.to.nar *v.* {mod. 1} *t.d. e int.* **1** (fazer) explodir (bomba, dinamite etc.) **2** disparar (arma de fogo) ❑ *t.d.* **3** *fig.* dar início impetuoso a; deflagrar, desencadear ⟨*d. uma crise*⟩ **4** *fig. infrm.* acabar com; destruir ⟨*d. um adversário*⟩ ~ **detonação** *s.f.*

de.tra.ir *v.* {mod. 25} *t.d.* **1** desvalorizar o mérito, a importância de; depreciar ⮌ valorizar ❑ *t.i.* **2** (prep. *de*) dizer mal de; difamar ⮌ bendizer ~ **detração** *s.f.*

de.trás *adv.* **1** na parte posterior ⮌ diante **2** depois ⮌ antes

de.tra.tar *v.* {mod. 1} *t.d. e t.i.* detrair ~ **detratação** *s.f.* - **detrator** *adj.s.m.*

de.tri.men.to *s.m.* prejuízo; perda ▣ **em d. de** *loc.prep.* contrário ao interesse de ⟨*as bolsas foram cortadas em d. dos alunos*⟩

de.tri.to *s.m.* resto, resíduo ~ **detrítico** *adj.*

de.tur.par *v.* {mod. 1} *t.d. e pron.* **1** tornar(-se) pior, viciado; estragar, corromper(-se) ⟨*d.(-se) costume, linguagem*⟩ ❑ *t.d.* **2** interpretar mal ou deformar o sentido de; desvirtuar, distorcer **3** tornar feio; desfigurar ~ **deturpação** *s.f.*

deus *s.m.* REL **1** ser supremo, criador do universo ☞ inicial maiúsc. **2** nas religiões politeístas, divindade superior aos homens e aos gênios, com influência especial nos destinos do universo

deus-da.rá *s.m.* ▸ só usado em: **ao d.** *loc.adv.* ao acaso, à própria sorte

deus nos a.cu.da *s.m.2n.* grande movimento; tumulto, confusão

de.va.gar *adv.* lentamente, sem pressa ⮌ depressa ☞ cf. *divagar*

de.va.ne.ar *v.* {mod. 5} *t.d.* **1** criar na imaginação; sonhar **2** imaginar, fantasiar ❑ *int.* **3** dizer coisas sem nexo; delirar

de.va.nei.o *s.m.* sonho, fantasia ⮌ realidade

de.vas.sa *s.f.* apuração minuciosa; inquérito

de.vas.sar *v.* {mod. 1} *t.d.* **1** invadir, conhecer por completo (algo proibido) **2** ter vista para dentro de ⟨*esta casa devassa a da frente*⟩ **3** investigar, esquadrinhar ⟨*d. a vida de alguém*⟩ **4** tornar objeto de devassa ~ **devassado** *adj.* - **devassamento** *s.m.*

de.vas.si.dão [pl.: *-ões*] *s.f.* depravação de costumes; libertinagem ⮌ recato

de.vas.so *adj.s.m.* depravado, libertino ⮌ recatado

de.vas.tar *v.* {mod. 1} *t.d.* **1** destruir de forma arrasadora; arruinar **2** causar muitos danos a; estragar **3** tornar deserto; despovoar ⮌ povoar ~ **devastação** *s.f.* - **devastador** *adj.s.m.*

de.ve.dor \ô\ *adj.s.m.* **1** (o) que está em débito ■ *s.m.* **2** quem tem obrigações com outra pessoa por algum favor ou benefício recebido ⟨*após esse dia, serei seu eterno d.*⟩

de.ver *v.* {mod. 8} *t.d.,t.i. e t.d.i.* **1** (prep. *a*) ter de pagar (dívidas ou obrigações) ⟨*d. dinheiro*⟩ ⟨*d. ao açougueiro*⟩ ⟨*deve R$ 50,00 ao vizinho*⟩ ❑ *t.d. e t.d.i.* **2** (prep. *a*) ficar em dívida com ou ter gratidão por (alguém) [por algo recebido] ⟨*deve muitos favores*⟩ ⟨*deve seu saber ao mestre*⟩ **3** us. com verbo no infinitivo, freq. expressa: **3.1** uma lei inevitável a que se está submisso e que independe da vontade; ter de ⟨*todos devem morrer um dia*⟩ **3.2** uma obrigação a que se submete, ger. regra moral, convenção social ou saber prático ⟨*a criança deve respeitar os pais*⟩ ⟨*devemos escovar os dentes diariamente*⟩ **3.3** uma intenção do sujeito; pretender ⟨*avisou que deve viajar hoje*⟩ **3.4** necessidade ou obrigação; ter de ⟨*isto não devia acabar assim*⟩ **3.5** eventualidade, probabilidade ou fatalidade ⟨*deve chover hoje*⟩ ⟨*só Deus sabe se isso deve acontecer*⟩ ■ *s.m.* **4** regra, obrigação **5** tarefa escolar

de.ve.ras *adv.* **1** de fato; realmente **2** muito ⮌ pouco

de.ver.bal *adj.2g.s.2g.* (substantivo) formado a partir de verbo, p.ex., *aparecimento*, de *aparecer*

de.vi.da.men.te *adv.* da maneira correta, adequada, justa; como deve ser ⟨*partiu d. preparado para a batalha*⟩ ⟨*os criminosos foram d. punidos*⟩

de.vi.do *adj.s.m.* (o) que é objeto de dívida ou obrigação ⊡ **devido a** *loc.prep.* em virtude de

de.vo.ção [pl.: *-ões*] *s.f.* **1** forte sentimento religioso ⮌ indevoção **2** *p.ext.* dedicação; afeto ⮌ desinteresse

de.vo.lu.ção [pl.: *-ões*] *s.f.* ato de devolver ou o seu efeito; restituição

de.vo.lu.to *adj.* **1** vazio, desocupado ⟨*terreno d.*⟩ ⮌ ocupado **2** de que se pode dispor; livre ⮌ indisponível

de.vol.ver *v.* {mod. 8} *t.d. e t.d.i.* **1** (prep. *a*) dar de volta (o que é devido ou esperado); restituir **2** (prep. *a*) replicar, retrucar ⟨*d. a ofensa (ao inimigo)*⟩ **3** (prep. *a*) transferir (a outrem) [direito ou propriedade] **4** (prep. *a*) não aceitar; recusar ⮌ aceitar **5** *fig.* (prep. *a*) recompensar (sentimento, gesto) ❑ *t.d.* B *infrm.* **6** vomitar

de.vo.ni.a.no *s.m.* **1** quarto período geológico da era paleozoica, entre o Siluriano e o Carbonífero, em que aparecem as samambaias, os musgos e os anfíbios ☞ inicial maiúsc. ■ *adj.* **2** desse período

de.vo.rar *v.* {mod. 1} *t.d. e int.* **1** comer com voracidade; engolir ❑ *t.d.* **2** atormentar, afligir ⮌ acalmar, tranquilizar **3** *fig.* destruir rápida e completamente; consumir ⟨*o fogo devorou tudo*⟩ **4** ler rapidamente e com avidez ~ **devoração** *s.f.* - **devorador** *adj.s.m.*

de.vo.tar *v.* {mod. 1} *t.d.i.* **1** (prep. *a*) prometer solenemente a (divindade) ❑ *t.d.i. e pron.* **2** (prep. *a*) dedicar(-se) [existência, sentimento etc.] a; consagrar(-se) ~ **devotado** *adj.*

de.vo.to *adj.s.m.* **1** (o) que tem devoção ⟨*tinha um ar d.*⟩ ⟨*era d. de santa Rita*⟩ ⮌ indevoto ■ *adj.* **2** dedicado ⟨*amigo d.*⟩ ■ *s.m.* **3** quem se dedica a algo ⟨*eram todos grandes d. das artes*⟩

dez *n.card.* **1** nove mais um **2** diz-se desse número ⟨*cartões de número d.*⟩ **3** diz-se do décimo elemento de uma série ⟨*nota d.*⟩ **4** que equivale a essa quantidade (diz-se de medida ou do que é contável) ⟨*ter d. filhos*⟩ ■ *s.m.2n.* **5** representação gráfica desse número ⟨*no exame de vista, não pôde ler o d.*⟩ ☞ em algarismos arábicos, *10*; em algarismos romanos, *X*

de.zem.bro *s.m.* décimo segundo e último mês do ano no calendário gregoriano, composto de 31 dias

de.ze.na *s.f.* **1** conjunto de dez unidades **2** *infrm.* conjunto de aproximadamente dez elementos ou unidades ⟨*tinha uma d. de motivos para recusar o convite*⟩

DF sigla do Distrito Federal

dg símbolo de *decigrama*

[1]**di–** *pref.* 'dois': *diedro, dissílabo* [ORIGEM: do gr. *di-* 'duas vezes']

[2]**di–** *pref.* **1** 'movimento para várias direções': *difundir* **2** 'ação contrária': *difamar* [ORIGEM: do lat. *di-* 'id.']

dia– *pref.* **1** 'movimento através de': *diacronia, diálogo* **2** 'separação, dispersão': *diálise*

di.a *s.m.* **1** tempo entre o instante do nascer e do pôr do Sol **2** claridade com que o Sol ilumina a Terra **3** período (24 horas) da rotação da Terra sobre seu eixo **4** esse período, tomado como unidade de tempo [símb.: *d*] **5** temperatura que faz durante o dia; tempo ⟨*dia quente*⟩ **6** tempo presente; momento ⟨*assunto do d.*⟩ ⊡ **d. a d.** *loc.adv.* **1** com o correr dos dias **2** cotidianamente ☞ cf. *dia a dia* (subst.) • **d. santo** *loc.subst.* feriado católico • **d. útil** *loc.subst.* qualquer dia da semana, salvo domingos, feriados e dias santos • **em d.** *loc.adj.* **1** atualizado ⟨*em d. com a moda*⟩ **2** sem atraso ⟨*contas em d.*⟩

di.a a di.a [pl.: *dia a dias* e *dias a dias*] *s.m.* o viver cotidiano, a rotina ☞ cf. *dia a dia* (loc.adv.)

di.a.be.tes ou **di.a.be.te** *s.2g.2n.* **1** problema metabólico causado por deficiência de insulina **2** diabetes melito ⊡ **d. melito** *loc.subst.* distúrbio metabólico que se caracteriza por excesso de glicose no sangue, glicose na urina e alterações do metabolismo das proteínas e das gorduras

di.a.bé.ti.co *adj.s.m.* **1** (aquele) que sofre de diabetes ■ *adj.* **2** relativo a diabetes

di.a.bo *s.m.* **1** espírito do mal; demônio **2** *pej.* indivíduo mau, de mau gênio **3** *fig.* indivíduo esperto, perspicaz ⟨*o menino é o d., não perde nada*⟩ **4** us. com intensificador, com as ideias de: **4.1** confusão, desordem ⟨*a reunião foi o d., ninguém se entendeu*⟩ **4.2** quantidade excessiva ⟨*tem feito o d. para sobreviver*⟩ **4.3** esperteza, energia ⟨*o d. do menino sabe tudo*⟩ **4.4** descontentamento ⟨*o d. do negócio não deu certo*⟩ **5** us. como realce após pronomes interrogativos ⟨*onde d. você se meteu?*⟩ ■ *interj.* **6** indica contrariedade, espanto, impaciência ⟨*vem logo, d.!*⟩ ⊡ **comer o pão que o d. amassou** *fraseol.* passar dificuldades, privações

di.a.bó.li.co *adj.* **1** relativo ao diabo **2** insuportável, terrível ⟨*sofrimento d.*⟩ **3** inspirado pelo diabo; maligno ⟨*plano d.*⟩

di.a.bre.te \ê\ *s.m.* **1** diabo pequeno **2** *fig.* criança irrequieta, travessa

di.a.bru.ra *s.f.* **1** ato próprio do diabo **2** *fig.* travessura

di.a.cho *s.m. e interj. infrm.* diabo

di.a.co.na.to *s.m.* função do diácono

di.á.co.no *s.m.* clérigo que ajuda, no altar, o celebrante da missa ~ **diaconal** *adj.2g.*

di.a.crí.ti.co *adj.s.m.* diz-se de ou *sinal diacrítico*

di.a.cro.ni.a *s.f.* **1** LING descrição de uma língua ou de uma parte dela e das mudanças ocorridas ao longo de sua história **2** o conjunto dos fenômenos sociais, culturais etc. que ocorrem e se desenvolvem através do tempo ~ **diacrônico** *adj.* - **diacronismo** *s.m.*

di.a.de.ma *s.m.* **1** adorno que reis e rainhas traziam sobre a cabeça **2** *p.ext.* joia ou ornato em forma de meia coroa us. pelas mulheres

di.á.fa.no *adj.* **1** que permite a passagem da luz; transparente ⮌ opaco **2** *fig.* delicado ⮌ corpulento **3** *fig.* sem precisão, vago ⮌ claro ~ **diafaneidade** *s.f.* - **diafanidade** *s.f.*

di.a.frag.ma *s.m.* **1** músculo entre o tórax e o abdômen **2** dispositivo que controla a entrada de luz em câmeras fotográficas, de filmar etc. **3** membrana de material elástico que envolve um anel flexível, us. pela mulher no fundo da vagina para obstruir o colo do útero e evitar a gravidez ~ **diafragmático** *adj.*

di.ag.no.se *s.f.* MED diagnóstico

di.ag.nós.ti.co *s.m.* MED fase de investigação sobre a natureza e as causas de determinada doença; diagnose ~ **diagnosticar** *v.t.d.*

di.a.go.nal *adj.2g.* **1** oblíquo; inclinado ■ *s.f.* **2** segmento de reta que une dois ângulos não adjacentes **3** linha ou direção oblíqua

di.a.gra.ma *s.m.* **1** representação gráfica, por meio de pontos, linhas, áreas etc.; gráfico, esquema **2** traçado em linhas gerais

di.a.gra.mar *v.* {mod. 1} *t.d.* arrumar a disposição de textos, ilustrações, legendas etc. em (uma publicação) ⟨*d. um livro, um anúncio*⟩ ~ **diagramação** *s.f.* - **diagramador** *adj.s.m.*

di.a.lé.ti.ca *s.f.* FIL **1** oposição, conflito originado pela contradição entre princípios teóricos ou fenômenos empíricos **2** busca da verdade através do diálogo ~ **dialético** *adj.*

di.a.le.to *s.m.* língua ou modo de falar de uma região ou grupo social ~ **dialetal** *adj.2g.*

di.á.li.se *s.f.* MED técnica que suplementa as falhas da função renal, eliminando as toxinas e impurezas do sangue

di.a.lo.gal *adj.2g.* exposto ou escrito em forma de diálogo

di.a.lo.gar *v.* {mod. 1} *int.* **1** trocar opiniões, comentários etc., alternando papéis de falante e ouvinte; conversar ❑ *t.i. e int.* **2** (prep. *com*) procurar entendimento, acordo (com); entender-se

di.a.ló.gi.co *adj.* em forma de diálogo

di.á.lo.go *s.m.* **1** fala entre dois ou mais indivíduos; conversa **2** conjunto das palavras trocadas pelas personagens de um romance, filme etc.

di.a.man.te *s.m.* **1** carbono puro cristalizado, us. para fins industriais em ferramentas de corte e perfuração e como abrasivo **2** a mais dura e brilhante pedra preciosa **3** instrumento us. para cortar vidro, composto de uma haste com um fragmento de diamante em sua ponta

di.a.man.tí.fe.ro *adj.* diz-se de terreno em que há diamantes

di.a.man.ti.no *adj.* **1** relativo a diamante **2** semelhante a diamante

di.a.me.tral.men.te *adv.* **1** de um polo ao outro; no sentido do diâmetro **2** em sentido inteiramente diferente, sem qualquer ponto de convergência ⟨*opiniões d. opostas*⟩

di.â.me.tro *s.m.* GEOM linha reta que passa pelo centro de uma circunferência ~ **diametral** *adj.2g.*

di.an.te *adv. desus.* adiante ⊡ **d. de** *loc.prep.* defronte de; perante ⟨*pôs a chave d. do filho*⟩ • **em, para** ou **por d.** *loc.adv.* para a frente ⟨*de hoje em d. não me atrasarei mais*⟩

di.an.tei.ra *s.f.* **1** frente ⟨*a d. do carro*⟩ ↻ traseira **2** primeiro lugar, liderança ⟨*a d. da corrida*⟩

di.an.tei.ro *adj.s.m.* (o) que vai ou está na frente ↻ traseiro

di.a.pa.são [pl.: *-ões*] *s.m.* MÚS **1** pequeno instrumento metálico em forma de U, com um cabo, us. para afinar instrumentos e vozes **2** a nota *lá* fixada por esse instrumento e que constitui o padrão com que se regula a altura absoluta dos sons musicais **3** extensão ou timbre de voz ou instrumento

di.a.po.si.ti.vo *s.m.* imagem positiva em chapa fotográfica transparente que pode ser projetada; *slide*

di.á.ria *s.f.* **1** salário pago por um dia de trabalho **2** ajuda de custo para cobrir despesas de transporte, estadia, alimentação etc. **3** preço pago por dia em hotéis, hospitais etc.

di.a.ri.a.men.te *adv.* **1** todos os dias; cotidianamente ⟨*sai d. às seis da manhã*⟩ **2** a cada dia, por dia ⟨*dose máxima a ingerir d.*⟩

di.á.rio *adj.* **1** que se faz ou acontece todos os dias ■ *s.m.* **2** registro pessoal ou comercial das atividades de cada dia

di.a.ris.ta *adj.2g.s.2g.* **1** que(m) recebe diária ('salário') por seu trabalho **2** (empregado) cujo salário varia de acordo com os dias trabalhados

di.ar.rei.a \éi\ *s.f.* eliminação frequente de fezes líquidas e abundantes ~ **diarreico** *adj.s.m.*

di.ás.po.ra *s.f.* **1** dispersão dos judeus, por todo o mundo, no decorrer dos séculos **2** *p.ext.* dispersão de um povo por perseguição política, religiosa ou étnica

di.ás.to.le *s.f.* movimento de dilatação do coração, caracterizado por relaxamento muscular e enchimento de sangue dos ventrículos ☞ cf. *sístole* ~ **diastólico** *adj.*

di.á.te.se *s.f.* MED predisposição de um indivíduo para determinadas doenças ou afecções

di.a.tô.ni.co *adj.* MÚS que procede de acordo com a sucessão natural dos tons e semitons

di.a.tri.be *s.f.* **1** crítica severa **2** discussão exaltada

di.ca *s.f. infrm.* boa informação; sugestão

dic.ção [pl.: *-ões*] *s.f.* **1** modo de pronunciar palavras, frases, versos etc.; articulação **2** arte de proferir um texto com clareza e entonação adequada ao seu sentido

di.cio.ná.rio *s.m.* listagem, ger. em ordem alfabética, das palavras e expressões de uma língua ou um assunto com seus respectivos significados ou sua equivalência em outro idioma ~ **dicionarista** *adj.2g.s.2g.*

di.cio.na.ri.zar *v.* {mod. 1} *t.d.* **1** registrar em dicionário **2** organizar sob a forma de dicionário ⟨*quer d. o manual de ortografia*⟩ ~ **dicionarização** *s.f.*

di.clo.ro.di.fe.nil.tri.clo.re.ta.no *s.m.* QUÍM substância us. como inseticida que, devido a seu alto nível de toxidez, é controlada em sua aplicação industrial [sigla: *DDT*]

di.co.ti.lé.do.ne *adj.2g.* BOT dicotiledôneo

di.co.ti.le.dô.nea *s.f.* espécime das dicotiledôneas, classe de plantas angiospermas cujo embrião abriga dois cotilédones

di.co.ti.le.dô.neo *adj.* BOT que tem dois cotilédones (diz-se de planta); dicotilédone

di.co.to.mi.a *s.f.* divisão de um conceito em dois grupos ou entidades mutuamente exclusivos ou contraditórios ~ **dicotômico** *adj.* - **dicotomizar** *v.t.d.*

di.croi.co \ói\ *adj.* que reflete certas cores e permite que outras o atravessem (diz-se de espelho) ~ **dicroísmo** *s.m.*

dic.té.rio *s.m.* gracejo

di.da.ta *s.2g.* **1** quem ensina **2** especialista em didática **3** autor de livros de ensino

di.dá.ti.ca *s.f.* **1** técnica de ensinar **2** parte da pedagogia que trata das normas científicas da atividade educativa

di.dá.ti.co *adj.* **1** destinado a instruir ⟨*livro d.*⟩ **2** que facilita a aprendizagem ⟨*recursos d.*⟩

di.é.dri.co *adj.* GEOM relativo a ângulo diedro

di.e.dro *adj.s.m.* GEOM (ângulo) formado pelo encontro de dois planos

di.e.lé.tri.co *adj.s.m.* (substância ou objeto) isolador de eletricidade

di.en.cé.fa.lo *s.m.* região central do cérebro que contém o tálamo e o hipotálamo

di.é.re.se *s.f.* **1** GRAM passagem de ditongo a hiato (p.ex.: *sau-da-de* por *sa-u-da-de*) ☞ cf. *sinérese* **2** GRAM sinal que indica essa passagem; trema ~ **dierético** *adj.*

die.sel \dízel\ *s.m.* combustível derivado de petróleo us. em certos motores, p.ex. de embarcações, locomotivas e caminhões ⊙ GRAM/USO tb. us. como adj.2g.2n.: *óleo diesel*, *motor diesel*

di.et [ing.] *adj.2g.2n.* próprio para dietas com baixo teor de açúcar e gordura; dietético ⇨ pronuncia-se daiet

di.e.ta *s.f.* **1** regime alimentar **2** predomínio, na nutrição, de determinado tipo de alimento ⟨*d. vegetariana*⟩ **3** tipo de alimentação adotado por um indivíduo ou grupo social ▣ **d. zero** *loc.subst.* situação na qual o paciente não deve ingerir nenhuma substância

di.e.té.ti.ca *s.f.* ramo da medicina que estuda as dietas ~ **dietista** *adj.2g.s.2g.*

di.e.té.ti.co *adj.* **1** relativo a dietética ou a dieta **2** próprio de dieta **3** cujo valor calórico é baixo

di.fa.man.te *adj.2g.* que ofende a reputação alheia

di.fa.mar *v.* {mod. 1} *t.d. e pron.* **1** (fazer) perder a boa reputação; desmoralizar(-se) ❑ *t.i.* **2** (prep. *de*) falar mal de; detrair ↄ bendizer ~ **difamação** *s.f.* - **difamador** *adj.s.m.*

di.fa.ma.tó.rio *adj.* cujo objetivo é difamar ↄ enaltecedor

di.fe.ren.ça *s.f.* **1** falta de semelhança, desigualdade ⟨*há d. entre os desenhos*⟩ ⟨*percebe-se uma leve d. na atenção que dá aos filhos*⟩ ↄ igualdade **2** alteração ⟨*d. de atitude na última semana*⟩ ↄ manutenção **3** falta de harmonia; divergência ⟨*d. de opiniões*⟩ ↄ concordância **4** MAT resultado de uma subtração **5** abatimento no preço; desconto

di.fe.ren.çar *v.* {mod. 1} *t.d.,t.d.i. e pron.* diferenciar

di.fe.ren.ci.a.ção [pl.: *-ões*] *s.f.* discriminação, discernimento ↄ indiferenciação

di.fe.ren.ci.ar *v.* {mod. 1} *t.d.,t.d.i. e pron.* **1** (prep. *de*) estabelecer diferença(s) entre ou tornar(-se) diferente; distinguir(-se) ↄ assemelhar(-se), igualar(-se) ❑ *t.d.* **2** perceber distintamente; discriminar, reconhecer ⟨*d. bem as letras*⟩

di.fe.ren.te *adj.2g.* **1** que se distingue; que não é igual nem semelhante ⟨*d. abordagens de um mesmo problema*⟩ ⟨*não se importava em ser d.*⟩ ↄ idêntico **2** raro ⟨*seus cabelos têm uma cor d.*⟩ ↄ comum

di.fe.ri.men.to *s.m.* adiamento, demora ↄ antecipação ☞ cf. *deferimento*

di.fe.rir *v.* {mod. 28} *t.i. e int.* **1** (prep. *de*) ser diferente; distinguir-se ↄ igualar-se, assemelhar-se **2** (prep. *de*) divergir, discordar ↄ concordar ❑ *t.d.* **3** transferir para outra data; adiar ↄ antecipar **4** fazer durar; prolongar ☞ cf. *deferir*

di.fí.cil *adj.2g.* **1** que exige esforço para ser feito; trabalhoso ⟨*tarefa d.*⟩ ↄ simples **2** complicado, incompreensível ⟨*texto d.*⟩ ↄ fácil **3** que oferece risco ⟨*caminho d.*⟩ ↄ tranquilo **4** penoso, triste ⟨*situação d.*⟩ ↄ favorável **5** de convívio desagradável ⟨*pessoa d.*⟩ ↄ sociável **6** pouco provável; duvidoso ⟨*acho d. que ele venha hoje*⟩ ↄ provável **7** que não se deixa seduzir facilmente ⟨*mulher d.*⟩ ↄ atirado ■ *adv.* **8** de modo complicado ⟨*falar d.*⟩ ↄ claro ⊙ GRAM/USO sup.abs.sint.: *dificílimo*

di.fi.cil.men.te *adv.* **1** expressa pouca probabilidade de algo vir a ocorrer ⟨*d. ela virá ao encontro*⟩ **2** com pouca frequência; raramente ⟨*ele d. se atrasa*⟩

di.fi.cul.da.de *s.f.* **1** qualidade do que é difícil ⟨*d. de um trabalho*⟩ ↄ facilidade **2** o que impede; obstáculo ↄ desimpedimento **3** inquietação moral; escrúpulo ⟨*d. para mentir*⟩ ↄ tendência **4** complexidade ⟨*missão sem d.*⟩ ↄ simplicidade **5** situação aflitiva ⟨*está passando grandes d.*⟩

di.fi.cul.tar *v.* {mod. 1} *t.d.,t.d.i. e pron.* **1** (prep. *a*) tornar(-se) difícil, trabalhoso, árduo ↄ facilitar ❑ *t.d.* **2** pôr obstáculo a; estorvar ↄ ajudar, facilitar

di.fi.cul.to.so \ô\ [pl.: *dificultosos* \ó\] *adj.* árduo, difícil ↄ fácil

dif.te.ri.a *s.f.* doença infectocontagiosa que provoca inflamação e formação de placas brancas na mucosa da garganta, do nariz e, às vezes, da traqueia e dos brônquios ~ **diftérico** *adj.*

di.fun.dir *v.* {mod. 24} *t.d. e pron.* **1** espalhar(-se), derretendo ⟨*d. a neve da encosta*⟩ **2** propagar(-se) no sentido centrífugo; irradiar(-se) **3** espalhar(-se) [vapor, odor] **4** *fig.* fazer(-se) amplamente conhecido (ideia, novidade); disseminar(-se)

di.fu.são [pl.: *-ões*] *s.f.* **1** divulgação; propagação **2** TEL transmissão radiofônica **3** ÓPT espalhamento de raios luminosos, p. ex., na reflexão sobre uma superfície rugosa ou na transmissão através de um material translúcido

di.fu.so *adj.* **1** que se espalha por todas as direções ⮌ concentrado **2** cujo contorno não está bem definido ⮌ nítido

di.ge.rir *v.* {mod. 28} *t.d. e int.* **1** realizar a digestão (de) ❑ *t.d. fig.* **2** assimilar, compreender ~ **digerível** *adj.2g.*

di.ges.tão [pl.: *-ões*] *s.f.* **1** transformação dos alimentos em substâncias assimiláveis pelo organismo **2** *fig.* assimilação por esforço intelectual ⟨*livro de fácil d.*⟩

di.ges.ti.vo *adj.* **1** próprio da digestão **2** que facilita ou promove a digestão **3** *fig. joc.* que não exige esforço para ser compreendido; superficial ⟨*romance d.*⟩ ■ *adj.s.m.* **4** (substância) que facilita a digestão ⟨*chá d.*⟩ ⟨*tomou um d. após o jantar*⟩

di.ges.to *s.m.* **1** DIR coleção de obras com decisões dos jurisconsultos romanos ☞ inicial maiúsc. **2** *p.ext.* compilação de regras (esp. jurídicas) **3** pequena publicação que contém resumos e resenhas

di.ges.tó.rio *adj.* **1** que pode digerir **2** próprio do sistema digestivo ⟨*aparelho d.*⟩

di.gi.tal *adj.2g.* **1** relativo a dedos ⟨*impressões d.*⟩ **2** relativo a dígito (algarismo) ⟨*relógio d.*⟩ **3** INF que opera com quantidades numéricas ou informações expressas por algarismos (diz-se de dispositivo, computador) **4** ELETRÔN que se utiliza de um conjunto de dígitos, em vez de ponteiros, ou marcas numa escala, para mostrar informações numéricas ⟨*termômetro d.*⟩ ■ *s.f.* **5** impressão deixada pelos dedos ⟨*encontraram d. no copo*⟩

di.gi.ta.li.zar *v.* {mod. 1} *t.d.* codificar de modo a permitir o processamento por computador e armazenamento em arquivo ~ **digitalização** *s.f.*

di.gi.tar *v.* {mod. 1} *t.d.* **1** pressionar (tecla) com os dedos **2** introduzir (dados) em computador usando o teclado ~ **digitação** *s.f.* - **digitador** *adj.s.m.*

dí.gi.to *s.m.* **1** MAT sinal convencional que representa graficamente os números **2** *frm.* dedo ⊡ **d. binário** *loc.subst.* INF *bit*

di.gla.di.ar *v.* {mod. 1} *int. e pron.* **1** combater-se à espada, corpo a corpo **2** discutir calorosamente; brigar, lutar

dig.nar-se *v.* {mod. 1} *pron.* (prep. *de*) fazer o favor de

dig.ni.da.de *s.f.* **1** consciência do próprio valor; honra ⮌ desonra **2** modo de proceder que inspira respeito; distinção ⟨*agiu com d.*⟩ ⮌ indignidade **3** amor-próprio **4** título, função ou cargo de alta graduação

dig.ni.fi.car *v.* {mod. 1} *t.d. e pron.* **1** tornar(-se) digno; engrandecer(-se), honrar(-se) ⮌ rebaixar(-se) **2** elevar(-se) a uma dignidade ~ **dignificação** *s.f.* - **dignificante** *adj.2g.*

dig.ni.tá.rio *s.m.* quem ocupa um cargo elevado

dig.no *adj.* **1** merecedor ⟨*d. de crédito*⟩ ⮌ indigno **2** conveniente, adequado ⟨*são d. um do outro*⟩ ⮌ inadequado **3** que tem ou revela dignidade; honrado ⟨*comportamento d.*⟩ ⮌ vil

dí.gra.fo *s.m.* grupo de duas letras que representam um único som; digrama (p.ex., ch, lh, ss)

di.gra.ma *s.m.* dígrafo

di.gres.são [pl.: *-ões*] *s.f.* **1** passeio, excursão **2** *p.ext.* desvio do assunto sobre o qual se fala ou escreve ~ **digressionar** *v.int.*

di.gres.si.vo *adj.* que se afasta ou desvia

di.la.ção [pl.: *-ões*] *s.f.* **1** dilatação ('alargamento') **2** adiamento, prorrogação ⮌ antecipação **3** tempo para realizar algo; prazo **4** demora ⮌ presteza ☞ cf. *delação*

di.la.ce.ra.ção [pl.: *-ões*] *s.f.* despedaçamento, dilaceramento

di.la.ce.ran.te *adj.2g.* **1** que dilacera **2** *fig.* que causa dor aguda

di.la.ce.rar *v.* {mod. 1} *t.d.* **1** rasgar com força; despedaçar ❑ *t.d. e pron. fig.* **2** (fazer) sentir aflição; atormentar(-se), mortificar(-se) ~ **dilaceramento** *s.m.*

di.la.pi.dar *v.* {mod. 1} *t.d.* **1** gastar em excesso; esbanjar ⮌ poupar **2** pôr abaixo; destruir, demolir ~ **dilapidação** *s.f.*

di.la.ta.ção [pl.: *-ões*] *s.f.* **1** alargamento, ampliação ⮌ contração **2** *fig.* extensão no tempo; prorrogação ⟨*d. de prazo*⟩ ⮌ antecipação

di.la.tar *v.* {mod. 1} *t.d. e pron.* **1** aumentar o volume ou as dimensões de (um corpo), sem alterar sua natureza **2** *p.ext.* aumentar a capacidade, a abertura de; distender(-se) ⟨*d. as narinas, os pulmões*⟩ ⟨*os ventrículos contraem-se e dilatam-se*⟩ **3** *fig.* tornar(-se) mais amplo; expandir(-se) ⮌ diminuir **4** *fig.* prolongar(-se) no tempo ☞ cf. *delatar* ~ **dilatado** *adj.* - **dilatador** *adj.s.m.*

di.le.ção [pl.: *-ões*] *s.f.* preferência por alguém ou por alguma coisa

di.le.ma *s.m.* problema que apresenta duas soluções igualmente indesejáveis ou desagradáveis ~ **dilemático** *adj.*

di.le.tan.te *adj.2g.s.2g.* que(m) pratica uma arte, ofício etc. como passatempo ⮌ especialista

di.le.tan.tis.mo *s.m.* dedicação a uma arte ou ofício apenas por prazer ⮌ profissionalismo

di.le.to *adj.* preferido

[1]di.li.gên.cia *s.f.* **1** zelo na execução de uma tarefa ⮌ desleixo **2** urgência em fazer algo ⮌ lentidão **3** medida necessária para alcançar um fim; providência **4** investigação ⟨*d. policial*⟩ [ORIGEM: do lat. *diligentĭa,ae* 'cuidado, empenho'] ~ **diligente** *adj.2g.*

[2]di.li.gên.cia *s.f.* grande carruagem para transporte de passageiros, bagagem e malas do correio [ORIGEM: do fr. *diligence* 'id.']

di.li.gen.ci.ar *v.* {mod. 1} *t.d. e t.i.* (prep. *por*) empregar meios para; empenhar-se, esforçar-se

di.lu.en.te *adj.2g.s.m.* (o) que dilui

di.lu.ir *v.* {mod. 26} *t.d. e pron.* **1** misturar(-se) com líquido (ger. água), para reduzir a concentração; dissolver(-se) **2** *fig.* (fazer) perder a força; enfraquecer ⮌ fortalecer ~ **diluição** *s.f.*

di.lu.vi.al *adj.2g.* diluviano

di.lu.vi.a.no *adj.* **1** que remonta ao dilúvio universal **2** *fig.* copioso, abundante

di.lú.vio *s.m.* 1 REL inundação de toda a superfície terrestre 2 *p.ext.* inundação 3 *p.ext.* chuva abundante e demorada

di.men.são [pl.: *-ões*] *s.f.* 1 extensão mensurável que determina o espaço ocupado por um corpo em largura, altura, comprimento ou profundidade; tamanho, proporção 2 *fig.* importância, valor ⟨*a d. de um projeto, de um ato*⟩ 3 *fig.* aspecto significativo de um pensamento, obra etc. ⟨*a d. da literatura de Machado de Assis*⟩

di.men.sio.nal *adj.2g.* 1 relativo a dimensão ou às dimensões 2 que apresenta dimensão (diz-se de grandeza física) ~ **dimensionalidade** *s.f.*

di.men.sio.nar *v.* {mod. 1} *t.d.* 1 calcular ou estabelecer as dimensões de 2 atribuir certa importância a ⟨*d. um setor, um organismo*⟩ ~ **dimensionamento** *s.m.*

dí.mer [pl.: *dímeres*] *s.m.* dispositivo que controla a intensidade da iluminação

di.mi.nu.en.do *s.m.* 1 MAT número de que se subtrai outro ☞ cf. *subtraendo* 2 MÚS diminuição gradativa da intensidade do som ou da voz ☞ cf. *crescendo*

di.mi.nu.i.ção [pl.: *-ões*] *s.f.* 1 redução em quantidade, tamanho, grau, extensão 2 declínio do mérito ou da reputação; depreciação 3 MAT subtração

di.mi.nu.ir *v.* {mod. 26} *t.d.* e *int.* 1 reduzir(-se) a uma quantidade, dimensão ou intensidade menor ⊃ aumentar ❑ *t.d.* 2 tornar breve; encurtar ⊃ estender ❑ *t.d.* e *pron.* 3 reduzir (o mérito, o valor) [de]; depreciar(-se) ⊃ valorizar(-se) ❑ *t.d.* e *t.d.i.* 4 (prep. *de*) tirar (número, parcela) de; subtrair

di.mi.nu.ti.vo *adj.s.m.* 1 (o) que diminui 2 (sufixo) que traz ideia de pequenez ■ *s.m.* 3 palavra à qual se acrescentou o sufixo diminutivo, p.ex., *casinha*, *gatinho*

di.mi.nu.to *adj.* 1 muito pequeno; mínimo ⊃ enorme 2 em pouca quantidade ⊃ farto

di.na.mar.quês *s.m.* 1 natural ou habitante da Dinamarca (Europa) 2 língua oficial desse país 3 raça de cães de grande porte, de pelagem em uma só cor (ruivo, cinza ou negro) ou branca com manchas negras 4 cão dessa raça ■ *adj.* 5 pertencente ou relativo a esse país, indivíduo, língua ou povo 6 relativo a essa raça de cães ou a esse cão

di.nâ.mi.ca *s.f.* 1 FÍS estudo dos movimentos dos corpos e da ação das forças que produzem ou modificam esses movimentos 2 *p.ext.* movimento interno que estimula e faz com que algo evolua ⟨*a d. das relações humanas*⟩ 3 MÚS graduação dos níveis de intensidade dos sons na execução de uma peça musical

di.nâ.mi.co *adj.* 1 FÍS relativo ao movimento e às forças ⟨*tensão d.*⟩ ☞ cf. *estático* 2 que se modifica continuamente, que evolui ⟨*pensamento d.*⟩ 3 *fig.* ativo, ágil ⟨*aula d.*⟩ ⊃ monótono

di.na.mis.mo *s.m.* 1 energia, vitalidade ⊃ fraqueza 2 *fig.* espírito empreendedor ⊃ passividade

di.na.mi.te *s.f.* explosivo à base de nitroglicerina ~ **dinamitar** *v.t.d.*

di.na.mi.zar *v.* {mod. 1} *t.d.* tornar dinâmico, ativo, ágil ⟨*d. um processo de seleção*⟩ ⟨*d. a indústria*⟩ ~ **dinamização** *s.f.*

dí.na.mo *s.m.* 1 máquina que converte energia mecânica em elétrica; gerador 2 *fig.* o que impulsiona o progresso

di.na.mo.me.tri.a *s.f.* medição realizada com dinamômetro

di.na.mo.mé.tri.co *adj.* relativo a dinamometria e a dinamômetro

di.na.mô.me.tro *s.m.* 1 FÍS instrumento para medir forças mecânicas mediante emprego de resistência 2 MED instrumento para medir força muscular

di.nas.ti.a *s.f.* 1 série de reis ou soberanos de uma mesma família 2 *p.ext.* sucessão de herdeiros e continuadores ⟨*d. de violinistas*⟩

di.nhei.ro *s.m.* 1 moeda ou cédula us. para comprar bens, serviços etc. 2 *p.ext.* fortuna, riqueza ⊡ **d. vivo** *loc.subst.* dinheiro em moedas de metal ou em papel-moeda; dinheiro à vista, dinheiro em espécie ⟨*só aceitamos pagamento em d. vivo*⟩

di.nos.sau.ro *s.m.* 1 nome comum a diversos répteis extintos, bípedes ou quadrúpedes, que habitaram a Terra no período mesozoico 2 *fig. pej.* o que é ultrapassado

di.o.ce.sa.no *adj.* 1 que pertence a uma diocese ■ *s.m.* 2 quem habita uma diocese 3 quem é fiel a uma diocese ou a seu bispo

di.o.ce.se *s.f.* região sob a autoridade de um bispo ou arcebispo

di.o.do *s.m.* díodo

dí.o.do *s.m.* válvula ou dispositivo semicondutor que transforma a corrente elétrica alternada em contínua

di.o.ni.sí.a.co *adj.* 1 relativo a Dionísio ☞ cf. *Dionísio* na parte enciclopédica 2 *fig.* instintivo, espontâneo 3 *p.ext.* vibrante, criativo

di.ó.xi.do \cs\ *s.m.* QUÍM composto que contém dois átomos de oxigênio; bióxido ⊡ **d. de carbono** *loc.subst.* gás carbônico

di.plo.ma *s.m.* 1 documento de final de curso 2 documento que confere honraria, mérito etc. ~ **diplomar** *v.t.d.* e *pron.*

di.plo.ma.ci.a *s.f.* 1 ciência, arte e prática das relações internacionais entre os Estados 2 *p.ext.* habilidade para negociar ou tratar outras pessoas 3 a classe de diplomatas de um país 4 a carreira diplomática

di.plo.ma.ta *s.2g.* 1 indivíduo que tem por profissão a diplomacia 2 representante oficial de um país junto ao governo de outro 3 funcionário do serviço diplomático de um país 4 *fig.* indivíduo habilidoso para lidar com pessoas e resolver situações difíceis

di.plo.má.ti.co *adj.* 1 relativo a diplomata ou a diplomacia 2 relativo a diploma 3 *fig.* habilidoso para lidar com pessoas e resolver situações difíceis ⟨*o diretor foi d. e reconciliou os desafetos*⟩ 4 *fig.* que mantém atitude prudente e reservada; discreto

dip.so.ma.ni.a *s.f.* necessidade incontrolável de ingerir bebida alcoólica

díp.te.ro *s.m.* 1 espécime dos dípteros, ordem de insetos de ampla distribuição mundial, conhecidos por moscas, mosquitos e mutucas ■ *adj.* 2 relativo a essa ordem e a esses espécimes 3 que possui duas asas

di.que *s.m.* barragem

di.re.ção [pl.: *-ões*] *s.f.* 1 comando, liderança 2 *fig.* conjunto de esforços com o objetivo de formação, orientação ⟨*a d. moral dos alunos*⟩ 3 condução do trabalho de atores em filme, peça teatral, *show*, programa etc. 4 sentido; rumo ⟨*a casa fica na d. de Magé*⟩ 5 condução de veículo ⟨*aulas de d.*⟩ 6 AUTOM peça, ger. circular, us. para dar rumo a um veículo; volante, guidão

di.re.cio.nal *adj.2g.* 1 que indica direção ('sentido') 2 que pode ser orientado, dirigido ⟨*antena d.*⟩

di.re.cio.nar *v.* {mod. 1} *t.d.* 1 dar rumo, orientação a; dirigir, encaminhar 2 dirigir para ponto ou alvo; apontar ⟨*d. a luz para o quadro*⟩ ☞ *para o quadro* é circunstância que funciona como complemento ~ **direcionamento** *s.m.* - **direcionável** *adj.2g.*

di.rei.ta *s.f.* 1 a mão direita ⊃ canhota 2 *p.ext.* o lado direito ⟨*os carros vêm da d.*⟩ ⊃ esquerda 3 conjunto dos partidos políticos conservadores ⊃ esquerda 4 conjunto de indivíduos ou instituições que apoia tais partidos ⊃ esquerda

di.rei.tis.ta *adj.2g.s.2g.* 1 conservador, reacionário ⊃ progressista 2 que(m) é militante político de direita ⊃ esquerdista ⊙ COL direita

di.rei.to *adj.* 1 do lado do corpo humano oposto ao do coração 2 justo, honesto ⊃ desonesto 3 de comportamento irrepreensível 4 sem erros ⊃ incorreto 5 com aparência adequada ⟨*meu cabelo está d.?*⟩ 6 empertigado, ereto ■ *s.m.* 7 o que é permitido a um indivíduo ou a um grupo por leis ou costumes ⟨*d. de ir e vir*⟩ ⟨*d. de sair com quem quiser*⟩ 8 poder legítimo ⟨*o guarda tem d. de multar o infrator*⟩ ⟨*o professor tem d. de retirar o aluno de sala*⟩ 9 privilégio, regalia 10 o lado feito para ser visto de um tecido ou de qualquer material de revestimento ⟨*o d. da tábua, do couro*⟩ ⊃ avesso 11 conjunto das ciências jurídicas e sociais ☞ inicial freq. maiúsc. 12 curso superior dessas ciências ☞ inicial freq. maiúsc. ■ *adv.* 13 bem, adequadamente ⟨*não atendem d. nesse bar*⟩ 14 com educação ⟨*fale d. com as visitas*⟩ 15 segundo os princípios da moral; honestamente 16 com boa postura ⟨*sente-se d.*⟩ ⊡ **d. autoral** *loc.subst.* DIR direito exclusivo do autor de reproduzir, vender e imprimir sua obra • **d. civil** *loc.subst.* DIR conjunto de leis que rege as relações de ordem privada entre os indivíduos • **d. de resposta** *loc.subst.* DIR direito do ofendido responder à ofensa no mesmo veículo e com as mesmas condições us. pelo ofensor • **d. penal** *loc.subst.* DIR parte do direito que define os crimes e estabelece as penalidades

diretamente *adv.* 1 em linha reta ⟨*o fio de prumo desce d. até este ponto*⟩ 2 sem desvio nem parada ⟨*mandei-a vir d. para cá*⟩ 3 sem mediação; sem intermediários ⟨*fale d. comigo*⟩ ⟨*o colesterol alto está d. ligado à aterosclerose*⟩

di.re.ti.va *s.f.* 1 instrução ou conjunto de instruções para a execução de um plano, uma ação etc. 2 norma de procedimento

di.re.ti.vo *adj.* que dá direção, orienta ⟨*plano d.*⟩

di.re.to *adj.* 1 em linha reta 2 sem escalas entre o local de partida e o de chegada ⟨*voo d.*⟩ 3 sem intermediários ⟨*ligação d.*⟩ 4 franco, sem rodeios ⟨*é uma pessoa d.*⟩ ■ *adv.* 5 diretamente, sem parada nem desvio ⟨*veio d. para casa*⟩ ■ *s.m.* 6 DESP nas lutas de boxe, soco violento que é dado estendendo-se o braço para a frente 7 *p.ext. infrm.* murro frontal

di.re.tor \ô\ *adj.s.m.* 1 dirigente, chefe 2 (o) que orienta ⟨*plano d.*⟩ 3 que(m) dirige um espetáculo (peça de teatro, filme etc.)

di.re.to.ri.a *s.f.* 1 equipe que dirige uma instituição 2 cargo de diretor 3 gestão de determinado diretor

di.re.tó.rio *s.m.* 1 grupo de pessoas que dirige um partido, uma associação etc. 2 INF subdivisão de um disco ou de outro meio de armazenamento capaz de conter arquivos 3 INF a lista desses arquivos

di.re.triz *s.f.* 1 linha que determina o traçado de uma estrada 2 *fig.* esboço de um plano, projeto etc.; orientação, diretiva ⟨*traçou a d. de sua administração*⟩ 3 *fig.* norma de procedimento; conduta

di.ri.gen.te *adj.2g.s.2g.* que(m) dirige; governante

di.ri.gir *v.* {mod. 24} *t.d.* 1 administrar, governar (instituição, cidade etc.) 2 planejar e coordenar a execução de; conduzir 3 fazer a direção de (filme, peça etc.) ❑ *t.d.i.* 4 (prep. *a*) enviar, encaminhar (pedido, sugestão etc.) a ⟨*d. a queixa à secretaria*⟩ ❑ *t.d. e pron.* 5 (fazer) tomar certo rumo; encaminhar(-se) ❑ *t.d. e int.* 6 comandar (veículo), fazendo-o tomar certo rumo; guiar ❑ *pron.* 7 (prep. *a*) falar, comunicar-se com

di.ri.gí.vel *adj.2g.* 1 que pode ser dirigido ⊃ indirigível ■ *s.m.* 2 aeronave mais leve que o ar, ger. um balão em forma de elipse, inflada com gás hélio ou hidrogênio, com hélices e leme; balão dirigível ~ **dirigibilidade** *s.f.*

di.ri.mir *v.* {mod. 24} *t.d.* 1 impedir totalmente; obstruir ⊃ desimpedir 2 tornar nulo; extinguir, suprimir 3 alcançar a solução de; resolver, decidir ~ **dirimente** *adj.2g.*

[1]dis– *pref.* 1 'ação contrária': *discordar* 2 'movimento para várias direções': *distender* [ORIGEM: do lat. *dis-* (us. apenas como primeiro termo de derivados)]

[2]dis– *pref.* 'dificuldade': *dispneia* [ORIGEM: do gr. *dús-*]

dis.ca.gem *s.f.* ação de discar ⊡ **d. direta a cobrar** *loc.subst.* chamada para um aparelho particular, que virá cobrada na conta deste último [sigla: *DDC*] • **d. direta a distância** *loc.subst.* chamada interurbana de um aparelho a outro, sem auxílio da telefonista [sigla: *DDD*] • **d. direta internacional** *loc.subst.* chamada de um aparelho localizado num país a outro aparelho de outro país, sem auxílio da telefonista [sigla: *DDI*]

dis.cal.cu.li.a *s.f.* dificuldade para aprender a efetuar cálculos matemáticos

dis.car *v.* {mod. 1} *t.d. e int.* selecionar (número telefônico), girando o disco ou pressionando o teclado de telefone

dis.cên.cia *s.f.* **1** ação de aprender **2** estado do que é discente ⊃ docência

dis.cen.te *adj.2g.* que estuda; estudantil ⊃ docente

dis.cer.ni.men.to *s.m.* **1** capacidade de separar o certo do errado **2** juízo, tino ⟨*tem grande d. para gerir a empresa*⟩ **3** conhecimento, entendimento ⊃ ignorância

dis.cer.nir *v.* {mod. 28} *t.d. e t.d.i.* **1** (prep. *de*) perceber claramente; distinguir, diferenciar ⊃ confundir ❑ *t.d.* **2** compreender, entender ⟨*d. as consequências de um ato*⟩ ❑ *t.d. e int.* **3** julgar, avaliar ~ **discernível** *adj.2g.*

dis.ci.for.me *adj.2g.* discoide

dis.ci.pli.na *s.f.* **1** obediência às regras e aos superiores ⟨*d. militar*⟩ ⊃ indisciplina **2** ordem, bom comportamento ⟨*a falta de d. da turma já era conhecida*⟩ ⊃ bagunça **3** método, regularidade ⊃ inconstância **4** ramo do conhecimento; matéria

dis.ci.pli.na.do *adj.* **1** obediente, ordeiro ⊃ indisciplinado **2** metódico ⊃ desorganizado

[1]**dis.ci.pli.nar** *v.* {mod. 1} *t.d. e pron.* **1** submeter(-se) à disciplina ❑ *t.d. p.ext.* **2** domar, controlar ⟨*d. os instintos*⟩ ⊃ liberar **3** impor castigos a; punir [ORIGEM: do lat *disciplināre* 'ensinar, formar']

[2]**dis.ci.pli.nar** *adj.2g.* **1** relativo a disciplina ('ordem') **2** que promove disciplina, que pune ⟨*medidas d.*⟩ **3** referente a disciplina ('matéria') ⟨*conteúdo d.*⟩ [ORIGEM: do lat. *disciplināris,e* 'relativo a disciplina, metódico']

dis.cí.pu.lo *s.m.* **1** aprendiz, aluno **2** aluno disposto a continuar o trabalho de seu mestre **3** seguidor de ideia, ideal etc. **4** REL cada um dos apóstolos seguidores de Jesus ~ **discipular** *adj.2g.*

disc jockey [ing.; pl.: *disc jockeys*] *loc.subst.* discotecário ⇨ pronuncia-se **disk jóquei**

dis.co *s.m.* **1** peça circular que os atletas arremessam em competições esportivas **2** *p.ext.* objeto redondo e chato **3** placa circular com material sonoro gravado **4** em informática, dispositivo magnetizado us. para armazenar dados ⊡ **d. compacto** *loc.subst.* disco óptico em que se gravam música, imagens ou dados digitalmente • **d. óptico** *loc.subst.* disco em que dados digitais são armazenados e lidos por *laser* • **d. rígido** *loc.subst.* INF unidade magnética fixa de armazenamento de dados no interior de um computador • **d. voador** *loc.subst.* nome popular para designar um objeto voador não identificado

dis.coi.de \ói\ *adj.2g.* que tem a forma plana e circular de um disco; disciforme

dis.cor.dân.cia *s.f.* **1** diferença de opiniões; divergência ⟨*eram amigos, apesar das d.*⟩ ⊃ concordância **2** falta de harmonia ⟨*d. de cores*⟩ ⊃ equilíbrio **3** ausência de homogeneidade e ordem; variedade ⟨*há muita d. na natureza*⟩ ⊃ uniformidade

dis.cor.dar *v.* {mod. 1} *t.i.* **1** (prep. *de*) ter opinião contrária à de (alguém); divergir ⊃ concordar **2** (prep. *de*) ser incompatível, inadequado; destoar ⊃ combinar ~ **discordante** *adj.2g.s.2g.*

dis.cor.de *adj.2g.* **1** que discorda; divergente ⟨*opinião d. das demais*⟩ ⊃ concordante **2** que não combina; desproporcionado ⊃ conforme **3** dissonante, desafinado ⟨*som d.*⟩ ⊃ afinado

dis.cór.dia *s.f.* **1** falta de acordo; desacordo ⊃ concordância **2** desentendimento, desavença ⊃ entendimento **3** guerra, luta ⊃ paz

dis.cor.rer *v.* {mod. 8} *int.* expor pensamentos, ideias (sobre um tema); falar, discursar ⟨*d. sobre educação*⟩ ☞ *sobre educação* é circunstância que funciona como complemento

dis.co.te.ca *s.f.* **1** coleção de discos **2** local onde se guarda essa coleção **3** local, ger. fechado, onde jovens se reúnem para dançar

dis.co.te.cá.rio *s.m. B* responsável pela seleção das músicas executadas em discotecas, boates etc.; *disc jockey*

dis.cre.pân.cia *s.f.* **1** desigualdade, diferença ⟨*d. nas contas apresentadas*⟩ ⊃ igualdade **2** falta de acordo; discordância ⟨*d. de opiniões*⟩ ⊃ concordância ~ **discrepante** *adj.2g.*

dis.cre.par *v.* {mod. 1} *t.i.* **1** (prep. *de*) ser diferente; diferir ⊃ assemelhar-se **2** (prep. *de*) estar em discordância; divergir ⊃ concordar

dis.cre.to *adj.* **1** reservado, modesto ⟨*funcionário d.*⟩ ⊃ extrovertido **2** que não chama a atenção; comedido ⟨*vestido d.*⟩ ⊃ chamativo **3** que não revela fatos ou segredos de outros ⊃ indiscreto **4** que não se intromete ⊃ intrometido **5** de pouca intensidade ⟨*febre d.*⟩ ⊃ forte **6** pequeno ⟨*mancha d.*⟩ ⊃ grande

dis.cri.ção [pl.: *-ões*] *s.f.* qualidade de discreto ☞ cf. *descrição*

dis.cri.cio.ná.rio *adj.* **1** relativo a discrição **2** livre de condições; ilimitado ⊃ limitado

dis.cri.mi.na.ção [pl.: *-ões*] *s.f.* **1** faculdade de distinguir; diferenciação ⊃ confusão **2** ação de separar, pôr à parte, ou o seu efeito ⟨*os negros sofrem d.*⟩ ☞ cf. *descriminação*

dis.cri.mi.nar *v.* {mod. 1} *t.d.,t.i. e t.d.i.* **1** (prep. *de, entre*) perceber diferenças entre; distinguir ❑ *t.d.* **2** pôr à parte; especificar, classificar ⟨*d. os artigos em falta*⟩ **3** tratar mal ou de modo injusto um indivíduo ou grupo de indivíduos por característica étnica, cultural, religiosa etc. ☞ cf. *descriminar* ~ **discriminador** *adj.s.m.*

dis.cri.mi.na.ti.vo *adj.* **1** que classifica; discriminatório ⟨*método d.*⟩ **2** que trata mal; discriminatório ⟨*atitude d.*⟩

dis.cri.mi.na.tó.rio *adj.* discriminativo

dis.cur.sar *v.* {mod. 1} *int.* fazer discurso (sobre um tema, assunto); discorrer, falar ⟨*d. sobre o amor*⟩ ☞ *sobre o amor* é circunstância que funciona como complemento

dis.cur.sei.ra *s.f.* **1** discurso longo e monótono **2** série longa de discursos **3** falação, verborragia
dis.cur.so *s.m.* **1** mensagem proferida em público ⟨*d. de um presidente*⟩ **2** exposição metódica sobre um assunto ⟨*fez um longo d. sobre a guerra*⟩ **3** conjunto de enunciados que caracterizam o modo de agir ou de pensar de alguém ou de um grupo específico ⟨*d. psicanalítico, emotivo*⟩ **4** GRAM enunciado oral ou escrito em que se supõe um locutor e um interlocutor
dis.cus.são [pl.: *-ões*] *s.f.* **1** debate em que cada participante defende pontos de vista opostos **2** desentendimento, briga ⟨*a conversa acabou em d.*⟩ ⮌ conciliação
dis.cu.tir *v.* {mod. 24} *t.d. e t.d.i.* **1** (prep. *com*) examinar, analisar em detalhes questionando prós e contras (de); debater ⟨*d. as normas*⟩ ⟨*d. o projeto com a equipe*⟩ ❑ *t.d.* **2** pôr em dúvida; contestar ⟨*d. o mérito de um ato*⟩ **3** entrar em entendimento sobre; acertar ❑ *t.i. e int.* **4** (prep. *com*) brigar verbalmente; desentender-se ⟨*d. com o marido*⟩ ⟨*eles discutem muito*⟩
dis.cu.tí.vel *adj.2g.* **1** que pode ser discutido ⟨*tudo é d., nada está decidido*⟩ **2** contestável, duvidoso ⟨*provas d.*⟩ ⮌ irrefutável
di.sen.te.ri.a *s.f.* infecção caracterizada por defecações intensas contendo muco e sangue e acompanhadas de cólica intestinal ~ **disentérico** *adj.s.m.*
dis.far.çar *v.* {mod. 1} *t.d.* **1** tornar menos ou nada visível; encobrir ⮌ mostrar **2** não demonstrar; dissimular ⮌ expor **3** alterar (voz, maneiras etc.) para não ser reconhecido ❑ *t.d.pred. e pron.* **4** (prep. *de*) vestir(-se) de modo diferente para passar por outra pessoa; fantasiar(-se) ~ **disfarçável** *adj.2g.*
dis.far.ce *s.m.* **1** algo us. para disfarçar(-se); fantasia, máscara **2** *fig.* dissimulação, fingimento
dis.for.me *adj.2g.* **1** que foge a um padrão; irregular ⮌ padronizado **2** sem forma; feio, grotesco ⮌ belo
dis.fun.ção [pl.: *-ões*] *s.f.* MED distúrbio da função de um órgão
dis.jun.ção [pl.: *-ões*] *s.f.* separação, desunião ⮌ união
dis.jun.gir *v.* {mod. 24} *t.d.* **1** soltar (animal) de jugo ⮌ jungir **2** *p.ext.* desunir, separar ⮌ unir, juntar
dis.jun.tor \ô\ *adj.s.m.* que ou o que se desliga automaticamente quando a corrente elétrica atinge uma determinada intensidade (diz-se de interruptor)
dis.la.li.a *s.f.* distúrbio da articulação de palavras devido a lesão de algum dos órgãos fonadores
dis.la.te *s.m.* afirmação tola; asneira
dís.par *adj.2g.* desigual, diferente ⮌ igual
dis.pa.ra.da *s.f.* *B* **1** dispersão do gado, rápida e em todas as direções **2** corrida desabalada
dis.pa.rar *v.* {mod. 1} *t.d.* **1** fazer ir longe; arremessar, lançar ❑ *t.d. e int.* **2** acionar o gatilho de (arma de fogo); atirar **3** dar (tiros) **4** *fig.* emitir ou soar com força e de repente ❑ *int.* **5** correr desenfreadamente; desabalar **6** aumentar muito e rapidamente (esp. preço, tarifa)
dis.pa.ra.tar *v.* {mod. 1} *int.* praticar ou dizer disparates, absurdos; desatinar
dis.pa.ra.te *s.m.* **1** dito ou ação ilógica, absurda; despropósito **2** *B infrm.* quantidade grande ⟨*fez um d. de comida*⟩ ~ **disparatado** *adj.*
dis.pa.ri.da.de *s.f.* **1** desigualdade, diferença ⟨*grande d. nas respostas*⟩ **2** dito insensato; despropósito
dis.pa.ro *s.m.* **1** explosão de arma de fogo; tiro **2** ruído dessa explosão; estampido
dis.pên.dio *s.m.* **1** aquilo que se gasta; gasto, despesa ⮌ economia **2** *p.ext.* gasto excessivo; prejuízo ⮌ lucro
dis.pen.di.o.so \ô\ [pl.: *dispendiosos* \ó\] *adj.* **1** que dá despesa; caro ⟨*hábitos d.*⟩ **2** que consome muito (p.ex., energia) ⟨*aquecedor d.*⟩ ⮌ econômico
dis.pen.sa *s.f.* **1** permissão para não executar um trabalho ⟨*d. das aulas*⟩ **2** documento em que se pede ou se concede essa permissão **3** *B* fim do contrato de trabalho por parte do empregador; demissão ⮌ admissão ☞ cf. *despensa*
dis.pen.sar *v.* {mod. 1} *t.d.* **1** não necessitar de; prescindir ⮌ precisar **2** abrir mão de; recusar ⮌ aceitar **3** mandar embora; demitir ⮌ admitir ❑ *t.d.,t.d.i. e pron.* **4** (prep. *de*) desobrigar(-se) de; isentar(-se), liberar(-se) ❑ *t.d.i.* **5** (prep. *a*) conceder, conferir, dar
dis.pen.sá.rio *s.m.* instituição beneficente que atende doentes pobres
dis.pen.sá.vel *adj.2g.* **1** que não faz falta ⟨*alimento d.*⟩ ⮌ indispensável **2** *p.ext.* desnecessário, inútil ⟨*críticas d.*⟩ ⮌ adequado
dis.pep.si.a *s.f.* MED sensação de desconforto digestivo, que ocorre após as refeições ~ **dispéptico** *adj.s.m.*
dis.per.sar *v.* {mod. 1} *t.d.,int. e pron.* **1** (fazer) ir para diferentes lados; espalhar(-se) ⮌ concentrar(-se) **2** (fazer) desaparecer; dissipar(-se) ❑ *t.d. e pron. fig.* **3** (fazer) mudar direção (a atenção); distrair(-se) ⮌ concentrar(-se) ⊙ GRAM/USO part.: *dispersado, disperso* ~ **dispersão** *s.f.* - **dispersivo** *adj.*
dis.per.so *adj.* **1** que se espalhou; separado ⟨*partículas d. em um líquido*⟩ ⮌ concentrado **2** em fuga para várias partes; debandado ⟨*gado d.*⟩ ⮌ reunido **3** fora de ordem; desarrumado ⟨*objetos d. no quarto*⟩ ⮌ arrumado **4** que se dispersa facilmente; desatento ⮌ concentrado ⊙ GRAM/USO part. de *dispersar*
dis.pla.si.a *s.f.* MED distúrbio no desenvolvimento de um órgão ou tecido, que leva a uma malformação ou a uma disfunção
dis.pli.cên.cia *s.f.* **1** *B* característica de quem é ou está desatento; omissão, desinteresse ⟨*houve d. no atendimento*⟩ ⮌ empenho **2** característica do que é ou está entediado; aborrecimento ⮌ satisfação **3** *B* descuido no modo de vestir, de ser; desleixo, desmazelo ⮌ esmero ~ **displicente** *adj.2g.s.m.*
disp.nei.a \éi\ *s.f.* MED dificuldade de respirar, ger. associada a doença cardíaca ou pulmonar ~ **dispneico** *adj.*
dis.po.ni.bi.li.da.de *s.f.* **1** qualidade daquilo que pode ser us. quando e como se quiser **2** predisposição para receber (influências externas, conselhos etc.) ou para fazer algo ⟨*d. de diálogo*⟩ **3** condição do

funcionário público, juiz etc., que está afastado do trabalho temporariamente, sem perder direitos

dis.po.ni.bi.li.zar *v.* {mod. 1} *t.d.* tornar disponível, de fácil acesso; liberar ⟨*d. recursos*⟩

dis.po.ní.vel *adj.2g.* **1** de que é possível dispor ⟨*dinheiro d.*⟩ ⮌ indisponível **2** que não está ocupado; livre, desimpedido ⟨*tempo, lugar d.*⟩ ⮌ indisponível

dis.por *v.* {mod. 23} *t.d.* **1** colocar numa certa ordem; arrumar ⟨*d. os livros em ordem alfabética*⟩ **2** distribuir lugares, aposentos a; acomodar **3** ajeitar, arrumar ⟨*d. os livros na estante*⟩ ⮌ desarrumar ❑ *t.d.i.* **4** (prep. *em*) dar certa estrutura; distribuir ⟨*d. a tese em capítulos*⟩ **5** (prep. *com*) harmonizar, combinar ❑ *t.i.* **6** (prep. *de*) ter como parte constituinte ou anexa ⟨*d. de salas de informática*⟩ **7** (prep. *de*) ser dono de; possuir ⟨*d. de tempo*⟩ **8** (prep. *de*) fazer uso de; utilizar ⟨*pode d. do livro quando quiser*⟩ **9** (prep. *de*) ter controle sobre; dominar **10** (prep. *de*) abrir mão de; desfazer-se ❑ *pron.* **11** (prep. *a*) tomar resolução; decidir-se ⟨*d.-se a partir*⟩ **12** (prep. *a*) preparar-se, predispor-se ⟨*o júri dispôs-se a condenar o réu*⟩ **13** (prep. *a*) pôr-se ao serviço de; dedicar-se ⟨*d.-se a Deus*⟩ ■ *s.m.* **14** prontidão para servir, ajudar; disposição ⟨*estou a seu dispor*⟩ ⊙ GRAM/USO part.: *disposto*

dis.po.si.ção [pl.: *-ões*] *s.f.* **1** distribuição, arranjo de elementos ⟨*d. de móveis*⟩ **2** estado de espírito ou de saúde **3** *p.ext.* vontade, animação ⟨*d. para sair*⟩ ⮌ desanimação **4** tendência de pessoa para uma atividade; inclinação ⟨*d. para a música*⟩ **5** DIR preceito legal; determinação **6** DIR cada uma das cláusulas de um contrato

dis.po.si.ti.vo *adj.* **1** que contém uma disposição, uma ordem, uma prescrição ■ *s.m.* **2** norma, preceito ⟨*os d. da lei*⟩ **3** em máquinas, peça ou mecanismo com função especial **4** mecanismo construído com determinado fim; engenho ⟨*d. que fecha o portão*⟩ **5** *fig.* conjunto de ações planejadas e coordenadas visando a algo ⟨*d. de prevenção do crime*⟩ ⊡ **d. intrauterino** *loc.subst.* pequena peça introduzida no útero com fins contraceptivos [sigla: *DIU*]

dis.pos.to \ô\ [pl.: *dispostos* \ó\] *adj.* **1** colocado de certo modo ⟨*tijolos d. em pilhas*⟩ **2** preparado, organizado ⟨*mesa d. para a festa*⟩ **3** com propensão para algo; inclinado ⟨*ser d. a valentias*⟩ ⮌ avesso **4** *B* em bom estado de saúde física e psíquica; animado ⮌ desanimado **5** *B* que não tem medo; arrojado, valente ⮌ covarde ■ *s.m.* **6** aquilo que foi decidido e está redigido em algum regulamento, código etc.; norma ⟨*segundo o d. no artigo 13*⟩

dis.pró.sio *s.m.* elemento químico us. em aparelhos de TV e reatores nucleares [símb.: *Dy*] ☞ cf. *tabela periódica* (no fim do dicionário)

dis.pu.ta *s.f.* **1** discussão, debate **2** briga, rixa **3** luta por algo desejado por várias pessoas; competição ⟨*d. final do vôlei*⟩ ~ **disputante** *adj.2g.s.2g* - **disputativo** *adj.*

dis.pu.tar *v.* {mod. 1} *t.d. e t.d.i.* (prep. *com*) esforçar-se para obter (algo desejado por outro); competir

dis.que.te *s.m.* em informática, disco flexível us. para armazenar dados

dis.rit.mi.a *s.f.* MED qualquer ritmo corporal anormal ⟨*d. cerebral*⟩ ⮌ eurritmia ~ **disrítmico** *adj.s.m.*

dis.sa.bor \ô\ *s.m.* **1** sentimento de tristeza e infelicidade; aflição, desgosto ⮌ felicidade **2** contrariedade, aborrecimento ⟨*d. de ter vizinhos barulhentos*⟩ ⮌ alegria **3** falta de sabor ⮌ sabor

dis.se.ca.ção [pl.: *-ões*] *s.f.* **1** ANAT isolamento, com o uso de instrumento cirúrgico, dos elementos anatômicos de um ser vivo ou de um cadáver; dissecção ⟨*d. de uma rã*⟩ **2** *fig.* análise minuciosa de algo ☞ cf. *dessecação*

dis.se.car *v.* {mod. 1} *t.d.* **1** ANAT realizar dissecação em (ser vivo) **2** *fig.* examinar em detalhes; esmiuçar ☞ cf. *dessecar*

dis.sec.ção [pl.: *-ões*] *s.f.* ANAT dissecação ('isolamento')

dis.se.mi.na.ção [pl.: *-ões*] *s.f.* **1** espalhamento, dispersão ⟨*d. de sementes*⟩ **2** *fig.* propagação, divulgação ⟨*d. de novas ideias*⟩

dis.se.mi.nar *v.* {mod. 1} *t.d. e pron.* **1** (fazer) deslocar-se em várias direções; espalhar(-se) ⮌ concentrar(-se) **2** *fig.* tornar(-se) muito conhecido; difundir(-se)

dis.sen.são [pl.: *-ões*] *s.f.* **1** falta de concordância sobre algo; divergência ⟨*eram amigos, apesar das d.*⟩ ⮌ concordância **2** conflito, desavença ⮌ acordo **3** *fig.* oposição, discrepância ⮌ igualdade

dis.sen.tir *v.* {mod. 28} *t.i.* **1** (prep. *de*) estar em divergência com; discordar ⮌ concordar **2** (prep. *de*) não estar de acordo, adequado com; destoar ⮌ combinar

dis.ser.ta.ção [pl.: *-ões*] *s.f.* **1** *B* monografia final que o candidato ao título de mestre deve apresentar e defender **2** exposição oral; conferência, discurso ⟨*fez uma bela d. sobre Camões*⟩ **3** exposição escrita sobre assunto científico, artístico etc.

dis.ser.tar *v.* {mod. 1} *int.* expor assunto de modo sistemático, abrangente e profundo, oralmente ou por escrito; discorrer ⟨*d. sobre religião*⟩ ☞ *sobre religião* é circunstância que funciona como complemento

dis.si.dên.cia *s.f.* **1** desavença, conflito ⮌ acordo **2** ato de separar-se de grupo, partido etc. por divergência de opiniões; cisma **3** o grupo que se separa

dis.si.den.te *adj.2g.s.2g.* (aquele) que não concorda com os princípios, ideias ou práticas de um grupo, uma instituição ou um governo, e por isso dele se afasta

dis.sí.dio *s.m.* **1** conflito de interesses ou opiniões; divergência ⮌ acordo **2** conflito coletivo ou individual levado à Justiça do Trabalho, ger. quanto a aumento ou reajuste salarial ⮌ acordo ⊡ **d. coletivo** *loc.subst.* ação trabalhista coletiva

dis.sí.la.bo *adj.s.m.* (palavra) que tem duas sílabas ~ **dissilábico** *adj.*

dis.si.mu.la.ção [pl.: *-ões*] *s.f.* **1** disfarce de verdadeiras intenções e sentimentos; fingimento ⮌ sinceridade **2** ato de encobrir ou modificar algo, ou o seu efeito ⟨*d. de um crime*⟩ ↄ revelação

dis.si.mu.la.do *adj.* **1** que se dissimula ou dissimulou; encoberto, disfarçado ⟨*sentimentos d.*⟩ ↄ patente, manifesto ■ *adj.s.m.* **2** (aquele) que dissimula com frequência; fingido, falso ↄ como adj.: sincero, franco

dis.si.mu.lar *v.* {mod. 1} *t.d. e t.d.i.* **1** (prep. *a*) não demonstrar; disfarçar ↄ mostrar ❑ *t.d. e pron.* **2** pôr(-se) de modo a não ser visto; esconder(-se) ~ **dissimulável** *adj.2g.*

dis.si.pa.ção [pl.: *-ões*] *s.f.* **1** desaparecimento, dispersão ⟨*d. da fumaça*⟩ ↄ concentração **2** desperdício dos próprios bens ⟨*d. da fortuna do pai*⟩ ↄ poupança **3** *p.ext.* desregramento, devassidão ↄ decência

dis.si.par *v.* {mod. 1} *t.d. e pron.* **1** (fazer) desaparecer; dispersar(-se) **2** *fig.* (fazer) ter fim; acabar ⟨*d. a saudade*⟩ ⟨*os temores, perigos dissiparam-se*⟩ ❑ *t.d.* **3** gastar em excesso; esbanjar ↄ poupar **4** *fig.* estragar por excessos; arruinar ~ **dissipado** *adj.s.m.*

dis.so.ci.ar *v.* {mod. 1} *t.d.,t.d.i. e pron.* (prep. *de*) desfazer uma associação; desunir(-se), separar(-se) ↄ ligar(-se) ~ **dissociabilidade** *s.f.* - **dissociação** *s.f.*

dis.so.lu.ção [pl.: *-ões*] *s.f.* **1** decomposição, desagregação ↄ agregação **2** deterioração dos costumes; devassidão, imoralidade ↄ moralidade **3** extinção de uma entidade, contrato, sociedade etc. ↄ formação

dis.so.lu.to *adj.* **1** que foi dissolvido; decomposto ⟨*substância d.*⟩ **2** *fig.* de maus costumes; depravado, devasso ↄ casto

dis.sol.ven.te *adj.2g.s.2g.* **1** (o) que dissolve; solvente **2** *fig.* (o) que corrompe, perverte

dis.sol.ver *v.* {mod. 8} *t.d. e pron.* **1** desfazer(-se) [substância sólida, em pó ou pastosa], em um meio líquido; liquefazer(-se) **2** *fig.* (fazer) desaparecer; eliminar(-se), extinguir(-se) **3** *fig.* corromper(-se), perverter(-se) ~ **dissolutivo** *adj.* - **dissolvência** *s.f.*

dis.so.nân.cia *s.f.* **1** reunião de sons desagradáveis ao ouvido ↄ eufonia **2** *p.ext.* falta de harmonia (de cores, formas, opiniões etc.) ↄ harmonia **3** *infrm.* desafinação ↄ afinação ~ **dissonante** *adj.2g.* - **dissonar** *v.int.*

dis.su.a.dir *v.* {mod. 24} *t.d.i. e pron.* (prep. *de*) convencer(-se) a desistir de (ideia, decisão) ↄ persuadir(-se) ~ **dissuasivo** *adj.*

dis.su.a.são [pl.: *-ões*] *s.f.* **1** ato de fazer alguém desistir de uma decisão ou mudar de ideia, ou o seu efeito ↄ persuasão **2** capacidade para praticar esse ato ⟨*a d. é arte que ele domina*⟩

dis.su.a.só.rio *adj.* que convence ou tenta convencer a desistir ↄ persuasivo

dis.ta.ná.sia *s.f.* MED morte lenta, com grande sofrimento ↄ ortotanásia

dis.tân.cia *s.f.* **1** espaço entre duas coisas ou pessoas ⟨*mesas a dois metros de d.*⟩ **2** afastamento, separação ⟨*sofrem com a d.*⟩ **3** intervalo de tempo ⟨*d. entre dois encontros*⟩ **4** separação entre classes sociais

dis.tan.ci.a.men.to *s.m.* **1** distância; afastamento ↄ aproximação **2** falta de envolvimento com o que se passa em torno; frieza ↄ envolvimento

dis.tan.ci.ar *v.* {mod. 1} *t.d.,t.d.i. e pron.* **1** (prep. *de*) mover(-se) para longe; afastar(-se) ↄ aproximar(-se) ❑ *t.d.i. e pron.* **2** (prep. *de*) [fazer] perder o interesse por, o contato com; afastar(-se) ↄ aproximar(-se) ❑ *t.d.* **3** pôr em espaços intercalados; espaçar ⟨*d. os postes*⟩

dis.tan.te *adj.2g.* **1** situado a uma certa distância ⟨*vive numa casa d. 100 metros da minha*⟩ **2** situado a grande distância; afastado ⟨*em dia claro avistam-se as d. cordilheiras*⟩ ↄ próximo **3** *p.ext.* sem semelhança; diferente ⟨*opiniões d.*⟩ ↄ semelhante **4** separado no tempo; remoto **5** *fig.* pouco comunicativo; reservado ⟨*atitudes d.*⟩ ↄ caloroso ■ *adv.* **6** longe ⟨*moram d. do pai*⟩ ↄ perto

dis.tar *v.* {mod. 1} *int.* **1** estar a certa distância (de) ⟨*a rua não dista muito*⟩ ⟨*a cidade dista 100 km de São Paulo*⟩ ☞ *100 km* e *de São Paulo* são circunstâncias que funcionam como complemento ❑ *t.i.* **2** (prep. *de*) ser diferente de; distinguir-se ↄ assemelhar-se, parecer

dis.ten.der *v.* {mod. 8} *t.d. e pron.* **1** estender(-se) para várias direções **2** tornar(-se) rijo, esticado; esticar(-se) ⟨*d. o arco*⟩ ⟨*o fio distendeu-se*⟩ ↄ afrouxar **3** aumentar de volume; dilatar(-se) ↄ comprimir(-se) **4** MED causar ou sofrer distensão ('repuxo') ~ **distenso** *adj.* - **distensor** *adj.s.m.*

dis.ten.são [pl.: *-ões*] *s.f.* **1** tensão, estiramento ⟨*d. das cordas de um violão*⟩ **2** diminuição ou falta de tensão; relaxamento, afrouxamento **3** MED repuxo ou deslocamento de músculo, ligamentos, nervo etc.; estiramento

dís.ti.co *s.m.* **1** estrofe de dois versos ⟨*compor versos em dísticos*⟩ **2** *p.ext.* lema, divisa ⟨*o d. de um escudo*⟩

dis.tin.ção [pl.: *-ões*] *s.f.* **1** diferença, separação ⟨*tratamento sem d.*⟩ ↄ igualdade **2** reconhecimento de duas ou mais coisas ou pessoas como diferentes ⟨*d. entre o bem e o mal*⟩ ↄ semelhança **3** boa educação, fineza ⟨*a anfitriã nos recebeu com d.*⟩ ↄ deselegância **4** maneira honesta, correta de proceder ⟨*agir com d.*⟩ ↄ indignidade **5** condecoração, prêmio ⟨*herói que merece d.*⟩

dis.tin.guir *v.* {mod. 24} *t.d.,t.d.i. e pron.* **1** (prep. *de*) perceber, estabelecer diferença(s) entre ou ser diferente de; diferenciar(-se) ↄ assemelhar(-se) ❑ *t.d.* **2** ser traço distintivo de; caracterizar **3** perceber com os sentidos; sentir ⟨*d. voz, cheiro*⟩ **4** manifestar respeito por ❑ *t.d. e pron.* **5** (fazer) sobressair; destacar(-se)

dis.tin.ti.vo *adj.s.m.* **1** (o) que estabelece distinção ■ *s.m.* **2** marca, sinal **3** peça que, presa à roupa, indica patente, honraria, instituição, cargo etc. do usuário; emblema

dis.tin.to *adj.* **1** que não é igual; diferente ⟨*escrever é d. de falar*⟩ ↄ igual **2** nítido, marcante ⟨*sons e imagens d.*⟩ ↄ confuso **3** ilustre, eminente ⟨*d. visitante*⟩ ↄ insignificante **4** que se destaca pela elegância, discrição no trajar etc., ou pelas qualidades e aptidões; ilustre ☞ cf. *destinto*

dis.to.ni.a *s.f.* MED **1** distúrbio das funções do sistema circulatório ou digestivo **2** alteração da força muscular ~ **distônico** *adj.s.m.*

dis.tor.ção [pl.: *-ões*] *s.f.* **1** mudança de forma, de estrutura **2** torção anormal ⟨*d. no pescoço*⟩ **3** *p.ext.* alteração de sentido ⟨*d. de palavras ditas em jornal*⟩

dis.tor.cer *v.*{mod. 8} *t.d.* **1** alterar, desvirtuar o sentido de (declaração, informação etc.); deturpar **2** modificar forma ou padrão característico de ☞ cf. *destorcer*

dis.tra.ção [pl.: *-ões*] *s.f.* **1** desatenção ao que se passa à volta ↄ atenção **2** resultado dessa desatenção; erro, engano ↄ acerto **3** diversão, recreação

dis.tra.í.do *adj.* **1** alheio, absorto ⟨*anda d. na rua*⟩ **2** que perde a atenção com frequência; desatento ⟨*aluno d.*⟩ ↄ atento

dis.tra.ir *v.*{mod. 25} *t.d.,t.d.i. e pron.* **1** (prep. *de*) tirar ou desviar a atenção de (alguém) para outro lugar, momento, assunto etc. ↄ concentrar(-se) ❑ *t.d.i. e pron. fig.* **2** (prep. *de*) [fazer] esquecer (problemas, preocupações etc.) ↄ preocupar(-se) ❑ *t.d. e pron.* **3** ocupar(-se) de forma prazerosa; divertir(-se)

dis.tra.tar *v.* {mod. 1} *t.d.* desfazer, anular (acordo, contrato etc.) ↄ tratar ☞ cf. *destratar* ~ **distrato** *s.m.*

dis.tri.bu.i.ção [pl.: *-ões*] *s.f.* **1** ato ou efeito de distribuir; repartição ⟨*d. de lucros*⟩ ⟨*d. de donativos*⟩ ⟨*d. de tarefas*⟩ **2** ato ou efeito de dispor com critério; disposição, ordenamento ⟨*d. das matérias no livro*⟩ **3** serviço de entrega de bens e serviços ⟨*d. de correspondência*⟩ ⟨*d. de jornais*⟩

dis.tri.bu.i.dor \ô\ *adj.s.m.* **1** (o) que distribui **2** (o) que se encarrega da distribuição de determinado produto no mercado ⟨(*empresa*) *d. de autopeças*⟩

dis.tri.bu.ir *v.*{mod. 26} *t.d. e t.d.i.* **1** (prep. *entre, por*) dar parcela de (algo) [a vários receptores]; repartir, dividir **2** (prep. *entre*) conferir (tarefa, papel etc.) [a membros de grupo] **3** (prep. *em*) dispor seguindo critérios, princípios etc.; arrumar ❑ *t.d.* **4** enviar, lançar para diferentes direções; espalhar ⟨*d. beijos, socos*⟩

dis.tri.bu.ti.vo *adj.* **1** relativo à distribuição ou que distribui ⟨*medidas d. de alimento contra a fome*⟩ **2** em que há divisão por igual; equitativo ↄ desigual

dis.tri.to *s.m. B* **1** divisão administrativa de um município ou cidade **2** delegacia de polícia ~ **distrital** *adj.2g.*

dis.tro.fi.a *s.f.* **1** MED estado de saúde decorrente de problema de nutrição **2** ECO acúmulo de muita matéria orgânica, mas poucos nutrientes, em brejos e pântanos ~ **distrófico** *adj.s.m.*

dis.túr.bio *s.m.* **1** algo que atrapalha; perturbação ⟨*d. no trânsito*⟩ **2** defeito, desajuste ⟨*d. no rádio*⟩ **3** confusão, tumulto ⟨*d. na manifestação dos sem-terra*⟩ ☞ freq. us. no pl. **4** MED mau funcionamento de órgão, função orgânica etc.; doença ⟨*d. nervoso*⟩

di.ta *s.f.* sorte favorável; fortuna ↄ azar

di.ta.do *s.m.* **1** texto enunciado para que se escreva **2** esse texto escrito **3** provérbio ■ *adj.* **4** dito em voz alta, para ser escrito ⟨*lição d.*⟩ **5** *p.ext.* sugerido, inspirado ⟨*conselho d. pela prudência*⟩ **6** imposto, forçado ⟨*demissão d. pelo governo*⟩

di.ta.dor \ô\ *adj.s.m.* **1** (autoridade máxima) que governa uma ditadura **2** *p.ext.* (indivíduo) autoritário, despótico

di.ta.du.ra *s.f.* **1** governo autoritário em que, pela força, são revogadas eleições, leis e liberdades individuais ↄ democracia **2** *fig.* excesso de autoritarismo; tirania ↄ democracia

di.ta.me *s.m.* **1** regra, determinação ⟨*o d. da lei*⟩ **2** ensinamento, conselho ⟨*o d. da consciência*⟩

di.tar *v.* {mod. 1} *t.d. e t.d.i.* **1** (prep. *a*) falar em voz alta para outro escrever **2** *fig.* (prep. *a*) impor, determinar

di.ta.to.ri.al *adj.2g.* **1** próprio de ditador ou de ditadura ↄ democrático **2** *p.ext.* despótico, impositivo ↄ liberal

[1]**di.to** *adj.* **1** mencionado, referido **2** chamado, conhecido por ⟨*a internacionalização, d. globalização da economia*⟩ [ORIGEM: do lat. *dictus,a,um* 'id.']

[2]**di.to** *s.m.* **1** aquilo que se diz ou disse **2** provérbio [ORIGEM: do lat. *dictum,i* 'id.']

di.to-cu.jo [pl.: *ditos-cujos*; fem.: *dita-cuja*] *s.m. B infrm.* aquele cujo nome está subentendido, não é conhecido ou não se quer citar; fulano

di.ton.ga.ção [pl.: *-ões*] *s.f.* formação de ditongo(s)

di.ton.go *s.m.* GRAM emissão de dois fonemas vocálicos (vogal e semivogal) em uma mesma sílaba ~ **ditongal** *adj.2g.* - **ditongar** *v.t.d. e pron.*

di.to.so \ô\ [pl.: *ditosos* \ó\] *adj.* venturoso, feliz ↄ azarado

DIU *s.m.* sigla de *dispositivo intrauterino*

di.u.re.se *s.f.* MED secreção de urina

di.u.ré.ti.co *adj.s.m.* MED (substância, medicamento) que estimula a secreção de urina

di.ur.no *adj.* **1** que dura 24 horas ⟨*círculo d.*⟩ **2** que se faz ou acontece de dia ⟨*sono d.*⟩ ↄ noturno

di.u.tur.no *adj.* de longa duração ⟨*doença d.*⟩ ↄ breve ~ **diuturnidade** *s.f.*

di.va *s.f.* **1** deusa **2** *fig.* musa inspiradora **3** *p.ext.* atriz ou cantora famosa pela beleza e talento **4** *p.ext.* cantora de ópera muito famosa; prima-dona

di.vã *s.m.* **1** sofá sem braços e sem encosto **2** *p.ext.* consultório do psicanalista ou sessão de psicanálise

di.va.ga.ção [pl.: *-ões*] *s.f.* **1** ato de andar sem rumo certo **2** *fig.* desvio do tema principal; digressão

di.va.gar *v.* {mod. 1} *int.* **1** caminhar sem rumo; vagar **2** *fig.* desviar-se do assunto principal **3** *fig.* falar coisas sem nexo; desvairar **4** soltar o pensamento; fantasiar ☞ cf. *devagar*

di.va.len.te *adj.2g.* QUÍM que tem valência química dois; bivalente

di.ver.gên.cia *s.f.* **1** afastamento progressivo de algo ↄ aproximação **2** *fig.* diferença de opinião; discordância ↄ concordância

di.ver.gen.te *adj.2g.* **1** que diverge; que não é paralelo ⟨*linhas d.*⟩ ↄ convergente **2** que apresenta divergência; discordante ⟨*opiniões d.*⟩ ↄ convergente, concordante

di.ver.gir *v.* {mod. 28} *int.* **1** distanciar-se progressivamente ↺ convergir ❑ *t.i. e int. fig.* **2** (prep. *de*) estar em desacordo; discordar ↺ concordar **3** (prep. *de*) ser incompatível, inadequado; destoar ↺ combinar

di.ver.são [pl.: *-ões*] *s.f.* o que se faz por prazer; entretenimento ↺ aborrecimento

di.ver.si.da.de *s.f.* **1** qualidade do que é diferente, variado; variedade ↺ uniformidade **2** *p.ext.* desacordo, oposição ↺ concordância **3** ECO biodiversidade

di.ver.si.fi.ca.ção [pl.: *-ões*] *s.f.* ação ou efeito de diversificar

di.ver.si.fi.car *v.* {mod. 1} *t.d.,t.i. e int.* (prep. *de*) tornar(-se) ou ser diverso, diferente, variado ↺ igualar(-se), unificar(-se)

di.ver.so *adj.* **1** que não é igual; dessemelhante ⟨*cores d.*⟩ ↺ igual **2** que tem variedade ⟨*loja de artigos d.*⟩ **3** com mudanças em relação a ⟨*a cidade está d. da que eu conheci*⟩ ↺ igual **4** que diverge; discordante ⟨*opiniões d.*⟩ ↺ concordante ▼ *diversos pron.ind.pl.* **5** alguns, muitos ⟨*d. vieram, outros faltaram*⟩

di.ver.ti.cu.li.te *s.f.* MED **1** apêndice em forma de pequena bolsa ou saco **2** inflamação de um divertículo

di.ver.tí.cu.lo *s.m.* tipo de apêndice patológico, oco, causado por hérnia

di.ver.ti.men.to *s.m.* **1** o que diverte; diversão **2** sensação de agrado com aquilo que dá alegria e disposição ⟨*a dança traz prazer e d.*⟩ ↺ enfado

di.ver.tir *v.* {mod. 28} *t.d. e pron.* **1** entreter(-se) com coisas agradáveis, brincadeiras; distrair(-se) ↺ entediar(-se) **2** (fazer) rir; alegrar(-se) ❑ *t.d.,t.d.i. e pron.* **3** (prep. *de*) [fazer] desviar a atenção de; distrair(-se) ↺ preocupar(-se) ~ **divertido** *adj.*

dí.vi.da *s.f.* **1** falta de cumprimento de uma obrigação (material ou moral) ⟨*está em d. com o banco*⟩ ⟨*d. com a sociedade*⟩ **2** o que se deve pagar ⊡ **d. externa** *loc.subst.* ECON débito de um Estado, por empréstimos e financiamentos contraídos no estrangeiro

di.vi.den.do *adj.* **1** que se pode ou deve dividir ⟨*terreno d.*⟩ ■ *s.m.* **2** MAT número que é dividido por outro na operação chamada *divisão* **3** ECON cota de cada acionista nos lucros de uma empresa ▼ *dividendos s.m.pl.* **4** vantagens

di.vi.dir *v.* {mod. 24} *t.d.i.* **1** (prep. *em*) separar conforme certas características; classificar ❑ *t.d.i. e int.* **2** MAT (prep. *por*) efetuar divisão (de um número) ⟨*d. oito por dois*⟩ ⟨*os alunos já sabem d.*⟩ ↺ multiplicar ❑ *t.d. e t.d.i.* **3** (prep. *entre*) dar parcela de (algo) [a vários receptores]; distribuir ❑ *t.d. e pron.* **4** decompor(-se) [um todo] em partes ou porções **5** *fig.* (fazer) entrar em discórdia; desavir(-se)

di.vi.na.ção [pl.: *-ões*] *s.f.* suposta arte ou prática de prever acontecimentos futuros; adivinhação

di.vi.nal *adj.2g.* divino ('relativo', 'perfeito', 'sobrenatural')

di.vi.na.tó.rio *adj.* **1** capaz ou supostamente capaz de adivinhar **2** relativo a adivinhação ou a sua prática e meios

di.vin.da.de *s.f.* **1** natureza ou essência divina **2** o Deus da religião cristã **3** ente ou ser divino, alvo de culto ou de adoração ⟨*Vênus era a d. do amor*⟩ **4** *p.ext.* qualquer pessoa ou coisa que se venera

di.vi.ni.zar *v.* {mod. 1} *t.d. e pron.* **1** atribuir(-se) natureza divina ❑ *t.d. fig.* **2** conferir muita importância a; idolatrar ⟨*d. o dinheiro*⟩ ~ **divinizante** *adj.2g.*

di.vi.no *adj.* **1** relativo ou semelhante a Deus ou a um deus; sagrado ↺ humano **2** *p.ext.* perfeito, sublime ⟨*mulher d.*⟩ ↺ comum **3** que está acima do entendimento humano; sobrenatural ↺ natural ■ *s.m.* *B* **4** o Espírito Santo, nas festas populares religiosas ☞ inicial maiúsc.

di.vi.sa *s.f.* **1** desenho us. como símbolo ou distintivo para representar país, organização etc. **2** lema **3** *p.ext.* emblema de posto ou patente dos militares us. nas suas fardas **4** linha de divisão entre espaços; fronteira ▼ *divisas s.f.pl.* **5** cheques, ordens de pagamento etc., us. em transações comerciais

di.vi.são [pl.: *-ões*] *s.f.* **1** ato de separar um todo em partes distintas ou o seu efeito; fragmentação ↺ união **2** o que delimita espaços contínuos; divisória **3** operação matemática de descobrimento de quantas vezes um número está contido em outro **4** cada uma das partes identificadas num todo, que desempenham uma função comum ⟨*d. militar, de segurança de uma empresa*⟩ **5** distribuição das partes por várias pessoas ou coisas; partilha ⟨*d. das tarefas domésticas*⟩ ↺ acumulação **6** diferença de opiniões ou ideias; discórdia ⟨*d. na família*⟩ ↺ comunhão **7** distinção e classificação de vários elementos de um todo ⟨*d. das plantas em famílias*⟩ **8** BIO processo de multiplicação de células ⊡ **d. binária** *loc.subst.* BIO cissiparidade ~ **divisional** *adj.2g.* - **divisório** *adj.s.m.*

di.vi.sar *v.* {mod. 1} *t.d.* **1** avistar, enxergar **2** notar, perceber **3** marcar, delimitar (território, região etc.)

di.vi.sio.ná.rio *adj.* **1** relativo a divisão militar **2** que serve para troco (diz-se de moeda)

di.vi.sí.vel *adj.2g.* MAT que pode ser dividido de modo exato (diz-se de número ou quantia) ↺ indivisível

di.vi.sor \ô\ *adj.s.m.* **1** (o) que divide **2** MAT (número) que divide outro na operação chamada divisão ⊡ **d. comum** *loc.subst.* número que divide outros de modo exato

di.vi.só.ria *s.f.* linha ou peça que separa ou limita objetos, espaços etc.

di.vór.cio *s.m.* **1** dissolução legal de casamento ↺ matrimônio **2** *p.ext.* qualquer desavença ou separação ↺ encontro ~ **divorciar** *v.t.d. e pron.*

di.vul.ga.ção [pl.: *-ões*] *s.f.* ato ou processo de tornar algo público, ou seu efeito; difusão

di.vul.gar *v.* {mod. 1} *t.d.* tornar público, conhecido; propagar ~ **divulgador** *adj.s.m.*

di.zer *v.* {mod. 15} *t.d. e t.d.i.* **1** (prep. *a*) expor, exprimir em palavras; falar **2** (prep. *a*) pronunciar, proferir ⟨*d. palavras sem nexo*⟩ ⟨*d. ofensas ao inimigo*⟩ **3** *p.ext.* (prep. *a*) expressar (algo) com gestos, olhares etc. **4** (prep. *a*) contar, relatar ❑ *t.d.i.* **5** (prep. *a*) avisar a;

advertir ⟨*disse-lhe que não seria aceito*⟩ ❑ *pron.* **6** considerar-se, julgar-se ⟨*diz-se um grande ator*⟩ ■ *s.m.* **7** palavra ou sentença proferida ou escrita; dito ⟨*os d. de uma placa*⟩ ⊙ GRAM/USO part.: *dito*

dí.zi.ma *s.f.* imposto equivalente à décima parte do rendimento de alguém ⊡ **d. periódica** *loc.subst.* fração decimal de um número, que se repete indefinidamente

di.zi.mar *v.* {mod. 1} *t.d.* **1** causar morte em massa; exterminar **2** *fig.* arruinar, devastar ~ **dizimação** *s.f.*

dí.zi.mo *s.m.* **1** REL tributo que os fiéis pagam à Igreja ■ *adj.* **2** referente à décima parte de um todo; décimo

d.j. [ing.; pl.: *djs*] *s.m. disc jockey* ⇨ pronuncia-se di djêi

dl símbolo de *decilitro*

dm símbolo de *decímetro*

DNA *s.m.* ver *ÁCIDO DESOXIRRIBONUCLEICO*

¹dó *s.m.* **1** sentimento de pena; compaixão **2** grande tristeza e mágoa; pesar [ORIGEM: do lat. *dŏlus,i* 'luto, compaixão']

²dó *s.m.* primeira nota musical [ORIGEM: do it. *do* 'id.']

do.a.ção [pl.: *-ões*] *s.f.* **1** ato ou processo de doar um bem, ou seu efeito **2** o que se doa

do.ar *v.* {mod. 1} *t.d.i.* **1** (prep. *a*) transferir (bens ou vantagens) legal e gratuitamente **2** *p.ext.* (prep. *a*) transmitir de graça a posse de; oferecer ⟨*d. livros à escola*⟩ ❑ *t.d.i. e pron. fig.* **3** (prep. *a*) dedicar(-se), entregar(-se) ~ **doador** *adj.s.m.*

do.bra *s.f.* **1** parte de matéria flexível, tecido, papel etc. que, voltada, fica sobreposta a outra ⟨*d. da calça, do livro*⟩ **2** ângulo que formam certas coisas ⟨*d. do cano*⟩

do.bra.di.ça *s.f.* peça de metal composta de duas partes unidas por um eixo, que articula portas, janelas etc.

do.bra.di.ço *adj.* que é ou pode ser dobrado; flexível, maleável ⊃ indobrável

do.bra.di.nha *s.f.* *B* **1** comida feita com bucho de boi e feijão-branco **2** dupla de pessoas que atuam ou andam juntas

do.bra.do *adj.* **1** que se acha curvado; inclinado ⟨*cabeça d.*⟩ ⊃ erguido **2** multiplicado por dois; duplicado ⟨*peso d.*⟩ **3** *fig.* em quantidade; múltiplo ⟨*felicidade d. com o nascimento do filho*⟩ **4** que forma prega ⟨*papel d.*⟩ **5** *B infrm.* de grande força física ⊡ **cortar um d.** *loc.vs. B infrm.* passar por ou viver uma situação difícil

do.bra.du.ra *s.f.* **1** ato ou efeito de dobrar; dobramento **2** arte de criar figuras por meio de dobras de papel ☞ cf. *origami*

do.brar *v.* {mod. 1} *t.d. e int.* **1** tornar(-se) duas vezes maior em quantidade, tamanho etc.; duplicar **2** *p.ext.* aumentar em quantidade; multiplicar(-se) **3** (fazer) soar [o sino] ❑ *t.d.* **4** virar um objeto (ger. papel, pano etc.) sobre si mesmo ⊃ desdobrar ❑ *t.d. e pron.* **5** curvar(-se), vergar(-se) ⟨*d. os joelhos*⟩ ⟨*d.-se para rezar*⟩ ⊃ esticar(-se) **6** *fig.* (fazer) ceder, render-se, voltar atrás ⟨*sua meiguice dobrou o pai*⟩ ⟨*d.-se ante as evidências*⟩ ~ **dobramento** *s.m.*

do.bre *adj.2g.* **1** que é ou se apresenta dobrado; duplicado **2** *fig.* fingido, artificioso, falso ⊃ verdadeiro ■ *s.m.* **3** toque de sino em que se faz uma volta sobre seu eixo **4** repetição de palavras em partes diferentes de poema **5** duplicação de aposta em um jogo

do.bro \ô\ *n.mult.* **1** quantidade duas vezes maior ⟨*ter o d. de seu tamanho*⟩ ■ *s.m. p.ext.* **2** quantidade muito maior que outra ⟨*com propaganda, venderemos o d. de livros*⟩

do.ca *s.f.* **1** parte coberta de um porto onde atracam os navios para carga e descarga **2** *p.ext.* armazém para mercadorias situado no porto ☞ nesta acp., mais us. no pl.

do.ce \ô\ *adj.2g.* **1** de sabor açucarado **2** *fig.* não salgado (diz-se de água) **3** *fig.* que agrada aos sentidos e ao espírito ⟨*música d.*⟩ ⊃ desagradável **4** *fig.* feliz, despreocupado etc. (diz-se de situações, acontecimentos etc.) ⊃ intranquilo **5** *fig.* afetuoso, amável, meigo ⟨*pessoa, cão d.*⟩ ⊃ rude ■ *s.m.* **6** guloseima com açúcar ou mel ⊙ GRAM/USO nas acp. adj., sup.abs.sint.: *dulcíssimo* ⊡ **fazer d.** *loc.vs. B infrm.* fingir indiferença ~ **doçaria** *s.f.*

do.cei.ro *adj.s.m.* **1** que(m) faz ou vende doce **2** que(m) gosta muito de doce

do.cên.cia *s.f.* **1** exercício do magistério **2** qualidade de quem é docente ☞ cf. *discência*

do.cen.te *adj.2g.* **1** relativo a ensino e a quem ensina ☞ cf. *discente* ■ *s.m.* **2** professor ('quem tem como profissão')

dó.cil *adj.2g.* **1** que se submete à vontade de outro; submisso ⊃ insubmisso **2** de temperamento fácil; brando, manso ⟨*cavalo d.*⟩ ⊃ bravo ~ **docilidade** *s.f.* - **docilizar** *v.t.d.*

do.cu.dra.ma *s.m.* TV produção televisiva (p.ex., filme, série) que exibe fatos reais mesclando imagens documentais e dramaturgia

do.cu.men.ta.ção [pl.: *-ões*] *s.f.* **1** conjunto de documentos us. para esclarecer um fato ou assunto **2** reunião e organização de informação registrada, us. para armazenagem, utilização e transmissão

do.cu.men.tar *v.* {mod. 1} *t.d.* **1** provar ou registrar (fato, episódio etc.) por meio de documentos ❑ *t.d. e pron.* **2** prover(-se) de documentos

do.cu.men.tá.rio *adj.* **1** relativo a documento ■ *adj.s.m.* **2** (filme) informativo ou didático sobre fatos da vida real, pessoas etc. ~ **documentarista** *adj.2g.s.2g.*

do.cu.men.to *s.m.* **1** declaração escrita, oficialmente reconhecida, que serve de prova de um acontecimento, fato ou estado **2** documento de identidade ⟨*a polícia pediu-lhe os d.*⟩ **3** qualquer objeto que comprove, elucide, prove ou registre um fato, acontecimento etc. ⟨*aquela igreja é um d. do Barroco brasileiro*⟩ **4** INF arquivo de dados, esp. o gerado por processadores de texto ⊙ COL documentação, papelada ~ **documental** *adj.2g.*

do.çu.ra *s.f.* **1** qualidade do que tem sabor doce ⟨*d. do mel*⟩ **2** *fig.* o que é agradável aos sentidos corporais; brandura ⟨*d. da pele, da voz*⟩ ⮌ aspereza **3** *fig.* meiguice, ternura ⟨*d. das palavras*⟩ ⮌ aspereza **4** *fig.* sensação de bem-estar, de tranquilidade ⟨*d. da noite*⟩

do.de.ca.e.dro *s.m.* MAT sólido formado por 12 faces planas ~ **dodecaédrico** *adj.*

do.de.ca.fo.nis.mo *s.m.* MÚS sistema musical que divide a oitava em 12 meios-tons combinados livremente ~ **dodecafonia** *s.f.* - **dodecafônico** *adj.*

do.de.cá.go.no *s.m.* MAT figura plana formada por 12 lados e 12 ângulos ~ **dodecagonal** *adj.2g.*

do.de.cas.sí.la.bo *adj.s.m.* (verso) que tem 12 sílabas

do.dói *adj.2g. l.inf.* **1** acometido por doença ■ *s.m. l.inf.* **2** escoriação, ferida **3** doença

do.en.ça *s.f.* **1** distúrbio da saúde de um humano, animal etc., manifestado por sintomas; enfermidade, moléstia **2** *p.ext.* mania ou vício ⟨*o jogo era uma d.*⟩ ▣ **d. de Chagas** *loc.subst.* doença aguda transmitida pela picada do inseto denominado *barbeiro* ☞ cf. *Chagas* na parte enciclopédica • **d. do sono** *loc.subst.* doença infecciosa, causada por picada de uma mosca, caracterizada por febre, vômitos, tremores e tendência a dormir • **d. venérea** *loc.subst.* doença infectocontagiosa transmitida por contato sexual

do.en.te *adj.2g.s.2g.* **1** que(m) tem alguma doença; enfermo ⮌ são **2** que(m) padece de algum mal físico e/ou moral ⮌ são **3** (o) que é portador de loucura ⮌ são ■ *adj.2g. fig. B* **4** apaixonado por alguém ou algo ⟨*tricolor d.*⟩

do.en.ti.o *adj.* **1** sujeito a doenças **2** que aparenta estar doente; mórbido ⟨*aparência d.*⟩ ⮌ saudável **3** nocivo à saúde física ou moral ⟨*calor d.*⟩ ⮌ sadio **4** excessivo e prejudicial ⟨*ciúme d.*⟩ ⮌ contido

do.er *v.* {mod. 9} *int.* **1** estar dolorido ❑ *t.i. e int.* **2** (prep. *a*) causar dor física ou moral ❑ *pron.* **3** (prep. *de*) arrepender-se **4** (prep. *de*) apiedar-se, comover-se ⊙ GRAM/USO só us. nas 3as p., exceto quando pron.

do.es.to *s.m.* acusação desonrosa ⮌ desafronta

do.ge [fem.: *dogaressa, dogaresa, dogesa*] *s.m.* HIST magistrado das antigas repúblicas de Veneza e Gênova

dog.ma *s.m.* **1** conjunto de princípios fundamentais e indiscutíveis de uma religião ⟨*d. católico*⟩ **2** *p.ext.* princípio estabelecido; preceito, máxima

dog.má.ti.co *adj.* **1** relativo a dogma **2** relativo a dogmatismo ■ *adj.s.m.* **3** que(m) apresenta opiniões de modo convicto, não admitindo contradição ou discussão **4** que(m) é partidário do dogmatismo

dog.ma.tis.mo *s.m.* FIL **1** doutrina que prega a confiança no poder da razão humana em alcançar verdades absolutamente certas e seguras **2** *p.ext.* pensamento ou atitude de adesão irrestrita a princípios tidos como indiscutíveis ~ **dogmatista** *adj.2g.s.2g.* - **dogmatístico** *adj.*

do.gue *s.m.* nome geral de várias raças de cães de guarda que têm pelo raso, pele enrugada, cabeça larga, focinho chato e mandíbula forte

doi.dei.ra *s.f.* doidice

doi.di.ce *s.f.* **1** perturbação das faculdades mentais; loucura ⮌ sanidade **2** ato ou dito de doido ⟨*cometer d.*⟩ **3** *p.ext.* ato ou dito que traduza algum descontrole ⟨*uma d. o que gasta em perfumes*⟩

doi.di.va.nas *s.2g.2n. infrm.* pessoa extravagante, imprudente, gastadora etc.

doi.do *adj.s.m.* **1** que(m) apresenta sinais de loucura; louco, maluco **2** *p.ext. infrm.* que(m) age de modo insensato, desajuizadamente ■ *adj. infrm.* **3** muito feliz; encantado ⟨*d. com o nascimento do filho*⟩ ⮌ indiferente **4** extravagante, exagerado ⟨*roupa d.*⟩ ⮌ comum

dois *n.card.* **1** um mais um **2** diz-se desse número ⟨*pastas de número d.*⟩ **3** diz-se do segundo elemento de uma série ⟨*tamanho d.*⟩ **4** que equivale a essa quantidade (diz-se de medida ou do que é contável) ⟨*ter d. filhos*⟩ ☞ fem.irreg.: *duas* ■ *s.m.2n.* **5** representação gráfica desse número ⟨*na cópia, o d. não estava nítido*⟩ ☞ em algarismos arábicos 2; em algarismos romanos *II*

dois-pon.tos *s.m.pl.* **1** sinal (:) que precede citação, enumeração etc. **2** expressão que enfatiza o que vai ser dito em seguida ⟨*o que eu tenho a dizer é o seguinte, d., nada feito*⟩

dó.lar *s.m.* **1** a cédula e a moeda us. em transações comerciais nos EUA, Austrália, Bahamas, Barbados, Belize, Bermudas, Brunei, Canadá, China nacionalista (Taiwan/Formosa), Cingapura, Etiópia, Fidji, Gilbert e Ellice, Guiana, Hong-Kong, Ilhas Salomão, Jamaica, Libéria, Nauru, Nova Zelândia, Samoa Ocidental, Trinidad e Tobago e Zimbábue **2** planta ornamental, nativa da Índia, de folhas com nervuras

do.la.ri.za.ção [pl.: *-ões*] *s.f.* ECON substituição da moeda nacional pelo dólar americano em transações comerciais ~ **dolarizar** *v.t.d. e pron.*

do.lei.ro *adj.s.m.* que(m) negocia dólar americano no mercado paralelo

do.lên.cia *s.f.* aflição, dor, sofrimento ⮌ satisfação

do.len.te *adj.2g.* **1** que expressa dor, mágoa ou tristeza ⟨*versos, gemidos d.*⟩ ⮌ alegre **2** monótono ⟨*som d.*⟩ ⮌ estimulante

dól.mã *s.m.* casaco cinturado, abotoado de cima a baixo, de gola levantada, us. esp. por militares

do.lo \ó\ *s.m.* **1** conduta fraudulenta de um indivíduo em relação a outro; astúcia ⮌ boa-fé **2** DIR violação deliberada e consciente da lei

do.lo.ri.do *adj.* **1** com dor física ou moral; magoado, ressentido **2** *fig.* que revela dor ⟨*meu d. coração*⟩ ⮌ alegre

do.lo.ro.so \ô\ [pl.: *dolorosos* \ó\] *adj.* **1** que causa dor ou sofrimento ⟨*a queimadura é d.*⟩ ⟨*separação d.*⟩ ⮌ indolor **2** que revela dor ⟨*voz com tom d.*⟩ ⮌ animado

do.lo.so \ô\ [pl.: *dolosos* \ó\] *adj.* **1** que atua com dolo; enganoso ⟨*comerciante d.*⟩ ⮌ honesto **2** praticado com dolo (diz-se de falta, crime etc.) ⟨*homicídio d.*⟩ ☞ cf. *culposo*

[1]**dom** *s.m.* título dado a nobres, bispos etc. ☞ inicial ger. maiúsc. [ORIGEM: do lat. *domĭnus,i* 'proprietário']

[2]**dom** *s.m.* **1** aptidão inata para algo; inclinação, talento ⟨*ter d. para a música*⟩ **2** a dádiva, o presente dado por alguém [ORIGEM: do lat. *dōnum,i* 'id.']

do.mar *v.* {mod. 1} *t.d.* **1** fazer obedecer (animal selvagem); domesticar **2** *fig.* submeter à autoridade (adversários); subjugar ❑ *t.d. e pron. fig.* **3** controlar(-se) [paixões, emoções fortes etc.] ~ **domação** *s.f.* - **domador** *adj.s.m.*

do.mes.ti.car *v.* {mod. 1} *t.d.* amansar (animal selvagem) de modo que possa conviver com o homem ~ **domesticação** *s.f.* - **domesticável** *adj.2g.*

do.més.ti.co *adj.* **1** relativo a lar, a vida particular de alguém; caseiro, familiar ⮌ estranho **2** referente à vida interna de um país ⟨*voo d.*⟩ ⮌ estrangeiro **3** que vive em casa (diz-se de animal) ⮌ selvagem ■ *adj.s.m.* **4** (empregado) que cuida da casa ~ **domesticidade** *s.f.*

[1]**do.mi.ci.li.ar** *v.* {mod. 1} *t.d.* **1** acolher em domicílio ❑ *t.d. e pron.* **2** (fazer) fixar moradia ⟨*d. os imigrantes*⟩ ⟨*d.-se em outro país*⟩ [ORIGEM: *domicílio* + [2]*-ar*]

[2]**do.mi.ci.li.ar** *adj.2g.* que ocorre em domicílio; domiciliário ⟨*visita d.*⟩ [ORIGEM: *domicílio* + [1]*-ar*]

do.mi.cí.lio *s.m.* **1** residência fixa de uma pessoa **2** cidade ou região onde se situa essa residência **3** endereço fixo para efeitos legais ⟨*d. eleitoral*⟩

do.mi.na.ção [pl.: *-ões*] *s.f.* exercício do poder sobre pessoa, nação ou território; soberania ⟨*países sob d. estrangeira*⟩

do.mi.na.dor \ô\ *adj.s.m.* **1** (o) que detém o poder e procura dominar ■ *adj.* **2** que revela vontade de dominar ⟨*olhar d.*⟩

do.mi.nan.te *adj.2g.* **1** que detém o poder ⟨*classe d.*⟩ **2** que é mais difundido ⟨*moda d.*⟩ **3** que prevalece sobre ⟨*valores d.*⟩ **4** MED mais eficaz ou predominante na ação, ou que é us. preferencialmente ⟨*olho, hemisfério cerebral d.*⟩ **5** BIO que apresenta seu caráter hereditário de forma manifesta e visível (diz-se de gene) ☞ cf. *recessivo* ~ **dominância** *s.f.*

do.mi.nar *v.* {mod. 1} *t.d.* **1** exercer poder ou grande influência sobre (pessoas, nações, instituições etc.) **2** predominar, prevalecer **3** conhecer bem, saber muito ⟨*d. vários idiomas*⟩ ⮌ desconhecer ❑ *t.d. e pron.* **4** reprimir(-se), conter(-se)

do.min.go *s.m.* o primeiro dia da semana

do.min.guei.ro *adj.* **1** referente a domingo ⟨*missa d.*⟩ **2** que se veste ou se usa aos domingos ⟨*traje d.*⟩ **3** *p.ext.* que é alegre; festivo ⟨*atitude d.*⟩

do.mi.ni.cal *adj.2g.* **1** concernente ao Senhor **2** relativo ao domingo

do.mí.nio *s.m.* **1** autoridade, poder ⟨*o d. do mais forte*⟩ **2** direito de posse **3** conjunto de bens imóveis, territórios etc. ⟨*senhor de vasto d.*⟩ **4** controle sobre alguém ⟨*tinha d. sobre os filhos*⟩ **5** objeto privilegiado de estudo; especialidade ⟨*a literatura é seu d.*⟩ **6** esfera, campo de ação ⟨*acabar com o analfabetismo é d. do Ministério da Educação*⟩ **7** INF em rede de comunicação eletrônica, o final de um endereço, que identifica a instituição ou o provedor de acesso do servidor

do.mi.nó *s.m.* **1** conjunto de 28 pedras retangulares divididas em duas partes com pontos redondos de 1 a 6 formando combinações **2** qualquer jogo em que se usam essas pedras

dom-ju.an [pl.: *dom-juans*] *s.m.* ver DONJUÁN

dom-ju.a.nes.co [pl.: *dom-juanescos*] *adj.* que age como um *donjuán*

do.mo *s.m.* a parte externa de uma cúpula ('teto'); zimbório

do.na *s.f.* **1** tratamento respeitoso dado a senhoras [abrev.: *d.* ou *D.*] **2** proprietária ⟨*d. de escola*⟩ **3** *B infrm.* mulher ⟨*não vou falar com essa d.*⟩ ⊡ d. de casa *loc.subst.* mulher que cuida dos afazeres diários da casa

do.na.tá.rio *s.m.* **1** quem recebe doação **2** HIST fidalgo português a quem D. João III doou alguma capitania hereditária no Brasil

do.na.ti.vo *s.m.* dádiva ou contribuição em dinheiro para fins de caridade ⟨*d. para uma creche*⟩

don.do.ca *s.f. B infrm.* mulher rica e fútil

do.ni.nha *s.f.* mamífero carnívoro de corpo longo e esguio e de patas curtas; furão

don.ju.án [esp.] *s.m.* homem sedutor e sem escrúpulos; conquistador ⇨ pronuncia-se donruam

do.no *s.m.* **1** proprietário de algo; possuidor **2** quem domina algo ⟨*d. da situação*⟩

don.ze.la *s.f.* **1** mulher virgem, esp. jovem **2** filha de reis e de fidalgos antes de se casar

do.pa.gem *s.f. B* administração, em animal ou pessoa, de substâncias que provoquem alterações no sistema nervoso

do.pa.mi.na *s.f.* neurotransmissor presente nas suprarrenais, indispensável para a atividade normal do cérebro

do.par *v.* {mod. 1} *t.d.* **1** ministrar remédio calmante ou estimulante a ❑ *t.d. e pron.* **2** (fazer) consumir droga, ger. tranquilizante, entorpecente; drogar(-se)

dop.ing [ing.] *s.m.* **1** aplicação ilegal de estimulantes que aumentam a resistência e o desempenho muscular de atletas em competições esportivas **2** esse estimulante ⊙ GRAM/USO em ing., invariável ⇨ pronuncia-se **dóupin**

-dor *suf.* → -OR

dor \ô\ *s.f.* **1** sensação física desagradável do organismo, causada por choque, doença etc. ⮌ bem-estar **2** sofrimento psicológico ou emocional ⟨*quis dividir sua d.*⟩ ⮌ prazer ▼ *dores s.f.pl. infrm.* **3** os sofrimentos do trabalho de parto

do.ra.van.te *adv.* de agora em diante ⟨*d. ficará perto da família*⟩

dor de co.to.ve.lo [pl.: *dores de cotovelo*] *s.f. infrm.* sofrimento causado por ciúme ou decepção amorosa

dor.mên.cia *s.f.* **1** estado de quem ou do que dorme ou está entorpecido **2** insensibilidade e formigamento nas extremidades dos membros

dor.men.te *adj.2g.s.2g.* **1** (o) que está adormecido ■ *adj.2g.* **2** *fig.* que é ou está estagnado; parado ⟨*água d.*⟩ **3** privado temporariamente de movimento e/ou de sensibilidade; insensível ⟨*pés d.*⟩ ⮌ sensível ■ *s.m.* **4** cada uma das peças de madeira ou metal em que se assentam os trilhos da via férrea

dor.mi.da *s.f.* **1** estado de quem dorme **2** período de sono ⟨*entre uma d. e outra*⟩ **3** hospedagem ou pousada para pernoitar **4** abrigo noturno de animais

dor.mi.nho.co \ô\ *adj.s.m.* que(m) dorme muito

dor.mir *v.* {mod. 28} *int.* **1** descansar em estado de sono; adormecer ⮌ acordar **2** *B* perder a sensibilidade de parte(s) do corpo; adormecer **3** *fig.* existir mas não se manifestar ⟨*no peito a saudade dorme*⟩ ⮌ surgir **4** descuidar-se, distrair-se ❑ *t.i. fig. infrm.* **5** (prep. *com*) ter relação sexual com

dor.mi.tar *v.* {mod. 1} *int.* estar sonolento, resistente ao sono ou sem conseguir desfrutá-lo; cochilar

dor.mi.tó.rio *s.m.* **1** aposento individual ou coletivo, para dormir **2** *B* mobília de quarto de dormir

dor.so \ô\ *s.m.* **1** região posterior do tronco correspondente às vértebras; costas ⮌ frente **2** lado superior ou posterior de parte do corpo ou de qualquer objeto ⟨*d. do pé*⟩ ⟨*d. de uma fotografia*⟩ **3** lombada de livro ~ **dorsal** *adj.2g.*

do.sar *v.* {mod. 1} *t.d.* **1** estabelecer a dose de ❑ *t.d. e t.d.i.* **2** (prep. *com*) utilizar ou misturar na proporção certa ou apropriada ⟨*d. leite (com café)*⟩ ⟨*d. severidade (com amor)*⟩ ~ **dosagem** *s.f.*

do.se *s.f.* quantidade padrão de remédio, bebida etc.

do.si.me.tri.a *s.f.* FISQUÍM medida da dose absorvida ou da dose de radiação fornecida a um sistema

do.sí.me.tro *s.m.* MED instrumento capaz de medir uma dose de radiação

dos.sel *s.m.* armação forrada e franjada disposta sobre altares, leitos etc.; sobrecéu

dos.si.ê *s.m.* conjunto de documentos sobre pessoa, instituição, país etc.

do.ta.ção [pl.: *-ões*] *s.f.* **1** ação ou efeito de dotar **2** verba destinada a determinado fim ⟨*d. para obras públicas*⟩ **3** rendimento permanente para o sustento de uma pessoa, instituição etc.

do.tar *v.* {mod. 1} *t.d.* **1** conceder dote a ⟨*d. a filha*⟩ **2** estabelecer renda permanente de (instituição, pessoa etc.) ❑ *t.d. e t.d.i.* **3** (prep. *de*) favorecer com (dom ou vantagem natural); agraciar ❑ *t.d.i. e pron.* **4** (prep. *de*) munir(-se), prover(-se) ⮌ privar(-se) ~ **dotador** *adj.s.m.*

do.te *s.m.* **1** dom natural, aptidão ⟨*d. de cozinheira*⟩ ☞ mais us. no pl. **2** conjunto de bens que o cônjuge leva ao casar-se (esp. a mulher)

dou.ra.do *adj.* **1** que tem a cor do ouro ⟨*trigo d.*⟩ **2** ornado de ouro; áureo ⟨*moldura d.*⟩ **3** *fig.* feliz, venturoso ⟨*anos d.*⟩ ⮌ infeliz ■ *s.m.* **4** a cor do ouro **5** *B* nome comum a diversos peixes de água doce, carnívoros, cuja carne é muito apreciada

dou.rar *v.* {mod. 1} *t.d. e pron.* **1** (fazer) ficar da cor de ouro **2** *fig.* tornar(-se) luminoso ou brilhoso ❑ *t.d.* **3** aplicar camada de ouro em **4** fritar ou assar (comida) até tomar cor acobreada ~ **douração** *s.f.* - **douradura** *s.f.*

–douro *suf.* **1** 'ação': *duradouro* **2** 'lugar': *ancoradouro, matadouro*

dou.to *adj.s.m.* **1** que(m) tem muitos conhecimentos; erudito ⮌ inculto ■ *adj.* **2** que revela erudição ⟨*d. dissertação*⟩

dou.tor \ô\ *s.m.* **1** tratamento dado esp. a médicos e advogados **2** *fig. infrm.* quem é experiente ou perito em algo ⮌ aprendiz ■ *adj.s.m.* **3** que(m) fez curso de doutorado

dou.to.ra.do *s.m.* **1** curso de pós-graduação, ger. após o mestrado, através do qual se adquire o título de doutor; doutoramento ■ *adj.* **2** com grau de doutor ⟨*professor d. em física*⟩ ~ **doutorar** *v.t.d. e pron.*

dou.to.ral *adj.2g.* **1** próprio de doutor **2** *pej.* sentencioso, pedante; pretensioso ⟨*tom d. das palavras*⟩ ⮌ humilde

dou.to.ra.men.to *s.m.* doutorado

dou.to.ran.do *s.m.* aluno de curso de doutorado

dou.tri.na *s.f.* **1** conjunto de ideias, princípios (científicos, religiosos, filosóficos etc.) a serem ensinados **2** norma de procedimento ⟨*não respeitou a d. da instituição*⟩ **3** as crenças e dogmas da fé católica; catecismo ~ **doutrinal** *adj.2g.*

dou.tri.nar *v.* {mod. 1} *t.d.,t.d.i. e int.* **1** (prep. *em*) formular, transmitir (doutrina) [a alguém] ❑ *t.d.i.* **2** (prep. *a*) incutir (crença ou atitude) em ⟨*d. o povo a não discutir ordens*⟩ ~ **doutrinação** *s.f.* - **doutrinamento** *s.m.*

dou.tri.ná.rio *adj.* **1** relativo a doutrina **2** que demonstra excessivo apego a uma doutrina; sistemático ⟨*comportamento d.*⟩ **3** *p.ext.* que se expressa de modo sentencioso; doutoral ⟨*tom d. das palavras*⟩

down.load [ing.] *s.m.* aquisição de cópia, em computador, de um arquivo da internet ⟨*fazer um* d.⟩ ⊙ GRAM/USO em ing., é um verbo ⇨ pronuncia-se daunlôud ⊡ **fazer um d.** *loc.vs.* baixar ('transferir')

dra.co.ni.a.no *adj.s.m.* (o) que é muito severo e rigoroso

dra.ga *s.f.* escavadeira, flutuante ou não, us. para retirar areia, lama ou lodo do fundo do mar, de rios e canais

dra.gão [pl.: *-ões*; fem.: *dragoa*] *s.m.* **1** animal fabuloso, assemelhado a um grande lagarto, ger. representado com garras de leão, asas, longo pescoço e uma grande boca, que lança fogo **2** soldado de cavalaria que tb. combatia a pé **3** *B pej.* indivíduo muito feio

dra.gar *v.* {mod. 1} *t.d.* limpar (mar, rio, canal), retirando com draga areia, detritos etc. ~ **dragagem** *s.f.*

drá.gea *s.f.* **1** comprimido coberto de uma camada dura e ger. doce **2** bala feita de amêndoa coberta com açúcar endurecido

dra.go.na *s.f.* adorno com franjas nos ombros de uniformes militares

dra.ma *s.m.* **1** peça teatral, novela, romance etc. que encena conflitos da vida real **2** a arte dramática **3** *fig.* situação de conflito ⟨*a separação do casal não foi um d.*⟩

4 *p.ext.* catástrofe produzida por acidente, crime etc. ⟨*o d. dos desabrigados*⟩

dra.ma.lhão [pl.: *-ões*] *s.m. pej.* drama exageradamente trágico, com várias tensões emocionais; melodrama

dra.má.ti.co *adj.* **1** relativo a drama **2** que trabalha em dramas (diz-se de ator, escritor) **3** que causa aflição ou emoção; comovente ⟨*d. narrativa de guerra*⟩ ↄ cômico ~ **dramaticidade** *s.f.*

dra.ma.ti.zar *v.* {mod. 1} *t.d.* **1** transportar para a linguagem teatral (texto, acontecimento, romance, poema etc.) **2** *fig. pej.* exagerar na representação ou valorização de (fato, situação, sentimento etc.) ~ **dramatização** *s.f.*

dra.ma.tur.gi.a *s.f.* **1** arte ou técnica de escrever e representar peças de teatro ⟨*escola de d.*⟩ **2** conjunto dos recursos técnicos teatrais ⟨*uma peça de d. genial*⟩ **3** o produto da utilização de tais recursos ⟨*uma d. da obra de Fernando Pessoa*⟩ **4** conjunto de peças teatrais de um período, escola ou autor ⟨*a d. de Martins Pena*⟩

dra.ma.tur.go *s.m.* autor de peças de teatro

dra.pe.ar {mod. 5} ou **dra.pe.jar** {mod. 1} *v. t.d.* **1** fazer dobras ou ondulações em (tecido) ↄ alisar ☐ *int.* **2** mover-se com ondulações, agitado pelo vento ~ **drapeado/drapejado** *adj.s.m.*

drás.ti.co *adj.* **1** que age ou funciona com energia; enérgico, radical ⟨*medidas d.*⟩ ↄ ameno ■ *adj.s.m.* **2** (purgante) que produz evacuações intensas

dre.na.gem *s.f.* **1** ato ou efeito de drenar **2** escoamento de águas de um terreno alagado por meio de um sistema de tubos, valas, fossos etc. **3** MED retirada de líquidos do organismo por meio de dreno

dre.nar *v.* {mod. 1} *t.d.* fazer sair, escoar (água, secreção ou outro líquido) de

dre.no *s.m.* **1** em terrenos úmidos, canal para escoamento de águas **2** MED tubo flexível para escoar líquidos do corpo

dri.blar *v.* {mod. 1} *t.d.* **1** DESP gingar o corpo, controlando a bola, para escapar das investidas de (adversário) **2** *fig.* tentar enganar, iludir ⟨*d. a vigilância do pai*⟩ **3** *fig. infrm.* esquivar-se, evitar ⟨*d. os cobradores*⟩

dri.ble *s.m.* **1** DESP movimento de corpo para escapar do adversário, mantendo o controle da bola; finta **2** *p.ext.* ginga de corpo para escapar de algo ou alguém

drin.que *s.m. B* bebida alcoólica; aperitivo

dro.ga *s.f.* **1** substância ou ingrediente us. em farmácia, tinturaria, laboratórios químicos etc. **2** substância que altera a consciência e causa dependência; entorpecente **3** *infrm.* coisa ruim ou sem valor ■ *interj.* **4** manifestação de insatisfação ⟨*d., perdi o trem!*⟩

dro.ga.do *adj.s.m.* que(m) está sob efeito de drogas

dro.gar *v.* {mod. 1} *t.d. e pron.* dar a (alguém) ou usar narcótico, entorpecente ou alucinógeno

dro.ga.ri.a *s.f.* local onde se vendem e/ou manipulam drogas; farmácia

dro.me.dá.rio *s.m.* mamífero que come vegetais, da família do camelo, com apenas uma corcova

dro.pes *s.m.2n. B* tipo de bala ou pastilha em forma de disco

drui.da [fem.: *druidesa* e *druidisa*] *s.m.* HIST antigo sacerdote celta, com funções de educador e juiz

dru.í.di.co *adj.* concernente aos druidas ou ao druidismo

dru.i.dis.mo *s.m.* HIST doutrina religiosa dos druidas, fator de unidade dos povos celtas

dru.pa *s.f.* BOT fruto simples, com semente única formando o caroço, freq. comestível (p.ex., azeitona, coco, manga etc.) ~ **drupáceo** *adj.*

Ds símbolo de *darmstádtio*

du.al *adj.2g.s.m.* (o) que tem duas partes, aspectos etc. em relação de correspondência e reciprocidade ~ **dualidade** *s.f.*

du.a.lis.mo *s.m.* doutrina, credo ou sistema filosófico em que dois princípios opostos coexistem

dú.bio *adj.* **1** sujeito a diferentes interpretações; ambíguo ⟨*depoimento d.*⟩ ↄ inequívoco **2** *p.ext.* impreciso ou indefinível ⟨*olhos de cor d.*⟩ ↄ determinado **3** *p.ext.* que vacila; hesitante ⟨*já idoso, adquiriu um andar d.*⟩ ↄ firme ~ **dubiedade** *s.f.*

du.bi.tá.vel *adj.2g.* que se pode pôr em dúvida; impreciso ⟨*depoimento d.*⟩ ↄ incontestável

du.bla.gem *s.f. B* **1** CINE TV gravação de falas posterior à filmagem **2** CINE TV substituição de um idioma por outro na trilha sonora **3** mímica feita sobre uma gravação de voz ou canto ~ **dublar** *v.t.d.*

du.blê *s.2g. B* **1** substituto de ator em cenas perigosas ou de nudez **2** quem tem duas atividades simultâneas ⟨*d. de escritor e paisagista*⟩

dúb.nio *s.m.* elemento químico artificial, anteriormente denominado *unnilpentium* [símb.: *Db*] ☞ cf. *tabela periódica* (no fim do dicionário)

du.ca.do *s.m.* **1** território de um duque **2** título de duque **3** nome de várias moedas de ouro ou prata de diversos países

du.cen.té.si.mo *n.ord.* (*adj.s.m.*) **1** (o) que, numa sequência, ocupa a posição número 200 ■ *n.frac.* (*adj.s.m.*) **2** (o) que é 200 vezes menor que a unidade

du.cha *s.f.* **1** jato de água lançado sobre o corpo com fim higiênico e/ou terapêutico **2** *p.ext.* chuveiro com jato forte **3** banho nesse chuveiro

dúc.til *adj.2g.* **1** flexível, moldável ⟨*metal d.*⟩ ↄ sólido **2** que pode ser reduzido a fio (diz-se de metal) **3** *fig.* dócil, contemporizador ⟨*personalidade d.*⟩ ↄ rígido ~ **ductilidade** *s.f.*

duc.to *s.m.* **1** duto **2** ANAT cada um dos diversos condutos que dão passagem a secreções ou excreções ⊡ **d. deferente** *loc.subst.* ANAT conduto que transporta o esperma do epidídimo até a uretra; anteriormente denominado *canal deferente*

[1]du.e.lar *adj.2g.* relativo a duelo [ORIGEM: *duelo* + [1]*-ar*]

[2]du.e.lar *v.* {mod. 1} *t.i. e int.* **1** (prep. *com*) lutar (duas pessoas) à mão armada **2** *p.ext.* (prep. *com*) travar embate ideológico, político, intelectual etc. [ORIGEM: do lat. *duellāre* 'combater, lutar']

du.e.lís.ti.co *adj.* relativo a duelo ou a duelista

du.e.lo *s.m.* **1** luta, com armas iguais, em campo aberto e na presença de testemunhas, ajustada para reparação da honra de um dos dois adversários **2** *p.ext.* oposição conflituosa de ideias, sentimentos, forças etc. ⟨*que belo d. travaram aqueles advogados!*⟩ ⮌ concórdia ~ **duelista** *adj.2g.s.2g.*

du.en.de *s.m.* homenzinho de orelhas pontudas e espírito travesso, das lendas europeias

du.e.to \ê\ *s.m.* **1** música para duas vozes ou instrumentos **2** coreografia para dois bailarinos **3** *p.ext. infrm.* qualquer atividade entre duas pessoas

dul.çor \ô\ *s.m.* doçura ~ **dulçoroso** *adj.*

dump.ing [ing.] *s.m.* venda de produtos a um preço inferior ao do mercado, esp. no mercado internacional, com o objetivo de derrotar a concorrência ⇨ pronuncia-se **dampin**

du.na *s.f.* monte de areia formado ger. pelo vento ⊙ GRAM/USO dim.irreg.: *duneta*

du.o *s.m.* dueto ('música')

du.o.de.no *s.m.* parte inicial do intestino delgado ~ **duodenal** *adj.2g.*

du.pla *s.f.* **1** par de seres ou coisas **2** aliança de duas pessoas numa atividade ⟨*d. de médicos*⟩

dú.plex \cs\ *n.mult.* **1** multiplicado por dois; duplo ■ *adj.2g.2n.s.m.2n.* **2** (o) que tem duas camadas, funções etc.; duplo **3** (o) que se construiu em dois andares (casa, apartamento, cobertura) ⊙ GRAM/USO em nível infrm. da língua, pronuncia-se como oxítona

du.pli.ca.ção [pl.: *-ões*] *s.f.* **1** ato ou efeito de duplicar **2** repetição, cópia

du.pli.car *v.* {mod. 1} *t.d.* **1** tornar(-se) duas vezes maior em quantidade, tamanho etc.; dobrar **2** fazer duas vezes; repetir **3** multiplicar por dois ❑ *t.d. e int. fig.* **4** aumentar muito; crescer ~ **duplicador** *adj.s.m.*

du.pli.ca.ta *s.f.* **1** reprodução, cópia **2** numa coleção, figurinha, selo, livro etc. repetido ⟨*tem uma d. para trocar?*⟩ **3** título de crédito nominativo que obriga o devedor a pagar, no prazo marcado, o valor da fatura

dú.pli.ce *n.mult.* **1** multiplicado por dois; duplo ⟨*vias d.*⟩ ■ *adj.2g.* **2** *fig.* falso, dissimulado ⮌ verdadeiro **3** com duas camadas (diz-se de papel)

du.pli.ci.da.de *s.f.* **1** estado ou qualidade do que é ou está duplicado **2** dissimulação, fingimento

du.plo *n.mult.* **1** que contém duas vezes a mesma quantidade ⟨*receita d. de bolo*⟩ ■ *s.m.* **2** quantidade duas vezes maior ⟨*oito é o d. de quatro*⟩ **3** aquele que é muito parecido com outro; sósia ■ *adj.* **4** que tem dois componentes, funções etc. ⟨*via de mão d.*⟩ **5** *pej.* em que se identificam duas características contraditórias ⟨*d. personalidade*⟩

¹du.que [fem.: *duquesa*] *s.m.* título de nobreza abaixo de príncipe [ORIGEM: do lat. *dux,ducis* 'condutor, guia']

²du.que *s.m.* carta ou pedra de jogo de dominó, víspora etc., que vale dois pontos [ORIGEM: prov. do lat. *duo,ae,o* 'dois, duas']

–dura *suf.* equivale a *-ura* (1)

du.ra.bi.li.da.de *s.f.* duração, resistência ⟨*d. do produto*⟩

du.ra.ção [pl.: *-ões*] *s.f.* **1** tempo em que algo acontece, existe ou persiste ⟨*d. das férias*⟩ **2** qualidade do que resiste ao tempo, ao uso ⟨*d. de um produto*⟩ ⮌ fragilidade

du.ra.dou.ro *adj.* que dura muito; durável ⟨*material, sentimento d.*⟩

du.ra.lu.mí.nio *s.m.* liga de metal, leve e resistente, us. em esquadrias, aviões etc.

du.ra-má.ter [pl.: *duras-máteres*] *s.f.* ANAT a membrana mais externa do cérebro e da medula espinhal ☞ cf. *aracnoide* e *pia-máter*

du.râ.men [pl.: *durâmenes* e *(B) duramens*] ou **du.ra.me** *s.m.* BOT cerne ('parte interna')

du.ran.te *prep.* **1** pelo espaço de duração de um tempo ⟨*dormir d. um filme*⟩ **2** em um momento no curso de ⟨*viu o Papa d. a visita a Roma*⟩

du.rão [pl.: *-ões*; fem.: *durona*] *adj.s.m. B infrm.* que(m) possui grande força física e/ou moral

du.rar *v.* {mod. 1} *int.* **1** existir de maneira contínua; permanecer, prolongar-se ⟨*a briga durou muitos anos*⟩ **2** continuar vivo ⟨*adoeceu e durou três meses*⟩ **3** manter o mesmo estado ou características; conservar-se

du.rex \cs\ *s.m.2n. B* fita adesiva ☞ marca registrada (*Durex*) que passou a designar seu gênero ⊙ GRAM/USO admite-se tb. o pl. *durexes*

du.re.za \ê\ *s.f.* **1** propriedade que caracteriza a matéria que é firme e resistente; rigidez ⮌ maciez **2** qualidade do que é difícil de suportar ⟨*d. do clima*⟩ ⮌ amenidade **3** *fig.* rudeza, severidade ⟨*tratar os filhos com d.*⟩ ⮌ brandura **4** *p.ext.* ação cruel, desumana ⟨*durezas da guerra*⟩ **5** *B infrm.* falta de dinheiro

du.ro *adj.* **1** que resiste ao desgaste e à penetração; resistente ⟨*couro d.*⟩ **2** *fig.* árduo, penoso ⟨*inverno d.*⟩ ⮌ ameno **3** que não é flexível ou macio; desconfortável ⟨*colchão d.*⟩ **4** que tem atitudes firmes ⟨*pai d.*⟩ ⮌ tolerante ■ *adj.s.m. B infrm.* **5** (pessoa) sem dinheiro ⮌ rico ■ *adv. infrm.* **6** intensamente ⟨*trabalhar d.*⟩ **7** sem delicadeza ou pena ⟨*falou d. com ele*⟩

du.to *s.m.* **1** qualquer meio de ligação; canal ⟨*um d. entre as duas lagoas*⟩ **2** *fig.* pessoa ou coisa que serve de canal ⟨*o voto é um d. entre o povo e o poder*⟩

dú.vi.da *s.f.* **1** sentimento de incerteza sobre a verdade ou probabilidade ⟨*d. sobre qual dos dois tinha razão*⟩ ⮌ convicção **2** falta de confiança; suspeita ⟨*a d. está entre nós*⟩ ⮌ confiança **3** dificuldade de entendimento ⟨*o professor tirava as d.*⟩

du.vi.dar *v.* {mod. 1} *t.i.* **1** (prep. *de*) não estar convencido de ⮌ acreditar **2** (prep. *de*) não ter confiança em; desconfiar, suspeitar ⮌ crer ❑ *t.d.* **3** considerar impossível ⟨*duvido que voltes aqui*⟩ ⮌ acreditar

du.vi.do.so \ô\ [pl.: *duvidosos* \ó\] *adj.* **1** que transmite muitas dúvidas; incerto ⟨*resultado d.*⟩ ⮌ certo **2** descrente, desconfiado ⮌ confiante **3** que não merece confiança ⟨*produto de origem d.*⟩ ⮌ confiável

4 que contraria certos princípios, ger. estéticos ⟨*gosto d.*⟩ ↄ comum

dú.zia *s.f.* grupo de 12 unidades

DVD [ing.; pl.: *DVDs*] *s.m.* disco óptico digital adaptado à multimídia e ao vídeo digital, cuja capacidade de armazenamento é superior à do *CD* ⇨ pronuncia-se divi**di**, corrente deve**dê**

DVD play.er [ing.; pl.: *DVD players*] *loc.subst.* equipamento que executa arquivos de multimídia (esp. vídeos) gravados em *DVD* ⇨ pronuncia-se dividi **plê**ier, *corrente* devedê **plê**ier

Dy símbolo de *disprósio*

dze.ta *s.m.* a sexta letra do alfabeto grego (ζ, Z)

Ee

€ E є Ee Ee Ee Ee Ee

c. 200 A.C. c. 100 A.C. c. 800 c.1500 c.1800 1890 1927 2001

e \é *ou* ê\ *s.m.* **1** quinta letra (vogal) do nosso alfabeto ■ *n.ord.(adj.2g.2n.)* **2** diz-se do quinto elemento de uma série ⟨*casa E*⟩ ⟨*item 1e*⟩ ☞ empr. posposto a um substantivo ou numeral **3** diz-se da quinta classe na escala de poder e riqueza ⟨*classe E*⟩ ⊙ GRAM/USO na acp. s.m., pl.: *ee* [ORIGEM: do nome da quinta letra do alfabeto latino]

e \ê\ *conj.adt.* **1** une palavras ou orações de mesmo valor sintático ⟨*João e Maria*⟩ ■ *conj.advrs.* **2** opõe uma situação a outra; mas, porém, no entanto ⟨*ia sair e choveu*⟩ [ORIGEM: do lat. *et* 'id.'] ⊡ **e comercial** *loc.subst.* sinal gráfico [&] que substitui a conjunção aditiva *e*

E símbolo de *este* (na rosa dos ventos)

e– *pref.* 'movimento para fora' (equivalente a *ex-*): *emigrar*

e– [ing.] *el.comp.* INF us. em compostos cujo segundo elemento é em geral palavra do inglês (p.ex., *e-mail*) designando atividades e produtos ligados à internet ⇨ pronuncia-se i

E. abreviatura de *este* ou *leste* ('região') ☞ cf. *L.*

–ear *suf.* **1** 'repetição, duração': *folhear, pisotear* **2** 'transformação': *cachear, casear*

e-bank.ing [ing.] *s.m.* ver *BANCO ELETRÔNICO* ⇨ pronuncia-se i **benquin**

é.ba.no *s.m.* árvore de madeira resistente e escura

e.bo.la *s.m.* MED vírus mortal que causa febre hemorrágica

e.bo.ni.te *s.f.* borracha vulcanizada, us. na indústria elétrica

e-book [ing.; pl.: *e-books*] *s.m.* INF **1** livro em suporte eletrônico, esp. para distribuição via internet, feito originalmente ou adaptado para esse tipo de mídia **2** aparelho portátil, próprio para recepção, armazenamento e visualização de livros transmitidos por meios informáticos ⇨ pronuncia-se i **buk**

e.bri.e.da.de *s.f.* bebedeira ⊃ sobriedade

é.brio *adj.s.m.* **1** que(m) está ou vive bêbado ⊃ sóbrio ■ *adj. fig.* **2** arrebatado, extasiado ⟨*é. de paixão*⟩

e.bu.li.ção [pl.: *-ões*] *s.f.* **1** FÍS passagem de um líquido ao estado gasoso através do seu aquecimento **2** efervescência gasosa que ocorre na fermentação **3** *fig.* estado de euforia; agitação ⊃ apatia

e.bu.li.dor \ô\ *adj.s.m.* **1** (aparelho com um resistor elétrico) que se usa para fazer ferver pequenas quantidades de água ■ *adj.* **2** que provoca ebulição

e.búr.neo *adj.* **1** de marfim **2** semelhante a marfim

e-busi.ness [ing.] *s.m.* ver *COMÉRCIO ELETRÔNICO* ⇨ pronuncia-se i **biznis**

e.char.pe *s.f.* faixa de tecido leve us. ao redor do pescoço

e.clamp.si.a ou **e.clâmp.sia** *s.f.* doença grave que pode ocorrer no final da gravidez, com convulsões causadas por hipertensão arterial ~ **eclâmptico** *adj.*

e.cler *s.m.* bomba ('doce')

e.cle.si.ás.ti.co *adj.* **1** relativo à Igreja ou aos seus sacerdotes ■ *s.m.* **2** membro do corpo social da Igreja; padre, sacerdote

e.clé.ti.co *adj.s.m.* que(m) mistura um pouco de cada estilo, doutrina etc.

e.cle.tis.mo *s.m.* qualquer teoria ou prática que escolhe o que parece melhor entre várias doutrinas, métodos ou estilos

e.clip.sar *v.* {mod. 1} *t.d. e pron.* **1** causar ou sofrer eclipse (astro) ❑ *t.d. fig.* **2** tirar o brilho de; ofuscar **3** ser superior a; exceder

e.clip.se *s.m.* obscurecimento de um corpo celeste por outro ~ **eclíptico** *adj.*

e.clo.dir *v.* {mod. 24} *int.* **1** tornar-se visível de repente; surgir, aparecer **2** irromper, rebentar ⟨*a revolução eclodiu*⟩ **3** sair de ovo, casca etc. **4** desabrochar

é.clo.ga ou **é.glo.ga** *s.f.* LIT poesia bucólica em que pastores dialogam

e.clo.são [pl.: *-ões*] *s.f.* **1** surgimento, aparecimento **2** desabrochamento

e.clu.sa *s.f.* em rios com grande desnível, dique que permite a descida ou subida de embarcações

–eco *suf.* 'diminuição e depreciação': *livreco*

e.co *s.m.* **1** repetição de um som causada pelo retorno de uma onda sonora que atingiu um obstáculo **2** repercussão (de um fato etc.) ⟨*sua atitude teve e. entre os jovens*⟩

e.co.ar *v.* {mod. 1} *int.* **1** produzir eco **2** *fig.* causar impressão generalizada; repercutir ❑ *t.d.* **3** tornar a fazer, a dizer; repetir ~ **ecoante** *adj.2g.*

e.co.car.dio.gra.ma *s.m.* ultrassonografia do coração ~ **ecocardiografia** *s.f.*

e.co.cí.dio *s.m.* destruição deliberada de um ecossistema

e.co.en.ce.fa.lo.gra.ma *s.m.* representação gráfica das estruturas cerebrais obtida por ultrassonografia ~ **ecoencefalografia** *s.f.*

e.co.gra.fi.a *s.f.* ultrassonografia ~ **ecografar** *v.t.d.* · **ecográfico** *adj.*

e.co.la.li.a *s.f.* **1** hábito ou mania de fazer rimar palavras, falando ou escrevendo **2** MED forma de afasia em que o paciente repete mecanicamente palavras ou frases que ouve

e.co.lo.gi.a *s.f.* ciência que estuda as relações entre os seres vivos e o meio ambiente ~ **ecológico** *adj.*

e.co.lo.gi.ca.men.te *adv.* do ponto de vista da ecologia; no que se refere ao equilíbrio entre o homem, o ambiente e os demais organismos ⟨*produtos e. corretos*⟩

e.co.lo.gis.ta *adj.2g.s.2g.* que(m) se dedica a ações ambientalistas

e.có.lo.go *s.m.* aquele que se dedica ao estudo da ecologia

e.co.no.mês *s.m. joc.* linguajar técnico dos economistas

e.co.no.mi.a *s.f.* **1** controle ou moderação das despesas ↄ desperdício **2** ECON ciência que estuda produção, distribuição e consumo de bens materiais necessários ao bem-estar **3** aproveitamento racional e consciente de recursos materiais ▼ *economias s.f.pl.* **4** dinheiro acumulado com o controle dos gastos; poupança ▣ **e. de mercado** *loc.subst.* ECON sistema em que a oscilação de preços é conduzida pelo mercado, com intervenção mínima do Estado • **e. informal** *loc.subst.* ECON prática em que o comerciante não paga impostos

e.co.no.mi.ca.men.te *adv.* **1** do ponto de vista da economia ⟨*países e. atrasados*⟩ **2** no que se refere ao equilíbrio entre receitas e despesas ⟨*a empresa tornou-se e. inviável*⟩ ⟨*classes e. desfavorecidas*⟩ **3** com economia; gastando pouco dinheiro ⟨*vive com comodidade, mas sabe comprar e.*⟩

e.co.nô.mi.co *adj.* **1** que diz respeito a economia **2** que gasta pouco ↄ esbanjador **3** que custa pouco; barato ↄ caro

e.co.no.mis.ta *adj.2g.s.2g.* profissional de economia ~ **ecônomo** *s.m.*

e.co.no.mi.zar *v.* {mod. 1} *t.d. e int.* **1** gastar com moderação; poupar ↄ esbanjar ❑ *t.d.* **2** juntar (dinheiro); poupar, amealhar **3** deixar de gastar; poupar ⟨*e. tempo indo pelo atalho*⟩

e.co.pro.du.to *s.m.* produto cujo impacto sobre o ecossistema é muito reduzido

e.cos.fe.ra *s.f.* conjunto de regiões do universo onde podem existir organismos vivos

e.cos.sis.te.ma *s.m.* sistema que inclui os seres vivos, o meio ambiente e suas inter-relações; biogeocenose ~ **ecossistêmico** *adj.*

ec.to.plas.ma *s.m.* **1** BIO camada mais externa do citoplasma **2** em parapsicologia, substância visível considerada capaz de produzir materialização do espírito ~ **ectoplasmático** *adj.*

e.cu.mê.ni.co *adj.* **1** relativo a ecumenismo **2** de âmbito geral, universal ↄ individual **3** que congrega pessoas de diferentes credos e ideologias

e.cu.me.nis.mo *s.m.* movimento favorável à união de todas as igrejas cristãs ~ **ecumenista** *adj.2g.s.2g.*

e.cú.me.no *adj.s.m.* **1** (área geográfica) sempre habitada pelos homens ■ *s.m.* **2** o todo, o universal

ec.ze.ma *s.m.* MED inflamação alérgica da pele que produz vesículas, descamação e coceira

e.de.ma *s.m.* MED acúmulo anormal de líquidos nos tecidos do organismo ~ **edemático** *adj.*

e.de.ma.to.so \ô\ [pl.: *edematosos* \ó\] *adj.* MED que apresenta edema

é.den [pl.: *edens*] *s.m.* **1** o paraíso terrestre, segundo a Bíblia ☞ inicial maiúsc. **2** paraíso ~ **edênico** *adj.*

e.di.ção [pl.: *-ões*] *s.f.* **1** publicação de uma obra (texto, partitura, disco etc.) **2** conjunto de exemplares de uma obra, impressos em uma só tiragem ⟨*segunda e. de um livro*⟩ **3** atividade de editor **4** TEL seleção e montagem final de textos ou imagens para jornal, televisão, cinema etc. **5** TEL cada uma das transmissões de um determinado programa jornalístico

e.di.fi.ca.ção [pl.: *-ões*] *s.f.* **1** construção de um edifício ↄ demolição **2** casa, edifício **3** condução à virtude ⟨*e. do caráter*⟩ **4** ação de instruir, esclarecer, informar ⟨*colaborar para a e. do povo*⟩ ↄ desinformação

e.di.fi.can.te *adj.2g.* que conduz à virtude ↄ degradante

e.di.fi.car *v.* {mod. 1} *t.d.* **1** levantar, erguer (construção); construir **2** fundar, criar (teoria, doutrina etc.) ❑ *t.d.,int. e pron.* **3** induzir ou ser induzido à virtude; engrandecer(-se) ~ **edificador** *adj.s.m.*

e.di.fí.cio *s.m.* **1** imóvel de certa importância **2** prédio de vários andares

e.di.fí.cio-ga.ra.gem [pl.: *edifícios-garagem* e *edifícios-garagens*] *s.m.* prédio feito exclusivamente para guardar carros

e.di.fí.cio-se.de [pl.: *edifícios-sedes* e *edifícios-sede*] *s.m.* edifício onde uma empresa ou instituição tem o seu principal estabelecimento ou o seu maior contingente de pessoal

e.dil *s.m.* vereador

e.dí.li.co *adj.* referente a edil ☞ cf. *idílico*

e.di.li.da.de *s.f.* exercício das funções de edil

e.di.tal *s.m.* escrito oficial com avisos, determinações etc. afixado em local público ou publicado na imprensa

e.di.tar *v.* {mod. 1} *t.d.* **1** publicar (obra) **2** selecionar e combinar imagens, sons etc. para montar (filme, programa de rádio ou televisão etc.)

e.di.to *s.m.* DIR qualquer determinação legal ☞ cf. *édito*

é.di.to *s.m.* DIR mandado judicial publicado em edital ☞ cf. *edito*

e.di.tor \ô\ *adj.s.m.* **1** que(m) publica livros, partituras etc. **2** que(m) prepara um texto para figurar numa publicação **3** que(m) decide conteúdo e forma final de jornal, telejornal, filme etc. ⊡ **e. de textos** *loc.subst.* programa de computador que cria e altera textos

e.di.to.ra \ô\ *s.f.* instituição que edita

e.di.to.ra.ção [pl.: *-ões*] *s.f.* **1** conjunto das atividades de um editor **2** preparação e revisão de textos para impressão **3** *p.ext.* conjunto de atividades relacionadas com a publicação de livros, produção de discos, vídeos, *CD-ROM* etc. **4** *p.ext.* elaboração de informações transmitidas por meios eletrônicos ⊡ **e. eletrônica** *loc.subst.* uso de recursos da informática nas atividades editoriais ~ **editorar** *v.t.d.*

e.di.to.ra.dor \ô\ *adj.s.m.* que(m) editora

e.di.to.ri.a *s.f.* conjunto das seções de um jornal, revista etc. sob o comando de um editor

e.di.to.ri.al *adj.2g.* **1** referente a editor ou editora ■ *s.m.* **2** artigo em jornal ou revista com a opinião de seus editores

e.di.to.ri.a.lis.ta *adj.2g.* **1** relativo a editorial ■ *adj.2g.s.2g.* **2** que(m) escreve editoriais

-edo *suf.* 'coleção': *arvoredo*

e.dre.dom *s.m.* cobertor acolchoado, tb. us. como colcha

e.du.ca.ção [pl.: *-ões*] *s.f.* **1** processo para o desenvolvimento físico, intelectual e moral de um ser humano **2** conjunto dos métodos empregados nesse processo; instrução, ensino **3** desenvolvimento metódico (de faculdade, sentido, órgão etc.) ⟨*e. da memória*⟩ **4** civilidade, polidez ⊃ incivilidade ~ **educacional** *adj.2g.*

e.du.can.dá.rio *s.m.* estabelecimento de ensino; escola

e.du.can.do *s.m.* aluno

e.du.car *v.* {mod. 1} *t.d.* **1** fornecer a (alguém) os cuidados necessários ao pleno desenvolvimento físico, intelectual e moral **2** transmitir saber a; ensinar, instruir **3** fazer (o animal) obedecer; domar ❑ *pron.* **4** buscar atingir alto grau de desenvolvimento; aperfeiçoar-se ~ **educador** *adj.s.m.*

e.du.ca.ti.vo *adj.* **1** relativo a educação; educacional **2** que contribui para a educação ⊃ deseducativo

e.dul.co.ran.te *adj.2g.s.m.* adoçante ~ **edulcorar** *v.t.d.*

e.fe *s.m.* nome da letra *f*

e.fei.to *s.m.* **1** aquilo que é produzido por uma causa; resultado, consequência ⟨*a miséria é um e. da injustiça social*⟩ ⊃ causa **2** o que gera uma sensação, uma influência ⟨*o castigo surtiu e.*⟩ **3** o que produz um resultado esperado; eficácia ⟨*remédio de grande e.*⟩ ⊃ ineficácia **4** recurso artístico ou técnico que atrai a atenção ⟨*e. sonoro*⟩ ⊡ **e. estufa** *loc.subst.* aquecimento das camadas atmosféricas inferiores causado pelo acúmulo de certos gases no ar • **levar a e.** *loc.vs.* realizar • **com e.** *loc.adv.* de fato, efetivamente

e.fe.mé.ri.de *s.f.* **1** fato importante em determinada data **2** comemoração de um fato importante, de uma data etc. ▼ *efemérides s.f.pl.* **3** livro que registra acontecimentos diários

e.fê.me.ro *adj.* que dura pouco ⊃ duradouro ~ **efemeridade** *s.f.*

e.fe.mi.na.do *adj.s.m.* afeminado

e.fer.ves.cên.cia *s.f.* **1** ato de ferver ou seu efeito **2** formação de bolhas de gás em um meio líquido **3** comoção, agitação ⊃ apatia ~ **efervescer** *v.int.*

e.fer.ves.cen.te *adj.2g.* **1** que apresenta ou pode apresentar efervescência **2** *fig.* que se mostra irrequieto, agitado

e.fe.ti.vo *adj.* **1** que produz efeito real ■ *adj.s.m.* **2** (funcionário) estável ⟨*trabalha como funcionário e.*⟩ ⟨*apenas os e. receberam aumento*⟩ ■ *s.m.* **3** número real de militares que integram uma formação terrestre, aérea ou naval **4** ativo disponível de uma empresa ~ **efetivamente** *adv.* - **efetividade** *s.f.*

e.fe.tu.a.ção [pl.: *-ões*] *s.f.* execução, realização

e.fe.tu.ar *v.* {mod. 1} *t.d. e pron.* **1** levar ou ir a efeito; realizar, acontecer ❑ *t.d.* **2** fazer (operação matemática)

e.fi.cá.cia *s.f.* capacidade de atingir o efeito esperado

e.fi.caz *adj.2g.* que produz o efeito esperado; produtivo ⟨*vacina e.*⟩ ⊃ ineficaz

e.fi.ci.ên.cia *s.f.* capacidade de atingir o efeito esperado, da forma desejada

e.fi.ci.en.te *adj.2g.* que produz o efeito esperado, da forma desejada; competente, capaz ⟨*criado e.*⟩ ⊃ ineficiente

e.fí.gie *s.f.* imagem, figura, retrato de pessoa ou personagem

e.flo.res.cên.cia *s.f.* BOT formação e surgimento da flor

e.flu.ên.cia *s.f.* eflúvio

e.flu.ir *v.* {mod. 26} *int.* fluir de; emanar ~ **efluente** *adj.2g.*

e.flú.vio *s.m.* **1** odor sutil exalado de um fluido, corpo etc. **2** emissão de energia ou matéria ⟨*e. de inteligência*⟩

e.fu.são [pl.: *-ões*] *s.f.* **1** derramamento (de líquido) ou expansão (de gás) **2** *fig.* manifestação expansiva de afeto, de alegria ⊃ frieza

e.fu.si.vo *adj.* que se manifesta com efusão; entusiasmado ⮌ tímido
é.gi.de *s.f.* defesa, proteção ⮌ desamparo
e.gip.to.lo.gi.a *s.f.* ciência que estuda o antigo Egito ~ **egiptológico** *adj.*
e.gip.tó.lo.go *s.m.* especialista em egiptologia
é.glo.ga *s.f.* → ÉCLOGA
e.go *s.m.* **1** PSIC núcleo da personalidade de uma pessoa **2** PSICN nível psíquico criado pelas experiências do indivíduo e que exerce função de controle sobre o seu comportamento, sendo grande parte de seu funcionamento inconsciente ☞ cf. *superego*
e.go.cên.tri.co *adj.s.m.* que(m) age voltado para si mesmo, sem se preocupar com os interesses alheios ⮌ altruísta ~ **egocentrismo** *s.m.*
e.go.ís.mo *s.m.* apego excessivo aos próprios interesses sem consideração pelos alheios
e.go.ís.ta *adj.2g.* **1** relativo a egoísmo ⟨*comportamento e.*⟩ ⮌ altruísta ■ *adj.2g.s.2g.* **2** (aquele) que manifesta egoísmo, que só pensa em si mesmo ⮌ altruísta
e.gré.gio *adj.* **1** muito distinto ⮌ mal-afamado **2** admirável ⮌ abominável
e.gres.so *adj.* **1** que se afastou ■ *s.m.* **2** afastamento, saída ⮌ entrada **3** indivíduo que largou o convento **4** indivíduo que saiu da prisão após cumprimento da pena ⮌ prisioneiro
é.gua *s.f.* fêmea do cavalo
eh *interj.* exprime ânimo, incitamento
ei *interj.* us. para saudação ou chamado
–eima *suf.* 'qualidade': *guloseima*
e-ink [ing.; pl.: *e-inks*] *s.m.* papel eletrônico composto de duas superfícies entremeadas de esferas microscópicas cuja tonalidade é controlada pela carga a elas aplicada através de uma malha elétrica ⇨ pronuncia-se i **inc**
eins.têi.nio ou **eins.tê.nio** *s.m.* elemento químico artificial radioativo e metálico [símb.: *Es*] ☞ cf. *tabela periódica* (no fim do dicionário)
–eira *suf.* **1** 'ocupação': *lavadeira* **2** 'árvore produtora': *mangueira* **3** 'coleção, quantidade': *cabeleira* **4** 'local, receptáculo': *lixeira*
ei.ra *s.f.* **1** local para debulhar e limpar cereais e legumes **2** área onde se deposita o sal nas salinas ⊡ **sem e. nem beira** *loc.adv.* muito pobre
–eirão *suf.* 'aumento': *vozeirão*
–eiro *suf.* **1** 'agente, profissão': *jornaleiro* **2** 'árvore produtora': *limoeiro* **3** 'quantificação': *nevoeiro* **4** 'local, receptáculo': *galinheiro, açucareiro* **5** 'origem, nacionalidade': *brasileiro* **6** 'relação': *verdadeiro*
eis *adv.* aqui está ⟨*e. a minha contribuição*⟩
ei.ta *interj.* eta
ei.to *s.m.* **1** série de coisas postas em fila **2** *B* limpeza de uma plantação **3** *B* plantação em que trabalhavam escravos ⊡ **a e.** *loc.adv.* seguidamente
ei.va *s.f.* **1** fenda, rachadura **2** marca de apodrecimento em um fruto **3** defeito físico do pescoço de bovinos **4** *fig.* imperfeição física ou moral ⮌ exatidão
ei.va.do *adj.* contaminado, infectado ⮌ sadio
ei.xo *s.m.* **1** reta, real ou imaginária, que atravessa o centro de um corpo e em torno da qual o corpo gira ou pode girar **2** peça que articula em torno de si, em movimento de rotação, partes de um mecanismo **2.1** barra em cujos extremos são fixadas rodas de um veículo ou de outra máquina **3** *fig.* ponto ou ideia central ⟨*o e. de um raciocínio*⟩ ⊡ **e. de manivela** *loc.subst.* ENG.MEC peça de um motor de explosão que transforma o movimento retilíneo alternado do conjunto êmbolo-biela em movimento circular
e.ja.cu.la.ção [pl.: *-ões*] *s.f.* **1** forte derramamento (de líquido) **2** emissão de esperma pela uretra
e.ja.cu.lar *v.* {mod. 1} *t.d.* **1** lançar de si (um líquido) ❑ *int.* **2** emitir esperma
–ejar *suf.* **1** 'repetição': *gotejar* **2** 'transformação': *verdejar*
e.je.ção [pl.: *-ões*] *s.f.* expulsão
e.je.tar *v.* {mod. 1} *t.d.* lançar fora; expelir, expulsar ~ **ejetor** *adj.s.m.*
–ejo *suf.* 'diminuição': *lugarejo*
–ela *suf.* 'diminuição': *rodela, ruela*
e.la *pron.p.* **1** fem. de *ele* \ê\ ■ *s.f.* **2** *infrm.* cachaça
e.lã *s.m.* **1** impulso **2** entusiasmo **3** inspiração criativa
e.la.bo.ra.ção [pl.: *-ões*] *s.f.* **1** preparação cuidadosa **2** produção, feitura
e.la.bo.rar *v.* {mod. 1} *t.d.* **1** preparar pouco a pouco, com cuidado, precisão ⟨*e. um plano*⟩ **2** tornar mais complexo ⟨*e. mais um texto*⟩ ❑ *pron.* **3** produzir-se, formar-se ⟨*a saliva se elabora na boca*⟩
e.las.ta.no *s.m.* fibra sintética à base de poliuretano, us. na fabricação de tecidos elásticos
e.las.ti.ci.da.de *s.f.* **1** propriedade de um corpo sofrer deformação, quando submetido a tração, e retornar parcial ou totalmente à forma original **2** *fig.* agilidade física; flexibilidade ⟨*a e. do atleta*⟩ **3** ausência de senso moral; doblez, lassidão
e.lás.ti.co *adj.* **1** que volta à forma inicial depois de ser deformado ⮌ inflexível **2** impreciso, inexato ⟨*palavra de sentido e.*⟩ ⮌ exato **3** de princípios pouco rígidos ⟨*moral e.*⟩ ⮌ rígido ■ *s.m.* **4** tira de borracha, us. para prender ou apertar
el.do.ra.do *s.m.* lugar imaginário cheio de riquezas e oportunidades
e.le \é\ *s.m.* nome da letra *l*
e.le \ê\ *pron.p.* **1** representa a 3ª p.s. e é us. para indicar aquele ou aquilo de que se fala ou escreve ■ *s.m.* **2** diabo
e.le.fan.te [fem.: *elefanta*] *s.m.* mamífero de grande porte com uma tromba, originário da Ásia e África ⊙ voz subst.: barrido ⊡ **e. branco** *loc.subst.* *fig.* coisa inútil ou pouco prática
e.le.fan.tí.a.se *s.f.* doença causada pelo verme filária, caracterizada por inchaço crônico esp. das pernas devido à falta de circulação
e.le.fan.ti.no *adj.* **1** que diz respeito ou é semelhante a elefante **2** relativo a elefantíase

e.le.gân.cia *s.f.* 1 graça e distinção no porte e nos modos ⟨*a e. de um gesto*⟩ ⊃ deselegância 2 comportamento cortês, distinto; gentileza, fineza ⊃ grosseria 3 adequação e fineza na linguagem ⟨*e. de um verso*⟩ 4 correção de caráter moral; honradez ⊃ desonradez

e.le.gan.te *adj.2g.s.2g.* que(m) tem elegância

e.le.ger *v.* {mod. 8} *t.d. e t.d.pred.* 1 optar por (alguém ou algo), entre dois ou mais; escolher 2 escolher por votação ❑ *pron.* 3 passar ao exercício de (cargo ou função) ⊙ GRAM/USO part.: *elegido, eleito* ~ **eleito** *adj.s.m.*

e.le.gi.a *s.f.* 1 poema lírico melancólico 2 canção lamentosa ~ **elegíaco** *adj.*

e.le.gí.vel *adj.2g.* que se pode eleger ⊃ inelegível ~ **elegibilidade** *s.f.*

e.lei.ção [pl.: *-ões*] *s.f.* escolha, por voto, de alguém para ocupar um posto, cargo etc.; votação, pleito ⟨*ele foi escolhido na última e.*⟩

e.lei.tor \ô\ *adj.s.m.* que(m) elege ou pode eleger ⊙ COL eleitorado

e.lei.to.ra.do *s.m.* conjunto de eleitores

e.lei.to.ral *adj.2g.* relativo a eleição

e.lei.to.rei.ro *adj. pej.* diz-se de manobra ou conchavo político cuja finalidade é apenas captar votos

e.le.men.tar *adj.2g.* 1 que diz respeito a elemento(s) 2 que funciona de modo primário ⊃ complexo 3 *p.ext.* de fácil compreensão; básico, essencial ⟨*conceitos e.*⟩ ⊃ difícil

e.le.men.to *s.m.* 1 QUÍM substância formada de átomos com o mesmo número atômico 2 parte constituinte de um todo; componente ⊃ totalidade 3 ambiente, meio 4 *infrm.* indivíduo, sujeito ▼ *elementos s.m.pl.* 5 noções básicas ⟨*e. de psicologia*⟩

e.len.co *s.m.* 1 enumeração, lista, relação 2 lista dos atores de um espetáculo ⟨*e. de uma novela*⟩

e.le.pê *s.m.* disco fonográfico de vinil de longa duração

e.le.ti.vo *adj.* 1 relativo a eleição 2 feito por eleição, escolha, preferência; optativo ⟨*matérias e.*⟩ ⟨*cirurgia e.*⟩

e.le.tra.cús.ti.ca *s.f.* eletroacústica ~ **eletracústico** *adj.*

e.le.tren.ce.fa.lo.gra.fi.a *s.f.* eletroencefalografia

e.le.tren.ce.fa.lo.gra.ma *s.m.* eletroencefalograma

e.le.tri.ci.da.de *s.f.* 1 forma de energia utilizada na indústria e em residências para produzir luz, gerar calor e acionar motores 2 FÍS conjunto de fenômenos naturais que envolvem cargas elétricas estacionárias ou em movimento 2.1 FÍS ciência que estuda esses fenômenos 3 carga elétrica

e.le.tri.cis.ta *adj.2g.s.2g.* que(m) instala redes elétricas ou faz reparos em aparelhos elétricos

e.lé.tri.co *adj.* 1 que diz respeito a eletricidade 2 movido a eletricidade 3 *fig.* de forma muito rápida ⊃ demorado 4 *fig.* muito agitado ou nervoso ⊃ calmo

e.le.tri.fi.ca.ção [pl.: *-ões*] *s.f.* 1 ato de eletrificar ou seu efeito 2 ato de dotar (algo) de propriedades elétricas

e.le.tri.fi.car *v.* {mod. 1} *t.d.* 1 dotar de carga elétrica ⟨*e. uma cerca*⟩ 2 instalar dispositivos elétricos em ⟨*e. a região rural*⟩

e.le.tri.zan.te *adj.2g.* 1 carregado de eletricidade 2 *fig.* que provoca grande entusiasmo; alucinante, encantador ⟨*espetáculo e.*⟩ ⊃ enfadonho

e.le.tri.zar *v.* {mod. 1} *t.d.* 1 criar ou desenvolver propriedades elétricas em 2 dotar de carga elétrica; eletrificar ❑ *t.d. e pron. fig.* 3 maravilhar(-se), encantar(-se) ~ **eletrização** *s.f.*

e.le.tro.a.cús.ti.ca *s.f.* ciência que estuda a conversão de energia elétrica em sonora e vice-versa ~ **eletroacústico** *adj.*

e.le.tro.car.dio.gra.fi.a *s.f.* análise do registro feito pelo eletrocardiograma ~ **eletrocardiográfico** *adj.*

e.le.tro.car.di.ó.gra.fo *s.m.* aparelho que realiza o eletrocardiograma

e.le.tro.car.dio.gra.ma *s.m.* registro gráfico das variações elétricas resultantes da atividade do músculo cardíaco

e.le.tro.cus.são [pl.: *-ões*] *s.f.* morte por choque elétrico

e.le.tro.cu.tar *v.* {mod. 1} *t.d.* matar por choque elétrico ~ **eletrocutor** *adj.s.m.*

e.le.tro.di.nâ.mi.ca *s.f.* FÍS estudo das cargas elétricas em movimento ~ **eletrodinâmico** *adj.*

e.lé.tro.do ou **e.le.tro.do** \ô\ *s.m.* 1 condutor de corrente elétrica, ger. metálico 2 cada uma das placas de um capacitor

e.le.tro.do.més.ti.co *adj.s.m.* diz-se de ou aparelho elétrico us. em tarefas domésticas (p.ex., geladeira, micro-ondas)

e.le.tro.en.ce.fa.lo.gra.fi.a *s.f.* análise de eletroencefalograma; eletrencefalografia ~ **eletroencefalográfico** *adj.*

e.le.tro.en.ce.fa.lo.gra.ma *s.m.* registro das variações elétricas do cérebro por meio de elétrodos presos à cabeça; eletrencefalograma

e.le.tro-hi.dráu.li.co [pl.: *eletro-hidráulicos*] ou **e.le.tro.i.dráu.li.co** *adj.* 1 relativo a uma combinação de mecanismos elétricos e hidráulicos 2 que envolve ou é produzido pela ação de descargas elétricas de alta voltagem

e.le.tro.í.mã *s.m.* ímã com um núcleo de ferro que é magnetizado ao ter o fio que o envolve atravessado por uma corrente elétrica; eletromagneto

e.le.tró.li.se *s.f.* decomposição de eletrólito ('solução') por meio de corrente elétrica ~ **eletrolisar** *v.t.d.* - **eletrolítico** *adj.*

e.le.tró.li.to *s.m.* 1 condutor elétrico em que o transporte de corrente é feito por íons 2 solução condutora de eletricidade

e.le.tro.mag.ne.tis.mo *s.m.* conjunto de fenômenos físicos referentes à interação entre campos elétricos e campos magnéticos e sua inter-relação ~ **eletromagnético** *adj.*

e.le.tro.mag.ne.to *s.m.* eletroímã

e.le.tro.mo.tor \ô\ *adj.s.m.* (o) que desenvolve eletricidade

e.lé.tron [pl.: *elétrons*] *s.m.* FÍS partícula de carga elétrica negativa, presente em todos os átomos

e.le.tro.ne.ga.ti.vo *adj.* FÍS que atrai elétrons (diz-se de elemento) ~ **eletronegatividade** *s.f.*

e.le.trô.ni.ca *s.f.* FÍS estudo do comportamento de circuitos elétricos e suas aplicações

e.le.trô.ni.co *adj.* referente a eletrônica

e.le.tros.tá.ti.ca *s.f.* FÍS estudo das cargas elétricas quando em repouso

e.le.tros.tá.ti.co *adj.* referente a eletrostática

e.le.tro.tec.ni.a *s.f.* ciência das aplicações técnicas da eletricidade

e.le.tro.téc.ni.co *adj.* **1** referente a eletrotecnia ■ *adj.s.m.* **2** especialista em eletrotecnia

e.le.va.ção [pl.: *-ões*] *s.f.* **1** ação de elevar(-se) ou seu efeito **2** altura a que algo é erguido ⟨*e. do terreno*⟩ ⮌ depressão **3** promoção, engrandecimento ⮌ rebaixamento **4** aumento (de preço ou quantidade) ⟨*e. da taxa de inflação*⟩ ⮌ redução

e.le.va.do *s.m.* **1** viaduto ■ *adj.* **2** superior, sublime ⟨*inspiração e.*⟩ ⮌ vulgar

e.le.va.dor \ô\ *s.m.* **1** cabine para deslocamento vertical ou em plano inclinado de pessoas ou cargas ■ *adj.* **2** que eleva

e.le.var *v.* {mod. 1} *t.d. e pron.* **1** pôr(-se) em plano ou ponto superior; levantar(-se) ⮌ baixar **2** voltar(-se) para o alto; erguer(-se) ⮌ baixar **3** *fig.* exaltar(-se), enaltecer(-se) ❑ *t.d.* **4** construir, erguer ⟨*e. duas paredes*⟩ **5** aumentar (preço, valor, quantidade) ⮌ diminuir **6** subir o tom de (voz)

e.le.va.tó.ria *s.f.* estação elevatória

e.le.va.tó.rio *adj.* **1** que serve para elevar **2** relativo a elevação

–elho *suf.* 'diminuição': *artelho, grupelho*

e.li.mi.na.ção [pl.: *-ões*] *s.f.* ato ou efeito de eliminar(-se)

e.li.mi.nar *v.* {mod. 1} *t.d. e t.d.i.* **1** (prep. *de*) retirar (algo) [de um conjunto, um todo]; excluir, suprimir **2** (prep. *de*) fazer sair; expulsar ⟨*e. toxinas*⟩ ⟨*e. do clube alguns sócios*⟩ ❑ *t.d.* **3** fazer sumir; apagar ⟨*e. as pistas do crime*⟩ **4** destruir, extinguir **5** matar, assassinar **6** vencer em jogo ou partida; derrotar ⮌ perder

e.li.mi.na.tó.ria *s.f.* exame ou competição que pode resultar em eliminação

e.li.mi.na.tó.rio *adj.* que tem a finalidade ou a possibilidade de eliminar

e.lip.se *s.f.* **1** GEOM figura representada por uma curva fechada de forma oval com ambas as extremidades semelhantes **2** GRAM supressão de um termo que pode ser subentendido pelo contexto

e.líp.ti.co *adj.* **1** GEOM referente ou semelhante a uma elipse **2** GRAM próprio de frase ou construção onde existe elipse

e.li.são [pl.: *-ões*] *s.f.* **1** supressão, omissão ⮌ inclusão **2** GRAM supressão da vogal final de uma palavra quando a próxima começa por vogal (p.ex., *d'água* [de água]) ~ **elidir** *v.t.d.*

e.li.te *s.f.* **1** o melhor ou mais valorizado num grupo social **2** minoria que domina um grupo ⮌ escória ~ **elitizar** *v.t.d.*

e.li.tis.mo *s.m.* **1** influência de uma elite **2** consciência ou pretensão de ser da elite ou de pertencer a uma elite **3** discriminação social e/ou cultural que resulta de elitismo; esnobismo ~ **elitista** *adj.2g.s.2g.*

e.li.xir *s.m.* **1** solução medicamentosa e/ou aromática **2** bebida balsâmica e saborosa **3** bebida supostamente mágica

el.mo *s.m.* peça de armadura medieval que protegia a cabeça

–elo *suf.* 'diminuição': *magrelo*

e.lo *s.m.* **1** argola de corrente **2** vínculo, ligação ⟨*um e. entre acontecimentos*⟩

e.lo.cu.ção [pl.: *-ões*] *s.f.* **1** exposição de um pensamento por palavras **2** modo de expressar-se, oralmente ou na escrita

e.lo.gi.ar *v.* {mod. 1} *t.d.* fazer elogios a (pessoa, fato, atuação etc.); louvar as qualidades de ⟨*as revistas de moda elogiaram a nova coleção do estilista*⟩ ⮌ criticar

e.lo.gi.o *s.m.* aprovação explícita; louvor ⮌ depreciação

e.lo.gi.o.so \ô\ [pl.: *elogiosos* \ó\] *adj.* que apresenta ou contém elogio ⮌ depreciador

e.lo.quên.cia \qü\ *s.f.* **1** arte de falar bem ⮌ ineloquência **2** *p.ext.* poder de persuadir pela palavra

e.lo.quen.te \qü\ *adj.2g.* **1** que tem facilidade de expressar-se ⮌ ineloquente **2** *p.ext.* persuasivo, convincente ⮌ inconvincente

e.lu.ci.da.ção [pl.: *-ões*] *s.f.* explicação, esclarecimento

e.lu.ci.dar *v.* {mod. 1} *t.d. e pron.* tornar(-se) claro, compreensível; esclarecer(-se) ⮌ complicar(-se)

e.lu.ci.dá.rio *s.m.* publicação que esclarece assuntos de difícil entendimento

e.lu.ci.da.ti.vo *adj.* que explica

e.lu.cu.bra.ção [pl.: *-ões*] *s.f.* **1** estudo trabalhoso; lucubração **2** meditação, reflexão profunda; lucubração

e.lu.cu.brar *v.* {mod. 1} *t.d. e int.* **1** consumir noites estudando (algo) **2** criar (algo) com esforço, muita meditação **3** especular, pensar muito (sobre); meditar

em– ou **en–** *pref.* 'movimento para dentro': *embarcar, enclausurar*

em *prep.* **1** expressa relações de: **1.1** tempo ⟨*receberá a fortuna em breve*⟩ **1.2** lugar ⟨*estar em casa*⟩ **1.3** modo ⟨*andar em andrajos*⟩ **1.4** distribuição ⟨*a peça é em três atos*⟩ **1.5** finalidade ⟨*calou-se em protesto*⟩

–ema *suf.* 'menor unidade significativa': *morfema*

e.ma *s.f.* ave pernalta de grande porte, natural das regiões campestres e cerrados da América do Sul ⊙ voz v.: gemer, suspirar

e.ma.çar *v.* {mod. 1} *t.d.* **1** juntar num maço **2** *p.ext.* envolver em papel; embrulhar ⮌ desembrulhar ☞ cf. *emassar*

e.ma.ci.ar *v.* {mod. 1} *t.d.,int. e pron.* (fazer) perder bastante massa adiposa e muscular, emagrecendo muito; definhar

e.ma.gre.cer *v.* {mod. 8} *t.d. e int.* tornar(-se) magro ou mais magro ↄ engordar ~ **emagrecimento** *s.m.*

e-mail [ing.; pl.: *e-mails*] *s.m.* ver *CORREIO ELETRÔNICO* ⇨ pronuncia-se i **mêil**

e.ma.na.ção [pl.: *-ões*] *s.f.* **1** ponto de partida, origem **2** odor, exalação

e.ma.nar *v.* {mod. 1} *t.i.* **1** (prep. *de*) ter origem em; vir **2** (prep. *de*) espalhar-se em partículas; exalar

e.man.ci.pa.ção [pl.: *-ões*] *s.f.* **1** libertação, independência **2** DIR regra jurídica que, no Brasil, concede ao menor de 18 anos e maior de 16 anos a habilitação de todos os atos da vida civil

e.man.ci.par *v.* {mod. 1} *t.d.,t.d.i. e pron.* **1** (prep. *de*) tornar(-se) independente; libertar(-se) **2** (prep. *de*) eximir(-se) [de pátrio poder ou tutela]

e.ma.nen.te *adj.2g.* que emana ☞ cf. *imanente*

e.ma.ra.nha.do *adj.s.m.* (o) que se apresenta misturado confusamente ⟨*mata e.*⟩ ⟨*e. de linhas*⟩ ↄ desemaranhado

e.ma.ra.nhar *v.* {mod. 1} *t.d. e pron.* **1** misturar(-se) confusamente; embaraçar(-se) ↄ desemaranhar(-se) **2** tornar(-se) confuso; atrapalhar(-se) ~ **emaranhamento** *s.m.*

e.mas.cu.la.ção [pl.: *-ões*] *s.f.* **1** castração **2** *fig.* enfraquecimento ↄ fortalecimento

e.mas.sar *v.* {mod. 1} *t.d.* **1** transformar em massa, pasta **2** *B* revestir com massa ☞ cf. *emaçar*

em.ba.çar *v.* {mod. 1} *t.d.,int. e pron.* **1** embaciar ❑ *t.d. e pron.* **2** (fazer) cair em ilusão; enganar(-se)

em.ba.ci.ar *v.* {mod. 1} *t.d.,int. e pron.* **1** (fazer) perder o brilho ou a transparência ↄ desembaçar(-se) **2** *fig.* ofuscar(-se), obscurecer(-se) ⟨*e. os adversários*⟩ ⟨*sua popularidade embaciou-se*⟩

em.ba.i.nhar *v.* {mod. 1} *t.d.* **1** pôr (arma) na bainha ('estojo') ↄ desembainhar **2** fazer bainha em (roupa) ↄ desembainhar

em.ba.ir *v.* {mod. 25} *t.d.* induzir em erro; enganar, iludir ⊙ GRAM/USO verbo defectivo

em.bai.xa.da *s.f.* **1** missão no exterior chefiada por um embaixador **2** corpo de representantes diplomáticos chefiado por um embaixador **3** função ou posto de embaixador **4** seu local de trabalho e/ou residência **5** sua comitiva **6** FUTB técnica individual de mover a bola com o pé, coxa, peito etc. sem deixá-la cair

em.bai.xa.dor \ô\ [fem.: *embaixadora, embaixatriz*] *s.m.* **1** diplomata que representa um estado junto a outro ☞ cf. *embaixadora* e *embaixatriz* **2** qualquer indivíduo encarregado de uma missão

em.bai.xa.do.ra \ô\ *s.f.* mulher com cargo de embaixador ☞ cf. *embaixatriz*

em.bai.xa.triz *s.f.* esposa de embaixador ☞ cf. *embaixadora*

em.bai.xo *adv.* em ponto inferior ↄ acima ⊡ e. de *loc.adv.* sob ⟨*escondeu a chave e. do tapete*⟩ ↄ sobre

[1]**em.ba.la.gem** *s.f.* velocidade crescente; aceleração [ORIGEM: [1]*embalar* + *-agem*]

[2]**em.ba.la.gem** *s.f.* **1** acondicionamento ↄ desembalagem **2** proteção externa que acondiciona um objeto [ORIGEM: [2]*embalar* + *-agem*]

[1]**em.ba.lar** *v.* {mod. 1} *t.d. e pron.* **1** mover(-se) de um lado para outro; balançar(-se) ❑ *t.d.* **2** balançar (criança) para fazê-la dormir ❑ *t.d. e int.* **3** dar ou adquirir impulso; acelerar(-se) ⟨*e. o carro*⟩ ⟨*o ônibus embalou na ladeira*⟩ ↄ desembalar [ORIGEM: prov. ligado a *abalar*] ~ **embalador** *adj.s.m.*

[2]**em.ba.lar** *v.* {mod. 1} *t.d.* guardar (objeto) em pacote, caixa etc., a fim de protegê-lo; empacotar ↄ desembalar [ORIGEM: *em-* + *bala* 'pacote' + [2]*-ar*] ~ **embalador** *adj.s.m.*

em.bal.de *adv.* inutilmente; debalde

em.ba.lo *s.m.* **1** balanço **2** aceleração **3** *infrm.* agitação, euforia

em.bal.sa.mar *v.* {mod. 1} *t.d.* **1** tratar (cadáver) com substâncias que evitam sua decomposição ❑ *t.d. e pron.* **2** impregnar(-se) de bálsamos; perfumar(-se) ~ **embalsamador** *adj.s.m.*

em.ba.na.nar *v.* {mod. 1} *t.d. e pron.* **1** pôr(-se) em situação difícil ou embaraçosa **2** confundir(-se) a ponto de perder a concentração, a segurança etc.; atrapalhar(-se) ~ **embananamento** *s.m.*

em.ban.dei.rar *v.* {mod. 1} *t.d. e pron.* **1** enfeitar(-se) com bandeiras ❑ *t.d. fig. B* **2** destacar o mérito de; enaltecer ↄ depreciar ~ **embandeiramento** *s.m.*

em.ba.ra.çar *v.* {mod. 1} *t.d. e pron.* **1** (fazer) sentir dificuldade; atrapalhar(-se) **2** misturar(-se) desordenadamente; embaralhar(-se) ↄ desembaralhar **3** perturbar(-se), perdendo a naturalidade; vexar(-se) ❑ *t.d.* **4** pôr obstáculo a; obstruir ↄ desembaraçar

em.ba.ra.ço *s.m.* **1** dificuldade, atrapalhação ↄ facilitação **2** situação constrangedora ↄ desembaraço

em.ba.ra.ço.so \ô\ [pl.: *embaraçosos* \ó\] *adj.* que provoca ou em que há embaraço ⟨*situação e.*⟩

em.ba.ra.fus.tar *v.* {mod. 1} *int. e pron.* entrar num lugar de modo afobado ou impetuoso ⟨*e.(-se) pela mata atrás da caça*⟩ ☞ *pela mata* é circunstância que funciona como complemento

em.ba.ra.lha.men.to *s.m.* **1** ação de misturar as cartas do baralho **2** desordenação ↄ ordenação **3** *fig.* confusão ↄ organização

em.ba.ra.lhar *v.* {mod. 1} *t.d.* **1** misturar (cartas de baralho) **2** *p.ext.* pôr fora de ordem; desarrumar ❑ *t.d. e pron. fig.* **3** misturar(-se), confundir(-se) ⟨*e. as ideias*⟩ ❑ *pron.* **4** atrapalhar-se, confundir-se ⟨*e.-se ao depor*⟩

em.bar.ca.ção [pl.: *-ões*] *s.f.* **1** qualquer meio de transporte aquático **2** embarque

em.bar.ca.dou.ro *s.m.* lugar onde se embarcam e desembarcam passageiros e carga transportados por navio

em.bar.car *v.* {mod. 1} *t.d. e int.* **1** pôr ou entrar em (barco, trem, ônibus, avião etc.) ⟨*foi ao cais e. o amigo*⟩ ⟨*embarcou(-se) no navio*⟩ ↄ desembarcar ☞ *no navio* é circunstância que funciona como complemento

❑ *t.i. B infrm.* **2** (prep. *em*) deixar-se levar por (ardil, golpe) ⟨*e. no conto do vigário*⟩ ❑ *int. B infrm.* **3** morrer

em.bar.ga.men.to *s.m.* colocação de embargo ou obstáculo; oposição, impedimento

em.bar.gar *v.* {mod. 1} *t.d. e t.d.i.* **1** (prep. *a*) pôr obstáculos a; impedir, dificultar ⮌ permitir **2** DIR (prep. *a*) pôr embargo a ❑ *t.d.* **3** impedir que se manifeste; conter ⟨*a emoção embargou sua voz*⟩ ⮌ liberar

em.bar.go *s.m.* **1** aquilo que impede; empecilho ⮌ desembaraço **2** DIR impedimento judicial ▣ **e. econômico** *loc.subst.* veto estatal ao comércio com determinado país • **sem e.** *loc.adv.* entretanto

em.bar.que *s.m.* entrada em (barco, trem, ônibus, avião etc.)

em.bar.ri.gar *v.* {mod. 1} *int.* **1** tornar-se barrigudo **2** *B infrm.* engravidar

em.ba.sa.men.to *s.m.* **1** base, alicerce **2** *fig.* princípio que sustenta um raciocínio

em.ba.sar *v.* {mod. 1} *t.d.* **1** fazer a base de (uma construção) ❑ *t.d.i. e pron. fig.* **2** (prep. *em*) ter como fundamento; basear(-se), apoiar(-se)

em.bas.ba.ca.do *adj.* **1** tomado de surpresa **2** espantado, admirado

em.bas.ba.car *v.* {mod. 1} *t.d.,int. e pron.* (fazer) ficar admirado, espantado, surpreso; pasmar(-se)

em.ba.te *s.m.* **1** choque ou encontro vigoroso **2** confronto violento ⟨*o e. das tropas inimigas*⟩ ⮌ acordo **3** *fig.* manifestação contrária; oposição ⮌ apoio

em.ba.ter *v.* {mod. 8} *int. e pron.* ter choque forte, violento; encontrar-se, chocar-se

em.ba.tu.car *v.* {mod. 1} *t.d.* **1** tapar com batoque ❑ *t.d. e int. fig.* **2** (fazer) ficar calado, sem ação ou resposta ❑ *t.i. fig. infrm.* **3** (prep. *com*) ficar preocupado, cismado

em.ba.ú.ba ou **im.ba.ú.ba** *s.f.* árvore comum nas regiões tropicais americanas, de que se fazem calhas e pequenos objetos, e cujas folhas têm forma de mão aberta

em.be.be.da.men.to *s.m.* embriaguez ⮌ desembebedamento

em.be.be.dar *v.* {mod. 1} *t.d. e pron.* (fazer) ficar bêbado; embriagar(-se)

em.be.ber *v.* {mod. 8} *t.d. e pron.* **1** fazer ou deixar-se penetrar por (um líquido); molhar(-se), encharcar(-se) ⟨*e. o lenço de perfume*⟩ ⟨*o pão embebe-se no leite*⟩ ☞ *de perfume* é circunstância que funciona como complemento ❑ *t.d.* **2** sorver pelos poros; absorver ~ **embebição** *s.f.* - **embebimento** *s.m.*

em.bei.çar *v.* {mod. 1} *t.d. B infrm.* **1** dar aparência de beiço a, por desviar do alinhamento ⟨*o uso embeiçou a gola da camisa*⟩ ❑ *t.d. e pron.* **2** encantar(-se), apaixonar(-se)

em.be.le.zar *v.* {mod. 1} *t.d. e pron.* **1** tornar(-se) belo ⮌ enfear(-se) **2** enfeitar(-se) ~ **embelezador** *adj.s.m.* - **embelezamento** *s.m.*

em.be.ve.cer *v.* {mod. 8} *t.d. e pron.* (fazer) sentir admiração profunda; extasiar(-se)

em.be.ve.ci.men.to *s.m.* admiração, êxtase

em.bi.car *v.* {mod. 1} *t.d.* **1** tornar bicudo ⟨*e. uma gola*⟩ ❑ *t.i. fig.* **2** (prep. *com*) ter antipatia ou prevenção com; implicar ⮌ simpatizar ❑ *int.* **3** dirigir-se, encaminhar-se ⟨*o carro embicou para a direita*⟩ **4** deparar-se com obstáculo imprevisto; topar ⟨*e. numa rua sem saída*⟩

em.bir.ra.ção [pl.: *-ões*] *s.f.* **1** rancor, antipatia ⮌ afeição **2** forte persistência numa vontade; teima, obstinação ⮌ abdicação

em.bir.ran.te *adj.2g.s.2g.* birrento, persistente ⮌ dócil

em.bir.rar *v.* {mod. 1} *t.i.* **1** (prep. *em*) insistir muito; teimar ⮌ desistir **2** (prep. *com*) ter antipatia, aversão por; implicar ⮌ simpatizar ❑ *int.* **3** ficar ou parecer mal-humorado ⮌ desembirrar ~ **embirrativo** *adj.*

em.ble.ma *s.m.* **1** ser ou objeto concreto que representa uma ideia abstrata; símbolo **2** *p.ext.* distintivo de instituição, associação etc.

em.ble.má.ti.co *adj.* **1** próprio de ou que representa emblema **2** representativo, simbólico

em.bo.a.ba ou **em.bo.a.va** *s.2g.* apelido dado pelos bandeirantes paulistas aos brasileiros de outras capitanias e aos portugueses que chegavam em busca de ouro

em.bo.ca.du.ra *s.f.* **1** foz **2** parte do freio que entra pela boca das cavalgaduras **3** MÚS posição dos lábios ao tocar instrumento de sopro **4** MÚS parte superior dos instrumentos de sopro, onde se apoiam os lábios

em.bo.car *v.* {mod. 1} *t.d.* **1** envolver com a boca (instrumento de sopro) ❑ *int.* **2** pôr-se no interior de; entrar ⟨*e. na sala sem avisar*⟩ ☞ *na sala* é circunstância que funciona como complemento

em.bo.çar *v.* {mod. 1} *t.d.* aplicar emboço em ☞ cf. *embuçar*

em.bo.ço \ô\ *s.m.* camada inicial de argamassa ou cal em parede, que serve de base ao reboco

em.bo.la.da *s.f.* forma musical e poética nordestina de ritmo acelerado

[1]**em.bo.lar** *v.* {mod. 1} *int. B* **1** cair, rolando como uma bola ❑ *int. e pron. B infrm.* **2** encher-se de caroços pelo corpo; encaroçar(-se) ❑ *t.i. e pron.* **3** (prep. *com*) atracar(-se), rolando pelo chão; engalfinhar(-se) [ORIGEM: *em-* + *bola* + [2]*-ar*]

[2]**em.bo.lar** *v.* {mod. 1} *t.d.* **1** transformar em bolo ⟨*e. a massa*⟩ ❑ *t.d.,int. e pron.* **2** enrolar(-se), emaranhar(-se) ⮌ desenrolar(-se) **3** confundir(-se), misturar(-se) ⟨*e. as contas*⟩ ❑ *t.d. e int.* **4** formar um bolo (no estômago); embrulhar ❑ *t.d. e pron.* **5** envolver(-se), enrolar(-se) ⟨*e. o filho na manta*⟩ ⟨*e.-se nas cobertas*⟩ [ORIGEM: *em-* + *bolo* + [2]*-ar*]

em.bo.li.a *s.f.* MED obstrução de veia ou artéria causada por um corpo estranho trazido pela corrente sanguínea

êm.bo.lo *s.m.* **1** cilindro que se move em vaivém dentro de seringas, bombas etc.; pistom **2** cilindro metálico de motor de combustão interna; pistom **3** MED corpo estranho ou coágulo trazido pela corrente sanguínea, que obstrui a circulação

em.bo.lo.rar *v.* {mod. 1} *t.d.,int. e pron.* **1** cobrir(-se) com bolor; mofar ❑ *t.d. e int. fig. infrm.* **2** tornar antigo, obsoleto; antiquar(-se) ⮌ modernizar(-se)

em.bol.sar *v.* {mod. 1} *t.d.* **1** meter no bolso ou na bolsa **2** ganhar, receber ⟨*e. uma fortuna*⟩ **3** pagar o que se deve a; restituir, indenizar

em.bol.so \ô\ *s.m.* **1** ato ou efeito de embolsar **2** aquilo que se paga ou se recebe; ganho, pagamento

em.bo.ne.car *v.* {mod. 1} *t.d. e pron.* **1** enfeitar(-se) demais **2** *p.ext.* vestir(-se) ridiculamente

em.bo.ra *adv.* **1** exprime ideia de retirada ⟨*foi e. cedo*⟩ ■ *conj.concs.* **2** ainda que; mesmo que ⟨*e. com atraso, refez suas contas*⟩

em.bor.car *v.* {mod. 1} *t.d.,int. e pron.* **1** colocar(-se) de boca para baixo; virar ⮌ desvirar(-se) ❑ *t.d.* **2** beber com avidez ❑ *int. B infrm.* **3** levar um tombo; cair ⮌ levantar **4** morrer

em.bor.nal *s.m.* **1** sacola com alça longa, us. para se carregar provisões, ferramentas etc.; bornal **2** saco em que comem as cavalgaduras; bornal

em.bor.ra.char *v.* {mod. 1} *t.d.* **1** revestir de borracha **2** tornar semelhante à borracha ❑ *t.d. e pron. fig. infrm.* **3** (fazer) ficar bêbado; embriagar(-se)

em.bos.ca.da *s.f.* **1** espera do inimigo, às escondidas, para atacá-lo; tocaia **2** *fig.* falta de lealdade; cilada

em.bos.car *v.* {mod. 1} *t.d.* **1** atacar de emboscada; tocaiar ❑ *pron.* **2** esperar, às escondidas, em prontidão para atacar; tocaiar ⟨*a patrulha emboscou-se no desfiladeiro à sua espera*⟩

em.bo.ta.men.to *s.m.* **1** ato ou efeito de embotar(-se) **2** *fig.* enfraquecimento, torpor **3** *fig.* insensibilização, endurecimento ⟨*o divórcio provocou o e. de seu coração*⟩

em.bo.tar *v.* {mod. 1} *t.d. e pron.* **1** (fazer) ficar sem corte (faca, canivete etc.); cegar ⮌ afiar **2** *fig.* enfraquecer(-se), debilitar(-se) ⮌ fortalecer(-se), revigorar(-se) **3** *fig.* tornar(-se) frio, insensível ⮌ sensibilizar(-se)

em.bra.be.cer *v.* {mod. 8} *t.d.,int. e pron.* deixar ou ficar bravo, furioso; irar(-se), embravecer(-se) ⮌ acalmar(-se)

em.bran.que.cer *v.* {mod. 8} *t.d.,int. e pron.* tornar(-se) branco ⮌ escurecer ~ **embranquecimento** *s.m.*

em.bra.ve.cer *v.* {mod. 8} *t.d.,int. e pron.* **1** deixar ou ficar bravo, furioso; irar(-se) ⮌ acalmar(-se) ❑ *int. e pron.* **2** ficar agitado (o mar, as águas); encapelar(-se) ⮌ serenar(-se)

em.bre.a.gem *s.f.* AUTOM mecanismo que permite ligar e desligar o motor da transmissão, possibilitando a mudança de marchas ~ **embrear** *v.t.d. e int.*

em.bre.cha.do *s.m.* incrustação de conchas, pedras, fragmentos de louça numa parede, muro etc.

em.bre.nhar *v.* {mod. 1} *t.d. e pron.* meter(-se) ou esconder(-se) [no mato, nas brenhas]

em.bri.a.ga.do *adj.* **1** que exagerou na ingestão de bebida alcoólica; bêbado ⮌ sóbrio **2** submetido a encantamento; extasiado, maravilhado ⟨*e. de amor*⟩ **3** com os sentidos perturbados; aturdido, alucinado ⟨*e. de sono, de raiva*⟩

em.bri.a.gar *v.* {mod. 1} *t.d. e pron.* **1** (fazer) tomar bebida alcoólica em excesso; embebedar(-se), alcoolizar(-se) ❑ *int.* **2** deixar bêbado ❑ *t.d.,int. e pron.* **3** (fazer) ficar em êxtase, encantado; inebriar(-se)

em.bri.a.guez \ê\ *s.f.* **1** estado provocado pela ingestão de grande quantidade de bebida alcoólica **2** *fig.* entusiasmo causado por grande alegria ou admiração; êxtase ⟨*e. do sucesso*⟩

em.bri.ão [pl.: *-ões*] *s.m.* **1** ZOO organismo no início de seu desenvolvimento **2** MED ser humano até a décima segunda semana de vida intrauterina **3** *fig.* começo; origem ⟨*nossas reuniões foram o e. do projeto*⟩

em.bri.o.lo.gi.a *s.f.* ramo da biologia e da medicina que estuda o embrião ~ **embriológico** *adj.* - **embriologista** *adj.s.m.*

em.bri.o.ná.rio *adj.* **1** relativo a embrião **2** que começa a tomar forma, a existir ⟨*projeto ainda e.*⟩

em.bro.ca.ção [pl.: *-ões*] *s.f.* **1** qualquer aplicação local de medicamento líquido **2** esse medicamento

em.bro.ma.ção [pl.: *-ões*] *s.f. B* uso de artifício para adiar uma tarefa, decisão etc.

em.bro.mar *v.* {mod. 1} *int.* **1** usar de artifícios para adiar tarefa, decisão etc.; remanchar ❑ *t.d.* **2** enganar usando ardil ~ **embromador** *adj.s.m.*

em.bru.lha.da *s.f.* **1** desentendimento, confusão ⮌ arrumação **2** dificuldade, atrapalhação

em.bru.lhar *v.* {mod. 1} *t.d.* **1** envolver com papel, pano etc., formando pacote ou volume; embalar ⮌ desembrulhar **2** fazer dobras ou enrolar ⟨*e. cigarro, bandeira*⟩ ⮌ desenrolar **3** *fig.* fazer cair em ilusão; enganar **4** *fig.* provocar náusea; embolar ❑ *t.d. e pron. fig.* **5** complicar(-se), confundir(-se)

em.bru.lho *s.m.* **1** qualquer coisa envolvida em papel, pano etc.; pacote **2** *fig.* situação confusa; embrulhada

em.bru.te.cer *v.* {mod. 8} *t.d.,int. e pron.* tornar(-se) bruto, estúpido, rude; enrudecer ⮌ civilizar(-se) ~ **embrutecimento** *s.m.*

em.bu.á *s.m.* invertebrado semelhante à lacraia, com dois pares de pernas em cada parte do corpo, de cor preta ou marrom com traços vermelhos ou alaranjados

em.bu.çar *v.* {mod. 1} *t.d. e pron.* **1** cobrir (o rosto), deixando só os olhos de fora **2** *p.ext.* pôr disfarce (em); encobrir(-se) ☞ cf. *emboçar* ❑ *pron. p.ext.* **3** cobrir-se com capa, capote etc.

em.bu.ço *s.m.* **1** parte da capa que cobre o rosto **2** *infrm.* disfarce

em.bur.rar *v.* {mod. 1} *t.d. e pron.* **1** (fazer) ficar burro, estúpido; emburrecer ❑ *int.* **2** *p.ext.* firmar-se em uma posição (como o burro); empacar **3** ficar aborrecido e calado, mostrando-se ofendido; amuar

em.bur.re.cer *v.* {mod. 8} *t.d. e int.* (fazer) perder a inteligência, ficar estúpido; estupidificar

em.bus.te *s.m.* mentira ardilosa; fraude, logro ⮌ correção

em.bus.tei.ro *adj.s.m.* (aquele) que faz uso de embustes ou fraudes; trapaceiro
em.bu.ti.do *adj.* **1** encaixado em vão apropriado ⟨*armário e.*⟩ **2** metido à força ↄ desembutido ■ *s.m. B* **3** nome genérico para chouriços, linguiças etc.
em.bu.tir *v.* {mod. 24} *t.d.* **1** inserir e/ou ajustar em um vão ↄ desembutir **2** pôr (pedaços de madeira, marfim etc.) em madeira, metal etc. ↄ desembutir ❑ *t.d.i.* **3** (prep. *em*) incluir como parte integrante e, por vezes, inseparável de ~ **embutimento** *s.m.*
e.me *s.m.* nome da letra *m*
e.men.da *s.f.* **1** retificação de falta ou defeito; correção **2** arrependimento, regeneração **3** junção de uma peça a outra **4** o lugar dessa junção
e.men.dar *v.* {mod. 1} *t.d.* **1** eliminar erros ou defeitos de; corrigir **2** fazer alteração em; modificar ❑ *t.d.,t.d.i. e pron.* **3** (prep. *com*) ligar(-se) [uma parte] (com outra), formando um todo ❑ *pron.* **4** corrigir-se moralmente; regenerar-se
e.men.ta *s.f.* **1** anotação; lista **2** texto resumido; síntese **3** DIR resumo do conteúdo da lei, posto em sua parte inicial ⊙ COL ementário
e.men.tá.rio *s.m.* **1** caderno de anotações **2** DIR coletânea de ementas
e.mer.gên.cia *s.f.* **1** ato de emergir ou seu efeito; aparecimento ↄ desaparecimento **2** situação crítica ou perigosa
e.mer.gen.ci.al *adj.2g.* referente a, que tem ou envolve emergência
e.mer.gen.te *adj.2g.* **1** que surge ↄ imergente ■ *adj.2g.s.2g.* **2** que(m) está em ascensão socioeconômica
e.mer.gir *v.* {mod. 24} *t.d. e int.* **1** trazer ou vir à tona ↄ imergir, submergir ❑ *int. fig.* **2** tornar-se claro ou perceptível; manifestar-se ⟨*a razão da renúncia custou a e.*⟩ ☞ cf. *imergir* ⊙ GRAM/USO **a)** part.: *emergido, emerso*; **b)** cf. observação no modelo
e.mé.ri.to *adj.* **1** sábio em uma arte ou ciência **2** que se distinguiu ao ministrar determinada matéria (diz-se de título universitário dado a professor) **3** aposentado com tal título
e.mer.são [pl.: *-ões*] *s.f.* ato de sair de um líquido ☞ cf. *imersão*
e.mer.so *adj.* que emergiu; aparecido ↄ imerso
e.mé.ti.co *adj.s.m.* (o) que provoca vômito ~ **emeticidade** *s.f.*
e.mi.gra.ção [pl.: *-ões*] *s.f.* **1** saída espontânea de um país; expatriação ↄ imigração **2** movimentação de uma para outra região dentro de um mesmo país **3** conjunto de indivíduos que emigram ☞ cf. *migração*
e.mi.gran.te *adj.2g.s.2g.* que(m) emigra ↄ imigrante ☞ cf. *migrante*
e.mi.grar *v.* {mod. 1} *int.* **1** sair de um país ou do lugar onde se vive para viver em outro, provisória ou definitivamente ⟨*e. do Brasil para a França*⟩ ↄ imigrar ☞ *do Brasil* e *para a França* são circunstâncias que funcionam como complemento **2** mudar periodicamente de terra (animais, esp. aves) ☞ cf. *migrar*
e.mi.nên.cia *s.f.* **1** elevação ↄ rebaixamento **2** *fig.* superioridade moral ou intelectual, excelência **3** tratamento dado aos cardeais [abrev.: Em.ª] ☞ cf. *iminência*
e.mi.nen.te *adj.2g.* **1** acima do que está em volta; proeminente, alto **2** superior aos demais ☞ cf. *iminente*
e.mi.nen.te.men.te *adv.* acima de tudo; em alto grau ⟨*formação e. teórica*⟩
e.mir *s.m.* **1** descendente de Maomé **2** título dado a certos governantes muçulmanos
e.mi.ra.do *s.m.* **1** cargo de emir **2** estado ou região governada por emir
e.mis.são [pl.: *-ões*] *s.f.* **1** ato de projetar de si ⟨*e. de luz*⟩ ⟨*e. de palavras*⟩ **2** ECON ato de pôr em circulação (dinheiro, ações etc.) **3** FÍS liberação de energia sob forma de partículas ou radiação **4** LING ação de emitir a mensagem, produzir enunciados e o seu efeito
e.mis.sá.rio *adj.s.m.* **1** que(m) é enviado em missão; mensageiro ■ *s.m.* **2** parte de uma rede de esgoto ou pluvial que conduz os materiais para o local final de lançamento
e.mis.sor \ô\ *adj.s.m.* **1** (o) que emite **2** (instituição bancária ou de crédito) que emite papel-moeda; emitente **3** LING (o) que faz a codificação da mensagem e transmite os sinais codificados ao receptor
e.mis.so.ra \ô\ *s.f.* **1** estação de transmissão de sinais de rádio ou televisão **2** empresa produtora e transmissora de programas de rádio ou televisão
e.mi.ten.te *adj.2g.s.2g.* **1** (o) que emite ou envia ↄ receptor **2** emissor ('instituição') **3** DIR (o) que cria um título de câmbio, para colocá-lo em circulação como ordem, promessa ou meio de pagamento
e.mi.tir *v.* {mod. 24} *t.d.* **1** lançar de si; soltar **2** exprimir oralmente ou por escrito ⟨*e. opinião*⟩ ❑ *t.d. e t.d.i.* **3** (prep. *a, para*) enviar, expedir ⟨*e. um telegrama*⟩ ⟨*e. o boleto para os clientes*⟩ ❑ *t.d. e int.* **4** pôr em circulação (dinheiro)
e.mo.ção [pl.: *-ões*] *s.f.* abalo afetivo ou moral ↄ frieza
e.mo.cio.nal *adj.2g.* **1** em que há forte abalo sentimental ⟨*atitude e.*⟩ **2** que desperta sentimentos intensos ⟨*discurso e.*⟩
e.mo.cio.nan.te *adj.2g.* que desperta emoção; comovente
e.mo.cio.nar *v.* {mod. 1} *t.d.,int. e pron.* (fazer) sentir emoção; impressionar(-se), comover(-se)
e.mol.du.rar *v.* {mod. 1} *t.d.* **1** pôr em moldura **2** enfeitar em volta de
e.mo.li.en.te *adj.2g.s.m.* (substância) própria para amolecer, distender, abrandar
e.mo.lu.men.to *s.m.* **1** o que se ganha; vantagem, lucro **2** recompensa, gratificação **3** rendimento extra
e.mo.ti.vi.da.de *s.f.* estado ou condição de quem é emotivo ↄ frieza, insensibilidade
e.mo.ti.vo *adj.* que se emociona facilmente ↄ frio, distante
em.pa.car *v.* {mod. 1} *int.* **1** parar teimosamente a marcha (burro, cavalo) ↄ desempacar **2** *infrm.* não ir

adiante; estagnar, parar ⊃ prosseguir ~ **empacador** *adj.s.m.*

em.pa.char *v.* {mod. 1} *t.d.* **1** encher demais; sobrecarregar ❑ *t.d. e pron.* **2** encher(-se) de comida; empanturrar(-se) ⟨*e. o estômago*⟩ ⟨*e.-se nas festas*⟩ ~ **empachamento** *s.m.* - **empacho** *s.m.*

em.pa.co.ta.dei.ra *s.f.* empacotadora

em.pa.co.ta.dor \ô\ *adj.s.m.* (o) que empacota

em.pa.co.ta.do.ra \ô\ *s.f.* **1** mulher que empacota; empacotadeira **2** máquina agrícola que faz pacotes de palha, feno etc.

em.pa.co.tar *v.* {mod. 1} *t.d.* **1** arrumar em pacotes; embalar ⊃ desembalar ❑ *int. gír.* **2** morrer, falecer ~ **empacotamento** *s.m.*

em.pa.da *s.f.* salgadinho de forno com massa recheada

em.pa.dão [pl.: *-ões*] *s.m.* torta grande semelhante à empada, servida aos pedaços

em.pá.fia *s.f.* arrogância, insolência ⊃ modéstia

em.pa.lha.ção [pl.: *-ões*] *s.f.* **1** empalhamento **2** malha de vime, palha etc. us. em forração **3** enchimento de palha que recheia pele de animal morto

em.pa.lha.men.to *s.m.* ato de empalhar e o seu efeito; empalhação

em.pa.lhar *v.* {mod. 1} *t.d.* **1** encher (animal morto) de palha para conservar sua forma **2** forrar, tecer ou cobrir (móvel, objeto) com palha, vime ou tiras de junco **3** envolver em palha para proteger ⟨*e. louça*⟩ ~ **empalhador** *adj.s.m.*

em.pa.li.de.cer *v.* {mod. 8} *t.d. e int.* **1** (fazer) perder a cor, o viço ⊃ corar **2** *fig.* (fazer) perder a intensidade; enfraquecer ⊃ intensificar(-se) ❑ *int. fig.* **3** perder a importância ou o valor

em.pal.mar *v.* {mod. 1} *t.d.* **1** esconder na palma da mão **2** *infrm.* furtar com habilidade; surrupiar **3** tomar posse de; apoderar-se ~ **empalmação** *s.f.*

em.pa.na.men.to *s.m.* **1** embaçamento ⊃ desembaçamento **2** ocultação, obscurecimento ⊃ desempanamento

[1]**em.pa.nar** *v.* {mod. 1} *t.d. e pron.* **1** (fazer) perder brilho, transparência ou reflexão (metais, vidros, espelhos etc.); embaçar(-se) ⊃ desembaçar **2** *fig.* (fazer) perder o brilho, o valor; deslustrar(-se) ⊃ abrilhantar(-se) **3** não deixar ou não ficar à mostra; encobrir(-se) ⊃ expor(-se) **4** *fig.* deslustrar(-se) [ORIGEM: *em-* + *pano* + [2]*-ar*]

[2]**em.pa.nar** *v.* {mod. 1} *t.d.* passar (pedaço de carne, peixe etc.) na farinha de trigo, em ovos batidos e na farinha de rosca, para fritar em seguida [ORIGEM: *em-* + lat. *pānis* 'pão' + [2]*-ar*]

em.pan.tur.rar *v.* {mod. 1} *t.d. e pron.* (prep. *de*) [fazer] encher a barriga de comida; empanzinar(-se) ~ **empanturrado** *adj.*

em.pan.zi.nar *v.* {mod. 1} *t.d. e pron.* empanturrar ~ **empanzinamento** *s.m.*

em.pa.par *v.* {mod. 1} *t.d. e pron.* **1** molhar(-se) demais; encharcar(-se) ❑ *t.d.* **2** tornar mole como papa **3** *fig.* convencer com astúcia; seduzir

em.pa.pu.çar *v.* {mod. 1} *t.d. e pron.* **1** cobrir(-se) de papos ou pregas **2** tornar(-se) inchado **3** *infrm.* encher(-se) de comida, bebida, droga ~ **empapuçamento** *s.m.*

em.par.cei.rar *v.* {mod. 1} *t.d. e pron.* unir(-se) em parceria ⊃ desunir(-se), separar(-se)

em.pa.re.dar *v.* {mod. 1} *t.d.* **1** encerrar ou fixar em parede **2** cercar de paredes ❑ *t.d. e pron. fig.* **3** enclausurar(-se), isolar(-se)

em.pa.re.lhar *v.* {mod. 1} *t.d.,t.i.,t.d.i. e pron.* **1** (prep. *com*) pôr(-se) ou ficar lado a lado, ou de par em par **2** *p.ext.* (prep. *com*) tornar(-se) igual ou semelhante; equiparar(-se) ⊃ diferenciar(-se) ❑ *t.d.* **3** pôr junto; unir, ligar ⊃ separar ❑ *t.i.* **4** (prep. *com*) estar em harmonia; condizer ⊃ destoar ~ **emparelhamento** *s.m.*

em.pas.tar *v.* {mod. 1} *t.d. e pron.* **1** converter(-se) em pasta **2** cobrir(-se) de pasta **3** *fig.* tornar[-se] (voz, fala etc.) confuso ou alterado ❑ *t.d.* **4** aplicar (tinta) em grande quantidade ~ **empastamento** *s.m.*

em.pa.tar *v.* {mod. 1} *t.d.* **1** dificultar a continuidade de; embaraçar **2** tomar, ocupar (tempo) **3** empregar (dinheiro) sem ter lucro imediato ou possível ❑ *t.d.,t.i. e int.* **4** (prep. *com*) igualar(-se) em pontos, votos etc.

em.pa.te *s.m.* **1** igualdade no número de pontos, votos, gols etc. **2** emprego de tempo, recursos etc.; aplicação ⟨*e. de capital*⟩

em.pa.ti.a *s.f.* capacidade de partilhar dos sentimentos e emoções de outra pessoa ~ **empático** *adj.*

em.pa.vo.nar *v.* {mod. 1} *t.d. e pron.* tornar(-se) vaidoso como um pavão ~ **empavonamento** *s.m.*

em.pe.ci.lho *s.m.* **1** dificuldade, impedimento ⊃ facilitação **2** quem atrapalha

em.pe.der.ni.do *adj.* **1** endurecido, petrificado **2** *fig.* que não se deixa convencer; inflexível ⊃ aberto

em.pe.der.nir *v.* {mod. 24} *t.d.* **1** transformar em pedra; petrificar **2** *p.ext.* endurecer, empedrar ⊃ amolecer ❑ *t.d. e pron. fig.* **3** tornar(-se) insensível, duro ⊃ sensibilizar(-se) ⊙ GRAM/USO verbo defectivo (cf. modelo)

em.pe.drar *v.* {mod. 1} *t.d.* **1** revestir ou tapar com pedras ❑ *t.d.,int. e pron.* **2** (fazer) ficar duro como pedra; endurecer(-se) **3** *fig.* tornar(-se) insensível; empedernir(-se) ⊃ sensibilizar(-se) ~ **empedramento** *s.m.*

em.pe.li.ca.do *adj.* **1** diz-se do bebê que nasce com a cabeça envolvida no pelico ou âmnio ■ *adj.s.m. fig.* **2** que(m) tem sorte ⊃ azarado

em.pe.na *s.f.* **1** parede lateral ou cabeceira de um prédio **2** cada um dos lados de um frontão

em.pe.na.men.to *s.m.* deformação de uma superfície plana de madeira por ação de calor ou umidade; empeno ⊃ desempenamento

[1]**em.pe.nar** *v.* {mod. 1} *t.d. e pron.* **1** adornar(-se) com pena(s) ❑ *int. e pron.* **2** criar penas ☞ cf. *empinar* [ORIGEM: *em-* + [2]*pena* + [2]*-ar*]

[2]**em.pe.nar** *v.* {mod. 1} *t.d. e int.* entortar(-se) [a madeira], devido ao calor ou à umidade; deformar(-se)

ↄ desempenar ☞ cf. *empinar* [ORIGEM: *em-* + lat. *pīnus,i* 'pinheiro', sob a f. *pen-* + [2]*-ar*]
em.pe.nhar *v.* {mod. 1} *t.d.* **1** dar (algo material) como garantia do cumprimento de compromisso financeiro; hipotecar, penhorar ❑ *t.d. e pron. fig.* **2** obrigar(-se) moralmente; comprometer(-se) ❑ *t.d.,t.d.i. e pron.* **3** (prep. *em*) dedicar(-se) com afinco; aplicar(-se) ❑ *pron.* **4** fazer dívidas, dando em penhor
em.pe.nho *s.m.* **1** forte disposição ou interesse ↄ descaso **2** penhora
em.pe.no *s.m.* empenamento
em.pe.ri.qui.tar *v.* {mod. 1} *t.d. e pron.* enfeitar(-se) com exagero; empetecar(-se)
em.per.ra.men.to *s.m.* **1** dificuldade de movimento(s); emperro ↄ desemperramento **2** *fig.* birra, teimosia
em.per.rar *v.* {mod. 1} *t.d.,int. e pron.* tornar(-se) difícil de mover; travar(-se) ↄ desemperrar
em.per.ro \ê\ *s.m.* emperramento ↄ desemperro
em.per.ti.gar *v.* {mod. 1} *t.d. e pron.* **1** tornar(-se) rígido ou direito; aprumar(-se) ❑ *pron. fig.* **2** portar-se com altivez, arrogância
em.pes.tar *v.* {mod. 1} *t.d. e pron.* empestear(-se)
em.pes.te.ar *v.* {mod. 5} *t.d. e pron.* **1** infectar(-se) com peste **2** (fazer) adquirir infecção ou doença; contaminar(-se) ❑ *t.d. fig.* **3** tornar insalubre e/ou malcheiroso por contaminar o ambiente com elementos nocivos ⟨*a fumaça empesteou a sala*⟩
em.pe.te.car *v.* {mod. 1} *t.d. e pron.* enfeitar(-se) demais, com exagero; emperiquitar(-se)
em.pi.lha.dei.ra *s.f.* máquina para empilhamento e arrumação de produtos ou cargas em armazéns, portos etc.
em.pi.lha.men.to *s.m.* arrumação em pilhas
em.pi.lhar *v.* {mod. 1} *t.d. e pron.* pôr em pilha ou formar pilha; amontoar(-se) ↄ desempilhar
em.pi.nar *v.* {mod. 1} *t.d. e pron.* **1** pôr(-se) na vertical; endireitar(-se) ❑ *t.d.* **2** fazer subir; levantar, erguer ↄ baixar **3** tornar proeminente, saliente ⟨*e. o bumbum*⟩ ❑ *pron.* **4** erguer-se nas patas de trás (cavalo etc.) ☞ cf. *empenar* ~ **empinamento** *s.m.*
em.pi.po.car *v.* {mod. 1} *t.d. e int.* formar pústulas ou bolhas (na pele, no corpo)
em.pí.reo *s.m.* **1** MIT morada dos deuses **2** REL lugar dos santos; céu ■ *adj.* **3** relativo ao céu; celestial **4** que está acima de tudo; supremo
em.pí.ri.co *adj.* baseado apenas na experiência e na observação
em.pi.ris.mo *s.m.* **1** doutrina de que todo conhecimento se origina da experiência **2** atitude de quem só usa conhecimentos práticos ~ **empirista** *adj.2g.s.2g.*
em.pla.car *v.* {mod. 1} *t.d.* **1** pôr placa em **2** *gír.* alcançar determinada idade, tempo ❑ *int. infrm.* **3** ter êxito, boa aceitação ⟨*o livro emplacou*⟩ **4** *B gír.* tornar-se realidade; concretizar-se ⟨*a lei não vai e.*⟩ ~ **emplacamento** *s.m.*
em.plas.tar *v.* {mod. 1} *t.d. e pron.* → *EMPLASTRAR*
em.plas.to *s.m.* → *EMPLASTRO*
em.plas.trar ou **em.plas.tar** *v.* {mod. 1} *t.d.* **1** aplicar ou colocar emplastro(s) em **2** dispor em camada(s) ⟨*e. a massa*⟩ ❑ *t.d. e pron. fig.* **3** revestir(-se) como se cobrisse com emplastro
em.plas.tro ou **em.plas.to** *s.m.* **1** medicamento de uso externo que, amolecendo com o calor, adere à pele **2** curativo com esse medicamento ~ **emplástrico/emplástico** *adj.*
em.plu.ma.ção [pl.: *-ões*] *s.f.* **1** ato de emplumar(-se) ou seu efeito **2** cobertura de penas das aves
em.plu.mar *v.* {mod. 1} *t.d. e pron.* **1** enfeitar(-se) com plumas ou penas ❑ *int. e pron.* **2** cobrir-se de plumas ou penas ❑ *pron.* **3** exibir-se com vaidade
em.po.ar *v.* {mod. 1} *t.d.,int. e pron.* **1** cobrir(-se) de pó ou de poeira ❑ *t.d. e pron.* **2** aplicar(-se) maquiagem (esp. pó de arroz)
em.po.bre.cer *v.* {mod. 8} *t.d.,int. e pron.* **1** (fazer) ficar pobre, sem recursos ↄ enriquecer **2** *fig.* (fazer) perder qualidade, valor, atributo etc. ❑ *t.d.* **3** esgotar os recursos de; depauperar ⟨*queimadas empobrecem o solo*⟩
em.po.bre.ci.men.to *s.m.* perda de riqueza ↄ enriquecimento
em.po.çar *v.* {mod. 1} *t.d. e int.* **1** (fazer) formar poça ❑ *t.d. e pron.* **2** meter(-se) ou cair em poço ou poça; atolar(-se) ☞ cf. *empossar* ~ **empoçamento** *s.m.*
em.po.ei.rar *v.* {mod. 1} *t.d. e pron.* cobrir(-se) de poeira; empoar(-se) ↄ desempoeirar(-se)
em.po.la \ô\ *s.f.* acúmulo de serosidade, linfa, pus ou sangue na pele; ampola, bolha, vesícula
em.po.lar *v.* {mod. 1} *t.d.,int. e pron.* **1** (fazer) ficar com bolhas na pele, no corpo ❑ *t.d. e pron.* **2** *fig.* tornar(-se) pomposo, exagerado **3** tornar(-se) agitado (esp. o mar); encapelar(-se) ~ **empolamento** *s.m.*
em.po.lei.rar *v.* {mod. 1} *t.d. e pron.* **1** pôr(-se) em poleiro ↄ desempoleirar **2** *fig.* pôr(-se) como em poleiro; subir ↄ descer
em.pol.ga.ção [pl.: *-ões*] *s.f.* **1** ação de empolgar(-se) **2** animação, entusiasmo ↄ desinteresse
em.pol.ga.men.to *s.m.* empolgação
em.pol.gan.te *adj.2g.* que prende a atenção
em.pol.gar *v.* {mod. 1} *t.d.* **1** segurar vigorosamente com a(s) mão(s) ou garra(s) ❑ *t.d. e pron. fig.* **2** (fazer) ficar entusiasmado; arrebatar(-se), impressionar(-se) ↄ desinteressar-se
em.pom.bar *v.* {mod. 1} *t.i. e pron.* (prep. *com*) ficar nervoso, irritado ou suspeitoso ~ **empombação** *s.f.*
em.por.ca.lhar *v.* {mod. 1} *t.d. e pron.* tornar(-se) sujo como um porco ↄ limpar(-se)
em.pó.rio *s.m.* **1** bazar, armazém **2** porto, cidade, região de grande atividade comercial
em.pos.sar *v.* {mod. 1} *t.d. e pron.* dar posse a ou tomar posse ☞ cf. *empoçar* ~ **empossamento** *s.m.*
em.pos.tar *v.* {mod. 1} *t.d.* impostar
em.pra.zar *v.* {mod. 1} *t.d.* **1** convidar ou convocar para comparecer em certo tempo ❑ *pron.* **2** acertar data e local para um encontro ~ **emprazamento** *s.m.*
em.pre.en.de.dor \ô\ *adj.s.m.* (aquele) que empreende

em.pre.en.de.do.ris.mo *s.m.* **1** disposição ou capacidade de idealizar, coordenar e realizar projetos, serviços, negócios **2** iniciativa de implementar mudanças em empresas ou negócios já existentes, ger. com transformações que envolvem inovação e riscos **3** conjunto de conhecimentos relacionados a essa forma de agir

em.pre.en.der *v.* {mod. 8} *t.d.* **1** decidir fazer (tarefa difícil e trabalhosa); tentar **2** pôr em execução; realizar

em.pre.en.di.men.to *s.m.* **1** ato de quem assume tarefa ou responsabilidade **2** essa tarefa ou responsabilidade; projeto, realização **3** organização montada para explorar um negócio

em.pre.ga.do *adj.* **1** admitido em emprego ⊃ desempregado **2** posto em prática; aplicado ■ *s.m.* **3** quem presta serviços continuadamente a um empregador ⊃ desempregado **4** quem presta serviços domésticos ⊙ GRAM/USO tb. part. de *empregar*

em.pre.ga.dor \ô\ *adj.s.m.* **1** (o) que contrata pessoal para serviço assalariado ■ *s.m.* **2** patrão

em.pre.gar *v.* {mod. 1} *t.d. e t.d.i.* **1** (prep. *em*) fazer uso de; utilizar ❑ *t.d. e pron.* **2** admitir ou ser admitido em emprego ⊃ demitir(-se)

em.pre.ga.tí.cio *adj.* referente a emprego

em.pre.go \ê\ *s.m.* **1** uso ⟨*e. de talento, de habilidade*⟩ **2** trabalho contínuo remunerado ⟨*conseguiu um e. na padaria*⟩ ⊃ desemprego **3** local em que se exerce esse trabalho ⟨*esqueci a chave no e.*⟩

em.prei.ta.da *s.f.* **1** obra por conta de outrem; tarefa **2** trabalho cujo preço, previamente ajustado, é pago de uma só vez

em.prei.tar *v.* {mod. 1} *t.d.* contratar ou executar por empreitada

em.prei.tei.ra *s.f.* firma que realiza obras por empreitada

em.prei.tei.ro *adj.s.m.* (o) que faz obra de empreitada

em.pre.nhar *v.* {mod. 1} *t.d.,t.i. e int.* (prep. *de*) tornar(-se) prenhe (mulher ou fêmea); engravidar

em.pre.sa \ê\ *s.f.* **1** empreendimento, tentativa **2** organização mercantil, industrial etc.; firma ⊡ **e. estatal** *loc.subst.* aquela cujo controle acionário pertence direta ou indiretamente ao poder público; estatal

em.pre.sa.ri.a.do *s.m.* a classe dos empresários

em.pre.sa.ri.al *adj.2g.* relativo a empresa ou empresário

em.pre.sá.rio *s.m.* **1** dono ou chefe de empresa; homem de negócios **2** quem cuida da carreira de artistas, atletas etc. ⊙ COL empresariado

em.pres.tar *v.* {mod. 1} *t.d. e t.d.i.* **1** (prep. *a*) confiar (dinheiro, objeto) [a alguém], para usar por tempo limitado e depois devolver ao dono; ceder **2** *B* (prep. *de*) tomar por empréstimo ❑ *t.d.i. fig.* **3** (prep. *a*) deixar marcado; imprimir, conferir ⟨*e. ambiguidade a um gesto*⟩

em.prés.ti.mo *s.m.* **1** ato de emprestar **2** aquilo que foi emprestado

em.pro.a.do *adj.* orgulhoso; presunçoso ⊃ desemproado ~ **emproar** *v.t.d. e pron.*

em.pu.bes.cer *v.* {mod. 8} *int. e pron.* **1** chegar à puberdade **2** *p.ext.* criar pelos

em.pu.lha.ção [pl.: *-ões*] *s.f. infrm.* logro, tapeação

em.pu.lhar *v.* {mod. 1} *t.d.* **1** dizer pulhas a; zombar **2** agir com intuito de iludir; enganar

em.pu.nha.du.ra *s.f.* parte por onde se segura (arma, remo etc.)

em.pu.nhar *v.* {mod. 1} *t.d.* **1** pegar pelo punho ou pela empunhadura ⟨*e. uma lança*⟩ **2** pegar, segurar ⟨*e. uma caneta*⟩

em.pur.ra-em.pur.ra [pl.: *empurra-empurras* e *empurras-empurras*] *s.m.* acotovelamento de pessoas em local apertado

em.pur.rão [pl.: *-ões*] *s.m.* impulso forte, ger. para mover algo ou alguém ⊃ puxão

em.pur.rar *v.* {mod. 1} *t.d.* **1** impulsionar com força, vigor; empuxar ❑ *t.d. e pron.* **2** dar um ou vários encontrões (em) ❑ *t.d.i. fig.* **3** (prep. *a*) obrigar a aceitar; impingir

em.pu.xar *v.* {mod. 1} *t.d.* **1** impulsionar com força; empurrar **2** fazer tremer; sacudir ❑ *t.d.i. p.ext.* **3** (prep. *a*) conduzir, induzir ⟨*a miséria empuxou-o ao delito*⟩ ~ **empuxão** *s.m.*

em.pu.xo *s.m.* **1** ato de empuxar **2** força que empurra, atuando como impulsionador

e.mu.de.cer *v.* {mod. 8} *t.d.,int. e pron.* **1** tornar(-se) mudo **2** (fazer) ficar em silêncio; silenciar(-se) ⊃ falar ~ **emudecimento** *s.m.*

e.mu.la.ção [pl.: *-ões*] *s.f.* **1** esforço para imitar ou superar alguém **2** competição, disputa

e.mu.lar *v.* {mod. 1} *t.i.,t.d.i. e pron.* **1** (prep. *com*) tentar superar ou igualar-se a; competir, equiparar-se ⟨*emula(-se) com a irmã em beleza*⟩ ❑ *t.i. e pron.* **2** (prep. *em*) esforçar-se para realizar (um objetivo) ❑ *t.d.* **3** seguir o exemplo de; imitar

e.mu.la.ti.vo *adj.* referente a emulação

ê.mu.lo *s.m.* rival, concorrente

e.mul.são [pl.: *-ões*] *s.f.* dispersão de uma substância (em forma de partículas minúsculas) numa outra ~ **emulsificar** *v.t.d.*

e.mul.si.vo *adj.* que pode tomar o caráter de emulsão

en– *pref.* → EM-

e.nal.te.cer *v.* {mod. 8} *t.d.* **1** tornar alto; elevar **2** *fig.* tornar glorioso; exaltar, engrandecer ⊃ desvalorizar ~ **enaltecedor** *adj.s.m.* - **enaltecimento** *s.m.*

e.na.mo.rar *v.* {mod. 1} *t.d. e pron.* sentir ou inspirar amor; encantar(-se)

–ença ou **–ência** *suf.* 'ação ou resultado da ação': *aderência, crença, frequência, renascença*

en.ca.bar *v.* {mod. 1} *t.d.* pôr cabo em

en.ca.be.çar *v.* {mod. 1} *t.d.* **1** estar à frente de; começar, abrir **2** ser o líder de; chefiar ~ **encabeçamento** *s.m.*

en.ca.bres.tar *v.* {mod. 1} *t.d.* **1** pôr cabresto em (cavalgadura) ❑ *t.d. e pron. fig.* **2** submeter(-se) ao domínio; subjugar(-se)

en.ca.bu.la.do *adj.s.m.* envergonhado, constrangido ⮌ desencabulado
en.ca.bu.lar *v.*{mod. 1} *t.d.,int. e pron.* (fazer) sentir vergonha ou constrangimento; acanhar(-se) ⮌ desinibir(-se) ~ **encabulação** *s.f.*
en.ca.de.a.men.to *s.m.* **1** ordenação em sequência de coisas ou fatos; conexão, concatenação **2** série, sucessão
en.ca.de.ar *v.*{mod. 5} *t.d.,t.d.i. e pron.* **1** (prep. *a*) dispor(-se) em cadeia ou em série **2** (prep. *a*) estabelecer relações (entre); relacionar(-se)
en.ca.der.na.ção [pl.: *-ões*] *s.f.* **1** ação ou processo de revestir com capa dura as folhas que compõem um livro **2** *p.ext.* capa de livro **3** local onde se encadernam livros
en.ca.der.na.dor \ô\ *adj.s.m.* que(m) encaderna ou trabalha em oficina de encadernação
en.ca.der.nar *v.* {mod. 1} *t.d.* unir (folhas, livros etc.) em um só volume, ger. com capa
en.ca.fi.far *v.* {mod. 1} *t.d.,int. e pron. B infrm.* **1** encher(-se) de timidez; acanhar(-se) ⮌ desinibir(-se) ❑ *t.d. e int.* **2** (fazer) ficar preocupado ou cismado; intrigar, inquietar ❑ *t.i.* **3** (prep. *em*) teimar, insistir, cismar ⟨*e. em querer o doce*⟩ ⮌ desistir
en.ca.fu.ar *v.*{mod. 1} *t.d. e pron.* **1** (fazer) entrar em caverna, esconderijo; enfurnar(-se) **2** *fig.* tornar(-se) oculto; esconder(-se) ⮌ mostrar(-se)
en.cai.po.rar *v.*{mod. 1} *t.d. e pron.* **1** tornar(-se) infeliz, sem sorte; azarar(-se) ❑ *pron.* **2** ficar aborrecido; amolar-se
en.cai.xar *v.*{mod. 1} *t.d.* **1** guardar em caixa ou caixote; encaixotar ❑ *t.d. e pron.* **2** inserir(-se) entre; incluir(-se) ❑ *t.d.,t.d.i.,int. e pron.* **3** (prep. *em*) ajustar (peça, parte de mecanismo) [em espaço, peça, lugar preparado para recebê-la] ❑ *int. e pron.* **4** vir a propósito; convir **5** estar em conformidade; coincidir ~ **encaixamento** *s.m.*
en.cai.xe *s.m.* **1** ato ou efeito de encaixar(-se) ⮌ desencaixe **2** espaço destinado a receber peça que completará um todo ou parte dele **3** ponto de junção
en.cai.xo.tar *v.*{mod. 1} *t.d.* guardar em caixote ou caixa; encaixar ⮌ desencaixotar ~ **encaixotador** *adj.s.m.* - **encaixotamento** *s.m.*
en.ca.la.crar *v.*{mod. 1} *t.d. e pron.* **1** pôr(-se) em empreendimento prejudicial; embaraçar(-se) ⮌ desencalacrar(-se) ❑ *pron.* **2** endividar-se ~ **encalacração** *s.f.*
en.cal.ço *s.m.* **1** perseguição **2** vestígio, rastro
en.ca.lhar *v.* {mod. 1} *t.d. e int.* **1** apoiar (quilha de embarcação) no fundo de mar, rio ou em algum obstáculo ❑ *int.* **2** parar sobre a água por haver um obstáculo **3** *fig.* não ter continuidade; parar **4** *fig.* não vender bem (produto, mercadoria) **5** *fig. B infrm.* não ter casado ⮌ desencalhar ~ **encalhação** *s.f.* - **encalhamento** *s.m.*
en.ca.lhe *s.m.* **1** ato ou efeito de encalhar ⮌ desencalhe **2** ausência ou interrupção de continuidade; obstrução, obstáculo **3** conjunto de mercadorias que não foram vendidas

en.ca.lis.trar *v.*{mod. 1} *t.d.,int. e pron.* **1** (fazer) ficar tímido, encabulado; acanhar(-se) ⮌ desinibir(-se) ❑ *int.* **2** teimar com ira; obstinar-se ~ **encalistramento** *s.m.*
en.ca.mi.nha.men.to *s.m.* ação, processo ou efeito de encaminhar(-se) ⮌ desencaminhamento
en.ca.mi.nhar *v.* {mod. 1} *t.d. e pron.* **1** mostrar ou tomar certo caminho; conduzir(-se), dirigir(-se) ⟨*e. o infrator à delegacia*⟩ ⟨*e.-se para a biblioteca*⟩ ☞ *à delegacia* é circunstância que funciona como complemento ❑ *t.d. e t.d.i.* **2** (prep. *a*) fazer que avance ou se oriente em certa direção moral, intelectual; guiar ❑ *t.d.* **3** conduzir para o bom caminho ⮌ desencaminhar **4** conduzir pelos meios competentes ⟨*e. um requerimento*⟩
en.cam.par *v.*{mod. 1} *t.d.* **1** tomar (o governo) posse de (empresa privada) mediante indenização **2** anular (contrato de arrendamento) **3** *fig.* aceitar como bom ou necessário; adotar ~ **encampação** *s.f.* - **encampamento** *s.m.*
en.ca.na.dor \ô\ *s.m. B* quem conserta ou instala encanamentos; bombeiro
en.ca.na.men.to *s.m.* conjunto de canos instalados para distribuição de água, gás etc.
[1]**en.ca.nar** *v.*{mod. 1} *t.d.* conduzir por cano ou canal; canalizar [ORIGEM: *en-* + *cano* + [2]*-ar*]
[2]**en.ca.nar** *v.*{mod. 1} *t.d.* **1** proteger (osso fraturado) com talas, mantendo-o em posição adequada para cura **2** pôr na cadeia; prender [ORIGEM: *en-* + [2]*cana* + [2]*-ar*] ~ **encanação** *s.f.*
en.can.de.ar *v.* {mod. 5} *t.d.* **1** ofuscar (o peixe, a caça), para atraí-lo ❑ *t.d. e int.* **2** turvar (a vista) com luz; ofuscar ❑ *t.d. e pron. fig.* **3** deslumbrar(-se), encantar(-se)
en.ca.ne.cer *v.* {mod. 8} *t.d. e int.* **1** embranquecer pouco a pouco (os cabelos) **2** (fazer) ficar com cabelos brancos; envelhecer
en.can.ta.dor \ô\ *adj.s.m.* **1** (o) que atrai, seduz **2** (o) que causa prazer **3** que(m) faz encantamentos; mágico ⟨*e. de serpentes*⟩
en.can.ta.men.to *s.m.* **1** encanto **2** sensação de admiração ou prazer despertada ao se ver, ouvir ou perceber algo muito bom, bonito, sedutor etc.; fascínio ⟨*o e. daquela viagem ficará na memória de todos*⟩ ⮌ desencantamento
en.can.tar *v.* {mod. 1} *t.d. e pron.* **1** submeter(-se) a feitiço ou magia; enfeitiçar **2** *p.ext.* envolver(-se) por algo sedutor; maravilhar(-se) ❑ *t.d.* **3** causar grande prazer a ⟨*a boa-nova encantou-a*⟩
en.can.to *s.m.* **1** quem ou o que agrada ⟨*ser um e. de pessoa*⟩ **2** atração sentida pelas qualidades de algo ou alguém ⮌ desencanto **3** palavra, frase etc. que possui poderes de enfeitiçar; encantamento ⮌ desencantamento
en.ca.par *v.* {mod. 1} *t.d.* revestir com capa (livro, caderno etc.) ⮌ desencapar
en.ca.pe.lar *v.*{mod. 1} *t.d. e pron.* **1** agitar(-se) [esp. o mar] **2** conceder ou receber o capelo de doutor; doutorar(-se)

en.ca.pe.ta.do *adj.B* endiabrado, travesso ~encapetar-se *v.pron.*
en.ca.po.tar *v.*{mod. 1} *t.d. e pron.* **1** cobrir(-se) com capa ou capote **2** *fig.* vestir(-se) para não ser reconhecido; disfarçar(-se)
en.cap.su.lar *v.* {mod. 1} *t.d.* colocar em cápsula; capsular
en.ca.pu.zar *v.*{mod. 1} *t.d. e pron.* cobrir(-se) com capuz ~**encapuzado** *adj.*
en.ca.ra.co.la.do *adj.* **1** semelhante a caracol **2** enrolado em espiral ⟨*cabelos e.*⟩
en.ca.ra.co.lar *v.*{mod. 1} *t.d.,int. e pron.* (fazer) tomar forma de caracol; enrolar(-se) ⮌desenrolar(-se)
en.ca.ra.mu.jar-se *v.*{mod. 1} *pron.* **1** voltar-se para si mesmo; retrair-se ⮌abrir-se **2** *fig.* ficar deprimido, triste
en.ca.ra.pi.nhar *v.* {mod. 1} *t.d.,int. e pron.* tornar(-se) crespo, ondulado (o cabelo); encrespar ⮌ alisar(-se)
en.ca.ra.pi.tar *v.*{mod. 1} *t.d. e pron.* pôr(-se) no alto ⮌descer
en.ca.rar *v.*{mod. 1} *t.d.* **1** olhar de frente, nos olhos de **2** examinar com atenção; analisar **3** fazer frente a; enfrentar ⮌esquivar-se ❑ *t.i.* **4** (prep. *com*) encontrar subitamente com; topar ~**encaramento** *s.m.*
en.car.ce.rar *v.*{mod. 1} *t.d.* **1** prender em cárcere; aprisionar ⮌libertar ❑ *t.d. e pron.* **2** afastar(-se) do convívio social; isolar(-se) ~**encarceramento** *s.m.*
en.car.dir *v.*{mod. 24} *t.d.* **1** encher de sujeira; sujar ❑ *t.d.,int. e pron.* **2** (fazer) adquirir cor acinzentada ou amarelada, por lavagem malfeita ou pela ação do tempo ⮌desencardir ~**encardimento** *s.m.*
en.ca.re.cer *v.*{mod. 8} *t.d. e int.* **1** tornar(-se) caro ou aumentar de preço ⮌baratear ❑ *t.d.* **2** enaltecer, louvar **3** recomendar com interesse, diligência ⟨*encareceu a necessidade da reforma*⟩ ~**encarecimento** *s.m.*
en.ca.re.ci.do *adj.* **1** cujo preço subiu **2** valorizado, elogiado **3** recomendado com empenho
en.car.go *s.m.* **1** incumbência; dever **2** cargo ou função **3** tarefa sem compensação ou dispendiosa; fardo
en.car.na.ção [pl.: *-ões*] *s.f.* **1** ação de tornar(-se) semelhante à carne **2** REL corporificação de uma divindade em alguma forma viva terrena **2.1** entre os cristãos, corporificação de Deus na pessoa de Jesus Cristo **2.2** entre os espíritas, cada uma das existências terrenas do espírito **3** *fig.* representação, personificação ⟨*ele é a e. da bondade*⟩ **4** pintura feita nas imagens e estátuas
en.car.na.do *adj.* **1** que encarnou **2** da cor da carne vermelha, do sangue ■ *s.m.* **3** imagem que foi objeto de encarnação **4** cor vermelha de carne, de sangue
en.car.na.dor \ô\ *adj.s.m.* (o) que encarna figuras ou imagens
en.car.nar *v.*{mod. 1} *t.i.,int. e pron.* **1** (prep. *em*) fazer-se humano (Deus, entidade) ❑ *t.d. e int.* **2** tornar(-se) mais gordo ou forte ❑ *t.d.* **3** representar (personagem) **4** ser o modelo de; personificar, representar **5** dar cor de carne a (figuras, estátuas etc.) ❑ *int.* REL **6** ter uma encarnação ('existência'); nascer ⮌desencarnar
en.car.ni.çar *v.*{mod. 1} *t.d.* **1** dar a (cão) um pedaço de caça para familiarizá-lo com o cheiro e o gosto **2** *p.ext.* provocar excitação em; incitar ⟨*e. a multidão*⟩ ❑ *pron.* **3** enfurecer-se, irar-se ⮌acalmar-se ~**encarniçamento** *s.m.*
en.ca.ro.çar *v.*{mod. 1} *int. e pron.* **1** ficar com caroços **2** encher-se (a pele) de erupções, inchaços **3** ficar (creme ou molho) com pedaços de farinha
en.car.qui.lhar *v.*{mod. 1} *t.d. e pron.* encher(-se) de carquilhas, rugas; enrugar(-se) ⮌desenrugar(-se)
en.car.ran.car *v.*{mod. 1} *t.d. e pron.* **1** (fazer) ficar carrancudo, zangado ❑ *int.* **2** fazer carranca ('figura') **3** encher-se de nuvens (o tempo); fechar
en.car.re.ga.do *adj.s.m.* **1** que ou aquele a quem se atribuiu alguma tarefa, cargo etc. ■ *s.m.* **2** indivíduo incumbido de fiscalizar os operários em uma obra
en.car.re.gar *v.*{mod. 1} *t.d.i. e pron.* (prep. *de*) atribuir(-se) [cargo, tarefa etc.]; incumbir(-se) ⮌desobrigar(-se)
en.car.rei.rar *v.*{mod. 1} *t.d. e pron.* **1** abrir caminho (para); conduzir(-se) ❑ *t.d.* **2** pôr em carreira, linha, fila; enfileirar **3** *fig.* induzir à boa conduta; encaminhar ⮌desencaminhar
en.car.ri.lar ou **en.car.ri.lhar** *v.*{mod. 1} *t.d.* **1** engatar nos carris ⮌descarrilar ❑ *t.d. e int.fig.* **2** (fazer) ir pelo bom caminho; encaminhar(-se) ⮌desencaminhar(-se)
en.car.te *s.m.* **1** operação de inserir, em uma publicação, um folheto com matérias especiais ou publicitárias **2** suplemento impresso avulso (em jornais, discos etc.) ~**encartar** *v.t.d.*
en.car.tu.char *v.* {mod. 1} *t.d.* **1** pôr em cartucho **2** dar forma ou aspecto de cartucho a
en.car.vo.ar *v.* {mod. 1} *t.d. e pron.* **1** sujar(-se) de carvão ❑ *pron.* **2** transformar-se em carvão
en.ca.sa.car *v.*{mod. 1} *t.d. e pron.* **1** vestir(-se) com casaca ou casaco **2** *infrm.* pôr traje de cerimônia (em)
en.cas.que.tar *v.*{mod. 1} *t.d. e pron.* **1** pôr casquete, barrete etc. na cabeça (de) ❑ *t.d.* **2** pôr na cabeça, no juízo ❑ *t.d.i.* **3** (prep. *a*) convencer, persuadir ⮌ dissuadir
en.cas.te.lar *v.*{mod. 1} *t.d.* **1** dar forma de castelo a (construção) **2** prover de castelos, para fortificar ❑ *pron.* **3** refugiar-se em lugar seguro ❑ *t.d. e pron.* **4** colocar(-se) no alto, no cume **5** formar montes ou pilhas; acumular(-se) ~**encastelamento** *s.m.*
en.cas.to.ar *v.* {mod. 1} *t.d.* **1** aplicar castão em (bengala, bastão) ⮌desencastoar **2** prender no engaste; embutir ⟨*e. pedras na tiara*⟩ ⮌ desengastar ☞ *na tiara* é circunstância que funciona como complemento ~**encastoamento** *s.m.*
en.ca.tar.ra.do *adj.* cheio de catarro
en.ca.tar.rar *v.*{mod. 1} *t.d. e pron.* (fazer) criar catarro
en.ca.va.lar *v.* {mod. 1} *pron.* **1** montar (o cavalo); cavalgar ❑ *t.d.* **2** passar por cima de ❑ *t.d. e pron.* **3**

(fazer) ficar por cima; sobrepor ~ **encavalamento** *s.m.*

en.ce.fa.li.te *s.f.* inflamação do encéfalo

en.cé.fa.lo *s.m.* ANAT conjunto do tronco cerebral, cerebelo e cérebro ~ **encefálico** *adj.*

en.ce.fa.lo.gra.fi.a *s.f.* radiografia do encéfalo depois de o líquido cerebrospinal ter sido substituído por um gás

en.ce.fa.lo.gra.ma *s.m.* radiografia do cérebro

en.ce.na.ção [pl.: *-ões*] *s.f.* **1** espetáculo teatral **2** conjunto de providências para a realização de um espetáculo **3** direção teatral **4** *fig.* invenção, fingimento ⮌ verdade

en.ce.na.dor \ô\ *adj.s.m.* **1** (o) que encena **2** TEAT diretor

en.ce.nar *v.* {mod. 1} *t.d.* **1** fazer a preparação necessária para levar à cena (espetáculo, esp. teatral); montar ❑ *t.d. e int. fig.* **2** agir para impressionar ou iludir

en.ce.ra.dei.ra *s.f.* eletrodoméstico para encerar o chão

en.ce.ra.do *adj.* **1** coberto de cera ■ *s.m.* **2** lona impermeabilizada; oleado

en.ce.rar *v.* {mod. 1} *t.d.* cobrir, polir com cera a superfície de ~ **enceramento** *s.m.*

en.cer.rar *v.* {mod. 1} *t.d. e pron.* **1** recolher(-se) em clausura; enclausurar(-se) ⮌ libertar(-se) ❑ *t.d.* **2** ter em si; conter, compreender **3** pôr fim a; terminar ⮌ iniciar ~ **encerramento** *s.m.*

en.ces.tar *v.* {mod. 1} *t.d.* **1** *B* guardar em cesto ou cesta **2** *B gír.* bater em; espancar ❑ *t.d. e int.* DESP **3** no basquete, acertar (a bola) na cesta ~ **encestamento** *s.m.*

en.ce.tar *v.* {mod. 1} *t.d.* dar início a; principiar, começar ⮌ encerrar ~ **encetamento** *s.m.*

en.cha.pe.lar *v.* {mod. 1} *t.d. e pron.* pôr chapéu (em)

en.char.car *v.* {mod. 1} *t.d. e pron.* **1** transformar(-se) em charco ou pântano; alagar ❑ *t.d. e int.* **2** encher(-se) de água; ensopar(-se) ⮌ secar ❑ *pron. fig. infrm.* **3** beber muito; embriagar-se ~ **encharcamento** *s.m.*

en.chen.te *s.f.* **1** acúmulo de águas causado por maré, chuva forte etc.; inundação **2** *fig.* grande quantidade, excesso; inundação ⟨*e. de filmes infantis*⟩

en.cher *v.* {mod. 8} *t.d.,t.d.i. e pron.* **1** (prep. *de*) tornar(-se) cheio ⮌ esvaziar ❑ *t.d. e pron.* **2** satisfazer a fome, a sede (de); saciar(-se) ❑ *t.d.* **3** ocupar, tomar ⟨*o trabalho enche seu tempo*⟩ **4** espalhar-se (cheiro, odor) por ❑ *t.d.,int. e pron. B infrm.* **5** (prep. *de*) [fazer] perder a paciência, a tolerância; aborrecer(-se), cansar(-se) ❑ *pron. fig.* **6** (prep. *de*) ser tomado por ⟨*e.-se de coragem*⟩

en.chi.men.to *s.m.* **1** ato de encher(-se) ou seu efeito **2** o que enche alguma coisa; recheio

en.cho.va \ô\ *s.f. B* grande peixe marinho, de dorso azul-esverdeado, ventre branco, nadadeiras amareladas e peito com mancha escura; anchova

en.chu.ma.çar *v.* {mod. 1} *t.d.* pôr chumaço em ~ **enchumaçamento** *s.m.*

–ência *suf.* → -ENÇA

en.cí.cli.ca *s.f.* carta circular do papa sobre temas de fé, de moral, do culto e da disciplina da Igreja

en.ci.clo.pé.dia *s.f.* livro ou conjunto de livros de consulta sobre todas as áreas ou uma área específica do conhecimento humano

en.ci.clo.pé.di.co *adj.* **1** referente a enciclopédia **2** que contém muitos dos domínios do conhecimento humano **3** que possui amplos conhecimentos

en.ci.clo.pe.dis.ta *adj.2g.s.2g.* que(m) atua como autor ou colaborador de uma enciclopédia

en.ci.lhar *v.* {mod. 1} *t.d.* pôr cilha ou arreio em (cavalgadura) ⮌ desencilhar ~ **encilhador** *adj.s.m.* - **encilhamento** *s.m.*

en.ci.mar *v.* {mod. 1} *t.d.* **1** pôr em cima de ⟨*fez um brasão para e. fachada*⟩ **2** estar acima de ⟨*a prateleira encimava o altar*⟩

en.cis.tar *v.* {mod. 1} *t.d.,int. e pron.* formar ou criar cisto

en.clau.su.rar *v.* {mod. 1} *t.d. e pron.* **1** pôr(-se) em clausura **2** afastar(-se) de qualquer convívio; isolar(-se) ~ **enclausuramento** *s.m.*

en.cla.ve ou **en.cra.ve** *s.m.* território ou terreno no interior de outro

ên.cli.se *s.f.* colocação de pronome pessoal átono depois do verbo (p.ex., *diga-me, contei-lhe, ouviram-no*) ☞ cf. *mesóclise, próclise*

en.clí.ti.co *adj.* em que ocorre ênclise ⟨*pronome e.*⟩

en.co.ber.to *adj.* **1** que está oculto ⮌ aparente **2** que está disfarçado **3** coberto de nuvens ⮌ aberto

en.co.brir *v.* {mod. 28} *t.d.* **1** impedir de ser visto; ocultar ⮌ expor **2** não deixar ser percebido; disfarçar ⮌ evidenciar **3** manter em segredo; guardar ⮌ revelar ❑ *int. e pron.* **4** encher-se de nuvens; nublar ⊙ GRAM/USO part.: *encoberto* ~ **encobrimento** *s.m.*

en.co.le.ri.zar *v.* {mod. 1} *t.d. e pron.* (fazer) sentir cólera, ira; irritar(-se) ⮌ acalmar(-se)

en.co.lha \ô\ *s.f.* encolhimento ⊡ **na e.** *loc.adv. infrm.* **1** secretamente **2** de modo a não aparecer

en.co.lher *v.* {mod. 8} *t.d.,int. e pron.* **1** (fazer) diminuir de dimensão, de tamanho; contrair(-se) ⮌ aumentar, descontrair ❑ *t.d.* **2** fazer recuar; recolher ⟨*e. a barriga*⟩ ❑ *pron.* **3** enroscar-se em si mesmo, por sentir frio, medo etc. **4** sentir-se humilhado

en.co.lhi.men.to *s.m.* **1** ato de encolher(-se) ou seu efeito ⮌ desencolhimento **2** timidez, retraimento ⮌ desembaraço

en.co.men.da *s.f.* **1** pedido de compra ou de prestação de um serviço **2** o que foi pedido ⟨*trouxe a e. na manhã seguinte*⟩

en.co.men.da.ção [pl.: *-ões*] *s.f.* recomendação, advertência ⊡ **e. do corpo** *loc.subst.* oração por um defunto, feita antes do enterro

en.co.men.dar *v.* {mod. 1} *t.d.i.* **1** (prep. *a*) pedir a (alguém) que faça (serviço, compra etc.) ❑ *t.d.* REL **2** orar pela salvação de (corpo ou alma de um morto) ❑ *t.d.i. e pron.* **3** (prep. *a*) dar(-se) em confiança; consagrar(-se)

en.cô.mio *s.m.* discurso elogioso; louvor ~ **encomiar** *v.t.d.*

en.com.pri.dar *v.* {mod. 1} *t.d.* **1** tornar mais comprido ⮌ encurtar **2** aumentar a duração de; aumentar ⮌ abreviar

en.con.tra.di.ço *adj.* fácil de encontrar

en.con.trão [pl.: *-ões*] *s.m.* choque físico; esbarrão, topada

en.con.trar *v.* {mod. 1} *t.d.* **1** ficar frente a frente com (algo que se procurava ou não); achar **2** *fig.* passar a conhecer ou a ter consciência de; descobrir **3** *fig.* alcançar (condição que se procura) ⟨*e. a sabedoria*⟩ ❑ *t.d. e pron.* **4** ir de encontro a; chocar-se ❑ *t.d.,t.d.i. e pron.* **5** (prep. *com*) ir ao encontro de (alguém) ⟨*saiu para e. (com) o noivo*⟩ ⟨*e.-se com o pai no aeroporto*⟩ ❑ *pron.* **6** estar em certo lugar, condição, situação ou estado; achar-se, situar-se **7** *fig.* estar equilibrado, satisfeito consigo mesmo

en.con.tro *s.m.* **1** reunião combinada ou casual ⮌ desencontro **2** congresso **3** embate, disputa **4** choque, colisão **5** confluência de rios ▼ *encontros s.m.pl.* **6** conjunto dos ombros ⊡ **ao e. de** *loc.prep.* **1** em busca de **2** em favor de • **de e. a** *loc.prep.* **1** no sentido oposto **2** contra

en.co.ra.jar *v.* {mod. 1} *t.d.,t.d.i. e pron.* (prep. *a*) [fazer] tomar coragem, ânimo; incentivar(-se) ⮌ acovardar(-se); desanimar ~ **encorajamento** *s.m.*

en.cor.do.a.men.to *s.m.* **1** colocação de cordas em instrumento musical, raquete etc. **2** o conjunto das cordas colocadas ~ **encordoar** *v.t.d.*

en.cor.par *v.* {mod. 1} *int.* **1** desenvolver o corpo; crescer ❑ *t.d.* **2** tornar mais grosso ou maior ⟨*e. um papel, um texto*⟩ ⮌ desencorpar ~ **encorpamento** *s.m.*

en.cos.ta *s.f.* declive de montanha; costa, vertente

en.cos.ta.do *adj.* **1** que se apoia em alguma coisa ⮌ desencostado **2** situado junto a alguma coisa ⟨*havia uma casa e. à loja*⟩ **3** *B infrm.* que não gosta de trabalhar; que não se esforça ■ *adj.s.m.* **4** que(m) vive às custas de outro

en.cos.tar *v.* {mod. 1} *t.d. e pron.* **1** dar ou buscar apoio em; arrimar(-se) ⟨*e. a escada no muro*⟩ ⟨*e.-se no muro*⟩ ☞ *no muro* é circunstância que funciona como complemento ❑ *t.d.* **2** pôr junto, lado a lado; aproximar, tocar ⟨*e. as cadeiras*⟩ ⟨*e. o ouvido na parede*⟩ ⮌ afastar ☞ *na parede* é circunstância que funciona como complemento **3** fechar parcialmente, sem trancar (porta, janela) **4** *fig.* deixar de lado; abandonar ⟨*e. o trabalho, uma roupa velha*⟩ **5** parar, estacionar (veículo) ❑ *int. e pron.* **6** reclinar-se ou deitar-se para breve repouso ❑ *pron. B* **7** aproveitar-se do esforço alheio ⟨*gosta de e.-se no sócio*⟩

en.cos.to \ô\ *s.m.* **1** lugar ou objeto em que se pode apoiar **2** espaldar **3** *infrm.* espírito de pessoa morta que se presume colocar-se junto a alguém, prejudicando-lhe a vida

en.cou.ra.ça.do *adj.* **1** protegido por couraça; couraçado **2** *fig.* fortemente defendido contra algum perigo ■ *s.m.* **3** grande navio de guerra com poderosa artilharia e mísseis; couraçado

en.cou.ra.çar *v.* {mod. 1} *t.d.* **1** pôr couraças em (p.ex., navio); blindar ❑ *t.d. e pron. fig.* **2** (fazer) adquirir postura de forte defesa ou proteção

en.co.va.do *adj.* **1** posto em cova ou buraco **2** diz-se dos olhos que parecem afundados nas órbitas **3** diz-se do rosto magro, abatido

en.co.var *v.* {mod. 1} *t.d.* **1** pôr em cova; enterrar ⮌ desenterrar ❑ *t.d. e pron.* **2** manter(-se) oculto; esconder(-se) ⮌ mostrar(-se) ❑ *int. e pron.* **3** tornar-se encovado (o rosto ou olhos) ~ **encovamento** *s.m.*

en.cra.va.du.ra *s.f.* **1** ato de encravar ou o seu efeito **2** VET ferimento causado na pata das cavalgaduras

en.cra.var *v.* {mod. 1} *t.d.* **1** fixar (prego, cravo etc.) em; pregar ⟨*e. o prego na parede*⟩ ⮌ desencravar ☞ *na parede* é circunstância que funciona como complemento **2** prender com cravo ou prego; pregar ⟨*e. um condenado na cruz*⟩ ☞ *na cruz* é circunstância que funciona como complemento **3** embutir (pedra preciosa etc.) em joia; engastar ⟨*e. diamante num anel*⟩ ⮌ desengastar ☞ *num anel* é circunstância que funciona como complemento ❑ *t.d. e pron. p.ext.* **4** (fazer) penetrar; cravar(-se) ⮌ desencravar(-se) ❑ *int. B infrm.* **5** ficar solteiro; encalhar ⮌ desencalhar ❑ *pron.* **6** estar no interior de **7** meter-se em dificuldades, em dívidas; encalacrar-se ⮌ desencalacrar-se ~ **encravamento** *s.m.*

en.cra.ve *s.m.* → ENCLAVE

en.cra.vo *s.m.* **1** machucado em pata de cavalo, burro etc. produzido por má colocação da ferradura **2** *fig.* dificuldade

en.cren.ca *s.f. B infrm.* **1** situação difícil ou conflituosa **2** intriga, mexerico ~ **encrenqueiro** *adj.s.m.*

en.cren.car *v.* {mod. 1} *t.d. e pron.* **1** tornar(-se) complicado (situação) ⮌ resolver(-se) **2** colocar(-se) em dificuldade, em embaraço ❑ *t.i. e int.* **3** (prep. *com*) criar confusão, tumulto ❑ *int.* **4** enguiçar

en.cres.par *v.* {mod. 1} *t.d. e pron.* **1** tornar(-se) crespo, eriçado, ondulado ⮌ alisar(-se) **2** agitar(-se) [o mar, as ondas etc.] ❑ *pron.* **3** ser tomado por grande irritação; alterar-se ⮌ serenar ~ **encrespação** *s.f.* - **encrespamento** *s.m.*

en.cru.ar *v.* {mod. 1} *t.d.* **1** endurecer (algo quase cozido) ❑ *t.d. e pron.* **2** tornar(-se) cruel, insensível; empedernir(-se) ⮌ sensibilizar(-se) ❑ *int.* **3** deixar de ter seguimento; estagnar ⮌ prosseguir ~ **encruamento** *s.m.*

en.cru.zi.lha.da *s.f.* **1** ponto em que dois caminhos ou ruas se cruzam **2** *fig.* momento em que uma decisão deve ser tomada

en.cu.bar *v.* {mod. 1} *t.d.* recolher em cuba ou vasilha ☞ cf. *incubar* ~ **encubação** *s.f.*

en.cu.car *v.* {mod. 1} *int.* **1** pôr uma ideia fixa na cabeça ❑ *t.d. e int.* **2** (fazer) ficar desconfiado, cismado; intrigar ~ **encucação** *s.f.*

en.cur.ra.lar *v.* {mod. 1} *t.d.* **1** meter no curral **2** cercar, sem possibilitar fuga a ❑ *t.d. e pron.* **3** meter(-se) em lugar, ger. estreito, sem saída ou com a saída bloqueada ~ **encurralamento** *s.m.*

en.cur.tar *v.* {mod. 1} *t.d.* **1** tornar curto ↄ encompridar **2** fazer menor; reduzir, diminuir ↄ aumentar, encompridar ~ **encurtador** *adj.s.m.* - **encurtamento** *s.m.*

en.cur.var *v.* {mod. 1} *t.d.,int. e pron.* **1** tornar(-se) curvo; arquear(-se) ↄ endireitar(-se) **2** *fig.* humilhar(-se), sujeitar(-se) ❑ *t.d.* **3** pôr de face para baixo; emborcar ↄ desvirar ~ **encurvamento** *s.m.*

en.de.cha \ê\ *s.f.* **1** poema sobre assunto melancólico **2** *p.ext.* poema ou canção fúnebre

en.de.mi.a *s.f.* doença infecciosa recorrente em população e/ou região específicas ☞ cf. *epidemia* ~ **endêmico** *adj.*

en.de.mo.ni.ar *v.* {mod. 1} *t.d.* **1** pôr o demônio no corpo de ❑ *t.d. e pron.* **2** (fazer) ficar enfurecido, irado; encolerizar(-se) ↄ acalmar(-se) ~ **endemoniamento** *s.m.*

en.de.re.çar *v.* {mod. 1} *t.d.* **1** pôr endereço em ❑ *t.d.i.* **2** (prep. *a*) enviar, encaminhar ❑ *pron.* **3** (prep. *a*) dirigir a palavra a ~ **endereçamento** *s.m.*

en.de.re.ço \ê\ *s.m.* **1** conjunto de dados que permite localizar um imóvel **2** residência ⟨*sempre morou naquele e.*⟩ **3** inscrição do nome e residência em envelope; sobrescrito **4** INF número ou nome que identifica um registro, uma posição ou um dispositivo de memória ▣ **e. de correio eletrônico** *loc.subst.* INF conjunto de caracteres que identifica um usuário, permitindo que receba mensagens de correio eletrônico pela internet

en.deu.sar *v.* {mod. 1} *t.d. e pron.* **1** atribuir(-se) dotes divinos **2** considerar(-se) com excessiva admiração; idolatrar(-se) ↄ odiar(-se) ❑ *pron.* **3** mostrar-se orgulhoso, presunçoso ↄ humilhar-se ~ **endeusamento** *s.m.*

en.di.a.bra.do *adj.* **1** diabólico **2** *p.ext.* que é vivo, muito esperto **3** *p.ext.* traquinas, levado ~ **endiabrar** *v.t.d. e pron.*

en.di.nhei.ra.do *adj.* que tem muito dinheiro; rico ↄ pobre ~ **endinheirar** *v.t.d. e pron.*

en.di.rei.tar *v.* {mod. 1} *t.d. e pron.* **1** pôr(-se) direito (algo torto, dobrado, desviado etc.); desentortar(-se) ↄ entortar(-se) ❑ *t.d. e int.* **2** corrigir(-se), emendar(-se) ↄ desencaminhar(-se) ❑ *pron.* **3** tomar o bom caminho; encaminhar-se ↄ desvirtuar-se ~ **endireitamento** *s.m.*

en.dí.via ou **en.di.va** *s.f.* variedade de chicória

en.di.vi.dar *v.* {mod. 1} *t.d. e pron.* (levar a) contrair dívida ↄ desendividar(-se) ~ **endividamento** *s.m.*

endo– *pref.* 'movimento para dentro': *endócrino, endoscopia*

en.do.cár.dio *s.m.* membrana que recobre o interior do miocárdio e limita as cavidades do coração ~ **endocárdico** *adj.*

en.do.car.di.te *s.f.* inflamação do endocárdio

en.do.car.po *s.m.* BOT camada mais interna do pericarpo dos frutos, que fica em contato com a(s) semente(s) ☞ cf. *epicarpo, mesocarpo*

en.dó.cri.no *adj.* MED **1** que produz secreções distribuídas pelo corpo por meio da corrente sanguínea (diz-se de glândula) **2** relativo ou semelhante a essa glândula ou a essas secreções ⟨*tumor e.*⟩

en.do.cri.no.lo.gi.a *s.f.* MED estudo e tratamento das glândulas endócrinas ~ **endocrinológico** *adj.* - **endocrinologista** *adj.2g.s.2g.*

en.do.don.ti.a *s.f.* em odontologia, tratamento das doenças e lesões que afetam a polpa, a raiz dentária e o tecido que a cerca ~ **endodôntico** *adj.* - **endodontista** *adj.2g.s.2g.* - **endodontite** *s.f.*

en.do.en.ças *s.f.pl.* solenidades religiosas que se realizam na Quinta-Feira Santa

en.dó.ga.mo *adj.s.m.* que(m) só se casa com membros de sua classe ou tribo, para conservar a nobreza ou a raça ☞ cf. *exógamo* ~ **endogamia** *s.f.* - **endogâmico** *adj.*

en.dó.ge.no *adj.* originado ou desenvolvido no interior do organismo ou sistema, ou por fatores internos ↄ exógeno

en.doi.de.cer *v.* {mod. 8} *t.d. e int.* (fazer) ficar doido, maluco; enlouquecer ~ **endoidecimento** *s.m.*

en.do.mé.trio *s.m.* mucosa que recobre a face interna do útero

en.do.mor.fi.na *s.f.* endorfina

en.do.plas.ma *s.m.* parte interna do citoplasma que envolve o núcleo ~ **endoplasmático** *adj.* - **endoplásmico** *adj.*

en.dor.fi.na *s.f.* proteína com fortes propriedades analgésicas, presente no cérebro

en.dos.co.pi.a *s.f.* MED exame visual de órgãos e cavidades do corpo por meio de endoscópio ~ **endoscópico** *adj.*

en.dos.có.pio *s.m.* MED tubo óptico us. para visualização do interior de um órgão oco ou cavidade

en.dos.mo.se *s.f.* fluxo no interior de um sistema contendo dois fluidos de densidades diferentes separados por uma membrana ↄ exosmose ~ **endosmótico** *adj.*

en.dos.per.ma *s.m.* BOT tecido nutritivo presente nas sementes da maioria das angiospermas

en.dos.sar *v.* {mod. 1} *t.d. e t.d.i.* **1** (prep. *para*) fazer endosso de (cheque, título) em favor de ❑ *t.d.i.* **2** (prep. *a*) passar, transferir ⟨*endossou-lhe a tarefa*⟩ ❑ *t.d. fig.* **3** dar apoio, solidariedade a ⟨*e. uma ideia*⟩ ↄ desapoiar ~ **endossante** *adj.2g.s.2g.*

en.dos.so \ô\ *s.m.* **1** declaração no verso de título de crédito que o transfere a outrem **2** *fig.* aprovação, apoio

en.do.ve.no.so \ô\ [pl.: *endovenosos* \ó\] *adj.* MED intravenoso

en.du.re.cer *v.* {mod. 8} *t.d.,int. e pron.* **1** tornar(-se) duro, rijo, resistente ↄ amolecer **2** tornar(-se) cruel ou insensível ↄ sensibilizar(-se) ~ **endurecimento** *s.m.*

en.du.ro *s.m.* competição de resistência para motociclistas em terrenos acidentados

e.ne *s.m.* nome da letra *n*

e.ne.á.go.no *s.m.* polígono de nove lados ~ **eneagonal** *adj.2g.*

e.ne.gé.si.mo *n.ord.* enésimo

e.ne.gre.cer *v.* {mod. 8} *t.d.,int. e pron.* **1** (fazer) adquirir cor negra ou tonalidades escuras ❑ *t.d. fig.* **2** desmoralizar, difamar 〈*e. a reputação do inimigo*〉 ⊃ valorizar ~**enegrecimento** *s.m.*

ê.neo *adj.* de ou próprio de bronze

e.ne.quim *s.m. B* anequim

e.ner.gé.ti.ca *s.f.* parte da ciência que se dedica aos assuntos ligados à energia

e.ner.gi.a *s.f.* **1** FÍS capacidade de trabalho de um corpo, de uma substância ou de um sistema físico **2** *fig.* vigor físico ou moral 〈*gastou toda sua e. na maratona*〉 〈*político cheio de e.*〉 ⊃ prostração ⊡ **e. nuclear** ou **atômica** *loc.subst.* FÍS aquela liberada com a fusão ou fissão do núcleo do átomo ~**energético** *adj.*

e.nér.gi.co *adj.* **1** efetuado com ou caracterizado pelo vigor físico 〈*empurrão e.*〉 ⊃ fraco **2** que demonstra firmeza 〈*um caráter e.*〉 ⊃ frágil **3** duro, severo ⊃ brando

e.ner.gú.me.no *s.m.* **1** indivíduo endemoniado; possesso **2** pessoa desequilibrada; desatinado ~ **energumênico** *adj.*

e.ner.van.te *adj.2g.* que irrita ou aborrece, que deixa nervoso ⊃ calmante

e.ner.var *v.* {mod. 1} *t.d.,int. e pron.* **1** tornar(-se) nervoso; impacientar(-se), irritar(-se) ⊃ acalmar(-se) ❑ *t.d. e pron.* **2** (fazer) perder o vigor (físico, moral ou mental); enfraquecer(-se) ⊃ fortalecer(-se) ☞ cf. *inervar*

e.né.si.mo *n.ord.* *(adj.s.m.)* (o) que, numa sequência, ocupa a posição do número *n*; enegésimo

e.ne.vo.ar *v.* {mod. 1} *t.d. e pron.* **1** cobrir(-se) com névoa; cerrar ❑ *t.d.* **2** *p.ext.* tornar sombrio; escurecer 〈*nuvens enevoavam a manhã*〉 ⊃ clarear **3** *fig.* deixar sem brilho; embaciar 〈*lágrimas enevoavam seu olhar*〉

en.fa.dar *v.* {mod. 1} *t.d. e pron.* **1** (fazer) sentir tédio; enfastiar(-se) ⊃ desenfadar(-se) **2** (fazer) sentir incômodo; perturbar(-se), importunar(-se) ⊃ alegrar(-se)

en.fa.do *s.m.* **1** sensação de tédio ⊃ desenfado **2** aborrecimento, zanga

en.fa.do.nho *adj.* **1** monótono, cansativo ⊃ estimulante **2** que aborrece ⊃ divertido

en.fai.xar *v.* {mod. 1} *t.d.* envolver ou atar com faixa(s) ⊃ desenfaixar

en.fa.rar *v.* {mod. 1} *t.d. e pron.* entediar(-se), enfadar(-se) ⊃ desenfadar(-se) ~**enfaramento** *s.m.*

en.far.da.dei.ra *s.f.* máquina de juntar palha ou feno em pequenos feixes

en.far.dar *v.* {mod. 1} *t.d.* **1** formar fardo(s); empacotar ⊃ desenfardar **2** pôr em farnel

en.fa.ri.nhar *v.* {mod. 1} *t.d.* **1** cobrir com farinha **2** reduzir à farinha ou pó

en.fa.ro *s.m.* **1** enfado ⊃ interesse **2** enjoo, asco

en.far.pe.lar *v.* {mod. 1} *t.d. e pron.* vestir(-se) com roupa nova ou reservada para ocasiões especiais

en.far.te *s.m.* → INFARTO

en.far.to *s.m.* → INFARTO

ên.fa.se *s.f.* **1** vigor na fala ou expressão **2** *p.ext.* destaque, realce 〈*o texto dá ê. ao aspecto social*〉

en.fas.ti.ar *v.* {mod. 1} *t.d.,int. e pron.* **1** causar ou sentir fastio **2** (fazer) sentir tédio; entediar(-se) ⊃ distrair(-se) **3** (fazer) ficar aborrecido; importunar(-se) ⊃ alegrar(-se) ~**enfastiamento** *s.m.*

en.fá.ti.co *adj.* em que há ênfase; veemente, vigoroso ⊃ desanimado, indiferente

en.fa.ti.o.tar *v.* {mod. 1} *t.d. e pron.* vestir(-se) com apuro

en.fa.ti.zar *v.* {mod. 1} *t.d.* dar destaque especial a; ressaltar, salientar ~**enfatização** *s.f.*

en.fa.tu.ar *v.* {mod. 1} *t.d. e pron.* (fazer) ficar vaidoso, presunçoso ⊃ humilhar(-se)

en.fe.ar *v.* {mod. 5} *t.d. e pron.* tornar(-se) feio ⊃ embelezar(-se)

en.fei.tar *v.* {mod. 1} *t.d. e pron.* **1** colocar enfeites (em); adornar(-se) ❑ *t.d.* **2** dar aparência agradável a; embelezar ⊃ enfear ❑ *int. e pron.* **3** adquirir boa aparência ou beleza ⊃ enfear ~**enfeitado** *adj.*

en.fei.te *s.m.* detalhe que decora ou embeleza; adorno, ornato

en.fei.ti.çar *v.* {mod. 1} *t.d.* **1** lançar feitiço sobre ❑ *t.d. e pron.* **2** envolver(-se) por algo sedutor; encantar(-se) ~**enfeitiçamento** *s.m.*

en.fei.xar *v.* {mod. 1} *t.d.* **1** prender em feixe(s) **2** colocar junto (coisas soltas); reunir ~ **enfeixamento** *s.m.*

en.fer.ma.gem *s.f.* **1** a função de cuidar de enfermos **2** o conjunto de serviços de enfermaria

en.fer.mar *v.* {mod. 1} *t.d. e int.* (fazer) ficar doente ⊃ sarar

en.fer.ma.ri.a *s.f.* local destinado ao tratamento de pessoas doentes

en.fer.mei.ro *s.m.* **1** profissional que se formou em enfermagem e/ou trabalha nesse setor **2** *p.ext. infrm.* quem cuida de enfermos

en.fer.mi.ço *adj.* que está sempre doente

en.fer.mi.da.de *s.f.* doença ⊃ saúde

en.fer.mo \ê\ *adj.s.m.* **1** doente ⊃ são ■ *adj. p.ext.* **2** frágil, debilitado ⊃ curado

en.fer.ru.jar *v.* {mod. 1} *t.d.,int. e pron.* **1** cobrir(-se) de ferrugem; oxidar(-se) ⊃ desenferrujar **2** *fig. infrm.* (fazer) perder a mobilidade; parar ❑ *int. e pron. fig.* **3** perder em qualidade; piorar 〈*seu inglês enferrujou(-se)*〉 ~**enferrujamento** *s.m.*

en.fes.ta.do *adj.* **1** dobrado ao meio, no sentido da largura (diz-se de tecido) **2** *p.ext. infrm.* com largura dupla (diz-se de tecido) ~**enfestar** *v.t.d.*

en.fe.za.men.to *s.m.* **1** aborrecimento, irritação ⊃ alegria **2** falta de desenvolvimento; raquitismo ⊃ crescimento

en.fe.zar *v.* {mod. 1} *t.d.,int. e pron.* **1** fazer sentir raiva, irritação; impacientar(-se) ⊃ acalmar(-se) **2** não (deixar) desenvolver-se

en.fi.a.da *s.f.* **1** série de coisas enfiadas em linha, corda etc. **2** *p.ext.* série de coisas em fila **3** *fig.* sequência de fatos, ações etc. ⊡ **de e.** *loc.adv.* **1** um após o outro; consequentemente 〈*os convidados chegaram de e.*〉 **2** DESP goleada 〈*o time ganhou de e.*〉

en.fi.ar *v.* {mod. 1} *t.d.* **1** fazer entrar (fio) em orifício ⟨*e. linha na agulha*⟩ ☞ *na agulha* é circunstância que funciona como complemento **2** pôr em fio (pérolas, contas etc.) **3** empurrar para dentro ou através de; introduzir ⟨*e. a chave na porta*⟩ ↺ tirar ☞ *na porta* é circunstância que funciona como complemento ❑ *t.d. e t.d.i.* **4** (prep. *em*) pôr (roupa, calçado) em; vestir, calçar ❑ *int. e pron. fig.* **5** tomar a direção de, entrar; meter-se ⟨*e.(-se) pelo mato*⟩ ☞ *pelo mato* é circunstância que funciona como complemento ~ **enfiação** *s.f.* - **enfiamento** *s.m.*

en.fi.lei.ra.men.to *s.m.* organização em filas; alinhamento ↺ desenfileiramento

en.fi.lei.rar *v.* {mod. 1} *t.d. e pron.* pôr(-se) em fila; alinhar(-se) ↺ desalinhar(-se)

en.fim *adv.* por fim, finalmente

en.fi.se.ma *s.m.* MED presença de ar ou gás nas fendas do tecido de um órgão ◻ **e. pulmonar** *loc.subst.* aumento dessas fendas na ramificação dos brônquios ~ **enfisemático** *adj.* - **enfisematoso** *adj.*

en.fo.car *v.* {mod. 1} *t.d.* **1** pôr em foco ↺ desfocar **2** voltar a atenção para (assunto, questão etc.); salientar ~ **enfocação** *s.f.*

en.fo.que *s.m.* modo de focalizar um assunto; ponto de vista

en.for.car *v.* {mod. 1} *t.d. e pron.* **1** suspender(-se) pelo pescoço por uma corda pendente de forca ou local alto, causando ou sofrendo morte por estrangulamento ❑ *t.d.* **2** asfixiar, apertando o pescoço; estrangular **3** *B infrm.* faltar ao trabalho ou à escola em (dia útil entre fim de semana e feriado ou entre dois feriados) ~ **enforcado** *adj.s.m.* - **enforcamento** *s.m.*

en.fra.que.cer *v.* {mod. 8} *t.d.,int. e pron.* **1** (fazer) perder as forças, ficando fraco; debilitar(-se) ↺ fortalecer(-se) ❑ *t.d. e int.* **2** (fazer) perder a intensidade; atenuar(-se) ↺ intensificar(-se)

en.fra.que.ci.men.to *s.m.* **1** perda de intensidade ou força ↺ fortalecimento **2** desânimo ↺ ânimo

en.fre.ar *v.* {mod. 5} *t.d.* **1** pôr freio em (animal) ❑ *t.d. e int.* **2** parar (veículo, máquina) com freio; travar, brecar ❑ *t.d. e pron. fig.* **3** conter(-se), reprimir(-se) ↺ liberar(-se)

en.fren.ta.men.to *s.m.* **1** oposição, polêmica **2** briga, luta

en.fren.tar *v.* {mod. 1} *t.d. e pron.* **1** encarar frente a frente; arrostar **2** pôr(-se) em confronto, conflito; atacar(-se) **3** travar disputa esportiva (com) ❑ *t.d.,int. e pron.* **4** estar ou pôr(-se) defronte a; defrontar ❑ *t.d.* **5** passar por, viver (problemas, desafios etc.)

en.fro.nhar *v.* {mod. 1} *t.d.* **1** pôr em fronha ❑ *t.d. e pron.* **2** tornar(-se) ciente, versado num assunto; aprofundar(-se) ⟨*e. os herdeiros nos negócios*⟩ ⟨*e.-se em medicina*⟩

en.fu.ma.çar *v.* {mod. 1} *t.d. e pron.* encher(-se) de fumaça

en.fu.nar *v.* {mod. 1} *t.d.,int. e pron.* **1** encher(-se) de vento (vela, pano etc.) **2** *fig.* encher(-se) de orgulho, de presunção ↺ humilhar(-se) ~ **enfunação** *s.f.*

en.fu.ni.lar *v.* {mod. 1} *t.d.* **1** fazer passar por funil ❑ *t.d. e pron.* **2** afunilar(-se)

en.fu.re.cer *v.* {mod. 8} *t.d.,int. e pron.* **1** (fazer) ficar furioso; irar(-se), zangar(-se) ↺ acalmar(-se) ❑ *pron. fig.* **2** ficar agitado, revolto (o mar) ↺ serenar

en.fu.re.ci.men.to *s.m.* cólera, fúria

en.fur.nar *v.* {mod. 1} *t.d. e pron.* **1** esconder(-se) em furna, em cova; entocar(-se) ↺ desentocar(-se) **2** pôr(-se) em local seguro ou isolado; esconder(-se) ⟨*e. os livros no armário*⟩ ⟨*e.-se no escritório*⟩ ☞ *no armário* é circunstância que funciona como complemento

en.ga.be.lar *v.* {mod. 1} *t.d.* → ENGAMBELAR

en.gai.o.lar *v.* {mod. 1} *t.d.* **1** prender em gaiola **2** *B infrm.* pôr na cadeia; prender ↺ libertar ❑ *pron. fig.* **3** afastar-se do convívio social; isolar-se ~ **engaiolamento** *s.m.*

en.ga.jar *v.* {mod. 1} *t.d. e pron.* **1** comprometer(-se) por contrato ↺ desengajar(-se) **2** alistar(-se) no serviço militar ❑ *pron. fig.* **3** (prep. *em*) empenhar-se, dedicar-se a (tarefa, ideia, causa etc.) ~ **engajamento** *s.m.*

en.ga.la.nar *v.* {mod. 1} *t.d. e pron.* enfeitar(-se) com gala, pompa

en.gal.fi.nhar-se *v.* {mod. 1} *pron.* **1** (prep. *com*) atracar-se em luta corporal (com) ↺ separar-se **2** (prep. *com*) ter discussão acirrada (com)

en.gam.be.lar ou **en.ga.be.lar** *v.* {mod. 1} *t.d.* enganar com astúcia, usando conversa sedutora, falsas promessas

en.ga.na.ção [pl.: *-ões*] *s.f.* mentira, engodo

en.ga.na.dor \ô\ *adj.s.m.* **1** que(m) engana **2** (o) que induz ao erro

en.ga.nar *v.* {mod. 1} *t.d. e pron.* **1** (fazer) crer em algo que não é verdadeiro; mentir **2** (fazer) ter falsa impressão; iludir(-se) ❑ *t.d.* **3** fazer trapaça contra **4** dar alívio a; abrandar ⟨*e. o frio com bebida quente*⟩ **5** causar decepção a ⟨*apesar da propaganda, o produto enganou os consumidores*⟩ **6** ser infiel a (cônjuge, companheiro) ❑ *pron.* **7** cometer engano; errar, equivocar-se ⟨*e.-se na resposta*⟩ ↺ acertar

en.gan.char *v.* {mod. 1} *t.d.,int. e pron.* **1** agarrar(-se) com gancho ↺ desenganchar ❑ *t.d. e pron.* **2** prender(-se) em, ligar(-se) a ⟨*e. o pé no bueiro*⟩ ⟨*e.-se no pescoço do pai*⟩ ❑ *t.d.* **3** dar aspecto de gancho a ⟨*e. a mão*⟩

en.ga.no *s.m.* **1** erro causado por descuido ou fraude; falha ⟨*cometeu um e. na soma*⟩ **2** erro de avaliação; equívoco ⟨*contatá-lo foi um e.*⟩ ↺ acerto **3** ilusão, devaneio

en.ga.no.so \ô\ [pl.: *enganosos* \ó\] *adj.* **1** falso, enganador ↺ honesto **2** próprio para enganar ⟨*propaganda e.*⟩ ↺ confiável **3** ilusório ↺ real

en.gar.ra.fa.men.to *s.m.* **1** acondicionamento em garrafa **2** obstrução do trânsito por excesso de veículos; congestionamento

en.gar.ra.far *v.* {mod. 1} *t.d.* **1** pôr em garrafa(s) ↺ desengarrafar ❑ *t.d. e int.* **2** impedir a locomoção de veículos, pessoas por (certo lugar) ou ficar parado em vias, portos etc.

en.gas.gar *v.* {mod. 1} *t.d.,int. e pron.* **1** (fazer) ficar engasgado, entalado; sufocar ❑ *t.d. e int.* **2** (fazer) ficar travado ou não funcionar bem (máquina, motor) ❑ *t.d. e pron. fig.* **3** (fazer) ficar sem fala; embatucar ~ **engasgamento** *s.m.*

en.gas.go *s.m.* **1** asfixia causada pela presença de corpo estranho na garganta **2** embaraço que impede a fala

en.gas.tar *v.* {mod. 1} *t.d.* **1** embutir (pedraria) em metal; encravar ⟨*e. uma pérola no anel*⟩ ⊃ desengastar ☞ *no anel* é circunstância que funciona como complemento ❑ *t.d. e pron. p.ext.* **2** encaixar(-se), inserir(-se) ~ **engastador** *adj.s.m.*

en.gas.te *s.m.* **1** parte da joia em que se fixa a pedra preciosa **2** enfeite embutido ⟨*anel com engastes em ouro*⟩

en.ga.tar *v.* {mod. 1} *t.d. e t.d.i.* **1** (prep. *a*) ligar, prender por engate ou gancho ⊃ desengatar ❑ *t.d. e pron.* **2** prender(-se) num lugar sem querer; enroscar(-se) ⟨*e. a perna no fio*⟩ ⟨*o fio engatou-se na perna*⟩ ⊃ desengatar(-se) ❑ *t.d.* **3** engrenar (marcha de veículo) ⊃ desengatar **4** *fig.* emendar, encadear ⟨*e. trabalhos*⟩

en.ga.te *s.m.* peça ou conjunto de peças us. para unir coisas entre si (p. ex., veículos, vagões de um trem etc.)

en.ga.ti.lhar *v.* {mod. 1} *t.d.* **1** armar gatilho de (arma de fogo) para disparar ⊃ desengatilhar **2** *fig.* deixar pronto; preparar

en.ga.ti.nhar *v.* {mod. 1} *int.* **1** mover-se apoiando-se sobre as mãos e os joelhos ❑ *t.i. fig.* **2** (prep. *em*) ser principiante em

en.ga.ve.tar *v.* {mod. 1} *t.d.* **1** pôr dentro de gaveta ⊃ desengavetar **2** *B* deixar parado (documento, processo etc.) ❑ *int. e pron.* **3** numa colisão, meter-se um dentro do outro ou encaixar-se (carro ou vagão) ~ **engavetamento** *s.m.*

en.ga.zo.par *v.* {mod. 1} *t.d.* **1** fazer cair em erro, engano; iludir **2** pôr na cadeia; prender ⊃ libertar ~ **engazopamento** *s.m.*

en.ge.lhar *v.* {mod. 1} *t.d.,int. e pron.* **1** (fazer) criar pregas, dobras; amassar(-se) ⊃ desamassar(-se) **2** criar ruga (em); enrugar(-se) ⊃ alisar(-se) **3** secar, murchar (o vegetal)

en.gen.drar *v.* {mod. 1} *t.d.* **1** dar existência a; formar, gerar **2** criar na imaginação; inventar ❑ *t.d. e pron.* **3** (fazer) surgir aparentemente do nada; produzir(-se) ~ **engendração** *s.f.*

en.ge.nhar *v.* {mod. 1} *t.d.* **1** criar na imaginação; inventar **2** arquitetar, ger. em segredo; tramar **3** construir segundo projeto; fabricar ⟨*e. máquinas*⟩

en.ge.nha.ri.a *s.f.* **1** ciência que se dedica a transformar os recursos da natureza em benefício do ser humano **2** formação, ciência e ofício de engenheiro ⟨*e. civil*⟩ ⟨*e. elétrica*⟩ **3** *fig.* criação ou construção elaborada ⟨*penteado de e. complicada*⟩ ▣ **e. genética** *loc.subst.* BIO alteração experimental da constituição genética para fins médicos ou industriais

en.ge.nhei.ro *s.m.* indivíduo que se diplomou em engenharia

en.ge.nho *s.m.* **1** capacidade de criar com arte e técnica **2** algo assim criado; produção, realização **3** máquina, aparelho **4** fazenda onde se planta cana e fabrica açúcar, álcool, aguardente etc.

en.ge.nho.ca *s.f. infrm.* máquina improvisada, precária

en.ge.nho.si.da.de *s.f.* qualidade de engenhoso; inventividade

en.ge.nho.so \ô\ [pl.: *engenhosos* \ó\] *adj.* **1** criativo, inventivo **2** bem-feito

en.ges.sar *v.* {mod. 1} *t.d.* **1** cobrir de gesso **2** branquear com gesso **3** imobilizar com gesso (região com fratura) ~ **engessadura** *s.f.*

en.glo.bar *v.* {mod. 1} *t.d.* **1** juntar num todo; reunir ⊃ separar **2** conter em si; abranger, incluir ⊃ excluir ~ **englobação** *s.f.* - **englobamento** *s.m.*

–engo *suf.* 'relação, pertinência': *molengo, mulherengo*

en.go.do \ô\ *s.m.* **1** isca para atrair animais **2** *p.ext.* artifício para atrair e enganar; chamariz ~ **engodar** *v.t.d.*

en.go.lir *v.* {mod. 28} *t.d.* **1** levar (bolo alimentar) da boca ao estômago; deglutir **2** comer sem mastigar; devorar **3** *fig.* fazer sumir ⟨*o furacão engoliu as casas*⟩ **4** *fig.* não deixar manifestar-se; conter ⟨*e. o choro, as palavras*⟩ ⊃ liberar **5** *fig.* ser forçado a tolerar; aturar ⟨*e. um desaforo*⟩ **6** *fig.* aceitar como verdadeiro; acreditar ⟨*não engoli sua desculpa*⟩

en.go.mar *v.* {mod. 1} *t.d.* **1** pôr goma em (tecido, peça de roupa) e passar a ferro **2** *p.ext.* passar (roupa) a ferro ~ **engomadura** *s.f.* - **engomagem** *s.f.*

en.gon.ço *s.m.* dobradiça

en.gor.da *s.f.* **1** ato ou efeito de engordar; ceva **2** conjunto de medidas para ganhar ou fazer ganhar peso ⟨*regime de e.*⟩

en.gor.dar *v.* {mod. 1} *t.d. e int.* **1** tornar(-se) gordo ⊃ emagrecer **2** (fazer) aumentar de peso, tornando-se gordo ou não ⊃ emagrecer **3** *fig.* (fazer) crescer; ampliar(-se) ⊃ diminuir

en.gor.du.rar *v.* {mod. 1} *t.d. e pron.* **1** encher(-se) ou sujar(-se) de gordura ⊃ desengordurar(-se) ❑ *t.d.* **2** untar com gordura ~ **engorduramento** *s.m.*

en.gra.ça.do *adj.* que faz rir; divertido ⊃ sério

en.gra.ça.men.to *s.m.* **1** simpatia, galanteio **2** *infrm.* atitude de atrevimento, ousadia ⊃ respeito

en.gra.çar *v.* {mod. 1} *t.d.* **1** dar graça a **2** tornar mais belo; embelezar ⊃ enfear ❑ *t.i.* **3** (prep. *com*) ter simpatia por ⊃ antipatizar ❑ *pron.* **4** (prep. *com*) agir de forma inconveniente, indevida; desrespeitar ⊃ respeitar

en.gra.da.do *adj.* **1** provido ou em forma de grade ■ *s.m.* **2** *B* caixa própria para transporte de garrafas, pequenos animais etc.

en.gran.de.cer *v.* {mod. 8} *t.d. e pron.* **1** (fazer) crescer fisicamente; aumentar ⊃ diminuir **2** (fazer) crescer em dignidade, fama etc.; valorizar(-se) ⊃ desvalorizar(-se) ~ **engrandecimento** *s.m.*

en.gra.va.tar *v.* {mod. 1} *t.d. e pron.* pôr gravata (em)

en.gra.vi.dar *v.* {mod. 1} *t.d.,t.i. e int.* (prep. *de*) tornar(-se) grávido; emprenhar(-se)

en.gra.xar *v.* {mod. 1} *t.d.* **1** untar com graxa (peças, engrenagens etc.) **2** polir com graxa (sapatos, bolsas etc.) ~ **engraxador** *adj.s.m.* - **engraxamento** *s.m.*

en.gra.xa.ta.ri.a *s.f.* local onde se engraxam sapatos e outras peças de couro

en.gra.xa.te *s.2g.* quem trabalha engraxando sapatos

en.gre.na.gem *s.f.* **1** grupo de peças dentadas que imprimem movimento a eixos de máquina, motor etc. **2** *fig.* conjunto de atividades e rotinas administrativas de uma empresa, instituição etc.

en.gre.nar *v.* {mod. 1} *t.d.,t.d.i.,int. e pron.* **1** (prep. *em*) ajustar(-se) [dente da roda] com (os de outra roda ou peça tb. dentada), de modo que, girando uma, a outra tb. gire; endentar ❑ *t.d.* **2** fazer as engrenagens da marcha do veículo encaixarem nas do eixo do motor, engatando (uma marcha) ⟨*e. a ré*⟩ **3** engatar marcha de (veículo) ⟨*e. o carro*⟩ **4** *fig.* dar início a; começar ⟨*e. um namoro*⟩

en.gro.lar *v.* {mod. 1} *t.d.,int. e pron.* **1** (deixar) ficar meio cru, mal-assado ou cozido ↄ cozinhar ❑ *t.d.* **2** *infrm.* falar de modo imperfeito, confuso **3** *fig.* deixar incompleto, imperfeito (dito, resposta etc.) **4** mentir para; enganar ~ **engrolador** *adj.s.m.*

en.gros.sar *v.* {mod. 1} *t.d.,int. e pron. fig. B infrm.* **1** tornar(-se) grosso ou mais grosso; espessar(-se) ↄ afinar **2** (fazer) ficar mais forte, numeroso **3** tornar(-se) [o tom, a voz] mais grave ❑ *t.i. e int. fig. B infrm.* **4** (prep. *com*) ser rude com; destratar ~ **engrossador** *adj.s.m.* - **engrossamento** *s.m.*

en.gru.pir *v.* {mod. 24} *t.d.* enganar, iludir

en.gui.a *s.f.* nome comum a diversos peixes de água doce, de corpo alongado como o de uma cobra

en.gui.çar *v.* {mod. 1} *t.d. e int.* **1** (fazer) funcionar mal ou parar de funcionar; quebrar ❑ *t.i. e int. fig.* **2** (prep. *com*) brigar, implicar

en.gui.ço *s.m.* **1** mau funcionamento de máquina, engrenagem etc. ↄ desenguiço **2** *fig.* mau-olhado, feitiço

en.gu.lhar *v.* {mod. 1} *t.d. e int.* **1** causar ou sentir ânsia de vômito; nausear **2** causar ou sentir nojo, asco; enojar(-se) ~ **engulhamento** *s.m.*

en.gu.lho *s.m.* **1** ânsia de vômito **2** asco, repugnância ~ **engulhento** *adj.* - **engulhoso** *adj.*

–enho *suf.* 'origem': *costa-riquenho, panamenho*

e.nig.ma *s.m.* **1** fala ou texto incompreensível ou ambíguo **2** pergunta que exige resposta ou solução criativa; adivinha **3** *p.ext.* algo ou alguém difícil de decifrar

e.nig.má.ti.co *adj.* **1** que contém enigma(s); misterioso, difícil de decifrar ⟨*cumprimentou-o com um sorriso e.*⟩ ↄ claro **2** de compreensão difícil; ambíguo, obscuro ⟨*frases e.*⟩ ↄ compreensível, explícito

en.jam.brar *v.* {mod. 1} *int.* **1** entortar (a madeira) devido ao calor ou à umidade; empenar ↄ desempenar **2** sair do prumo; entortar ↄ endireitar ❑ *pron. B* **3** ficar sem movimento por estar fora da posição; emperrar

en.jau.la.men.to *s.m.* **1** aprisionamento de fera(s) em jaula **2** *p.ext.* encarceramento, prisão

en.jau.lar *v.* {mod. 2} *t.d.* **1** prender (animal) na jaula **2** *fig. infrm.* pôr na cadeia; aprisionar ↄ libertar ❑ *pron.* **3** afastar-se do convívio social; isolar-se

en.jei.ta.men.to *s.m.* **1** abandono, rejeição ↄ acolhida **2** recusa em aceitar; repúdio ↄ aceitação

en.jei.tar *v.* {mod. 1} *t.d.* **1** não querer; rejeitar, recusar ↄ aceitar **2** abandonar (filho) **3** não estar de acordo com; reprovar ↄ aprovar

en.jo.a.do *adj.* **1** com enjoo ⟨*o passeio de barco deixou-o e.*⟩ **2** *fig.* que causa tédio; entediante ⟨*música e.*⟩ ↄ agradável **3** *fig.* com muito tédio; aborrecido ⟨*e. da cidade, mudou-se*⟩ ↄ satisfeito **4** *fig.* que tem sempre mau humor; antipático ↄ simpático

en.jo.ar *v.* {mod. 1} *t.d. e int.* **1** (fazer) sentir ânsia de vômito; nausear ❑ *t.d. e t.i. fig.* **2** (prep. *de*) causar ou sentir aversão, nojo por; repugnar **3** (prep. *de*) causar ou sentir tédio, fastio por; enfastiar

en.jo.a.ti.vo *adj.* que provoca enjoo

en.jo.o *s.m.* **1** ânsia de vômito **2** *fig.* aborrecimento, enfado ⟨*discursos longos lhe dão e.*⟩ **3** *fig.* sentimento de repugnância; aversão ⟨*tanta falsidade causou-lhe e.*⟩

en.la.çar *v.* {mod. 1} *t.d.,t.d.i. e pron.* **1** (prep. *a*) prender(-se) com laços (a); atar(-se) ❑ *t.d. e pron. fig.* **2** envolver(-se) com os braços; abraçar(-se) **3** ligar(-se) por aliança, vínculo moral; unir(-se) ↄ separar(-se) ❑ *t.i.,t.d.i. e pron.* **4** (prep. *com, a*) [fazer] ter relação, conexão com; vincular(-se) ↄ desvincular(-se) ~ **enlaçadura** *s.f.* - **enlaçamento** *s.m.*

en.la.ce *s.m.* **1** ato de enlaçar ou o seu efeito ↄ desenlace **2** *p.ext.* abraço **3** harmonização, união ↄ desunião **4** o vínculo dessa união; elo, ligação

en.la.me.ar *v.* {mod. 5} *t.d. e pron.* **1** sujar(-se) ou cobrir(-se) de lama **2** *fig.* manchar(-se) [honra, imagem etc.] ↄ ilibar(-se) **3** *fig.* (fazer) perder a boa reputação; desmoralizar(-se)

en.lan.gues.cer *v.* {mod. 8} *int. e pron.* **1** perder as forças; definhar(-se) ↄ fortalecer(-se) **2** abater(-se), entristecer(-se) ↄ animar(-se)

en.la.tar *v.* {mod. 1} *t.d.* pôr ou conservar em lata

en.le.ar *v.* {mod. 5} *t.d.* **1** atar, amarrar ❑ *t.d.,t.d.i. e pron.* **2** (prep. *em*) envolver(-se), enredar(-se) ⟨*quis e. o amigo (na trama)*⟩ ⟨*e.-se na questão*⟩ ❑ *t.d. e pron.* **3** (fazer) sofrer confusão, embaraço; perturbar(-se)

en.lei.o *s.m.* **1** tira ou fita que amarra; atilho **2** *fig.* tudo que prende; envolvimento, enredamento **3** embaraço, indecisão **4** encanto forte; atrativo

en.le.var *v.* {mod. 1} *t.d. e pron.* (fazer) sentir enlevo; encantar(-se), extasiar(-se) ~ **enlevação** *s.f.* - **enlevamento** *s.m.*

en.le.vo \ê\ *s.m.* deleite; êxtase ↄ desprazer

en.lo.dar *v. t.d. e pron.* **1** sujar(-se), cobrir(-se) de lodo; enlamear(-se) **2** *fig.* manchar a honra de (alguém ou de si próprio) ~ **enlodado** *adj.*

en.lou.que.cer *v.* {mod. 8} *t.d. e int.* (fazer) perder o uso da razão; endoidecer

en.lou.que.ci.men.to *s.m.* desvario, loucura ↄ sanidade

en.lu.a.ra.do *adj.* iluminado pelo luar ~ **enluarar** *v.t.d.,int. e pron.*

en.lu.ta.men.to *s.m.* pesar, tristeza

en.lu.tar *v.* {mod. 1} *t.d. e pron.* **1** cobrir(-se) de luto **2** *fig.* (fazer) sofrer grande tristeza; consternar(-se) ↄ alegrar(-se) **3** *fig.* tornar(-se) escuro, nublado ↄ clarear

–eno *suf.* 'relação, origem': *terreno, chileno*

e.no.bre.cer *v.* {mod. 8} *t.d. e pron.* **1** *p.ext.* tornar(-se) nobre, ilustre; engrandecer(-se) **2** tornar(-se) moralmente superior; dignificar(-se) ↄ conspurcar(-se) ~ **enobrecedor** *adj.s.m.* - **enobrecimento** *s.m.*

e.no.do.ar *v.* {mod. 1} *t.d. e pron.* **1** cobrir(-se) de manchas; sujar(-se) ↄ limpar(-se) **2** *fig.* (fazer) perder a honra, a reputação; desonrar(-se) ↄ dignificar(-se) ~ **enodoado** *adj.*

e.no.jar *v.* {mod. 1} *t.d. e pron.* **1** (fazer) sentir nojo, asco **2** (fazer) ter aborrecimento, desprazer com; aborrecer(-se) ⟨*sua voz enoja-o*⟩ ⟨*e.-se da esposa*⟩ ↄ satisfazer(-se) **3** (fazer) sentir repulsa, aversão ⟨*mesquinharias enojavam-no*⟩ ⟨*e.-se ao ouvir mentiras*⟩ ~ **enojado** *adj.* - **enojamento** *s.m.*

e.nor.me *adj.2g.* **1** muito grande, imenso ↄ mínimo **2** *fig.* de grande importância ⟨*e. responsabilidade*⟩

e.nor.mi.da.de *s.f.* excesso de tamanho, extensão etc.

e.no.ve.la.dei.ra *s.f.* máquina us. para enovelar

e.no.ve.lar *v.* {mod. 1} *t.d. e pron.* **1** enrolar(-se) [fio de lã, linha etc.] formando novelo ↄ desenovelar(-se) **2** tornar(-se) confuso; complicar(-se)

en.qua.drar *v.* {mod. 1} *t.d.* **1** pôr em moldura ↄ desenquadrar **2** dar forma quadrada a **3** *B infrm.* ter como parte integrante; conter **4** em fotografia, dispor e limitar (a imagem) no visor da câmara **5** *B gír.* deter para averiguações ⟨*e. um marginal*⟩ **6** *B gír.* castigar, punir ⟨*e. um soldado*⟩ ❑ *t.i. e int.* **7** (prep. *com*) estar em harmonia; combinar, adequar(-se) ↄ destoar ~ **enquadramento** *s.m.* - **enquadrável** *adj.2g*

en.quan.to *conj.temp.* **1** durante o tempo que ⟨*pensa nas férias e. trabalha*⟩ ■ *conj.prop.* **2** à medida que ▣ **por e.** *loc.adv.* por agora ⟨*por e., não há motivo para preocupações*⟩

en.que.te *s.f.* pesquisa de opinião; sondagem

en.quis.tar *v.* {mod. 1} *t.d.,int. e pron.* encistar

en.ra.bi.char *v.* {mod. 1} *t.d.* **1** dar forma de rabicho a ❑ *t.d. e pron. infrm.* **2** (prep. *por*) [fazer] ficar enamorado; apaixonar(-se) ⟨*tentou enrabichá-lo*⟩ ⟨*e.-se pela vizinha*⟩ ~ **enrabichamento** *s.m.*

en.rai.var *v.* {mod. 1} *t.d.,int. e pron.* enraivecer

en.rai.ve.cer *v.* {mod. 8} *t.d.,int. e pron.* (fazer) sentir raiva; irar(-se), encolerizar(-se) ↄ acalmar(-se)

en.ra.i.zar *v.* {mod. 2} *t.d.,int. e pron.* **1** fixar(-se) pela raiz (o vegetal) **2** *fig.* fixar(-se) em algum local; radicar(-se) **3** *fig.* (fazer) adquirir (hábito, costume) ↄ desenraizar(-se) ~ **enraizamento** *s.m.*

en.ras.ca.da *s.f.* aperto ('dificuldade'), encrenca

en.ras.car *v.* {mod. 1} *t.d.* **1** prender na rede ↄ desenrascar **2** *fig.* induzir a erro; enganar ❑ *t.d. e pron. fig.* **3** pôr(-se) em dificuldade; complicar(-se) ↄ desenrascar(-se)

en.re.dar *v.* {mod. 1} *t.d.,int. e pron.* **1** prender(-se) em rede ↄ desenredar ❑ *t.d.* **2** tecer como rede; entretecer ⟨*e. a palha*⟩ **3** *fig.* enganar, iludir ❑ *t.d. e int. fig.* **4** armar intrigas (para); intrigar, indispor ⟨*e. os vizinhos*⟩ ⟨*só observa para e.*⟩ ❑ *t.d. e pron.* **5** (fazer) sofrer dificuldade; complicar(-se) ~ **enredador** *adj.s.m.* - **enredamento** *s.m.*

en.re.dei.ro *adj.s.m.* intrigante, mexeriqueiro

en.re.do \ê\ *s.m.* **1** sucessão de acontecimentos de história, novela, conto etc.; trama **2** episódio complicado, confuso; segredo ⟨*e. palaciano*⟩ **3** intriga, mexerico ⟨*fazer e. na vizinhança*⟩

en.re.ge.lar *v.* {mod. 1} *t.d.,int. e pron.* **1** tornar(-se) muito frio; congelar(-se) ↄ aquecer(-se) **2** *fig.* (fazer) perder o entusiasmo; desanimar(-se) ↄ animar(-se) **3** *fig.* (fazer) sentir muito medo; apavorar(-se)

en.ri.car *v.* {mod. 1} *t.d.,int. e pron.* enriquecer

en.ri.jar *v.* {mod. 1} *t.d.,int. e pron.* enrijecer

en.ri.je.cer *v.* {mod. 8} *t.d.,int. e pron.* **1** tornar(-se) rijo, duro; endurecer(-se) ↄ amolecer(-se) **2** *fig.* tornar(-se) forte moralmente; fortalecer(-se) ⟨*a penúria enrijeceu-a*⟩ ⟨*na guerra, os homens enrijecem*⟩ ↄ enfraquecer(-se)

en.ri.que.cer *v.* {mod. 8} *t.d. e int.* **1** tornar(-se) rico ↄ empobrecer ❑ *t.d.,int. e pron. fig.* **2** tornar(-se) maior e melhor; desenvolver(-se)

en.ri.que.ci.men.to *s.m.* **1** acumulação ou obtenção de riquezas ↄ empobrecimento **2** melhoria, aperfeiçoamento

en.ro.di.lhar *v.* {mod. 1} *t.d.,int. e pron.* (fazer) tomar forma de rodilha; enrolar(-se), torcer(-se) ↄ desenrolar(-se)

en.ro.la.do *adj.* **1** em forma de rolo; espiralado ↄ esticado, liso **2** posto em volta de algo; enroscado ⟨*galhos e. no fio provocaram a queda de energia*⟩ ↄ desenrolado **3** coberto com um invólucro; embrulhado ↄ desembrulhado **4** atrapalhado, confuso ⟨*bom marceneiro, mas um pouco e.*⟩

en.ro.la.dor \ô\ *adj.s.m.* **1** (o) que dobra em rolo ou espiral **2** *B infrm.* que(m) gosta de enganar; tapeador

en.ro.la.men.to *s.m.* ELETR conjunto de fios enrolados numa bobina ou num motor; bobina

en.ro.lar *v.* {mod. 1} *t.d. e pron.* **1** (fazer) adquirir forma de rolo ou espiral; enroscar(-se) ↄ desenrolar(-se) **2** (fazer) ficar em volta de; enroscar(-se) ⟨*e. a planta na viga*⟩ ⟨*a planta enrolou-se na viga*⟩ ☞ *na viga* é circunstância que funciona como complemento **3** cobrir(-se) [com invólucro]; envolver(-se), embrulhar(-se) ↄ desembrulhar(-se) **4** *fig. B infrm.* (fazer) ficar atrapalhado; confundir(-se) ❑ *t.d.* **5** *fig. B infrm.* levar a engano, erro; engambelar **6** *fig. B infrm.* usar artifícios para adiar ou retardar decisão, tarefa etc.; embromar ~ **enrolação** *s.f.*

en.ros.car *v.* {mod. 1} *t.d. e pron.* **1** (fazer) ficar em volta de; enrolar(-se) **2** *fig.* (fazer) ter dificuldade, resistência; atrapalhar(-se) ❑ *t.d.* **3** torcer à maneira de rosca ⟨*e. um lençol*⟩ **4** dar movimento espiral a ⟨*e.*

parafusos⟩ ❑ *pron.* **5** curvar o corpo, pondo joelhos e braços até o peito; encolher-se ~ **enroscamento** *s.m.*

en.ros.co \ô\ *s.m.* **1** ato de enroscar **2** *B infrm.* situação difícil ⟨*meteu-se num enrosco*⟩

en.rou.par *v.* {mod. 1} *t.d. e pron.* **1** pôr roupa (em); vestir ⮌ despir(-se) **2** agasalhar(-se)

en.rou.que.cer *v.* {mod. 8} *t.d. e int.* (fazer) ficar rouco ~ **enrouquecimento** *s.m.*

en.ru.bes.cer *v.* {mod. 8} *t.d.,int. e pron.* **1** tornar(-se) rubro; avermelhar(-se) **2** corar (pele, rosto etc.) ~ **enrubescimento** *s.m.*

en.ru.gar *v.* {mod. 1} *t.d.,int. e pron.* **1** deixar ou ficar com rugas, pregas; encarquilhar(-se) ⮌ desenrugar(-se) **2** (fazer) ficar amassado; amarrotar(-se) ⮌ desamassar(-se) ~ **enrugamento** *s.m.*

en.rus.ti.do *adj. B infrm.* **1** escondido ⟨*segredo e.*⟩ ⮌ revelado **2** *infrm.* que não se expõe (diz-se de pessoa); introvertido ⮌ extrovertido ■ *adj.s.m. B infrm.* **3** (homossexual) que não se assume

en.rus.tir *v.* {mod. 24} *t.d.* tornar oculto; esconder ⮌ expor, mostrar ~ **enruste** *s.m.*

en.sa.bo.a.de.la *s.f.* ligeira ensaboada

en.sa.bo.ar *v.* {mod. 1} *t.d. e pron.* **1** lavar(-se) com sabão ❑ *t.d. fig.* **2** ralhar com; repreender ~ **ensaboamento** *s.m.*

en.sa.ca.dor \ô\ *adj.s.m.* (aparelho) us. para ensacar

en.sa.car *v.* {mod. 1} *t.d.* pôr em saca ou saco ⮌ desensacar ~ **ensacagem** *s.f.* - **ensacamento** *s.m.* - **ensaque** *s.m.*

en.sai.ar *v.* {mod. 1} *t.d.* **1** pôr à prova; testar **2** *fig.* ter intenção de; tentar ⟨*e. uma reação*⟩ **3** fazer (movimento, ação) repetidas vezes; treinar **4** repetir (texto, fala) até decorar

en.sai.o *s.m.* **1** prova para verificação do desempenho de algo; experimento ⟨*fase de e. do foguete*⟩ **2** repetição de espetáculo para treino e perfeita execução da montagem **3** primeira tentativa, experiência ⟨*fez um e. no mundo da moda*⟩ **4** livre estudo sobre um tema específico ⟨*e. sobre a violência*⟩ ⊡ **e. geral** *loc.subst.* montagem completa e última antes da estreia de um espetáculo

en.sa.ís.ta *adj.2g.s.2g.* que(m) escreve ensaio ('estudo')

en.san.cha *s.f.* **1** tecido que se deixa sobrar na roupa, para posterior alargamento ☞ mais us. no pl. **2** *p.ext.* pedaço de papel, cartolina etc. que sobra para apara posterior **3** *p.ext.* confiança, liberdade ⟨*não dá e. a ninguém*⟩

en.san.char *v.* {mod. 1} *t.d.* **1** alargar usando a(s) ensancha(s) ❑ *t.d. e pron. fig.* **2** dilatar(-se), estender(-se)

en.san.de.cer *v.* {mod. 8} *t.d. e int.* **1** tornar(-se) tolo, idiota; apatetar(-se) **2** (fazer) perder o uso da razão; enlouquecer ~ **ensandecimento** *s.m.*

en.san.guen.tar \gü\ *v.* {mod. 1} *t.d. e pron.* cobrir(-se) ou manchar(-se) de sangue

en.sa.ri.lhar *v.* {mod. 1} *t.d.* **1** enrolar (fio) em sarilho **2** pôr (armas) de pé no chão, apoiando umas nas outras pela baioneta ❑ *t.d. e int. fig.* **3** envolver(-se), emaranhar(-se)

–ense *suf.* 'relação, origem': *cearense, circense, parisiense*

en.se.a.da *s.f.* pequena baía de mar, lago ou rio, que serve de porto a embarcações; angra

en.se.bar *v.* {mod. 1} *t.d. e pron.* **1** passar sebo (em) **2** *p.ext.* (fazer) ficar sujo; sujar(-se) ⮌ limpar(-se) ❑ *int. fig.* **3** usar artifícios para retardar ou dificultar tarefa, decisão etc.; remanchar ~ **ensebamento** *s.m.*

en.se.jar *v.* {mod. 1} *t.d. e t.d.i.* **1** (prep. *a*) tornar possível para; proporcionar ⮌ impossibilitar ❑ *t.d.* **2** esperar oportunidade de; almejar, querer **3** tentar, experimentar ❑ *pron.* **4** surgir ocasião de; apresentar-se

en.se.jo \ê\ *s.m.* ocasião favorável; oportunidade

en.si.for.me *adj.2g.* em forma de espada

en.si.la.gem *s.f. B* prática agrícola de guarda e conservação de cereais em silos

en.si.lar *v.* {mod. 1} *t.d.* armazenar (cereais, forragem) em silos ~ **ensilamento** *s.m.*

en.si.mes.ma.do *adj.* voltado para dentro de si mesmo; recolhido ⮌ comunicativo ~ **ensimesmar-se** *v.pron.*

en.si.na.men.to *s.m.* **1** transmissão de conhecimentos; ensino **2** conjunto de ideias a serem transmitidas; doutrina **3** *p.ext.* experiência adquirida na prática; exemplo ⟨*que isso lhe sirva de e.*⟩

en.si.nar *v.* {mod. 1} *t.d. e t.d.i.* **1** (prep. *a*) passar conhecimentos teóricos ou práticos sobre (algo) [a alguém] **2** (prep. *a*) tornar conhecido, familiar a ⟨*a idade vai e.(-lhe) o valor da vida*⟩ **3** (prep. *a*) mostrar com precisão; indicar ⟨*ensinou(-lhes) o rumo a tomar*⟩ **4** (prep. *a*) treinar em (animal) [uma habilidade]; adestrar ⟨*e. cavalo (a saltar)*⟩

en.si.no *s.m.* **1** transferência de conhecimentos; instrução ⟨*estabelecimento de e.*⟩ **2** conjunto dos sistemas adequados e necessários a essa transferência ⟨*reforma do e.*⟩ **3** conjunto de métodos e estratégias us. nessa transmissão ⟨*e. tradicional*⟩ **4** transmissão dos princípios da vida em sociedade; educação **5** lição, experiência, ensinamento ⟨*que isso lhe sirva de e.*⟩ **6** ofício de professor; magistério ⟨*o e. é sua vocação*⟩ ⊡ **e. fundamental** *loc.subst. B* ensino (anteriormente denominado *ensino de primeiro grau*) ministrado ger. em dois ciclos, a partir de 2006, de nove anos: o primeiro ciclo, do primeiro ao quinto ano (anteriormente denominado *ensino primário*), e o segundo, do sexto ao nono ano (anteriormente denominado *ensino ginasial*) • **e. médio** *loc.subst. B* período de três anos subsequentes ao ensino fundamental (anteriormente denominado *ensino de segundo grau*) • **e. superior** *loc.subst.* curso universitário; graduação • **e. supletivo** *loc.subst.* curso compacto para suprir escolaridade incompleta de adultos

en.so.la.ra.do *adj.* iluminado pelo sol; luminoso ⟨*nasceu numa manhã e.*⟩ ⮌ nublado

en.som.bra.do *adj.* **1** coberto de sombra; sombreado ⟨*rua e.*⟩ ⊃ clareado **2** *fig.* entristecido, triste ⟨*rosto e.*⟩ ⊃ alegre

en.som.brar *v.* {mod. 1} *t.d. e pron.* **1** cobrir(-se) de sombra **2** *fig.* (fazer) sentir ou mostrar tristeza; entristecer(-se) ⊃ alegrar(-se)

en.so.pa.do *adj.* **1** muito molhado; encharcado ⊃ seco ■ *s.m.* **2** prato de carne picada com muito molho e legumes

en.so.par *v.* {mod. 1} *t.d.* **1** fazer ficar como sopa **2** preparar (carne, peixe etc.) refogando em temperos e cozinhando a fogo lento em água ❑ *t.d. e pron.* **3** molhar(-se) muito; encharcar(-se) ⊃ secar(-se) ~ **ensopamento** *s.m.*

en.sur.de.ce.dor \ô\ *adj.s.m.* **1** (o) que faz ensurdecer **2** (o) que produz ruído alto e estrondoso

en.sur.de.cer *v.* {mod. 8} *t.d. e int.* **1** (fazer) perder a audição ❑ *t.d.* **2** diminuir o ruído de; abafar

en.sur.de.ci.men.to *s.m.* **1** ação de ensurdecer ou seu efeito **2** perda ou diminuição da audição; surdez **3** FON perda do traço sonoro de um som da fala

en.ta.bla.men.to *s.m.* arremate superior de uma fachada

en.ta.bu.ar *v.* {mod. 1} *t.d.* **1** forrar com tábuas ❑ *pron.fig.* **2** ficar duro como tábua ~ **entabuamento** *s.m.*

en.ta.bu.lar *v.* {mod. 1} *t.d.* **1** forrar com tábuas; entabuar **2** pôr em ordem **3** iniciar, começar (negociação, conversa etc.) ⊃ acabar ~ **entabulamento** *s.m.*

en.tai.par *v.* {mod. 1} *t.d.* **1** fechar, cercar com tapumes ❑ *t.d. e pron.fig.* **2** isolar(-se) em cárcere; enclausurar(-se) ⊃ libertar(-se)

en.ta.lar *v.* {mod. 1} *t.d.* **1** imobilizar com tala(s) ⟨*e. braço quebrado*⟩ ⊃ desentalar ❑ *t.d.,int. e pron.* **2** (fazer) entrar em local estreito e apertado **3** (fazer) ficar com a garganta obstruída **4** *fig.* pôr(-se) em situação difícil; encalacrar(-se) ~ **entalação** *s.f.*

en.ta.lha.dor \ô\ *adj.s.m.* **1** (o) que entalha madeira ■ *s.m.* **2** escultor ou gravador em madeira

en.ta.lhar *v.* {mod. 1} *t.d.* abrir cortes em (peças de madeira ou outro material); gravar ⟨*e. imagem, matriz*⟩ ~ **entalhadura** *s.f.* - **entalhamento** *s.m.*

en.ta.lhe *s.m.* **1** corte, ranhura esp. em madeira; entalho **2** obra de arte em madeira, pedra etc.; talha

en.ta.lho *s.m.* entalhe ('corte')

en.tan.to *adv.* **1** nesse meio tempo ⟨*viajou, e. nasceu sua neta*⟩ ■ *conj.advrs.* **2** mas, porém, contudo ⟨*quis gritar, e. a voz não saía*⟩ ⊡ **no e.** *loc.conj.* contudo, todavia ⟨*precisava estudar, no e. adormeceu*⟩

en.tão *adv.* **1** em momento passado ou futuro ⟨*foi e. que resolveu falar a verdade*⟩ **2** em momento passado ou futuro, mas não no presente ⟨*o e. presidente resolveu/resolverá essa questão*⟩ **3** em tal caso ⟨*o vizinho é simpático, e. não vai haver briga*⟩ **4** em final de diálogo ⟨*e. até amanhã*⟩ ■ *interj.* **5** voz que expressa espanto ⟨*e., será verdade?*⟩

-entar *suf.* 'transformação': *ensanguentar, movimentar*

en.tar.de.cer *v.* {mod. 8} *int.* **1** ir caindo a tarde ■ *s.m.* **2** o cair da tarde ⊙ GRAM/USO verbo impessoal, exceto quando fig.

-ente *suf.* equivalente a *-nte*

en.te *s.m.* **1** o que existe ou se supõe existir; ser **2** o ser humano; pessoa ⟨*e. querido*⟩

en.te.a.do *s.m.* filho de um matrimônio anterior em relação ao cônjuge atual

en.te.di.a.do *adj.* cheio de tédio; aborrecido ⊃ entusiasmado

en.te.di.ar *v.* {mod. 1} *t.d. e pron.* (fazer) sentir tédio; enfadar(-se), aborrecer(-se) ⊃ divertir(-se)

en.ten.de.dor \ô\ *adj.s.m.* **1** que(m) entende; conhecedor **2** (indivíduo) inteligente, preparado

en.ten.der *v.* {mod. 8} *t.d.* **1** apreender pela inteligência; compreender **2** ter conhecimento de; saber ⊃ desconhecer **3** captar pela audição; ouvir **4** tirar como conclusão; deduzir **5** decidir, após reflexão; considerar ⟨*entenderam que era melhor ficar*⟩ ❑ *t.i.* **6** (prep. *de*) ter habilidade ou experiência em ⟨*de cozinha ela entende*⟩ ⊃ desentender ❑ *pron.* **7** entrar em acordo com; avir-se ⊃ desavir-se ■ *s.m.* **8** entendimento ('faculdade')

en.ten.di.do *adj.* **1** que se acertou; combinado ⟨*hora e.*⟩ **2** compreendido, captado ⟨*ordens e.*⟩ ⊃ desentendido ■ *adj.s.m.* **3** que(m) tem conhecimento; especialista

en.ten.di.men.to *s.m.* **1** capacidade de compreensão; discernimento ⟨*não tem e. para certas coisas*⟩ **2** faculdade de avaliação e julgamento; juízo, opinião ⟨*no meu e. ele é um ótimo cantor*⟩ **3** ajuste entre partes; acordo ⟨*chegaram finalmente a um e.*⟩ **4** harmonia de ideias ⟨*e. entre irmãos*⟩

en.te.ri.te *s.f.* MED inflamação do intestino

en.ter.ne.ce.dor \ô\ *adj.s.m.* **1** (o) que abranda **2** (o) que sensibiliza, provoca compaixão

en.ter.ne.cer *v.* {mod. 8} *t.d. e pron.* **1** (fazer) ficar terno, amoroso ⊃ embrutecer(-se) **2** tornar(-se) sensível; sensibilizar(-se) ⊃ empedernir(-se) ~ **enternecimento** *s.m.*

en.te.ro.bac.té.ria *s.f.* nome comum a bactérias encontradas no solo ou em água, algumas causadoras de doenças

en.te.ro.lo.gi.a *s.f.* estudo do intestino e de suas funções ~ **enterologista** *adj.2g.s.2g.*

en.te.ro.ví.rus *s.m.2n.* grupo de vírus, ger. presentes no intestino, causadores de doenças respiratórias ou da poliomielite nos humanos e da febre aftosa nos animais

en.ter.rar *v.* {mod. 1} *t.d.* **1** pôr sob a terra; soterrar ⊃ desenterrar **2** pôr em túmulo; sepultar ⊃ exumar **3** *p.ext.* manter fora do alcance de outrem; esconder ⊃ expor **4** *fig.* continuar a viver depois da morte de ⟨*enterrou dois maridos*⟩ **5** *fig.* estar presente ao sepultamento de **6** *fig.* pôr um fim a; encerrar ⊃ iniciar **7** enfiar (algo) bem fundo em; cravar ⟨*e. a faca no chão*⟩ **8** levar à ruína, à derrota; destruir ⊃ salvar ❑ *pron.* **9** dedicar-se, empenhar-se ⟨*e.-se nos estudos*⟩ ~ **enterramento** *s.m.*

en.ter.ro \ê\ *s.m.* 1 colocação de um cadáver embaixo da terra ⮌ exumação 2 cortejo fúnebre; funeral
en.te.sar *v.* {mod. 1} *t.d.,int. e pron.* 1 tornar(-se) tenso, teso; retesar(-se) ⮌ afrouxar(-se) ❑ *t.d.* 2 deixar reto; esticar ⟨*e. uma corda*⟩ ⮌ afrouxar 3 deixar duro; endurecer ⟨*a chuva entesou o couro*⟩ ⮌ amolecer ❑ *t.i.* 4 (prep. *em*) insistir, teimar ⮌ desistir ~**entesamento** *s.m.*
en.ti.bi.ar *v.* {mod. 1} *t.d.,int. e pron.* 1 (fazer) ficar tíbio, frouxo; enfraquecer(-se) ⮌ fortalecer(-se) ❑ *pron.* 2 ficar sem força, entusiasmo; desanimar ⮌ animar-se
en.ti.da.de *s.f.* 1 o que constitui a essência de um ser ou coisa 2 *p.ext.* ser humano; ente 3 *p.ext.* pessoa de grande importância ⟨*é uma e. nacional*⟩ 4 instituição, sociedade, pessoa jurídica ⟨*e. privada, financeira*⟩
-ento *suf.* 'abundância': *barrento, calorento, corpulento, sonolento*
en.to.a.ção [pl.: *-ões*] *s.f.* 1 ação de se dar tom à música que se quer tocar ou cantar 2 modulação na voz de quem fala, lê, recita ou canta 3 canto a uma ou mais vozes ⟨*e. de cantigas de roda*⟩
en.to.ar *v.* {mod. 1} *t.d.* 1 enunciar em voz alta ⟨*e. um protesto*⟩ 2 cantar (música, melodia) 3 dar o tom para se cantar ou tocar instrumento 4 declamar, recitar ~**entoador** *adj.s.m.*
en.to.car *v.* {mod. 1} *t.d. e pron.* 1 pôr(-se) em toca; encafuar(-se) ⮌ desentocar(-se) ❑ *pron.fig.* 2 pôr-se em lugar isolado, reservado; esconder-se ~**entocamento** *s.m.*
en.to.jar *v.* {mod. 1} *t.d. e pron.* 1 (fazer) sentir asco, nojo; enojar(-se) 2 causar ou sentir aborrecimento; importunar(-se) ~**entojamento** *s.m.*
en.to.jo \ô\ *s.m.* 1 sensação de repugnância; enjoo, nojo 2 desejo extravagante de algumas mulheres grávidas
en.to.mo.fi.li.a *s.f.* BOT transporte, por inseto, do pólen de uma flor a outra, causando polinização
en.to.mo.lo.gi.a *s.f.* ZOO parte da zoologia que estuda os insetos ~**entomológico** *adj.* - **entomologista** *adj.2g.s.2g.*
en.to.mó.lo.go *s.m.* especialista em entomologia
en.to.na.ção [pl.: *-ões*] *s.f.* modulação de voz na fala ou no canto
en.to.no *s.m.* 1 sentimento de superioridade em relação ao outro; altivez ⮌ submissão 2 presunção excessiva; orgulho ⮌ humildade
en.ton.te.cer *v.* {mod. 8} *t.d.,int. e pron.* 1 (fazer) ter tontura, vertigem 2 tornar(-se) tolo, idiota; apatetar(-se) 3 ensandecer, enlouquecer ~**entontecimento** *s.m.*
en.tor.nar *v.* {mod. 1} *t.d.* 1 virar (algo) despejando seu conteúdo 2 despejar (líquidos, grãos, miudezas etc.) ❑ *t.d. e int.* 3 lançar(-se) para fora; derramar(-se) 4 *infrm.* ingerir (bebida alcoólica) em demasia
en.tor.pe.cen.te *adj.2g.s.m.* 1 (o) que entorpece 2 (droga, substância) que provoca entorpecimento, dependência e danos físicos e/ou psíquicos
en.tor.pe.cer *v.* {mod. 8} *t.d.,int. e pron.* 1 (fazer) ficar em estado de adormecimento, exaustão, desânimo ou prostração 2 (fazer) perder a energia, o vigor; debilitar(-se) ⮌ fortalecer(-se)
en.tor.pe.ci.men.to *s.m.* 1 adormecimento de parte do corpo ⟨*e. causado pelo frio*⟩ 2 *fig.* falta de vigor; desânimo ⮌ ânimo
en.tor.se *s.f.* MED lesão dos tendões de uma articulação causada por torção brusca
en.tor.tar *v.* {mod. 1} *t.d.,int. e pron.* 1 tornar(-se) torto; empenar(-se) ⮌ desentortar(-se) ❑ *t.d. e pron.* 2 (fazer) sair do eixo; curvar(-se), inclinar(-se) ❑ *int. e pron. infrm.* 3 ingerir muita bebida alcoólica; embebedar-se
en.tra.da *s.f.* 1 ação de passar de fora para dentro ou seu efeito ⟨*e. do trem na estação*⟩ ⮌ saída 2 local por onde se entra ⮌ saída 3 ação de se penetrar em algo ou seu efeito ⟨*e. do parafuso na rosca*⟩ ⮌ saída 4 possibilidade de admissão em local, instituição etc. ⟨*e. proibida para menores*⟩ ⟨*e. na faculdade*⟩ ⮌ saída 5 *B* bilhete que permite o acesso a determinado local ⟨*e. de teatro*⟩ 6 primeiro pagamento de uma conta 7 o primeiro prato de uma refeição 8 começo, início ⟨*e. da primavera*⟩ ☞ mais us. no pl. 9 palavra, locução etc. que é objeto de descrição em dicionários, enciclopédias etc. 10 no período colonial, expedição que explorava o interior do Brasil 11 em informática, inclusão de dados num computador ▼ ***entradas*** *s.f.pl.* 12 partes da frente da cabeça onde faltam cabelos ⊡ **dar e.** *loc.vs.* 1 iniciar processo administrativo, legal etc., através de ofício, petição etc. 2 comandar (maestro, regente etc.) o início de interpretação musical • **e. franca** *loc.subst.* ingresso grátis
en.tra e sai *s.m.2n. B* movimentação contínua de entrada e saída; vaivém
en.tran.çar *v.* {mod. 1} *t.d.* 1 fazer trança em ❑ *t.d.,t.d.i. e pron.* 2 (prep. *com*) juntar(-se), metendo(-se) uns por entre os outros; entrelaçar(-se)
en.tra.nha *s.f.* 1 cada víscera do abdome ou do tórax 2 conjunto dessas vísceras ☞ mais us. no pl. 3 ventre materno ☞ mais us. no pl. 4 *fig.* as partes mais profundas; profundezas ☞ mais us. no pl. 5 traços inerentes a um indivíduo ☞ mais us. no pl. ~**entranhável** *adj.2g.*
en.tra.nha.do *adj.* 1 introduzido com força; cravado ⮌ desentranhado, desencravado 2 que se estabeleceu profundamente; arraigado ⟨*coração e. de alegria*⟩ ⮌ desarraigado
en.tra.nhar *v.* {mod. 1} *t.d.,t.d.i. e pron.* 1 (fazer) penetrar a fundo ⟨*e. a faca na terra*⟩ ⟨*e. o arpão na baleia*⟩ ⟨*a raiz entranhou-se na terra*⟩ ☞ *na terra* é circunstância que funciona como complemento ❑ *t.d. e pron.* 2 *fig.* estabelecer(-se) de forma profunda; arraigar(-se) ⮌ desarraigar(-se) 3 (fazer) avançar para dentro de; embrenhar(-se) ⟨*e. a tropa na mata*⟩ ⟨*e.-se na mata*⟩ ☞ *na mata* é circunstância que funciona como complemento
en.tran.te *adj.2g.* que entra ou que está por entrar, por começar ⟨*ano e.*⟩

en.trar *v.* {mod. 1} *int.* **1** ir ou vir para dentro ⟨*e. em casa*⟩ ⮌ sair ☞ *em casa* é circunstância que funciona como complemento **2** passar através de; penetrar ⟨*as águas entram pelo solo*⟩ ☞ *pelo solo* é circunstância que funciona como complemento **3** ter começo; iniciar-se ⟨*março entrou com chuvas*⟩ **4** começar a participar de (atividade, experiência, grupo etc.) ⟨*e. para o crime*⟩ ☞ *para o crime* é circunstância que funciona como complemento **5** atingir, alcançar (ponto, idade, cifra, período etc.) ⟨*e. numa nova era*⟩ ☞ *numa nova era* é circunstância que funciona como complemento **6** fazer parte de ⟨*não entra açúcar nesse bolo*⟩ ☞ *nesse bolo* é circunstância que funciona como complemento **7** INF acessar (arquivo, programa, *site*) **8** *B infrm.* comer ou beber muito ⟨*logo entrou na caipirinha*⟩ ❑ *t.i.* **9** *fig.* (prep. *em*) tomar parte em; envolver-se ⟨*e. em confusão*⟩ **10** (prep. *com*) interpor, apresentar (recurso, ação, pedido etc.) **11** (prep. *com*) prestar ajuda (p.ex., financeira); contribuir ⟨*e. com grande quantia para a compra*⟩

en.tra.var *v.* {mod. 1} *t.d.* **1** pôr entrave em; atravancar **2** impossibilitar o movimento de; travar ⮌ liberar **3** tornar irrealizável, impossível; impedir ⮌ viabilizar

en.tra.ve *s.m.* o que dificulta ou impede uma ação; obstáculo

entre– ou **inter–** *pref.* **1** 'posição no meio': *entrelinha, intermediário* **2** 'reciprocidade': *entreolhar-se, interação*

en.tre *prep.* **1** a meio de (dois espaços, dois tempos, duas situações etc.) ⟨*o livro estava e. a estante e a mesa*⟩ ⟨*e. o verão e o outono*⟩ ⟨*viveu e. agir e pensar*⟩ **2** através de ⟨*ter areia e. os dedos*⟩ **3** no interior de ⟨*tentava manter a saúde e. os muros da prisão*⟩ **4** cerca de, perto de ⟨*levei e. duas e três horas para chegar*⟩ **5** no meio de ⟨*sentiu-se surdo e. tantos gritos*⟩ **6** junto de ⟨*e. os seus, tinha muita satisfação*⟩ **7** como escolha, preferência ⟨*e. os dois caminhos, optou pelo segundo*⟩

en.tre.a.ber.to *adj.* parcialmente aberto ⊙ GRAM/USO part. de *entreabrir*

en.tre.a.brir *v.* {mod. 24} *t.d. e pron.* **1** abrir(-se) um pouco ❑ *int. e pron.* **2** começar a desabrochar ⊙ GRAM/USO part.: *entreaberto*

en.tre.a.to *s.m.* **1** intervalo entre os atos de um espetáculo **2** pequena representação dramática ou musical executada nesse intervalo; interlúdio

en.tre.cas.ca *s.f.* a parte mais interna da casca da árvore; entrecasco

en.tre.cas.co *s.m.* **1** parte superior do casco dos animais **2** entrecasca

en.tre.cer.rar *v.* {mod. 1} *t.d. e pron.* fechar(-se) parcialmente

en.tre.cho.car *v.* {mod. 1} *t.d. e pron.* **1** bater(-se) fisicamente (um contra o outro) ❑ *pron. fig.* **2** estar em oposição ou contradição

en.tre.cho.que *s.m.* **1** choque, colisão entre dois seres ou coisas **2** *fig.* oposição, confronto ⟨*e. entre duas gerações*⟩

en.tre.cor.tar *v.* {mod. 1} *t.d.* **1** cortar em forma de cruz **2** cortar em diversos lugares ❑ *pron.* **3** cortar-se reciprocamente; cruzar-se

en.tre.cru.zar-se *v.* {mod. 1} *pron.* cruzar-se em vários sentidos

en.tre.fe.char *v.* {mod. 1} *t.d. e pron.* fechar(-se) um pouco; entrecerrar(-se)

en.tre.fo.lha \ô\ *s.f.* folha em branco intercalada a folhas impressas

en.tre.ga *s.f.* **1** ação de entregar ⟨*e. das compras*⟩ **2** o que foi adquirido ou se recebeu ⟨*a e. era grande*⟩ **3** transferência (de coisa, direito, obrigação etc.); cessão ⟨*e. de bens*⟩ ⮌ recebimento **4** rendição, capitulação ⟨*a e. do inimigo levou horas*⟩ ⮌ resistência **5** denúncia, revelação ⟨*e. dos comparsas à polícia*⟩ **6** dedicação integral ⟨*a total e. do professor aos alunos*⟩ ⮌ negligência

en.tre.ga.dor \ô\ *adj.s.m.* **1** que(m) entrega **2** que(m) é traiçoeiro, desleal; traidor ⮌ verdadeiro

en.tre.gar *v.* {mod. 1} *t.d. e t.d.i.* **1** (prep. *a*) passar às mãos ou à posse de; dar ⮌ tomar **2** (prep. *a*) fazer denúncia de; delatar ⮌ encobrir ❑ *t.d.i. e pron.* **3** (prep. *a*) pôr(-se) sob os cuidados de; confiar(-se) **4** (prep. *a*) doar(-se), dedicar(-se) ❑ *pron.* **5** dar-se por vencido; render-se **6** (prep. *a*) deixar-se dominar; render-se ⟨*e. ao vício*⟩ ⮌ vencer ⊙ GRAM/USO part.: *entregado, entregue*

en.tre.gue *adj.* **1** dado, confiado a ⮌ recebido **2** que foi levado a local de entrega **3** que foi recebido **4** dedicado, devotado ⟨*e. a sua tese de doutorado*⟩ **5** absorto em ⟨*e. a pensamentos alegres*⟩ **6** *B* sem forças; cansado, fraco ⊙ GRAM/USO part. de *entregar*

en.tre.guer.ras *s.m.2n.* **1** período de paz entre duas guerras **1.1** período de tempo entre a Primeira e a Segunda Guerra Mundial

en.tre.guis.mo *s.m. B pej.* entrega de recursos naturais da nação para exploração por capital internacional ~ **entreguista** *adj.2g.s.2g.*

en.tre.la.ça.do *adj.* **1** preso, enlaçado um no outro ⟨*papel com corações e.*⟩ **2** embaralhado, misturado ⟨*tecido com motivos e.*⟩ ■ *s.m.* **3** conjunto de coisas cruzadas, enlaçadas ou presas entre si

en.tre.la.çar *v.* {mod. 1} *t.d.,t.d.i. e pron.* **1** (prep. *com*) juntar(-se), metendo(-se) uns por entre os outros; intercalar(-se) **2** *fig.* (prep. *com*) juntar(-se), embaralhando; misturar(-se) ⮌ separar(-se) ~ **entrelaçamento** *s.m.* - **entrelace** *s.m.*

en.tre.li.nha *s.f.* **1** espaço entre duas linhas escritas **2** o que se escreve nesse espaço ▼ *entrelinhas s.f.pl.* **3** *fig.* numa mensagem, o que está subentendido ou oculto ⟨*ler nas e.*⟩

en.tre.li.nhar *v.* {mod. 1} *t.d.* **1** escrever em entrelinhas **2** pôr entrelinhas em **3** traduzir, comentar (texto)

en.tre.lu.zir *v.* {mod. 24} *int.* **1** começar a irradiar luz, brilho **2** brilhar sem força ou com intervalos ☞ nestas acp., só us. nas 3ªs p., exceto quando fig. ❑ *int. e pron.* **3** mostrar-se incompletamente

en.tre.ma.nhã *s.f.* primeira claridade da manhã; alvorada ⮌ ocaso

en.tre.me.ar *v.* {mod. 5} *t.d.,t.d.i.,int. e pron.* (prep. *com*) pôr(-se) ou estar no meio (de); intercalar(-se), interpor(-se)

en.tre.mei.o *s.m.* **1** espaço, coisa, tempo etc. que se encontra entre dois limites; intervalo **2** faixa bordada ou rendada entre duas peças lisas

en.tre.men.tes *adv.* nesse meio tempo; nesse ínterim ⟨*a mulher costurava, e., lá fora, a criança brincava*⟩

en.tre.nó *s.m.* parte do caule situada entre dois nós

en.tre.o.lhar-se *v.* {mod. 1} *pron.* olhar-se mutuamente

en.tre.ou.vir *v.* {mod. 28} *t.d.* ouvir parcialmente, de forma vaga, confusa

en.tre.pos.to \ô\ [pl.: *entrepostos* \ó\] *s.m.* **1** grande depósito de mercadorias a serem vendidas, exportadas etc., ou que aguardam liberação da alfândega **2** armazém onde são guardadas ou vendidas somente mercadorias de uma companhia ou de um governo **3** centro de comércio internacional; empório

en.tres.sa.fra *s.f.* período entre duas safras de um produto

en.tres.so.la *s.f.* peça entre a sola e a palmilha de um calçado

en.tre.tan.to *conj.advrs.* **1** contudo; todavia ■ *adv.* **2** nesse meio tempo ⟨*a professora saiu e ele ficou, e., cuidando da turma*⟩

en.tre.te.cer *v.* {mod. 8} *t.d. e pron.* **1** tecer, pondo(-se) [ramos, fios etc.] uns entre os outros; entrelaçar(-se) ❑ *t.d.i.* **2** (prep. *em*) pôr no meio de; intercalar, introduzir

en.tre.te.la *s.f.* tecido grosso colocado entre o forro e a fazenda de uma roupa

en.tre.tem.po *s.m.* tempo intermediário

en.tre.te.ni.men.to *s.m.* **1** ato de distrair(-se) **2** o que distrai; divertimento

en.tre.ter *v.* {mod. 16} *t.d.* **1** desviar a atenção de; distrair ❑ *t.d. e pron.* **2** ocupar(-se) de forma prazerosa; divertir(-se)

en.tre.tí.tu.lo *s.m.* cada um dos títulos que introduzem os vários blocos de uma matéria jornalística; intertítulo

en.tre.va.do *adj.s.m.* que(m) não se pode mover; paralítico

[1]**en.tre.var** *v.* {mod. 1} *t.d.,int. e pron.* (fazer) paralisar ou ter dificuldade de mover as articulações (de) [ORIGEM: alt. de *entravar*]

[2]**en.tre.var** *v.* {mod. 1} *t.d. e pron.* cobrir(-se) de trevas; escurecer(-se) ↄ clarear [ORIGEM: *en-* + *treva* + [2]*-ar*]

en.tre.ver *v.* {mod. 12} *t.d.* **1** ver com dificuldade, de forma confusa ou rapidamente **2** sentir antecipadamente; pressentir ⟨*entreviu o sofrimento*⟩ ❑ *pron.* **3** encontrar-se rapidamente; avistar-se **4** ver-se mutuamente

en.tre.ve.ro \ê\ *s.m.* **1** desordem entre pessoas, animais, objetos **2** discordância violenta; desentendimento ⟨*ter e. com irmão*⟩ ↄ entendimento

en.tre.vis.ta *s.f.* **1** encontro combinado para esclarecimentos, opiniões etc. ⟨*e. com o orientador de mestrado*⟩ **2** coleta de declarações de alguém, tomadas por jornalista para divulgação através dos meios de comunicação ⟨*fazer uma e. com o presidente*⟩ **3** essas declarações assim obtidas ⟨*dar uma e. para a imprensa*⟩ ~ **entrevistado** *adj.s.m.* - **entrevistador** *adj.s.m.* - **entrevistar** *v.t.d. e pron.*

en.trin.chei.ra.men.to *s.m.* **1** ato ou efeito de entrincheirar(-se); fortificação **2** série de trincheiras

en.trin.chei.rar *v.* {mod. 1} *t.d. e pron.* proteger(-se) com trincheiras, barricadas

en.tris.te.cer *v.* {mod. 8} *t.d.,int. e pron.* tornar(-se) triste; magoar(-se), afligir(-se) ↄ alegrar(-se) ~ **entristecedor** *adj.s.m.* - **entristecimento** *s.m.*

en.tro.nar *v.* {mod. 1} *t.d.,t.d.i. e pron.* entronizar

en.tron.ca.do *adj.* **1** que criou tronco ⟨*mata de árvores e.*⟩ **2** *fig.* corpulento ⟨*homem e.*⟩

en.tron.ca.men.to *s.m.* **1** ponto de junção de duas ou mais coisas **2** confluência de duas vias ou caminhos ⟨*o acidente no e. envolveu três carros*⟩

en.tron.car *v.* {mod. 1} *int. e pron.* **1** formar, adquirir tronco **2** reunir-se (caminho, vias férreas etc.); convergir ⟨*a rua entronca(-se) com esta*⟩ ☞ *com esta* é circunstância que funciona como complemento

en.tro.ni.zar *v.* {mod. 1} *t.d. e pron.* **1** elevar(-se) ao trono ❑ *t.d.* **2** *fig.* tornar elevado, sublime; enaltecer ↄ desrespeitar **3** pôr (imagem) em altar ❑ *t.d.i.* **4** (prep. *em*) colocar, introduzir ⟨*e. a pureza na alma*⟩ ~ **entronização** *s.f.*

en.tro.pi.a *s.f.* **1** FÍS num sistema termodinâmico, grandeza que permite avaliar a degradação da energia desse sistema [símb.: *S*] **2** medida da variação ou desordem em qualquer sistema

en.tro.sar *v.* {mod. 1} *t.d.,t.d.i.,int. e pron.* **1** (prep. *em*) ajustar (peça, parte de mecanismo) [em espaço, peça, lugar preparado para recebê-la]; encaixar(-se) ↄ desencaixar(-se) ❑ *t.d. e pron.* **2** acomodar(-se) a ambiente, situação; adaptar(-se) ↄ desadaptar(-se) ❑ *t.d.i. e pron.* **3** (prep. *com*) [fazer] ter amizade com; relacionar(-se) ↄ desentrosar ~ **entrosação** *s.f.* - **entrosamento** *s.m.*

en.trou.xar *v.* {mod. 1} *t.d.* **1** fazer trouxa de **2** pôr em envoltório, formando pacote; embalar ↄ desembalar ❑ *t.d. e pron.* **3** agasalhar(-se) bem

en.tru.do *s.m.* antiga brincadeira carnavalesca em que os foliões jogavam água, perfume, farinha etc. entre si ☞ inicial por vezes maiúsc.

en.tu.bar *v.* {mod. 1} *t.d.* **1** dar forma de tubo a **2** introduzir tubo em ou por **3** MED pôr tubo em canal ou cavidade de (paciente)

en.tu.lhar *v.* {mod. 1} *t.d.* **1** armazenar (grãos, frutos etc.) em tulha ❑ *t.d. e t.d.i.* **2** (prep. *de*) encher demais; abarrotar ↄ esvaziar

en.tu.lho *s.m.* **1** restos de construção (areia, terra, madeira etc.) us. para encher ou nivelar terreno, vala etc. **2** qualquer coisa sem valor ou serventia **3** *B infrm.* alimento que dá consistência a um prato, como os legumes de uma sopa, a farofa que recheia aves etc.

en.tu.pir *v.* {mod. 29} *t.d. e int.* **1** impedir a passagem de algo (por); obstruir(-se) ↄ desentupir ❑ *t.d. e* *pron.* **2** (fazer) ficar cheio ou lotado; abarrotar(-se) ⮌ esvaziar(-se) ~ **entupimento** *s.m.*

en.tur.mar *v.* {mod. 1} *t.d.,t.d.i. e pron.* **1** (prep. *com*) [fazer] participar de turma, grupo de amigos ❑ *pron. infrm.* **2** fazer amizade com; entrosar-se

en.tur.var *v.* {mod. 1} *t.d. e pron.* **1** tornar(-se) turvo, escuro ⮌ clarear **2** *fig.* (fazer) perder a clareza; confundir(-se) ~ **enturvação** *s.f.*

en.tu.si.as.mar *v.* {mod. 1} *t.d. e pron.* **1** encher(-se) de entusiasmo; encantar(-se), arrebatar(-se) **2** (fazer) ter ânimo, coragem; encorajar(-se), animar(-se) ⮌ desanimar(-se)

en.tu.si.as.mo *s.m.* **1** estado de exaltação da alma do poeta ou do artista **2** alegria, júbilo ⟨*recebeu a notícia com e.*⟩ **3** admiração, arrebatamento ⟨*o e. da plateia durante o* show⟩ **4** gosto ou paixão por alguém ou algo ⟨*falava com e. dos amigos*⟩ ~ **entusiástico** *adj.*

en.tu.si.as.ta *adj.2g.s.2g.* **1** (o) que se entusiasma **2** (o) que é tomado de admiração por alguém ou algo

e.nu.me.ra.ção [pl.: *-ões*] *s.f.* **1** especificação de coisas uma por uma **2** listagem, relação metódica ⟨*e. de fatos*⟩ **3** contagem numérica, conta

e.nu.me.rar *v.* {mod. 1} *t.d.* **1** indicar um a um ❑ *t.d. e t.d.i.* **2** (prep. *a*) fazer lista de; especificar, relacionar

e.nun.ci.a.ção [pl.: *-ões*] *s.f.* **1** expressão, declaração, oral ou escrita **2** ato individual de uso da língua pelo falante em comunicação

[1]**e.nun.ci.a.do** *s.m.* **1** exposição de uma afirmação a ser definida, explicada ou demonstrada ⟨*e. de princípio matemático*⟩ **2** parte de um discurso oral ou escrito [ORIGEM: do lat. *enuntiātum,i* 'id.']

[2]**e.nun.ci.a.do** *adj.* declarado; expresso [ORIGEM: do lat. *enuntiātus,a,um* 'id.']

e.nun.ci.ar *v.* {mod. 1} *t.d. e t.d.i.* (prep. *a*) expor, exprimir por escrito ou oralmente (pensamentos, ideias etc.) [a] ~ **enunciativo** *adj.*

en.vai.de.cer *v.* {mod. 8} *t.d. e pron.* tornar(-se) vaidoso, orgulhoso; vangloriar(-se) ⮌ envergonhar(-se) ~ **envaidecimento** *s.m.*

en.va.si.lhar *v.* {mod. 1} *t.d.* pôr em vasilha, tonel, garrafa etc. ~ **envasilhamento** *s.m.*

en.ve.lhe.cer *v.* {mod. 8} *t.d. e int.* **1** tornar(-se) velho **2** (fazer) tomar aspecto de velho, idoso, antigo ⮌ rejuvenescer **3** *fig.* (fazer) perder o viço, o brilho, o colorido ⮌ avivar **4** *fig.* tornar(-se) antiquado, desusado ~ **envelhecimento** *s.m.*

en.ve.lo.pe *s.m.* invólucro us. para enviar ou guardar carta, documento etc. ~ **envelopar** *v.t.d.*

en.ve.ne.nar *v.* {mod. 1} *t.d.* **1** pôr veneno em **2** infectar com veneno; contaminar **3** *fig.* ser prejudicial para; estragar ⟨*e. uma amizade*⟩ **4** *fig.* dar mau sentido a; deturpar ⟨*e. atos, palavras*⟩ ❑ *t.d. e pron.* **5** (fazer) absorver substância tóxica; intoxicar(-se) **6** dar ou tomar veneno para matar(-se) ~ **envenenamento** *s.m.*

en.ve.re.dar *v.* {mod. 1} *int.* **1** tomar um caminho; dirigir-se ⟨*e. por uma via*⟩ ⟨*e. para a avenida*⟩ **2** ir apressadamente a um lugar ⟨*e. pelo parque à procura do filho*⟩

en.ver.ga.du.ra *s.f.* **1** distância entre as extremidades das duas asas abertas de uma ave **2** distância máxima entre as extremidades das asas de um avião **3** *fig.* capacidade intelectual; talento ⟨*profissional com e.*⟩ ⮌ inaptidão **4** *fig.* importância, valor ⟨*projeto de grande e.*⟩ ⮌ insignificância

[1]**en.ver.gar** *v.* {mod. 1} *t.d.* **1** cobrir com vergas **2** *fig. infrm.* usar roupa ou veste; trajar [ORIGEM: *en-* + *verga* + [2]*-ar*] ~ **envergamento** *s.m.*

[2]**en.ver.gar** *v.* {mod. 1} *t.d.,int. e pron.* tornar(-se) curvo; arquear(-se) ⮌ endireitar(-se) [ORIGEM: *en-* + *vergar*]

en.ver.go.nhar *v.* {mod. 1} *t.d. e pron.* **1** (fazer) ter vergonha, timidez; acanhar(-se) ⮌ desinibir(-se) ❑ *t.d.* **2** comprometer (honra, reputação, memória etc.); desonrar ⮌ honrar

en.ver.ni.zar *v.* {mod. 1} *t.d.* **1** cobrir com verniz **2** dar lustre, brilho a; polir ⮌ embaçar ~ **envernizamento** *s.m.*

en.ves.gar *v.* {mod. 1} *t.d.* **1** dirigir (os olhos) para um ponto, entortando-os ❑ *t.d. e int.* **2** tornar(-se) vesgo

en.vi.a.do *adj.* **1** remetido, endereçado ⮌ recebido **2** encaminhado, conduzido ■ *s.m.* **3** portador, mensageiro **4** indivíduo credenciado para missões diplomáticas ⊡ **e. especial** *loc.subst.* jornalista que viaja para cobrir certo evento ☛ cf. *correspondente*

en.vi.ar *v.* {mod. 1} *t.d. e t.d.i.* **1** (prep. *a*) fazer seguir (algo) [para o endereço de alguém]; remeter ❑ *t.d.i.* **2** (prep. *a, para*) fazer chegar a; mandar, encaminhar

en.vi.dar *v.* {mod. 1} *t.d.* **1** empregar com empenho (recursos, iniciativas etc.) ❑ *pron.* **2** dedicar-se com afinco; empenhar-se ❑ *t.d. e t.d.i.* **3** (prep. *a*) desafiar a aceitar (aposta, jogo) ~ **envide** *s.m.*

en.vi.di.lha *s.f. infrm.* parte do cordão umbilical que fica ligada à placenta

en.vi.dra.çar *v.* {mod. 1} *t.d.* **1** cobrir de vidros ou pôr vidro(s) em **2** dar aspecto de vidro a ❑ *t.d. e pron. fig.* **3** (fazer) perder o brilho; embaciar(-se) ⮌ brilhar ~ **envidraçamento** *s.m.*

en.vi.e.sar *v.* {mod. 1} *t.d.* **1** pôr, dobrar ou cortar em posição oblíqua **2** entortar (os olhos); envesgar ❑ *t.d. e pron.* **3** entortar(-se), inclinar(-se) ⟨*a doença enviesou suas pernas*⟩ ⟨*e.-se para vê-lo passar*⟩ ⮌ endireitar(-se) ~ **enviesamento** *s.m.*

en.vi.le.cer *v.* {mod. 8} *t.d.,int. e pron.* **1** tornar(-se) vil, desprezível; rebaixar(-se) ⮌ enobrecer(-se) **2** baixar de preço; baratear ⮌ encarecer

en.vi.o *s.m.* ato ou efeito de enviar; remessa, expedição

en.vi.u.var *v.* {mod. 2} *t.d. e int.* tornar(-se) viúvo

en.vol.ta \ô\ *s.f.* **1** confusão, desordem ⮌ ordem ⊡ **de e.** *loc.adv.* confusamente

en.vol.to \ô\ *adj.* **1** que se cobriu; tapado **2** que se embrulhou; embalado ⟨*bebê e. em manta*⟩ **3** preso ou ligado em volta; cingido ⟨*filho e. num abraço*⟩ **4** que está rodeado, cercado ⟨*caso e. em mistério*⟩ **5** que está comprometido ⟨*pessoa e. em um projeto*⟩ **6** que está encoberto; turvado ⟨*lua e.*⟩ ↄ exposto **7** que está agitado, misturado; turvo ⟨*águas e.*⟩ ↄ límpido

en.vol.tó.rio *s.m.* tudo que serve para envolver; invólucro

en.vol.ver *v.* {mod. 8} *t.d. e pron.* **1** cobrir(-se) com invólucro; enrolar(-se) ↄ desenrolar(-se) **2** manter(-se) escondido; encobrir(-se) ❑ *t.d.* **3** fazer embrulho de; embalar ⟨*e. o presente com crepom*⟩ ↄ desembrulhar **4** estar, ficar ou dispor em volta de; cercar **5** conter em si; encerrar, incluir ↄ excluir **6** implicar, importar ⟨*o projeto envolve muitos investimentos*⟩ **7** tomar conta de; dominar ⟨*o silêncio envolveu a sala*⟩ ❑ *pron.* **8** pôr-se fora de perigo ou embaraço; proteger-se **9** (prep. *com*) ligar-se a (alguém) amorosa e/ou sexualmente ❑ *t.d.,t.d.i. e pron.* **10** (prep. *em*) [fazer] tomar parte em (situação, embaraço etc.); meter(-se) ⊙ GRAM/USO part.: *envolvido, envolto* ~ **envolvente** *adj.2g.*

en.vol.vi.men.to *s.m.* **1** ato ou efeito de envolver(-se) **2** *fig.* relacionamento (esp. amoroso); caso

en.xa.da *s.f.* ferramenta constituída de lâmina e cabo, us. para capinar ou revolver a terra, misturar argamassas etc. ~ **enxadada** *s.f.*

en.xa.dão [pl.: *-ões*] *s.m.* ferramenta que funciona tanto como enxada como picareta, us. para cavar terra dura, arrancar pedras etc.

en.xa.dre.zar *v.* {mod. 1} *t.d.* dividir em quadrados, dispondo em forma de xadrez

en.xa.dris.mo *s.m.* arte, técnica do jogo de xadrez ~ **enxadrístico** *adj.*

en.xa.dris.ta *adj.2g.* **1** relativo a enxadrismo ou ao jogo de xadrez ■ *s.2g.* **2** jogador de xadrez

en.xa.guar *v.* {mod. 3} *t.d.* **1** lavar superficialmente **2** passar em segunda água para tirar o sabão

en.xá.gue \gü\ *s.m.* **1** lavagem rápida **2** segunda lavagem, para retirar o sabão

en.xa.me *s.m.* **1** conjunto de abelhas de uma colmeia **2** *fig.* grande quantidade

en.xa.me.ar *v.* {mod. 5} *t.d.* **1** pôr (abelhas) na colmeia ❑ *int.* **2** formar enxame ❑ *int. e pron. fig.* **3** existir ou andar em grande número; fervilhar

en.xa.que.ca \ê\ *s.f.* dor de cabeça violenta e periódica, acompanhada de náuseas e vômitos

en.xer.gar *v.* {mod. 1} *t.d. e int.* **1** perceber pela visão; ver ❑ *t.d.* **2** ver sem exatidão; divisar **3** dar-se conta de; reparar, notar **4** sentir ou perceber por antecipação; prever ⟨*e. o futuro*⟩ ❑ *pron. infrm.* **5** reconhecer as próprias limitações e defeitos e/ou a inconveniência de sua conduta ou ação

en.xe.ri.do *adj.s.m.* *B* que(m) se intromete no que não é da sua conta; intrometido, abelhudo

en.xe.rir-se *v.* {mod. 28} *pron.* tomar parte em ou opinar sobre assuntos alheios; intrometer-se ~ **enxerimento** *s.m.*

en.xer.tar *v.* {mod. 1} *t.d. e t.d.i.* **1** (prep. *em*) fazer enxerto de (algo) [em] ❑ *t.d.i. e pron.* **2** (prep. *em*) juntar(-se), inserir(-se) ↄ retirar(-se) ❑ *t.d.* **3** fazer inseminação em; fecundar ⟨*e. uma vaca*⟩ ~ **enxertadeira** *s.f.* - **enxertador** *adj.s.m.*

en.xer.to \ê\ *s.m.* **1** técnica que se caracteriza pela inserção de um broto ou ramo de uma planta em outra, para que se desenvolva como na planta que o originou **2** a planta enxertada **3** MED transferência esp. de células ou de tecido de um local para outro do corpo de um mesmo indivíduo ou de um indivíduo para outro ~ **enxertia** *s.f.*

en.xó *s.f.* instrumento composto de chapa de aço cortante e cabo curvo, us. para desbastar madeira

en.xo.fre \ô\ *s.m.* elemento químico us. como matéria-prima de pólvora, fósforos de segurança, fungicidas etc. [símb.: *S*] ☞ cf. *tabela periódica* (no fim do dicionário)

en.xo.tar *v.* {mod. 1} *t.d.* **1** afastar com empurrões, gritos, pancadas; afugentar **2** retirar de um lugar; expulsar ~ **enxotamento** *s.m.*

en.xo.val *s.m.* conjunto de roupas e objetos úteis para recém-casados, recém-nascidos, alunos de internato etc.

en.xo.va.lhar *v.* {mod. 1} *t.d. e pron.* **1** (fazer) ficar sujo; emporcalhar(-se) ↄ limpar(-se) **2** *fig.* desonrar(-se) [reputação, nome etc.] ↄ dignificar(-se) **3** (fazer) ficar amassado; amarrotar(-se) ↄ desamassar(-se) ❑ *t.d. fig.* **4** dirigir insultos a; ofender

en.xo.vi.a *s.f.* **1** cárcere subterrâneo, úmido e escuro, onde se mantinham presos perigosos **2** *fig.* quarto, recinto insalubre, escuro e sujo

en.xu.gar *v.* {mod. 1} *t.d.,int. e pron.* **1** (fazer) perder a umidade; secar(-se) ❑ *t.d.* **2** *fig.* eliminar o que está excessivo ou é desnecessário em ⟨*e. um texto*⟩ **3** interromper (lágrimas, choro etc.) ⊙ GRAM/USO part.: *enxugado, enxuto* ~ **enxugador** *adj.s.m.* - **enxugamento** *s.m.*

en.xún.dia *s.f.* gordura animal, esp. a de porco e aves; banha ~ **enxundioso** *adj.*

en.xur.ra.da *s.f.* **1** grande volume de águas de chuva; enxurro **2** *fig.* grande quantidade ⟨*e. de pessoas*⟩

en.xu.to *adj.* **1** que não está mais molhado ou úmido; seco **2** sem lágrimas ⟨*rosto e.*⟩ **3** *fig.* elegante, sem excessos ou redundâncias ⟨*texto e.*⟩ ↄ prolixo **4** *fig.* que não é gordo nem magro (diz-se de pessoa) ⊙ GRAM/USO part. de *enxugar*

en.zi.ma *s.f.* proteína orgânica capaz de acelerar reações químicas em seres vivos ~ **enzimático** *adj.* - **enzímico** *adj.*

-eo *suf.* 'relação': *férreo, ósseo, térreo*

e.o.ce.no *s.m.* **1** segunda época do período terciário, entre o Paleoceno e o Oligoceno, em que prossegue a expansão dos mamíferos ☞ inicial maiúsc. ■ *adj.* **2** dessa época

e.ó.li.co *adj.* relativo ao vento; eólio

é.o.lo *s.m. frm.* vento forte ☞ inicial por vezes maiúsc.

epi- *pref.* 'posição superior': *epicentro, epiderme*

e.pi.car.po *s.m.* BOT camada mais externa dos frutos, desconsiderando as sementes ☞ cf. *mesocarpo, endocarpo* ~ **epicárpico** *adj.*

e.pi.ce.no *adj.s.m.* GRAM (substantivo) que possui um só gênero gramatical para designar um e outro sexo de animal (p.ex.: *a onça, o jacaré*) ☞ cf. *comum de dois* e *sobrecomum*

e.pi.cen.tro *s.m.* **1** ponto da superfície da Terra atingido mais intensamente e em primeiro lugar pelas ondas produzidas por um terremoto **2** *fig. infrm.* ponto central ⟨*o e. de um problema*⟩ ~ **epicêntrico** *adj.*

é.pi.co *adj.* **1** relativo a ou próprio de feitos heroicos ou de heróis **2** *fig.* fantástico, grandioso ⟨*uma festa é.*⟩

e.pi.cu.ris.mo *s.m.* doutrina filosófica que identifica o bem com o prazer, encontrado na prática da virtude e na cultura espiritual ☞ cf. *hedonismo* ~ **epicurista** *adj.2g.s.2g.*

e.pi.de.mi.a *s.f.* surto de doença infecciosa em uma população e/ou região ☞ cf. *endemia* ~ **epidêmico** *adj.*

e.pi.der.me *s.f.* **1** camada externa da pele **2** pele humana, cútis ~ **epidérmico** *adj.*

e.pi.di.di.mi.te *s.f.* MED inflamação do epidídimo, ger. de origem infecciosa

e.pi.dí.di.mo *s.m.* ANAT canal longo e microscópico situado na parte superior de cada testículo

e.pi.fa.ni.a *s.f.* REL **1** aparecimento ou manifestação divina **2** comemoração da adoração dos Reis Magos ao Menino Jesus, em que Ele se manifesta aos povos pela primeira vez; dia de Reis

e.pi.fau.na *s.f.* BIO fauna que vive na parte mais profunda do mar ou oceano

e.pí.fi.to *adj.s.m.* (planta) que vive sobre outra planta, usando-a apenas como suporte, sem retirar nutrimento (p.ex., as bromélias em árvores)

e.pi.gás.trio *s.m.* ANAT parte superior do abdome ~ **epigástrico** *adj.*

e.pi.glo.te *s.f.* ANAT válvula triangular situada na parte superior da laringe, que fecha a glote durante a deglutição ~ **epiglótico** *adj.*

e.pí.go.no *adj.s.m.* **1** (o) que pertence à geração seguinte ⊃ prógono **2** seguidor de escola ou estilo artístico anterior ⊃ prógono

e.pí.gra.fe *s.f.* **1** inscrição em monumento, estátua etc. **2** citação curta, fragmento de texto colocado no início de um livro, capítulo etc. ~ **epigrafar** *v.t.d. e t.d.pred.*

e.pi.gra.ma *s.m.* **1** pequeno poema satírico, que traz um pensamento malicioso; sátira **2** provérbio picante e irônico ~ **epigramático** *adj.*

e.pi.lep.si.a *s.f.* distúrbio neurológico caracterizado por ataques convulsivos com perda da consciência

e.pi.lép.ti.co ou **e.pi.lé.ti.co** *adj.* **1** relativo a epilepsia ■ *adj.s.m.* **2** que(m) sofre de epilepsia

e.pí.lo.go *s.m.* **1** desfecho de uma peça literária em que se faz a recapitulação e o resumo da ação ⊃ prefácio **2** ato ou cena final de uma peça teatral ⊃ prólogo **3** *p.ext.* a parte final de um evento ~ **epilogar** *v.t.d.*

e.pis.co.pa.do *s.m.* **1** cargo ou função de bispo **2** período de exercício desse cargo **3** conjunto de paróquias sob a autoridade de um bispo **4** conjunto dos bispos

e.pis.co.pal *adj.2g.* relativo a ou pertencente a bispo

e.pi.só.di.co *adj.* **1** relativo a episódio **2** acidental, ocasional

e.pi.só.dio *s.m.* **1** acontecimento, evento ⟨*quero esquecer este e.*⟩ **2** capítulo de obra em série

e.pis.te.mo.lo.gi.a *s.f.* teoria do conhecimento ~ **epistemológico** *adj.*

e.pís.to.la *s.f.* **1** cada uma das cartas dos apóstolos de Cristo aos fiéis ☞ inicial maiúsc. **2** texto extraído dessas cartas, lido ou cantado durante a missa ☞ inicial maiúsc. **3** *p.ext.* carta, correspondência ⊙ COL epistolário ~ **epistolar** *adj.2g. v.t.d. e int.*

e.pi.tá.fio *s.m.* inscrição em túmulo ~ **epitafista** *s.2g.*

e.pi.té.lio *s.m.* **1** MED tecido que reveste superfícies internas e externas do corpo, e também executa funções secretoras, sensoriais e de absorção **2** BOT a epiderme de certas estruturas ou órgãos vegetais ~ **epitelial** *adj.2g.*

e.pí.te.to *s.m.* **1** palavra ou frase que qualifica algo ou alguém **2** apelido, cognome ~ **epitético** *adj.*

e.pí.to.me *s.m.* **1** resumo dos pontos mais importantes de teoria, ciência, doutrina etc., destinado esp. ao uso escolar **2** o que serve de modelo ⟨*Nijinski é o e. do balé clássico*⟩

e.pi.zo.o.ti.a *s.f.* VET epidemia que ataca muitos animais ao mesmo tempo e na mesma região ~ **epizoótico** *adj.*

é.po.ca *s.f.* **1** período marcado por fatos importantes do ponto de vista econômico, político, cultural etc.; era ⟨*a é. dos descobrimentos*⟩ **2** qualquer período dentro de uma sequência de mudanças no tempo; fase ⟨*é. da puberdade*⟩ **3** ocasião em que se vive ou que algo acontece ⟨*na é. do seu casamento*⟩ **4** estação do ano em que se está ⟨*frutas da é.*⟩

e.po.pei.a \éi\ *s.f.* **1** poema épico **2** *fig.* conjunto de ações heroicas e fabulosas

e.po.pei.co \éi\ *adj.* **1** relativo a epopeia ⟨*poema, herói e.*⟩ **2** *fig.* épico, grandioso ⟨*luta e.*⟩

e.pó.xi \cs\ *s.m.* nome comum de resinas us. como revestimento, adesivo etc.

ép.si.lo *s.m.* nome da quinta letra do alfabeto grego (ε, Ε)

e.qua.ção [pl.: *-ões*] *s.f.* **1** MAT igualdade entre duas expressões matemáticas **2** redução de um problema complicado a pontos simples e claros, para facilitar a obtenção de uma solução ~ **equacional** *adj.2g.*

e.qua.cio.nar *v.* {mod. 1} *t.d.* **1** organizar (dados de problema, questão) para dar uma solução **2** estabelecer (solução, resolução) após organizar os dados de um problema ❑ *t.d.i.* **3** (prep. *com*) associar, equilibrar ⟨*e. seus anseios com os da família*⟩ ~ **equacionamento** *s.m.*

e.qua.dor \ô\ *s.m.* círculo máximo imaginário do globo terrestre, cujo plano é perpendicular ao eixo dos polos e divide a Terra em dois hemisférios

e.qua.li.za.ção [pl.: *-ões*] *s.f.* ELETRÔN atenuação da distorção num sinal de certa faixa de frequências sonoras

e.qua.li.za.dor \ô\ *adj.s.m.* (dispositivo) que equilibra as distorções de certas frequências sonoras

e.qua.li.zar *v.* {mod. 1} *t.d.* **1** tornar uniforme, igual; uniformizar ↄ diferenciar **2** realizar a equalização eletrônica de

e.quâ.ni.me *adj.* **1** moderado, equilibrado ⟨*atitude e.*⟩ ↄ desequilibrado **2** justo; imparcial, neutro ⟨*juiz e.*⟩ ↄ injusto ~ **equanimidade** *s.f.*

e.qua.to.ri.al *adj.2g.* **1** relativo ou pertencente a ou próprio do equador ⟨*fauna e.*⟩ **2** localizado no equador ⟨*região e.*⟩

e.qua.to.ri.a.no *adj.* **1** do Equador (América do Sul) ■ *s.m.* **2** natural ou habitante desse país

e.ques.tre \qü\ *adj.2g.* relativo a cavalo, cavalaria ou equitação

e.qui.ân.gu.lo \qü\ *adj.* que tem ângulos iguais (diz-se de figura geométrica) ↄ inequiângulo

e.qui.da.de \qü *ou* qu\ *s.f.* **1** justiça natural; imparcialidade ⟨*e. de um julgamento*⟩ ↄ parcialidade **2** igualdade, equivalência ⟨*e. de direitos*⟩

e.quí.deo \qü\ *s.m.* ZOO **1** espécime dos equídeos, família de mamíferos que inclui cavalos, jumentos e zebras ■ *adj.* **2** relativo a essa família

e.qui.dis.tan.te \qü\ *adj.2g.* que tem a mesma distância (diz-se de coisa, linha etc.) ~ **equidistância** *s.f.* - **equidistar** *v.t.i. e int.*

e.qui.lá.te.ro \qü *ou* qu\ *adj.* que tem os lados iguais (diz-se de figura geométrica) ~ **equilateral** *adj.2g.*

e.qui.li.brar *v.* {mod. 1} *t.d. e pron.* **1** pôr(-se) ou manter(-se) em posição estável ou nivelada ↄ desequilibrar(-se) **2** tornar(-se) harmonioso, proporcional; harmonizar(-se) ↄ desequilibrar(-se) ❑ *t.d. e t.d.i.* **3** (prep. *com*) fazer (coisas opostas) terem valor similar; compensar, igualar

e.qui.lí.brio *s.m.* **1** posição estável de um corpo; aprumo ⟨*perdeu o e. e caiu*⟩ ↄ desequilíbrio **2** igualdade entre forças opostas ⟨*e. entre adversários*⟩ ↄ desigualdade **3** distribuição harmoniosa ⟨*e. de um quadro*⟩ ↄ desarmonia **4** *fig.* estado do que se mantém inalterado; estabilidade ⟨*e. de preços*⟩ ↄ mudança **5** *fig.* autocontrole, autodomínio ⟨*e. emocional*⟩ ↄ descontrole

e.qui.li.bris.ta *adj.2g.s.2g.* (artista) que faz exibições de equilíbrio acrobático ~ **equilibrismo** *s.m.*

e.qui.mo.se *s.f.* MED mancha na pele resultante de hemorragia ~ **equimótico** *adj.*

e.qui.no \qü\ *adj.* **1** relativo a cavalo **2** relativo a equídeos ■ *s.m.* **3** espécime dos equídeos

e.qui.no.ci.al *adj.2g.* **1** relativo a ou próprio do equinócio **2** relativo a ou próprio do clima ou das regiões situadas na linha do equador ⟨*França e.*⟩

e.qui.nó.cio *s.m.* época do ano em que o Sol passa sobre o equador, fazendo com que o dia e a noite tenham a mesma duração ☞ cf. *solstício*

e.qui.no.der.mo *s.m.* **1** espécime dos equinodermos, ramo de animais invertebrados marinhos, de corpo coberto por espinhos ou tubérculos, que inclui as estrelas-do-mar e ouriços-do-mar ■ *adj.* **2** relativo a esse ramo

e.qui.noi.de \ói\ *s.m.* **1** espécime dos equinoides, classe de animais invertebrados marinhos, conhecidos como ouriços-do-mar ou bolachas-da-praia, de corpo achatado, dotado de espinhos móveis ■ *adj.2g.* **2** relativo a essa classe

e.qui.pa.gem *s.f.* **1** tripulação de navio, avião etc. **2** conjunto de empregados, viaturas etc. ⟨*e. do presidente*⟩

e.qui.pa.men.to *s.m.* conjunto dos apetrechos necessários para se realizar um trabalho

e.qui.par *v.* {mod. 1} *t.d. e pron.* prover(-se) do que é necessário ou útil para certo fim ou para o funcionamento de; aparelhar(-se) ↄ desequipar

e.qui.pa.ra.ção [pl.: *-ões*] *s.f.* ato ou efeito de equiparar(-se), de igualar(-se) ↄ distinção

e.qui.pa.rar *v.* {mod. 1} *t.d.,t.d.i. e pron.* **1** (prep. *a*, *com*) comparar (pessoas, objetos, ideias etc.), considerando-os idênticos ou de mesmo valor ou significado; igualar(-se) ↄ distinguir(-se) ❑ *t.d. e t.d.i.* **2** (prep. *a*) conceder a (pessoas, entidades etc.) vantagens que outros já possuem ~ **equiparável** *adj.2g.*

e.qui.pe *s.f.* **1** grupo de pessoas que se dedicam à realização de um mesmo trabalho **2** time esportivo

e.qui.ta.ção [pl.: *-ões*] *s.f.* esporte, técnica ou exercício de andar a cavalo

e.qui.ta.ti.vo \qü *ou* qu\ *adj.* imparcial, justo ↄ injusto

e.qui.va.len.te *adj.2g.* de mesmo valor, peso, força etc.; correspondente

e.qui.va.ler *v.* {mod. 10} *t.d. e pron.* ser idêntico no peso, na força, no valor etc. ~ **equivalência** *s.f.*

e.qui.vo.car *v.* {mod. 1} *t.d.i. e pron.* **1** (prep. *com*) ter impressão errada de; confundir(-se) ❑ *pron.* **2** cometer engano; errar ↄ acertar ~ **equivocado** *adj.*

e.quí.vo.co *adj.* **1** que pode ter mais de um sentido; ambíguo ⟨*resposta e.*⟩ ↄ inequívoco **2** que é difícil de classificar ⟨*cabelos de cor e.*⟩ ↄ preciso **3** dúbio, duvidoso ⟨*passado e.*⟩ ↄ inequívoco ■ *s.m.* **4** engano, confusão ⟨*raiva causada por um e.*⟩ ↄ acerto **5** interpretação ambígua ⟨*palavras que dão margem a e.*⟩

-er *term.* de verbos da 2ª conjugação: *crescer*, *poder*, *ter*

Er símbolo de *érbio*

e.ra *s.f.* **1** período de tempo a partir do qual se contam os anos e que se inicia por uma data memorável ⟨*a e. cristã*⟩ **2** início de uma nova ordem ⟨*a e. da informática*⟩ **3** época histórica ⟨*a e. napoleônica*⟩ ☞ cf. *hera*

e.rá.rio *s.m.* ECON o dinheiro e os bens do Estado; tesouro, fazenda

ér.bio *s.m.* elemento químico us. em reatores nucleares e *laser* [símb.: *Er*] ☞ cf. *tabela periódica* (no fim do dicionário)

e-read.er [ing.; pl.: *e-readers*] *s.m.* INF aparelho portátil para leitura de *e-books* ⇨ pronuncia-se irider

e.re.ção [pl.: *-ões*] *s.f.* **1** ato de construir uma estátua, um monumento etc., ou seu efeito ⮌ demolição **2** estabelecimento, criação ⮌ extinção **3** levantamento ou endurecimento do pênis

e.réc.til *adj.2g.* → ERÉTIL

e.rec.to *adj.* → ERETO

e.re.mi.ta *s.2g.* quem, por penitência ou vontade própria, vive sozinho em local isolado; ermitão ~ **eremítico** *adj.*

e.re.mi.té.rio *s.m.* **1** lugar onde vivem eremitas **2** *p.ext.* lugar retirado, silencioso

é.reo *adj.* **1** feito ou recoberto de bronze, cobre ou latão **2** que tem a cor do bronze

e.ré.til ou **e.réc.til** *adj.2g.* capaz de levantar-se e de manter-se erguido

e.re.ti.zon.tí.deo *s.m.* ZOO **1** espécime dos eretizontídeos, família de roedores americanos, que vivem em árvores, conhecidos como ouriços-cacheiros ■ *adj.* **2** relativo a essa família

e.re.to ou **e.rec.to** *adj.* **1** erguido, levantado ⮌ abaixado **2** que se encontra em equilíbrio; aprumado ⮌ inclinado ⊙ GRAM/USO part. de *erigir*

er.go.me.tri.a *s.f.* medição do trabalho muscular ~ **ergométrico** *adj.*

er.gô.me.tro *s.m.* aparelho que mede o trabalho desenvolvido por um músculo ou grupo de músculos

er.go.no.mi.a *s.f.* estudo das relações entre homem e máquina, visando a racionalização e a melhoria das condições de trabalho ~ **ergonômico** *adj.*

er.guer *v.* {mod. 8} *t.d.* **1** pôr em lugar alto ou mais alto; levantar ⮌ baixar **2** fazer (construção); construir **3** pôr em posição vertical ⟨*e. a cabeça*⟩ ⮌ abaixar **4** voltar para cima (o olhar) **5** fazer mais forte (voz, tom); altear ⮌ baixar ❑ *pron.* **6** ficar de pé; levantar-se **7** surgir, aparecer ⟨*o Sol se erguia sobre o pico*⟩ ⮌ sumir ~ **erguimento** *s.m.*

-eria *suf.* 'local, estabelecimento': *leiteria, sorveteria*

e.ri.çar *v.* {mod. 1} *t.d. e pron.* tornar(-se) arrepiado; ouriçar(-se) ~ **eriçamento** *s.m.*

e.ri.gir *v.* {mod. 24} *t.d.* **1** pôr na vertical; aprumar ⮌ deitar **2** fazer (obra, construção); construir, erguer ⮌ derrubar **3** pôr no alto; erguer ⮌ baixar **4** criar, fundar ⟨*e. um império*⟩ ⮌ extinguir

-erio *suf.* 'quantidade': *vozerio*

e.ri.si.pe.la *s.f.* MED doença infecciosa caracterizada por uma inflamação da pele

e.ri.te.ma *s.m.* MED vermelhidão da pele, devido à dilatação de capilares ~ **eritematoso** *adj.*

e.ri.tró.ci.to *s.m.* hemácia

er.mi.da *s.f.* **1** capela em lugar isolado **2** pequena igreja

er.mi.tão [pl.: *-ões, -ãos, -ães*; fem.: *ermitã, ermitoa*] *s.m.* **1** eremita **2** religioso que cuida de uma ermida

er.mo \ê\ *adj.s.m.* (lugar) desabitado, deserto

e.ró.ge.no *adj.* que provoca excitação sexual

e.ro.são [pl.: *-ões*] *s.f.* **1** desgaste do solo por agentes externos como vento, chuva etc. **2** corrosão ~ **erodir** *v.t.d.* - **erosivo** *adj.*

e.ró.ti.co *adj.* que provoca ou descreve o amor ou o desejo sexual ~ **erotismo** *s.m.*

er.ra.di.car *v.* {mod. 1} *t.d. e t.d.i.* **1** (prep. *de*) arrancar pela raiz; desarraigar **2** (prep. *de*) eliminar, extirpar ~ **erradicação** *s.f.*

er.ra.di.o *adj.s.m.* **1** (o) que vagueia; errante **2** (o) que está perdido; desnorteado

er.ra.do *adj.* **1** que contém ou apresenta erro(s) ⟨*resposta e., conta e.*⟩ ⮌ certo, correto **2** que não segue a direção apropriada ⟨*caminho e.*⟩ ⮌ certo, apropriado **3** que é resultado de erro, de equívoco; inadequado, inconveniente ⟨*pegou o ônibus e.*⟩ ⮌ certo, adequado

er.ran.te *adj.2g.* **1** que anda sem rumo; erradio ⮌ fixo **2** que não tem residência fixa ⮌ sedentário

er.rar *v.* {mod. 1} *t.d.,t.i. e int.* **1** (prep. *em*) incorrer em erro, engano; falhar, equivocar-se ⮌ acertar ❑ *t.d.* **2** deixar de acertar em ⟨*e. o alvo*⟩ ❑ *int.* **3** andar sem rumo; vagar ⟨*e. pelas ruas*⟩

er.ra.ta *s.f.* listagem dos erros de uma publicação e suas correções

er.re *s.m.* nome da letra *r*

er.ro \ê\ *s.m.* **1** juízo falso; engano ⮌ acerto **2** incorreção; inexatidão ⮌ precisão **3** desvio do caminho considerado correto, apropriado ⮌ correção

er.rô.neo *adj.* **1** que contém erro ⮌ certo, correto **2** que não corresponde à verdade ⮌ legítimo, verdadeiro

e.ru.di.ção [pl.: *-ões*] *s.f.* conhecimento amplo e variado, adquirido esp. por meio de leitura ⮌ ignorância

e.ru.di.tis.mo *s.m.* **1** ostentação de conhecimento erudito **2** mania de erudição

e.ru.di.to *adj.s.m.* (o) que tem ou demonstra erudição

e.rup.ção [pl.: *-ões*] *s.f.* **1** saída súbita e violenta **2** aparecimento de bolhas na pele e mucosas ⟨*e. de brotoejas, de aftas*⟩ **3** emissão de lavas de um vulcão ~ **eruptivo** *adj.*

er.va *s.f.* **1** planta pequena sem caule que se reproduz através de sementes **2** qualquer planta venenosa que ocorre nas pastagens **3** hortaliça **4** *infrm.* dinheiro **5** *infrm.* maconha ⊡ **e. daninha** *loc.subst.* **1** erva que nasce e se espalha em plantações sem ter sido semeada **2** *fig.* o que prejudica ~ **ervateiro** *adj.s.m* - **ervoso** *adj.*

er.va-ba.bo.sa [pl.: *ervas-babosas*] *s.f.* aloé

er.va-ci.drei.ra [pl.: *ervas-cidreiras*] *s.f.* erva aromática us. como antiespasmódico e calmante; citronela

er.va-de-pas.sa.ri.nho [pl.: *ervas-de-passarinho*] *s.f.* planta parasita disseminada pelos pássaros

er.va-do.ce [pl.: *ervas-doces*] *s.f.* **1** anis **2** funcho

er.val *s.m.* conjunto de plantas, ou área por ele coberta, em que há predomínio da erva-mate

er.va-ma.te [pl.: *ervas-mate* e *ervas-mates*] *s.f.* **1** árvore da América do Sul, de até 10 m, cujas folhas, depois de torradas, são us. em chás e infusões **2** a folha dessa árvore, us. no preparo do chimarrão e do chá-

-mate, bebida de propriedades estimulantes e diuréticas

er.va.ná.rio *s.m.* **1** local de venda de ervas e plantas medicinais ■ *adj.s.m.* **2** que(m) conhece plantas medicinais

er.vi.lha *s.f.* **1** planta leguminosa com vagens alongadas, ger. verdes, e sementes esféricas **2** a vagem e a semente dessa planta, us. na alimentação humana ⊙ COL ervilhal

es– *pref.* 'movimento para fora': *escorrer*

Es símbolo de *einstêinio*

ES sigla do Estado do Espírito Santo

–ês *suf.* 'relação, origem': *montês, português*

es.ba.fo.rir-se *v.* {mod. 24} *pron.* ficar ofegante

es.ba.ga.çar *v.* {mod. 1} *t.d.* fazer em bagaços ou em pedaços; despedaçar

es.ban.jar *v.* {mod. 1} *t.d.* gastar em excesso; desperdiçar ↄ poupar ~ **esbanjador** *adj.s.m.* - **esbanjamento** *s.m.*

es.bar.rão [pl.: *-ões*] *s.m.* choque físico casual entre duas ou mais pessoas; encontrão

es.bar.rar *v.* {mod. 1} *t.i.* **1** (prep. *em*) chocar-se fisicamente, ger. por acaso, com **2** (prep. *com*) encontrar (alguém), por acaso

es.ba.ter *v.* {mod. 8} *t.d.* **1** em pintura, atenuar ou graduar contrastes de tom e cor ❑ *pron.* **2** tornar cores ou tons pálidos; empalidecer

es.bei.çar *v.* {mod. 1} *t.d.* **1** extrair os bordos, as margens de; desbeiçar ❑ *t.i.* **2** (prep. *com*) avançar até certo ponto ❑ *pron.* **3** tombar ou descair (beiços ou bordos)

es.bel.to *adj.* **1** que apresenta formas elegantes e graciosas ↄ deselegante **2** que tem corpo esguio ↄ gorducho ~ **esbeltez** *s.f.* - **esbelteza** *s.f.*

es.bo.çar *v.* {mod. 1} *t.d.* **1** desenhar os contornos de; delinear **2** planejar, projetar ⟨*e. um plano*⟩ **3** mostrar de modo sutil; insinuar

es.bo.ço \ô\ *s.m.* **1** conjunto dos traços iniciais de um desenho ou obra de arte **2** estado inicial de qualquer trabalho ou obra **3** ação interrompida logo em seu começo ⟨*teve um e. de reação, mas foi logo atingido*⟩ **4** figura sem definição, pouco clara **5** resumo, síntese ⟨*fizeram um rápido e. dos acontecimentos*⟩

es.bo.de.gar *v.* {mod. 1} *t.d.* **1** causar dano(s) a; estragar **2** *B infrm.* gastar sem controle; esbanjar ↄ poupar ❑ *pron. infrm.* **3** tornar-se desleixado; relaxar **4** ficar irritado; irar-se **5** cansar-se, esgotar-se ↄ descansar

es.bo.fe.te.ar *v.* {mod. 5} *t.d.* dar bofetada em ~ **esbofeteamento** *s.m.*

es.bór.nia *s.f.* **1** farra **2** orgia sexual

es.bo.ro.ar *v.* {mod. 1} *t.d.,int. e pron.* reduzir(-se) a pedaços, a pó; desfazer(-se) ~ **esboroamento** *s.m.* - **esboroo** *s.m.*

es.bor.ra.char *v.* {mod. 1} *t.d.* **1** estourar ou arrebentar, apertando ou achatando **2** dar golpe(s) em; bater ❑ *pron.* **3** levar um tombo; cair

es.bor.ri.far *v.* {mod. 1} *t.d. e pron.* borrifar ~ **esborrifo** *s.m.*

es.bran.qui.ça.do *adj.* **1** de cor semelhante ao branco **2** diz-se dessa cor **3** pouco colorido; desbotado

es.bra.se.ar *v.* {mod. 5} *t.d.,int. e pron.* **1** (fazer) ficar em brasa; esquentar(-se) **2** tornar(-se) corado; ruborizar(-se) ❑ *int.* **3** ficar vermelho como a brasa ↄ empalidecer

es.bra.ve.jar *v.* {mod. 1} *t.i. e int.* **1** (prep. *contra*) gritar com raiva, ira contra; vociferar ❑ *t.d.* **2** pronunciar com irritação, ira ❑ *int.* **3** tornar-se furioso, bravo

es.bre.gue *s.m. B infrm.* repreensão; bronca

es.bru.gar *v.* {mod. 1} *t.d.* → ESBURGAR

es.bu.ga.lhar *v.* {mod. 1} *t.d.* abrir muito (os olhos)

es.bu.lho *s.m.* espoliação, usurpação

es.bu.ra.car *v.* {mod. 1} *t.d. e pron.* encher(-se) de buracos

es.bur.gar ou **es.bru.gar** *v.* {mod. 1} *t.d.* **1** tirar casca ou crosta de; descascar, raspar **2** separar (osso) da carne; descarnar

es.ca.be.che *s.m.* molho de temperos refogados próprio para peixe frito

es.ca.be.lo \ê\ *s.m.* banco para apoio dos pés

es.ca.bi.char *v.* {mod. 1} *t.d.* **1** examinar ou investigar com paciência, cuidado **2** limpar (ger. dente) com dedo, palito

es.ca.bi.ci.da *adj.2g.s.m.* (substância) us. contra ácaros que provocam sarna

es.ca.bi.o.se *s.f.* sarna ~ **escabioso** *adj.* - **escabiótico** *adj.*

es.ca.bre.a.do *adj.* **1** desconfiado ↄ crédulo **2** que se zangou; mal-humorado ↄ tranquilo **3** que demonstra timidez; encabulado ↄ expansivo ~ **escabrear** *v.t.d.*

es.ca.bro.so \ô\ [pl.: *escabrosos* \ó\] *adj.* **1** que não é liso; áspero **2** que oferece dificuldades; árduo ↄ fácil **3** indecoroso ↄ decente ~ **escabrosidade** *s.f.*

es.ca.da *s.f.* **1** série de degraus por onde se pode subir ou descer **2** *p.ext.* qualquer coisa que se assemelha a uma escada ou se usa como tal **3** *fig.* meio pelo qual alguém pode obter o que deseja ⟨*as ligações com o chefe foram a e. para o cargo que ocupa*⟩ ⊡ **e. rolante** *loc.subst.* escada em que os degraus sobem e descem continuamente, movidos por um mecanismo próprio

es.ca.da.ri.a *s.f.* escada longa, ger. larga

es.ca.fan.dris.ta *s.2g.* mergulhador que usa escafandro

es.ca.fan.dro *s.m.* roupa impermeável, totalmente fechada, provida de aparelho respiratório, própria para mergulhos demorados e profundos

es.ca.fe.der-se *v.* {mod. 8} *pron. infrm.* fugir apressadamente; safar-se

es.ca.la *s.f.* **1** relação entre as proporções de uma representação e as do objeto representado ⟨*e. de um mapa*⟩ **2** porto ou lugar determinado em que transportes coletivos param para abastecimento, embarque ou desembarque de carga ou passageiros etc. **3** *p.ext.* o tempo dessa parada **4** tabela de horários de trabalho **5** série de graus ou níveis, dispostos segundo a importância de cada um ⟨*e. de valores*⟩ **6** MÚS organização de sons em sequência **7** FÍS graduação de um instrumento de medida ▣ **e. Celsius** *loc.subst.* escala de temperatura baseada em dois pontos fixos: o de fusão do gelo e o de ebulição da água, aos quais se atribuem os valores 0 e 100, respectivamente, estando ambos sob pressão de uma atmosfera ☞ cf. *Celsius* na parte enciclopédica • **e. cromática** *loc.subst.* MÚS escala formada por semitons • **e. de Richter** *loc.subst.* escala que mede o grau de intensidade dos tremores de terra • **e. Fahrenheit** *loc.subst.* escala de temperatura us. em países de língua inglesa baseada em dois pontos fixos: o de fusão e o de ebulição da água, aos quais se atribuem os valores 32 e 212, respectivamente ☞ cf. *Fahrenheit* na parte enciclopédica

es.ca.la.da *s.f.* **1** subida a um lugar íngreme **2** intensificação de uma atividade hostil **3** aumento progressivo ⟨*e. de preços*⟩ ⮌ declínio

es.ca.la.fo.bé.ti.co *adj.* **1** que se comporta de forma excêntrica, extravagante ⮌ normal, ordinário **2** sem jeito ou elegância; desengonçado ⮌ elegante

es.ca.lão [pl.: *-ões*] *s.m.* **1** cada um dos pontos, níveis ou graus que se sucedem em uma série progressiva; categoria **2** *fig.* escala hierárquica ⟨*funcionários do primeiro e.*⟩

¹es.ca.lar *v.* {mod. 1} *t.d.* **1** subir (montanha ou elevação íngreme) **2** chegar a (um lugar) usando escada ou afim **3** atingir níveis mais altos por degraus ou etapas; escalonar ⟨*e. um posto no ministério*⟩ **4** *B* designar (alguém) para atividade, tarefa **5** selecionar (indivíduo, equipes etc.) ⟨*e. time, elenco*⟩ [ORIGEM: *escala* 'escada' + ²*-ar*] ~ **escalação** *s.f.*

²es.ca.lar *adj.2g.* **1** cuja representação se faz por meio de escala ('relação entre proporções') **2** FÍS que pode ser caracterizado apenas pela sua magnitude, independente de sua direção, como, p.ex., temperatura, massa etc. (diz-se de grandeza) [ORIGEM: do lat. *scalāris,e* 'de degraus, de escadaria']

es.ca.la.vrar *v.* {mod. 1} *t.d. e pron.* **1** causar ou sofrer esfoladuras, arranhões; esfolar(-se) ❑ *t.d.* **2** danificar (revestimentos, parede etc.)

es.cal.dan.te *adj.2g.* que aquece em excesso ⮌ refrescante

es.cal.da-pés *s.m.2n.* banho que se dá nos pés com água quente

es.cal.dar *v.* {mod. 1} *t.d.* **1** queimar com líquido quente ou vapor **2** pôr em água muito quente **3** passar muito calor a ⟨*a febre escaldava seu rosto*⟩ **4** ressecar ⟨*o sol escalda o solo*⟩ ❑ *int.* **5** ficar ou ser muito quente ❑ *pron.* **6** sofrer queimadura; queimar-se

es.ca.le.no *adj.* que tem os lados desiguais (diz-se de triângulo)

es.ca.ler *s.m.* barco movido a remo, vela ou motor, us. para pequenos serviços de transporte, reconhecimento etc.

es.ca.lo.nar *v.* {mod. 1} *t.d.* **1** dispor (tropas) umas por trás das outras, para que uma dê suporte a outra **2** atingir níveis mais altos por degraus ou etapas; escalar

es.ca.lo.pe *s.m.* fatia fina de filé cortada transversalmente

¹es.cal.pe.lar *v.* {mod. 1} *t.d.* **1** cortar ou dissecar com escalpelo **2** *fig.* examinar em detalhes [ORIGEM: *escalpelo* + ²*-ar*]

²es.cal.pe.lar *v.* {mod. 1} *t.d.* retirar a pele que cobre o crânio de; escalpar [ORIGEM: prov. do cruzamento de *escalpar* com *pelar*]

es.cal.pe.lo \ê\ *s.m.* bisturi de um ou dois gumes, us. para dissecações anatômicas

es.cal.po *s.m.* o couro cabeludo arrancado do crânio

es.ca.ma *s.f.* **1** cada lâmina ou placa que cobre a pele de peixes e répteis **2** pequena lâmina de pele que se desprende espontaneamente

¹es.ca.ma.do *s.m.* **1** espécime dos escamados, ordem de répteis que possuem o corpo coberto de escamas ou placas, incluindo as serpentes e lagartos ■ *adj.* **2** relativo a essa ordem ou a esse espécime [ORIGEM: do lat.cien. *Squamata*, do lat. *squamātus,a,um* 'que tem escamas']

²es.ca.ma.do *adj.* que ficou sem escamas [ORIGEM: part. de *escamar*]

es.ca.mar *v.* {mod. 1} *t.d. e pron.* retirar ou perder (escamas, crosta etc.) ~ **escamação** *s.f.* - **escamador** *adj.s.m.*

es.cam.bo *s.m.* **1** troca de mercadorias ou serviços sem uso de moeda **2** *p.ext.* qualquer troca

es.ca.mo.so \ô\ [pl.: *escamosos* \ó\] *adj.* cheio ou coberto de escamas

es.ca.mo.te.a.ção [pl.: *-ões*] *s.f.* **1** ato de escamotear **2** furto ou roubo praticado com habilidade ⮌ devolução, restituição

es.ca.mo.te.ar *v.* {mod. 5} *t.d.* **1** fazer sumir sem ninguém perceber; esconder **2** furtar habilmente **3** encobrir, disfarçar ❑ *pron.* **4** escapar, fugir

es.cân.ca.ra *s.f.* estado do que está à vista ▣ **às e.** *loc.adv.* à vista de todos

es.can.ca.rar *v.* {mod. 1} *t.d. e pron.* **1** abrir(-se) muito ou totalmente ❑ *t.d.* **2** pôr à mostra, tornando conhecido, público; expor ⟨*e. a roubalheira*⟩ ⮌ esconder

es.can.char *v.* {mod. 1} *t.d.* **1** separar de meio a meio ❑ *t.d. e pron.* **2** abrir (as pernas) em demasia, sentando-se sobre algo; escarranchar(-se)

es.can.da.li.zar *v.* {mod. 1} *t.d. e int.* **1** ferir os bons costumes, a moral (de); chocar, indignar ❑ *t.d. e pron.* **2** (fazer) ficar ofendido; melindrar(-se) ~ **escandalizante** *adj.2g.*

es.cân.da.lo *s.m.* **1** ato ou fato que contraria e ofende sentimentos, crenças ou convenções ⟨*a roupa que escolheu para a cerimônia foi um e.*⟩ **2** fato revoltante ⟨*a miséria crescente é um e.*⟩ **3** tumulto, desordem ⟨*fez um e. quando foi barrado na porta do* show⟩

es.can.da.lo.so \ô\ [pl.: *escandalosos* \ó\] *adj.* **1** que causa escândalo, confusão ou desordem ⟨*comportamento e.*⟩ ⮌ discreto **2** que ofende; indecoroso, indecente ⟨*decote e.*⟩ ⟨*atitutes e.*⟩ ⮌ decente **3** que revolta; condenável, deplorável ⟨*vive numa miséria e.*⟩

es.can.di.na.vo *s.m.* **1** natural ou habitante da península da Escandinávia (Dinamarca, Finlândia, Suécia, Noruega, Islândia) **2** língua do ramo germânico que compreende o antigo nórdico, o sueco, o norueguês, o dinamarquês e o islandês; nórdico ■ *adj.* **3** relativo a esse indivíduo, península ou língua

es.cân.dio *s.m.* elemento químico com alto ponto de fusão, us. na construção aeroespacial [símb.: *Sc*] ☞ cf. *tabela periódica* (no fim do dicionário)

es.can.dir *v.* {mod. 24} *t.d.* **1** medir (versos) contando suas sílabas **2** pronunciar (palavra, frase) destacando as sílabas ⊙ GRAM/USO verbo defectivo

es.ca.ne.ar *v.* {mod. 5} *t.d.* converter com escâner (foto, página impressa etc.) para a forma digital

es.câ.ner *s.m.* equipamento de leitura óptica que converte imagens, páginas impressas etc. em dados digitalizados

es.can.ga.lhar *v.* {mod. 1} *t.d.,int. e pron.* **1** (fazer) parar de funcionar ou não funcionar bem; enguiçar, quebrar ⮌ consertar **2** deixar ou ficar totalmente destruído; arruinar(-se)

es.ca.nho.ar *v.* {mod. 1} *t.d. e pron.* barbear(-se) com perfeição, cortando bem rente a barba e deixando a pele bem lisa

es.ca.ni.nho *s.m.* pequeno compartimento, secreto ou não, em cofres, gavetas, armários etc.

es.can.tei.o *s.m.* FUTB *B* **1** falta em que um jogador lança a bola para fora do campo pela linha de fundo defendida por sua equipe; córner **2** cobrança dessa falta; córner ⊡ **chutar para e.** *fraseol. fig. B infrm.* pôr de lado ⟨*chutou o namorado para e.*⟩

es.ca.pa.da *s.f.* **1** fuga precipitada e às escondidas **2** ausência breve

es.ca.pa.de.la *s.f.* escapada

es.ca.pa.men.to *s.m.* **1** vazamento ⟨*e. de gás*⟩ **2** cano ou orifício pelo qual gases são expelidos **3** *p.ext.* saída dos gases provenientes da combustão dos motores de explosão

es.ca.par *v.* {mod. 1} *t.i.* **1** (prep. *de*) ficar livre de (situação perigosa, desagradável etc.); livrar-se, safar-se **2** (prep. *a*) não ser percebido ou compreendido **3** (prep. *de*) fugir ao controle ou domínio de **4** (prep. *a*) deixar de lembrar-se; esquecer ❑ *int.* **5** pôr-se em fuga; fugir ⟨*e. da prisão*⟩ ⟨*o preso escapou ontem*⟩ **6** manter-se vivo; salvar-se

es.ca.pa.tó.ria *s.f.* o que se apresenta para justificar descumprimento de dever, promessa, compromisso etc.; desculpa, pretexto

es.ca.pe *s.m.* **1** escapamento **2** ação de livrar(-se) de perigo; escapadela

es.ca.pis.mo *s.m.* tendência para fugir à realidade ou à rotina ~ **escapista** *adj.2g.s.2g.*

es.ca.po *s.m.* dispositivo que regula os movimentos de um relógio

es.cá.pu.la *s.f.* ANAT osso triangular, antes denominado *omoplata*, que forma a parte posterior do ombro ~ **escapulal** *adj.2g.* - **escapular** *adj.2g.*

es.ca.pu.lá.rio *s.m.* **1** faixa de tecido que frades e freiras de algumas ordens religiosas usam pendentes sobre o peito **2** pedaço de pano bento, com imagem, orações etc., que devotos trazem junto ao peito; bentinho

es.ca.pu.li.da *s.f.* escapadela

es.ca.pu.lir *v.* {mod. 29} *t.i.,int. e pron.* **1** pôr-se em fuga; escapar ⟨*e. da prisão*⟩ ⟨*o prisioneiro escapuliu(-se)*⟩ ❑ *t.d. fig.* **2** surgir, mostrar-se por descuido ⟨*deixou e. o segredo*⟩

es.ca.ra *s.f.* **1** ferida na pele que acomete os doentes acamados, esp. nas regiões de apoio **2** *p.ext.* qualquer crosta que se forma sobre uma superfície

es.ca.ra.fun.char *v.* {mod. 1} *t.d.* **1** limpar com dedo, palito etc. **2** procurar, examinar com insistência e/ou paciência **3** remexer, ger. à procura de algo; fuçar ~ **escarafunchador** *adj.s.m.*

es.ca.ra.mu.ça *s.f.* **1** luta de pequenas proporções **2** qualquer briga, combate ou conflito ~ **escaramuçar** *v.t.i. e int.*

es.ca.ra.ve.lho \ê\ *s.m.* **1** nome comum a besouros com corpo robusto, oval ou alongado, de tamanho, cor e hábitos variados, que se alimentam de esterco ou matéria vegetal em decomposição **2** nome comum a diversos besouros cujos ovos e larvas se alimentam de bolas de excremento de herbívoros

es.car.céu *s.m.* **1** grande onda; vagalhão **2** *fig.* ato de exagerar ou levar muito a sério coisas sem importância **3** *fig.* gritaria; confusão

es.ca.re.ar *v.* {mod. 5} *t.d.* **1** alargar (furo, abertura) para enfiar prego ou parafuso **2** enfiar (prego, parafuso) até a cabeça ficar no nível da peça em que se introduz ~ **escareador** *adj.s.m.*

es.ca.ri.fi.car *v.* {mod. 1} *t.d.* **1** fazer cortes leves em (uma superfície); arranhar **2** revolver superficialmente (o solo) ~ **escarificação** *s.f.* - **escarificador** *adj.s.m.*

es.ca.ri.o.so \ô\ [pl.: *escariosos* \ó\] *adj.* que tem escaras, cascas ou cicatrizes

es.car.la.te *s.m.* **1** cor vermelha muito viva ■ *adj.2g.* **2** que apresenta essa cor ⟨*mancha e.*⟩ **3** diz-se dessa cor ⟨*a cor e.*⟩

es.car.la.ti.na *s.f.* doença infectocontagiosa caracterizada por febre alta, manchas vermelhas na pele e descamação ~ **escarlatinal** *adj.2g.*

es.car.men.tar *v.* {mod. 1} *t.d.* **1** castigar, punir com rigor **2** repreender de modo enérgico, firme ❑ *int. e pron.* **3** ficar advertido por castigo ou prejuízo recebido, para não se expor de novo a ele

es.car.nar *v.* {mod. 1} *t.d.* **1** retirar a carne de (osso); descarnar **2** raspar a carne de (pele) antes da curtição

es.car.ne.cer *v.* {mod. 8} *t.d. e t.i.* (prep. *de*) tratar ou considerar com zombaria; troçar ~ **escarnecimento** *s.m.*

es.car.ni.nho *adj.* zombeteiro, sarcástico

es.cár.nio *s.m.* **1** zombaria **2** menosprezo ⮌ respeito

es.ca.ro.la *s.f.* variedade de chicória, com folhas menos onduladas e recortadas

es.car.pa *s.f.* declive muito forte de terreno

es.car.pa.do *adj.* que tem escarpa; íngreme ⮌ plano

es.car.ra.dei.ra *s.f.* recipiente onde se escarra ou cospe

es.car.ran.char *v.* {mod. 1} *t.d. e pron.* abrir (as pernas) em demasia, sentando-se sobre algo; escanchar(-se)

es.car.ra.pa.char *v.* {mod. 1} *t.d. e pron.* **1** abrir (as pernas) em demasia, sentando-se sobre algo; escarranchar(-se) ❑ *pron.* **2** cair de bruços e ao comprido; estatelar-se **3** sentar-se à vontade, sem compostura

es.car.rar *v.* {mod. 1} *t.d. e int.* expelir (escarro, sangue etc.) pela boca

es.car.ro *s.m.* secreção proveniente da traqueia, brônquios ou pulmões ~ **escarradela** *s.f.*

es.cas.se.ar *v.* {mod. 5} *int.* **1** fazer-se escasso; rarear, faltar ⮌ abundar ❑ *t.d. e t.d.i.* **2** (prep. *a*) dar com moderação; poupar

es.cas.sez \ê\ *s.f.* falta, privação, carência ⮌ abundância

es.cas.so *adj.* **1** de que há pouco ⮌ abundante **2** que é desprovido de algo ⟨*e. de inteligência*⟩ ⮌ provido **3** de pouca intensidade; fraco ⟨*luz e.*⟩ ⮌ intenso ~ **escassamente** *adv.*

[1]**es.ca.to.lo.gi.a** *s.f.* doutrina que trata em tom profético ou apocalíptico do destino final do homem e do mundo [ORIGEM: do gr. *éskhatos,ē,on* 'extremo, último'] ~ **escatológico** *adj.*

[2]**es.ca.to.lo.gi.a** *s.f.* tratado sobre os excrementos [ORIGEM: do gr. *skôr,skatós* 'excremento'] ~ **escatológico** *adj.*

es.ca.va.ção [pl.: *-ões*] *s.f.* **1** ato de escavar ou seu efeito **2** buraco em um terreno

es.ca.va.dei.ra *s.f.* máquina de escavar ou remover terra

es.ca.var *v.* {mod. 1} *t.d.* **1** tirar terra de **2** tornar côncavo, oco **3** *fig.* fazer investigação, pesquisa minuciosa ❑ *t.d. e pron.* **4** abrir ou criar cavidade

es.ca.vei.ra.do *adj.* **1** semelhante a uma caveira **2** que tem o rosto muito magro ⮌ rechonchudo

es.cla.re.cer *v.* {mod. 8} *t.d.* **1** tornar compreensível; elucidar ⮌ complicar ❑ *t.d.,int. e pron.* **2** tornar(-se) claro; iluminar(-se) ⮌ escurecer ❑ *t.d. e pron.* **3** tornar(-se) mais instruído ❑ *t.d.,t.d.i. e pron.* **4** (prep. *a, sobre*) prestar informação, explicação (sobre algo) [a alguém] ~ **esclarecedor** *adj.s.m.*

es.cla.re.ci.do *adj.* **1** explicado ⮌ confuso **2** dotado de conhecimentos ⮌ inculto

es.cla.re.ci.men.to *s.m.* **1** ato ou efeito de explicar o sentido de; elucidação ⮌ complicação, obscurecimento **2** ato ou efeito de tornar mais claro, iluminar ⮌ escurecimento **3** conjunto de conhecimentos; ilustração, instrução ⮌ ignorância **4** informação esclarecedora; explicacão, informe ⟨*prestou esclarecimentos sobre o caso*⟩

es.cle.rac.tí.neo *s.m.* **1** espécime dos escleractíneos, ordem de animais invertebrados marinhos, que inclui os corais e as anêmonas-do-mar, de corpo em forma de medusa, tb. conhecido como coral-pétreo ■ *adj.* **2** relativo a essa ordem

es.cle.rên.qui.ma *s.m.* tecido vegetal, composto de células com paredes duras, que dá rigidez ao caule, raiz e semente ☞ cf. *colênquima*

es.cle.ro.sa.do *adj.* que passou por processo de esclerose

es.cle.ro.se *s.f.* endurecimento patológico de tecido em um órgão, que ocorre em várias estruturas como nervos, pulmões etc. ⊡ **e. múltipla** *loc.subst.* doença do sistema nervoso central caracterizada por esclerose em placas no cérebro e medula espinhal que pode causar paralisia, tremores, perda da fala etc. ~ **esclerosamento** *s.m.*

es.cle.ró.ti.ca *s.f.* tecido externo branco e fibroso do globo ocular, tb. chamado branco do olho

–esco \ê\ *suf.* 'relação, semelhança': *grotesco, parentesco*

es.co.a.dou.ro *s.m.* cano ou vala que dá saída a líquidos, dejetos etc.

es.co.a.men.to *s.m.* **1** ato de escoar **2** plano inclinado por onde as águas ou outros líquidos escoam

es.co.ar *v.* {mod. 1} *t.d.,int. e pron.* **1** (fazer) escorrer, fluir devagar ❑ *t.d.* **2** dar vazão, saída a ⟨*e. mercadorias*⟩ **3** *p.ext. B* fazer andar, fluir (o trânsito) ❑ *int. e pron.* **4** ficar para trás (horas, minutos etc.); passar

es.coi.ce.ar *v.* {mod. 5} *t.d. e int.* **1** dar coice(s) [em] **2** *fig.* tratar mal, com brutalidade

es.coi.mar *v.* {mod. 1} *t.d.* **1** livrar de coima, pena ⮌ acoimar, punir ❑ *t.d.i.* **2** (prep. *de*) limpar, livrar de (sujeira, falha etc.) ❑ *pron.* **3** (prep. *de*) ficar livre de; escapar ⟨*e.-se de um erro*⟩

es.col *s.m.* o que é considerado o melhor, o mais distinto numa sociedade ou grupo

es.co.la *s.f.* **1** estabelecimento de ensino **2** prédio em que este estabelecimento funciona **3** doutrina, teoria ou tendência de estilo ou pensamento ⟨*e. de Freud*⟩ **4** conjunto de pessoas que segue um sistema de pensamento, uma doutrina, um princípio estético etc. **5** determinado conjunto de princípios seguido por artistas ⟨*e. clássica*⟩ **6** o que é adequado para transmitir conhecimento, experiência ⟨*auxiliar o pai foi uma boa e. para seus futuros empregos*⟩ ⊡ **e. normal** *loc.subst.* escola que forma professores • **e. de samba** *loc.subst.* agremiação de sambistas, passistas, compositores etc. que desfila no carnaval

es.co.la.do *adj. infrm.* **1** esperto, sabido ⮌ ingênuo **2** que conhece a vida; experiente ⮌ inexperiente

es.co.la-mo.de.lo [pl.: *escolas-modelo* e *escolas-modelos*] *s.f.* estabelecimento de ensino organizado de maneira exemplar, com métodos pedagógicos que se distinguem pela excelência

es.co.lar *adj.2g.* **1** relativo a escola ⟨*período e.*⟩ **2** utilizado na escola ⟨*material e.*⟩ ■ *s.2g.* **3** estudante

es.co.la.ri.da.de *s.f.* aprendizado escolar

es.co.la.ri.zar *v.* {mod. 1} *t.d.* fazer passar por aprendizado em escola ~**escolarização** *s.f.*
es.co.lás.ti.ca *s.f.* 1 pensamento cristão da Idade Média baseado na tentativa de conciliação entre fé e razão **2** qualquer filosofia elaborada em função de uma doutrina religiosa ~**escolasticismo** *s.m.* - **escolástico** *adj.*
es.co.lha \ô\ *s.f.* **1** preferência que se dá a alguma coisa que está entre outras; predileção, opção **2** eleição ⟨*a e. do candidato nos decepcionou*⟩
es.co.lher *v.*{mod. 8} *t.d.* **1** manifestar preferência por; eleger, preferir ⟨*e. o campo para viver*⟩ **2** fazer seleção de; selecionar ⟨*e. os melhores grãos*⟩ ❑ *t.i. e t.d.i.* **3** (prep. *entre*) fazer opção entre (duas ou mais pessoas ou coisas)
es.co.lho \ô\ [pl.: *escolhos* \ó\] *s.m.***1** recife à flor da água; abrolho ☞ mais us. no pl. **2** pequena ilha rochosa
es.co.li.o.se *s.f.* curvatura lateral da coluna vertebral ☞ cf. *cifose* e *lordose*
es.col.ta *s.f.***1** grupo de pessoas, tropa, veículos etc. destacados para acompanhar e proteger algo ou alguém **2** *p.ext.* pessoas ou grupo de pessoas que acompanham outra(s); comitiva
es.col.tar *v.*{mod. 1} *t.d.* **1** seguir junto de (alguém ou algo), dando proteção **2** ir junto de; acompanhar
es.com.bros *s.m.pl.* destroços
es.con.de-es.con.de *s.m.2n.* brincadeira em que uma criança deve encontrar as outras que estão escondidas
es.con.der *v.*{mod. 8} *t.d. e pron.***1** pôr(-se) em lugar no qual não pode ser visto; ocultar(-se) ⮌ mostrar(-se), expor(-se) ❑ *t.d.* **2** manter em segredo; guardar ⮌ revelar **3** não deixar ser percebido; encobrir ⮌ evidenciar
es.con.de.ri.jo *s.m.* local onde se esconde alguém ou algo
es.con.di.das *s.f.pl.* ◗ só usado em: **às e.** *loc.adv.* de maneira oculta; às ocultas
es.con.ju.rar *v.*{mod. 1} *t.d.***1** afastar com exorcismo (diabo, espíritos maus etc.); exorcizar **2** *p.ext.* fazer desaparecer (males, azares etc.) por meio de prece, reza etc. **3** lançar maldição a ⮌ abençoar ❑ *t.d.i.* **4** (prep. *a*) ordenar, mandar ⟨*esconjurou-o a sair*⟩ **5** (prep. *a*) pedir, suplicar ⟨*e. a todos que seguissem as normas*⟩ ❑ *pron.* **6** lamentar-se ~**esconjurativo** *adj.* - **esconjuratório** *adj.*
es.con.ju.ro *s.m.***1** conjuro **2** exorcismo
[1]**es.con.so** *adj.***1** inclinado; oblíquo ⮌ plano ■ *s.m.* **2** ângulo [ORIGEM: do fr.ant. *escoinçon* (mod. *écoinçon*) 'cantoneira, pedra que forma o ângulo do vão de janela ou porta']
[2]**es.con.so** *adj.* **1** escondido, oculto ⮌ exposto ■ *s.m.* **2** retiro, recanto [ORIGEM: do lat. *absconsum,i* 'escondido']
es.co.pe.ta \ê\ *s.f.* pequena espingarda de repetição, leve e de cano curto
es.co.po \ô\ *s.m.***1** ponto em que se mira; alvo **2** intenção; objetivo
es.co.pro \ô\ *s.m.* **1** ferramenta para talhar pedra ou madeira **2** instrumento cirúrgico cortante, us. em operações nos ossos
es.co.ra *s.f.***1** peça de apoio; esteio **2** *fig.* o que ampara, que dá arrimo
es.co.ra.men.to *s.m.* conjunto de escoras que visa impedir que uma parede ou construção desabe
es.co.rar *v.*{mod. 1} *t.d.***1** segurar com escora(s); arrimar ❑ *t.d.,int. e pron.***2** buscar apoio, para manter o equilíbrio, não cair; apoiar(-se) ⟨*e. um ancião*⟩ ⟨*e.(-se)no muro para não cair*⟩ ❑ *pron.* **3** amparar-se para não ficar desprotegido
es.cor.bu.to *s.m.* doença aguda ou crônica que provoca hemorragias, alteração das gengivas e queda da resistência a infecções, causada por falta de vitamina C
es.cor.char *v.*{mod. 1} *t.d.***1** tirar a casca de; descascar **2** retirar o revestimento externo de (animal, planta etc.) **3** desmanchar, desarrumar **4** cobrar preços abusivos a ⟨*e. o freguês*⟩ ~**escorchamento** *s.m.*
es.cor.ço \ô\ *s.m.***1** reprodução, em desenho ou pintura, de qualquer objeto em proporções menores **2** figura em miniatura **3** *fig.* condensação, resumo
es.co.re *s.m.* resultado de uma competição expresso em números; contagem, placar
es.có.ria *s.f.***1** resíduo resultante da fusão de certas matérias **2** *fig.* coisa ou indivíduo reles, desprezível
es.co.ri.a.ção [pl.: *-ões*] *s.f.* ferimento superficial; esfoladura ~**escoriar** *v.t.d. e pron.*
es.cor.pi.a.no *adj.s.m.* **1** que(m) é do signo de Escorpião ■ *adj.***2** relativo ao signo de Escorpião
es.cor.pi.ão [pl.: *-ões*] *s.m.***1** nome comum a aracnídeos com um par de pinças dianteiras e a parte posterior do abdome estreita e terminada em ferrão, por vezes provido de veneno **2** a oitava constelação zodiacal, situada entre Libra e Sagitário ☞ inicial maiúsc. **3** ASTRL o oitavo signo do zodíaco (de 23 de outubro a 21 de novembro) ☞ inicial maiúsc.
es.cor.ra.çar *v.*{mod. 1} *t.d.* expulsar com violência e/ou desprezo; enxotar
es.cor.re.dor \ô\ *s.m.* utensílio de cozinha us. para escorrer a água de arroz, macarrão etc.
es.cor.re.ga *s.m.* brinquedo em plano inclinado no qual crianças deslizam sentadas ou deitadas; escorregador
es.cor.re.ga.de.la *s.f.* *infrm.* **1** ato de escorregar **2** *fig. infrm.* erro, engano
es.cor.re.ga.di.o *adj.* em que se escorrega facilmente
es.cor.re.ga.dor \ô\ *adj.***1** que escorrega ■ *s.m.***2** escorrega
es.cor.re.gão [pl.: *-ões*] *s.m.* desequilíbrio ou tombo após escorregar
es.cor.re.gar *v.*{mod. 1} *int.***1** deslizar sob a pressão do próprio peso **2** ser deslizante ⟨*o piso molhado escorrega*⟩ ❑ *t.i. e int.fig.* **3** (prep. *em*) cometer erro, falta (em); errar, falhar ⟨*e. na ortografia*⟩ ⟨*escorregou ao mentir*⟩ ⮌ acertar

es.cor.rei.to *adj.* **1** que não tem defeito, falha ou lesão ⮌ imperfeito **2** correto ⟨*escreve um português e.*⟩ **3** de boa aparência ⮌ deselegante

es.cor.rer *v.* {mod. 8} *t.d. e int.* **1** (fazer) correr, deslizar (líquido) ❑ *t.d.* **2** retirar de (algo) o líquido, fazendo-o escoar ⟨*e. a salada*⟩ **3** deixar sair; derramar ⟨*a ferida escorria pus*⟩ ❑ *int.* **4** cair, pender ⟨*a blusa escorria-lhe dos ombros*⟩ ~ **escorrimento** *s.m.*

es.cor.ri.do *adj.* **1** que escorreu **2** liso, sem ondulações ⟨*cabelos e.*⟩

es.co.tei.ris.mo *s.m.* → ESCOTISMO

es.co.tei.ro *s.m.* membro do escotismo

es.co.ti.lha *s.f.* abertura no convés de embarcações para passagem de ar, luz, pessoal ou carga

es.co.tis.mo ou **es.co.tei.ris.mo** *s.m.* movimento pelo aprimoramento moral e físico de crianças e adolescentes, criado pelo inglês Baden-Powell ☞ cf. *Baden-Powell* na parte enciclopédica

es.co.va \ô\ *s.f.* **1** utensílio com filamentos rígidos, us. para pentear, alisar, limpar etc. **2** modelagem do penteado com escova redonda e secador manual ▣ **e. de dente** *loc.subst.* escova própria para limpar os dentes

es.co.vão [pl.: *-ões*] *s.m.* escova grande, us. para lustrar o chão

es.co.var *v.* {mod. 1} *t.d.* **1** usar escova em (para pentear, limpar, lustrar etc.) ⟨*e. dentes, cabelos, roupa*⟩ **2** *fig.* repreender com firmeza **3** *fig.* dar pancadas em; bater, surrar ~ **escovação** *s.f.*

es.cra.va.tu.ra *s.f.* **1** sistema social e econômico baseado na exploração de escravos; escravidão **2** comércio de escravos

es.cra.vi.dão [pl.: *-ões*] *s.f.* **1** condição de escravo; servidão **2** escravatura

es.cra.vis.mo *s.m.* **1** prática da escravidão **2** sistema socioeconômico apoiado na escravidão; escravatura

es.cra.vis.ta *adj.2g.s.2g.* que(m) pratica ou apoia a escravidão

es.cra.vi.zar *v.* {mod. 1} *t.d.* **1** tornar escravo ⮌ alforriar, libertar **2** ter poder moral sobre; oprimir, dominar **3** *fig.* causar fascínio em; encantar ❑ *t.d.i. fig.* **4** (prep. *a*) tornar dependente de; submeter ~ **escravizante** *adj.2g.*

es.cra.vo *adj.s.m.* **1** que(m) é privado da liberdade e pertence a um dono **2** *p.ext.* que(m) está submisso a algo ou alguém ■ *adj.* **3** que é próprio de escravo, de pessoa submissa a um poder ou a um senhor ⟨*trabalho e.*⟩

es.cra.vo.cra.ta *adj.2g.s.2g.* **1** que(m) é a favor da escravatura ■ *adj.2g.* **2** em que há escravidão ⟨*países e.*⟩

es.cre.te *s.m.* time escalado para competição, torneio etc.; seleção

es.cre.ven.te *adj.2g.s.2g.* **1** (profissional) que copia o que outro escreveu ou ditou; escriturário **2** DIR em cartórios, diz-se de ou funcionário subordinado ao titular; ajudante de escrivão

es.cre.ver *v.* {mod. 8} *t.d.* **1** representar por sinais gráficos (pensamento, ideia etc.); redigir ⟨*e. uma mensagem*⟩ **2** riscar sobre uma superfície (palavras, frases, letras, caracteres etc.) ⟨*e. 'eu te amo' na agenda*⟩ ☞ *na agenda* é circunstância que funciona como complemento **3** inscrever, gravar ⟨*e. uma frase na lápide*⟩ ☞ *na lápide* é circunstância que funciona como complemento **4** *B infrm.* aplicar multa a (infrator de trânsito) ❑ *t.d. e int.* **5** criar (obra escrita); compor, redigir ⟨*e. um romance*⟩ ⟨*e. diariamente para o jornal*⟩ ❑ *t.i. e t.d.i.* **6** (prep. *a, para*) enviar (carta, bilhete etc.) a ⊙ GRAM/USO part.: *escrito*

es.cre.vi.nhar *v.* {mod. 1} *t.d. e int.* **1** escrever (tolices, coisas sem interesse) por incapacidade ou por brincadeira ❑ *int.* **2** escrever mal as letras; rabiscar

es.cri.ba *s.m.* **1** profissional que copiava manuscritos ou escrevia textos ditados; copista **2** entre os judeus, o que lia e interpretava as leis

es.crí.nio *s.m.* **1** porta-joias **2** escrivaninha

es.cri.ta *s.f.* **1** ato de escrever ou o seu efeito **2** representação do pensamento e de palavras por meio de sinais gráficos **3** alfabeto ⟨*e. chinesa*⟩ **4** sistema de símbolos gráficos ou de outra natureza us. para representar algo ⟨*e. musical*⟩ **5** caligrafia **6** *fig. infrm.* o que constitui ou aparenta constituir uma rotina ⟨*quer quebrar a e. de perder fora de casa*⟩

es.cri.to *adj.s.m.* **1** (o) que está expresso pela escrita ⮌ oral ■ *adj.* **2** registrado ⊙ GRAM/USO part. de *escrever*

es.cri.tor \ô\ *adj.s.m.* autor de obras literárias, científicas etc.

es.cri.tó.rio *s.m.* **1** cômodo destinado ao trabalho intelectual; gabinete **2** sala ou conjunto de salas em que se administram negócios, se recebem clientes etc.

es.cri.tu.ra *s.f.* **1** documento escrito de um ato jurídico **2** método de traçar ou desenhar os caracteres; escrita **3** a Bíblia ☞ nesta acp., inicial maiúsc.; mais us. no pl. ~ **escriturístico** *adj.*

es.cri.tu.rar *v.* {mod. 1} *t.d.* **1** anotar de modo organizado, sistemático (contas comerciais) **2** escrever ou lavrar (documento autêntico) **3** fazer a escritura de

es.cri.tu.rá.rio *s.m.* **1** auxiliar de escritório **2** escrevente **3** DIR o encarregado da escrituração de registros ou expediente em repartição pública

es.cri.va.ni.nha *s.f.* móvel apropriado para escrever ou para atividades de escritório; secretária

es.cri.vão [pl.: *-ães*; fem.: *escrivã*] *s.m.* DIR titular de cartório ou ofício que escreve ou subscreve autos, termos de processo, atas e outros documentos de fé pública

es.cro.que *s.m.* quem usa de meios fraudulentos para se apropriar de bens alheios

es.cro.to \ô\ *s.m.* ANAT bolsa que contém os testículos e os epidídimos ~ **escrotal** *adj.2g.*

es.crú.pu.lo *s.m.* senso moral ⟨*era um homem sem e.*⟩

es.cru.pu.lo.so \ô\ [pl.: *escrupulosos* \ó\] *adj.* **1** que tem escrúpulos; exigente, rigoroso ⮌ irresponsável

2 cuidadoso, caprichoso ⮌ desleixado ~ **escrupulosidade** *s.f.*

es.cru.tar *v.* {mod. 1} *t.d.* investigar cuidadosa e minuciosamente

es.cru.ti.nar *v.* {mod. 1} *t.d. e int.* verificar, apurar (votos, números, resultados de uma votação) ~ **escrutinação** *s.f.* - **escrutinador** *adj.s.m.*

es.cru.tí.nio *s.m.* **1** votação em que se utiliza urna **2** urna na qual os votos são recolhidos **3** apuração dos votos **4** exame minucioso

es.cu.dar *v.* {mod. 1} *t.d. e pron.* **1** proteger(-se) com escudo ❑ *t.d. e t.d.i.* **2** (prep. *contra*) defender, proteger (de ameaça, perigo) ❑ *pron.* **3** (prep. *em*) encontrar apoio em; respaldar-se

es.cu.dei.ro *s.m.* **1** na Idade Média, pajem que acompanhava um cavaleiro **2** *fig.* aquele que acompanha e protege alguém

es.cu.de.ri.a *s.f.* organização proprietária de carros de corrida que possui equipe de pilotos e de técnicos para trabalhar com esses veículos

es.cu.do *s.m.* **1** arma de defesa, presa ao braço, us. contra golpes de lança e espada **2** *fig.* proteção, defesa **3** peça em que se representam armas nacionais, municipais, clubes, agremiações etc. ou brasões de nobreza ⟨*trazia na carteira o e. de seu time*⟩ **4** moeda de Portugal (até 1° de janeiro de 2002) ☞ cf. *euro*

es.cu.la.char *v.* {mod. 1} *t.d.* **1** bater em; espancar, surrar ⮌ apanhar **2** tratar de modo deselegante, rude; maltratar **3** repreender ou censurar de modo áspero, rude **4** tornar ridículo; desmoralizar, avacalhar ⟨*e. o discurso do adversário*⟩ ⮌ respeitar **5** causar danos a; destruir ⟨*e. o trabalho do grupo*⟩ ~ **esculacho** *s.m.*

es.cu.lham.ba.ção [pl.: *-ões*] *s.f. infrm.* **1** repreensão ou censura rude **2** estado de desordem; confusão, bagunça ⮌ organização

es.cu.lham.bar *v.* {mod. 1} *t.d.* **1** repreender ou criticar de modo rude, ofensivo **2** deixar desordenado; desarrumar ⮌ arrumar **3** causar dano a; estragar ⮌ consertar

es.cul.pir *v.* {mod. 24} *t.d.* **1** gravar (figura, ornamento etc.) em pedra, madeira, argila etc. **2** *fig.* deixar marcado; imprimir ❑ *int.* **3** ser escultor

es.cul.tor \ô\ *s.m.* artista que faz esculturas

es.cul.tu.ra *s.f.* **1** obra de arte em madeira, pedra, metal etc., em três dimensões **2** a arte de esculpir

es.cul.tu.ral *adj.2g.* **1** de escultura **2** de formas ideais, perfeitas ⟨*corpo e.*⟩

es.cu.ma *s.f.* **1** espuma ('conjunto de bolhas') **2** ralé

es.cu.ma.dei.ra ou **es.pu.ma.dei.ra** *s.f.* concha rasa com orifícios e cabo longo, us. para retirar espuma dos líquidos

es.cu.mi.lha *s.f.* **1** tecido fino e transparente, de lã ou seda **2** chumbo miúdo us. para caçar pássaros

es.cu.na *s.f.* embarcação de dois mastros

es.cu.ras *s.f.pl.* ▸ só usado em: **às escuras** *loc.adv.* **1** sem luz ⟨*com a chuva, a casa ficou às e.*⟩ **2** sem conhecimento do assunto ⟨*sem as informações da equipe, prosseguia às e.*⟩ **3** de forma oculta ⟨*não se pode confiar nele, só age às e.*⟩

es.cu.re.cer *v.* {mod. 8} *t.d.,int. e pron.* **1** (fazer) ficar sem luz ou com menos luz ⮌ iluminar(-se) **2** tornar(-se) anuviado; nublar(-se) ⮌ clarear(-se) **3** tornar(-se) opaco, turvo; turvar(-se) ❑ *int.* **4** cair a noite; anoitecer ☞ nesta acp., é impessoal., exceto quando fig.

es.cu.ri.dão [pl.: *-ões*] *s.f.* **1** ausência de luz; escuro, pretume ⟨*embrenhou-se na e. da mata*⟩ ⮌ claridade **2** *fig.* grande tristeza ⟨*perdia-se na e. de sua alma*⟩ ⮌ alegria **3** *fig.* ignorância ⮌ conhecimento

es.cu.ro *s.m.* **1** escuridão ⮌ claridade ■ *adj.s.m.* **2** (lugar) com pouca ou nenhuma luz ⟨*sala e.*⟩ ⟨*ler no e.*⟩ **3** (indivíduo) negro, mulato ou amulatado ■ *adj.* **4** de cor negra ou semelhante a ela ⟨*casaco e.*⟩ ⮌ claro **5** *fig.* triste, melancólico ⮌ alegre **6** *fig.* sombrio, tenebroso ⟨*possuía uma mente e.*⟩ ~ **escurecimento** *s.m.*

es.cu.sa *s.f.* **1** ato ou efeito de escusar(-se) **2** desculpa, evasiva

es.cu.sar *v.* {mod. 1} *t.d.* **1** perdoar, desculpar ⟨*e. uma falha, uma pessoa*⟩ **2** tornar dispensável; prescindir ❑ *t.d. e pron.* **3** servir(-se) de justificativa; explicar(-se) ❑ *pron.* **4** pedir desculpas, perdão **5** (prep. *a*) recusar-se, negar-se ⮌ dispor-se ~ **escusatório** *s.m.*

es.cu.so *adj.* **1** escondido, oculto ⮌ visível **2** suspeito, misterioso ⟨*negócios e.*⟩ ⮌ legítimo

es.cu.ta *s.f.* **1** ação de escutar ⟨*a e. era dificultada pelas interferências*⟩ **2** lugar onde se escuta ⟨*o som sai pela e. do aparelho*⟩ ⊡ **e. telefônica** *loc.subst.* sistema eletrônico pelo qual se ouvem e/ou gravam clandestinamente conversas telefônicas

es.cu.tar *v.* {mod. 1} *t.d.* **1** estar consciente do que ouve **2** perceber pelo sentido da audição; ouvir **3** dar atenção a ⟨*e. as queixas*⟩ ⟨*e. os conselhos dos pais*⟩

es.drú.xu.lo *adj. infrm.* fora dos padrões; esquisito, extravagante ⮌ normal, ordinário

es.fa.ce.lar *v.* {mod. 1} *t.d. e pron.* **1** fazer(-se) em pedaços; destruir(-se) **2** (fazer) ter gangrena; gangrenar(-se) ❑ *pron. fig.* **3** deteriorar-se, desfazer-se (instituições, privilégios etc.) ~ **esfacelamento** *s.m.*

es.fai.ma.do *adj.* esfomeado, faminto ⮌ satisfeito

es.fal.far *v.* {mod. 1} *t.d. e pron.* cansar(-se) muito; extenuar(-se) ⮌ descansar ~ **esfalfação** *s.f.* - **esfalfamento** *s.m.* - **esfalfante** *adj.2g.*

es.fa.que.ar *v.* {mod. 5} *t.d.* dar golpe(s) de faca em ~ **esfaqueamento** *s.m.*

es.fa.re.lar *v.* {mod. 1} *t.d. e pron.* **1** reduzir(-se) a farelos, migalhas; esfarinhar(-se) ❑ *t.d. fig.* **2** fazer em pedaços; esfacelar ~ **esfarelamento** *s.m.*

es.fa.re.len.to *adj.* **1** que esfarela fácil **2** de aspecto semelhante ao do farelo

es.far.ra.pa.do *adj.* **1** reduzido a farrapos; rasgado **2** *B* que não tem lógica ou não parece provável ⟨*desculpa e.*⟩ ■ *adj.s.m.* **3** que(m) tem as roupas em farrapos

es.far.ra.par *v.* {mod. 1} *t.d. e pron.* **1** reduzir(-se) a farrapos; rasgar(-se) ❑ *t.d.* **2** fazer rasgos em; cortar

es.fe.noi.de \ói\ *s.m.* osso situado na base do crânio ~ **esfenoidal** *adj.2g.*

es.fe.ra *s.f.* 1 GEOM sólido formado por uma superfície esférica fechada, cujos pontos estão a uma mesma distância de um ponto central em seu interior 2 corpo sólido completamente redondo em toda sua extensão; bola, globo 3 setor em que se exerce determinada atividade; área ⟨*tem grande influência na e. das artes*⟩ 4 meio social ⟨*conhecia bem sua e. de relações*⟩ ~ **esfericidade** *s.f.*

es.fé.ri.co *adj.* que tem forma de esfera

es.fe.ro.grá.fi.ca *s.f.* caneta cuja ponta é uma pequena esfera de metal que gira livremente

es.fi.a.par *v.* {mod. 1} *t.d.,int. e pron.* reduzir(-se) a fiapos; desfiar(-se)

es.fínc.ter *s.m.* estrutura muscular que fecha e abre orifícios ou canais do corpo ~ **esfincteral** *adj.2g.* - esfinctérico *adj.*

es.fin.ge *s.f.* 1 figura mitológica com cabeça humana e corpo de leão, que devorava os viajantes que não decifravam seus enigmas 2 *fig.* pessoa enigmática ~ **esfingético** *adj.* - **esfíngico** *adj.*

es.fir.ra *s.f.* CUL *B* espécie de pastel de forno recheado de carne moída, queijo ou verdura temperada

es.fo.gue.ar *v.* {mod. 5} *t.d. e pron.* afoguear

es.fo.la *s.f.* esfoladura

es.fo.la.de.la *s.f.* esfoladura

es.fo.la.du.ra *s.f.* 1 retirada da pele ou do couro 2 ferida de raspão; arranhão

es.fo.lar *v.* {mod. 1} *t.d.* 1 tirar a pele de ⟨*e. um animal*⟩ 2 *fig. infrm.* cobrar preços abusivos a ❑ *t.d. e pron.* 3 ferir(-se) superficialmente na pele; arranhar(-se) ~ **esfolador** *adj.s.m.* - **esfolamento** *s.m.*

es.fo.lha.da *s.f.* ação de tirar ou perder folhas ou pétalas; desfolhação

es.fo.li.ar *v.* {mod. 1} *t.d.* separar por lâminas ou escamas a superfície de ~ **esfoliação** *s.f.* - **esfoliativo** *adj.*

es.fo.me.a.do *adj.s.m.* que(m) tem muita fome ⮌ inapetente

es.fo.me.ar *v.* {mod. 5} *t.d.* 1 provocar fome em 2 provocar grande apetite em ⟨*a torta esfomeou o garoto*⟩ 3 privar de alimento, causando fome em ⟨*e. um preso como castigo*⟩

es.for.ça.do *adj.s.m.* 1 (aquele) que demonstra grande dedicação e energia na realização de suas tarefas 2 *pej.* (aquele) que, apesar de pouco inteligente ou apto, esforça-se para realizar suas tarefas de forma satisfatória

es.for.çar *v.* {mod. 1} *t.d.* 1 pôr força, vigor em; avigorar ⟨*e. a voz*⟩ ⮌ enfraquecer ❑ *t.d. e pron.* 2 encher(-se) de coragem; animar(-se) ⮌ desanimar(-se) ❑ *pron.* 3 (prep. *para*) aplicar o máximo de capacidade, energia, força em; empenhar-se

es.for.ço \ô\ [pl.: *esforços* \ó\] *s.m.* 1 intensificação de força, atividade, vontade ⟨*fez e. para arrombar a porta*⟩ 2 empenho, zelo ⮌ descuido 3 coragem, valentia ⮌ covardia

es.fran.ga.lhar *v.* {mod. 1} *t.d. e pron.* reduzir(-se) a frangalhos; rasgar(-se), esfarrapar(-se)

es.fre.ga *s.f.* 1 esfregação 2 repreensão severa, descompostura ⮌ elogio 3 surra ('espancamento') 4 trabalho cansativo

es.fre.gão [pl.: *-ões*] *s.m.* pano, esponja etc., us. para esfregar

es.fre.gar *v.* {mod. 1} *t.d. e t.d.i.* 1 (prep. *em*) passar repetidamente um corpo sobre (outro), estando aquele ou ambos em movimento, para dar calor, lustrar, limpar etc.; friccionar, roçar ⟨*e. as mãos, e. o chão*⟩ ⟨*e. uma mão na outra*⟩ ❑ *pron.* 2 *gros.* roçar-se com volúpia, libidinosidade; sarrar ~ **esfregação** *s.f.*

es.fri.ar *v.* {mod. 1} *t.d.,int. e pron.* 1 (fazer) ficar com baixa temperatura ⮌ esquentar, aquecer(-se) 2 *fig.* tornar(-se) insensível; empedernir(-se) ⮌ sensibilizar(-se) 3 *fig.* (fazer) perder o ânimo, a intensidade; desanimar(-se) ⮌ animar(-se) ~ **esfriamento** *s.m.*

es.fu.ma.çar *v.* {mod. 1} *t.d.* 1 espalhar fumaça em 2 enegrecer com fumaça ⟨*o fogão esfumaçou a parede*⟩ 3 secar (alimento) expondo à fumaça; defumar 4 pintar, dando aparência de fumaça ⟨*e. o ruge*⟩ ❑ *pron.* 5 desaparecer, sumir

es.fu.mar *v.* {mod. 1} *t.d.* 1 desenhar com carvão ou esfuminho 2 escurecer com fumo ou fumaça; esfumaçar ❑ *pron. fig.* 3 sumir pouco a pouco; desfazer-se ~ **esfumação** *s.f.*

es.fu.mi.nho *s.m.* rolo de pelica, papel, feltro us. para atenuar o contraste de cor de desenhos a lápis ou a carvão

es.fu.zi.an.te *adj.2g.* 1 que esfuzia ou sibila ⟨*vento e.*⟩ 2 ruidosamente alegre, radiante ⟨*menina e.*⟩ ⮌ desgostoso

es.fu.zi.ar *v.* {mod. 1} *int.* 1 zunir como balas num tiroteio 2 soprar com força (o vento) ❑ *t.d. fig.* 3 lançar, atirar ⟨*e. uma ironia*⟩

es.gal.ga.do *adj.* 1 esguio como um galgo ⮌ corpulento 2 comprido e estreito

es.ga.lhar *v.* {mod. 1} *int. e pron.* 1 espalhar-se em ramos, galhos ❑ *t.d.* 2 retirar os galhos, ramos de (planta); desgalhar

es.ga.na.do *adj.* 1 que foi estrangulado 2 apegado a dinheiro; sovina ⮌ esbanjador 3 que come muito; comilão, esfomeado ⮌ enfastiado

es.ga.nar *v.* {mod. 1} *t.d.* matar por sufocação, apertando o pescoço de; estrangular

es.ga.ni.çar *v.* {mod. 1} *t.d.* 1 tornar (a voz) estridente, como um ganido de cão ❑ *pron.* 2 cantar ou falar alto e em tom agudo ~ **esganiçamento** *s.m.*

es.gar *s.m.* careta, trejeito do rosto

es.ga.ra.va.ta.dor \ô\ *adj.s.m.* 1 (palito) us. para limpar os dentes 2 (instrumento) us. para remexer brasas no fogo 3 (instrumento) us. para limpar armas

es.ga.ra.va.tar ou **es.gra.va.tar** *v.* {mod. 1} *t.d.* 1 limpar com dedo, palito (nariz, dentes, ouvidos) 2 remexer ou avivar com o esgaravatador ('instrumento')

es.gar.çar *v.* {mod. 1} *t.d.,int. e pron.* **1** rasgar(-se) [o tecido] pelo afastamento dos fios; desfiar(-se) ❑ *int. e pron.* **2** reduzir-se a fragmentos; desfazer-se

es.gar.rar *v.* {mod. 1} *int. e pron.* **1** desviar-se do rumo, do caminho (esp. embarcação) **2** seguir o mau caminho, agindo mal; corromper-se ⮌ regenerar-se ❑ *t.i.* **3** (prep. *de*) desviar-se, separar-se ⟨*e. da manada*⟩

es.ga.ze.ar *v.* {mod. 5} *t.d.* **1** dar (ao olhar) expressão inquieta ou de loucura, ger. virando os olhos para mostrar apenas a parte branca **2** deixar desbotada (a cor de um quadro)

es.go.e.lar *v.* {mod. 1} *t.d.,int. e pron.* **1** falar muito alto; gritar ❑ *t.d.* **2** esganar, estrangular ~ **esgoelamento** *s.m.*

es.go.ta.men.to *s.m.* **1** ato ou efeito de esgotar(-se) **2** grande cansaço; exaustão ⮌ disposição, força

es.go.tar *v.* {mod. 1} *t.d.,int. e pron.* **1** tirar ou esvaziar(-se) até a última gota; secar(-se) **2** tornar(-se) exausto; extenuar(-se) ⮌ descansar ❑ *t.d. e pron.* **3** gastar(-se) inteiramente; exaurir(-se) ❑ *t.d.* **4** tratar a fundo (tema, questão etc.) **5** vender ou distribuir (algo) até a última peça ❑ *pron.* **6** chegar ao fim; terminar ~ **esgotável** *adj.2g.*

es.go.to \ô\ *s.m.* **1** cano ou abertura pela qual se escoam líquidos ou dejetos **2** canalização subterrânea para recolher e escoar a água da chuva, resíduos líquidos e dejetos

es.gra.va.tar *v.* {mod. 1} *t.d.* → ESGARAVATAR

es.gri.ma *s.f.* DESP arte de manejar armas brancas (florete, espada, sabre etc.) ~ **esgrimista** *s.2g.*

es.gri.mir *v.* {mod. 24} *t.d. e int.* **1** praticar a esgrima com (espada, florete, sabre etc.) ❑ *t.i.* **2** travar combate contra; lutar ⟨*e. contra a corrupção*⟩ ⮌ defender

es.guei.rar *v.* {mod. 1} *pron.* **1** sair ou afastar-se com cuidado, sem ser visto; escapulir ❑ *t.d.* **2** desviar com cautela, discrição ⟨*e. o olhar*⟩

es.gue.lha \ê\ *s.f.* través, viés ◘ **de e.** *loc.adv.* de lado, de soslaio

es.gui.char *v.* {mod. 1} *t.d. e int.* expelir ou sair com força (líquido) por abertura estreita; jorrar ~ **esguichada** *s.f.* - **esguichamento** *s.m.*

es.gui.cho *s.m.* **1** ação de esguichar ou seu efeito **2** jato de um líquido **3** peça em mangueira ou tubo para fazer esguichar um líquido

es.gui.o *adj.* **1** longo e estreito ⟨*o relógio tinha ponteiros e.*⟩ **2** alto e magro; esbelto ⟨*garota e.*⟩ ⮌ atarracado

es.la.vo *s.m.* **1** indivíduo dos eslavos, antigo grupo de povos da Europa central e oriental, cujos descendentes atuais incluem russos, poloneses, tchecos, eslovacos, búlgaros etc. **2** conjunto de línguas faladas por esses povos ■ *adj.* **3** relativo a esse indivíduo, esses povos ou essas línguas ~ **eslávico** *adj.*

es.ma.e.cer *v.* {mod. 8} *int.* **1** perder a cor; desbotar **2** perder a luminosidade; apagar-se **3** perder o vigor; enfraquecer ⮌ fortalecer, avivar-se **4** desmaiar, desfalecer

es.ma.e.ci.men.to *s.m.* **1** perda da cor, da luminosidade ⮌ brilho **2** enfraquecimento ⮌ fortalecimento **3** desmaio

es.ma.ga.dor \ô\ *adj.s.m.* **1** (o) que esmaga ■ *adj.* **2** que oprime; tirânico **3** que não admite contestação; indiscutível ⮌ contestável

es.ma.gar *v.* {mod. 1} *t.d.* **1** deformar por compressão ou choque, a ponto de achatar ou arrebentar **2** *fig.* destruir ou anular por completo ⟨*e. uma rebelião*⟩ **3** *fig.* provocar ansiedade, angústia; afligir **4** *fig.* conseguir grande vitória ou vantagem sobre; triunfar **5** *fig.* dominar com brutalidade, autoritarismo; oprimir ~ **esmagamento** *s.m.*

es.mal.ta.ção [pl.: *-ões*] *s.f.* esmaltagem

es.mal.ta.gem *s.f.* aplicação de verniz

es.mal.tar *v.* {mod. 1} *t.d.* **1** cobrir ou ornar de esmalte ❑ *t.d. e pron.* **2** enfeitar(-se), adornar(-se) **3** tornar(-se) multicolorido; matizar(-se) ~ **esmaltador** *adj.s.m.*

es.mal.te *s.m.* **1** substância líquida, transparente ou de cor opaca, que, depois de seca, dá aspecto brilhante à superfície em que foi aplicada **2** a camada mais externa dos dentes

es.me.ral.da *s.f.* **1** pedra preciosa de cor verde ■ *adj.2g.2n.* **2** que tem essa cor ⟨*casaco e.*⟩ **3** diz-se dessa cor ⟨*blusa de cor e.*⟩

es.me.ral.di.no *adj.* da cor da esmeralda

es.me.rar *v.* {mod. 1} *t.d.* **1** mostrar esmero em; apurar, aperfeiçoar ⟨*e. a técnica de pintura*⟩ ⮌ descuidar ❑ *pron.* **2** aplicar-se para fazer o melhor; caprichar

es.me.ril *s.m.* **1** pedra us. para afiar lâminas **2** substância abrasiva us. para polir metais, pedras preciosas etc.

es.me.ri.lar ou **es.me.ri.lhar** *v.* {mod. 1} *t.d.* **1** polir com esmeril **2** tornar fosco, usando o esmeril **3** fazer pesquisa, investigação **4** aperfeiçoar, apurar ~ **esmerilação/esmerilhação** *s.f.*

es.me.ro \ê\ *s.m.* **1** grande cuidado em qualquer tarefa ⟨*vestiu-se com muito e.*⟩ ⮌ descuido **2** apuro, perfeição ⟨*era evidente o e. do trabalho*⟩ ⮌ desleixo

es.mi.ga.lhar *v.* {mod. 1} *t.d. e pron.* **1** reduzir(-se) a migalhas; esfarelar(-se) **2** reduzir(-se) a fragmentos; despedaçar(-se) ❑ *t.d.* **3** comprimir até achatar; esmagar

es.mi.u.ça.men.to *s.m.* **1** quebra em pequenos pedaços **2** *fig.* análise ou explicação detalhada

es.mi.u.çar *v.* {mod. 2} *t.d.* **1** desfazer em pedaços miúdos; fragmentar **2** transformar em pó; pulverizar **3** analisar detalhadamente; esquadrinhar ❑ *t.d.i.* **4** (prep. *a, para*) explicar minuciosamente; destrinchar

es.mo \ê\ *s.m.* cálculo sem rigor, apenas aproximado ◘ **a e.** *loc.adv.* **1** ao acaso ⟨*andou a e.*⟩ **2** sem fundamento ⟨*falava a e.*⟩

es.mo.la *s.f.* o que se dá aos pobres por caridade

es.mo.lam.ba.do *adj.s.m.* que(m) está em molambos, em farrapos; maltrapilho

es.mo.lar *v.* {mod. 1} *t.d.,t.d.i. e int.* (prep. *a, para*) dar ou pedir esmola (a)

es.mo.re.cer *v.* {mod. 8} *t.d. e int.* **1** (fazer) ficar sem ânimo, sem forças; enfraquecer, desanimar ⮌ fortalecer, animar ❑ *int.* **2** diminuir de intensidade (luz, cores, som etc.) ↄ intensificar-se **3** perder os sentidos; desmaiar

es.mo.re.ci.men.to *s.m.* **1** desalento, desânimo ↄ vigor **2** desmaio **3** perda de brilho ↄ luminosidade

es.mur.rar *v.* {mod. 1} *t.d.* **1** dar murros em; espancar **2** *fig.* golpear, maltratar

es.no.bar *v.* {mod. 1} *int.* **1** agir com esnobismo ❑ *t.d.* **2** mostrar menosprezo por; depreciar, desprezar ↄ valorizar ~ **esnobação** *s.f.*

es.no.be *adj.2g.* **1** em que há esnobismo ↄ humilde ■ *adj.2g.s.2g.* **2** que(m) demonstra esnobismo

es.no.bis.mo *s.m.* atitude de quem despreza os mais humildes ou assume ares de superioridade a propósito de tudo

e.so.fa.gi.a.no *adj.* referente ou pertencente ao esôfago

e.so.fa.gi.te *s.f.* MED inflamação do esôfago

e.sô.fa.go *s.m.* ANAT canal formado por músculos e membranas que liga a faringe ao estômago ~ **esofágico** *adj.*

e.so.té.ri.co *adj.* **1** que é ensinado apenas aos iniciados **2** que é baseado em fenômenos sobrenaturais **3** *fig.* compreensível apenas por poucos ☞ cf. *exotérico*

e.so.te.ris.mo *s.m.* **1** atitude doutrinária segundo a qual certos conhecimentos só devem ser comunicados a um pequeno número de iniciados **2** doutrina ou prática baseada em fenômenos sobrenaturais **3** *fig.* caráter de uma obra enigmática ☞ cf. *exoterismo*

es.pa.çar *v.* {mod. 1} *t.d.* **1** criar espaços entre; intervalar **2** impor adiamento a; retardar ⟨*e. uma resolução*⟩ ↄ antecipar **3** tornar menos frequente; rarear ⟨*e. as visitas*⟩ ↄ amiudar ~ **espaçamento** *s.m.*

es.pa.ce.jar *v.* {mod. 1} *t.d.* abrir espaço entre (esp. letras, palavras, linhas) ~ **espacejamento** *s.m.*

es.pa.ci.al *adj.2g.* que existe no espaço ou que se estende pelo espaço

es.pa.ço *s.m.* **1** distância entre dois pontos ou duas linhas **2** extensão limitada em uma, duas ou três dimensões ⟨*o e. da cozinha era pequeno*⟩ **3** a extensão que compreende o sistema solar, as galáxias, as estrelas; o Universo **4** período ou intervalo de tempo ⊡ **e. aéreo** *loc.subst.* espaço acima de uma nação e considerado como de sua jurisdição

es.pa.ço.na.ve *s.f.* nave us. em viagens pelo cosmos

es.pa.ço.so \ô\ [pl.: *espaçosos* \ó\] *adj.* que tem muito espaço; amplo, extenso ⟨*apartamento e.*⟩ ↄ pequeno

es.pa.ço.tem.po.ral *adj.2g.* relativo simultaneamente a espaço e tempo

es.pa.da *s.f.* **1** arma branca com lâmina comprida, pontiaguda e dotada de um pequeno punho ▼ *espadas s.f.pl.* **2** um dos quatro naipes do baralho, representado por uma figura preta em forma de ponta de lança ⊙ GRAM/USO aum.irreg.: *espadagão*; dim.irreg.: *espadim*

es.pa.da.chim *s.m.* **1** aquele que luta com espada **2** *fig.* aquele que briga muito; valentão ↄ covarde

es.pa.da-de-são-jor.ge [pl.: *espadas-de-são-jorge*] *s.f.* planta ornamental de folhas longas com faixas amarelas e flores aromáticas

es.pa.da.na *s.f.* **1** objeto em forma de espada **2** labareda, língua de fogo **3** nadadeira de peixe

es.pa.da.ú.do *adj.* dotado de ombros largos

es.pá.dua *s.f.* ombro

es.pa.gue.te *s.m.* macarrão de fio fino sem furo

es.pai.re.cer *v.* {mod. 8} *t.d.,int. e pron.* livrar(-se) de preocupação, repousando a mente; distrair(-se) ~ **espairecimento** *s.m.*

es.pal.dar *s.m.* as costas da cadeira ou similar; encosto

es.pa.lha.fa.to *s.m.* **1** estardalhaço ↄ calma **2** ostentação exagerada ↄ discrição

es.pa.lha.fa.to.so \ô\ [pl.: *espalhafatosos* \ó\] *adj.* **1** que faz espalhafato ↄ silencioso **2** que chama a atenção pelas atitudes sem moderação ↄ discreto

es.pa.lhar *v.* {mod. 1} *t.d. e pron.* **1** lançar(-se) em várias direções; dispersar(-se) ↄ concentrar(-se) **2** tornar(-se) público; propagar(-se) ❑ *t.d. e t.d.i.* **3** (prep. *em*) fazer alastrar, expandir-se; proliferar ⟨*a epidemia espalhou o medo (no povo)*⟩ ❑ *pron.fig.* **4** pôr-se à vontade ⟨*e.-se na cama*⟩ ~ **espalhado** *adj.*

es.pal.mar *v.* {mod. 1} *t.d.* **1** abrir (a mão) estendendo os dedos **2** tornar plano e aberto; alisar **3** estender, abrir (p.ex., as asas) ↄ encolher **4** segurar ou aparar na palma da mão

es.pa.na.dor \ô\ *s.m.* utensílio com penas ou tiras de pano macio presas num cabo, us. para espanar

es.pa.nar *v.* {mod. 1} *t.d.* tirar o pó de ~ **espanação** *s.f.* - **espanadela** *s.f.*

es.pan.car *v.* {mod. 1} *t.d.* dar pancadas em; surrar, bater ↄ apanhar ~ **espancamento** *s.m.*

es.pa.nhol *adj.* **1** da Espanha ■ *s.m.* **2** natural ou habitante desse país **3** a língua espanhola

es.pan.ta.di.ço *adj.* que se espanta com facilidade

es.pan.ta.lho *s.m.* **1** objeto, ger. boneco, us. para espantar aves que atacam as plantações **2** *fig.* pessoa deselegante

es.pan.tar *v.* {mod. 1} *t.d. e pron.* **1** (fazer) sentir medo; assustar(-se) **2** encher(-se) de admiração, surpresa; surpreender(-se) ❑ *t.d.* **3** pôr para longe; afugentar, enxotar ⟨*e. o sono, e. as visitas*⟩

es.pan.to *s.m.* **1** susto, medo **2** acontecimento surpreendente

es.pan.to.so \ô\ [pl.: *espantosos* \ó\] *adj.* **1** que assusta **2** que causa admiração **3** que causa estranheza

es.pa.ra.dra.po *s.m.* tira com uma face aderente us. para proteger e segurar curativos

es.par.gir ou **es.par.zir** *v.* {mod. 24} *t.d.* espalhar em gotículas (um líquido); borrifar, salpicar

es.par.ra.mar *v.* {mod. 1} *t.d.,int. e pron.* **1** lançar(-se) em várias direções; espalhar(-se) ↄ concentrar(-se) ❑ *t.d.* **2** entornar, derramar ⟨*e. sopa na mesa*⟩ ❑ *pron.* **3** cair estendido, deitado; estatelar-se **4** *B infrm.* pôr-se à vontade, em atitude largada; espalhar-se ⟨*e.-se no sofá*⟩ ~ **esparramação** *s.f.*

es.par.ra.me ou **es.par.ra.mo** *s.m.* **1** dispersão ⮌ concentração **2** exagero **3** confusão ⮌ ordem

es.par.re.la *s.f.* **1** uma armadilha de caça **2** *fig.* cilada, ardil ▣ **cair na e.** *loc.vs.* deixar-se enganar

es.par.so *adj.* **1** solto, disperso ⟨*nuvens e.*⟩ ⮌ concentrado **2** *fig.* que foi divulgado; vulgarizado ⟨*ideias e.*⟩ ⊙ GRAM/USO part. de *espargir*

es.par.ta.no *adj.* **1** de Esparta (Grécia) **2** *fig.* austero, rigoroso (como os antigos cidadãos de Esparta) ⮌ indulgente ■ *s.m.* **3** natural ou habitante daquela cidade grega

es.par.ti.lho *s.m.* cinta feminina us. para comprimir a cintura

es.par.zir *v.* {mod. 24} *t.d.* → ESPARGIR

es.pas.mo *s.m.* MED contração involuntária de um ou vários músculos ⮌ relaxamento

es.pas.mó.di.co *adj.* que tem características de um espasmo ⟨*dores e.*⟩ ⟨*movimentos e.*⟩

es.pa.ti.far *v.* {mod. 1} *t.d. e pron.* **1** reduzir(-se) a fragmentos; despedaçar(-se) ❑ *pron.* **2** levar um tombo; estatelar-se

es.pá.tu.la *s.f.* **1** instrumento com extremidade larga e achatada, us. para amassar, espalhar massa, raspar etc. **2** faca sem fio, us. para abrir envelopes, folhas de livro etc.

es.pa.ven.tar *v.* {mod. 1} *t.d. e pron.* **1** (fazer) levar um susto; espantar(-se) ❑ *pron.* **2** ostentar luxo, pompa; engalanar-se **3** demonstrar orgulho; envaidecer-se

es.pa.ven.to *s.m.* **1** espanto **2** ostentação ⮌ discrição

es.pa.ven.to.so \ô\ [pl.: *espaventosos* \ó\] *adj.* **1** que assusta **2** que chama a atenção; espalhafatoso ⮌ discreto **3** cheio de orgulho ⮌ humilde

es.pa.vo.rir *v.* {mod. 24} *t.d. e pron.* (fazer) sentir medo, pavor; aterrorizar(-se) ⊙ GRAM/USO verbo defectivo

es.pe.car *v.* {mod. 1} *t.d.* **1** sustentar com espeque; escorar ❑ *t.d. e pron.* **2** (fazer) ter firmeza, estabilidade, dividindo o peso com; apoiar(-se) ⟨*e. o corpo no muro*⟩ ⟨*e.-se no muro*⟩ ☞ *no muro* é circunstância que funciona como complemento ❑ *int. e pron.* **3** parar de repente; estacar ⮌ mover-se

es.pe.ci.al *adj.2g.* **1** que tem função, propósito ou aplicação particular ⟨*atendimento e. para gestantes*⟩ **2** exclusivo para determinado indivíduo ou grupo ⟨*ônibus e.*⟩ ⟨*cheque e.*⟩ ⮌ ordinário **3** fora do comum, excelente ⟨*recebemos tratamento e.*⟩ ⮌ corriqueiro

es.pe.ci.a.li.da.de *s.f.* **1** qualidade do que é especial **2** ramo profissional; interesse particular ⟨*sua e. é a pediatria*⟩ **3** comida que destaca alguém ou algum lugar ⟨*a e. da casa são os peixes*⟩

es.pe.ci.a.lis.ta *adj.2g.s.2g.* que(m) possui habilidade ou conhecimento especial num assunto ou numa atividade ⮌ inepto; leigo

es.pe.ci.a.li.za.ção [pl.: *-ões*] *s.f.* **1** ação, processo ou efeito de especializar(-se) **2** atividade, profissão, ramo do conhecimento que uma pessoa domina ⟨*e. em literatura portuguesa*⟩

es.pe.ci.a.li.zar *v.* {mod. 1} *t.d. e pron.* **1** tornar(-se) especial; distinguir(-se) ⮌ banalizar(-se) ❑ *pron.* **2** (prep. *em*) tornar-se especialista

es.pe.ci.al.men.te *adv.* **1** em particular, de modo especial; principalmente, sobretudo ⟨*gosto e. de bananas*⟩ **2** de modo específico; especificamente ⟨*falou e. sobre seu último livro*⟩ **3** de modo incomum ⟨*ela é e. inteligente*⟩

es.pe.ci.a.ri.a *s.f.* substância vegetal com propriedades aromáticas us. na culinária (p.ex., canela, cravo, pimenta-do-reino etc.)

es.pé.cie *s.f.* **1** classe de seres ou coisas de mesma natureza **2** caso particular de algo genérico; tipo, variedade **3** BIO categoria taxonômica abaixo do gênero ▣ **causar e.** *loc.vs.* surpreender • **em e.** *loc.adv.* em dinheiro vivo ⟨*pagar em e.*⟩

es.pe.ci.fi.ca.ção [pl.: *-ões*] *s.f.* descrição minuciosa

es.pe.ci.fi.ca.men.te *adv.* de modo específico, em particular; especialmente, exclusivamente ⟨*sala destinada e. para leitura*⟩

es.pe.ci.fi.car *v.* {mod. 1} *t.d.* **1** determinar a espécie de; classificar **2** ser o traço específico de; caracterizar **3** indicar com exatidão; precisar **4** descrever ou explicar com minúcias; detalhar

es.pe.ci.fi.ca.ti.vo *adj.* que especifica ou contém especificação

es.pe.cí.fi.co *adj.* **1** próprio de uma espécie ⮌ genérico **2** restrito a um caso; exclusivo, particular ⮌ geral ~ **especificidade** *s.f.*

es.pé.ci.me ou **es.pé.ci.men** [pl.: *espécimens* e *especímenes*] *s.m.* **1** BIO qualquer indivíduo de uma espécie **2** exemplo, amostra

es.pe.ci.o.so \ô\ [pl.: *especiosos* \ó\] *adj.* **1** de aparência falsa; ilusório, enganador ⟨*argumentos e.*⟩ **2** belo, formoso ⟨*moças e.*⟩ ⮌ feio ~ **especiosidade** *s.f.*

es.pec.ta.dor \ô\ *s.m.* **1** quem assiste a um espetáculo **2** quem presencia um fato; testemunha ☞ cf. *expectador* ⊙ COL plateia, público

es.pec.tro *s.m.* **1** fantasma **2** recordação obsessiva ⟨*o e. do passado*⟩ **3** FÍS conjunto das ondas de diferentes tamanhos que compõem uma radiação composta ▣ **e. solar** *loc.subst.* imagem com as cores do arco-íris resultante da decomposição da luz solar através de um prisma

es.pe.cu.la.ção [pl.: *-ões*] *s.f.* **1** estudo teórico; conjectura ⟨*e. filosófica*⟩ **2** ECON transação financeira que busca lucros altos com as oscilações do mercado

¹es.pe.cu.lar *v.* {mod. 1} *t.d.* **1** estudar em detalhes, do ponto de vista teórico; pesquisar **2** buscar informações sobre; pesquisar ⟨*e. preços*⟩ **3** pensar sobre (algo) sem base em fatos concretos ⟨*especulam se ela traiu o marido*⟩ ❑ *t.i.* **4** (prep. *sobre*) buscar entender pela razão; refletir ⟨*e. sobre uma questão*⟩ ECON **5** (prep. *com*) negociar para lucrar com as oscilações do mercado ⟨*e. com papéis da dívida pública*⟩ ❑ *int.* **6** *pej.* prender-se à teoria, sem atuar na prática [ORIGEM: do lat. *speculāre* 'observar do alto, seguir com os olhos']

[2]**es.pe.cu.lar** *adj.2g.* **1** de ou com espelho(s) **2** que reflete como um espelho ⟨*superfície e.*⟩ **3** invertido como a imagem do espelho ⟨*movimento e.*⟩ [ORIGEM: do lat. *speculāris,e* 'do espelho, transparente']

es.pe.cu.la.ti.vo *adj.* **1** que investiga teoricamente ⟨*trabalho e.*⟩ ⮌ prático **2** que busca o conhecimento ⟨*mente e.*⟩ **3** ECON com caráter de especulação comercial ou financeira

es.pé.cu.lo *s.m.* instrumento que dilata cavidades do corpo (vagina, ânus etc.) para serem examinadas

es.pe.da.çar *v.* {mod. 1} *t.d. e pron.* despedaçar

es.pe.le.o.lo.gi.a *s.f.* exploração e estudo de grutas e cavernas ~ **espeleológico** *adj.* - **espeleologista** *adj.2g.s.2g.* - **espeleólogo** *s.m.*

es.pe.lhar *v.* {mod. 1} *t.d.* **1** refletir como um espelho **2** polir, lustrar ⟨*e. a prata*⟩ **3** revestir com espelhos ❑ *pron.* **4** ficar refletido em espelho ou algo semelhante ⟨*a Lua espelhava-se no rio*⟩ **5** *fig.* (prep. *em*) tomar como exemplo; inspirar-se ~ **espelhamento** *s.m.*

es.pe.lho \ê\ *s.m.* **1** FÍS superfície polida que reflete a luz **2** vidro polido metalizado que reflete a luz e a imagem das coisas e pessoas **3** *fig.* parcela representativa de algo; amostra ~ **espelharia** *s.f.*

es.pe.lun.ca *s.f.* lugar mal frequentado, sujo, sem conforto ⟨*almoçava numa e.*⟩

es.pe.que *s.m.* **1** peça com que se escora algo **2** *fig.* apoio, amparo ⮌ desamparo

es.pe.ra *s.f.* **1** ato de esperar ou seu efeito **2** demora, atraso ⮌ antecipação **3** expectativa **4** tocaia

es.pe.ra-ma.ri.do [pl.: *espera-maridos*] *s.m. B* doce de ovos com calda de açúcar queimado

es.pe.ran.ça *s.f.* **1** sentimento de possível realização daquilo que se deseja ⮌ desesperança **2** confiança; fé ⮌ descrença **3** aquilo ou aquele de que se espera algo

es.pe.ran.çar *v.* {mod. 1} *t.d. e pron.* (fazer) ter esperança; animar(-se) ⮌ desanimar(-se) ~ **esperançado** *adj.s.m.*

es.pe.ran.ço.so \ô\ [pl.: *esperançosos* \ó\] *adj.s.m.* **1** que(m) tem esperança ⮌ desconfiado **2** (o) que dá esperança ⮌ desfavorável

es.pe.ran.tis.ta *adj.2g.* **1** referente a esperanto ■ *adj.2g.s.2g.* **2** falante de e/ou especialista em esperanto

es.pe.ran.to *s.m.* língua artificial, criada (1887) para ser us. na comunicação internacional

es.pe.rar *v.* {mod. 1} *t.d.,t.i. e int.* **1** (prep. *por*) não agir, mover-se etc. até acontecer algo que se tem por certo, provável, desejável; aguardar ⟨*e. a (ou pela) volta do filho para sair*⟩ ⟨*e. na fila do cinema*⟩ ⮌ desistir **2** (prep. *em*) ter esperança (em); contar, confiar ⟨*e. um milagre*⟩ ⟨*e. em Deus*⟩ ❑ *t.d. e t.i.* **3** (prep. *por*) contar com a realização de; torcer ⟨*espero que fique bom*⟩ ⟨*e. pela recuperação do pai*⟩ ❑ *t.d.* **4** estar destinado a; reservar-se ⟨*bom futuro o espera*⟩ **5** considerar provável; supor ⟨*não esperava essa reação*⟩ **6** ser gestante ⟨*ela espera gêmeos*⟩

es.per.di.çar *v.* {mod. 1} *t.d.* desperdiçar

es.per.ma *s.m.* líquido que contém os espermatozoides e é produzido pelas glândulas reprodutoras masculinas; sêmen

es.per.ma.ce.te *s.m.* gordura extraída da cabeça de baleias, us. em cremes, velas, cosméticos etc.

es.per.má.ti.co *adj.* **1** relativo a esperma **2** relativo a espermatozoide **3** relativo a semente

es.per.ma.to.zoi.de \ói\ *s.m.* célula reprodutora masculina ~ **espermatozoico** *adj.*

es.per.mi.ci.da *adj.2g.s.m.* (substância) que destrói espermatozoides

es.per.ne.ar *v.* {mod. 5} *int.* **1** agitar repetida e violentamente as pernas **2** *fig.* opor-se a; reclamar

es.per.nei.o *s.m.* **1** agitação violenta das pernas **2** *fig.* insubordinação, reclamação

es.per.ta.lhão [pl.: *-ões*] *adj.s.m. pej.* que(m) age por meios pouco honestos

es.per.te.za \ê\ *s.f.* **1** característica de quem é esperto **2** ação ou método de quem é esperto **3** ação desonesta para conseguir algo; astúcia, malandragem

es.per.to *adj.* **1** desperto ⮌ adormecido **2** que percebe tudo; atento, vigilante ⮌ desatento **3** *fig.* perspicaz, inteligente ⮌ tolo **4** que age com rapidez e eficiência ⮌ indolente ■ *adj.s.m.* **5** espertalhão ☞ cf. *experto*

es.pes.sar *v.* {mod. 1} *t.d.,int. e pron.* **1** tornar(-se) espesso, grosso; encorpar ⟨*e. o creme*⟩ ⮌ rarefazer(-se) **2** tornar(-se) denso, compacto, maciço ⟨*e. o mato*⟩ **3** tornar(-se) volumoso, basto ⟨*e. a barba*⟩ ~ **espessamento** *s.m.*

es.pes.so \ê\ *adj.* **1** que tem espessura considerável; grosso ⟨*vidro e.*⟩ ⮌ fino **2** que tem consistência pastosa ⟨*creme e.*⟩ ⮌ ralo **3** de grande densidade, volumoso ⟨*cabeleira e.*⟩ ⮌ escasso ~ **espessidão** *s.f.*

es.pes.su.ra *s.f.* **1** grossura **2** ajuntamento que forma um todo compacto

es.pe.ta.cu.lar *adj.2g.* **1** relativo a espetáculo ⟨*o discurso e. do prefeito não foi acolhido pela imprensa*⟩ ⮌ discreto **2** *B infrm.* ótimo, sensacional ⮌ péssimo

es.pe.tá.cu.lo *s.m.* **1** aquilo que chama e prende a atenção **2** qualquer apresentação pública, p.ex., de teatro, canto, dança ⟨*e. circense*⟩ **3** *B infrm.* algo excepcionalmente interessante, bom, bonito e/ou vistoso ⟨*o jogo foi um e.*⟩ **4** *p.ext. infrm.* cena escandalosa ⟨*a discussão virou um e.*⟩

es.pe.ta.cu.lo.so \ô\ [pl.: *espetaculosos* \ó\] *adj.* **1** que chama muito a atenção; espalhafatoso ⮌ sóbrio **2** que tem pompa, aparato; grandioso ⮌ discreto **3** dado a cenas ridículas, escandalosas ⮌ comedido ~ **espetaculosidade** *s.f.*

es.pe.ta.da *s.f.* golpe dado com espeto ou outro objeto perfurante

es.pe.tar *v.* {mod. 1} *t.d. e t.d.i.* **1** (prep. *em*) introduzir ponta afiada de (algo) em; enfiar, cravar ⟨*e. estacas no canteiro*⟩ ⟨*e. a faca no inimigo*⟩ ☞ *no canteiro* é circunstância que funciona como complemento ❑ *t.d.* **2** enfiar, trespassar ⟨*e. a carne no espeto*⟩ ☞ *no espeto* é circunstância que funciona como complemento **3** pegar com espeto ou similar ⟨*e. um bolinho*⟩ **4** prender ou pendurar com alfinete, grampo etc. ❑ *t.d. e pron.* **5** ferir(-se) com algo pontiagudo ❑ *t.d. e int.* **6** causar dor ou incômodo na pele; pinicar ❑ *int. e pron. infrm.* **7** tornar-se duro e com tendência a ficar na vertical; eriçar(-se) ~ **espetadela** *s.f.*

es.pe.ti.nho *s.m.* **1** espeto pequeno **2** CUL série de cubos de carne, queijo etc., enfiados numa haste e assados; brochete

es.pe.to \ê\ *s.m.* **1** haste fina e pontiaguda, de metal ou madeira, us. para assar carnes, peixes etc. **2** *p.ext.* pessoa alta e magra **3** *fig. infrm.* chatice, contratempo ⮌ contentamento

es.pe.vi.tar *v.* {mod. 1} *t.d.* **1** cortar ou puxar (pavio, mecha etc.), para avivar a chama **2** *fig.* estimular, avivar (pessoas, sentimentos etc.) ❑ *pron.* **3** tornar-se petulante; atrever-se **4** ficar agressivo; exaltar-se ❑ *t.d. e pron. B infrm.* **5** (fazer) ficar irrequieto, animado; assanhar(-se) ⮌ acalmar(-se)

es.pe.zi.nhar *v.* {mod. 1} *t.d.* **1** pisar repetidamente; pisotear ⟨*e. as plantas*⟩ **2** *fig.* tratar com desdém e/ou com crueldade; rebaixar, oprimir ~ **espezinhamento** *s.m.*

[1]**es.pi.a** *s.2g.* **1** espião **2** vigia [ORIGEM: do it. *spia* 'id.']

[2]**es.pi.a** *s.f.* cabo us. para amarrar uma embarcação [ORIGEM: regr. de [2]*espiar*]

es.pi.a.da *s.f.* espiadela

es.pi.a.de.la *s.f.* olhada rápida; espiada

es.pi.ão [pl.: *-ões*; fem.: *espiã*] *s.m.* **1** pessoa que vigia secretamente algo ou alguém **2** pessoa encarregada de missão secreta; agente secreto ■ *adj.* **3** que faz espionagem

[1]**es.pi.ar** *v.* {mod. 1} *t.d.* **1** observar às escondidas; espreitar **2** observar em segredo para obter informações; espionar **3** *B* olhar, ver ☞ cf. *expiar* [ORIGEM: prov. do gót. *spaíhôn*]

[2]**es.pi.ar** *v.* {mod. 1} *t.d.* prender (ferro, navio) com espia ('cabo') ☞ cf. *expiar* [ORIGEM: prov. do ing. (*to*) *spin* 'tecer, fiar']

es.pi.ca.çar *v.* {mod. 1} *t.d.* **1** bicar várias vezes e em muitos lugares **2** *p.ext.* furar repetidamente ⟨*e. o pernil para temperá-lo*⟩ **3** *fig.* despertar, estimular ⟨*e. a memória*⟩ **4** impor mágoa, sofrimento a; afligir ~ **espicaçamento** *s.m.*

es.pi.char *v.* {mod. 1} *t.d.* **1** tornar mais longo; alongar ⮌ encurtar **2** estender, esticar (corda, fio etc.) ❑ *t.d. e int.* **3** (fazer) perder as ondulações; alisar ⮌ encrespar(-se) ❑ *int.* **4** ficar mais alto; crescer **5** *infrm.* morrer ❑ *pron.* **6** deitar relaxadamente; refestelar-se ⟨*e.-se no sofá*⟩

es.pi.ci.for.me *adj.2g.* BOT em forma de espiga

es.pi.ga *s.f.* **1** no milho, arroz, trigo etc., o final da haste, que contém os grãos **2** tipo de inflorescência em que as flores cobrem um eixo central **3** *fig. infrm.* aborrecimento, maçada ⮌ divertimento **4** *fig. infrm.* adversidade, contratempo ⮌ vantagem

es.pi.gão [pl.: *-ões*] *s.m.* **1** haste pontiaguda **2** parte mais elevada de uma serra ou de um muro **3** ângulo formado pelo encontro das águas do telhado **4** *infrm.* arranha-céu

es.pi.gar *v.* {mod. 1} *t.d. e int.* **1** (fazer) criar espigas (milho, trigo) **2** *infrm.* (fazer) crescer, ficar alto

es.pi.guei.ro *s.m.* local para guardar espigas de milho

es.pi.na.fra.ção [pl.: *-ões*] *s.f.* repreensão severa, descompostura

es.pi.na.frar *v.* {mod. 1} *t.d. B infrm.* **1** repreender de modo severo, duro **2** falar muito mal de; criticar, desmoralizar

es.pi.na.fre *s.m.* planta nativa da Ásia, de folhas comestíveis, rica em ferro

es.pi.nes.cen.te *adj.2g.* que toma forma ou apresenta espinho(s)

es.pin.gar.da *s.f.* arma de fogo de cano longo, com uma coronha que se apoia no ombro; rifle

es.pi.nha *s.f.* **1** ANAT coluna vertebral **2** osso fino dos peixes **3** acne **4** *fig. infrm.* dificuldade, embaraço ⮌ ajuda ⊡ **e. dorsal** *loc.subst.* ANAT coluna vertebral

es.pi.nha.ço *s.m.* **1** coluna vertebral **2** *p.ext. infrm.* costas, dorso **3** cordilheira

es.pi.nhal *adj.2g.* referente ou semelhante à espinha vertebral

es.pi.nhar *v.* {mod. 1} *t.d. e pron.* **1** ferir(-se) ou picar(-se) com espinho **2** *fig. infrm.* (fazer) ficar irritado; zangar(-se) ❑ *t.d. e int.* **3** causar leve dor ou incômodo na pele (de); pinicar

es.pi.nhei.ro *s.m.* arbusto espinhoso nativo da Amazônia cujos frutos, folhas e casca têm uso medicinal e como condimento

es.pi.nhen.to *adj.* **1** que tem espinhos ou espinhas ⟨*grama e.*⟩ ⟨*rosto e.*⟩ **2** que espeta ⟨*lã e.*⟩

es.pi.nho *s.m.* **1** estrutura vegetal dura e pontiaguda que resulta da modificação de um ramo, folha, raiz etc., a qual, se arrancada, destrói o tecido subjacente ☞ cf. *acúleo* **2** cerda que reveste o corpo de alguns animais, como o ouriço-do-mar ou o porco-espinho **3** *infrm.* situação difícil, embaraçosa

es.pi.nho.so \ô\ [pl.: *espinhosos* \ó\] *adj.* **1** coberto de espinhos **2** *fig.* difícil, árduo ⮌ fácil **3** embaraçoso, constrangedor

es.pi.ni.for.me *adj.2g.* que tem forma de espinho

es.pi.no.te.ar *v.* {mod. 5} *int.* **1** dar pinotes **2** agitar pernas e braços; debater-se **3** externar revolta ou raiva; esbravejar

es.pi.o.na.gem *s.f.* **1** ato de espionar ou seu efeito **2** atividade de espião

es.pi.o.nar *v.* {mod. 1} *t.d.* **1** vigiar secretamente, como espião, para colher informações sobre **2** *p.ext.* observar às escondidas; vigiar

es.pi.ra *s.f.* cada volta da espiral ou da rosca do parafuso

es.pi.ral *s.f.* **1** linha curva que circula um ponto, afastando-se (ou aproximando-se) gradualmente dele **2** qualquer forma que lembre uma espiral **3** cada volta da espiral; espira **4** *fig.* processo ascendente difícil ou impossível de deter ⟨*e. inflacionária*⟩ ■ *adj.2g.* **5** da espiral ou que tem a forma da espiral

es.pi.ra.lar *v.* {mod. 1} *t.d.,int. e pron.* (fazer) tomar forma de espiral

es.pi.ri.lo *s.m.* bactéria alongada e espiralada

es.pí.ri.ta *adj.2g.* **1** referente ao espiritismo ■ *adj.2g.s.2g.* **2** que(m) é adepto ou pratica espiritismo; espiritista

es.pi.ri.tei.ra *s.f. B* espécie de lamparina a álcool

es.pi.ri.tis.mo *s.m.* doutrina religiosa baseada na imortalidade da alma, na reencarnação e na comunicação mediúnica

es.pi.ri.tis.ta *adj.2g.s.2g.* espírita

es.pí.ri.to *s.m.* **1** REL parte imaterial do ser humano; alma ↄ matéria, carne **2** ser imaterial, fantasma **3** mente, pensamento **4** traço, característica, índole ⟨*o e. da época*⟩ ⟨*e. empreendedor*⟩ **5** sentido, significado ⟨*não entender o e. da coisa*⟩ **6** bebida alcoólica

es.pí.ri.to-san.ten.se [pl.: *espírito-santenses*] *adj.2g.* **1** do Espírito Santo ■ *s.2g.* **2** natural ou habitante desse estado

es.pi.ri.tu.al *adj.2g.* **1** próprio do espírito **2** semelhante ao espírito; imaterial ↄ material **3** sobrenatural, místico ↄ terreno

es.pi.ri.tu.a.li.da.de *s.f.* **1** qualidade do que é espiritual **2** característica ou qualidade do que tem ou revela intensa atividade religiosa ou mística; religiosidade, misticismo ↄ materialismo

es.pi.ri.tu.a.lis.mo *s.m.* doutrina que considera o espírito como manifestação real, superior e anterior à matéria

es.pi.ri.tu.a.lis.ta *adj.2g.* **1** relativo a espiritualismo ■ *adj.2g.s.2g.* **2** crente em espiritualismo

es.pi.ri.tu.a.li.zar *v.* {mod. 1} *t.d.* e *pron.* **1** converter(-se) em espírito ↄ materializar(-se) **2** despir(-se) do que é material, assumindo feição espiritual, elevada ⟨*e. os sentimentos*⟩ ⟨*seu amor espiritualizou-se*⟩ ❑ *t.d.* **3** atribuir espírito, alma a ~ **espiritualização** *s.f.*

es.pi.ri.tu.o.so \ô\ [pl.: *espirituosos* \ó\] *adj.* **1** inteligentemente engraçado **2** inteligente, culto

es.pi.ró.gra.fo *s.m.* MED aparelho que registra os movimentos respiratórios ~ **espirográfico** *adj.*

es.pi.ro.me.tri.a *s.f.* medição da capacidade respiratória do indivíduo

es.pi.rô.me.tro *s.m.* aparelho que faz a espirometria

es.pi.ro.que.ta \ê\ *s.f.* ou **es.pi.ro.que.to** \ê\ *s.m.* tipo de bactéria de corpo flexível e espiralado ~ **espiroquético** *adj.*

es.pir.ra.dei.ra *s.f.* arbusto venenoso cultivado como ornamental

es.pir.rar *v.* {mod. 1} *t.d.* e *int.* **1** (fazer) esguichar com força ❑ *int.* **2** dar espirro ('expulsão')

es.pir.ro *s.m.* **1** expulsão brusca e sonora do ar pela boca e pelo nariz, provocada por irritação da mucosa nasal **2** esguicho, borrifo (de líquido)

es.pla.na.da *s.f.* **1** terreno plano e extenso em frente a um edifício **2** qualquer local alto e plano; planalto, chapada

es.plên.di.do *adj.* **1** luminoso ↄ obscuro **2** grandioso ↄ humilde **3** muito bom, excelente ↄ banal

es.plen.dor \ô\ *s.m.* **1** brilho intenso ↄ escuridão **2** qualidade do que é grandioso; pompa, opulência ↄ simplicidade

es.plen.do.ro.so \ô\ [pl.: *esplendorosos* \ó\] *adj.* **1** cheio de esplendor; resplandecente ↄ obscuro, sombrio **2** grandioso, luxuoso, magnífico, suntuoso ↄ humilde, pobre, simples

es.po.car *v.* {mod. 1} *int.* dar estouros; estalar, pipocar

es.po.co \ô\ *s.m.* estouro

es.po.jar *v.* {mod. 1} *pron.* **1** deitar-se e rolar no chão, remexendo-se; revolver-se ⟨*e.-se na lama*⟩ ❑ *t.d.* e *pron.* **2** (fazer) cair no chão ❑ *t.d.* **3** reduzir a pó; pulverizar

es.po.le.ta \ê\ *s.f.* **1** artefato que serve para inflamar a carga de pólvora em armas de fogo **2** *fig. B infrm.* pessoa irrequieta

es.po.li.a.ção [pl.: *-ões*] *s.f.* DIR privação de bens ou direitos legítimos por fraude ou violência; esbulho

es.po.li.ar *v.* {mod. 1} *t.d.* e *t.d.i.* (prep. *de*) privar (alguém) [de bens ou direitos] por meios ilícitos, ilegítimos ou violentos ~ **espoliador** *adj.s.m.*

es.pó.lio *s.m.* **1** produto de um roubo, de uma pilhagem **2** DIR conjunto dos bens deixados por alguém ao morrer

es.pon.ja *s.f.* **1** tipo de animal marinho de corpo poroso **2** esqueleto poroso e absorvente desses animais, ou sua imitação, us. em limpeza e banho **3** *infrm.* beberrão ~ **esponjosidade** *s.f.*

es.pon.jo.so \ô\ [pl.: *esponjosos* \ó\] *adj.* **1** que tem aparência de esponja **2** que tem consistência de esponja **3** que absorve ou incha como esponja

es.pon.sais *s.m.pl.* noivado

es.pon.sal *adj.2g.* relativo a esposos

es.pon.ta.nei.da.de *s.f.* qualidade do que é espontâneo; naturalidade, desembaraço

es.pon.tâ.neo *adj.* **1** que se faz por si mesmo ⟨*reação e.*⟩ ↄ induzido **2** sem elementos ensaiados ou estudados ⟨*palavras e.*⟩ ↄ refletido ~ **espontaneamente** *adv.*

es.pon.tar *v.* {mod. 1} *t.d.* **1** aparar as pontas ou extremidades de ⟨*e. a barba, e. galhos*⟩ ❑ *int.* **2** começar a aparecer; despontar

es.po.ra *s.f.* **1** peça de metal com ponta(s) que se prende ao calcanhar do calçado, us. para incitar o cavalo **2** *fig.* incitamento, estímulo ↄ desestímulo

es.po.ra.da *s.f.* **1** toque de espora **2** *fig.* estimulação, incitamento

es.po.ra.di.ca.men.te *adv.* de modo esporádico; a intervalos irregulares; ocasionalmente ↄ frequentemente

es.po.rá.di.co *adj.* **1** que ocorre poucas vezes; espaçado, raro ↄ numeroso **2** acidental, casual ↄ proposital

es.po.rão [pl.: *-ões*] *s.m.* **1** saliência dura no pé dos galos **2** reforço externo de paredes, muros etc.

es.po.re.ar *v.* {mod. 5} *t.d.* **1** espetar com espora ❑ *t.d.* e *t.d.i.* *fig.* **2** (prep. *a*) estimular, instigar

es.po.ro *s.m.* BIO célula reprodutora produzida por plantas e alguns microrganismos capaz de germinar sozinha ou após fusão com outro esporo ~ **esporulação** *s.f.*

es.por.te *s.m.* **1** atividade física regular, que envolve treinamento metódico e respeito a certas regras; desporte, desporto ⟨*a ginástica é um bom e.*⟩ **2** cada um dos jogos que têm regras específicas (futebol, natação, tênis etc.) ou o conjunto deles; desporte, desporto ⟨*o e. educa*⟩ **3** *fig.* atividade lúdica; passatempo ⟨*aposentado, trabalha por e.*⟩ **4** essa atividade; desporte, desporto ■ *adj.2g.2n.* **5** não convencional (diz-se de roupa); informal

es.por.tis.ta *adj.2g.s.2g.* que(m) pratica ou aprecia esporte; desportista

es.por.ti.va *s.f. infrm.* respeito às regras do esporte, sabendo ganhar e perder com elegância ⊡ **levar na e.** *loc.vs.* ter espírito esportivo ⟨*levou na e. as gozações dos colegas*⟩

es.por.ti.vo *adj.* **1** relativo a esporte; desportivo ⟨*atividades e.*⟩ **2** *p.ext.* bem-disposto, bem-humorado ⟨*todos gostam de seu temperamento e.*⟩ **3** *p.ext.* informal ⟨*moda e.*⟩ ~ **esportividade** *s.f.*

es.po.sa \ô\ *s.f.* mulher em relação ao homem com quem se casou

es.po.sar *v.* {mod. 1} *t.d.,t.d.i. e pron.* **1** (prep. *com*) unir(-se) por matrimônio; casar(-se) ❑ *t.d.* **2** assumir ou defender (causa, doutrina, ideias etc.)

es.po.so \ô\ *s.m.* marido

es.prai.ar *v.* {mod. 1} *t.d.,int. e pron.* **1** derramar(-se) pela praia, pelas margens ❑ *t.d. e pron.* **2** lançar(-se) para todos os lados; espalhar(-se) **3** prolongar-se em (assunto, tema, questão etc.) ❑ *t.d. fig.* **4** deixar de lado (preocupação, problema etc.)

es.pre.gui.ça.dei.ra *s.f.* cadeira reclinável com apoio para os pés

es.pre.gui.çar *v.* {mod. 1} *t.d.,int. e pron.* esticar (os membros) preguiçosamente; alongar(-se) ~ **espreguiçamento** *s.m.*

es.prei.ta *s.f.* vigilância, tocaia ⊡ **à e.** *loc.adv.* **1** de vigia **2** à espera

es.prei.tar *v.* {mod. 1} *t.d. e int.* **1** observar em segredo e com atenção; vigiar **2** esperar às escondidas para atacar; tocaiar ❑ *t.d.* **3** olhar com atenção **4** ficar alerta, esperando (ocasião, chance etc.)

es.pre.me.dor \ô\ *adj.s.m.* (utensílio) que serve para espremer (algo) ⟨*e. de alho*⟩

es.pre.mer *v.* {mod. 8} *t.d.* **1** apertar para extrair suco, líquido etc. de **2** *fig.* interrogar à exaustão, ameaçando ou coagindo **3** *fig.* reduzir o tamanho de (figura, texto) para caber num dado espaço ❑ *t.d. e pron.* **4** exercer pressão sobre ou sofrer pressão; apertar(-se), comprimir(-se)

es.pu.ma *s.f.* **1** conjunto de bolhas formado na superfície de um líquido, quando agitado, fermentado ou fervido; escuma ⟨*e. de sabão*⟩ ⟨*e. do mar*⟩ **2** baba espumosa ~ **espumoso** *adj.*

es.pu.ma.dei.ra *s.f.* → ESCUMADEIRA

es.pu.man.te *adj.2g.* **1** que forma espuma ⟨*sabonete e.*⟩ ⟨*cratera e.*⟩ **2** *p.ext.* furioso, raivoso

es.pu.mar *v.* {mod. 1} *int.* **1** produzir espuma **2** cobrir de espuma ⟨*e. o cabelo com xampu*⟩ **3** *fig.* mostrar-se furioso; exaltar-se ⮌ acalmar-se

es.pú.rio *adj.* **1** não genuíno, falsificado ⟨*uísque e.*⟩ **2** ilegítimo ⟨*filho e.*⟩ **3** ilegal, desonesto ⟨*comércio e.*⟩ ~ **espuriedade** *s.f.*

es.qua.dra *s.f.* **1** conjunto de navios de guerra **2** seção de uma companhia de infantaria

es.qua.drão [pl.: *-ões*] *s.m.* **1** grupo de navios de guerra menor que uma esquadra **2** seção de um regimento de cavalaria

es.qua.dre.jar *v.* {mod. 1} *t.d.* cortar algo em ângulo reto ~ **esquadrejamento** *s.m.*

es.qua.dri.a *s.f.* **1** ângulo reto **2** instrumento para medir ângulos **3** acabamento de metal, alumínio etc. em portas e janelas

es.qua.dri.lha *s.f.* **1** esquadra de pequenas embarcações de guerra **2** grupo de até quatro aeronaves

es.qua.dri.nhar *v.* {mod. 1} *t.d.* procurar ou examinar com atenção, em detalhes; escarafunchar ~ **esquadrinhamento** *s.m.*

es.qua.dro *s.m.* instrumento em forma de triângulo retângulo us. para medir ângulos e traçar linhas perpendiculares

es.quá.li.do *adj.* **1** magro, desnutrido, lívido ⟨*o doente chegou e.*⟩ ⮌ gordo **2** imundo, desarrumado ⟨*cabeleira e.*⟩ ⮌ asseado ~ **esqualidez** *s.f.*

es.quar.te.jar *v.* {mod. 1} *t.d.* **1** partir em quartos **2** cortar em pedaços ou postas; retalhar ~ **esquartejamento** *s.m.*

es.que.cer *v.* {mod. 8} *t.d. e pron.* **1** (prep. *de*) perder a lembrança de, não pensar em; olvidar ⮌ lembrar(-se) **2** (prep. *de*) deixar escapar da memória, não se lembrar de ⮌ lembrar(-se) ❑ *t.d.* **3** não levar consigo por distração, pressa etc. ⟨*e. o guarda-chuva no cinema*⟩ **4** deixar de lado; abandonar ⟨*e. cigarro, dietas*⟩ **5** desdenhar, desprezar ⟨*e. os amigos*⟩

es.que.ci.do *adj.* **1** que se esqueceu ⟨*livros e. na estante*⟩ **2** que tem memória ruim, que se esquece frequentemente

es.que.ci.men.to *s.m.* **1** ato de esquecer ou o seu efeito; olvido **2** falta ou perda de memória ⮌ lembrança **3** omissão de alguém ou de algo ⟨*e. de nomes de convidados numa festa*⟩

es.quei.te *s.m.* *B* pequena prancha com rodinhas nas extremidades, sobre a qual alguém se equilibra e se desloca ~ **esqueitista** *adj.2g.s.2g.*

es.que.lé.ti.co *adj.* **1** relativo a esqueleto **2** *fig.* tão magro que o contorno dos ossos é visível ⮌ gordo

es.que.le.to \ê\ *s.m.* **1** conjunto de ossos que sustenta o corpo dos animais vertebrados **2** arcabouço, estrutura de um edifício **3** *p.ext.* conjunto dos traços gerais de uma obra; esboço ⟨*o e. de um projeto*⟩ **4** *pej.* pessoa muito magra

es.que.ma *s.m.* **1** representação gráfica simplificada e funcional de objeto, processo etc. ⟨*e. de um motor*⟩ **2** exposição das ideias gerais de obra literária, projeto etc. **3** sistema de gestão ou funcionamento ⟨*e. de uma empresa*⟩ **4** *B infrm.* plano ⟨*e. para conciliar dois trabalhos*⟩

es.que.má.ti.co *adj.* **1** relativo ou pertencente a esquema **2** muito simplificado, sem detalhes; sintético, resumido ⊃ ampliado, desenvolvido **3** realizado conforme um esquema ⟨*procedimento e.*⟩

es.que.ma.ti.zar *v.* {mod. 1} *t.d.* **1** representar por um esquema **2** fazer esboço de; delinear ⟨*e. um mural*⟩ **3** definir o plano geral de; planejar ⟨*e. uma campanha*⟩ ~ **esquematização** *s.f.*

es.quen.tar *v.* {mod. 1} *t.d.,int. e pron.* **1** tornar(-se) quente ou mais quente; aquecer(-se) ⊃ esfriar(-se) ❑ *t.d. e pron.* **2** pôr muita roupa (em); enroupar(-se) **3** *fig.* (fazer) ficar nervoso; irritar(-se) ❑ *t.d. e int. fig.* **4** tornar(-se) mais grave, agressivo; acirrar **5** (fazer) ficar mais movimentado, alegre; animar ⊃ esfriar ❑ *int. fig. B infrm.* **6** ficar preocupado, angustiado; afligir-se ⊃ tranquilizar-se

es.quer.da \ê\ *s.f.* **1** a mão esquerda ⊃ destra **2** *p.ext.* o lado esquerdo ⟨*os carros vêm da e.*⟩ ⊃ direita **3** conjunto dos partidos políticos que se opõem aos conservadores ⊃ direita **4** conjunto de indivíduos ou instituições que apoia tais partidos ⊃ direita **5** no futebol, a perna esquerda ⊃ direita ▼ *esquerdas s.f.pl.* **6** as diversas correntes políticas trabalhistas, socialistas e comunistas

es.quer.dis.mo *s.m.* posicionamento, partido ou militância política de esquerda ~ **esquerdista** *adj.2g.s.2g.*

es.quer.do \ê\ *adj.* **1** do lado do corpo em que fica o coração; sinistro ⊃ direito **2** situado à esquerda de quem vê ⟨*janela e.*⟩ ⊃ direito **3** hábil com a mão esquerda; canhoto ⊃ destro **4** *fig.* desajeitado, canhestro ⊃ habilidoso **5** *fig.* de má vontade; atravessado ⟨*olhar e. para o adversário*⟩

es.que.te *s.m.* no teatro de revista e em programas de rádio e televisão, cena rápida, ger. humorística

es.qui *s.m.* **1** prancha estreita us. nos pés para deslizar sobre a neve ou a água **2** o esporte praticado com essa prancha ~ **esquiação** *s.f.* - **esquiador** *adj.s.m.* - **esquiar** *v.int.*

es.qui.fe *s.m.* caixão de defunto; féretro

es.qui.lo *s.m.* nome comum a roedores, de cauda longa e peluda, que vivem nas árvores e se alimentam de sementes e castanhas ☞ cf. *caxinguelê*

es.qui.mó *s.2g.* **1** natural ou habitante das regiões árticas da Groenlândia, do Canadá e do Alasca ■ *s.m.* **2** cada uma das duas línguas faladas pelos esquimós, povo que habita essa região ■ *adj.2g.* **3** relativo à língua, aos indivíduos ou à cultura desse povo

es.qui.na *s.f.* **1** ângulo formado pelo encontro de duas vias (ruas, avenidas etc.) **2** lugar perto desse ângulo ⟨*houve um acidente na e.*⟩ **3** *p.ext.* qualquer lugar, canto ⟨*o assunto era comentado nas e.*⟩ **4** ângulo saliente ⟨*a e. do muro*⟩

es.qui.si.ti.ce *s.f.* extravagância, excentricidade ⊃ discrição

es.qui.si.to *adj.* **1** raro, precioso ⟨*aroma e.*⟩ ⊃ comum **2** *p.ext.* estranho, exótico ⟨*costume e.*⟩ ⊃ comum **3** diferente, anormal ⟨*pessoa e.*⟩ ⊃ normal **4** que tem um aspecto feio ou desagradável ⟨*bicho e.*⟩ **5** difícil de explicar; inexplicável ⟨*desaparecimento e. de joias*⟩ ⊃ compreensível

es.quis.tos.so.mo *s.m.* verme causador da esquistossomose

es.quis.tos.so.mo.se *s.f.* doença parasitária tropical caracterizada pelo aumento anormal do fígado e do baço

es.qui.va *s.f.* **1** abaixamento ou desvio do corpo para evitar um golpe **2** *fig.* ação de evitar algo ou alguém indesejável

es.qui.var *v.* {mod. 1} *t.d. e pron.* **1** (prep. *a*) ficar distante, livre de (pessoa ou coisa desagradável); evitar ❑ *pron.* **2** afastar-se disfarçadamente; escapar **3** (prep. *de*) recusar-se, negar-se a

es.qui.vo *adj.* **1** que evita o contato com o outro; arredio ⊃ sociável **2** que se intimida com estranhos; arisco ⊃ extrovertido **3** cujo convívio é difícil, rude; intratável ⊃ simpático

es.qui.zo.fre.ni.a *s.f.* conjunto de psicoses cujos sintomas mostram uma dissociação da ação e do pensamento, com delírios, alucinações etc. ~ **esquizofrênico** *adj.s.m.*

es.sa *s.f.* **1** estrado de ataúde; catafalco **2** túmulo honorário; cenotáfio

es.se \é\ *s.m.* nome da letra *s*

es.se \ê\ [fem.: *essa* \é\] *pron.dem.* designa pessoa ou coisa próxima daquele com quem se fala e, no tempo, a que foi mencionada anteriormente, num passado não muito distante

es.sên.cia *s.f.* **1** conjunto de características que dão uma identidade a um ser ou coisa **2** a ideia central ⟨*a e. de uma teoria*⟩ **3** óleo aromático extraído de certos vegetais

es.sen.ci.al *adj.2g.* **1** que é próprio, inseparável, de algo ou alguém ⟨*a generosidade é sua qualidade e.*⟩ **2** básico, fundamental ⟨*questões e. do problema*⟩ ⊃ acessório **3** necessário, indispensável ⟨*condições e.*⟩ ⊃ dispensável **4** da natureza da essência ⟨*óleos e.*⟩ ■ *s.m.* **5** a coisa principal ⟨*o e. é o trabalho*⟩ ~ **essencialidade** *s.f.*

es.ta.ba.na.do *adj.* **1** extravagante no modo de ser e de se expressar ⊃ moderado **2** *p.ext.* descuidado, desajeitado ⊃ cuidadoso

es.ta.be.le.cer *v.* {mod. 8} *t.d.* **1** pôr em vigor; instituir, instaurar ⟨*e. leis, disciplina*⟩ **2** indicar com precisão; determinar **3** marcar, fixar ⟨*e. um prazo*⟩ ❑ *t.d. e pron.* **4** tornar(-se) efetivo, regular; estabilizar(-se) **5** abrir ou instalar(-se) [sede, loja, indústria etc.] ❑ *pron.* **6** fixar residência; morar ⟨*e.-se no campo*⟩ **7** adquirir segurança, estabilidade; firmar-se ⟨*e.-se no novo emprego*⟩

es.ta.be.le.ci.men.to *s.m.* **1** ato de instituir algo; abertura, fundação ⟨*o e. de sindicatos*⟩ ⊃ encerramento **2** ação de pôr em vigor; instauração ⟨*e. de um novo* *método educacional*⟩ **3** instituição pública ou particular **4** casa comercial

es.ta.bi.li.da.de *s.f.* **1** firmeza, imobilidade ⟨*escada sem e.*⟩ ⮌ infixidez **2** estado de equilíbrio ⟨*e. emocional*⟩ ⮌ instabilidade **3** garantia de permanência no emprego de servidor público habilitado em concurso ⮌ instabilidade

es.ta.bi.li.za.dor \ô\ *s.m.* **1** dispositivo capaz de equilibrar a tensão de uma corrente elétrica ■ *adj.* **2** que estabiliza, equilibra ⟨*barra e.*⟩

es.ta.bi.li.zar *v.* {mod. 1} *t.d.,int. e pron.* (fazer) ter estabilidade, equilíbrio; firmar(-se) ⮌ desestabilizar(-se) ~ **estabilização** *s.f.*

es.tá.bu.lo *s.m.* abrigo para o gado ~ **estabular** *adj.2g.*

es.ta.ca *s.f.* peça alongada de madeira, aço etc., que se crava no solo para diversos usos (p.ex., a sustentação de uma planta, a fundação de uma construção etc.) ⊙ COL estacada, estacaria

es.ta.ção [pl.: *-ões*] *s.f.* **1** parada de trens, ônibus etc. **2** centro transmissor de rádio ou TV **3** cada uma das quatro divisões climáticas do ano **4** período, época **5** conjunto de instalações em local favorável à terapia, ao descanso etc. ⟨*esquiar numa e. de inverno*⟩ **6** REL parada diante de um altar, de uma imagem etc., para se fazer uma oração ⊡ **e. de águas** *loc.subst.* **1** cidade com fontes de água mineral de uso medicinal; estância hidromineral **2** temporada que ali se passa • **e. elevatória** *loc.subst.* estação de água ou esgoto em que o líquido é bombeado para um reservatório localizado acima do terreno circundante • **e. espacial** *loc.subst.* laboratório espacial mantido em órbita por longo período ~ **estacional** *adj.2g.*

es.ta.car *v.* {mod. 1} *t.d. e int.* **1** (fazer) parar de repente ❑ *int.* **2** ficar imóvel, por perplexidade; paralisar(-se) ❑ *t.d.* **3** sustentar com estacas; escorar

es.ta.cio.na.men.to *s.m.* **1** ato de estacionar ⟨*bateu o carro numa árvore na hora do e.*⟩ **2** local para estacionar veículos; parqueamento

es.ta.cio.nar *v.* {mod. 1} *t.d. e int.* **1** parar (veículo) por certo tempo, em local adequado ou não ❑ *int.* **2** deixar de crescer, aumentar, evoluir; estagnar ⮌ desenvolver-se

es.ta.cio.ná.rio *adj.* **1** imóvel, parado ⮌ móvel **2** que não evolui ⟨*país e.*⟩ **3** que não se agrava nem melhora ⟨*doença e.*⟩ ■ *s.m.* **4** o responsável por uma estação meteorológica

es.ta.da *s.f.* permanência em algum lugar

es.ta.dão [pl.: *-ões*] *s.m.* pompa, luxo ⮌ simplicidade

es.ta.de.ar *v.* {mod. 5} *t.d.* **1** exibir com orgulho; ostentar **2** tornar público com alarde; anunciar **3** manifestar, demonstrar ⮌ esconder ❑ *pron.* **4** gabar-se, vangloriar-se ⟨*e.-se por seus feitos*⟩ ❑ *int. e pron.* **5** mostrar-se de forma grandiosa

es.ta.di.a *s.f.* **1** permanência por tempo limitado **2** prazo dado para carga e descarga de um navio em um porto

es.tá.dio *s.m.* campo para jogos e provas esportivas, com instalações destinadas ao público

es.ta.dis.ta *s.2g.* governante e político de atuação notável

es.ta.do *s.m.* **1** conjunto de condições em que os seres e/ou as coisas se encontram **2** país soberano ☞ inicial maiúsc. **3** o conjunto das instituições públicas de um país ☞ inicial maiúsc. **4** divisão territorial e administrativa de certos países ⟨*e. do Acre, do Piauí*⟩ ⊡ **e. civil** *loc.subst.* condição familiar de um indivíduo (solteiro, casado, viúvo, separado, divorciado e desquitado) • **e. de sítio** *loc.subst.* medida que dá ao governo poderes excepcionais, suspendendo as garantias constitucionais ~ **estadualização** *s.f.*

es.ta.do-mai.or [pl.: *estados-maiores*] *s.m.* **1** grupo dos oficiais militares que assessoram um comandante **2** *fig.* conjunto dos indivíduos importantes de um grupo, profissão etc. ⟨*o e. da economia brasileira*⟩

es.ta.du.al *adj.2g.* relativo ou pertencente a qualquer estado de uma federação ⟨*escola e.*⟩ ⟨*campeonato e. de futebol*⟩

es.ta.du.ni.den.se *adj.2g.* **1** dos Estados Unidos da América (América do Norte); norte-americano ■ *s.2g.* **2** natural ou habitante desse país; norte-americano

es.ta.fa *s.f.* extremo cansaço; esgotamento ~ **estafante** *adj.2g.* - **estafar** *v.t.d.,int. e pron.*

es.ta.fer.mo \ê\ *s.m. infrm.* **1** pessoa apalermada **2** pessoa ou coisa que atrapalha o movimento; estorvo **3** pessoa feia, malfeita

es.ta.fe.ta \ê\ *s.2g.* **1** entregador de telegramas **2** mensageiro **3** funcionário que distribui a correspondência; carteiro

es.ta.fi.lo.co.co \ó\ *s.m.* bactéria que causa várias infecções, como septicemia, erupção de vários furúnculos etc. ~ **estafilocócico** *adj.*

es.tag.fla.ção [pl.: *-ões*] *s.f.* ECON fenômeno caracterizado pelo aumento da taxa de desemprego junto com o aumento contínuo de preços ~ **estagflacionário** *adj.*

es.ta.gi.ar *v.* {mod. 1} *int.* fazer estágio ('período')

es.ta.gi.á.rio *adj.* **1** relativo a estágio ⟨*período e.*⟩ ■ *adj.s.m.* **2** (aquele) que faz estágio

es.tá.gio *s.m.* **1** fase, etapa ⟨*o e. de um projeto*⟩ **2** período de prática que precede a contratação ou a diplomação em certas profissões

es.tag.na.ção [pl.: *-ões*] *s.f.* **1** estado do que se encontra estagnado, sem fluir ⟨*a e. da lagoa*⟩ ⮌ fluição **2** falta de progresso, de movimento, de atividade; paralisação ⟨*a e. de uma empresa*⟩ ⮌ avanço, progresso

es.tag.nar *v.* {mod. 1} *t.d. e int.* **1** (fazer) parar de fluir; estancar(-se) **2** *fig.* (fazer) deixar de progredir; paralisar(-se) ⮌ avançar, evoluir

es.ta.lac.ti.te *s.f.* formação calcária que pende do teto das cavernas ou subterrâneos ~ **estalactítico** *adj.*

es.ta.la.gem *s.f.* pousada para viajantes; albergue, hospedaria ~ **estalajadeiro** *s.m.*

es.ta.lag.mi.te *s.f.* formação calcária que se eleva do solo de uma cavidade ou caverna ~ **estalagmítico** *adj.*

es.ta.lão [pl.: *-ões*] *s.m.* padrão (de medida, de valor etc.)

es.ta.lar *v.* {mod. 1} *t.d. e int.* **1** produzir estalido ou ruído (em) ❑ *t.d.* **2** fazer em pedaços; quebrar ⟨*e. nozes*⟩ **3** *B* fritar (ovo) com a clara e a gema juntas e inteiriças; estrelar ❑ *int.* **4** ficar com fendas; rachar **5** latejar, pulsar ⟨*sua cabeça estalava de dor*⟩ ~ **estalada** *s.f.* - **estalador** *adj.s.m.* - **estalante** *adj.2g.*

es.ta.lei.ro *s.m.* local para construção e/ou reparo de navios

es.ta.li.do *s.m.* **1** som breve, seco, de menor intensidade do que a de um estalo ⟨*e. do fogo*⟩ **2** ruído forte e súbito; estrondo ⟨*o e. de uma trovoada*⟩

es.ta.lo *s.m.* **1** som seco produzido por um corpo que vibra, racha ou se parte **2** crepitação de madeira ou carvão queimando **3** ruído forte e repentino; estrondo **4** *fig. B infrm.* súbita compreensão ou solução de um problema ⟨*ter um e.*⟩ ⊡ **de e.** *loc.adv. fig.* de repente ⟨*pôs-se a chorar de e.*⟩

es.ta.me *s.m.* órgão masculino das flores, no qual se encontram os grãos de pólen ☞ cf. *pistilo*

es.tam.pa *s.f.* **1** figura impressa em papel, tecido, couro etc. **2** ilustração, gravura ⟨*livro de estampas*⟩ **3** *fig.* aparência física ⊙ GRAM/USO dim.irreg. *estampilha*

es.tam.pa.gem *s.f.* **1** impressão de estampas sobre papel, tecido, couro etc. **2** modelagem de peças a frio ou de peças de matéria plástica por processos de prensagem e corte

es.tam.par *v.* {mod. 1} *t.d.* **1** imprimir, gravar ou reproduzir desenhos, imagens ou letras sobre (papel, tecido, metal etc.) **2** publicar com destaque; alardear ⟨*e. uma notícia no jornal*⟩ ❑ *t.d.i. e pron.* **3** (prep. *em*) mostrar(-se), retratar(-se) ⟨*e. a alegria no rosto*⟩ ⟨*a dor se estampou nela*⟩

es.tam.pa.ri.a *s.f.* **1** fábrica, oficina, depósito ou loja de estampas **2** padrão decorativo de um tecido; estampado

es.tam.pi.do *s.m.* **1** som forte, explosivo e seco de um trovão, tiro etc. **2** *fig.* agitação, instabilidade

es.tam.pi.lha *s.f.* **1** pequena figura impressa **2** selo fiscal ou de documento ⊙ GRAM/USO dim.irreg. de *estampa*

es.tan.car *v.* {mod. 1} *t.d.,int. e pron.* **1** (fazer) parar de correr (líquido) **2** esvaziar(-se) até a última gota; secar(-se) **3** *fig.* (fazer) ter fim; parar ❑ *int.* **4** parar de repente; estacar ~ **estancamento** *s.m.*

es.tân.cia *s.f.* **1** lugar onde se passa uma temporada, de férias, em tratamento etc.; estação **2** moradia, habitação **3** propriedade rural **4** depósito de madeiras

es.tan.ci.ei.ro *s.m.* **1** proprietário de fazenda **2** dono de estância de madeiras

es.tan.dar.di.zar *v.* {mod. 1} *t.d. e pron.* padronizar ~ **estandardização** *s.f.*

es.tan.dar.te *s.m.* **1** bandeira de nação, corporação etc. **2** *fig.* símbolo, lema **3** indivíduo que serve de guia

es.tan.de *s.m.* **1** em exposição ou feira, compartimento de cada expositor **2** recinto fechado para o tiro ao alvo

es.ta.nho *s.m.* **1** elemento químico us. em ligas de bronze e cobre, de chumbo e solda comum, de lata e ferro etc. [símb.: *Sn*] **2** liga formada com esse elemento **3** objeto feito com essa liga ☞ cf. *tabela periódica* (no fim do dicionário) ~ **estânico** *adj.*

es.tan.que *adj.2g.* **1** que não deixa entrar água; vedado ⟨*caixa e.*⟩ ⮌ permeável **2** que não corre; estagnado ⟨*açude e.*⟩ ⮌ corrente **3** enxuto, seco ⟨*poço e.*⟩ ■ *s.m.* **4** processo de secar a água de uma embarcação e tapar os furos

es.tan.te *s.f.* **1** móvel com prateleiras superpostas em que se colocam livros, papéis, etc. **2** suporte para partituras musicais

es.ta.pa.fúr.dio *adj.* **1** excêntrico, bizarro ⟨*cena, pessoa e.*⟩ **2** que não é lógico; incoerente ⮌ sensato

es.ta.pe.ar *v.* {mod. 5} *t.d.* dar tapas em; bater

es.ta.que.ar *v.* {mod. 5} *t.d.* **1** sustentar com estacas **2** bater com estaca em **3** *B* firmar estacas verticalmente para construir (cerca) **4** marcar (terreno) com estacas

es.tar *v.* {mod. 7} *pred.* **1** (prep. *com*) ter ou apresentar provisoriamente (certa condição física, emocional, material, profissional etc.) **2** (prep. *em*) encontrar-se (em certa posição momentânea) ⟨*e. sentado*⟩ ⟨*e. em terceiro lugar*⟩ ❑ *int.* **3** encontrar-se transitoriamente (em certo momento ou lugar) ⟨*estamos numa época difícil*⟩ ⟨*e. em casa*⟩ ☞ *numa época difícil* e *em casa* são circunstâncias que funcionam como complemento **4** marcar presença em; ir, visitar, comparecer ⟨*estive na festa*⟩ ☞ *na festa* é circunstância que funciona como complemento **5** ficar situado em; localizar-se ⟨*São Paulo está a 400 km do Rio*⟩ ☞ *a 400 km* e *do Rio* são circunstâncias que funcionam como complemento ❑ *t.i.* **6** (prep. *em*) fazer parte de; pertencer ⟨*isso não estava nos nossos planos*⟩ **7** (prep. *em*) consistir, residir ⟨*a diferença está na qualidade*⟩ **8** (prep. *para*) ter disposição ou inclinação para ☞ nesta acp., ger. us. em orações negativas **9** (prep. *de*) encontrar-se em processo de, prestes a ⟨*e. de saída*⟩ **10** (prep. *para*) ter características que possibilitem relação com (outra coisa ou pessoa) ⟨*25 está para 50 como 500 está para 1.000*⟩ **11** (prep. *com*) ter a companhia de ⟨*a criança está com a avó*⟩ **12** (prep. *com*) manter relação conjugal ou sexual com **13** (prep. *em, a*) ter ou atingir (certa quantidade, preço, medida etc.) ⟨*a população está em 30 mil habitantes*⟩ ⟨*as peras estão a R$ 3,00 o quilo*⟩ ⊙ GRAM/USO como v.auxiliar: **a)** us. com particípio, indica voz passiva: '*está feito*'; **b)** us. com infinitivo ou gerúndio, indica ação contínua: '*está a fazer*', '*está fazendo*'

es.tar.da.lha.ço *s.m. infrm.* **1** manifestação ruidosa; barulheira ⮌ silêncio **2** *fig.* ostentação feita de forma ruidosa ⮌ modéstia

es.tar.re.ce.dor \ô\ *adj.* **1** que causa espanto, assombro; surpreendente ↄ previsível **2** que causa horror; terrível, aterrador

es.tar.re.cer *v.* {mod. 8} *t.d.,int. e pron.* (fazer) ter grande susto ou sentir pavor; espantar(-se), aterrorizar(-se) ↄ acalmar(-se) ~ **estarrecimento** *s.m.*

es.ta.tal *adj.2g.* **1** relativo ou pertencente ao Estado ('país soberano') ■ *s.f.* **2** empresa estatal

es.ta.te.lar *v.* {mod. 1} *t.d. e pron.* **1** (fazer) cair estendido **2** (fazer) ficar perplexo, atônito; estarrecer(-se)

es.tá.ti.ca *s.f.* **1** FÍS em mecânica, estudo das propriedades de corpos em equilíbrio quando sob a ação de forças **2** em aparelhos de rádio, ruídos causados pela eletricidade atmosférica

es.tá.ti.co *adj.* **1** sem movimento; parado, imóvel ↄ móvel **2** sem desenvolvimento; paralisado ⟨*nação e.*⟩ ↄ próspero **3** FÍS que, sob as forças aplicadas, se encontra em equilíbrio (diz-se de propriedade ou processo) ↄ dinâmico ☞ cf. *extático*

es.ta.ti.na *s.f.* FARM cada um dos compostos us. em medicamentos para controlar os níveis de colesterol no sangue

¹es.ta.tis.mo *s.m.* imobilismo, inércia [ORIGEM: *estático* sob a f. rad. *estat-* + *-ismo*]

²es.ta.tis.mo *s.m.* sistema em que o Estado atua como empresário na produção industrial e de serviços de um país [ORIGEM: rad. *estato-*, do lat. *stātus,us* 'Estado' + *-ismo*]

es.ta.tís.ti.ca *s.f.* ramo da matemática que trata da coleta, análise, interpretação e apresentação de dados numéricos ~ **estatístico** *adj.s.m.*

es.ta.ti.zan.te *adj.2g.* que gera ou tende a gerar o controle estatal sobre a economia ⟨*governo e.*⟩

es.ta.ti.zar *v.* {mod. 1} *t.d.* **1** pôr sob o domínio do Estado **2** tornar pertencente ao Estado ~ **estatização** *s.f.*

es.tá.tua *s.f.* **1** escultura em três dimensões, representando pessoa, animal ou ser mítico **2** *fig.* pessoa com belas formas e porte **3** *fig. pej.* indivíduo sem vivacidade ⊙ GRAM/USO dim.irreg.: *estatueta* ⊙ COL estatuaria, galeria

es.ta.tu.a.ri.a *s.f.* **1** coleção de estátuas **2** conjunto de estátuas de um monumento, de um período histórico, de um estilo etc.

es.ta.tu.á.ria *s.f.* arte de criar estátuas

es.ta.tu.á.rio *adj.* **1** relativo a estátua ou a estatuária ■ *adj.s.m.* **2** (artista) que cria estátuas

es.ta.tu.e.ta \ê\ *s.f.* pequena estátua

es.ta.tu.ir *v.* {mod. 26} *t.d.* **1** determinar por estatuto, lei etc.; decretar **2** pôr em vigor; estabelecer

es.ta.tu.ra *s.f.* **1** altura de um indivíduo **2** *fig.* importância, valor

es.ta.tu.to *s.m.* conjunto de regras de organização e funcionamento de uma instituição, órgão, estabelecimento, empresa pública ou privada ~ **estatutário** *adj.*

es.tá.vel *adj.2g.* **1** firme, seguro ⟨*mesa e.*⟩ ↄ instável **2** que não varia; inalterável ⟨*humor, temperatura e.*⟩ ↄ variável **3** que dura muito; duradouro ⟨*paz e.*⟩ ↄ transitório **4** que tem garantia de permanecer no emprego ⟨*funcionário e.*⟩ **5** FÍS em que se restaurou o equilíbrio, após rápida perturbação (diz-se de sistema) ↄ instável

es.te *s.m.* **1** direção em que nasce o sol, à direita de quem olha para o norte; leste, oriente ↄ oeste **2** na rosa dos ventos, ponto cardeal que marca essa direção [símb.: *E*]; leste ■ *adj.2g.s.m.* **3** leste ('região') [abrev.: *E.*] ■ *adj.2g.* **4** que se situa ou segue na direção leste (acp. 1 e 2)

es.te \ê\ [fem.: *esta* \é\] *pron.dem.* designa pessoa ou coisa próxima daquele que fala, no espaço, no tempo ou no discurso ⟨*e. copo aqui é meu*⟩ ⟨*voltará e. semana*⟩ ⟨*vi e. aviso: proibido pescar*⟩

es.te.ar *v.* {mod. 5} *t.d.* **1** segurar com esteios; escorar ❑ *t.d. e pron. fig.* **2** amparar(-se), proteger(-se) ↄ desamparar(-se) ❑ *t.d.i. e pron. fig.* **3** (prep. *em*) basear(-se), fundamentar(-se)

es.te.a.ri.na *s.f.* QUÍM substância presente em gorduras animais e vegetais, us. na impermeabilização de papéis, na fabricação de velas, sabões etc.

es.tei.o *s.m.* **1** peça de madeira, metal, ferro etc. com a qual se firma ou escora algo **2** *fig.* arrimo, amparo ↄ desproteção

¹es.tei.ra *s.f.* **1** tecido de junco, palha etc., us. para forrar o chão **2** *p.ext.* tapete feito desse tecido **3** tapete rolante que transporta bagagem, mercadorias etc., esp. a bordo [ORIGEM: do esp. *estera* 'id.'] ⊙ COL esteirame

²es.tei.ra *s.f.* **1** rastro de espuma deixado na água por embarcação **2** *p.ext.* trilha, vestígio [ORIGEM: do lat. *aestuarĭa*, pl. de *aestuarĭum,ii* 'espaço que o mar deixa descoberto na vazante etc.']

es.tei.ro *s.m.* **1** braço de rio ou de mar que avança na terra; estuário **2** terreno pantanoso próximo a rios, lagos ou lagoas

es.te.lar *adj.2g.* relativo a estrelas

es.te.li.o.na.tá.rio *s.m.* indivíduo que pratica um estelionato

es.te.li.o.na.to *s.m.* fraude praticada por alguém visando obter vantagem ilegal em prejuízo alheio

es.tên.cil *s.m.* folha de papel com perfurações us. de matriz para a impressão por mimeógrafo

es.ten.der *v.* {mod. 8} *t.d. e pron.* **1** expandir(-se) no tempo ou no espaço; prolongar(-se) **2** tornar(-se) maior, mais amplo; engrandecer ↄ diminuir ❑ *t.d.* **3** abrir totalmente; desdobrar, desenrolar **4** alongar (corpo ou parte dele); espichar **5** pendurar (roupa) em corda, varal etc. para secar ❑ *t.d.i.* **6** (prep. *a*) apresentar, entregar (algo) a ❑ *t.d.i. e pron.* **7** (prep. *a*) [fazer] ter valia para; aplicar(-se) ❑ *pron.* **8** demorar muito em qualquer atividade **9** deitar-se, esticar-se

es.te.no.dac.ti.lo.gra.fi.a *s.f.* estenodatilografia

es.te.no.da.ti.lo.gra.fi.a *s.f.* sistema de escrita abreviada que combina a estenografia e a datilografia; estenodactilografia ~ **estenodatilógrafo/estenodactilógrafo** *s.m.*

es.te.no.gra.fi.a *s.f.* técnica de escrita abreviada que permite anotação das palavras com a mesma rapidez com que são ditas; taquigrafia ~ **estenografar** *v.t.d.* - **estenográfico** *adj.* - **estenógrafo** *s.m.*

es.ten.tor \ô\ *s.m.* **1** indivíduo de voz possante **2** *p.ext.* voz muito forte

[1]**es.te.pe** *s.f.* **1** vegetação rasteira, que ocorre em ambiente seco, caracterizada por tufos afastados, deixando o solo descoberto **2** planície árida e calcária com essa vegetação [ORIGEM: do ing. *step* 'id.']

[2]**es.te.pe** *s.m.* pneu sobressalente [ORIGEM: obscura]

[3]**es.te.pe** *s.m.* exercício aeróbico que consiste em subir e descer repetidamente uma pequena plataforma [ORIGEM: do ing. *step* 'passo; degrau']

es.ter.car *v.* {mod. 1} *t.d.* **1** adubar (a terra) com esterco ❑ *int.* **2** defecar (animal)

es.ter.çar *v.* {mod. 1} *t.d.* girar (volante) à esquerda e à direita

es.ter.co \ê\ *s.m.* **1** excremento de animal **2** matéria orgânica vegetal us. para adubar a terra; estrume ~ **esterqueiro** *adj.s.m.*

es.té.reo *s.m.* **1** aparelho de som que utiliza a técnica da estereofonia ■ *adj.* **2** estereofônico

es.te.re.o.fo.ni.a *s.f.* técnica de gravação e reprodução de sons que usa dois canais para dois ou mais alto-falantes

es.te.re.o.fô.ni.co *adj.* relativo à estereofonia; estéreo

es.te.re.o.ti.par *v.* {mod. 1} *t.d.* **1** GRÁF imprimir usando estereótipo **2** atribuir ideia ou imagem preconcebida e generalizante a ⟨*e. o consumidor*⟩ ❑ *t.d. e pron.* **3** mostrar(-se) sempre inalterável, fixo ⟨*e. um cumprimento*⟩ ⟨*o discurso político estereotipou-se*⟩ ⊃ modificar(-se) ~ **estereotipado** *adj.*

es.te.re.o.ti.pi.a *s.f.* **1** reprodução de uma forma \ô\ de composição tipográfica, obtida por meio de uma matriz na qual se molda o metal líquido **2** chapa ou clichê obtidos por esse processo

es.te.re.ó.ti.po *s.m.* **1** GRÁF chapa ou placa com caracteres fixos em relevo, us. em impressão **2** imagem preconcebida de alguém ou algo, baseada num modelo ou numa generalização

es.té.ril *adj.2g.* **1** que não dá frutos; árido ⟨*terreno e.*⟩ ⊃ fértil **2** livre de germes; asséptico ⊃ infectado **3** *fig.* sem criatividade ⟨*autor e.*⟩ ⊃ criativo **4** *fig.* improdutivo, inútil ⟨*discurso e.*⟩ ⊃ eficaz ■ *adj.2g.s.2g.* **5** que(m) não gera filhos ~ **esterilidade** *s.f.*

es.te.ri.li.za.dor \ô\ *adj.s.m.* (aparelho) us. na esterilização de objetos ou ambientes

es.te.ri.li.zar *v.* {mod. 1} *t.d. e pron.* **1** tornar(-se) improdutivo (solo, planta) **2** tornar(-se) incapaz de procriar (pessoa, animal) ❑ *t.d.* **3** livrar de germes; limpar ⊃ infectar ~ **esterilização** *s.f.* - **esterilizante** *adj.2g.s.2g.*

es.ter.no *s.m.* osso achatado que, no ser humano, se articula com as primeiras sete costelas e com a clavícula ☞ cf. *externo* ~ **esternal** *adj.2g.*

es.te.roi.de \ói\ *adj.2g.s.m.* BIOQ (composto orgânico) que exerce funções metabólicas e hormonais no organismo

es.te.rol *s.m.* BIOQ tipo de álcool que desempenha funções fisiológicas nos organismos vegetais e animais

es.ter.quei.ra *s.f.* **1** depósito de esterco **2** *p.ext.* coisa ou lugar sujo

es.ter.tor \ô\ *s.m.* respiração ruidosa, esp. dos moribundos ~ **estertorante** *adj.2g.* - **estertoroso** *adj.*

es.ter.to.rar *v.* {mod. 1} *int.* **1** emitir respiração ruidosa (moribundo); agonizar **2** respirar com dificuldade; ofegar

es.te.ta *s.2g.* **1** pessoa que cultua o belo **2** FIL especialista em estética

es.té.ti.ca *s.f.* **1** FIL estudo do belo e da beleza artística **2** harmonia das formas e/ou das cores; beleza ⟨*cuidar da e.*⟩ **3** atividade profissional que trata da beleza física de uma pessoa ⟨*clínica de e.*⟩

es.te.ti.cis.mo *s.m.* **1** FIL doutrina dos princípios da estética ('estudo') **2** devoção à beleza ou ao cultivo das artes

es.te.ti.cis.ta *adj.2g.* **1** relativo ao esteticismo ■ *adj.2g.s.2g.* **2** *B* especialista em tratamentos de beleza (limpeza de pele, maquiagem etc.)

es.té.ti.co *adj.* **1** relativo à estética, ao estudo e conceituação do belo **2** que indica bom gosto; atraente ⟨*combinação de cores e.*⟩ ⊃ desarmônico **3** que visa ao embelezamento de um indivíduo ⟨*cirurgia e.*⟩

es.te.tos.có.pio *s.m.* instrumento médico us. na escuta de ruídos internos do organismo ~ **estetoscopia** *s.f.* - **estetoscópico** *adj.*

es.té.via *s.f.* planta das Américas us. na produção de adoçantes

es.ti.a.gem *s.f.* **1** cessação ou falta de chuvas; seca ⊃ enchente **2** nível mais baixo das águas de um rio, canal etc.

es.ti.ar *v.* {mod. 1} *int.* **1** tornar-se seco (tempo) **2** parar de chover

es.ti.bor.do *s.m.* boreste ☞ cf. *bombordo*

es.ti.ca.da *s.f.* *B* **1** ato de esticar ou seu efeito **2** *infrm.* prolongamento de diversão, viagem etc. em outros locais

es.ti.car *v.* {mod. 1} *t.d.* **1** tornar rijo, puxando com força; estirar ⟨*e. um fio*⟩ **2** pôr reto; endireitar ⟨*e. o corpo*⟩ **3** tirar rugas ou pregas de; alisar ⟨*e. o lençol*⟩ ⊃ enrugar, amarrotar ❑ *t.d. e pron.* **4** distender a musculatura (de); alongar(-se) **5** *fig.* tornar(-se) maior o tempo de; prolongar(-se) ❑ *int.* **6** ficar mais longo ou mais largo ⟨*malha estica*⟩ **7** *fig. infrm.* prolongar um divertimento, passeio etc., dando-lhe continuação em outro local ⟨*sair da festa e e. na boate*⟩ **8** *infrm.* morrer, falecer ❑ *pron.* **9** deitar-se, estender-se ~ **esticador** *adj.s.m.* - **esticamento** *s.m.*

es.tig.ma *s.m.* **1** marca ou cicatriz deixada por ferida **2** sinal natural no corpo **3** *fig.* o que é considerado indigno; desonra ⊃ dignidade **4** BOT parte do gineceu provida de substância açucarada e pegajosa que recolhe o pólen

es.tig.ma.ti.zar *v.* {mod. 1} *t.d.* **1** censurar, marcar negativamente (alguém) ⟨*a doença estigmatizou-o*⟩

❑ *t.d. e t.d.pred. fig.* **2** (prep. *de*) condenar, tachar ~ **estigmático** *adj.* - **estigmatização** *s.f.*

es.ti.le.te \ê\ *s.m.* **1** punhal de lâmina fina **2** objeto com lâmina protegida por plástico, us. para cortar papelão, borracha etc. **3** BOT parte do pistilo entre o ovário e o estigma

es.ti.lha.çar *v.* {mod. 1} *t.d.,int. e pron.* reduzir(-se) a estilhaços ou pedaços; despedaçar(-se)

es.ti.lha.ço *s.m.* fragmento de vidro, madeira etc., após impacto violento ou explosão

es.ti.lin.gue *s.m.* forquilha munida de elástico, us. para atirar pedras; atiradeira, bodoque

es.ti.lis.ta *adj.2g.s.2g.* **1** que(m) escreve com estilo elegante, requintado **2** desenhista de moda

es.ti.lís.ti.ca *s.f.* **1** a arte de escrever de forma apurada, elegante **2** disciplina que estuda os recursos expressivos que individualizam os estilos de uma língua, de uma obra escrita etc. ~ **estilístico** *adj.*

es.ti.li.za.do *adj.* **1** a que se deu forma estética diferente do original ⟨*desfilou com uma fantasia e. de soldado*⟩ **2** representado por meio de símbolos ⟨*um tapete com figuras humanas e.*⟩

es.ti.li.zar *v.* {mod. 1} *t.d.* **1** dar estilo ou estética diferente a **2** representar por meio de símbolos ⟨*a foto estiliza a miséria humana*⟩ ~ **estilização** *s.f.*

es.ti.lo *s.m.* **1** maneira particular de se expressar, de se vestir, de viver etc. **2** elegância ⟨*pessoa sem e.*⟩ ↄ deselegância **3** conjunto de características formais, que identificam uma obra, um artista etc. **4** haste com que os antigos escreviam em tábuas cobertas de cera

es.ti.ma *s.f.* **1** sentimento de carinho ou de apreço; afeição, afeto ↄ desestima **2** estimativa

es.ti.ma.do *adj.* **1** sobre o qual se fez cálculo aproximado; considerado, presumido ⟨*resultado e.*⟩ ⟨*avaliação e. de lucros*⟩ **2** que é alvo de estima, afeição ⟨*parente e.*⟩

es.ti.mar *v.* {mod. 1} *t.d.* **1** avaliar, calcular aproximadamente **2** ter prazer em; gostar ↄ detestar **3** pensar, julgar com base em evidências **4** fazer votos de; desejar ❑ *t.d. e pron.* **5** dar(-se) valor; prezar(-se) ↄ desvalorizar(-se) ~ **estimação** *s.f.* - **estimável** *adj.2g.*

es.ti.ma.ti.va *s.f.* avaliação ou cálculo aproximado

es.ti.ma.ti.vo *adj.* **1** relativo a estima, apreço ⟨*objeto de valor e.*⟩ **2** que constitui uma estimativa; sobre o qual se fez avaliação aproximada ⟨*custo e.*⟩ **3** presumido com base em evidências ⟨*reflexões e. sobre a economia nacional*⟩

es.ti.mu.lan.te *adj.2g.s.m.* **1** (o) que incentiva, encoraja **2** (substância, comida etc.) que ativa função orgânica ou psíquica de um organismo

es.ti.mu.lar *v.* {mod. 1} *t.d. e t.d.i.* **1** (prep. *a*) dar incentivo, ânimo, coragem a; incitar, animar ↄ desanimar, desestimular ❑ *t.d.* **2** ajudar a criar, realizar ou intensificar (algo); impulsionar ⟨*medida para e. o progresso*⟩ ⟨*remédio para e. o apetite*⟩ ~ **estimulação** *s.f.*

es.tí.mu.lo *s.m.* **1** *fig.* aquilo que incita à atividade; incentivo ⟨*aluno precisa de e.*⟩ ↄ desencorajamento **2** aquilo que provoca uma reação em um órgão receptor ou tecido excitável ⟨*e. olfativo*⟩

es.ti.o *s.m.* **1** verão **2** *fig.* a idade madura

es.ti.o.la.men.to *s.m.* **1** desenvolvimento anormal dos vegetais por causa da ausência de luz, ger. com descoramento e definhamento dos tecidos **2** debilitação e descoramento de um indivíduo, por falta de contato suficiente com luz e ar puro **3** *p.ext.* fraqueza, definhamento

es.ti.o.lar *v.* {mod. 1} *t.d.,int. e pron.* **1** provocar ou sofrer estiolamento ('desenvolvimento', 'debilitação') ❑ *pron. fig.* **2** ficar mais fraco; debilitar-se ⟨*sua criatividade estiolou-se*⟩ ↄ fortalecer-se

es.ti.pên.dio *s.m.* salário, remuneração ~ **estipendiar** *v.t.d.*

es.ti.pu.lar *v.* {mod. 1} *t.d.* **1** ajustar por meio de contrato jurídico; firmar ❑ *t.d. e t.d.i.* **2** (prep. *a*) prescrever com precisão; determinar ~ **estipulação** *s.f.*

es.ti.ra.da *s.f.* **1** caminhada longa **2** longa distância de um ponto a outro ⊡ **de uma e.** *loc.adv.* sem interrupção ⟨*leu o livro de uma e.*⟩

es.ti.rão [pl.: *-ões*] *s.m.* estirada

es.ti.rar *v.* {mod. 1} *t.d.* **1** tornar rijo, puxando com força; esticar **2** alongar (corpo ou parte dele) **3** distender (músculo, ligamento etc.) ❑ *pron.* **4** deitar-se ~ **estiramento** *s.m.*

es.tir.pe *s.f.* **1** tronco familiar; genealogia ↄ descendência **2** origem, raça ⟨*família de e. italiana*⟩ **3** categoria, classe ⟨*um pintor da e. de Portinari*⟩ **4** classe, condição social ⟨*família de alta e.*⟩

es.ti.va *s.f.* **1** processo de carregamento e descarregamento de uma embarcação **2** *B* conjunto de estivadores de um porto **3** carga pesada colocada em primeiro lugar nos porões dos navios

es.ti.va.dor \ô\ *adj.s.m.* que(m) carrega e descarrega navios

es.ti.val *adj.2g.* relativo a ou próprio do verão

es.to.ca.da *s.f.* **1** golpe dado com estoque ou com ponta da espada **2** *fig.* forte crítica, ataque ↄ elogio

es.to.ca.gem *s.f. B* ato de formar [2]estoque; armazenamento

[1]**es.to.car** *v.* {mod. 1} *t.d.* guardar (mercadoria) para venda, exportação, consumo futuro; armazenar [ORIGEM: [2]*estoque* + [2]*-ar*]

[2]**es.to.car** *v.* {mod. 1} *t.d.* ferir com [1]estoque ou qualquer objeto perfurante [ORIGEM: [1]*estoque* + [2]*-ar*]

es.to.fa.do *adj.* **1** acolchoado e forrado de tecido ■ *s.m.* **2** tecido ou revestimento grosso, encorpado **3** conjunto de sofá e cadeiras acolchoado e forrado de tecido ☞ nesta acp., tb. us. no pl.

es.to.fa.dor \ô\ *adj.s.m.* profissional que estofa móveis

es.to.fa.men.to *s.m.* **1** revestimento com tecido e enchimento com estofo **2** material (algodão, espuma etc.) us. para estofar sofás, colchões etc.; estofo ☞ cf. *estufamento*

es.to.far *v.* {mod. 1} *t.d.* **1** cobrir com estofo ('tecido'); forrar **2** guarnecer com estofo ('enchimento'); acolchoar

es.to.fo \ô\ *s.m.* **1** tecido us. em decoração, como tapete, para cobrir assentos etc. **2** enchimento (de algodão, seda, espuma etc.) para estofados

es.toi.cis.mo *s.m.* **1** doutrina filosófica que faz da virtude a verdadeira felicidade e que prega a indiferença em relação ao prazer, à paixão e à dor **2** *p.ext.* rigidez moral ⊃ flexibilidade **3** *p.ext.* resignação

es.toi.co \ói\ *adj.* **1** relativo ao estoicismo ■ *adj.s.m.* **2** adepto do estoicismo **3** (aquele) que é rígido, firme em seus princípios; severo ⊃ flexível, indulgente

es.to.jo \ô\ *s.m.* pequena caixa com formato apropriado ao objeto que acomoda, guarda e protege

es.to.la *s.f.* **1** faixa larga de lã ou seda us. sobre a veste dos padres **2** tipo de xale us. pelas mulheres no pescoço ou sobre os ombros

es.to.ma.cal *adj.2g.* **1** relativo ou pertencente ao estômago **2** benéfico para o estômago

es.tô.ma.go *s.m.* **1** órgão oco do tubo digestivo no qual os alimentos são pré-digeridos e esterilizados antes de serem enviados ao intestino **2** *fig.* capacidade de suportar situações desagradáveis; paciência

es.to.ma.ti.te *s.f.* qualquer inflamação da mucosa da boca

es.ton.te.an.te *adj.2g.* **1** que atordoa, que faz perder o juízo; atordoante ⊃ calmante, tranquilizador **2** que causa grande deslumbramento; extraordinário, fascinante ⊃ comum, insosso

es.ton.te.ar *v.* {mod. 5} *t.d.,int. e pron.* **1** (fazer) ficar desnorteado, tonto; atordoar(-se) **2** *fig.* deslumbrar(-se), maravilhar(-se) ~ **estonteamento** *s.m.*

es.to.pa \ô\ *s.f.* massa de fios têxteis não aproveitados na tecelagem e us. em limpeza de motores de automóveis

es.to.pim *s.m.* **1** fio embebido em substância inflamável que comunica fogo a uma carga de explosivos **2** *fig.* evento que provoca uma série de acontecimentos

[1]**es.to.que** *s.m.* **1** espada reta com fio não cortante cuja ponta causa ferimentos **2** qualquer objeto transformado em instrumento pontiagudo e cortante [ORIGEM: do fr.ant. *estoc* 'id.'] ~ **estoquear** *v.t.d. e int.*

[2]**es.to.que** *s.m.* **1** quantidade de mercadoria armazenada ou disponível para consumo, venda, exportação etc. **2** lugar onde essa mercadoria é armazenada [ORIGEM: do ing. *stock* 'id.']

es.to.quis.ta *adj.2g.s.2g.* **1** que(m) armazena mercadorias **2** encarregado de registrar o estoque ou organizar as mercadorias armazenadas em uma casa comercial

es.tor.nar *v.* {mod. 1} *t.d.* lançar (um valor) como crédito para compensar débito errado e vice-versa

es.tor.no \ô\ *s.m.* **1** correção em um lançamento indevido de crédito ou débito em conta-corrente, livro-caixa etc. **2** o valor desse lançamento

es.tor.ri.car ou **es.tur.ri.car** *v.* {mod. 1} *t.d. e int.* **1** (deixar) secar demais, quase queimando **2** *p.ext.* queimar muito; torrar ~ **estorricamento** *s.m.*

es.tor.var *v.* {mod. 1} *t.d.* **1** tornar impossível; frustrar, impedir ⊃ viabilizar **2** causar problemas, obstáculos a; dificultar ⊃ facilitar **3** importunar, perturbar ~ **estorvamento** *s.m.*

es.tor.vo \ô\ *s.m.* **1** dificuldade, embaraço, obstáculo ⊃ ajuda **2** pessoa ou fato que causa aborrecimento ⊃ deleite ⊙ GRAM/USO dim.irreg.: *estorvilho*

es.tou-fra.ca *s.f.2n.* galinha-d'angola

es.tou.ra.do *adj.* **1** que estourou; rebentado ⟨*pneu e.*⟩ **2** *fig.* que alcançou seu limite ⟨*orçamento, paciência e.*⟩ **3** *fig.* que perde a paciência com facilidade (diz-se de indivíduo) **4** *B infrm.* exausto, sem forças físicas

es.tou.rar *v.* {mod. 1} *t.d. e int.* **1** rebentar com grande estrondo; explodir **2** romper, com barulho ou não ⟨*e. balões*⟩ ⟨*a bolsa amniótica estourou*⟩ ❑ *int.* **3** *fig.* fazer sucesso ⟨*a música estourou nas paradas*⟩ **4** *fig.* surgir de repente; irromper ⟨*a rebelião estourou ontem*⟩ ❑ *t.d.* **5** fazer romper por pressão externa (como de som ou barulho alto, vento contínuo) ⟨*um barulho de e. os tímpanos*⟩ **6** *fig.* gastar até ultrapassar o limite de (conta, orçamento etc.) **7** *B infrm.* entrar violentamente (a polícia) em (lugar ilegal), para fazê-lo parar de funcionar ⟨*e. um cativeiro*⟩ ❑ *t.d. e pron.* **8** (fazer) sofrer lesão grave; machucar(-se) **9** fazer(-se) em pedaços; destruir(-se), quebrar(-se) **10** *B infrm.* cansar(-se) muito; esgotar(-se) ⊃ descansar

es.tou.ro *s.m.* **1** estrondo ger. violento, vindo de algo que arrebenta; explosão ⟨*e. de uma bomba*⟩ **2** *fig.* manifestação de raiva **3** *B infrm.* pessoa, coisa ou fato espetacular **4** *B infrm.* dispersão de animais ou de uma multidão em pânico ⊃ concentração

es.tou.va.do *adj.s.m.* **1** que(m) age sem pensar **2** que(m) é imprudente, leviano ⊃ prudente **3** (o) que é brincalhão ⊃ sóbrio ~ **estouvamento** *s.m.*

es.to.va.í.na *s.f.* substância us. como anestésico local

es.trá.bi.co *adj.s.m.* que ou aquele que sofre de estrabismo; caolho

es.tra.bis.mo *s.m.* desvio de um dos olhos da direção correta

es.tra.ça.lhar *v.* {mod. 1} *t.d.* **1** fazer em pedaços, ger. com certa fúria; despedaçar ❑ *t.d. e t.i. fig.* **2** (prep. *com*) deixar mal; abater, arrasar ⊃ alegrar ~ **estraçalhamento** *s.m.*

es.tra.da *s.f.* **1** caminho destinado ao trânsito de pessoas, animais e veículos **2** *fig.* meio de alcançar determinado objetivo ⟨*buscar a e. da felicidade*⟩ ⊙ COL rede, viação ⊡ **e. de ferro** *loc.subst. B* sistema de transporte sobre trilhos; ferrovia • **e. de rodagem** *loc.subst. B* via destinada ao tráfego de veículos sobre rodas; rodovia

es.tra.dei.ro *adj.s.m. B* **1** (o) que tem boa disposição para andar; andarilho **2** *fig.* (o) que age com esperteza, astúcia

es.tra.do *s.m.* **1** plataforma baixa us. para altear o piso e destacar pessoa ou coisa **2** armação gradeada da cama em que se apoia o colchão

es.tra.gar *v.* {mod. 1} *t.d.,int. e pron.* **1** (fazer) ficar em mau estado; deteriorar(-se), danificar(-se) ⊃ conservar(-se) **2** (fazer) perder o bom funcionamento ou a utilidade; avariar(-se) ⊃ consertar ❑ *t.d. e pron.* **3** *fig.*

destruir(-se) moralmente; corromper(-se) ⮌ regenerar(-se) ❑ *t.d.* **4** causar problemas para a realização de; atrapalhar

es.tra.go *s.m.* **1** ato de estragar ou seu efeito **2** dano, avaria de algo ⟨*e. no telhado*⟩ ⮌ conserto **3** prejuízo, perda ⟨*os e. da guerra*⟩

es.tram.bó.ti.co *adj. infrm.* **1** diferente em todos os sentidos; excêntrico ⮌ habitual **2** que causa certa repugnância ou aversão; ridículo ⟨*estilo e.*⟩ ~ **estrambotismo** *s.m.*

es.tran.gei.ra.do *adj.* que fala e age como um indivíduo estrangeiro

es.tran.gei.ris.mo *s.m.* emprego de palavra ou construção de língua estrangeira

es.tran.gei.ro *adj.s.m.* **1** (o) que é ou vem de outro país ⮌ nacional **2** *fig.* (o) que é estranho à terra em que se encontra; forasteiro ⮌ nativo ■ *s.m.* **3** o conjunto dos países em geral, menos aquele em que se nasce

es.tran.gu.lar *v.* {mod. 1} *t.d.* **1** matar (alguém) impedindo sua respiração ao apertar-lhe o pescoço; esganar **2** apertar, comprimir ⟨*sentia a luva a e. o pulso*⟩ **3** *fig.* conter, reprimir (emoção, sentimento forte) ❑ *t.d. e pron.* **4** (fazer) perder a respiração; asfixiar(-se) ~ **estrangulamento** *s.m.*

es.tra.nhar *v.* {mod. 1} *t.d.* **1** considerar fora do comum, diferente ou anormal **2** sentir-se incomodado com (nova realidade) ⮌ adaptar-se ❑ *pron.* **3** indispor-se, brigar ⟨*os irmãos andaram a e.-se*⟩ ~ **estranhamento** *s.m.*

es.tra.nho *adj.s.m.* **1** (o) que é esquisito, extraordinário ⮌ comum **2** (o) que é de fora, estrangeiro ⮌ nacional ■ *adj.* **3** desconhecido, novo ⟨*cultura e.*⟩ ⮌ conhecido **4** que foge aos padrões sociais ⟨*o e. comportamento dos jovens*⟩ ⮌ comum **5** que não faz parte de algo ⟨*item e. ao programa do partido*⟩ **6** misterioso, enigmático ⟨*crime e.*⟩ **7** que foge ao convívio ⮌ sociável ~ **estranheza** *s.f.*

es.tra.ta.ge.ma *s.m.* **1** ardil us. em guerras para enganar o inimigo **2** plano, esquema etc. para atingir determinado objetivo ⟨*e. econômico, político*⟩ **3** qualquer ato ardiloso

es.tra.té.gia *s.f.* **1** planejamento de operações de guerra **2** *p.ext.* planejamento de uma ação para conseguir um resultado **3** *p.ext.* ardil engenhoso ~ **estratégico** *adj.* - **estrategista** *adj.2g.s.2g.*

es.tra.ti.fi.car *v.* {mod. 1} *t.d.e pron.* **1** dispor(-se) em camadas ou estratos ❑ *pron.* **2** manter-se em certo ponto ou estado; estagnar ⮌ alterar-se, mudar ~ **estratificação** *s.f.* - **estratificado** *adj.*

es.tra.to *s.m.* **1** GEOL cada camada de rocha estratificada **2** *p.ext.* qualquer camada **3** nuvem acinzentada que se apresenta como um véu contínuo **4** conjunto de indivíduos com características sociais semelhantes

es.tra.to-cir.ro [pl.: *estratos-cirros*] *s.m.* cirro-estrato

es.tra.to-cú.mu.lo [pl.: *estratos-cúmulos*] *s.m.* massa contínua e escura de nuvens ou conjunto de finas camadas nebulosas localizada, em geral, a 2.000 m de altitude; cúmulo-estrato

es.tra.to-nim.bo [pl.: *estratos-nimbos*] *s.m.* nimbo-estrato

es.tra.tos.fe.ra *s.f.* **1** camada da atmosfera terrestre situada aprox. entre 11 km e 50 km de altitude **2** *fig.* lugar muito alto, fora do alcance ⟨*a inflação jogou os preços para a e.*⟩ ~ **estratosférico** *adj.*

–estre *suf.* 'relação': *campestre*

es.tre.an.te *adj.2g.s.2g.* que ou aquele que estreia; iniciante, principiante

es.tre.ar *v.* {mod. 5} *t.d.* **1** usar ou fazer funcionar pela primeira vez; inaugurar **2** dar início a; começar ⮌ terminar ❑ *int.* **3** desempenhar função pela primeira vez ⟨*e. como ator*⟩ ❑ *t.d. e int.* **4** exibir(-se) ao público pela primeira vez

es.tre.ba.ri.a *s.f.* local onde ficam os cavalos e os arreios; cavalariça

es.tre.bu.char *v.* {mod. 1} *int. e pron.* agitar-se como em convulsão, contraindo o corpo, os membros, mexendo-se muito; debater-se ~ **estrebuchamento** *s.m.*

es.trei.a \éi\ *s.f.* **1** início de uma atividade ou período ger. importante ⟨*sua e. na profissão*⟩ **2** a primeira vez que um artista ou grupo artístico se apresenta **3** a primeira apresentação de *show*, filme etc. **4** a primeira obra de escritor, artista etc. **5** *p.ext.* a primeira vez que se usa ou se faz alguma coisa ⟨*e. de uma roupa*⟩

es.trei.ta.men.to *s.m.* **1** ato, processo ou efeito de estreitar **2** *fig.* redução, corte gradativo de algo ⟨*e. de despesas*⟩ **3** *fig.* consolidação de processo já iniciado; fortalecimento ⟨*e. de relações*⟩

es.trei.tar *v.* {mod. 1} *t.d.,int. e pron.* **1** tornar(-se) estreito, diminuindo em espaço, largura, área etc. **2** tornar(-se) menor; diminuir, encolher ⮌ aumentar **3** tornar(-se) mais íntimo; aproximar(-se) ⮌ afastar(-se) ❑ *t.d.* **4** apertar contra si; abraçar ~ **estreitado** *adj.*

es.trei.te.za \ê\ *s.f.* **1** falta de espaço ou de largura, altura, área etc.; aperto, estreitura **2** privação, escassez ⟨*e. de recursos*⟩ ⮌ abundância, fartura **3** grande intimidade; familiaridade, convivência ⮌ distanciamento

es.trei.to *adj.* **1** com pouco espaço ⟨*caminho e.*⟩ ⮌ largo **2** apertado, de pouca folga ⟨*saia e.*⟩ ⮌ folgado **3** reduzido, restrito, selecionado ⟨*um e. círculo de relações*⟩ ⮌ amplo **4** próximo, íntimo ⟨*parentes e.*⟩ ⮌ distante **5** *fig.* de pouca visão ⟨*cérebro e.*⟩ **6** *fig.* difícil, penoso, árduo ⟨*tempos e.*⟩ ⮌ fácil ■ *s.m.* **7** canal natural de pequena largura que une dois mares ou duas partes de um mar **8** desfiladeiro ~ **estreitura** *s.f.*

es.tre.la \ê\ *s.f.* **1** astro com luz própria, cujo deslocamento é quase imperceptível ao observador na Terra **2** *fig.* sorte, destino ⟨*nasceu com boa e.*⟩ **3** *p.ext.* figura de cinco pontas **4** *fig.* pessoa célebre em alguma atividade **5** artista principal ou de renome **6** *fig.* pessoa ou ideia pela qual alguém se norteia; guia ⟨*a fé era sua e.*⟩ ⊡ **e. cadente** *loc.subst.* meteoro ('rastro luminoso') • **e. da manhã** *loc.subst. infrm.* o planeta Vênus; estrela-d'alva • **e. polar** *loc.subst.* a estrela do hemisfério norte para a qual aponta o eixo da Terra; tramontana

es.tre.la-d'al.va [pl.: *estrelas-d'alva*] *s.f. infrm.* o planeta Vênus

es.tre.la de da.vi [pl.: *estrelas de davi*] *s.f.* estrela de seis pontas, formada por dois triângulos superpostos, símbolo do judaísmo; signo de salomão

es.tre.la.do *adj.* **1** coberto de estrelas **2** que tem uma mancha branca na testa (diz-se de cavalo ou boi) **3** frito com a clara e a gema juntas e inteiras (diz-se de ovo); estalado **4** *B* em que trabalham astros e/ou estrelas (diz-se de filme, peça etc.)

es.tre.la-do-mar [pl.: *estrelas-do-mar*] *s.f.* animal marinho em forma de estrela, predador de animais invertebrados e peixes

es.tre.lar *v.* {mod. 1} *t.d.* **1** fritar (ovos) com clara e gema juntas e inteiriças; estalar **2** *B* atuar em papel principal de (filme, peça etc.); protagonizar ❑ *t.d.,int. e pron.* **3** encher(-se) de estrelas

es.tre.la.to *s.m. B* o apogeu de uma carreira artística; fama ⮌ anonimato

es.tre.lis.mo *s.m. B* comportamento de quem exige ser tratado como uma estrela ('pessoa célebre', 'artista de renome')

es.tre.ma *s.f.* **1** limite de propriedades no campo **2** parte que delimita; ponta ⟨*andou à e. da cidade*⟩ **3** limite de algo; fim

es.tre.ma.do *adj.* **1** demarcado, abalizado ⟨*terras e.*⟩ **2** separado, distinto ⟨*selos e. pelo colecionador*⟩ **3** *fig.* que ganhou destaque ⟨*integridade e.*⟩ ☞ cf. *extremado*

es.tre.ma.du.ra *s.f.* **1** linha de demarcação de país ou terreno **2** região localizada na parte limite de um país

es.tre.me *adj.2g.* **1** caracterizado pela pureza; puro ⟨*ar, vinho e.*⟩ ⮌ impuro **2** que não se mistura a outra (diz-se de língua) ⟨*falava um alemão e.*⟩

es.tre.me.cer *v.* {mod. 8} *t.d. e int.* **1** (fazer) sofrer rápido tremor físico **2** *fig.* (fazer) sofrer abalo ou golpe; abalar(-se) ⟨*o boato estremeceu as bases do governo*⟩ ⟨*com as novas medidas, o comércio estremeceu*⟩ ❑ *int.* **3** ter um calafrio, tremer de modo súbito e rápido, por medo, susto etc.

es.tre.me.ci.men.to *s.m.* ato ou efeito de estremecer

es.tre.mu.nhar *v.* {mod. 1} *t.d.,int. e pron. infrm.* **1** (fazer) despertar de repente ❑ *pron.* **2** ficar desorientado; atordoar-se ~ **estremunhamento** *s.m.*

es.trê.nuo *adj.* **1** destemido, corajoso ⮌ covarde **2** cuidadoso, zeloso ⮌ relapso **3** que denota persistência

es.tre.par *v.* {mod. 1} *t.d.* **1** munir de estrepes ❑ *t.d. e pron.* **2** ferir(-se) com estrepes ❑ *pron.* **3** *B infrm.* (prep. *em*) não ter bom desempenho, sair-se mal ~ **estrepada** *s.f.*

es.tre.pe *s.m.* **1** ponta aguda de algo ⟨*e. de uma lança*⟩ **2** estaca pontiaguda, cravada no chão como armadilha para inimigos **3** *fig.* situação difícil; embaraço ▼ *estrepes s.m.pl.* **4** cacos de vidro, pregos etc. em cima dos muros para impedir que sejam escalados

es.tre.pi.tan.te *adj.2g.* que produz estrépito, barulho; barulhento

es.tre.pi.tar *v.* {mod. 1} *int.* soar com grande barulho; estrondar

es.tré.pi.to *s.m.* **1** rumor alto de vozes; algazarra ⮌ silêncio **2** ruído estrondoso; barulho **3** *fig.* grande pompa; ostentação ⮌ simplicidade

es.tre.pi.to.so \ô\ [pl.: *estrepitosos* \ó\] *adj..* que faz barulho; ruidoso ⮌ silencioso

es.tre.po.li.a ou **es.tri.pu.li.a** *s.f. B infrm.* **1** travessura **2** grande balbúrdia; confusão ⮌ ordem

es.trep.to.co.co \ó\ *s.m.* gênero de bactérias causadoras de várias doenças, como pneumonia, meningite, impetigo etc. ~ **estreptocócico** *adj.*

es.trep.to.mi.ci.na *s.f.* antibiótico esp. importante contra a tuberculose

es.tres.se *s.m.* estado de perturbação causado por um conjunto de reações do organismo humano na busca de adaptação a agressões de ordem física, psíquica etc. ~ **estressante** *adj.2g.* - **estressar** *v.t.d. e pron.* - estressor *adj.s.m.*

es.tri.a *s.f.* sulco ou traço na superfície de um corpo

es.tri.ar *v.* {mod. 1} *t.d.* **1** fazer ou abrir estrias em **2** *p.ext.* traçar em (superfície) linhas paralelas ~ estriamento *s.m.*

es.tri.bar *v.* {mod. 1} *t.d.,int. e pron.* **1** firmar(-se) nos estribos ❑ *t.d.i. e pron.* **2** (prep. *em*) ter como fundamento; basear(-se)

es.tri.bei.ra *s.f.* estribo us. quando se monta ⊡ perder as e. *loc.vs. fig. infrm.* descontrolar-se

es.tri.bi.lho *s.m.* refrão

es.tri.bo *s.m.* **1** peça presa de cada lado da sela, na qual o cavaleiro firma o pé **2** degrau de certos automóveis e de bondes, trens, carroças etc. **3** artefato us. para apoiar os pés, em muitas máquinas **4** ANAT o menor e mais interno dos ossos da orelha

es.tric.ni.na *s.f.* substância extraída de planta, us. como estimulante nervoso ou como veneno

es.tri.den.te *adj.2g.* **1** que tem som agudo e penetrante ⟨*voz e.*⟩ ⮌ suave **2** que causa ruído; ruidoso ⮌ silencioso ~ **estridência** *s.f.*

es.tri.dor \ô\ *s.m.* **1** barulho agudo e áspero ⟨*e. do vento*⟩ **2** ruído áspero ⟨*e. de dentes*⟩

es.tri.du.la.ção [pl.: *-ões*] *s.f.* **1** ruído agudo, estridente, produzido esp. por alguns insetos ⟨*e. das cigarras*⟩ **2** MED som áspero produzido na respiração com problema

es.tri.du.lan.te *adj.2g.* agudo, penetrante, estridente (diz-se de som)

es.tri.du.lar *v.* {mod. 1} *int.* emitir seu som estridente (cigarra, grilo) ☞ só us. nas 3as p., exceto quando fig.

es.trí.du.lo *adj.s.m.* (o) que tem som agudo, ruidoso, penetrante

es.tri.ge *s.f.* **1** *frm.* coruja **2** em certas lendas orientais, vampiro com traços de mulher e cadela **3** *p.ext. frm.* bruxa, feiticeira

es.tri.lar *v.* {mod. 1} *int.* **1** produzir ou emitir som estrídulo **2** emitir seu som característico (grilo e insetos afins) ☞ nesta acp., só us. nas 3as p., exceto quando fig. **3** *B infrm.* protestar, esbravejar

es.tri.lo *s.m.* **1** som ou grito estridente **2** *B infrm.* revolta, protesto, reclamação

es.tri.par *v.* {mod. 1} *t.d.* **1** retirar a(s) tripa(s) de **2** rasgar o ventre de **3** fazer matança, carnificina ~ **estripação** *s.f.* - **estripador** *adj.s.m.*

es.tri.pu.li.a *s.f.* → ESTREPOLIA

es.tri.to *adj.* **1** restrito, rigoroso, ger. sem ampliação, extensão ou analogia ⟨*sentido e.*⟩ ⮌ amplo **2** que obriga rigorosa observância; inflexível ⟨*voto e. de pobreza*⟩ ⮌ flexível **3** absoluto, completo ⟨*manter em e. segredo*⟩ ⮌ relativo

es.tro *s.m.* **1** cio dos animais **2** inspiração, imaginação, gênio criador

es.tro.bos.có.pio *s.m.* aparelho us. para medir a velocidade de um movimento cíclico, que faz com que este pareça ter sido retardado ou interrompido ~ **estroboscopia** *s.f.* - **estroboscópico** *adj.*

es.tro.fe *s.f.* grupo determinado de versos num poema ou texto lírico ~ **estrófico** *adj.*

es.tro.gê.nio *s.m.* nome comum a hormônios relacionados ao controle da ovulação e ao desenvolvimento de características femininas

es.tro.go.no.fe *s.m.* carne ensopada em molho com creme de leite e cogumelos

es.troi.na \ói\ *adj.2g.s.2g. infrm.* **1** que(m) é leviano, irresponsável ⮌ responsável **2** que(m) gasta muito dinheiro ⮌ poupador ~ **estroinice** *s.f.*

es.trom.par *v.* {mod. 1} *t.d. e pron.* **1** gastar(-se) em função do tempo, do uso etc.; deteriorar(-se) **2** cansar(-se) muito; extenuar(-se) ⮌ descansar

es.trôn.cio *s.m.* elemento químico, com um isótopo radiativo artificial, us. no tratamento dos olhos e em baterias atômicas [símb.: *Sr*] ☞ cf. *tabela periódica* (no fim do dicionário)

es.tron.dar *v.* {mod. 1} ou **es.tron.de.ar** *v.* {mod. 5} *int.* fazer grande ruído; estrepitar

es.tron.do *s.m.* **1** som alto e forte **2** mobilização de pessoas em torno de algo; agitação ⟨*o fato causou e. na cidade*⟩ **3** *fig.* luxo, pompa ⟨*a festa foi um e.*⟩

es.tron.do.so \ô\ [pl.: *estrondosos* \ó\] *adj.* **1** barulhento ⮌ silencioso **2** grandioso, luxuoso ⮌ humilde, simples

es.tro.pi.ar *v.* {mod. 1} *t.d. e pron.* **1** cortar algum membro (de); mutilar(-se) ❑ *t.d.* **2** cansar muito; esgotar **3** desfigurar (obra, música, leitura etc.), executando-a mal ~ **estropiamento** *s.m.*

es.tro.pí.cio *s.m.* prejuízo, estrago ☞ cf. *estrupício*

es.tru.gi.do *adj.* **1** vibrante, sonoro ■ *s.m.* **2** estrondo **3** chiado, zumbido ~ **estrugimento** *s.m.* - **estrugir** *v.t.d. e int.*

es.tru.mar *v.* {mod. 1} *t.d.* **1** fertilizar (solo) com estrume **2** depositar (lixo, sujeira) em ~ **estrumação** *s.f.*

es.tru.me *s.m.* esterco, adubo

es.tru.mei.ra *s.f.* local onde se deposita estrume para fertilização do solo

es.tru.pí.cio *s.m.* **1** grande ruído; barulho **2** *B* confusão, briga **3** *B pej.* asneira, burrice **4** *B pej.* falta de senso; despropósito **5** *B pej.* coisa ou pessoa digna de reprovação ☞ cf. *estropício*

es.tru.tu.ra *s.f.* **1** organização das diferentes partes ou aspectos de uma forma, padrão ou sistema ⟨*e. dos genes*⟩ ⟨*e. da sociedade*⟩ **2** algo construído ou organizado ⟨*o novo museu é uma impressionante e.*⟩ **3** armação; arcabouço **4** maneira de pensar, trabalhar ou organizar algo; método ⟨*uma e. sólida é fundamental para começarmos a pesquisa*⟩ **5** *fig.* constituição emocional ~ **estrutural** *adj.2g.*

es.tru.tu.ra.lis.mo *s.m.* **1** corrente de pensamento comum a várias ciências humanas (antropologia, filosofia, psicologia etc.) que procura definir os feitos humanos como um conjunto organizado traduzível em modelos matemáticos **2** LING teoria que considera a língua um conjunto autônomo e estruturado, no qual as relações definem os termos nos diversos níveis (fonêmico, morfológico, frasal) ~ **estruturalista** *adj.2g.s.2g.*

es.tru.tu.rar *v.* {mod. 1} *t.d.* **1** organizar as partes que compõem a estrutura de **2** *p.ext.* elaborar com cuidado e em detalhes ❑ *pron.* **3** adquirir solidez, segurança ⟨*e.-se financeiramente*⟩ ~ **estruturação** *s.f.*

es.tu.á.rio *s.m.* **1** larga foz de um rio **2** braço de mar formado pela desembocadura de um rio

es.tu.ca.dor \ô\ *adj.s.m.* (profissional) que faz revestimentos ou trabalhos com estuque

es.tu.car *v.* {mod. 1} *t.d.* revestir (superfície) com estuque ~ **estucamento** *s.m.*

es.tu.dan.te *adj.2g.s.2g.* (indivíduo) que frequenta regularmente algum curso

es.tu.dan.til *adj.2g.* de estudante

es.tu.dar *v.* {mod. 1} *t.d. e int.* **1** aplicar o espírito, a inteligência e a memória para aprender (habilidade, técnica, ciência etc.) **2** frequentar aulas, cursos (de); cursar ❑ *t.d.* **3** tentar compreender pela reflexão; refletir ⟨*e. um caso*⟩ **4** fixar pela memória; decorar **5** observar ou examinar com atenção, cuidado ⟨*e. propostas, possibilidades*⟩ ❑ *int.* **6** ser estudante

es.tú.dio *s.m.* **1** oficina de artesãos ou artistas; ateliê **2** recinto equipado para gravações, filmagens etc. **3** gabinete de trabalho

es.tu.di.o.so \ô\ [pl.: *estudiosos* \ó\] *adj.s.m.* **1** que(m) é interessado ou especializado em um assunto; especialista ⮌ leigo **2** que(m) estuda muito ⮌ preguiçoso

es.tu.do *s.m.* **1** aplicação ou inteligência para aprender **2** observação, exame minucioso de algo ou alguém; análise ⟨*reservou a manhã para o e. dos pedidos*⟩ **3** trabalho, projeto que antecede a execução de uma obra artística, científica etc. ⟨*os e. para a construção da rodovia, a realização de uma escultura*⟩ ☞ mais us. no pl. **4** obra sobre tema pesquisado ⟨*seu e. sobre os colibris foi publicado*⟩

es.tu.fa *s.f.* **1** local envidraçado e aquecido, us. para o cultivo de certas plantas e flores **2** *p.ext.* qualquer local muito quente ⟨*a sala de aula era uma e.*⟩ **3** aparelho destinado à secagem (de tintas ou outros produtos) ou à esterilização de instrumentos **4** parte do fogão, perto do forno, que recebe calor indireto **5** aquecedor para recintos fechados

es.tu.fa.gem *s.f.* estufamento

es.tu.fa.men.to *s.m.* **1** ato de estufar ou o seu efeito **2** colocação ou aquecimento em estufa **3** inchação ↄ esvaziamento ☞ cf. *estofamento*

[1]**es.tu.far** *v.* {mod. 1} *t.d.* **1** pôr em estufa ('local') **2** aquecer em estufa ('aparelho') **3** assar (carne) em fogo brando [ORIGEM: do it.*stufare* 'secar']

[2]**es.tu.far** *v.* {mod. 1} *t.d. e int.* **1** tornar(-se) cheio, volumoso, esp. com ar; inchar(-se) ⟨*e. o peito*⟩ ⟨*com tantos papéis, a bolsa estufou*⟩ ❑ *pron.* **2** ficar orgulhoso, arrogante [ORIGEM: *es-* + [1]*tufar*]

es.tu.gar *v.* {mod. 1} *t.d.* **1** tornar mais rápido (o passo); apressar **2** instigar, incitar

es.tul.ti.ce ou **es.tul.tí.cia** *s.f.* estupidez, tolice ↄ sagacidade

es.tul.to *adj.* estúpido, tolo ↄ esperto

es.tu.pe.fa.ção [pl.: *-ões*] *s.f.* **1** MED entorpecimento, paralisia temporária em certa parte do corpo **2** *fig.* espanto diante do inesperado; admiração, perplexidade

es.tu.pe.fa.ci.en.te *adj.2g.s.2g.* entorpecente

es.tu.pe.fa.to ou **es.tu.pe.fac.to** *adj.* **1** MED entorpecido **2** *fig.* admirado, perplexo

es.tu.pe.fa.zer *v.* {mod. 14} *t.d.* **1** causar inércia, imobilidade em; entorpecer **2** *fig.* causar grande espanto; surpreender ⊙ GRAM/USO part.: *estupefeito*

es.tu.pen.do *adj.* **1** que causa assombro, admiração; maravilhoso, extraordinário ↄ banal **2** que causa espanto pelo tamanho; descomunal, monstruoso ↄ diminuto

es.tu.pi.dez \ê\ *s.f.* **1** asneira, tolice **2** *B* indelicadeza, grosseria ↄ gentileza

es.tu.pi.di.fi.car *v.* {mod. 1} *t.d. e pron.* (fazer) perder a inteligência, ficar estúpido; emburrecer ~ **estupidificação** *s.f.*

es.tú.pi.do *adj.s.m.* **1** que(m) não é inteligente ↄ sagaz **2** que(m) é indelicado ↄ gentil

es.tu.por \ô\ *s.m.* **1** MED estado de inconsciência profunda, com desaparecimento da sensibilidade e da capacidade de movimento **2** *fig.* imobilidade súbita diante de algo inesperado; espanto ⟨*a visão do pai causou-lhe e.*⟩ **3** *pej.* pessoa feia **4** *pej.* pessoa de más qualidades

es.tu.po.rar *v.* {mod. 1} *t.d. e pron.* **1** (fazer) cair em estupor ❑ *t.d.fig.* **2** causar danos a; estragar **3** causar assombro, surpresa; espantar ❑ *pron.* **4** *infrm.* esforçar-se muito; empenhar-se ⟨*e.-se para cuidar dos filhos*⟩ **5** *fig.* cansar-se muito; exaurir-se ↄ descansar ~ **estuporado** *adj.*

es.tu.pro *s.m.* crime de obrigar alguém a ter relações sexuais por meio de violência ou ameaça; violação ~ **estuprador** *adj.s.m.* - **estuprar** *v.t.d.*

es.tu.que *s.m.* **1** argamassa à base de pó de mármore, gesso, cal fina e areia, us. para cobrir paredes e tetos e fazer ornamentos **2** *p.ext.* qualquer ornamento feito com essa argamassa

es.tur.jão [pl.: *-ões*] *s.m.* peixe sem escamas, encontrado no hemisfério norte, de cuja ova se faz o caviar

es.tur.rar *v.* {mod. 1} *t.d.,int. e pron.* **1** secar(-se) até quase queimar; estorricar(-se) ❑ *int. B* **2** rosnar, urrar **3** falar baixo, com mau humor; resmungar

es.tur.ri.car *v.* {mod. 1} *t.d. e int.* → ESTORRICAR

es.va.e.cer *v.* {mod. 8} *t.d.,int. e pron.* **1** (fazer) sumir; extinguir(-se), desfazer(-se) ↄ aparecer **2** tornar(-se) orgulhoso; envaidecer(-se) **3** (fazer) perder as forças; enfraquecer(-se) ↄ fortalecer(-se) **4** (fazer) perder o ânimo; esmorecer ↄ animar(-se) ❑ *pron.* **5** perder a cor; desbotar **6** perder a intensidade; diminuir ↄ intensificar-se ~ **esvaecimento** *s.m.*

es.va.ir *v.* {mod. 25} *t.d. e pron.* **1** (fazer) desaparecer, evaporar; dissipar(-se) ❑ *pron.* **2** *fig.* ter fim; desaparecer ⟨*o sonho esvaiu-se*⟩ **3** perder os sentidos; desmaiar **4** *fig.* (prep. *em*) esgotar-se, desfazer-se ⟨*e.-se em lágrimas*⟩ **5** passar com rapidez (o tempo)

es.va.ne.cer *v.* {mod. 8} *t.d.,int. e pron.* desvanecer ~ **esvanecimento** *s.m.*

es.va.zi.ar *v.* {mod. 1} *t.d.* **1** retirar o conteúdo de ↄ encher **2** *p.ext.* tirar (algo) de um continente ⟨*esvazie o resto de leite*⟩ ❑ *t.d. e pron.* **3** (deixar) ficar sem ninguém; desocupar ↄ ocupar **4** (fazer) perder a importância, a utilidade, o sentido ~ **esvaziamento** *s.m.*

es.ver.de.a.do *adj.* **1** cor que tem o verde na sua composição **1.1** *p.ext.* pálido, macilento ⟨*tez e.*⟩ **2** diz-se dessa cor ⟨*a cor e. do lençol*⟩ ■ *s.m.* **3** a cor esverdeada ⟨*há diversos tons de e.*⟩

es.ver.de.ar *v.* {mod. 5} *t.d.,int. e pron.* tornar(-se) da cor verde ou semelhante a ela ~ **esverdeamento** *s.m.*

es.vo.a.çar *v.* {mod. 1} *int. e pron.* **1** mover asas para voar **2** agitar-se ao vento ~ **esvoaçante** *adj.2g.*

es.vur.mar *v.* {mod. 1} *t.d.* **1** espremer o pus de **2** criar (pus) **3** *p.ext.* expelir, expulsar **4** *fig.* fazer dura crítica a

–eta *suf.* 'diminuição': *lingueta, saleta*

e.ta *s.m.* sétima letra do alfabeto grego (η, H)

e.ta \ê\ *interj.* exprime alegria ou espanto

e.ta.no *s.m.* gás incolor e inodoro, presente no gás natural, us. em petroquímica

e.ta.nol *s.m.* álcool etílico

e.ta.pa *s.f.* **1** cada uma das fases sucessivas de algo em desenvolvimento; estágio ⟨*uma e. vencida*⟩ **2** *p.ext.* distância que se vence em um percurso

e.tá.rio *adj.* relativo a idade

etc. abrev. de *et cetera*

et ce.te.ra [lat.] *loc.conj.* e outras coisas, e assim por diante (us. para encerrar enumeração) [abrev.: *etc.*] ⇨ pronuncia-se et sétera

–ete \ê\ *suf.* 'diminuição': *diabrete, lembrete*

é.ter [pl.: *éteres*] *s.m.* **1** o espaço celeste **2** líquido volátil inflamável, us. como antisséptico, solvente e antigamente como anestésico; éter etílico **3** qualquer dos vários compostos orgânicos com um átomo de oxigênio ligado a dois átomos de carbono ⊡ **é. etílico** *loc.subst.* éter ('líquido')

e.té.reo *adj.* 1 próprio do éter 2 *fig.* que eleva espiritualmente; sublime ⟨*música e.*⟩ 3 *fig.* que pertence à esfera celestial; divino

e.ter.ni.da.de *s.f.* 1 duração sem princípio nem fim 2 condição do que existe fora do tempo 3 qualidade do que é eterno 4 *fig.* tempo muito longo ⟨*a peça durou uma e.*⟩ 5 REL para a alma, período sem fim após a morte do corpo; imortalidade

e.ter.ni.zar *v.* {mod. 1} *t.d. e pron.* 1 tornar(-se) eterno; perpetuar(-se) 2 *fig.* (fazer) prolongar-se, durar muito; perpetuar(-se) 3 *fig.* (fazer) adquirir fama eterna; imortalizar(-se)

e.ter.no *adj.* 1 que dura para sempre ⟨*felicidade e.*⟩ ⮌ fugaz 2 *fig.* imortal, inesquecível ⟨*ideias e.*⟩ ⮌ passageiro 3 *fig.* imutável ⟨*padrões e. de eficiência*⟩ ■ *s.m.* 4 REL Deus ☞ inicial maiúsc.

é.ti.ca *s.f.* 1 conjunto de preceitos sobre o que é moralmente certo ou errado 2 parte da filosofia dedicada aos princípios que orientam o comportamento humano

é.ti.co *adj.* relativo a ética, a moral

e.ti.le.no *s.m.* hidrocarboneto inflamável incolor, encontrado na natureza ou quimicamente produzido, us. em petroquímica

e.tí.li.co *adj.* provocado pelo álcool; alcoólico ⟨*delírios e.*⟩

é.ti.mo *s.m.* 1 vocábulo de que se originou outra palavra 2 palavra ou elemento (morfema) a partir de que se formaram, por composição ou derivação, certos grupos de palavras

e.ti.mo.lo.gi.a *s.f.* 1 estudo da origem e da evolução das palavras 2 ramo da linguística que se dedica a esse estudo ~ **etimológico** *adj.*

e.ti.mo.lo.gis.ta *adj.2g.s.2g.* especialista em etimologia

e.ti.mó.lo.go *s.m.* etimologista (subst.)

e.ti.o.lo.gi.a *s.f.* 1 estudo das origens de um fenômeno 2 MED causa de uma doença 3 MED estudo das causas das doenças ~ **etiológico** *adj.*

e.tí.o.pe *adj.2g.* 1 da Etiópia (África) ■ *s.2g.* 2 natural ou habitante desse país

e.ti.que.ta \ê\ *s.f.* 1 conjunto de normas de conduta social 2 rótulo, adesivo etc. com características e/ou informações referentes ao objeto que os contém ⟨*e. da roupa, da caixa de biscoitos*⟩ ⊡ **de e.** *loc.adj.* caro, de luxo ⟨*roupas de e.*⟩

e.ti.que.tar *v.* {mod. 1} *t.d.* pôr etiqueta em ~ **etiquetagem** *s.f.*

et.moi.de \ói\ *adj.2g.s.m.* (osso do crânio) situado atrás do nariz, entre as órbitas oculares ~ **etmoidal** *adj.2g.* - **etmóideo/etmoídeo** *adj.*

et.ni.a *s.f.* grupo de indivíduos com língua, religião e maneiras de agir comuns

ét.ni.co *adj.* 1 relativo a etnia 2 pertencente ou próprio de um povo, esp. de um grupo caracterizado por cultura específica ⟨*música é.*⟩ ⟨*comida é.*⟩

et.no.cen.tris.mo *s.m.* tendência a considerar o seu grupo étnico, nação ou nacionalidade como mais importante do que os demais ~ **etnocêntrico** *adj.*

et.no.gra.fi.a *s.f.* estudo descritivo das sociedades humanas ~ **etnográfico** *adj.* - **etnógrafo** *s.m.*

et.no.lo.gi.a *s.f.* ramo da antropologia que se dedica ao estudo analítico e comparativo das culturas ~ **etnológico** *adj.* - **etnologista** *adj.2g.s.2g.* - **etnólogo** *s.m.*

et.nô.ni.mo *s.m.* nome que designa tribo, etnia, raça, povo, nação ⊡ **e. brasílico** *loc.subst.* cada um dos vocábulos que designam os grupos indígenas brasileiros

-eto \ê\ *suf.* 1 'diminuição': *folheto, galeto* 2 'sal' (em produtos químicos): *brometo*

e.to.lo.gi.a *s.f.* estudo do comportamento animal ~ **etologista** *adj.2g.s.2g.* - **etólogo** *s.m.*

e.tos *s.m.2n.* conjunto dos costumes e hábitos característicos de um determinado indivíduo, grupo, época ou região

e.trus.co *s.m.* 1 natural ou habitante da Etrúria, antiga província italiana (atual Toscana) 2 a língua falada nessa província ■ *adj.* 3 relativo a esse indivíduo, província ou língua

eu- ou **ev-** *pref.* 'bem, bom': *eufemismo, eufonia, evangelho*

-eu ou **-éu** *suf.* 'origem, nacionalidade': *europeu, ilhéu*

eu *pron.p.* 1 representa a 1ª p.s. e é us. por aquele que fala ou escreve para referir-se a si mesmo ⟨*eu vou sair*⟩ ■ *s.m.* 2 a individualidade do ser humano 3 *p.ext.* forma assumida por uma personalidade num dado momento ⟨*meu eu antigo não existe mais*⟩

Eu símbolo de *európio*

eu.ca.lip.to *s.m.* 1 árvore grande, de crescimento rápido, us. em reflorestamento e para extração de madeira para lenha, produção de óleo e celulose 2 óleo dessa planta, com uso em farmácia e medicina

eu.ca.lip.tol *s.m.* substância medicinal encontrada no eucalipto

eu.ca.ri.on.te *adj.2g.s.m.* BIO (o) que possui núcleo definido por membrana ⟨*organismo e.*⟩ ⟨*célula e.*⟩ ☞ cf. *procarionte*

eu.ca.ris.ti.a *s.f.* 1 no catolicismo, sacramento em que o pão e o vinho se convertem no corpo e sangue de Cristo 2 a celebração desse sacramento 3 a hóstia consagrada 4 ação de graças ⊙ GRAM/USO inicial freq. maiúscula ~ **eucarístico** *adj.*

eu.fe.mis.mo *s.m.* GRAM expressão que atenua uma ideia desagradável, grosseira ou indecente ~ **eufêmico** *adj.* - **eufemístico** *adj.*

eu.fo.ni.a *s.f.* GRAM combinação de sons harmônicos e agradáveis aos ouvidos ☞ cf. *cacofonia* ~ **eufônico** *adj.*

eu.fo.ri.a *s.f.* alegria intensa e repentina; exaltação ⮌ desolação

eu.fó.ri.co *adj.* entusiasmado por algum motivo; animado ⮌ desanimado, desolado

eu.ge.ni.a *s.f.* teoria que busca o aperfeiçoamento da espécie humana, pela seleção genética e controle da reprodução ~ **eugênico** *adj.* - **eugenista** *adj.2g.s.2g.*

eu.la.li.a *s.f.* modo agradável de falar ⮌ tartamudez

eu.nu.co *s.m.* 1 homem castrado que vigiava as mulheres do harém 2 *p.ext.* homem impotente ■ *adj.* 3 privado dos órgãos sexuais reprodutores; castrado

eu.re.ca *interj.* heureca

eu.ro *s.m.* 1 moeda ('meio') única dos países da União Europeia, us. para transações financeiras desde 1º de janeiro de 1999 2 a cédula e a moeda ('peça') que substituíram as antigas moedas desses países, a partir de 1º de janeiro de 2002

eu.ro.dó.lar *s.m.* dólar americano depositado ou investido em bancos europeus

eu.ro.pe.i.zar *v.* {mod. 2} *t.d. e pron.* dar ou tomar aspecto ou característica própria dos povos, culturas, línguas da Europa

eu.ro.peu [fem.: *europeia \éi*] *adj.* 1 da Europa ■ *s.m.* 2 natural ou habitante desse continente

eu.ró.pio *s.m.* elemento químico us. em aparelhos de TV e reatores nucleares [símb.: *Eu*] ☞ cf. *tabela periódica* (no fim do dicionário)

eur.rit.mi.a *s.f.* 1 harmonia de um todo ⮌ arritmia 2 MED regularidade da pulsação ⮌ disritmia

eu.ta.ná.sia *s.f.* 1 ato de proporcionar morte sem sofrimento a doente incurável vítima de dores insuportáveis 2 DIR direito de matar ou morrer por tal razão

ev– *pref.* → EU-

e.va.cu.a.ção [pl.: *-ões*] *s.f.* 1 ato ou efeito de evacuar, de esvaziar em ⟨*e. de um trem*⟩ 2 dejeção natural ou artificial de matéria orgânica 2.1 dejeção de matéria fecal dos organismos; defecação, excreção 3 *p.ext.* a matéria evacuada resultante dessa dejeção

e.va.cu.ar *v.* {mod. 1} *t.d.* 1 sair de (um lugar), deixando-o vazio; desocupar ❑ *int.* 2 expelir fezes; defecar

e.va.dir *v.* {mod. 24} *t.d. e pron.* 1 esquivar-se a dizer e/ou fazer (algo); evitar ❑ *pron.* 2 fugir do cárcere, da prisão 3 desaparecer, sumir-se

e.van.ge.lho *s.m.* 1 a doutrina cristã, contida no Novo Testamento 2 cada um dos quatro primeiros livros do Novo Testamento ☞ nas acp. 1 e 2, inicial maiúsc. 3 conjunto de princípios; dogma

e.van.ge.li.ca.lis.mo *s.m.* movimento teológico e conjunto de doutrinas, valores ou crenças dos evangélicos

e.van.gé.li.co *adj.* 1 relativo ao Evangelho 2 relativo às diversas Igrejas e correntes protestantes ■ *adj.s.m.* 3 indivíduo que segue uma corrente protestante

e.van.ge.lis.mo *s.m.* sistema moral ou religioso baseado no Evangelho

e.van.ge.lis.ta *s.m.* 1 autor de cada um dos livros do Evangelho ■ *adj.2g.s.2g.* 2 que(m) evangeliza; evangelizador 3 que(m) segue alguma religião protestante

e.van.ge.li.zar *v.* {mod. 1} *t.d.* 1 converter (alguém) à religião, pregando o Evangelho 2 pregar (doutrina ou ideia) ~ **evangelização** *s.f.* - **evangelizador** *adj.s.m.*

e.va.po.ra.ção [pl.: *-ões*] *s.f.* 1 passagem de um estado líquido para um estado de vapor 2 *fig.* desaparecimento de algo

e.va.po.rar *v.* {mod. 1} *t.d.,int. e pron.* 1 transformar(-se) [líquido] em vapor 2 *fig.* (fazer) deixar de existir, de manifestar-se; sumir

e.va.po.ra.ti.vo *adj.* que provoca evaporação

e.va.são [pl.: *-ões*] *s.f.* 1 fuga, escapada ⮌ permanência 2 *fig.* argumentação cheia de subterfúgios; pretexto

e.va.si.va *s.f.* frase de sentido vago, desculpa ardilosa; subterfúgio ⟨*respondia com e. às perguntas da mãe*⟩

e.va.si.vo *adj.* 1 que usa de subterfúgios 2 ilusório; indireto ⮌ categórico

e.ven.to *s.m.* 1 acontecimento; fenômeno 2 *B* festa, espetáculo etc. com objetivos institucionais, comunitários, promocionais 3 acontecimento inesperado; eventualidade

e.ven.tu.al *adj.2g.* 1 que pode ocorrer ou não; casual ⮌ previsto 2 que ocorre algumas vezes; ocasional ⮌ frequente

e.ven.tu.a.li.da.de *s.f.* acontecimento inesperado; acaso

e.ven.tu.al.men.te *adv.* expressa uma possibilidade, uma hipótese; porventura, talvez, possivelmente ⟨*há livros aqui que e. podem interessar-lhe*⟩

e.vi.dên.cia *s.f.* 1 qualidade do que não dá margem a dúvidas ⟨*a e. de uma boa explicação*⟩ ⮌ obscuridade 2 destaque, realce ⟨*este autor está em e.*⟩ 3 o que indica a existência de algo; sinal

e.vi.den.ci.ar *v.* {mod. 1} *t.d. e pron.* 1 tornar(-se) claro, evidente; comprovar, demonstrar ⮌ esconder, disfarçar 2 destacar(-se), realçar(-se)

e.vi.den.te *adj.2g.* que não dá margem à dúvida; claro, manifesto ⮌ duvidoso

e.vis.ce.rar *v.* {mod. 1} *t.d.* retirar tripas, vísceras a; estripar ~ **evisceração** *s.f.*

e.vi.tar *v.* {mod. 1} *t.d.* 1 manter-se livre, distante de (algo ou alguém ger. desagradável, perigoso); esquivar-se 2 não permitir a concretização de; impedir ⟨*e. um acidente*⟩

e.vo.car *v.* {mod. 1} *t.d.* 1 chamar (algo, ger. sobrenatural), fazendo com que apareça 2 trazer à lembrança; relembrar ~ **evocação** *s.f.*

e.vo.lar-se *v.* {mod. 1} *pron.* 1 elevar-se como se voasse 2 exalar, espalhar-se (aroma, odor) 3 desaparecer, esvair

e.vo.lu.ção [pl.: *-ões*] *s.f.* 1 desenvolvimento gradual ⟨*e. da tecnologia*⟩ ⟨*e. de uma doença*⟩ 2 movimentação harmônica (em ginástica, dança, desfile etc.) 3 movimento circular 4 teoria segundo a qual as espécies se modificam ao longo do tempo pela ação de mutações e da seleção natural ☞ nesta acp., cf. *darwinismo*

e.vo.lu.cio.nar *v.* {mod. 1} *int.* evoluir ~ **evolucionário** *adj.*

e.vo.lu.cio.nis.mo *s.m.* qualquer teoria fundada na noção de evolução das espécies, esp. a dos seres vivos ~ **evolucionista** *adj.2g.s.2g.*

e.vo.lu.ir *v.* {mod. 26} *int.* **1** passar por processo gradual de desenvolvimento; desenvolver-se, progredir ↄ regredir **2** passar por transformação; modificar-se ↄ conservar-se **3** executar evolução ('movimentação')

e.vol.ver *v.* {mod. 8} *int.* desenvolver-se gradualmente; evoluir ~ **evolvente** *adj.2g.*

e.vul.são [pl.: *-ões*] *s.f.* MED avulsão ~ **evulsivo** *adj.*

ex– *pref.* **1** 'movimento para fora': *excluir, exportar* **2** 'que não exerce mais': *ex-marido, ex-presidente*

e.xa.ção \z\ [pl.: *-ões*] *s.f.* **1** cobrança de impostos, taxas etc. **2** realização de algo com exatidão, capricho ou pontualidade

e.xa.cer.ba.ção \z\ [pl.: *-ões*] *s.f.* **1** aumento, intensificação ↄ decréscimo **2** exasperação, irritação ↄ calma

e.xa.cer.bar \z\ *v.* {mod. 1} *t.d. e pron.* **1** tornar(-se) mais violento, áspero ou cruel **2** tornar(-se) mais intenso; avivar(-se), agravar(-se) ❑ *t.d.* **3** deixar nervoso, irritado; exasperar

e.xa.ge.rar \z\ *v.* {mod. 1} *t.d.,t.i. e int.* **1** (prep. *em*) fazer ou dizer (algo) com excesso; exceder-se ↄ comedir(-se) ❑ *t.d.* **2** atribuir proporções ou qualidades maiores do que as reais; aumentar ~ **exageração** *s.f.*

e.xa.ge.ro \z...ê\ *s.m.* **1** aumento; excesso ↄ contenção **2** qualquer coisa de proporção além do normal ou do razoável; exorbitância ~ **exageradamente** *adv.*

e.xa.la.ção \z\ [pl.: *-ões*] *s.f.* **1** odor **2** vapor **3** inflamação de gases que escapam do solo

e.xa.lar \z\ *v.* {mod. 1} *t.d.,int. e pron.* **1** espalhar(-se) [vapor, perfume, líquido etc.]; emanar ⟨*a flor exalava bom odor*⟩ ⟨*o cheiro exalava(-se) da panela*⟩ **2** (deixar) sair livremente; soltar(-se) ⟨*e. um suspiro*⟩ ⟨*um sopro exalava(-se) da sua boca*⟩ ❑ *pron.* **3** virar vapor; evaporar ❑ *t.d. fig.* **4** deixar surgir; manifestar ↄ disfarçar ~ **exalante** *adj.2g.*

e.xal.ta.ção \z\ [pl.: *-ões*] *s.f.* **1** ato de glorificar, de exaltar **2** estado de arrebatamento; deslumbramento **3** estado de irritação ou raiva ⟨*dominado por intensa e., agrediu os provocadores*⟩ ↄ calma, serenidade

e.xal.ta.do \z\ *adj.* **1** que está excitado, estimulado ⟨*a notícia deixou-o e.*⟩ **2** que é dominado por fanatismo ou paixão ⟨*torcedor e.*⟩ ■ *adj.s.m.* **3** que ou aquele que se irrita, que se encoleriza com facilidade ↄ calmo, tranquilo

e.xal.tar \z\ *v.* {mod. 1} *t.d.* **1** tornar grandioso, elevado; engrandecer **2** causar entusiasmo ou delírio; arrebatar ❑ *t.d. e pron.* **3** (fazer) atingir alto grau de energia, atividade ou intensidade ⟨*a febre exaltava seu delírio*⟩ ⟨*os ânimos se exaltaram*⟩ **4** (fazer) ficar irritado; enfurecer(-se) ↄ acalmar(-se)

e.xa.me \z\ *s.m.* **1** investigação ou pesquisa minuciosa ⟨*e. de um local*⟩ ⟨*e. de consciência*⟩ ⟨*e. médico*⟩ **2** teste, prova ⟨*foi reprovado no e. de português*⟩ **3** análise clínica ou de laboratório

e.xa.mi.nar \z\ *v.* {mod. 1} *t.d.* **1** observar, investigar ou avaliar em detalhes, com atenção; analisar **2** submeter a exame médico, escolar etc. ~ **examinador** *adj.s.m.*

e.xan.gue \z\ *adj.2g.* **1** que ficou sem sangue **2** debilitado, enfraquecido ↄ vigoroso

e.xâ.ni.me \z\ *adj.2g.* **1** desmaiado, desfalecido **2** que parece estar morto

e.xan.te.ma \z, cz *ou* gz\ *s.f.* lesão cutânea que ocorre em doenças agudas como sarampo e escarlatina

e.xa.rar \z\ *v.* {mod. 1} *t.d.* **1** entalhar, gravar ⟨*e. o nome na lápide*⟩ **2** registrar por escrito; lavrar ~ **exaração** *s.f.*

e.xas.pe.ra.ção \z\ [pl.: *-ões*] *s.f.* **1** irritação, exacerbação ↄ tranquilidade **2** agravamento, intensificação ↄ amenização

e.xas.pe.rar \z\ *v.* {mod. 1} *t.d. e pron.* **1** (fazer) ficar colérico, enfurecido; irritar(-se) ↄ acalmar(-se) **2** tornar(-se) mais intenso, forte; intensificar(-se) ↄ enfraquecer ~ **exasperadamente** *adv.* - **exasperador** *adj.s.m.* - **exasperante** *adj.2g.*

e.xa.ta.men.te \z\ *adv.* **1** com rigor, com exatidão; nem mais nem menos ⟨*o que você pretende e.?*⟩ **2** na expressão da palavra ⟨*não é e. tolo, mas também não é brilhante*⟩ **3** us. para confirmar algo dito anteriormente ⟨*– Saímos às duas horas? – E.*⟩

e.xa.ti.dão \z\ [pl.: *-ões*] *s.f.* qualidade de exato

e.xa.to \z\ *adj.* **1** que não contém erro; correto ↄ incorreto **2** que tem grande rigor ou precisão ↄ impreciso **3** pontual ↄ impontual

e.xau.rir \z\ *v.* {mod. 24} *t.d. e pron.* **1** esgotar(-se), gastar(-se) totalmente **2** tornar(-se) cansado, exausto; esgotar(-se) ↄ descansar

e.xaus.tão \z\ [pl.: *-ões*] *s.f.* esgotamento; cansaço extremo ↄ disposição, vigor

e.xaus.ti.vo \z\ *adj.* **1** que esgota; que abrange até os mínimos detalhes ⟨*pesquisa e.*⟩ **2** muito cansativo ⟨*esforço e.*⟩

e.xaus.to \z\ *adj.* muito cansado, esgotado ↄ descansado

e.xaus.tor \z...ô\ *adj.s.m.* (aparelho) que aspira e/ou renova o ar de um recinto fechado

ex.ce.ção [pl.: *-ões*] *s.f.* **1** desvio da regra geral ↄ regra **2** exclusão ⟨*com e. da filha, todos viajaram*⟩ ↄ inclusão

ex.ce.den.te *adj.2g.s.m.* (o) que excede ou sobra

ex.ce.der *v.* {mod. 8} *t.d.,t.i.,t.d.i. e pron.* **1** (prep. *a, em*) ser superior a (em valor, peso, tamanho, talento, força etc.); ultrapassar(-se), superar(-se) ⟨*o peso da bagagem excedeu (a)o limite*⟩ ⟨*e. os colegas (em gramática)*⟩ ⟨*em seu último livro, conseguiu e.-se*⟩ ❑ *pron.* **2** (prep. *em*) ir além do que é natural, conveniente; desmedir-se ↄ comedir-se **3** ficar irritado; exaltar-se **4** (prep. *em*) caprichar, esmerar-se ⟨*e.-se na linguagem*⟩ ~ **excedência** *s.f.*

ex.ce.lên.cia *s.f.* **1** qualidade do que é excelente **2** tratamento dado a pessoas de alta posição social [abrev.: *Ex.ª*] ⊡ por e. *loc.adv.* acima de tudo ⟨*era um conquistador por e.*⟩

ex.ce.len.te *adj.2g.* muito bom; de ótima qualidade ⟨*e. pessoa*⟩ ⟨*livro e.*⟩ ⊃ péssimo

ex.ce.len.tís.si.mo *adj.* tratamento dado a pessoas de alta hierarquia social [abrev.: *Exmo*] ☞ inicial maiúsc. ⊙ GRAM/USO sup.abs.sint. de *excelente*

ex.ce.ler *v.* {mod. 8} *t.i. e int.* (prep. *em*) destacar-se muito (em certa qualidade, dote, ofício etc.)

ex.cel.so *adj.* **1** sublime, elevado ⟨*pensamentos e.*⟩ ⊃ inferior **2** ilustre, digno de louvor ⟨*personalidade e.*⟩ ⊃ ignorado **3** admirável, excelente ⊃ detestável ~ **excelsitude** *s.f.*

ex.cên.tri.co *adj.* **1** que se desvia do centro **2** que não tem o mesmo centro (círculo, ângulo etc.) ⊃ concêntrico ■ *adj.s.m.* **3** que(m) é extravagante ou original ⊃ banal, corriqueiro ~ **excentricidade** *s.f.*

ex.cep.cio.nal *adj.2g.* **1** que constitui exceção ⊃ regular **2** incomum; extraordinário ⊃ habitual ■ *adj.2g.s.2g.* **3** portador de deficiência física, mental ou sensorial

ex.cep.cio.na.li.da.de *s.f.* qualidade do que é excepcional

ex.cer.to \ê\ *s.m.* trecho, fragmento

ex.ces.si.vo *adj.* **1** que excede, que sobra **2** exagerado, desmedido ⊃ moderado

ex.ces.so *s.m.* **1** sobra ⊃ falta **2** o que passa da medida; exagero ⟨*e. de palavras*⟩ **3** ação descontrolada; desmando ⟨*cometer excessos*⟩ ⊃ contenção ☞ nesta acp., mais us. no pl.

ex.ce.to *prep.* à exclusão de; salvo ⟨*todos saíram, e. o diretor*⟩ ⊃ inclusive

ex.ce.tu.ar *v.* {mod. 1} *t.d.,t.d.i. e pron.* (prep. *de*) deixar(-se) de fora, livre de; isentar(-se), excluir(-se) ⊃ incluir(-se) ~ **excetuação** *s.f.*

ex.ci.pi.en.te *s.m.* substância neutra us. como veículo para medicamentos

ex.ci.ta.ção [pl.: *-ões*] *s.f.* **1** estímulo, entusiasmo ⟨*a e. do prêmio levava-o a prosseguir*⟩ **2** desejo sexual **3** incitação, instigação ⟨*e. dos ânimos*⟩

ex.ci.ta.men.to *s.m.* excitação

ex.ci.tan.te *adj.2g.* **1** que excita ■ *adj.2g.s.m.* **2** (o) que estimula, anima ⊃ calmante

ex.ci.tar *v.* {mod. 1} *t.d. e pron.* **1** (fazer) ter reação física ou psicológica; estimular(-se), instigar(-se) **2** (fazer) sentir cólera, irritação; exaltar(-se) **3** (fazer) sentir desejo sexual

ex.ci.tá.vel *adj.2g.* **1** que se pode excitar **2** que se excita facilmente ~ **excitabilidade** *s.f.*

ex.cla.ma.ção [pl.: *-ões*] *s.f.* **1** grito de surpresa, alegria, raiva etc. **2** GRAM ponto de exclamação

ex.cla.mar *v.* {mod. 1} *t.d. e int.* dizer (algo) com espanto, alegria, admiração etc., por meio de exclamação ~ **exclamativo** *adj.* - **exclamatório** *adj.*

ex.clu.ir *v.* {mod. 26} *t.d.* **1** ser incompatível com ⟨*o amor exclui a violência*⟩ ⊃ combinar **2** pôr de lado; afastar ⟨*este desejo exclui os demais*⟩ ⊃ incluir ❑ *t.d.i.* **3** (prep. *de*) retirar (algo, alguém) [de um conjunto, um todo]; eliminar ⟨*e. alguém da lista da festa*⟩ ⊃ incluir **4** (prep. *de*) fazer perder a posse de; privar ⟨*excluíram-no da herança*⟩ ❑ *pron.* **5** (prep. *de*) retirar-se, isentar-se ~ **excludente** *adj.2g.*

ex.clu.são [pl.: *-ões*] *s.f.* **1** eliminação ⟨*a e. dos nomes já foi feita*⟩ ⊃ inclusão **2** afastamento, expulsão ⟨*e. do quadro de sócios*⟩ ⊃ admissão

ex.clu.si.va.men.te *adv.* **1** de maneira específica; apenas, tão somente ⟨*trabalha e. com autores clássicos*⟩ **2** por privilégio privado; somente, apenas ⟨*ônibus com assentos e. para idosos*⟩ **3** à parte, em separado ⟨*os outros receberam o indulto, mas vocês foram citados e.*⟩

ex.clu.si.ve *adv.* excetuado, sem inclusão ⟨*conhece todos os alunos, e. o que sempre chega atrasado*⟩ ⊃ inclusive

ex.clu.si.vis.mo *s.m.* sistema ou prática de excluir sistematicamente os outros e as opiniões contrárias às suas; individualismo

ex.clu.si.vis.ta *adj.2g.* **1** próprio do exclusivismo ■ *adj.2g.s.2g.* **2** que(m) procede com exclusivismo; individualista **3** que(m) se mostra inflexível; intransigente ⊃ tolerante, transigente

ex.clu.si.vo *adj.* **1** que exclui, que elimina **2** privativo, particular ⟨*entrada e. para funcionários*⟩ ~ **exclusividade** *s.f.*

ex.co.gi.tar *v.* {mod. 1} *t.d.* **1** imaginar, inventar **2** examinar ou pesquisar com atenção ❑ *int.* **3** recolher-se em reflexões ~ **excogitação** *s.f.* - **excogitador** *adj.s.m.*

ex.co.mun.ga.do *adj.s.m.* **1** que(m) sofreu excomunhão; anátema **2** *fig.* amaldiçoado ⊃ abençoado, bendito

ex.co.mun.gar *v.* {mod. 1} *t.d.* **1** expulsar (um membro) da Igreja católica **2** *fig.* lançar praga a; amaldiçoar ⊃ abençoar **3** *fig.* condenar, reprovar ⊃ aprovar, apoiar ~ **excomungação** *s.f.*

ex.co.mu.nhão [pl.: *-ões*] *s.f.* penalidade da Igreja católica que exclui alguém da totalidade ou de parte dos bens espirituais comuns aos fiéis

ex.cre.ção [pl.: *-ões*] *s.f.* **1** eliminação de resíduos pelo organismo **2** matéria excretada; excremento

ex.cre.men.to *s.m.* **1** matéria sólida ou líquida excretada pelo organismo humano ou animal; excreção **2** fezes **3** *fig.* pessoa ou coisa desprezível

ex.cres.cên.cia *s.f.* **1** ponto que se eleva acima da superfície; saliência ⊃ depressão **2** *fig.* excesso **3** MED tumor na superfície de um órgão

ex.cre.tar *v.* {mod. 1} *t.d.* expelir do corpo por via natural; secretar ~ **excretório** *adj.*

ex.cre.tor \ô\ *adj.* que excreta; excretório

ex.cur.são [pl.: *-ões*] *s.f.* viagem ou passeio recreativo ou de estudo, ger. em grupo e com guia ~ **excursionar** *v.int.*

ex.cur.sio.nis.mo *s.m.* exercício, prática ou gosto de excursionar ~ **excursionista** *adj.2g.s.2g.*

e.xe.cra.ção \z\ [pl.: *-ões*] *s.f.* **1** ódio profundo; abominação ⊃ adoração **2** maldição, praga ⊃ bênção

e.xe.crar \z\ *v.* {mod. 1} *t.d. e pron.* **1** ter ódio, aversão a (alguém ou si mesmo); detestar(-se) ⊃ adorar(-se)

❑ *t.d.* **2** desejar mal a; amaldiçoar ~ **execrador** *adj.s.m.*

e.xe.crá.vel \z\ *adj.2g.* que pode ou deve ser execrado; detestável ↄ admirável

e.xe.cu.ção \z\ [pl.: *-ões*] *s.f.* **1** realização ⟨*a e. de uma obra*⟩ **2** cumprimento de uma lei ou mandato judicial **3** interpretação de música ⟨*a bela e. de uma sonata*⟩ **4** cumprimento de pena de morte

e.xe.cu.tar \z\ *v.* {mod. 1} *t.d.* **1** levar a efeito; realizar, fazer **2** representar, interpretar (papel) **3** tirar a vida de; matar **4** obrigar a pagar por ação judicial ⟨*e. um devedor*⟩ **5** cantar, tocar (música) **6** em informática, processar (rotina ou programa de computador) ~ **executante** *adj.2g.* - **executável** *adj.2g.*

e.xe.cu.ti.va \z\ *s.f.* comissão executiva

e.xe.cu.ti.vo \z\ *adj.* **1** que executa, realiza **2** que executa ou faz cumprir a lei ■ *s.m.* **3** o poder executivo ☞ tb. us. com inicial maiúsc. **4** alto funcionário de uma empresa

e.xe.cu.tor \z...ô\ *adj.s.m.* **1** que(m) executa ■ *s.m.* **2** ˈcarrasco

e.xe.ge.se \z\ *s.f.* **1** explicação ou interpretação crítica de texto ou palavra **2** interpretação de obra literária, artística etc. ~ **exegético** *adj.*

e.xe.ge.ta \z\ *s.2g.* aquele faz exegese; comentarista, intérprete

e.xe.gé.ti.ca \z\ *s.f.* parte da teologia que se dedica à interpretação e explicação da Bíblia

e.xem.plar \z\ *adj.2g.* **1** que serve de modelo ⟨*texto e. do estilo romântico*⟩ ⟨*aluno e.*⟩ **2** que serve de lição ⟨*castigo e.*⟩ ■ *s.m.* **3** unidade (de uma edição, coleção etc.) **4** indivíduo (de uma mesma espécie) ~ **exemplaridade** *s.f.*

e.xem.plá.rio \z\ *s.m.* conjunto de exemplos

e.xem.pli.fi.ca.ção \z\ [pl.: *-ões*] *s.f.* **1** ato ou efeito de exemplificar **2** porção de palavras ou frases que se mencionam para demonstrar alguma coisa; esclarecimento por meio de exemplos ⟨*expôs sua tese com rica e.*⟩

e.xem.pli.fi.car \z\ *v.* {mod. 1} *t.d.* **1** explicar, provar com exemplos **2** prover de exemplos

e.xem.plo \z\ *s.m.* **1** o que pode ou deve ser imitado; modelo ⟨*siga o e. de seu pai*⟩ **2** fato que pode servir de lição ⟨*o aluno castigado foi e. para a turma*⟩ **3** fato us. para ilustrar ou esclarecer algo ⟨*meu sobrinho é um e. do que estou dizendo*⟩ **4** frase ou passagem de um autor, citada para confirmar uma opinião, reforçar uma regra ou demonstrar uma verdade ⊙ COL exemplário ⊡ **por e.** *loc.adv.* expressão que antecede uma frase ilustrativa da ideia ou conceito antes mencionado [abrev.: p.ex.] ⟨*sairemos, por e., eu e você*⟩

e.xé.quias \z\ *s.f.pl.* cerimônias ou honras fúnebres ~ **exequial** *adj.2g.*

e.xe.quí.vel \z...qü\ *adj.2g.* que pode ou deve ser executado; realizável ~ **exequibilidade** *s.f.*

e.xer.cer \z\ *v.* {mod. 8} *t.d.* **1** realizar as tarefas, obrigações inerentes a (cargo, ofício, função etc.) ⟨*e. o magistério, um ofício*⟩ **2** executar, desempenhar, cumprir ⟨*e. as funções de mãe, esposa, trabalhadora*⟩ ❑ *t.d.i.* **3** (prep. *sobre, em*) fazer sentir, ser atingido por (ideia, sentimento, estado de espírito etc.) ⟨*e. influência, pressão, poder sobre o filho*⟩

e.xer.cí.cio \z\ *s.m.* **1** treinamento ⟨*e. de canto, de datilografia*⟩ **2** desempenho de função, profissão etc. ⟨*o e. da medicina, da edição de textos*⟩ **3** trabalho escolar ⟨*nunca fazia os e. de matemática*⟩ **4** atividade física **5** em administração, período entre dois balanços ('verificação') ou orçamentos

e.xer.ci.tar \z\ *v.* {mod. 1} *t.d.* **1** exercer (uma prática) com regularidade ⟨*e. uma profissão*⟩ **2** pôr em ação, fazendo valer ⟨*e. os próprios direitos*⟩ ❑ *t.d.,t.d.i. e pron.* **3** (prep. *em*) (fazer) adquirir força, habilidade, perícia etc. (em algo) com exercícios ⟨*e. o corpo e a mente*⟩ ⟨*e. alunos no uso da crase*⟩ ⟨*e.-se na academia*⟩

e.xér.ci.to \z\ *s.m.* **1** força armada terrestre de uma nação ☞ inicial maiúsc. **2** grupo de tropas em combate **3** *fig.* multidão ⟨*fomos assediados por um e. de jornalistas*⟩

e.xi.bi.ção \z\ [pl.: *-ões*] *s.f.* **1** apresentação, mostra ⟨*houve uma e. de* slides *após a palestra*⟩ **2** projeção de filme ou representação de espetáculo artístico **3** ostentação ⟨*e. de riqueza*⟩

e.xi.bi.cio.nis.mo \z\ *s.m.* **1** mania de exibir-se **2** mania doentia de exibir as partes sexuais ~ **exibicionista** *adj.2g.s.2g.*

e.xi.bi.do \z\ *adj.* **1** que foi exposto ou mostrado ■ *adj.s.m.* **2** (aquele) que procura insistentemente chamar atenção sobre si ↄ discreto

e.xi.bir \z\ *v.* {mod. 24} *t.d. e t.d.i.* **1** (prep. *a*) tornar visível ou perceptível intencionalmente; mostrar, patentear ↄ esconder, ocultar ❑ *t.d. e pron.* **2** mostrar(-se) com vaidade, arrogância; ostentar **3** mostrar(-se) em ou ao público; apresentar(-se)

e.xi.gên.cia \z\ *s.f.* **1** o que se reclama como necessário à satisfação de necessidades ou desejos ⟨*e. básicas para uma vida decente*⟩ **2** pedido urgente ou impertinente **3** determinação; imposição ⟨*a única e. era que o prazo fosse cumprido*⟩

e.xi.gen.te \z\ *adj.2g.* **1** que exige, que pede com insistência ⟨*ser muito e. com os funcionários*⟩ **2** difícil de satisfazer ⟨*gosto e.*⟩

e.xi.gir \z\ *v.* {mod. 24} *t.d. e t.d.i.* **1** (prep. *de*) reclamar em função de direito legítimo ou suposto **2** (prep. *de*) pedir em tom autoritário; cobrar ❑ *t.d.i.* **3** (prep. *a*) determinar por ordem ou intimação; impor ❑ *t.d.* **4** ter necessidade de; demandar, requerer ↄ dispensar **5** impor determinação de; estabelecer

e.xí.guo \z\ *adj.* **1** pequeno, apertado ↄ amplo **2** insuficiente ↄ farto ~ **exiguidade** *s.f.*

e.xi.la.do \z\ *adj.s.m.* que ou quem se exilou ou foi exilado; que ou quem vive no exílio; expatriado, desterrado

e.xi.lar \z\ *v.* {mod. 1} *t.d. e pron.* **1** expulsar ou sair da pátria; desterrar(-se) ↄ repatriar(-se) **2** *fig.* manter(-se) distante; isolar(-se)

e.xí.lio \z\ *s.m.* **1** afastamento forçado ou voluntário da terra natal; degredo, desterro ↄ repatriação

2 *p.ext.* lugar onde vive o exilado 3 *fig.* isolamento do convívio social
e.xí.mio \z\ *adj.* eficiente; habilidoso ↄ incapaz
e.xi.mir \z\ *v.* {mod. 24} *t.d.,t.d.i. e pron.* 1 (prep. *de*) tornar(-se) isento, livre; dispensar(-se), livrar(-se) ❑ *pron.* 2 (prep. *de*) escapar, esquivar-se
e.xis.tên.cia \z\ *s.f.* 1 o fato de existir ou viver ⟨*a e. de um documento*⟩ ⟨*a e. da espécie humana*⟩ ↄ inexistência 2 a forma de viver ⟨*tinham uma e. miserável*⟩ 3 presença ⟨*há indícios da e. de mais corpos no local*⟩ ↄ ausência 4 período de tempo; duração ⟨*esse casamento não terá uma e. longa*⟩ ~ **existencial** *adj.2g.*
e.xis.ten.ci.a.lis.mo \z\ *s.m.* filosofia pela qual o homem é livre e responsável pela sua existência ~ **existencialista** *adj.2g.s.2g.*
e.xis.tir \z\ *v.* {mod. 24} *int.* estar presente, ter vida (no mundo real, na imaginação, por certo tempo etc.); haver, viver ~ **existente** *adj.2g.s.2g.*
ê.xi.to \z\ *s.m.* 1 consequência, efeito 2 bom resultado ⟨*apreciar o ê. do trabalho*⟩ ↄ fracasso
exo– \z\ *pref.* 'posição exterior': *exosfera*
ê.xo.do \z\ *s.m.* emigração de todo um povo ou saída de pessoas em massa ↄ imigração
e.xo.es.que.le.to \z...ê\ *s.m.* esqueleto externo (de crustáceos, insetos etc.)
e.xo.ga.mi.a \z\ *s.f.* casamento entre membros de famílias, clãs ou tribos diferentes ~ **exogâmico** *adj.*
e.xó.ga.mo \z\ *adj.s.m.* que(m) contrai casamento fora de sua aldeia, clã ou família ☞ cf. *endógamo*
e.xó.ge.no \z\ *adj.* que provém do exterior (de organismo ou sistema); que tem causas externas ↄ endógeno
e.xo.ne.ra.ção \z\ [pl.: *-ões*] *s.f.* 1 dispensa de emprego ou trabalho; demissão ↄ admissão, contratação 2 dispensa de ônus ou despesa
e.xo.ne.rar \z\ *v.* {mod. 1} *t.d.,t.d.i. e pron.* 1 (prep. *de*) dispensar(-se) [de cargo, função etc.]; destituir(-se) ↄ empregar(-se) ❑ *t.d.i. e pron.* 2 (prep. *de*) [deixar] ficar sem ônus de; isentar(-se) ↄ onerar
e.xo.pla.ne.ta \z\ *s.m.* ASTR planeta de um sistema que não o nosso sistema solar
e.xor.bi.tân.cia \z\ *s.f.* 1 excesso, exagero ⟨*comprou uma e. de livros*⟩ ↄ insignificância 2 preço muito alto ⟨*o jantar foi uma e.*⟩ ↄ ninharia
e.xor.bi.tan.te \z\ *adj.2g.* que ultrapassa o limite justo, aceitável; abusivo, excessivo ⟨*preços e.*⟩ ↄ justo, moderado
e.xor.bi.tar \z\ *v.* {mod. 1} *t.i. e int.* 1 (prep. *de*) desviar-se de ou exceder (norma ou limites justos, razoáveis); extrapolar ❑ *t.d. e int.* 2 (fazer) sair da órbita
e.xor.cis.mar \z\ *v.* {mod. 1} *t.d.* exorcizar
e.xor.cis.mo \z\ *s.m.* ritual religioso para afastar o demônio e outros espíritos malignos; conjuro, esconjuro ~ **exorcista** *adj.2g.s.2g.*
e.xor.ci.zar \z\ *v.* {mod. 1} *t.d.* 1 fazer sair (demônio, espírito mau) de um corpo por meio de rituais religiosos; esconjurar 2 expulsar demônio ou espírito maligno de ⟨*e. um possesso*⟩
e.xór.dio \z\ *s.m.* 1 o início de um discurso; preâmbulo 2 *p.ext.* o que vem no começo ↄ conclusão ~ **exordial** *adj.2g.* - **exordiar** *v.t.d.*
e.xor.tar \z\ *v.* {mod. 1} *t.d.* 1 dar estímulo a; animar, incentivar ❑ *t.d.i.* 2 (prep. *a*) induzir (alguém) a (fazer ou pensar algo); persuadir ~ **exortação** *s.f.* - **exortador** *adj.s.m.*
e.xos.fe.ra \z\ *s.f.* camada mais externa da atmosfera de um planeta ~ **exosférico** *adj.*
e.xos.mo.se \z\ *s.f.* fluxo do interior para o exterior de um recipiente através de uma membrana que separa dois fluidos de densidades diferentes ↄ endosmose
e.xo.té.ri.co \z\ *adj.* 1 que pode ser ensinado ao grande público ↄ confidencial 2 comum, trivial ↄ raro ☞ cf. *esotérico*
e.xo.te.ris.mo \z\ *s.m.* qualidade de exotérico ☞ cf. *esoterismo*
e.xó.ti.co \z\ *adj.* 1 que não é do país em que ocorre; estrangeiro ↄ autóctone 2 esquisito, extravagante ↄ comum ~ **exotismo** *s.m.*
ex.pan.dir *v.* {mod. 24} *t.d. e pron.* 1 aumentar as dimensões de (um corpo); dilatar(-se), inflar(-se) ↄ contrair(-se) 2 tornar(-se) maior, mais amplo; estender(-se), ampliar(-se) 3 expor(-se) abertamente (sentimentos, emoções etc.); desabafar 4 tornar(-se) muito conhecido; difundir(-se) ~ **expansibilidade** *s.f.* - **expansível** *adj.2g.*
ex.pan.são [pl.: *-ões*] *s.f.* 1 aumento de tamanho ou quantidade ↄ redução 2 dilatação, inchaço ↄ contração 3 expressão aberta de sentimentos; desabafo 4 difusão, divulgação ⟨*e. de uma crença*⟩ ↄ ocultação
ex.pan.sio.nis.mo *s.m.* política (de um país, empresa etc.) de aumentar seus domínios ~ **expansionista** *adj.2g.s.2g.*
ex.pan.si.vo *adj.* comunicativo, extrovertido ↄ introvertido ~ **expansividade** *s.f.*
ex.pa.tri.a.ção [pl.: *-ões*] *s.f.* desterro, deportação
ex.pa.tri.a.men.to *s.m.* expatriação
ex.pa.tri.ar *v.* {mod. 1} *t.d. e pron.* expulsar ou sair da pátria; desterrar(-se) ↄ repatriar(-se) ~ **expatriado** *adj.s.m.*
ex.pec.ta.dor \ô\ *adj.s.m.* que(m) tem ou está na expectativa ☞ cf. *espectador*
ex.pec.tan.te *adj.2g.* que espera, observando
ex.pec.ta.ti.va *s.f.* espera fundada em probabilidade ou promessa
ex.pec.to.ran.te *adj.2g.s.m.* (medicamento) que facilita a saída de secreções por via respiratória
ex.pec.to.rar *v.* {mod. 1} *t.d. e int.* expelir pela boca (secreção dos pulmões e das vias respiratórias) ~ **expectoração** *s.f.*
ex.pe.di.ção [pl.: *-ões*] *s.f.* 1 remessa, envio ⟨*e. de uma carta*⟩ 2 grupo que viaja para estudo ou pesquisa de uma região
ex.pe.di.cio.ná.rio *adj.* 1 relativo a expedição ■ *adj.s.m.* 2 que(m) participa de expedição ■ *s.m.* 3 militar da Força Expedicionária Brasileira (FEB) ☞ nesta acp, cf. a parte enciclopédica

ex.pe.di.en.te *s.m.* **1** meio para resolver uma dificuldade; artifício **2** desembaraço na maneira de agir e se expressar; desenvoltura **3** horário de funcionamento de estabelecimentos, escritórios etc. **4** horário de trabalho ⟨*no dia 30 faremos meio e.*⟩

ex.pe.dir *v.* {mod. 28} *t.d. e t.d.i.* **1** (prep. *a*) enviar para o destino; despachar **2** (prep. *a*) fazer seguir com certo objetivo; mandar ⟨*e. um emissário*⟩ ⟨*expediu-lhe sua reivindicação*⟩ ❑ *t.d.* **3** emitir, despachar ⟨*e. um parecer*⟩ **4** fazer a publicação oficial de; promulgar ❑ *t.d.i. e pron.* **5** (prep. *de*) tornar(-se) livre de; desembaraçar(-se) ~ **expedidor** *adj.s.m.*

ex.pe.di.to *adj.* ativo, despachado ⮌ lento

ex.pe.lir *v.* {mod. 28} *t.d.* **1** lançar para fora, ger. com violência; expulsar **2** arremessar a distância (projéteis, balas etc.) **3** *fig.* proferir com energia, agressividade ⟨*e. injúrias*⟩

ex.pen.der *v.* {mod. 8} *t.d. e t.d.i.* **1** (prep. *a*) expor ou explicar em detalhes; esmiuçar ❑ *t.d.* **2** despender, gastar

ex.pen.sas *s.f.pl.* ◗ só usado em: **às e. de** *loc.adv.* à custa de; por conta de ⟨*vive às e. dos amigos*⟩

ex.pe.ri.ên.cia *s.f.* **1** saber adquirido com exercício, treino ⟨*atleta de muita e.*⟩ ⮌ inexperiência **2** conhecimento adquirido de maneira espontânea; prática ⟨*ganhou e. observando o pai*⟩ ⮌ inexperiência **3** tentativa; experimento

ex.pe.ri.en.te *adj.2g.s.2g.* que(m) tem experiência, conhecimento das coisas ⮌ inexperiente

ex.pe.ri.men.tal *adj.2g.* relativo a ou baseado em experiência ⟨*projeto e.*⟩ ⟨*tratamento e.*⟩

ex.pe.ri.men.tar *v.* {mod. 1} *t.d.* **1** submeter à prova, teste; testar, ensaiar ⟨*e. nova substância*⟩ **2** pôr em prática (algo novo, diferente etc.); tentar ⟨*e. um novo método*⟩ **3** pôr no corpo (roupa, calçado) para ver como assenta; provar **4** sentir, sofrer, vivenciar ⟨*e. um desgosto*⟩ ~ **experimentação** *s.f.*

ex.pe.ri.men.to *s.m.* teste para descobrir ou verificar algum fenômeno; tentativa

expert [fr.; pl.: *experts*] *adj.2g.* ver EXPERTO ⇨ pronuncia-se ecspér

ex.per.to *adj.s.m.* especialista, perito ⮌ leigo ☞ cf. *esperto*

ex.pi.a.ção [pl.: *-ões*] *s.f.* **1** purificação de crimes ou faltas cometidas **2** sofrimento que compensa uma culpa; penitência

ex.pi.ar *v.* {mod. 1} *t.d.* **1** reparar (crime, culpa) cumprindo pena ou castigo; pagar **2** sofrer as consequências de (algo malfeito ou errado) ❑ *pron.* **3** purificar-se (de crimes, pecados etc.) ☞ cf. *espiar* ~ **expiatório** *adj.*

ex.pi.ra.ção [pl.: *-ões*] *s.f.* **1** ato ou efeito de expirar **2** saída de ar dos pulmões ⮌ inspiração

ex.pi.ran.te *adj.2g.* **1** moribundo **2** que está perto do fim

ex.pi.rar *v.* {mod. 1} *t.d.* **1** expelir (o ar) dos pulmões ⮌ inspirar **2** soltar de si; exalar ⟨*as flores expiram fragrância*⟩ ❑ *int.* **3** morrer **4** *fig.* chegar ao fim; terminar ⮌ começar ~ **expiratório** *adj.*

ex.pla.nar *v.* {mod. 1} *t.d.* **1** explicar em detalhes, tornando fácil de entender; esclarecer ⮌ complicar **2** expor, relatar minuciosamente ~ **explanação** *s.f.* - **explanador** *adj.s.m.* - **explanatório** *adj.*

ex.ple.ti.vo *adj.* **1** que serve para completar ■ *adj.s.m.* **2** (palavra) us. apenas para realçar outra, como, por exemplo, a palavra *só* em *olha só o que aconteceu*

ex.pli.ca.ção [pl.: *-ões*] *s.f.* **1** ação de tornar claro e inteligível; esclarecimento, explanação ⟨*e. de um texto*⟩ ⮌ obscurecimento **2** razão ou motivo (de algo) ⟨*ato sem e.*⟩ **3** lição dada a aluno ⟨*ouviu a e. de português*⟩ **4** reparação, desagravo ⟨*sua atitude exigia uma e.*⟩

ex.pli.car *v.* {mod. 1} *t.d. e t.d.i.* **1** (prep. *a*) tornar claro, compreensível (algo obscuro, ambíguo, desconhecido); esclarecer ⟨*e. um enigma*⟩ ⟨*e. o trabalho ao iniciante*⟩ **2** (prep. *a*) fazer conhecer a origem ou o motivo de **3** (prep. *a*) dar aula; ensinar ⟨*e. matemática (aos mais novos)*⟩ ❑ *t.d. e pron.* **4** dar a razão de seus atos ou palavras; justificar(-se) ~ **explicador** *adj.s.m.* - **explicativo** *adj.* - **explicável** *adj.2g.*

ex.pli.ci.tar *v.* {mod. 1} *t.d.,t.d.i. e pron.* (prep. *a*) tornar(-se) explícito, claro, sem ambiguidades; esclarecer ~ **explicitação** *s.f.*

ex.plí.ci.to *adj.* expresso claramente, sem deixar dúvidas ⟨*resposta e.*⟩ ⮌ implícito, ambíguo

ex.plo.dir *v.* {mod. 24} *t.d. e int.* **1** causar ou sofrer explosão; estourar ❑ *int.* **2** *fig.* manifestar-se de modo súbito e intenso

ex.plo.ra.ção [pl.: *-ões*] *s.f.* **1** estudo ou pesquisa mais ou menos intensiva de região, território etc. ou seu aproveitamento para a produção de alguma forma de riqueza **2** análise, exame, pesquisa ⟨*e. de uma biblioteca*⟩ **3** ato de tirar partido de (situação, oportunidade etc.) ⟨*e. da desinformação do povo para obter vantagens*⟩ ⟨*e. do sexo pela publicidade*⟩ **4** abuso da boa-fé ou da situação especial de alguém

ex.plo.rar *v.* {mod. 1} *t.d.* **1** percorrer (região, território etc.) para estudar, pesquisar, conhecer ⟨*e. os caminhos que levam à aldeia*⟩ **2** efetuar estudos em; examinar, analisar **3** tirar proveito ou vantagem de; aproveitar-se **4** abusar da boa-fé de; enganar ~ **explorador** *adj.s.m.* - **exploratório** *adj.* - **explorável** *adj.2g.*

ex.plo.são [pl.: *-ões*] *s.f.* **1** rompimento súbito, violento e ruidoso de um corpo sólido ⟨*e. de uma bomba*⟩ **2** *fig.* manifestação súbita e intensa ⟨*e. de alegria, de raiva*⟩ ⮌ contenção

ex.plo.si.vo *adj.s.m.* **1** (substância) capaz de explodir ou de produzir explosão ■ *adj.* **2** relativo a explosão **3** *fig.* sem moderação, exaltado ⟨*temperamento e.*⟩

ex.po.en.te *s.m.* **1** aquele que expõe **2** representante notável na sua classe, profissão etc. **3** MAT o número que indica o grau da potência a que uma quantidade é elevada

ex.por *v.* {mod. 23} *t.d.,t.d.i. e pron.* **1** (prep. *a*) pôr(-se) à vista ou em exibição; mostrar(-se) ⮌ esconder(-se) ❑ *t.d.i. e pron.* **2** (prep. *a*) sujeitar(-se) à ação de ⟨*e. o corpo ao sol*⟩ ⟨*e.-se a radiações*⟩ ❑ *t.d. e t.d.i.* **3** (prep. *a*) tornar conhecido; apresentar, contar ⟨*expôs suas razões (ao advogado)*⟩ ⊃ esconder **4** (prep. *a*) deixar evidente; revelar ⟨*o rosto expunha (ao inimigo) seu cansaço*⟩ ⊃ disfarçar, esconder **5** (prep. *a*) tornar compreensível; explicar ⟨*expôs seu método (aos iniciantes)*⟩ ⊃ complicar **6** (prep. *a*) pôr à disposição; oferecer ❑ *pron.* **7** correr riscos; aventurar-se ⊙ GRAM/USO part.: *exposto* ~ **exposto** *adj.s.m.*

ex.por.ta.ção [pl.: *-ões*] *s.f.* **1** venda ou envio de produtos para fora do país, estado, cidade ⊃ importação **2** o conjunto do que é exportado

ex.por.ta.dor \ô\ *adj.s.m.* que ou aquele que exporta ⊃ importador

ex.por.tar *v.* {mod. 1} *t.d.* **1** vender (produto) enviando-o para fora do lugar (país, estado etc.) que o produziu ⟨*e. café para a Europa*⟩ ⊃ importar ☞ *para a Europa* é circunstância que funciona como complemento **2** *p.ext.* enviar (ideias, pessoas etc.) para fora do lugar (país, estado etc.) a que pertecem ⊃ importar **3** *B* em informática, enviar (dados) de um aplicativo para outro

ex.po.si.ção [pl.: *-ões*] *s.f.* **1** ação de expor, de colocar à vista ⊃ ocultação **2** conjunto de objetos expostos para visitação **3** *p.ext.* o local onde esses objetos ficam expostos ⟨*a e. reuniu grande público*⟩ **4** apresentação organizada de um assunto ⟨*fez uma e. de seu ponto de vista*⟩ ~ **expositivo** *adj.*

ex.po.si.tor \ô\ *adj.s.m.* **1** (o) que expõe ■ *s.m.* **2** autor que apresenta seu trabalho numa exposição pública

ex.pres.sa.men.te *adv.* **1** por meio de palavras precisas; de maneira clara ⟨*declarou e. não ter dinheiro para viajar*⟩ **2** com uma finalidade definida; com um único objetivo ⟨*foi a Brasília e. para falar com o ministro*⟩ **3** sem que se admita contestação ou questionamento ⟨*é e. proibida a entrada de animais*⟩

ex.pres.são [pl.: *-ões*] *s.f.* **1** manifestação de pensamento, sentimentos por meio de palavra, gesto, fisionomia, arte etc. ⟨*e. carrancuda*⟩ ⟨*e. artística*⟩ **2** sentença, frase ou dito ⟨*uma típica e. baiana*⟩ **3** animação, energia ⟨*rosto sem e.*⟩ ⊃ apatia **4** MAT fórmula algébrica que representa um valor ⊡ **e. idiomática** *loc.subst.* locução ou frase cristalizada

ex.pres.sar *v.* {mod. 1} *t.d.,t.d.i. e pron.* exprimir ⊙ GRAM/USO part.: *expressado, expresso* ~ **expressável** *adj.2g.*

ex.pres.sio.nis.mo *s.m.* movimento artístico que procura retratar as sensações que os objetos e eventos despertam no artista ~ **expressionista** *adj.2g.s.2g.*

ex.pres.si.vi.da.de *s.f.* **1** qualidade do que é expressivo **2** energia ou força de expressão

ex.pres.si.vo *adj.* **1** que exprime bem uma ideia ou sentimento **2** que tem vivacidade ⊃ inexpressivo

ex.pres.so *adj.* **1** manifesto, explícito ⊃ implícito **2** que não admite objeções ⟨*ordens e.*⟩ ⊃ discutível **3** rápido, sem demora ⟨*correspondência e.*⟩ ■ *adj.s.m.* **4** (trem, ônibus etc.) rápido ou direto ⊙ GRAM/USO part. de *expressar* e *exprimir*

ex.pri.mir *v.* {mod. 24} *t.d.,t.d.i. e pron.* **1** (prep. *a*) manifestar(-se) por palavras, gestos ou atitudes ❑ *t.d. e pron.* **2** (deixar) ficar evidente; revelar(-se) ⊃ esconder(-se), disfarçar(-se) ❑ *t.d.* **3** ser símbolo ou expressão de; representar ⊙ GRAM/USO part.: *exprimido, expresso* ~ **exprimível** *adj.2g.*

ex.pro.brar ou **ex.pro.bar** *v.* {mod. 1} *t.d. e t.d.i.* (prep. *a*) censurar, repreender, criticar ⊃ aprovar ~ **exprobração/exprobação** *s.f.* - **exprobratório/exprobatório** *adj.*

ex.pro.pri.a.ção [pl.: *-ões*] *s.f.* **1** ato ou efeito de expropriar **2** a coisa expropriada

ex.pro.pri.ar *v.* {mod. 1} *t.d. e t.d.i.* (prep. *a, de*) em direito, retirar a propriedade ou posse (de alguém) por conveniência ou necessidade pública ~ **expropriador** *adj.s.m.*

ex.pug.nar *v.* {mod. 1} *t.d.* **1** conquistar à força, pelas armas ⟨*e. uma base inimiga*⟩ **2** *p.ext.* derrotar, vencer ⊃ perder ~ **expugnação** *s.f.* - **expugnável** *adj.2g.*

ex.pul.são [pl.: *-ões*] *s.f.* **1** ação de expulsar ou seu efeito **2** retirada forçada de ⟨*e. dos invasores*⟩ ⊃ acolhida ~ **expulsivo** *adj.*

ex.pul.sar *v.* {mod. 1} *t.d.* **1** retirar de um lugar, por castigo ou em obediência a regra ou norma; enxotar ⟨*e. o aluno da sala*⟩ ☞ *da sala* é circunstância que funciona como complemento **2** lançar para fora; expelir ⊙ GRAM/USO part.: *expulsado, expulso*

ex.pul.so *adj.* posto para fora ⊙ GRAM/USO part. de *expulsar*

ex.pur.gar *v.* {mod. 1} *t.d.* **1** deixar puro, limpo; purificar ❑ *t.d. e t.d.i.* **2** *fig.* (prep. *de*) deixar livre (do que é nocivo, imoral) ❑ *t.d.,t.d.i. e pron.* **3** (prep. *de*) [deixar] ficar sem erros; corrigir(-se) ~ **expurgação** *s.f.* - **expurgador** *adj.s.m.* - **expurgamento** *s.m.* - **expurgatório** *adj.*

ex.pur.go *s.m.* ato de expurgar ou seu efeito; expurgação

ex.su.da.ção \essu\ [pl.: *-ões*] *s.f.* líquido de consistência viscosa que sai em forma de gotas pelos poros de plantas ou animais

ex.su.dar \essu\ *v.* {mod. 1} *t.d. e int.* expelir ou sair em forma de gotas

ex.su.da.to \essu\ *s.m.* MED líquido com alto teor de proteína resultante de um processo inflamatório

ex.sur.gir \essu\ *v.* {mod. 24} *int.* levantar-se, erguer-se ⊃ abaixar-se

êx.ta.se *s.m.* **1** sentimento de falta de controle pessoal e da razão ⊃ desencantamento **2** transe místico

ex.ta.si.ar *v.* {mod. 1} *t.d. e pron.* (fazer) cair em êxtase; arrebatar(-se), maravilhar(-se)

ex.tá.ti.co *adj.* caído em ou causado por êxtase; encantado, maravilhado ☞ cf. *estático*

ex.tem.po.râ.neo *adj.* **1** que ocorre fora do tempo desejável ou apropriado ⊃ oportuno **2** que não é característico do tempo em que ocorre ~ **extemporaneidade** *s.f.*

ex.ten.são [pl.: *-ões*] *s.f.* **1** ato de estender ou seu efeito **2** dimensão ⟨*a e. de um terreno*⟩ **3** duração ⟨*a e. da* *vida humana*⟩ **4** alcance, importância ⟨*desconhecia a e. do problema*⟩ **5** MÚS intervalo entre o som mais grave e o mais agudo de uma voz ou um instrumento **6** aparelho telefônico ligado à mesma linha de outro

ex.ten.si.vo *adj.* **1** que se aplica ao maior número de casos ⟨*convite e. a todos*⟩ ↄ inextensível **2** extenso, amplo ⟨*usou a palavra em sentido e.*⟩ ↄ restrito ~ **extensível** *adj.2g.*

ex.ten.so *adj.* **1** amplo, espaçoso ↄ pequeno **2** muito comprido ↄ curto **3** de longa duração ↄ breve

ex.ten.sor \ô\ *adj.s.m.* (o) que estende ou serve para estender

ex.te.nu.a.ção [pl.: *-ões*] *s.f.* grande diminuição da força, do vigor; debilidade, fadiga ↄ energia

ex.te.nu.ar *v.* {mod. 1} *t.d. e pron.* **1** tornar(-se) muito fraco; debilitar(-se) ↄ fortalecer(-se) **2** cansar(-se) demais; esgotar(-se) ↄ descansar ❑ *t.d. fig.* **3** gastar, exaurir (bens, fortuna etc.) ~ **extenuante** *adj.2g.*

ex.te.ri.or \ô\ *adj.2g.* **1** que está fora ⟨*realidade e.*⟩ ↄ interior **2** que envolve países estrangeiros; internacional ⟨*política e.*⟩ ↄ nacional ■ *s.m.* **3** a parte externa de algo ⟨*o e. da caixa*⟩ ↄ interior **4** aparência ⟨*figura de e. imponente*⟩ **5** país estrangeiro ⟨*fez estudos no e.*⟩ ~ **exterioridade** *s.f.*

ex.te.ri.o.ri.zar *v.* {mod. 1} *t.d. e pron.* tornar(-se) exterior, conhecido, perceptível (ideia, opinião, emoção etc.); revelar(-se) ↄ ocultar(-se) ~ **exteriorização** *s.f.*

ex.ter.mi.na.ção [pl.: *-ões*] *s.f.* extermínio

ex.ter.mi.nar *v.* {mod. 1} *t.d.* **1** destruir de forma cruel, matando; eliminar **2** fazer desaparecer; acabar, extinguir **3** expulsar de território, região etc.; banir ⟨*e. o traidor do país*⟩ ☞ *do país* é circunstância que funciona como complemento ~ **exterminador** *adj.s.m.*

ex.ter.mí.nio *s.m.* ato de exterminar ou seu efeito; exterminação

ex.ter.na *s.f.* TV gravação, filmagem ou emissão feita fora de estúdio

ex.ter.nar *v.* {mod. 1} *t.d. e pron.* exteriorizar ~ **externação** *s.f.*

ex.ter.na.to *s.m.* colégio em que estudam apenas alunos externos

ex.ter.no *adj.* **1** que está ou vem do lado de fora ↄ interno ■ *adj.s.m.* **2** (aluno) que não mora no colégio ☞ cf. *esterno*

ex.tin.ção [pl.: *-ões*] *s.f.* **1** ato de extinguir ou seu efeito ↄ restauração **2** BIO desaparecimento definitivo de uma espécie ↄ origem ~ **extintivo** *adj.*

ex.tin.guir *v.* {mod. 24} *t.d. e pron.* **1** apagar(-se) [fogo] **2** (fazer) ter fim, desaparecer por completo; acabar(-se) ❑ *pron.* **3** perder a vida; morrer ❑ *t.d.* **4** pagar, saldar (débito, dívida) **5** abolir a validade de; revogar ↄ validar ⊙ GRAM/USO part.: *extinguido, extinto* ~ **extinguível** *adj.2g.*

ex.tin.to *adj.* **1** que se extinguiu ■ *s.m.* **2** pessoa já falecida; morto ⊙ GRAM/USO part. irreg. de *extinguir*

ex.tin.tor \ô\ *adj.s.m.* **1** (o) que extingue ■ *s.m.* **2** dispositivo portátil para combater incêndios

ex.tir.par *v.* {mod. 1} *t.d.* **1** arrancar pela raiz **2** remover (cisto, cancro etc.) **3** *fig.* eliminar, destruir ⟨*e. vícios*⟩ ~ **extirpação** *s.f.* - **extirpador** *adj.s.m.* - **extirpamento** *s.m.* - **extirpável** *adj.2g.*

ex.tor.quir *v.* {mod. 24} *t.d. e t.d.i.* (prep. *de*) obter por violência, ameaça ou ardil ⊙ GRAM/USO verbo defectivo

ex.tor.são [pl.: *-ões*] *s.f.* **1** ato criminoso de se obter algo mediante violência, ameaça ou ardil **2** imposto excessivo ~ **extorsionário** *adj.s.m.*

ex.tor.si.vo *adj.* **1** em que há extorsão **2** abusivo, exagerado ⟨*preços e.*⟩ ↄ moderado

extra– *pref.* **1** 'posição exterior': *extrajudicial, extraterreno* **2** 'excesso': *extradoce, extrafino*

ex.tra *adj.2g.* **1** fora dos padrões normais; extraordinário ⟨*uma dose e.*⟩ ⟨*um jogo e.*⟩ ↄ ordinário **2** de alta qualidade ⟨*manteiga e.*⟩ ↄ ruim ■ *adj.2g.s.2g.* **3** (tarefa, pagamento, funcionário etc.) adicional, suplementar ⟨*trabalho e. aos sábados*⟩ ⟨*o pagamento saiu de manhã, mas o e. só à tarde*⟩ ■ *s.2g.* **4** figurante

ex.tra.ção [pl.: *-ões*] *s.f.* **1** retirada de algo de dentro de ⟨*e. do látex da seringueira*⟩ ⟨*e. de petróleo*⟩ **2** MED operação para retirar ou arrancar algo do organismo ⟨*e. de um tumor*⟩ **3** sorteio dos números de loteria ~ **extrativo** *adj.*

ex.tra.clas.se *adj.2g.* que se faz fora da sala de aula

ex.tra.con.ju.gal *adj.2g.* que se realiza fora do casamento; extramatrimonial ⟨*filho e.*⟩

ex.tra.cur.ri.cu.lar *adj.2g.* que não faz parte do currículo escolar normal

ex.tra.di.tar *v.* {mod. 1} *t.d.* entregar (acusado, criminoso, refugiado etc.) a um governo estrangeiro que o exige judicialmente ~ **extradição** *s.f.*

ex.tra.es.co.lar *adj.2g.* que não pertence à escola

ex.tra.ga.lác.ti.co *adj.* que se origina ou se situa fora da Via Láctea

ex.tra.ir *v.* {mod. 25} *t.d.* **1** tirar de dentro de onde estava; retirar ⟨*e. um suco*⟩ ⟨*e. o sal da água*⟩ ↄ colocar ☞ *da água* é circunstância que funciona como complemento **2** retirar por operação cirúrgica ⟨*e. um dente, um tumor*⟩ **3** puxar para fora com força; arrancar ⟨*e. um parafuso*⟩ ⟨*e. um prego da parede*⟩ ↄ enterrar, cravar ☞ *da parede* é circunstância que funciona como complemento **4** retirar (minério) da terra ou de jazida **5** MAT calcular (a raiz de um número)

ex.tra.ju.di.ci.al *adj.2g.* que não ocorre por vias judiciais ~ **extrajudiciário** *adj.*

ex.tra.ma.tri.mo.ni.al *adj.2g.* extraconjugal

ex.tra.mu.ros *adv.* fora dos muros ou limites (de uma cidade, vila etc.)

ex.tra.o.fi.ci.al *adj.2g.* **1** que não provém de autoridade oficial **2** que não pertence aos negócios públicos

ex.tra.or.di.ná.rio *adj.* **1** que não é ordinário; que foge do habitual ↄ ordinário, corriqueiro **2** excepcional, notável ⟨*aluno e.*⟩ ↄ medíocre **3** estranho, esquisito ↄ normal **4** digno de grande admiração ⟨*histórias e.*⟩ **5** que foi encarregado de tarefa especial

⟨*ministro e.*⟩ ■ *s.m.* **6** aquilo que não é habitual ⟨*não queria o comum, queria o e.*⟩ **7** despesa além do usual
ex.tra.po.lar *v.* {mod. 1} *t.d. e int.* **1** generalizar com base em dados parciais **2** ir além de (norma ou limites estabelecidos, justos); exorbitar ~ **extrapolação** *s.f.*
ex.tras.sen.sí.vel *adj.2g.* **1** muito sensível **2** extrassensorial
ex.tras.sen.so.ri.al *adj.2g.* que não é percebido pelos órgãos dos sentidos ou está além dos limites da percepção normal
ex.tra.ter.re.no *adj.s.m.* (o) que existe fora da Terra
ex.tra.ter.res.tre *adj.2g.s.2g.* (o) que é ou vem de fora da Terra
ex.tra.ter.ri.to.ri.al *adj.2g.* que está fora de um território ~ **extraterritorialidade** *s.f.*
ex.tra.ti.vis.mo *s.m.* extração de produtos naturais para fins comerciais ou industriais ~ **extrativista** *adj.2g.*
ex.tra.to *s.m.* **1** coisa extraída de outra **2** trecho tirado de um texto **3** QUÍM solução que contém os principais constituintes de uma matéria complexa
ex.tra.u.te.ri.no *adj.* que está ou ocorre fora do útero ⟨*gravidez e.*⟩
ex.tra.va.gân.cia *s.f.* **1** qualidade de extravagante; excentricidade **2** disparate, despropósito
ex.tra.va.gan.te *adj.2g.s.2g.* **1** (o) que escapa às normas do bom senso; excêntrico ⮌ comum **2** que(m) gasta em excesso; esbanjador ⮌ econômico
ex.tra.va.sar *v.* {mod. 1} *t.d.,int. e pron.* **1** (fazer) derramar pelas bordas (um líquido); transbordar **2** (fazer) sair dos limites, do espaço ou dos canais naturais **3** tornar(-se) manifesto, perceptível; revelar(-se) ⮌ esconder(-se) ~ **extravasamento** *s.m.* - **extravasão** *s.f.*
ex.tra.vi.ar *v.* {mod. 1} *t.d. e pron.* **1** (fazer) sair do caminho certo; desviar(-se) **2** (fazer) sumir; perder(-se) **3** *fig.* desencaminhar(-se), perverter(-se) ⮌ regenerar(-se) ☐ *t.d.* **4** desviar de modo fraudulento; roubar
ex.tra.vi.o *s.m.* **1** perda do caminho, da direção ⮌ encaminhamento **2** desaparecimento, sumiço ⮌ aparecimento **3** desvio fraudulento de algo; roubo **4** corrupção moral; perversão
ex.tre.ma.do *adj.* **1** radical, apaixonado, extremo ⟨*ideias, atos e.*⟩ **2** fora do comum; excepcional ⟨*amor e. pela leitura*⟩ ☞ cf. *estremado*
ex.tre.ma.men.te *adv.* em alto grau de intensidade ⟨*foi um encontro e. agradável*⟩ ⟨*caso e. grave*⟩
ex.tre.ma-un.ção [pl.: *extrema-unções, extremas-unções*] *s.f.* REL sacramento católico pelo qual os moribundos são ungidos com santos óleos
ex.tre.mi.da.de *s.f.* **1** parte final, ponta ⟨*a e. do dedo*⟩ ⟨*a e. de um vestido*⟩ **2** *fig.* miséria ou aflição extrema ⮌ bonança
ex.tre.mis.mo *s.m.* doutrina política que prega a adoção de medidas extremas na resolução de problemas ~ **extremista** *adj.2g.s.2g.*
ex.tre.mo *adj.* **1** no ponto mais afastado ⟨*fronteira e. do território*⟩ ⮌ próximo **2** no ponto máximo ou em mais alto grau ⟨*miséria e.*⟩ ⟨*esforço e.*⟩ ■ *s.m.* **3** ponto mais distante; extremidade ▼ ***extremos*** *s.m.pl.* **4** carinhos excessivos ⟨*não poupa e. a seus filhos*⟩ **5** *fig.* últimos recursos
ex.tre.mo.sa *s.f.* árvore ornamental com flores de pétalas crespas dispostas em cachos
ex.tre.mo.so \ô\ [pl.: *extremosos \ó*] *adj.* **1** carinhoso demais ⮌ frio **2** desmedido, exagerado ⮌ comedido
ex.trín.se.co *adj.* que não é essencial a algo; externo ⮌ intrínseco
ex.tro.ver.são [pl.: *-ões*] *s.f.* atitude de quem tem facilidade de manter contato com outras pessoas e de se adaptar ao mundo exterior ⮌ introversão
ex.tro.ver.ter-se *v.* {mod. 8} *pron.* tornar-se extrovertido ⮌ introverter-se
ex.tro.ver.ti.do *adj.s.m.* que(m) age com extroversão ⮌ introvertido
e.xu.be.rân.cia \z\ *s.f.* **1** fartura ou superabundância ⮌ escassez **2** *fig.* entusiasmo, vivacidade ⮌ apatia
e.xu.be.ran.te \z\ *adj.2g.* **1** em que há abundância; rico ⮌ escasso **2** *fig.* cheio de viço ou ânimo ⮌ apático
e.xul.tar \z\ *v.* {mod. 1} *int.* sentir e mostrar alegria intensa; regozijar-se ⮌ entristecer ~ **exultação** *s.f.* - **exultante** *adj.2g.*
e.xu.mar \z\ *v.* {mod. 1} *t.d.* retirar (cadáver) de sepultura; desenterrar ~ **exumação** *s.f.*
ex-vo.to [pl.: *ex-votos*] *s.m.* objeto exposto em capela ou igreja para agradecer uma graça recebida
–ez ou **–eza** \ê\ *suf.* 'qualidade': *beleza, limpeza, mesquinhez, nudez*

f *s.m.* **1** sexta letra (consoante) do nosso alfabeto ■ *n.ord. (adj.2g.2n.)* **2** diz-se do sexto elemento de uma série ⟨*casa F*⟩ ⟨*item 1f*⟩ ☞ empr. posposto a um substantivo ou numeral ⊙ GRAM/USO na acp. s.m., pl.: *ff*

F **1** símbolo de *Fahrenheit* **2** símbolo de *flúor*

fá *s.m.* nota musical

fã *s.2g.* **1** grande admirador de artistas, desportistas etc. **2** *p.ext.* quem tem afeição ou interesse por alguém ou algo ⟨*f. da professora, de carteado*⟩ ⮌ antipatizante

FAB *s.f.* sigla de Força Aérea Brasileira ☞ cf. a parte enciclopédica

fá.bri.ca *s.f.* **1** local onde se transforma a matéria-prima em produto para o mercado ⟨*f. de tecidos*⟩ **2** *p.ext.* conjunto formado pelas instalações, pela maquinaria e pelos operários desse local ⟨*a f. está em greve*⟩ **3** *p.ext.* lugar onde se cria ou se desenvolve algo; origem ⟨*essa escola é uma f. de talentos*⟩

fa.bri.car *v.* {mod. 1} *t.d.* **1** produzir a partir de matérias-primas **2** construir, edificar **3** criar na mente; inventar, maquinar **4** *fig.* ser a causa de; provocar ~ **fabricação** *s.f.* - **fabricador** *adj.s.m.* - **fabricante** *s.2g.*

fa.bril *adj.2g.* **1** relativo à fábrica ou a fabricação ⟨*operário f.*⟩ **2** relativo à indústria que manufatura produtos ⟨*a indústria f. de papel*⟩

fá.bu.la *s.f.* **1** curta narrativa que contém uma lição moral ☞ cf. *apólogo* **2** *p.ext.* fato inventado; invencionice ⟨*essa história é pura f.*⟩ ⮌ realidade **3** *B infrm.* muito dinheiro ⊙ COL fabulário

fa.bu.la.ção [pl.: *-ões*] *s.f.* versão romanceada de uma série de fatos

[1]**fa.bu.lar** *v.* {mod. 1} *t.d.* **1** dar caráter de fábula a (fato, evento, história) ❑ *int.* **2** escrever ou contar fábulas ❑ *t.d. e int.* **3** criar ou relatar falsamente; inventar [ORIGEM: do lat. *fabulāre* 'falar, conversar'] ~ **fabulador** *adj.s.m.*

[2]**fa.bu.lar** *adj.2g.* relativo a fábula; lendário [ORIGEM: do lat. *fabulāris,e* 'fabuloso, falso']

fa.bu.lá.rio *s.m.* conjunto de fábulas

fa.bu.lis.ta *adj.2g.s.2g.* **1** que(m) é autor ou narrador de fábulas **2** *p.ext.* que(m) tem hábito de mentir

fa.bu.lo.so \ô\ [pl.: *fabulosos* \ó\] *adj.* **1** relativo a fábula **2** relativo a mitologia e a lenda ⟨*o unicórnio é um animal f.*⟩ **3** que tem caráter admirável, apesar de real ⟨*preços f.*⟩ **4** excelente, fantástico ⟨*um filme f.*⟩ ⮌ péssimo

fa.ca *s.f.* instrumento composto de lâmina cortante presa a um cabo ▣ **entrar na f.** *loc.vs. infrm.* submeter-se a intervenção cirúrgica

fa.ca.da *s.f.* **1** golpe ou ferida por faca **2** *fig.* agressão, ofensa **3** *fig. infrm.* pedido de dinheiro a alguém

fa.ça.nha *s.f.* **1** feito heroico; proeza **2** *pej.* ação imprudente, escandalosa ou brincalhona ⟨*sua última f. revoltou a população*⟩ ~ **façanhoso** *adj.* - **façanhudo** *adj.s.m.*

fa.cão [pl.: *-ões*] *s.m.* instrumento semelhante à faca, porém maior

fac.ção [pl.: *-ões*] *s.f.* **1** parte divergente de grupo ou partido ⟨*guerra de f. internas*⟩ **2** partido político

fac.cio.nar *v.* {mod. 1} *t.d. e pron.* **1** dividir(-se) em facções ou grupos dissidentes **2** incitar ou promover motim; rebelar(-se) ~ **faccionário** *adj.s.m.*

fac.ci.o.so \ô\ [pl.: *facciosos* \ó\] *adj.s.m.* **1** (o) que exerce alguma ação violenta ou subversiva **2** que(m) é tendencioso, parcial ~ **facciosidade** *s.f.* - **facciosismo** *s.m.*

fa.ce *s.f.* **1** região da cabeça composta pela testa, olhos, nariz, boca, queixo e bochechas, e delimitada pelo couro cabeludo, as orelhas e o pescoço **2** *p.ext.* aparência ou expressão; semblante ⟨*f. altiva*⟩ **3** lado externo de algo plano; fachada ⟨*a f. do armário*⟩ **4** *fig.* cada um dos aspectos de algo ou de alguém ⟨*f. de um problema*⟩ ⟨*f. da personalidade*⟩ ~ **facial** *adj.2g.*

fa.ce.ar *v.* {mod. 5} *t.d.* **1** fazer faces ou lados em ⟨*f. um tronco*⟩ **2** estar ou mostrar-se à frente de ❑ *int.* **3** ficar em frente a ⟨*o teatro faceava com a praça*⟩ ☞ *com a praça* é circunstância que funciona como complemento ~ **faceado** *adj.*

fa.cei.ro *adj.* **1** que gosta de se enfeitar; elegante ⮌ desarrumado **2** *B* que demonstra satisfação; contente ⮌ infeliz ~ **faceirice** *s.f.*

fa.ce.ta \ê\ *s.f.* **1** face ou superfície plana e pequena de um objeto ⟨*f. de um cristal*⟩ **2** *fig.* aspecto peculiar de alguém ou algo

fa.ce.tar *v.* {mod. 1} *t.d.* **1** fazer facetas em; lapidar **2** *fig.* aprimorar, aperfeiçoar

fa.cha.da *s.f.* **1** qualquer dos lados de um edifício, ger. o da frente **2** *fig.* aparência de alguém ou algo **3** *fig. infrm.* expressão do rosto

fa.cho *s.m.* **1** archote que se acende para iluminar ou sinalizar **2** *fig.* o que atua como um guia ⟨*o f. do saber*⟩ **3** *fig.* o que acende paixões ⟨*o f. da revolta*⟩

fá.cil *adj.2g.* **1** que se faz ou obtém sem dificuldade ⟨*técnica f.*⟩ ⮌ trabalhoso **2** que se compreende sem esforço; claro ⟨*estilo f.*⟩ ⮌ confuso **3** *pej.* sem profundidade; banal ⟨*música f.*⟩ ⮌ profundo **4** sem artificialismo; espontâneo ⟨*diálogo f.*⟩ ⮌ artificial **5** que tem temperamento dócil; brando ⮌ difícil **6** sem preocupação; tranquilo ⟨*vida f.*⟩ ⮌ agitado ■ *adv.* **7** sem dificuldade ou esforço ⟨*encontrar f. um produto*⟩ ⮌ dificilmente **8** sem grandes motivos ⟨*essa louça quebra f.*⟩ ⮌ dificilmente ⊙ GRAM/USO sup.abs.sint.: *facílimo, facilíssimo*

fa.ci.li.da.de *s.f.* **1** ausência de dificuldade ⟨*tarefa de grande f.*⟩ ⮌ complexidade **2** aptidão, dom ⟨*f. para dançar*⟩ ⮌ inaptidão **3** demonstração de perícia; destreza ⟨*cumpre ordens com f.*⟩ ⮌ dificuldade **4** oportunidade, possibilidade ⟨*tem f. para viajar*⟩

fa.ci.li.tar *v.* {mod. 1} *t.d. e t.d.i.* **1** (prep. *a*) tornar fácil ou realizável ⮌ dificultar ❑ *t.d.* **2** apresentar como fácil ou mais fácil do que é ⟨*f. o conteúdo da aula*⟩ ❑ *t.d.i.* **3** (prep. *a*) pôr à disposição; disponibilizar ❑ *int.* **4** agir com imprudência; descuidar-se ⮌ cuidar-se ~ **facilitação** *s.f.*

fa.cil.men.te *adv.* **1** de modo fácil, sem esforço; com facilidade ⟨*venceu o jogo f.*⟩ **2** sem reflexão; cegamente ⟨*aceita f. as mentiras do sócio*⟩ **3** sem motivo relevante; por qualquer coisa ⟨*irrita-se f.*⟩

fa.cí.no.ra *adj.2g.s.2g.* (indivíduo) que comete crime com crueldade ou perversidade

fã-clu.be [pl.: *fã-clubes*] *s.m.* **1** grupo organizado de fãs de um artista, desportista etc. **2** *p.ext.* grupo de admiradores de alguém ou algo

fac-sí.mi.le [pl.: *fac-símiles*] *s.m.* **1** reprodução mecânica de um texto ou imagem cuja matriz é uma foto **2** o aparelho que realiza essa reprodução

fac.tí.vel *adj.2g.* que pode acontecer ou ser feito; exequível ⮌ infactível ~ **factibilidade** *s.f.*

fac.toi.de \ói\ *s.m.* informação falsa ou não comprovada ou notícia forjada que se aceita como verdadeira em consequência de sua repetida divulgação pela imprensa

fac.tó.tum *s.m.* **1** pessoa incumbida de todos os afazeres de outra **2** *p.ext.* pessoa imprescindível

fac.tu.al ou **fa.tu.al** *adj.2g.* **1** verdadeiro, real, palpável ou ocorrido ⟨*dados f.*⟩ ⮌ falso **2** que se apoia nos fatos, sem buscar interpretá-los ⟨*jornalismo f.*⟩

fa.cul.da.de *s.f.* **1** possibilidade, natural ou adquirida, de fazer qualquer coisa; capacidade ⟨*f. de falar*⟩ ⮌ incapacidade **2** aptidão natural; dom ⟨*f. de encantar as pessoas*⟩ ⮌ inaptidão **3** propriedade de uma substância ⟨*cafeína tem a f. de tirar o sono*⟩ **4** licença ou permissão que se dá a alguém ⟨*f. para dispor dos bens*⟩ ⮌ desautorização **5** instituição de ensino superior ⟨*f. de Letras*⟩ ▼ ***faculdades*** *s.f.pl.* **6** recursos materiais; posses ⟨*vive de acordo com suas f.*⟩

fa.cul.tar *v.* {mod. 1} *t.d. e t.d.i.* **1** (prep. *a*) dar permissão a; autorizar ⮌ proibir **2** (prep. *a*) possibilitar, proporcionar

fa.cul.ta.ti.vo *adj.* **1** que dá um direito ou poder **2** que permite a escolha; opcional ⟨*exame f.*⟩ ⮌ obrigatório

fa.cún.dia *s.f.* aptidão para discursar; eloquência

fa.cun.do *adj.* eloquente, loquaz ⮌ ineloquente

fa.da *s.f.* **1** ser imaginário do sexo feminino com poderes mágicos **2** *fig.* mulher de extraordinária beleza, encanto e habilidades

fa.dar *v.* {mod. 1} *t.d.* **1** determinar o destino, a sorte de ⟨*bons anjos o fadaram*⟩ ❑ *t.d.i.* **2** (prep. *a*) predizer, profetizar ⟨*f. a alguém sorte no amor*⟩ **3** (prep. *a*) determinar antecipadamente; predestinar ⟨*a viuvez fadou-o à solidão*⟩ **4** (prep. *a*) dar, conceder ⟨*a natureza lhe fadou boa saúde*⟩ ~ **fadado** *adj.*

fa.dá.rio *s.m.* **1** destino fixado por um poder sobrenatural **2** vida trabalhosa e difícil

fa.di.ga *s.f.* **1** sensação de fraqueza devido a esforço físico; cansaço **2** trabalho cansativo; lida

fa.di.gar *v.* {mod. 1} *t.d. e pron.* → *FATIGAR*

fa.dis.ta *adj.2g.s.2g.* que(m) canta e/ou toca fados

fa.do *s.m.* **1** destino; sorte ⟨*seu f. já foi traçado*⟩ **2** canção popular de Portugal, freq. de caráter lamentoso, acompanhada por guitarra portuguesa

fa.gó.ci.to *s.m.* BIO célula que engloba e digere outras células ou qualquer material estranho ao organismo

fa.go.ci.to.se *s.f.* BIO ingestão e destruição de partículas sólidas, como as bactérias, pelos fagócitos, a fim de proteger o organismo contra infecções

fa.go.te *s.m.* instrumento de sopro, com tubo em forma de cone, longo e dobrado, e palheta dupla ~ **fagotista** *adj.2g.s.2g.*

fa.guei.ro *adj.* **1** meigo, carinhoso ⟨*voz f.*⟩ ↄ rude **2** agradável, sereno ⟨*clima f.*⟩ ↄ desagradável **3** contente, satisfeito ↄ insatisfeito

fa.gu.lha *s.f.* faísca que se solta de um corpo em brasa; centelha ~ **fagulhar** *v.int.* - **fagulhento** *adj.*

Fahr.en.heit *adj.2g.2n.* relativo a ou medido de acordo com a escala Fahrenheit, em que a água congela em 32° e ferve em 212° [símb.: *F*] ☞ cf. a parte enciclopédica

fai.an.ça *s.f.* louça de barro coberta por um opaco esmalte misturado com estanho

fai.na *s.f.* **1** trabalho de que participa a tripulação de um navio **2** *fig.* qualquer trabalho árduo e prolongado ↄ ócio

fai.são [pl.: *-ões*; fem.: *faisoa* e *faisã*] *s.m.* ave nativa da Ásia, cujos machos têm plumagem brilhante e cauda muito longa ⊙ voz v.: assobiar; subst.: assobio

fa.ís.ca *s.f.* **1** fragmento luminoso que sai de um corpo em brasa ou em atrito com outro; fagulha, centelha **2** raio ('descarga') ~ **faiscância** *s.f.*

fa.is.car *v.* {mod. 1} *t.d.* e *int.* **1** lançar (faíscas, centelhas, clarões) **2** *p.ext.* cintilar, brilhar ~ **faiscação** *s.f.* - **faiscante** *adj.2g.*

fai.xa *s.f.* **1** cinta de tecido, couro etc. us. para rodear a cintura **2** tira de tecido que indica pela cor o grau de habilidade de um lutador; cinturão **3** listra, tira ou fita largas ⟨*f. presidencial*⟩ **4** atadura, ligadura **5** pedaço longo e estreito de terra **6** qualquer coisa que lembra a forma de uma tira ou listra ⟨*f. de luz*⟩ **7** cada uma das músicas gravadas em um disco **8** parte determinada; porção ⟨*uma f. da juventude*⟩ **9** intervalo entre dois limites (de idade, salário etc.) **10** *B* parte da rua destinada à travessia de pedestres, ciclistas etc.

fa.ju.to *adj.* *B infrm.* **1** de má qualidade; malfeito ↄ bem-feito **2** falso, falsificado ⟨*uísque f.*⟩ ↄ autêntico **3** em quem não se pode confiar ↄ confiável

fa.la *s.f.* **1** faculdade ou ação humana de emitir palavras **2** modo de exprimir-se próprio de um povo, de uma área geográfica; linguajar, linguagem, dialeto **3** mensagem feita em público; discurso ⟨*a f. do ministro foi brilhante*⟩ **4** cada trecho de um texto dito por um ator

fa.la.ção [pl.: *-ões*] *s.f.* **1** fala, discurso **2** ruído de muitas vozes; falatório ↄ silêncio **3** *B infrm.* uso excessivo de palavras para dizer coisas pouco importantes; discurseira

fa.lá.cia *s.f.* **1** qualidade do que ilude; falsidade ⟨*sua afirmação é uma f.*⟩ **2** raciocínio enganoso; sofisma ~ **falacioso** *adj.*

fa.la.do *adj.* **1** que já foi dito; citado ⟨*o assunto f. foi tema da palestra*⟩ **2** afamado, famoso ⟨*espetáculo muito f.*⟩ ↄ desconhecido **3** que tem como meio de comunicação a fala ⟨*cinema f.*⟩ ↄ mudo **4** de quem se fala mal ⟨*moças f.*⟩ ↄ bem-afamado

fa.la.dor \ô\ [fem.: *faladora* e *faladeira*] *adj.s.m.* **1** (o) que fala muito ↄ caladão **2** *B* (o) que fala mal dos outros; indiscreto, maledicente

fa.lan.ge *s.f.* **1** grupo grande de pessoas; legião, multidão **2** *B infrm.* grupo marginal que pratica crimes **3** ANAT cada osso dos dedos e dos artelhos ⊡ **f. distal** *loc.subst.* ANAT a terceira falange, aquela em que se situa a unha, anteriormente denominada *falangeta* ou *metafalange* • **f. medial** *loc.subst.* ANAT a segunda falange ou falange média, anteriormente denominada *falanginha* ou *mesofalange* • **f. proximal** *loc.subst.* ANAT a primeira falange, a que se articula com o metacarpo

fa.lan.ge.ta \ê\ *s.f.* ANAT denominação substituída por *falange distal*

fa.lan.gi.nha *s.f.* ANAT denominação substituída por *falange medial*

fa.lan.te *adj.2g.* **1** que fala **2** *B infrm.* que gosta muito de falar; desinibido, extrovertido ↄ introvertido ■ *s.2g.* **3** pessoa capaz de usar uma língua **4** quem está falando

fa.lar *v.* {mod. 1} *t.d.,t.d.i.,t.i.* e *int.* **1** (prep. *a, com*) expressar(-se) oralmente; dizer, declarar ❑ *t.d.,t.i.* e *int.* **2** (prep. *a, com*) expor pensamentos; discorrer, conversar, discursar ❑ *t.d.* **3** saber exprimir-se em (certo idioma) ❑ *int.* **4** dizer mal de ⟨*fala até da própria mãe*⟩ ■ *s.m.* **5** ação humana de emitir palavras **6** dialeto; linguajar

fa.las.trão [pl.: *-ões*; fem.: *falastrona*] *adj.s.m.* que(m) fala muito e comete indiscrições

fa.la.tó.rio *s.m.* **1** ruído de muitas vozes **2** conversa sobre coisa sem importância **3** boato infundado **4** discurso comprido e inoportuno **5** recinto separado por grades, no qual pessoas enclausuradas ou presas falam com as visitas

fa.laz *adj.2g.* **1** que engana; fraudador ↄ honesto **2** que ilude; ilusório ↄ real ⊙ GRAM/USO sup.abs.sint.: *falacíssimo*

fal.cão [pl.: *-ões*] *s.m.* ave de rapina, de bico curvo e garras afiadas, com hábitos diurnos ⊙ voz v.: gritar; subst.: grito

fal.ca.tru.a *s.f.* artimanha para enganar; fraude

fal.co.ní.deo *s.m.* ZOO **1** espécime dos falconídeos, família de aves cosmopolitas, como os gaviões e águias, de tamanho variado, bico curvo e garras afiadas ■ *adj.* **2** relativo a essa família

fal.co.ni.for.me *s.m.* **1** espécime dos falconiformes, ordem de aves de rapina, representadas pelos gaviões, águias, falcões e afins ■ *adj.2g.* **2** relativo a essa ordem

fa.le.cer *v.* {mod. 8} *int.* morrer

fa.le.ci.men.to *s.m.* morte, óbito ↄ nascimento

fa.lên.cia *s.f.* **1** situação do comerciante que não pode pagar suas dívidas; bancarrota, quebra **2** carência, falta ⟨*f. de recursos*⟩ ↄ abundância **3** incapacidade de funcionar normalmente ⟨*a f. dos rins*⟩

fa.lé.sia *s.f.* rocha alta e íngreme à beira-mar

fa.lha *s.f.* **1** fenda em uma superfície ⟨*f. no rochedo*⟩ **2** *fig.* defeito físico ou moral ⟨*f. de fabricação*⟩ ⟨*f. de caráter*⟩ ↄ perfeição **3** interrupção de funcionamento ou de continuidade ⟨*f. no motor*⟩ **4** omissão, lacuna ⟨*f. no regulamento*⟩

fa.lhar *v.* {mod. 1} *t.d. e int.* **1** não acertar; errar ❑ *int.* **2** não funcionar ou funcionar mal ⟨*nosso serviço não falha*⟩ **3** não acontecer como o esperado ou não acontecer ⟨*nossos planos falharam*⟩ **4** dar em falso; resvalar ⟨*na escuridão, os pés falharam*⟩ ❑ *t.d.* **5** fazer fenda em; rachar ❑ *t.i.* **6** (prep. *a*) deixar de fazer ou cumprir ⟨*f. a um compromisso*⟩ **7** (prep. *a*) não atender às expectativas de ⟨*corrija-me se a memória me f.*⟩

fa.lho *adj.* **1** que tem falha ⟨*barba f.*⟩ ↄ cheio **2** carente, desprovido ⟨*texto f. de clareza*⟩ ↄ provido

fa.lir *v.* {mod. 24} *int.* **1** suspender os pagamentos aos credores por não poder cumpri-los; quebrar **2** não ter sucesso; fracassar **3** perder as forças; desmaiar ⊙ GRAM/USO verbo defectivo

fa.lí.vel *adj.2g.* sujeito a erro ↄ infalível ⊙ GRAM/USO sup.abs.sint.: *falibilíssimo* ~ **falibilidade** *s.f.*

fa.lo *s.m.* **1** a representação figurada do pênis, antigamente venerado como símbolo da virilidade e fecundidade **2** *p.ext.* pênis ~ **fálico** *adj.*

fal.sá.rio *adj.s.m.* falsificador de qualquer coisa, esp. documentos, dinheiro e assinaturas

fal.se.ar *v.* {mod. 5} *t.d.* **1** tornar falso; falsificar **2** deturpar, distorcer (ideias, declarações) **3** enganar, trair **4** dar a (voz) tom de falsete ❑ *int.* **5** dar em falso; resvalar ⟨*o pé falseou*⟩ ~ **falseamento** *s.m.*

fal.se.ta \ê\ *s.f. B infrm.* ato desleal

fal.se.te \ê\ *s.m.* **1** tom de voz mais agudo que o habitual **2** *p.ext.* indivíduo que canta nesse tom ~ **falsetear** *v.t.d.*

fal.si.da.de *s.f.* **1** qualidade do que é falso ⟨*ficou clara a f. do documento*⟩ ↄ autenticidade **2** mentira, calúnia ⟨*suas alegações são pura f.*⟩ ↄ verdade **3** fingimento, hipocrisia ↄ sinceridade **4** tendência para enganar; deslealdade ↄ lealdade

fal.si.fi.car *v.* {mod. 1} *t.d.* adulterar ou imitar (algo) fazendo-o passar por verdadeiro ~ **falsificação** *s.f.* - **falsificador** *adj.s.m.*

fal.so *adj.* **1** contrário à verdade ou à realidade ⟨*ideias f.*⟩ ↄ verdadeiro **2** em que há mentira, fingimento ⟨*f. juramento*⟩ ↄ verdadeiro **3** que não é verdadeiro; fictício ⟨*nome f.*⟩ **4** que é feito à semelhança ou à imitação do verdadeiro; falsificado ⟨*dinheiro f.*⟩ ↄ autêntico **5** aparente, simulado ⟨*fundo f.*⟩ ↄ real ■ *s.m.* **6** quem é fingido **7** o que não é verdadeiro ⟨*é difícil distinguir o f. do verdadeiro*⟩ **8** *infrm.* mentira, calúnia ■ *adv.* **9** com falsidade ⟨*jurar f.*⟩

fal.ta *s.f.* **1** carência de algo considerado necessário ⟨*f. de ar, de assunto, de ânimo*⟩ ↄ abundância **2** ausência ⟨*lamentamos a sua f.*⟩ ↄ presença **3** imperfeição moral; pecado ⟨*mães sempre perdoam as f. dos filhos*⟩ ↄ virtude **4** erro, infração ⟨*f. gramatical*⟩ ↄ acerto **5** transgressão das regras de um jogo ou esporte; infração ⊡ **sem f.** *loc.adv.* infalivelmente ⟨*chegarei cedo sem f.*⟩

fal.tar *v.* {mod. 1} *t.i. e int.* **1** (prep. *a*) deixar de haver ou existir carência de (algo necessário ou esperado) **2** (prep. *a*) desaparecer, morrer ⟨*o pai faltou-lhe cedo*⟩ ⟨*o arrimo de família faltou*⟩ **3** (prep. *a*) deixar de fazer ou de cumprir; falhar **4** (prep. *a*) deixar de ir ↄ comparecer ❑ *t.i.* **5** (prep. *a*) deixar de socorrer ❑ *int.* **6** ser necessário (para completar algo) ⟨*só faltam duas horas para sua saída*⟩

fal.to *adj.* **1** que tem falta de algo; necessitado ⟨*terra f. de água*⟩ ↄ repleto **2** desprovido, desguarnecido ⟨*f. de compaixão pelos outros*⟩ ↄ provido

fal.to.so \ô\ [pl.: *faltosos* \ó\] *adj.* **1** que cometeu falta; culpado **2** que deixa de comparecer ↄ presente

fa.ma *s.f.* **1** notoriedade, celebridade ⟨*todo artista quer alcançar a f.*⟩ ↄ anonimato **2** reputação que se tem de alguém ou de algo ⟨*tem f. de honesto*⟩

fa.mé.li.co *adj.* que tem muita fome; faminto

fa.mi.ge.ra.do *adj.* **1** célebre, notável ↄ anônimo **2** *pej.* que tem má fama

fa.mí.lia *s.f.* **1** grupo de pessoas, formado esp. por pai, mãe e filho(s), que vivem sobre o mesmo teto **2** grupo de pessoas ligadas entre si pelo casamento ou qualquer parentesco **3** *fig.* grupo de pessoas unidas por crenças, interesses ou origem comum ⟨*uma f. espiritual, mineira*⟩ **4** *fig.* grupo de seres ou coisas com características comuns **5** na classificação dos seres vivos, categoria que agrupa um ou mais gêneros ou tribos, relacionados segundo a história da evolução e distintos dos outros por características marcantes ⊙ COL clã ~ **familial** *adj.2g.*

fa.mi.li.ar *adj.2g.* **1** que é da família; íntimo ⟨*ambiente f.*⟩ ↄ estranho **2** conhecido, habitual ⟨*voz f.*⟩ ↄ desconhecido **3** sem afetação; simples ⟨*estilo f.*⟩ ↄ formal ■ *s.m.* **4** pessoa da família ~ **familiaridade** *s.f.*

fa.mi.li.a.ri.zar *v.* {mod. 1} *t.d.i. e pron.* **1** (prep. *com*) tornar(-se) íntimo, familiar; relacionar(-se) **2** (prep. *com*) habituar(-se), acostumar(-se) ↄ desacostumar(-se) ❑ *t.d.fig.* **3** tornar conhecido; difundir ~ **familiarização** *s.f.* - **familiarizável** *adj.2g.*

fa.min.to *adj.s.m.* **1** (o) que tem muita fome; esfomeado **2** *fig.* (o) que deseja com ardor

fa.mo.so \ô\ [pl.: *famosos* \ó\] *adj.* **1** que tem fama; renomado ↄ obscuro **2** fora do comum; excepcional ⟨*aquela foi a f. estreia do cantor*⟩ ↄ comum

fa.nar *v.* {mod. 1} *t.d. e pron.* (fazer) perder o frescor, o viço; murchar(-se)

fa.ná.ti.co *adj.s.m.* **1** que(m) se acredita inspirado pelo espírito divino **2** *p.ext.* que(m) adere cegamente a uma ideia ou religião **3** que(m) tem paixão ou admiração excessiva por alguém ou algo ↄ antipatizante ~ **fanatizar** *v.t.d. e pron.*

fa.na.tis.mo *s.m.* **1** zelo religioso obsessivo **2** *p.ext.* adesão cega a um sistema ou doutrina **3** paixão ou admiração extrema ↄ indiferença

fan.ca *s.f. B* conjunto de tecidos expostos à venda

fan.dan.go *s.m.* música, sapateado e canto da Espanha e também do sul do Brasil

fan.far.ra *s.f.* banda formada por músicos que tocam instrumentos de metal e de sopro

fan.far.rão [pl.: *-ões*; fem.: *fanfarrona*] (o) que alardeia a coragem que não tem tímido **fanfarrice** *s.f.* - **fanfarronada** *s.f.* - **fanfarronice** *s.f.*

fa.nho.so \ô\ [pl.: *fanhosos* \ó\] *adj.* **1** que fala ou parece falar pelo nariz **2** diz-se da voz de quem fala desse modo

fa.ni.qui.to *s.m. infrm.* crise nervosa sem gravidade; chilique

fan.ta.si.a *s.f.* **1** capacidade de criar pela imaginação **2** obra criada pela imaginação ⟨*livro com as f. de Monteiro Lobato*⟩ **3** *fig.* coisa puramente ideal ou ficcional ⟨*vive em um mundo de f.*⟩ ⮌ realidade **4** *B* traje us. no carnaval ou em festas especiais, que representa objetos, figuras históricas, imaginárias etc. **5** *B* bijuteria

fan.ta.si.ar *v.* {mod. 1} *t.d.* **1** criar na mente; imaginar, sonhar ❑ *t.d.pred. e pron.* **2** (prep. *de*) vestir(-se) com fantasia

fan.ta.si.o.so \ô\ [pl.: *fantasiosos* \ó\] *adj.* **1** que tem imaginação ou fantasia ⟨*escritor f.*⟩ ⮌ realista **2** que tem pouca ou nenhuma relação com a realidade; imaginoso ⟨*o livro era bom, mas muito f.*⟩ ⮌ factual

fan.ta.sis.ta *adj.2g.s.2g.* **1** que(m) obedece aos caprichos da sua imaginação **2** *p.ext.* que(m) revela imaginação em excesso; imaginoso ⮌ realista

fan.tas.ma *s.m.* **1** suposta aparição de pessoa morta ou de sua alma; assombração, espectro **2** *p.ext.* algo que cria terror por ser horrendo, medonho ⟨*o f. da guerra*⟩ **3** *fig. joc.* pessoa muito magra e/ou muito branca **4** *fig.* ideia fixa presente na mente de alguém ⟨*sofria com seus f. interiores*⟩ **5** segunda imagem que aparece ao lado da imagem principal de um televisor

fan.tas.ma.gó.ri.co *adj.* **1** relativo a fantasma ⟨*visões f.*⟩ **2** ilusório, imaginário ⮌ real

fan.tás.ti.co *adj.s.m.* **1** (o) que existe só na imaginação ⮌ real ■ *adj.* **2** extraordinário, prodigioso ⟨*talento f.*⟩ ⮌ comum **3** falso, inventado ⟨*alegações f.*⟩ ⮌ verdadeiro **4** diz-se de obras literárias, cinematográficas etc. que tratam os elementos sobrenaturais com naturalidade

fan.to.che *s.m.* **1** boneco com a cabeça ger. de massa e corpo formado por roupa, por onde o operador coloca a mão para movimentá-lo; mamulengo **2** *fig. pej.* indivíduo que se deixa manipular; títere

fan.zi.ne *s.m.* revista para fãs, esp. sobre ficção científica, música e cinema

fa.quei.ro *s.m.* **1** jogo completo de talheres do mesmo material e marca **2** estojo para talheres, esp. facas **3** quem fabrica facas

fa.quir *s.m.* **1** indivíduo muçulmano ou hindu que busca a perfeição espiritual a partir do autocontrole sobre os sentidos **2** indivíduo que publicamente se submete a jejum rigoroso e duras provas de sofrimento físico sem dar sinais de sensibilidade ~ **faquirismo** *s.m.*

fa.rân.do.la *s.f.* **1** dança provençal em que pares se movimentam em filas **2** grupo de maltrapilhos **3** bando de indivíduos de má fama

fa.ra.ó *s.m.* título dos reis do antigo Egito

fa.ra.ô.ni.co *adj.* **1** relativo a faraós ou a sua época **2** *fig.* grandioso, suntuoso, monumental ⮌ singelo

far.da *s.f.* **1** uniforme us. por militares, escolares etc.; fardamento **2** *fig.* a vida militar ⊙ COL fardamento

far.da.men.to *s.m.* **1** farda **2** conjunto de fardas

far.dão [pl.: *-ões*] *s.m.* **1** uniforme de gala dos militares **2** veste simbólica us. pelos membros da Academia Brasileira de Letras ☞ cf. *ABL* na parte enciclopédica

far.dar *v.* {mod. 1} *t.d. e pron.* vestir(-se) com farda

far.de.ta \ê\ *s.f.* farda us. por soldados em serviço interno ou faxina

far.do *s.m.* **1** carga volumosa e pesada que se destina ao transporte **2** pacote, embrulho **3** *fig.* aquilo que é difícil ou duro de suportar ⟨*o filho doente é um f.*⟩

fa.re.jar *v.* {mod. 1} *t.d. e int.* **1** seguir levado pelo faro ou pelo cheiro ❑ *t.d.* **2** sentir o cheiro de **3** *fig.* procurar a partir de indícios; investigar ⟨*f. uma pista*⟩ **4** *fig.* sentir como possível, real; pressentir ⟨*farejou perigo no ar*⟩

fa.re.lo *s.m.* **1** conjunto dos resíduos grossos dos cereais moídos **2** *fig.* insignificância, ninharia ~ **fareláceo** *adj.* - **farelento** *adj.*

far.fa.lha.da *s.f.* **1** sucessão rápida de sons indistintos **2** barulho de vozes ⮌ silêncio **3** ostentação exagerada de algo que não se tem; bazófia ⮌ simplicidade

far.fa.lhar *v.* {mod. 1} *int.* **1** produzir sons rápidos e indistintos ⟨*as folhas farfalham ao vento*⟩ **2** *fig.* falar muito e rapidamente ~ **farfalhante** *adj.2g.*

fa.ri.ná.ceo *adj.s.m.* (o) que contém, produz ou é semelhante à farinha

fa.rin.ge *s.f.* canal muscular e fibroso que vai do fundo da boca à laringe e ao esôfago ~ **faríngeo** *adj.* - **faringiano** *adj.* - **faríngico** *adj.*

fa.rin.gi.te *s.f.* inflamação da faringe

fa.ri.nha *s.f.* pó obtido pela moagem de certos cereais, sementes e raízes ~ **farinhento** *adj.* - **farinhoso** *adj.*

fa.ri.nhei.ra *s.f.* recipiente para farinha us. durante as refeições

fa.ri.sai.co *adj.* **1** relativo a fariseu **2** *fig.* hipócrita, fingido ⮌ sincero

fa.ri.sa.ís.mo *s.m.* **1** doutrina, prática e caráter dos fariseus **2** *fig.* hipocrisia, fingimento ⮌ sinceridade

fa.ri.seu [fem.: *fariseia* \éi\] *s.m.* **1** membro de antiga seita judaica **2** pessoa que segue religião com rigorosa observância das suas regras **3** *fig.* pessoa orgulhosa e hipócrita

far.ma.cêu.ti.co *adj.* **1** relativo a farmácia ('parte da farmacologia') ■ *s.m.* **2** profissional responsável pela farmácia; boticário

far.má.cia *s.f.* **1** parte da farmacologia que trata das classificações e propriedades químicas de substâncias us. em medicamentos **2** local de venda de medicamentos, produtos de higiene, perfumaria etc. **3** profissão do farmacêutico **4** local onde são preparados e/ou guardados os medicamentos em hospitais, ambulatórios etc. **5** conjunto de produtos para primeiros socorros, que se tem em casa, colégio etc.

fár.ma.co *s.m.* produto ou preparado farmacêutico
far.ma.co.lo.gi.a *s.f.* ramo da medicina que estuda as classificações e as propriedades químicas dos medicamentos ~ **farmacológico** *adj.* - **farmacologista** *adj.2g.s.2g.* - **farmacólogo** *s.m.*
far.ma.co.pei.a \éi\ *s.f.* **1** arte de preparar medicamentos ou livro que a ensina **2** coleção ou catálogo de receitas e fórmulas de drogas e medicamentos
far.nel *s.m.* **1** saco com as provisões de uma jornada **2** conjunto dos víveres para uma viagem
fa.ro *s.m.* **1** olfato dos animais **2** *fig.* capacidade de intuir; instinto ⟨*tem f. para os grandes negócios*⟩
fa.ro.es.te *s.m.* **1** gênero de filme ou livro inspirado no oeste americano, com cenas de luta e tiroteio; bangue-bangue **2** *p.ext.* local violento
fa.ro.fa *s.f.* **1** farinha de mandioca frita na manteiga ou na gordura, ger. enriquecida com outros ingredientes **2** *fig.* bravata, pretensão ⮌ simplicidade
fa.ro.fei.ro *adj.s.m.* **1** que(m) é muito pretensioso, arrogante ⮌ tímido **2** *B joc.* que(m) leva comida para a praia, ger. frango assado e farofa
fa.rol *s.m.* **1** torre com foco de luz para orientar navios e aviões à noite **2** cada lanterna dianteira de um veículo **3** *fig.* o que dirige ou lidera; guia ⟨*f. intelectual*⟩ ⊙ GRAM/USO dim.irreg.: *farolim, farolete* ▣ **fazer f.** *loc.vs. infrm.* exibir-se para os outros ⟨*saiu com a moça para fazer f. aos amigos*⟩
fa.ro.lei.ro *adj.s.m.* **1** que(m) é encarregado de vigiar o farol **2** *B* que(m) gosta de contar vantagens
fa.ro.le.te \ê\ *s.m.* **1** pequeno farol **2** cada um dos pequenos faróis dianteiros e traseiros de um veículo, us. para marcar presença em situações de pouca visibilidade ⊙ GRAM/USO dim.irreg. de *farol*
far.pa *s.f.* **1** pequena lasca que penetra na pele ou na carne por acidente **2** ponta penetrante, em forma de ângulo agudo **3** *fig.* crítica mordaz; sarcasmo
far.par *v.* {mod. 1} *t.d.* **1** colocar farpas em **2** *fig.* dirigir farpa(s) ou crítica(s) a; alfinetar ❑ *t.d. e pron.* **3** abrir rasgo (em) ou rasgar(-se); romper(-se)
far.pe.ar *v.* {mod. 5} *t.d.* **1** ferir com farpa(s) ou arpão **2** *fig.* dirigir farpa(s) ou crítica(s) a; alfinetar **3** enfiar (toureiro) bandarilhas em (touro)
far.pe.la *s.f.* **1** a ponta curva da agulha de crochê **2** vestimenta, roupa **3** roupa gasta, imprestável; trapo
far.ra *s.f.* **1** festa ruidosa, com danças, cantos e bebidas **2** *B infrm.* gozação ou brincadeira sobre alguém ou algo ⟨*falei só de f.*⟩ ~ **farrear** *v.int.* - **farrista** *adj.2g.s.2g.*
far.ra.po *s.m.* **1** roupa ou pano muito gasto, roto; trapo **2** nome que os governistas davam aos rebeldes republicanos do Rio Grande do Sul durante a Guerra dos Farrapos (1835-1845) ☞ cf. a parte enciclopédica
far.rou.pi.lha *s.2g.* **1** indivíduo maltrapilho, roto ■ *adj.2g.s.2g.* **2** (rebelde) da Guerra dos Farrapos (1835-1845), no Rio Grande do Sul ☞ cf. a parte enciclopédica
far.sa *s.f.* **1** pequena peça teatral, cômica, popular **2** *fig.* mentira ardilosa; embuste ⟨*o discurso do senador foi uma f.*⟩ ~ **farsista** *adj.2g.s.2g.*
far.san.te *s.2g.* **1** ator ou atriz de farsa teatral ■ *adj.2g.s.2g.* **2** (indivíduo) trapaceiro, enganador **3** que(m) vive gracejando; brincalhão ⮌ sóbrio
far.tar *v.* {mod. 1} *t.d.,t.d.i. e pron.* **1** (prep. *de*) encher(-se), abarrotar(-se) ❑ *t.d.* **2** satisfazer a fome ou a sede de; saciar **3** saciar (a fome ou a sede) **4** *fig.* satisfazer (desejos, paixões etc.) ❑ *t.d. e pron.* **5** *fig.* (prep. *de*) [fazer] sentir aborrecimento ou tédio; cansar(-se) ⊙ GRAM/USO part.: *fartado, farto* ~ **fartação** *s.f.* - **fartamente** *adv.* - **farto** *adj.*
far.tu.ra *s.f.* quantidade mais do que suficiente; abundância ⮌ carência
fas.cí.cu.lo *s.m.* **1** cada caderno ou folheto de uma obra maior e que vai sendo publicado por partes **2** pequeno feixe ~ **fascicular** *adj.2g.*
fas.ci.na.ção [pl.: *-ões*] *s.f.* **1** fascínio **2** forte atração por alguém ou por algo
fas.ci.nan.te *adj.2g.* que causa ou provoca fascínio
fas.ci.nar *v.* {mod. 1} *t.d.* **1** dominar com o olhar ❑ *t.d. e int.* **2** atrair, seduzir de modo irresistível; encantar
fas.cí.nio *s.m.* **1** poder de exercer forte atração ⟨*o f. de seu olhar misterioso*⟩ **2** sensação de deslumbramento, de encanto ⟨*o espetáculo causou f. na plateia*⟩ ⮌ tédio
fas.cis.mo *s.m.* regime político nacionalista e antidemocrático, como o estabelecido pelo ditador Benito Mussolini na Itália, em 1922 ☞ cf. *Mussolini* na parte enciclopédica ~ **fascista** *adj.2g.s.2g.*
fa.se *s.f.* **1** cada um dos estados de algo em evolução ou em mudanças ⟨*as f. de uma doença*⟩ ⟨*a produção do filme está em f. final*⟩ **2** período com características próprias
fa.se.o.lar *adj.2g.* que tem a forma do feijão (p.ex., o rim)
fash.ion [ing.] *adj.2g.2n.* de acordo com a moda do momento, com aquilo que se considera elegante, de bom gosto, moderno ⟨*sapatos* f.⟩ ⟨*cor* f.⟩ ⇨ pronuncia-se **fexion**
fa.si.a.ní.deo *s.m.* ZOO **1** espécime dos fasianídeos, família de aves de bico curto, pés adaptados para ciscar e correr, como são os faisões, pavões e afins ■ *adj.* **2** relativo a essa família
fas.mí.deo *s.m.* ZOO **1** espécime dos fasmídeos, família de insetos com aparência de galhos ou folhas, cujas espécies podem chegar a 30 cm ■ *adj.* **2** relativo a essa família
fast-food [ing.] *s.m.* **1** refeição ou lanche preparados e servidos com rapidez **2** estabelecimento que vende tal gênero de refeição ⊙ GRAM/USO em ing., invariável; em port. corrente, pl.: *fast-foods* ⇨ pronuncia-se **féstfud**
fas.ti.di.o.so \ô\ [pl.: *fastidiosos* \ó\] *adj.* **1** enfadonho, maçante ⮌ agradável **2** aborrecido, rabugento ⮌ gentil
fas.ti.o *s.m.* **1** falta de apetite ⮌ fome **2** sentimento de repugnância ou de aversão ⮌ atração **3** aborrecimento, tédio ⮌ deleite

fas.tu.o.so \ô\ [pl.: *fastuosos \ó*] *adj.* aparatoso, pomposo ⊃ despojado

fa.tal *adj.2g.* **1** que é inevitável ⊃ casual **2** que mata; funesto, mortal ⟨*tiro f.*⟩ **3** que é desastroso, nefasto ⟨*paixão, decisão f.*⟩ ⊃ benéfico **4** que não se pode prorrogar ⟨*prazo f.*⟩ ⊃ adiável

fa.ta.li.da.de *s.f.* **1** destino inevitável; fatalismo ⟨*o suicídio foi uma f.*⟩ **2** acontecimento cruel; desgraça ⟨*a queda do avião foi uma f.*⟩

fa.ta.lis.mo *s.m.* atitude ou doutrina segundo a qual os acontecimentos são fixados com antecedência pelo destino ~ **fatalista** *adj.2g.s.2g.*

fa.ti.a *s.f.* **1** pedaço, cortado fino, de algo comestível **2** *p.ext.* parcela de um todo ⟨*f. do mercado*⟩ ⊙ GRAM/USO aum.irreg.: *fatacaz* ~ **fatiar** *v.t.d.*

fa.tí.di.co *adj.* **1** que revela o que o destino decidiu; profético **2** que leva à desgraça; trágico

fa.ti.gar ou **fa.di.gar** *v.* {mod. 1} *t.d. e pron.* **1** (fazer) sentir fadiga; cansar(-se) **2** (fazer) sentir tédio, enfado; aborrecer(-se) ~ **fatigante** *adj.2g.*

fa.ti.o.ta *s.f.* traje, vestuário

¹fa.to *s.m.* **1** roupa ou conjunto de roupas; indumentária **2** vísceras de animais; miúdos **3** bando, quadrilha [ORIGEM: prov. do esp. *hato* 'roupa, porção de gado, provisão que toca a cada um']

²fa.to *s.m.* pequeno rebanho, esp. de cabras [ORIGEM: prov. do ár. *hatu* 'cardume']

³fa.to *s.m.* **1** ação ou coisa feita, ou em processo de realização **2** o que acontece por causas naturais ou não; ocorrência ⟨*lamentou o f.*⟩ **3** algo cuja existência pode ser constatada de modo indiscutível ⟨*o controle da poliomielite é um f.*⟩ [ORIGEM: do lat. *factum,i* 'feito, ação, façanha, empresa'] ⊡ **de f.** *loc.adv.* realmente, com efeito

fa.tor \ô\ *s.m.* **1** elemento que concorre para um resultado ⟨*trabalho e capital são f. do crescimento de um país*⟩ **2** aquele que faz algo **3** MAT número submetido à operação de multiplicação

fa.to.ra.ção [pl.: *-ões*] *s.f.* decomposição de um número através de divisões sucessivas até se chegar ao número um ~ **fatorar** *v.t.d.*

fa.tu.al *adj.2g.* → FACTUAL

fá.tuo *adj.* **1** vaidoso e oco; presunçoso ⊃ humilde **2** tolo, insensato ⊃ sensato **3** fugaz, transitório ⊃ duradouro ~ **fatuidade** *s.f.*

fa.tu.ra *s.f.* nota de venda de mercadorias relacionando quantidade, preço etc.

fa.tu.ra.men.to *s.m.* **1** emissão de faturas **2** total dos valores de venda de uma empresa em dado período

fa.tu.rar *v.* {mod. 1} *t.d.* **1** fazer a fatura de (mercadoria vendida) **2** incluir na fatura (uma mercadoria) ❑ *int. fig. B infrm.* **3** ganhar dinheiro

fau.na *s.f.* **1** a vida animal **2** conjunto de animais de uma área, época ou meio ambiente específico

fau.no *s.m.* ser mitológico (metade homem, metade animal), com pés de cabra e chifre, que vivia nos bosques e protegia os rebanhos

faus.to *adj.* **1** feliz; ditoso, venturoso ⊃ azarado ■ *s.m.* **2** luxo, ostentação ⊃ modéstia

faus.to.so \ô\ [pl.: *faustosos \ó*] *adj.* luxuoso, pomposo, imponente ⊃ modesto

fa.va *s.f.* **1** planta que produz vagens verdes, comestíveis, muito nutritivas e com propriedades medicinais **2** fruto e semente dessa planta; feijão ⊡ **favas contadas** *loc.subst. fig.* algo inevitável • **mandar às favas** *loc.vs. infrm.* mandar embora

fa.ve.la *s.f. B* conjunto de moradias precárias, situado ger. em morros, onde vive a população de baixa renda dos centros urbanos ~ **favelado** *adj.s.m.* - **favelizar** *v.t.d. e pron.*

fa.vo *s.m.* alvéolo ou conjunto de alvéolos em que as abelhas depositam o mel ⊙ COL favaria

fa.vor \ô\ *s.m.* **1** algo que se faz para alguém sem obrigação; obséquio ⊃ desfavor **2** benefício que se dá a alguém; proveito ⟨*trabalhava em f. do pai*⟩ ⊃ malefício, prejuízo

fa.vo.rá.vel *adj.2g.* **1** que favorece ou auxilia ⟨*o professor foi f. ao aluno*⟩ ⊃ desfavorável **2** propício ou conveniente ⟨*terreno f. ao plantio de café*⟩ ⊃ adverso **3** que traz vantagens ⟨*um contrato f. ao trabalhador*⟩ ⊃ desvantajoso **4** que está de acordo ⟨*pai f. ao namoro da filha*⟩ ⊃ contrário

fa.vo.re.cer *v.* {mod. 8} *t.d.* **1** prestar favor a; obsequiar **2** ser em favor de; beneficiar, ajudar ⊃ prejudicar **3** dar proteção especial, com parcialidade a **4** dar mais certeza ou intensidade a; intensificar ⊃ enfraquecer **5** realçar o mérito ou as qualidades de **6** criar condições para; concorrer, contribuir ❑ *pron.* **7** (prep. *de*) tirar proveito de; beneficiar-se ~ **favorecimento** *s.m.*

fa.vo.ri.tis.mo *s.m.* **1** preferência que se dá ao favorito **2** sistema (p.ex., político, administrativo) que concede favores ou privilégios por influência, amizade etc., sem consideração de competência, merecimento e honestidade

fa.vo.ri.to *adj.s.m.* **1** (o) que agrada mais **2** (indivíduo) que goza da proteção de alguém poderoso **3** (concorrente) que tem mais chances de vencer uma competição esportiva

fax \cs\ *s.m.2n.* **1** transmissão e reprodução de imagem de impressos, desenhos etc., por telefone ou rádio **2** aparelho que realiza essa operação **3** a reprodução obtida por esse sistema ⊙ GRAM/USO admite-se tb. o pl. *faxes*

fa.xi.na *s.f.* limpeza geral ~ **faxinar** *v.t.d.* - **faxineiro** *s.m.*

faz de con.ta *s.m.2n.* o mundo da imaginação, da fantasia ⊃ realidade

fa.zen.da *s.f.* **1** grande propriedade rural com lavoura ou criação de gado **2** qualquer pano ou tecido **3** conjunto dos bens do Estado **4** parte da administração pública que gerencia as finanças públicas e implementa as políticas econômicas ☛ nesta acp., tb. us. com inicial maiúsc.

fa.zen.dá.rio *adj.* relativo a finanças do Estado

fa.zen.dei.ro *adj.s.m.* **1** que(m) tem ou cultiva fazenda ('grande propriedade') ■ *adj.* **2** relativo a fazenda ('grande propriedade')

fa.zer *v.* {mod. 14} *t.d.* **1** levar a efeito; cumprir, executar, realizar **2** construir, erguer ⟨*f. um edifício, f. ninhos*⟩ **3** montar ou formar com elementos diversos, matérias-primas etc.; fabricar ⟨*f. um móvel, um automóvel, um vestido*⟩ **4** realizar (apresentações, espetáculos) ou representar (papel) **5** aprontar, preparar ⟨*f. um bolo*⟩ **6** dar existência a; criar ⟨*Deus fez o homem à sua imagem*⟩ **7** estabelecer, instituir ⟨*f. uma lei, um pacto*⟩ **8** ser a causa de; provocar, ocasionar **9** equivaler a; ser ⟨*1.000 m fazem 1 km*⟩ **10** formar, constituir ⟨*as cores fazem um conjunto harmonioso*⟩ **11** exercer (atividade) seguidamente; trabalhar em ou cursar ⟨*ela faz Geografia*⟩ ⟨*– Que é que ele faz? É médico?*⟩ **12** produzir por atividade intelectual ou artística; criar, compor ⟨*f. um poema, uma canção*⟩ **13** percorrer (trajeto, distância) ⟨*fiz a estrada em três horas*⟩ ⟨*fizemos 10 km a pé*⟩ **14** *B* pôr em ordem; arrumar ⟨*f. uma cama, as malas*⟩ **15** cuidar de; embelezar, arrumar ⟨*f. as unhas, o cabelo*⟩ **16** celebrar (aniversário, datas significativas) ⟨*ela fez 16 anos ontem*⟩ **17** passar (tempo); haver ⟨*já faz duas horas que ela partiu*⟩ ☞ nesta acp., é impessoal **18** denotar (fenômeno atmosférico) ⟨*faz frio*⟩ ☞ nesta acp., é impessoal ❑ *t.d.i.* **19** (prep. *de*) empregar, usar ⟨*fez da astúcia sua melhor arma*⟩ **20** (prep. *a*) prestar (favor, serviço) a ❑ *pron.* **21** *infrm.* agir livremente ⟨*com a viagem do marido, o amante se fez*⟩ **22** (prep. *em*) ficar reduzido a ⟨*f.-se em pedaços, em farrapos*⟩ ❑ *t.d. e pron.* **23** (prep. *de*) dar a aparência de; fingir ⟨*faz que não escuta*⟩ ⟨*f.-se de vítima*⟩ ❑ *t.d. e t.d.pred.* **24** ser a causa de se tornar ou ficar (de certo modo) ⟨*a oportunidade faz o ladrão*⟩ ⟨*o uso do cachimbo faz a boca torta*⟩ ❑ *t.d.pred. e t.i.pred.* **25** (prep. *de*) transformar, tornar ⟨*quis fazê-la sua mulher*⟩ ⟨*f. do filho um herói*⟩ ⊙ GRAM/USO part.: *feito* ⊡ **fazer por onde** *loc.* **1** esforçar-se por **2** merecer ~ **fazedor** *adj.s.m.* - **fazimento** *s.m.*

faz-tu.do *s.2g.2n.* **1** pessoa com muitas funções ou ofícios **2** indivíduo que conserta diversos objetos de uso doméstico **3** loja onde tais objetos são consertados

Fe símbolo de *ferro*

fé *s.f.* **1** crença religiosa ⊃ ceticismo **2** confiança absoluta (em alguém ou em algo); crédito ⊃ descrédito **3** comprovação, testemunho ⟨*em f. do que dizia, deu a documentação*⟩ ⊃ negação

fe.al.da.de *s.f.* **1** qualidade do que ou de quem é feio ⊃ beleza **2** *fig.* falta de dignidade ⊃ brio **3** *fig.* gravidade, enormidade ⊃ insignificância

FEB *s.f.* sigla de Força Expedicionária Brasileira ☞ cf. a parte enciclopédica

fe.bre *s.f.* **1** MED elevação da temperatura corporal; pirexia **2** *fig.* ânsia de possuir ⟨*f. de ouro*⟩ **3** *fig.* desejo ardente ⟨*f. das paixões*⟩ **4** *fig.* moda, mania ⟨*o forró é a nova f.*⟩ ⊙ GRAM/USO dim.irreg.: *febrícula* ⊡ **f. aftosa** *loc.subst.* doença contagiosa, de bois e porcos, provocada por vírus e caracterizada por aftas, febre e lesões purulentas na pele ☞ tb. se diz apenas *aftosa* • **f. amarela** *loc.subst.* doença infecciosa tropical, causada por vírus transmitido por certos mosquitos, e caracterizada por febre, dores abdominais e musculares, icterícia, vômitos com sangue • **f. tifoide** *loc.subst.* doença infecciosa transmitida pela água ou por alimentos contaminados por excrementos humanos infectados, e caracterizada por febre alta, prostração e diarreia ~ **febrento** *adj.s.m.*

fe.brí.cu.la *s.f.* febre ligeira ⊙ GRAM/USO dim.irreg. de *febre*

fe.brí.fu.go *adj.s.m.* (substância) que combate a febre; antipirético

fe.bril *adj.2g.* **1** relativo a ou próprio de febre; pirético ⟨*estado f.*⟩ **2** que tem febre; febrento ⟨*ancião f.*⟩ **3** *fig.* cheio de paixão; apaixonado ⟨*uma f. declaração de amor*⟩ ⊃ indiferente

fe.cal *adj.2g.* relativo a fezes ⟨*bolo f.*⟩

fe.cha.do *adj.* **1** impedido, obstruído ⟨*túnel f.*⟩ ⊃ aberto, desimpedido **2** cuja entrada é restrita ou proibida ⟨*concerto f.*⟩ **3** que fala pouco ou nada sobre si mesmo; reservado ⟨*foi uma criança muito f.*⟩ ⊃ aberto, expansivo **4** compacto, denso (diz-se de vegetação) ⟨*mata f.*⟩ **5** que está nublado ou chuvoso (diz-se de tempo) ⊃ aberto, claro **6** que faz um ângulo agudo (diz-se de curva)

fe.cha.du.ra *s.f.* peça de metal que tranca portas, janelas, gavetas etc., por meio de lingueta movida com chave

fe.cha.men.to *s.m.* **1** ato de fechar ou seu efeito **2** conclusão de um negócio **3** término da composição de um jornal, revista etc., antes da impressão

fe.char *v.* {mod. 1} *t.d.* **1** tapar a abertura de ⟨*f. um buraco*⟩ ⊃ abrir **2** impedir o acesso a ou o trânsito por; bloquear ⟨*f. uma rua*⟩ ⊃ desbloquear **3** cortar a frente de ⟨*o caminhão fechou a moto*⟩ **4** INF acabar de usar (arquivo, programa etc.) ❑ *t.d. e pron.* **5** unir duas ou mais partes de, impedindo que passe ar, luz etc. ou juntando o que está cortado, separado; cerrar(-se) ⟨*f. os portões, os lábios, um corte*⟩ ⟨*com o vento, a janela fechou-se*⟩ ⊃ abrir(-se) **6** pôr(-se) em recinto trancado; encerrar(-se) ⟨*f. valores dentro de um cofre*⟩ ⟨*f.-se em casa*⟩ ❑ *t.i. e int.* **7** (prep. *para*) na sinalização de trânsito, passar de verde para vermelha a cor do semáforo, impedindo o avanço de ⟨*o sinal fechou (para os automóveis)*⟩ ❑ *int. e pron.* **8** cicatrizar (ferida, machucado etc.) ❑ *t.d. e int.* **9** (fazer) parar de funcionar, provisoriamente ou não ⊃ reabrir ❑ *pron. fig.* **10** ensimesmar-se, retrair-se ❑ *t.d., t.i. e pron.* **11** (prep. *em*) [fazer] ter fim; concluir(-se), terminar(-se) ⊃ começar ❑ *int.* **12** encerrar o expediente ⟨*a loja fecha às 18h*⟩ ⊃ abrir

fe.cho \ê\ *s.m.* **1** qualquer peça us. para fechar algo **2** *fig.* parte final; conclusão, fim ⟨*o f. da sinfonia é lindo*⟩ ⊃ abertura ⊡ **f. ecler** *loc.subst.* *B* fecho com dentes metálicos que se encaixam, us. em roupas, bolsas, malas etc.; zíper

fé.cu.la *s.f.* amido extraído de batata, mandioca etc., sob forma de farinha

fe.cu.len.to *adj.* 1 que tem fécula 2 que deposita sedimentos ou fezes (diz-se de líquido)

fe.cun.da.ção [pl.: *-ões*] *s.f.* ato ou efeito de fecundar(-se)

fe.cun.dar *v.* {mod. 1} *t.d.* 1 entrar ou pôr (o espermatozoide) em contato com o óvulo, gerando uma vida 2 engravidar 3 *fig.* tornar criativo, inventivo; estimular ⟨*f. a imaginação*⟩ 4 *fig.* dar incentivo a; fomentar ⟨*f. as artes*⟩ ❑ *t.d. e pron.* 5 tornar(-se) capaz de produzir (terra, solo); fertilizar(-se) ~ **fecundante** *adj.2g.*

fe.cun.di.da.de *s.f.* 1 condição do que é fértil; fertilidade ⟨*a f. de uma terra*⟩ ⊃ esterilidade 2 *fig.* capacidade criativa; inspiração ⟨*f. da mente infantil*⟩

fe.cun.do *adj.* 1 produtivo, fértil ⟨*terra f.*⟩ ⊃ improdutivo 2 que dá muitos e grandes resultados; profícuo ⟨*empreendimento f.*⟩ ⊃ infrutífero 3 *fig.* criativo, imaginativo ⟨*criança f.*⟩

fe.de.go.so \ô\ [pl.: *fedegosos* \ó\] *s.m.* 1 nome comum de arbustos, alguns medicinais, de flores amarelas, ger. de odor desagradável ■ *adj.* 2 que tem mau cheiro; fétido ⊃ perfumado ⊙ COL fedegosal

fe.de.lho \ê\ *s.m.* 1 criança ou jovem de pouca idade 2 rapaz que tem comportamento infantil ⟨*tem 20 anos, mas é um f.*⟩ ~ **fedelhice** *s.f.*

fe.den.ti.na *s.f.* fedor

fe.der *v.* {mod. 8} *int.* 1 exalar mau cheiro 2 *fig. infrm.* envolver atitudes ou ter características condenáveis, imorais, indignas ⟨*a burguesia fede*⟩ ❑ *t.i.* 3 (prep. *a*) exalar forte cheiro de ⟨*chegou fedendo a cigarro*⟩ 4 *fig. infrm.* (prep. *a*) parecer, indicar ⟨*isso fede a mamata*⟩ ⊡ **não f. nem cheirar** *fraseol.* ser insignificante, não fazer diferença

fe.de.ra.ção [pl.: *-ões*] *s.f.* 1 união de Estados independentes sob um governo central soberano 2 *p.ext.* associação que reúne várias sociedades, sindicatos etc. sob uma autoridade comum e com o mesmo objetivo ~ **federativo** *adj.*

fe.de.ral *adj.2g.* 1 relativo ou pertencente à União ⟨*colégio f.*⟩ 2 *fig. B infrm.* muito grande, fora do comum ⟨*briga f.*⟩ ⊃ insignificante

fe.de.ra.lis.mo *s.m.* sistema de governo em que estados autônomos se reúnem para formar uma nação ~ **federalista** *adj.2g.s.2g.*

fe.de.ra.li.zar *v.* {mod. 1} *t.d. e pron.* transformar(-se) em bem ou serviço do Estado ~ **federalização** *s.f.* - **federalizado** *adj.*

fe.de.rar *v.* {mod. 1} *t.d. e pron.* associar(-se) ou reunir(-se) em federação

fe.dor \ô\ *s.m.* mau cheiro ⊃ perfume

fe.do.ren.to *adj.s.m.* (o) que cheira mal

fe.é.ri.co *adj.* 1 pertencente ao mundo das fadas 2 luxuoso, deslumbrante ⟨*decoração f.*⟩ ⊃ simples 3 que turva a vista por excesso de luz ou brilho; ofuscante ⟨*iluminação f.*⟩

fei.ção [pl.: *-ões*] *s.f.* 1 aparência exterior; aspecto, forma ⟨*roupa da mesma f. que a sua*⟩ 2 *fig.* modo de agir ⟨*trabalhar à sua f.*⟩ 3 *fig.* propriedade que determina a natureza de algo; qualidade ⟨*a honestidade é sua f. principal*⟩ ⊃ defeito 4 *fig.* bom humor ▼ *feições s.f.pl.* 5 traços da fisionomia; semblante, rosto ⟨*tem as f. delicadas*⟩

fei.jão [pl.: *-ões*] *s.m.* 1 vagem de sementes comestíveis, fruto do feijoeiro 2 essa semente cozida e temperada, misturada, ou não, com carnes, legumes etc., us. como alimento ⊙ COL feijoal

fei.jão com ar.roz [pl.: *feijões com arroz*] *s.m. B infrm.* o que é simples, comum, rotineiro

fei.jão-fra.di.nho [pl.: *feijões-fradinhos* e *feijões-fradinho*] *s.m.* 1 planta cujo fruto é uma vagem comprida e fina, de sementes comestíveis 2 semente dessa planta, de cor creme e um ponto preto, us. em ensopados e, esp. no Brasil, em saladas, no acarajé, abará etc.

fei.jo.a.da *s.f. B* 1 prato da cozinha brasileira feito com feijão temperado e cozido com carne de porco salgada, carne-seca, linguiça etc. 2 grande porção de feijões

fei.jo.al *s.m.* muitos feijoeiros em dada área

fei.jo.ei.ro *s.m.* planta nativa da América do Sul, com inúmeras variedades, cujas vagens contêm sementes (*feijão*) ricas em proteínas, us. na alimentação humana, após secagem e cozimento, e tb. em farinha e como forragem

fei.o *adj.* 1 sem beleza; disforme ⟨*rosto f.*⟩ ⊃ bonito 2 *fig.* que inspira desprezo, nojo, vergonha; desonesto ⟨*ação f.*⟩ ⊃ digno 3 *fig.* difícil de suportar; desventuroso ⟨*momento f.*⟩ ⊃ tranquilo 4 *fig.* grave, sério ⟨*acidente f.*⟩ ⊃ insignificante 5 chuvoso ou ventoso; ruim (diz-se de tempo) ⊃ bom ■ *s.m.* 6 indivíduo sem beleza ⟨*quem ama o f. belo lhe parece*⟩ ⊃ belo 7 comportamento desabonador ⟨*o f. foi ele ter fugido*⟩ ⊃ bonito ■ *adv.* 8 de maneira vergonhosa ⟨*dormiu f. na aula*⟩ ~ **feioso** *adj.s.m.* - **feiura** *s.f.*

fei.ra *s.f.* 1 mercado público onde se comercia em dias ou épocas determinadas 2 exposição competitiva (p.ex., de gado, equídeos etc.) ou para a exibição de novos produtos ⟨*f. de mangas-largas*⟩ ⟨*f. de moda*⟩ 3 o que se compra em feira livre ⟨*fazer a f.*⟩ 4 termo que compõe o nome dos dias da semana, menos sábado e domingo 5 *fig.* desordem barulhenta; algazarra ⟨*a aula estava uma f.*⟩ ⊃ silêncio ⊡ **f. livre** *loc.subst. B* venda de produtos hortigranjeiros, frutas, pescados etc., ger. ao ar livre e em dias certos da semana

fei.ran.te *adj.2g.* 1 relativo a feira ■ *s.2g.* 2 vendedor de feira

fei.ta *s.f.* ocasião, oportunidade, vez ⟨*uma f. saiu de casa e não voltou*⟩ ⟨*desta f. conseguirá passar no vestibular*⟩

fei.ti.ço *s.m.* 1 uso de hipotéticas forças mágicas para adivinhação e/ou com intenções nocivas 2 o possível efeito dessas ações; bruxaria, mandinga 3 *fig.* atração irresistível; encantamento, magia ~ **feitiçaria** *s.f.* - **feiticeiro** *adj.s.m.*

fei.ti.o *s.m.* 1 aparência de um ser ou coisa; formato, forma ⟨*roupas de vários f.*⟩ 2 modo de atuação; jeito, maneira ⟨*o seu f. de agir é diferente*⟩ 3 temperamento, caráter ⟨*mentir não é do seu f.*⟩ 4 execução a cargo de artífice ou artista (esp. alfaiate ou costureira) ⟨*ela deu o pano, e a costureira, o f.*⟩

[1]fei.to *s.m.* **1** ato de fazer ou aquilo que se fez **2** ato de heroísmo; façanha ⟨*os heróis e seus f.*⟩ **3** propósito, objetivo, intento ⟨*nosso f. é ser feliz*⟩ [ORIGEM: do lat.*fāctum,ī* 'feito, ação, façanha']

[2]fei.to *adj.* **1** que se treinou; adestrado ⟨*espírito f. nas lutas políticas*⟩ ⮌ destreinado **2** que se constituiu; formado ⟨*criança bem f.*⟩ **3** amadurecido, maduro ⟨*um homem f.*⟩ ⮌ imaturo **4** pronto para ser utilizado ou consumido ⟨*prato f.*⟩ **5** iniciado (no candomblé, umbanda e seitas afins) ■ *conj.comp. B* **6** como, tal qual ⟨*trabalha f. burro de carga*⟩ [ORIGEM: do lat.*fāctus,a,um* 'feito, executado, obrado, criado, produzido'] ⊡ **bem f.** *loc.interj.* expressa satisfação com uma penalização, um insucesso, um mal, contratempo, ou suas consequências, sofridos por alguém que realizou algo que se julga errado, perigoso ou insensato

fei.tor \ô\ *adj.s.m.* **1** (o) que faz, executa ou fabrica **2** (pessoa) que administra bens alheios; gestor ■ *s.m.* **3** capataz, supervisor de trabalhadores

fei.to.ri.a *s.f.* **1** administração ou cargo de feitor **2** no Brasil colonial, posto de mercadorias, provido tb. de soldados e armamentos, para a defesa da colônia **3** o conjunto dessas mercadorias

fei.tu.ra *s.f.* **1** ato ou processo de fazer; elaboração ⟨*a f. de um projeto, de um jantar, de um livro*⟩ **2** o que se fez; obra, produção, produto

fei.xe *s.m.* **1** conjunto de objetos unidos; braçada ⟨*f. de lenha, de espigas*⟩ **2** *p.ext.* grande porção de algo ⟨*um f. de asneiras*⟩ ⮌ escassez **3** conjunto de raios luminosos **4** ANAT grupo de fibras nervosas ou musculares

fel [pl.: *féis* e *feles*] *s.m.* **1** bile **2** *p.ext.* sabor amargo ⟨*o f. do remédio*⟩ **3** *fig.* mau humor; azedume ⟨*ressentido, destila seu f.*⟩ ⮌ alegria **4** *fig.* ódio, aversão ⟨*o f. minou seu casamento*⟩ ⮌ afinidade

felds.pa.to *s.m.* grupo de silicatos de sódio, potássio, cálcio, presente em todos os tipos de rochas, esp. nas ígneas, e constituinte de 60 % da crosta terrestre ~ **feldspático** *adj.*

fe.li.ci.da.de *s.f.* **1** satisfação, contentamento ⮌ insatisfação **2** boa fortuna; sorte ⟨*para sua f., escapou ileso do acidente*⟩ ⮌ azar **3** bom êxito; sucesso ⟨*f. na escolha da profissão*⟩ ⮌ fracasso ▼ *felicidades s.f.pl.* **4** congratulações, felicitações

fe.li.ci.tar *v.* {mod. 1} *t.d.* **1** tornar feliz; alegrar ⮌ entristecer **2** dar os parabéns a; congratular, cumprimentar ~ **felicitação** *s.f.* - **felicitado** *adj.*

fe.lí.deo *s.m.* ZOO **1** espécime dos felídeos, família de mamíferos carnívoros, como o tigre, o gato, o leão, a onça-pintada etc., adaptados para saltar ■ *adj.* **2** relativo a essa família

fe.li.no *s.m.* **1** animal da família dos felídeos, como o gato, a onça-pintada etc. ■ *adj.* **2** relativo ou semelhante aos felídeos **3** *p.ext.* ágil; ligeiro ⟨*menino f.*⟩ ⮌ lento **4** dissimulado, traiçoeiro ⟨*reação f.*⟩ ⮌ sincero

fe.liz *adj.2g.* **1** favorecido pela sorte; venturoso ⮌ azarado **2** contente, satisfeito ⮌ infeliz **3** que deu bom resultado; auspicioso ⮌ desfavorável **4** próspero, rico ⟨*com o prêmio, teria uma vida f.*⟩ ⮌ miserável **5** bem lembrado ou imaginado ⟨*uma f. escolha de palavras*⟩ ⮌ indevido **6** abençoado, bendito, protegido ⟨*f. os eleitos do Senhor*⟩ ⮌ maldito ⊙ GRAM/USO sup.abs. sint.: *felicíssimo*

fe.li.zar.do *s.m.* indivíduo muito feliz, com muita sorte; sortudo ⮌ azarado

fe.lo.ni.a *s.f.* **1** revolta do vassalo contra o senhor feudal **2** *frm.* ato desleal; traição **3** *frm.* procedimento cruel; maldade

fel.pa \ê\ *s.f.* **1** tecido felpudo de lã ou algodão **2** fio levantado em tecidos; felpo **3** *p.ext.* penugem de aves e animais **4** *B infrm.* farpa ~ **felpudo** *adj.*

fel.po \ê\ *s.m.* felpa ('fio')

fel.tro \ê\ *s.m.* tecido de lã ou pelo, obtido através da ação do calor, umidade, substâncias químicas e pressão, us. na fabricação de chapéus, chinelos etc.

fê.mea *s.f.* **1** animal do sexo feminino ⟨*a f. do cão é a cadela*⟩ ⮌ macho **2** ser humano do sexo feminino; mulher ⟨*Eva foi a primeira f.*⟩ **3** qualquer peça com furo ou concavidade em que se encaixa outra (o macho)

fê.meo *adj.* **1** relativo a fêmea ou a mulher **2** diz-se de qualquer objeto que se ajusta a outro, que nele penetra (o macho) ⟨*tomada fêmea*⟩

fe.mi.ni.no *adj.* **1** relativo a fêmea ou a mulher **2** referente ao sexo caracterizado pelo ovário nos animais e nas plantas; fêmeo ■ *adj.s.m.* **3** (gênero gramatical) que se opõe ao masculino (e ao neutro, em certos idiomas) ⮌ masculino ~ **feminilidade** *s.f.*

fe.mi.nis.mo *s.m.* doutrina ou movimento em favor da ampliação e valorização do papel e dos direitos das mulheres na sociedade ~ **feminista** *adj.2g.s.2g.*

fê.mur *s.m.* o osso da coxa ~ **femoral** *adj.2g.*

fen.da *s.f.* qualquer abertura estreita e alongada

fen.der *v.* {mod. 8} *t.d.* e *pron.* **1** (fazer) ficar com fenda(s); rachar(-se) **2** separar(-se) em partes no comprimento ❑ *t.d. fig.* **3** sulcar, atravessar ⟨*o navio fendia as ondas*⟩ ~ **fendimento** *s.m.*

fe.ne.cer *v.* {mod. 8} *int.* **1** ter fim; acabar, extinguir-se **2** passar a tom mais fraco; desbotar **3** murchar (planta) **4** perder a vida; morrer ~ **fenecimento** *s.m.*

fe.ní.cio *s.m.* **1** natural ou habitante da antiga Fenícia, região litorânea da atual Síria **2** antiga língua falada nesse país ■ *adj.* **3** relativo a Fenícia, seu povo e sua língua

fê.nix *s.f.2n.* **1** ave mitológica egípcia, que renasce das próprias cinzas **2** *fig.* pessoa rara, especial

fe.no *s.m.* planta ceifada e seca, us. como forragem

fe.nol *s.m.* ácido us. esp. em medicina como desinfetante, anestésico e antisséptico, e tb. na fabricação de resinas ~ **fênico** *adj.s.m.* - **fenólico** *adj.*

fe.nolf.ta.le.í.na *s.f.* substância us. como laxante

fe.no.me.nal *adj.2g.* **1** que tem a natureza ou a qualidade de um fenômeno **2** *fig.* excepcional, admirável ⮌ banal

fe.nô.me.no *s.m.* **1** qualquer fato observável na natureza **2** *p.ext.* fato de interesse científico **3** acontecimento raro e surpreendente **4** *p.ext.* indivíduo de qualidade rara ⊃ incapaz

fe.nó.ti.po *s.m.* BIO conjunto das características de um indivíduo, determinado pela interação do seu genótipo com o ambiente ~ **fenotípico** *adj.*

fe.o.fí.cea *s.f.* espécime das feofíceas, classe de algas marinhas de cor parda, abundantes nas águas frias do hemisfério norte; alga parda

fe.ra *s.f.* **1** animal feroz **2** *p.ext.* indivíduo cruel **3** *fig.* indivíduo muito severo ⊃ tolerante ■ *adj.2g.s.2g.* **4** (pessoa) exímia (no que faz) ⟨*um jogador f.*⟩ ⟨*só há feras no exame*⟩

fe.raz *adj.2g.* muito produtivo ou abundante; fecundo, fértil ⊃ improdutivo ~ **feracidade** *s.f.*

fé.re.tro *s.m.* caixão de defunto; ataúde

fé.ria *s.f.* **1** remuneração diária de operário; salário **2** no comércio, o dinheiro apurado nas vendas do dia ▼ *férias s.f.pl.* **3** período para descanso de trabalhadores, estudantes etc.

fe.ri.a.do *adj.s.m.* diz-se de ou dia de repouso determinado por lei ou religião

fe.ri.da *s.f.* **1** lesão provocada por corte ou golpe; ferimento **2** *fig.* o que causa sofrimento; dor, mágoa ⊃ felicidade ~ **feridento** *adj.s.m.*

fe.ri.no *adj.* **1** feroz ⟨*luta f.*⟩ **2** cruel ⟨*atitude f.*⟩ ⊃ bondoso **3** *fig.* ofensivo ⟨*comentário f.*⟩ ⊃ elogioso

fe.rir *v.* {mod. 28} *t.d. e pron.* **1** causar ou sofrer lesão por pancada, golpe ou impacto; machucar(-se) **2** (fazer) ter sofrimento, sentir tristeza; magoar(-se) ❑ *t.d.* **3** fazer soar (instrumento); tanger **4** causar sensação desagradável; incomodar ⟨*o ruído feria seus ouvidos*⟩ **5** *fig.* ir contra; violar, contrariar ~ **ferimento** *s.m.*

fer.men.ta.ção [pl.: *-ões*] *s.f.* **1** transformação química de substâncias orgânicas causada por enzimas **2** efervescência gasosa devida a essa transformação **3** *fig.* agitação, comoção ⊃ apatia ~ **fermentativo** *adj.*

fer.men.tar *v.* {mod. 1} *t.d.* **1** produzir fermentação em; levedar ❑ *int.* **2** decompor-se por fermentação; levedar ❑ *t.d. e int. fig.* **3** excitar(-se), agitar(-se) ⊃ acalmar(-se)

fer.men.to *s.m.* **1** agente (uma enzima, um organismo) capaz de provocar a fermentação **2** massa de farinha azeda que provoca a fermentação em outra massa

fér.mio *s.m.* elemento químico artificial radioativo [símb.: *Fm*] ☞ cf. *tabela periódica* (no fim do dicionário)

fe.ro *adj.* **1** que demonstra ferocidade; violento ⊃ manso **2** sanguinário, cruel ⊃ bondoso **3** selvagem, não domesticado ⊃ civilizado; dócil **4** que ameaça, amedronta ⟨*expressão f.*⟩ ⊃ doce ~ **fereza** *s.f.* - **ferida-de** *s.f.*

fe.ro.ci.da.de *s.f.* **1** qualidade ou estado de feroz **2** caráter cruel ⊃ bondade **3** extrema violência ⊃ cordialidade

fe.ror.mô.nio ou **fe.ro.mô.nio** *s.m.* substância secretada esp. por insetos e mamíferos, com funções de atração sexual, demarcação de trilhas e comunicação entre indivíduos

fe.roz *adj.2g.* **1** que tem instinto de fera; selvagem **2** *fig.* cruel, perverso ⊃ bondoso **3** *fig.* que mostra força; violento ⟨*ventania f.*⟩ ⊃ fraco

fer.ra.brás [pl.: *ferrabrases*] *adj.2g.s.2g.* **1** que(m) conta bravatas ⊃ discreto **2** falso valentão

fer.ra.dor \ô\ *adj.s.m.* **1** que(m), por ofício, coloca ferradura em animais **2** que(m) marca animais com ferrete

fer.ra.du.ra *s.f.* **1** semicírculo de ferro com o qual se calçam os cascos de cavalgaduras **2** *p.ext.* qualquer peça em forma de semicírculo

fer.ra.gei.ro *s.m.* negociante de ferragens

fer.ra.gem *s.f.* **1** cada uma das peças de ferro que integram uma estrutura, uma máquina, um objeto **2** colocação de ferraduras em animais ⊙ COL ferraria

fer.ra.gis.ta *s.2g.* ferrageiro

fer.ra.men.ta *s.f.* **1** utensílio que auxilia a execução de um trabalho artesanal ou mecânico **2** *p.ext.* qualquer instrumento necessário à prática profissional **3** *fig.* meio para alcançar um resultado ~ **ferramenteiro** *s.m.*

fer.rão [pl.: *-ões*] *s.m.* **1** ponta aguda de ferro **2** *p.ext.* órgão pontiagudo de certos insetos, us. em ataque ou defesa; acúleo, aguilhão

fer.rar *v.* {mod. 1} *t.d.* **1** pregar ferro ou ferrão em **2** pôr ferradura em **3** marcar com ferro quente (esp. animal) ❑ *int.fig.* **4** render-se totalmente a; entregar-se ⟨*f. no sono, no trabalho*⟩ ❑ *t.d.i. e pron.* **5** (prep. *em*) cravar(-se), enterrar(-se) ⟨*f. as garras na presa*⟩ ⟨*as garras ferraram-se nele*⟩ ❑ *t.d. e pron. B infrm.* **6** deixar ou ficar mal, sem saída; prejudicar(-se) ~ **ferrado** *adj.*

fer.ra.ri.a *s.f.* **1** conjunto de ferragens **2** fábrica de ferragens **3** oficina ou loja de ferreiro

fer.rei.ro *s.m.* artesão que trabalha com ferro

fer.re.nho *adj.* **1** semelhante ao ferro **2** *fig.* severo, rigoroso ⊃ transigente **3** *fig.* que persiste; obstinado ⊃ desinteressado

fér.reo *adj.* **1** de ferro **2** que contém ferro **3** *fig.* que não cede; inflexível ⊃ flexível

fer.re.te \ê\ *s.m.* **1** instrumento de ferro us. para marcar gado, escravos e criminosos **2** a marca por ele deixada

fer.ro *s.m.* **1** elemento químico metálico abundante na natureza, us. em diversas aplicações, como em construções arquitetônicas, máquinas, veículos, ferramentas [símb.: *Fe*] ☞ cf. *tabela periódica* (no fim do dicionário) **2** *p.ext.* instrumento ou utensílio feito com esse metal ⊡ **f. de passar** *loc.subst.* aparelho de base triangular que se aquece para alisar esp. tecidos • **f. fundido** *loc.subst.* liga de ferro e carbono, em que o teor deste é maior do que no aço ~ **ferrífero** *adj.*

fer.ro.a.da *s.f.* **1** picada com ferrão **2** *p.ext.* dor como a de uma picada **3** *fig.* censura sarcástica e incisiva

fer.ro.ar *v.* {mod. 1} *t.d. e int.* **1** picar com ferrão; aguilhoar ❑ *t.d. fig.* **2** atormentar, irritar ⊃ tranquilizar

fer.ro-gu.sa [pl.: *ferros-gusa* e *ferros-gusas*] *s.m.* ferro como é retirado do alto-forno, com grande proporção de carbono e diversas impurezas; gusa

fer.ro.lho \ô\ *s.m.* pequena tranca corrediça, us. para fechar portas e janelas

fer.ro.mo.de.lis.mo *s.m.* **1** técnica de projetar e construir modelos reduzidos de trens **2** passatempo que consiste em manipular esses modelos

fer.ro-ve.lho [pl.: *ferros-velhos*] *s.m.* **1** objeto metálico velho que pode ser refundido e reutilizado **2** local que serve para depósito e comércio desse material

fer.ro.vi.a *s.f.* **1** sistema de transporte constituído de trilhos de ferro por onde transitam trens **2** empresa que administra e explora esse sistema

fer.ro.vi.á.rio *adj.* **1** relativo a ferrovia **2** feito por ferrovia (diz-se de transporte) ■ *adj.s.m.* **3** que(m) trabalha em ferrovia

fer.ru.gem *s.f.* substância de cor vermelho-alaranjada causada pela corrosão do ferro exposto ao ar e à umidade ~ **ferrugento** *adj.* - **ferruginosidade** *s.f.* - **ferruginoso** *adj.*

fer.ry.boat [ing.; pl.: *ferryboats*] *s.m.* balsa para travessia de veículos e pessoas em pequenas distâncias ⇨ pronuncia-se **férribout**

fér.til *adj.2g.* **1** que produz muito; fecundo ⟨*imaginação f.*⟩ ⟨*solo f.*⟩ ↄ improdutivo **2** que se apresenta em abundância; farto ↄ escasso **3** capaz de reproduzir-se ⟨*mulher f.*⟩ ↄ estéril ~ **fertilidade** *s.f.*

fer.ti.li.za.ção [pl.: *-ões*] *s.f.* **1** ato de fertilizar(-se) ou seu efeito **2** BIO junção das células reprodutoras feminina e masculina; fecundação

fer.ti.li.zan.te *adj.2g.s.m.* (substância) que nutre o solo, tornando-o fértil ↄ esterilizante

fer.ti.li.zar *v.* {mod. 1} *t.d.,int. e pron.* **1** tornar(-se) fértil, produtivo ❑ *t.d.* **2** fecundar (óvulo, mulher, fêmea) ~ **fertilizador** *adj.s.m.*

fer.ve.dou.ro *s.m.* **1** movimento como o da ebulição de um líquido **2** *p.ext.* ajuntamento, aglomeração **3** *p.ext.* grande agitação; tumulto ↄ calma

fer.ven.tar *v.* {mod. 1} *t.d.* ferver rapidamente; aferventar ⟨*f. legumes*⟩

fer.ver *v.* {mod. 8} *t.d. e int.* **1** produzir ebulição (em) ❑ *t.d.* **2** cozer ou esterilizar dentro de líquido em ebulição ❑ *int.* **3** agitar-se como líquido em ebulição ⟨*nervoso, sentia o sangue f.*⟩ **4** *fig.* excitar-se, animar-se ⟨*o país ferve com as eleições*⟩ **5** *fig.* estar em quantidade; fervilhar ⟨*ferviam ideias na sua cabeça*⟩ ↄ rarear ~ **fervente** *adj.2g.*

fér.vi.do *adj.* **1** extremamente quente; ardente ↄ frio **2** *fig.* ardoroso, arrebatado ⟨*amor f.*⟩ ↄ frio **3** em que há cuidado extremado; zeloso ⟨*pai f.*⟩ ↄ indiferente

fer.vi.lhar *v.* {mod. 1} *int.* **1** estar em ebulição; ferver **2** *fig.* estar em quantidade; abundar ↄ rarear **3** *fig.* agitar-se, mover-se muito; pulular ❑ *t.i. fig.* **4** (prep. *de*) estar repleto de ⟨*a rua fervilhava de gente*⟩ ~ **fervilhamento** *s.m.* - **fervilhante** *adj.2g.*

fer.vor \ô\ *s.m.* **1** estado do que ferve; fervura **2** *fig.* intensidade de sentimentos ⟨*paixão de grande f.*⟩ **3** *fig.* cuidado extremoso; dedicação, zelo ~ **fervoroso** *adj.*

fer.vu.ra *s.f.* **1** ebulição; efervescência **2** *fig.* excitação, agitação de ânimo

fes.ce.ni.no *adj.* devasso, obsceno ↄ pudico

fes.ta *s.f.* **1** reunião recreativa ou comemorativa, em espaço público ou privado **2** solenidade religiosa **3** *fig.* sensação de prazer; alegria **4** afago, carícia ☞ nesta acp., mais us. no pl.

fes.tan.ça *s.f.* **1** grande festa **2** festa muito animada

fes.tão [pl.: *-ões*] *s.m.* arranjo decorativo ger. em arco com flores e fitas; grinalda

fes.tei.ro *adj.s.m.* **1** que(m) gosta de organizar ou de frequentar festas ■ *adj.* **2** que afaga, faz carinho

fes.te.jar *v.* {mod. 1} *t.d. e int.* **1** comemorar com festa; celebrar ❑ *t.d.* **2** louvar, aplaudir (alguém ou algo, esp. querido e/ou esperado) **3** manifestar alegria por; comemorar ~ **festejador** *adj.s.m.*

fes.te.jo \ê\ *s.m.* **1** ato de festejar ou seu efeito **2** festa **3** gesto carinhoso; carícia **4** galanteio

fes.tim *s.m.* **1** festa particular ou em família **2** banquete **3** cartucho sem bala

fes.ti.val *s.m.* **1** grande festa **2** evento artístico periódico, por vezes competitivo ⟨*f. de teatro*⟩ **3** *p.ext. infrm.* grande quantidade ⟨*f. de besteiras*⟩ ↄ escassez

fes.ti.vi.da.de *s.f.* **1** festival **2** festa religiosa ou cívica **3** grande alegria

fes.ti.vo *adj.* **1** relativo a festa ⟨*música f.*⟩ **2** em que há alegria, contentamento ⟨*encontro f.*⟩ ↄ maçante; triste

fes.to *adj.* alegre, festivo ↄ triste

fes.to \ê\ *s.m.* **1** largura de um tecido **2** dobra que se faz no meio da largura de um tecido

fe.ti.che *s.m.* **1** objeto a que se atribui poder mágico **2** PSIC objeto ou parte do corpo considerada como possuidora de qualidades eróticas

fe.ti.chis.mo *s.m.* **1** culto ou veneração de fetiche **2** PSIC deslocamento do interesse sexual para algum objeto ou parte do corpo usualmente desprovidos de conotação erótica ~ **fetichista** *adj.2g.s.2g.*

fé.ti.do *adj.* que cheira mal ↄ perfumado ~ **fetidez** *s.f.*

fe.to *s.m.* **1** nome que toma o embrião depois que adquire as formas da sua espécie **2** *fig.* princípio, origem ↄ fim ~ **fetal** *adj.2g.*

feu.dal *adj.2g.* relativo a feudo ou a feudalismo

feu.da.lis.mo *s.m.* regime socioeconômico em que os donos de feudos detinham o poder político

feu.da.tá.rio *adj.s.m.* **1** (pessoa) que possui um feudo concedido pelo senhor feudal; vassalo ■ *adj.* **2** feudal **3** *fig.* em que há relação de dependência; subordinado

feu.do *s.m.* **1** na Idade Média, terra concedida pelo senhor feudal ao vassalo em troca de serviços e tributos **2** direito sobre essa terra **3** tributo pago pelo vassalo ao senhor feudal **4** *p.ext.* zona de influência ⟨*f. eleitoral*⟩

fe.ve.rei.ro *s.m.* o segundo mês do ano no calendário gregoriano, composto de 28 dias, a não ser nos anos bissextos, quando passa a ter 29 dias

fe.zes *s.f.pl.* **1** matérias fecais, excrementos **2** quaisquer resíduos imprestáveis; borra ⟨*f. do vinho*⟩

FGTS *s.m.* sigla de Fundo de Garantia do Tempo de Serviço

fi.a.ção [pl.: *-ões*] *s.f.* **1** transformação de fibras têxteis em fio **2** essa atividade **3** conjunto de fios ou cabos de uma instalação elétrica

fi.a.cre *s.m.* antiga carruagem de aluguel

fi.a.da *s.f.* **1** conjunto de fios (de lã, de linha etc.) **2** série de coisas ligadas por um fio ⟨*f. de peixes*⟩ **3** fileira de tijolos

fi.a.do *adj.* **1** confiado **2** comprado ou vendido a crédito **3** enganoso ⟨*conversa f.*⟩ ⮌ honesto ■ *adv.* **4** a crédito ⟨*comprou f.*⟩ ⮌ à vista

fi.a.dor \ô\ *adj.s.m.* **1** que(m) responde por outro **2** que(m) assume o pagamento de uma dívida, se o devedor não pagar

fi.am.bre *s.m.* carne (ger. presunto) que se come fria

fi.an.ça *s.f.* **1** garantia, aval **2** DIR quantia paga pelo réu para que ele possa se defender em liberdade

fi.an.dei.ro *s.m.* quem fia ('faz fios') por ofício

fi.a.po *s.m.* fio muito fino e curto

[1]**fi.ar** *v.* {mod. 1} *t.d.* **1** ser o fiador de ❑ *t.d.,t.i.,t.d.i. e pron.* **2** (prep. *em*) ter fé; acreditar, confiar ❑ *t.d.i.* **3** (prep. *a*) entregar sob confiança; confiar ❑ *t.d.,t.i. e t.d.i.* **4** (prep. *a*) vender a crédito [ORIGEM: de um lat. **fidare* 'confiar']

[2]**fi.ar** *v.* {mod. 1} *t.d.* **1** transformar em fio **2** trançar fios de **3** confeccionar (tecido, trama) com fios **4** *fig.* tramar, criar (algo ger. negativo) ⟨*f. intrigas*⟩ [ORIGEM: do lat. *filāre* 'fazer em fio, entrelaçar fios']

fi.as.co *s.m.* mau êxito; fracasso ⮌ sucesso

fi.bra *s.f.* **1** filamento encontrado em tecido animal ou vegetal, ou em algumas substâncias minerais **2** estrutura sintética semelhante a esses filamentos naturais **3** *fig.* força de vontade; firmeza de caráter ⮌ indecisão ⊡ **f. de vidro** *loc.subst.* material us. como isolante térmico • **f. óptica** *loc.subst.* fibra, us. na confecção de cabos de transmissão, capaz de transmitir luz a longas distâncias com baixo índice de refração

fi.bri.la *s.f.* fibra muito fina e curta

fi.bri.la.ção [pl.: *-ões*] *s.f.* MED série de contrações rápidas e desordenadas das fibras musculares ~ **fibrilar** *v.int.*

fi.broi.de \ói\ *adj.2g.* **1** semelhante a fibra **2** que tem fibra(s)

fi.bro.ma *s.m.* tumor benigno constituído de tecido fibroso

fi.bro.mi.al.gi.a *s.f.* MED síndrome de dor difusa que ocorre nos tecidos fibroso e muscular de diferentes partes do corpo esp. das mulheres

fi.bro.se *s.f.* MED formação anormal de tecido fibroso

fi.bro.so \ô\ [pl.: *fibrosos* \ó\] *adj.* **1** referente ou semelhante a fibra **2** constituído ou cheio de fibras

fí.bu.la *s.f.* o menor e mais externo osso da perna, antes denominado *perônio*

-ficar ou **-ificar** *suf.* 'transformação': *fortificar, simplificar*

fi.car *v.* {mod. 1} *pred.* **1** manter-se em certo estado, condição, posição; permanecer, continuar ⟨*f. sentado, de braços cruzados, solteiro*⟩ **2** assumir certa condição, estado, posição ⟨*ficou feliz ao vê-la*⟩ ⟨*ficou de pé quando ela entrou*⟩ **3** ser considerado como ⟨*mesmo inocente, ficou como culpado*⟩ ❑ *int.* **4** manter-se em, não sair de (em certo lugar); continuar ⟨*f. em casa*⟩ ⟨*o gosto bom ficou na boca*⟩ **5** situar-se, localizar-se ⟨*o prédio fica na rua Alice*⟩ **6** manter-se vivo, existente apesar do tempo ou das condições adversas; persistir; restar ⟨*a paixão voa, a amizade fica*⟩ ⟨*depois da guerra, só ficou ela da família*⟩ **7** parar, estacionar, deter-se ⟨*o cavalo ficou e o vaqueiro caiu*⟩ ⮌ mover-se ❑ *t.i.* **8** (prep. *entre*) conservar-se em segredo ⟨*isso fica entre nós*⟩ **9** (prep. *em*) não ir além de; limitar-se ⟨*o jogo ficou no zero a zero*⟩ ⮌ ultrapassar **10** (prep. *para*) ser adiado, transferido ⟨*a reunião ficou para amanhã*⟩ **11** (prep. *para*) pertencer, caber ⟨*o troféu ficou para o Brasil*⟩ **12** (prep. *com*) tomar posse de; apoderar-se ⟨*f. com o prejuízo, com as sobras*⟩ **13** (prep. *de*) assumir compromisso de; comprometer-se ⟨*fiquei de visitá-la hoje*⟩ **14** (prep. *com*) ser acometido, atacado por (doença) ⟨*f. com sarampo*⟩ ❑ *t.i. e int.* **15** (prep. *a, para*) ser o resto, vestígio de; restar, sobrar ⟨*da herança pouco ficou (para nós)*⟩ **16** *B infrm.* (prep. *com*) manter convívio de algumas horas (com), sem compromisso de estabilidade ou fidelidade amorosa

fic.ção [pl.: *-ões*] *s.f.* **1** ato de fingir ou seu efeito **2** produto da imaginação **3** história inventada (em literatura, cinema etc.) **4** conto, novela ou romance construído a partir de elementos imaginários e/ou elementos da realidade inseridos num contexto imaginário; narrativa ⊡ **f. científica** *loc.subst.* história baseada em progressos científicos imaginários ~ **ficcionista** *adj.2g.s.2g.*

fi.cha *s.f.* **1** em jogo, peça que marca ou paga os pontos ⟨*apostar todas as f.*⟩ **2** cartão para anotar ou catalogar **3** o conjunto das informações contidas nesse cartão **4** *infrm.* conjunto dos dados pessoais de alguém ⟨*ter f. limpa*⟩

fi.char *v.* {mod. 1} *t.d.* **1** registrar (anotações, notas etc.) em fichas **2** *B* anotar em fichas os dados de (alguém) ⟨*f. clientes*⟩ ⟨*f. um suspeito*⟩ **3** destacar de (obra, documento etc.) aspectos mais importantes; resumir ~ **fichamento** *s.m.*

fi.chá.rio *s.m.* **1** grupo de fichas **2** móvel ou caixa onde se guardam fichas classificadas **3** caderno de folhas removíveis

fic.tí.cio *adj.* **1** de ficção **2** em que há fingimento; enganoso ⮌ autêntico **3** criado pela imaginação; fantasioso ⮌ real

fí.cus *s.m.* nome comum a diversas plantas, cultivadas para diferentes finalidades (pela madeira, pelo fruto, para fins ornamentais etc.)

fi.dal.go *adj.s.m.* **1** que(m) tem título de nobreza ↄ plebeu **2** *pej.* que(m) age com arrogância e pretensão ↄ humilde ■ *adj.* **3** que demonstra nobreza, generosidade ↄ egoísta ~ **fidalguice** *s.f.*

fi.dal.gui.a *s.f.* **1** natureza, qualidade ou condição de fidalgo **2** grupo social constituído pelos fidalgos, classe dos fidalgos ↄ ralé **3** caráter grandioso e generoso

fi.de.dig.no *adj.* digno de fé, confiança; verdadeiro ↄ falso ~ **fidedignidade** *s.f.*

fi.de.li.da.de *s.f.* **1** característica de quem ou do que é fiel **2** precisão de detalhes; exatidão ↄ imprecisão **3** cumprimento dos compromissos assumidos ⟨*f. partidária*⟩ ↄ deslealdade **4** nível de perfeição com que um aparelho eletrônico reproduz sons, imagens etc.

fi.de.li.zar *v.* {mod. 1} *t.d.* tornar (cliente) fiel a produto, serviço etc.

fi.dú.cia *s.f.* **1** comportamento ousado; atrevimento ↄ hesitação **2** *p.ext. pej.* comportamento presunçoso ↄ modéstia ~ **fiducial** *adj.2g.* - **fiduciário** *adj.s.m.*

fi.ei.ra *s.f.* **1** linha, fio, barbante **2** grupo de coisas enfiadas em cordão **3** fio de pião **4** aparelho que transforma metal em fio

[1]fi.el *adj.2g.* **1** que corresponde à confiança nele depositada ↄ desleal **2** exato, verdadeiro ⟨*retrato f. da realidade*⟩ ↄ falso **3** que se mostra constante ⟨*cliente f.*⟩ ↄ ocasional ■ *adj.2g.s.m.* **4** que(m) segue os princípios de determinada religião ↄ infiel ⊙ GRAM/USO sup.abs.sint.: *fidelíssimo* [ORIGEM: do lat. *fidēlis,e* 'fiel, leal, sincero'] ⊙ COL rebanho

[2]fi.el *s.m.* ponteiro que marca o equilíbrio da balança [ORIGEM: prov. do esp. *fiel* 'id.']

FIESP *s.f.* sigla de Federação das Indústrias do Estado de São Paulo

fi.ga *s.f.* amuleto em forma de mão fechada, com o polegar entre o médio e o indicador

fi.ga.dal *adj.2g.* **1** relativo a fígado **2** *fig.* muito íntimo; profundo

fí.ga.do *s.m.* glândula volumosa, responsável pela secreção de bílis e por outras importantes funções fisiológicas

fi.go *s.m.* infrutescência carnosa da figueira, de cor verde-arroxeada ~ **figueira** *s.f.*

fi.gu.ra *s.f.* **1** forma exterior de um corpo **2** forma geométrica **3** representação visual; ilustração, estampa **4** *fig.* pessoa importante ou curiosa ou incomum ⊡ **f. de linguagem** *loc.subst.* GRAM forma de exprimir o pensamento para torná-lo mais incisivo, comovente, original, fugindo da maneira usual da comunicação • **f. de palavra** *loc.subst.* GRAM recurso linguístico que está relacionado com a mudança de sentido das palavras (p.ex.: a *metáfora*, a *metonímia*, a *sinédoque*, a *hipérbole*) • **f. de sintaxe** *loc.subst.* GRAM figura pela qual a construção da frase, a fim de criar um efeito de estilo, foge ao padrão gramatical tradicional (p.ex. o *zeugma*, o *anacoluto*, o *pleonasmo* etc.) • **f. de ritmo** *loc.subst.* MÚS sinal gráfico que indica a duração de uma nota musical ou de uma pausa; figura

fi.gu.ra.ça *s.f. infrm.* pessoa incomum

fi.gu.ra.ção [pl.: *-ões*] *s.f.* **1** representação exterior de uma forma **2** papel de figurante **3** *p.ext.* presença sem participação ativa

fi.gu.ra.do *adj.* **1** representado por uma figura **2** *fig.* presumido, suposto ↄ real **3** GRAM que se caracteriza pelo uso de metáfora, metonímia etc. (diz-se de linguagem ou estilo)

fi.gu.ran.te *adj.2g.s.2g.* (personagem) secundário, ger. sem texto numa encenação de teatro, cinema ou televisão; extra

fi.gu.rão [pl.: *-ões*] *s.m. infrm.* pessoa importante, notável

fi.gu.rar *v.* {mod. 1} *t.d.* **1** traçar a imagem de ⟨*f. uma árvore*⟩ **2** simbolizar, significar ⟨*a balança figura a Justiça*⟩ **3** dar mostras de; indicar, aparentar ❑ *t.i.* **4** (prep. *entre*) fazer parte de; constar **5** (prep. *em*) ter participação em; atuar

fi.gu.ra.ti.vo *adj.* **1** que representa por imagem ou símbolo **2** que prioriza a representação das formas visíveis da natureza (diz-se de arte) ■ *adj.s.m.* **3** que(m) segue os princípios da arte figurativa

fi.gu.ri.nha *s.f.* **1** estampa para coleções, ger. para formar álbuns **2** *infrm.* pessoa curiosa, incomum

fi.gu.ri.no *s.m.* **1** vestuário, traje **2** revista de moda **3** modelo de roupa recomendado pela moda ~ **figurinista** *s.2g.*

fi.la *s.f.* série de pessoas ou coisas dispostas umas atrás das outras ou lado a lado; fileira ⊡ **f. indiana** *loc.subst.* fila de pessoas ordenadas umas atrás das outras

fi.la.men.to *s.m.* **1** fio finíssimo **2** estrutura vegetal ou animal alongada **3** fio que incandesce com eletricidade ~ **filamentar** *adj.2g.* - **filamentoso** *adj.*

fi.lan.tro.pi.a *s.f.* **1** amor à humanidade ↄ misantropia **2** esforço na promoção do bem-estar de outras pessoas **3** qualquer ação dessa natureza ~ **filantrópico** *adj.*

fi.lan.tro.po \ô\ *adj.s.m.* **1** que(m) ama a humanidade ↄ misantropo **2** (pessoa) que pratica filantropia ↄ egoísta

fi.lão [pl.: *-ões*] *s.m.* **1** depósito mineral que ocorre em fendas de uma rocha; veeiro **2** veio ('parte da mina') **3** *fig.* fonte generosa de informações **4** *fig.* assunto fértil

[1]fi.lar *v.* {mod. 1} *int.* **1** sair em retirada; fugir ❑ *t.d.* *B infrm.* **2** seguir (alguém) de modo suspeito **3** observar ocultamente; espreitar, vigiar [ORIGEM: do fr. *filer* 'dar forma de fio, correr em fio']

[2]fi.lar *v.* {mod. 1} *t.d.* **1** segurar com força; agarrar ❑ *t.d.* e *t.d.i.* **2** *B infrm.* (prep. *de*) conseguir de graça **3** *B infrm.* (prep. *de*) pedir para não ter de comprar ❑ *t.d.* e *pron.* **4** (prep. *a*) agarrar-se a (presa) fortemente com os dentes [ORIGEM: alt. do port. arc. *filhar* 'conquistar, tomar'] ~ **filante** *adj.2g.s.2g.*

[3]**fi.lar** *v.*{mod. 1} *t.d.* instigar (um cão) para ataque, perseguição [ORIGEM: do lat. *fibulāre* ou *fiblāre* 'prender com fivela']
fi.lá.ria *s.f.* parasita que causa a doença chamada elefantíase
fi.la.ri.o.se *s.f.* doença causada por vermes chamados filária, caracterizada por reação inflamatória e obstrução dos vasos linfáticos
fi.lar.mô.ni.ca *s.f.* **1** sociedade musical **2** orquestra sinfônica ~ **filarmônico** *adj.*
fi.la.te.li.a *s.f.* **1** estudo dos selos postais **2** atividade de colecionar esses selos ~ **filatélico** *adj.* - **filatelismo** *s.m.* - **filatelista** *s.2g.*
fi.lé *s.m.* **1** fatia de carne vermelha ou branca sem osso ou espinha **2** filé-mignon **3** trabalho artesanal feito com linha, na forma de fina rede ou renda
fi.lei.ra *s.f.* fila
fi.lé-mi.gnon [pl.: *filés-mignons*] *s.m.* **1** parte macia da ponta do lombo do boi **2** *fig.* a melhor parte de qualquer coisa
fi.le.te \ê\ *s.m.* **1** fio ou friso estreito ⟨*f. de água*⟩ ⟨*encadernação com f. dourados*⟩ **2** BOT haste do estame que sustenta a antera
fi.lho *s.m.* **1** pessoa do sexo masculino em relação aos seus pais **2** descendente ⊃ ascendente **3** originário de ⊙ COL prole ~ **filharada** *s.f.*
fi.lhó ou **fi.lhós** *s.2g.* biscoito ou bolinho de farinha e ovos, frito e passado em açúcar e canela
fi.lho-fa.mí.lia [pl.: *filhos-família* e *filhos-famílias*] ou **fi.lho-fa.mí.lias** [pl.: *filhos-famílias*] *s.m.* **1** filho submetido ao pátrio poder **2** filho de família rica
fi.lhós *s.2g.* → FILHÓ
fi.lho.te *s.m.* **1** cria de animal **2** *B infrm.* indivíduo protegido por outro ⟨*f. do diretor*⟩ ⊙ COL ninhada
fi.lho.tis.mo *s.m.* concessão de privilégios por amizade, parentesco etc.
fi.li.a.ção [pl.: *-ões*] *s.f.* **1** elo de parentesco dos filhos em relação aos pais **2** série de pessoas que descendem de um mesmo ancestral; descendência ⊃ ascendência **3** ingresso (em partido, clube etc.) ⟨*f. partidária*⟩ ⊃ desfiliação
fi.li.al *adj.2g.* **1** próprio de filho ■ *s.f.* **2** casa comercial subordinada à matriz
fi.li.ar *v.*{mod. 1} *t.d.* **1** reconhecer legalmente como filho ❑ *t.d.i. e pron.* **2** (prep. *a*) agregar(-se) como sócio ou membro a (clube, sociedade etc.) **3** *fig.* (prep. *a*) vincular(-se), ligar(-se) a
fi.li.for.me *adj.2g.* em forma de fio
fi.li.gra.na *s.f.* **1** trama delicada com fios de ouro ou prata entrelaçados **2** marca-d'água **3** *fig.* detalhe insignificante
fi.lis.teu [fem.: *filisteia* \éi\] *adj.* **1** da Filisteia (Palestina) ■ *s.m.* **2** povo inimigo dos hebreus que habitava essa região **3** *pej.* pessoa inculta e apegada a questões materiais
fil.ma.do.ra \ô\ *s.f.* máquina us. para filmar
fil.mar *v.*{mod. 1} *t.d. e int.* **1** registrar em filme ou fazer um filme; rodar, gravar ❑ *t.d.* **2** passar para cinema, vídeo etc. (trabalho artístico de outra natureza, ger. literário) **3** *B infrm.* observar com atenção, de perto; vigiar ⟨*f. os movimentos da esposa*⟩ ~ **filmador** *adj.s.m.* - **filmagem** *s.f.*
fil.me *s.m.* **1** película revestida por emulsão sensível à luz, us. para fixar imagens fotográficas **2** sequência de imagens registradas em filme cinematográfico ⊡ **f. cinematográfico** *loc.subst.* filme us. em equipamento especial para registro, edição e exibição de imagens em movimento
fil.mo.te.ca *s.f.* coleção e/ou arquivo de filmes, microfilmes etc.
fi.lo *s.m.* BIO categoria taxonômica que agrupa classes relacionadas
fi.ló *s.m.* tecido leve e vazado, us. em véus, saias de balé etc.; tule
fi.lo.ge.ni.a *s.f.* BIO história da evolução de uma espécie ou de um grupo taxonômico
fi.lo.lo.gi.a *s.f.* **1** estudo amplo da língua e de seus documentos **2** verificação científica da autenticidade de textos através da comparação de manuscritos e edições ~ **filológico** *adj.* - **filólogo** *s.m.*
fi.lo.so.far *v.*{mod. 1} *int.* **1** pensar ou falar sobre filosofia **2** pensar ou falar de modo abrangente e metódico ⟨*f. sobre o amor*⟩ ☞ *sobre o amor* é circunstância que funciona como complemento ~ **filosofante** *adj.2g.*
fi.lo.so.fi.a *s.f.* **1** conjunto de estudos teóricos que procuram explicar a realidade e os valores humanos **2** doutrina, teoria **3** *p.ext.* sabedoria ~ **filosofal** *adj.2g.* - **filosófico** *adj.* - **filósofo** *adj.s.m.*
fil.trar *v.*{mod. 1} *t.d.,int. e pron.* **1** (fazer) passar por filtro, para retirar corpos sólidos, impurezas ou moderar a intensidade; purificar ❑ *t.d.* **2** impedir a passagem de; reter ❑ *t.d. e t.d.i.* **3** (prep. *de*) controlar, retendo o essencial ou o desejado; selecionar ~ **filtração** *s.f.* - **filtragem** *s.f.* - **filtrável** *adj.2g.*
[1]**fil.tro** *s.m.* poção mágica que supostamente desperta o amor na pessoa que a bebe [ORIGEM: do lat. *philtrum,i* 'id.']
[2]**fil.tro** *s.m.* **1** material poroso que separa líquido ou gás de sólidos **2** pedra porosa us. para purificar água **3** talha **4** o que retém ou diminui (som, luz, calor) ⟨*f. solar*⟩ [ORIGEM: do fr. *filtre* 'aparelho através do qual se passa um líquido para livrá-lo de partículas sólidas']
fim *s.m.* **1** ponto em que algo acaba ⟨*f. da rua*⟩ ⟨*f. de século*⟩ ⊃ início **2** encerramento do curso de uma ação, atividade, história etc.; conclusão, desfecho ⟨*f. do romance*⟩ ⊃ introdução **3** o que se busca alcançar; objetivo, finalidade ⊡ **f. de semana** *loc.subst.* tempo entre a noite de sexta-feira e a manhã de segunda-feira • **a f. de** *loc.prep.* com a finalidade de; para ⟨*escreve a f. de consolar a amiga*⟩ ☞ cf. *afim* • **a f. de** *loc.adj.* com interesse amoroso por ⟨*fiquei a f. dele durante a festa*⟩ ☞ cf. *afim* • **por f.** *loc.adv.* **1** após muito tempo ou esforço **2** por último • **sem f.** *loc.adj.* que não acaba; interminável ⟨*tristeza sem f.*⟩ ☞ cf. *sem-fim*
fím.bria *s.f.* **1** borda **2** aplique de fios entrelaçados; franja ~ **fimbriar** *v.t.d.*

fi.mo.se *s.f.* MED estreitamento da abertura da pele que cobre a cabeça do pênis

fi.nal *adj.2g.* **1** que está no fim ⟨*acordes f. de uma música*⟩ ⤺ inicial **2** que conclui ou arremata ⤺ introdutório **3** último ⤺ primeiro ■ *s.m.* **4** última parte de; fim ⟨*o f. do mês*⟩ ⤺ início **5** desenlace, conclusão ⟨*o f. do livro*⟩ ⤺ princípio ■ *s.f.* **6** última prova (de competição); finalíssima

fi.na.li.da.de *s.f.* objetivo, propósito

fi.na.lís.si.ma *s.f.* final ('última prova')

fi.na.lis.ta *adj.2g.s.2g.* que(m) se classifica para disputar uma final

fi.na.li.zar *v.* {mod. 1} *t.d.,int. e pron.* **1** (fazer) ter fim; acabar, concluir(-se) ⤺ começar ❑ *int.* **2** no futebol, chutar para gol ~ **finalização** *s.f.*

fi.nal.men.te *adv.* **1** por último ⟨*calça, blusa e f. as meias*⟩ **2** ao fim de grande esforço ou do que parece longo tempo; por fim ⟨*f. conseguiu falar com ela*⟩ **3** us., num discurso oral ou escrito, para introduzir um último tópico, argumento, questão; por fim ⟨*agora, f., falarei sobre a reforma*⟩

fi.nan.ças *s.f.pl.* **1** recursos em dinheiro, títulos etc. **2** conjunto de receitas e despesas, esp. as do Estado ☞ por vezes, com inicial maiúsc. ~ **financeiro** *adj.s.m.*

fi.nan.cei.ra *s.f. B* empresa de crédito e financiamento

fi.nan.ci.ar *v.* {mod. 1} *t.d.* **1** pagar os gastos de; custear, bancar ❑ *t.d.i.* **2** (prep. *a*) conceder (valor, recursos) para custear algo ~ **financiamento** *s.m.*

fi.nan.cis.ta *adj.2g.s.2g.* **1** especialista em finanças **2** que(m) é responsável pelas finanças de uma empresa, instituição etc.

fi.nar *v.* {mod. 1} *pron.* **1** perder as forças; definhar **2** morrer, falecer ❑ *int.* **3** ter fim; acabar ⤺ começar ~ **finado** *adj.s.m.* - **finamento** *s.m.*

fin.ca-pé [pl.: *finca-pés*] *s.m.* determinação, firmeza de opinião

fin.car *v.* {mod. 1} *t.d. e pron.* **1** introduzir(-se) para dar ou ter firmeza; cravar(-se), enterrar(-se) ⟨*f. estacas*⟩ ⟨*f. o prego na parede*⟩ ⟨*fincou-se no atoleiro*⟩ ☞ *na parede* é circunstância que funciona como complemento ❑ *t.d.* **2** apoiar com força ⟨*f. os cotovelos na mesa*⟩ ☞ *na mesa* é circunstância que funciona como complemento ❑ *pron.* **3** ficar firme, imóvel; parar ❑ *t.d.i. e pron.fig.* **4** (prep. *em*) firmar(-se) de modo definitivo e profundo em; arraigar(-se) ~ **fincamento** *s.m.*

fin.dar *v.* {mod. 1} *t.d.,int. e pron.* **1** (fazer) ter fim; acabar ⤺ começar ❑ *t.i.* **2** (prep. *em*) ter como consequência; resultar ⊙ GRAM/USO part.: *findado, findo* ~ **findável** *adj.2g.* - **findo** *adj.*

fi.ne.za \ê\ *s.f.* **1** qualidade do que é fino ou delgado ⤺ grossura **2** *fig.* elegância, graça ⤺ deselegância **3** *fig.* sinal de amizade ou de cortesia ⟨*atendeu-me com f.*⟩ ⤺ grosseria **4** *fig.* perfeição, excelência ⟨*f. de traços*⟩ ⤺ imperfeição

fin.gir *v.* {mod. 24} *t.d.,t.d.pred. e pron.* **1** fazer parecer real (algo falso ou inexistente); simular ❑ *t.d.* **2** fazer de conta; imaginar ❑ *int.* **3** ocultar sentimento, intenção, pensamento; dissimular ~ **fingido** *adj.s.m.* - **fingidor** *adj.s.m.* - **fingimento** *s.m.*

fi.ni.to *adj.s.m.* (o) que tem fim ou limite ⤺ infinito

fi.no *adj.* **1** de pequeno diâmetro, largura ou espessura ⤺ grosso **2** afiado, agudo ⟨*ponta f.*⟩ ⤺ rombudo **3** agudo, estridente (diz-se de som ou voz) ⤺ grave, grosso **4** *fig.* marcado pela elegância ⤺ deselegante **5** *fig.* que revela delicadeza; amável, refinado ⤺ grosseiro **6** *fig.* de ótima qualidade ⟨*doces f.*⟩

fi.nó.rio *adj.* indivíduo que se faz de ingênuo para obter vantagens; espertalhão ⤺ tolo

fin.ta *s.f.* **1** ação que visa enganar; logro **2** *p.ext.* DESP drible ~ **fintar** *v.t.d. e int.*

fi.nu.ra *s.f.* **1** qualidade do que é fino, delgado, estreito ⤺ grossura **2** *fig.* sutileza ⤺ grosseria **3** *fig.* astúcia, esperteza ⤺ ingenuidade

fi.o *s.m.* **1** fibra natural ou sintética, de forma cilíndrica, flexível, delgada **2** cabo metálico flexível que transporta eletricidade **3** *infrm.* gume **4** *fig.* encadeamento, série ⟨*perdeu o f. da narrativa*⟩ **5** *fig.* o que é tênue, sem resistência ⟨*um f. de vida*⟩ ⊙ COL fiação; fiada ⊡ **f. dental** *loc.subst.* **1** fio resistente us. para limpar os dentes **2** calça de biquíni em que a parte de trás é uma fita muito estreita • **a fio** *loc.adv.* sem interrupção ⟨*estudar semanas a f.*⟩ • **de f. a pavio** *loc.adv.* do começo ao fim • **por um f.** *loc.adv.* por pouco

fi.or.de *s.m.* golfo sinuoso e profundo entre montanhas escarpadas, típico dos países nórdicos

FIRJAN *s.f.* sigla de Federação das Indústrias do Estado do Rio de Janeiro

fir.ma *s.f.* **1** assinatura **2** razão social **3** estabelecimento que se dedica a atividades com fins lucrativos; empresa

fir.ma.men.to *s.m.* espaço celeste visível; céu

fir.mar *v.* {mod. 1} *t.d. e pron.* **1** tornar(-se) firme, estável; fixar(-se) ⟨*f. estacas no solo*⟩ ⟨*a árvore custou a f.-se*⟩ ☞ *no solo* é circunstância que funciona como complemento **2** encostar(-se), apoiar(-se) ⟨*f. o corpo na parede*⟩ ⟨*f.-se na bengala para levantar*⟩ ☞ *na parede* é circunstância que funciona como complemento **3** (prep. *em*) ter como fundamento; basear(-se) ❑ *t.d.* **4** estabelecer, instituir ⟨*f. jurisprudência*⟩ **5** realizar, ajustar (pacto, acordo) **6** pôr firma em; assinar ❑ *pron. fig.* **7** tornar-se reconhecido como ❑ *int. e pron.* **8** estabilizar-se (o tempo)

fir.me *adj.2g.* **1** que está seguro ou bem apoiado ⤺ móvel **2** sem flacidez; rijo ⤺ flácido **3** sem alteração; constante ⟨*letra f.*⟩ ⟨*tempo f.*⟩ ⤺ instável **4** com energia ou determinação; seguro, decidido ⟨*passos f.*⟩ ⤺ vacilante **5** que não se deixa influenciar; inabalável ⟨*uma f. resolução*⟩ ⤺ momentâneo ■ *adv.* **6** com firmeza ⟨*aguentou f. todos os problemas*⟩ ~ **firmeza** *s.f.*

fi.ru.la *s.f.* **1** linguagem rebuscada para dizer algo simples **2** FUTB exibição de domínio da bola por um jogador

fis.cal *adj.2g.* **1** relativo a fisco ⟨*nota f.*⟩ ■ *s.2g.* **2** funcionário do fisco ou da alfândega **3** quem fiscaliza

fis.ca.li.zar *v.* {mod. 1} *t.d.* **1** verificar se (algo) está-se realizando como previsto **2** *p.ext.* observar atentamente; controlar, vigiar ⟨*f. as contas*⟩ ⟨*f. os passos da esposa*⟩ ❑ *int.* **3** trabalhar como fiscal ~ **fiscalização** *s.f.* - **fiscalizador** *adj.s.m.*

fis.co *s.m.* conjunto dos órgãos públicos que taxam, fiscalizam e cobram impostos

fi.se.te.rí.deo *s.m.* ZOO **1** espécime dos fiseterídeos, família de baleias dentadas, que ocorre em todos os mares e que inclui o cachalote ■ *adj.* **2** relativo a essa família

fis.ga *s.f.* **1** tipo de arpão **2** ponta de anzol ou arpão **3** abertura estreita e alongada; fenda

fis.ga.da *s.f.* **1** puxão rápido com vara ou linha de pesca **2** *infrm.* dor aguda e rápida; pontada

fis.gar *v.* {mod. 1} *t.d.* **1** capturar (peixe) com anzol ou arpão **2** *p.ext.* agarrar, prender (quem fugia) ⟨*f. os assaltantes*⟩ **3** *fig. infrm.* perceber rapidamente; pegar **4** *fig. B infrm.* despertar paixão, amor em; conquistar

fí.si.ca *s.f.* ciência que estuda as leis e propriedades da matéria e da energia que controlam os fenômenos da natureza ⊡ **f. nuclear** *loc.subst.* ramo da física que estuda as propriedades físicas do átomo e suas interações com campos externos

fi.si.ca.men.te *adv.* **1** pelas leis da física **2** em pessoa; em carne e osso ⟨*esteve aqui sim, f. presente*⟩

fí.si.co *adj.* **1** que diz respeito à física **2** relativo ao corpo ⟨*educação f.*⟩ ⊃ espiritual ■ *s.m.* **3** especialista em física **4** conjunto das características externas do corpo; constituição ⟨*menino de f. franzino*⟩

fí.si.co-quí.mi.ca [pl.: *físico-químicas*] ou **fi.si.o.quí.mi.ca** *s.f.* ciência que utiliza métodos da física e da química para estudar as propriedades de um sistema ~ **físico-químico/fisioquímico** *adj.s.m.*

fi.si.cul.tu.ris.mo *s.m.* desenvolvimento do volume muscular com exercícios e dieta alimentar ~ **fisiculturista** *adj.2g.s.2g.*

fi.si.o.lo.gi.a *s.f.* estudo das funções e do funcionamento normal dos seres vivos ~ **fisiológico** *adj.* - **fisiologista** *adj.2g.s.2g.*

fi.si.o.lo.gis.mo *s.m. pej.* prática que condiciona o apoio político à obtenção de vantagens, favores etc.

fi.si.o.no.mi.a *s.f.* **1** expressão facial; semblante **2** *fig.* aspecto próprio (de objeto, situação etc.) ~ **fisionômico** *adj.* - **fisionomista** *adj.2g.s.2g.*

fi.si.o.quí.mi.ca *s.f.* → FÍSICO-QUÍMICA

fi.si.o.te.ra.pi.a *s.f.* aplicação terapêutica de massagens, exercícios, calor, luz, águas etc. no tratamento de doenças ~ **fisioterapeuta** *s.2g.* - **fisioterápico** *adj.*

fis.são [pl.: *-ões*] *s.f.* ato de fender ou o seu efeito; cisão, separação ⊡ **f. nuclear** *loc.subst.* bipartição do núcleo do átomo da qual resulta forte liberação de energia; cisão nuclear

fis.su.ra *s.f.* **1** fenda, rachadura **2** *infrm.* forte anseio ou apego ⟨*ele tem f. por esportes*⟩ ~ **fissuração** *s.f.* - **fissurar** *v.t.d.*

fís.tu.la *s.f.* canal anormal entre partes internas do corpo ou entre seu interior e a pele

¹fi.ta *s.f.* **1** tira estreita de tecido, us. para enfeitar ou amarrar **2** tira fina e estreita de materiais e aplicações diversos ⟨*f. corretiva*⟩ ⟨*f. isolante*⟩ **3** filme cinematográfico [ORIGEM: contrv., prov. do lat. *vitta,ae* 'faixa, fita'] ⊡ **f. magnética** *loc.subst.* tira magnetizada, longa, estreita e flexível, us. para gravar sons e/ou imagens

²fi.ta *s.f.* ação que visa enganar ou impressionar; fingimento ⟨*esse choro é só f.*⟩ [ORIGEM: do lat. *ficta* 'fingimento']

fi.tar *v.* {mod. 1} *t.d. e t.d.i.* **1** fixar (os olhos) em; olhar ⟨*fitou-o sem medo*⟩ ⟨*f. o olhar na paisagem*⟩ ❑ *t.d.* **2** manter (as orelhas) erguidas e imóveis ❑ *pron.* **3** olhar-se mutuamente

fi.ti.lho *s.m.* fita bem fina us. em adornos

fit.ness [ing.] *s.m.2n.* **1** boa condição física ■ *adj.2g.2n.* **2** que auxilia a manutenção da boa condição física; que promove a boa condição física ⟨*produtos* f.⟩ ⟨*revista* f.⟩ ⇨ pronuncia-se **fitnes**

¹fi.to *adj.* fixo, cravado [ORIGEM: do lat. *fictus* 'id.']

²fi.to *s.m.* **1** ponto de mira para tiro, flechada; alvo **2** *fig.* objetivo, propósito [ORIGEM: regr. de *fitar*]

fi.to.gê.ne.se *s.f.* BOT origem, evolução e desenvolvimento das plantas

fi.to.ge.o.gra.fi.a *s.f.* BOT estudo da distribuição geográfica das plantas

fi.to.lo.gi.a *s.f.* botânica ~ **fitólogo** *s.m.*

fi.to.plânc.ton [pl.: *fitoplânctones, (B) fitoplânctons*] *s.m.* plâncton vegetal

fi.to.te.ra.pi.a *s.f.* MED tratamento ou prevenção de doenças através do uso de plantas ~ **fitoterápico** *adj.*

fi.ú.za *s.f.* segurança quanto à veracidade de algo ⊃ descrédito

fi.ve.la *s.f.* **1** peça ger. metálica que ata cintos, correias etc. **2** *B* prendedor de cabelos

fi.xa.ção \cs\ [pl.: *-ões*] *s.f.* **1** ação de prender ou colar ⟨*f. de cartazes*⟩ ⊃ descolamento **2** firmeza, estabilidade ⊃ desestabilidade **3** determinação, indicação precisa ⟨*a f. dos horários*⟩ **4** *fig.* grande interesse; atração ⟨*tem f. por jogo*⟩ ⊃ desinteresse

fi.xar \cs\ *v.* {mod. 1} *t.d.* **1** deixar preso, colado a; pregar ⟨*f. cartazes*⟩ ⟨*f. um quadro na parede*⟩ ☞ *na parede* é circunstância que funciona como complemento **2** *p.ext.* reter na memória; guardar ❑ *t.d. e pron.* **3** tornar(-se) firme, estável; firmar(-se) **4** deter(-se) [o olhar] com insistência em; fitar ⟨*f. a vista no jornal*⟩ ⟨*f.-se na luz para não dormir*⟩ ☞ *no jornal* é circunstância que funciona como complemento **5** estabelecer residência (para); assentar(-se) ⟨*f. o sem-teto em nova casa*⟩ ⟨*f.-se em nova casa*⟩ ☞ *em nova casa* é circunstância que funciona como complemento ❑ *t.d. e t.d.i.* **6** (prep. *a*) determinar (norma, data, prazo etc.) ❑ *pron. fig.* **7** (prep. *em*) apegar-se com obstinação a (ideia, sentimento etc.) ~ **fixador** *adj.s.m.* - **fixidade** *s.f.* - **fixidez** *s.f.*

fi.xo \cs\ *adj.* **1** colocado ou atado com firmeza ⟨*pregos f. na parede*⟩ ⊃ solto **2** que permanece sempre no mesmo lugar; imóvel ⊃ móvel **3** *p.ext.* que não está sujeito a alteração; inalterável ⊃ mutável **4** *fig.* estável, seguro ⟨*emprego f.*⟩ ⊃ instável

flá.ci.do *adj.* **1** sem firmeza; mole ⟨*corpo f.*⟩ ⊃ rijo **2** *fig.* que demonstra suavidade, doçura; lânguido ⟨*gesto f.*⟩ ⊃ bruto ~ **flacidez** *s.f.*

fla.ge.lar *v.* {mod. 1} *t.d. e pron.* **1** bater(-se) com flagelo; açoitar(-se) **2** submeter(-se) a punição moral ou física; castigar(-se)

fla.ge.lo *s.m.* **1** chicote **2** *p.ext.* punição física; castigo, tortura ⊃ prêmio **3** *p.ext.* grande desgraça pessoal ou coletiva; calamidade **4** filamento longo, importante para a locomoção de diversas células ~ **flagelação** *s.f.*

fla.gra *s.m. B infrm.* flagrante

fla.gran.te *adj.2g.* **1** visto ou registrado no momento em que foi realizado **2** que não pode ser contestado; evidente ⊃ duvidoso ■ *s.m.* **3** ação registrada no momento da ocorrência **4** comprovação ou documentação desta ação ~ **flagrar** *v.t.d. e int.*

fla.ma *s.f.* **1** labareda, chama **2** *p.ext.* calor forte; ardor ⊃ apatia ⊙ GRAM/USO dim.irreg. *flâmula* ~ **flamância** *s.f.* - **flamante** *adj.2g.*

fla.mar *v.* {mod. 1} *t.d.* esterilizar (utensílios, instrumentos) com chamas, ger. produzidas pela queima do álcool; flambar

flam.bar *v.* {mod. 1} *t.d.* **1** flamar **2** *p.ext.* borrifar com bebida alcoólica (certas comidas) e atear-lhe fogo ~ **flambagem** *s.f.*

flam.bo.ai.ã ou **flam.bu.ai.ã** *s.m.* árvore com até 15 m, com flores vermelhas ou alaranjadas, cultivada como ornamental

fla.me.jar *v.* {mod. 1} *int.* **1** lançar chamas; arder **2** brilhar intensa e rapidamente; cintilar ⊙ GRAM/USO só us. nas 3[as]p., exceto quando fig. ~ **flamejante** *adj.2g.*

fla.men.go *adj.* **1** de Flandres, região que inclui parte da França, da Holanda e da Bélgica ■ *s.m.* **2** natural ou habitante dessa região **3** língua dessa região

fla.min.go *s.m.* ave róseo-avermelhada semelhante à garça

flâ.mu.la *s.f.* **1** pequena chama ou flama **2** bandeirola estreita e pontuda **3** *p.ext.* bandeira ⊙ GRAM/USO dim.irreg. de *flama*

fla.nar *v.* {mod. 1} *int.* andar à toa, sem rumo; vagar

flan.co *s.m.* **1** parte lateral, lado **2** ANAT cada lado do corpo do ombro ao quadril

flan.dres *s.m.2n.* folha de flandres

fla.ne.la *s.f.* tecido felpudo leve, de lã ou algodão

fla.ne.li.nha *s.m. infrm.* guardador de automóveis, ger. clandestino, encontrado esp. nas ruas das grandes cidades

flan.que.ar *v.* {mod. 5} *t.d.* **1** fortificar os lados de (torre, fortaleza etc.) **2** investir de flanco contra **3** passar, andar ou estar ao lado de; ladear

fla.pe *s.m.* parte móvel da asa do avião

flash [ing.; pl.: *flashes*] *s.m.* **1** clarão instantâneo produzido para fotografar onde há pouca luz **2** aparelho que produz esse clarão **3** *p.ext.* imagem ou cena muito breve **4** notícia curta, ger. urgente ⇨ pronuncia-se *fléch*

flash.back [ing.; pl.: *flashbacks*] *s.m.* **1** intercalação, numa narrativa, de um evento anterior à sequência cronológica dos fatos apresentados **2** esse evento **3** lembrança, memória ⇨ pronuncia-se **fléchbec**

fla.to *s.m.* **1** flatulência **2** *fig.* desejo forte; anseio ⊃ indiferença **3** *fig.* chilique, faniquito

fla.tu.lên.cia *s.f.* **1** emissão de gases pelo ânus; peido **2** *fig.* falta de modéstia; vaidade ⊃ humildade ~ **flatulento** *adj.2g.*

flau.ta *s.f.* instrumento de sopro feito de um tubo oco com furos ⊡ **levar na f.** *loc.vs. infrm.* não levar a sério ⟨*leva os estudos na f.*⟩

flau.te.ar *v.* {mod. 5} *int.* **1** tocar flauta **2** *B* viver sem ocupação, ficar à toa; vadiar ❑ *t.i. B infrm.* **3** (prep. *de*) caçoar, zombar ❑ *t.d. B infrm.* **4** enganar, iludir

flau.tim *s.m.* pequena flauta de som agudo

flau.tis.ta *adj.2g.s.2g.* que(m) toca flauta

fla.vo.noi.de \ói\ *s.m.* cada uma das substâncias encontradas em certas plantas cítricas e us. como tônico circulatório

flé.bil *adj.2g.* **1** choroso, lacrimoso ⊃ alegre **2** sem força ou vigor; frágil ⊃ forte

fle.bi.te *s.f.* MED inflamação da parede de uma veia

fle.cha *s.f.* **1** haste de ponta afiada que se arremessa de um arco ou de uma besta; seta **2** qualquer objeto que tenha essa forma; seta ~ **flechada** *s.f.* - **flecheiro** *s.m.*

fle.char *v.* {mod. 1} *t.d.* **1** acertar com a flecha **2** *fig.* magoar ou satirizar com palavras duras, cruéis ❑ *int.* **3** *B* ir rapidamente em direção a; correr ⟨*f. sobre o inimigo*⟩

flec.tir *v.* {mod. 28} *t.d.,int. e pron.* → FLETIR

flei.mão ou **fleg.mão** [pl.: *-ões*] *s.m.* MED inflamação de tecidos, com formação de úlcera ou tumor

fler.te \ê\ *s.m.* namoro inconsequente; namorico ~ **flertar** *v.t.i. e int.*

fle.tir ou **flec.tir** *v.* {mod. 28} *t.d.,int. e pron.* dispor(-se) em curva, flexão; dobrar(-se), curvar(-se), flexionar(-se) ⊃ esticar(-se)

fleu.ma ou **fleug.ma** *s.f.* controle emocional; serenidade ~ **fleumático** *adj.*

fle.xão \cs\ [pl.: *-ões*] *s.f.* **1** ação de dobrar(-se) **2** ANAT movimento que consiste em dobrar uma parte de um membro sobre outra **3** GRAM variação morfológica de uma palavra para designar caso, número, pessoa etc. ~ **flexivo** *adj.*

fle.xi.bi.li.da.de \cs\ *s.f.* **1** qualidade do que é flexível, maleável **2** *fig.* característica de quem é compreensível; brandura, docilidade ⊃ intolerância, rigidez

fle.xi.bi.li.zar \cs\ *v.* {mod. 1} *t.d. e pron.* tornar(-se) flexível, menos rígido ~ **flexibilização** *s.f.*

fle.xio.nar \cs\ *v.* {mod. 1} *t.d. e pron.* **1** (fazer) ficar dobrado, curvado; flectir(-se) ⊃ esticar(-se) **2** GRAM (fazer) assumir flexão ('variação')

fle.xí.vel \cs\ *adj.2g.* **1** fácil de dobrar ou curvar; maleável ⊃ duro **2** *fig.* que se acomoda facilmente às circunstâncias; dócil, tolerante, maleável ⊃ inflexível

fli.pe.ra.ma *s.m.* **1** jogo eletrônico em máquina acionada por ficha **2** *p.ext.* casa comercial que oferece jogos desse tipo

flo.co *s.m.* **1** partícula de neve **2** tufo de lã ou pelo **3** partícula de cereais, chocolate etc. ⊙ GRAM/USO dim.irreg.: *flóculo*

fló.cu.lo *s.m.* pequeno floco ⊙ GRAM/USO dim.irreg. de *floco*

flor \ô\ *s.f.* **1** órgão das plantas responsável pela reprodução, ger. colorido e perfumado **2** *fig.* a melhor parte ⟨*a fina f. do samba*⟩ ⊃ escória **3** *fig.* tempo de esplendor ⟨*na f. da idade*⟩ ▣ **à f. de** *loc.adv.* à superfície de ⟨*à f. da pele*⟩ ~ **flóreo** *adj.*

flo.ra *s.f.* **1** a vida vegetal **2** vegetação própria de uma região ou época ~ **florístico** *adj.*

flo.ral *adj.2g.* **1** relativo a flor **2** composto só de flores ■ *s.m.* **3** substância extraída de flores us. como tratamento alternativo na harmonização de problemas emocionais ⊙ GRAM/USO como subst., mais us. no pl.

flo.rão [pl.: *-ões*] *s.m.* **1** ornato que imita ou reproduz flores **1.1** ornato floral circular em tetos, abóbadas etc. **2** *fig.* bem ou qualidade de grande valor; preciosidade

flor de lis [pl.: *flores de lis*] *s.f.* emblema da realeza francesa, us. em brasões ☞ cf. *flor-de-lis*

flor-de-lis [pl.: *flores-de-lis*] *s.f.* planta e sua flor vermelha, cultivada como ornamental ☞ cf. *flor de lis*

flo.re.ar *v.* {mod. 5} *t.d. e int.* **1** (fazer) brotar flores (em); florescer ❑ *t.d.* **2** ornar com flores **3** *fig.* enfeitar, embelezar ⟨*f. a letra, o discurso*⟩ **4** *fig.* narrar com mentiras; fantasiar **5** manejar bem (arma branca) ~ **floreio** *s.m.*

flo.rei.ra *s.f.* **1** vaso, jarra ou outro receptáculo para flores **2** vendedora de flores; florista

flo.ren.ti.no *adj.* **1** de Florença (Itália) ■ *s.m.* **2** natural ou habitante dessa cidade italiana

flo.res.cer *v.* {mod. 8} *t.d. e int.* **1** cobrir(-se) de flores ❑ *int. fig.* **2** tornar-se próspero; desenvolver-se ⊃ estagnar ~ **florescência** *s.f.* - **florescente** *adj.2g.* - **florescimento** *s.m.*

flo.res.ta *s.f.* **1** aglomeração densa e extensa de árvores **2** *fig.* grande quantidade de coisas dispostas de modo desordenado; amontoado ⟨*perdeu-se na f. de processos*⟩ ~ **florestal** *adj.2g.* - **florestamento** *s.m.*

flo.re.te \ê\ *s.m.* arma branca de lâmina comprida e flexível, us. em esgrima ~ **floretear** *v.t.d. e int.*

flo.ri.a.no.po.li.ta.no *adj.* **1** de Florianópolis (SC) ■ *s.m.* **2** natural ou habitante dessa capital

flo.ri.cul.tu.ra *s.f.* **1** cultivo de flores **2** loja que vende flores ~ **floricultor** *adj.s.m.*

flo.rí.fe.ro *adj.* que produz flores

flo.rir *v.* {mod. 24} *t.d. e int.* **1** cobrir(-se) de flores; florescer ❑ *t.d.* **2** *fig.* brilhar, despontar **3** enfeitar com flores; florear **4** *fig.* adornar, enfeitar ❑ *t.i.* **5** (prep. *de*) nascer, brotar ⟨*tais ideias só podiam f. dele*⟩ ⊙ GRAM/USO verbo defectivo ~ **florido** *adj.*

flo.ris.ta *s.2g.* quem produz ou vende flores

flu.en.te *adj.2g.* **1** que corre ou flui bem **2** *fig.* fácil, espontâneo ⟨*seu inglês é f.*⟩ ~ **fluência** *s.f.*

flu.i.dez *s.f.* **1** qualidade do que flui **2** *fig.* característica do que é natural, espontâneo

flui.do *adj.s.m.* **1** (substância) capaz de fluir ou se expandir como líquido ou gás ■ *adj.* **2** *fig.* fluente ('fácil') ~ **fluídico** *adj.* - **fluidificar** *v.t.d. e pron.*

flu.ir *v.* {mod. 26} *int.* **1** correr com abundância ou em fio (líquido) **2** passar, decorrer (o tempo) **3** estar sem engarrafamentos, retenções (o trânsito) **4** *fig.* ter bom andamento, correr bem ⟨*assim o trabalho vai f.*⟩ ❑ *t.i. fig.* **5** (prep. *de*) ter origem; derivar ~ **fluição** *s.f.*

flu.mi.nen.se *s.2g.* **1** natural ou habitante do Rio de Janeiro ■ *adj.2g.* **2** relativo a esse estado **3** relativo a rio; fluvial

flú.or *s.m.* elemento químico us. em tratamento dentário [símb.: *F*] ☞ cf. *tabela periódica* (no fim do dicionário) ~ **fluoração** *s.f.* - **fluorar** *v.t.d.*

flu.o.res.cên.cia *s.f.* **1** capacidade de um corpo ou substância emitir luz quando exposto à luz ou raios ultravioleta **2** essa emissão de luz ~ **fluorescente** *adj.2g.*

flu.tis.so.nan.te *adj.2g.* flutíssono

flu.tís.so.no *adj.* que soa como ondas do mar

flu.tu.a.ção [pl.: *-ões*] *s.f.* **1** permanência na superfície líquida **2** movimento do que flutua **3** *fig.* incerteza, indecisão ⟨*f. de opiniões*⟩ ⊃ certeza

flu.tu.a.dor \ô\ *adj.s.m.* **1** (o) que flutua ■ *s.m.* **2** flutuante

flu.tu.an.te *adj.2g.* **1** que flutua **2** *fig.* indeciso, inconstante ⊃ estável ■ *s.m.* **3** plataforma que boia entre a embarcação e o cais, para facilitar o embarque e desembarque de passageiros; flutuador

flu.tu.ar *v.* {mod. 1} *int.* **1** manter-se à superfície de um líquido; boiar **2** estar em suspensão no ar; pairar **3** agitar-se ao vento; tremer **4** variar (moeda) em sua cotação

flu.vi.al *adj.2g.* relativo a ou próprio de rio

flu.xo \cs\ *s.m.* **1** movimento contínuo de algo que segue um curso ⟨*f. de sangue, de carros*⟩ **2** MED menstruação **3** *fig.* sucessão dos acontecimentos ⟨*o f. da história*⟩ ▣ **f. de caixa** *loc.subst.* movimentação de entradas e saídas de dinheiro no caixa de uma empresa ou instituição governamental

Fm símbolo de *férmio*

FM sigla de *frequência modulada*

FMI *s.m.* sigla de *Fundo Monetário Internacional*

fo.bi.a *s.f.* aversão ou medo doentio ⟨*f. de luz, de altura*⟩ ~ **fóbico** *adj.s.m.*

[1]fo.ca *s.f.* ZOO mamífero aquático, carnívoro, habitante dos mares frios, com nadadeiras, orelhas externas ausentes, cauda curta e uma grossa camada de gordura sob a pele [ORIGEM: do lat. *phōca,ae* 'id.']

[2]fo.ca *s.2g.* *B infrm.* jornalista pouco experiente [ORIGEM: prov. ligado a '*foca*]

fo.ca.li.zar *v.* {mod. 1} *t.d.* **1** pôr em foco; focar **2** *fig.* dar destaque a; salientar, evidenciar ~ **focalização** *s.f.*

fo.car *v.* {mod. 1} *t.d.* focalizar ~ **focagem** *s.f.*

fo.ci.nhei.ra *s.f.* **1** focinho **2** correia que se coloca em torno da cabeça e do focinho do animal

fo.ci.nho *s.m.* **1** em certos animais, a parte anterior da cabeça, formada pelas ventas e mandíbulas; fuça **2** *infrm.* a cara, o rosto humano

fo.co *s.m.* **1** FÍS qualquer ponto para o qual converge, ou do qual diverge, um feixe de ondas eletromagnéticas ou sonoras **2** FÍS o ponto para o qual converge, ou do qual diverge, um feixe de raios luminosos paralelos, após atravessar uma lente **3** *fig.* ponto para o qual converge alguma coisa ⟨*ser o f. das atenções*⟩ **4** *fig.* ponto central de onde provém alguma coisa; centro ⟨*o f. da revolta*⟩ **5** MED ponto principal onde se localiza uma doença e de onde esta se propaga ⟨*f. dentário*⟩ ⟨*f. epidêmico*⟩ ~ **focal** *adj.2g.s.m.*

fo.fo \ô\ *adj.* **1** que cede à pressão; macio ⊃ duro **2** inchado, tufado ⊃ murcho **3** *B infrm.* bonito ⊃ feio ~ **fofura** *s.f.*

fo.fo.ca *s.f. B infrm.* **1** comentário maldoso sobre a vida alheia; mexerico **2** afirmação sem bases concretas; especulação ⊙ COL fofocada, fofocagem ~ **fofocar** *v.t.i.int.* - **fofoqueiro** *adj.s.m.*

fo.ga.cho *s.m.* **1** pequena labareda **2** *fig.* sensação de quentura na face, por forte emoção ou mal físico

fo.gão [pl.: *-ões*] *s.m.* aparelho us. para cozinhar ou esquentar alimentos ao fogo

fo.ga.rei.ro *s.m.* pequeno fogão portátil de uma ou duas bocas

fo.ga.réu *s.m.* material inflamável que se acende para iluminar um lugar ou caminho; archote, tocha

fo.go \ô\ [pl.: *fogos* \ó\] *s.m.* **1** combustão com emissão de calor e luz; chama **2** incêndio **3** *fig.* ardor; entusiasmo **4** tiro de arma de fogo ⟨*atravessou a fronteira sob f. intenso*⟩ **5** *infrm.* bebedeira, pileque ■ *interj.* **6** ordem para disparar **7** aviso de incêndio ▼ *fogos s.m.pl.* **8** explosivos de uso ger. comemorativo ⊡ **f. de artifício** *loc.subst.* explosivo de efeito ornamental us. em festas • **f. de palha** *loc.subst. fig.* entusiasmo passageiro

fo.go-a.pa.gou *s.f.2n.* rolinha com asas e dorso arruivados e laterais da cauda brancas, cujo canto lembra seu nome

fo.go-fá.tuo [pl.: *fogos-fátuos*] *s.m.* **1** luz visível à noite, devida à combustão de gases provenientes da decomposição de matérias orgânicas; boitatá **2** *fig.* glória passageira

fo.go-sel.va.gem [pl.: *fogos-selvagens*] *s.m.* doença que provoca bolhas na pele que doem ao se romper

fo.go.so \ô\ [pl.: *fogosos* \ó\] *adj.* **1** que tem fogo; ardente **2** *fig.* cheio de ardor; arrebatado ⟨*pessoa de natureza f.*⟩ ⟨*discurso f.*⟩ **3** *fig.* com muito desejo sexual **4** *fig.* pouco domesticado; irrequieto ⟨*cavalo f.*⟩ ~ **fogosidade** *s.f.*

fo.guei.ra *s.f.* **1** pilha de lenha ou outro material em que se ateia fogo **2** fogo **3** *fig. infrm.* situação difícil ou embaraçosa

fo.gue.te \ê\ *s.m.* **1** rojão **2** elemento propulsor us. em projéteis, mísseis, espaçonaves etc. **3** veículo espacial impelido por esse propulsor

fo.gue.tei.ro *s.m.* **1** fabricante de fogos e rojões **2** *fig.* contador de vantagem

fo.gue.tó.rio *s.m.* detonação de muitos fogos ou rojões

fo.guis.ta *s.2g.* encarregado da fornalha em máquinas a vapor

foi.ce *s.f.* ferramenta com uma lâmina curva presa a um cabo, us. para ceifar ~ **foiçar** *v.t.d.*

fo.jo \ô\ [pl.: *fojos* \ó\] *s.m.* cova tapada por galhos us. como armadilha

fol.clo.re *s.m.* **1** conjunto de tradições, artes, conhecimentos e crenças populares de um povo ou grupo transmitidos oralmente; cultura popular **2** *p.ext.* coisa fantasiosa ⟨*suas conversas com o diretor eram puro f.*⟩ **3** *p.ext. infrm.* algo pitoresco ⟨*já fazemos parte do f. do bairro*⟩ ~ **folclórico** *adj.*

fol.clo.ris.mo *s.m.* **1** ciência ou estudo do folclore **2** *pej.* informação mentirosa ou sem embasamento científico

fol.clo.ris.ta *s.2g.* especialista em folclore

fôl.der [pl.: *fôlderes*] *s.m.* folheto informativo impresso em folha sanfonada

fo.le *s.m.* **1** artefato que produz vento ao ser contraído e expandido **2** MÚS tipo de acordeão

fô.le.go *s.m.* **1** respiração **2** capacidade de reter ar nos pulmões **3** *fig.* oportunidade ou tempo para respirar **4** *fig.* ânimo, disposição

fol.ga *s.f.* **1** descanso, pausa ⊃ trabalho **2** *fig. B* falta de ocupação ⊃ atividade **3** sobra de pano; desaperto ⟨*a saia precisa de uma f. nos quadris*⟩ ⊃ ajuste **4** *B infrm.* atrevimento, abuso ⟨*é muita f. dele, falar comigo desse jeito*⟩ ⊃ respeito ~ **folgado** *adj.s.m.*

fol.gan.ça *s.f.* **1** descanso, folga **2** brincadeira **3** *p.ext.* festa

fol.gar *v.* {mod. 1} *t.d.,t.d.i. e int.* **1** (prep. *de*) ter folga ou dar folga a; descansar ❑ *t.d.* **2** tornar menos apertado; afrouxar ⊃ apertar **3** tornar menos árduo; facilitar ⊃ dificultar ❑ *t.i. e int. B infrm.* **4** (prep. *com*) portar-se de modo insolente, desrespeitoso

fol.ga.zão [pl.: *-ãos, -ões*; fem.: *folgazã, folgazona*] *adj.s.m.* brincalhão ⊃ sério, triste

fol.gue.do \ê\ *s.m.* **1** brincadeira, divertimento **2** festa ou dança popular de cunho folclórico ou religioso

fo.lha \ô\ *s.f.* **1** cada uma das partes ger. planas e de cor verde de uma planta ou árvore, que nasce presa aos galhos ou ramos **2** papel retangular de determinado tamanho **3** *p.ext.* cada um dos elementos que compõem um livro, bloco, caderno, jornal etc. **4** enumeração dos funcionários de uma instituição e de seus respectivos vencimentos **5** peça plana e fina; chapa, lâmina ⊡ **f. corrida** *loc.subst.* certidão que atesta a ausência de antecedentes criminais • **f. de rosto** *loc.subst.* a folha de abertura de um livro na qual se apresentam informações essenciais sobre a obra, como título, autor, editora etc.

fo.lha de flan.dres [pl.: *folhas de flandres*] *s.f.* chapa de ferro fina, coberta por uma camada de estanho; lata

fo.lha.do *adj.* **1** que tem muitas folhas **2** com a forma de folha ■ *adj.s.m.* **3** (doce ou salgado) formado por várias camadas finas de massa de farinha de trigo; folheado

fo.lha.gem *s.f.* **1** conjunto das folhas de uma planta ou dos ramos de uma árvore **2** enfeite com tema de folhas

fo.lhar *v.* {mod. 1} *t.d. e int.* **1** encher(-se) de folhas **2** em culinária, deixar ou ficar folhado (doce, salgado) ❑ *t.d.* **3** folhear ('revestir') **4** enfeitar com folhas

fo.lhe.a.do *adj.s.m.* folhado

fo.lhe.ar *v.* {mod. 5} *t.d.* **1** revestir com lâminas de madeira, metal, fórmica etc.; folhar **2** passar por banho de metal (joia, ornamento etc.) **3** passar rapidamente as folhas de (revistas, livros, jornais etc.) **4** ler rapidamente, sem muita atenção

fo.lhe.tim *s.m.* **1** texto literário, ger. impresso na parte inferior da página de um jornal **2** *p.ext.* novela ou romance publicado em fragmentos ou capítulos **3** *pej.* obra literária considerada de pouco valor ~ **folhetinesco** *adj.* - **folhetinista** *adj.2g.s.2g.*

fo.lhe.to \ê\ *s.m.* **1** obra impressa de poucas páginas **2** fôlder **3** prospecto

fo.lhi.nha *s.f.* calendário impresso numa única folha ou em folhas destacáveis

fo.lho.so \ô\ [pl.: *folhosos* \ó\] *adj.* **1** cheio de folhas; frondoso ■ *s.m.* **2** terceira divisão do estômago dos ruminantes; omaso

fo.lhu.do *adj.* **1** folhoso **2** com muitas folhas juntas ⟨*alface f.*⟩

fo.li.a *s.f.* brincadeira; farra

fo.li.á.ceo *adj.* **1** relativo ou semelhante a folha **2** feito de folhas

fo.li.a de reis [pl.: *folias de reis*] *s.f.* **1** grupo festeiro que passa de casa em casa nas vésperas do dia de Reis, cantando e dançando, recolhendo dinheiro para a festa dos Reis Magos **2** essa festa

fo.li.ão [pl.: *-ões*; fem.: *foliona*] *adj.s.m.* **1** que(m) brinca carnaval **2** *p.ext.* que(m) gosta de festas

fo.lí.cu.lo *s.m.* ANAT nome dado a cavidades em forma de saco ⟨*f. piloso*⟩

fo.lí.o.lo *s.m.* **1** folha pequena **2** cada uma das divisões de uma folha composta

fol.low-up [ing.] *s.m.* **1** acompanhamento de um processo após a execução da etapa inicial **2** COMN fase seguinte à do lançamento de um projeto, em que resultados são monitorados ⇨ pronuncia-se fólou ap

fo.me *s.f.* **1** sensação causada pela necessidade de comer **2** carência alimentar; subalimentação **3** *p.ext.* miséria **4** *fig.* forte desejo; ambição ⟨*f. de viver*⟩

fo.men.tar *v.* {mod. 1} *t.d.* **1** proporcionar o desenvolvimento, o progresso de; estimular **2** *fig.* provocar, instigar (reação, sentimentos) **3** friccionar (a pele) com líquido aquecido para fins curativos ~ **fomentação** *s.f.* - **fomentador** *adj.s.m.*

fo.men.to *s.m.* **1** fricção de remédio sobre a pele **2** o remédio us. para tal fricção **3** *fig.* apoio, estímulo ⟨*política de f. ao teatro*⟩

fo.na.ção [pl.: *-ões*] *s.f.* **1** produção da voz **2** ato de emitir linguagem articulada; fala ~ **fônico** *adj.*

fo.na.do *adj.* por intermédio do telefone ⟨*telegrama f.*⟩

fo.na.dor \ô\ *adj.s.m.* **1** (o) que produz voz ⟨*as cordas vocais são f.*⟩ **2** (o) que produz os sons da fala ⟨*órgãos f.*⟩

fo.ne *s.m.* peça do telefone que se leva ao ouvido e que contém tb. o microfone ⊡ **f. de ouvido** *loc.subst.* aparelho que se coloca nos ouvidos para ouvir fitas de áudio, CDs etc.

fo.ne.ma *s.m.* menor unidade sonora de uma língua com valor distintivo

fo.né.ti.ca *s.f.* estudo dos sons da fala de uma língua ~ **foneticista** *adj.2g.*

fo.né.ti.co *adj.* **1** referente à fonética ou aos sons da fala de uma língua **2** que representa os fonemas ou sílabas de uma língua (diz-se de alfabeto ou sistema de escrita)

fo.ni.a.tri.a *s.f.* estudo e tratamento dos distúrbios da fala e das anomalias do aparelho fonador ~ **foniatra** *s.2g.*

fo.no.au.dio.lo.gi.a *s.f.* especialidade médica que visa o estudo, a recuperação e a prevenção de distúrbios da linguagem ~ **fonoaudiólogo** *s.m.*

fo.no.gra.fi.a *s.f.* representação gráfica das vibrações sonoras ~ **fonográfico** *adj.*

fo.nó.gra.fo *s.m.* aparelho que reproduz sons pela vibração de uma agulha sobre os sulcos de um disco

fo.no.gra.ma *s.m.* **1** representação gráfica de um som **2** telegrama transmitido por via telefônica

fo.no.lo.gi.a *s.f.* estudo dos fonemas de uma língua ~ **fonológico** *adj.* - **fonologista** *adj.2g.s.2g.* - **fonólogo** *s.m.*

fo.no.te.ca *s.f.* **1** coleção de documentos sonoros (discos, fitas etc.) **2** local onde se conserva essa coleção

fon.ta.ne.la *s.f.* moleira

¹fon.te *s.f.* **1** nascente de água; mina **2** *p.ext.* procedência, origem ⟨*a violência é f. de angústias*⟩ **3** *fig.* aquilo que dá origem ⟨*f. de inspiração*⟩ **4** bica; chafariz **5** *fig.* algo que brota em abundância **6** *fig.* motivo, razão ⟨*o atraso é uma f. de reclamações*⟩ **7** *fig.* a procedência de uma notícia ⟨*isso veio de f. segura*⟩ **8** ANAT parte lateral da cabeça entre os olhos e as orelhas; têmpora **9** texto ou documento original **10** FÍS sistema, substância ou aparelho que fornece calor, luz ou energia [ORIGEM: do lat. *fōns,fontis* 'fonte, nascente, manancial de água'] ⊡ **f. de alimentação** *loc.subst.* ELETR qualquer circuito capaz de produzir energia elétrica

²fon.te *s.f.* conjunto de caracteres tipográficos composto de sinais do mesmo tamanho e estilo [ORIGEM: do ing. *font* 'id.']

fo.ra *adv.* **1** na parte exterior de ⟨*tem alguém aí f.*⟩ **2** em outro local que não o habitual ⟨*prefere comer f.*⟩ **3**

em outro país ⟨*mudou muito, no tempo que ficou f.*⟩ **4** no lixo ⟨*joguei f. as fotos velhas*⟩ **5** ao longo de; afora ⟨*pela vida f.*⟩ ■ *prep.* **6** com exceção de ⟨*voltaram todos, f. os dois irmãos*⟩ **7** além de ⟨*f. a família, muitos amigos também o apoiaram*⟩ ■ *interj.* **8** exclamação que exprime ordem para sair ■ *s.m.* **9** *infrm.* gafe, inconveniência ⟨*faltar à festa foi um f. terrível*⟩ **10** demonstração de desconhecimento ⟨*quando fala de poesia, só dá f.*⟩ **11** recusa, rejeição ⟨*nunca se recuperou do f. que levou da noiva*⟩ ⊡ **dar o f.** *loc.vs. infrm.* sair; fugir

fo.ra da lei *adj.2g.2n.s.2g.2n.* criminoso, marginal

fo.ra.gi.do *adj.s.m.* **1** que(m) escapou; fugitivo **2** que(m) vive escondido ou clandestino, por ser procurado pela justiça ou para escapar de perseguição ~ **foragir-se** *v.pron.*

fo.ras.tei.ro *adj.s.m.* (o) que é estranho à terra onde se encontra ⊃ nativo

for.ca \ô\ *s.f.* **1** instrumento de execução por estrangulamento **2** *p.ext.* a pena de morte por estrangulamento ⟨*foi condenado à f.*⟩ **3** o local da execução; cadafalso

for.ça \ô\ *s.f.* **1** vigor físico ⊃ fraqueza **2** energia moral; firmeza ⟨*f. de vontade*⟩ **3** violência, coerção ⟨*levei-o ao médico à f.*⟩ **4** o que se impõe; autoridade ⟨*a f. da lei, de um argumento*⟩ **5** energia elétrica **6** causa, motivo ⟨*por f. das circunstâncias*⟩ **7** FÍS ação que modifica o estado de repouso ou movimento de um corpo **8** MIL conjunto de tropas, navios ou aeronaves ⟨*f. aérea*⟩ ▼ ***forças*** *s.f.pl.* **9** tropas, exército ⟨*as f. do norte chegariam logo*⟩ **10** indivíduos ou grupos poderosos ⟨*f. contrárias à reforma*⟩ ⊡ **f. centrífuga** *loc.subst.* força que age sobre um corpo, afastando-o de um centro de rotação • **f. centrípeta** *loc.subst.* força que mantém um objeto em movimento circular, atraindo-o para o centro da rotação • **f. de trabalho** *loc.subst.* população economicamente ativa • **forças armadas** *loc.subst.* o exército, a marinha e a aeronáutica

for.ca.do *s.m.* garfo us. para lidar com capim, feno etc.

for.ça.do *adj.* **1** obrigado, pressionado ⟨*trabalhos f.*⟩ ⊃ voluntário **2** artificial, fingido ⟨*sorriso f.*⟩ ⊃ espontâneo

for.çar *v.* {mod. 1} *t.d.* **1** aplicar força a (algo) para movê-lo, girá-lo, abri-lo etc. **2** obter pela força ⟨*f. passagem*⟩ **3** estuprar, violentar **4** *fig.* impor esforço excessivo a; sobrecarregar ⊃ aliviar **5** *fig.* fazer de forma falsa; fingir ⟨*f. um sorriso*⟩ **6** *fig.* fazer o necessário para que (algo) ocorra; tramar ⟨*f. um encontro*⟩ ❑ *t.d.i. e pron.* **7** (prep. *a*) impor(-se) pela força ou por pressão moral; obrigar(-se)

for.ça-ta.re.fa [pl.: *forças-tarefa* e *forças-tarefas*] *s.f.* grupamento temporário chefiado por um único líder visando atingir um objetivo definido ⟨*organizaram uma f. para combater a violência*⟩

for.ce.jar *v.* {mod. 1} *t.i. e int.* **1** (prep. *por*) fazer força para; esforçar-se **2** (prep. *contra*) lutar, resistir

fór.ceps *s.m.2n.* **1** instrumento cirúrgico em forma de pinça us., em partos difíceis, para extrair a criança do útero **2** boticão

for.ço.so \ô\ [pl.: *forçosos* \ó\] *adj.* que não se pode evitar ⟨*tinha f. razões para sair*⟩

fo.rei.ro *adj.s.m.* (o) que é sujeito a pagamento de foro ('imposto') ⟨*terreno f.*⟩

fo.ren.se *adj.2g.* relativo aos tribunais e à justiça; judicial

for.ja *s.f.* **1** oficina onde se fundem e se modelam metais; fundição, ferraria **2** conjunto dos instrumentos de um ferreiro

for.ja.dor \ô\ *adj.s.m.* **1** (o) que forja; ferreiro **2** *fig.* mentiroso

for.jar *v.* {mod. 1} *t.d.* **1** trabalhar (metal) na forja **2** modelar, fabricar na forja ⟨*f. uma espada*⟩ **3** *fig.* inventar, criar ⟨*f. uma nova palavra*⟩ **4** *fig.* elaborar artificialmente, com mentiras; inventar ⟨*f. um álibi*⟩ ~ **forjadura** *s.f.* - **forjamento** *s.m.*

for.ma \ó\ *s.f.* **1** configuração física dos seres e das coisas; formato, feitio ⟨*a f. da mesa*⟩ ⟨*a f. humana*⟩ **2** estado físico de um corpo, de uma substância ⟨*f. sólida*⟩ **3** ser ou objeto indefinido ⟨*naquela escuridão, só via f.*⟩ **4** maneira, método ⟨*encontrou uma f. de terminar a tarefa*⟩ **5** tipo, variedade ⟨*uma nova f. do vírus*⟩ **6** condição física ⟨*está em ótima f.*⟩ **7** fila, alinhamento

for.ma \ô\ ou **fôr.ma** *s.f.* **1** molde **2** vasilha us. para assar bolos, pudins etc. ou enformar pratos culinários ⊙ GRAM/USO o Acordo Ortográfico de 1990 passou a aceitar a dupla grafia, acentuada ou não

for.ma.ção [pl.: *-ões*] *s.f.* **1** criação, constituição ⟨*f. do universo*⟩ **2** posicionamento, ordenamento **3** conjunto dos cursos concluídos e graus obtidos por uma pessoa ⟨*f. universitária*⟩ **4** maneira como uma pessoa é criada; educação ⟨*vê-se que teve excelente f.*⟩

for.mal *adj.2g.* **1** relativo a forma **2** solene; oficial ⟨*a formatura é uma festa f.*⟩ ⊃ informal **3** convencional; não espontâneo ⟨*gestos, palavras f.*⟩ ⊃ descontraído **4** feito em estabelecimento de ensino, cumprindo os programas acadêmicos ⟨*educação f.*⟩ ⊃ informal ~ **formalismo** *s.m.* - **formalista** *adj.2g.*

for.mal.de.í.do *s.m.* gás incolor us. na produção de resinas, como fungicida, desinfetante, desodorante etc.

for.ma.li.da.de *s.f.* **1** ato que uma pessoa é obrigada a cumprir de determinada forma ⟨*f. administrativas*⟩ **2** norma de conduta ⟨*no exterior, procure não ferir nenhuma f.*⟩ **3** *pej.* ato que se deve cumprir mas ao qual não se dá importância ⟨*cumprimentava-o por mera f.*⟩ **4** comportamento formal; etiqueta ⊃ simplicidade

for.ma.li.zar *v.* {mod. 1} *t.d.* **1** criar normas, modelos, procedimentos padronizados **2** fazer de acordo com fórmulas, regras, convenções etc.; oficializar ⟨*f. um contrato, o noivado*⟩ ~ **formalização** *s.f.*

for.mão [pl.: *-ões*] *s.m.* ferramenta manual, com uma extremidade embutida num cabo e a outra chata e cortante, us. para talhar madeira

for.mar *v.* {mod. 1} *t.d. e pron.* **1** dar forma a ou tomar forma (de) **2** dar ou receber educação formal, concedendo ou recebendo o respectivo diploma **3** criar(-se), constituir(-se), originar(-se) ⟨*f. facções rivais*⟩

⟨*o grupo formou-se com os dissidentes*⟩ **4** produzir(-se), fazer(-se) ⟨*o frio formou gelo no lago*⟩ ⟨*o gelo formou-se devido ao frio*⟩ ❑ *t.d.* **5** desenvolver aos poucos; elaborar ⟨*f. opinião, juízo*⟩ ❑ *t.d.,int. e pron.* **6** dispor(-se) em fila; alinhar(-se) ⮌ desalinhar(-se) ~ **formador** *adj.s.m.*

for.ma.ta.ção [pl.: *-ões*] *s.f.* INF **1** adaptação de um conjunto de dados a determinado padrão ⟨*f. de arquivos*⟩ **2** preparação de um meio magnético para recebimento de dados ⟨*f. de disquetes e* CDs⟩

for.ma.tar *v.* {mod. 1} *t.d.* **1** estabelecer a disposição geral dos dados em (cartão de controle, registro ou arquivo) **2** preparar (disquetes, *CDs* etc.) para receber dados

for.ma.to *s.m.* **1** configuração física; forma **2** dimensões de um impresso (livro, jornal etc.) **3** INF padrão magnético criado por quem faz uma formatação (p.ex., de um arquivo, impressora etc.)

for.ma.tu.ra *s.f.* **1** conclusão de um curso **2** festa ou cerimônia que marca a conclusão de um curso

fór.mi.ca *s.f.* placa laminada us. para revestir paredes, móveis e afins ☞ marca registrada (Fórmica) que passou a designar o seu gênero

for.mi.ci.da *adj.2g.s.m.* (preparado) que mata formigas

for.mi.dá.vel *adj.2g.* **1** admirável ⮌ banal **2** gigantesco, colossal ⮌ ínfimo **3** *infrm.* muito bom, excelente ⮌ péssimo

for.mi.ga *s.f.* **1** pequeno inseto que vive em sociedades organizadas, compostas por rainhas, machos e operárias **2** *fig.* pessoa econômica e/ou trabalhadora **3** *fig.* pessoa que gosta muito de doces ⊙ COL colônia, formigueiro

for.mi.ga.men.to *s.m.* **1** sensação de picadas numa região do corpo, ger. provocada por má circulação do sangue **2** *p.ext.* qualquer sensação de coceira na pele **3** *fig.* desejo compulsivo ⟨*sentia um f. na língua que o obrigava a falar*⟩

for.mi.gar *v.* {mod. 1} *int.* **1** ter formigamento ('sensação') **2** trabalhar sem descanso ❑ *t.i. e int.* **3** (prep. *de*) ter ou existir em abundância; fervilhar ~ **formigação** *s.f.* · **formigante** *adj.2g.*

for.mi.guei.ro *s.m.* **1** toca de formigas **2** grande quantidade de formigas **3** *fig.* lugar por onde passa ou está reunido um grande número de pessoas ⟨*aquela avenida é um f.*⟩

for.mol *s.m.* QUÍM solução aquosa us. como desinfetante e antisséptico

for.mo.so \ô\ [pl.: *formosos* \ó\] *adj.* de forma ou aparência agradável ⮌ feio, desagradável

for.mo.su.ra *s.f.* **1** beleza ⮌ feiura **2** pessoa ou coisa bonita

fór.mu.la *s.f.* **1** expressão de uma regra, princípio ou preceito ⟨*as f. dos ritos religiosos*⟩ **2** descrição científica sob forma de símbolos e figuras ⟨*f. matemática*⟩ **3** palavra ou expressão consagrada pelo uso e imposta por regras de etiqueta, convenções etc. ⟨*f. de cortesia*⟩ **4** *p.ext.* frase feita; lugar-comum ⟨*não tem imaginação, só repete f. já testadas*⟩ **5** modo de proceder; método ⟨*não há f. garantida para o sucesso*⟩ **6** representação das proporções dos diversos componentes de uma substância ou mistura

for.mu.lar *v.* {mod. 1} *t.d.* **1** redigir como fórmula ⟨*f. leis*⟩ **2** expor com precisão ⟨*f. um diagnóstico, um parecer*⟩ **3** receitar, prescrever (medicamento) ❑ *t.d. e pron.* **4** criar(-se), formar(-se) ~ **formulação** *s.f.*

for.mu.lá.rio *s.m.* modelo impresso com lacunas a serem preenchidas pelo interessado, para fazer pedidos, prestar declarações etc.

for.na.da *s.f.* **1** quantidade de pães assados juntos, no mesmo forno **2** conjunto de coisas assadas de uma só vez ⟨*uma f. de tijolos*⟩ **3** *fig. infrm.* porção de coisas feitas de uma só vez

for.na.lha *s.f.* **1** grande forno que existe nas forjas ('oficina') **2** compartimento em que há brasa, lenha queimando ou outro combustível; forno ⟨*a f. da locomotiva, do barco a vapor*⟩ **3** *fig.* lugar muito quente ⟨*no verão, a casa vira uma f.*⟩ ~ **fornalheiro** *s.m.*

for.ne.ce.dor \ô\ *adj.s.m.* **1** (o) que fornece algo **2** (o) que abastece regularmente (alguém) com algum produto ⟨*está devendo aos f.*⟩ ⟨*companhia f. de gás*⟩ **3** produtor ⟨*animais f. de lã*⟩

for.ne.cer *v.* {mod. 8} *t.d. e t.d.i.* **1** (prep. *a*) prover, abastecer ⟨*f. mercadorias* (*às lojas*)⟩ **2** (prep. *a*) pôr à disposição de; proporcionar ❑ *t.d.* **3** gerar, produzir ⟨*o reator fornece energia atômica*⟩ **4** ser fonte ou matéria-prima para ⟨*a cana fornece açúcar*⟩ ~ **fornecimento** *s.m.*

for.ni.car *v.* {mod. 1} *t.d.,t.i. e int.* (prep. *com*) ter relações sexuais (com); copular ~ **fornicação** *s.f.* · **fornicador** *adj.s.m.*

for.nir *v.* {mod. 24} *t.d.i.* **1** (prep. *de*) fazer suprimento de; abastecer ❑ *t.d.* **2** tornar espesso, encorpado ⟨*a chuva ajudou a f. as hortaliças*⟩ **3** tornar robusto, nutrido; fortalecer ⮌ enfraquecer ⊙ GRAM/USO verbo defectivo ~ **fornido** *adj.*

for.no \ô\ [pl.: *fornos* \ó\] *s.m.* **1** compartimento aquecido internamente us. para cozer, assar, secar **2** fornalha ('compartimento') **3** parte do fogão onde se assam os alimentos ⊡ **f. de micro-ondas** *loc.subst.* aquele que prepara alimentos com rapidez, usando a radiação de ondas eletromagnéticas; micro-ondas

fo.ro \ô *ou* ó\ *s.m.* **1** praça pública nas antigas cidades romanas onde realizavam-se as assembleias populares e os magistrados julgavam as causas **2** *p.ext.* lugar onde se discutem os assuntos públicos; tribuna **3** local onde se processa a justiça; tribunal **4** imposto sobre imóvel ⊡ **f. íntimo** *loc.subst.* julgamento segundo a própria consciência

for.qui.lha *s.f.* **1** ramo de árvore ou arbusto bifurcado, com o formato aproximado da letra Y **2** *p.ext.* qualquer objeto com esse formato **3** forcado de três pontas para remexer palha ou mato

for.ra *s.f.* B *infrm.* represália, vingança ⟨*ir à f.*⟩

for.ra.ção [pl.: *-ões*] *s.f.* **1** ato de cobrir com [2]forro ou o seu efeito **2** tecido para forro de roupa, sofá etc.

for.ra.gem *s.f.* toda planta ou parte de planta us. para alimentar o gado ~ **forrageiro** *adj.s.m.*

[1]for.rar *v.* {mod. 1} *t.d. e t.d.i.* **1** (prep. *de*) tornar livre; libertar ⊃ prender, escravizar ❑ *t.d.* **2** juntar (recursos, esp. dinheiro); poupar **3** evitar, impedir ⟨*f. injustiças*⟩ ⊃ permitir ❑ *pron.* **4** (prep. *de*) tirar a forra; desforrar-se ⟨*f.-se de prejuízos*⟩ [ORIGEM: [1]*forro* + *-ar*]

[2]for.rar *v.* {mod. 1} *t.d.* **1** pôr forro no interior de (algo), para proteger ou aumentar a espessura **2** revestir a parte externa de ❑ *pron.* **3** (prep. *de*) ficar coberto de; encher-se **4** *fig. infrm.* ganhar dinheiro [ORIGEM: talvez do cat. ant. *folrar/forrar* ou do fr. ant. *forrer* 'palha para revestir internamente bainha ou revestimento de arma']

for.re.ta \ê\ *s.2g. infrm.* avarento, mesquinho

[1]for.ro \ô\ *adj.* alforriado, liberto [ORIGEM: do ár. *hurr* 'id.']

[2]for.ro \ô\ *s.m.* **1** qualquer material que sirva para encher ou revestir a parte interna de algo **2** revestimento externo de estofados, poltronas, paredes etc. **3** revestimento interno de teto **4** vão entre o teto e o telhado de uma edificação [ORIGEM: contrv., talvez regr. de [2]*forrar*]

for.ró *s.m.* **1** baile popular com música nordestina **2** esse gênero de música ~ **forrozeiro** *s.m.*

for.ro.bo.dó *s.m. infrm.* **1** baile popular **2** confusão, tumulto

for.ta.le.cer *v.* {mod. 8} *t.d. e pron.* **1** tornar(-se) [mais] forte; fortificar(-se) ⊃ enfraquecer **2** tornar(-se) mais eficaz, poderoso **3** prover(-se) com meios de defesa, armamentos etc. ❑ *t.d.* **4** dar coragem a; animar ⊃ esmorecer **5** dar mais peso, força a ⟨*f. um argumento*⟩ ~ **fortalecido** *adj.* - **fortalecimento** *s.m.*

for.ta.len.se *adj.2g.s.2g.* fortalezense

for.ta.le.za \ê\ *s.f.* **1** força, vigor **2** *fig.* força moral **3** lugar fortificado para defesa de uma cidade, uma região etc.; forte **4** *fig.* o que resiste a ações ou influências exteriores ⟨*a f. das suas ideias*⟩

for.ta.le.zen.se *adj.2g.* **1** de Fortaleza (CE) ■ *s.2g.* **2** natural ou habitante dessa capital

for.te *adj.2g.* **1** que tem grande força física e/ou orgânica ⟨*homem f.*⟩ ⟨*pulmões f.*⟩ **2** resistente ⟨*corda f.*⟩ ⟨*f. união*⟩ ⊃ fraco, instável **3** poderoso ⟨*regime político f.*⟩ **4** corpulento; gordo ⊃ franzino **5** intenso ⟨*dor f.*⟩ ⟨*sol f.*⟩ ⟨*emoções f.*⟩ ⊃ suave **6** que tem possibilidade de vencer ⟨*era uma candidatura f.*⟩ **7** de valor; de peso ⟨*ainda exercia f. influência sobre o filho*⟩ **8** que causa impacto por ser muito realista, grosseiro, obsceno etc. ⟨*cenas f.*⟩ ⟨*piada f.*⟩ **9** alto e claro (diz-se de som) ⟨*tem a voz f.*⟩ ⟨*essa campainha é muito f.*⟩ **10** que conhece bem determinado assunto ⟨*aluno f. em ciências*⟩ **11** nutritivo, alimentício ⊃ fraco **12** de alto teor alcoólico (bebida) ■ *s.m.* **13** fortaleza ('lugar fortificado') **14** aspecto ou ponto em que alguém ou algo sobressai ⟨*esta cena é o f. da peça*⟩ ⟨*seu f. é física*⟩ ■ *s.2g.* **15** pessoa dotada de força moral ■ *adv.* **16** com força, fortemente ⟨*ventava f.*⟩ ~ **fortemente** *adv.*

for.ti.fi.ca.ção [pl.: *-ões*] *s.f.* **1** ato de fortificar(-se) **2** construção destinada a defender uma praça, cidade etc.; fortaleza

for.ti.fi.can.te *adj.2g.s.m.* **1** (o) que aumenta ou restitui as forças ⟨*caldo f.*⟩ **2** (medicamento) que restaura as forças

for.ti.fi.car *v.* {mod. 1} *t.d. e pron.* **1** tornar(-se) [mais] forte; fortalecer(-se) **2** munir(-se) com meios de defesa ~ **fortificador** *adj.s.m.*

for.tim *s.m.* pequena fortificação ('construção')

for.tui.to *adj.* que acontece por acaso; eventual ~ **fortuitamente** *adv.*

for.tu.na *s.f.* **1** grande soma de dinheiro ⟨*ganhou uma f. na loteria*⟩ ⊃ bagatela **2** boa sorte; êxito ⊃ revés **3** destino **4** acaso

fó.rum *s.m.* **1** edifício que abriga o Poder Judiciário, onde funcionam os magistrados ou os tribunais **2** reunião, congresso, conferência para debate de um tema **3** foro ('praça pública', 'tribuna', 'tribunal')

fos.co \ô\ *adj.* **1** sem brilho; embaçado ⊃ brilhante **2** opaco ⊃ transparente

fos.fa.to *s.m.* QUÍM sal do ácido fosfórico ~ **fosfatar** *v.t.d.* - **fosfático** *adj.*

fos.fo.res.cên.cia *s.f.* **1** propriedade que certos organismos vegetais ou animais têm de emitir luz na escuridão **2** brilho, esplendor ⟨*a f. das estrelas*⟩ ~ **fosforescente** *adj.2g.* - **fosforescer** *v.int.*

fos.fó.ri.co *adj.* **1** que contém fósforo ('elemento químico') **2** que brilha como o fósforo em chama

fós.fo.ro *s.m.* **1** elemento químico us. na fabricação de fósforos de segurança, bombas incendiárias e na pirotecnia [símb.: *P*] ☞ cf. *tabela periódica* (no fim do dicionário) **2** palito cuja cabeça é revestida de material que se inflama por atrito ou fricção em superfície áspera

fos.sa *s.f.* **1** buraco, cova **2** cavidade ou grande caixa subterrânea em que são despejados e acumulados dejetos **3** ANAT termo genérico para qualquer depressão ou canal do corpo humano ou dos animais ⟨*f. nasais*⟩ **4** *infrm.* desolação, tristeza ⊃ alegria

fós.sil *s.m.* **1** vestígio petrificado de seres vivos que habitaram a Terra em tempos remotos ■ *adj.2g.* **2** pertencente a períodos geológicos anteriores ⟨*espécie f.*⟩ ■ *adj.2g.s.m.* **3** *fig. pej.* (o) que é antiquado, superado ⟨*ideias f.*⟩ ⟨*esse diretor é um f.*⟩ ⊃ vanguardista

fos.si.li.zar *v.* {mod. 1} *t.d. e pron.* **1** tornar(-se) fóssil **2** *fig. infrm.* tornar(-se) ultrapassado, antiquado; obsolescer ❑ *pron. fig.* **3** deixar de se desenvolver; estagnar ⊃ progredir ~ **fossilização** *s.f.*

fos.so \ô\ [pl.: *fossos* \ó\] *s.m.* **1** cova, fossa **2** escavação em torno de uma fortificação us. para dificultar ataques inimigos **3** vala para canalizar água

fo.te.lé.tri.co *adj.* → FOTOELÉTRICO

fo.to *s.f.* fotografia

fo.to.cé.lu.la *s.f.* célula fotoelétrica

fo.to.com.po.si.ção [pl.: *-ões*] *s.f.* GRÁF **1** processo de composição que usa técnicas fotográficas ou eletrônicas **2** a composição assim obtida **3** trabalho em fotocompositora ~ **fotocompositor** *adj.s.m.*

fo.to.com.po.si.to.ra \ô\ *s.f.* **1** equipamento de fotocomposição **2** oficina ou estúdio de fotocomposição

fo.to.có.pia *s.f.* 1 processo de reprodução rápida de documentos por meio de fotografia 2 a cópia resultante desse processo ☞ cf. *xerox* ~ **fotocopiar** *v.t.d.* - **fotocopista** *adj.2g.s.2g.*

fo.to.co.pi.a.do.ra \ô\ *s.f.* máquina que faz fotocópias

fo.to.e.lé.tri.co ou **fo.te.lé.tri.co** *adj.* que transforma energia luminosa em elétrica

fo.to.fo.bi.a *s.f.* aversão à luz ~ **fotofóbico** *adj.* - **fotófobo** *adj.s.m.*

fo.to.gê.ni.co *adj.* que aparece bem em fotografia, filme etc. ~ **fotogenia** *s.f.*

fo.to.gra.far *v.* {mod. 1} *t.d. e int.* 1 reproduzir por fotografia (pessoa, objeto, paisagem etc.) ❑ *int.* 2 sair (bem ou mal) em uma fotografia

fo.to.gra.fi.a *s.f.* 1 processo de obter imagens sobre superfícies sensíveis à ação da luz 2 o resultado desse processo; retrato ~ **fotográfico** *adj.* - **fotógrafo** *s.m.*

fo.to.li.to *s.m.* 1 pedra ou placa de metal com imagem fotográfica para impressão 2 filme para reprodução de texto ou de ilustração us. na gravação de chapa para impressão ~ **fotolitar** *v.t.d.*

fo.to.me.tri.a *s.f.* campo da óptica que trata da medição das propriedades da luz, esp. de sua intensidade

fo.tô.me.tro *s.m.* instrumento para medir a intensidade de uma fonte luminosa

fo.to.mon.ta.gem *s.f.* 1 técnica de reunir duas ou mais imagens para compor uma nova 2 a fotografia resultante dessa técnica

fo.to.no.ve.la *s.f.* história apresentada em sequência de fotografias, acompanhada de pequenos textos ou diálogos

fo.tor.re.por.ta.gem *s.f.* reportagem baseada em registros fotográficos ~ **fotorrepórter** *s.2g.*

fo.tos.sen.si.bi.li.da.de *s.f.* forte sensibilidade da pele à luz, esp. aos raios solares ~ **fotossensível** *adj.2g.*

fo.tos.sín.te.se *s.f.* BIO processo químico pelo qual plantas clorofiladas e diversas espécies de bactérias sintetizam substâncias orgânicas a partir do gás carbônico da atmosfera e da água, utilizando a luz como fonte de energia ~ **fotossintético** *adj.*

fo.to.te.ca *s.f.* 1 coleção de fotografias 2 local onde essas fotografias são armazenadas

fo.to.te.ra.pi.a *s.f.* método terapêutico baseado em banhos de luz (esp. luz solar, raios infravermelhos e ultravioleta) ~ **fototerápico** *adj.*

fo.to.tro.pi.a *s.f.* fototropismo

fo.to.tro.pis.mo *s.m.* movimento do crescimento de uma planta orientado pela luz do sol ~ **fototrópico** *adj.*

fo.vis.mo *s.m.* movimento artístico do início do sXX, caracterizado pelo uso de cores vibrantes e livre tratamento da forma ~ **fovista** *adj.2g.s.2g.*

foz *s.f.* ponto onde um rio deságua ↄ nascente

Fr símbolo de *frâncio*

fra.ção [pl.: *-ões*] *s.f.* 1 parte de um todo 2 MAT uma ou mais partes em que se dividiu a unidade 3 MAT representação numérica (p.ex. 3/4, 1/3) que indica o quociente de dois números ▣ **f. decimal** *loc.subst.* fração própria cujo denominador é dez ou uma potência inteira de dez • **f. imprópria** *loc.subst.* aquela cujo numerador é maior que o denominador • **f. ordinária** *loc.subst.* fração cujo denominador não é uma potência de dez • **f. própria** *loc.subst.* aquela cujo numerador é menor que o denominador

fra.cas.sar *v.* {mod. 1} *t.i. e int.* (prep. *em*) não ter êxito; falhar ↄ conseguir

fra.cas.so *s.m.* falta de êxito; insucesso ↄ sucesso

fra.cio.nar *v.* {mod. 1} *t.d.,t.d.i. e pron.* (prep. *em*) dividir(-se) em frações, partes; partir(-se), fragmentar(-se) ~ **fracionamento** *s.m.*

fra.cio.ná.rio *adj.* que é composto de fração ⟨*número f.*⟩

fra.co *adj.* 1 que não tem força, ou que tem pouca força ↄ forte 2 que tem pouca resistência ⟨*corda f.*⟩ 3 que cede facilmente; que tem pouca autoridade ⟨*um pai f. com os filhos*⟩ 4 insuficiente; medíocre ⟨*um texto f.*⟩ ⟨*um aluno f.*⟩ ⟨*um governo f.*⟩ 5 pouco intenso ⟨*luz f.*⟩ ⟨*voz f.*⟩ 6 cuja carga elétrica está baixa (diz-se de pilha, bateria) ■ *adj.s.m.* 7 que(m) não tem força moral, determinação ⟨*foi f. na hora da decisão*⟩ 8 covarde ■ *s.m.* 9 indivíduo sem defesa; desvalido ⟨*sempre defende os f.*⟩ 10 gosto, inclinação ⟨*tem um f. por guloseimas*⟩

frac.tal *s.m.* MAT 1 estrutura geométrica cujas propriedades ger. se repetem em qualquer escala 2 *p.ext.* objeto ou desenho representativo dessa estrutura ■ *adj.2g.* 3 relativo a essa estrutura, objeto ou desenho

fra.de [fem.: *freira*] *s.m.* membro de ordem religiosa; frei ~ **fradesco** *adj.*

fra.ga.ta *s.f.* navio de guerra de tamanho médio, us. esp. no combate a submarinos

frá.gil *adj.2g.* 1 que enguiça ou quebra facilmente ⟨*mecanismo f.*⟩ ⟨*copos f.*⟩ ↄ resistente 2 fraco, debilitado ⟨*criança f.*⟩ ↄ robusto 3 *fig.* precário, instável ⟨*um relacionamento muito f.*⟩ ↄ firme ⊙ GRAM/USO sup.abs.sint. *fragílimo, fragilíssimo* ~ **fragilidade** *s.f.*

fra.gi.li.zar *v.* {mod. 1} *t.d. e pron.* tornar(-se) [mais] frágil; enfraquecer ↄ fortalecer

frag.men.tar *v.* {mod. 1} *t.d. e pron.* fazer(-se) em fragmentos, pedaços; partir(-se) ~ **fragmentação** *s.f.*

frag.men.tá.rio *adj.* 1 próprio de fragmento 2 em fragmentos; incompleto ⟨*ideias f.*⟩

frag.men.to *s.m.* 1 pedaço de algo que se quebrou, cortou etc. ⟨*os f. do copo*⟩ ⟨*um f. de osso*⟩ 2 parte de um todo; fração ⟨*dali, via-se um f. do céu*⟩ 3 trecho extraído de obra literária

fra.gor \ô\ *s.m.* ruído estrondoso; estampido

fra.go.ro.so \ô\ [pl.: *fragorosos* \ó\] *adj.* 1 ruidoso, estrondoso ↄ silencioso 2 *fig.* que tem forte repercussão; extraordinário ⟨*sofreram uma f. derrota*⟩

fra.grân.cia *s.f.* aroma; perfume ~ **fragrante** *adj.2g.*

fra.jo.la *adj.2g.s.2g.* *infrm.* elegante, bem vestido

fral.da *s.f.* 1 acessório de algodão ou material descartável, absorvente, us. em bebês ou adultos enfermos para colher suas fezes e urina 2 a parte inferior da camisa **3** base de monte, serra etc.; sopé, aba ⮌ cume

fral.dá.rio *s.m.* local reservado para a troca de fraldas de crianças em centros comerciais, praias etc.

fram.bo.e.sa \ê\ *s.f.* fruto da framboeseira, vermelho e aromático, muito us. em geleias

fram.bo.e.sei.ra *s.f.* arbusto nativo do hemisfério norte, de caule ereto e frutos vermelhos, aromáticos e comestíveis

fram.bo.e.sei.ro *s.m.* framboeseira

fran.ca.men.te *adv.* **1** de maneira aberta, honesta; com franqueza; diretamente, sinceramente **2** expressa reprovação ou profundo descontentamento ⟨*– Tirou nota baixa de novo? – F.!*⟩

fran.cês *adj.* **1** da França (Europa) ■ *s.m.* **2** natural ou habitante desse país **3** a língua falada nesse país

fran.ce.sis.mo *s.m.* galicismo

frân.cio *s.m.* elemento químico da família dos alcalinos [símb.: *Fr*] ☞ cf. *tabela periódica* (no fim do dicionário)

fran.cis.ca.no *adj.s.m.* **1** (religioso) da ordem de São Francisco de Assis ☞ cf. a parte enciclopédica ■ *adj.* **2** relativo ou pertencente a essa ordem religiosa **3** *infrm.* que atinge níveis extremos (diz-se de pobreza, miséria)

fran.co *s.m.* **1** indivíduo dos francos, povo germânico que invadiu a Gália nos sIII e IV ■ *adj.* **2** relativo a esse povo **3** sincero, leal ⮌ falso **4** espontâneo ⟨*sorriso f.*⟩ ⮌ forçado **5** livre de pagamento de impostos, tributos etc. ⟨*entrada f.*⟩ ⟨*zona f.*⟩ ⮌ pago **6** livre de obstáculos; desimpedido ⟨*passagem f.*⟩ ⮌ proibido **7** que demonstra firmeza, determinação ⟨*uma voz f.*⟩ ⮌ indeciso

fran.co-a.ti.ra.dor [pl.: *franco-atiradores*] *adj.s.m.* **1** (soldado) que não faz parte de uma tropa regular; guerrilheiro **2** *p.ext.* que(m) trabalha por algum objetivo sem estar ligado a um grupo ou organização

fran.ga.lho *s.m.* **1** farrapo, trapo **2** *fig.* pessoa ou coisa que se mostra acabada ⟨*a doença deixou-o um f.*⟩

fran.go *s.m.* **1** filhote de galinha já desenvolvido, mas não adulto **2** prato feito com essa ave ⟨*comeu f. guisado no almoço*⟩ **3** FUTB *infrm.* bola fácil de defender que o goleiro deixa entrar no gol ⊙ GRAM/USO dim.irreg.: *frangote*

fran.go.te *s.m.* **1** frango pequeno **2** *fig.* rapaz novo ⊙ GRAM/USO dim.irreg. de *frango*

fran.ja *s.f.* **1** ornamento formado por fios ou tiras pendentes da orla de um tecido **2** qualquer coisa que se assemelhe a esse ornamento **3** parte do cabelo caída sobre a testa ~ **franjar** *v.t.d.*

fran.que.ar *v.* {mod. 5} *t.d.* e *t.d.i.* **1** (prep. *a*) tornar franco, livre; liberar, permitir ⮌ proibir ❑ *t.d.* **2** isentar de impostos **3** conceder franquia ('licença') a **4** pagar o porte de (remessa postal) ❑ *t.d.i.* **5** (prep. *a*) permitir o acesso a **6** (prep. *a*) fazer conhecer; revelar ⮌ esconder

fran.que.za \ê\ *s.f.* sinceridade ⮌ hipocrisia

fran.qui.a *s.f.* **1** isenção de certos deveres, encargos etc. **2** licença dada por uma empresa a um indivíduo ou grupo para comercializar ou representar seus bens ou serviços **3** estabelecimento que funciona sob essa licença **4** no contrato de seguro, dedução que a seguradora faz no pagamento do valor do prejuízo de um acidente

fran.zi.no *adj.* pouco encorpado, miúdo ⮌ robusto

fran.zir *v.* {mod. 24} *t.d.* **1** formar pregas em (tecido) ❑ *t.d.* e *pron.* **2** dobrar(-se) com pregas, vincos; amarrotar(-se) ⮌ esticar(-se) **3** contrair(-se) [lábios, sobrancelhas etc.], formando vincos; enrugar(-se) ~ **franzido** *adj.s.m.* - **franzimento** *s.m.*

fra.que *s.m.* casaco masculino curto na frente e com abas longas atrás

fra.que.ar *v.* {mod. 5} *int.* fraquejar

fra.que.jar *v.* {mod. 1} *int.* **1** perder o vigor, a força; enfraquecer ⮌ fortalecer-se **2** perder a coragem, o ânimo ⮌ encorajar-se **3** soltar a voz (a galinha d'angola) ~ **fraquejamento** *s.m.*

fra.que.za \ê\ *s.f.* **1** falta de vigor físico ⮌ força **2** desânimo; abatimento ⮌ disposição **3** ponto fraco; vício ⟨*sua f. é o jogo*⟩

fra.sal *adj.2g.* relativo ou pertencente a frase

fras.cá.rio *adj.s.m.* libertino, devasso ⮌ casto ~ **frascaria** *s.f.*

fras.co *s.m.* pequeno vaso us. para guardar líquidos, pós, pílulas etc. ⊙ COL frascaria

fra.se *s.f.* **1** GRAM construção, com uma ou mais palavras, com sentido completo **2** MÚS ideia musical com sentido completo, delimitada por uma cadência ('encadeamento')

fra.se.a.do *adj.* **1** que está disposto em frases ■ *s.m.* **2** conjunto de palavras **3** maneira própria de dizer ou escrever algo **4** MÚS maneira de expor ou interpretar cada frase de uma composição musical

fra.se.ar *v.* {mod. 5} *t.d.* e *int.* dispor (ideias) em frases

fra.se.o.lo.gi.a *s.f.* **1** parte da gramática que se dedica ao estudo da frase **2** conjunto das construções mais características de uma língua ou de um autor **3** frase ou expressão cujo sentido ger. não é literal; expressão idiomática

fras.quei.ra *s.f.* pequena maleta para transportar objetos e frascos de toalete

fra.ter.nal *adj.2g.* **1** próprio de irmão; fraterno **2** que demonstra afeição, caridade ou cordialidade

fra.ter.ni.da.de *s.f.* **1** laço de parentesco entre irmãos **2** união, afeto entre irmãos **3** amor ao próximo

fra.ter.ni.zar *v.* {mod. 1} *t.d.*,*int.* e *pron.* **1** unir(-se) como irmãos, em amizade fraterna; confraternizar(-se) ❑ *t.i.* **2** (prep. *com*) partilhar das ideias ou convicções de

fra.ter.no *adj.* fraternal

fra.tri.cí.dio *s.m.* assassinato do próprio irmão ou irmã ~ **fratricida** *adj.2g.s.2g.*

fra.tu.rar *v.* {mod. 1} *t.d.*,*int.* e *pron.* **1** partir(-se), romper(-se) [osso, cartilagem dura ou dente] **2** partir(-se) o osso de (membro) ❑ *t.d.* **3** produzir rachadura em; fender ~ **fratura** *s.f.*

frau.dar *v.* {mod. 1} *t.d.* **1** realizar fraude contra; lesar **2** agir de má-fé, fazendo crer no que é falso; iludir, enganar **3** fazer contrabando de ▫ *t.d. e t.d.i.* **4** (prep. *de*) privar por meio de fraude; defraudar ~ **fraudador** *adj.s.m.*

frau.da.tó.rio *adj.* que contém fraude

frau.de *s.f.* **1** artifício para enganar; logro ⟨*f. fiscal*⟩ **2** falsificação de marcas ou produtos, documentos etc.

frau.du.len.to *adj.* **1** feito por meio de fraude ⟨*negócio f.*⟩ ⊃ honesto **2** enganador ⟨*empresa f.*⟩

fre.ar *v.* {mod. 5} *t.d. e int.* **1** mover(-se) mais devagar ou parar (veículo), por meio de freio; brecar ▫ *t.d. fig.* **2** impedir ou moderar a evolução de; conter ⟨*f. a inflação*⟩ **3** conter, controlar (ímpeto, sentimento etc.) ⊃ liberar ~ **freada** *s.f.*

fre.á.ti.co *adj.* diz-se de lençol de água subterrâneo não muito profundo

fre.chal *s.m.* cada uma das vigas horizontais sobre as quais se erguem as fachadas de cada pavimento

free.lance [ing.; pl.: *freelances*] *adj.2g.s.2g.* **1** (trabalho avulso) feito sem vínculo de emprego ■ *s.2g.* **2** pessoa que trabalha por conta própria e ganha por trabalho apresentado; *freelancer* ⇨ pronuncia-se **friléns**

free.lanc.er [ing.; pl.: *freelancers*] *s.2g. freelance* ('pessoa') ⇨ pronuncia-se **friléncer**

freez.er [ing.; pl.: *freezers*] *s.m.* congelador ⇨ pronuncia-se **frizer**

fre.ge *s.m.* **1** discussão, gritaria **2** desordem, briga, bagunça

fre.guês *s.m.* **1** quem compra ou vende habitualmente a certa pessoa ou estabelecimento **2** *p.ext.* comprador, cliente ⊙ COL freguesia

fre.gue.si.a *s.f.* **1** clientela **2** população de uma paróquia

frei [fem.: *sóror*] *s.m.* frade

frei.o *s.m.* **1** qualquer dispositivo us. para conter ou moderar um movimento **2** *fig.* o que limita a continuidade de algo

frei.ra *s.f.* mulher que fez votos religiosos ⊙ GRAM/USO fem. de *frade*

frei.xo *s.m.* árvore nativa da Europa e do sudoeste da Ásia, cuja madeira é us. em raquetes de tênis, tacos de polo, bilhar e críquete

fre.men.te *adj.2g.* **1** agitado, trêmulo ⟨*mar f.*⟩ ⊃ sereno **2** apaixonado, vibrante ⟨*discurso f.*⟩

fre.mir *v.* {mod. 24} *int.* **1** soar ruidosamente ▫ *t.d. e int.* **2** agitar(-se) levemente ▫ *t.d.* **3** emitir (som estrondoso) ⟨*f. um grito de dor*⟩ ⊙ GRAM/USO verbo defectivo

frê.mi.to *s.m.* **1** ruído, rumor **2** agitação, estremecimento **3** *fig.* leve tremor; arrepio

fre.na.gem *s.f.* **1** ato de pôr freio em algo ou o seu efeito **2** ato de frear um veículo ou o seu efeito; freada ~ **frenar** *v.t.d.,int. e pron.*

fre.ne.si *s.m.* **1** agitação violenta; desvario **2** exaltação, arroubo de sentimentos

fre.né.ti.co *adj.* **1** exaltado, empolgado **2** agitado, inquieto ⊃ tranquilo

fren.te *s.f.* **1** parte anterior de algo ⟨*a f. do carro*⟩ ⊃ traseira **2** linha avançada de um exército ⊃ retaguarda **3** vista, presença ⟨*aconteceu à nossa f.*⟩ ⊃ costas **4** lugar dianteiro ⟨*a fileira da f.*⟩ **5** coalizão de partidos políticos e/ou forças da sociedade civil **6** MET superfície de contato de duas massas de ar convergentes e de temperaturas diferentes ⟨*f. fria*⟩ ⊡ **f. a f.** *loc.adv.* um diante do outro ⟨*encontraram-se f. a f.*⟩ • **f. de trabalho** *loc.subst.* oportunidade de emprego criada pelo poder público • **fazer f. a** *loc.vs.* enfrentar

fren.tis.ta *adj.2g.s.2g.* em posto de gasolina, que(m) se ocupa do atendimento ao público

fre.quên.cia \qü\ *s.f.* **1** ato de frequentar; assiduidade **2** número ou tipo de pessoas que comparecem a um lugar ⟨*o problema do bar é a f.*⟩ **3** repetição de um fato ou ação ⟨*a f. dos assaltos nesse bairro*⟩ **4** periodicidade ⟨*a f. de uma publicação*⟩ **5** FÍS medida da vibração de onda sonora ou de rádio ⊡ **f. modulada** *loc.subst.* na transmissão de um sinal por uma onda eletromagnética, frequência variável desta onda [símb.: *FM*]

fre.quen.tar \qü\ *v.* {mod. 1} *t.d.* **1** ir muito a **2** viver na intimidade de; conviver ⟨*f. a alta roda*⟩ **3** comparecer com regularidade a (curso, aula) ~ **frequentador** *adj.s.m.*

fre.quen.te \qü\ *adj.2g.* que se repete muitas vezes ⊃ raro

fres.ca \ê\ *s.f.* brisa agradável que sopra ao cair da tarde

fres.co \ê\ *adj.* **1** ligeiramente frio ⟨*noite f.*⟩ **2** bem arejado ⟨*casa f.*⟩ ⊃ abafado **3** *fig.* leve ⟨*roupa f.*⟩ ⊃ quente **4** de boa aparência; viçoso ⟨*legumes f.*⟩ **5** que causa impressão de frescor ⟨*hálito f.*⟩ **6** *fig.* recente ⟨*notícias f.*⟩ ⊃ velho **7** preparado há pouco tempo (diz-se de alimento) ■ *adj.s.m. pej.* **8** efeminado

fres.co.bol *s.m.* jogo praticado ao ar livre, com duas raquetes de madeira e uma bola de borracha

fres.cor \ô\ *s.m.* **1** qualidade do que é ligeiramente frio **2** *fig.* viço ⟨*o f. dos botões de rosa*⟩ **3** *fig.* vivacidade; brilho ⟨*o f. da juventude*⟩

fres.cu.ra *s.f.* **1** sensação de contato com alguma coisa fresca **2** *fig.* vigor juvenil; viço, frescor **3** *infrm.* comportamento reservado, moralista **4** *infrm.* atitude de quem se ofende com facilidade; melindre

fres.su.ra *s.f.* conjunto de vísceras de um animal

fres.ta *s.f.* abertura estreita que permite a passagem de luz e ar; fenda

fre.te *s.m.* **1** taxa para o transporte de algo **2** carga transportada **3** aluguel de um meio de transporte ~ **fretar** *v.t.d.*

freu.di.a.no \frói\ *adj.* **1** relativo a Sigmund Freud, ou a suas teorias psicanalíticas ☞ cf. *Freud* na parte enciclopédica ■ *adj.s.m.* **2** (o) que segue essas teorias

fre.vo \ê\ *s.m.* **1** dança pernambucana em que os dançarinos, freq. com sombrinhas coloridas, executam frenéticos movimentos de pernas **2** gênero musical que a acompanha **3** composição desse gênero

fri.a *s.f. gír.* situação difícil ou embaraçosa

fri.a.gem *s.f.* **1** baixa temperatura ⮌ calor **2** queda de temperatura provocada por frentes frias
fri.al.da.de *s.f.* **1** qualidade ou estado do que é frio **2** *fig.* frieza, indiferença
fri.a.men.te *adv.* **1** sem demonstrar emoção ou afeto; com frieza, com indiferença **2** sem se deixar influenciar pelas emoções; com a razão; logicamente ⟨*em meio à crise, conseguiu analisar f. as soluções possíveis*⟩
fric.ção [pl.: *-ões*] *s.f.* **1** ação de friccionar **2** atrito resultante de dois corpos que se esfregam **3** ação de massagear vigorosamente uma parte do corpo **4** medicamento oleoso que se aplica sobre a pele; linimento
fric.cio.nar *v.* {mod. 1} *t.d. e t.d.i.* (prep. *em*) passar repetidamente um corpo sobre (outro), estando aquele ou ambos em movimento; esfregar
fri.co.te *s.m. B infrm.* **1** chilique, faniquito **2** lamentação sem motivo sério; manha ~ **fricoteiro** *adj.s.m.*
fri.ei.ra *s.f.* **1** inflamação da pele causada pelo frio **2** doença entre os dedos dos pés causada por fungos; pé de atleta
fri.e.za \ê\ *s.f.* **1** qualidade ou estado do que é frio **2** ausência de calor **3** *fig.* indiferença, insensibilidade
fri.gi.dei.ra *s.f.* **1** utensílio de cozinha us. para frituras **2** fritada
fri.gi.dez \ê\ *s.f.* **1** característica do que é frio ⮌ calor, quentura **2** *fig.* ausência de desejo sexual ~ **frígido** *adj.*
fri.gir *v.* {mod. 24} *t.d. e int.* cozer ou ser cozido (alimento) em substância oleosa, como manteiga, azeite; fritar ⊙ GRAM/USO part.: *frigido*, *frito*
fri.go.bar *s.m. B* pequena geladeira de quarto de hotel, hospital etc.
fri.go.rí.fi.co *adj.* **1** que produz frio **2** adaptado para transporte de carga a baixas temperaturas ⟨*caminhão f.*⟩ ■ *adj.s.m.* **3** (câmara) que estoca alimentos a baixas temperaturas ■ *s.m.* **4** empresa que trabalha com carnes congeladas ~ **frigorificação** *s.f.*
frin.cha *s.f.* fresta, fenda
fri.o *adj.* **1** que tem ou em que há baixa temperatura ⟨*água f.*⟩ ⟨*país f.*⟩ ⮌ quente **2** que não conserva calor ⟨*o linho é um tecido f.*⟩ **3** *fig.* calmo ⟨*cabeça f.*⟩ ⮌ quente **4** *fig.* indiferente; insensível ⮌ caloroso **5** *B gír.* falso, forjado ⟨*cheque f.*⟩ ⮌ autêntico ■ *s.m.* **6** temperatura baixa da atmosfera ou do ambiente ⮌ calor **7** sensação causada pela falta de calor ⟨*tremia de f.*⟩ ⮌ calor **8** *fig.* indiferença; insensibilidade ⮌ ardor ▼ *frios s.m.pl.* **9** produtos defumados, esp. carnes ~ **friorento** *adj.*
fri.sa *s.f.* em teatros, camarote próximo ao nível da plateia
¹fri.sar *v.* {mod. 1} *t.d.,int. e pron.* **1** tornar(-se) rugoso, enrugado; enrugar(-se), franzir(-se) ⮌ alisar(-se) **2** (fazer) ficar crespo, ondulado (o cabelo) [ORIGEM: *frisa* 'lã rústica' + *²-ar*] ~ **frisador** *adj.s.m.* - **frisagem** *s.f.*
²fri.sar *v.* {mod. 1} *t.d.* **1** pôr friso em **2** *fig.* tornar saliente, relevante; ressaltar [ORIGEM: *friso* + *²-ar*]
fri.so *s.m.* faixa decorativa
fris.son [fr.; pl.: *frissons*] *s.m.* **1** arrepio por causa de frio ou forte emoção; calafrio **2** *fig.* vibração; frenesi ⟨*a notícia causou um f. na turma*⟩ ⇨ pronuncia-se frissôn
fri.ta.da *s.f.* espécie de omelete com recheio especial; frigideira
fri.tar *v.* {mod. 1} *t.d. e int.* cozer ou ser cozido (alimento) em substância oleosa, como manteiga, azeite; frigir
fri.tas *s.f.pl. B* batatas fritas ⟨*filé com f.*⟩
fri.to *adj.* **1** cozido em frigideira ⟨*ovo f.*⟩ **2** *fig. infrm.* que está em situação difícil, em apuros
fri.tu.ra *s.f.* **1** ação de fritar **2** qualquer alimento frito
fri.ú.ra *s.f.* estado do que é ou está frio
frí.vo.lo *adj.s.m.* **1** fútil, leviano ⮌ sério ■ *adj.* **2** que tem pouca importância; superficial ⟨*palavras f.*⟩ ⮌ profundo ~ **frivolidade** *s.f.*
fron.de *s.f.* conjunto de folhas (e ramos) de uma árvore ☞ cf. *copa* ('topo de árvore') ⊙ GRAM/USO dim.irreg.: *frôndula*
fron.do.si.da.de *s.f.* **1** característica do que é frondoso **2** conjunto de frondes
fron.do.so \ô\ [pl.: *frondosos* \ó\] *adj.* **1** revestido de folhas **2** denso; compacto **3** *fig.* que gera muitos resultados ou possibilidades ⟨*pesquisa f.*⟩ ⮌ infrutífero
fro.nha *s.f.* capa com que se envolve o travesseiro
fron.tal *adj.2g.* **1** de frente **2** da fronte ⟨*músculo, nervo f.*⟩ **3** *fig.* dito ou feito abertamente; direto, franco ⟨*resposta f.*⟩ ■ *adj.2g.s.m.* **4** (osso) da fronte ■ *s.m.* **5** fachada de um edifício
fron.tão [pl.: *-ões*] *s.m.* conjunto arquitetônico ou ornato triangular que encima fachadas ou decora portas, janelas, nichos etc.
fron.ta.ri.a *s.f.* **1** frente principal de um edifício **2** fortificação situada na fronteira
fron.te *s.f.* **1** testa **2** *p.ext.* a face de uma pessoa **3** a parte mais avançada de algo; dianteira ⟨*a f. de um exército*⟩ ⮌ retaguarda, traseira
fron.tei.ra *s.f.* **1** linha que demarca uma região ou território, estabelecendo a sua extensão **2** linha que separa dois territórios ou países **3** *fig.* ponto extremo de algo abstrato ⟨*a f. da decência*⟩ **4** *fig.* limite entre dois estados, situações etc. ⟨*a f. da morte*⟩
fron.tei.ri.ço *adj.* **1** que vive ou está na fronteira **2** *fig.* que se acha no limite de alguma coisa ■ *adj.s.m.* **3** (o) que nasce na fronteira
fron.tei.ro *adj.* **1** situado à frente de ⟨*prédio f. com a loja*⟩ **2** próximo ⟨*casa f. à praça*⟩ **3** que fica ou vive na fronteira
fron.tis.pí.cio *s.m.* **1** fachada principal de um edifício **2** ilustração colocada na folha de rosto
frost free [ing.] *loc.adj.* que impede a formação de cristais de gelo ⟨*geladeira f.*⟩ ⇨ pronuncia-se fróst fri
fro.ta *s.f.* **1** conjunto de navios de guerra ou de outra finalidade especificada (mercante, pesqueira etc.) **2** *p.ext.* conjunto de veículos que pertencem a uma firma ou a um único dono ⟨*f. de táxis, de ônibus*⟩

frou.xo *adj.* **1** folgado, solto ⟨*vestido f.*⟩ ⟨*nó f.*⟩ ⮌ apertado **2** enfraquecido ⟨*ficou com as pernas f.*⟩ ⮌ forte ■ *adj.s.m. infrm.* **3** covarde, medroso ⮌ valente ~ **frouxidão** *s.f.*

fru-fru [pl.: *fru-frus*] *s.m.* ruído do roçar de roupa ou papel ~ **frufrulhar** *v.int.*

fru.gal *adj.2g.* **1** de fácil digestão; leve ⟨*refeição f.*⟩ ⮌ pesado **2** moderado na alimentação ⟨*pessoas f.*⟩ ⮌ voraz **3** *fig.* que se apresenta com moderação; sóbrio, simples ⟨*beleza f.*⟩ ~ **frugalidade** *s.f.*

fru.gí.vo.ro ou **fru.tí.vo.ro** *adj.s.m.* (o) que se alimenta de frutos

fru.ir *v.* {mod. 26} *t.d.* e *t.i.* (prep. *de*) usufruir; desfrutar ~ **fruição** *s.f.* - **fruitivo** *adj.*

frus.tra.ção [pl.: *-ões*] *s.f.* **1** ação de frustrar(-se) ou o seu efeito **2** decepção, desapontamento

frus.trar *v.* {mod. 1} *t.d.* e *pron.* **1** (fazer) falhar; anular(-se) **2** não corresponder à expectativa (de); decepcionar(-se) ~ **frustrador** *adj.s.m.* - **frustrante** *adj.2g.*

fru.ta *s.f.* fruto comestível

fru.ta-de-con.de [pl.: *frutas-de-conde*] ou **fru.ta--do-con.de** [pl.: *frutas-do-conde*] *s.f.* fruta de polpa branca, macia e doce, cheia de sementes pretas; ata, pinha

fru.ta-pão [pl.: *frutas-pão* e *frutas-pães*] *s.f.* **1** fruto oval grande, de casca verde ou amarelada, cuja polpa lembra a consistência e sabor do pão fresco, e que se come assada ou cozida **2** a árvore desse fruto

fru.tei.ra *s.f.* **1** recipiente para colocar frutas; fruteiro **2** árvore frutífera

fru.tei.ro *adj.s.m.* **1** (o) que gosta de frutos **2** que(m) vende frutas ■ *s.m.* **3** fruteira ('recipiente')

fru.ti.cul.tu.ra *s.f.* cultivo de árvores frutíferas ~ **fruticultor** *adj.s.m.*

fru.tí.fe.ro *adj.* **1** que produz frutos, esp. os comestíveis **2** *fig.* que produz resultados positivos; proveitoso ⟨*conversa f.*⟩ ⮌ infrutífero

fru.ti.fi.car *v.* {mod. 1} *int.* **1** dar fruto(s) **2** *fig.* produzir resultados vantajosos ❑ *t.d. fig.* **3** ter como consequência; resultar ~ **frutificação** *s.f.*

fru.tí.vo.ro *adj.s.m.* → FRUGÍVORO

fru.to *s.m.* **1** órgão gerado pelos vegetais que produzem flor, e que contém as sementes **2** fruta **3** *fig.* filho, cria **4** *fig.* resultado final de um trabalho; produto de algum esforço ⟨*o sucesso era f. de sua dedicação*⟩

fru.to.se *s.f.* açúcar encontrado no mel, no néctar e nas frutas

fru.tu.o.so \ô\ [pl.: *frutuosos* \ó\] *adj.* **1** que produz muitos frutos **2** *fig.* que produz bons resultados; proveitoso

fu.bá *s.m.* farinha de milho ou de arroz

fu.be.ca *s.f. B infrm.* **1** agressão física contra alguém; surra **2** pito, repreensão **3** fracasso

fu.be.ca.da *s.f. B infrm.* **1** fubeca **2** pancada, batida

fu.ça *s.f.* **1** focinho **2** *infrm.* rosto, cara ☞ mais us. no pl.

fu.çar *v.* {mod. 1} *t.d.* e *int.* **1** revolver com o focinho (a terra, algo no chão) **2** *fig.* remexer à procura de algo; escarafunchar ❑ *t.d. fig.* **3** investigar (algo alheio); bisbilhotar ~ **fuçador** *adj.s.m.*

fúc.sia *s.f.* **1** denominação de diversas plantas floríferas ■ *s.m.* **2** tom de cor-de-rosa próximo ao magenta ■ *adj.2g.2n.* **3** dessa cor ⟨*blusa f.*⟩

fu.ga *s.f.* **1** retirada, escapada ⮌ permanência **2** *fig.* recurso para evitar uma dificuldade ou uma obrigação ⟨*a bebida era uma f. para ele*⟩ **3** MÚS forma de composição em que um mesmo tema é repetido sucessivamente por várias vozes ou instrumentos

fu.gaz *adj.2g.* **1** rápido, ligeiro ⮌ lento **2** *fig.* que dura muito pouco; passageiro ⟨*alegria f.*⟩ ⮌ duradouro ~ **fugacidade** *s.f.*

fu.gi.da *s.f.* **1** escapada, fuga **2** *B* ausência breve ⟨*deu uma f. ao banco e já volta*⟩

fu.gi.di.o *adj.* **1** habituado a fugir **2** *fig.* fugaz, efêmero ⮌ duradouro **3** *fig.* não sociável; arisco ⮌ expansivo

fu.gir *v.* {mod. 29} *t.i.* **1** (prep. *a*, *de*) desviar-se para ficar livre de (situação ou pessoa perigosa, ameaçadora, desagradável etc.); escapar ⟨*f. à tentação*⟩ ⟨*f. da perseguição do inimigo*⟩ ❑ *int.* **2** retirar-se de, deixar (local, região etc.), ger. às pressas ⟨*mesmo cercado, conseguiu f.*⟩ ⟨*f. do país*⟩ ☞ *do país* é circunstância que funciona como complemento **3** afastar-se do campo de visão; desaparecer ⟨*distante, o navio fugia devagar*⟩ **4** decorrer rapidamente (o tempo)

fu.gi.ti.vo *adj.s.m.* **1** que(m) fugiu ■ *adj.* **2** fugaz, efêmero ⟨*as formas f. das nuvens*⟩

fu.i.nha *s.f.* **1** pequeno mamífero carnívoro, de corpo longo e patas curtas, pelo grisalho e mancha branca no peito e garganta ■ *s.2g.* **2** pessoa magra

fu.jão [pl.: *-ões*; fem.: *fujona*] *adj.s.m.* (o) que foge constantemente

fu.la.no *s.m.* pessoa cujo nome se desconhece ou não se quer dizer ⊙ GRAM/USO empr. ger. antes de *beltrano* e de *sicrano*; o uso do dim. *fulaninho* tem valor pej.

ful.cro *s.m.* **1** ponto de apoio; base **2** a parte essencial ou mais importante ⟨*o f. de uma questão*⟩

fu.lei.ro *adj.s.m.* **1** (o) que não é confiável **2** (o) que é medíocre e sem valor; ordinário **3** (o) que demonstra mau gosto; cafona ⮌ elegante

fúl.gi.do *adj.* que possui brilho; resplandecente

ful.gir *v.* {mod. 24} *t.d.* e *int.* **1** (fazer) lançar ou refletir luz; resplandecer, brilhar ❑ *int. fig.* **2** tornar-se singular, único; sobressair ~ **fulgência** *s.f.* - **fulgente** *adj.2g.*

ful.gor \ô\ *s.m.* brilho, luminosidade ⟨*o f. do metal*⟩ ⮌ opacidade

ful.gu.rar *v.* {mod. 1} *int.* **1** lançar ou refletir luz, brilho intenso; resplandecer **2** cintilar, relampejar ⟨*relâmpagos fulguravam no céu*⟩ **3** *fig.* destacar-se entre os demais; sobressair ~ **fulguração** *s.f.* - **fulgurante** *adj.2g.*

fu.li.gem *s.f.* substância preta deixada pela fumaça

fu.li.gi.no.so \ô\ [pl.: *fuliginosos* \ó\] *adj.* que contém fuligem ~ **fuliginosidade** *s.f.*

ful.mi.nar *v.*{mod. 1} *t.d. e int.* **1** lançar (raios) ❑ *t.d.* **2** destruir com raio ou efeito semelhante; aniquilar **3** *fig.* derrubar fisicamente **4** *fig.* ferir emocional ou moralmente ⟨*a traição fulminou-o*⟩ **5** *fig.* matar rapidamente **6** *fig.* deixar sem ação; estarrecer, paralisar ⟨*sua fala firme fulminou-o*⟩ ❑ *int.* **7** *fig.* emitir luz intensa; brilhar ~ **fulminação** *s.f.* - **fulminante** *adj.2g.*

fu.lo *adj.infrm.* muito zangado; furioso ⮌ tranquilo

ful.vo *s.m.* **1** cor amarela, alaranjada ou dourada ■ *adj.* **2** dessa cor ⟨*vestido f.*⟩ **3** diz-se dessa cor ⟨*a cor f.*⟩

fu.ma.ça *s.f.* vapor resultante de um corpo em chamas

fu.ma.çar *v.* {mod. 1} *int.* **1** produzir fumaça; fumegar **2** *B infrm.* mostrar-se furioso ⮌ acalmar-se ❑ *t.d.* **3** encher de fumaça **4** *fig.* ofuscar, turvar (os olhos, a visão)

fu.ma.cê *s.m.B infrm.* **1** fumaça em excesso **2** veículo que pulveriza inseticida, us. no combate a mosquitos

fu.ma.cei.ra *s.f.* grande quantidade de fumaça

fu.ma.cen.to *adj.* **1** que solta grande quantidade de fumo ou fumaça **2** em que há fumaça ⟨*ambiente f.*⟩

fu.man.te *adj.2g.s.2g.* que(m) fuma

fu.mar *v.* {mod. 1} *t.d. e int.* **1** aspirar e expirar a fumaça de (cigarro, cachimbo etc.); pitar ❑ *t.d.* **2** defumar ❑ *int.fig.* **3** mostrar-se colérico; enraivecer-se ⮌ acalmar-se

fu.me.gan.te *adj.2g.* **1** que fumega **2** *p.ext.* muito quente ⟨*asfalto f.*⟩

fu.me.gar *v.* {mod. 1} *int.* **1** lançar fumaça; fumaçar **2** produzir espuma; espumar ❑ *t.d.* **3** lançar de si; exalar ⟨*o assado fumegava bom odor*⟩

fu.mei.ro *s.m.* local onde os alimentos são defumados

fu.mi.cul.tu.ra *s.f.* **1** cultivo de fumo **2** conjunto de técnicas desse cultivo ~ **fumicultor** *adj.s.m.*

fu.mi.gar *v.* {mod. 1} *t.d.* **1** lançar vapor, fumaça, gás etc. em **2** expor à fumaça, esp. para desinfetar; defumar

fu.mo *s.m.* **1** preparado vegetal que se faz queimar em cigarros, cachimbos etc. **2** folha de plantas preparada para fumar, mascar ou cheirar **3** fumaça **4** *fig.* hábito de fumar **5** *B infrm.* maconha

fu.nam.bu.les.co \ê\ *adj.* **1** relativo a funâmbulo **2** *fig.* extravagante, excêntrico ⮌ normal

fu.nâm.bu.lo *s.m.* **1** equilibrista que anda na corda bamba ou arame **2** *fig.* indivíduo que muda facilmente de opinião ou partido ~ **funambulismo** *s.m.*

fun.ção [pl.: *-ões*] *s.f.* **1** obrigação a cumprir, papel a desempenhar ⟨*tinha a f. de mediador*⟩ **2** uso a que se destina algo ⟨*ferramenta com várias f.*⟩ **3** emprego **4** ofício, profissão ⟨*f. de encanador*⟩ **5** espetáculo **6** MAT qualquer correspondência entre dois ou mais conjuntos **7** GRAM papel que cada um dos elementos gramaticais desempenha dentro da frase ⟨*f. de sujeito*⟩

fun.cho *s.m.* erva aromática cultivada como condimento e por suas propriedades medicinais, esp. como calmante do estômago; erva-doce ⊙ COL funchal

fun.cio.nal *adj.2g.* **1** relativo a função **2** que atende a uma função ou a um fim prático ⟨*móvel, utensílio f.*⟩ **3** *p.ext.* prático, utilitário ⮌ ornamental **4** relativo a ou próprio de funcionários públicos ⟨*gratificação f.*⟩ ~ **funcionalidade** *s.f.*

fun.cio.na.lis.mo *s.m.* conjunto dos funcionários públicos

fun.cio.nar *v.* {mod. 1} *int.* **1** estar em atividade **2** ter bom desempenho, realizando com regularidade e eficiência tarefas e funções para as quais foi desenvolvido ou preparado **3** *fig.* dar bons resultados, ter êxito ⮌ falhar ~ **funcionamento** *s.m.*

fun.cio.ná.rio *s.m.* empregado ⊡ **f. público** *loc.subst.* quem exerce cargo ou função em instituição governamental ⟨*fez concurso para o município e virou f. público*⟩

fun.da.ção [pl.: *-ões*] *s.f.* **1** base subterrânea sobre a qual se constroem edificações; alicerce **2** *fig.* ponto de partida para a organização e funcionamento de uma instituição, entidade etc. ⟨*fundação da revista, do clube*⟩ **3** criação de uma instituição privada ou do Estado que visa o interesse público e o benefício da coletividade **4** essa instituição

fun.da.men.tal *adj.2g.* **1** que serve de fundamento, de base **2** *fig.* básico, indispensável ⟨*sua participação é f.*⟩ ⮌ dispensável

fun.da.men.ta.lis.mo *s.m.* **1** movimento religioso conservador que enfatiza a interpretação literal da Bíblia como fundamental à vida e à doutrina cristãs **2** a doutrina desse movimento **3** *p.ext.* qualquer corrente, atitude ou movimento conservador que enfatiza a obediência rigorosa a um conjunto de princípios básicos ~ **fundamentalista** *adj.2g.s.2g.*

fun.da.men.tar *v.* {mod. 1} *t.d.* **1** fazer os fundamentos ou alicerces de ⟨*f. um edifício*⟩ ❑ *t.d.,t.d.i. e pron.* **2** (prep. *em*) apoiar(-se) em fundamentos; fundar(-se), justificar(-se) ~ **fundamentação** *s.f.*

fun.da.men.to *s.m.* **1** base, apoio principal **2** *fig.* causa, motivo ⟨*apoiou-se em f. justos para a expulsão*⟩ **3** explicação para fatos, acontecimentos etc. ⟨*a história deve ter f.*⟩ **4** demonstração da autenticidade de algo; prova ⟨*acusações sem f.*⟩ ▼ ***fundamentos*** *s.m.pl.* **5** princípios básicos de uma ciência, arte etc.

fun.dão [pl.: *-ões*] *s.m.* **1** parte mais funda do leito de um rio; pego **2** abismo, precipício **3** *fig.* local isolado, distante

fun.dar *v.* {mod. 1} *t.d.* **1** assentar as fundações de (construção) **2** *fig.* dar início, existência a; criar, instituir ❑ *pron.* **3** firmar-se, assentar-se ⟨*o prédio se funda sobre grossos pilotis*⟩ ❑ *t.d.i. e pron.* **4** (prep. *em*) tomar como base ou ser a base de; fundamentar(-se) ~ **fundador** *adj.s.m.*

fun.de.ar *v.* {mod. 5} *t.d. e int.* **1** lançar âncora (de embarcação); ancorar ❑ *int.* **2** tocar no ou ir ao fundo

fun.di.á.rio *adj.* relativo a terras; agrário

fun.di.ção [pl.: *-ões*] *s.f.* **1** derretimento (esp. de metais) **2** local onde se fundem metais **3** *p.ext.* metal fundido

fun.di.lho *s.m.* parte do assento em calça, cueca etc. ☞ mais us. no pl.

fun.dir *v.* {mod. 24} *t.d. e pron.* **1** tornar(-se) líquido (esp. metal); derreter(-se) ❑ *t.d.* **2** pôr em molde (metal líquido) ❑ *t.d.,t.d.i. e pron.* **3** (prep. *em*) unir (várias coisas) [em um todo, grupo]; juntar(-se), misturar(-se) ~ **fundente** *adj.2g.* - **fundidor** *adj.s.m.*

fun.dí.vel *adj.2g.* que pode fundir(-se); fusível

fun.do *adj.* **1** com profundidade ⟨*poço f.*⟩ ⟨*águas f.*⟩ ⮌ raso **2** cavado; metido para dentro ⟨*prato f.*⟩ ⮌ raso **3** *fig.* que vem do íntimo; muito sentido ⟨*suspiros f.*⟩ ■ *adv.* **4** profundamente ⟨*respirar f.*⟩ ■ *s.m.* **5** leito ('canal') de rio, mar etc. **6** o lado oposto à abertura de entrada ⟨*o f. da garrafa, da caverna, da sala*⟩ **7** o lugar mais recuado ⟨*o f. do vale*⟩ ⟨*o f. de uma imagem*⟩ ⮌ frente **8** *fig.* âmago, essência ⟨*agradecia do f. do coração*⟩ **9** a extremidade da agulha que contém o orifício **10** recurso financeiro ☞ tb. us. no pl. ⊡ **f. do poço** *loc.subst. fig.* situação (financeira, emocional etc.) precária, ou de difícil resolução ⟨*o casamento chegou ao f. do poço*⟩ • **F. Monetário Internacional** *loc.subst.* órgão da ONU para cooperação monetária entre países [abrev.: *FMI*]

fun.du.ra *s.f.* profundidade

fú.ne.bre *adj.2g.* **1** relativo a morte, enterro etc. **2** *fig.* que anuncia a ideia de morte; funéreo ⮌ alegre **3** *fig.* que inspira sentimentos tristes; sombrio, funéreo ⟨*melodia f.*⟩ ⮌ alegre

fu.ne.ral *s.m.* conjunto das cerimônias de sepultamento; mortualha

fu.ne.rá.ria *s.f.* empresa especializada em funerais

fu.ne.rá.rio *adj.* relativo a morte, enterro, mortos etc.

fu.né.reo *adj.* fúnebre ('que anuncia', 'que inspira')

fu.nes.to *adj.* **1** que causa a morte; fatal ⟨*doença f.*⟩ **2** *p.ext.* que evoca a morte; sinistro ⟨*pensamentos f.*⟩ ⮌ alegre **3** *p.ext.* que causa danos; desastroso ⟨*uma política f.*⟩ ⮌ benéfico

fun.gar *v.* {mod. 1} *t.d. e int.* aspirar (ar, secreção, rapé etc.) pelo nariz fazendo ruído

fun.gi.ci.da *adj.2g.s.m.* (substância) que combate fungos

fun.gí.vel *adj.2g.* DIR **1** que se gasta após o uso **2** *p.ext.* passível de ser substituído por outra coisa de mesma espécie, qualidade, quantidade e valor

fun.go *s.m.* nome comum a organismos parasitas, sem clorofila, como os mofos e os cogumelos

fu.ni.cu.lar *adj.2g.* **1** em forma de corda **2** feito de ou movido por cordas ■ *adj.2g.s.2g.* **3** (sistema de transporte) tracionado por cabos movidos por motor estacionário ■ *s.m.* **4** veículo pertencente a esse sistema

fu.ní.cu.lo *s.m.* cordão ou corda pequena

fu.nil *s.m.* utensílio em forma de cone terminado por um tubo, us. para despejar líquidos em recipientes de boca estreita

fu.ni.la.ri.a *s.f.* **1** local onde se fabricam e/ou vendem funis e/ou peças de folha de flandres **2** técnica de fabricar tais objetos

fu.ni.lei.ro *s.m.* **1** fabricante de funis **2** quem trabalha com folha de flandres; latoeiro

funk [ing.] *s.m.* **1** tipo de música americana de origem negra com ritmos sincopados e em compasso binário ■ *adj.2g.2n.* **2** relativo a essa música ⟨*bailes f.*⟩ ⇨ pronuncia-se fank

fu.ra-bo.lo *s.m.* ou **fu.ra-bo.los** *s.m.2n. infrm.* o dedo indicador

fu.ra.cão [pl.: *-ões*] *s.m.* **1** ciclone com ventos fortíssimos, comum na América Central, Flórida, Pacífico e Atlântico Norte **2** *fig.* o que produz efeito negativo e destruidor ⟨*a notícia foi um f. em nossas vidas*⟩

fu.ra.dei.ra *s.f.* ferramenta para furar madeira, metal, pedra etc.

fu.ra.dor \ô\ *adj.s.m.* **1** (o) que fura ⟨*f. de gelo*⟩ ■ *s.m.* **2** utensílio para fazer furos em papel, pano etc.

[1]**fu.rão** [pl.: *-ões*; fem.: *furoa*] *s.m.* **1** doninha **2** *infrm.* repórter sagaz, que se antecipa aos outros **3** penetra [ORIGEM: do lat. *fūro,ōnis* 'mamífero carnívoro']

[2]**fu.rão** [pl.: *-ões*] *s.m.* **1** grande buraco **2** instrumento us. para fazer buracos ■ *adj.s.m. B infrm.* **3** que(m) falta a compromisso [ORIGEM: rad. do v. *furar* sob a f. *fur-* + *-ão*]

fu.rar *v.* {mod. 1} *t.d.* **1** abrir furo, buraco em **2** fazer (algo) na terra, na pedra, abrindo nela uma cavidade; cavar ⟨*f. um poço*⟩ **3** passar através de; varar ❑ *t.d. e int. fig.* **4** não ter êxito ou desempenho esperado; frustrar, falhar

fur.gão [pl.: *-ões*] *s.m.* pequeno caminhão fechado, us. para transporte de cargas não muito pesadas

fú.ria *s.f.* **1** grande raiva; cólera, furor ⮌ calma **2** ímpeto muito forte; entusiasmo, furor ⟨*consumia livros com f.*⟩ ⮌ frieza **3** força, poderio, furor ⟨*a f. das ondas*⟩ ⮌ fraqueza **4** *p.ext.* pessoa fora de si ⟨*ficou uma f. com a derrota*⟩

fu.ri.bun.do *adj.* furioso ⮌ tranquilo

fu.ri.o.so \ô\ [pl.: *furiosos* \ó\] *adj.* **1** cheio de raiva ou indignação ⟨*estava f. com o diretor*⟩ ⮌ sereno **2** impetuoso, violento ⟨*vontade f., amor f.*⟩ ⮌ frio

fur.na *s.f.* caverna, gruta

fu.ro *s.m.* **1** abertura feita por objeto pontiagudo; orifício **2** *fig. B* notícia importante dada por algum órgão de imprensa antes dos demais ⟨*f. de reportagem*⟩

fu.ror \ô\ *s.m.* fúria, raiva ⊡ **causar f.** *loc.vs.* agradar muito; ter suceso ⟨*o espetáculo causou f. na cidade*⟩

fur.ta-cor *s.m.* **1** cor que se altera conforme a luz projetada sobre ela ■ *adj.2g.2n.* **2** dessa cor ⟨*blusa f.*⟩ ⊙ GRAM/USO pl. do subst. *furta-cores*

fur.tar *v.* {mod. 1} *t.d. e t.d.i.* **1** (prep. *a, de*) apossar-se de (coisa alheia); roubar **2** (prep. *a, de*) fazer passar como seu (ideia, trabalho de outrem) ❑ *t.d.,t.d.i. e pron.* **3** (prep. *a*) ficar livre de (algo desagradável); fugir, evitar

fur.ti.vo *adj.* **1** discreto, rápido ⟨*sorriso f.*⟩ ⮌ manifesto **2** que procura passar despercebido; oculto ⟨*paixão* *f. pelo professor*⟩ **3** sem licença oficial; clandestino ⟨*trazia um embrulho f. na mala*⟩ ⮌ lícito

fur.to *s.m.* **1** ação de furtar; roubo ⟨*f. de veículos*⟩ **2** *p.ext.* o que foi furtado

fu.rún.cu.lo *s.m.* infecção bacteriana na pele, que provoca um nódulo inflamado e doloroso ~ **furuncular** *adj.2g.* - **furunculose** *s.f.*

fu.sa *s.f.* **1** figura de ritmo que equivale à metade da semicolcheia **2** seu símbolo (𝅘𝅥𝅰)

fu.são [pl.: *-ões*] *s.f.* **1** ato de fundir(-se) ou o seu efeito **2** FÍS passagem de uma substância ou mistura do estado sólido para o líquido ⮌ solidificação **3** FÍS qualquer transformação em líquido pela ação do calor **4** DIR reunião de duas ou mais firmas ou sociedades para a formação de uma nova ⮌ separação **5** *fig.* união decorrente de combinação ou interpenetração de seres e coisas; agregação ⮌ divisão

fus.co *adj.* escuro, pardo ⟨*gado f.*⟩ ⮌ claro

fu.se.la.gem *s.f.* corpo principal do avião, onde se fixam as asas

fu.si.bi.li.da.de *s.f.* qualidade do que se pode fundir

fu.sí.vel *adj.2g.* **1** fundível ■ *s.m.* **2** peça de segurança colocada num circuito elétrico, que se funde e corta a corrente quando há sobrecarga

fu.so *s.m.* **1** pequena peça de madeira, roliça, pontiaguda nas extremidades, us. para fiar, torcer e enrolar o fio de trabalhos feitos na roca **2** peça na qual se enrola a corda do relógio ⊡ **f. horário** *loc.subst.* cada uma das 24 faixas de 15° em que se divide longitudinalmente a superfície terrestre e dentro da qual a hora é a mesma ~ **fusiforme** *adj.2g.*

fu.so.lo.gi.a *s.f.* estudo de foguetes, mísseis etc. ~ **fusólogo** *adj.s.m.*

fus.tão [pl.: *-ões*] *s.m.* tecido de algodão, linho, seda ou lã, encorpado, com o avesso liso e o direito em relevo

fus.ti.gar *v.* {mod. 1} *t.d.* **1** bater com vara; açoitar **2** *fig.* fazer mal a; maltratar ⟨*o remorso fustigava-o*⟩ **3** *fig.* incitar, estimular ~ **fustigação** *s.f.* - **fustigante** *adj.2g.* - **fustigo** *s.m.*

fu.te.bol *s.m.* esporte disputado em dois tempos de 45 minutos por duas equipes de 11 jogadores cada, que, sem usar braços e mãos (com exceção dos goleiros dentro da sua área), devem fazer entrar uma bola no gol do adversário ⊡ **f. de botão** *loc.subst.* jogo disputado sobre uma mesa ou tabuleiro, por duas pessoas, que reproduz as regras do futebol e utiliza 20 botões para representar as duas equipes e caixas de fósforos ou similares para os dois goleiros • **f. de salão** *loc.subst.* futebol de quadra, com regras próprias, disputado por duas equipes de cinco jogadores; futsal

fu.te.bo.lis.ta *adj.2g.s.2g.* que(m) gosta de, estuda ou joga futebol

fu.te.vô.lei *s.m.* esporte, jogado ger. na praia, em que os jogadores devem fazer a bola passar sobre a rede, usando pernas, pés, tronco e cabeça

fú.til *adj.2g.s.2g.* **1** (o) que não tem importância; insignificante, superficial ⮌ importante **2** que(m) não inspira confiança; leviano ⮌ responsável ~ **futilidade** *s.f.* - **futilizar** *v.t.d. e int.*

fu.tri.ca *s.f.* fofoca, intriga ~ **futriqueiro** *adj.s.m.* - **futriquice** *s.f.*

fu.tri.car *v.* {mod. 1} *int.* **1** trapacear nos negócios **2** fazer futrica; fuxicar, fofocar ❑ *t.d. e int.* **3** agir para prejudicar; atrapalhar ❑ *t.d.* *B* **4** provocar de modo impertinente; importunar

fut.sal *s.m.* futebol de salão

fu.tu.car *v.* {mod. 1} *t.d.* **1** introduzir o dedo ou objeto em (cavidade, orifício etc.); cutucar **2** sacudir levemente; cutucar ⟨*futucou o amigo indiscreto*⟩ **3** fuxicar ('mexer')

fu.tu.ris.mo *s.m.* movimento artístico do início do sXX que exalta a mudança, a velocidade, a máquina, as multidões e rejeita esp. o individualismo e o sentimentalismo da arte anterior a ele ☞ inicial ger. maiúsc. ~ **futurista** *adj.2g.s.2g.*

fu.tu.ro *s.m.* **1** tempo que virá ⮌ passado **2** conjunto de fatos relacionados a esse tempo; destino ⟨*nunca pensa no f.*⟩ ■ *adj.* **3** que pertence a esse tempo ⟨*gerações f.*⟩ ⟨*f. presidente*⟩

fu.tu.ro.lo.gi.a *s.f.* estudo que trata das possibilidades futuras, levando em conta tendências manifestadas no presente ~ **futurólogo** *s.m.*

fu.tu.ro.so \ô\ [pl.: *futurosos* \ó\] *adj.* que tem bom futuro; promissor

fu.xi.car *v.* {mod. 1} *t.d. e int.* **1** mexer intencionalmente em (algo), ger. causando desordem; remexer ❑ *int.* **2** fazer intriga; futricar, fofocar ❑ *t.d.* **3** tocar em; bulir, mexer ⟨*só fala fuxicando os outros*⟩ **4** costurar com pontos largos; alinhavar

fu.xi.co *s.m.* *infrm.* **1** fofoca **2** intromissão, indiscrição **3** *B* remendo malfeito **4** *B* saquinho de pano redondo e franzido, que depois é achatado, com a boca para cima, e unido a outros, us. em bolsas, roupas, colchas etc.

fu.xi.quei.ro *adj.s.m.* *B* *infrm.* que(m) faz intrigas; fofoqueiro

fu.zar.ca *s.f.* *B* *infrm.* **1** farra, folia **2** *p.ext.* bagunça, desordem ~ **fuzarquear** *v.int.*

fu.zil *s.m.* arma de fogo portátil de cano comprido

fu.zi.lar *v.* {mod. 1} *t.d.* **1** matar com fuzil ou outra arma de fogo **2** *fig.* assediar com muitas perguntas, impropérios etc.; importunar ❑ *t.d. e int.* **3** lançar de si (reflexos de luz) ~ **fuzilamento** *s.m.*

fu.zi.la.ri.a *s.f.* tiroteio

fu.zi.lei.ro *s.m.* **1** soldado armado de fuzil ⊡ **f. naval** *loc.subst.* membro da infantaria da marinha de guerra

fu.zu.ê *s.m.* *B* *infrm.* folia coletiva, festança **2** *p.ext.* briga, confusão ⮌ ordem

g *s.m.* **1** sétima letra (consoante) do nosso alfabeto ■ *n.ord. (adj.2g.2n.)* **2** diz-se do sétimo elemento de uma série ⟨*casa G*⟩ ⟨*item 1g*⟩ ☞ empr. posposto a um substantivo ou numeral ⊙ GRAM/USO na acp. s.m., pl.: *gg*

Ga símbolo de *gálio*

ga.bar *v.* {mod. 1} *pron.* **1** (prep. *de*) ostentar os próprios méritos e conquistas, reais ou falsos; vangloriar-se ❑ *t.d.* **2** enaltecer as qualidades de; louvar ⮌ criticar ~ **gabação** *s.f.* - **gabo** *s.m.*

ga.bar.di.na ou **ga.bar.di.ne** *s.f.* **1** pano de lã ou algodão, tecido em diagonal, us. na confecção de roupas **2** capa de chuva feita desse tecido impermeabilizado

ga.ba.ri.tar *v.* {mod. 1} *t.d.* acertar todas as questões de (prova, avaliação)

ga.ba.ri.to *s.m.* **1** medida ou molde padrão **2** limite de altura imposto a edificações em certas áreas **3** *B* tabela com as respostas corretas de um exame, prova etc. **4** *fig. B* classe, categoria ⟨*inteligência de alto g.*⟩

ga.ba.ro.la *adj.2g.s.2g.* que(m) se gaba dos próprios feitos ⮌ tímido ~ **gabarolice** *s.f.*

ga.bi.ne.te \ê\ *s.m.* **1** saleta isolada, para diversos usos **2** sala onde se trabalha; escritório **3** sala de trabalho dos ministros de Estado **4** conjunto de ministros de Estado; ministério **5** equipe de funcionários de um chefe de Estado, de um prefeito etc.

ga.bi.ru *adj.s.m. infrm.* **1** que(m) age com esperteza; malandro **2** que(m) é alegre, brincalhão; travesso **3** que(m) vive do jogo **4** conquistador de mulheres; mulherengo

ga.da.nha *s.f.* **1** colher grande de cabo comprido e concha funda **2** foice de cabo comprido; gadanho

ga.da.nhar *v.* {mod. 1} *t.d.* **1** cortar (feno) com gadanha **2** arranhar com as unhas ou gadanho ('ancinho') **3** agarrar com força, firmeza

ga.da.nho *s.m.* **1** garra de ave de rapina **2** *p.ext. B infrm.* unha, dedo, mão **3** espécie de ancinho **4** gadanha ('foice')

ga.dí.deo *s.m.* ZOO **1** espécime dos gadídeos, família de peixes que inclui o bacalhau e o hadoque, espécies de grande valor comercial ■ *adj.* **2** relativo a essa família

ga.do *s.m.* conjunto de animais quadrúpedes domesticados (carneiros, cavalos, bois, cabritos etc.) que se têm como propriedade ou que se criam para uso; rebanho

ga.do.lí.nio *s.m.* elemento químico us. como absorvedor de nêutrons em reatores nucleares, em materiais fluorescentes etc. [símb.: *Gd*] ☞ cf. *tabela periódica* (no fim do dicionário)

ga.é.li.co *s.m.* **1** grupo de línguas faladas pelo povo celta da Grã-Bretanha ou Irlanda, cujas línguas modernas são o irlandês e o escocês ■ *adj.* **2** relativo a esse povo ou a sua língua

ga.fa.nho.to \ô\ *s.m.* nome comum a diversos insetos terrestres, saltadores, que atacam plantações ⊙ VOZ v.: ziziar; subst.: ziziamento, zizio

ga.fe *s.f.* ato e/ou palavra involuntária, impensada, indiscreta, desastrada

ga.fi.ei.ra *s.f. B* **1** baile popular, com orquestra ao vivo **2** local onde ocorre esse baile

ga.fo.ri.na *s.f.* **1** cabelo em desalinho **2** topete de cabelo

ga.gá *adj.2g.s.2g.* (indivíduo) que apresenta debilidade mental e/ou física em virtude da idade avançada; caduco

ga.go *adj.s.m.* que(m) gagueja; tartamudo

ga.guei.ra *s.f.* perturbação da fala, caraterizada por repetição de certas sílabas e/ou paradas involuntárias no início das palavras

ga.gue.jar *v.* {mod. 1} *t.d. e int.* **1** falar (algo) repetindo, interrompendo ou prolongando sílabas, palavras, letras; tartamudear ❑ *int.* **2** exprimir-se de maneira hesitante; vacilar ⟨*g. num interrogatório*⟩ ~ **gaguejo** *s.m.*

gai.a.col *s.m.* → GUAIACOL

gai.a.to *adj.s.m.* **1** (menino) travesso e vadio **2** (indivíduo) alegre e brincalhão ■ *adj.* **3** que diverte; cômico ⊙ GRAM/USO dim.irreg.: *gaiatete* ⊙ COL gaiatada ~ **gaiatice** *s.f.*

[1]**gai.o** *adj.* **1** que revela alegria; jovial ⮌ melancólico **2** de espírito sagaz; esperto ⮌ tolo **3** diz-se do verde claro e vivo [ORIGEM: prov. do fr. *gai* 'jovial, alegre']

[2]**gai.o** *s.m.* ave da família das gralhas e corvos, encontrada no Velho Mundo, do tamanho de uma pomba, e plumagem marrom-avermelhada com asas e cauda negras [ORIGEM: do lat.tar. *gāius* 'id.'] ⊙ VOZ v. e subst.: berrar, chilrear, crocitar, estridular, grasnar

gai.o.la *s.f.* **1** armação de arame ou madeira us.para manter pássaros presos **2** prisão para feras; jaula **3** *B* barco fluvial a vapor com varandas, us. ger. para transporte de passageiros **4** *fig. infrm.* prisão ⊙ GRAM/USO dim.irreg.: *gaiolim*

gai.ta *s.f.* **1** pequeno instrumento de sopro que se toca fazendo-o correr por entre os lábios; harmônica **2** *B infrm.* dinheiro

gai.ta de fo.les [pl.: *gaitas de foles*] *s.f.* instrumento de sopro formado por um saco que se enche de ar, munido de tubos com palhetas e orifícios que se tampam com os dedos, para se produzir sons como de gaita

gai.tei.ro *s.m.* **1** tocador de gaita ■ *adj.* **2** folião, festeiro ⮌ sério **3** vistoso, chamativo ⮌ discreto

gai.vo.ta *s.f.* ave marinha praiana, cosmopolita, de plumagem ger. branco-acinzentada e com os dedos dos pés unidos por membranas ⊙ VOZ v. e subst.: cantar, chiar, crocitar, guinchar, piar, pipilar; subst.: grito, pio

ga.jo *s.m. infrm.* pessoa cujo nome não se conhece ou se quer omitir; fulano

[1]**ga.la** *s.f.* **1** traje us. em ocasiões solenes **2** festa solene **3** grande luxo, riqueza ⮌ simplicidade **4** vaidade exagerada ⮌ modéstia **5** festa nacional [ORIGEM: prov. do it. *gala* 'elegância, pompa']

[2]**ga.la** *s.f.* galadura [ORIGEM: regr. de *galar*]

ga.lã *s.m.* **1** homem belo, elegante, atraente **2** personagem ou ator que representa heróis românticos

ga.lác.ti.co *adj.* relativo a galáxia

ga.la.du.ra *s.f.* **1** fecundação da fêmea **2** mancha na gema do ovo fecundado; gala

ga.la.lau *s.m. B infrm.* rapaz ou homem grande, alto

ga.la.li.te *s.f.* material plástico derivado da caseína

ga.lan.ta.ri.a *s.f.* **1** ato de cortejar ou seu efeito; galanteio, galanteria **2** coisa ou pessoa galante **3** atitude de graça e gentileza ⮌ deselegância

ga.lan.te *adj.2g.* **1** que se destaca pela elegância, discrição etc. ⮌ deselegante **2** amável com as mulheres ⮌ descortês **3** que revela certa malícia; picante ⟨*história g.*⟩ ■ *s.2g.* **4** quem faz galanteios

ga.lan.te.ar *v.* {mod. 5} *t.d. e int.* **1** cercar de atenções e amabilidades; cortejar ❑ *t.d.* **2** pôr adornos em; enfeitar ~ **galanteador** *adj.s.m.*

ga.lan.tei.o *s.m.* elogio sedutor; galantaria, corte

ga.lan.te.ri.a *s.f.* galantaria

ga.lan.te.za \ê\ *s.f.* **1** elegância, discrição, graça **2** amabilidade, delicadeza para com as damas ⮌ descortesia

[1]**ga.lão** [pl.: *-ões*] *s.m.* **1** tira de tecido bordado us. como enfeite, arremate etc. **2** tira dourada aplicada em fardas que indica a patente militar [ORIGEM: do fr. *galon* 'id.']

[2]**ga.lão** [pl.: *-ões*] *s.m.* **1** medida de capacidade para líquidos e cereais, equivalente a aprox. 4 litros **2** recipiente grande para líquidos [ORIGEM: do ing. *gallon* 'medida de capacidade']

ga.lar *v.* {mod. 1} *t.d.* fecundar (ave) [a fêmea]

ga.lar.dão [pl.: *-ões*] *s.m.* **1** recompensa por serviço valioso ⮌ castigo **2** *fig.* prêmio, homenagem ⮌ punição

ga.lar.do.ar *v.* {mod. 1} *t.d.* dar prêmio ou galardão a, por serviço ou merecimento; premiar, recompensar

ga.lá.xia \cs\ *s.f.* **1** a Via Láctea ☞ inicial por vezes maiúsc. **2** sistema isolado no espaço cósmico, com estrelas, planetas, nebulosas, poeira, gases etc.

ga.lé *s.f.* **1** antiga embarcação comprida e estreita, movida a velas e remos ▼ *galés s.f.pl.* **2** pena dos condenados a remar nessa embarcação

ga.le.ão [pl.: *-ões*] *s.m.* antiga embarcação a vela, armada, us. no transporte de cargas valiosas

ga.le.go \ê\ *s.m.* **1** natural ou habitante da Galiza (Espanha) **2** língua românica, muito próxima do português, falada nessa região **3** *infrm.* estrangeiro, esp. louro **4** *B pej.* português, esp. o de mais baixo nível de cultura ☞ esta acp. resulta de antigo preconceito português contra estrangeiros, que no Brasil gerou outro preconceito, desta vez contra os próprios portugueses ■ *adj.* **5** relativo a essa região da Espanha e a língua ali falada

ga.le.na *s.f.* **1** mineral de chumbo, que ger. contém prata **2** aparelho primitivo de rádio que capta apenas emissões muito próximas

ga.le.o.ta *s.f.* **1** galé de no máximo 20 remos **2** barco comprido a remo, ger. us. para recreação

ga.le.ra *s.f.* **1** antiga embarcação de guerra; galé **2** *B infrm.* qualquer grupo afim; turma

ga.le.ri.a *s.f.* **1** corredor largo e comprido com amplas janelas ou teto envidraçado **2** *p.ext.* local para exposição e venda de obras de arte **3** *p.ext.* coleção de obras de arte **4** *fig.* coleção de personalidades, ger. célebres **5** duto subterrâneo para esgoto e águas pluviais **6** corredor escavado debaixo da terra para exploração de minérios **7** passagem escavada no solo por animais como tatu, formigas etc. **8** passagem que une uma rua a outra através de um edifício **9** pequeno centro comercial **10** nos teatros, conjunto de assentos situados no piso mais elevado ☞ tb. us. no pl. **11** o público que aí se acha instalado ☞ tb. us. no pl.

ga.le.to \ê\ *s.m. B* **1** frango novo, assado no espeto **2** estabelecimento onde se serve esse prato

gal.gar *v.* {mod. 1} *t.d.* **1** andar, correr velozmente e a grandes passadas **2** andar por; percorrer **3** subir, trepar **4** saltar por cima; transpor, pular **5** *fig.* transpor, superar ⟨*g. etapas*⟩ **6** atingir, alcançar ⟨*já galgou os 40 anos*⟩

gal.go *s.m.* cão ágil, veloz, de pernas compridas e corpo magro

ga.lha.da *s.f.* **1** par de chifres dos ruminantes **2** ramagem de árvores

ga.lhar.de.te \ê\ *s.m.* **1** bandeira us. para sinalização **2** bandeira para enfeite de ruas ou de edifícios em ocasiões festivas **3** bandeira de pequenas dimensões

ga.lhar.di.a *s.f.* **1** garbo, elegância ⮌ deselegância **2** *fig.* generosidade de alma ⮌ mesquinharia **3** *fig.* bravura, coragem ⮌ covardia ~ **galhardo** *adj.*

ga.lhei.ro *adj.s.m. B* (veado) de chifres grandes

ga.lhe.ta \ê\ *s.f.* **1** frasco para servir azeite ou vinagre **2** cada vaso com água ou vinho us. na missa **3** instrumento de vidro us. em laboratórios químicos

ga.lhe.tei.ro *s.m.* suporte para frascos de azeite, vinagre etc., us. sobre a mesa de refeição

ga.lho *s.m.* **1** ramo de árvore ou arbusto **2** *B infrm.* biscate **3** *B infrm.* confusão, briga ⟨*o vizinho briguento causou um g. danado*⟩ **4** *B infrm.* situação difícil ⟨*ter que enfrentar um g.*⟩ ⊙ COL galhaça, galhada, galharia ⊡ **quebrar um g.** *loc.vs. B infrm.* ajudar a resolver uma dificuldade

ga.lho.fa *s.f.* **1** gracejo, brincadeira **2** zombaria explícita; deboche ⮌ respeito ~ **galhofeiro** *adj.s.m.*

ga.lho.far *v.* {mod. 1} *t.i. e int.* **1** (prep. *de*) zombar explicitamente de; debochar ⮌ respeitar ❑ *int.* **2** andar na farra; farrear

ga.lhu.do *adj.* **1** com muitos galhos **2** dotado de chifres ⟨*cervo g.*⟩ ■ *adj.s.m. infrm.* **3** *pej.* (homem) traído pela mulher ou namorada; cornudo

ga.li.cis.mo *s.m.* palavra ou expressão francesa us. em outra língua; francesismo

ga.li.leu [fem.: *galileia* \éi\] *adj.* **1** da Galileia, região norte da Palestina ■ *s.m.* **2** natural ou habitante dessa região

ga.li.ná.ceo *s.m.* **1** espécime dos galináceos, ordem de aves de bico pequeno, como galinhas, perus e faisões ■ *adj.* **2** relativo a essa ordem

ga.li.nha *s.f.* **1** fêmea do galo ■ *adj.2g.s.2g. B pej.* **2** que(m) varia de parceiros amorosos com frequência **3** que(m) é covarde, medroso ⊙ voz v.: cacarejar; subst.: cacarejo, piado

ga.li.nha-d'an.go.la [pl.: *galinhas-d'angola*] *s.f.* galinha de plumagem cinzenta pintada de branco, cabeça nua vivamente colorida e dotada de uma crista óssea dorsal; estou-fraca ⊙ voz v.: fraquejar

ga.li.nhei.ro *s.m.* **1** cercado onde se criam galinhas **2** *infrm.* nos teatros, última ordem de assentos, ger. localizada no pavimento superior

ga.li.ni.cul.tu.ra *s.f.* criação de galinhas ~ **galinicultor** *adj.s.m.*

gá.lio *s.m.* elemento químico us. em transístores, memórias de computador, telas de TV etc. [símb.: *Ga*] ☞ cf. *tabela periódica* (no fim do dicionário)

ga.lo [fem.: *galinha*] *s.m.* **1** ave de bico pequeno, crista vermelha e carnuda, asas curtas e largas, e rabo com longas penas coloridas, ger. erguidas em forma de arco **2** *infrm.* calombo causado por pancada na cabeça ⊙ voz v.: cacarejar, cantar, cantarolar, cocoricar; subst.: cacarejo, canto, matinada

ga.lo.cha *s.f.* objeto de borracha que se calça por cima dos sapatos ou das botas, para protegê-los da água

ga.lo.pan.te *adj.2g.* **1** que galopa **2** *fig.* que se desenvolve rapidamente ⟨*inflação g.*⟩

ga.lo.par *v.* {mod. 1} *int.* **1** andar a galope; correr **2** *p.ext.* cavalgar o animal que anda a galope ❑ *t.d. fig.* **3** percorrer (distância, espaço) montando animal a galope ~ **galopador** *adj.s.m.*

ga.lo.pe *s.m.* o passo mais rápido dos quadrúpedes, esp. de cavalos, caracterizado por uma sequência de saltos em três tempos ⊡ **a g.** *loc.adv. fig. infrm.* com andar apressado ⟨*o médico saiu a g.*⟩

gal.pão [pl.: *-ões*] *s.m. B* construção coberta, ger. us. como depósito, abrigo para maquinarias etc.

gal.va.ni.zar *v.* {mod. 1} *t.d.* **1** recobrir (um metal) com outro para evitar oxidação **2** estimular por ação de corrente elétrica ⟨*g. músculos*⟩ ~ **galvanização** *s.f.* - **galvanizador** *adj.s.m.*

ga.ma *s.m.* **1** terceira letra do alfabeto grego (γ, Γ) ■ *s.f.* **2** *fig.* série, variedade de coisas, ideias, sensações etc. ⟨*g. de emoções*⟩

ga.ma.do *adj. B infrm.* apaixonado

ga.mão [pl.: *-ões*] *s.m.* **1** jogo de azar e cálculo, com dados e tabuleiro especial, disputado por dois jogadores **2** tabuleiro em que se disputa esse jogo

ga.mar *v.* {mod. 1} *t.i. e int. infrm.* (prep. *por*) ficar encantado; apaixonar-se ~ **gamação** *s.f.*

gam.bá *s.2g.* **1** pequeno mamífero de pelagem preta, vermelha ou cinza, de hábitos noturnos, cujas fêmeas têm uma bolsa (marsúpio) para carregar e alimentar os filhotes; sariguê **2** *B infrm.* ébrio, beberrão ⮌ sóbrio ⊙ voz v. e subst.: regougar

gam.bi.ar.ra *s.f.* **1** extensão elétrica de fio comprido, munida de lâmpada, que pode ser movida para diversos locais dentro de certa área **2** *B infrm.* extensão puxada para furtar energia elétrica; gato

game [ing.; pl.: *games*] *s.m.* em tênis, cada uma das subdivisões (ger. seis) de um *set* vencida pelo jogador ou dupla ⇨ pronuncia-se **guêime**

[1]**ga.me.la** *s.f.* vasilha de madeira ou barro com diversos usos [ORIGEM: do lat. *camĕlla,ae* 'vaso de madeira us. em certos sacrifícios']
[2]**ga.me.la** *s.f.* pequena corça [ORIGEM: *gama* 'fêmea do gamo' + *-ela*]
ga.me.lei.ra *s.f.* nome comum a árvores cuja madeira é us. para a confecção de gamelas e objetos domésticos
ga.me.ta \ê\ *s.m.* célula reprodutora masculina ou feminina ~ **gamético** *adj.*
ga.me.tân.gio *s.m.* BIO célula que produz gametas
ga.na *s.f.* **1** grande apetite de algo ⊃ fastio **2** impulso, ímpeto ⟨*tive ganas de espancá-lo*⟩ ☞ freq. us. no pl. **3** desejo de fazer mal a alguém; ódio ⊃ amor
ga.nân.cia *s.f.* **1** desejo ou ambição de ganho, de lucro **2** *fig.* ganho ilícito; usura ~ **ganancioso** *adj.*
gan.cho *s.m.* **1** haste recurvada us. para suspender pesos ou pendurar objetos **2** *B* parte da calça em que se unem as duas pernas **3** *B* descanso do aparelho telefônico ⟨*pôr o fone no g.*⟩ **4** *B infrm.* recurso (ger. um acontecimento inesperado ou curioso) us. para prender a atenção do espectador, leitor, ouvinte etc. **5** *B infrm.* oportunidade, pretexto, brecha
gan.dai.a *s.f.* **1** malandragem, ócio **2** *fig.* vida de farrista; orgia ~ **gandaieiro** *adj.s.m.*
gan.dai.ar *v.* {mod. 1} *int.* **1** *fig.* levar vida desregrada, com maus costumes; farrear **2** *fig.* perder a seriedade, o comedimento; desmoralizar-se ⊃ conter-se
gan.du.la *s.2g.* *B* no futebol, jovem que pega e devolve a bola quando esta sai de campo
gan.ga *s.f.* MINER **1** parte não aproveitável de uma jazida ou filão **2** *p.ext.* conjunto de resíduos ou restos não aproveitáveis
gan.gé.ti.co *adj.* relativo ao rio Ganges (Índia) ou às terras que o margeiam
gân.glio *s.m.* pequeno corpo que se encontra no trajeto de nervos ou de vasos linfáticos ⊡ **g. linfático** *loc.subst.* pequeno corpo situado no trajeto de vasos linfáticos, responsável pelas defesas do organismo • **g. nervoso** *loc.subst.* pequeno tumor no trajeto de um nervo ~ **ganglionar** *adj.2g.*
gan.gor.ra \ô\ *s.f.* *B* aparelho para diversão infantil formado por uma prancha apoiada sobre um eixo central, cujas extremidades se elevam alternadamente pelo impulso das crianças nelas sentadas
gan.gre.na *s.f.* **1** morte e apodrecimento dos tecidos em qualquer parte do organismo **2** *fig.* o que produz destruição ou degradação ⟨*a corrupção é a g. da sociedade*⟩ ⊃ integridade ~ **gangrenar** *v.t.d.,int.* e *pron.*
gângs.ter *s.m.* **1** membro do crime organizado **2** *fig.* indivíduo inescrupuloso e perigoso ~ **gangsterismo** *s.m.*
gan.gue *s.f.* **1** bando de bandidos; quadrilha **2** *p.ext.* *B infrm.* turma, ger. de jovens; patota
ga.nha-pão [pl.: *ganha-pães*] *s.m.* trabalho ou instrumento de trabalho que garante a subsistência
ga.nhar *v.* {mod. 1} *t.d.* e *t.d.i.* **1** (prep. *de*) receber por merecimento, trabalho ou sorte **2** *B infrm.* (prep. *de*) ser atingido por; receber, levar ⊃ dar ❑ *t.d.* **3** tomar conta de; apoderar-se ⟨*o sono ganhou o doente*⟩ **4** passar a ter; adquirir ⟨*g. saúde, fama*⟩ ⊃ perder **5** deixar de gastar (tempo); economizar **6** trazer de volta; recuperar ⟨*quer g. o tempo que perdeu*⟩ **7** *infrm.* conquistar, seduzir ⟨*g. uma garota*⟩ **8** dar à luz (uma criança); parir ❑ *t.d.* e *int.* **9** sair vitorioso (em); vencer ⊃ perder ⊙ GRAM/USO part.: *ganhado, ganho* ~ **ganhador** *adj.s.m.*
ga.nho *adj.* **1** que se ganhou ■ *s.m.* **2** aquilo que se ganhou; lucro ⊃ perda **3** *B infrm.* roubo, furto ⊙ GRAM/USO part.irreg. de *ganhar*
ga.ni.do *s.m.* **1** grito de dor dos cães ou como o deles **2** *fig.* voz aguda, estridente
ga.nir *v.* {mod. 24} *int.* gemer (o cão), de dor, medo, sofrimento; cainhar ⊙ GRAM/USO **a)** só us. nas 3as p., exceto quando fig.; **b)** verbo defectivo
gan.so *s.m.* ave com plumagem branca ou cinza e pescoço comprido, com espécies selvagens e uma doméstica, que é criada pela carne e fígado ⊙ VOZ v.: grasnar; subst.: grasnido
gan.zá *s.m.* cilindro de metal contendo sementes ou seixos us. como chocalho
ga.ra.gem *s.f.* **1** lugar destinado a abrigar automóveis **2** oficina onde se consertam automóveis
ga.ra.gis.ta *s.2g.* *B* dono ou encarregado de garagem
ga.ra.nhão [pl.: *-ões*] *adj.s.m.* **1** (cavalo) destinado à reprodução **2** *fig.* (homem) mulherengo
ga.ran.ti.a *s.f.* **1** ato ou palavra que assegura o cumprimento de uma obrigação, promessa etc. **2** *p.ext.* documento que assegura a autenticidade ou a boa qualidade de um produto ou serviço **3** *p.ext.* período em que vigora esse documento ⊡ **garantias constitucionais** *loc.subst.* direitos, privilégios que a Constituição de um país confere aos cidadãos
ga.ran.tir *v.* {mod. 24} *t.d.* **1** assumir a responsabilidade por; afiançar **2** obrigar-se por compromisso; prometer, jurar ❑ *t.d.* e *t.d.i.* **3** (prep. *a*) tornar seguro, válido; assegurar **4** (prep. *a*) afirmar (algo) com certeza, segurança, dando-o como certo; asseverar ~ **garantidor** *adj.s.m.*
ga.ra.pa *s.f.* *B* **1** caldo da cana-de-açúcar **2** qualquer bebida açucarada
ga.ra.tu.ja *s.f.* **1** desenho ou letra malfeitos, pouco ou nada inteligíveis ☞ mais us. no pl. **2** trejeito do rosto ou corpo; careta ~ **garatujar** *v.t.d.* e *int.*
gar.bo *s.m.* **1** elegância na figura e no porte ⊃ desalinho **2** brio, dignidade ⊃ indignidade **3** distinção, perfeição ⊃ defeito
gar.bo.so \ô\ [pl.: *garbosos* \ó\] *adj.* que tem elegância, distinção, garbo ⊃ deselegante ~ **garbosidade** *s.f.*
gar.ça *s.f.* ave de pernas e dedos compridos, pescoço fino, bico longo e pontiagudo, que vive em pântanos ou charcos e se alimenta basicamente de peixes ⊙ VOZ v.: gazear, grasnar; subst.: gazeio
gar.ção [pl.: *-ões*; fem.: *garçonete*] *s.m.* garçom
gar.çom [fem.: *garçonete*] *s.m.* empregado que serve as pessoas em restaurantes, cafés, festas etc.

gar.ço.ne.te *s.f.* mulher que serve as pessoas em restaurantes, cafés, festas etc.
gar.dê.nia *s.f.* arbusto de flores grandes e aromáticas, cultivado como ornamental, medicinal e pelas madeiras e frutos de que se extraem tinturas
ga.re *s.f.* estação de estrada de ferro
gar.fa.da *s.f.* **1** porção de comida contida em um garfo **2** golpe com garfo
gar.far *v.* {mod. 1} *t.d.* **1** pegar, espetar com o garfo ('talher') **2** revolver com garfo ('instrumento') **3** *fig. gír.* lesar, prejudicar
gar.fo *s.m.* **1** talher de dois ou mais dentes que serve para espetar e levar o alimento à boca **2** instrumento da lavoura com essa forma; forcado **3** *B* pente com essa forma, próprio para eriçar cabelo muito crespo
gar.ga.lha.da *s.f.* risada forte, barulhenta e prolongada ~ **gargalhar** *v.int.*
gar.ga.lo *s.m.* **1** parte superior de uma garrafa, vasilha etc. com abertura estreita **2** *fig.* qualquer passagem muito estreita (de corredor, túnel etc.)
gar.gan.ta *s.f.* **1** parte interna do pescoço, por onde os alimentos passam da boca para o estômago **2** conjunto da laringe e da faringe **3** a voz ⟨*cantor de forte g.*⟩ **4** *fig.* bravata, mentira ⟨*disse que podia tudo, mas era pura g.*⟩ **5** passagem estreita, ladeada por duas montanhas; desfiladeiro ■ *adj.2g.s.2g.* **6** *infrm.* que(m) conta vantagem; fanfarrão ⊙ GRAM/USO aum.irreg.: *gargantaço*
gar.gan.te.ar *v.* {mod. 5} *t.d. e int.* **1** variar tons com rapidez ao cantar ❑ *int.* **2** emitir trinados; gorjear ☞ nesta acp., só us. nas 3as p., exceto quando fig. **3** *B* contar vantagens; vangloriar-se ~ **garganteador** *adj.s.m.*
gar.gan.tei.o *s.m.* som melodioso; gorjeio, trinado
gar.gan.ti.lha *s.f.* colar ou ornato us. em torno do pescoço
gar.ga.re.jo \ê\ *s.m.* **1** movimento de agitação de um líquido na garganta **2** líquido us. nesse movimento ~ **gargarejar** *v.t.d. e int.*
gár.gu.la *s.f.* **1** ARQ parte saliente das calhas de telhados, que se destina a escoar águas da chuva para longe das paredes, antigamente ornada com figuras monstruosas, animalescas ou humanas **2** *p.ext.* essa escultura de figura monstruosa us. como elemento decorativo
ga.ri *s.2g. B* varredor de rua
ga.rim.pa.gem *s.f. B* **1** exploração artesanal de minerais preciosos com instrumentos rudimentares **2** *fig.* pesquisa minuciosa de palavras, textos etc.
ga.rim.par *v.* {mod. 1} *t.d. e int.* **1** extrair (metais, pedras preciosas), explorando garimpo ❑ *t.d.fig.* **2** procurar ou selecionar com cuidado, minúcia ~ **garimpeiro** *s.m.*
ga.rim.po *s.m. B* **1** lugar onde se exploram minerais preciosos **2** atividade, prática ou ofício de garimpeiro
gar.ni.sé *adj.2g.s.2g.* **1** diz-se de ou galo de porte pequeno, pertencente a diversas raças **2** *fig. B infrm.* (indivíduo) pequeno e franzino, muito brigão
ga.ro.a \ô\ *s.f. B* chuva miúda e contínua; chuvisco ~ **garoar** *v.int.* - **garoento** *adj.*
ga.ro.ta.da *s.f.* grupo de garotos
ga.ro.ti.ce *s.f.* **1** vida de garoto **2** atitude de garoto; criancice
ga.ro.to \ô\ *s.m.* criança do sexo masculino; menino ⊙ COL garotada ⊡ **g. de programa** *loc.subst.* jovem que se prostitui
ga.rou.pa *s.f.* peixe marinho, de hábitos costeiros, encontrado sobre fundos rochosos ou de areia, apreciado como alimento
gar.ra *s.f.* **1** unha comprida, recurva e pontiaguda de certas aves e animais **2** *p.ext.* qualquer objeto com forma semelhante a essa, us. para prender, agarrar algo **3** *fig.* força de vontade, disposição ⮌ preguiça **4** *fig.* tirania, domínio ⟨*as g. da lei*⟩ ⮌ condescendência
gar.ra.fa *s.f.* **1** recipiente de gargalo e boca estreita us. para conter líquidos **2** a quantidade de líquido contido nesse recipiente ⊙ COL garrafaria, garrafeira
gar.ra.fa.da *s.f.infrm.* **1** *B* beberagem vendida como remédio por curandeiros **2** o conteúdo líquido de uma garrafa **3** golpe dado com garrafa
gar.ra.fal *adj.2g.* **1** que tem forma de garrafa **2** *fig.* grande e legível (diz-se de tipo de letra)
gar.ra.fão [pl.: *-ões*] *s.m.* **1** grande garrafa bojuda, com ou sem alça, ger. envolvida em palha ou vime **2** no basquete, área sob a tabela, na qual o atacante não pode permanecer por mais de três segundos
gar.ra.fa.ri.a *s.f.* garrafeira ('coleção', 'lugar')
gar.ra.fei.ra *s.f.* **1** coleção de garrafas **2** lugar para guardar e envelhecer vinhos engarrafados **3** mulher que negocia com garrafas
gar.ra.fei.ro *s.m. B* **1** quem recolhe e/ou compra garrafas usadas **2** recipiente de guardar garrafas
gar.ran.cho *s.m. B* letra mal traçada, ilegível ~ **garranchento** *adj.*
gar.ri.do *adj.* **1** que tem graça; elegante ⮌ desgracioso **2** muito enfeitado ⮌ simples **3** *fig.* vivo, alegre, animado ⟨*cores g.*⟩ **4** *fig.* que atrai atenções; vistoso ⮌ discreto
[1]**gar.ro.te** *s.m.* **1** pequeno pedaço de pau us. para apertar a corda nos estrangulamentos de condenados **2** torniquete ou faixa us. para estancar hemorragia [ORIGEM: do fr. *garrot* 'cacete; pedaço de madeira numa corda, para apertá-la']
[2]**gar.ro.te** *s.m.* bezerro de dois a quatro anos de idade [ORIGEM: prov. do fr. *garrot* 'parte saliente do dorso de um quadrúpede']
gar.ru.cha *s.f. B* pistola que se carrega pela boca; bacamarte
ga.ru.pa *s.f.* **1** a anca dos animais de quatro patas **2** *p.ext.* lugar atrás do assento de bicicleta, motocicleta etc.
gás *s.m.* **1** substância fluida capaz de se expandir, ocupando todo o recipiente que a contém **2** *fig. infrm.* capacidade para suportar esforços; vigor ⟨*ao final da prova, o corredor estava sem g.*⟩ ⮌ fraqueza **3** *fig. infrm.* entusiasmo, exaltação ⟨*chegou em casa cheio de g.*⟩ ⮌ desânimo ▼ *gases s.m.pl.* **4** mistura, no tubo di-

gestivo, de ar engolido e produtos voláteis da fermentação ⊡ g. **carbônico** *loc.subst.* substância (CO_2) gasosa, incolor, inodora, produzida pela respiração e pela queima de substâncias que contêm carbono, encontrada na atmosfera de muitos planetas; dióxido de carbono • g. **nobre** *loc.subst.* qualquer um dos seguintes gases: hélio, neônio, argônio, criptônio, xenônio e radônio • g. **natural** *loc.subst.* gás encontrado em jazidas subterrâneas, associado ou não ao petróleo bruto

ga.se.i.fi.car *v.* {mod. 1} *t.d. e pron.* **1** (fazer) passar ao estado gasoso ❑ *t.d.* **2** acrescentar gás a ⟨*g. uma bebida*⟩ ~ **gaseificação** *s.f.*

ga.se.o.du.to *s.m.* gasoduto

ga.so.du.to *s.m.* canalização de gases naturais ou derivados de petróleo; gaseoduto

ga.so.gê.nio *s.m.* **1** aparelho que transforma carvão vegetal ou madeira em gás pobre, por meio de combustão incompleta **2** o gás combustível assim produzido, empr. como substituto da gasolina

ga.so.li.na *s.f.* destilado do petróleo us. como combustível

ga.sô.me.tro *s.m.* **1** aparelho que mede a quantidade de gás numa mistura **2** reservatório de gás a ser distribuído para iluminação ou combustão **3** fábrica de gás

ga.so.so \ô\ [pl.: *gasosos* \ó\] *adj.* que se apresenta no estado de gás; que contém gás

gas.pa.ri.nho ou **gas.pa.ri.no** *s.m. B* a menor fração de um bilhete de loteria

gas.tar *v.* {mod. 1} *t.d.,t.d.i. e int.* **1** (prep. *em*) fazer despesas (com); despender ❑ *t.d. e pron.* **2** (fazer) sofrer desgaste por atrito; consumir(-se) **3** (fazer) perder as forças, o vigor; enfraquecer(-se) ⮌ fortalecer(-se) ❑ *t.d. e t.d.i.* **4** (prep. *em*) fazer uso de; consumir; empregar, aplicar ⊙ GRAM/USO part.: *gastado, gasto* ~ **gastador** *adj.s.m.*

gas.to *adj.* **1** que se gastou; gastado ⟨*dinheiro bem g.*⟩ **2** desperdiçado ⟨*o dinheiro foi todo g. estupidamente*⟩ **3** que se estragou; deteriorado ⟨*roupas g.*⟩ ⮌ conservado **4** *fig.* que se encontra enfraquecido, debilitado ⟨*a dor a transformou numa pessoa g.*⟩ ⮌ forte ■ *s.m.* **5** ato de gastar ou seu efeito; consumo **6** despesa; dispêndio **7** deterioração pelo tempo, pelo uso; desgaste ⟨*o g. de um carro*⟩ ⊙ GRAM/USO part. irreg. de *gastar*

gas.tral.gi.a *s.f.* MED dor no estômago

gas.tren.te.ri.te ou **gas.tro.en.te.ri.te** *s.f.* MED inflamação da mucosa do estômago e dos intestinos

gas.tren.te.ro.lo.gi.a ou **gas.tro.en.te.ro.lo.gi.a** *s.f.* MED especialidade médica que se dedica ao estudo do sistema digestivo e de suas doenças ~ **gastrenterologista/gastroenterologista** *adj.2g.s.2g.*

gás.tri.co *adj.* relativo a estômago

gas.trin.tes.ti.nal ou **gas.tro.in.tes.ti.nal** *adj.2g.* relativo a estômago e a intestinos

gas.tri.te *s.f.* MED inflamação da mucosa do estômago

gas.tro.en.te.ri.te *s.f.* → GASTRENTERITE

gas.tro.en.te.ro.lo.gi.a *s.f.* → GASTRENTEROLOGIA

gas.tro.in.tes.ti.nal *adj.2g.* → GASTRINTESTINAL

gas.tro.no.mi.a *s.f.* **1** prática e conhecimentos da arte culinária **2** o prazer de apreciar pratos finos ~ **gastronômico** *adj.* - **gastrônomo** *s.m.*

gas.tró.po.de *s.m.* **1** espécime dos gastrópodes, grande classe de moluscos, que inclui os caracóis, os caramujos e as lesmas, encontrados na água doce, salgada ou em ambientes terrestres ■ *adj.2g.* **2** relativo a essa classe

gas.tros.co.pi.a *s.f.* MED exame que permite explorar a mucosa do tubo digestivo (do esôfago ao duodeno) por meio de aparelhos

gas.tu.ra *s.f. B infrm.* **1** azia **2** sensação de vazio ou de bolo no estômago

ga.ti.lho *s.m.* **1** em arma de fogo, pequena peça que dispara o tiro **2** peça de metal que funciona como alavanca

ga.ti.ma.nho *s.m.* **1** sinal feito com as mãos **2** gesticulação ridícula; trejeito **3** garatuja, rabisco ☞ em todas as acps., mais us. no pl.

ga.ti.mo.nha *s.f.* gatimanho

ga.to *s.m.* **1** pequeno mamífero carnívoro, doméstico, da família dos felídeos **2** *fig.* indivíduo ligeiro, esperto ⟨*é um g. para roubar*⟩ **3** *infrm.* rapaz ou homem muito atraente **4** *B infrm.* ligação irregular para furtar energia elétrica ⊙ GRAM/USO aum.irreg.: *gatarrão, gatorro* ⊙ VOZ v.: miar, ronronar; subst.: miado, miau

ga.to-do-ma.to [pl.: *gatos-do-mato*] *s.m.* felídeo de pequeno porte, ameaçado de extinção pela caça indiscriminada e pelo desmatamento

ga.to-pin.ga.do [pl.: *gatos-pingados*] *s.m. infrm.* cada um dos poucos presentes a reunião, espetáculo etc. ☞ mais us. no pl.

ga.to-sa.pa.to [pl.: *gatos-sapatos*] *s.m.* algo desprezível ⊡ **fazer de g.** *loc.vs.* **1** tratar (alguém) com desprezo ou mal **2** fazer de (alguém) o que se quer

ga.tu.na.gem *s.f.* **1** ato de roubar **2** conjunto de gatunos **3** *p.ext.* a vida de gatuno; vadiagem

ga.tu.nar *v.* {mod. 1} *t.d. e int.* **1** agir como gatuno (contra); roubar ❑ *int.* **2** levar vida desregrada, com maus costumes; gandaiar

ga.tu.no *adj.s.m.* que(m) furta; ladrão ~ **gatunice** *s.f.*

ga.tu.ra.mo [fem.: *gaipapa*] *s.m.* pássaro de cauda curta, bico curto e grosso, dorso azul ou verde-escuro, com abdome ger. amarelo vivo ⊙ VOZ v.: gemer

ga.u.ches.co \ê\ *adj.* relativo a gaúcho ('habitante do Rio Grande do Sul')

ga.ú.cho *adj.* **1** do Rio Grande do Sul; rio-grandense-do-sul ■ *s.m.* **2** natural ou habitante desse estado **3** bom cavaleiro ⊙ COL gauchada

gau.dé.rio *s.m.* vadio, malandro ⮌ trabalhador

gáu.dio *s.m.* **1** alegria extremada; júbilo ⮌ tristeza **2** *p.ext.* brincadeira, folia

gá.vea *s.f.* plataforma circular situada no alto do mastro de um navio

ga.ve.ta \ê\ *s.f.* compartimento corrediço encaixado num móvel (cômoda, mesa etc.) que se abre puxando

ga.ve.tei.ro *s.m.* suporte para gavetas

ga.vi.ão [pl.: *-ões*; fem.: *gaviã, gavioa*] *s.m.* **1** ave de rapina, de bico curvo e garras afiadas, cosmopolita, que ger. se alimenta de presas vivas ou de animais mortos **2** língua falada pelos gaviões, povo indígena que vive em Rondônia ■ *adj.2g.s.2g.* **3** (indivíduo) dos gaviões ⊙ voz da acp.1: v.: crocitar

ga.vi.nha *s.f.* BOT estrutura fina como um fio, por meio da qual as plantas se ligam a outras ou a corpos vizinhos

gay [ing.; pl.: *gays*] *adj.2g.s.2g. infrm.* homossexual ⇨ pronuncia-se guêi

ga.ze *s.f.* **1** tecido de algodão de trama aberta us. em curativos, ataduras etc. **2** tecido fino e transparente, de seda ou algodão

[1]**ga.ze.ar** *v.* {mod. 5} *t.d. e int.* ausentar-se de (aulas, escola, trabalho) para vadiar [ORIGEM: talvez ligado a *gazetear*] ~ **gazeador** *adj.s.m.*

[2]**ga.ze.ar** *v.* {mod. 5} *int.* soltar a voz (a garça, a andorinha etc.) ⊙ GRAM/USO só us. nas 3as p., exceto quando fig. [ORIGEM: prov. de origem onomatopaica]

[1]**ga.zei.o** *s.m.* voz de certas aves, como a garça, a andorinha etc. [ORIGEM: regr. de [2]*gazear*]

[2]**ga.zei.o** *s.m.* gazeta, vadiação [ORIGEM: regr. de [1]*gazear*]

ga.ze.la *s.f.* pequeno antílope, de origem africana e asiática, de pernas longas, corpo esbelto e chifres espiralados ⊙ voz v.: balir; subst.: balido

[1]**ga.ze.ta** \ê\ *s.f.* publicação periódica especializada, ger. em formato de tabloide [ORIGEM: do it. *gazzeta* 'jornal']

[2]**ga.ze.ta** \ê\ *s.f.* falta à aula ou ao serviço para vadiar [ORIGEM: obscura]

ga.ze.te.ar *v.* {mod. 5} *t.d. e int.* não comparecer a (aulas, escola, trabalho) para passear, vadiar

[1]**ga.ze.tei.ro** \ê\ *adj.s.m.* **1** que(m) escreve em [1]gazeta **2** que(m) espalha notícias infundadas; mentiroso [ORIGEM: [1]*gazeta* + *-eiro*]

[2]**ga.ze.tei.ro** \ê\ *adj.s.m.* *B* que(m) costuma gazetear [ORIGEM: [2]*gazeta* + *-eiro*]

ga.zu.a *s.f.* ferro curvo us. para arrombar fechaduras

GB símbolo de *gigabyte*

Gd símbolo de *gadolínio*

Ge símbolo de *germânio*

gê *s.m.* nome da letra *g*

ge.a.da *s.f.* **1** fina camada branca formada por orvalho congelado **2** formação dessa camada ⟨*houve g. essa madrugada*⟩

ge.ar *v.* {mod. 5} *int.* cair ou formar-se geada ⊙ GRAM/USO verbo impessoal, exceto quando fig.

ge.co.ní.deo *s.m.* ZOO **1** espécime dos geconídeos, família cosmopolita de pequenos lagartos, conhecidos ger. como lagartixas ■ *adj.* **2** relativo a essa família

ge.e.na *s.f.* **1** local de suplício eterno pelo fogo; inferno **2** *p.ext.* tormento, tortura

gêi.ser *s.m.* fonte termal que lança jatos de água fervendo ou de vapor, vindos do solo, em intervalos regulares

gel [pl.: *géis* e *geles*] *s.m.* **1** QUÍM substância de consistência intermediária entre o sólido ('maciço') e o líquido ('substância'), de aspecto elástico e relativa resistência **2** substância gelatinosa us. como fixador de cabelo

ge.la.dei.ra *s.f.* *B* móvel termicamente isolado, com um dispositivo produtor de frio, us. para conservar alimentos e outros itens; refrigerador

ge.la.do *adj.* **1** que se converteu em gelo **2** que ficou muito frio por causa da baixa temperatura ⟨*água g.*⟩ **3** que causa sensação de frio ⟨*vento g.*⟩ **4** *p.ext.* com forte sensação de frio ⟨*pés g.*⟩ **5** paralisado, petrificado ⟨*ficou g. ao receber a notícia*⟩

ge.lar *v.* {mod. 1} *t.d.,int. e pron.* **1** converter(-se) em gelo; congelar(-se) ⊃ derreter(-se) ❑ *t.d. e int.* **2** tornar(-se) muito frio; esfriar(-se) ⊃ esquentar(-se) **3** endurecer por causa do frio; solidificar(-se) ⊃ derreter **4** *fig.* paralisar(-se) por espanto ou medo; petrificar(-se)

ge.la.ti.na *s.f.* **1** proteína com aspecto de geleia us. na fabricação de alimentos, filtros, plásticos etc. **2** doce feito com essa substância **3** folha de papel celofane colorido colocada sobre refletores para produzir efeitos na iluminação de palco, filmagens etc. ~ **gelatinizar** *v.t.d. e pron.* - **gelatinoso** *adj.*

ge.lei.a \éi\ *s.f.* doce pastoso feito de frutas cozidas em calda de açúcar

ge.lei.ra *s.f.* acúmulo de gelo que desce das montanhas para as encostas e vales ou recobre grandes áreas territoriais

ge.lha \ê\ *s.f.* **1** grão de cereal malformado, cuja película é enrugada **2** *p.ext.* ruga na pele, esp. do rosto

gé.li.do *adj. frm.* **1** muito frio; gelado ⊃ quente **2** *fig.* insensível, frio ⟨*olhar g.*⟩ ⊃ ardente **3** *fig.* paralisado, petrificado ⟨*g. de terror*⟩

ge.lo \ê\ *s.m.* **1** água ou outro líquido solidificado pela ação do frio **2** *fig.* frio intenso ⟨*que g. está hoje!*⟩ ⊃ calor **3** *fig.* frieza de sentimentos; insensibilidade ⟨*é um g. com os filhos*⟩ **4** *fig.* ausência de cordialidade; reserva ⟨*o g. rompeu-se entre eles*⟩ **5** a cor da água congelada ■ *adj.2g.2n.* **6** que tem essa cor ⟨*calças gelo*⟩ **7** diz-se dessa cor ⟨*cor g.*⟩ ▼ *gelos* *s.m.pl.* **8** grandes extensões geladas; geleira ⊡ **dar um g.** *loc.vs.* *B infrm.* evitar (alguém), por ofensa, ressentimento etc. causado • **quebrar o g.** *loc.vs.* **1** diminuir o frio, ger. da água **2** *fig.* iniciar conversa, para acabar com silêncio constrangedor

ge.lo-se.co [pl.: *gelos-secos*] *s.m.* gás carbônico em estado sólido, us. em refrigeração

ge.lo.si.a *s.f.* grade de ripas que protege janelas, portas e sacadas do calor, da luz etc.

ge.ma *s.f.* **1** parte amarela do ovo das aves e dos répteis **2** saliência no caule ou ramos de uma planta capaz de originar novos órgãos ou novo indivíduo;

botão, broto **3** pedra preciosa ▣ **da g.** *loc.adj.* genuíno; puro

ge.ma.da *s.f.* porção de gemas de ovo batidas, ger. com açúcar e leite quente

ge.me.dei.ra *s.f.* **1** som alto de gemidos **2** *p.ext.* lamúria, lamentação

gê.meo *adj.s.m.* **1** (cada um dos filhos) que nasceu do mesmo parto ■ *adj.* **2** diz-se de cada um dos frutos do mesmo ramo **3** *p.ext.* igual ou muito semelhante ⟨*almas g.*⟩ ⊃ diferente ▼ *gêmeos s.m.pl.* **4** terceira constelação zodiacal, situada entre Touro e Câncer ☞ inicial maiúsc. **5** ASTRL terceiro signo do zodíaco (de 21 de maio a 21 de junho) ☞ inicial maiúsc.

ge.mer *v.* {mod. 8} *int.* **1** emitir sons lentos, chorosos ⟨*g. de dor*⟩ **2** soltar a voz (algumas aves, p.ex. a ema) **3** emitir ruído lento e monótono; ranger ☞ nestas duas acp., só us. nas 3as p., exceto quando fig. ❑ *t.d.* **4** dizer ou cantar com gemidos ~ **gemedor** *adj.s.m.*

ge.mi.do *s.m.* **1** voz chorosa de dor física ou moral ⊃ alegria **2** lamentação, queixa **3** canto de certas aves **4** som triste de alguns instrumentos musicais ⟨*o g. da viola*⟩

ge.mi.na.do *adj.* **1** que se apresenta ligado; duplicado ⟨*janelas g.*⟩ **2** diz-se de cada uma de duas casas encostadas uma na outra, com uma parede às duas **3** BOT que se dispõe aos pares (diz-se de órgão ou vegetal) ⟨*flores g.*⟩

ge.mi.nar *v.* {mod. 1} *t.d.* **1** duplicar **2** agrupar em par, ligando; conjugar

ge.mi.ni.a.no *adj.s.m.* **1** que(m) é do signo de Gêmeos ■ *adj.* **2** relativo a esse signo

gen.ci.a.na *s.f.* planta ornamental, cultivada tb. pelo uso medicinal de suas raízes, ou para a produção de tintura, extraída de suas flores

gen.ci.a.ná.cea *s.f.* BOT espécime das gencianáceas, família de muitas ervas e alguns arbustos, cultivados como ornamentais, como medicinais ou pelas madeiras ~ **gencianáceo** *adj.*

ge.ne *s.m.* unidade hereditária e genética do cromossomo que determina as características físicas e funcionais de um indivíduo

ge.ne.a.lo.gi.a *s.f.* **1** estudo que estabelece a origem de um indivíduo ou de uma família **2** conjunto de antepassados segundo uma linha de filiação ⊃ descendência **3** *p.ext.* estirpe, linhagem **4** *fig.* procedência, origem ⟨*a g. da dança*⟩ ~ **genealógico** *adj.* - **genealogista** *adj.2g.s.2g.*

ge.ne.bra *s.f.* aguardente de cereais aromatizado

ge.ne.ral *s.m.* *B* **1** no Exército, denominação comum a general de exército, general de divisão e general de brigada, os três mais altos postos logo abaixo de marechal **2** oficial que detém uma dessas patentes

ge.ne.ra.la.to ou **ge.ne.ra.la.do** *s.m.* o posto de general

ge.ne.ral de bri.ga.da [pl.: *generais de brigada*] *s.m.* **1** no Exército, posto que se situa logo abaixo do de general de divisão e imediatamente acima do de coronel ☞ cf. *general* **2** oficial que detém esse posto

ge.ne.ral de di.vi.são [pl.: *generais de divisão*] *s.m.* **1** no Exército, posto que se situa logo abaixo do de general de exército e imediatamente acima do de general de brigada ☞ cf. *general* **2** oficial que detém esse posto

ge.ne.ral de e.xér.ci.to [pl.: *generais de exército*] *s.m.* **1** posto que se situa imediatamente abaixo do de marechal, e imediatamente acima do de general de divisão ☞ cf. *general* **2** oficial que detém esse posto

ge.ne.ra.li.da.de *s.f.* **1** qualidade do que abrange uma totalidade de coisas ou do que é considerado em toda a sua extensão ⟨*a g. de uma teoria*⟩ **2** a maior parte ⟨*na g. dos casos, isso não acontece*⟩ ▼ *generalidades s.f.pl.* **3** princípios gerais; rudimentos **4** considerações sem ligação direta ao tema tratado ⟨*deixemos as g. e tratemos do que interessa*⟩

¹ge.ne.ra.lís.si.mo *adj.* extremamente geral ⊙ GRAM/USO sup.abs.sint. de *geral* [ORIGEM: do lat. *generalissimus,a,um* 'id.']

²ge.ne.ra.lís.si.mo *s.m.* comandante supremo de um exército [ORIGEM: *general* + *-íssimo*]

ge.ne.ra.li.za.ção [pl.: *-ões*] *s.f.* **1** vulgarização (de um uso, costume, método etc.) **2** ação de estender os resultados da observação de alguns casos ao conjunto dos casos possíveis **3** afirmação, lei, princípio, proposição de caráter geral

ge.ne.ra.li.zar *v.* {mod. 1} *t.d.,t.d.i. e pron.* (prep. *a*) tornar(-se) geral, comum a muitas pessoas, situações ou em muitos locais; propagar(-se), universalizar(-se) ⊃ particularizar(-se)

ge.ne.ra.ti.vo *adj.* **1** relativo a geração **2** que tem a propriedade de gerar

ge.ne.ri.ca.men.te *adv.* **1** num sentido geral, mais abrangente **2** em termos vagos, imprecisos ⟨*todos esses foram g. chamados de visionários*⟩

ge.né.ri.co *adj.* **1** relativo a gênero **2** que abrange várias coisas; geral ⊃ específico **3** tratado em termos vagos, imprecisos ■ *s.m.* **4** medicamento genérico

gê.ne.ro *s.m.* **1** conjunto de espécies com a mesma origem ou as mesmas particularidades **2** *p.ext.* tipo, classe; estilo ⟨*gosta desse g. de roupas*⟩ **3** classe de estilo, técnica ou natureza artística ou literária ⟨*g. épico*⟩ **4** em gramática, categoria que classifica as palavras em masculino, feminino e neutro **5** BIO na classificação dos seres vivos, subdivisão da família, categoria que agrupa espécies relacionadas segundo a história da evolução e distinguíveis das outras por diferenças marcantes ▼ *gêneros s.m.pl.* **6** mercadorias, esp. agrícolas e comestíveis; víveres

ge.ne.ro.si.da.de *s.f.* **1** virtude daquele que se dispõe a sacrificar os próprios interesses em benefício de outro; magnanimidade ⊃ egoísmo **2** ato de bondade ⟨*teve a g. de socorrer a velhinha*⟩ ⊃ maldade **3** atitude de quem é generoso, pródigo ⟨*viver da sua g.*⟩

ge.ne.ro.so \ô\ [pl.: *generosos \ó*] *adj.* **1** que gosta de dar; bondoso ↄ egoísta **2** de caráter e sentimentos nobres ↄ mesquinho **3** com fartura ⟨*uma dose g. de uísque*⟩ ↄ minguado **4** que dá mais do que se espera ou é normal ⟨*gesto g.*⟩ ↄ avarento **5** fértil, fecundo (diz-se de solo) ↄ infértil

gê.ne.se *s.f.* **1** origem e desenvolvimento dos seres **2** *p.ext.* conjunto de fatos ou elementos que contribuem para produzir algo ⟨*g. do grafismo*⟩ ■ *s.m.* **3** o primeiro livro da Bíblia, em que se acha descrita a criação do mundo ☞ inicial maiúsc. ~ **genesíaco** *adj.* - **genésico** *adj.*

ge.né.ti.ca *s.f.* ciência que estuda a hereditariedade, bem como a estrutura e as funções dos genes ~ **geneticista** *adj.2g.s.2g.*

ge.né.ti.co *adj.* **1** relativo a gênese **2** relativo a genética e a gene

gen.gi.bre *s.m.* **1** erva cujo rizoma aromático é us. em xaropes, chás e na alimentação **2** o rizoma dessa erva

gen.gi.va *s.f.* tecido da mucosa bucal que envolve os dentes ~ **gengival** *adj.2g.*

gen.gi.vi.te *s.f.* inflamação da gengiva

ge.ni.al *adj.2g.* **1** de extraordinária capacidade intelectual ⟨*artista g.*⟩ ↄ medíocre **2** *B infrm.* ótimo, formidável ↄ péssimo ~ **genialidade** *s.f.*

gê.nio *s.m.* **1** ser sobrenatural dotado de poderes mágicos ⟨*o g. da lâmpada*⟩ **2** aptidão natural para algo; dom ⟨*ter g. para os negócios*⟩ ↄ inaptidão **3** extraordinária capacidade intelectual, criativa ↄ estupidez **4** pessoa que tem essa capacidade **5** temperamento; humor ⟨*homem de g. pacato*⟩

ge.ni.o.so \ô\ [pl.: *geniosos \ó*] *adj.* que se irrita com facilidade ↄ calmo

ge.ni.tal *adj.2g.* **1** que se destina à procriação (diz-se de órgão) ▼ *genitais s.m.pl.* **2** os órgãos destinados à procriação

ge.ni.tá.lia *s.f.* conjunto dos órgãos sexuais

ge.ni.tor \ô\ *s.m.* ser que gera outro; pai

ge.no.ci.da *adj.2g.* **1** relativo a genocídio ■ *adj.2g.s.2g.* **2** que(m) pratica ou ordena um genocídio

ge.no.cí.dio *s.m.* crime contra a humanidade, que consiste no extermínio de uma comunidade, grupo étnico, racial ou religioso

ge.no.ma *s.m.* conjunto de todos os genes de uma espécie de ser vivo

ge.nó.ti.po *s.m.* BIO composição genética de um indivíduo

gen.ro [fem.: *nora*] *s.m.* o marido da filha, em relação aos pais desta

gen.ta.lha *s.f. pej.* conjunto das pessoas pertencentes às camadas mais baixas da sociedade; ralé ↄ elite

gen.te *s.f.* **1** multidão de pessoas; povo ⟨*toda aquela g. aguarda atendimento*⟩ **2** o conjunto de habitantes de uma região, país etc.; povo ⟨*a g. do Sul*⟩ **3** o ser humano ⟨*o diabo em figura de g.*⟩ **4** *B* grupo de pessoas com mesmo interesse, profissão, trabalho etc. ⟨*g. do mundo empresarial*⟩ **5** *B* a família ⟨*vocês são minha g.*⟩ **6** número indeterminado de pessoas ⟨*havia pouca g. na festa*⟩

gen.til *adj.2g.* **1** de boa linhagem; nobre ⟨*filho de g. senhora*⟩ ↄ plebeu **2** *fig.* delicado, amável ↄ descortês **3** *fig.* elegante, garboso ↄ desgracioso **4** *fig.* agradável, aprazível ⟨*voz g.*⟩ ↄ desagradável ⊙ GRAM/USO sup.abs.sint.: *gentílimo, gentilíssimo*

gen.ti.le.za \ê\ *s.f.* **1** qualidade ou caráter de gentil **2** ação nobre, distinta ou amável **3** cortesia, delicadeza, amabilidade ↄ grosseria, indelicadeza

gen.til-ho.mem [pl.: *gentis-homens*] *s.m.* homem nobre e distinto

gen.tí.li.co *adj.s.m.* **1** (nome) que designa o lugar em que alguém nasceu, habita ou de onde vem ■ *adj.* **2** relativo a gentio; pagão ⟨*religiões g.*⟩ **3** não civilizado, selvagem

gen.ti.li.da.de *s.f.* paganismo

gen.ti.nha *s.f. pej.* **1** indivíduo de baixa condição social, econômica e/ou cultural **2** pessoa mesquinha, dada a intrigas **3** conjunto de pessoas com tais características

gen.ti.o *adj.s.m.* **1** que(m) não foi batizado; pagão **2** que(m) não é civilizado, selvagem

ge.nu.fle.xão \cs\ [pl.: *-ões*] *s.f.* ação de ajoelhar-se ~ **genuflectir** *v.t.d. e int.*

ge.nu.fle.xo \cs\ *adj.* que ajoelhou; ajoelhado

ge.nu.fle.xó.rio \cs\ *s.m.* nas capelas e oratórios, móvel com apoio para os braços, onde se reza ajoelhado

ge.nu.í.no *adj.* **1** próprio, exato ⟨*o sentido g. de uma palavra*⟩ ↄ inexato **2** legítimo, verdadeiro ⟨*um quadro g. de Portinari*⟩ ↄ falso **3** sincero, franco (diz-se de pessoa, ou da expressão de sentimento ou pensamento) ↄ insincero **4** sem alteração em sua fórmula; puro ⟨*g. cachaça*⟩ ↄ adulterado ~ **genuidade** *s.f.*

ge.o.cên.tri.co *adj.* **1** relativo ao centro da Terra **2** que tem o centro da Terra como ponto de referência (diz-se de qualquer sistema ou construção matemática) ☞ cf. *heliocêntrico*

ge.o.cen.tris.mo *s.m.* antiga teoria que afirmava que a Terra era o centro do sistema planetário em torno da qual todos os astros girariam ☞ cf. *heliocentrismo*

ge.o.de.si.a *s.f.* **1** subdivisão da geofísica que se ocupa da forma e das dimensões da Terra **2** arte ou técnica de medição e divisão das terras ~ **geodésico** *adj.*

ge.o.fa.gi.a *s.f.* MED mania de comer terra ou barro ~ **geófago** *adj.s.m.*

ge.o.fí.si.ca *s.f.* parte da geologia que estuda os fenômenos físicos que afetam a Terra, tais como gravidade, magnetismo etc. ~ **geofísico** *adj.s.m.*

ge.o.gra.fi.a *s.f.* **1** ciência que estuda a Terra e seus fenômenos físicos, biológicos e humanos ☞ inicial por vezes maiúsc. **2** conjunto das características geográficas de uma região ⟨*a g. da Amazônia*⟩ **3** *p.ext.* descrição da superfície de outro planeta ou satélite ⟨*a g. de Marte*⟩ **4** *fig.* configuração dos aspectos de determinada coisa ⟨*a g. da alma humana*⟩ ~ **geográfico** *adj.* - **geógrafo** *s.m.*

ge.oi.de \ói\ *s.m.* volume geométrico esférico, mas achatado nos polos, como a forma da Terra

ge.o.lo.gi.a *s.f.* **1** ciência que estuda a origem, história, vida e estrutura da Terra através de sua formação rochosa **2** *p.ext.* estudo de formações rochosas de qualquer corpo celeste ~ **geológico** *adj.* - **geólogo** *s.m.*

ge.ô.me.tra *s.2g.* especialista em geometria

ge.o.me.tri.a *s.f.* parte da matemática que investiga o espaço e as formas que podem ocupá-lo

ge.o.mé.tri.co *adj.* **1** relativo a geometria **2** *p.ext.* exato, preciso ↄ irregular

ge.o.po.lí.ti.ca *s.f.* estudo da influência dos fatores econômicos, geográficos e demográficos sobre a política de um Estado ~ **geopolítico** *adj.*

ge.os.fe.ra *s.f.* a parte sólida da Terra

ge.o.so \ô\ [pl.: *geosos* \ó\] *adj.* em que há geada

ge.o.tec.no.lo.gi.a *s.f.* tecnologia que emprega conhecimentos de engenharia e geologia

ge.ra.ção [pl.: *-ões*] *s.f.* **1** produção, formação **2** procriação, concepção **3** *p.ext.* grau de filiação em linha direta **4** *p.ext.* descendência ↄ ascendência **5** *p.ext.* espaço de tempo (cerca de 25 anos) que separa cada grau de filiação **6** *p.ext.* conjunto de pessoas que têm mais ou menos a mesma idade **7** *fig.* cada uma das fases sucessivas que assinalam mudança decisiva numa técnica em evolução ⟨*um piloto da g. dos supersônicos*⟩ ▣ **de última g.** *loc.adj.* que é a última palavra em técnica ⟨*computadores de última g.*⟩

ge.ra.dor \ô\ *adj.s.m.* **1** que ou o que gera, produz ou procria ■ *s.m.* **2** aparelho que transforma energia mecânica em elétrica

ge.ral *adj.2g.* **1** que abrange a totalidade ou a maioria de um conjunto **2** relativo às características universais, genéricas ⟨*princípio g.*⟩ ↄ restrito **3** tratado de forma superficial, sem se ater a detalhes; vago, impreciso ⟨*visão g. do ocorrido*⟩ ↄ exato ■ *s.m.* **4** comum, usual ↄ extraordinário ■ *s.f.* **5** em estádios, circos, teatros etc., conjunto dos lugares mais baratos ⊙ GRAM/USO sup.abs.sint.: *generalíssimo* ▣ **em g.** *loc.adv.* usualmente, geralmente

ge.ral.men.te *adv.* **1** de modo genérico ⟨*falo g., não caso a caso*⟩ **2** na maior parte das vezes; pela maioria das pessoas; em geral ⟨*g. não saímos à noite*⟩ ⟨*seus livros eram g. bem aceitos*⟩

ge.râ.nio *s.m.* gênero de plantas de flores brancas, róseas ou violeta, cultivadas como ornamentais

ge.rar *v.* {mod. 1} *t.d.* **1** dar existência ou origem a ↄ extinguir **2** ser a causa ou a origem de; criar, produzir ❑ *pron.* **3** adquirir existência; nascer ~ **gerativo** *adj.*

ge.ra.triz *s.f.* **1** a que gera, origina **2** GEOM curva que, ao mover-se, origina uma superfície **3** GEOM reta que gera a superfície de um cone

ge.rên.cia *s.f.* **1** ato de gerir ou seu efeito; gerenciamento **2** função de gerente; administração, gestão **3** escritório onde o gerente exerce suas funções ~ **gerencial** *adj.2g.*

ge.ren.ci.ar *v.* {mod. 1} *t.d.* **1** dirigir (empresa, serviço etc.) na condição de gerente; administrar **2** INF organizar automaticamente (grupo de operações) ~ **gerenciamento** *s.m.*

ge.ren.te *adj.2g.s.2g.* que(m) administra negócios, bens ou serviços

ger.ge.lim *s.m.* planta originária de regiões tropicais e sua semente oleosa e comestível

ge.ri.a.tra *s.2g.* especialista em geriatria

ge.ri.a.tri.a *s.f.* especialidade médica que trata das doenças ligadas ao envelhecimento ~ **geriátrico** *adj.*

ge.rin.gon.ça *s.f.* coisa malfeita, de estrutura frágil e funcionamento precário

ge.rir *v.* {mod. 28} *t.d.* exercer mando, ter poder de decisão sobre; administrar, dirigir

ger.mâ.ni.co *adj.* **1** da antiga Germânia, território que equivale, aproximadamente, à atual Alemanha **2** relativo às regiões de língua e civilização alemãs ■ *s.m.* **3** natural ou habitante daquela antiga região **4** ramo linguístico que compreende, entre outras línguas, o sueco, o alemão, o inglês e o holandês

ger.mâ.nio *s.m.* elemento químico us. como semicondutor em transistores, díodos etc. [símb.: *Ge*] ☞ cf. *tabela periódica* (no fim do dicionário)

ger.ma.nis.mo *s.m.* **1** construção própria da língua alemã **2** imitação ou admiração exagerada de modos e costumes alemães

ger.ma.nis.ta *adj.2g.* **1** relativo a germanismo ■ *adj.2g.s.2g.* **2** especialista na língua ou na cultura germânica **3** que(m) tem afinidade com o germanismo

ger.ma.ni.zar *v.* {mod. 1} *t.d. e pron.* dar ou tomar aspecto ou característica própria do povo, da cultura, da língua alemã ~ **germanização** *s.f.*

ger.ma.no *adj.s.m.* **1** (povo) da antiga Germânia (região da Europa Central) **2** alemão

ger.me *s.m.* **1** estágio inicial do desenvolvimento de um organismo; embrião **2** microrganismo que causa doença; micróbio

gér.men [pl.: *germens* e *gérmenes*] *s.m.* germe

ger.mi.ci.da *adj.2g.s.m.* (substância) que mata germes ('microrganismo')

ger.mi.nal *adj.2g.* **1** relativo a germe **2** *fig.* que se acha no início do desenvolvimento

ger.mi.nar *v.* {mod. 1} *int.* **1** começar a desenvolver-se (semente, bulbo etc.); brotar ❑ *t.d. e int. fig.* **2** (fazer) ter origem ou progresso; gerar, desenvolver(-se) ⟨*g. o amor entre os filhos*⟩ ⟨*a paz jamais vai g. ali*⟩ ~ **germinação** *s.f.* - **germinativo** *adj.*

ge.ron.to.cra.ci.a *s.f.* **1** governo exercido por anciãos **2** grupo social dominante constituído por idosos ~ **gerontocrata** *s.2g.* - **gerontocrático** *adj.*

ge.ron.to.lo.gi.a *s.f.* MED estudo dos fenômenos relacionados ao envelhecimento humano ~ **gerontológico** *adj.* - **gerontologista** *adj.2g.s.2g.*

ge.rún.dio *s.m.* uma das formas nominais do verbo, formada, no port., pelo sufixo *-ndo* (p.ex., *olhando*)

ges.so \ê\ *s.m.* **1** massa calcária us. em moldagens, rebaixamento de tetos, imobilização de fraturas etc. **2** *p.ext.* qualquer objeto moldado com essa massa

ges.ta.ção [pl.: *-ões*] *s.f.* **1** período entre a concepção e o parto **2** *fig.* fase de elaboração

ges.tan.te *adj.2g.* **1** que carrega o embrião **2** em gestação ■ *s.f.* **3** mulher grávida

ges.tão [pl.: *-ões*] *s.f.* **1** administração **2** mandato político ⟨*essa é a segunda g. do prefeito*⟩ ⊡ **g. ambiental** condução e controle do uso de recursos naturais, com o objetivo de evitar, reduzir ou eliminar os danos ou problemas causados ao meio ambiente por ações humanas

ges.ta.tó.rio *adj.* **1** referente a gestação **2** *p.ext.* que pode ser conduzido; transportável

ges.ti.cu.lar *v.* {mod. 1} *int.* **1** fazer gestos, esp. ao falar ☐ *t.d. e int.* **2** expressar(-se) por gestos, mímica; acenar ~ **gesticulação** *s.f.* - **gesticulador** *adj.s.m.*

ges.to *s.m.* **1** movimento do corpo, esp. mãos, braços e cabeça, para exprimir algo **2** maneira de se manifestar; atitude, ação ⟨*g. nobre*⟩

gi.ba *s.f.* corcunda

gi.bão [pl.: *-ões*] *s.m.* **1** casaco curto **2** *B* casaco de couro us. pelos vaqueiros

gi.bi *s.m. B infrm.* **1** menino negro **2** revista em quadrinhos ⊡ **não estar no g.** *fraseol. B infrm.* ser fora do comum

giga.byte [ing.; pl.: *gigabytes*] *s.m.* múltiplo do *byte*, que vale 1.024 *megabytes* [símb.: *GB*] ⇨ pronuncia-se gigabaite

gi.gan.te *s.m.* **1** ser imaginário de tamanho descomunal **2** *p.ext.* homem muito alto e/ou muito corpulento ⮌ anão **3** *fig.* homem notável ■ *adj.2g.* **4** grande em excesso

gi.gan.tes.co \ê\ *adj.* **1** enorme, imenso ⮌ miúdo **2** *fig.* admirável, grandioso ⮌ ordinário

gi.gan.tis.mo *s.m.* crescimento incomum de qualquer ser animal ou vegetal

gi.go.lô *s.m.* homem que é sustentado por sua amante ou que vive de mulher(es) prostituída(s); rufião

gi.le.te *s.f.* lâmina de barbear descartável ☞ marca registrada (*Gillette*) que passou a designar seu gênero

gim *s.m.* aguardente de cereais

gim.nos.per.ma *s.f.* espécime das gimnospermas, subdivisão do reino vegetal, cujas plantas têm sementes expostas, como o pinheiro ☞ cf. *angiosperma*

gi.na.si.al *adj.2g.* relativo a ginásio

gi.ná.sio *s.m.* **1** grande área fechada com quadra(s) de esportes e/ou aparelhos de ginástica **2** antigo curso equivalente ao segundo ciclo do ensino fundamental

gi.nas.ta *s.2g.* quem pratica ginástica

gi.nás.ti.ca *s.f.* **1** exercício físico que visa fortalecer e/ou dar maior elasticidade ao corpo **2** *fig.* esforço excessivo ⟨*fez g. para realizar todos os compromissos*⟩ ~ **ginástico** *adj.*

gin.ca.na *s.f.* competição entre equipes que devem responder a perguntas e cumprir tarefas

gi.ne.ceu *s.m.* órgão feminino das flores, constituído de ovário, estilete e estigma ☞ cf. *androceu*

gi.ne.co.lo.gi.a *s.f.* especialidade médica que cuida do aparelho reprodutor feminino ~ **ginecológico** *adj.*

gi.ne.co.lo.gis.ta *adj.2g.s.2g.* (aquele) que se especializa no estudo e na prática da ginecologia

gi.ne.te \ê\ *s.m.* **1** cavaleiro hábil **2** cavalo de raça adestrado

gin.ga *s.f.* molejo, requebro de corpo

gin.gar *v.* {mod. 1} *t.d. e int.* **1** curvar(-se) [corpo ou membro] para um e outro lado, esp. ao andar **2** mexer os quadris; requebrar-se ~ **gingação** *s.f.* - **gingado** *adj.s.m.*

gin.ja *s.f.* fruto semelhante à cereja

gin.jei.ra *s.f.* árvore de flores brancas que produz a ginja

gíp.seo *adj.* fabricado com gesso

gi.ra *adj.2g.s.2g. B infrm.* que(m) é amalucado ⮌ sensato

gi.ra.fa *s.f.* **1** mamífero africano de pescoço muito longo e corpo amarelo com manchas avermelhadas ou castanhas **2** *pej.* indivíduo alto e/ou de pescoço comprido ⊙ voz v. e subst.: pipiar, relinchar

gi.rân.do.la *s.f.* peça onde se encaixam foguetes para estourarem juntos

gi.rar *v.* {mod. 1} *t.d. e int.* **1** mover(-se) em torno de um eixo; rodar ☐ *t.d.* **2** estar em torno de; circundar ☐ *int.* **3** andar de um lado para outro ou sem rumo certo **4** estar, ficar ⟨*a alíquota gira em torno de 2%*⟩ ~ **girante** *adj.2g.*

gi.ras.sol *s.m.* planta, de até 3 m, e a sua flor amarela, cultivada como ornamental e para extração de óleo comestível

gi.ra.tó.rio *adj.* que gira

gí.ria *s.f.* vocabulário informal e peculiar de um grupo social

gi.ri.no *s.m.* ZOO larva dos anuros, como sapo, rã, perereca

¹gi.ro *s.m.* **1** movimento giratório em torno de um centro **2** circulação de moeda ou títulos de crédito [ORIGEM: do lat. *gīrus,i* 'volta, circuito']

²gi.ro *s.m. infrm.* passeio curto [ORIGEM: regr. de *girar*]

gi.ros.có.pio *s.m.* dispositivo orientador us. em navegação ~ **giroscópico** *adj.*

giz *s.m.* bastão feito com pó de calcário, us. para riscar em quadro-negro, tecido etc.

gla.bro *adj.* sem pelo, barba ou penugem ⟨*rosto g.*⟩ ⟨*folha g.*⟩ ⮌ barbado, peludo, piloso

gla.cê *s.m.* cobertura para bolos e doces feita com clara de ovo e açúcar batidos

gla.ci.a.ção [pl.: *-ões*] *s.f.* **1** transformação em gelo; congelamento **2** ação das geleiras na superfície da Terra

gla.ci.al *adj.2g.* **1** relativo a gelo **2** frio como gelo; gélido ⮌ quente **3** *fig.* que demonstra indiferença; impassível, frio ⮌ amistoso; emotivo
gla.ci.á.rio *adj.* **1** do gelo ou das geleiras **2** relativo à época glacial tb. chamada plistocena
gla.di.a.dor \ô\ *s.m.* na Roma antiga, lutador que combatia contra outros lutadores e feras
glá.dio *s.m.* **1** espada curta de dois gumes **2** *p.ext.* luta, combate **3** *fig.* força física ou moral; poder
gla.mo.ro.so \ô\ [pl.: *glamorosos* \ó\] *adj.* que tem *glamour*, sedutor, atraente
gla.mour [ing.] *s.m.* encanto pessoal; magnetismo ⊙ GRAM/USO essa palavra ger. não se usa no pl.; a pronúncia corrente em port.: *glamur* ⇨ pronuncia-se glêmur
glan.de *s.f.* **1** BOT fruto do carvalho; bolota **2** ANAT cabeça do pênis
glân.du.la *s.f.* célula, tecido ou órgão que produzem substâncias que são us. em outra parte do organismo ou eliminadas
glan.du.lar *adj.2g.* **1** relativo a glândula **2** que tem forma de glândula
glau.co.ma *s.m.* MED doença caracterizada pelo aumento da pressão no interior do olho, podendo causar perda de visão
glau.co.ma.to.so \ô\ [pl.: *glaucomatosos* \ó\] *adj.s.m.* MED (o) que sofre de glaucoma
gle.ba *s.f.* **1** terreno adequado ao cultivo **2** terreno que contém minério
gli.ce.mi.a *s.f.* taxa de glicose no sangue
gli.ce.ri.na *s.f.* substância obtida como subproduto da fabricação de sabão, us. como plastificante, solvente etc.
gli.cí.dio *s.m.* QUÍM composto orgânico constituído de carbono, hidrogênio e oxigênio
gli.co.se *s.f.* açúcar presente no sangue e em plantas, e que se constitui na principal fonte de energia para os organismos vivos
glo.bal *adj.2g.* **1** relativo ao globo terrestre; mundial ⟨*poluição g.*⟩ **2** considerado por inteiro ⮌ parcial ~ **globalidade** *s.f.*
glo.ba.li.za.ção [pl.: *-ões*] *s.f.* **1** reunião num todo **2** planetarização **3** ECON processo de internacionalização dos mercados produtores e consumidores
glo.ba.li.zar *v.* {mod. 1} *t.d. e pron.* **1** reunir(-se) [elementos] num todo ou abordá-los em conjunto **2** tornar geral em alcance ou aplicação; universalizar(-se) **3** ECON (fazer) sofrer globalização ('processo')
glo.bo \ô\ *s.m.* **1** qualquer coisa de forma esférica ou redonda ⟨*g.ocular*⟩ **2** a Terra ⊙ GRAM/USO dim.irreg.: *glóbulo* ~ **globoso** *adj.*
glo.bu.lar *adj.2g.* **1** que tem forma de globo **2** relativo a glóbulo
glo.bu.li.na *s.f.* qualquer das várias proteínas globulares presentes em tecidos animais e vegetais
gló.bu.lo *s.m.* **1** pequeno globo **2** elemento em suspensão em líquidos orgânicos, como sangue, linfa ou leite ⊙ GRAM/USO dim.irreg. de *globo* ⊡ **g. branco** *loc.subst.* leucócito • **g. vermelho** *loc.subst.* hemácia
gló.ria *s.f.* **1** fama obtida por qualidades ou grandes feitos; celebridade ⮌ obscuridade **2** honra, orgulho ⮌ desonra **3** grande beleza; esplendor ⮌ simplicidade **4** beatitude celeste ⟨*a eterna g.*⟩ ⮌ perdição
glo.ri.ar *v.* {mod. 1} *t.d. e pron.* **1** cobrir(-se) de glória ❑ *pron.* **2** expressar orgulho exagerado de si mesmo; gabar-se **3** (prep. *em*) concentrar sua glória em ⟨*g.-se nos filhos*⟩
glo.ri.fi.car *v.* {mod. 1} *t.d. e pron.* **1** cobrir(-se) de glória; notabilizar(-se) ❑ *t.d.* **2** proclamar a glória de; exaltar, celebrar ❑ *pron.* **3** exprimir orgulho excessivo de si mesmo; gabar-se ~ **glorificação** *s.f.* - **glorificante** *adj.2g.*
glo.ri.o.so \ô\ [pl.: *gloriosos* \ó\] *adj.* **1** coberto de glória; célebre, vencedor ⟨*lutador g.*⟩ **2** que dá glória; honroso ⟨*um feito g.*⟩ **3** digno de louvor; ilustre, notável ⟨*a g. história de um país*⟩ **4** que tem esplendor; radiante, luminoso ⟨*uma manhã g.*⟩ ⟨*um rosto g.*⟩
glo.sa *s.f.* **1** nota explicativa **2** parecer negativo; desaprovação ⮌ elogio **3** poema cujas estrofes se encerram com um verso do mote ~ **glosador** *adj.s.m.*
glo.sar *v.* {mod. 1} *t.d.* **1** explicar por glosa ('nota') **2** criticar, censurar ⮌ elogiar **3** eliminar ou rejeitar (parte de texto, conta) **4** desenvolver (mote) em verso
glos.sá.rio *s.m.* **1** vocabulário de termos de uma área específica ⟨*g. de botânica*⟩ **2** pequeno dicionário que, dentro de um livro, esclarece sobre termos nele usados ~ **glossarista** *adj.2g.s.2g.*
glo.te *s.f.* ANAT espaço triangular na parte mais estreita da laringe ~ **glótico** *adj.*
glu.ta.ma.to *s.m.* sal ou éster do ácido glutâmico, us. como tempero
glu.tão [pl.: *-ões*; fem.: *glutona*] *adj.s.m.* que(m) come demais; guloso, comilão
glú.ten [pl.: *glutens* e *glútenes*] *s.m.* substância viscosa extraída de cereais, depois de eliminado o amido
glú.teo *s.m.* ANAT **1** cada um dos três músculos de cada nádega ■ *adj.* ANAT **2** próprio das nádegas
glu.ti.no.so \ô\ [pl.: *glutinosos* \ó\] *adj.* **1** que contém glúten ou é semelhante a ele **2** que gruda; viscoso
glu.to.na.ri.a *s.f.* voracidade por comer
gno.mo *s.m.* anão lendário, feio, que, segundo a tradição cabalista, guarda tesouros no interior da Terra
gno.se *s.f.* **1** ciência, sabedoria **2** conhecimento esotérico da verdade espiritual ~ **gnosiologia** *s.f.*
gnos.ti.cis.mo *s.m.* doutrina, esp. de diversas seitas dos primeiros séculos do cristianismo, que acreditava que o caminho da libertação estava na gnose ('conhecimento') ~ **gnóstico** *adj.s.m.*
gnu *s.m.* antílope africano cuja cabeça se assemelha à dos bois
GO sigla do Estado de Goiás
go.dê *s.m.* **1** corte de tecido em que a parte inferior é mais larga do que a superior ■ *adj.2g.* **2** diz-se de roupa cortada dessa maneira ⟨*saia g.*⟩
go.do \ô\ *adj.s.m.* (indivíduo) dos godos, antigo povo germânico ☞ cf. *ostrogodo, visigodo*

go.e.la *s.f.* garganta

go.frar *v.* {mod. 1} *t.d.* marcar (papel, pano, couro etc.), sem usar ouro nem tinta, com texturas, desenhos, ornatos diversos

go.go \ô\ *s.m.* **1** baba espessa que sai da boca de aves, esp. das galinhas **2** verminose que provoca essa baba ~ **gogoso** *adj.* - **goguento** *adj.*

go.gó *s.m. B infrm.* **1** pomo de adão **2** falsa promessa; mentira

gói *s.2g.* entre os judeus, indivíduo que não é de origem judaica

goi.a.ba *s.f.* fruta da goiabeira de polpa branca ou rosada

goi.a.ba.da *s.f.* doce de goiaba em pasta ou de corte

goi.a.bei.ra *s.f.* arbusto ou árvore pequena nativa de regiões tropicais das Américas ⊙ COL goiabal

goi.a.ni.en.se *adj.2g.* **1** de Goiânia (GO) ■ *s.2g.* **2** natural ou habitante dessa capital

goi.a.no *adj.* **1** de Goiás ■ *s.m.* **2** natural ou habitante desse estado

goi.va *s.f.* ferramenta utilizada para talhar madeira, metal ou pedra ~ **goivar** *v.t.d.*

gol \ô\ [pl.: *gols, goles* e *gois*] *s.m.* DESP **1** espaço entre traves onde deve entrar a bola para marcar ponto em jogos de futebol, polo etc. **2** ponto feito quando a bola transpõe esse espaço

go.la *s.f.* parte da roupa junto ao pescoço ou que o circunda

go.le *s.m.* cada porção de líquido engolida de uma vez

go.le.a.da *s.f. B* vitória com ampla diferença de gols

go.le.a.dor \ô\ *adj.s.m. B* (jogador ou time) que faz muitos gols numa partida ou campeonato

go.le.ar *v.* {mod. 5} *t.d. e int.* vencer com muitos gols a mais

go.lei.ro *s.m.* DESP jogador que defende o gol

gol.fa.da *s.f.* **1** vômito **2** porção de líquido que sai em jatos **3** jato de vento; sopro

gol.far *v.* {mod. 1} *t.d. e int.* **1** (fazer) sair ou correr em golfadas; jorrar **2** expelir golfadas (de); vomitar ❑ *t.d.* **3** emitir em abundância; expedir

gol.fe \ô\ *s.m.* jogo em que, com um taco, se lança uma pequena bola maciça, fazendo-a entrar em buracos distribuídos num campo de grande extensão com o menor número possível de tacadas ~ **golfista** *s.2g.*

gol.fi.nho *s.m.* **1** mamífero marinho de focinho alongado; delfim **2** DESP variação de nado borboleta em que o nadador com pernas e pés juntos imita os movimentos desse mamífero

gol.fo \ô\ *s.m.* GEO porção larga de mar que avança pela terra

gol.pe *s.m.* **1** movimento forte, rápido, inesperado **2** choque, pancada ⟨*mostrou marcas dos g. no seu corpo*⟩ **3** *p.ext.* ferimento com corte **4** *fig.* manobra desleal; estratagema ⊡ **g. de Estado** *loc.subst.* tomada do poder pela força ~ **golpeamento** *s.m.*

gol.pe.ar *v.* {mod. 5} *t.d.* **1** aplicar socos, pancadas em; bater ⮌ apanhar **2** ferir a golpes de instrumento cortante **3** *fig.* causar sofrimento, aflição a; angustiar ⮌ tranquilizar

gol.pis.ta *adj.2g.s.2g.* **1** que(m) é favorável ou se envolve em golpe de Estado **2** enganador, vigarista

go.ma *s.f.* **1** secreção viscosa expelida de certos vegetais **2** *B* polvilho de mandioca us. na feitura de tapiocas, mingaus, bolos etc. **3** *B* preparado de amido para encorpar a roupa **4** *B* massa feita de água e farinha de trigo, us. para colar papel, cartão etc. **5** *fig. B* elogio de si mesmo; presunção ⊡ **g. de mascar** *loc.subst.* pastilha açucarada e de vários sabores, us. para mastigação prolongada; chicle, chiclete

go.ma-a.rá.bi.ca [pl.: *gomas-arábicas*] *s.f.* resina extraída de certas árvores africanas, us. na indústria farmacêutica e alimentícia

go.ma-la.ca [pl.: *gomas-lacas* e *gomas-laca*] *s.f.* laca

go.mar *v.* {mod. 1} *t.d.* passar goma ('preparado') em; engomar

go.mo *s.m.* **1** cada divisão natural, em forma de meia-lua, da polpa da laranja, limão etc. **2** qualquer coisa que se assemelhe a essa forma ⟨*saia em g.*⟩ **3** parte entre dois nós da cana, do bambu etc.

[1]**go.mo.so** \ô\ [pl.: *gomosos* \ó\] *adj.* **1** que produz goma **2** de consistência semelhante à da goma; viscoso [ORIGEM: *goma* + *-oso*]

[2]**go.mo.so** \ô\ [pl.: *gomosos* \ó\] *adj.* disposto em ou que tem forma de gomos [ORIGEM: *gomo* + *-oso*]

gô.na.da *s.f.* ANAT nome genérico das glândulas sexuais que produzem os gametas

gôn.do.la *s.f.* **1** barco típico de Veneza (Itália), de fundo chato, comprido, estreito e impulsionado por um único remo na popa **2** nos supermercados, estantes onde ficam expostas as mercadorias à venda

gon.do.lei.ro *s.m.* condutor de gôndola

gon.go *s.m.* instrumento de percussão constituído por um grande disco de metal que se toca com uma pesada baqueta acolchoada na ponta

gon.go.ris.mo *s.m.* estilo literário marcado pelo uso de metáforas, palavras eruditas e alusões clássicas ~ **gongórico** *adj.*

go.no.co.ci.a *s.f.* blenorragia ~ **gonocócico** *adj.*

go.no.co.co *s.m.* bactéria causadora da gonorreia

go.nor.rei.a \éi\ *s.f.* blenorragia ~ **gonorreico** *adj.*

gon.zo *s.m.* dobradiça

go.rar *v.* {mod. 1} *t.d. e int.* **1** impedir ou não ocorrer a incubação (de ovo) **2** *fig.* (fazer) fracassar antes mesmo de iniciar; frustrar(-se) ❑ *int.* **3** estragar, apodrecer (ovo) ~ **gorado** *adj.*

gor.do \ô\ *adj.* **1** que tem gordura; obeso ⟨*rapaz g.*⟩ ⮌ magro, esbelto **2** que contém gordura na composição; gorduroso, oleoso ⟨*carne g.*⟩ ⮌ magro **3** grande; volumoso ⟨*carregava um livro g.*⟩ ⮌ pequeno ■ *s.m.* **4** quem tem excesso de peso

gor.du.cho *adj.s.m.* que(m) é um pouco gordo

gor.du.ra *s.f.* **1** substância oleosa, animal e vegetal, de amplo uso industrial **2** tecido adiposo dos animais **3** obesidade ⮌ magreza

gor.du.ro.so \ô\ [pl.: *gordurosos* \ó\] *adj.* **1** relativo a gordura **2** que tem excesso de gordura ⟨*carne g.*⟩ **3** oleoso, pegajoso ⟨*pele g.*⟩ ⟨*mãos g.*⟩

gor.go.le.jar *v.* {mod. 1} *t.d. e int.* **1** beber pelo gargalo, de uma só vez, fazendo ruído por deixar o ar entrar na garrafa ❑ *int.* **2** soltar a voz (esp. peru, perdigão) ☞ nesta acp., só us. nas 3ªs p., exceto quando fig. ❑ *t.d.* **3** soltar (líquido) aos poucos, em golfadas

gor.go.le.jo \ê\ *s.m.* **1** ruído de algo gorgolejando **2** voz característica de alguns animais (como o peru, o perdigão etc.)

gor.go.mi.lo *s.m. infrm.* entrada do esôfago e laringe; goela ☞ tb. us. no pl.

gor.go.rão [pl.: *-ões*] *s.m.* **1** tecido encorpado de seda com relevos formando finos cordões **2** fita desse tecido

gor.gu.lho *s.m.* caruncho ('insetos e larvas')

go.ri.la *s.m.* **1** grande macaco antropoide africano que vive esp. no chão e em bando **2** *fig. pej.* segurança ('indivíduo')

gor.je.ar *v.* {mod. 5} *int.* emitir som melodioso (ave canora); cantar ⊙ GRAM/USO só us. nas 3ªs p., exceto quando fig.

gor.jei.o *s.m.* trinado ('som melodioso')

gor.je.ta \ê\ *s.f.* pequena gratificação em dinheiro a quem prestou algum serviço; propina

go.ro \ô\ *adj.* **1** podre, gorado (diz-se de ovo) ↄ bom **2** *fig.* frustrado, malogrado ↄ frutífero

go.ro.ro.ba *s.f. infrm.* **1** comida, boia **2** comida malfeita

gor.ro \ô\ *s.m.* cobertura de cabeça, de tecido flexível, ajustado à cabeça e sem aba

gos.ma *s.f.* **1** mucosidade viscosa expelida pela boca de alguns animais; gogo **2** *p.ext.* qualquer substância viscosa

gos.men.to *adj.* que tem gosma ou consistência de gosma

gos.tar *v.* {mod. 1} *t.i.* **1** (prep. *de*) achar saboroso; apreciar ⟨*g. de camarão*⟩ ↄ detestar **2** (prep. *de*) achar agradável, prazeroso ⟨*g. de música, de uma cidade*⟩ ↄ detestar **3** (prep. *de*) nutrir amor, amizade ou simpatia por; amar, estimar ⟨*g. dos pais*⟩ ↄ odiar **4** (prep. *de*) ser compatível, acomodável com ⟨*avencas não gostam de vento*⟩ **5** (prep. *de*) julgar bom; aprovar ⟨*o editor gostou da capa*⟩ **6** (prep. *de*) ter hábito ou mania de; costumar ⟨*g. de falar alto*⟩ ❑ *pron.* **7** sentir amor, amizade ou simpatia mutuamente ⟨*eles se gostam muito*⟩

gos.to \ô\ *s.m.* **1** paladar ('sentido') ⟨*ter g. apurado*⟩ **2** sabor ⟨*g. de maçã*⟩ **3** desejo de comer; apetite ⟨*comer com g.*⟩ **4** preferência pessoal ⟨*seus g. não combinam com os meus*⟩ **5** estilo, maneira ⟨*escrevia ao g. romântico*⟩ ⊡ **bom g.** *loc.subst.* preferência que revela refinamento, elegância • **mau g.** *loc.subst.* **1** preferência que revela falta de refinamento **2** vulgaridade, grosseria

gos.to.so \ô\ [pl.: *gostosos* \ó\] *adj.* **1** de bom sabor ⟨*comida g.*⟩ ↄ insosso **2** que dá ou mostra prazer ⟨*brisa g.*⟩ ⟨*risada g.*⟩ ↄ desagradável, triste **3** *fig. infrm.* atraente, sensual ↄ repugnante

gos.to.su.ra *s.f.* **1** iguaria saborosa; guloseima, pitéu **2** *infrm.* prazer, deleite

go.ta \ô\ *s.f.* **1** pequena porção de líquido que cai em forma de minúscula pera; pingo **2** *fig.* porção mínima de qualquer coisa ⟨*uma g. de esperança*⟩ **3** MED doença que causa dores nas articulações ⊙ GRAM/USO dim.irreg.: *gotícula*

go.tei.ra *s.f.* **1** calha por onde escorre a água da chuva **2** brecha no teto por onde pinga água **3** a água que pinga dessa maneira

go.te.jar *v.* {mod. 1} *t.d. e int.* **1** (deixar) cair ou brotar em gotas; pingar ❑ *int.* **2** chuviscar ☞ nesta acp., só us. nas 3ªs p., exceto quando fig. ~ **gotejamento** *s.m.* - **gotejante** *adj.2g.*

gó.ti.co *adj.s.m.* diz-se de ou estilo arquitetônico que predominou na Europa entre os sXII e XVI, notável esp. pela construção de catedrais, com arcos e abóbodas ogivais

go.tí.cu.la *s.f.* gota minúscula ⊙ GRAM/USO dim.irreg. de *gota*

go.to \ô\ *s.m. infrm.* glote ⊡ **cair no g.** *loc.vs.* causar engasgo ao ser engolido

gour.met [fr.; pl.: *gourmets*] *s.m.* quem conhece e aprecia bons pratos e vinhos ⇨ pronuncia-se **gurmê**

go.ver.na.dor \ô\ *adj.s.m.* **1** que(m) governa **2** DIR no Brasil, governante eleito de um estado da federação

go.ver.na.men.tal *adj.2g.* referente a governo

go.ver.nan.ta *s.f.* **1** mulher contratada para administrar uma casa **2** mulher contratada numa casa de família para cuidar da educação de crianças

go.ver.nan.te *adj.2g.s.2g.* que(m) governa

go.ver.nar *v.* {mod. 1} *t.d. e int.* **1** controlar a formulação e a administração da política (em); dirigir ⟨*g. estado, país*⟩ **2** ter poder de decisão (sobre); administrar ⟨*g. casa, empresa*⟩ ❑ *t.d.* **3** influenciar muito as ações, a conduta de; conduzir ⟨*g. a opinião pública*⟩ **4** controlar velocidade e direção de (montaria, veículo, máquina) ❑ *pron.* **5** tratar de seus próprios negócios e interesses **6** (prep. *por*) orientar-se, regular-se ~ **governável** *adj.2g.*

go.ver.nis.mo *s.m.* **1** exercício autoritário do poder **2** ideologia e prática dos governistas

go.ver.nis.ta *adj.2g.s.2g.* que(m) apoia o governo ⟨*partidos g.*⟩

go.ver.no \ê\ *s.m.* **1** administração, chefia ⟨*o g. de uma empresa*⟩ **2** o poder executivo **3** regime político ⟨*g. parlamentarista*⟩ **4** permanência de um governante no cargo; gestão, mandato ⟨*no seu g., o país prosperou*⟩ **5** direção, rumo ⟨*veículo sem g.*⟩

go.za.ção [pl.: *-ões*] *s.f. infrm.* gracejo que se faz sobre algo ou alguém; zombaria, chacota ⟨*seu comentário era pura g.*⟩

go.za.do *adj.* **1** usufruído, aproveitado ⟨*férias g.*⟩ **2** *infrm.* que causa riso; divertido, engraçado ⟨*filme g.*⟩

go.za.dor \ô\ *adj.s.m.* brincalhão, gracejador

go.zar *v.* {mod. 1} *t.d. e t.i.* **1** (prep. *de*) possuir ou utilizar (algo prazeroso ou salutar); desfrutar, aproveitar ❑ *int.* *B* **2** atingir o orgasmo na relação sexual ❑

t.d.,t.i. e int. B infrm. **3** (prep. *com*) rir de ou fazer graça às custas de; caçoar, debochar ❑ *t.d. e int.* **4** sentir prazer (com); deliciar-se

go.zo \ô\ *s.m.* **1** ação de gozar **2** estado de satisfação; prazer **3** posse ou uso de uma coisa ⟨*o g. de um direito*⟩ **4** *B* orgasmo

go.zo.so \ô\ [pl.: *gozosos* \ó\] *adj.* **1** em que há satisfação **2** que denota prazer; contente

gra.ça *s.f.* **1** dádiva ou favor **2** nome de batismo ⟨*qual é a sua g.?*⟩ **3** leveza de formas ou modos; elegância ⟨*dançou com muita g.*⟩ **4** ação engraçada ou divertida ⟨*ficou encantado com as g. dos netos*⟩ ▼ *graças s.f.pl.* **5** agradecimento ⟨*dar g. a Deus*⟩ ⊡ **de g.** *loc.adv.* sem pagar ⟨*entrou de g. no teatro*⟩ • **cair nas graças de** *loc.vs.* conquistar a simpatia ou proteção de • **sem g.** *loc.adj.* desinteressante, aborrecido ⟨*pessoa sem g.*⟩

gra.ce.jar *v.* {mod. 1} *int.* **1** dizer coisas engraçadas ❑ *t.d. e t.i.* **2** (prep. *com*) falar por brincadeira ou zombaria (com); gozar ⟨*g. uma tolice*⟩ ⟨*gosta de g. com os amigos*⟩ ❑ *t.i.* **3** (prep. *com*) fazer graça às custas de; zombar ~ **gracejador** *adj.s.m.*

gra.ce.jo \ê\ *s.m.* dito engraçado, espirituoso ou irônico

grá.cil *adj.2g.* **1** fino, delicado ⊃ abrutalhado **2** elegante, gracioso ~ **gracilidade** *s.f.*

gra.ci.o.so \ô\ [pl.: *graciosos* \ó\] *adj.* **1** que tem encanto, delicadeza ⊃ deselegante **2** engraçado, jovial ⊃ sério **3** gratuito, grátis ⊃ pago **4** que concede graças, favores ~ **graciosidade** *s.f.*

gra.ço.la *s.f. infrm.* piada ou dito de mau gosto

gra.da.ção [pl.: *-ões*] *s.f.* mudança ou passagem gradual

gra.da.ti.vo *adj.* que aumenta ou diminui pouco a pouco ⟨*aperfeiçoamento g.*⟩ ⊃ brusco

gra.de *s.f.* **1** armação de barras paralelas ou cruzadas para proteger ou vedar **2** *p.ext.* traçado de linhas verticais e horizontais com espaçamento uniforme **3** quadro esquemático que resume um conjunto de informações ⟨*g. de horários*⟩ ⊡ **atrás das g.** *loc.adv.* na prisão

gra.de.a.men.to *s.m.* conjunto de grades para vedar parques, pátios, janelas

gra.de.ar *v.* {mod. 5} *t.d.* fechar, cercar ou enfeitar com grades

gra.dil *s.m.* grade baixa; cerca

gra.do *s.m.* vontade, desejo ⊡ **de bom g.** *loc.adv.* com boa vontade

gra.du.a.ção [pl.: *-ões*] *s.f.* **1** disposição em graus; gradação **2** posição na hierarquia social **3** curso universitário; faculdade **4** conclusão desse curso; formatura

gra.du.al *adj.2g.* **1** que cresce ou diminui por grau **2** que se dá passo a passo; gradativo

gra.du.ar *v.* {mod. 1} *t.d.* **1** dividir em ou marcar os graus ⟨*g. uma régua*⟩ **2** aumentar ou diminuir progressivamente a quantidade ou intensidade de; dosar ⟨*g. a luz, a chama*⟩ **3** adaptar (objeto) às características dos usuários ⟨*g. o encosto da poltrona*⟩ **4** dispor em graus, por certos critérios; classificar ⟨*g. os trabalhos do concurso*⟩ **5** nas forças armadas, conferir grau honorífico a ❑ *t.d. e pron.* **6** conferir ou receber grau de ensino superior; diplomar(-se) ~ **graduador** *adj.s.m.*

grã-du.ca.do [pl.: *grã-ducados*] *s.m.* grão-ducado

grã-du.que [pl.: *grã-duques*; fem.: *grã-duquesa*] *s.m.* grão-duque

gra.far *v.* {mod. 1} *t.d.* **1** representar (linguagem) por sinais gráficos; escrever **2** escrever (palavra), optando por certa grafia ⟨*g. Luiz com z*⟩

gra.fi.a *s.f.* **1** representação escrita de uma palavra **2** cada uma das formas com que se pode grafar um termo (inclusive as consideradas incorretas)

grá.fi.ca *s.f.* local onde se fazem trabalhos impressos; tipografia

grá.fi.co *adj.* **1** relativo a ou representado por linhas, figuras, letras, sinais **2** relativo às artes gráficas ■ *s.m.* **3** esquema visual de dados; diagrama **4** quem trabalha em gráfica

grã-fi.no [pl.: *grã-finos*] ou **gran.fi.no** *adj.s.m.* **1** que(m) vive com luxo ■ *adj.* **2** relativo a esse modo de vida ⊃ vulgar ⊙ COL grã-finagem/granfinagem

gra.fi.ta *s.f.* variedade de carbono, us. na fabricação de lápis, elétrodos e como lubrificante

[1]**gra.fi.tar** *v.* {mod. 1} *t.d.* transformar em grafita [ORIGEM: *grafita* + [2]*-ar*]

[2]**gra.fi.tar** *v.* {mod. 1} *t.d.* fazer [2]grafite em ☞ cf. *pichar* [ORIGEM: [2]*grafite* + [2]*-ar*]

[1]**gra.fi.te** *s.f.* bastão de grafita us. em lápis e lapiseiras [ORIGEM: do al. *Graphit* 'grafita']

[2]**gra.fi.te** *s.m.* escrito ou desenho artístico sobre rochas, paredes, monumentos etc., ger. feito com tinta *spray* ☞ cf. *pichação* [ORIGEM: do it. *graffitto* 'desenho ou escrita feita sobre pedra']

gra.fi.tei.ro *s.m.* quem faz grafites ('escrito ou desenho')

gra.fo.lo.gi.a *s.f.* **1** estudo geral da escrita e seus sistemas **2** estudo da caligrafia de uma pessoa para investigar sua personalidade ~ **grafológico** *adj.* - **grafologista** *s.2g.* - **grafólogo** *s.m.*

gra.lha *s.f.* **1** ave da família dos corvídeos que vive em bando e tem voz estridente **2** *p.ext.* pessoa que fala muito; faladeira ⊙ VOZ v.: crocitar, gralhar; subst.: grasnado, grasno

gra.lhar *v.* {mod. 1} *int.* **1** soltar a voz (p.ex., a gralha) ☞ só us. nas 3as p., exceto quando fig. **2** *fig.* falar muito; tagarelar ❑ *t.d. e int. fig.* **3** falar de modo confuso, com má dicção

[1]**gra.ma** *s.f.* erva gramínea cultivada para cobrir jardins ou como forragem [ORIGEM: de um lat. **gramma* 'id.']

[2]**gra.ma** *s.m.* unidade de medida de massa, equivalente a 0,001 kg [símb.: *g*] [ORIGEM: do gr. *grámma,atos* 'sinal gravado, letra']

gra.ma.do *adj.s.m.* **1** (terreno) coberto de grama ■ *s.m.* DESP *B* **2** campo de futebol

[1]**gra.mar** *v.* {mod. 1} *t.d. infrm.* **1** ser atingido por (pancada, surra etc.) **2** *fig.* sofrer, aturar (mal físico

ou moral) **3** *B* caminhar, andar (certa distância, caminho etc.) [ORIGEM: obscura]

[2]**gra.mar** *v.* {mod. 1} *t.d.* cobrir de grama (terreno, jardim etc.) [ORIGEM: [1]*grama* + [2]*-ar*]

gra.má.ti.ca *s.f.* **1** conjunto de regras que determinam o uso considerado correto de uma língua **2** livro que contém essas regras

gra.ma.ti.cal *adj.2g.* **1** referente a gramática ⟨*ensino g.*⟩ **2** próprio da estrutura de uma língua ⟨*construção g.*⟩ ⮌ agramatical

gra.má.ti.co *s.m.* quem estuda ou escreve gramática

gra.mí.nea *s.f.* espécime das gramíneas, família de plantas ger. perenes (como as gramas), lenhosas e arbóreas (como os bambus), de distribuição mundial, com várias espécies cultivadas para a alimentação, como o trigo, o arroz e o milho, e inúmeras cultivadas para forragem ou para construção, mobiliário etc. ~**gramíneo** *adj.*

gra.mo.fo.ne *s.m.* antigo aparelho reprodutor de sons gravados em discos de vinil

gram.pe.a.dor \ô\ *s.m.* aparelho para grampear papéis

gram.pe.ar *v.* {mod. 5} *t.d.* **1** prender com grampos **2** *B infrm.* interceptar com grampo as ligações de (linha telefônica, pessoa, instituição) ~**grampação** *s.f.* - **grampagem** *s.f.* - **grampeamento** *s.m.*

gram.po *s.m.* **1** haste que aperta ou segura peças nas quais se trabalha **2** peça de ferro que une dois blocos de pedra numa construção **3** peça metálica fina us. para prender folhas de papel **4** *B* prendedor de cabelo feito de arame dobrado **5** *B infrm.* dispositivo para escuta secreta de ligações telefônicas

gra.na *s.f. B infrm.* dinheiro

gra.na.da *s.f.* **1** bomba portátil que pode conter explosivo ou agente químico **2** pedra de cor avermelhada us.como adorno e na fabricação de relógios

gran.de *adj.2g.* **1** de dimensões ou quantidade acima da média ⟨*carro g.*⟩ ⟨*g. fortuna*⟩ **2** intenso, excessivo ⟨*g. sofrimento*⟩ ⮌ fraco **3** crescido, adulto ⟨*os filhos já são g.*⟩ **4** notável, eminente ⟨*um g. arquiteto*⟩ ⮌ desconhecido **5** principal, primordial ⟨*seu g. objetivo é ser rico*⟩ ⮌ secundário ■ *s.2g.* **6** pessoa rica, influente **7** empresa que se destaca num setor ⊙ GRAM/USO comp.super.: *maior*; comp.inf.: *menor*; sup.abs.sint.: *grandíssimo, grandessíssimo, máximo*

gran.de.za \ê\ *s.f.* **1** qualidade do que é grande **2** amplidão, extensão ⟨*a g. da floresta amazônica*⟩ **3** nobreza de sentimentos ⮌ indignidade **4** superioridade ⟨*a g. de um líder*⟩ ⮌ inferioridade **5** MAT o que pode sofrer variação e ser medido ⟨*a g. de um ângulo*⟩

gran.di.lo.quên.cia \qü\ *s.f.* modo pomposo e rebuscado de se expressar ~**grandiloquente** *adj.2g.*

gran.dí.lo.quo *adj.* **1** que se expressa com grandiloquência; grandiloquente **2** que se caracteriza pela grandiloquência; grandiloquente

gran.di.o.si.da.de *s.f.* qualidade de grandioso ⮌ simplicidade

gran.di.o.so \ô\ [pl.: *grandiosos* \ó\] *adj.* **1** muito grande; gigantesco **2** extraordinário ⟨*promessas g.*⟩ **3** nobre, distinto ⟨*estilo g.*⟩

gra.nel *s.m.* celeiro ⊡ **a g.** *loc.adv.* **1** sem embalagem ou acondicionamento (diz-se de mercadoria) ⟨*compro biscoito a g.*⟩ **2** em grande quantidade

gran.fi.no *adj.s.m.* → GRÃ-FINO

gra.ni.for.me *adj.2g.* em forma de grão ('partícula')

gra.ni.to *s.m.* rocha de textura granular, composta de quartzo, feldspato alcalino e micas ~**granítico** *adj.*

gra.ní.vo.ro *adj.* que come grãos e sementes

gra.ni.zo *s.m.* **1** precipitação atmosférica na forma de pequenos fragmentos de gelo **2** esse fragmento

gran.ja *s.f.* pequena propriedade rural em que se explora uma atividade agrícola, ger. criação de aves

gran.je.ar *v.* {mod. 5} *t.d.* e *t.d.i.* **1** (prep. *a, para*) obter com esforço, trabalho; conseguir **2** (prep. *a, para*) receber por merecimento; conquistar, atrair ❑ *t.d.* **3** cultivar (a terra) ~**granjeador** *adj.s.m.*

gran.jei.o *s.m.* **1** cultivo da terra **2** colheita de produtos agrícolas **3** *fig.* lucro, ganho de qualquer trabalho

gran.jei.ro *s.m.* dono ou empregado de granja

gra.nu.la.do *adj.* **1** reduzido a grânulos ⟨*chocolate g.*⟩ ■ *adj.s.m.* **2** (substância) que se apresenta sob a forma de grânulos

[1]**gra.nu.lar** *v.* {mod. 1} *t.d.* **1** dar forma de grânulos a ⟨*g. o chumbo*⟩ **2** reduzir a grânulos; fragmentar [ORIGEM: *grânulo* + [2]*-ar*] ~**granulação** *s.f.* - **granulagem** *s.f.*

[2]**gra.nu.lar** *adj.2g.* **1** em forma de grânulos **2** formado por grânulos ou grãos [ORIGEM: *grânulo* + [1]*-ar*]

grâ.nu.lo *s.m.* pequeno grão ⊙ GRAM/USO dim.irreg. de *grão*

gra.nu.lo.so \ô\ [pl.: *granulosos* \ó\] *adj.* **1** que tem grânulos **2** de superfície áspera ~**granulosidade** *s.f.*

[1]**grão** [pl.: *-ãos*] *s.m.* **1** fruto ou semente de certos cereais e plantas, como o milho, o feijão, o trigo etc. **2** partícula ⟨*g. de areia*⟩ **3** *fig.* pequena parcela de algo ⟨*havia um g. de inveja em seu discurso*⟩ [ORIGEM: do lat. *grānum,i* 'grão, semente']

[2]**grão** [pl.: *-ãos*; fem.: *grã*] *adj.* grande [ORIGEM: f. apocopada de *grande*]

grão-de-bi.co [pl.: *grãos-de-bico*] *s.m.* **1** planta leguminosa de vagens cilíndricas e sementes amarelas arredondadas **2** a semente dessa planta, us. na alimentação humana

grão-du.ca.do [pl.: *grão-ducados*] *s.m.* país governado por grão-duque; grã-ducado

grão-du.que [pl.: *grão-duques*; fem.: *grã-duquesa*] *s.m.* título dado a alguns príncipes soberanos, esp. aos da família imperial da Rússia e da Áustria; grã-duque

grão-mes.tre [pl.: *grão-mestres*] *s.m.* **1** antigo chefe de ordem religiosa ou de cavalaria **2** presidente de loja maçônica

grão-vi.zir [pl.: *grão-vizires*] *s.m.* o primeiro-ministro do Império Otomano; grã-vizir

gras.na.da *s.f.* **1** vozearia própria de aves (corvos, águias, patos etc.) **2** *fig.* falatório confuso; balbúrdia

gras.nar {mod. 1} ou **gras.nir** {mod. 24} *v.int.* **1** emitir som (corvos e abutres); corvejar **2** *p.ext.* soltar a voz (qualquer animal) ☞ nestas acp., só us. nas 3as p., exceto quando fig. ❑ *t.d. e int.fig.* **3** falar alto, em tom desagradável

gras.sar *v.*{mod. 1} *int.* **1** multiplicar-se por reprodução; propagar-se, espalhar-se **2** tornar-se popular ou público; popularizar-se, difundir-se ⊙ GRAM/USO só us. nas 3as p.

gra.ti.dão [pl.: *-ões*] *s.f.* **1** qualidade de quem é grato ⮌ ingratidão **2** reconhecimento por auxílio ou benefício recebido

gra.ti.fi.ca.ção [pl.: *-ões*] *s.f.* **1** pagamento adicional por gratidão ou como prêmio por trabalho bem executado **2** gorjeta **3** satisfação interior; alegria ⟨*ajuda a família para g. pessoal*⟩

gra.ti.fi.can.te *adj.2g.* que dá satisfação interior ⟨*trabalho g.*⟩

gra.ti.fi.car *v.*{mod. 1} *t.d. e t.d.i.* **1** (prep. *com*) conceder (benefício, favor), como retribuição ou recompensa; premiar **2** (prep. *com*) conceder (remuneração adicional) [a] ❑ *t.d.* **3** parabenizar, felicitar ❑ *t.d. e int.* **4** (fazer) sentir prazer, satisfação interior ❑ *t.i.* **5** (prep. *a*) mostrar gratidão; agradecer

grá.tis *adj.2g.2n.* **1** de graça; gratuito ⟨*entrada g.*⟩ ⮌ pago ■ *adv.* **2** de graça; gratuitamente ⟨*ali come-se g.*⟩

gra.to *adj.* **1** agradecido ⟨*eram g. pela ajuda*⟩ ⮌ ingrato **2** agradável ⟨*g. recordações*⟩ ⮌ desagradável

gra.tu.i.da.de *s.f.* **1** condição ou estado do que é oferecido de graça **2** condição do que é espontâneo ou injustificado

gra.tui.to *adj.* **1** de graça; grátis ⟨*lanche g.*⟩ ⮌ pago **2** sem motivo ou justificativa ⟨*ofensa g.*⟩ ⮌ justificado

gra.tu.lar *v.*{mod. 1} *t.d.* **1** dar parabéns a; felicitar **2** manifestar gratidão a; agradecer

grau *s.m.* **1** cada fase ou ponto de uma progressão ⟨*o g. de uma doença*⟩ ⟨*g. de poluição*⟩ **2** unidade de medida de temperatura [símb.: °] **3** GEOM unidade de medida de um ângulo ou de um arco de círculo [símb.: °] **4** unidade de medida de capacidade visual ⟨*cinco g. de miopia*⟩ **5** unidade de medida do teor de álcool em uma mistura **6** unidade de intensidade relativa de um fenômeno (p.ex., um terremoto) avaliada numa escala de medida **7** *fig.* categoria, classe ⟨*escritor do mais alto g.*⟩ ⟨*g. de conhecimento, de dificuldade*⟩ **8** MÚS sucessão ascendente das notas que compõem uma escala **9** *B* distância entre gerações de parentes ⟨*primos de segundo g.*⟩ **10** nota, conceito **11** cada uma das fases do período de instrução ⟨*primeiro g.*⟩ ⟨*segundo g.*⟩ **12** título acadêmico ⟨*g. de bacharel em letras*⟩ ⊡ **g. Celsius** *loc.subst.* cada grau da escala Celsius de medida de temperatura [símb.: °C] ☞ cf. *Celsius* na parte enciclopédica • **g. centígrado** *loc.subst.* centígrado • **g. Fahrenheit** *loc.subst.* cada grau da escala Fahrenheit de medida da temperatura [símb.: °F] ☞ cf. *Fahrenheit* na parte enciclopédica • **primeiro g.** *loc.subst.* ver *ENSINO FUNDAMENTAL* • **segundo g.** *loc.subst.* ver *ENSINO MÉDIO*

gra.ú.do *adj.* **1** crescido ⟨*criança g.*⟩ **2** de grande porte; considerável ⟨*despesa g.*⟩ ■ *adj.s.m.* **3** que(m) é influente, poderoso ⟨*funcionário g.*⟩

gra.ú.na *s.f.* **1** grande ave negra, com penas do pescoço em forma de gola, bico negro e cauda comprida, que é parasita de ninhos de outras aves como o chupim e o corrupião **2** melro

gra.va.ção [pl.: *-ões*] *s.f.* **1** registro de som e/ou imagem em um suporte (ger. disco ou fita) **2** o som ou a imagem assim gravados

gra.va.dor \ô\ *s.m.* **1** aparelho de gravação e reprodução sonora **2** artista que faz gravura ■ *adj.* **3** que grava

[1]**gra.var** *v.*{mod. 1} *t.d.* **1** causar opressão, dano a; prejudicar **2** sobrecarregar com impostos, taxas ⟨*g. o cigarro*⟩ [ORIGEM: do lat. *gravāre* 'pesar sobre, sobrecarregar']

[2]**gra.var** *v.*{mod. 1} *t.d.* **1** traçar (figura, caracteres) em metal, madeira, pedra etc., com instrumento cortante ou reagente químico, ger. criando matriz para cópias **2** *fig.* conservar na mente; memorizar **3** INF *B* transferir (dados) para um meio de armazenamento, para recuperá-los depois; salvar **4** registrar (sons, imagens) em disco, vídeo etc. ❑ *t.d. e pron.* **5** *fig.* tornar(-se) perpétuo; conservar(-se) [ORIGEM: do fr. *graver* 'fazer risca nos cabelos, fazer entalhes em superfície dura']

gra.va.ta *s.f.* **1** acessório de pano atado sob o colarinho **2** *B* golpe sufocante em que o agressor passa o braço em volta do pescoço da vítima, apertando-o

gra.va.tá *s.m.* tipo de bromélia

gra.va.ta.ri.a *s.f.* estabelecimento onde se fabricam ou vendem gravatas

gra.ve *adj.2g.s.m.* **1** MÚS (nota) situada no registro inferior de certos instrumentos ou da voz de certos cantores; baixo ⮌ agudo **2** que indica a crase (diz-se do acento gráfico) ■ *adj.2g.* **3** extremamente sério, preocupante (diz-se de situação, acontecimento etc.) **4** de efeito muito penoso; doloroso ⟨*o juiz fez a g. comunicação à família*⟩ **5** de grande intensidade; profundo ⟨*g. desgosto*⟩ **6** que é circunspecto, sisudo, recatado (diz-se de pessoa, expressão, comportamento) ⮌ frívolo

gra.ve.to \ê\ *s.m.* **1** pedaço de madeira fino e curto **2** galho fino de árvore ou arbusto

gra.vi.da.de *s.f.* **1** seriedade ⟨*a g. de uma acusação, de uma doença*⟩ **2** FÍS força de atração que a massa da Terra, da Lua ou de um planeta exerce sobre um corpo colocado sobre sua superfície, em seu interior ou em sua vizinhança

gra.vi.dez \ê\ *s.f.* estado resultante da fecundação de um óvulo pelo espermatozoide, e que envolve o desenvolvimento, no útero, do feto gerado ~ **grávida** *s.f.* - **grávido** *adj.*

gra.vi.o.la *s.f.* **1** árvore de até 10 m, com grandes frutos verde-escuros de casca grossa com saliências e um espinho na ponta, e polpa branca comestível **2** o fruto dessa árvore

gra.vi.ta.ção [pl.: *-ões*] *s.f.* **1** ato de gravitar **2** FÍS atração mútua que os corpos exercem uns sobre os outros ~ **gravitacional** *adj.2g.*
gra.vi.tar *v.* {mod. 1} *int.* **1** mover-se em torno de um centro de atração **2** *fig.* ter como objetivo principal; concentrar-se ⟨*sua vida gravita em torno dos filhos*⟩
grã-vi.zir [pl.: *grã-vizires*] *s.m.* grão-vizir
gra.vu.ra *s.f.* **1** impressão feita a partir de matriz de madeira, metal ou pedra **2** estampa assim obtida
gra.xa *s.f.* **1** pasta us. para lustrar couro **2** substância de origem vegetal ou animal, us. na indústria alimentícia, farmacêutica, de velas, sabões e lubrificantes
gra.xo *adj.* que tem gordura; gorduroso
gre.co-la.ti.no [pl.: *greco-latinos*] *adj.* **1** greco-romano **2** comum ao grego e ao latim ou aos gregos e aos latinos
gre.co-ro.ma.no [pl.: *greco-romanos*] *adj.* comum a Grécia e Roma ou aos gregos e romanos
gre.ga \ê\ *s.f.* **1** ARQ ornato geométrico, us. esp. em frisos e barras **2** fita bordada ou estampada, us. como enfeite ou acabamento em roupas, cortinas etc.; galão
gre.gá.rio *adj.* que vive em bando ⮌ solitário
gre.go \ê\ *s.m.* **1** natural ou habitante da Grécia **2** a língua falada na Grécia e seu alfabeto **3** *fig. infrm.* coisa difícil de entender ⟨*química, para mim, é g.*⟩ ■ *adj.* **4** relativo a esse país, povo, língua e alfabeto
gre.go.ri.a.no *adj.* relativo aos papas Gregório I e XIII ☞ cf. *canto gregoriano* e *calendário gregoriano*
gre.lha \é\ *s.f.* grade de ferro, que se põe sobre brasas, para assar carnes, peixes etc.
gre.lha.do *adj.* **1** assado ou tostado na grelha ou na chapa ⟨*bife g.*⟩ **2** munido de grelha ou estrutura similar ⟨*a tampa g. de um bueiro*⟩
gre.lhar *v.* {mod. 1} *t.d.* assar, tostar (alimento) em grelha, chapa
gre.lo \ê\ *s.m.* broto de planta ~ **grelar** *v.int.*
grê.mio *s.m.* grupo de pessoas organizadas em torno de um objetivo político, cultural, social, religioso, esportivo etc.; sociedade, agremiação
gre.ná *s.m.* **1** a cor vermelho-castanha da granada ('pedra') ■ *adj.2g.2n.* **2** dessa cor ⟨*blusas grená*⟩ **3** diz-se dessa cor
gre.nha *s.f.* cabelo emaranhado
gre.ta \ê\ *s.f.* **1** fenda na terra causada pelo calor **2** qualquer rachadura estreita em uma superfície; fenda
gre.tar *v.* {mod. 1} *t.d.,int. e pron.* **1** abrir fenda (em); rachar ❑ *int. e pron. fig.* **2** apresentar deficiências; falhar
gre.ve *s.f.* **1** interrupção voluntária e coletiva do trabalho pelos funcionários, para obtenção de benefícios materiais e/ou sociais ⟨*g. por melhores salários*⟩ ☞ cf. *locaute* **2** interrupção temporária e coletiva de qualquer atividade, em protesto contra determinado ato ou situação ⟨*g. de estudantes*⟩
gre.vis.ta *adj.2g.s.2g.* que(m) faz greve
grid [ing.; pl.: *grids*] *s.m.* posição de largada dos carros nas corridas ⇨ pronuncia-se grid

gri.far *v.* {mod. 1} *t.d.* **1** pôr (texto, palavra, letra) em itálico **2** marcar (letras, palavras etc.), ger. sublinhando, para chamar a atenção; destacar **3** pronunciar com destaque; enfatizar
gri.fe *s.f.* nome ou marca própria de um fabricante ou um criador
[1]**gri.fo** *s.m.* animal mitológico, com cabeça e asas de águia e corpo de leão [ORIGEM: do lat. *gryphus* ou *grypus,i* 'id.']
[2]**gri.fo** *s.m.* itálico ('letra') [ORIGEM: do antr. Francesco *Griffo*, ourives bolonhês]
gri.la.gem *s.f.* apropriação ilegal de terras por meio de documentação falsa
gri.lar *v.* {mod. 1} *t.d.* **1** falsificar títulos de (terra) ❑ *t.d.,int. e pron. B gír.* **2** (fazer) ficar chateado, cismado; preocupar(-se), aborrecer(-se)
gri.lei.ro *s.m.* quem se apodera de terras alheias, utilizando falsas escrituras de propriedade
gri.lhão [pl.: *-ões*] *s.m.* **1** corrente grossa de argolas de metal **2** corrente de ferro us. para prender as pernas de condenados **3** *fig.* elo invisível que prende; laço ⟨*os g. da tirania*⟩
gri.lo *s.m.* **1** inseto saltador, de coloração escura, cujo macho produz som através de aparelho formado pelas nervuras das asas anteriores **2** *gír.* preocupação ⟨*ficava cheio de g. antes de tomar uma decisão*⟩ **3** *gír.* problema, situação complicada
grim.pa *s.f.* **1** lâmina móvel de cata-vento que, no alto das torres, casas etc., indica a direção do vento **2** *p.ext.* o cume de qualquer coisa
[1]**grim.par** *v.* {mod. 1} *t.d. e int.* **1** subir em (elevação) usando pés e mãos; trepar, escalar ❑ *int.* **2** responder com insolência, atrevimento [ORIGEM: do fr. *grimper* 'id.']
[2]**grim.par** *v.* {mod. 1} *t.d. e int.* travar, enguiçar (mecanismo ou motor) esp. por falta de lubrificação [ORIGEM: do fr. *gripper* 'agarrar sutilmente, furtar, enganchar, bater de leve']
gri.nal.da *s.f.* coroa de flores, pedrarias etc.; guirlanda
grin.go *s.m. B infrm.* indivíduo estrangeiro
gri.pa.do *adj.* doente de gripe
[1]**gri.par** *v.* {mod. 1} *t.d. e pron.* (fazer) ficar com gripe [ORIGEM: *gripe* + [2]*-ar*]
[2]**gri.par** *v.* {mod. 1} *t.d. e int.* [2]grimpar
gri.pe *s.f.* doença causada por vírus, de fácil contágio, que leva a um estado de abatimento geral, acompanhado de febre, tosse, dores etc. ~ **gripal** *adj.2g.*
gris *s.m.* **1** tom de cinza ■ *adj.2g.* **2** desse tom ⟨*terno g.*⟩
gri.sa.lho *adj.* **1** mesclado de fios brancos (diz-se de cabelo) **2** que tem o cabelo mesclado de fios brancos ⟨*um homem g.*⟩
gri.ta *s.f.* alarido, gritaria
gri.ta.lhão [pl.: *-ões*; fem.: *gritalhona*] *adj.s.m.* (o) que grita muito
gri.tan.te *adj.2g.* **1** que grita **2** que causa indignação ⟨*injustiça g.*⟩ **3** *fig.* chamativo, berrante ⟨*cor g.*⟩

gri.tar *v.* {mod. 1} *t.d.,t.d.i.,t.i. e int.* **1** (prep. *a, para, com*) falar com tom de voz muito alto; berrar ⊃ sussurrar ❑ *t.i.* **2** (prep. *por*) chamar aos berros **3** (prep. *por*) pedir com vigor; clamar ❑ *int.* **4** dar gritos; berrar **5** soltar a voz (certos animais) ☞ nesta acp., só us. nas 3as p., exceto quando fig.

gri.ta.ri.a *s.f.* **1** sequência de gritos **2** ruído confuso de muitas vozes ao mesmo tempo; barulho, falatório

gri.to *s.m.* **1** emissão forte de voz **2** *fig.* protesto; queixa ~ **gritador** *adj.s.m.*

gro.gue *adj.2g.* tonto como um bêbado

1**gro.sa** *s.f.* conjunto de 12 dúzias [ORIGEM: prov. do it. *grossa* 'id.']

2**gro.sa** *s.f.* lima grossa de ferro ou aço [ORIGEM: obscura]

gro.se.lha *s.f.* **1** fruto da groselheira, redondo e vermelho, us. no preparo de geleias, xaropes etc. **2** groselheira

gro.se.lhei.ra *s.f.* pequeno arbusto, cultivado pelos seus frutos; groselha

gros.sei.ro *adj.s.m.* **1** que(m) é indelicado, rude ⟨*homem g.*⟩ ⟨*resposta g.*⟩ ⊃ gentil ■ *adj.* **2** malfeito ⟨*imitação g.*⟩ ⊃ caprichado **3** indecente, obsceno ⟨*piada g.*⟩

gros.se.ri.a *s.f.* **1** caráter, propriedade do que é grosseiro **2** expressão ou gesto que denotam ausência de cortesia, de civilidade, de educação; indelicadeza ⊃ educação, elegância

gros.so \ô\ [pl.: *grossos* \ó\] *adj.* **1** de grande volume, espessura ou diâmetro ⟨*tronco g.*⟩ ⊃ fino **2** consistente, denso ⟨*caldo g.*⟩ **3** *fig.* de grande repercussão ⟨*um g. escândalo*⟩ **4** rouco, grave (voz) ⊃ fino **5** *fig.* malfeito, mal-acabado ⟨*costura g.*⟩ **6** áspero ⟨*tecido g.*⟩ ⊃ suave ■ *adj.s.m. B infrm.* **7** que(m) é indelicado ⟨*pessoa g.*⟩ ⊃ delicado ■ *s.m.* **8** a maior parte ⟨*o g. da turma*⟩

gros.su.ra *s.f.* **1** grande volume, espessura ou diâmetro **2** *infrm.* grosseria ⊃ delicadeza

gro.ta *s.f.* **1** cavidade em encosta provocada pela chuva ou, em ribanceira de rio, por enchente **2** *B* vale entre dois montes ⊙ GRAM/USO aum.irreg. *grotão*

gro.tes.co \ê\ *adj.s.m.* (o) que é esquisito, disforme ou ridículo ⟨*situação g.*⟩ ⟨*desenho g.*⟩

grou [fem.: *grua*] *s.m.* grande ave pernalta, de pescoço longo, cabeça sem penas, bico reto e plumagem branca, cinza ou marrom ⊙ voz v. grulhar

1**gru.a** *s.f.* fêmea do grou [ORIGEM: *grou*, sob a f.rad. *gru-* + *-a* (desin. de fem.)]

2**gru.a** *s.f.* **1** guindaste **2** TV guindaste us. em filmagens, que se movimenta em todas as direções, com uma plataforma em sua extremidade onde ficam a câmera, seu operador e o diretor [ORIGEM: do fr. *grue* 'id.']

gru.dar *v.* {mod. 1} *t.d.,t.d.i.,int. e pron.* **1** (prep. *em*) unir(-se) [uma coisa] (a outra ou a uma superfície) com grude, cola; colar(-se) ⊃ desgrudar(-se) ❑ *t.d.,int. e pron.* **2** pôr ou ficar junto de uma superfície ⟨*g. o rosto no vidro*⟩ ⟨*o suor grudou(-se) no seu rosto*⟩ ❑ *int.* **3** ter propriedade adesiva; colar **4** *infrm.* ser aceito, bem acolhido; colar ⟨*essa desculpa tem que g.*⟩ ❑ *t.i. B* **5** (prep. *em*) ficar junto, no encalço de (alguém), sem se afastar ⟨*g. no namorado*⟩

gru.de *s.m.* **1** cola forte, goma **2** *B infrm.* comida ruim; gororoba

gru.den.to *adj.* **1** que gruda; pegajoso, viscoso ■ *adj.s.m.* **2** *fig.* (o) que não larga de outrem, (o) que está insistentemente buscando companhia

gru.gu.le.jar ou **gru.gru.le.jar** *v.* {mod. 1} *int.* emitir som (o peru) ⊙ GRAM/USO só us. nas 3as p., exceto quando fig.

gru.me.te \ê *ou* é\ *s.m.* marinheiro de menor graduação na armada

gru.mi.xa.ma *s.f.* **1** pequena fruta roxo-escura de polpa gelatinosa e doce **2** a árvore desse fruta; grumixameira

gru.mi.xa.mei.ra *s.f.* árvore nativa do sudeste do Brasil, de casca aromática e frutos roxo-escuros, comestíveis; grumixama

gru.mo *s.m.* **1** grão minúsculo **2** monte de pequenos grãos ou partículas **3** coágulo pequeno ~ **grumoso** *adj.*

gru.na *s.f.* **1** escavação feita por garimpeiros **2** depressão formada pelas águas nas ribanceiras de certos rios

gru.nhi.do *s.m.* **1** voz de porco ou de javali **2** *fig.* resmungo, reclamação

gru.nhir *v.* {mod. 24} *int.* **1** soltar grunhidos (p.ex., porco, javali) ☞ nesta acp., só us. nas 3as p., exceto quando fig. ❑ *t.d. e int. fig.* **2** falar baixo, com mau humor; resmungar ~ **grunhidela** *s.f.*

gru.pa.men.to *s.m.* **1** condição do que se acha reunido em grupo **2** reunião temporária de duas ou mais unidades militares, operacionais ou administrativas ⟨*g. marítimo*⟩

gru.par *v.* {mod. 1} *t.d. e pron.* juntar(-se) em grupo(s); agrupar(-se)

gru.pe.lho \ê\ *s.m. pej.* grupo pequeno ou insignificante ⊙ GRAM/USO dim.irreg. de *grupo*

gru.pi.a.ra ou **gu.pi.a.ra** *s.f. B* depósito de cascalho em local alto, acima do nível das águas

gru.po *s.m.* **1** reunião de coisas ou pessoas num todo ⟨*g. de crianças, de casas*⟩ ⊃ indivíduo, unidade **2** conjunto de pessoas ou coisas com características, interesses comuns ⟨*g. familiar*⟩ **3** *B* conjunto de salas num prédio comercial ⊙ GRAM/USO dim.irreg.: *grupelho* ~ **grupal** *adj.2g.*

gru.ta *s.f.* caverna

gua.bi.ru *s.m.* **1** roedor encontrado em todo o mundo, com até 20 cm de comprimento, pelo das costas escuro e partes inferiores claras, que vive em lugares secos, ger. no interior de casas **2** *fig.* ladrão, gatuno

gua.che *s.m.* **1** tinta de consistência pastosa, opaca, diluída em água ou misturada com goma ou mel **2** pintura com essa tinta

gua.cho ou **gua.xo** *adj.s.m.* **1** (animal) que não é criado pela própria mãe **2** (criança) que não é amamentada com leite materno ■ *adj.* **3** que foi posto para fora do seu ninho ou colocado em outro (diz-se de ovo)

guai.a.co ou **guái.a.co** *s.m.* 1 árvore de madeira resinosa, muito dura e impermeável 2 a resina, de uso medicinal, obtida pelo aquecimento da madeira dessa árvore

guai.a.col ou **gai.a.col** *s.m.* FARM substância us. esp. em medicina como expectorante

guai.a.mu ou **guai.a.mum** *s.m.* grande caranguejo de carapaça azul

gua.ja.ja.ra *s.2g.* 1 indivíduo pertencente ao grupo indígena dos guajajaras, que habita o centro-norte do Maranhão ■ *adj.2g.* 2 relativo a esse indivíduo ou grupo

guam.pa *s.f.* 1 chifre 2 copo feito de chifre

gua.na.co *s.m.* tipo de lhama de face escura, dorso marrom e pernas brancas

guan.du ou **guan.do** *s.m.* 1 arbusto cultivado esp. pelas sementes comestíveis e de uso medicinal 2 semente desse arbusto, ger. esférica e amarela

gua.po *adj.* 1 corajoso, ousado ↺ covarde 2 elegante, bonito ↺ feio

[1]**gua.rá** *s.2g.* grande ave dos mangues, de plumagem vermelha e bico recurvado, que se alimenta de caranguejos, caramujos e insetos [ORIGEM: do tupi *agwa'ra* 'id.']

[2]**gua.rá** *s.m.* tipo de lobo de pelagem laranja-avermelhada, ponta do focinho e extremidade das patas negras, cauda curta e branca; lobo-guará [ORIGEM: do tupi *agwa'ra* 'id.']

gua.ra.ná *s.m.* 1 arbusto amazônico de cujas sementes se extraem pasta, xarope e refrigerante 2 a semente desse arbusto 3 a pasta, xarope ou pó dessas sementes 4 o refrigerante feito com esse pó ou xarope

gua.ra.ni *s.2g.* 1 indivíduo dos guaranis, povo indígena que vive no Paraguai, Bolívia e sul do Brasil ■ *s.m.* 2 a língua falada por esse povo 3 meio através do qual são efetuadas transações monetárias no Paraguai 4 a cédula e a moeda us. nessas transações ■ *adj.2g.* 5 relativo a esse indivíduo, povo ou língua ~ **guaranítico** *adj.*

guar.da *s.f.* 1 vigilância, cuidado ⟨*a g. de um prisioneiro*⟩ 2 dever de zelar por; custódia ⟨*recebeu a g. do sobrinho*⟩ 3 grupo que vigia e zela pela segurança de um lugar ou alguém ⟨*a g. do quartel*⟩ 4 *fig.* algo que oferece proteção, amparo 5 posição de defesa em esgrima, boxe etc. ⟨*baixar a g.*⟩ ↺ ataque ■ *s.2g.* 6 profissional que vigia e defende determinado local; vigia, guardião ⟨*g. de trânsito, de banco*⟩ ⊡ **velha g.** *loc.subst.* nome dado aos mais antigos num grupo ou numa atividade

guar.da-cha.ves *s.m.2n.* ferroviário que manobra as chaves em desvios e ramais de trilhos

guar.da-chu.va [pl.: *guarda-chuvas*] *s.m.* armação de varetas flexíveis, coberta por tecido impermeável, us. para proteger da chuva ou do sol; chapéu de chuva

guar.da-co.mi.da [pl.: *guarda-comidas*] *s.m.* móvel para guardar comidas

guar.da-cos.tas *s.m.2n.* 1 pessoa que acompanha outra para protegê-la de agressões ou assédio ■ *adj.2g.2n.s.m.2n.* 2 (navio) destinado a defender as águas costeiras e combater o contrabando

guar.da.dor \ô\ *adj.s.m.* 1 (aquele) que guarda ■ *s.m.* 2 quem vigia automóveis estacionados nas ruas; flanelinha

guar.da-flo.res.tal [pl.: *guardas-florestais*] *s.m.* funcionário encarregado de zelar pela conservação de uma floresta ou parte dela

guar.da-frei.os *s.m.2n.* empregado de estrada de ferro que vistoria e manobra os freios do trem

guar.da-li.vros *s.2g.2n.* empregado responsável pelos registros da contabilidade de empresas, comércio etc.

guar.da-lou.ça [pl.: *guarda-louças*] *s.m.* móvel ou prateleira em que se guarda louça

guar.da-ma.ri.nha [pl.: *guardas-marinha*, *guarda-marinhas* e *guardas-marinhas*] *s.m.* graduação de praça especial, aluno da Escola Naval, ou profissional admitido nos quadros da Marinha, imediatamente antes de ser promovido ao oficialato

guar.da-mor [pl.: *guardas-mores*] *s.m.* título oficial do chefe da alfândega nos portos

guar.da.mo.ri.a *s.f.* 1 cargo de guarda-mor 2 repartição dirigida pelo guarda-mor da alfândega

guar.da-mó.veis *s.m.2n.* estabelecimento que guarda móveis, mediante pagamento

guar.da.na.po *s.m.* pequena toalha, de pano ou papel, us. à mesa para limpar os lábios e proteger a roupa

guar.da-no.tur.no [pl.: *guardas-noturnos*] *s.m.* guarda contratado para vigiar propriedades particulares durante a noite

guar.da-pó [pl.: *guarda-pós*] *s.m.* casaco comprido, de tecido leve, que se veste por cima da roupa para resguardá-la de pó e sujeira ☞ cf. *jaleco*

guar.dar *v.* {mod. 1} *t.d.* e *t.d.i.* 1 (prep. *de*) vigiar para defender, proteger 2 (prep. *para*, *a*) pôr à parte; reservar ❑ *t.d.* 3 tomar conta de; zelar ↺ abandonar 4 pôr no lugar apropriado ⟨*g. a roupa no armário*⟩ ☞ *no armário* é circunstância que funciona como complemento 5 acondicionar para conservar em bom estado 6 manter em seu poder; preservar, conservar 7 reter na memória; lembrar, memorizar ↺ esquecer 8 deixar de pronunciar, comunicar, expressar; ocultar ↺ revelar 9 ter em si; encerrar, conter 10 não deixar (certo lugar); permanecer ⟨*g. o leito do filho*⟩ 11 manter constante (atitude, ânimo etc.); conservar 12 cumprir, observar ⟨*g. a lei, os dias santos*⟩ 13 manter suspenso; adiar ❑ *pron.* 14 (prep. *de*) pôr-se em guarda; precaver-se 15 proteger-se de esforços; preservar-se

guar.da-rou.pa [pl.: *guarda-roupas*] *s.m.* 1 armário us. para guardar roupas 2 o conjunto das roupas de alguém ⟨*renovou seu g. de verão*⟩

guar.da-sol [pl.: *guarda-sóis*] *s.m.* **1** tipo de guarda-chuva, grande, fixado na areia da praia ou em mesas, us. como proteção contra o sol; chapéu de sol **2** guarda-chuva

guar.di.ão [pl.: *-ões* e *-ães*; fem.: *guardiã*] *s.m.* indivíduo que defende ou conserva algo ou alguém; protetor

gua.ri.ba *s.2g.* nome comum dado a certos macacos da América do Sul; bugio

gua.ri.da *s.f.* **1** toca de feras **2** *fig.* algo que oferece proteção; abrigo, refúgio ⊃ desamparo **3** guarita

gua.ri.ta *s.f.* casinhola ou torre us. para abrigar sentinelas; guarida

guar.ne.cer *v.* {mod. 8} *t.d.* e *t.d.i.* **1** (prep. *de*) prover (de algo necessário, útil); abastecer ❑ *t.d.* **2** pôr forças militares em; fortalecer **3** adornar, enfeitar **4** caiar (parede) depois de pôr reboco ~ **guarnecedor** *adj.s.m.*

guar.ni.ção [pl.: *-ões*] *s.f.* **1** o que protege **2** conjunto de tropas militares sediadas em um local **3** a tripulação de um navio **4** o punho e a parte da espada que protege a mão **5** enfeite, ornato **6** em uma refeição, acompanhamento do prato principal

gua.te.ma.len.se *adj.2g.s.2g.* guatemalteco

gua.te.mal.te.co *adj.* **1** da Guatemala (América Central) ■ *s.m.* **2** natural ou habitante desse país

gua.xi.nim *s.m.* pequeno mamífero carnívoro, de pelo cinza-escuro, com pernas, face e listas da cauda negros, que vive próximo a brejos e mangues

gua.xo *adj.s.m.* → GUACHO

gu.de *s.m.* **1** jogo com bolinhas de vidro cujo objetivo é fazê-las entrar em três buracos dispostos em linha reta **2** a bolinha us. nesse jogo

gue.de.lha \ê\ *s.f.* **1** cabelo comprido e despenteado **2** madeixa

guei.xa *s.f.* japonesa treinada em dança, canto e conversação para entreter fregueses homens em casas de chá, banquetes etc.

guel.ra *s.f.* brânquia

guen.zo *adj. B* muito magro; adoentado

gue.par.do *s.m.* grande felino da África e Ásia, esguio, de pernas longas, cabeça pequena e pelo amarelo-claro com pintas pretas, considerado o mais veloz entre os animais terrestres

guer.ra *s.f.* **1** luta armada entre nações ou entre partidos ou etnias ⊃ paz **2** qualquer combate com ou sem armas; conflito **3** disputa acirrada; hostilidade ⟨*g. entre famílias*⟩ ⊃ harmonia **4** combate a qualquer coisa que se atribua valor nocivo ⟨*g. às drogas*⟩ ⊡ **g. bacteriológica** *loc.subst.* guerra em que se empregam microrganismos vivos ou suas toxinas como arma de destruição; guerra biológica • **g. biológica** *loc.subst.* guerra bacteriológica • **g. civil** *loc.subst.* conflito travado entre cidadãos de um mesmo país • **g. de nervos** *loc.subst.* esforço para irritar o adversário com ações, atitudes ou notícias, deixando-o inquieto e diminuindo seu espírito de luta e resistência • **g. fria** *loc.subst.* estado de hostilidade internacional em que não são us. armamentos • **g. química** *loc.subst.* guerra em que se empregam substâncias químicas nocivas à vida

guer.re.ar *v.* {mod. 5} *t.d.* e *int.* **1** travar guerra (com); combater ❑ *t.d. p.ext.* **2** opor-se a; hostilizar ⊃ aceitar ~ **guerreador** *adj.s.m.*

guer.rei.ro *adj.* **1** referente a guerra **2** *fig.* que tem inclinação para o combate ⟨*espírito g.*⟩ ⊃ pacato ■ *adj.s.m.* **3** (o) que se empenha para conseguir o que quer; batalhador ⊃ indolente

guer.ri.lha *s.f.* **1** luta armada que se caracteriza por ações descontínuas, emboscadas etc., efetuada por pequenos grupos **2** grupo de combatentes que adota essa luta ~ **guerrilhar** *v.int.*

guer.ri.lhei.ro *adj.* **1** relativo a ou próprio de guerrilha ⟨*atos g.*⟩ ⟨*organização g.*⟩ ■ *s.m.* **2** aquele que combate numa guerrilha

gue.to \ê\ *s.m.* **1** em algumas cidades europeias, bairro onde os judeus eram obrigados a residir **2** *p.ext.* bairro onde, por imposição econômica e/ou racial, são confinadas certas minorias

gui.a *s.f.* **1** documento que autoriza o recebimento ou transporte de mercadorias **2** formulário com que se fazem recolhimentos às repartições arrecadadoras do Estado ⟨*g. de imposto*⟩ **3** autorização, permissão ⟨*g. para internação num hospital*⟩ **4** coleira **5** *B* o meio-fio das calçadas **6** REL *B* colar de contas com cores que representam os orixás ou entidades espirituais **7** dispositivo para orientar ou regular o movimento de uma máquina, ferramenta etc. ■ *s.2g.* **8** pessoa que conduz outra(s) ⟨*g. de cegos*⟩ **9** pessoa que acompanha turistas, viajantes etc. ⟨*g. de excursão, de museu*⟩ **10** o que serve de modelo ⟨*os clássicos são o meu g.*⟩ ■ *s.m.* **11** manual de instruções **12** livro com indicações sobre uma cidade **13** REL *B* cada uma das divindades africanas cultuadas na umbanda

gui.ão [pl.: *-ões* e *-ães*] *s.m.* **1** estandarte que vai à frente nas procissões **2** MIL estandarte que se levava na frente das tropas **3** MIL soldado que o carregava **4** guidão

gui.ar *v.* {mod. 1} *t.d.* **1** acompanhar, mostrando o caminho ou servindo de cicerone; orientar, conduzir ⟨*g. um turista*⟩ ⟨*g. o menino para casa*⟩ ☞ *para casa* é circunstância que funciona como complemento **2** dar proteção a; amparar ⟨*Deus o guie*⟩ ⊃ abandonar **3** fazer seguir certa direção; controlar ⟨*g. o escoamento das águas*⟩ ❑ *pron.* **4** tomar certo caminho; conduzir-se ❑ *t.d.i. fig.* **5** (prep. *em*) ajudar, aconselhar a (escolher diretriz intelectual ou moral); orientar(-se) ❑ *t.d.* e *int.* **6** comandar (veículo, animal), fazendo-o tomar certo rumo ~ **guiador** *adj.s.m.*

gui.chê *s.m.* pequena abertura em porta, parede etc. para atendimento ao público

gui.dão [pl.: *-ões*] ou **gui.dom** *s.m.* barra com punhos que comanda a roda dianteira de bicicletas, motos etc.

gui.lho.ti.na *s.f.* **1** instrumento composto de uma pesada lâmina que desliza por duas hastes verticais, us. para decapitar condenados à morte **2** cortadora de papel

gui.lho.ti.nar *v.* {mod. 1} *t.d.* decepar com guilhotina a cabeça de
guim.ba *s.f. infrm.* o que restou de um cigarro, charuto etc. já fumado
gui.na.da *s.f.* **1** mudança brusca de direção de um navio **2** *p.ext.* mudança súbita e radical num movimento, num comportamento, numa situação ~ **guinar** *v.t.d. e int.*
[1]**guin.char** *v.* {mod. 1} *int.* soltar guinchos (p.ex., o porco); grunhir ⊙ GRAM/USO só us. nas 3as p., exceto quando fig. [ORIGEM: [1]*guincho* + [2]*-ar*]
[2]**guin.char** *v.* {mod. 1} *t.d.* içar, puxar ou arrastar com guincho [ORIGEM: [2]*guincho* + [2]*-ar*]
[1]**guin.cho** *s.m.* som agudo produzido por pessoas, animais etc. [ORIGEM: onomatopaica]
[2]**guin.cho** *s.m.* **1** guindaste **2** máquina us. para suspender cabos, amarras etc **3** *B* veículo com guindaste us. para rebocar carros enguiçados; reboque [ORIGEM: do ing. *winch* 'guincho']
guin.dar *v.* {mod. 1} *t.d.* **1** deslocar de baixo para cima; levantar ⮌ baixar ❑ *t.d.,t.d.i. e pron.* **2** (prep. *a*) alçar(-se) [a posição elevada, de destaque] ~ **guindagem** *s.f.*
guin.das.te *s.m.* máquina us. para erguer ou deslocar volumes muito pesados
guir.lan.da *s.f.* grinalda
gui.sa *s.f.* maneira, modo ⊡ **à g. de** *loc.adv.* à maneira de ⟨*usava uma corda à g. de cinto*⟩
gui.sa.do *adj.s.m.* (alimento) que se prepara ensopando ou refogando etc.
gui.sar *v.* {mod. 1} *t.d.* preparar (alimento), ensopando ou refogando etc.
gui.tar.ra *s.f.* instrumento de cordas dedilháveis, semelhante ao violão ⊡ **g. elétrica** *loc.subst.* guitarra cujos sons são transmitidos a um amplificador por meio de um dispositivo eletrônico colocado sob as cordas ~ **guitarrista** *s.2g.*
gui.zo *s.m.* esfera oca de metal com bolinhas de ferro dentro, que, ao ser agitada, produz som
gu.la *s.f.* **1** vício de comer e beber excessivamente **2** atração forte por doces e iguarias finas; gulodice
gu.lo.di.ce *s.f.* **1** gula ('atração') **2** guloseima
gu.lo.sei.ma *s.f.* doce ou iguaria apetitosa; gulodice
gu.lo.so \ô\ [pl.: *gulosos* \ó\] *adj.s.m.* **1** (o) que se sente atraído por guloseimas **2** (o) que tem o vício da gula ⮌ inapetente
gu.me *s.m.* lado afiado de faca, navalha etc.
gu.pi.a.ra *s.f.* → *GRUPIARA*
gu.ri [fem.: *guria*] *s.m.* menino, criança
gu.ru *s.m.* **1** na Índia, mestre espiritual ou líder de seita religiosa **2** *p.ext.* mestre influente, respeitado ■ *s.2g. B* **3** quem orienta ou aconselha
gu.ru.pés *s.m.2n.* mastro colocado no bico de proa dos veleiros, apontado para a frente
gu.sa *s.m.* ferro-gusa
gus.ta.ção [pl.: *-ões*] *s.f.* **1** prova de bebida ou comida em pequenas quantidades para aguçar o paladar **2** paladar ('sentido')
gus.ta.ti.vo *adj.* que diz respeito a gosto, a paladar
gu.ta-per.cha [pl.: *guta-perchas* e *gutas-perchas*] *s.f.* látex extraído de várias árvores, semelhante à balata e à borracha, us. como isolante elétrico, adesivo dentário, e na fabricação de instrumentos cirúrgicos e bolas de golfe
gu.tí.fe.ro *adj.* que deixa cair gotas
gu.tu.ral *adj.2g.* **1** relativo à garganta **2** rouco, grave (som) ⟨*voz g.*⟩ ~ **guturalidade** *s.f.* - **guturalizar** *v.t.d.*

Hh

H H h Hh Hh Hh Hh Hh

c. 200 a.C. c. 100 a.C. c. 800 c.1500 c.1800 1890 1927 2001

h *s.m.* **1** oitava letra (consoante) do nosso alfabeto ■ *n.ord. (adj.2g.2n.)* **2** diz-se do oitavo elemento de uma série ⟨*casa H*⟩ ⟨*item 1h*⟩ ☞ empr. posposto a um substantivo ou numeral ⊙ GRAM/USO na acp. s.m., pl.: *hh*

H símbolo de *hidrogênio*

ha símbolo de *hectare*

hã *interj.* indica surpresa, admiração

ha.beas cor.pus [lat.] *loc.subst.* garantia jurídica de liberdade contra prisão ilegal ⇨ pronuncia-se **abeas córpus**

há.bil *adj.2g.* **1** apto para fazer algo bem ⟨*h. cozinheira*⟩ ⟨*cirurgião h.*⟩ ⮌ desastrado **2** que resolve situações de maneira apropriada; astuto, esperto ⟨*foi h. em conversar com a turma*⟩ **3** ágil, rápido ⟨*dedos h.*⟩ ⮌ lento **4** que atende ao estabelecido por lei, regulamento etc. ⟨*terminou o texto em tempo h.*⟩ ~ **habilidade** *s.f.*

ha.bi.li.do.so \ô\ [pl.: *habilidosos* \ó\] *adj.* que é jeitoso, hábil ⟨*motorista h.*⟩

ha.bi.li.ta.ção [pl.: *-ões*] *s.f.* **1** documento ou título que torna (alguém) legalmente capaz de exercer uma atividade ⟨*h. para lecionar, para dirigir*⟩ **2** aptidão, capacidade ⮌ inaptidão

ha.bi.li.tar *v.* {mod. 1} *t.d.* **1** tornar muito eficiente, hábil **2** em informática, tornar ativo (um dispositivo) ❑ *t.d.i. e pron.* **3** (prep. *para*) munir(-se) de conhecimentos, tornando(-se) apto para (serviço, função etc.); capacitar(-se) ⮌ desabilitar(-se) **4** (prep. *a*) preparar(-se), dispor(-se) ❑ *pron.* **5** (prep. *a*) pôr-se à diposição de

ha.bi.ta.ção [pl.: *-ões*] *s.f.* lugar onde se mora; moradia ~ **habitacional** *adj.2g.*

ha.bi.tan.te *adj.2g.s.2g.* morador, residente ⟨*h. de São Paulo*⟩ ⊙ COL população

ha.bi.tar *v.* {mod. 1} *t.d. e int.* **1** ocupar como residência; morar ⟨*h. uma casa velha*⟩ ⟨*h. aqui é ruim*⟩ ☞ *aqui* é circunstância que funciona como complemento **2** ter como *habitat* **3** *fig.* estar presente; permanecer ⟨*tal ideia habita sua mente*⟩ ⟨*o ódio habita em seu coração*⟩ ❑ *t.d.* **4** prover de habitantes; povoar, ocupar ~ **habitabilidade** *s.f.*

ha.bi.tat [lat.] *s.m.2n.* **1** ambiente natural em que vive ou se desenvolve um animal ou uma planta **2** conjunto de condições de organização e povoamento pelo homem do meio em que vive ⟨*h. urbano*⟩ **3** *p.ext.* local onde algo é ger. encontrado ou onde alguém se sente em seu ambiente ideal ⟨*encontrou seu h. no novo trabalho*⟩ ⇨ pronuncia-se **abitat**

há.bi.tat *s.m. habitat*

ha.bi.te-se *s.m.2n.* autorização de órgão municipal para o uso de prédio recém-construído ou reformado

há.bi.to *s.m.* **1** modo usual de ser ou agir; costume ⟨*h. rígidos*⟩ ⟨*homem preso a velhos h.*⟩ **2** uso ou ação repetida que leva ao conhecimento ou prática ⟨*o h. de escrever*⟩ **3** roupa de religioso

ha.bi.tu.al *adj.2g.* comum; frequente ⮌ extraordinário

ha.bi.tu.ar *v.* {mod. 1} *t.d.i. e pron.* (prep. *a*) [fazer] adquirir (uma aptidão ou um modo de agir, sentir, pensar); acostumar(-se) ⮌ desabituar(-se) ~ **habituação** *s.f.* - **habitualidade** *s.f.*

hack.er [ing.; pl.: *hackers*] *s.m.* ver CIBERPIRATA ⇨ pronuncia-se **réquer**

ha.do.que *s.m.* peixe do Atlântico Norte semelhante ao bacalhau, que possui uma linha lateral negra e uma mancha escura atrás das brânquias
háf.nio *s.m.* elemento químico us. em reatores nucleares, elétrodos, vidros especiais etc. [símb.: *Hf*] ☞ cf. *tabela periódica* (no fim do dicionário)
ha.gi.o.gra.fi.a *s.f.* biografia ou estudo sobre biografia de santos ~**hagiográfico** *adj.* - **hagiógrafo** *s.m.*
hai.cai *s.m.* forma de poesia japonesa surgida no sXVI, composta de três versos, com cinco, sete e cinco sílabas, respectivamente
hai.ti.a.no *adj.* **1** relativo ao Haiti (América Central) ■ *s.m.* **2** natural ou habitante dessa ilha
ha.li.êu.ti.ca *s.f.* a arte da pesca ~**haliêutico** *adj.*
há.li.to *s.m.* **1** o odor da boca **2** o ar que sai pela boca durante a expiração
ha.li.to.se *s.f.* odor desagradável na boca, mau hálito
hall [ing.; pl.: *halls*] *s.m.* saguão ('sala') ⇨ pronuncia-se ról
ha.lo *s.m.* **1** aro de luz em volta do Sol ou da Lua **2** auréola ('circunferência') **3** *fig.* brilho que provém de alguém ou algo ⟨*um h. de glória*⟩
ha.lo.gê.ni.co *adj.* semelhante a ou derivado de halogênio
ha.lo.gê.nio *s.m.* designação dada aos elementos químicos flúor, cloro, iodo, bromo e astatínio ☞ cf. *tabela periódica* (no fim do dicionário) ~**halogenação** *s.f.*
hal.te.re ou **hal.ter** *s.m.* par de esferas ou discos de metal, ligados por barra tb. de metal, us. em exercícios ou demonstrações de levantamento de peso
hal.te.ro.fi.li.a *s.f.* halterofilismo
hal.te.ro.fi.lis.mo *s.m.* prática esportiva ou competitiva de levantamento de peso ~ **halterofilista** *adj.2g.s.2g.*
ham.búr.guer *s.m.* **1** bife redondo de carne moída compactada com temperos **2** sanduíche feito com esse bife
ham.ster [ing.; pl.: *hamsters*] *s.m.* roedor nativo da Síria, encontrado no mundo todo como animal de estimação ou como cobaia ⇨ pronuncia-se **ramster**
han.de.bol *s.m.* jogo em que duas equipes de sete jogadores cada uma tentam, usando apenas as mãos, colocar a bola no gol do adversário, defendido pelo goleiro, único que pode usar tb. os pés
han.gar *s.m.* galpão ou abrigo fechado para aviões
han.se.ní.a.se *s.f.* doença infecciosa crônica causada por bacilo, contagiosa por contato íntimo e prolongado, que se inicia com pequenas manchas claras na pele, sem sensibilidade; lepra, morfeia ~**hanseniano** *adj.s.m.*
ha.ra.qui.ri *s.m.* suicídio ritual japonês, praticado esp. por guerreiros e nobres, em que se rasga o ventre com uma faca ou sabre
ha.ras *s.m.2n.* local de criação ou treinamento de cavalos
hard disk [ing.] *loc.subst.* INF ver *DISCO RÍGIDO* [abrev.: *HD*] ⇨ pronuncia-se rard disk
hard.ware [ing.; pl.: *hardwares*] *s.m.* a parte física de um computador (material eletrônico, monitor, periféricos, placas etc.) ⇨ pronuncia-se **rarduer**
ha.rém *s.m.* **1** conjunto de aposentos, na casa de um sultão ('imperador') muçulmano, destinado à habitação das mulheres **2** grupo constituído por esposas, concubinas, parentes femininas e criadas que habitam esses aposentos
har.mo.ni.a *s.f.* **1** combinação perfeita entre coisas ou seres distintos ⮌ desacordo **2** paz ⮌ conflito **3** MÚS sucessão agradável de sons ⮌ dissonância ~**harmônico** *adj.s.m.*
har.mô.ni.ca *s.f.* gaita
har.mô.nio *s.m.* instrumento musical semelhante ao órgão, de teclados e foles acionados por pedais
har.mo.ni.o.so \ô\ [pl.: *harmoniosos* \ó\] *adj.* **1** que tem harmonia ou que está em harmonia ⟨*um jardim h.*⟩ **2** que se mostra agradável ao ouvido ou à vista ⟨*voz h.*⟩ ⟨*movimentos h.*⟩
har.mo.ni.zar *v.* {mod. 1} *t.d.,t.d.i.,t.i.,int. e pron.* (prep. *com*) pôr(-se) ou estar em harmonia, acordo; conformizar(-se) ⮌ desarmonizar(-se) ~ **harmonização** *s.f.*
har.pa *s.f.* grande instrumento de cordas dedilháveis estendidas, presas em duas partes de uma moldura triangular de madeira, atualmente dotado de pedais ~**harpista** *adj.2g.s.2g.*
har.pe.jar *v.* {mod. 1} *t.d. e int.* tocar (na) harpa ☞ cf. *arpejar*
har.pi.a *s.f.* **1** a mais forte ave de rapina, que ocorre no México e América do Sul **2** na mitologia grega, monstro com cabeça de mulher, corpo de pássaro e garras afiadas
hás.sio *s.m.* elemento químico artificial, anteriormente denominado *unniloctium* [símb.: *Hs*] ☞ cf. *tabela periódica* (no fim do dicionário)
has.ta *s.f.* **1** lança **2** leilão ⊡ **h. pública** *loc.subst.* venda de bens em leilão, promovida pelo poder público
has.te *s.f.* **1** pau ou ferro reto e longo em que se encrava ou apoia algo **2** caule, talo **3** pau de bandeira; mastro
has.te.ar *v.* {mod. 5} *t.d.* **1** fazer subir em ou prender ao topo de haste, mastro etc.; içar ❑ *t.d. e pron.* **2** erguer(-se), levantar(-se) ~**hasteamento** *s.m.*
hau.rir *v.* {mod. 24} *t.d.* **1** retirar de onde estava; extrair **2** consumir inteiramente; esvaziar **3** aspirar, inalar
haus.to *s.m.* **1** ato de haurir ou o seu efeito **2** porção de ar inalada em aspiração longa e profunda **3** porção de bebida ingerida de uma só vez; gole, trago
ha.vai.a.no *adj.* **1** relativo ao Havaí (Oceania) ■ *s.m.* **2** natural ou habitante desse arquipélago americano
ha.va.na *s.m.* **1** charuto de tabaco cubano **2** tabaco cultivado em Cuba **3** a cor castanho-clara desse tabaco ■ *adj.2g.2n.* **4** dessa cor ⟨*casaco h.*⟩ **5** diz-se dessa cor
ha.va.nês *adj.* **1** relativo a Havana (Cuba) ■ *s.m.* **2** natural ou habitante dessa capital

ha.ver *v.* {mod. 13} *t.d.* **1** ter existência material ou espiritual; existir **2** estar ou encontrar-se concretamente em certo lugar ou situação ⟨*há alguém batendo à porta*⟩ **3** estar à disposição para uso ou serviço ⟨*há comida para todos*⟩ **4** passar (o tempo); fazer ⟨*há cinco anos deixei de fumar*⟩ **5** ser ou tornar-se realidade no tempo e no espaço; acontecer, realizar-se ⟨*não houve reunião*⟩ ☞ nestas acp., é impessoal ❑ *pron.* **6** ter certa conduta; portar-se ⟨*como h.-se na festa?*⟩ **7** dar conta de; sair-se ⟨*h.-se bem numa prova*⟩ **8** (prep. *com*) andar às voltas com; lidar ⟨*h.-se com complicações*⟩ **9** (prep. *com*) prestar contas a; avir-se ⟨*o traidor vai h.-se comigo*⟩ ■ *s.m.* **10** em contabilidade, o que se tem a receber; crédito ▼ *haveres s.m.pl.* **11** bens, posses, patrimônio

ha.xi.xe *s.m.* droga de efeito entorpecente feita com a resina das inflorescências do cânhamo

HD [ing.] *s.m.* INF abrev. de *HARD DISK* ⇨ pronuncia-se *corretemente* aga dê

He símbolo de *hélio*

heb.do.ma.dá.rio *adj.* **1** relativo a semana; semanal ■ *s.m.* **2** publicação semanal; semanário

he.brai.co *adj.* **1** relativo aos hebreus; hebreu **2** relativo à língua falada pelos hebreus ■ *s.m.* **3** indivíduo dos hebreus; hebreu **4** língua falada por esse povo e atual língua oficial de Israel

he.breu [fem.: *hebreia* \éi\] *adj.* **1** relativo aos hebreus, povo semita monoteísta da Antiguidade ■ *s.m.* **2** indivíduo desse povo **3** língua falada por esse povo; hebraico

he.ca.tom.be *s.f.* **1** massacre de um grande número de pessoas; carnificina **2** *p.ext.* calamidade, desgraça

hec.ta.re *s.m.* medida agrária equivalente a 10.000 m² [símb.: *ha*]

hec.to.gra.ma *s.m.* unidade de medida de massa equivalente a cem gramas [símb.: *hg*]

hec.to.li.tro *s.m.* unidade de medida de volume equivalente a cem litros [símb.: *hl*]

hec.tô.me.tro *s.m.* unidade de medida de comprimento equivalente a cem metros [símb.: *hm*]

he.di.on.do *adj.* **1** que apresenta deformidade; repugnante ⊃ formoso **2** *fig.* que provoca indignação moral ⟨*crime h.*⟩ **3** depravado, imundo ⟨*vida h.*⟩ ⊃ decente, digno ~ **hediondez** *s.f.*

he.do.nis.mo *s.m.* **1** doutrina filosófica que prega o prazer e a felicidade como bens supremos ☞ cf. *epicurismo* **2** *p.ext.* dedicação ao prazer como estilo de vida ~ **hedonista** *adj.2g.s.2g.*

he.ge.mo.ni.a *s.f.* **1** poder dominador de uma cidade, país, povo etc. sobre outros **2** *p.ext.* liderança, predominância ~ **hegemônico** *adj.*

hé.gi.ra *s.f.* **1** fuga de Maomé de Meca para Medina ☞ cf. a parte enciclopédica **2** era maometana iniciada nessa data **3** *fig.* fuga

hein ou **hem** *interj.* **1** expressa dúvida em relação a algo que não se ouviu bem ou não se entendeu, equivalente a "o quê?" **2** expressa espanto ou indignação, com o sentido de "é isso mesmo?!" **3** us. para ratificar o que foi dito, com o sentido de "não é verdade?" ⟨*sempre cantando, h.?*⟩

he.lê.ni.co *adj.* **1** relativo à Grécia antiga ■ *s.m.* **2** seu natural ou habitante ~ **helenístico** *adj.*

he.le.nis.mo *s.m.* **1** palavra ou construção da língua grega **2** a civilização grega **3** apego aos costumes e pensamento da Grécia antiga

he.le.nis.ta *adj.2g.s.2g.* que(m) estuda a língua e/ou a civilização da Grécia antiga

he.le.no *adj.* **1** relativo ao povo que deu origem ao povo grego **2** relativo à Grécia moderna ■ *s.m.* **3** indivíduo do povo heleno **4** natural ou habitante da Grécia moderna

hé.li.ce *s.f.* **1** GEOM curva traçada sobre um cilindro ou um cone, pela rotação de um ponto que corta suas retas num ângulo oblíquo constante **2** *p.ext.* qualquer coisa de forma espiralada **3** peça giratória de sustentação ou propulsão de aeronaves, acionada por motor e constituída por várias pás **4** peça similar us. em ventiladores ■ *s.m.* **5** peça giratória dotada de pás, us. para propulsão de embarcação, torpedo, etc.

he.li.ci.cul.tu.ra *s.f.* criação de caracóis, esp. os comestíveis ~ **helicicultor** *adj.s.m.*

he.li.coi.dal *adj.2g.* em forma de ou semelhante a hélice; helicoide

he.li.coi.de \ói\ *adj.2g.* helicoidal

he.li.cóp.te.ro *s.m.* aeronave que sobe na vertical, mantém-se no ar e se desloca por meio do giro de hélices horizontais

hé.lio *s.m.* gás nobre us. para inflar balões, na refrigeração de reatores nucleares, em anúncios luminosos etc. [símb.: *He*] ☞ cf. *tabela periódica* (no fim do dicionário)

he.lio.cên.tri.co *adj.* **1** relativo ao centro do Sol **2** que tem o Sol como centro **3** relativo ou pertencente a sistema que tem o Sol como origem ☞ cf. *geocêntrico*

he.lio.cen.tris.mo *s.m.* sistema cosmológico que considera o Sol como o centro do universo ☞ cf. *geocentrismo*

he.lio.tro.pi.a *s.f.* heliotropismo

he.lio.tro.pis.mo *s.m.* movimento de uma planta na direção da luz do Sol

he.li.por.to \ô\ [pl.: *heliportos*] \ó\ *s.m.* local para pouso e decolagem de helicópteros

hel.min.tí.a.se *s.f.* doença parasitária produzida pela presença de helmintos no organismo humano ou animal

hel.min.to *s.m.* nome comum a várias espécies de vermes parasitas que vivem no interior de outro organismo

hel.min.to.lo.gi.a *s.f.* **1** ramo da zoologia que estuda os vermes em geral **2** ramo da parasitologia, ecologia ou zoologia que estuda os vermes que vivem no interior de outros organismos

hem *interj.* → *HEIN*

he.má.cia *s.f.* célula sanguínea que transporta oxigênio e gás carbônico; eritrócito, glóbulo vermelho

he.má.ti.co *adj.* relativo a sangue
he.ma.ti.ta *s.f.* importante minério de ferro, de cor cinza ou preta, us. como gema ('pedra'), abrasivo e pigmento
he.ma.tó.fa.go *adj.s.m.* (animal) que se alimenta de sangue ~ **hematofagia** *s.f.*
he.ma.to.lo.gi.a *s.f.* estudo do sangue, medula e gânglios linfáticos ~ **hematológico** *adj.* · **hematologista** *adj.2g.s.2g.*
he.ma.to.ma *s.m.* acúmulo de sangue em um órgão ou tecido após uma hemorragia
he.ma.to.se *s.f.* transformação do sangue venoso em arterial, por meio de oxigenação nos pulmões
he.me.ro.te.ca *s.f.* **1** setor das bibliotecas em que ficam coleções de jornais, revistas, periódicos e livros em série **2** conjunto de revistas, jornais etc.
he.mi.ci.clo *s.m.* **1** semicírculo **2** anfiteatro com essa forma
he.mi.ple.gi.a *s.f.* paralisia de um dos lados do corpo ~ **hemiplégico** *adj.s.m.*
he.míp.te.ro *s.m.* **1** espécime dos hemípteros, ordem de insetos com aparelho bucal picador ou sugador, como os percevejos ■ *adj.* **2** relativo a essa ordem
he.mis.fé.rio *s.m.* **1** cada metade de uma esfera **2** cada metade da Terra resultante da divisão pela linha do equador ~ **hemisférico** *adj.*
he.mo.cen.tro *s.m.* banco de sangue
he.mo.di.á.li.se *s.f.* método de purificação do sangue por meio de uma máquina que funciona como um rim artificial
he.mo.di.nâ.mi.ca *s.f.* parte da fisiologia que estuda as leis que regulam a circulação do sangue nos vasos ~ **hemodinâmico** *adj.*
he.mo.fi.li.a *s.f.* doença hereditária caracterizada pela dificuldade de coagulação do sangue ~ **hemofílico** *adj.s.m.*
he.mo.glo.bi.na *s.f.* proteína existente nas hemácias e no plasma, e que transporta oxigênio para as células
he.mop.ti.se *s.f.* expectoração de sangue, comum na tuberculose pulmonar
he.mor.ra.gi.a *s.f.* escoamento de sangue fora dos vasos sanguíneos ~ **hemorrágico** *adj.*
he.mor.roi.da \ói\ *s.f.* cada uma das varizes no ânus ou no reto ☞ mais us. no pl. ~ **hemorroidal** *adj.2g.*
he.mós.ta.se *s.f.* ação de deter uma hemorragia ou o seu efeito; hemostasia
he.mos.ta.si.a *s.f.* hemóstase
he.mos.tá.ti.co *adj.s.m.* (medicamento) que detém hemorragias; anti-hemorrágico
he.na *s.f.* **1** arbusto africano de cuja casca e folhas se prepara tintura castanho-avermelhada us. para tingir cabelos **2** essa tintura
He.nê ® *s.m.* produto das folhas de hena secas e trituradas, us. como tintura e/ou alisador para cabelos
he.pa.ri.na *s.f.* substância anticoagulante natural, presente esp. no fígado
he.pá.ti.co *adj.* **1** próprio do fígado ⟨*cólica h.*⟩ ■ *adj.s.m.* **2** que(m) sofre do fígado
he.pa.ti.te *s.f.* inflamação do fígado
he.pa.to.lo.gi.a *s.f.* estudo do fígado ~ **hepatologista** *adj.s.m.*
hep.ta.no *s.m.* hidrocarboneto saturado contido no petróleo e us. como solvente
hep.tas.sí.la.bo *adj.s.m.* (o) que tem sete sílabas; septissílabo
he.ra *s.f.* nome comum a trepadeiras muito cultivadas como ornamentais, algumas us. para o revestimento de muros e paredes ☞ cf. *era*
he.rál.di.ca *s.f.* arte, estudo e criação de brasões ('escudo') ~ **heráldico** *adj.s.m.*
he.ran.ça *s.f.* **1** patrimônio deixado por alguém ao morrer **2** GEN o que se transmite por hereditariedade ⟨*o daltonismo foi h. paterna*⟩ **3** *fig.* o que se recebe por hereditariedade ou tradição ⟨*a honestidade foi sua maior h.*⟩
her.bá.ceo *adj.* relativo ou semelhante a erva
her.ba.ná.rio *s.m.* **1** local onde se vendem ervas medicinais **2** quem cultiva ou vende ervas medicinais
her.bá.rio *s.m.* **1** coleção de plantas secas para estudo científico **2** local que guarda essa coleção
her.bi.ci.da *adj.2g.s.m.* (substância) que mata ervas daninhas
her.bí.vo.ro *adj.s.m.* que ou o que se alimenta de vegetais
her.bo.ris.ta *adj.2g.s.2g.* que(m) cultiva ou vende ervas medicinais
her.cú.leo *adj.* **1** relativo a Hércules ☞ cf. a parte enciclopédica **2** muito forte, muito vigoroso **3** que exige muito esforço ⟨*trabalho h.*⟩
hér.cu.les *s.m.2n.* indivíduo muito forte ☞ cf. *Hércules* na parte enciclopédica
her.da.de *s.f.* grande propriedade rural; fazenda
her.dar *v.* {mod. 1} *t.d. e t.d.i.* **1** (prep. *de*) receber (algo) [de alguém], após sua morte, por sucessão ou legado **2** (prep. *de*) receber (dos ancestrais) [caracteres genéticos, morais] ❑ *t.d.i. p.ext.* **3** (prep. *de*) passar a usar, a gozar, a ter
her.dei.ro *s.m.* **1** quem recebe herança **2** cada um dos filhos de um pai e uma mãe **3** pessoa que passa a ter ou sofrer algo, por transmissão, doação ou força das contingências ⟨*h. das más administrações anteriores*⟩
he.re.di.ta.ri.e.da.de *s.f.* **1** condição ou qualidade do que é hereditário **1.1** transmissão de qualidades físicas e morais dos pais aos seus descendentes **2** GEN conjunto de processos biológicos que resultam na transmissão de caracteres de uma geração às outras por meio de genes
he.re.di.tá.rio *adj.* **1** transmitido por direito de sucessão ⟨*cargo h.*⟩ ⟨*bens h.*⟩ **2** GEN transmitido por genes ⟨*característica h.*⟩ ⟨*doenças h.*⟩ ⮌ adquirido
he.re.ge *adj.2g.s.2g.* **1** que(m) comete uma heresia **2** que(m) não tem respeito ou consideração para com as crenças religiosas alheias

he.re.si.a *s.f.* **1** doutrina contrária ao que a Igreja define como verdade de fé **2** desrespeito a uma religião ou doutrina **3** *fig.* absurdo, disparate ⟨*uma h. científica*⟩ ~ **herético** *adj.s.m.*

her.ma.fro.di.ta *adj.2g.s.2g.* **1** (organismo, indivíduo) dotado de órgãos reprodutores dos dois sexos; andrógino, bissexual **2** (flor) que apresenta androceu e gineceu

her.ma.fro.di.tis.mo *s.m.* presença de órgãos reprodutores e/ou de caracteres secundários dos dois sexos num mesmo indivíduo

her.mé.ti.co *adj.* **1** totalmente vedado ⟨*embalagem h.*⟩ ⊃ aberto **2** difícil de entender; obscuro ⟨*texto h.*⟩ ⊃ claro

her.me.tis.mo *s.m.* qualidade do que é difícil de entender e/ou interpretar

hér.nia *s.f.* massa formada por um órgão (ou parte de órgão) que sai por um orifício, natural ou acidental, da cavidade que o contém ⊡ **h. de disco** *loc.subst.* deslocamento de um disco entre as vértebras, comprimindo a raiz nervosa • **h. estrangulada** *loc.subst.* hérnia intestinal com bloqueio da circulação sanguínea e da passagem das fezes

he.rói [fem.: *heroína*] *s.m.* **1** homem notável por suas realizações ou sua bravura **2** *p.ext.* indivíduo que suporta sofrimentos ou que arrisca a vida em benefício de outrem **3** personagem principal de uma obra de literatura, dramaturgia etc. ~ **heroificar** *v.t.d.*

he.roi.co \ói\ *adj.* **1** característico de herói **2** que revela heroísmo

[1]**he.ro.i.na** *s.f.* **1** mulher notável por suas realizações ou sua bravura **2** *p.ext.* mulher que suporta sofrimentos ou que arrisca a vida em benefício de outrem **3** mulher apresentada como principal personagem de uma obra de literatura, dramaturgia etc. ⊙ GRAM/USO fem. de *herói* [ORIGEM: do lat. *heroīna,ae* 'id.']

[2]**he.ro.í.na** *s.f.* alcaloide derivado da morfina, com propriedades narcóticas e analgésicas [ORIGEM: do al. *Heroin*, marca comercial]

he.ro.ís.mo *s.m.* virtude, atitude ou feito de herói

her.pes *s.m.2n.* doença inflamatória causada por vírus, caracterizada por grupos de bolhas na pele

her.pes-zós.ter [pl.: *herpes-zósteres*] *s.m.* inflamação de gânglios nervosos do crânio ou coluna, associada ao surgimento de bolhas na pele ou nas mucosas e dores nevrálgicas

her.pé.ti.co *adj.* **1** relativo a herpes ■ *adj.s.m.* **2** que(m) tem herpes

hertz *s.m.2n.* unidade de frequência, equivalente à frequência de um fenômeno periódico com duração de um segundo [símb.: *Hz*] ~ **hertziano** *adj.*

he.si.ta.ção [pl.: *-ões*] *s.f.* **1** ato ou efeito de ficar indeciso sobre o que se deve fazer, dizer, pensar **2** estado de quem hesita; indecisão, perplexidade ⊃ certeza, decisão

he.si.tar *v.* {mod. 1} *t.i.* e *int.* **1** (prep. *entre*) ficar indeciso (entre duas ou mais opções); vacilar ⊃ escolher **2** (prep. *em*) não estar seguro para; vacilar ⊃ resolver-se ~ **hesitante** *adj.2g.*

he.te.ro.do.xo \cs\ *adj.* que contraria padrões, dogmas ou princípios vigentes ☞ cf. *ortodoxo* ~ **heterodoxia** *s.f.*

he.te.ró.fo.no *adj.s.m.* (palavra) de grafia igual a outra, mas de pronúncia diferente ☞ cf. *homófono* e *homógrafo* ~ **heterofonia** *s.f.* - **heterofônico** *adj.*

he.te.ro.gê.neo *adj.* **1** de natureza desigual ou variada ⊃ homogêneo **2** que não tem unidade, não é uniforme ⟨*turma h.*⟩ ⊃ homogêneo ~ **heterogeneidade** *s.f.*

he.te.ro.ní.mia *s.f.* **1** estudo ou teoria sobre os heterônimos **2** conjunto de heterônimos

he.te.rô.ni.mo *s.m.* **1** autor que publica algo sob o nome verdadeiro de outro **2** nome inventado por um autor para assinar obras suas e que designa alguém com qualidades e tendências diferentes das desse autor ☞ cf. *pseudônimo* e *homônimo*

he.te.ros.se.xu.al \cs\ *adj.2g.* **1** diz-se da relação sexual entre pessoas de sexo oposto ⊃ homossexual ■ *adj.2g.s.2g.* **2** que(m) sente atração sexual por alguém do sexo oposto ⊃ homossexual

he.te.ros.se.xu.a.li.da.de \cs\ *s.f.* heterossexualismo ⊃ homossexualidade

he.te.ros.se.xu.a.lis.mo \cs\ *s.m.* atração sexual por alguém do sexo oposto ⊃ homossexualidade

he.te.ro.tró.fi.co *adj.* que é incapaz de produzir o próprio alimento e se nutre de outros seres vivos (diz-se de organismo) ~ **heterotrofia** *s.f.* - **heterotrofismo** *s.m.* - **heterótrofo** *adj.s.m.*

heu.re.ca *interj.* expressão us. ao se encontrar a solução de um problema difícil; eureca

heu.rís.ti.ca *s.f.* **1** arte e método das descobertas, inventos etc. **2** pesquisa de fontes e documentos ~ **heurístico** *adj.*

he.xa.go.nal \z, cs *ou* gz\ *adj.2g.* GEOM que tem seis ângulos e seis lados

he.xá.go.no \z, cs *ou* gz\ *s.m.* GEOM polígono de seis lados

Hf símbolo de *háfnio*

hg símbolo de *hectograma*

Hg símbolo de *mercúrio*

hi.a.to *s.m.* **1** falta, lacuna ⟨*há alguns h. no depoimento*⟩ **2** ANAT fenda dentro do organismo **3** GRAM separação silábica de vogais vizinhas, p.ex. em *frio, saúde* ~ **hiatal** *adj.2g.*

hi.ber.na.ção [pl.: *-ões*] *s.f.* **1** estado de inatividade parcial e de redução metabólica extrema que ocorre em certos animais durante invernos rigorosos **2** ato de abrigar-se (esp. animais) durante o inverno

hi.ber.nar *v.* {mod. 1} *int.* **1** ficar em hibernação ('estado') ☞ nesta acp., só us. nas 3as p., exceto quando fig. **2** *fig. infrm.* ficar parado ou dormir por longo tempo

hi.bis.co *s.m.* nome comum a plantas e arbustos com flores coloridas e vistosas e folhas denteadas, cultivados como ornamentais e por seus usos medicinais

hí.bri.do *adj.s.m.* 1 (animal ou vegetal) nascido do cruzamento de espécies distintas ■ *adj.* 2 misturado ⮌ puro ~ **hibridismo** *s.m.*
hi.dra *s.f.* 1 pequeno animal de água doce, de corpo cilíndrico com tentáculos numa extremidade, us. para capturar alimento 2 constelação, com formato de uma serpente, que se estende pelos hemisférios norte e sul ☞ inicial maiúsc.
hi.dra.má.ti.co *adj.* 1 acionado automaticamente por sistema hidráulico (diz-se de câmbio de carro) 2 que tem esse tipo de câmbio (diz-se de automóvel)
hi.dran.te *s.m.* *B* válvula de saída de água, ger. em estruturas de ferro, nas calçadas, onde se liga mangueira contra incêndio
hi.dra.tan.te *adj.2g.s.2g.* 1 (o) que hidrata ■ *s.m.* 2 produto us. para hidratar a pele
hi.dra.tar *v.* {mod. 1} *t.d. e pron.* 1 tratar(-se) com água ou hidrato, compensando perdas líquidas 2 converter(-se) em hidrato 3 impregnar(-se) de água; molhar(-se) ⮌ secar 4 (fazer) perder o ressecamento (pele, cabelo), restituindo ou conservando sua umidade ~ **hidratação** *s.f.*
hi.dra.to *s.m.* QUÍM composto formado pela união de moléculas de água com outra substância
hi.dráu.li.ca *s.f.* estudo do escoamento de líquidos, esp. água, aplicado à engenharia
hi.dráu.li.co *adj.* 1 que funciona ou se movimenta por meio de líquido, esp. água, sob pressão ⟨*direção h.*⟩ 2 relativo a hidráulica ⟨*engenheiro h.*⟩
hi.dra.vi.ão *s.m.* → *HIDROAVIÃO*
hi.dre.lé.tri.ca ou **hi.dro.e.lé.tri.ca** *s.f.* usina ou empresa que converte energia hidráulica em eletricidade
hi.dro.a.vi.ão ou **hi.dra.vi.ão** [pl.: *-ões*] *s.m.* avião que pode pousar na água e dela decolar
hi.dro.car.bo.ne.to \ê\ *s.m.* composto formado apenas por carbono e hidrogênio
hi.dro.car.bô.ni.co *adj.* referente a hidrocarboneto
hi.dro.e.lé.tri.ca *s.f.* → *HIDRELÉTRICA*
hi.dró.fi.lo *adj.* 1 que gosta de ou vive na água 2 que absorve água ⟨*algodão h.*⟩
hi.dro.fo.bi.a *s.f.* 1 raiva ('doença') 2 aversão patológica aos líquidos ~ **hidrófobo** *adj.s.m.*
hi.dro.gê.nio *s.m.* o elemento químico mais abundante no universo, us. como combustível em maçaricos, na fabricação de produtos industriais (como amônia, metanol) etc. [símb.: *H*] ☞ cf. *tabela periódica* (no fim do dicionário) ~ **hidrogenar** *v.t.d. e pron.*
hi.dro.gra.fi.a *s.f.* 1 conjunto dos mares, rios, lagos etc. de uma região 2 estudo e descrição desse conjunto ~ **hidrográfico** *adj.* - **hidrógrafo** *s.m.*
hi.dró.li.se *s.f.* QUÍM reação de decomposição ou alteração de uma substância pela água ~ **hidrolisar** *v.t.d. e pron.* - **hidrolítico** *adj.*
hi.dro.mas.sa.gem *s.f.* massagem com jatos de água ~ **hidromassagista** *adj.2g.s.2g.*
hi.dro.me.tri.a *s.f.* estudo da medição da velocidade e energia de líquidos em movimento
hi.drô.me.tro *s.m.* aparelho que mede o consumo de água em imóveis
hi.dro.mi.ne.ral *adj.2g.* relativo às águas minerais
hi.dro.pla.na.dor \ô\ *adj.s.m.* diz-se de ou planador que pousa na água por estar equipado com flutuadores
hi.dro.po.ni.a *s.f.* hidropônica
hi.dro.pô.ni.ca *s.f.* cultura de plantas em água com nutrientes minerais ~ **hidropônico** *adj.*
hi.dro.se *s.f.* produção e eliminação de suor
hi.dros.fe.ra *s.f.* conjunto das partes líquidas que cobrem parcialmente a superfície da Terra ~ **hidrosférico** *adj.*
hi.dro.te.ra.pi.a *s.f.* MED tratamento com banhos, compressas, loções etc. ~ **hidroterápico** *adj.*
hi.dro.vi.a *s.f.* via de transporte e comunicações por mar, rios, lagos etc.
hi.dro.vi.á.rio *adj.* 1 que diz respeito a hidrovia 2 feito por hidrovia ⟨*transporte h.*⟩
hi.dró.xi.do \cs\ *s.m.* QUÍM nome genérico das bases que contêm hidroxila
hi.dro.xi.la \cs\ *s.f.* QUÍM radical (OH) composto por um átomo de oxigênio e outro de hidrogênio
hi.e.na *s.f.* nome comum a mamíferos carnívoros da África e sul da Ásia, com patas traseiras menores que as dianteiras, que se alimentam de animais mortos
hi.e.rar.qui.a *s.f.* 1 escala de autoridade num grupo, classe etc. ⟨*h. militar, eclesiástica*⟩ 2 *fig.* classificação, crescente ou decrescente, segundo uma escala de valor, de grandeza ou de importância ⟨*h. de necessidades*⟩
hi.e.rár.qui.co *adj.* que diz respeito a hierarquia
hi.e.rar.qui.zar *v.* {mod. 1} *t.d.* organizar conforme uma hierarquia ~ **hierarquização** *s.f.*
hi.e.ró.gli.fo ou **hi.e.ro.gli.fo** *s.m.* 1 figura ou signo us. na escrita do antigo Egito 2 *fig.* símbolo ou escrita enigmática ~ **hieroglífico** *adj.*
hi.e.ro.so.li.mi.ta *adj.2g.* 1 de Jerusalém (Israel) ■ *s.2g.* 2 natural ou habitante dessa cidade
hi.e.ro.so.li.mi.ta.no *adj.s.m.* hierosolimita
hí.fen [pl.: *hífenes* e *(B) hifens*] *s.m.* sinal [-] us. para unir os elementos de palavras compostas, verbos e pronomes átonos e separar sílabas em final de linha; traço de união
hi.fe.ni.zar *v.* {mod. 1} *t.d.* escrever (palavra) com hífen ~ **hifenização** *s.f.*
hi.gi.e.ne *s.f.* 1 ramo da medicina que visa preservar a saúde e estabelecer normas para prevenção de doenças 2 limpeza; asseio ⮌ imundície ~ **higienista** *s.2g.*
hi.gi.ê.ni.co *adj.* 1 relativo a higiene 2 que tem ou revela asseio; limpo
hi.gi.e.ni.zar *v.* {mod. 1} *t.d.* deixar limpo, saudável; sanear
hi.gro.me.tri.a *s.f.* estudo e medição da umidade do ar ~ **higrométrico** *adj.*
hi.grô.me.tro *s.m.* instrumento para medir a umidade de gases ou do ar

hi.lá.rio *adj.* 1 alegre, contente 2 que provoca o riso; divertido, engraçado ~ **hilariante** *adj.2g.* - **hilaridade** *s.f.*

hi.lei.a \éi\ *s.f.* a Amazônia ~ **hileiano/hileano** *adj.*

hí.men [pl.: *hímenes* e *(B) himens*] *s.m.* membrana que fecha parcialmente o orifício vaginal externo

hi.me.neu *s.m.* 1 casamento, matrimônio 2 festa de casamento

hi.ná.rio *s.m.* 1 coletânea de hinos religiosos 2 coleção de hinos

hin.du *adj.2g.s.2g.* 1 indiano 2 seguidor do hinduísmo; hinduísta ■ *adj.2g.* 3 próprio do hinduísmo

hin.du.ís.mo *s.m.* religião da maioria dos povos da Índia, caracterizada por um pluralismo de cultos, deuses e seitas ~ **hinduísta** *adj.2g.s.2g.*

hi.no *s.m.* 1 canto solene que celebra Deus ou a pátria 2 canto ou poema lírico que expressa alegria ao celebrar alguém ou algo

hiper– *pref.* 'excesso; superioridade': *hipermercado, hipertensão, hipertrofia*

hi.pe.ra.li.men.ta.ção [pl.: *-ões*] *s.f.* alimentação excessiva

hi.pe.ra.ti.vi.da.de *s.f.* atividade excessiva

hi.pe.ra.ti.vo *adj.* 1 excessivamente ativo 2 próprio ou relativo a hiperatividade ■ *adj.s.m.* 3 que ou aquele que sofre de hiperatividade

hi.per.bá.ri.co *adj.* 1 superior à pressão atmosférica ⟨*pressão h.*⟩ 2 que utiliza um ou mais gases, ger. o oxigênio, sob uma pressão superior à normal ⟨*câmara h.*⟩

hi.pér.ba.to *s.m.* GRAM inversão da ordem natural das palavras de uma oração

hi.pér.bo.le *s.f.* 1 GRAM realce expressivo que resulta do exagero de um significado (p.ex., *morrer de rir*) 2 GEOM curva geométrica cuja diferença das distâncias de cada um dos seus pontos a dois pontos fixos é constante ~ **hiperbólico** *adj.*

hi.per.ca.ló.ri.co *adj.* de alto teor calórico (diz-se de alimento) ⊃ hipocalórico

hi.per.do.cu.men.to *s.m.* documento de hipermídia que faz uso de *links*, permitindo ao usuário que pesquisa uma informação ter acesso imediato a outra

hi.pe.re.mo.ti.vi.da.de *s.f.* reação emocional muito intensa; excesso de emotividade ~ **hiperemotivo** *adj.s.m.*

hi.pe.res.te.si.a *s.f.* sensibilidade excessiva e anormal a qualquer estímulo ⊃ anestesia

hi.per.gli.ce.mi.a *s.f.* excesso de glicose no sangue

hi.pe.rin.fla.ção [pl.: *-ões*] *s.f.* ECON inflação alta e sem controle ~ **hiperinflacionário** *adj.*

hi.per.mer.ca.do *s.m.* grande supermercado que tb. vende eletrodomésticos, móveis etc.

hi.per.me.tro.pi.a *s.f.* defeito da visão que causa dificuldade para enxergar de perto ☞ cf. *miopia* ~ **hipermetrope** *adj.2g.s.2g.*

hi.per.mí.dia *s.f.* sistema de exibição de informações no computador que dá acesso a certos documentos a partir de *links* que acionam outros documentos

hi.per.ten.são [pl.: *-ões*] *s.f.* MED aumento anormal da pressão arterial

hi.per.ten.so *adj.s.m.* MED (aquele) que sofre de hipertensão

hi.per.ter.mi.a *s.f.* MED elevação da temperatura do corpo acima de 36,5°C ⊃ hipotermia

hi.per.tex.to \ê\ *s.m.* 1 apresentação de informações escritas, organizadas de modo que o leitor possa ter acesso a elas sem seguir encadeamento linear único 2 INF apresentação de informações em um monitor de vídeo, na qual um elemento destacado, quando acionado, provoca a exibição de um novo hipertexto com informações relativas ao referido elemento

hi.per.tro.fi.a *s.f.* crescimento excessivo de um órgão ou parte dele ~ **hipertrofiar** *v.t.d. e pron.* - **hipertrófico** *adj.*

hip-hop [ing.] *s.m.2n.* movimento cultural da juventude pobre de algumas das grandes cidades norte-americanas que se manifesta de formas artísticas variadas (dança, *rap*, grafites etc.) ⇨ pronuncia-se rip róp

hí.pi.co *adj.* 1 relativo a hipismo 2 relativo a cavalo

hi.pis.mo *s.m.* 1 conjunto de esportes praticados a cavalo (saltos, equitação) 2 corrida de cavalos; turfe ~ **hipista** *adj.2g.s.2g.*

hip.no.se *s.f.* 1 estado semelhante ao sono, gerado por indução, no qual o indivíduo obedece às sugestões do hipnotizador 2 *fig.* estado de passividade, sonolência

hip.nó.ti.co *adj.* 1 relativo à hipnose 2 *fig.* magnético, fascinante ⟨*filme h.*⟩ ■ *adj.s.m.* 3 (droga) que provoca sono; sonífero

hip.no.tis.mo *s.m.* 1 conjunto de técnicas us. para provocar a hipnose 2 ciência que trata dos fenômenos hipnóticos 3 *fig.* atração, fascínio

hip.no.ti.zar *v.* {mod. 1} *t.d.* 1 provocar a hipnose em 2 *fig.* submeter (alguém) ao seu encanto, tirando-lhe o raciocínio e a ação; encantar ⟨*a moça hipnotizou-o*⟩ ~ **hipnotização** *s.f.* - **hipnotizador** *adj.s.m.*

hipo– *pref.* 'escassez': *hipoglicemia, hipotermia*

hi.po.a.ler.gê.ni.co *adj.s.m.* (substância) que provoca poucas reações alérgicas

hi.po.ca.ló.ri.co *adj.* que tem poucas calorias (diz-se de alimento) ⊃ hipercalórico

hi.po.cam.po *s.m.* 1 cavalo-marinho 2 animal da mitologia grega com corpo de cavalo e cauda de peixe que é representado puxando a carruagem de Netuno

hi.po.con.dri.a *s.f.* preocupação obsessiva com o próprio estado de saúde, freq. acompanhada de sintomas que não podem ser atribuídos a nenhuma doença orgânica ~ **hipocondríaco** *adj.s.m.*

hi.po.cri.si.a *s.f.* ato de esconder os verdadeiros sentimentos, intenções; fingimento, falsidade ⊃ sinceridade

hi.pó.cri.ta *adj.2g.s.2g.* **1** que ou aquele que faz uso de hipocrisia ■ *adj.2g.* **2** que contém hipocrisia ⟨*elogio h.*⟩
hi.po.der.me *s.f.* ANAT denominação substituída por *tela subcutânea*
hi.po.dér.mi.co *adj.* **1** que pertence à hipoderme; subcutâneo ⟨*gordura h.*⟩ **2** que se aplica por sob a pele ⟨*injeção h.*⟩
hi.pó.dro.mo *s.m.* local para corrida de cavalos
hi.pó.fi.se *s.f.* glândula endócrina de funções múltiplas, entre as quais regular as atividades das glândulas tireoide e suprarrenal; pituitária ~ **hipofisário** *adj.*
hi.po.gli.ce.mi.a *s.f.* diminuição da quantidade normal de glicose no sangue ~ **hipoglicêmico** *adj.*
hi.po.po.ta.mí.deo *s.m.* ZOO **1** espécime dos hipopotamídeos, família de grandes mamíferos herbívoros africanos, que compreende os hipopótamos ■ *adj.* **2** relativo a essa família
hi.po.pó.ta.mo *s.m.* **1** grande mamífero herbívoro, africano, encontrado ger. em rios e lagos, de focinho largo, boca grande e corpo em forma de barril **2** *fig.* indivíduo gordo ~ **hipopotâmico** *adj.*
hi.po.tá.la.mo *s.m.* região do cérebro que regula o sono, o apetite, a temperatura corporal etc. ~ **hipotalâmico** *adj.*
hi.po.te.ca *s.f.* **1** oferecimento de um bem, ger. imóvel, como garantia na tomada de um empréstimo **2** a dívida resultante desse ato ~ **hipotecário** *adj.*
hi.po.te.car *v.* {mod. 1} *t.d. e t.d.i.* **1** (prep. *a*) dar (um bem) como garantia de pagamento (a credor), sem transferir título ou posse ❑ *t.d. fig.* **2** comprometer, empenhar ❑ *t.d.i. fig.* **3** (prep. *a*) assegurar, garantir
hi.po.te.nu.sa *s.f.* GEOM o lado de um triângulo retângulo oposto ao ângulo reto
hi.po.ter.mi.a *s.f.* MED grande diminuição da temperatura normal do corpo ⊃ hipertermia ~ **hipotérmico** *adj.*
hi.pó.te.se *s.f.* **1** aquilo que é possível que se verifique ou aconteça, tendo em vista certas circunstâncias; suposição ⟨*pelas nuvens, a h. é de chuva*⟩ **2** acontecimento tomado como incerto; eventualidade ⟨*na h. de chover, o passeio será adiado*⟩ **3** teoria provisória e provável, mas ainda não demonstrada
hi.po.té.ti.co *adj.* **1** que contém hipótese; suposto ⟨*problema h.*⟩ **2** baseado em suposição; duvidoso, incerto ⟨*ganhos h.*⟩ ⊃ certo
hir.su.to *adj.* **1** provido de pelos ou cabelos longos, duros e grossos **2** arrepiado, espetado (diz-se de pelo ou cabelo)
hir.to *adj.* **1** sem flexibilidade; teso ⟨*tecido h.*⟩ ⊃ maleável **2** completamente imóvel ⟨*o susto deixou-o h.*⟩ **3** eriçado, espetado (diz-se de pelos ou cabelos)
hi.ru.dí.neo *s.m.* **1** espécime dos hirudíneos, classe de animais invertebrados, hermafroditas, que compreende as sanguessugas ■ *adj.* **2** relativo a essa classe
hi.run.di.ní.deo *s.m.* ZOO **1** espécime dos hirundinídeos, família de aves cosmopolitas, vulgarmente conhecidas como andorinhas, que vivem em bandos e que se alimentam de insetos, ger. capturados em voo ■ *adj.* **2** relativo a essa família
his.pâ.ni.co *adj.* **1** da antiga Hispânia, nome dado pelos romanos à península Ibérica **2** da Espanha; espanhol ■ *s.m.* **3** natural ou habitante da Hispânia ■ *adj.s.m.* **4** natural ou habitante da Espanha; espanhol **5** latino-americano morador nos E.U.A.
his.pa.ni.zar *v.* {mod. 1} *t.d. e pron.* dar ou tomar aspecto ou característica própria do povo, da cultura, da língua da Espanha ~ **hispanização** *s.f.*
his.pa.no-a.me.ri.ca.no [pl.: *hispano-americanos*] *adj.* **1** pertencente à América de língua espanhola **2** relativo à Espanha e à América ■ *adj.s.m.* **3** (indivíduo) de origem espanhola e americana
his.te.rec.to.mi.a *s.f.* MED remoção cirúrgica do útero ou de parte dele
his.te.ri.a *s.f.* **1** doença nervosa caracterizada por convulsões **2** comportamento marcado por excessiva emotividade ou por terror ⟨*h. coletiva*⟩ ~ **histérico** *adj.s.m.*
his.te.ris.mo *s.m.* **1** predisposição à histeria **2** manifestação de descontrole emocional, freq. acompanhada por gritos
his.te.ros.có.pio *s.m.* MED tubo com iluminação que permite o exame visual direto da cavidade uterina
his.to.lo.gi.a *s.f.* MED estudo da estrutura microscópica, da composição e da função dos tecidos vivos
his.tó.ria *s.f.* **1** conjunto de conhecimentos relativos ao passado da humanidade, segundo o lugar, a época, o ponto de vista escolhido ☞ inicial freq. maiúsc. **2** tratado ou resumo desses conhecimentos **3** ciência que estuda eventos passados com referência a um povo, país, período ou indivíduo específico ⟨*professor de H.*⟩ ☞ inicial freq. maiúsc. **4** conjunto de dados sobre indivíduo, coisa, arte etc. **5** a evolução da humanidade ao longo de seu passado e presente ☞ inicial freq. maiúsc. **6** narração de eventos fictícios ou não; narrativa, estória ⟨*a h. de um filme, de um livro*⟩ ⊙ GRAM/USO dim.irreg.: *historieta* ⊡ **h. da carochinha** *loc.subst.* conto popular com elementos fantásticos • **h. em quadrinhos** *loc.subst.* sequência de desenhos, ger. com diálogos em balões, que contam uma história • **h. natural** *loc.subst.* estudo e descrição dos seres existentes na natureza
his.to.ri.a.dor \ô\ *adj.s.m.* **1** que(m) se especializou em ou que(m) escreve sobre história ('ciência'); historiógrafo **2** que(m) narra um acontecimento ou conta histórias
his.to.ri.ar *v.* {mod. 1} *t.d.* **1** fazer o relato histórico de ❑ *t.d. e t.d.i.* **2** (prep. *a, para*) narrar, contar
his.to.ri.cis.mo *s.m.* **1** caráter do que realmente aconteceu no passado; historicidade **2** conjunto de doutrinas filosóficas que consideram a história como princípio explicativo dos valores e dos elementos da cultura humana ~ **historicista** *adj.2g.s.2g.*

his.tó.ri.co *adj.* **1** relativo a evolução da humanidade ⟨*transformações h.*⟩ **2** célebre, importante ⟨*momento h.*⟩ ⊃ insignificante **3** *p.ext.* digno de ser lembrado; memorável ⟨*um gol h.*⟩ **4** que existiu; real ⟨*uma figura h. e não lendária*⟩ ⊃ fictício ~ **historicidade** *s.f.*

his.to.ri.ó.gra.fo *s.m.* **1** escritor oficial da história de seu tempo **2** autor de trabalhos históricos ~ **historiografia** *s.f.*

his.tri.ão [pl.: *-ões*] *s.m.* **1** entre os antigos romanos, comediante que representava farsas; bufão **2** *p.ext.* comediante, cômico **3** *fig.* indivíduo palhaço, ridículo ~ **histriônico** *adj.*

his.tri.cí.deo *s.m.* ZOO **1** espécime dos histricídeos, família de grandes mamíferos roedores, que compreende os porcos-espinhos ■ *adj.* **2** relativo a essa família

hi.ti.ta *s.2g.* **1** indivíduo dos hititas, povo da Antiguidade que habitou a Ásia Menor por volta de 1900 a.C. ■ *s.m.* **2** língua falada por esse povo ■ *adj.2g.* **3** relativo a esse povo e a sua língua

hi.tle.ris.mo *s.m.* doutrina política e social de Adolf Hitler (1889-1945); nazismo ☞ cf. *Hitler* na parte enciclopédica ~ **hitlerista** *adj.2g.s.2g.*

HIV *s.m.* sigla de *vírus da imunodeficiência humana*

hl símbolo de *hectolitro*

hm símbolo de *hectômetro*

Ho símbolo de *hólmio*

hob.by [ing.; pl.: *hobbies*] *s.m.* passatempo ⇨ pronuncia-se **róbi**

ho.di.er.no *adj.* atual, moderno

ho.je \ô\ *adv.* **1** o dia em que se está ⟨*vou passear h.*⟩ **2** atualmente ⟨*h. não mais se usa tal palavra*⟩

ho.lan.dês *adj.* **1** da Holanda (Europa) ■ *s.m.* **2** natural ou habitante desse país **3** a língua oficial desse país

ho.le.ri.te *s.m.* *B* contracheque

ho.lis.mo *s.m.* no campo das ciências humanas e naturais, abordagem que prioriza o entendimento integral dos fenômenos ~ **holista** *adj.2g.s.2g.* - **holístico** *adj.*

hol.mi.en.se *adj.2g.* **1** de Estocolmo (Suécia) ■ *s.2g.* **2** natural ou habitante dessa capital

hól.mio *s.m.* elemento químico da família dos lantanídeos [símb.: *Ho*] ☞ cf. *tabela periódica* (no fim do dicionário)

ho.lo.caus.to *s.m.* **1** entre os antigos hebreus, sacrifício em que se queimava a vítima **2** massacre de judeus nos campos de concentração alemães durante a Segunda Guerra Mundial ☞ nesta acp., inicial maiúsc.

ho.lo.ce.no *s.m.* **1** última e mais recente época do período quaternário, posterior ao Plistoceno, em que as geleiras se limitam às regiões polares e a civilização humana se desenvolve ☞ inicial maiúsc. ■ *adj.* **2** dessa época

ho.lo.fo.te *s.m.* foco de luz intenso, esp. us. para iluminar objetos a distância

ho.lo.gra.fi.a *s.f.* técnica de gravação de hologramas

ho.lo.gra.ma *s.m.* fotografia que produz uma imagem tridimensional, obtida por *laser*

ho.lo.tu.roi.de \ói\ *s.m.* **1** espécime dos holoturoides, classe que compreende os pepinos-do-mar ■ *adj.2g.* **2** relativo a essa classe

hom.bri.da.de *s.f.* **1** ar viril, másculo **2** *fig.* dignidade; honradez ⊃ indignidade **3** coragem ⟨*enfrentou os problemas com h.*⟩ ⊃ covardia

ho.mem [fem.: *mulher*] *s.m.* **1** mamífero primata dotado de inteligência e de linguagem articulada **2** a humanidade ☞ inicial freq. maiúsc. **3** ser humano do sexo masculino **4** esse ser na idade adulta **5** *fig.* indivíduo corajoso, viril **6** pessoa da confiança de alguém **7** marido, amante

ho.mem-rã [pl.: *homens-rã* e *homens-rãs*] *s.m.* mergulhador profissional que realiza resgates, explorações científicas ou militares etc.

ho.me.na.ge.ar *v.* {mod. 5} *t.d.* fazer homenagem a; laurear, exaltar

ho.me.na.gem *s.f.* expressão ou ato público como mostra de admiração e respeito por alguém

ho.men.zar.rão [pl.: *-ões*] *s.m.* homem grande

ho.me.o.pa.ta *adj.2g.s.2g.* (médico) que se especializa no estudo e na prática da homeopatia

ho.me.o.pa.ti.a *s.f.* tratamento que consiste em dar a um doente, sob forma diluída e dinamizada, uma substância que, em doses elevadas, é capaz de produzir num indivíduo sadio sinais e sintomas semelhantes aos da doença que se quer combater ☞ cf. *alopatia* ~ **homeopático** *adj.*

ho.meo.ter.mo *adj.s.m.* (animal) que possui temperatura constante ⊃ pecilotermo ~ **homeotermia** *s.f.* - **homeotérmico** *adj.*

home page [ing.; pl.: *home pages*] *loc.subst.* página principal, de abertura de um *site* ⇨ pronuncia-se **roumi pêidge**

ho.mé.ri.co *adj.* **1** relativo a Homero, poeta épico que teria vivido na Grécia no séc.VI a.C. **2** *fig.* extraordinário, fantástico ⟨*festa h.*⟩ **3** *fig.* grandioso, enorme ⟨*mentiras h.*⟩

home the.a.ter [ing.] *loc.subst.* sistema de entretenimento para uso doméstico normalmente composto por televisão grande e aparelhos de reprodução de imagem e de som ⇨ pronuncia-se **rom tiater**

ho.mi.ci.da *adj.2g.s.2g.* **1** que(m) pratica homicídio ■ *adj.2g.* **2** que causa a morte ⟨*guerra, impulso h.*⟩ **3** us. para matar ⟨*mãos h.*⟩

ho.mi.cí.dio *s.m.* crime que consiste em tirar a vida de outra pessoa; assassinato

ho.mi.li.a *s.f.* **1** comentário sobre o trecho do Evangelho lido durante a missa **2** *pej.* discurso moralizador, longo e cansativo ~ **homiliar** *v.int.*

ho.mi.ní.deo *s.m.* ZOO **1** espécime dos hominídeos, família de primatas que inclui os macacos, o homem e seus ancestrais, que apresentam cérebro grande e desenvolvido, e face capaz de expressar emoção ■ *adj.* **2** relativo a essa família

ho.mi.zi.ar *v.* {mod. 1} *t.d. e pron.* **1** esconder(-se) da ação da justiça **2** *fig.* esconder(-se), encobrir(-se) ⮌ revelar(-se) ~ **homizio** *s.m.*

ho.mo.a.fe.ti.vo *adj.* **1** referente a uniões homossexuais ⟨*direito h.*⟩ ■ *s.m.* **2** homossexual

ho.mo.fo.bi.a *s.f.* aversão à homossexualidade e a homossexual

ho.mó.fo.no *adj.s.m.* (vocábulo) que tem a mesma pronúncia que outro, mas sentido e grafia diferentes ☞ cf. *heterófono* ~ **homofonia** *s.f.* - **homofônico** *adj.*

ho.mo.ge.nei.zar *v.* {mod. 2} *t.d. e pron.* **1** tornar(-se) homogêneo, semelhante a; igualar(-se) ❑ *t.d.* **2** misturar elementos para fazer (um todo coerente) ~ **homogeneização** *s.f.*

ho.mo.gê.neo *adj.* **1** que possui natureza, estrutura, função etc. semelhante ou igual ⮌ heterogêneo **2** que é formado de uma única substância ⟨*usou uma peça h. de madeira para esculpir*⟩ ⮌ heterogêneo ~ **homogeneidade** *s.f.*

ho.mó.gra.fo *adj.s.m.* **1** (vocábulo) com pronúncia e significado diferentes de outro, mas com a mesma grafia ☞ cf. *heterófono* **2** (vocábulo) com pronúncia e grafia idênticas às de outro, mas com significado diferente ~ **homografia** *s.f.* - **homográfico** *adj.*

ho.mo.lo.gar *v.* {mod. 1} *t.d.* **1** tornar oficial (autoridade judicial ou administrativa) [uma decisão, ato, resolução etc.] **2** *p.ext.* reconhecer oficialmente ⟨*h. um recorde*⟩ **3** *p.ext.* reconhecer como legítimo; validar ~ **homologação** *s.f.* - **homologatório** *adj.*

ho.mo.lo.gi.a *s.f.* BIO semelhança de origem e estrutura entre órgãos ou partes de organismos diversos ~ **homólogo** *adj.*

ho.mo.ní.mia *s.f.* **1** identidade de nome entre pessoas, cidades etc. **2** conjunto de homônimos **3** relação de identidade de pronúncia, de grafia, ou de ambas, entre palavras

ho.mo.ní.mi.co *adj.* relativo a homonímia ou a homônimo

ho.mô.ni.mo *adj.s.m.* **1** (o) que tem o mesmo nome **2** (vocábulo) que tem a mesma pronúncia ou grafia que outro, mas significado diferente ☞ cf. *heterônimo* ⊙ COL homonímia

ho.móp.te.ro *s.m.* **1** espécime dos homópteros, ordem de insetos terrestres, sugadores de seiva, como, p.ex., as cigarras ■ *adj.* **2** relativo a essa ordem

ho.mos.se.xu.al \cs\ *adj.2g.* **1** diz-se da relação sexual entre pessoas do mesmo sexo ⮌ heterossexual ■ *adj.2g.s.2g.* **2** que(m) sente atração sexual por alguém do mesmo sexo ⮌ heterossexual

ho.mos.se.xu.a.li.da.de \cs\ *s.f.* homossexualismo ⮌ heterossexualidade

ho.mos.se.xu.a.lis.mo \cs\ *s.m.* atração sexual entre pessoas do mesmo sexo ⮌ heterossexualismo

hon.du.re.nho *adj.* **1** de Honduras (América Central) ■ *s.m.* **2** natural ou habitante desse país

ho.nes.ta.men.te *adv.* **1** de modo honrado, honesto ⟨*enriqueceu h.*⟩ **2** em verdade; francamente ⟨*h., não sei de onde isso saiu*⟩

ho.nes.ti.da.de *s.f.* **1** qualidade ou caráter de honesto, atributo do que apresenta honradez ⮌ desonestidade **2** característica do que é decente, do que tem pureza e é moralmente irrepreensível

ho.nes.to *adj.* **1** honrado, digno ⟨*alma h.*⟩ **2** em que há seriedade; consciencioso ⟨*pensamento h.*⟩ **3** satisfatório, conveniente, razoável ⟨*comida h.*⟩ **4** de comportamento irrepreensível; casto

ho.no.rá.rio *adj.* **1** que tem direito às honras, mas não ao exercício das funções ⟨*presidente h.*⟩ **2** que dá prestígio e honra, mas nenhum benefício material ⟨*cargo h.*⟩ ▼ ***honorários*** *s.m.pl.* **3** vencimentos pagos a profissionais liberais (médicos, advogados etc.); proventos

ho.no.rá.vel *adj.2g.* digno de consideração, de respeito ⮌ indigno ~ **honorabilidade** *s.f.*

ho.no.rí.fi.co *adj.* que traz consideração, respeito, sem vantagem material ou poder real ⟨*cargo h.*⟩ ⊙ GRAM/USO sup.abs.sint.: *honorificentíssimo*

hon.ra *s.f.* **1** sentimento de dignidade e honestidade moral **2** marca de distinção; homenagem ⟨*lugar de h.*⟩ **3** graça, privilégio ⟨*dá-me a h. de acompanhá-la?*⟩ **4** castidade sexual da mulher ⟨*guardião da h. da irmã*⟩ **5** motivo de admiração, de glória ⟨*o atleta é a h. da nação*⟩ ⮌ desonra **6** função ou lugar de destaque numa escala hierárquica ⟨*guarda de h.*⟩ ▼ ***honras*** *s.f.pl.* **7** manifestações de respeito pela conduta de alguém ⟨*merecedor de tamanhas h.*⟩ **8** título ou cargo honorífico ⟨*as altas h. de corporação militar*⟩ ⊡ **fazer as h.** *loc.vs.* receber (alguém) com especial atenção

hon.ra.dez \ê\ *s.f.* **1** honestidade, dignidade ⮌ indignidade **2** pudor, castidade, esp. da mulher

hon.ra.do *adj.* **1** que é conforme aos princípios de honradez; honesto, digno, íntegro ⟨*um político h.*⟩ **2** tratado com honra, com deferência, com respeito **3** que, por suas qualidades morais socialmente aceitas, se destaca dos demais; distinto, ilustre **4** que denota virtuosidade; casto ⟨*uma jovem h.*⟩

hon.rar *v.* {mod. 1} *t.d.* **1** dar crédito ou merecimento a ⟨*foi um homem que honrou seu país*⟩ **2** exaltar, glorificar ⟨*h. o nome de Deus*⟩ ⮌ denegrir **3** manter-se fiel a (compromisso, promessa); cumprir **4** pagar, quitar (dívida) ❑ *t.d. e pron.* **5** tornar(-se) digno, nobre; engrandecer(-se) ⮌ rebaixar(-se) **6** (fazer) sentir orgulho; orgulhar(-se) ⮌ envergonhar(-se)

hon.ra.ri.a *s.f.* **1** distinção num cargo ☞ mais us. no pl. **2** manifestação honrosa ⟨*foi recebido com honrarias*⟩ ☞ mais us. no pl.

hon.ro.so \ô\ [pl.: *honrosos* \ó\] *adj.* **1** que enobrece, dignifica (diz-se esp. de gesto, atitude, dito) **2** em que há respeito, consideração ⟨*homenagem h.*⟩ **3** honesto, sério ⮌ desonesto **4** digno, decente ⟨*uma saída h.*⟩ ⮌ indigno

hó.quei *s.m.* jogo de equipe, em gelo ou grama, com bola ou disco impelido por bastões recurvados na extremidade

ho.ra *s.f.* **1** segmento de tempo equivalente a 60 minutos [abrev.: *h*] **2** momento determinado do dia ⟨*são duas h. em ponto*⟩ **3** cada uma das pancadas ou badaladas dos relógios ⟨*contou as h. dadas pelo relógio da sala*⟩ **4** distância medida a partir do tempo gasto em locomoção ⟨*a casa fica a duas h. daqui*⟩ **5** momento fixado para a realização de algo; horário ⟨*esperava que o trem chegasse na h.*⟩ **6** momento importante, muito esperado, privilegiado, ideal ⟨*cada um tem a sua h.*⟩ **7** ocasião, momento oportuno ⟨*não é h. de reclamações*⟩ ☞ cf. *ora* ▼ *horas* *s.f.pl.* **8** muito tempo ⟨*ficar h. no banho*⟩ ⊡ **h. extra** *loc.subst.* **1** período de tempo além do expediente normal **2** pagamento recebido por esse tempo de trabalho ☞ nesta acp., mais us. no pl. • **h. H** *loc.subst.* **1** hora referência em que terá início uma operação militar específica **2** *p.ext.* o momento oportuno • **fazer h.** *loc.vs.* ocupar o tempo enquanto se espera por alguém ou algo • **fazer h. com** *loc.vs.* *B infrm.* zombar de alguém • **pela h. da morte** *loc.adj.* *infrm.* muito caro (diz-se de mercadoria)

ho.rá.rio *s.m.* **1** regulamento das horas e/ou dos dias de certos serviços ou atividades **2** tabela em que se registra esse regulamento **3** hora normal, prefixada ⟨*o trem está no h.*⟩ ■ *adj.* **4** relativo a horas(s) ⟨*carga h.*⟩ **5** que pode ser medido por hora ou que se percorre num intervalo de uma hora ⟨*à velocidade de 80 km h.*⟩ ⊡ **h. de verão** *loc.subst.* horário adiantado, oficialmente, em uma hora durante o verão • **h. nobre** *loc.subst.* período de maior audiência dos meios de comunicação de massa, cujos anúncios de publicidade têm os mais altos preços

hor.da *s.f.* **1** tribo de nômades **2** bando de desordeiros **3** *p.ext.* grupo grande de pessoas; multidão

ho.ris.ta *adj.2g.s.2g.* *B* (empregado) que tem o salário computado em horas e não em dias

ho.ri.zon.tal *adj.2g.* **1** situado em, relativo ou paralelo ao horizonte **2** deitado, nivelado ■ *s.f.* **3** reta paralela ao horizonte ⊃ vertical **4** *infrm.* posição de quem se encontra deitado ou reclinado ⊃ vertical ~ **horizontalidade** *s.f.* - **horizontalizar** *v.t.d. e pron.*

ho.ri.zon.te *s.m.* **1** linha circular que limita o campo visual e na qual a terra ou o mar parecem unir-se ao céu **2** *p.ext.* campo de visibilidade de uma pessoa ao ar livre ⟨*terra de h. amplo*⟩ **3** *fig.* quadro geográfico, social, cultural que limita as ações ou aspirações de uma pessoa ⟨*para ampliar seus h. veio para a cidade grande*⟩ ☞ mais us. no pl. **4** dimensão do futuro de alguém ou de algo; perspectiva ⟨*pessoa sem h.*⟩ ☞ mais us. no pl. **5** *fig.* domínio circunscrito a uma área do saber, do pensamento ou de uma atividade do ser humano ⟨*o h. das artes*⟩ ☞ tb. us. no pl.

hor.mô.nio *s.m.* substância química produzida pelos animais, que exerce um efeito fisiológico específico sobre o corpo ~ **hormonal** *adj.2g.* - **hormônico** *adj.*

ho.rós.co.po *s.m.* **1** desenho da posição relativa dos astros no momento do nascimento de uma pessoa; mapa astral **2** previsão astrológica sobre a vida de alguém baseada nesse mapa ⟨*lê seu h. todos os dias*⟩

hor.ren.do *adj.* **1** que apavora **2** muito feio; pavoroso ⊃ bonito **3** cruel, hediondo ⟨*crime h.*⟩ **4** que inspira aversão; abominável ⟨*postura h.*⟩ ⊃ louvável **5** excessivo, intolerável ⟨*calor h.*⟩ ⊃ suportável

hor.ri.pi.lan.te *adj.2g.* **1** que provoca calafrio; arrepiante ⟨*vento h.*⟩ **2** que inspira medo; horrendo, pavoroso ⟨*noite h.*⟩

hor.ri.pi.lar *v.* {mod. 1} *t.d. e pron.* **1** (fazer) sentir arrepios, calafrios; arrepiar(-se) **2** (fazer) sentir horror, pavor; aterrorizar(-se) ~ **horripilação** *s.f.*

hor.rí.vel *adj.2g.* **1** muito ruim ou desagradável ⟨*ideia h.*⟩ **2** medonho, horrendo ⟨*feições h.*⟩ ⊃ lindo **3** malvado, cruel, horrendo ⊃ bondoso ⊙ GRAM/USO sup.abs.sint.: *horribilíssimo*

hor.ror \ô\ *s.m.* **1** sentimento de nojo, aversão, ódio ⊃ simpatia **2** sentimento de profundo incômodo ou receio; medo, pavor ⟨*h. ao escuro*⟩ ⊃ atração **3** crueldade ⟨*o h. da tortura*⟩ ⊃ benignidade ▼ *horrores* *s.m.pl.* **4** coisas aterrorizantes, trágicas, macabras, violentas ⟨*h. da guerra*⟩ **5** atos ignóbeis, criminosos ⟨*cometia h. em nome da lei*⟩

hor.ro.ri.zar *v.* {mod. 1} *t.d.,int. e pron.* encher(-se) de horror, pânico; aterrorizar(-se)

hor.ro.ro.so \ô\ [pl.: *horrorosos* \ó\] *adj.* **1** relativo a horror **2** horrendo **3** muito ruim ou desagradável; horrível ⟨*comida com sabor h.*⟩ ⊃ ótimo

hor.ta *s.f.* terreno em que são cultivados esp. hortaliças e legumes ~ **hortense** *adj.2g.*

hor.ta.li.ça *s.f.* erva ou legume cultivado em hortas e us. na alimentação

hor.te.lã *s.f.* **1** erva aromática de sabor refrescante e cultivada como condimento; menta **2** a essência dessa erva. us. no preparo de xaropes, pastilhas etc., por suas propriedades aromáticas e medicinais

hor.te.lão [pl.: *-ões, -ãos*; fem.: *horteloa*] *s.m.* indivíduo que cuida de horta; horteleiro

hor.tên.sia *s.f.* pequeno arbusto de flores brancas, azuis ou róseas, mundialmente cultivado como ornamental

hor.ti.cul.tor \ô\ *adj.s.m.* (aquele) que se dedica a horticultura

hor.ti.cul.tu.ra *s.f.* arte ou técnica de cultivar hortas e jardins

hor.ti.fru.ti.gran.jei.ro *adj.s.m.* *B* **1** (produto) de hortas, pomares e granjas ■ *adj.* **2** relativo a atividades exercidas em hortas, pomares e granjas

hor.ti.gran.jei.ro *adj.s.m.* **1** (produto) de hortas e granjas ■ *adj.* **2** relativo a atividades exercidas em hortas e granjas

hor.to \ô\ *s.m.* **1** área de cultivo de plantas ornamentais **2** terreno onde se cultivam plantas para experiência, distribuição, venda etc., em geral pertencente ao Estado ⟨*h. municipal, florestal*⟩

ho.sa.na *s.m.* **1** REL hino cantado no domingo de Ramos **2** REL ramo bento distribuído aos fiéis nesse domingo **3** cântico de louvor

hos.pe.da.gem *s.f.* **1** acolhimento de pessoas, com ou sem pagamento; abrigo **2** hospedaria

hos.pe.dar *v.* {mod. 1} *t.d. e pron.* dar ou receber hospedagem ou abrigo; alojar(-se)

hos.pe.da.ri.a *s.f.* estabelecimento onde se recebem hóspedes ger. mediante pagamento

hós.pe.de *s.2g.* indivíduo que se acomoda durante certo tempo em casa alheia, hotel etc.

hos.pe.dei.ro *adj.s.m.* **1** (o) que hospeda **2** BIO (organismo) que abriga e/ou nutre outro organismo, parasita ou não **3** MED (organismo) que recebeu um transplante de tecido ou órgão ■ *s.m.* **4** aquele que dá hospedagem ⮌ hóspede **5** dono de hospedaria

hos.pí.cio *s.m.* **1** hospital de alienados; manicômio **2** abrigo gratuito a pessoas pobres ou doentes; asilo

hos.pi.tal *s.m.* estabelecimento para internação e tratamento de doentes ou feridos

hos.pi.ta.lar *adj.2g.* relativo a hospital ou a hospício

hos.pi.ta.lei.ro *adj.s.m.* **1** que(m) oferece hospedagem por bondade ou caridade ■ *adj.* **2** que dá boa hospitalidade; acolhedor ⟨*terra h.*⟩ ⮌ inóspito

hos.pi.ta.li.da.de *s.f.* **1** qualidade de hospitaleiro **2** boa acolhida

hos.pi.ta.li.zar *v.* {mod. 1} *t.d. e pron.* (fazer) entrar como paciente em hospital; internar(-se) ~ **hospitalização** *s.f.*

hos.te *s.f.* **1** força armada; tropa, exército **2** *fig.* bando, multidão

hós.tia *s.f.* no catolicismo, pequena rodela muito fina de pão sem fermento consagrada pelo padre e oferecida aos fiéis na comunhão

hos.til *adj.2g.* **1** que manifesta inimizade ⟨*multidão h.*⟩ ⮌ amigo **2** que revela agressividade; ameaçador ⟨*falava aos outros de modo h.*⟩ ⮌ amável **3** pouco acolhedor ⟨*recepção h.*⟩ ⮌ caloroso **4** adversário, contrário, desfavorável ⟨*jornal h. ao governo*⟩ ⮌ favorável

hos.ti.li.da.de *s.f.* **1** qualidade do que é hostil **2** ação ou efeito de hostilizar(-se); manifestação de rivalidade, de agressividade

hos.ti.li.za.ção [pl.: *-ões*] *s.f.* ato ou efeito de hostilizar(-se); provocação

hos.ti.li.zar *v.* {mod. 1} *t.d. e pron.* **1** tratar(-se) com agressividade ou inimizade; agredir(-se) □ *t.d.* **2** não tratar bem, acolher mal **3** fazer guerra a, lutar contra

ho.tel *s.m.* estabelecimento que fornece quartos, apartamentos, suítes mobiliados e, ger., refeições, entretenimentos e outros serviços

ho.te.la.ri.a *s.f.* **1** rede de hotéis **2** setor que administra hotéis

ho.te.lei.ro *s.m.* **1** proprietário ou gerente de hotel ■ *adj.* **2** relativo a hotel

HPV [ing.] *s.m.* sigla de *papilomavírus humano*

Hs símbolo de *hássio*

HTML [ing.] *s.m.* INF linguagem us. para criar documentos na internet com texto, imagem, som, vídeo e *links*

hu.lha *s.f.* espécie de carvão mineral

hu.lhei.ra *s.f.* jazida ou mina de hulha

hu.ma.ni.da.de *s.f.* **1** conjunto de características específicas à natureza humana **2** sentimento de bondade e compaixão para com os semelhantes ⮌ crueldade **3** o conjunto dos seres humanos ▼ ***humanidades*** *s.f.pl.* **4** estudos clássicos de literatura, história, filosofia

hu.ma.nis.mo *s.m.* corrente filosófica renascentista e inspirada na civilização greco-romana, que valorizava um maior conhecimento da cultura e da natureza humana

hu.ma.nis.ta *adj.2g.* **1** referente a humanismo ■ *adj.2g.s.2g.* **2** simpatizante ou adepto do humanismo **3** que(m) é versado em humanidades

hu.ma.nís.ti.co *adj.* relativo a humanismo ou a humanista

hu.ma.ni.tá.rio *adj.s.m.* que(m) se dedica aos interesses da humanidade e à melhoria da condição humana ⮌ egoísta

hu.ma.ni.ta.ris.mo *s.m.* **1** filantropismo, caridade **2** amor à humanidade; solidariedade ⮌ egoísmo

hu.ma.ni.zar *v.* {mod. 1} *t.d. e pron.* **1** (fazer) adquirir condição humana **2** tornar(-se) benévolo, tolerável, sensível ⮌ insensibilizar(-se) **3** tornar(-se) mais sociável, tratável; socializar(-se) ⮌ embrutecer(-se)

hu.ma.no *adj.* **1** próprio do homem ⟨*virtudes h.*⟩ ⮌ bestial **2** composto por homens **3** que mostra piedade, indulgência, compreensão ⟨*patrão h.*⟩ ⮌ desalmado **4** que não é divino ■ *s.m.* **5** o homem ☞ nesta acp., mais us. no pl.

hu.mi.fi.car *v.* {mod. 1} *t.d. e pron.* converter(-se) em humo ~ **humificação** *s.f.*

hu.mil.da.de *s.f.* **1** qualidade de humilde **2** modéstia, simplicidade ⮌ arrogância **3** respeito para com superiores; submissão ⮌ desrespeito

hu.mil.de *adj.2g.* **1** que reconhece suas próprias limitações **2** modesto, simples ⟨*o verdadeiro sábio é h.*⟩ ⮌ arrogante **3** que expressa submissão ⟨*modos h.*⟩ ⮌ desobediente **4** inferiormente situado em uma hierarquia ou escala ⟨*funcionário h.*⟩ **5** de pouca importância ou brilho; simples, sóbrio ⮌ pomposo ■ *adj.2g.s.2g.* **6** que(m) é desprovido de bens materiais ⮌ rico

hu.mi.lha.ção [pl.: *-ões*] *s.f.* **1** submissão, abatimento **2** rebaixamento moral

hu.mi.lhan.te *adj.2g.* que humilha; degradante ⮌ dignificante

hu.mi.lhar *v.* {mod. 1} *t.d. e pron.* **1** (fazer) perder o valor, tratando(-se) com menosprezo, desdém; rebaixar(-se) ⮌ valorizar(-se) **2** tornar(-se) humilde; humildar(-se) ⮌ assoberbar

hu.mo *s.m.* → ***HÚMUS***

hu.mor \ô\ *s.m.* **1** estado de espírito; temperamento **2** graça, comicidade ⮌ seriedade **3** MED nome de vários fluidos existentes no corpo (bílis, sangue, linfa etc.)

hu.mo.ris.mo *s.m.* qualidade de pessoa que é capaz de se expressar de forma cômica, irônica

hu.mo.ris.ta *adj.2g.s.2g.* que(m) manifesta humor em seus ditos, escritos, desenhos, atos etc.; que(m) é capaz de perceber e manifestar a comicidade de situações, falas etc.

hu.mo.rís.ti.co *adj.* **1** relativo a humor **2** relativo a humorismo ou a humorista (subst.) **3** em que há humor ⟨*programa h.*⟩

hú.mus *s.m.2n.* ou **hu.mo** *s.m.* parte superior do solo composta de muita matéria orgânica, predominantemente vegetal, decomposta ou em decomposição

hún.ga.ro *s.m.* **1** natural ou habitante da Hungria (Europa) **2** idioma falado nesse país ■ *adj.* **3** relativo a esse país e a seu idioma

hu.no *adj.s.m.* (indivíduo) dos hunos, povo bárbaro e nômade da Ásia central

hur.ra *interj.* expressa saudação, entusiasmo, felicitação, vitória; viva

Hz símbolo de *hertz*

i *s.m.* **1** nona letra (vogal) do nosso alfabeto ■ *n.ord.* *(adj.2g.2n.)* **2** diz-se do nono elemento de uma série ⟨*casa I*⟩ ⟨*item 1i*⟩ ☞ empr. posposto a um substantivo ou numeral ⊙ GRAM/USO na acp. s.m., pl.: *ii*

I símbolo de *iodo*

¹i– *pref.* → ¹IN-

²i– *pref.* ²IN-

–ia *suf.* **1** 'cargo, estabelecimento': *chefia, delegacia* **2** 'área de saber': *geografia, ortopedia, psicologia* **3** 'propriedade': *alegria*

ia.iá *s.f. B* tratamento que se dava às meninas e às moças, no tempo da escravidão

i.a.lo.ri.xá *s.f. B* mãe de santo

i.a.no.mâ.mi *s.2g.* **1** indígena pertencente aos ianomâmis, povo indígena que habita a Venezuela e o nordeste da Amazônia ■ *s.m.* **2** língua falada por esse povo ■ *adj.2g.* **3** relativo a esse povo e a sua língua

i.an.que *adj.2g.* **1** relativo aos Estados Unidos da América, à Nova Inglaterra (região dos Estados Unidos da América) ou ao norte dos Estados Unidos ■ *s.2g.* **2** natural ou habitante desse país ou dessas regiões

i.a.ra *s.f. B* mãe-d'água ('sereia')

i.a.te *s.m.* embarcação a vela ou a motor, para recreação ou regata, ger. de proa fina e médio porte

i.a.tis.mo *s.m.* esporte ou recreação com o iate ~ iatista *adj.2g.s.2g.*

i.a.vé *s.m.* → JAVÉ

i.bé.ri.co *adj.* **1** da península Ibérica (Portugal e Espanha) ■ *s.m.* **2** natural ou habitante dessa região

i.be.ro *adj.* **1** da península Ibérica; ibérico ■ *s.m.* **2** indivíduo dos iberos, antigos habitantes da Ibéria; ibérico ☞ cf. *Ibéria* na parte enciclopédica **3** língua falada por esse povo

i.be.ro-a.me.ri.ca.no [pl.: *ibero-americanos*] *adj.s.m.* (indivíduo) dos povos americanos colonizados pelos países da península Ibérica

i.bi.dem [lat.] *adv.* aí mesmo; no mesmo lugar (empr. em citações, com o sentido de 'na mesma obra, capítulo ou página') [abrev.: *ib.*] ⇨ pronuncia-se **ibidem**

–icar *suf.* 'repetição, pouca intensidade': *namoricar, bebericar*

i.çar *v.* {mod. 1} *t.d.* **1** puxar para cima; levantar ⊃ baixar ❑ *t.d. e pron. fig.* **2** (fazer) subir; elevar(-se) ⊃ descer ~ içamento *s.m.*

–ice *suf.* 'qualidade, modo de ser': *chatice, criancice, tolice*

ice.berg [ing.; pl.: *icebergs*] *s.m.* grande massa de gelo flutuante que se desprendeu de uma geleira polar ⇨ pronuncia-se **aicibérgue**

–icho *suf.* 'diminuição': *rabicho*

–icie *suf.* 'qualidade, modo de ser': *planície*

–ício *suf.* 'relação': *alimentício, patrício*

ICMS *s.m.* sigla de *imposto sobre circulação de mercadorias e serviços*

–ico *suf.* 'diminuição': *burrico, namorico*

–́ico *suf.* 'relação': *básico, biológico, cirúrgico, eufórico, mágico*

–iço *suf.* 'passividade': *movediço, quebradiço*

í.co.ne *s.m.* **1** nas igrejas orientais, imagem de santo ou de cena sagrada **2** *fig.* pessoa ou coisa que simboliza seu grupo, seu tempo etc. ⟨*Picasso é o í. da pintura abstrata*⟩ **3** símbolo feito para lembrar determinada coisa (p.ex., o desenho de uma faca e um garfo cruzados indica a proximidade de um restaurante) **4** em sistema operacional ou programa de computador com interface gráfica, figura que representa objeto, operação ou *link*

i.co.no.clas.ta *adj.2g.s.2g.* **1** que(m) destrói imagens sagradas ou se opõe à sua adoração **2** que(m) destrói obras de arte, monumentos etc. **3** que(m) se opõe a qualquer tradição ou crença estabelecida ~ **iconoclasmo** *s.m.* - **iconoclastia** *s.f.*

i.co.no.gra.fi.a *s.f.* **1** estudo e descrição de representações figuradas **2** tratado descritivo de imagens, pinturas, medalhas etc. **3** conjunto de ilustrações de obra ou gênero de arte, de artista, de período artístico ⊙ COL iconoteca ~ **iconográfico** *adj.* - **iconógrafo** *s.m.*

i.co.nos.có.pio *s.m.* ELETRÔN tubo de raios us. em televisão, que converte uma imagem óptica numa sequência de impulsos elétricos

i.co.sa.e.dro *s.m.* sólido limitado por polígono de 20 faces

i.co.sá.go.no *s.m.* sólido limitado por polígono de 20 lados

ic.te.rí.cia *s.f.* coloração amarelada da pele e olhos resultante de presença anormal de bílis no sangue ~ **ictérico** *adj.*

ic.ti.o.lo.gi.a *s.f.* parte da zoologia que estuda os peixes ~ **ictiológico** *adj.* - **ictiologista** *adj.2g.s.2g.*

–ida *suf.* 'ação ou resultado da ação': *mordida, saída*

i.da *s.f.* **1** movimento de ir-se; partida ⊃ volta **2** trajeto que termina onde ou quando tem início o retorno ao ponto de partida ⟨*a volta cansou mais do que a i.*⟩ ⊃ vinda

–idade *suf.* equivale a *-dade*

i.da.de *s.f.* **1** o tempo de vida decorrido desde o nascimento até uma determinada data **2** duração total da vida ⟨*a média de i. do brasileiro*⟩ **3** época; tempo ⟨*a i. juvenil, escolar*⟩ **4** período marcado por fato ou descoberta importante, ou por um grau de evolução; era **5** período histórico ou pré-histórico ▣ **I. Média** *loc.subst.* período da História que se estende da queda do Império Romano, no sV, até a queda de Constantinopla (1453) • **terceira i.** *loc.subst.* último terço da vida; velhice

i.de.al *adj.2g.* **1** que só existe no pensamento ⟨*uma paisagem i.*⟩ ⊃ real **2** perfeito, maravilhoso ⟨*vida i.*⟩ ⊃ imperfeito ■ *s.m.* **3** alvo da mais alta aspiração ⟨*seu i. é paz e amor*⟩ **4** perfeição suprema ⟨*um i. de beleza*⟩ **5** a solução perfeita ⟨*o i. seria irmos todos juntos*⟩ ~ **idealidade** *s.f.*

i.de.a.lis.mo *s.m.* **1** teoria filosófica que reduz o mundo ao pensamento e às suas representações ⊃ realismo **2** atitude de espírito ou tipo de caráter em que prevalecem os sentimentos e a busca por ideais ⊃ materialismo **3** teoria ou prática artística que defende o valor maior da imaginação sobre a cópia fiel da natureza ⊃ realismo

i.de.a.lis.ta *adj.2g.* **1** relativo a idealismo ('teoria filosófica') ⊃ realista ■ *adj.2g.s.2g.* **2** partidário do idealismo ('teoria filosófica') ⊃ realista **3** que(m) age movido por ideais ⊃ realista **4** que(m) põe os ideais à frente das considerações práticas ~ **idealístico** *adj.*

i.de.a.li.zar *v.* {mod. 1} *t.d. e pron.* **1** imaginar(-se) de maneira ideal ❑ *t.d.* **2** criar na mente; imaginar, fantasiar **3** planejar, projetar ~ **idealização** *s.f.*

i.de.ar *v.* {mod. 5} *t.d.* **1** criar na imaginação; idealizar, fantasiar **2** planejar, projetar ~ **ideação** *s.f.*

i.dei.a \éi\ *s.f.* **1** representação mental de algo **2** conhecimento, informação, noção **3** plano, propósito ⟨*ia sair, mas mudei de i.*⟩ **4** descoberta, invenção **5** mente, pensamento ⟨*o plano não lhe sai da i.*⟩ **6** *B infrm.* cabeça ▼ *ideias s.f.pl.* **7** conjunto de opiniões ⟨*i. avançadas*⟩

i.dem [lat.] *pron.dem.* o mesmo [abrev.:*id.*] ⇨ pronuncia-se idem

i.dên.ti.co *adj.* **1** que em nada difere de outro ou de outros ⟨*gêmeos i.*⟩ ⊃ diferente **2** imutável, inalterável ⟨*sentimentos que continuam i.*⟩ ⊃ oscilante **3** análogo, semelhante ⟨*agilidade i. à dos macacos*⟩ ⊃ diferente

i.den.ti.da.de *s.f.* **1** conjunto das características próprias e exclusivas de um indivíduo **2** consciência da própria personalidade ⟨*crise de i.*⟩ **3** o que faz que uma coisa seja da mesma natureza que outra ⟨*i. de pensamentos*⟩ ⊃ diferença **4** estado do que fica sempre igual ⟨*a i. das impressões digitais revelaram o assassino*⟩ ⊃ diferença **5** documento de identificação

i.den.ti.fi.ca.ção [pl.: *-ões*] *s.f.* **1** ato ou efeito de identificar(-se) **2** documento comprobatório de identidade

i.den.ti.fi.car *v.* {mod. 1} *t.d.,t.d.i. e pron.* **1** (prep. *a*, *com*) tornar(-se) idêntico a; igualar(-se) ❑ *t.d.* **2** determinar a identidade de; reconhecer ⟨*i. um cadáver*⟩ **3** tornar conhecido ⟨*o modo de vestir identifica o turista*⟩ ❑ *pron.* **4** comprovar sua identidade **5** (prep. *com*) partilhar das ideias ou sentimentos (de)

i.de.o.gra.ma *s.m.* **1** imagem que representa uma ideia ou um objeto e não uma letra ou som **2** sinal que exprime o conceito e não os sons da palavra que representa esse conceito

i.de.o.lo.gi.a *s.f.* **1** ciência das ideias **2** conjunto de ideias, crenças, tradições, princípios e mitos, sustentados por um indivíduo ou grupo social, de uma época, de uma sociedade ~ **ideológico** *adj.* - **ideólogo** *s.m.*

i.dí.li.co *adj.* **1** relativo a idílio **2** *p.ext.* fantasioso, sonhador ⊃ real ☞ cf. *edílico*

i.dí.lio *s.m.* **1** poema lírico com temas ligados ao campo **2** amor terno e delicado **3** relação entre namorados **4** produto da fantasia; devaneio, utopia ⊃ realidade

i.di.o.ma *s.m.* a língua de um povo ou de uma comunidade

i.di.o.má.ti.co *adj.* peculiar a determinado idioma ⟨*expressão i.*⟩

i.di.o.ma.tis.mo *s.m.* idiotismo ('construção')

i.di.os.sin.cra.si.a *s.f.* **1** MED predisposição particular do organismo que faz com que um indivíduo reaja de maneira pessoal a alimentos, medicamentos etc. **2** comportamento peculiar de um indivíduo ou de um grupo ~ **idiossincrásico** *adj.* - **idiossincrático** *adj.*

i.di.o.ta *adj.2g.s.2g.* **1** que(m) não tem inteligência ou bom senso; tolo, estúpido ⊃ inteligente ■ *adj.2g.* **2** sem interesse, sem sentido ⟨*livro, trabalho i.*⟩ ⊃ interessante ~ **idiotizar** *v.t.d.,int. e pron.*

i.di.o.ti.ce *s.f.* **1** qualidade do que é ou de quem é idiota; estupidez **2** ação, procedimento ou dito de idiota ou de pessoa dada como idiota; tolice, estupidez

i.di.o.tis.mo *s.m.* **1** comportamento de pessoa idiota **2** construção peculiar a uma determinada língua, que não se encontra na maioria dos outros idiomas; idiomatismo

i.do *adj.* **1** que foi ou se foi; passado ▼ *idos s.m.pl.* **2** o tempo passado ⟨*nos i. de 1930*⟩

i.do.la.trar *v.* {mod. 1} *t.d.* **1** prestar culto a; adorar, venerar ❑ *t.d. e pron. fig.* **2** amar(-se), admirar(-se) com exagero

i.do.la.tri.a *s.f.* **1** culto que se presta a ídolos ⊃ desadoração **2** *fig.* admiração excessiva ⊃ indiferença ~ **idolátrico** *adj.*

í.do.lo *s.m.* **1** imagem adorada como se fosse a própria divindade **2** *fig.* pessoa ou coisa intensamente admirada

i.do.nei.da.de *s.f.* qualidade do que ou de quem é idôneo

i.dô.neo *adj.* **1** adequado, que convém perfeitamente ⟨*elementos i. para formar uma opinião*⟩ ⊃ inapropriado **2** confiável, honesto ⟨*fiador i.*⟩ ⊃ suspeito **3** apto, capaz ⟨*pessoa i.*⟩ ⊃ incompetente

i.do.so \ô\ [pl.: *idosos* \ó\] *adj.s.m.* (pessoa) que tem muitos anos de vida ⊃ jovem

–ificar *suf.* → -FICAR

i.ga.pó *s.m.* região da floresta amazônica que permanece alagada mesmo na estiagem dos rios ⊙ COL igapozal

i.ga.ra.pé *s.m.* **1** riacho que nasce na mata e desemboca num rio **2** canal estreito e navegável, situado entre duas ilhas de rio ou entre uma ilha de rio e a terra firme

i.glu *s.m.* habitação feita de blocos de gelo pelos esquimós

ig.na.ro *adj.* **1** ignorante, inculto ⟨*pessoas i.*⟩ ⊃ culto **2** desconhecedor ⟨*i. da verdade*⟩ ⊃ conhecedor **3** não mais lembrado, esquecido de ⟨*i. das passadas mudanças*⟩ **4** que não é conhecido; ignorado ⟨*índios i.*⟩ ■ *adj.s.m.* **5** que(m) é estúpido, idiota

íg.neo *adj.* **1** relativo a fogo ⟨*características í.*⟩ **2** que é de fogo ou semelhante a ele ⟨*cabelo í.*⟩ **3** produzido ou resultante da ação do fogo **4** *fig.* ardente, entusiasmado ⟨*temperamento í.*⟩ ⊃ frio **5** GEOL diz-se de rocha ou mineral formado pela solidificação do magma; magmático

ig.ni.ção [pl.: *-ões*] *s.f.* **1** processo ou meio que põe fogo em material combustível **2** estado de substâncias em combustão

ig.nó.bil *adj.2g.* **1** de caráter vil, baixo ⊃ nobre **2** que causa repugnância; hediondo ⟨*quadro i.*⟩ ⊃ agradável ~ **ignobilidade** *s.f.*

ig.no.mí.nia *s.f.* **1** grande desonra infligida por um julgamento público ⊃ honra **2** ação que desonra, envergonha, ou o seu efeito

ig.no.mi.ni.o.so \ô\ [pl.: *ignominiosos* \ó\] *adj.* **1** que causa desonra ⟨*castigo i.*⟩ ⊃ glorioso **2** que provoca horror, vergonha ⟨*a miséria é i.*⟩

ig.no.rân.cia *s.f.* **1** estado daquele que ignora algo ⟨*afogou-se por i. do perigo*⟩ ⊃ conhecimento **2** estado daquele que não tem conhecimentos, cultura ⊃ instrução **3** grosseria, incivilidade ⊃ delicadeza

ig.no.ran.te *adj.2g.s.2g.* **1** que(m) desconhece a existência de algo ⊃ conhecedor **2** que(m) não tem instrução ⟨*ser i. para ocupar um cargo*⟩ ⊃ erudito **3** mal-educado, grosseiro ⊃ civilizado

ig.no.rar *v.* {mod. 1} *t.d.* **1** não ter conhecimento de; desconhecer ⟨*ignoro quem seja ela*⟩ ⊃ saber **2** não levar em conta; desconsiderar ⟨*ignorou minha opinião*⟩ **3** não saber por falta de experiência, prática ⟨*i. uma técnica nova*⟩ **4** ser destituído de; não ter ⟨*boa alma, ignora o ódio*⟩ ⊃ possuir **5** tratar com indiferença; desprezar ⟨*i. o vizinho*⟩

ig.no.to \ó *ou* ô\ *adj.s.m.* (o) que é desconhecido ⊃ conhecido

i.gre.ja \ê\ *s.f.* **1** templo onde se reúnem os fiéis **2** comunidade cristã organizada em torno da mesma doutrina ☞ inicial maiúsc. **3** o conjunto dos cristãos católicos; catolicismo ⟨*o papa é o chefe da I.*⟩ ☞ inicial maiúsc. **4** o sacerdócio ⟨*o filho estava destinado à I.*⟩ ☞ inicial maiúsc. **5** a autoridade eclesiástica ⟨*a ala conservadora da I.*⟩ ☞ inicial maiúsc. **6** *fig.* grupo de pessoas que segue a mesma doutrina ⟨*os dois rezam pela mesma i.*⟩

i.gual *adj.2g.* **1** que, numa comparação, não apresenta diferença quantitativa ou qualitativa ⟨*dividir em partes i.*⟩ ⟨*combater com armas i.*⟩ ⊃ diferente **2** equivalente; uniforme ⟨*os dias transcorriam i.*⟩ ⊃ diferente **3** plano, liso ⟨*superfície i.*⟩ ⊃ irregular ■ *s.2g.* **4** indivíduo da mesma categoria, nível ■ *conj.comp.* **5** tal qual, como ■ *adv.* **6** sem distinção ⟨*ele trata todo mundo i.*⟩

i.gua.lar *v.* {mod. 1} *t.d.,t.d.i. e pron.* **1** (prep. *a*) tornar(-se) igual em quantidade ou qualidade; equiparar(-se) ❑ *t.d.* **2** tornar plano, liso; nivelar ⟨*i. uma superfície*⟩ ~ **igualação** *s.f.*

i.gual.da.de *s.f.* **1** fato de não apresentar diferença quantitativa ⟨*i. de salário*⟩ ⊃ diferença **2** uniformidade; estabilidade ⟨*i. de pulso*⟩ ⊃ inconstância **3** estado de uma superfície plana ⟨*i. de um terreno*⟩ ⊃ desnivelamento **4** MAT relação existente entre duas grandezas iguais ⊃ desigualdade

i.gua.lha *s.f.* identidade de posição social ou na maneira de ser

i.gua.li.ta.ris.mo *s.m.* teoria que sustenta a igualdade absoluta entre as pessoas ~ **igualitário** *adj.s.m.* - igualitarista *adj.2g.s.2g.*

i.gua.na *s.m.* nome comum de lagartos encontrados do México ao Brasil, conhecidos como camaleões

i.gua.ní.deo *s.m.* **1** espécime dos iguanídeos, família de lagartos, terrestres, arborícolas ou marinhos, ger. com longas pernas, cristas dorsais e barbelas ■ *adj.* 2 relativo a essa família

i.gua.ri.a *s.f.* comida delicada e/ou apetitosa ⊙ COL bufê

ih *interj.* exprime espanto, ironia, admiração ou sensação de perigo

i.í.di.che *adj.s.m.* (língua germânica) da comunidade judaica da Europa oriental e central

–il *suf.* 'relação': *febril, servil*

i.la.ção [pl.: *-ões*] *s.f.* conclusão, dedução

i.la.ti.vo *adj.* que vem por intuição (diz-se do conhecimento)

i.le.gal *adj.2g.* que desobedece a lei ⊃ legal ~ **ilegalidade** *s.f.*

i.le.gí.ti.mo *adj.* 1 que não satisfaz as condições legais ⊃ legítimo 2 sem justificativa ⟨*tese i.*⟩ ⊃ legítimo ■ *adj.s.m.* 3 (filho) bastardo ⊃ legítimo ~ **ilegitimidade** *s.f.*

i.le.gí.vel *adj.2g.* que não se pode ler ou que é de difícil leitura ⊃ legível ~ **ilegibilidade** *s.f.*

i.le.so \é *ou* ê\ *adj.* sem lesão ou ferimento ⊃ leso

i.le.tra.do *adj.s.m.* 1 que(m) não tem cultura literária ⊃ letrado 2 que(m) não sabe ler nem escrever; analfabeto ⊃ alfabetizado

i.lha *s.f.* 1 porção de terra cercada de água 2 *B* calçada us. para proteção aos pedestres e para separar as mãos de direção do trânsito ⊙ GRAM/USO dim.irreg.: *ilhota* e *ilhéu* ⊙ COL arquipélago

–ilhar *suf.* 'repetição, pouca intensidade': *dedilhar*

i.lhar *v.* {mod. 1} *t.d. e pron.* (fazer) ficar incomunicável, distante do mundo, como uma ilha; isolar(-se)

i.lhar.ga *s.f.* qualquer lado ou flanco de coisas, do corpo humano ou de animais ☞ freq. empr. no pl.

i.lhéu *s.2g.* 1 pequena ilha ■ *adj.* 2 da ilha ■ *s.m.* 3 natural ou habitante da ilha; insular, insulano ☞ nesta acp., fem.: *ilhoa* ⊙ GRAM/USO dim.irreg. de *ilha*

–ilho *suf.* 'diminuição': *espartilho, vidrilho*

i.lhó *s.2g.* 1 orifício por onde se enfia cordão ou fita 2 aro, ger. de metal, para debruar esse orifício

i.lhós *s.2g.2n.* ilhó ⊙ GRAM/USO tb. aceita o pl. *ilhoses*

i.lho.ta *s.f.* pequena ilha; ilhéu ⊙ GRAM/USO dim.irreg. de *ilha*

i.lí.a.co *s.m.* ANAT 1 denominação substituída por *osso do quadril* ■ *adj.* 2 relativo a ou próprio desse osso 3 relativo a bacia, a flancos

i.li.bar *v.* {mod. 1} *t.d.* 1 tornar puro, sem mancha; purificar 2 restituir a estima de; reabilitar ⟨*i. um rapaz injustamente acusado*⟩ ~ **ilibação** *s.f.*

i.lí.ci.to *adj.* 1 proibido, ilegal ⟨*meios i.*⟩ ⊃ lícito ■ *s.m.* 2 qualidade do que não é legal ou moral ⊃ lícito

i.li.ci.tu.de *s.f.* ato ilegal ⊃ legalidade

i.li.mi.ta.do *adj.* 1 sem limite(s) ou que parece não tê-lo(s) ⊃ limitado 2 que não pode ou é difícil de ser calculado ⟨*reservas i.*⟩ 3 cujo término não foi fixado ⟨*greve por prazo i.*⟩ ⊃ definido

i.ló.gi.co *adj.* que não tem lógica; absurdo ⊃ lógico ~ **ilogicidade** *s.f.*

i.lo.gis.mo *s.m.* 1 qualidade do que é ilógico, contrário à racionalidade ⊃ sensatez 2 fato ou atitude ilógica, incoerente ⊃ coerência

i.lu.dir *v.* {mod. 24} *t.d. e pron.* 1 (fazer) ter como verdadeiro o que é falso; enganar(-se) 2 (fazer) sentir frustração; decepcionar(-se) ❑ *t.d.* 3 usar truques para não cumprir; burlar ⟨*i. a lei*⟩ 4 tornar mais suportável ou mais brando; amenizar ⟨*tenta i. o calor com muitos banhos*⟩

i.lu.mi.na.ção [pl.: *-ões*] *s.f.* 1 irradiação de luz que torna algo claro ou visível 2 abastecimento de luz em recinto, rua etc. 3 *fig.* conjunto de conhecimentos; saber ⊃ ignorância 4 *fig.* inspiração que esclarece algo que era de difícil compreensão

i.lu.mi.na.do *adj.* 1 que se iluminou; que recebe ou recebeu luz ou iluminação 2 *fig.* dotado de saber, de conhecimentos; instruído

i.lu.mi.nar *v.* {mod. 1} *t.d. e pron.* 1 encher(-se) de luz, tornando(-se) claro 2 *fig.* tornar(-se) instruído, esclarecido; ilustrar(-se) 3 *fig.* (fazer) ficar claro como a luz; abrilhantar(-se) ~ **iluminador** *adj.s.m.*

i.lu.mi.nis.mo *s.m.* movimento intelectual do sXVIII, caracterizado pela centralidade da ciência e da racionalidade ☞ inicial maiúsc. ~ **iluminista** *adj.2g.s.2g.*

i.lu.mi.nu.ra *s.f.* 1 arte medieval de ilustrar manuscritos e livros com desenhos, arabescos, miniaturas etc. de cores vivas 2 a pintura assim realizada

i.lu.são [pl.: *-ões*] *s.f.* 1 interpretação errônea dos sentidos ou da mente 2 produto da imaginação; devaneio ⟨*achou ter ouvido sua voz, mas foi i.*⟩ 3 efeito artístico que dá a impressão de realidade ⟨*espetáculo de i.*⟩ 4 logro, mentira ⊃ verdade 5 decepção, desilusão ⟨*i. amorosa*⟩

i.lu.sio.nis.mo *s.m.* arte de criar ilusão por meio de artifícios e truques; prestidigitação

i.lu.sio.nis.ta *adj.2g.s.2g.* (aquele) que faz truques de prestidigitação

i.lu.só.rio *adj.* 1 que produz ilusão ou tende a iludir; enganoso ⊃ verdadeiro 2 que se situa no nível do sonho, do irreal ⊃ real

i.lus.tra.ção [pl.: *-ões*] *s.f.* 1 desenho, gravura, imagem que acompanha um texto, livro etc. 2 conjunto de conhecimentos; instrução, saber ⟨*professor de grande i.*⟩ ⊃ desconhecimento 3 qualidade do que é ilustre; renome ⟨*mestres citados por sua i.*⟩ ⊃ obscuridade 4 esclarecimento por meio de explicações; comentário ⟨*usar um exemplo como recurso de i.*⟩

i.lus.tra.dor \ô\ *adj.* 1 que serve de ilustração; ilustrativo ⟨*gráfico i.*⟩ ■ *adj.s.m.* 2 (artista) que faz ilustrações (desenhos, estampas etc.) para textos

i.lus.trar *v.* {mod. 1} *t.d. e pron.* 1 (fazer) adquirir glória, celebridade; glorificar(-se) 2 transmitir ou adquirir conhecimentos; instruir(-se) ⊃ emburrecer ❑ *t.d.* 3 tornar compreensível; explicar 4 fazer ilustrações para (livro, texto etc.) 5 servir como exemplo; mostrar

i.lus.tra.ti.vo *adj.* 1 que adorna texto com figura ⟨*informação i.*⟩ 2 elucidativo, esclarecedor ⟨*texto i.*⟩

i.lus.tre *adj.2g.* **1** que se distingue pelo brilhantismo; célebre ⟨*cientista i.*⟩ ⊃ desacreditado **2** conhecido, famoso ⟨*pianista i.*⟩ ⊃ obscuro **3** fidalgo, nobre ⟨*família i.*⟩ ⊙ GRAM/USO sup.abs.sint.: *ilustríssimo*

i.lus.trís.si.mo *adj.* **1** muito ilustre **2** tratamento cerimonioso, esp. em cartas [abrev.: *Ilmo.* ou *Il.*[mo]] ☞ inicial maiúsc. ⊙ GRAM/USO sup.abs.sint. de *ilustre*

[1]**im–** *pref.* → [1]*IN-*

[2]**im–** *pref.* [2]*IN-*

–im *suf.* 'diminuição': *folhetim, selim*

í.mã *s.m.* material capaz de atrair certas substâncias, como o ferro; magneto

i.ma.cu.la.do *adj.* **1** que não tem pecado ⊃ maculado **2** puro, inocente ⟨*candura i.*⟩ ⊃ impuro **3** sem mancha; limpo ⊃ sujo

i.ma.gem *s.f.* **1** representação visível de um ser ou objeto por meios artísticos ou técnicos ⟨*i. desenhada, gravada, esculpida*⟩ **2** cena, quadro ⟨*i. urbanas*⟩ **3** reprodução visual por reflexo ⟨*i. no espelho*⟩ **4** *fig.* réplica, retrato ⟨*é a i. do pai*⟩ **5** *fig.* conceito de que uma pessoa goza junto a outras ⟨*teve a i. abalada pelo escândalo*⟩ ⊙ COL iconografia, iconoteca

i.ma.gi.na.ção [pl.: *-ões*] *s.f.* **1** faculdade que possui o espírito de representar imagens **2** faculdade de criar a partir da combinação de ideias; criatividade ⟨*a i. do cientista*⟩ **3** *p.ext.* criação artística ⟨*a fabulosa i. de Machado de Assis*⟩ **4** obra criada pela fantasia; mentira ⟨*aquela história é pura i.*⟩ ⊃ verdade

i.ma.gi.nar *v.* {mod. 1} *t.d.* **1** formar (imagem mental) a partir de algo que não está presente ou não é real; inventar ❑ *t.d. e pron.* **2** representar(-se) na mente; visualizar(-se) ⟨*i. um vestido descrito*⟩ ⟨*i.-se na pele de outrem*⟩ ❑ *t.d.,t.d.pred. e pron.* **3** ter certa ideia sobre; julgar(-se), presumir(-se) ⟨*i. que tudo será melhor*⟩ ⟨*imaginava-o um bom homem*⟩ ⟨*i.-se superior a todos*⟩

i.ma.gi.ná.ria *s.f.* **1** conjunto de figuras, de imagens **2** estudo tipológico das imagens religiosas de santos e cenas bíblicas

i.ma.gi.ná.rio *adj.* **1** que não é real; fictício ⟨*perigo i.*⟩ ⊃ verdadeiro ■ *s.m.* **2** o que pertence ao domínio da imaginação **3** reunião de características e símbolos da vida de um povo, uma nação etc. ⟨*o i. brasileiro é muito rico*⟩

i.ma.gi.na.ti.vo *adj.s.m.* **1** que(m) tem muita imaginação ■ *adj.* **2** que devaneia; sonhador

i.ma.gi.no.so \ô\ [pl.: *imaginosos* \ó\] *adj.s.m.* **1** que(m) tem muita imaginação; imaginativo ■ *adj.* **2** coalhado de imagens fantasiosas ou poéticas ⟨*relato i.*⟩ ⊃ real **3** fabuloso, inverossímil ⟨*história i.*⟩ ⊃ acreditável

i.ma.nen.te *adj.2g.* **1** que está inseparavelmente contido na natureza de um ser, de uma experiência ou de um conceito; inerente ⊃ extrínseco **2** permanente, constante ⊃ passageiro ~ **imanência** *s.f.*

i.man.tar *v.* {mod. 1} *t.d.* conferir a (metal) propriedades do ímã; imanar, magnetizar ~ **imantação** *s.f.*

i.mar.ces.cí.vel *adj.2g.* que não perde o viço, o frescor ⟨*flor i.*⟩ ~ **imarcescibilidade** *s.f.*

i.ma.te.ri.al *adj.2g.s.2g.* (o) que não tem existência palpável ⊃ material ~ **imaterialidade** *s.f.* - **imaterializar** *v.t.d. e pron.*

i.ma.te.ri.a.lis.mo *s.m.* teoria filosófica que nega a existência da matéria e reduz a realidade aos espíritos e suas representações ~ **imaterialista** *adj.2g.s.2g.*

i.ma.tu.ri.da.de *s.f.* **1** falta de maturidade **2** *p.ext.* característica atribuída a pessoa adulta de quem se espera um comportamento mais maduro

i.ma.tu.ro *adj.* **1** que não está amadurecido ⟨*fruto i.*⟩ ⊃ maduro **2** precoce, prematuro ⟨*feto i.*⟩ ⊃ tardio ■ *adj.s.m.* **3** que(m) não demonstra maturidade psicológica ou que(m) a demonstra em grau menor do que o esperado ⊃ maduro

im.ba.tí.vel *adj.2g.* que não se pode derrotar; invencível ⊃ vencível

im.ba.ú.ba *s.f.* → *EMBAÚBA*

im.be.cil *adj.2g.s.2g.* **1** que(m) tem inteligência curta ou pouco juízo; idiota, tolo **2** PSIC que(m) apresenta retardo mental moderado ~ **imbecilidade** *s.f.*

im.be.ci.li.zar *v.* {mod. 1} *t.d. e pron.* (fazer) ficar imbecil

im.ber.be *adj.2g.s.2g.* **1** (o) que não tem barba ⊃ barbado **2** jovem, iniciante ⊃ maduro

im.bri.car *v.* {mod. 1} *t.d.,t.d.i. e pron.* (prep. *em*) dispor(-se) [coisas] de maneira que haja sobreposição parcial ~ **imbricação** *s.f.*

im.bu *s.m.* → *UMBU*

im.bui.a *s.f.* árvore brasileira de até 30 m, cuja madeira é us. na marcenaria de luxo

im.bu.ir *v.* {mod. 26} *t.d. e pron.* **1** (fazer) ficar embebido de (líquido, perfume); impregnar(-se) ❑ *t.d.i. e pron. fig.* **2** (prep. *de*) [fazer] ser tomado por (ideia, sentimento); infundir(-se)

im.bu.zei.ro *s.m.* → *UMBUZEIRO*

i.me.di.a.ção [pl.: *-ões*] *s.f.* **1** proximidade, contiguidade ⊃ distância **2** cercania, redondeza ☞ nesta acp., mais us. no pl.

i.me.di.a.ta.men.te *adv.* **1** sem perda de tempo ou sem demora; de imediato ⟨*venha cá i.*⟩ **2** no mesmo instante ⟨*reconheci-a i.*⟩ **3** sem mediação de espaço ⟨*estava sentado i. depois dela*⟩

i.me.di.a.tis.mo *s.m.* **1** tendência a proceder de maneira direta, sem rodeios **2** tendência a agir visando a uma vantagem imediata, sem considerar as consequências ~ **imediatista** *adj.2g.s.2g.*

i.me.di.a.to *adj.* **1** sem intermediário; direto ⟨*contato i.*⟩ ⊃ mediato **2** que acontece sem intervalo; instantâneo ⟨*resposta i.*⟩ ⊃ demorado **3** seguinte, contíguo (no espaço e no tempo) ⟨*mudou-se para o assento i.*⟩ ⟨*partiu no dia i.*⟩ ⊃ anterior ■ *s.m.* **4** funcionário de categoria logo abaixo da do chefe

i.me.mo.rá.vel *adj.2g.* de que não há, não pode ou não deve haver memória; imemorial ⊃ memorável

i.me.mo.ri.al *adj.2g.* imemorável

i.men.si.da.de *s.f.* **1** qualidade ou característica do que é imenso **2** grandeza ou extensão ilimitada; vastidão ⟨*a i. do mar*⟩ **3** grande número; infinidade ⤺ escassez

i.men.si.dão [pl.: *-ões*] *s.f.* imensidade

i.men.so *adj.* **1** impossível de medir ou contar; desmedido ⤺ limitado **2** de grande tamanho; enorme ⟨*quadros i.*⟩ ⤺ mínimo **3** de grande extensão; vasto ⟨*oceano i.*⟩ ⤺ pequeno **4** em grande número; inúmero ⟨*ter i. oportunidades*⟩ **5** extraordinário, profundo ⟨*teve um prazer i. em conhecê-la*⟩ **6** *fig.* que causa espanto; fantástico ⟨*talento i.*⟩ ⤺ comum **7** impossível de precisar ou definir; colossal ⟨*saudade i.*⟩

i.men.su.rá.vel *adj.2g.* que não se pode medir; imenso, ilimitado ⤺ insignificante

i.me.re.ci.do *adj.* não merecido ⤺ justo

i.mer.gir *v.* {mod. 24} *t.d. e pron.* **1** (fazer) ficar total ou parcialmente coberto por (um líquido); mergulhar, afundar(-se) ⤺ emergir ❑ *int. e pron.fig.* **2** entrar em; introduzir-se ⟨*i.(-se) na mata cerrada*⟩ ☞ cf. *emergir* ⊙ GRAM/USO part.: *imergido, imerso*

i.mer.são [pl.: *-ões*] *s.f.* ato de afundar em líquido ou seu efeito ☞ cf. *emersão*

i.mer.so *adj.* **1** mergulhado, afundado, submerso ⤺ emerso **2** *fig.* completamente absorvido ⟨*estar i. nos pensamentos*⟩ ⊙ GRAM/USO part. de *imergir*

i.mi.gra.ção [pl.: *-ões*] *s.f.* **1** entrada de estrangeiros em um país **2** estabelecimento de indivíduos em cidade, estado ou região de seu próprio país, que não a sua de origem **3** conjunto de indivíduos que imigram ☞ cf. *migração* e *emigração* **4** o fluxo desses indivíduos

i.mi.gran.te *adj.2g.s.2g.* que(m) imigra ou imigrou ☞ cf. *migrante* e *emigrante*

i.mi.grar *v.* {mod. 1} *int.* **1** ir viver em país estrangeiro **2** *p.ext.* fixar residência em cidade, estado ou região de seu país, que não a sua de origem ☞ cf. *migrar* e *emigrar*

i.mi.gra.tó.rio *adj.* relativo a imigração ou a imigrante

i.mi.nên.cia *s.f.* qualidade, condição ou característica do que está iminente; aproximação

i.mi.nen.te *adj.2g.* próximo, imediato ⟨*desabamento i.*⟩ ☞ cf. *eminente*

i.mis.cu.ir-se *v.* {mod. 26} *pron.* **1** (prep. *em*) tomar parte ou dar opinião em (o que não lhe diz respeito); intrometer-se **2** (prep. *em*) ligar-se intimamente; misturar-se ~ **imiscuição** *s.f.*

i.mi.ta.ção [pl.: *-ões*] *s.f.* **1** reprodução exata de algo; imagem **2** cópia malfeita ou falsificada **3** plágio de obra artística, literária ou musical **4** representação das características de alguém

i.mi.tar *v.* {mod. 1} *t.d.* **1** reproduzir ou tentar reproduzir fielmente (o que já existe ou suas características); arremedar, copiar **2** ter como exemplo; copiar **3** produzir uma cópia de (algo) fazendo-a passar por verdadeira; falsificar **4** ter aparência de; assemelhar-se ⟨*tecido imitando couro*⟩ ~ **imitativo** *adj.* - **imitável** *adj.2g.*

IML *s.m.* sigla de Instituto Médico Legal

i.mo.bi.li.á.ria *s.f.* B empresa que constrói, negocia com imóveis e/ou administra seu aluguel

i.mo.bi.li.á.rio *adj.* **1** relativo a imóveis ■ *adj.s.m.* **2** (bem) imóvel por natureza ou por disposição legal ☞ mais us. no pl.

i.mo.bi.li.da.de *s.f.* **1** ausência de movimento; inércia ⟨*diante do perigo sua reação foi a i.*⟩ ⤺ mobilidade **2** *fig.* condição do que não muda; estacionamento ⟨*o defeito do orador foi sua i. em um só assunto*⟩ ⤺ transformação **3** *fig.* impassibilidade, serenidade ⤺ intranquilidade

i.mo.bi.lis.mo *s.m.* **1** repúdio ao progresso **2** *p.ext.* atitude muito conservadora ~ **imobilista** *adj.2g.s.2g.*

i.mo.bi.li.zar *v.* {mod. 1} *t.d. e pron.* **1** impedir ou cessar de se mover; parar **2** (fazer) parar de progredir; estacionar, estagnar ❑ *t.d.* **3** reduzir ou eliminar, para fins terapêuticos, o movimento de (corpo ou parte dele) ~ **imobilização** *s.f.*

i.mo.de.ra.ção [pl.: *-ões*] *s.f.* falta de moderação; exagero ⤺ comedimento

i.mo.dés.tia *s.f.* **1** falta de simplicidade, de discrição ⤺ modéstia **2** *p.ext.* vaidade, orgulho ⤺ modéstia **3** *p.ext.* ausência de pudor ⤺ decência ~ **imodesto** *adj.*

i.mo.la.ção [pl.: *-ões*] *s.f.* **1** morte em sacrifício a uma divindade **2** *p.ext.* chacina, carnificina **3** *fig.* ato de sacrificar-se; renúncia ⤺ egoísmo

i.mo.lar *v.* {mod. 1} *t.d.,t.i. e t.d.i.* **1** (prep. *a*) matar em sacrifício à divindade ❑ *t.d.* **2** *p.ext.* sacrificar matando; massacrar ❑ *t.d.i. e pron.fig.* **3** (prep. *a*) renunciar a (algo) em benefício de; sacrificar(-se)

i.mo.ral *adj.2g.s.2g.* **1** (indivíduo) contrário à moral, às regras de conduta **2** *p.ext.* (o) que é contrário ao pudor, à decência; libertino, indecente ☞ cf. *amoral*

i.mo.ra.li.da.de *s.f.* **1** qualidade do que se opõe aos bons costumes, à moral ⤺ decência **2** prática de atos considerados corruptos ⤺ moralidade

i.mor.re.dou.ro *adj.* **1** que não morre; eterno, imortal ⤺ mortal **2** *p.ext.* muito duradouro; constante ⟨*a experiência i. de um bom livro*⟩ ⤺ inconstante **3** cuja lembrança é permanente ⟨*exemplo i.*⟩

i.mor.tal *adj.2g.* **1** que não está sujeito à morte; perpétuo, eterno ⟨*alma i.*⟩ ⤺ mortal **2** cuja lembrança sobreviverá, através dos tempos; imorredouro ⟨*a obra i. de Fernando Pessoa*⟩ ⤺ imemorável ■ *s.2g.* **3** membro da Academia Brasileira de Letras ▼ *imortais s.2g.pl.* **4** os deuses do paganismo ~ **imortalidade** *s.f.*

i.mor.ta.li.zar *v.* {mod. 1} *t.d.* **1** tornar imortal ❑ *t.d. e pron.* **2** (fazer) ficar marcado na memória dos homens; eternizar(-se) ~ **imortalização** *s.f.*

i.mó.vel *adj.2g.* **1** sem movimento; parado ⤺ móvel **2** *fig.* que não muda; firme, inabalável ⟨*i. mesmo em face dos piores riscos*⟩ ⤺ abalado ■ *s.m.* **3** bem fixo, que não se pode transportar (p.ex. terra, casa etc.) **4** *p.ext.* qualquer edificação

im.pa.ci.ên.cia *s.f.* **1** pressa em atingir algum objetivo; sofreguidão ⟨*i. para chegar ao trabalho*⟩ ⤺ calma **2** desassossego que impede o repouso; intranquilidade ⤺ calma **3** estado de irritação; aborrecimento

⟨*não aguento mais a sua i.*⟩ ⊃ paciência ☞ nesta acp., tb. us. no pl.

im.pa.ci.en.tar *v.* {mod. 1} *t.d.,int. e pron.* (fazer) perder a paciência; irritar(-se) ⊃ acalmar(-se)

im.pa.ci.en.te *adj.2g.* **1** que não se conforma em esperar ⊃ paciente **2** que se movimenta muito, que demonstra inquietação; inquieto, agitado, apressado ⊃ calmo **3** que se queixa ou se irrita à toa; rabugento ⊃ bem-humorado ~ **impacientemente** *adv.*

im.pac.to *s.m.* **1** colisão entre dois ou mais corpos; choque ⟨*foi terrível o i. dos aviões*⟩ **2** *fig.* impressão ou efeito fortes deixados por ação ou acontecimento ⟨*sua morte teve forte i. na família*⟩ **3** influência sobre alguém ou algo ⟨*a queda do dólar teve i. no investimento*⟩

im.pa.gá.vel *adj.2g.* **1** que não se pode ou não se deve pagar ⟨*dívida i.*⟩ ⊃ pagável **2** *fig.* inestimável, precioso ⟨*conselhos i.*⟩ ⊃ ordinário **3** *fig.* muito engraçado ⟨*um sujeito i.*⟩

im.pal.pá.vel *adj.2g.s.m.* **1** (o) que não se pode apalpar **2** *p.ext.* (o) que não tem existência material; abstrato ⊃ concreto ~ **impalpabilidade** *s.f.*

im.pa.lu.dis.mo *s.m.* MED malária

ím.par *adj.2g.s.m.* **1** (número) não divisível por dois ⊃ par ■ *adj.2g.* **2** diz-se do elemento que, numa série, ocupa a posição de um número que não é par ⟨*casa i.*⟩ ⊃ par **3** *fig.* que não tem par, único ⟨*a bondade é i.*⟩

im.par.ci.al *adj.2g.* **1** que julga sem paixão ⊃ parcial **2** que não sacrifica a verdade ou a justiça por considerações particulares ⊃ parcial

im.par.ci.a.li.da.de *s.f.* caráter ou qualidade do que é imparcial; equidade, isenção ⊃ injustiça, parcialidade

im.pa.ri.da.de *s.f.* **1** qualidade de ímpar ⊃ paridade **2** falta de igualdade; desigualdade ⊃ paridade

im.pas.se *s.m.* **1** situação aparentemente sem solução favorável **2** *p.ext.* embaraço, empecilho ⊃ desimpedimento

im.pas.sí.vel *adj.2g.* **1** que não é passível de sofrer ⟨*i. frente às dificuldades*⟩ ⊃ perturbado **2** que não tem ou não demonstra emoção, sentimento ou perturbação; imperturbável ⟨*i. ao sofrimento alheio*⟩ ⊃ sensível ~ **impassibilidade** *s.f.*

im.pa.tri.ó.ti.co *adj.* a que(m) falta patriotismo ⊃ patriótico

im.pa.vi.dez \ê\ *s.f.* falta de temor; destemor ⊃ covardia

im.pá.vi.do *adj.* corajoso, destemido, intrépido ⊃ medroso

im.peach.ment [ing.; pl.: *impeachments*] *s.m.* **1** processo que apura denúncias de grave delito ou má conduta no exercício de função de altos funcionários do governo **2** a destituição do cargo resultante desse processo ⇨ pronuncia-se impitchment

im.pe.cá.vel *adj.2g.* **1** feito com muito cuidado, com perfeição ⟨*desempenho i.*⟩ ⊃ malfeito **2** sem defeitos ⟨*pessoa i.*⟩ ~ **impecabilidade** *s.f.*

im.pe.di.men.to *s.m.* **1** ato de impedir ou seu efeito ⟨*i. de acesso*⟩ **2** o que impede; obstáculo, estorvo ⟨*ser i. para o início da cerimônia*⟩ **3** falta cometida por um jogador de futebol que se encontra à frente da linha da bola e, ao receber um passe no campo de ataque, tem diante de si apenas um adversário, ger. o goleiro **4** circunstância legal que impossibilita a execução de um ato ou o exercício de uma função ⟨*em seu i. o assessor imediato substituiu-o*⟩ **5** ver IMPEACHMENT

im.pe.dir *v.* {mod. 28} *t.d. e t.d.i.* **1** (prep. *de*) tornar difícil ou impossível a ação de; dificultar, estorvar ⊃ facilitar **2** (prep. *de*) não permitir; proibir ⊃ deixar ❑ *t.d.* **3** bloquear, obstruir ⟨*a árvore impedia o caminho*⟩ ⊃ liberar

im.pe.lir *v.* {mod. 28} *t.d.* **1** fazer avançar à força; empurrar **2** lançar com força; atirar ❑ *t.d. e t.d.i. fig.* **3** (prep. *a*) dar incentivo a; estimular ❑ *t.d.i.* **4** (prep. *a*) forçar (alguém) [a fazer ou não algo]; coagir, obrigar

im.pe.ne.trá.vel *adj.2g.* **1** que não dá acesso ou que não permite a passagem ⊃ penetrável **2** *fig.* que não se pode compreender ou explicar ⟨*raciocínio i.*⟩ ⊃ compreensível **3** *fig.* reservado, introvertido ⟨*um rapaz calado e i.*⟩ ⊃ extrovertido **4** *fig.* insensível, frio ⟨*coração i.*⟩ ⊃ caloroso ~ **impenetrabilidade** *s.f.*

im.pe.ni.tên.cia *s.f.* **1** falta de arrependimento ⊃ arrependimento **2** *p.ext.* persistência no erro

im.pe.ni.ten.te *adj.2g.* **1** que não mostra arrependimento ⊃ arrependido **2** *p.ext.* que persiste no erro

im.pen.sa.do *adj.* **1** em que não se pensou ⟨*gesto i.*⟩ ⊃ refletido **2** que não se espera ou prevê; imprevisto ⟨*efeito i.*⟩ ⊃ previsto

im.pen.sá.vel *adj.2g.* impossível de se supor; inimaginável, inconcebível ⊃ possível

im.pe.ra.dor \ô\ [fem.: *imperatriz*] *s.m.* soberano, monarca supremo de um império

im.pe.rar *v.* {mod. 1} *t.d. e int.* **1** exercer poder supremo sobre; reinar ❑ *int.* **2** ser predominante; dominar, prevalecer ⟨*lá impera a corrupção*⟩ ~ **imperante** *adj.2g.*

im.pe.ra.ti.vo *adj.* **1** autoritário; categórico ⟨*tom i.*⟩ **2** *p.ext.* que se impõe sem discussão possível; contundente ⟨*força i. de seu argumento*⟩ ⊃ discutível **3** GRAM que indica ordem, pedido etc. (diz-se de modo verbal) ■ *s.m.* **4** ordem, mando, imposição **5** aquilo que se impõe por dever ou necessidade ⟨*um i. de honra*⟩ **6** GRAM modo imperativo

im.per.cep.tí.vel *adj.2g.* **1** que não se pode perceber pelos sentidos ⟨*ruído i.*⟩ ⊃ perceptível **2** *p.ext.* de pouca importância, insignificante ⟨*erro i.*⟩ ⊃ importante **3** *fig.* difícil de apreender; sutil ⟨*ironia i.*⟩ ⊃ perceptível ~ **imperceptibilidade** *s.f.* - **imperceptivelmente** *adv.*

im.per.dí.vel *adj.2g.* **1** impossível de perder ⟨*eleição i.*⟩ **2** que não se pode deixar de ver, ter, sentir etc. ⟨*um filme i.*⟩

im.per.do.á.vel *adj.2g.* que não se deve ou pode perdoar

im.pe.re.cí.vel *adj.2g.* **1** que não perece; eterno, imortal ⊃ efêmero **2** que dura muito tempo; duradouro ⟨*lembrança i.*⟩ ⊃ passageiro

im.per.fei.ção [pl.: *-ões*] *s.f.* **1** qualidade, estado ou condição do que ainda está por terminar ⟨*a adolescência é a idade da i.*⟩ ↄ completude **2** defeito, incorreção ⟨*trabalho com i.*⟩ ↄ correção

im.per.fei.to *adj.* **1** que não está acabado; incompleto, inconcluso ⟨*formação i.*⟩ ↄ completo **2** defeituoso, malfeito, incorreto ⟨*trabalho i.*⟩ ↄ perfeito ■ *adj.s.m.* **3** GRAM (conjunto de tempos verbais) que indica, no passado, uma ação em processo de realização, incompleta

im.pe.ri.al *adj.2g.* **1** próprio de imperador, imperatriz ou império **2** *fig.* que apresenta magnificência; de qualidade superior; luxuoso ⟨*recepção i.*⟩ ⟨*suíte i.*⟩

im.pe.ri.a.lis.mo *s.m.* **1** governo ou autoridade em que a nação é um império **2** política de expansão e domínio econômico, político e cultural de uma nação sobre outra ~ **imperialista** *adj.2g.s.2g.*

im.pe.rí.cia *s.f.* falta de habilidade, experiência, competência ↄ perícia

im.pé.rio *s.m.* **1** poder ou autoridade de um imperador ou de uma imperatriz **2** forma de governo monárquico, cujo soberano é imperador ou imperatriz **3** a nação assim governada e seus habitantes **4** *p.ext.* autoridade, comando **5** unidade política que abarca vários territórios ou povos sob uma única autoridade soberana **6** *fig.* nação de grande porte ⟨*o i. americano*⟩ **7** *p.ext.* grande grupo econômico comandado por uma única pessoa física ou jurídica

im.pe.ri.o.so \ô\ [pl.: *imperiosos* \ó\] *adj.* **1** que exige obediência; autoritário ⟨*tom i.*⟩ ↄ humilde **2** que demonstra arrogância; altivo, orgulhoso ↄ humilde **3** *fig.* muito forte, irresistível ⟨*desejo i.*⟩ **4** *fig.* urgente, premente ⟨*pedido i.*⟩ ~ **imperiosidade** *s.f.*

im.pe.ri.to *adj.s.m.* **1** que(m) não sabe; ignorante ↄ conhecedor **2** que(m) é inábil ou imperfeito na sua profissão ou numa atividade ↄ perito **3** que(m) não tem prática ou vivência ↄ perito

im.per.me.a.bi.li.zan.te *adj.2g.s.m.* (substância ou revestimento) us. para tornar um corpo impermeável

im.per.me.a.bi.li.zar *v.* {mod. 1} *t.d.* tornar impermeável (tecido, superfície etc.) ~ **impermeabilização** *s.f.*

im.per.me.á.vel *adj.2g.* **1** impossível de ser penetrado por líquidos ⟨*solo i.*⟩ ↄ permeável **2** tratado para não ser atravessado pela água (diz-se, p. ex., de um tecido); impermeabilizado ⟨*sofá com capa i.*⟩ ↄ permeável **3** *fig.* que não se deixa penetrar; fechado ↄ aberto ~ **impermeabilidade** *s.f.*

im.pers.cru.tá.vel *adj.2g.* que não se pode examinar ou investigar

im.per.sis.ten.te *adj.2g.* que não tem persistência; inconstante ↄ constante, perseverante ~ **impersistência** *s.f.*

im.per.ti.nên.cia *s.f.* **1** qualidade do que é impertinente ↄ pertinência **2** afirmação, opinião etc. não relacionada ao assunto tratado; despropósito ↄ cabimento **3** atitude importuna; inconveniência ↄ conveniência **4** falta de respeito; atrevimento, insolência

im.per.ti.nen.te *adj.2g.* **1** que não se refere àquilo que se acha em questão; descabido ⟨*pergunta i.*⟩ ↄ apropriado ■ *adj.2g.s.2g.* **2** (o) que causa incômodo, desconforto **3** que(m) fala ou age de maneira desrespeitosa; atrevido ↄ respeitoso **4** que(m) demonstra mau gênio ou mau humor; rabugento ↄ simpático

im.per.tur.bá.vel *adj.2g.* **1** que não se perturba ↄ perturbável **2** que nada pode comover ou agitar; impassível ↄ perturbável ~ **imperturbabilidade** *s.f.*

im.pes.so.al *adj.2g.* **1** que não pertence ou se refere a uma pessoa em particular ⟨*regras i.*⟩ ↄ pessoal **2** desprovido de qualquer traço pessoal ou particular ↄ pessoal **3** GRAM que não possui sujeito (diz-se de frase, oração etc.) ~ **impessoalidade** *s.f.* - **impessoalizar** *v.t.d. e pron.*

im.pe.ti.go *s.m.* doença contagiosa de pele, causada por bactérias e caracterizada pela formação de pequenas pústulas que se alastram; impetigem

ím.pe.to *s.m.* **1** movimento repentino; impulso ⟨*de í., ele se pôs de pé*⟩ **2** força súbita e intensa; violência ⟨*o í. das chamas*⟩ ↄ fraqueza **3** *fig.* arrebatamento, entusiasmo ⟨*o í. das paixões*⟩ ↄ apatia **4** *fig.* poder de ação; dinamismo, energia ⟨*o í. da juventude*⟩ ↄ apatia

im.pe.trar *v.* {mod. 1} *t.d. e t.d.i.* **1** (prep. *a*) pedir de modo humilde e intenso; implorar ❑ *t.d.* **2** requerer, solicitar (providência judicial) ~ **impetração** *s.f.*

im.pe.tu.o.si.da.de *s.f.* **1** qualidade, condição ou característica de impetuoso **2** ação que resulta de força; potência ⟨*a i. das ondas*⟩ ↄ fraqueza, suavidade **3** excesso de vitalidade; exuberância, entusiasmo ⟨*sua i. assusta um pouco*⟩ ↄ apatia **4** *fig.* caráter muito impetuoso, fogoso; arrebatamento, ardor ↄ contenção **5** *fig.* característica de quem ou do que é rude ⟨*espantou-se com a i. de seu discurso*⟩

im.pe.tu.o.so \ô\ [pl.: *impetuosos* \ó\] *adj.* **1** que se move com rapidez e violência ⟨*vento i.*⟩ ↄ calmo **2** que revela ardor, violência ⟨*comportamento i.*⟩ ↄ calmo **3** que age de modo irrefletido; impulsivo ⟨*jovem i.*⟩ ↄ cuidadoso **4** *fig.* impossível de conter; fogoso ⟨*paixão i.*⟩ ↄ contido **5** *fig.* que se irrita facilmente; exaltado ⟨*temperamento i.*⟩ ↄ sereno

im.pi.e.da.de *s.f.* **1** falta de respeito ao que é sagrado ↄ piedade **2** expressão dessa falta de respeito; blasfêmia, sacrilégio ⟨*cometer impiedades*⟩ ↄ piedade **3** ausência de compaixão; crueldade, desumanidade ↄ bondade

im.pi.e.do.so \ô\ [pl.: *impiedosos* \ó\] *adj.* **1** sem compaixão; desumano ↄ bondoso **2** difícil de suportar; duro ⟨*destino i.*⟩ ↄ agradável

im.pi.gem ou **im.pin.gem** *s.f.* nome vulgar de várias doenças de pele

im.pin.gir *v.* {mod. 24} *t.d.i.* **1** (prep. *em*) dar com força; aplicar **2** (prep. *a*) obrigar a aceitar (o que não deseja); impor **3** (prep. *a*) fazer passar uma coisa por outra; enganar **4** (prep. *a*) induzir a crer (no que não é verdade); mentir

im.pi.o *adj.s.m.* que(m) é desumano, cruel, bárbaro ⮌ bondoso ⊙ GRAM/USO sup.abs.sint.: *impiíssimo*

ím.pio *adj.s.m.* **1** que(m) não tem fé ou que(m) tem desprezo pela religião ⮌ religioso **2** *p.ext.* que(m) ofende o que merece respeito ⮌ respeitoso ■ *adj.* **3** que demonstra impiedade ⊙ GRAM/USO sup.abs.sint.: *impiíssimo*

im.pla.cá.vel *adj.2g.* **1** que não é possível abrandar; inexorável ⟨*fúria i.*⟩ ⮌ brando **2** incapaz de perdoar ⟨*justiceiro i.*⟩ ⮌ piedoso **3** que não pode ser alterado; inflexível ⟨*lógica i.*⟩ ⮌ flexível ~ **implacabilidade** *s.f.*

im.plan.tar *v.* {mod. 1} *t.d. e pron.* **1** plantar(-se) [uma coisa] em outra; enraizar(-se) **2** promover a inserção e o desenvolvimento (de); estabelecer(-se) ❑ *t.d.* **3** fazer implante de ~ **implantação** *s.f.*

im.plan.te *s.m.* **1** ato de implantar(-se) ou seu efeito; implantação, introdução **2** MED material inserido ou enxertado em um corpo

im.ple.men.tar *v.* {mod. 1} *t.d.* **1** suprir de implementos **2** pôr em prática (um plano, projeto etc.) ~ **implementação** *s.f.*

im.ple.men.to *s.m.* **1** o que é necessário para a execução de algo; complemento ⟨*os implementos para desenho*⟩ ☞ mais us. no pl. **2** *fig.* cumprimento de algo firmado anteriormente ⟨*i. de lei, de contrato*⟩

im.pli.ca.ção [pl.: *-ões*] *s.f.* **1** ato de implicar(-se) ou o seu efeito **2** o que se subentende **3** ordenação em sequência; encadeamento **4** envolvimento, comprometimento ⟨*i. em processo judicial*⟩ **5** consequência; inferência ⟨*o novo cargo traz novas i. para sua carreira*⟩ **6** implicância ⮌ simpatia

im.pli.cân.cia *s.f.* **1** ato de implicar(-se) ou seu efeito **2** má vontade; birra, implicação ⮌ simpatia

im.pli.can.te *adj.2g.s.2g.* **1** (o) que envolve contradição ou contrariedade **2** *infrm.* que(m) gosta de provocar aborrecimentos, de criar problemas ou de brigar

im.pli.car *v.* {mod. 1} *t.d.i. e pron.* **1** (prep. *em*) [fazer] tomar parte em (situação, embaraço etc.); envolver(-se) ❑ *t.d. e pron.* **2** confundir(-se), embaraçar(-se) ⟨*os dados implicaram seu raciocínio*⟩ ⟨*i.-se com dúvidas*⟩ ❑ *t.d.* **3** ter como consequência; acarretar **4** dar a entender; insinuar, mostrar **5** tornar necessário; requerer, demandar ⮌ dispensar ❑ *t.i.* **6** (prep. *com*) demonstrar antipatia ou prevenção contra; hostilizar **7** (prep. *com*) tratar mal; aborrecer, importunar

im.plí.ci.to *adj.* que está subentendido ⟨*cláusula i.*⟩ ⮌ explícito

im.plo.dir *v.* {mod. 24} *t.d. e int.* provocar ou sofrer implosão

im.plo.rar *v.* {mod. 1} *t.d.,t.d.i. e int.* (prep. *a*) pedir com humildade e insistência; rogar ~ **imploração** *s.f.*

im.plo.são [pl.: *-ões*] *s.f.* série de explosões sucessivas cujo desmoronamento por elas causado tende a concentrar-se num ponto central ~ **implosivo** *adj.*

im.plu.me *adj.2g.* sem penas ou plumas

im.po.lí.ti.co *adj.* **1** em sentido oposto à política correta ⟨*guerra i.*⟩ ⮌ político **2** que carece de habilidade ⟨*declarações i.*⟩ ⮌ habilidoso **3** *fig.* que revela incivilidade; descortês ⮌ polido ~ **impolítica** *s.f.*

im.po.lu.to *adj.* **1** puro, sem mancha ⟨*branco i.*⟩ ⮌ manchado **2** *fig.* honesto, virtuoso ⮌ imoral

im.pon.de.ra.do *adj.* irrefletido, precipitado ⮌ ponderado

im.pon.de.rá.vel *adj.2g.* **1** que não se pode pesar ⟨*partículas i.*⟩ ⮌ ponderável **2** *fig.* que não pode ser avaliado; impalpável ⟨*argumentos i.*⟩ ⮌ ponderável ■ *adj.2g.s.m.* **3** (o) que não pode ser previsto ⮌ ponderável ~ **imponderabilidade** *s.f.*

im.po.nên.cia *s.f.* **1** qualidade do que se mostra grande ⟨*a i. de uma construção*⟩ ⮌ simplicidade **2** altivez, majestade ⟨*a i. do pavão*⟩ ⮌ simplicidade

im.po.nen.te *adj.2g.* **1** que causa admiração; majestoso ⟨*uma vista i.*⟩ ⮌ insignificante **2** que impõe respeito, autoridade ⟨*personalidade i.*⟩ **3** arrogante, altivo ⟨*ar i.*⟩ ⮌ humilde

im.pon.tu.al *adj.2g.* sem pontualidade ⮌ pontual

im.pon.tu.a.li.da.de *s.f.* ausência de pontualidade ⮌ pontualidade

im.po.pu.lar *adj.2g.* **1** que vai contra o desejo e as expectativas do povo ⟨*medidas i.*⟩ ⮌ popular **2** que não agrada; antipático ⟨*atriz i.*⟩ ⮌ popular ☞ cf. *antipopular* ~ **impopularidade** *s.f.*

im.por *v.* {mod. 23} *t.d.,t.d.i. e pron.* **1** (prep. *a*) tornar obrigatório ou indispensável (para); forçar(-se) **2** (prep. *a*) [fazer] ser reconhecido, aceito, respeitado ⟨*i. uma opinião (ao opositor)*⟩ ⟨*i.-se como professor*⟩ ❑ *t.d. e t.d.i.* **3** (prep. *a*) fazer que apresente ao espírito (ideia, sentimento); inspirar ❑ *t.d.i.* **4** (prep. *a*) conferir, dar ⟨*impôs-lhe o nome do avô*⟩ ⊙ GRAM/USO part.: *imposto* ~ **impositivo** *adj.*

im.por.ta.ção [pl.: *-ões*] *s.f.* **1** entrada de produtos de outro estado, município ou região ⮌ exportação **2** o conjunto desses produtos ⮌ exportação

im.por.ta.dor \ô\ *adj.s.m.* que ou aquele que traz produtos de outro país, estado ou município ou os revende

im.por.ta.do.ra \ô\ *s.f.B* **1** empresa que faz importações **2** *infrm.* loja que comercializa produtos importados

im.por.tân.cia *s.f.* **1** relevância, mérito ⟨*obra de grande i.*⟩ ⮌ insignificância **2** prestígio, influência ⟨*o cargo lhe confere i.*⟩ ⮌ descrédito **3** quantia ou valor em dinheiro ⟨*levei a i. em notas de dez*⟩

im.por.tan.te *adj.2g.* **1** que tem grande valor ⟨*contribuição i.*⟩ ⮌ insignificante **2** digno de consideração por ter autoridade, influência, prestígio ⟨*pessoa i.*⟩ ⮌ desprestigiado **3** *B* necessário, básico, fundamental ⟨*a higiene é i.*⟩ ⮌ dispensável **4** *B* curioso, interessante ⟨*um detalhe i.*⟩ ⮌ desinteressante ■ *s.m.* **5** o que é essencial

im.por.tar *v.* {mod. 1} *t.d. e t.i.* **1** (prep. *em*) ter como resultado; causar, implicar ❑ *t.d.* **2** trazer em si; envolver ⟨*o trabalho importa desafio*⟩ ❑ *t.i.* **3** (prep. *em*) atingir (certa quantia) ❑ *t.i. e int.* **4** (prep. *para*) ter utilidade, proveito ou valor (para); interessar ❑ *pron.* **5** (prep. *com*) dar importância a ❑ *t.d. e int.* **6** trazer de outro país, estado ou município ⮌ exportar

im.por.tu.nar *v.* {mod. 1} *t.d.* **1** molestar com pedidos insistentes **2** causar transtorno a; perturbar ❑ *t.d. e pron.* **3** enfadar(-se) pela insistência; aborrecer(-se) ~ **importunação** *s.f.*

im.po.si.ção [pl.: *-ões*] *s.f.* **1** ação de impor, de obrigar alguém a fazer algo **2** ordem a que se tem que obedecer ⟨*i. do pai*⟩

im.pos.si.bi.li.da.de *s.f.* qualidade ou caráter do que é impossível ⟨*a i. de agradar a todos*⟩ ⮌ possibilidade

im.pos.si.bi.li.tar *v.* {mod. 1} *t.d.* **1** tornar impossível; impedir ⮌ possibilitar ❑ *t.d.,t.d.i. e pron.* **2** (prep. *de*) tornar(-se) incapaz, inapto de; incapacitar(-se)

im.pos.sí.vel *adj.2g.s.m.* **1** (o) que não pode ser, existir ou acontecer ⮌ possível **2** (o) que é difícil de realizar ⮌ possível ■ *adj.2g.* **3** que não se combina com a realidade ⟨*sonho i.*⟩ ⮌ possível **4** que se opõe à razão e ao bom senso; extravagante ⟨*aventura i.*⟩ **5** cuja realidade é difícil de suportar ⟨*a vida tornou-se i. nesta cidade*⟩ ⮌ tolerável **6** *fig. B infrm.* teimoso, rebelde, levado ⟨*criança i.*⟩ ⮌ obediente

im.pos.tar *v.* {mod. 1} *t.d.* dar colocação apropriada para (a voz), emitindo o som clara e audivelmente; empostar

im.pos.ter.gá.vel *adj.2g.* que não se pode adiar

im.pos.to \ô\ [pl.: *impostos* \ó\] *adj.* **1** que se impôs; colocado ■ *s.m.* **2** contribuição monetária paga ao Estado us. para a manutenção de suas atividades; tributo ⊡ **i. de renda** *loc.subst.* imposto cobrado pelo governo federal pela aquisição de renda [sigla: *IR*] • **i. predial e territorial urbano** *loc.subst.* imposto municipal pago pelo proprietário de bens imóveis urbanos [sigla: *IPTU*] • **i. sobre circulação de mercadorias e serviços** *loc.subst.* imposto cobrado pelos estados e municípios sobre a compra e venda de mercadorias [sigla: *ICMS*] • **i. sobre operações financeiras** *loc.subst.* imposto cobrado sobre operações de crédito, seguro, câmbio ou relativas a títulos e valores mobiliários [sigla: *IOF*] • **i. sobre produtos industrializados** *loc.subst.* imposto cobrado pelo governo federal sobre o valor de produtos que passem por modificações industriais [sigla: *IPI*] • **i. sobre serviços** *loc.subst.* imposto municipal cobrado sobre o valor de qualquer serviço prestado por empresa ou profissional autônomo [sigla: *ISS*] • **i. territorial rural** *loc.subst.* imposto cobrado pelo governo federal pela propriedade de imóvel rural [sigla: *ITR*] • **i. direto** *loc.subst.* imposto cobrado sobre a renda ou o patrimônio de pessoas ou empresas (p.ex., o imposto de renda) • **i. indireto** *loc.subst.* imposto cobrado sobre transações (p.ex., o imposto sobre produtos industrializados)

im.pos.tor \ô\ *adj.s.m.* **1** que(m) se faz passar por outro **2** que(m) se aproveita da confiança do outro para enganar; mentiroso ⮌ leal **3** que(m) não mostra seus verdadeiros sentimentos; fingido ⮌ verdadeiro

im.pos.tu.ra *s.f.* **1** ação de impostor **2** *p.ext.* mentira ardilosa; fraude, embuste **3** *p.ext.* característica do que é hipócrita; falsidade, fingimento

im.po.tên.cia *s.f.* **1** falta de poder, força ou meios para realizar algo; impossibilidade ⮌ capacidade **2** qualidade, estado ou condição de impotente ⮌ potência **3** falta de potência sexual, esp. masculina ⮌ potência

im.po.ten.te *adj.2g.s.m.* **1** (o) que não tem poder, força, meios para fazer algo **2** (indivíduo) sem potência sexual

im.pra.ti.cá.vel *adj.2g.* **1** que não se pode pôr em prática ou em execução ⟨*projeto i.*⟩ ⮌ executável **2** por onde não se pode ou é muito difícil passar (diz-se de caminho, estrada, rua ou rio) ⮌ transitável ~ **impraticabilidade** *s.f.*

im.pre.car *v.* {mod. 1} *t.d.i.* **1** (prep. *a*) pedir a (Deus ou divindades) que recaia sobre alguém (males ou bens) ❑ *t.d. e t.d.i.* **2** (prep. *a*) pedir com insistência; rogar ❑ *t.d.,t.i. e int.* **3** (prep. *contra*) rogar pragas a; praguejar ~ **imprecação** *s.f.*

im.pre.ci.são [pl.: *-ões*] *s.f.* caráter do que é impreciso; falta de precisão

im.pre.ci.so *adj.* **1** em que falta rigor, precisão ⟨*descrição i.*⟩ ⮌ preciso **2** em que falta nitidez; vago, inexato ⟨*lembranças i.*⟩ ⮌ nítido

im.preg.nar *v.* {mod. 1} *t.d. e pron.* **1** fazer(-se) penetrar (um corpo) de líquido; embeber(-se) **2** introduzir(-se) de forma gradual em; infiltrar(-se) **3** *fig.* influenciar(-se) profundamente; imbuir(-se) ~ **impregnação** *s.f.*

im.pren.sa *s.f.* **1** conjunto dos meios de divulgação de informação jornalística **2** conjunto das publicações periódicas de um determinado lugar ou gênero ⟨*i. esportiva*⟩ **3** *B* conjunto de jornalistas que fazem a cobertura de um evento ⟨*lugar reservado para a i.*⟩ **4** máquina us. para imprimir e estampar; prelo, prensa

im.pren.sar *v.* {mod. 1} *t.d.* **1** apertar na prensa **2** *p.ext. infrm.* apertar muito **3** *fig. B infrm.* exigir de (alguém) atitude, decisão; pressionar

im.pres.cin.dí.vel *adj.2g.* que não se pode dispensar; indispensável ⮌ dispensável

im.pres.cri.tí.vel *adj.2g.* que não prescreve

im.pres.são [pl.: *-ões*] *s.f.* **1** ação de um corpo sobre outro **2** *p.ext.* a marca deixada por essa ação **3** *fig.* estado físico ou psicológico decorrente da influência de elementos externos **4** influência que fato, pessoa ou coisa exerce em alguém **5** ação de reproduzir letras, imagens etc. sobre um suporte de papel **6** *p.ext.* processo de transferência de sinais de um suporte para outro, sem que haja contato entre ambos ⟨*i. a laser*⟩ **7** *fig.* noção ou opinião vaga; palpite ⟨*ter a i. de que algo não vai dar certo*⟩ **8** *fig.* ponto de vista, opinião, comentário acerca de algo, fruto de um pensamento e/ou um sentimento ⟨*qual é sua primeira i.?*⟩ ☞ nesta acp., tb. us. no pl.

im.pres.sio.nan.te *adj.2g.* que impressiona

im.pres.sio.nar *v.* {mod. 1} *t.d.* **1** causar impressão material em ❑ *t.d.,int. e pron.* **2** causar ou receber impressão psicológica; abalar(-se) **3** chamar positivamente a atenção (de), deixando boa impressão

im.pres.sio.nis.mo *s.m.* movimento artístico, esp. na pintura, do final do sXIX, que valoriza impressões pessoais e sensoriais no lugar da realidade objetiva ~ **impressionista** *adj.2g.s.2g.*

im.pres.so *s.m.* **1** qualquer obra impressa **2** formulário ⊙ GRAM/USO tb. part. de *imprimir*

im.pres.sor \ô\ *adj.s.m.* (o) que imprime

im.pres.so.ra \ô\ *s.f.* **1** prensa, prelo **2** INF dispositivo que reproduz, em papel ou outro meio, textos e imagens gerados por computador

im.pres.tá.vel *adj.2g.* **1** sem serventia ↄ útil ■ *adj.2g.s.2g.* **2** que(m) não é prestativo ↄ atencioso ~ **imprestabilidade** *s.f.*

im.pre.te.rí.vel *adj.2g.* **1** que não pode deixar de ser executado ⟨*ordem i.*⟩ ↄ desnecessário **2** que não pode ser ultrapassado (diz-se de prazo) ↄ adiável

im.pre.vi.dên.cia *s.f.* ausência de previsão; descuido ↄ cuidado

im.pre.vi.den.te *adj.2g.s.2g.* descuidado, imprudente ↄ cauteloso

im.pre.vi.sí.vel *adj.2g.* **1** que não se pode prever ↄ previsível **2** eventual, casual ↄ usual ~ **imprevisibilidade** *s.f.*

im.pre.vis.to *adj.s.m.* (o) que não foi previsto; inesperado ↄ esperado

im.pri.mir *v.* {mod. 24} *t.d. e pron.* **1** marcar ou ficar marcado (sinal, figura etc.) sobre algo, por meio de pressão ❑ *t.d.* **2** reproduzir (dizeres e/ou imagens) em um ou mais exemplares, marcando-os em papel ou outra superfície por meio de pressão exercida por máquina apropriada **3** publicar, divulgar ⟨*i. na íntegra uma entrevista*⟩ **4** reproduzir (dados ou arquivos de computador) em papel, ou suporte similar, por meio de impressora ❑ *t.d. e t.d.i. fig.* **5** (prep. *em*) fazer penetrar; infundir, incutir ❑ *t.d.i. fig.* **6** (prep. *a*) dar certa feição a; comunicar, conferir ⟨*i. modernidade a um recinto*⟩ **7** (prep. *a*) comunicar (força, movimento) a ⊙ GRAM/USO part.: *imprimido, impresso*

im.pro.bi.da.de *s.f.* **1** desonestidade ↄ honestidade **2** ação má; perversidade ↄ bondade

ím.pro.bo *adj.s.m.* **1** que(m) não é probo, íntegro; desonesto ↄ íntegro ■ *adj.* **2** árduo, difícil ↄ fácil

im.pro.ce.dên.cia *s.f.* falta de justificação ou fundamento

im.pro.ce.den.te *adj.2g.* **1** sem fundamento ↄ convincente **2** que não tem lógica ↄ coerente

im.pro.du.ti.vo *adj.* **1** estéril ⟨*terras i.*⟩ ↄ fértil **2** que não dá resultado ⟨*negócio i.*⟩ ↄ vantajoso ~ **improdutividade** *s.f.*

im.pro.fe.rí.vel *adj.2g.* que não se pode ou deve proferir ⟨*palavras i.*⟩

im.pro.fí.cuo *adj.* **1** de que não resulta o que se esperava; inútil ⟨*esforço i.*⟩ ↄ profícuo **2** que não teve êxito; fracassado, vão ↄ proveitoso ~ **improficuidade** *s.f.*

im.pro.pé.rio *s.m.* **1** ofensa proferida contra alguém; ultraje, insulto ↄ retratação **2** repreensão ↄ elogio

im.pró.prio *adj.* **1** inadequado ↄ adequado **2** não recomendável ⟨*filme i. para menores*⟩ ↄ apropriado **3** incorreto ↄ exato ~ **impropriedade** *s.f.*

im.pro.vá.vel *adj.2g.* **1** com pouca chance de ocorrer ⟨*acontecimento i.*⟩ ↄ garantido **2** que não se pode provar ⟨*afirmação i.*⟩ ↄ comprovável ~ **improbabilidade** *s.f.*

im.pro.vi.sar *v.* {mod. 1} *t.d.* **1** fazer, organizar às pressas **2** criar (objeto) com os recursos disponíveis ❑ *t.d. e int.* **3** compor, falar na hora, sem prévio preparo ❑ *pron.* **4** desempenhar, por má-fé ou necessidade, papel ou função para que não se está habilitado ~ **improvisação** *s.f.*

im.pro.vi.so *adj.* **1** que se improvisou; repentino, imprevisto ↄ planejado ■ *s.m.* **2** o que é dito ou feito sem preparação ⊡ **de i.** *loc.adv.* sem preparo prévio

im.pru.dên.cia *s.f.* falta de prudência; descuido ↄ cautela

im.pru.den.te *adj.2g.s.2g.* que(m) não é prudente; descuidado ↄ cuidadoso, cauteloso

im.pú.be.re *adj.2g.s.2g.* **1** que(m) não chegou à puberdade ↄ púbere **2** DIR (menor) que não responde legalmente por seus atos ~ **impuberdade** *s.f.* **·** **impubescente** *adj.2g.s.2g.*

im.pu.dên.cia *s.f.* **1** qualidade de impudente **2** falta de pudor ↄ decência **3** audácia, atrevimento ↄ respeito

im.pu.den.te *adj.2g.s.2g.* (o) que não tem pudor, vergonha ↄ pudico

im.pu.di.cí.cia *s.f.* indecência ↄ decoro

im.pu.di.co *adj.s.m.* que(m) não tem pudor ↄ pudico

im.pu.dor \ô\ *s.m.* impudência

im.pug.na.ção [pl.: *-ões*] *s.f.* ato de impugnar ou seu efeito; contestação, oposição ↄ aquiescência

im.pug.nar *v.* {mod. 1} *t.d.* **1** ser contrário a; opor-se, lutar **2** contestar a validade de; refutar ~ **impugnante** *adj.2g.s.2g.* **·** **impugnativo** *adj.* **·** **impugnatório** *adj.*

im.pul.sio.nar *v.* {mod. 1} *t.d.* **1** fazer mover-se para frente; empurrar, impelir ❑ *t.d. e t.d.i. fig.* **2** (prep. *a*) dar incentivo a; estimular, motivar ↄ desestimular ~ **impulsão** *s.f.*

im.pul.si.vo *adj.* **1** que dá impulso ■ *adj.s.m.* **2** que(m) age irrefletidamente ↄ ponderado

im.pul.so *s.m.* **1** ato de impelir **2** força que aciona o movimento de um corpo **3** *fig.* estímulo que motiva o dinamismo de uma atividade; incentivo ↄ desestímulo **4** PSIC necessidade repentina e incontrolável de realizar uma ação ~ **impulsor** *adj.s.m.*

im.pu.ne *adj.2g.* sem punição ↄ punido

im.pu.ni.da.de *s.f.* falta de punição

im.pu.re.za \ê\ *s.f.* **1** falta de pureza **2** ausência de limpeza ↄ limpeza **3** aquilo que, por ser de natureza diversa, altera a pureza de uma substância **4** *fig.* falta de pudor, de castidade ↄ recato

im.pu.ro *adj.* 1 que não é puro ↩ puro 2 que contém sujeira ↩ limpo ■ *adj.s.m.* 3 impudico, devasso ↩ recatado

im.pu.tar *v.* {mod. 1} *t.d.i.* 1 (prep. *a*) considerar responsável por (algo censurável); acusar 2 (prep. *a*) considerar causador, autor ou possuidor de; atribuir ❑ *t.d.pred.* 3 classificar, qualificar ~ **imputação** *s.f.* - **imputável** *adj.2g.*

i.mun.di.ce *s.f.* imundícia

i.mun.dí.cia ou **i.mun.dí.cie** *s.f.* 1 falta de limpeza ↩ asseio 2 sujeira, lixo

i.mun.do *adj.* 1 cuja falta de limpeza causa repugnância ↩ limpo 2 que não respeita as regras do decoro; indecente ↩ casto

i.mu.ne *adj.2g.* 1 que não se deixa atingir ⟨*i. às más influências*⟩ 2 resistente a agentes que causam doenças

i.mu.ni.da.de *s.f.* 1 DIR privilégio concedido a uma pessoa durante o exercício de um cargo ⟨*i. parlamentar*⟩ 2 conjunto das defesas de um organismo contra agentes que causam doenças

i.mu.ni.zar *v.* {mod. 1} *t.d. e t.d.i.* 1 (prep. *contra*) deixar imune (a agentes patogênicos, doença infecciosa) ❑ *t.d.,t.d.i. e pron. fig.* 2 (prep. *contra, de*) [fazer] ficar insensível a; proteger(-se) ~ **imunização** *s.f.*

i.mu.no.de.fi.ci.ên.cia *s.f.* diminuição da capacidade de defesa de um organismo

i.mu.no.de.fi.ci.en.te *adj.2g.s.2g.* que(m) tem imunodeficiência

i.mu.no.glo.bu.li.na *s.f.* anticorpo do soro sanguíneo

i.mu.nos.sis.te.ma *s.m.* mecanismo de imunização do organismo ~ **imunossistêmico** *adj.*

i.mu.no.te.ra.pi.a *s.f.* tratamento em que se estimula a imunidade do paciente

i.mu.tá.vel *adj.2g.* que não é passível de mudança; permanente, constante ↩ mutável, temporário ~ **imutabilidade** *s.f.*

¹in-, **¹i-** ou **¹im-** *pref.* 'movimento para dentro': *imigrar, implantar, implosão, incursão, ingerir, irromper* [ORIGEM: do pref.lat. *in-* 'aproximação']

²in- *pref.* 'negação': *ilegal, imperdoável, impossível, inativo, indiscreto, irracional* [ORIGEM: do pref.lat. *in-* 'privação, negação']

In símbolo de ²*índio*

i.na.ba.lá.vel *adj.2g.* 1 fortemente apoiado; firme ⟨*rocha i.*⟩ ↩ instável 2 *fig.* que não cede; categórico ⟨*decisão i.*⟩ ↩ hesitante

i.ná.bil *adj.2g.* 1 sem habilidade ou destreza ↩ habilidoso 2 DIR que não está apto a realizar negócio com validade jurídica; incapaz ↩ capaz ~ **inabilidade** *s.f.*

i.na.bi.li.tar *v.* {mod. 1} *t.d.,t.d.i. e pron.* 1 (prep. *para*) [fazer] ficar inábil, inapto para; incapacitar(-se) ↩ habilitar(-se) ❑ *t.d.* 2 não aprovar em concurso, prova etc.; reprovar

i.na.bi.ta.do *adj.* não habitado; despovoado, deserto ↩ habitado

i.na.bi.tá.vel *adj.2g.* não habitável; sem condições de ser habitado

i.na.ca.ba.do *adj.* que não está ou não foi acabado ↩ acabado

i.na.ção [pl.: *-ões*] *s.f.* 1 ausência de ação; inércia ↩ ação 2 *p.ext.* falta de decisão; hesitação ↩ definição 3 *fig.* fraqueza de ânimo, de energia ↩ vigor

i.na.cei.tá.vel *adj.2g.* que não se pode ou não se deve aceitar, admitir

i.na.ces.sí.vel *adj.2g.* 1 que não oferece acesso 2 que não é possível entender; incompreensível 3 com quem é difícil entrar em acordo; intratável ↩ tratável ~ **inacessibilidade** *s.f.*

i.na.cre.di.tá.vel *adj.2g.* 1 que não merece crédito ⟨*história i.*⟩ ↩ verossímil 2 que não se pode explicar ⟨*prazer i.*⟩ 3 exagerado, desmedido ⟨*beleza i.*⟩ ↩ banal

i.na.de.qua.do *adj.* que não se adequou; impróprio, inconveniente ↩ adequado ~ **inadequação** *s.f.* - **inadequável** *adj.2g.*

i.na.di.á.vel *adj.2g.* que não é possível ser adiado ↩ adiável

i.na.dim.plên.cia *s.f.* DIR não cumprimento de uma obrigação ↩ adimplência

i.na.dim.plen.te *adj.2g.s.2g.* 1 DIR que(m) não cumpre um contrato 2 *p.ext.* que(m) não paga suas dívidas

i.nad.mis.sí.vel *adj.2g.* que não se pode admitir

i.nad.mi.tir *v.* {mod. 24} *t.d.* proibir, vedar ↩ admitir, autorizar

i.nad.ver.tên.cia *s.f.* falta de atenção, de cuidado; distração, descuido ↩ cuidado

i.na.fi.an.çá.vel *adj.2g.* 1 que não se pode afirmar com certeza 2 que não é passível de confiança 3 DIR que não admite liberdade por fiança ⟨*crime i.*⟩

i.na.la.ção [pl.: *-ões*] *s.f.* 1 absorção por inspiração 2 MED absorção de substâncias medicinais por via respiratória

i.na.la.dor \ô\ *adj.* 1 que inala ■ *s.m.* 2 MED equipamento para se fazer inalação

i.na.lan.te *adj.2g.* 1 que inala ou é inalado ■ *adj.2g.s.m.* 2 (medicamento) us. em inalações

i.na.lar *v.* {mod. 1} *t.d.* absorver pelas vias respiratórias; aspirar ⟨*i. gases tóxicos*⟩

i.na.li.e.nar *v.* {mod. 1} *t.d.* tornar indisponível para venda ou cessão ~ **inalienação** *s.f.*

i.na.li.e.ná.vel *adj.2g.* que não pode ser vendido ou cedido ↩ alienável ~ **inalienabilidade** *s.f.*

i.nal.te.rá.vel *adj.2g.* 1 que não se pode alterar ↩ alterável 2 *fig.* que não se deixa perturbar; impassível ⟨*tem um humor i.*⟩ ↩ inconstante

i.na.ne *adj.2g.* 1 sem conteúdo; vazio ↩ cheio 2 *fig.* sem utilidade; fútil, vão ↩ importante ~ **inanidade** *s.f.*

i.na.ni.ção [pl.: *-ões*] *s.f.* 1 estado ou condição de inane 2 MED enfraquecimento extremo por falta de alimentação

i.na.ni.ma.do *adj.* 1 que não tem ânimo ↩ animado 2 sem vida ⟨*matéria i.*⟩ ↩ vivo 3 sem movimento;

inerte ⟨*brinquedo i.*⟩ ⮌ dinâmico **4** desmaiado, desfalecido ⮌ consciente
i.na.pe.lá.vel *adj.2g.* DIR contra o que não há recurso, apelação
i.na.pe.tên.cia *s.f.* ausência de apetite ⮌ apetite
i.na.pe.ten.te *adj.2g.* que não tem apetite
i.na.pli.cá.vel *adj.2g.* que não se pode aplicar ⮌ aplicável ~ **inaplicabilidade** *s.f.*
i.na.pre.en.sí.vel *adj.2g.* que não se pode apreender; incompreensível ⮌ apreensível
i.na.pro.vei.tá.vel *adj.2g.* que não pode ser aproveitado; imprestável ⮌ aproveitável
i.nap.ti.dão [pl.: *-ões*] *s.f.* falta de aptidão, de habilidade ⮌ aptidão
i.nap.to *adj.* sem aptidão ⮌ hábil
i.nar.rá.vel *adj.2g.* inenarrável
i.nar.re.dá.vel *adj.2g.* firme, inabalável ⮌ instável
i.na.ta.cá.vel *adj.2g.* **1** que não se pode atacar ⮌ vulnerável **2** que não pode ser contestado ⮌ contestável
i.na.tin.gí.vel *adj.2g.* que não se pode atingir; inalcançável ⮌ atingível
i.na.ti.vi.da.de *s.f.* **1** qualidade de inativo ⮌ atividade **2** impossibilidade de agir **3** falta de atividade; inércia ⮌ agitação **4** licença ou aposentadoria
i.na.ti.vo *adj.* **1** que não tem atividade ou não está ativo ⟨*vulcão i.*⟩ ⟨*fábrica i.*⟩ ⮌ ativo ■ *adj.s.m.* **2** (pessoa) que recebe aposentadoria ⮌ ativo
i.na.to *adj.* que nasce com o indivíduo ⟨*talento i.*⟩ ⮌ assimilado
i.nau.di.to *adj.* **1** de que nunca se ouviu falar **2** fora do comum; extraordinário ⮌ banal
i.nau.dí.vel *adj.2g.* impossível de se ouvir ⮌ audível
i.nau.gu.ra.ção [pl.: *-ões*] *s.f.* **1** cerimônia pela qual se entrega ao público uma obra ⟨*i. de uma ponte*⟩ **2** primeira apresentação; estreia ⟨*i. do espetáculo*⟩ ⮌ encerramento **3** o primeiro momento de existência; início ⟨*i. do novo regime*⟩ ⮌ desfecho
i.nau.gu.ral *adj.2g.* **1** relativo a inauguração **2** que dá início a; inicial ⮌ final
i.nau.gu.rar *v.* {mod. 1} *t.d.* **1** entregar ao público oficialmente (prédios, monumentos etc.) **2** usar pela primeira vez; estrear ❑ *t.d. e pron.* **3** (fazer) ter início; começar ⮌ terminar
i.na.ve.gá.vel *adj.2g.* que não se pode navegar ⮌ navegável
in.ca *adj.2g.s.2g.* (indivíduo) dos incas, tribo indígena, originária do Peru, que dominava os Andes na época da conquista espanhola ~ **incaico** *adj.* - **incásico** *adj.*
in.ca.bí.vel *adj.2g.* sem cabimento; inaceitável ⮌ cabível
in.cal.cu.lá.vel *adj.2g.* **1** que não se pode calcular, avaliar ⟨*bondade i.*⟩ ⮌ estimável **2** tão numeroso que não se pode contar ⟨*patrimônio i.*⟩ ⮌ computável
in.can.des.cên.cia *s.f.* **1** abrasamento **2** *fig.* excitação, exaltação
in.can.des.cen.te *adj.2g.* **1** em brasa ⟨*carvão i.*⟩ **2** *fig.* excitado sexualmente; fogoso ⮌ frio
in.can.des.cer *v.* {mod. 8} *t.d. e pron.* **1** pôr(-se) em brasa **2** *fig.* tornar(-se) irritado; exaltar(-se) ⮌ acalmar(-se)
in.can.sá.vel *adj.2g.* **1** que nunca se cansa ⮌ cansável **2** constante, assíduo ⮌ ausente
in.ca.pa.ci.da.de *s.f.* falta de aptidão ⮌ capacidade
in.ca.pa.ci.tar *v.* {mod. 1} *t.d.,t.d.i. e pron.* (prep. *para*) tornar(-se) incapaz, inapto para; inabilitar(-se) ~ **incapacitação** *s.f.*
in.ca.paz *adj.2g.* **1** que não é capaz **2** impossibilitado ■ *adj.2g.s.2g.* **3** (indivíduo) sem competência ⮌ competente **4** (pessoa) judicialmente privada de certos direitos ou obrigações ⮌ capaz
in.cau.to *adj.s.m.* **1** que(m) não tem cautela; imprudente ⮌ precavido **2** que(m) não tem malícia; ingênuo ⮌ desconfiado
in.cen.der *v.* {mod. 8} *t.d. e pron.* (fazer) ficar em chamas; incendiar(-se)
in.cen.di.ar *v.* {mod. 5} *t.d. e pron.* **1** (fazer) ficar em chamas; inflamar(-se) **2** avermelhar(-se) como se pegasse fogo; ruborizar(-se) **3** *fig.* tornar(-se) vivo, caloroso; excitar(-se), animar(-se)
in.cen.di.á.rio *adj.s.m.* **1** (o) que provoca incêndio **2** *fig.* (o) que instiga à revolta ⮌ apaziguador
in.cên.dio *s.m.* **1** grande quantidade de fogo **2** *fig.* conflito violento; revolta, sublevação ⮌ serenidade **3** *fig.* o que se propaga rapidamente
in.cen.sar *v.* {mod. 1} *t.d.* **1** defumar ou perfumar com incenso **2** *p.ext.* dar cheiro agradável a; perfumar **3** *fig.* adular, bajular
in.cen.sá.rio *s.m.* incensório
in.cen.so *s.m.* resina aromática que, ao ser queimada, desprende forte odor
in.cen.só.rio *s.m.* recipiente para queimar incenso em cerimônias religiosas; incensário
in.cen.su.rá.vel *adj.2g.* **1** que não se pode ou não se deve censurar ⮌ censurável **2** sem falha; irrepreensível ⟨*caráter i.*⟩ ⮌ condenável
in.cen.ti.var *v.* {mod. 1} *t.d. e t.d.i.* **1** (prep. *a*) dar incentivo a; encorajar, estimular ❑ *pron.* **2** (prep. *a*) criar ânimo ou vontade de; decidir-se
in.cen.ti.vo *s.m.* o que dá ânimo, estímulo ⮌ desencorajamento
in.cer.te.za \ê\ *s.f.* **1** estado ou caráter do que é incerto **2** falta de certeza; dúvida, hesitação, indecisão ⮌ certeza, decisão
in.cer.to *adj.* **1** que inspira dúvida ou tem diferentes interpretações ⟨*resultado i.*⟩ ⟨*resposta i.*⟩ ⮌ preciso **2** sujeito a mudança ⟨*tempo i.*⟩ ⟨*negócio i.*⟩ ⮌ estável
in.ces.san.te *adj.2g.* que não tem interrupção; contínuo ⮌ descontínuo
in.ces.to *s.m.* relação sexual entre parentes em que a lei, a moral ou a religião proíbe ou condena o casamento
in.ces.tu.o.so \ô\ [pl.: *incestuosos* \ó\] *adj.* **1** próprio de ou que envolve incesto ⟨*relacionamento i.*⟩ **2** prove-

niente de incesto ⟨*filho i.*⟩ ■ *adj.s.m.* **3** que(m) praticou incesto

in.cha.ção [pl.: *-ões*] *s.f.* **1** aumento de volume; dilatação ⤺ desinchação **2** tumor, edema **3** *fig.* arrogância, vaidade ⤺ modéstia

in.cha.ço *s.m.* **1** tumor, edema **2** *fig.* arrogância, vaidade

in.char *v.* {mod. 1} *t.d.,int. e pron.* **1** (fazer) aumentar de volume; dilatar(-se), intumescer(-se) ⤺ desinchar(-se) **2** *fig.* encher(-se) de orgulho, de vaidade; ensoberbecer(-se) ~ **inchamento** *s.m.*

in.ci.dên.cia *s.f.* **1** qualidade do que é incidente **2** ocorrência, acontecimento **3** ato de recair, de pesar sobre ou de acometer ou atingir (algo ou alguém), ou seu efeito ⟨*a i. de impostos sobre pessoas físicas*⟩

in.ci.den.tal *adj.2g.* **1** que tem caráter acessório, secundário ⤺ essencial **2** que acontece de forma imprevisível ⤺ previsível

in.ci.den.te *s.m.* **1** evento que ocorre paralelamente a outro principal **2** acontecimento imprevisto, ger. inconveniente ■ *adj.2g.* **3** que incide **4** que tem caráter acessório, secundário

in.ci.dir *v.* {mod. 24} *int.* **1** refletir-se sobre; cair, bater ⟨*a luz incidia sobre o quadro*⟩ ☞ *sobre o quadro* é circunstância que funciona como complemento ❑ *t.i.* **2** (prep. *sobre*) pesar sobre; recair **3** (prep. *em*) ter efeitos sobre; afetar, atingir ⟨*há doenças que costumam i. nos pobres*⟩ **4** (prep. *em*) ocorrer o acento, a ênfase em (certa sílaba, palavra); recair **5** (prep. *em*) cometer (erro, infração); incorrer

in.ci.ne.rar *v.* {mod. 1} *t.d.* queimar, reduzindo a cinzas ~ **incinerador** *adj.s.m.*

in.ci.pi.en.te *adj.2g.* que está no começo ⤺ final ☞ cf. *insipiente* ~ **incipiência** *s.f.*

in.ci.são [pl.: *-ões*] *s.f.* **1** talho feito com instrumento cortante **2** MED corte cirúrgico feito com bisturi

in.ci.si.vo *adj.* **1** próprio para cortar **2** *fig.* que produz uma sensação forte ou intensa ⟨*perfume i.*⟩ ⤺ fraco **3** *fig.* que se faz notar pelo caráter bem marcado e definido ⟨*ordem i.*⟩ ⤺ vago ■ *s.m.* **4** cada um dos dentes chatos e cortantes, em número de quatro em cada maxilar, divididos em centrais e laterais, que permitem a captura e o corte dos alimentos

in.ci.so *adj.* **1** cortado com a parte afiada de um objeto ■ *s.m.* DIR **2** subdivisão de um artigo de lei

in.ci.ta.ção [pl.: *-ões*] *s.f.* **1** estímulo, instigação ⤺ desencorajamento **2** desafio, provocação

in.ci.tar *v.* {mod. 1} *t.d. e t.d.i.* **1** (prep. *a*) dar força, estímulo a (alguém) [para realizar algo]; instigar, impelir ❑ *t.d.* **2** lançar desafio ou provocação a; açular **3** ser causa ou motivo de; provocar, suscitar ~ **incitador** *adj.s.m.* - **incitamento** *s.m.*

in.ci.vi.li.za.do *adj.* sem civilidade; inculto, grosseiro ⤺ civilizado

in.cle.men.te *adj.2g.* **1** que é muito severo ⤺ condescendente **2** que causa sofrimento, infelicidade ⤺ benevolente **3** *fig.* difícil de ser suportado ⤺ brando ~ **inclemência** *s.f.*

in.cli.na.ção [pl.: *-ões*] *s.f.* **1** oblíquo em relação a outro plano **2** *fig.* aptidão natural de uma pessoa; tendência, propensão ⟨*ter i. para matemática*⟩ ⤺ desinteresse

in.cli.nar *v.* {mod. 1} *t.d. e pron.* **1** dispor(-se) ou estar enviesado em relação a um plano; curvar(-se), envergar(-se) ❑ *pron.* **2** dobrar o corpo para baixo; curvar-se ❑ *t.d.i. e pron.* **3** (prep. *a*) tornar(-se) propenso a; predispor

in.clu.ir *v.* {mod. 26} *t.d.i. e pron.* **1** (prep. *em*) fazer que seja parte de (grupo, lista, todo etc.); inserir(-se) ⤺ excluir ❑ *t.d.* **2** conter em si; compreender, abranger **3** trazer em si; implicar, envolver

in.clu.são [pl.: *-ões*] *s.f.* introdução de uma coisa em outra, de alguém em um grupo etc.; inserção ⤺ exclusão

in.clu.si.ve *adv.* **1** com a inclusão de ⟨*estudaremos até o capítulo 5, i.*⟩ ⤺ exceto **2** até; até mesmo ⟨*é uma situação delicada, i. perigosa*⟩ ⤺ exclusive

in.clu.si.vo *adj.* **1** que inclui ou pode incluir ⤺ exclusivo **2** que abrange, compreende ⤺ exclusivo

in.clu.so *adj.* que está incluído ⊙ GRAM/USO part. de *incluir*

in.co.er.cí.vel *adj.2g.* que não se pode coagir, conter ou reprimir ⤺ coercível ~ **incoercibilidade** *s.f.*

in.co.e.rên.cia *s.f.* **1** falta de coerência, lógica, nexo ⤺ coerência **2** ato, procedimento incoerente

in.co.e.ren.te *adj.2g.* **1** cujas partes não têm conexão ⤺ conexo **2** que não forma um conjunto racional ⤺ lógico

in.cóg.ni.ta *s.f.* **1** MAT valor a ser determinado na solução de uma equação ou de um problema **2** *p.ext.* aquilo que se desconhece e se busca saber; enigma

in.cóg.ni.to *adj.s.m.* **1** (indivíduo) que não quer ser reconhecido ⤺ conhecido **2** (o) que é desconhecido ⤺ ignorado ■ *adv.* **3** às ocultas ⟨*viajar i.*⟩

in.cog.nos.cí.vel *adj.2g.* que não se pode conhecer ~ **incognoscibilidade** *s.f.*

in.co.lor \ô\ *adj.2g.* **1** sem cor **2** *fig.* sem característica marcante ⟨*voz i.*⟩ ⤺ expressivo

in.có.lu.me *adj.2g.* **1** sem lesão ou ferimento ⟨*voltou i. da batalha*⟩ **2** que permanece igual; inalterado ⤺ alterado

in.com.bus.tí.vel *adj.2g.* que não entra em combustão ⤺ combustível ~ **incombustibilidade** *s.f.*

in.co.men.su.rá.vel *adj.2g.* que não se pode medir ou avaliar ⤺ mensurável ~ **incomensurabilidade** *s.f.*

in.co.mo.dar *v.* {mod. 1} *t.d.,int. e pron.* **1** (fazer) sentir incômodo, físico ou não; indispor, importunar **2** (fazer) sentir desgosto, irritação; aborrecer(-se) ~ **incomodação** *s.f.*

in.cô.mo.do *adj.* **1** que não é confortável ⟨*cadeira i.*⟩ ⤺ cômodo **2** que provoca mal-estar **3** embaraçoso ⟨*situação i.*⟩ ⤺ conveniente **4** que aborrece ⟨*pedido i.*⟩ ⤺ agradável ■ *s.m.* **5** *infrm.* menstruação **6** embaraço, dificuldade

in.com.pa.rá.vel *adj.2g.* **1** que não se pode comparar ⊃ comparável **2** que não tem equivalente; único, excepcional ⟨*ator i.*⟩ ⊃ comum

in.com.pa.ti.bi.li.da.de *s.f.* qualidade, propriedade ou estado de incompatível; falta de compatibilidade

in.com.pa.ti.bi.li.zar *v.* {mod. 1} *t.d.i. e pron.* **1** (prep. *com*) tornar(-se) incompatível; desarmonizar(-se) ⊃ compatibilizar(-se) ❑ *t.d.,t.d.i. e pron.* **2** (prep. *com*) pôr(-se) em discórdia com; indispor(-se) ⊃ reconciliar(-se) ~ **incompatibilização** *s.f.*

in.com.pa.tí.vel *adj.2g.* **1** que não pode coexistir ⟨*métodos i.*⟩ ⊃ compatível **2** que não se harmoniza; inconciliável ⟨*pessoas i.*⟩ ⊃ conciliável **3** que não pode funcionar conjuntamente ⊃ compatível

in.com.pe.tên.cia *s.f.* **1** falta de competência, habilidade, aptidão ⊃ competência **2** DIR impedimento legal para julgar certos litígios judiciais ⊃ competência

in.com.pe.ten.te *adj.2g.s.2g.* que ou quem não tem aptidão, capacidade, habilidade; incapaz ⊃ competente

in.com.ple.to *adj.* **1** que não chegou ao fim; inconcluso ⟨*obra i.*⟩ ⊃ concluso **2** a que falta uma parte, um pedaço ⟨*descrição i.*⟩ ⊃ inteiro **3** *fig.* que não é perfeito ⟨*felicidade i.*⟩ ⊃ pleno ~ **incompletude** *s.f.*

in.com.pre.en.di.do *adj.s.m.* que(m) não foi suficientemente entendido, reconhecido, valorizado ⊃ compreendido

in.com.pre.en.são [pl.: *-ões*] *s.f.* falta de compreensão ⊃ compreensão

in.com.pre.en.sí.vel *adj.2g.* que é impossível ou difícil de entender ⟨*atitude i.*⟩ ⟨*escrita i.*⟩ ⊃ inteligível, explicável

in.com.pre.en.si.vo *adj.* **1** que revela falta de compreensão, entendimento ⟨*comentário i.*⟩ ⊃ compreensivo **2** que não pode ou não tenta compreender o outro; intransigente, intolerante ⟨*pais i.*⟩ ⊃ compreensivo

in.co.mum *adj.2g.* não comum; raro; especial ⟨*comportamento i.*⟩ ⊃ vulgar, banal

in.co.mu.ni.cá.vel *adj.2g.* **1** que não mantém contato ou comunicação ⟨*preso i.*⟩ ⟨*recinto i.*⟩ **2** que não é possível ser exprimido ⟨*pensamento i.*⟩ ⊃ exprimível **3** que não pode ser transferido ⟨*direitos i.*⟩ ⊃ transferível ~ **incomunicabilidade** *s.f.*

in.co.mu.tá.vel *adj.2g.* que não se pode mudar, trocar ou substituir ⟨*mercadorias i.*⟩ ⊃ comutável ~ **incomutabilidade** *s.f.*

in.con.ce.bí.vel *adj.2g.* **1** que não se pode conceber, compreender, explicar ⊃ admissível, concebível **2** *p.ext.* que surpreende, causa espanto ou admiração ⊃ comum

in.con.ci.li.á.vel *adj.2g.* que não se pode conciliar ⊃ conciliável

in.con.clu.den.te *adj.2g.* que não leva à conclusão ⊃ concludente

in.con.clu.si.vo *adj.* não conclusivo ⊃ conclusivo

in.con.clu.so *adj.* não concluído; inacabado ⊃ concluso

in.con.di.cio.nal *adj.2g.* que não depende de condições ⟨*amizade i.*⟩ ⊃ condicional ~ **incondicionalidade** *s.f.* - **incondicionalismo** *s.m.*

in.con.fes.sá.vel *adj.2g.* que não se pode ou não se deve confessar, dizer, declarar ⊃ confessável

in.con.fi.dên.cia *s.f.* **1** deslealdade, esp. para com o Estado ou um governante ⊃ fidelidade **2** quebra de segredo ⊃ sigilo

in.con.fi.den.te *adj.2g.* **1** que vaza informações, divulga segredos ⊃ discreto **2** que não tem fidelidade; traidor ⊃ leal ■ *adj.2g.s.2g.* **3** que(m) é desleal ao Estado ou governante **4** participante da Inconfidência Mineira ☞ cf. a parte enciclopédica

in.con.for.mi.da.de *s.f.* **1** falta de acordo, de entendimento ⊃ conformidade **2** falta de resignação, de submissão ⊃ obediência

in.con.for.mis.mo *s.m.* tendência ou atitude de não acatar passivamente imposições, situações incômodas ou desfavoráveis ⊃ conformismo ~ **inconformista** *adj.2g.s.2g.*

in.con.fun.dí.vel *adj.2g.* que não se pode confundir ⊃ confundível

in.con.gru.ên.cia *s.f.* ausência de congruência, de concordância, harmonia, adequação etc. ⟨*seus argumentos apresentam várias i.*⟩ ⊃ congruência

in.con.gru.en.te *adj.2g.* **1** que não está de acordo ⟨*projeto i. com a realidade*⟩ ⊃ compatível **2** impróprio, inadequado ou sem propósito ⟨*observação i.*⟩ ⊃ conveniente **3** de raciocínio disparatado ⟨*indivíduo i.*⟩ ⊃ sensato

in.co.nho *adj.* **1** que nasce acoplado a outro (diz-se de fruto) ⊃ separado **2** *fig.* que está muito ligado a outro ser ou coisa

in.con.ju.gá.vel *adj.2g.* que não se pode conjugar ⊃ conjugável

in.cons.ci.ên.cia *s.f.* **1** falta, perda ou alteração de consciência ⊃ consciência **2** ausência de lucidez, senso crítico **3** falta de moral ou de justiça

in.cons.ci.en.te *adj.2g.* **1** sem consciência ⟨*caiu i. no chão*⟩ **2** automático, maquinal, involuntário ⟨*gesto i.*⟩ ■ *adj.2g.s.2g.* **3** irresponsável, leviano ■ *s.m.* **4** parte recalcada da mente que aflora apenas em sonho, surto etc. ☞ cf. *consciente* e *subconsciente* ~ **inconscientemente** *adv.*

in.con.se.quên.cia \qü\ *s.f.* **1** falta de consequência; incoerência **2** falta de reflexão ou de responsabilidade; irresponsabilidade, leviandade **3** falta de lógica, de nexo, no pensamento, nas palavras, na conduta; incoerência, incongruência

in.con.se.quen.te \qü\ *adj.2g.* **1** sem lógica ⟨*raciocínio i.*⟩ ⊃ coerente **2** sem ponderação ⟨*caráter i.*⟩ ⊃ prudente ■ *adj.2g.s.2g.* **3** irresponsável, leviano ⊃ responsável **4** contraditório ⊃ conforme

in.con.sis.tên.cia *s.f.* **1** sem consistência ⊃ consistência **2** incoerência ⊃ coerente **3** *fig.* falta de firmeza moral nas opiniões, atitudes etc. ⊃ firmeza ~ **inconsistente** *adj.2g.*

in.con.so.lá.vel *adj.2g.* 1 que não se pode consolar ⟨*perda i.*⟩ ⮌ consolável 2 *p.ext.* muito triste; desesperado ⮌ alegre

in.cons.pí.cuo *adj.* difícil de ver ou notar ⟨*características i.*⟩ ⮌ perceptível

in.cons.tân.cia *s.f.* falta de constância ⮌ persistência

in.cons.tan.te *adj.2g.* 1 que está sujeito a mudanças; variável ⟨*chuvas i.*⟩ ⟨*temperamento i.*⟩ ⮌ constante 2 volúvel, instável ⟨*i. no amor*⟩ ⮌ fiel

in.cons.ti.tu.cio.nal *adj.2g.* que infringe a Constituição ⟨*medidas i.*⟩ ⮌ constitucional ~ **inconstitucionalidade** *s.f.*

in.con.sú.til *adj.2g.* que não tem costura

in.con.tá.vel *adj.2g.* 1 que é numeroso demais para ser contado ⮌ calculável, contável 2 que não se pode relatar ⮌ narrável

in.con.tes.tá.vel *adj.2g.* que não se pode contestar ⮌ contestável ~ **incontestabilidade** *s.f.*

in.con.tes.te *adj.2g.* 1 que não se põe em dúvida ⮌ conteste 2 que não está de acordo com outras afirmações ⮌ conteste

in.con.ti.do *adj.* não contido; irreprimido ⟨*saudade i.*⟩ ⮌ contido

in.con.ti.nên.cia *s.f.* 1 falta de comedimento ⟨*i. afetiva*⟩ ⟨*i. verbal*⟩ ⮌ continência 2 MED incapacidade de controlar a bexiga ou os intestinos

[1]**in.con.ti.nen.te** *adj.2g.s.2g.* que(m) não tem controle ou moderação ⮌ continente [ORIGEM: do lat. *incontĭnens,entis* 'que não retém']

[2]**in.con.ti.nen.te** *adv.* sem demora, imediatamente [ORIGEM: do sintagma adv. do lat.tar. *in continenti* 'id.']

in.con.tro.lá.vel *adj.2g.* que não se pode controlar ⮌ controlável

in.con.tro.ver.so *adj.* que não admite controvérsia ⮌ controverso

in.con.ve.ni.ên.cia *s.f.* 1 falta de conveniência ⮌ conveniência 2 ausência de conformidade; inadequação ⮌ pertinência 3 indelicadeza, grosseria ⮌ delicadeza

in.con.ve.ni.en.te *adj.2g.* 1 impróprio, inadequado ⮌ conveniente 2 que não respeita o decoro; indecente ⮌ recatado 3 que não traz vantagem ⮌ vantajoso ■ *s.m.* 4 dificuldade, obstáculo ⮌ facilidade 5 desvantagem, prejuízo ⮌ vantagem

in.con.ver.sí.vel ou **in.con.ver.tí.vel** *adj.2g.* que não se pode converter, trocar ⟨*moeda i.*⟩ ~ **inconversibilidade/inconvertibilidade** *s.f.*

in.cor.po.ra.ção [pl.: *-ões*] *s.f.* 1 ato de incorporar(-se) ou seu efeito 2 anexação, inserção 3 acolhimento como parte integrante ⮌ desincorporação 4 *B* construção de imóvel com participação financeira de condôminos 5 REL *B* manifestação de um espírito no corpo de alguém ⮌ desincorporação

in.cor.po.ra.dor \ô\ *adj.s.m.* 1 (o) que incorpora 2 *B* que(m) administra uma incorporação imobiliária

in.cor.po.ra.do.ra \ô\ *s.f.B* empresa que promove ou administra a construção de prédios de apartamentos

in.cor.po.rar *v.* {mod. 1} *t.d. e pron.* 1 revestir(-se) de uma forma material ❑ *t.d.,t.d.i. e pron.* 2 (prep. *a*) integrar(-se) [um elemento] a (um conjunto); juntar(-se) ❑ *t.d.* *B* 3 construir (p.ex., edifício) em regime de condomínio 4 em transe, dar forma corpórea a (entidade espiritual) ❑ *t.d. e t.d.i.* 5 (prep. *a*) anexar (lucros retidos, nova empresa etc.) a (capital de uma empresa) ❑ *t.i.* *B* 6 (prep. *em*) materializar-se (entidade espiritual) no corpo de

in.cor.pó.reo *adj.* 1 que não é constituído de matéria ⮌ corpóreo 2 *p.ext.* etéreo, espiritual

in.cor.re.ção [pl.: *-ões*] *s.f.* 1 falta de exatidão; falha ⮌ acerto 2 desonestidade, deslealdade ⮌ honestidade 3 inconveniência, indelicadeza ⮌ delicadeza

in.cor.rer *v.* {mod. 8} *t.i.* 1 (prep. *em*) ficar incluído, comprometido ou envolvido em (algo ger. desagradável); incidir 2 (prep. *em*) levar a efeito; realizar ⟨*i. em atos de heroísmo*⟩ 3 (prep. *em*) estar sujeito a; incidir ⟨*i. nas penas da lei*⟩ ⮌ livrar-se

in.cor.re.to *adj.* 1 inexato, errado ⟨*exercício i.*⟩ 2 impróprio, inadequado ⟨*traje i.*⟩ ⮌ adequado 3 desonesto, desleal ⟨*i. nos negócios*⟩ ⮌ honesto

in.cor.ri.gí.vel *adj.2g.* 1 que não se pode corrigir ⮌ corrigível 2 que persiste, não se corrige ⟨*estupidez i.*⟩ ⮌ curável ■ *adj.2g.s.2g.* 3 que(m) persiste em seus erros, defeitos etc.

in.cor.rup.tí.vel *adj.2g.* 1 que não se deteriora 2 que não se deixa corromper, subornar ⮌ corruptível

in.cor.rup.to *adj.* sem corrupção ⮌ corrupto

in.cre.du.li.da.de *s.f.* 1 falta de fé; descrença ⮌ ateísmo 2 desconfiança, ceticismo ⮌ credulidade

in.cré.du.lo *adj.s.m.* 1 que(m) não tem fé religiosa ⮌ crente 2 que(m) é difícil de ser persuadido ou convencido; céptico ⮌ crédulo

in.cre.men.tar *v.* {mod. 1} *t.d. e pron.* 1 tornar(-se) maior, mais desenvolvido ❑ *t.d.* *B infrm.* 2 provocar animação, excitação; esquentar ⟨*i. uma festa*⟩ 3 tornar mais elaborado, diferente, rico ⟨*i. um prato*⟩ ⟨*i. uma moto*⟩ ~ **incrementação** *s.f.*

in.cre.men.to *s.m.* 1 aumento discreto numa quantidade ⮌ diminuição 2 desenvolvimento, crescimento ⮌ redução

in.cri.mi.na.ção [pl.: *-ões*] *s.f.* 1 acusação de crime 2 interpretação de algo como crime ⮌ descriminação

in.cri.mi.nar *v.* {mod. 1} *t.d.* 1 (prep. *de*) atribuir um crime a; acusar ❑ *pron.* 2 deixar evidente a própria culpa

in.cri.ti.cá.vel *adj.2g.* que não se pode criticar ⮌ criticável

in.crí.vel *adj.2g.s.m.* 1 (aquilo) em que não se pode crer ⟨*notícia i.*⟩ ⟨*o i. também acontece*⟩ ⮌ admissível ■ *adj.2g.* 2 de caráter extraordinário ⟨*trabalho i.*⟩ ⮌ corriqueiro 3 fora do comum; extravagante, excêntrico ⮌ usual ⊙ GRAM/USO na acep. adj., sup.abs.sint.: *incredibilíssimo*

in.crus.ta.ção [pl.: *-ões*] *s.f.* **1** formação de crosta **2** material incrustado **3** adorno inserido, embutido numa peça

in.crus.tar *v.* {mod. 1} *t.d.* **1** revestir de crosta, depósito etc.; cobrir ⟨*a fuligem incrustou a parede*⟩ **2** enfeitar (objeto), embutindo fragmentos de madeira, pedras etc. ❑ *pron.* **3** aderir fortemente a; implantar-se **4** *fig.* ficar fixo, marcado; gravar-se

in.cu.ba.ção [pl.: *-ões*] *s.f.* **1** chocagem (natural ou artificial) de ovo(s) **2** período de instalação de um agente infeccioso num organismo até o surgimento dos primeiros sinais da doença **3** *fig.* período de elaboração, preparação de um acontecimento, uma obra etc.

in.cu.ba.dei.ra *s.f.* incubadora

in.cu.ba.do.ra \ô\ *s.f.* **1** pequena câmara oxigenada, com temperatura e umidade controladas, us. para abrigar recém-nascidos prematuros **2** chocadeira

in.cu.bar *v.* {mod. 1} *t.d. e int.* **1** chocar (ovos) ❑ *t.d.* **2** manter (ovos, embriões etc.), ger. em incubadora, sob condições controladas favoráveis ao seu desenvolvimento **3** ter em estado latente (uma doença) **4** *fig.* planejar, arquitetar ☞ cf. *encubar*

in.cul.car *v.* {mod. 1} *t.d. e t.d.i.* **1** (prep. *em*) repetir muito (algo), para gravá-lo no espírito (de alguém) **2** (prep. *a*) recomendar, indicar, aconselhar ❑ *t.d.* **3** deixar evidente; revelar ⊃ esconder

in.cul.pa.bi.li.da.de *s.f.* **1** ausência de culpabilidade ⊃ culpabilidade **2** DIR qualidade daquele que, pela ausência de indícios incriminatórios, não pode ser acusado de um delito

in.cul.par *v.* {mod. 1} *t.d.,t.d.pred.,t.d.i. e pron.* (prep. *de*) atribuir(-se) culpa a; acusar(-se), incriminar(-se) ⊃ inocentar(-se)

in.cul.pá.vel *adj.2g.* que não se pode culpar ⊃ culpável

in.cul.ti.vá.vel *adj.2g.* **1** não cultivável; improdutivo ⊃ cultivável **2** *fig.* que não se consegue desenvolver ⟨*inteligência i.*⟩

in.cul.to *adj.* **1** não cultivado ⊃ cultivado ■ *adj.s.m. fig.* **2** que(m) não tem instrução ou erudição ⊃ instruído, erudito

in.cul.tu.ra *s.f.* **1** ausência de cultivo ⊃ cultivo **2** *fig.* ausência de instrução, de erudição ⊃ instrução, erudição

in.cum.bên.cia *s.f.* **1** atribuição de encargo ou responsabilidade ⊃ desincumbência **2** dever decorrente dessa atribuição

in.cum.bir *v.* {mod. 24} *t.d.i. e pron.* **1** (prep. *a, de*) dar ou tomar encargo, tarefa, responsabilidade; encarregar(-se) ⟨*i. o irmão de olhar a casa*⟩ ⟨*i. ao irmão o cuidado do filho*⟩ ⟨*o tempo incumbe-se de apagar as mágoas*⟩ ⊃ desobrigar(-se) ❑ *t.i.* **2** (prep. *a*) ser da competência de; caber

in.cum.pri.men.to *s.m.* ato ou efeito de não cumprir algo; não cumprimento de uma ordem, lei, dever etc. ⟨*i. de uma promessa*⟩ ⊃ cumprimento, realização

in.cu.rá.vel *adj.2g.* **1** que não tem cura ⊃ curável **2** *fig.* incorrigível ⟨*vício i.*⟩ ⊃ corrigível

in.cú.ria *s.f.* **1** desleixo, descuido ⊃ empenho **2** falta de iniciativa ⊃ ação

in.cur.são [pl.: *-ões*] *s.f.* **1** invasão militar em território estrangeiro **2** passeio, viagem **3** passagem rápida por um lugar

in.cur.sio.nar *v.* {mod. 1} *int.* promover incursão em (território, área etc.) ⟨*i. pela selva*⟩ ☞ *pela selva* é circunstância que funciona como complemento

in.cur.so *adj.* **1** que incorreu em determinada situação ⟨*vive i. em confusões*⟩ **2** DIR que está sujeito às penalidades previstas em lei ⊙ GRAM/USO tb. part. de *incorrer*

in.cu.tir *v.* {mod. 24} *t.d.i.* **1** (prep. *em*) fazer penetrar no ânimo de; introduzir ❑ *t.d. e t.d.i.* **2** (prep. *a*) fazer que surja (sentimento, pensamento etc.) [em]; inspirar, despertar

in.da.ga.ção [pl.: *-ões*] *s.f.* **1** pergunta, interrogação **2** devassa, busca **3** pesquisa, investigação

in.da.gar *v.* {mod. 1} *t.d. e t.d.i.* (prep. *a, de*) fazer pergunta(s) [a alguém] sobre; interrogar, perguntar ⟨*resolvi i. os motivos de sua saída*⟩ ⟨*i. do amigo que novidades trazia*⟩ ⟨*indaguei-lhe se voltaria*⟩

in.da.ga.ti.vo *adj.* **1** que é próprio para indagar ⟨*técnicas i.*⟩ **2** que exprime indagação ⟨*olhar i.*⟩

in.da.ga.tó.rio *adj.* indagativo

in.dai.á *s.f.* palmeira nativa do Brasil, de frutos amarelos e de polpa comestível

in.dé.bi.to *adj.* **1** que foi pago sem ser devido **2** que não é merecido; injusto **3** que não se justifica, não tem razão de ser; improcedente

in.de.cên.cia *s.f.* **1** falta de decência ⊃ decência **2** violação ao pudor; obscenidade ⊃ recato **3** falta de respeito, de consideração ⊃ conveniência ☞ cf. *indeiscência*

in.de.cen.te *adj.2g.* **1** que não está de acordo com os padrões morais e éticos da sociedade ⟨*não aceitaremos esta proposta i.*⟩ **2** que fere o pudor, a moral, os bons costumes; obsceno, licencioso ⟨*gesto i.*⟩

in.de.ci.frá.vel *adj.2g.* **1** impossível ou muito difícil de ser decifrado ⊃ decifrável **2** muito difícil de compreender ou explicar; enigmático ⊃ compreensível

in.de.ci.são [pl.: *-ões*] *s.f.* **1** falta de ação; hesitação ⊃ resolução **2** indeterminação, indefinição ⊃ determinação

in.de.ci.so *adj.s.m.* **1** que(m) é incapaz de tomar uma decisão ■ *adj.* **2** indeterminado, incerto ⊃ definido **3** que traduz irresolução, hesitação ⊃ decidido **4** vago, indistinto ⊃ nítido

in.de.cli.ná.vel *adj.2g.* que não se pode recusar ⊃ dispensável ~ **indeclinabilidade** *s.f.*

in.de.com.po.ní.vel *adj.2g.* que não pode ser decomposto ⊃ divisível ~ **indecomponibilidade** *s.f.*

in.de.co.ro.so \ô\ [pl.: *indecorosos* \ó\] *adj.* **1** que agride a moral ⊃ decente **2** *fig.* aviltante, vergonhoso ⊃ honroso

in.de.fec.tí.vel *adj.2g.* **1** que não falha ⊃ incerto **2** eterno, duradouro ⊃ breve

in.de.fe.rir *v.* {mod. 28} *t.d.* decidir desfavoravelmente a (pedido, requisição etc.); negar ⊃ deferir ~ **indeferimento** *s.m.*

in.de.fe.so \ê\ *adj.* sem defesa ⊃ protegido

in.de.fi.ni.ção [pl.: *-ões*] *s.f.* **1** qualidade do que se mostra indeterminado, inexato ⊃ exatidão **2** qualidade de quem não se define; indecisão ⊃ definição

in.de.fi.ni.do *adj.* **1** não determinado; inexato ⟨*espaço i.*⟩ ⊃ preciso **2** que não revela solução; indeciso ⟨*eleição i.*⟩ ⊃ decidido **3** GRAM que se refere a algo ou alguém que se menciona no discurso pela primeira vez, ou cuja identidade não se deseja indicar (diz-se de certo grupo de artigos e de pronomes)

in.deis.cên.cia *s.f.* BOT fenômeno em que um órgão vegetal não se abre naturalmente ao alcançar a maturação ☞ cf. *indecência* ~ **indeiscente** *adj.2g.*

in.de.lé.vel *adj.2g.* **1** que é durável, permanente ⟨*lembrança i.*⟩ ⊃ efêmero **2** que não se pode suprimir, apagar, eliminar ⟨*mancha i.*⟩ ⊃ eliminável

in.de.li.ca.de.za \ê\ *s.f.* **1** falta de cuidado, de cortesia ⊃ gentileza **2** ação ou dito indelicado ⊃ delicadeza

in.de.li.ca.do *adj.* **1** que demonstra falta de cuidado, de cortesia ⊃ gentil **2** que não é próprio, adequado; inconveniente, constrangedor ⊃ conveniente

in.de.ne ou **in.dem.ne** *adj.2g.* **1** livre de prejuízo ⊃ lesado **2** indenizado, recompensado ~ **indenidade/indemnidade** *s.f.*

in.de.ni.za.ção [pl.: *-ões*] *s.f.* aquilo que se concede ou se obtém como reparação de um prejuízo; recompensa, restituição

in.de.ni.zar *v.* {mod. 1} *t.d.,t.d.i. e pron.* (prep. *de*) dar ou receber compensação, reparação por (perda, gasto, prejuízo, demissão etc.); compensar(-se)

in.de.pen.dên.cia *s.f.* **1** estado daquele que goza de autonomia, de liberdade com relação a alguém ou alguma coisa ⊃ dependência **2** autonomia política; soberania nacional; libertação **3** *fig.* fortuna, riqueza ⟨*trabalhou muito para conseguir sua i.*⟩

in.de.pen.den.te *adj.2g.* **1** que não depende de nada nem de ninguém ⟨*levar uma vida i.*⟩ ⊃ dependente **2** autônomo, soberano ⟨*governo i.*⟩ ⊃ submisso **3** que não está subordinado a alguém ou alguma coisa ⊃ subordinado **4** que não tem compromisso com qualquer ideia preestabelecida ⟨*filosofia i.*⟩

in.de.pen.der *v.* {mod. 8} *t.i.* (prep. *de*) não ter vínculo com ou estar sujeito a ⊃ depender

in.des.cri.tí.vel *adj.2g.* difícil ou impossível de ser descrito

in.des.cul.pá.vel *adj.2g.* que não se pode ou não se deve desculpar ⊃ desculpável

in.de.se.já.vel *adj.2g.* **1** que não se pode ou não se deve desejar ⟨*acontecimento i.*⟩ ■ *adj.2g.s.2g.* **2** (indivíduo) cuja presença é inconveniente

in.des.tru.tí.vel *adj.2g.* **1** que não se pode destruir ⊃ destrutível **2** *fig.* firme, imutável ⊃ alterável

in.de.ter.mi.na.ção [pl.: *-ões*] *s.f.* **1** ausência de definição; imprecisão ⊃ clareza **2** incerteza, indecisão ⊃ firmeza

in.de.ter.mi.na.do *adj.* não definido com clareza; impreciso, vago ⊃ definido

in.de.ter.mi.nar *v.* {mod. 1} *t.d.* tornar vago, impreciso ⊃ definir

in.de.vas.sá.vel *adj.2g.* que não se pode devassar, observar

in.de.vi.do *adj.* **1** impróprio ⟨*reclamação i.*⟩ **2** injusto ⟨*castigo i.*⟩

ín.dex \cs\ *adj.2g.2n.s.m.2n.* **1** (dedo) indicador ■ *s.m.2n.* **2** índice **3** lista oficial de livros cuja leitura é proibida pela Igreja católica romana

in.de.xar \cs\ *v.* {mod. 1} *t.d.* **1** organizar em forma de índice ⟨*i. palavras*⟩ **2** colocar índice em ⟨*i. um livro*⟩ **3** reavaliar por um índice financeiro ⟨*i. a economia do país*⟩ ~ **indexação** *s.f.*

in.dez \ê\ *adj.2g.s.m.* (ovo) que se deixa no ninho como chamariz para a galinha fazer a postura

in.di.a.no *adj.* **1** da Índia ■ *s.m.* **2** natural ou habitante desse país

in.di.ca.ção [pl.: *-ões*] *s.f.* ato ou efeito de indicar; recomendação, sugestão, revelação

in.di.ca.dor \ô\ *adj.s.m.* **1** (o) que indica; indicativo **2** (dedo da mão) entre o polegar e o médio ⟨*dedo i.*⟩ ⟨*machucou o i.*⟩

in.di.car *v.* {mod. 1} *t.d.* **1** mostrar os benefícios de (tratamento, remédio); receitar **2** dar a conhecer, por meio de traços, sinais, indícios; revelar ❑ *t.d. e t.d.i.* **3** (prep. *a*) fazer que seja visto por gestos, sinais, símbolos; mostrar **4** (prep. *a*) dar sugestão de; recomendar **5** (prep. *a*) orientar quanto a; informar **6** (prep. *para*) apontar como preferencial ou ideal para; eleger

in.di.ca.ti.vo *adj.s.m.* **1** (o) que indica; indicador ■ *adj.* **2** GRAM que apresenta a ação, o estado ou o processo como real (diz-se de modo verbal) ■ *s.m.* **3** GRAM modo indicativo

ín.di.ce *s.m.* **1** o que indica algo; indício, sinal ⟨*aquele choro foi í. de nervosismo*⟩ **2** numa publicação, lista alfabética dos temas e nomes citados, indicando a página em que são encontrados ☞ cf. *sumário* **3** catálogo, rol **4** número obtido pela média aritmética de um conjunto de valores ⟨*í. de aproveitamento dos alunos*⟩ **5** MAT em raiz algébrica, número que aparece na parte superior à esquerda do radical e indica o grau da raiz **6** ECON número usado para indicar a variação num conjunto de valores ao longo de um período de tempo ⟨*í. de preços*⟩

in.di.ci.a.do *adj.* **1** percebido por indícios ■ *adj.s.m.* **2** DIR que ou aquele que foi declarado culpado de infração ou delito ⟨*os cidadãos i. aguardarão em casa a sentença final*⟩ ⟨*um dos i. por corrupção já fugiu do país*⟩

in.di.ci.ar *v.* {mod. 1} *t.d.* **1** fornecer indício(s) de; revelar, evidenciar ⊃ esconder **2** submeter a inquérito policial ou administrativo ~ **indiciamento** *s.m.*

in.dí.cio *s.m.* **1** o que indica a provável existência de algo; sinal ⟨*indícios de melhora*⟩ **2** marca, vestígio ⟨*a mancha era um i. do acidente*⟩

in.di.fe.ren.ça *s.f.* **1** falta de interesse ou sensibilidade ⟨*i. pelos problemas alheios*⟩ ⊃ atenção **2** despreocupação, desprendimento ⟨*via a fortuna do pai com i.*⟩ ⊃ apego

in.di.fe.ren.te *adj.2g.* **1** que não demonstra preferência ⊃ simpatizante **2** que não suscita interesse; banal ⊃ estimulante ■ *adj.2g.s.2g.* **3** insensível ⊃ sensível **4** que(m) não se deixa afetar ⊃ entusiasmado ~ **indiferentismo** *s.m.* - **indiferentista** *adj.2g.s.2g.*

in.dí.ge.na *s.2g.* **1** [1]índio ■ *adj.2g.* **2** relativo a ou próprio de índio ■ *adj.2g.s.2g.* **3** (natural) do local ou país onde habita; nativo ☞ cf. *alienígena* ~ **indigenato** *s.m.*

in.di.gên.cia *s.f.* miséria; penúria ⊃ fartura

in.di.ge.nis.mo *s.m.* **1** política de proteção e apoio ao indígena e à sua cultura **2** *B* estudo ou conhecimento sobre o indígena brasileiro

in.di.gen.te *adj.2g.s.2g.* (aquele) que vive em indigência, sem condições de suprir suas próprias necessidades; miserável, necessitado, pobre

in.di.ges.tão [pl.: *-ões*] *s.f.* **1** má digestão **2** o efeito da má digestão, manifesto por dor abdominal, náusea e/ou vômito

in.di.ges.to *adj.* **1** difícil de digerir ou que provoca indigestão ⟨*refeição i.*⟩ ⊃ leve **2** *fig.* difícil de compreender ⟨*texto i.*⟩ ⊃ claro **3** *fig.* que aborrece; cansativo ⟨*peça i.*⟩ ⊃ interessante

in.dig.na.ção [pl.: *-ões*] *s.f.* **1** revolta diante de injustiça ou afronta ⊃ resignação **2** *p.ext.* raiva, exasperação ⊃ serenidade

in.dig.nar *v.* {mod. 1} *t.d.* e *pron.* (fazer) sentir indignação; irritar(-se), revoltar(-se) ⊃ resignar(-se)

in.dig.ni.da.de *s.f.* **1** ação indigna; desonra, baixeza ⊃ nobreza **2** desumanidade, crueldade ⊃ bondade

in.dig.no *adj.s.m.* **1** que(m) não tem dignidade ⊃ digno ■ *adj.* **2** não merecedor ⟨*i. de confiança*⟩ **3** *fig.* impróprio, inconveniente ⊃ oportuno

ín.di.go *s.m.* **1** forte tonalidade de azul **2** QUÍM anil

[1]**ín.dio** *s.m.* **1** habitante das Américas antes da colonização europeia; indígena **2** quem é originário de um grupo indígena descendente destes habitantes [ORIGEM: do top. *Índia*]

[2]**ín.dio** *s.m.* elemento químico us. em semicondutores, na indústria nuclear etc. [símb.: *In*] ☞ cf. *tabela periódica* (no fim do dicionário) [ORIGEM: do lat.cien. *Indium*]

in.di.re.ta *s.f.* observação ambígua us. em lugar de algo que não se quer declarar abertamente

in.di.re.to *adj.* **1** que não é em linha reta, que faz voltas ⟨*caminho i.*⟩ ⊃ reto **2** *fig.* que se exprime de modo disfarçado ⟨*pergunta i.*⟩ ⊃ direto **3** *fig.* feito por desvio(s) ⟨*raciocínio i.*⟩ ⊃ direto

in.dis.ci.pli.na *s.f.* desobediência; insubordinação ⊃ respeito, obediência

in.dis.cre.to *adj.s.m.* **1** que(m) revela o que deveria ser mantido em segredo ⊃ discreto, reservado **2** que(m) manifesta curiosidade excessiva; intrometido ⊃ discreto, retraído

in.dis.cri.ção [pl.: *-ões*] *s.f.* **1** atitude ou fala indiscreta, fora de propósito; impropriedade, inconveniência ⊃ discrição **2** revelação de segredo; inconfidência ⟨*cuidado para não cometer nenhuma i. durante o jantar*⟩ **3** curiosidade excessiva e inconveniente ⟨*seu maior defeito é a i.*⟩

in.dis.cri.mi.na.do *adj.* **1** feito sem método ou coerência ⟨*contratar colaboradores de modo i.*⟩ **2** indistinto, desordenado, misturado ⟨*uso i. de remédios*⟩ ⊃ controlado ~ **indiscriminação** *s.f.*

in.dis.pen.sá.vel *adj.2g.* **1** necessário ou obrigatório ⟨*documentos i. para o negócio*⟩ ⊃ facultativo **2** que não pode faltar por ser parte integrante do hábito; inevitável ⟨*as i. compras de Natal*⟩ ■ *adj.2g.s.m.* **3** (o) que é necessário ⟨*conhecimento i.*⟩ ⟨*o i. para sobreviver*⟩ ⊃ supérfluo ~ **indispensabilidade** *s.f.*

in.dis.po.si.ção [pl.: *-ões*] *s.f.* **1** falta de vontade ⟨*i. para trabalhar*⟩ ⊃ ânimo **2** mal-estar ⟨*uma i. de estômago*⟩ **3** *fig.* falta de entendimento; briga ⊃ conciliação ~ **indispor** *v.t.d.,t.i. e pron.*

in.dis.pos.to \ô\ [pl.: *indispostos* \ó\] *adj.* **1** que se encontra com indisposição física; adoentado ⊃ disposto **2** irritado com (alguém ou algo); contrariado, mal-humorado

in.dis.so.lú.vel *adj.2g.* que não se pode dissolver, desfazer ⟨*união i.*⟩ ~ **indissolubilidade** *s.f.*

in.dis.tin.to *adj.* **1** sem definição; vago ⟨*imagem i.*⟩ ⊃ perceptível **2** que não se distingue dos demais; comum ⊃ original

in.di.to.so \ô\ [pl.: *inditosos* \ó\] *adj.s.m.* desafortunado, infeliz ⊃ feliz, venturoso

in.di.vi.du.al *adj.2g.* **1** próprio do indivíduo ⟨*liberdade i.*⟩ **2** relativo a um único ser, objeto ou situação ⟨*armário i.*⟩ ⊃ coletivo **3** especial, único ⟨*estilo i.*⟩ ⊃ geral

in.di.vi.du.a.li.da.de *s.f.* **1** característica do que é individual; singularidade ⟨*i. genética*⟩ **2** conjunto de atributos que diferencia um indivíduo ou uma coisa; identidade

in.di.vi.du.a.lis.mo *s.m.* **1** tendência a considerar apenas os valores e os interesses individuais **2** egoísmo ~ **individualista** *adj.2g.s.2g.*

in.di.vi.du.a.li.za.ção [pl.: *-ões*] *s.f.* **1** aquisição de características distintivas **2** consideração particular, isolamento ⊃ generalização

in.di.vi.du.a.li.zar *v.* {mod. 1} *t.d.* e *pron.* **1** (fazer) adquirir caracteres distintivos; distinguir(-se), individuar(-se) ❑ *t.d.* **2** adaptar às necessidades particulares de um indivíduo; particularizar

in.di.vi.du.ar *v.* {mod. 1} *t.d.* **1** expor ou narrar com detalhes ❑ *t.d.* e *pron.* **2** individualizar(-se)

in.di.ví.duo *s.m.* **1** todo ser em relação à sua espécie **2** alguém em relação a uma coletividade ⟨*deveres do i.*⟩ **3** ser pertencente à espécie humana ⟨*i. idoso*⟩

in.di.vi.sí.vel *adj.2g.s.m.* (o) que não se pode dividir ⊃ divisível ~ **indivisibilidade** *s.f.*

in.di.zí.vel *adj.2g.* **1** que não pode ou não deve ser expresso em palavras ⊃ dizível **2** que foge ao comum; extraordinário ⟨*beleza i.*⟩ ⊃ banal

in.dó.cil *adj.2g.* **1** difícil de disciplinar; rebelde ⟨*criança i.*⟩ ⮌ submisso **2** ansioso, impaciente ⮌ tranquilo ~ **indocilidade** *s.f.*

in.do-eu.ro.peu [pl.: *indo-europeus*; fem.: *indo-europeia*] *adj.s.m.* **1** (indivíduo) de povos antigos que se expandiram da Ásia central para Europa, Pérsia e Índia no final do Neolítico ■ *s.m.* **2** tronco linguístico que abrange línguas da Europa e de parte da Índia **3** língua que teria dado origem a essas línguas ■ *adj.* **4** relativo a esse tronco ou língua

ín.do.le *s.f.* **1** caráter, temperamento ⟨*í. amável*⟩ **2** *fig.* conjunto de características; tipo específico ⟨*a í. de um trabalho*⟩

in.do.len.te *adj.2g.s.2g.* **1** que age de modo preguiçoso; lento ⮌ dinâmico **2** apático, indiferente ⮌ sensível ~ **indolência** *s.f.*

in.do.lor \ô\ *adj.2g.* **1** que não causa dor **2** *fig.* realizado com facilidade; suave ⟨*decisão i.*⟩

in.dô.mi.to *adj.* **1** não domesticado ⮌ amansado **2** que não se deixa dominar ⮌ subjugado

in.do.né.sio *adj.* **1** da Indonésia (Ásia) ■ *s.m.* **2** natural ou habitante desse arquipélago

in.du.bi.tá.vel *adj.2g.* que não deixa dúvida; incontestável ⮌ discutível

in.du.ção [pl.: *-ões*] *s.f.* **1** forma de raciocínio que se baseia em casos particulares para chegar a uma proposição geral, indo dos efeitos à causa ☞ cf. *dedução* **2** incentivo, estímulo ⟨*i. ao crime*⟩ **3** MED processo de medicação para estimular o trabalho de parto

in.dul.gên.cia *s.f.* **1** disposição para perdoar; misericórdia ⮌ severidade **2** desculpa, perdão ⮌ condenação **3** ausência de rigor; benevolência ⮌ intransigência

in.dul.gen.te *adj.2g.s.2g.* **1** (aquele) que tem disposição para desculpar ou perdoar; tolerante **2** (aquele) que se mostra favoravelmente disposto na apreciação de trabalhos ou atos de outrem ⟨*crítico i.*⟩ ⟨*aplausos de uma plateia de i.*⟩ ⮌ severo ■ *adj.2g.* **3** que manifesta indulgência, clemência ⟨*o réu recebeu uma sentença i.*⟩

in.dul.tar *v.* {mod. 1} *t.d.* **1** conceder indulto a ❑ *t.d.,t.d.i. e pron.* **2** (prep. *de*) relevar (erro, falha) [de]; desculpar(-se), perdoar(-se)

in.dul.to *s.m.* DIR **1** perdão, redução ou dispensa de uma pena **2** decreto pelo qual se consegue esse perdão

in.du.men.tá.ria *s.f.* **1** conjunto de vestimentas us. em determinada época, local, cultura etc. **2** arte relacionada ao vestuário **3** o que alguém veste; roupa ~ **indumentário** *adj.*

in.dús.tria *s.f.* **1** habilidade para realizar algo; destreza **2** *p.ext.* capacidade de criar, inventar; engenho **3** conjunto de atividades econômicas que transformam a matéria-prima em bens de consumo e produção **4** empresa que se dedica a essas atividades **5** fábrica **6** atividade econômica em larga escala ⊡ **i. de base** *loc.subst.* conjunto de indústrias que produz determinada matéria-prima ou que a submete a uma primeira transformação, como, p.ex., a produção de equipamentos, alimentando os demais setores; indústria pesada • **i. de consumo** *loc.subst.* conjunto das indústrias que fabricam bens de consumo, como alimentos, vestuário, eletrodomésticos etc.; indústria leve • **i. de transformação** *loc.subst.* aquela que transforma matéria-prima em produtos intermediários ou em bens de consumo • **i. leve** *loc.subst.* indústria de consumo • **i. pesada** *loc.subst.* indústria de base

in.dus.tri.al *adj.2g.* **1** referente a ou produzido por indústria **2** em que há indústrias ⟨*cidade i.*⟩ ■ *s.2g.* **3** proprietário ou administrador de indústria

in.dus.tri.a.li.zar *v.* {mod. 1} *t.d. e pron.* **1** aplicar técnicas, procedimentos industriais (a) **2** desenvolver(-se) [economia de cidade, região ou país] com base na indústria ❑ *t.d.* **3** usar como matéria-prima industrial ~ **industrialização** *s.f.*

in.dus.tri.á.rio *s.m.* B funcionário de indústria; operário

in.dus.tri.o.so \ô\ [pl.: *industriosos* \ó\] *adj.* **1** ativo, trabalhador ⮌ moroso **2** feito com engenho; cuidadoso ⟨*bordado i.*⟩ ⮌ grosseiro

in.du.ti.vo *adj.* **1** que parte de um indução ⟨*método i.*⟩ ⮌ dedutivo **2** que resulta de uma indução ⟨*conclusão i.*⟩

in.du.tor \ô\ *adj.s.m.* que(m) induz; instigador

in.du.zir *v.* {mod. 24} *t.d. e t.d.i.* **1** (prep. *em*) despertar (sensação, impressão) em (alguém); inspirar ❑ *t.d.* **2** concluir por raciocínio lógico; deduzir ❑ *t.d.i.* **3** (prep. *a*) dar força a (alguém) para (fazer algo); incitar, estimular **4** (prep. *a*) fazer cair ou incorrer em (erro, pecado etc.); compelir

i.ne.bri.ar *v.* {mod. 1} *t.d.,int. e pron.* **1** entontecer por ingestão de substâncias ou ação de seus vapores, fumos **2** *fig.* (fazer) sentir enlevo, êxtase; arrebatar(-se)

i.ne.di.tis.mo *s.m.* qualidade do que é inédito; originalidade

i.né.di.to *adj.* **1** que não foi impresso ou publicado ⟨*obra i.*⟩ ⟨*autor i.*⟩ ⮌ publicado **2** sem precedentes; original ⮌ comum

i.ne.fá.vel *adj.2g.* **1** que não se pode descrever por causa de sua grandeza, poder, beleza etc. ⟨*paisagem i.*⟩ **2** *p.ext.* que causa grande prazer; encantador ⮌ desagradável ~ **inefabilidade** *s.f.*

i.ne.fi.caz *adj.2g.* **1** que não produz o efeito desejado; inoperante ⟨*tratamento i.*⟩ ⮌ eficiente **2** sem resultado; inútil ⟨*pensamento i.*⟩ ~ **ineficácia** *s.f.*

i.ne.fi.ci.en.te *adj.2g.* **1** não eficiente; imprestável ⮌ útil **2** que não funciona; inoperante ⟨*remédio i.*⟩ ⮌ eficaz ~ **ineficiência** *s.f.*

i.ne.gá.vel *adj.2g.* impossível de se negar; óbvio ⟨*provas i.*⟩ ⮌ discutível

i.ne.lu.tá.vel *adj.2g.* **1** contra o que não se pode lutar; fatal ⟨*destino i.*⟩ **2** que não se pode contestar; certo ⟨*evidência i.*⟩ ⮌ incerto

i.ne.nar.rá.vel *adj.2g.* **1** que não pode ser narrado; inarrável ⮌ banal **2** inacreditável, incrível

i.nép.cia *s.f.* **1** falta de inteligência ⮌ sagacidade **2** incapacidade, incompetência ⮌ vocação **3** DIR petição, queixa ou denúncia que é rejeitada pelo juiz por não atender às exigências legais

i.nep.to *adj.s.m.* 1 que(m) tem falta de aptidão ⮌ capaz 2 que(m) tem pouca ou nenhuma inteligência; idiota, imbecil ⮌ astuto, sagaz

i.ne.qui.ân.gu.lo \qü\ *adj.* que tem os ângulos desiguais entre si (diz-se de figura geométrica) ⮌ equiângulo

i.ne.quí.vo.co *adj.* sem ambiguidade; claro ⮌ dúbio

i.nér.cia *s.f.* 1 FÍS resistência que a matéria oferece à modificação de seu estado de movimento 2 *fig.* apatia; indolência ⮌ vivacidade ~ **inercial** *adj.2g.*

i.ne.ren.te *adj.2g.* que existe como característica essencial de alguém ou algo ⟨*função i. ao cargo*⟩ ⮌ independente ~ **inerência** *s.f.*

i.ner.me *adj.2g.* sem armas; indefeso ⮌ protegido

i.ner.te *adj.2g.* 1 sem atividade ou movimento próprios; imóvel ⟨*os braços pendem i.*⟩ 2 *fig.* desprovido de energia física ou moral; abatido, apático, prostrado ⮌ agitado, inquieto

i.ner.var *v.* {mod. 1} *t.d.* dotar de nervos (parte do organismo) ☞ cf. *enervar* ~ **inervação** *s.f.*

i.nes.cru.pu.lo.so \ô\ [pl.: *inescrupulosos* \ó\] *adj.* sem escrúpulos

i.nes.go.tá.vel *adj.2g.* que não se esgota; incessante ⟨*fonte i.*⟩ ⮌ esgotável ~ **inesgotabilidade** *s.f.*

i.nes.pe.ra.do *adj.s.m.* 1 (o) que surpreende ⮌ esperado 2 (o) que muda repentinamente ⮌ previsto

i.nes.que.cí.vel *adj.2g.* impossível de esquecer; inolvidável

i.nes.ti.má.vel *adj.2g.* 1 que não pode ser avaliado ⟨*fortuna i.*⟩ ⮌ calculável 2 digno de grande estima ou consideração ⟨*amizade i.*⟩ ⮌ comum

i.ne.vi.den.te *adj.2g.* sem evidência, não explícito ⮌ evidente ~ **inevidência** *s.f.*

i.ne.vi.tá.vel *adj.2g.s.m.* (o) que não se pode evitar, impedir

i.ne.xa.to \z\ *adj.* 1 errado, falso ⟨*cálculo i.*⟩ ⮌ correto 2 impreciso ⮌ exato ~ **inexatidão** *s.f.*

i.ne.xe.quí.vel \z...qü\ *adj.2g.* que não pode ser executado ou cumprido ⟨*trabalho i.*⟩ ⮌ realizável ~ **inexequibilidade** *s.f.*

i.ne.xis.tên.cia \z\ *s.f.* ausência do que se supunha existir; falta ⟨*i. de alimentos*⟩ ⮌ existência ~ **inexistente** *adj.2g.*

i.ne.xis.tir \z\ *v.* {mod. 24} *int.* não ter existência concreta ⮌ haver, existir

i.ne.xo.rá.vel \z\ *adj.2g.* 1 que não se abala com súplicas ou pedidos ⮌ condescendente 2 cujo rigor não pode ser amenizado ⟨*leis i.*⟩ ⮌ brando 3 fatal, inevitável ⟨*destino i.*⟩ ⮌ evitável ~ **inexorabilidade** *s.f.*

i.nex.pe.ri.ên.cia *s.f.* 1 falta de prática; imperícia ⮌ experiência 2 desconhecimento ⮌ conhecimento 3 ingenuidade ⮌ esperteza

i.nex.pe.ri.en.te *adj.2g.s.2g.* 1 que(m) não tem a experiência ou a prática de algo 2 (aquele) que é ingênuo, simples ⟨*a boa-fé é típica de pessoas i.*⟩ ⟨*os i. fazem a alegria dos vigaristas*⟩

i.nex.pli.cá.vel *adj.2g.s.m.* (o) que é difícil ou impossível de ser explicado ⮌ simples

i.nex.plo.ra.do *adj.* que não foi explorado; desconhecido ⮌ explorado

i.nex.pres.sá.vel *adj.2g.* que não pode ser expresso; inexprimível

i.nex.pres.si.vo *adj.* 1 sem expressão, vivacidade ⟨*rosto i.*⟩ ⮌ animado 2 sem importância ⟨*autor i.*⟩ ⮌ significativo

i.nex.pri.mí.vel *adj.2g.* 1 inexpressável 2 *fig.* que seduz, encanta ⟨*paisagem i.*⟩ ⮌ detestável

i.nex.pug.ná.vel *adj.2g.* 1 que não se pode dominar pela força ⟨*fortaleza i.*⟩ ⮌ conquistável 2 *fig.* que resiste a qualquer ataque ⟨*moral i.*⟩ ~ **inexpugnabilidade** *s.f.*

i.nex.tin.guí.vel *adj.2g.* impossível de se extinguir, destruir ⟨*sentimento i.*⟩

i.nex.tri.cá.vel ou **i.nex.trin.cá.vel** *adj.2g.* 1 que não se pode desembaraçar ou dissociar ⟨*nó i.*⟩ 2 confuso, intrincado ⟨*negócios, problemas i.*⟩ ⮌ fácil

in.fa.lí.vel *adj.2g.* 1 que não erra nem se engana ⟨*intuição i.*⟩ ⮌ duvidoso 2 que sempre ocorre como esperado ⮌ inesperado ~ **infalibilidade** *s.f.*

in.fa.mar *v.* {mod. 1} *t.d., int. e pron.* 1 tornar(-se) infame, baixo; desonrar(-se) ⮌ engrandecer(-se) ☐ *t.d.* 2 atribuir atitudes desprezíveis, vis a; difamar ☐ *t.d. e pron.* 3 (fazer) perder a estima, a boa reputação; desacreditar(-se) ~ **infamação** *s.f.*

in.fa.me *adj.2g.s.2g.* 1 que(m) tem má fama, que(m) está desonrado ⮌ prestigiado 2 que(m) é vil, desprezível ⮌ nobre ■ *adj.2g.* 3 relativo a pessoa infame 4 que causa repulsa ou desprezo ⟨*piada i.*⟩ ⮌ atraente, bom

in.fâ.mia *s.f.* 1 o que fere a honra, o nome de alguém, de uma instituição etc. ⟨*não levarei em consideração as i. que foram publicadas contra mim*⟩ 2 atitude vergonhosa, vil ⟨*quantas i. são cometidas em nome da falsa moral*⟩

in.fân.cia *s.f.* período da vida humana que vai do nascimento ao início da adolescência

in.fan.ta.ri.a *s.f.* força militar que combate a pé

[1]**in.fan.te** [fem.: *infanta*] *s.m.* em Portugal e Espanha, filho de reis que não herda o trono [ORIGEM: do lat. *infans,āntis* 'que não fala, que tem pouca idade']

[2]**in.fan.te** *s.m.* soldado de infantaria [ORIGEM: do it. *fante* 'id.']

in.fan.ti.cí.dio *s.m.* assassinato de criança ~ **infanticida** *s.f.*

in.fan.til *adj.2g.* 1 próprio de criança ou da infância ⟨*reação i.*⟩ 2 apropriado às crianças ⟨*literatura i.*⟩ 3 próprio de alguém que se comporta como criança; tolo ⟨*comentário i.*⟩ ⮌ maduro ~ **infantilidade** *s.f.*

in.fan.ti.lis.mo *s.m.* persistência anormal de características infantis morfológicas, sexuais ou psicológicas no adulto

in.fan.ti.li.zar *v.* {mod. 1} *t.d. e pron.* **1** (fazer) parecer criança ❑ *t.d.* **2** conferir caráter infantil a ⟨*i. uma peça teatral*⟩

in.fan.to.ju.ve.nil *adj.2g.* relativo à infância e à juventude

in.far.to, **in.far.te**, **en.far.to** ou **en.far.te** *s.m.* **1** entupimento **2** morte de células pela parada súbita de circulação na artéria que as irriga ~ **infartar** *v.t.d. e int.*

in.fa.ti.gá.vel *adj.2g.* **1** que não sente fadiga ⟨*nadador i.*⟩ **2** persistente ~ **infatigabilidade** *s.f.*

in.faus.to *adj.* **1** infeliz ⮌ feliz **2** *p.ext.* que traz desgraça; azarado ⮌ propício

in.fec.ção ou **in.fe.ção** [pl.: *-ões*] *s.f.* doença causada pela presença e pelo desenvolvimento de micróbios no organismo ⮌ desinfecção

in.fec.cio.nar *v.* {mod. 1} *t.d.* **1** tornar impuro pela introdução de elementos nocivos ou infecciosos; contaminar ❑ *t.d.,int. e pron.* **2** causar ou sofrer infecção

in.fec.ci.o.so \ô\ [pl.: *infecciosos* \ó\] *adj.* **1** que resulta de infecção ⟨*doença i.*⟩ **2** que causa infecção ⟨*germe i.*⟩

in.fe.cio.nar *v.* {mod. 1} *t.d.,int. e pron.* infeccionar

in.fec.tar *v.* {mod. 1} *t.d. e pron.* **1** contaminar(-se) com doença ou com seu agente; infeccionar(-se) ❑ *t.d.* **2** transferir ou instalar vírus de computador em (arquivo, sistema etc.); contaminar ~ **infectante** *adj.2g.*

in.fec.to *adj.* **1** que tem ou causa infecção **2** fedorento e/ou imundo ⟨*sala i.*⟩ ⮌ perfumado **3** *fig.* que contraria a moral; repugnante ⟨*atos i.*⟩ ⮌ admirável

in.fec.to.con.ta.gi.o.so \ô\ [pl.: *infectocontagiosos* \ó\] *adj.* que causa infecção e se transmite por contágio

in.fe.cun.do *adj.* **1** que produz pouco ou nada; estéril, improdutivo ⟨*terras i.*⟩ ⮌ fecundo **2** *fig.* inútil, improdutivo ⟨*esforço i.*⟩ ⮌ válido ~ **infecundidade** *s.f.*

in.fe.li.ci.da.de *s.f.* **1** estado do que é ou está infeliz ⮌ felicidade **2** acontecimento que tem consequências desastrosas; calamidade, catástrofe, desastre ⟨*perder o prazo da inscrição foi uma verdadeira i.*⟩

in.fe.liz *adj.2g.s.2g.* **1** que(m) não é feliz; descontente ⮌ feliz **2** que(m) não foi favorecido pelas circunstâncias; desgraçado ⮌ afortunado ■ *adj.2g.* **3** desastrado, inadequado ⟨*palpite i.*⟩ ⮌ conveniente

in.fen.so *adj.* **1** contrário; hostil ⮌ favorável **2** furioso ⮌ sossegado

in.fe.rên.cia *s.f.* **1** conclusão, dedução **2** suposição

in.fe.ri.or \ô\ *adj.2g.* **1** que está abaixo ou por baixo de ⟨*prateleira i.*⟩ ⮌ superior **2** de menor valor ou qualidade ⟨*preço i. a 100 reais*⟩ ⟨*produto i.*⟩ ⮌ superior ■ *adj.2g.s.2g.* **3** subalterno ⮌ superior

in.fe.ri.o.ri.da.de *s.f.* **1** qualidade ou condição do que é inferior **2** situação, posição ou qualidade inferior ⟨*complexo de i.*⟩

in.fe.ri.o.ri.zar *v.* {mod. 1} *t.d. e pron.* diminuir o valor, a importância (de); rebaixar(-se) ⮌ valorizar(-se) ~ **inferiorização** *s.f.*

in.fe.rir *v.* {mod. 28} *t.d. e t.d.i.* (prep. *de*) concluir pelo raciocínio, a partir de fatos, indícios; deduzir

in.fer.ni.zar *v.* {mod. 1} *t.d.* **1** tornar ruim como o inferno; atormentar **2** *p.ext.* provocar impaciência, irritação em; aborrecer

in.fer.no *s.m.* **1** para os cristãos, lugar em que ficam as almas dos pecadores após a morte ☞ inicial ger. maiúsc. **2** *fig.* tormento, suplício ⟨*aquela viagem seria um i.*⟩ ~ **infernal** *adj.2g.*

in.fer.ti.li.zar *v.* {mod. 1} *t.d. e pron.* tornar(-se) infértil, infecundo; esterilizar(-se)

in.fes.ta.ção [pl.: *-ões*] *s.f.* **1** ato de infestar ou o seu efeito **2** MED qualquer infecção por parasitas como piolhos, vermes etc., que se instalam na superfície ou dentro de um órgão

in.fes.tar *v.* {mod. 1} *t.d.* **1** percorrer praticando atos de hostilidade, violência; assolar **2** multiplicar-se causando danos a ⟨*ervas daninhas infestam os canteiros*⟩ **3** MED causar infestação em ~ **infestado** *adj.*

in.fe.tar *v.* {mod. 1} *t.d. e pron.* infectar

in.fi.de.li.da.de *s.f.* falta de respeito, de fidelidade àquilo com que se deveria estar comprometido ⟨*i. amorosa*⟩ ⟨*i. partidária*⟩ ⮌ fidelidade

in.fi.el *adj.2g.s.2g.* que(m) não é fiel; traidor ⮌ fiel

in.fil.tra.do *adj.* **1** que se infiltrou ■ *adj.s.m.* **2** (aquele) que se infiltrou numa organização inimiga; espião

in.fil.trar *v.* {mod. 1} *t.d. e pron.* **1** (fazer) penetrar (um líquido) através dos poros de um corpo sólido **2** *fig.* (fazer) entrar devagar ou em segredo ⟨*i. policiais na quadrilha*⟩ ⟨*os espiões infiltraram-se no palácio*⟩ ❑ *t.d.i.* **3** (prep. *em*) incutir, insinuar ⟨*i. o medo numa criança*⟩ ~ **infiltração** *s.f.* - **infiltrativo** *adj.*

ín.fi.mo *adj.s.m.* (o) que é muito pequeno ou sem valor ⮌ enorme

in.fin.dá.vel *adj.2g.* que não pode ter fim ou parece não ter fim ⮌ passageiro

in.fin.do *adj.* sem fim; ilimitado ⮌ limitado

in.fi.ni.da.de *s.f.* **1** característica do que é infinito **2** grande quantidade ou número ⟨*uma i. de perguntas*⟩ ⮌ escassez

in.fi.ni.te.si.mal *adj.2g.* muito pequeno; ínfimo ⟨*doses i.*⟩ ⮌ gigantesco

in.fi.ni.ti.vo *s.m.* forma nominal do verbo que exprime ação ou estado ⊙ GRAM/USO tb. adj. ⊡ **i. impessoal** *loc.subst.* o infinitivo que não se flexiona quanto a pessoa ou número • **i. pessoal** *loc.subst.* o infinitivo flexionado que recebe as desinências número-pessoais

in.fi.ni.to *adj.s.m.* **1** (o) que não tem limite ou fim ⮌ finito ■ *adj.* **2** incalculável ⟨*uma planície i.*⟩

¹in.fi.xo \cs\ *adj.* não fixo; móvel [ORIGEM: *in-* + *fixo*]

²in.fi.xo \cs\ *s.m.* GRAM elemento acrescentado ao meio de uma palavra (entre a raiz e o sufixo) para formar outra ☞ cf. *prefixo* e *sufixo* [ORIGEM: do lat. *infixus,a,um*, 'espetado, metido à força']

in.fla.ção [pl.: *-ões*] *s.f.* ECON desequilíbrio econômico caracterizado pela alta de preços e pela desvalorização da moeda ~ **inflacionário** *adj.*

in.fla.cio.nar *v.* {mod. 1} *t.d.* **1** promover inflação em **2** causar a desvalorização de (moeda) por emissão excessiva **3** oferecer a (mercado) mais do que este pode absorver

in.fla.ma.ção [pl.: *-ões*] *s.f.* **1** combustão **2** *fig.* entusiasmo; exaltação **3** MED reação orgânica a estímulo nocivo, caracterizada por dor, rubor, calor e acúmulo de líquido nos tecidos

in.fla.mar *v.* {mod. 1} *t.d. e pron.* **1** (fazer) pegar fogo; queimar(-se) **2** (fazer) ficar ruborizado (rosto, face); corar **3** *fig.* excitar(-se), exaltar(-se) ⟨*i. os ânimos*⟩ ⟨*i.-se ao ouvir um desaforo*⟩ ❑ *t.d., int. e pron.* MED **4** (fazer) sofrer inflamação ❑ *int. B gír.* **5** ficar cheio, repleto; lotar ~ **inflamatório** *adj.*

in.fla.má.vel *adj.2g.s.m.* (substância) que pega fogo facilmente ~ **inflamabilidade** *s.f.*

in.flar *v.* {mod. 1} *t.d., int. e pron.* **1** inchar(-se) com ar, vento, gás **2** encher(-se) de orgulho, vaidade; envaidecer(-se) ~ **inflável** *adj.2g.*

in.fle.xão \cs\ [pl.: *-ões*] *s.f.* **1** curva, dobra **2** GRAM determinada entonação na pronúncia de uma frase

in.fle.xí.vel \cs\ *adj.2g.* **1** que não se curva ⊃ flexível **2** que resiste às influências e tentativas de persuasão ⊃ suscetível **3** *fig.* que não se adapta a circunstâncias novas ou diferentes ⊃ tolerante ~ **inflexibilidade** *s.f.*

in.fli.gir *v.* {mod. 24} *t.d.i.* **1** (prep. *a*) impor, aplicar (pena, castigo etc.) a **2** (prep. *a*) causar, produzir (algo desagradável) a ⟨*a seca infligiu prejuízo ao agricultor*⟩ **3** (prep. *a*) obrigar a suportar (algo prejudicial, penoso ou doloroso) ☞ cf. *infringir* ~ **inflição** *s.f.*

in.flo.res.cên.cia *s.f.* cacho de flores

in.flu.ên.cia *s.f.* **1** poder de interferência de uma pessoa ou coisa sobre outra ⟨*a i. árabe na culinária brasileira*⟩ ⟨*a i. da Lua nas marés*⟩ **2** autoridade, prestígio ⟨*pessoa de grande i.*⟩

in.flu.en.ci.ar *v.* {mod. 1} *t.d. e pron.* **1** exercer ação psicológica, domínio ou ascendência sobre ou ser por isso atingido **2** (fazer) sofrer uma mudança física ou intelectual

in.flu.en.te *adj.2g.* **1** que influi ■ *adj.2g.s.2g.* **2** que ou quem exerce influência **2.1** (aquele) que tem poder, autoridade ou prestígio

in.flu.ir *v.* {mod. 26} *t.d.* **1** fazer fluir para dentro de ❑ *t.d. e t.d.i.* **2** (prep. *em*) fazer penetrar no ânimo (de); incutir, inspirar ❑ *int.* **3** ter valor; importar ❑ *t.i.* **4** (prep. *em*) exercer influência em ou sobre; influenciar

in.flu.xo \cs\ *s.m.* **1** ato de influir ou o seu efeito **2** *fig.* convergência; abundância ⟨*i. de riquezas, de ideias*⟩ ⊃ carência **3** cheia da maré; preamar ⊃ refluxo

in.for.ma.ção [pl.: *-ões*] *s.f.* **1** conhecimento obtido por investigação ou instrução; informe, notícia **2** conjunto de conhecimentos sobre determinado assunto ⟨*a i. acerca do projeto é insuficiente*⟩ **3** conjunto de atividades de coleta e difusão de notícias junto ao público ⟨*liberdade de i.*⟩

in.for.mal *adj.2g.* **1** sem cerimônia; descontraído ⟨*roupa i.*⟩ ⟨*linguagem i.*⟩ ⊃ formal **2** que se faz sem contrato ou carteira de trabalho assinada (diz-se de trabalho, atividade, economia etc.) ~ **informalidade** *s.f.*

in.for.mar *v.* {mod. 1} *t.d.i. e pron.* **1** (prep. *de, a*) [fazer] saber, tomar conhecimento de; cientificar(-se), avisar ⟨*i. o candidato do resultado*⟩ ⟨*i. aos alunos a data da prova*⟩ ⟨*informe-se melhor antes de ir*⟩ ❑ *t.d.* **2** dar instrução a; ensinar ⟨*os pais devem i. os filhos*⟩ ❑ *t.d. e int.* **3** dar notícia ou informação (a) ⟨*o jornal deve i. os leitores*⟩ ⟨*o jornalista deve i. sendo imparcial*⟩ ~ **informante** *adj.2g.s.2g.*

in.for.má.ti.ca *s.f.* ciência e técnica de tratar a informação por meio do uso de computadores e demais dispositivos de processamento de dados ~ **informático** *adj.*

in.for.ma.ti.vo *adj.* **1** que se destina a informar ou a noticiar ■ *s.m.* **2** publicação periódica; boletim

in.for.ma.ti.zar *v.* {mod. 1} *t.d.* **1** aplicar os métodos e recursos da informática a **2** prover (local, instituição) com sistemas de computador ~ **informatização** *s.f.*

[1]in.for.me *adj.2g.* **1** sem forma definida ⟨*massa i.*⟩ **2** vago, incerto ⟨*ideias i.*⟩ [ORIGEM: do lat. *infōrmis,e* 'id.']

[2]in.for.me *s.m.* notícia ou aviso breve [ORIGEM: do v. *informar*]

in.for.tú.nio *s.m.* má sorte; infelicidade ~ **infortunar** *v.t.d.*

infra– *pref.* 'posição abaixo ou inferior': *infraestrutura, infravermelho*

in.fra.ção [pl.: *-ões*] *s.f.* **1** desobediência a regras **2** DIR ato ilegal

in.fra.es.tru.tu.ra *s.f.* **1** suporte, ger. invisível, que é base indispensável à edificação, à manutenção ou ao funcionamento de uma estrutura ⊃ superestrutura **2** sistema de serviços públicos de uma cidade (p.ex. esgoto, água, iluminação, gás canalizado)

in.fra.tor \ô\ *adj.s.m.* **1** (o) que desobedece a leis **2** transgressor ⊃ respeitador

in.fra.ver.me.lho \ê\ *s.m.* **1** radiação eletromagnética us. em medicina, fotografia etc. ■ *adj.* **2** diz-se dessa radiação

in.fre.ne *adj.2g.* **1** sem freio ⊃ freado **2** *fig.* descontrolado; desordenado ⊃ contido

in.frin.gir *v.* {mod. 24} *t.d.* não seguir determinações de (lei, norma etc.); transgredir, desrespeitar ⊃ obedecer ☞ cf. *infligir* ~ **infringência** *s.f.*

in.fru.tes.cên.cia *s.f.* fruto formado unido a uma inflorescência, como o abacaxi, a jaca etc. ~ **infrutescente** *adj.2g.*

in.fru.tí.fe.ro *adj.* **1** que não produz frutos ⊃ frutífero **2** *fig.* que não dá resultados; inútil ⟨*pesquisa i.*⟩ ⊃ proveitoso

in.fun.da.do *adj.* sem fundamento ('base', 'motivo') ⟨*críticas i.*⟩ ⊃ fundamentado

in.fun.dir *v.* {mod. 24} *t.d.* **1** deixar cair (líquido) em; derramar ⟨*i. água num recipiente*⟩ ☞ *num recipiente* é circunstância que funciona como complemento **2** pôr de infusão ⟨*i. raízes, folhas*⟩ ❑ *t.d. e t.d.i.* **3** (prep. *a*) fazer que (ideia, sentimento) se apresente ao espírito por associação de ideias; inspirar ❑ *pron.* **4** introduzir-se, penetrar ⟨*o cupim infundiu-se no tronco*⟩

in.fu.são [pl.: *-ões*] *s.f.* **1** processo de extrair propriedades medicamentosas ou alimentícias de uma substância, mergulhando-a em água fervente **2** a solução assim obtida ~ **infuso** *adj.s.m.*

in.fu.sí.vel *adj.2g.* que não se pode fundir ~ **infusibilidade** *s.f.*

in.gá *s.m.* **1** nome comum a árvores e arbustos nativos das Américas, cultivados como ornamentais ou pela polpa doce dos frutos, em forma de vagem; ingazeira, ingazeiro **2** o fruto dessas árvores

in.ga.zei.ra *s.f.* ou **in.ga.zei.ro** *s.m.* ingá ('árvore')

in.gê.nuo *adj.s.m.* que(m) é puro, sem malícia ⟨*pessoa i.*⟩ ⟨*olhar i.*⟩ ⮌ malicioso ~ **ingenuidade** *s.f.*

in.ge.rên.cia *s.f.* interferência, intromissão

in.ge.rir *v.* {mod. 28} *t.d.* **1** introduzir no organismo através da boca; engolir ❑ *pron.* **2** (prep. *em*) tomar partido em; intervir, intrometer-se ~ **ingestão** *s.f.*

in.glês *adj.* **1** da Inglaterra (Europa) ■ *s.m.* **2** natural ou habitante desse país; anglo-saxão, britânico **3** língua oficial de vários Estados, como Inglaterra, Estados Unidos, Austrália, Nova Zelândia, Canadá (ao lado do francês) e de várias ex-colônias inglesas na América e na África

in.gló.rio *adj.* sem glória; ignorado ⟨*esforço i.*⟩ ⮌ famoso

in.gra.ti.dão [pl.: *-ões*] *s.f.* falta de gratidão, de reconhecimento por benefício recebido ⮌ gratidão

in.gra.to *adj.s.m.* **1** que(m) não reconhece nem retribui benefício recebido ⮌ grato ■ *adj.* **2** árduo, penoso ⟨*tarefa i.*⟩ ⮌ fácil **3** que não compensa o trabalho despendido ⟨*natureza i.*⟩ ⮌ frutífero

in.gre.di.en.te *s.m.* componente de preparado ou mistura ⟨*os i. de um bolo*⟩ ⟨*os i. de uma vingança*⟩

ín.gre.me *adj.2g.* muito inclinado em relação ao plano horizontal ⮌ plano

in.gres.sar *v.* {mod. 1} *int.* **1** passar do exterior para o interior de; entrar ⟨*i. no país clandestinamente*⟩ ☞ *no país* é circunstância que funciona como complemento **2** passar a fazer parte de ⟨*i. num clube*⟩ ☞ *num clube* é circunstância que funciona como complemento

in.gres.so *s.m.* **1** acesso, entrada **2** *B* bilhete de entrada em concerto, jogo etc.

ín.gua *s.f.* **1** inflamação ou inchação do gânglio linfático inguinal **2** *p.ext.* inchação de gânglio na virilha, axila, pescoço etc.

in.gui.nal *adj.2g.* referente a ou próprio da virilha

in.gur.gi.tar *v.* {mod. 1} *t.d.* **1** encher até transbordar **2** comer com voracidade e em grande quantidade; devorar ❑ *pron.* **3** comer demais; empanturrar-se ❑ *int. e pron.* **4** aumentar de volume; inchar ❑ *t.d. e pron.* MED **5** obstruir(-se) [vaso ou ducto excretor]

i.nha.ca *s.f.* *B infrm.* fedor exalado por pessoa ou animal

i.nham.bu *s.m.* ave de corpo robusto, pernas grossas e quase sem cauda; nambu

i.nha.me *s.m.* **1** tubérculo cinzento comestível **2** planta desse tubérculo

–inhar *suf.* 'repetição, pouca intensidade': *escrevinhar*

–inho *suf.* **1** 'diminuição': *aviãozinho, carrinho* **2** 'afetividade': *avozinho, queridinho*

i.ni.bi.ção [pl.: *-ões*] *s.f.* **1** condição mental ou emocional que dificulta iniciar ou dar prosseguimento a uma ação; timidez **2** bloqueio ou retardamento de um processo químico ou fisiológico ⮌ desimpedimento

i.ni.bi.do *adj.* **1** que se inibiu ■ *adj.s.m.* **2** que(m) apresenta inibição; introvertido, tímido ⮌ extrovertido, desinibido

i.ni.bir *v.* {mod. 24} *t.d.,t.d.i. e pron.* **1** (prep. *de*) tolher(-se), esp. por impedimentos psicológicos ou controles sociais; acanhar(-se) ❑ *t.d.* **2** impedir o funcionamento de ⟨*i. o sistema vascular*⟩ **3** bloquear, impedir ⟨*o remédio inibe a ação do vírus*⟩ ⮌ desbloquear ❑ *t.d.i.* **4** (prep. *a*) proibir, vetar ⮌ permitir ~ **inibidor** *adj.s.m.*

i.ni.ci.a.ção [pl.: *-ões*] *s.f.* **1** participação em alguma experiência misteriosa ou desconhecida **2** admissão como membro de seita ou sociedade ger. secreta **3** ritual de ingresso nessa seita ou sociedade **4** recebimento das primeiras noções de uma prática, ciência ou religião **5** ANTRPOL conjunto de cerimônias que elevam ou modificam o *status* social do membro de um grupo ou sociedade

i.ni.ci.a.do *adj.s.m.* **1** que(m) se converteu a seita, culto etc. **2** que(m) se instruiu em saber, prática etc.

i.ni.ci.al *adj.2g.* **1** que está no início, na origem de ⟨*fase i.*⟩ ⟨*impulso i.*⟩ ■ *s.f.* **2** a primeira letra de uma palavra **3** a letra que inicia o prenome e/ou o(s) sobrenome(s) de uma pessoa ⟨*marcava os cadernos com suas i.*⟩

i.ni.ci.a.li.zar *v.* {mod. 1} *t.d.* **1** pôr em funcionamento (computador, periférico); iniciar **2** carregar ou abrir (programa); iniciar ~ **inicialização** *s.f.*

i.ni.ci.al.men.te *adv.* no começo, a princípio; primeiramente

i.ni.ci.an.te *adj.2g.* **1** que inicia; iniciador ■ *adj.2g.s.2g.* **2** (aquele) que está começando a adquirir a experiência ou a prática de algo; principiante, novato

i.ni.ci.ar *v.* {mod. 1} *t.d. e pron.* **1** [fazer] ter início; começar, principiar(-se) ❑ *t.d.i. e pron.* **2** (prep. *em*) [fazer] adquirir os primeiros conhecimentos de (certa técnica, arte ou saber); instruir(-se) **3** (prep. *em*) pôr(-se) a par de segredos e práticas de (seita ou sociedade secreta) ❑ *t.d.* INF **4** pôr em funcionamento (computador ou periférico) **5** carregar ou abrir (programa)

i.ni.ci.a.ti.va *s.f.* ação ou ânimo empreendedor ⟨*pessoa de i.*⟩ ⟨*a i. de organizar o trabalho*⟩

i.ní.cio *s.m.* primeira parte de; começo ⊃ fim

i.ni.gua.lá.vel *adj.2g.* que não tem igual; raro ⊃ comum

i.ni.lu.dí.vel *adj.2g.* **1** que não admite dúvida; evidente **2** que não se pode enganar

i.ni.ma.gi.ná.vel *adj.2g.* que não se pode imaginar; surpreendente, incrível ⟨*solução i.*⟩

i.ni.mi.go *adj.* **1** que está em oposição; contrário ⟨*sorte i.*⟩ ⟨*canhões i.*⟩ ■ *s.m.* **2** o que tem ódio a alguém ou algo ⟨*ele é meu i.*⟩ **3** adversário militar, político etc. ⊃ aliado **4** quem sente aversão a algo ⟨*i. do trabalho*⟩ ⊃ amigo **5** o que se opõe a algo ⟨*a pressa é i. da perfeição*⟩ ⊃ amigo

i.ni.mi.tá.vel *adj.2g.* que não pode ser imitado ⊃ imitável

i.ni.mi.za.de *s.f.* falta de amizade ⊃ afeição, amizade

i.ni.mi.zar *v.* {mod. 1} *t.d.,t.d.i. e pron.* (prep. *com*) tornar(-se) inimigo de; indispor(-se), desavir(-se) ⊃ reconciliar(-se)

i.nin.te.li.gí.vel *adj.2g.* que não se entende ⟨*letra i.*⟩ ⊃ inteligível

i.nin.ter.rup.to *adj.* sem interrupção; contínuo, constante ⊃ intermitente, interrompido

i.ní.quo *adj.* **1** desigual, injusto ⊃ justo **2** perverso ⊃ piedoso ~ **iniquidade** *s.f.*

in.je.ção [pl.: *-ões*] *s.f.* **1** aplicação de remédio com o auxílio de seringa e agulha **2** *p.ext.* esse remédio

in.je.tar *v.* {mod. 1} *t.d. e t.d.i.* **1** (prep. *em*) introduzir sob pressão (fluido) em ❑ *t.d. e pron.* **2** corar devido ao afluxo de sangue ❑ *t.d.i. fig.* **3** (prep. *em*) investir, aplicar (dinheiro) em (projeto, empreendimento) ~ **injetor** *adj.s.m.*

in.je.tá.vel *adj.2g.* que deve ser administrado por injeção (diz-se de medicamento ou produto)

in.jun.ção [pl.: *-ões*] *s.f.* **1** ordem precisa e formal **2** imposição, pressão ⟨*i. social*⟩

in.jú.ria *s.f.* **1** acusação, calúnia ⊃ defesa **2** insulto, ofensa ⊃ elogio

in.ju.ri.ar *v.* {mod. 1} *t.d.* **1** dirigir insulto, injúria a; ofender **2** tornar infame; desonrar ⊃ enobrecer **3** causar estrago, dano ou lesão a; danificar ⊃ consertar ❑ *pron. B infrm.* **4** irritar-se, zangar-se ⊃ acalmar-se ~ **injuriador** *adj.s.m.* - **injurioso** *adj.*

in.jus.ti.ça *s.f.* falta de justiça; arbitrariedade ⊃ justiça

in.jus.ti.ça.do *adj.s.m.* (o) que sofreu injustiça

in.jus.ti.fi.cá.vel *adj.2g.* que não pode ser justificado ⟨*demissão i.*⟩

in.jus.to *adj.s.m.* **1** que(m) não procede com justiça; parcial ⟨*castigo i.*⟩ ⟨*os i. não serão perdoados*⟩ ⊃ justo, imparcial ■ *adj.* **2** autoritário ⊃ correto **3** sem fundamento ⟨*avaliação i.*⟩ ⊃ válido

-ino *suf.* **1** 'origem': *marroquino* **2** 'semelhança': *cristalino* **3** 'diminuição': *pequenino*

i.no.cên.cia *s.f.* **1** ausência de culpa **2** ingenuidade, pureza

i.no.cen.tar *v.* {mod. 1} *t.d. e pron.* tornar(-se) ou considerar(-se) inocente

i.no.cen.te *adj.2g.* **1** que não faz mal, que não causa efeito ⟨*bebida i.*⟩ **2** sem malícia ⟨*conversa i.*⟩ ■ *adj.2g. s.2g.* **3** que(m) é ingênuo, puro **4** que(m) não cometeu ato ilegal ⊃ culpado

i.no.cu.lar *v.* {mod. 1} *t.d. e pron.* **1** (fazer) entrar; introduzir(-se) ❑ *t.d.i.* MED **2** (prep. *em*) introduzir (agente de uma doença) em (organismo), com finalidade preventiva, curativa ou experimental ~ **inoculação** *s.f.*

i.nó.cuo *adj.* **1** que não é prejudicial; inofensivo ⟨*substância i.*⟩ **2** que não produz o efeito desejado ⟨*medidas i.*⟩ ~ **inocuidade** *s.f.*

i.no.do.ro *adj.* sem cheiro

i.no.fen.si.vo *adj.* que não ofende, não faz mal nem traz más consequências ⊃ nocivo

i.nol.vi.dá.vel *adj.2g.* inesquecível

i.no.mi.ná.vel *adj.2g.* **1** que não pode ser designado por um nome **2** *pej.* horrível; revoltante ⟨*um espetáculo i.*⟩ ⊃ magnífico

i.no.pe.ran.te *adj.2g.* que não funciona; ineficaz ⊃ operante ~ **inoperância** *s.f.*

i.no.pi.na.do *adj.* inesperado, imprevisto ⊃ previsto

i.no.por.tu.no *adj.* não oportuno; inconveniente ⟨*visita i.*⟩ ⊃ oportuno

i.nor.gâ.ni.co *adj.* **1** não orgânico; mineral **2** sem vida; inanimado **3** QUÍM relativo à química dos minerais ☞ cf. *orgânico*

i.nós.pi.to *adj.* **1** que acolhe mal ⊃ acolhedor **2** em que não se pode viver; inabitável ⟨*clima i.*⟩

i.no.va.ção [pl.: *-ões*] *s.f.* **1** concepção, proposição e/ou realização de algo novo ⊃ manutenção **2** coisa nova; novidade

i.no.var *v.* {mod. 1} *t.d.* **1** tornar novo; renovar ⟨*i. a pintura da casa*⟩ **2** fazer (algo) de modo diferente do que era feito antes ~ **inovador** *adj.s.m.*

i.no.xi.dá.vel \cs\ *adj.2g.* que não enferruja ⊃ oxidável

in.put [ing.] *s.m.* **1** energia ou sinal que alimenta aparelho elétrico ou eletrônico **2** informação dada ao computador ⊙ GRAM/USO em ing., invariável ⇨ pronuncia-se **input**

in.qua.li.fi.cá.vel *adj.2g.* **1** impossível de ser qualificado ⟨*um tom de verde i.*⟩ **2** vil, revoltante ⟨*ação i.*⟩

in.que.bran.tá.vel *adj.2g.* que não se quebranta; inabalável ⟨*vontade i.*⟩ ⊃ transitório

in.qué.ri.to *s.m.* conjunto de atos que visam apurar a verdade de fatos alegados; investigação, sindicância

in.ques.tio.ná.vel *adj.2g.* não questionável; indiscutível ⊃ discutível

in.qui.e.ta.ção [pl.: *-ões*] *s.f.* **1** agitação, desassossego ⊃ tranquilidade **2** nervosismo, preocupação ⊃ despreocupação

in.qui.e.tar *v.* {mod. 1} *t.d. e pron.* **1** pôr(-se) em agitação; agitar(-se) ⊃ serenar **2** (fazer) perder o sossego mental, moral; perturbar(-se) ⊃ tranquilizar(-se) ~ **inquietante** *adj.2g.*

in.qui.e.to *adj.* 1 que se move sem parar; agitado ⟨*mar i.*⟩ ⟨*menina i.*⟩ ⊃ quieto 2 que demonstra preocupação ⟨*sono i.*⟩ ⊃ tranquilo 3 angustiado, ansioso ⟨*i. com a situação da empresa*⟩ ⊃ calmo
in.qui.e.tu.de *s.f.* inquietação
in.qui.li.na.to *s.m.* 1 condição de inquilino 2 conjunto de direitos e deveres dessa condição ⟨*lei do i.*⟩ 3 conjunto de inquilinos
in.qui.li.nis.mo *s.m.* BIO comensalismo
in.qui.li.no *s.m.* quem mora em imóvel alugado; locatário ⊃ senhorio
in.qui.ri.ção [pl.: *-ões*] *s.f.* averiguação minuciosa; inquisição
in.qui.rir *v.* {mod. 24} *t.d.,t.i. e t.d.i.* 1 (prep. *de*) fazer perguntas a (alguém) [sobre algo]; interrogar, indagar ❑ *t.d.* 2 interrogar oficialmente ❑ *t.d. e t.i.* 3 (prep. *de*) procurar informações sobre; pesquisar ~ **inquiridor** *adj.s.m.*
in.qui.si.ção [pl.: *-ões*] *s.f.* 1 inquirição 2 tribunal católico medieval que investigava e julgava indivíduos acusados de crimes contra a fé católica ☞ nesta acp., inicial ger. maiúsc. ~ **inquisidor** *adj.s.m.* - **inquisitorial** *adj.2g.*
in.qui.si.ti.vo *adj.* que interroga
in.sa.ci.á.vel *adj.2g.s.2g.* que(m) nunca se satisfaz ⟨*apetite i.*⟩ ~ **insaciabilidade** *s.f.*
in.sa.lu.bre *adj.2g.* que não é bom para a saúde ⟨*ambiente i.*⟩ ⟨*água i.*⟩ ⊃ salutar ~ **insalubridade** *s.f.*
in.sa.ná.vel *adj.2g.* 1 que não pode ser sanado; incurável 2 *fig.* que não tem conserto; irremediável 3 *fig.* que não pode ser superado ou derrotado; intransponível
in.sa.ni.da.de *s.f.* 1 loucura, demência ⊃ sanidade 2 desatino, desvario ⊃ equilíbrio
in.sa.no *adj.s.m.* 1 (o) que não apresenta sanidade; louco 2 insensato ⊃ ajuizado 3 *fig.* (o) que excede; demasiado, excessivo ⟨*calor i.*⟩
in.sa.tis.fa.ção [pl.: *-ões*] *s.f.* descontentamento, desprazer ⊃ satisfação
in.sa.tu.ra.do *adj.* QUÍM diz-se de composto orgânico com ligações múltiplas ☞ cf. *saturado*
ins.ci.ên.cia *s.f.* ausência de conhecimento ou habilidade ⊃ saber, habilidade ~ **insciente** *adj.2g.*
ins.cre.ver *v.* {mod. 8} *t.d.* 1 gravar (palavras ou sinais) na pedra, em metal etc., para registro duradouro ⟨*i. um nome no túmulo*⟩ ☞ *no túmulo* é circunstância que funciona como complemento 2 pôr por escrito; escrever ❑ *t.d. e pron.* 3 *fig.* (fazer) ficar marcado através dos tempos; eternizar(-se) 4 (fazer) constar em ou participar de lista, registro, grupo, concurso, missão etc. ⊙ GRAM/USO part.: *inscrito* ~ **inscrito** *adj.s.m.*
ins.cri.ção [pl.: *-ões*] *s.f.* 1 texto gravado em estátua, medalha etc.; epígrafe 2 frase decorativa ou informativa escrita em prédios ou monumentos 3 desenho ou símbolo primitivo gravado ou pintado em rocha, caverna etc. 4 inclusão de algo ou alguém em registro, lista etc. ⟨*i. na aula de arte*⟩ ⟨*i. no concurso*⟩
ins.cul.pir *v.* {mod. 24} *t.d.* gravar em madeira, pedra etc.; inscrever, entalhar
in.se.gu.ran.ça *s.f.* 1 falta de garantia, proteção, estabilidade etc. ⊃ segurança 2 falta de confiança em si mesmo ⊃ determinação
in.se.gu.ro *adj.* 1 não seguro; perigoso, arriscado ⟨*escada i.*⟩ 2 que não tem estabilidade; sem garantia; instável, incerto ⟨*emprego i.*⟩ ⊃ estável 3 sem confiança em si mesmo; tímido, medroso ⟨*mostrou-se inseguro durante a apresentação*⟩ 4 que tem dificuldade para tomar resoluções; vacilante ⟨*chefe i.*⟩
in.se.mi.na.ção [pl.: *-ões*] *s.f.* 1 introdução de sêmen no útero 2 BIO processo pelo qual o espermatozoide entra em contato com o óvulo; fecundação ⊡ **i. artificial** *loc.subst.* MED introdução do esperma nas vias genitais femininas por meio de aparelhos ~ **inseminar** *v.t.d.*
in.sen.sa.to *adj.* 1 sem bom senso; absurdo, ilógico ⟨*atos i.*⟩ ⊃ coerente ■ *adj.s.m.* 2 que(m) não está em seu juízo; delirante ⊃ ajuizado, sensato ~ **insensatez** *s.f.*
in.sen.si.bi.li.da.de *s.f.* 1 característica do que é insensível a estímulos físicos ⊃ sensibilidade 2 indiferença a certos valores e realidades 3 incapacidade de se emocionar ⊃ sensibilidade
in.sen.si.bi.li.zar *v.* {mod. 1} *t.d.* 1 tirar a sensibilidade de; anestesiar ❑ *t.d. e pron.* 2 tornar(-se) frio, indiferente; empedernir(-se) ⊃ sensibilizar(-se)
in.sen.sí.vel *adj.2g.* 1 que não reage a estímulos físicos ⟨*i. ao frio*⟩ 2 que não pode ser sentido ou percebido; insignificante ⟨*diferença i.*⟩ 3 que ocorre gradativamente ■ *adj.2g.s.2g.* 4 que(m) é incapaz de emocionar-se ⟨*i. à dor alheia*⟩ ⟨*i. à música*⟩ ⊃ emotivo, sensível
in.se.pul.to *adj.* não sepultado ⊃ sepulto
in.ser.ção [pl.: *-ões*] *s.f.* inclusão, introdução de uma coisa em outra ⊃ retirada
in.se.rir *v.* {mod. 28} *t.d.* 1 fazer entrar; introduzir ⟨*i. a chave na fechadura*⟩ ☞ *na fechadura* é circunstância que funciona como complemento 2 *p.ext.* fazer integrar, ser parte de; introduzir, incluir ⟨*i. uma cláusula no contrato*⟩ ☞ *no contrato* é circunstância que funciona como complemento ❑ *pron.* 3 implantar-se, fixar-se
in.se.ti.ci.da *adj.2g.s.m.* (substância) que serve para matar insetos
in.se.tí.vo.ro *adj.s.m.* (ser vivo) que se alimenta de insetos
in.se.to *s.m.* 1 pequeno animal invertebrado, com o corpo segmentado, p.ex., aranha, centopeia 2 pequeno animal invertebrado, com cabeça, tórax e abdome bem definidos, seis patas, dois pares de asas e um par de antenas, p.ex., besouro, abelha
in.sí.dia *s.f.* 1 cilada, emboscada 2 traição ⊃ lealdade
in.si.di.o.so \ô\ [pl.: *insidiosos* \ó\] *adj.* que prepara ciladas; enganador, traiçoeiro ⊃ leal
in.sig.ne *adj.2g.* famoso, ilustre ⊃ desconhecido
in.síg.nia *s.f.* sinal distintivo de poder, posto, classe etc.; emblema, divisa ⟨*i. da realeza*⟩
in.sig.ni.fi.cân.cia *s.f.* 1 qualidade do que é insignificante 2 coisa de pouco valor, de mínima impor-

tância; bugiganga ⟨*não se aborreça por tais i.*⟩ **3** quantia muito pequena; ninharia, bagatela ⟨*custou-me uma i. esta mesinha*⟩

in.sig.ni.fi.can.te *adj.2g.s.2g.* que(m) não tem valor nem importância ⟨*alteração i.*⟩ ⟨*pessoa i.*⟩ ⊃ importante

in.sin.ce.ro *adj.* falso, fingido ⊃ sincero ~ **insinceridade** *s.f.*

in.si.nu.a.ção [pl.: *-ões*] *s.f.* **1** ato de dar a entender algo sem expressá-lo claramente; indireta **2** provocação ou advertência disfarçada ⟨*fez uma dissimulada i. pelo esquecimento do aniversário*⟩

in.si.nu.an.te *adj.2g.* **1** que desperta simpatia e admiração; sedutor ⊃ repugnante **2** persuasivo, convincente

in.si.nu.ar *v.* {mod. 1} *t.d. e pron.* **1** introduzir(-se) num lugar, devagar e com cautela; infiltrar(-se) ❑ *t.d.,t.d.i. e pron.* **2** *fig.* (prep. *em*) (fazer) penetrar de forma gradual e sutil no espírito (de) **3** *p.ext.* (prep. *a*) deixar que se perceba (algo) sem expressar claramente; sugerir ❑ *pron.B infrm.* **4** demonstrar interesse por alguém ⟨*vive a i.-se para o vizinho*⟩

in.sí.pi.do *adj.* **1** sem sabor ⟨*comida i.*⟩ **2** *fig.* monótono, sem graça ⟨*conversa i.*⟩ ⊃ estimulante ~ **insipidez** *s.f.*

in.si.pi.en.te *adj.2g.* **1** ignorante ⊃ sapiente **2** imprudente ⊃ cuidadoso ☞ cf. *incipiente* ~ **insipiência** *s.f.*

in.sis.tên.cia *s.f.* ato ou efeito de insistir; persistência, perseverança

in.sis.ten.te *adj.2g.* **1** que não desiste ⊃ desistente **2** repetido ⟨*telefonemas i.*⟩ ⊃ intermitente **3** que custa a terminar ⟨*chuva i.*⟩ ⊃ breve

in.sis.tir *v.* {mod. 24} *t.i. e int.* (prep. *em*) perseverar em (o que faz, diz ou pede); persistir, teimar ⊃ desistir

in.so.ci.á.vel *adj.2g.* **1** que foge ao convívio social ⊃ sociável **2** de difícil convivência ⊃ simpático **3** indelicado, grosseiro ⊃ amável ~ **insociabilidade** *s.f.*

in.so.fis.má.vel *adj.2g.* indiscutível, incontestável ⊃ questionável

in.so.fri.do *adj.* **1** que pouco ou nada sofre ou sofreu ⊃ sofrido **2** que não se contém; irrequieto ⊃ paciente

in.so.la.ção [pl.: *-ões*] *s.f.* mal causado por excesso de exposição ao sol

in.so.lên.cia *s.f.* **1** falta de respeito; atrevimento ⊃ respeito **2** desconsideração, desprezo ⊃ apreço **3** arrogância ⊃ humildade

in.so.len.te *adj.2g.* **1** desrespeitoso no que diz ou nas atitudes que toma; atrevido, malcriado ⟨*aluno i. com os professores*⟩ **2** que trata os demais como inferiores; arrogante ⟨*patrão i.*⟩

in.só.li.to *adj.* **1** não habitual; estranho ⊃ comum **2** contrário à tradição e às regras ⟨*comportamento i.*⟩ ⊃ tradicional

in.so.lú.vel *adj.2g.* **1** que não se dissolve ⟨*substância i.*⟩ ⊃ solúvel **2** *fig.* sem solução ⊃ solucionável ~ **insolubilidade** *s.f.*

in.sol.ven.te *adj.2g.s.2g.* que(m) não pode pagar o que deve; inadimplente ⊃ solvente ~ **insolvência** *s.f.*

in.son.dá.vel *adj.2g.* **1** impossível de sondar **2** *fig.* que não se pode explicar; incompreensível ⟨*motivos i.*⟩ **3** de que não se pode encontrar o fundo ou o limite ⟨*abismo i.*⟩

in.so.ne *adj.2g.s.2g.* **1** que(m) não dorme, que(m) não tem sono ■ *adj.2g.* **2** passado em claro, sem dormir ⟨*noites i.*⟩

in.sô.nia *s.f.* falta de sono; incapacidade de dormir adequadamente

in.so.pi.tá.vel *adj.2g.* que não pode ser controlado ⟨*alegria i.*⟩

in.sos.so \ô\ *adj.* **1** que não tem sal ou o tem em pouca quantidade ⟨*comida i.*⟩ **2** *fig.* sem graça; monótono ⟨*conversa i.*⟩

ins.pe.ção [pl.: *-ões*] *s.f.* pesquisa minuciosa; fiscalização, vistoria

ins.pe.cio.nar *v.* {mod. 1} *t.d.* **1** examinar (algo) para verificar seu estado ou funcionamento; vistoriar **2** observar com grande atenção

ins.pe.tor \ô\ *adj.s.m.* que(m) inspeciona; fiscal ~ **inspetoria** *s.f.*

ins.pi.ra.ção [pl.: *-ões*] *s.f.* **1** entrada de ar nos pulmões **2** *fig.* entusiasmo criador ⟨*o mar é i. para vários compositores*⟩

ins.pi.rar *v.* {mod. 1} *t.d. e int.* **1** introduzir (ar) nos pulmões ⊃ expirar ❑ *t.d.,t.d.i. e pron.* **2** (prep. *a*) fornecer ou receber estímulo, ideia, influência, sugestão (para) ❑ *t.d. e t.d.i.* **3** (prep. *a*) fazer surgir (pensamento, sentimento) por associação de ideias; sugerir, despertar ~ **inspirativo** *adj.* - **inspiratório** *adj.*

ins.ta.bi.li.da.de *s.f.* falta de solidez, firmeza, constância ⟨*i. de uma cadeira, de um barco, de humor*⟩ ⊃ estabilidade

ins.ta.la.ção [pl.: *-ões*] *s.f.* **1** montagem de peças ou mecanismos **2** colocação de redes elétrica, hidráulica, de sistema de segurança etc. **3** obra de arte em que o espectador pode participar e, por vezes, entrar

ins.ta.lar *v.* {mod. 1} *t.d.i. e pron.* **1** (prep. *em*) dar ou tomar posse de (dignidade, cargo) ❑ *t.d. e pron.* **2** colocar(-se) num lugar, em caráter duradouro ⟨*i. a estátua no jardim*⟩ ⟨*há tempos instalou-se aqui*⟩ ☞ *no jardim* é circunstância que funciona como complemento **3** (fazer) ocupar lugar, assento etc. com comodidade; acomodar(-se) ⟨*i. o amigo na rede*⟩ ⟨*logo instalou-se no ônibus*⟩ ☞ *na rede* é circunstância que funciona como complemento ❑ *t.d.* **4** montar (móvel, equipamento etc.) para funcionar

ins.tân.cia *s.f.* **1** ato de solicitar de forma insistente **2** área de interesse; âmbito ⟨*a i. da moral*⟩ **3** hierarquia judiciária ⊡ **em última i.** *loc.adv.* como último recurso

ins.tan.tâ.neo *adj.* **1** que dura pouco; súbito, fugaz ⟨*morte i.*⟩ ⊃ prolongado **2** que se dá rapidamente; imediato ⟨*resposta i.*⟩ ⊃ demorado ~ **instantaneidade** *s.f.*

ins.tan.te *s.m.* 1 espaço curto de tempo ⟨*saiu por um i.*⟩ 2 ponto determinado do tempo; momento ⟨*difícil saber em que i. paramos*⟩ ■ *adj.2g.* 3 insistente ⟨*pedidos i.*⟩

ins.tar *v.* {mod. 1} *t.d.,t.d.i.,t.i. e int.* 1 (prep. *a*) pedir com insistência; insistir ❑ *t.i.* 2 (prep. *contra*) manifestar discordância ou desaprovação; questionar ❑ *int.* 3 ser necessário; urgir

ins.tau.rar *v.* {mod. 1} *t.d.* 1 dar início a (algo que não existia); instituir 2 declarar o início de (algo), ger. com solenidade; abrir ~ **instauração** *s.f.*

ins.tá.vel *adj.2g.* 1 que não tem estabilidade ↄ estável 2 que não é constante; variável ↄ permanente 3 que não é seguro, garantido ⟨*trabalho i.*⟩ ↄ estável

ins.ti.ga.ção [pl.: *-ões*] *s.f.* ação de instigar ou o seu efeito; indução, estímulo

ins.ti.gar *v.* {mod. 1} *t.d. e t.d.i.* 1 (prep. *a*) estimular (pessoa, grupo) [a fazer algo]; induzir, incitar 2 (prep. *a*) incentivar (pessoa, cão etc.) [a atacar ou portar-se de modo agressivo]; açular ~ **instigante** *adj.2g.*

ins.ti.lar *v.* {mod. 1} *t.d.i.* 1 (prep. *em*) introduzir gota a gota (um líquido) em; injetar ❑ *t.d.i. e pron. fig.* 2 (prep. *em*) [fazer] penetrar progressivamente (ideia, sentimento) [em]; insinuar(-se) ~ **instilação** *s.f.*

ins.tin.ti.vo *adj.* 1 referente a instinto 2 guiado pelo instinto ⟨*reação i.*⟩ ~ **instintividade** *s.f.*

ins.tin.to *s.m.* 1 impulso natural 2 capacidade de sentir, pressentir, que determina certa maneira de pensar ou agir; intuição

ins.ti.tu.cio.na.li.zar *v.* {mod. 1} *t.d. e pron.* (fazer) adquirir caráter de instituição; oficializar(-se), arraigar(-se) ~ **institucionalização** *s.f.*

ins.ti.tu.i.ção [pl.: *-ões*] *s.f.* 1 criação ('ação de conceber'), estabelecimento ↄ encerramento 2 entidade, esp. com fins sociais ⟨*i. de caridade*⟩ 3 cada um dos costumes ou estruturas sociais que vigoram num determinado Estado ou povo ⟨*a i. da família*⟩ 4 *fig. joc.* mau costume que já está arraigado ⟨*sonegar impostos é quase uma i. nacional*⟩ ▼ *instituições s.f.pl.* 5 estruturas cujas leis e valores regem a sociedade ~ **institucional** *adj.2g.*

ins.ti.tu.ir *v.* {mod. 26} *t.d.* 1 dar início a; estabelecer, fundar 2 marcar, fixar (data, prazo etc.) ❑ *t.d.pred. e pron.* 3 atribuir(-se) missão, tarefa, etc.; nomear(-se) ❑ *t.d.pred.* 4 designar como herdeiro; constituir

ins.ti.tu.to *s.m.* organização cultural, artística, científica etc., pública ou privada

ins.tru.ção [pl.: *-ões*] *s.f.* 1 conhecimento, saber ⟨*pessoa de muita i.*⟩ ↄ ignorância 2 educação formal, obtida em estabelecimento de ensino ⟨*i. fundamental, média, superior*⟩ 3 explicação de como usar algo ⟨*manual de instruções*⟩ 4 determinação de como agir ⟨*foram dadas as i. para começar a obra*⟩

ins.tru.í.do *adj.* que se instruiu; culto, iluminado, sabido ↄ inculto

ins.tru.ir *v.* {mod. 26} *t.d.,int. e pron.* 1 transmitir ou adquirir conhecimentos ❑ *t.d. e pron.* 2 dar ou obter esclarecimento, informação sobre; orientar(-se) ❑ *t.d.i.* 3 (prep. *para*) dar orientações ou ordens a (alguém) [para realizar certa ação] ❑ *t.d.* DIR 4 preparar (processo, causa) para que possa ser julgado

ins.tru.men.ta.dor \ô\ *adj.s.m.* 1 CIR que(m) passa os instrumentos e outros materiais ao cirurgião 2 MÚS que(m) instrumenta uma música, partitura etc.

ins.tru.men.tar *v.* {mod. 1} *t.d.* 1 equipar com instrumentos 2 *B* passar às mãos de (cirurgião ou auxiliar) o material requerido durante a cirurgia ❑ *t.d. e int.* MÚS 3 determinar os instrumentos para execução de (peça musical) 4 escrever para cada instrumento (sua parte em composição musical)

ins.tru.men.tis.ta *adj.2g.s.2g.* MÚS 1 que(m) toca um instrumento 2 que(m) compõe música instrumental

ins.tru.men.to *s.m.* 1 objeto us. para executar algo; apetrecho, ferramenta 2 *fig.* recurso utilizado como intermediário para se chegar a um resultado 3 DIR documento escrito que formaliza e serve de prova ao ato jurídico 4 MÚS objeto ou aparelho destinado a produzir sons musicais ▣ **i. de cordas** *loc.subst.* nome geral dos instrumentos musicais dotados de cordas, que podem ser friccionadas (violino, viola, violoncelo, contrabaixo), dedilhadas (harpa, alaúde, guitarra, violão) ou acionadas por teclados (piano, cravo) • **i. de percussão** *loc.subst.* nome genérico dado aos instrumentos musicais que soam quando percutidos, sacudidos, raspados ou friccionados (tímpano, xilofone, tambor, pandeiro, cuíca etc.) • **i. de sopro** *loc.subst.* nome geral dado aos instrumentos musicais dotados de um tubo (cilíndrico, reto ou recurvado: flauta, oboé, trombone) em cujo interior se sopra ou injeta ar que, ao vibrar, produz o som ~ **instrumentação** *s.f.* - **instrumental** *adj.2g.*

ins.tru.ti.vo *adj.* 1 próprio para ensinar a fazer algo 2 educativo ⟨*palestras i.*⟩

ins.tru.tor \ô\ *adj.s.m.* que ou aquele que instrui, que ensina, que adestra ⟨*i. de equitação*⟩

in.sub.mis.so *adj.s.m.* que(m) não se submete ↄ submisso ~ **insubmissão** *s.f.*

in.su.bor.di.na.ção [pl.: *-ões*] *s.f.* 1 desobediência 2 revolta, rebelião ~ **insubordinar** *v.t.d. e pron.*

in.su.bor.di.na.do *adj.s.m.* que ou aquele que se caracteriza por uma atitude de desobediência, de independência ⟨*soldados i.*⟩ ⟨*punição para os i.*⟩

in.subs.ti.tu.í.vel *adj.2g.* que não pode ser substituído; único

in.su.ces.so *s.m.* mau resultado; fracasso ↄ sucesso

in.su.fi.ci.ên.cia *s.f.* 1 falta, carência ⟨*i. de recursos*⟩ 2 incapacidade de um órgão para exercer plenamente suas funções normais ⟨*i. renal*⟩

in.su.fi.ci.en.te *adj.2g.* que não basta ou satisfaz ⟨*claridade i.*⟩

in.su.flar *v.* {mod. 1} *t.d.* 1 introduzir (ar ou outro gás) por meio de sopro ⟨*i. ar na fornalha*⟩ ☞ *na fornalha* é circunstância que funciona como complemento 2 introduzir ar ou outro gás em; encher, inflar ⟨*i. um balão*⟩ ❑ *t.d. e t.d.i. fig.* 3 (prep. *em*) fazer surgir (ideia, sentimento etc.) em (alguém); inspirar, despertar ~ **insuflação** *s.f.*

ín.su.la *s.f.* ilha

in.su.la.no *adj.* 1 relativo a ínsula, insular ■ *adj.s.m.* 2 que(m) habita ou é natural de uma ínsula; ilhéu

[1]**in.su.lar** *adj.2g.* 1 relativo ou pertencente a ilha ⟨*hábitos i.*⟩ 2 próprio de ou formado por ilhas ⟨*Cuba é um país i.*⟩ [ORIGEM: do lat. *insulāris,e* 'de ilha, relativo a ilha']

[2]**in.su.lar** *v.* {mod. 1} *t.d. e pron.* 1 tornar(-se) incomunicável como uma ilha; isolar(-se) 2 afastar(-se) do convívio social; isolar(-se) [ORIGEM: *ínsula* + [2]*-ar*] ~ **insulamento** *s.m.*

in.su.li.na *s.f.* hormônio secretado pelo pâncreas, com importante função no metabolismo dos carboidratos no sangue ~ **insulínico** *adj.*

in.sul.tar *v.* {mod. 1} *t.d.* proferir palavras ou ter comportamento que atinge gravemente a dignidade, a honra de; afrontar, ofender

in.sul.to *s.m.* ataque verbal ofensivo; injúria ⊃ elogio ~ **insultuoso** *adj.*

in.su.mo *s.m.* cada um dos elementos (matéria-prima, equipamentos, capital, horas de trabalho etc.) necessários para produzir mercadorias ou serviços

in.su.pe.rá.vel *adj.2g.* 1 que não é possível superar ⟨*recorde i.*⟩ 2 que não se pode vencer; invencível ⟨*dificuldades i.*⟩

in.su.por.tá.vel *adj.2g.* difícil ou impossível de suportar ⟨*dor i.*⟩ ⟨*pessoa i.*⟩

in.sur.gên.cia *s.f.* rebelião ~ **insurgente** *adj.2g.*

in.sur.gir *v.* {mod. 24} *t.d. e pron.* revoltar(-se) contra poder estabelecido; sublevar(-se)

in.sur.rec.to *adj.s.m.* → INSURRETO

in.sur.rei.ção [pl.: *-ões*] *s.f.* rebelião, revolta ~ **insurrecional** *adj.2g.*

in.sur.re.to ou **in.sur.rec.to** *adj.s.m.* que(m) se rebela contra algo

in.sus.pei.to *adj.* 1 não suspeito 2 que merece confiança ⟨*testemunho i.*⟩ 3 imparcial, neutro ⟨*opinião i.*⟩ ⊃ parcial

in.sus.ten.tá.vel *adj.2g.* 1 que não se pode sustentar, defender ⟨*padrão de vida i.*⟩ 2 insuportável ⟨*relação i.*⟩ ⊃ tolerável 3 sem fundamento ⟨*opinião i.*⟩ ⊃ consistente

in.tac.to ou **in.ta.to** *adj.* 1 que não foi tocado, mexido 2 que não sofreu dano ⟨*o prédio ficou i. após o tremor*⟩

in.tan.gí.vel *adj.2g.* 1 que não se pode tanger, tocar, pegar 2 que não se pode perceber pelo tato; impalpável ~ **intangibilidade** *s.f.*

in.ta.to *adj.* → INTACTO

–inte *suf.* equivale a *-nte*

ín.te.gra *s.f.* 1 conjunto de todas as partes; totalidade 2 texto completo (de lei, discurso etc.)

in.te.gra.ção [pl.: *-ões*] *s.f.* inclusão de um elemento num conjunto

in.te.gral *adj.2g.* 1 completo, inteiro ⟨*restituição i.*⟩ ⊃ parcial 2 com todas as propriedades originais (diz-se de alimento) ⟨*arroz i.*⟩ ⟨*trigo i.*⟩

in.te.gra.lis.mo *s.m.* movimento político brasileiro de base fascista, fundado em 1932 e extinto em 1937 ~ **integralista** *adj.2g.s.2g.*

in.te.gra.li.zar *v.* {mod. 1} *t.d. e pron.* tornar(-se) inteiro, integral; completar(-se) ~ **integralização** *s.f.*

in.te.grar *v.* {mod. 1} *t.d. e pron.* 1 incluir(-se) em (conjunto, grupo), formando um todo coerente; incorporar(-se) ❑ *t.d.i. e pron.* 2 (prep. *a*) [fazer] sentir-se parte de (grupo, coletividade); adaptar(-se) ❑ *pron.* 3 unir-se, formando um todo harmonioso; completar-se ~ **integrante** *adj.2g.s.2g.*

in.te.gri.da.de *s.f.* 1 característica do que está inteiro; inteireza ⊃ incompletude 2 estado do que não foi atingido ou agredido ⟨*i. física*⟩ ⟨*i. das funções*⟩ 3 *fig.* honestidade, retidão ⟨*pessoa da maior i.*⟩ ⊃ desonestidade

ín.te.gro *adj.* 1 completo, inteiro ⊃ incompleto 2 *fig.* honesto, honrado ⊃ desonesto

in.tei.rar *v.* {mod. 1} *t.d.* 1 tornar inteiro ou completo; completar 2 completar, perfazer ⟨*sua ida já inteirou um mês*⟩ ❑ *t.d.i. e pron.* 3 (prep. *de*) tornar(-se) ciente de; informar(-se) ~ **inteiração** *s.f.*

in.tei.re.za \ê\ *s.f.* 1 qualidade daquilo a que não falta nenhuma parte 2 *fig.* austeridade, honestidade

in.tei.ri.ço *adj.* que não tem emenda, junta etc. ⊃ emendado ~ **inteiriçar** *v.t.d. e pron.*

in.tei.ro *adj.* 1 completo ⟨*um ano i.*⟩ 2 que não está quebrado 3 que não tem separação, que se constitui de uma única peça 4 *fig.* ilimitado, absoluto ⟨*i. autonomia*⟩ ⊃ parcial ■ *adj.s.m.* 5 MAT (número) que não tem frações ⊡ **por i.** *loc.adv.* totalmente ⟨*raspou a cabeça por i.*⟩

in.te.lec.ção [pl.: *-ões*] *s.f.* compreensão, entendimento

in.te.lec.ti.vo *adj.* referente ao intelecto; intelectual, mental

in.te.lec.to *s.m.* capacidade de compreender; inteligência

in.te.lec.tu.al *adj.2g.* 1 do intelecto; mental ■ *adj.2g.s.2g.* 2 que(m) se dedica a atividades que requerem um emprego intelectual considerável 3 que(m) domina um campo de conhecimento intelectual ou tem muita cultura geral; erudito ~ **intelectualização** *s.f.*

in.te.lec.tu.a.li.da.de *s.f.* 1 natureza de intelectual 2 inteligência 3 conjunto de intelectuais de certo lugar, país etc.

in.te.lec.tu.a.lis.mo *s.m.* tendência a privilegiar a inteligência e as faculdades intelectuais; racionalidade ~ **intelectualista** *adj.2g.s.2g.*

in.te.lec.tu.a.li.zar *v.* {mod. 1} *t.d.* 1 dar forma ou conteúdo racional, intelectual a ⟨*i. um sentimento*⟩ ❑ *t.d. e pron.* 2 tornar(-se) um intelectual

in.te.li.gên.cia *s.f.* 1 capacidade de aprender e compreender 2 *fig.* indivíduo de muito saber; sumidade 3 sagacidade, perspicácia ⊡ **i. artificial** *loc.subst.* ramo da informática que visa dotar os computadores da capacidade de simular certos aspectos da inteligência humana

in.te.li.gen.te *adj.2g.s.2g.* **1** que ou o que demonstra inteligência ⟨*plano i.*⟩ ⟨*prefiro a companhia dos i.*⟩ **2** que ou aquele que possui mais inteligência que a média das pessoas

in.te.li.gí.vel *adj.2g.* que se entende; claro ⤺ ininteligível ~ **inteligibilidade** *s.f.*

in.te.me.ra.to *adj.* não corrompido; puro ⤺ corrupto

in.tem.pe.ran.ça *s.f.* falta de moderação; descomedimento ⤺ temperança ~ **intemperado** *adj.*

in.tem.pé.rie *s.f.* **1** qualquer fenômeno climático extremo, como nevasca, seca etc. **2** *fig.* desgraça, catástrofe ~ **intempérico** *adj.*

in.tem.pes.ti.vo *adj.* **1** inoportuno ⟨*visita i.*⟩ **2** imprevisto ⟨*morte i.*⟩ ~ **intempestividade** *s.f.*

in.tem.po.ral *adj.2g.* **1** que não varia em função do tempo ⟨*verdade i.*⟩ ⤺ mutável, passageiro **2** que está fora de uma dada realidade ⟨*sonho vago e i.*⟩

in.ten.ção [pl.: *-ões*] *s.f.* o que se pretende fazer ou alcançar; propósito, plano, desejo ⊡ **segunda i.** *loc.subst.* pensamento, ideia que a pessoa oculta e é o verdadeiro motivo da ação que pretende ☞ freq. us. no pl.

in.ten.cio.nal *adj.2g.* **1** relativo a intenção **2** que é feito de propósito; deliberado ⤺ involuntário ~ **intencionalidade** *s.f.* - **intencionalmente** *adv.*

in.ten.cio.nar *v.* {mod. 1} *t.d.* ter a intenção de; pretender, planejar ⤺ desistir

in.ten.dên.cia *s.f.* **1** direção de bens ou negócios importantes; administração, gestão **2** função pública de ordem administrativa **3** o local para o exercício dessa atividade **4** MIL serviço administrativo nas forças armadas

in.ten.den.te *adj.2g.s.2g.* **1** que(m) tem poderes para dirigir, governar; administrador **2** MIL (funcionário ou oficial das forças armadas) que é encarregado de questões administrativas e materiais ■ *s.m.* **3** *B* antigo chefe do poder municipal

in.ten.si.da.de *s.f.* característica do que é intenso; força, vigor ⤺ frouxidão

in.ten.si.fi.car *v.* {mod. 1} *t.d. e pron.* tornar(-se) mais forte, mais intenso; exacerbar(-se), avivar(-se) ⤺ aliviar(-se) ~ **intensificação** *s.f.*

in.ten.si.vo *adj.* **1** que tem intensidade; vigoroso **2** que busca eficiência com um esforço contínuo e de curta duração (diz-se de atividade) ⟨*propaganda i.*⟩ ⟨*curso i.*⟩

in.ten.so *adj.* **1** que se manifesta com força; impetuoso, vigoroso ⟨*chuva i.*⟩ ⟨*dor i.*⟩ **2** que ultrapassa a medida habitual; excessivo ⟨*trabalho i.*⟩ ~ **intensamente** *adv.*

in.ten.tar *v.* {mod. 1} *t.d.* **1** ter intenção de; planejar, pretender ⤺ desistir **2** esforçar-se por; diligenciar, tentar **3** pôr em execução; fazer **4** DIR propor, formular em juízo

in.ten.to *s.m.* o que se pretende fazer; intenção, objetivo

in.ten.to.na *s.f.* **1** plano insensato **2** conspiração para motim

inter– *pref.* → ENTRE-

in.te.ra.ção [pl.: *-ões*] *s.f.* influência ou ação mútua entre coisas e/ou seres ⟨*i. do coração e dos pulmões*⟩ ⟨*i. do indivíduo com a sociedade*⟩

in.te.ra.gir *v.* {mod. 24} *t.i. e int.* **1** (prep. *com*) agir afetando e sendo afetado por outro(s) **2** (prep. *com*) ter diálogo, comunicação (com outro) em dada situação; relacionar-se

in.te.ra.ti.vo *adj.* **1** em que ocorre interação **2** COMN que permite ao receptor interagir com o emissor ⟨*programas i. de vídeo*⟩ ☞ cf. *iterativo* ~ **interatividade** *s.f.*

in.ter.ca.lar *v.* {mod. 1} *t.d. e pron.* pôr(-se) de permeio; interpor(-se) ⟨*i. um poema entre os parágrafos*⟩ ☞ *entre os parágrafos* é circunstância que funciona como complemento ~ **intercalação** *s.f.*

in.ter.cam.bi.ar *v.* {mod. 1} *t.d.* fazer intercâmbio de; permutar, trocar ~ **intercambiamento** *s.m.*

in.ter.câm.bio *s.m.* **1** troca, permuta **2** relação recíproca entre países

in.ter.ce.der *v.* {mod. 8} *t.i. e int.* (prep. *por*) intervir em favor de; pedir, rogar

in.ter.cep.ta.ção [pl.: *-ões*] *s.f.* **1** obstrução ⟨*i. de uma estrada*⟩ **2** apreensão, de surpresa, do que é enviado a outrem ⟨*i. de correspondência*⟩

in.ter.cep.tar *v.* {mod. 1} *t.d.* **1** interromper o curso de; deter, parar **2** impossibilitar o funcionamento de (ligação, comunicação etc.); cortar **3** captar (mensagem, comunicação de outrem) sem que perceba isso quem se comunica

in.ter.ces.são [pl.: *-ões*] *s.f.* pedido a favor de algo ou alguém; intervenção ⟨*sua i. junto ao diretor foi inútil*⟩ ☞ cf. *interseção*

in.ter.ces.sor *adj.s.m.* que(m) intercede

in.ter.co.mu.ni.car-se *v.* {mod. 1} *pron.* comunicar-se reciprocamente ~ **intercomunicação** *s.f.*

in.ter.con.ti.nen.tal *adj.2g.* **1** que fica ou ocorre entre continentes ⟨*mar i.*⟩ ⟨*comércio i.*⟩ **2** que se faz de um continente a outro ⟨*voo i.*⟩

in.ter.cor.rer *v.* {mod. 8} *int.* **1** decorrer (o tempo) entre dois fatos **2** ocorrer no curso de outro fato, ou logo após ele; sobrevir

in.ter.cos.tal *adj.2g.* localizado entre as costelas

in.ter.cur.so *s.m.* conexão ou relacionamento entre pessoas ou grupos

in.ter.de.pen.dên.cia *s.f.* dependência mútua ~ **interdependente** *adj.2g.* - **interdepender** *v.int.*

in.ter.di.ção [pl.: *-ões*] *s.f.* **1** proibição que impede o funcionamento de um estabelecimento ou o uso de uma área ⟨*i. do bar*⟩ ⟨*i. da estrada*⟩ **2** privação judicial do direito de um indivíduo de dispor de seus bens ou praticar qualquer ato jurídico

in.ter.dis.ci.pli.nar *adj.2g.* **1** que estabelece relações entre duas ou mais disciplinas ou ramos de conhecimento **2** que é comum a duas ou mais disciplinas

in.ter.di.tar *v.* {mod. 1} *t.d.* impedir ou proibir o funcionamento, a utilização, a movimentação de ou a passagem por, o acesso a

[1]**in.ter.di.to** *adj.* **1** proibido, interditado ■ *adj.s.m.* DIR **2** que(m) sofreu privação de seus direitos [ORIGEM: do lat. *interdictus,a,um* 'proibido, vedado']

[2]**in.ter.di.to** *s.m.* DIR ordem ou mandado judicial proibindo a prática ou realização de certo ato referente a pessoa ou coisa ou protegendo um direito individual [ORIGEM: do lat. *interdictum,i* 'ordem de proibição']

in.te.res.san.te *adj.2g.* **1** que desperta interesse, que motiva ⟨*assunto i.*⟩ **2** que se revela útil, que traz vantagem material, financeira etc. ⟨*proposta i.*⟩ **3** diz-se do estado da mulher grávida ■ *adj.2g.s.m.* **4** que ou aquilo que é digno de atenção; curioso ⟨*sua reação foi bastante i.*⟩ ⟨*o i. é que o romance era autobiográfico*⟩

in.te.res.sar *v.* {mod. 1} *t.i.* **1** (prep. *a*) ter interesse, importância ou utilidade para; importar **2** (prep. *a*) dizer respeito a; concernir ❑ *t.d. e t.i.* **3** (prep. *a*) provocar interesse, curiosidade (em); cativar ⊃ desinteressar ❑ *pron.* **4** (prep. *por*) ter a atenção em, atração por ⊃ desinteressar-se

in.te.res.se \ê\ *s.m.* **1** o que é importante, útil ou vantajoso ⟨*serviço de i. público*⟩ **2** simpatia ou curiosidade por algo ou alguém ⟨*ouvi-lo com i.*⟩ **3** importância dada a algo ⟨*assunto de grande i.*⟩ ⟨*tinha i. na saúde do primo*⟩ **4** apego ao que traz vantagem pessoal; cobiça ⟨*só age por i.*⟩ **5** lucro decorrente dos juros produzidos pelo capital investido

in.te.res.sei.ro *adj.s.m.* **1** que(m) finge simpatia visando apenas seus próprios interesses ■ *adj.* **2** inspirado ou feito por interesse ('vantagem pessoal') ⟨*casamento i.*⟩

in.te.res.ta.du.al *adj.2g.* **1** que fica ou ocorre entre estados ⟨*campeonato i.*⟩ **2** que liga dois ou mais estados ⟨*rodovia i.*⟩ **3** que se faz de um estado a outro

in.te.res.te.lar *adj.2g.* que fica ou ocorre entre as estrelas

in.ter.fa.ce *s.f.* **1** elemento que propicia ligação física ou lógica entre dois sistemas ou partes de um sistema que não se conectam diretamente **2** área de interação de duas ciências, dois departamentos etc. **3** INF fronteira compartilhada por dois dispositivos, sistemas ou programas de computação que trocam dados e sinais **4** INF meio pelo qual o usuário interage com um programa ou sistema operacional ~ **interfacial** *adj.2g.*

in.ter.fe.rên.cia *s.f.* **1** intervenção, intromissão **2** TEL energia indesejada que afeta a recepção de sinais desejados; intromissão **3** TEL ruído na recepção destes sinais ~ **interferente** *adj.2g.*

in.ter.fe.rir *v.* {mod. 28} *t.i.* **1** (prep. *em*) tomar parte em (questão, briga etc.) para influir sobre o seu desenvolvimento; intervir **2** (prep. *em*) misturar-se alterando a estrutura, as características ou o andamento de

in.ter.fo.nar *v.* {mod. 1} *t.i.* (prep. *para*) comunicar-se por meio do interfone com

in.ter.fo.ne *s.m.* aparelho telefônico de comunicação interna em prédios, escritórios etc.

in.ter.ga.lác.ti.co *adj.* que ocorre entre as galáxias

in.ter.go.ver.na.men.tal *adj.2g.* que ocorre ou existe entre dois ou mais governos ou governadores

in.te.rim *s.m.* intervalo de tempo entre dois fatos

in.te.ri.no *adj.* **1** provisório, temporário ⟨*cargo i.*⟩ ⊃ definitivo ■ *adj.s.m.* **2** que(m) ocupa cargo público provisoriamente, na ausência do titular ⟨*prefeito i.*⟩ ~ **interinidade** *s.f.*

in.te.ri.or \ô\ *adj.2g.* **1** da parte de dentro; interno ⟨*espaço i.*⟩ ⟨*pátio i.*⟩ ⊃ exterior **2** relativo a uma nação ou que nela se desenvolve ⟨*comércio i.*⟩ **3** relativo à alma, ao espírito ⟨*conflito i.*⟩ ■ *s.m.* **4** a parte interna de algo ⟨*o i. de um armário, de uma igreja*⟩ ⊃ exterior **5** o íntimo de uma pessoa ⟨*sofria em seu i.*⟩ **6** região do país afastada do litoral **7** região do estado que se situa fora das capitais ⊃ capital **8** o que se refere à administração ou aos negócios do Estado ⟨*ministro do I.*⟩ ⊃ exterior ☞ inicial maiúsc. **9** TV cena que se filma em recinto fechado ~ **interioridade** *s.f.*

in.te.ri.o.ra.no *adj.s.m.* que(m) é do interior do país

in.te.ri.o.ri.zar *v.* {mod. 1} *t.d.* **1** trazer para dentro de si; assimilar, internalizar ❑ *t.d.i.* **2** (prep. *em*) fazer penetrar no ânimo de; incutir, infundir ~ **interiorização** *s.f.*

in.ter.jei.ção [pl.: *-ões*] *s.f.* GRAM palavra invariável ou locução que funciona como uma frase que exprime emoção, ordem, apelo ou descreve um ruído (p.ex.: *psiu!, ai!*) ~ **interjetivo** *adj.*

in.ter.li.gar *v.* {mod. 1} *t.d. e pron.* ligar(-se) entre si (duas ou mais coisas); conectar(-se), unir(-se) ⊃ desligar(-se) ~ **interligação** *s.f.*

in.ter.lo.cu.ção [pl.: *-ões*] *s.f.* conversa entre duas ou mais pessoas

in.ter.lo.cu.tor \ô\ *s.m.* **1** cada um dos participantes de uma conversa **2** a pessoa com quem se conversa

in.ter.lú.dio *s.m.* **1** composição instrumental executada entre as partes de uma música, peça, rito etc. **2** entreato ('pequena representação')

in.ter.me.di.ar *v.* {mod. 5} *t.d.* **1** existir, situar-se entre ⟨*muitos fatos intermediaram esses dois anos*⟩ **2** pôr de permeio; entremear, intercalar ⟨*i. fios de algodão*⟩ **3** servir de intermediário em; mediar ~ **intermediação** *s.f.*

in.ter.me.di.á.rio *adj.* **1** que está entre dois ⟨*grau i.*⟩ ■ *s.m.* **2** negociante que atua entre o produtor e o consumidor

in.ter.mé.dio *adj.* **1** que está entre; intermediário ■ *s.m.* **2** interferência que favorece a obtenção de algo ⟨*conseguiu o trabalho por meu i.*⟩ **3** pequena representação dramática ou musical executada entre os atos de uma ópera

in.ter.mi.tên.cia *s.f.* interrupção temporária; intervalo

in.ter.mi.ten.te *adj.2g.* não contínuo

in.ter.mu.ni.ci.pal *adj.2g.* **1** que fica, existe ou ocorre entre municípios **2** que vai de um município a outro ⟨*ônibus i.*⟩

in.ter.na.cio.nal *adj.2g.* **1** que diz respeito a duas ou mais nações ⟨*interesse i.*⟩ ⟨*política i.*⟩ ⟨*comércio i.*⟩ **2** conhecido em vários países ⟨*artista i.*⟩ ~ **internacionalidade** *s.f.*

in.ter.na.cio.na.lis.mo *s.m.* **1** relação de intercâmbio entre nações **2** doutrina oposta ao nacionalismo ~ **internacionalista** *adj.2g.s.2g.*

in.ter.na.cio.na.li.zar *v.* {mod. 1} *t.d. e pron.* **1** tornar(-se) internacional ❑ *t.d.* **2** difundir por várias nações; universalizar ~ **internacionalização** *s.f.*

in.ter.na.li.zar *v.* {mod. 1} *t.d.* adotar inconscientemente como próprios (ideias, práticas, valores de outra pessoa ou da sociedade); interiorizar

in.ter.nar *v.* {mod. 1} *t.d. e pron.* **1** levar ou ir para asilo, internato, casa de saúde ❑ *t.d.* **2** obrigar a viver em local diferente do habitual, com proibição de sair; confinar ⟨*i. os traidores numa ilha*⟩ ☞ *numa ilha* é circunstância que funciona como complemento ❑ *int. e pron.* **3** meter-se pelo interior de; embrenhar-se ⟨*i.(-se) na mata*⟩ ☞ *na mata* é circunstância que funciona como complemento ~ **internação** *s.f.* - **internamento** *s.m.*

in.ter.na.to *s.m.* **1** estabelecimento de ensino em que os alunos tb. moram; pensionato ⮌ externato **2** instituição que fornece asilo e educação aos necessitados; patronato

in.ter.nau.ta *s.2g.* usuário da internet

in.ter.net *s.f.* rede mundial de computadores, formada por uma reunião de redes interconectadas utilizando protocolos de comunicação padronizados, que fornece informações e ferramentas de comunicação para seus usuários ☞ inicial por vezes maiúsc.

in.ter.no *adj.* **1** que fica do lado de dentro ⟨*bolso i.*⟩ ⮌ externo **2** que está dentro dos limites de uma área; interior ⟨*pátio i.*⟩ ⮌ externo **3** que existe ou que ocorre dentro de algo ou alguém ⟨*regulamento i.*⟩ ⟨*hemorragia i.*⟩ **4** relativo ao Estado ⟨*política i.*⟩ **5** relativo ao âmago; íntimo ⟨*luta i.*⟩ ■ *adj.s.m.* **6** (aluno) que mora na escola em que estuda

in.ter.pe.lar *v.* {mod. 1} *t.d.* **1** dirigir-se a (alguém) com pergunta ou pedido de explicação **2** intimar a prestar declarações, esclarecimentos, em tribunais, cortes etc. ~ **interpelação** *s.f.*

in.ter.pe.ne.trar-se *v.* {mod. 1} *pron.* penetrar-se mutuamente; misturar-se ~ **interpenetração** *s.f.*

in.ter.pes.so.al *adj.2g.* que ocorre entre pessoas

in.ter.pla.ne.tá.rio *adj.* que está ou ocorre entre planetas ⟨*viagem i.*⟩

in.ter.po.lar *v.* {mod. 1} *t.d.* **1** inserir (palavras ou frases) em texto, para alterá-lo, completá-lo **2** alterar (texto) introduzindo palavras ou frases novas **3** fazer cessar; interromper ⟨*i. uma rebelião*⟩ ❑ *t.d.i. e pron.* **4** (prep. *com*) revezar(-se), repetida e regularmente; alternar(-se) ~ **interpolação** *s.f.*

in.ter.por *v.* {mod. 23} *t.d. e pron.* **1** colocar(-se) [coisa ou pessoa] entre duas outras ⟨*i. o quadro entre as estantes*⟩ ⟨*i.-se entre o policial e o réu*⟩ ☞ *entre as estantes* é circunstância que funciona como complemento **2** apresentar(-se) como obstáculo a; opor(-se) ❑ *pron.* **3** intervir como mediador ❑ *t.d.* DIR **4** dar entrada em (recurso) ⊙ GRAM/USO part.: *interposto* ~ **interposição** *s.f.*

in.ter.pre.ta.ção [pl.: *-ões*] *s.f.* **1** determinação do significado de algo **2** entendimento ou julgamento pessoal **3** tradução **4** CINE TEAT TV representação **5** MÚS execução de uma peça musical **6** MÚS o aspecto pessoal dessa execução

in.ter.pre.tar *v.* {mod. 1} *t.d.* **1** determinar o significado de (texto, lei etc.) **2** adivinhar o significado de (algo) por indução **3** representar (personagem, obra ou autor) **4** tocar ou cantar (obra musical) ❑ *t.d. e t.d.pred.* **5** dar certo sentido a; entender

in.tér.pre.te *s.2g.* **1** o que interpreta, esclarece, comenta **2** tradutor **3** TV indivíduo que representa um personagem **4** MÚS aquele que toca ou canta uma peça musical

in.ter-ra.ci.al [pl.: *inter-raciais*] *adj.2g.* que envolve diferentes raças

in.ter.reg.no *s.m.* **1** intervalo entre dois reinados, sem rei hereditário ou eletivo **2** *fig.* interrupção momentânea; intervalo

in.ter-re.la.ção [pl.: *inter-relações*] *s.f.* relação mútua ~ **inter-relativo** *adj.*

in.ter-re.la.cio.nar *v.* {mod. 1} *t.d. e pron.* (prep. *com*) estabelecer relação entre ou ter relação mútua ~ **inter-relacionamento** *s.m.*

in.ter.ro.ga.ção [pl.: *-ões*] *s.f.* **1** ato de interrogar ou o seu efeito **2** gesto ou sinal interrogativo **3** dúvida, incerteza ⟨*o futuro é sempre uma i.*⟩ ⮌ convicção **4** ponto de interrogação

in.ter.ro.gar *v.* {mod. 1} *t.d.* **1** perguntar para investigar algo; inquirir **2** fazer perguntas a; indagar **3** apresentar questões acadêmicas a; arguir

in.ter.ro.ga.ti.vo *adj.* **1** que indica interrogação ⟨*sua conversa tem um tom i.*⟩ **2** GRAM que serve para formular uma pergunta ⟨*pronome i.*⟩ **3** GRAM que contém interrogação ⟨*frase i.*⟩

in.ter.ro.ga.tó.rio *s.m.* **1** momento em que a autoridade pergunta ao réu sobre sua identidade e fatos relacionados à acusação que lhe é feita **2** o conjunto dessas perguntas ■ *adj.* **3** que indica interrogação ⟨*gesto i.*⟩

in.ter.rom.per *v.* {mod. 8} *t.d.* **1** pôr fim a; acabar ⮌ iniciar **2** quebrar temporariamente a continuidade de; suspender, parar ⮌ continuar **3** cortar o discurso, a fala de ~ **interrupto** *adj.*

in.ter.rup.ção [pl.: *-ões*] *s.f.* **1** ato de dar fim a algo ou o seu efeito; encerramento; parada ⟨*i. do projeto*⟩ ⮌ prosseguimento **2** intervalo, pausa ⟨*prosseguimos após breve i.*⟩ ⮌ continuação

in.ter.rup.tor \ô\ *s.m.* **1** dispositivo que interrompe e restabelece uma passagem, esp. a de um sinal num circuito elétrico ou eletrônico; comutador ■ *adj.* **2** que interrompe

in.ter.se.ção ou **in.ter.sec.ção** [pl.: *-ões*] *s.f.* **1** encontro de duas linhas ou dois planos que se cortam; cruzamento ⟨*i. das ruas*⟩ **2** MAT operação pela qual se obtém o conjunto formado pelos elementos comuns a dois outros conjuntos **3** *p.ext.* MAT o conjunto desses elementos comuns ☞ cf. *intercessão* ~ **interseccional** *adj.2g.*

in.ters.tí.cio *s.m.* **1** pequeno espaço entre as partes de um todo ou entre duas coisas contíguas **2** fenda, greta ~ **intersticial** *adj.2g.*

in.ter.tí.tu.lo *s.m.* entretítulo

in.te.rur.ba.no *adj.* **1** que vai de uma cidade a outra ⟨*transporte i.*⟩ ■ *adj.s.m.* **2** (telefonema) entre duas cidades

[1]**in.ter.va.lar** *v.* {mod. 1} *t.d.* **1** arrumar deixando espaços entre ❑ *t.d.i.* **2** (prep. *com*) revezar, repetida e regularmente; alternar [ORIGEM: do lat. *intervallāre* 'separar por intervalos']

[2]**in.ter.va.lar** *adj.2g.* situado no intervalo entre duas coisas, momentos etc. [ORIGEM: *intervalo* + [1]*-ar*]

in.ter.va.lo *s.m.* **1** espaço entre dois pontos, coisas etc. **2** lapso de tempo entre épocas, datas, fatos etc. **3** interrupção temporária; pausa ↄ continuidade **4** MÚS diferença de altura ('frequência') entre notas musicais

in.ter.ven.ção [pl.: *-ões*] *s.f.* **1** interferência de um indivíduo ou instituição em negócios de outrem **2** interferência do Estado em domínio fora de sua competência para, p.ex., apuração de irregularidades em empresas, bancos etc. **3** violação da soberania de um Estado independente pela intromissão de outro em seus assuntos internos ou negócios externos **4** ação ou fato de emitir opinião em um debate, uma discussão etc. ⊡ **i. cirúrgica** *loc.subst.* cirurgia

in.ter.ven.cio.nis.mo *s.m.* **1** tendência para intervir **2** interferência de um país nas questões internas de outro ~ **intervencionista** *adj.2g.s.2g.*

in.ter.ven.tor \ô\ *adj.s.m.* **1** que(m) intervém **2** que(m) é representante do governo numa intervenção

in.ter.vir *v.* {mod. 31} *t.i.* **1** (prep. *em*) participar de (matéria, questão etc.) com intenção de influir no seu desenvolvimento; interferir **2** (prep. *em*) usar autoridade, poder de controle sobre ❑ *int.* **3** ocorrer de modo inesperado; sobrevir

in.ter.vo.cá.li.co *adj.* situado entre duas vogais

in.tes.ti.no *adj.* **1** que ocorre no interior do corpo, de um corpo social, da alma; interno, íntimo ⟨*desavenças i. numa firma*⟩ **2** entre cidadãos da mesma nação (diz-se de guerra, luta etc.) ⟨*conflitos i.*⟩ ■ *s.m.* **3** parte do tubo digestivo que vai do estômago ao ânus ⊡ **i. delgado** *loc.subst.* parte inicial do intestino, que vai do piloro ao ceco • **i. grosso** *loc.subst.* parte final do intestino, que vai do ceco ao ânus ~ **intestinal** *adj.2g.*

in.ti.ma.ção [pl.: *-ões*] *s.f.* **1** ato de intimar ou ser intimado, ou o seu efeito **2** DIR notificação jurídica

in.ti.mar *v.* {mod. 1} *t.d.i.* **1** (prep. *a*) determinar de forma impositiva; ordenar, mandar ❑ *t.d.* DIR **2** convocar mediante notificação judicial

in.ti.ma.ti.va *s.f.* frase ou gesto autoritário

in.ti.ma.ti.vo *adj.* próprio para intimar; enérgico, autoritário

in.ti.mi.da.de *s.f.* **1** qualidade do que é mais íntimo, profundo **2** vida doméstica, particular ⟨*poucos compartilham de sua i.*⟩ **3** familiaridade, proximidade ⟨*era tratado com i.*⟩ ⟨*tinha muita i. com o computador*⟩ ↄ cerimônia **4** relação muito próxima; convivência fraterna ↄ distância **5** comportamento atrevido; abuso ☞ freq. us. no pl. **6** contato sexual

in.ti.mi.da.dor \ô\ *adj.s.m.* que(m) intimida

in.ti.mi.dar *v.* {mod. 1} *t.d. e pron.* **1** (fazer) sentir receio, temor; amedrontar(-se) ↄ encorajar(-se) **2** (fazer) sentir constrangimento, timidez; inibir(-se) ↄ desinibir(-se) ~ **intimidação** *s.f.*

ín.ti.mo *s.m.* **1** âmago, alma **2** quem pertence à intimidade ou ao círculo de confiança de alguém ⟨*festa só para os í.*⟩ ■ *adj.* **3** que constitui a essência de algo ⟨*a razão í. das coisas*⟩ **4** que existe no âmago de alguém ⟨*desejo í.*⟩ **5** a quem se é muito ligado; próximo, chegado ⟨*amigo í.*⟩ **6** que trata de assuntos pessoais; privado, particular ⟨*correspondência í.*⟩ ~ **intimamente** *adv.*

in.ti.mo.ra.to *adj.* valente, destemido ↄ covarde

in.ti.tu.lar *v.* {mod. 1} *t.d.,t.d.pred. e pron.* (prep. *de*) dar(-se) nome ou título de; denominar(-se) ~ **intitulação** *s.f.*

in.to.cá.vel *adj.2g.* **1** em que não se pode tocar ■ *adj.2g.s.2g.* **2** que(m) é inatacável, por gozar de prestígio ou proteção ↄ desfavorecido

in.to.le.rân.cia *s.f.* tendência a não suportar ou condenar o que desagrada nas opiniões, atitudes etc. alheias; intransigência ↄ tolerância ~ **intolerante** *adj.2g.s.2g.*

in.to.le.rá.vel *adj.2g.* que não pode ser tolerado ↄ tolerável

in.to.xi.ca.ção \cs\ [pl.: *-ões*] *s.f.* ato ou efeito de intoxicar(-se); envenenamento

in.to.xi.car \cs\ *v.* {mod. 1} *t.d. e pron.* (fazer) absorver substância tóxica; envenenar(-se)

intra– *pref.* 'posição interior': *intravenoso*

in.tra.du.zí.vel *adj.2g.* **1** que não se pode traduzir ou verter ⟨*um texto i.*⟩ **2** que não se pode exprimir ⟨*sentimentos i.*⟩

in.tra.gá.vel *adj.2g.* **1** que não se pode ou é ruim de tragar ⟨*comida i.*⟩ **2** *fig. pej.* de personalidade, temperamento etc. desagradáveis ⟨*pessoa i.*⟩ ↄ agradável

in.tra.net *s.f.* rede de computadores restrita a uma empresa ou organização, que utiliza os programas e protocolos da internet

in.tran.qui.li.da.de \qü\ *s.f.* falta de tranquilidade

in.tran.qui.li.zar \qü\ *v.* {mod. 1} *t.d. e pron.* tornar(-se) intranquilo, aflito; inquietar(-se) ↄ tranquilizar(-se) ~ **intranquilizador** *adj.s.m.*

in.tran.qui.lo \qü\ *adj.* que não é ou não está tranquilo ↄ tranquilo

in.trans.fe.rí.vel *adj.2g.* que não é transferível ↄ transferível

in.tran.si.gên.cia \zi\ *s.f.* 1 falta de compreensão; intolerância ⮌ compreensão 2 austeridade, rigidez ⮌ liberalidade
in.tran.si.gen.te \zi\ *adj.2g.s.2g.* 1 que ou aquele que não faz concessão; inflexível, intolerante ⮌ tolerante 2 que ou aquele que é austero, rígido na observância de seus princípios ⮌ flexível
in.tran.si.tá.vel \zi\ *adj.2g.* 1 por onde não se consegue transitar, passar; impraticável 2 proibido ao trânsito
in.tran.si.ti.vo \zi\ *adj.* 1 intransmissível 2 GRAM que não requer complemento[s] (diz-se de verbo)
in.trans.mis.sí.vel *adj.2g.* que não se pode passar a outrem ⟨*direito i.*⟩ ⮌ transmissível
in.trans.po.ní.vel *adj.2g.* que não se pode transpor ⮌ transponível
in.tra.tá.vel *adj.2g.* 1 que não se pode tratar ⟨*doença i.*⟩ 2 que não sabe conviver ⮌ sociável ■ *adj.2g. s.2g.* 3 (pessoa) de difícil convivência ~ **intratabilidade** *s.f.*
in.tra.ve.no.so \ô\ [pl.: *intravenosos \ó*] *adj.* MED 1 relativo ao interior da veia 2 que se aplica no interior da veia ⟨*medicação i.*⟩
in.tre.pi.dez \ê\ *s.f.* qualidade de intrépido; bravura, coragem ⮌ covardia
in.tré.pi.do *adj.s.m.* que(m) não tem medo; corajoso ⮌ medroso
in.tri.ga *s.f.* 1 cumplicidade para prejudicar alguém; armadilha, cilada 2 mexerico, fofoca 3 conjunto de fatos imaginados pelo autor de uma peça, romance, roteiro etc.; enredo
in.tri.gan.te *adj.2g.s.2g.* 1 que(m) faz intriga ⮌ discreto ■ *adj.2g.* 2 que desperta a curiosidade; surpreendente
in.tri.gar *v.* {mod. 1} *t.d.,t.d.i. e pron.* 1 (prep. *com*) [fazer] criar inimizade, através de intrigas; indispor(-se) ❑ *t.d. e pron.* 2 (fazer) ficar curioso, surpreso, desconfiado
in.trin.car *v.* {mod. 1} *t.d. e pron.* 1 tornar(-se) emaranhado; embaraçar(-se) ⮌ desemaranhar(-se) 2 tornar(-se) confuso, complexo; complicar(-se) ⮌ simplificar
in.trín.se.co *adj.* 1 que faz parte da essência de algo ⟨*argumentos i. à questão*⟩ ⮌ extrínseco 2 que é real; que tem importância por si próprio ⟨*objeto com valor i.*⟩
intro– *pref.* 'movimento para dentro': *intrometer, introvertido*
in.tro.du.ção [pl.: *-ões*] *s.f.* 1 ato de introduzir(-se) ou o seu efeito 2 parte inicial, esp. de texto ou peça musical ~ **introdutivo** *adj.*
in.tro.du.tor \ô\ *adj.s.m.* (o) que introduz
in.tro.du.tó.rio *adj.* que serve de introdução
in.tro.du.zir *v.* {mod. 24} *t.d.* 1 fazer penetrar; enfiar, inserir ⟨*i. uma chave na fechadura*⟩ ⮌ retirar ☞ *na fechadura* é circunstância que funciona como complemento 2 fazer inclusão de; inserir ⟨*i. palavras no texto*⟩ ☞ *no texto* é circunstância que funciona como complemento 3 dar início a; abrir, começar ⟨*tentou i. o assunto*⟩ ❑ *t.d. e pron.* 4 dirigir(-se) para dentro de ⟨*i. o visitante na sala*⟩ ⟨*o germe introduziu-se no organismo*⟩ ☞ *na sala* é circunstância que funciona como complemento 5 (fazer) ser admitido em grupo, sociedade etc. ⟨*i. o amigo na seita*⟩ ⟨*tenta i.-se na sociedade local*⟩ ☞ *na seita* é circunstância que funciona como complemento
in.troi.to \ói\ *s.m.* 1 começo, princípio ⮌ desfecho 2 oração que inicia a missa católica
in.tro.je.ção [pl.: *-ões*] *s.f.* processo inconsciente de incorporar atitudes e ideias alheias ~ **introjetar** *v.t.d.*
in.tro.me.ter *v.* {mod. 8} *t.d. e pron.* 1 pôr(-se) no meio de ou em meio a ⟨*i. as caixas entre os móveis*⟩ ⟨*i.-se na multidão*⟩ ☞ *entre os móveis* é circunstância que funciona como complemento ❑ *pron.* 2 (prep. *em*) tomar parte ou dar opinião em (assunto alheio); ingerir-se ~ **intrometimento** *s.m.*
in.tro.me.ti.do *adj.* 1 que se intrometeu ■ *adj.s.m.* 2 que ou aquele que se intromete no que não é da sua conta ⮌ discreto
in.tro.mis.são [pl.: *-ões*] *s.f.* 1 colocação de uma coisa no meio de outra(s); intercalação 2 participação não requisitada ou permitida 3 penetração em algo
in.tros.pec.ção [pl.: *-ões*] *s.f.* reflexão sobre seus próprios sentimentos, experiências etc.
in.tros.pec.ti.vo *adj.* 1 em que se faz introspecção 2 de caráter reflexivo, voltado para si próprio
in.tro.ver.são [pl.: *-ões*] *s.f.* 1 atitude do indivíduo que dirige sua energia psíquica para o interior, e parece fechado, crítico e contido ⮌ extroversão 2 fechamento, retração, ensimesmamento
in.tro.ver.ter *v.* {mod. 8} *t.d. e pron.* 1 voltar(-se) para dentro ❑ *pron. fig.* 2 fechar-se ao mundo exterior; ensimesmar-se
in.tro.ver.ti.do *adj.s.m.* que(m) é voltado para dentro; retraído ⮌ expansivo, extrovertido
in.tru.jão [pl.: *-ões*; fem.: *intrujona*] *adj.s.m.* impostor, trapaceiro
in.tru.jar *v.* {mod. 1} *t.d.* 1 enganar com astúcia e falsidade; lograr, iludir 2 entender, compreender ❑ *int.* 3 contar mentiras
in.tru.ji.ce *s.f.* fraude, trapaça
in.tru.so *adj.s.m.* que(m) ocupa lugar, cargo etc. sem ter direito a eles ~ **intrusão** *s.f.*
in.tu.i.ção [pl.: *-ões*] *s.f.* capacidade de perceber ou pressentir coisas, independentemente de raciocínio ou análise ~ **intuir** *v.t.d.* - **intuitivo** *adj.s.m.*
in.tui.to *s.m.* objetivo, finalidade ⟨*trabalhava muito com o i. de enriquecer*⟩
in.tu.mes.cên.cia *s.f.* 1 aumento de volume 2 inchação, tumefação ~ **intumescente** *adj.2g.*
in.tu.mes.cer *v.* {mod. 8} *t.d.,int. e pron.* aumentar de volume; inchar(-se), dilatar(-se) ~ **intumescimento** *s.m.*
in.tur.ges.cer *v.* {mod. 8} *t.d.,int. e pron.* intumescer ~ **inturgescência** *s.f.*
i.nú.bil *adj.2g.* 1 que ainda não tem idade de casar ⮌ núbil 2 que ainda se encontra na menoridade legal

i.nu.ma.no *adj.* **1** cruel, desumano ⊃ bondoso **2** que não pertence ou parece não pertencer à condição humana; divino ⊃ terreno ~ **inumanidade** *s.f.*

i.nu.mar *v.*{mod. 1} *t.d.* enterrar, sepultar (cadáver) ⊃ exumar ~ **inumação** *s.f.*

i.nu.me.rá.vel *adj.2g.* **1** que não se pode numerar ou contar; inúmero ⟨*estrelas i.*⟩ **2** *p.ext.* abundante, copioso ⊃ escasso

i.nú.me.ro *adj.* inumerável

i.nun.da.ção [pl.: *-ões*] *s.f.* enchente

i.nun.dar *v.*{mod. 1} *t.d. e pron.* **1** cobrir(-se) de água; alagar(-se) **2** molhar(-se) completamente; banhar(-se) **3** *fig.* alastrar(-se) ganhando espaços; espalhar(-se) ❑ *int.* **4** verter água pela borda; transbordar ⟨*o rio inundou*⟩ ~ **inundante** *adj.2g.*

i.nu.si.ta.do *adj.* não usual; incomum ⊃ corriqueiro

i.nú.til *adj.2g.s.2g.* que(m) não serve para nada ⟨*objeto i.*⟩ ⟨*esforço i.*⟩

i.nu.ti.li.da.de *s.f.* **1** ausência de utilidade **2** gesto, ato, comportamento etc. que não acarreta frutos, resultados

i.nu.ti.li.zar *v.*{mod. 1} *t.d. e pron.* tornar(-se) inútil, inválido, incapaz, imprestável ~ **inutilização** *s.f.*

in.va.dir *v.*{mod. 24} *t.d.* **1** entrar em (certo lugar) e ocupá-lo pela força; tomar, conquistar **2** *fig.* tomar conta de; alastrar-se, dominar

in.va.gi.na.ção [pl.: *-ões*] *s.f.* **1** BIO penetração de parte de uma estrutura orgânica em outra do mesmo indivíduo **2** MED penetração de segmento de um órgão dentro de outro segmento do mesmo órgão, como ocorre com as várias partes do intestino ~ **invaginante** *adj.2g.* · **invaginar** *v.t.d. e pron.*

in.va.li.dar *v.*{mod. 1} *t.d. e pron.* **1** (fazer) perder a validade; anular(-se) ⊃ validar(-se) **2** tornar(-se) inapto para exercer um cargo ou desempenhar certas funções ❑ *t.d.* **3** fazer perder o crédito; desabonar ⟨*seus atos invalidam suas palavras*⟩ ⊃ valorizar ~ **invalidação** *s.f.*

in.va.li.dez \ê\ *s.f.* incapacidade física ou mental

in.vá.li.do *adj.* **1** que não tem valor; nulo ⟨*concurso i.*⟩ ⊃ válido ■ *adj.s.m.* **2** que(m), por mal físico ou mental, não pode levar uma vida ativa

in.va.ri.á.vel *adj.2g.* **1** que não varia; estável **2** GRAM que não admite flexão ('variação morfológica'), como, p.ex., as preposições e as conjunções ~ **invariabilidade** *s.f.*

in.va.são [pl.: *-ões*] *s.f.* **1** ato de invadir ou o seu efeito **2** terreno ocupado ilegalmente ~ **invasivo** *adj.*

in.va.sor \ô\ *adj.s.m.* (o) que invade

in.vec.ti.va *s.f.* palavra ou série de palavras ofensivas e violentas contra alguém ou algo

in.ve.ja *s.f.* **1** desejo de possuir o que é de outrem **2** *p.ext.* o objeto desse desejo **3** desgosto com o sucesso alheio

in.ve.jar *v.*{mod. 1} *t.d.* **1** ter inveja de **2** desejar muito; cobiçar

in.ve.jo.so \ô\ [pl.: *invejosos* \ó\] *adj.s.m.* que ou quem sente inveja ou revela, em seus gestos, palavras etc., inveja em relação a outrem ⟨*olhar i.*⟩ ⟨*quero distância dos i.*⟩

in.ven.ção [pl.: *-ões*] *s.f.* **1** imaginação criadora; invento **2** *p.ext.* coisa criada; invento **3** coisa imaginada que se dá como verdadeira; mentira ⊃ verdade

in.ven.cio.ni.ce *s.f.* história falsa; mentira

in.ven.cí.vel *adj.2g.* **1** que não se pode vencer **2** que não se pode conter; irresistível ⟨*paixão i.*⟩ ~ **invencibilidade** *s.f.*

in.ven.dá.vel *adj.2g.* difícil ou impossível de vender; invendível

in.ven.dí.vel *adj.2g.* invendável

in.ven.tar *v.*{mod. 1} *t.d.* **1** ser o primeiro a ter ideia de ou encontrar (algo ainda não conhecido, imaginado); descobrir, criar **2** elaborar mentalmente; pensar, arquitetar **3** ter como verdadeiro, existente (o que não existe); fantasiar **4** *B* transmitir como verdadeiro (o que não o é); mentir ❑ *t.i.* **5** (prep. *de*) cismar, teimar, insistir ⊃ desistir

in.ven.ta.ri.an.te *adj.2g.s.2g.* que(m) é responsável por listar, administrar e dividir os bens de uma herança

in.ven.ta.ri.ar *v.* {mod. 1} *t.d.* **1** fazer o inventário de (bens) **2** fazer relação de; catalogar, listar **3** *fig.* descrever, enumerar em detalhes; minuciar

in.ven.tá.rio *s.m.* **1** descrição detalhada do patrimônio de pessoa falecida **2** levantamento minucioso; rol, lista

in.ven.ti.va *s.f.* imaginação criativa

in.ven.ti.vi.da.de *s.f.* criatividade

in.ven.ti.vo *adj.* que produz coisas ou ideias originais

in.ven.to *s.m.* invenção

in.ven.tor \ô\ *adj.s.m.* que ou aquele que, por sua engenhosidade, estudo, inventividade, cria ou criou algo novo, original

in.ver.da.de *s.f.* o que não é ou não parece verdadeiro ⊃ verdade

[1]**in.ver.na.da** *s.f.* **1** inverno rigoroso **2** *B* época de chuvas contínuas [ORIGEM: *inverno* + *-ada*]

[2]**in.ver.na.da** *s.f. B S.* pasto extenso, cercado de obstáculos, destinado ao descanso e à engorda de animais [ORIGEM: fem. substv. de *invernado*, part. de *invernar*]

in.ver.nar *v.* {mod. 1} *int.* **1** passar o inverno ⟨*i. em terras estrangeiras*⟩ **2** estar no inverno **3** *p.ext.* fazer tempo frio, chuvoso ❑ *t.d. e int.* **4** (fazer) ficar em descanso ou a engordar em invernada

in.ver.no *s.m.* estação mais fria do ano, entre o outono e a primavera ~ **invernal** *adj.2g.* · **invernoso** *adj.*

in.ve.ros.si.mi.lhan.ça *s.f.* condição do que não parece verdadeiro ou provável ⊃ verossimilhança

in.ver.sor \ô\ *adj.s.m.* ELETR (dispositivo) que transforma a corrente elétrica contínua em alternada

in.ver.te.bra.do *s.m.* **1** espécime dos invertebrados, divisão do reino animal que inclui todas as formas, com exceção dos vertebrados ■ *adj.* **2** relativo a esse espécime **3** sem coluna vertebral **4** *fig.* a que falta vigor, vitalidade; fraco

in.ver.ter *v.* {mod. 8} *t.d. e pron.* **1** virar(-se), voltar(-se) ao contrário, em sentido oposto ao natural ❑ *t.d.* **2** dispor em ordem diferente da natural ou mais comum ~ **inversão** *s.f.*

in.vés *s.m.* lado oposto; avesso ⊡ **ao i. de** *loc.prep.* ao contrário de ⟨*ser alto ao i. de baixo*⟩ ☞ cf. *em vez de*

in.ves.ti.da *s.f.* **1** ataque agressivo; assalto **2** *p.ext.* abordagem amorosa e/ou sexual **3** ato de atirar-se com ímpeto ou o seu efeito ⟨*a i. das ondas sobre o rochedo*⟩ **4** *fig.* tentativa, ensaio

in.ves.ti.du.ra *s.f.* **1** ato de dar posse a pessoa em um cargo ou dignidade **2** *p.ext.* a cerimônia de posse dessa pessoa **3** *p.ext.* esse cargo ou dignidade

in.ves.ti.ga.dor \ô\ *adj.s.m.* **1** (o) que investiga ■ *s.m. B* **2** agente de polícia responsável por investigação

in.ves.ti.gar *v.* {mod. 1} *t.d.* **1** seguir os vestígios, as pistas de **2** fazer diligências para descobrir ⟨*i. o motivo de um crime*⟩ **3** procurar descobrir (algo), com exame e observação minuciosos; pesquisar ⟨*i. a causa de uma doença*⟩ ~ **investigação** *s.f.* - **investigativo** *adj.*

in.ves.tir *v.* {mod. 28} *t.d.,t.i. e pron.* **1** (prep. *contra*) atirar-se com ímpeto contra; atacar ❑ *t.d.i. e t.d.pred.* **2** (prep. *em*) conferir (cargo, responsabilidade, dignidade) a; nomear ⟨*investiram-no na presidência*⟩ ⟨*investiram-no rei*⟩ ❑ *pron.* **3** (prep. *em*) tomar posse de ❑ *t.i. e t.d.i.* **4** (prep. *em*) empregar (recursos, tempo, esforço etc.) em (algo), esperando obter sucesso **5** (prep. *em*) fazer (investimento financeiro) em; aplicar ~ **investidor** *adj.s.m.* - **investimento** *s.m.*

in.ve.te.ra.do *adj.* **1** bastante antigo ⟨*amigos i.*⟩ ⮌ recente **2** radicado firmemente; arraigado ⟨*tendência i.*⟩ ⮌ passageiro **3** que tem fixado dentro de si um modo de ser, um hábito (diz-se de pessoa) ⟨*fumante i.*⟩ ~ **inveterar** *v.t.d. e pron.*

in.vi.a.bi.li.zar *v.* {mod. 1} *t.d.* tornar impossível a realização, a execução de; impossibilitar ⮌ viabilizar, possibilitar

in.vi.á.vel *adj.2g.* que não se pode realizar ⟨*tarefa i.*⟩ ⮌ possível ~ **inviabilidade** *s.f.*

in.vic.to *adj.* **1** que nunca foi vencido **2** que não se pode vencer; invencível

ín.vio *adj.* **1** sem vias, caminhos ⟨*floresta í.*⟩ **2** em que não se pode transitar; intransitável ⟨*caminhos í.*⟩ ⮌ transitável

in.vi.o.lá.vel *adj.2g.* que não se pode ou não se deve violar ~ **inviolabilidade** *s.f.*

in.vi.sí.vel *adj.2g.s.m.* **1** (o) que não pode ser visto ⮌ visível **2** (o) que é do domínio da imaginação **3** *fig.* (o) que não se deixa conhecer ou ser visto ~ **invisibilidade** *s.f.*

in vi.tro [lat.] *loc.adv.* fora do organismo vivo, em tubo de ensaio ⟨*experimentos feitos* in vitro⟩ ⇨ pronuncia-se in vitro

in.vo.ca.do *adj. B infrm.* **1** que desconfia de alguém ou de algo; cismado, preocupado **2** que tem raiva; irritado ⮌ calmo

in.vo.car *v.* {mod. 1} *t.d.* **1** pedir a proteção de (ger. seres ou forças divinas, sobrenaturais) **2** pedir auxílio, assistência a; recorrer **3** *B infrm.* causar irritação a; provocar, enervar ⮌ acalmar **4** *B infrm.* deixar curioso, desconfiado; intrigar **5** alegar a seu favor ❑ *t.i. e pron. infrm.* **6** (prep. *com*) não simpatizar com; antipatizar ~ **invocação** *s.f.*

in.vo.lu.ção [pl.: *-ões*] *s.f.* **1** movimento de regressão, de retrocesso ⮌ evolução **2** MED condição de um órgão que se encontra voltado para dentro **3** MED retorno de um órgão dilatado às suas dimensões normais ⟨*i. do útero após a gravidez*⟩ ~ **involutivo** *adj.*

in.vó.lu.cro *s.m.* coisa que envolve, cobre; cobertura, envoltório

in.vo.lu.ir *v.* {mod. 26} *int.* sofrer involução; regredir, diminuir ⮌ avançar, evoluir

in.vo.lun.tá.rio *adj.* **1** que se realiza contra a vontade ou independente dela; espontâneo ⟨*reação i.*⟩ ⮌ voluntário **2** forçado, obrigado ⟨*um personagem i. de uma história*⟩ ⮌ voluntário

in.vul.gar *adj.2g.* que não é comum; especial, raro ⮌ vulgar

in.vul.ne.rá.vel *adj.2g.* **1** que não se deixa tentar por determinadas coisas ⟨*i. ao suborno*⟩ ⮌ vulnerável **2** que não se pode discutir; irrefutável ⟨*argumentos i.*⟩ ⮌ discutível ■ *adj.2g.s.2g.* **3** que(m) não pode ser atingido, atacado, ferido ~ **invulnerabilidade** *s.f.*

-io *suf.* **1** 'estado ou modo de ser': *escorregadio, sombrio* **2** 'reunião, coleção': *casario, mulherio*

i.ó.di.co *adj.s.m.* (ácido) us. como desinfetante

i.o.do \ô\ *s.m.* elemento químico cuja tintura tem propriedades antissépticas e cujo isótopo radioativo^{131} é us. no tratamento de doenças da tireoide [símb.: *I*] ☞ cf. *tabela periódica* (no fim do dicionário)

IOF *s.m.* sigla de *imposto sobre operações financeiras*

i.o.ga \ó *ou* ô\ *s.f.* **1** conjunto de exercícios físicos e respiratórios praticados de acordo com ensinamentos filosóficos indianos ■ *adj.2g.* **2** diz-se desse conjunto de exercícios

i.o.gue *adj.2g.* **1** relativo a ioga ■ *s.2g.* **2** indivíduo praticante da ioga

i.o.gur.te *s.m.* alimento, ger. industrializado, cremoso e composto de leite coalhado por bactérias

^{1}**io.iô** [fem.: *iaiá*] *s.m. B* tratamento dado ao patrão ou proprietário pelos escravos e seus descendentes [ORIGEM: alteração de *senhor*]

^{2}**io.iô** *s.m.* brinquedo de mão, redondo, que vai e volta enrolado em um fio, composto de dois discos unidos [ORIGEM: do ing. *yo-yo* 'id.']

í.on [pl.: *iones*, (*B*) *íons*] *s.m.* átomo ou grupo atômico que ganhou ou perdeu elétron(s) ~ **iônico** *adj.* - **ionizar** *v.t.d.*

i.o.nos.fe.ra *s.f.* camada superior da atmosfera terrestre, situada entre 50 km e 700 km de altitude ~ **ionosférico** *adj.*

i.o.ru.bá ou **i.o.ru.ba** *s.2g.* **1** indivíduo dos iorubás, povo africano da Nigéria, República de Benin e da República do Togo, trazido para o Brasil, esp. para a Bahia, onde exerceu forte domínio social e religioso sobre outros grupos tb. escravizados ■ *s.m.* **2** língua falada por esse povo ■ *adj.2g.* **3** relativo a esse povo, sua língua e cultura

i.pê *s.m.* **1** nome comum a várias árvores, consideradas um símbolo do Brasil, de flores amarelas, róseas ou brancas e madeira ger. nobre e resistente **2** a madeira dessas árvores

i.pe.ca.cu.a.nha *s.f.* planta nativa do Brasil, cujas raízes medicinais combatem a disenteria e são expectorantes

IPI *s.m.* sigla de *imposto sobre produtos industrializados*

íp.si.lon [pl.: *ipsílones, (B) ípsilons*] *s.m.* **1** nome da letra *y* **2** vigésima letra do alfabeto grego (υ, Υ)

ip.si.lo.ne [pl.: *ipsilones*] *s.m. B infrm.* ípsilon

ip.sis lit.te.ris [lat.] *loc.adv.* nos mesmos termos; tal como está escrito ⇨ pronuncia-se ipsis literis

IPTU *s.m.* sigla de *imposto predial e territorial urbano*

i.que.ba.na *s.f.* **1** arte da composição floral japonesa **2** arranjo floral feito segundo as regras de um dos estilos dessa arte

–ir *term.* de verbos da 3ª conjugação: *abrir, partir, sorrir*

ir *v.* {mod. 32} *int. e pron.* **1** deslocar-se de um lugar a outro ⟨*ir ao museu*⟩ ⟨*vai-se daqui ao museu a pé*⟩ ☞ *ao museu* é circunstância que funciona como complemento **2** deslocar-se a um lugar sem pretender ficar ou demorar ou fazê-lo exatamente com esse fim ⟨*ir a São Paulo para uma entrevista*⟩ ⟨*foi para o Rio e começou vida nova*⟩ ☞ *a São Paulo* e *para o Rio* são circunstâncias que funcionam como complemento **3** deixar algum lugar; sair, partir ⟨*foram do trabalho para a festa*⟩ ⟨*foi-se sem se despedir*⟩ ⮌ chegar ☞ *do trabalho* e *para a festa* são circunstâncias que funcionam como complemento **4** *fig.* morrer ⮌ nascer ❑ *int.* **5** ser conduzido, transportado ⟨*foi para a emergência*⟩ ⟨*os sacos vão na mala do carro*⟩ ☞ *para a emergência* e *na mala do carro* são circunstâncias que funcionam como complemento **6** seguir ou atirar-se com ímpeto, investir ⟨*o avião foi contra a torre*⟩ ☞ *contra a torre* é circunstância que funciona como complemento **7** apresentar-se pessoalmente, uma vez ou com regularidade; comparecer, frequentar ⟨*não foi à reunião*⟩ ☞ *à reunião* é circunstância que funciona como complemento **8** ser apresentado, citado; constar ⟨*vão aqui nossas exigências*⟩ **9** ser aplicado em; destinar-se ⟨*o dinheiro vai para a caridade*⟩ ☞ *para a caridade* é circunstância que funciona como complemento **10** dar acesso a; conduzir ⟨*todos os caminhos vão a Roma*⟩ ☞ *a Roma* é circunstância que funciona como complemento **11** estender-se, prolongar-se no tempo ou no espaço ⟨*o tapete vai até a porta*⟩ ⟨*a festa foi pela noite adentro*⟩ ☞ *até a porta* e *pela noite adentro* são circunstâncias que funcionam como complemento **12** chegar a (certo ponto, índice ou limite); atingir ⟨*a inflação foi a 20%*⟩ ☞ *a 20%* é circunstância que funciona como complemento **13** apresentar-se em (certa condição não permanente); estar ⟨*os negócios vão bem*⟩ **14** transcorrer, decorrer ⟨*foi bem o seu almoço?*⟩ **15** alcançar certo resultado; sair-se ⟨*foi mal na entrevista*⟩ **16** alterar-se de modo gradativo ⟨*seu rosto foi do rubro ao branco*⟩ ☞ *do rubro* e *ao branco* são circunstâncias que funcionam como complemento ❑ *pron.* **17** deixar de manifestar-se; desaparecer ⟨*foi-se o entusiasmo*⟩ **18** ficar para trás; passar ⟨*foi-se o verão*⟩ ❑ *t.i.* **19** (prep. *para*) ser dado a (alguém, uma instituição etc.) por premiação, indicação, sorteio etc. **20** (prep. *com, por*) optar por, dar apoio a ou sujeitar-se a ⟨*ir com a opinião da maioria*⟩ **21** (prep. *com*) sentir afinidade por; simpatizar ⮌ antipatizar **22** (prep. *com*) ter relacionamento lúbrico ou sexual com

Ir símbolo de *irídio*

IR sigla de *imposto de renda*

i.ra *s.f.* **1** intenso sentimento de ódio, de rancor; fúria, cólera **2** *p.ext.* a manifestação desse sentimento **3** *p.ext.* vingança, punição ⟨*atrair a i. divina*⟩ ⮌ perdão

i.ra.ni.a.no *s.m.* **1** natural ou habitante do Irã (Ásia) **2** língua falada nesse país ■ *adj.* **3** relativo a esse país e a sua língua

i.rar *v.* {mod. 1} *t.d. e pron.* causar ou ter ira; enfurecer(-se) ⮌ acalmar(-se)

i.ras.cí.vel *adj.2g.s.2g.* que(m) se irrita facilmente ou que(m) freq. demonstra raiva ⮌ pacato ~ **irascibilidade** *s.f.*

i.ri.dá.cea *s.f.* BOT espécime das iridáceas, família de ervas cultivadas como tempero (como o açafrão), para extração de tinturas ou como ornamentais ~ **iridáceo** *adj.*

i.ri.des.cen.te *adj.2g.* que tem ou reflete as cores do arco-íris

i.rí.dio *s.m.* elemento químico us. em liga para aumentar a dureza da platina, em catalisadores, contatos elétricos etc. [símb.: *Ir*] ☞ cf. *tabela periódica* (no fim do dicionário)

i.ri.do.lo.gi.a *s.f.* MED método de diagnóstico de problemas orgânicos pelo exame da íris ~ **iridologista** *adj.2g.s.2g.* - **iridólogo** *s.m.*

í.ris *s.f.2n.* **1** parte colorida do olho, na qual fica a pupila ■ *s.2g.2n.* **2** o espectro solar **3** halo de luz que aparece ao redor de certos objetos **4** variedade de pedra preciosa

ir.lan.dês *adj.* **1** da República da Irlanda ou da Irlanda do Norte (Reino Unido) ■ *s.m.* **2** natural ou habitante desse país **3** a língua oficial desse país

ir.mã *s.f.* **1** aquela que, em relação a outro, é filha do mesmo pai e/ou da mesma mãe **2** *fig.* amiga íntima e dedicada **3** *p.ext.* correligionária das mesmas doutrinas ⮌ adversária, rival **4** *p.ext.* membro de confraria ou irmandade **5** madre, freira **6** aquela que, em relação a outro (pessoal, animal ou coisa), mostra semelhança na forma, origem, disposição etc.

ir.ma.nar *v.* {mod. 1} *t.d.,t.i.,int. e pron.* **1** (prep. *com*) unir(-se) como irmãos **2** (prep. *com*) tornar(-se) semelhante, igual a; unir(-se), ligar(-se) ~ **irmanação** *s.f.*

ir.man.da.de *s.f.* **1** parentesco entre irmãos **2** *fig.* igualdade, afinidade ⟨*i. de opiniões*⟩ ⮌ diferença **3** amizade afetuosa e íntima entre pessoas; fraternidade **4** associação religiosa **5** *p.ext.* confederação, agremiação ⟨*i. dos amigos da boa mesa*⟩

ir.mão [pl.: *-ãos*; fem.: *irmã*] *s.m.* **1** aquele que, em relação a outro, é filho do mesmo pai e/ou da mesma mãe ☞ cf. *meio-irmão* **2** *fig.* amigo íntimo e dedicado **3** *p.ext.* correligionário das mesmas doutrinas ⮌ rival **4** *p.ext.* membro de confraria ou irmandade **5** *p.ext. infrm.* companheiro, camarada (us. na presença do interlocutor) ⟨*que é isso, i.?*⟩ **6** frade ■ *adj.s.m.* **7** (o) que, em relação a outro (pessoa, animal ou coisa), mostra semelhança na forma, origem, disposição etc.

i.ro.ni.a *s.f.* **1** zombaria, escárnio, sarcasmo ⟨*tratou-a com i.*⟩ ⮌ consideração **2** modo de expressão da língua em que há um contraste proposital entre o que se diz e o que se pensa **3** *fig.* fato que não combina com o que era esperado ⟨*i. do destino*⟩ ~ **irônico** *adj.*

i.ro.ni.zar *v.* {mod. 1} *t.d.* **1** afirmar ou tratar com ironia ❑ *int.* **2** fazer ironia

ir.ra.cio.nal *adj.2g.* **1** que não pertence ao domínio da razão, nem provém do raciocínio; ilógico ⟨*método, hipótese i.*⟩ ⮌ lógico **2** que contraria a clareza mental ou o bom senso; insensato ⟨*teimosia i.*⟩ ⮌ razoável **3** MAT cuja incógnita está dentro de um sinal de raiz ou tem expoente fracionário (diz-se de equação) **4** MAT incapaz de ser expresso exatamente como a razão entre dois números inteiros (diz-se de número) ■ *adj.2g.s.m.* **5** (animal) destituído de raciocínio ~ **irracionalidade** *s.f.*

ir.ra.di.an.te *adj.2g.* **1** que se propaga **2** *fig.* brilhante, fulgurante, luminoso ⟨*olhar i.*⟩ ⮌ sombrio **3** *fig.* muito alegre, comunicativo ⟨*moça i.*⟩ ⮌ triste

ir.ra.di.ar *v.* {mod. 1} *t.d.,int. e pron.* **1** emitir (luz, calor etc.), em sentido centrífugo; propagar(-se), espalhar(-se) **2** *fig.* manifestar(-se) [sensação, sentimento] de forma viva ❑ *t.d.* **3** tornar muito conhecido (ideias, opiniões etc.); propagar, difundir **4** transmitir pelo rádio ~ **irradiação** *s.f.*

ir.re.al *adj.2g.s.m.* (o) que não é real ou parece fora da realidade; fantástico, imaginário ⮌ real ~ **irrealidade** *s.f.* - **irrealismo** *s.m.*

ir.re.a.li.zá.vel *adj.2g.* não realizável

ir.re.con.ci.li.á.vel *adj.2g.* que não se pode reconciliar ⮌ reconciliável

ir.re.co.nhe.cí.vel *adj.2g.* impossível de ser reconhecido por estar muito alterado ou desfigurado ⮌ reconhecível

ir.re.cu.pe.rá.vel *adj.2g.* não recuperável, perdido

ir.re.cu.sá.vel *adj.2g.* **1** que não se pode recusar ⮌ recusável **2** que não se pode contestar; incontestável, irrefutável ⮌ contestável

ir.re.du.tí.vel *adj.2g.* **1** que não se pode reduzir ⟨*valor i.*⟩ ⮌ reduzível **2** que não se pode dividir; indecomponível ⟨*fração i.*⟩ ⮌ divisível **3** *fig.* que não se deixa convencer; inflexível ⮌ flexível ~ **irredutibilidade** *s.f.*

ir.re.du.zí.vel *adj.2g.* irredutível ⮌ reduzível

ir.re.fle.ti.do *adj.* **1** que não produz reflexo **2** que não faz reflexão ⟨*homem i.*⟩ ⮌ prudente **3** que não foi precedido de reflexão ⟨*gesto i.*⟩ ⮌ pensado

ir.re.fle.xão \cs\ [pl.: *-ões*] *s.f.* **1** falta de reflexão; imprudência ⟨*momento de i.*⟩ ⮌ prudência **2** ato ou dito irrefletido; descuido ⟨*aquela i. tomou-lhe a vida*⟩ ⮌ cuidado

ir.re.fu.tá.vel *adj.2g.* que não se pode refutar; incontestável ⮌ refutável

ir.re.gu.lar *adj.2g.* **1** que não tem regularidade, que não é simétrico ou uniforme ⟨*piso i.*⟩ ⮌ regular **2** que contraria as leis ⟨*transporte i.*⟩ ⮌ legal **3** que ofende a harmonia e o bom gosto; desproporcionado ⟨*feições i.*⟩ ⮌ harmonioso **4** intermitente, alternado ⟨*frequência i. às aulas*⟩ ⮌ constante **5** inconstante, volúvel ⟨*caráter i.*⟩ ⮌ constante ~ **irregularidade** *s.f.*

ir.re.le.vân.cia *s.f.* característica do que não tem importância ⮌ relevância ~ **irrelevante** *adj.2g.*

ir.re.me.di.á.vel *adj.2g.* **1** que não tem solução ⟨*erro i.*⟩ ⮌ sanável **2** que não pode deixar de acontecer; inevitável ⟨*a morte é i.*⟩ ⮌ evitável

ir.re.pa.rá.vel *adj.2g.* que não se pode reparar, recuperar ou suprir ⮌ reparável ~ **irreparabilidade** *s.f.*

ir.re.pre.en.sí.vel *adj.2g.* **1** que não se pode censurar ⟨*um administrador i.*⟩ ⮌ censurável **2** sem nenhuma falha; perfeito ⟨*elegância i.*⟩ ⮌ malfeito ~ **irrepreensibilidade** *s.f.*

ir.re.qui.e.to *adj.* **1** desassossegado, agitado ⟨*criança i.*⟩ ⮌ quieto **2** que se agita ⟨*mar i.*⟩ ⮌ calmo **3** *fig.* que se caracteriza por ter vivacidade ⟨*espírito i.*⟩ ⮌ tolo ~ **irrequietação** *s.f.*

ir.re.sis.tí.vel *adj.2g.* **1** a que não se pode resistir **2** contra o qual é impossível lutar; invencível ⟨*força i.*⟩ ⮌ vencível **3** que não se consegue frear ou controlar ⟨*vontade i.*⟩ ⮌ controlável **4** sedutoramente encantador ⟨*uma atriz i.*⟩ ⮌ repulsivo

ir.re.so.lu.to *adj.* **1** que não teve solução ⮌ solucionado ■ *adj.s.m.* **2** que(m) dificilmente se decide; hesitante ~ **irresolução** *s.f.*

ir.res.pon.sá.vel *adj.2g.* **1** que não é responsável ■ *adj.2g.s.2g.* **2** DIR que(m) não pode ser responsabilizado ou não está obrigado a responder pelos seus atos **3** que(m) age sem pensar ⮌ responsável ~ **irresponsabilidade** *s.f.*

ir.res.tri.to *adj.* que não tem restrição; amplo, ilimitado ⮌ restrito

ir.re.tor.quí.vel *adj.2g.* **1** que não tem resposta possível **2** que não se pode contradizer

ir.re.ve.rên.cia *s.f.* **1** falta de respeito ⮌ consideração **2** ato ou dito irreverente ⟨*são famosas as suas i.*⟩ ⮌ respeito ~ **irreverente** *adj.2g.s.2g.*

ir.re.ver.sí.vel *adj.2g.* **1** de que não é possível inverter o sentido, a direção, o desenvolvimento ⟨*processo i.*⟩ **2** QUÍM que prossegue até o final sem ser limitada pela reação inversa (diz-se de reação) ~ **irreversibilidade** *s.f.*

ir.re.vo.gá.vel *adj.2g.* que não se pode anular, apagar, revogar, desfazer ⮌ revogável ~ **irrevogabilidade** *s.f.*

ir.ri.ga.ção [pl.: *-ões*] *s.f.* **1** ação de molhar; banho, rega **2** na agricultura, técnica de canalização de água para rega artificial

ir.ri.gar *v.* {mod. 1} *t.d.* **1** molhar com água ou outro líquido; banhar **2** molhar por processos não naturais; regar ⟨*i. a terra para plantio*⟩ **3** MED conduzir líquido (esp. sangue e linfa) para uma área do corpo ~ **irrigatório** *adj.*

ir.ri.são [pl.: *-ões*] *s.f.* **1** ato de rir desdenhosamente; zombaria **2** *p.ext.* o que é alvo desse ato

ir.ri.só.rio *adj.* **1** em que há irrisão, zombaria ⟨*dito i.*⟩ **2** de pouca ou nenhuma importância ⟨*salário i.*⟩ ⮌ significativo

ir.ri.ta.ção [pl.: *-ões*] *s.f.* **1** nervosismo ou ira contida ⮌ calma **2** MED inflamação ligeira de um tecido ou órgão

ir.ri.ta.di.ço *adj.* que se irrita com facilidade ⮌ calmo

ir.ri.tar *v.* {mod. 1} *t.d.* e *pron.* **1** (fazer) ficar nervoso, quase colérico; enervar(-se) ⮌ acalmar(-se) **2** inflamar(-se) ligeiramente, provocando ou não dor ou desconforto ❑ *t.d.* **3** tornar mais intenso, violento; exacerbar ⟨*fez isso para i. os ânimos*⟩ ~ **irritabilidade** *s.f.* - **irritante** *adj.2g.*

ir.rom.per *v.* {mod. 8} *int.* **1** entrar ou brotar com ímpeto, com violência; invadir ⟨*irromperam na sala famintos*⟩ ☞ *na sala* é circunstância que funciona como complemento **2** aparecer ou acontecer de repente, de surpresa; brotar, surgir ~ **irrompimento** *s.m.*

is.ca *s.f.* **1** chamariz que se põe no anzol para atrair e capturar peixes **2** prato feito com tiras fritas de fígado

–iscar *suf.* 'repetição, pouca intensidade': *chuviscar*

i.sen.ção [pl.: *-ões*] *s.f.* **1** estado ou condição de dispensado, desobrigado, isento ⟨*i. do serviço militar*⟩ ⮌ obrigação **2** condição do que é justo, neutro ⟨*julgar com i.*⟩ ⮌ parcialidade **3** nobreza ou independência de caráter; dignidade ⮌ indignidade **4** *fig.* desdém, desprezo ⟨*tratou a irmã com i.*⟩ ⮌ atenção

i.sen.tar *v.* {mod. 1} *t.d.i.* e *pron.* (prep. *de*) deixar ou ficar livre, isento de; dispensar(-se) ⮌ obrigar(-se) ⊙ GRAM/USO part.: *isentado, isento*

i.sen.to *adj.* **1** dispensado, desobrigado ⟨*contribuinte i. de impostos*⟩ ⮌ obrigado **2** a que falta; desprovido ⟨*pessoa i. de preconceitos*⟩ ⮌ repleto **3** imparcial, neutro **4** que não se deixa seduzir, cativar ⊙ GRAM/USO part. de *isentar*

is.lã ou **is.la.me** *s.m.* **1** o islamismo **2** o grupo das nações modernas que têm o islamismo como religião dominante **3** a civilização que se ergueu sobre a base da fé islâmica ☞ em todas as acps., inicial maiúsc.

is.la.mis.mo *s.m.* religião caracterizada pela crença em um só deus, fundada pelo profeta árabe Maomé (570 ou 580-632); maometismo ☞ cf. *Maomé* na parte enciclopédica ~ **islâmico** *adj.* - **islamita** *adj.2g.s.2g.*

is.la.mi.za.ção [pl.: *-ões*] *s.f.* **1** conversão ao islamismo **2** assimilação de aspecto ou característica própria do povo, da cultura, da língua islâmica ~ **islamizar** *v.t.d.* e *pron.*

–ismo *suf.* **1** 'doutrina, teoria': *mercantilismo, socialismo* **2** 'atividade, prática esportiva': *ciclismo, montanhismo* **3** 'qualidade': *brasileirismo, heroísmo* **4** 'estado patológico': *alcoolismo, paludismo*

i.só.ba.ro *adj.s.m.* FÍS (cada um dos nuclídeos) que tem o mesmo número de massa, mas números atômicos distintos

i.so.ga.mi.a *s.f.* **1** casamento com pessoa do mesmo grupo social, econômico ou religioso **2** BIO reprodução sexuada que envolve dois gametas idênticos na formação do ovo

i.so.la.cio.nis.mo *s.m.* doutrina política ou econômica de isolamento de um país em relação ao cenário internacional ~ **isolacionista** *adj.2g.s.2g.*

i.so.la.dor \ô\ *adj.s.m.* **1** (o) que isola **2** ELETR (peça) cuja função, num circuito elétrico ou eletrônico, é dar suporte e isolar eletricamente um condutor

i.so.lan.te *adj.2g.s.m.* **1** (material) que não conduz ou conduz muito pouca corrente elétrica, calor, ondas sonoras etc. ■ *adj.2g.* **2** que isola; isolador

i.so.lar *v.* {mod. 1} *t.d.,t.d.i.* e *pron.* **1** (prep. *de*) pôr(-se) à parte, em sentido material, intelectual ou espiritual; separar(-se) ❑ *t.d.* *B* **2** aplicar isolante a ~ **isolação** *s.f.* - **isolamento** *s.m.*

i.so.no.mi.a *s.f.* **1** estado dos que são governados pelas mesmas leis **2** DIR princípio constitucional que garante igualdade para todos perante a lei ~ **isonômico** *adj.*

i.so.por \ô\ *s.m.* material leve e maleável us. em embalagens e como isolante térmico

i.sóp.te.ro *s.m.* **1** espécime dos isópteros, ordem de insetos vulgarmente conhecidos por cupins, que vivem em colônias ■ *adj.* **2** relativo a essa ordem

i.sós.ce.les *adj.2g.2n.* que tem dois lados iguais (diz-se de triângulo ou de trapézio)

i.só.to.po *adj.s.m.* FÍS **1** diz-se de ou cada um de dois ou mais átomos de um mesmo elemento, cujo núcleo atômico tem o mesmo número de prótons, mas número de nêutrons diferente ☞ como subst., mais us. no pl. ■ *s.m.* FÍS **2** nuclídeo ~ **isotopia** *s.f.* - **isotópico** *adj.*

is.quei.ro *s.m.* objeto, ger. us. por fumantes, que ao ser acionado acende um pequena chama

is.que.mi.a *s.f.* falta de irrigação sanguínea numa parte do organismo ⟨*i. cerebral*⟩ ~ **isquêmico** *adj.*

is.ra.e.len.se *adj.2g.* **1** de Israel (Ásia) ■ *s.2g.* **2** natural ou habitante desse país

is.ra.e.li.ta *s.2g.* **1** natural ou habitante do antigo reino hebreu de Israel ■ *adj.2g.* **2** relativo a esse indivíduo ou povo **3** relativo à religião do povo hebreu e dos seus descendentes ⟨*ritual i.*⟩

ISS *s.m.* sigla de *imposto sobre serviços*

is.sei *adj.2g.s.2g.* (japonês) que deixa o Japão para viver no continente americano ☞ cf. *nissei* e *sansei*

is.so *pron.dem.* **1** indica algo próximo de quem ouve; essa(s) coisa(s) ⟨*pegue i. aí do teu lado*⟩ ■ *interj.* **2** mostra aprovação ⟨*I.! Estude bastante!*⟩

–ista *suf.* 1 'seguidor, partidário': *corporativista, governista* 2 'profissão, ocupação': *dentista, tenista* 3 'origem': *nortista*

ist.mo *s.m.* 1 estreita faixa de terra que liga uma península a um continente ou separa dois mares 2 ANAT porção estreita de tecido que liga estruturas ou cavidades maiores ~ **ístmico** *adj.*

is.to *pron.dem.* indica algo próximo de quem fala ou escreve; esta(s) coisa(s) ⟨*quero i. aqui*⟩

–ita *suf.* 1 'origem, relação': *israelita* 2 'mineral': *grafita*

i.ta.li.a.no *adj.* 1 da Itália (Europa) ■ *s.m.* 2 natural ou habitante desse país 3 língua falada na Itália, na República de San Marino e na Suíça italiana

i.tá.li.co *adj.* 1 da Itália (Europa) 2 diz-se de letra inclinada, ger. à direita, us. como realce ■ *s.m.* 3 natural ou habitante desse país 4 essa letra

i.ta.o.ca *s.f. B* caverna

i.ta.pe.ba ou **i.ta.pe.va** *s.f.* recife de pedras que acompanha as margens de um rio

–itar *suf.* 'repetição, pouca intensidade': *saltitar*

–ite *suf.* 1 'inflamação': *apendicite* 2 'fóssil': *amonite*

i.tem *s.m.* 1 cada um dos artigos ou incisos de um contrato, regulamento etc. 2 artigo ou unidade de algo numa enumeração, relato, lista etc.

i.te.ra.ti.vo *adj.* repetido, feito mais de uma vez; frequente ⊃ ocasional ☞ cf. *interativo* ~ **iteração** *s.f.* · **iterar** *v.t.d.*

i.tér.bio *s.m.* elemento químico us. em *lasers* e raios X [símb.: *Yb*] ☞ cf. *tabela periódica* (no fim do dicionário)

i.ti.ne.ran.te *adj.2g.s.2g.* 1 (aquele) que viaja, que se desloca ■ *adj.2g.* 2 que se exerce com deslocamentos sucessivos de lugar em lugar (diz-se de atividade)

i.ti.ne.rá.rio *s.m.* 1 descrição de viagem; roteiro 2 caminho a percorrer ou percorrido; percurso ■ *adj.* 3 relativo a estradas, a caminhos ⟨*medições i.*⟩

–ito *suf.* 1 'diminuição': *cabrito, cãozito, pequenito* 2 'sal': *sulfito* 3 'rocha': *granito*

i.to.ro.ró *s.m. B* pequena cachoeira

ITR *s.m.* sigla de *imposto territorial rural*

í.trio *s.m.* elemento químico us. em liga com cobalto para fabricação de ímãs permanentes e tb. em reatores nucleares e semicondutores [símb.: *Y*] ☞ cf. *tabela periódica* (no fim do dicionário)

–itude *suf.* 'estado ou modo de ser': *atitude, plenitude*

–ível *suf.* equivalente a *-vel*

–ivo *suf.* 'agente': *coercivo, corrosivo, descritivo, pensativo*

i.xe *interj. B infrm.* indica ironia, desprezo, surpresa etc.

–izar *suf.* 'transformação': *civilizar, realizar*

j *s.m.* **1** décima letra (consoante) do nosso alfabeto ■ *n.ord. (adj.2g.2n.)* **2** diz-se do décimo elemento de uma série ⟨*casa J*⟩ ⟨*item 1j*⟩ ☞ empr. posposto a um substantivo ou numeral ⊙ GRAM/USO na acp. s.m., pl.: *jj*

já *adv.* **1** imediatamente ⟨*saia já daqui*⟩ **2** por antecipação; desde logo, então ⟨*se chover, já ficam desculpados por não vir*⟩ **3** logo, em pouco tempo ⟨*saiu dizendo que voltava já*⟩ **4** antes; antecipadamente ⟨*uma cena já vista*⟩ **5** em parte; até ⟨*já não se importava de ser demitido*⟩ **6** neste instante; agora ⟨*já cheguei*⟩ ⊡ **j. que** *loc.conj.* uma vez que ⟨*já que os juros abaixaram, vamos às compras*⟩

[1]**ja.bá** *s.2g.* charque [ORIGEM: prov. do iorubá *jabajaba* 'carne batida']

[2]**ja.bá** *s.m. B infrm.* jabaculê [ORIGEM: prov. red. de *jabaculê*]

ja.ba.cu.lê *s.m. B infrm.* **1** dinheiro ou coisa us. para corromper alguém **2** *p.ext.* qualquer dinheiro recebido ou a receber

ja.bi.ru *s.m.* jaburu ('nome comum')

ja.bo.ran.di *s.m.* nome comum a várias plantas de cujas folhas são extraídas substâncias medicinais

ja.bo.ta *s.f. B* fêmea do jabuti

ja.bu.ru *s.m. B* **1** nome comum a grandes aves de pescoço e pernas compridas, ger. com bico negro, longo e forte, encontradas em grandes rios, lagoas e pantanais; jabiru **2** *pej.* indivíduo feio, esquisito, tristonho ⊙ VOZ v.: gritar; subst.: grito

ja.bu.ti *s.2g.* **1** indígena pertencente aos jabutis, grupo indígena que habita o sul de Rondônia ■ *adj.2g.* **2** relativo a esse indígena e a seu grupo ■ *s.m.* **3** língua falada por esse grupo **4** réptil terrestre, de carapaça alta, pernas curtas e tubulares, e movimentos lentos ⊙ GRAM/USO na acp 4, fem.: *jabota*

ja.bu.ti.ca.ba *s.f.* **1** fruto preto e redondo da jabuticabeira **2** jabuticabeira

ja.bu.ti.ca.bal *s.m. B* grande plantação de jabuticabeiras

ja.bu.ti.ca.bei.ra *s.f.* árvore nativa do Brasil, de tronco liso, sobre o qual nascem seus frutos comestíveis, as jabuticabas ⊙ COL jabuticabal

ja.ca *s.f.* **1** fruto da jaqueira, enorme e pesado, com casca feita de pequenos cones e gomos amarelados, viscosos e doces **2** jaqueira

ja.ça *s.f.* **1** mancha ou falha em pedras preciosas **2** *fig.* falha, mancha (p.ex., na reputação)

ja.cá *s.m.* cesto de taquara ou cipó us. no transporte de cargas, preso ao lombo de animais

ja.ça.nã *s.f. B* ave de plumagem negra com manto castanho, bico amarelo e vermelho, de pernas altas, dedos longos e abertos, adaptados ao movimento sobre plantas aquáticas

ja.ca.ran.dá *s.m.* nome comum a várias árvores brasileiras de madeira nobre, freq. dura e escura

ja.ca.ré *s.m.* réptil de focinho largo e chato, encontrado esp. nos rios e pântanos das Américas do Norte e do Sul

ja.cen.te *adj.2g.* **1** estendido em posição horizontal ⊃ levantado **2** sem movimento; imóvel ⊃ movediço **3** situado em determinado local ⟨*terras j. entre montanhas*⟩ ■ *s.m.* **4** banco de areia ou rochedo que dificulta a navegação ☞ mais us. no pl.

ja.cin.to *s.m.* planta que simboliza a tristeza, cultivada como ornamental e pela essência aromática, us. em perfumes

ja.co.bi.nis.mo *s.m.* **1** doutrina, ideias ou partido dos jacobinos ('membro') **2** *p.ext. pej.* extremismo revolucionário; radicalismo **3** *B pej.* sentimento de hostilidade contra o que é estrangeiro
ja.co.bi.no *s.m.* **1** membro de partido político revolucionário francês durante a Revolução Francesa (1789-1799) ☞ cf. a parte enciclopédica **2** *p.ext.* político contrário ao enfraquecimento do Estado **3** *B pej.* nacionalista radical; xenófobo ■ *adj.* **4** relativo ou pertencente a esse partido e a esse político
jac.tân.cia *s.f.* **1** arrogância, vaidade ↄ humildade **2** pretensão de bravura ou altos méritos e conquistas
jac.tan.ci.ar-se *v.* {mod. 1} *pron.* expressar orgulho exagerado de si ou dos próprios ou supostos méritos e conquistas; vangloriar-se
jac.tar-se *v.* {mod. 1} *pron.* jactanciar-se
ja.cu.la.tó.ria *s.f.* oração breve e fervorosa
ja.cu.tin.ga *s.f.* grande ave típica de matas de altitude do sudeste brasileiro, ameaçada de extinção, com plumagem negra brilhante e branca, e papada larga e vermelha
ja.de *s.f.* mineral duro, esverdeado, us. como pedra preciosa e em objetos decorativos
ja.ez \ê\ *s.m.* **1** conjunto dos arreios de um animal de carga ou de tração **2** *fig.* conjunto de traços ou características ⟨*artistas do mesmo j.*⟩ ~**jaezar** *v.t.d. e pron.*
ja.guar *s.m.* onça-pintada ⊙ voz v.: rugir; subst.: rugido
ja.gua.ti.ri.ca *s.f. B* felino de porte médio, pelagem amarela e branca com manchas pretas, que vive em florestas e alimenta-se de pequenos vertebrados ⊙ voz v.: rugir; subst.: rugido
ja.gun.ço *s.m.* **1** *B* homem violento contratado como guarda-costas de fazendeiro, senhor de engenho, político etc. **2** seguidor de Antônio Conselheiro (1828-1897) ☞ cf. a parte enciclopédica
ja.le.co *s.m.* guarda-pó curto us. por médicos, dentistas etc.
ja.mai.ca.no *adj.* **1** da Jamaica (América Central) ■ *s.m.* **2** natural ou habitante desse país
ja.mais *adv.* **1** nunca ⟨*j. se viu coisa como essa*⟩ **2** de modo algum ⟨*j. me peça tal coisa*⟩
ja.man.ta *s.f. B* **1** arraia de águas tropicais, com até 6,5 m de comprimento, de cabeça achatada **2** grande caminhão para cargas pesadas; carreta
jam.bei.ro *s.m.* árvore que produz jambo
jam.bo *s.m.* **1** árvore muito cultivada em várias regiões tropicais, como ornamental, e esp. pelos frutos comestíveis; jambeiro **2** fruto aromático, suculento e um pouco ácido dessa árvore ■ *adj.2g.2n.* **3** cuja cor lembra a desse fruto ou cuja tez é bem morena
jam.bo.lão [pl.: *-ões*] *s.m.* jamelão
jam.bu *s.m.* BOT erva nativa do Brasil (do AMAZ ao RJ), que se consome em saladas ou cozida, tem propriedades excitantes e é us. como analgésico em odontologia; tb. conhecida como agrião-do-pará
ja.me.gão [pl.: *-ões*] *s.m. B infrm.* assinatura, firma
ja.me.lão [pl.: *-ões*] *s.m.* árvore cuja casca contém tanino, a madeira é us. como lenha e seus pequenos frutos roxos são apreciados como comestíveis; jambolão
jan.dai.a *s.f.* ave brasileira, com cerca de 31 cm de comprimento, bico negro e plumagem laranja, amarela e verde ⊙ voz v.: grasnar; subst.: grasnada
ja.nei.ro *s.m.* o primeiro mês do ano no calendário gregoriano, composto de 31 dias
ja.ne.la *s.f.* **1** abertura em paredes ou no corpo de um veículo para dar passagem de luz e ar **2** INF quadro na tela dentro do qual se pode processar um documento, uma planilha, um banco de dados ou qualquer outra tarefa específica
jan.ga.da *s.f.* **1** balsa de pesca feita de paus roliços, mastro e vela **2** prancha flutuante para transportar carga, salvar náufragos etc.
jan.ga.dei.ro *s.m. B* **1** dono ou condutor de jangada **2** barco de pesca semelhante à jangada
jân.gal [pl.: *jângales*] ou **jân.ga.la** *s.m.* floresta selvagem, mata densa
ja.no.ta *adj.2g.s.2g.* **1** que(m) se mostra afetado no vestir **2** *p.ext.* que(m) chama a atenção pela elegância
jan.ta *s.f. infrm.* o jantar
jan.tar *v.* {mod. 1} *t.d. e int.* **1** comer (o jantar) ❑ *t.d. fig. infrm.* **2** levar vantagem sobre; superar ⟨*jantou o adversário*⟩ ■ *s.m.* **3** refeição feita no final do dia **4** conjunto dos pratos que compõem essa refeição
ja.pi.im ou **ja.pim** *s.m.* nome comum a diversas aves amazônicas, de porte médio e coloração negra e amarela ou vermelha, que constroem ninhos pendentes em forma de bolsa
ja.po.na *s.f.* casaco de lã grossa, ger. azul e com feitio de jaquetão
ja.po.nês *s.m.* **1** natural ou habitante do Japão (Ásia) **2** língua oficial desse país ■ *adj.* **3** relativo a esse país e a sua língua
ja.quei.ra *s.f.* árvore nativa da Ásia e muito cultivada no Brasil pelos grandes frutos de polpa comestível, amarela, doce e viscosa; jaca ⊙ COL jaqueiral
ja.que.ta \ê\ *s.f.* casaco curto, aberto à frente, na altura da cintura
ja.que.tão [pl.: *-ões*] *s.m.* paletó transpassado na frente com quatro ou seis botões
ja.ra.ra.ca *s.f.* **1** nome comum a diversas serpentes sul-americanas, muito venenosas, com cabeça triangular, em forma de lança, e cauda afilada **2** *infrm.* pessoa má, traiçoeira ou geniosa
ja.ra.ra.cu.çu *s.2g.* serpente venenosa de até 2 m de comprimento e coloração dorsal variável entre cinza, rosa, amarelo, marrom ou preto, com manchas triangulares marrom-escuras; surucucu, surucutinga
jar.da *s.f.* medida inglesa de comprimento equivalente a 91 cm [símb.: *yd*]
jar.dim *s.m.* terreno no qual se cultivam plantas ornamentais, arbustos, flores ⊙ GRAM/USO dim.irreg.: *jardinete, jardineto* ⊡ **j. botânico** *loc.subst.* grande ter-

reno aberto à visitação pública, no qual se cultivam plantas nativas e exóticas para estudo • **j. zoológico** *loc.subst.* parque com animais das mais diversas espécies e origens, aberto à visitação pública; zoo

jar.dim de in.fân.cia [pl.: *jardins de infância*] *s.m.* escola para crianças menores de seis anos

jar.dim de in.ver.no [pl.: *jardins de inverno*] *s.m.* varanda envidraçada, us. para cultivo de plantas sensíveis ou como lugar de lazer

jar.di.na.gem *s.f.* arte de cultivar e manter um jardim ~ **jardinar** *v.t.d. e int.*

jar.di.nei.ra *s.f.* **1** mulher que cuida de jardim **2** recipiente alongado us. para o cultivo de plantas ornamentais ou flores **3** *B* ônibus aberto com bancos paralelos **4** prato composto de diversos legumes picados, ger. acompanhados de carne **5** modelo de roupa com peitilho costurado à cintura e alças

jar.di.nei.ro *s.m.* quem cuida de jardins

jar.gão [pl.: *-ões*] *s.m.* linguagem própria de certos grupos ou profissionais

ja.ri.na *s.f. B* palmeira nativa da Amazônia cuja semente é us. no fabrico de botões, dados e pequenos objetos

ja.ri.ta.ta.ca *s.f. B* mamífero carnívoro de corpo negro, com cauda e duas faixas dorsais brancas, que se defende esguichando líquido fedorento produzido pelas glândulas anais; cangambá

jar.ra *s.f.* **1** recipiente com asa e bico para se colocar água, suco etc. **2** o conteúdo desse recipiente ⟨*tomar uma j. de suco*⟩ **3** vaso para flores

jar.re.te \ê\ *s.m.* **1** parte da perna que se situa atrás da articulação do joelho **2** nervo ou tendão da perna dos bois e cavalos

jar.ro *s.m.* **1** vaso alto, ger. com asa e bico, em que se põe água, vinho etc. **2** o conteúdo desse vaso ⟨*tomar um j. de vinho*⟩ **3** vaso para conter flores ou para decoração

jas.mim *s.m.* **1** nome comum de plantas cultivadas como ornamentais, com flores us. para aromatizar chá e para extração de óleo us. em perfumaria **2** a flor dessas plantas ~ **jasmineiro** *s.m.*

jas.pe *s.m.* variedade de pedra quartzo colorida us. como ornamental

ja.to *s.m.* **1** esguicho forte de gás, líquido, luz etc. que, sob pressão, passa em alta velocidade por buraco pequeno **2** esse gás, líquido, luz etc.

ja.to.bá *s.m.* grande árvore de frutos comestíveis cuja madeira é us. em construção civil e naval e de que se extrai resina conhecida como copal

¹ja.ú *s.m.* peixe ósseo, considerado um dos maiores de água doce do Brasil, de coloração parda e ventre esbranquiçado, que, quando fisgado, é capaz de arrastar a canoa por quilômetros [ORIGEM: do tupi *yaú* 'id.']

²ja.ú *s.m.* andaime us. em trabalhos externos, esp. em grandes alturas [ORIGEM: de *Jahu*, nome de um hidroavião]

jau.la *s.f.* **1** prisão com barras de ferro, esp. para feras; gaiola **2** *p.ext. infrm.* qualquer prisão ou cárcere

ja.va.li [fem.: *javalina*] *s.m.* porco selvagem de pelo cinza e áspero e grandes presas ⊙ voz v.: grunhir, roncar, rosnar; subst.: grunhido, ronco

ja.vé ou **i.a.vé** *s.m.* Jeová ☞ inicial maiúsc.

ja.zer *v.* {mod. 8} *int.* **1** estar deitado quase imóvel **2** estar ou parecer morto **3** estar enterrado

ja.zi.da *s.f.* depósito, no solo ou subsolo, de qualquer produto mineral ou fóssil com valor econômico; mina

ja.zi.go *s.m.* **1** lugar onde se enterram os cadáveres; sepultura **2** monumento funerário us. como sepultura para um ou mais mortos

jazz [ing.] *s.m.* música moderna de origem negro-americana, muito difundida após a guerra de 1914-1918, caracterizada pelo improviso e pelo suingue ⇨ pronuncia-se djéz

jê *s.m.* **1** família linguística do tronco macro-jê, falada por vários grupos indígenas do centro-sul brasileiro ■ *adj.2g.* **2** relativo a essa família

jeans [ing.] *s.m.2n.* **1** tecido de algodão durável, de trama grossa, como o brim, ger. de tom azul **2** calças ou qualquer roupa feita com esse tecido ■ *adj.2g.2n.* **3** feito desse tecido ⇨ pronuncia-se djins

je.ca *s.2g. B* **1** jeca-tatu ■ *adj.2g.* **2** que mora na roça; caipira **3** *p.ext.* que revela falta de refinamento; cafona

je.ca-ta.tu [pl.: *jecas-tatus*] *s.m. B* habitante do interior rural brasileiro, esp. da região centro-sul; jeca, caipira, matuto

je.gue *s.m. B* jumento

jei.ra *s.f.* **1** área que pode ser lavrada em um dia por uma junta de bois **2** extensão agrária que varia de 19 a 36 hectares

jei.to *s.m.* **1** forma particular; maneira, modo **2** aparência externa; aspecto **3** modo de ser, de atuar, de apresentar-se; caráter **4** disposição natural; aptidão ⟨*ter j. para a música*⟩ ⮌ inaptidão **5** ligeiro movimento; gesto ⟨*assentiu com um j. de cabeça*⟩ **6** torção em músculo ou tendão ⟨*dar um j. no pé*⟩ **7** *B infrm.* arrumação, arranjo ⮌ desarrumação **8** capacidade de ter seus defeitos ou falhas corrigidos; emenda, solução ⊡ **com j.** *loc.adv.* **1** com cautela ⟨*antes sonde o terreno, vá com j.*⟩ **2** *fig.* de modo delicado, cuidadoso ⟨*procure ser diplomático, fale com j.*⟩ • **dar um j.** *loc.vs. B* arrumar melhor • **sem j.** *loc.adj.* embaraçado, envergonhado

jei.to.so \ô\ [pl.: *jeitosos* \ó\] *adj.* **1** apto, capaz, habilidoso ⮌ inábil **2** cuja aparência é bela; atraente ⮌ desgracioso **3** adequado, apropriado ⮌ inadequado

je.je *s.2g.* **1** indivíduo dos jejes, povo que habita o Togo, Gana, Benin e regiões vizinhas, representado entre os escravos africanos trazidos para o Brasil **2** língua falada esp. em Togo e Gana ■ *adj.2g.* **3** relativo a esse indivíduo, povo ou língua

je.ju.ar *v.* {mod. 1} *int.* abster-se de alimentos durante certo período, por razões religiosas ou recomendação médica ~ **jejuador** *adj.s.m.*

je.jum *s.m.* **1** privação parcial ou total de alimento durante um certo tempo **2** *p.ext.* estado de quem não come desde o dia anterior ⟨*acordou e saiu em j.*⟩ **3** *fig.* abstinência ou privação física, moral ou intelectual

je.ju.no *adj.* **1** que está em jejum **2** que não sabe; ignorante ↻ sábio ■ *s.m.* **3** ANAT porção do intestino delgado entre o duodeno e o íleo

je.ni.pa.pei.ro *s.m.* árvore tropical das Américas, de madeira de qualidade, cuja casca contém tanino e cujo fruto (o jenipapo) é comestível e us. na produção de tinta preta

je.ni.pa.po *s.m.* **1** fruto do jenipapeiro, com polpa aromática de que se fazem doces, xaropes, bebidas etc., e de que se extrai tinta preta, us. pelos indígenas **2** jenipapeiro

je.o.vá *s.m.* Deus, no Antigo Testamento; Iavé, Javé ☞ inicial maiúsc.

je.qui.ti.bá *s.m.* nome comum a diversas árvores ger. de grande porte e madeira útil

je.re.ré *s.m.* **1** aparelho de pesca de cabo longo, us. ger. para apanhar crustáceos e peixes miúdos **2** sarna ■ *s.2g.* **3** pessoa maçante

je.ri.co *s.m.* **1** jumento ('animal') **2** *fig.* indivíduo pouco inteligente ⊙ COL jericada ⊙ VOZ v.: zurrar

je.ri.mum *s.m.* *B* abóbora ('fruto') ~ **jerimunzeiro** *s.m.*

jér.sei *s.m.* tecido de malha (de lã, seda, algodão ou fio sintético) maleável e escorregadio

je.su.í.ta *adj.2g.s.m.* (membro) da ordem católica Companhia de Jesus, fundada em 1540 ~ **jesuítico** *adj.*

je.tom *s.m.* remuneração dada aos membros de um colegiado por sessão a que comparecem

ji.a *s.f.* *B* rã

ji.boi.a \ói\ *s.f.* **1** grande serpente não venenosa, de dorso amarelo, castanho ou cinza, com manchas ovais avermelhadas, que mata suas presas por estrangulamento **2** planta cultivada como trepadeira ou como forração que, devido ao grande crescimento, pode sufocar as árvores nas quais se apoia

ji.boi.ar *v.* {mod. 1} *t.d. e int.* digerir (farta refeição) repousando

jin.ji.bir.ra *s.f.* **1** espécie de cerveja de gengibre e outros ingredientes **2** cachaça

ji.pe *s.m.* pequeno veículo de tração nas quatro rodas, próprio para terrenos acidentados

ji.rau *s.m.* *B* **1** estrado de madeira us. como cama, depósito de utensílios domésticos etc. **2** armação de madeira sobre a qual se constrói uma casa para evitar umidade **3** piso construído a meia altura de um recinto e do qual cobre parcialmente a área

jiu-jít.su *s.m.2n.* método japonês de defesa pessoal que envolve movimentos de destreza e habilidade e não de força física

jo.a.lhei.ro *s.m.* **1** pessoa que fabrica, conserta e/ou vende joias ■ *adj.* **2** relativo a joia ⟨*comércio j.*⟩

jo.a.lhe.ri.a *s.f.* ofício, arte ou estabelecimento de joalheiro

jo.a.ne.te \ê\ *s.m.* deformação crônica do dedo grande do pé, causada pela compressão do sapato

jo.a.ni.nha *s.f.* nome comum de pequenos besouros, de corpo redondo, convexo, com desenhos variados, considerados úteis por se alimentarem de parasitas de plantas

jo.a.ni.no *adj.* relativo a João, Joana, a alguns reis de nome João, ou a São João

jo.ão-de-bar.ro [pl.: *joões-de-barro*] *s.m.* *B* nome comum de aves que constroem ninho de barro em forma de forno

jo.ão-nin.guém [pl.: *joões-ninguém*] *s.m.* indivíduo sem importância, sem peso social ou poder econômico; borra-botas

jo.ão-pes.ta.na [pl.: *joões-pestanas*] *s.m.* *infrm.* vontade de dormir; sono

jo.ça *s.f.* *B* *infrm.* **1** coisa ordinária, ruim ou malfeita, ou que se pensa ser complicada **2** qualquer coisa desconhecida

jo.co.si.da.de *s.f.* **1** característica do que é jocoso ⟨*alegrava as festas com sua j.*⟩ **2** dito, gesto ou expressão jocosa; gracejo, chiste

jo.co.so \ô\ [pl.: *jocosos* \ó\] *adj.* que provoca o riso; engraçado ↻ chato

jo.ei.ra *s.f.* peneira para separar o trigo do joio e de outras sementes com que está misturado

jo.ei.ra.do.ra \ô\ *s.f.* máquina us. para joeirar os grãos de trigo

jo.ei.rar *v.* {mod. 1} *t.d.* **1** passar (o trigo) pela joeira **2** *p.ext.* passar (qualquer cereal ou produto) pela peneira; peneirar **3** *fig.* fazer seleção em, separando o bom do mau; escolher ~ **joeiramento** *s.m.*

jo.ei.rei.ro *s.m.* **1** fabricante de joeiras **2** quem executa a operação de joeirar

jo.e.lhei.ra *s.f.* peça de tecido elástico ou de couro que protege o joelho (de jogadores, dançarinos, cavalos etc.)

jo.e.lho \ê\ *s.m.* **1** região exterior da perna que corresponde a sua articulação com a coxa **2** *p.ext.* parte da roupa que corresponde a essa região do corpo ⟨*a calça rasgou no j.*⟩

jo.ga.da *s.f.* **1** cada lance de um jogo ⟨*o gol surgiu de uma j. excelente*⟩ **2** *fig.* negócio bem elaborado, que envolve riscos, e cuja finalidade é obter grandes lucros e vantagens ⟨*o casamento secreto foi uma j. de* marketing⟩

jo.ga.dor \ô\ *adj.s.m.* **1** que ou aquele que joga ⟨*mulheres j.*⟩ ⟨*um bom j. de xadrez*⟩ **2** que ou aquele que tem por profissão jogar ⟨*peça ao seu irmão j. um autógrafo para mim*⟩ ⟨ *alguns j. de basquete ganham muito bem*⟩ **3** que ou aquele que tem o vício do jogo (de azar) ⟨*sentia vergonha por ter um pai j.*⟩ ⟨*era um j. compulsivo*⟩

jo.gar *v.* {mod. 1} *t.d. e int.* **1** divertir-se, entreter-se com (um jogo qualquer) **2** praticar (esporte, ger. de equipe) **3** mover(-se) de um para outro lado; agitar(-se), oscilar ❑ *t.d. e t.d.i.* **4** (prep. *em*) apostar (algo) [em jogo de azar] **5** (prep. *em*) deslocar pelo ar até certo ponto, usando força muscular ou alguma arma; atirar, arremessar ❑ *t.i. e t.d.i.* **6** (prep. *em*) apostar em (certo número, certo bicho etc.) nos jogos de azar ❑ *int.* **7** ter vício do jogo ❑ *t.d.* *fig.* **8** expor à sorte; arriscar ❑ *t.i. fig.* **9** (prep. *em*) fazer opção por; investir, apostar ❑ *pron.* **10** deixar-se cair; saltar, pular

jo.ga.ti.na *s.f.* **1** vício do jogo **2** atividade de jogo intensa e prolongada, esp. de jogos de azar (com baralho, dados etc.)

jo.go \ô\ [pl.: *jogos* \ó\] *s.m.* **1** nome comum a certas atividades cuja natureza ou finalidade é recreativa; diversão, entretenimento **2** competição física ou mental sujeita a uma regra ⟨*j. de cartas, de xadrez, de tênis*⟩ **3** atuação de um jogador ⟨*fazer um bom j.*⟩ **4** instrumento ou equipamento us. para jogar ⟨*faltam peças no meu j. de damas*⟩ **5** conjunto de objetos de mesma natureza ou de uso afim ⟨*j. de cama*⟩ **6** *pej.* esquema ou manobra ilegal ou de correção questionável; manha ⊡ **j. de azar** *loc.subst.* aquele que depende só ou mais da sorte que de habilidade ou cálculo do jogador • **j. de cintura** *loc.subst. B infrm.* **1** elasticidade física e destreza de jogador **2** *fig.* flexibilidade na solução de problemas • **j. do bicho** *loc.subst. B* modalidade ilegal de loteria popular em que se aposta no nome de um animal; bicho

jo.go da ve.lha [pl.: *jogos da velha*] *s.m.* jogo em que cada um de dois jogadores, alternadamente, marca um sinal (O ou X) em alguma das nove casas de uma figura em forma de grade, com o objetivo de alinhar uma série ininterrupta de três casas com o seu sinal

jo.gral *s.m.* **1** trovador medieval dos palácios e praças públicas **2** *B* cada um de um grupo que declama textos literários em coro, alternando canto e fala, partes individuais e coletivas **3** *B* poema ou texto interpretado dessa forma ~ **jogralesco** *adj.*

jo.gue.te \ê\ *s.m.* **1** objeto para brincar ou brincadeira; brinquedo **2** *fig.* objeto de zombaria **3** *fig.* pessoa que se deixa manipular

joi.a \ói\ *s.f.* **1** objeto de metal precioso finamente trabalhado, us. como acessório de vestuário, adorno de pescoço, orelhas etc. **2** *fig.* pessoa ou coisa muito boa e querida ■ *adj.2g. B infrm.* **3** muito bom ⊃ péssimo

joi.o \ô\ *s.m.* **1** planta daninha às plantações, esp. às de trigo, por seus frutos serem infestados de fungos **2** a semente dessa planta **3** *p.ext.* pessoa, coisa ou fenômeno prejudicial ao meio em que vive

jo.jo.ba *s.f.* arbusto de cuja semente se extrai óleo us. em cosméticos, rações, fertilizantes etc.

jon.go *s.m.* dança de roda de origem africana do tipo batuque ou samba; caxambu

jô.ni.co *adj.s.m.* jônio

jô.nio *s.m.* **1** natural ou habitante da Jônia, antiga colônia grega **2** dialeto do grego antigo falado nessa região ■ *adj.* **3** relativo a essa região e a seu dialeto

jó.quei [fem.: *joqueta*] *s.m.* cavaleiro que monta cavalos de corridas; ginete

jor.da.ni.a.no *adj.* **1** da Jordânia (Ásia) ■ *s.m.* **2** natural ou habitante desse país

jor.na.da *s.f.* **1** trajeto percorrido num dia **2** caminhada; viagem **3** duração diária de trabalho **4** dia assinalado por algum acontecimento ou circunstância notável ⟨*j. de luta*⟩ **5** esforço para superar obstáculos ou dificuldades ⟨*uma j. cívica inesquecível*⟩

jor.nal *s.m.* **1** publicação diária, com notícias, entrevistas etc.; gazeta, periódico **2** *p.ext.* qualquer periódico ⟨*o j. de uma associação*⟩ **3** noticiário de tv, rádio ⊙ COL hemeroteca

jor.na.lei.ro *s.m.* quem trabalha em venda de jornais

jor.na.lis.mo *s.m.* **1** atividade profissional que coleta, investiga, analisa e transmite informações da atualidade, através de jornal, revista, rádio, televisão etc. **2** conjunto dos jornais ou dos jornalistas; imprensa ~ **jornalístico** *adj.*

jor.na.lis.ta *adj.2g.s.2g.* profissional do jornalismo

jor.rar *v.* {mod. 1} *t.d. e int.* **1** lançar ou sair com jato forte (líquido); brotar ❑ *int. fig.* **2** fluir com abundância; emanar ⟨*jorram da mente muitas ideias*⟩ ❑ *t.d. fig.* **3** externar, emitir ⟨*j. otimismo*⟩

jor.ro \ô\ *s.m.* **1** jato forte de um líquido **2** *p.ext.* porção de líquido que sai de uma só vez ⟨*j. de vômito*⟩ **3** emissão súbita e intensa de raios luminosos ~ **jorramento** *s.m.*

jo.ta *s.m.* o nome da letra *j*

jou.le \jau *ou* ju\ *s.m.* FÍS unidade de medida de energia definida como o trabalho realizado por uma força com grandeza de um newton quando o ponto em que a força é aplicada se desloca um metro na direção da força [símb.: *J*]

jo.vem *adj.2g.s.2g.* **1** que(m) está na juventude, período de vida entre a infância e a idade adulta; adolescente **2** que(m) mantém o vigor e o frescor da juventude ■ *adj.2g.* **3** próprio da juventude ⟨*moda j.*⟩ **4** que tem pouca idade ou pouco tempo de existência ⟨*j. trabalhador*⟩ ⟨*empresa j.*⟩ ⊃ antigo ⊙ GRAM/USO nas acp. adj., sup.abs.sint.: *juveníssimo*

jo.vi.al *adj.2g.* **1** que tem e mostra alegria; contente ⊃ infeliz **2** que tem graça; espirituoso ⟨*conversa j.*⟩ ⊃ insípido ~ **jovialidade** *s.f.*

joy.stick [ing.; pl.: *joysticks*] *s.m.* em jogos de computador e vídeo, dispositivo com alavancas e botões para controle de movimentos na tela ⇨ pronuncia-se **djóistic**

JPEG [ing.] *s.m.* INF tipo de arquivo de imagens baseado em compressão de dados ⇨ pronuncia-se correntemente **jóta pég**

JPG [ing.] *s.m.* JPEG ⇨ pronuncia-se **jóta pê gê**

ju.á *s.m.* **1** árvore da caatinga, de fruto comestível e medicinal; juazeiro **2** fruto amarelo dessa árvore, de casca amarga, us. contra febre

ju.a.zei.ro *s.m.* juá ('árvore')

ju.ba *s.f.* **1** crina de leão **2** *p.ext.* vasta cabeleira

[1]**ju.bi.lar** *v.* {mod. 1} *t.d., int. e pron.* **1** (fazer) sentir intensa alegria ou contentamento; regozijar(-se) ❑ *t.d. e pron.* **2** aposentar(-se) do serviço público ou magistério ❑ *t.d.* **3** retirar de (alguém) o direito à matrícula em curso, instituição [ORIGEM: do lat. *jubilāre* 'dar gritos de alegria'] ~ **jubilação** *s.f.*

[2]**ju.bi.lar** *adj.2g.* referente a jubileu ⟨*festa j.*⟩ [ORIGEM: *jubil(eu)* + [1]*-ar*]

ju.bi.leu *s.m.* **1** entre os antigos hebreus, solenidade pública de perdão de dívidas e penas a cada 50 anos **2** entre os católicos, perdão papal concedido em data especial **3** festa de aniversário de 50 anos

jú.bi.lo *s.m.* extrema alegria ↄ tristeza ~ **jubiloso** *adj.*

ju.ça.ra *s.f.* palmeira com palmito de excelente qualidade e cuja seiva é us. na produção de álcool e tb. para estancar o sangue e secar feridas

ju.cun.do *adj.* **1** que mostra alegria; feliz, jovial ⟨*olhar j.*⟩ ↄ triste **2** agradável, aprazível ↄ desagradável ~ **jucundidade** *s.f.*

ju.dai.co *adj.* relativo a judeus ou a judaísmo; judeu

ju.da.ís.mo *s.m.* **1** a religião, a civilização e a cultura judaicas **2** o conjunto dos indivíduos que professam essa religião

ju.da.i.zar *v.* {mod. 2} *t.d. e int.* (fazer) seguir religião, práticas, preceitos judaicos

ju.deu [fem.: *judia*] *adj.s.m.* **1** (natural ou habitante) da Judeia, região da Palestina (Oriente Médio) **2** (indivíduo) nascido de mãe judia ou de pais judeus **3** REL que(m) segue a religião e/ou a tradição judaica; israelita, hebreu **4** *pej.* (indivíduo) avarento ☞ esta acp. preconceituosa resulta de certas atividades ligadas a dinheiro, proibidas aos cristãos na Idade Média, mas não aos judeus ■ *adj.* **5** judaico ⊙ COL judaicidade, judeidade

ju.di.ar *v.* {mod. 1} *int.* **1** seguir a religião e lei judaicas; judaizar ❑ *t.i. pej.* **2** (prep. *com*) tratar com escárnio; zombar ↄ respeitar **3** (prep. *de*) causar sofrimento físico ou moral a; maltratar ☞ estas duas acp. preconceituosas resultam de antiga tradição antissemita de origem europeia

ju.di.a.ri.a *s.f.* **1** grande número de judeus **2** *fig.* ato de maltratar alguém, física ou moralmente; judiação ☞ esta acp. preconceituosa resulta de antiga tradição antissemita de origem europeia

ju.di.ca.tu.ra *s.f.* **1** função, ofício ou dignidade de juiz; magistratura **2** o poder judiciário **3** *B* o corpo de juízes de um país; magistratura

ju.di.ci.al *adj.2g.* **1** relativo a juízo **2** judiciário

ju.di.ci.á.rio *adj.* **1** relativo à organização da justiça ou a juiz; judicial ■ *s.m.* **2** o poder da justiça e de juiz ☞ nesta acp., tb. us. com inicial maiúsc.

ju.di.ci.o.so \ô\ [pl.: *judiciosos* \ó\] *adj.* **1** inteligente e justo em seus julgamentos **2** acertado, sensato ↄ imprudente **3** *fig.* sério, crítico ⟨*tom j.*⟩ ↄ maroto

ju.dô *s.m.* luta corporal baseada nos fundamentos do antigo jiu-jítsu

ju.do.ca *s.2g. B* quem pratica judô

ju.glan.dá.cea *s.f.* BOT espécime das juglandáceas, família de árvores e arbustos aromáticos, cultivados como ornamentais, pela madeira e por seus frutos com sementes comestíveis, como a noz e a pecã ~ **juglandáceo** *adj.*

ju.go *s.m.* **1** canga de bois **2** *p.ext.* parelha de bois **3** *fig.* sujeição imposta pela força ou autoridade; opressão ↄ submissão

ju.gu.lar *s.f.* **1** nome comum a quatro veias do pescoço que levam o sangue da cabeça ou do braço para o coração ■ *adj.2g.* **2** relativo à região do pescoço acima da clavícula

ju.iz [fem.: *juíza*] *s.m.* **1** quem tem autoridade pública e poder para julgar, na qualidade de administrador da Justiça do Estado **2** *p.ext.* quem tem poder de julgar **3** *p.ext.* quem é encarregado de constatar faltas e aplicar o regulamento de um jogo esportivo; árbitro ⊙ COL conselho, magistratura, tribunal ▣ **j. de direito** *loc.subst.* aquele que é togado e administra a justiça em primeira instância • **j. de fato** *loc.subst.* cidadão escolhido para compor o tribunal do júri e que julga segundo a prova dos autos e segundo o direito

ju.i.za.do *s.m.* **1** cargo ou função de juiz **2** local de trabalho de juiz

ju.í.zo *s.m.* **1** ato ou processo de avaliar os seres e as coisas, ou o seu efeito **2** faculdade intelectual que avalia com correção, discernimento, bom senso ↄ loucura **3** opinião sobre alguém ou algo; avaliação, parecer **4** *infrm.* mente, pensamento ⟨*não me sai do j. aquela pobre figura*⟩ **5** órgão do poder judiciário em que o juiz ou o tribunal exercem suas atribuições

ju.ju.ba *s.f.* **1** nome comum a árvores cultivadas por suas folhagens vistosas e frutos comestíveis, de uso medicinal **2** o fruto dessas árvores **3** *B* pequena guloseima feita de açúcar, amido, essência e corante; bala de goma

ju.jút.su *s.m.* jiu-jítsu

jul.ga.men.to *s.m.* **1** a sentença de um juiz, de um tribunal **2** audiência de um tribunal perante o juiz **3** juízo, parecer

jul.gar *v.* {mod. 1} *t.d.* **1** tomar decisão sobre (algo), na qualidade de juiz **2** decidir, após reflexão; considerar ⟨*julgou que o melhor era desistir*⟩ ❑ *t.d. e t.d.pred.* **3** pronunciar sentença (a); sentenciar **4** emitir parecer, opinião sobre; avaliar, considerar ❑ *t.d.,t.d.pred. e pron.* **5** ter certa ideia, opinião sobre (si ou outrem); supor(-se), considerar(-se) ~ **julgador** *adj.s.m.*

ju.lho *s.m.* o sétimo mês do ano no calendário gregoriano, composto de 31 dias

ju.li.a.na *s.f.* sopa que se prepara com legumes picados e ervas

[1]ju.li.a.no *adj.* relativo a Júlio César e à sua época (101 a.C.- 44 a.C.) ⟨*calendário j.*⟩ ☞ cf. a parte enciclopédica [ORIGEM: lat. *juliānus,a,um* 'relativo a Júlio César']

[2]ju.li.a.no *adj.* feito com legumes e ervas cortados em pedaços ⟨*sopa j.*⟩ [ORIGEM: prov. do antr. *Júlia* + *-ano*]

ju.men.to *s.m.* **1** animal mamífero semelhante ao cavalo, mas ger. de menor tamanho e orelhas mais longas, com pelagem cinza ou marrom; asno, burro, jegue, jerico **2** *fig. infrm.* indivíduo pouco inteligente ↄ erudito, gênio **3** *fig. infrm.* indivíduo muito grosseiro ⊙ COL jumentada, récova, récua ⊙ VOZ v.: zurrar; subst.: zurro

jun.ção [pl.: *-ões*] *s.f.* **1** reunião de seres ou coisas (concretas ou abstratas) ↄ desunião **2** ponto em que duas ou mais coisas coincidem ou se juntam; confluência ⟨*j. de caminhos*⟩

jun.car *v.*{mod. 1} *t.d.* **1** cobrir com junco **2** cobrir de ramos, flores, folhas **3** estar espalhado ou espalhar em quantidade sobre

jun.co *s.m.* nome de várias plantas nativas de regiões úmidas, algumas cultivadas como ornamentais ou para extração de fibras, us. em trabalhos trançados

jun.gir *v.*{mod. 24} *t.d. e t.d.i.* **1** (prep. *a*) promover a junção de; unir, ligar ↄ separar **2** (prep. *a*) emparelhar (animais) por meio do jugo **3** (prep. *a*) submeter através da força; subjugar, dominar

ju.nho *s.m.* o sexto mês do ano no calendário gregoriano, composto de 30 dias

ju.ni.no *adj. B* relativo ao mês de junho ou ao que se realiza nesse mês ⟨*festas j.*⟩

jú.ni.or [pl.: *juniores* \ô\] *adj.s.m.* **1** que(m) é mais jovem em relação a outro ↄ sênior **2** que(m) é iniciante em certa profissão ou atividade ↄ sênior ■ *s.m.* **3** o mais jovem de dois parentes homônimos **4** atleta com idade ger. entre 17 e 19 anos ↄ sênior

jun.qui.lho *s.m.* planta de flores amarelo-douradas, muito perfumadas, nativa da Europa e cultivada como ornamental

jun.ta *s.f.* **1** ação de unir entre si, de forma natural, caminhos, rios etc., ou, de forma artificial, peças, barras etc., ou o seu efeito ↄ separação **2** ponto em que duas ou mais coisas se unem; confluência **3** conjunto de dois animais, esp. de carga; par, parelha **4** articulação de dois ossos **5** reunião de pessoas com determinada missão; assembleia, comissão ⟨*j. médica*⟩

jun.ta.da *s.f.* DIR ato judicial que anexa ao processo petições, laudos, provas etc.

jun.tar *v.*{mod. 1} *t.d.,t.d.i.,int. e pron.* **1** (prep. *a, com*) pôr(-se) junto; reunir(-se), unir(-se) ❑ *t.d.i.* **2** (prep. *a*) acrescentar, adicionar ❑ *t.d.* **3** recolher, apanhar ⟨*j. as frutas caídas do pé*⟩ **4** colecionar ⟨*j. selos*⟩ **5** acumular ⟨*j. dinheiro*⟩ ❑ *int. e pron. B* **6** casar-se sem registro legal; amigar-se ⊙ GRAM/USO part.: *juntado, junto* ~ **juntura** *s.f.*

jun.to *adj.* **1** posto em contato físico com algo ou alguém; unido ⟨*pés j.*⟩ ↄ afastado **2** próximo, chegado ⟨*os carros estão j.*⟩ ↄ distante **3** em companhia de; reunido, unido ↄ disperso **4** adicionado, somado ⟨*tinha mais dinheiro do que seus irmãos j.*⟩ ■ *adv.* **5** juntamente ⟨*saíram j. com a mãe*⟩ **6** ao lado; perto ⟨*chegou j. ao pai*⟩ ↄ longe ⊙ GRAM/USO part. de *juntar*

jú.pi.ter *s.m.* nome do quinto e maior planeta do sistema solar ☞ inicial maiúsc.; cf. *Júpiter* na parte enciclopédica

ju.ra *s.f.* **1** ato de jurar; juramento **2** praga, maldição

ju.ra.do *s.m.* **1** membro do tribunal de júri ou de um júri de premiação ■ *adj.* **2** declarado solenemente **3** *B* ameaçado de agressão ou morte

ju.ra.men.tar *v.*{mod. 1} *t.d.* **1** tomar juramento de ⟨*j. uma testemunha*⟩ **2** obrigar a realizar juramento **3** declarar ou revelar sob juramento

ju.ra.men.to *s.m.* **1** afirmação ou promessa solene pela qual alguém se obriga a dizer a verdade **2** fórmula us. para jurar **3** compromisso solene; promessa ⟨*esqueceu o j. e contou o segredo*⟩

ju.rar *v.*{mod. 1} *t.d. e t.d.i.* **1** (prep. *a*) assegurar, declarar ou prometer sob juramento **2** (prep. *a*) afirmar com certeza; afiançar, asseverar ❑ *int.* **3** prestar ou proferir juramento ❑ *t.d.* **4** chamar, invocar (nome sagrado) ❑ *t.i.* **5** (prep. *contra*) dirigir pragas a; praguejar

ju.rás.si.co *s.m.* **1** segundo período geológico da era Mesozoica, entre o Triássico e o Cretáceo, caracterizado pelo surgimento de animais de transição entre répteis e aves ☞ inicial maiúsc. ■ *adj.* **2** desse período

ju.re.ma *s.f.* **1** árvore nativa do Brasil, de caule tortuoso, casca malhada, cuja madeira é us. em marcenaria e obras internas **2** *B* bebida preparada com a casca, raiz ou fruto dessa planta, us. como alucinógeno em rituais religiosos

jú.ri *s.m.* **1** tribunal formado por juiz e cidadãos previamente selecionados **2** comissão julgadora em concursos, mostras competitivas etc.

ju.rí.di.co *adj.* **1** relativo a direito **2** que se faz por via da justiça; lícito, legal ↄ ilícito ~ **juridicidade** *s.f.*

ju.ris.con.sul.to *s.m.* jurista que dá consultas e pareceres

ju.ris.di.ção [pl.: *-ões*] *s.f.* **1** poder legal de um Estado para editar leis e ministrar a justiça **2** poder legal de certas pessoas e órgãos de administrar a justiça **3** território no qual uma autoridade exerce o poder judiciário **4** *fig.* campo de atuação, de trabalho, de domínio etc. de alguém, de uma instituição etc.; alçada ~ **jurisdicional** *adj.2g.*

ju.ris.pru.dên.cia *s.f.* DIR **1** ciência do direito e das leis **2** conjunto das decisões e interpretações das leis feitas pelos tribunais superiores, adaptando as normas aos fatos ~ **jurisprudencial** *adj.2g.*

ju.ris.ta *s.2g.* especialista em direito que dá consultas e pareceres; jurisconsulto

ju.ri.ti *s.f. B* ave de plumagem marrom, da família das pombas e rolas, de canto agradável ⊙ VOZ v: arrulhar; subst.: arrulho

ju.ro *s.m.* **1** quantia cobrada sobre empréstimo, crediário etc. **2** *fig.* prêmio, recompensa ⟨*os j. de uma boa ação*⟩ ☞ em todas as acps., mais us. no pl.

ju.ru.be.ba *s.f.* nome comum a várias plantas cujas raízes e frutos amargos são us. contra a icterícia e a febre

ju.ru.pa.ri *s.m.* **1** entidade sobrenatural indígena presente nos rituais de iniciação masculina **2** REL entre missionários católicos do séc. XVI, o diabo

ju.ru.ru *adj.2g. B* **1** que perdeu a alegria; triste, melancólico ↄ alegre **2** diminuído no poder, na força ou no ânimo; prostrado ↄ animado

jus *s.m.* direito legal para impor medida, procedimento etc. ⊡ **fazer j. a** *loc.vs.* **1** dar o direito **2** ser merecedor de algo

justa– *pref.* 'posição ao lado': *justapor*

jus.ta *s.f.* **1** torneio medieval entre dois cavaleiros armados de lanças; torneio **2** *p.ext.* competição, disputa em qualquer área

jus.ta.por *v.* {mod. 23} *t.d.,t.d.i. e pron.* (prep. *a*) pôr(-se) junto, próximo (a) ⊙ GRAM/USO part.: *justaposto*

jus.ta.po.si.ção [pl.: *-ões*] *s.f.* **1** GRAM situação de vizinhança ou proximidade entre duas coisas, sem que nada as separe **2** reunião de palavras distintas em uma única nova palavra, sem perda fonética (p.ex.: *madrepérola*) ☞ cf. *aglutinação* e *composição*

jus.tar *v.* {mod. 1} *int.* entrar em justa; lutar, combater

jus.te.za \ê\ *s.f.* **1** qualidade do que é justo, legítimo, exato **2** exatidão na determinação de medida, peso, valor etc. ↄ imprecisão

jus.ti.ça *s.f.* **1** princípio e atitude que consiste no respeito aos direitos de cada um e na atribuição daquilo que é devido a cada pessoa ↄ injustiça **2** aplicação do direito e das leis nas resoluções de brigas, atribuição de penas etc. ⟨*a j. é lenta, mas funciona*⟩ **3** conjunto de órgãos e jurisdições do poder judiciário ⟨*entregar o caso à J.*⟩ ☞ nesta acp., inicial ger. maiúsc.

jus.ti.çar *v.* {mod. 1} *t.d.* punir com tortura ou com morte

jus.ti.cei.ro *adj.s.m.* **1** que(m) luta pela justiça **2** que(m) se acha no direito de fazer justiça pelas próprias mãos ■ *adj.* **3** severo e implacável na aplicação da lei

jus.ti.fi.car *v.* {mod. 1} *t.d. e pron.* **1** provar a inocência (de), livrando(-se) da culpa imputada; explicar(-se) **2** provar em juízo **3** tornar(-se) ou ser justo, necessário, cabível; legitimar(-se) ⟨*isso explica mas não justifica o crime*⟩ ⟨*o assassinato só se justifica em legítima defesa*⟩ ❑ *t.d.* **4** dar fundamento a; explicar ⟨*j. uma teoria com a prática*⟩ **5** compor (as linhas de um texto) na mesma medida, com alinhamento à esquerda e à direita ~ **justificação** *s.f.*

jus.ti.fi.ca.ti.va *s.f.* causa, prova ou documento que comprova a verdade de um fato, de uma afirmação ou a justiça de uma ação

jus.ti.fi.cá.vel *adj.2g.* que pode ser justificado

jus.to *adj.* **1** que está em conformidade com a justiça ⟨*sociedade j.*⟩ ↄ injusto **2** que respeita o direito de cada indivíduo, a lei ⟨*decisão j.*⟩ ↄ injusto **3** que tem grande rigor; preciso, exato ⟨*balança j.*⟩ ↄ inexato **4** que se apoia em boas razões; fundado, legítimo ⟨*j. indignação*⟩ ↄ infundado **5** que se ajusta bem; apertado, estreito ⟨*saia j.*⟩ ↄ frouxo ■ *s.m.* **6** quem age pelas normas da justiça e da moral ⟨*dormir o sono dos j.*⟩ ■ *adv.* **7** justamente ⟨*ele é j. a pessoa de que preciso*⟩ **8** no momento preciso ⟨*j. quando íamos sair, ele chegou*⟩

ju.ta *s.f.* **1** nome comum a plantas cultivadas para produção de fibras us. na indústria têxtil **2** o tecido feito com essa fibra

ju.ve.nil *adj.2g.* **1** relativo a juventude ↄ senil **2** que tem características próprias da juventude; jovem ⟨*comportamento j.*⟩ ↄ senil **3** constituído por jovens e adolescentes ou que a eles se destina ⟨*campeonato j.*⟩ ~ **juvenilidade** *s.f.*

ju.ven.tu.de *s.f.* **1** período da vida do ser humano entre a infância e o desenvolvimento pleno de seu organismo; mocidade **2** o conjunto das pessoas jovens; mocidade ⟨*a j. brasileira*⟩ **3** *fig.* caráter do que revela frescor, brilho ⟨*a j. de espírito*⟩

K K k Kk Kk Kk Kk Kk

C. 200 A.C. C. 100 A.C. C. 800 C.1500 C.1800 1890 1927 2001

k *s.m.* **1** 11ª letra (consoante) do nosso alfabeto, us. em símbolos internacionais, em abreviaturas universalmente consagradas, em termos estrangeiros, em etnônimos brasílicos e em derivados de nomes próprios dos quais consta essa letra ■ *n.ord. (adj.2g.2n.)* **2** diz-se do 11º elemento de uma série ⟨*casa K*⟩ ⟨*item 1k*⟩ ☞ empr. posposto a um substantivo ou numeral ⊙ GRAM/USO na acp. s.m., pl.: *kk*

K 1 símbolo de *kelvin* **2** símbolo de *potássio*

kaf.ki.a.no *adj.* **1** relativo ao escritor Franz Kafka ou a sua obra ☞ cf. a parte enciclopédica **2** cujo absurdo sugere a atmosfera da obra de Kafka (diz-se de situação, obra artística etc.) ■ *s.m.* **3** estudioso ou admirador da obra de Kafka

kan.ti.a.no *adj.* **1** relativo ao pensador Immanuel Kant ou à sua filosofia ☞ cf. a parte enciclopédica **2** admirador ou conhecedor do pensamento de Kant ou de sua obra ⟨*filósofo k.*⟩ ■ *s.m.* **3** estudioso ou continuador da filosofia de Kant

kar.de.cis.mo *s.m.* doutrina formulada por Allan Kardec, pseudônimo do escritor Hippolyte Léon Denizard Rivail ☞ cf. *Kardec* na parte enciclopédica ~ **kardecista** *adj.2g.s.2g.*

kart [ing.; pl.: *karts*] *s.m.* carro de corrida de pequenas dimensões ⇨ pronuncia-se cart ~ **kartódromo** *s.m.*

kb símbolo de *kilobit*

kB símbolo de *kilobyte*

Kel.vin *s.m.* FÍS unidade de temperatura no Sistema Internacional de medidas, definida como 1/273,16 da temperatura termodinâmica do ponto triplo da água [símb.: *K*]

ketch.up [ing.] *s.m.* molho de tomate temperado, levemente adocicado ⊙ GRAM/USO em ing., invariável ⇨ pronuncia-se **quétxâp**

Kevlar ® [ing.] fibra de aramida ⇨ pronuncia-se quévlar

kg símbolo de *quilograma*

kHz símbolo de *quilo-hertz*

ki.butz [heb.] *s.m.* pequena comunidade israelense economicamente autônoma, em que os meios de produção e a administração são coletivos ⊙ GRAM/USO em heb., pl.: *kibutzim* ⇨ pronuncia-se quibuts

ki.lo.bit [ing.; pl.: *kilobits*] *s.m.* múltiplo do *bit*, que vale 1.024 *bits* [símb.: *kb*] ⇨ pronuncia-se **kilobit**

ki.lo.by.te [ing.; pl.: *kilobytes*] *s.m.* múltiplo do *byte*, que vale 1.024 *bytes* [símb.: *kB*] ⇨ pronuncia-se **kilobait**

kit [ing.; pl.: *kits*] *s.m.* **1** conjunto de peças que atendem juntas a um mesmo fim ⟨*k. de primeiros socorros*⟩ **2** *p.ext.* estojo que abriga esse conjunto ⇨ pronuncia-se quit

ki.wi [ing.; pl.: *kiwis*] *s.m.* fruta oval de casca peluda fina e marrom, polpa verde e pequenas sementes pretas ⇨ pronuncia-se **quiui**

kl símbolo de *quilolitro*

km símbolo de *quilômetro*

know-how [ing.] *s.m.* **1** conhecimento de normas e procedimentos necessários à realização de função ou tarefa **2** *p.ext.* habilidade adquirida pela experiência; saber prático ⊙ GRAM/USO em ing,. invariável ⇨ pronuncia-se **nôu rau**

ko.sher [iídiche] *adj.2g.2n.* **1** que é permitido pela lei judaica (diz-se de alimento) **2** que se comporta de acordo com a lei judaica ⟨*pessoa* k.⟩ ⇨ pronuncia-se côxer
Kr símbolo de *criptônio*
ku.wai.ti.a.no ou **ku.wei.ti.a.no** *adj.* **1** do Kuwait, tb. dito Kuweit (Ásia) ■ *s.m.* **2** natural ou habitante desse país
kW símbolo de *quilowatt*
kWh símbolo de *quilowatt-hora*

l *s.m.* **1** 12ª letra (consoante) do nosso alfabeto ■ *n.ord. (adj.2g.2n.)* **2** diz-se do 12º elemento de uma série ⟨*casa L*⟩ ⟨*item 1l*⟩ ☞ empr. posposto a um substantivo ou numeral ▲ **3** símbolo de *litro* ⊙ GRAM/USO na acp. s.m., pl.: *ll*

L. abreviatura de *leste* ou *este* ('região')

La símbolo de *lantânio*

¹lá *adv.* **1** naquele lugar; ali ⟨*lá, os costumes são outros*⟩ ⊃ aqui **2** em tempo afastado (passado ou futuro) ⟨*até lá, tudo pode mudar*⟩ ⊃ agora [ORIGEM: do port. arcaico *alá*]

²lá *s.m.* nota musical [ORIGEM: do it. *la* 'id.']

lã *s.f.* **1** pelo espesso, frisado e macio que cobre o corpo de certos animais (carneiro, alpaca etc.) **2** tecido feito desse pelo

la.ba.re.da \ê\ *s.f.* língua de fogo

lá.ba.ro *s.m. frm.* bandeira

la.béu *s.m.* desonra ⊃ glória

lá.bia *s.f.* manha, ardil, esp. conversa para convencer e persuadir

la.bi.al *adj.2g.* relativo a lábio(s)

lá.bil *adj.2g.* **1** que desliza facilmente **2** variável ou adaptável ⊃ permanente ~ **labilidade** *s.f.*

lá.bio *s.m.* ANAT **1** parte carnuda que faz o contorno externo da boca **2** cada uma das dobras que circundam a vulva ⊡ **l. leporino** *loc.subst.* MED deformação congênita caracterizada por uma fenda entre o lábio superior e a base do nariz

¹la.bi.o.so \ô\ [pl.: *labiosos* \ó\] *adj.* que tem lábios grandes; beiçudo [ORIGEM: do lat. *labiōsus,a,um* 'id.']

²la.bi.o.so \ô\ [pl.: *labiosos* \ó\] *adj.* cheio de lábia [ORIGEM: *lábia* + *-oso*]

la.bi.rín.ti.co *adj.* **1** referente a ou que lembra um labirinto **2** ANAT relativo ao labirinto da orelha **3** *p.ext.* difícil, complexo ⊃ compreensível

la.bi.rin.ti.te *s.f.* MED inflamação do labirinto

la.bi.rin.to *s.m.* **1** construção constituída de vários caminhos entrecruzados, alguns deles sem saída **2** *p.ext.* qualquer estrutura constituída de muitos elementos cuja ordenação é difícil de compreender ⟨*l. de leis e procedimentos*⟩ **3** ANAT sistema de canais e cavidades que formam a orelha interna **4** *B* crivo ('bordado')

la.bor \ô\ *s.m.* trabalho, esp. tarefa árdua e demorada ☞ cf. *lavor*

la.bo.rar *v.* {mod. 1} *int.* **1** trabalhar muito, com esforço e perseverança; labutar ❑ *t.d.* **2** cultivar (a terra) com os instrumentos agrícolas; lavrar ❑ *t.i.* **3** (prep. *em*) incorrer, incidir em (erro, engano) ~ **laboração** *s.f.*

la.bo.ra.tó.rio *s.m.* **1** local com instalações e aparelhagem necessários para análises ou experiências (clínicas, industriais, químicas etc.) ⟨*l. fotográfico*⟩ **2** *p.ext.* lugar com equipamento próprio para pesquisas e experiências ⟨*l. de artes plásticas*⟩ ⟨*l. de línguas*⟩ ~ **laboratorial** *adj.2g.* · **laboratorista** *adj.2g.s.2g.*

la.bo.ri.o.so \ô\ [pl.: *laboriosos* \ó\] *adj.* **1** que trabalha duramente ⊃ malandro **2** árduo, penoso ⊃ simples ~ **laboriosidade** *s.f.*

la.bre.go \ê\ *adj.s.m.* **1** (homem) rude; camponês **2** *pej.* (homem) ignorante **3** *pej.* (homem) malcriado, estúpido ⊃ gentil

la.bro *s.m.* ANAT lábio superior dos mamíferos

la.bu.ta *s.f.* **1** trabalho árduo e penoso **2** *p.ext.* qualquer forma de trabalho

la.bu.tar *v.* {mod. 1} *int.* trabalhar muito, com esforço e perseverança; laborar ~ **labutador** *adj.s.m.*

la.ca *s.f.* **1** resina extraída de certas árvores da China e do Japão; goma-laca **2** verniz, preto ou vermelho, preparado a partir dessa resina **3** material ou obra revestida com esse verniz

la.ça.da *s.f.* **1** nó fácil de desatar **2** em tricô e crochê, alça que se forma antes da execução do ponto

la.ça.dor \ô\ *adj.s.m.* *B* que(m) é hábil para laçar bois, cavalos etc. em movimento

la.cai.o *s.m.* **1** criado que acompanha o amo **2** *fig. pej.* homem que se humilha para obter vantagens

la.çar *v.* {mod. 1} *t.d.* **1** fazer laço em; atar, apertar **2** prender com laço ~ **laçamento** *s.m.*

la.ça.ri.a *s.f.* enfeite com laços

la.ça.ro.te *s.m.* grande laço

la.ce.ran.te *adj.2g.* **1** que faz em pedaços **2** *fig.* que causa muita dor

la.ce.rar *v.* {mod. 1} *t.d. e pron.* dilacerar(-se) ~ **laceração** *s.f.*

la.ço *s.m.* **1** nó, com uma, duas ou mais alças, que se desata facilmente **2** corda com nó corredio em uma das pontas para apanhar animais em movimento **3** *fig.* união, vínculo ⟨*l. matrimonial*⟩ ⟨*l. político*⟩ **4** *fig.* estratagema para enganar alguém; cilada ⟨*cair no l.*⟩

la.cô.ni.co *adj.* que se exprime com poucas palavras ⟨*resposta l.*⟩ ↄ prolixo

la.co.nis.mo *s.m.* maneira de exprimir-se por poucas palavras; concisão, brevidade

la.crai.a *s.f.* ZOO nome comum a vários insetos de corpo segmentado, com vários pares de patas; centopeia, lacrau

la.cra.i.nha *s.f.* nome comum a certos insetos de hábitos noturnos que se alimentam de matéria orgânica em decomposição e cujas antenas lembram uma pequena tesoura

la.crar *v.* {mod. 1} *t.d.* **1** selar ou fechar com lacre **2** *p.ext.* fechar completamente; vedar **3** *B* autenticar (placa de automóvel) com selo de chumbo ~ **lacração** *s.f.*

la.crau *s.m.* lacraia

la.cre *s.m.* **1** resina us. para selar ou fechar cartas, frascos etc. **2** *p.ext.* qualquer material us. para garantir que um produto não foi previamente aberto

la.cri.mal *adj.2g.* que produz ou conduz lágrimas ⟨*canal l.*⟩ ⟨*glândula l.*⟩

la.cri.mar *v.* {mod. 1} *int.* verter lágrimas; chorar

la.cri.me.jar *v.* {mod. 1} *int.* **1** encher-se (os olhos) de lágrimas **2** verter lágrimas por irritação ocular **3** *fig.* chorar sem motivo, repetidamente e com poucas lágrimas; choramingar ~ **lacrimejante** *adj.2g.*

lac.ri.mo.so \ô\ [pl.: *lacrimosos* \ó\] *adj.* **1** que chora; choroso **2** que demonstra aflição

lac.ta.ção [pl.: *-ões*] *s.f.* **1** ato de amamentar **2** período pós-parto no qual se forma o leite

lac.tan.te *adj.2g.* **1** que dá ou produz leite ■ *s.f.* **2** mulher que amamenta ☞ cf. *lactente*

lac.tar *v.* {mod. 1} *t.d.* dar de mamar a; amamentar

lac.ten.te *adj.2g.s.2g.* (o) que ainda mama ☞ cf. *lactante*

lác.teo ou **lá.teo** *adj.* **1** do leite **2** semelhante ao leite **3** que tem ou produz leite

lac.tes.cen.te *adj.2g.* **1** BOT provido de látex **2** que tem cor, aspecto, consistência de leite; leitoso ~ **lactescência** *s.f.*

lac.tí.fe.ro *adj.* que produz ou conduz leite ou substância leitosa

lac.to.se *s.f.* QUÍM substância existente no leite, us. como nutriente, esp. para crianças

la.cu.na *s.f.* espaço vazio, concreto ou imaginário; falha, falta ⟨*l. entre duas mesas*⟩ ⟨*há uma l. na sua vida profissional*⟩ ~ **lacunar** *adj.2g.* - **lacunoso** *adj.*

la.cus.tre *adj.2g.* relativo a lago ⟨*fauna l.*⟩ ⟨*cidade l.*⟩

la.da.i.nha *s.f.* **1** prece litúrgica formada por curtas invocações alternadas com respostas repetitivas **2** *p.ext.* fala tediosa por ser longa e repetitiva

la.de.ar *v.* {mod. 5} *t.d.* **1** acompanhar ou seguir ao lado de **2** estar situado próximo a **3** fazer o contorno de; desviar **4** *fig.* não tratar diretamente de (assunto, situação); esquivar-se ❑ *int.* **5** andar (o cavalo) para os lados, de viés ~ **ladeamento** *s.m.*

la.dei.ra *s.f.* rua ou caminho íngreme

la.di.no *adj.s.m.* **1** que(m) revela inteligência; esperto ↄ tolo **2** que(m) é cheio de manhas e astúcias; espertalhão ↄ honesto ~ **ladinice** *s.f.*

la.do *s.m.* **1** parte direita ou esquerda de algo **2** cada uma das faces de um sólido ⟨*os l. do paralelepípedo*⟩ **3** parte lateral de algo em relação ao centro e à outra parte ⟨*estavam do outro l. do rio*⟩ **4** a posição que se opõe a outra; partido, facção ⟨*cada l. tem suas próprias ideias*⟩ **5** linha de parentesco ⊡ **l. a l.** *loc.subst.* junto um do outro; ombro a ombro • **olhar de l.** *loc.vs.* olhar com desdém • **pôr de l.** *loc.vs.* abandonar, desconsiderar ⟨*pôs de l. aquela ideia absurda*⟩

la.dra *s.f.* mulher que rouba, furta ⊙ GRAM/USO fem. irreg. de *ladrão*

la.dra.do *s.m.* → *LADRIDO*

la.dra.dor \ô\ *adj.s.m.* **1** (animal) que ladra ou late **2** *fig. infrm.* que(m) fala mal dos outros

la.drão [pl.: *-ões*; fem.: *ladra, ladrona, ladroa*] *adj.s.m.* **1** (aquele) que rouba, furta ■ *s.m.* **2** abertura para escoar automaticamente a água excedente de um reservatório

la.drar *v.* {mod. 1} *int.* **1** dar latidos; latir ☞ nesta acp., só us. nas 3as p., exceto quando fig. ❑ *t.d.* **2** proferir violentamente (injúrias, ofensas)

la.dri.do ou **la.dra.do** *s.m.* latido

la.dri.lha.dor \ô\ *adj.s.m.* (o) que assenta ladrilhos

la.dri.lhei.ro *s.m.* quem produz ou assenta ladrilhos

la.dri.lho *s.m.* placa de cerâmica, barro cozido, cimento etc. us. para revestir pavimentos ou paredes ~ **ladrilhar** *v.t.d.*

la.dro.a.gem *s.f.* roubo, furto

la.dro.ei.ra *s.f.* ladroagem

la.dro.í.ce *s.f.* ladroagem

la.ga.mar *s.m.* 1 cova no mar ou em rio 2 lagoa de água salgada 3 parte abrigada de uma baía

la.gar *s.m.* 1 oficina equipada para espremer uvas, azeitonas etc. 2 tanque us. nessa oficina

la.ga.rei.ro *adj.* 1 referente a lagar ■ *s.m.* 2 dono ou empregado de lagar 3 *infrm.* pessoa com roupas muito sujas

la.gar.ta *s.f.* zoo nome comum às larvas de borboleta e de mariposa

la.gar.te.ar *v.* {mod. 5} *int.* aquecer-se ao sol, como um lagarto

la.gar.ti.xa *s.f.* nome comum a diversos pequenos lagartos que comem insetos e possuem dedos adesivos que lhes permitem subir em paredes etc.

la.gar.to *s.m.* 1 nome comum a répteis de corpo alongado, cauda comprida de ponta afunilada e pernas curtas 2 *B* carne dura própria para assar

la.go *s.m.* 1 extensão de água doce, salobra ou salgada, de forma e profundidade variáveis, confinada numa depressão do solo e cercada de terra por todos os lados ☞ cf. *lagoa* e *laguna* 2 tanque ornamental em jardim

la.go.a \ô\ *s.f.* depressão do solo cheia de água salgada, salobra ou doce, cuja extensão e profundidade são menores que as dos lagos ☞ cf. *laguna*

la.go.ei.ro *s.m.* 1 água de chuva empoçada num terreno 2 local alagado

la.gos.ta \ô\ *s.f.* grande crustáceo marinho comestível que vive em buracos e fendas de rochas e corais

la.gos.tim *s.m.* crustáceo semelhante à lagosta, mas sem antenas

lá.gri.ma *s.f.* 1 secreção incolor e salgada produzida por glândulas no canto dos olhos que umidifica a conjuntiva e a córnea 2 *fig.* quantidade muito pequena de um líquido; gota ⊡ **lágrimas de crocodilo** *loc.subst.* choro fingido, hipócrita

la.gu.na *s.f.* 1 braço de mar pouco profundo entre bancos de areia ou ilhas, na foz de certos rios 2 depressão do solo próxima ao litoral, que confina água salgada ou salobra e tem ligação com o oceano ☞ cf. *lagoa* e *lago* 3 lagoa de água salgada cercada por recife de coral

lai.a *s.f. pej.* conjunto de características; feitio ⟨*não me dou com gente da sua l.*⟩

lai.ci.da.de *s.f.* 1 qualidade do que é laico, leigo 2 separação entre instituição religiosa e governamental em uma sociedade

lai.ci.zar *v.* {mod. 1} *t.d.* 1 tornar laico 2 tirar a influência religiosa de (uma instituição) ~ **laicização** *s.f.*

lai.co *adj.s.m.* que(m) não pertence a nenhuma ordem religiosa; leigo

lai.vo *s.m.* 1 mancha, nódoa ▼ *laivos s.m.pl.* 2 noções básicas 3 vestígios

la.je *s.f.* 1 placa plana, de material duro, us. para revestir pisos ou paredes 2 placa de concreto armado que funciona como pavimento e teto de um edifício ~ **lajeamento** *s.m.* - **lajear** *v.t.d.*

la.je.a.do *adj.s.m.* 1 (superfície) coberta com lajes ■ *s.m.* 2 pavimento estruturado com lajes de cimento armado 3 regato de leito rochoso

la.je.do \ê\ *s.m.* lajeado ('pavimento')

la.jo.ta *s.f.* pequena laje us. para revestir pisos

[1]la.ma *s.f.* 1 mistura pastosa de argila e água; lodo 2 *fig.* degradação, aviltamento [ORIGEM: do lat. *lāma,ae* 'lodo'] ~ **lamaceira** *s.f.* - **lamaceiro** *s.m.*

[2]la.ma *s.m.* sacerdote budista [ORIGEM: do tibetano *blama* 'id.']

la.ma.çal *s.m.* 1 lugar onde há muita lama 2 pântano

la.ma.cen.to *adj.* 1 em que há muita lama 2 semelhante a lama

lam.ba.da *s.f.* 1 golpe, batida 2 *B* chicotada 3 *B infrm.* dose de bebida alcoólica tomada de uma só vez 4 *fig.* repreensão, descompostura ⊃ elogio 5 certa música e dança de ritmo muito vivo

lam.ban.ça *s.f.* 1 algo que se pode lamber e comer 2 *fig. B* algo feito sem capricho

lam.bão [pl.: *-ões*; fem.: *lambona*] *adj.s.m.* 1 que(m) se lambuza quando come 2 *fig. B* que(m) executa suas tarefas sem capricho

lam.ba.ri *s.m.* pequeno peixe comestível muito comum nos rios brasileiros

lam.be-lam.be [pl.: *lambe-lambes*] *s.m. B infrm.* fotógrafo ambulante

lam.ber *v.* {mod. 8} *t.d. e pron.* 1 passar a língua sobre ❑ *t.d.* 2 *fig.* tocar levemente; roçar, acariciar 3 *fig.* destruir, arrasar, dilapidar ⟨*o incêndio lambeu a casa*⟩ 4 comer com voracidade; devorar 5 *fig. B infrm.* lisonjear muito, de modo servil; bajular ❑ *int. B* 6 pegar fogo (o balão) ~ **lambidela** *s.f.*

lam.bi.da *s.f.* ação ou efeito de lamber; lambidela

lam.bis.car *v.* {mod. 1} *t.d. e int.* comer pouco, sem apetite; beliscar ~ **lambiscação** *s.f.*

lam.bis.goi.a \ói\ *s.2g.* 1 pessoa (esp. mulher) magra, sem graça e antipática 2 pessoa (esp. mulher) pretensiosa

lam.bre.ta \ê\ *s.f.* 1 espécie de motocicleta com rodas pequenas em que é possível juntar as pernas à frente do assento; motoneta 2 amêijoa ~ **lambretista** *adj.2g.s.2g.*

lam.bri, **lam.bril** ou **lam.brim** *s.m.* revestimento interno de parede (de madeira, mármore, estuque) em forma de placas ou painéis

lam.bu.gem ou **lam.bu.jem** *s.f.* 1 resto de comida deixada nos pratos 2 *B* lambuja

lam.bu.ja *s.f. B* 1 lucro ou vantagem em jogo, aposta ou negócio 2 o que se dá ou ganha além do estipulado

lam.bu.jem *s.f.* → LAMBUGEM

lam.bu.zar *v.* {mod. 1} *t.d. e pron.* 1 sujar(-se), esp. com comida ❑ *t.d.* 2 deixar mancha de gordura em; engordurar

la.mei.ra *s.f.* ou **la.mei.ro** *s.m.* 1 lamaçal ('muita lama') 2 terra cultivada na vazante do rio

la.mei.ro *s.m.* → LAMEIRA

la.me.la *s.f.* lâmina muito fina

la.men.ta.ção [pl.: *-ões*] *s.f.* **1** queixume prolongado que exprime grande pesar **2** fala triste **3** canto forte e prolongado que narra um episódio infeliz; canto fúnebre

la.men.tar *v.* {mod. 1} *t.d. e pron.* **1** (prep. *de*) exprimir(-se) chorando, entre gemidos, gritos ou lamentação **2** (prep. *de*) mostrar aflição, sofrimento por; lastimar(-se) ❑ *pron.* **3** (prep. *de*) mostrar descontentamento, desgosto por; queixar-se, lastimar-se

la.men.tá.vel *adj.2g.* **1** que merece ser lamentado por causar dor, infelicidade ⟨*os l. incidentes abalaram a todos*⟩ **2** *p.ext. pej.* que merece ser lamentado por ser medíocre; desprezível ⟨*uma obra l.*⟩

la.men.to *s.m.* **1** lamentação **2** choro, pranto ~ **lamentoso** *adj.*

lâ.mi.na *s.f.* **1** placa de metal, ou de outra matéria dura, muito fina **2** *p.ext.* pequena placa de vidro us. para observação em microscópio **3** *p.ext.* parte achatada de um objeto cortante

[1]**la.mi.nar** *adj.2g.* dotado de lâminas [ORIGEM: de *lâmina* + [1]*-ar*]

[2]**la.mi.nar** *v.* {mod. 1} *t.d.* **1** reduzir (um metal) a lâmina **2** *p.ext.* diminuir a espessura de **3** revestir as duas faces de (algo) com material transparente [ORIGEM: de *lâmina* + [2]*-ar*] ~ **laminação** *s.f.* - **laminado** *adj.s.m.*

lâm.pa.da *s.f.* **1** recipiente que produz luz através de uma chama alimentada por líquido ou gás combustível contido no seu interior **2** qualquer recipiente com aparato para produzir luz artificialmente por diferentes processos físico-químicos ⟨*l. fluorescente*⟩ ⟨*l. halógena*⟩ ⟨*l. incandescente*⟩ **3** *p.ext.* qualquer aparelho composto de fonte luminosa e suporte ⟨*l. de cabeceira*⟩

lam.pa.dá.rio *s.m.* lustre com muitas lâmpadas

lam.pa.ri.na *s.f.* pequena lâmpada em que um disco de madeira com pavio no centro boia em azeite, querosene etc.

lam.pei.ro *adj.* **1** espevitado, atrevido ⮌ respeitoso **2** apressado, ligeiro ⮌ lento

lam.pe.jar *v.* {mod. 1} *int.* **1** emitir brilho ou clarão momentâneo **2** lançar faíscas; faiscar ❑ *t.d.* **3** emitir, irradiar ⟨*l. clarões*⟩ ~ **lampejante** *adj.2g.*

lam.pe.jo \ê\ *s.m.* **1** clarão momentâneo **2** faísca, centelha **3** *fig.* manifestação súbita e brilhante de inteligência

lam.pi.ão [pl.: *-ões*] *s.m.* lanterna elétrica ou de combustível, portátil ou fixa

lam.prei.a \éi\ *s.f.* peixe de boca circular e desprovido de maxilas, encontrado em águas frias

la.mú.ria *s.f.* queixa, lamentação interminável ~ **lamuriento** *adj.s.m.*

la.mu.ri.ar *v.* {mod. 1} *t.d.,int. e pron.* exprimir(-se) em tom de lamúria; lastimar(-se), queixar-se ~ **lamuriante** *adj.2g.*

lan.ça *s.f.* haste longa que termina em lâmina pontiaguda; hasta

lan.ça-cha.mas *s.m.2n.* engenho de combate que lança líquido inflamado sobre o inimigo

lan.ça.dei.ra *s.f.* **1** peça do tear que faz passar os fios da trama pelos da urdidura **2** numa máquina de costura, peça que contém o fio que entra pelo lado avesso da costura

lan.ça.dor \ô\ *adj.s.m.* **1** (o) que lança **2** que(m) faz lances num leilão

lan.ça.men.to *s.m.* **1** projeção, movimento para diante **2** introdução de novo produto no mercado ⟨*l. de um livro*⟩ **3** o produto lançado **4** DESP arremesso; jogada, passe ⟨*l. de disco*⟩ ⟨*l. da bola*⟩

lan.ça-per.fu.me [pl.: *lança-perfumes*] *s.m.* **1** recipiente com éter perfumado que se esguicha sobre os foliões em festejos carnavalescos **2** o conteúdo desse recipiente

lan.çar *v.* {mod. 1} *t.d.* **1** impulsionar através do espaço, ger. visando a um alvo, com o uso de força muscular, arma ou aparelho especial; arremessar, jogar **2** pôr em voga; iniciar ⟨*l. uma moda*⟩ **3** mostrar pela primeira vez, pôr no mercado (novo produto, filme etc.) **4** *fig.* disseminar, semear ⟨*l. confusão, discórdia*⟩ **5** emitir com força; soltar ⟨*l. gritos, injúrias*⟩ **6** emitir, exalar, expelir ⟨*o sol lança seus primeiros raios*⟩ **7** deixar escorrer; despejar, entornar ⟨*l. água na fervura*⟩ ☞ *na fervura* é circunstância que funciona como complemento **8** registrar, gravar (débitos, créditos, haveres) ❑ *t.d. e pron.* **9** (fazer) partir com ímpeto em certa direção; precipitar(-se), atirar(-se) **10** divulgar as qualidades e os méritos (de) ❑ *t.d.i. e pron.* **11** (prep. *em*) [fazer] participar de (algo), com ousadia; arriscar(-se), atirar(-se) ❑ *pron.* **12** (prep. *a*) dar-se inteiramente a; entregar-se ~ **lançadura** *s.f.*

lan.ce *s.m.* **1** período que compõe um processo; etapa **2** DESP arremesso ou jogada; lanço **3** preço oferecido num leilão; lanço **4** *B infrm.* o que acontece, aconteceu ou pode acontecer; episódio, fato

lan.ce.a.dor \ô\ *adj.s.m.* (o) que golpeia com lança

lan.ce.ar *v.* {mod. 5} *t.d. e pron.* **1** ferir(-se), golpear(-se) com lança ❑ *t.d. fig.* **2** infligir amargura a; torturar **3** provocar estímulo em; incitar, instigar

lan.ce.ta \ê\ *s.f.* curta lâmina cirúrgica, pontuda e afiada nas duas laterais

lan.ce.tar *v.* {mod. 1} *t.d.* **1** cortar ou abrir com lanceta **2** *p.ext.* ferir com arma branca; cortar

lan.cha *s.f.* pequena embarcação movida a motor

lan.char *v.* {mod. 1} *int.* **1** fazer lanche ❑ *t.d.* **2** comer como lanche

lan.che *s.m.* **1** merenda ('refeição ligeira') **2** *p.ext.* qualquer refeição ligeira

lan.chei.ra *s.f.* maleta para carregar lanche, merenda; merendeira

lan.cho.ne.te *s.f.* *B* local onde são servidos lanches, ger. num balcão

lan.ci.nan.te *adj.2g.* **1** que se faz sentir por pontadas, picadas, fisgadas internas ⟨*dor l.*⟩ **2** que atormenta, tortura ou importuna de maneira persistente; pungente, cruciante

lan.ci.nar *v.* {mod. 1} *int.* **1** fazer-se sentir por pontadas, fisgadas ⟨*a ferida lancinava*⟩ ❑ *t.d.* **2** causar dores intensas a **3** *fig.* atormentar de maneira persistente; afligir

lan.ço *s.m.* **1** lançamento, arremesso **2** preço oferecido num leilão; lance **3** ardil para se atingir um objetivo; estratagema **4** DESP arremesso ou jogada; lance **5** parte de uma escada compreendida entre dois andares de um edifício **6** cada um dos lados de uma rua ou de um corredor

lan.ga.nho *s.m. B* **1** carne de má qualidade **2** *infrm.* coisa pegajosa, repugnante

lan.gor \ô\ *s.m.* languidez ~ **langoroso** *adj.*

lan.gues.cer *v.* {mod. 8} *int.* **1** perder a vitalidade; definhar ↺ fortalecer-se **2** ficar lânguido; abater-se, entristecer-se ↺ alegrar-se **3** assumir expressão doce ou sensual

lan.gui.dez \ê\ *s.f.* **1** diminuição do ânimo, do vigor ↺ entusiasmo **2** *fig.* doçura, brandura ↺ aspereza **3** *fig.* sensualidade ↺ pureza **4** *fig.* morbidez

lân.gui.do *adj.* **1** em estado de abatimento, de grande fraqueza física e psicológica ↺ vigoroso **2** que evoca ternura, doçura **3** voluptuoso, sensual **4** mórbido, doentio ↺ saudável

la.nhar *v.* {mod. 1} *t.d. e pron.* **1** (fazer) ficar com lanhos; cortar(-se), ferir(-se) **2** *fig.* (fazer) sentir inquietação, angústia; afligir(-se), magoar(-se) ↺ alegrar(-se); acalmar(-se) ❑ *t.d.* **3** golpear com chicote; chicotear

la.nho *s.m.* **1** ferimento feito com instrumento cortante; corte **2** marca de chicotada na pele **3** *B* carne cortada em tiras

lan house [ing.; pl.: *lan houses*] *loc.subst.* estabelecimento comercial provido de computadores com acesso à internet e a uma rede local ⇨ pronuncia-se lan raus

la.ní.fe.ro *adj.* lanígero

la.ni.fí.cio *s.m.* **1** fabricação de lã **2** fábrica que produz fios ou tecidos de lã **3** tecido, mercadoria de lã

la.ní.ge.ro *adj.* **1** que produz lã; lanífero **2** provido de lã; lanífero

la.no.li.na *s.f.* gordura extraída da lã de carneiro, us. como base de pomadas e cosméticos

la.no.so \ô\ [pl.: *lanosos* \ó\] *adj.* **1** relativo a lã **2** que tem muita lã **3** semelhante a lã ~ **lanosidade** *s.f.*

lan.ta.ní.deo *s.m.* **1** qualquer elemento da família dos lantanídeos, que na *tabela periódica* vai de lantânio a lutécio ■ *adj.* **2** relativo a essa família ☞ cf. *tabela periódica* (no fim do dicionário)

lan.tâ.nio *s.m.* elemento químico us. em certos isqueiros, dispositivos eletrônicos etc. [símb.: *La*] ☞ cf. *tabela periódica* (no fim do dicionário)

lan.te.jou.la ou **len.te.jou.la** *s.f.* pequena lâmina circular cintilante, us. para enfeitar tecidos

lan.ter.na *s.f.* **1** aparelho, portátil ou fixo, com uma caixa transparente na qual se encontra uma fonte luminosa **2** aparelho portátil que contém uma lâmpada acesa por pilha(s) **3** em veículo, dispositivo de iluminação us. para transmitir código de sinalização **4** a parte superior do farol ■ *s.2g.* **5** lanterninha

lan.ter.na.gem *s.f. B* conserto da lataria de automóveis

lan.ter.nei.ro *s.m.* **1** fabricante de lanternas **2** aquele que carrega lanterna nas procissões **3** quem faz lanternagem

lan.ter.ni.nha *s.2g.* **1** aquele que, munido de lanterna, indica os lugares em cinemas, teatros etc.; lanterna **2** *fig.* o último colocado em competições; lanterna

la.nu.do *adj.* lanoso

la.nu.gem *s.f.* **1** penugem que, nos adolescentes, antecede a barba; buço **2** BOT camada de pelos macios que revestem um órgão ou parte de uma planta

la.pa *s.f.* cavidade ou gruta que aparece na enconsta de uma rocha

la.pa.ros.co.pi.a *s.f.* MED exame com endoscópio da cavidade abdominal e seu conteúdo

la.pa.ro.to.mi.a *s.f.* MED abertura cirúrgica da cavidade abdominal

la.pe.la *s.f.* parte da frente e superior de um casaco, voltada para fora

la.pi.da.ção [pl.: *-ões*] *s.f.* operação de cortar, formar, facetar e polir pedras preciosas

[1]**la.pi.dar** *adj.2g.* **1** relativo a lápides ou pedras **2** gravado em pedra (diz-se de inscrição) **3** *fig.* perfeito, primoroso [ORIGEM: do lat. *lapidāris,e* 'relativo a pedra']

[2]**la.pi.dar** *v.* {mod. 1} *t.d.* **1** atacar ou matar com pedras; apedrejar **2** submeter à lapidação (pedra bruta) **3** *fig.* tornar apresentável, melhor; aperfeiçoar, burilar [ORIGEM: do lat. *lapidāre* 'cobrir de pedras'] ~ **lapidador** *adj.s.m.*

la.pi.da.ri.a *s.f.* **1** arte ou indústria de lapidação de pedras preciosas **2** oficina na qual se faz lapidação

la.pi.dá.rio *adj.* **1** relativo a inscrições feitas em lápides ■ *s.m.* **2** quem lapida e/ou vende pedras preciosas **3** instrumento próprio para polir pedras preciosas, joias etc.

lá.pi.de *s.f.* **1** laje que cobre o túmulo **2** pedra com inscrição comemorativa ou em homenagem a alguém

la.pi.nha *s.f.* **1** pequena lapa **2** *B* presépio armado para as festas de Natal e Reis

lá.pis *s.m.2n.* cilindro de madeira com grafite em seu interior, us. para escrever, marcar ou desenhar ⊡ **l. de cor** *loc.subst.* lápis cujo miolo é constituído de argila colorida

la.pi.sei.ra *s.f.* instrumento us. para escrever, semelhante ao lápis, com dispositivo que permite esconder ou pôr à mostra o grafite

lá.pis-la.zú.li [pl.: *lápis-lazúlis*] *s.m.* pedra de cor azul opaca, apreciada na indústria de joias e bijuterias

lap.so *s.m.* **1** intervalo de tempo **2** erro cometido por descuido ou falha de memória

la.quê *s.m.* produto que se borrifa sobre os cabelos para fixar o penteado

la.que.a.dor \ô\ *adj.s.m.* (o) que faz laqueadura

la.que.a.du.ra *s.f.* MED ligamento de estruturas ocas do organismo (artérias, veias etc.)

[1]la.que.ar *v.* {mod. 5} *t.d.* ligar (estruturas ocas como artérias, veias), definitivamente ou não, ger. por meio de fios [ORIGEM: do lat. *laqueāre* 'atar, prender, estrangular']

[2]la.que.ar *v.* {mod. 5} *t.d.* **1** pintar, revestir com laca **2** *p.ext.* pintar com tinta de esmalte ou verniz [ORIGEM: *laca* + *-ear*] ~ **laqueação** *s.f.*

[3]la.que.ar *v.* {mod. 5} *t.d.* vaporizar laquê sobre (os cabelos) [ORIGEM: *laquê* + *[2]-ar*]

lar *s.m.* **1** local onde se acende o fogo na cozinha **2** *p.ext.* moradia familiar **3** *p.ext.* a família **4** *fig.* a pátria

la.ran.ja *s.f.* **1** fruto arredondado, dividido em gomos, de cor entre o amarelo e o vermelho, e de sabor cítrico ■ *s.m.* **2** a cor desse fruto **3** *infrm.* indivíduo que cede seu nome para ser usado em negócios ilícitos; testa de ferro ■ *adj.2g.2n.* **4** que tem a cor da laranja ⟨*almofadas laranja*⟩ **5** diz-se dessa cor

la.ran.ja-cra.vo [pl.: *laranjas-cravo* e *laranjas-cravos*] *s.f.* tangerina

la.ran.ja.da *s.f.* refresco de laranja

la.ran.jal *s.m.* grande plantação de laranjeiras

la.ran.jei.ra *s.f.* árvore que produz a laranja ⊙ COL laranjal

la.rá.pio *s.m.* ladrão ~ **larapiar** *v.t.d.*

lar.de.ar *v.* {mod. 5} *t.d.* **1** enfiar pedaços de toucinho em (peça de carne, p.ex.) **2** *p.ext.* passar através de; perfurar ❑ *t.d.i. fig.* **3** (prep. *em*) pôr (algo) de permeio em; entremear

la.rei.ra *s.f.* vão próximo da parte inferior de uma chaminé e no qual se acende o fogo

lar.ga.da *s.f.* **1** ato de partir, de sair de um local; partida, saída **2** ato de dar o arranque, o impulso de partida em uma corrida, competição (atlética, automobilística etc.) ⟨*os pilotos aguardam o sinal para dar a l.*⟩ **3** DESP no voleibol, lance em que o atacante realiza o movimento da cortada e, no último instante, detém o braço, tocando a bola suavemente com a ponta dos dedos e colocando-a no campo adversário

lar.gar *v.* {mod. 1} *t.d.* **1** deixar escapar das mãos; soltar ⮌ segurar **2** segurar com menos força; afrouxar ⟨*l. as rédeas do cavalo*⟩ **3** deixar sair; soltar, lançar ⟨*a chaminé largava fumaça*⟩ **4** deixar ir ou fugir; soltar ⮌ prender **5** deixar por distração, pressa; esquecer ⟨*l. o guarda-chuva no táxi*⟩ **6** deixar de estar junto de; separar-se ⟨*na festa, não largou a mãe*⟩ **7** projetar de si; emitir, soltar ⟨*l. uma risada*⟩ ❑ *t.d. e int.* **8** sair de (trabalho, serviço) após cumprir horário, tarefa ❑ *t.d. e t.i.* **9** (prep. *de*) desistir conscientemente de; abandonar, repelir **10** (prep. *de*) não prosseguir com (ação, atitude etc.); parar, interromper ⮌ retomar ❑ *int. e pron.* **11** ir embora de; partir ⟨*há tempos largaram(-se) de lá*⟩ ☞ *de lá* é circunstância que funciona como complemento

lar.go *adj.* **1** extenso no sentido transversal ⟨*costas l.*⟩ ⟨*fenda l.*⟩ ⮌ estreito **2** amplo, extenso ⟨*l. sorriso*⟩ ⮌ pequeno **3** farto, abundante ⟨*l. almoço*⟩ ⮌ modesto **4** longo, prolongado ⟨*l. ausência*⟩ ⮌ breve **5** vasto, abrangente ⟨*l. experiência*⟩ ⮌ reduzido ■ *s.m.* **6** largura ⟨*a sala tem cinco metros de l.*⟩ **7** praça ('área urbanizada') ⊡ **ao l. de** *loc.prep.* longe de ⟨*manter-se ao l. das disputas*⟩

lar.gue.za \ê\ *s.f.* **1** qualidade do que é largo **2** *fig.* generosidade ⮌ egoísmo **3** *fig.* abundância, fartura ⮌ escassez

lar.gu.ra *s.f.* dimensão perpendicular à altura ou ao comprimento

la.rin.ge *s.f.* ANAT parte superior da traqueia, na qual se localizam as cordas vocais ~ **laríngeo** *adj.* - **laringiano** *adj.*

la.rin.gi.te *s.f.* MED inflamação da mucosa da laringe

la.rin.go.lo.gi.a *s.f.* **1** ramo da medicina que estuda a laringe **2** especialidade médica que diagnostica e trata de doenças da laringe ~ **laringológico** *adj.* - **laringologista** *adj.2g.s.2g.*

lar.va *s.f.* estágio imaturo, independente e móvel, do ciclo de vida de alguns peixes, anfíbios e da maioria dos invertebrados

lar.val ou **lar.var** *adj.2g.* que diz respeito a larva

lar.vá.rio *adj.* **1** larval ■ *s.m.* **2** abrigo ou ninho fabricado por larva de inseto

la.sa.nha *s.f.* **1** massa comestível, feita com farinha de trigo, ovos e sal, que se corta em tiras largas **2** o prato feito com essa massa

las.ca *s.f.* **1** estilhaço de madeira, pedra ou metal **2** *p.ext.* porção mínima de alguma coisa ⟨*serviu-se de uma l. de queijo*⟩

las.car *v.* {mod. 1} *t.d.* **1** tirar lascas de **2** fazer lascas em ❑ *int. e pron.* **3** rachar-se ou quebrar-se em lascas ❑ *t.d. e t.d.i. fig.* **4** (prep. *em*) assentar, aplicar (ação física) [contra] ⟨*lascou(-lhe) um tapa*⟩ ❑ *pron. fig. B infrm.* **5** sair-se mal, não ter sucesso ⟨*l.-se numa prova*⟩

las.cí.via *s.f.* luxúria

las.ci.vo *adj.s.m.* **1** que(m) é propenso aos prazeres do sexo ■ *adj.* **2** que manifesta sensualidade ⮌ casto

la.ser [ing.; pl.: *lasers*] *s.m.* aparelho que produz radiação eletromagnética e que tem múltiplas aplicações na indústria, medicina, engenharia ⇨ pronuncia-se lêizer

las.si.dão [pl.: *-ões*] *s.f.* **1** cansaço, fadiga ⮌ vigor **2** desinteresse, tédio ⮌ alegria

las.so *adj.* **1** cansado, fatigado **2** que não está devidamente amarrado; frouxo ⮌ apertado **3** dilatado, distendido ⮌ contraído **4** *fig.* de maus costumes; devasso ⮌ decoroso

lás.ti.ma *s.f.* **1** sentimento de pena **2** lamentação interminável; lamúria **3** avesso da fortuna; desgraça

las.ti.mar *v.* {mod. 1} *t.d.* **1** manifestar pesar por; lamentar **2** sentir pena de; condoer-se ❑ *t.d. e pron.* **3** causar ou sentir dor, sofrimento; afligir(-se) ⮌ tranquilizar(-se) ❑ *pron.* **4** mostrar descontentamento, desgosto por; queixar-se, lamentar-se

las.ti.má.vel *adj.2g.* que é digno de lástima ⟨*esta rua se encontra num estado l.*⟩

las.ti.mo.so \ô\ [pl.: *lastimosos* \ó\] *adj.* **1** que se lastima, choroso **2** que é digno de lástima

las.trar *v.* {mod. 1} *t.d.* **1** pôr peso em (embarcação) **2** *p.ext.* acrescentar peso a (algo), para torná-lo mais firme ⟨*l. um caminhão*⟩ ❑ *int. fig.* **3** lançar-se em muitas direções; alastrar-se ⟨*a doença lastrou*⟩

las.tro *s.m.* **1** peso us. em porões de navio para lhe dar estabilidade **2** *p.ext.* qualquer peso para manter algo submerso **3** base sólida que legitima ou autoriza alguma coisa; fundamento ⟨*sua teoria tem l. religioso*⟩ **4** ECON depósito em ouro que serve como garantia ao papel-moeda

la.ta *s.f.* **1** folha de flandres **2** recipiente feito desse material

la.ta.da *s.f.* grade de ripas us. para sustentar parreiras, trepadeiras etc.

la.ta.gão [pl.: *-ões*; fem.: *latagona*] *s.m. infrm.* homem jovem, robusto e alto

la.tão [pl.: *-ões*] *s.m.* liga de cobre e zinco

la.ta.ri.a *s.f. B* **1** grande quantidade de latas **2** *p.ext.* conjunto de conservas alimentícias enlatadas **3** *p.ext.* carroceria de automóvel

lá.te.go *s.m.* **1** açoite, chicote **2** *fig.* castigo ⊃ recompensa **3** *fig.* estímulo ⊃ desestímulo

la.te.jar *v.* {mod. 1} *int.* dilatar-se e contrair-se ritmicamente; palpitar, pulsar ~ **latejante** *adj.2g.*

la.ten.te *adj.2g.* que está presente, mas sem manifestação visível ou perceptível ⟨*perigo l.*⟩ ⟨*sentimento l.*⟩ ⊃ manifesto ~ **latência** *s.f.*

lá.teo *adj.* → *LÁCTEO*

la.te.ral *adj.2g.* **1** relativo a lado **2** que se situa ao lado **3** *fig.* que fica à margem de; secundário, acessório ⟨*considerações l.*⟩ ⊃ fundamental ■ *s.f.* DESP **4** linha que representa o comprimento do campo ou quadra ■ *s.m.* DESP **5** jogador que atua nas proximidades dessa linha ~ **lateralidade** *s.f.*

lá.tex \cs\ *s.m.2n.* substância líquida, espessa, ger. leitosa, presente em algumas plantas

la.ti.cí.nio *s.m.* alimento derivado do leite

la.ti.do *s.m.* **1** ação de latir **2** voz do cão; ladrado, ladrido

la.ti.fun.di.á.rio *adj.* **1** relativo a latifúndio ■ *s.m.* **2** proprietário de latifúndio

la.ti.fún.dio *s.m.* grande propriedade rural com áreas não cultivadas e/ou onde se pratica alguma cultura não dispendiosa

la.tim *s.m.* **1** língua indo-europeia falada no Império Romano e modernamente conservada em documentos religiosos e na nomenclatura científica ☞ cf. *Império Romano* na parte enciclopédica **2** *fig. infrm.* aquilo que é difícil de se entender

la.ti.nis.ta *adj.2g.s.2g.* que(m) é estudioso da língua e literatura latinas ~ **latinismo** *s.m.*

la.ti.ni.zar *v.* {mod. 1} *t.d.* **1** dar forma latina a (texto, palavra etc.) **2** traduzir para o latim ❑ *t.d. e pron.* **3** tornar(-se) conforme com ideias, costumes dos latinos ou com os ritos e as doutrinas da Igreja católica romana ~ **latinização** *s.f.*

la.ti.no *adj.* **1** relativo ao latim ou aos povos cujas línguas derivam do latim **2** do Lácio, antiga região da Itália ■ *s.m.* **3** natural ou habitante dessa região

la.ti.no-a.me.ri.ca.no [pl.: *latino-americanos*] *adj.s.m.* (natural ou habitante) de qualquer um dos países da América de língua neolatina

la.tir *v.* {mod. 24} *int.* soltar (cão) latidos; ladrar ⊙ GRAM/USO só us. nas 3ªˢ p., exceto quando fig.

la.ti.tu.de *s.f.* distância, medida em graus, que separa do equador um ponto do globo terrestre ☞ cf. *longitude* ~ **latitudinal** *adj..2g.*

la.to *adj.* de grande amplitude; não restrito ⟨*sentido l. de uma palavra*⟩ ⊃ restrito

la.to.a.ri.a *s.f.* **1** loja em que se vendem latas, objetos de latão, de folha de flandres etc. **2** oficina ou ofício de latoeiro

la.to.ei.ro *s.m.* indivíduo que trabalha ou vende objetos de lata ou de latão; funileiro

la.tri.na *s.f.* **1** vaso sanitário **2** local reservado que contém um vaso sanitário ou outro aparato para recolher dejeções

la.tro.cí.nio *s.m.* DIR roubo à mão armada, seguido de morte ou de graves lesões corporais da vítima

lau.da *s.f.* **1** cada lado de uma folha de papel **2** cada face de uma folha de papel escrita (à máquina ou à mão) que integra um texto destinado a publicação

láu.da.no *s.m.* **1** sedativo feito de ópio **2** *fig.* algo que alivia

lau.da.tó.rio *adj.* que louva ou contém louvor ⟨*discurso l.*⟩ ⊃ depreciativo

lau.do *s.m.* texto que contém parecer de um especialista

láu.rea *s.f.* ou **lau.rel** *s.m.* **1** coroa de louros **2** prêmio concedido em reconhecimento a um mérito

lau.re.ar *v.* {mod. 5} *t.d.* **1** colocar coroa de louros em **2** premiar por mérito; galardoar **3** *p.ext.* conceder prêmio a; recompensar ⟨*a vitória laureou seu esforço*⟩ **4** *fig.* render homenagem a; exaltar

lau.rel *s.m.* → *LÁUREA*

lau.rên.cio *s.m.* elemento químico da família dos actinídeos [Símb.: *Lr*] ☞ cf. *tabela periódica* (no fim do dicionário)

lau.to *adj.* **1** farto, abundante ⊃ escasso **2** esplêndido, magnífico ⊃ singelo

la.va *s.f.* **1** magma expelido de um vulcão em erupção **2** essa substância depois de fria e solidificada

la.va.bo *s.m.* **1** local para lavar as mãos **2** pequeno cômodo provido de pia e vaso sanitário

la.va.dei.ra *s.f.* **1** mulher que lava roupa **2** máquina us. na lavagem de lãs **3** *p.ext. pej.* mulher grosseira de condição modesta **4** ZOO libélula

la.va.do.ra \ô\ *s.f.* máquina automática de lavar roupa ou louça

la.va.dou.ro *s.m.* **1** tanque us. para lavar roupa **2** pedra sobre a qual se ensaboa a roupa

la.va.gem *s.f.* **1** limpeza pela ação de líquido, esp. água **2** introdução de água num órgão (intestino, estômago etc.) para remover corpos estranhos ou substâncias nocivas **3** comida para porcos ⊡ **l. a**

seco *loc.subst.* limpeza de roupas utilizando produtos químicos, sem adição de água • **l. cerebral** *loc.subst.* processo de coerção psicológica que leva uma pessoa a adotar ideias e comportamentos contrários aos seus • **l. de dinheiro** *loc.subst.* operação que simula uma origem lícita para dinheiro oriundo de atividades criminosas

la.van.da *s.f.* **1** alfazema **2** essência extraída dessa planta **3** água-de-colônia feita com essa essência **4** pequena taça com água e limão para lavar os dedos durante ou após a refeição

la.van.de.ri.a *s.f.* estabelecimento ou local da casa em que se lavam e passam roupas

la.va-pés *s.m.2n.* **1** cerimônia católica na qual o sacerdote reproduz a cena de Jesus lavando os pés dos apóstolos **2** ZOO pequena formiga cuja ferroada é dolorosa

la.var *v.* {mod. 1} *t.d.* **1** limpar (algo) por ação de um líquido, esp. água **2** cercar ou passar junto de; banhar ⟨*rios bravios lavam a cidade*⟩ **3** tornar (cor) mais suave, misturando com água; diluir ⮌ concentrar **4** *fig.* tornar legal (dinheiro ilícito) por meio de fraude ❑ *t.d. e pron.* **5** dar ou tomar banho; banhar(-se) **6** *fig.* livrar(-se) de manchas morais; purificar(-se) ❑ *t.d. e int.* **7** trabalhar como lavadeira

la.va.tó.rio *s.m.* **1** móvel com bacia e jarro ou pia para lavar as mãos e o rosto **2** banheiro com pia; lavabo

la.vor \ô\ *s.m.* trabalho, esp. artesanal ☞ cf. *labor* ~ lavorar *v.t.d.*

la.vou.ra *s.f.* **1** o cultivo da terra; lavra ⟨*poucos dedicam-se à l.*⟩ **2** *fig.* a terra cultivada; lavra, lavradio ⟨*é dono de uma bela l.*⟩

la.vra *s.f.* **1** lavoura **2** extração de metais **3** local de onde se extrai metal ou pedras preciosas

la.vra.di.o *adj.* **1** bom para a lavoura ■ *s.m.* **2** lavoura ('terra cultivada')

la.vra.dor \ô\ *adj.s.m.* que(m) trabalha na lavoura

la.vra.gem *s.f.* **1** lavoura ('terra cultivada') **2** trabalho artesanal em madeira

la.vrar *v.* {mod. 1} *t.d.* **1** revolver e sulcar (a terra), preparando-a para o cultivo; arar **2** fazer lavores ou ornatos em (metal, couro, peça etc.) **3** [2]lapidar (pedra bruta) **4** *fig.* gastar, corroer **5** DIR ordenar por escrito; decretar ⟨*l. uma sentença*⟩ **6** fazer registro escrito de (ata, escritura etc.); redigir **7** expressar por escrito ou verbalmente ⟨*l. um protesto*⟩

la.vra.tu.ra *s.f.* DIR ação de lavrar (ata, escritura, documento etc.)

la.xan.te *adj.2g.* **1** que afrouxa, dilata ⮌ redutor ■ *adj.2g.s.m.* **2** (medicamento) que trata a prisão de ventre

la.xar *v.* {mod. 1} *t.d.* **1** deixar laxo, frouxo; afrouxar ⮌ apertar **2** *fig.* tirar a energia de; enfraquecer ⟨*l. os ânimos*⟩ ⮌ fortalecer ❑ *t.d. e pron.* **3** (deixar) correr livremente o conteúdo de (esp. intestino); soltar(-se)

la.xo *adj.* **1** não esticado; frouxo ⮌ apertado **2** sem vigor; fraco, franzino

la.za.ren.to *adj.s.m.* **1** que(m) tem lepra **2** que(m) possui muitas feridas, chagas

la.za.re.to \ê\ *s.m.* **1** hospital para leprosos; leprosário **2** local onde os suspeitos de doenças contagiosas ficam de quarentena

lá.za.ro *s.m.* **1** leproso **2** quem tem feridas ■ *adj.s.m.* **3** que(m) vive em extrema pobreza; desgraçado, miserável ⮌ afortunado

la.zei.ra *s.f.* **1** azar ⮌ sorte **2** hanseníase, lepra **3** carência alimentar; fome, subnutrição **4** estado de prostração, moleza; preguiça **5** vantagem sobre algo, alguém ou prazo estipulado ⟨*ganhou a corrida com enorme l.*⟩ ~ **lazeirento** *adj.*

la.zer \ê\ *s.m.* **1** tempo que se aproveita para recreação **2** atividade que se pratica nesse tempo **3** *p.ext.* descanso, repouso

lb símbolo de *libra*

le.al *adj.2g.* **1** honesto, íntegro ⮌ desleal **2** responsável com os compromissos assumidos ⮌ descumpridor

le.al.da.de *s.f.* fidelidade ou respeito aos compromissos assumidos

le.ão [pl.: *-ões*; fem.: *leoa*] *s.m.* **1** felino de grande porte, cauda longa e juba, que vive em savanas e campos arbustivos e caça grandes mamíferos **2** *fig.* homem valente ⮌ covarde **3** *B infrm.* órgão responsável pela arrecadação do imposto de renda **4** ASTR quinta constelação zodiacal, situada entre Câncer e Virgem ☞ inicial maiúsc. **5** ASTRL quinto signo do zodíaco (de 22 de julho a 22 de agosto) ☞ inicial maiúsc.

le.ão de chá.ca.ra [pl.: *leões de chácara*] *s.m. infrm.* o segurança em casas de diversão

le.ão-ma.ri.nho [pl.: *leões-marinhos*] *s.m.* mamífero marinho, com pequenas orelhas externas, nadadeiras que auxiliam a locomoção terrestre e cauda curta; lobo-marinho

le.bre *s.f.* mamífero semelhante ao coelho, porém maior e mais veloz ⊙ GRAM/USO masc.: *lebrão* ⊡ **levantar a l.** *loc.vs.* suscitar uma questão

le.cio.nar *v.* {mod. 1} *t.d. e t.d.i.* **1** (prep. *a*) ministrar lição de (matéria, disciplina) [a]; ensinar ❑ *int.* **2** exercer o magistério

le.ci.ti.na *s.f.* certo lipídio presente em determinados tecidos animais e vegetais

LED [ing.] *s.m.* dispositivo constituído por um diodo que emite luz ⇨ pronuncia-se léd

le.do \ê\ *adj.* contente, risonho ⮌ desolado

le.ga.ção [pl.: *-ões*] *s.f.* **1** cargo de [2]legado **2** residência ou local de trabalho do [2]legado ~ **legacia** *s.f.*

[1]le.ga.do *s.m.* doação que é discriminada em testamento [ORIGEM: do lat. *legātum,ī* 'id.']

[2]le.ga.do *adj.s.m.* que(m) é enviado por um governo para representá-lo em outro Estado [ORIGEM: do lat. *legātus,ī* 'embaixador']

le.gal *adj.2g.* **1** definido por lei ou de acordo com ela ⟨*dispositivo l.*⟩ ⮌ ilegal **2** *B gír.* palavra que atribui qualidade positiva ⟨*pessoa l.*⟩ ⟨*dica l.*⟩ ⟨*decisão l.*⟩ ⟨*história l.*⟩

le.ga.li.da.de *s.f.* 1 conformidade com a lei ↄ ilegalidade 2 conjunto das determinações constantes das leis ↄ ilegalidade

le.ga.li.zar *v.* {mod. 1} *t.d.* 1 certificar a verdade de (assinatura, ato); autenticar 2 munir com o que é indispensável ou suficiente para a legalidade; legitimar ~ **legalização** *s.f.*

le.gar *v.* {mod. 1} *t.d.i.* 1 (prep. *a*) deixar como herança a 2 *fig.* (prep. *a*) transmitir, passar ⟨*l. bons exemplos aos filhos*⟩ ❑ *t.d.* 3 enviar (alguém) em caráter oficial

le.ga.tá.rio *s.m.* aquele a quem se deixou um 'legado

le.gen.da *s.f.* 1 história da vida de um santo 2 narração fabulosa; lenda 3 letreiro, rótulo 4 texto explicativo que acompanha gravuras, mapas etc. 5 letreiro sobreposto à imagem de um filme estrangeiro, traduzindo a fala dos personagens

le.gen.dá.rio *adj.* 1 relativo a legendas ('vida de um santo') 2 fabuloso; lendário ↄ real ■ *s.m.* 3 coletânea de legendas ('vida de um santo')

le.gi.ão [pl.: *-ões*] *s.f.* 1 MIL entre os antigos romanos, grande unidade do exército, com infantaria e cavalaria 2 MIL divisão de qualquer exército 3 MIL regimento de voluntários, esp. estrangeiros, a serviço de um país 4 *fig.* grande número de pessoas ou coisas 5 associação política, assistencial etc.

le.gi.bi.li.da.de *s.f.* 1 clareza (de letra) para leitura 2 característica do que se lê com facilidade

le.gio.ná.rio *adj.* 1 pertencente a legião ■ *s.m.* 2 soldado de uma legião do exército

le.gis.la.ção [pl.: *-ões*] *s.f.* 1 conjunto das leis que regulam algo 2 conjunto de leis do sistema jurídico de um país ou de determinado campo de atividades ⟨*a l. brasileira*⟩ ⟨*l. fiscal*⟩ ~ **legislatório** *adj.*

le.gis.lar *v.* {mod. 1} *t.d. e int.* formular, estabelecer (leis, regras, princípios); determinar ~ **legislador** *adj.s.m.*

le.gis.la.ti.vo *adj.* 1 que faz as leis ■ *s.m.* 2 o poder legislativo ☞ tb. us. com inicial maiúsc.

le.gis.la.tu.ra *s.f.* 1 tempo de mandato dos legisladores e das assembleias legislativas 2 conjunto de poderes a que se atribui a faculdade de legislar ⟨*a Câmara dos Deputados e o Senado compõem a l. brasileira*⟩ 3 sessão do poder legislativo

le.gis.ta *adj.2g.s.2g.* 1 DIR especialista em leis 2 MED especialista em medicina legal; médico-legista

le.gí.ti.ma *adj.* DIR parte da herança destinada, por lei, aos herdeiros necessários, descendentes ou ascendentes, e correspondente à metade dos bens do espólio

le.gi.ti.mar *v.* {mod. 1} *t.d. e pron.* 1 tornar(-se) conforme com a lei; legalizar ❑ *t.d.* 2 DIR reconhecer (filho) como legítimo 3 reconhecer como autêntico, verdadeiro; autenticar 4 admitir como legítimo, justo, razoável; justificar ~ **legitimação** *s.f.*

le.gí.ti.mo *adj.* 1 que está amparado em lei ⟨*autoridade l.*⟩ ↄ ilegal 2 explicado pelo bom senso, pela razão; justo ⟨*motivos l.*⟩ ↄ ilógico 3 verdadeiro, sem alterações ⟨*um quadro l.*⟩ ↄ falso 4 concebido no matrimônio (diz-se de filho) ~ **legitimidade** *s.f.*

le.gí.vel *adj.2g.* que se lê com facilidade ⊙ GRAM/USO sup.abs.sint.: *legibilíssimo*

le.gor.ne *adj.2g.s.2g.* 1 diz-se de ou raça de galinha poedeira ■ *s.2g.* 2 essa galinha

lé.gua *s.f.* 1 medida de distância equivalente, no Brasil, a 6.600 m aprox. 2 *p.ext.* distância muito grande ⟨*a casa fica a léguas daqui*⟩ ☞ mais us. no pl.

le.gu.me *s.m.* hortaliça

le.gu.mi.no.sa *s.f.* espécime das leguminosas, família de plantas cujos frutos são vagens, favas etc.

lei *s.f.* 1 regra prescrita por autoridade soberana 2 conjunto de regras resultantes dos costumes, tradições e convenções de determinada época ou cultura ⟨*as l. da moda*⟩ 3 aquilo que se impõe ao homem por sua razão, consciência ou por determinadas condições ou circunstâncias ⟨*as l. do destino*⟩ ⊡ **l. de talião** *loc.subst.* DIR pena de talião

lei.au.te *s.m.* esboço ou projeto de um anúncio ou de qualquer obra gráfica etc. ~ **leiautar** *v.t.d.* - **leiautista** *s.2g.*

lei.go *adj.s.m.* 1 laico 2 que(m) não é perito em determinado assunto, profissão etc. ⟨*l. em química*⟩ ↄ profissional ~ **leiguice** *s.f.*

lei.lão [pl.: *-ões*] *s.m.* venda pública de imóveis, terrenos, objetos a quem oferecer maior lance ('preço'); hasta ~ **leiloamento** *s.m.*

lei.lo.ar *v.* {mod. 1} *t.d.* 1 colocar ou vender em leilão 2 apregoar em leilão

lei.lo.ei.ro *s.m.* 1 quem organiza leilões 2 quem apregoa em leilões

lei.ra *s.f.* 1 canteiro para receber sementes e mudas 2 pequeno campo cultivado

leish.ma.ni.o.se *s.f.* infecção causada por um gênero de protozoários, parasita de tecidos de vertebrados, que, em suas várias formas, pode provocar lesões na boca, nariz e faringe, ou febre, anemia, aumento do baço e do fígado; transmitida ao homem pela picada de certos mosquitos

lei.tão [pl.: *-ões*; fem.: *leitoa*] *s.m.* 1 porco novo 2 prato preparado com esse porco ⟨*l. assado*⟩ ⊙ COL alfeire, leitegada, vara ⊙ VOZ v. e subst.: *bacorejar* e *grunhir*

lei.te *s.m.* 1 líquido secretado pelas glândulas mamárias das mulheres e fêmeas dos mamíferos 2 leite de alguns mamíferos domésticos destinado à alimentação humana 3 seiva branca encontrada em certas plantas e frutos 4 *p.ext.* líquido com a aparência do leite ⟨*l. de magnésia*⟩

lei.te.ga.da *s.f.* ninhada de leitões

lei.tei.ra *s.f.* 1 vasilha em que se serve o leite 2 panela us. para ferver o leite

lei.tei.ro *adj.* 1 produtor de leite ⟨*vaca l.*⟩ ⟨*fazenda l.*⟩ 2 que transporta leite ⟨*caminhão l.*⟩ ■ *s.m.* 3 quem vende ou entrega leite

lei.te.ri.a *s.f.* 1 estabelecimento em que o leite recebe tratamento para consumo ou para fabricação de derivados 2 local especializado na venda de leite e derivados 3 pequeno restaurante que serve refeições ligeiras, ger. à base de laticínios (coalhada, queijos etc.)

lei.to *s.m.* 1 cama 2 solo do fundo de um rio, riacho etc. 3 superfície ou camada que serve de base ⟨*o l. de uma estrada*⟩

lei.tor \ô\ *adj.s.m.* 1 que(m) lê para si mesmo, mentalmente, ou para alguém, em voz alta 2 que(m) tem o hábito de ler 3 (aparelho) que lê códigos, sinais, dados microfilmados etc.

lei.to.so \ô\ [pl.: *leitosos* \ó\] *adj.* 1 relativo a leite; lácteo 2 que tem a cor e/ou o aspecto do leite

lei.tu.ra *s.f.* 1 o ato ou o hábito de ler 2 o que se lê 3 *fig.* maneira de compreender um texto, uma mensagem, um fato ⟨*sua l. do filme foi limitada*⟩ 4 o ato de decifrar qualquer notação ou o seu resultado ⟨*l. de um termômetro, de uma partitura*⟩

le.ma *s.m.* norma ou frase, ger. curta, que resume um ideal; emblema, divisa ~ **lemático** *adj.*

lem.bran.ça *s.f.* 1 memória; recordação ⟨*seu rosto não me sai da l.*⟩ 2 o que se oferece como presente; mimo ▼ *lembranças s.f.pl.* 3 expressão de amizade; cumprimentos ⟨*dê l. a seus pais*⟩

lem.brar *v.* {mod. 1} *t.d.,t.d.i. e pron.* 1 (prep. *a, de*) trazer à memória (de); recordar(-se) ⊃ esquecer(-se) ❑ *t.d. e t.d.i.* 2 (prep. *a*) fazer surgir na mente por associação de ideias; sugerir ❑ *t.d.i.* 3 (prep. *de*) advertir sobre (o que vai ou pode ocorrer); prevenir 4 (prep. *a*) mandar lembranças; recomendar

lem.bre.te \ê\ *s.m.* 1 papel com anotação sobre algo que não pode ser esquecido 2 *p.ext.* o conteúdo dessa anotação 3 qualquer recurso us. com essa finalidade ⟨*deixe a chave ali, como l. para fechar a porta*⟩

le.me *s.m.* 1 equipamento instalado na popa de barcos e na cauda de aviões para determinar sua direção 2 *fig.* condução de negócios, empresa, situação; governo, direção ⟨*o cunhado assumiu o l. dos negócios da família*⟩

lê.mu.re *s.m.* nome comum a diversos primatas africanos da família dos lemurídeos, esguios, de pelagem densa e macia, e de cauda e focinho longos

lê.mu.re-vo.a.dor [pl.: *lêmures-voadores*] *s.m.* nome comum a mamíferos noturnos e arborícolas, encontrados nas florestas tropicais da Ásia, cujos membros são ligados por uma prega de pele, o que lhes permite planar

le.mu.rí.deo *s.m.* ZOO 1 espécime dos lemurídeos, família de primatas que compreende os lêmures, noturnos e arborícolas, de focinho comprido, dedos com garras ou unhas achatadas, cauda longa e pelagem grossa ■ *adj.* 2 relativo a essa família

len.ço *s.m.* pedaço de tecido us. para assoar o nariz, enxugar o suor do rosto etc. e/ou ornar ou proteger a cabeça e o pescoço ⊡ **l. de papel** *loc.subst.* lenço retangular descartável e esterilizado, feito de papel fino e macio, que se usa para assoar o nariz, remover maquiagem etc.

len.çol *s.m.* 1 peça retangular de tecido que se usa para forrar o colchão e/ou para servir de coberta 2 grande extensão natural de água, petróleo etc. existente no subsolo 3 FUTB lance em que o jogador chuta a bola por cima do adversário e a recupera logo em seguida ⊡ **l. freático** *loc.subst.* lençol de água subterrâneo, em nível pouco profundo, que pode ser explorado por poços

len.da *s.f.* 1 narrativa fantástica 2 narrativa popular vista como fato histórico, mas sem comprovação 3 pessoa ou coisa que inspira uma dessas narrativas ⟨*esse jogador é uma l.*⟩ 4 o tema dessa narrativa ⟨*a l. dos seus gols*⟩

len.dá.rio *adj.* 1 que diz respeito a lenda 2 fictício ⊃ real 3 muito conhecido; célebre ⟨*uma trajetória l.*⟩ ⊃ desconhecido

lên.dea *s.f.* ovo do piolho, que adere à base dos cabelos ou pelos

len.ga-len.ga [pl.: *lenga-lengas*] *s.f.* conversa ou narrativa enfadonha; ladainha

le.nha *s.f.* 1 pedaço de madeira us. como combustível 2 *fig.* B *gír.* coisa difícil, problemática ⟨*subir essa ladeira é l.*⟩

le.nha.dor \ô\ *adj.s.m.* 1 (o) que colhe ou racha troncos para fazer lenha 2 derrubador profissional de árvores; madeireiro ⟨*os l. do Canadá*⟩

le.nho *s.m.* 1 BOT tecido, em certos vegetais, responsável pelo aumento da espessura e rigidez dos caules 2 tronco ou peça grossa de madeira 3 tronco de árvore cortado, sem galhos ou folhas

le.nho.so \ô\ [pl.: *lenhosos* \ó\] *adj.* 1 semelhante a madeira; lígneo 2 BOT que tem os tecidos enrijecidos (diz-se de planta, vaso etc.)

le.ni.men.to *s.m.* 1 medicamento para aliviar dores 2 o que suaviza

le.nir *v.* {mod. 24} *t.d.* tornar mais fácil de suportar; aliviar, suavizar ⊃ intensificar ⊙ GRAM/USO verbo defectivo

le.ni.ti.vo *adj.s.m.* 1 (medicamento) que alivia dores 2 *p.ext.* (o) que traz conforto, alívio

le.no.cí.nio *s.m.* ação de explorar, estimular ou favorecer a prostituição

[1]**len.te** *s.f.* 1 corpo transparente, de superfície ou superfícies curvas, que aumenta, diminui ou torna mais nítido o que é visto através dele ⟨*l. de aumento*⟩ 2 ANAT cristalino ⊙ GRAM/USO dim.irreg.: *lentícula* [ORIGEM: do lat. *lens,lentis* 'lentilha (planta)'] ⊡ **l. de contato** *loc.subst.* pequena lente que cobre a região da córnea, us. para corrigir a visão ~ **lenticular** *adj.2g.*

[2]**len.te** *s.2g.* professor universitário [ORIGEM: do lat. *legens,entis* 'o que lê']

len.te.jou.la *s.f.* → LANTEJOULA

len.ti.dão [pl.: *-ões*] *s.f.* 1 característica do que é lento 2 falta de agilidade, de rapidez; morosidade ⊃ ligeireza

len.ti.lha *s.f.* 1 planta leguminosa com vagens curtas, contendo uma ou duas sementes em forma de disco 2 essa semente, us. como alimento

len.ti.ví.rus *s.m.2n.* família de vírus responsáveis por doenças de evolução lenta que atingem esp. o sistema nervoso central e o sistema imunológico

–lento *suf.* equivale a *-ento*
len.to *adj.* 1 a que falta rapidez e/ou agilidade; vagaroso ⟨*carro l.*⟩ ⟨*passos l.*⟩ ⊃ veloz 2 que se prolonga no tempo; demorado ⟨*digestão l.*⟩ ⊃ rápido 3 pausado, espaçado ⟨*pulso l.*⟩ ⟨*ritmo cardíaco l.*⟩ 4 sem agilidade física ou mental ⊃ ativo
le.o.ni.no *adj.* 1 relativo ou semelhante a leão, digno de sua imagem ⟨*força l.*⟩ 2 *fig.* injusto, doloso ⟨*uma divisão l.*⟩ ■ *adj.s.m.* 3 que(m) é do signo de Leão
le.o.par.do *s.m.* 1 grande felino encontrado na África e Ásia, de pelo amarelado, com manchas negras de forma e tamanho variados 2 *p.ext.* a pele desse felino
lé.pi.do *adj.* 1 que aparenta jovialidade, alegria ⊃ melancólico 2 que demonstra agilidade; ligeiro ⊃ lento ~ **lepidez** *s.f.*
le.pi.dóp.te.ro *s.m.* 1 espécime dos lepidópteros, ordem de insetos que apresentam quatro asas cobertas de escamas e peças bucais adaptadas para sucção (p.ex.: as borboletas e mariposas) ■ *adj.* 2 relativo a essa ordem ou a esse espécime
le.po.ri.no *adj.* relativo a lebre ☞ cf. *lábio leporino*
le.pra *s.f.* hanseníase
le.pro.sá.rio *s.m.* local destinado ao tratamento de pessoas com lepra
le.pro.so \ô\ [pl.: *leprosos \ó*] *adj.* 1 relativo a lepra ■ *adj.s.m.* 2 que(m) tem lepra
lep.tos.pi.ro.se *s.f.* infecção causada por um gênero de bactérias, ger. devido ao contato com a urina de ratos infectados, que provoca febre, dores musculares, albumina na urina e amarelecimento de tecidos e secreções
le.que *s.m.* 1 abano manual feito de material leve, ger. em forma de semicírculo, que abre e fecha 2 *p.ext.* qualquer coisa com a forma de um leque aberto ⟨*l. de cartas*⟩ 3 *fig.* conjunto, série de coisas ⟨*um l. de opções*⟩
ler *v.* {mod. 11} *t.d. e int.* 1 percorrer com a vista (texto, palavra, sintagma), interpretando-o, decifrando-o, falando em voz alta ou não ❑ *t.d.* 2 examinar, estudar (conteúdo de texto, obra etc.) 3 interpretar, compreender (ideia, conceito etc.) 4 *p.ext.* atribuir significado, sentido ou forma a; interpretar 5 *fig.* perceber a partir de indícios; deduzir 6 *fig.* predizer por meio de presságios; adivinhar 7 decifrar, reconhecer (informação) por mecanismo de leitura próprio ~ **leitor** *adj.s.m.*
ler.de.za \ê\ *s.f.* característica do que apresenta movimentos retardados ou lentos ⊃ agilidade
ler.do *adj.* 1 que se movimenta com dificuldade; lento, vagaroso ⊃ rápido 2 tolo, estúpido ⊃ esperto
le.ro-le.ro [pl.: *lero-leros*] *s.m. infrm.* conversa que não leva a nada
le.são [pl.: *-ões*] *s.f.* 1 MED ferimento ou traumatismo 2 DIR prejuízo sofrido por alguém, em virtude de erros na análise do contrato ou devido a elementos circunstanciais 3 DIR em direito penal, ofensa, dano à integridade física de alguém 4 qualquer dano ou prejuízo moral ou material
le.sa-pá.tri.a [pl.: *lesas-pátrias*] *s.m.* crime de lesa-pátria
le.sar *v.* {mod. 1} *t.d. e pron.* 1 (fazer) sofrer lesão física; ferir(-se) 2 (fazer) sofrer lesão moral; prejudicar(-se) ❑ *t.d.* 3 violar (direito, lei etc.) 4 cometer fraude contra; roubar
les.bi.a.nis.mo *s.m.* homossexualismo feminino ~ **lesbiano** *adj.*
lés.bi.ca *s.f.* mulher homossexual
lés.bi.co *adj.* 1 diz-se de relações homossexuais entre mulheres 2 homossexual (do sexo feminino)
le.sio.nar *v.* {mod. 1} *t.d. e pron.* causar ou sofrer lesão física; lesar(-se), ferir(-se)
le.si.vo *adj.* 1 que causa lesão física ou moral 2 que prejudica
les.ma \ê\ *s.f.* 1 pequeno molusco terrestre, encontrado em lugares úmidos, de concha recoberta ou ausente ■ *s.2g. fig.* 2 pessoa lenta de raciocínio e ação
les.ma-do-mar [pl.: *lesmas-do-mar*] *s.f.* molusco marinho, com corpo de cores vistosas, concha, que respira ger. por brânquias secundárias, situadas ao redor do ânus
le.so \é\ *adj.* 1 que sofreu lesão física, moral ou material 2 *fig.* atordoado, desnorteado ⊃ equilibrado ■ *adj.s.m.* 3 que(m) age como tolo ⊃ ajuizado
le.so-pa.tri.o.tis.mo [pl.: *lesos-patriotismos*] *s.m.* crime de leso-patriotismo
les.te *s.m.* 1 direção em que nasce o Sol, à direita de quem olha para o norte; este, nascente, oriente ■ *adj.2g.s.m.* 2 que ou o que se situa a leste (diz-se de região ou conjunto de regiões) [abrev.: *L.*] 3 (vento) que sopra dessa direção ■ *adj.2g.* 4 que se situa ou segue na direção leste (acp. 1 e 2)
les.to \é\ *adj.* 1 que se move com agilidade e velocidade ⊃ lento 2 que rapidamente encontra saída para as dificuldades; esperto ⊃ estúpido ■ *adv.* 3 de maneira ágil ⟨*saltou l. do ônibus*⟩ ⊃ lentamente
le.tal *adj.2g.* 1 que acarreta morte ou se refere a ela ⟨*doença l.*⟩ 2 que prejudica de modo irremediável ⟨*medidas l. para a nação*⟩ ~ **letalidade** *s.f.*
le.tar.gi.a *s.f.* 1 estado de profunda e prolongada inconsciência; letargo 2 *p.ext.* apatia, desinteresse ~ **letárgico** *adj.*
le.tar.go *s.m.* letargia
le.ti.vo *adj.* relativo às atividades escolares
le.tra \ê\ *s.f.* 1 cada um dos sinais gráficos que representam os fonemas na língua escrita 2 este sinal, em relação a sua forma, cor etc. ⟨*l. maiúscula*⟩ 3 maneira pela qual cada pessoa representa este sinal; caligrafia ⟨*ter boa l.*⟩ 4 o texto de uma canção, hino etc. ▼ *letras s.f.pl.* 5 conjunto de conhecimentos adquiridos pelo estudo; saber ⟨*homem de poucas l.*⟩ 6 conjunto de conhecimentos sobre gramática, literatura, linguística etc. ⟨*faculdade de L.*⟩ ☞ inicial ger. maiúsc. 7 a literatura em geral ⟨*ele é a glória das l. nacionais*⟩ ⊡ **l. de câmbio** *loc.subst.* ordem de pagamento em que uma pessoa ordena que outra pague certa quantia, em local e data especificados, a uma tercei-

ra • l. **maiúscula** *loc.subst.* letra de tamanho maior e formato próprio, de mesmo som de sua correspondente minúscula, ger. us. em início de frases e de nomes próprios e para destacar certas palavras • **l. minúscula** *loc.subst.* letra de tamanho menor em relação a sua correspondente maiúscula e de formato próprio, us. nos textos em geral

le.tra.do *adj.s.m.* 1 que(m) possui cultura; instruído 2 que(m) possui profundo conhecimento literário; literato

le.trei.ro *s.m.* inscrição informativa em letras grandes

le.tris.ta *adj.2g.s.2g.* 1 autor de letras musicais 2 especialista em desenho de letras ('sinal gráfico')

léu *s.m.* ◗ só usado em: **ao l.** *loc.adv.* à toa ⟨*andava ao l., sem pensar em nada*⟩

leu.ce.mi.a *s.f.* aumento descontrolado, canceroso, do número de células dos glóbulos brancos normais na medula óssea e no sangue ~ **leucêmico** *adj.*

leu.có.ci.to *s.m.* célula nucleada e incolor, encontrada no sangue e na linfa, que participa nos processos de defesa do organismo; glóbulo branco ~ **leucocitário** *adj.* - **leucocítico** *adj.*

le.va *s.f.* 1 recrutamento militar 2 ajuntamento ou grupo de pessoas 3 *p.ext.* lote, grupo de coisas

le.va.da *s.f.* 1 ato de levar ou o seu efeito 2 torrente de água que se desvia de um rio para mover moinhos, irrigar terrenos etc. 3 construção de terra, pedra etc. para represar as águas dos rios e utilizá-las no abastecimento, na agricultura etc.; barragem 4 sulco pelo qual corre a água

le.va.di.ço *adj.* que se pode abaixar ou levantar por meio de contrapesos, cabos etc. ⟨*ponte l.*⟩

le.va.do *adj.s.m.infrm.* irrequieto, travesso ⮌ quieto

le.va e traz *s.2g.2n.* pessoa fofoqueira

le.van.ta.dor \ô\ *adj.s.m.* 1 que(m) levanta 2 que(m), no jogo de vôlei, tem a função de levantar a bola para que outro jogador da sua equipe a golpeie

le.van.ta.men.to *s.m.* 1 colocação na vertical ou em pé 2 aumento, acréscimo na quantidade, valor etc. 3 rebelião, insubordinação 4 pesquisa, estatística de algo ⟨*l. dos verbos do texto*⟩ 5 sondagem, investigação breve ⟨*l. de preços*⟩ 6 no vôlei, lançamento da bola para uma cortada

le.van.tar *v.*{mod. 1} *t.d. e pron.* 1 pôr(-se) de pé, em posição vertical 2 (fazer) sair de um plano a outro, mais alto; elevar(-se), erguer(-se) ⮌ baixar(-se) 3 *fig.* (fazer) sair de situação precária, problemática 4 *fig.* provocar ou fazer rebelião; sublevar(-se), amotinar(-se) ❑ *pron.* 5 sair do sono; acordar ⮌ dormir ❑ *t.d.,int. e pron.* 6 (fazer) subir para o ar, espalhando-se ❑ *t.d.* 7 dar mais altura a; aumentar ⟨*l. uma mureta*⟩ ⮌ diminuir 8 fazer (obra, construção); construir, erguer 9 dirigir para o alto ⟨*l. os olhos para o céu*⟩ ☞ *para o céu* é circunstância que funciona como complemento 10 *fig.* elevar a grau superior; engrandecer ⟨*preciso l. o debate*⟩ ⮌ diminuir 11 *fig.* dar origem a; provocar ⟨*a questão levantou discussões*⟩ 12 *fig.* estimular à atividade, animação, vida, alegria ⟨*cores quentes levantam o quadro*⟩ 13 listar como resultado de pesquisa 14 *fig.* obter, arrecadar (quantia, valores etc.) ❑ *t.d. e int.* 15 aumentar de volume, intensidade, tom etc. ⟨*l. a voz*⟩ ⟨*assado, o suflê levanta*⟩

¹le.van.te *s.m.* ponto do horizonte em que o Sol nasce; nascente, oriente, leste [ORIGEM: do it. *levante* 'id.', do v. *levare* 'alçar, erguer']

²le.van.te *s.m.* revolta, motim [ORIGEM: regr. de *levantar*]

le.var *v.*{mod. 1} *t.d.* 1 transportar a certo lugar; carregar, conduzir ⟨*l. a criança nos ombros*⟩ ⟨*o ônibus levou-o à cidade*⟩ ☞ *nos ombros* e *à cidade* são circunstâncias que funcionam como complemento 2 carregar consigo 3 servir de meio de transporte de; transportar ⟨*o duto leva água à cidade*⟩ ☞ *à cidade* é circunstância que funciona como complemento 4 afastar de certo local; retirar ⟨*levou dali o desordeiro*⟩ ☞ *dali* é circunstância que funciona como complemento 5 mover em certa direção ⟨*l. a mão ao peito*⟩ ☞ *ao peito* é circunstância que funciona como complemento 6 usar como roupa, acessório ou enfeite; vestir, trazer ⟨*l. na cabeça um arco*⟩ ☞ *na cabeça* é circunstância que funciona como complemento 7 reter na mente, na memória; guardar 8 *fig.* carregar o peso de; sofrer ⟨*l. a responsabilidade por algo*⟩ 9 ficar com (mercadoria) por aquisição, consignação 10 fazer uso de (tempo); consumir 11 dirigir, conduzir (veículo) 12 considerar, tomar como ⟨*levou o caso a sério*⟩ 13 ter capacidade para; comportar 14 obter como recompensa, favor ou por sorte; ganhar 15 ter em si; conter ⟨*a carta levava sua assinatura*⟩ ❑ *t.i.* 16 (prep. *a*) ter como consequência; conduzir, resultar ❑ *t.d. e t.d.i.* 17 *p.ext.* (prep. *para*) ser portador de (algo) para dar ou entregar a; trazer, portar 18 (prep. *de*) ser objeto, alvo de (ação, física ou não); ganhar, receber ⮌ dar 19 (prep. *de*) apossar-se de (coisa alheia); roubar, furtar ⮌ devolver 20 dar acesso a; conduzir ⟨*a rua leva à praça*⟩ ⟨*o caminho os levou à praça*⟩ ☞ *à praça* é circunstância que funciona como complemento ❑ *t.d.i. e pron.* 21 (prep. *a*) [fazer] ser tomado por (sensação, sentimento etc.); impelir, induzir ❑ *t.d.i.* 22 (prep. *a*) fazer tomar certa atitude, conquistar algo etc.; conduzir ⟨*l. o time à vitória*⟩ ⊡ **l. a mal** *loc.* aborrecer-se, ofender-se

le.ve *adj.* 1 de pouco peso ⟨*embrulho l.*⟩ ⮌ pesado 2 que exerce pouca pressão ⟨*um l. toque*⟩ ⮌ forte 3 que se move com desembaraço; ágil ⟨*dançarina l.*⟩ 4 de pouca consistência ou densidade ⟨*l. nevoeiro*⟩ ⮌ denso 5 de fácil digestão ⮌ pesado 6 com pouca espessura (diz-se de tecido) ⮌ grosso 7 fácil de executar ⟨*trabalho l.*⟩ ⮌ cansativo 8 *fig.* superficial, ligeiro ⟨*conversa l.*⟩ ⟨*sorriso l.*⟩ 9 *fig.* agradável, divertido ⟨*espetáculo l.*⟩ 10 *fig.* livre de pressão; aliviado ⟨*cabeça l.*⟩ ⮌ angustiado ⊡ **de l.** *loc.adv.* superficialmente ⟨*tocou de l. no assunto*⟩ ~ **levemente** *adv.*

le.ve.dar *v.*{mod. 1} *t.d.,int. e pron.* (fazer) fermentar, aumentar, crescer ~ **levedação** *s.f.*

le.ve.do \ê\ ou **lê.ve.do** *s.m.* levedura

le.ve.du.ra *s.f.* fungo responsável por muitos dos processos de fermentação utilizados na alimentação, como a panificação e a produção de bebidas alcoólicas; fermento biológico, levedo, lêvedo

le.ve.za \ê\ *s.f.* 1 qualidade do que possui pouco peso 2 *fig.* delicadeza, singeleza ⟨*a l. de seus gestos*⟩

le.vi.an.da.de *s.f.* 1 falta de seriedade 2 comportamento insensato ⟨*assuma suas l.!*⟩

le.vi.a.no *adj.s.m.* 1 que(m) julga ou procede irresponsavelmente ⊃ cuidadoso ■ *adj.* 2 que denota falta de seriedade e/ou precipitação ⟨*comentário l.*⟩ ⊃ prudente

le.vi.a.tã *s.m.* 1 monstro marinho, representação do Mal ☞ inicial freq. maiúsc. 2 *p.ext.* qualquer ser ou coisa imensa e/ou de aparência monstruosa

le.vi.tar *v.* {mod. 1} *int.* erguer-se acima do solo sem sustentação visível ~ **levitação** *s.f.*

lé.xi.co \cs\ *s.m.* 1 o repertório total de palavras existentes numa determinada língua 2 dicionário 3 relação das palavras us. por um autor, um grupo social etc.; vocabulário ~ **lexical** *adj.2g.*

le.xi.co.gra.fi.a \cs\ *s.f.* 1 técnica da feitura de dicionários 2 *p.ext.* o trabalho de elaboração de dicionários, vocabulários e afins ~ **lexicografar** *v.t.d. e int.* - **lexicográfico** *adj.* - **lexicógrafo** *s.m.*

le.xi.co.lo.gi.a \cs\ *s.f.* parte da linguística que estuda a origem das palavras, seus significados e sua formação ~ **lexicológico** *adj.* - **lexicólogo** *s.m.*

le.xio.lo.gi.a \cs\ *s.f.* lexicologia

lha.ma *s.2g.* ruminante andino de pescoço longo e fino, cabeça pequena, focinho delgado, pés com apenas dois dedos e pelagem longa e lanosa

lha.ne.za \ê\ *s.f.* franqueza; simplicidade ⊃ afetação

lha.no *adj.* 1 sincero, franco ⊃ falso 2 em que há simplicidade, naturalidade ⊃ afetado ■ *s.m.* 3 planície extensa de vegetação herbácea, no norte da América do Sul ☞ mais us. no pl.

lhe *pron.p.* 1 da 3ª p. sing., caso oblíquo, com função de objeto indireto, equivalente a: 2 a ele, a ela, ao senhor, à senhora, a V. Sª etc. ⟨*eu lhe disse tudo*⟩ 3 dele, dela, para o senhor etc. ⟨*nós lhe retiramos os privilégios*⟩ 4 nele, nela, no senhor etc. ⟨*aplicou-lhe um golpe*⟩ 5 para ele, para ela, para o senhor etc. ⟨*comprei-lhe balas*⟩

Li símbolo de *lítio*

li.a.me *s.m.* o que liga ou prende; ligação, vínculo

li.a.na *s.f.* cipó

li.ba.ção [pl.: *-ões*] *s.f.* 1 ato de aspergir um líquido como oferenda a uma divindade 2 esse líquido 3 ato de beber por prazer ou para brindar ▼ *libações s.f.pl.* 4 a bebida tomada por prazer ou para brindar

li.ba.nês *adj.* 1 relativo ao Líbano (Ásia) ■ *s.m.* 2 natural ou habitante desse país

li.bar *v.* {mod. 1} *int.* 1 fazer libações em honra de divindade ❑ *t.d.* 2 sorver o conteúdo de; beber 3 absorver por sucção; sugar 4 *fig.* experimentar (algo prazeroso); gozar

li.be.lo *s.m.* 1 DIR apresentação, oral ou escrita, de uma acusação 2 escrito, ger. curto, difamatório ou satírico ~ **libelista** *adj.2g.s.2g.*

li.bé.lu.la *s.f.* inseto de abdome longo e estreito, quatro asas alongadas, transparentes, que se alimenta de insetos e outros organismos; lavadeira

lí.ber [pl.: *líberes*] *s.m.* nos vegetais, tecido condutor de água, sais minerais e compostos orgânicos

li.be.ra.ção [pl.: *-ões*] *s.f.* 1 libertação ⊃ prisão 2 quitação de dívida ou dispensa de obrigação ou compromisso ⊃ obrigação 3 DIR libertação de condenado, após cumprimento de pena ⊃ prisão 4 cancelamento das restrições legais ao uso e/ou circulação de certas mercadorias ~ **liberado** *adj.*

li.be.ral *adj.2g.* 1 que gosta de dar; generoso ⊃ mesquinho 2 progressista ⊃ conservador 3 em que os profissionais não possuem vinculação hierárquica e exercem atividade ger. técnica e intelectual (diz-se de profissão de nível superior) ■ *adj.2g.s.2g.* 4 que(m) é adepto do liberalismo ~ **liberalidade** *s.f.*

li.be.ra.lis.mo *s.m.* doutrina política e econômica a favor da livre iniciativa e contra a intervenção do estado na economia ~ **liberalista** *adj.2g.s.2g.*

li.be.ra.li.zar *v.* {mod. 1} *t.d. e t.d.i.* 1 (prep. *a*) distribuir em grande quantidade; prodigalizar ❑ *t.d. e pron.* 2 tornar(-se) liberal ou mais liberal ❑ *pron.* 3 tornar-se adepto do liberalismo ~ **liberalização** *s.f.*

li.be.rar *v.* {mod. 1} *t.d., t.d.i. e pron.* 1 (prep. *de*) deixar ou ficar dispensado (de obrigação, compromisso, dívida); isentar(-se) ⊃ obrigar(-se) 2 (prep. *de*) tornar(-se) livre de; libertar(-se) ⊃ aprisionar(-se) ❑ *t.d.* 3 dar autorização para; permitir ⊃ proibir 4 tornar disponível, viável, usável; desbloquear ⊃ bloquear 5 lançar de si; soltar, emitir

li.ber.da.de *s.f.* 1 direito de expressar qualquer opinião e agir como quiser; independência ⊃ dependência, submissão 2 *p.ext.* licença, permissão ⟨*você tem l. para sair*⟩ 3 condição de não ser prisioneiro ou escravo ⊃ cativeiro, escravidão 4 atrevimento, intimidade ⟨*tomei a l. de telefonar-lhe*⟩ ⊃ respeito ⊡ **l. condicional** *loc.subst.* liberdade a que um condenado tem direito, após cumprir parte da sentença

lí.be.ro *s.m.* FUTB função tática de jogador que, sem posição específica no campo, pode corrigir eventuais falhas de seus companheiros na defesa e no ataque

li.ber.tar *v.* {mod. 1} *t.d., t.d.i. e pron.* 1 (prep. *de*) tornar(-se) livre, independente (de) ⊃ prender(-se) 2 (prep. *de*) desembaraçar(-se) [de obstáculo, perturbação]; livrar(-se) ⊙ GRAM/USO part.: *libertado, liberto* ~ **libertação** *s.f.* - **libertador** *adj.s.m.*

li.ber.tá.rio *adj.s.m.* 1 partidário da liberdade absoluta 2 anarquista

li.ber.ti.na.gem *s.f.* 1 conduta de quem se entrega exageradamente a prazeres sexuais ⊃ recato 2 *fig.* indisciplina ⊃ responsabilidade

li.ber.ti.no *adj.s.m.* 1 depravado, devasso ⊃ recatado ■ *adj.* 2 *fig.* que não tem disciplina, que se descuida dos deveres e obrigações ⟨*temperamento l.*⟩ ⮌ responsável

li.ber.to *adj.* **1** livre ■ *adj.s.m.* **2** (escravo) alforriado ⊙ GRAM/USO part. de *libertar*

li.bi.di.na.gem *s.f.* **1** procura incontrolada de satisfações sexuais **2** comportamento próprio de quem é lascivo, sensual ⮌ recato

li.bi.di.no.so \ô\ [pl.: *libidinosos* \ó\] *adj.* **1** relativo ao prazer ou ao apetite sexual **2** por eles caracterizado ou que os sugere ■ *adj.s.m.* **3** que(m) tem desejos sexuais intensos e constantes

li.bi.do *s.f.* apetite sexual; desejo

li.bra *s.f.* **1** unidade de massa us. no sistema inglês de pesos e medidas equivalente a 453,60 gramas (símb.: *lb*) **2** meio pelo qual são efetuadas transações monetárias em Chipre, Egito, Líbano, Malta, Síria e Sudão **3** a cédula e a moeda us. nessas transações **4** sétima constelação zodiacal, situada entre Leão e Escorpião; Balança ☞ inicial maiúsc. **5** ASTRL sétimo signo do zodíaco (de 23 de setembro a 22 de outubro); Balança ☞ inicial maiúsc.

li.brar *v.* {mod. 1} *t.d. e pron.* **1** suspender(-se), pondo(-se) em equilíbrio ❑ *t.d.i. e pron. fig.* **2** (prep. *em*) basear(-se), fundamentar(-se) ⟨*l. o sucesso no trabalho*⟩ ⟨*l.-se no certo e fugir do duvidoso*⟩

li.bré *s.m.* uniforme com galões e botões distintivos us. pelos criados de casas nobres

li.bre.to \ê\ *s.m.* **1** texto de ópera, oratório ou cantata **2** *p.ext.* o livro com esse texto

li.bri.a.no *adj.s.m.* **1** que(m) é do signo de Libra ■ *adj.* **2** relativo ao signo de Libra

li.ça *s.f.* **1** arena destinada a torneios e combates **2** *fig.* briga, disputa

li.ção [pl.: *-ões*] *s.f.* **1** tema de aula **2** tarefa escolar **3** o ensino de uma matéria durante determinado espaço de tempo; aula ⟨*lições de piano*⟩ **4** *fig.* exemplo dado por uma pessoa a outra ou obtido por experiência própria ⟨*o mau resultado serviu-lhe de l.*⟩ **5** *fig.* repreensão, castigo

li.cen.ça *s.f.* **1** consentimento; autorização ⮌ proibição **2** o certificado que documenta esta autorização ⟨*l. para filmar na rua*⟩ **3** permissão para ausentar-se do serviço **4** prazo durante o qual a pessoa está autorizada a faltar ao serviço ⟨*no momento, estou de l.*⟩

li.cen.ci.a.do *adj.s.m.* **1** que(m) obteve a licenciatura ■ *adj.* **2** que tem licença para exercer uma atividade **3** que está devidamente autorizado a ausentar-se do trabalho (diz-se de funcionário)

li.cen.ci.a.men.to *s.m.* **1** concessão de licença ⟨*l. de um carro*⟩ **2** licenciatura

li.cen.ci.ar *v.* {mod. 1} *t.d. e pron.* **1** conceder ou obter licença; dispensar ⟨*l. soldados*⟩ ⟨*l.-se por doença*⟩ **2** conceder ou adquirir a licenciatura

li.cen.ci.a.tu.ra *s.f.* grau universitário que dá direito a lecionar para o segundo segmento do ensino fundamental e para o ensino médio; licenciamento

li.cen.ci.o.so \ô\ [pl.: *licenciosos* \ó\] *adj.s.m.* **1** que(m) abusa da liberdade; indisciplinado **2** sensual, libidinoso **3** que(m) agride a decência; indecente, depravado ~ **licenciosidade** *s.f.*

li.ceu *s.m.* estabelecimento de ensino médio e/ou profissionalizante

li.ci.ta.ção [pl.: *-ões*] *s.f.* **1** oferta de um lance em leilão **2** ato de pôr em leilão ou o seu efeito ⟨*a venda dos bens será feita por l.*⟩ **3** escolha, por concorrência, de fornecedores de produtos ou serviços para órgãos públicos

li.ci.tar *v.* {mod. 1} *int.* **1** dar lanço em leilão ou hasta pública ❑ *t.d.* **2** pôr em leilão ou em concorrência pública **3** selecionar (poder público) proposta para (fornecimento de bens ou prestação de serviços)

lí.ci.to *adj.s.m.* **1** DIR (o) que a lei permite **2** (o) que é justo ou permitido ■ *adj.* **3** correto, válido ⮌ inaceitável ~ **licitude** *s.f.*

li.ço *s.m.* cada um dos fios de arame suspensos do tear, por onde passam os fios da tecelagem

li.cor \ô\ *s.m.* bebida alcoólica, espessa, doce, preparada por destilação, maceração ou pela adição de essências

li.co.rei.ra *s.f.* ou **li.co.rei.ro** *s.m.* garrafa ou frasco próprio para licor

li.co.ro.so \ô\ [pl.: *licorosos* \ó\] *adj.* que tem as características do licor, esp. a consistência espessa e açucarada

li.da *s.f.* trabalho duro; labuta, [1]lide

li.da.dor \ô\ *adj.s.m.* **1** lutador, combatente ⮌ pacificador **2** trabalhador, labutador

li.dar *v.* {mod. 1} *int.* **1** lutar em batalha, duelo; combater **2** trabalhar muito, com esforço e perseverança; labutar ❑ *t.i.* **3** (prep. *com*) ter contato, convivência com; tratar

[1]li.de *s.f.* lida [ORIGEM: do lat. *lis,litis* 'rixa, disputa']

[2]li.de *s.m.* linha ou parágrafo que apresenta os principais tópicos de um texto jornalístico [ORIGEM: do ing. *lead* 'liderança; exemplo; seção introdutória de uma reportagem']

lí.der *s.2g.* **1** chefe; guia **2** parlamentar que representa a bancada de um partido ou do governo **3** indivíduo ou equipe que ocupa o primeiro lugar numa competição **4** quem atrai seguidores

li.de.ran.ça *s.f.* **1** espírito de chefia **2** posição ou característica de líder **3** pessoa que possui esse espírito ou pessoa(s) que exerce(m) essa chefia

li.de.rar *v.* {mod. 1} *t.d.* **1** proceder como ou ter a função de líder ⟨*l. uma equipe*⟩ **2** ocupar a posição de líder ⟨*l. as estatísticas*⟩

lí.di.mo *adj.* reconhecido como autêntico, verdadeiro ⮌ falso

li.ga *s.f.* **1** aliança, união **2** nome genérico de associações, agremiações etc. ⟨*l. das pequenas editoras*⟩ **3** tira elástica que aperta a boca da meia e/ou da meia-calça **4** QUÍM união de vários metais com ou sem elementos não metálicos, com propriedades diferentes dos seus constituintes **5** QUÍM o metal composto que resulta dessa ação

li.ga.ção [pl.: *-ões*] *s.f.* **1** união entre duas ou mais coisas ou pessoas **2** o que serve para unir **3** telefonema

4 *B* relação amorosa **5** QUÍM força atrativa que une átomos em moléculas

li.ga.du.ra *s.f.* **1** atadura, faixa **2** cirurgia que fecha, por meio de um fio, veias e canais ⟨*fez uma l. de trompa*⟩

li.ga.men.to *s.m.* **1** união ou combinação de elementos **2** o que serve para fazer essa união **3** ANAT feixe fibroso que liga os ossos articulados ou que mantém os órgãos nas respectivas posições

li.gar *v.* {mod. 1} *t.d. e t.d.i.* **1** (prep. *a*) deixar (coisa, pessoa) junta, presa, atada (a outra), com liame ou laço; unir, prender ⊃ separar **2** (prep. *a*) pôr em contato (o que está separado); reunir, juntar ⊃ desligar **3** (prep. *a*) pôr em comunicação; unir **4** *fig.* (prep. *a*) aproximar por relação lógica, de semelhança, de continuidade, de dependência; associar, reunir ⊃ desligar ❑ *t.d.* **5** dar coesão, homogeneidade a (mistura ou preparado) ⟨*maisena para l. o molho*⟩ **6** MED realizar a ligadura de; laquear ❑ *t.d. e pron.* **7** (fazer) ficar junto por vínculo moral, afetivo; unir(-se) ⊃ afastar(-se) ❑ *t.d.,t.d.i.,int. e pron.* **8** (prep. *com*) unir(-se), formando um todo; misturar(-se), combinar(-se) ⊃ separar(-se) ❑ *t.d. e t.i. B* **9** (prep. *para*) selecionar (número) nas teclas ou no disco do telefone para estabelecer conexão; discar ❑ *t.i.* **10** *B* (prep. *para*) comunicar-se pelo telefone com; telefonar **11** (prep. *para*) dar importância, atenção para; interessar-se

li.gei.re.za *s.f.* qualidade ou característica de ligeiro ⊃ lentidão

li.gei.ro *adj.* **1** com velocidade acelerada; rápido ⊃ lento **2** que se move com facilidade; ágil ⊃ vagaroso **3** que dura pouco ⟨*uma visita l.*⟩ ⊃ longo **4** que mal se vê, ouve, nota ou sente ⟨*um l. gemido*⟩ ⟨*um l. tremor*⟩ ⊃ forte ~ **ligeirice** *s.f.*

light [ing.] *adj.2g.2n.* **1** de valor calórico comparativamente mais baixo ou feito com outro adoçante que não açúcar ⟨*maionese l.*⟩ ⟨*refrigerante l.*⟩ **2** de conteúdo alcoólico mais baixo ⟨*cerveja l.*⟩ **3** cuja composição é supostamente menos nociva, em comparação com outras ⟨*refeição l.*⟩ ⟨*cigarros l.*⟩ ⇨ pronuncia-se **laite**

líg.neo *adj.* lenhoso

lig.ni.na *s.f.* substância responsável pela rigidez da parede celular vegetal, que constitui, com a celulose, a maior parte da madeira de árvores e arbustos

lig.ni.to ou **li.nhi.to** *s.m.* carvão fóssil

li.lás *s.m.* **1** arbusto nativo da Europa, de flores arroxeadas aromáticas, cultivado como ornamental e para uso em perfumaria **2** tom claro de roxo ■ *adj.2g.* **3** que tem a cor lilás ⟨*roupa l.*⟩ **4** diz-se dessa cor

li.li.á.cea *s.f.* BOT espécime das liliáceas, família de plantas nativas do hemisfério norte, mundialmente cultivadas como ornamentais, medicinais ou para alimentação ~ **liliáceo** *adj.*

li.li.pu.ti.a.no *adj.s.m.* **1** relativo a Lilipute ou o habitante, de apenas seis polegadas, desta ilha do romance *Viagens de Gulliver*, de Jonathan Swift ☞ cf. a parte enciclopédica ■ *adj.* **2** *p.ext.* muito pequeno **3** *fig.* mesquinho, medíocre ⟨*espírito l.*⟩

[1]**li.ma** *s.f.* ferramenta de lâmina metálica que, por fricção, desbasta ou serra um metal ou outro material duro [ORIGEM: do lat. *lima,ae* 'id.']

[2]**li.ma** *s.f.* fruta semelhante à laranja, de casca fina amarelo-clara e polpa esverdeada, ligeiramente amarga; lima-da-pérsia [ORIGEM: do ár. *līmā* 'nome de unidade do coletivo *lim*']

li.ma-da-pér.sia [pl.: *limas-da-pérsia*] *s.f.* [2]lima

li.ma.lha *s.f.* pó de metal limado ⟨*l. de ferro, de ouro etc.*⟩

li.mão [pl.: *-ões*] *s.m.* **1** fruta esférica, de casca e polpa verdes, sabor azedo, rica em vitamina C ■ *adj.2g.2n.* **2** que tem a cor dessa fruta **3** diz-se dessa cor

li.mar *v.* {mod. 1} *t.d.* **1** serrar, polir ou desgastar com [1]lima **2** *fig.* tornar melhor ou perfeito; aprimorar ⊃ piorar ~ **limadura** *s.f.* - **limagem** *s.f.*

lim.bo *s.m.* **1** para os cristãos, morada das almas pagãs **2** *fig.* estado de indecisão ou esquecimento ⟨*o projeto está no l.*⟩ **3** *fig.* borda, extremidade

li.mei.ra *s.f.* árvore da [2]lima

li.me.nho *adj.* **1** de Lima, Peru ■ *s.m.* **2** natural ou habitante dessa capital

li.mi.ar *s.m.* **1** laje, peça de madeira ou de outro material sobre a qual se põe a parte da porta que fica ao nível do solo; soleira **2** *fig.* início ⟨*o l. de uma nova era*⟩

li.mi.nar *adj.2g.* **1** que é o início de alguma coisa ⟨*notas l.*⟩ **2** que se refere a, está situado ou constitui um limite ou ponto de passagem ■ *adj.2g.s.f.* **3** DIR (medida) que precede o objeto principal da ação

li.mi.ta.ção [pl.: *-ões*] *s.f.* **1** fixação de limites; demarcação **2** *fig.* ação de restringir a certos limites ou o seu efeito; restrição, contenção ⟨*l. de gastos*⟩ ⊃ liberação **3** *fig.* imperfeição, insuficiência ⟨*ele conhece suas limitações*⟩ ☞ nesta acp., freq. us. no pl.

li.mi.ta.do *adj.* **1** que tem limites, que é pouco extenso ⟨*dimensões l.*⟩ ⊃ limitado **2** reduzido a certos limites; restrito ⟨*poderes l.*⟩ ⊃ irrestrito **3** com insuficiente capacidade intelectual ⟨*indivíduo l.*⟩

li.mi.tar *v.* {mod. 1} *t.d.* **1** determinar ou ser o(s) limite(s) de **2** determinar o número, a quantidade de ❑ *t.i. e pron.* **3** (prep. *com*) fazer fronteira com; confinar ❑ *t.d. e t.d.i. fig.* **4** (prep. *a*) determinar o limite que não se deve ultrapassar; restringir ❑ *pron.* **5** (prep. *a*) dar-se por satisfeito; contentar-se **6** (prep. *a*) não ir além de; circunscrever-se ~ **limitante** *adj.2g.*

li.mi.ta.ti.vo *adj.* que serve de limite

li.mi.te *s.m.* **1** linha que determina uma extensão espacial ou que separa duas extensões; raia ⟨*os l. do terreno*⟩ **2** *fig.* linha que marca o fim de uma extensão espacial ou temporal ⟨*andou até o l. da praia*⟩ ⟨*entregou o trabalho no l. do prazo*⟩ **3** o que determina os contornos de um domínio abstrato ⟨*l. de um dever*⟩ ⟨*l. da tolerância*⟩ **4** *fig.* limitação ('imperfeição') ☞ freq. us. no pl.

li.mí.tro.fe *adj.2g.* 1 que está ou vive nos limites de uma extensão, de uma região etc. ⟨*países l.*⟩ 2 *fig.* muito próximo, vizinho ⟨*comportamento l. do delinquente*⟩

lim.no.lo.gi.a *s.f.* estudo científico das extensões de água doce (como lagos, pântanos etc.) ~ **limnológico** *adj.* - **limnologista** *adj.2g.s.2g.* - **limnólogo** *s.m.*

li.mo *s.m.* 1 colônia de algas azuis e/ou verdes que, em lugares muito úmidos, formam tapetes sobre o solo e as pedras 2 'lama, lodo

li.mo.ei.ro *s.m.* pequena árvore, de ramos curtos e espinhosos, que produz o limão ⊙ COL limoal

li.mo.na.da *s.f.* refresco de limão

li.mo.so \ô\ [pl.: *limosos* \ó\] *adj.* que contém ou apresenta limo ~ **limosidade** *s.f.*

lim.pa *s.f.* 1 ato de limpar ou seu efeito 2 *p.ext. gír.* roubo completo

lim.pa.de.la *s.f.* limpeza superficial

lim.pa.dor \ô\ *adj.s.m.* 1 que(m) limpa 2 (aparelho ou produto) us. em limpeza ⟨*l. de metais*⟩

lim.par *v.* {mod. 1} *t.d. e pron.* 1 deixar ou ficar sem sujeiras, impurezas, manchas etc. ⮌ sujar(-se) 2 *fig.* (fazer) recobrar a estima, a consideração; reabilitar(-se) ❑ *t.d.* 3 *p.ext.* desinfetar ⟨*l. um ferimento*⟩ 4 remover de (recipiente, lugar) o que sobra ou atrapalha ⟨*l. o prato*⟩ 5 tornar límpido, claro (o céu, o tempo); desanuviar 6 *B infrm.* roubar, levando tudo 7 *B infrm.* reduzir a zero (soma de dinheiro, conta); esgotar ❑ *t.d.,t.d.i. e pron. fig.* 8 (prep. *de*) livrar(-se) de manchas morais; redimir(-se) ⊙ GRAM/USO part.: *limpado, limpo* ~ **limpamento** *s.m*

lim.pa-tri.lhos *s.m.2n.* chapa ou grade dianteira das locomotivas que serve para desviar obstáculos que estejam sobre os trilhos

lim.pe.za \ê\ *s.f.* 1 retirada de sujeira; asseio ⮌ sujeira 2 *fig.* ato de libertar de máculas morais; purgação, purificação ⟨*l. dos pecados*⟩

lim.pi.dez \ê\ *s.f.* transparência, nitidez ⟨*l. da água, do céu*⟩ ⮌ opacidade

lím.pi.do *adj.* 1 claro, transparente 2 *p.ext.* que tem som puro ⟨*notas l. da flauta*⟩

lim.po *adj.* 1 sem sujeira; asseado ⮌ sujo 2 sem mistura; puro ⟨*feijão l.*⟩ 3 *fig.* isento de culpa; honesto ⟨*consciência l.*⟩ 4 sem nuvens; claro ⟨*horizonte l.*⟩ 5 *fig. infrm.* diz-se de importância em dinheiro da qual nada foi deduzido ⟨*recebeu três mil reais limpos*⟩ 6 *B gír.* livre de problemas ou complicações ⊙ GRAM/USO part. de *limpar*

li.mu.si.ne *s.f.* carro de passeio luxuoso com cabine de motorista e lugar para seis passageiros

lin.ce *s.m.* felino selvagem de cauda curta e tufos de pelos nas orelhas

lin.cha.men.to *s.m.* execução sumária por um grupo, sem direito a julgamento

lin.char *v.* {mod. 1} *t.d.* matar ou torturar (criminoso ou suspeito), sem julgamento regular e por decisão coletiva ~ **linchador** *adj.s.m.*

lin.da.men.te *adv.* de modo lindo

lin.de.za \ê\ *s.f.* 1 grande beleza ⮌ feiura 2 *p.ext.* pessoa ou coisa linda e/ou perfeita ⟨*a pintura ficou uma l.*⟩

lin.do *adj.* 1 que dá prazer de se ver, ouvir etc. ⟨*um l. quadro*⟩ ⟨*um l. gesto*⟩ ⟨*uma l. canção*⟩ ⮌ desagradável 2 muito bonito ⟨*saia l.*⟩ ⟨*homem l.*⟩ ⮌ feio

li.ne.a.men.to *s.m.* contorno, delineamento

li.ne.ar *adj.2g.* 1 relativo a linha ('traço contínuo') 2 que se assemelha a uma linha ⟨*caminho l.*⟩ ⟨*folhas l.*⟩ 3 *fig.* sem desvios; direto ⟨*narrativa l.*⟩ ⟨*pensamento l.*⟩ ~ **linearidade** *s.f.*

lí.neo *adj.* de ou relativo a linho

lin.fa *s.f.* líquido orgânico originado do sangue, composto de proteínas e lipídios, que circula nos vasos linfáticos e transporta glóbulos brancos

lin.fá.ti.co *adj.* que contém ou conduz a linfa ⟨*vaso l.*⟩

lin.fó.ci.to *s.m.* leucócito originado na medula óssea e encontrado esp. na linfa ~ **linfocítico** *adj.*

lin.foi.de \ói\ *adj.2g.* 1 relativo ou semelhante a linfa 2 que constitui o tecido dos gânglios linfáticos

lin.fo.ma *s.m.* tumor (benigno ou maligno) de tecido linfoide

lin.ge.rie [fr.; pl.: *lingeries*] *s.f.* roupa íntima feminina ⇨ pronuncia-se lãjerri

lin.go.te *s.m.* barra de metal fundido ~ **lingotamento** *s.m.*

lín.gua *s.f.* 1 órgão muscular, situado na boca e na faringe, responsável pelo paladar e auxiliar na mastigação, na deglutição e na produção de sons 2 conjunto das palavras e das regras que as combinam, us. por uma comunidade linguística como principal meio de comunicação e de expressão, falado ou escrito 3 o idioma nacional ▣ **l. de fogo** *loc.subst.* chama alongada; labareda • **l. materna** *loc.subst.* a primeira língua aprendida por uma pessoa na infância, ger. a de sua mãe; língua nativa • **l. nativa** *loc.subst. língua materna* • **l. negra** *loc.subst.* mancha escura a céu aberto na areia das margens de praias, lagos, lagoas etc., composta de águas poluídas de chuva ou de rios • **dar com a l. nos dentes** *fraseol. fig. infrm.* cometer uma indiscrição ao falar; contar o que não devia • **dobrar a l.** *loc.vs. fig.* 1 voltar atrás no que disse 2 *B infrm.* falar com respeito; pôr-se em seu lugar ~ **lingual** *adj.2g.*

lín.gua de so.gra [pl.: *línguas de sogra*] *s.f.* apito acoplado a um tubo de papel enroscado, que, ao ser soprado, se desenrola emitindo som

lin.gua.do *s.m.* peixe pardo com pequenas manchas escuras e brancas, de corpo oval e achatado, com uma única nadadeira nas costas e os dois olhos do mesmo lado

lin.gua.gem *s.f.* 1 o conjunto das palavras e dos métodos de combiná-las usado e compreendido por uma comunidade 2 capacidade de expressão, esp. verbal 3 meio sistemático de expressão de ideias ou sentimentos com o uso de marcas, sinais ou gestos convencionados 4 qualquer sistema de símbolos e sinais; código 5 linguajar

lin.gua.jar *s.m.* modo de falar de um grupo, indivíduo, região etc.

lin.gua.ru.do *adj.s.m.* que(m) fala demais; tagarela, indiscreto ⮌ discreto

lin.gue.ta \güê\ *s.f.* **1** objeto, peça com o formato de uma pequena língua **2** peça móvel da fechadura que impede a abertura de porta, gaveta etc. **3** pequena aba, nos sapatos, situada na altura do peito do pé

lin.gui.ça \gü\ *s.f.* tripa recheada de carne, esp. de porco ▣ **encher l.** *loc.vs. fig. infrm.* falar ou escrever muito, sem ir direto ao assunto

lin.guis.ta \gü\ *adj.2g.s.2g.* especialista em linguística

lin.guís.ti.ca \gü\ *s.f.* ciência que estuda a linguagem humana, a estrutura das línguas e sua origem, desenvolvimento e evolução

lin.guís.ti.co \gü\ *adj.* **1** próprio de uma língua **2** relativo a linguística

li.nha *s.f.* **1** fio de fibras torcidas us. em costuras, bordados etc. **2** corda fina us. para atar; barbante **3** fio metálico para transmissões telefônicas ou telegráficas **4** sistema de fios ou de cabos para transmissão de energia elétrica **5** traço contínuo ⟨*desenhou uma l. no chão*⟩ **6** via férrea **7** sistema de transporte e seu itinerário ⟨*l. de ônibus*⟩ **8** conjunto de caracteres dispostos de um lado a outro de coluna ou página ⟨*leia apenas a primeira l.*⟩ **9** fila; fileira **10** *fig.* conjunto de regras que se devem observar; diretriz, orientação ⟨*não aceita a l. do partido*⟩ **11** apuro, requinte de maneiras ⟨*pessoa de l.*⟩ ▣ **l. cruzada** *loc.subst.* **1** interferência em ligação telefônica **2** mistura de conversas gerada por essa interferência • **l. de crédito** *loc.subst.* compromisso que um banco assume de dar crédito a um cliente até um limite prefixado • **l. de montagem** *loc.subst.* sistema de organização em indústria ou fábrica de modo que o produto passe por operações consecutivas, em linha direta, até ficar pronto para comercialização • **entrar na l.** *loc.vs. fig. infrm.* aceitar regras disciplinadoras; tomar juízo • **perder a l.** *loc.vs. fig.* **1** perder a compostura **2** perder a esbelteza; engordar • **sair de l.** *loc.vs.* deixar de ser produzido (peça, equipamento etc.)

li.nha.ça *s.f.* semente do linho

li.nha.da *s.f.* **1** linha de pesca **2** ato de lançar o anzol ou o seu efeito **3** espiadela

li.nha-du.ra *adj.2g.2n.s.2g.* **1** partidário de regime autoritário ☞ pl. s.2g.: *linhas-duras* ■ *adj.2g.2n.* **2** próprio desse regime

li.nha.gem *s.f.* **1** série de gerações; estirpe **2** *fig.* classe, condição social

li.nhi.to *s.m.* → LIGNITO

li.nho *s.m.* **1** erva cultivada esp. pelas fibras, us. na confecção de tecidos e papel **2** tecido leve feito dessa fibra

li.nhol *s.m.* fio grosso us. para costurar sapatos

li.ni.fí.cio *s.m.* **1** arte de manufaturar o linho **2** peça em linho

li.ni.men.to *s.m.* **1** medicamento oleoso us. em fricções sobre a pele **2** *fig.* o que acalma ⟨*seu sorriso era um l.*⟩

link [ing.; pl.: *links*] *s.m.* INF em hiperdocumentos, trecho em destaque ou elemento gráfico que, acionado ger. por um clique de *mouse*, exibe imediatamente um novo hiperdocumento ⇨ pronuncia-se link

li.nó.leo *s.m.* tecido plastificado com óleo de linhaça, ger. us. para tapete

li.no.ti.pi.a *s.f.* **1** técnica de composição e impressão por linotipo **2** trabalho feito com essa técnica **3** lugar onde se trabalha com linotipo

li.no.ti.po *s.f.* GRÁF máquina de composição mecânica que funde cada linha de caracteres num bloco ~ **linotipista** *s.2g.*

li.o.fi.li.za.ção [pl.: *-ões*] *s.f.* QUÍM processo de secagem com baixa temperatura, esp. para conservação ~ **liofilizar** *v.t.d.*

li.pí.dio *s.m.* molécula orgânica, insolúvel em água, um dos principais componentes da estrutura das células, cuja função é armazenar energia

li.po.as.pi.ra.ção [pl.: *-ões*] *s.f.* MED processo de extração de gorduras superficiais do corpo humano, por punção e aspiração a vácuo

li.po.es.cul.tu.ra *s.f.* MED remodelação de certas partes do corpo humano por aspiração e injeção da própria gordura, inserção de implantes etc.

li.poi.de \ói\ *adj.2g.* semelhante a gordura

li.po.ma *s.m.* MED tumor benigno formado por hipertrofia do tecido adiposo ~ **lipomatoso** *adj.*

li.que.fa.ção \qu *ou* qü\ [pl.: *-ões*] *s.f.* FÍS passagem do estado gasoso para o líquido

li.que.fa.zer \qu *ou* qü\ *v.* {mod. 14} *t.d. e pron.* **1** reduzir(-se) a líquido; derreter(-se) ⮌ solidificar(-se) **2** (fazer) passar do estado gasoso ao líquido; condensar(-se)

li.que.fei.to \qu *ou* qü\ *adj.* que passou por liquefação

lí.quen [pl.: *líquenes, (B) liquens*] *s.m.* vegetal formado pela associação simbiótica de uma alga e um fungo

li.qui.da.ção \qu *ou* qü\ [pl.: *-ões*] *s.f.* venda de mercadorias a preços mais baixos que o normal

li.qui.dan.te \qu *ou* qü\ *adj.2g.s.2g.* **1** DIR que(m) é encarregado de proceder à liquidação de uma sociedade civil ou comercial ■ *adj.* **2** conclusivo, decisivo ⟨*raciocínio l.*⟩ ⮌ inconclusivo

li.qui.dar \qu *ou* qü\ *v.* {mod. 1} *t.d.* **1** apurar e acertar (conta) **2** ficar livre de (conta, dívida, obrigação); saldar, quitar **3** encerrar a atividade comercial de (firma, empresa) **4** *B* vender a preços reduzidos; queimar **5** *fig.* pôr fim a (algo), de maneira enérgica e definitiva ❑ *t.d. e pron.* **6** matar(-se)

li.qui.dez \qu *ou* qü ... ê\ *s.f.* **1** disponibilidade de dinheiro em caixa e/ou de títulos, promissórias etc. imediatamente convertíveis em dinheiro **2** propriedade do que é facilmente negociável e convertível em dinheiro vivo, como bens, títulos e ações ⟨*imóveis nessa área têm muita l.*⟩

li.qui.di.fi.ca.dor \qu *ou* qü ... ô\ *s.m.* **1** eletrodoméstico composto de um recipiente com uma hélice de pás cortantes no fundo que mói e mistura alimentos ■ *adj.* **2** que liquidifica

li.qui.di.fi.car \qu *ou* qü\ *v.* {mod. 1} *t.d.* fazer passar a estado líquido ou pastoso ou misturar (alimento) utilizando um liquidificador

lí.qui.do \qu *ou* qü\ *adj.s.m.* **1** (substância) que flui ou corre sem forma própria ■ *adj.* **2** claro, evidente ⊃ duvidoso **3** diz-se do peso de determinado item, excluindo-se o peso de seu recipiente ou embalagem **4** diz-se de soma ou quantia que resulta após dedução de encargos ou despesas ⟨*salário l.*⟩ ⊃ bruto ⊡ **l. amniótico** *loc.subst.* líquido da cavidade amniótica que protege o feto contra choques e perda de umidade

li.ra *s.f.* antigo instrumento de cordas dedilháveis presas em armação de madeira em forma de U

li.ri.al *adj.2g.* **1** da cor do lírio **2** branco e puro como o lírio

lí.ri.ca *s.f.* **1** poesia que expressa sentimentos e pensamentos íntimos ⟨*excelente autor de líricas*⟩ **2** conjunto de obras líricas ⟨*a l. de Manuel Bandeira*⟩

lí.ri.co *adj.* **1** que se sobressai pelo sentimentalismo ⟨*fala da vida em tom l.*⟩ **2** diz-se de gênero poético ou musical dedicado à expressão de sentimentos e pensamentos íntimos **3** relativo a ópera ⟨*temporada l. do Teatro Municipal*⟩ ⟨*cantor l.*⟩

lí.rio *s.m.* **1** flor ger. branca e muito perfumada, cultivada como ornamental **2** sua planta ⊙ COL lirial

li.ris.mo *s.m.* tendência artística, esp. literária, que privilegia a subjetividade e a revelação do estado de alma do autor

lis *s.m.* lírio ('flor')

lis.bo.e.ta \ê\ *adj.2g.* **1** de Lisboa, Portugal ■ *s.2g.* **2** natural ou habitante dessa capital

li.so *adj.* **1** sem aspereza ou saliências ⟨*mármore l.*⟩ ⟨*asfalto l.*⟩ **2** sem ondas (cabelo, pelo etc.) **3** sem enfeite ou estampa ⟨*tecido l.*⟩ ■ *adj.s.m.* **4** *B infrm.* que(m) está sem dinheiro

li.son.ja *s.f.* adulação, elogio exagerado ⊃ crítica

li.son.je.ar *v.* {mod. 5} *t.d. e pron.* **1** envaidecer(-se) com lisonjas, elogios; orgulhar(-se) ❑ *t.d.* **2** enaltecer com exagero, para ter favores, privilégios etc.; adular **3** dar prazer a; satisfazer, deleitar ~ **lisonjeador** *adj.s.m.*

li.son.jei.ro *adj.* **1** agradável, aprazível ⊃ desagradável **2** promissor, animador ⊃ desestimulante **3** que exprime aprovação; favorável ⊃ desfavorável ■ *adj.s.m.* **4** que(m) lisonjeia; adulador

li.sos.so.ma ou **li.sos.so.mo** *s.m.* organela citoplasmática, em forma de bolha, com enzimas que atuam na digestão intracelular

lis.ta *s.f.* **1** série de nomes de pessoas ou coisas; listagem, inventário, relação, rol ⟨*l. de compras*⟩ ⟨*l. de aprovados*⟩ **2** listra ⊡ **l. negra** *loc.subst.* **1** lista de pessoas, instituições etc. boicotadas por um grupo, sociedade, país, por ações contrárias aos seus interesses **2** *fig.* conjunto de pessoas com as quais se evita qualquer contato ⟨*o cunhado está em sua l. negra*⟩

lis.ta.gem *s.f.* **1** ato de listar **2** lista, relação **3** INF relatório de computador sob forma impressa

lis.tar *v.* {mod. 1} *t.d.* inscrever em uma lista; arrolar, relacionar ~ **listado** *adj.*

lis.tra *s.f.* traço vertical ou horizontal em uma superfície; lista

lis.trar *v.* {mod. 1} *t.d.* dotar de listras ~ **listrado** *adj.*

li.su.ra *s.f.* **1** qualidade do que é liso, plano ⊃ aspereza **2** *fig.* integridade de caráter, honestidade ⊃ desonestidade

li.ta.ni.a *s.f.* ladainha

li.tei.ra *s.f.* cadeira coberta e fechada, us. como meio de transporte, sustentada por duas varas e carregada por dois homens ou dois animais de carga

li.te.ral *adj.2g.* **1** que reproduz exatamente determinado texto ou trecho de texto ⟨*citação l.*⟩ ⊃ livre **2** conforme o significado das palavras; exato, rigoroso ⟨*sentido l.*⟩ ⊃ figurado ~ **literalidade** *s.f.*

li.te.rá.rio *adj.* relativo a literatura

li.te.ra.to *adj.s.m.* que(m) escreve ou estuda obras literárias

li.te.ra.tu.ra *s.f.* **1** arte da utilização estética da linguagem, esp. a escrita **2** conjunto de obras literárias pertencentes a um país, época etc. ⟨*l. brasileira*⟩ **3** bibliografia sobre determinado assunto ⟨*l. médica*⟩ **4** disciplina escolar constituída de estudos de obras literárias ⟨*professor de l.*⟩ **5** *pej.* série de palavras vazias, de caráter artificial ou superficial ⟨*tudo que dizia não passava de l.*⟩ ⊡ **l. de cordel** *loc.subst.* **1** literatura popular (esp. novelas e poesias), de impressão barata, exposta à venda em cordéis **2** *p.ext.* pequeno livro contendo esse material ☞ tb. se diz apenas [2]*cordel*

[1]**lí.ti.co** *adj.* relativo a pedra [ORIGEM: do gr. *lithikós,ḗ,ón* 'id.']

[2]**lí.ti.co** *adj.* relativo a lítio [ORIGEM: do rad. *lit-* + *-ico*]

li.ti.gar *v.* {mod. 1} *t.d.* **1** iniciar litígio sobre ⟨*l. uma herança*⟩ ❑ *t.i. e int.* **2** (prep. *contra*) entrar em disputa com; contender, lutar ~ **litigante** *adj.2g.s.2g.*

li.tí.gio *s.m.* **1** DIR ação ou controvérsia judicial **2** *fig.* conflito de interesses ⊃ concordância

lí.tio *s.m.* elemento químico alcalino us. em baterias, ligas metálicas etc. [símb.: *Li*] ☞ cf. *tabela periódica* (no fim do dicionário)

li.to.gra.fi.a *s.f.* **1** sistema de reprodução de um escrito ou desenho cuja matriz é de pedra ou metal **2** produto dessa reprodução; litogravura **3** oficina em que essa reprodução acontece ~ **litográfico** *adj.*

li.to.gra.vu.ra *s.f.* produto da litografia

li.to.lo.gi.a *s.f.* **1** petrologia **2** descrição das rochas ~ **litológico** *adj.* - **litologista** *s.2g.* - **litólogo** *s.m.*

li.to.ral *s.m.* **1** faixa de terra à beira-mar; costa ■ *adj.2g.* **2** litorâneo

li.to.râ.neo *adj.* que pertence a ou se situa à beira-mar

[1]**li.to.ri.na** *s.f.* nome comum a moluscos marinhos encontrados em costões rochosos e em manguezais [ORIGEM: do lat. *littus* ou *litus,ŏris* 'praia, litoral']
[2]**li.to.ri.na** *s.f. B* trem com motor próprio; automotriz [ORIGEM: do it. *littorina* 'id.']
li.tos.fe.ra *s.f.* camada exterior sólida da superfície da Terra, com uma espessura de 50 km a 200 km; orosfera ☞ cf. *barisfera* e *pirosfera* ~ **litosférico** *adj.*
li.trá.cea *s.f.* BOT espécime das litráceas, família de plantas cultivadas como ornamentais, para a extração de tinturas (como p.ex. a hena) ou pela madeira ~ **litráceo** *adj.*
li.tro *s.m.* **1** unidade de medida de capacidade que equivale a um decímetro cúbico [símb.: *l*] **2** recipiente com essa capacidade ou quantidade equivalente a 1 litro
li.tur.gi.a *s.f.* **1** conjunto dos elementos e práticas do culto público de uma igreja ou comunidade religiosa ⟨*l. da missa*⟩ **2** rito us. na realização de cada um dos ofícios e sacramentos ⟨*a l. da eucaristia*⟩ ~ **litúrgico** *adj.*
li.vi.dez \ê\ *s.f.* estado do que é lívido; palidez
lí.vi.do *adj.* **1** de cor esverdeada, azulada ou acinzentada, causada por contusão, frio etc. **2** *p.ext.* muito pálido ⟨*l. de medo*⟩
li.vrar *v.* {mod. 1} *t.d.,t.d.i. e pron.* **1** (prep. *de*) [fazer] ficar em liberdade; libertar(-se) ⮌ prender(-se) **2** (prep. *de*) pôr(-se) a salvo de (situação difícil, perigosa, incômoda); proteger(-se) ~ **livramento** *s.m.*
li.vra.ri.a *s.f.* estabelecimento em que se vendem livros
li.vre *adj.2g.* **1** que tem liberdade de pensar, de agir ⟨*seres l. para escolher entre o bem e o mal*⟩ **2** que não tem condição servil ⟨*trabalhadores l.*⟩ ⮌ escravo **3** que goza de seus direitos civis ⟨*cidadão l.*⟩ **4** que recuperou a liberdade; solto ⟨*eram prisioneiros, hoje são homens l.*⟩ ⮌ preso **5** absolvido ⟨*está l., após o julgamento*⟩ ⮌ condenado **6** que goza de independência política ⟨*país l.*⟩ ⮌ dependente **7** sem restrições, controle ou limitações ⟨*imprensa l.*⟩ ⮌ censurado **8** desocupado, vago ⟨*táxi l.*⟩ ⮌ ocupado **9** que se pode mover à vontade; solto ⟨*mãos l.*⟩ ⮌ preso **10** que não apresenta obstáculos, impedimentos; disponível ⟨*uma área l.*⟩ ⮌ obstruído **11** não envolvido em relacionamento amoroso ⟨*pessoa l.*⟩ ⮌ comprometido **12** desprovido, isento ⟨*l. de medo, de preconceitos*⟩ ⮌ provido **13** desregrado, indecoroso ⟨*modos l.*⟩ ⮌ comedido **14** cuja forma não é fixada, imposta por antecipação ⟨*tema l.*⟩ ⮌ imposto **15** que não segue literalmente o original ⟨*tradução l.*⟩ **16** isento, dispensado de pagamento ⟨*l. de impostos*⟩ ⮌ obrigado ⊙ GRAM/USO sup.abs.sint.: *libérrimo, livríssimo*
li.vre-ar.bí.trio [pl.: *livres-arbítrios*] *s.m.* possibilidade de escolha em função da própria vontade, sem qualquer condicionamento, motivo ou causa determinante
li.vre.co *s.m.* **1** pequeno livro **2** *pej.* livro sem importância ⊙ GRAM/USO dim.irreg. de *livro*
li.vre-do.cên.cia [pl.: *livres-docências*] *s.f. B* **1** título universitário que se obtém por concurso ou mérito **2** concurso para a obtenção desse título ~ **livre-docente** *adj.2g.s.2g.*
li.vrei.ro *adj.s.m.* **1** que(m) tem livraria ou vende livros ■ *adj.* **2** relativo à produção de livros
li.vre-pen.sa.dor \ô\ [pl.: *livres-pensadores (subst.)* e *livre-pensadores (adj.)*] *adj.s.m.* que(m) questiona ou nega dogmas religiosos
li.vres.co \ê\ *adj.* **1** relativo a livros; livreiro **2** que provém unicamente dos livros e não da experiência ⟨*cultura l.*⟩
li.vro *s.m.* **1** coleção de folhas escritas, coberta com capa, com páginas ordenadas, que são coladas ou costuradas **2** obra de cunho literário, científico, técnico etc. composta por mais de 48 páginas, além da capa ☞ cf. *opúsculo* **3** caderno de registros, anotações, esp. comerciais ⊙ COL acervo, biblioteca, coleção
li.xa *s.f.* **1** papel com camada abrasiva us. para polir madeira, metal etc. **2** peixe cuja pele muito áspera é us. para polir madeiras ou metais
li.xão [pl.: *-ões*] *s.m.* área em que se deposita lixo a céu aberto ☞ cf. *aterro sanitário*
li.xar *v.* {mod. 1} *t.d.* **1** desbastar ou polir com lixa (p.ex., madeira, unhas) ❑ *pron. B infrm.* **2** (prep. *para*) não dar importância, atenção a ⮌ importar-se
li.xei.ra *s.f.* **1** recipiente em que se junta o lixo das casas, ruas, praças e vias públicas; lixo **2** canal que percorre verticalmente um prédio de apartamentos, recebendo o lixo de cada andar **3** *p.ext.* lugar muito sujo
li.xei.ro *s.m. B* profissional encarregado de recolher e conduzir o lixo para locais apropriados
li.xí.via *s.f.* QUÍM solução de cinzas vegetais ou de soda us. para clarear roupa; barrela
li.xo *s.m.* **1** objeto sem valor ou utilidade, ou resto de trabalhos domésticos, industriais etc. que se joga fora **2** lixeira **3** sujeira, imundície **4** *fig. infrm.* coisa ou pessoa sem valor, utilidade, importância
lo.a \ô\ *s.f.* **1** discurso elogioso a alguém ou algo **2** canto ou versos louvando um santo ▼ *loas s.f.pl.* **3** mentiras ou bravatas ⟨*foi seduzido por l.*⟩
lob.by [ing.; pl.: *lobbies*] *s.m.* ver *LÓBI* ⇨ pronuncia-se lóbi
ló.bi *s.m.* **1** amplo salão na entrada de hotéis, teatros etc. **2** pressão sobre políticos e poderes públicos exercida por grupo que luta por seus princípios e interesses **3** grupo organizado que faz essa pressão
lo.bi.so.mem *s.m.* crendice popular de um homem que vira um lobo sanguinário como castigo e que vagueia pela noite até encontrar quem o faça sangrar para que seu encanto seja quebrado
lo.bis.ta *s.2g.* **1** quem faz lóbi ('pressão') ■ *adj.2g.* **2** relativo a lóbi ('pressão', 'grupo')
lo.bo \ó\ *s.m.* **1** parte de um órgão, esp. do cérebro, pulmões e glândulas, delimitada por sulco, fissura etc. **2** parte inferior, pendente e mole da orelha ⊙ GRAM/USO dim.irreg.: *lóbulo*

lo.bo \ô\ [fem.: *loba* \ô\] *s.m.* grande mamífero carnívoro, ameaçado de extinção, que vive em grupos de cerca de sete indivíduos, de pelagem longa, ger. cinzenta no dorso e esbranquiçada nas partes inferiores ⊙ GRAM/USO dim.irreg.: *lobacho, lobato*; aum.irreg.: *lobaz* ⊙ COL alcateia ⊙ VOZ v.: uivar, ulular; subst.: uivo

lo.bo do mar [pl.: *lobos do mar*] *s.m.* marinheiro experiente ☞ cf. *lobo-do-mar*

lo.bo-do-mar [pl.: *lobos-do-mar*] *s.m.* peixe ósseo, marinho, com cerca de 2,50 m de comprimento ☞ cf. *lobo do mar*

lo.bo-gua.rá [pl.: *lobos-guará* e *lobos-guarás*] *s.m.* [2]guará

lo.bo-ma.ri.nho [pl.: *lobos-marinhos*] *s.m.* leão-marinho

lô.bre.go *adj.* **1** escuro, sombrio ⟨*quarto l.*⟩ ⊃ claro **2** *p.ext.* de aspecto triste; funesto ⊃ alegre **3** *fig.* que causa pavor; assustador ⟨*cena l.*⟩

lo.bri.gar *v.* {mod. 1} *t.d.* **1** enxergar com dificuldade; entrever **2** ver por acaso; topar **3** *fig.* tomar consciência de; notar

lo.bu.lar *adj.2g.* **1** relativo a lóbulo **2** dividido em pequenas partes

ló.bu.lo *s.m.* **1** pequeno lobo \ó\ **2** parte pendente e mole da orelha; lobo ⊙ GRAM/USO dim.irreg. de *lobo* \ó\ ~ **lobuloso** *adj.*

lo.ca.ção [pl.: *-ões*] *s.f.* **1** contrato pelo uso e gozo de bem móvel ou imóvel mediante pagamento **2** lugar fora do estúdio de televisão ou de cinema em que são filmadas cenas externas

lo.ca.dor \ô\ *adj.s.m.* que(m) cede a outro (o locatário) o uso e gozo de bem móvel ou imóvel, num contrato de locação

lo.ca.do.ra \ô\ *s.f.* loja ou empresa que cede carros, fitas de vídeos etc. por aluguel

lo.cal *s.m.* **1** lugar (cidade, edifício, região etc.) que é o centro de um acontecimento ou us. para determinado fim ■ *s.f.* **2** notícia sobre determinada localidade, dada por jornal da mesma área ■ *adj.2g.* **3** relativo a certo lugar ou ao lugar em que se vive ⟨*comunidade l.*⟩

lo.ca.li.da.de *s.f.* **1** lugar determinado ou limitado ⟨*há casos de dengue em várias l.*⟩ **2** povoação, lugarejo ⟨*mora numa l. aqui perto*⟩

lo.ca.li.za.ção [pl.: *-ões*] *s.f.* **1** determinação do lugar onde pessoa ou coisa está ⟨*l. do filho pelo celular*⟩ **2** local onde se encontra algo ⟨*a l. da casa é ótima*⟩

lo.ca.li.zar *v.* {mod. 1} *t.d.* **1** definir o paradeiro ou posição de **2** *p.ext.* detectar, identificar ⟨*l. a origem do problema*⟩ ❑ *t.d. e pron.* **3** (fazer) ficar em determinado local; posicionar(-se), colocar(-se) ⟨*l. os desabrigados em escolas*⟩ ⟨*quer l.-se perto do palco*⟩ ☞ *em escolas* é circunstância que funciona como complemento ❑ *pron.* **4** estar situado; ficar ⟨*a empresa localiza-se no Brasil*⟩

lo.ção [pl.: *-ões*] *s.f.* líquido us. para tratar ou limpar a pele e o couro cabeludo

lo.car *v.* {mod. 1} *t.d.* **1** conceder por certo tempo, mediante pagamento, o uso de; alugar **2** determinar o local de; localizar **3** marcar com estacas o local de (uma construção) ou o eixo de (estrada)

lo.ca.tá.rio *adj.s.m.* que(m) paga aluguel ⊃ proprietário

lo.cau.te *s.m.* fechamento de fábrica, pelos donos, para forçar um acordo, ger. salarial, com os empregados

lo.co.mo.ção [pl.: *-ões*] *s.f.* deslocamento de um lugar para outro ~ **locomotivo** *adj.*

lo.co.mo.ti.va *s.f.* **1** máquina que puxa os vagões de trem **2** *B infrm.* pessoa que lidera, anima ou promove qualquer atividade com regularidade

lo.co.mo.ti.vi.da.de *s.f.* capacidade de se locomover

lo.co.mo.tor \ô\ *adj.* **1** relativo a locomoção ⟨*a faculdade l. dos animais*⟩ **2** que serve ou contribui para efetuar a locomoção ⟨*força l.*⟩

lo.co.mo.ver-se *v.* {mod. 8} *pron.* ir de um ponto ou lugar a outro; deslocar-se

lo.cu.ção [pl.: *-ões*] *s.f.* **1** GRAM conjunto de palavras com significado conjunto próprio e função gramatical única ⟨*l. substantiva*⟩ **2** modo de pronunciar palavras; dicção **3** em um roteiro de cinema, rádio ou tv, indicação das partes a serem ditas pelo locutor

lo.cu.ple.ta.ção [pl.: *-ões*] *s.f.* **1** ato de ficar rico; enriquecimento ⊃ empobrecimento **2** ação de aumentar o patrimônio próprio em detrimento de alguém **3** o resultado dessa ação **4** enchimento, acumulação ⟨*l. dos cofres públicos*⟩ ⊃ esvaziamento

lo.cu.ple.tar *v.* {mod. 1} *t.d. e pron.* **1** tornar(-se) rico; enriquecer ⊃ empobrecer **2** tornar(-se) cheio, repleto; encher(-se), abarrotar(-se) ⊃ esvaziar

lo.cu.tor \ô\ *adj.s.m.* que(m) narra ou diz texto, faz entrevistas, descreve acontecimentos etc. em programa de rádio e tv

lo.da.çal *s.m.* **1** lugar cheio de lodo; atoleiro, lamaçal **2** *fig.* lugar degenerado, decadente **3** *fig.* vida desregrada, de perdição

lo.do \ô\ *s.m.* **1** depósito de terra e matéria orgânica no fundo das águas do mar, rios, lagos etc. **2** *fig.* baixeza, degradação

lo.do.so \ô\ [pl.: *lodosos* \ó\] *adj.* **1** que tem lodo ou lama **2** *p.ext.* sujo, emporcalhado ⟨*aspecto l. de uma bota*⟩ ⊃ limpo

lo.ga.rit.mo *s.m.* MAT expoente a que se deve elevar um número tomado como base para se obter outro número ~ **logarítmico** *adj.*

ló.gi.ca *s.f.* **1** estudo filosófico das formas do pensamento (dedução, indução, hipótese, inferência etc.) e do raciocínio, considerados como condição para o conhecimento **2** *p.ext.* forma de encadeamento e/ou de raciocínio ⟨*a l. do projeto*⟩ ⟨*a l. das crianças*⟩ **3** coerência, fundamento ⟨*seu argumento tem l.*⟩ ⊃ incoerência ~ **logicidade** *s.f.*

lo.gi.ca.men.te *adv.* **1** de modo lógico **2** com bom senso; racionalmente ⟨*no auge da discussão, não pude-*

mos pensar l.⟩ **3** sem dúvida ⟨*l., escolheremos os melhores profissionais*⟩

ló.gi.co *adj.* **1** conforme os princípios da lógica ⮌ ilógico **2** *p.ext.* cujo raciocínio é rigoroso, coerente, acertado ⟨*critério l.*⟩ ⮌ absurdo **3** conforme o bom senso, a razão; justo, racional ⟨*atitude l.*⟩ ⮌ irracional **4** que resulta do encadeamento natural das coisas; consequente ⟨*a hipótese é o encadeamento l. da experimentação*⟩ ■ *adj.s.m.* **5** que(m) estuda a lógica ■ *adv. infrm.* **6** evidentemente, obviamente ⟨*ele, l., não imaginou tanta confusão*⟩

log in [ing.] *loc.subst.* INF **1** conjunto de procedimentos para início de conexão com o sistema informatizado ou dispositivo periférico **2** informação de identificação pessoal que se dá a um computador para que ele reconheça o usuário ⇨ pronuncia-se loguin

lo.gís.ti.ca *s.f.* administração e organização dos detalhes de uma operação, p. ex., militar

lo.go *adv.* **1** imediatamente ⟨*chamem l. um médico*⟩ **2** mais tarde, em futuro próximo ⟨*vai chegar l.*⟩ **3** justamente ⟨*l. agora que comecei a estudar eles chegam!*⟩ ■ *conj.concl.* **4** portanto, por isso ⟨*é desatento, l. não pode dirigir*⟩ ⊡ **l. que** *loc.conj.* assim que; tão logo ⟨*l. que chegue, telefonará*⟩

log off [ing.] *loc.subst.* INF conjunto de procedimentos que encerram uma sessão de processamento em computador ⇨ pronuncia-se **logóf**

lo.go.gri.fo *s.m.* **1** charada que consiste na adivinhação de várias palavras formadas pelas mesmas letras (p.ex., a partir de *casto*, formar-se *tasco* ou *tosca*) **2** *p.ext.* linguagem obscura ~ **logogrífico** *adj.*

lo.go.mar.ca *s.f. B* **1** logotipo **2** símbolo institucional **3** assinatura institucional **4** núcleo da identidade visual de uma empresa, quando é comunicado pela combinação de um símbolo e um logotipo

lo.gor.rei.a \éi\ *s.f.* **1** compulsão doentia por falar **2** *pej.* profusão de frases sem sentido e/ou inúteis

lo.go.so.fi.a *s.f.* doutrina filosófica de autotransformação pela evolução consciente do pensamento ~ **logosófico** *adj.*

lo.go.ti.pi.a *s.f.* sistema de composição tipográfica em que se usam logotipos ~ **logotípico** *adj.*

lo.go.ti.po *s.m.* símbolo formado pela combinação especial de um grupo de letras que serve à identificação de uma empresa, produto, marca etc.

lo.gra.dou.ro *s.m.* lugar público, como praças, jardins, passeios etc.

lo.grar *v.* {mod. 1} *t.d.* **1** conseguir, alcançar (algo que é direito ou desejo) **2** fazer bom uso, ter prazer com (algo conquistado); desfrutar, usufruir **3** enganar com artimanhas; iludir ❑ *t.d. e pron.* **4** tirar proveito, vantagem (de); aproveitar(-se) ❑ *int.* **5** ter o resultado esperado; funcionar ⮌ falhar

lo.gro \ô\ *s.m.* **1** ato ou efeito de lograr **2** manobra, artifício com que se ilude ou engana alguém

[1]loi.ro *adj.s.m.* [1]louro

[2]loi.ro *s.m.* [2]louro

lo.ja *s.f.* casa comercial em que se expõem e se vendem mercadorias

lo.jis.ta *adj.2g.* **1** relativo a comércio feito em loja ⟨*organização l.*⟩ ■ *adj.2g.s.2g.* **2** que(m) é proprietário de loja comercial e trabalha com comércio realizado em loja ⟨*comércio l.*⟩ ⟨*acordo entre l.*⟩

lom.ba *s.f.* **1** cume arredondado de colina, serra, monte, montanha ⮌ sopé **2** parte mais alta do telhado; cumeeira **3** pequeno monte de areia ou terra formado pelo vento

[1]lom.ba.da *s.f.* **1** ladeira **2** quebra-molas [ORIGEM: *lomba* + *-ada*]

[2]lom.ba.da *s.f.* a parte do livro oposta ao corte das folhas, que traz o título da obra, o nome do autor etc.; dorso [ORIGEM: *lombo* + *-ada*]

lom.bar *adj.2g.* **1** relativo a lombo **2** que se situa na parte posterior do abdome e compreende cinco vértebras e a massa muscular a sua volta (diz-se de região corporal) **3** relativo a essa região

lom.bar.do *s.m.* **1** natural ou habitante da Lombardia (Itália) **2** dialeto falado nessa região ■ *adj.* **3** relativo a essa região e a seu dialeto

lom.bei.ra *s.f. infrm.* preguiça física; moleza, indolência ⮌ disposição

lom.bi.lho *s.m. B* **1** músculo lombar de animal quadrúpede **2** tipo de arreio

lom.bo *s.m.* **1** *infrm.* cada uma das regiões situadas de um lado e do outro da coluna vertebral, abaixo ou após as costelas; costas **2** *p.ext. B joc.* conjunto das nádegas; bunda **3** carne dos animais de corte localizada na região lombar

lom.bri.ga *s.f.* verme amarelado, de corpo delgado com forma cilíndrica, cosmopolita, que parasita o intestino do homem, porco e carneiro

lom.bri.guei.ro *s.m. B* medicamento us. para expelir lombrigas, esp. o que contém óleo de rícino

lom.bu.do *adj.* que tem lombo grande

lo.na *s.f.* tecido resistente us. em sacos, toldos, tendas ou aquele que recebe tratamento com látex e é us. na fabricação de pneus, freios etc. ⊡ **na (última) l.** *loc.adj. fig. B infrm.* **1** gasto, velho **2** sem recursos ⟨*preciso de emprego, pois estou na l.*⟩

lon.ga-me.tra.gem [pl.: *longas-metragens*] *s.m.* filme com duração mínima de 70 minutos

lon.ga.ri.na *s.f.* viga estrutural disposta segundo o comprimento de uma ponte, chassi de carro, asa de avião etc.

lon.ge *adv.* **1** a uma grande distância no espaço e/ou no tempo ⟨*morar l.*⟩ ⟨*as férias estão l.*⟩ ⮌ perto ■ *adj.2g.* **2** muito afastado ⟨*terra l.*⟩ ⟨*tempo l.*⟩ ⮌ próximo ■ *s.m.* **3** ponto que se encontra distante no espaço ou no tempo ⟨*os cavalos sumiram ao l. da serra*⟩ ⟨*saudade dos l. da infância*⟩ ☞ freq. us. no pl.

lon.ge.vi.da.de *s.f.* **1** duração da vida mais longa que o comum **2** *p.ext.* durabilidade de qualquer coisa (concreta ou abstrata) ⟨*a l. do metal*⟩ ⟨*a l. das religiões*⟩

lon.ge.vo \é\ *adj.* **1** de idade avançada; idoso ⮌ jovem **2** *frm.* duradouro (diz-se de instituição, ideia etc.) ⮌ novo

lon.gi.lí.neo *adj.* alongado, delgado ⟨*pescoço l.*⟩ ⮌ curto
lon.gín.quo *adj.* **1** que está longe no espaço ou no tempo ⟨*países l.*⟩ ⟨*passado l.*⟩ ⮌ próximo **2** *fig.* que se mostra ausente, desligado ⟨*olhar l.*⟩ ⮌ atento **3** *fig.* leve, ligeiro ⟨*l. semelhança com o irmão*⟩
lon.gi.tu.de *s.f.* distância, medida em graus, que separa um ponto do globo terrestre de uma linha imaginária que vai de um polo ao outro, passando pelo meridiano de Greenwich ☞ cf. *latitude*
lon.gi.tu.di.nal *adj.2g.* **1** relativo a ou próprio da longitude ⟨*ponto l.*⟩ **2** cujo sentido é o mesmo do comprimento de algo ⟨*corte l. de uma árvore*⟩
lon.go *adj.* **1** de grande comprimento; comprido, extenso ⟨*estrada l.*⟩ ⮌ curto **2** que dura muito tempo ⟨*uma l. espera*⟩ ⮌ breve
lon.ju.ra *s.f.* grande distância
lon.tra *s.f.* mamífero carnívoro aquático com pelagem densa, marrom-escura no dorso e esbranquiçada nas partes inferiores, cuja cauda achatada na extremidade o auxilia na natação
lo.qua.ci.da.de *s.f.* **1** facilidade para discursos orais; eloquência **2** *pej.* qualidade de quem fala muito; tagarelice ⮌ mutismo
lo.quaz *adj.2g.* **1** que fala muito; tagarela ⮌ calado **2** *p.ext.* que fala com facilidade **3** *fig.* que produz ruído ⮌ silencioso ⊙ GRAM/USO sup.abs.sint.: *loquacíssimo*
lo.ran.tá.cea *s.f.* BOT espécime das lorantáceas, família da ordem de plantas que extraem minerais de outras para viver, muitas delas conhecidas como erva-de-passarinho; freq. prejudicam as culturas ~ **lorantáceo** *adj.*
lor.de *s.m.* **1** título inglês de nobreza que significa 'senhor' **2** indivíduo que tem esse título ⮌ plebeu ■ *adj.s.m.* **3** *infrm.* (aquele) que vive com ostentação ⮌ simples ■ *adj.2g. B infrm.* **4** que denota elegância; vistoso ⮌ simples
lor.do.se *s.f.* curva acentuada da coluna vertebral na região lombar ☞ cf. *cifose* e *escoliose*
lo.ri.ca.ri.í.deo *s.m.* ZOO **1** espécime dos loricariídeos, família de peixes ósseos, fluviais, representados pelos cascudos ■ *adj.* **2** relativo a esse espécime e a essa família
lo.ro \ô\ *s.m.* correia dupla us. para sustentar o estribo das cavalgaduras ☞ cf. *louro*
lo.ro.ta *s.f. B infrm.* **1** dito mentiroso **2** conversa fiada ⊙ COL lorotagem
lo.ro.tei.ro *adj.s.m. B infrm.* que(m) mente muito
lor.pa \ô\ *adj.2g.s.2g.* **1** que(m) não tem inteligência ou bom senso; idiota **2** grosseiro, boçal ⮌ gentil ~ **lorpice** *s.f.*
lo.san.go *s.m.* quadrilátero plano cujos lados são iguais ~ **losângico** *adj.*
lo.san.gu.lar *adj.2g.* referente a losango ou que apresenta o seu formato; losângico
los.na *s.f.* absinto ('erva')
[1]**lo.ta.ção** [pl.: *-ões*] *s.f.* **1** soma total de pessoas ou de coisas reunidas para algum fim **2** *p.ext.* capacidade máxima de um lugar [ORIGEM: *lotar* + *-ção*]
[2]**lo.ta.ção** [pl.: *-ões*] *s.m. B* pequeno ônibus us. como transporte coletivo [ORIGEM: red. de *autolotação*]
lo.tar *v.* {mod. 1} *t.d.* **1** calcular a [1]lotação ('soma') de **2** colocar (funcionário) em certo setor, órgão etc. ⟨*l. professores em escolas novas*⟩ **3** dividir em lotes; lotear ❑ *t.d.* e *int.* **4** encher completamente os lugares de (veículo ou recinto) ~ **lotador** *adj.s.m.*
lo.te *s.m.* **1** parte de um todo que se divide **2** *B* terreno que resulta de loteamento ou desmembramento **3** determinada quantidade de objetos ou coisas, em geral da mesma natureza, valor ou qualidade ⟨*l. de seis limões, de café*⟩
lo.te.a.men.to *s.m. B* **1** divisão de terreno em lotes **2** o projeto dessa divisão
lo.te.ar *v.* {mod. 5} *t.d.* dividir (terra, imóvel etc.) em lote, ger. para venda
lo.te.ca *s.f. B infrm.* loteria esportiva
lo.te.ri.a *s.f.* **1** jogo de azar em que bilhetes numerados são contemplados, por sorteio, com prêmios em dinheiro **2** *fig.* acontecimento que apenas depende da sorte ⊡ **l. esportiva** *loc.subst. B* concurso oficial ligado aos resultados dos jogos de futebol ~ **lotérico** *adj.*
[1]**lo.to** \ô\ *s.m.* lótus [ORIGEM: do lat. *lōtus* ou *lōtos,i* 'id.']
[2]**lo.to** \ô\ *s.f. B* loteria oficial que premia o acertador de um total de dezenas sorteadas [ORIGEM: redução de *loteria*]
lo.to \ô\ *s.m.* bingo ('jogo de azar'); víspora
ló.tus *s.m.2n.* **1** nome comum a algumas plantas de rizomas e sementes comestíveis e tb. cultivadas como ornamentais pelas belas flores coloridas **2** a flor dessas plantas
lou.ça *s.f.* **1** produto de cerâmica us. na fabricação de objetos domésticos ⟨*maçaneta de l.*⟩ **2** conjunto de pratos, xícaras etc. de cerâmica us. para servir comida, chá, café; aparelho **3** cada peça dessas ⊙ COL serviço
lou.co *adj.s.m.* **1** (aquele) cujo comportamento ou raciocínio mostra alterações doentias das faculdades mentais **2** que(m) tem um comportamento pouco razoável ou desajustado ■ *adj.* **3** de aparência estranha, anormal ⟨*olhar l.*⟩ ⮌ normal **4** dominado por paixão intensa ou forte sentimento ⟨*l. por música*⟩ ⮌ indiferente **5** absurdo, disparatado ⟨*país l.*⟩ ⮌ coerente **6** que vai contra o esperado, razoável ou prudente ⟨*aventura l.*⟩ ⮌ ponderado **7** descontrolado ⟨*carro l.*⟩ ⮌ controlado **8** fora do comum; extraordinário, colossal ⟨*fazer um sucesso l.*⟩ ⮌ comum
lou.cu.ra *s.f.* **1** distúrbio da mente do indivíduo que o afasta de seus métodos habituais de pensar, sentir e agir ⮌ saúde **2** perda da razão ⮌ juízo **3** *p.ext.* paixão por alguém ou algo ⟨*ter l. pelo filho*⟩ ⮌ desinteresse **4** *p.ext.* ato ou fala despropositada, imprudente ou insensata ⮌ sensatez **5** *p.ext.* caráter de tudo que fuja do convencional, do previsto, da rotina ⟨*os preços estão uma l.*⟩ ⟨*a festa será uma l.*⟩
lou.qui.ce *s.f.* ato ou dito louco; doidice

lou.rei.ro *s.m.* árvore de até 20 m, nativa do Mediterrâneo, cujas folhas (o louro) são mundialmente us. como condimento e para extração de óleo essencial

[1]**lou.ro** *s.m.* **1** o loureiro **2** a folha dessa árvore, muito us. como condimento **3** a cor amarelo-tostada ou entre o dourado e o castanho-claro **4** indivíduo que tem o cabelo com essa tonalidade ■ *adj.* **5** que tem a cor amarelo-tostada ou entre o dourado e o castanho-claro (diz-se esp. de cabelo) **6** diz-se dessa cor ⟨*a cor l.*⟩ ☞ cf. *loro* [ORIGEM: do lat. *laūrus,i* ou *us* 'loureiro, coroa de louros, vitória, palma']

[2]**lou.ro** *s.m.* papagaio ('ave') ☞ cf. *loro* [ORIGEM: contrv., talvez do maori *nori* 'id.']

lou.sa *s.f.* **1** quadro-negro **2** laje ou placa de pedra que cobre uma sepultura

lou.va-a-deus *s.m.2n.* nome comum a insetos tropicais, predadores, de peculiar hábito de manter as patas dianteiras levantadas e unidas, como se estivessem rezando

lou.va.ção [pl.: *-ões*] *s.f.* **1** louvor ('homenagem', 'elogio', 'adulação', 'agradecimento') **2** elevação à condição de sagrado; glorificação ⟨*receber a l. do papa*⟩

lou.va.men.to *s.m.* louvor

lou.va.mi.nha *s.f.* elogio excessivo; adulação ⊃ crítica

lou.var *v.* {mod. 1} *t.d. e pron.* **1** enaltecer(-se) com palavras, louvores; elogiar(-se) ⊃ criticar **2** declarar(-se) digno de aprovação; aplaudir(-se) ❑ *t.d.* **3** exaltar como bendito; abençoar ⟨*l. o nome de Deus*⟩ ⊃ maldizer ~ **louvador** *adj.s.m.*

lou.vor \ô\ *s.m.* **1** reconhecimento de distinção; homenagem ⊃ censura **2** exaltação dos méritos de alguém; elogio ⊃ censura **3** adulação, bajulação ⊃ crítica **4** demonstração de gratidão; agradecimento ⊃ ingratidão **5** recebimento de apoio, proteção; bênção

Lr símbolo de *laurêncio*

LSD *s.m.* ácido lisérgico

Lu símbolo de *lutécio*

lu.a *s.f.* **1** o satélite natural da Terra ☞ inicial maiúsc. **2** qualquer satélite natural ⟨*as l. de Júpiter*⟩ **3** *fig.* o espaço de um mês, contado de acordo com as fases da Lua ⟨*na próxima l. vamos viajar*⟩ ⊡ **estar de l.** *loc.vs.* estar de mau humor

lu.a de mel [pl.: *luas de mel*] *s.f.* **1** início da vida comum de recém-casados **2** *fig.* qualquer período vivido com entusiasmo e em clima de bom entendimento ⟨*a l. de mel entre os dois partidos acabou*⟩

lu.ar *s.m.* a claridade da Lua

lu.a.ren.to *adj.* em que há luar ⟨*noite, jardim l.*⟩

lu.bri.ci.da.de *s.f.* **1** falta de aderência ⟨*era fácil escorregar devido à l. da trilha*⟩ **2** *fig.* sensualidade exagerada; excitação ⊃ recato

lú.bri.co *adj.* **1** úmido **2** escorregadio, liso **3** *fig.* que tem luxúria; lascivo, sensual ⊃ casto

lu.bri.fi.can.te *adj.2g.s.m.* (substância) us. para lubrificar

lu.bri.fi.car *v.* {mod. 1} *t.d. e pron.* **1** (fazer) ficar úmido, escorregadio; umedecer(-se) ❑ *t.d.* **2** aplicar óleo, graxa em (máquina, aparelho etc.), para reduzir o atrito ~ **lubrificação** *s.f.*

lu.car.na *s.f.* **1** abertura no telhado para deixar entrar luz e ar no sótão; lucerna, luzerna **2** fresta na parede para entrar luz; lucerna, luzerna

lu.cer.na *s.f.* **1** armação com várias lâmpadas; candelabro **2** lucarna

lu.ci.dez \ê\ *s.f.* **1** qualidade ou estado de lúcido **2** *fig.* capacidade de compreender e aprender; inteligência **3** *fig.* clareza de ideias e de expressão; perspicácia ⟨*a l. de seus argumentos era notável*⟩ **4** PSIQ clareza dos sentidos ou das percepções ⟨*alternava momentos de confusão mental e de l.*⟩

lú.ci.do *adj.* **1** que se manifesta com luz e brilho; brilhante ⊃ sombrio **2** que deixa passar a luz; transparente ⊃ opaco **3** *fig.* de espírito agudo; consciente, inteligente ⊃ idiota **4** *fig.* bem expresso e bem formulado; coerente ⟨*l. argumento*⟩ ⊃ confuso

lú.ci.fer [pl.: *lucíferes*] *s.m.* o diabo ☞ inicial ger. maiúsc. ~ **luciferino** *adj.*

lu.ci.fe.ris.mo *s.m.* seita ou doutrina dos adoradores do Diabo; magia negra ~ **luciferista** *adj.2g.s.2g.*

lu.crar *v.* {mod. 1} *t.d.,t.d.i.,t.i. e int.* (prep. *com*) obter (benefício material, moral, intelectual) [de empreendimento, situação]; ganhar, beneficiar-se

lu.cra.ti.vo *adj.* **1** em que há lucro ⟨*comércio l.*⟩ ⊃ prejudicial **2** de que se tira proveito; útil ⟨*tarde l.*⟩ ⊃ inútil

lu.cro *s.m.* **1** qualquer benefício (material, intelectual ou moral) que se pode tirar de alguma coisa ⊃ prejuízo **2** ganho comercial; dividendo ⊃ prejuízo

lu.cu.bra.ção [pl.: *-ões*] *s.f.* elucubração

lu.cu.brar *v.* {mod. 1} *t.d. e int.* elucubrar

lu.di.bri.ar *v.* {mod. 1} *t.d. e pron.* **1** (fazer) acreditar no que não é verdadeiro; enganar, iludir ❑ *t.d.* **2** ridicularizar com gestos, palavras etc.; caçoar

lu.dí.brio *s.m.* **1** ato de enganar ou o seu efeito **2** brincadeira maldosa; logro, zombaria ⊃ respeito **3** o objeto da zombaria

lu.di.bri.o.so \ô\ [pl.: *ludibriosos* \ó\] *adj.s.m.* que(m) utiliza artifícios para enganar outros

lú.di.co *adj.* relativo a jogo, brinquedo ~ **ludismo** *s.m.*

lu.es *s.f.2n.* sífilis

lu.fa.da *s.f.* **1** vento forte, rápido; rajada ⊃ calmaria **2** raio de luz súbito **3** *fig.* algo que irrompe subitamente ⟨*teve uma l. de sorte*⟩

lu.fa-lu.fa [pl.: *lufa-lufas*] *s.f. infrm.* agitação e pressa; afã, corre-corre

lu.gar *s.m.* **1** parte de um espaço (país, cidade, região) ⟨*em que l. ele nasceu?*⟩ **2** parte do espaço que alguém ou algo ocupa ou poderia ocupar ⟨*o teu l. é este*⟩ ⟨*o l. dos talheres é ali*⟩ **3** posição relativa numa série, colocação ou escala ⟨*ficar em primeiro l. num concurso*⟩ **4** assento ou espaço em que uma pessoa se põe como passageiro ou espectador ⟨*l. no teatro*⟩ **5** *fig.* cargo, emprego ⟨*conseguir o l. de professor*⟩ **6** *fig.* momento oportuno; hora, ocasião ⟨*não tinham mais l. para conversar*⟩

lu.gar-co.mum [pl.: *lugares-comuns*] *s.m.* ideia, frase ou dito sem originalidade, que todos repetem ⟨*um l. de mau gosto*⟩

lu.ga.re.jo \ê\ *s.m.* vilarejo, povoado

lu.gar-te.nen.te [pl.: *lugares-tenentes*] *s.2g.* pessoa que substitui outra provisoriamente

lú.gu.bre *adj.2g.* **1** relativo a morte, a funerais; fúnebre, macabro **2** *p.ext.* sombrio, triste ⟨*canção l.*⟩ ↄ alegre **3** *p.ext.* que inspira pavor; escuro, sinistro ⟨*casarão l.*⟩ ~ **lugubridade** *s.f.*

lu.la *s.f.* molusco de corpo alongado, com dez braços, sendo dois deles us. para obter alimento; calamar

lum.ba.gem *s.f. infrm.* lumbago

lum.ba.go *s.m.* MED **1** dor lombar aguda **2** ciática ~ **lumbágico** *adj.*

lum.bri.ci.da *adj.2g.s.m.* (substância, medicamento) que mata lombrigas

lu.me *s.m.* **1** calor e luz produzidos pela combustão; fogo **2** *p.ext.* brilho, claridade ⟨*o l. das estrelas*⟩ **3** candeeiro, vela, tocha ⟨*sem eletricidade, usavam vários l. nas paredes*⟩ **4** *fig.* luz refletida por um corpo; brilho ⟨*o l. de seus olhos*⟩ **5** *fig.* demonstração de capacidade excepcional; brilhantismo ⟨*sobressaía pelo l. de suas ideias*⟩

lu.mi.nar *adj.2g.* **1** que espalha luz ■ *s.m.* **2** *fig.* pessoa de grande ilustração ou saber

lu.mi.ná.ria *s.f.* **1** qualquer aparelho que ilumina ou fica iluminado, ger. decorativo **2** *fig.* pessoa de grande ilustração ou saber

lu.mi.nes.cên.cia *s.f.* emissão de luz por um corpo sem variação da temperatura deste ~ **luminescente** *adj.2g.*

lu.mi.no.si.da.de *s.f.* **1** propriedade de emitir ou de refletir luz **2** claridade ou brilho **3** coisa luminosa

lu.mi.no.so \ô\ [pl.: *luminosos* \ó\] *adj.* **1** que emite, difunde, espalha luz ⟨*astro l.*⟩ ↄ apagado **2** em que há luz; iluminado ⟨*quarto l.*⟩ ↄ sombrio **3** *fig.* que demonstra inteligência; arguto ↄ tolo **4** *fig.* fácil de entender; claro ⟨*estilo de escrever l.*⟩ ↄ obscuro **5** *fig.* que encanta; belo ↄ feio ■ *s.m.* **6** anúncio de rua que é iluminado, para ser visto à noite

lu.na.ção [pl.: *-ões*] *s.f.* **1** período de tempo entre duas luas novas seguidas **2** sucessão das fases da Lua

lu.nar *adj.2g.* relativo a, pertencente a, próprio de ou que lembra a Lua

lu.ná.rio *s.m.* calendário baseado nas fases da Lua

lu.ná.ti.co *adj.* **1** influenciado pela Lua ⟨*temperamento l.*⟩ ■ *adj.s.m.* **2** que(m) vive fora da realidade ↄ realista

lun.du ou **lun.dum** *s.m. B* **1** dança de salão de origem africana, com forte apelo sensual, em moda no Brasil a partir do fim do sXVIII **2** a música que acompanha essa dança

lu.ne.ta \ê\ *s.f.* instrumento cilíndrico com lente de aumento us. para ver à distância; óculo, telescópio

lu.ni.for.me *adj.2g.* **1** que tem a forma da Lua **2** em forma de meia-lua

lu.pa *s.f.* lente que transmite uma imagem aumentada dos objetos

lu.pa.nar *s.m.* prostíbulo, bordel

lu.pi.no *adj.* relativo a ou próprio de lobo

lú.pu.lo *s.m.* planta trepadeira, cujas flores já eram us. no sIX na fabricação de cerveja, dando-lhe o gosto amargo típico

lú.pus *s.m.2n.* MED inflamação crônica da pele, caracterizada por ulcerações ou manchas

lu.ra *s.f.* **1** toca de certos animais (esp. o coelho) **2** *p.ext.* qualquer buraco; cova

lú.ri.do *adj.* **1** sem cor; lívido, pálido ↄ corado **2** *fig. frm.* negro ou escuro, sombrio ⟨*imagens l.*⟩ ↄ claro

lus.co-fus.co [pl.: *lusco-fuscos*] *s.m.* momento do amanhecer ou do anoitecer, quando há pouca luz e falta de nitidez das formas e cores

lu.sí.a.da *adj.2g.s.2g.* (o) que tem origem portuguesa

lu.si.ta.ni.da.de *s.f.* **1** caráter próprio do que ou de quem é português **2** amor a Portugal **3** o conjunto dos portugueses

lu.si.ta.nis.mo *s.m.* **1** modo de falar ou escrever próprio da língua portuguesa **2** *p.ext.* palavra ou expressão própria do português de Portugal **3** *p.ext.* hábito ou tendência de imitar os portugueses

lu.si.ta.no *adj.* **1** de Portugal; luso ■ *s.m.* **2** natural ou habitante desse país; luso

lu.so *adj.s.m.* lusitano

lu.so-bra.si.lei.ro [pl.: *luso-brasileiros*] *adj.* **1** relativo a Brasil e Portugal ■ *adj.s.m.* **2** (pessoa) de origem portuguesa e brasileira

lus.tral *adj.2g.* que purifica, invoca proteção, livra de culpas (diz-se de água, fogo etc.)

lus.trar *v.* {mod. 1} *t.d. e pron.* **1** (fazer) adquirir lustre ou brilho; polir ❑ *t.d.* **2** *p.ext.* encerar, engraxar **3** *p.ext.* aplicar verniz em; envernizar **4** purificar, limpar ~ **lustrador** *adj.s.m.*

¹lus.tre *s.m.* **1** brilho ou polimento de um objeto **2** *fig.* brilho irradiado pela beleza, pelo mérito, pela fama; honra, glória [ORIGEM: prov. do it. *lustro* 'id.']

²lus.tre *s.m.* grande castiçal suspenso do teto; candelabro [ORIGEM: do fr. *lustre* 'id.']

¹lus.tro *s.m.* período de cinco anos; quinquênio [ORIGEM: do lat. *lūstrum,i* 'cerimônia de purificação realizada de cinco em cinco anos; período de cinco anos']

²lus.tro *s.m.* brilho natural ou artificial; polimento [ORIGEM: do it. *lustro* 'clarão']

lus.tro.so \ô\ [pl.: *lustrosos* \ó\] *adj.* **1** cheio de brilho; brilhoso, luzidio **2** *fig.* notável por seus feitos, saberes; ilustre ↄ obscuro **3** *fig.* que tem pompa, esplendor ⟨*desceram a avenida em l. parada*⟩

lu.ta *s.f.* **1** combate esportivo em que dois adversários se enfrentam corpo a corpo **2** conflito, guerra, refrega **3** *fig.* oposição firme ou violenta de ideias, interesses, doutrinas ⟨*l. de classes*⟩ ⮌ acordo **4** *fig.* esforço para vencer obstáculos ou dificuldades ⟨*l. contra o fumo*⟩

lu.ta.dor \ô\ *adj.s.m.* **1** (atleta) que se bate corpo a corpo com um adversário **2** *p.ext.* (indivíduo) que está sempre pronto a defender alguém ou uma causa

lu.tar *v.* {mod. 1} *t.i. e int.* **1** (prep. *com*) enfrentar em corpo a corpo (adversário), esp. para vencer em combate esportivo **2** (prep. *com*) enfrentar(-se) com ou sem armas; brigar ❑ *t.d. e int.* **3** praticar (luta) para exercitar-se ou como profissional ❑ *int.* **4** esforçar-se para superar, vencer, conseguir algo ❑ *t.i. fig.* **5** (prep. *por*) brigar ou agir em favor de; batalhar

lu.té.cio *s.m.* elemento químico us. em tecnologia nuclear [símb.: *Lu*] ☞ cf. *tabela periódica* (no fim do dicionário)

lu.te.ra.nis.mo *s.m.* o conjunto das ideias e doutrinas religiosas de Martinho Lutero (1483-1546) ☞ cf. a parte enciclopédica ~ **luterano** *adj.s.m.*

lut.ja.ní.deo *s.m.* ZOO **1** espécime dos lutjanídeos, família de peixes ósseos, de muitas espécies com valor comercial, com corpo alongado e cabeça triangular ■ *adj.* **2** relativo a esse espécime e a essa família

lu.to *s.m.* **1** sentimento de tristeza profunda causado pela morte de alguém ⮌ alegria **2** período de tempo em que se manifestam certos sinais desse sentimento **3** *p.ext.* roupa, ger. preta, que exprime esse sentimento

lu.tu.len.to *adj.* **1** cheio de lodo; lamacento **2** *fig.* que ofende (diz-se esp. de discurso) ~ **lutulência** *s.f.*

lu.tu.o.so \ô\ [pl.: *lutuosos* \ó\] *adj.* **1** vestido de luto **2** *fig.* fúnebre, triste ⮌ alegre

lu.va *s.f.* **1** peça do vestuário que enfeita, protege etc. as mãos ☞ mais empr. no pl. **2** peça de ferro, plástico etc., us. para ligar tubos e canos ▼ ***luvas*** *s.f.pl. B* **3** quantia extra que o locador cobra do locatário na assinatura de contrato

lu.xa.ção [pl.: *-ões*] *s.f.* MED deslocamento de osso com relação ao seu ponto de articulação normal

lu.xar *v.* {mod. 1} *t.d.* produzir luxação em; deslocar

lu.xen.to *adj. B* **1** que se veste com luxo ⮌ despojado **2** *fig.* exigente, detalhista ⟨*professor l.*⟩ ⮌ negligente **3** *fig.* que se ofende facilmente; melindroso ⮌ insensível

lu.xo *s.m.* **1** modo de viver em que há uso e ostentação de bens caros e supérfluos ⮌ modéstia **2** bem ou prazer caro e supérfluo ⟨*carro não é l.*⟩ ⮌ necessário **3** grande quantidade, abundância ⟨*um l. de vegetação*⟩ ⮌ miséria **4** *B* recusa de algo por afetação ou cerimônia ⟨*deixa de l. e senta!*⟩ **5** *B* exigência de pessoa mimada

lu.xu.o.so \ô\ [pl.: *luxuosos* \ó\] *adj.* **1** que tem luxo; caro, requintado ⮌ humilde **2** em grande quantidade; abundante, farto ⟨*livro com l. bibliografia*⟩ ⮌ escasso ~ **luxuosidade** *s.f.*

lu.xú.ria *s.f.* **1** viço, abundância das plantas **2** interesse incansável por prazeres carnais; lascívia ⮌ castidade

lu.xu.ri.an.te *adj.2g.* **1** que se desenvolve com abundância e vigor ⟨*vegetação l.*⟩ **2** opulento, esplêndido ⟨*cabeleira l.*⟩

lu.xu.ri.ar *v.* {mod. 1} *int.* **1** desenvolver-se com vigor, viço; vicejar **2** abandonar-se à luxúria

lu.xu.ri.o.so \ô\ [pl.: *luxuriosos* \ó\] *adj.* **1** luxuriante **2** que incita a sexualidade; sensual ⟨*sorriso l.*⟩ ⮌ pudico ■ *adj.s.m.* **3** (indivíduo) que se entrega sem moderação aos prazeres da carne

luz *s.f.* **1** radiação eletromagnética à qual o olho humano é sensível **2** claridade emitida ou refletida ⟨*l. do sol, da lua*⟩ **3** qualquer objeto us. para iluminar (lâmpada, vela etc.) **4** energia elétrica ⟨*faltou l. no bairro*⟩ **5** clarão, brilho ⟨*a l. dos metais*⟩ ⟨*a l. dos olhos*⟩ **6** *fig.* esclarecimento, informação ⟨*lançar l. sobre uma questão*⟩ **7** *fig.* faculdade de perceber as coisas; inteligência ☞ freq. us. no pl. **8** *fig.* ilustração; saber ⟨*pessoa de muita l.*⟩ **9** conhecimento público ⟨*a imprensa trouxe à l. fatos terríveis*⟩ ⊙ COL luzerna ⊡ **dar à l.** *loc.vs.* **1** parir (um filho) **2** *fig.* publicar uma obra, terminar um trabalho etc.

lu.zei.ro *s.m.* **1** intensa claridade; clarão, brilho ⮌ escuridão **2** aquilo que irradia luz **3** *fig.* pessoa ilustre; luminar

lu.zen.te *adj.2g.* que brilha ⮌ fosco

lu.zer.na *s.f.* **1** luz muito intensa; clarão ⮌ treva **2** conjunto de muitas luzes **3** lucarna

lu.zi.di.o *adj.* brilhante, lustroso ⮌ embaçado

lu.zir *v.* {mod. 24} *int.* emitir ou refletir luz; brilhar ~ **luzimento** *s.m.*

Ly.cra ® [ing.] *s.f.2n.* fibra elástica sintética, us. na confecção de maiôs, cintas, calças etc. ⇨ pronuncia-se laicra

Mm

c. 200 a.C. c. 100 a.C. c. 800 c.1500 c.1800 1890 1927 2001

m *s.m.* **1** 13ª letra (consoante) do nosso alfabeto ■ *n.ord.* *(adj.2g.2n.)* **2** diz-se do 13º elemento de uma série ⟨*casa M*⟩ ⟨*item 1m*⟩ ☞ empr. posposto a um substantivo ou numeral ▲ **3** símbolo de *metro* ⊙ GRAM/USO na acp. s.m., pl.: *mm*

MA sigla do Estado do Maranhão

ma.ca *s.f.* **1** lona retangular estendida sobre uma armação, us. para transportar doentes, feridos ou mortos **2** cama de rodas para transporte de doentes, esp. em hospitais, ambulâncias etc.

ma.ça *s.f.* **1** clava **2** pilão us. para calçar ruas com pedras **3** objeto em forma de garrafa de gargalo comprido, us. para malabarismos

ma.çã *s.f.* fruta de casca fina vermelha ou verde, polpa esbranquiçada e caroços pequenos ⊡ m. do rosto *loc.subst.* parte saliente da face, abaixo dos olhos

ma.ca.bro *adj.* **1** que tem a morte como tema ⟨*comédia m.*⟩ **2** que traz a ideia de morte ou de mortos; fúnebre **3** *p.ext.* que causa horror ⟨*fotos m. da chacina*⟩ ~ macabrear *v.int.*

ma.ca.ca *s.f.* **1** a fêmea do macaco **2** *gír.* má sorte, infelicidade ⮌ sorte

ma.ca.ca.da *s.f.* **1** bando de macacos **2** *B joc.* grupo de amigos

ma.ca.cão [pl.: *-ões*] *s.m. B* **1** roupa de trabalho inteiriça e folgada, de tecido grosso, us. esp. por operários **2** *p.ext.* traje informal, de feitio semelhante

ma.ca.co *s.m.* **1** nome comum a mamíferos da ordem dos primatas, com exceção do homem e dos lêmures **2** *fig. pej.* indivíduo dado a copiar os atos e maneiras de outras pessoas; imitador **3** aparelho para levantar cargas pesadas, esp. automóveis, a uma pequena altura ⊙ COL macacada ⊙ VOZ v.: assobiar, chiar, guinchar; subst.: grito, guincho

ma.ça.da *s.f.* *infrm.* situação ou coisa enfadonha, que aborrece

ma.ca.da.me *s.m.* **1** revestimento de ruas e estradas com uma mistura de brita, breu e areia **2** *p.ext.* essa mistura

ma.ca.dâ.mia *s.f.* **1** árvore de até 10 m, nativa da Austrália, de flores brancas ou róseas e sementes comestíveis **2** a semente dessa árvore

ma.ca.da.mi.zar *v.* {mod. 1} *t.d.* calçar (estrada, rua) com macadame ~ **macadamização** *s.f.*

ma.ça.dor \ô\ *adj.s.m.* maçante

ma.cam.bú.zio *adj.s.m.* que(m) se mostra triste, silencioso ⮌ risonho

ma.ça.ne.ta \ê\ *s.f.* puxador em portas ou janelas

ma.çan.te *adj.2g.s.2g.* que ou aquele que aborrece; chato, maçador ⮌ interessante

ma.ca.pa.en.se *adj.2g.* **1** de Macapá (AP) ■ *s.2g.* **2** natural ou habitante dessa capital

ma.ca.que.ar *v.* {mod. 5} *t.d.* imitar com graça ou zombaria; arremedar ~ **macaqueação** *s.f.* - **macaqueador** *adj.s.m.*

ma.ca.qui.ce *s.f.* **1** ato de macaquear ou o seu efeito **2** postura ou gesto ridículo

ma.çar *v.* {mod. 1} *t.d.* **1** golpear com maça ou maço **2** *p.ext.* bater muito; surrar ❑ *t.d.* e *int.* *fig.* **3** molestar com conversa repetitiva, assunto sem interesse etc.; enfadar, importunar

ma.ça.ran.du.ba *s.f.* árvore de até 35 m, nativa do Brasil, de madeira vermelha e dura, us. em obras externas, estacas, vigas e mastros

ma.ça.ri.co *s.m.* **1** aparelho que emite uma chama, us. para soldar e fundir metais **2** nome comum a várias espécies de aves aquáticas, algumas migratórias, com os dedos dos pés unidos por membranas

ma.ça.ro.ca *s.f.* **1** fio torcido e enrolado no fuso da roca **2** *p.ext.* espiga de milho **3** *p.ext.* emaranhado de fios, pelos, cabelos etc. **4** *infrm.* grande quantidade ⟨*m. de provas para corrigir*⟩

ma.car.rão [pl.: *-ões*] *s.m.* **1** massa comestível de farinha de trigo em forma de longos cilindros finos **2** *B* essa massa com outros feitios e dimensões

ma.car.ro.na.da *s.f.* prato à base de macarrão, ger. com molho, queijo, carne etc.

ma.car.rô.ni.co *adj.* mal escrito ou mal falado (diz-se de idioma)

ma.car.this.mo ou **mc.car.this.mo** *s.m.* **1** prática política que se caracteriza pela intolerância, notadamente anticomunista, inspirada no movimento dirigido pelo senador Joseph Raymond McCarthy (1909-1957), durante os anos 1950, nos E.U.A. **2** *fig.* prática de formular acusações e fazer insinuações sem provas, comparável à que caracterizou o movimento macarthista

ma.ca.xei.ra *s.f.* aipim ('raiz') ⊙ COL macaxeiral

ma.ce.dô.nio *adj.* **1** da Macedônia, Grécia ■ *s.m.* **2** natural ou habitante dessa província **3** língua eslava, reconhecida como língua oficial da Macedônia e falada em parte da Grécia

ma.ce.ga *s.f.* tipo de erva daninha que nasce em terras cultivadas ⊙ COL macegal

ma.cei.ó *s.m.* *B* lagoeiro que se forma no litoral

ma.cei.o.en.se *adj.2g.* **1** de Maceió (AL) ■ *s.2g.* **2** natural ou habitante dessa capital

ma.ce.la *s.f.* erva aromática de pequenas flores amarelas, us. para enchimento de almofadas e travesseiros

ma.ce.rar *v.* {mod. 1} *t.d.* **1** expor (corpo ou substância) à ação de um líquido para impregná-lo com seu princípio ativo ⟨*fazer perfume macerando flores*⟩ **2** amassar (algo) para extrair seu suco ❑ *int.* **3** ficar longo tempo em meio líquido ou úmido ❑ *t.d. e pron.* *fig.* **4** infligir(-se) sofrimentos por penitência ou para elevação espiritual; torturar(-se) ❑ *pron.* **5** sentir angústia, aflição; atormentar-se ~ **maceração** *s.f.*

ma.cér.ri.mo *adj.* magro demais; magérrimo, magríssimo ⊙ GRAM/USO sup.abs.sint. de *magro*

ma.ce.ta \ê\ *s.f.* **1** martelo de cabo curto, us. por pedreiros **2** cilindro us. para triturar e desfazer torrões de tintas

ma.ce.tar *v.* {mod. 1} *t.d.* golpear com maceta

ma.ce.te \ê\ *s.m.* *B* *infrm.* artifício, truque

ma.cha.da.da *s.f.* golpe de machado

ma.cha.di.a.no *adj.* **1** relativo ao escritor Machado de Assis ou à sua obra ☞ cf. *Machado de Assis* na parte enciclopédica ■ *adj.s.m.* **2** admirador ou estudioso da obra desse escritor

ma.cha.di.nha *s.f.* pequeno machado

ma.cha.do *s.m.* instrumento de cabo de madeira e lâmina, us. para rachar lenha

ma.cha-fê.mea [pl.: *machas-fêmeas*] *s.f.* dobradiça de duas peças

ma.chão [pl.: *-ões*] *adj.s.m.* (homem) que alardeia excessivamente a sua virilidade

ma.chis.mo *s.m.* **1** *infrm.* atitude de machão **2** comportamento que tende a negar à mulher os direitos concedidos ao homem ~ **machista** *adj.2g.s.2g.*

ma.cho *s.m.* **1** animal do sexo masculino ⮌ fêmea **2** ser humano do sexo masculino; homem **3** peça saliente que se encaixa em outra côncava (a fêmea) ■ *adj.* **4** relativo a ou próprio do sexo masculino

ma.chu.ca.do *s.m.* **1** ferimento superficial, contusão ■ *adj.* **2** que sofreu lesão física; ferido ⟨*perna m.*⟩ **3** enrugado, amarrotado ⟨*tecido m.*⟩ ⮌ esticado **4** *fig.* magoado, triste

ma.chu.ca.du.ra *s.f.* ferida, machucado

ma.chu.car *v.* {mod. 1} *t.d.* **1** deformar (um corpo) com golpes violentos ou por forte compressão; esmagar ❑ *t.d. e pron.* *B* **2** causar ou sofrer lesão por pancada, golpe ou impacto; ferir(-se) **3** *fig.* (fazer) ter sofrimento moral, emocional; magoar(-se), torturar(-se) ❑ *pron.* *B* *infrm.* **4** sair-se mal; dançar, danar-se

ma.ci.ço *adj.* **1** feito de matéria compacta, sem partes ocas ⟨*anel de ouro m.*⟩ **2** *p.ext.* de componentes bem unidos; denso ⟨*floresta m.*⟩ **3** *fig.* dado, feito ou produzido em grande quantidade ⟨*propaganda m.*⟩ ■ *s.m.* **4** grupo de montanhas que formam um bloco contínuo **5** massa, agrupamento ou corpo de grandes proporções

ma.ci.ei.ra *s.f.* árvore da maçã

ma.ci.ez \ê\ ou **ma.ci.e.za** \ê\ *s.f.* qualidade do que é macio

ma.ci.len.to *adj.* **1** magro ⮌ corpulento **2** sem viço; pálido ⮌ corado

ma.ci.o *adj.* **1** que cede à pressão; mole, tenro ⟨*colchão m.*⟩ ⟨*carne m.*⟩ ⮌ duro **2** sem aspereza ou rugosidade; liso, aveludado ⟨*pele m.*⟩

ma.ci.o.ta *s.f.* ▸ só usado em: **na m.** *loc.adv.* *gír.* **1** sem complicações; tranquilamente

ma.ço *s.m.* **1** martelo de madeira us. por escultores, entalhadores etc. **2** monte ou pacote de coisas atadas ou em um invólucro ⟨*m. de cigarros, de dinheiro*⟩

ma.çom *s.m.* membro da maçonaria

ma.ço.na.ri.a *s.f.* sociedade semissecreta que pratica a fraternidade e a filantropia entre seus membros

ma.co.nha *s.f.* droga de efeito entorpecente feita das folhas e flores secas de um tipo de cânhamo

ma.co.nhei.ro *adj.s.m.* (indivíduo) que vende ou consome maconha

ma.çô.ni.co *adj.* próprio da maçonaria

ma.cra.mê *s.m.* trabalho manual em que se faz um trançado com nós em uma corda grossa ou barbante

má-cri.a.ção [pl.: *más-criações*] *s.f.* → *MALCRIAÇÃO*

ma.cro *s.2g.* INF sequência programada de comandos que executa automaticamente tarefas rotineiras

ma.cró.bio *adj.s.m.* **1** que(m) é muito velho ⮌ jovem ■ *adj.* **2** que existe há muito tempo

ma.cro.bi.ó.ti.ca *s.f.* conjunto de prescrições dietéticas japonesas, desenvolvidas a partir de conceitos filosóficos de equilíbrio *yin* e *yang* ~ **macrobiótico** *adj.*

ma.cro.ce.fa.li.a *s.f.* desenvolvimento excessivo do volume do crânio ~ **macrocefálico** *adj.*

ma.cro.cé.fa.lo *adj.s.m.* que(m) tem cabeça anormalmente grande ~ **macrocefálico** *adj.*

ma.cro.cós.mi.co *adj.* **1** próprio do macrocosmo **2** *p.ext.* considerado por inteiro; global

ma.cro.cos.mo *s.m.* **1** o universo, em relação ao ser humano **2** qualquer organismo considerado como um mundo em si mesmo **3** SOC um conjunto, em relação aos elementos (indivíduos, grupos) que o constituem ☞ cf. *microcosmo*

ma.cro.e.co.no.mi.a *s.f.* ramo da economia que estuda, em escala global, os fenômenos econômicos e sua distribuição numa estrutura ou setor ~ **macroeconômico** *adj.*

ma.cro-jê [pl.: *macro-jês*] *s.m.* **1** tronco linguístico que abrange nove famílias vivas de línguas indígenas ■ *s.2g.* **2** indígena pertencente a qualquer grupo falante do macro-jê ■ *adj.2g.* **3** relativo a esse indígena, grupo ou língua ☞ cf. *tupi*

ma.cro.mo.lé.cu.la *s.f.* molécula de grandes dimensões ~ **macromolecular** *adj.2g.*

ma.cros.có.pi.co *adj.* visível a olho nu

ma.cu.co *s.m.* ave de grande porte, dorso escuro e ventre cinza-claro, que ocorre em florestas do Brasil oriental

ma.çu.do *adj.* **1** pesado **2** *fig.* que aborrece; maçante ↄ atraente

má.cu.la *s.f.* **1** marca de sujeira; mancha **2** *fig.* o que é desonroso em uma reputação; mancha ⟨*atos que serão eterna m. em sua vida*⟩

ma.cu.lar *v.* {mod. 1} *t.d. e pron.* **1** (fazer) ficar com mancha; sujar(-se), enodoar(-se) **2** *fig.* comprometer(-se) por algo vil, desonroso; infamar(-se), manchar(-se) ↄ engrandecer(-se)

ma.cum.ba *s.f.* **1** REL designação leiga dos cultos afro-brasileiros em geral (e seus rituais respectivos) **2** oferenda a Exu, esp. nas encruzilhadas; despacho **3** *p.ext.* feitiço

ma.cum.bei.ro *adj.s.m.* **1** REL praticante ou frequentador assíduo de macumba **2** *p.ext.* (aquele) que realiza feitiços; feiticeiro

ma.da.gas.ca.ren.se *adj.2g.s.2g.* malgaxe

ma.da.ma *s.f.* madame

ma.da.me *s.f.* **1** mulher adulta, casada ou solteira; dama, senhora **2** *B infrm.* dona de casa **3** *B infrm.* esposa

ma.dei.ra *s.f.* **1** matéria sólida que constitui o tronco e os galhos das árvores **2** essa matéria seca e cortada, us. como material de construção, combustível etc. ▼ *madeiras s.f.pl.* **3** MÚS numa orquestra, os instrumentos de sopro feitos de madeira ⊡ **m. de lei** *loc.subst.* madeira resistente, de qualidade

ma.dei.ra.me *s.m.* conjunto de madeiras ou estrutura de madeira

ma.dei.ra.men.to *s.m.* conjunto de madeiras, esp. o us. na estrutura de uma construção

ma.dei.rei.ra *s.f.* empresa que explora industrial e/ou comercialmente a madeira

ma.dei.rei.ro *adj.s.m.* **1** que(m) negocia com madeira **2** que(m) trabalha numa madeireira ■ *adj.* **3** relativo ao comércio ou à indústria de madeiras

ma.dei.ro *s.m.* peça de madeira grossa e resistente

ma.dei.xa *s.f.* **1** porção de lã, algodão etc. que pode ser enovelada **2** feixe de cabelos da cabeça, encaracolados ou trançados

ma.do.na *s.f.* representação de Nossa Senhora em pintura, gravura ou escultura

ma.dor.na *s.f.* modorra

ma.dra.ço *adj.s.m.* preguiçoso ↄ despachado ~ **madracice** *s.f.*

ma.dras *s.m.2n.* tecido de seda e algodão, ger. xadrez, us. em lenços, echarpes etc.

ma.dras.ta *s.f.* **1** mulher em relação aos filhos de casamento anterior do marido ■ *adj.* **2** *fig.* má, ingrata ⟨*sorte m.*⟩ ⊙ GRAM/USO masc.: *padrasto*

ma.dre *s.f.* **1** freira **2** ARQ viga sobre a qual se assentam os barrotes ⊙ GRAM/USO masc.: *padre*

ma.dre.pé.ro.la *s.f.* substância calcária, brilhante e colorida que constitui a camada mais interna da concha de certos moluscos; nácar

ma.dres.sil.va *s.f.* trepadeira nativa da Europa e da Ásia, de flores aromáticas amareladas e frutos ovais vermelhos, cultivada como ornamental

ma.dri.gal *s.m.* **1** LIT pequeno poema que exprime um pensamento terno e galante, destinado ger. a ser musicado **2** MÚS composição vocal polifônica renascentista ~ **madrigalesco** *adj.* - **madrigálico** *adj.*

ma.dri.ga.lis.ta *adj.2g.s.2g.* que(m) é autor de madrigais

ma.dri.le.nho ou **ma.dri.le.no** *adj.* **1** de Madri, Espanha ■ *s.m.* **2** natural ou habitante dessa capital

ma.dri.nha *s.f.* **1** testemunha especial em batizado, crisma ou casamento **2** *p.ext.* mulher que ajuda ou protege uma pessoa, apresentando-a em certos meios **3** *p.ext.* mulher chamada para inaugurar, nomear ou representar algo ⊙ GRAM/USO masc.: *padrinho*

ma.dru.ga.da *s.f.* **1** período entre zero hora e o alvorecer **2** aurora

ma.dru.gar *v.* {mod. 1} *int.* **1** levantar-se muito cedo **2** *p.ext.* fazer algo antes do tempo próprio **3** *p.ext.* ser o primeiro a aparecer num lugar ~ **madrugador** *adj.s.m.*

ma.du.rar *v.* {mod. 1} *t.d.,int. e pron.* desenvolver(-se) plenamente (esp. fruto); amadurecer

ma.du.re.za \ê\ *s.f.* **1** estado do que está maduro **2** *fig.* sensatez, maturidade

ma.du.ro *adj.* **1** que atingiu seu desenvolvimento completo **2** que já não é moço **3** *fig.* bem refletido, ponderado

mãe *s.f.* **1** mulher ou fêmea que deu à luz um ser **2** mulher ou fêmea que cria ou criou outro ser **3** *fig.* o que dá origem a; fonte ⟨*a intolerância é a m. das guerras*⟩ ⊙ GRAM/USO masc.: *pai*

mãe-ben.ta [pl.: *mães-bentas*] *s.f.* pequeno bolo que contém coco ralado na massa

mãe-d'á.gua [pl.: *mães-d'água*] *s.f.* **1** *B* na mitologia indígena, sereia dos rios e dos lagos; iara, uiara **2** fonte ou mina de água

mãe de san.to [pl.: *mães de santo*] *s.f. B* no candomblé e na umbanda, mulher que dirige espiritual e administrativamente o terreiro, sendo responsável pelo culto aos orixás e entidades afins; ialorixá ⊙ GRAM/USO masc.: *pai de santo*

ma.es.tri.a *s.f.* mestria

ma.es.tro [fem.: *maestrina*] *s.m.* quem rege orquestra, banda, coro etc.

má-fé [pl.: *más-fés*] *s.f.* intenção de prejudicar; deslealdade, fraude ↄ boa-fé

má.fia *s.f.* qualquer associação que usa métodos desonestos para impor seus interesses ou controlar uma atividade ⟨*a m. dos atravessadores*⟩

ma.fi.o.so \ô\ [pl.: *mafiosos* \ó\] *adj.* **1** relativo a máfia ■ *adj.s.m.* **2** que(m) pertecence a máfia ⟨*organização m.*⟩ ⟨*comércio dominado por m.*⟩

má-for.ma.ção [pl.: *más-formações*] *s.f.* MED defeito congênito ou hereditário na formação de parte do corpo

ma.ga.no *adj.s.m.* **1** que(m) faz troças; brincalhão **2** que(m) é pouco escrupuloso

ma.ga.re.fe *s.m.* **1** açougueiro **2** *p.ext. pej.* mau médico, esp. mau cirurgião

ma.ga.zi.ne *s.m.* **1** grande loja de artigos variados **2** *B* revista ilustrada, que trata de assuntos diversos **3** recipiente à prova de luz que contém o filme virgem nas máquinas fotográficas

ma.gen.ta *s.m.* **1** carmim ■ *adj.2g.2n.* **2** que apresenta essa cor ⟨*saia m.*⟩ **3** diz-se dessa cor

ma.gér.ri.mo *adj.* magríssimo, macérrimo ⊙ GRAM/USO sup.abs.sint. de *magro*

ma.gi.a *s.f.* **1** arte, ciência ou prática de produzir, por meios ocultos, fenômenos inexplicáveis ou que parecem inexplicáveis **2** *p.ext.* o efeito dessa arte, ciência ou prática **3** *fig.* fascínio, encanto ⟨*m. das cores, das palavras*⟩ **4** ilusionismo, mágica ⊡ **m. branca** *loc.subst.* a que supostamente ajuda a proteger as pessoas de forças malignas, da má sorte ou de um inimigo • **m. negra** *loc.subst.* prática mágica cuja intenção é causar danos, como destruir ou ferir outrem

ma.gi.ar *adj.2g.s.2g.* húngaro

má.gi.ca *s.f.* **1** magia **2** ilusão fantástica por meio de truque; ilusionismo, magia

má.gi.co *adj.* **1** relativo a magia ⟨*palavras m.*⟩ ■ *adj.s.m.* **2** (o) que não tem explicação racional; fantástico **3** o que seduz; encantador ⟨*momento m.*⟩ ■ *s.m.* **4** indivíduo que realiza mágicas; ilusionista

ma.gis.té.rio *s.m.* **1** cargo ou ofício de professor **2** o exercício desse cargo ou ofício **3** classe dos professores

ma.gis.tra.do *s.m.* **1** indivíduo com poder para julgar e ordenar, que participa da administração política ou integra o governo político de um estado **2** autoridade judiciária; membro do poder judiciário ⊙ COL magistratura

ma.gis.tral *adj.2g.* **1** relativo a mestre **2** *fig.* próprio ou digno de mestre; perfeito ~ **magistralidade** *s.f.*

ma.gis.tra.tu.ra *s.f.* **1** cargo ou função de magistrado **2** duração desse cargo **3** a classe dos magistrados

mag.ma *s.m.* **1** massa mineral em estado de fusão, encontrada muito abaixo da superfície terrestre **2** rocha que se forma dessa massa resfriada

mag.má.ti.co *adj.* formado de magma solidificado (diz-se de rocha ou mineral)

mag.na.ni.mi.da.de *s.f.* **1** qualidade do que é magnânimo; generosidade **2** atitude daquele que é magnânimo

mag.nâ.ni.mo *adj.* nobre, generoso ⟨*pessoas m.*⟩ ⟨*ato m.*⟩ ↄ mesquinho

mag.na.ta *s.m.* indivíduo muito rico e poderoso

mag.né.sia *s.f.* QUÍM óxido de magnésio us. em isqueiros, refletores de instrumentos ópticos e tb. em medicina, esp. como laxante e antiácido

mag.né.sio *s.m.* elemento químico us. em ligas leves na fabricação de automóveis, aviões, em lâmpadas de *flash*, fogos de artifício etc. [símb.: *Mg*] ☞ cf. *tabela periódica* (no fim do dicionário)

mag.né.ti.co *adj.* **1** de magneto ou magnetismo **2** capaz de atrair o ferro **3** *fig.* que exerce atração; encantador, fascinante ⟨*olhar m.*⟩

mag.ne.tis.mo *s.m.* **1** poder de algumas substâncias, esp. o ferro, de atrair outras **2** *fig.* forte poder de atração exercido por alguém; fascínio, sedução

mag.ne.ti.zar *v.* {mod. 1} *t.d.* **1** transmitir a (um corpo, esp. metal) as propriedades do magnetismo; imantar **2** *fig.* exercer forte atração sobre; fascinar **3** *fig.* ter grande poder sobre; dominar ~ **magnetização** *s.f.* - **magnetizador** *adj.s.m.*

mag.ne.to *s.m.* ímã

mag.ni.fi.car *v.* {mod. 1} *t.d. e pron.* **1** engrandecer(-se) com louvor, com honras; enaltecer(-se) ❑ *t.d.* **2** tornar maior; ampliar, aumentar ↄ reduzir ~ **magnificação** *s.f.* - **magnificatório** *adj.*

mag.ni.fi.cên.cia *s.f.* **1** qualidade do que é magnífico ou magnificente **2** esplendor, luxo **3** atitude generosa, magnanimidade ⊡ **Vossa M.** *loc.subst.* tratamento dispensado a reitor de universidade

mag.ni.fi.cen.te *adj.2g.* **1** suntuoso, rico ↄ simples **2** generoso, magnânimo ↄ impiedoso

mag.ní.fi.co *adj.* **1** farto, grandioso ⟨*jantar m.*⟩ **2** de extrema beleza ⟨*dia m.*⟩ ↄ horrendo **3** excelente ⟨*criança m.*⟩ ⟨*livro m.*⟩ ↄ péssimo **4** diz-se de reitor de universidade, em linguagem cerimoniosa

mag.ni.lo.quên.cia \qü\ *s.f.* linguagem ou estilo grandioso, pomposo ~ **magniloquente** *adj.2g.*

mag.ni.tu.de *s.f.* grandeza, importância ↄ mediocridade

mag.no *adj.* **1** muito importante ⊃ insignificante **2** qualificativo que se dá a certos personagens célebres ⟨*Carlos M.*⟩
mag.nó.lia *s.f.* flor vistosa, de cores variadas e perfume suave, e sua árvore, muito cultivada como ornamental
mag.no.li.ó.fi.ta *s.f.* angiosperma
ma.go *s.m.* **1** sacerdote da antiga Média e Pérsia, estudioso dos astros **2** *p.ext.* quem realiza magia, feitiçaria; bruxo
má.goa *s.f.* **1** desgosto recolhido; amargura ⊃ alegria **2** rancor, ressentimento ⟨*não guarda m. do incidente*⟩ ⊃ contentamento
ma.go.ar *v.* {mod. 1} *t.d. e pron.* **1** (fazer) sentir dor física, devido a contusão, machucado; ferir(-se) **2** *fig.* (fazer) sentir mágoa, desgosto; ofender(-se) **3** *fig.* inspirar ou sentir compaixão; comover(-se)
ma.go.te *s.m.* grande quantidade de pessoas ou de coisas; montoeira
ma.gre.lo *adj.s.m.* magricela
ma.gre.za \ê\ *s.f.* qualidade ou condição daquele ou daquilo que é magro
ma.gri.ce.la *adj.2g.s.2g.* que(m) é muito magro; magrelo
ma.grís.si.mo *adj.* macérrimo ⊙ GRAM/USO sup. abs.sint. de *magro*
ma.gro *adj.s.m.* **1** (o) que tem pouca ou nenhuma gordura ⟨*carne m.*⟩ ⟨*loja para magros*⟩ ■ *adj.* **2** *fig.* escasso, insignificante ⟨*salário m.*⟩ ⊙ GRAM/USO sup.abs.sint.: *macérrimo, magérrimo*
mai.a *s.2g.* **1** indivíduo dos maias, povo indígena pré-colombiano, ainda existente, que vive na América Central, conhecido por seu alto grau de civilização ■ *s.m.* **2** a língua falada por esse povo ■ *adj.2g.* **3** relativo a esse indivíduo, povo ou língua
mai.o *s.m.* o quinto mês do ano no calendário gregoriano, composto de 31 dias
mai.ô *s.m.* traje de banho feminino que cobre o tronco com apenas uma peça
mai.o.ne.se *s.f.* molho frio feito de gema de ovos batida com óleo ou azeite e temperos
mai.or *adj.2g.* **1** que supera outro em número, grandeza, extensão, intensidade, duração, importância, excelência ☞ comp. super. de *grande* **2** que está com mais de (determinada idade) ⟨*filme para maiores de 18 anos*⟩ **3** máximo ☞ sup.abs.sint. de *grande* ■ *adj.2g.s.2g.* **4** que(m) chegou à maioridade
mai.o.ral *s.m.* **1** líder, chefe **2** o melhor de todos
mai.o.ri.a *s.f.* a maior parte ou número de ⟨*a m. da turma faltou*⟩ ⊃ minoria
mai.o.ri.da.de *s.f.* idade em que a pessoa é considerada legalmente capaz e responsável ⊃ menoridade
mais *adv.* **1** em maior grau, quantidade etc. ⟨*precisa estudar m.*⟩ **2** exprime interrupção ou limite, quando acompanhado de negação ⟨*não quer m. voltar*⟩ ⟨*o fato não é m. segredo*⟩ ■ *pron.ind.* **3** em maior quantidade, número etc. ⟨*precisamos de m. livros*⟩ ■ *conj.adt.* **4** indica ligação ou adição; e ⟨*ele m. o outro vieram*⟩ ⟨*guardou as fotos m. as cartas*⟩ ■ *s.m.* **5** sinal de adição (+) **6** o restante ⟨*esqueceu-se de tudo o m.*⟩
mai.se.na *s.f.* farinha de amido de milho us. em mingaus, biscoitos etc. ☞ grafado com *z* como marca registrada ou nome comercial, *Maizena*
mais-que-per.fei.to [pl.: *mais-que-perfeitos*] *adj.s.m.* GRAM (tempo verbal) que indica uma ação anterior a outra já passada
mais-va.li.a [pl.: *mais-valias*] *s.f.* **1** na teoria marxista, lucro resultante da diferença entre o que o capitalista paga pela mão de obra e o valor que cobra pela mercadoria **2** *B* aumento do valor de um bem por melhoria ou benfeitoria que lhe foi introduzida
mai.ta.ca ou **ma.ri.ta.ca** *s.f.* **1** pequeno papagaio colorido e barulhento **2** *infrm.* pessoa tagarela
maî.tre [fr.; pl.: *maîtres*] *s.m.* chefe dos garçons ⇨ pronuncia-se **métr**
mai.ús.cu.la *s.f.* letra maiúscula
mai.ús.cu.lo *adj.* **1** de tamanho maior, formato próprio, us., p.ex., no início de períodos, de nomes próprios, para dar destaque a certas palavras etc. (diz-se de letra do alfabeto) **2** *fig.* de grande importância, de qualidades superiores; extraordinário ⟨*um pintor m.*⟩
ma.jes.ta.de *s.f.* **1** grandeza, imponência ⟨*a m. de seu andar*⟩ ⊃ simplicidade **2** aspecto solene, que infunde respeito ⊃ humildade **3** título de soberano ☞ inicial maiúsc.
ma.jes.tá.ti.co *adj.* **1** próprio de majestade ('soberano') **2** sublime, majestoso
ma.jes.to.so \ô\ [pl.: *majestosos* \ó\] *adj.* **1** que tem majestade **2** altivo, grandioso ⊃ singelo
ma.jor *s.m.* **1** posto militar abaixo de tenente-coronel e acima de capitão **2** oficial nesse posto
ma.jo.ra.ção [pl.: *-ões*] *s.f.* aumento ⊃ redução
ma.jo.rar *v.* {mod. 1} *t.d.* aumentar o valor de ⟨*m. impostos*⟩ ⊃ reduzir
ma.jor-bri.ga.dei.ro [pl.: *majores-brigadeiros*] *s.m.* **1** na Aeronáutica, posto que se situa logo abaixo do de tenente-brigadeiro e imediatamente acima do de brigadeiro do ar **2** oficial que ocupa esse posto
ma.jo.ri.tá.rio *adj.* **1** relativo a maioria ⟨*partido m.*⟩ ⊃ minoritário ■ *adj.s.m.* **2** que(m) pertence à maioria de um grupo ⟨*sócios m.*⟩
mal *adv.* **1** de maneira imperfeita, incorreta ou insatisfatória ⟨*fala m.*⟩ ⟨*informou-se m.*⟩ ⟨*as reformas vão m.*⟩ **2** pouco, rapidamente ⟨*m. tocou na comida*⟩ **3** de modo indelicado ⟨*responde m. aos clientes*⟩ **4** de modo algum; jamais ⟨*m. sabia que seria demitido*⟩ ■ *s.m.* **5** o que é prejudicial, nocivo ⟨*a poluição é um m. das metrópoles*⟩ **6** calamidade, desgraça ⟨*muitos m. se abateram sobre a família*⟩ **7** doença ⟨*sofria de um m. incurável*⟩ **8** o que há de errado com algo ou alguém ⟨*seu m. é falar demais*⟩ **9** qualquer coisa má, negativa ■ *conj.temp.* **10** assim que, logo que ⟨*m. saiu, começou a chover*⟩ ⊙ GRAM/USO pl. do s.m.: *males* ⊡ **m. de Alzheimer** *loc.subst.* doença crônica que leva à demência • **m. de Parkinson** *loc.subst.* doença neurológica que causa lentidão e tremores • **m. e porcamente** *loc.adv.* sem cuidado ou

competência • **cortar o m. pela raiz** *fraseol.* eliminar tudo o que prejudica ou incomoda

ma.la *s.f.* **1** saco grande de couro, lona etc. ou espécie de caixa com alça, para levar roupas e objetos de uso pessoal em viagem **2** saco resistente, ger. trancado, us. pelos correios, bancos etc. para transporte de documentos ■ *s.2g. B gír.* **3** indivíduo maçante, chato ⊙ GRAM/USO dim.irreg.: *maleta, malote* ⊡ **m. direta** *loc.subst.* **1** comunicação de uma empresa com seus clientes habituais ou potenciais, por meio de impressos ou *e-mails* **2** relação com o nome e endereço desses clientes • **de m. e cuia** *loc.adv.* integralmente, de maneira total ⟨*chegou de m. e cuia*⟩

ma.la.bar *adj.2g.* diz-se de espetáculo em que artistas circenses equilibram objetos, lançando-os para o alto e recolhendo-os, ou executando mágicas e outras artes manuais ⟨*jogos m.*⟩

ma.la.ba.ris.ta *adj.2g.s.2g.* **1** (artista) que movimenta e equilibra objetos, ger. em circos **2** *fig.* que(m) é hábil em contornar situações difíceis ~ **malabarismo** *s.m.*

mal-a.ca.ba.do [pl.: *mal-acabados*] *adj.* **1** a que falta capricho; malfeito, imperfeito ⟨*roupa m.*⟩ ⟨*trabalho m.*⟩ ↄ bem-acabado **2** *p.ext. B* de má aparência; feio ⟨*um sujeito m.*⟩

ma.la.ca.che.ta \ê\ *s.f.* mica branca

mal-a.for.tu.na.do [pl.: *mal-afortunados*] *adj.s.m.* que(m) é desgraçado, infeliz ↄ afortunado

mal-a.gra.de.ci.do [pl.: *mal-agradecidos*] *adj.s.m.* que(m) não reconhece ajuda recebida; ingrato ↄ grato

ma.la.gue.ta \ê\ *s.f.* pimenta-malagueta

ma.lai.o *adj.s.m.* **1** malásio ■ *s.m.* **2** língua falada na península de Malaca, Cingapura e na costa das ilhas indonésias

mal-a.jam.bra.do [pl.: *mal-ajambrados*] *adj.* **1** de aparência desagradável; com má apresentação ⟨*embrulho m.*⟩ **2** que se trata mal, sem capricho ou elegância (diz-se de pessoa) ⟨*anda sempre m.*⟩

ma.lan.dra.gem *s.f.* **1** dito, gesto ou ato de malandro; malandrice **2** *infrm.* esperteza, manha ↄ inocência **3** conjunto de malandros **4** vadiagem, ociosidade ↄ trabalho

ma.lan.drar *v.* {mod. 1} *int.* **1** viver como malandro **2** ficar ocioso; vadiar

ma.lan.dri.ce *s.f.* malandragem ('dito, gesto')

ma.lan.dro *adj.s.m.* **1** que(m) não trabalha; vagabundo, vadio ↄ trabalhador **2** preguiçoso, indolente ↄ ativo **3** *B* que(m) é astuto, esperto ↄ tolo ⊙ COL malandragem

mal-a.pes.so.a.do [pl.: *mal-apessoados*] *adj.* que tem má aparência (diz-se de pessoa) ↄ bem-apessoado

ma.lar *s.m.* **1** cada um dos dois ossos sob as bochechas ■ *adj.2g.* **2** relativo a esses ossos ou às maçãs do rosto

ma.lá.ria *s.f.* doença causada pela presença de parasitas no sangue, transmitida pela picada de um tipo de mosquito, e caracterizada por calafrios e febre periódicos; impaludismo, paludismo ~ **malárico** *adj.*

mal-ar.ran.ja.do [pl.: *mal-arranjados*] *adj.* desordenado; desarrumado ↄ alinhado

ma.lá.sio *adj.* **1** da Malásia ■ *s.m.* **2** natural ou habitante dessa federação asiática; malaio

mal-as.som.bra.do [pl.: *mal-assombrados*] *adj. B* diz-se de lugar supostamente visitado por assombrações e fantasmas

mal-a.ven.tu.ra.do [pl.: *mal-aventurados*] *adj.s.m.* desgraçado, infeliz ↄ venturoso

mal.ba.ra.tar *v.* {mod. 1} *t.d.* **1** vender a preço baixo, com prejuízo **2** gastar sem medida (patrimônio, dinheiro); esbanjar ↄ poupar **3** *fig.* utilizar, aplicar mal; desperdiçar

mal.cri.a.ção [pl.: *-ões*] ou **má-cri.a.ção** [pl.: *más-criações*] *s.f.* ato ou palavra grosseira; grosseria, indelizadeza

mal.cri.a.do *adj.s.m.* que(m) é grosseiro, impertinente

mal.da.de *s.f.* **1** característica ou ato de quem é mau ↄ bondade **2** ação prejudicial e mal-intencionada ⟨*fazer m. com os animais*⟩ ↄ compaixão **3** malícia ⟨*comentou com m. o espetáculo*⟩

mal.dar *v.* {mod. 1} *t.d. e t.i.* **1** (prep. *de*) formar mau juízo de ou interpretar com maldade ⟨*m. as palavras de alguém*⟩ ⟨*m. do vizinho*⟩ ❑ *t.d.* **2** ter ou formar na mente (mau juízo) ⟨*maldou que ela mentia*⟩

mal.di.ção [pl.: *-ões*] *s.f.* **1** praga lançada contra algo ou alguém **2** *p.ext.* palavra ou conjunto de palavras que revela a vontade de que algo ruim aconteça a alguém ou a algo; praga **3** castigo divino

mal.di.to *adj.s.m.* **1** que(m) sofreu maldição; amaldiçoado ⟨*dinheiro m.*⟩ ↄ bendito **2** malvado, perverso ↄ bondoso

mal.di.zen.te *adj.2g.s.2g.* maledicente

mal.di.zer *v.* {mod. 15} *t.d.* **1** dirigir maldições, pragas a; amaldiçoar ↄ abençoar **2** falar mal de; difamar ↄ bendizer ❑ *t.i.* **3** (prep. *de*) lastimar-se acerca de; reclamar ⟨*m. da sorte*⟩ ⊙ GRAM/USO part.: *maldito*

mal.do.so \ô\ [pl.: *maldosos* \ó\] *adj.s.m.* **1** mau, desumano ↄ bondoso **2** malicioso ⟨*comentaristas m. deturparam a entrevista*⟩

ma.le.a.bi.li.da.de *s.f.* **1** qualidade do que é maleável, flexível **2** *fig.* capacidade de adaptação, de compreensão; docilidade, flexibilidade ⟨*m. ao lidar com os empregados*⟩

ma.le.ar *v.* {mod. 5} *t.d.* **1** transformar em lâmina (metal) **2** bater com martelo em; malhar **3** *fig.* tornar dócil, flexível; suavizar, abrandar ↄ endurecer

ma.le.á.vel *adj.2g.* flexível

ma.le.di.cên.cia *s.f.* calúnia, difamação ↄ elogio

ma.le.di.cen.te *adj.2g.s.2g.* que(m) fala mal dos outros; maldizente, má-língua

mal-e.du.ca.do [pl.: *mal-educados*] *adj.s.m.* malcriado, grosseiro

ma.le.fí.cio *s.m.* **1** dano, prejuízo ↄ benefício **2** feitiço contra alguém

ma.lé.fi.co *adj.* **1** que provoca dano, prejuízo ⟨*os efeitos m. do álcool*⟩ ⊃ benéfico **2** que faz o mal; malvado ⊃ bom ⊙ GRAM/USO sup.abs.sint.: *maleficentíssimo*

ma.lei.ro *s.m.* **1** local para guardar malas **2** fabricante ou vendedor de malas

ma.lei.ta *s.f.* malária ~ **maleitoso** *adj.s.m.*

mal e mal *adv. B* escassamente; de modo sofrível

mal-en.ca.ra.do [pl.: *mal-encarados*] *adj.s.m.* **1** que(m) é carrancudo ⊃ simpático **2** que(m) tem aparência suspeita

mal-en.ten.di.do [pl.: *mal-entendidos*] *s.m.* **1** equívoco, engano ⊃ acordo **2** briga, desentendimento ⊃ harmonia ■ *adj.* **3** interpretado erradamente

ma.lé.o.lo *s.m.* cada um dos dois ossos arredondados que ficam de ambos os lados da articulação do tornozelo ~ **maleolar** *adj.2g.*

mal-es.tar [pl.: *mal-estares*] *s.m.* **1** incômodo físico que não chega a ser doença **2** estado de inquietação, desassossego ⊃ despreocupação **3** embaraço, constrangimento ⟨*sua insistência gerou m. entre os presentes*⟩ ⊃ agrado

ma.le.ta \ê\ *s.f.* pequena mala ⊙ GRAM/USO dim.irreg. de *mala*

ma.le.vo.lên.cia *s.f.* má vontade, antipatia ⊃ benevolência

ma.le.vo.len.te *adj.2g.* **1** de má índole; mau **2** que tem ou demonstra desejo de ferir, de prejudicar; malicioso, mal-intencionado

ma.lé.vo.lo *adj.* muito mau; malvado ⊃ benévolo

mal.fa.da.do *adj.s.m.* que(m) tem má sorte; desgraçado ⊃ afortunado

mal.fa.dar *v.* {mod. 1} *t.d.* **1** prever desgraças para; malsinar **2** tornar infeliz; desgraçar ⊃ afortunar

mal.fa.la.do *adj.* de que(m) se fala mal; mal-afamado, malconceituado ⊃ bem-afamado ☞ cf. *mal falado* 'falado com imperfeição' (p.ex., *português mal falado*)

mal.fa.ze.jo \ê\ *adj.s.m.* que(m) gosta de fazer o mal; malvado ⊃ benfazejo

mal.fei.to *adj.* **1** realizado sem cuidado ou competência ⟨*desenho m.*⟩ ⊃ bem-feito **2** que tem configuração má ou defeituosa ⟨*perna m.*⟩ ⊃ perfeito ■ *s.m.* **3** o que traz prejuízo; o que é ruim ⟨*o m. já aconteceu, só nos resta corrigi-lo*⟩

mal.fei.tor \ô\ *adj.s.m.* que(m) comete crimes ou atos condenáveis; bandido

mal.fei.to.ri.a *s.f.* **1** o que é nocivo; malefício **2** crime, delito

mal.for.ma.ção [pl.: *-ões*] *s.f.* MED má-formação

mal.ga.xe *s.2g.* **1** natural ou habitante da ilha de Madagascar (África) ■ *s.m.* **2** idioma oficial desse país ■ *adj.2g.* **3** relativo a esse indivíduo, país ou língua

mal.gra.do *prep.* apesar de ⟨*trocou de carro, m. os conselhos contrários do irmão*⟩

¹ma.lha *s.f.* **1** cada um dos nós, voltas etc. de fio que se entrelaçam para formar um tecido ⟨*as m. do tricô*⟩ **2** o tecido maleável formado por esse entrelaçamento **3** roupa feita desse tecido **4** *fig.* o que envolve; enredo, trama ⟨*caiu nas m. da justiça*⟩ **5** conjunto de vias que, por sua estrutura, lembra uma rede ⟨*m. rodoviária, ferroviária*⟩ [ORIGEM: do fr. *maille* 'laçada, anel']

²ma.lha *s.f.* sinal natural, de cor diferente na pele ou no pelo dos animais; mancha [ORIGEM: do lat. *macŭla,ae* 'mancha, nódoa']

³ma.lha *s.f.* malhada [ORIGEM: do v. *malhar* 'bater com o malho']

ma.lha.ção [pl.: *-ões*] *s.f.* **1** ato de bater com malho ou o seu efeito **2** *p.ext.* surra, espancamento **3** *fig. B infrm.* zombaria **4** *fig. B infrm.* crítica severa; mordacidade ⊃ elogio **5** *B infrm.* exercício ou ginástica vigorosos; musculação

ma.lha.da *s.f.* pancada com malho

¹ma.lha.do *adj.* **1** batido com malho **2** que levou uma surra; espancado **3** *fig.* alvo de piada, de zombaria **4** *B gír.* adulterado com misturas (diz-se de droga, combustível etc.) **5** *B infrm.* que tem o físico moldado por ginástica, musculação [ORIGEM: part. de *malhar* ('bater com malho')]

²ma.lha.do *adj.* que tem malhas ou manchas; manchado, pintado ⟨*cavalo m.*⟩ [ORIGEM: *²malha + -ado*]

ma.lhar *v.* {mod. 1} *t.d.* **1** bater com malho, martelo em **2** *fig. infrm.* falar mal de; criticar, maldizer ⊃ elogiar ❑ *t.d. e t.i.* **3** (prep. *em*) castigar fisicamente; surrar ❑ *t.d. e int. fig. B infrm.* **4** exercitar (o corpo ou partes dele) para fortalecer a musculatura, emagrecer

ma.lha.ri.a *s.f.* **1** confecção ou loja de tecidos ou roupas de malha **2** fábrica de malha

ma.lho *s.m.* **1** martelo pesado para bater ferro **2** *fig. infrm.* crítica negativa, ataque veemente ⟨*metia o m. no patrão*⟩

mal-hu.mo.ra.do [pl.: *mal-humorados*] *adj.* aborrecido, irritado ⊃ bem-humorado

ma.lí.cia *s.f.* **1** fala, intenção ou interpretação maldosa, picante **2** habilidade para enganar; esperteza, astúcia ⊃ tolice

ma.li.ci.ar *v.* {mod. 1} *t.d. e t.i.* **1** (prep. *de*) conferir a, interpretar com malícia **2** (prep. *de*) realizar julgamento negativo de; maldar ❑ *t.d. p.ext.* **3** desconfiar, suspeitar ⟨*o sindicato maliciou a proposta*⟩

ma.li.ci.o.so \ô\ [pl.: *maliciosos* \ó\] *adj.* **1** em que há malícia ⟨*comportamento m.*⟩ ■ *adj.s.m.* **2** que(m) tem ou age com esperteza, astúcia ⊃ ingênuo

ma.lig.ni.da.de *s.f.* **1** qualidade ou caráter do que é maligno; maldade **2** caráter grave ou perigoso de algumas enfermidades ⟨*o tumor apresentava alto teor de m.*⟩

ma.lig.no *adj.* **1** que tem tendência para o mal **2** que anuncia desgraças; funesto ⟨*muitos viam cometas como um sinal m.*⟩ **3** MED que ocorre na forma grave e pode levar à morte (diz-se de formas de doença ou de tumores)

ma.li.nês *adj.* **1** do Mali (África) ■ *s.m.* **2** natural ou habitante desse país

má-lín.gua [pl.: *más-línguas*] *s.f.* **1** hábito de falar mal de tudo e de todos ■ *adj.2g.s.2g.* **2** maledicente

mal-in.ten.cio.na.do [pl.: *mal-intencionados*] *adj.s.m.* que(m) pretende fazer mal, prejudicar ⊃ bem-intencionado

mal.jei.to.so \ô\ [pl.: *maljeitosos* \ó\] *adj.* sem jeito; desastrado, inábil ⊃ jeitoso

mal.me.quer *s.m.* bem-me-quer

mal.nas.ci.do *adj.* **1** nascido com má sorte **2** pobre

ma.lo.ca *s.f.* **1** casa indígena **2** casa muito pobre e rústica; choupana, barracão

ma.lo.grar *v.* {mod. 1} *t.d.* **1** provocar danos a; danificar ☐ *t.d. e pron.* **2** (fazer) não ter êxito, sucesso; frustrar(-se), fracassar

ma.lo.gro \ô\ *s.m.* falta de sucesso; fracasso ⊃ êxito

ma.lo.te *s.m.* **1** pequena mala; maleta **2** serviço de entrega rápida de correspondência, documentos bancários etc. **3** saco que transporta esses documentos, correspondência etc. ⊙ GRAM/USO dim.irreg. de *mala*

mal.pa.ra.do *adj.* em má situação ⟨*projeto m.*⟩

mal.pas.sa.do *adj.* pouco cozido ou frito (esp. carne) ⟨*só come filé m.*⟩

mal.que.ren.ça *s.f.* inimizade, hostilidade ⊃ afeto ~ **malquerente** *adj.2g.s.2g.*

mal.que.rer *v.* {mod. 18} *t.d.* **1** desejar mal a ou não gostar de ■ *s.m.* **2** malquerença ⊙ GRAM/USO part.: *malquerido, malquisto*

mal.quis.tar *v.* {mod. 1} *t.d.,t.d.i.,int. e pron.* (prep. *com*) tornar(-se) malquisto (de); inimizar(-se), indispor(-se) ⊃ reconciliar(-se)

mal.quis.to *adj.* **1** que tem inimigos; detestado ⊃ querido **2** que tem má fama; desmoralizado ⊃ considerado ⊙ GRAM/USO part. de *malquistar*

mal.são [pl.: *-ãos*; fem.: *malsã*] *adj.* **1** nocivo à saúde; doentio ⊃ sadio **2** de saúde precária; mal curado ⟨*paciente m.*⟩ **3** *fig.* que faz mal, nocivo ⟨*leitura m.*⟩

mal.sim *s.2g.* **1** informante pago pela polícia para denunciar contrabandos ou ações ilegais **2** *p.ext.* espião, delator

mal.si.na.ção [pl.: *-ões*] *s.f.* acusação, denúncia

[1]**mal.si.nar** *v.* {mod. 1} *t.d.* **1** revelar, denunciar (o que se queria encobrir) ⊃ esconder **2** interpretar mal ou deformar o sentido de; deturpar **3** considerar mau ou censurável; reprovar ⊃ aprovar [ORIGEM: de *malsim* sob a f. rad. *malsin-* + *-ar*]

[2]**mal.si.nar** *v.* {mod. 1} *t.d.* **1** trazer má sorte, ruína a; arruinar **2** prever infelicidade, azar a; malfadar [ORIGEM: de *mal-* + *sinar* (do lat. *signāre* 'pôr marca em')]

mal.so.an.te *adj.2g.* desagradável ao ouvido; malsonante

mal.so.nan.te *adj.2g.* malsoante

mal.su.ce.di.do *adj.* que teve mal resultado; fracassado ⊃ bem-sucedido

mal.ta *s.f.* bando de pessoas de má fama e/ou má índole; corja, súcia

mal.te *s.m.* cevada germinada artificialmente e seca, us. na fabricação de cervejas e outros alimentos

mal.thu.si.a.nis.mo *s.m.* doutrina de Thomas Malthus, economista e demógrafo inglês, que prega a limitação de nascimentos, em virtude da diferença entre o número de pessoas e a produção de alimentos ☞ cf. *Malthus* na parte enciclopédica ~ **malthusianista** *adj.2g.s.2g.*

mal.thu.si.a.no *adj.s.m.* adepto ou seguidor das ideias de Thomas Malthus ou do malthusianismo ☞ cf. *Malthus* na parte enciclopédica

mal.tra.pi.lho *adj.s.m.* que(m) anda esfarrapado

mal.tra.tar *v.* {mod. 1} *t.d.* **1** tratar com aspereza, grosseria; destratar **2** dar golpe(s) violento(s) em; bater ⟨*ondas maltratavam a murada*⟩ **3** causar lesão física em; machucar **4** danificar, arruinar, esp. por mau uso

ma.lu.co *adj.s.m.* **1** que(m) sofre de distúrbios mentais; louco ⊃ são **2** *p.ext.* que(m) é dado a esquisitices; excêntrico ⊃ contido **3** *p.ext.* que(m) age sem juízo ou seriedade; imprudente, inconsequente ⊃ prudente

ma.lun.go *s.m.* **1** nome pelo qual se chamavam os escravos vindos da África no mesmo navio **2** camarada, parceiro

ma.lu.quei.ra *s.f.* maluquice

ma.lu.qui.ce *s.f.* **1** atitude de maluco; maluqueira **2** falta de discernimento; absurdo, maluqueira ⟨*desfazer-se da casa é m.*⟩ ⊃ sensatez

mal.va *s.f.* nome comum às plantas da família das malváceas, ricas em mucilagem, cultivadas como ornamentais, como alimento ou pelas propriedades medicinais

mal.vá.cea *s.f.* BOT espécime das malváceas, família de ervas, arbustos e árvores, cultivadas em jardins, como vários hibiscos, pelas fibras, como o algodão, e tb. para alimentação, como o quiabo ~ **malváceo** *adj.*

mal.va.de.za \ê\ *s.f.* **1** qualidade do que é malvado **2** atitude de malvado

mal.va.do *adj.s.m.* que(m) pratica ou é capaz de praticar crueldades; mau, cruel ⊃ bondoso ~ **malvadez** *s.f.*

mal.ver.sa.ção [pl.: *-ões*] *s.f.* **1** má administração **2** desvio de verbas **3** falta grave no exercício de um cargo

mal.vis.to *adj.* que tem má fama; malquisto ⊃ respeitado

ma.ma *s.f.* órgão glandular dos mamíferos, normalmente atrofiado no macho e, na fêmea, capaz de produzir leite

ma.ma.dei.ra *s.f.* recipiente de vidro ou plástico com chupeta ou bico de borracha, us. para amamentar artificialmente crianças ou animais

ma.mãe *s.f.* tratamento carinhoso dado à mãe

ma.man.ga.ba ou **ma.man.ga.va** *s.f.* abelha grande, com abdome largo e com pelos, ger. negra e amarela

ma.mão [pl.: *-ões*] *s.m.* fruta de casca e polpa alaranjadas com muitas sementes pequenas e pretas; papaia

ma.mar *v.* {mod. 1} *t.d. e int.* **1** sugar (leite) de mama, teta ou (conteúdo) de mamadeira ❑ *t.d.,t.i. e t.d.i. fig. B infrm.* **2** (prep. *em*) lucrar indevidamente (com empresa ou administração pública)

ma.má.rio *adj.* relativo a mama

ma.ma.ta *s.f. infrm.* ganho desonesto; negociata

mam.bem.be *s.m.* **1** grupo teatral ger. amador e itinerante ■ *adj.2g.* **2** de má qualidade; ordinário ⟨*móvel m.*⟩ ⟨*atuação m*⟩

mam.bo *s.m.* música e dança cubanas com base na rumba

ma.me.lu.co *s.m. B* **1** filho de índio com branco ou de branco com caboclo **2** membro de antiga milícia turco-egípcia

ma.mí.fe.ro *adj.s.m.* (espécime) dos mamíferos, classe de animais vertebrados, possuidores de glândulas mamárias, corpo ger. coberto por pelos, coração com quatro câmaras, pulmões grandes e elásticos, cavidades torácica e abdominal separadas por um diafragma e fecundação interna

ma.mi.lo *s.m.* **1** o bico da mama, do peito **2** o que tem forma de mamilo ~ **mamilar** *adj.2g.*

ma.mi.nha *s.f.* **1** bico do peito; mamilo **2** parte mais macia da alcatra

ma.mo.ei.ro *s.m.* árvore do mamão

ma.mo.gra.fi.a *s.f.* radiografia de mama

ma.mo.na *s.f.* **1** fruto de cuja semente se extrai óleo de rícino **2** mamoneira

ma.mo.nei.ra *s.f.* arbusto da mamona

ma.mo.plas.ti.a *s.f.* cirurgia plástica na mama; mastoplastia

ma.mu.len.go *s.m.* fantoche ('boneco')

ma.mu.te *s.m.* elefante pré-histórico, munido de presas longas e curvadas para cima e para trás e corpo revestido por longos pelos

ma.ná *s.m.* **1** alimento que, segundo a Bíblia, foi miraculosamente fornecido aos hebreus em sua travessia do deserto **2** *p.ext.* alimento delicioso **3** *fig.* alimento espiritual de origem divina; o que consola a alma

ma.na.cá *s.m.* arbusto ornamental, de flores aromáticas roxas, róseas e brancas

ma.na.da *s.f.* rebanho de gado

ma.na.gue.nho \gü\ *adj.s.m.* managuense

ma.na.guen.se \gü\ *adj.2g.* **1** de Manágua, Nicarágua ■ *s.2g.* **2** natural ou habitante dessa capital

ma.nan.ci.al *s.m.* **1** nascente de água; fonte **2** *fig.* princípio ou fonte de algo ⟨*um m. de ideias*⟩ ■ *adj.2g.* **3** que flui ou jorra sem cessar ⟨*torrente m.*⟩

ma.ná.pu.la *s.f.* manopla ('mão')

ma.nar *v.* {mod. 1} *t.d. e int.* (fazer) correr ou fluir em abundância ou incessantemente (líquido ou gás); brotar, jorrar

ma.nau.a.ra *adj.2g.s.2g.* manauense

ma.nau.en.se *adj.2g.* **1** de Manaus (AM) ■ *s.2g.* **2** natural ou habitante dessa capital

man.ca.da *s.f. infrm.* **1** ato de mancar ou o seu efeito **2** *fig. B infrm.* atitude, comportamento com resultado insatisfatório ou negativo; falha, erro **3** *fig. B* ato ou fala inoportuna; gafe, inconveniência

man.cal *s.m.* **1** dobradiça **2** peça com rebaixamento cilíndrico ou esférico onde se encaixa a ponta do eixo de uma máquina

man.car *v.* {mod. 1} *t.i. e int.* **1** (prep. *de*) caminhar apoiando-se mais em uma das pernas; coxear ❑ *pron. fig. B infrm.* **2** perceber a inconveniência, a impropriedade de sua conduta ou ação

man.ce.bi.a *s.f.* estado de quem vive junto sem casar-se

man.ce.bo \ê\ *s.m.* rapaz

man.cha *s.f.* **1** marca deixada por sujeira; nódoa **2** mudança de coloração na pele de pessoas ou no pelo de animais **3** cada toque de tinta aplicado a um quadro; pincelada **4** GRÁF parte impressa de uma página, por oposição às margens **5** *fig.* desonra, mácula

man.chão [pl.: *-ões*] *s.m. B* **1** mancha no terreno onde há diamante de aluvião **2** *infrm.* remendo improvisado em pneu furado

man.char *v.* {mod. 1} *t.d. e pron.* **1** (fazer) ficar com mancha; sujar(-se) ⮌ limpar(-se) **2** *fig.* comprometer(-se) por algo vil, desonroso; infamar(-se), desonrar(-se) ⮌ enobrecer(-se)

man.chei.a *s.f.* quantidade que cabe na mão; punhado

man.che.te *s.f.* **1** título destacado, em jornal ou revista, de reportagem importante **2** no voleibol, defesa ou passe com braços estendidos e mãos juntas

man.co *adj.s.m.* (o) que manca; coxo

man.co.mu.nar *v.* {mod. 1} *t.d.,t.d.i. e pron.* (prep. *com*) juntar(-se) [a outrem] para a realização de (algo ger. desonesto); conluiar(-se) ~ **mancomunação** *s.f.*

man.da.ca.ru *s.m.* grande cacto da caatinga

man.da.chu.va *s.2g. B infrm.* indivíduo influente; chefe, líder

man.da.do *s.m.* **1** incumbência, missão **2** ordem escrita de autoridade pública determinando o cumprimento de algum ato ⟨*m. de busca*⟩ ■ *adj.* **3** que se mandou; enviado

man.da.men.to *s.m.* **1** ordem de autoridade **2** no judaísmo e cristianismo, cada um dos dez preceitos enviados ao povo hebreu e aos quais os crentes estão obrigados a obedecer ☞ mais us. no pl.

man.dan.te *adj.2g.s.2g.* **1** que(m) manda **2** que(m) induz a certos atos ■ *s.2g.* **3** quem autoriza alguém a agir em seu nome ☞ cf. *mandatário*

man.dão [pl.: *-ões*; fem.: *mandona*] *adj.s.m.* que(m) gosta de mandar

man.dar *v.* {mod. 1} *t.d.,t.d.i. e pron.* **1** (prep. *a*) exigir, como autoridade superior, que se cumpra (algo); ordenar ❑ *t.d. e t.d.i.* **2** (prep. *a*) mostrar como desejado, aconselhável; recomendar **3** (prep. *a*) fazer chegar a; enviar, encaminhar ❑ *t.d.,t.i. e int.* **4** (prep. *em*) exercer poder, autoridade, domínio sobre ❑ *pron. B infrm.* **5** dirigir-se a (certo lugar); ir ⟨*m.-se para casa*⟩ **6** ir embora; partir, fugir

man.da.rim *s.m.* **1** alto funcionário do antigo império chinês **2** o principal dialeto da língua chinesa

man.da.tá.rio *s.m.* **1** DIR quem recebe mandato ou procuração para agir em nome de outro **2** quem age em nome e por ordem de alguém ☞ cf. *mandante*

man.da.to *s.m.* **1** aquilo de que se está encarregado; incumbência **2** poder concedido ou autorizado; procuração **3** poder dado pelo povo ao político eleito para que o represente no governo ou nas assembleias legislativas **4** *p.ext.* período de desempenho de um cargo eleitoral ⟨*o deputado não chegou ao fim do m.*⟩

man.dí.bu.la *s.f.* ANAT osso da cabeça em forma de ferradura, antes denominado *maxilar inferior*, onde ficam os dentes inferiores ~ **mandibular** *adj.2g.*

man.dil *s.m.* **1** pano de limpeza **2** avental de cozinheiro

man.din.ga *s.f.* feitiço, bruxaria ~ **mandingueiro** *adj.s.m.*

man.di.o.ca *s.f.* **1** arbusto cultivado pelas raízes, muito semelhantes às do aipim, embora sejam ger. mais venenosas e freq. us. apenas para a produção de farinha de mandioca e ração animal **2** raiz dessa planta ⊙ COL mandiocal

man.di.o.cal *s.m.* *B* grande plantação de mandiocas

man.di.o.qui.nha *s.f.* batata-baroa

man.do *s.m.* **1** direito ou poder de mandar; autoridade, poderio **2** ordem, determinação ⟨*por m. da justiça*⟩ **3** comando militar

man.dra.ca *s.f.* *B* **1** bruxaria, feitiçaria **2** beberagem us. para enfeitiçar

man.dri.ão [pl.: *-ões*; fem.: *mandriona*] *adj.s.m.* que(m) se mostra preguiçoso para trabalhar ou estudar; indolente ↄ trabalhador

man.dri.ar *v.* {mod. 1} *int.* ficar ocioso, não trabalhar ou estudar por preguiça; vadiar

[1]**man.dril** *s.m.* grande macaco africano, de cauda curta, pelagem esverdeada e machos de focinho vermelho e azul [ORIGEM: do ing. *mandrill* 'id.']

[2]**man.dril** *s.m.* **1** ferramenta mecânica que calibra e retifica furos **2** dispositivo que agarra ferramenta ou peça a ser trabalhada [ORIGEM: do fr. *mandrin* 'eixo de ferro sobre o qual gira uma máquina']

man.du.car *v.* {mod. 1} *t.d. e int.* ingerir alimento; comer, mastigar ~ **manducação** *s.f.*

ma.né *s.m.* *infrm.* **1** indivíduo pouco inteligente; bobo, tolo ↄ sabido **2** desleixado, negligente

ma.nei.o *s.m.* **1** ação de trabalhar, mover com as mãos; manejo **2** trabalho manual; manejo **3** *fig.* administração, gestão de algo; direção, gerência ⟨*o m. de uma escola*⟩

ma.nei.ra *s.f.* **1** forma própria de ser ou de agir ⟨*m. de andar, de comer*⟩ **2** qualidade, variedade ⟨*frutas e verduras de todas as m.*⟩ **3** método ou processo de realizar algo; meio ⟨*tinha mil m. de escapar à obrigação*⟩ **4** arranjo, disposição ⟨*móveis colocados de outra m.*⟩ **5** oportunidade, possibilidade ⟨*não houve m. de chegar ao pódio*⟩ ▼ *maneiras* *s.f.pl.* **6** modo habitual de falar, de agir em sociedade ⟨*homem de m. distintas*⟩ **7** comportamento educado ⟨*pessoa sem m.*⟩

ma.nei.rar *v.* {mod. 1} *t.d.* **1** conter ou resolver com habilidade (situação difícil, embaraçosa) ❑ *int.* **2** agir com moderação, calma ❑ *t.d. e int.* **3** tornar(-se) mais suave; abrandar, melhorar ↄ intensificar(-se)

ma.nei.ris.mo *s.m.* **1** estilo e movimento artísticos europeus do sXVI **2** abuso de certos recursos artísticos e literários **3** *fig.* afetação nos modos de falar, no estilo ↄ naturalidade ~ **maneirista** *adj.2g.s.2g.*

ma.nei.ro *adj.* **1** cujo manejo ou uso não oferece dificuldade ou esforço ⟨*máquina m.*⟩ **2** *B* que se move com facilidade, ligeireza (diz-se de pessoa) ⟨*ciclista m.*⟩ **3** que costuma vir comer na mão ⟨*pássaro m.*⟩ ↄ feroz **4** *B gír.* palavra que qualifica pessoas ou coisas com atributos positivos; bonito, bom, correto, capaz etc. ⟨*um vestido m.*⟩ ⟨*uma irmã m.*⟩ ⟨*uma atitude m.*⟩ ⟨*um artesão m.*⟩

ma.nei.ro.so \ô\ [pl.: *maneirosos* \ó\] *adj.* educado, gentil ↄ grosseiro

ma.ne.jar *v.* {mod. 1} *t.d.* **1** mover, controlar com a(s) mão(s); manobrar, manusear **2** *fig.* ter autoridade, poder sobre; manipular, dirigir **3** *fig.* praticar com facilidade; dominar ⟨*m. uma técnica, m. cálculos*⟩ ~ **manejador** *adj.s.m.*

ma.ne.jo \ê\ *s.m.* **1** uso de algo com auxílio das mãos; maneio, manuseio ⟨*m. de uma máquina*⟩ **2** exercício, desempenho ⟨*m. de uma arte*⟩ **3** *fig.* direção, governo ⟨*vacila no m. de seus comandados*⟩ **4** ECO gestão do ambiente e de seus recursos, de modo que seu uso possa ser constante, sem redução num futuro indefinido

ma.ne.quim *s.m.* **1** boneco de forma humana us. por costureiros, escultores etc. **2** *p.ext.* medida padrão para roupa; tamanho ⟨*usar m. 40*⟩ **3** *fig. pej.* indivíduo sem vontade própria ■ *s.2g.* **4** pessoa que exibe ao público modelos de costureiros ou posa para revistas de modas

ma.ne.ta \ê\ *adj.2g.s.2g.* que(m) não tem um braço ou mão

[1]**man.ga** *s.f.* **1** parte da roupa sobre o braço **2** objeto tubular que envolve qualquer coisa para proteger ou isolar ⟨*m. do lampião*⟩ ⊙ GRAM/USO aum.: *mangão*, *mangona* [ORIGEM: do lat.*manĭca,ae* 'parte da roupa']

[2]**man.ga** *s.f.* fruto da mangueira, suculento e doce, de polpa carnosa, ger. amarelada [ORIGEM: do malaiala (língua falada no sudoeste da Índia) *manga* 'id.']

man.gá *s.m.* estilo de desenho usado nas histórias em quadrinhos japonesas

man.ga.ba *s.f.* fruto da mangabeira, comestível e us. no fabrico de bebida

man.ga.bei.ra *s.f.* árvore comum em cerrados e no litoral nordestino brasileiro que fornece frutos comestíveis, conhecidos como mangaba, e o látex, us. na fabricação de borracha rosada; mangaba ⊙ COL mangabal, mangabeiral

man.ga-d'á.gua [pl.: *mangas-d'água*] *s.f.* tromba-d'água ('fenômeno meteorológico')

man.ga-lar.ga [pl.: *mangas-largas*] *s.2g.* **1** raça de cavalo marchador, resultante do cruzamento de um puro-sangue com égua ■ *adj.2g.* **2** relativo a essa raça

man.ga.nês *s.m.* elemento químico us. em trilhos de trem, resistências elétricas de precisão etc. [símb.: *Mn*] ☞ cf. *tabela periódica* (no fim do dicionário)

man.gar *v.* {mod. 1} *t.i. e int.* (prep. *de*) expor ao ridículo, com atos ou palavras maliciosas ou irônicas, ger. fingindo seriedade; debochar, caçoar

man.gua.ça *s.f. SP infrm.* bebida alcoólica, esp. cachaça

man.gue *s.m.* **1** nome comum a diversas árvores que vivem em uma lama negra alcançada pelas marés, munidas de pontos acima da superfície, verticais e aéreos, que servem à respiração **2** floresta em que predomina esse tipo de árvore, junto a praias, à foz de rios, lagoas etc.; manguezal

[1]**man.guei.ra** *s.f.* árvore frondosa que fornece a manga [ORIGEM: [2]*manga + -eira*]

[2]**man.guei.ra** *s.f.* tubo flexível que conduz líquidos ou gases; borracha [ORIGEM: [1]*manga + -eira*]

man.gue.zal *s.m.* mangue ('floresta')

ma.nha *s.f.* **1** talento para realizar algo; desenvoltura, destreza ⮌ inaptidão **2** habilidade de enganar; astúcia, esperteza ⟨*a m. dos políticos*⟩ ⮌ franqueza **3** procedimento astucioso; artimanha ⟨*ninguém mais cai nas m. dele*⟩ ☞ freq. us. no pl. **4** mania, temperamento, vício ⟨*cuidado com as m. desse cavalo!*⟩ **5** *infrm.* processo particular e eficaz para se alcançar um objetivo ⟨*pegou a m. do exercício?*⟩ **6** *B* choro de criança sem motivo ou como forma de chantagem; birra

ma.nhã *s.f.* **1** parte do dia que vai do nascer do sol ao meio-dia **2** amanhecer, madrugada **3** *fig.* começo, início ⟨*a m. de uma existência*⟩ ⮌ fim

ma.nho.so \ô\ [pl.: *manhosos* \ó\] *adj.* **1** que tem habilidade para realizar algo; talentoso ⮌ desajeitado **2** hábil para enganar; ardiloso ⮌ ingênuo **3** que tem manias, vícios (diz-se de pessoa ou animal) **4** que chora sem motivo (diz-se esp. de criança) ■ *s.m. B* **5** besouro negro, de ampla distribuição brasileira, uma das principais pragas do feijão

ma.ni.a *s.f.* **1** costume esquisito, peculiar; excentricidade ⟨*m. de dormir do lado direito*⟩ **2** gosto excessivo; paixão ⟨*m. de esportes*⟩ **3** alvo desse gosto ⟨*futebol é a sua m.*⟩ **4** costume nocivo, prejudicial; vício ⟨*pegou a m. de mentir*⟩

ma.ní.a.co *adj.s.m.* (aquele) que é obcecado por (algo) ⟨*m. por limpeza*⟩

ma.ni.a.tar *v.* {mod. 1} *t.d.* → *MANIETAR*

ma.ni.ço.ba *s.f.* planta nativa do Brasil, cujo caule produz látex que petrifica em contato com o ar, exalando mau cheiro, e cujas raízes são venenosas ⊙ COL maniçobal

ma.ni.ço.bal *s.m. B* grande plantação de maniçobas

ma.ni.cô.mio *s.m.* local para internação e tratamento de loucos; hospício

ma.ní.cu.la *s.f.* **1** cada um dos membros anteriores dos mamíferos **2** meia luva que protege as mãos dos sapateiros **3** *B* peça para transmitir movimento de rotação a uma roda, eixo etc., por ação manual; manivela

ma.ni.cu.re *s.2g.* ou **ma.ni.cu.ro** [fem.: *manicura*] *s.m.* indivíduo que limpa e embeleza mãos e unhas

ma.ni.e.tar ou **ma.ni.a.tar** *v.* {mod. 1} *t.d.* **1** amarrar as mãos de **2** tolher os movimentos de; imobilizar, prender ⮌ soltar **3** *fig.* privar da liberdade; subjugar ⟨*m. as atitudes dos filhos*⟩

ma.ni.fes.ta.ção [pl.: *-ões*] *s.f.* **1** ato de revelar um pensamento, ideia etc.; expressão ⟨*m. de um desejo*⟩ **2** declaração, pronunciamento público ⟨*m. a favor de uma candidatura*⟩ **3** grupo de pessoas reunidas para reivindicar algo ⟨*m. pela paz*⟩ **4** REL *B* incorporação de uma deidade, entidade ou orixá etc. no corpo de um iniciado ou médium

ma.ni.fes.tan.te *adj.2g.s.2g.* **1** que(m) se manifesta **2** que(m) participa de manifestação

ma.ni.fes.tar *v.* {mod. 1} *t.d. e t.d.i.* **1** (prep. *a*) tornar manifesto ou público; declarar ❑ *pron.* **2** dar declaração, opinião sobre algo; pronunciar-se ❑ *t.d. e pron.* **3** (fazer) dar marcas, sinais de sua presença; evidenciar(-se), revelar(-se) ⮌ esconder(-se)

ma.ni.fes.to *s.m.* **1** declaração pública de opinião, motivo, tendência etc. ■ *adj.* **2** impossível de ser oculto ou dissimulado; claro, evidente ⟨*desejo m.*⟩ ⮌ secreto

ma.ni.lha *s.f.* tubo largo e curto, canalizador de águas, esgotos etc.

ma.ni.nho *adj.* **1** estéril, infecundo ⮌ fértil **2** que se desenvolve sem cultivo; bravo, silvestre ⟨*pinheiro m.*⟩ ■ *s.m.* **3** terreno aberto e improdutivo; descampado

ma.ni.pres.to *adj.* ágil com as mãos

ma.ni.pu.lar *v.* {mod. 1} *t.d.* **1** preparar, acionar ou controlar com as mãos; manejar **2** *fig.* influenciar para seguir comportamento e interesses que não os próprios; controlar **3** *p.ext.* adulterar, falsificar ⟨*m. notas, pontuação*⟩ ~ **manipulação** *s.f.*

ma.nir.ro.to \ô\ *adj.s.m.* que(m) gasta muito; perdulário

ma.ni.ve.la *s.f.* peça de máquina que, com rotação manual, aciona eixo, roda etc.

man.ja.do *adj. B infrm.* muito conhecido; banal ⮌ extraordinário

man.jar *v.* {mod. 1} *t.d. infrm.* **1** observar a evolução ou ação de; espionar **2** captar propósito ou motivo de; perceber ❑ *t.d. e t.d.i. infrm.* **3** (prep. *de*) ter conhecimento(s) sobre; saber ■ *s.m.* **4** o que serve de alimento ao homem **5** comida sofisticada e apetitosa; iguaria **6** *fig.* o que alimenta e deleita o espírito **7** manjar-branco

man.jar-bran.co [pl.: *manjares-brancos*] *s.m.* tipo de pudim feito com leite de coco, ger. acompanhado de calda caramelada e/ou ameixa preta; manjar

man.je.dou.ra *s.f.* tabuleiro para comida dos animais na estrebaria

man.je.ri.cão [pl.: *-ões*] *s.m.* erva cheirosa cultivada como ornamental e esp. como condimento

man.je.ro.na *s.f.* erva nativa do Mediterrâneo, de caule avermelhado, us. como tempero, pelas propriedades medicinais e pelo óleo essencial, us. em perfumaria

ma.no *s.m. infrm.* **1** irmão **2** amigo, camarada, colega

ma.no.bra *s.f.* **1** ação de fazer algo funcionar à mão **2** acomodação de veículo em garagem ou vaga **3** *fig.* série de atitudes ou ações realizadas para se alcançar um objetivo ⟨*fez muitas m. para comprar o terreno*⟩ **4** *fig.* artimanha, astúcia ⟨*as m. de um político*⟩

ma.no.brar *v.* {mod. 1} *t.d.* **1** usar ou acionar com as mãos (instrumento, aparelho); manipular **2** realizar movimento com; mover **3** *fig.* dar orientação a; conduzir, dirigir ❑ *t.d. e int. B* **4** movimentar (veículo, esp. carro), conjugando avanços e recuos para estacioná-lo

ma.no.brei.ro *s.m.* **1** quem faz manobras **2** *B* pessoa que manobra automóveis em estacionamento ou garagem; manobrista **3** indivíduo experiente na manobra de embarcações; manobrista

ma.no.bris.ta *adj.2g.s.2g.* **1** que(m) manobra automóveis em estacionamento ou garagem **2** que(m) é experiente na manobra de embarcações

ma.no.me.tri.a *s.f.* FÍS medição das pressões dos fluidos ou técnica de realizá-la

ma.no.mé.tri.co *adj.* referente a manometria ou a manômetro

ma.nô.me.tro *s.m.* FÍS instrumento que mede a pressão de fluidos

ma.no.pla *s.f.* **1** luva de ferro us. nas armaduras de guerra **2** *infrm.* mão muito grande; manápula ⊙ GRAM/USO aum.irreg. de *mão*

man.quei.ra *s.f.* **1** marcha irregular, em pessoa ou animal, esp. cavalgadura **2** VET *B* doença que deixa bois e cavalos mancos

man.que.jar *v.* {mod. 1} *int.* **1** caminhar apoiando-se mais em uma das pernas; mancar **2** *fig.* ter faltas, defeitos; falhar

man.são [pl.: *-ões*] *s.f.* casa grande e luxuosa ⮌ casebre

man.sar.da *s.f.* **1** tipo de telhado em que cada vertente é quebrada em dois caimentos **2** água-furtada **3** *p.ext.* morada miserável

man.si.dão [pl.: *-ões*] *s.f.* **1** brandura, suavidade ⟨*a m. de sua fala envolvia a todos*⟩ ⮌ dureza **2** ausência de agitação, de pressa; serenidade ⟨*a m. do mar*⟩

man.so *adj.* **1** de gênio bom; dócil, pacato ⮌ malcriado **2** em estado de tranquilidade; calmo ⮌ agitado **3** sereno, silencioso ⟨*riacho m.*⟩ ⮌ barulhento **4** que se domesticou; amansado ⟨*cavalo m.*⟩ ⮌ feroz

man.su.e.tu.de *s.f.* serenidade, mansidão ⮌ agitação ~ **mansueto** *adj.*

man.ta *s.f.* **1** cobertor de cama **2** certo agasalho ger. de lã **3** pano de lã sobre a sela de montaria **4** *B* acumulação de detritos vegetais no solo de florestas **5** *B infrm.* dano ou perda, esp. financeira; prejuízo ⟨*levar m.*⟩ **6** *B* pedaço de carne verde do peito ou da costela da rês

man.tei.ga *s.f.* **1** pasta gordurosa obtida da nata do leite batida **2** substância gordurosa de certas plantas ⟨*m. de amendoim*⟩

man.tei.guei.ra *s.f.* recipiente us. para servir manteiga

man.te.le.te \ê\ *s.m.* capa até os joelhos, aberta na frente, sem manga e com abertura para os braços

man.te.ne.dor \ô\ *adj.s.m.* **1** que(m) mantém, sustenta; mantedor **2** defensor, protetor

man.ter *v.* {mod. 16} *t.d.,t.d.pred. e pron.* **1** (fazer) ficar em certo estado, posição ou situação ou permanecer como antes, inalterado; conservar(-se) ⮌ alterar(-se) ❑ *t.d.* **2** fazer valer por dever moral ou obrigação; cumprir ⟨*m. a palavra, uma promessa*⟩ **3** conservar firme; respeitar, sustentar ⟨*m. uma opinião*⟩ ⮌ mudar ❑ *t.d. e pron.* **4** prover(-se) do necessário para sobreviver; sustentar(-se)

man.te.ú.do *adj.* **1** cujas despesas são pagas por outro; sustentado **2** *B* gordo, mesmo com menos ração ou com a idade avançada (diz-se de animal) ⮌ magro

man.tí.deo *s.m.* **1** espécime dos mantídeos, família de insetos terrestres e predadores, que reúne os vulgarmente denominados louva-a-deus, esp. distribuídos nas regiões quentes do globo ■ *adj.* **2** relativo a essa família

man.ti.lha *s.f.* **1** faixa larga e comprida de tecido, muito us. pelas espanholas, que cobre a cabeça e cai sobre os ombros **2** véu feminino **3** manta grossa us. pelas mulheres sobre a cabeça e parte do corpo

man.ti.men.to *s.m.* conjunto de gêneros alimentícios; víveres ☞ freq. us. no pl. ⊙ COL despensa, farnel, provisão

man.to *s.m.* **1** capa longa presa ao ombro, us. por reis, príncipes etc. **2** roupa de algumas religiosas **3** *p.ext.* o que cobre; revestimento **4** *fig.* disfarce, véu ⟨*era uma malvada sob o m. de bondade*⟩ ⊡ **m. terrestre** *loc.subst.* GEOL parte do globo terrestre situada entre a litosfera e o núcleo

man.tô *s.m.* casaco longo feminino us. sobre outra roupa

man.tó.deo *s.m.* **1** espécime dos mantódeos, ordem de insetos esp. tropicais, que reúne os vulgarmente conhecidos como louva-a-deus ■ *adj.* **2** relativo a essa ordem

man.tra *s.m.* sílaba, palavra ou verso repetido pelos budistas ou hindus enquanto meditam

[1]**ma.nu.al** *adj.2g.* **1** relativo a mão ⟨*atividade m.*⟩ **2** que se executa sem a intervenção de uma máquina ⟨*trabalho m.*⟩ **3** fácil de manusear; maneiro, cômodo [ORIGEM: do lat. *manuālis,e* 'de mão']

[2]**ma.nu.al** *s.m.* livro pequeno que contém as noções de uma matéria, técnica, uso de um produto etc. [ORIGEM: do lat. *manuāle,is* 'id.']

ma.nu.e.li.no *adj.* relativo a D. Manuel I de Portugal (1469-1521) ou à sua época

ma.nu.fa.tu.ra *s.f.* **1** atividade que se faz em máquina caseira ou manualmente, ou o seu resultado ⟨*a m. indígena*⟩ **2** estabelecimento industrial mecanizado; fábrica ⟨*trabalhar em uma m. de tecidos*⟩ **3** fabricação de produtos nesse estabelecimento; indústria ⟨*a m. da seda*⟩ **4** esse produto; artefato ⟨*a m. da seda é bela*⟩

ma.nu.fa.tu.rar *v.* {mod. 1} *t.d.* **1** produzir manualmente ou em máquina caseira **2** produzir em manufatura; fabricar

ma.nu.fa.tu.rei.ro *adj.* relativo a manufatura

ma.nus.cre.ver *v.* {mod. 8} *t.d.* escrever à mão ⊙ GRAM/USO part.: *manuscrito*

ma.nus.cri.to *s.m.* **1** obra escrita ou copiada à mão **2** *p.ext.* versão original de um texto antes de ser editado **3** caráter ('letra') que imita a escrita manual ■ *adj.* **4** diz-se dessa obra, dessa versão ou desse caráter ⊙ GRAM/USO part. de *manuscrever*

ma.nu.se.a.men.to *s.m.* manuseio

ma.nu.se.ar *v.* {mod. 5} *t.d.* **1** pegar (algo) remexendo-o na mão, apalpando-o **2** usar, mover, controlar com as mãos; manejar **3** virar (páginas de livro, revista), sem aprofundar-se na leitura; folhear

ma.nu.sei.o *s.m.* **1** uso de algo servindo-se das mãos; manejo **2** observação rápida de livro, revista etc.; folheada

ma.nu.ten.ção [pl.: *-ões*] *s.f.* **1** ato de preservar algo em determinado estado ⟨*m. da paz*⟩ **2** sustento, suporte ⟨*m. de uma família*⟩ ⮌ desamparo **3** ação de administrar; gerenciamento ⟨*a m. dos negócios da família*⟩ **4** ato de manter algo em bom estado ⟨*m. odontológica, de máquinas*⟩

man.zor.ra \ô\ *s.f.* mão muito grande; manopla ⊙ GRAM/USO aum.irreg. de *mão*

mão [pl.: *mãos*] *s.f.* **1** extremidade do braço, articulada com o antebraço pelo punho e terminada pelos dedos, que serve ao tato, para apanhar, segurar ou arranhar **2** qualquer coisa que tenha forma ou funções semelhantes **3** unidade de medida igual a um palmo **4** *B* punhado ⟨*uma m. de milho*⟩ **5** *B* camada de tinta ou cal; demão **6** *B* sentido em que os veículos devem circular **7** *B* marca pessoal; envolvimento ⟨*a m. divina*⟩ **8** *B* domínio, controle, cuidado ⟨*o trabalho passou às m. do grupo rival*⟩ **9** *B* rodada completa que se joga cada vez que se dão as cartas num jogo de baralho **10** composição das cartas recebidas no jogo ⟨*receber um boa m.*⟩ ⊙ GRAM/USO aum. irreg.: *manzorra, manopla* ⊡ **m. dupla** *loc.subst.* regime de trânsito que admite a passagem de veículos em dois sentidos • **m. única** *loc.subst. B* regime de trânsito que só permite a passagem de veículos num único sentido • **à m. armada** *loc.adv.* usando arma, esp. de fogo • **de segunda m.** *loc.adv.* **1** não diretamente da fábrica, do fabricante ou da loja **2** já anteriormente sabido ou divulgado • **em primeira m.** *loc.adv.* **1** diretamente da fábrica, do fabricante, da loja **2** com prioridade, antes de ser divulgado ou sabido por outro • **fora de m.** *loc.adv.* em lugar de difícil acesso, afastado ou incômodo de ir; longe

mão-a.ber.ta [pl.: *mãos-abertas*] *s.2g. B* quem é generoso ou gastador ⮌ avarento, pão-duro

mão-bo.ba [pl.: *mãos-bobas*] *s.f.* **1** toque dissimulado no corpo de alguém com propósito libidinoso **2** gesto de quem tenta roubar disfarçadamente ■ *s.m.* **3** indivíduo que pratica esse(s) gesto(s)

mão-chei.a [pl.: *mãos-cheias*] *s.f.* punhado, mancheia ⊡ **de m.** *loc.adj.* excelente

mão de o.bra [pl.: *mãos de obra*] *s.f.* **1** ação de trabalhar na realização de algo; serviço ⟨*a m. de obra no acabamento destacou-se pela perfeição*⟩ **2** o custo desse trabalho ⟨*m. de obra barata*⟩ **3** conjunto de assalariados, esp. dos trabalhadores manuais ⟨*escassez de m. de obra*⟩ **4** *B infrm.* tarefa ou trabalho complicado, que requer intenso esforço ⟨*corrigir redação é uma m. de obra*⟩

mão de va.ca [pl.: *mãos de vaca*] *s.2g. B infrm.* **1** pessoa avarenta; pão-duro ⮌ mão-aberta ■ *s.f.* **2** mocotó

mão-fu.ra.da [pl.: *mãos-furadas*] *adj.2g.s.2g. B infrm.* que(m) gasta muito; perdulário

ma.o.me.ta.no *adj.s.m.* **1** seguidor da doutrina pregada por Maomé; islamita, muçulmano ■ *adj.* **2** relativo a Maomé ou à religião por ele fundada, o islamismo ☞ cf. *Maomé* na parte enciclopédica

ma.o.me.tis.mo *s.m.* islamismo

ma.o.ri *s.2g.* **1** indivíduo dos maoris, população da Nova Zelândia, descendente esp. de negros polinésios ■ *s.m.* **2** língua polinésia falada por esse povo ■ *adj.2g.* **3** relativo a esse indivíduo, a esse povo e a sua língua

mão.za.da *s.f. infrm.* **1** punhado de coisas **2** golpe dado com as mãos

mão.zu.do *adj.* de mãos grandes, malfeitas

ma.pa *s.m.* **1** representação gráfica, reduzida e plana, de um lugar na superfície terrestre **2** *p.ext.* representação plana de dados numéricos, estruturas; tabela, quadro ⟨*m. da fome*⟩ **3** *B infrm.* área de observação, de conhecimento, de atuação etc. ⟨*sumiram do m. após o sucesso*⟩ ⊙ COL atlas, mapoteca

ma.pa-mún.di [pl.: *mapas-múndi*] *s.m.* mapa de todo o globo terrestre

ma.pe.ar *v.* {mod. 5} *t.d.* fazer o mapa de

ma.po.te.ca *s.f.* **1** coleção de mapas, cartas geográficas, históricas etc. **2** local que classifica e guarda essa coleção

ma.que.te ou **ma.que.ta** \ê\ *s.f.* representação reduzida e tridimensional de obra arquitetônica ou de engenharia, de escultura, de cenário cinematográfico etc.

ma.qui.a.gem ou **ma.qui.la.gem** *s.f.* **1** conjunto de produtos cosméticos us. para maquiar **2** o efeito produzido por esses cosméticos **3** *fig.* ato de modificar algo, superficialmente, para melhorar-lhe o aspecto

ma.qui.ar ou **ma.qui.lar** *v.* {mod. 1} *t.d. e pron.* **1** aplicar(-se) batom, sombra e/ou outros cosméticos para embelezamento, disfarce ou fins teatrais, artísticos ❑ *t.d. fig.* **2** alterar (algo) de modo superficial para torná-lo mais atraente **3** alterar para encobrir uma realidade que se quer ocultar; mascarar

ma.qui.a.ve.lis.mo *s.m.* **1** doutrina política de Maquiavel em que o fim justifica os meios ☞ cf. *Maqui-*

avel na parte enciclopédica **2** *fig.* conduta desleal, traiçoeira

ma.qui.la.gem *s.f.* → *MAQUIAGEM*

ma.qui.lar *v.* {mod. 1} *t.d. e pron.* → *MAQUIAR*

má.qui.na *s.f.* **1** aparelho com mecanismo que transforma ou transmite energia ou movimento **2** esse mecanismo **3** instrumento, utensílio 〈*m. de calcular*〉

má.qui.na-fer.ra.men.ta [pl.: *máquinas-ferramenta* e *máquinas-ferramentas*] *s.f.* máquina que serve para dar acabamento à matéria-prima, acionando um conjunto de ferramentas movido mecanicamente

ma.qui.nal *adj.2g.* **1** relativo a máquinas **2** *fig.* involuntário; automático

ma.qui.nar *v.* {mod. 1} *t.d. e t.d.i.* **1** (prep. *contra*) planejar em segredo a execução de (ações danosas) para atingir (outrem); tramar ❑ *t.i.* **2** (prep. *contra*) fazer conluio para prejudicar (outrem); conspirar ❑ *t.d.* **3** traçar planos para; projetar ~ **maquinação** *s.f.*

ma.qui.na.ri.a *s.f.* conjunto de máquinas utilizadas em um trabalho

ma.qui.nis.mo *s.m.* **1** mecanismo **2** conjunto de máquinas; maquinaria

ma.qui.nis.ta *adj.2g.s.2g.* que(m) constroi ou conduz máquinas, esp. locomotivas

mar *s.m.* **1** grande extensão de água salgada que ocupa a maior parte da superfície terrestre; oceano **2** extensão de água salgada de dimensões relativamente limitadas 〈*m. continental*〉 ⊡ **m. de rosas** *loc.subst.fig.* época feliz, tranquila

ma.ra.bá *s.2g.* mestiço de índio com branco, esp. francês

ma.ra.ca *s.2g.* **1** chocalho indígena feito de cabaça seca, us. em cerimônias religiosas e guerreiras **2** instrumento rítmico que acompanha certas músicas e danças, como a rumba, o baião

ma.ra.ca.nã *s.m.* certo tipo de ave da família dos papagaios

ma.ra.ca.tu *s.m.* **1** dança pernambucana em que os participantes, ao som de tambores, seguem em cortejo a rainha do bloco, que empunha num bastão uma bonequinha enfeitada **2** a música que acompanha essa dança

ma.ra.cu.já *s.m.* **1** planta trepadeira cujo fruto amarelo possui propriedades calmantes; maracujazeiro **2** o fruto dessa planta

ma.ra.cu.ja.zei.ro *s.m.* a planta do maracujá ('fruto')

ma.ra.cu.tai.a *s.f. infrm.* fraude, negócio suspeito

ma.ra.fo.na *s.f.* **1** boneca de pano sem rosto **2** *infrm.* prostituta

ma.ra.já [fem.: *marani*] *s.m.* **1** título dado aos soberanos indianos **2** *infrm.* funcionário público com salário exorbitante e que usufrui de certas regalias especiais

ma.ra.jo.a.ra *adj.2g.* **1** da ilha de Marajó (PA) **2** que possui o estilo de ornamentação inspirado nos motivos indígenas dessa ilha 〈*cerâmica m.*〉 ■ *s.2g.* **3** natural ou habitante dessa ilha

ma.ra.nhen.se *adj.2g.* **1** do Maranhão ■ *s.2g.* **2** natural ou habitante desse estado

ma.ra.ni *s.f.* a esposa do marajá

ma.ran.tá.cea *s.f.* BOT espécime das marantáceas, família de ervas cultivadas como ornamentais e para a produção de fibras, cera etc. ~ **marantáceo** *adj.*

ma.ras.mo *s.m.* **1** falta de atividade; paralisação **2** falta de ânimo, de coragem

ma.ra.to.na *s.f.* **1** prova de corrida a pé, de longo percurso **2** *fig.* qualquer competição que exija grande resistência **3** *fig.* atividade longa e intensa

ma.ra.vi.lha *s.f.* **1** o que desperta grande admiração por sua beleza ou perfeição **2** aquele ou aquilo que é admirável, extraordinário **3** erva comestível cultivada como ornamental, por suas vistosas flores ou por suas raízes que contêm propriedades medicinais ■ *s.m.* **4** tom entre o magenta e o carmim ■ *adj.2g.* **5** diz-se dessa cor 〈*a cor m.*〉 **6** que tem essa cor 〈*esmalte m.*〉

ma.ra.vi.lhar *v.* {mod. 1} *t.d.,int. e pron.* (fazer) sentir deslumbramento, admiração; extasiar(-se), encantar(-se)

ma.ra.vi.lho.so \ô\ [pl.: *maravilhosos* \ó\] *adj.* **1** que provoca grande admiração, fascínio **2** marcado pela perfeição ■ *adj.s.m.* **3** (o) que é extraordinário, sobrenatural 〈*a lâmpada m. de Aladin*〉 〈*o m. nos contos de fada*〉

mar.ca *s.f.* **1** sinal que distingue, assinala 〈*fazer uma m. nos textos já lidos*〉 **2** sinal na pele de uma pessoa ou no pelo de um animal 〈*m. de vacina*〉 **3** desenho, inscrição, símbolo etc. que indica categoria, propriedade, origem 〈*a m. de um fabricante*〉 **4** categoria, qualidade 〈*roupa de m.*〉 **5** estilo pessoal 〈*a elegância é a sua m.*〉 **6** impressão pessoal 〈*lembranças que deixaram m. em mim*〉 ⊡ **m. registrada** *loc.subst.* marca (nome e símbolo) de uma empresa, produto etc., cuja exclusividade é legalmente garantida por meio de registro em órgãos competentes [símb.: ®]

mar.ca.ção [pl.: *-ões*] *s.f.* **1** ato ou efeito de marcar **2** DESP perseguição que visa dificultar ou impedir as jogadas do adversário **3** CINE TEAT TV definição dos movimentos, posições e atitudes dos atores durante a representação, feita pelo diretor **4** *infrm.* implicância, perseguição 〈*o chefe está de m. comigo*〉

mar.ca-d'á.gua [pl.: *marcas-d'água*] *s.f.* imagem impressa em papel que só é visível contra a luz; filigrana

mar.ca.dor \ô\ *s.m.* **1** quem ou o que marca **2** DESP quadro no qual se assinalam esses pontos; o conjunto desses pontos; placar **3** DESP em esportes coletivos, indivíduo que marca o adversário, para dificultar-lhe ou impedir-lhe as jogadas **4** tira ou fita presa à lombada de um livro para marcar a página desejada ■ *adj.* **5** que marca ⊡ **m. de textos** *loc.subst.* marca-texto

mar.can.te *adj.2g.* **1** que deixa forte impressão ou lembrança 〈*férias m.*〉 **2** que se sobressai, se destaca 〈*fisionomia m.*〉

mar.car *v.* {mod. 1} *t.d.* **1** pôr marca, número, etiqueta etc. em (algo), para identificação **2** deixar sinal visível em ⟨*a doença marcou seu rosto*⟩ **3** delimitar com marca; demarcar ⟨*m. um terreno*⟩ **4** indicar, registrar ⟨*o relógio marca meio-dia*⟩ **5** DESP registrar, anotar (falta, infração etc.) **6** DESP fazer (gol) **7** estabelecer com precisão; definir, determinar ⟨*não conseguiu m. sua real função*⟩ **8** acompanhar com gestos ou sons (ritmo, compasso) **9** *B* observar as ações e o comportamento de; vigiar **10** DESP ficar junto de (adversário), para atrapalhar suas jogadas **11** *fig.* ser traço(s) distintivo(s) de; caracterizar, distinguir ❑ *t.d.,t.d.i. e int.* **12** (prep. *com*) fixar tempo, prazo etc. para a realização de; combinar ❑ *t.d. e int. fig.* **13** deixar impressão no sentimento, no espírito de ~ **marcadamente** *adv.*

mar.ca-tex.to [pl.: *marca-textos*] *s.m.* caneta com ponta grossa e porosa, de cor fosforescente, us. para marcar palavras, frases ou passagens num texto; marcador de texto

mar.ce.na.ri.a *s.f.* **1** trabalho de marceneiro **2** oficina de marceneiro

mar.ce.nei.ro *s.m.* artesão ou operário que trabalha com madeira, na fabricação de móveis e objetos decorativos

mar.cha *s.f.* **1** caminhada a pé **2** modo de andar **3** gênero musical alegre e de andamento simples, us. em cortejos, desfiles etc. **4** cada um dos ajustes mecânicos que permitem regular a velocidade de automóvel, bicicletas etc. ⊡ **m. a ré** *loc.subst.* **1** marcha que permite que o carro se mova para trás **2** *fig. infrm.* movimento de recuo ⟨*foi preciso dar uma m. a ré no projeto*⟩

marchand [fr.; pl.: *marchands*] *s.2g.* negociante de obras de arte, esp. quadros ⇨ pronuncia-se marchã

mar.char *v.* {mod. 1} *int.* **1** caminhar com passos ritmados **2** andar, caminhar ❑ *t.i. fig.* **3** (prep. *para*) evoluir, progredir ⟨*m. para uma solução*⟩ ~ **marchador** *adj.s.m.*

mar.che.ta.ri.a *s.f.* **1** arte de incrustar recortes de madeira, marfim etc. em obras de marcenaria, formando mosaico **2** a obra resultante desse trabalho ~ **marchetar** *v.t.d.i.* - **marcheteiro** *s.m.*

mar.chi.nha *s.f.* marcha ('gênero músical')

mar.ci.al *adj.2g.* **1** relativo à guerra ⟨*corte m.*⟩ **2** relativo a militares ou guerreiros ⟨*luta m.*⟩

mar.ci.a.no *adj.* **1** relativo ao planeta Marte ■ *s.m.* **2** suposto habitante desse planeta

mar.co *s.m.* **1** sinal de demarcação ou limite territorial **2** qualquer acontecimento marcante

mar.ço *s.m.* o terceiro mês do ano no calendário gregoriano, composto de 31 dias

ma.ré *s.f.* **1** movimento de elevação e de abaixamento das águas do mar **2** *fig.* circunstância; ocasião ⟨*m. de sorte*⟩ **3** movimento dos acontecimentos ⟨*ir de acordo com a m.*⟩ ⊡ **m. alta** *loc.subst.* elevação máxima do nível do mar, na enchete da maré • **m. baixa** *loc.subst.* período em que a maré atinge seu nível mínimo • **remar contra a m.** *fraseol.* ir contra a opinião geral

ma.re.ar *v.* {mod. 5} *t.d. e int.* **1** (fazer) sentir enjoo, esp. a bordo de embarcação ❑ *t.d.,int. e pron.* **2** (fazer) perder o brilho; deslustrar(-se) ⮌ brilhar

ma.re.chal *s.m.* **1** o mais alto posto do Exército **2** oficial que detém esse posto

ma.re.cha.la.do ou **ma.re.cha.la.to** *s.m.* cargo de marechal

ma.re.chal do ar [pl.: *marechais do ar*] *s.m.* **1** o mais alto posto na hierarquia da Força Aérea **2** oficial que detém esse posto

ma.re.jar *v.* {mod. 1} *t.d. e int.* **1** (deixar) sair (líquido) em gotas, borbulhas ou fios; verter ❑ *pron.* **2** encher-se de lágrimas

ma.re.mo.to *s.m.* agitação marítima violenta causada por tremores de terra ou fortíssimo vendaval

ma.re.si.a *s.f.* **1** forte odor que vem do mar **2** ação oxidante da água do mar ou de sua evaporação

mar.fim *s.m.* material resistente e branco das presas do elefante, us. na confecção de joias etc.

mar.ga.ri.da *s.f.* **1** planta cultivada como ornamental, por suas flores de pétalas brancas, amarelas ou alaranjadas e miolo bem amarelo **2** a flor dessa planta

mar.ga.ri.na *s.f.* produto semelhante à manteiga composto principalmente de óleos vegetais hidrogenados

mar.ge.ar *v.* {mod. 5} *t.d.* **1** ir pela margem ou ao longo de; marginar **2** situar-se à margem de; marginar **3** fazer margem em (papel)

mar.gem *s.f.* **1** espaço situado no contorno externo de algo; borda, periferia ☛ freq. us. no pl. **2** faixa de terra que ladeia um rio, lago etc.; beira, borda **3** espaço branco em volta da página de um impresso **4** grau de diferença admissível em relação a um padrão, a uma medida ⊡ **à m.** *loc.adv.* de fora; de lado • **à m. de** *loc.prep.* **1** sem participação em ⟨*viver à m. da lei*⟩ **2** sem entrar no mérito ⟨*à m. de quaisquer considerações*⟩

mar.gi.nal *adj.2g.* **1** relativo à margem ou nela feito **2** situado no limite, na periferia ⟨*bairros m.*⟩ ■ *adj.2g.s.2g.* **3** (aquele) que vive à margem da sociedade e da lei ⟨*prender os m.*⟩ ⟨*levar uma vida m.*⟩

mar.gi.na.li.da.de *s.f.* **1** caráter, qualidade ou condição do que ou de quem é marginal **2** posição marginal em relação a uma forma social

mar.gi.na.li.zar *v.* {mod. 1} *t.d.* **1** impedir a participação de (alguém) em grupo, meio social, vida pública etc. ❑ *pron.* **2** tornar-se um marginal ~ **marginalização** *s.f.*

mar.gi.nar *v.* {mod. 1} *t.d.* **1** seguir pela margem de; margear **2** estar ao longo da margem de; margear **3** fazer anotações na margem de (manuscrito, livro etc.)

ma.ri.a *s.f.* denominação de pessoa comum indeterminada (p.ex., em *maria vai com as outras*)

ma.ri.a-chi.qui.nha [pl.: *marias-chiquinhas*] *s.f.* penteado feminino infantil, em que o cabelo é repartido, do alto à nuca, em duas mechas que são amarradas, cada uma delas com elástico ou fita

ma.ri.a-fu.ma.ça [pl.: *marias-fumaças*] *s.f.* trem puxado por uma locomotiva a vapor

ma.ri.a-mo.le [pl.: *marias-moles*] *s.f.* doce de consistência esponjosa à base de claras, gelatina e açúcar

ma.ri.a.no *adj.* relativo à Virgem Maria ou ao seu culto ~ **marianismo** *s.m.*

ma.ri.a-sem-ver.go.nha [pl.: *marias-sem-vergonha*] *s.f.* planta que cresce espontaneamente nas matas úmidas e sua flor, ger. de cores vistosas

ma.ri.a vai com as ou.tras *s.2g.2n. infrm.* pessoa que facilmente se deixa influenciar pelos outros

ma.ri.cas *adj.2g.2n.s.m.2n. infrm.* **1** (homem) com trejeitos femininos ou covarde **2** covarde

ma.ri.do *s.m.* homem em relação à mulher com quem se casou; esposo

ma.rim.ba *s.f.* instrumento constituído por placas de madeira que formam um teclado, percutidas por duas baquetas e dispostas em cabaças

ma.rim.bon.do *s.m.* inseto semelhante à vespa dotado de ferrão

ma.ri.na *s.f.* conjunto de instalações para guarda e manutenção de pequenas e médias embarcações

ma.ri.na.da *s.f.* vinha-d'alho

ma.ri.nha *s.f.* **1** força armada marítima nacional ☞ inicial maiúsc. **2** o conjunto de navios de guerra **3** local onde se produz sal por evaporação de água salgada; salina **4** pintura de paisagem marítima

ma.ri.nhei.ro *s.m.* **1** quem serve à Marinha ('força armada') **2** quem trabalha a bordo de navio, embarcações etc. ⊙ COL taifa

ma.ri.nho *adj.* **1** do mar ou próprio dele **2** que habita ou tem sua origem no mar

ma.ri.o.la *s.f.* tablete de doce de banana embrulhado em papel celofane

ma.ri.o.ne.te *s.f.* **1** boneco manipulado por cordéis; títere **2** *p.ext. pej.* pessoa sem personalidade, que se deixa manipular ⟨*o filho era uma m. em suas mãos*⟩

ma.ri.po.sa \ô\ *s.f.* inseto da família das borboletas, de hábitos noturnos

ma.ris.co *s.m.* invertebrado marinho comestível como o camarão, o mexilhão etc. ~ **mariscar** *v.t.d. e int.*

ma.ris.ta *adj.2g.s.2g.* que(m) é membro de uma das várias congregações religiosas devotadas à Virgem Maria

ma.ri.ta.ca *s.f.* → MAITACA

ma.ri.tal *adj.2g.* **1** relativo ao marido ⟨*deveres m.*⟩ **2** relativo ao casamento ⟨*relações m.*⟩

ma.ri.ti.ci.da *s.f.* mulher que assassina o marido ~ **mariticídio** *s.m.*

ma.rí.ti.mo *adj.* **1** marinho **2** relativo à marinha; naval **3** que se faz por ou acontece no mar ■ *s.m.* **4** marinheiro

mar.ket.ing [ing.] *s.m.2n.* **1** conjunto de estratégias empresariais que visam adequar seus produtos, serviços etc. às necessidades e preferências do mercado do consumidor ⟨*planejar o* m. *do produto a ser lançado no mercado*⟩ **2** *p.ext.* conjunto de ações que visam influenciar o público quanto a determinada ideia, instituição, marca, pessoa, produto, serviço etc. ⟨*m. pessoal*⟩ ⊙ GRAM/USO em ing., invariável ⇨ pronuncia-se **mar**quetin

mar.man.jo *s.m. infrm.* **1** homem adulto **2** rapaz robusto

mar.me.la.da *s.f.* **1** doce de marmelo de consistência pastosa **2** *infrm.* combinação prévia e desonesta a respeito do resultado de uma partida de futebol, de um concurso, de uma concorrência **3** *infrm.* negócio desonesto

mar.me.lei.ro *s.m.* árvore com ramos em forma de varas, cujos frutos amarelos, os marmelos, são us. no preparo de doces e compotas, e as sementes us. como antidiarreico; marmelo

mar.me.lo *s.m.* **1** fruto amarelo us. em doces, compotas etc. **2** marmeleiro

mar.mi.ta *s.f.* **1** recipiente em que se transporta a própria refeição ⟨*esquentar a m. no trabalho*⟩ **2** o conteúdo desse recipiente ⟨*preparei a m. à noite*⟩

mar.mi.tei.ro *s.m. B* **1** indivíduo que entrega marmitas em domicílio **2** indivíduo que leva sua própria comida para o trabalho

mar.mo.ra.ri.a *s.f.* **1** oficina onde se produzem peças de mármore **2** estabelecimento que comercializa essas peças

már.mo.re *s.m.* pedra calcária dura us. em escultura e arquitetura ~ **marmóreo** *adj.* - **marmorista** *adj.2g.s.2g.* - **marmorizar** *v.t.d.*

mar.mo.ta *s.f.* pequeno roedor do hemisfério norte, que hiberna durante muitos meses e vive em buracos

ma.ro.la *s.f.* **1** ondulação natural da água do mar **2** pequena onda

ma.rom.ba *s.f.* **1** vara us. por equilibrista na corda bamba **2** *B infrm.* musculação, esp. quando praticada com pesos ~ **marombar** *v.int.*

ma.ro.to \ô\ *adj.s.m.* que(m) demonstra malícia, esperteza ~ **marotagem** *s.f.* - **maroteira** *s.f.* - **marotice** *s.f.* - **marotismo** *s.m.*

mar.quês *s.m.* **1** título de nobreza abaixo de duque e acima de conde **2** aquele que possui esse título

mar.que.sa.do *s.m.* o título de marquês

mar.qui.se *s.f.* pequena laje saliente na fachada externa de edifícios

mar.ra *s.f.* martelo us. para quebrar pedras; marrão ⊡ **na m.** *loc.adv. infrm.* **1** com violência **2** a qualquer preço

mar.rão [pl.: *-ões*] *s.m.* **1** filhote de porco desmamado **2** grande martelo de ferro próprio para quebrar pedra e derrubar paredes

mar.rar *v.* {mod. 1} *t.d. e int.* **1** atingir com os chifres ❑ *t.d. e t.i.* **2** *p.ext.* bater com a cabeça ❑ *t.d.* **3** bater com o marrão ('martelo') ~ **marrada** *s.f.*

mar.re.co *s.m.* ave aquática da família dos patos, mas de menor porte

mar.re.ta \ê\ *s.f.* martelo de ferro com cabo longo

mar.re.ta.da *s.f.* pancada com marreta

mar.re.tar *v.* {mod. 1} *t.d. e int.* **1** bater com marreta (em) ❑ *t.d. fig.* **2** bater muito em; espancar, surrar ⮌ apanhar **3** *fig.* falar mal de; criticar, atacar ⮌ elogiar

mar.re.tei.ro *s.m. SP infrm.* vendedor ambulante; camelô

mar.rom *adj.2g.s.m.* castanho

mar.ro.qui.no *adj.* **1** de Marrocos (África) ■ *s.m.* **2** natural ou habitante desse país

mar.se.lhês *adj.* **1** de Marselha (França) ■ *s.m.* **2** natural ou habitante dessa cidade

mar.su.pi.al *s.m.* **1** espécime dos marsupiais, ordem de mamíferos, como os gambás, cangurus, coalas etc., cujas fêmeas são dotadas de marsúpio ■ *adj.2g.* **2** relativo a essa ordem de mamíferos **3** que tem forma de bolsa

mar.sú.pio *s.m.* bolsa abdominal na qual os filhotes marsupiais recém-nascidos terminam o seu desenvolvimento

mar.ta *s.f.* **1** pequeno mamífero carnívoro das florestas do hesmisfério norte, de pelagem sedosa, muito valorizada no comércio de peles **2** a pele desse animal

mar.te *s.m.* nome do quarto planeta do sistema solar, a partir do Sol ☞ inicial maiúsc.; cf. *Marte* na parte enciclopédica

mar.te.la.da *s.f.* golpe dado com martelo

mar.te.lar *v.* {mod. 1} *t.d. e int.* **1** bater com martelo (em); malhar **2** *p.ext.* (fazer) tocar com força **3** *fig.* trazer ou vir com insistência (ideia, pensamento) à cabeça, ao espírito **4** dizer e repetir muitas vezes; repisar ❑ *t.d. p.ext.* **5** dar repetidos golpes em; surrar ~ **martelação** *s.f.*

mar.te.lo *s.m.* **1** ferramenta provida de uma cabeça de material duro, presa a um cabo, us. para bater, quebrar, e esp., cravar e tirar pregos **2** ANAT pequeno osso, semelhante a essa ferramenta, situado na orelha média

mar.tim-pes.ca.dor [pl.: *martins-pescadores*] *s.m.* ave aquática de bico grande, pescoço curto, que se alimenta basicamente de peixes

mar.ti.ne.te \ê\ *s.m.* grande martelo us. para malhar aço ou ferro a frio

már.tir [pl.: *mártires*] *s.2g.* aquele que se sacrifica ou morre por um ideal

mar.tí.rio *s.m.* **1** tormento ou suplício sofrido por alguém **2** grande sofrimento

mar.ti.ri.zar *v.* {mod. 1} *t.d.* **1** infligir martírio a; torturar ⟨*martirizou-o com chicotadas*⟩ ❑ *t.d. e pron.* **2** (fazer) sentir aflição, angústia; atormentar(-se) ⮌ tranquilizar(-se)

ma.ru.im ou **ma.ru.í** *s.m.* mosquito de 1 a 2 mm comum nos manguezais, cujas fêmeas transmistem, por meio de picadas dolorosas, a filariose

ma.ru.ja.da *s.f.* **1** a gente do mar **2** agrupamento de marujos

ma.ru.jo *s.m.* homem do mar; marinheiro

ma.ru.lhar *v.* {mod. 1} *int. e pron.* **1** agitar-se, formar ondas (o mar) **2** agitar-se, produzindo marulho (as ondas) **3** soar como as ondas

ma.ru.lho *s.m.* **1** movimento permanente das ondas do mar **2** o ruído caracaterístico desse movimento

mar.xis.mo \cs\ *s.m.* teoria econômico-filosófica de crítica ao capitalismo elaborada por Marx e Engels ☞ cf. *Marx* e *Engels* na parte enciclopédica ~ **marxista** *adj.2g.s.2g.*

mar.zi.pã *s.m.* doce de pasta de amêndoas, ovos e açúcar

mas *conj.advrs.* exprime ressalva, restrição; contudo, todavia

mas.car *v.* {mod. 1} *t.d.* **1** mastigar sem engolir ou sem ter nada na boca ❑ *int.* **2** triturar tabaco com os dentes

más.ca.ra *s.f.* **1** peça us. sobre o rosto como disfarce ou proteção **2** preparado cosmético ou medicinal para o rosto **3** dispositivo para inalação us. sobre boca e nariz **4** fisionomia; expressão facial **5** *fig.* falsa aparência ⟨*nunca nos enganou com aquela m. de virtude*⟩

mas.ca.rar *v.* {mod. 1} *t.d., t.d.pred. e pron.* **1** (prep. *de*) disfarçar(-se) com máscara ❑ *t.d. e pron. fig.* **2** mostrar(-se) sob aparência enganadora; camuflar(-se), disfarçar(-se) ⮌ revelar(-se)

mas.ca.te *s.m. B* vendedor que oferece seus produtos de porta em porta ~ **mascatear** *v.t.d. e int.*

mas.ca.vo *adj.* não refinado (diz-se de açúcar)

mas.co.te *s.m.* **1** pessoa, animal ou coisa considerado como capaz de trazer sorte **2** pessoa ou animal de estimação ⟨*o m. do time*⟩

mas.cu.li.ni.da.de *s.f.* qualidade do que é viril, másculo ⮌ feminilidade

mas.cu.li.no *adj.* **1** relativo a macho ou a homem ⮌ feminino **2** *fig.* que tem por característica a virilidade, a força ⟨*bravura m.*⟩ ■ *adj.s.m.* **3** (gênero gramatical) que se opõe ao feminino, nas línguas com dois gêneros, e ao feminino e a neutro, em línguas com três gêneros ⮌ feminino ~ **masculinizar** *v.t.d. e pron.*

más.cu.lo *adj.* que demonstra qualidades próprias do homem; viril ⟨*porte m.*⟩ ⮌ efeminado

mas.mor.ra \ô\ *s.f.* calabouço

ma.so.quis.mo *s.m.* **1** distúrbio psíquico em que o indivíduo só obtém prazer sexual se for submetido a humilhações e sofrimentos físicos **2** *p.ext.* atitude de quem busca obter prazer a partir do seu próprio sofrimento físico ou moral

ma.so.quis.ta *adj.2g.* **1** relativo a ou próprio do masoquismo ⟨*tendências m.*⟩ ■ *adj.2g.s.2g.* **2** PSIQ diz-se de ou pessoa cujo prazer sexual está ligado à dor física, ao sofrimento, à humilhação **3** *p.ext.* diz-se de ou pessoa que busca o sofrimento, a humilhação, ou que neles se satisfaz

mas.sa *s.f.* **1** conjunto de tamanho considerável, constituído de matéria sólida ou pastosa, ger. de forma indefinida **2** conjunto de elementos, ger. da mesma natureza, que formam um aglomerado ⟨*m. de* *montanhas*⟩ **3** quantidade considerável de um fluido ⟨*m. de ar, de água*⟩ **4** mistura comestível de farinha com água, óleo etc. **5** FÍS grandeza que indica a quantidade de matéria de um corpo [símb.: *m*] **6** *fig.* maior camada da população; povo ⟨*transporte de m.*⟩ **7** multidão ⟨*abrir os portões para dar passagem à m.*⟩ ▣ **m. cinzenta** *loc.subst.* cérebro; inteligência • **em m.** *loc.adv.* em grande escala; totalmente ⟨*vacinação em m.*⟩

mas.sa.crar *v.* {mod. 1} *t.d.* **1** matar de modo cruel, esp. em massa; trucidar **2** *fig. B* causar incômodo, tédio a; aborrecer ⟨*m. a plateia com longo discurso*⟩ **3** *fig. B* criar situação embaraçosa, aflitiva, penosa, vergonhosa a; humilhar, oprimir **4** *B* levar ao cansaço; estafar, extenuar **5** *fig.* vencer ou superar de maneira esmagadora

mas.sa.cre *s.m.* **1** matança com crueldade; chacina **2** *fig.* humilhação, opressão ⟨*o interrogatório foi um m.*⟩

mas.sa.gem *s.f.* manipulação metódica do corpo ou de partes dele, com objetivos terapêuticos ou estéticos ~ **massagear** *v.t.d.,int. e pron.*

mas.sa.gis.ta *adj.2g.s.2g.* que(m) faz massagens

mas.sa.pê ou **mas.sa.pé** *s.m.* terra de cor escura, argilosa e fértil

mas.se.ter \tér\ *s.m.* ANAT cada um dos dois músculos us. na mastigação ~ **massetérico** *adj.* - **masseterino** *adj.*

mas.si.fi.ca.ção [pl.: *-ões*] *s.f.* **1** processo pelo qual valores e produtos freq. restritos a grupos de elite tornam-se consumíveis por toda a sociedade **2** padronização de gostos, hábitos, opiniões, valores etc., ger. pelos meios de comunicação de massa ~ **massificar** *v.t.d. e pron.*

mas.si.vo *adj.* LING que não pode ser contado, calculado

mas.su.do *adj.* **1** que tem aspecto ou consistência semelhante à da massa **2** *fig.* encorpado, pesado, grosso

mas.tec.to.mi.a *s.f.* MED remoção total ou parcial da mama

mas.ti.gar *v.* {mod. 1} *t.d.* **1** triturar com os dentes ❑ *t.d. e int.* **2** dizer com pouca clareza; resmungar ⟨*mastigou uma declaração que niguém entendeu*⟩ ⟨*falava baixinho, mastigava, mas não dizia nada*⟩ ~ **mastigação** *s.f.* - **mastigatório** *adj.s.m.*

mas.tim *s.m.* cão de guarda, esp. para gado

mas.ti.te *s.f.* MED inflamação da mama

mas.to.don.te *s.m.* **1** mamífero pré-histórico semelhante ao elefante atual, porém mais corpulento e mais baixo e dotado de dois pares de presas **2** *fig.* objeto de proporções bastante avantajadas ~ **mastodôntico** *adj.*

mas.to.plas.ti.a *s.f.* mamoplastia

mas.tre.ar *v.* {mod. 5} *t.d.* pôr mastro em (embarcação) ~ **mastreação** *s.f.*

mas.tro *s.m.* **1** cilindro longo e fino que sustenta vela, antenas etc. em embarcações **2** essa peça us. para içar bandeiras

mas.tru.ço *s.m.* erva cultivada por suas propriedades medicinais

mas.truz *s.m.* mastruço

mas.tur.ba.ção [pl.: *-ões*] *s.f.* manipulação, estímulo dos próprios órgãos genitais, ou os de alguém, para dar(-se) prazer, para alcançar ou fazer alcançar o orgasmo ~ **masturbador** *adj.s.m.* - **masturbar** *v.t.d. e pron.* - **masturbatório** *adj.*

ma.ta *s.f.* **1** área coberta de plantas nativas ⟨*embrenhar-se na m.*⟩ **2** conjunto de árvores que cobre uma vasta área; floresta ⟨*a M. Atlântica*⟩ **3** grande quantidade de árvores da mesma espécie ⟨*m. de araucárias*⟩

ma.ta-bor.rão [pl.: *mata-borrões*] *s.m.* papel us. para absorver excesso de tinta ou outros líquidos

ma.ta-bur.ro [pl.: *mata-burros*] *s.m.* pequena ponte de tábuas espaçadas us. para impedir a passagem de animais, esp. gado e cavalos

ma.ta.cão [pl.: *matacães*] *s.m.* **1** bloco de rocha maciço e arredondado **2** *fig.* grande naco ou pedaço

ma.ta.do *adj. infrm.* feito de qualquer maneira; mal-acabado ⮌ bem-feito ⊙ GRAM/USO part. de *matar*

ma.ta.dou.ro *s.m.* **1** local para abater gado; abatedouro **2** lugar insalubre

ma.ta.gal *s.m.* **1** mata densa e emaranhada **2** área coberta de mato

ma.ta.ma.tá *s.m. B* **1** grande árvore amazônica, de madeira nobre, pesada e forte **2** réptil amazônico da família dos cágados, de pescoço longo com franjas laterais e cabeça achatada e triangular, terminada em um focinho muito fino

ma.tan.ça *s.f.* **1** assassinato de muitas pessoas; chacina **2** abate de animais para consumo

ma.ta-pi.o.lho [pl.: *mata-piolhos*] *s.m. infrm.* o dedo polegar da mão

ma.tar *v.* {mod. 1} *t.d. e int.* **1** tirar intencionalmente a vida de; assassinar **2** tirar a vida de (animais); abater **3** contribuir para a morte de; extinguir ❑ *pron.* **4** tirar a própria vida; suicidar-se **5** *fig.* fazer tudo por; sacrificar-se ⟨*m.-se pelos filhos*⟩ **6** *fig.* cansar-se muito; extenuar-se ⟨*m.-se de estudar, de trabalhar*⟩ ⮌ descansar ❑ *t.d.* **7** causar grande prejuízo ou dano a; arruinar, destruir ⟨*a geada matou a produção*⟩ **8** fazer às pressas, sem cuidado ⟨*descuidada, matou o vestido*⟩ **9** destruir o efeito, a qualidade de; ofuscar ⟨*o preto matou as outras cores*⟩ **10** fazer desaparecer; extinguir ⟨*a distância matou o amor*⟩ **11** saciar, satisfazer (fome, sede) **12** passar (o tempo) improdutivamente **13** *B infrm.* faltar a (colégio, aula, trabalho) **14** resolver, decifrar (problemas, charadas etc.) **15** DESP amortecer o impacto de (bola), para dominá-la ⊙ GRAM/USO part.: *matado, morto*

ma.te *s.m.* **1** planta cujas folhas são us. no preparo do chimarrão; erva-mate **2** chá com propriedades tônicas, estimulantes e diuréticas, feito da infusão de suas folhas, depois de torradas; chá-mate

ma.tei.ro *s.m.* **1** *B* indivíduo que, por sua grande vivência em matas cerradas, trabalha como guia para outras pessoas ■ *adj.* **2** que vive no mato ⟨*animal m.*⟩

ma.te.má.ti.ca *s.f.* **1** ciência que estuda objetos abstratos (números, figuras e funções) e as relações existentes entre eles ⟨*graduado em m.*⟩ **2** o ensino dessa ciência ⟨*aula de m.*⟩ ~ **matematicidade** *s.f.*

ma.te.má.ti.co *adj.* **1** relativo a matemática **2** que tem a precisão da matemática ⟨*certeza m.*⟩ ■ *s.m.* **3** indivíduo especializado em matemática

ma.té.ria *s.f.* **1** substância sólida, líquida ou gasosa da qual são formados todos os corpos que ocupam um lugar no espaço **2** assunto, tema **3** disciplina ('ramo do conhecimento') **4** conteúdo específico de um objeto de ensino ⟨*ditar a m. da prova*⟩ **5** texto jornalístico **6** corpo, carne ⟨*o homem é espírito e matéria*⟩ ⊃ espírito ⊡ **m. plástica** *loc.subst.* material sintético, que pode ser moldado, us. na fabricação de utensílios; plástico

ma.te.ri.al *adj.2g.* **1** feito de ou próprio de matéria **2** que é concretamente percebido ⟨*como obter uma manifestação m. da fé?*⟩ ⊃ espiritual ■ *s.m.* **3** conjunto de utensílios, apetrechos us. em um serviço qualquer ⟨*m. escolar*⟩ **4** aquilo do que é feito algo ⟨*que m. foi utilizado nessa escultura?*⟩

ma.te.ri.a.li.da.de *s.f.* **1** qualidade do que é material ⟨*a m. humana*⟩ ⊃ espiritualidade **2** ausência de sensibilidade **3** DIR conjunto de elementos e circunstâncias que evidenciam a criminalidade de um ato

ma.te.ri.a.lis.mo *s.m.* **1** doutrina filosófica que acredita que a matéria é capaz de explicar todos os fenômenos naturais, sociais e mentais **2** comportamento de uma pessoa (ou sociedade) extremamente devotada aos bens, valores e prazeres materiais

ma.te.ri.a.lis.ta *adj.2g.* **1** relativo a materialismo ■ *adj.2g.s.2g.* **2** que(m) divulga essa doutrina **3** *fig. infrm.* que(m) só procura satisfação ou compensações em coisas materiais

ma.te.ri.a.li.zar *v.* {mod. 1} *t.d. e pron.* (fazer) tomar consistência, materialidade, ser realidade; concretizar(-se) ~ **materialização** *s.f.*

ma.té.ria-pri.ma [pl.: *matérias-primas*] *s.f.* matéria bruta com que se fabrica ou elabora algo

ma.ter.nal *adj.2g.* **1** relativo a mãe ou próprio dela; materno ⟨*amor m.*⟩ ■ *adj.2g.s.m.* **2** diz-se de ou escola que recebe crianças após a idade da creche e antes da idade do jardim de infância

ma.ter.ni.da.de *s.f.* **1** estado ou qualidade de mãe **2** hospital ou setor hospitalar destinado ao atendimento obstétrico

ma.ter.no *adj.* **1** próprio de mãe **2** por parte de mãe (parentesco) **3** que foi aprendido na infância, no país em que nasceu (língua, idioma)

ma.ti.lha *s.f.* **1** grupo de cães **2** agrupamento de vadios; corja

ma.ti.na *s.f.* **1** madrugada ▼ *matinas s.f.pl.* REL **2** cânticos realizados durante a missa da madrugada

ma.ti.na.da *s.f.* **1** alvorada; madrugada **2** canto das matinas **3** algazarra

ma.ti.nal *adj.2g.* próprio da manhã

ma.ti.nê *s.f.* festa, filme etc. realizados à tarde

ma.tiz *s.m.* **1** colorido obtido da mistura de várias cores num todo **2** gradação de uma cor ou cores; tonalidade **3** *fig.* gradação delicada, sutil ~ **matização** *s.f.*

ma.ti.zar *v.* {mod. 1} *t.d.* **1** misturar, combinar, graduar cores em **2** enfeitar, adornar ❑ *t.d. e pron.* **3** pintar(-se) de diversas cores

ma.to *s.m.* **1** vegetação que nasce espontaneamente e sem serventia **2** área coberta por essa vegetação **3** lugar fora da cidade; interior, roça ⊡ **no m. sem cachorro** *loc.adv.* em situação difícil, sem ajuda

ma.to-gros.sen.se [pl.: *mato-grossenses*] *adj.2g.* **1** do Mato Grosso ■ *s.2g.* **2** natural ou habitante desse estado

ma.to-gros.sen.se-do-sul *adj.2g.* **1** do Mato Grosso do Sul ■ *s.2g.* **2** natural ou habitante desse estado; sul-mato-grossense

ma.tra.ca *s.f.* **1** instrumento de percussão constituído de uma peça de madeira com uma plaqueta ou argola que se agita barulhentamente em torno de um eixo **2** *fig. infrm.* quem fala demais

ma.tra.que.ar *v.* {mod. 5} *int.* **1** tocar matraca; matracar **2** falar muito, sem refletir; tagarelar

ma.trei.ro *adj.* astuto, esperto, malandro ⊃ ingênuo ~ **matreirice** *s.f.*

ma.tri.ar.ca *s.f.* mulher que governa família, tribo, clã etc. ⊙ GRAM/USO masc.: *patriarca* ~ **matriarcal** *adj.2g.*

ma.tri.ar.ca.do *s.m.* SOC regime social em que a autoridade é exercida pelas mulheres

ma.tri.ci.da *s.2g.* quem comete matricídio

ma.tri.cí.dio *s.m.* assassinato da própria mãe

ma.trí.cu.la *s.f.* inscrição de algo ou alguém num registro ~ **matricular** *v.t.d. e pron.*

ma.tri.mô.nio *s.m.* sacramento indissolúvel da Igreja católica; casamento ('vínculo') ~ **matrimonial** *adj.2g.*

má.trio *adj.* relativo a mãe

ma.triz *s.f.* **1** útero **2** *fig.* lugar onde algo é gerado e/ou criado **3** molde para reprodução de uma peça **4** MAT arranjo de elementos matemáticos dispostos num quadro retangular de *m* linhas e *n* colunas **5** estabelecimento onde funciona a direção central de uma empresa ■ *adj.2g.* **6** que é fonte ou origem ⟨*língua m.*⟩ **7** que tem grande relevância; primordial, básico ⟨*o alento m. de todo o nosso entusiasmo*⟩ ⊃ secundário

ma.tro.na *s.f.* senhora respeitável e corpulenta ~ **matronal** *adj.2g.*

ma.tu.rar *v.* {mod. 1} *t.d.,int. e pron.* desenvolver(-se) plenamente; amadurecer(-se) ~ **maturação** *s.f.*

ma.tu.ra.ti.vo *adj.* **1** que favorece a maturação ■ *adj.s.m.* **2** (medicamento) que ajuda a expelir abscesso

ma.tu.ri *s.m.* *B* a castanha do caju ainda verde

ma.tu.ri.da.de *s.f.* **1** estado ou condição de adulto ⊃ imaturidade **2** período da vida entre a juventude e a velhice

ma.tu.sa.lém *s.m.* homem muito velho ⊃ jovem

ma.tus.que.la *s.2g. B infrm.* maluco ⊃ são
ma.tu.tar *v.* {mod. 1} *int.* **1** pensar demoradamente sobre algo; refletir ❑ *t.d.* **2** traçar diretrizes para; planejar ⟨*m. um plano*⟩ ~ **matutação** *s.f.*
ma.tu.ti.no *adj.* **1** que diz respeito a manhã; matinal ■ *adj.s.m.* **2** (jornal) que sai de manhã
ma.tu.to *adj.s.m.* **1** que(m) vive no campo ⊃ urbano **2** *B* que(m) não tem instrução **3** *B infrm.* que(m) é dotado de esperteza ~ **matutagem** *s.f.* - **matutice** *s.f.*
mau *adj.* **1** que pratica o mal ou revela maldade; impiedoso, cruel ⟨*homem m.*⟩ ⟨*expressão m.*⟩ ⊃ bom **2** que prejudica ⟨*m. conselho*⟩ ⊃ bom **3** que é de qualidade inferior ⟨*m. cozinheiro*⟩ ⊃ eficiente **4** que causa mal-estar ⟨*m. momentos*⟩ ⟨*m. cheiro*⟩ ⊃ agradável ■ *s.m.* **5** quem pratica o mal **6** o diabo ☞ cf. *mal* ⊙ GRAM/USO comp.super.: *pior*; sup.abs.sint.: *malíssimo* e *péssimo*
mau-ca.rá.ter [pl.: *maus-caracteres*] *adj.2g.s.2g. B infrm.* que(m) é capaz de atos traiçoeiros; canalha ~ **mau-caratismo** *s.m.*
mau-o.lha.do [pl.: *maus-olhados*] *s.m.* **1** olhar com suposto poder de causar infortúnio **2** o suposto efeito de tal olhar
mau.ri.ta.no *adj.* **1** da Mauritânia (África) ■ *s.m.* **2** natural ou habitante desse país
máu.ser *s.f.* **1** tipo de fuzil alemão **2** certo modelo de pistola automática
mau.so.léu *s.m.* monumento funerário suntuoso
maus-tra.tos *s.m.pl.* DIR crime de submeter alguém a castigo, trabalho excessivo e/ou alguma privação
ma.vi.o.so \ô\ [pl.: *maviosos* \ó\] *adj.* **1** agradável aos ouvidos; melodioso **2** terno, afetuoso ⟨*temperamento m.*⟩ ⊃ grosseiro **3** suave, delicado ⟨*cores m.*⟩ ⊃ intenso ~ **maviosidade** *s.f.*
ma.xi.des.va.lo.ri.za.ção \cs\ [pl.: *-ões*] *s.f.* ECON forte baixa do valor de uma moeda
ma.xi.la \cs\ *s.f.* ANAT **1** cada um dos dois ossos que formam a arcada dentária superior **2** estrutura, antes denominada *maxilar superior*, formada por esses dois ossos
ma.xi.lar \cs\ *adj.* ANAT **1** referente a maxila ⊡ **m. superior** *loc.subst.* denominação substituída por *maxila* • **m. inferior** *loc.subst.* denominação substituída por *mandíbula*
má.xi.ma \ss *ou* cs\ *s.f.* **1** princípio de conduta; preceito **2** provérbio
má.xi.me \cs\ *adv.* principalmente
ma.xi.mi.zar \cs *ou* ss\ *v.* {mod. 1} *t.d.* **1** dar valor mais alto a **2** dar mais valor ou importância a ⊃ desvalorizar **3** *p.ext.* atribuir valor exagerado, não justificável; superestimar ⊃ subestimar ~ **maximização** *s.f.*
má.xi.mo \ss *ou* cs\ *adj.s.m.* (o) que atingiu seu mais alto grau ou sua maior quantidade ⊃ mínimo ⊙ GRAM/USO sup.abs.sint. de *grande* ⊡ **no m.** *loc.adv.* na melhor das hipóteses
[1]**ma.xi.xe** *s.m.* fruto comestível do maxixeiro [ORIGEM: do quimb. *maxixe* 'id.']
[2]**ma.xi.xe** *s.m.* uma dança urbana brasileira que esteve na moda no início do sXIX [ORIGEM: de *Maxixe*, apelido de um boêmio carioca a quem se atribui a invenção da dança]
[1]**ma.xi.xei.ro** *s.m.* planta nativa da América Central, de flores pequenas e frutos comestíveis em forma de ovo [ORIGEM: [1]*maxixe* + *-eiro*]
[2]**ma.xi.xei.ro** *adj.s.m.* que(m) dança o [2]maxixe [ORIGEM: [2]*maxixe* + *-eiro*]
ma.ze.la *s.f.* **1** chaga, ferida **2** *p.ext.* doença, moléstia **3** *fig.* aflição, desgosto ⊃ contentamento ~ **mazelar** *v.t.d.* - **mazelento** *adj.*
ma.zur.ca *s.f.* certa música e dança polonesa
Mb símbolo de *megabit*
MB símbolo de *megabyte*
mc.car.this.mo *s.m.* → *MACARTHISMO*
Md símbolo de *mendelévio*
MDF *s.m.* tipo de aglomerado resistente us. na confecção de móveis, divisórias etc., constituído por fibras de madeira e resinas sintéticas unidas por um processo de alta temperatura e pressão
me *pron.p.* da 1ª p. do sing., caso oblíquo, com função de objeto direto ou objeto indireto, equivalente a: *a mim, perante mim, de mim, em mim, para mim*
me.a.ção [pl.: *-ões*] *s.f.* divisão em duas partes
me.a.da *s.f.* **1** fio longo enrolado frouxamente várias vezes **2** *fig.* confusão, desordem ⊃ ordem
me.a.do *adj.s.m.* (o) que está no meio ou perto dele ☞ como subst., mais us. no pl.
me.an.dro *s.m.* **1** caminho sinuoso **2** *fig.* complexidade
me.ão [pl.: *-ãos*; fem.: *meã*] *adj.* **1** que está em posição intermediária ⟨*o irmão m. é louro*⟩ **2** de qualidade mediana ⟨*profissional m.*⟩ ■ *s.m.* **3** *B* peça da roda de carro de boi **4** *B* certo tambor do maracatu
me.ar *v.* {mod. 5} *t.d.* **1** dividir em duas partes iguais; mediar ❑ *int. e pron.* **2** chegar ao meio
me.a.to *s.m.* **1** abertura externa de um canal **2** *fig.* via, caminho
me.câ.ni.ca *s.f.* **1** ramo da física que estuda a ação de forças no movimento e equilíbrio dos corpos **2** *p.ext.* mecanismo ('conjunto de elementos')
me.câ.ni.co *adj.* **1** relativo à mecânica **2** acionado por máquina ou mecanismo ⟨*brinquedo m.*⟩ **3** *fig.* automático, maquinal ⟨*gestos m.*⟩ ⊃ consciente ■ *s.m.* **4** quem monta e conserta máquinas ⟨*m. de automóveis*⟩
me.ca.nis.mo *s.m.* **1** conjunto de duas ou mais peças combinadas para pôr em movimento uma máquina ⟨*m. de um relógio*⟩ **2** *p.ext.* conjunto de elementos envolvidos no funcionamento de qualquer estrutura ou sistema; mecânica ⟨*m. cerebral*⟩ ⟨*m. administrativo*⟩
me.ca.ni.zar *v.* {mod. 1} *t.d.* **1** equipar com máquina ❑ *t.d. e pron. fig.* **2** tornar(-se) semelhante à máquina; automatizar(-se) ⟨*a rotina mecanizou seus atos*⟩ ⟨*m.-se com o trabalho*⟩ ~ **mecanização** *s.f.*
me.ca.no.gra.fi.a *s.f.* utilização de máquinas em serviços de escritório (estenografia, cálculo, classificação etc.) ~ **mecanográfico** *adj.* - **mecanógrafo** *s.m.*
me.ce.nas *s.m.2n.* pessoa rica que patrocina artistas, estudiosos etc.

me.ce.na.to *s.m.* **1** condição de mecenas **2** patrocínio ⟨*o m. ajuda muitos artistas*⟩
me.cha *s.f.* **1** feixe de fios torcidos, impregnado de combustível para se acender; pavio **2** feixe de cabelos; madeixa **3** porção de cabelos que se destaca do todo ⟨*m. de cabelo branco*⟩ **4** estopim de bomba
me.char *v.* {mod. 1} *t.d.* **1** atear fogo, com mecha, a ⟨*m. um canhão*⟩ **2** pintar mechas, fazer reflexo em (cabelos)
me.cô.nio *s.m.* primeira evacuação do bebê
me.da.lha *s.f.* **1** pequena peça metálica com emblema celebrativo **2** peça de metal que é dada como prêmio; comenda ~ **medalhar** *v.t.d.*
me.da.lhão [pl.: *-ões*] *s.m.* **1** caixinha redonda ou oval, trabalhada como joia, que se usa pendurada em colar **2** em arquitetura, baixo-relevo oval **3** *fig. pej.* pessoa tida como importante **4** fatia alta e redonda de carne
me.da.lhá.rio *s.m.* medalheiro
me.da.lhei.ro *s.m.* **1** móvel com tampo de vidro para guardar e expor medalhas **2** fabricante de medalhas
mé.dia *s.f.* **1** valor intermediário em relação a dois extremos ⟨*inteligência acima da m.*⟩ **2** *B* xícara de café com leite ⊡ **m. aritmética** *loc.subst.* quociente da soma de *n* valores por *n* • **fazer m.** *loc.vs. B infrm.* tentar agradar visando proveito próprio
me.di.a.ção [pl.: *-ões*] *s.f.* ato de servir de intermediário entre pessoas ou grupos
me.di.a.dor \ô\ *adj.s.m.* **1** que(m) intervém ou concilia **2** que(m) dirige discussão em grupo; moderador
me.di.al *adj.2g.* que está no meio; central, intermediário ⮌ descentralizado
me.di.a.na *s.f.* GEOM segmento de reta que liga o vértice de um triângulo ao ponto central do lado oposto
me.di.a.no *adj.* que se situa entre dois extremos ⟨*aluno m.*⟩ ⟨*pessoa de virtudes m.*⟩ ~ **mediania** *s.f.*
me.di.an.te *prep.* **1** por meio de ⟨*m. seu pedido, espero ser atendido*⟩ **2** a troco de, em troca de ⟨*foi solto m. fiança*⟩
me.di.ar *v.* {mod. 5} *t.d.* **1** repartir em duas partes iguais; mear **2** intervir na qualidade de mediador
me.di.a.to *adj.* não imediato ⟨*consequência m.*⟩
me.di.a.triz *s.f.* GEOM reta que corta perpendicularmente o ponto central de outra reta
me.di.ca.ção [pl.: *-ões*] *s.f.* **1** emprego de medicamentos ou de outros processos curativos, de acordo com determinada indicação ou orientação **2** *fig.* o conjunto desses medicamentos ⟨*m. oral*⟩
me.di.ca.men.to *s.m.* substância ou preparado terapêutico; remédio ⊡ **m. genérico** *loc.subst.* aquele sem marca comercial, designado por seu princípio ativo ~ **medicamentoso** *adj.*
me.di.ção [pl.: *-ões*] *s.f.* ato ou efeito de medir; medida
me.di.car *v.* {mod. 1} *t.d. e pron.* tratar(-se) com medicamentos
me.di.ci.na *s.f.* ciência cujo objetivo é manter a saúde e curar doenças ⊡ **m. legal** *loc.subst.* especialidade médica que aplica conhecimentos médicos na resolução de questões jurídicas
me.di.ci.nal *adj.2g.* **1** relativo a medicina ⟨*conhecimentos m.*⟩ **2** que tem propriedade de curar; terapêutico ⟨*erva m.*⟩
[1]**mé.di.co** *s.m.* profissional formado em medicina [ORIGEM: do lat. *medĭcus,i* 'médico, cirurgião']
[2]**mé.di.co** *adj.* referente a medicina ⟨*exame m.*⟩ [ORIGEM: do lat. *medĭcus,a,um* 'de médico, medicinal']
mé.di.co-le.gal [pl.: *médico-legais*] *adj.2g.* relativo à medicina legal
mé.di.co-le.gis.ta *adj.2g.s.m.* que(m) é especialista em medicina legal ☞ cf. *legista* ⊙ GRAM/USO como adj., pl.: *médico-legistas*; como s.m., pl.: *médicos-legistas*; como subst., fem.: *médica-legista*
me.di.da *s.f.* **1** avaliação comparativa de grandeza; medição **2** FÍS quantidade ou tamanho padrão us. para avaliar uma grandeza da mesma espécie ⟨*m. de comprimento*⟩ **3** dimensão ⟨*m. de uma sala*⟩ **4** *fig.* dimensão ou quantidade considerada como útil, desejável ⟨*a justa m. da educação*⟩ **5** meio utilizado para atingir um fim; providência ⟨*m. de urgência*⟩ ⊡ **à m. que** *loc.conj.* à proporção que ⟨*tudo melhorava à m. que o tempo passava*⟩ • **encher as m.** *loc.vs.* irritar demais ⟨*encheu as m. de todos na festa*⟩ • **não ser de meias m.** *fraseol.* ser firme
me.di.dor \ô\ *adj.s.m.* **1** que(m) mede, toma medidas **2** que ou o que serve para medir (diz-se de instrumento, mecanismo etc.); contador ⟨*o ponteiro m. de gasolina*⟩ ⟨*o m. dos relógios de gás*⟩
me.di.e.val *adj.2g.* da ou próprio da Idade Média
mé.dio *adj.* **1** entre dois extremos ⟨*as camadas m. da atmosfera*⟩ **2** de posição ou condição intermediária ⟨*m. empresas*⟩ ⟨*talento m.*⟩ **3** resultante de uma média estatística ou aritmética ⟨*temperatura m.*⟩ ■ *adj.s.m.* **4** (dedo da mão) entre o indicador e o anelar
me.dí.o.cre *adj.2g.s.2g.* **1** (o) que é de qualidade média ⟨*condição m.*⟩ **2** *pej.* (o) que tem pouco mérito ⟨*texto m.*⟩ ⮌ extraordinário ~ **mediocrizar** *v.t.d. e pron.*
me.di.o.cri.da.de *s.f.* **1** qualidade, estado ou condição do que é medíocre **2** insuficiência de qualidade, valor, mérito; banalidade, pequenez ⟨*a falta de recursos não justifica a m. do espetáculo*⟩ **3** *fig.* pessoa ou conjunto de pessoas sem talento, medíocres ⟨*é triste ver a m. assumindo o poder*⟩
me.dir *v.* {mod. 28} *t.d. e int.* **1** avaliar, determinar tamanho, peso etc. de (algo) com instrumento ou utensílio próprio ou algo us. como padrão; mensurar ❑ *t.d.* **2** ter por medida (certa extensão, altura etc.) **3** *p.ext.* servir de medida para ⟨*seu rubor media bem seu embaraço*⟩ **4** contar as sílabas de (verso); escandir **5** avaliar a importância, o efeito de; ponderar, pesar **6** *fig.* usar com moderação; refrear, conter ⮌ liberar **7** *fig.* aferir por testes; avaliar ❑ *pron.* **8** (prep. *com*) entrar em competição com; rivalizar

me.di.ta.bun.do *adj.* 1 mergulhado em pensamentos 2 que sofre de melancolia, tristeza ↄ alegre
me.di.ta.ção [pl.: *-ões*] *s.f.* 1 ação de pensar cuidadosamente sobre um assunto 2 exercício de concentração mental
me.di.tar *v.* {mod. 1} *t.d.* 1 estudar profundamente; ponderar 2 preparar em detalhes, longamente; planejar ❑ *t.d.,t.i. e int.* 3 (prep. *em*) pensar longamente sobre; refletir
me.di.ter.râ.neo *adj.* 1 do mar Mediterrâneo ■ *adj.s.m.* 2 que(m) é das regiões banhadas por esse mar ~ **mediterrânico** *adj.*
mé.di.um *s.2g.* segundo o espiritismo, pessoa capaz de se comunicar com os espíritos
me.di.u.ni.da.de *s.f.* qualidade, faculdade ou dom de médium
me.do *s.m.* perturbação psicológica diante de ameaça ou perigo, real ou imaginário ↄ coragem
me.do.nho *adj.* que causa medo ou repulsa; horripilante
[1]**me.drar** *v.* {mod. 1} *t.d. e int.* 1 (fazer) crescer, desenvolver-se (vegetais) ↄ murchar 2 *fig.* (fazer) ficar maior e/ou melhor; prosperar ↄ regredir ❑ *int.fig.* 3 ganhar corpo; aumentar, desenvolver-se ⟨*sua saúde, seu rancor medrava*⟩ ↄ definhar [ORIGEM: do esp. *medrar* 'id.']
[2]**me.drar** *v.* {mod. 1} *int. infrm.* sentir medo; apavorar-se [ORIGEM: de *medo* sob a f. *medr-* + [2]*-ar*]
me.dro.so \ô\ [pl.: *medrosos* \ó\] *adj.* que tem medo; que se assusta facilmente ↄ corajoso
me.du.la *s.f.* 1 a parte interior ou profunda de uma estrutura animal ou vegetal 2 *fig.* a parte mais interna ou central; âmago ⊡ **m. espinhal** *loc.subst.* parte do sistema nervoso situada na coluna vertebral e composta de células e fibras nervosas ~ **medular** *adj.2g.*
me.du.sa *s.f.* certo tipo de cnidários, de corpo gelatinoso e em forma de sino, com tentáculos na margem
me.ei.ro *adj.* 1 que pode ou deve ser dividido ao meio ■ *adj.s.m.* 2 DIR que(m) possui metade de um bem 3 (agricultor) que reparte o que planta com o dono da terra
me.fis.to.fé.li.co *adj.* diabólico, maldoso ⟨*expressão m.*⟩ ⟨*atitude m.*⟩
mega.bit [ing.; pl.: *megabits*] *s.m.* múltiplo do *bit*, que vale 1.024 *kilobits* [símb.: *Mb*] ⇨ pronuncia-se **mégabit**
mega.byte [ing.; pl.: *megabytes*] *s.m.* múltiplo do *byte*, que vale 1.024 *kilobytes* [símb.: *MB*] ⇨ pronuncia-se **mégabait**
me.ga.fo.ne *s.m.* amplificador para voz em forma de cone ~ **megafônico** *adj.*
me.ga-hertz *s.m.2n.* FÍS unidade de frequência igual a 1 milhão de hertz [símb.: *MHz*]
me.gá.li.to *s.m.* pedra bruta us. em monumentos pré-históricos ~ **megalítico** *adj.*
me.ga.lo.ma.ni.a *s.f.* 1 PSIC desordem mental caracterizada por sentimento de grandeza ou onipotência 2 predileção por tudo que seja grandioso ou majestoso ↄ simplicidade ~ **megalomaníaco** *adj.s.m.* - **megalômano** *adj.s.m.*
me.ga.ló.po.le *s.f.* 1 grande metrópole 2 região que engloba uma metrópole e cidades periféricas
me.ga.nha *s.m.B infrm.* policial
me.ga.ton [pl.: *megatones* e *(B) megatons*] *s.m.* FÍS 1 unidade de massa igual a 1 milhão de toneladas 2 unidade de medida do poder de explosão de armas nucleares
me.ga.watt *s.m.* unidade de medida igual a 1 milhão de watts [símb.: *MW*]
me.ge.ra *s.f.* 1 mulher má 2 mãe desnaturada
[1]**mei.a** *s.f.* 1 peça de tecido que calça o pé e parte da perna 2 tecido de malha de algodão com que se faz essa e outras peças do vestuário ⟨*camisa de m.*⟩ [ORIGEM: redução de *meia-calça*] ⊡ **m. elástica** *loc.subst.* meia compressora us. contra varizes
[2]**mei.a** *n.card.* meia dúzia; seis [ORIGEM: redução de *meia dúzia*]
mei.a-á.gua [pl.: *meias-águas*] *s.f.* 1 telhado formado de apenas um plano 2 moradia com tal telhado
mei.a-ar.ma.dor \ô\ [pl.: *meias-armadores*] *s.m.B* armador ('jogador de futebol')
mei.a-cal.ça [pl.: *meias-calças*] *s.f.* meia feminina que vai dos pés à cintura
mei.a-di.rei.ta [pl.: *meias-direitas*] *s.2g.* 1 no futebol, jogador que atua no meio-campo, pela direita ■ *s.f.* 2 essa posição
mei.a-es.quer.da [pl.: *meias-esquerdas*] *s.2g.* 1 no futebol, jogador que atua no meio-campo, pela esquerda ■ *s.f.* 2 essa posição
mei.a-es.ta.ção [pl.: *meias-estações*] *s.f.* 1 o outono ou a primavera 2 *B* época de temperatura amena, nem muito quente, nem muito fria
mei.a-i.da.de [pl.: *meias-idades*] *s.f.* fase entre a maturidade e a velhice
mei.a-lu.a [pl.: *meias-luas*] *s.f.* 1 aspecto da Lua quando está no quarto minguante ou no quarto crescente 2 qualquer coisa em forma de semicírculo
mei.a-luz [pl.: *meias-luzes*] *s.f.* luz fraca; penumbra
mei.a-noi.te [pl.: *meias-noites*] *s.f.* a 24ª hora do dia, divisória entre a noite e a madrugada
mei.a-so.la [pl.: *meias-solas*] *s.f.* 1 remendo na metade anterior da sola do calçado 2 *fig.* qualquer conserto não minucioso
mei.a-ti.ge.la [pl.: *meias-tigelas*] *s.f.* ▸ só usado em: **de m.** *loc.adj.* de pouco valor; medíocre
mei.a-tin.ta [pl.: *meias-tintas*] *s.f.* 1 tonalidade intermediária entre o claro e o escuro de uma cor 2 *fig.* dissimulação, fingimento
mei.a-vi.da [pl.: *meias-vidas*] *s.f.* FÍS tempo necessário para que a radioatividade de uma substância seja reduzida à metade
mei.a-vol.ta [pl.: *meias-voltas*] *s.f.* mudança completa de direção; volta de 180°
mei.go *adj.* 1 dotado de sentimentos gentis ⟨*criança m.*⟩ ↄ ríspido 2 que causa impressão agradável ⟨*semblante m.*⟩ ↄ rude

mei.gui.ce *s.f.* 1 qualidade de meigo 2 sentimento, ato, dito, gesto que denota afeição; gentileza, carinho 3 efeito doce, suave e muito agradável; suavidade, brandura ⟨*era notável a m. em seu olhar*⟩

mei.o *n.frac.* 1 metade de um; metade de uma unidade ou de uma totalidade ⟨*m. quilo*⟩ ⟨*m. garrafa*⟩ ■ *adj.* 2 mediano, médio 3 pouco intenso ⟨*m. temperatura*⟩ ⮌ intenso ■ *s.m.* 4 ponto equidistante entre extremos; metade ⟨*chegou ao m. do caminho*⟩ 5 o centro de um espaço ⟨*o m. da roda*⟩ 6 método, plano, modo ⟨*não há m. de sair*⟩ 7 grupo que se frequenta ou em que se vive ⟨*m. familiar*⟩ ⟨*m. intelectual*⟩ 8 meio ambiente 9 procedimento que permite realizar algo ⟨*usou todos os m. possíveis*⟩ ⟨*m. de transporte*⟩ 10 FÍS região espacial que contém ou não matéria e na qual ocorrem fenômenos físicos ■ *adv.* 11 um tanto, um pouco, parcialmente ⟨*acordou m. tristonha*⟩ ▼ *meios s.m.pl.* 12 recursos financeiros ⊡ **m. ambiente** *loc.subst.* conjunto de fatores físicos, biológicos e químicos que cerca os seres vivos, influenciando-os e sendo influenciado por eles • **m. a m.** *loc.adv.* em duas partes iguais ⟨*rachar as despesas m. a m.*⟩ • **pelo m.** *loc.adv.* sem conclusão; pela metade ⟨*deixou o livro pelo m.*⟩

mei.o-cam.po [pl.: *meios-campos*] *s.m.* 1 área em torno da linha que divide o campo de futebol ao meio 2 jogador que atua nessa área

mei.o de cam.po [pl.: *meios de campo*] *s.m.* meio-campo

mei.o-di.a [pl.: *meios-dias*] *s.m.* a 12ª hora do dia, divisória entre a manhã e a tarde

mei.o-fi.o [pl.: *meios-fios*] *s.m.* fileira de pedras que arremata a calçada ao longo da rua

mei.o-ir.mão [pl.: *meios-irmãos*] *s.m.* irmão só por parte de pai ou de mãe

mei.o.se *s.f.* BIO série de divisões celulares durante a geração dos gametas, da qual resultam quatro células com um cromossomo de cada par da célula original

mei.o-tem.po [pl.: *meios-tempos*] *s.m.* intervalo entre dois momentos; ínterim ⊡ **nesse m.** *loc.adv.* enquanto isso

mei.o-ter.mo [pl.: *meios-termos*] *s.m.* 1 o que está a meia distância entre dois extremos 2 *fig.* equilíbrio, comedimento

mei.o-tom [pl.: *meios-tons*] *s.m.* 1 tonalidade intermediária de uma cor 2 gradação de cores; matiz 3 som pouco audível; murmúrio

mei.ri.nho *s.m.* antigo funcionário da Justiça

meit.né.rio *s.m.* elemento químico artificial, anteriormente denominado *unnilennium* [símb.: *Mt*] ☞ cf. *tabela periódica* (no fim do dicionário)

mel [pl.: *méis* e *meles*] *s.m.* líquido doce e viscoso produzido pelas abelhas com o néctar das flores

me.la.ço *s.m.* 1 resíduo de consistência viscosa resultante da fabricação do açúcar 2 *fig.* qualquer substácia viscosa e muito doce

[1]**me.la.do** *adj.* 1 adoçado com mel ou rapadura 2 *p.ext.* doce demais ⮌ amargo 3 *p.ext.* B sujo e pegajoso [ORIGEM: part. de *melar*]

[2]**me.la.do** *s.m.* calda espessa com que se faz a rapadura [ORIGEM: de *mel* + *-ado*]

me.la.mi.na *s.f.* substância us. em resinas sintéticas para revestimentos ☞ cf. *melanina*

me.lan.ci.a *s.f.* 1 planta de caule rasteiro que produz fruto grande de casca verde, polpa vermelha e muitas sementes 2 esse fruto

me.lan.co.li.a *s.f.* estado de profunda tristeza; depressão ⮌ euforia

me.lan.có.li.co *adj.* 1 que, por temperamento, é dado à melancolia, à tristeza; triste, sombrio 2 que exprime ou provoca melancolia ⟨*música m.*⟩

me.la.né.sio *adj.* 1 da Melanésia (Oceania) ■ *s.m.* 2 natural ou habitante desse arquipélago 3 grupo de línguas e dialetos falados nessa região

me.la.ni.na *s.f.* BIO pigmento marrom ou preto presente em animais e vegetais ☞ cf. *melamina*

me.la.no.ma *s.m.* MED tumor de pele caracterizado por pigmentação escura

me.lão [pl.: *-ões*] *s.m.* 1 meloeiro 2 fruto do meloeiro, de casca dura, de cor verde ou amarela, com polpa suculenta e comestível

me.lar *v.* {mod. 1} *t.d.* 1 adoçar ou cobrir com mel ou muito açúcar ❑ *t.d. e pron.* 2 sujar(-se) com mel ou substância melosa; lambuzar(-se) ❑ *int.* 3 produzir mel (a colmeia) ❑ *t.d. e int. fig.* B *infrm.* 4 (fazer) não ter êxito; falhar ⮌ funcionar

me.le.ca *s.f.* B *infrm.* 1 secreção nasal úmida ou seca 2 coisa de má qualidade; porcaria ⟨*o filme foi uma m.*⟩

[1]**me.le.na** *s.f.* 1 parte da crina que cai sobre a testa do cavalo 2 *p.ext.* mecha de cabelo 3 *p.ext.* cabeleira longa [ORIGEM: do esp. *melena* 'cabeleira que cai sobre os olhos']

[2]**me.le.na** *s.f.* presença de sangue enegrecido nas fezes, causada por hemorragia do estômago ou do intestino [ORIGEM: do gr. *mélaina,aínēs* 'negro']

me.lhor *adj.2g.* 1 que é superior (em qualidade, caráter, valor etc.) ao que lhe é comparado ⟨*uma pessoa m. que a outra*⟩ ⮌ pior ■ *s.m.* 2 o que é superior a tudo ou todos ⟨*nem sempre os m. vencem*⟩ 3 o que é mais sensato ⟨*o m. é pararmos agora*⟩ ■ *s.f.* 4 vantagem, prêmio, vitória ■ *adv.* 5 de modo mais perfeito, mais satisfatório ⟨*comer m.*⟩ 6 de forma mais agradável, mais confortável ⟨*vivem m. agora*⟩ ⮌ pior 7 com mais saúde ⟨*está m. agora*⟩ ⮌ pior ⊙ GRAM/USO como adj., comp.super. de *bom*; como adv., comp.super. de *bem* ⊡ **levar a m.** *loc.vs.* vencer, dominar

me.lho.ra *s.f.* 1 recuperação de mal físico; melhoria ⮌ piora 2 condição mais vantajosa, mais satisfatória 3 benfeitoria, melhoramento ⟨*houve m. visíveis no bairro*⟩

me.lho.ra.men.to *s.m.* 1 benfeitoria; melhoria 2 progresso, desenvolvimento; melhoria

me.lho.rar *v.* {mod. 1} *t.d. e int.* 1 mudar para estado, situação ou condição melhor ⮌ piorar 2 (fazer) adquirir melhor estado de saúde ⮌ agravar(-se)

me.lho.ri.a *s.f.* 1 melhora ('recuperação', 'condição') 2 melhoramento

me.li.an.te *s.2g.* malandro, vadio

me.lí.fe.ro *adj.* **1** que produz mel ⟨*abelha m.*⟩ **2** próprio de mel, que tem características de mel

me.li.fi.car *v.* {mod. 1} *int.* **1** fabricar mel ❑ *t.d.* **2** adoçar com mel **3** *fig.* deixar doce como mel ~ **melificação** *s.f.*

me.lí.fluo *adj.* **1** que flui como mel **2** que tem a doçura do mel ⟨*fruta m.*⟩ ⮌ amargo **3** *fig.* que impressiona agradavelmente ⟨*voz m.*⟩ ⮌ desagradável **4** *fig.* que revela doçura hipócrita

me.lin.drar *v.* {mod. 1} *t.d. e pron.* deixar ou sentir-se ferido no amor-próprio, ofendido; magoar(-se)

me.lin.dre *s.m.* **1** pudor, escrúpulo **2** facilidade para se ofender ⟨*m. de criança mimada*⟩ **3** civilidade, cortesia

me.lin.dro.so \ô\ [pl.: *melindrosos* \ó\] *adj.* **1** que provoca ou em que há certa dificuldade; embaraçoso, complicado ⟨*operação m.*⟩ **2** que envolve risco; arriscado, perigoso ⟨*cirurgia m.*⟩ **3** cheio de suscetibilidade; escrupuloso ⟨*espírito m.*⟩ ■ *adj.s.m.* **4** que(m) se ofende ou choca com facilidade **5** (indivíduo) amaneirado, de atitudes afetadas

me.lo.di.a *s.f.* **1** sequência de notas que formam uma frase musical **2** música ou canção ~ **melódico** *adj.*

me.lo.di.o.so \ô\ [pl.: *melodiosos* \ó\] *adj.* que produz sons doces, suaves, agradáveis aos ouvidos; harmonioso ⟨*canto m.*⟩

me.lo.dra.ma *s.m.* **1** TEAT obra dramática com acompanhamento musical **2** TV drama popular caracterizado por sentimentos exagerados ~ **melodramático** *adj.* - **melodramatizar** *v.t.d.*

me.lo.ei.ro *s.m.* planta rasteira que produz o melão

me.lô.ma.no *adj.s.m.* que(m) sente atração exagerada por música ~ **melomania** *s.f.* - **melomaníaco** *adj.s.m.*

me.lo.pei.a \éi\ *s.f.* **1** cantiga de melodia simples e monótona **2** a música de certas obras para declamação

me.lo.so \ô\ [pl.: *melosos* \ó\] *adj.* **1** que tem aspecto ou sabor de mel **2** *fig.* sentimental demais ⟨*filme m.*⟩

mel.ro [fem.: *melra* e *mélroa*] *s.m.* ave canora, com até 25,5 cm de comprimento e plumagem negra brilhante, com penas estreitas e pontudas na cabeça; chupim, graúna ⊙ voz v. e subst.: assobiar, cantar, chilrear, gargantear, gazinar, gorjear, piar, sibilar, silvar, trinar; subst.: assobio, canto, galanteio, gargalhada, grito, risada, trilo, trinado

mem.bra.na *s.f.* ANAT camada fina de tecido que reveste órgão, cavidade etc.

mem.bra.no.so \ô\ [pl.: *mebranosos* \ó\] *adj.* que possui ou apresenta membrana

mem.bro *s.m.* **1** ANAT cada um dos quatro apêndices do tronco do homem e de outros animais, us. para andar, pegar etc. **2** participante de grupo, organização etc. ⟨*m. de uma comissão*⟩

me.men.to *s.m.* **1** marca ou nota para trazer algo à lembrança **2** caderneta us. para anotar o que se deseja lembrar

me.mo.ran.do *s.m.* nota ou comunicação breve por escrito

me.mo.rar *v.* {mod. 1} *t.d.* **1** trazer à ou conservar na memória; recordar ⮌ esquecer **2** fazer festa em honra de (fato, pessoa etc.); comemorar

me.mo.rá.vel *adj.2g.* **1** que não pode ou não deve ser esquecido ⟨*evento m.*⟩ **2** célebre ⮌ obscuro

me.mó.ria *s.f.* **1** capacidade de lembrar ⟨*perder a m.*⟩ **2** recordação de algo passado ⟨*tenho boas m. daqueles tempos*⟩ **3** INF dispositivo que pode receber, conservar e restituir dados ▼ ***memórias*** *s.f.pl.* **4** relato escrito que alguém faz de acontecimentos históricos vividos por si mesmo ou sobre sua própria vida; memorial

me.mo.ri.al *s.m.* **1** relato de memórias **2** relato de fatos profissionais marcantes **3** monumento comemorativo

me.mo.ri.a.lis.ta *adj.2g.s.2g.* **1** que(m) escreve memórias ■ *adj.2g.* **2** que tem caráter de memória ⟨*escritos m.*⟩

me.mo.ri.zar *v.* {mod. 1} *t.d.* **1** trazer à mente; lembrar, recordar ⮌ esquecer **2** fixar na memória; decorar ⮌ esquecer ~ **memorização** *s.f.*

me.nar.ca *s.f.* primeiro fluxo menstrual de uma mulher

men.ção [pl.: *-ões*] *s.f.* **1** citação, referência **2** gesto que mostra intenção de realizar algo

men.che.vi.que *adj.2g.s.2g.* menchevista

men.che.vis.ta *adj.2g.s.2g.* (membro) da antiga ala direita do Partido Comunista russo ☞ cf. *bolchevista*

men.cio.nar *v.* {mod. 1} *t.d.* **1** fazer alusão, referência a; citar ❑ *t.d. e t.d.i.* **2** (prep. *a*) dar a conhecer por escrito ou oralmente; dizer, relatar

men.daz *adj.2g.* **1** mentiroso, hipócrita ⮌ franco **2** traiçoeiro, desleal ⮌ fiel ~ **mendacidade** *s.f.*

men.de.lé.vio *s.m.* elemento químico radioativo artificial [símb: *Md*] ☞ cf. *tabela periódica* (no fim do dicionário)

men.di.cân.cia *s.f.* **1** condição de quem mendiga **2** ato de mendigar ou seu efeito **3** grupo de mendigos ~ **mendicante** *adj.2g.s.2g.*

men.di.gar *v.* {mod. 1} *t.d.,t.i. e int.* **1** (prep. *a*) pedir (como) esmola, por caridade ❑ *t.d. e t.d.i.* *p.ext.* **2** (prep. *a*) solicitar com insistência, humildemente; implorar

men.di.go *s.m.* aquele que sobrevive de esmolas ⊙ COL mendicância

me.ne.ar *v.* {mod. 5} *t.d. e pron.* **1** mover(-se) de um lado para outro; balançar(-se) **2** balançar(-se) [o corpo ou partes dele]; rebolar(-se) ❑ *t.d.* **3** controlar, mover com as mãos; manejar

me.nei.o *s.m.* **1** movimento oscilante **2** movimento do corpo ou de alguma parte dele ⟨*m. graciosos de quadril*⟩

me.nes.trel *s.m.* na Idade Média, músico e declamador de poemas

me.ni.na *s.f.* criança ou adolescente do sexo feminino; garota ⟨*ela teve uma m.*⟩ ⟨*colégio de meninas*⟩

me.ni.na.da *s.f.* criançada

me.ni.na do o.lho [pl.: *meninas do olho*] *s.f. infrm.* pupila ('orifício') ☞ cf. *menina dos olhos*

me.ni.na dos o.lhos [pl.: *meninas dos olhos*] *s.f. infrm.* pessoa ou coisa esp. querida, estimada ☞ cf. *menina do olho*

me.ni.na-mo.ça [pl.: *meninas-moças*] *s.f.* menina no início da adolescência

me.nin.ge *s.f.* ANAT cada uma das membranas que envolvem o encéfalo e a medula espinhal ~ **meníngeo** *adj.*

me.nin.gi.te *s.f.* MED inflamação das meninges

me.nin.go.co.co *s.m.* bactéria que causa meningite ~ **meningocócico** *adj.*

me.ni.ni.ce *s.f.* infância

me.ni.no *s.m.* criança do sexo masculino; garoto

me.nir *s.m.* monumento de pedra bruta alongada e fixada verticalmente ao solo

me.nis.co *s.m.* ANAT cartilagem fibrosa, em forma de meia-lua, presente entre os ossos de algumas articulações

me.no.pau.sa *s.f.* interrupção progressiva dos ciclos menstruais da mulher

me.nor *adj.2g.* **1** que é inferior a outro em número, grandeza, intensidade, duração, importância, na avaliação de méritos e qualidades etc. ⊃ maior ■ *adj.2g.s.2g.* **2** que(m) ainda não chegou à maioridade ⊃ maior ⊙ GRAM/USO comp.super. de *pequeno*; comp.inf. de *grande*

me.no.rá *s.f.* candelabro de sete braços us. em cultos judaicos

me.no.ri.da.de *s.f.* período de vida em que o indivíduo ainda não atingiu a maioridade legal; minoridade ⊃ maioridade

me.nor.ra.gi.a *s.f.* MED aumento da quantidade do fluxo menstrual

me.nor.rei.a \éi\ *s.f.* o fluxo normal da menstruação

me.nos *pron.ind.* **1** expressa número, quantidade inferior de alguma coisa ■ *adv.* **2** em quantidade ou intensidade menor ⟨*quanto mais pensa, m. age*⟩ ⊃ mais ■ *s.m.* **3** o mínimo ⟨*isso é o m. que se pode dizer dele*⟩ **4** o sinal negativo (-) ■ *prep.* **5** exceto ⊃ inclusive ⊡ **a m.** *loc.adv.* em quantidade menor ⟨*ganhei duas balas a m.*⟩ • **a m. que** *loc.conj.* a não ser que ⟨*a m. que chova, sairemos*⟩ • **ao m.** *loc.prep.* no mínimo; pelo menos ⟨*compre ao m. duas dúzias de ovos*⟩ • **pelo m.** *loc.prep.* ao menos

me.nos.ca.bar *v.* {mod. 1} *t.d.* **1** deixar incompleto ou imperfeito ❑ *t.d. e pron. fig.* **2** diminuir a importância, o valor, as qualidades de (alguém, algo ou si mesmo); depreciar(-se) ⊃ valorizar(-se) **3** (fazer) perder o bom nome, a honra etc.; infamar(-se) ⊃ dignificar(-se)

me.nos.ca.bo *s.m.* **1** diminuição da importância, do valor, da qualidade; desdém, desprezo, menosprezo **2** rebaixamento moral; aviltamento, descrédito ⊃ elogio, louvor

me.nos.pre.zar *v.* {mod. 1} *t.d. e pron.* **1** diminuir o valor, a qualidade de (alguém, algo ou si mesmo); depreciar(-se) ⊃ valorizar(-se) **2** considerar(-se) como sem interesse, sem valor ou indigno de estima; desdenhar(-se) ⊃ valorizar(-se)

me.nos.pre.zo \ê\ *s.m.* **1** falta de estima, apreço ou consideração; desdém, desconsideração ⟨*tratou-a com imenso m.*⟩ **2** desvalorização da qualidade, da importância; depreciação **3** sentimento de repulsa; desprezo ⊃ consideração

men.sa.gei.ro *adj.s.m.* **1** (o) que leva e traz mensagens **2** (o) que anuncia prenúncios ■ *s.m.* **3** indivíduo que leva encomendas, mensagens etc.; portador

men.sa.gem *s.f.* **1** comunicação breve que transmite uma informação a alguém **2** comunicado de uma autoridade ⟨*m. do presidente ao Congresso*⟩ **3** pensamento transmitido por pessoa, instituição, doutrina etc. ⟨*m. do cristianismo*⟩ ⟨*m. de Gandhi*⟩

men.sal *adj.2g.* **1** que ocorre a cada mês **2** que se faz uma vez por mês

men.sa.li.da.de *s.f.* importância paga ou recebida uma vez por mês

men.sa.lis.ta *adj.2g.s.2g.* que(m) recebe remuneração mensal

men.sá.rio *s.m.* publicação periódica mensal

mens.tru.a.ção [pl.: *-ões*] *s.f.* fluxo de sangue e restos da mucosa uterina eliminados periodicamente através da vagina; mênstruo

mêns.truo *s.m.* menstruação ~ **menstrual** *adj.2g.* - **menstruar** *v.int.*

men.su.rar *v.* {mod. 1} *t.d.* **1** determinar as dimensões de; medir **2** ter por medida (certa extensão, altura etc.); medir **3** dar ritmo a; compassar ⟨*mensurou o passo para acompanhá-lo*⟩ ~ **mensuração** *s.f.* - **mensurável** *adj.2g.*

men.ta *s.f.* hortelã ('erva aromática')

men.tal *adj.2g.* próprio da mente

men.ta.li.da.de *s.f.* **1** o que caracteriza os processos e as atividades da mente **2** conjunto de crenças, maneiras de pensar etc. próprias de um indivíduo ou um grupo

–mente *suf.* 'maneira, modo': *felizmente*, *rapidamente*

men.te *s.f.* **1** sistema que reúne os processos de aquisição de conhecimento do ser humano; inteligência, intelectualidade **2** memória, lembrança ⟨*fatos que ficam na m.*⟩ ⊡ **ter em m.** *loc.vs.* ter como objetivo ⟨*tinha em m. fazer uma grande festa*⟩

men.te.cap.to *adj.s.m.* **1** louco, alienado ⊃ ajuizado **2** que(m) não tem inteligência; tolo, idiota

men.tir *v.* {mod. 28} *t.d.,t.d.i.,t.i. e int.* **1** (prep. *a*, *para*) afirmar a (alguém) ser verdadeiro (o que se sabe ser falso) ⟨*m. a idade*⟩ ⟨*m. ao pai*⟩ ⟨*tem por hábito m.*⟩ ❑ *t.i. e int.* **2** (prep. *a*) dissimular a verdade (a), induzindo ao erro; enganar, iludir ⟨*o espelho lhe mentia*⟩ ⟨*seu coração mentia*⟩

men.ti.ra *s.f.* **1** afirmação de algo não verdadeiro para enganar ou iludir alguém ⟨*sua história estava cheia de mentiras*⟩ ⊃ verdade **2** o que tem aparência de real; ilusão ⟨*a felicidade é uma m.*⟩ ⊃ realidade **3** *B infrm.* pequena mancha branca nas unhas

men.ti.ro.so \ô\ [pl.: *mentirosos* \ó\] *adj.s.m.* 1 que(m) conta mentiras ■ *adj.* 2 baseado em mentiras; falso ⟨*acusação m.*⟩ ⮌ honesta 3 que dá falsa ideia da realidade; fingido ⟨*história m.*⟩ ⮌ franco

-mento *suf.* 'ação ou resultado da ação': *desenvolvimento, orçamento, revestimento*

men.tol *s.m.* substância presente na essência de hortelã us. em licores, cigarros, pastilhas contra tosse etc.

men.to.la.do *adj.* preparado com mentol

men.tor \ô\ *s.m.* pessoa que atua como conselheiro intelectual

me.nu *s.m.* 1 cardápio 2 *p.ext.* conjunto de elementos que compõem um todo; rol, lista 3 INF lista de opções ou entradas postas à disposição do usuário de um computador

me.que.tre.fe *s.m. infrm.* 1 indivíduo que se intromete em assuntos alheios 2 indivíduo mau-caráter; patife 3 indivíduo insignificante, sem importância

mer.ca.de.jar *v.* {mod. 1} *t.d.,t.d.i.,t.i. e int.* (prep. *com*) fazer transações comerciais [de certo produto, bem] (com fornecedores, clientes etc.); negociar, comerciar

mer.ca.do *s.m.* 1 lugar público onde se comercializam produtos, esp. alimentos 2 ECON relação estabelecida entre a oferta e a procura de mercadorias 3 área geográfica ou porção da sociedade que consome determinado produto ou serviço ⊡ **m. de capitais** *loc.subst.* conjunto de instituições financeiras e bolsas de valores que negociam ações, títulos, fundos etc. • **m. de trabalho** *loc.subst.* nível de oferta e procura de emprego em determinada região, país etc. • **m. negro** *loc.subst.* venda clandestina de produtos

mer.ca.dor \ô\ *adj.s.m.* que(m) compra para revender; negociante

mer.ca.do.ri.a *s.f.* qualquer produto que possa ser comercializado

mer.can.te *adj.2g.* relativo a comércio

mer.can.til *adj.2g.* 1 relativo a comércio de mercadorias 2 que se dedica ao comércio ~ **mercantilidade** *s.f.* - **mercantilizar** *v.t.d.,t.i.,int. e pron.*

mer.can.ti.lis.mo *s.m.* 1 predomínio do interesse comercial, do lucro 2 ECON prática econômica, vigente nos sXVI e XVII, em que a riqueza dos Estados baseava-se no acúmulo de metais preciosos ~ **mercantilista** *adj.2g.s.2g.*

mer.car *v.* {mod. 1} *t.d.* 1 comprar (algo) para vender; comerciar 2 *B* apregoar (gêneros, mercadorias) para vender ❑ *t.d. e t.d.i.* 3 (prep. *de*) adquirir pagando em dinheiro; comprar

mer.cê *s.f.* benefício que alguém concede a outro ⊡ **à m. de** *loc.adv.* na total dependência de ⟨*estar à m. da vontade do rei*⟩

mer.ce.a.ri.a *s.f.* 1 armazém ('estabelecimento comercial') 2 o que é vendido nesse armazém

mer.ce.ei.ro *s.m.* proprietário de mercearia

mer.ce.ná.rio *adj.s.m.* 1 (aquele) que trabalha em troca de um preço ajustado 2 que(m) age por interesse financeiro ou vantagem material

mer.ce.o.lo.gi.a *s.f.* ciência comercial que trata das leis de compra e venda

mer.cú.rio *s.m.* 1 elemento químico us. em termômetros, lâmpadas fluorescentes, na separação do ouro de areias auríferas etc. [símb.: *Hg*] ☞ cf. *tabela periódica* (no fim do dicionário) 2 nome do planeta mais próximo do Sol ☞ inicial maiúsc.; cf. *Mercúrio* na parte enciclopédica

mer.cu.rio.cro.mo *s.m.* antisséptico local e bactericida de cor vermelha

me.re.cer *v.* {mod. 8} *t.d.* 1 estar, por suas qualidades ou conduta, no direito de obter (algo bom, vantajoso) ou sujeito a passar por (algo desfavorável) ⟨*m. elogios, críticas, castigo*⟩ 2 ter condições desejadas ou necessárias para ⟨*a carta não merece resposta*⟩ ⟨*sua fala não merece crédito*⟩ ~ **merecedor** *adj.s.m.*

me.re.ci.men.to *s.m.* 1 aquilo que torna alguém ou algo digno de receber prêmio ou castigo 2 aquilo que há de bom, vantajoso, admirável ou recomendável em alguém ou algo ⟨*o livro tem algum m.*⟩ 3 caráter, qualidade de quem, pelo valor, dotes morais e/ou intelectuais, é digno de reconhecimento; capacidade, talento ⟨*conquistou o cargo por puro m.*⟩

me.ren.da *s.f.* 1 refeição ligeira entre o almoço e o jantar; lanche 2 lanche escolar ~ **merendar** *v.t.d. e int.*

me.ren.dei.ra *s.f.* 1 lancheira 2 *B* funcionária de escola que prepara e/ou serve merendas

me.ren.gue *s.m.* 1 CUL creme de claras de ovos batidas com açúcar 2 certa dança e sua música originárias da República Dominicana

me.re.trí.cio *s.m.* 1 atividade de meretriz 2 conjunto de meretrizes

me.re.triz *s.f.* prostituta ⊙ COL meretrício

mer.gu.lha.dor \ô\ *adj.s.m.* que(m), munido ou não de equipamento especial, mergulha para pescar, praticar pesca submarina, trabalhar embaixo da água etc.

mer.gu.lhão [pl.: *-ões*] *s.m.* nome comum a diversas aves que mergulham para se alimentar

mer.gu.lhar *v.* {mod. 1} *t.d.* 1 fazer entrar parcial ou totalmente num líquido; imergir, afundar ⟨*m. a blusa na tintura*⟩ ⮌ emergir ☞ *na tintura* é circunstância que funciona como complemento 2 *p.ext.* fazer penetrar em lugar; enfiar ⟨*m. a mão no bolso*⟩ ☞ *no bolso* é circunstância que funciona como complemento ❑ *int. e pron.* 3 afundar-se inteiramente na água ❑ *int.* 4 praticar atividade submarina (p.ex., pesca, pesquisa) 5 cair, descer bruscamente ⟨*o avião mergulhou sobre a terra*⟩ ☞ *sobre a terra* é circunstância que funciona como complemento ❑ *t.i. fig.* 6 (prep. *em*) entregar-se inteiramente a (atividade, tarefa) 7 (prep. *em*) render-se, entregar-se ⟨*m. no vício*⟩

mer.gu.lho *s.m.* ato ou efeito de mergulhar(-se)

me.ri.di.a.no *s.m.* 1 no globo terrestre, linha imaginária que une pontos do eixo norte-sul 2 MED em acupuntura, cada uma das linhas que ligam os diferentes pontos anatômicos ■ *adj.* 3 relativo ao meio-dia ⊡ **m. de Greenwich** *loc.subst.* aquele cuja longitude é convencionalmente igual a zero, a partir do qual são avaliados todos os outros; meridiano-origem

me.ri.di.a.no-o.ri.gem [pl.: *meridianos-origens* e *meridianos-origem*] *s.m.* meridiano de Greenwich

me.ri.dio.nal *adj.2g.* situado no ou voltado para o sul ⟨*hemisfério m.*⟩ ↄ setentrional

me.ri.no ou **me.ri.nó** *s.m.* 1 raça de carneiro originária da Espanha 2 carneiro dessa raça ou a lã por ele fornecida 3 tecido feito dessa lã

me.ri.tís.si.mo *adj.* de grande mérito; digníssimo ⊙ GRAM/USO com inicial maiúsc., quando for empregado como tratamento dispensado a juízes em geral e auditores da Justiça Militar [abrev.: *MM.*]

mé.ri.to *s.m.* qualidade valorosa, admirável de algo ou alguém; merecimento

me.ri.tó.rio *adj.* em que há mérito ↄ indigno

mer.lu.za *s.f.* nome comum a vários peixes marinhos de corpo alongado e achatado lateralmente, cuja carne é apreciada na culinária

me.ro *adj.* 1 sem mistura; puro ⟨*m. raciocínio matemático*⟩ ↄ deturpado 2 que não tem atributos especiais ⟨*um m. soldado*⟩ ↄ excepcional

mês *s.m.* 1 cada uma das 12 divisões do ano 2 período de 30 dias seguidos ⟨*partirão daqui a um mês*⟩

me.sa \ê\ *s.f.* 1 móvel de superfície plana apoiada em um ou mais pés, us. para se comer, escrever, jogar etc. 2 conjunto de objetos us. no serviço de uma refeição ⟨*pôr, tirar a m.*⟩ 3 grupo que dirige uma assembleia, uma reunião etc. 4 em certos jogos de azar, o conjunto de apostas de cada rodada ⊡ **virar a m.** *loc.vs.B infrm.* mudar as regras de algo a seu favor

me.sa.da *s.f.* quantia que se dá ou recebe a cada mês

me.sa de ca.be.cei.ra [pl.: *mesas de cabeceira*] *s.f.* mesinha colocada junto à cabeceira da cama; criado-mudo

me.sa-re.don.da [pl.: *mesas-redondas*] *s.f.* conferência em que todos os participantes têm igual importância

me.sá.rio *s.m.B* membro de uma seção eleitoral

me.sa-te.nis.ta [pl.: *mesa-tenistas*] *adj.2g.s.2g.* jogador de tênis de mesa

mes.cla *s.f.* resultado de uma mistura ou combinação de vários elementos ⟨*m. de várias raças*⟩ ⟨*m. de azul com amarelo*⟩ ↄ separação

mes.clar *v.* {mod. 1} *t.d.,t.d.i. e pron.* 1 (prep. *com*) [fazer] sofrer combinação, fusão; misturar(-se) ↄ separar(-se) ❑ *t.d. e t.d.i.* 2 (prep. *a*) integrar (um ou mais elementos) [a outro(s)]; incorporar, unir ~ **mesclado** *adj.*

me.sen.cé.fa.lo *s.m.* ANAT parte do cérebro derivada da porção medial das três vesículas cerebrais primárias do embrião dos vertebrados

me.se.ta \ê\ *s.f.* GEO planalto limitado por escarpas

mes.mi.ce *s.f.* monotonia, pasmaceira

mes.mo \ê\ *adj.* 1 idêntico, igual ⟨*fez o m. pedido que eu*⟩ ↄ diferente 2 em pessoa ⟨*ela m. afirmou isso*⟩ 3 dito, mencionado ⟨*chegou em abril e no m. mês viajou novamente*⟩ ■ *s.m.* 4 a mesma coisa ⟨*nos dias seguintes, sucedeu o m.*⟩ ↄ contrário ■ *adv.* 5 exatamente, precisamente ⟨*saiu agora m.*⟩ 6 inclusive, também ⟨*m. os amigos o abandonaram*⟩ 7 de fato, realmente ⟨*foi m. um mau negócio*⟩ ⊡ **m. que** *loc.conj.* ainda que, embora ⟨*m. que chova, vamos sair*⟩ • **dar no m.** *loc.vs.* ser igual

me.so.car.po *s.m.* 1 série inferior de ossos do esqueleto do pulso 2 BOT parte média do pericarpo dos frutos; polpa ☞ cf. *epicarpo, endocarpo*

me.só.cli.se *s.f.* intercalação de pronome átono dentro do verbo, p.ex., dir-lhe-ei ☞ cf. *ênclise, próclise* ~ **mesoclítico** *adj.*

me.so.fa.lan.ge *s.f.* ANAT denominação substituída por *falange medial*

me.so.lí.ti.co *s.m.* 1 período da pré-história entre o Paleolítico e o Neolítico, caracterizado pela mudança de clima glacial para pós-glacial e substituição das estepes por prados e bosques, época em que teve início a economia produtiva ☞ inicial maiúsc. ■ *adj.* 2 relativo a esse período

me.so.lo.gi.a *s.f.* ecologia ~ **mesológico** *adj.*

me.so.po.tâ.mio *s.m.* 1 natural ou habitante da Mesopotâmia, região do atual Iraque, onde correm os rios Tigre e Eufrates ■ *adj.* 2 dessa região ~ **mesopotâmico** *adj.*

me.sos.fe.ra *s.f.* 1 camada da atmosfera terrestre situada entre 32 km e 80 km acima da superfície da Terra, na qual a temperatura diminui à medida que a altitude aumenta 2 GEOL camada do interior da Terra entre a litosfera e o núcleo central ~ **mesosférico** *adj.*

me.so.te.ra.pi.a *s.f.* MED injeção de medicamentos em doses mínimas, o mais próximo possível do local da dor ou da doença ~ **mesoterápico** *adj.*

me.so.zoi.co \ói\ *s.m.* 1 era geológica situada entre o Paleozoico e o Cenozoico, caracterizada pela preponderância de répteis, pelo aparecimento das aves e de algumas espécies de mamíferos ☞ inicial maiúsc. ■ *adj.* 2 dessa era

mes.qui.nha.ri.a *s.f.* 1 qualidade de mesquinho 2 ato de pessoa mesquinha, sovina; avareza ↄ generosidade 3 caráter daquilo que é insignificante, fútil; mediocridade ⟨*atém-se a mesquinharias, e se esquece do necessário*⟩

mes.qui.nho *adj.s.m.* 1 (o) que é apegado em excesso aos bens materiais ↄ generoso ■ *adj.* 2 desprezível, insignificante ⟨*esmola m.*⟩ ↄ farto 3 de pouco mérito; medíocre ↄ extraordinário ~ **mesquinhez** *s.f.* - **mesquinheza** *s.f.*

mes.qui.ta *s.f.* templo em que se reúnem os muçulmanos

mes.si.â.ni.co *adj.* 1 REL relativo ao Messias 2 relativo a qualquer movimento que pregue a salvação da humanidade por intermédio de um messias

mes.si.as *s.m.2n.* 1 REL para os judeus, aquele que virá para salvar o seu povo ☞ inicial maiúsc. 2 REL para os cristãos, Jesus Cristo ☞ inicial maiúsc. **3** *p.ext.* alguém esperado como libertador, salvador

mes.ti.ça.gem *s.f.* casamento entre pessoas de raças diferentes; miscigenação

mes.ti.çar *v.* {mod. 1} *t.d.,t.d.i. e pron.* (prep. *com*) cruzar(-se) [uma raça com outra], procriando mestiços; miscigenar(-se)

mes.ti.ço *adj.s.m.* **1** (pessoa) cujos pais são de raças diferentes **2** (animal) nascido de cruzamento de espécies diferentes

mes.tra.do *s.m.* **1** grau universitário obtido após a licenciatura ou o bacharelado **2** curso de pós-graduação que possibilita a obtenção desse grau

mes.tran.do *s.m.* aluno que cursa um mestrado ou que está para receber o grau de mestre

mes.tre [fem.: *mestra*] *s.m.* **1** professor **2** quem é dotado de excepcional capacidade, saber ou talento ⟨*um m. da música*⟩ **3** quem concluiu o mestrado ■ *adj.* **4** que é o mais importante; principal ⟨*viga mestra*⟩ ↄ secundário **5** que serve de base, de guia ⟨*desenho m. de uma obra*⟩

mes.tre-cu.ca [pl.: *mestres-cucas*] *s.m. infrm.* cozinheiro hábil em seu ofício

mes.tre de ar.mas [pl.: *mestres de armas*] *s.m.* instrutor de esgrima

mes.tre de ce.ri.mô.nias [pl.: *mestres de cerimônias*] *s.m.* pessoa encarregada de organizar recepções e receber os convidados

mes.tre de o.bras [pl.: *mestres de obras*] *s.m.* pessoa encarregada de orientar e fiscalizar os operários de uma obra

mes.tre-sa.la [pl.: *mestres-salas*] *s.m.* nas escolas de samba, o par da porta-bandeira

mes.tri.a *s.f.* **1** profundo conhecimento sobre algo ↄ ignorância **2** facilidade e habilidade na execução de algo; perícia ↄ incompetência

me.su.ra *s.f.* reverência

me.su.rar *v.* {mod. 1} *t.d.* **1** fazer mesuras a; cortejar □ *pron.* **2** agir com moderação; controlar-se

meta– *pref.* **1** 'mudança': *metabolismo, metamorfose* **2** 'além de': *metafísica*

me.ta *s.f.* **1** objetivo, intento **2** DESP gol ('espaço')

me.ta.bo.lis.mo *s.m.* BIO num organismo vivo, conjunto dos fenômenos químicos que transformam matéria em energia ~ **metabólico** *adj.*

me.ta.bo.li.zar *v.* {mod. 1} *t.d.* fazer o metabolismo de

me.ta.car.po *s.m.* a parte da mão entre o carpo e os dedos ~ **metacarpiano** *adj.* - **metacárpico** *adj.*

me.ta.de *s.f.* **1** cada uma das duas partes iguais de um todo ⟨*as duas m. da maçã*⟩ ⟨*a m. de 4 é 2*⟩ **2** meio ('ponto equidistante') ⟨*foi até a m. do caminho*⟩

me.ta.fa.lan.ge *s.f.* ANAT denominação substituída por *falange distal*

me.ta.fí.si.ca *s.f.* parte da filosofia que trata da natureza fundamental da realidade e do ser

me.ta.fí.si.co *adj.s.m.* **1** especialista em ou relativo à metafísica ■ *adj.* **2** que transcende a natureza física das coisas

me.tá.fo.ra *s.f.* GRAM recurso estilístico que consiste na transposição do sentido objetivo de uma palavra a um outro figurado, através de uma comparação implícita (p.ex.: ele é um *leão*, para significar forte, corajoso etc.) ~ **metafórico** *adj.* - **metaforizar** *v.t.d. e int.*

me.tal *s.m.* **1** elemento químico bom condutor de calor e eletricidade **2** *fig.* timbre penetrante (de voz ou instrumento) ⊡ **m. alcalino** *loc.subst.* metal monovalente, elemento do grupo I da tabela periódica, que, combinado com oxigênio, produz álcali; alcalino ☞ cf. *tabela periódica* (no fim do dicionário) • **m. alcalino-terroso** *loc.subst.* qualquer metal cujo óxido é um alcalino-terroso; alcalino-terroso • **vil m.** *loc.subst. fig.* dinheiro

me.tal-bran.co [pl.: *metais-brancos*] *s.m.* [2]alpaca

me.tá.li.co *adj.* **1** de metal **2** que parece metal **3** cuja sonoridade lembra a do metal ⟨*voz m.*⟩

me.ta.li.zar *v.* {mod. 1} *t.d.* **1** tornar puro (um metal) **2** transformar em metal **3** revestir de metal **4** dar o aspecto do metal ~ **metalização** *s.f.*

me.ta.lo.gra.fi.a *s.f.* **1** parte da mineralogia que estuda os metais **2** estudo da estrutura e propriedades dos metais e de suas ligas ~ **metalográfico** *adj.*

me.ta.lo.me.câ.ni.ca *s.f.* ramo da metalurgia que se ocupa de materiais metálicos projetados para obter desempenho ótimo em serviço ~ **metalomecânico** *adj.s.m.*

me.ta.lur.gi.a *s.f.* **1** técnica de extrair metais dos minerais **2** arte de purificar e trabalhar os metais

me.ta.lúr.gi.ca *s.f.* *B* oficina especializada em metalurgia

me.ta.lúr.gi.co *adj.* **1** relativo a metalurgia ■ *adj. s.m.* **2** (indivíduo) que trabalha em metalurgia

me.ta.me.ri.za.ção [pl.: *-ões*] *s.f.* ZOO divisão do corpo dos vermes e artrópodes em segmentos mais ou menos idênticos ~ **metamerizar** *v.t.d. e pron.*

me.tâ.me.ro *s.m.* ZOO cada um dos segmentos do corpo dos animais metamerizados

me.ta.mor.fo.se *s.f.* **1** mudança de forma, estrutura e hábitos que ocorre durante o ciclo de vida de certos animais **2** *fig.* mudança completa de uma pessoa ou coisa ⟨*passou por uma inesperada m. após a viuvez*⟩

me.ta.mor.fo.se.ar *v.* {mod. 5} *t.d.,t.d.i. e pron.* (prep. *em*) mudar(-se), alterando a natureza, a forma, o caráter etc.; transformar(-se)

me.ta.no *s.m.* hidrocarboneto incolor e inodoro, encontrado no gás natural, carvão etc., us. em petroquímica e como combustível

me.ta.nol *s.m.* álcool líquido, inflamável, venenoso, us. como solvente, anticongelante nos automóveis, combustível de aviões etc.; álcool metílico

me.tás.ta.se *s.f.* MED deslocamento de vírus, bactérias, parasitas e esp. células cancerosas de um órgão para outro

me.ta.tar.so *s.m.* osso longo do pé formado pelo conjunto de cinco ossos ~ **metatarsiano** *adj.* - **metatársico** *adj.*

me.tá.te.se *s.f.* troca de posição de fonemas ou sílabas dentro de um vocábulo; p.ex.: *depedrar* por *depredar*

me.ta.zo.á.rio *s.m.* ZOO **1** animal pluricelular, que tem o corpo composto de células diferenciadas em tecidos e órgãos ■ *adj.* **2** relativo a esse tipo de animal

me.te.di.ço *adj.* que se intromete onde não deve; intrometido ⮌ discreto

me.temp.si.co.se *s.f.* **1** reencarnação **2** doutrina que a professa

me.te.ó.ri.co *adj.* **1** relativo a meteoro **2** *fig.* brilhante, mas de curta duração ⟨*sucesso m.*⟩

me.te.o.ri.to *s.m.* fragmento de meteoro que atinge a atmosfera ou a superfície da Terra ~ **meteorístico** *adj.*

me.te.o.ro *s.m.* **1** qualquer fenômeno que ocorre na atmosfera terrestre, como o vento, o arco-íris etc. **2** rastro luminoso resultante do atrito de uma partícula de matéria com os gases da atmosfera terrestre; estrela cadente **3** *fig.* aparição brilhante e fugaz

me.te.o.ro.lo.gi.a *s.f.* estudo dos fenômenos atmosféricos, cuja análise permite a previsão do tempo ~ **meteorológico** *adj.*

me.te.o.ro.lo.gis.ta *adj.2g.s.2g.* especialista em meteorologia

me.ter *v.* {mod. 8} *t.d.* **1** fazer entrar; enfiar, introduzir ⟨*m. o livro na pasta*⟩ ⮌ retirar ☞ *na pasta* é circunstância que funciona como complemento **2** fazer constar de; incluir, inserir ⟨*meteu-o na lista*⟩ ⮌ retirar ☞ *na lista* é circunstância que funciona como complemento ❑ *t.d.i. fig.* **3** (prep. *em*) fazer participar de; envolver ⟨*m. o amigo em confusão*⟩ ⮌ excluir ❑ *t.d. e pron.* **4** pôr(-se) em lugar para ficar oculto; esconder(-se) **5** colocar(-se) entre; interpor(-se) ⟨*meteu o quadro entre os móveis*⟩ ⟨*meteu-se entre os brigões*⟩ ☞ *entre os móveis* é circunstância que funciona como complemento **6** (fazer) ficar em algum lugar; internar; recolher(-se) ⟨*m. o filho no quarto*⟩ ⟨*m.-se no quarto*⟩ ☞ *no quarto* é circunstância que funciona como complemento ❑ *pron.* **7** (prep. *com*) unir-se a (indivíduo ou grupo) para certo fim; envolver-se **8** (prep. *com*) provocar, desafiar ⟨*não se meta com o vizinho*⟩ **9** (prep. *em*) tomar parte ou dar opinião em (assunto alheio); intrometer-se **10** (prep. *a*) arriscar-se, aventurar-se ❑ *t.d. e t.d.i.* **11** (prep. *a, em*) fazer surgir (sentimentos, pensamentos) [em]; causar, inspirar

me.ti.cu.lo.so \ô\ [pl.: *meticulosos* \ó\] *adj.* **1** que tem escrúpulos ⮌ imperturbável **2** atento aos detalhes; minucioso ⟨*pesquisa m.*⟩ ⟨*funcionário m.*⟩ ⮌ displicente **3** que demonstra precaução; cauteloso ⮌ descuidado ~ **meticulosidade** *s.f.*

me.ti.do *adj.s.m. B* **1** que(m) tenta passar pelo que não é; presunçoso ⟨*não sabe nada, mas é m.*⟩ ⮌ modesto **2** que(m) se mete no que não lhe diz respeito; intrometido ⮌ discreto ~ **metidez** *s.f.* - **metideza** *s.f.*

me.ti.la *s.f.* QUÍM alquila derivada do metano pela remoção de um átomo de hidrogênio

me.tí.li.co *adj.* que contém o radical metila (diz-se de álcool)

me.to.di.ca.men.te *adv.* **1** de acordo com um método, uma lógica, uma ordem ⟨*analisar m. um gênero botânico*⟩ **2** com minúcia, com escrúpulo ⟨*examinar m. os autos do processo*⟩ **3** com exata regularidade ⟨*frequenta m. os cultos da igreja*⟩

me.tó.di.co *adj.* **1** que procede com método ⟨*pessoa m.*⟩ **2** em que há método ⟨*trabalho m.*⟩

me.to.dis.mo *s.m.* doutrina protestante e evangélica fundada no sXVIII, dentro da Igreja anglicana, que tem a Bíblia como regra da fé e da prática

me.to.dis.ta *adj.2g.* **1** relativo ao metodismo ■ *adj.2g.s.2g.* **2** adepto dessa doutrina

me.to.di.zar *v.* {mod. 1} *t.d.* tornar metódico; ordenar, sistematizar ~ **metodização** *s.f.*

mé.to.do *s.m.* **1** procedimento, técnica ou meio para se atingir um objetivo ⟨*há mais de um m. para executar o trabalho*⟩ **2** processo organizado de ensino, pesquisa, apresentação etc. ⟨*foi alfabetizado por um m. moderno*⟩ **3** *p.ext.* livro, apostila etc. que apresenta esse processo ⟨*m. de redação*⟩ **4** modo de agir ⟨*achou um m. de economizar*⟩ **5** *fig.* maneira sensata de agir; cautela ⮌ precipitação

me.to.do.lo.gi.a *s.f.* conjunto de métodos, princípios e regras empregados por uma atividade ou disciplina ~ **metodológico** *adj.*

me.to.ní.mia *s.f.* GRAM figura de linguagem que consiste em usar uma palavra fora de seu contexto semântico habitual, tomando, p.ex., a matéria pelo objeto (*ouro* por *dinheiro*), o autor pela obra (ler *Camões* por ler *a obra de Camões*) etc. ~ **metonímico** *adj.*

me.tra.gem *s.f.* **1** medição em metros **2** quantidade de metros

me.tra.lha *s.f.* **1** conjunto de pequenas balas, pedaços de ferro velho, pregos etc. us. como carga de armas **2** chuva de balas **3** som de metralhadora atirando

me.tra.lha.do.ra \ô\ *s.f.* arma de fogo automática que dispara de forma rápida e contínua

me.tra.lhar *v.* {mod. 1} *t.d.* **1** dar tiros de metralhadora contra **2** abrir fogo intenso contra **3** *fig. B* fazer muitas perguntas rápidas a (alguém), sem dar-lhe tempo de responder

mé.tri.ca *s.f.* o conjunto das regras de medida, ritmo e organização de versos, estrofes e poemas

mé.tri.co *adj.* **1** relativo ao metro ou ao sistema de medidas que tem por base o metro **2** relativo a métrica

me.tri.fi.car *v.* {mod. 1} *t.d. e int.* pôr em ou compor versos medidos ~ **metrificação** *s.f.*

me.tri.te *s.f.* inflamação do útero

me.tro *s.m.* **1** unidade de medida de comprimento [símb.: *m*] **2** vara ou fita us. para medir o comprimento de algo **3** medida que estabelece a quantidade de sílabas de um verso

me.trô *s.m.* sistema de transporte urbano subterrâneo realizado por trens elétricos

me.tro.lo.gi.a *s.f.* ciência dos pesos e medidas ~ **metrológico** *adj.* - **metrologista** *s.2g.*
me.trô.no.mo *s.m.* instrumento inventado no sXIX para estabelecer um padrão fixo para os andamentos musicais
me.tró.po.le *s.f.* **1** capital ou cidade principal de uma província ou estado **2** *p.ext.* qualquer cidade grande ou importante **3** uma nação em relação a suas colônias ou territórios ultramarinos
me.tro.po.li.ta.no *adj.* relativo a, próprio de, ou que tem aspecto de metrópole ⟨*hábitos m.*⟩ ⟨*capital m.*⟩
me.tros.se.xu.al \cs\ *adj.2g.* **1** relativo a ou que revela metrossexualidade ■ *adj.2g.s.m.* **2** diz-se de homem extremamente vaidoso, que gasta tempo e somas consideráveis de dinheiro com a aparência e seu estilo de vida
me.tros.se.xu.a.li.da.de \cs\ *s.f.* condição, caráter de metrossexual
me.tro.vi.á.rio *adj.s.m.* (funcionário) do metrô
meu *pron.pos.* determina um substantivo (coisa ou pessoa) relacionado à pessoa que fala, significando o que pertence ou diz respeito a ela ⟨*este é m. irmão*⟩ ⟨*o livro é m.*⟩ ⟨*m. trem sai às três*⟩ ⊡ **os m.** *loc.subst.* a família, os amigos da pessoa que fala
me.xe.di.ço *adj.* que se mexe muito ⮌ quieto
me.xer *v.* {mod. 8} *t.d.* **1** agitar o conteúdo de (algo), com a ajuda de colher, varinha etc., para misturá-lo, cozinhá-lo etc. ❑ *t.d.,int. e pron.* **2** pôr(-se) em movimento, tirando ou saindo da posição original; mover(-se) ❑ *t.i.* **3** (prep. *em*) pôr as mãos em, movendo, revirando **4** (prep. *em*) fazer modificações em; alterar ⟨*m. num texto, num time*⟩ ⮌ conservar **5** (prep. *com*) importunar com brincadeiras, gracejos ou provocações **6** (prep. *com*) ter como ocupação profissional; lidar, trabalhar **7** (prep. *com*) dedicar-se a (algo), por interesse, lazer etc.
me.xe.ri.ca *s.f.* tangerina
me.xe.ri.co *s.m.* fofoca, intriga ~ **mexericar** *v.t.d. e int.*
me.xe.ri.quei.ro *adj.s.m.* (aquele) que é dado a fazer mexericos
me.xi.ca.no *adj.* **1** do México (América do Norte) ■ *s.m.* **2** natural ou habitante desse país
me.xi.da *s.f.* ausência de arrumação, de organização; desordem, confusão
me.xi.lhão [pl.: *-ões*] *s.m.* nome comum a moluscos de duas conchas ovaladas e escuras; são ger. comestíveis e vivem fixos a pedras, cascos de navios etc.
me.za.ni.no *s.m.* **1** andar intermediário, pouco elevado, entre dois pavimentos altos **2** andar mais baixo, construído no pé-direito de um andar principal, com acesso apenas pelo interior do recinto
me.zi.nha *s.f.* *infrm.* remédio caseiro
mg símbolo de *miligrama*
Mg símbolo de *magnésio*
MG sigla do Estado de Minas Gerais
MHz símbolo de *mega-hertz*
[1]**mi** *s.m.* nota musical [ORIGEM: do it. *mi* 'id.']
[2]**mi** *s.m.* nome da décima segunda letra do alfabeto grego (μ, M) [ORIGEM: do gr. *mu* 'id.']
mi.a.do *s.m.* **1** ato de miar ou o seu efeito **2** a voz do gato
mi.ar *v.* {mod. 1} *int.* dar miado(s) ⊙ GRAM/USO só us. nas 3as p., exceto quando fig.
mi.as.ma *s.m.* **1** mau odor que exala de animais ou vegetais em decomposição **2** *fig.* sensação de ansiedade ou dificuldade de respirar; asfixia, mal-estar
mi.as.má.ti.co *adj.* que produz miasmas ⟨*terreno m.*⟩
mi.au *s.m.* *infrm.* **1** onomatopeia da voz do gato **2** gato, em linguagem infantil
mi.ca *s.f.* mineral brilhante e transparente, que se fende em lâminas finas, us. como isolante ou em objetos ornamentais
mi.ca.do *s.m.* imperador do Japão
mi.ca.gem *s.f.* **1** careta ou gesto próprios de mico **2** gesticulação ridícula
mi.çan.ga *s.f.* pequena conta colorida de massa de vidro
mi.ca.re.ta \ê\ *s.f.* festa carnavalesca fora da época tradicional
mic.ção [pl.: *-ões*] *s.f.* MED ato de urinar ou o seu efeito ~ **miccional** *adj.2g.*
mi.cé.lio *s.m.* BOT talo da maioria das espécies de fungos, composto de filamentos sem clorofila
mi.chê *s.m.* **1** quantia paga a quem se prostitui **2** ato de prostituir-se
[1]**mi.co** *s.m.* nome comum aos macacos pequenos, de cauda longa e não preênsil, pelo macio e denso, que vivem em pequenos grupos e se alimentam esp. de insetos e frutas [ORIGEM: do esp. *mico* 'macaco de cauda larga']
[2]**mi.co** *s.m.* **1** mico-preto **2** *fig.* situação embaraçosa, vexame [ORIGEM: red. de *mico-preto*] ⊡ **pagar m.** *loc.vs.* *B infrm.* passar vergonha
mi.co-le.ão [pl.: *micos-leão* e *micos-leões*] *s.m.* sagui da Mata Atlântica, de pelo dourado sedoso e brilhante; mico-leão-dourado
mi.co-le.ão-dou.ra.do [pl.: *micos-leão-dourados* e *micos-leões-dourados*] *s.m.* mico-leão
mi.co.lo.gi.a *s.f.* ramo da microbiologia que estuda os fungos e cogumelos ~ **micológico** *adj.* - **micólogo** *adj.s.m.*
mi.co-pre.to [pl.: *micos-pretos*] *s.m.* **1** jogo infantil de cartas com figuras de animais, cujo objetivo é formar pares (macho e fêmea) até sobrar, na mão do perdedor, a carta com um macaquinho preto, sem par; [2]mico **2** a carta que tem o desenho do mico-preto
mi.co.se *s.f.* infecção causada por fungo ~ **micótico** *adj.*
mi.crei.ro *s.m.* *B infrm.* usuário fanático de microcomputador
mi.cro *s.m.* INF red. de *microcomputador*
mi.cró.bio *s.m.* **1** qualquer organismo muito pequeno, esp. bactéria, protozoário ou fungo patogênico **2** nome comum a microrganismos que causam

doenças em animais ~ **microbial** *adj.2g.* - **microbiano** *adj.*

mi.cro.bi.o.lo.gi.a *s.f.* especialidade biomédica que estuda os microrganismos responsáveis por doenças infecciosas ~ **microbiologista** *adj.2g.s.2g.*

mi.cro.chip [ing.; pl.: *microchips*] *s.m.* microprocessador ⇨ pronuncia-se **maicrotchip**

mi.cro.cir.cui.to *s.m.* ver CIRCUITO INTEGRADO

mi.cro.ci.rur.gi.a *s.f.* cirurgia realizada com o auxílio de microscópio especial

mi.cro.com.pu.ta.dor \ô\ *s.m.* computador no qual o processamento de dados é realizado por um microprocessador; micro

mi.cro.cos.mo *s.m.* **1** mundo pequenino **2** o homem considerado como um pequeno universo, uma imagem reduzida do mundo **3** pequena sociedade ⟨*o m. intelectual da cidade*⟩ ☞ cf. *macrocosmo* ~ **microcósmico** *adj.*

mi.cro.e.co.no.mi.a *s.f.* estudo do comportamento de agentes econômicos individuais (consumidores, empresas comerciais, trabalhadores etc.) e sua atuação no mercado

mi.cro.e.le.trô.ni.ca *s.f.* ramo da eletrônica que se dedica à miniaturização de circuitos e componentes eletrônicos ~ **microeletrônico** *adj.*

mi.cro.em.pre.sa *s.f.* empresa de pequeno porte cuja renda anual e as atividades exercidas são determinadas por legislação específica ~ **microempresarial** *adj.2g.* - **microempresário** *s.m.*

mi.cro.fi.bra *s.f.* fibra têxtil sintética muito fina, us. esp. na confecção de roupas

mi.cro.fil.me *s.m.* cópia reduzida de documentos, figuras etc. em filme fotográfico ~ **microfilmagem** *s.f.* - **microfilmar** *v.t.d.*

mi.cro.fo.ne *s.m.* aparelho que transforma a energia sonora em energia elétrica, esp. com a finalidade de transmitir ou gravar sons ~ **microfônico** *adj.*

mi.cro.fo.ni.a *s.f.* ruído em um alto-falante causado por vibração mecânica dos componentes eletrônicos

mi.crô.me.tro *s.m.* **1** unidade de medida de comprimento equivalente à milionésima parte do metro [símb.: *μm*] **2** instrumento para medir distâncias, espessuras e ângulos diminutos ~ **micrométrico** *adj.*

mí.cron [pl.: *mícrones* e *(B) mícrons*] *s.m.* unidade correspondente à milésima parte do milímetro

mi.cro.né.sio *adj.* **1** da Micronésia (Oceania) ■ *s.m.* **2** natural ou habitante desse arquipélago

mi.cro-on.da [pl.: *micro-ondas*] *s.f.* radiação eletromagnética de altíssima frequência

mi.cro-on.das *s.m.2n.* forno de micro-ondas

mi.cro-ô.ni.bus *s.m.2n.* *B* veículo de transporte coletivo menor que o ônibus

mi.cro-or.ga.nis.mo *s.m.* → MICRORGANISMO

mi.cro.pro.ces.sa.dor \ô\ *s.m.* unidade central de processamento de dados de um microcomputador

mi.cror.ga.nis.mo ou **mi.cro-or.ga.nis.mo** *s.m.* organismo de tamanho microscópico; micróbio

mi.cror.re.gi.ão [pl.: *-ões*] *s.f.* subdivisão de uma região geográfica natural ~ **microrregional** *adj.2g.*

mi.cros.có.pi.co *adj.* **1** relativo a microscopia ou a microscópio ⟨*estudos m.*⟩ **2** que se realiza com o auxílio do microscópio ⟨*intervenção m.*⟩ **3** visível somente por meio do microscópio ⟨*organismos m.*⟩ **4** *fig.* muito pequeno; minúsculo

mi.cros.có.pio *s.m.* instrumento óptico us. para observação de seres e objetos muito pequenos

mi.cró.to.mo *s.m.* instrumento para cortar tecidos e fragmentos de órgãos em lâminas finíssimas, us. em análise microscópica

mi.cro.zo.á.rio *s.m.* qualquer animal microscópico

mic.tó.rio *s.m.* **1** lugar próprio para urinar ■ *adj.* **2** que faz urinar; diurético

mi.cu.im *s.m.* nome comum a ácaros quase microscópicos, confundidos ger. com carrapatos, cuja picada causa terrível coceira

mí.dia *s.f.* **1** conjunto dos meios de comunicação de massa (jornal, rádio, televisão etc.) **2** em agência de publicidade, setor que planeja a veiculação de anúncios, filmes, cartazes etc.

mi.ga.lha *s.f.* **1** fragmento mínimo de alimento ▼ *migalhas s.f.pl.* **2** o conjunto do que não foi aproveitado; sobras, restos ⟨*deixaram-lhe as m. da fortuna*⟩

mi.gra.ção [pl.: *-ões*] *s.f.* **1** movimento de entrada ou saída de indivíduos em países diferentes ou dentro de um mesmo país ☞ cf. *emigração* e *imigração* **2** viagem periódica de animais de uma região para outra, ger. por questões ambientais

mi.gran.te *adj.2g.s.2g.* (o) que migra ☞ cf. *emigrante* e *imigrante*

mi.grar *v.* {mod. 1} *int.* mudar de uma região para outra, de um país para outro ⟨*m. para o sul*⟩ ☞ *para o sul* é circunstância que funciona como complemento

mi.gra.tó.rio *adj.* **1** relativo a migração **2** que realiza migração (diz-se de animal)

mi.i.o.lo.gi.a *s.f.* estudo ou descrição das moscas ~ **miiológico** *adj.*

mi.jar *v.* {mod. 1} *int.* e *pron.* **1** verter urina, voluntária ou involuntariamente; urinar(-se) ❑ *t.d.* **2** verter junto com urina ~ **mijada** *s.f.*

mi.jo *s.m.* *infrm.* urina

mil *n.card.* **1** cem dezenas **2** diz-se desse número ⟨*ofício de número m.*⟩ **3** diz-se do milésimo elemento de uma série ⟨*ofício m.*⟩ **4** que equivale a essa quantidade (diz-se de medida ou do que é contável) ⟨*prédio de m. moradores*⟩ **5** *p.ext.* sem conta; inumerável ⟨*repetiu a história umas m. vezes*⟩ ■ *s.m.* **6** representação gráfica desse número ⟨*o m. da inscrição estava legível*⟩ ☞ em algarismos arábicos, *1.000*; em algarismos romanos, *M*

mi.la.gre *s.m.* **1** acontecimento inexplicável pelas leis da natureza **2** acontecimento admirável, estupendo ⟨*m. da medicina*⟩ ⟨*é um m. que tenha passado de ano*⟩

mi.la.grei.ro *adj.s.m.* **1** que(m) se diz capaz de fazer milagres **2** que(m) acredita em milagres
mi.la.gro.so \ô\ [pl.: *milagrosos* \ó\] *adj.* **1** que realiza milagres **2** fora do comum; extraordinário, maravilhoso
mi.la.ne.sa \ê\ *s.f.* ◗ só usado em: **à m.** *loc.adj.* (alimento) passado em ovo e farinha de rosca e depois frito ⟨*bife à m.*⟩ ⟨*couve-flor à m.*⟩
mi.le.nar *adj.2g.* que tem mil anos ou mais ⟨*cultura m.*⟩ ~ **milenário** *adj.s.m.*
mi.lê.nio *s.m.* período de mil anos
mi.lé.si.mo *n.ord.* *(adj.s.m.)* **1** (o) que, numa sequência, ocupa a posição número mil ⟨*a m. reunião*⟩ ■ *n.frac.* *(adj.s.m.)* **2** (o) que é mil vezes menor que a unidade ⟨*isto hoje vale um m. do que valia*⟩
mil-fo.lhas *s.m.2n.* doce de massa folhada entremeada de recheio cremoso
mi.lha *s.f.* unidade inglesa de medida de distância terrestre equivalente a 1.609 m ⊡ **m. marítima** *loc.subst.* unidade de distância marítima equivalente a 1.852 m
mi.lha.gem *s.f.* contagem de milhas
mi.lhão [pl.: *-ões*] *n.card.* **1** mil vezes mil (10^6) ■ *s.m.* *p.ext.* **2** grande quantidade ⟨*contou a história um m. de vezes*⟩ ▼ ***milhões*** *s.m.pl.* **3** quantia muito elevada de dinheiro ⟨*aplicou m. na bolsa de valores*⟩
mi.lhar *s.m.* **1** mil unidades ▼ ***milhares*** *s.m.pl.* **2** quantidade indeterminada ⟨*fez m. de recomendações*⟩
mi.lha.ral *s.m.* grande concentração de pés de milho
mi.lhei.ro *s.m.* grupo de mil unidades iguais
mi.lho *s.m.* **1** erva de até 3 m, com folhas em forma de lança, cujos frutos comestíveis são grãos amarelados presos em espigas cilíndricas **2** esse grão ⊙ COL milharal
mi.lí.cia *s.f.* **1** conjunto de tropas de um país **2** qualquer organização de cidadãos armados ~ **miliciano** *adj.s.m.*
mi.li.co *s.m.* *B pej.* [1]militar
mi.li.gra.ma *s.m.* unidade de medida de massa equivalente à milésima parte do grama [símb.: *mg*]
mi.li.li.tro *s.m.* unidade de medida de volume equivalente à milésima parte do litro [símb.: *ml*]
mi.lí.me.tro *s.m.* unidade de medida de comprimento equivalente à milésima parte do metro [símb.: *mm*]
mi.li.o.ná.rio *adj.s.m.* **1** (o) que é muito rico **2** (o) que encerra um grande valor ⟨*proposta m.*⟩
mi.li.o.né.si.mo *n.ord.* *(adj.s.m.)* **1** (o) que, numa sequência, ocupa a posição número 1.000.000 ■ *n.frac.* *(adj.s.m.)* **2** (o) que é um milhão de vezes menor que a unidade ⟨*levou um m. de segundo*⟩
mi.li.tan.te *adj.2g.s.2g.* **1** que(m) defende ativamente uma causa **2** que(m) adere a um partido, instituição etc. ~ **militância** *s.f*
[1]**mi.li.tar** *adj.2g.* **1** relativo a guerra, a soldado e a Exército **2** relativo às forças armadas ■ *s.m.* **3** soldado ou oficial das forças armadas [ORIGEM: do lat. *militāris,e* 'de guerra, de soldado']
[2]**mi.li.tar** *v.* {mod. 1} *int.* **1** seguir carreira nas forças armadas **2** participar de guerra; lutar **3** lutar a favor de uma ideia ou causa [ORIGEM: do lat. *militāre* 'ser soldado, servir ao Exército']
mi.li.ta.ris.mo *s.m.* **1** sistema político em que prevalece o poder dos militares **2** doutrina dos partidários desse sistema **3** tendência a fortalecer as forças armadas e solucionar os conflitos internacionais pela guerra ~ **militarista** *adj.2g.s.2g.*
mi.li.ta.ri.zar *v.* {mod. 1} *t.d. e pron.* **1** (fazer) adquirir feição, caráter militar ❑ *t.d.* **2** dotar de armas e outros recursos militares
milk-shake [ing.; pl.: *milk-shakes*] *s.m.* leite batido com sorvete ⇨ pronuncia-se milc xêic
mi.lon.ga *s.f.* canto e dança populares da Argentina e Uruguai do final do sXIX ~ **milongueiro** *adj.s.m.*
mil-réis *s.m.2n.* **1** unidade monetária brasileira até 1942 **2** a cédula us. nas transações monetárias nessa época
mim *pron.p.* forma oblíqua tônica do pronome pessoal reto da primeira pessoa do singular *eu*, sempre regido de preposição (quando precedido de *com* é substituído pela forma *migo*) ⟨*veio a m.*⟩ ⟨*entre m. e você*⟩ ⟨*guardo-o comigo*⟩
mi.mar *v.* {mod. 1} *t.d.* **1** tratar com carinho **2** fazer todas as vontades de; paparicar ~ **mimado** *adj.*
mi.me.ó.gra.fo *s.m.* equipamento que faz cópias a partir de matriz perfurada (estêncil) presa em torno de uma pequena bobina que recebe tinta por dentro ~ **mimeografar** *v.t.d.* - **mimeografia** *s.f.*
mi.me.tis.mo *s.m.* **1** fenômeno pelo qual alguns animais assumem a cor e o aspecto do meio em que estão **2** *fig.* processo pelo qual um ser se ajusta a uma nova situação; adaptação ⟨*m. político*⟩ ~ **mimético** *adj.* - **mimetizar** *v.t.d. e pron.*
mí.mi.ca *s.f.* arte ou ato de se expressar por gestos; pantomima ~ **mímico** *adj.s.m.*
[1]**mi.mo** *s.m.* **1** atenção especial de alguém a outrem; agrado, carinho ⟨*enchia-o de mimos*⟩ **2** objeto que se dá a alguém; presente **3** pessoa ou coisa delicada ⟨*um m. de criança*⟩ [ORIGEM: criação expressiva]
[2]**mi.mo** *s.m.* ator de pantomima [ORIGEM: do lat. *mīmus,i* 'id.']
mi.mo.se.ar *v.* {mod. 5} *t.d.* **1** dar presente a; presentear **2** tratar com delicadezas, agrados; mimar
mi.mo.so \ô\ [pl.: *mimosos* \ó\] *adj.* **1** delicado, sensível ⟨*criança m.*⟩ ⊃ grosseiro **2** de beleza suave; gracioso ⟨*vestido m.*⟩ ⊃ feio
min abreviação de *minuto*
mi.na *s.f.* **1** jazida **2** escavação na terra para a extração de minérios, carvão, água etc. ⟨*m. de ouro*⟩ **3** carga explosiva camuflada, us. em terra ou no mar **4** nascente de água, fonte
mi.nar *v.* {mod. 1} *t.d.* **1** abrir mina(s) em **2** abrir cavidades, túneis em **3** colocar explosivos em ❑ *t.d. e int.* *fig.* **4** sair ou deixar sair (líquido, radiação etc.); jorrar, escorrer **5** deteriorar(-se) aos poucos; consumir(-se) ⟨*a traição minou o amor*⟩ ⟨*a fé do pastor minou*⟩
mi.na.re.te \ê\ *s.m.* torre alta e fina das mesquitas

min.di.nho *adj.s.m. infrm.* mínimo ('dedo da mão')
[1]**mi.nei.ro** *adj.* **1** relativo à mina ('escavação') ■ *s.m.* **2** operário que trabalha em minas [ORIGEM: do fr. *minière* 'terreno de onde se extraem metais']
[2]**mi.nei.ro** *adj.* **1** de Minas Gerais ■ *s.m.* **2** natural ou habitante desse estado [ORIGEM: do top. *Minas* Gerais + *-eiro*]
mi.ne.ra.ção [pl.: *-ões*] *s.f.* **1** trabalho de extração do minério **2** depuração do mínerio extraído das minas
mi.ne.ral *adj.2g.* **1** relativo aos minerais **2** inorgânico ■ *s.m.* **3** material sólido natural, inorgânico, que constitui a litosfera ~ **mineralidade** *s.f.* - **mineralização** *s.f.* - **mineralizar** *v.t.d. e pron.*
mi.ne.ra.lo.gi.a *s.f.* ciência que estuda os minerais ~ **mineralógico** *adj.*
mi.ne.rar *v.* {mod. 1} *t.d. e int.* extrair de mina (minério, pedra ou metal de valor) ou explorá-la
mi.né.rio *s.m.* mineral que pode ser trabalhado para extração de uma ou mais substâncias economicamente úteis
mi.nes.tro.ne *s.m.* sopa com arroz ou macarrão e verduras ou legumes picados
min.gau *s.m.* **1** papa de leite engrossada com cereais ou farinhas variadas **2** *p.ext.* qualquer substância com a consistência dessa papa
mín.gua *s.f.* **1** carência de algo; escassez ↄ excesso **2** pobreza extrema; penúria ↄ riqueza
min.guar *v.* {mod. 3} *t.d. e int.* **1** tornar(-se) menor ou menos abundante; diminuir ↄ aumentar ❑ *int.* **2** passar (a Lua) de cheia a nova ❑ *t.i. e int.* **3** (prep. *a*) não existir ou existir em pequena quantidade; faltar ~ **minguante** *adj.2g.*
mi.nho.ca *s.f.* verme alongado que vive em túneis e galerias na terra
mí.ni *s.2g.* red. de alguns substantivos antecedidos do pref. *mini-* (p.ex., *minidicionário, minissaia*) ☞ us. tb. como adj., p.ex.: *um vestido m.*
mi.ni.a.tu.ra *s.f.* qualquer coisa em tamanho reduzido ⟨*uma m. da torre de Londres*⟩ ⟨*um cavalo em m.*⟩ ~ **miniaturista** *adj.2g.s.2g.* - **miniaturizar** *v.t.d.*
mi.ni.com.pu.ta.dor *s.m.* computador de capacidade entre a dos microcomputadores e a dos computadores de grande porte, para ser us. por vários usuários (por meio de terminais), ou como servidor de uma rede de computadores
mi.ni.di.cio.ná.rio *s.m.* dicionário de tamanho reduzido
mi.ni.en.ci.clo.pé.dia *s.f.* pequena enciclopédia
mi.ni.fún.dio *s.m.* pequena propriedade rural ~ **minifundiário** *adj.s.m.*
mí.ni.ma *s.f.* **1** figura de ritmo que equivale à metade da semibreve **2** seu símbolo (𝅗𝅥)
mi.ni.ma.lis.mo *s.m.* técnica ou estilo (musical, literário, visual) caracterizado por extrema concisão e simplicidade, que utiliza um número reduzido de elementos ou temas valorizados pela sua repetição ~ **minimalista** *adj.2g.s.2g.*
mi.ni.mi.zar *v.* {mod. 1} *t.d.* **1** tornar mínimo ↄ maximizar **2** reduzir em comprimento, volume etc. ↄ aumentar **3** *fig.* dar menos valor, importância do que o devido; subestimar ↄ superestimar ~ **minimização** *s.f.*
mí.ni.mo *adj.* **1** muito pequeno **2** menor que todos os demais ■ *adj.s.m.* **3** (o) menor valor ou esforço admitido ou praticado ⟨*salário m.*⟩ ⟨*o m. que se esperava era o perdão*⟩ **4** (dedo da mão) que sucede o anelar; mindinho ⊙ GRAM/USO sup.abs.sint. de *pequeno*
mi.nis.sai.a *s.f.* saia muito curta
mi.nis.sé.rie *s.f.* novela ou filme seriado para televisão, ger. de no mínimo dois e no máximo 25 capítulos
mi.nis.té.rio *s.m.* **1** ocupação exercida por alguém; cargo, função **2** cargo ou função de ministro de Estado e seu tempo de exercício **3** conjunto de ministros; gabinete **4** prédio onde trabalham o ministro e seus auxiliares ~ **ministerial** *adj.2g.*
mi.nis.trar *v.* {mod. 1} *t.d. e t.d.i.* **1** (prep. *a*) passar para o domínio de; dar, fornecer **2** (prep. *a*) determinar o uso de (líquido, remédio, tratamento etc.) [a pessoa ou animal]; administrar **3** (prep. *a*) efetuar (culto ou sacramento religioso) ⟨*m. a extrema-unção (a um moribundo)*⟩ **4** (prep. *a*) dar (aula, palestra, curso etc.) [a] ~ **ministrante** *adj.2g.s.2g.*
mi.nis.tro *s.m.* **1** chefe de ministério ⟨*m. da Educação*⟩ **2** categoria diplomática abaixo da de embaixador **3** pastor protestante **4** DIR *B* designação comum aos juízes de qualquer corte suprema do país ⟨*m. do Supremo Tribunal Federal*⟩ ⊙ COL ministério, gabinete
mi.no.rar *v.* {mod. 1} *t.d. e int.* **1** tornar(-se) menor; reduzir(-se) ↄ aumentar **2** tornar(-se) menos intenso; suavizar(-se) ↄ intensificar(-se) ~ **minoração** *s.f.*
mi.no.ri.a *s.f.* **1** inferioridade numérica **2** SOC subgrupo de uma sociedade que, por ser diferente do grupo maior ou dominante, é alvo de discriminação e preconceito
mi.no.ri.da.de *s.f.* menoridade
mi.no.ri.tá.rio *adj.* **1** relativo a minoria ↄ majoritário **2** que está em minoria ⟨*partido m.*⟩
mi.nu.a.no *s.m.* vento forte, frio e seco, que sopra no Rio Grande do Sul depois das chuvas de inverno
mi.nú.cia *s.f.* detalhe, pormenor
mi.nu.ci.ar *v.* {mod. 1} *t.d.* relatar com detalhes; pormenorizar
mi.nu.ci.o.so \ô\ [pl.: *minuciosos* \ó\] *adj.* **1** repleto de detalhes ⟨*pesquisa m.*⟩ ↄ superficial **2** que faz tudo com atenção e cuidado; meticuloso ⟨*pessoa m.*⟩ ↄ displicente ~ **minuciosidade** *s.f.*
mi.nu.dên.cia *s.f.* **1** minúcia **2** *p.ext.* exame atento
mi.nu.en.do *s.m.* MAT diminuendo ('número')
mi.nu.e.to \ê\ *s.m.* **1** dança da aristocracia francesa surgida no sXVII e a música que a acompanha **2** composição musical com as características dessa música que integra suítes e sinfonias
mi.nús.cu.la *s.f.* letra minúscula
mi.nús.cu.lo *adj.* **1** muito pequeno; mínimo ⟨*toalha com desenhos m.*⟩ ↄ imenso **2** *p.ext.* sem importância ou valor; insignificante ⟨*auxílio m.*⟩ ↄ grande

[1]**mi.nu.ta** *s.f.* rascunho [ORIGEM: do lat.medv. *minūta (scriptura)* 'antigos borrões escritos com letra muito pequena']

[2]**mi.nu.ta** *s.f.* prato preparado na hora, de acordo com o pedido do freguês [ORIGEM: da loc. fr. *a la minute* 'no mesmo instante'] ⊡ **à m.** *loc.adj.* feito na hora ⟨*atendimento à m.*⟩

mi.nu.tar *v.* {mod. 1} *t.d.* escrever ou ditar 'minuta de ⟨*m. uma proposta*⟩

mi.nu.to *s.m.* **1** unidade de medida de tempo equivalente a 60 segundos [abrev.: *min*] **2** unidade de medida de ângulo ou arco equivalente à 60ª parte do grau [símb.: ']

mi.o.cár.dio *s.m.* músculo do coração com funcionamento autônomo e involuntário, que assegura a circulação do sangue

mi.o.car.di.te *s.f.* inflamação do miocárdio ~ **miocardítico** *adj.*

mi.o.ce.no *s.m.* **1** quarta época do período terciário, entre o Oligoceno e o Plioceno, marcada pelo grande desenvolvimento dos primatas ☞ inicial maiúsc. ■ *adj.* **2** dessa época

mi.o.lo \ô\ [pl.: *miolos* \ó\] *s.m.* **1** a parte de dentro do pão e de alguns frutos **2** o conteúdo da coluna vertebral ou dos ossos longos; medula, tutano **3** *infrm.* o cérebro ☞ mais us. no pl. **4** o conjunto de cadernos ou folhas que compõem um livro, revista etc., excluindo a capa

mi.o.lo.gi.a *s.f.* estudo dos músculos ~ **miológico** *adj.*

mi.o.ma *s.m.* tumor formado a partir de tecidos musculares

mí.o.pe *adj.2g.s.2g.* (aquele) que sofre de miopia

mi.o.pi.a *s.f.* deficiência visual em que os raios luminosos formam o foco antes da retina, dificultando a visão de objetos distantes do observador ☞ cf. *hipermetropia*

mi.o.só.tis *s.2g.2n.* nome comum a ervas da fam. das boragináceas, com flores pequenas que mudam de róseas para azuis, ger. cultivadas como ornamentais

mi.ra *s.f.* **1** habilidade em acertar um alvo; pontaria **2** *fig.* o que se pretende alcançar; objetivo, intuito **3** pequena saliência externa na extremidade do cano das armas de fogo, us. para direcionar a pontaria

mi.ra.bo.lan.te *adj.2g.* **1** excessivamente vistoso; espalhafatoso ↄ discreto **2** *B* extravagante; delirante ⟨*ideias m.*⟩ ↄ comum

mi.ra.cu.lo.so \ô\ [pl.: *miraculosos* \ó\] *adj.* **1** que realiza milagres; milagroso **2** fora do comum; maravilhoso, milagroso ↄ banal

mi.ra.gem *s.f.* **1** efeito óptico frequente nos desertos, produzido pela reflexão da luz solar, que cria a aparência de uma poça de água ou de um espelho em que objetos distantes são vistos invertidamente **2** *fig.* falsa realidade; ilusão

mi.ra.mar *s.m.* mirante voltado para o mar

mi.ran.te *s.m.* **1** local elevado de onde se tem uma vista panorâmica **2** pequena construção isolada com vista panorâmica

mi.rar *v.* {mod. 1} *t.d.* **1** fixar os olhos em; fitar, olhar **2** dirigir a vista para; olhar ❑ *t.d.,t.i. e int.* **3** (prep. *em*) fazer pontaria para (um alvo); apontar ❑ *pron.* **4** olhar a própria imagem refletida

mi.rí.a.de ou **mi.rí.a.da** *s.f.* quantidade indeterminada, mas considerada imensa ⟨*m. de estrelas*⟩

mi.ri.á.po.de *s.m.* **1** invertebrado de corpo alongado, com muitas patas, sem diferenciação entre o tórax e o abdome, e cabeça provida de um par de antenas (p.ex.: lacraias, centopeias, embuás etc.) ■ *adj.2g.* **2** relativo a esse invertebrado

mi.rim *adj.2g.* **1** pequeno ⟨*lagoa m.*⟩ **2** que ainda é criança ⟨*cantor m.*⟩

mir.me.co.fa.gí.deo *s.m.* ZOO **1** espécime dos mirmecofagídeos, família de mamíferos desdentados, de dedos com garras longas e fortes us. para cavar, conhecidos vulgarm. como tamanduás ■ *adj.* **2** relativo a essa família

mir.ra *s.f.* **1** árvore cuja casca expele, em forma de gotas, uma resina aromática us. em incensos, unguentos etc. **2** essa resina

mir.rar *v.* {mod. 1} *t.d.* **1** preparar (algo) com essência de mirra ❑ *t.d. e int.fig.* **2** tornar(-se) seco ou murcho; ressecar **3** (fazer) ficar fraco, magro, abatido; definhar ❑ *int.fig.* **4** emagrecer muito

mi.san.tro.pi.a *s.f.* **1** ódio à humanidade ↄ filantropia **2** *p.ext.* falta de sociabilidade ↄ cordialidade ~ **misantrópico** *adj.*

mi.san.tro.po *adj.2g.s.m.* (aquele) que odeia a humanidade ou sente aversão às pessoas ↄ filantropo

mis.ce.lâ.nea *s.f.* **1** reunião de textos literários variados e freq. de autores diversos numa mesma obra **2** *p.ext.* mistura de várias coisas

mis.ci.ge.na.ção [pl.: *-ões*] *s.f.* casamento ou coabitação entre indivíduos de diferentes grupos raciais; mestiçagem

mi.se.ra.bi.li.da.de *s.f.* estado ou condição do que é miserável

mi.se.rá.vel *adj.2g.s.2g.* **1** que(m) é digno de piedade ↄ afortunado **2** que(m) vive em extrema pobreza ↄ milionário **3** *p.ext.* avarento ↄ mão-aberta **4** *pej.* desprezível; patife ■ *adj.2g.* **5** muito pobre ⟨*povoado m.*⟩ ↄ rico **6** muito pequeno; ínfimo ⟨*recebeu uma quantia m. pelo trabalho*⟩ ↄ abundante

mi.sé.ria *s.f.* **1** situação ou estado de grande sofrimento ↄ felicidade **2** falta total de meios de subsistência ↄ opulência **3** característica do que é mesquinho; avareza, sovinice ↄ esbanjamento **4** quantia muito pequena; ninharia ⟨*pagam uma m. aos empregados*⟩ ↄ fortuna

mi.se.ri.cór.dia *s.f.* **1** solidariedade em relação a dor ou sofrimento alheios; compaixão ↄ indiferença **2** perdão, clemência ↄ castigo

mi.se.ri.cor.di.o.so \ô\ [pl.: *misericordiosos* \ó\] *adj.s.m.* (aquele) que tem ou revela misericórdia;

bondoso, piedoso, caridoso ⟨*pedir auxílio às almas m.*⟩ ⟨*os m. serão perdoados*⟩

mí.se.ro *adj.* **1** muito pobre; miserável ↄ rico **2** *fig.* pobre de ideias ou sem inteligência ⟨*um m. artigo de jornal*⟩ **3** muito reduzido; insignificante ⟨*m. recompensa pelo enorme esforço*⟩ ↄ farto

mi.só.gi.no *adj.s.m.* que(m) tem aversão às mulheres ~ **misoginia** *s.f.*

mi.so.ne.ís.mo *s.m.* aversão ou desconfiança em relação ao que é novo ~ **misoneísta** *adj.2g.s.2g.*

miss [ing.; pl.: *misses*] *s.f.* **1** participante de concurso de beleza ⟨*M. Pernambuco*⟩ **2** *p.ext.* moça que obteve a preferência dos jurados em relação a alguma qualidade ⟨*M. Simpatia*⟩ ⇨ pronuncia-se mis

mis.sa *s.f.* **1** na Igreja católica, celebração da Eucaristia **2** composição musical ou cântico feito sobre o texto da missa

mis.sal *s.m.* pequeno livro com as orações principais da missa e outras rezas importantes

mis.são [pl.: *-ões*] *s.f.* **1** incumbência, encargo ⟨*deram-lhe a m. de organizar a festa*⟩ **2** comissão ou conjunto de pessoas a quem se confere uma tarefa ⟨*m. da Anistia Internacional*⟩ **3** dever a cumprir, obrigação ⟨*m. paterna*⟩ **4** conjunto de padres missionários **5** casa ou povoado onde vivem e/ou trabalham os missionários e, às vezes, seus alunos ⟨*m. jesuíticas*⟩

mís.sil *s.m.* projétil de longo alcance, ger. equipado com bomba, que se lança para alcançar um alvo

mis.sio.ná.rio *s.m.* **1** quem se dedica a pregar uma religião e a trabalhar para a conversão de alguém à sua fé ■ *adj.* **2** relativo a missão **3** relativo a catequese ⟨*trabalho m.*⟩

mis.si.va *s.f.* carta ('mensagem') ~ **missivista** *adj.2g.s.2g.*

mis.ter \é\ *s.m.* ocupação; profissão ⟨*esse pintor era o melhor em seu m.*⟩ ⊡ **ser m.** *loc.vs.* ser necessário, ser indispensável

mis.té.rio *s.m.* **1** verdade religiosa só conhecida através de revelação e não compreendida totalmente **2** *fig.* o que não se consegue compreender, explicar ou desvendar ⟨*o m. da origem da vida*⟩ **3** segredo ↄ evidência

mis.te.ri.o.so \ô\ [pl.: *misteriosos \ó*] *adj.* **1** que contém mistério; enigmático, inexplicável, obscuro **2** que não se entende, sem clareza; confuso, impenetrável, incompreensível **3** que cerca de segredo o que faz; desconfiado, cauteloso

mís.ti.ca *s.f.* **1** estudo do que é divino, espiritual **2** vida religiosa ou contemplativa; misticismo **3** fervor religioso **4** *p.ext.* conteúdo de uma causa, instituição etc., ou a aura de perfeição e verdade que as cerca, despertando respeito e devotamento ⟨*a m. da psicanálise*⟩ ⟨*a m. da camisa rubro-negra*⟩

mis.ti.cis.mo *s.m.* **1** atitude filosófica ou religiosa que busca a união íntima e direta do homem com a divindade **2** tendência para incorporar ensinamentos religiosos a sua forma de pensar; religiosidade **3** inclinação para acreditar em forças e entes sobrenaturais, sem levar em conta explicações racionais e científicas; credulidade

mís.ti.co *adj.* **1** que crê intensamente numa doutrina religiosa e a ela se dedica quase integralmente (diz-se de indivíduo); devoto **2** relativo à vida espiritual e contemplativa **3** próprio do ambiente religioso, devoto, espiritual ⟨*a atmosfera m. do templo*⟩ ■ *adj.s.m.* **4** (aquele) que tem tendência a crer no sobrenatural e na interferência deste na sua vida **5** (aquele) que é religioso, que tem o lado espiritual muito desenvolvido

mis.ti.fi.car *v.* {mod. 1} *t.d.* **1** fazer crer em mentira ou algo falso; enganar, iludir **2** dar caráter místico a ~ **mistificação** *s.f.*

mis.to *adj.* **1** constituído de elementos diferentes; misturado ↄ separado **2** que admite alunos de ambos os sexos ⟨*escola m.*⟩ **3** que transporta cargas e passageiros (diz-se de trem) **4** MAT que tem uma parte inteira e outra fracionária (diz-se de número) ■ *s.m.* **5** conjunto composto de elementos diferentes e/ou opostos; mistura ⟨*sentiu um m. de alegria e surpresa*⟩ ⟨*o cardápio é um m. de comida brasileira e mexicana*⟩ **6** *B* sanduíche de queijo e presunto

mis.to-quen.te [pl.: *mistos-quentes*] *s.m.* *B* sanduíche quente de queijo e presunto

mis.tu.ra *s.f.* **1** reunião de coisas diversas e/ou opostas; misto ↄ separação **2** cruzamento de raças; miscigenação

mis.tu.ra.da *s.f.* **1** mistura confusa de coisas **2** essa mistura

mis.tu.ra.dor \ô\ *adj.* **1** que mistura ■ *s.m.* **2** utensílio que serve para misturar substâncias

mis.tu.rar *v.* {mod. 1} *t.d.,t.d.i. e pron.* **1** (prep. *com*) juntar(-se) intimamente (coisas diferentes) de modo que as unidades de uma se interponham entre as das outras; mesclar(-se) ↄ separar(-se) **2** (prep. *com*) colocar(-se) junto de modo desordenado (coisas distintas); baralhar(-se) ↄ separar(-se) ❑ *t.d.* **3** mexer (algo) para integrar bem os ingredientes ❑ *t.d. e pron.* **4** (prep. *com*) cruzar(-se) com indivíduo de raça, espécie ou etnia diferente

mi.ti.fi.car *v.* {mod. 1} *t.d.* **1** transformar em mito **2** *fig.* atribuir atributos exagerados a (coisa ou pessoa), mascarando a realidade ~ **mitificação** *s.f.*

mi.ti.gar *v.* {mod. 1} *t.d. e pron.* tornar(-se) mais suave (ger. dor, sofrimento etc.); aplacar(-se) ↄ intensificar(-se) ~ **mitigação** *s.f.*

mi.to *s.m.* **1** relato fantástico protagonizado por seres de caráter divino ou heroico que encarnam as forças da natureza ou os aspectos gerais da condição humana; lenda, fábula ⟨*os m. da Grécia antiga*⟩ ⟨*m. indígenas da criação do mundo*⟩ **2** crença ou tradição popular que surge em torno de algo ou alguém ⟨*o m. do padre Cícero*⟩ **3** *fig.* uma noção falsa ou não comprovada ⟨*o m. do detetive infalível*⟩ ⟨*a perseguição que sofre não passa de um m.*⟩ ⊙ COL mitologia ~ **mítico** *adj.*

mi.to.côn.dria *s.f.* organela longa e arredondada, encontrada fora do núcleo da célula, que produz energia através da respiração celular e é rica em gorduras, enzimas e proteínas

mi.to.lo.gi.a *s.f.* 1 conjunto dos mitos de determinado povo ⟨*m. grega*⟩ ⟨*m. celta*⟩ 2 estudo dos mitos, sua origem e significação ~ **mitológico** *adj.*

mi.tó.lo.go *s.m.* quem estuda mitos

mi.to.ma.ni.a *s.f.* tendência doentia para mentir ~ **mitomaníaco** *adj.s.m.* - **mitômano** *adj.s.m.*

mi.tô.ni.mo *s.m.* nome próprio de um deus, herói etc. da mitologia

mi.to.se *s.f.* divisão celular que resulta na formação de duas células geneticamente idênticas à original

mi.tra *s.f.* 1 chapéu alto e largo, mais fino no alto, formado por duas metades iguais paralelas e separadas por um espaço, com duas fitas que caem sobre as espáduas, us. pelo papa, bispos, arcebispos e cardeais nas solenidades mais importantes 2 título e cargo de bispo ~ **mitrado** *adj.*

mi.tral *adj.2g.* com a forma da mitra

mi.tri.da.tis.mo *s.m.* MED imunidade contra venenos adquirida pela ingestão progressiva de pequenas doses deles ~ **mitridatização** *s.f.* - **mitridatizar** *v.t.d. e pron.*

mi.u.de.za \ê\ *s.f.* 1 o que é miúdo 2 minúcia, detalhe ⮌ generalidade 3 rigor, atenção no que se faz ▼ ***miudezas*** *s.f.pl.* 4 pormenores, detalhes sem importância ⟨*não perca tempo com m.*⟩ 5 artigos miúdos, sem valor; bugigangas

mi.ú.do *adj.* 1 muito pequeno 2 frequente, amiudado ▼ ***miúdos*** *s.m.pl.* 3 vísceras de animal us. como alimento ⊡ **trocar em m.** *loc.vs.* explicar detalhadamente (algo)

mi.xa *adj.2g. B gír.* 1 de pouca importância 2 sem valor

mi.xa.gem \cs\ *s.f.* processo de combinação, numa mesma fita, de sinais sonoros de diferentes fontes

mi.xar *v.* {mod. 1} *int.* 1 não dar certo; gorar ⟨*o mau tempo fez m. o passeio*⟩ 2 perder a intensidade; enfraquecer ⟨*a animação mixou*⟩ ⮌ intensificar-se

mi.xar \cs\ *v.* {mod. 1} *t.d.* fazer a mixagem de

mi.xa.ri.a *s.f. B gír.* 1 coisa sem valor 2 quantia muito pequena de dinheiro; ninharia ⮌ exorbitância

mi.xór.dia *s.f.* 1 mistura confusa de coisas ⮌ ordem 2 situação ou fato atrapalhado; desentendimento ⮌ paz

mi.xo.tró.fi.co \cs\ *adj.* que se nutre simultânea ou alternadamente de modo autotrófico e heterotrófico ~ **mixotrofia** *s.f.* - **mixótrofo** *adj.*

mi.xu.ru.ca *adj.2g. B gír.* 1 sem importância ⟨*discurso m.*⟩ ⮌ considerável 2 sem valor ou qualidade ⟨*roupa m.*⟩ ⟨*casa m.*⟩ ⮌ caro, refinado

ml símbolo de *mililitro*

mm símbolo de *milímetro*

Mn símbolo de *manganês*

mne.mô.ni.ca *s.f.* técnica para desenvolver a memória por meio de processos de combinação e associação de ideias

mne.mô.ni.co *adj.* 1 relativo a memória 2 que ajuda a reter na memória ⟨*processos m. para decorar um texto*⟩

Mo símbolo de *molibdênio*

mó *s.f.* 1 pedra de moinho us. para triturar os grãos 2 pedra para afiar instrumentos cortantes

mo.a.gem *s.f.* ato de moer; moedura

mó.bil *adj.2g.* 1 que pode se mover ■ *s.m.* 2 o que faz alguém realizar uma ação; causa, motivo

mó.bi.le *s.m.* escultura formada de elementos individuais, suspensos por fios, que se movem com o vento

mo.bi.lhar *v.* {mod. 1} *t.d.* → *MOBILIAR*

mo.bí.lia *s.f.* conjunto de móveis de uma casa, aposento etc.

mo.bi.li.ar ou **mo.bi.lhar** *v.* {mod. 1} *t.d.* prover (casa, sala, quarto etc.) de móveis

mo.bi.li.á.rio *adj.* 1 DIR relativo aos bens móveis ⟨*propriedades m.*⟩ ⟨*crédito m.*⟩ 2 relativo a mobília ■ *s.m.* 3 mobília 4 conjunto de móveis de um estilo, período ou autor ⟨*m. Império*⟩ ⟨*o m. de Niemeyer*⟩ ⊡ **m. urbano** *loc.subst.* conjunto de artefatos utilitários, como bancos, lixeiras, postes etc., de lazer ou de valor decorativo fixados nas áreas públicas da cidade

mo.bi.li.da.de *s.f.* 1 característica do que é móvel ou capaz de se movimentar 2 facilidade para andar, dançar, saltar etc. ⟨*os exercícios lhe deram mais m.*⟩

mo.bi.li.zar *v.* {mod. 1} *t.d. e pron.* 1 pôr(-se) em movimento 2 pôr(-se) em ação (conjunto de pessoas) para tarefa, campanha etc. ❑ *t.d.* 3 chamar para participar de atividade social, política 4 preparar (tropas) para a guerra ~ **mobilização** *s.f.*

mo.ca *s.m.* 1 café árabe de qualidade superior 2 bebida feita com esse café

mo.ça.da *s.f. B infrm.* grupo de moças e moços; juventude

mo.çam.bi.ca.no *adj.* 1 de Moçambique (África) ■ *s.m.* 2 natural ou habitante desse país

mo.cam.bo *s.m.* habitação desconfortável e precária; cabana

mo.ção [pl.: *-ões*] *s.f.* proposição, em uma assembleia, relativa ao estudo de uma questão ou a qualquer incidente que surja nessa assembleia

mo.çá.ra.be *adj.2g.s.2g.* 1 (cristão) que vivia nas terras conquistadas pelos muçulmanos no sul da península Ibérica e que sofreu a influência da cultura destes 2 (o) que descende desse cristão hispânico

mo.cas.sim *s.m.* calçado sem salto de couro macio

mo.ce.tão [pl.: *-ões*; fem.: *mocetona*] *s.m.* rapaz forte e vistoso

mo.chi.la *s.f.* bolsa com alças para ser carregada nas costas

[1]**mo.cho** \ô\ *adj.* 1 a que falta algum membro (diz-se de animal) 2 desprovido de chifres, ou com os chifres aparados ⟨*vaca m.*⟩ [ORIGEM: contrv.; talvez do esp. *mocho* 'mutilado, sem cornos']

[2]**mo.cho** \ô\ *s.m.* nome comum às corujas que não possuem penachos ou tufos de penas na cabeça [ORIGEM: contrv., talvez ligada a [1]*mocho*]

mo.ci.da.de *s.f.* juventude
mo.ci.nho *s.m.* B herói de filmes ou histórias de aventura
mo.ço \ô\ *adj.s.m.* (homem) jovem ⊙ GRAM/USO aum.irreg.: *mocetão* ⊙ COL moçada
mo.co.tó *s.m.* pata de boi sem o casco, us. na alimentação
mo.da *s.f.* **1** estilo predominante no modo de vestir, viver, falar etc. ⟨*m. masculina*⟩ ⟨*voltou a m. da lambreta*⟩ **2** arte de produzir e confeccionar modelos do vestuário masculino e feminino **3** nome genérico de canção, canto, música de salão ou folclórica, portuguesa ▣ **m. de viola** *loc.subst.* canção rural brasileira, com texto narrativo e acompanhada de viola
mo.dal *adj.2g.* relativo a modo ou modalidade
mo.da.li.da.de *s.f.* forma particular de alguma coisa ⟨*uma m. de dança*⟩ ⟨*m. de escrita*⟩
[1]**mo.de.lar** *adj.2g.* perfeito para servir de modelo; exemplar [ORIGEM: *modelo* + [1]*-ar*]
[2]**mo.de.lar** *v.* {mod. 1} *t.d.* **1** fazer o molde de **2** dar forma ou contorno a; moldar **3** destacar os contornos de ⟨*a calça modelava seu corpo*⟩ ❑ *t.d. e pron. fig.* **4** estabelecer (conduta, hábitos etc.) segundo certa orientação ou exemplo; moldar(-se) [ORIGEM: *modelo* + [2]*-ar*] ~ **modelação** *s.f.* - **modelagem** *s.f.*
mo.de.lo \ê\ *s.m.* **1** aquilo que serve para ser reproduzido **2** representação em escala reduzida de objeto, obra de arquitetura etc.; maquete **3** aparelho oco ou vazado, us. para reproduzir peças, formas etc.; molde **4** *p.ext.* a peça ou forma reproduzida **5** tipo particular de determinado produto ⟨*novo m. de geladeira*⟩ **6** coisa ou pessoa que serve de imagem, forma ou padrão a ser imitado, ou como fonte de inspiração ■ *s.2g.* **7** pessoa que posa para pintores, escultores, fotógrafos etc. **8** manequim ('pessoa')
mo.dem [ing.; pl.: *modems*] *s.m.* dispositivo utilizado para transmitir dados entre computadores através de linha telefônica comum ⇨ pronuncia-se **môudem**
mo.de.ra.ção [pl.: *-ões*] *s.f.* **1** ato ou efeito de moderar(-se) **2** afastamento de todo e qualquer excesso
mo.de.ra.dor *adj.s.m.* mediador
mo.de.rar *v.* {mod. 1} *t.d.* **1** adequar a limites justos ou convenientes, mantendo sob controle; conter, regular ⮌ descontrolar **2** tornar menos intenso, instável; refrear ⟨*m. a impulsividade*⟩ ⮌ descontrolar ❑ *pron.* **3** manter o autocontrole; comedir-se ⟨*m.-se na bebida*⟩ ⮌ desmedir-se ~ **moderadamente** *adv.*
mo.der.nis.mo *s.m.* **1** gosto pelo que é moderno **2** designação genérica de vários movimentos artísticos e literários surgidos no fim do sXIX e no sXX que romperam com os padrões estéticos da arte tradicional ☞ nesta acp., inicial maiúsc. ~ **modernista** *adj.2g.s.2g.*
mo.der.ni.zar *v.* {mod. 1} *t.d. e pron.* (fazer) acompanhar a evolução, as tendências, a tecnologia, as necessidades do mundo atual ~ **modernização** *s.f.*
mo.der.no *adj.* **1** relativo à época em que se vive; atual ⮌ ultrapassado **2** relativo ao período da história mundial, esp. europeia, que se inicia no fim da Idade Média e termina com a Revolução Francesa (1789) ⟨*História m.*⟩ **3** novo, recente ⟨*teoria m.*⟩ **4** avançado, inovador ⮌ conservador **5** que está na moda ⟨*só usa roupas m.*⟩ ~ **modernidade** *s.f.*
mo.dés.tia *s.f.* **1** falta de vaidade; humildade ⮌ afetação **2** comedimento, moderação ⮌ exagero
mo.des.to *adj.* **1** dotado de modéstia ⮌ vaidoso **2** não luxuoso; simples ⟨*um restaurante m.*⟩ **3** que demonstra pobreza ⟨*habitações m.*⟩ **4** de baixa posição em determinado meio profissional ⟨*um m. professor, recém-formado*⟩
mó.di.co *adj.* **1** quantitativamente pouco; escasso ⟨*seus bens eram m.*⟩ **2** cujo valor é baixo ⟨*cobrou um preço m. pelo serviço*⟩ ⮌ caro **3** não exagerado; moderado ⟨*ambições m.*⟩ ⮌ excessivo
mo.di.fi.car *v.* {mod. 1} *t.d. e pron.* **1** (fazer) sofrer mudança; alterar(-se), transformar(-se) ⮌ conservar(-se) ❑ *t.d.* GRAM **2** precisar ou alterar o sentido de ⟨*o adjetivo modifica o substantivo*⟩ ~ **modificação** *s.f.* - **modificador** *adj.s.m.*
mo.di.nha *s.f.* tipo de canção urbana portuguesa e brasileira, surgida no sXVIII, com temática espirituosa e/ou amorosa, popularizada no século seguinte, acompanhada esp. por violão
mo.dis.mo *s.m.* uso ou moda de caráter passageiro
mo.dis.ta *s.2g.* quem desenha e confecciona roupa feminina ou dirige um ateliê de costura para mulheres
mo.do *s.m.* **1** maneira ou forma particular de ser ou portar-se ⟨*reagiu de m. inesperado*⟩ ⟨*m. brusco de falar*⟩ **2** jeito possível ou preferido de realizar algo ⟨*de que m. se liga este aparelho?*⟩ **3** possibilidade, condição ⟨*não houve m. de convencê-lo*⟩ **4** GRAM forma verbal que expressa a intenção de quem fala em relação ao enunciado **5** MÚS maneira como se dispõem os intervalos de tom e meio-tom numa escala ▼ *modos s.m.pl.* **6** boa educação, comedimento ▣ **m. imperativo** *loc.subst.* modo verbal que indica ordem, pedido, estímulo etc. • **m. indicativo** *loc.subst.* modo verbal que expressa a ação ou o estado indicado pelo verbo como um fato real • **m. subjuntivo** *loc.subst.* modo verbal que expressa a ação ou estado indicado pelo verbo como um fato irreal, ou possível ou desejado, ou emite um julgamento sobre o fato real
mo.dor.ra \ô\ *s.f.* **1** sonolência causada por certos tipos de doença **2** *p.ext.* moleza, preguiça ⮌ disposição ~ **modorrento** *adj.*
mo.du.la.ção [pl.: *-ões*] *s.f.* **1** variação na altura ou na intensidade da voz **2** MÚS passagem de um tom a outro **3** FÍS processo no qual uma variação na amplitude, frequência, intensidade ou fase de um sinal ondulatório implica mudança correspondente em outro
[1]**mo.du.lar** *v.* {mod. 1} *t.d.* **1** construir usando módulos **2** variar a altura ou a intensidade de (voz) ❑ *t.d. e int.* **3** tocar, cantar ou dizer harmoniosamente ❑ *int.* **4** passar de um tom musical para outro [ORIGEM: do lat. *modulāre* 'regular, dar ritmo, cantar']

[2]**mo.du.lar** *adj.2g.* relativo a módulo [ORIGEM: *módulo* + [1]*-ar*]

mó.du.lo *s.m.* **1** unidade de mobília, material de construção etc. planejada para compor-se com outra **2** parte autônoma e destacável de espaçonave

mo.e.da *s.f.* **1** peça de metal cunhada por instituição governamental que representa o valor do objeto trocado por ela **2** meio pelo qual são feitas as transações comerciais; dinheiro

mo.e.dei.ro *s.m.* **1** indivíduo que fabrica moedas **2** porta-moedas

mo.e.du.ra *s.f.* **1** moagem **2** porção de grão, cana etc. que se mói de cada vez

mo.e.la *s.f.* **1** parte posterior do estômago de diversos animais, cuja função é a de triturar o alimento **2** comida preparada com moela de aves, esp. galinha

mo.en.da *s.f.* **1** aparelho ou conjunto de peças us. para moer ou espremer certos produtos **2** ato de moer grãos, azeitonas, cana-de-açúcar etc. ~ **moendeiro** *s.m.*

mo.er *v.* {mod. 9} *t.d.* **1** reduzir a pó; triturar **2** espremer para extrair o suco ❑ *t.d. e pron.* **3** reduzir(-se) a pequenos pedaços; fragmentar(-se) **4** (fazer) sentir extremo cansaço; extenuar(-se) ⮌ descansar **5** (fazer) sentir angústia, tormento; afligir(-se) ⮌ tranquilizar(-se) ~ **moedor** *adj.s.m.*

mo.fa *s.f.* troça, zombaria ⮌ seriedade

[1]**mo.far** *v.* {mod. 1} *t.i.* (prep. *de*) expor ao ridículo; zombar, caçoar [ORIGEM: vocábulo de origem expressiva]

[2]**mo.far** *v.* {mod. 1} *t.d. e int.* **1** encher de mofo ou criar mofo ❑ *int. infrm.* **2** esperar muito **3** ficar indefinidamente em situação ruim, sem que se possa revertê-la [ORIGEM: *mofo* + [2]*-ar*]

mo.fi.no *adj.* **1** que não é feliz; desgraçado ⮌ satisfeito **2** avarento, sovina ⮌ generoso **3** que incomoda; importuno ⮌ agradável **4** de pequenas dimensões; estreito (diz-se de espaço) ⮌ amplo

mo.fo \ô\ *s.m.* nome comum a vários fungos que causam a decomposição de alimentos, frutas e produtos de origem vegetal; bolor ~ **mofado** *adj.* - **mofento** *adj.*

mog.no *s.m.* **1** árvore de madeira nobre de tom avermelhado, us., p.ex., na fabricação de móveis **2** a madeira dessa árvore; acaju

mo.í.do *adj.* **1** que se moeu; triturado **2** em extremo estado de fatiga; exausto

mo.i.nho *s.m.* **1** máquina para moer grãos de cereais composta de duas mós colocadas uma sobre a outra, movidas pelo vento, água ou motor **2** *p.ext.* construção em que fica instalada essa máquina **3** *p.ext.* máquina de triturar qualquer coisa

moi.ta *s.f.* porção de arbustos ou plantas rasteiras ▣ **na m.** *loc.adv. infrm.* **1** na espreita **2** em silêncio ⟨*sabia de tudo, mas ficou na m.*⟩ **3** às escondidas ⟨*organizaram a festa na m.*⟩

mol [pl.: *mols* e *moles*] *s.m.* FISQUÍM massa molecular de uma substância expressa em gramas

mo.la *s.f.* peça espiralada e elástica que reage quando estendida, comprimida ou vergada

mo.lam.bo ou **mu.lam.bo** *s.m.* **1** farrapo **2** roupa velha e/ou em mau estado ~ **molambento** *adj.*

mo.lar *adj.2g.s.m.* ODONT (dente) próprio para moer

mol.da.gem *s.f.* **1** confecção de um molde ('modelo oco') **2** conformação de uma substância à forma de um molde ('modelo oco')

mol.dar *v.* {mod. 1} *t.d.* **1** fazer o molde de **2** criar escultura dando formas, contorno a (barro, cera etc.); modelar **3** destacar os contornos de; modelar ⟨*a saia justa molda seu corpo*⟩ ❑ *t.d. e pron.* **4** (fazer) adquirir certa feição, traços, com base em algo; regular(-se) ❑ *t.d.i. e pron.* **5** (prep. *a*) pôr(-se) em acordo, harmonia com; adaptar(-se)

mol.de *s.m.* **1** modelo oco ou vazado us. para reproduzir uma forma \ó\; forma \ô\ **2** peça confeccionada com esse modelo e us. como matriz para a reprodução de outras; forma \ô\

mol.du.ra *s.f.* peça que contorna e adorna quadros, gravuras, fotografias etc. ~ **moldurar** *v.t.d.* - **moldureiro** *s.m.*

mo.le *adj.2g.* **1** que não oferece resistência; macio ⮌ compacto **2** *fig.* sem vigor, sem firmeza ⟨*a gripe deixou-o m.*⟩ ⮌ vigoroso **3** que faz coisas sem empenho; preguiçoso ⮌ dinâmico **4** *infrm.* fácil, sem dificuldade ⮌ difícil ■ *adv.* **5** *infrm.* facilmente ⟨*ganhou m. o último jogo*⟩ ⮌ dificilmente

mo.lé.cu.la *s.f.* QUÍM a menor porção de uma substância que mantém todas as propriedades da substância e pode compor-se de um ou mais átomos ~ **molecular** *adj.2g.*

mo.lei.ra *s.f.* espaço membranoso ainda não calcificado entre os ossos do crânio dos bebês; fontanela

mo.lei.rão [pl.: *-ões*] *adj.s.m.* preguiçoso

mo.lei.ro *s.m.* quem possui moinho ou nele trabalha

mo.le.jo \ê\ *s.m.* **1** funcionamento das molas de um aparelho **2** *infrm.* balanço, gingado

mo.len.ga *adj.2g.s.2g.* **1** preguiçoso, indolente **2** que(m) não tem firmeza, resolução; covarde ⮌ corajoso

mo.le.que *s.m.* *B* **1** garoto de pouca idade **2** garoto levado **3** brincalhão **4** pessoa sem honestidade ~ **molecada** *s.f.* - **molecagem** *s.f.*

mo.les.tar *v.* {mod. 1} *t.d. e pron.* **1** (fazer) sentir mágoa, desgosto; ofender(-se) **2** (fazer) ter enfado ou aborrecimento; importunar(-se) ❑ *t.d.* **3** causar desassossego a; inquietar ⮌ tranquilizar **4** forçar aproximação sexual com ~ **molestador** *adj.s.m.*

mo.lés.tia *s.f.* doença

mo.les.to *adj.* **1** que causa moléstia; nocivo **2** enfadonho, incômodo ⮌ agradável **3** trabalhoso, árduo ⮌ fácil

mo.le.tom *s.m.* **1** tecido macio e quente de algodão ou lã **2** roupa desse tecido

mo.le.za \ê\ *s.f.* **1** qualidade de mole **2** falta de vigor físico ou de ânimo **3** falta de empenho, de atividade **4** *infrm.* aquilo que não requer esforço, diligência; facilidade ⟨*a prova foi m.!*⟩

mo.lha.de.la *s.f.* ato de molhar rapidamente

mo.lha.do *adj.* **1** umedecido ou encharcado em água ou outro líquido ⊃ seco ▼ *molhados s.m.pl.* **2** mercadorias líquidas (azeite, vinho etc.) vendidas em mercearias

mo.lhar *v.* {mod. 1} *t.d.* **1** mergulhar em, banhar, cobrir ou borrifar com qualquer líquido **2** deixar úmido; umedecer ☐ *pron.* **3** receber ou derramar líquido sobre si

mo.lhe *s.m.* paredão em um porto marítimo que protege as embarcações das ondas do mar; quebra-mar

mo.lhei.ra *s.f.* recipiente para servir molho ('caldo')

mo.lho \ó\ *s.m.* conjunto de coisas reunidas; penca ⟨*m. de chaves*⟩

mo.lho \ô\ *s.m.* **1** caldo culinário com que se tempera ou que acompanha um prato **2** líquido em que se deixa mergulhado algo

mo.lib.dê.nio *s.m.* elemento químico de grande resistência à corrosão, us. em aços e ligas [símb.: *Mo*] ☞ cf. *tabela periódica* (no fim do dicionário)

mo.li.ne.te \ê\ *s.m.* **1** borboleta ('dispositivo') **2** espécie de bobina que se prende ao caniço para enrolar a linha

mo.loi.de \ói\ *adj.2g.s.2g. B* molenga

mo.lus.co *s.m.* ZOO espécime dos moluscos, filo de animais invertebrados de corpo mole, às vezes, dotados de concha

mo.men.tâ.neo *adj.* **1** instantâneo, rápido ⊃ demorado **2** passageiro, transitório ⊃ permanente

mo.men.to *s.m.* **1** breve espaço de tempo; instante **2** ponto determinado do tempo; ocasião ⟨*naquele m., chegaram os filhos*⟩ **3** tempo presente ⟨*no m., trabalho na Justiça*⟩ **4** situação, circunstância ⟨*m. difíceis*⟩

mo.men.to.so \ô\ [pl.: *momentosos \ó*] *adj.* sério, grave ⟨*problema m.*⟩ ⊃ despreocupante

mo.mi.ce *s.f.* gesticulação ou postura burlesca; careta

mo.mo *s.m.* **1** na Idade Média, encenação curta que satirizava os costumes **2** o ator que fazia essa encenação **3** rei do carnaval ☞ nesta acp. inicial maiúsc.

mo.na.cal *adj.2g.* monástico

mo.nar.ca *s.m.* soberano, rei

mo.nar.qui.a *s.f.* **1** forma de governo em que o chefe de Estado é um monarca, com título de rei ou rainha **2** *p.ext.* Estado que possui essa forma de governo ~ **monarquismo** *s.m.* - **monarquista** *adj.2g.s.2g.*

mo.nár.qui.co *adj.* **1** relativo ou pertencente à monarquia ■ *adj.s.m.* **2** partidário da monarquia

mo.nas.té.rio *s.m.* mosteiro

mo.nás.ti.co *adj.* relativo a monge ou mosteiro; monacal

mon.ção [pl.: *-ões*] *s.f.* **1** MET vento do sudoeste da Ásia que sopra do continente para o mar no inverno e do mar para o continente no verão, acarretando fortes transformações climáticas **2** *fig.* ocasião favorável **3** *B* nome dado às expedições fluviais das capitanias de São Paulo e Mato Grosso, nos sXVIII e XIX

mo.ne.ra *s.f.* BIO nome comum a organismos, de uma única célula, de vida livre ou parasitas, mais conhecidos como bactérias

mo.ne.tá.rio *adj.* relativo à moeda ('meio')

mon.ge [fem.: *monja*] *s.m.* religioso que vive num mosteiro

mon.gol *adj.2g.* **1** da Mongólia (Ásia) ■ *s.2g.* **2** natural ou habitante desse país ■ *s.m.* **3** a língua desse país, falada tb. na Mongólia Interior (região da China)

mon.go.lis.mo *s.m.* MED síndrome de Down

mon.go.loi.de \ói\ *adj.2g.s.2g.* (pessoa) que sofre de mongolismo

mo.ni.tor \ô\ *s.m.* **1** aluno que auxilia o professor nas aulas ⟨*m. de educação física*⟩ **2** INF periférico que exibe dados gerados pelo computador **3** MED aparelho eletrônico que controla os sinais vitais de doentes

mo.ni.to.rar *v.* {mod. 1} *t.d.* **1** exercer controle ou vigilância constante sobre **2** rastrear, medir e/ou analisar continuamente (dados científicos, biológicos etc.) **3** verificar a qualidade do som, imagens etc. de (um programa) **4** atuar como monitor em

mo.ni.tó.rio *adj.* que aconselha ou repreende

mo.ni.to.ri.zar *v.* {mod. 1} *t.d.* monitorar

mon.jo.lo \ô\ *s.m. B* engenho rudimentar movido a água, para pilar milho ou descascar café

mo.no *s.m.* nome comum aos macacos, esp. aos primatas antropoides

mo.no.blo.co *adj.s.m.* (o) que é fabricado num só bloco ⟨*chassi m.*⟩

mo.no.ci.clo *s.m.* veículo de uma roda, hoje só us. ger. em espetáculos circenses

mo.no.cór.dio *s.m.* **1** instrumento musical de uma só corda ■ *adj.* **2** de uma só corda **3** *fig.* monótono, enfadonho

mo.no.co.ti.lé.do.ne *adj.2g.* BOT monocotiledôneo

mo.no.co.ti.le.dô.nea *s.f.* BOT espécime das monocotiledôneas, classe de plantas angiospermas cujo embrião tem um só cotilédone

mo.no.co.ti.le.dô.neo *adj.* BOT que tem um só cotilédone (diz-se de planta); monocotilédone

mo.no.cro.má.ti.co *adj.* de uma só cor

mo.no.cu.lar *adj.2g.* relativo a um único olho ⟨*visão m.*⟩

mo.nó.cu.lo *s.m.* óculo para um só olho

mo.no.cul.tu.ra *s.f.* cultura de um só produto agrícola ⊃ policultura ~ **monocultor** *adj.s.m.*

mo.no.fo.bi.a *s.f.* MED medo doentio da solidão ~ **monófobo** *adj.s.m.*

mo.no.ga.mi.a *s.f.* costume em que o homem ou a mulher não pode ter mais de um cônjuge simultaneamente ☞ cf. *bigamia, poligamia* ~ **monogâmico** *adj.* - **monógamo** *adj.s.m.*

mo.no.gra.fi.a *s.f.* trabalho escrito que relata estudo minucioso acerca de determinado assunto ~ **monográfico** *adj.*

mo.no.gra.ma *s.m.* entrelaçamento das letras iniciais de um nome, us. em emblemas, brasões etc. ~ **monogramático** *adj.*

mo.no.lín.gue \gü\ *adj.2g.* **1** que trata de ou envolve só uma língua ⟨*dicionário m.*⟩ ■ *adj.2g.s.2g.* **2** que(m) fala e entende uma única língua

mo.nó.li.to *s.m.* **1** pedra de grandes dimensões **2** monumento feito de um único bloco de pedra ~ **monolítico** *adj.*

mo.nó.lo.go *s.m.* **1** TEAT cena em que o personagem está só e fala consigo mesmo **2** ação de falar consigo próprio; solilóquio ~ **monologar** *v.t.d. e int.*

mo.no.ma.ni.a *s.f.* **1** MED pensamento obsessivo numa única coisa **2** *p.ext.* ideia fixa ~ **monomaníaco** *adj.s.m.*

mo.nô.me.ro *s.m.* composto químico que pode sofrer polimerização

mo.nô.mio *s.m.* MAT expressão matemática de um único termo que não envolve, portanto, as operações de soma ou subtração

mo.no.mo.tor \ô\ *adj.s.m.* (veículo) de um só motor

mo.no.nu.cle.o.se *s.f.* aumento exagerado de leucócitos de apenas um núcleo no sangue

mo.no.pla.no *adj.s.m.* (aeroplano) que tem apenas uma asa de cada lado

mo.no.pó.lio *s.m.* **1** privilégio para explorar com exclusividade alguma atividade **2** posse exclusiva

mo.no.po.li.zar *v.* {mod. 1} *t.d.* **1** fazer ou ter o monopólio de **2** *fig.* tomar exclusivamente para si; centralizar ~ **monopolização** *s.f.*

mo.nos.sí.la.bo *adj.s.m.* (vocábulo) de uma só sílaba ~ **monossilábico** *adj.*

mo.no.te.ís.mo *s.m.* crença em um só deus ⮌ politeísmo ~ **monoteísta** *adj.2g.s.2g.* - **monoteístico** *adj.*

mo.no.to.ni.a *s.f.* **1** uniformidade de tom **2** *p.ext.* ausência de variedade em qualquer coisa ⮌ diversidade

mo.nó.to.no *adj.* **1** que apresenta continuamente o mesmo tom ⟨*cantiga m.*⟩ **2** que, pela ausência de novidade, se mostra enfadonho, maçante ⟨*exercíos m.*⟩ ⮌ variado

mo.no.tre.ma.do *s.m.* ZOO espécime dos monotremados, ordem de mamíferos primitivos, como o ornitorrinco, que apresentam algumas características de aves e répteis, como a produção de ovos com casca

mo.no.tri.lho *adj.s.m.* (trem) que trafega em ferrovia de um só trilho de rolamento

mo.no.u.su.á.rio *adj.s.m.* que ou o que só é utilizado a cada vez por um usuário (diz-se, ger., de programa de informática, sistema operacional, estação de serviço)

mo.no.va.len.te *adj.2g.* QUÍM que possui valência 1

mo.nó.xi.do \cs\ *s.m.* QUÍM óxido que contém um átomo de oxigênio ⊡ **m. de carbono** *loc.subst.* gás venenoso encontrado esp. em minas e na descarga dos automóveis

mon.se.nhor *s.m.* **1** título honorífico concedido pelo papa a alguns sacerdotes **2** BOT crisântemo ~ **monsenhorado** *s.m.*

mons.tren.go ou **mos.tren.go** *s.m.* **1** criatura inumana de aspecto assustador; monstro **2** *p.ext.* qualquer coisa cuja natureza seja contrária à normalidade **3** *p.ext.* pessoa deformada ou muito feia **4** coisa sem utilidade

mons.tro *s.m.* **1** ser fantástico de aspecto ameaçador **2** ser ou coisa de constituição imperfeita; aberração, deformidade ⮌ perfeição **3** *p.ext.* pessoa perversa ~ **monstruosidade** *s.f.*

mons.tru.o.so \ô\ [pl.: *monstruosos* \ó\] *adj.* relativo, pertencente a ou próprio de monstro

mon.ta *s.f.* **1** soma, montante de uma conta **2** o custo de algo **3** *fig.* importância, valor ⟨*incidente de pouca m.*⟩ ⮌ irrelevância

mon.ta.do.ra \ô\ *s.f.* *B* tipo de fábrica que monta seu produto final com peças produzidas por outras fábricas

mon.ta.gem *s.f.* **1** junção das peças de um dispositivo ou mecanismo para que ele funcione **2** CINE seleção, ordenação e união das cenas de filmagem para formar o filme **3** TEAT encenação de uma peça teatral

mon.ta.nha *s.f.* **1** alta elevação natural da superfície da terra **2** cadeia com várias dessas elevações; serra **3** *fig.* grande quantidade ⟨*havia uma m. de pessoas na praça*⟩ ~ **montanhesco** *adj.*

mon.ta.nha-rus.sa [pl.: *montanhas-russas*] *s.f.* brinquedo de parques de diversões composto por um longo trilho que percorre vários aclives, declives e curvas, pelo qual passa uma fileira de vagões em alta velocidade

mon.ta.nhês *adj.s.m.* relativo a montanha ou aquele que habita as montanhas

mon.ta.nhis.mo *s.m.* esporte que consiste em escalar montanhas, picos etc.; alpinismo ~ **montanhista** *adj.2g.s.2g.*

mon.ta.nho.so \ô\ [pl.: *montanhosos* \ó\] *adj.* **1** formado, composto por muitas montanhas ⟨*região m.*⟩ **2** cuja superfície é desigual; escarpado, acidentado ⟨*terreno m.*⟩

mon.tan.te *adj.2g.* **1** que se eleva, que sobe (diz-se de maré) ■ *s.m.* **2** soma, importância ⊡ **a m.** *loc.adv.* em direção à nascente

mon.tão [pl.: *-ões*] *s.m.* **1** grande monte ('elevação') **2** *fig.* grande quantidade ⟨*um m. de tarefas a fazer*⟩

mon.tar *v.* {mod. 1} *t.d. e int.* **1** pôr(-se) em cima de; sobrepor(-se) ⟨*m. os cotovelos sobre os joelhos*⟩ ⟨*m. na moto*⟩ ⮌ descer ☞ *sobre os joelhos* e *na moto* são circunstâncias que funcionam como complemento **2** cavalgar profissionalmente ou não ❑ *t.d.,t.i. e int.* **3** (prep. *em*) pôr(-se) sobre (animal); cavalgar ❑ *int.* **4** elevar-se no espaço; subir ⮌ descer ❑ *t.d.* **5** pôr em condições de funcionar ou ser usado; instalar, armar ⟨*m. um autorama*⟩ **6** juntar as diversas partes de;

encaixar ⟨*m. um quebra-cabeça*⟩ **7** abrir (comércio, indústria etc.) **8** pôr em prática (evento, acontecimento); realizar **9** encenar (espetáculo teatral) ~ **montador** *adj.s.m.*

mon.ta.ri.a *s.f.* cavalgadura ('animal')

mon.te *s.m.* **1** elevação de uma superfície em relação ao espaço à sua volta **2** *p.ext.* porção de coisas amontoadas ⟨*m. de lixo*⟩ **3** *fig.* grande quantidade ⮌ escassez ⊙ GRAM/USO dim. irreg.: *montículo*

mon.te.pi.o *s.m.* **1** instituição que tem por objetivo dar a seus associados assistência em caso de doença e pensão aos seus dependentes em caso de morte **2** essa pensão

mon.tês *adj.* relativo a monte ou montanha; montesinho, montesino ☞ tb. us. como adj.2g., p.ex., *cabra montês*

mon.te.si.nho *adj.* montês

mon.te.si.no *adj.* montês

mon.to.ei.ra *s.f.* grande quantidade

mon.tu.ro *s.m.* **1** local onde se deposita lixo **2** monte de lixo

mo.nu.men.tal *adj.2g.* **1** de grande dimensão ⟨*palácio m.*⟩ ⮌ pequeno **2** admirável por sua singularidade ⟨*um concerto m.*⟩ ⮌ comum ~ **monumentalidade** *s.f.*

mo.nu.men.to *s.m.* **1** obra construída em homenagem a alguém ou a um fato histórico **2** construção majestosa

mo.que.ca *s.f.* ensopado, ger. de peixe ou frutos do mar, feito com cebolas, pimentões, tomates e temperos

mor *adj.* red. de *maior* ⊙ GRAM/USO us. ger. com hífen após substantivos

mo.ra *s.f.* **1** demora, atraso ⮌ pontualidade **2** atraso de um pagamento

mo.ra.da *s.f.* moradia, habitação

mo.ra.di.a *s.f.* lugar onde se mora; habitação, morada

mo.ra.dor \ô\ *adj.s.m.* (o) que mora ou habita determinado local; habitante, residente

mo.ral *s.f.* **1** conjunto de regras de conduta desejáveis num grupo social ⟨*m. burguesa*⟩ **2** ensinamento que se tira de uma obra, fábula etc. ⟨*entendeu a m. da história?*⟩ ■ *s.m.* **3** estado de espírito; ânimo, determinação ⮌ desânimo ■ *adj.2g.* **4** relativo à moral ⟨*contos m.*⟩ ⮌ imoral ~ **moralmente** *adv.*

mo.ra.li.da.de *s.f.* **1** qualidade do que segue os princípios da moral **2** conjunto de princípios morais

mo.ra.lis.mo *s.m.* atitude que considera os valores morais acima dos demais ~ **moralista** *adj.2g.s.2g.*

mo.ra.li.zar *v.* {mod. 1} *t.d.* **1** tornar conforme os preceitos da moral ❑ *t.d. e pron.* **2** dotar(-se) de valores morais ❑ *int.* **3** discorrer publicamente sobre a moral ~ **moralização** *s.f.* - **moralizante** *adj.2g.*

mo.ran.ga *s.f.* certa variedade de abóbora

mo.ran.go *s.m.* fruto vermelho, carnoso e comestível do morangueiro

mo.ran.guei.ro *s.m.* nome comum a diversas ervas rasteiras com folhas de extremidade denteada que produzem o morango, cuja comercialização restringe-se a poucas espécies

mo.rar *v.* {mod. 1} *int.* **1** ocupar como residência; habitar, residir ⟨*m. numa fazenda*⟩ ☞ *numa fazenda* é circunstância que funciona como complemento ❑ *t.i.* **2** (prep. *com*) compartilhar moradia com; viver, coabitar **3** *B gír.* (prep. *em*) entender, compreender

mo.ra.tó.ria *s.f.* adiamento do prazo de vencimento de uma dívida concedido por tribunal ou autoridade competente

mo.ra.tó.rio *adj.* em que há demora ou adiamento

mor.bi.dez \ê\ *s.f.* **1** qualidade ou estado do que é mórbido **2** abatimento físico e/ou psíquico

mór.bi.do *adj.* **1** que apresenta alguma doença; doentio, enfermo ⮌ sadio **2** que causa doença ou moléstia **3** falta de vigor, energia; frouxo ⟨*caráter m.*⟩ ⮌ forte

mor.ce.go \ê\ *s.m.* mamífero noturno voador

mor.ce.la *s.f.* tipo de chouriço feito com sangue e miúdos de porco

mor.da.ça *s.f.* **1** tira de pano ou de outro material us. para tapar a boca de alguém para que não grite ou fale **2** focinheira ('correia')

mor.daz *adj.2g.* **1** cruelmente irônico; sarcástico ⟨*comentário m.*⟩ **2** de sabor ácido, picante ~ **mordacidade** *s.f.*

mor.de.du.ra *s.f.* **1** ato ou efeito de morder, de cravar os dentes em; dentada **2** marca deixada pela ação de morder; mordida

mor.den.te *adj.2g.* **1** que morde **2** que provoca corrosão **3** que provoca excitação ⟨*olhares m.*⟩ ⮌ puro ■ *s.m.* **4** substância que fixa certos corantes a fibras têxteis

mor.der *v.* {mod. 8} *t.d.* **1** comprimir repetidas vezes utilizando os dentes; mastigar **2** cortar ou ferir com os dentes **3** picar ou ferir (insetos) **4** destruir aos poucos; corroer **5** *B infrm.* pedir dinheiro emprestado a ❑ *t.d. e pron. fig.* **6** (fazer) ficar aborrecido, aflito; atormentar(-se), consumir(-se) ⮌ tranquilizar(-se)

mor.di.da *s.f.* **1** ato ou efeito de morder, de cravar os dentes em; dentada **2** *infrm.* pequena quantidade de algo, obtida em uma dentada; bocado, pedaço ⟨*posso dar uma m. no seu sanduíche?*⟩ **3** *B infrm.* ato de pedir dinheiro a outrem, esp. à pessoa conhecida ou da família; facada

mor.dis.car *v.* {mod. 1} *t.d.* dar pequenas e repetidas mordidas em

mor.do.mi.a *s.f. B* **1** regalia de que se desfruta sem empregar nenhum esforço ⟨*vivia cheio de mordomias*⟩ **2** benefício de que gozam certos funcionários ou servidores públicos, não extensivo aos demais

mor.do.mo *s.m.* empregado que administra uma casa

mo.re.no *adj.s.m.* **1** (indivíduo) com tom de pele escura, entre o negro e o mulato **2** (indivíduo) branco de tez naturalmente mais escura ou queimada de sol **3** (indivíduo) cuja cor do cabelo varia de castanho-escuro a negro

mor.fei.a \éi\ *s.f.* MED hanseníase

mor.fe.ma *s.m.* GRAM menor unidade com significado gramatical ou semântico em que se pode segmentar uma palavra ~ **morfêmico** *adj.*
mor.fé.ti.co *adj.s.m.* relativo a morfeia ou aquele que a apresenta
mor.fi.na *s.f.* substância obtida do ópio e que tem efeitos sedativos analgésicos
mor.fo.lo.gi.a *s.f.* **1** BIO estudo das formas e estruturas dos seres vivos **2** GRAM estudo da formação e flexões das palavras ~ **morfológico** *adj.*
mor.ga.do *s.m.* **1** herança destinada apenas ao filho mais velho **2** filho mais velho beneficiado por essa herança **3** *p.ext.* o filho mais velho ou filho único
mor.gue *s.m.* necrotério
mo.ri.bun.do *adj.s.m.* que(m) está prestes a morrer
mo.ri.ge.rar *v.* {mod. 1} *t.d. e pron.* (fazer) adquirir boa educação, bons costumes; educar(-se)
mo.rim *s.m.* tecido de algodão, fino e branco
mo.rin.ga *s.f.* vaso de barro para guardar água e mantê-la fresca
mor.ma.cei.ra *s.f.* mormaço intenso
mor.ma.ço *s.m.* **1** ar aquecido e úmido, abafado **2** luz de sol encoberto que queima a pele ~ **mormacento** *adj.*
mor.men.te *adv.* principalmente, sobretudo
mor.mo \ô\ *s.m.* doença que ataca cavalos e felinos, causando-lhes rinite
mór.mon [pl.: *mórmones* e *(B) mórmons*] *adj.2g.s.2g.* **1** (seguidor) do mormonismo, seita religiosa americana da Igreja de Jesus Cristo dos Santos dos Últimos Dias; mormonista
mor.mo.nis.mo *s.m.* doutrina ou seita protestante americana da Igreja de Jesus Cristo dos Santos dos Últimos Dias
mor.no \ô\ *adj.* **1** pouco quente ⟨*gosta de leite m.*⟩ ☞ cf. *tépido* **2** *fig.* monótono; sem graça ⟨*mantinham um relacionamento m.*⟩
mo.ro.so \ô\ [pl.: *morosos* \ó\] *adj.* **1** demorado, lento ⮌ rápido **2** trabalhoso ⮌ fácil ~ **morosidade** *s.f.*
mor.rer *v.* {mod. 8} *int.* **1** perder a vida; falecer ⮌ nascer **2** *fig.* deixar de existir; extinguir-se, acabar ⟨*suas ilusões morreram*⟩ ⮌ nascer **3** parar de funcionar (motor, mecanismo, veículo etc.) **4** *fig.* não chegar a acontecer; interromper-se ⟨*a resposta ao insulto morreu em sua garganta*⟩ ❑ *t.i. fig.* **5** (prep. *de*) experimentar com intensidade (dor física ou moral, sentimento, indisposição etc.) **6** (prep. *para*) renunciar, renegar a ⟨*traída, morreu para o amor*⟩ **7** *infrm.* (prep. *em*) gastar (certa quantia) para fazer pagamento, quitar dívida ⟨*morreu em dez reais para estacionar*⟩
mor.ri.nha *s.f. B* **1** mau cheiro; inhaca ⮌ perfume ■ *adj.2g.s.2g. B infrm.* **2** (sujeito) maçante ~ **morrinhento** *adj.*
mor.ro \ô\ *s.m.* **1** monte não muito alto **2** *B* favela
mor.sa *s.f.* grande mamífero marinho do polo Norte, dotado de duas grandes presas
mor.ta.de.la *s.f.* CUL embutido de grande diâmetro feito de carne defumada de boi e de porco
mor.tal *adj.2g.* **1** sujeito à morte ⟨*os homens são m.*⟩ ⮌ imortal **2** que mata; letal ⟨*golpe m.*⟩ **3** *fig.* transitório, passageiro ⮌ duradouro **4** caracterizado por hostilidade implacável ⟨*ódio m.*⟩ **5** caracterizado por grande gravidade, intensidade ⟨*tristeza m.*⟩ ⮌ insignificante ■ *s.m.* **6** o ser humano
mor.ta.lha *s.f.* pano ou veste com que se envolve o cadáver ~ **amortalhar** *v.t.d.*
mor.ta.li.da.de *s.f.* **1** condição de mortal, perene **2** qualidade do que causa a morte ⟨*a m. do golpe*⟩ **3** número de pessoas ou seres de uma população que morrem em época ou local determinados ⟨*a m. por violência assola as grandes cidades*⟩
mor.tan.da.de *s.f.* **1** assassinato de muitas pessoas; morticínio **2** grande número de mortes
mor.te *s.f.* **1** o fim da vida ⮌ nascimento **2** término de qualquer coisa ⟨*a m. de uma civilização*⟩ ⮌ origem **3** *fig.* grande pesar ⮌ alegria
mor.tei.ro *s.m.* **1** canhão curto e largo do qual são lançadas pequenas bombas **2** certo tipo de fogo de artifício
mor.ti.cí.nio *s.m.* mortandade ('assassinato')
mor.ti.ço *adj.* **1** próximo do fim, da morte **2** sem brilho ⟨*luz m. da madrugada*⟩ ⮌ brilhante
mor.tí.fe.ro *adj.* que provoca a morte; letal
mor.ti.fi.car *v.* {mod. 1} *t.d. e pron.* **1** impor penitência(s) a (o corpo próprio ou alheio); castigar(-se), torturar(-se) **2** (fazer) ficar em estado de torpor; amortecer(-se), entorpecer(-se) **3** *fig.* (fazer) sofrer grande desgosto, aflição; atormentar(-se) **4** cansar(-se) ao extremo; extenuar(-se) ⮌ descansar ❑ *t.d.* **5** extinguir a vida de (órgão, tecido etc.) ~ **mortificação** *s.f.* - **mortificante** *adj.2g.*
mor.to \ô\ *adj.* **1** sem vida ⮌ vivo **2** sem movimento; paralisado ⮌ ativo **3** sem expressão ⮌ expressivo **4** *fig.* extremamente cansado; exausto ⮌ vigoroso ■ *s.m.* **5** cadáver, defunto **6** em certos jogos de baralho, conjunto de cartas que deve ser usado por quem primeiro se desfizer das próprias cartas ⊙ GRAM/USO part. de *matar* e *morrer*
mor.to-vi.vo [pl.: *mortos-vivos*] *s.m.* **1** pessoa que está prestes a morrer **2** *p.ext.* indivíduo inerte, sem vivacidade
mor.tu.a.lha *s.f.* **1** funeral **2** grande quantidade de cadáveres
mor.tu.á.rio *adj.* relativo à morte ou aos mortos; fúnebre ⟨*câmara m.*⟩
mo.ru.bi.xa.ba *s.m. B* cacique ('chefe')
¹mo.sai.co *s.m.* **1** obra feita pela justaposição de pequenas peças coloridas cimentadas numa superfície, formando um desenho ou uma imagem **2** *fig.* qualquer trabalho composto de diversas partes [ORIGEM: do it. *mosaico* 'id.']
²mo.sai.co *adj.* **1** relativo a Moisés ⟨*as leis m.*⟩ **2** judeu, hebreu [ORIGEM: do fr. *mosaïque* 'id.']
mos.ca \ô\ *s.f.* **1** designação comum a diversos insetos de duas asas **2** ponto negro no centro do alvo de exercício de tiro **3** tufo de barba abaixo do lábio inferior ⊡ **comer m.** *loc.vs. infrm.* bobear

mos.ca.do *adj.* de aroma forte; perfumado

mos.car *v.* {mod. 1} *int. infrm.* **1** deixar de perceber ou entender algo **2** deixar-se enganar; bobear

mos.ca.tel *adj.2g.* **1** variedade de uva doce ■ *s.m.* **2** vinho feito com essa uva

mos.ca-va.re.jei.ra [pl.: *moscas-varejeiras*] *s.f.* nome comum a diversas moscas que desovam na carne viva ou podre

mos.co.vi.ta *adj.2g.* **1** de Moscou (Rússia) ■ *s.2g.* **2** natural ou habitante dessa cidade

mos.que.tão [pl.: *-ões*] *s.m.* elo de metal, com abertura móvel, que une algo a uma corrente, tira, corda etc.

mos.que.te \ê\ *s.m.* antiga arma de fogo, semelhante a uma espingarda

mos.que.tei.ro *s.m.* nobre que, no sXVII, fazia a guarda do rei da França armado de mosquete

mos.qui.tei.ro *s.m.* cortina de filó que circunda uma cama para proteger contra mosquitos

mos.qui.to *s.m.* nome comum a diversos insetos alados de pequeno tamanho, que se alimentam de sangue

mos.sa *s.f.* **1** afundamento num objeto resultante de pancada **2** *fig.* abalo, comoção ⟨*isso já não me faz m.*⟩ ⮌ tranquilidade **3** *RS* corte ou sinal feito na orelha de uma rês

mos.tar.da *s.f.* **1** planta anual de folhas comestíveis e cujas sementes servem de condimento; mostardeira **2** a semente dessa planta **3** CUL pasta feita do pó dessas sementes

mos.tar.dei.ra *s.f.* mostarda

mos.tei.ro *s.m.* habitação na qual vivem, ger. em comunidade, pessoas que cumprem votos religiosos; monastério

mos.to \ô\ *s.m.* **1** na fabricação do vinho, sumo de uvas, antes de passar pela fermentação **2** na fabricação da cerveja, líquido resultante da fervura do cereal de base, ger. a cevada, que será submetido à fermentação

mos.tra *s.f.* **1** apresentação ou exposição, ger. de caráter artístico ou documental ⟨*m. de cultura popular*⟩ **2** sinal, indício ⟨*isso é apenas m. do que virá*⟩ **3** parte de um todo; amostra ⟨*trouxe uma m. do seu trabalho*⟩ ▼ *mostras s.f.pl.* **4** gestos; ares

mos.tra.dor \ô\ *adj.s.m.* **1** (o) que mostra, indica ■ *s.m.* **2** parte do relógio onde se leem as horas **3** pequeno painel eletrônico onde são exibidas informações sobre o funcionamento de um aparelho

mos.trar *v.* {mod. 1} *t.d.,t.d.i. e pron.* **1** (prep. *a*) oferecer(-se) à vista de; exibir(-se) ⮌ esconder(-se) ❑ *t.d. e t.d.i.* **2** (prep. *a*) tornar indubitável, evidente; provar, demonstrar **3** (prep. *a*) dar a conhecer; expor, divulgar ⮌ ocultar ❑ *t.d.* **4** fazer perceptível por sinais ou indícios; indicar

mos.tren.go *s.m.* → MONSTRENGO

mos.tru.á.rio *s.m.* **1** vitrine **2** balcão, caixa, pasta etc. onde se colocam amostras de mercadorias

mo.te *s.m.* **1** estrofe inicial que resume o tema desenvolvido no poema **2** citação tomada como ponto de partida de um capítulo ou de uma obra literária; epígrafe **3** dito satírico **4** assunto, tema ⟨*o m. de uma conversa*⟩

mo.te.jo \ê\ *s.m.* comentário com intuito de provocar riso ~ **motejador** *adj.s.m.* - **motejar** *v.t.d.,t.i. e int.*

mo.tel *s.m.* hotel de beira de estrada ou que aluga quartos para encontros amorosos

mo.ti.li.da.de *s.f.* capacidade de mover(-se) ⮌ imobilidade

mo.tim *s.m.* movimento que demonstra rebeldia contra uma autoridade; rebelião

mo.ti.va.ção [pl.: *-ões*] *s.f.* **1** ato ou efeito de motivar **2** motivo, causa

mo.ti.var *v.* {mod. 1} *t.d.* **1** dar motivo a; causar, provocar **2** prender a atenção de; interessar **3** apresentar como motivo ou causa de; alegar ❑ *t.d. e t.d.i.* **4** (prep. *a*) ser motivação para; estimular, impulsionar ~ **motivador** *adj.s.m.*

mo.ti.vo *s.m.* **1** causa, razão ⟨*problemas familiares eram o m. de sua tristeza*⟩ **2** o que se busca alcançar; objetivo, finalidade ⟨*seu m. era voltar ao ringue*⟩ **3** tema ou ideia principal e/ou recorrente que constitui um padrão numa obra de arte

mo.to *s.f.* red. de *motocicleta*

mo.to.bói *s.m.* motociclista que faz entregas

mo.to.ci.cle.ta *s.f.* veículo motorizado de duas rodas; moto

mo.to.ci.clis.mo *s.m.* esporte das corridas de motocicleta

mo.to.ci.clis.ta *adj.2g.s.2g.* **1** que(m) dirige motocicleta **2** que(m) pratica motociclismo

mo.to.ci.clo *s.m.* nome genérico das bicicletas providas de pequenos motores

mo.to-con.tí.nuo [pl.: *motos-contínuos*] *s.m.* movimento de um mecanismo imaginário que, após iniciado, continuaria indefinidamente

mo.to.náu.ti.ca *s.f.* esporte praticado com embarcações de alta velocidade ~ **motonáutico** *adj.*

mo.to.ne.ta \ê\ *s.f.* lambreta

mo.to.quei.ro *s.m.* motociclista

mo.tor \ô\ *s.m.* **1** máquina que produz força para acionar um mecanismo ■ *adj.s.m.* **2** (o) que move ou gera movimento **3** *fig.* (o) que incentiva, promove ⊙ GRAM/USO como *adj.*, fem.: *motriz* ou *motora* ⊡ **m. de arranque** *loc.subst.* aparelho elétrico que impulsiona o motor principal de um automóvel • **m. de combustão interna** *loc.subst.* motor impulsionado por explosões do combustível dentro de cilindros fechados ~ **motorização** *s.f.*

mo.to.ris.ta *adj.2g.s.2g.* que(m) conduz veículo motorizado (p.ex., automóvel)

mo.to.ri.zar *v.* {mod. 1} *t.d.* **1** instalar motor em ❑ *t.d. e pron.* **2** (fazer) passar a deslocar-se em veículo motorizado ⟨*m. a equipe de entrega*⟩ ⟨*m.-se para trabalhar*⟩

mo.tor.nei.ro *s.m.* condutor de bonde

mo.tos.ser.ra *s.f.* máquina elétrica de serrar

mo.to.tá.xi \cs\ *s.m.* **1** serviço de táxi operado em motocicleta **2** serviço de táxi operado em motocicleta
mo.tri.ci.da.de *s.f.* **1** qualidade de força motriz **2** conjunto de funções nervosas e musculares que permite os movimentos voluntários ou automáticos do corpo
mo.triz *s.f.* o que move ou gera movimento ☞ cf. *motor* (adj.)
mou.co *adj.s.m.* que(m) não ouve ou ouve muito pouco ~ **mouquice** *s.f.* - **mouquidão** *s.f.*
mou.rão [pl.: *-ões*] *s.m.* **1** estaca grossa na qual se fixam horizontalmente varas ou arames de uma cerca **2** *B* estaca onde se amarram reses
mou.re.jar *v.* {mod. 1} *int.* trabalhar muito, sem descanso (como um mouro)
mou.ris.co *adj.* relativo aos ou próprio dos mouros
mou.ro *adj.s.m.* **1** (habitante) da Mauritânia (África) **2** (indivíduo) do povo árabe que ocupou a península Ibérica entre os sVIII e XV **3** que(m) trabalha muito **4** que(m) não tem a fé cristã
mou.se [ing.; pl.: *mouses*] *s.m.* INF dispositivo manual que controla a posição do cursor sobre a tela e é capaz de selecionar ícones, opções no menu do programa etc. ⇨ pronuncia-se maus
mo.ve.di.ço *adj.* **1** que se move muito ou com facilidade ↄ imóvel **2** *fig.* que muda rapidamente ⟨*opinião m.*⟩ ↄ constante
mó.vel *adj.2g.* **1** que se move ou pode ser movido ■ *s.m.* **2** objeto móvel que se põe num cômodo para auxiliar a habitação ou o trabalho (p.ex., mesa, cama, armário)
mo.ve.lei.ro *s.m.* fabricante ou vendedor de móveis
mo.ver *v.* {mod. 8} *t.d. e pron.* **1** pôr(-se) em ação, em movimento; mexer(-se) ↄ parar **2** (fazer) ir de um lugar para outro; deslocar(-se) ❑ *t.d.* **3** fazer funcionar; movimentar **4** *fig.* provocar compaixão em; comover ❑ *pron.* **5** determinar-se a agir, a fazer algo; mexer-se ❑ *t.d.,t.i.,t.d.i. e pron.fig.* **6** (prep. *a*) provocar ou ter (certa ação ou reação física ou psicológica); induzir, mobilizar, levar ⟨*é bela a causa que os move*⟩ ⟨*a solidão moveu-o a casar*⟩ ⟨*m.-se a deixar a bebida*⟩ ~ **movedor** *adj.s.m.*
mo.vi.men.ta.ção [pl.: *-ões*] *s.f.* **1** ato de movimentar(-se) ou o seu efeito; movimento **2** *infrm.* agitação desordenada; alvoroço ↄ calmaria
mo.vi.men.tar *v.* {mod. 1} *t.d. e pron.* **1** pôr(-se) em ação, movimento; mexer(-se) **2** imprimir(-se) ânimo, vida, vigor etc.; animar(-se) ↄ desanimar(-se) ❑ *t.d.* **3** fazer funcionar; mover
mo.vi.men.to *s.m.* **1** movimentação **2** agitação, atividade ↄ quietude **3** *p.ext.* atividade (artística, política, filosófica etc.) promovida por um grupo de pessoas ⟨*m. pacifista*⟩ ⟨*m. contra o tabagismo*⟩ ⟨*m. romântico*⟩ **4** MÚS cada parte de uma composição musical
mo.vi.o.la *s.f.* equipamento com que se editam filmes de cinema
mo.za.re.la *s.f.* queijo de consistência macia e sabor suave
MS sigla do Estado de Mato Grosso do Sul
Mt símbolo de *meitnério*
MT sigla do Estado de Mato Grosso
mu *s.m.* burro ('animal estéril')
mu.am.ba *s.f.* **1** roubo ou furto de mercadorias nos portos **2** mercadoria contrabandeada; contrabando
mu.am.bei.ro *s.m.* indivíduo que se dedica ao comércio de mercadorias contrabandeadas
mu.ar *s.m.* **1** burro ('animal estéril') ■ *adj.2g.* **2** relativo a muar, burro ⟨*gado m.*⟩
mu.ca.ma ou **mu.cam.ba** *s.f.* escrava negra jovem que fazia os serviços domésticos
mu.ci.la.gem *s.f.* substância vegetal viscosa rica em proteína
mu.co *s.m.* secreção viscosa que lubrifica e protege as membranas mucosas ~ **mucosidade** *s.f.* - **mucoso** *adj.*
mu.co.sa *s.f.* ANAT membrana que reveste certas cavidades do organismo abertas ao exterior e é lubrificada por muco ~ **mucosal** *adj.2g.*
mu.çu *s.m.* → MUÇUM
mu.çul.ma.no *adj.s.m.* REL que(m) segue o islamismo; maometano, islamita
mu.çum ou **mu.çu** *s.m.* peixe de corpo alongado e sem escamas que ocorre em águas doces da América do Sul
mu.da *s.f.* **1** BIO renovação periódica de pelo, pele etc. em certos animais **2** a época dessa renovação **3** BOT planta jovem que se leva de um viveiro para ser replantada em local definitivo **4** peça de vestuário us. para trocar por outra
mu.dan.ça *s.f.* ato ou efeito de mudar(-se)
mu.dar *v.* {mod. 1} *t.d. e int.* **1** (fazer) sair de condição, estado natural ou daquele em que se encontrava; alterar(-se), transformar(-se), modificar(-se) ⟨*o calor muda a eficácia da fórmula*⟩ ⟨*o efeito da substância muda no calor*⟩ ↄ conservar(-se) **2** (fazer) ficar com características parcial ou totalmente diferentes; modificar(-se), transformar(-se) ⟨*mudou o texto para ser publicado*⟩ ⟨*casou-se e não mudou nada*⟩ ↄ manter(-se) ❑ *t.d.,int. e pron.* **3** transferir(-se) para outro local ⟨*m. a tropa para a cidade*⟩ ⟨*mudou(-se) para a cidade*⟩ ☞ *para a cidade* é circunstância que funciona como complemento ❑ *t.i.* **4** (prep. *de*) deixar uma coisa por (outra); trocar ⟨*m. de conversa, de cidade*⟩ ❑ *t.d.* **5** deixar nocivamente alteradas as características de; desfigurar, deturpar **6** retirar da posição original ou daquela em que estava; remover ⟨*mudou a cama e o quarto ficou melhor*⟩
mu.dez \ê\ *s.f.* **1** qualidade, estado ou condição de mudo **2** estado de quem se recusa a falar
mu.do *adj.s.m.* **1** incapaz de falar por deficiência congênita ou adquirida ↄ falante ■ *adj.* **2** calado ↄ falante **3** sem expressão por palavras ou por sons ⟨*homenagem m.*⟩
mu.gi.do *s.m.* voz dos bovídeos

mu.gir *v.int.* **1** soltar mugidos (bovídeo) **2** *fig.* emitir som semelhante a mugido

mui *adv.* red. de *muito* ☞ mais empr. antes de adj. e adv.

mui.ra.qui.tã *s.m. B* amuleto da região Amazônica, ger. de pedra verde, em forma de animais ou pessoas

mui.to *pron.ind.* **1** em grande quantidade ⊃ pouco ■ *adv.* **2** em abundância ⟨*produzimos m.*⟩ ⟨*m. rico*⟩ ⊃ pouco ■ *s.m.* **3** grande quantidade ⟨*encontrou m. do que queria*⟩

mu.la *s.f.* fêmea do mulo

mu.lá *s.m.* título de autoridades religiosas islâmicas, esp. doutores da lei do Alcorão

mu.lam.bo *s.m.* → *MOLAMBO*

mu.la sem ca.be.ça [pl.: *mulas sem cabeça*] *s.f. B* **1** assombração que toma a forma de uma mula sem cabeça e galopa ruidosamente em noites de sexta-feira **2** concubina de padre

mu.la.to *adj.s.m.* **1** (pessoa) mestiça de branco e negro **2** (pessoa) que tem a cor da pele escura

mu.le.ta \ê\ *s.f.* bastão comprido com um apoio, us. por quem tem dificuldade para andar

mu.lher *s.f.* **1** ser humano do sexo feminino **2** esse ser na idade adulta **3** companheira conjugal; esposa ⊙ COL mulherio

mu.lhe.ren.go *adj.s.m. infrm.* (homem) que costuma paquerar muitas mulheres

mu.lhe.ril *adj.2g.* **1** relativo a ou próprio de mulher **2** exageradamente delicado; afeminado

mu.lhe.ri.o *s.m.* grupo de mulheres

mu.lo *s.m.* burro ('animal estéril')

mul.ta *s.f.* **1** quantia em dinheiro que se paga como pena por uma infração **2** documento que comprova essa punição ~ **multar** *v.t.d. e t.i.*

mul.ti.ce.lu.lar *adj.2g.* composto de várias células; pluricelular

mul.ti.cor \ô\ ou **mul.ti.co.lor** \ô\ *adj.2g.* de muitas cores; policromo

mul.ti.dão [pl.: *-ões*] *s.f.* **1** grande quantidade de pessoas **2** *p.ext.* grande quantidade de qualquer coisa ⟨*guardava uma m. de cartas*⟩

mul.ti.di.men.sio.nal *adj.2g.* **1** que possui mais de três dimensões (diz-se de espaço) **2** com capacidade de abranger, tratar dos múltiplos aspectos de (algo) ⟨*projto m.*⟩ ~ **multidimensionalidade** *s.f.*

mul.ti.fá.rio *adj.* que se apresenta de muitos modos e maneiras

mul.ti.for.me *adj.2g.* com muitas formas

mul.ti.la.te.ral *adj.2g.* **1** com muitos lados **2** ECON que se realiza entre duas ou mais nações ou partes de um contrato ⟨*acordo m.*⟩ ⟨*comércio m.*⟩ ⊃ unilateral

mul.ti.lín.gue \gü\ *adj.2g.* **1** que é escrito ou falado em muitas línguas **2** que fala muitas línguas

mul.ti.mí.dia *s.f.* INF técnica para apresentar informações que mescla texto, som, imagens fixas e animadas

mul.ti.mi.li.o.ná.rio *adj.s.m.* que(m) é muitas vezes milionário

mul.ti.na.cio.nal *adj.2g.* **1** relativo a vários países ■ *adj.2g.s.f.* **2** (empresa ou organização) que produz em vários países

mul.ti.pli.ca.ção [pl.: *-ões*] *s.f.* **1** ação de multiplicar(-se) ou o seu efeito **2** MAT operação aritmética us. para somar um número por ele mesmo tantas vezes quanto o valor de outro número ⊃ divisão **3** aumento significativo de um número ⊃ diminuição **4** BIO reprodução de seres vivos ~ **multiplicativo** *adj.* - **multiplicável** *adj.2g.*

mul.ti.pli.ca.dor \ô\ *adj.s.m.* **1** (o) que multiplica ■ *s.m.* MAT **2** na operação de multiplicação, o número de vezes que outro número é somado

mul.ti.pli.can.do *s.m.* MAT na operação de multiplicação, o número que é somado repetidas vezes

mul.ti.pli.car *v.* {mod. 1} *t.d.* **1** aumentar muito a quantidade de **2** produzir, render em quantidade ⟨*esta terra vai m. o trigo*⟩ ❑ *int. e pron.* **3** produzir seres da mesma espécie; proliferar ❑ *t.d. e pron.* **4** espalhar(-se), propagar(-se) ❑ *t.d.,t.d.i. e int.* MAT **5** (prep. *por*) repetir (um número) tantas vezes quantas forem as unidades de (outro número) ⟨*tente m. duas matrizes*⟩ ⟨*m. 5 por 6*⟩ ⟨*já sabe m.*⟩ ⊃ dividir

mul.tí.pli.ce *adj.2g.* múltiplo ⟨*cultura m.*⟩

mul.ti.pli.ci.da.de *s.f.* **1** caráter do que é múltiplo **2** o que apresenta grande número ou variedade de (algo); diversidade, variedade

múl.ti.plo *adj.* **1** que se manifesta de várias maneiras; multíplice ■ *s.m.* MAT **2** número que pode ser dividido exatamente por outro

mul.ti.pro.ces.sa.dor \ô\ *s.m.* **1** INF computador em que duas ou mais unidades centrais de processamento funcionam em simultâneo **2** processador de alimentos

mul.ti.pro.ces.sa.men.to *s.m.* INF compartilhamento dos recursos de um multiprocessador

mul.ti.u.so *adj.2g.2n.* voltado para muitos usos ⟨*salas multiuso*⟩

mul.ti.u.su.á.rio *adj.s.m.* (o) que permite a utilização simultânea de mais de um usuário (diz-se, ger., de programa informático, sistema operacional)

mú.mia *s.f.* **1** cadáver que foi embalsamado **2** cadáver que não se decompõe por ter sofrido processo natural de dessecação **3** *fig. pej.* indivíduo velho e muito magro **4** *fig. pej.* indivíduo sem energia

mu.mi.fi.car *v.* {mod. 1} *t.d.* **1** transformar em múmia; embalsamar ❑ *t.d.,int. e pron.* **2** *p.ext.* MED tornar(-se) morto, duro, seco; endurecer **3** *fig.* deixar ou ficar sem ação, apático ❑ *t.d. e pron. fig.* **4** tornar(-se) antiquado, ultrapassado ⊃ modernizar(-se) ~ **mumificação** *s.f.*

mun.da.na *s.f.* prostituta

mun.da.no *adj.* **1** relativo ao mundo material, terreno ⊃ espiritual **2** que se satisfaz com bens e prazeres materiais ~ **mundaneidade** *s.f.*

mun.dão [pl.: *-ões*] *s.m. B infrm.* **1** mundo grande **2** grande quantidade; mundaréu ⟨*um m. de gente estava lá*⟩ **3** grande extensão de terra

mun.da.réu *s.m. B* mundão ('grande quantidade')

mun.di.al *adj.2g.* 1 relativo ao mundo inteiro; universal ■ *s.m.* 2 campeonato de que participam várias nações
mun.dí.cie ou **mun.dí.cia** *s.f. B infrm.* limpeza, asseio ↄ imundície
mun.do *s.m.* 1 o planeta Terra 2 o universo 3 o gênero humano ⟨*o m. quer a paz*⟩ 4 *fig.* conjunto de pessoas, coisas ou conceitos com propriedades comuns ⟨*o m. do cinema*⟩ ⊡ **Novo M.** *loc.subst.* o continente americano • **Primeiro M.** *loc.subst.* conjunto de países formado pelas nações capitalistas avançadas • **Terceiro M.** *loc.subst.* conjunto de países economicamente subdesenvolvidos ou em desenvolvimento • **todo m.** *loc.subst.* todas as pessoas ⟨*todo m. quer ser feliz*⟩ • **um m. de** *loc.subst.* grande quantidade ⟨*trouxe um m. de discos*⟩ • **Velho M.** *loc.subst.* o conjunto dos continentes europeu, asiático e africano
mun.gir *v.* {mod. 24} *t.d.* extrair o leite das tetas de (certos animais); ordenhar
mun.gu.zá ou **mun.gun.zá** *s.m.* CUL espécie de mingau feito de milho branco com leite de coco; canjica
mu.nhe.ca *s.f.* junção da mão com o antebraço; punho
mu.ni.ção [pl.: *-ões*] *s.f.* 1 conjunto de cartuchos, projéteis, balas etc. us. para carregar armamentos 2 provisão ('estoque') para missões bélicas, combates etc.
mu.ni.ci.ar *v.* {mod. 1} *t.d.* municionar
mu.ni.cio.nar *v.* {mod. 1} *t.d.* 1 prover de munição; munir, armar 2 prover de (o que é necessário ou útil); abastecer ↄ desprover
mu.ni.ci.pal *adj.2g.* relativo a ou próprio de município ⟨*vias m.*⟩
mu.ni.ci.pa.li.da.de *s.f.* 1 Câmara Municipal 2 município ('unidade territorial e administrativa')
mu.ni.ci.pa.lis.mo *s.m.* sistema administrativo que privilegia os municípios ~ **municipalista** *adj.2g.s.2g.*
mu.ní.ci.pe *adj.2g.s.2g.* (cidadão) de um município
mu.ni.cí.pio *s.m.* 1 unidade territorial e administrativa governada pelo prefeito e pela Câmara Municipal; municipalidade 2 conjunto de moradores desse território
mu.ni.fi.cên.cia *s.f.* generosidade, benevolência ↄ avareza ~ **munificente** *adj.2g.*
mu.nir *v.* {mod. 24} *t.d.* 1 prover de munição, de meios de defesa; armar ❑ *t.d.,t.d.i. e pron.* 2 (prep. *de*) fornecer ou passar a ter, contar com [o que for necessário, útil]; prover(-se), abastecer(-se) ↄ desprover(-se)
mu.que *s.m. B infrm.* força muscular ⊡ **a muque** *loc.adv.* com violência
mu.qui.ra.na *s.f. B* 1 piolho ■ *adj.2g.s.2g. B infrm.* 2 avarento, pão-duro ↄ esbanjador 3 (indivíduo) enfadonho, maçante ↄ simpático
mu.ral *adj.2g.* 1 relativo a muro ou parede ■ *s.m.* 2 pintura realizada sobre muro ou parede 3 quadro de avisos
mu.ra.lha *s.f.* 1 muro extenso, alto e espesso, us. para proteger fortalezas, cidades etc. 2 *p.ext.* qualquer muro alto
mu.rar *v.* {mod. 1} *t.d.* 1 construir muros em torno ou ao longo de (terreno, casa etc.), para defesa e/ou demarcação de propriedade 2 servir de muro a ~ **muramento** *s.m.*
mur.char *v.* {mod. 1} *t.d.,int. e pron.* 1 (fazer) perder a vida, o viço (plantas, flores etc.) 2 *fig.* (fazer) perder o ânimo, o vigor, a energia; enfraquecer(-se) ↄ fortalecer(-se) 3 (fazer) diminuir de volume (algo inflado, dilatado); desinchar(-se) ↄ inchar(-se)
mur.cho *adj.* 1 sem viço ou força ⟨*flores m.*⟩ ⟨*sorriso m.*⟩ ↄ vibrante 2 de conteúdo esvaziado ⟨*pneu m.*⟩ ↄ cheio ~ **murchidão** *s.f.*
mu.re.ta \ê\ *s.f.* muro baixo
mu.ri.ci ou **mu.ru.ci** *s.m.* 1 nome comum a árvores e arbustos de frutos comestíveis pequenos e arredondados 2 esse fruto
mu.ri.ço.ca *s.f. B* mosquito
mur.mu.rar *v.* {mod. 1} *t.d. e int.* 1 produzir (som breve e baixo) ❑ *t.d. e t.d.i.* 2 (prep. *a*) dizer em tom baixo; sussurrar ~ **murmuração** *s.f.* - **murmurante** *adj.2g.*
mur.mu.re.jar *v.* {mod. 1} *int.* 1 causar murmúrio; murmurar ❑ *t.d.* 2 dizer em voz baixa; sussurrar
mur.mu.ri.nho *s.m.* som baixo e confuso de várias pessoas conversando ao mesmo tempo
mur.mú.rio *s.m.* 1 ruído incessante das ondas, de água corrente, da brisa nas folhas etc. 2 voz de pessoa falando baixo; sussurro ↄ grito ~ **murmurejante** *adj.2g.*
mu.ro *s.m.* parede que cerca uma área para protegê-la ou separá-la de outra
mur.ro *s.m.* soco
mu.ru.ci *s.m.* → MURICI
mu.sa *s.f.* 1 na mitologia grega, cada uma das nove divindades que orientavam as artes 2 *p.ext.* qualquer ser ou divindade que inspira as artes ⟨*sua amada era a sua m.*⟩
mu.sá.cea *s.f.* BOT espécime das musáceas, família de plantas monocotiledôneas, cultivadas como ornamentais, bem como por seus frutos e fibras ~ **musáceo** *adj.*
mus.ci.ca.pí.deo *s.m.* ZOO 1 espécime dos muscicapídeos, grande família de aves que inclui, entre outras, os papa-moscas do Velho Mundo e os sabiás ■ *adj.* 2 relativo a essa família de aves
mus.cu.la.ção [pl.: *-ões*] *s.f.* 1 conjunto dos movimentos musculares ⟨*necessidade de aprimorar a m.*⟩ 2 conjunto de exercícios com pesos e aparelhos para fortalecer os músculos 3 a prática desses exercícios
mus.cu.lar *adj.2g.* relativo a músculo ⟨*dor m.*⟩
mus.cu.la.tu.ra *s.f.* 1 conjunto dos músculos do corpo 2 *fig.* força muscular; músculo

mús.cu.lo *s.m.* 1 órgão constituído de fibras que se contraem e se alongam produzindo movimento e resistência a forças externas 2 *fig.* musculatura

mus.cu.lo.so \ô\ [pl.: *musculosos* \ó\] *adj.* 1 que tem músculos bem desenvolvidos ⟨*pernas m.*⟩ ⮌ flácido 2 *p.ext.* muito forte; robusto ⮌ fraco

mu.se.o.lo.gi.a *s.f.* ciência que cuida da conservação, classificação e apresentação dos acervos de museus ~ **museológico** *adj.* - **museologista** *s.2g.* - **museólogo** *s.m.*

mu.seu *s.m.* 1 instituição responsável por coletar, conservar, estudar e expor objetos de valor artístico ou histórico 2 local onde tais objetos são expostos

mus.go *s.m.* BOT planta briófita que cresce em forma de tapete sobre pedras, árvores, solo e tb. locais repletos de água ~ **musgoso** *adj.* - **musguento** *adj.*

mú.si.ca *s.f.* 1 arte de combinar os sons de forma harmoniosa 2 o produto dessa combinação 3 notação escrita de uma composição musical; partitura 4 *p.ext.* sequência de sons ou informações agradáveis ⟨*aquela sentença do juiz foi m. para meus ouvidos*⟩ ▣ **m. de câmara** *loc.subst.* música para pequeno número de executantes

mu.si.cal *adj.2g.* 1 que diz respeito a música ⟨*instrumento m.*⟩ 2 que tem vocação para música ⟨*tem um filho muito m.*⟩ ■ *adj.2g.s.2g.* 3 (espetáculo) que é cantado e dançado ⟨*foi a um* show *m.*⟩ ⟨*os m. da* Broadway⟩

mu.si.ca.li.da.de *s.f.* talento ou sensibilidade para criar, executar ou apreciar música

mu.si.car *v.* {mod. 1} *t.d.* 1 colocar música em, transformar em música ❑ *int.* 2 compor música

mu.si.cis.ta *adj.2g.s.2g.* que(m) compõe, executa ou estuda música; profissional da música

mú.si.co *adj.* 1 relativo a música; musical ■ *s.m.* 2 quem exerce atividades ligadas à música 3 pessoa que toca um instrumento num conjunto musical; instrumentista ⊙ COL orquestra

mu.si.co.ma.ni.a *s.f.* paixão pela música; melomania ~ **musicômano** *adj.s.m.*

mus.se *s.f.* 1 iguaria gelada, doce ou salgada, preparada com claras em neve para dar-lhe consistência espumosa 2 substância espumosa us. para modelar penteados

mus.se.li.na *s.f.* tecido leve e transparente, de algodão

mu.ta.ção [pl.: *-ões*] *s.f.* 1 mudança, transformação 2 tendência a mudar de ideia; inconstância 3 GEN alteração súbita de características genéticas, sem relação com os ascendentes, mas que pode ser herdada pelos descendentes ~ **mutatório** *adj.*

mu.ta.gê.ne.se *s.f.* GEN processo que gera uma mutação

mu.ta.ge.ni.a *s.f.* GEN mutagênese ~ **mutagênico** *adj.*

mu.tan.te *adj.2g.s.2g.* GEN (organismo, célula ou gene) que sofreu uma mutação

mu.tá.vel *adj.2g.* 1 sujeito a mudança ⮌ constante 2 GEN que pode sofrer mutação ⮌ imutável ~ **mutabilidade** *s.f.*

mu.ti.la.ção [pl.: *-ões*] *s.f.* 1 ato ou efeito de mutilar(-se); corte 2 amputação de alguma parte do corpo 3 *fig.* supressão ou corte de algo ⟨*o autor não aceitou a m. feita em seu texto*⟩

mu.ti.lar *v.* {mod. 1} *t.d. e pron.* 1 cortar algum membro ou parte(s) do corpo (de) ❑ *t.d.* 2 cortar (parte do corpo); decepar ⟨*o facão mutilou seu dedo*⟩ 3 *fig.* causar estrago a; danificar, deteriorar ⮌ conservar 4 *fig.* suprimir parte de; cortar, truncar

mu.ti.rão [pl.: *-ões*] *s.m.* 1 entre trabalhadores do campo, auxílio gratuito por ocasião do plantio ou da colheita; muxirão 2 *p.ext.* serviço coletivo e gratuito para a execução de um trabalho que beneficie a comunidade

mu.tis.mo *s.m.* 1 qualidade ou estado de mudo; mudez 2 PSIC ausência da fala sem causa orgânica

mu.tre.ta \ê\ *s.f. B infrm.* trapaça, ardil

mu.tu.a.lis.mo *s.m.* BIO tipo de associação de dois organismos de espécies diferentes, na qual ambos são beneficiados

mu.tu.ar *v.* {mod. 1} *t.d.* 1 dar e rebecer reciprocamente; trocar ❑ *t.d. e t.d.i.* 2 (prep. *com*) dar ou tomar por empréstimo ~ **mutuação** *s.f.*

mu.tu.á.rio *s.m.* aquele que recebeu algo por empréstimo

mu.tu.ca *s.f.* nome comum a moscas grandes cujas fêmeas se alimentam de sangue; butuca

mú.tuo *adj.* recíproco ⮌ unilateral ~ **mutualidade** *s.f.*

mu.vu.ca *s.f. B infrm.* grande confusão; tumulto

mu.xin.ga *s.f. B* chicote

mu.xi.rão *s.m.* mutirão

mu.xo.xo \ô\ *s.m. B* 1 beijo leve; beijoca 2 som feito com a boca que demonstra enfado ou desdém

MW símbolo de *megawatt*

Nn

N N n Nn Nn Nn Nn Nn

c. 200 A.C. c. 100 A.C. c. 800 c.1500 c.1800 1890 1927 2001

n *s.m.* **1** 14ª letra (consoante) do nosso alfabeto ■ *n.ord.* *(adj.2g.2n.)* **2** diz-se do 14º elemento de uma série ⟨*casa N*⟩ ⟨*item 1n*⟩ ☞ empr. posposto a um substantivo ou numeral ■ *n.card.* **3** qualquer número inteiro indeterminado **4** *p.ext. infrm.* qualquer quantidade indefinida ⟨*isso foi explicado n vezes*⟩ ⊙ GRAM/USO na acp. s.m., pl.: *nn*

N 1 símbolo de *norte* (na rosa dos ventos) **2** símbolo de *newton* **3** símbolo de *nitrogênio*

N. abrev. de *norte* ('região')

Na símbolo de *sódio*

na.ba.bes.co \ê\ *adj.* **1** relativo a, ou próprio de nababo **2** que apresenta luxo, fausto; ostentoso

na.ba.bo *s.m.* **1** príncipe ou governador de província na Índia entre os sXVI e XIX **2** *p.ext.* indivíduo muito rico que vive cercado de luxo ~ **nababesco** *adj.*

na.bo *s.m.* **1** planta de raiz comestível, roxa ou branca **2** essa raiz ~ **nabal** *s.m.*

na.ção [pl.: *-ões*] *s.f.* **1** agrupamento político autônomo que ocupa território com limites definidos e cujos membros possuem laços históricos, linguísticos etc. e vivem sob um governo único ⟨*a economia da n. está abalada*⟩ **2** esse território; país ⟨*n. brasileira*⟩ **3** as pessoas que vivem nesse território ⟨*o ministro falou à n.*⟩ **4** grupo de pessoas unido por crença, origem, costume, afinidade etc. ⟨*a n. nagô*⟩ ⟨*a n. tupi*⟩

ná.car *s.m.* **1** madrepérola **2** cor ou tom rosado ⟨*o n. de seus lábios*⟩

na.ca.ra.do *adj.* **1** que tem o brilho ou a aparência do nácar **2** que contém nácar **3** que tem a cor rosada

na.ce.la ou **na.ce.le** *s.f.* **1** estrutura, em forma de cesta ou barca, em um balão ou dirigível, para transporte de tripulantes, passageiros, carga etc. **2** assento do piloto de aeronave protegido por cobertura

na.cio.nal *adj.2g.* **1** de determinada nação ('agrupamento') ⟨*cantores n.*⟩ ⟨*carros n.*⟩ **2** que representa a pátria ⟨*emblema n.*⟩ **3** que abrange a totalidade da nação ⟨*o discurso foi transmitido em cadeia n.*⟩ ■ *s.m.* **4** o natural de um país

na.cio.na.li.da.de *s.f.* **1** conjunto de traços que distinguem uma nação **2** país de origem **3** condição do cidadão de um país, natural ou naturalizado

na.cio.na.lis.mo *s.m.* **1** doutrina que reconhece o Estado nacional como ideal de organização política **2** preferência pelo que é próprio da nação a que se pertence, glorificação de suas características e valores tradicionais ⮌ antinacionalismo

na.cio.na.lis.ta *adj.2g.* **1** relativo a nacionalismo ⟨*tendências n.*⟩ ■ *adj.2g.s.2g.* **2** adepto do nacionalismo ⟨*político n.*⟩ ⟨*n. convicto*⟩

na.cio.na.li.zar *v.* {mod. 1} *t.d. e pron.* **1** (fazer) ter ou adquirir caráter, feição nacional **2** conceder a ou obter (estrangeiro) direitos iguais aos cidadãos nativos de um país; naturalizar(-se) ❑ *t.d.* **3** pôr sob controle ou propriedade do Estado (empresa, serviço); estatizar ~ **nacionalização** *s.f.*

na.cio.nal-so.ci.a.lis.mo [pl.: *nacional-socialismos*] *s.m.* nazismo ~ **nacional-socialista** *adj.2g.s.2g.*

na.co *s.m.* pedaço (de algo) ⟨*um n. de pão*⟩

na.da *pron.ind.* **1** coisa nenhuma ⟨*passei o dia sem fazer n.*⟩ ■ *adv.* **2** de modo nenhum ⟨*não é n. bobo*⟩ ■ *s.m.* **3** a não existência ⟨*não viemos do n.*⟩ **4** o vazio ⟨*passou o dia olhando para o n.*⟩ **5** pouca coisa; ninharia ⟨*brigaram por um n.*⟩

na.da.dei.ra *s.f.* **1** órgão de locomoção dos animais aquáticos **2** pé de pato

na.dar *v.* {mod. 1} *int.* **1** mover-se na água por impulso e recursos próprios (como braços e pernas, nadadeiras etc.) **2** flutuar sobre um líquido; boiar ⟨*na água nadava muito lixo*⟩ ❑ *t.d.* **3** percorrer a nado **4** praticar, executar (certo tipo de nado) ⟨*n. borboleta*⟩ ❑ *t.i. fig.* **5** (prep. *em*) ter em abundância (esp. bens, dinheiro) ~ **nadador** *adj.s.m.*

ná.de.ga *s.f.* cada uma das duas partes carnosas da região posterior da bacia humana ⟨*tomou uma injeção na n. esquerda*⟩

na.dir *s.m.* **1** ponto da esfera celeste que se situa na vertical do observador, diretamente sob seus pés ↺ zênite **2** direção vertical orientada para o centro da Terra ~ **nadiral** *adj.2g.*

na.do *s.m.* **1** prática da natação **2** cada uma das modalidades em natação ⊡ **n. borboleta** *loc.subst.* estilo em que os braços se projetam para fora da água, lembrando asas abertas • **n. *crawl*** *loc.subst.* nado com batimento contínuo das pernas e rotação alternada dos braços • **n. de costas** *loc.subst.* nado com o corpo reto, de barriga para cima, girando os braços para trás e batendo os pés • **n. de peito** *loc.subst.* estilo em que as mãos são atiradas para a frente, saindo do peito, e depois trazidas de volta, com uma ação simétrica das pernas, lembrando o nado de uma rã • **n. livre** *loc.subst.* **1** qualquer estilo **2** nado *crawl* • **n. sincronizado** *loc.subst.* série de movimentos sincronizados de um ou mais nadadores com acompanhamento musical

naf.ta *s.f.* derivado líquido do petróleo us. como matéria-prima na petroquímica

Naf.ta *s.m.* tratado de integração econômica assinado pelos E.U.A. e Canadá em 1988 ao qual o México aderiu em 1992

naf.ta.le.no *s.m.* QUÍM hidrocarboneto aromático, muito us. como repelente de insetos, esp. traças ☞ cf. *naftalina*

naf.ta.li.na ® *s.f.* nome comercial do naftaleno ☞ inicial maiúsc.

na.gô *s.2g.* **1** negro escravizado falante da língua iorubá **2** a língua iorubá ■ *adj.2g.* **3** relativo a esses negros ou a sua língua

nái.a.de ou **nái.a.da** *s.f.* ninfa das fontes e dos rios ☞ inicial por vezes maiúsc.

nái.lon [pl.: *náilones* e *(B) náilons*] *s.m.* **1** forma aportuguesada de *nylon*, marca registrada de materiais sintéticos de poliamida, us. na confecção de fibras, tecidos, plásticos etc. **2** tecido ou fibra feito com esses materiais

nai.pe *s.m.* **1** desenho que distingue cada um dos quatros grupos do baralho (ouros, copas, paus, espadas) **2** conjunto de cartas de um baralho com o mesmo desenho ⟨*separou todo o n. de paus*⟩ **3** MÚS num conjunto, os executantes do mesmo tipo de instrumento ou com a mesma classificação vocal ⟨*n. de cordas*⟩ ⟨*n. de sopranos*⟩

na.ja *s.f.* serpente muito venenosa, encontrada na Ásia e África, que, quando excitada, expande a pele logo abaixo da cabeça

nam.bi.qua.ra *s.2g.* **1** indivíduo dos nambiquaras, grupo indígena que habita o oeste de Mato Grosso e o sul de Rondônia; nhambiquara ■ *s.m.* **2** língua falada por esse grupo; nhambiquara ■ *adj.2g.* **3** relativo a esse indivíduo, grupo ou língua; nhambiquara

nam.bu *s.m.* inhambu

na.mo.ra.do *s.m.* **1** aquele que mantém um relacionamento amoroso estável com alguém **2** peixe marinho com até 1 m de comprimento, dorso pardo e ventre claro, com pintas esbranquiçadas no corpo

na.mo.ra.dor \ô\ *adj.s.m.* que(m) namora muito

na.mo.rar *v.* {mod. 1} *t.d.,t.i. e int.* **1** (prep. *com*) manter relacionamento amoroso estável (com) ❑ *t.d.* **2** buscar inspirar amor em; cortejar **3** *fig.* desejar muito possuir; cobiçar

na.mo.ri.co *s.m.* namoro rápido e inconsequente ~ **namoricar** *v.t.d. e int.*

na.mo.ro \ô\ *s.m.* relação entre namorados

na.nar *v.* {mod. 1} *int. l.inf.* dormir ↺ acordar

na.ni.co *adj.s.m.* **1** (o) que tem a aparência de um anão ■ *adj.* **2** *p.ext.* pequeno, acanhado ⟨*texto n.*⟩ **3** *infrm.* de pouca expressão ⟨*empresa n.*⟩

na.nis.mo *s.m.* anomalia que interrompe prematuramente o processo de crescimento

na.nô.me.tro *s.m.* unidade de comprimento equivalente à bilionésima parte de um metro, ou 10^{-9} m [símb.: *nm*] ~ **nanométrico** *adj.*

na.no.tec.no.lo.gi.a *s.f.* tecnologia que trabalha em escala nanométrica, aplicada freq. à produção de circuitos e dispositivos eletrônicos com as dimensões de átomos ou moléculas

nan.quim *s.m.* tinta preta para desenho, escrita etc.

não *adv.* **1** indica negação ■ *s.m.* **2** negativa enfática, recusa ⟨*ouviu um sonoro n.*⟩ ⊙ GRAM/USO na acp. subst., pl.: *nãos*

não me to.ques *s.m.2n. B infrm.* disposição para se ressentir de coisas insignificantes; sensibilidade excessiva ⟨*ele é cheio de n. me toques*⟩

na.pa *s.f.* pelica fina e macia, de cores variadas, feita de pele de carneiro

na.palm *s.m.* substância us. na fabricação de bombas incendiárias

na.po.le.ô.ni.co *adj.* relativo a Napoleão Bonaparte, imperador da França ☞ cf. *Napoleão* na parte enciclopédica

na.po.li.ta.no *adj.* **1** de Nápoles (Itália) ■ *s.m.* **2** natural ou habitante dessa cidade

nar.ci.sis.mo *s.m.* amor pela própria imagem ↺ modéstia

nar.ci.sis.ta *adj.2g.s.2g.* que(m) é apaixonado por si mesmo, esp. pela própria imagem

nar.ci.so *s.m.* **1** flor amarela grande e perfumada, cultivada como ornamental **2** homem muito vaidoso ↺ humilde

nar.co.se *s.f.* MED estado de estupor provocado por narcótico ou outro agente químico

nar.có.ti.co *adj.s.m.* **1** (o) que produz entorpecimento e inconsciência **2** *fig.* (o) que aborrece, faz dormir ⟨*para muitos a televisão é um n.*⟩ ■ *s.m.* 3 droga entorpecente

nar.co.ti.zan.te *adj.2g.* que narcotiza

nar.co.ti.zar *v.* {mod. 1} *t.d.* 1 aplicar narcótico em 2 provocar narcose em 3 *p.ext.* causar entorpecimento ou sono em ⟨*a bebida narcotizou-o*⟩ 4 *fig.* tornar insensível; endurecer ⤺ sensibilizar 5 *fig.* causar enfado a; entediar ⤺ entusiasmar

nar.co.tra.fi.can.te *adj.2g.s.2g.* (traficante) de drogas

nar.co.trá.fi.co *s.m.* tráfico de drogas

na.ri.ga.da *s.f.* pancada com o nariz

na.ri.gão [pl.: *-ões*] *s.m.* 1 nariz muito grande ■ *adj.s.m.* 2 *p.ext.* que(m) tem o nariz muito grande; narigudo ⊙ GRAM/USO aum.irreg. de *nariz*

na.ri.gu.do *adj.s.m.* que(m) tem o nariz muito grande; narigão

na.ri.na *s.f.* cada uma das duas aberturas da face inferior do nariz, no homem, e da fossa nasal, em certos animais

na.riz *s.m.* 1 órgão do olfato, que constitui a parte inicial das vias respiratórias 2 *p.ext.* olfato ⟨*tem um bom n. para perfumes*⟩ 3 *p.ext.* narina ⟨*vivia com o dedo no n.*⟩ 4 extremidade da frente de uma aeronave ⊙ GRAM/USO aum. irreg.: *narigão* ⊡ **meter o n. em** *loc.vs.* intrometer-se em (alguma coisa) ⟨*adora meter o n. onde não é chamado*⟩ • **torcer o n.** *loc.vs.* mostrar desaprovação ou desagrado com relação a algo ⟨*torceu o n. ao saber da viagem*⟩

nar.ra.ção [pl.: *-ões*] *s.f.* 1 exposição oral ou escrita de um fato ou de uma série de fatos 2 em filmes, documentários, peças etc., fala que acompanha, comenta ou explica uma sequência de imagens

nar.ra.dor \ô\ *adj.s.m.* (aquele) que narra, conta, relata

nar.rar *v.* {mod. 1} *t.d. e t.d.i.* (prep. *a*) expor por escrito ou oralmente (fato, acontecimento); contar, relatar ~ **narrativo** *adj.* - **narrável** *adj.2g.*

nar.ra.ti.va *s.f.* 1 narração ('exposição') 2 conto, história 3 ficção ('conto, novela')

na.sal *adj.2g.* 1 relativo a nariz ■ *adj.2g.s.2g.* 2 (som ou voz) modificado pelo nariz ~ **nasalidade** *s.f.* - **nasalização** *s.f.*

na.sa.lar *v.* {mod. 1} *t.d. e pron.* nasalizar

na.sa.li.zar *v.* {mod. 1} *t.d. e pron.* tornar(-se) nasal (som, palavra, a voz etc.)

nas.ce.dou.ro *adj.* 1 que deverá nascer ■ *s.m.* 2 lugar onde nasce alguém ou alguma coisa

nas.cen.ça *s.f.* nascimento

nas.cen.te *s.f.* 1 ponto onde nasce um curso de água ⤺ foz ■ *s.m.* 2 leste ('direção') ⤺ poente ■ *adj.2g.* 3 que nasce, que começa a ter existência 4 *fig.* que começa a se formar ⟨*o n. interesse por novos autores*⟩

nas.cer *v.* {mod. 8} *int.* 1 vir ao mundo saindo do ventre materno ⤺ morrer 2 começar a crescer, a brotar 3 dar sinal de sua presença; surgir ⟨*ao longe via o sol n.*⟩ 4 passar a existir; surgir ⟨*a invenção nasceu por acaso*⟩ ⤺ extinguir-se ❑ *t.i.* 5 (prep. *de*) ter origem em; provir, derivar 6 (prep. *de*) ser descendente de ⟨*n. de pais amorosos*⟩ 7 (prep. *para*) estar destinado a ou ter aptidão para ⟨*nasceu para amar, para mandar*⟩

nas.ci.men.to *s.m.* 1 ato de nascer; nascença ⤺ morte 2 *fig.* começo ou princípio de algo; nascença ⤺ fim

nas.ci.tu.ro *adj.s.m.* (o) que está para nascer

na.ta *s.f.* 1 a parte gordurosa do leite, us. para fazer manteiga, doces etc. 2 *fig.* a camada de maior poder ou prestígio num grupo; elite ⟨*pertencem à n. do futebol mundial*⟩ ⤺ ralé

na.ta.ção [pl.: *-ões*] *s.f.* 1 ação, exercício ou esporte de nadar 2 meio de locomoção dos animais que vivem na água

na.tal *adj.2g.* 1 onde ocorreu o nascimento de alguém ou algo ⟨*cidade n.*⟩ 2 relativo ao nascimento; natalício ■ *s.m.* 3 REL festa do nascimento de Jesus, celebrada no dia 25 de dezembro ☞ inicial maiúsc. nesta acp.; cf. *Jesus* na parte enciclopédica

na.ta.len.se *adj.2g.* 1 de Natal (RN) ■ *s.2g.* 2 natural ou habitante dessa capital

na.ta.lí.cio *adj.* 1 relativo ao dia do nascimento ⟨*a sua data n.*⟩ 2 referente ao nascimento ⟨*estado n.*⟩ ■ *s.m.* 3 o dia do nascimento ⟨*festejar um n.*⟩

na.ta.li.da.de *s.f.* relação entre o número de nascimentos e o total da população num dado lugar, em certo período de tempo

na.ta.li.no *adj.* relativo ao ou próprio do Natal ⟨*período n.*⟩

na.ti.mor.to *adj.s.m.* (indivíduo) que nasceu morto

na.ti.vi.da.de *s.f.* nascimento (esp. os de Jesus Cristo e dos santos)

na.ti.vis.mo *s.m.* 1 atitude ou política de favorecer os habitantes nativos contra os imigrantes 2 aversão a estrangeiros; xenofobia 3 revivescência, conservação e propagação de culturas nativas contra a aculturação ~ **nativista** *adj.2g.s.2g.*

na.ti.vo *s.m.* 1 indígena 2 nascido em determinado lugar ⟨*os n. de Sergipe*⟩ 3 indivíduo nascido sob determinado signo zodiacal ⟨*n. de Peixes*⟩ ■ *adj.* 4 que constitui a origem de algo ou de alguém ⟨*país n.*⟩ 5 relativo a indígena 6 que é natural de determinado lugar ⟨*animal n. da África*⟩ ⟨*vegetação n.*⟩

na.to *adj.* 1 que nasceu 2 congênito ⤺ adquirido

na.tu.ral *adj.2g.* 1 da natureza 2 espontâneo ⟨*crescimento n. das plantas*⟩ ⟨*gestos n.*⟩ ⤺ artificial 3 que acontece segundo a ordem regular das coisas; provável 4 cultivado ou preparado sem a adição de produtos tóxicos (diz-se de frutas, legumes, alimentos etc.) 5 *p.ext.* que vende ou serve essas mercadorias (diz-se de estabelecimento) ⟨*restaurante n.*⟩ ⟨*loja de produtos n.*⟩ ■ *adj.s.m.* 6 que(m) nasce em certo lugar ⟨*o pai era n. do Paraná*⟩

na.tu.ra.li.da.de *s.f.* 1 qualidade do que é natural 2 espontaneidade ⤺ afetação 3 local de nascimento

na.tu.ra.lis.mo *s.m.* 1 estado do que é produzido pela natureza 2 estilo artístico e literário que retrata a realidade com a máxima objetividade ~ **naturalista** *adj.2g.s.2g.*

na.tu.ra.li.za.ção [pl.: *-ões*] *s.f.* concessão de cidadania a estrangeiro

na.tu.ra.li.zar *v.* {mod. 1} *t.d. e pron.* 1 conceder a ou obter (um estrangeiro) os mesmos direitos dos cidadãos nativos de um país ❑ *t.d.* 2 passar a ter como próprio; adotar

na.tu.re.ba *adj.2g.s.2g.* *B infrm.* praticante da alimentação natural

na.tu.re.za \ê\ *s.f.* 1 conjunto dos seres do Universo 2 conjunto de elementos (mares, montanhas, árvores, animais etc.) do mundo natural 3 índole; caráter ⟨*ele é de n. pacífica*⟩

na.tu.re.za-mor.ta [pl.: *naturezas-mortas*] *s.f.* 1 gênero de pintura em que se representam coisas ou seres inanimados 2 quadro desse gênero

na.tu.ris.mo *s.m.* 1 valorização dos agentes da natureza, esp. como meios terapêuticos 2 filosofia de vida que recomenda um maior contato com a natureza (vida ao ar livre, alimentos naturais, nudismo etc.) ~ **naturista** *adj.2g.s.2g.*

nau *s.f.* antigo navio de grande porte

nau.fra.gar *v.* {mod. 1} *t.d. e int.* 1 (fazer) ir ao fundo (embarcação) em virtude de acidente; afundar ❑ *int.* 2 ser vítima de naufrágio 3 sofrer revés, não ter sucesso; fracassar

nau.frá.gio *s.m.* 1 ato de naufragar ou o seu efeito 2 *fig.* fracasso

náu.fra.go *s.m.* vítima de naufrágio

náu.sea *s.f.* 1 tontura e enjoo sentidos em viagem por terra, mar ou ar 2 *p.ext.* qualquer enjoo 3 *fig.* repugnância, aversão ↄ atração

nau.se.a.bun.do *adj.* 1 que causa náuseas; nauseante ⟨*cheiro n.*⟩ 2 que provoca nojo; repugnante ↄ atraente

nau.se.an.te *adj.2g.* nauseabundo

nau.se.ar *v.* {mod. 5} *t.d.,int. e pron.* (fazer) sentir ânsia de vômito; enjoar

nau.ta *s.m.* navegante

náu.ti.ca *s.f.* arte e ciência da navegação

náu.ti.co *s.m.* 1 aquele que exerce a profissão de conduzir embarcação no mar ■ *adj.* 2 relativo a marinheiro 3 que se refere a atividade, publicação etc. de navegação marítima ⟨*esporte n.*⟩

nau.ti.mo.de.lis.mo *s.m.* 1 técnica de projetar e construir modelos reduzidos de embarcações 2 passatempo que gira em torno dessa atividade ~ **nautimodelista** *adj.2g.s.2g.*

na.val *adj.2g.* 1 relativo a navio ⟨*engenharia n.*⟩ 2 pertencente à marinha de guerra ⟨*estratégia n.*⟩

na.va.lha *s.f.* instrumento de corte, dobrável, cujo cabo serve tb. de estojo para a lâmina ~ **anavalhar** *v.t.d.* - **navalhar** *v.t.d.*

na.va.lha.da *s.f.* 1 golpe com navalha 2 o corte feito por este golpe

na.ve *s.f.* nas igrejas, espaço que vai da entrada até o altar ⊡ **n. espacial** *loc.subst.* veículo us. em viagens espaciais; astronave

na.ve.ga.ção [pl.: *-ões*] *s.f.* 1 viagem sobre águas 2 náutica

na.ve.ga.dor \ô\ *adj.s.m.* 1 (o) que navega ■ *s.m.* INF 2 programa que permite a usuário da internet consultar páginas de hipertexto e ter acesso a todos os recursos dessa rede de computadores

na.ve.gan.te *s.2g.* 1 quem anda embarcado, quem navega; nauta, marinheiro ■ *adj.2g.* 2 que sabe navegar 3 relativo a nauta, a marinheiro

na.ve.gar *v.* {mod. 1} *t.d. e int.* 1 percorrer (mar, rio, águas etc.) em embarcação ou aeronave 2 *p.ext.* viajar por (atmosfera, espaço) ❑ *int. fig.* INF 3 consultar sequencialmente diversos hipertextos, acionando os *links* neles contidos para passar de um para outro

na.ve.gá.vel *adj.2g.* que pode ser navegado ⟨*rio n.*⟩ ~ **navegabilidade** *s.f.*

na.vi.o *s.m.* embarcação de grande porte ⊙ COL frota ⊡ **n. cargueiro** *loc.subst.* o que transporta cargas • **n. negreiro** *loc.subst.* navio que transportava escravos negros • **n. quebra-gelos** *loc.subst.* navio us. para abrir caminho em águas congeladas

na.vi.o-ba.le.ei.ro [pl.: *navios-baleeiros*] *s.m.* navio equipado para pesca de baleias; baleeiro

na.vi.o-es.co.la [pl.: *navios-escola*] *s.m.* navio destinado à aprendizagem de marinheiros

na.vi.o-pe.tro.lei.ro [pl.: *navios-petroleiros*] *s.m.* navio que transporta petróleo e derivados; petroleiro

na.vi.o-tan.que [pl.: *navios-tanque* e *navios-tanques*] *s.m.* navio destinado ao transporte de líquidos, ger. água ou combustíveis

na.za.re.no *adj.* 1 de Nazaré (Israel) ■ *s.m.* 2 natural ou habitante dessa cidade 3 epíteto de Jesus Cristo ☞ inicial maiúsc. nesta acp.; cf. *Jesus* na parte enciclopédica

na.zi.fas.cis.ta *adj.2g.* 1 relativo ao fascismo e ao nazismo, conjuntamente ■ *adj.2g.s.2g.* 2 adepto ou simpatizante do fascismo e do nazismo ~ **nazifascismo** *s.m.*

na.zis.mo *s.m.* política totalitarista, na Alemanha de Hitler, que exaltava o nacionalismo e o arianismo ☞ cf. *Hitler* na parte enciclopédica ~ **nazista** *adj.2g.s.2g.*

Nb símbolo de *nióbio*

Nd símbolo de *neodímio*

Ne símbolo de *neônio*

NE símbolo de *nordeste* (na rosa dos ventos)

N.E. abrev. de *nordeste* ('região')

ne.bli.na *s.f.* nevoeiro

ne.bli.nar *v.* {mod. 1} *int.* 1 *B* chuviscar 2 *B* cair cerração; enevoar-se ☞ nestas acp., é impessoal, exceto quando fig. 3 turvar, escurecer (a vista)

ne.bu.li.za.ção [pl.: *-ões*] *s.f.* 1 conversão de líquido em vapor 2 MED tratamento por inalação de substâncias medicamentosas

ne.bu.li.za.dor \ô\ *s.m.* 1 dispositivo que converte líquidos em gotículas minúsculas ■ *adj.* 2 que nebuliza

ne.bu.li.zar *v.* {mod. 1} *t.d.* 1 converter (líquido) em vapor 2 fazer nebulização em ⟨*n. um paciente*⟩

ne.bu.lo.sa *s.f.* nuvem de matéria interestelar que pode apresentar-se difusa ou obscura

ne.bu.lo.si.da.de *s.f.* **1** estado ou condição de nebuloso **2** ausência de clareza de expressão, de precisão em frase, texto, discurso etc. **3** MET gotículas de água em suspensão na atmosfera, formando nuvem

ne.bu.lo.so \ô\ [pl.: *nebulosos* \ó\] *adj.* **1** coberto de nuvens **2** *p.ext.* sem definição; indistinto ⟨*imagens n.*⟩ ⮌ nítido **3** *p.ext.* difícil de entender ⟨*fatos n.*⟩ ⮌ claro

ne.ce.da.de *s.f.* **1** ignorância, nescidade **2** dito ou ato ilógico; disparate, nescidade

né.ces.sai.re [fr.; pl.: *nécessaires*] *s.m.* bolsa ou maleta us. ger. para guardar objetos de uso pessoal ⇨ pronuncia-se nessessér

ne.ces.sá.rio *adj.* indispensável; essencial ⟨*o sono é n.*⟩ ⟨*foi n. afastar-se*⟩ ⮌ desnecessário

ne.ces.si.da.de *s.f.* **1** o que não se pode evitar ⟨*dormir é uma n.*⟩ **2** o que é útil ou inevitável ⟨*sentiu n. de mais um casaco*⟩ **3** compulsão física, psicológica ou moral ⟨*tem n. de aparecer*⟩ **4** exigência ⟨*n. básicas para uma vida digna*⟩ **5** pobreza; miséria ⮌ riqueza

ne.ces.si.tar *v.* {mod. 1} *t.d. e t.i.* **1** (prep. *de*) ter necessidade ou obrigação de; precisar ⮌ dispensar ❑ *t.d.* **2** reclamar por direito legítimo ou suposto; exigir, requerer

ne.cró.fa.go *adj.s.m.* (o) que se alimenta de cadáveres ~ **necrofagia** *s.f.*

ne.cro.fi.li.a *s.f.* atração sexual por cadáveres ~ **necrófilo** *adj.s.m.*

ne.cro.lo.gi.a *s.f.* **1** relação de óbitos; necrológio **2** conjunto de notícias sobre óbitos

ne.cro.ló.gio *s.m.* **1** necrologia ('relação') **2** elogio oral ou escrito sobre pessoa falecida

ne.cro.man.ci.a *s.m.* **1** suposta arte de adivinhar o futuro invocando os mortos **2** a prática dessa arte **3** *p.ext.* bruxaria ~ **necromante** *s.2g.*

ne.cró.po.le *s.f.* cemitério

ne.crop.si.a *s.f.* MED autópsia ⊙ GRAM/USO uso mais corrente: *necrópsia* ~ **necrópsico** *adj.*

ne.cro.se *s.f.* morte de tecido orgânico ~ **necrosar** *v.t.d. e int.* - **necrótico** *adj.*

ne.cro.té.rio *s.m.* local para autópsia ou identificação de cadáveres; morgue

néc.tar *s.m.* **1** a bebida dos deuses **2** líquido adocicado que certos vegetais segregam e a partir do qual as abelhas fazem o mel **3** *p.ext.* qualquer bebida deliciosa

nec.ta.ri.na *s.f.* tipo de pêssego de polpa macia e casca sem pelos

ne.fan.do *adj.* **1** abominável; detestável ⟨*crime n.*⟩ ⮌ admirável **2** malvado, perverso ⟨*caráter n.*⟩ ⮌ bondoso **3** que revela desprezo pela religião ⮌ devoto **4** moralmente degradado; degenerado ⮌ decente

ne.fas.to *adj.* **1** que pode trazer dano; nocivo ⟨*o poder n. do dinheiro*⟩ ⮌ benéfico **2** que traz a ideia de morte; funesto ⟨*símbolos n.*⟩ ⮌ alegre

ne.fral.gi.a *s.f.* dor nos rins ou na região renal ~ **nefrálgico** *adj.*

ne.fri.te *s.f.* inflamação dos rins ~ **nefrítico** *adj.s.m.*

ne.fro.lo.gi.a *s.f.* parte da medicina que se dedica ao estudo da fisiologia e das doenças dos rins ~ **nefrológico** *adj.* - **nefrologista** *s.2g.* - **nefrólogo** *s.m.*

ne.fro.se *s.f.* doença renal degenerativa

ne.ga.ça *s.f.* **1** o que é us. para despertar o interesse; atrativo, isca ⮌ desestímulo **2** falsa promessa; engano **3** recusa afetada e/ou cerimoniosa; luxo ('recusa')

ne.ga.ção [pl.: *-ões*] *s.f.* **1** ato de dizer não ou seu efeito ⮌ afirmação **2** o que se nega; negativa **3** ausência de vocação, de habilitação; inaptidão ⟨*era uma n. para as artes*⟩ ⮌ inclinação **4** recusa, rejeição ⟨*n. de um sentimento*⟩ ⮌ aceitação **5** enunciado por meio do qual se nega uma proposição afirmativa anterior

ne.ga.ce.ar *v.* {mod. 5} *int.* **1** fazer negaça(s) ❑ *t.d.* **2** seduzir por meio de negaças; atrair **3** não conceder; negar, recusar **4** ludibriar, enganar

ne.gar *v.* {mod. 1} *t.d. e t.d.i.* **1** (prep. *a*) afirmar que não ⟨*n. sua culpa (ao juiz)*⟩ ⮌ confirmar **2** (prep. *a*) recusar-se a admitir; contestar ⟨*negou(-lhe) o valor da vitória*⟩ **3** (prep. *a*) não conceder ou permitir ⟨*n. pão (a quem pede)*⟩ ❑ *t.d.* **4** demonstrar rejeição por; repudiar **5** deixar de lado; abandonar ⟨*n. os princípios*⟩ ⮌ resgatar **6** declarar que não é verdade; desmentir ⮌ confirmar ❑ *pron.* **7** (prep. *a*) não querer, não se sujeitar; recusar-se ⟨*n.-se a sair*⟩ ~ **negável** *adj.2g.*

ne.ga.ti.va *s.f.* **1** recusa ⮌ aprovação **2** resposta contrária; negação ⮌ afirmativa

ne.ga.ti.vis.mo *s.m.* atitude sistemática de negação ou de oposição ~ **negativista** *adj.2g.s.2g.*

ne.ga.ti.vo *adj.* **1** que exprime negação ou recusa ⟨*resposta n.*⟩ **2** nulo, sem efeito **3** contrário ao que se espera **4** menor que zero (diz-se de número, grau etc.), representado pelo sinal - ⟨*-5 é um número n.*⟩ ⟨*a temperatura era de dois graus n.*⟩ ■ *adj.s.m.* **5** (imagem fotográfica) em que os claros e escuros são o contrário dos do objeto fotografado ☞ cf. *positivo* ~ **negatividade** *s.f.*

ne.gli.gên.cia *s.f.* **1** falta de cuidado ou atenção; desleixo ⮌ capricho **2** indiferença, desinteresse ⮌ interesse

ne.gli.gen.ci.ar *v.* {mod. 1} *t.d. e pron.* tratar(-se) com negligência; descuidar(-se) ⮌ cuidar(-se)

ne.gli.gen.te *adj.2g.s.2g.* que(m) demonstra negligência; descuidado, desleixado ⮌ zeloso

ne.go \ê\ *s.m. B infrm.* pessoa indeterminada; indivíduo

ne.go.ci.a.ção [pl.: *-ões*] *s.f.* **1** ato ou efeito de negociar **2** *fig.* entendimento sobre tema polêmico ou controverso

ne.go.ci.an.te *s.2g.* indivíduo que faz negócios; comerciante

ne.go.ci.ar *v.* {mod. 1} *t.d.,t.d.i.,t.i. e int.* **1** (prep. *com*) fazer transação comercial de (mercadoria, serviço) [com pessoa, empresa]; comerciar **2** (prep. *com*) firmar, discutir (acordo, contrato etc.) [com pessoa, instituição etc.] ~ **negociador** *adj.s.m.*

ne.go.ci.a.ta *s.f.* negócio irregular, em que ger. há trapaça; mamata

ne.gó.cio *s.m.* **1** transação comercial **2** *p.ext.* *B* local onde se realiza essa transação; loja, empresa ⟨*abriu um n. em outro bairro*⟩ **3** *B* *infrm.* algo de que não se sabe ou não se lembra o nome; coisa qualquer ⟨*esbarrei num n.*⟩ ⟨*falavam sobre uns n. estranhos*⟩

ne.gre.jar *v.* {mod. 1} *int.* ser, parecer ou tornar-se negro ~ **negrejante** *adj.2g.*

ne.gri.to *s.m.* caráter ('sinal') de traços mais grossos, us. para realçar as palavras

ne.gro \ê\ *adj.s.m.* **1** (indivíduo) que tem a pele escura ■ *s.m.* **2** a cor preta ■ *adj.* **3** dessa cor ⟨*estátua n.*⟩ **4** diz-se dessa cor ⟨*a cor n.*⟩ ⊙ GRAM/USO como adj., sup.abs.sint.: *negríssimo* e *nigérrimo*

ne.groi.de \ói\ *adj.2g.s.2g.* (indivíduo) que apresenta traços característicos da raça negra

ne.lo.re *adj.2g.s.m.* **1** diz-se de ou certa raça de gado zebu ■ *s.2g.* **2** espécime desse gado

nem *conj.adt.* **1** e não ⟨*não dormiu n. saiu*⟩ **2** e sem ⟨*ficou sem pai n. mãe*⟩ **3** e nunca ⟨*nunca saiu do país n. de sua cidade*⟩ ■ *adv.* **4** não ⟨*n. pense em voltar*⟩ ⊡ **n. que** *loc.conj.* mesmo que; ainda que ⟨*não vou, n. que o mundo caia*⟩ • **que n.** *loc.conj.* do mesmo modo que; como ⟨*anda que n. um pato*⟩

ne.ma.tel.min.te *s.m.* **1** espécime dos nematelmintes, classe de vermes asquelmintos ■ *adj.2g.* **2** relativo a esse espécime ou classe

ne.ma.tó.deo *s.m.* **1** espécime dos nematódeos, filo de vermes alongados e cilíndricos, que podem viver livres em ambientes aquáticos ou no solo, ou como parasitas de vegetais e animais ■ *adj.* **2** relativo a esse espécime ou filo

ne.ném *s.2g.* *B* criança de colo; bebê

ne.nhum *pron.ind.* **1** nem um ⟨*n. mulher faria isso*⟩ ⟨*n. dos alunos compareceu*⟩ **2** us. para designar indivíduo, lugar ou coisa indeterminada; qualquer ⟨*saiu antes que n. outro chegasse*⟩

ne.nhu.res *adv.* em parte alguma

nê.nia *s.f.* canção fúnebre

ne.nú.far *s.m.* planta aquática de flores grandes e folhas redondas e chatas

neo.clas.si.cis.mo *s.m.* movimento artístico e literário do sXVIII que defendia o retorno aos ideais e modelos do Classicismo ☞ inicial ger. maiúsc. ~ **neoclássico** *adj.s.m.*

ne.o.dí.mio *s.m.* elemento químico us. em aparelhos eletrônicos, *laser*, na coloração de vidros etc. [símb.: *Nd*] ☞ cf. *tabela periódica* (no fim do dicionário)

ne.ó.fi.to *s.m.* **1** quem vai ou acabou de ser batizado **2** *p.ext.* novato; principiante ⊃ veterano

neo.la.ti.no *adj.s.m.* **1** derivado do latim (diz-se de língua, família linguística, dialeto etc.) ⟨*o italiano, o provençal, o francês, o espanhol, o catalão, o português, o romeno são línguas n.*⟩ ■ *adj.* **2** pertencente a uma língua derivada do latim ou que dela se utiliza ⟨*uma palavra n.*⟩ ⟨*as nações n.*⟩ **3** escrito em latim moderno ou no latim científico ⟨*literatura n.*⟩

neo.li.be.ra.lis.mo *s.m.* doutrina que defende a liberdade de mercado e restringe a intervenção do Estado sobre a economia ~ **neoliberal** *adj.2g.s.2g.*

ne.o.lí.ti.co *s.m.* **1** período mais recente da pré-história, posterior ao Mesolítico, caracterizado pelo uso de artefatos de pedra polida ☞ inicial maiúsc. ■ *adj.* **2** relativo a esse período

neo.lo.gis.mo *s.m.* **1** uso de novas palavras na língua **2** atribuição de novos sentidos a palavras já existentes **3** palavra nova ou sentido novo de uma palavra ⟨*texto cheio de n.*⟩ ~ **neologista** *adj.2g.s.2g.*

ne.o.mi.ci.na *s.f.* nome genérico de antibióticos us. contra germes cutâneos e intestinais

ne.on [pl.: *neones* e *(B) neons*] *s.m.* **1** neônio **2** letreiro luminoso que utiliza o gás neônio

ne.ô.nio *s.m.* elemento químico da família dos gases nobres, us. em tubos elétricos de anúncios luminosos e em aparelhos como *laser*, televisão etc.; neon [símb.: *Ne*] ☞ cf. *tabela periódica* (no fim do dicionário)

ne.o.pen.te.cos.ta.lis.mo *s.m.* movimento teológico que congrega Igrejas e comunidades oriundas do pentecostalismo e de algumas Igrejas cristãs tradicionais (presbiterianos, p.ex.)

ne.o.pla.si.a *s.f.* processo patológico que resulta no desenvolvimento de um tumor

ne.o.plas.ma *s.m.* tumor

neo.ze.lan.dês *adj.* **1** da Nova Zelândia (Oceania) ■ *s.m.* **2** natural ou habitante desse país

ne.po.tis.mo *s.m.* favorecimento a parentes ou amigos, esp. de quem ocupa cargo público

ne.rei.da *s.f.* cada uma das ninfas do mar

ner.vo \ê\ *s.m.* cordão cilíndrico esbranquiçado, formado por fibras motoras e sensitivas, que conduz impulsos de uma parte do corpo para outra ⊡ **nervos à flor da pele** *loc.subst.* *fig.* sensibilidade extrema • **nervos de aço** *loc.subst.* *fig.* resistência psicológica; coragem ~ **nerval** *adj.2g.*

ner.vo.sis.mo *s.m.* **1** excesso de emotividade; excitação ⟨*o n. dos atores era evidente*⟩ **2** estado de excitação psíquica, de agitação, irritabilidade; ansiedade ⟨*precisou de calmantes para controlar seu n.*⟩

ner.vo.so \ô\ [pl.: *nervosos* \ó\] *adj.* **1** relativo a nervo; neural **2** onde há nervo(s) ■ *adj.s.m.* **3** (o) que está com o sistema nervoso desequilibrado **4** (o) que está agitado, tenso ⊃ calmo

ner.vu.ra *s.f.* faixa estreita e saliente numa superfície plana

nes.ci.da.de *s.f.* necedade

nés.cio *adj.s.m.* **1** ignorante ⊃ esperto **2** que(m) não tem aptidão ou competência; incapaz ⊃ competente **3** (o) que não tem sentido ou coerência; absurdo ⊃ lógico

nes.ga \ê\ *s.f.* **1** pedaço de pano triangular que se costura entre duas partes de um tecido para aumentar sua largura **2** *fig.* espaço ou faixa com este formato ⟨*a sala recebia apenas uma n. de sol*⟩ **3** abertura estreita, ger. alongada; fresta

nês.pe.ra *s.f.* variedade de ameixa de casca e polpa amareladas

net.book [ing.; pl.: *netbooks*] *s.m.* INF tipo de computador portátil menor, menos poderoso, mais leve e barato que o *notebook* ⇨ pronuncia-se **nétbuk**
ne.to *s.m.* filho de filho ou filha, em relação aos avós
ne.tú.nio *s.m.* elemento químico artificial da família dos gases nobres, us. em detectores de nêutrons [símb.: *Np*] ☞ cf. *tabela periódica* (no fim do dicionário)
ne.tu.no *s.m.* nome do oitavo planeta do sistema solar ☞ inicial maiúsc.; cf. *Netuno* na parte enciclopédica
neu.ral *adj.2g.* relativo aos nervos; nervoso
neu.ras.te.ni.a *s.f.* **1** perda geral do interesse, estado de inatividade ou extrema fadiga mental e física **2** pessimismo; azedume
neu.ras.tê.ni.co *adj.* **1** relativo a neurastenia ■ *adj.s.m.* **2** (aquele) que padece de neurastenia **3** *p.ext. infrm.* (aquele) que se enraivece com facilidade
neu.ri.te *s.f.* inflamação de um ou vários nervos; nevrite
neu.ro.ci.rur.gi.a *s.f.* **1** ramo da cirurgia que se dedica ao tratamento das doenças do sistema nervoso **2** essa cirurgia
neu.ro.ci.rur.gi.ão [pl.: *-ões* e *-ães*] *s.m.* cirurgião que pratica a neurocirurgia
neu.ro.de.ge.ne.ra.ti.vo *adj.* que provoca degeneração neurológica
neu.ro.lo.gi.a *s.f.* especialidade médica que trata do sistema nervoso central e periférico ~ **neurológico** *adj.* - **neurologista** *adj.2g.s.2g.*
neu.rô.nio *s.m.* célula nervosa, e seus prolongamentos, responsável pela condução de mensagens do e para o cérebro
neu.ro.se *s.f.* distúrbio psíquico que causa medos e preocupações sem motivo aparente, mas sem perda de referência da realidade ☞ cf. *psicose*
neu.ró.ti.co *adj.s.m.* **1** (aquele) que sofre de neurose ■ *adj.* **2** próprio de ou relativo a neurose ⟨*comportamento n.*⟩
neu.ro.trans.mis.sor \ô\ *adj.s.m.* (molécula) responsável pela transmissão do impulso nervoso
neu.tral *adj.2g.s.2g.* **1** que(m) não se posiciona **2** que(m) julga com imparcialidade **3** que(m) não se envolve com (alguém ou algo)
neu.tra.li.da.de *s.f.* **1** condição daquele que permanece neutro **2** imparcialidade, objetividade
neu.tra.li.zar *v.* {mod. 1} *t.d. e pron.* **1** tornar(-se) ou declarar(-se) imparcial **2** (fazer) perder a força, a serventia, o valor; anular(-se) ~ **neutralização** *s.f.*
neu.tro *adj.* **1** imparcial ⟨*avaliação n.*⟩ ⊃ parcial **2** que não toma partido, não se posiciona ⟨*comentário n.*⟩ ⊃ envolvido **3** indefinido (diz-se de cor, tonalidade) ⊃ definido ■ *adj.s.m.* **4** (gênero gramatical) que se opõe ao feminino e ao masculino **5** (nação) cujo território é respeitado pelos países em guerra
nêu.tron [pl.: *nêutrones* e *(B) nêutrons*] *s.m.* FÍS partícula de carga elétrica nula constituinte do núcleo atômico
ne.va.da *s.f.* **1** a neve que caiu **2** formação ou queda de neve
ne.var *v.* {mod. 1} *int.* cair neve ⊙ GRAM/USO verbo impessoal, exceto quando fig.
ne.vas.ca *s.f.* tempestade de neve
ne.ve *s.f.* **1** precipitação de cristais de gelo formados pelo congelamento do vapor de água suspenso na atmosfera **2** *p.ext.* floco ou conjunto de flocos desses cristais que caem sobre a terra ~ **nevoso** *adj.*
né.voa *s.f.* vapor atmosférico menos denso que a cerração; neblina ~ **nevoento** *adj.*
ne.vo.ei.ro *s.m.* névoa baixa e fechada; neblina
ne.vral.gi.a *s.f.* dor sentida no trajeto de um nervo ou de uma de suas raízes ~ **nevrálgico** *adj.*
ne.vri.te *s.f.* neurite
new.ton [pl.: *newtones* e *(B) newtons*] *s.m.* FÍS unidade de força [símb.: *N*]
ne.xo \cs\ *s.m.* **1** junção entre duas ou mais coisas; ligação, vínculo ⊃ desvinculação **2** ligação entre situações, acontecimentos ou ideias; coerência ⊃ incoerência
nham.bi.qua.ra *adj.2g.s.2g.s.m.* nambiquara
nhe.en.ga.tu *s.m.* língua desenvolvida a partir do tupinambá, falada ao longo de todo o vale amazônico brasileiro até a fronteira com o Peru, na Colômbia e na Venezuela
nhe-nhe-nhem [pl.: *nhe-nhe-nhens*] *s.m. B infrm.* **1** resmungo, rabugice **2** conversa repetitiva
nho.que *s.m.* **1** massa de batata e farinha de trigo cortada em pedaços arredondados **2** prato feito com essa massa
Ni símbolo de *níquel*
ni.ca *s.f.* **1** impertinência; mau humor ⊃ simpatia **2** coisa supérflua; futilidade **3** coisa sem importância; ninharia ⊃ exagero
ni.ca.ra.guen.se \gü\ *adj.2g.* **1** da Nicarágua (América Central) ■ *s.2g.* **2** natural ou habitante desse país
ni.cho *s.m.* **1** vão em parede ou muro onde se colocam estátuas, imagens **2** *p.ext.* mercado especializado que ger. oferece novas oportunidades de negócios ⊡ **n. ecológico** *loc.subst.* área específica dentro de um *habitat* ocupado por um organismo
ni.có.ti.co *adj.* relativo a fumo; nicotínico
ni.co.ti.na *s.f.* substância encontrada no tabaco, muito us. em veterinária como vermífugo e inseticida ~ **nicotínico** *adj.*
ni.da.ção [pl.: *-ões*] *s.f.* fixação do óvulo fecundado à parede do útero
ni.di.fi.car *v.* {mod. 1} *int.* fazer ninho ⊙ GRAM/USO só us. nas 3as p., exceto quando fig. ~ **nidificação** *s.f.*
ni.ge.ri.a.no *adj.* **1** da República Federal da Nigéria (África) ■ *s.m.* **2** natural ou habitante desse país
ni.ge.ri.no *adj.* **1** da República do Níger (África) **2** relativo ao rio Níger (África), ou às regiões por onde ele corre ■ *s.m.* **3** natural ou habitante da República do Níger
ni.gro.man.ci.a *s.f.* necromancia ~ **nigromante** *s.2g.*
ni.i.lis.mo *s.m.* **1** redução ao nada; aniquilamento **2** espírito destrutivo em relação ao mundo e a si pró-

prio **3** total incredulidade ⮌credulidade, confiança **4** FIL doutrina que nega as verdades morais e a hierarquia de valores ~**niilista** *adj.2g.s.2g.*

nim.bo *s.m.* **1** nuvem espessa e cinzenta, de baixa altitude, que facilmente se desfaz em chuva ou neve **2** auréola

nim.bo-cú.mu.lo [pl.: *nimbos-cúmulos*] *s.m.* cúmulo-nimbo

nim.bo-es.tra.to [pl.: *nimbos-estratos*] *s.m.* nuvem de chuva da cor do chumbo, de massa espessa e forma mal definida; estrato-nimbo

ní.mio *adj.* excessivo ⮌reduzido

ni.nar *v.*{mod. 1} *t.d.* **1** fazer dormir, ger. ao som de cantigas; acalentar ❑ *int.* **2** cair no sono (criança); dormir

nin.fa *s.f.* na mitologia grega, divindade que habitava os rios, fontes, bosques, montes e prados

nin.fe.ta *s.f.* menina adolescente de físico atraente e atitudes provocativas

nin.fo.ma.ni.a *s.f.* desejo sexual exagerado nas mulheres ~**ninfomaníaco** *adj.* - **ninfômano** *adj.*

nin.guém *pron.ind.* **1** pessoa alguma ■ *s.m.* **2** indivíduo de pouca ou nenhuma importância

ni.nha.da *s.f.* **1** conjunto dos filhotes de aves em um ninho **2** total de filhotes paridos por um animal de uma só vez

ni.nha.ri.a *s.f.* coisa insignificante; bagatela ⮌ exagero

ni.nho *s.m.* **1** construção feita pelas aves para pôr os ovos e criar os filhotes **2** lugar onde os animais e seus filhotes se recolhem e dormem **3** *p.ext.* o lar ~ **ninhal** *s.m.*

nin.ja *s.2g.* praticante de arte marcial especializada em movimentos rápidos e dissimulados

ni.ó.bio *s.m.* elemento químico us. em aços e ligas metálicas de grande dureza e estabilidade térmica e tb. em cápsulas espaciais, mísseis, foguetes, reatores nucleares e semicondutores [símb.: *Nb*] ☞ cf. *tabela periódica* (no fim do dicionário)

ni.pô.ni.co *adj.* **1** relativo ao Japão (Ásia); japonês ■ *s.m.* **2** natural ou habitante desse país; japonês

ní.quel *s.m.* **1** elemento químico us. em moedas, aços etc. [símb.: *Ni*] ☞ cf. *tabela periódica* (no fim do dicionário) **2** a moeda ('peça') feita com esse metal **3** *infrm.* dinheiro

ni.que.lar *v.*{mod. 1} *t.d.* **1** cobrir com níquel **2** dar aspecto semelhante ao níquel ~**niquelagem** *s.f.*

nir.va.na *s.m.* **1** no budismo, estado de serenidade e felicidade plena alcançado pela supressão do desejo e da consciência individual **2** *fig.* lugar ou estado de plena quietude e ausência de sofrimento ⟨*cada vez que cantava, atingia o n.*⟩

nis.sei *adj.2g.s.2g.* que(m) é filho de pais japoneses nascido na América ☞ cf. *issei* e *sansei*

ni.te.roi.en.se *adj.2g.* **1** de Niterói (RJ) ■ *s.2g.* **2** natural ou habitante dessa cidade

ni.ti.dez \ê\ *s.f.* qualidade do que é nítido ⮌opacidade

ní.ti.do *adj.* **1** em que há clareza, transparência ⟨*visão n.*⟩ ⮌opaco **2** de fácil compreensão ⟨*uma exposição n. dos problemas da empresa*⟩ ⮌incompreensível

ni.tra.to *s.m.* QUÍM sal do ácido nítrico ou ânion dele derivado

ni.tri.to *s.m.* QUÍM sal do ácido nitroso ou ânion dele derivado

ni.tro.gê.nio *s.m.* elemento químico incolor, gasoso e inodoro, encontrado na atmosfera [símb.: *N*] ☞ cf. *tabela periódica* (no fim do dicionário)

ni.tro.gli.ce.ri.na *s.f.* substância de propriedades explosivas e ação vasodilatadora, us. na fabricação da dinamite e na farmacologia

ní.vel *s.m.* **1** instrumento para verificar se uma superfície está exatamente na horizontal **2** grau de elevação de uma linha ou de um plano em relação a um plano horizontal; altura ⟨*o n. da água do reservatório*⟩ **3** *fig.* altura relativa numa escala de valores; grau **4** *p.ext.* categoria, classe, competência ⟨*ele não tinha n. para o cargo*⟩ **5** cada uma das subdivisões do ensino escolar ⟨*n. médio*⟩ ⟨*professor de n. superior*⟩

ni.ve.la.men.to *s.m.* **1** eliminação de desníveis ⟨*n. de um terreno*⟩ **2** equiparação ⟨*n. dos salários*⟩

ni.ve.lar *v.*{mod. 1} *t.d.* **1** retirar as irregularidades de (superfície); aplanar ❑ *t.d.,t.i. e t.d.i.* **2** (prep. *com*) pôr ou estar no mesmo nível que (outra coisa); igualar(-se) ⟨*n. a casa e a rua*⟩ ⟨*n. o terreno com a rua*⟩ ⟨*o terreno nivela com a rua*⟩ ❑ *t.d.,t.i.,t.d.i. e pron.fig.* **3** (prep. *a*, *com*) tornar(-se) igual a (outros) quanto a altura, capacidade etc.; equiparar(-se) ~**nivelação** *s.f.* - **nivelador** *adj.s.m.*

ní.veo *adj.* **1** relativo a neve **2** da cor da neve; branco

nm símbolo de *nanômetro*

No símbolo de *nobélio*

N.O. abrev. de *noroeste* ('região')

nó *s.m.* **1** entrelaçamento de duas extremidades a fim de uni-las, marcá-las ou encurtá-las **2** laçada que se faz em qualquer ponto de uma corda, barbante, linha etc. **3** cada um dos pontos de junção dos ramos de uma árvore **4** a articulação das falanges dos dedos ⟨*deu duas batidas com os nós dos dedos*⟩ **5** unidade de velocidade de embarcação **6** *fig.* o mais importante num assunto, problema etc.; cerne ⟨*o n. da questão*⟩ ⊡ **nó cego** *loc.subst.* entrelaçamento de extremidades que não se consegue desfazer ~**nodal** *adj.2g.*

no.bé.lio *s.m.* elemento químico artificial da família dos actiniídeos [símb.: *No*] ☞ cf. *tabela periódica* (no fim do dicionário)

no.bi.li.á.rio *adj.* **1** relativo à nobreza ■ *s.m.* **2** registro das famílias nobres de um país; nobiliarquia

no.bi.li.ar.qui.a *s.f.* **1** estudo das origens e da história das famílias nobres, seus nomes de família, brasões etc. **2** livro, registro ou tratado sobre esse assunto; nobiliário ~**nobiliárquico** *adj.*

no.bi.li.tar *v.*{mod. 1} *t.d.* **1** conceder título de nobreza a **2** manifestar consideração especial por; distinguir ❑ *t.d. e pron.fig.* **3** tornar(-se) nobre, digno; engrandecer(-se) ⮌ aviltar(-se) **4** tornar(-se) notável, ilustre; celebrizar(-se) ~**nobilitação** *s.f.* - **nobilitador** *adj.s.m.*

no.bre *adj.2g.s.2g.*1 fidalgo ⮌ plebeu **2** que(m) descende de alguém com título de nobreza ⟨*dizem que é de família n.*⟩ ■ *adj.2g.*3 que merece respeito por seus méritos; digno, ilustre ⮌ indigno **4** generoso, magnânimo ⟨*sentimentos n.*⟩ ⮌ mesquinho

no.break[ing.] *s.m.* dispositivo alimentado a bateria, capaz de fornecer energia elétrica a um sistema por um certo tempo, em situações de emergência ⇨ pronuncia-se **noubreic**

no.bre.za \ê\ *s.f.*1 qualidade do que ou de quem é nobre **2** classe dos nobres; aristocracia ⮌ plebe **3** grandeza de caráter; generosidade ⮌ infâmia, mesquinhez

no.ção [pl.: *-ões*] *s.f.*1 conhecimento básico e imediato; consciência ⟨*n. de cidadania*⟩ **2** ideia que se tem sobre algo ⟨*não tem n. de como dirigir um carro*⟩ **3** ponto de vista, ideia ⟨*sua n. de favor é muito particular*⟩ ~**nocional** *adj.2g.*

no.cau.te *s.m.* **1** no boxe, fim de luta quando um dos lutadores permanece caído por, no mínimo, dez segundos **2** *p.ext.* derrota fragorosa; surra ~**nocautear** *v.t.d.*

no.ci.vi.da.de *s.f.*característica do que é nocivo

no.ci.vo *adj.*que causa dano; prejudicial

noc.tâm.bu.lo *adj.s.m.*1 sonâmbulo **2** (o) que vaga à noite ~**noctambulismo** *s.m.*

no.do \ó\ *s.m.*1 ANAT gânglio **2** MED tumor duro em volta de articulação óssea

nó.doa *s.f.*mancha ('marca', 'desonra')

no.do.so \ô\ [pl.: *nodosos* \ó\] *adj.* que possui nós ⟨*dedos n.*⟩ ⟨*caule n.*⟩

nó.du.lo *s.m.*1 pequeno nó **2** ANAT pequeno nodo; gânglio ~**nodular** *adj.2g.* - **noduloso** *adj.*

no.guei.ra *s.f.*1 árvore de até 25 m, com madeira de ótima qualidade e frutos de semente comestível, a noz **2** madeira retirada dessa árvore ⟨*um móvel de n.*⟩ ⊙ COL nogueiral

no.guei.ral *s.m.*grande concentração de nogueiras em determinada área

noi.ta.da *s.f.*1 espaço de tempo de uma noite **2** divertimento que dura toda a noite ou que termina muito tarde; farra

noi.te *s.f.*1 tempo que transcorre entre o poente e o nascer do sol **2** *p.ext.* escuridão ⮌ luz

noi.va.do *s.m.*1 compromisso de casamento de um homem com uma mulher **2** período de tempo em que uma pessoa permanece noiva de outra

noi.var *v.*{mod. 1} *t.i. e int.*(prep. *com*) assumir compromisso de casar-se (com)

noi.vo *adj.s.m.*1 que(m) está para se casar ▼ *noivos s.m.pl.*2 o casal no dia de seu casamento

no.jen.to *adj.* **1** que provoca nojo, repugnância ⮌ atraente **2** que sente nojo de tudo, que facilmente se enoja (diz-se de indivíduo) ⟨*sempre foi uma criança n., não experimentava nada diferente*⟩ **3** *infrm.* que se julga o maioral; seboso, convencido ⟨*a promoção deixou-o mais n. ainda*⟩

no.jo \ô\ *s.m.*1 sentimento de repulsa que algo desperta num indivíduo ⟨*n. de barata*⟩ ⟨*seus métodos dão n.*⟩ **2** *p.ext.* algo que provoca esse sentimento ⟨*o banheiro era um n.*⟩ ~**nojeira** *s.f.*

nô.ma.de *adj.2g.s.2g.*1 (indivíduo) de povos errantes, sem habitação fixa **2** (o) que vive mudando de lugar ~**nomadismo** *s.m.*

no.me *s.m.*1 termo com o qual se designam pessoas, coisas ou animais **2** reputação ⟨*ter um n. a zelar*⟩ **3** nome de batismo ⊡ **n. de batismo** *loc.subst.*palavra ou grupo de palavras que designa uma pessoa e a distingue das outras pessoas da sua família; prenome • **n. de família** *loc.subst.* palavra que designa as pessoas de uma família; sobrenome • **em n. de** *loc.prep.*no lugar de, em representação de (alguém) ⟨*apresentou-se em n. do irmão*⟩

no.me.a.da.men.te *adv.*1 pela designação do nome; nominalmente ⟨*apontou os culpados n.*⟩ **2** particularmente, especificamente ⟨*educação e segurança foram n. declaradas como prioridade do governo*⟩

no.me.ar *v.*{mod. 5} *t.d.*1 designar pelo nome; chamar **2** citar o nome de ❑ *t.d.pred.*3 dar nome a; chamar, denominar ⟨*nomeou-o Pedro*⟩ ❑ *t.d.,t.d.pred. e t.d.i.* **4** (prep. *para*) fazer a indicação de (alguém) para (posto, cargo etc.); designar ⮌ destituir ❑ *t.d.pred. e pron.* **5** atribuir(-se) qualidade ou característica; considerar(-se) ⟨*nomeou-o traidor*⟩ ⟨*n.-se o salvador do povo*⟩ ~**nomeação** *s.f.*

no.men.cla.tu.ra *s.f.*1 conjunto de termos específicos de uma ciência, arte ou técnica, apresentado segundo uma classificação metódica; terminologia ⟨*n. médica*⟩ **2** lista, nominata, catálogo

no.mi.nal *adj.2g.*1 relativo a nome **2** que não existe realmente, só como nome ⟨*foi mantido apenas com função n.*⟩ **3** passado no nome de alguém (diz-se de cheque, título de crédito) **4** GRAM relativo à mudança de gênero e número dos substantivos e adjetivos ⟨*flexão n.*⟩ **5** ECON diz-se de valor não corrigido inscrito em moeda, título, ação, salário etc., em oposição ao preço de mercado ~**nominalidade** *s.f.*

no.mi.na.ta *s.f.*lista, relação de nomes ou palavras

no.mi.na.ti.vo *adj.* que denomina, que contém nome(s)

no.na.ge.ná.rio *adj.s.m.* (o) que está na casa dos 90 anos de idade

no.na.gé.si.mo *n.ord. (adj.s.m.)*1 (o) que, numa sequência, ocupa a posição número 90 ■ *n.frac. (adj.s.m.)*2 (o) que é 90 vezes menor que a unidade

no.na.to *adj.* **1** que não chegou a nascer ■ *adj.s.m.* **2** (criança) nascida por meio de operação cesariana **3** (animal) encontrado no ventre da mãe, depois da morte desta

non.gen.té.si.mo *n.ord. (adj.s.m.)* **1** (o) que, numa sequência, ocupa a posição número 900 ■ *n.frac. (adj.s.m.)*2 (o) que é 900 vezes menor que a unidade

no.nin.gen.té.si.mo *n.ord. (adj.s.m.)*1 nongentésimo ■ *n.frac. (adj.s.m.)*2 nongentésimo

no.no *n.ord. (adj.s.m.)* **1** (o) que ocupa a posição número nove ■ *n.frac. (adj.s.m.)* **2** (o) que é nove vezes menor que a unidade

non.sense [ing.] *s.m.2n.* palavra ou ação sem sentido ou coerência; disparate ⇨ pronuncia-se **nan**sens

nô.nu.plo *n.mult. (adj.s.m.)* (o) que contém nove vezes a mesma quantidade

no.ra *s.f.* a mulher do filho, em relação aos pais deste ⊙ GRAM/USO masc.: *genro*

nor.des.te *s.m.* **1** direção a meio entre o norte e o leste **2** na rosa dos ventos, ponto colateral que marca essa direção [símb.: *NE*] ■ *adj.2g.s.m.* **3** que ou o que se situa a nordeste (diz-se de região ou conjunto de regiões) [abrev.: *N.E.*] **3.1** diz-se de ou região brasileira que compreende os estados do Maranhão, Piauí, Ceará, Rio Grande do Norte, Paraíba, Pernambuco, Alagoas, Sergipe e Bahia [abrev.: *N.E.*] ☞ inicial maiúsc. **4** (vento) que sopra dessa direção ■ *adj.2g.* **5** que se situa ou segue na direção nordeste (acp. 1 e 2)

nor.des.ti.no *adj.* **1** do nordeste brasileiro ■ *s.m.* **2** natural ou habitante dessa região

nór.di.co *adj.s.m.* escandinavo

nor.ma *s.f.* **1** o que regula atos ou procedimentos; regra, padrão **2** o que se usa como base para avaliação ou realização de algo; modelo

nor.mal *adj.2g.* **1** de acordo com as normas **2** que é habitual; comum ⮌ diferente **3** diz-se de curso ou escola que forma professores para as primeiras séries do ensino fundamental ~ **normalidade** *s.f.*

nor.ma.lis.ta *adj.2g.s.2g.* que(m) cursa ou cursou a escola normal

nor.ma.li.zar *v.* {mod. 1} *t.d. e pron.* **1** (fazer) voltar ao estado normal, à ordem; regularizar(-se) ⮌ desordenar(-se) ❑ *t.d.* **2** estabelecer norma(s) para; regulamentar ~ **normalização** *s.f.*

nor.mal.men.te *adv.* **1** de maneira regular, normal ⟨*ao passar por ele, procure agir n.*⟩ **2** na maior parte das vezes; em geral, habitualmente ⟨*o jantar, n., é servido às oito*⟩

nor.man.do *s.m.* **1** natural ou habitante da Normandia (França) **2** o dialeto falado nessa região ■ *adj.* **3** relativo a essa região, habitante ou dialeto

nor.ma.ti.vo *adj.* **1** relativo a norma **2** que serve de norma ⟨*princípios n.*⟩ **3** que estabelece normas ou padrões de comportamento; que determina o que é correto, bom etc. ⟨*tratado n.*⟩

nor.ma.ti.zar *v.* {mod. 1} *t.d.* **1** criar normas, regras para; regulamentar **2** submeter a regras; regular

no.ro.es.te *s.m.* **1** direção a meio entre o norte e o oeste **2** na rosa dos ventos, ponto colateral que marca essa direção [símb.: *NW*] ■ *adj.2g.s.m.* **3** que ou o que se situa a noroeste (diz-se de região ou conjunto de regiões) [abrev.: *N.O.*] **4** (vento) que sopra dessa direção ■ *adj.2g.* **5** que se situa ou segue na direção nordeste (acp. 1 e 2)

no.ro.ví.rus *s.m.* grupo de vírus transmitidos por água e alimentos contaminados que podem causar gastroenterites agudas em seres humanos, acompanhadas de diarreia e vômitos

nor.ta.da *s.f.* vento frio que sopra do norte

nor.te *s.m.* **1** direção à esquerda de quem se volta para o nascente ■ *adj.2g.s.m.* **2** na rosa dos ventos, ponto cardeal que marca essa direção [símb.: *N*] **3** *fig.* rumo, direção **4** que ou o que se situa a norte (diz-se de região ou conjunto de regiões) [abrev.: *N.*] ⟨*o n. de Portugal*⟩ ⟨*a região n. do país*⟩ **4.1** diz-se de ou região brasileira que compreende os estados do Pará, Tocantins, Amazonas, Amapá, Roraima, Acre e Rondônia [abrev.: *N.*] ☞ inicial maiúsc. **5** (vento) que sopra dessa direção ■ *adj.2g.* **6** que se situa ou segue na direção norte (acp. 1 e 2) ⟨*latitude n.*⟩

nor.te-a.me.ri.ca.no [pl.: *norte-americanos*] *adj.* **1** dos Estados Unidos da América **2** relativo à América do Norte ■ *s.m.* **3** natural ou habitante dos Estados Unidos da América **4** natural ou habitante da América do Norte ⟨*os canadenses e esquimós são n.*⟩

nor.te.ar *v.* {mod. 5} *t.d.* **1** encaminhar em direção ao norte ⟨*n. um navio*⟩ ❑ *t.d. e pron. fig.* **2** dar ou tomar certa direção moral, intelectual etc.; orientar(-se) ~ **norteador** *adj.s.m.* - **norteamento** *s.m.*

nor.te-ri.o-gran.den.se [pl.: *norte-rio-grandenses*] *adj.2g.s.2g.* rio-grandense-do-norte

nor.tis.ta *adj.2g.* **1** da região norte **1.1** da região norte do Brasil ■ *adj.2g.s.2g.* **2** que(m) é natural ou habitante do norte **2.2** que(m) é natural ou habitante do norte do Brasil

nos *pron.p.* **1** da 1ª p. do pl., com função de objeto direto ou objeto indireto, equivalente a: *a nós*, *em nós*, *para nós* e *de nós* **2** reflexivo: *nós* nos *ferimos* (= cada um a si próprio) **3** recíproco: *nós* nos *acusamos* (= um ao outro) **4** com alguns verbos, indica a voz passiva: *nós* nos *penteamos sempre com o mesmo cabeleireiro* (= somos penteados por)

nós *pron.p.* representa a 1ª p.pl. e é us. para referir-se a si mesmo e a mais alguém

no.so.cô.mio *s.m.* hospital

no.so.fo.bi.a *s.f.* PSIQ exagerado medo de adoecer ~ **nosofóbico** *adj.* - **nosófobo** *s.m.*

nos.so *pron.pos.* o que nos pertence

nos.tal.gi.a *s.f.* **1** saudade da terra natal **2** *p.ext.* desejo de se voltar ao passado **3** *p.ext.* tristeza sem causa definida

nos.tál.gi.co *adj.* **1** em que há nostalgia; que demonstra nostalgia; melancólico, triste ⟨*música n.*⟩ ■ *adj.s.m.* **2** (aquele) que sente nostalgia

no.ta *s.f.* **1** anotação que acompanha um texto **2** atenção, conhecimento ⟨*um trabalho digno de n.*⟩ **3** papel-moeda; cédula **4** *infrm.* importância ('quantia') alta ⟨*a TV custou uma n.*⟩ **5** resultado numérico de uma avaliação **6** sinal musical convencionado que representa um som **7** comprovante de despesa efetuada ⟨*peça a n. ao garçom*⟩ **8** notícia breve e concisa ⟨*o caso mereceu uma n. no jornal*⟩ ⊡ **n. promissória** *loc.subst.* documento que atesta a promessa de pagamento que uma pessoa faz em favor de outra que lhe emprestou uma quantia

no.ta.bi.li.zar *v.* {mod. 1} *t.d. e pron.* tornar(-se) notável, célebre; distinguir(-se)

no.ta.ção [pl.: *-ões*] *s.f.* representação convencional por meio de notas, símbolos etc. ~ **notacional** *adj.2g.*

no.tar *v.* {mod. 1} *t.d.* **1** pôr nota em; marcar **2** tomar nota de; registrar **3** fazer notas em; anotar **4** tomar conhecimento de (algo ou alguém), fixando nele a vista ou a atenção; reparar **5** dizer, comentar ❑ *t.d. e t.d.i.* **6** (prep. *a*) fazer ver; advertir **7** (prep. *a*) apontar criticando; censurar

no.tá.rio *s.m.* tabelião ~ **notariado** *s.m.*

no.tá.vel *adj.2g.* **1** digno de nota, atenção ⊃ imperceptível **2** extraordinário; de grande vulto ⟨*obtivemos resultados n.*⟩ ⊃ insignificante **3** renomado, ilustre ⟨*n. cientista*⟩ ⊃ desconhecido ⊙ GRAM/USO sup.abs.sint.: *notabilíssimo* ~ **notabilidade** *s.f.*

note.book [ing.; pl.: *notebooks*] *s.m.* INF microcomputador portátil ⇨ pronuncia-se **noutbuk**

no.tí.cia *s.f.* **1** informação a respeito de algo; novidade ⟨*trago boas n.*⟩ **2** relato de fatos veiculado em jornais, revistas etc. ⊙ COL noticiário ~ **noticioso** *adj.*

no.ti.ci.ar *v.* {mod. 1} *t.d. e t.d.i.* **1** (prep. *a*) fazer tomar ciência de (notícia); notificar, anunciar ❑ *t.d.* **2** transmitir pela imprensa falada e escrita; divulgar ~ **noticiador** *adj.s.m.*

no.ti.ci.á.rio *s.m.* **1** conjunto de notícias sobre determinado assunto ⟨*n. esportivo*⟩ **2** em radiojornalismo e telejornalismo, apresentação das notícias relevantes do dia, da semana etc., por jornalistas em programas ao vivo ou previamente gravados ⟨*não perco o n. da noite*⟩ ~ **noticiarista** *adj.2g.s.2g.*

no.ti.fi.car **1** intimar **2** comunicar, informar ❑ *v.* {mod. 1} *t.d. e t.d.i.* **3** (prep. *de*) fazer tomar conhecimento de (notícia, informe, ordem judicial etc.); comunicar ~ **notificação** *s.f.* - **notificador** *adj.s.m.* - **notificativo** *adj.*

no.tí.va.go *adj.s.m.* **1** (o) que tem hábitos noturnos ⟨*pássaro n.*⟩ **2** que(m) aprecia a noite, a vida noturna

no.to.cor.da *s.f.* bastão dorsal flexível que dá origem ao eixo primitivo do embrião de animais cordados

no.to.ri.e.da.de *s.f.* **1** qualidade ou condição de quem ou do que é notório ⊃ obscuridade **2** indivíduo de reconhecido saber; celebridade

no.tó.rio *adj.* evidente; conhecido por todos ⊃ ignorado

no.tur.no *adj.* **1** referente à noite **2** que se realiza durante a noite ⊃ diurno

no.va *s.f.* fato recente; novidade

no.va-de.lhen.se [pl.: *nova-delhenses*] *adj.2g.* **1** de Nova Delhi (Índia) ■ *s.2g.* **2** natural ou habitante dessa capital

no.va-ior.qui.no [pl.: *nova-iorquinos*] *adj.* **1** de Nova Iorque (E.U.A.) ■ *s.m.* **2** natural ou habitante dessa cidade ou desse estado

no.va.men.te *adv.* de novo, mais uma vez ⟨*casou n.*⟩

no.va.to *adj.* **1** inexperiente; sem vivência ⊃ experiente ■ *s.m.* **2** aprendiz, principiante **3** calouro, esp. de universidade ⊃ veterano

no.ve *n.card.* **1** oito mais um **2** diz-se desse número ⟨*cartões de número n.*⟩ **3** diz-se do nono elemento de uma série ⟨*dia n.*⟩ **4** que equivale a essa quantidade (diz-se de medida ou do que é contável) ⟨*ter n. carros*⟩ ■ *s.m.* **5** representação gráfica desse número ⟨*no exame de vista, não pode ler o n.*⟩ ☞ em algarismos arábicos, *9*; em algarismos romanos, *IX* ⊡ **noves fora** *loc.subst. B infrm.* subtração de nove, ou de múltiplo de nove, do total ou das parcelas de uma operação matemática

no.vel *adj.2g.s.2g.* **1** (aquele) que é novo, jovem ⊃ maduro **2** que(m) tem pouca experiência; principiante ⊃ experiente

no.ve.la *s.f.* **1** qualquer história cheia de peripécias **2** TV RÁD trama narrada em capítulos **3** narrativa breve, maior que um conto e menor que um romance

no.ve.lei.ro *adj.s.m.* **1** que(m) tem o hábito de acompanhar novelas **2** *pej.* (aquele) que escreve novelas, ger. de qualidade duvidosa

no.ve.les.co \ê\ *adj.* relativo ou próprio de novela

no.ve.lis.ta *adj.2g.s.2g.* que(m) escreve novelas

no.ve.lo \ê\ *s.m.* bola feita de fio têxtil enrolado

no.vem.bro *s.m.* o décimo primeiro mês do ano no calendário gregoriano, composto de 30 dias

no.ve.na *s.f.* **1** série de orações feita durante nove dias consecutivos **2** *p.ext.* qualquer período de nove dias ~ **novenal** *adj.2g.*

no.vê.nio *s.m.* período de nove anos

no.vi.ci.a.do *s.m.* **1** aprendizado inicial de um noviço em ordem religiosa **2** o tempo de duração desse aprendizado ~ **noviciar** *v.int.*

no.vi.ço *adj.s.m.* **1** que(m) se prepara para ingressar na vida religiosa **2** iniciante, novato ⊃ veterano ■ *adj.* **3** inexperiente, ingênuo ⊃ experiente ~ **noviciário** *adj.*

no.vi.da.de *s.f.* **1** qualidade do que é novo **2** notícia recente **3** inovação, originalidade ⟨*era avesso a qualquer n.*⟩ ~ **novidadeiro** *adj.s.m.*

no.vi.lho *s.m.* boi novo; bezerro

no.vi.lú.nio *s.m.* **1** a Lua nova **2** período da Lua nova

no.vo \ô\ [pl.: *novos* \ó\] *adj.s.m.* **1** (o) que é recente, moderno ⊃ antigo ■ *adj.* **2** jovem; de pouca idade ⟨*um homem n. ainda, mas grisalho*⟩ ⊃ velho **3** que ainda não foi usado ⟨*saia n.*⟩ **4** que se encontra no início de um ciclo, de um processo ⟨*ano n.*⟩ **5** inexperiente, novato ⟨*funcionário n.*⟩ ⊃ experiente **6** que apareceu pela primeira vez; inédito ⟨*n. fórmula*⟩ ⊃ tradicional ⊡ **de n.** *loc.adv.* novamente

no.vo-ri.co [pl.: *novos-ricos*] *s.m.* **1** pessoa de origem simples que enriqueceu recentemente **2** *pej.* pessoa que ostenta excessivamente sua riqueza recém-adquirida

noz *s.f.* **1** fruto da nogueira, oleoso e de casca dura **2** BOT nome geral para frutos secos de apenas uma semente

noz-de-co.la [pl.: *nozes-de-cola*] *s.f.* semente que encerra alcaloides como a cafeína, us. como tônico e em refrigerantes, esp. em sua forma sintética; cola
noz-mos.ca.da [pl.: *nozes-moscadas*] *s.f.* 1 árvore nativa da Indonésia, cuja semente é us. como condimento 2 o condimento feito dessa semente
noz-vô.mi.ca [pl.: *nozes-vômicas*] *s.f.* árvore de cujas cascas e sementes são extraídos alcaloides tóxicos como a estricnina
Np símbolo de *netúnio*
–nte *suf.* 'agente': *estudante, crescente, pedinte*
nu *adj.* **1** sem roupa; desnudo ↶ vestido **2** descoberto, exposto ⟨*o vestido deixava as costas n.*⟩ ↶ coberto **3** sem disfarce; evidente ⟨*verdade n.*⟩ **4** desguarnecido, desprovido ⟨*despensa n.*⟩ ↶ abastecido ■ *s.m.* **5** nudez ⟨*admirar o nu artístico*⟩ ▣ **pôr a nu** *loc.vs.* fazer ficar ou ficar evidente • **nu e cru** *loc.adv.* sem rodeios; com toda a franqueza
nu.an.ce ou **nu.an.ça** *s.f.* **1** gradação de cor; matiz, tonalidade **2** diferença sutil; detalhe ~ **nuançar** *v.t.d.*
nu.ben.te *adj.2g.s.2g.* que(m) está prestes a contrair matrimônio
nú.bil *adj.* que já está pronto e com idade para casar (diz-se esp. de mulher) ~ **nubilidade** *s.f.*
nu.bla.do *adj.* **1** cheio de nuvens ↶ claro **2** *fig.* em que há tristeza, melancolia ⟨*semblante n.*⟩ **3** *fig.* em que não há clareza; incompreensível ⟨*raciocínio n.*⟩
nu.blar *v.* {mod. 1} *t.d. e pron.* **1** cobrir(-se) de nuvens; anuviar(-se) ↶ desanuviar(-se) **2** *fig.* (fazer) ficar turvo, embaçado ou escuro **3** *fig.* tornar(-se) triste, calado, desanimado ↶ animar(-se)
nu.ca *s.f.* a parte de trás do pescoço
nu.ci.for.me *adj.2g.* que tem a forma de uma noz
nu.cle.ar *adj.2g.* **1** relativo a núcleo **2** em que se processam as reações à fissão do núcleo atômico (usina, bomba, etc.) ⟨*energia n.*⟩ ~ **nuclearização** *s.f.*
nú.cleo *s.m.* **1** parte ou ponto central de alguma estrutura ⟨*n. de uma empresa*⟩ **2** a parte essencial de algo ⟨*vamos nos ater ao n. do problema*⟩ **3** num cometa, a parte central de constituição sólida, densa e luminosa ⊙ GRAM/USO dim.irreg.: *nucléolo* ▣ **n. atômico** *loc.subst.* parte de um átomo constituída de prótons e nêutrons, onde se concentra a maior parte da massa do átomo e cuja carga, definida pelo número de prótons, é positiva
nu.clé.o.lo *s.m.* **1** pequeno núcleo **2** GEN estrutura presente no interior do núcleo, composta de ADN, proteína e ARN ribossômico ⊙ GRAM/USO dim.irreg. de *núcleo*
nu.clí.deo *s.m.* FÍS espécie de átomo caracterizado pelo número de nêutrons em seu núcleo atômico e pelo número atômico; denominado, impropriamente, de isótopo
nu.dez \ê\ *s.f.* estado ou condição do que está ou vive nu
nu.dis.mo *s.m.* **1** concepção de vida que defende que as pessoas vivam despidas, em permanente contato com a natureza **2** prática dessa concepção de vida ⟨*frequentar praias de n.*⟩ ~ **nudista** *adj.2g.s.2.g*
nu.li.da.de *s.f.* **1** qualidade do que é nulo, inexistente **2** falta de talento, de capacidade ⟨*ser uma n. em matemática*⟩
nu.lí.pa.ro *adj.s.m.* que(m) nunca pariu
nu.lo *adj.* **1** sem valor ou utilidade ⟨*esforço n.*⟩ ↶ útil **2** sem validade ⟨*contrato n.*⟩ ↶ válido **3** inexistente, nenhum ⟨*sua sensibilidade é n.*⟩
nu.me *s.m.* **1** divindade **2** *fig.* inspiração poética vinda do poder divino
nu.me.ra.ção [pl.: *-ões*] *s.f.* **1** ação de numerar **2** sequência de números que marcam as páginas de um livro etc.
nu.me.ra.dor \ô\ *adj.s.m.* **1** (o) que numera ■ *s.m.* MAT **2** termo sobre o traço de fração que indica quantas partes se tomaram do todo
nu.me.ral *adj.2g.* **1** relativo a número **2** que representa ou indica um número ■ *s.m.* GRAM **3** classe de palavras que indica uma quantidade exata de pessoas ou coisas, ou lugar que elas ocupam numa série
nu.me.rar *v.* {mod. 1} *t.d.* **1** pôr número em **2** dispor em ordem numérica **3** verificar ou dar a quantidade de; quantificar **4** expor de forma metódica; enumerar ~ **numerável** *adj.2g.*
nu.me.rá.rio *s.m.* **1** dinheiro em espécie; dinheiro vivo ■ *adj.* **2** relativo a dinheiro
nu.mé.ri.co *adj.* **1** relativo aos números **2** que indica número **3** que é expresso por números
nú.me.ro *s.m.* **1** cada membro do sistema numérico us. para contar, medir, avaliar etc. ⟨*o três é n. ímpar*⟩ **2** expressão de quantidade ⟨*os policiais estavam em maior n.*⟩ **3** quantidade certa ⟨*qual o n. de candidatos?*⟩ **4** cálculo ⟨*ser bom com os n.*⟩ **5** quórum ⟨*não houve n. para iniciarmos a votação*⟩ **6** exemplar de publicação periódica ⟨*perdi os dois últimos n. da revista*⟩ **7** quadro de um *show* de variedades ⟨*incluiremos mais dois n. no espetáculo*⟩ **8** GRAM flexão gramatical que indica o singular e o plural dos substantivos, adjetivos, verbos, pronomes e artigos ▣ **sem n.** *loc.adj.* difícil de calcular; inumerável • **n. atômico** *loc.subst.* número de prótons presentes no núcleo atômico e que, em um átomo neutro, é igual ao número de elétrons
nu.me.ro.lo.gi.a *s.f.* estudo da influência oculta dos números no destino das pessoas ~ **numerológico** *adj.* - **numerologista** *s.2g.* - **numérologo** *s.m.*
nu.me.ro.so \ô\ [pl.: *numerosos* \ó\] *adj.* em grande número ~ **numerosidade** *s.f.*
nu.mis.ma.ta *s.2g.* especialista em numismática
nu.mis.má.ti.ca *s.f.* ciência cujo objeto de estudo são as moedas e as medalhas ~ **numismático** *adj.*
nun.ca *adv.* de modo ou em tempo algum ▣ **n. mais** *loc.adv.* **1** em nenhuma ocasião futura ⟨*n. mais nos veremos*⟩ **2** refere-se a um longo período iniciado no passado e que perdura até hoje ⟨*n. mais viajei*⟩

nun.ci.a.tu.ra *s.f.* **1** ofício, função de núncio **2** a residência do núncio **3** local onde o núncio exerce seu cargo

nún.cio *s.m.* **1** mensageiro **2** representante diplomático da Igreja católica

nun.cu.pa.ção [pl.: *-ões*] *s.f.* DIR testamento que é feito oralmente

núp.cias *s.f.pl.* **1** casamento **2** a cerimônia do casamento **3** o contrato de casamento ~ **nupcial** *adj.2g.*

nu.tri.ção [pl.: *-ões*] *s.f.* **1** BIO conjunto de processos de ingestão, digestão e absorção de alimentos **2** alimento; fonte de sustento **3** nutricionismo ⟨*formou-se em n.*⟩ ~ **nutricional** *adj.2g.*

nu.tri.cio.nis.mo *s.2g.* estudo das necessidades alimentares dos seres humanos e animais, e dos problemas relativos à nutrição ~ **nutricionista** *adj.2g. s.2g.*

nu.tri.do *adj.* **1** provido de alimento; alimentado **2** corpulento, robusto ↺ fraco, magro

nu.tri.en.te *s.m.* **1** substância que nutre o organismo ↺ desnutriente ■ *adj.2g.* **2** que nutre, alimenta; nutritivo

nu.trir *v.* {mod. 24} *t.d. e pron.* **1** prover(-se) de substâncias necessárias ao metabolismo; alimentar(-se) ❑ *t.d.fig.* **2** alimentar em si (sentimento, ideia etc.); cultivar ❑ *pron.fig.* **3** ter sustento; manter-se ⟨*o amor nutre-se do respeito*⟩ ~ **nutrimento** *s.m.*

nu.tri.ti.vo *adj.* que tem a propriedade de nutrir, de alimentar; alimentício

nu.triz *s.f.frm.* **1** mulher que amamenta; ama de leite ■ *adj.* **2** *fig.* que alimenta

nu.vem *s.f.* **1** condensação visível de vapor d'água na atmosfera **2** porção suspensa de partículas de pó, gases etc. **3** grande porção de insetos voando **4** *fig.* melancolia, tristeza ⟨*havia uma n. em sua expressão*⟩ **5** escurecimento passageiro da vista

NW símbolo de *noroeste* (na rosa dos ventos)

o \ó *ou* ô\ *s.m.* **1** 15ª letra (vogal) do nosso alfabeto ■ *n.ord.* *(adj.2g.2n.)* **2** diz-se do 15º elemento de uma série ⟨*casa O*⟩ ⟨*item 1 o*⟩ ☞ empr. posposto a um substantivo ou numeral ⊙ GRAM/USO na acp. s.m., pl.: *oo*

o \ô\ *art.def.* **1** indica o gênero (masc.) e o número (sing.) do substantivo a que se refere ⟨*o pato*⟩ **2** define ou especifica, por circunstância ou contexto, esse substantivo ou seu equivalente ⟨*não ponha o pé aí*⟩ ■ *pron.dem.* **3** aquele, aquilo, isso, isto ■ *pron.p.* **4** refere-se à 3ª pessoa do singular e funciona como complemento ⟨*não o vi hoje*⟩

O símbolo de *oxigênio*

o– ou **ob–** *pref.* **1** 'movimento para frente': *oblongo* **2** 'oposição': *opor, ob-rogar*

O. abrev. de oeste (região)

ó *interj.* us. para chamar ou interpelar alguém ⟨*ó menino, venha cá*⟩

o.á.sis *s.m.2n.* **1** pequena região fértil, com vegetação e água, em pleno deserto **2** *fig.* coisa, local ou situação agradável em um meio hostil ou numa sequência de situações desagradáveis ⟨*a casa na serra era seu o.*⟩

ob– *pref.* → *o-*

o.ba \ô\ *interj.* *B* **1** expressa alegria, admiração **2** *infrm.* us. como forma de saudação ⟨*oba! como vai?*⟩

ob.ce.ca.do *adj.* **1** sem discernimento ⊃ sensato **2** teimoso, obstinado

ob.ce.car *v.* {mod. 1} *t.d.* **1** tornar cego; cegar **2** privar do discernimento (o espírito, a inteligência); perturbar **3** fazer perder a razão; desvairar **4** levar ao erro **5** apoderar-se de, causar ideia fixa a; obsediar ❑ *t.d. e pron.* **6** tornar(-se) contumaz no erro ~ **obcecação** *s.f.*

o.be.de.cer *v.* {mod. 8} *t.i.* **1** (prep. *a*) submeter-se à vontade ou às determinações de **2** (prep. *a*) agir ou estar de acordo com ⟨*sua escrita obedece às leis do discurso*⟩ **3** (prep. *a*) deixar-se levar por (incitação ou sentimento); atender, ceder ⟨*o. ao chamado da natureza*⟩ ⊃ resistir **4** (prep. *a*) estar sujeito a ⟨*os animais obedecem aos instintos*⟩

o.be.di.ên.cia *s.f.* **1** ato de obedecer ou o seu efeito ⊃ desobediência **2** submissão completa ⟨*os vassalos deviam o. aos senhores*⟩

o.be.di.en.te *adj.2g.* **1** que obedece ⟨*filhos o.*⟩ ⊃ desobediente **2** extremamente dócil; submisso ⊃ indócil, insubmisso

o.be.lis.co *s.m.* monumento alongado, de base quadrada, que diminui progressivamente e forma no alto uma pirâmide

o.be.si.da.de *s.f.* estado de quem é obeso, de quem é excessivamente gordo ⊃ magreza

o.be.so \ê\ *adj.s.m.* que(m) tem gordura em excesso

ó.bi.ce *s.m.* obstáculo; empecilho

ó.bi.to *s.m.* falecimento

o.bi.tu.á.rio *s.m.* **1** registro de óbitos **2** nota(s) de falecimento publicada(s) em jornais ■ *adj.* **3** relativo a óbito

ob.je.ção [pl.: *-ões*] *s.f.* **1** argumento apresentado em oposição a outro anteriormente enunciado ⊃ concordância **2** dificuldade; obstáculo

ob.je.tar *v.* {mod. 1} *t.d. e t.d.i.* **1** (prep. *a*) apresentar (argumento, alegação etc.) em sentido contrário ❑ *t.i.* **2** (prep. *a*) mostrar-se contrário a; opor-se ⊃ apoiar

ob.je.ti.va *s.f.* lente ou conjunto de lentes que forma uma imagem de um objeto

ob.je.ti.var *v.* {mod. 1} *t.d.* **1** dar existência, expressão material a (noção abstrata, sentimento, ideal);

concretizar **2** ter como objetivo, como fim; pretender ~ **objetivação** *s.f.*

ob.je.ti.vi.da.de *s.f.* **1** qualidade do que dá, ou pretende dar, uma representação fiel de um objeto ou fato ⟨*a o. da ciência, de uma notícia*⟩ ⊃ subjetividade **2** característica do que não é evasivo ⟨*falava com o.*⟩

ob.je.ti.vo *s.m.* **1** o que se quer alcançar; propósito ■ *adj.* **2** sem rodeios; direto ⟨*texto o.*⟩ ⊃ evasivo **3** livre de interesses ou opiniões pessoais ⟨*julgamento o.*⟩ ⊃ subjetivo

ob.je.to *s.m.* **1** coisa material que pode ser percebida pelos sentidos **2** coisa mental ou física para a qual se dirige o pensamento, um sentimento ou uma ação ⟨*o o. do desejo*⟩ ⟨*o. de preocupação, de pesquisa*⟩ **3** assunto; tema **4** motivo, causa ⟨*o o. da discórdia*⟩ **5** coisa, mercadoria ⟨*vendem-se o. variados*⟩ **6** em gramática, o complemento dos verbos transitivos ⊡ **o. direto** *loc.subst.* GRAM complemento ger. não preposicionado • **o. indireto** *loc.subst.* GRAM complemento preposicionado

o.bla.ção [pl.: *-ões*] *s.f.* **1** oferenda a Deus ou aos santos **2** qualquer coisa que se ofereça

[1]**o.bla.to** *s.m.* leigo que se oferece para servir em ordem religiosa [ORIGEM: do lat. *oblātus,i* 'id.']

[2]**o.bla.to** *adj.* achatado nos polos [ORIGEM: do lat.cien. *oblatus* 'alongado, distendido']

o.blí.quo *adj.* **1** que não é perpendicular nem paralelo **2** *fig.* que disfarça os sentimentos; dissimulado ⊃ sincero ~ **obliquidade** *s.f.*

o.bli.te.ra.ção [pl.: *-ões*] *s.f.* **1** ato de obliterar(-se) **2** destruição, eliminação **3** esquecimento, olvido ⊃ lembrança, recordação **4** fechamento, obstrução ⟨*o. de uma artéria*⟩

o.bli.te.rar *v.* {mod. 1} *t.d. e pron.* **1** (fazer) desaparecer aos poucos; apagar(-se) **2** levar a ou ficar no esquecimento; perder(-se) **3** fechar-se ou fechar a cavidade de; obstruir(-se)

ob.lon.go *adj.* cujo comprimento é maior que a largura; alongado

ob.nu.bi.lar *v.* {mod. 1} *t.d. e pron.* **1** tornar(-se) obscuro; escurecer(-se) ⊃ clarear(-se) ❑ *t.d.* MED **2** deixar com perturbação da consciência, ofuscando a vista e obscurecendo o pensamento ~ **obnubilação** *s.f.*

o.bo.é *s.m.* instrumento de sopro de madeira, com palheta dupla e tubo cônico

o.bo.ís.ta *adj.2g.s.2g.* MÚS que(m) toca oboé

ó.bo.lo *s.m.* esmola

o.bra *s.f.* **1** resultado de um trabalho, de uma ação **2** conjunto de trabalhos realizados por um artista, escritor ou cientista **3** edificação em construção

o.bra-pri.ma [pl.: *obras-primas*] *s.f.* **1** a obra considerada excepcional de um artista, época, estilo etc. ⟨*o. de Camões*⟩ ⟨*o. do Surrealismo*⟩ **2** o que é perfeito em seu gênero ⟨*seu discurso foi uma o.*⟩

o.brar *v.* {mod. 1} *t.d.* **1** produzir por meio de uma ação; fazer, realizar **2** construir, fabricar ⊃ destruir **3** planejar, tramar ⟨*o. um crime*⟩ ❑ *int.* **4** exercer um ofício; trabalhar **5** realizar uma ação; agir, atuar **6** defecar

o.brei.ro *adj.s.m.* operário; trabalhador

o.bri.ga.ção [pl.: *-ões*] *s.f.* **1** fato de estar obrigado a cumprir algo; imposição ⟨*votar é o. do cidadão*⟩ **2** o que se tornou necessidade; dever, compromisso ⟨*é sua o. terminar o trabalho*⟩ **3** ofício, tarefa

o.bri.ga.do *adj.* **1** imposto por lei ou pelo uso; obrigatório **2** grato, reconhecido, agradecido ⟨*obrigada por tantas gentilezas!*⟩ **3** forçado pelas circunstâncias; compelido ⟨*sentiram-se o. a comparecer ao evento*⟩

o.bri.gar *v.* {mod. 1} *t.d. e t.d.i.* **1** (prep. *a*) sujeitar, submeter a (imposição legal ou moral) ❑ *t.d.i. e pron.* **2** (prep. *a*) impor(-se) pela força, por pressão moral ou necessidade a (fazer ou não fazer algo); forçar(-se) ❑ *t.d.* **3** dar como fiança; empenhar ❑ *pron.* **4** (prep. *a*) assumir um compromisso

o.bri.ga.to.ri.e.da.de *s.f.* qualidade do que é obrigatório, do que constitui uma obrigação ou é necessário, indispensável

o.bri.ga.tó.rio *adj.* **1** que envolve obrigação ⊃ opcional **2** indispensável ⊃ desnecessário

ob-ro.gar *v.* {mod. 1} *int.* invalidar uma lei apresentando outra ~ **ob-rogação** *s.f.*

obs.ce.ni.da.de *s.f.* **1** qualidade do que é obsceno; indecência **2** o que fere as regras do decoro ⟨*a corrupção é uma o.*⟩ **3** ato ou dito obsceno

obs.ce.no *adj.* **1** contrário ao pudor, esp. em relação à sexualidade ⊃ pudico **2** que fala ou escreve coisas obscenas

obs.cu.ran.tis.mo *s.m.* **1** falta de instrução; ignorância ⊃ conhecimento **2** doutrina que se opõe à divulgação de conhecimentos entre as classes populares ~ **obscurantista** *adj.2g.s.2g.*

obs.cu.re.cer *v.* {mod. 8} *t.d., int. e pron.* **1** (fazer) ficar com pouca luz ou sem luz; escurecer(-se) ⊃ clarear **2** tornar(-se) difícil de compreender; complicar(-se) **3** tornar(-se) sombrio, triste; anuviar(-se) ⊃ desanuviar(-se) **4** (fazer) perder a honra, a reputação; macular(-se) ⊃ dignificar(-se) ❑ *t.d.* **5** privar da razão, do discernimento (o espírito, a inteligência); obcecar **6** disfarçar ou esconder cobrindo ~ **obscurecido** *adj.* - **obscurecimento** *s.m.*

obs.cu.ro *adj.* **1** escuro; sombrio ⊃ claro **2** difícil de compreender ou explicar; confuso ⟨*raciocínio o.*⟩ ⊃ fácil **3** que não se tornou conhecido; ignorado ⟨*autor o.*⟩ ⊃ famoso ~ **obscuridade** *s.f.*

ob.se.dar *v.* {mod. 1} *t.d.* **1** importunar com insistência, esp. para obter favor; molestar **2** deixar com ideia fixa em; obcecar ~ **obsedante** *adj.2g.*

ob.se.qui.ar \z\ *v.* {mod. 1} *t.d.* **1** prestar favores a; favorecer **2** dar presentes a; presentear

ob.sé.quio \z\ *s.m.* favor; gentileza

ob.se.qui.o.so \zê...ô\ [pl.: *obsequiosos* \ó\] *adj.* **1** solícito, prestativo ⊃ preguiçoso **2** afável, cordial ⊃ antipático ~ **obsequiosidade** *s.f.*

ob.ser.va.ção [pl.: *-ões*] *s.f.* **1** ação de considerar as coisas com atenção **2** obediência a uma regra ou lei; observância ⊃ desobediência **3** comentário ⟨*não consegue ouvir sem fazer observações*⟩

ob.ser.va.dor \ô\ *adj.s.m.* 1 (o) que observa ou examina ■ *adj.* 2 atento, minucioso ⟨*comentário o.*⟩
ob.ser.vân.cia *s.f.* cumprimento fiel; observação ('obediência') ⊃ inobservância
ob.ser.var *v.* {mod. 1} *t.d. e pron.* 1 olhar(-se) com atenção, com aplicação; estudar(-se) ❑ *t.d.* 2 considerar buscando chegar a julgamento; examinar, analisar 3 chegar a uma conclusão após exame, análise; constatar, verificar 4 olhar às escondidas; espiar 5 seguir determinações ou preceitos de; obedecer ❑ *t.d.i.* 6 (prep. *a*) fazer atentar para; advertir
ob.ser.va.tó.rio *s.m.* 1 instituição de observação astronômica, meteorológica etc. 2 edifício equipado para essa observação
ob.ses.são [pl.: *-ões*] *s.f.* ideia fixa
ob.ses.si.vo *adj.* 1 próprio da obsessão ⟨*personalidade o.*⟩ ■ *adj.s.m.* 2 que(m) tem obsessão ⟨*age como um o.*⟩
ob.so.le.to \é *ou* ê\ *adj.* 1 que já não se usa; arcaico ⊃ atual 2 fora de moda; ultrapassado ⊃ moderno
obs.tá.cu.lo *s.m.* 1 o que impede ou atrapalha o movimento de algo ou alguém 2 DESP cada uma das barreiras, fabricadas ou naturais, dispostas ao longo de uma pista de corridas
obs.tan.te *adj.2g.* que impede ▣ **não o.** *loc.adv.* apesar de, a despeito de ⟨*não o. o cansaço, prosseguia a caminhada*⟩
obs.tar *v.* {mod. 1} *t.d.* 1 criar embaraço ao servir de obstáculo a; impedir, atrapalhar ⊃ ajudar, viabilizar ❑ *t.i.* 2 (prep. *a*) mostrar posição contrária a; opor-se ⊃ apoiar
obs.te.tra *adj.2g.s.2g.* que(m) se especializou em obstetrícia
obs.te.trí.cia *s.f.* ramo da medicina que trata da gravidez e do parto
obs.té.tri.co ou **obs.te.trí.cio** *adj.* referente à obstetrícia
obs.ti.na.ção [pl.: *-ões*] *s.f.* 1 apego excessivo às próprias ideias, resoluções e atitudes; persistência 2 comportamento que indica esse apego; teimosia ⊃ docilidade
obs.ti.na.do *adj.* persistente; teimoso ⊃ flexível
obs.ti.nar *v.* {mod. 1} *t.d.* 1 tornar obstinado ❑ *pron.* 2 insistir com firmeza numa ideia, resolução, empresa
obs.tru.ção [pl.: *-ões*] *s.f.* 1 ação ou efeito de obstruir(-se); obturação, bloqueio ⊃ abertura, desobstrução 2 FUTB infração em que o jogador de um time impede, com o corpo, a progressão do adversário 3 MED bloqueio ou entupimento que dificulta a circulação de sólidos ou líquidos no organismo ⟨*o. intestinal, o. nasal*⟩ ⊃ desobstrução
obs.tru.ir *v.* {mod. 26} *t.d. e pron.* 1 (fazer) ficar fechado, vedado; tapar(-se), entupir(-se) ⊃ desobstruir(-se) ❑ *t.d.* 2 pôr obstáculo à passagem ou circulação de; atravancar 3 criar problemas, empecilhos a; dificultar, atrapalhar ⊃ viabilizar
ob.tem.pe.rar *v.* {mod. 1} *t.d. e t.d.i.* 1 (prep. *a*) argumentar com humildade e moderação; ponderar ❑ *t.i.* 2 (prep. *a*) obedecer, submeter-se
ob.ten.ção [pl.: *-ões*] *s.f.* aquisição, consecução ⊃ perda
ob.ter *v.* {mod. 6} *t.d. e t.d.i.* 1 (prep. *para*) vir a ter (para si ou outrem) [resultado, objetivo etc. buscado ou não]; ganhar, conseguir ⊃ perder ❑ *t.d.* 2 atingir, alcançar, receber (certo número, quantia, pontuação etc.)
ob.tu.ra.ção [pl.: *-ões*] *s.f.* fechamento de cavidade dentária resultante de cárie
ob.tu.rar *v.* {mod. 1} *t.d.* 1 fechar totalmente (abertura, conduto); tapar 2 fechar cavidade de (dente ou osso)
ob.tu.so *adj.* 1 GEOM que tem mais de 90° e menos de 180° (diz-se de ângulo) 2 rombudo na ponta ⊃ pontiagudo 3 *fig. pej.* pouco inteligente ⊃ arguto ~ **obtusidade** *s.f.*
o.bum.brar *v.* {mod. 1} *t.d. e pron.* 1 tornar(-se) sombrio, escuro; escurecer(-se) ⊃ clarear 2 *fig.* perturbar(-se) [a mente, os sentidos] ⊃ desanuviar(-se)
o.bus *s.m.* 1 peça de artilharia com a qual se atiram bombas, granadas etc. 2 o projétil lançado por essa peça
ob.vi.ar *v.* {mod. 1} *t.d. e t.i.* 1 (prep. *a*) impedir a ocorrência ou a concretização de; evitar 2 (prep. *a*) atenuar os efeitos de; remediar ❑ *t.i.* 3 (prep. *a*) ter posição contrária a; opor-se
ob.vi.e.da.de *s.f.* 1 qualidade do que é óbvio, evidente; evidência ⊃ inevidência 2 fato ou dito óbvio
ób.vio *adj.* fácil de descobrir, ver ou entender; claro, evidente ⟨*era ó. que seu tempo acabara*⟩ ⊃ obscuro
–oca *suf.* 'diminuição': *beijoca*
o.ca *s.f.* cabana indígena de madeira e fibras vegetais
o.ca.ra *s.f.* praça no centro de aldeia indígena
o.ca.ri.na *s.f.* instrumento arredondado de sopro, ger. de barro ou pedra, com oito orifícios, quatro para cada mão
o.ca.si.ão [pl.: *-ões*] *s.f.* 1 circunstância favorável para a realização de algo ⟨*ainda não encontrou o. para pedir o aumento*⟩ 2 instante, momento ⟨*na o. não percebeu o engano*⟩
o.ca.sio.nal *adj.2g.* que acontece por acaso; casual ⟨*encontro o.*⟩
o.ca.sio.nar *v.* {mod. 1} *t.d. e t.d.i.* 1 (prep. *a*) ser causa de; motivar, provocar ❑ *t.d.i.* 2 (prep. *a*) oferecer a oportunidade de; proporcionar ❑ *pron.* 3 acontecer, ocorrer ~ **ocasionador** *adj.s.m.*
o.ca.so *s.m.* 1 o lado do horizonte em que o Sol se põe; oeste ⊃ nascente 2 *fig.* decadência ⟨*o o. de um império*⟩ ⊃ ascensão
oc.ci.pí.cio *s.m.* parte inferior e posterior da cabeça
oc.ci.pi.tal *adj.s.m.* (osso) da parte inferior e posterior da cabeça
o.ce.â.ni.co *adj.* 1 relativo a oceano; oceâneo 2 que vive no oceano ⟨*fauna o.*⟩

o.ce.a.no *s.m.* **1** grande extensão de água salgada que cobre a maior parte da Terra; mar **2** cada parte dessa extensão de água que cobre uma superfície determinada (Pacífico, Atlântico, Índico, Glacial Ártico, Glacial Antártico) ~ **oceâneo** *adj.*

o.ce.a.no.gra.fi.a *s.f.* estudo das profundezas oceânicas e do meio marinho ~ **oceanográfico** *adj.* - **oceanógrafo** *s.m.*

o.ci.den.tal *adj.2g.* **1** do ou situado no Ocidente ■ *adj.2g.s.2g.* **2** natural ou habitante do Ocidente

o.ci.den.ta.li.zar *v.* {mod. 1} *t.d. e pron.* dar ou tomar aspecto ou característica própria dos povos, culturas, línguas ocidentais ~ **ocidentalização** *s.f.*

o.ci.den.te *s.m.* **1** lado do horizonte em que o Sol se põe; ocaso **2** região situada a oeste **2.1** conjunto de regiões e países localizados na parte oeste do nosso planeta ☞ inicial maiúsc. **3** oeste ('região')

ó.cio *s.m.* **1** interrupção do trabalho; folga **2** falta de ocupação; ociosidade ⮌ ação **3** preguiça; indolência ⮌ ânimo

o.ci.o.si.da.de *s.f.* ócio ('falta de ocupação', 'preguiça') ⮌ ação, trabalho

o.ci.o.so \ô\ [pl.: *ociosos* \ó\] *adj.* **1** em que há ócio; livre, vago ⟨*vida o.*⟩ ⮌ ocupado **2** sem resultados positivos; improdutivo ⟨*passa horas em conversas o.*⟩ ⮌ útil ■ *adj.s.m.* **3** que(m) está sem trabalho ou ocupação ⮌ ocupado **4** preguiçoso ⮌ trabalhador

o.clu.são [pl.: *-ões*] *s.f.* **1** ato de fechar ou o seu efeito; fechamento ⮌ abertura **2** MED bloqueio ou entupimento em qualquer dos condutos do organismo ⮌ desobstrução

o.clu.so *adj.* que está fechado ⮌ aberto ~ **oclusivo** *adj.*

o.co \ô\ *adj.* **1** vazio por dentro ⟨*tronco o.*⟩ ⮌ cheio **2** *fig.* desprovido de sentido; fútil ⟨*discurso o.*⟩ ⮌ profundo

o.cor.rên.cia *s.f.* **1** o que ocorre; acontecimento **2** circunstância, ocasião ⟨*uma o. feliz*⟩

o.cor.rer *v.* {mod. 8} *t.i. e int.* **1** (prep. *a*, *com*) ser ou tornar-se realidade; acontecer, suceder **2** (prep. *a*) aparecer à memória ou ao pensamento ❑ *int.* **3** revelar-se de repente; sobrevir

o.cra *adj.2g.2n.s.f. desus.* ocre

o.cre *s.m.* **1** argila com colorido entre o amarelo e o vermelho **2** a cor dessa argila ■ *adj.2g.2n.* **3** dessa cor ⟨*saia o.*⟩ **4** diz-se dessa cor ⟨*a cor o.*⟩

oc.ta.e.dro *s.m.* GEOM poliedro de oito faces ~ **octaédrico** *adj.*

oc.ta.na *s.f.* QUÍM octano

oc.ta.na.gem *s.f.* QUÍM índice que mede a qualidade da gasolina

oc.ta.no *s.m.* QUÍM hidrocarboneto presente no petróleo, incolor e inodoro, us. como solvente

oc.te.to \ê\ *s.m.* **1** grupo de oito cantores ou instrumentistas **2** composição para oito executantes

oc.tin.gen.té.si.mo *n.ord.* *(adj.s.m.)* **1** (o) que, numa sequência, ocupa a posição número 800 ■ *n.frac.* *(adj.s.m.)* **2** (o) que é 800 vezes menor que a unidade

oc.to.ge.ná.rio *adj.s.m.* (aquele) que está na casa dos 80 anos de idade

oc.to.gé.si.mo *n.ord.* *(adj.s.m.)* **1** (o) que, numa sequência, ocupa a posição número 80 ■ *n.frac.* *(adj.s.m.)* **2** (o) que é 80 vezes menor que a unidade

oc.to.go.nal *adj.2g.* **1** formado por oito ângulos e oito lados; octangular, octógono **2** que tem o formato de um octógono; oitavado

oc.tó.go.no *s.m.* polígono de oito lados

óc.tu.plo *n.mult.* *(adj.s.m.)* (o) que contém oito vezes a mesma quantidade ~ **octuplicar** *v.t.d.,int. e pron.*

[1]**o.cu.lar** *adj.2g.* relativo a olho [ORIGEM: do lat. *oculāris,e* 'id.']

[2]**o.cu.lar** *s.f.* componente de um sistema óptico através do qual se observa a imagem formada por uma objetiva [ORIGEM: fem. substv. de [1]*ocular*]

o.cu.lis.ta *adj.2g.s.2g.* oftalmologista

ó.cu.lo *s.m.* **1** qualquer instrumento composto de lentes que auxiliam a visão ☞ cf. *óculos* **2** luneta **3** objeto de forma circular, ger. vazado ou provido de vidro ⟨*o ó. do relógio*⟩

ó.cu.los *s.m.pl.* armação, sustentada sobre o nariz, com duas lentes postas à frente dos olhos para corrigir ou proteger a visão ⟨*onde estão meus ó.?*⟩

o.cul.tar *v.* {mod. 1} *t.d.,t.d.i. e pron.* **1** (prep. *de*) não (se) deixar ver; encobrir(-se), esconder(-se) ⮌ mostrar(-se) ❑ *t.d. e t.d.i.* **2** (prep. *de*) não deixar ser percebido, notado; disfarçar, dissimular ⮌ revelar ~ **ocultação** *s.f.*

o.cul.tas *s.f.pl.* ◗ só usado em: **às ocultas** *loc.adv.* às escondidas

o.cul.tis.mo *s.m.* **1** estudo da ação ou influência dos poderes sobrenaturais **2** a crença nesses poderes ~ **ocultista** *adj.2g.s.2g.*

o.cul.to *adj.* **1** escondido, encoberto ⮌ aparente **2** desconhecido, inexplorado ⟨*amigo o.*⟩ ⟨*as regiões o. do planeta*⟩ ⮌ conhecido **3** GRAM diz-se de sujeito que não está expresso na oração, mas pode ser identificado pela desinência verbal (p.ex.: *viajaremos amanhã*) **4** misterioso, sobrenatural ⟨*ciências o.*⟩

o.cu.pa.ção [pl.: *-ões*] *s.f.* **1** ato de invadir uma propriedade **2** atividade ou trabalho principal de uma pessoa **3** DIR modo de aquisição da propriedade de coisa móvel sem dono ou abandonada; apropriação

o.cu.pa.cio.nal *adj.2g.* referente a trabalho, a ocupação

o.cu.pa.do *adj.* **1** que tem muito o que fazer ⮌ desocupado **2** que não está disponível ⟨*cargo o.*⟩ ⟨*linha o.*⟩ ⮌ livre

o.cu.pan.te *adj.2g.s.2g.* **1** que(m) ocupa **2** que(m) se encontra na posse de terras públicas **3** (pessoa) que se apodera de coisa abandonada ou ainda não apropriada

o.cu.par *v.* {mod. 1} *t.d.* **1** tornar cheio, sem deixar espaço vazio; preencher ⟨*três pessoas ocupavam o banco*⟩ **2** encontrar-se em (um lugar) ⟨*posso ocupar esse assento?*⟩ **3** instalar-se pela força ou sem autorização em; tomar ⟨*o. uma terra improdutiva*⟩ **4** fazer uso de;

utilizar, empregar ⟨*o. o tempo com algo útil*⟩ **5** gastar, consumir (uma extensão de tempo) ⟨*a reunião ocupou toda a manhã*⟩ **6** fazer parte de; constar ⟨*vários discursos ocuparam a festa*⟩ ❑ *t.d. e pron.* **7** (fazer) trabalhar na execução de tarefas, atividades ❑ *pron.* **8** (prep. *de*) entregar-se, dedicar-se ⟨*nas festas, ocupa-se da decoração*⟩ **9** (prep. *de*) ter por objeto; tratar ⟨*a Linguística ocupa-se da linguagem*⟩

o.da.lis.ca *s.f.* **1** no Império otomano, empregada escrava a serviço das mulheres num harém **2** concubina do harém de um sultão, paxá etc.

o.de *s.f.* poema lírico composto de estrofes de versos com medida igual, ger. em tom alegre e entusiasmado

o.di.ar *v.* {mod. 5} *t.d. e pron.* sentir aversão, raiva por (algo, outrem, si mesmo ou reciprocamente); detestar(-se) ⮌ adorar(-se), amar(-se)

o.di.en.to *adj.* **1** que mostra ódio; odioso ⟨*expressão o.*⟩ ⮌ sereno **2** que guarda ódio; rancoroso ⟨*personalidade o.*⟩ ⮌ afetuoso **3** detestável ⟨*apresentação o.*⟩ ⮌ ótimo

ó.dio *s.m.* **1** raiva, rancor ⮌ amor **2** repugnância, aversão ⟨*tem ó. a viagens longas*⟩ ⮌ atração

o.di.o.so \ô\ [pl.: *odiosos* \ó\] *adj.* **1** que provoca ódio; detestável ⟨*um crime o.*⟩ ⮌ adorável **2** desagradável; repulsivo ⟨*uma risada o.*⟩ ⮌ agradável ~ **odiosidade** *s.f.*

o.dis.sei.a \éi\ *s.f.* **1** viagem longa, cheia de aventuras **2** série de acontecimentos extraordinários e inesperados ⟨*sua passagem pela empresa foi uma o.*⟩

o.don.to.lo.gi.a *s.f.* ramo da medicina que se dedica ao estudo e tratamento dos dentes ~ **odontológico** *adj.*

o.don.to.lo.gis.ta *adj.2g.s.2g.* (profissional) que trata dos dentes; dentista

o.dor *s.m.* **1** cheiro ('emanação') **2** cheiro suave e agradável; aroma

o.do.ran.te *adj.2g.* que exala odor agradável ⮌ fedorento

o.do.rí.fe.ro *adj.* odorante

o.dre \ô\ *s.m.* saco feito de pele de animal us. para transportar líquidos

o.es.te *s.m.* **1** direção em que o Sol se põe, à esquerda de quem olha para o norte; poente, ocidente [símb.: *W*] ⮌ leste ■ *adj.2g.s.m.* **2** diz-se de ou região, ou conjunto de regiões, que se situa a oeste [abrev.: *O.*]

o.fe.gar *v.* {mod. 1} *int.* respirar com dificuldade, fazendo ruído e num ritmo curto; arfar ~ **ofegante** *adj.2g.*

o.fen.der *v.* {mod. 8} *t.d. e pron.* **1** causar ou sofrer lesão; ferir(-se), machucar(-se) ❑ *t.d.* **2** causar dificuldade, desconforto a; incomodar ⟨*o Sol ofendia seus olhos*⟩ **3** provocar desgosto, raiva ou vergonha em; magoar, desagradar **4** violar as regras ou preceitos de; contrariar ⟨*seus atos ofendem a moral*⟩ ❑ *pron.* **5** sentir-se atingido em seu amor-próprio, sua honra; magoar-se, ferir-se ~ **ofendido** *adj.*

o.fen.sa *s.f.* **1** palavra ou ato que atinge alguém na sua honra; injúria, ultraje ⮌ retratação **2** falta de respeito; desacato ⮌ consideração

o.fen.si.va *s.f.* **1** agressão; investida ⮌ defesa **2** atitude de ataque; posição de quem está para atacar

o.fen.si.vo *adj.* **1** que causa dano moral; que magoa ⟨*palavras o.*⟩ ⮌ benéfico **2** que é próprio do ataque; agressivo ⟨*atitude o.*⟩ ⮌ defensivo

o.fen.sor \ô\ *adj.s.m.* (o) que ofende

o.fe.re.cer **1** apresentar algo para que seja aceito **2** propor; sugerir **3** exibir **4** dedicar **5** apresentar(-se) **6** expor(-se) ❑ *v.* {mod. 8} *t.d. e t.d.i.* **7** (prep. *a*) dar de presente (a); presentear **8** (prep. *a*) mostrar ou propor para que seja aceito ⟨*o. ajuda*⟩ ⟨*o. acordo a grevistas*⟩ **9** (prep. *a*) tornar disponível (a); proporcionar, dar ⟨*seu texto ofereceu(-nos) boas ideias*⟩ ❑ *t.d.,t.d.i. e pron.* **10** (prep. *a*) pôr(-se) à disposição, a serviço (de); dispor(-se) ⟨*o. a casa (aos amigos)*⟩ ⟨*o.-se para ajudar*⟩ ❑ *t.d.* **11** apresentar sem proteção; expor, dar ⟨*o. a face para apanhar*⟩ ❑ *pron.* **12** apresentar-se diante de; surgir ~ **oferecimento** *s.m.*

o.fe.ren.da *s.f.* **1** coisa que se oferece; presente **2** oferta a divindades

o.fer.ta *s.f.* **1** o que é oferecido **2** presente; dádiva **3** ECON quantidade de bens ou de serviço que se oferece no mercado **4** redução no preço de uma mercadoria em relação ao anterior ou ao do mercado ⟨*este vestido está em o.*⟩ **5** preço ou lance proposto por quem compra ou troca ⟨*faça uma o. ao proprietário*⟩ ~ **ofertante** *adj.2g.s.2g.*

o.fer.tar *v.* {mod. 1} *t.d.,t.d.i. e pron.* (prep. *a*) pôr(-se) à disposição de, como oferta ou doação; oferecer(-se)

o.fer.tó.rio *s.m.* **1** parte da missa em que se oferece o pão e o vinho a Deus **2** composição ou cântico sobre o texto dessa parte da missa **3** *p.ext.* objeto ofertado; oferenda

of.fice boy [ing.; pl.: *office boys*] *loc.subst.* bói ⇨ pronuncia-se ófis bói

o.fi.ci.al *adj.2g.* **1** feito pelo governo ou por uma autoridade ⟨*ato o.*⟩ ⟨*nota o.*⟩ **2** que faz parte do governo ou o representa legalmente **3** formal, solene ⟨*fizeram o anúncio o. do casamento*⟩ ⮌ informal ■ *s.m.* **4** militar das forças armadas ou da polícia com grau de comando e graduação superior à de aspirante (no Exército, Aeronáutica e Polícia Militar) ou de guarda-marinha (na Marinha de Guerra) **5** empregado, administrativo ou judicial, encarregado de fazer intimações, citações etc.

o.fi.ci.a.la.to *s.m.* cargo, função ou título de oficial ('militar')

o.fi.ci.a.li.zar *v.* {mod. 1} *t.d.* dar caráter oficial a ~ **oficialização** *s.f.*

o.fi.ci.an.te *adj.2g.s.2g.* (clérigo) que oficia nas igrejas

o.fi.ci.ar *v.* {mod. 1} *int.* **1** celebrar ofício divino ou eclesiástico ❑ *t.d.* **2** celebrar (a missa)

o.fi.ci.na *s.f.* **1** lugar onde se fabrica ou conserta algo **2** lugar onde se consertam automóveis **3** seminário ou curso intensivo de curta duração ⟨*o. de canto*⟩

o.fí.cio *s.m.* **1** qualquer atividade especializada de trabalho; ocupação, profissão ⟨*o. de tradutor, de carpinteiro, de professor*⟩ **2** função de que alguém se encarrega ⟨*um o. burocrático*⟩ **3** conjunto das orações de um dia **4** cerimônia religiosa; missa **5** comunicação entre autoridades do serviço público, ou de autoridades a particulares, ou de inferiores a superiores hierárquicos **6** cartório ('repartição')

o.fi.ci.o.so \ô\ [pl.: *oficiosos* \ó\] *adj.* **1** que não tem caráter oficial, mas vem de alguma autoridade **2** atencioso; prestativo ⮌ preguiçoso

o.fi.di.á.rio *s.m.* serpentário

o.fí.dio *s.m.* **1** cobra ■ *adj.* **2** semelhante à cobra ~ ofídico *adj.*

of.se.te *adj.2g.s.m.* (impressão litográfica) em que a imagem é gravada por sistema fotomecânico numa chapa de metal, transferida para um cilindro revestido de borracha e, deste, para a folha de papel

of.tál.mi.co *adj.* relativo ao(s) olho(s) ⟨*medicamento o.*⟩

of.tal.mo.lo.gi.a *s.f.* ramo da medicina que estuda e trata das doenças e deficiências dos olhos ~ **oftalmológico** *adj.*

of.tal.mo.lo.gis.ta *adj.2g.s.2g.* especialista em oftalmologia; oculista

o.fus.car *v.* {mod. 1} *t.d.* **1** impedir que seja visto; ocultar, encobrir ⮌ mostrar **2** turvar a vista de **3** tornar menos visível, claro, perceptível; empanar ⟨*sua beleza ofuscava a das outras*⟩ ❑ *t.d. e pron. fig.* **4** tornar(-se) turvo, obscuro; toldar(-se) ⟨*a ganância ofuscou-lhe a razão*⟩ ⟨*com a chuva, o céu ofuscou-se*⟩ ❑ *pron.* **5** perder brilho, valor, prestígio

o.gi.va *s.f.* **1** figura característica do estilo gótico, formada pelo cruzamento de duas curvas que se encontram e formam um ângulo mais ou menos agudo na parte superior **2** *p.ext.* parte afilada de um projétil cilíndrico ~ **ogival** *adj.2g.*

o.gro \ô\ [fem.: *ogra*] *s.m.* gigante lendário, de aspecto assustador, que come carne humana

oh *interj.* expressa surpresa, alegria, dor, decepção, repreensão

ohm *s.m.* unidade de medida de resistência elétrica no Sistema Internacional [símb.: Ω]

oi *interj. B* us. como saudação ou resposta a um chamado

oi.tão ou **ou.tão** *s.m.* cada uma das paredes laterais de um edifício

oi.ta.va *s.f.* **1** uma das oito partes iguais em que se pode dividir uma unidade **2** MÚS intervalo que abrange oito notas de uma escala de tons e semitons **3** MÚS sinal que indica que o trecho melódico deve ser executado uma oitava acima ou abaixo

oi.ta.va de fi.nal [pl.: *oitavas de final*] *s.f.* DESP em torneios, rodada em que 16 times disputam entre si, em oito jogos, a classificação para a fase seguinte, as quartas de final ☞ mais us. no pl.

oi.ta.va.do *adj.* **1** GEOM com oito faces (diz-se de polígono) **2** MÚS à distância de uma oitava

oi.ta.vo *n.ord.* *(adj.s.m.)* **1** (o) que ocupa, numa sequência, a posição número oito ■ *n.frac.* *(adj.s.m.)* **2** (o) que é oito vezes menor que a unidade

oi.ti *s.m.* árvore nativa do Brasil, de folhas alongadas, flores brancas e fruto com polpa farinácea comestível

oi.ti.ci.ca *s.f.* árvore cujas sementes são ricas em óleo, próprio para tintas e vernizes

oi.ti.va *s.f.* informação que se transmite por ouvir dizer ⊡ **de o.** *loc.adv.* por ter ouvido ⟨*conhece-o de o.*⟩

oi.to *n.card.* **1** sete mais um **2** diz-se desse número ⟨*cartões de número o.*⟩ **3** diz-se do oitavo elemento de uma série ⟨*dia o.*⟩ **4** que equivale a essa quantidade (diz-se de medida ou do que é contável) ⟨*retirou o. palavras do texto*⟩ ■ *s.m.* **5** representação gráfica desse número ⟨*no exame de vista, não pôde ler o o.*⟩ ☞ em algarismos arábicos, *8*; em algarismos romanos, *VIII*

o.je.ri.za *s.f.* aversão, antipatia ⮌ atração ~ **ojerizar** *v.t.d.*

–ola *suf.* 'diminuição': *bandeirola, criançola, marola*

o.la [esp.; pl.: *olas*] *s.f.* nos estádios, coreografia em que os torcedores sentam e levantam, movimentando os braços para cima, imitando ondas do mar ⇨ pronuncia-se **ôla**

o.lá *interj.* us. como saudação ou para chamar alguém

o.la.ri.a *s.f.* **1** fábrica de peças de cerâmica, tijolos, telhas etc. **2** técnica de fabricar objetos de argila ⟨*curso de o.*⟩

o.lé *s.m.* **1** em futebol, série de dribles ou passes que humilha o adversário **2** *fig.* qualquer jogada ou ato que humilhe ou desconcerte alguém ⟨*levou um tremendo o. do primo*⟩ ■ *interj.* **3** expressa satisfação e entusiasmo por essa série de jogadas

o.le.a.do *adj.* **1** que se untou ou cobriu de óleo ■ *s.m.* **2** encerado ('lona')

o.le.a.gi.no.so \ô\ [pl.: *oleaginosos* \ó\] *adj.* que contém óleo

o.le.ar *v.* {mod. 5} *t.d.* **1** passar óleo em; untar **2** embeber em óleo

o.le.i.cul.tu.ra *s.f.* **1** produção, tratamento e conservação do azeite **2** cultivo de oliveiras ~ **oleicultor** *adj.s.m.*

o.lei.ro *s.m.* quem trabalha em olaria

o.len.te *adj.2g.* cheiroso; odorante ⮌ fedorento

ó.leo *s.m.* **1** substância líquida gordurosa de origem mineral, animal ou vegetal **2** petróleo

o.leo.du.to *s.m.* tubo para conduzir petróleo e seus derivados líquidos

o.le.o.si.da.de *s.f.* qualidade do que é oleoso, do que é coberto ou cheio de óleo; untuosidade

o.le.o.so \ô\ [pl.: *oleosos* \ó\] *adj.* **1** relativo a óleo **2** coberto ou cheio de óleo ⟨*superfície o.*⟩ ⟨*fruto o.*⟩ ⟨*pele o.*⟩

ol.fa.ti.vo *adj.* próprio do olfato

ol.fa.to *s.m.* **1** sentido por meio do qual se distinguem os cheiros **2** faro

o.lha.de.la *s.f.* ato de olhar rapidamente e só uma vez; espiada

o.lhar *v.* {mod. 1} *t.d.,t.i.,int. e pron.* **1** (prep. *para*) dirigir os olhos a ou fixá-los em (algo, alguém, si mesmo ou mutuamente); fitar(-se) ❑ *int.* **2** aplicar o sentido da visão ❑ *t.d. e t.i.* **3** (prep. *para*) realizar a análise, a avaliação de; examinar ❑ *t.d.* **4** buscar informação em; consultar ⟨*teve de o. o dicionário*⟩ **5** fazer leitura superficial de; folhear **6** prestar atenção a; reparar ⟨*olhe bem os riscos de seus atos*⟩ **7** tomar conta de; cuidar ⟨*o. o irmão caçula*⟩ ■ *s.m.* **8** ação ou maneira de olhar ⟨*ignorou os o.*⟩ ⟨*tem um o. triste*⟩ **9** *p.ext.* forma de interpretar ⟨*tem um o. conservador sobre a questão*⟩ ~ olhada *s.f.*

o.lhei.ra *s.f.* semicírculo escuro debaixo dos olhos ☞ mais us. no pl.

o.lhei.ro *s.m.* quem é pago para observar determinada atividade e fornecer informações

o.lho \ô\ [pl.: *olhos* \ó\] *s.m.* **1** órgão da visão; nos vertebrados, par esférico, situado na órbita craniana **2** o conjunto das estruturas ao redor da órbita: sobrancelhas, cílios, pálpebras **3** *fig.* percepção ou apreciação intelectual ou estética ⟨*tem um bom o. para roupas*⟩ **4** *fig.* atenção, vigilância ⟨*não tirou os o. do filho*⟩ **5** pequeno orifício **6** broto das plantas **7** entretítulo ou pequeno trecho destacado de matéria jornalística ⊡ **o. grande** *loc.subst. infrm.* desejo forte de possuir alguma coisa de outrem; inveja • **o. mágico** *loc.subst.* dispositivo circular, com uma lente, que se embute nas portas para se ver de dentro para fora, sem ser visto • **o. por o., dente por dente** *fraseol.* vingança correspondente ao dano sofrido • **a o. nu** *loc.adv.* sem auxílio de instrumentos ópticos • **a o. vistos** *loc.adv.* de forma evidente ⟨*crescia a o. vistos*⟩ • **custar os o. da cara** *fraseol.* ser excessivamente caro • **não pregar os o.** *fraseol.* passar a noite em claro • **pôr no o. da rua** *fraseol.* demitir • **saltar aos o.** *loc.vs.* ser fácil de perceber ou compreender • **ter o o. maior que a barriga** *fraseol.infrm.* ser guloso • **ver com bons o.** *fraseol.* estar favorável a

o.lho-d'á.gua [pl.: *olhos-d'água*] *s.m.* nascente de água no solo

o.lho de boi [pl.: *olhos de boi*] *s.m.* claraboia ☞ cf. *olho-de-boi*

o.lho-de-boi [pl.: *olhos-de-boi*] *s.m. B* semente de uma trepadeira lenhosa de mesmo nome, us. como amuleto contra inveja e mau-olhado ☞ cf. *olho de boi*

o.lho de ga.to [pl.: *olhos de gato*] *s.m. B infrm.* cada um dos dispositivos, instalados ao longo de estradas de rodagem, que refletem a luz de faróis de automóveis; catadióptrico

o.lho de so.gra [pl.: *olhos de sogra*] *s.m. B* doce feito com ameixa seca semiaberta recheada com doce de ovos e coco

o.li.gar.qui.a *s.f.* **1** regime político em que o poder é exercido por um pequeno grupo de pessoas de um mesmo partido, classe ou família **2** *p.ext.* predomínio de um pequeno grupo no poder, esp. para governar em interesse próprio ~ **oligarca** *s.2g.* - **oligárquico** *adj.* - **oligarquizar** *v.t.d.*

o.li.go.ce.no *s.m.* **1** terceira época do período terciário, entre o Eoceno e o Mioceno, em que surgem os primeiros macacos antropoides ☞ inicial maiúsc. ■ *adj.* **2** dessa época

o.li.go.fre.ni.a *s.f.* PSIQ deficiência do desenvolvimento mental, congênita ou adquirida, que compromete sobretudo o comportamento intelectual ~ **oligofrênico** *adj.s.m.*

o.li.go.pó.lio *s.m.* ECON situação de mercado em que um pequeno grupo de empresas controla a oferta

o.lim.pí.a.da *s.f.* **1** na Grécia antiga, período de quatro anos entre duas competições esportivas ▼ *olimpíadas s.f.pl.* **2** competição esportiva internacional, realizada de quatro em quatro anos, cada vez em um país diferente

o.lím.pi.co *adj.* **1** do Olimpo **2** referente às olimpíadas ⟨*jogos o.*⟩ ⟨*atleta o.*⟩ **3** *fig.* de aspecto grandioso, sublime

o.lim.po *s.m.* **1** na Grécia antiga, morada dos deuses ou o conjunto dos deuses ☞ inicial maiúsc. **2** *fig.* lugar onde reina a felicidade; paraíso

o.li.va *s.f.* **1** oliveira **2** fruto da oliveira; azeitona ■ *s.m.* **3** a cor verde da oliva ('fruto'); azeitona, verde-oliva ■ *adj.2g.2n.* **4** que tem essa cor; azeitona ⟨*uniformes oliva*⟩ **5** diz-se dessa cor; azeitona ⟨*a cor o.*⟩

o.li.vei.ra *s.f.* árvore de folhas verde-acinzentadas, flores brancas em cachos e cujos frutos, as azeitonas, são comestíveis; oliva ⊙ COL oliveiral

o.li.vei.ral *s.m.* grande plantação de oliveiras

o.li.vi.cul.tu.ra *s.f.* cultivo de oliveiras ~ **olivicultor** *adj.s.m.*

o.lor \ô\ *s.m.* aroma; fragrância ~ **oloroso** *adj.*

ol.vi.dar *v.* {mod. 1} *t.d. e pron.* (prep. *de*) perder a memória, a lembrança de; esquecer(-se) ⮌ lembrar(-se) ~ **olvidável** *adj.2g.*

ol.vi.do *s.m.frm.* esquecimento ⮌ recordação ☞ cf. *ouvido*

o.ma.so *s.m.* terceira divisão do estômago dos ruminantes; folhoso

om.bre.ar *v.* {mod. 5} *t.d.* **1** pôr ou levar no ombro ❑ *t.i. e pron.* **2** (prep. *com*) estar em condições de igualdade com; equiparar(-se) ⮌ distinguir(-se) ❑ *t.i.,int. e pron.* **3** (prep. *com*) entrar ou estar em competição com; rivalizar(-se) ⟨*ombreiam(-se) na prática de esportes*⟩ ⟨*o. com o irmão em beleza*⟩

om.brei.ra *s.f.* **1** enchimento que estrutura os ombros em paletós, casacos etc. **2** peça vertical nos lados do vão de portas e janelas, que dá sustentação às vergas; alizar, umbral

om.bro *s.m.* região em que a parte superior do braço se articula com o tronco ⊡ **o. a o.** *loc.subst.* um junto ao outro; lado a lado • **dar de ombros** *loc.vs.* não se importar ou fazer pouco de algo

om.buds.man [sueco] *s.2g.* profissional, em instituição pública ou privada, encarregado de receber e investigar reclamações de cidadãos, estudantes, consumidores etc. ⇨ pronuncia-se ombids**man**

OMC *s.f.* sigla de Organização Mundial do Comércio

ô.me.ga *s.m.* vigésima quarta e última letra do alfabeto grego (ω, Ω)

o.me.le.te *s.2g.* fritada de ovos batidos, com temperos ou freq. outros ingredientes

o.me.le.tei.ra *s.f.* frigideira própria para fazer omeletes

o.mi.no.so \ô\ [pl.: *ominosos* \ó\] *adj.* **1** que anuncia ou traz desventura, infelicidade; agourento ⮌ venturoso **2** que inspira ódio; detestável ⮌ adorável ~ **ominosidade** *s.f.*

o.mis.são [pl.: *-ões*] *s.f.* **1** ato de não mencionar (algo ou alguém) **2** o que não foi mencionado; falta, lacuna **3** falta de cuidado; negligência ⮌ empenho

o.mis.si.vo *adj.* que envolve ou resulta de omissão

o.mis.so *adj.* **1** que não se manifesta, que deixa de mencionar ou fazer algo ⟨*político o.*⟩ ⟨*texto o.*⟩ **2** que se esquece ou não faz o que deve; negligente ⟨*funcionário o.*⟩ ⮌ atento, cuidadoso ⊙ GRAM/USO part. de *omitir*

o.mi.tir *v.* {mod. 24} *pron.* **1** deixar de agir ou de manifestar-se quando necessário ou esperado ❑ *t.d. e t.d.i.* **2** (prep. *a*) deixar de mencionar, dizer ou escrever; esconder ⮌ apresentar ❑ *t.d.* **3** deixar em esquecimento; preterir ⮌ lembrar-se **4** deixar de lado; passar, pular **5** tratar com descuido; negligenciar ⟨*omitiu suas obrigações*⟩

o.mo.pla.ta *s.f.* ANAT denominação substituída por *escápula*

¹on.ça *s.f.* medida de peso inglesa, equivalente a 28,349 g [ORIGEM: do lat. *ūncia,ae* '1/12 da libra romana']

²on.ça *s.f.* **1** nome genérico dado a alguns felinos brasileiros de grande porte, esp. a onça-pintada **2** *fig. infrm.* indivíduo mal-humorado ou enfurecido ⟨*ele ficou uma o. com a notícia*⟩ [ORIGEM: do lat.vulg. *lyncea* 'felino de grande porte'] ⊙ VOZ v.: rugir; subst.: rugido

on.ça-pin.ta.da [pl.: *onças-pintadas*] *s.f.* grande felino ameaçado de extinção, de pelo amarelo nas partes superiores, branco nas inferiores, e com manchas negras; jaguar ⊙ VOZ v.: rugir; subst.: rugido

on.co.lo.gi.a *s.f.* ramo da medicina que se dedica ao estudo e tratamento de tumores ~ **oncológico** *adj.*

on.co.lo.gis.ta *adj.2g.s.2g.* especialista em oncologia; cancerologista

on.da *s.f.* **1** cada uma das elevações formadas nos mares, rios, lagos etc. pelos movimentos da água deslocada pelo vento, marés etc.; vaga **2** grande quantidade de líquido que aflui, se espalha ou derrama ⟨*o. de suor*⟩ **3** *p.ext.* grande afluência (de pessoas, animais etc. em movimento) ⟨*deixavam o estádio em grandes o.*⟩ **4** *fig.* movimento intenso; ímpeto ⟨*o. progressista*⟩ **5** FÍS perturbação periódica que se propaga num meio material ou no espaço **6** *p.ext.* curva; ondulação ⟨*uma o. de cabelo sobre a testa*⟩ ⟨*as o. da cortina*⟩ **7** *B infrm.* moda, mania **8** *infrm.* agitação **9** *B infrm.* algo formidável, um grande prazer **10** *B infrm.* artifício para enganar ou impressionar ⟨*seu conhecimento é pura o.*⟩ ⊡ **ondas de rádio** *loc.subst.* onda eletromagnética us. em radiotransmissão • **o. eletromagnética** *loc.subst.* onda originada pela variação de um campo magnético e que se propaga no vácuo com a velocidade da luz • **o. hertziana** *loc.subst.* onda de rádio • **ir na o.** *fraseol. B infrm.* **1** fazer o que alguém faz ou manda; seguir **2** aproveitar a oportunidade ⟨*ele saiu e eu fui na o.*⟩ • **tirar (uma) o.** *fraseol. B infrm.* agir, comportar-se de maneira pretensiosa ou brincalhona ⟨*vive tirando o. comigo*⟩ • **tirar (uma) o. de** *fraseol. B infrm.* tomar ares de ⟨*adora tirar o. de intelectual*⟩

on.de *adv.* **1** em que lugar ⟨*o. está o livro?*⟩ ⟨*não sabe o. fica a rua*⟩ ■ *pron.rel.* **2** em que ⟨*a casa o. mora*⟩

on.de.ar *v.* {mod. 5} *int. e pron.* **1** mover-se (água, mar), formando ondas ❑ *int.* **2** propagar-se, espalhar-se em ondas **3** mover-se sinuosamente; serpear ❑ *t.d.* **4** tornar rugoso, enrugado; frisar ⟨*o. a testa*⟩ ❑ *t.d. e pron.* **5** (fazer) ficar com anéis, ondas (o cabelo); frisar

on.du.la.do *adj.* **1** que tem ondas; ondeado ⟨*cabelo o.*⟩ ⮌ liso **2** disposto em ondas ou em curvas; sinuoso ⟨*estrada o.*⟩ **3** cuja superfície não é plana ⟨*piso o.*⟩

on.du.lar *v.* {mod. 1} *t.d.,int. e pron.* ondear ~ **ondulação** *s.f.*

o.ne.rar *v.* {mod. 1} *t.d. e pron.* **1** impor(-se) ônus, obrigação ou gastos (mais) pesados **2** (fazer) contrair dívidas; endividar(-se) ❑ *t.d.* **3** causar opressão, dano ou prejuízo a; oprimir **4** sobrecarregar com impostos, taxas

o.ne.ro.so \ô\ [pl.: *onerosos* \ó\] *adj.* **1** sujeito a ônus ou encargos ⟨*contrato o.*⟩ **2** que impõe grandes despesas; dispendioso ⟨*uma doença o.*⟩ ⟨*plano de saúde o.*⟩ ⮌ barato **3** *fig.* que sufoca, oprime, molesta ⟨*relacionamento o.*⟩

ONG *s.f.* sigla de Organização Não Governamental

–onho *suf.* 'propriedade, abundância': *medonho, tristonho*

ô.ni.bus *s.m.2n.* veículo us. para o transporte coletivo de passageiros com rota predeterminada ⊙ COL frota ⊡ **ô. espacial** *loc.subst. B* nave espacial recuperável, tripulada

o.ni.co.fa.gi.a *s.f.* hábito de roer as unhas

o.ni.po.tên.cia *s.f.* **1** qualidade do que é onipotente, absoluto, todo-poderoso ⟨*o. divina*⟩ **2** autoridade ou soberania extrema ⟨*a o. de um patrão*⟩

o.ni.po.ten.te *adj.2g.* **1** que pode tudo, que é todo-poderoso **2** REL Deus, o Todo-Poderoso ☞ inicial maiúsc.

o.ni.pre.sen.te *adj.2g.* presente em toda parte; ubíquo ~ **onipresença** *s.f.*

o.ní.ri.co *adj.* relativo a sonho

o.nis.ci.en.te *adj.2g.* que sabe tudo sobre todas as coisas ~ **onisciência** *s.f.*

o.ní.vo.ro *adj.s.m.* **1** (o) que come de tudo **2** (o) que se alimenta de matéria vegetal e animal

ô.nix \cs\ *s.m.2n.* variedade de ágata com faixas retas e paralelas, de cores alternadas

on-line [ing.] *adj.2g.2n.* INF **1** conectado a um computador e pronto para uso (sistema, equipamento etc.) **2** disponível para acesso imediato (dado, arquivo) ■ *adv.* **3** em conexão com (sistemas de processamento e/ou transmissão de dados) ⟨*permaneceu o. até receber a resposta*⟩ ⇨ pronuncia-se on lain

o.no.más.ti.ca *s.f.* **1** lista de nomes próprios **2** *p.ext.* livro que contém essa lista **3** estudo linguístico dos nomes próprios

o.no.más.ti.co *adj.* **1** referente aos nomes próprios ou ao seu estudo ⟨*análise o. de uma obra*⟩ **2** que contém nomes próprios (diz-se de índice)

o.no.ma.to.pai.co ou **o.no.ma.to.pei.co** \éi\ *adj.* relativo a, caracterizado por ou oriundo de onomatopeia

o.no.ma.to.pei.a \éi\ *s.f.* **1** vocábulo que procura imitar um som natural ou ruído, p.ex.: *miau*, *tique-taque* **2** o processo de formação desse vocábulo

o.no.ma.to.pei.co \éi\ *adj.* → *ONOMATOPAICO*

on.tem *s.m.* **1** o dia imediatamente anterior àquele em que se está **2** passado mais ou menos recente ⟨*gente de o.*⟩ ■ *adv.* **3** nesse dia ⟨*aconteceu o.*⟩ **4** bem recentemente ⊡ **de o. para hoje** *loc.adv.fig.* de maneira rápida ou inesperada ⟨*decidiu viajar de o. para hoje*⟩

on.to.lo.gi.a *s.f.* parte da filosofia que estuda as propriedades mais gerais do ser, independentemente de suas determinações particulares ~ **ontológico** *adj.*

ô.nus *s.m.2n.* **1** o que sobrecarrega; peso **2** *fig.* dever, obrigação **3** *p.ext.* imposto ou encargo pesado

o.pa \ô\ *interj.* **1** exprime surpresa, admiração **2** *infrm.* us. como forma de saudação

o.pa.ci.da.de *s.f.* ausência de transparência

o.pa.co *adj.* **1** que a luz não atravessa ⟨*vidro o.*⟩ **2** sem claridade; sombrio, escuro ⟨*noite o.*⟩

o.pa.la *s.f.* **1** pedra preciosa leitosa e azulada, que apresenta variedade de cores quando exposta à luz **2** tecido de algodão muito fino, quase transparente

o.pa.les.cen.te *adj.2g.* opalino

o.pa.li.na *s.f.* vidro leitoso, ger. translúcido, us. em objetos decorativos

o.pa.li.no *adj.* leitoso como a opala; opalescente ~ **opalinidade** *s.f.*

op.ção [pl.: *-ões*] *s.f.* **1** o poder ou direito de escolher **2** *p.ext.* o que se escolheu; alternativa

op.cio.nal *adj.2g.* sujeito a opção; facultativo ⮌ obrigatório

OPEP *s.f.* sigla de Organização dos Países Exportadores de Petróleo

ó.pe.ra *s.f.* **1** obra dramática musicada composta de recitativos, árias, coro e, por vezes, balé, acompanhada de orquestra **2** teatro em que se representam óperas ou peças dramáticas musicadas ⟨*a Ó. de Paris*⟩

o.pe.ra.ção [pl.: *-ões*] *s.f.* **1** conjunto dos meios para se produzir um efeito ou obter um resultado ⟨*as o. do cérebro*⟩ ⟨*o. de trânsito*⟩ **2** intervenção cirúrgica ⟨*o. de hérnia*⟩ **3** manobra militar **4** cálculo matemático **5** transação comercial

o.pe.ra.ção-pa.drão [pl.: *operações-padrões* e *operações-padrão*] *s.f.* ação executada por determinada categoria de trabalhadores, que consiste em diminuir o ritmo ou a jornada de trabalho como alerta aos patrões para uma possível greve

o.pe.ra.cio.nal *adj.2g.* **1** us. para produzir resultados ⟨*métodos o.*⟩ **2** pronto para utilização ou para funcionamento ⟨*a fábrica já está em estágio o.*⟩ **3** MIL apto a efetuar manobras militares

o.pe.ra.dor \ô\ *adj.s.m.* **1** (o) que opera ■ *s.m.* **2** o encarregado de fazer funcionar qualquer aparelho, sistema, técnica etc. ⟨*o. de xerox, de betoneira*⟩ ⟨*o. de laboratório*⟩ **3** cirurgião **4** quem faz operações comerciais ou financeiras ⟨*o. de câmbio*⟩

o.pe.ran.te *adj.2g.* **1** que opera, trabalha **2** que produz efeito ⮌ ineficaz

o.pe.rar *v.* {mod. 1} *int.* **1** exercer ação, função, atividade ou ofício; agir, trabalhar ❑ *t.d. e int.* **2** levar a (reação, efeito); produzir ⟨*a fé opera milagres*⟩ ⟨*o remédio operou, e o menino curou-se*⟩ **3** (fazer) funcionar, entrar em função ou atividade ❑ *t.d.,int. e pron.* **4** submeter(-se) a ou fazer cirurgia ❑ *pron.* **5** realizar-se, acontecer, ocorrer

o.pe.rá.ria *s.f.* cada um dos membros da casta operária da colônia de cupins, abelhas e formigas, estéreis, responsáveis pela maioria das atividades da colônia

o.pe.ra.ri.a.do *s.m.* a classe operária

[1]o.pe.rá.rio *s.m.* trabalhador em fábricas e indústrias, esp. o que exerce ocupação manual ou mecânica [ORIGEM: do lat. *operarĭus,ĭi* 'trabalhador']

[2]o.pe.rá.rio *adj.* **1** dos operários ⟨*classe o.*⟩ **2** relativo às operárias ⟨*abelhas o.*⟩ [ORIGEM: do lat. *operarĭus,a,um* 'de trabalho, relativo aos trabalhadores']

o.pe.ra.tó.rio *adj.* **1** próprio de operação, esp. intervenção cirúrgica **2** operante

o.pe.re.ta \ê\ *s.f.* **1** gênero teatral musicado de caráter leve e cômico **2** pequena peça ou ópera desse gênero

o.pe.ro.so \ô\ [pl.: *operosos* \ó\] *adj.* **1** que produz ⟨*funcionário o.*⟩ ⮌ improdutivo **2** de difícil execução; trabalhoso ⟨*negócio o.*⟩ ⮌ tranquilo ~ **operosidade** *s.f.*

o.pi.á.ceo *adj.* relativo ao ópio

o.pi.la.ção [pl.: *-ões*] *s.f.* **1** obstrução, entupimento **2** bloqueio de uma abertura ou de um ducto natural ⟨*o. do fígado*⟩

o.pi.lar *v.* {mod. 1} *t.d.* **1** causar opilação a; entupir, obstruir ❑ *pron.* **2** sofrer de opilação

o.pi.mo *adj.* rico; fértil ⮌ estéril

o.pi.nar *v.* {mod. 1} *int.* **1** expor pensamento, parecer, opinião ❑ *t.d.* **2** ter certa opinião sobre; considerar, julgar ~ **opinante** *adj.2g.s.2g.*

o.pi.na.ti.vo *adj.* **1** baseado numa opinião ⟨*consulta de caráter o.*⟩ **2** incerto, discutível ⮌ incontestável

o.pi.ni.ão [pl.: *-ões*] *s.f.* **1** modo de pensar, de julgar; pensamento ⟨*ter uma o. formada sobre o caso*⟩ **2** avaliação, julgamento ⟨*pediremos sua o.*⟩

o.pi.ni.á.ti.co *adj.* opinioso
ó.pio *s.m.* 1 substância extraída da papoula, de ação analgésica, narcótica e hipnótica, us. na produção de morfina, heroína etc. 2 *fig.* o que provoca adormecimento, embrutecimento moral ⟨*televisão é o ó. do povo*⟩
o.pí.pa.ro *adj.* pomposo, suntuoso ↄ modesto
o.po.nen.te *adj.2g.s.2g.* 1 (o) que age em sentido oposto; opositor 2 (o) que é contra alguém ou algo ↄ parceiro
o.por *v.* {mod. 23} *t.d.i.* 1 (prep. *a*) colocar diante de, contra ⟨*o. tanques à infantaria*⟩ 2 (prep. *a*) colocar como antagonistas, adversários ⟨*o. meninos a meninas*⟩ 3 (prep. *a*) apresentar (argumento, alegação etc.) em sentido contrário a; objetar ⟨*o. parecer a um projeto*⟩ ❑ *t.d.i. e pron.* 4 (prep. *a*) apresentar (ação, atitude etc.) para impedir ou combater (algo) ⟨*o. resistência ao ataque*⟩ ⟨*o.-se à violência*⟩ ❑ *t.d. e t.d.i.* 5 (prep. *a*) pôr em contraste, comparação com; confrontar ⟨*o. dois depoimentos*⟩ ⟨*o. o orgulho à humildade*⟩ ❑ *pron.* 6 (prep. *a*) ser contrário a; obstar ⟨*o.-se a preconceitos*⟩ ↄ apoiar 7 (prep. *a*) mostrar resistência a ⟨*o.-se a uma ordem*⟩ ↄ aceitar ⊙ GRAM/USO part.: *oposto*
o.por.tu.ni.da.de *s.f.* 1 ocasião favorável à realização de algo ⟨*esperei muito por essa o.*⟩ 2 momento, ocasião ⟨*em outra o., faremos o convite*⟩
o.por.tu.nis.ta *adj.2g.s.2g.* 1 que(m) aproveita as oportunidades 2 que(m) se aproveita dos outros ou tira vantagens pessoais de uma circunstância ■ *adj.2g.* BIO 3 que só é capaz de infectar quando há baixa resistência do hospedeiro (diz-se de microrganismo) 4 BIO diz-se de doença causada por esse microrganismo
o.por.tu.no *adj.* que se realiza a tempo, no momento adequado; conveniente ⟨*palavras o.*⟩ ↄ inoportuno
o.po.si.ção [pl.: *-ões*] *s.f.* 1 caráter, estado ou condição do que se opõe, do que é oposto 2 contraste ('diferença') 3 conjunto dos partidos contrários ao governo ~ **opositivo** *adj.*
o.po.si.cio.nis.mo *s.m.* 1 oposição sistemática 2 facção política contrária ao governo ☞ cf. *situacionismo*
o.po.si.cio.nis.ta *adj.2g.* 1 próprio do oposicionismo ■ *adj.2g.s.2g.* 2 que(m) sempre se opõe a qualquer coisa 3 partidário do oposicionismo ☞ cf. *situacionista*
o.po.si.tor \ô\ *adj.s.m.* adversário; concorrente ↄ aliado
o.pos.to \ô\ [pl.: *opostos* \ó\] *adj.s.m.* (o) que é contrário, inverso
o.pres.são [pl.: *-ões*] *s.f.* 1 condição do que se encontra oprimido 2 aperto, compressão 3 sujeição imposta pela força ou autoridade; tirania, jugo ⟨*a o. imposta pelos regimes ditatoriais*⟩ ↄ liberdade 4 constrangimento ou pressão moral; coação 5 humilhação, vexame 6 abatimento, prostração ↄ vigor 7 *fig.* abafamento, sufocamento
o.pres.si.vo *adj.* 1 que causa opressão ou serve para oprimir; oprimente, opressor ⟨*encargos o.*⟩ 1.1 autoritário, prepotente, tirânico ⟨*governo o.*⟩ ↄ benevolente, liberal 2 *fig.* que provoca sensação de abafamento; abafadiço, sufocante ⟨*calor o.*⟩
o.pres.sor \ô\ *adj.s.m.* (aquele) que oprime, que sujeita à opressão ⟨*vício o.*⟩ ⟨*um o. na chefia da fábrica*⟩
o.pri.mi.do *adj.* 1 que sofreu ou sofre opressão 2 apertado, comprimido 3 dominado com violência; tiranizado 4 atormentado, torturado 5 deprimido, triste ■ *s.m.* 6 vítima de opressão
o.pri.mir *v.* {mod. 24} *t.d.* 1 sobrecarregar com grande peso 2 exercer pressão em; apertar, comprimir ↄ afrouxar 3 *fig.* causar aflição, tormento a; mortificar ↄ tranquilizar 4 *fig.* causar tristeza, melancolia em; abater ↄ animar 5 sujeitar a ônus, tributos, taxas etc.; onerar 6 dominar com brutalidade, autoritarismo; tiranizar ↄ libertar ~ **oprimente** *adj.2g.*
o.pró.brio *s.m.* 1 extrema humilhação 2 desonra pública 3 afronta, desprezo
op.tar *v.* {mod. 1} *t.i. e int.* (prep. *por*) decidir-se por (um ou mais elementos entre outros); escolher, preferir
op.ta.ti.vo *adj.* 1 que envolve opção ↄ obrigatório 2 que expressa vontade
óp.ti.ca ou **ó.ti.ca** *s.f.* 1 parte da física que estuda as propriedades da luz e da visão 2 local onde se vendem óculos, lunetas etc. 3 modo de ver pessoal; ponto de vista ⟨*sob esta ó., terei que concordar com você*⟩
óp.ti.co *adj.* 1 relativo à óptica 2 relativo ou pertencente à visão ou aos olhos; ocular ⟨*nervo ó.*⟩ 3 que favorece a visão ■ *s.m.* 4 especialista em óptica 5 fabricante de instrumentos ópticos ☞ cf. *ótico*
op.to.me.tri.a *s.f.* MED parte da oftalmologia que cuida dos problemas relacionados ao poder de resolução e amplitude da visão ~ **optometrista** *s.2g.*
o.pug.nar *v.* {mod. 1} *t.d.* 1 investir para conquistar; tomar 2 *p.ext.* lutar contra (teoria, ideia etc.); combater 3 *p.ext.* contestar com argumentos; refutar
o.pu.lên.cia *s.f.* 1 luxo; pompa ↄ pobreza 2 *fig.* abundância, fartura ↄ escassez 3 grandeza, esplendor 4 *fig.* volume, corpulência ⟨*a o. e a sensualidade femininas*⟩
o.pu.len.to *adj.* 1 luxuoso, suntuoso ↄ simples 2 rico, abastado ↄ pobre 3 abundante, farto ↄ escasso 4 corpulento, robusto ↄ franzino
o.pus [lat.] *s.m.* índice cronológico das publicações de um compositor [abrev.: *op.*] ⇨ pronuncia-se **ópus**
o.pús.cu.lo *s.m.* pequeno livro sobre arte, literatura, ciência etc.; brochura
-or, **-dor** ou **-tor** *suf.* 1 'agente': *agricultor, assessor, divisor, jogador, operador, tradutor* 2 'qualidade': *amargor*
o.ra *adv.* 1 agora, neste momento ■ *conj.adt.* 2 entretanto, além disso ■ *conj.altv.* 3 umas vezes... outras vezes ⟨*ora chora, ora ri*⟩ ■ *interj.* 4 exprime impaciência, desconfiança ☞ cf. *hora* ▣ **o. bolas** *loc.interj.* exprime desapontamento • **de o. em diante** *loc.adv.* daqui para a frente • **por o.** *loc.adv.* por enquanto

o.ra.ção [pl.: *-ões*] *s.f.* 1 reza, prece 2 GRAM frase que contém um verbo
o.ra.cio.nal *adj.2g.* GRAM que diz respeito ou equivale à oração
o.ra.cu.lar *adj.2g.* relativo a, próprio de oráculo
o.rá.cu.lo *s.m.* 1 na Antiguidade, divindade que responde a consultas dos crentes 2 essa resposta 3 sacerdote que intermediava as consultas 4 opinião incontestável 5 pessoa de grande autoridade pelo saber
o.ra.dor \ô\ *adj.s.m.* 1 que(m) faz discursos 2 que(m) fala muito bem ou costuma falar em público
o.ral *adj.2g.* 1 relativo à boca; bucal ⟨*higiene o.*⟩ 2 expresso de viva voz ⟨*teste o.*⟩ 3 que se transmite verbalmente ⟨*tradições o.*⟩~ **oralidade** *s.f.*
o.ran.go.tan.go *s.m.* grande primata antropoide de braços compridos e pelagem avermelhada longa e rala
o.rar *v.* {mod. 1} *t.d.,t.d.i.,t.i. e int.* 1 (prep. *a,por*) dizer em voz baixa (oração, súplicas) [a forças divinas]; rezar ❑ *int.* 2 falar em público; discursar
o.ra.tó.ria *s.f.* conjunto de regras da arte de discursar
[1]**o.ra.tó.rio** *s.m.* 1 pequeno armário em que ficam imagens e santos 2 local destinado às orações 3 MÚS composição ou poema vocal-instrumental de caráter dramático que utiliza, predominantemente, textos da Bíblia [ORIGEM: do lat. *oratorĭum,ĭi* 'oratório, capelinha']
[2]**o.ra.tó.rio** *adj.* relativo a oratória ou a orador [ORIGEM: do lat. *oratorĭus,a,um* 'relativo ao orador; oratório, de orador']
or.be *s.f.* 1 globo 2 corpo celeste 3 campo de órbita de um corpo celeste
or.bi.cu.lar *adj.2g.* 1 esférico, globular 2 em forma de círculo
ór.bi.ta *s.f.* 1 trajetória de um astro em torno de outro 2 *fig.* campo de ação; esfera 3 ANAT cavidade óssea facial em que se situa o olho ⊡ **ó. terrestre** *loc.subst.* trajetória da Terra ao redor do Sol~ **orbital** *adj.2g.*
or.bi.tá.rio *adj.* relativo ou próprio da órbita, esp. da ocular
or.ca *s.f.* grande baleia de dorso negro e peito branco
or.ça.men.tal *adj.2g.* orçamentário
or.ça.men.tá.rio *adj.* 1 referente a orçamento; orçamental 2 que fixa ou aprova o orçamento da União; orçamental
or.ça.men.to *s.m.* 1 cálculo aproximado do custo de algo (obra, serviço etc.); estimativa 2 cálculo da receita e da despesa
or.çar *v.* {mod. 1} *t.d.* 1 calcular ou estimar o preço, o valor de ❑ *t.i.* 2 (prep. *a*) atingir ou ter aproximadamente (valor ou número)
or.dei.ro *adj.* disciplinado, bem-comportado ⊃ desordeiro
or.dem *s.f.* 1 disposição metódica das coisas; organização 2 boa arrumação ⟨*manter o quarto em o.*⟩ ⊃ desordem 3 disciplina ⟨*policiais foram chamados para manter a o.*⟩ ⊃ indisciplina 4 classe, categoria ou natureza de fatos relacionados a um domínio específico ⟨*problemas de o. física*⟩ 5 série, sequência ⟨*responder seguindo a o. estabelecida*⟩ 6 determinação de uma autoridade ⟨*obedecer as o. do chefe*⟩ 7 documento que autoriza a execução de uma ação ⟨*o. de pagamento*⟩ 8 REL sacramento da Igreja católica que autoriza o exercício de funções eclesiásticas 9 sociedade religiosa ⟨*o. das Carmelitas*⟩ 10 órgão congregador de profissionais liberais ⟨*o. dos médicos*⟩ 11 MAT lugar ocupado pelo algarismo em um número ⟨*o. das dezenas*⟩ 12 BIO na classificação dos seres vivos, categoria que agrupa famílias relacionadas segundo a história da evolução e distinguíveis das outras por diferenças marcantes ⊡ **o. do dia** *loc.subst.* conjunto de tarefas a serem cumpridas no dia • **estar às o.** *loc.vs.* estar à disposição (de)
or.de.na.ção [pl.: *-ões*] *s.f.* 1 distribuição metódica, organizada ⟨*o. dos livros*⟩ ⊃ desarrumação 2 determinação, prescrição 3 REL cerimônia religiosa na qual se concede o direito de exercer funções eclesiásticas
or.de.na.do *s.m.* 1 salário ■ *adj.* 2 em ordem 3 que pertence a uma congregação religiosa
or.de.nan.ça *s.2g.* soldado que está à disposição de um oficial
or.de.nar *v.* {mod. 1} *t.d.* 1 colocar (pessoas ou coisas) em certa ordem; arrumar, organizar ❑ *t.d.e t.d.i.* 2 (prep. *a*) exigir como autoridade superior que se cumpra; mandar, determinar ❑ *t.d.,t.d.pred. e pron.* 3 dar ou receber o sacramento de ordem eclesiástica; sagrar
or.de.nhar *v.* {mod. 1} *t.d.* extrair leite espremendo as tetas de (certos animais); mungir~ **ordenhação** *s.f.*
or.di.nal *adj.2g.* 1 relativo a ordem ■ *adj.2g.s.m.* 2 MAT (numeral) que indica a ordem de um elemento em relação a um conjunto ☞ cf. *cardinal*
or.di.ná.rio *adj.* 1 de má qualidade 2 sem caráter ⊃ honesto ■ *adj.s.m.* 3 (o) que é costumeiro, habitual ⊃ extraordinário
or.do.vi.ci.a.no *s.m.* 1 segundo período geológico da era paleozoica, entre o Cambriano e o Siluriano, marcado pelo desenvolvimento gradativo da fauna, que chega até os crustáceos ☞ inicial maiúsc. ■ *adj.* 2 desse período
o.ré.ga.no *s.m.* erva aromática us. como condimento; orégão
o.ré.gão [pl.: *-ões*] *s.m.* orégano
o.re.lha \ê\ *s.f.* 1 ANAT órgão da audição, anteriormente denominado *ouvido* 2 ANAT cada uma das duas conchas auditivas, cartilaginosas, situadas nas laterais da cabeça 3 cada uma das extremidades da sobrecapa de um livro virada para dentro 4 a informação contida nessa parte da sobrecapa ⊡ **o. externa** *loc.subst.* ANAT aquela que é formada pela parte mais externa da orelha e o canal que conduz à membrana do tímpano ☞ denominação atual de *ouvido externo* • **o. interna** *loc.subst.* ANAT aquela que

contém a porção óssea da orelha ☞ denominação atual de *ouvido interno* • **o. média** *loc.subst.* ANAT aquela que contém a cavidade do tímpano, separada da orelha externa apenas pela membrana do tímpano ☞ denominação atual de *ouvido médio* • **de o. em pé** *loc.adv.* de sobreaviso • **puxar a o.** *loc.vs.* ralhar

o.re.lhão [pl.: *-ões*] *s.m. infrm.* cabine de telefone público em forma de concha

o.re.lhu.do *adj.* **1** com orelhas grandes **2** *pej.* burro, estúpido ↄ esperto

o.re.xi.a \cs\ *s.f.* **1** desejo de comer; apetite **2** MED desejo irresistível de comer continuamente ↄ anorexia

or.fa.na.to *s.m.* asilo para crianças órfãs

or.fan.da.de *s.f.* **1** condição de quem é órfão **2** o conjunto dos órfãos **3** *fig.* desamparo

ór.fão [pl.: *-ãos*; fem.: *órfã*] *adj.s.m.* **1** que(m) perdeu o pai ou a mãe ou ambos ■ *adj.* **2** desprotegido; abandonado ⊙ COL orfandade

or.fe.ão [pl.: *-ões*] *s.m.* MÚS **1** coro sem acompanhamento instrumental **2** coro escolar ~ **orfeônico** *adj.*

or.gan.di *s.f.* tecido leve, transparente e engomado ⟨*flores de o.*⟩

or.ga.ne.la *s.f.* partícula limitada por membrana, presente em praticamente todas as células com núcleo tb. limitado por membrana

or.gâ.ni.co *adj.* **1** relativo a órgão **2** que possui uma estrutura organizada **3** próprio ou derivado dos organismos vivos ⟨*materiais o.*⟩ **4** cultivado sem adição de produtos químicos, fertilizantes ou pesticidas ⟨*alface o.*⟩ ⟨*lavoura o.*⟩ **5** estrutural ⟨*problemas o. de uma empresa*⟩ **6** QUÍM relativo a compostos químicos que contêm cadeias ou anéis de carbono ligados a hidrogênio, oxigênio e nitrogênio ⟨*química o.*⟩ ☞ cf. *inorgânico*

or.ga.nis.mo *s.m.* **1** forma individual de vida, como um animal, uma planta, um fungo, uma bactéria **2** conjunto de órgãos de um ser vivo ⟨*o. humano*⟩ **3** qualquer ser ou estrutura organizada **4** instituição de caráter político, social etc.; organização ⟨*o. internacional de amparo à criança*⟩

or.ga.nis.ta *adj.2g.s.2g.* que(m) que toca órgão

or.ga.ni.za.ção [pl.: *-ões*] *s.f.* **1** conformação, estrutura das partes que constituem um ser vivo **2** associação, entidade de cunho social, político, administrativo etc. **3** arrumação ↄ desorganização ~ **organizacional** *adj.2g.*

or.ga.ni.za.dor \ô\ *adj.s.m.* (o) que organiza, planeja

or.ga.ni.zar *v.* {mod. 1} *t.d.* **1** dar certa ordem ou forma regular a (série de itens, um todo); arrumar, ordenar **2** planejar e prover do necessário para a realização **3** juntar elementos, indivíduos para compor (grupo, todo); formar ❑ *t.d. e pron.* **4** (fazer) adquirir certa estrutura, forma; estruturar(-se) ❑ *pron.* **5** administrar de modo produtivo as atividades, o tempo

or.ga.no.gra.ma *s.m.* gráfico que representa operações interdependentes

or.gan.za *s.f.* tecido fino, transparente e encorpado

ór.gão [pl.: *-ãos*] *s.m.* **1** ANAT parte do corpo ou de um organismo que desempenha uma ou mais funções específicas **2** instrumento musical com teclados, sopro e foles, us. esp. em igrejas **3** organização; entidade ⟨*ó. do governo*⟩

or.gas.mo *s.m.* clímax do prazer sexual ~ **orgástico** *adj.*

or.gi.a *s.f.* **1** festa que se caracteriza pela euforia, pelos excessos de bebida, desregramentos etc. **2** *fig.* abundância; profusão ⟨*preparamos uma o. de doces*⟩

or.gu.lhar *v.* {mod. 1} *t.d. e pron.* (prep. *de*) [fazer] sentir orgulho; envaidecer(-se), ufanar(-se)

or.gu.lho *s.m.* **1** sentimento de grande satisfação por algo ⟨*ter o. do que conquistou*⟩ **2** *pej.* excesso de amor-próprio; arrogância, soberba

or.gu.lho.so \ô\ [pl.: *orgulhosos* \ó\] *adj.* **1** que tem ou causa orgulho **2** cheio de vaidade **3** arrogante ↄ humilde ■ *s.m.* **4** pessoa arrogante

o.ri.en.ta.ção [pl.: *-ões*] *s.f.* **1** direção; localização ⟨*ter senso de o.*⟩ **2** posição, posicionamento de algo em relação a outros objetos ⟨*o. da janela em direção ao nascer do Sol*⟩ **3** regra, instrução ⟨*sigam as o. do manual*⟩ **4** modelo, guia ⟨*ter os clássicos como o.*⟩ **5** *fig.* tendência, propensão ⟨*livros de o. socialista*⟩

o.ri.en.ta.dor \ô\ *adj.s.m.* (aquele) que orienta, direciona; diretor, condutor ⟨*um professor o.*⟩ ⟨*o o. de um projeto*⟩

o.ri.en.tal *adj.2g.* **1** relativo ao ou situado no Oriente ↄ ocidental ■ *adj.2g.s.2g.* **2** que(m) é natural ou habitante do Oriente ↄ ocidental

o.ri.en.ta.li.zar *v.* {mod. 1} *t.d. e pron.* dar ou tomar aspecto ou característica própria dos povos, culturas, línguas orientais ~ **orientalização** *s.f.*

o.ri.en.tar *v.* {mod. 1} *t.d. e pron.* **1** dispor, ajustar ou posicionar-se com referência aos pontos cardeais ⟨*o. a bússola*⟩ ⟨*olhou para o sol para o.-se*⟩ **2** *p.ext.* (fazer) voltar-se em ou tomar certa direção; posicionar(-se) ⟨*o. o motorista no sentido certo*⟩ ⟨*o.-se de frente para o templo*⟩ **3** *fig.* (fazer) tomar certa direção moral, intelectual etc.; guiar(-se), nortear(-se) ⟨*o. a opinião pública*⟩ ⟨*o.-se pelas leis cristãs*⟩ ↄ desorientar(-se)

o.ri.en.te *s.m.* **1** direção em que nasce o Sol ↄ poente **2** região situada no hemisfério leste **2.1** o continente asiático ☞ inicial maiúsc.

o.ri.fí.cio *s.m.* pequeno buraco, passagem ou abertura

o.ri.ga.mi [jap.; pl.: *origamis*] *s.m.* arte tradicional japonesa de dobrar papéis em forma de animais, objetos, flores etc. ⇨ pronuncia-se **origami**

o.ri.gem *s.f.* **1** ponto de partida; começo ⟨*vamos atacar a o. da crise*⟩ **2** procedência; ascendência ⟨*ser de o. portuguesa*⟩ **3** causa; razão ⟨*o ciúme foi a o. do problema*⟩

o.ri.gi.nal *adj.2g.* **1** originário; primitivo ⟨*o projeto o. não saiu do papel*⟩ **2** que nunca ocorreu; novo ⟨*um disco só com canções o.*⟩ **3** autêntico; de fábrica ⟨*peças o.*⟩ ■ *adj.2g.s.2g.* **4** (o) que é único ⟨*paguei caro pelos o.*⟩ ⟨*a tela o. está no museu*⟩ **5** (o) que é excepcional, fora dos

padrões ⟨*o que havia de o. na festa era a decoração*⟩ ⟨*roupas o.*⟩
o.ri.gi.na.li.da.de *s.f.* qualidade do que é original, inusitado ou criativo
o.ri.gi.nar *v.* {mod. 1} *t.d.* **1** dar origem a; iniciar ⟨*este touro originou o rebanho*⟩ ⮌ extinguir **2** ser a causa de; provocar ⟨*a sujeira origina doenças*⟩ ❑ *pron.* **3** ter origem em, ser consequência de; proceder, derivar ~ **originário** *adj.*
-ório *suf.* **1** 'relação': *compulsório, preparatório* **2** 'lugar': *consultório, dormitório*
o.ri.un.do *adj.* originário, procedente; natural
o.ri.xá *s.m.* cada uma das divindades de origem africana cultuadas no candomblé, na umbanda etc.
o.ri.zi.cul.tu.ra *s.f.* rizicultura
or.la *s.f.* **1** beirada ⟨*a o. do tecido*⟩ **2** beira, margem ⟨*situava-se na o. da lagoa*⟩ **3** arremate em objetos; debrum **4** faixa de terra estreita e longa
or.lar *v.* {mod. 1} *t.d.* **1** situar-se junto a ou acompanhar a orla de; cercar, margear **2** dotar de orla; cercar, debruar
or.na.men.tal *adj.2g.* **1** relativo a ornamento ou ornato **2** cuja característica é tornar (algo) mais atraente, decorativo etc. ⟨*plantas o.*⟩
or.na.men.tar *v.* {mod. 1} *t.d. e pron.* **1** colocar(-se) ornato, enfeite; adornar(-se), decorar(-se) ❑ *t.d. fig.* **2** tornar atraente, interessante, rico; abrilhantar ~ **ornamentação** *s.f.*
or.na.men.to *s.m.* enfeite, adorno
or.nar *v.* {mod. 1} *t.d. e pron.* ornamentar
or.na.to *s.m.* enfeite
or.ni.to.lo.gi.a *s.f.* ramo da zoologia que estuda as aves ~ **ornitológico** *adj.* - **ornitologista** *adj.2g.s.2g.* - **ornitólogo** *s.m.*
or.ni.tor.rin.co *s.m.* mamífero aquático dotado de cauda como a do castor, bico como o dos patos e esporões venenosos nas patas traseiras
o.ró.fi.ta *s.f.* vegetal que habita as montanhas; orófito
o.ró.fi.to *s.m.* orófita
or.ques.tra *s.f.* **1** conjunto de músicos e de seus instrumentos **2** conjunto dos músicos que executam peça para concertos **3** o local, no teatro, onde esses músicos ficam ⊡ **o. sinfônica** *loc.subst.* grande orquestra composta de instrumentos de sopro, cordas e percussão ~ **orquestral** *adj.2g.*
or.ques.tra.ção [pl.: *-ões*] *s.f.* **1** adaptação de uma melodia ou composição para orquestra **2** *fig.* articulação; planejamento **3** *fig.* ajuste de partes que parecem inconciliáveis; conciliação
or.ques.trar *v.* {mod. 1} *t.d.* **1** compor ou adaptar (peça musical) para uma orquestra **2** *fig.* planejar a realização de (crime, trama, negócio etc.); tramar, organizar
or.qui.dá.rio *s.m.* estufa ('local') para orquídeas
or.quí.dea *s.f.* **1** nome comum dado ao espécime das orquidáceas, família de plantas cultivadas esp. pelas suas belas flores **2** essa delicada e exótica flor de três pétalas e de colorido variado
-orra *suf.* 'aumento': *cabeçorra*
-orro *suf.* 'aumento': *cabeçorro*
ór.te.se *s.f.* MED qualquer aparelho externo us. para imobilizar ou auxiliar os movimentos dos braços e pernas ou da coluna vertebral ☞ cf. *prótese* ~ **ortótico** *adj.*
ORTN *s.f.* sigla de Obrigação Reajustável do Tesouro Nacional
or.to.don.ti.a *s.f.* parte da odontologia que se dedica à prevenção e correção das imperfeições no alinhamento dos dentes ~ **ortodôntico** *adj.*
or.to.don.tis.ta *adj.2g.s.2g.* especialista em ortodontia
or.to.do.xo \cs\ *adj.s.m.* **1** pertencente às igrejas católicas, esp. as gregas e russas, que não seguem a liturgia latina **2** que(m) segue os princípios tradicionais de uma doutrina ⮌ heterodoxo **3** que(m) não tolera o novo ou o diferente ~ **ortodoxia** *s.f.*
or.to.é.pia ou **or.to.e.pi.a** *s.f.* correta pronúncia de uma palavra
or.to.gra.far *v.* {mod. 1} *t.d. e int.* escrever de acordo com as regras ortográficas
or.to.gra.fi.a *s.f.* **1** a escrita correta das palavras **2** representação escrita de uma palavra ~ **ortográfico** *adj.*
or.to.mo.le.cu.lar *adj.2g.* que procura restaurar os níveis ideais de substâncias, como as vitaminas e os minerais, presentes no organismo (diz-se de ramo da medicina)
or.to.pe.di.a *s.f.* ramo da medicina que se dedica ao tratamento do sistema locomotor e da coluna vertebral ~ **ortopédico** *adj.*
or.to.pe.dis.ta *adj.2g.s.2g.* especialista em ortopedia
or.to.ta.ná.sia *s.f.* **1** morte natural, normal **2** boa morte, supostamente sem sofrimento ⮌ distanásia
or.va.lhar *v.* {mod. 1} *t.d.,int. e pron.* **1** molhar(-se) com orvalho ❑ *int.* **2** cair orvalho; rociar ☞ nesta acp., é impessoal, exceto quando fig. ❑ *t.d.p.ext.* **3** espalhar (líquido) em gotículas; borrifar
or.va.lho *s.m.* **1** umidade atmosférica condensada que se deposita, em forma de gotinhas, sobre superfícies frias, pela manhã e à noite; relento **2** *p.ext.* chuva fina
Os símbolo de *ósmio*
os.ci.la.ção [pl.: *-ões*] *s.f.* **1** ação ou efeito de oscilar; balanço ⟨*a o. de um barco no mar*⟩ **2** alternância, mudança intermitente ⟨*a o. da pressão arterial*⟩ **3** inconstância, instabilidade ⟨*o. de humor*⟩ ⮌ constância **4** hesitação, vacilação ⟨*demonstrava o. em suas decisões*⟩ ⮌ firmeza
os.ci.lar *v.* {mod. 1} *t.d.,int. e pron.* **1** mover(-se) alternadamente, de um para outro lado; balançar(-se) ❑ *int.* **2** mudar de estado; variar ⮌ conservar-se **3** sofrer abalo; tremer ❑ *t.i.* **4** (prep. *entre*) estar indeciso entre (duas ou mais opções); hesitar ⮌ optar
os.ci.los.có.pio *s.m.* FÍS aparelho que permite avaliar e detectar oscilações

ós.cu.lo *s.m.* beijo ~ **osculação** *s.f.* - **osculador** *adj.s.m.* - **oscular** *v.t.d. e pron.* - **osculatório** *adj.*
–ose *suf.* 'patologia': *dermatose, tuberculose*
ós.mio *s.m.* elemento químico us. na fabricação de penas de caneta, vitrolas, catalisadores etc. [símb.: *Os*] ☞ cf. *tabela periódica* (no fim do dicionário)
os.mo.se *s.f.* BIO processo de difusão de um líquido ou gás através de uma membrana ▣ **por o.** *loc.adv. infrm.* por assimilação, num processo inconsciente 〈*aprender por o.*〉 ~ **osmótico** *adj.*
–oso ou **–uoso** *suf.* 'posse, abundância': *monstruoso, orgulhoso, virtuoso*
os.sa.da *s.f.* **1** conjunto de ossos **2** esqueleto ou resto dele encontrado numa cova **3** conjunto dos ossos de um cadáver humano ou animal 〈*as o. do gado revelavam a gravidade da seca*〉 **4** *fig.* arcabouço, estrutura 〈*a o. do prédio*〉
os.sa.tu.ra *s.f.* **1** esqueleto **2** *fig.* constituição, estrutura
ós.seo *adj.* relativo a, da natureza do ou constituído por osso
os.si.fi.car *v.* {mod. 1} *t.d.,int. e pron.* **1** transformar(-se) em osso **2** *fig.* tornar(-se) muito magro; definhar ⮌ engordar **3** *fig.* tornar-se duro, insensível; endurecer ⮌ sensibilizar(-se) ~ **ossificação** *s.f.*
os.so \ô\ [pl.: *ossos* \ó\] *s.m.* cada uma das partes que formam o esqueleto dos vertebrados ⊙ COL ossada ▣ **o. do quadril** *loc.subst.* ANAT osso que forma a cintura pélvica, anteriormente denominado *ilíaco* • **o. duro de roer** *loc.subst.* pessoa ou coisa difícil de suportar
os.su.á.rio *s.m.* local para depositar os ossos humanos extraídos da sepultura
os.su.do *adj.* **1** com muito osso **2** de ossos grandes e salientes **3** *fig.* muito magro
os.te.í.te *s.f.* MED qualquer inflamação em tecidos ósseos
os.ten.si.vo *adj.* **1** evidente ⮌ oculto **2** arrogante, prepotente ⮌ modesto **3** praticado de forma intencional 〈*indiferença o.*〉
os.ten.só.rio *s.m.* REL vaso sagrado onde é exposta a hóstia consagrada para adoração dos fiéis; custódia
os.ten.ta.ção [pl.: *-ões*] *s.f.* **1** alarde de si ou de alguma coisa sua, ger. por orgulho ou vaidade ⮌ modéstia **2** demonstração extravagante de riqueza ⮌ simplicidade
os.ten.tar *v.* {mod. 1} *t.d. e pron.* exibir(-se) com luxo, alarde ou orgulho
os.ten.to.so \ô\ [pl.: *ostentosos* \ó\] *adj.* **1** feito com ostentação **2** pomposo, magnífico ⮌ simples
os.te.o.mi.e.li.te *s.f.* MED inflamação dos ossos longos como o fêmur, a tíbia ou da medula óssea
os.te.o.pa.ta *s.2g.* **1** especialista no tratamento de estados patológicos através de manipulações raquidianas e articulares **2** que(m) sofre de uma doença óssea
os.te.o.pa.ti.a *s.f.* **1** doença óssea **2** prática terapêutica do osteopata ~ **osteopático** *adj.*
os.te.o.po.ro.se *s.f.* fragilidade óssea acarretada pela diminuição progressiva da densidade dos ossos
ós.tio *s.m.* ANAT pequeno orifício, esp. o de acesso a um órgão oco ▣ **ó. cárdico** *loc.subst.* ANAT orifício que liga o estômago ao esôfago
os.tra \ô\ *s.f.* molusco marinho comestível, sendo algumas de suas espécies cultivadas para a produção da pérola
os.tra.cis.mo *s.m.* **1** afastamento das funções políticas, voluntário ou não **2** exclusão; banimento
os.tro.go.do \ô\ *adj.* **1** relativo à ramificação oriental dos godos, antigo povo germânico ■ *adj.s.m.* **2** (indivíduo) desse povo ☞ cf. *visigodo*
[1]**–ota** *suf.* 'diminuição': *bolota, ilhota* [ORIGEM: fem. de *-ote*]
[2]**–ota** *suf.* 'origem': *cipriota* [ORIGEM: do suf.gr. *-ōtes* 'natural de']
OTAN *s.f.* sigla de Organização do Tratado do Atlântico Norte
o.tá.rio *adj.s.m. infrm.* (indivíduo) tolo, ingênuo ⮌ esperto
–ote *suf.* 'diminuição': *caixote, filhote, malote*
ó.ti.ca *s.f.* → ÓPTICA
ó.ti.co *adj.* relativo a orelha ('ouvido') ☞ cf. *óptico*
o.ti.mis.mo *s.m.* disposição para ver as coisas pelo lado bom e esperar sempre uma solução favorável, mesmo nas situações mais difíceis ⮌ pessimismo ~ **otimista** *adj.2g.s.2g.*
o.ti.mi.zar *v.* {mod. 1} *t.d.* tirar o melhor rendimento de (algo), criando as condições mais favoráveis possíveis ~ **otimização** *s.f.*
ó.ti.mo *adj.s.m.* **1** (o) que é o melhor possível; excelente 〈*é um livro ó.*〉 ■ *interj.* **2** exprime aprovação, agrado; muito bem, muito bom 〈*passou na prova? ótimo!*〉 ⊙ GRAM/USO sup.abs.sint. de *bom*
o.ti.te *s.f.* MED inflamação do ouvido ~ **otítico** *adj.*
OTN *s.f.* sigla de Obrigação do Tesouro Nacional
o.to.ma.no *adj.* **1** relativo ao império turco dominado por Osman (1259-1326) e seus sucessores **2** relativo a esse imperador ■ *adj.s.m.* **3** que(m) descende de Osman ou pertence a sua dinastia **4** (habitante) desse império
o.tor.ri.no *adj.2g.s.2g.* red. de *otorrinolaringologista*
o.tor.ri.no.la.rin.go.lo.gi.a *s.f.* especialidade médica que se dedica ao estudo e tratamento das doenças do ouvido, nariz e garganta
o.tor.ri.no.la.rin.go.lo.gis.ta *adj.2g.s.2g.* especialista em otorrinolaringologia
ou *conj.altv.* **1** indica alternativa ou exclusão 〈*pode-se preenchê-lo a lápis ou a caneta*〉 **2** indica dúvida 〈*não sei se viajo hoje ou amanhã*〉 ■ *conj.explc.* **3** tb. dito, tb. denominado 〈*este prato faz-se com aipim ou macaxeira*〉
ou.ri.çar *v.* {mod. 1} *t.d. e pron.* **1** dar ou adquirir semelhança com o ouriço; arrepiar(-se) **2** *infrm.* deixar ou ficar nervoso, enfurecido; irritar(-se) ⮌ acalmar(-se) **3** *B infrm.* (fazer) sofrer intensa agitação; movimentar(-se) ~ **ouriçado** *adj.*

ou.ri.ço *s.m.* nome comum a diversos pequenos mamíferos com espinhos curtos e lisos no dorso e pelos nas partes inferiores
ou.ri.ço-ca.chei.ro [pl.: *ouriços-cacheiros*] *s.m.* roedor de até 40 cm, de corpo coberto por longos e pontudos espinhos, membros curtos e dedos com grandes garras curvas
ou.ri.ço-do-mar [pl.: *ouriços-do-mar*] *s.m.* invertebrado de corpo redondo, coberto por espinhos usados para locomoção e defesa
ou.ri.ves *s.m.2n.* artesão ou vendedor de objetos de ouro, prata, platina etc.
ou.ri.ve.sa.ri.a *s.f.* 1 ofício ou produto de ourives 2 oficina ou loja de ourives
ou.ro *s.m.* 1 elemento químico us. em joalheria, próteses dentárias, refletores de luz infravermelha, vidros coloridos, medicamentos etc. [símb.: *Au*] ☞ cf. *tabela periódica* (no fim do dicionário) 2 a cor amarela desse metal 3 dinheiro; riqueza 4 *p.ext.* qualquer moeda ou objeto valioso ▼ *ouros* *s.m.pl.* 5 um dos quatro naipes do baralho, representado por um losango vermelho ⊡ **o. fino** *loc.subst.* ouro de 24 quilates
ou.ro.pel *s.m.* 1 liga metálica de cobre, de cor amarela, que imita ouro 2 *fig.* brilho falso, luxo aparente
ou.sa.di.a *s.f.* 1 qualidade ou característica de quem é ousado; arrojo, coragem ⟨*a ousadia de suas atitudes*⟩ ⮌ covardia 2 imprudência, temeridade ⟨*sua o. no trânsito era criminosa*⟩ ⮌ cautela, prudência 3 audácia, atrevimento ⟨*a o. do aluno com o professor*⟩
ou.sa.do *adj.s.m.* 1 (indivíduo) destemido, corajoso ⮌ medroso 2 (o) que não demonstra respeito pelos outros; atrevido, insolente ⮌ educado
ou.sar *v.* {mod. 1} *t.d. e t.i.* 1 (prep. *a*) fazer (algo) com coragem, audácia a; atrever-se, arriscar-se ❑ *t.d.* 2 tentar realizar (algo inusitado, difícil, diferente etc.); arriscar
ou.tão *s.m.* → OITÃO
out.door [ing.; pl.: *outdoors*] *s.m.* grande cartaz de propaganda exposto em vias públicas, ao ar livre ⇨ pronuncia-se autdór
ou.tei.ro *s.m.* pequeno monte; colina
ou.to.no *s.m.* 1 estação entre o verão e o inverno 2 *fig.* fase anterior à velhice; ocaso ~ **outonal** *adj.2g.*
ou.tor.ga *s.f.* ato de outorgar ou o seu efeito
ou.tor.gar *v.* {mod. 1} *t.d.i.* 1 (prep. *a*) dar como favor; conceder ⟨*o. anistia aos traidores*⟩ ⮌ retirar 2 (prep. *a*) conceder (poderes) a 3 (prep. *a*) dar por direito; permitir ⟨*o diploma outorga-lhe o poder de ensinar*⟩ 4 (prep. *a*) atribuir, imputar ⟨*o. à beleza seu sucesso*⟩ ❑ *t.d. e t.i.* 5 (prep. *com*) pôr-se de acordo em relação a; concordar ❑ *t.d.* DIR 6 declarar por escritura pública
out.put [ing.; pl.: *outputs*] *s.m.* 1 ECON o resultado da combinação de vários fatores de produção 2 ELETR corrente, voltagem, potência ou sinal produzido por circuito ou aparelho elétrico ou eletrônico 3 INF processo de transferência de dados internamente armazenados para um meio externo qualquer, p.ex.: papel, microfilme etc. ⇨ pronuncia-se autput
ou.trem *pron.ind.* outro(s) indivíduo(s) ⟨*não eram suas ideias, eram de o.*⟩
ou.tro *pron.ind.* 1 algo ou alguém não especificado anteriormente e que se contrapõe a algo ou alguém definido ⟨*não este, mas sim o o.*⟩ ⟨*em o. tempos você não diria isso*⟩ 2 indica o segundo entre dois ⟨*um veio, o o. faltou*⟩ 3 mais um ⟨*quero o. pedaço de bolo*⟩
ou.tro.ra *adv.* em tempos remotos ⟨*um fato acontecido o.*⟩
ou.tros.sim *adv.* do mesmo modo, igualmente
ou.tu.bro *s.m.* o décimo mês do ano no calendário gregoriano, composto de 31 dias
ou.vi.do *s.m.* 1 sentido pelo qual se percebem os sons; audição ⟨*tem um o. apuradíssimo*⟩ 2 ANAT denominação substituída por *orelha* ('órgão da audição') ☞ cf. *olvido* 3 MÚS musicalidade ⊡ **o. externo** *loc.subst.* ANAT denominação substituída por *orelha externa* • **o. interno** *loc.subst.* ANAT denominação substituída por *orelha interna* • **o. médio** *loc.subst.* ANAT denominação substituída por *orelha média* • **dar ouvidos a** *loc.vs.* dar crédito a (o que se diz ou a quem o diz) ⟨*é tolice dar ouvidos a ele*⟩ • **de o.** *loc.adv.* 1 sem preparação ou estudo 2 MÚS sem utilização de cifras ou partitura ⟨*tocava piano de o.*⟩ • **fazer ouvidos de mercador** *fraseol.* fingir que não ouve • **ser todo ouvidos** *loc.vs.* prestar total atenção
ou.vi.dor \ô\ *adj.s.m.* 1 que(m) ouve; ouvinte ■ *s.m.* 2 no período colonial, magistrado que os donatários colocavam em suas capitanias 3 *p.ext.* antigo magistrado, com as funções do atual juiz de direito 4 funcionário de empresa pública ou privada que recebe e investiga reclamações de cidadãos, consumidores etc.
ou.vin.te *adj.2g.s.2g.* 1 que(m) ouve 2 (aluno) que assiste a um curso sem estar matriculado formalmente
ou.vir *v.* {mod. 28} *t.d.* 1 perceber pelo sentido da audição; escutar 2 dar atenção a; atender, considerar ⟨*ouviu os pedidos do povo*⟩ ⮌ desconsiderar 3 observar conselho, opinião de; obedecer, respeitar ⟨*costuma o. os pais*⟩ 4 tomar o depoimento de; inquirir ❑ *int.* 5 ter o sentido da audição; escutar
o.va *s.f.* conjunto dos ovos de um peixe, ger. ainda envolvidos pela membrana ovariana ☞ freq. us. no pl. ⊡ **uma o.** *loc.interj.* de jeito nenhum ⟨*sono, uma o.!*⟩
o.va.ção [pl.: *-ões*] *s.f.* aclamação pública, aplausos destinados a alguém ou a algo
o.va.cio.nar *v.* {mod. 1} *t.d.* fazer ovação a; aclamar, aplaudir
o.val *adj.2g.* 1 que tem a forma do ovo ■ *s.f.* 2 figura com essa forma 3 GEOM curva plana fechada, alongada e simétrica, p.ex., a elipse
o.var *v.* {mod. 1} *int.* 1 pôr ovos 2 criar ovas ou ovos
o.vá.rio *s.m.* 1 ANAT cada uma das glândulas do aparelho genital feminino, que libera os óvulos e secreta hormônios 2 BOT porção inferior e dilatada do pistilo, que contém um ou mais óvulos e dá origem ao fruto ~ **ovariano** *adj.*

o.ve.lha \ê\ *s.f.* **1** a fêmea do carneiro **2** *fig.* cada um dos membros de uma paróquia ou diocese em relação ao sacerdote local ▣ **o. negra** *loc.subst.* quem se destaca por suas más qualidades

over.dose [ing.; pl.: *overdoses*] *s.f.* **1** dose excessiva **2** dose tóxica ou mortal **3** *p.ext.* quantidade ou exposição excessiva a alguém ou a algo ⟨*o. de doce*⟩ ⟨*o. de trabalho*⟩ ⇨ pronuncia-se **ou**verdose

o.ver.lo.que *s.m.* peça de máquina de costura que chuleia e corta as pontas que sobram de um tecido ~ **overloquista** *adj.2g.s.2g.*

o.vi.no *adj.s.m.* (espécime) da família das ovelhas, carneiros ou cordeiros

o.vi.no.cul.tu.ra *s.f.* criação de ovinos, ger. para o uso do pelo na produção da lã, ou para obtenção de carne e gordura ~ **ovinocultor** *s.m.*

o.ví.pa.ro *adj.s.m.* (animal) que produz ovos que se desenvolvem e eclodem fora do organismo materno ~ **oviparidade** *s.f.* - **oviparismo** *s.m.*

o.vo \ô\ [pl.: *ovos* \ó\] *s.m.* **1** BIO em alguns animais, como aves, répteis e peixes, óvulo fecundado expelido do corpo da mãe juntamente com reservas alimentares e envoltórios protetores **2** BIO célula reprodutora feminina madura de animais e plantas **3** o óvulo das aves, esp. o das galinhas **4** *fig.* origem, princípio ▼ *ovos* *s.m.pl.* *infrm.* **5** os testículos ⊙ COL ova ▣ **o. de colombo** *loc.subst.* *fig.* solução brilhante e inédita • **o. de Páscoa** *loc.subst.* chocolate fundido em forma de ovo, ger. recheado, que se come na Páscoa • **pisar em ovos** *loc.vs.* ser cauteloso

o.voi.de \ói\ *adj.2g.* de forma semelhante à do ovo

o.vo.po.si.tor \ô\ *s.m.* ZOO genitália externa das fêmeas dos insetos, responsável pela deposição dos ovos ☞ tb. us. como adj.

o.vo.vi.ví.pa.ro *adj.s.m.* (animal) cujos ovos são incubados e eclodem dentro do organismo materno ~ **ovoviviparidade** *s.f.*

ó.vu.lo *s.m.* **1** pequeno ovo **2** ANAT célula feminina de reprodução **3** BOT célula sexual feminina das angiospermas e gimnospermas, envolvida por tecidos nutritivos e protetores

o.xi.dar \cs\ *v.* {mod. 1} *t.d. e pron.* **1** combinar(-se) com oxigênio **2** *p.ext.* cobrir(-se) de ferrugem; enferrujar(-se) ⊃ desenferrujar ❑ *t.d.* QUÍM **3** provocar perda de elétrons a (íon, molécula) ~ **oxidação** *s.f.* - **oxidante** *adj.2g.s.m.*

ó.xi.do \cs\ *s.m.* QUÍM composto binário de oxigênio com um outro elemento ou grupo

o.xi.ge.na.ção \cs\ [pl.: *-ões*] *s.f.* **1** ação ou efeito de oxigenar **2** capacidade de oxigenar-se, de receber oxigênio ⟨*a o. dos pulmões pelo ar puro das montanhas*⟩

o.xi.ge.na.do \cs\ *adj.* **1** combinado com oxigênio **2** descolorado com água oxigenada **3** suprido de ar puro **4** *p.ext.* revigorado, fortalecido

o.xi.ge.nar \cs\ *v.* {mod. 1} *t.d.* **1** combinar com oxigênio **2** aumentar a capacidade de receber oxigênio **3** *infrm.* descolorir (cabelo, pelos) pela aplicação de água oxigenada ❑ *t.d. e pron.* *infrm.* **4** suprir(-se) de ar bom, puro

o.xi.gê.nio \cs\ *s.m.* elemento químico mais abundante na crosta terrestre, indispensável à vida de animais e vegetais, us. como agente oxidante, como bactericida para purificação de águas e ar na forma de ozônio, como comburente etc. [símb.: *O*] ☞ cf. *tabela periódica* (no fim do dicionário)

o.xí.to.no \cs\ *adj.s.m.* GRAM (vocábulo) de duas ou mais sílabas cuja sílaba tônica é a última

o.xi.ú.ro \cs\ *s.m.* verme nematódeo, parasita do intestino do homem ~ **oxiuríase** *s.f.*

o.zô.nio *s.m.* QUÍM variedade alotrópica do oxigênio formada na alta atmosfera, que serve de filtro de radiações ultravioleta nocivas aos seres vivos

o.zo.ni.zar *v.* {mod. 1} *t.d.* **1** produzir ozônio em **2** combinar com ozônio ~ **ozonização** *s.f.*

Pp

P P p Pp Pp Pp Pp Pp

c. 200 A.C. | c. 100 A.C. | c. 800 | c.1500 | c.1800 | 1890 | 1927 | 2001

p *s.m.* **1** 16ª letra (consoante) do nosso alfabeto ■ *n.ord. (adj.2g.2n.)* **2** diz-se do 16º elemento de uma série ⟨*casa P*⟩ ⟨*item 1p*⟩ ☞ empr. posposto a um substantivo ou numeral ⊙ GRAM/uso na acp. s.m., pl.: *pp*

P símbolo de *fósforo* ('elemento químico')

Pa símbolo de *protactínio*

PA sigla do Estado do Pará

pá *s.f.* **1** utensílio que consiste numa lâmina larga na extremidade de um cabo comprido, us. para cavar o solo, recolher lixo etc. **2** objeto largo e chato constituinte de um mecanismo giratório ⟨*pá de uma turbina*⟩ **3** carne bovina extraída da perna da rês **4** *B gír.* grande quantidade ⟨*chegou uma pá de gente*⟩

pa.ca *s.f.* grande roedor noturno de rabo curto que vive perto de rios

pa.ca.tez \ê\ *s.f.* **1** qualidade do que ou de quem é pacato; tranquilidade ⊃ agitação **2** inércia, passividade ⊃ movimentação

pa.ca.to *adj.s.m.* (o) que é tranquilo, pacífico ⊃ agitado

pa.chor.ra \ô\ *s.f.* **1** falta de pressa; lentidão ⊃ rapidez **2** paciência excessiva

pa.chor.ren.to *adj.* executado com ou que tem pachorra ⊃ impaciente

pa.ci.ên.cia *s.f.* **1** capacidade para suportar dificuldades ⊃ impaciência **2** calma para aguentar algo que demora ⊃ impaciência **3** jogo de cartas individual que consiste em formar sequências em ordem numérica

pa.ci.en.te *adj.2g.* **1** que tem paciência ('capacidade para suportar', 'calma') ■ *s.2g.* **2** indivíduo doente **3** indivíduo sob tratamento médico ~ **pacientemente** *adv.*

pa.ci.fi.car *v.* {mod. 1} *t.d. e pron.* (fazer) ter ou voltar à paz; acalmar(-se), tranquilizar(-se) ~ **pacificação** *s.f.*

pa.cí.fi.co *adj.s.m.* **1** (o) que é amigo da paz ■ *adj.* **2** que se passa em atmosfera de paz ⟨*comício p.*⟩ **3** que se aceita sem discussão; incontestável ⊃ discutível ~ **pacificidade** *s.f.*

pa.ci.fis.mo *s.m.* doutrina que defende a obtenção da paz universal através do desarmamento e de negociações pacíficas dos conflitos

pa.ci.fis.ta *adj.2g.* **1** que revela pacifismo ■ *adj.2g. s.2g.* **2** partidário do pacifismo

pa.ço *s.m.* palácio de rei ou de bispo ☞ cf. *passo*

pa.co.ba *s.f.* → PACOVA

pa.ço.ca *s.f. B* **1** doce feito de amendoim torrado e moído com açúcar **2** prato feito de carne desfiada e socada com farinha de mandioca ou de milho

pa.co.te *s.m.* **1** pequeno embrulho **2** *fig. infrm.* série de medidas ou de leis com a finalidade de combater um problema **3** *fig.* conjunto de itens correlacionados

pa.co.va ou **pa.co.ba** *s.f.* **1** banana ('fruta') ■ *adj.2g. s.2g.* **2** *pej.* (pessoa) sem iniciativa; palerma

pa.có.vio *adj.s.m.* que(m) é ingênuo, simplório ⊃ ladino

pac.to *s.m.* acordo, contrato ⊡ **p. social** *loc.subst.* acordo entre Estado e sociedade para solucionar problemas nacionais

pac.tu.al *adj.2g.* referente a pacto

pac.tu.ar *v.* {mod. 1} *t.d. e t.d.i.* **1** (prep. *com*) decidir em pacto (com); combinar ❑ *t.i.* **2** (prep. *com*) fazer pacto, aliança, acordo **3** (prep. *com*) ser conivente ou tolerante com; compactuar

pac.tu.á.rio *adj.s.m.* que(m) pactua

pa.cu *s.m.*nome comum a diversos peixes de dentição desenvolvida, encontrados em rios da América do Sul

pa.da.ri.a *s.f.*estabelecimento comercial que fabrica e vende pães, biscoitos etc.; panificação

pa.de.cer *v.*{mod. 8} *t.d.,t.i. e int.***1** (prep. *de*) sofrer (mal, dor física ou moral) ❑ *t.d.***2** suportar, aguentar (fome, sede, necessidades etc.) **3** permitir, comportar ⟨*o parecer padece contestação*⟩ ~**padecedor** *adj.s.m.*- **padecimento** *s.m.*

pa.dei.ro *s.m.***1** quem produz e/ou vende pão **2** proprietário de padaria **3** entregador de pães

pa.di.o.la *s.f.***1** maca em que se transportam doentes ou feridos **2** tabuleiro com quatro varas para carregar terra, pedra etc.

pa.di.o.lei.ro *s.m.*carregador de padiola

pa.drão [pl.: *-ões*] *s.m.* **1** base para comparação ⟨*p. métrico*⟩ **2** modelo a ser imitado **3** grau de qualidade ⟨*escola de alto p.*⟩ **4** desenho decorativo em tecido ou noutro material; padronagem ⟨*azulejo com p. azul*⟩

pa.dras.to [fem.: *madrasta*] *s.m.*homem em relação aos filhos que sua mulher teve em casamento anterior

pa.dre [fem.: *madre*] *s.m.*sacerdote católico que reza missa

pa.dre-cu.ra [pl.: *padres-curas*] *s.m.*padre que cuida de uma paróquia

pa.dre-nos.so [pl.: *padre-nossos* e *padres-nossos*] *s.m.* REL pai-nosso

pa.dri.nho [fem.: *madrinha*] *s.m.***1** homem que atua como testemunha em batismo, crisma, casamento **2** quem patrocina, financia; patrono

pa.dro.ei.ro *adj.s.m.*que(m) defende, protege

pa.dro.na.gem *s.f.*padrão ('desenho decorativo')

pa.dro.ni.za.ção [pl.: *-ões*] *s.f.***1** ação de padronizar **2** conjunto de modelos ou normas aprovados para a elaboração de um produto ⟨*p. de rótulos de remédio*⟩

pa.dro.ni.zar *v.*{mod. 1} *t.d.*submeter a ou estabelecer um padrão; uniformizar ↄdiferenciar

pa.e.lha \ê\ *s.f.*prato de origem espanhola, à base de arroz, frutos do mar, carnes e vegetais temperados com açafrão

pa.e.tê *s.m.*bordado feito com lantejoulas

pa.ga *s.f.***1** pagamento **2** recompensa, compensação

pa.ga.do.ri.a *s.f.* local em que se efetuam pagamentos

pa.ga.men.to *s.m.***1** ação de pagar **2** salário ou retribuição por serviços prestados **3** restituição de quantia devida

pa.ga.nis.mo *s.m.***1** o conjunto dos não batizados; gentilidade **2** religião em que se cultuam muitos deuses; gentilidade

pa.ga.ni.zar *v.*{mod. 1} *t.d. e pron.***1** tornar(-se) pagão ❑ *int.***2** agir como pagão

pa.gão [pl.: *-ãos*; fem.: *pagã*] *adj.s.m.***1** que(m) não foi batizado **2** seguidor de religião que não adota o batismo

pa.gar *v.*{mod. 1} *t.d. e t.d.i.***1** (prep. *a*) dar dinheiro (ou qualquer paga) em troca de serviço prestado; remunerar ⟨*p. um funcionário*⟩ ⟨*pagou o serviço ao homem*⟩ **2** (prep. *para*) dar dinheiro em troca de algo comprado ou consumido por si ou por outrem ⟨*p. um almoço (para os colegas)*⟩ **3** (prep. *a*) tornar quite (dívida, encargo) ⟨*p. impostos*⟩ ⟨*pagou-lhe o empréstimo*⟩ **4** (prep. *com*) compensar de maneira equivalente; retribuir ⟨*p. uma visita*⟩ ⟨*p. com ódio uma traição*⟩ ❑ *t.d.i.***5** (prep. *com*) entregar (algo) para cobrir (despesa, débito, dívida) ❑ *t.d. e t.i.***6** (prep. *por*) sofrer castigo ou penalidade por; padecer ⟨*p. (por) vários pecados*⟩ ⊙ GRAM/USO part.: *pagado, pago*

pá.gi.na *s.f.***1** cada lado de uma folha de papel escrita ou impressa **2** o texto nele contido **3** INF conjunto de informações reunidas num documento multimídia que são exibidas simultaneamente no vídeo do computador

pa.gi.na.ção [pl.: *-ões*] *s.f.***1** ação de paginar ou o seu efeito **2** ordem numérica das páginas **3** composição gráfica da página de uma publicação; diagramação

pa.gi.na.dor \ô\ *adj.s.m.*encarregado de montar a página de uma publicação, de acordo com um projeto prévio

pa.gi.nar *v.*{mod. 1} *t.d.***1** numerar sequencialmente as páginas de **2** reunir e dispor graficamente as páginas de (livro, periódico etc.) **3** transformar em página (composição com títulos, gravuras etc.)

pa.go *adj.***1** que se pagou **2** assalariado, remunerado ⟨*empregado p.*⟩ **3** dado em pagamento ⟨*prestação p.*⟩ **4** vingado, desforrado ⟨*injúria p.*⟩ ⊙ GRAM/USO part. de *pagar*

pa.go.de *s.m.***1** templo ou monumento de certas regiões do Oriente **2** pândega **3** estilo de samba **4** reunião informal em que se toca esse estilo de música

pa.go.dei.ro *s.m.***1** quem compõe ou interpreta pagode ('estilo de samba') **2** quem frequenta pagode ('reunião')

pai [fem.: *mãe*] *s.m.* **1** homem que gerou outra pessoa; genitor **2** aquele que trata alguém com a dedicação de um genitor ⟨*o p. dos pobres*⟩ **3** REL Deus ☞ inicial maiúsc. **4** autor, criador ⟨*ele é o p. da ideia*⟩ ▼*pais* *s.m.pl.***5** o pai e a mãe **6** genealogia, linhagem

pai de san.to [pl.: *pais de santo*; fem.: *mãe de santo*] *s.m.* REL *B infrm.* chefe espiritual nos locais de culto de certas religiões afro-brasileiras, como umbanda, candomblé; babalorixá

pai de to.dos [pl.: *pais de todos*] *s.m. infrm.* o dedo médio da mão

pai dos bur.ros [pl.: *pais dos burros*] *s.m. infrm.* dicionário

pai.na \ãi\ *s.f.* BOT fibra sedosa, semelhante ao algodão, que cobre as sementes de várias plantas, como a paineira

pa.in.ço *s.m.* BOT **1** tipo de gramínea cultivada como forragem e para a produção de farinha e de bebidas alcoólicas **2** o grão dessa planta

pai.nei.ra *s.f.*árvore grande, de tronco espinhoso e sementes cobertas por paina

[1]**pai.nel** *s.m.* **1** trabalho artístico executado sobre quadro fino, ger. retangular, arrematado por uma

moldura **2** placa divisória, us. em salas de exposições, museus etc. **3** quadro com os controles de uma máquina [ORIGEM: do esp. *painel* 'id.']

²pai.nel *s.m.* **1** grupo de pessoas reunidas para debater um assunto **2** o debate realizado por esse grupo [ORIGEM: do ing. *panel* 'grupo de pessoas reunidas para um debate']

pai-nos.so [pl.: *pai-nossos* e *pais-nossos*] *s.m.* oração católica iniciada com essas palavras ⊡ **ensinar o p. ao vigário** *fraseol.* pretender ensinar algo a alguém mais experiente ou competente

pai.o *s.m.* tipo de linguiça feita de carne de porco curada e defumada

pai.ol *s.m.* **1** depósito de pólvora e outras munições **2** *B* armazém para produtos agrícolas

pai.rar *v.* {mod. 1} *int.* **1** sustentar-se no ar aparentando imobilidade ⟨*o beija-flor pairava no ar*⟩ ☞ *no ar* é circunstância que funciona como complemento **2** *fig.* estar ou ficar no alto **3** estar para acontecer; ameaçar ❑ *t.i.* **4** (prep. *entre*) estar indeciso; hesitar **5** (prep. *sobre*) pesar, recair ⟨*paira sobre ela a desconfiança*⟩

pa.ís *s.m.* **1** território de uma nação ('agrupamento') **2** conjunto de habitantes desse território **3** pátria, terra

pai.sa.gem *s.f.* **1** espaço geográfico que o olhar alcança num lance; panorama, vista **2** pintura, gravura, fotografia etc. cujo tema principal é uma paisagem

pai.sa.gis.mo *s.m.* **1** representação artística de paisagens **2** técnica de criação de parques e jardins de valor estético

pai.sa.gis.ta *adj.2g.s.2g.* que(m) se dedica ao paisagismo

pai.sa.gís.ti.ca *s.f.* arte do paisagista

pai.sa.gís.ti.co *adj.* próprio de paisagem ou do paisagismo

pai.sa.na *s.f.* ◗ só usado em: **à p.** *loc.adv.* em traje civil (falando-se de militar)

pai.sa.no *adj.s.m.* **1** que(m) não é militar **2** que(m) é compatriota

pai.xão [pl.: *-ões*] *s.f.* **1** grande sofrimento; martírio ⟨*p. de Cristo*⟩ ⊃ prazer **2** afeto ou entusiasmo muito intenso por algo ou alguém ⊃ indiferença **3** o objeto desse afeto ou entusiasmo

pai.xo.ni.te *s.f. B infrm.* forte paixão amorosa

pa.jé *s.m.* indivíduo responsável pelos rituais mágicos indígenas e a quem se atribuem poderes videntes e curadores

pa.je.ar *v.* {mod. 5} *t.d.* **1** *B* tomar conta de (criança); vigiar **2** *p.ext.* servir com zelo excessivo; adular, mimar

pa.je.lan.ça *s.f. B* ritual indígena de cura e magia feito por pajé

pa.jem *s.m.* na Idade Média, rapaz nobre que acompanhava um rei, um senhor etc. para aprender o serviço das armas

pa.la *s.f.* **1** aba que protege os olhos da luz em bonés, quepes etc.; viseira **2** anteparo para proteger os olhos do excesso de claridade **3** parte adornada, abaixo do decote ou da gola de uma blusa

pa.la.ce.te \ê\ *s.m.* **1** pequeno palácio **2** casa grande e luxuosa ⊙ GRAM/USO dim.irreg. de *palácio*

pa.la.ci.a.no *adj.* **1** próprio de palácio ou de quem nele vive ⟨*vida p.*⟩ ■ *s.m.* **2** quem vive ou trabalha na corte; cortesão

pa.lá.cio *s.m.* **1** moradia luxuosa de rei, governante etc. **2** *p.ext.* mansão suntuosa ⊃ casebre **3** edifício suntuoso em que funciona sede de governo ou de serviço público ⟨*P. da Justiça*⟩ ☞ nesta acp., inicial ger. maiúsc.

pa.la.dar *s.m.* **1** sentido por meio do qual se distinguem os sabores **2** ANAT palato

pa.la.di.no *s.m.* **1** cada um dos cavaleiros do séquito de Carlos Magno **2** *fig.* grande e bravo defensor

pa.lá.dio *s.m.* elemento químico metálico, us. em diferentes ligas e em trabalhos de joalheria, prótese dentária etc. [símb.: *Pd*] ☞ cf. *tabela periódica* (no fim do dicionário)

pa.la.fi.ta *s.f.* **1** conjunto de estacas que sustentam uma casa construída sobre a água ou um terreno alagadiço **2** casa construída sobre essas estacas

pa.lan.que *s.m.* tablado para participantes ou espectadores de evento ao ar livre

pa.la.tal *adj.2g.* palatino

pa.la.tá.vel *adj.2g.* **1** saboroso ⟨*comida p.*⟩ ⊃ insípido **2** *fig.* agradável ao espírito

pa.la.ti.no *adj.* relativo ao palato; palatal

pa.la.to *s.m.* ANAT parte superior da boca, que faz a divisão entre as cavidades oral e nasal; paladar

pa.la.vra *s.f.* **1** unidade da língua, constituída de um ou mais fonemas, que se transcreve graficamente entre dois espaços em branco **2** sua representação gráfica **3** manifestação escrita ou verbal ⟨*todos prestaram atenção à p. do orador*⟩ ☞ tb. us. no pl. **4** *fig.* compromisso verbal ⟨*todos acreditam na sua p.*⟩ **5** *fig.* permissão para falar ⟨*pedir a p.*⟩ **6** *p.ext.* doutrina religiosa ⟨*a p. dos apóstolos*⟩ ⊡ **p. de honra** *loc.subst.* declaração oral e solene de compromisso • **cortar a p.** *loc.vs.* interromper a fala de alguém • **dar a p.** *loc.vs.* **1** passar a palavra (a alguém) **2** comprometer-se • **medir as p.** *loc.vs.* falar com prudência • **última p.** *loc.subst.* **1** resolução definitiva **2** o que há de mais moderno

pa.la.vra.da *s.f.* **1** dito ou ato arrogante; bravata **2** palavrão

pa.la.vrão [pl.: *-ões*] *s.m.* palavra obscena, grosseira; palavrada

pa.la.vre.a.do *s.m.* **1** conversa sem nexo ou valor; palavrório **2** lábia, ardil; palavrório

pa.la.vre.ar *v.* {mod. 5} *int.* **1** falar demais e sem pensar ❑ *t.i.* **2** (prep. *a*) dirigir a palavra a; falar **3** (prep. *com*) trocar palavras, ideias com; conversar

pa.la.vró.rio *s.m.* palavreado

pa.la.vro.so \ô\ [pl.: *palavrosos* \ó\] *adj.* **1** com muitas palavras ⊃ resumido **2** que fala muito; falador ⊃ tartamudo

pal.co *s.m.* 1 tablado ou estrado em que se apresentam espetáculos teatrais ou musicais 2 *fig.* a arte teatral ⟨*ter grande talento para o p.*⟩
pa.le.o.ce.no *s.m.* 1 primeira e mais antiga época do período terciário, anterior ao Eoceno, marcada pelo desenvolvimento dos mamíferos primitivos ☞ inicial maiúsc. ■ *adj.* 2 dessa época
pa.le.o.gra.fi.a *s.f.* estudo de antigas formas de escrita ~ **paleográfico** *adj.* - **paleógrafo** *s.m.*
pa.le.o.lí.ti.co *s.m.* 1 período mais antigo da Pré-História, anterior ao Mesolítico, caracterizado pelo uso de armas e ferramentas feitas com pedras lascadas ☞ inicial maiúsc. ■ *adj.* 2 relativo a esse período
pa.le.o.lo.gi.a *s.f.* estudo de línguas antigas ~ **paleológico** *adj.*
pa.le.ó.lo.go *adj.s.m.* que(m) é especialista em paleologia
pa.le.on.to.lo.gi.a *s.f.* ciência que estuda formas de vida existentes em períodos geológicos passados, a partir dos seus fósseis ~ **paleontológico** *adj.* - **paleontólogo** *s.m.*
pa.le.on.to.lo.gis.ta *adj.2g.s.2g.* especialista em paleontologia
pa.le.o.zoi.co \ói\ *s.m.* 1 era geológica anterior ao Mesozoico, em que surgem os vermes, insetos, batráquios, répteis e peixes ☞ inicial maiúsc. ■ *adj.* 2 dessa era
pa.ler.ma *adj.2g.s.2g.* bobo, imbecil ⊃ esperto ~ **apalermar** *v.t.d. e pron.*
pa.ler.mi.ce *s.f.* atitude de palerma ⊃ esperteza
pa.les.ti.no *adj.* 1 da Palestina (Oriente Médio) ■ *s.m.* 2 natural ou habitante dessa região
pa.les.tra *s.f.* 1 conversa 2 exposição oral e formal sobre um tema
pa.les.tra.dor \ô\ *adj.s.m.* palestrante
pa.les.tran.te *adj.2g.s.2g.* que(m) dá palestra; palestrador
pa.les.trar *v.* {mod. 1} *t.i. e int.* 1 (prep. *com*) trocar palavras, ideias (com); conversar ❑ *int.* 2 proferir palestra
pa.le.ta \ê\ *s.f.* 1 lâmina oval e de madeira sobre a qual o pintor dispõe e mistura porções de tintas; palheta 2 escápula de animal ou das pessoas
pa.le.tó *s.m.* casaco com bolsos externos, cujo comprimento alcança os quadris
pa.lha *s.f.* 1 tira seca da haste de gramíneas, esp. de cereais 2 tira seca e maleável de junco, vime etc. ⊡ **p. de aço** *loc.subst.* emaranhado de fio de aço us. como esfregão • **não mexer uma p.** *fraseol.* 1 não fazer ou providenciar nada 2 não ajudar ninguém
pa.lha.ça.da *s.f.* 1 atitude de palhaço 2 *pej.* acontecimento ridículo 3 conjunto de palhaços
pa.lha.ço *s.m.* 1 comediante de circo, que usa maquiagem e trajes extravagantes 2 *p.ext. pej.* pessoa ridícula ⊙ COL palhaçada
pa.lhei.ro *s.m.* depósito de palha
[1]**pa.lhe.ta** \ê\ *s.f.* 1 paleta de pintura 2 pá de hélice, ventilador etc. 3 MÚS pequena peça próxima à embocadura de certos instrumentos de sopro que vibra com a passagem do ar 4 MÚS pequena lâmina us. para tocar certos instrumentos de corda, como bandolim, cavaquinho etc. [ORIGEM: alt. de *paleta*]
[2]**pa.lhe.ta** \ê\ *s.m.* chapéu masculino feito de palha [ORIGEM: de *palha* + *-eta*]
pa.lhi.nha *s.f.* tira bem fina de junco seco, us. em encostos e assentos de cadeiras
pa.lho.ça *s.f.* casa rústica coberta de palha
pa.li.ar *v.* {mod. 1} *t.d.* 1 revestir de falsa aparência; disfarçar 2 tornar menos intenso; amenizar ⊃ intensificar 3 aliviar por um tempo; remediar ~ **paliação** *s.f.*
pa.li.a.ti.vo *adj.s.m.* 1 (remédio ou tratamento) que abranda temporariamente uma doença 2 *p.ext.* (medida) que atenua ou adia a solução de um problema
pa.li.ça.da *s.f.* 1 cerca de estacas pontudas 2 barreira defensiva feita com estacas alinhadas
pa.li.dez \ê\ *s.f.* 1 descoramento da pele 2 *p.ext.* desbotamento de uma cor
pá.li.do *adj.* 1 diz-se da pele descorada, esp. do rosto ⊃ corado 2 de cor fraca ⟨*sala de tom p.*⟩ ⊃ forte 3 *fig.* sem entusiasmo; inexpressivo ⊃ expressivo
pa.limp.ses.to *s.m.* pergaminho cujo texto foi escrito em cima de outro que fora raspado
pa.lín.dro.mo *s.m.* frase ou palavra que, lida de trás para a frente, mantém o mesmo sentido ⊙ GRAM/USO tb. us. como adj.
pá.lio *s.m.* 1 manto antigo 2 espécie de dossel sustentado por varas, que cobre pessoa ou imagem venerada num cortejo 3 *fig.* grande luxo e suntuosidade
pa.li.tar *v.* {mod. 1} *t.d.* limpar com palito (os dentes)
pa.li.tei.ro *s.m.* recipiente para guardar palitos
pa.li.to *s.m.* 1 pequena haste pontuda, ger. de madeira, us. para limpar os dentes 2 haste pequena e fina 3 *fig.* pessoa muito magra
pal.ma *s.f.* 1 face interna da mão, entre o pulso e os dedos 2 batida das mãos, em sinal de elogio; aplauso ☞ mais us. no pl. 3 BOT palmeira 4 BOT folha de palmeira ⊡ **ter na p. da mão** *fraseol.* dominar ⟨*tinha o chefe na p. da mão*⟩
pal.ma.da *s.f.* tapa com a palma da mão
pal.ma.do *adj.* em forma de mão aberta ⟨*folha p.*⟩
pal.mar *s.m.* 1 palmeiral ■ *adj.2g.* 2 relativo a palma 3 do tamanho de um palmo
pal.ma.tó.ria *s.f.* instrumento de madeira constituído de uma peça circular afixada a um cabo, com que se batia na palma da mão de uma pessoa, para castigá-la
pal.me.ar *v.* {mod. 5} *t.d. e int.* 1 aplaudir com palmas ❑ *t.d.* 2 *B* percorrer a pé, aos poucos
pal.mei.ra *s.f.* nome comum às plantas de uma extensa família de árvores nativas de regiões tropicais, de tronco único, encimado por folhas em forma de penas; palma ⊙ COL palmeiral
pal.mei.ral *s.m.* grande concentração de palmeiras em determinada área; palmar
pal.men.se *adj.2g.* 1 de Palmas (TO) ■ *s.2g.* 2 natural ou habitante dessa capital

pal.mi.lha *s.f.* peça que reveste internamente a sola do sapato

pal.mi.lhar *v.* {mod. 1} *t.d.* **1** percorrer a pé, aos poucos, com atenção; palmear **2** andar calcando com os pés **3** pôr palmilha em ❑ *int.* **4** andar a pé; caminhar

pal.mí.pe.de *adj.2g.s.m.* ZOO (ave) cujos dedos dos pés são unidos por membranas

pal.mi.tal *s.m.* grande concentração de palmitos ('palmeira') em determinada área

pal.mi.to *s.m.* **1** gomo macio comestível tirado do caule de certas palmeiras **2** palmeira que produz esse gomo comestível ⊙ COL palmital

pal.mo *s.m.* **1** distância entre a ponta do polegar e a do mínimo em mão aberta **2** antiga medida de comprimento igual a 22 cm

pal.par *v.* {mod. 1} *t.d. e pron.* tocar(-se) com as mãos; tatear(-se), apalpar(-se) ~ **palpação** *s.f.*

pal.pá.vel *adj.2g.* **1** que se pode tocar; concreto ⮌ intangível **2** *fig.* óbvio, evidente ⟨*sucesso p.*⟩

pál.pe.bra *s.f.* ANAT par de membranas que cobrem a parte dianteira dos olhos, destinadas a protegê-los ~ **palpebral** *adj.2g.*

pal.pi.ta.ção [pl.: *-ões*] *s.f.* **1** movimentação, agitação **2** sensação de batimento acelerado do coração

pal.pi.tan.te *adj.2g.* **1** que palpita **2** *fig.* muito interessante **3** *fig.* muito recente; atual

pal.pi.tar *v.* {mod. 1} *int.* **1** (fazer) sentir palpitações; bater, latejar, pulsar **2** *fig.* renovar-se, renascer **3** dar palpite(s)

pal.pi.te *s.m.* **1** intuição, pressentimento **2** *infrm.* opinião de intrometido ⟨*gosta de dar p. sobre tudo*⟩

pal.pi.tei.ro *adj.s.m. infrm.* que(m) costuma dar palpites ('opinião')

pal.po *s.m.* ZOO apêndice das maxilas ou dos lábios de insetos ⊡ **em palpos de aranha** *loc.adv.* em má situação

pal.ra.dor \ô\ *adj.s.m.* que(m) é falador, tagarela

pal.rar *v.* {mod. 1} ou **pal.re.ar** *v.* {mod. 5} *int.* **1** articular sons incompreensíveis ou sem nexo **2** emitir sons (papagaio e outras aves), como a imitar a voz humana; chalrear ☞ nesta acp., só us. nas 3as p., exceto quando fig. **3** falar muito; tagarelar ~ **palração** *s.f.*

pal.ri.ce *s.f.* costume de falar muito, tagarelar

pa.lu.de *s.m.* pântano

pa.lu.dis.mo *s.m.* malária

pa.lu.do.so \ô\ [pl.: *paludosos* \ó\] *adj.* que tem paludes; pantanoso

pa.lus.tre *adj.2g.* **1** próprio de pântano **2** encharcado, lodoso

pa.mo.nha *s.f.* **1** doce de milho verde moído, cozido e enrolado em sua palha ■ *adj.2g.s.2g.* **2** *pej.* (indivíduo) sem ação, preguiçoso ⮌ dinâmico

pam.pa *adj.2g.* **1** que tem parte do corpo de cor diferente daquela predominante (diz-se de cavalo) ■ *s.m.* **2** grande planície de vegetação rasteira, típica do Rio Grande do Sul, do Uruguai e da Argentina ☞ nesta acp. mais us. no pl.

pam.pei.ro *s.m.* **1** vento forte que sopra nos pampas da Argentina e atinge o Rio Grande do Sul ■ *adj.s.m.* **2** pampiano

pam.pi.a.no *adj.* **1** dos pampas; pampeiro ■ *s.m.* **2** natural ou habitante dessa região; pampeiro

pa.na.ca *adj.2g.s.2g. B pej.* ingênuo ou bobo demais ⮌ esperto

pa.na.cei.a \éi\ *s.f.* remédio que supostamente cura tudo

pa.na.má *s.m.* **1** tecido macio e encorpado, us. em roupas masculinas e femininas de verão **2** chapéu-panamá

pa.na.me.nho *adj.* **1** do Panamá (América Central) ■ *s.m.* **2** natural ou habitante desse país

pan-a.me.ri.ca.nis.mo [pl.: *pan-americanismos*] *s.m.* doutrina que defende a aliança e cooperação entre todos os países das Américas

pan-a.me.ri.ca.nis.ta [pl.: *pan-americanistas*] *adj.2g.* **1** próprio do pan-americanismo ■ *adj.2g.s.2g.* **2** partidário do pan-americanismo

pan-a.me.ri.ca.no [pl.: *pan-americanos*] *adj.* relativo a todos os países das Américas

pa.na.pa.ná *s.f.* bando de borboletas em migração

pa.na.rí.cio, **pa.na.ri.ço** ou **pa.na.riz** *s.m.* inflamação da pele em volta da unha

pan.ca *s.f.* **1** alavanca de madeira **2** *B infrm.* postura artificial; pose

pan.ça *s.f.* **1** nos ruminantes, cavidade inicial do estômago **2** *infrm.* barriga volumosa

pan.ca.da *s.f.* **1** choque entre dois corpos **2** barulho de um corpo ao bater em outro **3** *infrm.* grande quantidade ⟨*uma p. de cartas para responder*⟩ ■ *adj.2g. B infrm.* **4** maluco, louco ⟨*sujeito um tanto p.*⟩ ⮌ equilibrado

pan.ca.da.ri.a *s.f.* **1** muitas pancadas; surra **2** tumulto em que ocorrem várias pancadas

pân.creas *s.m.2n.* ANAT glândula secretora de insulina e enzimas digestivas

pan.cre.á.ti.co *adj.* **1** do pâncreas **2** secretado pelo pâncreas (diz-se de suco digestivo)

pan.çu.do *adj.s.m.* **1** *infrm.* barrigudo **2** *B pej.* (indivíduo) que vive à custa de outro

pan.da *s.m.* mamífero grande semelhante a um urso de pelagem branca e preta que come brotos e raízes de bambu

pan.da.re.cos *s.m.pl.* cacos, destroços ⊡ **em p.** *loc.adj.* em mau estado; destruído

pân.de.ga *s.f.* **1** festa ruidosa; festança **2** brincadeira

pân.de.go *adj.s.m.* **1** festeiro **2** brincalhão

pan.dei.ro *s.m.* instrumento de percussão constituído de aro de madeira, com ou sem guizos a sua volta, coberto por uma membrana

pan.de.mi.a *s.f.* epidemia disseminada em extensa área geográfica ou em grande parte de uma população ~ **pandêmico** *adj.*

pan.de.mô.nio *s.m.* mistura desordenada de pessoas ou coisas; confusão ⮌ ordem

pan.do *adj.* inchado, inflado ⮌ murcho

pan.dor.ga *s.f.* 1 música sem ritmo e ruidosa 2 *B* pipa, papagaio ■ *adj.2g.s.2g.* 3 que(m) é tolo, ingênuo

pa.ne *s.f.* enguiço que faz parar um motor

pa.ne.gí.ri.co *s.m.* 1 discurso de elogio solene ■ *adj.* 2 elogioso

pa.ne.la *s.f.* vasilha com cabo ou alças, us. para cozinhar alimentos

pa.ne.li.nha *s.f. infrm.* 1 grupo fechado 2 grupo que protege e reparte vantagens apenas entre seus membros

pa.ne.to.ne *s.m.* pão doce com frutas cristalizadas, originário da Itália

pan.fle.tá.rio *adj.* 1 próprio de panfleto 2 que faz críticas contundentes 3 que defende radicalmente uma ideia ■ *s.m.* 4 autor de panfletos; panfletista

pan.fle.tis.ta *adj.2g.s.2g.* panfletário

pan.fle.to \ê\ *s.m.* 1 texto curto e veemente, impresso e distribuído em folha avulsa 2 folha avulsa que contém esse texto

pan.ga.ré *s.m. B* cavalo de má qualidade, ordinário

pan.gei.a \éi\ *s.f.* grande continente hipotético que teria se fragmentado e originado os continentes atuais

pâ.ni.co *s.m.* 1 susto ou medo sem fundamento 2 susto ou medo descontrolado de um indivíduo ou grupo

pa.ni.fi.ca.ção [pl.: *-ões*] *s.f.* 1 produção de pão 2 *B* padaria

pa.ni.fi.ca.dor \ô\ *adj.s.m.* (o) que faz pão

pa.ni.fi.ca.do.ra \ô\ *s.f. B* padaria

pa.no *s.m.* 1 qualquer tipo de tecido 2 qualquer pedaço de tecido, us. esp. para fins domésticos ⟨*p. de chão, de prato*⟩ ⊡ **p. de fundo** *loc.subst.* 1 TEAT tela ao fundo do palco que complementa o cenário 2 *fig.* contexto em que se desenrola uma ação • **p. quentes** *loc.subst.* providência para amenizar ou encobrir situação difícil • **dar p. para manga** *fraseol. infrm.* dar motivo para comentários

pa.no.ra.ma *s.m.* 1 grande pintura circular que retrata uma paisagem como se observada do alto 2 *fig.* visão ampla, em todas as direções, de uma área extensa; paisagem 3 *fig.* apresentação abrangente sobre um assunto ⟨*p. da literatura brasileira*⟩ ~ **panorâmico** *adj.*

pan.que.ca *s.f.* CUL disco fino de massa que se cozinha numa chapa dos dois lados

pan.ta.gru.é.li.co *adj.* que evoca Pantagruel, personagem muito voraz ⟨*fome p.*⟩ ☞ cf. *Pantagruel* na parte enciclopédica

pan.ta.lo.nas *s.f.pl.* calças compridas de bocas largas

pan.ta.nal *s.m.* pântano extenso

pan.ta.nei.ro *adj.* 1 próprio de pântano ou do Pantanal mato-grossense ■ *s.m.* 2 natural ou habitante do Pantanal mato-grossense

pân.ta.no *s.m.* terras baixas e alagadiças, com águas paradas

pan.te.ão [pl.: *-ões*] *s.m.* 1 entre os antigos gregos e romanos, templo dedicados aos deuses 2 monumento que guarda restos mortais de heróis ou cidadãos ilustres de uma nação

pan.te.ís.mo *s.m.* doutrina filosófica que identifica Deus com os elementos e as leis da natureza ~ **panteísta** *adj.2g.s.2g.*

pan.te.ra *s.f.* 1 nome comum a felinos de grande porte, como leão, leopardo, onça etc. 2 *fig. B infrm.* mulher bela, sensual ⊙ COL alcateia ⊙ VOZ v.: rosnar, rugir

pan.to.mi.ma *s.f.* 1 representação teatral unicamente com movimentos corporais 2 *fig.* farsa, embuste ~ **pantomímico** *adj.*

pan.to.mi.mei.ro *s.m.* ator que pratica a pantomima; pantomimo

pan.to.mi.mo *s.m.* pantomimeiro

pan.tu.fa *s.f.* chinelo acolchoado para agasalhar o pé

pan.tur.ri.lha *s.f.* ANAT músculo saliente na parte posterior da perna abaixo do joelho; barriga da perna; batata da perna

pão [pl.: *-ães*] *s.m.* 1 massa comestível de farinha, água e fermento assada no forno 2 *fig.* alimento, sustento ⟨*é preciso garantir o p. da velhice*⟩ ⊡ **p. francês** *loc.subst.* pequeno pão de trigo de forma oblonga, a que o padeiro dá um talho na parte de cima antes de ir ao forno • **p., p., queijo, queijo** *fraseol. infrm.* sem rodeios, às claras • **comer o p. que o diabo amassou** *fraseol.* passar muita dificuldade

pão de ló [pl.: *pães de ló*] *s.m.* bolo muito fofo preparado com farinha, ovos e açúcar

pão-du.ro [pl.: *pães-duros*] *adj.2g.s.2g. B pej.* 1 que(m) é excessivamente econômico; avarento ↄ esbanjador ■ *s.m. B infrm.* 2 espátula com extremidade de borracha, us. para raspar massa do vasilhame em que foi misturada

[1]**pa.pa** [fem.: *papisa, papesa*] *s.m.* 1 chefe supremo da Igreja católica ☞ inicial freq. maiúsc. 2 *fig.* ás, craque ⟨*é um p. em ortopedia*⟩ [ORIGEM: do lat. *pāpa* ou *pāppa,ae* 'pai; amo; papa']

[2]**pa.pa** *s.f.* alimento de consistência pastosa feito de farinha cozida com leite ou água; mingau [ORIGEM: do lat. *pāpa,ae* 'palavra com que as crianças pedem comida'] ⊡ **não ter papas na língua** *fraseol.* falar francamente

pa.pa.da *s.f.* acúmulo de gordura ou formação de pregas entre o queixo e o pescoço

pa.pa-de.fun.to *s.2g.* ou **pa.pa-de.fun.tos** *s.2g.2n.* indivíduo que trabalha em agência funerária; agente funerário ⊙ GRAM/USO como *s.2g.*, pl. *papa-defuntos*

pa.pa.do *s.m.* 1 cargo de papa 2 período de exercício desse cargo

pa.pa-fi.na [pl.: *papa-finas*] *adj.2g. infrm.* 1 de excelente qualidade ■ *adj.2g.s.2g.* 2 (pessoa) pretensiosa e ridícula

pa.pa.gai.o *s.m.* 1 ave tropical de plumagem verde e bico curvado para baixo, conhecida por imitar a voz humana 2 *fig.* quem repete, sem entender, o que lê ou ouve **3** *fig.* pessoa que fala muito; tagarela **4** pipa

pa.pa.gue.ar *v.* {mod. 5} *t.d.* **1** repetir sem ter consciência do que diz ❑ *int.* **2** falar muito, sem refletir; tagarelar

pa.pai *s.m.* pai, na linguagem infantil ⊡ **P. Noel** *loc.subst.* velho lendário que traz presentes para as crianças no Natal

pa.pai.a *s.f.* mamão

pa.pal *adj.2g.* próprio do [1]papa

pa.pal.vo *adj.s.m.* ingênuo, tolo ⮌ astuto

pa.pa-mos.cas *s.f.2n.* **1** *B* nome comum a aranhas que caçam insetos através de saltos e que não constroem teias, embora façam abrigos de seda sob pedras **2** ave encontrada no Velho Mundo

pa.par *v.* {mod. 1} *t.d. e int. infrm.* **1** ingerir (alimento); comer ❑ *t.d. infrm.* **2** ter êxito na busca de; conquistar ⮌ perder

pa.pa.ri.car *v.* {mod. 1} *t.d.* **1** tratar com zelo, cuidado excessivo; mimar ❑ *t.d. e int.* **2** comer pouco ou aos poucos

pa.pa.ri.co *s.m.* **1** carícia, afago, presente dado a pessoa a quem se quer agradar **2** guloseima

pa.pe.ar *v.* {mod. 5} *t.i. e int.* **1** (prep. *com*) conversar informalmente; cavaquear ❑ *int.* **2** falar muito; tagarelar **3** emitir sons melodiosos (as aves); gorjear ☞ nesta acp., só us. nas 3[as]p., exceto quando fig.

pa.pei.ra *s.f. infrm.* caxumba

pa.pel *s.m.* **1** lâmina feita de fibra vegetal us. para escrever, desenhar, embrulhar etc. **2** folha de papel escrita; documento **3** personagem que cada ator ou atriz representa numa obra dramática ⟨*tem um bom p. na novela*⟩ **4** dever, função, obrigação **5** papel-moeda **6** documento que representa determinado valor, p.ex., ação, título, nota promissória ⊡ **p. celofane** *loc.subst.* celofane • **p. crepom** *loc.subst.* crepom • **p. de alumínio** *loc.subst.* folha muito fina de alumínio us. para embalar alimentos • **p. higiênico** *loc.subst.* papel utilizado para a limpeza pessoal após a evacuação • **p. machê** *loc.subst.* massa moldável à base de papel e cola, us. na confecção de objetos • **de p. passado** *loc.adv.* oficialmente ⟨*negócio de p. passado*⟩

pa.pe.la.da *s.f.* grande quantidade de papéis ou documentos

pa.pe.lão [pl.: *-ões*] *s.m.* **1** papel grosso e rígido, com que se fazem caixas, pastas etc. **2** *fig. infrm.* conduta ridícula, vergonhosa ⟨*fez um p. na frente das visitas*⟩

pa.pe.la.ri.a *s.f.* loja onde se vendem papéis e material de escritório

pa.pel-car.bo.no [pl.: *papéis-carbono* e *papéis-carbonos*] *s.m.* papel fino coberto de pigmento numa das faces, us. para fazer cópias ou decalques; carbono

pa.pe.lei.ro *s.m.* **1** dono de papelaria **2** quem fabrica papel ■ *adj.* **3** referente a papel

pa.pe.le.ta \ê\ *s.f.* **1** papel avulso **2** em hospitais, boletim médico sobre um doente

pa.pel-mo.e.da [pl.: *papéis-moeda* e *papéis-moedas*] *s.m.* papel onde é impresso um valor aceito em trocas comerciais; nota, cédula, dinheiro

pa.pe.lo.te *s.m.* **1** pedaço de papel us. para ondular cabelo **2** *drg.* pequeno embrulho de papel contendo droga em pó

pa.pel-to.a.lha [pl.: *papéis-toalhas* e *papéis-toalha*] *s.m.* papel absorvente, us. para enxugar mãos e rosto, retirar o excesso de gordura em frituras, para limpeza em geral etc.

pa.pe.lu.cho *s.m. infrm.* pedaço de papel sem importância

pa.pi.la *s.f.* ANAT pequeno relevo na superfície de tecidos semelhante a um mamilo

pa.pi.lo.ma.ví.rus *s.m.2n.* BIO vírus responsável por lesões cutâneas ou mucosas como verrugas e condilomas; há várias espécies que atacam o ser humano (sigla: *HPV*), e é esp. transmitido por via sexual

pa.pi.ro *s.m.* **1** BOT erva de hastes longas, nativa da África e cultivada em vários países como ornamental **2** *p.ext.* na Antiguidade, folha para escrever confeccionada com as hastes dessa erva **3** *p.ext.* manuscrito feito sobre essa folha

pa.pi.sa *s.f.* mulher com cargo de papa

pa.pis.ta *adj.2g.s.2g.* partidário do papa

pa.po *s.m.* **1** bolsa no esôfago das aves, us. para estocar temporariamente o alimento **2** *infrm.* tecido gorduroso e mole sob o queixo **3** *infrm.* barriga, abdome **4** *infrm.* conversa ⊡ **p. furado** *loc.subst. infrm.* proposta ou promessa irrealizável ou que não se tem intenção de cumprir ⟨*aquela explicação toda era p. furado*⟩ • **bater p.** *loc.vs. infrm.* conversar ⟨*passaram muito tempo batendo p.*⟩ • **estar no p.** *loc.vs.* estar certo, assegurado ⟨*a promoção está no p.*⟩

pa.pou.la *s.f.* erva cultivada por suas flores ornamentais ou por suas sementes, das quais se extrai óleo e ópio

pá.pri.ca *s.f.* tempero em pó, feito do pimentão vermelho

pa.pu.do *adj.* **1** de papo grande ■ *adj.s.m. infrm.* **2** que(m) tem conversa agradável **3** que(m) é dado a bravatas

pa.quei.ro *adj.s.m.* **1** (cão) treinado para caçar pacas **2** (pessoa) que agencia trabalho para outra

pa.que.ra *s.f. infrm.* **1** tentativa de namoro ■ *s.2g. infrm.* **2** indivíduo namorador

pa.que.ra.dor \ô\ *adj.s.m.* que(m) paquera muito

pa.que.rar *v.* {mod. 1} *t.d. e int.* mostrar interesse amoroso (por); azarar

pa.qui.der.me *adj.2g.s.m.* **1** (animal) de pele grossa, como elefante, rinoceronte etc. ■ *s.m. infrm.* **2** pessoa pouco inteligente ~ **paquidérmico** *adj.*

par *s.m.* **1** grupo de duas coisas ou seres semelhantes **2** casal **3** parceiro de dança executada em dupla **4** indivíduo de condição (social, profissional etc.) semelhante ⟨*convidou seus p. para jantar*⟩ ■ *adj.2g.* **5** semelhante, igual, parelho ⮌ diferente **6** divisível por dois (diz-se de número) ⊡ **estar a p.** *loc.vs.* estar bem informado ⟨*estou a p. de cada detalhe*⟩ • **sem p.** *loc.adj.* inigualável

para– *pref.* 'proximidade, ao lado de': *paraestatal, parafrasear, paranormal*
pa.ra *prep.* **1** relaciona palavras por subordinação e exprime: **1.1** direção ⟨*vou p. casa*⟩ **1.2** proximidade; prestes a ⟨*estou p. mudar de emprego*⟩ **1.3** intenção; com intuito de ⟨*ficou p. receber os cumprimentos*⟩ **1.4** adequação ⟨*música p. dançar*⟩ **1.5** combate; contra ⟨*remédio p. dor*⟩ **1.6** em proveito de ⟨*doação p. os pobres*⟩ **1.7** duração ⟨*provisões p. um mês*⟩ **1.8** em equivalência com ⟨*três está p. seis assim como seis p. doze*⟩ **1.9** com ⟨*ele é bom p. todos*⟩ **1.10** propósito; finalidade ⟨*dieta p. emagrecer*⟩ ⊡ **p. que** *loc.conj.* a fim de que
pa.ra.be.ni.zar *v.* {mod. 1} *t.d.* dar parabéns a; felicitar, congratular
pa.ra.béns *s.m.pl.* palavras ou gestos que expressam elogios, felicitações ⮌ pêsames, condolências
pa.rá.bo.la *s.f.* **1** narrativa figurada que transmite um ensinamento moral **2** GEOM linha curva na qual cada ponto que a constitui apresenta distâncias iguais em relação a um ponto fixo e a uma reta fixa
pa.ra.bó.li.co *adj.* **1** que encerra parábola ('narrativa') **2** em forma de parábola ('linha curva')
pa.ra-bri.sa [pl.: *para-brisas*] *s.m.* vidro frontal de veículos, que protege o motorista esp. do vento
pa.ra-cho.que [pl.: *para-choques*] *s.m.* peça resistente colocada na frente e na traseira de veículos para amortecer choques
pa.ra.da *s.f.* **1** ação de parar ou o seu efeito **2** interrupção, suspensão ⟨*p. na rede de computadores*⟩ ⮌ continuação **3** local onde se para, esp. transporte público ⟨*p. de ônibus*⟩ **4** marcha, desfile militar **5** *B gír.* situação ou tarefa difícil ⟨*a viagem vai ser uma p.*⟩ ⮌ moleza **6** *gír.* pessoa ou coisa atraente
pa.ra.dei.ro *s.m.* lugar onde se encontra ou chegará uma pessoa ou coisa; destino ⟨*desconhece o p. da filha*⟩
pa.ra.di.dá.ti.co *adj.* que, não sendo exatamente didático, é empr. com esse objetivo (diz-se de livro, material escolar etc.)
pa.ra.dig.ma *s.m.* um exemplo que serve como modelo; padrão ~ **paradigmático** *adj.*
pa.ra.di.sí.a.co *adj.* **1** do paraíso **2** encantador, muito agradável
pa.ra.do *adj.* **1** sem movimento; imóvel **2** *infrm.* sem iniciativa; apático ⮌ ativo, esperto **3** *infrm.* desempregado ⟨*aceita qualquer serviço, pois está p. há três meses*⟩ ⮌ empregado
pa.ra.do.xal \cs\ *adj.2g.* que contém paradoxo
pa.ra.do.xo \cs\ *s.m.* **1** proposição ou opinião contrária ao comum **2** aparente falta de lógica ou nexo; contradição
pa.ra.en.se *adj.2g.* **1** do Pará ■ *s.2g.* **2** natural ou habitante desse estado
pa.ra.es.ta.tal ou **pa.res.ta.tal** *adj.2g.s.2g.* (entidade) que, designada pelo Estado, colabora na administração pública, sem pertencer a ela
pa.ra.fer.ná.lia *s.f.* **1** conjunto de objetos de uso pessoal **2** conjunto de apetrechos necessários a uma atividade ⟨*p. de pescaria*⟩
pa.ra.fi.mo.se *s.f.* MED estrangulamento da glande do pênis causado por fimose
pa.ra.fi.na *s.f.* QUÍM mistura de hidrocarbonetos saturados sólidos, us. em velas, impermeabilização, isolamento térmico etc. ~ **parafinação** *s.f.* - **parafinagem** *s.f.*
pa.ra.fi.nar *v.* {mod. 1} *t.d.* **1** cobrir de ou tratar com parafina **2** converter em parafina
pa.rá.fra.se *s.f.* explicação ou interpretação de um texto com outras palavras
pa.ra.fra.se.ar *v.* {mod. 5} *t.d.* **1** fazer paráfrase de **2** explicar por meio de paráfrase
pa.ra.fu.sar *v.* {mod. 1} *t.d. e int.* aparafusar
pa.ra.fu.so *s.m.* espécie de prego com uma fenda na extremidade achatada e um relevo em espiral na haste ⊡ **p. sem fim** *loc.subst.* parafuso cilíndrico cuja rosca engrena com os dentes de uma roda ou de uma cremalheira, imprimindo movimento de rotação
pa.ra.gem *s.f.* **1** local onde se para; parada **2** local onde algo ou alguém pode ser encontrado ⟨*costumes de outras p.*⟩
pa.rá.gra.fo *s.m.* **1** divisão de um texto escrito, indicada pela mudança de linha, composta de uma ou mais frases **2** sinal que subdivide textos de decretos, contratos etc. [símb.: §] **3** *p.ext.* esses textos assim assinalados
pa.ra.guai.o *adj.* **1** do Paraguai (América do Sul) ■ *s.m.* **2** natural ou habitante desse país
pa.ra.i.ba.no *adj.* **1** da Paraíba ■ *s.m.* **2** natural ou habitante desse estado
pa.ra.í.so *s.m.* **1** segundo o Antigo Testamento, jardim aprazível onde Deus colocou Adão e Eva ☞ inicial maiúsc. **2** *p.ext.* lugar bonito e muito agradável
pa.ra.la.li.a *s.f.* MED distúrbio da fala, caracterizado pela emissão de fonemas não desejados, ou mesmo pela impossibilidade de encontrar palavras que possam expressar uma ideia, um pensamento
pa.ra-la.ma [pl.: *para-lamas*] *s.m.* anteparo curvo sobre as rodas dos veículos para proteger contra respingos de lama
pa.ra.le.la *s.f.* **1** GEOM cada uma de duas retas que, no mesmo plano, nunca se cortam ▼ *paralelas s.f.pl.* **2** aparelho de ginástica com duas barras paralelas onde o atleta executa acrobacias
pa.ra.le.le.pí.pe.do *s.m.* **1** GEOM sólido de seis lados cujas faces opostas são iguais e paralelas **2** pedra nesse formato us. em calçamento de ruas
pa.ra.le.lis.mo *s.m.* **1** condição do que é ou está paralelo ⟨*o p. de dois planos*⟩ **2** semelhança entre duas coisas ou entre ideias e opiniões ⟨*p. entre duas correntes de pensamento*⟩
pa.ra.le.lo *adj.* **1** diz-se de retas ou planos que estão sempre à mesma distância um do outro **2** *fig.* que age ou trabalha, de forma não oficial, colateralmente a outra instituição da mesma natureza ⟨*mercado p.*⟩ ⟨*educação p.*⟩ **3** que se desenvolve na mesma direção ou ao mesmo tempo ⟨*evolução p.*⟩ ■ *s.m.* **4** comparação, confronto ⟨*fez um p. entre os dois espetáculos*⟩

pa.ra.le.lo.gra.mo *s.m.* GEOM quadrilátero cujos lados opostos são paralelos

pa.ra.li.sa.ção [pl.: *-ões*] *s.f.* **1** ato ou efeito de paralisar(-se); parada **2** suspensão de uma atividade; interrupção ⟨*a assembleia dos operários aprovou a p.*⟩

pa.ra.li.sar *v.* {mod. 1} *t.d. e pron.* **1** causar ou ter paralisia ❑ *t.d.,int. e pron.* **2** (fazer) ficar sem ação, imóvel; entorpecer(-se) ⮌ agir, mover-se **3** (fazer) deixar de progredir; estagnar, estacionar ⮌ avançar ❑ *t.d.* **4** suspender o funcionamento de; fechar ⮌ reabrir

pa.ra.li.si.a *s.f.* **1** perda de movimento em determinadas partes do corpo ⟨*p. facial*⟩ **2** *fig.* falta de ação; marasmo ⮌ disposição ⊡ **p. infantil** *loc.subst.* doença infecciosa que ataca esp. crianças, causada por enterovírus, e que provoca febre, dor de cabeça, dores musculares e distúrbios gastrintestinais, seguidos de paralisia de um ou mais grupos musculares e atrofia; poliomielite

pa.ra.lí.ti.co *adj.s.m.* que(m) sofre de paralisia

pa.ra.mé.di.co *adj.s.m.* (profissional) que atua em certas áreas auxiliares da medicina, sem ser médico

pa.ra.men.tar *v.* {mod. 1} *t.d. e pron.* **1** vestir(-se) com paramento **2** adornar(-se), enfeitar(-se)

pa.ra.men.to *s.m.* **1** adorno, ornamento ▼ ***paramentos*** *s.m.pl.* **2** vestes sacerdotais

pa.râ.me.tro *s.m.* **1** elemento variável que entra na elaboração de um conjunto ⟨*os p. da variação de temperatura*⟩ **2** variável à qual se atribui um valor e por seu intermédio se definem outros valores ou funções num dado sistema ou caso ⟨*o ritmo do pulso é um p. da função cardiovascular*⟩ **3** característica diferencial passível de ser medida direta ou indiretamente **4** fator, critério **5** norma, padrão **6** conjunto de características, especificações ☞ nesta acp., mais us. no pl. ~ **paramétrico** *adj.*

pa.ra.mi.li.tar *adj.2g.* armado e treinado fora das forças oficiais de um país (diz-se de grupo)

pá.ra.mo *s.m.* **1** planalto deserto **2** *fig.* céu, firmamento

pa.ra.ná *s.m.* **1** braço de rio separado do curso principal por ilha(s) **2** canal entre dois rios

pa.ra.na.en.se *adj.2g.* **1** do Paraná ■ *s.2g.* **2** natural ou habitante desse estado

pa.ra.nin.fo *s.m.* **1** título dado ao escolhido, ger. numa colação de grau, para ser homenageado pelos formandos **2** esse homenageado

pa.ra.noi.a \ói\ *s.f.* distúrbio psíquico marcado por ideias fixas e sistematizadas de perseguição, traição etc.

pa.ra.nor.mal *adj.2g.* **1** não explicável cientificamente; sobrenatural ■ *adj.2g.s.2g.* **2** que(m) tem supostos poderes extrassensoriais ~ **paranormalidade** *s.f.*

pa.ra.o.lim.pí.a.da *s.f.* competição com estrutura e objetivos inspirados nos das olimpíadas, destinada a atletas portadores de deficiência ☞ mais us. no pl. ~ **paraolímpico** *adj.*

pa.ra.pei.to *s.m.* peça de mármore, madeira etc. na parte inferior de uma janela que serve para apoiar quem nela se debruça

pa.ra.pen.te *s.m.* **1** aparelho esportivo, espécie de paraquedas com o qual se salta de uma elevação para descer planando **2** *p.ext.* esporte praticado com esse aparelho ~ **parapentista** *adj.2g.s.2g.*

pa.ra.ple.gi.a *s.f.* paralisia da cintura para baixo

pa.ra.plé.gi.co *adj.s.m.* (aquele) que sofre de paraplegia

pa.ra.psi.co.lo.gi.a *s.f.* ramo da psicologia que estuda fenômenos ditos paranormais, como a telepatia, a premonição etc. ~ **parapsicológico** *adj.* - **parapsicólogo** *s.m.*

pa.ra.que.das *s.m.2n.* artefato dobrável em forma de guarda-chuva, com cordas que sustentam pessoas ou carga, us. para reduzir a velocidade da queda dos corpos ~ **paraquedismo** *s.m.* - **paraquedista** *adj.2g.s.2g.*

pa.rar *v.* {mod. 1} *t.d. e int.* **1** deter o progresso, o deslocamento, o movimento (de) ⮌ mover(-se) ❑ *t.d.,t.i. e int.* **2** (prep. *com*) interromper, provisória ou definitivamente (atividade, operação, ocorrência, tarefa etc.) ❑ *t.i. e int.* **3** (prep. *de*) [fazer] chegar ao fim; cessar ⮌ continuar, iniciar **4** (prep. *em*) não ir além (de) ⮌ seguir ❑ *int.* **5** deixar-se ficar ou estar (em certo lugar) ⟨*não para em casa*⟩ ☞ *em casa* é circunstância que funciona como complemento ❑ *t.i.* **6** (prep. *em*) resumir-se, limitar-se a ☞ freq. us. com negativa

pa.ra-rai.os *s.m.2n.* aparelho constituído por uma haste metálica ligada à terra, us. para atrair as descargas elétricas da atmosfera, ger. colocado em lugares altos ou no topo dos edifícios

pa.ra.si.ta *adj.2g.s.m.* ou **pa.ra.si.to** *adj.s.m.* **1** BIO (organismo) que vive associado a outro do qual se beneficia e ao qual causa dano **2** *p.ext. pej.* (indivíduo) que vive à custa dos outros

pa.ra.si.tar *v.* {mod. 1} *t.d.* **1** nutrir-se à custa de (outro ser, animal ou planta) **2** *infrm.* tirar proveito, viver à custa de; explorar

pa.ra.si.tá.rio *adj.* **1** referente a parasita **2** causado por parasitas

pa.ra.si.tis.mo *s.m.* **1** BIO tipo de associação de dois organismos de espécies diferentes em que um deles se beneficia, causando dano ao outro **2** MED doença causada por parasita ('organismo') **3** *p.ext. pej.* comportamento de parasita ('indivíduo')

pa.ra.si.to *adj.s.m.* → *PARASITA*

pa.ra-sol [pl.: *para-sóis*] *s.m.* nos automóveis, pala interna, móvel, que serve para proteger do sol os olhos de quem está no banco dianteiro

pa.ra.ti.re.oi.de \ói\ *adj.2g.s.f.* diz-se de ou glândula endócrina situada atrás da tireoide, na altura do pescoço, que participa da regulação do cálcio e do fósforo no organismo

par.boi.li.za.ção [pl.: *-ões*] *s.f.* processo de imersão do arroz em água aquecida, para que o grão absorva nutrientes retidos na casca

par.boi.li.za.do *adj.* submetido à parboilização

par.ca *s.f.* casaco que vai até o joelho, ger. impermeável, com capuz

par.cei.ro *s.m.* sócio, cúmplice, companheiro de dupla, esp. em jogo, dança, esportes

par.ce.la *s.f.* **1** parte de um todo; pedaço **2** MAT cada elemento de uma soma matemática

par.ce.la.men.to *s.m.* ato, efeito ou modo de parcelar; divisão, fracionamento ⟨*p. de uma dívida*⟩

par.ce.lar *v.* {mod. 1} *t.d. e t.d.i.* (prep. *em*) dividir (pagamento, compra, dívida etc.) [em parcelas]

par.ce.ri.a *s.f.* **1** reunião de esforços com objetivo comum; sociedade **2** *B* conjunto de dois ou mais compositores populares ⟨*uma p. de Tom e Vinícius*⟩

par.ci.al *adj.2g.* **1** que existe ou se faz em partes; incompleto ⟨*resultado p.*⟩ ⮌ completo **2** que toma partido; tendencioso ⟨*crítica p.*⟩ ⮌ imparcial

par.ci.a.li.da.de *s.f.* **1** qualidade do que é parcial ⮌ imparcialidade **2** preferência pelos que pensam da mesma forma; facção, partido

par.ci.mô.nia *s.f.* **1** ação ou hábito de fazer economia ⮌ esbanjamento **2** moderação, temperança

par.ci.mo.ni.o.so \ô\ [pl.: *parcimoniosos* \ó\] *adj.* **1** que usa de parcimônia; comedido, moderado **2** que poupa; econômico ⟨*p. nas despesas da casa*⟩ ~ **parcimoniosamente** *adv.*

par.co *adj.* **1** que poupa; econômico ⮌ gastador **2** moderado nas despesas e na alimentação ⮌ descomedido **3** escasso, minguado ⟨*p. recursos*⟩ ⮌ abundante

par.da.cen.to *adj.* **1** de cor tirante a pardo **2** diz-se dessa cor ⟨*pelos p.*⟩

par.dal [fem.: *pardaloca* e *pardoca*] *s.m.* ave parda de aprox. 15 cm de comprimento, tendo o macho bico e garganta negros

par.di.ei.ro *s.m.* prédio velho, em mau estado

par.do *adj.* **1** de cor entre amarelo e marrom, ou entre branco e preto **2** diz-se dessas cores ⟨*tons p.*⟩ ■ *s.m.* **3** a cor escura, entre o preto e o branco **4** indivíduo dessa cor

pa.re.cen.ça *s.f.* semelhança ⮌ diferença

pa.re.cer *v.* {mod. 8} *pred. e pron.* **1** (prep. *com*) ter o aspecto, a aparência de; assemelhar-se ⟨*as nuvens parecem algodão*⟩ ⟨*p.-se com o pai*⟩ ⟨*as irmãs se parecem*⟩ ☐ *pred.* **2** dar a impressão de; aparentar ⟨*p. mais magra do que é*⟩ ☐ *t.i.,t.i.pred. e int.* **3** (prep. *a*) apresentar-se (de certa forma) ao entendimento de; afigurar-se ⟨*pareceu-lhe que já era tarde*⟩ ⟨*a ideia pareceu-me boa*⟩ ⟨*parece que o paciente está pior*⟩ ☐ *int.* **4** ser provável ■ *s.m.* **5** aparência, aspecto ⟨*ladrões de mau p.*⟩ **6** forma de pensar; opinião, julgamento ⟨*não é este o meu p.*⟩ **7** opinião de um especialista em resposta a consulta

pa.re.dão [pl.: *-ões*] *s.m.* **1** encosta muito íngreme **2** *infrm.* muro para execução por fuzilamento

pa.re.de \ê\ *s.f.* **1** obra, ger. de alvenaria, que veda e subdivide um prédio, casa etc. **2** o que isola ou divide um espaço ⟨*paredes da estante, do armário*⟩ **3** ANAT qualquer formação que limita um órgão, cavidade etc. ⟨*p. do intestino, de uma célula*⟩ **4** *fig.* greve ⊡ **conversar com as p.** *fraseol. fig.* falar sozinho, sem interlocutor • **encostar (alguém) à p.** *fraseol. B infrm.* forçar (alguém) a falar ou fazer algo

pa.re.de-mei.a [pl.: *paredes-meias*] *s.f.* parede comum a dois prédios contíguos

pa.re.lha \ê\ *s.f.* **1** par de animais, esp. de carga **2** conjunto de dois indivíduos, animais ou objetos semelhantes

pa.re.lhei.ro *s.m.* **1** cavalo adestrado para andar em parelhas **2** cavalo de corrida

pa.re.lho \ê\ *adj.* **1** feito de partes iguais **2** parecido ou igual ⟨*histórias p.*⟩

pa.ren.te *s.2g.* **1** pessoa ligada a outra por consanguinidade, afinidade ou adoção ■ *adj.2g.* **2** que tem parentesco **3** *fig.* similar, parecido ⟨*não são ideias iguais, mas são p.*⟩

pa.ren.te.ral *adj.2g.* MED que se faz por outra via que não a digestiva ⟨*alimentação p.*⟩

pa.ren.tes.co \ê\ *s.m.* **1** relação de pessoas por vínculos consanguíneos ou matrimoniais **2** semelhança, analogia ⟨*p. ideológico*⟩

pa.rên.te.se *s.m.* ou **pa.rên.te.sis** *s.m.2n.* **1** palavra, frase ou período intercalados num texto para acrescentar informação adicional **2** cada um dos sinais de pontuação ( ) que delimitam essa frase ou período **3** *fig.* desvio do assunto; digressão

pá.reo *s.m.* **1** cada uma das corridas de cavalos disputadas num dia de competição **2** o prêmio dessa corrida

pa.res.ta.tal *adj.2g.s.2g.* → *PARAESTATAL*

pá.ria *s.2g.* **1** na Índia, indivíduo não pertencente a nenhuma casta, considerado impuro e desprezível **2** *p.ext.* pessoa à margem da sociedade

pa.ri.da.de *s.f.* **1** qualidade do que é par; igualdade ⮌ disparidade **2** igualdade salarial entre os mesmos níveis de carreira em profissões diferentes ⟨*p. entre técnicos e pesquisadores*⟩ ⮌ disparidade

pa.ri.e.tal *adj.2g.* **1** referente a parede ■ *adj.2g.s.m.* **2** diz-se de ou cada um dos dois ossos laterais do crânio

pa.rin.tin.tim *s.2g.* **1** indivíduo dos parintintins, povo indígena que habita o sudeste do Amazonas ■ *adj.2g.* **2** relativo a esse indivíduo ou povo

pa.rir *v.* {mod. 28} *t.d. e int.* **1** expulsar do útero, dar à luz ☐ *t.d. fig.* **2** criar, produzir (algo novo)

pa.ri.si.en.se *adj.2g.* **1** de Paris, França ■ *s.2g.* **2** natural ou habitante dessa capital

[1]**par.la.men.tar** *adj.2g.s.2g.* (membro) do parlamento [ORIGEM: *parlamento* + [1]*-ar*]

[2]**par.la.men.tar** *v.* {mod. 1} *t.i. e int.* (prep. *com*) negociar, conversar em busca de um acordo [ORIGEM: *parlamento* + [2]*-ar*]

par.la.men.ta.ris.mo *s.m.* sistema de governo representativo, dirigido pelo parlamento através de gabinete ministerial ~ **parlamentarista** *adj.2g.s.2g.*

par.la.men.to *s.m.* corpo ou poder legislativo de uma nação

par.me.são [pl.: *-ãos*] *adj.* **1** de Parma, Itália ■ *s.m.* **2** natural ou habitante dessa cidade ■ *adj.s.m.* **3** diz-

-se de ou queijo de massa dura, próprio para ser ralado, originário dessa cidade

par.na.si.a.nis.mo *s.m.* escola poética do sXIX marcada pela objetividade e perfeição formal ☞ inicial maiúsc.

par.na.si.a.no *adj.s.m.* (adepto) do Parnasianismo

par.na.so *s.m.* **1** a poesia **2** o conjunto dos poetas **3** coletânea de poesias de vários autores

pa.ro.a.ra *s.2g.* nordestino que vive na Amazônia

pá.ro.co *s.m.* padre responsável por uma paróquia

pa.ró.dia *s.f.* imitação cômica de um texto, peça etc. ~ **parodiador** *adj.s.m.* - **parodista** *adj.2g.s.2g.*

pa.ro.di.ar *v.* {mod. 1} *t.d.* **1** fazer paródia de **2** imitar, arremedar

pa.ro.lar *v.* {mod. 1} *t.i. e int.* **1** (prep. *com*) falar demais; tagarelar ❑ *t.i.* **2** (prep. *com*) trocar palavras, ideias; conversar

pa.ro.ní.mia *s.f.* **1** semelhança entre palavras, na forma e som **2** estudo de ou teoria sobre parônimos **3** lista de parônimos

pa.rô.ni.mo *adj.s.m.* (palavra) quase igual a outra na forma e som

pa.ró.quia *s.f.* **1** território eclesiástico correspondente à fração de uma diocese, sob a jurisdição de um pároco **2** a população subordinada a um pároco ~ **paroquial** *adj.2g.*

pa.ro.qui.a.no *adj.s.m.* integrante de paróquia

pa.ró.ti.da *s.f.* ANAT cada uma de duas grandes glândulas salivares, situada sob a orelha

pa.ro.ti.di.te *s.f.* MED inflamação da parótida; caxumba

pa.ro.xis.mo \cs\ *s.m.* MED **1** convulsão **2** momento de maior intensidade de uma dor ou acesso **3** auge de uma doença

pa.ro.xí.to.no \cs\ *adj.s.m.* (vocábulo) cuja sílaba tônica é a penúltima

par.que *s.m.* jardim público destinado ao lazer ▣ **p. de diversões** *loc.subst.* conjunto de equipamentos esp. criados para recreação de crianças e adultos, montados dentro de um terreno cercado • **p. gráfico** *loc.subst.* conjunto de empresas gráficas de uma companhia, cidade etc. • **p. industrial** *loc.subst.* conjunto de indústrias de um local ⟨*o p. industrial do Sudeste*⟩ • **p. nacional** *loc.subst.* área demarcada e protegida pelo poder público, rica em locais de interesse científico, educacional ou recreativo

par.quí.me.tro *s.m.* aparelho acionado pela introdução de moedas, que marca o tempo de permanência dos carros nas vagas do estacionamento

par.rei.ra *s.f.* nome comum a certas trepadeiras, esp. a videira

par.ri.cí.dio *s.m.* assassinato de pai, mãe ou outro ascendente ~ **parricida** *adj.2g.s.2g.*

par.ru.do *adj.* forte, atarracado ⊃ esguio

par.te *s.f.* **1** porção de um todo ⟨*a p. inferior de um móvel*⟩ ⟨*sua tese tinha duas p.*⟩ **2** área ou região não especificada ⟨*leva o cão a qualquer p.*⟩ **3** área determinada ⟨*a fumaça vem da p. de trás da fábrica*⟩ **4** papel a desempenhar; atribuição ⟨*a p. do governo é cuidar da saúde, educação e segurança*⟩ **5** DIR cada indivíduo que firma um contrato mútuo ⟨*após a reunião, as p. constituíram a sociedade*⟩ ⊙ GRAM/USO dim.irreg.: *partícula* ▣ **à p.** *loc.adv.* separadamente, isoladamente ⟨*falou-lhe à p. sobre a promoção*⟩ ☞ cf. *aparte* • **da p. de** *loc.prep.* a mando ou pedido de ⟨*a encomenda veio da p. do pai*⟩ • **dar p. de** *loc.vs.* denunciar a, acusar, delatar • **tomar p. em** *loc.vs.* participar de

par.tei.ra *s.f.* mulher que faz parto sem ser médica; aparadeira

par.tei.ro *adj.s.m.* diz-se de ou médico que faz partos

par.te.jar *v.* {mod. 1} *t.d. e int.* **1** servir de parteira ou parteiro (a) ❑ *int.* **2** dar à luz; parir

par.te.no.gê.ne.se *s.f.* desenvolvimento de ser vivo a partir de um óvulo não fecundado

par.ti.ci.par *v.* {mod. 1} *t.d. e t.d.i.* **1** (prep. *a*) fazer saber; comunicar, informar ❑ *t.i.* **2** (prep. *de*) ter ou tomar parte em; compartilhar, partilhar

par.ti.cí.pio *s.m.* uma das formas nominais do verbo, com características de substantivo, adjetivo ou verbo

par.tí.cu.la *s.f.* **1** parte muito pequena **2** corpo muito pequeno, corpúsculo ⟨*p. orgânicas*⟩ ▣ **p. apassivadora** *loc.subst.* a partícula *se* que indica voz passiva em frases em que o sujeito é paciente da ação verbal, como em *amolam-se facas*

par.ti.cu.lar *adj.2g.* **1** que é específico, peculiar ⟨*o cheiro p. da gasolina*⟩ **2** próprio ou de uso exclusivo de alguém; privativo ⟨*praia p.*⟩ **3** fora do comum ⟨*inteligência p.*⟩ **4** confidencial, íntimo ⟨*conversa p.*⟩ **5** que pertence ao indivíduo, por oposição ao que é do governo ⟨*clínica p.*⟩ ⟨*empresa p.*⟩ ■ *s.m.* **6** conversa íntima e reservada ⟨*teve um p. com o irmão e contou seu problema*⟩

par.ti.cu.la.ri.da.de *s.f.* **1** qualidade do que é particular **2** qualidade distintiva; peculiaridade ⊃ generalidade **3** detalhe, pormenor ⊃ todo

par.ti.cu.la.ri.zar *v.* {mod. 1} *t.d.* **1** descrever em pormenores; detalhar **2** distinguir, individualizar ⊃ generalizar ❑ *pron.* **3** revelar caracteres distintivos; singularizar-se ~ **particularização** *s.f.*

par.ti.cu.lar.men.te *adv.* **1** de maneira particular; pessoalmente ⟨*p., não aprovo suas atitudes*⟩ **2** de modo confidencial, reservado; intimamente ⟨*vou contar-lhe a verdade p.*⟩ **3** com maior destaque; principalmente ⟨*as viagens encarecem p. na alta temporada*⟩

par.ti.da *s.f.* **1** ato de partir; saída ⊃ chegada **2** jogo ⟨*p. de vôlei, de buraco*⟩ **3** remessa de mercadorias negociáveis ⟨*uma p. de laranjas*⟩

par.ti.dá.rio *adj.s.m.* **1** integrante ou simpatizante de um partido ⊃ apartidário **2** seguidor ou simpatizante de ideia, crença etc. ■ *adj.* **3** relativo a partido ⊙ COL facção, partido

par.ti.da.ris.mo *s.m.* parcialidade política; facciosismo

par.ti.do *adj.* **1** que se partiu; quebrado ⟨*um cinzeiro p.*⟩ ■ *s.m.* **2** organização política com ideais comuns que tenta chegar ao poder **3** pessoa casadoura, considerada segundo suas condições econômicas e/ou sociais ⟨*ser um ótimo p.*⟩ ▣ **tirar p. de** *loc.vs.* aproveitar-se de • **tomar o p. de** *loc.vs.* manifestar-se a favor de ⟨*tomou o p. da filha*⟩

par.ti.do-al.to [pl.: *partidos-altos*] *s.m.* tipo de samba em que os sambistas improvisam, ou dizem de memória, versos sobre o tema

par.ti.lhar *v.* {mod. 1} *t.d. e t.d.i.* **1** (prep. *entre*) dividir em partes; distribuir ❑ *t.d.,t.i. e t.d.i.* **2** (prep. *de, com*) tomar ou ter parte em; participar, compartilhar ⟨*p. alegrias (com os amigos)*⟩ ⟨*p. das mesmas ideias*⟩ ❑ *t.d.i.* **3** (prep. *com*) usar junto com; compartilhar, dividir

par.tir *v.* {mod. 24} *t.d. e pron.* **1** dividir(-se) em partes, pedaços **2** fazer(-se) em pedaços; quebrar(-se) ❑ *t.i.* **3** (prep. *de*) ter início, origem, fundamento em ⟨*p. de uma premissa*⟩ ⮌ acabar **4** (prep. *para*) dar início a; lançar-se ⟨*p. para uma longa viagem*⟩ ❑ *int.* **5** deixar um local; sair, ir ⟨*partiu cedo de Bauru*⟩ ⮌ chegar ☞ *de Bauru* é circunstância que funciona como complemento **6** pôr-se a caminho de; dirigir-se ⟨*o navio partiu para a Europa*⟩ ☞ *para a Europa* é circunstância que funciona como complemento **7** perder a vida; morrer ❑ *t.d.i.* **8** (prep. *entre*) entregar parcela de (algo) a (diversos receptores); distribuir

par.ti.tu.ra *s.f.* **1** material gráfico contendo notação completa de uma composição musical **2** *p.ext.* qualquer folha de papel com notação musical

par.to *s.m.* **1** ato de parir ou seu efeito **2** *fig.* tarefa ger. cansativa e difícil ⟨*escrever este livro foi um p.*⟩

par.tu.ri.en.te *adj.2g.s.f.* que(m) está prestes a ou acabou de parir

par.vo *adj.s.m.* tolo, estúpido ⮌ esperto ~ **parvoíce** *s.f.*

pas.cal *adj.2g.* relativo à, ou próprio da Páscoa; pascoal

pás.coa *s.f.* festa cristã comemorativa da ressurreição de Cristo ☞ inicial maiúsc. ~ **pascoal** *adj.2g.*

PASEP sigla de Programa de Formação do Patrimônio do Servidor Público

pas.ma.cei.ra *s.f.* **1** apatia, marasmo ⮌ ânimo **2** monotonia ⮌ agitação

pas.mar *v.* {mod. 1} *t.d.,int. e pron.* (fazer) ficar admirado, surpreso; surpreender(-se), assombrar(-se) ~ **pasmado** *adj.*

[1]**pas.mo** *s.m.* sentimento de espanto; admiração, assombro [ORIGEM: do lat.tar. *pasmus* 'id.']

[2]**pas.mo** *adj.* tomado de assombro; admirado, espantado ⟨*ficou p. quando descobriu a verdade*⟩ [ORIGEM: part.irreg. de *pasmar*]

pas.pa.lhão [pl.: *-ões*; fem.: *paspalhona*] *adj.s.m.* tolo, bobo ⮌ esperto

pas.pa.lho *adj.s.m.* paspalhão

pas.quim *s.m.* jornal ou folheto satírico

pas.sa *s.f.* fruta seca ao sol ou em estufa ⟨*p. de uva, de banana*⟩

pas.sa.da *s.f.* **1** movimento feito com os pés para andar; passo **2** *B* visita rápida a algum lugar ⟨*deu uma p. pela festa*⟩

pas.sa.dei.ra *s.f.* **1** tapete estreito e longo us. em corredor **2** *B* empregada que passa roupa

pas.sa.di.ço *adj.* **1** que passa rapidamente; transitório ⮌ definitivo ■ *s.m.* **2** passagem ou corredor de comunicação entre prédios, cômodos etc. **3** convés na parte superior de um navio **4** calçada

pas.sa.di.o *s.m.* comida de todo dia

pas.sa.dis.mo *s.m.* devoção ao passado; saudosismo ~ **passadista** *adj.2g.s.2g.*

pas.sa.do *adj.* **1** que passou ⟨*histórias p.*⟩ **2** que acabou de passar; imediatamente anterior ⟨*semana p.*⟩ **3** que envelheceu ou perdeu a atualidade **4** muito amadurecido ⟨*as frutas estão p.*⟩ **5** sem graça ou surpreendido com alguma coisa ⟨*ficou p. com a decisão*⟩ **6** alisado com ferro de passar ⮌ amarrotado ■ *s.m.* **7** o tempo que passou ⟨*tem boas recordações do p.*⟩ **8** história de uma pessoa, cidade, instituição etc. ⟨*o glorioso p. da nação*⟩

pas.sa.dor \ô\ *s.m.* **1** cada uma das alças presas no cós de saia, calça etc. **2** utensílio de cozinha us. para espremer legumes, massas etc. **3** *B* pregador de cabelo ■ *adj.* **4** que passa

pas.sa-fo.ra *interj.* **1** us. para enxotar animais ■ *s.m.* **2** repreensão vigorosa ⟨*deu-lhe um p.*⟩ ⊙ GRAM/USO pl. do s.m.: *passa-foras*

pas.sa.gei.ro *adj.* **1** não permanente; efêmero ⟨*chuva p.*⟩ ⟨*sentimento p.*⟩ ⮌ duradouro ■ *s.m.* **2** quem é transportado num veículo

pas.sa.gem *s.f.* **1** ato de passar ou seu efeito **2** local por onde se passa ⟨*há uma p. por trás do prédio*⟩ **3** bilhete de viagem **4** trecho de livro, peça etc. ▣ **p. de nível** *loc.subst.* parte de rua ou estrada que corta uma ferrovia no mesmo nível desta • **de p.** *loc.adv.* sem demora; superficialmente ⟨*veio só de p.*⟩

pas.sa.ma.na.ri.a *s.f.* trabalho com passamanes, seu comércio e indústria

pas.sa.ma.ne *s.m.* bordado ou trançado de seda, prata ou ouro etc. us. em roupas, cortinas etc. ☞ mais us. no pl.

pas.sa.men.to *s.m.* morte

pas.san.te *adj.2g.s.2g.* transeunte

pas.sa.por.te *s.m.* documento oficial que serve como identificação e permite o ingresso em países estrangeiros

pas.sar *v.* {mod. 1} *t.d.* **1** deslocar-se através de; atravessar, transpor ⟨*p. a estrada para chegar à fazenda*⟩ ⟨*passaram pela fronteira 20 pessoas*⟩ ☞ *pela fronteira* é circunstância que funciona como complemento **2** mover (algo) deixando-o para trás ⟨*p. as páginas de um livro*⟩ **3** movimentar, mover ⟨*p. o telefone de um ouvido para outro*⟩ **4** espalhar ou fazer correr por uma superfície; aplicar, pôr ⟨*p. tinta na parede*⟩ ⟨*p. a mão pela barba*⟩ ☞ *na parede* e *pela barba* são circunstâncias que funcionam como complemento **5** fechar por meio de (algo) ⟨*p. a chave na mala*⟩ ☞ *na mala* é circunstância que funciona como complemento **6** fazer, cozinhar ⟨*p. um café, uns bifes*⟩ **7** alisar (roupa) com ferro **8** envolver (algo) com; embrulhar, circundar ⟨*p. papel no pão*⟩ ⟨*passou o braço pela cintura dela*⟩

☞ *no pão* e *pela cintura dela* são circunstâncias que funcionam como complemento **9** *p.ext.* usar (determinado tempo) fazendo algo ⟨*p. dois anos no exterior*⟩ ☞ *no exterior* é circunstância que funciona como complemento **10** esgotar-se, acabar (período, prazo) **11** tornar válido; fazer, emitir ⟨*p. atestado de óbito*⟩ ⟨*p. um contrato no cartório*⟩ **12** repetir para adquirir destreza, prática; estudar ⟨*p. a cena, a tabuada*⟩ ❑ *t.d.* e *t.i.* **13** (prep. *por*) ir além de, deixar para trás; ultrapassar ⟨*o carro passou o ônibus*⟩ ⟨*passou por nós apressada*⟩ **14** (prep. *de*) ir além de ou ser superior a; exceder, ultrapassar ⟨*seu desempenho passou o dela*⟩ ⟨*isso passa dos limites*⟩ ⟨*já passa da hora de ir*⟩ **15** (prep. *para*) engatar, engrenar (marcha) ❑ *t.d.* e *int.* **16** mover(-se) para dentro de, transpondo; penetrar ⟨*p. a linha pelo buraco*⟩ ⟨*a cobra passou pela fresta*⟩ ☞ *pelo buraco* e *pela fresta* são circunstâncias que funcionam como complemento **17** mudar de um lugar para outro ⟨*passou o senhor para a frente*⟩ ⟨*p. para a frente*⟩ ⟨*passou da sala à cozinha*⟩ ☞ *para a frente*, *da sala* e *à cozinha* são circunstâncias que funcionam como complemento ❑ *t.d.* e *t.d.i.* **18** (prep. *para*, *a*) fazer chegar a; transportar, conduzir, levar ⟨*a balsa passa os carros para o outro lado*⟩ ⟨*não pôde p.-lhe o material*⟩ ☞ *para o outro lado* é circunstância que funciona como complemento **19** (prep. *para*) fazer seguir (mensagem, notícia etc.); transmitir, enviar ⟨*p. informação adiante*⟩ ⟨*p. um telegrama para o pai*⟩ **20** (prep. *a*, *para*) dar [a alguém] (algo seu ou de que se ocupava); entregar ⟨*passe o relógio!*⟩ ⟨*p. a palavra ao orador*⟩ ⮌ tomar **21** (prep. *a*, *para*) ceder mediante pagamento; vender ⟨*p. bilhetes de loteria*⟩ ⟨*passou-lhe uma rifa*⟩ **22** (prep. *a*, *para*) prescrever como medicamento; receitar ❑ *t.d.i.* **23** (prep. *para*) estabelecer como tarefa para ⟨*p. dever para os alunos*⟩ **24** (prep. *em*) tomar (pessoa, instituição) como alvo para; dirigir ⟨*p. um carão na filha*⟩ ⮌ levar ❑ *t.i.* e *int.* **25** (prep. *a*) deixar atividade, ocupação, estado etc. assumindo (outro); transitar ⟨*passemos ao capítulo 2*⟩ ⟨*passou da leitura aos bocejos*⟩ ❑ *int.* **26** percorrer um lugar sem nele se deter ⟨*passou pela cidade e seguiu para o norte*⟩ ☞ *pela cidade* é circunstância que funciona como complemento **27** mover-se em deslocação contínua ⟨*viram o cometa p.*⟩ **28** estar situado; localizar-se ⟨*a estrada passa longe daqui*⟩ ☞ *longe daqui* é circunstância que funciona como complemento **29** deixar de ocorrer ou manifestar-se; acabar ⟨*o perigo passou*⟩ ⮌ começar **30** manter-se vivo ou bem, ger. sob condições ruins; aguentar ⟨*passo com duas refeições por dia*⟩ ☞ *com duas refeições por dia* é circunstância que funciona como complemento **31** ser transitório; acabar ⟨*os governos passam, os líderes ficam*⟩ ⮌ permanecer **32** ser aprovado, aceito ⟨*o aluno passou no concurso*⟩ **33** ser tolerável, desculpável ⟨*você errou, mas desta vez passa*⟩ **34** em alguns jogos, não participar de um lance ou deixar de jogar uma rodada **35** surgir de repente e sumir rapidamente ⟨*o vendaval passou deixando destruição*⟩ ❑ *pron.* **36** acontecer, ocorrer ⟨*como tudo se passou?*⟩ ❑ *t.i.* **37** (prep. *para*) tornar-se parte de; entrar ⟨*passou para a história como rei*⟩ ❑ *t.i.* e *t.d.i.* **38** (prep. *a*, *para*) [fazer] tornar-se propriedade de (outrem, uma instituição etc.) ⟨*a tela passou a novo proprietário*⟩ ⟨*p. os bens para a filha*⟩ **39** (prep. *para*) transmitir(-se) por imitação, linha genética, contágio etc. ⟨*a catapora passou para o irmão*⟩ ⟨*p. suas manias para os filhos*⟩ **40** (prep. *por*) submeter(-se) à ação de ⟨*p. por uma revista*⟩ ⟨*p. o suspeito pelo detetor de mentiras*⟩ ❑ *t.d.*, *t.i.* e *int.* **41** (prep. *por*) viver ou estar em (certa situação ou condição) ⟨*p. fome*⟩ ⟨*p. por maus momentos*⟩ ⟨*não passou bem hoje*⟩ ❑ *int.* e *pron.* **42** transcorrer, decorrer (o tempo) ⊡ **p. bem** *loc.* **1** estar com boa saúde **2** ter boa acomodação, alimentação, tranquilidade etc. **3** us. como fórmula para desejar bons votos a alguém • **p. para trás** *fraseol.* *B infrm.* **1** obter vantagem que seria de outrem **2** agir de modo dissimulado; enganar **3** trair (cônjuge, amigo, sócio etc.) • **não p. de** *loc.vs.* ser somente

pas.sa.ra.da *s.f.* porção de pássaros

pas.sa.re.la *s.f.* **1** ponte para pedestres, ger. sobre avenidas ou estradas **2** plataforma ('superfície') longa us. em desfiles de moda e concursos **3** *p.ext.* qualquer caminho, via, avenida us. para desfiles, exibições etc. ⟨*a p. do samba*⟩

pas.sa.ri.nhei.ro *adj.s.m.* que(m) caça, cria ou vende pássaros

pas.sa.ri.nho *s.m.* pássaro pequeno

pás.sa.ro *s.m.* **1** toda ave pequena ou média com três dedos anteriores e um posterior **2** *infrm.* ave ⊙ COL passarada

pas.sa.tem.po *s.m.* atividade que diverte; divertimento, diversão

pas.sá.vel *adj.2g.* mais ou menos bom; razoável

pas.se *s.m.* **1** licença para passar de um lugar a outro **2** REL ato de passar as mãos por cima de pessoa que se pretende curar pela força mediúnica **3** DESP ato de passar a bola para um companheiro de equipe

pas.se.ar *v.* {mod. 5} *int.* **1** ir a algum lugar a lazer, para divertir-se, exercitar-se ❑ *t.d.* **2** percorrer a passeio ~ **passeador** *adj.s.m.*

pas.se.a.ta *s.f.* **1** passeio rápido **2** *B* marcha coletiva para realizar protesto, reivindicação, manifestar apoio a uma causa etc.

pas.sei.o *s.m.* **1** caminhada ou saída para lazer **2** praça ou jardim público **3** calçada ⊡ **p. completo** *loc.subst.* roupa elegante e convencional, para mulheres, e terno e gravata, para homens

pas.sio.nal *adj.2g.* próprio de ou regido por paixão ⟨*decisão p.*⟩ ~ **passionalidade** *s.f.*

pas.sis.ta *adj.2g.s.2g.* que(m) dança frevo ou samba

pas.sí.vel *adj.2g.* sujeito a experimentar boas ou más sensações, a ser objeto de certas ações ou a penas ⟨*p. de sofrimento*⟩ ⟨*ele é p. de transferência para outra filial*⟩ ⟨*ato p. de prisão*⟩

pas.si.vi.da.de *s.f.* **1** estado, qualidade ou natureza de quem é passivo, sem iniciativa **2** GRAM natureza de uma ação verbal em que o sujeito da oração é caracterizado como paciente (p.ex.: *o pedestre foi atropelado, o doente será operado*)

pas.si.vo *adj.* **1** que sofre uma ação ⟨*fumante p.*⟩ **2** sem iniciativa; indiferente ⟲ entusiasmado ■ *s.m.* **3** conjunto de dívidas e obrigações de pessoa ou empresa ☞ cf. *ativo*

pas.so *s.m.* **1** ato de deslocar cada pé ao andar **2** *p.ext.* o espaço compreendido entre cada um desses deslocamentos ⟨*a casa fica a dez p. da loja*⟩ **3** *p.ext.* o som produzido por esse deslocamento ⟨*ouviu passos e assustou-se*⟩ **4** *p.ext.* modo de andar **5** movimento definido de dança **6** resolução, medida ⟨*a viagem foi um p. decisivo em sua vida*⟩ ☞ cf. *paço* ⊡ **p. a p.** *loc.adv.* gradualmente ⟨*resolveu a questão p. a p.*⟩ • **ao p. que** *loc.conj.* **1** à medida que ⟨*ficava mais gorda ao p. que envelhecia*⟩ **2** enquanto ⟨*era estudioso, ao p. que o irmão era malandro*⟩

pas.ta *s.f.* **1** porção de matéria sólida ligada com substância líquida ou viscosa, e que se caracteriza por sua plasticidade ⟨*p. de farinha*⟩ ⟨*p. de frango*⟩ **2** bolsa retangular ou cartão dobrado, próprios para guardar papéis, documentos etc. **3** posto de ministro ⟨*está atualmente na p. da Saúde*⟩ ⊡ **p. de dentes** *loc.subst.* creme us. para limpar os dentes

pas.ta.gem *s.f.* pasto

pas.tar *v.* {mod. 1} *int.* **1** comer (boi, cavalo etc.) erva não ceifada ou vegetação rasteira **2** *fig.* não prosperar, não ter sucesso ⟨*se não estudar, vai p.*⟩

[1]**pas.tel** *s.m.* **1** massa de farinha de trigo, com recheio salgado ou doce, que se frita ou assa **2** GRÁF erro tipográfico, mistura de letras [ORIGEM: do fr.ant. *pastel* (hoje *pâte*) 'bolo, bocado de massa']

[2]**pas.tel** *s.m.* **1** espécie de lápis de cor us. em desenhos e pinturas **2** processo de pintura a seco sobre tela, papel etc., muito empr. em paisagens e retratos **3** *p.ext.* obra realizada por esse processo ■ *adj.2g.* **4** suave como a cor desse lápis ⟨*azul p.*⟩ **5** que apresenta essa cor ⟨*saia p.*⟩ [ORIGEM: do it. *pastello* 'processo de pintar com lápis de cores']

pas.te.lão [pl.: *-ões*] *s.m.* **1** torta salgada de forno; empadão **2** *p.ext.* comédia com intensa movimentação de atores e tortas e pastelões mutuamente atirados

pas.te.la.ri.a *s.f.* **1** doces e salgados feitos com massas diversas e prontos para consumo **2** local onde se fabricam e/ou vendem esses produtos

pas.te.lei.ro *s.m.* pessoa que prepara e/ou vende pastéis de massa e afins

pas.teu.ri.za.do *adj.* **1** submetido à pasteurização **2** *infrm.* inexpressivo, padronizado (ideia, obra de arte etc.)

pas.teu.ri.zar *v.* {mod. 1} *t.d.* esterilizar (laticínios, bebidas e outros alimentos), expondo-os a temperaturas elevadas e resfriando-os rapidamente em seguida ~ **pasteurização** *s.f.*

pas.ti.che *s.m.* obra literária ou artística que imita outra

pas.ti.fí.cio *s.m.* indústria de massas alimentícias

pas.ti.lha *s.f.* **1** tipo de doce; bala **2** massa de forma circular, comprimida e envolta em açúcar, com substâncias medicamentosas **3** pequena peça de cerâmica ou vidro, ger. quadrada ou retangular, que reveste pisos e paredes

pas.to *s.m.* vegetação ou local para pastar

pas.tor \ô\ *adj.s.m.* **1** que(m) leva e vigia o gado no pasto **2** (cão) que protege rebanhos ■ *s.m.* **3** guia espiritual, esp. protestante

pas.to.ra \ô\ *s.f.* **1** mulher que vigia o gado no campo **2** integrante do auto natalino dito pastoril

pas.to.ral *s.f.* **1** circular ('texto') escrita por papa ou bispo ■ *adj.2g.* **2** próprio de pastor ('guia') **3** relativo a pastor de animais; pastoril **4** campestre

pas.tor-a.le.mão [pl.: *pastores-alemães*] *s.m.* cão robusto, de grande porte, pelo preto e amarelado, orelhas pontiagudas, us. como rastreador, cão de guarda e guia para cegos

pas.to.re.ar *v.* {mod. 5} *t.d.* conduzir (o gado) ao pasto e/ou vigiá-lo

pas.to.rei.o *s.m.* **1** atividade de pastor de animais **2** local de pastagem

pas.to.ril *adj.2g.* **1** próprio de pastor de animais e do pastoreio **2** relativo à vida e aos costumes do campo; campestre ■ *s.m.* **3** auto natalino **4** folguedo popular nordestino, orign. representação dramática para celebrar o nascimento de Jesus, em que as pastoras se dividem em dois cordões ('grupo de foliões'), um azul e outro encarnado

pas.to.ri.nha *s.f.* cada uma das figurantes dos pastoris; pastora

pas.to.so \ô\ [pl.: *pastosos* \ó\] *adj.* **1** que parece pasta ('porção de matéria') **2** que tem consistência pegajosa

[1]**pa.ta** *s.f.* fêmea do pato [ORIGEM: de *pato* + *-a*]

[2]**pa.ta** *s.f.* **1** pé e perna de animal **2** *p.ext. pej.* pé ou mão humana ⟨*tire as p. da minha comida*⟩ [ORIGEM: obscura]

pa.ta.ca *s.f.* antiga moeda de prata

pa.ta.co.a.da *s.f.* disparate, tolice

pa.ta.da *s.f.* **1** golpe com a pata **2** *infrm.* grosseria

pa.ta.mar *s.m.* **1** parte larga no topo ou entre dois lances de escada **2** *fig.* nível destacado ⟨*atingiu mais um p. em sua carreira*⟩

pa.ta.ti.va *s.f.* ave de cerca de 10 cm de comprimento, penas cinzentas e abdome branco nos machos, e penas pardas nas fêmeas e filhotes, apreciada por seu canto melodioso

pa.ta.vi.na *pron.ind.* coisa alguma; nada ⟨*não entendi p. do filme*⟩

pa.ta.xó *s.2g.* **1** indivíduo dos pataxós, grupo indígena que habita a faixa costeira do sul da Bahia e o centro de Minas Gerais ■ *s.m.* **2** língua falada por esse grupo ■ *adj.2g.* **3** relativo a esse indivíduo, grupo ou língua

pat.chu.li *s.m.* **1** erva nativa da Índia de cujas folhas se extrai óleo us. em perfumaria **2** o perfume feito desse óleo

pa.tê *s.m.* pasta ('porção de matéria') temperada para passar em pão, torrada etc.

pa.te.la *s.f.* ANAT osso, antes denominado *rótula*, localizado na parte anterior do joelho

pá.te.na ou **pa.te.na** *s.f.* REL pires metálico us. na missa para cobrir o cálice e colocar a hóstia

pa.ten.te *s.f.* **1** DIR título de propriedade e uso exclusivo de um invento, modelo, projeto etc. **2** título correspondente ao posto a que o militar ascende ⟨*conquistou por mérito a nova p.*⟩ ■ *adj.2g.* **3** visível, óbvio ⟨*seu desejo é p.*⟩ ⮌ oculto

pa.ten.te.ar *v.* {mod. 5} *t.d.,t.d.i. e pron.* **1** (prep. *a*) tornar(-se) manifesto, evidente; mostrar(-se), revelar(-se) ⮌ esconder(-se) ❑ *t.d.* **2** registrar com patente ❑ *t.d. e t.d.i.* **3** (prep. *a*) fazer livre (a); liberar, abrir ⮌ bloquear

pa.ter.nal *adj.2g.* **1** de ou próprio de pai **2** *fig.* que demonstra bondade e compreensão ⟨*tomou uma atitude p.*⟩ ~ **paternalidade** *s.f.*

pa.ter.na.lis.mo *s.m.* **1** regime fundado na autoridade paterna **2** prática protetora em relações de trabalho, política etc. ~ **paternalista** *adj.2g.s.2g.*

pa.ter.ni.da.de *s.f.* **1** condição de pai **2** *fig.* autoria intelectual de uma obra ⟨*a p. de um projeto, de um livro*⟩

pa.ter.no *adj.* **1** relativo ao pai ou próprio dele **2** relativo aos pais ou à pátria; pátrio

pa.te.ta *adj.2g.s.2g.* **1** *pej.* que(m) é distraído **2** (indivíduo) tolo, idiota ~ **patetice** *s.f.*

pa.té.ti.co *adj.s.m.* (o) que provoca sentimento de piedade ⟨*cena p.*⟩ ⟨*o p. de sua decisão*⟩

pa.ti.bu.lar *adj.2g.* **1** próprio de patíbulo **2** *fig.* com aspecto sombrio ou de criminoso ⟨*rosto p.*⟩

pa.tí.bu.lo *s.m.* cadafalso

pa.ti.fa.ri.a *s.f.* ato ou comportamento de patife; canalhice, cafajestagem ⮌ decência, seriedade

pa.ti.fe *adj.s.m.* trapaceiro, canalha

pa.tim *s.m.* calçado com rodas ou lâmina para deslizar no solo ou no gelo ☞ mais us. no pl.

pá.ti.na *s.f.* **1** camada esverdeada na superfície do bronze ou do cobre **2** oxidação das tintas pela ação do tempo e da luz **3** técnica decorativa que imita essa oxidação **4** *fig.* o envelhecimento ⟨*a p. do tempo não afetou sua beleza*⟩

pa.ti.na.ção [pl.: *-ões*] *s.f.* **1** ação de patinar ou o seu efeito **2** modalidade esportiva em que se usam patins

pa.ti.na.dor \ô\ *adj.s.m.* que(m) pratica a patinação

pa.ti.nar *v.* {mod. 1} *int.* deslocar-se sobre patins

pa.ti.ne.te *s.m.* brinquedo constituído de uma tábua sobre duas rodas com guidom

pa.ti.nhar *v.* {mod. 1} *int.* **1** bater os pés ou as mãos na água **2** locomover-se pisando (em água, lama etc.) **3** mover-se roda de (veículo) sem provocar deslocamento ou deslizar sem controle

pa.ti.nho *s.m.* carne da parte interna da perna traseira do boi

pá.tio *s.m.* área calçada, murada e descoberta dentro de prédio, casa etc.

pa.to *s.m.* ave aquática de pés palmados e bico largo

pa.to.ge.ni.a *s.f.* estudo da origem ou evolução das doenças

pa.to.gê.ni.co *adj.* **1** relativo a patogenia **2** que pode causar doença

pa.to.lo.gi.a *s.f.* **1** MED estudo das doenças e alterações que elas provocam no organismo **2** MED o que constitui ou caracteriza determinada doença **3** *p.ext.* desvio em relação ao que é adequado ou considerado o estado normal de algo

pa.to.ló.gi.co *adj.* **1** referente a patologia **2** mórbido, doentio ⟨*seu ciúme é quase p.*⟩

pa.to.lo.gis.ta *adj.2g.s.2g.* especialista em patologia

pa.to.ta *s.f. gír.* grupo de amigos; turma

pa.tra.nha *s.f.* história falsa; mentira

pa.trão [pl.: *-ões*] *s.m.* proprietário ou chefe de estabelecimento comercial, industrial etc., em relação aos seus subordinados; empregador

pá.tria *s.f.* **1** país ou terra em que se nasce ou se vive **2** *p.ext.* local de origem de um grupo ou fato; domínio, reino ⟨*o Brasil é a p. do carnaval*⟩

pa.tri.ar.ca [fem.: *matriarca*] *s.m.* homem que governa família, tribo, clã etc. ~ **patriarcal** *adj.2g.*

pa.tri.ar.ca.do *s.m.* forma de organização social em que predomina a autoridade paterna

pa.trí.cio *adj.s.m.* **1** (indivíduo) da antiga nobreza romana **2** conterrâneo

pa.tri.mô.nio *s.m.* **1** herança familiar **2** conjunto de bens naturais ou culturais de determinado lugar, região, país etc. ~ **patrimonial** *adj.2g.*

pá.trio *adj.* **1** próprio de pátria ⟨*símbolos p.*⟩ **2** paterno

pa.tri.o.ta *adj.2g.s.2g.* que(m) ama a sua pátria e/ou presta serviços a ela ⮌ antipatriota, traidor

pa.tri.o.ta.da *s.f.* patriotismo exagerado; patriotice

pa.tri.o.ti.ce *s.f.* patriotada

pa.tri.ó.ti.co *adj.* **1** referente a patriotismo ou patriota **2** que revela amor à pátria

pa.tri.o.tis.mo *s.m.* **1** qualidade de quem é patriota **2** amor à pátria

pa.tro.ci.na.dor \ô\ *adj.s.m.* **1** (aquele) que patrocina **1.1** que ou quem (indivíduo ou empresa) assume os custos financeiros de um espetáculo, competição esportiva, programa de rádio ou televisão etc. com objetivos de publicidade de nome ou marca

pa.tro.ci.nar *v.* {mod. 1} *t.d.* **1** conceder proteção a; amparar **2** prover despesas, gastos de; financiar **3** *fig.* fazer surgir; ocasionar ⟨*o acaso patrocinou nosso encontro*⟩

pa.tro.cí.nio *s.m.* **1** auxílio, proteção **2** apoio financeiro

pa.tro.nal *adj.2g.* **1** próprio de patrão ⟨*reclamação p.*⟩ **2** formado por patrões ⟨*sindicato p.*⟩

pa.tro.na.to *s.m.* **1** direito ou poder de patrão **2** classe dos patrões ou dos proprietários de empresas **3** instituição que abriga e educa menores pobres; pensionato

pa.tro.nes.se [fr.; pl.: *patronesses*] *s.f.* mulher que patrocina obras beneficentes ⇨ pronuncia-se patronés

pa.tro.ní.mi.co *adj.* denominação derivada do nome do pai ou de ascendente
pa.tro.no *s.m.* **1** o que defende uma causa, ideia etc.; defensor, protetor ⟨*o p. da luta abolicionista*⟩ **2** tutor ou protetor de instituição, academia etc. ⟨*o p. da cadeira 23 da Academia*⟩ ⟨*o p. do Exército*⟩ **3** *p.ext.* indivíduo homenageado em cerimônias de formatura
pa.tru.lha *s.f.* **1** ronda ou reconhecimento da posição do inimigo; patrulhamento **2** grupo encarregado dessa função **3** *fig. B* cobrança de posições morais ou ideológicas; patrulhamento ⟨*após a vitória, instalou-se uma constante p.*⟩ **4** *p.ext. B* grupo político que faz essa cobrança
pa.tru.lha.men.to *s.m.* **1** patrulha ('ronda') **2** *fig. B* pressão por posições morais ou ideológicas; patrulha
pa.tru.lhar *v.* {mod. 1} *t.d. e int.* **1** proteger, vigiar ou rondar constantemente ❑ *t.d. fig. B* **2** cobrar conduta, posição ideológica, moral ou de ação; fiscalizar
pa.tru.lhei.ro *s.m.* **1** indivíduo que patrulha **2** pequeno navio que patrulha águas próximas à costa
pa.tu.á *s.m.* **1** saquinho de pano com oração ou relíquia benta us. em cordão, pendente do pescoço; bentinho **2** *fig.* qualquer objeto considerado como amuleto
pa.tu.lei.a \éi\ *s.f. pej.* classe social baixa; plebe, povo, ralé
pa.tus.ca.da *s.f.* festa informal com muita comida e bebida ~ **patuscar** *v.int.*
pa.tus.co *adj.s.m.* **1** que(m) gosta de patuscadas **2** brincalhão ⮌ sisudo **3** *pej.* excêntrico, ridículo
pau *s.m.* **1** pedaço de madeira **2** *p.ext.* qualquer pedaço de substância sólida semelhante a um pau ⟨*canela em p.*⟩ **3** haste, mastro **4** *infrm.* surra **5** *infrm.* reprovação em exame ⟨*levou p. no vestibular*⟩ ⟨*tomar p. no concurso*⟩ **6** *infrm.* unidade monetária ⟨*o som custou 300 p.*⟩ ▼ *paus s.m.pl.* **7** um dos quatro naipes do baralho, representado por um trevo preto de três folhas ⊡ **p. a p.** *loc.adv.* de maneira equilibrada ⟨*o jogo foi p. a p.*⟩ • **p. para toda obra** *loc.subst.* pessoa ou coisa que serve para tudo
pau a pi.que [pl.: *paus a pique*] *s.m.* parede feita de uma trama de ripas coberta com barro; taipa
pau-bra.sil [pl.: *paus-brasil* e *paus-brasis*] *s.m.* árvore brasileira de cujo tronco se extrai tinta vermelha
pau-d'á.gua [pl.: *paus-d'água*] *s.m.* **1** árvore de até 10 m, casca escura e fendida, folhas rígidas e flores amarelas, de cujo tronco se retira líquido semelhante à goma arábica **2** árvore pequena de folhas verde-escuras em forma de lança, que se reproduz por segmentos de caule colocados em água **3** *B infrm.* bêbado
pau-d'ar.co [pl.: *paus-d'arco*] *s.m.* ipê
pau de a.ra.ra [pl.: *paus de arara*] *s.m. B* **1** pau us. para transportar aves amarradas **2** instrumento de tortura que consiste num pau roliço em que o torturado é pendurado pelos joelhos flexionados e tem seus pulsos atados aos tornozelos **3** caminhão que leva retirantes nordestinos
pau de se.bo [pl.: *paus de sebo*] *s.m.* **1** disputa para buscar prêmios no alto de um mastro coberto de sebo ou qualquer substância escorregadia **2** esse mastro
pau-fer.ro [pl.: *paus-ferro* e *paus-ferros*] *s.m.* árvore de tronco liso com manchas brancas, madeira muito dura, us. em arborização e pelas propriedades medicinais das raízes, casca e frutos
pa.ul *s.m.* pântano
pau.la.da *s.f.* golpe com pau ('madeira')
pau.la.ti.no *adj.* **1** feito em etapas **2** lento ⮌ acelerado
pau.lis.ta *adj.2g.* **1** de São Paulo ■ *s.2g.* **2** natural ou habitante desse estado
pau.lis.ta.no *adj.* **1** da cidade de São Paulo (SP) ■ *s.m.* **2** natural ou habitante dessa cidade
pau-man.da.do [pl.: *paus-mandados*] *s.m.* quem faz tudo que lhe mandam
pau-mar.fim [pl.: *paus-marfim* e *paus-marfins*] *s.m.* **1** árvore de até 30 m, cuja madeira clara e dura é us. em marcenaria e carpintaria **2** essa madeira ⟨*móvel de p.*⟩
pau.pe.ris.mo *s.m.* grande pobreza
pau.pe.ri.za.ção [pl.: *-ões*] *s.f.* empobrecimento ⮌ enriquecimento ~ **pauperizar** *v.t.d. e pron.*
pau.pér.ri.mo *adj.* muito pobre ⊙ GRAM/USO sup.abs.sint. de *pobre*
pau.sa *s.f.* **1** suspensão temporária de ação ou som **2** falta de agilidade; lentidão ⟨*andava com p. entre as estantes*⟩ ⮌ rapidez **3** MÚS silêncio entre notas musicais **4** MÚS figura que indica a duração desse silêncio
pau.sar *v.* {mod. 1} *t.d. e int.* **1** dar pausa a ou fazer pausa; interromper; parar ⟨*p. o filme*⟩ ⟨*cansado, logo pausou*⟩ ⮌ prosseguir ❑ *t.d.* **2** executar com lentidão; cadenciar ⟨*p. a leitura*⟩ ⮌ acelerar
pau.ta *s.f.* **1** série de linhas horizontais impressas numa folha de papel **2** cada uma dessas linhas **3** MÚS conjunto de linhas paralelas onde se escrevem as notas; pentagrama **4** enumeração de coisas; lista, rol **5** roteiro dos assuntos a serem cobertos numa edição de jornal, programa de televisão etc.
pau.tar *v.* {mod. 1} *t.d.* **1** traçar pauta em ⟨*p. papel*⟩ **2** pôr em pauta; relacionar ⟨*p. as tarefas*⟩ **3** controlar, moderar ⟨*p. as despesas*⟩ ❑ *t.d.i. e pron.* **4** (prep. *por*) regular(-se), orientar(-se) ⟨*p. a vida pela ética*⟩ ⟨*p.-se por bons exemplos*⟩
pa.va.na *s.f.* **1** tipo de dança renascentista, de origem italiana, com andamento ('tempo') lento **2** composição instrumental com as características dessa dança
pa.vão [pl.: *-ões*; fem.: *pavoa*] *s.m.* grande ave, semelhante a galinha, cujos machos têm longas penas caudais esverdeadas e com grandes manchas redondas, que se erguem em um leque vertical
pa.vê *s.m.* doce feito de camadas de biscoitos embebidos em alguma bebida licorosa e creme ou musse
pá.vi.do *adj.* medroso, apavorado ⮌ impávido

pa.vi.lhão [pl.: *-ões*] *s.m.* **1** construção leve, ger. desmontável **2** prédio anexo de uma edificação principal **3** construção isolada que integra um conjunto de prédios **4** bandeira ('pano') **5** ANAT dilatação ou expansão na extremidade de um conduto ⊡ **p. auricular** *loc.subst.* ANAT parte mais externa e cartilaginosa da orelha, em forma de concha; orelha

pa.vi.men.ta.ção [pl.: *-ões*] *s.f.* **1** ato ou efeito de pavimentar **2** revestimento de estradas, ruas, pisos etc. ⟨*a p. de uma rodovia*⟩

pa.vi.men.tar *v.* {mod. 1} *t.d.* cobrir com pavimento (rua, estrada etc.)

pa.vi.men.to *s.m.* **1** revestimento do solo; piso, assoalho **2** qualquer andar de uma edificação ⟨*prédio com seis p.*⟩

pa.vi.o *s.m.* mecha de vela ⊡ **ter p. curto** *fraseol. fig.* irritar-se com facilidade

pa.vo.ne.ar *v.* {mod. 5} *t.d. e pron.* **1** mostrar(-se) com ostentação, vaidade; exibir(-se) **2** enfeitar(-se), arrumar(-se) ❑ *pron.* **3** (prep. *de*) gabar-se, vangloriar-se

pa.vor \ô\ *s.m.* medo ou susto muito grande ⟨*tem p. de raios*⟩ ↄ coragem

pa.vo.ro.so \ô\ [pl.: *pavorosos \ó*] *adj.* que causa pavor ⟨*chuva p.*⟩ ⟨*filme p.*⟩

pa.vu.na *s.f.* vale profundo e escarpado

pa.xá *s.m.* **1** antigo título otomano **2** *infrm.* homem preguiçoso e que vive para ser servido ~ **paxalato** *s.m.*

paz *s.f.* **1** ausência de conflito ⟨*tratado de p.*⟩ ⟨*a p. vigora naquela casa*⟩ **2** calma, tranquilidade ⟨*temos a consciência em p.*⟩ ⟨*a p. de um mosteiro*⟩

Pb símbolo de *chumbo* ('elemento químico')

PB sigla do Estado da Paraíba

PC [ing.; pl.: *PCs*] *s.m.* sigla, em inglês, de computador pessoal

Pd símbolo de *paládio*

PDF [ing.] *s.m.* INF formato de arquivo us. para representar documentos, conservando suas características originais como gráficos, cores, formatações, tipos de letra etc. ⇨ pronuncia-se **pi di éf,** *corrente* pê dê éfe

PE sigla do Estado de Pernambuco

pé *s.m.* **1** extremidade do membro inferior humano **2** pata de animal **3** parte inferior que sustenta um objeto ⟨*os pés da mesa*⟩ **4** cada unidade de determinada planta ⟨*um pé de alface*⟩ **5** *fig.* estado de um negócio, situação etc. ⟨*em que pé estão as negociações?*⟩ **6** medida de comprimento correspondente a 12 polegadas e equivalente a 30,48 cm ⊡ **pé ante pé** *loc.adv.* com cuidado, vagarosamente ⟨*saiu pé ante pé*⟩ • **pé na tábua** *loc.interj.* expressa estímulo a que se dirija, ande ou conclua uma atividade mais rapidamente • **a pé** *loc.adv.* caminhando ⟨*não usa o carro, vai sempre a pé*⟩ • **ao pé da letra** *loc.adv.* literalmente • **ao pé do ouvido** *loc.adv.* em segredo; murmurando ⟨*contou-lhe a decisão ao pé do ouvido*⟩ • **bater (o) pé** *fraseol.* manifestar oposição; agir de maneira insistente • **cair de pé** *fraseol.* ser vencido com dignidade • **com o pé atrás** *loc.adv. fig.* com reservas, desconfiadamente • **com o pé direito** *loc.adv. fig.* com sorte • **com o pé esquerdo** *loc.adv. fig.* com azar • **com o pé nas costas** *loc.adv. fig.* com muita facilidade • **dar no pé** *loc.vs. infrm.* fugir, debandar • **dar pé** *loc.vs.* ter menor profundidade (rio, mar etc.) que a altura da pessoa • **de pé** *loc.adv.* **1** em posição vertical, em pé **2** de acordo com o combinado ⟨*o trabalho está de pé*⟩ • **em pé** *loc.adv.* em posição vertical • **em pé de guerra** *loc.adv.* com os ânimos exaltados • **em pé de igualdade** *loc.adv.* no mesmo nível, de igual para igual • **ir num pé e voltar no outro** *fraseol.* executar determinada tarefa com muita rapidez; não demorar • **jurar de pés juntos** *fraseol.* afirmar convincentemente • **meter os pés pelas mãos** *fraseol.* atrapalhar-se • **pegar no pé** *fraseol. infrm.* incomodar com insistência ⟨*tem sempre alguém pegando no meu pé*⟩

pê *s.m.* nome da letra *p*

[1]**pe.ão** [pl.: *-ões* e *-ães*; fem.: *peoa* e *peona*] *s.m.* **1** amansador de animais, esp. cavalos **2** auxiliar de boiadeiro **3** trabalhador rural [ORIGEM: do esp. *peón* 'trabalhador não especializado']

[2]**pe.ão** [pl.: *-ões* e *-ães*; fem.: *peoa* e *peona*] *s.m.* no jogo de xadrez, cada uma das oito peças dispostas ao longo da segunda fila, que se movimentam apenas para frente, de casa em casa [ORIGEM: do lat. *pedo,ōnis* 'o que vai a pé']

pe.ça *s.f.* **1** parte autônoma de um todo ⟨*p. de madeira*⟩ ⟨*p. do vestuário*⟩ ⟨*p. de um motor*⟩ **2** objeto com existência individual; exemplar ⟨*uma p. de decoração*⟩ **3** compartimento ou divisão de uma casa **4** obra teatral ou musical **5** *infrm.* engano; travessura ⟨*pregaram-lhe uma boa p.*⟩ **6** pedra de jogo de tabuleiro **7** porção inteiriça de tecido **8** *fig. infrm.* pessoa incomum

pe.cã *s.f.* **1** árvore nativa dos E.U.A., cujo fruto é uma noz alongada, muito us. no preparo de tortas e bolos **2** o fruto dessa árvore

pe.ca.do *s.m.* **1** violação de preceito religioso **2** *p.ext.* desobediência a qualquer norma ou preceito; erro, falta ⟨*dormir muito não é p.*⟩

pe.ca.dor \ô\ *adj.s.m.* **1** (aquele) que comete pecado(s) **2** (pessoa) que possui defeitos, vícios **3** (indivíduo) que confessa os pecados; penitente

pe.ca.mi.no.so \ô\ [pl.: *pecaminosos \ó*] *adj.* que envolve pecado

pe.car *v.* {mod. 1} *t.i. e int.* **1** (prep. *contra*) violar preceito religioso **2** *p.ext.* (prep. *contra*) cometer qualquer falta; errar ❑ *t.i.* **3** (prep. *por*) ser censurável, condenável ⟨*p. pela ignorância*⟩

pe.cha *s.f.* defeito moral; falha, imperfeição ⟨*tem a p. de mentiroso*⟩

pe.chin.cha *s.f.* **1** algo muito barato ⟨*essa blusa foi uma p.*⟩ **2** negócio vantajoso ~ **pechincheiro** *adj.s.m.*

pe.chin.char *v.* {mod. 1} *t.d.,t.i. e int.* **1** (prep. *em*) pedir redução do preço (de); barganhar ❑ *t.d. e int.* **2** receber (vantagens, lucros etc.) sem esperar e/ou merecer

pe.ci.lo.ter.mo *adj.s.m.* (animal) de temperatura variável, como os peixes, os anfíbios e os répteis ⮌ homeotermo ~ **pecilotermia** *s.f.* - **pecilotérmico** *adj.*
pe.cí.o.lo *s.m.* BOT segmento da folha que a prende ao ramo ou tronco
pe.ço.nha *s.f.* secreção venenosa de certos animais ~ **peçonhento** *adj.*
pec.ti.na *s.f.* substância presente nas paredes celulares de tecido vegetal, esp. em frutas cítricas, us. no preparo de geleias
pe.cu.á.ria *s.f.* atividade relacionada a todos os aspectos da criação de gado ~ **pecuário** *adj.* - **pecuarista** *adj.2g.s.2g.*
pe.cu.la.to *s.m.* roubo ou desvio de dinheiro público ou bem móvel por parte de funcionário que os administra ou guarda ~ **peculatário** *adj.s.m.*
pe.cu.li.ar *adj.2g.* **1** relativo a pecúlio **2** próprio de algo ou alguém; específico ⟨*clima p.*⟩ ⟨*perfume p.*⟩ ⮌ genérico
pe.cu.li.a.ri.da.de *s.f.* característica distintiva; particularidade
pe.cú.lio *s.m.* **1** reserva de dinheiro **2** conjunto de bens móveis e imóveis; patrimônio
pe.cú.nia *s.f.* dinheiro
pe.cu.ni.á.rio *adj.* **1** referente a dinheiro ⟨*transação p.*⟩ **2** representado em dinheiro ⟨*reserva p.*⟩
pe.da.ço *s.m.* **1** porção de um sólido ⟨*p. de queijo*⟩ ⟨*p. de arame*⟩ **2** experiência por que alguém passa ⟨*passou um mau p. naquela viagem*⟩ **3** trecho de determinada obra; parte ⟨*gostei mais deste p. do livro*⟩ **4** trecho de caminho ⟨*andou um bom p.*⟩
pe.dá.gio *s.m.* **1** taxa cobrada de veículos pelo direito de passagem em estrada **2** o posto de cobrança dessa taxa
pe.da.go.gi.a *s.f.* **1** teoria e ciência do ensino **2** ofício de ensinar ~ **pedagógico** *adj.*
pe.da.go.go \ô\ *s.m.* **1** o especialista em pedagogia **2** professor
pé-d'á.gua [pl.: *pés-d'água*] *s.m.* *B* chuva forte e de curta duração
pe.dal *s.m.* peça que, em certas máquinas ou aparelhos, se aciona com o pé
pe.da.la.da *s.f.* cada impulso dado em pedal
pe.da.lar *v.* {mod. 1} *t.d. e int.* **1** mover pedal ou pedais (de máquina, instrumento, bicicleta) ❑ *int.* **2** andar de bicicleta
pe.da.li.nho *s.m.* pequena embarcação movida a pedais, us. ger. em lagoas, esp. para lazer
pe.dan.te *adj.2g.s.2g.* **1** que(m) ostenta cultura, erudição **2** que(m) se expressa com termos e raciocínios difíceis **3** que(m) demonstra superioridade
pe.dan.tis.mo *s.m.* ou **pe.dan.ti.ce** *s.f.* **1** qualidade de quem é pedante **2** dito ou procedimento característico de quem é pedante
pé de a.tle.ta [pl.: *pés de atleta*] *s.m.* micose que ataca os pés, principalmente os dedos; frieira
pé de boi [pl.: *pés de boi*] *s.m.* *infrm.* trabalhador esforçado, cumpridor de suas obrigações ⮌ preguiçoso
pé de ca.bra [pl.: *pés de cabra*] *s.m.* alavanca de metal dotada de uma fenda em uma das extremidades, us. para arrancar pregos, arrombar portas etc.
pé de chi.ne.lo [pl.: *pés de chinelo*] *adj.s.m.* *infrm.* **1** pobre, insignificante ■ *s.m.* **2** marginal pouco perigoso
pé de ga.li.nha [pl.: *pés de galinha*] *s.m.* ruga no canto externo do olho
pé-de-mei.a [pl.: *pés-de-meia*] *s.m.* *infrm.* dinheiro economizado e reservado para qualquer eventualidade; economias
pé de mo.le.que [pl.: *pés de moleque*] *s.m.* **1** doce consistente feito com amendoim torrado e açúcar **2** calçamento de rua com pedras irregulares
pé de pa.to [pl.: *pés de pato*] *s.m.* calçado de borracha, com a extremidade achatada, larga e flexível, us. por mergulhadores e nadadores para ganhar maior velocidade; nadadeira
pe.de.ras.ti.a *s.f.* **1** prática sexual entre um homem e um rapaz mais jovem **2** *p.ext.* homossexualismo masculino ~ **pederasta** *s.m.*
pe.der.nei.ra *s.f.* pedra que, em atrito com metal, produz faísca
pe.des.tal *s.m.* base, suporte para estátua, coluna etc.
pe.des.tre *adj.2g.s.2g.* que(m) anda ou está a pé
pe.des.tri.a.nis.mo *s.m.* prática esportiva que consiste em longas caminhadas
pé de ven.to [pl.: *pés de vento*] *s.m.* rajada de vento
pe.di.a.tra *s.2g.* médico especialista em pediatria
pe.di.a.tri.a *s.f.* ramo da medicina que estuda a criança e suas doenças ~ **pediátrico** *adj.*
pe.di.cu.lo.se *s.f.* MED infestação de piolhos
pe.di.cu.re *s.2g.* ou **pe.di.cu.ro** [fem.: *pedicura*] *s.m.* profissional especializado no tratamento e embelezamento dos pés; calista
pe.di.do *s.m.* **1** ação de pedir **2** o que se pede ⟨*atender a um p.*⟩ **3** ordem de compra ⟨*conseguiremos dar conta de todos os p.*⟩
pe.di.gree [ing.; pl.: *pedigrees*] *s.m.* **1** linhagem de um animal de raça **2** certificado que atesta essa linhagem ⇨ pronuncia-se pedigri
pe.din.te *adj.2g.s.2g.* **1** que(m) pede ■ *s.2g.* **2** mendigo
pe.dir *v.* {mod. 28} *t.d.,t.d.i. e int.* **1** (prep. *a*) dirigir-se (a alguém) para que atenda (necessidade, vontade); solicitar ❑ *t.d. e t.d.i.* **2** (prep. *a*) reclamar por ser direito legítimo ou suposto; exigir ❑ *t.d.* **3** exigir, por ser necessário; requerer ⮌ dispensar ❑ *t.i.* **4** (prep. *por*) fazer solicitação a favor de; interceder
pé-di.rei.to [pl.: *pés-direitos*] *s.m.* altura entre o piso e o teto de um cômodo ou pavimento
pe.dra *s.f.* **1** matéria mineral sólida e dura **2** pedaço dessa matéria us. em construção etc. ⟨*p. da calçada*⟩ ⟨*muro de p.*⟩ **3** rochedo ⟨*escalar até o alto da p.*⟩ **4** *fig.* pedaço de qualquer substância dura ⟨*a carne está uma p.*⟩ **5** peça de certos jogos **6** lápide em túmulo ⊡ **p. de toque** *loc.subst.* pedra us. para avaliar pureza de ouro, prata etc. • **p. filosofal** *loc.subst.* fórmula que transfor-

maria metal comum em ouro • **p. lascada** *loc.subst.* pedra quebrada grosseiramente, us. como arma e ferramenta na era paleolítica • **p. polida** *loc.subst.* pedra trabalhada us. como arma e ferramenta na era neolítica ~ **pedrento** *adj.* · **pedroso** *adj.*

pe.dra.da *s.f.* golpe com pedra

pe.dra-po.mes [pl.: *pedras-pomes*] *s.f.* pedra us. para limpar e amaciar a pele

pe.dra.ri.a *s.f.* porção de pedras, esp. as preciosas

pe.dra-sa.bão [pl.: *pedras-sabão* e *pedras-sabões*] *s.f.* rocha de textura fibrosa, de coloração esverdeada, muito us. em escultura

pe.dra-u.me [pl.: *pedras-ume* e *pedras-umes*] *s.f.* nome comum dado ao sulfato de alumínio e potássio, us. na fabricação de corantes, papel, porcelana, purificação de água, clarificação de açúcar etc.

pe.dre.go.so \ô\ [pl.: *pedregosos* \ó\] *adj.* que tem muitas pedras

pe.dre.gu.lho *s.m.* **1** grande quantidade de pedras pequenas **2** pedra de grandes dimensões

pe.drei.ra *s.f.* **1** local de onde se extrai pedra **2** *fig. infrm.* tarefa árdua

pe.drei.ro *s.m.* quem trabalha em construções, lidando com pedras, cimento, cal etc.

pe.drês *adj.2g.s.2g.* (o) que é salpicado de branco e preto

pe.dún.cu.lo *s.m.* BOT haste que sustenta uma flor ou um cacho de flores, e posteriormente o(s) fruto(s)

pé-fri.o [pl.: *pés-frios*] *s.2g. infrm.* pessoa sem sorte ou que traz má sorte aos outros

pe.ga *s.m. infrm.* **1** corrida não autorizada de automóveis em via pública **2** forte discussão ou briga

pe.ga.da *s.f.* marca de pé ou pata no solo

pe.ga.dor \ô\ *adj.s.m.* **1** (aquele) que pega **2** DESP no pugilismo e em esportes afins, diz-se de ou lutador acostumado a nocautear ■ *s.m.* **3** utensílio us. para pegar ou segurar algo ⟨*p. de gelo*⟩

pe.ga.jo.so \ô\ [pl.: *pegajosos* \ó\] *adj.* grudento, viscoso

pe.ga-la.drão [pl.: *pega-ladrões*] *s.m.* dispositivo de segurança adaptado aos fechos de colares, pulseiras etc.

pe.ga-pe.ga [pl.: *pega-pegas* e *pegas-pegas*] *s.m.* pique ('brincadeira')

pe.gar *v.* {mod. 1} *t.d.* e *t.i.* **1** (prep. *em*) segurar, prender ❑ *t.d.,int.* e *pron.* **2** deixar ou ficar preso; fixar(-se), colar ⟨*p. o papel à parede*⟩ ⟨*o feijão pegou na panela*⟩ ⟨*a roupa pegava-se ao corpo*⟩ ☞ *à parede* e *na panela* são circunstâncias que funcionam como complemento ❑ *int.* **3** lançar ou criar raízes **4** estabilizar-se, vingar ⟨*a moda pegou*⟩ ⟨*a desculpa não pegou*⟩ **5** começar a funcionar ⟨*o carro demorou a p.*⟩ ⮌ parar **6** chegar (ao trabalho) ⟨*p. cedo no serviço*⟩ ⟨*lá eu pego às 10h*⟩ ❑ *t.i.* **7** (prep. *a*) começar, principiar ⟨*de noite pegou a chover*⟩ **8** (prep. *com*) ser contíguo, ter algo em comum ❑ *t.d.* **9** chegar junto de; alcançar, atingir ⟨*a chuva pegou-os na estrada*⟩ **10** viver, vivenciar ⟨*não pegou a época dos bondes*⟩ **11** chocar-se com; bater, atropelar ⟨*o carro pegou a moça*⟩ **12** ir buscar; apanhar **13** assumir (trabalho, obrigação) **14** ingressar em (ônibus, trem etc.) **15** ser condenado a ⟨*p. muitos anos de cadeia*⟩ **16** seguir, ir por (certo caminho ou direção) **17** captar som e/ou imagem de **18** surpreender, encontrar ⟨*pegou-a roubando*⟩ **19** *B infrm.* deslocar-se para (um lugar, ger. a lazer); ir ⟨*p. uma praia, um cinema*⟩ **20** compreender, entender **21** abranger, incluir ⟨*a região de entrega não pega essa área*⟩ ❑ *t.d.,t.d.i.,t.i.,int.* e *pron.* **22** (prep. *de*) adquirir ou transmitir(-se) por contágio ou por influência ❑ *pron.* **23** brigar, desentender-se ⮌ entender-se **24** (prep. *com*) pedir proteção a; rezar ⟨*em perigo, pega-se com seu santo*⟩

pe.ga-ra.paz [pl.: *pega-rapazes*] *s.m.* anel de cabelo pegado à testa ou aos lados da face

pe.go \é\ *s.m.* **1** parte mais funda em rio, lago etc. **2** abismo no mar; pélago **3** caverna no fundo do mar

pe.gu.rei.ro *adj.s.m.* **1** pastor de rebanhos ■ *s.m.* **2** cão pastor

pei.a *s.f.* **1** amarração para pés de animais **2** *fig.* entrave, obstáculo **3** chicote

pei.ta *s.f.* **1** antigo imposto pago pelos que não eram nobres **2** presente oferecido como suborno **3** crime praticado por quem aceita esse presente

[1]**pei.tar** *v.* {mod. 1} *t.d.* dar bem, dinheiro etc. a (alguém) para fazer algo ilícito; subornar [ORIGEM: do lat.vulg. *pactare* 'pagar tributo']

[2]**pei.tar** *v.* {mod. 1} *t.d.fig.* enfrentar sem medo ⮌ fugir [ORIGEM: *peito* + [2]*-ar*]

pei.ti.lho *s.m.* **1** o que reveste o peito **2** parte da roupa que cobre o peito

pei.to *s.m.* **1** tórax **2** a parte externa superior do tórax **3** a carne (do boi, frango etc.) dessa região **4** cada um dos seios femininos **5** *fig.* força moral; apoio ⊡ **do p.** *loc.adj.* muito querido; do coração ⟨*amigo do p.*⟩ • **meter os p.** *loc.vs.* fazer algo com empenho e dedicação

pei.to.ral *adj.2g.* **1** relativo ou próprio de peito **2** diz-se de cada um dos músculos localizados na caixa torácica anterior

pei.to.ril *s.m.* parapeito

pei.tu.do *adj.s.m.* **1** (indivíduo) de peitos grandes ou musculosos **2** *fig.* corajoso, desafiador ⮌ covarde

pei.xa.da *s.f.* ensopado de peixe

pei.xa.ri.a *s.f.* estabelecimento especializado na venda de peixes e demais frutos do mar

pei.xe *s.m.* **1** animal vertebrado aquático, dotado de nadadeiras e brânquias **2** *infrm.* quem recebe privilégios por ser protegido de alguém ▼ *peixes* *s.m.pl.* **3** décima segunda e última constelação zodiacal, situada entre Aquário e Áries ☞ inicial maiúsc. **4** ASTRL décimo segundo e último signo do zodíaco (de 20 de fevereiro a 20 de março) ☞ inicial maiúsc. ⊙ COL cardume

pei.xe-boi [pl.: *peixes-boi* e *peixes-bois*] *s.m.* grande mamífero aquático de corpo arredondado, cabeça pequena e cauda em forma de remo

pei.xe-e.lé.tri.co [pl.: *peixes-elétricos*] *s.m.* peixe que solta descargas elétricas para se defender; poraquê

pei.xe-es.pa.da [pl.: *peixes-espada* e *peixes-espadas*] *s.m.* peixe prateado de corpo alongado e pontiagudo, semelhante a uma espada

pei.xei.ra *s.f.* **1** faca us. para cortar peixe **2** facão curto us. como arma

pei.xei.ro *s.m.* vendedor de peixe

pei.xe-vo.a.dor [pl.: *peixes-voadores*] *s.m.* peixe capaz de realizar voos curtos perto da superfície, para fugir de predadores

pe.jar *v.* {mod. 1} *t.d. e t.d.i.* **1** (prep. *de*) ocupar certo espaço ou volume; encher ❑ *t.i. e pron.* **2** (prep. *a, de*) [fazer] ter pejo; envergonhar(-se) ⟨*as críticas pejaram-lhe*⟩ ⟨*p.-se de erros*⟩ ⮌ desinibir(-se) ❑ *pron.* **3** (prep. *com*) ficar ressentido; magoar-se **4** (prep. *em*) ter receio; hesitar ❑ *t.d. e int.* **5** engravidar ~ **pejamento** *s.m.*

pe.jo \ê\ *s.m.* **1** vergonha, pudor ⮌ descaramento **2** falta de traquejo social ⮌ desembaraço

pe.jo.ra.ti.vo *adj.* que exprime sentido negativo, depreciativo (diz-se de palavra, expressão etc.) ⮌ elogioso

pe.la \é\ *s.f.* bola, esp. de borracha, us. em alguns jogos

pe.la.da *s.f.* **1** jogo de futebol em campo improvisado **2** *p.ext.* partida de futebol mal jogada

[1]**pe.la.do** *adj.* sem pelo ou cabelo [ORIGEM: part. de [1]*pelar*]

[2]**pe.la.do** *adj.* **1** sem pele **2** sem casca **3** *infrm.* nu ⮌ vestido [ORIGEM: part. de [2]*pelar*]

pe.la.gem *s.f.* conjunto de pelos de mamíferos

pe.lá.gi.co ou **pe.lá.gio** *adj.* **1** diz-se da região ocupada por todos os oceanos **2** que vive em alto-mar (animal)

pé.la.go *s.m.* **1** abismo oceânico **2** região marítima afastada do litoral; alto-mar

pe.la.me *s.m.* **1** pelagem **2** coleção de peles ('agasalhos')

pe.lan.ca *s.f.* pele flácida e caída

pe.lan.cu.do *adj.* cheio de pelanca

[1]**pe.lar** *v.* {mod. 1} *t.d. e pron.* (fazer) ficar sem pelo [ORIGEM: do lat. *pilāre* 'tirar o pelo de']

[2]**pe.lar** *v.* {mod. 1} *t.d. e pron.* **1** pôr(-se) nu; despir(-se) ⮌ vestir(-se) **2** (fazer) ficar sem a pele ou a casca; descascar ❑ *int.* **3** estar muito quente ❑ *t.d. fig. infrm.* **4** tirar os pertences de, ger. de modo ilícito; depenar [ORIGEM: *pele* + [2]*-ar*]

pe.le *s.f.* **1** órgão que reveste o corpo humano e o de certos vertebrados **2** esse órgão, esp. de certos animais de pelos abundantes e sedosos, us. como agasalho ou guarnição de peças do vestuário **3** casca de alguns frutos e legumes **4** *fig.* o próprio corpo ⟨*sentir a dor na p.*⟩ ⊙ COL pelame ⊡ **cair na p. de** *loc.vs.* zombar de alguém • **salvar a p.** *loc.vs.* livrar-se de responsabilidades ⟨*tentou salvar a p., negando seu envolvimento no caso*⟩

pe.le.go \ê\ *s.m.* **1** pele do carneiro com a lã **2** essa pele us. sobre a sela **3** *pej.* trabalhador que age nos sindicatos contra os interesses de sua própria classe **4** *pej.* bajulador, capacho

pe.le.ja \ê\ *s.f.* **1** luta, disputa **2** DESP disputa esportiva ~ **pelejador** *adj.s.m.* - **pelejar** *v.t.d.,t.i. e int.*

pe.le.ri.ne *s.f.* **1** tipo de capa comprida com aberturas para os braços **2** pequeno manto que cobre apenas a parte superior do corpo

pe.le.ta.ri.a ou **pe.le.te.ri.a** *s.f.* loja de casacos, estolas de peles etc.

pe.le-ver.me.lha [pl.: *peles-vermelhas*] *adj.2g.s.2g.* (indivíduo) dos peles-vermelhas, nome comum a vários povos indígenas dos Estados Unidos da América

pe.li.ca *s.f.* pele fina de animal preparada para a confecção de luvas, sapatos etc.

pe.li.ça *s.f.* roupa ou colcha forrada de peles com pelos macios e abundantes

pe.li.ca.ni.for.me *adj.2g.* que se parece com o pelicano

pe.li.ca.no *s.m.* ave aquática de grande porte, de bico grande e largo provido de uma bolsa para armazenar peixes

pe.li.co *s.m.* membrana que envolve o feto; âmnio

pe.lí.cu.la *s.f.* **1** membrana ou camada fina de pele **2** fina camada de gelatina que reveste filmes **3** filme de cinema

pe.lo *prep.* **1** contr. da antiga prep. *per* com o antigo artigo *lo* ⟨*torço p. seu sucesso*⟩ **2** contr. da antiga prep. *per* com o antigo pron.dem. *lo* ⟨*chorar p. que sofrem*⟩ ⊙ GRAM/USO voc. de pronúncia átona

pe.lo \ê\ *s.m.* **1** fio que cresce sobre a pele **2** pelagem **3** fio presente em certas plantas ⊙ COL pelagem ⊡ **em p.** *loc.adv.* **1** sem roupa **2** sem arreios (diz-se de montaria)

pe.lo.ta *s.f.* **1** bolota **2** *B* a bola de futebol

pe.lo.tão [pl.: *-ões*] *s.m.* **1** subdivisão de uma companhia de soldados **2** grande grupo de pessoas com a mesma atividade ⟨*p. de fotógrafos*⟩

pe.lou.ri.nho *s.m.* coluna de pedra ou madeira para castigo em praça pública

pe.lú.cia *s.f.* tecido felpudo de um lado e liso de outro

pe.lu.do *adj.* **1** que tem muitos pelos **2** coberto de pelos

pel.ve *s.f.* ou **pél.vis** *s.f.2n.* ANAT bacia ('cavidade') ~ **pélvico** *adj.*

[1]**pe.na** *s.f.* **1** dó, compaixão **2** castigo, punição **3** desgraça, lástima [ORIGEM: do gr. *poinḗ,ês* 'id'] ⊡ **p. capital** *loc.subst.* castigo mortal • **p. de talião** *loc.subst.* DIR aplicação de castigo idêntico à ofensa ou dano causado; lei de talião

[2]**pe.na** *s.f.* **1** revestimento do corpo das aves **2** peça, ger. metálica, adaptada à caneta us. para escrever ou desenhar [ORIGEM: do lat. *penna,ae* 'asa (o que serve para voar)'] ⊙ COL plumagem

pe.na.cho *s.m.* **1** feixe de penas que enfeita cabeça, chapéu etc. **2** tufo de penas que enfeita a cabeça ou a cauda de certos animais

pe.na.da *s.f.* 1 traço contínuo com caneta de pena 2 *fig.* opinião, palpite ⟨*dar uma p. sobre o problema*⟩

pe.na.do *adj.* com penas; emplumado

pe.nal *adj.2g.* 1 relativo a penas judiciais ⟨*sanções p.*⟩ 2 relativo às leis judiciais ⟨*código p.*⟩ 3 que aplica penas judiciais ⟨*disposições p.*⟩

pe.na.li.da.de *s.f.* 1 sistema de penas ditadas pela lei 2 pena, castigo ⟨*p. prevista pela lei*⟩

pe.na.li.zar *v.* {mod. 1} *t.d. e pron.* 1 (fazer) sentir dó, pesar; condoer(-se) ❑ *t.d. B* 2 aplicar pena a; punir ↺ anistiar 3 causar dano a; prejudicar ↺ favorecer ~ **penalização** *s.f.*

pê.nal.ti *s.m.* DESP em futebol, penalidade máxima que consiste num tiro livre a 11 metros do gol, defendido apenas pelo goleiro

pe.nar *v.* {mod. 1} *t.d.,int. e pron.* 1 sentir (pena, aflição, dor); sofrer, padecer ❑ *t.d.* 2 sofrer as consequências de; expiar, pagar ⟨*p. os pecados passados*⟩ 3 impor pena(s) a; punir ■ *s.m.* 4 sofrimento físico ou moral

pen.ca *s.f.* 1 porção de frutos, flores etc. 2 *fig.* grande quantidade de algo

pen.dão [pl.: *-ões*] *s.m.* 1 bandeira ('estandarte') 2 símbolo ou emblema de um grupo, doutrina etc. 3 cacho de flores

pen.dên.cia *s.f.* 1 questão ou causa não resolvida 2 duração de uma causa judicial ~ **pendente** *adj.2g.*

pen.der *v.* {mod. 8} *int.* 1 estar suspenso ou pendurado ⟨*o lustre pende do teto*⟩ ⟨*o corpo pendia*⟩ ☞ *do teto* é circunstância que funciona como complemento 2 estar para cair ou desprender ⟨*o quadro pendia da parede*⟩ ⟨*o muro pendia*⟩ ☞ *da parede* é circunstância que funciona como complemento ❑ *t.d. e int.* 3 estar ou ficar em posição inclinada; descair ⟨*p. o rosto*⟩ ⟨*as árvores pendiam para a direita*⟩ ☞ *para a direita* é circunstância que funciona como complemento ❑ *t.i.* 4 (prep. *para*) ter inclinação, preferência por; tender

pen.dor \ô\ *s.m.* 1 inclinação, tendência ↺ inaptidão 2 aclive, declive, rampa

pen.drive [ing.; pl.: *pendrives*] *s.m.* INF dispositivo removível dotado de tecnologia de memória, leve e pequeno, us. para armazenamento de dados ⇨ pronuncia-se pendraiv

pen.du.lar *adj.2g.* 1 próprio de pêndulo 2 oscilante

pên.du.lo *s.m.* corpo pesado pendurado num ponto fixo, que oscila em movimentos de vaivém

pen.du.rar *v.* {mod. 1} *t.d.* 1 suspender e fixar distante do chão (a prego, corda, gancho etc.) ⟨*p. a toalha no gancho*⟩ ☞ *no gancho* é circunstância que funciona como complemento 2 *B infrm.* dar como garantia; penhorar 3 *B* deixar de pagar (conta) ↺ pagar ❑ *pron.* 4 (prep. *de*) estar suspenso; pender 5 *fig. B* (prep. *em*) usar por muito tempo ⟨*p.-se no telefone*⟩ ↺ largar, deixar

pen.du.ri.ca.lho ou **pen.du.ru.ca.lho** *s.m.* enfeite pendente; badulaque, balangandã

pe.ne.do \ê\ *s.m.* rochedo, penhasco

pe.nei.ra *s.f.* utensílio constituído de tela ou fios trançados us. para separar fragmentos maiores de menores

pe.nei.rar *v.* {mod. 1} *t.d.* 1 fazer passar pela peneira 2 *p.ext.* coar, filtrar 3 *fig.* fazer seleção de; escolher ❑ *int. B* 4 cair chuva fina e rala ou chover pouco; chuviscar ~ **peneiração** *s.f.* - **peneiramento** *s.m.*

pe.ne.tra *adj.2g.s.2g. infrm.* que(m) consegue entrar em festas, eventos etc. sem convite ou ingresso

pe.ne.tra.ção [pl.: *-ões*] *s.f.* 1 passagem para a parte interna de algo 2 capacidade de compreensão; sagacidade 3 capacidade de influenciar o pensamento ou os sentimentos de alguém ou um grupo ⟨*campanha de grande p.*⟩

pe.ne.tran.te *adj.2g.* 1 que penetra 2 *fig.* muito forte, intenso ⟨*odor p.*⟩ 3 *fig.* doloroso, pungente ⟨*um grito p.*⟩

pe.ne.trar *v.* {mod. 1} *t.d. e int.* 1 passar para dentro de; entrar ⟨*p. o quarto*⟩ ⟨*conseguiu p. na caverna*⟩ ☞ *na caverna* é circunstância que funciona como complemento 2 passar através de; transpor ⟨*a bala penetrou seu peito*⟩ ⟨*o sol penetrava no vidro*⟩ ☞ *no vidro* é circunstância que funciona como complemento ❑ *t.d. e t.i. fig.* 3 (prep. *em*) alcançar o íntimo de; infiltrar-se ⟨*a alegria penetra (n)a alma*⟩ ❑ *int.* 4 ir em direção ao interior de ⟨*p. na selva*⟩ ☞ *na selva* é circunstância que funciona como complemento ~ **penetrabilidade** *s.f.* - **penetrável** *adj.2g.*

pe.nha *s.f.* rochedo

pe.nhas.co *s.m.* grande rochedo escarpado

pe.nho.ar *s.m.* leve vestimenta feminina aberta na frente, us. ger. sobre camisola; robe

pe.nhor \ô\ *s.m.* 1 depósito de um bem como garantia de pagamento de dívida 2 o bem que foi penhorado 3 *fig.* garantia, segurança, prova

pe.nho.ra *s.f.* 1 ato de penhorar ou o seu efeito 2 DIR apreensão de bem penhorado, por ordem judicial

pe.nho.rar *v.* {mod. 1} *t.d.* 1 efetuar a penhora de; tomar 2 dar (algo material) como garantia de cumprimento de compromisso financeiro; empenhar ❑ *t.d. e t.d.i.* 3 (prep. *a*) afiançar, garantir ❑ *t.d.,t.d.i. e pron.* 4 (prep. *a*) [fazer] sentir ou mostrar respeito, admiração ou gratidão

pe.ni.a.no *adj.* relativo a ou próprio do pênis

pe.ni.ci.li.na *s.f.* FARM denominação de um grupo de antibióticos obtidos a partir de certos fungos

pe.ni.co *s.m. infrm.* vaso portátil para se urinar e defecar; urinol

pe.nín.su.la *s.f.* terra cercada de água por todos os lados, exceto um, que se liga a uma porção maior de terra

pe.nin.su.lar *adj.2g.* 1 relativo a ou próprio de península ■ *s.2g.* 2 natural ou habitante de uma península

pê.nis *s.m.2n.* órgão sexual masculino

pe.ni.tên.cia *s.f.* 1 REL remorso por pecado; confissão 2 castigo que redime esse pecado

pe.ni.ten.ci.ar *v.* {mod. 1} *t.d. e pron.* **1** impor(-se) penitência; punir(-se) ❑ *t.d.* **2** sofrer as consequências de (pecado, falta, crime); pagar

pe.ni.ten.ci.á.ria *s.f.* local onde os condenados à reclusão cumprem as suas sentenças ~ **penitenciário** *adj.s.m.*

pe.ni.ten.te *adj.2g.s.2g.* **1** que(m) se arrepende **2** que(m) faz penitência ↄ impenitente

pe.no.so \ô\ [pl.: *penosos* \ó\] *adj.* **1** que provoca sofrimento **2** árduo, difícil ↄ fácil

pen.sa.dor \ô\ *adj.s.m.* que(m) pensa, reflete

pen.sa.men.to *s.m.* **1** ação ou faculdade de pensar **2** ideia, reflexão **3** mente, razão **4** conhecimento, inteligência ⟨*a linguagem é uma das formas de expressar o p.*⟩ **5** opinião, ponto de vista ⟨*este é o meu p. sobre o assunto*⟩ **6** modo de pensar ⟨*procure acompanhar o meu p.*⟩ **7** conjunto de ideias ⟨*o p. de Sócrates*⟩ **8** provérbio, máxima

pen.san.te *adj.2g.* que faz uso da razão ('raciocínio')

pen.são [pl.: *-ões*] *s.f.* **1** renda paga a alguém regularmente ⟨*p. por invalidez*⟩ **2** fornecimento regular de comida a domicílio **3** hotel simples e familiar com refeições

pen.sar *v.* {mod. 1} *t.d.,t.i. e int.* **1** (prep. *em*) formar (ideias) na mente, submetendo a raciocínio; refletir, raciocinar ❑ *t.d. e t.i.* **2** (prep. *em*) determinar pela reflexão **3** (prep. *em*) ter como intenção; pretender ↄ desistir ❑ *t.i.* **4** (prep. *em*) puxar pela memória; lembrar-se ❑ *t.d.* **5** ser de certa opinião; julgar, acreditar

pen.sa.ti.vo *adj.* **1** entregue a um pensamento **2** preocupado

pên.sil *adj.2g.* pendurado, suspenso

pen.sio.na.to *s.m.* **1** colégio em que os alunos residem; internato **2** instituição de assistência que abriga e educa menores e/ou necessitados; patronato **3** casa que recebe hóspedes

pen.sio.nis.ta *adj.2g.s.2g.* **1** que(m) recebe pensão, esp. do Estado **2** que(m) mora em pensão

pen.so *adj.* **1** que pende; inclinado ■ *s.m.* **2** curativo

pen.tá.go.no *s.m.* GEOM polígono de cinco lados ~ **pentagonal** *adj.2g.*

pen.ta.gra.ma *s.m.* MÚS pauta com cinco linhas

pen.ta.tlo *s.m.* DESP prova de atletismo que inclui corrida, arremesso de disco, salto, lançamento de dardo e luta

pen.te *s.m.* **1** utensílio dotado de dentes ('ponta') us. para desembaraçar e arrumar os cabelos **2** em armas automáticas, local onde se encaixam as balas

pen.te.a.dei.ra *s.f.* móvel, ger. de quarto, que consiste numa mesa com espelho e gavetas; toucador

pen.te.a.do *adj.* **1** com os cabelos arrumados ↄ despenteado ■ *s.m.* **2** modo especial de arrumar os cabelos ⟨*experimentar um novo p.*⟩

pen.te.ar *v.* {mod. 5} *t.d.,int. e pron.* arrumar, esp. com pente, os cabelos (de)

pen.te.cos.ta.lis.mo *s.m.* movimento religioso desenvolvido fora do protestantismo tradicional, que teve início em princípios do séc. XX nos E.U.A. e que valoriza esp. a união com o Espírito Santo; pentecostismo

pen.te.cos.tes *s.m.2n.* REL **1** festa católica 50 dias após a Páscoa, que celebra a descida do Espírito Santo sobre os apóstolos **2** festa judaica em memória ao dia em que Moisés recebeu de Deus as tábuas da Lei ☞ em ambas as acp., inicial maiúsc.

pen.te.cos.tis.mo *s.m.* pentecostalismo

pen.te-fi.no [pl.: *pentes-finos*] *s.m.* **1** pequeno pente cujos dentes são bem próximos uns dos outros, us. para tirar piolho, caspa etc. **2** *infrm.* exame minucioso e rigoroso

pe.nu.gem *s.f.* **1** primeira plumagem de uma ave **2** camada de penas, pelos ou cabelos que nascem primeiro

pe.núl.ti.mo *adj.s.m.* (o) que vem antes do último

pe.num.bra *s.f.* ponto de transição entre a luz e a sombra ~ **penumbrar** *v.t.d. e int.*

pe.nú.ria *s.f.* **1** extrema pobreza ↄ opulência **2** escassez ↄ fartura

pe.pi.nei.ro *s.m.* erva cultivada pelos seus frutos alongados, de polpa clara e firme, os pepinos

pe.pi.no *s.m.* **1** fruto hortense verde e longo us. em salada e conserva **2** *infrm.* problema

pe.pi.no-do-mar [pl.: *pepinos-do-mar*] *s.m.* animal invertebrado, encontrado sob a areia lodosa do fundo do mar e consumido como iguaria na culinária oriental

pe.pi.ta *s.f.* fragmento de metal, esp. ouro, encontrado na natureza

pep.si.na *s.f.* enzima presente no suco gástrico dos animais cordados

pép.ti.co *adj.* **1** da pepsina **2** relativo a digestão **3** que auxilia a digestão

pe.que.na *s.f. infrm.* **1** mocinha ⟨*foi à cidade espiar as p.*⟩ **2** namorada ⟨*passeava de mãos dadas com sua p.*⟩

pe.que.nez \ê\ *s.f.* **1** qualidade do que é pequeno **2** *fig.* infância, meninice **3** *fig.* insignificância, mesquinharia ⟨*a p. daquele ato deixou-a chocada*⟩ ↄ nobreza **4** *fig.* carência de valores morais ou intelectuais ⟨*p. de espírito*⟩ ↄ grandeza

pe.que.ni.no *adj.* muito pequeno

pe.que.no *adj.* **1** de tamanho ou volume reduzido ↄ grande **2** condensado, reduzido ⟨*p. dicionário da língua portuguesa*⟩ ↄ extenso **3** mesquinho ⟨*sentimentos p.*⟩ ↄ generoso **4** modesto; de pequena envergadura ('importância') ⟨*p. comerciante*⟩ ■ *s.m.* **5** menino ⊙ GRAM/USO sup.abs.sint.: *pequeníssimo*, *mínimo*; comp.super.: *menor* ~ **pequeneza** *s.f.*

pé-quen.te [pl.: *pés-quentes*] *adj.s.m.* que(m) tem sorte ↄ pé-frio

pe.quer.ru.cho *adj.s.m.* (menino) bem pequeno

pe.qui *s.m.* **1** árvore do cerrado brasileiro cuja madeira é us. em construção civil e naval, os frutos na fabricação de licor e as sementes e a polpa para extração de gordura **2** o fruto dessa árvore

pe.qui.nês *adj.s.m.* **1** (natural ou habitante) de Pequim, China ■ *adj.* **2** diz-se de certa raça chinesa de cão de pequeno porte, de pelos longos e focinho achatado ■ *s.m.* **3** esse cão

per– *pref.* 'movimento através': *percorrer, perseguir*

per *prep. desus.* por

pe.ra \ê\ *s.f.* **1** o fruto da pereira, macio e suculento, em forma de gota **2** pequena porção de barba crescida no queixo

pe.ral.ta *adj.2g.s.2g.* (criança) travessa ~ **peraltismo** *s.m.*

pe.ral.ti.ce *s.f.* **1** qualidade de quem é peralta **2** atitude ou comportamento de peralta; travessura, peraltismo

pe.ram.bu.lar *v.* {mod. 1} *int.* andar à toa ou sem rumo; errar, vagar ~ **perambulação** *s.f.* - **perambulagem** *s.f.*

pe.ran.te *prep.* diante de

pé-ra.pa.do [pl.: *pés-rapados*] *s.m. infrm.* indivíduo de humilde condição social

per.cal *s.m.* tecido fino de algodão de trama bem fechada

per.cal.ço *s.m.* **1** obstáculo, transtorno **2** vantagem, proveito obtido por meio de alguma atividade

per ca.pi.ta [lat.] *loc.adj.* por ou para cada indivíduo ⇨ pronuncia-se per capita

per.ce.ber *v.* {mod. 8} *t.d.* **1** tomar conhecimento de (algo) por meio dos sentidos; sentir **2** captar pela inteligência; compreender, entender **3** descobrir por intuição ou perspicácia; notar, reparar **4** receber (salário, rendimentos etc.) ~ **percebimento** *s.m.*

per.ce.bí.vel *adj.2g.* perceptível

per.cen.ta.gem ou **por.cen.ta.gem** *s.f.* **1** proporção calculada sobre cem unidades de qualquer coisa [símb.: %] ⟨*calcular a p. do lucro*⟩ **2** pagamento, lucro, comissão expressa nessa proporção ⟨*ganhou uma pequena p. na negociação*⟩

per.cen.tu.al *adj.2g.* **1** relativo a percentagem ■ *s.m.* **2** relação entre duas grandezas expressa em percentagem ⟨*p. de gordura no sangue*⟩

per.cep.ção [pl.: *-ões*] *s.f.* capacidade de apreender por meio dos sentidos ou da mente

per.cep.tí.vel *adj.2g.* que pode ser percebido; que pode ser sentido, compreendido ou notado ⮌ imperceptível ~ **perceptibilidade** *s.f.*

per.cep.ti.vo *adj.* **1** da percepção **2** capaz de perceber ou de compreender com facilidade ⮌ desatento ~ **perceptividade** *s.f.*

per.ce.ve.jo \ê\ *s.m.* **1** inseto de coloração verde que exala mau cheiro **2** prego curto de cabeça chata

per.ci.for.me *s.m.* **1** espécime dos perciformes, ordem de peixes ósseos, predominante em águas tropicais e subtropicais ■ *adj.* **2** relativo a essa ordem

per.cor.rer *v.* {mod. 8} *t.d.* **1** passar por ou através de **2** efetuar investigação; examinar **3** passar rapidamente a vista sobre **4** perfazer, completar

per.cu.ci.en.te *adj.2g.* **1** que percute ou fere **2** que demonstra perspicácia ⮌ obtuso

per.cur.so *s.m.* **1** ato ou efeito de percorrer **2** espaço percorrido; trajeto ⟨*o p. do ônibus*⟩ **3** ASTR deslocamento, movimento de um astro ⟨*o p. de um cometa*⟩

per.cus.são [pl.: *-ões*] *s.f.* **1** ato de percutir **2** conjunto dos instrumentos que compõem a seção rítmica de um conjunto ou orquestra **3** MED exame médico que consiste na aplicação de leves pancadas em certas áreas do corpo e na análise do som obtido

per.cus.sio.nis.ta *adj.2g.s.2g.* que(m) toca instrumento de percussão

per.cu.tir *v.* {mod. 24} *t.d.* **1** tocar com força em; bater **2** produzir som batendo em ❑ *int.* **3** ecoar ~ **percutidor** *adj.s.m.*

per.da *s.f.* **1** ato de perder ou o seu efeito **2** privação de (algo que se possui ou de alguém com quem se convivia) **3** *p.ext.* morte

per.dão [pl.: *-ões*] *s.m.* **1** ato de perdoar uma pena, culpa, erro etc.; indulto ⮌ condenação **2** ato pelo qual alguém é dispensado de cumprir uma obrigação ou um dever ■ *interj.* **3** forma delicada de se pedir desculpa ou licença para interromper algo

per.de.dor \ô\ *adj.s.m.* **1** (aquele) que perde **2** que(m) é derrotado em uma competição, em uma disputa ⟨*o (time) p. foi eliminado do campeonato*⟩ ⮌ ganhador, vitorioso **3** que(m) não tem espírito de vencedor; que(m) costuma ser malsucedido; fracassado ⮌ vencedor

per.der *v.* {mod. 10} *t.d.* **1** deixar de ter ou de sentir ⟨*p. a casa*⟩ ⟨*p. a memória, o bom humor*⟩ ⮌ possuir; manter **2** não levar consigo, por esquecimento ou distração; deixar **3** fazer mau uso de; desperdiçar ⟨*p. tempo*⟩ ⮌ economizar **4** não tirar proveito de; desperdiçar ⟨*p. uma oportunidade*⟩ ⮌ aproveitar **5** não chegar a tempo de ⟨*p. o trem, o encontro, a piada*⟩ ⮌ pegar **6** ficar com menos (quilos, gramas); emagrecer **7** sofrer desgaste ou diminuição ⟨*p. sangue*⟩ ⟨*p. a criatividade*⟩ ⮌ aumentar **8** ver a morte de ⟨*p. o pai*⟩ ❑ *t.d.,t.i. e int.* **9** (prep. *para*) sofrer derrota (de) ⮌ vencer ❑ *t.d. e int.* **10** sofrer prejuízo, deixando de usufruir (vantagens, privilégios etc.) ⟨*p. os direitos*⟩ ⟨*o povo perdeu com a reforma*⟩ ❑ *pron.* **11** sumir, desaparecer **12** corromper-se, desencaminhar-se ⮌ regenerar-se **13** confundir-se, desorientar-se ⟨*p.-se em meditações*⟩

per.di.ção [pl.: *-ões*] *s.f.* **1** situação de fracasso, ruína ⮌ triunfo **2** *infrm.* tentação irresistível ⟨*doces são minha p.*⟩ **3** desvio das crenças religiosas ⮌ salvação

per.di.da.men.te *adv.* **1** de forma desorientada, desnorteada ⟨*andava p. pelas ruas*⟩ **2** exageradamente ⟨*p. apaixonado*⟩

per.di.do *adj.* **1** que se perdeu **2** desaparecido, sumido ⟨*joia p.*⟩ ⮌ achado, encontrado **3** que desconhece o caminho ⟨*estava p. na cidade*⟩ **4** inútil, infrutífero ⟨*um dia de trabalho p.*⟩ **5** desgovernado, sem direção ⟨*uma bala p.*⟩ **6** extremamente apaixonado ⟨*estava p. de amores pela namorada*⟩ **7** sem esperança ou salvação ⟨*ele é um caso p.*⟩ **8** de comportamento imoral, reprovável ⟨*era uma mulher p.*⟩ ■ *s.m.* **9** o que se perdeu ou está sumido

per.di.gão [pl.: *-ões*; fem.: *perdiz*] *s.m.* o macho da perdiz, responsável pela chocagem dos ovos e pelos cuidados com os filhotes ⊙ VOZ v.: gorgolejar; subst.: gorgolejo

per.di.go.to \ô\ *s.m.* **1** filhote de perdiz **2** gotícula de saliva que alguém lança ao falar

per.di.guei.ro *adj.s.m.* (cão) que caça perdizes

per.diz *s.f.* ave com cerca de 35 cm de comprimento, de bico forte, plumagem parda com manchas escuras ⊙ GRAM/USO masc.: perdigão ⊙ VOZ v.: gorgolejar; subst.: gorgolejo

per.do.ar *v.* {mod. 1} *t.d.,t.d.i.,t.i. e int.* (prep. *a*) conceder perdão a (alguém) [por erro, pecado, crime, dívida etc.]; desculpar, relevar

per.du.lá.rio *adj.s.m.* que(m) gasta demais; esbanjador ↄ avarento ~ **perdularidade** *s.f.*

per.du.rar *v.* {mod. 1} *int.* **1** ter longa duração **2** seguir existindo; manter-se, permanecer ↄ extinguir-se ~ **perduração** *s.f.*

pe.re.ba *s.f. infrm.* sarna ou outra lesão de pele

pe.re.cer *v.* {mod. 8} *int.* **1** morrer, esp. prematura ou violentamente **2** ter fim; acabar ↄ começar ~ **perecimento** *s.m.*

pe.re.cí.vel *adj.2g.* que está sujeito a estragar ou extinguir-se ↄ imperecível

pe.re.gri.na.ção [pl.: *-ões*] *s.f.* **1** viagem a lugares santos **2** *fig. infrm.* longa e exaustiva jornada

pe.re.gri.nar *v.* {mod. 1} *int.* **1** ir em romaria por lugares santos **2** andar por terras distantes; viajar

pe.re.gri.no *s.m.* **1** romeiro ■ *adj.* **2** que faz peregrinações **3** de rara qualidade; especial ↄ comum **4** estranho; estrangeiro ↄ nativo ⊙ COL romaria

pe.rei.ra *s.f.* árvore cuja madeira é us. para teclas de piano, marchetaria etc., largamente cultivada, esp. pelo fruto, a pera

pe.remp.to.ri.e.da.de *s.f.* qualidade do que é peremptório, categórico, decisivo ↄ hesitação, dubiedade

pe.remp.tó.rio *adj.* categórico, decisivo ↄ dúbio

pe.re.ne *adj.2g.* **1** eterno; perpétuo ↄ efêmero **2** duradouro ↄ passageiro **3** sem interrupção; contínuo ↄ interrompido ~ **perenidade** *s.f.* - **perenização** *s.f.* - **perenizar** *v.t.d. e pron.*

pe.re.re.ca *s.f.* anfíbio anuro dotado de grandes pernas traseiras e ventosas nos dedos

per.fa.zer *v.* {mod. 14} *t.d.* **1** completar, totalizar (número, valor, quantia etc.) **2** acabar de fazer; concluir ⟨*p. uma tarefa*⟩ ↄ começar ~ **perfazimento** *s.m.*

per.fec.cio.nis.mo *s.m.* busca obstinada da perfeição ~ **perfeccionista** *adj.2g.s.2g.*

per.fec.tí.vel *adj.2g.* que pode ser aperfeiçoado ~ **perfectibilidade** *s.f.*

per.fei.ção [pl.: *-ões*] *s.f.* **1** ausência de defeito ↄ imperfeição **2** primor; excelência **3** pessoa ou coisa perfeita

per.fei.ta.men.te *adv.* **1** de modo exato, com perfeição ⟨*pintou p. aquela paisagem*⟩ **2** inteiramente, completamente ⟨*entendeu p. o que eu disse*⟩ **3** us. para confirmar algo anteriormente dito ⟨*– Entendeu minhas ordens? – P. madame.*⟩

per.fei.to *adj.* **1** sem defeito ↄ imperfeito **2** impecável, irrepreensível **3** excelente, primoroso **4** bem-acabado ↄ mal-acabado

per.fí.dia *s.f.* ato ou qualidade de pérfido; deslealdade, traição ↄ fidelidade, lealdade

pér.fi.do *adj.* **1** desleal, traidor ↄ fiel, leal **2** enganador, traiçoeiro ↄ sincero

per.fil *s.m.* **1** contorno de rosto, figura, objeto etc. visto de lado ou apenas por um dos lados **2** descrição básica e concisa ⟨*fez um p. do fugitivo*⟩

per.fi.lar *v.* {mod. 1} *t.d.* **1** traçar, fazer o perfil de **2** pôr em fila (esp. soldados); enfileirar ❑ *t.d. e pron.* **3** colocar(-se) em aprumo; endireitar(-se)

per.fi.lhar *v.* {mod. 1} *t.d.* **1** assumir legalmente como filho **2** defender, abraçar (ideia, teoria, princípio etc.) ~ **perfilhação** *s.f.* - **perfilhamento** *s.m.*

per.for.man.ce [ing.; pl.: *performances*] *s.f.* **1** atuação, desempenho **2** interpretação de ator em cinema, teatro ou televisão **3** índice que avalia o desempenho numa competição esportiva ⟨*p. de um atleta, de um cavalo*⟩ ⇨ pronuncia-se **perfórmance**

per.fu.ma.ri.a *s.f.* **1** fábrica ou loja de perfumes **2** conjunto de perfumes **3** *B infrm.* coisa supérflua ⟨*vá fundo na questão, esqueça a p.*⟩

per.fu.me *s.m.* **1** cheiro agradável que exala de certos corpos, esp. de flores ↄ fedor **2** preparado aromático, ger. líquido, us. na pele, roupa etc. ⊙ COL perfumaria ~ **perfumar** *v.t.d. e pron.* - **perfumoso** *adj.*

per.fu.mis.ta *adj.2g.s.2g.* que(m) fabrica e/ou vende perfumes

per.func.tó.rio *adj.* **1** que se faz por rotina, em cumprimento de uma obrigação ⟨*tarefa p.*⟩ **2** que tem pouca utilidade ⟨*conhecimentos vagos e p.*⟩ ↄ útil

per.fu.ra.do.ra \ô\ *s.f. B* **1** aparelho us. para perfurar cartões, fichas etc. **2** máquina dotada de broca, us. para perfurar o solo; perfuratriz

per.fu.rar *v.* {mod. 1} *t.d.* **1** abrir furo(s) em; furar **2** fazer (algo) na terra, na pedra, abrindo nela uma cavidade; cavar ⟨*p. poços*⟩ ~ **perfuração** *s.f.* - **perfurante** *adj.2g.* - **perfurativo** *adj.*

per.fu.ra.triz *s.f.* perfuradora ('máquina')

per.ga.mi.nho *s.m.* **1** pele de ovelha preparada especialmente para nela se escrever ou ser utilizada em encadernações **2** *p.ext.* documento feito com essa pele ou o que há nele escrito **3** *B* diploma de curso superior ▼ *pergaminhos s.m.pl. fig.* **4** títulos de nobreza

per.gun.ta *s.f.* **1** palavra ou frase com que se faz uma interrogação **2** questão que se submete a alguém de quem se espera solução ⟨*p. de uma prova*⟩ ⊙ COL questionário

per.gun.tar *v.* {mod. 1} *t.d. e t.d.i.* **1** (prep. *a*) propor (questão) [a alguém], pedindo sua solução ⟨*p. (aos alunos) o motivo da revolta*⟩ ❑ *t.i. e t.d.i.* **2** (prep. *a, por*) pedir, solicitar (informação) [a]; indagar ⟨*p.-lhe a idade*⟩ ⟨*p. pelo fugitivo*⟩ ⟨*p. a quem quer responder*⟩ ❑ *pron.* **3** interrogar-se, buscando eliminar dúvidas ou hesitações ~ **perguntador** *adj.s.m.*

peri– *pref.* 'em torno de': *pericárdio, perímetro*

pe.ri.as.tro *s.m.* ponto de maior aproximação de um astro que gravita em torno de outro ⮌ apoastro
pe.ri.cár.dio *s.m.* ANAT membrana externa do coração ~ **pericárdico** *adj.* - **pericardino** *adj.*
pe.ri.car.po *s.m.* BOT o fruto em si, excluindo as sementes ☞ cf. *epicarpo, mesocarpo, endocarpo* ~ **pericárpico** *adj.*
pe.rí.cia *s.f.* **1** habilidade, destreza ⮌ imperícia **2** exame ou vistoria especializada **3** grupo de peritos que faz esse exame ~ **pericial** *adj.2g.*
pe.ri.cli.tan.te *adj.2g.* que se encontra em perigo ~ **periclitar** *v.int.*
pe.ri.cu.lo.si.da.de *s.f.* **1** característica do que é perigoso **2** DIR conjunto de circunstâncias que indicam probabilidade de alguém praticar um crime
pe.ri.du.ral *adj.2g.* ANAT **1** situado entre a dura-máter e a vértebra (diz-se de espaço na coluna vertebral) **2** que se localiza ou que se faz em torno da dura-máter
pe.ri.é.lio *s.m.* peri-hélio
pe.ri.fe.ri.a *s.f.* **1** linha que delimita qualquer corpo ou superfície **2** zona afastada do centro da cidade; subúrbio
pe.ri.fé.ri.co *adj.* **1** relativo a periferia ■ *s.m.* INF **2** dispositivo ou conjunto de dispositivos que não integra a unidade central de processamento de um computador ⟨*a impressora é um p.*⟩
pe.rí.fra.se *s.f.* circunlóquio ~ **perifrasear** *v.t.d. e int.* - **perifrástico** *adj.*
pe.ri.geu *s.m.* ponto da órbita de um astro ou satélite em torno da Terra, no qual ele se encontra mais próximo desta ⮌ apogeu
pe.ri.go *s.m.* **1** situação em que a existência ou a integridade de pessoa, animal, objeto etc. se encontra ameaçada; risco ⮌ segurança **2** o que provoca essa situação **3** consequência desastrosa; inconveniente ⟨*os p. da ignorância*⟩ ⊡ **a p.** *loc.adv.gír.* **1** sem dinheiro **2** em situação de risco ~ **perigar** *v.int.*
pe.ri.go.so \ô\ [pl.: *perigosos* \ó\] *adj.* **1** em que existe perigo; arriscado ⟨*estrada p.*⟩ **2** que representa ou causa perigo ⟨*arma p.*⟩ **3** que demonstra periculosidade ⟨*assaltante p.*⟩
pe.ri-hé.lio [pl.: *peri-hélios*] *s.m.* ponto da órbita de um planeta mais próximo do Sol, em seu movimento de translação; periélio ⮌ afélio
pe.rí.me.tro *s.m.* **1** GEO soma dos lados de uma figura plana **2** linha que delimita uma área ou região ⟨*p. urbano*⟩ ~ **perimetral** *adj.2g.* - **perimétrico** *adj.*
pe.rí.neo *s.m.* ANAT região entre o ânus e os órgãos genitais ~ **perineal** *adj.2g.*
pe.ri.ó.di.co *adj.* **1** que ocorre em intervalos regulares; cíclico ⮌ irregular **2** que se apresenta em períodos fixos ⟨*doença p.*⟩ ■ *adj.s.m.* **3** (jornal, revista etc.) publicado em intervalos fixos ~ **periodicidade** *s.f.*
pe.ri.o.dis.ta *adj.2g.s.2g.* (profissional) que escreve em periódicos
pe.rí.o.do *s.m.* **1** qualquer espaço de tempo, determinado ou não **2** espaço de tempo que se destaca pela ocorrência de certos fatos ou fenômenos; época ⟨*p. medieval*⟩ **3** GRAM frase que contém uma ou mais orações **4** unidade fundamental na escala do tempo geológico mundial, hierarquicamente inferior a *era* e superior a *época* ~ **periodizar** *v.t.d.*
pe.ri.o.don.ti.a *s.f.* ODONT estudo e tratamento dos tecidos imediatamente próximos aos dentes ~ **periodontal** *adj.2g.* - **periodontista** *adj.2g.s.2g.*
pe.ri.o.don.ti.te *s.f.* ODONT doença do periodonto que causa inflamação das gengivas etc.
pe.ri.o.don.to *s.m.* ODONT tecido conjuntivo que fixa o dente ao seu alvéolo
pe.ri.pa.té.ti.co *adj.s.m.* **1** aristotélico ■ *adj.* **2** que se ensina passeando, como era o costume de Aristóteles ~ **peripatetismo** *s.m.*
pe.ri.pé.cia *s.f.* acontecimento inesperado ou situação imprevista ⟨*viagem cheia de p.*⟩
pé.ri.plo *s.m.* **1** viagem em torno de um país, de um continente **2** *p.ext.* relato dessa viagem
pe.ri.qui.to *s.m.* nome comum a diversas aves brasileiras, de pequeno porte, plumagem verde e cauda curta ⊙ VOZ v.: chalrar; subst.: chalreio
pe.ris.có.pio *s.m.* instrumento, us. esp. em submarinos, que permite a observação de objetos por cima de obstáculos ~ **periscópico** *adj.*
pe.ris.so.dá.ti.lo ou **pe.ris.so.dác.ti.lo** *s.m.* **1** espécime dos perissodátilos, ordem de mamíferos com cascos, que inclui os cavalos, os rinocerontes e as antas ■ *adj.* **2** relativo a essa ordem de mamíferos
pe.ris.tal.se *s.f.* BIO peristaltismo
pe.ris.tál.ti.co *adj.* BIO **1** relativo a peristaltismo **2** caracterizado por sucessivas ondas de relaxamento e contração dos músculos (diz-se de movimento)
pe.ris.tal.tis.mo *s.m.* BIO conjunto das contrações musculares dos órgãos ocos, provocando o avanço de seu conteúdo; peristalse
pe.ri.to *adj.s.m.* **1** especialista em um assunto ou atividade **2** que(m) é hábil em uma atividade **3** (técnico) nomeado judicialmente para perícia ('exame') ⊙ COL perícia
pe.ri.tô.nio *s.m.* ANAT membrana que recobre as paredes do abdome e a superfície dos órgãos digestivos ~ **peritoneal** *adj.2g.*
pe.ri.to.ni.te *s.f.* MED inflamação do peritônio
per.ju.rar *v.* {mod. 1} *t.d.* **1** renunciar a (opinião, crença etc.) ❑ *int.* **2** quebrar juramento, promessa ❑ *t.i.* **3** (prep. *a*) jurar falsamente
per.jú.rio *s.m.* **1** renúncia a opinião, crença etc. **2** falso juramento **3** DIR crime de falso testemunho ou de falsa acusação
per.ju.ro *adj.s.m.* que(m) falta a seu juramento
per.ma.cul.tu.ra *s.f.* sistema que busca aliar as práticas agrícolas tradicionais ao conhecimento científico e tecnológico, tendo como princípio básico a harmonia ecológica, social e financeira
per.ma.ne.cer *v.* {mod. 8} *pred.* **1** ficar do mesmo modo; continuar, conservar-se ❑ *int.* **2** seguir existindo; continuar ⟨*todos morreram, ele permaneceu*⟩ **3** deixar-se ficar em certo lugar, por certo tempo; continuar ⟨*partiria ontem, mas vai p. por três dias*⟩ ⟨*ainda per-*

manece em Londres〉 ☞ *por três dias* e *em Londres* são circunstâncias que funcionam como complemento ❑ *t.i.* **4** (prep. *em*) insistir com firmeza; persistir

per.ma.nên.cia *s.f.* **1** constância, continuidade 〈*a p. em um cargo*〉 ⮌ impermanência **2** permissão concedida a um estrangeiro para permanecer e trabalhar no país **3** demora num mesmo lugar; estada 〈*p. de uma semana em uma cidade*〉

per.ma.nen.te *adj.2g.* **1** que permanece no tempo; duradouro, estável ⮌ passageiro **2** definitivo, final 〈*dentição p.*〉 ⮌ provisório **3** que ocorre com constância ou com frequência 〈*dor p.*〉 ⮌ intermitente **4** que tem estabilidade 〈*comissão p.*〉 ⮌ provisório ■ *s.m. B* **5** arranjo ou penteado que deixa os cabelos ondulados **6** documento para entrada gratuita em *shows*, ônibus etc.

per.me.a.bi.li.da.de *s.f.* qualidade do que é permeável, penetrável ⮌ impermeabilidade

per.me.ar *v.* {mod. 5} *t.d.* **1** passar através de; penetrar **2** estar presente ao longo de 〈*a morte permeia a obra*〉 ❑ *t.i.* **3** estar no meio; interpor-se 〈*milênios permeiam entre o arco e o míssil*〉 ❑ *pron.* **4** (prep. *com*) alternar-se, intercalar-se

per.me.á.vel *adj.2g.* que deixa passar (líquidos, gases etc.) através de poros ⮌ impermeável ~ **permeabilizar** *v.t.d. e pron.*

per.mei.o *adv.* ▸ só usado em: **de p.** *loc.adv.* **1** misturado no meio de 〈*ao pegar as camisas, vieram meias de p.*〉 **2** nesse ínterim 〈*viajou muito e, de p., escreveu livros*〉 **3** no meio 〈*sentou-se diante dela, com a mesinha de p.*〉

per.mi.a.no *s.m.* **1** sexto e mais recente período geológico da era paleozoica, anterior ao Carbonífero, em que se desenvolveram os moluscos marinhos, batráquios, peixes e répteis ☞ inicial maiúsc. ■ *adj.* **2** desse período

per.mis.são [pl.: *-ões*] *s.f.* ato ou efeito de permitir; autorização, consentimento ⮌ proibição

per.mis.si.vo *adj.* **1** que envolve permissão **2** que desculpa certas falhas ou erros; tolerante 〈*atitude p.*〉 ⮌ intolerante **3** a que falta firmeza ou controle 〈*costumes p.*〉 ⮌ severo ~ **permissividade** *s.f.*

per.mi.tir *v.* {mod. 24} *t.d. e t.d.i.* **1** (prep. *a*) dar liberdade, poder ou licença para; consentir ⮌ proibir **2** (prep. *a*) dar lugar, ocasião a; possibilitar ⮌ impossibilitar ❑ *pron.* **3** tomar a liberdade de

per.mu.ta *s.f.* **1** troca de coisas entre seus donos **2** *fig.* troca de informações, de ideias etc.

per.mu.tar *v.* {mod. 1} *t.d. e t.d.i.* (prep. *por*) dar (uma coisa) [para receber outra]; trocar, substituir ~ **permutação** *s.f.*

per.na *s.f.* **1** cada um dos membros inferiores do corpo humano **2** cada membro de sustentação e locomoção dos vertebrados **3** parte de cada um dos membros inferiores dos humanos, situada entre o joelho e o tornozelo **4** parte da calça, curta ou comprida, que protege os membros inferiores do corpo humano 〈*sujou a p. direita da calça*〉 **5** qualquer peça comprida que se bifurca em ramos, linhas etc. 〈*as p. de um compasso*〉 **6** peça que sustenta certos objetos 〈*as p. da mesa*〉 **7** haste de qualquer letra 〈*a p. do L*〉 ⊙ GRAM/USO aum.irreg.: *pernaça, pernaço* ⊡ **p. de pau** *loc.subst.* **1** cada uma de duas varas dotadas de estribos para os pés, sobre os quais acrobatas se equilibram para caminhar; anda **2** peça de madeira que substitui parte de perna amputada ☞ cf. *perna de pau* (subst.)

per.na.da *s.f.* **1** pancada com a perna **2** na natação, movimento das pernas **3** pequeno braço de rio **4** *B* longo percurso a pé

per.na de pau [pl.: *pernas de pau*] *s.2g.* **1** pessoa a quem falta uma perna ou tem uma delas defeituosa; perneta **2** *B pej.* jogador de futebol de má qualidade **3** *pej.* pessoa desajeitada ou ineficiente ☞ cf. *perna de pau* (loc.subst.)

per.nal.ta *adj.2g.* que tem pernas altas, compridas; pernalto ⮌ pernicurto

per.nal.to *adj.* pernalta

per.nam.bu.ca.no *adj.* **1** de Pernambuco ■ *s.m.* **2** natural ou habitante desse estado

per.nei.ra *s.f.* proteção, ger. de couro, para as pernas

per.ne.ta \ê\ *adj.2g.s.2g.* que(m) não tem uma perna ou que apresenta algum defeito físico em uma das pernas

per.ni.ci.o.so \ô\ [pl.: *perniciosos* \ó\] *adj.* que faz mal; nocivo ⮌ benéfico ~ **perniciosidade** *s.f.*

per.ni.cur.to *adj.* que tem as pernas curtas, pequenas ⮌ pernalta

per.nil *s.m. B* coxa de animal comestível, esp. de porco

per.ni.lon.go *s.m.* mosquito ⊙ VOZ v.: zumbir; subst.: zumbido

per.noi.tar *v.* {mod. 1} *int.* passar a noite; dormir

per.noi.te *s.m.* ato ou efeito de pernoitar 〈*viajou cedo, após o p. na cidade*〉

per.nós.ti.co *adj.s.m.* **1** *infrm.* que(m) é afetado, pretensioso; pedante ⮌ simples **2** *B* que(m) emprega termos não usuais, sem conhecê-los bem ~ **pernosticidade** *s.f.* - **pernosticismo** *s.m.*

pe.ro.ba *s.f.* nome comum a diversas árvores brasileiras de madeira nobre

pé.ro.la *s.f.* **1** pequena esfera freq. branco-prateada, que se forma nas conchas de diversos moluscos **2** essa bolinha us. em objetos de adorno **3** a cor dessa esfera **4** *fig.* pessoa ou coisa formosa ou adorável ■ *adj.2g.2n.* **5** que tem essa cor 〈*bolsa p.*〉 **6** diz-se dessa cor 〈*cor p.*〉

pe.ro.lar *v.* {mod. 1} *t.d.* **1** dar formato ou aparência de pérola a **2** dar aparência semelhante ao revestimento de pérolas

pe.ro.li.zar *v.* {mod. 1} *t.d.* perolar ~ **perolização** *s.f.*

pe.rô.nio *s.m.* ANAT denominação substituída por *fíbula*

per.pas.sar *v.* {mod. 1} *int.* **1** passar perto ou ao longo de 〈*p. pelo salão*〉 ☞ *pelo salão* é circunstância que funciona como complemento **2** avançar sem parar; passar **3** correr, passar (o tempo) ❑ *t.d.* **4** fazer correr sobre; deslizar ⟨*p. a mão pelos cabelos*⟩ ☞ *pelos cabelos* é circunstância que funciona como complemento

per.pen.di.cu.lar *adj.2g.* GEOM **1** cuja interseção forma um ângulo reto (diz-se de retas ou planos) ■ *s.f.* **2** linha que forma um ângulo reto com outra linha ou plano ~ **perpendicularidade** *s.f.*

per.pe.trar *v.* {mod. 1} *t.d.* cometer, praticar (ato imoral, crime, delito etc.) ~ **perpetração** *s.f.*

per.pé.tua *s.f.* **1** planta ornamental, tb. com propriedades expectorantes, e de que se extrai matéria corante violeta **2** a flor dessa planta

per.pe.tu.ar *v.* {mod. 1} *t.d. e pron.* **1** (fazer) durar muito ou para sempre; eternizar(-se) **2** (fazer) adquirir fama eterna; imortalizar(-se) **3** manter(-se) por reprodução ou geração ~ **perpetuação** *s.f.* - **perpetuidade** *s.f.*

per.pé.tuo *adj.* **1** que dura para sempre; eterno ⮌ finito **2** que não cessa nunca; contínuo ⟨*movimento p.*⟩ ⮌ intervalado **3** que não se altera ⮌ variável **4** vitalício ⟨*cargo p.*⟩ ⮌ temporário

per.ple.xi.da.de \cs\ *s.f.* estado de quem está perplexo; admiração, assombro, espanto ⮌ impassibilidade, imperturbabilidade

per.ple.xo \cs\ *adj.* **1** que hesita ⮌ decidido **2** tomado de espanto; atônito ⟨*ficar p. diante de uma agressão*⟩ ⮌ indiferente

per.qui.rir *v.* {mod. 24} *t.d. e int.* investigar em detalhes, com atenção e rigor; esquadrinhar ~ **perquirição** *s.f.* - **perquisição** *s.f.*

per.sa *adj.2g.* **1** da antiga Pérsia, atual Irã (Ásia) ■ *s.2g.* **2** natural ou habitante desse país ■ *s.m.* **3** idioma oficial desse país

pers.cru.tar *v.* {mod. 1} *t.d.* **1** investigar em detalhes, com atenção e rigor; perquirir **2** tentar conhecer (segredos, mistérios etc.) ~ **perscrutação** *s.f.* - **perscrutável** *adj.2g.*

per.se.cu.tó.rio *adj.* em que há perseguição ⟨*delírio p.*⟩

per.se.gui.ção [pl.: *-ões*] *s.f.* **1** ato ou efeito de perseguir **2** intolerância contra alguém ou um grupo social ⟨*p. política*⟩

per.se.guir *v.* {mod. 24} *t.d.* **1** correr atrás de; seguir **2** incomodar, importunar ⮌ agradar **3** impor castigo a; punir **4** dominar com violência; oprimir ⮌ libertar **5** lutar para obter (conquistas, realizações etc.) **6** procurar insistentemente ~ **perseguidor** *adj.s.m.*

per.se.ve.ran.ça *s.f.* qualidade de quem é perseverante; constância, persistência, tenacidade ⮌ inconstância, impersistência

per.se.ve.ran.te *adj.2g.* **1** que permanece firme ⟨*público p., pois ficou atento por duas horas*⟩ ⮌ inconstante **2** que denota firmeza, perseverança ⟨*pessoa p. em seus objetivos*⟩ ⮌ instável

per.se.ve.rar *v.* {mod. 1} *t.i. e int.* **1** (prep. *em*) ter constância, insistência, firmeza (em); persistir, insistir ⮌ desistir ❑ *pred.* **2** continuar a ser ou estar; permanecer

per.si.a.na *s.f.* tipo de cortina de placas fixas ou que se movem por meio de cordões

per.sig.nar-se *v.* {mod. 1} *pron.* benzer-se, fazendo, com o polegar, três sinais em cruz: um na testa, outro na boca e o terceiro no peito ~ **persignação** *s.f.*

per.sis.tên.cia *s.f.* **1** qualidade ou característica de quem é persistente, obstinado, perseverante; constância, perseverança, tenacidade **2** condição do que persiste, perdura, continua ⟨*a p. de uma enfermidade*⟩ ⮌ descontinuidade

per.sis.ten.te *adj.2g.* **1** que insiste em permanecer ou dura sem interrupção; duradouro ⟨*febre p.*⟩ ⮌ descontínuo, intervalado **2** que não desiste facilmente; perseverante ⟨*aluno p.*⟩ ⮌ inconstante

per.sis.tir *v.* {mod. 24} *t.i. e int.* **1** (prep. *em*) ter constância, firmeza, insistência (em); perseverar ⮌ desistir ❑ *pred.* **2** continuar a ser ou estar; permanecer

per.so.na.gem *s.2g.* **1** pessoa notável; personalidade ⟨*importante p. da nossa história*⟩ **2** papel representado por um ator ou atriz de teatro ou filme **3** *p.ext.* cada uma das figuras humanas que participa das obras de ficção **4** figura humana representada nas obras de arte

per.so.na.li.da.de *s.f.* **1** conjunto de traços morais distintivos de uma pessoa; caráter **2** qualidade essencial de uma pessoa; caráter, originalidade **3** aspecto que alguém assume e projeta em público; imagem **4** pessoa célebre

per.so.na.lis.mo *s.m.* **1** qualidade daquilo que é pessoal, subjetivo **2** conduta de quem tem a si próprio como ponto de referência de tudo o que ocorre a sua volta ~ **personalista** *adj.2g.s.2g.* - **personalístico** *adj.*

per.so.na.li.zar *v.* {mod. 1} *t.d.* **1** dar caráter pessoal a; particularizar ⮌ generalizar **2** conceder qualidades de pessoa a; personificar ⮌ coisificar ~ **personalização** *s.f.*

per.son.al train.er [ing.; pl.: *personal trainers*] *loc.subst.* profissional formado em educação física responsável pela elaboração e acompanhamento de um programa de atividades físicas específico para cada indivíduo, e que orienta pessoalmente a execução dos exercícios programados ⇨ pronuncia-se **personal treiner**

per.so.ni.fi.car *v.* {mod. 1} *t.d.* **1** atribuir características de pessoa a (animais, deuses etc.) **2** ser o modelo de; simbolizar ❑ *t.d. e t.d.i.* **3** (prep. *em*) tornar vivo, concreto; representar ~ **personificação** *s.f.*

pers.pec.ti.va *s.f.* **1** técnica de pintura ou desenho tridimensional que possibilita a ilusão de espessura e profundidade das figuras **2** a obra feita com essa técnica **3** vista ao longe, até onde os olhos alcançam ⟨*do mirante, tem-se uma bela p. da cidade*⟩ **4** ponto de vista ⟨*na p. capitalista, o lucro é sagrado*⟩ **5** sentimento de esperança; expectativa ⟨*a p. de um novo amor*⟩

pers.pi.cá.cia *s.f.* **1** qualidade de quem é perspicaz **2** capacidade de compreensão rápida; percepção apurada; argúcia, esperteza, inteligência ⮌ estupidez, idiotice

pers.pi.caz *adj.2g.* **1** que vê bem **2** *fig.* que tem agudeza de espírito; sagaz, inteligente ⮌ obtuso

pers.pi.ran.te *adj.2g.* **1** que transpira, sua, perspira ⟨*estava p. ao final do exercício*⟩ **2** que provoca perspiração, transpiração ⟨*atividade p.*⟩

pers.pi.rar *v.* {mod. 1} *int.* sair o suor pelos poros; suar, transpirar ~ **perspiração** *s.f.* - **perspiratório** *adj.*

per.su.a.dir *v.* {mod. 24} *t.d.,t.d.i. e pron.* **1** (prep. *de*) levar ou passar a acreditar ou aceitar; convencer(-se) ⮌ dissuadir(-se) **2** (prep. *a*) levar(-se) [a fazer algo]; induzir(-se), convencer(-se) ❑ *t.d.* **3** levar a mudar de atitude; convencer

per.su.a.são [pl.: *-ões*] *s.f.* **1** capacidade ou ação de convencer alguém a acreditar ou aceitar algo por meio de argumentação, ou o seu efeito ⮌ dissuasão **2** certeza fortemente estabelecida; convicção

per.su.a.si.vo *adj.* capaz de persuadir ⮌ dissuasório

per.ten.ce *s.m.* **1** aquilo que faz parte de alguma coisa **2** conjunto de objetos de uso pessoal ☞ nesta acp., mais us. no pl.

per.ten.cer *v.* {mod. 8} *t.i.* **1** (prep. *a*) ser propriedade de ⟨*o livro pertence ao aluno*⟩ **2** (prep. *a*) fazer parte de ⟨*esta palavra pertence ao inglês*⟩ **3** (prep. *a*) ser referente a; relacionar-se ⟨*o fato relatado pertencia à história de Roma*⟩ **4** (prep. *a*) ser merecido; caber ⟨*o cargo pertencia ao mais eficiente*⟩ **5** (prep. *a*) ser próprio, característico de ⟨*a imaginação pertence ao homem*⟩ **6** (prep. *a*) ser da obrigação ou responsabilidade de; competir ⟨*tal dever pertence aos pais*⟩ ~ **pertencente** *adj.2g.*

per.ti.ná.cia *s.f.* qualidade ou comportamento de pertinaz; obstinação, perseverança, tenacidade ⮌ inconstância, impersistência

per.ti.naz *adj.2g.* que demonstra persistência; perseverante ⮌ desinteressado

per.ti.nên.cia *s.f.* **1** qualidade do que é pertinente, do que é apropriado; adequação, propriedade ⮌ impropriedade, inadequação **2** relevância, importância ⮌ insignificância, irrelevância

per.ti.nen.te *adj.2g.* **1** que se refere a determinada coisa ⟨*assunto p. ao segundo capítulo*⟩ **2** apropriado e relevante ⟨*só faz observações p.*⟩ ⮌ irrelevante

per.to *adv.* **1** junto ou próximo ⟨*o prato estava p. dele*⟩ ⮌ longe **2** num futuro próximo ⟨*o dia da viagem estava p.*⟩ ⮌ longe ■ *adj.2g.* **3** próximo, vizinho ⟨*fomos a um bar p.*⟩ ⮌ distante ⊡ **p. de** *loc.prep.* **1** próximo de (no espaço ou no tempo) ⟨*plantaram p. da casa*⟩ ⟨*está p. de nascer*⟩ **2** em relação a ⟨*a casa é pequena p. da antiga*⟩ • **p. de** *loc.adv.* cerca de; aproximadamente ⟨*esperou p. de duas horas*⟩ • **de p.** *loc.adv.* **1** a pequena distância ⟨*viu-a de p.*⟩ **2** de forma íntima ou profunda ⟨*conhece-os de p.*⟩

per.tur.bar *v.* {mod. 1} *t.d. e pron.* **1** (fazer) sofrer agitação, desequilíbrio ou desordem; alterar(-se) **2** (fazer) perder a serenidade, o controle; descontrolar(-se) ⮌ conter(-se) **3** (fazer) sentir embaraço, vergonha; inibir(-se) ⮌ desinibir(-se) **4** (fazer) sentir abatimento, tristeza; comover(-se) ⮌ alegrar(-se) ❑ *t.d.* **5** criar impedimento ou obstáculo a; atrapalhar ⮌ facilitar ~ **perturbação** *s.f.* - **perturbável** *adj.2g.*

pe.ru *s.m.* **1** grande ave doméstica de plumagem escura, cabeça nua e uma proeminência carnosa avermelhada no pescoço **2** prato feito com sua carne ⟨*comeu p. no jantar*⟩ ⊙ voz v.: gorgolejar, grugulejar; subst.: gorgolejo, glu-glu

pe.ru.a *s.f.* **1** a fêmea do peru **2** *SP* caminhonete **3** *SP van* **4** *infrm.* mulher que se veste de modo afetado **5** *B infrm.* prostituta

pe.ru.a.no *adj.* **1** do Peru, América do Sul ■ *s.m.* **2** natural ou habitante desse país

pe.ru.ar *v.* {mod. 1} *t.d. e int. infrm.* **1** observar (um jogo) dando palpites **2** observar com indiscrição; bisbilhotar **3** mostrar interesse amoroso (por); paquerar ~ **peruada** *s.f.*

pe.ru.ca *s.f.* cabeleira postiça

per.ver.são [pl.: *-ões*] *s.f.* **1** devassidão, depravação ⮌ decência **2** fato de tornar-se mau e o seu efeito **3** mudança do estado normal; adulteração ⟨*p. da audição*⟩ ⮌ conservação

per.ver.si.da.de *s.f.* **1** qualidade do que ou de quem é perverso **2** ato perverso ⟨*é p. maltratar os animais*⟩ **3** índole ou caráter ruim

per.ver.so *adj.s.m.* que(m) é cruel, malvado ⮌ bondoso

per.ver.ter *v.* {mod. 8} *t.d. e pron.* **1** tornar(-se) devasso; depravar(-se) ⮌ recatar(-se) **2** tornar(-se) mau; corromper(-se) ⮌ regenerar(-se) ❑ *t.d.* **3** efetuar alteração em; subverter **4** dar mau sentido a; desvirtuar, distorcer

per.ver.ti.do *adj.s.m.* (aquele) que se perverteu; depravado, corrupto ⮌ puro

pe.sa.da *s.f.* pesagem ⊡ **da p.** *loc.adj. B infrm.* que desperta medo ou respeito

pe.sa.de.lo \ê\ *s.m.* **1** sonho mau **2** *fig.* pessoa, coisa ou situação que incomoda ⟨*o trabalho novo era um p.*⟩

pe.sa.do *adj.* **1** que tem muito peso ⟨*carga p.*⟩ **2** que exige muita força física ⟨*trabalho pesado*⟩ **3** *fig.* que envolve um clima de muita tensão ⟨*ambiente p.*⟩ **4** *fig.* que pode ofender ou escandalizar ⟨*piada p.*⟩ **5** *infrm.* de difícil digestão ⟨*refeição p.*⟩ **6** profundo, sem sobressaltos (diz-se de sono) ⟨*sono p.*⟩ ⊡ **pegar no p.** executar trabalho árduo, cansativo

pe.sa.gem *s.f.* ato de pesar e o seu efeito; pesada ⟨*fizeram a p. dos carros antes da corrida*⟩

pê.sa.mes *s.m.pl.* manifestação de pesar por infelicidade ou mal de outro; condolências, sentimentos ⮌ parabéns

pe.sar *v.* {mod. 1} *t.d. e pron.* **1** avaliar o peso (de) ❑ *t.d.* **2** examinar com atenção, em detalhes **3** calcular por antecipação, com rigor; prever ❑ *t.i.* **4** (prep. *sobre*) exercer pressão em; pressionar **5** (prep. *em*) atuar de modo decisivo; influenciar **6** (prep. *a*) provocar tristeza, mágoa; desprazer ⮌ alegrar **7** (prep. *a*) causar remorso, arrependimento a; torturar ❑ *int.* **8** ter determinado peso **9** ter muito peso ■ *s.m.* **10** forte tristeza; desolação ⮌ júbilo

pe.sa.ro.so \ô\ [pl.: *pesarosos* \ó\] *adj.* **1** desesperado, sofrido ⮌ aliviado **2** que se arrependeu; contrito

pes.ca *s.f.* **1** captura de peixes, crustáceos etc. **2** técnica us. nessa captura **3** indústria dessa atividade **4** *p.ext.* recolhimento de algo da água

pes.ca.da *s.f.* peixe prateado de esqueleto ósseo, carne branca e saborosa

pes.ca.do *adj.* **1** que se pescou ■ *s.m.* **2** o que se pesca para comer

pes.ca.dor \ô\ *adj.s.m.* **1** (o) que pesca ■ *adj.* **2** relativo a pesca ou próprio para realizá-la; pesqueiro

pes.car *v.* {mod. 1} *t.d. e int.* **1** apanhar ou tentar apanhar na água (peixes, crustáceos etc.) ❑ *t.d. e t.d.i.* **2** *B infrm.* (prep. *de*) ter compreensão de; entender **3** *p.ext.* (prep. *de*) captar com ardil, em segredo

pes.ca.ri.a *s.f.* **1** ato ou tentativa de pescar e o seu efeito; pesca **2** técnica para pescar **3** grande quantidade de peixe

pes.co.ção [pl.: *-ões*] *s.m.* tapa ou empurrão, esp. no pescoço

pes.co.ço \ô\ *s.m.* **1** ANAT região entre o tronco e a cabeça **2** *p.ext.* gargalo de garrafa, porte etc. ⊡ **salvar o p.** *loc.vs. fig.* preservar a vida

pe.se.ta \ê\ *s.f.* **1** meio através do qual se efetuavam transações monetárias na Espanha **2** *p.ext.* a cédula e a moeda us. nessas transações

pe.so \ê\ *s.m.* **1** resultado da força da gravidade sobre os corpos **2** sólido us. para avaliar a massa ('grandeza') de um corpo na balança **3** *fig.* importância ⟨*era um nome de p.*⟩ **4** *fig.* o que incomoda, perturba ou abate ⟨*a fábrica foi um p. este mês*⟩ **5** meio através do qual são efetuadas transações monetárias na Argentina, Chile, Colômbia, Cuba, Filipinas, Guiné-Bissau, México, República Dominicana e Uruguai **6** a cédula e a moeda us. nessas transações **7** DESP categoria de atleta, esp. lutador, classificado pelo peso ('resultado') **8** DESP esfera de metal us. para lançamentos ⟨*competia em arremesso de p.*⟩ ⊡ **p. bruto** *loc.subst.* soma do peso do produto e de sua embalagem • **p. líquido** *loc.subst.* peso do produto sem o da embalagem • **em p.** *loc.adv.* na totalidade ⟨*a turma veio em p.*⟩ • **ter dois p. e duas medidas** *fraseol.* resolver ou avaliar de maneira diferente em circunstâncias iguais

pes.pe.gar *v.* {mod. 1} *t.d. e t.d.i.* (prep. *em*) aplicar com violência ou energia (soco, beijo etc.) [em alguém]

pes.pon.to *s.m.* acabamento externo de costura com pontos mais largos, feitos com linha da mesma cor do tecido ou não ~ **pespontar** *v.t.d.*

pes.quei.ro *adj.* de ou próprio para pesca; pescador

pes.qui.sa *s.f.* investigação científica, artística, escolar etc.

pes.qui.sar *v.* {mod. 1} *t.d.* **1** procurar com aplicação, com cuidado; investigar ⟨*p. a origem de uma palavra*⟩ **2** tomar informações sobre; averiguar ⟨*p. a vida do suspeito*⟩ ~ **pesquisador** *adj.s.m.*

pes.se.ga.da *s.f.* doce de pêssego

pês.se.go *s.m.* fruta amarela, de casca aveludada, com a polpa dura e um único caroço ~ **pessegueiro** *s.m.*

pes.si.mis.mo *s.m.* tendência a esperar pelo pior ⊃ otimismo ~ **pessimista** *adj.2g.s.2g.*

pés.si.mo *adj.* muito mau ⊙ GRAM/USO sup.abs.sint. de *mau*

pes.so.a \ô\ *s.f.* **1** ser humano **2** categoria gramatical, ligada esp. a verbos e pronomes, que mostra a relação de quem fala com o(s) participante(s) do acontecimento narrado ⊙ COL grupo, pessoal ⊡ **p. física** *loc.subst.* indivíduo perante a lei • **p. jurídica** *loc.subst.* instituição ou associação legalmente reconhecida e autorizada a funcionar

pes.so.al *adj.2g.* **1** relativo a pessoa **2** individual ⟨*talher para uso p.*⟩ ⊃ coletivo **3** particular, íntimo ⟨*assunto p.*⟩ ⊃ geral **4** que representa pessoa gramatical (diz-se de pronome) ■ *s.m.* **5** grupo de pessoas

pes.so.al.men.te *adv.* **1** em pessoa ⟨*desculpou-se p. com o amigo*⟩ **2** de uma perspectiva pessoal; particularmente ⟨*p., sou contra a pena de morte*⟩

pes.so.en.se *adj.2g.* **1** de João Pessoa (PB) ■ *s.2g.* **2** natural ou habitante dessa capital

pes.ta.na *s.f.* **1** cílio **2** MÚS em instrumentos de cordas dedilhadas, posição em que o indicador prende todas as cordas para modificar sua afinação ⊡ **queimar as p.** *loc.vs. infrm.* estudar muito

pes.ta.ne.jar *v.* {mod. 1} *int.* abrir e fechar os olhos rapidamente; piscar

pes.te *s.f.* **1** doença contagiosa transmitida pela pulga do rato **2** epidemia que provoca grande mortandade **3** *B infrm.* pessoa má ou criadora de problemas ⟨*esse menino é uma p.*⟩ ⊡ **p. bubônica** *loc.subst.* forma mais conhecida da peste, caracterizada por febre, calafrios, dor e ínguas com pus, esp. na virilha • **p. negra** *loc.subst.* nome dado na Europa do sXIV à forma pulmonar da peste, caracterizada por hemorragias subcutâneas que formam manchas escurecidas ~ **pestear** *v.t.d. e int.*

pes.ti.ci.da *adj.2g.s.m.* (substância) que combate as pragas

pes.tí.fe.ro *adj.* **1** que causa peste **2** *fig.* que causa dano; nocivo ■ *adj.s.m.* **3** que(m) foi contaminado pela peste

pes.ti.lên.cia *s.f.* **1** doença contagiosa; peste **2** *fig.* fedor ~ **pestilento** *adj.*

pe.ta \ê\ *s.f.* **1** mentira **2** bolinho de mandioca

pé.ta.la *s.f.* cada peça, freq. colorida, presa ao centro da flor

pe.tar.do *s.m.* **1** explosivo portátil para destruir obstáculos **2** *p.ext.* no futebol, chute violento a gol

pe.te.ca *s.f.* brinquedo composto por uma pequena base arredondada, com penas espetadas, lançado para o ar por golpes com a palma da mão ⊡ **deixar a p. cair** *fraseol.* hesitar, vacilar

pe.te.le.co *s.m.* **1** pancada com a ponta do dedo da mão **2** *p.ext.* golpe dado com pouca força ⟨*foi derrubado com um p.*⟩

pe.ti.ção [pl.: *-ões*] *s.f.* **1** pedido por escrito; requerimento **2** DIR formulação escrita de pedido, fundada no direito da pessoa, feita ao juiz competente

pe.tis.car *v.* {mod. 1} *int.* **1** comer petisco ❑ *t.d. e int.* **2** comer pouco, só para provar ou saborear

pe.tis.co *s.m.* quitute ger. aperitivo

pe.tis.quei.ra *s.f.* **1** petisco **2** prato, tigela etc. para servir petiscos **3** restaurante **4** armário para guardar alimentos

pe.tiz *s.m. infrm.* menino, garoto

pe.tre.cho \ê\ *s.m.* **1** instrumento de guerra (armas, munições etc.) ☞ mais us. no pl. **2** utensílio, ferramenta ☞ mais us. no pl. ~ **petrechar** *v.t.d.*

pé.treo *adj.* **1** de pedra **2** *fig.* insensível ⟨*coração p.*⟩

pe.tri.fi.car *v.* {mod. 1} *t.d. e pron.* **1** transformar(-se) em pedra **2** (fazer) ficar duro como pedra; endurecer **3** *fig.* tornar(-se) insensível; empedernir(-se) ⮌ sensibilizar(-se) **4** *p.ext.* tornar(-se) imóvel, por surpresa, medo; paralisar(-se) ~ **petrificação** *s.f.*

pe.tro.gra.fi.a *s.f.* ramo da geologia que descreve e classifica as rochas ~ **petrográfico** *adj.* - **petrógrafo** *s.m.*

pe.tro.lei.ro *adj.* **1** relativo a ou que produz petróleo ■ *s.m.* **2** quem trabalha na indústria de petróleo **3** navio-petroleiro

pe.tró.leo *s.m.* óleo natural escuro extraído de jazidas subterrâneas, de que se faz gasolina, parafina, querosene, solventes etc.

pe.tro.lí.fe.ro *adj.* que contém ou produz petróleo ⟨*região p.*⟩ ⟨*indústria p.*⟩

pe.tro.lo.gi.a *s.f.* ramo da geologia que estuda a origem, ocorrência, estrutura e história das rochas; litologia ~ **petrológico** *adj.*

pe.tro.quí.mi.ca *s.f.* ciência, técnica e indústria dos derivados de petróleo

pe.tro.quí.mi.co *adj.* **1** relativo a petroquímica ■ *adj.s.m.* **2** especialista em petroquímica

pe.tu.lân.cia *s.f.* atrevimento, insolência ⮌ humildade

pe.tu.lan.te *adj.2g.s.2g.* (aquele) que se atreve, é arrogante, desrespeitoso; abusado, atrevido, insolente ⮌ comportado, respeitoso

pe.tú.nia *s.f.* **1** flor roxa de corola afunilada **2** a planta dessa flor, muito cultivada como ornamental

pez \ê\ *s.m.* piche

pH *s.m.* QUÍM coeficiente de acidez ou alcalinidade de uma solução

pi *s.m.* **1** décima sexta letra do alfabeto grego (π, Π) **2** MAT número igual à razão entre o perímetro de uma circunferência e o seu diâmetro, de valor aproximado a 3,14 [símb.: π]

PI sigla do Estado do Piauí

pi.a *s.f.* bacia fixa na parede, ger. com água encanada, us. para lavar mãos, louça etc. ⊡ **p. batismal** *loc.subst.* amplo vaso de pedra em que se derrama água us. para batismos

pi.á *s.m.* menino indígena

pi.a.ba ou **pi.a.va** *s.f.* peixe de rio com boca miúda e dentes fortes

pi.a.ça.ba ou **pi.a.ça.va** *s.f.* **1** tipo de palmeira que produz fibra dura e flexível us. na confecção de vassouras e escovas **2** essa fibra **3** vassoura feita com essa fibra ~ **piaçabal** *s.m.* - **piaçaval** *s.m.*

pi.a.da *s.f.* **1** piado, pio **2** dito ou comentário engraçado ⟨*fazia piadas sobre o chefe*⟩ **3** anedota

pi.a.dis.ta *adj.2g.s.2g.* que(m) conta piadas ('dito', 'anedota')

pi.a.do *s.m.* voz de algumas aves, pio

pi.a-má.ter [pl.: *pias-máteres*] *s.f.* ANAT a mais interna e vascularizada das três membranas que recobrem o cérebro e a medula espinhal ☞ cf. *aracnoide* e *dura-máter*

pi.a.men.te *adv.* **1** de modo pio, com devoção; piedosamente **2** de modo sincero, verdadeiro ⟨*acreditava p. na palavra do irmão*⟩

pi.a.nís.si.mo *s.m.* trecho musical executado suavemente, com pouquíssima sonoridade

pi.a.nis.ta *adj.2g.s.2g.* que(m) toca piano

pi.a.no *s.m.* **1** instrumento de 88 teclas com cordas percutidas por martelos revestidos de feltro **2** trecho musical executado com pouca sonoridade

pi.a.no.la *s.f.* piano mecânico, acionado por pedais, em que a notação da peça a ser executada vem em um rolo de papel perfurado

pi.ão [pl.: *-ões*] *s.m.* brinquedo cônico, ger. de madeira, que gira sobre uma ponta metálica, desenrolando-se de um cordel ☞ cf. *peão*

pi.ar *v.* {mod. 1} *int.* dar pios ⊙ GRAM/USO só us. nas 3as p., exceto quando fig.

pi.au.i.en.se *adj.2g.* **1** do Piauí ■ *s.2g.* **2** natural ou habitante desse estado

pi.a.va *s.f.* → PIABA

PIB *s.f.* sigla de *produto interno bruto* ☞ cf. *PIB* na parte enciclopédica

pi.ca.da *s.f.* **1** mordida de inseto, cobra etc. **2** ferida feita por objeto pontudo **3** atalho aberto na mata a golpes de facão ou foice

pi.ca.dei.ro *s.m.* **1** área central e circular para exibição dos artistas num circo **2** local para treinamento de cavalos ou exercícios de equitação

pi.ca.di.nho *s.m.* carne picada e depois ensopada ou frita

pi.ca.nha *s.f.* **1** parte de trás da região lombar da rês **2** a carne dessa região

pi.can.te *adj.2g.* **1** diz-se de sabor que arde, queima; apimentado ⟨*tempero p.*⟩ **2** *fig.* malicioso, mordaz ⟨*conversa p.*⟩

pi.cão [pl.: *-ões*] *s.m.* **1** tipo de picareta para lavrar a pedra **2** erva com fins terapêuticos, us. em casos de hepatite, reumatismo e problemas na bexiga e rins

pi.ca-pau [pl.: *pica-paus*] *s.m.* ave de bico forte e reto, us. para martelar a madeira em busca de insetos e abrir cavidades para fazer ninho

pi.ca.pe *s.f.* **1** carro com caçamba ('receptáculo') aberta atrás **2** caminhonete

pi.car *v.* {mod. 1} *t.d. e pron.* **1** ferir(-se), furar(-se) com objeto pontiagudo ❑ *t.d.* **2** enfiar o ferrão em; aguilhoar **3** ferir com o bico; bicar **4** causar sensação de ardor em; queimar ⟨*a pimenta picava a língua*⟩ **5** abrir pequenos furos em **6** reduzir a pequenos pedaços **7** *fig.* dar ânimo a; estimular ⮌ desanimar **8** *fig.* deixar irritado; enfurecer ❑ *int.* **9** ser picante, ardido; queimar ❑ *t.d. e int.* **10** (fazer) sentir comichão; coçar, pinicar

pi.car.di.a *s.f.* esperteza, malandragem, malícia

pi.ca.res.co \ê\ *adj.* **1** burlesco, ridículo **2** LIT diz-se do gênero literário em que se descreve o comportamento dos pícaros

pi.ca.re.ta \ê\ *s.f.* **1** instrumento com cabo de madeira e uma peça de ferro com duas pontas us. para escavar a terra, lavrar pedras etc. ■ *adj.2g.s.2g. infrm.* **2** vigarista, aproveitador

pi.ca.re.ta.gem *s.f. infrm.* ação moralmente condenável; armação, embuste ~ **picaretar** *v.int.*

pí.ca.ro *adj.* **1** esperto, trapaceiro, ardiloso ■ *s.m.* LIT **2** personagem que vive de ardis e procura obter lucros e vantagens das classes sociais mais abastadas

pi.çar.ra *s.f.* rocha meio decomposta, misturada a areia e partículas que contêm ferro

pí.ceo *adj.* semelhante ao pez

pi.cha.ção [pl.: *-ões*] *s.f.* **1** aplicação de piche **2** assinatura estilizada ou rabisco feito em parede, fachada de prédio, estátua etc. ☞ cf. [2]*grafite* **3** *fig. infrm.* crítica áspera ou maldosa

pi.char *v.* {mod. 1} *t.d.* **1** aplicar piche em **2** rabiscar (dizeres, assinatura, nomes etc.) em muros, paredes, fachadas etc. **3** sujar (muros, fachadas etc.) fazendo pichações ☞ nas duas últimas acp., cf. [2]*grafitar* **4** *fig. infrm.* falar mal de; criticar, malhar ~ **pichador** *adj.s.m.*

pi.che *s.m.* resina negra e pegajosa obtida da destilação do alcatrão ou da terebintina

pi.cles *s.m.pl.* legumes conservados em salmoura ou em vinagre

pi.co *s.m.* **1** topo agudo de monte ou montanha **2** *p.ext.* ponto mais alto; auge ⟨*teve o p. de febre à tarde*⟩ **3** *B infrm.* injeção de entorpecente ⊡ **e p.** *loc.subst.* e pouco mais ⟨*saiu às duas e p.*⟩

pi.co.lé *s.m.* sorvete solidificado, atravessado verticalmente por um pauzinho

pi.co.tar *v.* {mod. 1} *t.d.* fazer picotes em; perfurar

pi.co.te *s.m.* **1** conjunto de pequenas perfurações em folhas de papel a serem destacadas **2** margem denteada de papel, selos etc.

pic.tó.ri.co *adj.* relativo a pintura

pi.cu.á *s.m.* **1** saco rústico para levar roupa, comida etc. **2** balaio, cesto

pi.cu.i.nha *s.f.* **1** dito picante; piada **2** pirraça, teimosia **3** hostilidade gratuita; implicância

pi.dão [pl.: *-ões*] *adj.s.m.* que(m) vive pedindo tudo

pi.e.da.de *s.f.* **1** solidariedade para com a dor alheia; compaixão **2** devoção, religiosidade

pi.e.do.so \ô\ [pl.: *piedosos* \ó\] *adj.* **1** que revela ou tem piedade, devoção; devoto, pio ⮌ impiedoso, ímpio **2** que tem compaixão; compassivo ⮌ desalmado, impiedoso, inclemente

pi.e.gas *adj.2g.2n.s.2g.2n.* (aquele) cujo sentimentalismo beira o ridículo ⟨*filme p.*⟩ ⟨*pessoas p.*⟩ ~ **pieguismo** *s.m.*

pi.e.gui.ce *s.f.* **1** qualidade ou característica de quem ou do que é piegas; pieguismo **2** sentimentalismo exagerado; pieguismo ⟨*sua p. aborrecia a mulher*⟩

pí.er *s.m.* construção que avança para o mar, perpendicular ao cais, us. como atracadouro ou lugar de passeio

pierc.ing [ing.; pl.: *piercings*] *s.m.* **1** perfuração do corpo para colocação de enfeite, ger. de metal ⟨*fazer um p.*⟩ **2** esse enfeite ⟨*um p. no umbigo*⟩ ⇨ pronuncia-se pirsing

pi.er.rô *s.m.* **1** personagem da antiga comédia italiana, ingênuo e sentimental ☞ inicial maiúsc. **2** fantasia de carnaval nele inspirada

pi.far *v.* {mod. 1} *int.* **1** parar de funcionar; escangalhar, quebrar **2** não ter êxito; fracassar

pí.fa.ro *s.m.* flauta simples, ger. com seis furos

pí.fio *adj.* de pouco valor; reles

pi.gar.re.ar *v.* {mod. 5} *int.* **1** tossir com pigarro **2** fazer força para livrar-se de pigarro

pi.gar.ro *s.m.* aderência de muco na garganta ~ **pigarrento** *adj.*

pig.men.ta.ção [pl.: *-ões*] *s.f.* **1** formação de pigmentos em um organismo **2** coloração obtida a partir de pigmentos

pig.men.to *s.m.* substância que dá cor a tecidos ou células de um organismo ~ **pigmentar** *v.t.d. e pron.*

pig.meu [\fem.: *pigmeia* \éi\]*s.m.* **1** indivíduo de certa etnia africana, de estatura inferior a 1,50 m ■ *adj.s.m.* **2** que(m) é muito baixo; anão ⮌ gigante

pi.ja.ma *s.m.* conjunto de calça e camisa de dormir

pi.lan.tra *adj.2g.s.2g. infrm.* que(m) é mau caráter, trapaceiro, ardiloso, malandro

pi.lan.tra.gem *s.f.* ação ou comportamento de pilantra; malandragem, vigarice ⟨*revoltou-se com a p. do colega*⟩

pi.lão [pl.: *-ões*] *s.m.* utensílio us. para bater, amassar ou triturar

[1]**pi.lar** *s.m.* coluna sem ornamentos presente na estrutura de uma construção [ORIGEM: do esp. *pilar* 'id.']

[2]**pi.lar** *v.* {mod. 1} *t.d.* moer, pisar ou descascar no pilão [ORIGEM: do lat.tar. *pīlāre* 'trabalhar com o pilão']

pi.las.tra *s.f.* [1]pilar decorativo

pi.la.tes *s.m.2n.* método de alongamento, condicionamento e exercício físicos, com aparelhos próprios, que abrange o corpo uniformemente, fortalece a musculatura e aumenta a flexibilidade, promovendo tb. a prevenção de lesões e o alívio de dores crônicas, esp. da coluna vertebral

pi.le.que *s.m. B* bebedeira

pi.lha *s.f.* **1** porção de coisas sobrepostas ⟨*p. de livros*⟩ **2** sistema que transforma energia química em elétrica **3** *fig. B* pessoa nervosa, agitada ⟨*ele está uma p.*⟩

pi.lha.gem *s.f.* roubo, saque

pi.lhar *v.* {mod. 1} *t.d.* **1** ter nas mãos; alcançar, conseguir ⮌ perder **2** apossar-se com violência de; saquear **3** surpreender surgindo de repente ❑ *pron.* **4** achar-se, ficar em certo lugar ou estado

pi.lhé.ria *s.f.* gracejo, piada ~ **pilheriador** *adj.s.m.*

pi.lhe.ri.ar *v.* {mod. 1} *t.i. e int.* (prep. *com, de*) fazer pilhéria com; troçar, gracejar

pi.lo.ro *s.m.* ANAT pequena abertura que faz a comunicação entre estômago e duodeno ~ **pilórico** *adj.*

pi.lo.si.da.de *s.f.* camada de pelos finos sobre a pele

pi.lo.so \ô\ [pl.: *pilosos* \ó\] *adj.* que tem pelos; peludo

pi.lo.tar *v.* {mod. 1} *t.d.* conduzir, guiar como piloto (navio, avião, carro) ~ **pilotagem** *s.f.*

pi.lo.ti *s.m.* cada coluna que sustenta um prédio, deixando o pavimento térreo livre

pi.lo.to \ô\ *s.m.* **1** quem dirige navio ou avião **2** motorista de provas automobilísticas **3** capítulo inicial de programa de televisão **4** primeiro bico a ser aceso em aquecedores a gás

pí.lu.la *s.f.* **1** comprimido **2** pílula anticoncepcional

pi.men.ta *s.f.* **1** nome comum a diversas plantas nativas da América tropical, muito cultivadas pelos frutos, us. como tempero picante **2** o fruto dessa planta **3** *fig. B* indivíduo irrequieto, travesso ⟨*ele é uma p.*⟩

pi.men.ta-do-rei.no [pl.: *pimentas-do-reino*] *s.f.* **1** trepadeira nativa do sul da Índia e Sri Lanka, com frutos com uma única semente, mundialmente us. como condimento **2** esse fruto, us. seco ou moído

pi.men.ta-ma.la.gue.ta [pl.: *pimentas-malaguetas*] *s.f.* **1** arbusto pequeno, nativo de regiões tropicais da América, muito cultivado no Brasil, de folhas ovais e frutos vermelhos, picantes, us. como condimento **2** o fruto desse arbusto

pi.men.tão [pl.: *-ões*] *s.m.* **1** planta nativa do Chile, de frutos verdes ou vermelhos, comestíveis, mais longos do que largos **2** variedade desta planta, com frutos grandes, em forma de sino, levemente picantes e de cor verde, vermelha ou amarela

pi.men.tei.ra *s.f.* arbusto que dá pimenta

pim.pão [pl.: *-ões*] *adj.s.m.* que(m) é vaidoso ou afetado no vestir ⊃ modesto ~ **pimponice** *s.f.*

pim.po.lho \ô\ *s.m.* **1** broto da videira **2** *fig.* criança pequena

pi.na.co.te.ca *s.f.* **1** coleção de quadros **2** museu de pintura

pi.ná.cu.lo *s.m.* **1** o ponto mais alto (de edifício, torre, montanha etc.) **2** *fig.* o grau mais alto; auge ⟨*p. da fama*⟩

pin.ça *s.f.* **1** peça constituída de duas hastes ligadas numa das extremidades, us. para arrancar ou segurar algo **2** ZOO garra de aracnídeos, esp. escorpiões, e crustáceos

pin.çar *v.* {mod. 1} *t.d.* **1** prender ou segurar com pinça **2** arrancar com pinça pelos de **3** *fig.* retirar dentre várias coisas; selecionar ~ **pinçamento** *s.m.*

pín.ca.ro *s.m.* **1** o ponto mais elevado de um monte ou de uma construção ⊃ sopé **2** *fig.* o grau mais elevado; auge ⟨*o p. da glória*⟩

pin.cel *s.m.* utensílio com cabo e tufo de pelos us. para aplicar tinta, cola, cosméticos etc.

pin.ce.la.da *s.f.* **1** traço feito com pincel **2** *fig.* comentário ou explicação rápidos, superficiais, a respeito de algo

pin.ce.lar *v.* {mod. 1} *t.d.* pintar ou aplicar com pincel

pin.da.í.ba *s.f. infrm.* falta de dinheiro ⟨*vive na maior p.*⟩

pin.ga *s.f. B infrm.* cachaça

pin.ga.do *s.m. infrm.* café com pouco leite

pin.ga-pin.ga [pl.: *pinga-pingas* e *pingas-pingas*] *adj.2g.s.m.* (o) que acontece aos poucos ⟨*voo p.*⟩ ⟨*o p. dos meus rendimentos*⟩

pin.gar *v.* {mod. 1} *t.d.* **1** derramar ou cair aos pingos; gotejar ⟨*o nariz pingou sangue*⟩ ❑ *int.* **2** *fig.* render aos poucos, gradativamente

pin.gen.te *s.m.* **1** objeto pequeno, pendente, ger. em forma de pingo **2** brinco pendente **3** *B* passageiro que viaja pendurado esp. em bondes e trens

pin.go *s.m.* **1** partícula líquida ao cair; gota **2** *B* porção ínfima ⟨*um p. de dinheiro*⟩ ⊡ **pôr os p. nos is ou ii** *fraseol.* deixar as coisas claras

pin.gu.ço *adj.s.m. B infrm.* beberrão

pin.gue.la *s.f.* ponte tosca de madeira

pin.gue-pon.gue [pl.: *pingue-pongues*] *s.m.* tênis de mesa

pin.guim \gü\ *s.m.* ave marinha preta e branca, de pernas curtas, com nadadeiras e asas pequenas, que vive esp. na Antártica

pi.nha *s.f.* **1** fruto do pinheiro, ger. em forma de cone **2** fruta-de-conde; ata

pi.nhal *s.m.* grande concentração de pinheiros em determinada área; pinheiral

pi.nhão [pl.: *-ões*] *s.m.* semente comestível de pinheiros, esp. da araucária

pi.nhei.ral *s.m.* pinhal

pi.nhei.ro *s.m.* nome comum a árvores em forma de cone, de madeira útil, próprias de climas temperados ⊙ COL pinhal, pinheiral

pi.nhei.ro-do-pa.ra.ná [pl.: *pinheiros-do-paraná*] *s.m.* araucária

pi.nho *s.m.* **1** madeira do pinheiro **2** *p.ext. B infrm.* violão

pi.ni.car *v.* {mod. 1} *t.d. e int.* **1** causar comichão ou ardor em; picar ❑ *t.d.* **2** beliscar

pi.no *s.m.* **1** haste, ger. cilíndrica e metálica, que une ou articula peças **2** peça de madeira em forma de garrafa us. no boliche **3** ponto mais alto a que chega o sol; zênite ⊡ **a p.** *loc.adv.* na vertical • **bater p.** *loc.vs. B* **1** sair (o automóvel) do ponto da regulagem do motor **2** *fig. infrm.* estar em más condições, físicas ou mentais

pi.no.te *s.m.* **1** salto de cavalgadura ao dar coice **2** *p.ext.* pulo, pirueta ⊡ **dar o p.** *loc.vs. B infrm.* escapulir, fugir ~ **pinotear** *v.int.*

pin.ta *s.f.* 1 pequena mancha ⟨*uma p. de sangue na blusa*⟩ 2 sinal ou sarda 3 *B infrm.* sinal de algo que ainda não foi comprovado ou ainda não ocorreu ⟨*pela p., o filme é ruim*⟩ ⟨*pela p. do céu, vai chover*⟩

pin.ta.do *adj.* 1 que levou tinta ⟨*casa p.*⟩ 2 que tem cor ou cores; colorido ⟨*forrou a gaveta com papel p.*⟩ 3 com diversas pintas, sinais ⟨*tinha o rosto p. de sardas*⟩ 4 com maquiagem

pin.tal.gar *v.* {mod. 1} *t.d. e pron.* 1 pintar(-se) ou sujar(-se) com pingos coloridos 2 pintar(-se) de cores variadas; sarapintar(-se)

pin.tar *v.* {mod. 1} *t.d.* 1 representar (figuras, imagens etc.) com traços, cores 2 cobrir com tinta 3 dar cores a; colorir 4 *p.ext.* descrever, retratar ❑ *int.* 5 entregar-se à arte da pintura 6 ser pintor profissional 7 começar a surgir, ger. ao longe ⟨*o barco pintou no horizonte*⟩ ☞ *no horizonte* é circunstância que funciona como complemento 8 tornar-se visível; aparecer ⮌ sumir 9 *B gír.* comparecer, ir a um lugar ⟨*se der, ela vai p. no bar*⟩ ☞ *no bar* é circunstância que funciona como complemento 10 *B gír.* acontecer, ocorrer ⟨*se ele aparece, pinta confusão*⟩ 11 *B gír.* dar indícios de ser (bom ou mau); mostrar-se ⟨*o projeto está pintando muito bem*⟩ 12 exceder-se em brincadeiras ou diversões ❑ *t.d. e pron.* 13 maquiar(-se)

pin.tar.ro.xo \ô\ *s.m.* passáro de canto suave, de plumagem parda e avermelhada

pin.tas.sil.go *s.m.* pássaro de cabeça, pescoço, asas e cauda negros, dorso verde e lado inferior amarelo

pin.to *s.m.* filhote de galinha ⊡ **ser p.** *loc.vs. B infrm.* não oferecer dificuldade ⟨*correr 200 m é p.*⟩

pin.tor \ô\ *adj.s.m.* 1 que(m) se dedica à pintura artística 2 que(m) pinta

pin.tu.ra *s.f.* 1 revestimento de uma superfície com tinta ⟨*a parede precisa de p. nova*⟩ 2 arte e técnica de pintar ⟨*aulas de p.*⟩ 3 profissão de pintor 4 a obra pintada ⟨*gosto das p. de Portinari*⟩ 5 maquiagem ⟨*saía sempre sem p.*⟩

[1]**pi.o** *adj.* 1 que demonstra piedade ou caridade; virtuoso 2 religioso [ORIGEM: do lat. *pĭus,a,um* 'que cumpre o dever; justo']

[2]**pi.o** *s.m.* voz de certas aves [ORIGEM: onomatopaica]

pi.o.gê.ne.se *s.f.* piogenia

pi.o.ge.ni.a *s.f.* formação de pus; piogênese ~ **piogênico** *adj.*

pi.o.lhen.to *adj.* 1 propício à procriação de piolhos ■ *adj.s.m.* 2 que(m) tem piolhos 3 *p.ext. pej.* sujo, imundo

pi.o.lho \ô\ *s.m.* inseto sem asas, com peças bucais sugadoras, que se alimenta de sangue de mamíferos, mesmo do homem; muquirana

pi.o.nei.ro *adj.s.m.* 1 (o) que está entre os primeiros que penetram ou colonizam uma região; desbravador 2 *fig.* (o) que anuncia algo de novo ou se antecipa a algo ou alguém; precursor ⟨*ato p.*⟩ 3 (o) que antecipa uma pesquisa, progresso ou empreendimento; antecessor ⟨*p. da bioenergética*⟩ ⟨*estudo p.*⟩ ~ **pioneirismo** *s.m.*

pi.or *adj.2g.* 1 mais ruim, em comparação a outro ⟨*este é seu p. livro*⟩ ■ *s.m.* 2 o que é inferior a tudo o mais ⟨*este arroz é o p.*⟩ ■ *s.f.* 3 situação, condição pior ■ *adv.* 4 de forma mais incorreta ou insatisfatória ⟨*vive p. que a filha*⟩ 5 com menos saúde ⟨*está p. hoje*⟩ ⊙ GRAM/USO comp.super. de *mau* ⊡ **levar a p.** *loc.vs.* ser derrotado numa disputa ou conflito; perder • **mandar desta para a p.** *fraseol.* matar • **na p.** *loc.adv. RJ* em má situação (financeira, emocional etc.)

pi.o.ra *s.f.* 1 ato ou efeito de piorar 2 alteração para pior ⮌ melhora 3 agravamento de estado de saúde ⮌ melhora

pi.o.rar *v.* {mod. 1} *t.d. e int.* 1 mudar para pior; agravar(-se) ⮌ melhorar ❑ *int.* 2 ficar com o estado de saúde mais grave ⮌ melhorar ~ **piorada** *s.f.*

pi.or.rei.a \éi\ *s.f.* MED escoamento de pus ~ **piorreico** *adj.*

pi.pa *s.f.* 1 barril de madeira us. esp. para armazenar vinho 2 brinquedo formado por uma armação leve de varetas, recoberta de papel fino e presa a uma linha, que se empina no ar; papagaio

pi.pa.ro.te *s.m.* peteleco

pi.pe.ta \ê\ *s.f.* tubo de vidro us. em laboratório para aspirar líquidos

pi.pi *s.m. infrm.* urina

pi.pi.lar *v.* {mod. 1} *t.d. e int.* emitir pios (a ave); piar, pipiar ⟨*via as aves a p. (um canto matinal)*⟩ ⊙ GRAM/USO só us. nas 3as p., exceto quando fig. ~ **pipilo** *s.m.*

pi.po.ca *s.f.* 1 grão de certo tipo de milho estourado com o calor 2 *infrm.* qualquer pequena erupção na pele

pi.po.car *v.* {mod. 1} *int.* 1 estourar como pipoca 2 soar como pipoca estourando 3 *fig. infrm.* aparecer de repente 4 criar borbulhas

pi.po.quei.ra *s.f.* máquina ou panela para fazer pipoca

pi.po.quei.ro *s.m.* vendedor de pipocas

pi.prí.deo *s.m.* ZOO 1 espécime dos piprídeos, família de pequenas aves de fêmeas verdes, cujos machos têm plumagem colorida e executam um tipo de movimento a fim de atrair as fêmeas ■ *adj.* 2 relativo a essa família de pássaros

pi.que *s.m.* 1 antiga lança 2 *B* pequeno corte ⟨*deu um p. na saia*⟩ 3 auge, pico 4 *infrm.* disposição, garra ⟨*está cheio de p.*⟩ 5 brincadeira infantil em que uma criança tem de tocar numa das outras que correm, antes que alcancem o ponto que as deixe a salvo; pega-pega 6 *p.ext.* esse ponto ⊡ **ir a p.** *loc.vs.* 1 MAR naufragar, afundar (embarcação) 2 *fig.* não dar certo; fracassar ⟨*o projeto foi a p.*⟩

pi.que.ni.que *s.m.* passeio com refeição ao ar livre, em que cada participante ger. contribui levando comida e/ou bebida

pi.que.te \ê\ *s.m.* 1 guarda de honra em formaturas e desfiles 2 destacamento militar designado para serviços internos ou saídas de emergência 3 *B* grupo de trabalhadores que se coloca à porta de fábrica, empresa etc. em greve para impedir a entrada de outros

pi.qui.ra *adj.2g.s.m. B* **1** (peixe) miúdo ■ *adj.2g.s.2g. B* **2** (égua, cavalo etc.) pequeno **3** *pej.* (pessoa) mirrada, insignificante

pi.ra *s.f.* **1** fogueira em que se queimavam cadáveres **2** *p.ext.* qualquer fogueira

pi.ra.ce.ma *s.f. AMAZ* **1** migração de peixes para desova, no sentido das nascentes dos rios **2** a época dessa migração

pi.ra.do *adj. B gír.* louco

pi.ram.bei.ra *s.f. B infrm.* **1** abismo, precipício **2** ladeira ou terreno muito íngreme

pi.ra.mi.dal *adj.2g.* **1** relativo a pirâmide **2** em forma de pirâmide

pi.râ.mi.de *s.f.* **1** poliedro cuja base é um polígono qualquer e as faces laterais são triângulos ligados a um só vértice **2** construção com essa forma

pi.ra.nha *s.f.* **1** peixe carnívoro de rio, com dentes numerosos e afiados **2** *B pej.* prostituta **3** *p.ext. B pej.* mulher que mantém relações sexuais com muitos parceiros

pi.rão [pl.: *-ões*] *s.m.* papa grossa de farinha de mandioca cozida

pi.rar *v.* {mod. 1} *int.* **1** ficar maluco ou perturbado; enlouquecer, endoidecer ❑ *int. e pron.* **2** sair, escapar, fugir

pi.ra.ru.cu *s.m.* maior peixe fluvial de escamas, de corpo cilíndrico pardo e avermelhado nas laterais

pi.ra.ta *s.m.* **1** ladrão que pratica roubos em embarcações e povoações costeiras ■ *adj.2g.* **2** *p.ext.* copiado ilegalmente de uma obra anterior (fita, *CD* etc.) **3** *fig.* que opera de maneira clandestina (diz-se de estação de rádio ou de TV)

pi.ra.ta.ri.a *s.f.* **1** crime de violência cometido no mar contra embarcações, passageiros e cargas **2** ação de reproduzir ilegalmente, e com fins de comercialização, livros, gravações de som ou imagem, programas de informática etc., sem o devido pagamento de direitos autorais

pi.ra.te.ar *v.* {mod. 5} *t.d. e int.* **1** saquear (navios e povoações costeiras) ❑ *t.d.* **2** *p.ext.* roubar, furtar **3** *p.ext.* fazer cópia de (p.ex., livro, *CD*), sem autorização do autor ou do detentor dos direitos legais ❑ *int.* **4** viver como pirata

pi.re.nai.co *adj.* pireneu

pi.re.neu [fem.: *pireneia* \éi\] *adj.* **1** relativo aos Pireneus, cadeia de montanhas que se estende entre a França e a Espanha; pirenaico ■ *s.m.* **2** natural ou habitante dessa região

pi.res *s.m.2n.* pequeno prato sobre o qual se põe a xícara

pi.ré.ti.co *adj.* febril

pi.rex \cs\ *s.m.2n.* qualquer recipiente de uso doméstico feito de vidro resistente ao calor, eletricidade e agentes químicos ☞ marca comercial (*Pyrex*) que passou a designar seu gênero ⊙ GRAM/USO admite-se tb. o pl. *pirexes*

pi.re.xi.a \cs\ *s.f.* MED **1** febre **2** estado febril

pi.ri.for.me *adj.* com forma de pera

pi.ri.lam.po *s.m.* vaga-lume

pi.ri.pa.que *s.m. infrm.* chilique ou mal súbito

pi.ri.ri *s.m. infrm.* diarreia

pi.ro.fo.bi.a *s.f.* pavor ao fogo ~ **pirófobo** *adj.s.m.*

pi.ro.ga *s.f.* canoa indígena, cavada a fogo em tronco de árvore

pi.ro.gra.vu.ra *s.f.* **1** arte de gravar com ponta incandescente **2** obra realizada dessa maneira

pi.ro.ma.ni.a *s.f.* tendência doentia de produzir incêndios ~ **piromaníaco** *adj.s.m.*

pi.rô.me.tro *s.m.* aparelho para medir altas temperaturas

pi.ro.se *s.f.* azia

pi.ros.fe.ra *s.f.* camada sólida da superfície da Terra, abaixo da litosfera, constituída de magma ☞ cf. *barisfera* e *litosfera*

pi.ro.tec.ni.a *s.f.* técnica de usar fogos de artifício ou explosivos

pi.ro.téc.ni.co *adj.* **1** relativo a pirotecnia ⟨*espetáculo p.*⟩ ■ *s.m.* **2** quem fabrica ou vende fogos de artifício

pir.ra.ça *s.f.* teimosia; birra ~ **pirraçar** *v.t.d. e int.* - **pirraceiro** *adj.s.m.*

pir.ra.cen.to *adj.s.m.* que(m) faz pirraças; birrento ⟨*criança p.*⟩ ⟨*o p. não para de implicar com o irmão*⟩

pir.ra.lho *s.m.* criança, guri

pi.ru.e.ta \ê\ *s.f.* **1** rodopio sobre um único pé **2** giro do cavalo sobre uma das patas dianteiras **3** cambalhota ~ **piruetar** *v.int.*

pi.ru.li.to *s.m.* bala enfiada na ponta de um palito

PIS *s.m.* sigla de Plano de Integração Social

pi.sa *s.f.* **1** maceração de uvas com os pés **2** operação de revolver com os pés as bagas de cacau secas ao sol, para lhes dar polimento **3** surra

pi.sa.da *s.f.* **1** ação de pisar **1.1** ação de pisar fortemente sobre uma parte de um corpo, esp. sobre o pé de outrem; pisão ⟨*uma p. deixou-o fora da partida*⟩ **2** marca deixada ao pisar; pegada

pi.sa.de.la *s.f.* pisada rápida ou leve

pi.sa.du.ra *s.f.* **1** sinal ou vestígio de pisadas **2** contusão

pi.são *s.m.* pisada forte

pi.sar *v.* {mod. 1} *t.d. e int.* **1** pôr os pés sobre **2** andar ou passar por cima (de) ❑ *t.d.* **3** moer com o pilão **4** esmagar com os pés **5** *fig.* tratar de modo rude ou com desprezo; espezinhar **6** causar lesão em; contundir ❑ *int. p.ext. B* **7** acelerar (veículo automotor) ~ **pisador** *adj.s.m.*

pis.ca.da *s.f.* **1** ato ou efeito de piscar **2** sinal feito com um dos olhos, fechando-o e abrindo-o rapidamente; piscadela ⟨*com uma p. conseguiu sua atenção*⟩

pis.ca.de.la *s.f.* piscada

pis.ca-pis.ca [pl.: *pisca-piscas* e *piscas-piscas*] *s.m.* **1** farolete que acende e apaga rapidamente, indicando o rumo que o automóvel vai tomar **2** luz de alerta que acende e apaga seguidamente

pis.car *v.* {mod. 1} *t.d. e int.* **1** fechar e abrir rapidamente (os olhos) ❑ *int.* **2** emitir pequenos brilhos de luz

pis.ci.a.no *adj.s.m.* **1** que(m) é do signo de Peixes ■ *adj.* **2** relativo ao signo de Peixes
pis.ci.cul.tu.ra *s.f.* criação de peixes ~ **piscicultor** *adj.s.m.*
pis.ci.for.me *adj.2g.* em forma de peixe
pis.ci.na *s.f.* tanque apropriado para a natação e outros esportes aquáticos ▣ **p. olímpica** *loc.subst.* piscina com 50 m de comprimento e no mínimo 21 m de largura, utilizada em competições de natação
pis.co.so \ô\ [pl.: *piscosos* \ó\] *adj.* em que há abundância de peixes ⟨*lago p.*⟩ ~ **piscosidade** *s.f.*
pi.so *s.m.* **1** superfície pela qual se anda **2** revestimento dessa superfície ⟨*p. de granito*⟩ **3** o andar de um edifício; pavimento ▣ **p. salarial** *loc.subst.* *B* ECON nível salarial mínimo estipulado para determinada classe de trabalhadores
pi.so.te.ar *v.* {mod. 5} *t.d.* **1** esmagar com os pés; calcar, pisar **2** *fig.* desqualificar moralmente; humilhar ↺ valorizar ~ **pisoteio** *s.m.*
pis.ta *s.f.* **1** vestígio, rastro ⟨*fugiu sem deixar pistas*⟩ **2** *fig.* indicação; orientação ⟨*a polícia não tinha nenhuma p.*⟩ **3** caminho preparado para competições ou práticas desportivas **4** estrada ⟨*saiu da p. para o acostamento*⟩ **5** faixa de decolagem e pouso de aeronaves **6** parte do salão destinada a danças
pis.ta.che *s.m.* **1** semente comestível, us. tb. como condimento, esp. em sorvetes **2** o arbusto cujo fruto contém essa semente
pis.tão [pl.: *-ões*] *s.m.* pistom
pis.ti.lo *s.m.* unidade do órgão feminino das flores, o gineceu, formado de ovário, estilete e estigma ☞ cf. *estame*
pis.to.la *s.f.* **1** arma de fogo portátil **2** instrumento que, acionado por uma espécie de gatilho, é us. para lançar jatos de tinta, água etc.
pis.to.lão [pl.: *-ões*] *s.m.* *infrm.* **1** recomendação ou pedido de pessoa influente **2** quem faz essa recomendação ou pedido
pis.to.lei.ro *s.m.* **1** assassino profissional que usa arma de fogo **2** bandido
pis.tom *s.m.* **1** êmbolo (de motor) **2** MÚS em certos instrumentos de sopro de metal, válvula que, ao ser acionada, diferencia as notas **3** MÚS trompete de pistons ~ **pistonista** *adj.2g.s.2g.*
[1]pi.ta.da *s.f.* pequena porção de algo ⟨*p. de sal, de rapé, de vinagre*⟩ [ORIGEM: obscura]
[2]pi.ta.da *s.f.* ato de fumar e o seu efeito ⟨*deu uma p. no cachimbo*⟩ [ORIGEM: fem. substv. de *pitado* (part. de *pitar*)]
pi.tan.ga *s.f.* pequena fruta vermelha, azedinha e perfumada, muito us. em doces e geleias
pi.tan.guei.ra *s.f.* árvore que dá pitanga
pi.tar *v.* {mod. 1} *t.d. e int.* aspirar e expirar a fumaça de (cigarro, cachimbo etc.); fumar
pit.bói *s.m.* *pej.* rapaz de temperamento agressivo, ger. praticante de algum tipo de luta, que promove arruaças e brigas
pit bull [ing.; pl.: *pit bulls*] *s.m.* cão de combate de grande força e energia ⇨ pronuncia-se pit bul
pi.te.can.tro.po \ô\ *s.m.* antepassado do homem, de postura ereta e esqueleto pós-cranial desenvolvido, considerado o ancestral direto do homem moderno
pi.tei.ra *s.f.* pequeno tubo oco, em cuja extremidade mais larga se adapta um cigarro ou charuto
pi.téu *s.m.* *infrm.* iguaria saborosa
[1]pi.to *s.m.* cachimbo [ORIGEM: contrv.; de um provável lat. *pittu*, ou de orig. africana]
[2]pi.to *s.m.* *infrm.* repreensão, descompostura [ORIGEM: contrv.; talvez de orig. africana]
pi.to.co \ô\ *s.m.* objeto pequeno, ger. roliço e estreito
pi.tom.ba *s.f.* fruta ácida, redonda, de casca dura e fina e caroço grande, que dá em cachos
pi.tom.bei.ra *s.f.* árvore que dá pitomba
pí.ton [pl.: *pítones, (B) pítons*] *s.m.* **1** grande serpente **2** na Antiguidade, profeta
pi.to.ni.sa *s.f.* **1** na Grécia antiga, a sacerdotisa de Apolo ☞ cf. *Apolo* na parte enciclopédica **2** profetisa
pi.to.res.co \ê\ *adj.* **1** digno de ser pintado **2** que é notável por sua beleza ou originalidade
pit stop [ing.; pl.: *pit stops*] *loc.subst.* no automobilismo, lugar ou ocasião para reabastecimento, troca de pneus etc. ⇨ pronuncia-se pit stóp
pi.tu *s.m.* camarão de água doce, brasileiro, que possui grandes pinças e chega a atingir cerca de 48 cm de comprimento e 300 g de peso bruto
pi.tu.í.ta *s.f.* **1** catarro **2** vômito viscoso
pi.tu.i.tá.ria *s.f.* hipófise
pi.ve.te *s.m.* **1** menino crescido **2** *B infrm.* menino ladrão ou que trabalha para ladrões
pi.vô *s.m.* **1** aquilo que sustenta; suporte **2** haste metálica us. para sustentar coroas nas raízes e incrustações de dentes **3** *fig.* causa principal ⟨*o desfalque foi o p. da crise*⟩ **4** jogador, esp. de futebol e basquete, que serve de base para a armação das jogadas
pi.xa.im *adj.2g.s.m.* (cabelo) muito crespo
pi.xo.te *s.2g.* **1** menino, criança **2** quem está começando; novato
piz.za [it.; pl.: *pizze*] *s.f.* massa assada em forma de disco, coberta por molhos diversos, fatias de mozarela, tomate etc. ⊙ GRAM/USO pl. corrente no Brasil: *pizzas* ⇨ pronuncia-se pitsa ▣ **acabar em p.** *loc.vs.* *fig.* *B infrm.* ficar sem punição (falta ou crime)
pla.ca *s.f.* **1** chapa mais ou menos espessa de material resistente **2** tabuleta com inscrição comemorativa gravada **3** chapa de metal colocada na dianteira e/ou traseira de um veículo, com o número do licenciamento **4** INF peça plana que contém os componentes eletrônicos de um computador
pla.ca-mãe [pl.: *placas-mãe* e *placas-mães*] *s.f.* placa principal de circuitos de um computador que contém a unidade central de processamento
pla.car *s.m.* **1** quadro no qual se registram os pontos em uma competição esportiva **2** o resultado dessa competição; escore

pla.cen.ta *s.f.* órgão vascular que une o feto à parede do útero materno ~ **placentário** *adj.*

pla.ci.dez \ê\ *s.f.* estado ou qualidade do que ou de quem é plácido; calma, serenidade, tranquilidade ⟨*a p. dos mares em época de poucos ventos*⟩ ↄ agitação, fúria

plá.ci.do *adj.* **1** sereno, tranquilo ↄ agitado **2** pacífico ↄ agressivo

pla.ga *s.f.* **1** região **2** extensão de terra

pla.gi.ar *v.* {mod. 1} *t.d.* **1** apresentar como de sua autoria (obra, trabalho de outro) **2** imitar, copiar (trabalho alheio) ~ **plagiador** *adj.s.m.*

plá.gio *s.m.* **1** imitação **2** apresentação por alguém de imitação de obra alheia como sendo de sua autoria

plai.na *s.f.* ferramenta manual para aplainar e alisar madeira

pla.na.dor \ô\ *adj.s.m.* **1** (o) que plana ■ *s.m.* **2** aeronave capaz de se sustentar em voo livre sem motor ou mecanismo de propulsão

pla.nal.to *s.m.* superfície elevada e plana, ou com poucas ondulações; altiplano, chapada, platô

pla.nar *v.* {mod. 1} *int.* **1** voar (aeronave) só com as asas, sem usar motor **2** voar (pássaro) sem mover as asas

plânc.ton [pl.: *plânctones, (B) plânctons*] *s.m.* conjunto de organismos que vivem nas águas doce, salobra e marinha, sendo transportados pelas correntezas

pla.ne.ja.men.to *s.m.* **1** elaboração de plano **2** programação, organização prévia

pla.ne.jar *v.* {mod. 1} *t.d.* **1** elaborar o plano ou a planta de; projetar ⟨*p. uma casa*⟩ **2** organizar plano ou roteiro de; programar ⟨*p. viagem, férias, curso*⟩ **3** ter a intenção de; pretender ⟨*planeja ir à praia*⟩ ↄ desistir ~ **planejado** *adj.*

pla.ne.ta \ê\ *s.m.* astro sem luz própria que gira em torno de uma estrela e reflete a sua luz ⟨*o planeta Terra gravita em torno do Sol*⟩

pla.ne.ta-a.não [pl.: *planetas-anões* e *planetas-anão*] *s.m.* corpo celeste menor que um planeta, que tb. orbita em torno do Sol e possui gravidade suficiente para assumir forma aproximadamente esférica, mas cuja órbita não é desimpedida (p.ex., Plutão)

pla.ne.tá.rio *adj.* **1** relativo aos planetas **2** relativo a, pertencente a ou que abrange a Terra; global ■ *s.m.* **3** anfiteatro recoberto por uma cúpula em que se exibe a imagem do firmamento e das órbitas dos planetas

pla.ne.ta.ri.za.ção [pl.: *-ões*] *s.f.* propagação (de fenômeno local) no mundo inteiro; globalização

pla.ne.toi.de \ói\ *s.m.* pequeno corpo celeste que gravita em torno do Sol; asteroide

plan.gen.te *adj.2g.* **1** que chora **2** que se lastima; triste ↄ alegre ~ **plangência** *s.f.*

plan.ger *v.* {mod. 8} *t.d.* e *int.* **1** soar ou anunciar tristemente ❑ *int.* **2** derramar lágrimas; chorar

pla.ní.cie *s.f.* grande extensão de terreno plano; chapada, chã

pla.ni.fi.car *v.* {mod. 1} *t.d.* **1** fazer plano, projeto ou roteiro para; planejar **2** submeter a um plano **3** projetar ou registrar em plano, em planta ⟨*p. um território*⟩

pla.ni.lha *s.f.* **1** folha em que se faz qualquer cálculo ⟨*p. de custos*⟩ **2** formulário impresso padronizado em que se registram informações, cálculos etc. ⊡ **p. eletrônica** *loc.subst.* INF programa us. ger. para a elaboração de orçamentos, projeções etc., que organiza os dados em linhas e colunas e define suas relações por fórmulas

pla.nis.fé.rio *s.m.* **1** representação de um globo em uma superfície plana **2** mapa que representa toda a superfície terrestre ou celeste em um plano ~ **planisférico** *adj.*

pla.no *adj.s.m.* **1** (superfície) sem desníveis ⟨*terreno p.*⟩ ⟨*ponha o carrinho no p.*⟩ ■ *s.m.* **2** método para atingir um fim ⟨*p. de fuga*⟩ ⟨*p. de voo*⟩ **3** maneira de agir; procedimento ⟨*p. de ação*⟩ **4** intenção de fazer algo específico ⟨*a chuva mudou seus p.*⟩ ⟨*tinha planos para o sábado*⟩ ☞ nesta acp., mais us. no pl. **5** programa detalhado para o fornecimento de algum serviço ⟨*p. de pensão, de previdência*⟩ **6** *fig.* posição ou situação ⟨*primeiro p. da cena*⟩ ⟨*a discussão ficou em segundo p.*⟩ **7** *fig.* nível de existência, conhecimento ou desenvolvimento ⟨*p. espiritual*⟩ ⟨*p. intelectual*⟩ **8** TV trecho filmado em uma única tomada, em que o afastamento e a aproximação da imagem são feitos pela posição da câmara

plan.ta *s.f.* **1** nome comum dado aos organismos com clorofila e celulose em suas células; vegetal **2** ARQ desenho que representa a projeção horizontal de um objeto qualquer ⊡ **p. baixa** *loc.subst.* ARQ representação gráfica do corte horizontal de uma construção • **p. do pé** *loc.subst.* parte do pé que encosta no chão; sola do pé

plan.ta.ção [pl.: *-ões*] *s.f.* **1** ato de plantar e o seu efeito; plantio **2** espaço de terreno plantado ⟨*tinha uma bela p.*⟩ **3** *p.ext.* o que se plantou ⟨*a seca acabou com a p.*⟩

plan.tão [pl.: *-ões*] *s.m.* **1** escala de serviço distribuído diariamente a um militar em sua própria companhia, caserna etc. **2** serviço noturno ou em horas, em hospitais, farmácias, redações de jornal etc. **3** pessoa que fica encarregada de tal serviço **4** período que dura esse serviço

[1]**plan.tar** *v.* {mod. 1} *t.d.* e *int.* **1** introduzir (semente ou muda) na terra, para criar raízes e se desenvolver ❑ *t.d.* **2** fincar verticalmente em ⟨*p. estacas no solo*⟩ **3** colocar, pôr ⟨*p. uma cruz no local do acidente*⟩ **4** cultivar, semear ⟨*p. trigo para sobreviver*⟩ ❑ *t.d.* e *t.d.i. fig.* **5** (prep. *em*) fazer nascer, desenvolver-se ⟨*p. cultura*⟩ ⟨*p. ideias nas mentes jovens*⟩ ❑ *pron. fig.* **6** ficar parado, estacionado ⟨*p.-se na porta da sala*⟩ [ORIGEM: do lat. *plantāre* 'plantar, semear'] ~ **plantador** *adj.s.m.*

[2]**plan.tar** *adj.2g.* relativo à planta de pé [ORIGEM: do lat. *plantāris,e* 'id.']

plan.tel *s.m.* **1** grupo de animais de boa raça, ger. reservados para reprodução **2** *fig.* grupo de profissionais, esp. os mais capazes

plan.ti.o *s.m.* **1** ação ou efeito de plantar **2** terreno plantado; plantação
plan.to.nis.ta *adj.2g.s.2g.* que(m) trabalha em regime de plantão ⟨*foi operado de emergência pelo (médico) p.*⟩
pla.nu.ra *s.f.* extensão de terreno muito plano
pla.que.ta \ê\ *s.f.* **1** pequena placa de metal **2** livro pequeno, de poucas páginas **3** MED elemento constituinte do sangue, com importante papel na coagulação
plas.ma *s.m.* BIO nome da parte líquida de diversos tecidos, esp. do sangue e da linfa ~ **plasmático** *adj.* - **plásmico** *adj.*
plas.mar *v.*{mod. 1} *t.d.* **1** modelar em gesso, em barro etc. ❑ *t.d. e pron. p.ext.* **2** dar ou tomar forma; modelar(-se), organizar(-se)
plas.mó.dio *s.m.* BIO **1** massa de citoplasma celular provida de muitos núcleos **2** nome comum de parasitas das células intestinais e sanguíneas, incluindo o agente causador da malária
plas.ti.a *s.f.* MED cirurgia reparadora ou restauradora de um órgão
plás.ti.ca *s.f.* **1** arte de modelar **2** forma do corpo de alguém **3** cirurgia plástica
plas.ti.ci.da.de *s.f.* **1** característica do que é plástico, do que pode ser moldado, modelado **2** beleza artística ⟨*a p. dos passos no balé*⟩
plás.ti.co *adj.* **1** capaz de ser moldado ou modelado ⟨*o barro é p.*⟩ **2** capaz de dar forma ou de alterar uma forma ⟨*cirurgia p.*⟩ **3** artístico ⟨*a beleza p. de uma cena*⟩ **4** feito de matéria plástica ⟨*jarra p.*⟩ **5** que se pode estirar ou comprimir sem se romper, quebrar ou deformar; flexível, maleável ⟨*material p.*⟩ ⊃ duro **6** artificial ⟨*sorriso p.*⟩ ⊃ natural ■ *s.m.* **7** material flexível e aderente ⟨*forrar com um p.*⟩ **8** matéria plástica ⟨*balde de p.*⟩
plas.ti.fi.car *v.*{mod. 1} *t.d.* cobrir com película de matéria plástica transparente (tecido, capa de livro, documento etc.) ~ **plastificação** *s.f.*
pla.ta.for.ma *s.f.* **1** superfície plana e horizontal, de nível mais alto que a área ao seu redor **2** estrutura de superfície plana sobre a qual podem ser assentados objetos pesados ⟨*p. de petróleo*⟩ **3** estrutura que se destina a facilitar o trânsito de pessoas ⟨*p. de trem*⟩ **4** rampa de lançamento de foguetes ou projéteis **5** *fig.* programa político, ideológico ou administrativo de um candidato a cargo eletivo
plá.ta.no *s.m.* árvore ornamental, nativa do hemisfério norte, cuja casca absorve poluentes atmosféricos
pla.tei.a \éi\ *s.f.* **1** setor de um teatro, cinema etc. em que ficam sentados os espectadores **2** conjunto dos espectadores que ocupam esse espaço; público
pla.tel.min.to *s.m.* **1** espécime dos platelmintos, ramo de animais que reúne vermes chatos parasitas ou de vida livre, sem sistema circulatório, que se locomovem através de cílios; platielminto, plati-helminto ■ *adj.* **2** relativo a esse ramo; platielminto, plati-helminto
pla.ti.ban.da *s.f.* ARQ **1** mureta construída na parte mais alta das paredes externas de uma construção, para proteger e ornamentar a fachada **2** muro ou grade metálica que limita um espaço
[1]**pla.ti.na** *s.f.* elemento químico us. em material cirúrgico e de laboratório, em joalheria, odontologia e como catalisador [símb.: *Pt*] ☞ cf. *tabela periódica* (no fim do dicionário) [ORIGEM: do esp. *platina*, dim. de *plata* 'prata']
[2]**pla.ti.na** *s.f.* **1** suporte plano de certos mecanismos, máquinas etc. **2** presilha no ombro de alguns uniformes militares [ORIGEM: do fr. *platine* 'id.']
[1]**pla.ti.na.do** *s.m.* **1** em motores a gasolina, dispositivo que interrompe a corrente que percorre um circuito elétrico **2** a cor cinza-claro prateada da platina **3** a coloração dos cabelos dessa cor ■ *adj.* **4** diz-se do cabelo dessa cor **5** coberto de platina [ORIGEM: part. de *platinar*]
[2]**pla.ti.na.do** *adj.* que contém platina [ORIGEM: [1]*platina + -ado*]
pla.ti.nar *v.*{mod. 1} *t.d.* **1** cobrir de platina por processo eletroquímico **2** dar o tom da platina a ⟨*p. os cabelos*⟩
pla.ti.no *adj.* **1** da região do rio da Prata (América do Sul) ■ *s.m.* **2** natural ou habitante dessa região
pla.tô *s.m.* planalto ('superfície elevada e plana')
pla.tô.ni.co *adj.* **1** relativo ao filósofo Platão ou ao seu pensamento ☞ cf. *Platão* na parte enciclopédica ■ *adj.s.m.* **2** adepto do platonismo **3** *p.ext.* que(m) é alheio a interesses ou gozos materiais
pla.to.nis.mo *s.m.* **1** doutrina do filósofo grego Platão (428 a.C.-348 ou 347 a.C.) e de seus seguidores ☞ cf. *Platão* na parte enciclopédica **2** *p.ext.* qualidade do amor platônico; castidade, idealidade **3** *fig.* amor a distância, freq. inconfesso e idealizado
plau.sí.vel *adj.2g.* **1** que merece aplauso ou aprovação; louvável ⟨*atitude p.*⟩ ⊃ condenável **2** que se pode admitir, aceitar; razoável ⟨*justificativa p.*⟩ ⊃ inaceitável ~ **plausibilidade** *s.f.*
play.back [ing.; pl.: *playbacks*] *s.m.* **1** base musical antecipadamente gravada, us. por cantor para se apresentar em público sem banda ou orquestra **2** canto sincronizado com sons pré-gravados ⇨ pronuncia-se **pleibéc**
play.boy [ing.; pl.: *playboys*] *s.m.* rapaz, ger. rico, solteiro e ocioso, cuja vida social e esportiva é intensa ⇨ pronuncia-se **pleibói**
play.ground [ing.; pl.: *playgrounds*] *s.m.* área de recreação infantil, ger. ao ar livre, com balanços e outros brinquedos ⇨ pronuncia-se **pleigraund**
ple.be *s.f.* **1** entre os antigos romanos, classe popular da sociedade **2** *p.ext.* a classe social menos rica
ple.beu [fem.: *plebeia \éi*] *adj.* **1** relativo a plebe ⊃ fidalgo **2** *fig.* de qualidade ordinária; reles ⟨*trajes p.*⟩ ⊃ elegante ■ *adj.s.m.* **3** que(m) pertence à plebe ⊃ nobre ~ **plebeizar** *v.t.d. e pron.*
ple.bis.ci.to *s.m.* consulta ao povo sobre questão específica, ger. por meio de votação do tipo *sim* ou *não*; referendo ~ **plebiscitário** *adj.*

plec.tóg.na.to *s.m.* 1 espécime dos plectógnatos, ordem de peixes ósseos, como os baiacus, que possuem os dentes unidos em placa ■ *adj.* 2 relativo a essa ordem de peixes

plec.tro *s.m.* MÚS pequena peça fina, feita de diferentes materiais, que serve para fazer soar as cordas; palheta

plêi.a.da ou **plêi.a.de** *s.f.* grupo de sábios, intelectuais ou de escritores famosos

plei.te.ar *v.* {mod. 5} *t.d.* 1 pedir em juízo; requerer 2 mostrar-se a favor de; defender 3 buscar conseguir; empenhar-se 4 concorrer, disputar ⟨*p. uma vaga*⟩ ❑ *t.i.* 5 (prep. *com*) competir, rivalizar ~ **pleiteador** *adj.s.m.* - **pleiteante** *adj.2g.s.2g.*

plei.to *s.m.* 1 questão judicial; litígio 2 escolha, por voto, de pessoa para ocupar cargo, posto ou desempenhar certa função; eleição

ple.ná.rio *s.m.* 1 o conjunto de membros de qualquer associação, reunidos em grande número numa assembleia 2 o local onde essa assembleia se reúne ■ *adj.* 3 que reúne grande número de membros ⟨*seção plenária*⟩

ple.ni.lú.nio *s.m.* lua cheia

ple.ni.po.tên.cia *s.f.* poder pleno, absoluto

ple.ni.tu.de *s.f.* 1 estado do que está completo, inteiro ou pleno ⟨*apesar da idade, mantém a p. das suas faculdades*⟩ ⮌ incompletude 2 estado do que se encontra no mais alto grau de intensidade ⟨*estar na p. da força física*⟩

ple.no *adj.* 1 cheio, repleto ⟨*dia p. de alegria*⟩ ⮌ vazio 2 completo, inteiro ⟨*avançou em p. escuridão*⟩ ⮌ parcial 3 que não apresenta restrições; absoluto ⟨*felicidade p.*⟩ ⮌ relativo

ple.o.nas.mo *s.m.* GRAM emprego de uma ou várias palavras que repetem uma ideia já contida em palavras us. anteriormente, como em 'subir para cima'; redundância, tautologia ~ **pleonástico** *adj.*

ple.si.os.sau.ro *s.m.* espécime dos plesiossauros, subordem de répteis marinhos, extintos durante o Cretáceo, dotados de membros em forma de remo, adaptados para a natação, e pescoço curto ou muito longo ~ **plesiossáurico** *adj.*

ple.to.ra *s.f.* 1 MED aumento de volume de sangue no organismo ⮌ anemia 2 *fig.* superabundância ou excesso de qualquer coisa, que tem efeito nocivo 3 *fig.* vitalidade que se manifesta no comportamento, nos atos etc.; exuberância ~ **pletórico** *adj.*

pleu.ra *s.f.* ANAT membrana que recobre o pulmão ~ **pleural** *adj.2g.*

pleu.ri.si.a *s.f.* MED inflamação da pleura, ger. de origem bacteriana

plêus.ton [pl.: *plêustones, (B) plêustons*] *s.m.* BIO conjunto dos organismos aquáticos que permanecem na superfície, boiando, com parte do corpo na água e parte exposta ao ar

ple.xo \cs\ *s.m.* ANAT rede ou interconexão de nervos, vasos sanguíneos ou vasos linfáticos ⊡ **p. solar** *loc.subst.* aquele que é situado na frente da artéria aorta e por trás do estômago

pli.o.ce.no *s.m.* 1 quinta e mais recente época do período terciário, posterior ao Mioceno, em que surgem os primeiros hominídeos ☞ inicial maiúsc. ■ *adj.* 2 dessa época

plis.sa.do *adj.* 1 que tem dobras permanentes em toda a sua altura (diz-se de tecido ou peça de vestuário) ■ *s.m.* 2 plissê

plis.sê *s.m.* série de pregas feitas numa peça de vestuário ou num tecido, ger. com máquina apropriada; plissado ~ **plissagem** *s.f.* - **plissar** *v.t.d.*

plis.to.ce.no *s.m.* 1 primeira e mais antiga época do período quaternário, anterior ao Holoceno, em que ocorrem os dilúvios e glaciações e, na parte final, surge o homem com suas características atuais ☞ inicial maiúsc. ■ *adj.* 2 dessa época

plu.gar *v.* {mod. 1} *t.d.* 1 ligar (aparelho elétrico) a uma tomada 2 conectar (equipamento periférico) a computador

plu.gue *s.m.* peça com um ou mais pinos que penetra na tomada, estabelecendo ligação elétrica

plu.ma *s.f.* cada uma das penas que cobrem o corpo das aves, muito us. como adorno ⊙ COL plumagem

plu.ma.gem *s.f.* conjunto das penas de uma ave

plúm.beo *adj.* 1 relativo ao chumbo 2 feito de chumbo ou da sua cor 3 *fig.* soturno, tristonho ⮌ alegre

plu.ral *adj.2g.* 1 que se refere a ou contém mais de um 2 *fig.* variado, múltiplo ⮌ único ■ *adj.2g.s.m.* GRAM 3 (flexão) gramatical que indica mais de um 4 (substantivo, artigo, adjetivo, pronome, verbo) que recebeu a terminação que indica flexão de número

plu.ra.li.da.de *s.f.* 1 fato de existir em grande quantidade, de não ser único; multiplicidade, diversidade ⮌ unidade 2 maioria ⟨*eleito pela p. de opiniões*⟩ ⮌ minoria 3 característica de uma palavra que está no plural

plu.ra.lis.mo *s.m.* 1 sistema que admite a existência, dentro de um grupo organizado, de opiniões políticas e religiosas e de comportamentos culturais e sociais diversos 2 doutrina que defende a pluralidade de partidos políticos em uma sociedade ~ **pluralista** *adj.2g.s.2g.*

plu.ra.li.zar *v.* {mod. 1} *t.d.* 1 pôr ou usar no plural 2 fazer crescer em número; multiplicar 3 diversificar ~ **pluralização** *s.f.*

plu.ri.a.nu.al *adj.2g.* relativo a vários anos, ger. mais de três

plu.ri.ce.lu.lar *adj.2g.* BIO multicelular

plu.ri.di.men.sio.nal *adj.2g.* 1 que possui mais de três dimensões (diz-se de espaço) 2 que abrange ou trata de múltiplos aspectos de (algo) ⟨*projeto p.*⟩

plu.ri.di.men.sio.na.li.da.de *s.f.* 1 qualidade do que é pluridimensional 2 característica do que é extremamente abrangente ⟨*a p. do sistema jurídico*⟩

plu.ri.par.ti.da.ris.mo *s.m.* coexistência de vários partidos num sistema político; multipartidarismo ~ **pluripartidarista** *adj.2g.s.2g.*

plu.tão *s.m.* planeta-anão do sistema solar ☞ inicial maiúsc.; cf. *Plutão* na parte enciclopédica ~ **plutoniano** *adj.*

plu.to.cra.ci.a *s.f.* 1 a influência ou o poder do dinheiro 2 exercício do poder ou do governo pelas classes mais abastadas da sociedade ~ **plutocrata** *s.2g.* - **plutocrático** *adj.*

plu.tô.nio *s.m.* elemento químico artificial, us. em armas nucleares [símb.: *Pu*] ☞ cf. *tabela periódica* (no fim do dicionário)

plu.vi.al *adj.2g.* relativo a chuva

plu.vi.o.mé.tri.co *adj.* 1 relativo à ou próprio da pluviometria 2 que diz respeito à frequência das chuvas ⟨*baixo índice p.*⟩

plu.vi.ô.me.tro *s.m.* MET instrumento que mede a quantidade de chuva que cai em determinado lugar ou época

plu.vi.o.so \ô\ [pl.: *pluviosos* \ó\] *adj.* que traz ou anuncia a chuva

Pm símbolo de *promécio*

PNB sigla de *produto nacional bruto* ☞ cf. a parte enciclopédica

pneu *s.m.* 1 pneumático 2 *p.ext. B* gordura excessiva na cintura

pneu.má.ti.co *s.m.* 1 cobertura de borracha, cheia de ar comprimido, que reveste a roda de diversos veículos; pneu ■ *adj.* 2 relativo a ar 3 que funciona por meio da energia proveniente da compressão do ar (diz-se de aparelho)

pneu.mo.ni.a *s.f.* MED inflamação nos pulmões provocada por bactéria ou vírus ~ **pneumônico** *adj.*

Po símbolo de [2]*polônio*

pó *s.m.* 1 terra seca reduzida a partículas muito finas que pairam no ar e sobre superfícies; poeira 2 qualquer substância sólida e seca reduzida a partículas muito finas 3 *fig.* coisa insignificante, passageira ⟨*não somos nada, somos pó*⟩ 4 *B infrm.* cocaína

po.bre *adj.2g.* 1 que revela pobreza ⟨*aspecto p.*⟩ ⊃ luxuoso 2 maldotado, pouco favorecido ⟨*p. de imaginação*⟩ ⊃ rico 3 pouco produtivo, estéril ⟨*terra p.*⟩ ⊃ rico 4 que inspira compaixão ⟨*p. homem, perdeu tudo em dois dias*⟩ ■ *adj.2g.s.2g.* 5 que(m) tem poucas posses ⊃ rico ⊙ GRAM/USO nas acp. adj., sup.abs.sint.: *paupérrimo, pobríssimo*; aum.irreg.: *pobretão* ~ **pobremente** *adv.*

po.bre-di.a.bo [pl.: *pobres-diabos*] *s.m.* 1 indivíduo sem nenhuma importância 2 indivíduo fraco, inofensivo, sem personalidade 3 pessoa que inspira compaixão

po.bre.tão [pl.: *-ões*] *s.m.* indivíduo bem pobre

po.bre.za \ê\ *s.f.* 1 estado ou condição de pobre; ⊃ riqueza 2 carência do que é necessário à subsistência; penúria ⟨*vivia na p.*⟩ 3 a classe ou o conjunto dos pobres ⟨*a p. é grande naquele país*⟩ 4 *fig.* falta de qualidades morais, éticas, culturais ⟨*p. de espírito, comportamento, discurso*⟩

po.ça \ô *ou* ó\ *s.f.* depressão rasa de um terreno, com água

[1]**po.ção** [pl.: *-ões*] *s.f.* 1 medicamento líquido administrado por via oral 2 qualquer líquido que se pode beber [ORIGEM: do lat. *potio,ōnis* 'remédio; beberagem envenenada']

[2]**po.ção** [pl.: *-ões*] *s.m. B* lugar de maior profundidade em lago, rio etc.; poço [ORIGEM: *poço* + *-ão*]

po.che.te *s.f.* pequena bolsa que se leva a tiracolo ou presa à cintura

po.cil.ga *s.f.* 1 curral de porcos 2 *fig.* lugar imundo ou inteiramente desorganizado ⊙ GRAM/USO aum.irreg.: *pocilhão*

po.ci.lhão [pl.: *-ões*] *s.m.* pocilga grande ⊙ GRAM/USO aum.irreg. de *pocilga*

po.ço \ô\ [pl.: *poços* \ó\] *s.m.* 1 grande buraco, ger. circular e murado, cavado na terra, a fim de atingir um lençol de água subterrâneo 2 grande buraco cavado para se extrair algo do subsolo ⟨*p. de petróleo*⟩ 3 o ponto mais fundo de um rio, lago etc.; poção ⊡ **p. artesiano** *loc.subst.* aquele que é cavado perpendicularmente ao solo até atingir um lençol de água subterrâneo

po.da *s.f.* 1 corte de ramos de vegetais 2 *p.ext.* a época em que se costuma podar

po.dão [pl.: *-ões*] *s.m.* 1 foice de cabo curto, us. para cortar madeira, podar árvores etc. 2 tesoura us. para podar

po.dar *v.* {mod. 1} *t.d.* 1 cortar ramos de (plantas) 2 aparar (ramos, galhos etc.) 3 *p.ext.* impor limites a; cercear ⟨*p. uma criança*⟩ ~ **podador** *adj.s.m.*

pó de ar.roz [pl.: *pós de arroz*] *s.m.* pó finíssimo us. sobre a pele do rosto para absorver a gordura local e dar cor

po.der *v.* {mod. 17} *t.d.* 1 ter a possibilidade, a oportunidade de ⟨*podemos falar ou nos calar*⟩ 2 ter autorização para ⟨*tem 18 anos, já pode dirigir*⟩ 3 ser capaz, estar em condições de ⟨*com esse barulho não posso ouvi-lo*⟩ 4 correr risco de; expor-se ⟨*se não se cuidar, pode cair*⟩ 5 ter força física ou moral, energia, influência para; aguentar ⟨*p. correr muito*⟩ ⟨*é médico, pode curá-lo*⟩ ❑ *t.i.* 6 (prep. *com*) ter domínio, controle sobre; aguentar ⟨*não pode com o filho*⟩ ■ *s.m.* 7 direito ou capacidade de decidir, agir e ter voz de mando; autoridade ⊃ submissão 8 governo de um país, de um Estado etc. ⟨*p. monárquico*⟩ 9 possibilidade de fazer certas coisas; capacidade, faculdade ⟨*ter o p. de conquistar amizades*⟩ ⊃ impossibilidade 10 vigor, potência ⟨*p. criador*⟩ ⊃ impotência 11 dominação, domínio ⟨*o p. do pai sobre os filhos*⟩ ⊃ obediência 12 posse, jurisdição ⟨*alguns bens estão em p. do marido*⟩ 13 virtude de algo produzir determinado efeito; eficácia ⟨*o p. da vitamina C já está comprovado*⟩ 14 meio pelo qual se vence uma dificuldade, um embaraço; recurso ⟨*usou todos os p. a seu alcance*⟩ ▼ *poderes s.m.pl.* 15 permissões que uma pessoa ou entidade recebe de outra para agir em seu nome ⟨*dar p. a um representante legal*⟩ ⊡ **p. aquisitivo** *loc.subst.* ECON capacidade que tem um indivíduo, um grupo social, uma moeda etc. de adquirir bens e serviços; poder de compra • **p. executivo** *loc.subst.* aquele cuja função é executar as leis e exercer o governo e a administração dos negócios públicos; executivo ☞ tb. us. com inicial maiúsc. • **p.**

judiciário *loc.subst.* aquele que determina e assegura a aplicação das leis que garantem os direitos de cada indivíduo; judiciário ☞ tb. us. com inicial maiúsc. • **p. legislativo** *loc.subst.* aquele responsável pela elaboração das leis que regem o país; legislativo ☞ tb. us. com inicial maiúsc.

po.de.ri.o *s.m.* **1** grande poder **2** direito de ordenar, de se fazer obedecer; autoridade, domínio ⮌ obediência

po.de.ro.so \ô\ [pl.: *poderosos* \ó\] *adj.* **1** que tem força ou influência ⮌ fraco **2** que possui muitas riquezas; abastado ⮌ pobre **3** altamente colocado em sociedade, empresa etc. ⟨*nome p. no meio artístico*⟩ **4** que produz efeito impressionante; intenso, marcante ⟨*arte p.*⟩ ⮌ inexpressivo ▼ ***poderosos*** *s.m.pl.* **5** indivíduos com grande poder ou influência em seu meio

pó.dio *s.m.* **1** plataforma em que os primeiros colocados numa competição se apresentam ao público **2** MÚS plataforma sobre a qual rege o maestro

po.dre \ô\ *adj.2g.* **1** em decomposição; deteriorado ⮌ fresco **2** *p.ext.* que cheira mal; fétido ⮌ perfumado **3** *fig.* que se perverteu **4** *fig. infrm.* dominado por grande cansaço; exausto ⮌ descansado **5** CUL cuja consistência é sem elasticidade (diz-se de massa) ■ *s.m.* **6** a parte estragada de algo **7** *fig.* o lado moralmente condenável de alguém ▼ ***podres*** *s.m.pl.* **8** defeitos, vícios ⟨*os p. da vida conjugal*⟩

po.dri.dão [pl.: *-ões*] *s.f.* **1** estado do que está podre; apodrecimento, putrefação **2** *fig.* perda total ou falta de senso moral, de honestidade, de honra; corrupção, degeneração, ruína ⮌ honra, nobreza, integridade

po.e.dei.ra *s.f.* fêmea de animal ovíparo, esp. a galinha, que já começou a dar ovos ou que põe muitos ovos ⊙ GRAM/USO tb. us. como adj.: *galinha poedeira*

po.e.dou.ro *s.m.* **1** lugar onde as galinhas põem ovos **2** pedaço de tecido embebido em tinta e us. pelos pintores

po.ei.ra *s.f.* **1** qualquer substância reduzida a pó muito fino **2** terra seca reduzida a pó ■ *adj.s.m.* **3** *B* (cinema) de baixa categoria ~ **poeirada** *s.f.* - **poeirento** *adj.*

po.e.ma *s.m.* **1** composição em versos **2** algo que sugere um poema (pela beleza, sensibilidade etc.) ⊙ GRAM/USO dim.irreg.: *poemeto*

po.e.me.to \ê\ *s.m.* pequeno poema ⊙ GRAM/USO dim.irreg. de *poema*

po.en.te *adj.2g.* **1** diz-se do Sol quando se encaminha para o ocaso ■ *s.m.* **2** oeste ('direção') ⮌ leste **3** o pôr do sol

po.en.to *adj.* que tem poeira; poeirento

po.e.si.a *s.f.* **1** arte de compor ou escrever versos **2** gênero literário em forma de versos ⟨*p. lírica, dramática*⟩ **3** pequena composição em verso; poema **4** *fig.* o que desperta o sentimento do belo ~ **poético** *adj.*

po.e.ta [fem.: *poetisa*] *s.m.* **1** escritor que compõe poesia **2** aquele que é dado a devaneios ou tem caráter idealista ⊙ GRAM/USO aum.joc.: *poetaço, poetastro* ⊙ COL parnaso

po.é.ti.ca *s.f.* **1** arte de fazer versos **2** teoria ou estudo sobre os vários tipos de versos **3** estudo ou tratado sobre a poesia ou a estética **4** conjunto de características próprias de um escritor, de uma época, de uma escola de poesia etc.

po.e.ti.zar *v.* {mod. 1} *t.d.* **1** tornar poético ❑ *int.* **2** fazer versos

pois *conj.explc.* **1** porque, visto que, já que ⟨*está triste, p. recebeu más notícias*⟩ **2** nesse caso, então ⟨*ele bateu em você? P. reaja!*⟩ ■ *conj.concl.* **3** por conseguinte, portanto ⟨*está doente e não pode, p., trabalhar*⟩ ■ *conj.advrs.* **4** porém, no entanto ⟨*- Você está tranquilo? P. eu não*⟩ ⊡ **p. não** *loc.adv. B* **1** sim ⟨*ao ouvir perguntar 'Posso passar?', logo respondi 'P. não'*⟩ **2** expressão de gentileza que demonstra atitude solícita diante de um pedido ⟨*P. não? Procura alguém?*⟩ • **p. sim** *loc.adv. B* indica discordância ou sarcasmo ⟨*Pensa que pode sair sozinho? P. sim*⟩

pol símbolo de *polegada*

po.la.co *adj.s.m.* polonês

po.lai.na *s.f.* cada uma das peças do vestuário que protegem a parte inferior das pernas e a parte superior dos pés ☞ mais us. no pl.

po.lar *adj.2g.* **1** relativo ou pertencente às extremidades da Terra **2** que se encontra perto das extremidades da Terra **3** de aspecto ou características opostas a outro ou outros ⟨*posições, questões p.*⟩ ■ *s.f.* **4** a estrela do hemisfério norte para a qual aponta o eixo da Terra

po.la.ri.zar *v.* {mod. 1} *t.d.* **1** ser ponto de convergência; atrair, concentrar ⮌ dispersar ❑ *pron. fig.* **2** concentrar-se em um ou mais pontos, em duas ou mais posições opostas ~ **polarização** *s.f.*

pol.ca *s.f.* dança e música de andamento rápido do início do sXIX, originárias da Boêmia (região ocidental da República Tcheca)

pôl.der *s.m.* planície protegida por diques contra inundações, us. para a agricultura e moradia

pol.dro *s.m.* cavalo novo; potro

po.le.ga.da *s.f.* **1** medida de comprimento que tem mais ou menos a medida da segunda falange do dedo polegar, equivalendo a 2,75 cm **2** medida de comprimento inglesa equivalente a 25,4 mm [abrev.: *pol.*]

po.le.gar *s.m.* **1** o primeiro e mais grosso dedo da mão ou do pé ■ *adj.2g.* **2** diz-se desse dedo ⟨*dedo p.*⟩

po.lei.ro *s.m.* **1** vara na qual as aves pousam e dormem **2** *infrm.* nos teatros, camarote ou galeria da última ordem de assentos

po.lê.mi.ca *s.f.* **1** discussão sobre questão que suscita muitas divergências; controvérsia ⮌ entendimento **2** *fig.* debate de ideias ~ **polemista** *adj.2g.s.2g.*

po.lê.mi.co *adj.* que desperta ou é capaz de despertar polêmica; controverso ⟨*os debates políticos são sempre p.*⟩

po.le.mi.zar *v.* {mod. 1} *t.i.* e *int.* (prep. *com*) travar polêmica

pó.len [pl.: *polens*] *s.m.* BOT pó fino, freq. amarelo, contido nas flores e cuja função é a fecundação

po.len.ta *s.f.* pasta de fubá de milho cozido com água e sal

po.le-po.si.tion [ing.] *s.f.2n.* **1** primeiro lugar da primeira fila, na largada de uma corrida de carros ■ *s.2g.* **2** o piloto que está nesse lugar ⇨ pronuncia-se polipozichian

po.li.a *s.f.* roda que gira em torno de um eixo, pelo qual passa uma correia transmissora de movimento

po.li.a.mi.da *s.f.* QUÍM polímero com que se produzem fibras sintéticas us. em suturas cirúrgicas, na indústria têxtil etc.

po.li.an.dri.a *s.f.* estado de uma mulher casada com vários homens ao mesmo tempo ~ **poliândrico** *adj.*

po.li.chi.ne.lo *s.m.* **1** antigo personagem de teatro, corcunda, que representa um homem do povo, preguiçoso, mas astuto **2** *p.ext.* indivíduo sem dignidade; palhaço **3** *B* exercício de saltos num mesmo lugar em que o ginasta pula, abrindo braços e pernas, em conjunto, uma série de vezes

po.lí.cia *s.f.* **1** corporação que engloba os órgãos destinados a assegurar a ordem, a moralidade e a segurança em uma sociedade **2** o conjunto de membros dessa corporação

po.li.ci.al *adj.2g.* **1** relativo ou pertencente a polícia **2** que envolve ou trata de crimes ⟨*romance p.*⟩ ■ *s.2g.* **3** profissional que, trabalhando na polícia, zela pela manutenção da ordem, pela segurança etc.; polícia ⊙ COL patrulha, quadrilha ~ **policialesco** *adj.*

po.li.ci.a.men.to *s.m.* **1** ação ou efeito de policiar(-se) **2** guarda, ronda, vigilância para prevenção e combate ao crime ⟨*p. ostensivo*⟩

po.li.ci.ar *v.* {mod. 1} *t.d.* **1** vigiar ou fiscalizar, mantendo a ordem, pelo trabalho da polícia **2** vigiar com atenção; zelar ❑ *t.d. e pron. fig.* **3** não permitir que se manifeste; conter(-se), reprimir(-se)

po.li.clí.ni.ca *s.f.* hospital em que se tratam todos os tipos de doenças

po.li.clí.ni.co *s.m.* **1** clínico geral ■ *adj.* **2** relativo à clínica geral

po.li.cro.mi.a *s.f.* **1** estado de um corpo ou objeto que apresenta várias cores **2** processo de impressão que utiliza mais de três cores **3** impresso obtido por esse processo

po.li.cro.mo *adj.* que tem muitas cores; multicor

po.li.cul.tu.ra *s.f.* cultura de diversos produtos agrícolas em uma mesma área ⊃ monocultura ~ **policultor** *adj.s.m.*

po.li.dez \ê\ *s.f.* **1** qualidade do que é polido **2** atitude gentil; cortesia, gentileza ⊃ descortesia, grosseria, indelicadeza

po.li.do *adj.* **1** tornado lustroso por atrito; lustrado ⟨*cobre p.*⟩ **2** que está liso ou sem irregularidades ⟨*madeira p.*⟩ ⊃ irregular **3** *fig.* que recebeu fina educação; cortês, atencioso ⊃ rude

po.li.e.dro *s.m.* GEOM **1** sólido limitado por polígonos ■ *adj.s.m.* **2** (o) que tem muitas faces

po.li.és.ter *s.m.* **1** matéria sintética us. em tintas e vernizes, cobertura de superfícies e como fibra têxtil **2** conjunto de fios obtidos dessa matéria e us. em tecido ⟨*camisa de p.*⟩

po.li.es.ti.re.no *s.m.* QUÍM material us. em isolantes térmicos ou elétricos, objetos plásticos etc.

po.li.e.ti.le.no *s.m.* QUÍM material us. para isolamento em condutores de correntes elétricas, materiais de embalagem, tanques etc.

po.li.fo.ni.a *s.f.* **1** multiplicidade de sons **2** MÚS efeito que resulta do conjunto harmônico de instrumentos ou vozes simultâneos ~ **polifônico** *adj.*

po.li.ga.mi.a *s.f.* união conjugal de uma pessoa com várias outras ☞ cf. *bigamia, monogamia* ~ **polígamo** *adj.s.m.*

po.li.glo.ta *adj.2g.s.2g.* **1** que(m) sabe ou fala muitas línguas ■ *adj.2g.* **2** escrito em muitas línguas; poliglótico ~ **poliglotismo** *s.m.*

po.li.go.nal *adj.2g.* **1** que tem muitos ângulos **2** relativo a polígono

po.lí.go.no *s.m.* GEOM qualquer figura plana formada pelo mesmo número de ângulos e lados

po.li.gra.fi.a *s.f.* **1** coleção de obras diversas que fazem parte de uma biblioteca **2** conjunto de conhecimentos de disciplinas diversas **3** qualidade de quem é polígrafo ~ **poligráfico** *adj.*

po.lí.gra.fo *s.m.* **1** quem escreve sobre vários assuntos **2** máquina que produz várias cópias de um texto ao mesmo tempo **3** indivíduo que estuda ou que conhece muitas ciências

po.li.men.to *s.m.* **1** lustro, brilho ⟨*dar p. nos sapatos*⟩ **2** *fig.* educação aprimorada; finura, refinamento

po.li.me.ri.za.ção [pl.: *-ões*] *s.f.* QUÍM reação química que combina moléculas pequenas em macromoléculas nas quais se encontram as estruturas moleculares originais ⊃ despolimerização

po.lí.me.ro *s.m.* QUÍM macromolécula resultante da polimerização

po.li.mor.fo *adj.* **1** que é capaz de assumir diferentes formas ⟨*espécie p.*⟩ **2** que apresenta diferentes formas ⟨*fruto p.*⟩ ~ **polimorfismo** *s.m.*

po.li.né.sio *s.m.* **1** natural ou habitante do arquipélago que forma a Polinésia (Oceania) **2** grupo das línguas faladas nas regiões do Pacífico central e meridional ■ *adj.* **3** relativo a esse arquipélago e a esse grupo de línguas

po.li.ni.za.ção [pl.: *-ões*] *s.f.* BOT fecundação das flores através do transporte do grão de pólen da antera para o estigma, feito naturalmente pelo vento, água ou insetos, e intencionalmente pelos humanos ~ **polinizar** *v.t.d. e int.*

po.li.nô.mio *s.m.* MAT expressão algébrica formada pela soma algébrica de monômios

pó.lio *s.f.* poliomielite

po.lio.mi.e.li.te *s.f.* **1** infecção na substância cinzenta da medula espinhal, causada por vírus **2** paralisia infantil

pó.li.po *s.m.* MED crescimento de tecido ou tumor que se desenvolve em uma membrana mucosa (p.ex., nariz, reto etc.) ~ **poliposo** *adj.*

po.li.po.di.á.cea *s.f.* BOT espécime das polipodiáceas, família de plantas cultivadas como ornamentais (p.ex., as samambaias), como alimento ou como medicinais ~ **polipodiáceo** *adj.*

po.li.po.rá.cea *s.f.* BOT espécime das poliporáceas, família de fungos que se nutrem de matéria orgânica e são importantes causadores de doenças em árvores ~ **poliporáceo** *adj.*

po.li.pro.pi.le.no *s.m.* QUÍM material us. na fabricação de filmes, fibras, embalagens etc.

po.lir *v.* {mod. 27} *t.d.fig.* **1** tornar brilhante, por fricção; lustrar, brunir **2** aplicar verniz em; envernizar **3** tornar mais perfeito, refinado; aprimorar ⟨*p. o estilo*⟩ ❑ *t.d. e pron.* **4** (fazer) adquirir educação, refinamento; civilizar(-se) ⮌ embrutecer(-se) ~ **polidor** *adj.s.m.* - **polidura** *s.f.*

po.lir.rit.mi.a *s.f.* MÚS superposição, no ritmo, de duas ou mais estruturas contrastantes

po.lis.sí.la.bo *adj.s.m.* GRAM (palavra) composta por mais de três sílabas ~ **polissilábico** *adj.*

po.li.téc.ni.ca *s.f.* escola de artes ou esp. de ciências (freq. engenharia)

po.li.téc.ni.co *adj.* **1** que abrange várias artes ou ciências ⟨*estudos p.*⟩ **2** em que se estuda engenharia (diz-se de escola)

po.li.te.ís.mo *s.m.* crença religiosa que admite mais de um deus ⮌ monoteísmo ~ **politeísta** *adj.2g.s.2g.* - **politeístico** *adj.*

po.lí.ti.ca *s.f.* **1** arte ou ciência da organização, direção e administração de nações, Estados **2** conjunto de princípios ou opiniões referentes ao Estado, ao poder **3** prática ou profissão de conduzir negócios políticos ⟨*retirou-se da p.*⟩ **4** modo de agir de uma pessoa ou entidade ⟨*p. de contenção de despesas*⟩ **5** *fig.* habilidade no agir e no tratar, tendo em vista a obtenção de algo ⟨*usou de muita p. para conseguir o dinheiro*⟩ **6** astúcia, diplomacia ⟨*usar de bastante p. ao falar*⟩ ⮌ indelicadeza ~ **politicar** *v.int.*

po.li.ti.ca.gem *s.f. pej.* **1** política de interesses pessoais ou de troca de favores **2** o conjunto dos políticos que se dedicam a essa política ~ **politiqueiro** *adj.s.m.*

po.li.ti.ca.lha *s.f. pej.* politicagem

po.lí.ti.co *adj.* **1** relativo a política **2** relativo a negócios públicos ⮌ privado **3** que exerce influência administrativa em níveis federal, estadual, municipal etc. ⟨*poder p.*⟩ **4** relativo a cidadania ⟨*direitos p.*⟩ ■ *adj.s.m.* **5** que(m) trata ou se ocupa da política ⮌ apolítico **6** que(m) revela polidez, diplomacia ⮌ impolítico **7** que(m) revela diplomacia ou astúcia para conduzir acontecimentos ou pessoas ■ *s.m.* **8** aquele que exerce um cargo público ou atua indiretamente na política ⊙ COL partido

po.li.ti.zar *v.* {mod. 1} *t.d. e pron.* (fazer) adquirir consciência dos deveres e direitos do cidadão e da importância do pensamento e da ação política ~ **politização** *s.f.*

po.li.u.re.ta.no *s.m.* QUÍM matéria plástica sob forma de esponjas, resinas ou borrachas, us. como isolante térmico, acústico etc.

po.li.va.len.te *adj.2g.* **1** que apresenta múltiplos valores ou oferece várias possibilidades de emprego; multifuncional ⟨*sala p.*⟩ **2** que executa diferentes tarefas; versátil ⟨*operário p.*⟩ **3** que envolve vários campos de atividade ⟨*universidade p.*⟩ **4** que serve para diversos fins ⟨*sala p.*⟩ **5** MED que protege, combate ou produz efeitos contrários a diversos agentes (diz-se de medicamento, soro, vacina) ~ **polivalência** *s.f.*

po.li.vi.ní.li.co *adj.* QUÍM que deriva do vinil (diz-se, p.ex., de resinas)

[1]**po.lo** \ó\ *s.m.* **1** cada uma das extremidades do eixo imaginário em torno do qual a Terra parece dar uma volta completa, com a duração de 24 horas **2** cada uma das regiões glaciais que circundam essas extremidades **3** cada um dos pontos extremos de um corpo, de um objeto ou de um órgão oval ⟨*p. magnético de um ímã*⟩ **4** lugar, ponto oposto a outro **5** *fig.* o que orienta, dirige; guia **6** *fig.* aspecto oposto a outro **7** pessoa, ponto, área ou coisa que é centro de um interesse, um grupo de pessoas etc. ⟨*p. petroquímico*⟩ [ORIGEM: do lat. *polus,i* 'polo (do mundo); norte; estrela polar']

[2]**po.lo** \ó\ *s.m.* jogo em que duas equipes de quatro jogadores a cavalo, em campo de grama, tentam marcar tentos batendo com um taco numa bola [ORIGEM: do ing. *polo* 'id.'] ⊡ **p. aquático** *loc.subst.* jogo de bola semelhante ao handebol, disputado numa piscina

po.lo.nês *s.m.* **1** natural ou habitante da Polônia (Europa); polaco **2** língua indo-europeia falada nesse país; polaco ■ *adj.* **3** relativo a esse país e a sua língua; polaco

[1]**po.lô.nio** *adj.s.m.* polonês [ORIGEM: do top. *Polônia*]

[2]**po.lô.nio** *s.m.* elemento químico us. em baterias termonucleares de satélites etc. [símb.: *Po*] ☞ cf. *tabela periódica* (no fim do dicionário) [ORIGEM: do lat.cien. *polonium*]

pol.pa \ô\ *s.f.* **1** parte espessa, tenra e ger. comestível de vários tipos de frutos e raízes **2** carne sem osso nem gordura **3** massa, pasta ⟨*p. do papel*⟩ **4** *fig.* importância, valor ⟨*trabalho de p.*⟩ ⮌ irrelevância ~ **polposo** *adj.*

pol.pu.do *adj.* **1** que rende muitos lucros ⟨*negócio p.*⟩ ⮌ desvantajoso **2** considerável, vultoso ⟨*salário p.*⟩ ⮌ reduzido

pol.trão [pl.: *-ões*; fem.: *poltrona*] *adj.s.m.* medroso, covarde

pol.tro.na *s.f.* grande cadeira de braços, ger. estofada

po.lu.ção [pl.: *-ões*] *s.f.* **1** poluição **2** ejaculação involuntária de sêmen

po.lu.en.te *adj.2g.s.m.* (o) que polui ⮌ antipoluente

po.lu.i.ção [pl.: *-ões*] *s.f.* **1** ato de poluir ⮌ despoluição **2** degradação das características químicas ou físicas de um ecossistema ⟨*p. da água*⟩ **3** *fig.* consequência do ato de sujar, corromper, degradar, no sentido físico ou não ⟨*p. sonora, cultural*⟩

po.lu.ir *v.* {mod. 26} *t.d.* **1** tornar sujo, impuro, prejudicial à saúde; contaminar ❑ *t.d. e pron.fig.* **2** corromper(-se), perverter(-se) ↄ regenerar(-se) ~ **poluído** *adj.* - **poluidor** *adj.s.m.*

pol.va.ri.nho *s.m.* → POLVORINHO

pol.vi.lhar *v.* {mod. 1} *t.d.* **1** espalhar (pó, farinha etc.) sobre; salpicar, pulverizar **2** cobrir de pó

pol.vi.lho *s.m.* **1** fina farinha obtida da mandioca **2** pó muito fino ▼ *polvilhos s.m.pl.* **3** qualquer substância em pó us. em culinária, medicina etc.

pol.vo \ô\ *s.m.* molusco comestível dotado de cabeça grande e oito braços providos de ventosas

pól.vo.ra *s.f.* mistura explosiva de enxofre, salitre e carvão

pol.vo.ri.nho ou **pol.va.ri.nho** *s.m.* frasco us. para levar pólvora à caça

pol.vo.ro.sa *s.f.* ◗ só usado em: **em p.** *loc.adj.* **1** em grande agitação ⟨*plateia em p.*⟩ **2** em grande desorganização; bagunçado ⟨*quarto em p.*⟩

po.ma.da *s.f.* preparado farmacêutico de uso externo, veiculado por substância gordurosa, us. como medicamento

po.mar *s.m.* conjunto de muitas árvores frutíferas ou terreno em que elas são cultivadas

pom.bal *s.m.* **1** lugar em que se criam ou se recolhem pombos **2** *B infrm.* construção cujo formato lembra esse lugar **3** *B pej.* conjunto de edificações populares

pom.ba.li.no *adj.* relativo ao primeiro marquês de Pombal (1699-1782) ou à sua época ☞ cf. *Pombal* na parte enciclopédica

pom.bo *s.m.* ave de voo possante, bico coberto de cera na base, domesticada para servir de alimento e correio ⊙ COL revoada ⊙ VOZ v.: arrulhar; subst.: arrulho

pom.bo-cor.rei.o [pl.: *pombos-correios* e *pombos-correio*] *s.m.* **1** tipo de pombo us. no transporte de comunicações escritas **2** *fig.* indivíduo que leva informações ou mensagens de uma pessoa a outra; mensageiro

po.mi.cul.tu.ra *s.f.* cultura de árvores frutíferas ~ **pomicultor** *adj.s.m.*

po.mo *s.m.* tipo de fruto formado por parte carnosa, muito desenvolvida, que é a porção que se come, p.ex., na maçã, pera etc.

po.mo de a.dão [pl.: *pomos de adão*] *s.m.* protuberância na parte frontal do pescoço do homem

pom.pa *s.f.* grande luxo; esplendor ↄ simplicidade

pom.pom *s.m.* **1** pequena bola de fios de lã, seda etc., ger. us. como enfeite **2** objeto similar para aplicação de pó de arroz ou talco na pele

pom.po.so \ô\ [pl.: *pomposos* \ó\] *adj.* **1** que tem magnificência; grandioso, solene ↄ simples **2** a que se confere demasiada dignidade, solenidade ⟨*discurso p.*⟩

pô.mu.lo *s.m.* o osso que forma a parte mais saliente do rosto; maçã do rosto

pon.cã *s.f.* tipo de tangerina, grande e de casca frouxa, originária do Japão ⊙ GRAM/USO tb. us. como adj.

pon.che *s.m. B* bebida feita com vinho, água e frutas picadas

pon.chei.ra *s.f.* recipiente em que se serve o ponche

pon.cho *s.m.* tipo de capa quadrada de lã, com abertura que permite enfiá-la pela cabeça e apoiá-la nos ombros

pon.de.ra.ção [pl.: *-ões*] *s.f.* **1** ação de avaliar algo com cuidado ou o seu efeito **2** reflexão profunda sobre um assunto; meditação **3** qualidade de quem tem bom senso, prudência ⟨*acreditar na p. de um professor*⟩ ↄ imprudência **4** importância, gravidade ⟨*assunto de grande p.*⟩ ↄ irrelevância **5** justo equilíbrio das forças contrárias ⟨*p. dos poderes*⟩ ↄ desequilíbrio

pon.de.ra.do *adj.* **1** examinado atentamente; apreciado ⟨*sugestão p.*⟩ **2** levado em conta, considerado ⟨*o novo fato será p.*⟩ ↄ ignorado **3** equilibrado, sereno, calmo ⟨*pai p.*⟩ ↄ nervoso

pon.de.rar *v.* {mod. 1} *t.d.* **1** examinar com atenção e minúcia; avaliar **2** ter atenção sobre; considerar ❑ *t.d. e t.d.i.* **3** (prep. *a*) citar (fatos, argumentos) em defesa de uma causa; alegar ❑ *int.* **4** pesar os prós e os contras; refletir ~ **ponderabilidade** *s.f.* - **ponderável** *adj.2g.*

pô.nei *s.m.* pequeno cavalo de várias raças, muito ágil, us. como animal de sela

pon.gí.deo *s.m.* ZOO **1** espécime dos pongídeos, família de grandes macacos semelhantes aos humanos, que compreende os orangotangos, chimpanzés e gorilas, encontrados na África equatorial, Sumatra e Bornéu ■ *adj.* **2** relativo a essa família de macacos

pon.ta *s.f.* **1** qualquer extremidade de um objeto ⟨*p. de sapato, de vestido*⟩ **2** extremidade aguda e mais ou menos fina ⟨*p. do nariz*⟩ **3** primeira posição entre os competidores durante uma corrida; dianteira, frente ↄ retaguarda **4** o princípio ou o fim de uma série de coisas ⟨*p. de uma linha*⟩ **5** ponto em que duas ou mais retas se interceptam; vértice ⟨*a p. de uma montanha*⟩ **6** canto ou extremidade de um espaço ⟨*p. da praia*⟩ ↄ meio **7** canto ou esquina de algo que tem a extremidade em ângulo ⟨*p. da mesa*⟩ ↄ centro **8** pequena porção ⟨*p. de sal*⟩ **9** *fig.* pouca quantidade ⟨*p. de febre*⟩ **10** parte restante de um cigarro ou charuto já fumado; guimba **11** *fig.* papel de pouca relevância em teatro, cinema etc. **12** *fig. B* evidência, destaque ⟨*escritor que está na p.*⟩

pon.ta-ca.be.ça *s.f.* ◗ só usado em: **de p.** *loc.adv.* de cabeça para baixo ⟨*cair de p. no chão*⟩

pon.ta.da *s.f.* **1** golpe com a ponta de um objeto; estocada **2** *infrm.* dor aguda, mas de curta duração; fisgada

pon.ta de lan.ça [pl.: *pontas de lança*] *s.2g.* jogador de futebol mais avançado entre os atacantes; centroavante

pon.ta-di.rei.ta [pl.: *pontas-direitas*] *s.2g.* jogador de futebol que ataca pela extrema direita

pon.ta-es.quer.da [pl.: *pontas-esquerdas*] *s.2g.* jogador de futebol que ataca pela extrema esquerda

pon.tal *s.m.* ponta de terra que penetra pelo mar ou rio

pon.tão [pl.: *-ões*] *s.m.* **1** tipo de barca chata us. na construção de pontes flutuantes **2** plataforma flutuante que forma passagem

pon.ta.pé *s.m.* golpe com a ponta ou peito do pé; chute

pon.ta.ri.a *s.f.* **1** operação que consiste em se colocar uma arma de fogo na direção da linha de mira **2** *p.ext.* habilidade em acertar um alvo

pon.te *s.f.* **1** construção que liga dois pontos separados por curso de água ou depressão de terreno **2** *fig.* qualquer elemento que estabelece ligação entre pessoas ou coisas **3** prótese dentária destinada a substituir a falta de um ou mais dentes ⊙ GRAM/USO dim.irreg.: *pontícula*, *pontilhão* ▣ **p. pênsil** *loc.subst.* aquela cuja parte plana é sustentada por cabos ancorados

pon.te.ar *v.* {mod. 5} *t.d.* **1** marcar (mapa, desenho etc.) com pontos; pontilhar **2** dedilhar (instrumento de corda) ~ **ponteio** *s.m.*

pon.tei.ra *s.f.* **1** peça de metal que reveste a parte inferior de bengalas, guarda-chuvas etc. **2** haste de aço, terminada em ponta, adaptável a certas ferramentas **3** peça que se coloca na piteira de cigarros ou charutos

pon.tei.ro *s.m.* **1** agulha que nos relógios se movimenta para indicar as horas, os minutos e os segundos **2** *p.ext.* qualquer agulha que, no mostrador de um aparelho, se movimenta informando algo ⟨*p. de velocímetro*⟩ **3** INF *B* elemento móvel na tela que acompanha os movimentos de um *mouse*, us. para indicar objetos, áreas da tela ou conjuntos de caracteres

pon.ti.a.gu.do *adj.* que tem ponta aguçada; pontudo

pon.tí.cu.la *s.f.* ponte pequena ⊙ GRAM/USO dim.irreg. de *ponte*

pon.ti.fi.ca.do *s.m.* **1** cargo de papa; papado **2** tempo de exercício desse cargo; papado

pon.ti.fi.cal *adj.2g.* **1** relativo a pontífice; pontifício ■ *s.m.* **2** livro dos ritos das cerimônias próprias ao papa e aos bispos

pon.ti.fi.car *v.* {mod. 1} *int.* **1** oficiar como pontífice **2** *fig.* falar ou escrever em tom categórico

pon.tí.fi.ce *s.m.* **1** indivíduo com cargo religioso, como o bispo e o arcebispo **2** chefe supremo da Igreja católica; papa ☞ inicial freq. maiúsc. ▣ **Sumo P.** *loc.subst.* o papa ~ **pontifício** *adj.*

pon.ti.lhão [pl.: *-ões*] *s.m.* pequena ponte ⊙ GRAM/USO dim.irreg. de *ponte*

pon.ti.lhar *v.* {mod. 1} *t.d.* **1** marcar com pequenos pontos; pontear **2** desenhar utilizando pontos

pon.to *s.m.* **1** pequeno sinal ou marca **2** sinal (.) que é colocado após uma abreviação **3** sinal de pontuação (.) que indica, no final de uma frase, o encerramento de um período, uma pausa acentuada **4** sinal ortográfico posto sobre as letras *i* e *j* **5** porção de linha que passa por entre os furos feitos por agulha em tecidos, couros etc. **6** *p.ext.* cada uma das laçadas de lã ou de linha feitas no tricô ou no crochê; malha **7** qualquer tipo de nó ou laçada em rendas, macramês etc. **8** porção de linha firmada com um nó, us. para unir os tecidos em costuras cirúrgicas **9** período determinado de tempo; momento, instante ⟨*pararam a discussão nesse p.*⟩ **10** grau adequado de cozimento de qualquer alimento, esp. caldas açucaradas **11** cada um dos tentos obtidos ou perdidos em certos jogos **12** lugar determinado ⟨*parou num certo p. da estrada*⟩ **13** *B* lugar onde se instala um estabelecimento comercial ⟨*loja em bom p.*⟩ **14** *B* lugar de embarque e desembarque de passageiros em veículos coletivos (ônibus, táxis etc.) **15** certo grau de uma escala ⟨*suas ações na bolsa subiram dez p.*⟩ **16** assunto sobre o qual se conversa, escreve ou pensa; matéria ⟨*concentre-se no p. da discussão*⟩ **17** grau pelo qual se mede o valor ou o merecimento de um aluno, um atleta etc. ⟨*perder p. na prova*⟩ **18** registro de entrada e saída do trabalho **19** funcionário de teatro que, fora da vista do público, recorda aos atores os seus diálogos, quando necessário **20** MAT intersecção de duas retas ▣ **p. cardeal** *loc.subst.* cada uma das quatro direções mais importantes da rosa dos ventos • **p. colateral** *loc.subst.* cada uma das quatro direções intermediárias da rosa dos ventos correspondentes ao nordeste, sudeste, sudoeste e noroeste • **p. crítico** *loc.subst.* **1** FÍS aquele em que uma substância possui a mesma densidade, pressão e temperatura, seja numa fase ou em outra, como, p.ex., um fluido nas fases líquida e gasosa **2** *fig.* momento decisivo, vital ⟨*chegar ao p. crítico*⟩ • **p. de vista** *loc.subst.* **1** lugar onde fica o observador **2** opinião pessoal • **dormir no p.** *loc.vs.* deixar escapar a ocasião favorável • **em p.** *loc.adv.* com exatidão; pontualmente ⟨*chegar às três horas em p.*⟩ • **entregar os p.** *loc.vs.* desistir de algo • **não dar p. sem nó** *fraseol.* nada fazer que não seja por interesse

pon.to.com *adj.2g.2n.* que comercializa produtos ou presta serviços pela internet (diz-se de organização mercantil) ⟨*empresas p.*⟩

pon.to de ex.cla.ma.ção [pl.: *pontos de exclamação*] *s.m.* sinal gráfico (!) que vem depois do termo que expressa surpresa, alegria etc.; exclamação

pon.to de in.ter.ro.ga.ção [pl.: *pontos de interrogação*] *s.m.* sinal gráfico (?) us. ao final de frase, para indicar entonação de pergunta; interrogação

pon.to e vír.gu.la [pl.: *ponto e vírgulas* e *pontos e vírgulas*] *s.m.* sinal de pontuação (;) que indica pausa mais forte que a da vírgula e menos que a do ponto

pon.to-fi.nal [pl.: *pontos-finais*] *s.m.* sinal de pontuação que encerra um período

pon.tu.a.ção [pl.: *-ões*] *s.f.* **1** sistema de sinais gráficos que marcam pausas, entonações etc. de frases e textos escritos (p.ex., ponto, vírgula, ponto e vírgula etc.) **2** colocação desses sinais no texto escrito

3 atribuição de nota ou pontos em concurso ou exame ⟨*não obteve a p. mínima exigida*⟩
pon.tu.al *adj.2g.* 1 que se reduz a um ponto ou a um detalhe do todo ⟨*questão p.*⟩ ⮌ genérico **2** realizado com exatidão ou no tempo em que foi combinado; preciso ⟨*entrega p.*⟩ ⮌ impontual
pon.tu.a.li.da.de *s.f.* **1** qualidade ou condição de pontual **2** exatidão e rigor no cumprimento de horários, prazos e compromissos; precisão ⟨*era elogiado por sua p.*⟩ ⮌ impontualidade
pon.tu.ar *v.* {mod. 1} *t.d. e int.* **1** usar sinais de pontuação (em) ❑ *t.d.* **2** marcar, caracterizar ⟨*a leveza pontuou o filme*⟩ **3** assinalar (fala, discurso etc.) com gestos, exclamações etc.
pon.tu.do *adj.* **1** que possui ponta; agudo ⟨*dente p.*⟩ **2** comprido e terminado em ponta ⟨*gola p.*⟩ ⮌ arredondado **3** que tem ponta afiada; pontiagudo ⟨*lápis p.*⟩ ⮌ rombo **4** *fig.* áspero, agressivo ⟨*modos p.*⟩ ⮌ delicado
po.pa \ô\ *s.f.* parte posterior de embarcação, em que fica o leme ⮌ proa
po.pe.li.na ou **po.pe.li.ne** *s.f.* tecido macio de algodão, com bom caimento, apropriado para camisas, vestidos etc.
po.pu.la.ção [pl.: *-ões*] *s.f.* **1** conjunto ou número de habitantes de uma certa região, país ou categoria particular **2** BIO conjunto de indivíduos de uma mesma espécie que ocorrem juntos em uma mesma região ⟨*p. de pássaros da mata Atlântica*⟩ ~ **populacional** *adj.2g.*
po.pu.la.cho *s.m.* **1** o grupo economicamente menos favorecido do povo **2** multidão de pessoas dessa camada social; turba
po.pu.lar *adj.2g.* **1** do povo, pertencente ao povo ⟨*representação p.*⟩ **2** aprovado ou querido por uma ou mais pessoas ⟨*presidente, artista p.*⟩ ⮌ antipático **3** de baixo custo; barato ⮌ caro **4** comum, público ⟨*interesse p.*⟩ ⮌ particular **5** difundido, conhecido ⟨*ditado p.*⟩ ⮌ ignorado ■ *s.m.* **6** pessoa do povo; anônimo ⟨*um p. foi preso na confusão*⟩
po.pu.la.ri.da.de *s.f.* **1** característica de quem ou do que é popular **2** qualidade de alguém que tem a simpatia e o reconhecimento do público ou do povo ⟨*a p. do presidente*⟩
po.pu.la.ri.zar *v.* {mod. 1} *t.d. e pron.* **1** tornar(-se) conhecido e/ou estimado por muitas pessoas; divulgar(-se) ❑ *pron.* **2** ganhar aceitação do povo ⟨*seu governo popularizou-se*⟩ ~ **popularização** *s.f.*
po.pu.lo.so \ô\ [pl.: *populosos* \ó\] *adj.* bastante povoado ⮌ deserto
pô.quer *s.m.* jogo de cartas, para duas ou mais pessoas, que envolve apostas e blefes
por *prep.* **1** indica relações: **1.1** de lugar ⟨*os sapatos estão p. aí*⟩ **1.2** de percurso ⟨*passar p. uma rua*⟩ **1.3** de tempo ⟨*viajar p. cinco meses*⟩ **1.4** de causa ⟨*agiu assim p. medo*⟩ **1.5** de modo ⟨*enviar p. fax*⟩ **1.6** de preço, número, quantidade ⟨*comprar p. cem reais*⟩ ⟨*correr 100 metros p. minuto*⟩ **1.7** finalidade ⟨*fazer um trabalho p. dinheiro*⟩ **2** rege os predicativos do sujeito ou do objeto ⟨*passou p. mentiroso*⟩ ⟨*tinham-no p. preguiçoso*⟩ **3** introduz o agente da passiva ⟨*o texto foi escrito p. mim*⟩
pôr *v.* {mod. 23} *t.d.* **1** fazer relato, descrição de; contar **2** fazer deslocar-se para um lugar, transportando-o com as mãos, bico etc. ou com auxílio de mecanismo; colocar, depositar ⟨*p. frutas sobre a mesa*⟩ ☞ *sobre a mesa* é circunstância que funciona como complemento **3** tornar fixo, preso a algo; colocar, pendurar, fixar ⟨*p. roupa no varal*⟩ ⮌ retirar ☞ *no varal* é circunstância que funciona como complemento **4** deixar em funcionamento, pronto para ser usado; instalar, montar ⟨*puseram luz na rua*⟩ ☞ *na rua* é circunstância que funciona como complemento **5** dispor em certa posição ou direção; colocar ⟨*p. o bico do avião para cima*⟩ ☞ *para cima* é circunstância que funciona como complemento **6** descansar ou firmar sobre ou contra; apoiar ⟨*p. os pés no chão*⟩ ☞ *no chão* é circunstância que funciona como complemento **7** deixar guardado para sua proteção, conservação ou acúmulo; depositar ⟨*p. as joias no cofre*⟩ ☞ *no cofre* é circunstância que funciona como complemento **8** acrescentar (elemento, componente, ingrediente) ⟨*p. sal no feijão*⟩ ⟨*p. malícia num discurso*⟩ ☞ *no feijão* e *num discurso* são circunstâncias que funcionam como complemento **9** expelir, botar (ovos) **10** arrumar para ser usado; preparar ⟨*p. a mesa do jantar*⟩ ⮌ desfazer **11** fazer uso de; aplicar ⟨*p. acento no i*⟩ ☞ *no i* é circunstância que funciona como complemento **12** colocar à parte; depor ⟨*p. as armas e entregar-se*⟩ ⮌ pegar ❑ *t.d. e t.d.i.* **13** (prep. *em*) sobrepor ou espalhar sobre uma superfície, sobre alguém; colocar, aplicar ⟨*p. remédio para tirar a dor*⟩ ⟨*p. talco no bebê*⟩ **14** (prep. *em*) [fazer] usar (roupa, acessório); vestir, colocar ⟨*p. uma gravata (no marido)*⟩ **15** (prep. *a*) apresentar, propor (perguntas, questões) a ❑ *pred.* **16** fazer ficar; tornar ⟨*o barulho punha-o louco*⟩ ❑ *t.d.i.* **17** (prep. *em*) fazer figurar em; incluir ⮌ excluir **18** (prep. *em*) aplicar, investir (dinheiro, esforço etc.) em (empreendimento) **19** (prep. *em*) aplicar, empregar ⟨*pôs muita força no empurrão*⟩ **20** (prep. *em*) atribuir (qualidades, responsabilidade etc.) a ⟨*p. a culpa no irmão*⟩ ⟨*p. defeito no texto*⟩ **21** (prep. *em*) consagrar a certo fim; aplicar, dedicar ⟨*p. energia na devoção ao Senhor*⟩ **22** (prep. *a*) levantar, criar (dúvida, dificuldade) contra ⟨*p. empecilho ao projeto*⟩ ❑ *t.d. e pron.* **23** deixar ou ficar em certa posição, estado ou local, ger. para assim ali permanecer um tempo ⟨*p. a guarita na entrada da rua*⟩ ⟨*pôs-se diante da casa*⟩ ☞ *na entrada da rua* é circunstância que funciona como complemento **24** (fazer) ficar de certa maneira; colocar(-se) ⟨*p. o amigo em risco*⟩ ⟨*p.-se à vontade*⟩ ❑ *pron.* **25** imaginar-se, supor-se ⟨*p.-se no lugar de alguém*⟩ **26** desaparecer no ocaso; esconder-se ⟨*o Sol demorou a se p.*⟩ ❑ *t.d.pred. e pron.* **27** (fazer) passar ao estado ou à condição de; tornar-se, ficar ⟨*o poder vai pô-lo maluco*⟩ ⟨*sua face pôs-se branca*⟩ ■ *s.m.* **28** o ocaso (do Sol ou de qualquer astro) ⊙ GRAM/USO part.: *posto*
po.rão [pl.: *-ões*] *s.m.* **1** parte de uma casa ou edifício entre o primeiro piso e o solo, ger. us. para depósito

2 *fig.* lugar escondido onde se passam atos ilícitos, vergonhosos ⟨*os p. da ditadura*⟩ 3 em navios mercantes, grande espaço us. para transporte de carga ☞ nesta acp., us. freq. no pl.

po.ra.quê *s.m. B* peixe-elétrico

por.ca *s.f.* 1 a fêmea do porco 2 peça com furo central dotado de rosca para receber um parafuso

por.ca.lhão [pl.: *-ões*] *adj.s.m.* 1 que(m) é sujo, sem higiene ⮌ limpo 2 que(m) trabalha mal, sem capricho ⮌ cuidadoso

por.ção [pl.: *-ões*] *s.f.* 1 parte de um todo; parcela, pedaço ⮌ todo 2 parte que cabe a um indivíduo; quinhão ⟨*tome sua p. do bolo*⟩ 3 dose, ração ⟨*deve diminuir sua p. de açúcar*⟩ 4 grande quantidade de algo ⮌ escassez ⊙ GRAM/USO dim.irreg.: *porciúncula*

por.ca.ri.a *s.f.* 1 acúmulo de sujeira ou lama; imundície, lixo 2 *fig.* palavra ou dito indecente; palavrão 3 *fig. infrm.* algo sem valor, ruim ou de má qualidade 4 *infrm.* guloseima sem valor nutritivo 5 grande quantidade de porcos ■ *adj.2g.s.2g.* 6 *pej.* que(m) é mal-educado ou péssimo no que faz; imprestável

por.ce.la.na *s.f.* 1 produto cerâmico fino, ger. branco e liso, us. na confecção de vasos, estatuetas, serviços de mesa etc. 2 *p.ext.* serviço de jantar, chá, café etc. feito desse produto

por.ce.la.na.to *s.m.* espécie de cerâmica bastante resistente, de estrutura compacta e vitrificada, us. esp. para revestimento de pisos

por.cen.ta.gem *s.f.* → *PERCENTAGEM*

por.ci.ún.cu.la *s.f.* pequena porção ⊙ GRAM/USO dim.irreg. de *porção*

por.co \ô\ [pl.: *porcos* \ó\] *s.m.* 1 mamífero robusto, de corpo com pelos ger. esparsos e ásperos e focinho redondo, bastante us. na alimentação humana 2 a carne desse animal ■ *adj.s.m.* 3 *p.ext.* que(m) é sujo, sem higiene ■ *adj.* 4 malfeito, de má qualidade ⮌ bem-feito ⊙ COL vara ⊙ VOZ v. : grunhir, roncar; subst.: grunhido, ronco ~ **porcino** *adj.*

por.co-do-ma.to [pl.: *porcos-do-mato*] *s.m.* 1 caititu 2 queixada ('mamífero') ⊙ VOZ v.: grunhir; subst.: grunhido

por.co-es.pi.nho [pl.: *porcos-espinhos* e *porcos-espinho*] *s.m.* nome comum a roedores, esp. noturnos e terrícolas, encontrados na Europa, África e Ásia, de corpo atarracado, patas curtas e longos espinhos protetores ⊙ VOZ v.: grunhir; subst.: grunhido

pôr do sol [pl.: *pores do sol*] *s.m.* momento em que o Sol desaparece no horizonte

po.re.jar *v.* {mod. 1} *t.d. e int.* 1 (fazer) sair pelos poros; suar, transpirar ❑ *int.* 2 cobrir-se de gotículas, como se suasse

po.rém *conj.advrs.* 1 mas, contudo, todavia ⟨*disse que viria, p., ainda não chegou*⟩ ■ *s.m.* 2 empecilho, obstáculo ⟨*tudo correu bem, sem nenhum p.*⟩ 3 aspecto negativo; inconveniente, senão ⟨*em tudo há um p.*⟩

por.fi.a *s.f.* 1 discussão, polêmica ⮌ consenso 2 insistência, perseverança ⮌ desistência 3 insistência insensata ou importuna; teimosia ⮌ flexibilidade 4 *fig.* luta por algo desejado tb. por outros; competição ⟨*p. de duas empresas*⟩ ⮌ cooperação ~ **porfioso** *adj.*

por.fi.ar *v.* {mod. 1} *t.i. e int.* 1 (prep. *com*) discutir acaloradamente; altercar ❑ *t.d.,t.i. e t.d.i.* 2 (prep. *com*) esforçar-se para obter (algo desejado por outro); competir, disputar

po.rí.fe.ro *s.m.* ZOO 1 espécime dos poríferos, ramo de animais invertebrados primitivos, desprovidos de órgãos e tecidos verdadeiros, que compreende as esponjas ■ *adj.* 2 relativo a esse ramo de animais

por.me.nor *s.m.* pequeno elemento ou circunstância; detalhe ⮌ generalidade

por.me.no.ri.zar *v.* {mod. 1} *t.d. e int.* expor ou descrever com detalhes; minuciar ~ **pormenorização** *s.f.*

por.nô *adj.2g. B infrm.* 1 pornográfico ■ *s.m.* 2 pornografia

por.no.chan.cha.da *s.f. B* gênero de filme popular caracterizado por cenas de nudez, sexo explícito e diálogos que mesclam palavras consideradas pesadas e humor

por.no.gra.fi.a *s.f.* 1 estudo sobre a prostituição 2 representação de situações em texto, desenho, filme etc. que ferem o pudor 3 indecência, devassidão ⮌ decência ~ **pornográfico** *adj.*

po.ro *s.m.* 1 cada uma das pequenas aberturas na superfície da pele dos humanos e de certos animais, pelas quais saem suor e matéria sebosa 2 pequeno buraco na estrutura ou na superfície de qualquer ser vivo ou corpo inanimado

po.ro.ro.ca *s.f. B* grande onda ruidosa e de efeito destruidor, que ocorre em rios muito volumosos do Amazonas, Pará e Maranhão

po.ro.so \ô\ [pl.: *porosos* \ó\] *adj.* 1 que tem poros; furado 2 *p.ext.* que deixa passar fluidos; permeável, absorvente ⟨*tecido p.*⟩ ⮌ impermeável 3 pouco denso; leve ⟨*osso p.*⟩ ⮌ compacto 4 *fig.* que tem predisposição para algo; inclinado a ⟨*p. a doenças*⟩ ⮌ defendido ~ **porosidade** *s.f.*

por.quan.to *conj.caus.* porque, visto que, já que ⟨*saiu cedo, p. tinha muito a fazer*⟩

por.que *conj.explc.* 1 pois, porquanto, que ⟨*entre, p. já é tarde*⟩ ■ *conj.caus.* 2 visto que, já que ⟨*a juventude às vezes erra p. é muito ansiosa*⟩

por.quê *s.m.* explicação de um fato; razão, motivo ⟨*não sei o p. de tanta raiva*⟩

por.quei.ra *s.f.* 1 chiqueiro, pocilga 2 *p.ext. infrm.* sujeira, imundície ■ *s.2g. B infrm.* 3 indivíduo ruim, tratante, inútil

por.qui.nho-da-ín.dia [pl.: *porquinhos-da-índia*] *s.m.* roedor sul-americano, encontrado como animal doméstico e us. em experimentos laboratoriais; cobaia

por.ra.da *s.f. gros.* 1 pancada, bordoada 2 grande quantidade

por.re *s.m. B infrm.* 1 estado de bebedeira 2 *fig.* pessoa, coisa ou acontecimento tedioso

por.re.te \ê\ *s.m.* bastão de madeira us. para dar pancadas; cacete

por.ta *s.f.* **1** abertura em parede para permitir entrada ou saída **2** peça plana de madeira ou outro material com que se fecha essa abertura **3** qualquer tampa ou estrutura us. para fechar o acesso ao interior de algo **4** entrada, acesso para algum lugar **5** *fig.* conjunto de exigências, dificuldades que se encontram para ingressar numa instituição, profissão, categoria social etc. ⟨*a universidade lhe abriu as p.*⟩ ☞ us. freq. no pl. **6** *fig.* meio de se conseguir algo; recurso, modo ⟨*trabalhar duro foi a p. do sucesso*⟩ ⊙ GRAM/USO dim.irreg.: *portinhola*

por.ta-a.vi.ões *s.m.2n.* navio de guerra com pista, em que aeronaves podem pousar e decolar

por.ta-ba.ga.gem [pl.: *porta-bagagens*] *s.m.* **1** estrutura metálica presa ao teto de carro, ônibus etc., us. para acomodar bagagens; bagageiro **2** porta-malas

por.ta-ban.dei.ra [pl.: *porta-bandeiras*] *s.2g.* **1** indivíduo que carrega uma bandeira ou estandarte em desfile, parada, procissão etc. ■ *s.f. B* **2** nos blocos carnavalescos e escolas de samba, moça que dança com o estandarte da agremiação

por.ta-cha.péus *s.m.2n.* móvel ou acessório com ganchos us. para pendurar chapéus, guarda-chuvas etc.

por.ta-cha.ves *s.m.2n.* pequeno objeto de uso individual no qual se prendem chaves

por.ta-ci.gar.ros *s.m.2n.* estojo us. para guardar cigarros; cigarreira

por.ta.dor \ô\ *adj.s.m.* **1** que(m) leva ou traz algo a mando de alguém **2** que(m) tem alguma característica diferencial ⟨*p. de deficiência visual*⟩ ⟨*criança p. de deficiência visual*⟩ **3** MED que(m) se encontra infectado por germes de uma doença ⊡ **ao p.** *loc.adj.* em que não está inscrito o nome a favor de quem foi emitido (diz-se de cheque, título de crédito)

por.ta-es.tan.dar.te [pl.: *porta-estandartes*] *s.2g.* porta-bandeira

por.ta-joi.as *s.m.2n.* pequeno cofre ou caixa em que se guardam joias ou bijuterias; escrínio

por.tal *s.m.* **1** entrada principal de um grande edifício **2** ombreira da porta **3** INF *site* na internet que oferece serviços variados

por.ta-lu.vas *s.m.2n.* pequeno compartimento no painel de veículos para guardar objetos

por.ta-ma.las *s.m.2n.* compartimento nos automóveis para transportar bagagem

por.ta-mo.e.das *s.m.2n.* pequena bolsa para guardar moedas; porta-níqueis

por.ta-ní.queis *s.m.2n.* porta-moedas

por.tan.to *conj.concl.* logo; consequentemente ⟨*não veio, p. não receberá o prêmio*⟩

por.tão [pl.: *-ões*] *s.m.* espécie de porta que fecha uma abertura em muro ou cerca

por.tar *v.*{mod. 1} *t.d.* **1** ter consigo, enquanto se movimenta; levar, carregar **2** estar vestido com; trajar ❑ *pron.* **3** proceder socialmente; comportar-se

por.ta-re.tra.tos *s.m.2n.* moldura para expor retratos, ger. com apoio para colocá-la sobre um móvel

por.ta.ri.a *s.f.* **1** local na entrada de edifícios onde fica o porteiro **2** documento emitido por autoridade, contendo ordens e instruções que devem ser seguidas pelos subordinados

por.ta-sei.os *s.m.2n.* sutiã

por.tá.til *adj.2g.* que pode ser transportado ⟨*rádio p.*⟩

por.ta-to.a.lhas *s.m.2n.* peça para pendurar toalhas em banheiros e lavatórios; toalheiro

por.ta-voz [pl.: *porta-vozes*] *s.m.* indivíduo que fala publicamente por outro ⟨*p. da presidência*⟩

por.te *s.m.* **1** condução; transporte **2** preço de transporte **3** postura, presença **4** estatura, tamanho **5** importância, consideração

por.tei.ra *s.f.* portão largo que fecha a entrada de fazenda, sítio etc.; cancela

por.tei.ro *s.m.* funcionário que controla a portaria dos edifícios, distribui a correspondência etc.

por.te.nho *adj.* **1** de Buenos Aires (Argentina) ■ *s.m.* **2** natural ou habitante dessa capital

por.ten.to *s.m.* **1** coisa ou fato extraordinário ⊃ banalidade **2** pessoa de especial talento ⊃ estúpido

por.ten.to.so \ô\ [pl.: *portentosos* \ó\] *adj.* **1** que é fruto de inteligência, talento, genialidade; genial, prodigioso, fenomenal ⟨*uma obra p.*⟩ **2** excepcionalmente grande; imenso, extraordinário; prodigioso ⟨*esforço p.*⟩

port.fó.lio *s.m.* conjunto dos trabalhos de um profissional (desenhista, fotógrafo, modelo etc.) dispostos numa pasta para apresentação a clientes

pór.ti.co *s.m.* **1** local coberto à entrada de um edifício **2** galeria cujo teto é sustentado por colunas, ger. à entrada de um edifício

por.ti.nho.la *s.f.* pequena porta ⊙ GRAM/USO dim.irreg. de *porta*

por.to \ô\ [pl.: *portos* \ó\] *s.m.* **1** lugar próximo à terra onde as embarcações carregam ou descarregam mercadorias ou passageiros **2** *p.ext.* cidade dotada de porto **3** *fig.* lugar onde alguém pode descansar; refúgio ⟨*seus braços são meu p.*⟩

por.to-a.le.gren.se [pl.: *porto-alegrenses*] *adj.2g.* **1** de Porto Alegre (RS) ■ *s.2g.* **2** natural ou habitante dessa capital

por.to-se.gu.ren.se [pl.: *porto-segurenses*] *adj.2g.* **1** de Porto Seguro (BA) ■ *s.2g.* **2** natural ou habitante dessa cidade

por.to-ve.lhen.se [pl.: *porto-velhenses*] *adj.2g.* **1** de Porto Velho (RO) ■ *s.2g.* **2** natural ou habitante dessa capital

por.tu.á.rio *adj.* **1** relativo a porto ⟨*administração p.*⟩ **2** próximo ou ligado a um porto ⟨*região p.*⟩ ■ *s.m.* **3** quem trabalha no porto

por.tu.guês *adj.* **1** de Portugal (Europa) ■ *s.m.* **2** natural ou habitante desse país **3** língua oficial de Portugal, Brasil, Angola, Cabo Verde, Moçambique, Guiné-Bissau, São Tomé e Príncipe e Timor Leste

por.tu.gue.sis.mo *s.m.* **1** paixão por tudo que é de Portugal **2** peculiaridade exclusiva da língua portuguesa

por.tu.ní.deo *s.m.* ZOO **1** espécime dos portunídeos, família de crustáceos que inclui os siris ■ *adj.* **2** relativo a essa família

por.ven.tu.ra *adv.* talvez, acaso, por hipótese

por.vir *s.m.* o que está por acontecer; futuro ~ **porvindouro** *adj.*

pos– ou **pós–** *pref.* 'depois, após': *posfácio, pós-graduação, pós-operatório, pospor*

po.sar *v.* {mod. 1} *int.* **1** servir de modelo para fotógrafo, pintor, escultor etc. ❑ *pred. fig.* **2** (prep. *de*) assumir certa atitude ou caráter, ger. para iludir ou impressionar; fingir-se ⟨*p. de rico*⟩ ☞ cf. *pousar*

pós-cra.ni.al [pl.: *pós-cranianos*] *adj.2g.* que está situado atrás ou abaixo do crânio

pós-di.lu.vi.a.no [pl.: *pós-diluvianos*] *adj.* ocorrido após o dilúvio descrito na Bíblia ↄ antediluviano

po.se \ô\ *s.f.* **1** posição do corpo; postura **2** *fig.* falta de naturalidade, de espontaneidade; afetação ↄ naturalidade

pós-e.lei.to.ral [pl.: *pós-eleitorais*] *adj.2g.* posterior a uma eleição ↄ pré-eleitoral

pós-es.cri.to [pl.: *pós-escritos*] *adj.* **1** escrito posteriormente ou no final ■ *s.m.* **2** aquilo que se acrescenta a uma carta depois de assinada [abrev.: P.S.]

pos.fá.cio *s.m.* adendo ou explicação colocada no fim de um livro, depois de pronto ↄ prefácio ~ **posfaciar** *v.t.d.*

pós-gra.du.a.ção [pl.: *pós-graduações*] *s.f.* grau de ensino seguinte à graduação ~ **pós-graduar** *v.t.d. e pron.*

pós-gra.du.an.do [pl.: *pós-graduandos*] *s.m.* aluno de um curso de pós-graduação

pós-guer.ra [pl.: *pós-guerras*] *s.m.* período seguinte a uma guerra

po.si.ção [pl.: *-ões*] *s.f.* **1** lugar ocupado por pessoa ou coisa **2** maneira de colocar o corpo ou parte dele; postura ⟨*p. da cabeça*⟩ **3** função ou situação de uma pessoa num grupo, numa firma, na sociedade etc. **4** *fig.* circunstância em que alguém se acha; situação ⟨*p. delicada, cômoda*⟩ ~ **posicional** *adj.2g.*

po.si.cio.nar *v.* {mod. 1} *t.d. e pron.* **1** (fazer) tomar certa posição; colocar(-se) ❑ *pron.* **2** assumir uma opinião, tomar partido ~ **posicionamento** *s.m.*

po.si.ti.var *v.* {mod. 1} *t.d. e pron.* **1** tornar(-se) positivo, real; concretizar(-se) ❑ *pron.* **2** tornar-se evidente, incontestável; revelar-se

po.si.ti.vis.mo *s.m.* **1** estado ou qualidade de positivo; certeza, segurança ↄ pessimismo **2** sistema filosófico criado por Auguste Comte que só considera válido o modelo de aquisição de conhecimentos baseado em fatos e dados observáveis ☞ cf. *Comte* na parte enciclopédica ~ **positivista** *adj.2g.s2g.*

po.si.ti.vo *adj.* **1** que afirma, diz sim ⟨*resposta p.*⟩ ↄ negativo **2** que demonstra intenção de ser útil; construtivo, favorável ⟨*atitude p.*⟩ ↄ desfavorável **3** fundamentado em fatos, na experiência ⟨*conhecimento p.*⟩ **4** que revela otimismo ⟨*pensamento p.*⟩ ↄ pessimista **5** MAT maior que zero (diz-se de número, grau etc.), representado pelo sinal + ↄ negativo ■ *adj.s.m.* **6** (cópia fotográfica) em que os claros e escuros são iguais aos do objeto fotografado ☞ cf. *negativo* ~ **positividade** *s.f.*

pós-me.ri.di.a.no [pl.: *pós-meridianos*] *adj.* posterior ao meio-dia ↄ antemeridiano

pós-mor.te [pl.: *pós-mortes*] *s.m.* período ou suposta condição que se segue à morte; além-túmulo ⟨*o p. ainda é um mistério para o ser humano*⟩ ⊙ GRAM/USO empr. tb. como adj.2g.2n.: *vidas pós-morte*

pós-na.tal [pl.: *pós-natais*] *adj.2g.* relativo ao período após o nascimento

po.so.lo.gi.a *s.f.* indicação da dose adequada de um medicamento

pós-o.pe.ra.tó.rio [pl.: *pós-operatórios*] *adj.s.m.* (período ou tratamento) após uma cirurgia

pos.por *v.* {mod. 23} *t.d. e t.d.i.* **1** (prep. *a*) pôr depois de ↄ antepor **2** (prep. *a*) pôr em segundo plano; postergar ❑ *t.d.* **3** deixar para depois; adiar ↄ antecipar ⊙ GRAM/USO part.: *posposto* ~ **posposição** *s.f.*

pos.san.te *adj.2g.* **1** vigoroso, forte ↄ fraco **2** que gera velocidade ou muita força (diz-se de motor)

pos.se *s.f.* **1** ato de se apossar de algo ou o seu efeito; propriedade **2** área ocupada por posseiro **3** solenidade de admissão de um cargo público ▼ *posses* *s.f.pl.* **4** meios, haveres **5** aptidão, capacidade ↄ inépcia

pos.sei.ro *adj.s.m.* **1** que(m) tem a posse legal de (algo) ■ *s.m.* *B* **2** aquele que ocupa terras desocupadas ou abandonadas, a fim de cultivá-las

pos.ses.são [pl.: *-ões*] *s.f.* **1** algo que se possui **2** território dominado por outro Estado; colônia **3** condição de quem está dominado por algo

pos.ses.si.vo *adj.* **1** que manifesta desejo de possuir ou dominar ■ *adj.s.m.* **2** GRAM (pronome) que indica posse

pos.ses.so *adj.s.m.* **1** (o) que se acredita estar dominado pelo demônio; endemoniado **2** *p.ext.* (o) que está tomado de ira; enfurecido ↄ sereno

pos.si.bi.li.da.de *s.f.* condição do que é possível, do que pode acontecer ⟨*o esforço cria a p. de vitória*⟩

pos.si.bi.li.tar *v.* {mod. 1} *t.d. e t.d.i.* (prep. *a, para*) tornar possível; proporcionar, viabilizar ⟨*a herança possibilitou a viagem*⟩ ⟨*p. educação aos filhos*⟩ ↄ impossibilitar, dificultar

pos.sí.vel *adj.2g.s.m.* **1** (o) que pode acontecer, existir ↄ possível **2** (o) que pode ser realizado, executado ↄ possível **3** (o) que é permitido ↄ possível

pos.si.vel.men.te *adv.* de modo provável, com possibilidade; talvez ⟨*p. chegaremos a tempo*⟩

pos.su.í.do *adj.* **1** de que se tem a posse **2** que sofre uma possessão; dominado ⟨*p. por um ser sobrenatural*⟩ **3** que foi objeto de domínio sexual ⟨*p. pelo namorado*⟩ ■ *s.m.* **4** indivíduo que se crê dominado, esp. por uma força sobrenatural; possesso

pos.su.ir *v.* {mod. 26} *t.d.* **1** ser proprietário de; ter ⟨*p. terras*⟩ **2** manter em seu poder; ter ⟨*p. provas, documentos*⟩ **3** ser caracterizado por; ter ⟨*p. muitas virtudes*⟩ **4** fazer uso de; desfrutar ⟨*p. saúde, prestígio*⟩ **5** ter em si; conter, encerrar ⟨*a fruta possui vitamina*⟩ ⟨*o trabalho possui falhas*⟩ **6** ser tomado por; dominar ⟨*o ódio possu-*

iu-o⟩ 7 *fig.* fazer sexo com; copular ~ **possuidor** *adj.s.m.*

[1]**pos.ta** *s.f.* fatia, pedaço de algum tipo de carne [ORIGEM: do lat. *posta*, part. de *ponĕre* 'pôr, colocar']

[2]**pos.ta** *s.f.* correio [ORIGEM: do it. *posta* 'id.']

pos.tal *adj.2g.* 1 relativo a correio ■ *s.m.* 2 cartão-postal

[1]**pos.tar** *v.* {mod. 1} *t.d. e pron.* (fazer) ficar em certa posição ou em certo local, ger. para ali permanecer algum tempo; posicionar(-se) [ORIGEM: [2]*posto* + [2]*-ar*]

[2]**pos.tar** *v.* {mod. 1} *t.d.* pôr (carta, postal etc.) no correio; enviar, expedir [ORIGEM: do fr. *poster* 'id.']

pos.ta-res.tan.te [pl.: *postas-restantes*] *s.f.* 1 sistema de envio de correspondência em que a mesma fica depositada no correio até que o destinatário vá buscá-la 2 local do correio onde ficam essas correspondências

pos.te *s.m.* coluna fincada no chão na qual são instalados os cabos elétricos e as lâmpadas de iluminação pública

pôs.ter *s.m.* cartaz impresso para fins decorativos

pos.ter.ga.ção [pl.: *-ões*] *s.f.* 1 ato ou efeito de postergar 2 demonstração de desinteresse; menosprezo, preterição ⊃ priorização 3 mudança de data para mais adiante; adiamento, protelação ⊃ adiantamento, antecipação

pos.ter.gar *v.* {mod. 1} *t.d. e t.d.i.* 1 (prep. *a*) colocar em segundo plano; pospor ❑ *t.d.* 2 deixar para trás; passar ⟨*p. o concorrente*⟩ 3 deixar de lado; preterir, desprezar 4 deixar de cuidar; negligenciar 5 deixar para depois; adiar ⊃ antecipar ~ **postergamento** *s.m.*

pos.te.ri.da.de *s.f.* 1 o tempo que virá; futuro ⊃ passado 2 descendência ⊃ ascendência 3 a humanidade num tempo futuro 4 glória futura; celebridade ⟨*alcançar a p. por seus méritos*⟩

pos.te.ri.or \ô\ *adj.2g.* 1 situado atrás ou na parte de trás ⟨*parte p. da cabeça*⟩ ⊃ frontal 2 seguinte, subsequente ⟨*fatos p.*⟩ ⊃ precedente

pos.te.ri.o.ri.da.de *s.f.* estado ou condição do que é posterior ⊃ anterioridade

pos.te.ri.or.men.te *adv.* 1 num tempo posterior; depois ⟨*falaremos p.*⟩ 2 num espaço posterior; na parte de trás

pós.te.ro *adj.* o que está por acontecer; futuro ⊃ passado

pos.ti.ço *adj.* 1 que se pode pôr ou tirar 2 que se acrescenta depois da obra pronta 3 que não é natural; artificial ⊃ natural 4 que não é de sangue (diz-se de parente) ⟨*tio p.*⟩

pos.ti.go *s.m.* 1 pequena janela que se abre em porta ou janela 2 guichê

[1]**pos.to** \ô\ [pl.: *postos* \ó\] *adj.* 1 colocado em determinado lugar 2 declarado ou estabelecido ⟨*isso p., passemos à segunda questão*⟩ 3 decidido, combinado [ORIGEM: do lat. *posĭtus,a,um* 'posto, assentado'] ⊡ **p. que** *loc.conj.* 1 ainda que, embora ⟨*não seguiu a carreira do pai, p. que a admirasse*⟩ 2 *B infrm.* porque, visto que ⟨*rejeitou o convite, p. que já tinha outro compromisso*⟩

[2]**pos.to** \ô\ [pl.: *postos* \ó\] *s.m.* 1 lugar ocupado por algo ou alguém 2 cargo, função 3 local destinado a uma função determinada, ger. para atendimento ao público ⟨*p. de saúde*⟩ ⟨*p. policial*⟩ [ORIGEM: do lat. *posĭtus,us* 'posição, situação; assento'] ⊡ **a postos** *loc.adj.* pronto, preparado ⟨*esteja a p. para qualquer eventualidade*⟩

pos.tu.la.do *s.m.* afirmação admitida sem demonstração prévia

pos.tu.lar *v.* {mod. 1} *t.d. e t.d.i.* 1 (prep. *a*) fazer pedido a; solicitar 2 (prep. *a*) pedir com insistência; suplicar 3 (prep. *a*) pedir, documentando a alegação; requerer ❑ *t.d.* 4 admitir como hipótese; supor 5 ter como condição; pressupor ~ **postulação** *s.f.* - **postulante** *adj.2g.s.2g.*

pós.tu.mo *adj.* 1 que nasceu depois da morte do pai 2 posterior à morte de alguém ⟨*homenagem p.*⟩ 3 que vem a público depois da morte do autor ⟨*livro p.*⟩

pos.tu.ra *s.f.* 1 modo de manter o corpo ou parte dele 2 *p.ext.* modo de pensar, de proceder ⟨*p. de vanguarda*⟩ 3 ZOO a deposição de ovos por animais ▼ *posturas s.f.pl.* 4 compêndio de leis, normas e regulamentos de um município

pos.tu.ral *adj.2g.* 1 relativo à postura ou atitude corporal ⟨*elegância p.*⟩ 2 relativo à atitude ou conduta ⟨*arrogância p.*⟩ 3 relativo a posturas legais emanadas de autoridade competente ⟨*determinações p.*⟩

po.tas.sa *s.f.* QUÍM nome comum de diversos derivados do potássio, us. na fabricação de sabão, como reagente em análises químicas etc.

po.tás.sio *s.m.* elemento químico alcalino, us. em ligas com sódio em trocadores de calor de usinas nucleares [símb.: *K*] ☞ cf. *tabela periódica* (no fim do dicionário)

po.tá.vel *adj.2g.* saudável para beber ⟨*água p.*⟩ ~ **potabilidade** *s.f.*

po.te *s.m.* 1 vaso bojudo para guardar líquidos, mantimentos etc. 2 pequeno recipiente de boca larga e com tampa, us. para acondicionar substâncias de consistência pastosa

po.tên.cia *s.f.* 1 característica do que é potente, forte 2 força, vigor ⊃ impotência 3 capacidade para criar, para produzir 4 país forte econômica e militarmente 5 capacidade de realizar o ato sexual ⊃ impotência 6 FÍS a energia transferida em determinado espaço de tempo 7 MAT o produto de *n* fatores iguais

po.ten.ci.al *adj.2g.* 1 relativo a potência 2 que só existe como possibilidade ⊃ real ■ *s.m.* 3 conjunto de qualidades inatas 4 capacidade de realização, de execução ~ **potencialidade** *s.f.*

po.ten.ta.do *s.m.* 1 soberano com muito poder e riqueza 2 *p.ext.* indivíduo poderoso, influente e/ou muito rico

po.ten.te *adj.2g.* 1 que tem poder; poderoso ⊃ submisso 2 que tem força; vigoroso, forte ⊃ fraco 3 que tem capacidade para copular (diz-se de homem) ⊃ impotente

po.ti.guar *adj.2g.s.2g.* rio-grandense-do-norte

po.ti.gua.ra *s.2g.* **1** indivíduo dos potiguaras, povo indígena do litoral norte da Paraíba ■ *s.m.* **2** língua falada pelos potiguaras ■ *adj.2g.* **3** relativo a esse indivíduo, povo ou língua

po.to.ca *s.f. B infrm.* mentira, lorota ~ **potoqueiro** *adj.s.m.*

pot-pour.ri [fr.; pl.: *pot-pourris*] *s.m.* **1** série de canções ou trechos musicais encadeados **2** *p.ext.* mistura de elementos heterogêneos **3** mistura aromática à base de flores secas, ervas ou especiarias ⇨ pronuncia-se **pôpurri**

po.tran.co *s.m.* potro de menos de dois anos

po.tro \ô\ *s.m.* cavalo de até quatro anos de idade

pou.ca-ver.go.nha [pl.: *poucas-vergonhas*] *s.f. infrm.* **1** falta de vergonha; descaramento, despudor ⮌ decência **2** ação vergonhosa, indecente

pou.co *pron.ind.* **1** pequena quantidade ⟨*p. dinheiro*⟩ ■ *adv.* **2** em quantidade escassa, de modo insuficiente ⟨*come p.*⟩ ⟨*p. atraente*⟩ ⮌ muito ■ *s.m.* **3** pequena quantidade ⟨*consegui um p. de açúcar*⟩ ⊡ **p. a p.** *loc.adv.* gradualmente ⟨*p. a p. as cores desbotaram*⟩

pou.co-ca.so [pl.: *poucos-casos*] *s.m.* falta de consideração; desdém, desprezo ⮌ apreço ⊙ GRAM/USO ger. não se usa no pl.

pou.pan.ça *s.f.* **1** economia ⮌ desperdício **2** caderneta de poupança

pou.par *v.* {mod. 1} *t.d.* **1** gastar com moderação; economizar ⮌ esbanjar **2** não gastar, juntar (dinheiro); economizar ❑ *t.d. e t.d.i.* **3** (prep. *a*) fazer com que não gaste; evitar ⟨*p. despesas* (*aos pais*)⟩ **4** (prep. *de*) deixar(-se) livre (de esforço, trabalho etc.); proteger(-se) **5** (prep. *de*) tratar com clemência, não fazer mal ❑ *pron.* **6** (prep. *a*) esquivar-se, eximir-se ~ **poupador** *adj.s.m.*

pou.sa.da *s.f.* **1** parada para descansar **2** local de hospedagem; hospedaria, albergue

pou.sar *v.* {mod. 1} *t.d.* **1** deixar em certo lugar; pôr, colocar ⟨*p. a mala no chão*⟩ ⮌ retirar ☞ *no chão* é circunstância que funciona como complemento ❑ *int.* **2** interromper o voo e descer à terra (ave, aeronave); aterrissar **3** fixar residência; morar ⟨*p. na casa dos pais*⟩ ☞ *na casa dos pais* é circunstância que funciona como complemento **4** hospedar-se brevemente **5** estar parado; repousar ⟨*a folha pousava na pedra*⟩ ☞ *na pedra* é circunstância que funciona como complemento; cf. *posar*

pou.so *s.m.* **1** lugar onde uma ave descansa de voar **2** lugar onde alguém se acolhe e descansa **3** permanência, estada **4** aterrissagem

po.vão [pl.: *-ões*] *s.m. B* **1** grande quantidade de pessoas; multidão **2** *infrm.* a classe social menos favorecida economicamente

po.va.réu *s.m.* **1** grande quantidade de pessoas; multidão **2** *pej.* ralé

po.vo \ô\ *s.m.* **1** grupo de indivíduos que formam uma nação ou vivem numa mesma região ⟨*o p. brasileiro*⟩ ⟨*o p. judeu*⟩ ⟨*o p. nordestino*⟩ **2** conjunto de pessoas da classe menos favorecida; plebe **3** aglomerado de pessoas; multidão

po.vo.a.ção [pl.: *-ões*] *s.f.* **1** lugar habitado **2** povoado **3** conjunto dos habitantes de determinado local ou região

po.vo.a.do *s.m.* **1** lugar com poucas habitações; vilarejo ■ *adj.* **2** que se povoou; habitado ⮌ desabitado

po.vo.ar *v.* {mod. 1} *t.d.* **1** conduzir ou ir (pessoas, famílias) para (lugar desabitado), para ali viver e criar descendência; habitar, ocupar **2** *fig.* ocupar (sentimento, ideia) [a mente, o coração etc.] ❑ *t.d.,t.d.i. e pron.* **3** (prep. *de*) [fazer] ficar repleto de; encher(-se)

Pr símbolo de *praseodímio*

PR sigla do Estado do Paraná

pra.ça *s.f.* **1** área urbanizada, freq. ajardinada, para descanso e lazer **2** lugar fortificado; fortaleza **3** lugar aberto onde se compra e se vende; mercado, feira **4** comunidade comercial e financeira de uma cidade ⟨*ter crédito na p.*⟩ ■ *s.2g.* **5** militar de patente inferior à do oficialato

pra.ci.nha *s.m. B* soldado da Força Expedicionária Brasileira

pra.da.ri.a *s.f.* **1** série de prados mais ou menos próximos **2** grande extensão de terreno plano; planície

pra.do *s.m.* **1** campo coberto de vegetação herbácea, ger. destinado à pastagem **2** hipódromo ⊙ COL pradaria

pra.ga *s.f.* **1** maldição **2** desgraça coletiva de grandes proporções; calamidade **3** algo que causa malefício ⟨*p. de gafanhotos*⟩ ⟨*a inveja é uma p.*⟩ ⊡ **rogar p.** *loc.vs.* lançar uma maldição

prag.má.ti.ca *s.f.* **1** conjunto de normas para cerimônias da corte e da Igreja **2** *p.ext.* conjunto de considerações práticas (sobre algo)

prag.má.ti.co *adj.* realista, objetivo

prag.ma.tis.mo *s.m.* doutrina que preconiza que as ideias devem ter aplicação prática para ter valor

pra.gue.jar *v.* {mod. 1} *t.d.,t.i. e int.* (prep. *contra*) lançar pragas a; amaldiçoar ⮌ abençoar ~ **praguejador** *adj.s.m.* - **praguejamento** *s.m.*

prai.a *s.f.* **1** faixa de terra, coberta ger. de areia ou cascalho, que faz limite com mar ou rio **2** região banhada pelo mar; litoral ⟨*ter casa na p.*⟩ **3** *fig. B infrm.* área de conhecimento ou interesse especial ⟨*minha p. é o teatro*⟩ ~ **praieiro** *adj.s.m.*

prai.a.no *adj.* **1** relativo a ou próprio da praia ou do litoral ⟨*esportes p.*⟩ **2** situado em praia, localizado à beira-mar; litorâneo ⟨*região p.*⟩ ■ *adj.s.m.* **3** diz-se de ou habitante da praia ou do litoral; praieiro

pran.cha *s.f.* **1** tábua grande e larga **2** *B* tábua de madeira ou de isopor us. em certos esportes aquáticos, como o surfe

pran.che.ta \ê\ *s.f.* **1** tábua ou mesa para desenhar **2** *B* pequena prancha us. como suporte para escrever

pran.te.ar *v.* {mod. 5} *t.d. e int.* derramar lágrimas (por); chorar

pran.to *s.m.* **1** ação de chorar; choro **2** queixa, lamentação ⮌ alegria

pra.se.o.dí.mio *s.m.* elemento químico us. na coloração de vidros e em materiais fluorescentes, como capacitores para televisão, radar etc. [símb.: *Pr*] ☞ cf. *tabela periódica* (no fim do dicionário)

pra.ta *s.f.* **1** elemento químico metálico, us. na feitura de joias e ornamentos [símb.: *Ag*] ☞ cf. *tabela periódica* (no fim do dicionário) **2** liga metálica feita com esse elemento **3** objeto fabricado com essa liga metálica **4** *B infrm.* dinheiro ('moeda ou cédula') ⊙ COL na acp. 3: prataria

pra.ta.ri.a *s.f.* conjunto de objetos de prata

pra.tar.raz *s.m.* prato grande ou prato muito cheio ⊙ GRAM/USO aum.irreg. de *prato*

pra.te.a.do *adj.* **1** coberto com uma camada de prata **2** da cor da prata ■ *s.m.* **3** objeto folheado de prata **4** a cor da prata

pra.te.ar *v.* {mod. 5} *t.d.* **1** cobrir com camada de prata ❑ *t.d. e pron.* **2** (fazer) adquirir a cor e o brilho da prata ~ **prateação** *s.f.*

pra.te.lei.ra *s.f.* tábua presa horizontalmente numa parede, estante ou armário para se colocarem objetos

prá.ti.ca *s.f.* **1** ação, execução, exercício **2** realização concreta de uma teoria ⮌ teoria **3** capacidade que resulta da experiência ⟨*não tem p. em dirigir caminhão*⟩ ⮌ inexperiência **4** maneira usual de fazer ou agir; costume, hábito ⊡ **na p.** *loc.adv.* na realidade ⟨*na p. tudo é mais simples*⟩

pra.ti.ca.men.te *adv.* **1** de modo ou maneira prática ⟨*resolver p. um problema*⟩ ⮌ teoricamente **2** mais ou menos, quase ⟨*leu p. tudo sobre o assunto*⟩

pra.ti.can.te *adj.2g.s.2g.* **1** que(m) pratica (algo) **2** (pessoa) que se está exercitando numa atividade **3** que(m) obedece a todos os preceitos de uma religião

pra.ti.car *v.* {mod. 1} *t.d.* **1** levar a efeito; fazer, realizar ⟨*p. o bem, p. um crime*⟩ **2** executar rotineiramente (uma atividade) ⟨*p. esportes*⟩ **3** estudar, treinar ⟨*p. piano, desenho*⟩ ❑ *t.d. e int.* **4** exercer (profissão, ofício) ❑ *t.d. e t.i.* **5** (prep. *com*) manter trato, contato com; relacionar-se ❑ *int.* **6** adquirir experiência

pra.ti.cá.vel *adj.2g.* **1** que é possível pôr em prática ⮌ irrealizável ■ *s.m.* **2** suporte ou plataforma móvel us. em cenários teatrais

prá.ti.co *adj.* **1** que prioriza resultados concretos ⟨*homem de decisões p.*⟩ ⮌ idealista **2** que aplica uma teoria para obter resultado concreto ⟨*aula p.*⟩ ⟨*atividade p.*⟩ ⮌ teórico **3** de aplicação ou uso fácil; funcional ⟨*roupa p.*⟩ ⟨*móvel p.*⟩ ■ *s.m.* **4** aquele que exerce uma profissão sem habilitação adequada **5** MAR piloto, timoneiro

pra.to *s.m.* **1** peça, ger. circular e achatada, na qual se serve e se come a comida **2** *p.ext.* comida, alimento ⟨*não posso lhe negar um p.*⟩ **3** cada uma das conchas de uma balança **4** qualquer peça de máquina que lembre um prato **5** MÚS instrumento constituído de um disco de metal que se percute com baqueta ou vassourinha de metal, ou dotado de uma alça para os dedos, que se faz percutir em outro semelhante ⊙ GRAM/USO aum. irreg.: *pratarraz* ⊡ **p. feito** *loc.subst.* *B infrm.* refeição barata que já vem servida no prato • **pôr em p. limpos** *loc.vs.* esclarecer as dúvidas

pra.xe *s.f.* **1** aquilo que se faz habitualmente; costume, rotina **2** cerimonial

pra.zen.tei.ro *adj.* **1** simpático, aprazível ⮌ antipático **2** alegre, feliz ⮌ triste

pra.zer *v.* {mod. 13} *t.i.,int. e pron.* **1** (prep. *a, em*) causar prazer a ou sentir prazer; deleitar(-se) ■ *s.m.* **2** sensação agradável oriunda da satisfação de um desejo; alegria, contentamento **3** boa vontade, agrado ⟨*sempre ajudo os outros com p.*⟩ **4** satisfação sexual; gozo ⊙ GRAM/USO cf. observação no modelo

pra.ze.ro.so \ô\ [pl.: *prazerosos \ó*] *adj.* que causa prazer ⟨*companhia p.*⟩ ⮌ tedioso

pra.zo *s.m.* **1** período de tempo **2** fim, termo desse período de tempo ⟨*o p. para entrega da obra é dia 23*⟩ ⊡ **a p.** *loc.adv.* em prestações ⟨*comprou o carro a p.*⟩

pre– ou **pré–** *pref.* 'anterioridade, adiantamento': *preâmbulo, pré-datado, pré-histórico, prever*

pre.á *s.2g.* **1** nome comum a diversos pequenos roedores encontrados na América do Sul **2** cobaia

pré-a.do.les.cên.cia [pl.: *pré-adolescências*] *s.f.* período do desenvolvimento humano anterior à adolescência ~ **pré-adolescente** *adj.2g.s.2g.*

pre.a.mar *s.f.* nível máximo da maré; maré-cheia

pre.âm.bu.lo *s.m.* **1** relatório que precede uma lei ou decreto **2** palavreado mais ou menos vago que antecede o assunto principal ⟨*chega de preâmbulos e diga o que quer!*⟩ ⮌ conclusão **3** prefácio ⮌ posfácio ~ **preambular** *adj.2g. v.t.d.*

pre.ben.da *s.f.* **1** renda ou benefício eclesiástico **2** *fig.* ocupação rendosa e de pouco trabalho; sinecura **3** *fig.* tarefa trabalhosa, desagradável

pre.ca.ri.e.da.de *s.f.* qualidade do que é ou está precário; deficiência, insuficiência ⟨*a p. do atendimento médico à população*⟩

pre.cá.rio *adj.* **1** insuficiente, escasso ⟨*ajuda p.*⟩ ⮌ abundante **2** incerto, instável ⟨*emprego p.*⟩ ⮌ estável **3** pouco resistente; frágil, delicado ⟨*saúde p.*⟩ ⮌ forte

pré-car.na.va.les.co [pl.: *pré-carnavalescos*] *adj.* que precede o carnaval

pre.ca.tar *v.* {mod. 1} *t.d.,t.d.i. e pron.* (prep. *contra*) pôr(-se) de sobreaviso a respeito de; acautelar(-se), prevenir(-se) ⮌ desprevenir(-se)

pre.ca.tó.rio *adj.s.m.* (documento, carta) que solicita algo ⟨*mandar um p. ao juiz*⟩

pre.cau.ção [pl.: *-ões*] *s.f.* **1** medida antecipada para prevenir um mal; cuidado **2** atitude de quem evita inconvenientes e perigos; prudência, cautela ⮌ desleixo

pre.ca.ver *v.* {mod. 12} *t.d.,t.d.i. e pron.* (prep. *contra*) pôr(-se) de sobreaviso, tomando medidas antecipadas para evitar (algo ruim); acautelar(-se) ⮌ desprevenir(-se) ⊙ GRAM/USO verbo defectivo

pre.ce *s.f.* pedido que se dirige a uma divindade; oração, reza

pre.ce.dên.cia *s.f.* **1** situação do que vem antes **2** condição do que, por importância, deve estar em primeiro lugar; preferência, primazia, prioridade

pre.ce.den.te *adj.2g.* 1 ocorrido anteriormente; antecedente ⮌ seguinte, sequente ■ *s.m.* 2 procedimento anterior que permite explicar acontecimentos ou circunstâncias semelhantes; exemplo ⟨*há um p. que justifica sua atitude*⟩

pre.ce.der *v.* {mod. 8} *t.d.,t.i. e int.* 1 (prep. *a*) estar, ir ou ficar adiante de; anteceder 2 (prep. *a*) chegar, existir ou ocorrer antes de; anteceder ⮌ seguir ❑ *t.i. fig.* 3 (prep. *a*) apresentar qualidade superior; superar

pre.cei.to *s.m.* 1 regra de procedimento; norma ⟨*p. moral*⟩ ⟨*p. de higiene*⟩ 2 aquilo que se ensina; lição 3 ordem, determinação ⊙ COL preceituário

pre.cei.tu.ar *v.* {mod. 1} *t.d. e int.* estabelecer (regra, norma etc.); ordenar, determinar

pre.cei.tu.á.rio *s.m.* conjunto de preceitos

pre.cep.tor \ô\ *adj.s.m.* 1 que(m) dá preceitos, instruções; educador, instrutor 2 educador particular de criança ou jovem

pre.ci.o.si.da.de *s.f.* 1 qualidade do que é precioso, que tem muito valor 2 coisa valiosa pela beleza ou raridade ⟨*essa tela é uma p.*⟩

pre.ci.o.sis.mo *s.m.* afetação exagerada, falta de naturalidade

pre.ci.o.so \ô\ [pl.: *preciosos* \ó\] *adj.* 1 de alto preço ⟨*metais p.*⟩ ⮌ barato 2 de grande apreço, estimação 3 magnífico, suntuoso ⮌ despojado 4 importante, significativo ⟨*tempo p.*⟩ 5 afetado, rebuscado ⟨*estilo p.*⟩ ⮌ simples

pre.ci.pí.cio *s.m.* depressão profunda de parede(s) íngreme(s); abismo, ribanceira

pre.ci.pi.ta.ção [pl.: *-ões*] *s.f.* 1 queda, descida rápida 2 *p.ext.* grande pressa; afobação ⮌ lentidão 3 resolução tomada às pressas 4 QUÍM reação em que um soluto se separa, em forma de sedimento, de seu solvente ⊡ **p. atmosférica** *loc.subst.* transformação de nuvens em água ou gelo, como neve, chuva, granizo

pre.ci.pi.ta.do *adj.* 1 que se precipitou; jogado de cima para baixo 2 *fig.* que age sem pensar; imprudente ⟨*motorista p.*⟩ ⮌ prudente 3 feito sem reflexão ⟨*decisões p.*⟩ ⮌ previdente ■ *s.m.* 4 quem procede de modo imprudente ⮌ prudente

pre.ci.pi.tar *v.* {mod. 1} *t.d. e pron.* 1 jogar(-se) de cima para baixo ⟨*p. o roubo no mar*⟩ ⟨*p.-se no mar*⟩ ☞ *no mar* é circunstância que funciona como complemento 2 *fig.* (fazer) enfrentar aventura, perigo, experiências ruins; arrastar(-se) ❑ *t.d. fig.* 3 diminuir o tempo de; apressar, antecipar ⮌ retardar ❑ *pron.* 4 *fig.* agir por impulso, sem pensar 5 correr ou agir com grande rapidez 6 lançar-se, atirar-se ⟨*p.-se contra o inimigo*⟩ ❑ *int. e pron.* QUÍM 7 separar-se (substância) de uma solução

pre.cí.puo *adj.* mais importante; essencial

pre.ci.são [pl.: *-ões*] *s.f.* 1 falta de alguma coisa necessária ou útil ⟨*ele tem p. desse remédio*⟩ ⮌ desnecessidade 2 rigor na determinação de medida, valor etc.; exatidão, justeza ⮌ imprecisão 3 rigor de execução, exatidão de funcionamento, clareza de informação etc. ⟨*passou as instruções com p.*⟩ ⟨*relógio de p.*⟩ ⮌ imprecisão

pre.ci.sar *v.* {mod. 1} *t.d. e t.i.* 1 (prep. *de*) ter necessidade de; carecer ⮌ dispensar ❑ *t.d.* 2 indicar ou exprimir com exatidão; especificar 3 tornar preciso, exato, rigoroso; ajustar

pre.ci.so *adj.* 1 necessário, indispensável ⮌ desnecessário 2 exato, correto ⟨*cálculo p.*⟩ ⟨*linguagem p.*⟩ ⮌ inexato 3 sem excessos; conciso ⟨*estilo p.*⟩ ⮌ prolixo

pre.cla.ro *adj.* que se distingue pelo mérito; ilustre, notável ⮌ infame ~ **preclaridade** *s.f.*

pre.ço \ê\ *s.m.* 1 quantia que se pede ou se paga por algo 2 *fig.* custo em sacrifício, esforço etc. ⟨*a liberdade tem seu p.*⟩

pre.co.ce *adj.2g.* que se desenvolve ou ocorre antes do tempo usual ⮌ tardio

pre.co.ci.da.de *s.f.* característica ou estado de quem ou do que é precoce; adiantamento ⟨*ficaram admirados com a p. da criança*⟩

pré-co.lom.bi.a.no [pl.: *pré-colombianos*] *adj.* anterior à chegada de Cristóvão Colombo à América (1492) ☞ cf. *Cristóvão Colombo* na parte enciclopédica

pre.con.ce.ber *v.* {mod. 8} *t.d.* 1 planejar com antecedência 2 supor antecipadamente; prever

pre.con.ce.bi.do *adj.* 1 idealizado ou planejado antecipadamente 2 suposto sem base objetiva, real ⟨*opinião p.*⟩

pre.con.cei.to *s.m.* 1 julgamento ou opinião concebida previamente 2 opinião formada sem fundamento justo ou conhecimento suficiente

pre.con.cei.tu.o.so \ô\ [pl.: *preconceituosos* \ó\] *adj.* que revela preconceito; parcial ⮌ neutro

pre.con.di.ção [pl.: *-ões*] *s.f.* condição a ser atendida antes da realização de algo

pre.co.ni.zar *v.* {mod. 1} *t.d.* fazer defesa de (algo) com louvor; recomendar, pregar ~ **preconização** *s.f.* - **preconizador** *adj.s.m.*

pre.cur.sor \ô\ *adj.s.m.* 1 que(m) precede, antecipa ou anuncia algo ou alguém 2 QUÍM (composto, substância) de que se forma outro composto ou substância

pre.da.dor \ô\ *adj.s.m.* (o) que caça, devora ou destrói

pré-da.ta.do [pl.: *pré-datados*] *adj.* que foi datado para o futuro

pré-da.tar *v.* {mod. 1} *t.d.* pôr data futura em ⟨*p. um cheque*⟩ ☞ cf. *antedatar*

pre.da.tó.rio *adj.* 1 relativo a predador 2 *p.ext.* que promove destruição ⮌ construtivo

pre.de.ces.sor \ô\ *adj.s.m.* (o) que precede no tempo; antecessor ⮌ sucessor

pre.des.ti.na.do *adj.s.m.* 1 (o) que é destinado de antemão 2 (aquele) que é destinado por Deus à realização de grandes feitos; afortunado, bem-aventurado ⟨*era um (ser) p. pelas leis divinas*⟩

pre.des.ti.nar *v.* {mod. 1} *t.d.i.* 1 (prep. *a*) destinar com antecipação para 2 (prep. *a*) escolher para (certo destino) ~ **predestinação** *s.f.*

pre.de.ter.mi.nar *v.* {mod. 1} *t.d.* **1** dar (ordem, instrução) com antecedência **2** planejar, definir com antecedência ~ **predeterminação** *s.f.* - **predeterminante** *adj.2g.*

pré.di.ca *s.f.* **1** discurso religioso; sermão **2** *p.ext.* qualquer discurso

pre.di.ca.ção [pl.: *-ões*] *s.f.* **1** prédica **2** GRAM relação em que um predicado atribui propriedades a um sujeito ▣ **p. verbal** *loc.subst.* GRAM particularidade de cada verbo (ou de suas diferentes acepções) de aceitar ou não complemento(s)

pre.di.ca.do *s.m.* **1** característica de um ser; atributo, propriedade **2** qualidade positiva de uma pessoa; virtude, mérito ↺ demérito **3** GRAM o que se afirma ou se nega sobre o sujeito da oração

pre.di.ção [pl.: *-ões*] *s.f.* ação de predizer ou o seu efeito; profecia, previsão, vaticínio

pre.di.ca.ti.vo *adj.s.m.* GRAM diz-se de ou qualidade que é atribuída ao sujeito ou ao objeto, e que completa a significação do verbo

pre.di.le.ção [pl.: *-ões*] *s.f.* preferência acentuada por algo ou alguém

pre.di.le.to *adj.s.m.* favorito

pré.dio *s.m.* imóvel de vários andares us. para várias finalidades (industrial, comercial, residencial etc.)

pre.dis.po.nen.te *adj.2g.* **1** que predispõe **2** que cria as condições para o surgimento de sintoma ou doença

pre.dis.por *v.* {mod. 23} *t.d.,t.d.i. e pron.* (prep. *para,a*) [fazer] adquirir antecipadamente julgamento, sentimento etc. com relação a; preparar(-se) ⊙ GRAM/USO part.: *predisposto*

pre.dis.po.si.ção [pl.: *-ões*] *s.f.* **1** tendência natural ⟨*p. para o crime*⟩ **2** propensão do organismo para contrair determinada doença

pre.dis.pos.to \ô\ [pl.: *predispostos* \ó\] *adj.* propenso, preparado, pronto

pre.di.zer *v.* {mod. 15} *t.d. e t.d.i.* (prep. *a*) dizer antecipadamente; prenunciar, profetizar ⊙ GRAM/USO part.: *predito* ~ **predito** *adj.*

pre.do.mi.nar *v.* {mod. 1} *t.i. e int.* **1** (prep. *sobre*) ter mais domínio, influência ou importância; prevalecer ☐ *int.* **2** ser ou aparecer em maior quantidade, tamanho, altura ou intensidade; sobressair ⟨*na paisagem predomina o verde*⟩ ~ **predominância** *s.f.* - **predominante** *adj.2g.*

pre.do.mí.nio *s.m.* **1** domínio sobre algo **2** preponderância, superioridade, supremacia

pré-e.lei.to.ral [pl.: *pré-eleitorais*] *adj.2g.* que antecede uma eleição ↺ pós-eleitoral

pre.e.mi.nen.te *adj.2g.* **1** muito acima dos demais; superior, excelso ↺ inferior **2** *p.ext.* que se distingue pelo mérito; nobre, ilustre ↺ indigno ~ **preeminência** *s.f.*

pre.en.cher *v.* {mod. 8} *t.d.* **1** acrescentar a (algo) o que lhe falta para torná-lo completo; completar **2** não deixar ocioso (um tempo livre); ocupar **3** pôr alguém em (cargo, emprego, função livre); ocupar **4** cumprir plenamente ⟨*ela preenche todos os requisitos*⟩ **5** escrever (dados, informações) em ficha, formulário etc. **6** escrever o que se pede em espaços em branco ⟨*preencheu corretamente as lacunas do exercício*⟩ ~ **preenchimento** *s.m.*

pre.ên.sil *adj.* capaz de prender, segurar ⟨*mecanismo p.*⟩ ⟨*cauda p.*⟩

pré-es.co.la [pl.: *pré-escolas*] *s.f.* curso que prepara crianças para o ingresso no ensino escolar

pré-es.co.lar [pl.: *pré-escolares*] *adj.2g.* **1** que precede a idade ou o período escolar **2** referente à ou próprio da pré-escola ~ **pré-escolaridade** *s.f.*

pre.es.ta.be.le.cer *v.* {mod. 8} *t.d.* estabelecer previamente; predeterminar ~ **preestabelecimento** *s.m.*

pré-es.trei.a [pl.: *pré-estreias*] *s.f.* apresentação de filme ou peça teatral antes da estreia oficial

pre.e.xis.tir \z\ *v.* {mod. 24} *t.i. e int.* (prep. *a*) existir antes de

pré-fa.bri.ca.do [pl.: *pré-fabricados*] *adj.* **1** fabricado em partes, em série, para ser montado depois ⟨*casa p.*⟩ **2** *fig. pej.* que não é espontâneo ⟨*alegria p.*⟩

pré-fa.bri.car *v.* {mod. 1} *t.d.* **1** fabricar de antemão ⟨*p. peças padronizadas*⟩ **2** *fig.* criar antecipadamente; planejar ⟨*p. uma desculpa*⟩ ~ **pré-fabricação** *s.f.*

pre.fa.ci.ar *v.* {mod. 1} *t.d.* **1** escrever prefácio para (uma obra) **2** *fig.* anunciar antecipadamente; preceder, prenunciar ⟨*nuvens escuras prefaciavam o temporal*⟩ ~ **prefaciador** *adj.s.m*

pre.fá.cio *s.m.* texto de apresentação colocado no começo de um livro ↺ posfácio ~ **prefacial** *adj.2g.*

pre.fei.to *s.m.* *B* chefe do poder executivo de um município

pre.fei.tu.ra *s.f.* *B* **1** poder executivo nos municípios ☞ inicial maiúsc. **2** cargo de prefeito **3** prédio da administração municipal em que fica o gabinete do prefeito

pre.fe.rên.cia *s.f.* **1** afinidade, simpatia espontânea **2** direito ou faculdade de passar à frente dos outros; prioridade, primazia

pre.fe.ren.ci.al *adj.2g.* **1** que tem preferência ■ *s.f.* **2** via pública na qual os veículos trafegam sem precisar ceder a vez aos que vêm de ruas transversais

pre.fe.rir *v.* {mod. 28} *t.d. e t.d.i.* **1** (prep. *a*) decidir-se por; escolher, eleger **2** (prep. *a*) considerar melhor, gostar mais de ~ **preferido** *adj.*

pre.fi.xa.ção \cs\ [pl.: *-ões*] *s.f.* **1** ação de prefixar ou o seu efeito **2** GRAM processo de formação de palavras em que um prefixo é acrescentado a uma palavra ☞ cf. *sufixação*

pre.fi.xar \cs\ *v.* {mod. 1} *t.d.* determinar antecipadamente; preestabelecer

pre.fi.xo \cs\ *adj.* **1** fixado anteriormente; prefixado ■ *s.m.* **2** conjunto de letras e/ou números pintado em aviões para identificá-los **3** identificação de cada emissora de TV ou rádio, de estação transmissora de avião, embarcação, radioamador etc. **4** GRAM elemento acrescentado ao início de uma palavra-base para formar outra palavra por derivação ☞ cf. *sufixo* e [2]*infixo* ~ **prefixal** *adj.2g.*

pre.ga *s.f.* **1** parte (de tecido, papel etc.) dobrada sobre si mesma **2** ruga ou dobra em membrana, mucosa ou na pele 〈*rosto cheio de pregas*〉 ⊡ **p. vocal** *loc.subst.* cada uma das duas pregas da laringe, relacionadas com a produção da voz, anteriormente denominada *corda vocal*

pre.ga.ção [pl.: *-ões*] *s.f.* **1** discurso religioso; sermão **2** discurso cujo objetivo é convencer de algo **3** *p.ext. infrm.* discurso enfadonho, cansativo

[1]**pre.ga.dor** \ô\ *adj.s.m.* (o) que serve para pregar, prender, segurar 〈*p. de roupas*〉 [ORIGEM: de *pregado* (part. de [1]*pregar*) + *-or*]

[2]**pre.ga.dor** \ô\ *adj.s.m.* **1** que(m) faz pregações **2** que(m) apregoa qualquer doutrina [ORIGEM: de *pregado* (part. de [2]*pregar*) + *-or*]

pre.gão [pl.: *-ões*] *s.m.* em bolsas de valores e leilões, anúncio em voz alta dos produtos negociados e das ofertas

[1]**pre.gar** *v.* {mod. 1} *t.d.* **1** fixar ou prender com pregos 〈*p. um caibro*〉 〈*p. a tampa no caixote*〉 ☞ *no caixote* é circunstância que funciona como complemento **2** introduzir (prego, alfinete etc.) em; cravar 〈*p. tachinhas*〉 〈*p. alfinetes na bainha*〉 ☞ *na bainha* é circunstância que funciona como complemento **3** unir por meio de costura; coser 〈*p. botões*〉 〈*p. um bolso na saia*〉 ☞ *na saia* é circunstância que funciona como complemento ❑ *t.d. e int.* **4** *p.ext.* unir(-se) uma coisa a outra, por algum meio; colar 〈*p. papel na parede*〉 〈*o cartaz não pregou*〉 ☞ *na parede* é circunstância que funciona como complemento **5** *B infrm.* deixar ou ficar exausto; fatigar(-se) ❑ *t.d.i.* **6** (prep. *em*) fazer sentir o efeito de (uma ação, física ou não); dar **7** (prep. *em*) aplicar, passar (golpe ou similar) em **8** (prep. *em*) não tirar de; manter, fixar 〈*p. os olhos na moça*〉 [ORIGEM: do lat. *plicāre* 'dobrar, enroscar']

[2]**pre.gar** *v.* {mod. 1} *t.d.,t.i. e t.d.i.* **1** (prep. *a*) falar (a um ou mais indivíduos) para convencê-los de (crença, doutrina etc.) ❑ *t.i.* **2** (prep. *por*) exigir em voz alta, com palavras fortes; bradar, clamar ❑ *t.d. e t.d.i.* **3** (prep. *a*) defender com louvor; preconizar [ORIGEM: do lat. *praedicāre* 'divulgar doutrina, propagar o cristianismo']

[3]**pre.gar** *v.* {mod. 1} *t.d.* **1** fazer prega(s) em ❑ *t.d. e int.* **2** (fazer) ficar com rugas, dobras; enrugar [ORIGEM: *prega* + [2]*-ar*]

pre.go *s.m.* **1** haste de metal fina e ger. roliça, com uma extremidade achatada e a outra pontiaguda, us. para unir ou fixar um objeto a outro **2** *infrm.* casa de penhor 〈*sua joias estão no p.*〉 **3** *B infrm.* cansaço, esgotamento ⊃ descanso

pre.go.ei.ro *adj.s.m.* **1** que(m) faz propaganda de algo ■ *s.m.* **2** quem apregoa as mercadorias num leilão; leiloeiro

pre.gres.so *adj.* que se passou antes; anterior 〈*história p.*〉 ⊃ futuro

pre.gue.ar *v.* {mod. 5} *t.d.* **1** fazer prega(s) em ❑ *t.d. e int.* **2** (deixar) ficar com rugas, dobras; enrugar ⊃ esticar

pre.gui.ça *s.f.* **1** falta de ânimo; prostração ⊃ ânimo **2** aversão ao trabalho; ócio ⊃ atividade **3** mamífero desdentado, com membros longos providos de garras que facilitam sua locomoção em árvores

pre.gui.ço.so \ô\ [pl.: *preguiçosos* \ó\] *adj.s.m.* que(m) tem preguiça

pré-his.tó.ria [pl.: *pré-histórias*] *s.f.* período da história do homem, anterior à invenção da escrita e ao uso dos metais ~ **pré-histórico** *adj.*

prei.to *s.m.* **1** homenagem **2** acordo entre duas ou mais pessoas; pacto **3** sujeição a um senhor; vassalagem, dependência

pre.ju.di.car *v.* {mod. 1} *t.d. e pron.* **1** (fazer) sofrer prejuízo financeiro; lesar(-se) **2** (fazer) sofrer dano ou lesão; estragar(-se), danificar(-se) ❑ *t.d.* **3** ser um obstáculo a; atrapalhar ⊃ ajudar, viabilizar **4** tornar sem efeito; anular, invalidar 〈*p. prova, questão*〉 ⊃ validar

pre.ju.di.ci.al *adj.2g.* que causa prejuízo ⊃ favorável

pre.ju.í.zo *s.m.* perda ou dano de qualquer natureza ⊃ lucro

pre.jul.gar *v.* {mod. 1} *t.d. e t.d.pred.* formar ou emitir opinião sobre (algo) precocemente, sem considerar todos os elementos necessários para fazê-lo ~ **prejulgamento** *s.m.*

pre.la.do *s.m.* título honorífico de alguns eclesiásticos

pre.la.tu.ra *s.f.* prelazia

pre.la.zia *s.f.* **1** cargo de prelado **2** duração do exercício desse cargo

pre.le.ção [pl.: *-ões*] *s.f.* palestra com fins educativos ou didáticos; aula, lição ~ **prelecionar** *v.t.d.,t.d.i.,t.i. e int.*

pre.li.mi.nar *adj.2g.* **1** que antecede; prévio, introdutório ■ *s.m.* **2** relatório que antecede uma lei ou decreto **3** introdução, prefácio ⊃ conclusão ■ *s.f.* **4** partida, ger. de futebol, que se realiza antes da principal **5** DIR condição prévia

pré.lio *s.m.* luta, combate ~ **preliar** *v.int.*

pre.lo *s.m.* máquina que serve para imprimir; impressora, prensa ⊡ **no p.** *loc.adv.* em processo de edição e impressão 〈*seu livro já está no p.*〉

pre.lu.di.ar *v.* {mod. 1} *t.d.* **1** fazer o prelúdio de; introduzir **2** mostrar por indícios; prenunciar ❑ *t.d. e int.* **3** em música, executar como ou tocar prelúdio

pre.lú.dio *s.m.* **1** sinal ou indício de algo que acontecerá; prenúncio **2** texto ou discurso introdutório; prólogo, preâmbulo **3** MÚS composição que serve como introdução para outra

pré-ma.tri.mo.ni.al [pl.: *pré-matrimoniais*] *adj.2g.* que precede ao matrimônio 〈*conselhos p.*〉

pre.ma.tu.ro *adj.* **1** que amadurece antes do tempo normal; temporão **2** que ocorre antes da ocasião esperada; precoce ⊃ tardio ■ *adj.s.m.* **3** (criança) nascida antes do tempo normal de gestação ~ **prematuridade** *s.f.*

pre.me.di.ta.ção [pl.: *-ões*] *s.f.* ato ou efeito de premeditar; idealização 〈*admitiu a p. do crime*〉

pre.me.di.tar *v.* {mod. 1} *t.d.* decidir, formular com antecedência, depois de reflexão; arquitetar, planejar

pre.mên.cia *s.f.* característica do que é premente; urgência

pre.men.te *adj.2g.* **1** que aperta, que faz compressão **2** que exige solução rápida; urgente ⟨*necessita de auxílio p.*⟩ **3** *fig.* que causa aflição; angustiante ⟨*cena p.*⟩ ↄ tranquilo

pre.mer *v.* {mod. 8} *t.d. e pron.* **1** (fazer) sofrer pressão; comprimir(-se), apertar(-se) ❑ *t.d.* **2** apertar para extrair suco, líquido etc. de; espremer **3** diminuir em espaço, largura, área etc.; estreitar

pre.mi.ar *v.* {mod. 1} *t.d.* **1** conceder prêmio a; galardoar **2** dar algo a (alguém) por bom serviço, boa ação etc.; recompensar **3** dar dinheiro ou objeto a (pessoa cujo bilhete de concurso foi sorteado)

prê.mio *s.m.* **1** quantia ou objeto de valor oferecido como retribuição de um mérito; recompensa **2** o que se oferece a ganhadores de loterias, rifas etc. **3** lucro ou juros recebidos de uma aplicação financeira ↄ prejuízo

pre.mir *v.* {mod. 24} *t.d. e pron.* premer ⊙ GRAM/USO verbo defectivo

pre.mis.sa *s.f.* **1** FIL cada uma das duas proposições de um silogismo que levam a uma terceira, chamada conclusão **2** *p.ext.* princípio que dá base a um raciocínio

pré-mo.lar [pl.: *pré-molares*] *adj.s.m.* ODONT (dente) localizado entre o canino e o molar e que serve para esmagar alimentos

pre.mo.ni.ção [pl.: *-ões*] *s.f.* **1** sensação antecipada de algo que ocorrerá; pressentimento, intuição **2** acontecimento que deve ser tomado como aviso; presságio ~ **premonitório** *adj.*

pré-na.tal [pl.: *pré-natais*] *adj.2g.* **1** anterior ao nascimento ■ *s.m.* **2** acompanhamento médico da gestante durante a gravidez

pren.da *s.f.* **1** objeto que se dá a alguém; presente, mimo **2** objeto ofertado como prêmio em jogos; brinde **3** qualidade, habilidade ☞ mais us. no pl.

pren.dar *v.* {mod. 1} *t.d.* **1** ofertar prendas a; presentear ❑ *t.d.i.* **2** (prep. *de, com*) favorecer com (capacidade, maestria para fazer algo); dotar

pren.der *v.* {mod. 8} *t.d.* **1** ligar firmemente (uma coisa a outra); fixar, pregar ⟨*p. o burro à árvore*⟩ ↄ soltar ☞ *à árvore* é circunstância que funciona como complemento **2** privar da liberdade; aprisionar, capturar ↄ libertar **3** tolher os movimentos de ⟨*prendeu-a nos braços*⟩ ⟨*p. o cachorro*⟩ **4** pôr em espaço fechado; encerrar ⟨*p. o gado no curral*⟩ ☞ *no curral* é circunstância que funciona como complemento **5** fixar ou juntar (os cabelos) com grampos, elástico, tranças etc. ↄ soltar **6** conter, segurar ⟨*p. a respiração, o choro*⟩ **7** fazer ficar mais tempo; reter ⟨*demorou porque a família o prendeu*⟩ ❑ *pron.* **8** ficar preso a; agarrar-se **9** casar-se, comprometer-se **10** (prep. *a*) ter relação com; ligar-se ⟨*tal hábito prende-se à sua educação*⟩ ❑ *t.d. e int.* **11** monopolizar a atenção e o interesse (de) ❑ *t.d.i. e pron.* **12** (prep. *a*) unir(-se) afetiva ou moralmente a **13** (prep. *a*) ter ou estabelecer conexão com; vincular(-se) ↄ desvincular(-se) ⊙ GRAM/USO part.: *prendido, preso*

pre.nhe *adj.2g.* **1** que está em período de gestação (diz-se de mulher ou animal fêmea) **2** *fig.* cheio, repleto ~ **prenhez** *s.f.*

pre.no.me *s.m.* nome de batismo

pren.sa *s.f.* **1** máquina destinada a comprimir ou achatar algo **2** máquina para imprimir texto ou imagem, ger. sobre papel

pren.sar *v.* {mod. 1} *t.d.* **1** reduzir o volume de (algo) na prensa; comprimir **2** apertar muito; espremer, comprimir ⟨*p. os pés nos sapatos*⟩ ~ **prensagem** *s.f.*

pre.nun.ci.ar *v.* {mod. 1} *t.d.* **1** ver ou dizer antes de acontecer; predizer, profetizar **2** ser indício de; indicar, anunciar ⟨*nuvens negras prenunciavam a chuva*⟩ **3** ser precursor de; preceder, anteceder ~ **prenunciação** *s.f.* - **prenunciador** *adj.s.m.* - **prenunciativo** *adj.*

pre.nún.cio *s.m.* o que precede e anuncia, por indícios, um acontecimento

pre.o.cu.pa.ção [pl.: *-ões*] *s.f.* **1** sentimento de responsabilidade que causa intranquilidade; apreensão ⟨*os filhos lhe causavam muita p.*⟩ **2** ideia fixa ⟨*sua p. era a aparência*⟩

pre.o.cu.par *v.* {mod. 1} *t.d. e pron.* **1** (fazer) ficar apreensivo; inquietar(-se) ↄ tranquilizar(-se) **2** prender a atenção de ou ter atenção em; interessar(-se) ❑ *pron.* **3** (prep. *em*) fazer questão de; importar-se ~ **preocupado** *adj.* - **preocupante** *adj.2g.*

pré-o.pe.ra.tó.rio [pl.: *pré-operatórios*] *adj.* **1** que antecede uma cirurgia ■ *s.m.* **2** conjunto de procedimentos ou exames realizados no período que antecede uma cirurgia

pre.pa.ra.ção [pl.: *-ões*] *s.f.* **1** ato ou efeito de preparar(-se) **2** ação de aprontar algo para que possa ser utilizado **3** composição, fabricação; manipulação ⟨*p. de um bolo*⟩ **4** ação preliminar para tornar possível que algo aconteça; organização **5** ato ou efeito de estudar com uma finalidade ⟨*p. para um concurso*⟩

pre.pa.ra.do *adj.* **1** organizado com antecedência; pronto **2** apto, capaz para alguma tarefa ■ *s.m.* **3** produto químico ou farmacêutico

pre.pa.ra.dor \ô\ *adj.s.m.* que(m) prepara

pre.pa.rar *v.* {mod. 1} *t.d. e pron.* **1** aparelhar(-se) antecipadamente com o que é útil ou necessário para a realização de algo; equipar(-se) ⟨*p. o salão*⟩ ⟨*p.-se para o inverno*⟩ **2** aprontar(-se), vestir(-se) **3** pôr(-se) em condições adequadas para; habilitar(-se) ⟨*p. o paciente para a cirurgia*⟩ ⟨*p.-se para o concurso*⟩ ❑ *t.d.* **4** tomar as medidas necessárias para a realização de; organizar ⟨*p. um discurso*⟩ **5** organizar, arrumar ⟨*p. as malas*⟩ **6** planejar de antemão; premeditar ⟨*p. uma invasão*⟩ **7** formar com vários elementos; compor ⟨*p. um medicamento*⟩ **8** fazer, elaborar (refeições, pratos)

pre.pa.ra.ti.vo *adj.* **1** preparatório ■ *s.m.* **2** preparação

pre.pa.ra.tó.rio *adj.* que serve para preparar; preparativo

pre.pa.ro *s.m.* **1** preparação **2** instrução, treinamento ⟨*esse cargo exige p.*⟩ **3** cultura, conhecimento ⟨*indivíduo de grande p.*⟩

pre.pon.de.ran.te *adj.2g.* **1** que é dominante; principal **2** que tem mais peso, importância; influente ⟨*opinião p.*⟩ **3** superior em número ou quantidade

pre.pon.de.rar *v.* {mod. 1} *int.* **1** ter mais influência, importância; predominar **2** ser maioria; predominar ~ **preponderância** *s.f.*

pre.po.si.ção [pl.: *-ões*] *s.f.* **1** colocação antes ou diante; anteposição ↮ posposição **2** GRAM palavra invariável que liga dois termos, estabelecendo uma relação de sentido entre eles ~ **preposicional** *adj.2g.* - **prepositivo** *adj.*

pre.pos.to \ô\ [pl.: *prepostos* \ó\] *adj.* **1** posto antes **2** anunciado com antecedência **3** favorito

pre.po.tên.cia *s.f.* abuso de poder ou de autoridade

pre.po.ten.te *adj.2g.* **1** que tem muito poder ou influência **2** opressor, tirano ↮ democrático

pre.pú.cio *s.m.* prega da pele que cobre a glande do pênis

pré-re.qui.si.to [pl.: *pré-requisitos*] ou **prer.re.qui.si.to** *s.m.* condição prévia e indispensável para a realização de algo

prer.ro.ga.ti.va *s.f.* direito especial, inerente a um cargo ou profissão; privilégio

pre.sa \ê\ *s.f.* **1** o que foi tomado do inimigo **2** pessoa ou coisa subjugada **3** *p.ext.* o que um animal caça para comer **4** dente canino ou incisivo mais comprido que os demais, presente em alguns animais **5** garra de ave de rapina

pres.bi.te.ra.do ou **pres.bi.te.ra.to** *s.m.* condição ou cargo de presbítero

pres.bi.te.ri.a.nis.mo *s.m.* sistema eclesiástico preconizado por Calvino (1509-1564), teólogo e reformador cristão, que dá o governo da Igreja a um corpo misto (de pastores e leigos)

pres.bi.te.ri.a.no *adj.s.m.* (protestante) que não reconhece a autoridade episcopal nem hierarquia superior à dos presbíteros

pres.bi.té.rio *s.m.* **1** igreja ou residência paroquial **2** altar principal de uma igreja **3** na Igreja protestante, a corporação dos presbíteros

pres.bí.te.ro *s.m.* **1** sacerdote, padre **2** dirigente e chefe espiritual dos presbiterianos

pres.ci.ên.cia *s.f.* **1** conhecimento do futuro **2** ciência inata, anterior ao estudo ~ **presciente** *adj.2g.*

pres.cin.dir *v.* {mod. 24} *t.i.* **1** (prep. *de*) deixar de lado; renunciar, dispensar ↮ aceitar **2** (prep. *de*) não levar em conta; abstrair ⟨*p. das coisas terrenas*⟩ ~ **prescindência** *s.f.* - **prescindível** *adj.2g.*

pres.cre.ver *v.* {mod. 8} *t.d.* **1** ordenar antecipada e explicitamente **2** dar ordem ou determinação para; estabelecer **3** aconselhar uma norma, padrão para; normatizar ❑ *t.d. e t.d.i.* **4** (prep. *a*) receitar (remédio, tratamento etc.) ❑ *int.* DIR **5** ficar sem efeito pela expiração do prazo legal; caducar ⊙ GRAM/USO part.: *prescrito* ~ **prescritibilidade** *s.f.* - **prescritível** *adj.2g.* - **prescrito** *adj.*

pres.cri.ção [pl.: *-ões*] *s.f.* **1** ordem expressa; determinação **2** norma, regra **3** receita médica **4** conjunto de medidas não cirúrgicas determinadas pelo médico **5** DIR esgotamento de prazo estabelecido por lei **6** DIR extinção da possibilidade de um criminoso ser punido, por não ter o Estado agido no tempo determinado

pre.sen.ça *s.f.* **1** o fato de algo ou alguém estar em algum lugar; comparecimento ⟨*sua p. na festa foi fundamental*⟩ ↮ ausência **2** o fato de algo ou alguém existir em algum lugar; existência ⟨*a p. de montanhas na cidade*⟩ **3** característica do que impressiona; personalidade, individualidade ⟨*teve muita p. em cena*⟩ ⊡ **p. de espírito** *loc.subst.* capacidade de reagir prontamente e de maneira inteligente ou espirituosa, numa situação inesperada • **marcar p.** *loc.vs.* *B* comparecer a um evento para ser notado ou para não ofender o dono da festa ou o homenageado ~ **presencial** *adj.2g.*

pre.sen.ci.ar *v.* {mod. 1} *t.d.* estar presente a; assistir, ver

pre.sen.te *s.m.* **1** objeto ofertado; mimo **2** *fig.* dádiva; dom ⟨*essa chuva foi um p. dos céus*⟩ **3** o tempo atual ■ *adj.2g.* **4** que está no local e na hora em que determinado fato ou evento ocorre ⟨*peço que os alunos p. abram seus livros*⟩ ↮ ausente **5** *fig.* evidente, manifesto ⟨*raiva p.*⟩

pre.sen.te.ar *v.* {mod. 5} *t.d.* dar presente a; prendar, regalar

pre.se.pa.da *s.f.* *B infrm.* **1** escândalo, confusão **2** inconveniência, palhaçada

pre.sé.pio *s.m.* representação da cena do nascimento de Jesus

pre.ser.va.ção [pl.: *-ões*] *s.f.* **1** defesa, salvaguarda, conservação ⟨*p. de um bem cultural*⟩ **2** BIO conjunto de práticas, como o manejo planejado e programas de reprodução, que visa à manutenção de populações ou espécies ☞ cf. *conservação*

pre.ser.var *v.* {mod. 1} *t.d.,t.d.i. e pron.* **1** (prep. *de*) pôr(-se) a salvo de (mal, dano ou perigo); defender(-se), resguardar(-se) ↮ arriscar(-se) ❑ *t.d.* **2** manter em bom estado e/ou com suas características naturais; conservar ⟨*p. as florestas*⟩ ↮ destruir ~ **preservador** *adj.s.m.*

pre.ser.va.ti.vo *s.m.* **1** dispositivo ou substância us. para evitar a concepção **2** camisa de vênus **3** substância que se adiciona a um produto para conservá-lo inalterado por mais tempo ■ *adj.s.m.* **4** (o) que preserva

pre.si.dên.cia *s.f.* **1** direção **2** título ou cargo de presidente **3** tempo de duração do exercício desse cargo

pre.si.den.ci.a.lis.mo *s.m.* regime político em que a chefia do governo cabe a um presidente ~ **presidencialista** *adj.2g.s.2g.*

pre.si.den.te *s.2g.* **1** quem dirige os trabalhos em um congresso, assembleia, tribunal etc. **2** título oficial do chefe do governo no regime presidencialista **3** título oficial do chefe da nação nas repúblicas parlamentaristas ■ *adj.2g.* **4** que dirige, preside ⊙ GRAM/USO o fem. *presidenta* tb. é us.

pre.si.di.á.rio *adj.* **1** relativo ou pertencente a presídio; penitenciário ⟨*guarda p.*⟩ ■ *s.m.* **2** indivíduo que cumpre pena em presídio; preso

pre.sí.dio *s.m.* casa de detenção; penitenciária

pre.si.dir *v.* {mod. 24} *t.d. e t.i.* **1** (prep. *a*) administrar como presidente; dirigir **2** (prep. *a*) assistir, dirigindo ou guiando ⟨*p. (a)os alunos*⟩ ❑ *t.d.,t.i. e int.* **3** (prep. *a*) dar orientação, indicar o que é melhor; guiar, nortear

pre.si.lha *s.f.* **1** tira para prender, afivelar, amarrar alguma coisa em outra **2** peça com fecho para prender os cabelos **3** pequena tira de pano presa ao cós da roupa para passar o cinto

pre.so \ê\ *adj.s.m.* **1** prisioneiro ■ *adj.* **2** atado; amarrado ⮌ solto **3** fixado ou unido por meio de prego, parafuso etc. ⟨*as mesas estão p. ao chão*⟩ **4** *fig.* impedido de se mover com liberdade ⟨*p. a uma cadeira de rodas*⟩ **5** *fig.* obrigado a ficar em local fechado ⟨*fico p. no escritório o dia todo*⟩ ⊙ GRAM/USO part. de *prender*

pres.sa *s.f.* **1** necessidade de fazer algo rápido; urgência ⟨*p. para sair*⟩ **2** rapidez, velocidade ⟨*faz tudo com p.*⟩ ⮌ lentidão **3** falta de calma para fazer algo; afobação ⟨*não tenha p. para resolver*⟩ ⮌ tranquilidade ⊡ **às p.** *loc.adv.* com muita rapidez e ger. malfeito ⟨*limpeza feita às p.*⟩

pres.sa.gi.ar *v.* {mod. 1} *t.d.* **1** anunciar por presságios; vaticinar ❑ *t.d. e t.d.i.* **2** (prep. *a*) anunciar (o que não aconteceu), com base em indícios ou pela intuição; prever, adivinhar

pres.sá.gio *s.m.* **1** fato ou sinal pelo qual se julga adivinhar o futuro; agouro **2** pressentimento ⟨*teve um mau p. em relação à viagem*⟩ ~ **pressagioso** *adj.*

pres.sa.go *adj.* que anuncia ou prevê o futuro

pres.são [pl.: *-ões*] *s.f.* **1** força que age sobre uma superfície ⟨*fez p. sobre a mala para fechá-la*⟩ **2** *fig.* coação; constrangimento moral ⟨*sofreu p. da família para voltar*⟩ **3** tipo de botão ('pequena peça') em que as duas partes se encaixam por pressão **4** tensão do sangue nas artérias, veias etc. ⟨*p. alta*⟩ ⊡ **p. arterial** *loc.subst.* tensão do sangue nas artérias; pressão sanguínea, tensão arterial • **p. atmosférica** *loc.subst.* pressão exercida pelo peso da camada de ar sobre um ponto qualquer da superfície terrestre • **p. sanguínea** *loc.subst.* pressão arterial

pres.sen.ti.men.to *s.m.* sentimento que prevê um fato; presságio ⟨*tenho o p. de que isso não vai ser bom*⟩

pres.sen.tir *v.* {mod. 24} *t.d.* **1** sentir antes (o que ainda vai acontecer) **2** perceber ao longe ou antes de ver; antever ⟨*pressentiu a perseguição e fugiu*⟩ **3** ter suspeitas de; desconfiar

pres.sio.nar *v.* {mod. 1} *t.d.* **1** fazer pressão sobre; comprimir, apertar ⮌ descomprimir ❑ *t.d. e t.d.i.* **2** (prep. *a*) forçar (alguém), por constrangimento físico, moral, financeiro etc., a (fazer algo); coagir

pres.su.por *v.* {mod. 23} *t.d.* **1** supor antecipadamente; imaginar **2** fazer supor a existência de; presumir, subentender ⊙ GRAM/USO part.: *pressuposto* ~ **pressuposição** *s.f.*

pres.su.pos.to *adj.* **1** que se pressupõe; presumido ■ *s.m.* **2** o que se supõe antecipadamente ⟨*os p. para o pedido de empréstimo*⟩ ⊙ GRAM/USO part. de *pressupor*

pres.su.ri.zar *v.* {mod. 1} *t.d.* manter pressão normal em (veículos ou recintos que funcionam em grandes altitudes ou profundidades, como avião, submarino etc.) ~ **pressurização** *s.f.*

pres.su.ro.so \ô\ [pl.: *pressurosos* \ó\] *adj.* **1** que tem pressa; apressado ⮌ lento **2** ansioso, impaciente ⮌ calmo **3** muito ocupado ⮌ ocioso **4** muito dedicado ao trabalho ⮌ negligente

pres.ta.ção [pl.: *-ões*] *s.f.* **1** ação de prestar algo; fornecimento ⟨*p. de serviços*⟩ **2** quitação parcelada e periódica de um débito ⟨*compra à p.*⟩ **3** cada uma das parcelas desse débito ⟨*tenho que pagar hoje a p. do carro*⟩ ⊡ **p. de contas** *loc.subst.* **1** apresentação do emprego de verbas destinadas a determinado fim **2** *p.ext.* qualquer explicação que alguém dá a outrem, sobre algo importante para este

pres.tar *v.* {mod. 1} *t.d.i.* **1** (prep. *a*) propiciar, dar (algo) a (quem precisa) ⮌ negar **2** (prep. *a*) realizar, dedicar ⟨*p. culto aos deuses*⟩ **3** (prep. *a*) dar, transmitir, comunicar ⟨*o barro presta à casa aparência rústica*⟩ ❑ *t.d. e t.d.i.* **4** (prep. *a*) apresentar com reverência ⟨*p. continência (ao superior)*⟩ ❑ *t.i. e int.* **5** (prep. *para*) ter utilidade, serventia; valer, servir ❑ *int.* **6** ter bom caráter, ser sério, honesto ❑ *pron.* **7** (prep. *a*) consentir, aceitar ⟨*p.-se a um papel ridículo*⟩ ❑ *t.d.* **8** realizar por imposição legal; cumprir ⟨*p. serviço militar*⟩ ~ **prestável** *adj.2g.*

pres.ta.ti.vo *adj.* que gosta ou tem o hábito de ajudar; solícito

pres.te *adj.2g. e adv.* prestes

pres.tes *adj.2g.2n.* **1** pronto, disponível ⟨*p. a assumir o compromisso*⟩ ⮌ despreparado **2** que está na iminência de ⟨*está p. a se aposentar*⟩ ⮌ remoto **3** rápido, ligeiro ⮌ lento ■ *adv.* **4** sem demora ⟨*devolver p. um anel*⟩ ⮌ devagar

pres.te.za \ê\ *s.f.* **1** rapidez ⮌ demora **2** solicitude ⮌ descaso

pres.ti.di.gi.ta.ção [pl.: *-ões*] *s.f.* técnica de iludir o espectador com truques que dependem esp. da rapidez e agilidade das mãos; ilusionismo, mágica ~ **prestidigitador** *adj.s.m.*

pres.ti.gi.ar *v.* {mod. 1} *t.d. e pron.* **1** (fazer) ter prestígio, boa reputação; valorizar(-se) ⮌ rebaixar(-se) ❑ *t.d.* **2** valorizar com sua presença, participação etc. ⟨*p. a filha na formatura*⟩

pres.tí.gio *s.m.* **1** valor positivo atribuído a algo ou alguém ⟨*ele não tem mais o p. de antes*⟩ **2** reconhecimento das qualidades de algo ou alguém ⟨*marca de grande p.*⟩ ~ **prestigioso** *adj.*

pres.tí.ma.no *s.m.* **1** quem tem muita habilidade e destreza com as mãos **2** prestidigitador

prés.ti.mo *s.m.* 1 ato de ajudar ou o seu efeito; socorro, auxílio ⟨*não abre mão de seus p.*⟩ ☞ mais us. no pl. 2 utilidade, serventia ⮌ inutilidade ~ **prestimoso** *adj.*

prés.ti.to *s.m.* 1 grupo de pessoas que caminham juntas com determinada finalidade; cortejo 2 desfile de carros, carruagens etc.; corso

pres.to *s.m.* composição musical ou movimento de uma composição em andamento mais rápido que o alegro

pre.su.mi.do *adj.* 1 deduzido por hipótese; suposto ■ *adj.s.m.* 2 vaidoso, arrogante ⮌ humilde

pre.su.mir *v.* {mod. 24} *t.d.* 1 tirar conclusão antecipada, baseada em indícios e suposições e não em fatos comprovados; supor 2 fazer supor a existência de; subentender 3 desconfiar, suspeitar ~ **presumível** *adj.2g.*

pre.sun.ção [pl.: *-ões*] *s.f.* 1 confiança excessiva em si mesmo; pretensão ⮌ humildade 2 opinião muito elogiosa sobre si mesmo; vaidade ⮌ modéstia 3 suposição que se toma por verdadeira

pre.sun.ço.so \ô\ [pl.: *presunçosos* \ó\] *adj.s.m.* (aquele) que se supõe melhor, superior, mais bonito, mais inteligente que os demais; presumido, vaidoso ⮌ humilde, modesto, simples

pre.sun.to *s.m.* 1 pernil de porco em conserva 2 *B infrm.* corpo abandonado em lugar ermo

pre.ten.den.te *adj.2g.s.2g.* 1 (o) que pretende algo 2 (o) que solicita algo; requerente 3 que(m) expressa o desejo de casar-se com alguém

pre.ten.der *v.* {mod. 8} *t.d. e t.d.i.* 1 (prep. *de*) reclamar como um direito; exigir ❑ *t.d.i.* 2 (prep. *de*) contar com algo; esperar, exigir ❑ *t.d.* 3 ter vontade de; desejar, querer 4 ter em mente como objetivo; planejar ❑ *pron.* 5 considerar-se, julgar-se ⟨*p.-se um bom ator*⟩

pre.ten.são [pl.: *-ões*] *s.f.* 1 desejo ambicioso ⮌ desinteresse 2 vaidade exagerada; presunção ⮌ humildade 3 exigência, solicitação ⮌ renúncia

pre.ten.si.o.so \ô\ [pl.: *pretensiosos* \ó\] *adj.s.m.* 1 (aquele) que tem muita pretensão; ambicioso ⮌ comedido 2 (o) que pretende ser mais do que é na realidade; presumido, vaidoso ⮌ simples 3 que(m) é arrogante, soberbo ⮌ humilde

pre.ten.so *adj.* suposto; imaginado

pre.te.rir *v.* {mod. 28} *t.d.* 1 deixar de lado; desprezar, rejeitar 2 deixar de mencionar; omitir ⮌ revelar 3 deixar de promover a posto superior, sem motivo legal ou moral ~ **preterição** *s.f.* - **preterível** *adj.2g.*

pre.té.ri.to *adj.* 1 situado no passado ■ *adj.s.m.* GRAM 2 (forma verbal) que indica ação ou estado anterior ao momento em que se fala

pre.tex.to \ê\ *s.m.* motivo que se declara para encobrir a verdadeira razão de (algo); desculpa ⟨*foi embora com o p. de estar cansado*⟩ ~ **pretextar** *v.t.d.*

pre.to \ê\ *s.m.* 1 a cor do piche ou do carvão ■ *adj.s.m.* 2 (o) que tem essa cor 3 (indivíduo) da raça negra ■ *adj.* 4 diz-se dessa cor 5 diz-se do que tem cor escura ⟨*pão p.*⟩ 6 *B infrm.* complicado ou perigoso ⟨*a situação ficou p.*⟩

pre.tor \ô\ *s.m.* juiz de categoria inferior à de juiz de direito ~ **pretoria** *s.f.*

pre.tu.me *s.m.* 1 preto fechado 2 escuridão

pre.va.le.cer *v.* {mod. 8} *t.i. e int.* 1 (prep. *a, sobre*) levar vantagem; preponderar, predominar ❑ *int.* 2 continuar a existir; manter-se ❑ *pron.* 3 (prep. *de*) tirar proveito pessoal de; servir-se ~ **prevalecente** *adj.2g.*

pre.va.lên.cia *s.f.* característica do que prevalece; superioridade, supremacia ⮌ inferioridade

pre.va.ri.car *v.* {mod. 1} *t.i. e int.* 1 (prep. *a*) transgredir (dever) por má-fé ou interesse próprio ❑ *int.* 2 cometer abuso de poder 3 transgredir a moral e os bons costumes 4 cometer adultério ~ **prevaricação** *s.f.*

pre.ven.ção [pl.: *-ões*] *s.f.* 1 conjunto de medidas que visam evitar algo ⟨*p. de incêndios*⟩ 2 ideia preconcebida ⟨*examine o pedido sem p.*⟩ 3 preconceito, cisma ⟨*p. contra insetos*⟩ 4 cautela ⮌ imprudência

pre.ve.nir *v.* {mod. 27} *t.d.* 1 tomar medidas para impedir (mal ou dano); evitar ❑ *t.d. e t.d.i.* 2 (prep. *de*) informar antes, pondo de sobreaviso; precaver ❑ *pron.* 3 agir com cautela; precaver-se ⟨*p.-se enchendo a despensa*⟩

pre.ver *v.* {mod. 12} *t.d.* 1 ter ideia antecipada de; presumir, antever ⟨*p. um resultado*⟩ 2 perceber (fato futuro) por meios sobrenaturais; adivinhar 3 analisar, examinar com antecedência 4 fazer supor; subentender, pressupor

pré-ves.ti.bu.lar [pl.: *pré-vestibulares*] *adj.2g.s.m.* 1 (curso) preparatório para o exame vestibular ■ *adj.2g.* 2 que antecede o exame vestibular

pre.vi.dên.cia *s.f.* 1 precaução, cautela ⮌ descuido 2 previsão do futuro; conjectura ▣ **p. privada** *loc.subst.* instituição privada que, cobrando certo número de contribuições dos associados, garante a eles aposentadorias e pensões • **p. social** *loc.subst.* conjunto de instituições estatais de amparo ao trabalhador

pre.vi.den.ci.á.rio *adj.* 1 que diz respeito a previdência ■ *s.m.* 2 funcionário de instituto de previdência

pre.vi.den.te *adj.2g.* que toma medidas antecipadas para evitar transtornos; precavido ⮌ imprevidente

pré.vio *adj.* 1 anterior, antecipado ⟨*fez um contato p. com a empresa*⟩ ⮌ posterior 2 que antecede o principal; preliminar

pre.vi.são [pl.: *-ões*] *s.f.* 1 presságio 2 antecipação, por suposição, do que ainda não aconteceu; conjectura 3 cálculo antecipado das necessidades e dos custos de realização de um projeto, um programa de governo etc.

pre.vi.sí.vel *adj.2g.* que se pode prever; presumível ⟨*a tempestade era p.*⟩ ⮌ imprevisível

pre.vis.to *adj.* **1** deduzido com antecipação; pressentido ⟨*depois da discussão, sua demissão era p.*⟩ **2** conhecido de antemão ⟨*crime p. em lei*⟩

pre.za.do *adj.* querido, estimado ⊃ desprezado

pre.zar *v.* {mod. 1} *t.d.* **1** ter em alta consideração ou estima; gostar **2** ter desejo de; almejar, querer **3** ser adepto de; defender, respeitar ⟨*p. a ordem, a liberdade*⟩ ⊃ desrespeitar ❑ *pron.* **4** ter amor-próprio

pri.ma *s.f.* **1** filha de tio ou tia **2** MÚS a primeira e mais fina corda de alguns instrumentos (cítara, guitarra, viola etc.)

pri.ma.ci.al *adj.2g.* referente a primaz ou a primazia

pri.ma.do *s.m.* **1** primazia **2** condição do que está em primeiro lugar; prioridade ⟨*o p. da razão*⟩ **3** superioridade, excelência

pri.ma-do.na [pl.: *prima-donas*] *s.f.* **1** cantora principal de uma ópera **2** diva ('cantora de ópera')

pri.mar *v.* {mod. 1} *t.i.* **1** (prep. *entre*) ter a primazia ou preferência **2** (prep. *por*) chamar a atenção por; destacar-se

pri.má.rio *adj.* **1** o que vem antes; primeiro ⊃ último **2** simples, elementar ⟨*questão p.*⟩ ⟨*raciocínio p.*⟩ ⊃ complexo **3** básico ⟨*necessidades p.*⟩ ■ *s.m.* **4** antigo curso equivalente ao primeiro ciclo do ensino fundamental ~ **primariedade** *s.f.*

pri.ma.ris.mo *s.m.* **1** característica do que é primário, primitivo, rudimentar; primariedade **2** *pej.* caráter do que é limitado, tacanho; limitação ⟨*seus argumentos são de um p. de dar dó*⟩

pri.ma.ta *s.m.* **1** espécime dos primatas, ordem de mamíferos que compreende o homem, os macacos, os lêmures e formas relacionadas ■ *adj.2g.* **2** relativo a esse espécime ou a essa ordem

pri.ma.ve.ra *s.f.* **1** estação de temperatura amena, entre o inverno e o verão **2** *fig.* época primeira; aurora ⟨*a p. do mundo*⟩ **3** *fig.* a infância e a juventude **4** buganvília ~ **primaveril** *adj.2g.*

pri.maz *s.m.* **1** eclesiástico que ocupa posição superior à dos bispos e arcebispos ■ *adj.2g.* **2** que está em primeiro lugar em importância, na hierarquia etc.

pri.ma.zi.a *s.f.* **1** prioridade, primado **2** excelência **3** título ou cargo de primaz

pri.mei.ra-da.ma [pl.: *primeiras-damas*] *s.f.* mulher de governante (presidente, prefeito ou governador)

pri.mei.ro *n.ord.* (*adj.s.m.*) **1** (o) que ocupa, numa sequência, a posição número um ⟨*p. andar*⟩ ⊃ último ■ *adj.* **2** que precede outros em tempo, importância ou lugar ⟨*p. pessoa a chegar*⟩ ⊃ último ■ *adv.* **3** antes de qualquer outro, em espaço, tempo ou importância ⟨*foi p. ao banco*⟩ ⊃ finalmente

pri.mei.ro-mi.nis.tro [pl.: *primeiros-ministros*] *s.m.* chefe do governo no regime parlamentarista

pri.mei.ro-sar.gen.to [pl.: *primeiros-sargentos*] *s.m.* **1** posto situado entre o de aspirante a oficial e o de segundo-sargento **2** militar que detém esse posto

pri.mei.ro-te.nen.te [pl.: *primeiros-tenentes*] *s.m.* **1** no Exército, posto situado entre o de capitão e o de segundo-tenente **2** na Marinha, posto de oficial situado entre o de capitão-tenente e o de segundo-tenente **3** na Aeronáutica, posto de oficial situado entre o de capitão-aviador e o de segundo-tenente **4** oficial que ocupa um desses postos

pri.me.vo *adj.* **1** dos primeiros tempos; inicial ⟨*habitantes p. do Brasil*⟩ **2** antigo, primitivo

pri.mí.cias *s.f.pl.* as primeiras coisas de uma série; começos, prelúdios

pri.mi.ti.vo *adj.* **1** que é o primeiro a existir; inicial, original ⊃ último **2** ancestral, remoto ⟨*p. colonizadores*⟩ **3** existente nos primeiros tempos da Terra ⟨*homens p.*⟩ **4** que não evoluiu nem se aperfeiçoou; antiquado ⟨*método p. de colheita*⟩ ⊃ moderno **5** sem instrução ou refinamento ⟨*as pessoas ali são muito p.*⟩ ⊃ refinado ~ **primitivismo** *s.m.*

pri.mo *s.m.* **1** indivíduo, em relação aos filhos de tio ou tia **2** parente afastado ■ *adj.* MAT **3** que só é divisível por si mesmo e pela unidade (diz-se de número)

pri.mo.gê.ni.to *adj.s.m.* (filho) que nasceu primeiro ~ **primogenitura** *s.f.*

pri.mor \ô\ *s.m.* **1** perfeição, excelência ⟨*o trabalho está um p.*⟩ ⊃ desprimor **2** riqueza de detalhes; apuro ⟨*o p. da pintura japonesa*⟩ ⊃ desleixo

pri.mor.di.al *adj.2g.* **1** relativo a primórdio **2** primeiro, primitivo **3** que é importante; essencial ⟨*mudanças p.*⟩ ⊃ secundário ~ **primordialidade** *s.f.*

pri.mór.dio *s.m.* origem, princípio ⟨*nos p. da civilização*⟩ ⊃ término ☞ freq. no pl.

pri.mo.ro.so \ô\ [pl.: *primorosos* \ó\] *adj.* **1** que é maravilhoso, perfeito ⟨*paisagem p.*⟩ **2** feito com primor; caprichado ⟨*acabamento p.*⟩ ⊃ descuidado **3** de excelente qualidade; admirável ⟨*educação p.*⟩

prin.ce.sa \ê\ *s.f.* **1** mulher de príncipe **2** soberana de principado **3** filha de rei, imperador ou príncipe **4** *fig.* menina ou moça mimada **5** *fig.* menina ou moça graciosa ⟨*ela é uma p.*⟩

prin.ci.pa.do *s.m.* **1** título ou condição de príncipe ou princesa **2** estado independente cujo governante é um príncipe ou uma princesa ⟨*p. de Mônaco*⟩

prin.ci.pal *adj.2g.* **1** que é o mais considerado ou importante; essencial, fundamental ⟨*p. líder do movimento*⟩ ⟨*p. porto*⟩ ⊃ secundário **2** de maior relevância ⟨*p. argumento*⟩ ⊃ insignificante

prin.ci.pal.men.te *adv.* em especial, sobretudo; mormente ⟨*gostava p. de viajar*⟩

prín.ci.pe [fem.: *princesa*] *s.m.* **1** filho primogênito do rei **2** chefe de um principado ~ **principesco** *adj.*

prin.ci.pi.an.te *adj.2g.* **1** que principia ■ *adj.2g.s.2g.* **2** iniciante, inexperiente ⊃ experto

prin.ci.pi.ar *v.* {mod. 1} *t.d.* e *int.* dar início a ou ter início; começar, abrir ⊃ terminar

prin.cí.pio *s.m.* **1** o primeiro momento de uma ação ou processo; início, começo ⟨*p. da vida na Terra*⟩ ⟨*no p. do casamento*⟩ **2** o que serve de base a alguma coisa ⟨*os p. da física*⟩ **3** preceito, regra ⟨*p. da boa educação*⟩ ▼ *princípios* *s.m.pl.* **4** regras de conduta moral **5** convicções ⟨*homem de p.*⟩ ⊡ **a p.** *loc.adv.* no princípio; inicialmente • **em p.** *loc.adv.* de maneira geral ⟨*em p., não temos nada contra você*⟩

pri.or \ô\ [fem.: *priora* e *prioresa*] *s.m.* superior de ordem religiosa

pri.o.ri.da.de *s.f.* 1 preferência, primazia ⟨*idosos têm p. no atendimento*⟩ ⊃ preterição 2 condição do que está em primeiro lugar em importância, urgência, necessidade etc. ⟨*nossa p. é combater a miséria*⟩

pri.o.ri.tá.rio *adj.* que tem prioridade ⊃ preterível

pri.o.ri.zar *v.* {mod. 1} *t.d.* tratar de (algo) em primeiro lugar e com mais empenho ~ **priorização** *s.f.*

pri.são [pl.: *-ões*] *s.f.* 1 captura, aprisionamento ⊃ soltura 2 qualidade de quem está preso; cativeiro ⟨*a p. deixou-o abalado*⟩ ⊃ liberdade 3 cadeia, presídio ⟨*escreveu um livro na p.*⟩ 4 *p.ext.* cela, clausura ⟨*a sala sem janelas parecia uma p.*⟩ 5 *fig.* vínculo, laço ⟨*não podia fugir à p. do seu olhar*⟩ ⊡ **p. de ventre** *loc.subst.* retenção das fezes no intestino; constipação

pris.co *adj.* que pertence a tempos idos; antigo, prístino ⟨*isto vem de p. eras*⟩ ⊃ recente

pri.sio.nal *adj.2g.* 1 relativo a ou próprio de prisão; carcerário ⟨*regime p.*⟩ 2 que deve ser cumprido na prisão ⟨*pena p.*⟩

pri.sio.nei.ro *adj.s.m.* 1 (o) que perdeu a liberdade ⊃ livre ■ *s.m.* 2 preso, cativo 3 *fig.* ligado ou fixado a uma ideia ⟨*p. das paixões*⟩

pris.ma *s.m.* 1 sólido formado por dois polígonos iguais e paralelos na base e por paralelogramos nas laterais 2 sólido em forma de prisma, transparente, capaz de decompor os raios de luz 3 *fig.* ponto de vista ⟨*apresentar o fato sob novo p.*⟩ ~ **prismático** *adj.*

prís.ti.no *adj.* prisco

pri.va.ção [pl.: *-ões*] *s.f.* 1 supressão de um bem ou de uma faculdade normal ⟨*p. da visão*⟩ ▼ **privações** *s.f.pl.* 2 necessidade, fome, miséria ⟨*passou por muitas p.*⟩ ⊃ opulência

pri.va.ci.da.de *s.f.* vida particular; intimidade ⊃ exibição

pri.va.da *s.f.* vaso sanitário

pri.va.do *adj.* 1 particular ⟨*empresa p.*⟩ ⊃ público 2 confidencial ⟨*reunião p.*⟩ 3 íntimo, pessoal 4 a quem se privou de (algo); destituído ⟨*criança p. de afeto*⟩

pri.var *v.* {mod. 1} *t.d.i.* 1 (prep. *de*) tornar impossível a; proibir, impedir ⊃ permitir ❑ *t.d.i. e pron.* 2 (prep. *de*) [fazer] ficar sem ter, usar, fazer (algo); despojar(-se), destituir(-se) ❑ *t.i.* 3 (prep. *de*) estar em convivência íntima ou familiar com; relacionar-se

pri.va.ti.vo *adj.* 1 próprio, exclusivo ⟨*garagem p. da loja*⟩ ⊃ coletivo 2 que contém ou leva à privação ⟨*pena p. da liberdade*⟩ ~ **privatividade** *s.f.*

pri.va.ti.zar *v.* {mod. 1} *t.d.* 1 pôr sob responsabilidade de empresa particular a gestão de (bem público) 2 realizar (empresa privada) a aquisição ou incorporação de (empresa pública)

pri.vi.le.gi.a.do *adj.* 1 que goza de privilégio, de vantagem 2 que possui elevado nível de vida, a que nem todos têm acesso ⟨*classe economicamente p.*⟩ 3 que é superior ao comum ⟨*ouvido p.*⟩ ■ *s.m.* 4 (indivíduo) que goza de privilégios, vantagens ⟨*era um p. entre os aposentados*⟩

pri.vi.le.gi.ar *v.* {mod. 1} *t.d. e pron.* 1 conceder privilégio, benefício a ou usufrir deles; favorecer(-se), beneficiar(-se) ❑ *t.d.* 2 tratar melhor; distinguir, preferir ⟨*p. um aluno*⟩

pri.vi.lé.gio *s.m.* 1 regalia para alguém ou um grupo em detrimento da maioria ⟨*os p. do patrão*⟩ ⊃ desvantagem 2 oportunidade especial para realizar algo desejado ou valorizado ⟨*p. de acompanhar a cantora*⟩ 3 talento, dom natural ⟨*p. de escrever bem*⟩

[1]**pro–** *pref.* 'movimento para frente': *proeminente, prosseguir, promover* [ORIGEM: do lat. *pro* 'diante de']

[2]**pro–** *pref.* 'movimento para frente ou antecedência': *próclise, prognóstico, prólogo* [ORIGEM: do gr. *pró* 'diante de']

pró– *pref.* 'a favor de, em prol de': *pró-americano*

pró *s.m.* 1 aspecto positivo; vantagem ⟨*não conseguiu citar nem um pró*⟩ ■ *adv.* 2 em defesa, a favor ⟨*quem vai falar pró?*⟩

pro.a *s.f.* a parte dianteira de uma embarcação ⊃ popa

pro.a.ti.vo ou **pró-a.ti.vo** [pl.: *pró-ativos*] *adj.* 1 que visa antecipar futuros problemas, necessidades ou mudanças; antecipatório ⟨*medidas p.*⟩ 2 que tem iniciativa própria ⟨*funcionário p.*⟩

pro.ba.bi.li.da.de *s.f.* 1 possibilidade, chance ⟨*p. de chuva*⟩ ⊃ improbabilidade 2 número provável correspondente a (algo), calculado estatisticamente ⟨*a p. de vida no país é de 70 anos*⟩

pro.ba.tó.rio *adj.* que contém ou serve de prova ⟨*evidência p.*⟩ ⟨*estágio p.*⟩

pro.bi.da.de *s.f.* honestidade, integridade ⊃ desonestidade

pro.ble.ma *s.m.* 1 algo de difícil solução ou explicação 2 situação difícil 3 mau funcionamento crônico de alguma coisa, que acarreta transtornos, desgraças etc. ⟨*o p. da corrupção*⟩ 4 questão matemática para ser solucionada 5 distúrbio orgânico ou físico ⟨*p. digestivo*⟩ 6 pessoa, coisa ou situação incômoda, fora de controle etc. ⟨*esse menino é um p.*⟩

pro.ble.má.ti.ca *s.f.* conjunto de problemas da mesma natureza ou de temática semelhante

pro.ble.má.ti.co *adj.* 1 relativo a problema 2 de difícil solução; complicado ⟨*será p. viajar com esse temporal*⟩ ⊃ fácil, simples 3 sujeito a interferências; duvidoso, incerto ⟨*sua vinda é p.*⟩ ⊃ certo, seguro 4 que tem problemas psíquicos; perturbado ⟨*criança p.*⟩ 5 que faz de tudo um problema (diz-se de pessoa)

pro.bo \ó\ *adj.* de caráter íntegro; honesto, leal ⊃ desonesto

pro.bos.cí.deo *s.m.* espécime dos proboscídeos, ordem de grandes mamíferos dotados de longa tromba e presas formadas pelos incisivos superiores, p.ex., o elefante ■ *adj.* relativo a essa ordem de mamíferos

pro.ca.ri.on.te *adj.2g.s.m.* BIO (o) que é desprovido de núcleo celular definido por membrana ⟨*célula p.*⟩ ⟨*organismo p.*⟩ ☞ cf. *eucarionte*

pro.ce.dên.cia *s.f.* 1 ato de proceder ou o seu efeito 2 lugar de onde algo ou alguém provém; ponto de partida, origem ⟨*produto de boa p.*⟩ **3** característica do que tem base, fundamento ⟨*acusação sem p.*⟩ ↻ improcedência ~ **procedente** *adj.2g.*

pro.ce.der *v.* {mod. 8} *int.* **1** ter como ponto de partida (um lugar); vir, provir ⟨*a tropa procedia da França*⟩ ☞ *da França* é circunstância que funciona como complemento **2** ter seguimento; prosseguir, continuar ↻ parar **3** ter certo comportamento, atitude; portar-se, agir **4** mostrar-se verdadeiro ⟨*sua acusação não procede*⟩ ❑ *t.i.* **5** (prep. *de*) ter origem; provir, derivar ⟨*a palavra procede do árabe*⟩ **6** (prep. *de*) ser descendente de; provir **7** (prep. *a*) levar a efeito; realizar, fazer

pro.ce.di.men.to *s.m.* **1** maneira de agir; comportamento ⟨*a suspensão foi resultado de um mau p.*⟩ **2** modo de fazer (algo); técnica, método ⟨*p. de análise química*⟩

pro.ce.la *s.f.* forte tempestade no mar ~ **proceloso** *adj.*

pró.cer [pl.: *próceres*] *s.m.* indivíduo importante e influente; chefe, líder

pro.ces.sa.dor \ô\ *s.m.* INF circuito integrado que realiza o processamento de dados num computador ⊙ GRAM/USO tb. us. como adj. ⊡ **p. de alimentos** *loc.subst.* eletrodoméstico que mói, pica, tritura etc. alimentos; multiprocessador • **p. de texto** *loc.subst.* programa de computador destinado à redação, edição e impressão de textos

pro.ces.sa.men.to *s.m.* ato de processar ou o seu efeito ⊡ **p. de dados** *loc.subst.* INF tratamento sistemático de dados, através de computadores, para a obtenção de um determinado resultado • **p. de textos** *loc.subst.* INF o ato de editar textos com um processador de texto

pro.ces.sar *v.* {mod. 1} *t.d.* **1** mover ação judicial contra; acionar **2** observar se há exatidão, correção em; conferir **3** INF organizar (dados), de acordo com a sequência de instruções de um programa

pro.ces.so *s.m.* **1** realização contínua e prolongada de alguma atividade ⟨*p. de aprender a ler*⟩ ⟨*p. de apuração dos votos*⟩ **2** método, procedimento ⟨*p. criativo de um escritor*⟩ **3** conjunto de papéis, documentos, petições etc., que se encaminha a um órgão oficial ⟨*p. de pedido de aposentadoria*⟩ **4** DIR ação judicial **5** ANAT saliência na superfície de um osso, anteriormente denominada *apófise* ~ **processual** *adj.2g.*

pro.cis.são [pl.: *-ões*] *s.f.* **1** cortejo de cunho religioso **2** *p.ext.* qualquer grupo de pessoas ou coisas deslocando-se em coluna ⟨*os alunos seguiram em p.*⟩ ⟨*p. de carros*⟩ ~ **processional** *adj.2g.*

pro.cla.ma *s.m.* **1** anúncio de casamento lido na igreja **2** DIR edital de casamento publicado ☞ mais us. no pl., nas duas acp.

pro.cla.ma.ção [pl.: *-ões*] *s.f.* **1** *p.ext.* ato ou efeito de proclamar **2** declaração pública e solene ⟨*p. da República*⟩ **3** texto em que se proclama algo

pro.cla.mar *v.* {mod. 1} *t.d. e t.d.i.* **1** (prep. *a*) declarar publicamente em voz alta e com solenidade; anunciar ❑ *t.d.* **2** promulgar, decretar (uma lei) ❑ *t.d.pred. e pron.* **3** atribuir(-se) [título ou posto]; aclamar(-se) ~ **proclamador** *adj.s.m.*

pró.cli.se *s.f.* GRAM colocação do pronome átono antes do verbo, p.ex., *eu lhe disse* ☞ cf. *ênclise* e *mesóclise*

Procon *s.m.* sigla de Procuradoria de Proteção e Defesa do Consumidor

pro.cras.ti.nar *v.* {mod. 1} *t.d.* marcar para outro dia ou deixar para depois; adiar, postergar ↻ antecipar ~ **procrastinação** *s.f.*

pro.cri.ar *v.* {mod. 1} *t.d. e int.* **1** dar existência a (filhos, filhotes, crias); gerar **2** promover a germinação ou a multiplicação de (vegetais) ❑ *int.* **3** reproduzir-se, multiplicar-se ~ **procriação** *s.f.*

pro.cu.ra *s.f.* **1** ato de procurar ou o seu efeito **2** interesse em comprar determinado produto no mercado; demanda ⟨*lei da oferta e da p.*⟩

pro.cu.ra.ção [pl.: *-ões*] *s.f.* DIR **1** autorização que uma pessoa dá a outra para agir em seu nome **2** instrumento legal que confere essa autorização

pro.cu.ra.dor \ô\ *adj.s.m.* **1** que(m) procura (algo) ■ *s.m.* **2** advogado do Estado **3** quem possui procuração para tratar de negócios de outrem

pro.cu.ra.do.ri.a *s.f.* **1** cargo de procurador **2** local ou repartição em que trabalha o procurador

pro.cu.rar *v.* {mod. 1} *t.d.* **1** tentar encontrar ou conseguir; buscar ⟨*p. roupa na gaveta*⟩ ⟨*p. ajuda*⟩ **2** tentar descobrir; investigar, pesquisar **3** ser atraído por ⟨*o ferro procura o ímã*⟩ **4** ir ao encontro de **5** esforçar-se por; tentar ⟨*p. fazer o melhor*⟩ ❑ *t.d. e t.i.* **6** (prep. *por*) ir até onde está alguém para vê-lo, em visita ou a negócio; perguntar

pro.di.ga.li.zar *v.* {mod. 1} *t.d. e t.d.i.* **1** (prep. *a*) dar em grande quantidade ❑ *t.d.* **2** gastar muito; esbanjar ↻ economizar **3** expor a perigos; arriscar ↻ proteger

pro.dí.gio *s.m.* **1** fato extraordinário **2** aquele que apresenta um talento fora do comum ⟨*um p. do piano*⟩ ■ *adj.s.m.* **3** que(m) possui inteligência ou talento excepcionais para a idade ⟨*criança p.*⟩

pro.di.gi.o.so \ô\ [pl.: *prodigiosos* \ó\] *adj.* **1** em que há prodígio; fabuloso ⟨*o p. século XX*⟩ ↻ comum **2** excepcionalmente grande; portentoso ⟨*esforço p.*⟩ ↻ normal, natural

pró.di.go *adj.* **1** que produz em abundância; fértil ⟨*terra p.*⟩ ↻ infértil ■ *adj.s.m.* **2** que(m) gasta mais do que o necessário; esbanjador, perdulário ↻ econômico **3** que(m) é generoso, magnânimo ↻ mesquinho ~ **prodigalidade** *s.f.*

pró.dro.mo *s.m.* **1** prefácio; introdução **2** antecedente, prenúncio ↻ consequência **3** MED sintoma inicial de uma doença

pro.du.ção [pl.: *-ões*] *s.f.* **1** ato de produzir ou o seu efeito; geração, criação **2** volume do que foi produzido ⟨*tivemos a melhor p. em maio*⟩ **3** obra de um artista, escritor etc. **4** realização de livro, filme, peça, programa de rádio, campanha publicitária, *show* etc., incluindo as partes financeiras, técnicas e administrativas **5**

captação dos recursos necessários para a realização de filmes, peças teatrais etc.

pro.du.cen.te *adj.2g.* 1 que produz ou leva à produção ⟨*atividade p.*⟩ ↄ improducente 2 que conclui; concludente ↄ injustificado

pro.du.ti.vi.da.de *s.f.* 1 característica do que é produtivo 2 capacidade de produzir ⟨*p. do solo*⟩ ↄ improdutividade 3 volume produzido 4 ECON relação entre a quantidade ou valor produzido e um ou vários fatores necessários para a obter; rendimento

pro.du.ti.vo *adj.* 1 relativo a produção ⟨*forças p.*⟩ 2 que produz; produtor, frutífero ⟨*terra p.*⟩ ↄ improdutivo 3 fértil ↄ estéril 4 de que se obtém proveito; proveitoso ⟨*trabalho p.*⟩ ↄ inútil

pro.du.to *s.m.* 1 resultado de um trabalho ou de uma atividade; produção 2 aquilo que é produzido para venda no mercado ⟨*p. agrícolas*⟩ ⟨*p. eletrônicos*⟩ 3 quantia apurada em um negócio ⟨*aplicou o p. da venda numa casa*⟩ 4 MAT resultado da operação de multiplicação 5 valor global da produção de bens e serviços num país, em determinado período (ger. um ano) ⊡ **p. interno bruto** *loc.subst.* ECON produto ('valor global'), incluindo os pagamentos a fatores de produção no exterior e os gastos de depreciação [sigla: *PIB*] • **p. nacional bruto** *loc.subst.* ECON produto ('valor global') nacional, incluindo os gastos de depreciação [sigla: *PNB*] • **p. primário** *loc.subst.* ECON produto de origem agropecuária ou de extração mineral ou vegetal

pro.du.tor \ô\ *adj.s.m.* 1 (o) que produz ■ *s.m.* 2 indivíduo encarregado de reunir os meios materiais para a realização de filme, peça, programa de rádio ou televisão 3 indivíduo ou empresa responsável pela produção ('realização') de obra artística, publicitária, promocional etc.

pro.du.zir *v.*{mod. 24} *t.d. e int.* 1 dar origem a, ser fértil; gerar 2 fabricar (bens ou utilidades) 3 criar (obra intelectual ou artística) ❑ *t.d.* 4 ter como resultado; causar, provocar 5 dar como lucro ou rendimento; render 6 fazer a produção de (filme, peça etc.) ❑ *t.d. e pron. B infrm.* 7 arrumar(-se) para ficar com aspecto diferente do habitual; embelezar(-se)

pro.e.mi.nên.cia *s.f.* 1 característica do que é proeminente 2 a parte proeminente de algo; saliência ↄ depressão

pro.e.mi.nen.te *adj.2g.* 1 que se eleva acima do que o rodeia ⟨*construção p.*⟩ ↄ rebaixado 2 que avança em ponta; saliente ⟨*queixo p.*⟩ ↄ cavado 3 *fig.* que se destaca por qualidades intelectuais ou morais ou pela riqueza ou poder ⟨*cidadãos p.*⟩ ↄ inferior

pro.ê.mio *s.m.* 1 prefácio 2 *p.ext.* o que abre ou inicia alguma coisa

pro.e.za \ê\ *s.f.* 1 algo difícil de ser realizado; façanha 2 *p.ext. infrm.* ação incomum; aventura

pro.fa.nar *v.*{mod. 1} *t.d.* 1 violar ou tratar com irreverência (o que é sagrado ou merece respeito) ↄ respeitar 2 transgredir, violar (regra, princípio) 3 atentar contra a honra de; macular 4 usar de modo inadequado; degradar ~ **profanação** *s.f.*

pro.fa.no *adj.* 1 que não é sagrado ↄ sacro 2 que viola o sagrado ⟨*atitude p.*⟩ ↄ devoto 3 que não pertence à religião ⟨*elementos p. no templo*⟩ ↄ eclesiástico 4 que não é religioso; leigo ⟨*educação p.*⟩ ↄ religioso ~ **profanidade** *s.f.*

pro.fe.ci.a *s.f.* 1 predição do futuro, supostamente por inspiração divina 2 *p.ext.* anúncio de acontecimento futuro, feito por conjectura ⟨*não creio nas p. dos economistas*⟩

pro.fe.rir *v.*{mod. 28} *t.d.* 1 expressar oralmente; dizer, pronunciar 2 pronunciar em voz alta ~ **proferição** *s.f.* - **proferimento** *s.m.* - **proferível** *adj.2g.*

pro.fes.sar *v.*{mod. 1} *t.d. e t.d.i.* 1 (prep. *a*) reconhecer ou prometer publicamente; declarar ❑ *t.d.* 2 ser adepto de (religião, doutrina); seguir 3 executar as funções inerentes a (uma profissão); exercer ❑ *int.* 4 fazer votos, ao entrar para ordem religiosa

pro.fes.so *adj.s.m.* 1 (aquele) que professa em uma ordem religiosa 2 *fig.* que(m) é perito, capaz ■ *adj.* 3 relativo a frades ou freiras ⟨*cerimônia p.*⟩

pro.fes.sor \ô\ *s.m.* 1 pessoa que ensina uma arte, uma ciência, uma técnica, uma disciplina 2 quem tem como profissão dar aulas em escola ou universidade; docente 3 *fig.* indivíduo especializado em algo ■ *adj.* 4 que exerce a função de ensinar ou tem diploma ou título para exercer essa profissão ⊙ COL magistério, professorado ~ **professoral** *adj.2g.*

pro.fes.so.ra.do *s.m.* 1 cargo ou função de professor 2 a categoria profissional dos professores 3 conjunto dos professores de um determinado local

pro.fe.ta [fem.: *profetisa*] *s.m.* 1 o que anuncia os desígnios divinos 2 pessoa que, supostamente, prediz o futuro; vidente, adivinho 3 título dado pelos muçulmanos a Maomé, fundador do islamismo ☞ nesta acp., inicial maiúsc. ~ **profético** *adj.*

pro.fe.ti.zar *v.*{mod. 1} *t.d. e t.d.i.* 1 (prep. *a*) predizer (o futuro), por dom especial ou inspiração divina; prenunciar ❑ *t.d.* 2 anunciar ou saber antecipadamente, por dedução, intuição ou acaso

pro.fi.ci.en.te *adj.2g.* 1 competente e eficiente no que faz ↄ incompetente 2 proveitoso ↄ inútil ~ **proficiência** *s.f.*

pro.fi.cu.i.da.de *s.f.* qualidade do que profícuo; utilidade, proveito ↄ improficuidade

pro.fí.cuo *adj.* proveitoso; vantajoso ⟨*esforço p.*⟩ ⟨*trabalho p.*⟩

pro.fi.lác.ti.co ou **pro.fi.lá.ti.co** *adj.* 1 relativo a profilaxia 2 que serve para prevenir doenças; preventivo

pro.fi.la.xi.a \cs\ *s.f.* MED 1 parte da medicina que cuida da preservação da saúde por meio de medidas preventivas 2 utilização dessas medidas

pro.fis.são [pl.: *-ões*] *s.f.* 1 ofício; ocupação ⟨*exerce a p. de engenheiro*⟩ 2 declaração pública de uma crença, uma religião, uma opinião etc. 3 cerimônia da tomada do hábito por um religioso; voto

pro.fis.sio.nal *adj.2g.* 1 relativo a profissão ⟨*carteira p.*⟩ 2 próprio de uma profissão ⟨*equipamento p.*⟩ ■ *adj.2g.s.2g.* 3 que(m) exerce uma atividade por profissão ⟨*cantor p.*⟩ ⟨*p. de letras*⟩ ⊃ amador **4** (indivíduo) muito capaz e aplicado no que faz

pro.fis.sio.na.lis.mo *s.m.* procedimento característico dos bons profissionais

pro.fis.sio.na.li.zar *v.* {mod. 1} *t.d. e pron.* **1** tornar(-se) profissional **2** aperfeiçoar(-se), capacitar(-se) ~ **profissionalização** *s.f.* - **profissionalizante** *adj.2g.*

pró-for.ma [pl.: *pró-formas*] *s.m.* **1** formalidade que deve ser seguida em certos atos oficiais ou formais ■ *adj.2g.* **2** que é formal, convencional ⟨*reunião p.*⟩ ■ *adv.* **3** por pura formalidade, apenas para manter as aparências ⟨*casamento p.*⟩

pro.fun.de.za \ê\ *s.f.* **1** lugar muito profundo; (us. freq. no pl.) ⟨*as p. do mar*⟩ **2** *fig.* o íntimo do ser humano; âmago ⟨*na p. da sua alma*⟩ ⊃ exterioridade

pro.fun.di.da.de *s.f.* **1** distância vertical da superfície ao fundo ou horizontal de fora para dentro **2** *fig.* qualidade do que não se restringe ao aspecto superficial, que vai além da aparência ⟨*a p. de um pensamento*⟩ **3** *fig.* qualidade do que é sólido, com boa base ⟨*p. dos conhecimentos de alguém*⟩ **4** *fig.* o íntimo de alguém

pro.fun.do *adj.* **1** cujo fundo está muito distante da borda ou da superfície ⟨*lago p.*⟩ ⊃ raso **2** que penetra muito fundo ⟨*corte p.*⟩ **3** que se inclina muito em direção ao solo ⟨*declive p.*⟩ ⊃ suave **4** que vem do íntimo ⟨*queixa p.*⟩ **5** muito grande ou extenso ⟨*saber p.*⟩ ⟨*p. decepção*⟩ ⊃ superficial **6** de grande alcance, muito importante ⟨*reformas administrativas p.*⟩ ⊃ superficial **7** difícil de entender ⟨*mistério p.*⟩ ⊃ simples ~ **profundamente** *adv.* - **profundura** *s.f.*

pro.fu.são [pl.: *-ões*] *s.f.* **1** grande quantidade; abundância ⟨*p. de luzes e cores*⟩ ⊃ escassez **2** gasto excessivo ⟨*uma recepção de grande p.*⟩

pro.fu.so *adj.* **1** abundante, exuberante ⟨*suor p.*⟩ ⟨*iluminação p.*⟩ ⊃ escasso **2** que gasta ou dá em grande quantidade; generoso, pródigo ⊃ econômico

pro.gê.nie *s.f.* **1** origem, ascendência ⊃ descendência **2** conjunto dos descendentes; prole ⊃ ancestralidade

pro.ge.ni.tor \ô\ *s.m.* **1** aquele que gera; pai **2** antepassado, ancestral ⊃ descendente ⊙ GRAM/USO tb. us. como adj.

pro.ge.ni.tu.ra *s.f.* progênie

pro.ges.te.ro.na *s.f.* hormônio sexual essencial para o equilíbrio do ciclo ovariano e para a gravidez

prog.na.ta *adj.2g.s.2g.* que(m) apresenta o maxilar inferior saliente; prógnato

prog.na.tis.mo *s.m.* projeção acentuada do maxilar inferior

próg.na.to *adj.s.m.* prognata

prog.nós.ti.co *adj.s.m.* **1** (sinal, sintoma) que pode indicar acontecimentos futuros ■ *s.m.* **2** suposição, baseada em dados reais, sobre o que deve acontecer; previsão **3** MED juízo médico sobre a evolução de uma doença ~ **prognosticar** *v.t.d.,t.d.i. e int.*

pro.gra.ma *s.m.* **1** folheto que descreve as partes que compõem um espetáculo, um evento etc. **2** conjunto das disciplinas que compõem um curso ou que serão cobradas em concurso **3** exposição escrita das intenções e dos projetos de uma chapa, um candidato, um partido político etc. **4** cada quadro apresentado em emissoras de rádio ou televisão **5** lazer previamente planejado ⟨*tem p. para hoje?*⟩ **6** *B* encontro de duas pessoas para fins sexuais, mediante pagamento ⟨*garotos de p.*⟩ ⊡ **p. de computador** *loc.subst.* conjunto de instruções a serem executadas em um computador para alcançar um determinado objetivo

pro.gra.ma.ção [pl.: *-ões*] *s.f.* **1** lista dos programas de um teatro, uma emissora de rádio ou televisão etc. ⟨*p. mensal*⟩ **2** planejamento das ações de uma empresa, projeto etc. ⟨*não conseguem cumprir a p.*⟩ **3** INF ação de desenvolver rotinas ou programas de computador ⟨*trabalha com p.*⟩ **4** INF ciência ou técnica de elaboração desses programas ⊡ **p. visual** *loc.subst.* ramo do desenho industrial que trabalha com a aplicação dos elementos gráfico-visuais em sinalização, peças publicitárias, embalagens etc.

pro.gra.ma.dor \ô\ *adj.s.m.* (profissional) que desenvolve ou aperfeiçoa programas de computador

pro.gra.mar *v.* {mod. 1} *t.d.* **1** criar um programa para; organizar, planejar ⟨*p. a temporada lírica*⟩ ⟨*p. as férias*⟩ **2** INF determinar a dinâmica de funcionamento de (máquina, computador) ☐ *int.* **3** elaborar programa de computador ~ **programático** *adj.*

pro.gre.dir *v.* {mod. 27} *int.* **1** caminhar para frente; avançar ⊃ voltar **2** ficar maior e/ou melhor, incorporando coisas novas ou modernas; desenvolver-se ⊃ regredir; estagnar **3** tornar-se mais intenso, mais grave; agravar-se ⊃ melhorar

pro.gres.são [pl.: *-ões*] *s.f.* **1** ação de progredir; progresso, evolução **2** continuação dos estágios de um processo ⟨*p. rápida dos acontecimentos*⟩ ⊃ interrupção ~ **progressivo** *adj.*

pro.gres.sis.ta *adj.2g.* **1** favorável ao progresso, às transformações ou às reformas, esp. nos campos político, social e/ou econômico ⟨*administrador p.*⟩ ⊃ retrógrado **2** que contém em si progresso ou contribui para ele ⟨*medidas p.*⟩ **3** que evolui continuamente ⟨*sociedade p.*⟩ **4** favorável ao progresso, às transformações ou às reformas, esp. nos campos político, social e/ou econômico ■ *s.2g.* **5** em política, quem defende o progresso ⟨*aliou-se aos p.*⟩ ⊃ antiprogressista

pro.gres.so *s.m.* **1** desenvolvimento; evolução **2** movimento para a frente; avanço ⟨*o p. foi pequeno no início da caminhada*⟩ ⊃ retrocesso

pro.i.bi.do *adj.* **1** que não é permitido ⟨*filme p. para menores*⟩ **2** ilegal, ilícito ⟨*substância p.*⟩

pro.i.bir *v.* {mod. 24} *t.d. e t.d.i.* (prep. *a, de*) ordenar que não se faça ou impedir (algo) ⊃ permitir ~ **proibição** *s.f.*

pro.i.bi.ti.vo *adj.* **1** que proíbe, que impede ⟨*lei p.*⟩ **2** muito elevado; excessivo ⟨*preço p.*⟩

pro.je.ção [pl.: *-ões*] *s.f.* **1** arremesso; lançamento **2** o que se projeta para fora; saliência **3** *fig.* prestígio social ⟨*artista de grande p.*⟩ **4** ato de projetar um filme, um diapositivo etc. sobre uma tela, usando um projetor **5** cálculo antecipado a partir de dados parciais ⟨*p. do resultado de uma eleição*⟩ **6** representação, num plano, de uma parte da superfície terrestre ou da abóbada celeste **7** GEOM operação que transforma, por meio de retas, uma figura geométrica contida num plano em outra **8** GEOM representação da figura de um sólido em uma superfície

pro.je.tar *v.* {mod. 1} *t.d. e pron.* **1** atirar(-se), lançar(-se) a distância **2** *fig.* tornar(-se) famoso, por trabalhos ou ações ❑ *pron.* **3** estender-se para fora ❑ *t.d.* **4** reproduzir em tela (filme, fita etc.) **5** elaborar plano ou planta de; planejar ⟨*p. uma casa*⟩ **6** organizar, planejar ⟨*p. uma viagem*⟩ ~ **projetado** *adj.*

pro.jé.til [pl.: *projéteis*] ou **pro.je.til** [pl.: *projetis*] *s.m.* **1** qualquer corpo arremessado ⟨*seus p. eram ovos e tomates*⟩ **2** o que é arremessado por arma de fogo

pro.je.tis.ta *adj.2g.s.2g.* (aquele) que faz projetos ⟨*engenheiro p.*⟩ ⟨*p. de móveis*⟩

pro.je.to *s.m.* **1** plano ('intenção') **2** descrição escrita e detalhada de tarefa a ser feita; esquema ⟨*p. de pesquisa*⟩ ⟨*p. de governo*⟩ **3** esboço ou desenho de trabalho ou construção a se realizar ⟨*p. de decoração*⟩ ⟨*p. de um prédio*⟩ ▣ **p. gráfico** *loc.subst.* planejamento das características gráficas e visuais de uma publicação

pro.je.tor \ô\ *s.m.* **1** aparelho que projeta imagens ■ *adj.* **2** que projeta

prol *s.m.* ◗ só usado em: **em p. de** *loc.prep.* em favor de, em defesa de

pró-la.bo.re [pl.: *pró-labores*] *s.m.* **1** remuneração paga aos sócios por serviços prestados à empresa **2** pagamento por serviço prestado por estranhos, a uma firma, instituição ou empresa ⟨*recebeu um p. para participar do evento*⟩

pro.la.ção [pl.: *-ões*] *s.f.* pronunciação, articulação

pro.lap.so *s.m.* ANAT deslocamento da posição normal de um órgão

pro.le *s.f.* **1** conjunto dos filhos ou filhas de um indivíduo ou de um casal ⟨*meus avós tiveram uma p. numerosa*⟩ ⟨*a leoa e sua p.*⟩ **2** descendência

pro.le.ta.ri.a.do *s.m.* **1** a classe dos trabalhadores **2** conjunto dos trabalhadores de determinado país, região etc. ⟨*o p. rural*⟩

pro.le.tá.rio *s.m.* **1** cidadão pobre que vive apenas do seu pequeno salário **2** membro da classe trabalhadora ■ *adj.* **3** relativo a esse cidadão ⟨*classe p.*⟩ **4** relativo ao proletariado ⟨*jornal p.*⟩

pro.li.fe.ra.ção [pl.: *-ões*] *s.f.* **1** ato ou efeito de proliferar; reprodução, multiplicação ⟨*p. de bactérias*⟩ **2** *fig.* aumento, crescimento ⟨*p. das reivindicações sindicais*⟩

pro.li.fe.rar *v.* {mod. 1} *int.* **1** ter filhos, gerar prole; reproduzir-se **2** *fig.* crescer em número; aumentar, multiplicar-se ↩ diminuir

pro.lí.fe.ro *adj.* **1** que se reproduz em grande quantidade; fértil, fecundo ⟨*rebanho p.*⟩ **2** *fig.* que produz muito; produtivo ⟨*escritor p.*⟩

pro.lí.fi.co *adj.* prolífero

pro.li.xo \cs\ *adj.* **1** que usa palavras em excesso ao falar ou escrever ⟨*orador p.*⟩ ↩ lacônico **2** desnecessariamente longo ⟨*discurso p.*⟩ ↩ sucinto ~ **prolixidade** *s.f.*

pró.lo.go *s.m.* introdução ('parte inicial') ~ **prologal** *adj.2g.*

pro.lon.ga.men.to *s.m.* **1** aumento, acréscimo no tamanho de algo ↩ diminuição **2** estrada, rua ou avenida que é continuação de outro logradouro ⟨*no p. da praça há uma rua sem saída*⟩ **3** aumento da duração de algo; prorrogação ↩ redução

pro.lon.gar *v.* {mod. 1} *t.d. e pron.* **1** tornar(-se) mais longo; estender(-se) ↩ encurtar **2** (fazer) durar mais tempo; alongar(-se) ↩ encurtar ❑ *t.d.* **3** adiar, retardar ↩ antecipar

pro.mé.cio *s.m.* elemento químico radiativo, us. em baterias nucleares, para medir espessuras muito finas etc. [símb.: *Pm*] ☞ cf. *tabela periódica* (no fim do dicionário)

pro.mes.sa *s.f.* **1** compromisso oral ou escrito de realizar um ato ou assumir uma obrigação **2** *p.ext.* o que se promete

pro.me.ter *v.* {mod. 8} *t.d. e t.d.i.* **1** (prep. *a*) obrigar-se a (fazer, dar, dizer etc. algo); comprometer-se ❑ *t.d.* **2** anunciar com antecipação, por indícios; prenunciar ⟨*o tempo promete chuva*⟩ ❑ *int.* **3** dar sinais de sucesso, de progresso ⟨*essa fábrica promete*⟩ ~ **prometedor** *adj.s.m.*

pro.mis.cu.i.da.de *s.f.* **1** mistura desordenada **2** relacionamento sexual com muitos parceiros

pro.mis.cu.ir-se *v.* {mod. 26} *pron.* **1** misturar-se, confundir-se **2** viver em promiscuidade

pro.mís.cuo *adj.* **1** formado de elementos diferentes entre si; misturado, confuso ⟨*estilos p.*⟩ ↩ ordenado, homogêneo **2** compartilhado ou misturado com elementos de conduta suspeita ⟨*ambiente p.*⟩ ↩ seletivo **3** ocasional, eventual, fortuito ⟨*relações sexuais p.*⟩ ↩ regular, sistemático **4** que tem muitos e eventuais parceiros sexuais (diz-se de indivíduo)

pro.mis.sor \ô\ *adj.* **1** que faz promessas **2** que promete ser bom, bem-sucedido ⟨*uma carreira p.*⟩

pro.mis.só.ria *s.f.* nota promissória

pro.mo.ção [pl.: *-ões*] *s.f.* **1** ascensão a um cargo superior ↩ declínio **2** venda de artigos por preços mais baixos **3** atividade com o fim de tornar mais conhecido um produto, serviço, pessoa etc. ⟨*a p. de um disco, de um* show⟩

pro.mo.cio.nal *adj.2g.* referente a ou que envolve promoção

pro.mon.tó.rio *s.m.* **1** GEO cabo formado por rochas ou penhascos altos **2** saliência; elevação

pro.mot.er [ing.] *s.2g.* profissional que cuida da organização de eventos de cunho promocional, publicitário, institucional etc. ⇨ pronuncia-se promoter

pro.mo.tor \ô\ *s.m.* **1** DIR funcionário do poder judiciário que dá andamento a causas e a certos atos jurídicos ■ *adj.s.m.* **2** (aquele) que promove, que executa ▣ **p. público** *loc.subst.* membro do Ministério Público que defende a sociedade e atua como acusador

pro.mo.to.ri.a *s.f.* 1 cargo ou função do promotor 2 local de trabalho do promotor

pro.mo.ver *v.* {mod. 8} *t.d.* 1 pôr em execução 2 ser a causa de; gerar, provocar 3 fazer propaganda de; anunciar ❑ *t.d. e t.d.i.* 4 (prep. *a*) elevar (a cargo ou categoria superior)

pro.mul.gar *v.* {mod. 1} *t.d.* 1 ordenar a publicação de (lei ou similar) 2 publicar oficialmente ~ **promulgação** *s.f.* - **promulgador** *adj.s.m.*

pro.no.me *s.m.* palavra que representa ou substitui um nome ⊡ **p. demonstrativo** *loc.subst.* pronome que tem a função de situar (no espaço ou no tempo) os seres e as coisas mencionados em relação às pessoas que participam do processo comunicativo, p.ex.: expressava-se muito bem para *aquele* lugar • **p. de tratamento** *loc.subst.* locução ou palavra us. no lugar de um pronome pessoal, p.ex.: *Vossa Excelência*; o *senhor*; a *senhora*; *Sua Alteza* • **p. indefinido** *loc.subst.* pronome que se refere à terceira pessoa do discurso de modo indeterminado, p.ex.: *algo*; *alguém*; *ninguém* etc. • **p. interrogativo** *loc.subst.* pronome indefinido que pode ser us. em frases interrogativas, p.ex.: *quem* chegou?; *quantos* saíram?; *qual* é o seu carro? • **p. pessoal** *loc.subst.* pronome us. para designar as pessoas do discurso: a que fala (*eu*, *nós*); a com quem se fala (*tu*, *vós*); a de quem se fala (*ele*, *ela*, *eles*, *elas*) • **p. pessoal oblíquo** *loc.subst.* forma que o pronome pessoal assume quando empregado como objeto direto ou indireto, p.ex.: não *o* vimos hoje • **p. pessoal reto** *loc.subst.* pronome pessoal que funciona como sujeito de uma oração, p.ex. *eu* fui à praia • **p. possessivo** *loc.subst.* pronome que modifica um substantivo, dando a ideia de posse, de relação, de ser parte de (algo) etc., p.ex., *meu* livro, *seu* carro, *nossas* amigas etc. • **p. relativo** *loc.subst.* pronome que se refere a um nome mencionado na oração anterior, p.ex.: o livro *que* compramos agradou a Pedro

pro.no.mi.nal *adj.2g.* 1 relativo ou pertencente a pronome ⟨*forma p.*⟩ 2 que é acompanhado de um pronome oblíquo da mesma pessoa que o sujeito (diz-se de verbo) ⟨*queixar-se é um verbo p.*⟩

pron.ta-en.tre.ga [pl.: *prontas-entregas*] *s.f.* 1 entrega imediata ⟨*móveis para p.*⟩ 2 empresa que produz com esse objetivo ⟨*uma p. de roupas femininas*⟩ 3 esse serviço

pron.ti.dão [pl.: *-ões*] *s.f.* 1 estado de quem está preparado para fazer algo 2 rapidez na execução de algo; presteza ⟨*agiu com p. no resgate às vítimas*⟩ 3 MIL medida de segurança em que a tropa é mantida nos quartéis, pronta para entrar em ação

pron.ti.fi.car-se *v.* {mod. 1} *pron.* (prep. *a*) pôr-se à disposição; oferecer-se

pron.to *adj.* 1 em condições de ser utilizado; terminado ⟨*a casa está p.*⟩ ⟨*o jantar está p.*⟩ ↺ inacabado 2 disposto, animado ⟨*está sempre p. para ajudar*⟩ ↺ indisposto 3 que está preparado para algo ⟨*p. para o concurso, para casar*⟩ ↺ despreparado

pron.to-so.cor.ro [pl.: *prontos-socorros*] *s.m.* 1 hospital ou setor do hospital em que se atendem emergências 2 *p.ext.* oficina de consertos ⟨*p. de automóveis, de óculos*⟩

pron.tu.á.rio *s.m.* 1 manual de informações úteis ⟨*p. de física*⟩ 2 ficha com dados de alguém ⟨*p. médico*⟩ ⟨*p. policial*⟩ 3 *p.ext.* o conteúdo dessa ficha

pro.nún.cia *s.f.* 1 modo de pronunciar; articulação ⟨*p. de uma consoante*⟩ 2 a forma oral de uma palavra ⟨*qual a p. deste termo?*⟩

pro.nun.ci.a.men.to *s.m.* 1 ato de revoltar-se coletivamente contra o governo ou medida governamental e o seu efeito 2 *p.ext.* manifesto redigido em tal ocasião 3 declaração; manifestação ⟨*o ministro fez um p. à nação*⟩

pro.nun.ci.ar *v.* {mod. 1} *t.d.* 1 expressar oralmente; proferir 2 decretar, publicar ⟨*o juiz vai p. a sentença*⟩ 3 realizar os movimentos necessários para emitir (som, palavra); articular 4 DIR julgar válida denúncia ou queixa contra (acusado), enviando-o a julgamento ❑ *pron.* 5 emitir opinião; manifestar-se ⟨*p.-se sobre um assunto*⟩ ❑ *t.d.pred.* 6 proferir decisão; julgar, declarar ❑ *t.d. e pron.* 7 (fazer) adquirir realce ou relevo; acentuar(-se) ~ **pronunciação** *s.f.*

pro.pa.ga.ção [pl.: *-ões*] *s.f.* 1 ato ou efeito de propagar(-se), espalhar(-se); disseminação ⟨*p. das espécies vegetais*⟩ 2 reprodução, proliferação ⟨*p. de espécies ameaçadas de extinção*⟩ ↺ diminuição 3 divulgação ⟨*p. de uma doutrina*⟩

pro.pa.gan.da *s.f.* 1 divulgação, propagação de uma ideia; publicidade ⟨*p. religiosa*⟩ 2 comercial ('mensagem') ~ **propagandista** *adj.2g.s.2g.*

pro.pa.gar *v.* {mod. 1} *t.d. e pron.* 1 multiplicar(-se) por meio da reprodução 2 aumentar em número, por contágio (doença, vírus etc.); espalhar(-se) 3 tornar(-se) muito conhecido; difundir(-se) ❑ *pron.* 4 movimentar-se por um meio ⟨*o som se propaga na água*⟩ ~ **propagador** *adj.s.m.*

pro.pa.lar *v.* {mod. 1} *t.d. e pron.* 1 tornar(-se) público; divulgar(-se) 2 aumentar em número (doença, vírus etc.); espalhar(-se) ~ **propalação** *s.f.*

pro.pa.no *s.m.* constituinte do gás natural e do petróleo, us. como combustível

pro.pa.ro.xí.to.no \cs\ *adj.s.m.* (vocábulo) cuja acentuação tônica está na antepenúltima sílaba ⟨*mármore é uma palavra p.*⟩

pro.pe.dêu.ti.co *adj.* 1 que serve de introdução; preliminar ⟨*leitura p.*⟩ 2 que visa dar formação geral e básica para que o aluno ingresse em curso superior ⟨*curso p.*⟩

pro.pe.len.te *s.m.* combustível, esp. o de foguetes

pro.pe.lir *v.* {mod. 28} *t.d.* 1 fazer ir para a frente; empurrar, impulsionar 2 projetar, lançar 3 *fig.* estimular, impulsionar ⟨*p. o avanço tecnológico*⟩

pro.pen.der *v.* {mod. 8} *int.* 1 pender ou inclinar-se para ⟨*o mastro propende para a direita*⟩ ☞ *para a direita* é circunstância que funciona como complemento ❑ *t.i.* 2 (prep. *para*, *a*) ter inclinação ou gosto para; tender

pro.pen.são [pl.: *-ões*] *s.f.* 1 ato ou efeito de propender 2 capacidade inata para (algo); inclinação, vocação ⟨*p. ao crime*⟩ ⮌ inaptidão **3** intenção, disposição ⟨*não tinha nenhuma p. para fingir*⟩

pro.pen.so *adj.* **1** que tem tendência para (algo) ⟨*p. a brigas*⟩ **2** favorável, inclinado ⟨*p. a ir embora*⟩ ⟨*p. a casar-se*⟩

pro.pi.ci.ar *v.*{mod. 1} *t.d. e t.d.i.* **1** (prep. *a*) oferecer as condições para a realização de; assegurar, permitir **2** (prep. *a*) fazer surgir de modo inesperado para; proporcionar ~**propiciação** *s.f.* · **propiciatório** *adj.*

pro.pí.cio *adj.* **1** que tem as características necessárias para; bom, favorável ⟨*ambiente p. à leitura*⟩ **2** oportuno, adequado ⟨*momento p. para sair*⟩ ⮌ inoportuno **3** que dá indício de algo de bom; auspicioso ⟨*sinais p. de que a febre vai ceder*⟩ ⮌ sinistro

pro.pi.na *s.f.* **1** gorjeta, gratificação **2** *B* estímulo à prática de algo ilegal em troca de pagamento; suborno **3** *B* quantia oferecida com essa finalidade; suborno ⟨*puniram o policial que recebeu p.*⟩

pro.pín.quo *adj.* próximo, vizinho ~**propinquidade** *s.f.*

pró.po.lis *s.2g.2n.* resina com que as abelhas vedam rachaduras da colmeia e a protegem de germes

pro.por *v.*{mod. 23} *t.d. e t.d.i.* **1** (prep. *a*) apresentar (oferta, sugestão, opção) [a alguém], para que a aprecie; sugerir **2** (prep. *a*) relatar, expor oralmente ou por escrito ❑ *t.d.* **3** requerer em juízo; mover ⟨*p. ação judicial*⟩ **4** instituir, determinar ❑ *pron.* **5** (prep. *a*) mostrar intenção de; dispor-se **6** (prep. *a*) ter como objetivo; visar ⊙ GRAM/USO part.: *proposto* ~**proponente** *adj.2g.s.2g.* · **proposto** *adj.s.m.*

pro.por.ção [pl.: *-ões*] *s.f.* **1** relação das partes de um todo comparadas entre si ou cada uma com o todo ⟨*as p. do corpo humano*⟩ **2** conjunto harmônico ⮌ desarmonia **3** justa relação entre coisas; conformidade **4** extensão, intensidade, tamanho; dimensão ⟨*incêndio de grandes p.*⟩ ☞ mais us. no pl. **5** gravidade, importância ⟨*o caso tomou p. inesperadas*⟩ ☞ mais us. no pl. **6** MAT igualdade de duas razões ⊡ **à p. que** *loc.conj.* à medida que; conforme ⟨*à p. que subiam, viam mais longe*⟩ ~**proporcionalidade** *s.f.*

pro.por.cio.nal *adj.2g.* **1** relativo a proporção **2** que está, em relação a outras coisas, na mesma proporção de intensidade, grandeza, grau etc. ⟨*desempenho p. ao esforço dedicado*⟩ ⮌ desproporcional

pro.por.cio.nar *v.*{mod. 1} *t.d. e t.d.i.* **1** (prep. *a*) pôr ao alcance, à disposição de; prestar, fornecer ❑ *t.d.i.* **2** (prep. *a*) oferecer as condições ou a oportunidade de; propiciar ❑ *t.d.,t.d.i. e pron.* **3** (prep. *com*) tornar(-se) proporcional; harmonizar(-se), adequar(-se) ⮌ destoar

pro.po.si.ção [pl.: *-ões*] *s.f.* **1** proposta, sugestão **2** em lógica, expressão composta de sujeito, verbo e predicado, que pode ser verdadeira ou falsa; enunciado ~**proposicional** *adj.2g.*

pro.po.si.ta.do *adj.* proposital

pro.po.si.tal *adj.2g.* feito com alguma intenção; intencional, propositado ⟨*atraso p.*⟩ ⮌ involuntário

pro.pó.si.to *s.m.* **1** intenção de fazer algo; projeto ⟨*mantém-se no firme p. de viajar*⟩ **2** o que se busca alcançar; objetivo ⟨*ter bons p. na vida*⟩ ⊡ **a p.** *loc.adv.* **1** a tempo, oportunamente ⟨*a informação veio a p.*⟩ **2** aliás, por sinal ⟨*recusou um trabalho, a p. muito vantajoso*⟩ • **de p.** *loc.adv.* intencionalmente ⟨*esqueceu o anel de p.*⟩

pro.pos.ta *s.f.* **1** o que se propõe; sugestão **2** projeto, oferta etc. apresentados para a realização, aquisição etc. de algo ⟨*as p. para a construção*⟩ ⟨*a melhor p. para a compra da casa*⟩ **3** objetivo estético de um artista ao produzir uma obra ⟨*uma p. literária inovadora*⟩

pro.pri.e.da.de *s.f.* **1** o que pertence a alguém ⟨*os livros são p. dele*⟩ **2** pedaço de terra e/ou imóvel pertencente a indivíduo ou instituição ⟨*a cachoeira fica em p. privada*⟩ **3** qualidade especial ou peculiar a um indivíduo ou coisa; particularidade ⟨*as p. das enzimas*⟩

pro.pri.e.tá.rio *adj.s.m.* **1** que(m) possui (algo) ⟨*p. da chave*⟩ **2** que(m) detém a posse legal de bem, imóvel, terra, empresa etc. ⟨*p. da fazenda*⟩

pró.prio *adj.* **1** que pertence a (alguém ou algo) ⟨*casa p.*⟩ **2** que serve para determinado fim ⟨*o formulário p. para inscrição*⟩ ⟨*o momento p. para a discussão*⟩ ⮌ impróprio **3** peculiar, característico ⟨*atitude p. de criança*⟩ **4** verdadeiro, autêntico ⟨*sentido p. da palavra*⟩

pro.pug.nar *v.*{mod. 1} *t.d. e t.i.* (prep. *por*) lutar em favor de; defender ⮌ combater ~ **propugnador** *adj.s.m.*

pro.pul.são [pl.: *-ões*] *s.f.* **1** impulso para a frente **2** o meio de fazer (algo) mover-se para a frente ⟨*aeronave com p. a jato*⟩ **3** *fig.* estímulo, incentivo

pro.pul.sar *v.*{mod. 1} *t.d.* **1** fazer ir para diante; empurrar, impulsionar **2** jogar para longe ou para fora; repelir ~**propulsivo** *adj.*

pro.pul.sio.nar *v.*{mod. 1} *t.d.* **1** fazer ir para a frente; propelir, impulsionar **2** *fig.* impulsionar, estimular ⟨*p. as artes*⟩

pro.pul.sor \ô\ *adj.s.m.* **1** (o) que impele para a frente **2** (dispositivo ou mecanismo) que transmite movimento a máquinas

pror.ro.ga.ção [pl.: *-ões*] *s.f.* ato ou efeito de prorrogar; adiamento ⟨*a p. das provas finais*⟩ ⮌ antecipação

pror.ro.gar *v.*{mod. 1} *t.d.* fazer durar além do tempo estabelecido; prolongar ⮌ reduzir

pror.rom.per *v.*{mod. 8} *t.i.* **1** (prep. *em*) iniciar com ímpeto; irromper ❑ *int.* **2** manifestar-se de repente; irromper ~**prorrompimento** *s.m.*

pro.sa *s.f.* **1** expressão natural da linguagem escrita ou falada, sem rimas **2** *p.ext.* o que é material, cotidiano ⟨*a p. da realidade*⟩ **3** conversa informal ■ *adj.2g.s.2g.* **4** que(m) se gaba, com ou sem motivo; vaidoso, convencido ⮌ humilde

pro.sa.dor \ô\ *adj.s.m.* que(m) escreve em prosa

pro.sai.co *adj.* **1** relativo a prosa **2** sem requinte; comum, trivial ⟨*vida p.*⟩ ⮌ sofisticado **3** apegado ao lado prático e material da vida ⟨*preocupações p.*⟩

pro.sá.pia *s.f.* **1** linhagem, ascendência **2** *p.ext.* altivez, orgulho

pro.sar *v.*{mod. 1} *int.* **1** escrever prosa ❑ *t.i. e int.* *B* **2** (prep. *com*) conversar informalmente; papear

pros.cê.nio *s.m.* **1** parte anterior do palco **2** *p.ext.* teatro, palco

pros.cre.ver *v.* {mod. 8} *t.d.* **1** fazer sair (de um lugar); banir, expulsar **2** proibir ou desaconselhar (um uso) ⮌ recomendar ⊙ GRAM/USO part.: *proscrito* ~ **proscrição** *s.f.*

pros.cri.to *adj.* **1** que se proscreveu **2** exilado, banido **3** proibido, censurado ■ *s.m.* **4** indivíduo banido

pro.se.ar *v.* {mod. 5} *t.i. e int.* **1** (prep. *com*) manter diálogo (com); conversar, papear ❑ *int. e pron.* **2** (prep. *de*) vangloriar-se, gabar-se ~ **proseador** *adj.s.m.*

pro.se.li.tis.mo *s.m.* atividade de fazer prosélitos; catequese, doutrinação

pro.sé.li.to *s.m.* pessoa que foi atraída e se converteu a uma religião, seita, partido etc.; adepto, partidário

pro.só.dia *s.f.* **1** pronúncia correta das palavras, quanto à acentuação e à entoação **2** parte da gramática que estuda a emissão dos sons da fala **3** MÚS adaptação da métrica de um texto à da melodia ~ **prosódico** *adj.*

pro.so.po.pei.a \éi\ *s.f.* **1** figura de linguagem em que o escritor empresta sentimentos humanos e palavras a seres inanimados, a animais ou a ausentes; personificação **2** *p.ext.* discurso empolado ou veemente ~ **prosopopaico** *adj.*

pros.pec.ção [pl.: *-ões*] *s.f.* **1** técnica us. para localizar e estudar preliminarmente uma jazida mineral ou petrolífera **2** *fig.* sondagem dos pensamentos e sentimentos alheios

pros.pec.tar *v.* {mod. 1} *t.d. e int.* **1** procurar (jazidas minerais ou petrolíferas) ❑ *t.d.* **2** *fig.* buscar saber pensamentos e sentimentos de; sondar **3** calcular o valor de (jazida) por prospecção ❑ *int.* **4** ser mais visível ou mais importante; sobressair ~ **prospectivo** *adj.*

pros.pec.to *s.m.* **1** folheto impresso explicativo, us. para propaganda, divulgação de evento, produto etc. **2** caráter do que é provável; probabilidade, perspectiva ⟨*o p. de uma nova guerra*⟩

pros.pe.rar *v.* {mod. 1} *t.d. e int.* **1** tornar(-se) próspero; enriquecer ⮌ empobrecer **2** (fazer) ficar maior e/ou melhor; desenvolver-se, progredir ⟨*o esforço prospera a vida*⟩ ⟨*o negócio, a cidade prosperou*⟩ ⮌ regredir; estagnar ❑ *t.i.* **3** (prep. *a*) ser propício a; favorecer, beneficiar ⮌ prejudicar

pros.pe.ri.da.de *s.f.* **1** estado do que é próspero **2** grande produção de alimentos e bens de consumo; fartura ⟨*período de p.*⟩ ⮌ carência **3** acúmulo de bens materiais; riqueza ⮌ pobreza

prós.pe.ro *adj.* **1** que tem êxito, que progride; bem-sucedido ⟨*negociante p.*⟩ ⟨*nação p.*⟩ ⮌ estagnado **2** feliz, ditoso ⮌ infeliz

pros.se.guir *v.* {mod. 28} *t.d. e t.i.* **1** (prep. *em*) levar adiante; continuar, seguir ⮌ interromper ❑ *t.i.* **2** (prep. *com*) retomar (atividade interrompida); continuar ❑ *t.d. e int.* **3** ir adiante; seguir ⮌ parar ❑ *pred.* **4** continuar, permanecer (em certo estado ou posição) ~ **prosseguimento** *s.m.*

prós.ta.ta *s.f.* glândula sexual masculina situada em torno da porção inicial da uretra e que produz o esperma ~ **prostático** *adj.*

pros.ter.nar *v.* {mod. 1} *t.d.* **1** deitar por terra; prostrar, abater **2** *fig.* deixar indefeso; vencer, subjugar ❑ *pron.* **3** curvar-se ao chão em sinal de profundo respeito

pros.tí.bu.lo *s.m.* local, casa etc., destinado à prostituição ~ **prostibular** *adj.2g.*

pros.ti.tu.i.ção [pl.: *-ões*] *s.f.* **1** ato ou efeito de prostituir(-se) **2** atividade que visa lucro com a exploração de prostitutas **3** meio de vida de prostitutas e prostitutos **4** o conjunto dos indivíduos que se prostituem **5** *fig. pej.* aviltamento, rebaixamento ⟨*p. da sagrada missão do médico*⟩

pros.ti.tu.ir *v.* {mod. 26} *t.d. e pron.* **1** entregar-se a ou manter relações sexuais em troca de dinheiro **2** rebaixar(-se) moralmente; degradar(-se), corromper(-se) ⮌ honrar(-se) ~ **prostituído** *adj.*

pros.ti.tu.ta *s.f.* mulher que ganha dinheiro para manter relações sexuais; meretriz

pros.tra.ção [pl.: *-ões*] *s.f.* **1** ato ou efeito de prostrar(-se) **2** *fig.* ato ou efeito de dominar; submissão **3** *fig.* estado de debilidade física; fraqueza ⮌ robustez **4** estado de abatimento psíquico ou moral; depressão, desânimo ⮌ animação

pros.trar *v.* {mod. 1} *t.d.* **1** fazer cair; derrubar, prosternar ❑ *pron.* **2** curvar-se ao chão em súplica ou adoração ❑ *t.d. e pron.* **3** *p.ext.* (fazer) perder as forças; extenuar(-se) ⮌ descansar **4** *fig.* (fazer) perder o ânimo, a resistência moral; abater(-se) ⮌ animar(-se) **5** *fig.* impor ou aceitar domínio; submeter(-se)

pro.tac.tí.nio *s.m.* elemento químico radiativo de difícil obtenção em sua forma pura [símb.: *Pa*] ☞ cf. *tabela periódica* (no fim do dicionário)

pro.ta.go.nis.ta *adj.2g.s.2g.* **1** que(m) é personagem principal de peça de teatro, livro, filme etc. **2** (ator) que representa o papel desse personagem no teatro, cinema etc. **3** *fig.* (indivíduo) que tem papel de destaque num acontecimento ⟨*ser p. de um drama*⟩

pro.ta.go.ni.zar *v.* {mod. 1} *t.d.* **1** ser o personagem principal em **2** ser o agente principal de (ato, fato)

pro.te.ção [pl.: *-ões*] *s.f.* **1** cuidado com algo ou alguém mais fraco; amparo, apoio ⟨*p. aos idosos*⟩ ⟨*p. às terras indígenas*⟩ **2** o que serve para abrigar ⟨*precisam de uma p. contra a chuva*⟩ **3** defesa ⟨*p. contra raios ultravioleta*⟩ **4** tratamento privilegiado que alguém recebe; favoritismo ⟨*gozava de p. na escola porque tirava boas notas*⟩ **5** revestimento, invólucro ⟨*não tire ainda a p. do CD*⟩

pro.te.cio.nis.mo *s.m.* ECON sistema de proteção da indústria ou comércio de um país, através de leis que proíbem ou inibem a importação de determinados produtos ~ **protecionista** *adj.s.2g.*

pro.te.ger *v.* {mod. 8} *t.d.,t.d.i. e pron.* **1** (prep. *de*) pôr(-se) a salvo, livre (de perigos ou fatores externos); defender(-se), preservar(-se) ⮌ arriscar(-se) ❑ *t.d.* **2** ter ações para manter ou desenvolver; amparar ⟨*p. a pesquisa, as artes*⟩ **3** dar tratamento melhor a; favorecer, beneficiar ⮌ prejudicar

pro.te.í.na *s.f.* macromolécula orgânica composta de aminoácidos que constitui grande porção da massa dos seres vivos e é necessária na dieta de animais e organismos que não realizam a fotossíntese ~ **proteico** *adj.* - **proteínico** *adj.*

pro.te.lar *v.* {mod. 1} *t.d.* deixar para depois; adiar, postergar ⮌ antecipar ~ **protelação** *s.f.* - **protelador** *adj.s.m.*

pro.te.ro.zoi.co \ói\ *s.m.* **1** terceiro e mais recente período geológico da era pré-cambriana, anterior ao Arqueozoico, caracterizado pela solidificação da crosta terrestre e pelo desenvolvimento da vida aquática ☞ inicial maiúsc. ■ *adj.* **2** desse período

pró.te.se *s.f.* **1** MED dispositivo implantado no corpo para suprir a falta de um órgão ou restaurar uma função comprometida ⟨*p. dentária*⟩ ☞ cf. *órtese* **2** GRAM acréscimo de sílaba no início de palavra, sem alteração do significado, como *assoprar/soprar*

pro.tes.tan.te *adj.2g.* **1** que protesta **2** relativo ou pertencente ao protestantismo ■ *adj.2g.s.2g.* **3** adepto do protestantismo

pro.tes.tan.tis.mo *s.m.* conjunto de doutrinas religiosas e de igrejas oriundas da Reforma religiosa no sXVI ☞ cf. *Reforma* na parte enciclopédica

pro.tes.tar *v.* {mod. 1} *t.i. e int.* **1** (prep. *contra*) demonstrar discordância, repulsa ou revolta (contra); reclamar ❑ *t.d. e t.d.i.* **2** (prep. *a*) comprometer-se ou afirmar solene e publicamente; jurar, prometer ❑ *t.d.* **3** DIR fazer protesto de (título) por falta de pagamento

pro.tes.to *s.m.* **1** queixa, reclamação ⟨*houve muitos p. contra o aumento das mensalidades*⟩ **2** declaração de desacordo **3** DIR ato pelo qual o portador de um título comercial, não aceito nem pago no dia do vencimento, se resguarda o direito de qualquer procedimento futuro

pro.té.ti.co *adj.* **1** relativo a prótese ■ *adj.s.m.* **2** (profissional) especializado em próteses dentárias

pro.te.tor \ô\ *adj.s.m.* que(m) protege ⊡ **p. de tela** *loc.subst.* INF utilitário que substitui os dados por uma imagem em uma tela de computador, após um período determinado de inatividade

pro.te.to.ra.do *s.m.* situação de um país ou território subordinado politicamente a outro **2** esse país ou território

pro.tis.ta *s.m.* **1** qualquer organismo constituído por uma única célula **2** nome comum dado aos organismos constituídos por uma única célula ou um grupo de poucas células, que apresentam o núcleo distinto, como protozoários, algas, fungos e bactérias ■ *adj.2g.* **3** relativo a esses organismos

pro.to.co.lo *s.m.* **1** registro de atos oficiais **2** registro de uma conferência internacional ou negociação diplomática **3** livro de registro das correspondências oficiais de uma empresa, repartição pública etc. **4** *p.ext.* comprovante do que foi registrado nesse livro ⟨*perdeu o p. de inscrição no concurso*⟩ **5** conjunto de normas reguladoras de atos públicos, esp. no governo e na diplomacia; cerimonial ⊡ **p. de comunicação** *loc.subst.* conjunto de normas e especificações técnicas que regem a transmissão de dados entre computadores

pro.to.fo.ni.a *s.f.* MÚS composição instrumental de introdução a uma ópera, opereta, sinfonia etc.

pró.ton [pl.: *prótones, (B) prótons*] *s.m.* FÍS partícula de carga elétrica positiva constituinte do núcleo atômico

pro.to.plas.ma *s.m.* BIO porção fluida do citoplasma, excluindo-se as organelas ~ **protoplasmático** *adj.* - **protoplásmico** *adj.*

pro.tó.ti.po *s.m.* **1** modelo criado para servir de teste **2** modelo, padrão **3** *fig.* o exemplar mais exato, mais típico, de alguma categoria de coisas ou indivíduos ⟨*o p. do bom aluno*⟩ ~ **prototípico** *adj.*

pro.to.zo.á.rio *s.m.* **1** ser unicelular ☞ cf. *protista* ■ *adj.* **2** relativo a esse ser

pro.tu.be.rân.cia *s.f.* saliência ~ **protuberante** *adj.2g.*

pro.va *s.f.* **1** o que demonstra que uma afirmação ou fato são verdadeiros; evidência **2** qualquer experimento para testar a qualidade ou veracidade de algo **3** trabalho escolar que tem por finalidade avaliar os conhecimentos do aluno; teste **4** concurso ('exame') ⟨*p. para a Marinha*⟩ **5** competição esportiva ⟨*p. de saltos*⟩ **6** primeira impressão de trabalho tipográfico, us. para revisão e marcação de correções **7** porção de alguma coisa que se dá para provar ⟨*uma p. do doce*⟩ ⊡ **p. de fogo** *loc.subst.* grande dificuldade por que se tem de passar

pro.va.ção [pl.: *-ões*] *s.f.* grande sofrimento ⮌ satisfação

pro.va.dor \ô\ *adj.s.m.* **1** profissional encarregado de degustar vinhos, café, chá etc., a fim de determinar sua qualidade, classificação comercial etc. ■ *s.m.* **2** *B* cabine para experimentar roupas em lojas

pro.var *v.* {mod. 1} *t.d. e t.d.i.* **1** (prep. *a*) mostrar a autenticidade de (algo) com razões, fatos etc.; comprovar ⟨*p. sua inocência (ao júri)*⟩ **2** (prep. *a*) dar demonstração de; revelar ⟨*tal ato provou (a todos) seu egoísmo*⟩ ⮌ esconder **3** (prep. *a*) realizar ações ou portar-se de certo modo para convencer (alguém) [de algo] ❑ *t.d.* **4** conhecer por experiência própria; viver, sofrer **5** fazer experiência; tentar, experimentar **6** conferir estado, qualidade, serventia etc. de; testar **7** pôr no corpo (roupa, calçado) para ver como assenta; experimentar ❑ *t.d., t.i. e int.* **8** (prep. *de*) comer ou beber um pouco de (algo) para avaliar sua qualidade, seu estado; degustar

pro.vá.vel *adj.2g.* **1** cuja ocorrência é possível ⟨*é p. que chova*⟩ ⟨*p. candidato à presidência*⟩ ⮌ improvável **2** que se pode comprovar ⟨*teoria p.*⟩ ~ **provavelmente** *adv.*

pro.vec.to *adj.* **1** que apresenta progresso; adiantado ⟨*aluno p.*⟩ ⮌ atrasado **2** que conhece muito um assunto ⟨*p. em física*⟩ ⮌ principiante **3** *fig.* idoso ou antigo ⮌ jovem **4** *p.ext.* relativo à velhice ⟨*idade p.*⟩

pro.ve.dor \ô\ *adj.s.m.* 1 (aquele) que provê 2 que(m) dirige instituições assistenciais ou de beneficência 3 INF provedor de acesso ▣ **p. de acesso** *loc.subst.* INF organização com uma conexão de alta capacidade e grande rede de computadores, que disponibiliza a outros usuários o acesso a essa rede; provedor

pro.vei.to *s.m.* 1 benefício, resultado positivo propiciado por uma experiência, uma ação, um objeto etc. ⟨*pesquisa sem nenhum p.*⟩ ⟨*que p. há nisso?*⟩ ⊃ prejuízo 2 vantagem que se tira de alguma coisa; lucro, ganho ⊃ perda

pro.vei.to.so \ô\ [pl.: *proveitosos* \ó\] que traz proveito, tem utilidade; benéfico, útil

pro.ven.çal *adj.2g.* 1 da Provença, sul da França ■ *s.2g.* 2 natural ou habitante dessa região ■ *s.m.* 3 língua medieval dessa região ~ **provençalismo** *s.m.* - **provençalista** *adj.2g.s.2g.*

pro.ve.ni.ên.cia *s.f.* origem, procedência ⟨*não se sabe a p. do boato*⟩ ~ **proveniente** *adj.2g.*

pro.ven.to *s.m.* 1 ganho, lucro ⊃ prejuízo ▼ *proventos s.m.pl.* 2 remuneração de servidores públicos 3 remuneração de profissionais liberais; honorários

pro.ver *v.* {mod. 12} *t.d.i. e pron.* 1 (prep. *de*) abastecer(-se) [do que for necessário, útil]; munir(-se) ❑ *t.d.* 2 tomar providências para; providenciar 3 nomear alguém para (cargo, vaga); preencher ❑ *t.d.i.* 4 (prep. *em*) nomear (para cargo, função); investir 5 (prep. *de*) agraciar com (qualidade, talentos etc.); dotar

pro.ver.bi.al *adj.2g.* 1 relativo ou semelhante a provérbio 2 sempre citado como modelo ⟨*a p. pontualidade britânica*⟩ ~ **proverbialidade** *s.f.*

pro.vér.bio *s.m.* dito popular que resume um conceito a respeito da realidade ou uma regra social ou moral (p.ex., *Deus ajuda a quem madruga*); dito, máxima

pro.ve.ta \ê\ *s.f.* QUÍM vaso de vidro em forma de tubo cilíndrico, fechado em uma das extremidades, us. em laboratórios para dosagens, misturas etc.; tubo de ensaio

pro.vi.dên.cia *s.f.* 1 ação concreta para a realização de algo ⟨*tomar as p. necessárias*⟩ 2 REL ação divina ☞ inicial maiúsc. 3 REL o próprio Deus ☞ inicial maiúsc.

pro.vi.den.ci.al *adj.2g.* 1 que parte da Providência divina ⟨*desígnios p.*⟩ 2 oportuno, conveniente ⟨*a transferência foi p.*⟩

pro.vi.den.ci.ar *v.* {mod. 1} *t.d.* tomar medidas cabíveis para conseguir ou realizar (algo)

pro.vi.men.to *s.m.* 1 abastecimento, sortimento 2 provisão ('reserva')

pro.vín.cia *s.f.* 1 subdivisão de um país ou império 2 no Brasil imperial, cada uma das grandes divisões administrativas, governada por um presidente 3 *p.ext.* região afastada da capital; interior ~ **provincial** *adj.2g.*

pro.vin.ci.a.no *adj.* 1 da província 2 *p.ext. pej.* atrasado, sem elegância ou sofisticação ⟨*mentalidade p.*⟩ ■ *adj.s.m.* 3 natural ou habitante da província ~ **provincianismo** *s.m.*

pro.vir *v.* {mod. 31} *int.* 1 ser originário de (um lugar); vir, sair ⟨*povos que provieram da Ásia*⟩ ☞ *da Ásia* é circunstância que funciona como complemento ❑ *t.i.* 2 (prep. *de*) ter origem em; proceder, derivar ⟨*essa palavra provém do latim*⟩ 3 (prep. *de*) descender de (família, geração, raça) 4 (prep. *de*) surgir como consequência; resultar ⟨*tal doença provém da falta de higiene*⟩ ~ **provindo** *adj.*

pro.vi.são [pl.: *-ões*] *s.f.* 1 abastecimento, fornecimento 2 [2]estoque 3 reserva em dinheiro ou em valores 4 reserva de mantimentos, víveres ~ **provisionar** *v.t.d. e pron.*

pro.vi.só.rio *adj.* 1 que não é permanente; temporário ⊃ definitivo 2 interino ⊃ efetivo

pro.vi.ta.mi.na *s.f.* molécula ger. encontrada em alimento e que é transformada em uma vitamina pelos seres vivos, pela ação de certos agentes, como a luz solar

pro.vo.ca.ção [pl.: *-ões*] *s.f.* 1 desafio 2 insulto, ofensa 3 petulância, atrevimento 4 tentação, incitamento

pro.vo.car *v.* {mod. 1} *t.d.i.* 1 (prep. *a, para*) estimular (alguém) a (agir de certo modo ou fazer algo); incitar, desafiar ⟨*p. alguém para a briga*⟩ ⟨*p. o povo à desordem*⟩ ❑ *t.d.* 2 ser a causa de; produzir, motivar 3 fazer perder a calma; irritar 4 agir de modo a causar; armar, promover ⟨*p. desordem*⟩ 5 despertar desejo sexual em; tentar ~ **provocante** *adj.2g.* - **provocativo** *adj.*

pro.vo.lo.ne *s.m.* queijo italiano defumado de massa firme e crua

pro.xe.ne.ta \cs...ê\ *s.2g.* explorador de prostitutas; cafetão

pro.xi.mi.da.de \ss\ *s.f.* 1 condição do que é ou está próximo; vizinhança ⊃ afastamento 2 pequeno intervalo de tempo; iminência ⟨*a p. dos exames assustava-o*⟩ 3 familiaridade, intimidade ⟨*havia uma certa p. entre nós*⟩

pró.xi.mo \ss\ *adj.* 1 que está a pequena distância no espaço ou no tempo ⊃ distante 2 que se segue imediatamente ⟨*na p. semana*⟩ 3 em primeiro grau (diz-se de parente) 4 muito chegado; íntimo ⊃ afastado 5 semelhante ⟨*o desenho ficou bem p. do original*⟩ ■ *s.m.* 6 cada ser humano ⟨*amar ao p.*⟩ 7 aquele que vem em seguida ⟨*mandar entrar o p. da fila*⟩ ■ *adv.* 8 perto ⊃ longe

pru.dên.cia *s.f.* 1 cautela, precaução ⟨*dirigir com p.*⟩ ⊃ imprudência 2 ponderação, sensatez ⟨*resolver o problema com toda a p.*⟩ ⊃ precipitação

pru.den.te *adj.2g.* 1 que não procura o perigo; cauteloso, sensato, ajuizado 2 que costuma precaver-se, preparar-se antecipadamente; previdente

pru.ma.da *s.f.* 1 direção vertical determinada pelo prumo 2 profundidade em certo ponto do mar, rio etc.

pru.mo *s.m.* 1 instrumento constituído de um corpo pesado preso a um fio us. para determinar a linha vertical 2 instrumento us. para medir a profundidade das águas de mar, rio, represa etc. **3** *fig.* juízo, prudência **4** *fig.* porte elegante ⊡ **a p.** *loc.adv.* verticalmente

pru.ri.do *s.m.* **1** sensação incômoda de coceira; comichão **2** pudor, escrúpulo **3** *fig.* desejo ardente; impaciência

pru.ri.gi.no.so \ô\ [pl.: *pruriginosos \ó*] *adj.* que coça ou causa coceira

prus.si.a.no *adj.* **1** da Prússia, antigo Estado alemão ■ *s.m.* **2** natural ou habitante desse antigo Estado

pseu.dô.ni.mo *s.m.* nome fictício adotado por um autor, artista etc. ☞ cf. *heterônimo* ~ **pseudonímico** *adj.*

psi.ca.ná.li.se *s.f.* método e técnica de investigação psicológica, formulados por Sigmund Freud, que buscam esclarecer o significado dos processos inconscientes do comportamento humano ☞ cf. *Freud* na parte enciclopédica ~ **psicanalítico** *adj.*

psi.ca.na.lis.ta *adj.2g.s.2g.* especialista em psicanálise

psi.co.ci.ne.se *s.f.* deslocação de objetos físicos por suposta ação da mente sobre a matéria ~ **psicocinésico** *adj.* - **psicocinético** *adj.*

psi.co.dé.li.co *adj.* **1** que produz efeitos alucinógenos **2** relativo a esses efeitos **3** muito extravagante ⟨*decoração p.*⟩

psi.co.dra.ma *s.m.* técnica de psicoterapia em grupo que se baseia na dramatização dos conflitos emocionais dos pacientes

psi.co.gra.far *v.* {mod. 1} *t.d. e int.* no espiritismo, escrever (o médium) [texto, palavras etc. ditados por um espírito]

psi.co.gra.fi.a *s.f.* **1** descrição dos fenômenos psíquicos **2** ato de psicografar ou seu efeito

psi.có.gra.fo *s.m.* médium que escreve por psicografia

psi.co.lo.gi.a *s.f.* **1** estudo das atividades mentais e do comportamento de um indivíduo ou grupo **2** o conjunto dessas atividades e dos respectivos padrões de comportamento previsíveis ~ **psicológico** *adj.* - **psicólogo** *s.m.*

psi.co.neu.ro.se *s.f.* conjunto de problemas de origem psíquica

psi.co.pa.ta *adj.2g.s.2g.* que(m) apresenta distúrbios mentais graves

psi.co.pa.ti.a *s.f.* **1** doença mental grave que gera comportamentos antissociais e amorais, livres de arrependimento ou remorso **2** *p.ext.* qualquer doença mental

psi.co.se *s.f.* **1** PSIQ distúrbio mental grave marcado por conflitos com a realidade, alucinações, ilusões etc. ☞ cf. *neurose* **2** *fig.* ideia fixa

psi.cos.so.ci.al *adj.2g.* **1** que envolve aspectos psicológicos e sociais **2** que estuda as relações sociais à luz da saúde mental

psi.cos.so.má.ti.co *adj.* que pertence ao mesmo tempo ao orgânico e ao psíquico (diz-se de distúrbio) ⟨*reação p.*⟩

psi.co.téc.ni.ca *s.f.* estudo do uso de conhecimentos psicológicos no domínio prático ~ **psicotécnico** *adj.*

psi.co.te.ra.pi.a *s.f.* aplicação de qualquer das várias técnicas de tratamento de doenças e problemas psíquicos ~ **psicoterapeuta** *s.2g.*

psi.có.ti.co *adj.s.m.* **1** que(m) sofre de psicose ■ *adj.* **2** relativo a psicoses ⟨*surto p.*⟩

psi.co.tró.pi.co *adj.s.m.* (substância) que atua quimicamente sobre o psiquismo, o comportamento, a percepção etc.

psi.que *s.f.* **1** a mente **2** PSIC estrutura mental ou psicológica de um indivíduo **3** PSIC psiquismo

psi.qui.a.tra *s.2g.* médico que se dedica ao estudo e à prática da psiquiatria

psi.qui.a.tri.a *s.f.* ramo da medicina que se dedica ao estudo, diagnóstico e tratamento de doenças mentais ~ **psiquiátrico** *adj.*

psí.qui.co *adj.* **1** relativo à psique ('mente') **2** relativo aos aspectos psicológicos ou comportamentais do indivíduo

psi.quis.mo *s.m.* conjunto das características psicológicas de um indivíduo; psique

psi.ta.cí.deo *s.m.* ZOO **1** espécime dos psitacídeos, família de aves como as araras, periquitos, papagaios, cacatuas e afins, de bico alto e recurvado, e pés com dois dedos para a frente e dois para trás ■ *adj.* **2** relativo a esse espécime ou a essa família

psi.ta.cis.mo *s.m.* **1** distúrbio psíquico que consiste em repetir palavras sem ter ideia do seu significado **2** *p.ext. pej.* palavreado vazio e abundante; verborreia **3** *p.ext. pej.* aprendizagem por repetição mecânica

psiu *interj.* som us. para chamar alguém ou para pedir silêncio

pso.rí.a.se *s.f.* MED doença de pele crônica caracterizada por placas vermelhas cobertas por escamas brancas que ocorre ger. no couro cabeludo, joelhos e cotovelos

Pt símbolo de ¹*platina*

pte.ri.dó.fi.ta *s.f.* BOT espécime das pteridófitas, divisão do reino vegetal que reúne plantas vasculares e com esporos, como as avencas, as samambaias ~ **pteridófito** *adj.*

pte.ro.dác.ti.lo *adj.* **1** que tem os dedos unidos por membranas ■ *s.m.* **2** réptil pré-histórico voador, de tamanho aproximado ao de um pombo, com bico longo, dotado de dentes e cauda curta

Pu símbolo de *plutônio*

pu.a *s.f.* **1** ponta aguda; bico **2** furadeira manual ⊡ **sentar a p.** *loc.vs.* **1** bater com força **2** agir com grande disposição

pu.ber.da.de *s.f.* período de transição entre a infância e a adolescência

pú.be.re *adj.2g.* que está na puberdade ⊃ impúbere

pu.bi.a.no *adj.* ANAT relativo a ou próprio de púbis; púbico

pú.bis *s.m.2n.* ANAT **1** parte mais frontal do osso ilíaco **2** parte triangular no baixo abdome, que nos adultos é coberta de pelos **3** nome dos pelos da genitália externa ~ **púbico** *adj.*

pu.bli.ca.ção [pl.: *-ões*] *s.f.* **1** ato de publicar ou seu efeito **2** a obra impressa e publicada

pú.bli.ca-for.ma [pl.: *públicas-formas*] *s.f.* cópia de documento, autenticada em tabelião, que substitui o original

pu.bli.car *v.* {mod. 1} *t.d.* **1** tornar público, muito conhecido; divulgar **2** reproduzir (obra escrita) por impressão ou outro meio, pondo à venda ou distribuindo gratuitamente; editar

pu.bli.cá.vel *adj.2g.* **1** que pode ser publicado **2** que não ofende a moral pública ⮌ impublicável

pu.bli.ci.da.de *s.f.* **1** qualidade do que é público **2** atividade que torna público um produto ou serviço com o intuito de persuadir as pessoas a comprá-lo; propaganda ⟨*agência de p.*⟩ ⟨*produto divulgado com muita p.*⟩

pu.bli.cis.ta *s.2g.* **1** jornalista ou escritor que escreve sobre política, economia, questões sociais ou jurídicas etc. de interesse do público; articulista **2** especialista em direito público

pu.bli.ci.tá.rio *adj.* **1** relativo a publicidade ■ *s.m.* **2** profissional que planeja, cria ou executa campanhas de publicidade ('atividade')

pú.bli.co *s.m.* **1** conjunto de espectadores **2** conjunto de pessoas com interesses ou características comuns ⟨*livro dirigido ao p. infantil*⟩ ■ *adj.* **3** relativo ou pertencente a uma coletividade ⟨*bem-estar p.*⟩ ⮌ particular **4** relativo ou pertencente a um governo, estado, cidade etc. ⟨*funcionalismo p.*⟩ ⮌ privado **5** que pertence a todos ⟨*banheiros p.*⟩ ⮌ privado **6** conhecido por todos **7** aberto a quaisquer pessoas ⟨*audiência p.*⟩ ⮌ privado ⊡ **em p.** *loc.adv.* **1** à vista de todos **2** para um auditório ⟨*falar em p.*⟩

pu.çá *s.m.* rede em forma cônica, presa a um aro dotado de cabo, us. para pescar crustáceos em águas rasas

pu.çan.ga *s.f.* *B* **1** remédio caseiro; mezinha **2** medicamento receitado pelos pajés **3** *p.ext.* beberagem, feitiço, poção

pu.den.do *adj.* **1** recatado, envergonhado **2** que deve ser alvo de recato, de vergonha ⟨*as partes p. do corpo*⟩ **3** ANAT relativo aos órgãos genitais externos

pu.den.te *adj.2g.* que tem pudor; casto ⮌ devasso

pu.de.ra *interj.* não era para menos

pu.di.cí.cia *s.f.* **1** pudor ⮌ indecência **2** castidade, pureza ⮌ luxúria

pu.di.co *adj.* recatado, casto ⮌ devasso ⊙ GRAM/USO sup.abs.sint.: *pudicíssimo*

pu.dim *s.m.* iguaria de consistência firme, porém macia, assada em banho-maria

pu.dor \ô\ *s.m.* sentimento de vergonha, timidez ou constrangimento ⮌ despudor ~ **pudoroso** *adj.*

pu.e.rí.cia *s.f.* infância

pu.e.ri.cul.tu.ra *s.f.* conjunto de noções para o cuidado médico, higiênico, nutricional etc. das crianças pequenas desde o seu nascimento ~ **puericultor** *adj.s.m.*

pu.e.ril *adj.2g.* **1** relativo ou pertencente a criança; infantil ⮌ adulto **2** *p.ext.* ingênuo; imaturo ⮌ maduro ~ **puerilidade** *s.f.*

pu.ér.pe.ra ou **pu.er.pe.ra** *s.f.* mulher que deu à luz há bem pouco tempo

pu.er.pe.ral *adj.2g.* **1** relativo a parto ou à puérpera **2** que ocorre em seguida ao parto ⟨*febre p.*⟩

pu.er.pé.rio *s.m.* período de restabelecimento de uma parturiente

pu.fe *s.m.* assento baixo e acolchoado, ger. circular

pu.gi.la.to *s.m.* **1** luta a socos **2** *fig.* discussão ou debate acalorado

pu.gi.lis.mo *s.m.* ¹boxe ~ **pugilístico** *adj.*

pu.gi.lis.ta *s.2g.* atleta que pratica pugilismo; boxeador

pug.na *s.f.* **1** luta, combate **2** *p.ext.* discussão, debate ⮌ acordo **3** *p.ext.* esforço, empenho ⮌ displicência

pug.nar *v.* {mod. 1} *t.d.,t.i. e int.* **1** (prep. *com*) travar combate (com); lutar, batalhar ❏ *t.i. fig.* **2** (prep. *por*) esforçar-se para conseguir; batalhar ⮌ desistir **3** (prep. *por*) lutar moralmente por; defender

pug.naz *adj.2g.* **1** que possui espírito belicoso; brigão **2** militante, combativo **3** que demonstra obstinação ⊙ GRAM/USO sup.abs.sint.: *pugnacíssimo* ~ **pugnacidade** *s.f.*

pu.ir *v.* {mod. 26} *t.d.,int. e pron.* **1** desgastar(-se) por atrito, ger. decorrente do uso ❏ *t.d.* **2** friccionar com pano ou similar para dar brilho; lustrar ⊙ GRAM/USO verbo defectivo

pu.jan.ça *s.f.* **1** direito ou poder de agir, de se fazer obedecer; domínio **2** grande força; vigor **3** abundância de bens materiais; fartura, riqueza **4** desenvolvimento máximo de um ser vivo; exuberância, viço ⟨*a selva amazônica em toda a sua p.*⟩ **5** capacidade produtiva de um solo

pu.jan.te *adj.2g.* **1** que tem poder; poderoso ⟨*um p. soberano*⟩ **2** vigoroso, possante ⟨*corpo p.*⟩ ⮌ débil, fraco **3** em que há abundância; rico ⟨*economia p.*⟩ ⮌ modesto, pobre **4** exuberante, viçoso ⟨*natureza p.*⟩ ⮌ ressequido **5** fértil, fecundo ⮌ estéril, infértil

pu.lar *v.* {mod. 1} *int.* **1** elevar-se por impulso dos pés e das pernas; saltar **2** jogar-se de lugar mais alto para um mais baixo; saltar ⟨*p. do trampolim*⟩ ☞ *do trampolim* é circunstância que funciona como complemento **3** pulsar com vigor ⟨*o coração pulava no peito*⟩ ❏ *t.d.* **4** saltar por cima de; transpor ⟨*p. um muro, uma poça*⟩ **5** omitir por distração ou de propósito ⟨*p. parte do texto*⟩

pu.le *s.f.* *B* **1** bilhete de aposta em corridas de cavalos **2** valor provável do rateio total dessas apostas; cotação

pul.ga *s.f.* nome comum dado a insetos saltadores de corpo achatado, que se alimentam de sangue quente de animais vertebrados, incluindo o homem

pul.gão [pl.: *-ões*] *s.m.* nome comum dado a insetos parasitas de corpo mole e sem asas que sugam a seiva das plantas

pul.guen.to *adj.* cheio de pulgas
pu.lha *s.f.* 1 gracejo dito com intuito de ridicularizar alguém 2 mentira 3 dito indecoroso, ofensivo 4 ato de um indivíduo sem caráter; canalhice ■ *adj.2g.s.m.* 5 (indivíduo) sem caráter ~ **pulhice** *s.f.*
pul.mão [pl.: *-ões*] *s.m.* cada um dos dois principais órgãos da respiração, situados nas cavidades do tórax ▣ **a plenos p.** *loc.adv.* com voz forte e alta ~ **pulmonar** *adj.2g.*
pu.lo *s.m.* 1 salto 2 pulsação violenta ⟨*sentir os p. do coração*⟩ ▣ **dar um p.** *loc.vs. infrm.* ir a um lugar e voltar logo em seguida ⟨*dar um p. no escritório*⟩
pu.lo do ga.to [pl.: *pulos do gato*] *s.m.* *B* recurso que permite escapar de uma situação difícil
pu.lô.ver [pl.: *pulôveres*] *s.m.* suéter
púl.pi.to *s.m.* tribuna elevada de onde o sacerdote faz o sermão aos fiéis
pul.sa.ção [pl.: *-ões*] *s.f.* 1 batimento ritmado no coração ou nas artérias 2 ação de contrair-se e dilatar-se ritmicamente; latejamento 3 MÚS unidade abstrata de medida do tempo musical, a partir da qual se estabelecem as relações de ritmo
[1]**pul.sar** *v.* {mod. 1} *int.* 1 ter pulsação; latejar, bater ❑ *t.d.* 2 movimentar por impulso; impelir ⟨*p. um carro*⟩ 3 pôr em movimento ritmado ⟨*o vento pulsa as águas*⟩ [ORIGEM: do lat. *pulsāre* 'impelir, repelir, agitar']
[2]**pul.sar** *s.m.* objeto estelar que emite radiações eletromagnéticas em ondas de rádio com impulsos muito regulares [ORIGEM: do ing. *pulsar* 'id.', de *puls*ating st*ar*, lit. 'estrela pulsante']
pul.sei.ra *s.f.* adorno para os pulsos ou braços
pul.so *s.m.* 1 batimento arterial que se faz sentir esp. na região do pulso 2 impulso, ritmo 3 ANAT punho 4 autoridade, firmeza ▣ **a p.** *loc.adv.* à força
pu.lu.lar *v.* {mod. 1} *int.* 1 lançar rebentos (a planta); brotar 2 multiplicar-se com rapidez e abundância, espalhando-se ❑ *t.i.* e *int.* 3 (prep. *de*) estar repleto de ou existir em grande número; abundar, fervilhar ↄ faltar ~ **pululante** *adj.2g.*
pul.ve.ri.zar *v.* {mod. 1} *t.d.* e *pron.* 1 reduzir(-se) a pó ❑ *t.d.* 2 espalhar (pó, farinha etc.) sobre; salpicar 3 cobrir de pó; polvilhar 4 borrifar com gotículas de um líquido, esp. inseticida; aspergir ~ **pulverização** *s.f.*
pu.ma *s.m.* mamífero felídeo selvagem, de grande porte, cabeça pequena, pelagem marrom e a ponta da cauda negra
pun.ção [pl.: *-ões*] *s.f.* introdução de instrumento em tecido vivo a fim de retirar líquido, pus etc.
pun.cio.nar *v.* {mod. 1} *t.d.* introduzir instrumento apropriado, p.ex. agulha, em (cavidade, veia, órgão) para retirar líquido, secreção ali contidos
punc.tu.ra *s.f.* → PUNTURA
pun.do.nor \ô\ *s.m.* 1 aquilo de que não se pode abrir mão 2 amor-próprio, brio 3 recato, pudor ~ **pundonoroso** *adj.*
pun.ga *s.f.* 1 furto praticado com habilidade ■ *s.2g.* 2 batedor de carteira; punguista
pun.gen.te *adj.2g.* 1 pontiagudo ⟨*arma p.*⟩ ↄ rombudo 2 que provoca forte dor 3 muito comovente ⟨*espetáculo p.*⟩ 4 que desperta sensação física aguda, penetrante ⟨*odor p.*⟩
pun.gir *v.* {mod. 24} *t.d.* 1 ferir ou furar com objeto pontudo; picar ❑ *t.d.* e *t.d.i.* 2 (prep. *a*) estimular, incentivar ❑ *t.d.* e *int.* 3 causar grande dor moral a; afligir ~ **pungimento** *s.m.*
pun.guis.ta *adj.2g.s.2g.* batedor de carteira ~ **punguear** *v.t.d.* e *int.*
pu.nha.do *s.m.* 1 porção (de algo) que caiba na mão ⟨*um p. de pedrinhas*⟩ 2 pequena ou grande quantidade (de algo) ⟨*um p. de asneiras*⟩
pu.nhal *s.m.* arma branca curta com lâmina pontiaguda
pu.nha.la.da *s.f.* golpe dado ou ferimento feito com punhal
pu.nho *s.m.* 1 ANAT junção da mão com o antebraço; munheca, pulso 2 a mão fechada 3 tira de tecido dobrado que arremata as mangas longas de camisas, blusas ou vestidos, e cujas pontas se abotoam, contornando o pulso 4 empunhadura
pu.ni.ção [pl.: *-ões*] *s.f.* 1 qualquer forma de castigo que se impõe a alguém por falta cometida 2 *fig.* algo penoso ou desagradável que alguém é obrigado a suportar ⟨*ir ao supermercado é uma p. para ele*⟩
pú.ni.co *adj.s.m.* 1 cartaginês 2 *fig.* (aquele) que age de má-fé ↄ leal
[1]**pu.nir** *v.* {mod. 24} *t.d.* e *pron.* 1 (prep. *de*) infligir(-se) pena, punição; castigar(-se) ❑ *t.d.* 2 servir de castigo a ⟨*a morte não pune os crimes*⟩ [ORIGEM: do lat. *punīre* 'id.'] ~ **punibilidade** *s.f.*
[2]**pu.nir** *v.* {mod. 24} *t.i.* (prep. *por*) lutar em defesa de; pugnar, batalhar [ORIGEM: cruzamento de *punir* com o arc. *punar* 'pugnar']
pu.ni.ti.vo *adj.* 1 que pune 2 que diz respeito a punição
punk [ing.] *s.m.* 1 movimento contestador no qual seus membros manifestam-se contra a ordem social vigente, assumindo comportamentos agressivos e provocadores ■ *s.2g.* 2 cada um dos membros desse movimento ■ *adj.2g.2n.* 3 relativo a esse movimento, ao seu estilo ou aos seus membros ⊙ GRAM/USO pl. do s.2g.: *punks* ⇨ pronuncia-se pank
pun.tu.ra ou **punc.tu.ra** *s.f.* furo ou picada feitos com objeto perfurante
pu.pi.la *s.f.* 1 orifício situado no centro da íris capaz de regular a quantidade de luz que penetra no olho; menina do olho 2 aluna, educanda 3 aquela que é tutelada por alguém
pu.pi.lo *s.m.* 1 aluno, discípulo 2 menor órfão que tem um tutor 3 protegido, afilhado
pu.pu.nha *s.f.* 1 palmeira cultivada por seu fruto saboroso e nutritivo, pela amêndoa, de que se extrai óleo, e pelo palmito comestível 2 esse fruto, amarelo e oleoso, que é consumido cozido
pu.pu.nhei.ra *s.f.* pupunha ('palmeira')
pu.ra.men.te *adv.* 1 de modo puro; sem mácula ⟨*amar o próximo p., sem interesses*⟩ 2 de modo preciso,

estrito; exclusivamente, estritamente ⟨*esta é uma questão p. técnica*⟩

pu.rê *s.m.* alimento pastoso preparado com frutas ou legumes amassados

pu.re.za \ê\ *s.f.* **1** característica do que é puro ⮌ impureza **2** inocência; sinceridade ⮌ hipocrisia **3** castidade; virgindade

pur.ga *s.f.* purgante

pur.gan.te *adj.2g.s.m.* **1** laxante ('medicamento') **2** (o) que purga ■ *s.m. infrm.* **3** o que é muito enfadonho, insuportável ~ **purgativo** *adj.*

pur.gar *v.* {mod. 1} *t.d. e t.d.i.* **1** (prep. *de*) livrar (de impurezas, coisas indesejáveis); depurar, purificar ❑ *t.d. e pron.* **2** livrar(-se) de culpa, pecados; redimir(-se) **3** (fazer) tomar purgante ❑ *int.* **4** expelir secreção, esp. pus ~ **purgação** *s.f.*

pur.ga.tó.rio *s.m.* **1** REL local onde as almas redimem-se de seus pecados, antes de alcançarem o paraíso **2** *fig.* lugar onde se sofre

pu.ri.fi.ca.ção [pl.: *-ões*] *s.f.* **1** ato ou efeito de tornar puro, livre de impurezas ⟨*p. da água*⟩ **2** ato ou efeito de se livrar de pecados, de máculas morais; expiação, purgação **3** qualquer rito religioso purificador **4** LITUR festa da purificação da Virgem Maria, celebrada a 2 de fevereiro, chamada tb. Candelária ☞ inicial maiúsc.

pu.ri.fi.ca.dor \ô\ *adj.* **1** que purifica ou que serve para purificar; purificante ■ *s.m.* **2** aquilo que serve para purificar **3** recipiente onde se lavam as pontas dos dedos após as refeições; lavanda **4** dispositivo, ger. com filtro, para purificar ar, água, líquidos

pu.ri.fi.car *v.* {mod. 1} *t.d.,t.d.i. e pron.* **1** (prep. *de*) deixar ou ficar sem (impurezas, substâncias indesejáveis); limpar(-se), purgar(-se) **2** *fig.* (prep. *de*) livrar(-se) [de pecados, manchas morais]

pu.ris.mo *s.m.* **1** preocupação exagerada com a conservação da pureza de um idioma **2** rejeição sistemática de qualquer possibilidade ou proposta de alteração em uma doutrina; ortodoxia ~ **purista** *adj.2g.s.2g.* - **purístico** *adj.*

pu.ri.ta.no *adj.s.m.* **1** que(m) demonstra rigidez quanto aos costumes morais e religiosos **2** que(m) é rígido esp. quanto às questões relacionadas ao comportamento sexual; moralista ⮌ devasso ~ **puritanismo** *s.m.*

pu.ro *adj.* **1** sem mistura; sem impureza ⟨*ouro p.*⟩ **2** límpido, transparente ⟨*água p.*⟩ ⮌ turvo **3** inocente, sem malícia ⮌ malicioso **4** fiel, exato ⟨*p. verdade*⟩

pu.ro-san.gue [pl.: *puros-sangues*] *adj.2g.s.2g.* (animal) de raça pura

púr.pu.ra *s.f.* **1** cor vibrante vermelho-escura ■ *adj.2g.2n.* **2** dessa cor ⟨*manto p.*⟩ **3** diz-se dessa cor ⟨*a cor p.*⟩ ~ **purpúreo** *adj.* - **purpurino** *adj.*

pur.pu.ri.na *s.f.* **1** pó metálico muito fino us. em impressões a ouro, prata e bronze **2** pó grosso brilhante, us. em maquiagens, trabalhos manuais etc.

pu.ru.len.to *adj.* **1** cheio de pus **2** que expele pus **3** *fig.* que inspira nojo ~ **purulência** *s.f.*

pus *s.m.* líquido espesso e amarelado que se forma num local infeccionado

pu.si.lâ.ni.me *adj.2g.s.2g.* **1** covarde, medroso ⮌ valente **2** (indivíduo) moralmente fraco

pu.si.la.ni.mi.da.de *s.f.* **1** fraqueza da vontade; falta de firmeza, de decisão **2** medo, covardia

pús.tu.la *s.f.* ferida com pus

pus.tu.len.to *adj.* **1** cheio de pústulas; pustuloso ⟨*pescoço p.*⟩ ■ *s.m.* **2** pessoa pustulenta

pus.tu.lo.so \ô\ [pl.: *pustulosos \ó*] *adj.* **1** que tem forma ou aparência de pústula **2** pustulento ■ *s.m.* **3** pustulento

pu.ta.ti.vo *adj.* falsamente atribuído a (alguém ou algo); suposto

pu.tre.fa.ção [pl.: *-ões*] *s.f.* **1** processo de apodrecer; apodrecimento **2** BIO decomposição da matéria orgânica causada por microrganismos

pu.tre.fac.to ou **pu.tre.fa.to** *adj.* que apodreceu; podre

pu.tre.fa.zer *v.* {mod. 14} *t.d.,int. e pron.* **1** tornar(-se) podre; deteriorar(-se), estragar **2** (fazer) portar-se contra a ética, a moral etc.; corromper(-se) ⮌ dignificar(-se) ⊙ GRAM/USO part. *putrefeito*

pú.tri.do *adj.* **1** que já se decompôs; podre **2** em processo de putrefação **3** que cheira mal; fétido ⮌ cheiroso **4** *fig.* moralmente degradado; corrompido

pu.xa *interj.* exprime espanto, admiração, aborrecimento etc.

pu.xa.da *s.f.* **1** ato de puxar ou o seu efeito; puxão **2** puxado ('construção') **3** *infrm.* caminhada longa e árdua ⟨*daqui ao sítio é uma p.!*⟩ **4** concentração de esforços para alcançar um fim

pu.xa.do *adj.* **1** esticado, retesado ⮌ frouxo **2** amendoado (diz-se de olho) **3** árduo, difícil ⮌ leve **4** cansativo ⮌ relaxante ■ *s.m.* **5** *B* construção para aumentar a casa

pu.xa.dor \ô\ *s.m.* **1** peça que se puxa para abrir gavetas, portas de armário etc. ■ *adj.* **2** que puxa ou serve para puxar

pu.xão [pl.: *-ões*] *s.m.* ato ou efeito de puxar com força

pu.xa-pu.xa *adj.2g.2n.s.m.* **1** (doce ou bala) de consistência grudenta ⊙ GRAM/USO pl. do subst.: *puxa-puxas* e *puxas-puxas*

pu.xar *v.* {mod. 1} *t.d.* **1** fazer mover para perto de si; trazer, atrair **2** usar força física para mover (algo) atrás de si; arrastar **3** forçar para si, para arrancar ou como se o tentasse ⟨*p. o cabelo, a orelha de alguém*⟩ **4** iniciar e comandar (ato coletivo) ⟨*p. uma vaia*⟩ **5** ser causa, origem de; provocar, ocasionar **6** deixar-se penetrar por (líquido); absorver **7** *B gír.* furtar (automóveis), ger. em via pública ❑ *t.d. e t.i.* **8** (prep. *de*) tirar (arma) do coldre, da bainha e empunhar; sacar **9** (prep. *a*) herdar características de (ascendentes) ❑ *t.i.* **10** (prep. *por*) forçar a estudar, a trabalhar; estimular ⟨*p. pelo filho*⟩ **11** (prep. *para*) estar próximo de (certo tom ou cor); tender ⟨*este verde puxa para o azul*⟩

pu.xa-sa.co [pl.: *puxa-sacos*] *adj.2g.s.2g. infrm.* bajulador

PVC *s.m.* variedade de matéria plástica us. em tubos e condutores de todos os tipos

Qq

c. 200 a.C. c. 100 a.C. c. 800 c.1500 c.1800 1890 1927 2001

q *s.m.* **1** 17ª letra (consoante) do nosso alfabeto ■ *n.ord. (adj.2g.2n.)* **2** diz-se do 17º elemento de uma série ⟨*casa Q*⟩ ⟨*item 1q*⟩ ☞ empr. posposto a um substantivo ou numeral ⊙ GRAM/USO na acp. s.m., pl.: *qq*

Q.G. *s.m.* sigla de *quartel-general*

Q.I. *s.m.* sigla de *quociente de inteligência*

qua.dra *s.f.* **1** série de quatro **2** quarteirão **3** área retangular demarcada us. para prática de determinados esportes ⟨*q. de vôlei*⟩ **4** estrofe composta de quatro versos ⊙ GRAM/USO dim.irreg.: *quadrícula*

qua.dra.do *adj.s.m.* **1** GEOM (quadrilátero) com lados iguais e ângulos retos **2** *fig. B infrm.* (indivíduo) retrógrado, conservador ⊃ moderno ■ *s.m.* **3** MAT o produto de um número por si mesmo **4** qualquer objeto ou espaço com a forma de um quadrado ('quadrilátero')

qua.dra.ge.ná.rio *adj.s.m.* que(m) tem de 40 a 49 anos

qua.dra.gé.si.mo *n.ord. (adj.s.m.)* **1** (o) que, numa sequência, ocupa a posição número 40 ■ *n.frac. (adj.s.m.)* **2** (o) que é 40 vezes menor que a unidade

qua.dran.gu.lar *adj.2g.* **1** que tem quatro cantos ⟨*terreno q.*⟩ **2** GEOM que tem quatro ângulos (diz-se de base) ⟨*prisma q.*⟩ ■ *adj.2g.s.2g.* **3** (torneio esportivo) entre quatro competidores

qua.dran.te *s.m.* **1** GEOM qualquer das quatro partes iguais em que se pode dividir a circunferência **2** mostrador de relógio

qua.dra.tu.ra *s.f.* **1** GEOM operação que determina um quadrado de área equivalente a uma dada figura geométrica **2** ASTR distância de 90º entre dois corpos celestes, do ponto de vista da Terra

quá.dri.ceps *s.m.2n.* músculo do fêmur ⊙ GRAM/USO tb. us. adjetivamente ~ **quadricipital** *adj.2g.*

qua.drí.cu.la *s.f.* **1** pequeno quadrado; quadrículo **2** pequena quadra

qua.dri.cu.lar *v.* {mod. 1} *t.d.* dividir em quadrículas ~ **quadriculado** *adj.*

qua.drí.cu.lo *s.m.* quadrícula

qua.dri.ê.nio ou **qua.tri.ê.nio** *s.m.* período de quatro anos ~ **quadrienal** *adj.2g.*

qua.dri.ga *s.f.* **1** carro de duas rodas puxado por quatro cavalos **2** o conjunto desses quatro cavalos

qua.dri.gê.meo *s.m.* **1** cada um de quatro irmãos gêmeos ■ *adj.* **2** relativo a esses irmãos, individualmente ou não

qua.dril *s.m.* cada uma das regiões laterais do corpo que vai da bacia à parte superior da coxa; anca

qua.dri.lá.te.ro *s.m.* polígono de quatro lados

qua.dri.lha *s.f.* **1** grupo de pessoas; bando **2** *pej.* bando de ladrões **3** *B* dança popular brasileira, típica de festas juninas

qua.dri.mes.tral *adj.2g.* **1** que se dá de quatro em quatro meses **2** que se realiza ao longo de quatro meses

qua.dri.mes.tre *s.m.* espaço de tempo de quatro meses

qua.drin.gen.té.si.mo *n.ord. (adj.s.m.)* **1** (o) que, numa sequência, ocupa a posição número 400 ■ *n.frac. (adj.s.m.)* **2** (o) que é 400 vezes menor que a unidade

qua.dri.nho *s.m.* **1** quadro pequeno ▼ ***quadrinhos*** *s.m.pl. B* **2** história em quadrinhos ~ **quadrinizar** *v.t.d.*

qua.dri.nô.mio *s.m.* MAT expressão algébrica composta de quatro termos

qua.dro *s.m.* **1** obra de arte executada numa superfície plana, ger. guarnecida de moldura **2** quadro-negro **3** painel onde estão os instrumentos de controle de uma instalação, uma máquina etc. ⟨*q. de luz*⟩ **4** *B* estrutura metálica de bicicleta, motocicleta etc. **5** *fig.* disposição ordenada de fatos; descrição, exposição ⟨*um q. da situação financeira*⟩ **6** *fig.* conjunto de funcionários de empresa, repartição etc. **7** *B* conjunto de atletas que disputam uma partida pelo mesmo clube; equipe, time **8** qualquer tabela, mapa ou gráfico de um texto **9** cada uma das imagens completas exibidas pela televisão

qua.dro-ne.gro [pl.: *quadros-negros*] *s.m.* quadro, ger. negro ou verde, us. para escrever a giz, esp. em escolas; lousa, quadro de giz

qua.drú.ma.no *s.m.* **1** ZOO espécime dos quadrúmanos, antiga divisão dos mamíferos, que compreendia os primatas, com exceção do homem ■ *adj.* **2** ZOO relativo a esse espécime **3** que tem quatro mãos

qua.drú.pe.de *adj.2g.* **1** que tem quatro pés ■ *s.m.* **2** qualquer animal de quatro patas ■ *s.2g. fig. infrm.* **3** indivíduo estúpido, rude

qua.dru.pli.ca.ção [pl.: *-ões*] *s.f.* multiplicação por quatro

qua.dru.pli.car *v. t.d.,int. e pron.* multiplicar(-se) por quatro; tornar(-se) quatro vezes maior

quá.dru.plo *n.mult. (adj.s.m.)* **1** (o) que contém quatro vezes a mesma quantidade ■ *adj.* **2** composto de quatro elementos ⟨*lista q.*⟩ ▼ ***quádruplos*** *s.m.pl.* **3** quatro irmãos nascidos do mesmo parto

qual *pron.interg.* **1** refere-se a coisa ou pessoa dentre outras; que, quem ⟨*q. dos livros você quer?*⟩ ⟨*q. de vocês vai sair?*⟩ **2** de que natureza, de que qualidade (em relação a pessoa ou coisa) ⟨*q. é a sua opinião?*⟩ ■ *pron.rel.* **3** refere-se a um antecedente e vem sempre precedido pelo artigo definido ⟨*é importante o assunto ao q. você se refere*⟩ ■ *conj.comp.* **4** como ⟨*corria q. um touro*⟩ ■ *interj.* **5** designa espanto, negação etc. ⊡ **tal q.** *loc.conj.* exatamente igual

qua.li.da.de *s.f.* **1** atributo que determina a essência ou a natureza de algo ou alguém ⟨*prefere q. a quantidade*⟩ **2** valor moral; virtude ⟨*moça de grandes q.*⟩ ⮌ defeito **3** característica comum ou inerente que serve para agrupar seres ou objetos; espécie ⟨*foi gente de toda q.*⟩ **4** condição social, civil, profissional etc. ⟨*compareceu na q. de síndico*⟩ **5** *fig.* capacidade de atingir os efeitos desejados; propriedade ⟨*chá de q. digestivas*⟩ ☞ mais us. no pl. **6** superioridade, excelência ⟨*roupas de q.*⟩

qua.li.fi.car *v.* {mod. 1} *t.d. e pron.* **1** considerar(-se) ou mostrar-se apto, capaz; habilitar(-se) ❑ *t.d.* **2** emitir opinião sobre; avaliar ❑ *t.d. e t.d.pred.* **3** (prep. *de*) indicar a(s) qualidade(s) de; classificar ~ **qualificação** *s.f.*

qua.li.ta.ti.vo *adj.* **1** relativo a qualidade ⟨*há necessidade de mudanças q.*⟩ **2** que expressa qualidade; qualificativo ⟨*pesquisa q.*⟩

qual.quer [pl.: *quaisquer*] *adj.* **1** designa pessoa, coisa, lugar ou tempo indeterminado; um, uma, algum, alguma ⟨*não falaram de q. pessoa, mas dela*⟩ ⟨*o tempo muda q. coisa*⟩ **2** designa pessoa, coisa, lugar ou tempo indiscriminado; este ou aquele, esta ou aquela, um ou outro, uma ou outra ⟨*por um motivo q.*⟩ **3** todo, toda, cada ⟨*q. criança sabe isso*⟩ ■ *pron.ind.* **4** pessoa não especificada ⟨*não requer prática, emprega q.*⟩

quan.do *adv.* **1** em que ocasião ⟨*prometeu ir, mas não disse q.*⟩ ■ *conj.temp.* **2** durante o tempo que, no tempo em que, enquanto ⟨*q. chove, é bom ficar em casa*⟩ ■ *conj.prop.* **3** à medida que ⟨*q. o menino chorava, ela chorava mais ainda*⟩ ■ *conj.concs.* **4** ainda que, apesar de que ⟨*convidou-a para jantar, q. sabe bem que ela está de dieta*⟩ ⊡ **de vez em q.** *loc.adv.* de tempos em tempos ⟨*de vez em q. ia à janela*⟩

quan.ti.a *s.f.* soma em dinheiro; importância

quan.ti.da.de *s.f.* **1** propriedade do que pode ser aumentado, diminuído, medido ou contado **2** grande número ⟨*bolsa com uma q. de objetos inúteis*⟩ **3** extensão, área ⟨*a água invadiu uma q. de terras*⟩

quan.ti.fi.car *v.* {mod. 1} *t.d.* determinar a quantidade ou o valor de ~ **quantificação** *s.f.*

quan.ti.ta.ti.vo *adj.* **1** que indica quantidade **2** relativo a quantidades numéricas ou valores ■ *s.m.* **3** quantia estabelecida ⟨*um q. de taxa extra*⟩ **4** determinado número ou quantidade ⟨*as palavras escolhidas vão além desse q.*⟩

quan.to *adj.* **1** que intensidade, quão grande ⟨*q. amor havia em seu olhar*⟩ **2** que total ⟨*não lembra há q. dias fez a encomenda*⟩ ■ *pron.ind.* **3** aquele que, cada um que ⟨*escolhe apenas um de quantos temos*⟩ **4** aquilo que, o que ⟨*tem tudo q. precisa*⟩ ■ *pron.interg.* **5** que quantidade ⟨*q. virão?*⟩ **6** que preço ⟨*q. custa?*⟩ ■ *adv.* **7** com que intensidade; como ⟨*não sabe q. é querida*⟩ **8** segundo ⟨*porque, q. sei, este ano é bissexto*⟩

quão *adv.* quanto, como ⟨*o senhor não sabe q. gratos estamos*⟩

qua.ra.dou.ro *s.m. B* local ensolarado us. para quarar roupa; coradouro

qua.rar *v.* {mod. 1} *t.d.* clarear (roupa, pano etc.), expondo ao sol; corar

qua.ren.te.na *s.f.* **1** período de 40 dias **2** conjunto de 40 entidades, seres, objetos etc. de igual natureza **3** período de isolamento dos suspeitos de doenças contagiosas **4** *fig.* isolamento de algo ou suspensão de um processo, a fim de assegurar qualidade, importância etc. ⟨*pôs o poema de q. antes de publicá-lo*⟩

qua.res.ma *s.f.* **1** período de 40 dias compreendido entre a quarta-feira de cinzas e o domingo de Páscoa ☞ inicial maiúsc. **2** quaresmeira

qua.res.mei.ra *s.f.* nome comum a diversas árvores e arbustos cultivados como ornamentais pelas belas flores ger. roxas

quar.ta *s.f.* **1** uma das quatro partes iguais em que se pode dividir uma unidade **2** vasilha para transportar líquidos

quar.ta de fi.nal [pl.: *quartas de final*] *s.f.* nos torneios por eliminação, rodada em que oito times disputam entre si, em quatro jogos, a classificação à semifinal ☞ mais us. no pl.

quar.ta-fei.ra [pl.: *quartas-feiras*] *s.f.* o quarto dia da semana, a partir do domingo ⊡ **q. de cinzas** *loc.subst.* no catolicismo, primeiro dia da Quaresma ☞ iniciais freq. maiúsc.

quar.tei.rão [pl.: *-ões*] *s.m.* **1** no traçado de uma cidade, terreno formado por quatro ruas que se cruzam duas a duas; quadra **2** *p.ext.* conjunto de edificações situadas nesse terreno; bloco, quadra **3** *p.ext.* trecho de rua entre duas esquinas sucessivas; quadra

[1]**quar.tel** *s.m.* **1** a quarta parte de um todo; quarta **2** qualquer espaço de tempo; período, época ⟨*reuniam-se no último q. do ano*⟩ [ORIGEM: do esp. *cuartel* 'id.']

[2]**quar.tel** *s.m.* **1** edifício destinado a abrigar soldados **2** *p.ext.* abrigo, proteção ⟨*dava q. aos romeiros*⟩ [ORIGEM: do fr. *quartier* 'alojamento para a tropa']

quar.tel-ge.ne.ral [pl.: *quartéis-generais*] *s.m.* **1** local onde funciona o comando de uma região militar, ocupado pelos oficiais comandantes e seu estado-maior [sigla: *Q.G.*] **2** posto de onde o oficial-general comanda as unidades, durante operação de guerra [sigla: *Q.G.*]

quar.te.to \ê\ *s.m.* **1** estrofe de quatro versos **2** *infrm.* grupo de quatro pessoas **3** conjunto formado por quatro músicos

quar.to *n.ord. (adj.s.m.)* **1** (o) que, numa sequência, ocupa a posição número quatro ■ *n.frac. (adj.s.m.)* **2** (o) que corresponde a cada uma das quatro partes iguais em que pode ser dividido um todo ■ *s.m.* **3** aposento, esp. onde se dorme **4** a quarta parte da hora ⟨*falta um q. para as duas horas*⟩ ▼ *quartos s.m.pl.* **5** quadris, ancas ⊡ **q. crescente** *loc.subst.* fase, entre a lua nova e a lua cheia, em que apenas a metade da superfície da Lua voltada para oeste está iluminada • **q. minguante** *loc.subst.* fase, entre a lua cheia e a lua nova, em que apenas a metade da superfície da Lua voltada para leste está iluminada

quar.tzo *s.m.* mineral formador de diversas rochas, us. como pedra preciosa, em objetos ornamentais e na indústria eletrônica

qua.rup *s.m.* entre os povos indígenas do Xingu, cerimônia de cunho religioso e social, em que se celebram os mortos

qua.sar *s.m.* ASTR qualquer objeto cósmico, de aspecto estelar, que emite ondas de rádio mais intensas que as galáxias

qua.se *adv.* **1** próximo, perto ⟨*falou-lhe q. encostado ao ouvido*⟩ **2** aproximadamente ⟨*tem q. 90 anos*⟩ **3** um tanto ⟨*a capela antiga está q. arruinada*⟩ **4** por um triz ⟨*ao vê-lo ensanguentado, q. desmaiou*⟩

qua.ter.ná.rio *s.m.* **1** segundo e mais recente período geológico da era cenozoica, posterior ao Terciário ☞ inicial maiúsc. ■ *adj.* **2** desse período **3** formado por quatro unidades **4** MÚS que tem quatro tempos

qua.ti *s.m.* mamífero diurno, de focinho longo e cauda ereta com anéis escuros, que se alimenta de frutos e pequenos animais ⊙ COL vara ⊙ VOZ v.: piar

qua.tri.ê.nio *s.m.* → QUADRIÊNIO

qua.tri.lhão [pl.: *-ões*] *n.card. e s.m. B infrm.* quatrilião

qua.tri.li.ão [pl.: *-ões*] *n.card.* **1** mil triliões (10^{15}) ■ *s.m.* **2** *p.ext.* grande quantidade

qua.tro *n.card.* **1** três mais um **2** diz-se desse número ⟨*caixas de número q.*⟩ **3** diz-se do quarto elemento de uma série ⟨*dia q.*⟩ **4** que equivale a essa quantidade (diz-se de medida ou do que é contável) ⟨*tomar q. litros de água*⟩ ■ *s.m.* **5** representação gráfica desse número ⟨*no exame de vista, não pôde ler o q.*⟩ ☞ em algarismos arábicos, *4*; em algarismos romanos, *IV* ⊡ **de q.** *loc.adv.* **1** com as mãos e os joelhos apoiados no chão **2** *fig. B infrm.* muito espantado; atônito ⟨*ficou de q. com o prêmio*⟩

qua.tro.cen.tão [pl.: *-ões*; fem.: *quatrocentona*] *adj. B infrm.* que tem quatro séculos

que *pron.rel.* **1** substitui um termo antecedente, *nome* ou *pronome*, assumindo suas funções ⟨*o rapaz q. passou é pedreiro*⟩ ⟨*li um livro q. teve boa crítica*⟩ **2** confere à oração que inicia a função de adjetivo ⟨*a casa, q. acabaram de construir, ruiu*⟩ ■ *pron.ind.* **3** us. em frase interrogativa ⟨*q. significa esse traço?*⟩ **4** us. em frase exclamativa ⟨*q. espanto!*⟩ ■ *conj.intg.* **5** confere à oração subordinada as funções do substantivo, p.ex., a função de sujeito na frase *é necessário que fique bem claro*, ou de objeto direto em *sabia que tinha de tomar vacina* ■ *conj.sub.adv.* **6** confere à oração subordinada valores circunstanciais **6.1** de causa ⟨*já q. as pernas tremiam, sentou-se*⟩ **6.2** de tempo ⟨*sempre q. liga a televisão, adormece*⟩ **6.3** de fim ⟨*afastaram-se para q. outros não os vissem*⟩ **6.4** de proporção ⟨*à proporção q. os professores iam saindo, os alunos ficavam mais descontraídos*⟩ **6.5** de comparação ⟨*é teimoso q. nem o pai*⟩ **6.6** de consecução ⟨*tão exagerado q. muitos o chamam louco*⟩ ■ *conj.coord.explc.* **7** introduz explicação para o que antes foi dito ⟨*espere um pouco q. a chuva já vai parar*⟩ ■ *adv.* **8** quão ⟨*q. bela é a noite!*⟩ [ORIGEM: do lat. *quid*, do pron. interrogativo *quis, quae, quid*]

[1]**quê** *s.m.* nome da letra *q* [ORIGEM: décima sexta letra do alfabeto latino]

[2]**quê** *s.m.* **1** alguma coisa ⟨*há um q. estranho aqui*⟩ **2** *fig.* complexidade, complicação ⟨*informática não é difícil, mas tem seus q.*⟩ ↄ facilidade [ORIGEM: substantivação de *que*]

que.bra *s.f.* **1** dobradura em tecido ou papel; prega **2** transgressão de regulamento, norma etc.; violação ⟨*q. de etiqueta*⟩ **3** perda parcial, diminuição, interrupção ⟨*q. no fornecimento de energia*⟩ **4** *fig.* diminuição da intensidade de algo ⟨*q. de amizade*⟩ **5** falência ▼ *quebras s.f.pl.* **6** *B infrm.* sobras, restos ⟨*deixou no prato apenas as q. do bolo*⟩ ⊡ **q. de serviço** *loc.subst.* no tênis etc., o ponto obtido quando o saque havia sido do adversário • **de q.** *loc.adv.* **1** além do solicitado; a mais ⟨*comprou uma, mas levou duas de q.*⟩ **2** de sobra ⟨*não ficou nem umazinha de q.*⟩

que.bra-ca.be.ça [pl.: *quebra-cabeças*] *s.m.* **1** jogo que consiste em encaixar peças entre si para formar um todo **2** *fig. infrm.* aquilo que preocupa, inquieta ou incomoda alguém ↄ despreocupação **3** *fig.* problema de difícil solução

que.bra.dei.ra *s.f. infrm.* **1** *B* falência em massa; bancarrota ↄ enriquecimento **2** sensação de moleza; prostração ↄ ânimo

que.bra.di.ço *adj.* **1** fácil de quebrar; frágil, delicado ⟨*cabelo q.*⟩ ↄ forte **2** *fig.* fácil de debilitar-se ⟨*saúde q.*⟩ ↄ forte

que.bra.do *adj.* **1** feito em pedaços; partido ⟨*copo q.*⟩ ↄ inteiro **2** cuja intensidade diminuiu; enfraquecido ⟨*som q.*⟩ ↄ aumentado **3** que se infringiu; violado, transgredido ⟨*protocolo q.*⟩ ↄ cumprido **4** que se fraturou; rompido, partido ⟨*braço q.*⟩ **5** que não funciona (diz-se de qualquer mecanismo); parado ⟨*relógio q.*⟩ ↄ consertado **6** tornado nulo; cassado ⟨*direito q.*⟩ ↄ validado **7** cuja direção foi mudada; desviado ⟨*iluminação q.*⟩ ↄ direto **8** *fig. infrm.* cansado, abatido ↄ repousado **9** não prolongado; entrecortado ⟨*soluço q.*⟩ ↄ longo **10** *B infrm.* lânguido, sensual ■ *adj.s.m.* **11** *infrm.* que(m) faliu ↄ próspero ▼ ***quebrados*** *s.m.pl.* **12** *B* trocados; dinheiro miúdo

que.bra-ga.lho [pl.: *quebra-galhos*] *s.m. B gír.* pessoa, coisa ou recurso us. para resolver problemas vários

que.bra-ge.lo [pl.: *quebra-gelos*] *s.m.* navio especial us. para navegação através de águas cobertas de gelo ☞ tb. us. no pl.

que.bra-luz [pl.: *quebra-luzes*] *s.m.* **1** abajur **2** viseira que protege os olhos contra a luz

que.bra-mar [pl.: *quebra-mares*] *s.m.* muralha ou estrutura natural que protege um porto ou uma baía das ondas do mar; talha-mar

que.bra-mo.las *s.m.2n. B infrm.* elevação ou abaixamento de nível de rua ou estrada, us. para forçar a diminuição da marcha de automóvel; lombada

que.bra-no.zes *s.m.2n.* alicate próprio para quebrar nozes, avelãs etc.

que.bran.tar *v.* {mod. 1} *t.d.* **1** pôr abaixo; quebrar, abater **2** *fig.* infringir, violar ⟨*q. os mandamentos*⟩ **3** *fig.* vencer, dominar ⟨*q. o ódio*⟩ ❑ *t.d. e pron.* **4** (fazer) perder a energia, o vigor; enfraquecer(-se) ↄ fortalecer(-se) **5** *fig.* tornar(-se) triste, sem ânimo; abater(-se), desanimar ↄ alegrar(-se) ~ **quebrantamento** *s.m.* - **quebrantável** *adj.2g.*

que.bran.to *s.m.* **1** suposta influência maléfica de feitiço **2** *p.ext.* estado de fraqueza, desânimo etc., supostamente resultante de olhar ou atitude maléfica

que.bra-pau [pl.: *quebra-paus*] *s.m. B infrm.* conflito violento; briga, discussão

que.bra-pe.dra [pl.: *quebra-pedras*] *s.f.* nome comum a várias ervas, ger. us. em chás caseiros para dissolver cálculos renais

que.bra-que.bra [pl.: *quebra-quebras*] *s.m. B* confusão em que indivíduos quebram lojas, ônibus etc.

que.brar *v.* {mod. 1} *t.d.,int. e pron.* **1** fazer(-se) em pedaços; fragmentar(-se), despedaçar(-se) **2** dividir(-se) em partes; partir(-se), romper(-se) ❑ *t.d.* **3** diminuir a intensidade de; enfraquecer ⟨*q. a friagem do banho*⟩ ↄ intensificar **4** violar, transgredir ⟨*q. o protocolo, as regras*⟩ **5** (fazer) funcionar mal ou não funcionar; danificar, enguiçar ↄ consertar **6** não cumprir ⟨*q. um juramento*⟩ **7** fazer virar sobre si, torcer, dobrar ⟨*q. o corpo para a direita*⟩ **8** mudar a direção de; desviar ⟨*q. a luz*⟩ **9** *B infrm.* bater em; espancar ❑ *t.d. e pron.* **10** (fazer) chegar ao fim; acabar, interromper ↄ conservar(-se) ❑ *t.d. e int.* **11** (fazer) entrar em falência ❑ *int.* **12** dar com ímpeto (as ondas); bater **13** *p.ext.* ficar sem dinheiro

que.bra-ven.to [pl.: *quebra-ventos*] *s.m.* pequeno vidro móvel nas janelas de alguns veículos e que serve para dirigir o vento para dentro deles

que.brei.ra *s.f. infrm.* estado de prostração; fadiga

que.da *s.f.* **1** movimento de algo a cair; tombo ⟨*viu a sua q.*⟩ **2** *p.ext.* cascata, queda-d'água **3** diminuição ou perda de algo ⟨*q. de cabelo*⟩ **4** *p.ext.* perda de influência, de poder; decadência, ruína ⟨*a q. de um império*⟩ ↄ fortalecimento **5** *B* inclinação de terreno; declive ↄ subida **6** *fig. infrm.* inclinação, tendência ⟨*tem q. por louras*⟩ **7** ECON *B* baixa do valor da unidade monetária de um país em relação a outra moeda ou ao ouro; depreciação ↄ subida

que.da-d'á.gua [pl.: *quedas-d'água*] *s.f.* quantidade de água que se lança do alto no curso de um rio; cachoeira

que.da de bra.ço [pl.: *quedas de braço*] *s.f.* disputa entre dois indíviduos, que, com um dos cotovelos apoiado sobre superfície horizontal e as mãos enlaçadas, medem forças quando um tenta fazer tombar ou desdobrar o braço do outro

que.dar *v.* {mod. 1} *int. e pron.* **1** estar quedo, quieto **2** ficar ou demorar-se em um lugar; parar ❑ *t.d.pred. e pron.* **3** continuar, permanecer

que.de *adv.* termo interrogativo equivalente a 'onde está'; cadê, quedê

que.dê *adv.* quede

que.do \ê\ *adj.* **1** que não se move; parado ⟨*ficou ali, q., a olhar a paisagem*⟩ ↄ inquieto **2** que tem comedimento de modos; quieto ⟨*uma freira simples e q.*⟩ ↄ inquieto

que.fa.zer *s.m.* **1** tarefa a ser cumprida; afazer **2** trabalho rotineiro; faina ☞ em ambas acp., mais us. no pl.

quei.ja.di.nha *s.f.* doce de coco, feito em forminhas, com recheio de leite, ovos, queijo e açúcar

quei.ja.ri.a *s.f.* local onde se fabricam queijos

quei.jei.ro *s.m.* quem fabrica e/ou vende queijo

quei.jo *s.m.* alimento sólido produzido a partir da coagulação e fermentação do leite de vaca, ovelha, búfala etc.

quei.jo de mi.nas [pl.: *queijos de minas*] *s.m. B* queijo branco de massa crua e consistência variável, com baixo teor de gordura

quei.jo do rei.no [pl.: *queijos do reino*] *s.m. B* queijo redondo, gorduroso, temperado e envolvido por uma crosta avermelhada

quei.ma *s.f.* **1** destruição de algo pelo fogo **2** estado de um sólido, líquido ou gás que se consome pelo fogo; combustão **3** *fig. B* venda de produtos abaixo do preço usual, para terminar negócio ou renovar estoque

quei.ma.ção [pl.: *-ões*] *s.f.* **1** ato de queimar ou o seu efeito; queima, queimadura **2** *infrm.* acidez estomacal ou sensação de ardor intenso

quei.ma.da *s.f.* **1** queima de mato para preparar o solo para plantação **2** queima proposital ou acidental de uma parte da floresta ou campo **3** *p.ext.* lugar onde o mato foi queimado

quei.ma.du.ra *s.f.* **1** ação de destruir por meio de fogo, calor, substância química etc. **2** lesão corporal provocada por qualquer forma de calor

quei.mar *v.* {mod. 1} *t.d.* **1** destruir pelo fogo; abrasar **2** *fig.* gastar em excesso; esbanjar ⊃ poupar **3** *p.ext.* vender a preços baixos; liquidar ❑ *t.d. e pron.* **4** pôr fogo em ou pegar fogo; incendiar(-se) **5** expor(-se) muito ao calor; tostar(-se) ⟨*o sol queimou a planta*⟩ ⟨*o jardim queimou-se*⟩ **6** *fig. B* (fazer) deixar de merecer estima, crédito; desabonar(-se) ⟨*q. o opositor com um boato*⟩ ⟨*q.-se com os amigos*⟩ ⊃ abonar(-se) ❑ *pron. fig. B infrm.* **7** ficar zangado, raivoso; encolerizar-se ⊃ acalmar-se ❑ *t.d. e int.* **8** (fazer) ficar com ardência ou queimadura ⟨*o álcool queima a garganta*⟩ ⟨*a mão queimou na panela*⟩ **9** deixar ou ficar com a temperatura elevada; esquentar ⟨*a febre queima seus lábios*⟩ ⟨*ao meio-dia, o sol queimava*⟩ ⊃ esfriar ❑ *int.* **10** *B* parar de funcionar (lâmpada, fusível, aparelhos elétricos); escangalhar, quebrar

quei.ma-rou.pa *s.f.* ▸ só usado em: à **q.** *loc.adv.* **1** de muito perto ⟨*falar à q.*⟩ **2** de repente ⟨*sair à q.*⟩

quei.xa *s.f.* **1** expressão de dor, de sofrimento; queixume **2** sentimento de mágoa ⟨*tem queixas da ex-mulher*⟩ **3** relato de ofensa ou prejuízo ⟨*pretendia dar q. do arrombamento*⟩

quei.xa-cri.me [pl.: *queixas-crimes* e *queixas-crime*] *s.f.* DIR denúncia judicial em que se faz uma exposição do fato criminoso com todas as suas circunstâncias; querela

quei.xa.da *s.f.* **1** osso da face onde ficam os dentes inferiores; mandíbula **2** queixo grande, saliente ■ *s.2g.* **3** ZOO mamífero, diurno e terrestre, de cerca de 1 m de comprimento, dotado de pelagem negra com o queixo branco; porco-do-mato

quei.xal *adj.2g.* **1** relativo a queixo ■ *s.m.* **2** cada um dos dentes molares

quei.xar-se *v.* {mod. 1} *pron.* **1** soltar lamúrias de aflição ou dor; lastimar-se **2** (prep. *de*) demonstrar descontentamento, desgosto; lamentar-se **3** (prep. *a*, *de*) denunciar mal ou ofensa recebida ⟨*queixou-se ao pai dos colegas malvados*⟩ **4** (prep. *de*) expor estado físico ou moral ⟨*q.-se de dores nas costas*⟩

quei.xo *s.m.* a parte da face abaixo do lábio inferior, ligeiramente saliente

quei.xo.so \ô\ [pl.: *queixosos* \ó\] *adj.s.m.* **1** que(m) se queixa **2** DIR que(m) apresenta queixa-crime em juízo ■ *adj.* **3** que sente ou demonstra queixa; magoado, tristonho ⟨*voz, pessoa q.*⟩ ⊃ feliz

quei.xu.do *adj. infrm.* de queixo grande

quei.xu.me *s.m.* queixa ('expressão de dor')

que.lí.deo *s.m.* ZOO **1** espécime dos quelídeos, família de tartarugas aquáticas ou semiaquáticas, como os cágados e matamatás, que encolhem a cabeça para dentro do casco e dobram o pescoço para o lado ■ *adj.* **2** relativo a essa família

que.lô.nio *s.m.* ZOO **1** espécime dos quelônios, ordem de répteis aquáticos ou terrestres, conhecidos como tartarugas, cágados ou jabutis ■ *adj.* **2** relativo a essa ordem de répteis

quem *pron.interg.* **1** que pessoa ⟨*q. sabe?*⟩ ■ *pron.rel.* **2** a pessoa que ⟨*foi ela q. fez*⟩ ■ *pron.ind.* **3** qualquer pessoa que ⟨*não havia q. pudesse aturá-lo*⟩

quen.dô *s.m.* arte marcial de origem japonesa em que os adversários lutam com espadas de bambu, protegidos por uma armadura

que.ni.a.no *adj.* **1** da República do Quênia (África) ■ *s.m.* **2** natural ou habitante desse país

que.no.po.di.á.cea *s.f.* BOT espécime das quenopodiáceas, família de arbustos e ervas que fornecem lenha e são us. como ornamentais ou na alimentação, como o espinafre e a beterraba ~ **quenopodiáceo** *adj.*

quen.tão [pl.: *-ões*] *s.m. B* bebida preparada com aguardente de cana fervida com gengibre, canela e açúcar

quen.te *adj.2g.* **1** que tem ou produz calor ⟨*clima q.*⟩ ⊃ frio **2** que foi ao fogo; aquecido ⟨*leite q.*⟩ ⊃ esfriado **3** que mantém aquecido ⟨*roupa q.*⟩ ⊃ fresco **4** *fig.* picante, apimentado (diz-se de comida, tempero) **5** *fig.* que irradia entusiasmo; ardente ⟨*discurso q.*⟩ ⊃ desanimado **6** *fig.* repleto de alegria; caloroso ⟨*acolhida q. da avó*⟩ ⊃ frio **7** *fig.* de grande intensidade; profundo ⟨*fé q. e inabalável*⟩ **8** *fig.* sensual, ardente, cálido ⟨*beijo q.*⟩ ⊃ comportado **9** *gír.* que merece crédito ⟨*um fiador q.*⟩ ■ *s.m.* **10** local em que há calor e conforto **11** *B gír.* o que está na moda

quen.ti.nha *s.f.* **1** embalagem, ger. de alumínio ou isopor, para transportar e conservar quentes os alimentos em viagem **2** *p.ext.* o alimento contido nessa embalagem

quen.tu.ra *s.f.* **1** estado do que é quente; calor ⟨*a q. do fogo*⟩ ⊃ frieza **2** *fig.* aquilo que serve de abrigo; proteção ⟨*a q. do colo da mãe*⟩ ⊃ desproteção

que.pe *s.m.* certo tipo de boné militar de pala e copa ger. altas

quer *conj.altv.* ou...ou ⟨*q. viaje de carro, q. de avião, ele vai*⟩

que.ra.ti.na *s.f.* BIO ceratina

que.re.la *s.f.* **1** DIR queixa-crime **2** *p.ext.* conflito de interesses; briga ⟨*uma q. de vizinhos*⟩ ~ **querelante** *adj.2g.s.2g.* - **querelar** *v.t.d.,int. e pron.*

que.ren.ça *s.f.* **1** ato de querer bem a alguém ou a algo; afeto ⊃ desafeto **2** disposição natural; aptidão, jeito

que.rer *v.*{mod. 18} *t.d.* **1** sentir vontade de possuir ou realizar (o que satisfaça exigência intelectual, emocional ou física); desejar **2** ter a intenção de; tencionar, planejar ⟨*queria sair cedo, mas se atrasou*⟩ **3** fazer tenção de; ensaiar, tentar ⟨*com um ano, já queria correr*⟩ **4** ter forte desejo de; ambicionar, cobiçar ⟨*q. o poder absoluto*⟩ **5** determinar com firmeza; ordenar ⟨*quero silêncio agora!*⟩ **6** estar na iminência ou ter possibilidade de; ameaçar ⟨*o vento quer derrubar tudo*⟩ ❑ *t.d.i.* **7** (prep. *de*) ter (algo) em mente quanto a; pretender, esperar ⟨*não sei o que ele quer de nós*⟩ ❑ *t.i.* **8** (prep. *a*) ter simpatia, amizade ou afeto por; gostar

que.ri.do *adj.* **1** muito estimado; dileto, prezado ⟨*q. amigo*⟩ ⊃ detestado **2** muito apreciado (por beleza, valor etc.) ⟨*q. cidade*⟩ ■ *adj.s.m.* **3** (o) que se quer muito; amado

quer.mes.se *s.f.* feira com barracas ao ar livre, ger. com fins de caridade

que.ro-que.ro [pl.: *quero-queros*] *s.m.* grande ave de áreas alagadas e campestres de todo Brasil, dotada de plumagem cinzenta, cuja voz forte e característica originou o seu nome popular

que.ro.se.ne *s.m.* derivado do petróleo us. freq. como solvente, combustível na aviação, em fogareiros, lampiões etc.

que.ru.bim *s.m.* **1** anjo representado como uma criança com asas **2** *fig.* criança linda **3** em artes plásticas, cabeça de criança com duas asas ~ **querubínico** *adj.*

que.si.to *s.m.* **1** questão sobre a qual se pede a opinião ou o juízo de alguém ⟨*a lista dos q. de uma escola de samba*⟩ **2** pergunta, esp. escrita, a ser respondida ⟨*respondeu bem aos q. da prova*⟩ **3** condição para se alcançar um certo fim; requisito

ques.tão \qu *ou* qü\ [pl.: *-ões*] *s.f.* **1** pergunta para esclarecer algo ou testar conhecimento **2** *p.ext.* assunto, matéria ⟨*a q. de uma aula*⟩ **3** controvérsia, pendência, contenda ⟨*a q. da violência é preocupante*⟩ **4** DIR conflito de interesses submetido à apreciação de um juiz; causa, litígio ⟨*q. da herança*⟩ ⊙ COL questionário ⊡ **q. de ordem** *loc.subst.* expressão us. em assembleias para fazer a discussão voltar ao tema agendado previamente

ques.tio.nar \qu *ou* qü\ *v.*{mod. 1} *t.d.* **1** pôr em dúvida; contestar **2** replicar, refutar, contestar ⟨*q. uma afirmativa falsa*⟩ ❑ *t.d. e pron.* **3** perguntar(-se), indagar(-se) ⟨*q. os pais sobre a vida*⟩ ⟨*q.-se sobre a carreira*⟩ ❑ *t.d.,t.i. e int.* **4** (prep. *com*) entrar em discussão ou disputa; altercar ~ **questionador** *adj.s.m.* - **questionamento** *s.m.*

ques.tio.ná.rio \qu *ou* qü\ *s.m.* **1** série de questões **2** lista de perguntas us. para servir de guia a uma investigação, uma entrevista

qui.a.bei.ro *s.m.* quiabo ('erva')

qui.a.bo *s.m.* **1** erva esp. cultivada por seus frutos, comestíveis após cozimento, e pelas fibras da casca do caule **2** o fruto dessa erva

qui.be *s.m.* iguaria feita com carne bovina moída e trigo integral, amassados e temperados com hortelã, cebola etc.

qui.be.be \ê *ou* é\ *s.m.* *B* purê de abóbora

qui.çá *adv.* talvez, porventura

qui.car *v.*{mod. 1} *t.d. e int.* **1** (fazer) bater e voltar, pular (esp. a bola) ❑ *int.* **2** *fig. infrm.* ficar muito zangado

qui.e.ta.ção [pl.: *-ões*] *s.f.* **1** ação de parar, de imobilizar(-se) ⊃ mobilização **2** imobilidade decorrente dessa ação ⊃ movimento **3** condição ou estado de quieto; calma, tranquilidade ⟨*a q. das tardes mornas*⟩ ⊃ agitação **4** *fig.* estado de harmonia, entendimento ⟨*momento de q. entre as partes*⟩ ⊃ conflito

qui.e.tar *v.*{mod. 1} *t.d. e pron.* **1** (fazer) ficar tranquilo; acalmar(-se) ⊃ agitar(-se) ❑ *int. e pron.* **2** ficar quieto, imóvel; parar

qui.e.to *adj.* **1** que não se move; parado ⟨*mãos q.*⟩ ⊃ inquieto **2** que demonstra comedimento no agir, no falar ⟨*criança q.*⟩ ⊃ travesso **3** sossegado, tranquilo ⟨*velhice q.*⟩ ⊃ intranquilo **4** sem ruído; calmo, sereno ⟨*rua q.*⟩ ⊃ barulhento **5** sem agitação; manso, pacífico ⟨*mar q.*⟩ ⊃ revolto

qui.e.tu.de *s.f.* **1** qualidade, estado ou condição de quieto **2** tranquilidade de espírito; paz, sossego

qui.la.te *s.m.* **1** quantidade de ouro fino contida em uma liga de metal **2** unidade de medida de peso us. para diamantes **3** *fig.* boa qualidade; excelência, superioridade ⟨*pessoa de bom q. moral*⟩

qui.lha *s.f.* **1** peça estrutural do casco de uma embarcação à qual se prendem todas as grandes peças verticais do casco **2** tipo de calçado, semelhante a uma raquete, próprio para andar na neve

¹qui.lo *s.m.* MED **1** líquido leitoso em que se transformam os alimentos na última fase da digestão, nos intestinos **2** essa fase [ORIGEM: do gr. *khulós,oû* 'suco produzido pela digestão']

²qui.lo *s.m.* quilograma [ORIGEM: red. de *quilograma*]

qui.lo.gra.ma *s.m.* unidade de massa equivalente a mil gramas [símb.: *kg*]

qui.lo-hertz *s.m.2n.* unidade de medida de frequência equivalente a mil hertz ou 10^3 hertz [símb.: *kHz*]

qui.lo.li.tro *s.m.* medida de volume equivalente a mil litros [símb.: *kl*]

qui.lom.bo *s.m.* HIST *B* povoação onde se escondiam escravos fugidos do cativeiro, índios e brancos marginalizados, dotada de organização interna

qui.lom.bo.la *s.m.* *B* escravo fugido para o quilombo

qui.lo.me.tra.gem *s.f.* **1** extensão medida em quilômetros **2** quantidade de quilômetros rodados por um veículo

qui.lô.me.tro *s.m.* **1** unidade de comprimento equivalente a mil metros [símb.: *km*] **2** *B* ponto da estrada localizado entre dois marcos de quilometragem ⟨*saltou do ônibus no q. 35*⟩

qui.lo.watt *s.m.* FÍS unidade de potência equivalente a mil watts [símb.: *kW*]

qui.lo.watt-ho.ra [pl.: *quilowatts-horas* e *quilowatts-hora*] *s.m.* FÍS unidade de energia us. para indicar o consumo de instalações elétricas [símb.: *kWh*]

quim.bun.do *s.m.* uma das línguas faladas em Angola

qui.me.ra *s.f.* **1** monstro mitológico que se dizia possuir cabeça de leão, corpo de cabra e cauda de serpente e lançar fogo pelas narinas ☞ inicial maiúsc. **2** qualquer representação de animal fantástico, composto de partes de animais diferentes **3** *fig.* produto da imaginação; ficção, ilusão ↄ realidade **4** *fig.* sonho, esperança ou projeto geralmente irrealizável; utopia

qui.mé.ri.co *adj.* **1** relativo a quimera **2** que é fruto da imaginação; fantasioso, fictício ⟨*delírios q.*⟩ ↄ real **3** *p.ext.* que mistura realidade e fantasia ⟨*personalidade q.*⟩

quí.mi.ca *s.f.* **1** ciência que estuda a composição da matéria, suas propriedades e leis **2** *fig.* entendimento, boa interação ⟨*a q. das pessoas garantiu o êxito do seminário*⟩ ⊡ **q. inorgânica** *loc.subst.* estudo de todos os elementos químicos e seus compostos, exceto os que contenham cadeias de carbonos • **q. orgânica** *loc.subst.* estudo dos compostos que contêm cadeias de carbono

quí.mi.co *adj.* **1** que se faz conforme as leis da química ⟨*elemento q.*⟩ ■ *s.m.* **2** aquele que se dedica ao estudo da química

qui.mio.te.ra.pi.a *s.f.* MED uso de substâncias químicas para tratamento de enfermidades, esp. o câncer ~ **quimioterápico** *adj.*

qui.mo *s.m.* MED produto parcial da digestão do bolo alimentar, que passa do estômago para o duodeno

qui.mo.no *s.m.* túnica longa, traspassada e presa com uma faixa, do vestuário japonês

¹qui.na *s.f.* **1** qualquer conjunto de cinco unidades de mesma natureza **2** *B* modalidade de loteria que premia o apostador que acertar um total de cinco números [ORIGEM: do lat. *quīna* 'de cinco em cinco'] ~ **quinado** *adj.*

²qui.na *s.f.* extremidade aparente de um ângulo saliente; aresta, esquina [ORIGEM: de *esquina*]

³qui.na *s.f.* **1** nome comum a árvores e arbustos cujas cascas são ricas em quinino e us. contra a malária **2** essa casca [ORIGEM: contrv., talvez do esp. *quina* 'id.'] ~ **quinado** *adj.*

qui.nau *s.m.* **1** correção de erro; emenda, lição **2** *p.ext.* a marca da correção em texto escrito

quin.dim *s.m.* **1** *B* doce feito de gema de ovo, açúcar e coco **2** *fig.* qualidades físicas e de comportamento de certas mulheres que atraem os homens ⟨*os q. da morena*⟩ ☞ mais us. no pl. **3** *B infrm.* pessoa muito querida

quin.gen.té.si.mo \qü\ *n.ord.* *(adj.s.m.)* **1** (o) que ocupa, numa sequência, a posição número 500 ■ *n.frac.* *(adj.s.m.)* **2** (o) que é 500 vezes menor que a unidade

qui.nhão [pl.: *-ões*] *s.m.* **1** o que cabe ou deveria caber a uma pessoa ou coisa ⟨*a cada um seu q.*⟩ **2** *fig.* destino, sorte

qui.nho.ei.ro *s.m.* **1** aquele que tem quinhão na partilha de um todo; sócio **2** *fig.* o que toma parte em algo, que se solidariza ⟨*era q. da felicidade de todos*⟩

qui.ni.na *s.f.* substância extraída da ³quina, us. contra a malária, como relaxante muscular etc.; quinino

qui.ni.no *s.m.* quinina

qui.no.na \ô\ *s.f.* QUÍM substância us. como agente oxidante, em fotografia, na fabricação de corantes etc.

quin.qua.ge.ná.rio \qü\ *adj.s.m.* (o) que tem entre 50 e 59 anos de idade

quin.qua.gé.si.mo \qü\ *n.ord.* *(adj.s.m.)* **1** (o) que, numa sequência, ocupa a posição número 50 ■ *n.frac.* *(adj.s.m.)* **2** (o) que é 50 vezes menor que a unidade

quin.quê.nio \qü...qü\ *s.m.* período de cinco anos ~ **quinquenal** *adj.2g.*

quin.qui.lha.ri.a *s.f.* objeto de pouco ou nenhum valor ou utilidade; bugiganga ☞ mais us. no pl.

quin.ta *s.f.* propriedade rural, com moradia

quin.ta-co.lu.na [pl.: *quinta-colunas*] *s.2g.* **1** indivíduo que espiona ou faz propaganda subversiva em país prestes a entrar ou já em guerra com outro ■ *s.f.* **2** a classe desses indivíduos ~ **quinta-colunismo** *s.m.* - **quinta-colunista** *adj.2g.s.2g.*

quin.ta-es.sên.cia [pl.: *quinta-essências*] *s.f.* o essencial, o mais puro, o melhor ou o principal de algo

quin.ta-fei.ra [pl.: *quintas-feiras*] *s.f.* o quinto dia da semana, a partir de domingo

quin.tal *s.m.* terreno atrás de uma casa ou junto a ela

quin.tes.sên.cia *s.f.* quinta-essência

quin.te.to \ê\ *s.m.* **1** música para cinco vozes ou instrumentos **2** conjunto de cinco músicos

quin.ti.lha *s.f.* estrofe de cinco versos, ger. de sete sílabas

quin.ti.lhão [pl.: *-ões*] *n.card.* e *s.m.* *infrm.* quintilião

quin.ti.li.ão [pl.: *-ões*] *n.card.* **1** mil quatriliões (10^{18}) ■ *s.m.* **2** *p.ext.* grande quantidade

quin.to *n.ord.* *(adj.s.m.)* **1** (o) que, numa sequência, ocupa a posição número cinco ■ *n.frac.* *(adj.s.m.)* **2** (o) que é cinco vezes menor que a unidade ■ *s.m.* **3** imposto do período colonial correspondente à quinta parte do ouro, prata e diamantes extraídos do solo brasileiro ▼ *quintos* *s.m.pl.* *infrm.* **4** área mais afastada; confins

quín.tu.plo *n.mult.* *(adj.s.m.)* **1** (o) que é cinco vezes maior ■ *adj.* **2** composto por cinco elementos ⟨*lista q.*⟩ ▼ *quíntuplos* *s.m.pl.* **3** cinco irmãos nascidos do mesmo parto ~ **quintuplicar** *v.t.d.,int.* e *pron.*

quin.ze.na *s.f.* **1** período de 15 dias seguidos **2** conjunto de 15 unidades de igual natureza

quin.ze.nal *adj.2g.* **1** relativo a quinzena ('período') **2** que se realiza, surge de 15 em 15 dias ⟨*publicação q.*⟩

qui.os.que *s.m.* **1** pavilhão em estilo oriental, instalado em parques e jardins **2** *p.ext.* pequena construção em lugares públicos, ger. destinada à venda de cigarros, bebidas, lanches etc.
qui.pro.quó \qü\ *s.m.* **1** equívoco que consiste em tomar-se uma coisa por outra **2** a confusão criada por esse equívoco ⟨*o fato de serem gêmeos gerou um enorme q.*⟩
qui.re.ra *s.f.* **1** *B* no preparo da farinha de mandioca, o resíduo grosseiro que não passa pela peneira **2** milho quebrado que se dá a aves
qui.ro.man.ci.a *s.f.* suposta adivinhação segundo as linhas e os sinais da mão ~ **quiromante** *adj.2g.s.2g.* - **quiromântico** *adj.*
qui.ro.prá.ti.ca *s.f.* MED **1** terapia que busca curar doenças pela manipulação das estruturas do corpo, esp. da coluna vertebral **2** tratamento de doenças pela manipulação das vértebras ~ **quiroprático** *adj.s.m.*
qui.ro.pra.xi.a \cs\ *s.f.* MED quiroprática
qui.róp.te.ro *s.m.* ZOO **1** espécime dos quirópteros, ordem de mamíferos conhecidos vulgarmente como morcegos ■ *adj.* **2** relativo a essa ordem de mamíferos
quis.to *s.m.* cisto
qui.ta.ção [pl.: *-ões*] *s.f.* **1** pagamento de dívida, obrigação ou encargo **2** documento que atesta esse pagamento; recibo
qui.tan.da *s.f.* estabelecimento onde se vendem frutas, legumes, ovos etc.
qui.tan.dei.ro *s.m.* dono ou empregado de quitanda
qui.tar *v.* {mod. 1} *t.d.,t.d.i. e pron.* **1** (prep. *de*) livrar(-se) [de dívida ou obrigação]; desobrigar(-se) ❑ *t.d.* **2** evitar (ger. algo desagradável) ⟨*q. brigas*⟩ ⮌ buscar **3** desistir de; renunciar ⟨*q. a vida*⟩ ❑ *pron.* **4** (prep. *de*) separar-se, divorciar-se
qui.te *adj.2g.* **1** livre de dívida; desobrigado ⮌ devedor **2** *p.ext.* desobrigado de promessa, compromisso, dívida moral ⮌ comprometido **3** empatado, esp. em jogo, disputa **4** que se afastou; apartado, separado ⟨*estar q. de casa*⟩
qui.ti.na *s.f.* BIOQ substância insolúvel, resistente, parte integrante do esqueleto externo de certos insetos e crustáceos, entre outros animais
qui.ti.ne.te *s.f.* pequeno apartamento de sala e quarto reunidos em único cômodo, com banheiro e minúscula cozinha
qui.tu.te *s.m.* *B* **1** comida refinada; acepipe, petisco **2** *fig.* encanto, meiguice, sedução ⟨*moça cheia de q.*⟩
qui.tu.tei.ro *s.m.* *B* **1** indivíduo que faz quitutes ■ *adj.* **2** relativo a quitute
quiu.í *s.m.* fruta oval de casca peluda, polpa verde e sementes pretas; quivi
qui.vi *s.m.* **1** quiuí **2** nome comum a aves noturnas e não voadoras da Nova Zelândia, que constroem seus ninhos em tocas
qui.xo.te *s.m.* indivíduo ingênuo e bom, que luta inutilmente contra as injustiças ~ **quixotada** *s.f.* - **quixotismo** *s.m.*
qui.xo.tes.co \ê\ *adj.* **1** que diz respeito a D. Quixote, protagonista do romance *El Ingenioso Hidalgo Don Quixote de la Mancha* (1605-1610), do escritor espanhol Miguel de Cervantes Saavedra (1547-1616) **2** *p.ext.* que é generosamente impulsivo, sonhador, romântico, nobre, mas um pouco desligado da realidade **3** *fig.* característico ou próprio de fanfarrão
qui.zi.la *s.f.* **1** aversão espontânea, irracional, gratuita por alguém ou algo; antipatia ⮌ simpatia **2** sensação de impaciência; aborrecimento ⮌ calma **3** conflito de interesses; briga, rixa ~ **quizilar** *v.t.d.,int. e pron.* - **quizilento** *adj.*
quo.ci.en.te *s.m.* MAT o resultado de uma divisão ▣ **q. de inteligência** *loc.subst.* PSIC valor obtido pela divisão da idade mental de um indivíduo por sua idade cronológica, multiplicado por 100 [sigla: *Q.I.*]
quó.rum *s.m.* **1** número mínimo obrigatório de pessoas para que uma assembleia possa funcionar ⟨*não houve q. para eleger o novo diretor*⟩ **2** *p.ext.* quantidade necessária de pessoas para acontecer ou realizar-se algo
quo.ta *s.f.* cota ~ **quotista** *adj.2g.s.2g.*

r *s.m.* **1** 18ª letra (consoante) do nosso alfabeto ■ *n.ord. (adj.2g.2n.)* **2** diz-se do 18º elemento de uma série ⟨*casa R*⟩ ⟨*item 1r*⟩ ☞ empr. posposto a um substantivo ou numeral ⊙ GRAM/USO na acp. s.m., pl.: *rr*

Ra símbolo de ²*rádio*

rã *s.f.* anfíbio sem cauda e de pele lisa, cujos membros posteriores são desenvolvidos para o salto e a natação, e que vive perto de rios, lagoas ou brejos; jia

ra.ba.da *s.f.* **1** parte traseira do tronco de gado bovino e ovino **2** CUL *B* prato feito com rabo de boi

ra.ba.de.la *s.f.* rabadilha

ra.ba.di.lha *s.f.* nos mamíferos, local de inserção da cauda; rabadela

¹**ra.ba.na.da** *s.f.* pancada com o rabo [ORIGEM: contrv., talvez de *rabo* + *abanada*]

²**ra.ba.na.da** *s.f.* iguaria feita de fatia de pão embebida em leite açucarado, recoberta com ovo e frita; fatia de parida [ORIGEM: contrv., talvez de *rábano* + *-ada*]

ra.ba.ne.te \ê\ *s.m.* **1** tipo de rábano com raiz curta **2** a raiz dessa planta, apreciada em saladas

rá.ba.no *s.m.* designação comum a diversas ervas de raízes comestíveis

ra.be.ar *v.* {mod. 5} *int.* **1** agitar (animal) a cauda ☞ nesta acp., só us. nas 3as p., exceto quando fig. **2** fazer movimentos similares ao rabeio do animal ⟨*as labaredas rabeavam*⟩ **3** rebolar, saracotear **4** *B infrm.* derrapar nas rodas traseiras (automóvel) ~ **rabeio** *s.m.*

ra.be.ca *s.f.* **1** instrumento medieval que deu origem ao violino **2** *B* espécie de violino rudimentar

ra.be.cão [pl.: *-ões*] *s.m.* **1** MÚS *infrm.* contrabaixo **2** *B* furgão em que se transportam cadáveres

ra.bei.ra *s.f.* **1** sobra dos grãos, depois de peneirados **2** *infrm.* o último ou os últimos lugares em corrida, fila etc.

ra.bi *s.m.* rabino

ra.bi.ça *s.f.* guidão de arado

ra.bi.cho *s.m.* **1** tira de couro que vai da sela ao rabo da cavalgadura **2** trancinha pendente da nuca **3** *infrm.* namoro

ra.bi.có *adj.2g.* sem cauda ou que possui apenas uma parte dela (diz-se de animal)

rá.bi.co *adj.* relativo a raiva ('doença')

rá.bi.do *adj.* cheio de raiva, de cólera

ra.bi.no *s.m.* líder religioso e sacerdote judeu

ra.bis.car *v.* {mod. 1} *t.d. e int.* **1** fazer em (uma superfície) sinais sem sentido ou desenhos indefinidos, mal traçados; riscar ❑ *t.d.* **2** escrever de forma pouco legível **3** anotar rapidamente ⟨*r. um recado*⟩

ra.bis.co *s.m.* **1** desenho malfeito; garatuja ■ *s.m.pl.* **2** letras ilegíveis; garranchos **3** textos escritos apressadamente

ra.bo *s.m.* **1** cauda **2** *gros.* conjunto das nádegas e/ou o ânus

ra.bo de ar.rai.a [pl.: *rabos de arraia*] *s.m.* certo golpe de capoeira

ra.bo de ca.va.lo [pl.: *rabos de cavalo*] *s.m.* penteado em que os cabelos são atados na parte de trás da cabeça, pendendo como uma cauda de cavalo

ra.bo de pa.lha [pl.: *rabos de palha*] *s.m.* má reputação

ra.bo de sai.a [pl.: *rabos de saia*] *s.m. B infrm.* mulher

ra.bu.gem *s.f.* **1** espécie de sarna que ataca cães e porcos **2** *fig.* rabugice

ra.bu.gen.to *adj.* 1 que apresenta rabugem ('sarna') 2 *fig.* mal-humorado e resmungão

ra.bu.gi.ce *s.f.* qualidade de quem é rabugento; rabugem ⮌ simpatia

ra.bu.jar *v.* {mod. 1} *int.* 1 mostrar mau humor 2 teimar e/ou choramingar (esp. criança)

rá.bu.la *s.2g.* 1 advogado que usa artifícios para conseguir vantagens para o seu cliente 2 *B* quem advoga sem ser formado em direito

ra.ça *s.f.* 1 classificação de grupos humanos por seus traços físicos hereditários (cor de pele, tipo de cabelo etc.) 2 coletividade de indivíduos unidos por semelhanças socioculturais ⟨*a r. brasileira*⟩ 3 ZOO cada grupo em que se subdividem certas espécies animais 4 *fig. B infrm.* empenho, garra ⟨*jogou com muita r.*⟩

ra.ção [pl.: *-ões*] *s.f.* 1 porção de alimento destinada a uma pessoa ou um animal 2 comida para animais

ra.cha *s.f.* 1 fenda ou sulco causado por ruptura; rachadura ■ *s.m. B infrm.* 2 corrida ilegal de carros; pega 3 cisão, separação ⟨*houve um r. no partido*⟩ ⮌ união

ra.cha.du.ra *s.f.* racha

ra.char *v.* {mod. 1} *t.d.,int. e pron.* 1 (fazer) ficar com fendas, aberturas; fender(-se) ❑ *t.d.* 2 dividir no sentido do comprimento ⟨*r. uma tora*⟩ 3 deixar em pedaços, lascas; lascar, partir ⟨*r. lenha*⟩ ❑ *t.d. e t.d.i. B* 4 (prep. *com*) dividir proporcionalmente (entre duas ou mais pessoas); repartir ~ **rachador** *adj.s.m.*

ra.ci.al *adj.2g.* referente a raça

ra.cio.ci.nar *v.* {mod. 1} *int.* 1 fazer uso da razão para entender, calcular, julgar, estabelecer relações; refletir ❑ *t.d.* 2 pensar, ponderar, considerar ⟨*raciocinou que havia vantagens*⟩

ra.cio.cí.nio *s.m.* 1 encadeamento mental de argumentos para concluir algo 2 capacidade de raciocinar

ra.cio.nal *adj.2g.* 1 dotado de ou conforme à razão 2 que demonstra bom senso ⮌ insensato 3 em que há coerência, lógica ⮌ incoerente 4 MAT cuja expressão exata é a razão entre dois inteiros (diz-se de número) ■ *s.m.* 5 MAT número racional ~ **racionalidade** *s.f.*

ra.cio.na.lis.mo *s.m.* doutrina segundo a qual todo conhecimento é oriundo da razão e independe da experiência ⮌ empirismo ~ **racionalista** *adj.2g.s.2g.*

ra.cio.na.li.zar *v.* {mod. 1} *t.d.* 1 tornar mais racional, reflexivo ⟨*o estudo o racionalizou*⟩ 2 buscar entender ou explicar de maneira racional, lógica ⟨*r. as emoções*⟩ 3 tornar mais eficaz (trabalho, sistema etc.) usando raciocínio e método ~ **racionalização** *s.f.*

ra.cio.na.men.to *s.m.* 1 ato ou efeito de racionar 2 distribuição ou venda controlada de certos alimentos ou bens escassos, determinada pelas autoridades governamentais para assegurar uma divisão mais justa entre os consumidores ou usuários

ra.cio.nar *v.* {mod. 1} *t.d.* 1 distribuir em quantidades limitadas 2 limitar a porções controladas a venda de 3 usar com moderação; poupar ⮌ desperdiçar

ra.cis.mo *s.m.* discriminação baseada na suposta inferioridade de certas raças

ra.cis.ta *adj.2g.* 1 relativo a racismo ■ *adj.2g.s.2g.* 2 partidário do racismo

ra.dar *s.m.* aparelho que localiza objetos por meio de ondas radioelétricas

ra.di.a.ção [pl.: *-ões*] *s.f.* 1 ato de radiar ou o seu efeito 2 FÍS emissão de energia por meio de ondas ou partículas 3 FÍS essa energia

ra.di.a.dor \ô\ *s.m.* 1 dispositivo para aquecer ambientes; aquecedor 2 dispositivo us. para resfriar um motor ■ *adj.* 3 que radia

ra.di.al *s.f.* 1 avenida ou rua que liga o centro de uma cidade à sua periferia ■ *adj.2g.* 2 que emite raios 3 ANAT referente ao rádio ('osso')

ra.di.a.lis.ta *adj.2g.s.2g.* profissional de rádio ou televisão que organiza programas ou os apresenta

ra.di.a.ma.dor \ô\ *adj.s.m.* → *RADIOAMADOR*

ra.di.an.te *adj.2g.* 1 FÍS que se propaga através de radiação 2 brilhante, cintilante ⟨*cristais r.*⟩ 3 *fig.* muito feliz

ra.di.ar *v.* {mod. 1} *int.* 1 lançar raios de luz ou calor; irradiar 2 *p.ext.* brilhar, fulgir ❑ *t.d.,t.i. e t.d.i. fig.* 3 (prep. *a, de*) transmitir ou ser transmitido de forma viva; irradiar ⟨*r. alegria (a todos)*⟩ ⟨*a alegria radia dele*⟩

ra.di.a.ti.vi.da.de *s.f.* → *RADIOATIVIDADE*

ra.di.a.ti.vo *adj.* → *RADIOATIVO*

ra.di.cal *adj.2g.* 1 relativo a raiz ou a origem 2 distante do que é usual ⟨*proposta r.*⟩ 3 *B infrm.* que exige destreza, perícia ⟨*gosta de esportes r.*⟩ ■ *adj.2g.s.2g.* 4 adepto do radicalismo ■ *s.m.* 5 MAT símbolo que indica a extração de raiz algébrica 6 GRAM parte invariável de uma palavra à qual se justapõem os afixos derivacionais e flexionais 7 QUÍM grupo de átomos de uma substância que não se alteram depois de determinadas reações químicas ⊡ **r. livre** *loc.subst.* radical químico com um ou mais elétrons desemparelhados

ra.di.ca.lis.mo *s.m.* 1 sistema político que visa à transformação imediata e completa da organização social 2 conduta inflexível ~ **radicalista** *adj.2g.s.2g.*

ra.di.ca.li.zar *v.* {mod. 1} *t.d.,int. e pron.* adotar postura, ponto de vista etc. extremado, inflexível, drástico (em relação a) ~ **radicalização** *s.f.*

ra.di.can.do *s.m.* MAT número ou expressão algébrica sob o radical

ra.di.car *v.* {mod. 1} *t.d. e pron.* 1 estabelecer(-se) de maneira profunda; arraigar(-se) ❑ *pron.* 2 fixar residência; estabelecer-se ⟨*r.-se no campo*⟩ ~ **radicação** *s.f.*

ra.dí.cu.la *s.f.* BOT 1 pequena raiz 2 parte do embrião de plantas com semente que dá origem à raiz primária ⊙ GRAM/USO dim.irreg. de *raiz*

ra.di.e.le.tri.ci.da.de *s.f.* → *RADIOELETRICIDADE*

[1]**rá.dio** *s.m.* ANAT osso longo da parte externa do antebraço [ORIGEM: do lat. *radĭus,ĭi* 'id.']

[2]**rá.dio** *s.m.* elemento químico radiativo us. no tratamento de câncer e em radiografia [símb.: *Ra*] ☞ cf. *tabela periódica* (no fim do dicionário) [ORIGEM: do lat.cien. *radium*]

[3]rá.dio *s.m.* **1** aparelho que recebe e/ou transmite sinais radiofônicos ■ *s.f.* **2** local com instalações destinadas à transmissão de programas por ondas hertzianas; estação de rádio, radiodifusora [ORIGEM: red. de *radiofonia*]

ra.dio.a.ma.dor \ô\ ou **ra.di.a.ma.dor** \ô\ *adj.s.m.* que(m) opera aparelho de [3]rádio de ondas curtas não comercial

ra.dio.a.ti.vi.da.de ou **ra.di.a.ti.vi.da.de** *s.f.* FÍS desintegração espontânea do núcleo de certos elementos, com emissão de radiação

ra.dio.a.ti.vo ou **ra.di.a.ti.vo** *adj.* FÍS que tem radioatividade

ra.dio.di.fu.são [pl.: *-ões*] *s.f.* **1** transmissão de ondas de rádio **2** transmissão de programas de televisão e de [3]rádio por meio de radiofonia

ra.dio.di.fu.so.ra \ô\ *s.f.* estação de radiodifusão; radioemissora

ra.dio.e.le.tri.ci.da.de ou **ra.di.e.le.tri.ci.da.de** *s.f.* ramo da física que estuda as ondas de rádio e suas aplicações na transmissão de sons e mensagens

ra.dio.e.lé.tri.co *adj.* que tem radioeletricidade

ra.dio.e.mis.so.ra \ô\ *s.f.* radiodifusora

ra.dio.fo.ni.a *s.f.* sistema de transmissão de sons por meio de ondas de rádio ~ **radiofônico** *adj.*

ra.dio.gra.fi.a *s.f.* **1** processo de produção de uma imagem fotográfica utilizando raios X **2** a imagem obtida por esse processo ~ **radiografar** *v.t.d.* - **radiográfico** *adj.*

ra.dio.gra.ma *s.m.* **1** comunicação feita através de radiotelegrafia **2** telegrama transmitido por [3]rádio; radiotelegrama

ra.dio.jor.na.lis.mo *s.m.* forma de jornalismo que utiliza o [3]rádio como veículo de transmissão ~ **radiojornalista** *adj.2g.*

ra.dio.la *s.f.* aparelho que conjuga [3]rádio e vitrola; rádio-vitrola

ra.dio.lo.gi.a *s.f.* **1** estudo científico de substâncias radioativas e das radiações **2** uso de radiações no diagnóstico e tratamento de doenças ~ **radiológico** *adj.*

ra.dio.lo.gis.ta *adj.2g.s.2g.* especialista em radiologia

ra.dio.no.ve.la *s.f.* novela veiculada por [3]rádio

rá.dio-o.pa.co [pl.: *rádio-opacos*] ou **ra.di.o.pa.co** *adj.* impermeável aos raios X ou a outras formas de energia radiante

rá.dio-o.pe.ra.dor [pl.: *rádio-operadores*] ou **ra.di.o.pe.ra.dor** *adj.s.m.* operador de transmissor de [3]rádio

ra.di.o.pa.co *adj.* → *RÁDIO-OPACO*

ra.dio.pa.tru.lha *s.f.* **1** sistema de policiamento em que uma estação e viaturas se comunicam por [3]rádio **2** veículo policial dotado desse sistema

ra.di.o.pe.ra.dor *adj.s.m.* → *RÁDIO-OPERADOR*

rá.dio-re.ló.gio [pl.: *rádios-relógios* e *rádios-relógio*] *s.m.* aparelho que conjuga [3]rádio e relógio

ra.di.os.co.pi.a *s.f.* exame de órgão através da imagem produzida por raios X numa tela especial ~ **radioscópico** *adj.*

ra.dio.tá.xi *s.m.* táxi equipado com aparelho de [3]rádio, por meio do qual é informado sobre o local e hora das corridas a serem realizadas

ra.dio.te.le.fo.ni.a *s.f.* sistema de telefonia por meio de ondas de rádio ~ **radiotelefônico** *adj.*

ra.dio.te.le.gra.fi.a *s.f.* telegrafia por meio de ondas de rádio ~ **radiotelegráfico** *adj.*

ra.dio.te.ra.pi.a *s.f.* emprego de raios X ou de outros tipos de radiação no tratamento de doenças ~ **radioterapêutico** *adj.* - **radioterápico** *adj.*

ra.dio.trans.mis.são [pl.: *-ões*] *s.f.* transmissão de sinais através do espaço em frequências de rádio, por meio de ondas eletromagnéticas irradiadas

ra.dio.trans.mis.sor \ô\ *adj.s.m.* (aparelho) us. para transmitir ondas de rádio ~ **radiotransmitir** *v.t.d.*

ra.diou.vin.te *s.2g.* indivíduo que ouve programas de emissoras de rádio

rá.dio-vi.tro.la [pl.: *rádios-vitrolas* e *rádios-vitrola*] *s.f.* radiola

ra.dô.nio *s.m.* elemento químico radiativo, da família dos gases nobres, us. no combate ao câncer [símb.: *Rn*] ☞ cf. *tabela periódica* (no fim do dicionário)

ra.fei.ro *adj.s.m.* (cão) que guarda gado

rá.fia *s.f.* **1** palmeira alta de cujas longas folhas se extrai fibra **2** essa fibra

ra.gu *s.m.* ensopado de carne com legumes e muito molho

[1]rai.a *s.f.* arraia [ORIGEM: do lat. *rāia* ou *rāja,ae* 'id.']

[2]rai.a *s.f.* **1** linha, listra **2** linha de demarcação; limite, fronteira **3** pista de corrida de cavalos **4** divisão longitudinal de uma piscina [ORIGEM: do lat. *radĭus,i* 'raio']

[1]rai.ar *v.* {mod. 1} *t.d.* **1** fazer riscas, linhas em; riscar ❑ *t.i. fig.* **2** (prep. *a*) estar próximo a; beirar ⟨*ato que raia à loucura*⟩ [ORIGEM: *raia* + [2]*-ar*]

[2]rai.ar *v.* {mod. 1} *t.d. e int.* **1** emitir (luz, brilho); brilhar ❑ *int.* **2** surgir no horizonte; nascer ⟨*o dia já raiou*⟩ **3** *fig.* chegar, surgir ⟨*uma nova era raiou*⟩ [ORIGEM: *raio* + [2]*-ar*]

ra.i.nha *s.f.* **1** soberana de um reino ou esposa de rei **2** *fig.* a que se destaca, a mais importante **3** ZOO fêmea fértil da colônia de certos insetos, como formigas, cupins e vespas **4** peça do jogo de xadrez que se movimenta em qualquer direção, avançando qualquer número de casas

rai.o *s.m.* **1** descarga elétrica na atmosfera, acompanhada de relâmpago e trovão **2** linha de luz que parte de um foco ⟨*r. de sol*⟩ **3** reta que vai do centro a qualquer ponto de um círculo ou esfera **4** distância que se estende em todas as direções, a partir de um ponto de origem ⟨*o estrondo foi ouvido num r. de 5 km*⟩ ⊡ **raios X** *loc.subst.* radiação eletromagnética capaz de atravessar sólidos

rai.om *s.m.* **1** nome dado a várias fibras ou filamentos sintéticos feitos de celulose **2** tecido de seda feito com essa fibra

rai.va *s.f.* 1 doença que afeta o sistema nervoso central, transmitida pela mordida de certos animais infectados, como cães, gatos, morcegos etc.; hidrofobia 2 sentimento de ira, fúria ↄ serenidade

rai.vo.so \ô\ [pl.: *raivosos* \ó\] *adj.* 1 que sofre de raiva ('doença'); hidrófobo 2 dominado por ira ou intensa irritação; furioso

ra.iz *s.f.* 1 base ou parte inferior de algo 2 BOT órgão da planta ger. fixo ao solo, de onde ela tira nutrientes 3 GRAM parte do vocábulo quando dele se retiram todos os afixos 4 *fig.* fonte, origem ⟨*cortar o mal pela r.*⟩ 5 MAT valor da incógnita que resolve uma equação 6 MAT número que elevado ao índice do radical reproduz o radicando ⊙ GRAM/USO dim.irreg.: *radícula* ⊡ **r. quadrada** *loc.subst.* MAT aquela cujo índice é dois

ra.iz-for.te [pl.: *raízes-fortes*] *s.f.* 1 planta de origem asiática cuja raiz picante é us. como condimento 2 a raiz dessa planta

ra.já [fem.: *rani*] *s.m.* rei ou príncipe de um estado da Índia

ra.ja.da *s.f.* 1 lufada de vento 2 série de tiros, ger. de metralhadora 3 *fig.* sequência súbita e intensa

ra.ja.do *adj.* que apresenta raias, riscos ~ **rajar** *v.t.d.*

ra.la.dor \ô\ *s.m.* 1 utensílio que serve para ralar; ralo ■ *adj.* 2 que rala

ra.lar *v.* {mod. 1} *t.d.* 1 cortar em pedaços bem pequenos, friccionando em utensílio próprio ou superfície áspera 2 ferir levemente, raspando ou provocando arranhões; arranhar ❑ *int. B infrm.* 3 trabalhar muito 4 fazer algo com aplicação, seriedade; esforçar-se ~ **ralação** *s.f.* - **raladura** *s.f.*

ra.lé *s.f.* a camada mais baixa da sociedade; escória, escuma, povaréu ↄ elite, escol

ra.lhar *v.* {mod. 1} *t.i. e int.* (prep. *com*) repreender severamente, em tom de voz alto ~ **ralhação** *s.f.* - **ralho** *s.m.*

ra.li *s.m.* corrida (de automóveis, motos, caminhões) cuja finalidade é testar a habilidade dos pilotos e resistência das máquinas

[1]**ra.lo** *adj.* pouco espesso ou denso [ORIGEM: do lat. *rarus,a,um* 'id.']

[2]**ra.lo** *s.m.* 1 ralador 2 tampa gradeada ou com furos colocada na abertura de esgotos ou outros encanamentos 3 o fundo de uma peneira [ORIGEM: do lat. *rallum,i* 'aparato de tirar terra do arado']

ra.ma *s.f.* conjunto dos ramos de uma planta; ramada, ramagem

ra.ma.da *s.f.* 1 rama 2 ornamento feito com ramos 3 cobertura feita com ramos, para abrigo de pessoas ou animais

ra.ma.dã *s.m.* 1 nono mês do calendário islâmico 2 jejum que os muçulmanos praticam durante esse mês

ra.ma.gem *s.f.* 1 rama 2 desenho de ramos e folhagem

ra.mal *s.m.* 1 conjunto de fios que formam uma corda, um cabo etc. 2 ramificação de uma passagem 3 cada subdivisão de uma rede telefônica

ra.ma.lhe.te \ê\ *s.m.* pequeno ramo de flores; buquê

ra.ma.lho *s.m.* grande ramo cortado de árvore

ra.mei.ra *s.f.* prostituta

ra.mi.fi.ca.ção [pl.: *-ões*] *s.f.* ato ou efeito de ramificar(-se); subdivisão

ra.mi.fi.car *v.* {mod. 1} *t.d. e pron.* 1 gerar (ramos, raízes) ou dividir-se em ramos 2 *p.ext.* formar novos eixos, partes etc. a partir de (eixo original); subdividir(-se) ⟨*r. uma estrada, uma disciplina*⟩ ⟨*as veias ramificam-se*⟩ ❑ *pron. fig.* 3 propagar-se, alastrar-se

ra.mo *s.m.* 1 divisão de caule ou galho de planta 2 porção de flores ou folhagem 3 subdivisão, ramificação, seção 4 especialidade de uma ciência ou atividade profissional ⟨*a cardiologia é um r. da medicina*⟩ ~ **ramoso** *adj.*

ram.pa *s.f.* plano com aclive ou declive

ran.chei.ra *s.f.* 1 dança popular no Rio Grande do Sul, oriunda da Argentina 2 música com que se acompanha essa dança

ran.cho *s.m.* 1 grupo de pessoas reunidas para determinado fim ⟨*r. de peregrinos*⟩ 2 cabana, choupana 3 comida para grande quantidade de pessoas 4 local onde essa comida é servida 5 bloco carnavalesco 6 pequena fazenda de gado ~ **rancharia** *s.f.* - **rancheiro** *adj.s.m.*

ran.ço *s.m.* 1 decomposição ou modificação que sofre uma substância gordurosa em contato com o ar, e que lhe dá um sabor acre e um cheiro desagradável 2 *fig.* caráter antiquado, ultrapassado 3 *fig.* vestígio, sinal ⟨*ter r. de preconceito*⟩ ~ **rançar** *v.int.*

ran.cor \ô\ *s.m.* 1 desgosto causado por experiência desagradável ↄ contentamento 2 ódio profundo, não expresso ↄ estima

ran.ço.so \ô\ [pl.: *rançosos* \ó\] *adj.* que tem ranço, que apresenta gosto azedo e cheiro desagradável

ran.ger *v.* {mod. 8} *t.d.* 1 pôr em atrito (os dentes) uns contra os outros, por nervosismo, dor etc. ❑ *int.* 2 produzir ruído desagradável, esp. devido ao atrito entre peças, objetos etc. ~ **rangedor** *adj.*

ran.gi.do *s.m.* ruído produzido por objeto que range

ran.go *s.m. B infrm.* comida, refeição ~ **rangar** *v.t.d. e int.*

ra.nhe.ta \ê\ *adj.2g.s.2g.* que(m) é mal-humorado, intolerante ~ **ranhetice** *s.f.*

ra.nho *s.m. infrm.* muco que escorre das narinas ~ **ranhoso** *adj.*

ra.nhu.ra *s.f.* pequeno sulco escavado numa superfície plana

ra.ni *s.f.* esposa de rajá

ra.ni.cul.tor \ô\ *adj.s.m.* criador de rãs

ra.ni.cul.tu.ra *s.f.* criação de rãs

ra.nún.cu.lo *s.m.* planta herbácea, de uso ornamental e medicinal, com caule rastejante e flores de cores diversas

ran.zin.za *adj.2g.s.2g.* que(m) é mal-humorado ~ **ranzinzar** *v.int.*

rap [ing.; pl.: *raps*] *s.m.* música popular em que a letra é declamada ao ritmo de batidas fortes ⇨ pronuncia-se rép
ra.pa.ce *adj.2g.* **1** que rapina, rouba ■ *s.m.* **2** ave de rapina
ra.pa.ci.da.de *s.f.* qualidade de rapace
ra.pa.du.ra *s.f. B* açúcar mascavo solidificado
ra.pa.gão [pl.: *-ões*] *s.m.* rapaz forte e bonito ⊙ GRAM/USO aum.irreg. de *rapaz*
ra.pa.pé *s.m.* **1** ato de arrastar os pés para trás, ao cumprimentar **2** saudação exagerada **3** elogio para obter vantagens; adulação, bajulação
ra.par *v.* {mod. 1} *t.d.* **1** reduzir a migalhas ou lascas com o ralador; ralar **2** tirar certas partes de ou limpar (algo) por meio de fricção; raspar **3** cortar rente o pelo de; raspar ❑ *pron.* **4** barbear-se ~ **rapador** *adj.s.m.*
ra.pa.ri.ga *s.f.* **1** mulher adolescente; jovem, moça **2** *B* prostituta
ra.paz *s.m.* homem moço ⊙ GRAM/USO aum.irreg.: *rapagão*; dim.irreg.: *rapazote* ⊙ COL rapaziada
ra.pa.zi.a.da *s.f.* turma de rapazes
ra.pé *s.m.* pó de tabaco para inalar
ra.pel *s.m.* em montanhismo, descida vertical com a ajuda de um cabo
ra.pi.da.men.te *adv.* **1** com rapidez, velocidade ⟨*a roda girava r.*⟩ **2** com pressa ⟨*passou r. no banco*⟩ **3** o quanto antes; o mais rápido possível ⟨*vamos sair r. daqui!*⟩ **4** em curto espaço de tempo ⟨*terminou o trabalho r.*⟩
ra.pi.dez \ê\ *s.f.* qualidade de rápido; ligeireza ⮌ lentidão
rá.pi.do *adj.* **1** que se movimenta com grande velocidade ⮌ lento **2** de curta duração; breve ⮌ longo ■ *adv.* **3** de modo rápido; rapidamente ⟨*a encomenda chegou rápido*⟩
ra.pi.na *s.f.* roubo praticado com violência; pilhagem ~ **rapinagem** *s.f.* - **rapinar** *v.t.d.*
ra.po.sa \ô\ *s.f.* **1** mamífero semelhante ao lobo, de pernas curtas e cauda longa e peluda **2** *fig. infrm.* pessoa que age com astúcia ⮌ ingênuo ⊙ GRAM/USO masc.: *raposo* \ô\
ra.po.si.ce *s.f.* astúcia ⮌ ingenuidade
ra.po.si.no *adj.* **1** próprio de raposa **2** que demonstra astúcia, malícia ⮌ ingênuo, simplório
rap.só.dia *s.f.* **1** trecho de poema épico **2** peça musical de forma livre com trechos de temas populares ~ **rapsódico** *adj.*
rap.so.do \ó *ou* ô\ *s.m.* **1** pessoa que recita poesias **2** poeta
rap.to *s.m.* ação de levar uma pessoa à força do local onde se encontra ~ **raptar** *v.t.d.*
rap.tor \ô\ *adj.s.m.* que(m) rapta
ra.que *s.f.* **1** ANAT coluna vertebral **2** ZOO eixo sólido da pena das aves **3** BOT eixo que sustenta flor ou fruto
ra.que.ta.da *s.f.* golpe dado com uma raquete
ra.que.te ou **ra.que.ta** \ê\ *s.f.* DESP **1** instrumento constituído de uma moldura presa a um cabo e preenchida por uma rede de fios, us. para impelir bola **2** lâmina de madeira com formato e uso semelhantes a esse instrumento
ra.qui.a.no *adj.* raquidiano
ra.qui.di.a.no *adj.* relativo a raque
ra.quí.ti.co *adj.s.m.* **1** que(m) sofre de raquitismo ■ *adj.infrm.* **2** pouco desenvolvido; franzino ⮌ robusto
ra.qui.tis.mo *s.m.* doença da infância que acarreta deformações ósseas por carência de vitamina D ~ **raquitizar** *v.t.d.*
ra.ra.men.te *adv.* **1** com pouca frequência ⟨*ele r. sorri*⟩ **2** de modo ímpar, raro ⟨*é r. bela*⟩
ra.re.ar *v.* {mod. 5} *t.d. e int.* **1** tornar(-se) menos frequente; rarefazer ⟨*r. as saídas*⟩ ⟨*suas visitas rarearam*⟩ ⮌ amiudar **2** apresentar(-se) em menor número; diminuir, rarefazer ⟨*a idade rareia os cabelos*⟩ ⟨*as nuvens rarearam*⟩ ~ **rareamento** *s.m.*
ra.re.fa.zer *v.* {mod. 14} *t.d. e pron.* **1** tornar(-se) menos denso ou menos espesso ⮌ encorpar **2** rarear ⊙ GRAM/USO part.: *rarefeito* ~ **rarefação** *s.f.*
ra.re.fei.to *adj.* que se rarefez; diminuído na densidade ⟨*ar r.*⟩ ⟨*nuvens r.*⟩
ra.ri.da.de *s.f.* **1** qualidade de raro **2** coisa difícil de ser encontrada
ra.ro *adj.* **1** que não é comum, ordinário ⟨*inteligência r.*⟩ ⮌ usual **2** pouco frequente ⟨*fenômeno r.*⟩ ⮌ habitual ■ *adv.* **3** poucas vezes; raramente ⮌ frequentemente
ra.sa *s.f.* antiga medida que correspondia aproximadamente ao alqueire
ra.san.te *adj.2g.s.m.* (voo) muito próximo do solo
ra.sar *v.* {mod. 1} *t.d.* **1** medir com rasa **2** nivelar com a rasoura (grãos de um recipiente) **3** tornar plano; igualar, nivelar ⮌ desnivelar ~ **rasadura** *s.f.*
ras.can.te *adj.2g.* **1** que deixa um sabor amargo e adstringente na garganta, por excesso de tanino ⟨*vinho r.*⟩ **2** diz-se de som que parece arranhar
ras.cu.nhar *v.* {mod. 1} *t.d.* **1** fazer o rascunho de; esboçar ❑ *int. fig.* **2** fazer riscos ou sinais em algo; riscar
ras.cu.nho *s.m.* esboço não definitivo de qualquer escrito; minuta, borrão
ras.gar *v.* {mod. 1} *t.d. e pron.* **1** partir(-se) em pedaços irregulares (pano, papel etc.) ❑ *t.d.* **2** golpear (pele, parte do corpo), ferindo muito; dilacerar ❑ *pron. fig.* **3** afligir-se, atormentar-se
ras.go *s.m.* **1** arranhão **2** *fig.* ação nobre, feito **3** *fig.* manifestação extraordinária; arroubo
ra.so *adj.* **1** pouco profundo ⮌ fundo **2** sem elevações ou depressões ⟨*planície r.*⟩ ⟨*prato r.*⟩ **3** cortado junto à base ou à raiz ⟨*vegetação r.*⟩ ⟨*cabelo r.*⟩ ⮌ alto **4** não graduado (diz-se de soldado) ■ *s.m.* **5** terreno plano; planície **6** *B* local onde a água não é profunda
ra.sou.ra *s.f.* instrumento us. para nivelar ~ **rasourar** *v.t.d.*
ras.pa *s.f.* parte retirada de um corpo ou superfície em que se passou uma raspadeira ou um instrumento semelhante

ras.pa.dei.ra *s.f.* instrumento ou máquina us. para raspar

ras.pão [pl.: *-ões*] *s.m.* ferimento superficial causado por atrito ▣ **de r.** *loc.adv.* muito perto, tocando ou quase tocando 〈*tiro de r.*〉

ras.par *v.* {mod. 1} *t.d. e int.* **1** tocar, arranhar ou ferir superficialmente 〈*a bala raspou o braço*〉 〈*a roda raspou no meio-fio*〉 ☞ *no meio-fio* é circunstância que funciona como complemento ❑ *t.d.* **2** retirar (resíduos, sujeira) de uma superfície, esfregando com instrumento adequado **3** retirar parte da superfície de (algo), por meio de fricção com instrumento adequado; rapar **4** cortar rente o pelo de; rapar ❑ *pron. infrm.* **5** fugir, escapar ~**raspadura** *s.f.* - **raspagem** *s.f.*

ras.tei.ra *s.f.* golpe em que se usa um pé ou a perna por entre as de outrem para o desequilibrar e/ou deixá-lo cair

ras.tei.ro *adj.* **1** que se arrasta pelo chão **2** próximo ao chão; baixo ⊃ alto **3** *fig.* ordinário, sem valor ⊃ superior

ras.te.jar *v.* {mod. 1} *t.d.* **1** seguir a pista de (caça, fugitivo etc.); rastrear ❑ *int. e pron.* **2** arrastar-se sobre o ventre **3** mover-se tocando o chão; arrastar-se **4** ter comportamento indigno; rebaixar-se ~ **rastejador** *adj.s.m.* - **rastejante** *adj.2g.* - **rastejo** *s.m.*

ras.te.lo ou **res.te.lo** \ê\ *s.m.* ancinho us. para limpar ou afofar a terra

ras.ti.lho *s.m.* fio coberto de substância inflamável que conduz fogo a um explosivo

ras.to *s.m.* → RASTRO

ras.tre.a.men.to *s.m.* ato ou efeito de rastrear; rastreio

ras.tre.ar *v.* {mod. 5} *t.d.* **1** seguir o rastro, a pista de; caçar, rastejar **2** fazer investigações a respeito de; inquirir, investigar ~**rastreio** *s.m.*

ras.tro ou **ras.to** *s.m.* **1** vestígio deixado por pessoa ou animal no seu caminho **2** *fig.* indício, pista ▣ **de rastros** *loc.adv.* arrastando-se pelo chão

ra.su.ra *s.f.* **1** risco ou raspagem feito em um texto, documento etc., para tornar inválidas ou ilegíveis palavras ali contidas, ou substituí-las por outras **2** aquilo que se risca ou raspa num texto ou documento

ra.su.rar *v.* {mod. 1} *t.d.* alterar (escrito, texto, documento etc.) para tornar inválidas ou ilegíveis informações ali contidas ou substituí-las por outras

ra.ta *s.f. B infrm.* gafe

ra.ta.plã *s.m.* toque do tambor

ra.ta.ri.a *s.f.* grande quantidade de ratos

ra.ta.za.na *s.f.* **1** roedor de até 27 cm de comprimento, encontrado em todo o mundo em locais úmidos (esgotos, pântanos etc.) **2** fêmea do rato ⊙ GRAM/USO aum.irreg. de *rato*

[1]**ra.te.ar** *v.* {mod. 5} *t.d. e t.d.i.* (prep. *entre*) dividir proporcionalmente; repartir, rachar [ORIGEM: do rad. do lat. *ratus,a,um* 'calculado' + *-ear*]

[2]**ra.te.ar** *v.* {mod. 5} *int.* não funcionar ou funcionar mal (motor, mecanismo) [ORIGEM: do fr. *rater* 'fracassar']

ra.tei.o *s.m.* divisão proporcional; repartimento

ra.ti.ci.da *adj.2g.s.m.* (substância) que mata ratos

ra.ti.fi.ca.ção [pl.: *-ões*] *s.f.* ato ou efeito de ratificar

ra.ti.fi.car *v.* {mod. 1} *t.d.* **1** declarar como válido (dito, situação anterior); confirmar **2** mostrar como verdadeiro; comprovar ☞ cf. *retificar*

ra.to *s.m.* **1** roedor encontrado em todo o mundo, responsável pela transmissão de diversas doenças, como a peste bubônica **2** *fig.* pessoa que pratica furtos em locais públicos **3** *fig.* pessoa que frequenta constantemente determinado lugar 〈*r. de biblioteca*〉 ⊙ GRAM/USO aum.irreg.: *ratazana* ⊙ COL rataria

ra.to.ei.ra *s.f.* **1** armadilha para ratos **2** *fig.* artifício para enganar alguém

ra.vi.na *s.f.* **1** escoamento de grande quantidade de água por uma encosta **2** depressão no solo produzida por esse escoamento; barranco

ra.vi.ó.li *s.m.* massa alimentícia em quadradinhos recheados

ra.zão [pl.: *-ões*] *s.f.* **1** raciocínio **2** capacidade de avaliar corretamente; juízo **3** aquilo que provoca um acontecimento; causa, motivo ⊃ resultado **4** MAT quociente de dois números ▣ **r. social** *loc.subst.* nome jurídico adotado por uma sociedade para suas atividades comerciais; firma

ra.zi.a *s.f.* **1** invasão para saquear **2** *fig.* destruição de valores materiais ou espirituais

ra.zo.á.vel *adj.2g.* **1** aceitável pela razão; racional **2** que tem bom senso ⊃ insensato **3** não excessivo 〈*preço r.*〉 **4** nem bom nem mau; aceitável 〈*salário r.*〉

Rb símbolo de *rubídio*

re– *pref.* **1** 'volta, recuo': *recaída, regredir* **2** 'repetição': *reeditar, refazer*

Re símbolo de *rênio*

[1]**ré** *s.f.* **1** mulher acusada de um crime **2** mulher que cometeu um crime ⊙ GRAM/USO fem. de *réu* [ORIGEM: do lat. *rĕa,ae* 'id.']

[2]**ré** *s.f.* **1** parte de trás de um navio; popa **2** marcha a ré [ORIGEM: talvez do adv.lat. *retro* 'por detrás, para trás']

[3]**ré** *s.m.* nota musical [ORIGEM: do it. *re* 'id.']

re.a.bas.te.cer *v.* {mod. 8} *t.d.,t.d.i. e pron.* (prep. *de*) abastecer(-se) novamente (de algo útil ou necessário) ~**reabastecimento** *s.m.*

re.a.bi.li.ta.ção [pl.: *-ões*] *s.f.* recuperação de capacidade física, moral ou intelectual

re.a.bi.li.tar *v.* {mod. 1} *t.d. e pron.* (fazer) recuperar a capacidade, estima ou saúde perdidos ~**reabilitador** *adj.s.m.*

re.a.brir *v.* {mod. 24} *t.d.,int. e pron.* abrir(-se) de novo (o que estava fechado, interrompido, retido etc.) ⊙ GRAM/USO part.: *reaberto* ~**reabertura** *s.f.*

re.a.ção [pl.: *-ões*] *s.f.* **1** ação em resposta a outra anterior **2** ação contrária a outra; oposição, resistência ⊃ apoio **3** FÍS força de mesma magnitude, mas oposta a outra **4** QUÍM transformação em que uma ou mais substâncias originam outra(s) nova(s) ▣ **r. nuclear** *loc.subst.* FÍS qualquer reação em que ocorram modificações de um ou mais núcleos atômicos

re.a.cen.der *v.* {mod. 8} *t.d.* **1** acender de novo (o que estava apagado, desligado etc.) ❑ *t.d. e pron. fig.* **2** (fazer) adquirir novo impulso, novo vigor; renovar(-se) ☞ cf. *reascender*
re.a.cio.ná.rio *adj.s.m.* (indivíduo) que é contrário a mudanças sociais e políticas; conservador
re.a.dap.tar *v.* {mod. 1} *t.d. e pron.* (prep. *a*) tornar a adaptar(-se) [o que estava desajustado, inadequado etc.] ~ **readaptação** *s.f.*
re.ad.mis.são [pl.: *-ões*] *s.f.* nova admissão; recontratação
re.ad.mi.tir *v.* {mod. 24} *t.d.,t.d.pred. e t.d.i.* **1** (prep. *a*) tornar a admitir; recontratar ❑ *t.d.* **2** passar de novo a reconhecer; reconsiderar
re.ad.qui.rir *v.* {mod. 24} *t.d.* adquirir novamente (algo que estava perdido); recobrar, recuperar ~ **reaquisição** *s.f.*
re.a.fir.ma.ção [pl.: *-ões*] *s.f.* **1** nova afirmação **2** demonstração da verdade de uma afirmação; confirmação
re.a.fir.mar *v.* {mod. 1} *t.d.* afirmar de novo e de forma categórica; confirmar, reiterar
re.a.gen.te *adj.2g.s.m.* QUÍM (substância) que causa reação ou serve para determinar a presença de um elemento numa reação; reativo
re.a.gir *v.* {mod. 24} *t.i. e int.* **1** (prep. *a*) opor (ação) a (outra contrária); lutar, resistir ❑ *int.* **2** responder a um estímulo ⟨*planta reage ao ser tocada*⟩
re.a.gru.par *v.* {mod. 1} *t.d. e pron.* **1** voltar a reunir(-se) em grupo (o que estava disperso, desorganizado) **2** reorganizar(-se) em novos grupos, segundo outros critérios
re.a.jus.tar *v.* {mod. 1} *t.d. e t.d.i.* **1** (prep. *a*) voltar a ajustar (o que estava largo, inadequado, fora de contexto etc.); readaptar ❑ *t.d. B* **2** definir novo valor para (salários, preços etc.) ~ **reajustamento** *s.m.*
re.a.jus.te *s.m.* ato ou efeito de reajustar; reajustamento ⊡ **r. salarial** *loc.subst.* aumento de salário proporcional ao do custo de vida
[1]**re.al** *adj.2g.* próprio de realeza ou rei ⟨*família r.*⟩ ⟨*decreto r.*⟩ [ORIGEM: do lat. *regālis,e* 'id.']
[2]**re.al** *s.m.* **1** antiga moeda de Portugal e do Brasil ☞ pl.: *réis* **2** meio através do qual são efetuadas transações monetárias no Brasil desde julho de 1994 [ORIGEM: talvez de [1]*real*]
[3]**re.al** *adj.2g.* **1** que tem existência palpável, concreta **2** que existe de fato, de verdade ⟨*diga-nos qual a situação r.*⟩ ■ *s.m.* **3** fato verdadeiro; realidade [ORIGEM: do b.-lat. *realis,e* 'coisa material'] ~ **realmente** *adv.*
re.al.çar *v.* {mod. 1} *t.d.* tornar(-se) mais perceptível ou importante traço, característica, feito de; salientar(-se), destacar(-se)
re.al.ce *s.m.* **1** ação de realçar ou o seu efeito **2** preeminência, importância ⮌ irrelevância **3** numa pintura, destaque das zonas claras sobre as escuras
re.a.le.jo \ê\ *s.m.* MÚS espécie de órgão portátil movido a manivela
re.a.le.za \ê\ *s.f.* **1** dignidade de rei; majestade **2** *fig.* grandeza, importância
re.a.li.da.de *s.f.* o que existe de verdade, o que é [3]real
re.a.lis.mo *s.m.* **1** qualidade ou condição do que é [3]real **2** atitude de quem está atento à realidade **3** escola artística do fim do sXIX que preconizava a representação exata da realidade ~ **realista** *adj.2g.s.2g.* - **realístico** *adj.*
re.al.i.ty show [ing.] *loc.subst.* gênero de programa televisivo que acompanha e apresenta situações reais vividas por um determinado grupo de pessoas ⇨ pronuncia-se riéliti xôu
re.a.li.za.ção [pl.: *-ões*] *s.f.* **1** o que se consegue pôr em prática **2** feito, ato de heroísmo
re.a.li.zar *v.* {mod. 1} *t.d. e pron.* **1** (fazer) ter existência concreta no tempo e/ou no espaço; efetivar(-se) ❑ *t.d.* **2** ECON converter (bens) em dinheiro ou equivalente ⟨*r. um ativo*⟩ ❑ *pron.* **3** cumprir um ideal ou meta de vida; satisfazer-se ⟨*r.-se como pintor*⟩
re.a.li.zá.vel *adj.2g.* que pode ser realizado ⮌ inexequível
re.a.ni.ma.ção [pl.: *-ões*] *s.f.* **1** ação de reanimar(-se) ou o seu efeito **2** MED conjunto de ações que restauram uma ou mais funções vitais de um paciente
re.a.ni.mar *v.* {mod. 1} *t.d.* **1** restituir as funções vitais a ⟨*r. um moribundo*⟩ ❑ *t.d. e pron.* **2** (fazer) recuperar o vigor, as forças, a consciência; revigorar(-se) **3** *fig.* (fazer) receber novo ânimo; estimular(-se)
re.a.pa.re.cer *v.* {mod. 8} *int.* aparecer novamente (o que estava sumido, escondido, esquecido); ressurgir ~ **reaparecimento** *s.m.* - **reaparição** *s.f.*
re.a.pli.car *v.* {mod. 1} *t.d.* tornar a aplicar (medicamento, enfeite, dinheiro etc.)
re.a.pren.der *v.* {mod. 8} *t.d.* tornar a aprender (habilidade, conhecimento, entendimento perdidos ou esquecidos)
re.a.pre.sen.tar *v.* {mod. 1} *t.d.* apresentar de novo (algo que já foi mostrado ou esteve em exibição); reexibir
re.a.pro.vei.tar *v.* {mod. 1} *t.d.* voltar a aproveitar; reutilizar ~ **reaproveitamento** *s.m.*
re.a.pro.xi.mar \ss\ *v.* {mod. 1} *t.d. e pron.* aproximar(-se) novamente; reconciliar(-se) ~ **reaproximação** *s.f.*
re.as.cen.der *v.* {mod. 8} *t.d. e int.* subir, elevar-se de novo ⟨*r. ao céu os corpos dos eleitos*⟩ ⟨*r. ao trono*⟩ ☞ *ao céu* e *ao trono* são circunstâncias que funcionam como complemento; cf. *reacender*
re.as.sen.ta.men.to *s.m.* novo assentamento
re.as.su.mir *v.* {mod. 24} *t.d.* **1** voltar a ser responsável por ⟨*r. o controle dos bens*⟩ **2** *fig.* recuperar, readquirir ⟨*r. o equilíbrio, após o tombo*⟩ **3** voltar ao exercício de (função, cargo) ~ **reassunção** *s.f.*
re.a.tar *v.* {mod. 1} *t.d.* **1** amarrar de novo **2** dar continuidade a (o que foi interrompido); retomar ~ **reatamento** *s.m.*
re.a.ti.var *v.* {mod. 1} *t.d. e pron.* tornar(-se) ativo novamente (algo parado, interrompido, interditado, sem funcionamento etc.) ~ **reativação** *s.f.*

re.a.ti.vo *adj.* 1 que provoca reação ■ *adj.s.m.* QUÍM 2 reagente
re.a.tor \ô\ *s.m.* motor propulsor ⊡ **r. nuclear** *loc.subst.* mecanismo onde se induz fissão nuclear em cadeia de forma controlada
re.a.va.li.ar *v.* {mod. 1} *t.d.* fazer nova avaliação de; reconsiderar, rever ~ **reavaliação** *s.f.*
re.a.ver *v.* {mod. 13} *t.d.* voltar a ter (algo perdido); recuperar ⊙ GRAM/USO verbo defectivo
re.a.vi.var *v.* {mod. 1} *t.d.* 1 avivar muito 2 provocar a recordação de (fato, sentimento passado); relembrar 3 reacender o fogo de ⟨*r. a fogueira*⟩ 4 *fig.* conferir novo ânimo a; estimular
re.bai.xar *v.* {mod. 1} *t.d.,int. e pron.* 1 tornar(-se) mais baixo ❑ *t.d.* 2 diminuir o preço ou o valor de; baratear 3 conduzir à categoria inferior ⟨*r. um oficial*⟩ ❑ *t.d. e pron.* 4 (fazer) perder o valor, tratando(-se) com desdém; humilhar(-se) ⊃ valorizar(-se) ❑ *pron.* 5 ter comportamento indigno; rastejar ~ **rebaixamento** *s.m.*
re.ba.nho *s.m.* 1 grande número de animais da mesma espécie agrupados 2 *p.ext.* conjunto de animais criados para corte 3 *fig.* grupo de pessoas que seguem um líder 4 congregação de paroquianos 5 *p.ext.* multidão de pessoas; massa
re.bar.ba *s.f.* 1 qualquer saliência com formato anguloso; quina, aresta 2 excesso de material em obras de fundição
re.bar.ba.ti.vo *adj.* 1 que demonstra mau humor; carrancudo ⊃ alegre 2 desagradável, enfadonho 3 que destoa do comum; esquisito
re.ba.ter *v.* {mod. 8} *t.d.* 1 afastar com violência (o que vem em sua direção); repelir 2 fazer parar (um golpe); deter 3 *fig.* anular a ação, o efeito ou o ímpeto de; combater, conter ⟨*r. uma revolta, uma doença*⟩ 4 bater de novo ou diversas vezes 5 *fig.* falar sobre ou repetir de modo fatigante; repisar 6 *fig.* contestar ou responder a (ofensa, acusação etc.) 7 fazer cair (algo vertical) sobre superfície horizontal ⟨*r. um poste sobre o solo*⟩ ☞ *sobre o solo* é circunstância que funciona como complemento ~ **rebate** *s.m.* - **rebatida** *s.f.*
re.be.lar *v.* {mod. 1} *t.d.* 1 incitar à rebeldia contra governo, poder, instituição; revoltar ❑ *pron.* 2 expressar desacordo em relação a; opor-se
re.bel.de *adj.2g.s.2g.* 1 que(m) se rebela 2 *p.ext.* que(m) não se submete ⊃ obediente
re.bel.di.a *s.f.* 1 qualidade de rebelde 2 não conformidade 3 oposição, resistência ⊃ subordinação
re.be.li.ão [pl.: *-ões*] *s.f.* 1 oposição à autoridade estabelecida 2 insurreição, revolta 3 *fig.* oposição ou resistência moral
re.ben.que *s.m.* pequeno chicote de couro
re.ben.ta.ção [pl.: *-ões*] *s.f.* arrebentação
re.ben.tar *v.* {mod. 1} *t.d. e pron.* 1 fazer(-se) em pedaços; romper(-se) ❑ *t.d. e int.* 2 estourar, explodir 3 fazer-se em espuma (as ondas, o mar) 4 *fig.* cansar(-se) muito; exaurir(-se) ❑ *int.* 5 lançar (a planta) novos rebentos 6 *fig.* aparecer de repente e/ou com violência; brotar
re.ben.to *s.m.* 1 BOT broto 2 *fig.* filho
re.bi.tar *v.* {mod. 1} *t.d. e pron.* 1 arrebitar ❑ *t.d.* 2 unir (peças de metal) com rebites
re.bi.te *s.m.* 1 tipo de prego para unir peças, chapas etc. 2 dobra na ponta de um prego que o impede de sair do lugar
re.bo.ar *v.* {mod. 1} *int.* ecoar com força; retumbar ~ **reboante** *adj.2g.*
re.bo.bi.nar *v.* {mod. 1} *t.d.* enrolar novamente na bobina (filme, fita)
re.bo.ca.dor \ô\ *adj.* 1 que [2]reboca ■ *s.m.* 2 navio pequeno mas robusto, equipado com guindaste à popa, e us. para rebocar outras embarcações
[1]**re.bo.car** *v.* {mod. 1} *t.d.* revestir com reboco [ORIGEM: contrv., talvez do lat. *revocāre* 'revestir parede']
[2]**re.bo.car** *v.* {mod. 1} *t.d.* puxar (carro, navio) por meio de cabo, corda, corrente etc. [ORIGEM: do lat. *remulcāre*, de *remulcus,i* 'cabo de trazer à tona']
re.bo.co \ô\ *s.m.* camada de massa aplicada sobre o emboço de uma parede a fim de prepará-la para receber a pintura
re.bo.jo \ô\ *s.m.* *B* rodamoinho que se forma em rios
re.bo.la.do *s.m.* ginga dos quadris; bamboleio
re.bo.lan.te *adj.2g.* que rebola ou faz rebolar
re.bo.lar *v.* {mod. 1} *t.d.* 1 fazer mover-se como uma bola; rolar ⟨*r. um barril*⟩ ❑ *t.d. e pron.* 2 mover(-se) balançando (os quadris, o corpo) ao andar, dançar; bambolear(-se)
re.bo.lo \ô\ *s.m.* 1 pedra cilíndrica que gira num eixo, us. para afiar lâminas 2 *infrm.* qualquer objeto de forma cilíndrica
re.bo.o *s.m.* forte eco
re.bo.que *s.m.* 1 ato de [2]rebocar 2 embarcação ou veículo que é rebocado, puxado por outro 3 *B* veículo que reboca; guincho
re.bor.do \ô\ [pl.: *rebordos* \ó\] *s.m.* borda voltada para fora
re.bor.do.sa *s.f.* *B* 1 advertência severa; repreensão ⊃ elogio 2 tumulto, confusão ⊃ sossego 3 doença grave ou sua reincidência
re.bo.ta.lho *s.m.* 1 resto inaproveitável; refugo 2 *p.ext.* coisa inútil e sem valor
re.bo.te *s.m.* DESP retorno da bola após quicar ou ser rebatida
re.bu *s.m.* *B* *infrm.* confusão, desordem
re.bu.ça.do *s.m.* pequena guloseima feita de calda de açúcar endurecida
re.bu.çar *v.* {mod. 1} *t.d. e pron.* 1 cobrir(-se) com rebuço 2 *fig.* não deixar ou não ficar perceptível, ocultando(-se) totalmente ou disfarçando(-se)
re.bu.ço *s.m.* 1 parte da capa que cobre o rosto 2 *fig.* disfarce, dissimulação
re.bu.li.ço *s.m.* 1 grande agitação; confusão, desordem 2 *fig.* desentendimento, discórdia
re.bus.ca.do *adj.* 1 muito procurado; buscado com afinco 2 *fig.* bastante aprimorado; requintado
re.bus.car *v.* {mod. 1} *t.d.* 1 buscar de novo ou com insistência, afinco 2 trabalhar com apuro em exces-

so (esp. texto ou fala); requintar ~ **rebuscamento** *s.m.*

re.ca.do *s.m.* mensagem curta oral ou escrita

re.ca.í.da *s.f.* **1** reincidência em erro **2** nova manifestação dos sintomas de uma doença que estava quase curada

re.ca.ir *v.* {mod. 25} *t.i. e int.* **1** (prep. *em*) ser de novo atacado por (certa doença) ❑ *t.i.* **2** (prep. *em*) tornar a incorrer em (culpa ou erro); reincidir **3** (prep. *em*) ser de competência de, por direito ou dever; caber **4** (prep. *sobre*) ser atribuído a; pesar **5** (prep. *em*) ocorrer o acento, a ênfase em (certa sílaba, palavra); incidir ❑ *int.* **6** voltar em direção ao solo; cair

re.cal.ca.do *adj.* **1** que se recalcou **2** *fig.* que foi repisado, repetido ⟨*assunto r.*⟩ **3** PSICN relativo a ou próprio do recalque **4** PSICN excluído do campo da consciência

re.cal.car *v.* {mod. 1} *t.d.* **1** calcar, apertar seguidamente; repisar **2** *fig.* teimar em; insistir ⟨*r. um assunto*⟩ **3** *fig.* opor-se à expressão ou ação de; conter, reprimir ⟨*r. a instintividade*⟩

re.cal.ci.tran.te *adj.2g.s.2g.* que(m) desobedece insistentemente ⮌ obediente

re.cal.ci.trar *v.* {mod. 1} *t.i. e int.* (prep. *em*) resistir, não ceder a (algo); teimar, revoltar-se ~ **recalcitração** *s.f.*

re.call [ing.; pl.: *recalls*] *s.m.* chamada pública dos compradores de um determinado produto, para que se faça sua substituição, caso seja constatado, pelo fabricante, um defeito ou contaminação desse produto ⇨ pronuncia-se **ricóu**

re.cal.que *s.m.* **1** ato ou efeito de recalcar **2** PSICN mecanismo de defesa que, teoricamente, tem por função fazer com que vontades, condutas e atitudes, e os conteúdos psíquicos a elas ligados, passem do campo da consciência para o do inconsciente, ao se chocarem com exigências contrárias

re.cam.bi.ar *v.* {mod. 1} *t.d.* **1** fazer retornar ao lugar de origem; reenviar **2** devolver (letra de câmbio não paga) ❑ *t.d.i.* **3** (prep. *a*) devolver, restituir ⮌ tomar ~ **recâmbio** *s.m.*

re.ca.mo *s.m.* **1** bordado em relevo **2** *fig.* enfeite, adorno ~ **recamador** *adj.s.m.* - **recamar** *v.t.d.,t.d.i. e pron.*

re.can.to *s.m.* **1** local retirado, particular **2** esconderijo, recesso **3** reentrância na costa ou em rio **4** local agradável **5** *fig.* o que fica oculto, velado ⟨*os r. da alma*⟩

re.ca.pe.ar *v.* {mod. 5} *t.d.* **1** capear de novo **2** aplicar novo revestimento em (rua, estrada etc.) **3** recauchutar (pneu) ~ **recapeamento** *s.m.*

re.ca.pi.tu.la.ção [pl.: *-ões*] *s.f.* repetição resumida

re.ca.pi.tu.lar *v.* {mod. 1} *t.d.* **1** reduzir aos tópicos principais; resumir **2** lembrar ou examinar novamente os principais pontos de (fato, assunto etc.)

re.cap.tu.rar *v.* {mod. 1} *t.d.* capturar novamente (caça, fugitivo) ~ **recaptura** *s.f.*

re.car.ga *s.f.* **1** reabastecimento de utensílio já us. ou vazio **2** novo ataque

re.car.re.gar *v.* {mod. 1} *t.d.,int. e pron.* tornar a carregar(-se) [o que ficou sem carga explosiva, elétrica etc. ou que precisa de reabastecimento]

re.ca.ta.do *adj.* **1** que tem pudor; casto ⮌ imoral, indecente **2** que pensa, age ou se comporta com comedimento; prudente, comedido ⮌ imprudente, precipitado

re.ca.to *s.m.* **1** característica do que é decente; pudor ⮌ imoralidade **2** resguardo, cautela ⮌ precipitação ~ **recatar** *v.t.d.,t.d.i. e pron.*

re.cau.chu.tar *v.* {mod. 1} *t.d.* **1** restaurar banda de rodagem de (pneu gasto), recobrindo-o com nova camada de borracha ❑ *t.d. e pron. B infrm.* **2** reparar com cirurgia plástica imperfeições de (parte do corpo ou de alguém) ~ **recauchutagem** *s.f.*

re.ce.ar *v.* {mod. 5} *t.d.,t.i. e pron.* (prep. *por, de*) ter medo de, apreensão por; temer, preocupar(-se) ⟨*r. o perigo da selva*⟩ ⟨*r. pelo seu futuro*⟩ ⟨*r.-se de erros passados*⟩

re.ce.be.do.ri.a *s.f.* repartição pública que recolhe impostos e taxas

re.ce.ber *v.* {mod. 8} *t.d.* **1** passar a ter; ganhar **2** estar num lugar e tratar de certo modo (esp. parentes, visitas e hóspedes); acolher **3** ser objeto de (avaliação, sentimento, punição etc.) ⟨*r. críticas, r. pena*⟩ **4** reagir de certo modo a; aceitar **5** ser alcançado ou atingido por; levar, ganhar ⟨*r. a luz do Sol*⟩ ⟨*r. um soco*⟩ ⮌ dar **6** REL *B* ser meio para a incorporação de (orixá ou outra entidade) ❑ *t.d. e t.d.i.* **7** (prep. *de*) obter como recompensa, favor ou por merecimento; ganhar **8** (prep. *de*) chegar às mãos ou aceitar (algo enviado, oferecido etc.) [por alguém] **9** (prep. *de*) ser informado, comunicado de (algo) [por parte de]; saber **10** (prep. *de*) ser depositário de ou recolher (algo) de certa origem ou fonte ❑ *t.d.pred. fig.* **11** admitir como legítimo; acolher ⟨*recebeu-o como irmão*⟩ ❑ *t.d. e t.d.pred.* **12** aceitar por esposa ou esposo ~ **recebimento** *s.m.*

re.cei.o *s.m.* apreensão diante de incerteza; medo ⮌ destemor

re.cei.ta *s.f.* **1** rendimento, renda **2** indicação médica de remédio, ger. por escrito **3** indicação do preparo de um prato **4** *fig.* fórmula, modelo ⟨*não existe r. para o sucesso*⟩ ~ **receitar** *v.t.d.,t.d.i. e int.*

re.cei.tu.á.rio *s.m.* formulário us. por médicos para receitar medicamentos

re.cém- *el.comp.* 'ocorrido há pouco': *recém-achado, recém-nascido*, sempre ligado com hífen à palavra seguinte

re.cém-nas.ci.do [pl.: *recém-nascidos*] *adj.s.m.* **1** que(m) nasceu há pouco **2** *p.ext.* (o) que existe há pouco tempo; recente, novo

re.cen.der *v.* {mod. 8} *t.d.* **1** lançar de si (odor, ger. forte e penetrante); exalar **2** *fig.* espalhar, emanar ⟨*r. inteligência*⟩ ❑ *t.i. e int.* **3** (prep. *a*) exalar, emanar cheiro (de); cheirar ~ **recendência** *s.f.* - **recendente** *adj.2g.*

re.cen.se.a.men.to *s.m.* **1** ato de recensear **2** conjunto de dados estatísticos de uma população; censo

re.cen.se.ar *v.* {mod. 5} *t.d.* **1** efetuar recenseamento em **2** pôr em rol, lista; relacionar, enumerar **3** *fig.* fazer análise criteriosa de; apreciar

re.cen.te *adj.2g.* **1** ocorrido há pouco ⟨*fato r.*⟩ **2** novo ⟨*publicação r.*⟩ ~ **recentemente** *adv.*

re.ce.o.so \ô\ [pl.: *receosos* \ó\] *adj.* que sente receio

re.cep.ção [pl.: *-ões*] *s.f.* **1** ato de receber ou o seu efeito **2** setor encarregado de receber clientes, dar informações etc. ⟨*deixou o envelope na r. do clube*⟩ **3** reunião festiva, festa formal ⟨*houve uma r. após a cerimônia*⟩

re.cep.cio.nar *v.* {mod. 1} *int.* **1** promover reunião festiva ❑ *t.d. B* **2** receber com deferência em estação, cais, aeroporto etc., com ou sem festividade

re.cep.cio.nis.ta *adj.2g.s.2g.* que(m) é encarregado do setor de recepção em hotéis, empresas etc.

re.cep.tá.cu.lo *s.m.* recipiente ~ **receptacular** *adj.2g.*

re.cep.ta.dor \ô\ *adj.s.m.* que ou quem adquire, guarda ou oculta produtos de crime

re.cep.tar *v.* {mod. 1} *t.d.* receber ou ocultar (produto de crime) ~ **receptação** *s.f.*

re.cep.ti.vi.da.de *s.f.* **1** qualidade de receptivo **1.1** sensibilidade, suscetibilidade **1.2** compreensão, complacência, tolerância ⮌ intransigência

re.cep.ti.vo *adj.* **1** aberto a estímulos ou impressões ⮌ insensível **2** afável, compreensivo

re.cep.tor \ô\ *adj.s.m.* **1** (o) que recebe **2** LING (o) que, no processo de comunicação, recebe a mensagem e a decodifica ☞ cf. *emissor* **3** (aparelho) que recebe sinais de som, luz etc.

re.ces.são [pl.: *-ões*] *s.f.* diminuição na atividade econômica com queda na produção, desemprego etc. ☞ cf. *resseção*

re.ces.si.vo *adj.* BIO que não apresenta seu caráter hereditário, por ter sido ocultado por um gene dominante, mas, por estar latente, pode manifestar-se em alguma geração seguinte (diz-se de gene) ☞ cf. *dominante*

re.ces.so *s.m.* suspensão temporária de atividades

re.cha.çar *v.* {mod. 1} *t.d.* **1** forçar a retirada de; expulsar **2** mostrar postura, opinião contrária a; opor-se, repelir ⮌ aceitar ~ **rechaço** *s.m.*

re.chei.o *s.m.* **1** o que preenche; conteúdo **2** alimento posto dentro de outro ⟨*r. de bolo, de empada*⟩ ~ **rechear** *v.t.d. e t.d.i.*

re.chon.chu.do *adj.* gorducho ⮌ magrelo

re.ci.bo *s.m.* documento escrito em que se atesta o recebimento de dinheiro, mercadorias etc.

re.ci.cla.gem *s.f.* **1** reaproveitamento de materiais **2** *fig.* atualização de conhecimentos ⟨*cursos de r. para professores*⟩ ~ **reciclar** *v.t.d. e pron.*

re.ci.clá.vel *adj.2g.* que se pode reciclar ⟨*baterias r.*⟩

re.ci.di.va *s.f.* MED reaparecimento de uma doença ou de um sintoma, após período de cura mais ou menos longo ~ **recidivar** *v.int.* - **recidivo** *adj.*

re.ci.fe *s.m.* formação rochosa, na superfície da água ou submersa, ger. próximo à costa, em áreas de pouca profundidade; arrecife

re.ci.fen.se *adj.2g.* **1** de Recife (PE) ■ *s.2g.* **2** natural ou habitante dessa capital

re.cin.to *s.m.* espaço delimitado, ger. fechado

re.ci.pi.en.te *s.m.* objeto próprio para conter algo

re.ci.pro.ci.da.de *s.f.* correspondência mútua

re.cí.pro.co *adj.* que se faz ou dá em recompensa ou troca de algo similar; mútuo ⟨*presentes r.*⟩ ⟨*carinho r.*⟩

ré.ci.ta *s.f.* **1** representação teatral **2** recital

re.ci.tal *s.m.* apresentação musical ~ **recitalista** *adj.2g.s.2g.*

re.ci.tar *v.* {mod. 1} *t.d.* **1** dizer em voz alta e clara, lendo ou não **2** dizer (texto) em voz alta, usando gestos, expressões faciais e entonação apropriados; declamar ~ **recitação** *s.f.* - **recitador** *adj.s.m.*

re.ci.ta.ti.vo *adj.* **1** próprio para ser declamado ■ *s.m.* **2** trecho de ópera, oratório ou cantata em que o cantor declama o texto

re.cla.ma.ção [pl.: *-ões*] *s.f.* **1** ato de reclamar ou o seu efeito **2** reivindicação de um direito; queixa, protesto

re.cla.mar *v.* {mod. 1} *t.i. e int.* **1** (prep. *de, contra*) opor-se por meio de palavras; queixar-se ❑ *t.i.* **2** (prep. *de*) expor (sofrimento físico ou moral); queixar-se **3** (prep. *por*) exigir com urgência a presença ou a ação de; clamar ⟨*deveres reclamam por mim*⟩ ❑ *t.d. e t.d.i.* **4** (prep. *a*) pedir ou exigir para si, ger. com ênfase, insistência; reivindicar, clamar ⟨*r. a autoria de um livro*⟩ ⟨*r. perdão aos pais*⟩ ⮌ desistir ~ **reclamante** *adj.2g.s.2g.*

re.cla.me *s.m.* anúncio, comercial

re.clas.si.fi.ca.ção [pl.: *-ões*] *s.f.* nova classificação ~ **reclassificar** *v.t.d.*

re.cli.nar *v.* {mod. 1} *t.d. e pron.* (fazer) deixar a posição vertical, curvando(-se) ou pondo(-se) para trás; inclinar(-se), recostar(-se) ⟨*r. o encosto*⟩ ⟨*r. a cabeça sobre o colo da mãe*⟩ ⟨*r.-se sobre o sofá*⟩ ☞ *sobre o colo da mãe* é circunstância que funciona como complemento ~ **reclinação** *s.f.*

re.clu.são [pl.: *-ões*] *s.f.* **1** prisão **2** *fig.* isolamento voluntário ⟨*viveu em r. após a viuvez*⟩

re.clu.so *adj.* **1** metido em cela, em clausura **2** *p.ext.* afastado do convívio do mundo ■ *s.m.* **3** pessoa que se afastou do convívio das outras, por opção ou por vocação religiosa **4** pessoa condenada à pena de reclusão

re.co *s.m. B infrm.* recruta

re.co.brar *v.* {mod. 1} *t.d.* **1** passar a ter novamente (o que se tinha perdido); recuperar, retomar ❑ *pron. fig.* **2** recuperar o ânimo, a disposição **3** livrar-se de estado ou sensação ruim; recuperar-se

re.co.brir *v.* {mod. 28} *t.d. e pron.* **1** cobrir(-se) de novo (o que ficou descoberto, perdeu o revestimento etc.) **2** (prep. *de*) ocupar ou ser ocupado por inteiro (superfície, área); espalhar-se, encher-se ⟨*a neve recobriu os campos*⟩ ⟨*o solo recobriu-se de flores*⟩ ⊙ GRAM/USO part.: *recoberto* ~ **recobrimento** *s.m.*

re.co.lher *v.* {mod. 8} *t.d.* **1** pegar ou retirar para guardar, usar **2** juntar, reunir (o que estava disperso)

3 cobrar, arrecadar, receber ⟨*r. impostos, aluguéis*⟩ 4 apanhar de volta (o que havia sido entregue ou distribuído) ⟨*r. um produto do comércio*⟩ 5 guardar dentro de si ⟨*r. as garras, o riso*⟩ ❑ *t.d. e pron.* 6 conduzir ou ir para local privado, abrigo ⟨*r. os animais*⟩ ⟨*r. mendigos ao abrigo*⟩ ⟨*r.-se ao quarto*⟩ 7 puxar ou voltar-se para si; retrair(-se) ⟨*r. a mão, as asas*⟩ ⟨*os cílios da planta recolhem-se*⟩ ❑ *pron.* 8 afastar-se do convívio social; isolar-se

re.co.lhi.men.to *s.m.* 1 ação de retirar-se para proteção, repouso ou meditação 2 *p.ext.* o afastamento decorrente desta ação

re.co.lo.car *v.* {mod. 1} *t.d.* tornar a colocar (o que saiu do lugar, está mal colocado etc.) ~ **recolocação** *s.f.*

re.co.me.çar *v.* {mod. 1} *t.d.* 1 continuar (atividade, trabalho etc.), após interrupção; retomar ❑ *int.* 2 começar novamente (o que havia parado ou se supunha ter acabado) ⟨*após a estiagem, o temporal recomeçou*⟩

re.co.me.ço \ê\ *s.m.* novo começo

re.co.men.da.ção [pl.: *-ões*] *s.f.* 1 aviso, advertência 2 qualidade do que se recomenda ou aconselha ⟨*sua clientela é sua melhor r.*⟩ ▼ *recomendações s.f.pl.* 3 saudações, cumprimentos ⟨*dê minhas r. ao professor*⟩

re.co.men.dar *v.* {mod. 1} *t.d. e t.d.i.* 1 (prep. *a*) mostrar a necessidade, conveniência, validade, valor etc. de; aconselhar ❑ *t.d.i.* 2 (prep. *a*) pedir ou ordenar ⟨*r. ao filho que não demore*⟩ 3 (prep. *a*) pedir atenção ou benevolência em favor de ⟨*r. uma criança ao mestre*⟩ 4 (prep. *a*) entregar à guarda de; confiar

re.com.pen.sa *s.f.* 1 presente dado como reconhecimento por um favor, por uma boa ação; prêmio 2 compensação por dano; restituição

re.com.pen.sar *v.* {mod. 1} *t.d.* 1 dar algo a (alguém) por bom serviço, boa ação etc.; premiar 2 reconhecer (ação, atitude, esforço etc.) oferecendo algo de igual valor ou importância; retribuir, compensar ~ **recompensador** *adj.s.m.*

re.com.por *v.* {mod. 23} *t.d. e pron.* 1 devolver a ou recuperar formato anterior; restaurar 2 (fazer) ganhar nova composição, arrumação; reorganizar(-se) 3 (fazer) ficar em harmonia; reconciliar(-se) ⊙ GRAM/USO part.: *recomposto* ~ **recomposição** *s.f.*

re.côn.ca.vo *s.m.* 1 cavidade funda 2 cavidade entre rochedos; gruta 3 pequena baía

re.con.ci.li.a.ção [pl.: *-ões*] *s.f.* ato ou efeito de reconciliar(-se)

re.con.ci.li.ar *v.* {mod. 1} *t.d. e t.d.i.* 1 (prep. *com*) estabelecer a paz, a harmonia entre; congraçar ❑ *pron.* 2 fazer as pazes; congraçar-se ~ **reconciliável** *adj.2g.*

re.con.ci.li.a.tó.rio *adj.* que reconcilia

re.con.di.cio.nar *v.* {mod. 1} *t.d.* restituir à condição inicial (esp. peça, motor etc.); restaurar ~ **recondicionamento** *s.m.*

re.côn.di.to *adj.* 1 oculto, isolado ⮌ exposto 2 que se conhece pouco ou nada; ignorado ⮌ divulgado

re.con.du.zir *v.* {mod. 24} *t.d.,t.d.i. e pron.* 1 (prep. *a*) conduzir de novo (ao lugar ou ponto de origem); devolver, reenviar ⟨*r. extraviados*⟩ ⟨*r. a carta ao remetente*⟩ ⟨*r. o animal ao seu habitat*⟩ ❑ *t.d.* 2 renovar (contrato, locação etc.) ❑ *t.d. e t.d.i.* 3 (prep. *a*) escolher novamente, por votação; reeleger ~ **recondução** *s.f.*

re.con.for.tan.te *adj.2g.s.m.* (aquilo) que reconforta

re.con.for.tar *v.* {mod. 1} *t.d. e pron.* 1 (fazer) recuperar o vigor, a energia; revigorar(-se) 2 (fazer) ganhar novo conforto; consolar(-se) ~ **reconforto** *s.m.*

re.co.nhe.cer *v.* {mod. 8} *t.d.* 1 saber, lembrar quem é ou que é (pessoa ou coisa que se revê); identificar 2 distinguir por certos caracteres; identificar 3 admitir como verdadeiro, real 4 observar com atenção; explorar ⟨*r. um território*⟩ 5 mostrar gratidão por; agradecer ⟨*r. um favor*⟩ 6 assumir legalmente ⟨*r. um filho*⟩ 7 observar de novo ou em outra situação; constatar ❑ *t.d. e t.d.pred.* 8 admitir como bom, legal ou verdadeiro ⟨*r. o governo de um país*⟩ ⟨*r. alguém como presidente*⟩ ~ **reconhecível** *adj.2g.*

re.co.nhe.ci.do *adj.* 1 que se reconheceu 2 que mostra reconhecimento; grato 3 assumido legalmente como filho 4 admitido como verdadeiro; aceito

re.co.nhe.ci.men.to *s.m.* 1 exame, verificação ⟨*fez o r. do terreno*⟩ 2 aceitação da legitimidade, verdade etc. 3 *fig.* recordação de benefício recebido; gratidão 4 ato de assumir legalmente a paternidade ou maternidade de alguém

re.con.quis.tar *v.* {mod. 1} *t.d.* tornar a possuir, controlar, usufruir etc. (o que havia sido tomado ou se perdido); recuperar, recobrar ~ **reconquista** *s.f.*

re.con.si.de.rar *v.* {mod. 1} *t.d.* 1 tornar a examinar, ponderar (questão, ideia), ger. para fazer modificações ❑ *t.d. e int.* 2 pensar melhor; repensar ❑ *int.* 3 anular decisão já tomada; desdizer-se ~ **reconsideração** *s.f.*

re.cons.ti.tu.in.te *adj.2g.* 1 que reconstitui ■ *s.m.* 2 medicamento us. para restabelecer as forças de pessoa fraca ou doente; tônico

re.cons.ti.tu.ir *v.* {mod. 26} *t.d. e pron.* 1 formar(-se), constituir(-se) de novo (o que acabou, destruiu-se, danificou-se etc.); recompor(-se) ❑ *t.d.* 2 devolver as forças a ⟨*a medicação vai r. o doente*⟩ 3 relembrar, recriar (fato, situação) em detalhes ⟨*r. cena de crime*⟩ ~ **reconstituição** *s.f.*

re.cons.tru.ção [pl.: *-ões*] *s.f.* 1 reedificação do que estava total ou parcialmente arruinado 2 *p.ext.* o que se reconstruiu ou reformou ⟨*este prédio é uma r.*⟩

re.cons.tru.ir *v.* {mod. 26} *t.d.* 1 tornar a construir (edificação destruída, muito danificada); restaurar 2 *fig.* formar novamente, sob outras bases, critérios; reorganizar ⟨*r. a ciência jurídica atual*⟩ 3 *fig.* devolver formato anterior a; reconstituir ⟨*r. um texto, uma peça antiga*⟩

re.con.tar *v.* {mod. 1} *t.d.* 1 contar de novo, minuciosamente ⟨*r. o dinheiro*⟩ 2 calcular novamente ⟨*r. os prejuízos*⟩ ❑ *t.d. e t.d.i.* 3 (prep. *a*) expor, narrar de novo ou repetidas vezes ~ **recontagem** *s.f.*

re.con.tra.tar *v.* {mod. 1} *t.d.,t.d.pred. e t.d.i.* (prep. *a*) tornar a contratar; readmitir

re.cor.da.ção [pl.: *-ões*] *s.f.* **1** ação ou efeito de recordar **2** aquilo que ocorre ao espírito como resultado de experiências já vividas; reminiscência, lembrança ⟨*o encontro trouxe r. dos tempos de colégio*⟩ **3** objeto que recorda alguém, algum fato, lugar etc. ⟨*este colar é uma r. de sua avó*⟩ **4** revisão de matéria lecionada

re.cor.dar *v.* {mod. 1} *t.d.,t.d.i. e pron.* **1** (prep. *a, de*) trazer de novo à memória; lembrar(-se) ⟨*r. a mocidade*⟩ ⟨*r. ao marido a lua de mel*⟩ ⟨*r.-se do tombo*⟩ ↄ esquecer(-se) ❑ *t.d.* **2** ter semelhança com; lembrar, parecer ⟨*esta rua recorda a da minha terra*⟩

re.cor.de ou **ré.cor.de** *s.m.* **1** desempenho que supera os anteriores no mesmo gênero e nas mesmas condições ⟨*novo r. do salto em altura*⟩ ⟨*r. de correspondência*⟩ ■ *adj.2g.2n.* **2** que ultrapassa o que aconteceu antes ⟨*venda r.*⟩

re.cor.dis.ta *adj.2g.s.2g.* que(m) estabelece ou supera um recorde

re.co-re.co [pl.: *reco-recos*] *s.m.* **1** instrumento de percussão feito de bambu seco com entalhes transversais, sobre os quais se esfrega uma vareta **2** brinquedo infantil que produz o som desse instrumento

re.cor.rên.cia *s.f.* **1** repetição, retorno **2** MED reaparecimento dos sintomas de uma doença; recaída ~ **recorrente** *adj.2g.*

re.cor.rer *v.* {mod. 8} *t.i.* **1** (prep. *a*) pedir auxílio, ajuda a; apelar ⟨*r. ao médico*⟩ **2** (prep. *a*) lançar mão de; usar, servir-se ⟨*r. à violência, à poupança*⟩ **3** DIR (prep. *de*) interpor recurso judicial a; apelar ❑ *t.d.* **4** percorrer novamente

re.cor.tar *v.* {mod. 1} *t.d.* **1** fazer em pedaços; picar, cortar ⟨*r. papel*⟩ **2** cortar seguindo os contornos ⟨*r. figuras*⟩ **3** separar, cortando ⟨*r. uma notícia de jornal*⟩

re.cor.te *s.m.* **1** ato de recortar ou o seu efeito **2** pedaço de revista, jornal etc. que se separa do todo

re.cos.tar *v.* {mod. 1} *t.d. e pron.* (fazer) deixar a posição vertical, curvando(-se) ou pondo(-se) para trás; reclinar(-se), encostar(-se) ⟨*r. o corpo cansado*⟩ ⟨*r. a cabeça no ombro do pai*⟩ ⟨*r.-se no sofá*⟩ ↄ endireitar(-se)

re.cos.to \ô\ *s.m.* apoio para as costas em cadeira, sofá etc.

re.cre.a.ção [pl.: *-ões*] *s.f.* **1** ato ou efeito de recrear(-se) **2** recreio

re.cre.ar *v.* {mod. 5} *t.d. e pron.* **1** proporcionar a ou usufruir de divertimento; divertir(-se), distrair(-se) ↄ entediar(-se) **2** (fazer) sentir prazer, alegria; contentar(-se) ↄ entristecer(-se)

re.cre.a.ti.vo *adj.* **1** que diverte **2** próprio para o lazer

re.crei.o *s.m.* **1** o que serve para divertir; diversão, brinquedo **2** na escola, espaço de tempo para lazer entre as aulas

re.cri.ar *v.* {mod. 1} *t.d.* **1** formar, constituir de novo (o que acabou, destruiu-se, danificou-se etc.); recompor, reconstituir ⟨*r. um ambiente pré-histórico*⟩ **2** dar nova composição, arrumação; reorganizar, reestruturar ⟨*r. um projeto antigo*⟩ ~ **recriação** *s.f.*

re.cri.mi.nar *v.* {mod. 1} *t.d.* **1** censurar, criticar ↄ aprovar **2** DIR responder a uma acusação com outra ~ **recriminação** *s.f.*

re.cru.des.cer *v.* {mod. 8} *int.* **1** tornar-se mais intenso; aumentar, fortalecer-se ↄ enfraquecer, diminuir **2** reaparecer com mais força, mais gravidade (sintoma, doença); agravar-se ~ **recrudescimento** *s.m.*

re.cru.ta *s.m.* rapaz recém-admitido no serviço militar

re.cru.tar *v.* {mod. 1} *t.d.* **1** convocar para o serviço militar; alistar ↄ desalistar **2** reunir, convocar (pessoal, adeptos) para certo fim ~ **recrutador** *adj.s.m.* - **recrutamento** *s.m.*

ré.cua *s.f.* **1** grupo de animais de carga atrelados uns aos outros **2** *fig.* grupo de bandidos; corja

re.cu.ar *v.* {mod. 1} *t.d. e int.* **1** (fazer) ir, andar para trás; retroceder ↄ avançar ❑ *t.i. e int.* **2** (prep. *de*) não ir à frente (num intento); desistir, renunciar ❑ *int.* **3** ceder terreno ao inimigo; retirar-se

re.cu.o *s.m.* **1** ato de recuar ou o seu efeito ↄ avanço **2** espaço de terreno que fica mais para trás de um alinhamento ⟨*estacionou num r. da praça*⟩

re.cu.pe.ra.ção [pl.: *-ões*] *s.f.* **1** ação ou efeito de readquirir o que se havia perdido **2** recobro da saúde; restabelecimento ⟨*deixou o hospital e está em plena r.*⟩ **3** retorno à vida em sociedade; reabilitação, reintegração ⟨*cooperativa para r. de ex-detentos*⟩ **4** *B* período em que um aluno reprovado em um ciclo regular de estudos se prepara para prestar uma segunda prova que o capacite a passar para a série seguinte

re.cu.pe.rar *v.* {mod. 1} *t.d.* **1** voltar a ter (o que estava perdido); reaver **2** pôr em bom estado, devolvendo feição anterior, consertando algo quebrado etc.; restaurar ⟨*r. um quadro*⟩ **3** INF localizar e isolar (dados, esp. os apagados ou impropriamente direcionados) ❑ *t.d. e pron.* **4** ter novamente (saúde, ânimo etc.); restabelecer(-se) **5** (fazer) poder ocupar de novo seu lugar na sociedade; reabilitar(-se), reintegrar(-se) ~ **recuperável** *adj.2g.*

re.cur.so *s.m.* **1** pedido de auxílio, socorro **2** meio para resolver algo ⟨*seu único r. era fugir*⟩ **3** DIR meio para mudar sentença desfavorável ⟨*entrou com um r. após o julgamento*⟩ ▼ ***recursos*** *s.m.pl.* **4** aptidões naturais, dons **5** dinheiro, bens ⟨*r. para prosseguir com a obra*⟩ **6** *fig.* riqueza, meios de que se pode dispor ⟨*r. humanos*⟩ ⟨*r. naturais*⟩

re.cu.sa *s.f.* **1** ação ou efeito de recusar; rejeição **2** resposta negativa; negação ⟨*a seu convite respondeu com uma r.*⟩

re.cu.sar *v.* {mod. 1} *t.d.* **1** não aceitar (o que é oferecido); declinar, repelir ❑ *t.d. e t.d.i.* **2** (prep. *a*) não conceder, atender a (pedido, solicitação); negar ❑ *pron.* **3** (prep. *a*) opor-se, negar-se **4** (prep. *a*) não obedecer ~ **recusável** *adj.2g.*

re.da.ção [pl.: *-ões*] *s.f.* **1** modo de escrever ⟨*ter uma boa r.*⟩ **2** exercício escolar de escrita **3** sala de trabalho dos redatores de jornal, revista etc. **4** o conjunto desses redatores ~ **redacional** *adj.2g.*

re.da.tor \ô\ *adj.s.m.* (profissional) que escreve num jornal, revista etc. ⊙ COL redação

re.de \ê\ *s.f.* **1** trançado de fios que forma tecido de malha aberto em losangos ou quadrados, us. em pesca, esportes etc. **2** equipamento de material resistente para aparar corpos em queda ⟨*o trapezista caiu na r.*⟩ **3** leito oscilante, ger. de pano, com as extremidades presas à parede por ganchos **4** conjunto de meios de comunicação, informação ou transporte **5** canalização que distribui água, esgoto, gás **6** conjunto interligado de pessoas ou estabelecimentos ⟨*r. bancária*⟩ ⟨*r. de traficantes*⟩ **7** INF sistema constituído por dois ou mais computadores interligados, para comunicação, compartilhamento e intercâmbio de dados **8** INF internet ⊙ COL caceia, redame

ré.dea *s.f.* correia presa ao freio de cavalgadura, que o cavaleiro segura e usa para guiar o animal

re.de.mo.i.nho *s.m.* rodamoinho

re.den.ção [pl.: *-ões*] *s.f.* salvação moral ou religiosa

re.den.tor \ô\ *adj.s.m.* **1** (o) que redime ■ *s.m.* **2** Jesus Cristo ☞ inicial maiúsc. nesta acp.; cf. *Jesus Cristo* na parte enciclopédica

re.des.con.to *s.m.* operação em que um banco desconta em outra instituição financeira, com juros menores, o título descontado a um cliente ~ **redescontar** *v.t.d.*

re.di.gir *v.* {mod. 24} *t.d. e int.* exprimir por escrito (ideias, informações etc.); escrever

re.dil *s.m.* **1** curral para cabras ou ovelhas **2** *fig.* conjunto de fiéis; rebanho

re.di.mir *v.* {mod. 24} *t.d. e pron.* remir

re.dis.tri.bu.ir *v.* {mod. 26} *t.d.* distribuir outra vez, segundo novos critérios ~ **redistribuição** *s.f.*

re.di.vi.vo *adj.* que voltou à vida

re.di.zer *v.* {mod. 15} *t.d. e t.d.i.* (prep. *a*) dizer de novo ou muitas vezes (algo já dito); repetir ⊙ GRAM/USO part.: *redito*

re.do.brar *v.* {mod. 1} *t.d.* **1** fazer novas dobras em **2** tornar a fazer; repetir ❑ *t.d.,int. e pron.* **3** tornar a duplicar(-se); reduplicar(-se) **4** aumentar muito, multiplicar(-se) ❑ *t.d. e int.* **5** (fazer) soar novamente ~ **redobramento** *s.m.* - **redobro** *s.m.*

re.do.ma *s.f.* **1** espécie de cúpula de vidro colocada sobre objeto delicado, para protegê-lo **2** *fig.* proteção excessiva, cuidado exagerado ⟨*criou o filho numa r.*⟩

re.don.de.za \ê\ *s.f.* **1** qualidade de redondo **2** conjunto de localidades vizinhas; cercania, vizinhança ☞ nesta acp., mais us. no pl.

re.don.di.lha *s.f.* verso de cinco sílabas (redondilha menor) ou sete sílabas (redondilha maior)

re.don.do *adj.* **1** em forma de círculo ou esfera ⟨*janela r.*⟩ ⟨*pedra r.*⟩ **2** *p.ext.* que tem curvas; torneado ⟨*formas r.*⟩ **3** *fig.* bem-acabado, perfeito ⟨*um texto r.*⟩

re.dor *s.m.* espaço que circunda; contorno, volta ⊡ **ao r.** *loc.adv.* em volta, em torno, em redor ⟨*olhe que beleza ao r.!*⟩

re.du.ção [pl.: *-ões*] *s.f.* **1** ato ou efeito de reduzir, limitar ou restringir ⟨*r. dos custos, da capacidade*⟩ ⊃ aumento **2** peça us. para reduzir o diâmetro de um cano e possibilitar o encaixe em outro cano ou peça **3** *B* abatimento no preço; desconto **4** denominação genérica das formas abreviadas de palavras e locuções (abreviaturas, siglas etc.)

re.dun.dân.cia *s.f.* **1** característica do que é repetitivo **2** insistência nas mesmas ideias **3** excesso de palavras; prolixidade ⊃ concisão

re.dun.dan.te *adj.2g.* **1** repetitivo ⟨*explicação r.*⟩ **2** que excede; supérfluo

re.dun.dar *v.* {mod. 1} *t.i.* **1** (prep. *em*) ter como consequência, resultado; resultar ❑ *int.* **2** ser excessivo; abundar ⊃ faltar **3** ir além da borda; transbordar

re.du.pli.car *v.* {mod. 1} *t.d. e int.* **1** tornar a duplicar(-se); redobrar(-se) **2** aumentar em quantidade, grandeza ou intensidade; multiplicar(-se) ❑ *t.d.* **3** tornar a fazer, a usar etc.; repetir

re.du.to *s.m.* **1** recinto fortificado dentro de fortaleza **2** espaço fechado **3** *fig.* ponto de concentração ⟨*o bar era um r. de músicos*⟩

re.du.zir *v.* {mod. 24} *t.d.,t.d.i. e int.* **1** (prep. *a*) tornar(-se) menor, menos intenso ou limitado (a); diminuir, limitar-se ⊃ aumentar ❑ *t.d.* **2** dominar, subjugar ⟨*r. as últimas resistências*⟩ ❑ *t.d.i.* **3** (prep. *a*) obrigar, forçar (a fazer o que não quer) ⊃ desobrigar ❑ *t.d.i. e pron.* **4** (prep. *a*) [fazer] passar de um estado (a outro); transformar(-se) ⊃ conservar(-se) ~ **redutor** *adj.s.m.* - **reduzível** *adj.2g.*

re.e.di.ção [pl.: *-ões*] *s.f.* nova edição ('publicação')

re.e.di.tar *v.* {mod. 1} *t.d.* **1** editar ou publicar outra vez **2** *fig.* pôr em prática de novo; restaurar **3** *fig.* manter ativo; perpetuar, reproduzir

re.e.du.ca.ção [pl.: *-ões*] *s.f.* **1** ação ou efeito de reeducar **2** MED conjunto de exercícios destinados a recuperar funções ou faculdades afetadas por alguma doença ou traumatismo ⊡ **r. postural global** método fisioterápico que trata conjuntamente os sistemas muscular e esquelético, us. para correção postural, prevenção e recuperação de lesões decorrentes de má postura [sigla: RPG]

re.e.du.car *v.* {mod. 1} *t.d.* **1** educar de novo **2** reabilitar por meio da educação **3** aprimorar a educação de

re.e.le.ger *v.* {mod. 8} *t.d.,t.d.pred. e pron.* eleger(-se) novamente ⊙ GRAM/USO part.: *reelegido, reeleito* ~ **reeleição** *s.f.*

re.em.bol.sar *v.* {mod. 1} *t.d. e t.d.i.* **1** (prep. *a*) devolver (a alguém) [dinheiro gasto]; ressarcir ❑ *pron.* **2** recuperar o que se emprestou

re.em.bol.so \ô\ *s.m.* restituição de dinheiro ⊡ **r. postal** *loc.subst.* *B* serviço oferecido pelos correios que permite a remessa de encomenda a ser paga no local de destino

re.en.car.nar *v.* {mod. 1} *int. e pron.* ter (o espírito) nova existência terrena ~ **reencarnação** *s.f.*

re.en.con.trar *v.* {mod. 1} *t.d.* **1** tornar a achar, a ver (o que estava perdido, esquecido etc.); redescobrir, rever ⟨*r. os amigos*⟩ ⟨*r. o dinheiro perdido*⟩ ❑ *pron.* **2** tornar a encontrar-se (com); redescobrir-se ⟨*r.-se nas artes*⟩ ⟨*r.-se com velhos amigos*⟩ ~ **reencontro** *s.m.*

re.en.trân.cia *s.f.* ângulo ou curva para dentro ~ reentrante *adj.2g.*
re.er.guer *v.* {mod. 8} *t.d. e pron.* voltar a erguer(-se) ~ reerguimento *s.m.*
re.es.cre.ver *v.* {mod. 8} *t.d.* escrever novamente ou de outra forma ⊙ GRAM/USO part.: *reescrito*
re.es.tru.tu.ra.ção [pl.: *-ões*] *s.f.* **1** nova estruturação **2** ARQ reforço em estrutura de construção
re.es.tru.tu.rar *v.* {mod. 1} *t.d.* reformular em novas bases; reorganizar
re.e.xa.mi.nar \z\ *v.* {mod. 1} *t.d.* examinar outra vez e minuciosamente ~ **reexame** *s.m.*
re.fa.zer *v.* {mod. 14} *t.d.* **1** tornar a fazer **2** restituir ao estado primitivo; restaurar ⟨*r. uma fachada*⟩ **3** dar nova ou melhor organização a; reformar ⟨*r. a política econômica*⟩ **4** emendar, corrigir ⟨*r. um texto*⟩ **5** percorrer novamente ❑ *t.d. e pron.* **6** (fazer) recuperar o vigor; restabelecer(-se) ⊙ GRAM/USO part.: *refeito*
re.fei.ção [pl.: *-ões*] *s.f.* alimento, ger. ingerido em horas regulares
re.fei.to *adj.* **1** feito de novo **2** corrigido, emendado **3** fortalecido, revigorado
re.fei.tó.rio *s.m.* sala de refeições coletivas em escola, hospital etc.
re.fém *s.2g.* pessoa capturada e mantida em cativeiro como garantia do cumprimento de exigências
re.fe.rên.cia *s.f.* **1** ato de se reportar a, de relatar; menção ⟨*fez r. ao meu trabalho*⟩ **2** o que serve de base ou guia ⟨*tem seu livro como r.*⟩ ▼ *referências s.f.pl.* **3** declaração ou dados sobre a capacidade ou honestidade de alguém ⟨*só aceita funcionários com r.*⟩ ~ **referencial** *adj.2g.s.m.*
re.fe.ren.do *s.m.* **1** pedido escrito de instruções de um diplomata a seu governo **2** plebiscito ~ **referendar** *v.t.d.*
re.fe.ren.te *adj.2g.* que (se) refere (a); relativo
re.fe.rir *v.* {mod. 28} *t.d. e t.d.i.* **1** (prep. *a*) expor oralmente ou por escrito; relatar ❑ *t.d.* **2** trazer à baila; citar ❑ *pron.* **3** (prep. *a*) fazer menção a; aludir **4** (prep. *a*) dizer respeito a ~ **referimento** *s.m.*
re.fes.te.lar-se *v.* {mod. 1} *pron.* **1** entregar-se a um prazer; deleitar-se **2** sentar-se ou estender-se sobre algo, para descansar, acomodar-se
re.fil *s.m.* produto para recarregar ou reabastecer um utensílio já us. ou vazio; recarga ⟨*r. de tinta de caneta*⟩
re.fi.na.do *adj.* **1** purificado por processo de refinação ⟨*açúcar r.*⟩ ⟨*petróleo r.*⟩ ↄ bruto, natural **2** que se refinou; requintado, aprimorado ⟨*maneiras r.*⟩ **3** *fig.* completo, perfeito ⟨*um r. patife*⟩
re.fi.nar *v.* {mod. 1} *t.d.* **1** tornar mais fino **2** requintar, aprimorar **3** submeter (produto) a processos para retirar impurezas, excessos ~ **refinação** *s.f.* - **refinamento** *s.m.*
re.fi.na.ri.a *s.f.* usina que refina produtos como açúcar, petróleo etc.
re.fle.tir *v.* {mod. 28} *t.d.* **1** fazer retroceder, desviando da direção primitiva (p.ex., imagem, raios luminosos) **2** reproduzir a imagem de; espelhar **3** deixar ver; evidenciar, revelar ↄ esconder ❑ *t.d. e int.* **4** (fazer) voltar em outra direção (raios de luz, som etc.) ❑ *t.i. e int.* **5** (prep. *em*) pensar demoradamente (em); meditar **6** (prep. *em*) ter efeito sobre; afetar, transmitir-se ~ **refletivo** *adj.*
re.fle.tor \ô\ *adj.* **1** que reflete ■ *s.m.* **2** aparelho que reflete luz
re.fle.xão \cs\ [pl.: *-ões*] *s.f.* **1** ato de pensar profundamente **2** pensamento, observação que resultam de meditação ou planejamento e que são expressos por escrito ou em voz alta **3** prudência, ponderação ↄ precipitação **4** FÍS processo que faz com que feixes de luz, calor ou ondas ricocheteiem em uma superfície ou meio em vez de atravessá-los
re.fle.xi.vo \cs\ *adj.* **1** que reflete **2** que se volta sobre si mesmo; pensativo, concentrado ↄ disperso **3** cujo sujeito e objeto se referem ao mesmo ser (diz-se de verbo), p.ex., *eu me limpo* **4** que é us. como complemento de um verbo, tendo referência idêntica à do sujeito (diz-se de pronome), p.ex., feri-*me*
re.fle.xo \cs\ *adj.* **1** que se volta sobre si mesmo; refletido ⟨*imagem r.*⟩ ■ *s.m.* **2** luz ou imagem refletida ⟨*r. do Sol nas águas do lago*⟩ **3** resposta motora rápida e involuntária causada por estímulo ☞ tb. us. como adj. **4** manifestação indireta de algo ⟨*a desatenção era um r. do ambiente*⟩
re.flo.res.tar *v.* {mod. 1} *t.d.* plantar nova vegetação em (lugar em que a anterior foi destruída) ~ **reflorestamento** *s.m.*
re.flu.ir *v.* {mod. 26} *int.* **1** correr (um líquido) de volta para lugar de onde veio **2** voltar ao ponto de partida ⟨*o grupo refluiu ao templo*⟩ ↄ partir, sair ☞ *ao templo* é circunstância que funciona como complemento ~ **refluxo** *s.m.*
re.fo.ga.do *s.m.* **1** molho com temperos fritos em gordura ■ *adj.s.m.* **2** (alimento) feito nesse molho ⟨*um r. de carne com batatas*⟩ ⟨*carne r.*⟩
re.fo.gar *v.* {mod. 1} *t.d.* **1** passar (temperos) por gordura fervente **2** cozinhar (alimento) com refogado; guisar
re.for.çar *v.* {mod. 1} *t.d. e pron.* tornar(-se) mais forte, resistente, intenso ou numeroso
re.for.ço \ô\ [pl.: *reforços* \ó\] *s.m.* **1** ação de tornar mais forte ou sólido **2** pessoa ou grupo que torna mais forte e/ou eficiente uma equipe ⟨*r. para o time, para o batalhão*⟩ **3** peça que se junta a outra para torná-la mais forte ⟨*pôs um r. na janela*⟩ **4** auxílio, complemento ⟨*aulas de r.*⟩ ⟨*r. alimentar*⟩
re.for.ma *s.f.* **1** ação ou efeito de modificar para tornar melhor, mais eficiente, mais bonito etc. ⟨*r. da casa*⟩ **2** nova forma, nova organização ⟨*r. de um regulamento*⟩ ⟨*r. ortográfica*⟩ ↄ cf. *Reforma* na parte enciclopédica
re.for.mar *v.* {mod. 1} *t.d.* **1** pôr em bom estado, devolvendo a feição anterior, consertando algo quebrado; restaurar **2** dar melhor forma a; corrigir ⟨*r. um texto*⟩ **3** tornar melhor; renovar, aperfeiçoar ⟨*r. o texto da lei*⟩ ↄ piorar ❑ *t.d. e pron.* **4** aposentar(-se) [mili-

tar] ❑ *pron.* 5 renunciar a maus hábitos; regenerar-se ⊃ desvirtuar-se ~ **reformado** *adj.s.m.*

re.for.ma.tó.rio *s.m.* estabelecimento oficial que recolhe, a fim de regenerar, menores infratores

re.for.mis.mo *s.m.* sistema que crê na reforma gradativa das instituições como meio de transformação política ~ **reformista** *adj.2g.s.2g.*

re.for.mu.lar *v.* {mod. 1} *t.d.* dar nova formulação, forma a; reorganizar, reestruturar ~ **reformulação** *s.f.*

re.fra.ção [pl.: *-ões*] *s.f.* FÍS mudança de direção de onda (de luz, som etc.) ao passar de um meio a outro ~ **refratar** *v.t.d. e pron.*

re.frão [pl.: *-ões*] *s.m.* verso ou conjunto de versos que se repete ao final de cada estrofe (em poema, canção); estribilho

re.fra.tá.rio *adj.s.m.* 1 (o) que é resistente ao calor ⟨*louça r.*⟩ 2 que(m) resiste às leis, às autoridades etc. 3 que(m) é imune a certas doenças ⟨*homem r. a gripes*⟩

re.fre.ar *v.* {mod. 5} *t.d.* 1 conter com freio; frear 2 impedir ou controlar o movimento, desenvolvimento, progressão, manifestação de; reprimir, conter 3 dominar, subjugar ⟨*r. o invasor*⟩ ❑ *pron.* 4 conter-se, controlar-se ~ **refreamento** *s.m.*

re.fre.ga *s.f.* luta, combate ~ **refregar** *v.int.*

re.fres.car *v.* {mod. 1} *t.d.,int. e pron.* 1 tornar(-se) mais fresco, menos quente; resfriar(-se) ⊃ esquentar(-se) ❑ *t.d. e pron.* 2 proteger(-se) do calor ❑ *t.d.* 3 tornar mais leve; aliviar, suavizar ⊃ intensificar ~ **refrescante** *adj.2g.*

re.fres.co \ê\ *s.m.* 1 bebida feita de sumo de fruta com água gelada 2 *fig. infrm.* alívio, consolo

re.fri.ge.ra.dor \ô\ *adj.s.m.* 1 (o) que refrigera ■ *s.m.* 2 geladeira

re.fri.ge.ran.te *adj.2g.* 1 que refrigera ■ *s.m.* 2 bebida industrializada doce, gasosa e não alcoólica

re.fri.ge.rar *v.* {mod. 1} *t.d. e pron.* tornar(-se) frio ou fresco; refrescar(-se) ~ **refrigeração** *s.f.*

re.fri.gé.rio *s.m.* 1 bem-estar produzido pela sensação de frescura 2 *fig.* consolo, alívio

re.fu.gar *v.* {mod. 1} *t.d.* 1 pôr à parte; rejeitar, recusar ⊃ aceitar ❑ *int. B* 2 negar-se (cavalo, boi etc.) a seguir caminho; empacar ~ **refugador** *adj.s.m.*

re.fú.gio *s.m.* 1 lugar para o qual se foge a fim de escapar a um perigo 2 *fig.* o que serve de amparo, consolo ⟨*a música era seu r.*⟩ 3 esconderijo ⟨*o r. dos ladrões era na mata*⟩ ~ **refugiado** *adj.s.m.* - **refugiar-se** *v.pron*

re.fu.go *s.m.* o que foi posto de lado; resto

re.ful.gen.te *adj.2g.* 1 muito brilhante 2 *fig.* que se sobressaiu muito ⊃ medíocre ~ **refulgência** *s.f.*

re.ful.gir *v.* {mod. 24} *int.* 1 brilhar muito; resplandecer 2 *fig.* distinguir-se muito; sobressair

re.fun.dir *v.* {mod. 24} *t.d. e pron.* 1 fundir(-se) novamente ❑ *t.d.* 2 corrigir, emendar

re.fu.tar *v.* {mod. 1} *t.d.* 1 afirmar o contrário de; desmentir, negar ⟨*r. uma acusação*⟩ 2 não aceitar, não aprovar; rejeitar ⟨*r. uma proposta*⟩ 3 pôr em dúvida; contestar ⟨*r. uma tese*⟩ ⊃ confirmar ~ **refutação** *s.f.* - **refutável** *adj.2g.*

re.ga-bo.fe [pl.: *rega-bofes*] *s.m. infrm.* festa com muita comida e bebida

re.ga.ço *s.m.* 'colo ('espaço')

re.ga.dor \ô\ *adj.s.m.* 1 (o) que rega ■ *s.m.* 2 recipiente com crivo ou bico, próprio para regar plantas

re.ga.lar *v.* {mod. 1} *t.d. e pron.* 1 (fazer) ter grande prazer, esp. à mesa ❑ *t.d.* 2 oferecer algo como presente a; presentear ~ **regalo** *s.m.*

re.ga.li.a *s.f.* 1 direito da realeza 2 vantagem, privilégio

re.gar *v.* {mod. 1} *t.d.* 1 molhar (planta, jardim etc.) com gotas ou filetes de água, ger. usando utensílio apropriado 2 molhar um pouco; umedecer ⟨*lágrimas regam suas faces*⟩ 3 correr por, passar em ou junto de; banhar ~ **rega** *s.f.* - **regadura** *s.f.*

re.ga.ta *s.f.* corrida de barcos

re.ga.te.ar *v.* {mod. 5} *t.d. e int.* 1 pedir redução do preço, do valor (de); pechinchar ❑ *t.d. e t.d.i.* 2 (prep. *a*) dar com moderação; racionar ⟨*r. aplausos (aos atores)*⟩ ⊃ esbanjar ~ **regateador** *adj.s.m.* - **regateio** *s.m.*

re.ga.to *s.m.* corrente de água de pouca extensão e volume; riacho, córrego

re.gên.cia *s.f.* 1 governo interino na falta do chefe de Estado, esp. do monarca 2 HIST *B* período da história, de 7 de abril de 1831 a 23 de julho de 1840, em que o Brasil foi governado por regentes, dada a menoridade de Pedro II ☞ inicial maiúsc. 3 GRAM relação de dependência entre termos de uma oração ou entre orações de um período 4 MÚS condução de execução musical feita por maestro

re.ge.ne.rar *v.* {mod. 1} *t.d. e pron.* 1 formar(-se) de novo; reconstituir(-se) 2 emendar(-se) moralmente; reabilitar(-se) ❑ *t.d.* 3 efetuar nova organização em; reestruturar ~ **regeneração** *s.f.*

re.gen.te *adj.2g.s.2g.* (o) que rege

re.ger *v.* {mod. 8} *t.d. e int.* 1 exercer mando sobre; governar, dirigir 2 governar como rei 3 nas monarquias, governar em caso de menoridade ou indisponibilidade do soberano 4 comandar (orquestra, banda) como maestro ❑ *pron.* 5 governar-se, orientar-se

reg.gae [ing.; pl.: *reggaes*] *s.m.* ritmo popular jamaicano surgido na década de 1960, mistura de música negra americana, africana e jamaicana ⇨ pronuncia-se réguei

re.gi.a.men.te *adv.* 1 de modo próprio da realeza ⟨*as autoridades foram r. recebidas no palácio*⟩ 2 com luxo e ostentação ⟨*os noivos estavam r. vestidos*⟩ 3 muito ou excepcionalmente bem ⟨*foi r. pago pelo que fez*⟩

re.gi.ão [pl.: *-ões*] *s.f.* 1 grande extensão de terreno 2 GEO território com características que o distinguem dos demais 3 ANAT cada uma das partes em que se divide o corpo humano para estudo ⊡ **r. abissal** *loc.subst.* GEO a das grandes profundidades na terra ou nas águas, zona em que a luz solar não penetra

re.gi.cí.dio *s.m.* assassinato de rei ou rainha ~ **regicida** *adj.2g.s.2g.*

re.gi.me *s.m.* 1 sistema político; forma de governo 2 conjunto de normas impostas ou consentidas ⟨*r. de comunhão de bens*⟩ 3 conjunto de prescrições alimentares para manter ou restabelecer a saúde, ou perder ou ganhar peso; dieta

re.gi.men.to *s.m.* **1** ato, modo de reger ou o seu efeito **2** corpo de tropas **3** regulamento de uma instituição; estatuto ~ **regimental** *adj.2g.* - **regimentar** *adj.2g.*

ré.gio *adj.* **1** próprio de rei **2** *fig.* magnífico, suntuoso ⟨*instalações r.*⟩

re.gio.nal *adj.2g.* **1** próprio de uma região ■ *s.m.* **2** conjunto que toca música típica de uma região ~ **regionalização** *s.f.* - **regionalizar** *v.t.d. e pron.*

re.gio.na.lis.mo *s.m.* **1** palavra ou locução própria de uma região **2** caráter da arte baseada na cultura de uma região **3** doutrina política e social que favorece interesses de uma região ~ **regionalista** *adj.2g.s.2g.*

re.gis.tra.dor \ô\ *adj.s.m.* (o) que registra

re.gis.tra.do.ra \ô\ *s.f.* caixa registradora

re.gis.trar *v.* {mod. 1} *t.d. e pron.* **1** inscrever(-se) em livro apropriado, para validar certos atos ❑ *t.d.* **2** assinalar ou marcar regularmente (verificação meteorológica, consumo de gás, de eletricidade etc.) **3** tomar nota de; anotar, consignar ⟨*r. um depoimento*⟩ **4** guardar na memória; memorizar **5** marcar por meio de caixa registradora ⟨*r. preços*⟩

re.gis.tro *s.m.* **1** ação de registrar ou o seu efeito **2** livro em que se anotam ocorrências **3** documento, certidão **4** torneira que regula ou isola canalização **5** MÚS cada uma das três partes da escala dos sons audíveis, de um instrumento ou voz ⟨*r. grave, r. médio, r. agudo*⟩ **6** MÚS extensão de voz ou instrumento **7** indicação gráfica do funcionamento de máquinas **8** medidor de consumo (de água, luz, gás etc.) **9** fixação de um fato, por escrito, imagem, lembrança ⟨*fez um r. da festa em seu diário*⟩

re.go \ê\ *s.m.* **1** sulco para escoar água; valeta **2** ruga ou comissura na pele

re.gou.gar *v.* {mod. 1} *int.* emitir som (o gambá, a raposa) ⊙ GRAM/USO só us. nas 3as p., exceto quando fig.

re.go.zi.jar *v.* {mod. 1} *t.d. e pron.* (fazer) sentir grande alegria, prazer; rejubilar(-se) ~ **regozijo** *s.m.*

re.gra *s.f.* **1** o que regula, dirige; norma, princípio ⟨*r. de gramática*⟩ ⟨*r. de um jogo*⟩ **2** o que foi determinado por lei ou por costume ⟨*r. de boa educação*⟩ **3** ordem, método ▼ ***regras*** *s.f.pl. infrm.* **4** menstruação ⊙ COL regulamento ⊡ **cagar regras** *loc.vs. infrm.* fazer-se de muito sabido • **em r.** *loc.adv.* geralmente ⟨*em r., admira a vida no campo*⟩ ~ **regrar** *v.t.d. e pron.*

re.gre.dir *v.* {mod. 27} *int.* **1** ir para trás; retroceder ⮌ avançar **2** diminuir em número, força, intensidade, qualidade etc. ⟨*a doença regrediu*⟩ ⮌ progredir

re.gres.são [pl.: *-ões*] *s.f.* retrocesso

re.gres.sar *v.* {mod. 1} *int.* voltar (ao ponto de partida); retornar ⟨*r. ao lar*⟩ ☞ *ao lar* é circunstância que funciona como complemento

re.gres.si.vo *adj.* **1** que tende a produzir regressão **2** que tem efeito sobre fatos passados; retroativo

re.gres.so *s.m.* volta, retorno ⮌ ida

ré.gua *s.f.* **1** instrumento plano para traçar linhas, esp. retas **2** esse instrumento, dividido em unidades de medida, us. para medições

re.gu.la.dor \ô\ *adj.s.m.* **1** (o) que regula **2** (o) que regulamenta

[1]**re.gu.la.men.tar** *adj.2g.* que diz respeito a ou está de acordo com o regulamento ⟨*o jogo ultrapassou o tempo r.*⟩ [ORIGEM: *regulamento* + [1]*-ar*]

[2]**re.gu.la.men.tar** *v.* {mod. 1} *t.d.* **1** submeter a regulamento; regular **2** instituir regulamento, regras para [ORIGEM: *regulamento* + [2]*-ar*] ~ **regulamentação** *s.f.*

re.gu.la.men.to *s.m.* conjunto de regras

[1]**re.gu.lar** *adj.2g.* **1** segundo as regras **2** situado entre extremos; mediano ⟨*nota r.*⟩ **3** que apresenta constância ⟨*programação r.*⟩ [ORIGEM: do lat. *regulāris,e* 'canônico'] ~ **regularidade** *s.f.*

[2]**re.gu.lar** *v.* {mod. 1} *t.d.* **1** estabelecer regras para; regulamentar **2** sujeitar a regras; regrar **3** conter, moderar ⟨*r. as despesas*⟩ **4** ajustar o funcionamento de; acertar ⟨*r. o motor*⟩ ❑ *int.* **5** funcionar bem **6** *infrm.* ter equilíbrio emocional ou mental ❑ *t.i.* **7** (prep. *com*) ter aproximadamente a mesma idade de [ORIGEM: do lat. *regulāre* 'dirigir, dispor, ordenar'] ~ **regulagem** *s.f.*

re.gu.la.ri.zar *v.* {mod. 1} *t.d. e pron.* **1** (fazer) ficar conforme as regras, leis ⟨*r. documentos*⟩ ⟨*sua situação já se regularizou*⟩ **2** (fazer) ficar em dia, em ordem; normalizar(-se) ⟨*r. os atrasos*⟩ ⟨*o horário do trem regularizou-se*⟩ ⮌ desregular(-se) ~ **regularização** *s.f.* - **regularizador** *adj.s.m.*

ré.gu.lo *s.m.* **1** rei ainda criança, ou muito jovem **2** rei de um pequeno Estado

re.gur.gi.tar *v.* {mod. 1} *t.d. e int.* **1** expelir o excedente de (esp. o que está no estômago) ❑ *t.i. e int.* **2** (prep. *de*) estar repleto, cheio de; transbordar ~ **regurgitação** *s.f.*

rei [fem.: *rainha*] *s.m.* **1** autoridade suprema de uma monarquia; monarca, soberano **2** *fig.* quem detém poder absoluto ou se destaca num grupo ⟨*o r. do petróleo*⟩ **3** certa carta de baralho **4** peça importante do jogo de xadrez, que se movimenta, de casa em casa, em todas as direções

rei.de *s.m.* breve incursão de tropas militares em território inimigo

re.i.dra.tar *v.* {mod. 1} *t.d. e pron.* hidratar(-se) outra vez [produto ou organismo que se desidratou] ~ **reidratação** *s.f.* - **reidratante** *adj.2g.s.2g.*

re.im.pri.mir *v.* {mod. 24} *t.d.* fazer nova impressão de (documento, texto, figura etc.) ⊙ GRAM/USO part.: *reimprimido, reimpresso* ~ **reimpressão** *s.f.*

rei.na.ção [pl.: *-ões*] *s.f.* travessura

rei.na.do *s.m.* **1** governo de um rei, imperador etc. **2** duração ou época do governo de alguém **3** *fig. infrm.* tempo de vigência de algo ⟨*o r. da minissaia*⟩

rei.na.dor \ô\ *adj.s.m.* que(m) é travesso

rei.nar *v.* {mod. 1} *int.* **1** governar um Estado como rei **2** tomar espaço e manter-se; predominar ⟨*o silêncio reinou na sala*⟩ **3** *B infrm.* fazer travessuras; brincar

4 estar em vigor, em uso; viger ⟨*tal moda reinou pouco*⟩ 5 ter poder, influência; dominar ⟨*os romanos reinaram por séculos*⟩

re.in.ci.den.te *adj.2g.s.2g.* (o) que reincide

re.in.ci.dir *v.* {mod. 24} *t.i. e int.* (prep. *em*) tornar a praticar (certo ato, ger. negativo); recair ~ **reincidência** *s.f.*

re.in.cor.po.rar *v.* {mod. 1} *t.d.* tornar a incorporar (o que foi descartado, desintegrado etc.) ~ **reincorporação** *s.f.*

re.in.gres.sar *v.* {mod. 1} *int.* ingressar novamente em (lugar, grupo do qual saíra) ⟨*r. na faculdade*⟩ ☞ *na faculdade* é circunstância que funciona como complemento ~ **reingresso** *s.m.*

re.i.ni.ci.ar *v.* {mod. 1} *t.d. e int.* dar ou ter novo início (o que havia parado, sido interrompido ou se supunha ter acabado); recomeçar ~ **reinício** *s.m.*

rei.no *s.m.* 1 estado governado por rei; monarquia 2 *fig.* âmbito, esfera ⟨*adora o r. das artes*⟩ 3 cada um dos domínios estudados pelas ciências naturais 4 BIO cada uma das mais altas categorias de classificação dos seres vivos na natureza (dos animais, das plantas, das moneras, dos fungos e dos protistas)

rei.nol *adj.2g.s.2g.* (natural) do reino

re.ins.cre.ver *v.* {mod. 8} *t.d. e pron.* inscrever(-se) novamente ⊙ GRAM/USO part.: *reinscrito* ~ **reinscrição** *s.f.*

re.in.se.rir *v.* {mod. 2} *t.d. e pron.* inserir(-se) novamente (em grupo, lugar etc. no qual já estivera) ~ **reinserção** *s.f.*

re.in.te.grar *v.* {mod. 1} *t.d.i. e pron.* 1 (prep. *em*) restabelecer a (alguém) ou ter novamente a posse de (bem, emprego, cargo de que foi privado) ❑ *t.d.* 2 conduzir de novo (ao lugar ou ponto de origem); reconduzir ~ **reintegração** *s.f.*

réis *s.m.pl.* ver ²REAL ('moeda')

rei.sa.do *s.m.* 1 festa popular realizada na véspera e no dia de Reis (6 de janeiro) 2 auto natalino do Norte e Nordeste, realizado em 6 de janeiro

re.i.te.rar *v.* {mod. 1} *t.d. e t.d.i.* (prep. *a*) dizer ou fazer de novo; repetir ~ **reiteração** *s.f.*

re.i.te.ra.ti.vo *adj.* que reafirma, insiste ou repisa

rei.tor \ô\ *s.m.* diretor de universidade, ordem religiosa etc. ~ **reitoral** *adj.2g.*

rei.to.ri.a *s.f.* 1 cargo de reitor 2 local de trabalho do reitor

rei.u.no *adj.* 1 fornecido pelo Estado, esp. pelo exército, para uso dos soldados ⟨*botas r.*⟩ 2 de baixa qualidade

rei.vin.di.car *v.* {mod. 1} *t.d.* 1 intentar demanda para recuperar (o que está na posse de outrem) 2 tentar reaver, recuperar 3 requerer, reclamar (um direito) 4 reclamar para si; assumir ⟨*r. uma responsabilidade*⟩ ~ **reivindicação** *s.f.* - **reivindicador** *adj.s.m.*

re.jei.tar *v.* {mod. 1} *t.d.* 1 lançar fora; largar, depor ⟨*r. as armas*⟩ 2 não aceitar, não admitir; recusar ⟨*r. uma proposta*⟩ 3 afastar de si; repelir ⟨*r. alimentos gordurosos*⟩ 4 não considerar bom, justo, adequado; desaprovar ⟨*r. um novo imposto*⟩ ⊃ aprovar ~ **rejeição** *s.f.* - **rejeitado** *adj.*

re.ju.bi.lar *v.* {mod. 1} *t.d.,int. e pron.* (fazer) sentir grande alegria, prazer; regozijar(-se) ~ **rejubilação** *s.f.*

re.jun.tar *v.* {mod. 1} *t.d.* refazer as juntas de (tijolos, pedras, ladrilhos etc.) com nova aplicação de argamassa ~ **rejuntamento** *s.m.*

re.ju.ve.nes.cer *v.* {mod. 8} *t.d.,int. e pron.* (fazer) ficar mais jovem ou com aparência, vigor, viço jovem; remoçar ~ **rejuvenescimento** *s.m.*

re.la.ção [pl.: *-ões*] *s.f.* 1 ato de informar fatos; descrição, relato 2 lista de nomes de pessoas ou coisas; rol, listagem ⟨*r. de fornecedores*⟩ 3 o que permite relacionar fato, objeto ou indivíduo ao outro; semelhança ⟨*r. entre os dois rostos*⟩ ⊃ diferença 4 vinculação entre pessoas, fatos ou coisas; ligação, conexão ⟨*r. de parentesco*⟩ ⊃ desvinculação ▼ ***relações*** *s.f.pl.* 5 pessoas com as quais alguém se relaciona por cortesia ou amizade ⊡ **r. públicas** *loc.subst.* atividade profissional que informa o público sobre as realizações de quaisquer organizações ☞ cf. *relações-públicas*

re.la.cio.nar *v.* {mod. 1} *t.d.* 1 fazer relação de; listar, arrolar 2 expor por escrito ou oralmente; relatar ❑ *t.d.,t.d.i. e pron.* 3 (prep. *com*) estabelecer(-se) vínculo, conexão entre (dois ou mais elementos); ligar(-se) ❑ *t.d.i. e pron.* 4 (prep. *com*) [fazer] adquirir amizades, conhecimentos ~ **relacionamento** *s.m.*

re.la.ções-pú.bli.cas *s.2g.2n.* profissional que trabalha em relações públicas ☞ cf. *relações públicas*

re.lâm.pa.go *s.m.* 1 clarão rápido causado por descarga elétrica entre nuvens 2 *fig.* o que se passa rapidamente ■ *adj.2g.2n.* 3 *fig.* que é rápido, dura pouco ⟨*promoção r.*⟩

re.lam.pe.jar *v.* {mod. 1} ou **re.lam.pe.ar** *v.* {mod. 5} *int.* 1 produzir-se relâmpago ou série deles ☞ nesta acp., é impessoal, exceto quando fig. 2 brilhar de repente; fulgurar ☞ nesta acp., só us. nas 3as p., exceto quando fig. ~ **relampejo** *s.m.*

re.lan.ce *s.m.* ato de olhar rapidamente ou o seu efeito ⊡ **de r.** *loc.adv.* rapidamente ⟨*viu-a de r. na festa*⟩ ~ **relancear** *v.t.d. e t.d.i.*

re.lap.so *adj.s.m.* 1 (aquele) que é descuidado no cumprimento de suas obrigações; relaxado ⊃ cuidadoso 2 (aquele) que repete erro, crime, pecado

re.la.tar *v.* {mod. 1} *t.d. e t.d.i.* 1 (prep. *a*) expor por escrito ou oralmente (fato, acontecimento); narrar, contar ❑ *t.d.* 2 fazer lista de; relacionar ~ **relato** *s.m.*

re.la.ti.va.men.te *adv.* 1 em comparação com outros elementos; em termos relativos ⟨*para entender o assunto, é preciso estudá-lo r.*⟩ ⊃ absolutamente 2 não inteiramente; mais ou menos ⟨*gostamos r. de teatro*⟩ ⟨*ser r. esperto*⟩

re.la.ti.vo *adj.* 1 que se refere a alguém ou algo; concernente ⟨*notícias r. a cinema*⟩ 2 que não é total; menor ⟨*livro de interesse r.*⟩ ⊃ absoluto 3 que pode variar ou não de acordo com uma relação entre elementos ⟨*seu lucro será r. ao capital investido*⟩ 4 que ocorre por acidente; casual, fortuito ⮌ previsto ~ **relatividade** *s.f.* - **relativismo** *s.m.*

re.la.tor \ô\ *adj.* **1** que relata ■ *s.m.* **2** aquele que conta; narrador **3** aquele que faz um relatório

re.la.tó.rio *s.m.* exposição detalhada e objetiva, ger. escrita, de fato, estudo, atividades etc.; relato

re.la.xan.te *adj.2g.s.m.* (agente) que reduz a tensão física ou mental

re.la.xar *v.* {mod. 1} *t.d. e int.* **1** tornar(-se) [mais] fraco; debilitar(-se) ⮌ fortalecer(-se) **2** diminuir a força, a tensão ou a compressão (de); afrouxar(-se) ❑ *t.d.* **3** tornar menos severo; suavizar ❑ *t.d. e pron.* **4** corromper(-se), perverter(-se) ⟨*r. os costumes*⟩ ⟨*r.-se profissionalmente*⟩ ❑ *int.* **5** procurar repouso ou diversão **6** aplacar a tensão, a ansiedade ❑ *pron.* **7** tornar-se negligente; desleixar-se ~ **relaxador** *adj.s.m.* - **relaxamento** *s.m.*

re.lé *s.m.* FÍS dispositivo que controla um circuito elétrico

re.le.gar *v.* {mod. 1} *t.d.* **1** expulsar de um lugar; banir ❑ *t.d.i.* **2** (prep. *a*) pôr (em plano secundário ou obscuro); abandonar ⟨*r. um ator ao esquecimento*⟩ ~ **relegação** *s.f.*

re.lei.tu.ra *s.f.* segunda leitura

re.lem.brar *v.* {mod. 1} *t.d.,t.d.i. e pron.* (prep. *a, de*) trazer de novo à memória; recordar(-se) ⟨*r. a juventude*⟩ ⟨*relembrou-lhe a promessa*⟩ ⟨*r.-se dos velhos tempos*⟩ ~ **relembrança** *s.f.*

re.len.to *s.m.* a umidade da noite; orvalho, sereno ▣ **ao r.** *loc.adv.* sem um teto ⟨*dormir ao r.*⟩

re.ler *v.* {mod. 11} *t.d.* **1** ler de novo ou várias vezes **2** ler outra vez (o que se escreveu) para corrigir, melhorar; revisar

re.les *adj.2g.2n.* de qualidade ordinária; grosseiro ⮌ refinado

re.le.van.te *adj.2g.* **1** que tem importância ⟨*pergunta r.*⟩ ⮌ insignificante **2** que tem saliências ⟨*terreno r.*⟩ ⮌ reentrante **3** de grande valor ou interesse ⟨*nome r. na medicina*⟩ ⮌ desprezível **4** considerável, farto, grande ⟨*quantia r.*⟩ ⮌ pequeno ■ *s.m.* **5** o essencial, o mais importante ⟨*o r. foi que sobrevivemos*⟩ ⮌ supérfluo ~ **relevância** *s.f.*

re.le.var *v.* {mod. 1} *t.d. e pron.* **1** (fazer) ter revelo, sobressair-se; destacar(-se) ❑ *t.d. e t.d.i.* **2** (prep. *a*) ser tolerante com; perdoar, desculpar ❑ *int.* **3** ser importante; convir, valer ~ **relevação** *s.f.*

re.le.vo \ê\ *s.m.* **1** característica das pinturas, desenhos, impressões etc. que parecem destacar-se da superfície na qual estão **2** conjunto de saliências e reentrâncias de uma superfície **3** conjunto de montanhas, vales, planícies etc. ▣ **de r.** *loc.adj.* de destaque ⟨*nome de r. na medicina*⟩

re.lha \ê\ *s.f.* **1** peça de arado que rasga o solo **2** peça de ferro que reforça externamente as rodas do carro de boi

re.lho \ê\ *s.m.* chicote de couro torcido

re.li.cá.rio *s.m.* **1** local para guardar relíquias **2** *fig.* algo de grande valor

re.li.gi.ão [pl.: *-ões*] *s.f.* **1** crença na existência de uma força ou de forças sobrenaturais **2** conjunto de dogmas e práticas que ger. envolvem tal crença **3** observação aos princípios religiosos; devoção ⟨*praticar a r.*⟩

re.li.gi.o.si.da.de *s.f.* **1** conjunto de valores éticos de certo teor religioso **2** tendência ou fato de incorporar ensinamentos religiosos à forma de pensar

re.li.gi.o.so \ô\ [pl.: *religiosos* \ó\] *adj.* **1** relativo a religião **2** que tem elementos de adoração **3** *fig.* pontual, cuidadoso, zeloso ⟨*é r. no cumprimento do dever*⟩ ⮌ negligente ■ *adj.s.m.* **4** que(m) segue ou professa uma religião ⮌ ateu **5** (pessoa) que pertence a uma ordem monástica ■ *s.m.* **6** jurisdição da Igreja ⊙ COL confraria, congregação, irmandade

re.lin.char *v.* {mod. 1} *int.* emitir seu som característico (o cavalo, o burro etc.) ⊙ GRAM/USO só us. nas 3as p., exceto quando fig.

re.lin.cho *s.m.* voz de cavalo, jumento, zebra etc.; rincho

re.lí.quia *s.f.* **1** fragmento do corpo de um santo **2** objeto que supostamente pertenceu a um santo ou que teve contato com seu corpo **3** *p.ext.* coisa preciosa e ger. antiga, muito estimada

re.ló.gio *s.m.* **1** aparelho us. para marcar o tempo e indicar as horas **2** *B* medidor de água, luz ou gás; registro **3** *fig. infrm.* o que trabalha com muita regularidade ▣ **r. biológico** *loc.subst.* todo fator fisiológico que regula o ritmo do corpo • **r. analógico** *loc.subst.* aquele que indica horas com ponteiros em um mostrador • **r. digital** *loc.subst.* aquele que indica horas com dígitos numéricos

re.lo.jo.a.ri.a *s.f.* casa onde se fabricam, vendem ou consertam relógios

re.lo.jo.ei.ro *adj.* **1** relativo a relojoaria ou a relógio ■ *s.m.* **2** profissional que fabrica ou conserta relógios

re.lu.tan.te *adj.2g.* **1** que hesita e opõe resistência ⟨*um réu r. para confessar o crime*⟩ **2** que se opõe por discordância ou aversão, manifestando má vontade ⟨*postura r. a novidades*⟩ ⮌ simpatizante

re.lu.tar *v.* {mod. 1} *t.i. e int.* (prep. *em*) fazer oposição, resistência a; resistir ~ **relutância** *s.f.*

re.lu.zen.te *adj.2g.* **1** que reflete luz ⟨*estrela r.*⟩ **2** que tem brilho; lustroso ⟨*metal r.*⟩

re.lu.zir *v.* {mod. 24} *int.* brilhar muito; resplandecer

rel.va *s.f.* **1** camada de ervas rasteiras que cobre o solo **2** lugar coberto por essa camada; relvado ⟨*sentar na r.*⟩ **3** ¹grama

rel.va.do *adj.s.m.* (terreno) coberto de relva; gramado

rel.vo.so \ô\ [pl.: *relvosos* \ó\] *adj.* em que há relva

re.man.char *v.* {mod. 1} ou **re.man.che.ar** *v.* {mod. 5} *int. e pron.* levar muito tempo fazendo algo; demorar

re.ma.ne.jar *v.* {mod. 1} *t.d.* modificar (grupo de trabalho, produção intelectual etc.) aproveitando todos ou parte dos elementos da atividade anterior ~ **remanejamento** *s.m.*

re.ma.nes.cen.te *adj.2g.s.2g.* (o) que fica, permanece, resta ~ **remanescência** *s.f.* - **remanescer** *v.int.*

re.man.so *s.m.* **1** trecho mais largo de rio em que não há correnteza **2** *fig.* período sem atividade; sossego, descanso ↄ agitação **3** ponto em que se recolhe para descanso; pouso, retiro ~ **remansoso** *adj.*

re.mar *v.* {mod. 1} *t.d. e int.* impulsionar, mover (embarcação) com remo ~ **remada** *s.f.* - **remador** *adj.s.m.*

re.mar.car *v.* {mod. 1} *t.d.* **1** marcar novamente **2** *B* fixar novo preço, valor para ~ **remarcação** *s.f.*

re.ma.tar *v.* {mod. 1} *t.d.* **1** fazer acabamento em; finalizar **2** dar os últimos pontos em (uma costura); arrematar ❑ *int. e pron.* **3** ficar completo, ter fim; acabar(-se) ↄ começar

re.ma.te *s.m.* **1** última operação para tornar uma obra acabada ou completa ↄ começo **2** acabamento final de roupa; arremate **3** *fig.* o ponto mais alto; o apogeu ⟨*o livro foi o r. de sua carreira*⟩ ↄ declínio

re.me.di.a.do *adj.s.m.* que(m) tem situação financeira suficiente para atender às próprias necessidades

re.me.di.ar *v.* {mod. 5} *t.d.* **1** dar remédio a; medicar **2** tornar suportável ou aceitável; atenuar ⟨*r. o desconforto*⟩ **3** reparar, emendar, corrigir ❑ *t.d. e t.d.i.* **4** (prep. *de*) prover (do que é necessário); abastecer ❑ *pron.* **5** contar com poucos recursos ~ **remediador** *adj.s.m.* - **remediável** *adj.2g.*

re.mé.dio *s.m.* **1** substância ou recurso us. para combater dor, doença **2** *fig.* tudo que serve para acabar com mal, transtorno; recurso, solução ⟨*rir é o melhor r.*⟩ **3** aquilo que protege, que auxilia ⟨*gente pobre e sem r.*⟩ ↄ desamparo **4** emenda, correção

re.me.la *s.f.* secreção viscosa que aparece na mucosa dos olhos e na borda das pálpebras ~ **remelento** *adj.*

re.me.le.xo \ê\ *s.m.* *B infrm.* balanço do corpo; rebolado

re.me.mo.rar *v.* {mod. 1} *t.d. e int.* **1** trazer de novo à memória; relembrar ❑ *t.d.* **2** dar ideia de; lembrar ⟨*seu jeito rememora o da avó*⟩ ~ **rememoração** *s.f.* - **rememorativo** *adj.*

re.men.dão [pl.: *-ões*] *adj.s.m.* **1** (sapateiro) que conserta sapatos **2** (artesão) pouco habilidoso

re.men.dar *v.* {mod. 1} *t.d.* **1** pôr remendos em; emendar, consertar **2** *fig.* reparar os efeitos de (equívoco, inconveniência)

re.men.do *s.m.* **1** pedaço de pano us. em roupa para esconder um rasgo, um buraco etc. **2** *fig.* aquilo que corrige, conserta ou emenda; emenda

re.me.ten.te *adj.2g.s.2g.* (pessoa, entidade) que envia carta ou encomenda para alguém

re.me.ter *v.* {mod. 8} *t.d. e t.d.i.* **1** (prep. *a*) fazer seguir para; enviar, mandar ❑ *t.d.* **2** deixar para depois; adiar, postergar ↄ antecipar ❑ *t.d.i.* **3** (prep. *a*) pôr (-se) sob os cuidados de; entregar(-se), confiar(-se) ❑ *pron.* **4** (prep. *a*) referir-se, aludir ~ **remessa** *s.f.*

re.me.xer *v.* {mod. 8} *t.d.* **1** mexer de novo ou repetidamente em **2** mover repetidas vezes, agitando ⟨*r. farinha na peneira*⟩ ❑ *t.i.* **3** (prep. *em*) tocar com as mãos ou com um objeto em; bulir ❑ *pron.* **4** mover-se com inquietação; agitar-se ❑ *t.d. e pron.* *B* **5** mover(-se) balançando (os quadris, o corpo) ao andar, dançar; rebolar ~ **remeximento** *s.m.*

re.mi.ção [pl.: *-ões*] *s.f.* **1** liberação de pena, de ofensa, de dívida; perdão, quitação, resgate **2** compensação por danos ou prejuízos; indenização **3** recuperação de algo ☞ cf. *remissão* ~ **remido** *adj.*

re.mi.nis.cên.cia *s.f.* **1** o que se conserva na memória ⟨*as r. da infância*⟩ **2** lembrança vaga **3** sinal, fragmento, vestígio que resta de algo que passou ⟨*a cicatriz é r. da luta*⟩ ~ **reminiscente** *adj.2g.*

re.mir *v.* {mod. 24} *t.d.* **1** tornar a obter, a conseguir; reaver **2** libertar da condenação ao inferno ⟨*r. os pecadores*⟩ **3** compensar, ressarcir (perda, dano etc.) **4** reparar, expiar (falta, crime etc.) **5** livrar (algo) de ônus, pagando ❑ *t.d. e pron.* **6** livrar(-se) de cativeiro, sequestro etc.; libertar(-se) ❑ *pron.* **7** (prep. *de*) reabilitar-se, recuperar-se ⊙ GRAM/USO verbo defectivo

re.mis.são [pl.: *-ões*] *s.f.* **1** ação de perdoar; perdão **2** sentimento de misericórdia; compaixão ↄ crueldade **3** falta de ação, de energia; frouxidão ⟨*a derrota deveu-se à r. do time*⟩ ↄ vivacidade **4** intervalo entre o fim e o reinício de algo ⟨*r. de um processo reiniciado*⟩ **5** alívio, consolo ⟨*sem a r. da amada, vivia infeliz*⟩ ↄ aflição **6** diminuição temporária dos sintomas de uma doença ↄ agravamento **7** condução do leitor para outra parte de um texto escrito ☞ cf. *remição*

re.mis.si.vo *adj.* **1** que perdoa **2** que envia para outro ponto ⟨*índice r.*⟩ **3** que contém referências ⟨*as notas r. de um artigo*⟩

re.mi.tir *v.* {mod. 24} *t.d. e t.d.i.* **1** (prep. *a*) conceder perdão a; indultar **2** (prep. *a*) entregar, restituir ❑ *t.d.* **3** considerar pago ou satisfeito ⟨*r. uma dívida*⟩ ❑ *t.d., int. e pron.* **4** (fazer) perder a intensidade; diminuir, abrandar ↄ intensificar(-se) ~ **remitência** *s.f.* - **remitente** *adj.2g.*

re.mo *s.m.* **1** haste leve, de ponta chata, plana ou curva, us. para impulsionar embarcação com a força dos braços humanos **2** o esporte de remar ⟨*praticar r.*⟩

re.mo.çar *v.* {mod. 1} *t.d., int. e pron.* (fazer) ficar mais jovem ou com aparência, vigor, viço jovem; rejuvenescer ~ **remoçante** *adj.2g.*

re.mo.de.lar *v.* {mod. 1} *t.d.* refazer com base em outro modelo ou com modificações significativas; reestruturar, reformar ~ **remodelação** *s.f.* - **remodelador** *adj.s.m.* - **remodelagem** *s.f.*

re.mo.er *v.* {mod. 9} *t.d.* **1** moer de novo **2** pensar insistentemente em; refletir, ruminar ❑ *pron.* **3** preocupar-se, afligir-se **4** zangar-se, irritar-se

re.mo.i.nho *s.m.* rodamoinho

re.mon.ta *s.f.* **1** suprimento de animais para uma tropa de cavalaria **2** *infrm.* reforma, conserto ↄ estrago

re.mon.tar *v.* {mod. 1} *t.d. e pron.* **1** elevar(-se) muito ou novamente ❑ *t.d.* **2** tornar a montar (peça de teatro) ❑ *int.* **3** volver, recuar (a passado distante) ⟨*r. à pré-história*⟩ ☞ *à pré-história* é circunstância que funciona como complemento **4** ter existência desde (tempos antigos); datar ⟨*os grandes descobrimentos remontam ao sXVI*⟩ ☞ *ao sXVI* é circunstância que funciona como complemento ❑ *t.i.* **5** (prep. *a*) ter origem em; provir ❑ *pron.* **6** (prep. *a*) fazer menção a; referir-se

re.mo.que *s.m.* **1** insinuação maliciosa ou satírica **2** zombaria, caçoada ~ **remoquear** *v.t.d. e int.*

re.mor.so *s.m.* inquietação da consciência que percebe ter cometido erro; arrependimento ⮌ impenitência

re.mo.to *adj.* **1** que ocorreu há muito tempo; antigo, longínquo ⟨*fatos r.*⟩ ⮌ recente **2** distante no espaço ⟨*região r.*⟩ ⮌ vizinho

re.mo.ve.dor \ô\ *adj.s.m.* (produto) que tira manchas, verniz, tinta etc.

re.mo.ver *v.* {mod. 8} *t.d.* **1** mudar de lugar; transferir, deslocar **2** fazer desaparecer; afastar, retirar ⟨*r. obstáculos*⟩ ⟨*r. maquiagem*⟩ ~ **remoção** *s.f.* - **removibilidade** *s.f.* - **removível** *adj.2g.*

re.mu.ne.ra.ção [pl.: *-ões*] *s.f.* **1** retribuição por serviço ou favor prestado; recompensa, prêmio **2** salário, gratificação ~ **remunerador** *adj.s.m.* - **remunerar** *v.t.d.*

re.mu.ne.ra.ti.vo *adj.* remuneratório

re.mu.ne.ra.tó.rio *adj.* **1** que recompensa **2** relativo a rendimento e a lucro ⟨*taxas r. dos depósitos bancários*⟩

re.na *s.f.* mamífero do hemisfério norte, com galhadas presentes nos dois sexos e cascos adaptados para a locomoção na neve

re.nal *adj.2g.* relativo a rim

re.nas.cen.ça *s.f.* **1** ato de renascer ou o seu efeito; renascimento **2** qualquer movimento com ideia de renovação, de restauração; retorno **3** renascimento ('movimento') ☞ inicial freq. maiúsc. ■ *adj.2g.2n.* **4** pertencente a época ou ao estilo renascentista ⟨*móveis r.*⟩

re.nas.cer *v.* {mod. 8} *int.* **1** nascer de novo (real ou aparentemente) **2** *fig.* adquirir novo ímpeto, vigor; renovar-se, revigorar-se **3** *fig.* surgir novamente; reaparecer

re.nas.ci.men.to *s.m.* **1** ato de renascer **2** nova vida, nova existência **3** movimento intelectual, artístico e científico, do sXV, inspirado na Antiguidade Clássica ☞ nesta acp., inicial freq. maiúsc. ~ **renascentista** *adj.2g.s.2g.*

[1]**ren.da** *s.f.* quantia obtida de aluguel, de aplicação de capital, de pensão etc.; rendimento [ORIGEM: do lat.vulg. *rendĭta* 'id.']

[2]**ren.da** *s.f.* tecido transparente, formando desenhos variados, aplicado como enfeite de vestidos, colchas, toalhas etc. [ORIGEM: do esp. *randa* 'id.']

ren.da.do *adj.* **1** enfeitado ou feito com [2]renda ■ *s.m.* **2** o conjunto das [2]rendas de uma peça

[1]**ren.dei.ro** *adj.s.m.* que(m) toma sítio, fazenda etc. por arrendamento [ORIGEM: [1]*renda* + *-eiro*]

[2]**ren.dei.ro** *adj.s.m.* que(m) fabrica ou vende rendas ('tecido') [ORIGEM: [2]*renda* + *-eiro*]

ren.der *v.* {mod. 8} *t.d. e pron.* **1** (fazer) reconhecer a derrota, desistir; submeter(-se) ❑ *t.d.* **2** substituir (alguém, um grupo) em serviço, tarefa **3** pôr de lado; depor ⮌ pegar ❑ *t.d. e int.* **4** dar como produto ou lucro ⟨*a fé rende muito dinheiro*⟩ ⟨*o capital rendeu bem*⟩ ❑ *t.d. e t.d.i.* **5** (prep. *a*) ter como efeito; causar, resultar ❑ *t.d.i.* **6** (prep. *a*) prestar, dispensar, oferecer ⟨*r. serviços, honras a alguém*⟩ ❑ *int.* **7** dar bom resultado, ser útil **8** *B* levar muito tempo; demorar, durar

ren.di.ção [pl.: *-ões*] *s.f.* **1** ato de entregar-se a uma força inimiga; capitulação ⟨*r. dos soldados, dos sequestradores*⟩ **2** *fig.* ato de render-se a algo; sujeição

ren.di.lha *s.f.* certa renda muito delicada ~ **rendilhar** *v.t.d.*

ren.di.men.to *s.m.* **1** lucro alcançado em uma empresa ou uma operação financeira ⟨*r. de uma venda*⟩ ⮌ prejuízo **2** eficiência de produção; produtividade ⟨*com a nova máquina, aumentou o r. da empresa*⟩ **3** eficiência no desempenho de certa função ou tarefa; produtividade ⟨*o r. do atleta melhorou*⟩ **4** total de salários, lucros, juros etc. ganhos por pessoa ou instituição, num período

ren.do.so \ô\ [pl.: *rendosos* \ó\] *adj.* que dá bons lucros; lucrativo ⮌ desvantajoso

re.ne.ga.do *adj.s.m.* **1** (aquele) que renega uma religião, um partido, um ideal em nome de outro **1.1** apóstata **2** (aquele) que é odiado, rejeitado **3** (aquele) que é perverso; malvado

re.ne.gar *v.* {mod. 1} *t.d. e t.i.* **1** (prep. *de*) deixar de seguir (religião, fé etc.); abjurar **2** (prep. *de*) abrir mão de; prescindir, dispensar ⮌ aceitar ❑ *t.d.* **3** deixar de crer, seguir (ideias, convicções etc.); abandonar **4** contradizer, negar, desmentir ⟨*r. um crime*⟩ ⮌ confirmar **5** mostrar desprezo por; rejeitar ⟨*r. um filho*⟩

re.nhi.do *adj.* **1** disputado com ardor ⟨*um r. debate*⟩ **2** *p.ext.* violento, feroz ⟨*batalha r.*⟩ ~ **renhir** *v.t.d.,int. e pron.*

rê.nio *s.m.* elemento químico us. como catalisador na indústria petroquímica [símb.: *Re*] ☞ cf. *tabela periódica* (no fim do dicionário)

re.ni.ten.te *adj.2g.s.2g.* (o) que teima ou não se conforma; obstinado, pertinaz ⮌ dócil ~ **renitência** *s.f.*

re.no.ma.do *adj.* que tem renome, fama, celebridade; famoso, renomeado

re.no.me *s.m.* **1** bom nome ou reputação; crédito ⮌ descrédito **2** opinião favorável e geral sobre alguém; fama ⮌ anonimato

[1]**re.no.me.ar** *v.* {mod. 5} *t.d.* dar fama, celebridade a [ORIGEM: *renome* + [2]*-ar*]

[2]**re.no.me.ar** *v.* {mod. 5} *t.d.* **1** dar novo nome a ❑ *t.d.,t.d.pred. e t.d.i.* **2** (prep. *para*) nomear novamente (para cargo, função etc.) [ORIGEM: *re-* + *nomear*]

re.no.va.ção [pl.: *-ões*] *s.f.* **1** ato ou efeito de tornar novo outra vez, ou de modificar para melhor **2** ato ou efeito de dar ou adquirir nova aparência ou constituição **3** ato ou efeito de reafirmar, de dar novo vigor ao que já foi feito em tempo anterior ⟨*r. das promessas conjugais*⟩

re.no.var *v.* {mod. 1} *t.d. e pron.* **1** (fazer) ficar melhor, com aparência, vigor etc. de novo **2** (fazer) ter novo início; recomeçar ❑ *t.d.* **3** substituir por mais novo ⟨*r. as armas*⟩ **4** fazer ou dizer de novo; repetir **5** estender ou restabelecer a vigência, a validade de (cláusula, contrato, compromisso etc.) ❑ *int. e pron.* **6** surgir de novo; reaparecer ~ **renovador** *adj.s.m.*

ren.ta.bi.li.da.de *s.f.* qualidade do que é rentável; lucratividade

ren.tá.vel *adj.2g.* que produz bom rendimento; lucrativo ⊃ desvantajoso

ren.te *adj.2g.* **1** próximo, junto ⟨*o carro passou r. ao meio-fio*⟩ ⊃ distante **2** muito curto ⟨*cabelo, unha r.*⟩ ⊃ longo **3** *infrm.* que não falha; pontual, assíduo ⟨*figura r. no bar*⟩ ⊃ ocasional ■ *adv.* **4** pela base ou raiz ⟨*cortar r.*⟩

re.nún.cia *s.f.* **1** ato ou efeito de renunciar, de deixar de querer algo que se tem ou usufrui ⟨*r. a um cargo*⟩ **2** sacrifício, mortificação ⟨*r. aos bens materiais*⟩

re.nun.ci.ar *v.* {mod. 1} *t.d. e t.i.* **1** (prep. *a*) abrir mão de; recusar, rejeitar ⊃ querer **2** (prep. *a*) deixar de crer, seguir (crença, convicção etc.); renegar ❑ *t.d., t.i. e int.* **3** (prep. *a*) desistir de (poder, autoridade) por vontade própria; abdicar ⊃ assumir ~ **renunciante** *adj.2g.s.2g.*

re.or.ga.ni.za.ção [pl.: *-ões*] *s.f.* nova organização; reestruturação

re.or.ga.ni.zar *v.* {mod. 1} *t.d.* **1** tornar a organizar **2** dar nova organização, fazendo melhoramentos e inovações; reestruturar ~ **reorganizador** *adj.s.m.*

re.os.ta.to ou **re.ós.ta.to** *s.m.* ELETR resistor que controla corrente em circuito ou dissipa energia

re.pa.ra.ção [pl.: *-ões*] *s.f.* **1** restituição da ordem ou do funcionamento original de algo ⊃ destruição **2** conserto, reparo ⟨*r. de um muro destruído*⟩ **3** satisfação dada a alguém por uma falta; retratação **4** ação de indenizar; compensação ⊃ prejuízo

re.pa.rar *v.* {mod. 1} *t.d.* **1** pôr em bom estado (algo quebrado, parado, estragado etc.); consertar **2** eliminar ou atenuar os efeitos de (mal, injustiça, erro etc.) ❑ *t.d. e t.i.* **3** (prep. *em*) prestar atenção em; notar, atentar ~ **reparador** *adj.s.m.* - **reparável** *adj.2g.*

re.pa.ro *s.m.* **1** ação de consertar algo; restauração **2** exame atento; análise, observação ⟨*r. de substâncias tóxicas*⟩ **3** censura leve, advertência ⟨*o r. do pai ao filho*⟩ **4** compensação, contrapartida ⟨*não há r. contra a morte*⟩

re.par.ti.ção [pl.: *-ões*] *s.f.* **1** ação de dividir em partes; partilha, divisão **2** divisão de organização ou estabelecimento que atende a serviços comunitários; seção, departamento ⟨*r. pública*⟩ **3** secretaria ('local') ⟨*r. da Receita Federal*⟩ **4** lugar em que funciona essa divisão, seção, secretaria; escritório

re.par.tir *v.* {mod. 24} *t.d. e t.d.i.* **1** (prep. *entre, por*) dar parcela de (algo) [a vários receptores]; distribuir, dividir **2** (prep. *com*) fazer tomar parte em; compartilhar, dividir ❑ *pron.* **3** dividir-se em duas ou mais partes **4** dedicar-se ou dirigir-se a diferentes lugares, atividades, assuntos etc. ~ **repartimento** *s.m.*

re.pas.sar *v.* {mod. 1} *t.d. e int.* **1** passar outra vez; voltar ❑ *t.d.* **2** ler, estudar ou analisar de novo; revisar ⟨*r. as falas, a matéria*⟩ ❑ *t.d. e t.d.i.* **3** (prep. *a*) passar (a alguém) [verba, crédito etc.]; transferir ❑ *t.d. e pron.* **4** ensopar(-se), impregnar(-se) por completo ~ **repasse** *s.m.* - **repasso** *s.m.*

re.pas.to *s.m.* **1** pastagem abundante **2** refeição, esp. farta e festiva

re.pa.tri.ar *v.* {mod. 1} *t.d. e pron.* (fazer) voltar à pátria (p.ex., exilados, fugitivos) ~ **repatriação** *s.f.* - **repatriamento** *s.m.*

re.pe.lão [pl.: *-ões*] *s.m.* **1** empurrão violento **2** choque violento; encontrão

re.pe.len.te *s.m.* **1** substância ou produto para espantar insetos ■ *adj.2g.* **2** que repugna; asqueroso, nojento ⊃ atraente ~ **repelência** *s.f.*

re.pe.lir *v.* {mod. 28} *t.d.* **1** pôr para longe ou para fora; expulsar, afastar **2** mostrar-se contrário a; rejeitar, recusar ⟨*r. uma ideia*⟩ ⊃ aceitar ❑ *t.d. e pron.* **3** ser incompatível (com); repulsar

re.pen.sar *v.* {mod. 1} *t.d., t.i. e int.* (prep. *em*) pensar de novo ou repetidas vezes (em); reconsiderar

re.pen.te *s.m.* **1** ato ou dito sem reflexão; ímpeto **2** verso ou canto improvisado em desafio ⟨*faz belos r.*⟩ ⊡ **de r.** *loc.adv.* subitamente ⟨*chegou de r.*⟩ ~ **repentista** *adj.2g.s.2g.*

re.pen.ti.no *adj.* que ocorre de súbito; imprevisto

re.per.cus.são [pl.: *-ões*] *s.f.* **1** reverberação, reflexão de som ou de luz **2** *fig.* efeito amplo, indireto e imprevisto de algo ⟨*o livro teve grande r.*⟩ ~ **repercussivo** *adj.*

re.per.cu.tir *v.* {mod. 24} *t.d., int. e pron.* **1** refletir (raios de luz, som) ❑ *int. e pron.* **2** espalhar-se (fato, notícia etc.), exercendo ação ou influência generalizada ~ **repercutente** *adj.2g.*

re.per.tó.rio *s.m.* **1** lista de assuntos em ordem alfabética, de lógica, de tempo etc., para facilitar o uso **2** coleção, conjunto da mesma natureza ⟨*um r. de boas anedotas*⟩ **3** o conjunto de obras, músicas, peças teatrais etc., mostrado por um autor, cantor, ator, companhia etc.

re.pe.ten.te *adj.2g.* **1** que repete; repetidor ■ *adj.2g.s.2g.* **2** (aluno) que repete o ano ou semestre letivo

re.pe.ti.ção [pl.: *-ções*] *s.f.* ato ou efeito de repetir(-se); reiteração

re.pe.ti.dor \ô\ *adj.s.m.* **1** (o) que repete ■ *s.m.* **2** amplificador us. nas linhas telefônicas de longa distância

re.pe.ti.do.ra \ô\ *s.f.* estação de rádio ou televisão que repete a programação de outra

re.pe.tir *v.* {mod. 28} *t.d. e t.d.i.* **1** (prep. *a*) dizer de novo ou muitas vezes; reafirmar, recontar ❑ *t.d.* **2** tornar a fazer, a usar, a executar **3** cursar (série, disciplina) pela segunda vez **4** reproduzir (imagens, sons) ❑ *pron.* **5** expressar de novo ou muitas vezes as próprias ideias, palavras **6** acontecer de novo

re.pe.ti.ti.vo *adj.* **1** que repete **2** em que há muitas repetições ⟨*romance r.*⟩

re.pi.car *v.* {mod. 1} *t.d.* **1** tonar a picar ❑ *t.d. e int.* **2** (fazer) emitir sons agudos e repetidos ❑ *int.* **3** fazer toque festivo de sinos ~ **repicagem** *s.f.*

re.pi.que *s.m.* **1** toque festivo de sinos **2** som agudo e repetido, esp. o produzido por instrumento de percussão ⟨*r. de tambores*⟩ **3** sinal que adverte sobre algo; alarme ⟨*r. falso*⟩

re.pi.que.te \ê\ *s.m.* **1** mudança súbita da direção do vento **2** repique de sinos com intervalos rápidos entre as badaladas

re.pi.sar *v.* {mod. 1} *t.d.* **1** pisar de novo ❑ *t.d. e t.i.* **2** (prep. *em*) dizer ou fazer seguidas vezes, com insistência; repetir, teimar ~ **repisamento** *s.m.*

re.play [ing.; pl.: *replays*] *s.m.* nova transmissão da gravação de trecho de programa, esp. esportivo ⇨ pronuncia-se **riplêi**

re.ple.no *adj.* muito cheio; repleto ⊃ vazio

re.ple.to *adj.* **1** que está cheio; abarrotado ⊃ vazio **2** que está farto; saciado

ré.pli.ca *s.f.* **1** resposta a um dito ou escrito; contestação, refutação ⟨*aceitou o castigo sem r.*⟩ ⊃ concordância **2** cópia de pintura, escultura etc.; imitação ⊃ original **3** DIR discurso do acusador em resposta ao advogado de defesa

re.pli.car *v.* {mod. 1} *t.d.,t.i. e int.* (prep. *a*) combater argumentando; refutar

re.po.lho \ô\ *s.m.* tipo de couve de folhas sobrepostas, esverdeadas, esbranquiçadas ou roxas, us. na alimentação humana ou animal ⊙ COL repolhal

re.po.lhu.do *adj.* **1** com forma de repolho ⟨*flor r.*⟩ **2** *fig.* gordo, gorducho ⟨*bebê r.*⟩ ⊃ magrelo

re.por *v.* {mod. 23} *t.d.* **1** pôr de novo; recolocar **2** pôr (algo) para ocupar lugar deixado por algo retirado ⟨*r. o esparadrapo usado*⟩ ❑ *t.d. e t.d.i.* **3** (prep. *a*) devolver, restituir ❑ *pron.* **4** recuperar estado anterior; reconstituir-se ⊙ GRAM/USO part.: *reposto*

re.por.ta.gem *s.f.* **1** ato de reportar notícias **2** atividade jornalística de transformar observações ou informações sobre fatos da vida em noticiário **3** o resultado escrito, filmado, televisionado desse trabalho

re.por.tar *v.* {mod. 1} *t.d.i.* **1** (prep. *a*) fazer voltar para trás, esp. na mente; retroceder **2** (prep. *a*) dar como causa; atribuir ❑ *pron.* **3** (prep. *a*) fazer menção a; aludir, referir-se **4** (prep. *a*) dizer respeito a; referir-se

re.pór.ter *s.2g.* jornalista que recolhe informações, observações, notícias, para transformá-las em noticiário

re.po.si.ção [pl.: *-ões*] *s.f.* **1** restituição a uma posição ou a um estado anterior ou antigo **2** devolução de valor, cargo, função, objeto etc.; restituição ⟨*r. de livros*⟩ **3** substituição de algo usado ou defeituoso por outro em perfeitas condições ⟨*r. de peças, de aparelho*⟩

re.po.si.tó.rio *s.m.* **1** lugar onde se guarda, arquiva, coleciona algo **2** *p.ext.* acumulação de objetos, informações etc.; coleção

re.pos.tei.ro *s.m.* cortina pesada que cobre portas internas de palácios, casas, igrejas etc.

re.pou.san.te *adj.2g.* que faz repousar; agradável ⊃ estressante

re.pou.sar *v.* {mod. 1} *t.d. e int.* **1** (fazer) ficar em repouso, sem atividade ⟨*r. o braço na mesa*⟩ ⟨*o médico mandou r.*⟩ ☞ *na mesa* é circunstância que funciona como complemento **2** diminuir a fadiga (de); descansar ⟨*férias para r. a mente*⟩ ⟨*deitou para r.*⟩ ❑ *t.i. fig.* **3** (prep. *em, sobre*) ter fundamento em; basear-se ❑ *int.* **4** estar colocado ou estabelecido em; assentar-se ⟨*a aldeia repousa num vale*⟩ ☞ *num vale* é circunstância que funciona como complemento

re.pou.so *s.m.* **1** ausência de trabalho; descanso, folga ⟨*hora de r.*⟩ ⊃ trabalho **2** ausência de movimento ⟨*corpo em r.*⟩ ⊃ mobilidade **3** *fig.* tranquilidade de espírito ⟨*o r. do bebê*⟩ ⊃ agitação

re.po.vo.ar *v.* {mod. 1} *t.d. e pron.* povoar(-se) de novo (região desabitada, devastada)

re.pre.en.der *v.* {mod. 8} *t.d. e t.d.i.* (prep. *a*) criticar severamente, apontando erro, falha etc.; admoestar ~ **repreensor** *adj.s.m.*

re.pre.en.são [pl.: *-ões*] *s.f.* crítica severa; reprimenda ⊃ louvor ~ **repreensivo** *adj.*

re.pre.sa \ê\ *s.f.* barragem

re.pre.sá.lia *s.f.* desforra, vingança ⟨*em r., quebrou a boneca da irmã*⟩

re.pre.sar *v.* {mod. 1} *t.d.* **1** deter curso de (água) **2** *fig.* impedir ou controlar a progressão, manifestação etc. de; conter, refrear ~ **represador** *adj.s.m.* - **represamento** *s.m.*

re.pre.sen.ta.ção [pl.: *-ões*] *s.f.* **1** exposição escrita ou oral de motivos, razões, queixas etc. **2** ideia ou imagem que concebemos do mundo ou de algo ⟨*r. social*⟩ **3** dom, talento ⟨*não tinha r. para o cargo que exercia*⟩ **4** conjunto de serviços encarregados de representar Estado, país estrangeiro etc. ⟨*r. diplomática*⟩ **5** trabalho desempenhado em nome de uma empresa **6** importância social ⟨*pessoa de r.*⟩ ⊃ desprestígio **7** espetáculo teatral; encenação, montagem **8** ato de representar papéis em espetáculos teatrais, cinematográficos etc.; atuação ⟨*a atriz teve uma r. perfeita*⟩ **9** reprodução em imagem, figura ou símbolo ⟨*a escrita é uma forma de r. da linguagem*⟩ **10** contrato remunerado entre empresas em que uma negocia em nome de outra **11** conjunto de representantes; delegação, comissão ⟨*a r. do Brasil na Copa*⟩

re.pre.sen.tan.te *adj.2g.s.2g.* **1** (pessoa ou coisa) que representa uma classe, uma categoria **2** que(m) recebeu poder para agir em nome de outro, de uma empresa etc. ■ *s.2g.* DIR **3** aquele que legalmente age em nome de outra pessoa; mandatário ⊙ COL representação

re.pre.sen.tar *v.* {mod. 1} *t.d. e pron.* **1** ser a imagem ou reprodução de ❑ *t.d.* **2** tornar presente; denotar significar ⟨*essa vitória representa sua força*⟩ **3** desempe nhar (papel) como ator; interpretar **4** ser ministro ou embaixador de (país, instituição etc.) **5** estar ou ir em nome de; substituir ⟨*ele representou a família*⟩ **6** ser mandatário ou procurador de ⟨*o advogado vai r. a firma*⟩ **7** exercer o papel, as atribuições, a função de; figurar ~ **representatividade** *s.f.* - **representativo** *adj.*

re.pres.são [pl.: *-ões*] *s.f.* **1** ação de reprimir; castigo, punição ⟨*r. muito severa não educa*⟩ **2** aquilo que reprime ⟨*calou-se quando a r. chegou*⟩ ⊃ recompensa **3** rejeição de motivações, desejos etc. **4** suspensão violenta de ação ou movimento ⟨*r. de uma revolta coletiva*⟩

re.pres.si.vo *adj.* que reprime ou tem a finalidade de reprimir ⟨*medidas r.*⟩ ⟨*leis r.*⟩

re.pres.sor \ô\ *adj.s.m.* (o) que reprime

re.pri.men.da *s.f.* censura severa; repreensão ⊃ elogio

re.pri.mir *v.* {mod. 24} *t.d.* **1** impedir ou controlar o movimento, desenvolvimento, manifestação de; conter **2** punir, castigar ⟨*r. os infratores*⟩ ❑ *pron.* **3** controlar-se, conter-se

re.pri.sar *v.* {mod. 1} *t.d.* exibir, apresentar de novo (programa, filme, imagem etc.)

re.pri.se *s.f.* nova apresentação de filme, espetáculo etc.

ré.pro.bo *adj.s.m.* **1** (aquele) que foi banido da sociedade; infame **2** malvado, perverso ⊃ bondoso

re.pro.char *v.* {mod. 1} *t.d. e t.d.i.* (prep. *a*) criticar com severidade; repreender ~ **reproche** *s.m.*

re.pro.du.ção [pl.: *-ões*] *s.f.* **1** imitação, cópia **2** estampa exata feita a partir de um original **3** BIO função pela qual os seres vivos geram outros seres semelhantes a eles ~ **reprodutivo** *adj.*

re.pro.du.tor \ô\ *adj.s.m.* **1** (aquele) que reproduz ❑ *s.m.* **2** animal reservado à reprodução ou capaz de produzir

re.pro.du.zir *v.* {mod. 24} *t.d.* **1** produzir de novo; refazer **2** fazer igual ao original; imitar, copiar **3** relatar ou descrever em detalhes, com exatidão **4** converter (registro de áudio, vídeo etc.) em sons, imagens etc. ⟨*r. um* CD⟩ ❑ *t.d. e pron.* **5** perpetuar(-se) pela geração; multiplicar(-se) ❑ *pron.* **6** acontecer de novo ou muitas vezes; repetir-se

re.pro.va.ção [pl.: *-ões*] *s.f.* **1** ato ou efeito de reprovar; rejeição, recusa ⟨*r. de um projeto*⟩ **2** desaprovação, censura **3** sentimento de desprezo; desdém **4** fato de não ser aprovado em um exame

re.pro.var *v.* {mod. 1} *t.d.* **1** ser contrário a; rejeitar, recusar ⊃ aprovar **2** julgar inapto (pessoa submetida a avaliação) **3** censurar com severidade; desaprovar ⟨*maus hábitos*⟩ ⊃ aprovar, defender ~ **reprovador** *s.m.*

re.pro.va.ti.vo *adj.* que exprime reprovação ⟨*olhar r.*⟩

rep.ta.dor \ô\ *adj.s.m.* que(m) desafia, provoca

rep.tan.te *adj.2g.s.m.* (o) que anda rastejando [ORIGEM: do lat. *reptans,antis* 'id.']

rep.tan.te *adj.2g.s.2g.* reptador [ORIGEM: do lat. *reptans,antis* 'id.']

rep.tar *v.* {mod. 1} *t.d.* **1** ser contrário a; opor-se ⊃ defender **2** desafiar, provocar ~ **reptação** *s.f.* - **repto** *s.m.*

rep.til *s.m.* réptil

rép.til *s.m.* **1** ZOO espécime dos répteis, grande classe de animais vertebrados, como tartarugas, serpentes, lagartos e crocodilos, cujo corpo é coberto por escamas ou placas ■ *adj.* **2** ZOO relativo a essa classe de animais **3** que se arrasta

re.pú.bli.ca *s.f.* **1** forma de governo em que o poder é exercido por indivíduos eleitos pelo povo por tempo determinado **2** *p.ext.* país assim governado **3** *B* moradia coletiva de estudantes **4** *p.ext. B* o grupo de estudantes que aí vive ~ **republicano** *adj.s.m.*

re.pu.di.ar *v.* {mod. 1} *t.d.* **1** estar contrário a, insatisfeito com; repelir, rejeitar **2** deixar só, abandonado; desamparar ⊃ amparar **3** separar-se de (cônjuge) de acordo com a lei ~ **repudiante** *adj.2g. s.2g.*

re.pú.dio *s.m.* **1** ato ou efeito de repudiar **2** rejeição, desaprovação ⟨*a proposta suscitou r. em todos*⟩

re.pug.nân.cia *s.f.* **1** sentimento de aversão; asco ⟨*r. a um alimento*⟩ ⊃ desejo **2** sentimento de incompatibilidade; antipatia ⟨*sentir r. por alguém*⟩ ⊃ simpatia **3** forte relutância em proceder de certa maneira ⟨*sentir r. de mentir*⟩

re.pug.nan.te *adj.2g.* **1** que provoca enjoo, asco; nojento ⟨*comida r.*⟩ ⊃ atraente **2** *fig.* que provoca indignação moral, por ferir os bons costumes, o bom senso etc.; repulsivo ⟨*ato r.*⟩ ⊃ contagiante

re.pug.nar *v.* {mod. 1} *t.d.* **1** não aceitar (o que é oferecido); recusar **2** mostrar oposição a; resistir ⊃ acatar, aceitar ❑ *t.i. e int.* **3** (prep. *a*) causar aversão, nojo em; enojar ⊃ agradar

re.pul.sa *s.f.* **1** sentimento de aversão ⟨*r. por certo alimento*⟩ ⊃ atração **2** oposição, objeção ⟨*r. por certos hábitos*⟩ ⊃ aceitação

re.pul.são [pl.: *-ões*] *s.f.* **1** repulsa **2** FÍS força em virtude da qual certos corpos ou partículas se repelem mutuamente

re.pul.si.vo *adj.* que causa repulsa; repelente, repugnante

re.pu.ta.ção [pl.: *-ões*] *s.f.* **1** conceito de que alguém ou algo goza ⟨*sua r. era a pior possível*⟩ **2** renome, reconhecimento, fama ⟨*médico de grande r.*⟩ ⊃ obscuridade ~ **reputar** *v.t.d.,t.d.pred.,t.d.i. e pron.*

re.pu.xar *v.* {mod. 1} *t.d.* **1** puxar de novo com força **2** puxar para trás **3** distender, esticar ⟨*r. os lábios*⟩ ~ **repuxão** *s.m.*

re.pu.xo *s.m.* **1** ação ou efeito de repuxar **2** conduto construído de modo a fazer a água jorrar em jato contínuo elevando-se alto **3** *p.ext.* água que sai em jato contínuo **4** movimento de recuo; coice ⟨*r. de um revólver*⟩ **5** ferro para embutir tarraxas na madeira

re.que.brar *v.* {mod. 1} *t.d. e pron.* **1** mover(-se) balançando (os quadris, o corpo) ao andar, dançar; rebolar(-se) ❑ *t.d.* **2** dar flexão terna ou melodiosa a ⟨*r. a voz*⟩

re.que.bro *s.m.* **1** movimento sensual do corpo; meneio **2** expressão amorosa dos olhos, da voz, do corpo **3** som produzido por algumas aves
re.quei.jão [pl.: *-ões*] *s.m.* queijo fresco de consistência pastosa
re.quen.tar *v.* {mod. 1} *t.d.* **1** aquecer de novo; reaquecer **2** submeter por muito tempo ao calor
re.que.rer *v.* {mod. 18} *t.d. e t.d.i.* **1** (prep. *a*) solicitar formalmente ❑ *t.d.* **2** pedir em juízo **3** exigir, por ser necessário ou adequado; demandar ⟨*trabalho requer dedicação*⟩ ⮌ dispensar **4** ser digno de; merecer ❑ *t.d.i. e int.* **5** (prep. *a*) dirigir petições (a); pedir, solicitar ~ **requerente** *adj.2g.s.2g.*
re.que.ri.men.to *s.m.* **1** ato de pedir através de petição por escrito **2** *p.ext.* qualquer petição verbal ou por escrito
re.ques.ta *s.f.* **1** ato de solicitar com insistência ⟨*r. de socorro*⟩ **2** briga, rixa ⮌ concórdia
re.ques.tar *v.* {mod. 1} *t.d.* **1** pedir com insistência; suplicar **2** esforçar-se para possuir; buscar **3** buscar o amor de; cortejar ~ **requestador** *adj.s.m.*
ré.qui.em *s.m.* **1** prece religiosa pelos mortos **2** música solene composta sobre essa prece
re.quin.tar *v.* {mod. 1} *t.d.,int. e pron.* elevar(-se) ao grau máximo de perfeição, beleza, elegância etc.; aprimorar(-se) ~ **requintado** *adj.s.m.*
re.quin.te *s.m.* **1** ação ou efeito de requintar(-se); perfeição, primor **2** apuro extremo ⟨*vestir-se com r.*⟩ **3** excesso friamente calculado ⟨*r. de perversidade*⟩
re.qui.si.ção [pl.: *-ões*] *s.f.* pedido, exigência legal
re.qui.si.tar *v.* {mod. 1} *t.d. e t.d.i.* **1** (prep. *a*) solicitar formalmente; requerer ❑ *t.d.* **2** convocar, chamar ~ **requisitante** *adj.2g.s.2g.* - **requisitório** *adj.*
re.qui.si.to *s.m.* condição necessária para alcançar certo fim; quesito
rés *adj.2g.* **1** rente, raso ■ *adv.* **2** pela raiz; rente ⟨*cortar r.*⟩ ⊡ **ao r. de** *loc.adv.* ao nível de; rente com ⟨*voou ao r. da montanha*⟩ ☞ cf. *rês*
rês *s.f.* qualquer animal quadrúpede us. na alimentação humana ☞ cf. *rés*
res.cal.dar *v.* {mod. 1} *t.d.* **1** escaldar de novo ⟨*r. a louça*⟩ **2** esquentar em excesso ⟨*o sol rescaldou sua pele*⟩
res.cal.do *s.m.* **1** calor que sai de fornalha, incêndio etc. **2** ato de jogar água nas cinzas de um incêndio
res.cin.dir *v.* {mod. 24} *t.d.* anular, invalidar (contrato) ~ **rescindível** *adj.2g.*
res.ci.são [pl.: *-ões*] *s.f.* anulação de um contrato ~ **rescisório** *adj.*
rés do chão *s.m.2n.* andar térreo
re.se.nha *s.f.* **1** lista ou descrição minuciosa ⟨*r. dos principais fatos do dia*⟩ **2** resumo crítico do conteúdo de livros, notícias etc. ~ **resenhar** *v.t.d.*
re.ser.va *s.f.* **1** qualquer coisa que se mantém guardada, para ser us. no futuro ⟨*chave de r.*⟩ **2** cidadão que se mantém à disposição das Forças Armadas para casos de necessidade **3** aposentadoria de militar **4** parcela do lucro de grupo ou sociedade que não é distribuída, a fim de reforçar sua situação financeira **5** encomenda antecipada de estada em hotéis, de passagens etc. **6** território indígena **7** *fig.* discrição, prudência no dizer ou no fazer algo; recato ⟨*disse-lhe tudo, sem reservas*⟩ **8** *fig.* restrição, ressalva ⟨*aceitou a proposta com r.*⟩ **9** quantidade de minério, carvão ou petróleo etc. disponível em jazida, região, país **10** nos museus e nas bibliotecas, parte das coleções não aberta ao público **11** espaço protegido pelo Estado, reservado para o povoamento de espécies biológicas **12** denominação de vinho de qualidade superior ■ *s.2g.* **13** suplente de atleta titular ▼ *reservas s.f.pl.* **14** energias acumuladas **15** conjunto de valores que representam a economia de um país ⟨*r. monetárias*⟩
re.ser.va.do *adj.* **1** que se guardou, separou ⟨*economias r. para a velhice*⟩ **2** discreto, calado, circunspecto ⮌ comunicativo **3** que não se expõe ou exibe; oculto, íntimo ⟨*lugar r.*⟩ ⮌ público **4** que se reserva; marcado ⟨*mesa r.*⟩ ■ *s.m.* **5** *B* latrina, privada **6** local privado em certos restaurantes, bares etc.
re.ser.var *v.* {mod. 1} *t.d.* **1** pôr à parte, guardando; poupar **2** guardar para si; ocultar ❑ *t.d.i.* **3** (prep. *de*) manter livre de; preservar ❑ *t.d. e t.d.i.* **4** (prep. *para*) garantir que esteja disponível para; destinar, separar
re.ser.va.tó.rio *adj.s.m.* **1** (lugar) próprio para armazenar, guardar, conservar ■ *s.m.* **2** depósito, esp. de água
re.ser.vis.ta *s.2g.* militar da reserva
res.fo.le.gar ou **res.fol.gar** *v.* {mod. 1} *int.* **1** respirar com dificuldade e/ou ruído **2** *p.ext.* recuperar-se de fadiga; descansar ❑ *t.d.* **3** expelir em jato; jorrar ~ **resfolegante** *adj.2g.*
res.fri.a.do *adj.* **1** que sofreu resfriamento ⟨*mãos r.*⟩ ⮌ aquecido ■ *s.m.* **2** estado gripal caracterizado por coriza e tosse, mas sem febre
res.fri.ar *v.* {mod. 1} *t.d.* **1** tornar a esfriar ❑ *t.d. e pron.* **2** deixar ou ficar com baixa temperatura; esfriar(-se) ❑ *int. e pron.* **3** apanhar um resfriado ❑ *t.d., int. e pron. fig.* **4** diminuir o ardor, a atividade (de); o calor; desanimar(-se) ~ **resfriamento** *s.m.*
res.ga.tar *v.* {mod. 1} *t.d.* **1** libertar de sequestro, cativeiro, prisão em troca de dinheiro ou do cumprimento de exigências **2** quitar (dívida, compromisso) **3** recuperar (objeto ger. de valor) mediante pagamento **4** voltar a ter; recuperar, recobrar ❑ *t.d. e t.d.i.* **5** (prep. *de*) pôr a salvo (de perigo, da ruína); salvar
res.ga.te *s.m.* **1** ato de libertar mediante o pagamento de certa quantia **2** a quantia paga por essa libertação **3** extinção de um débito em consequência de pagamento **4** *fig.* recuperação, retomada **5** recolhimento de náufragos, acidentados, cadáveres
res.guar.dar *v.* {mod. 1} *t.d. e t.d.i.* **1** (prep. *de*) guardar com cuidado; defender ❑ *t.d.,t.d.i. e pron.* **2** (prep. *de*) pôr(-se) a salvo de; proteger(-se) ❑ *t.d.* **3** mostrar obediência a; cumprir ⮌ desrespeitar
res.guar.do *s.m.* **1** cautela, precaução ⟨*agir com r.*⟩ ⮌ descuido **2** agasalho, defesa ⟨*r. contra o frio*⟩ ⮌

proteção 3 *B* período de repouso após o parto 4 segredo, mistério ⟨*história coberta de r.*⟩

re.si.dên.cia *s.f.* 1 morada habitual em certo lugar; domicílio ⟨*fixar r.*⟩ 2 local onde se reside; domicílio, lar 3 moradia obrigatória no local de trabalho ⟨*a r. de um presidente*⟩ 4 fase do treinamento final de um médico em sua especialidade ~ **residencial** *adj.2g.* - **residente** *adj.2g.s.2g.*

re.si.dir *v.* {mod. 24} *int.* 1 fixar residência em; morar ⟨*r. em Londres*⟩ ☞ *em Londres* é circunstância que funciona como complemento ❑ *t.i.* 2 (prep. *em*) ter seu fundamento; consistir 3 (prep. *em*) manifestar-se, mostrar-se ⟨*a verdade não reside só na aparência*⟩

re.si.du.al *adj.2g.* 1 relativo a resíduo 2 que forma resíduo; que resta

re.sí.duo *adj.s.m.* 1 (o) que resta ■ *s.m.* 2 qualquer substância que sobra de uma operação industrial

re.sig.na.ção [pl.: *-ões*] *s.f.* 1 submissão à vontade de alguém ou ao destino 2 aceitação serena dos sofrimentos da existência 3 demissão voluntária de um cargo

re.sig.nar *v.* {mod. 1} *pron.* 1 (prep. *a, em*) submeter-se sem revolta a; conformar-se ⮌ revoltar-se ❑ *t.d.* 2 renunciar voluntariamente a (cargo, função)

re.si.li.ên.cia *s.f.* 1 FÍS propriedade que alguns corpos têm de retornar à forma original após terem sido submetidos a uma deformação 2 *fig.* capacidade de se recobrar ou de se adaptar à má sorte, às mudanças ~ **resiliente** *adj.2g.*

re.si.na *s.f.* substância viscosa, insolúvel na água, solúvel no álcool, combustível, de origem vegetal ou produzida sinteticamente ~ **resinagem** *s.f.*

re.si.no.so \ô\ [pl.: *resinosos* \ó\] *adj.* 1 que tem ou produz resina 2 de cor amarelo-pardacento clara 3 que cheira à resina

re.sis.tên.cia *s.f.* 1 qualidade de um corpo que reage contra a ação de outro corpo ⟨*quis entrar, mas sentiu r. na porta*⟩ 2 o que se opõe ao movimento de um corpo ⟨*a r. do ar durante o voo do pássaro*⟩ 3 capacidade de suportar a fadiga, a fome, o esforço ⟨*a r. de um atleta*⟩ ⮌ debilidade 4 defesa contra um ataque ⟨*vacina que dá r. contra doenças*⟩ 5 *fig.* recusa de submissão à vontade de outro; oposição, reação ⟨*a r. da filha ao controle do pai*⟩ ⮌ aceitação 6 *fig.* reação a uma força opressora ⟨*r. à ditadura*⟩ ⮌ defesa 7 *fig.* qualidade de quem demonstra firmeza ⟨*apesar da pouca idade, mostrou r. nos argumentos*⟩ 8 *fig.* vigor moral; determinação ⟨*teve r. para ir até o fim*⟩ ⮌ desânimo 9 ELETR resistor

re.sis.ten.te *adj.2g.* 1 que resiste, que opõe resistência 2 que possui solidez, firmeza 3 que resiste ao desgaste provocado pela passagem do tempo ⟨*material r.*⟩

re.sis.tir *v.* {mod. 24} *t.i.* e *int.* 1 (prep. *a*) conservar-se firme, lutar contra (ataque, ofensa, impulso, tentação etc.) ⮌ ceder 2 (prep. *a*) não ser alterado ou danificado pela ação de; conservar-se ⮌ mudar, destruir(-se)

re.sis.tor \ô\ *s.m.* ELETR componente de um circuito elétrico que impede ou dificulta a passagem de corrente; resistência

res.ma \ê\ *s.f.* conjunto de 500 folhas de papel

res.mun.gão [pl.: *-ões*] *adj.s.m.* (aquele) que resmunga ou vive resmungando

res.mun.gar *v.* {mod. 1} *t.d.* e *int.* pronunciar em voz baixa, de forma confusa, ger. com mau humor ~ **resmungo** *s.m.*

re.so.lu.ção [pl.: *-ões*] *s.f.* 1 decisão de um caso duvidoso, uma questão 2 capacidade de decidir com energia, firmeza; desenvoltura ⟨*mulher de r.*⟩ ⮌ vacilação 3 texto com solução proposta a um problema, saído de uma assembleia, um congresso 4 *p.ext.* transformação, conversão, mudança 5 precisão e clareza de imagem registrada por câmara de fotografia, cinema ou TV

re.so.lu.to *adj.* 1 que foi desfeito; dissipado ⟨*capital r.*⟩ ⮌ reunido 2 que é firme em seus projetos, decisões etc.; determinado, decidido ⟨*o bom diretor deve ser r.*⟩ ⮌ hesitante

re.sol.ver *v.* {mod. 8} *t.d.* e *pron.* 1 decompor(-se) nos elementos constituintes 2 tomar determinação (sobre); decidir(-se) ❑ *t.d.* 3 descobrir, dar ou ser a solução para; solucionar ⟨*r. um mistério, um problema*⟩ ❑ *int.* 4 trazer vantagem, benefício, lucro ⟨*gritar não resolve*⟩ ❑ *pron.* 5 (prep. *a*) mostrar-se disposto, preparado para; decidir-se

res.pal.dar *v.* {mod. 1} *t.d.* e *pron.* dar ou ter suporte, amparo, cobertura; apoiar(-se) ⟨*r. os atos dos filhos*⟩ ⟨*r.-se na lei para agir*⟩

res.pal.do *s.m.* 1 encosto de um assento 2 *fig.* apoio, ger. de caráter moral ou político ⮌ desamparo

res.pec.ti.vo *adj.* 1 que concerne a cada um em particular ou em separado ⟨*sentaram em seus r. assentos*⟩ 2 que é devido, próprio; competente ⟨*cheque com a r. assinatura do dono*⟩

res.pei.tan.te *adj.2g.* que diz respeito; concernente, referente

res.pei.tar *v.* {mod. 1} *t.d.* 1 tratar com estima, consideração, reverência; prezar, honrar 2 mostrar obediência a; cumprir ⟨*r. as ordens*⟩ ⮌ descumprir 3 tomar cuidado para não prejudicar, danificar, ofender etc. 4 ter medo de; recear ⟨*r. animais bravos*⟩ 5 dar atenção ou importância a; considerar ⟨*r. a vontade do povo*⟩ ❑ *t.i.* 6 (prep. *a*) dizer respeito a; concernir

res.pei.tá.vel *adj.2g.* 1 digno de respeito ⟨*cidadão r.*⟩ 2 de uma importância que se deve tomar em consideração ⟨*sem ser uma obra-prima, era um poema r.*⟩ 3 bastante grande ⟨*uma altura r.*⟩ ⮌ desprezível ~ **respeitabilidade** *s.f.*

res.pei.to *s.m.* 1 sentimento que leva a tratar alguém ou algo com grande atenção; consideração, reverência ⮌ desrespeito 2 obediência, acatamento ⟨*r. às ordens*⟩ ⮌ desobediência 3 ponto de vista ⟨*sob todos os r., o projeto é interessante*⟩ 4 sentimento de medo; receio ⟨*r. diante de uma fera*⟩ ⮌ valentia ▼ re-

2 (prep. *a*) reduzir(-se) a limites mais estreitos, específicos; limitar(-se) ↄ ampliar(-se) ~ **restritivo** *adj.*

res.tri.to *adj.* **1** reduzido em relação a outro ⟨*lei r.*⟩ ⟨*sentido r.*⟩ ↄ amplo **2** mantido em limites estreitos; limitado ⟨*r. a um salário baixo, não viajou*⟩ **3** destinado a certa(s) pessoa(s); privativo ⟨*estacionamento r. aos moradores*⟩ ↄ público

re.sul.ta.do *s.m.* **1** o efeito de uma ação; consequência **2** produto de uma operação matemática **3** qualquer resolução sobre algo ⟨*os r. do fórum não foram divulgados*⟩

re.sul.tar *v.* {mod. 1} *t.i.* **1** (prep. *de*) ser o efeito natural, a consequência de; derivar ⟨*a doença resulta da má higiene*⟩ **2** (prep. *de*) ser proveniente de; proceder **3** (prep. *em*) ter como consequência; causar, redundar ⟨*o investimento resultou em prejuízo*⟩

re.su.mi.do *adj.* **1** que foi sintetizado ⟨*versão r. do livro*⟩ **2** que é curto, breve ⟨*expôs os pontos de forma r.*⟩

re.su.mir *v.* {mod. 24} *t.d.* **1** condensar em poucas palavras; sintetizar **2** reunir ou mostrar o que é mais importante sobre; sintetizar ❑ *pron.* **3** ser breve, sucinto ❑ *t.d.i. e pron.* **4** (prep. *a*) [fazer] estar contido em certos limites; restringir(-se), condensar(-se) ⟨*r. sua tese a duas ideias básicas*⟩ ⟨*sua família resume-se aos pais*⟩

re.su.mo *s.m.* **1** exposição abreviada de acontecimento, ideia etc. ↄ aumento **2** condensação em poucas palavras de texto, livro, peça etc. **3** aquilo que simboliza, ilustra algo maior ⟨*ele é um r. da luta pela paz*⟩

res.va.la.di.ço *adj.* **1** escorregadio **2** *fig.* inseguro, arriscado ↄ seguro

res.va.lar *v.* {mod. 1} *int.* **1** cair por um declive **2** escorregar, deslizar ❑ *t.d.* **3** tocar superficialmente; roçar ❑ *t.i.* **4** (prep. *em*) ser levado a cometer (ação, erro, falta) ~ **resvalamento** *s.m.*

re.ta *s.f.* **1** linha que segue sempre a mesma direção **2** trecho sem curvas de estrada, caminho, pista etc.

re.tá.bu.lo *s.m.* estrutura em pedra ou talha de madeira que adorna a parte posterior de um altar

re.ta.guar.da *s.f.* **1** nome genérico dado à última companhia, fila ou esquadrão de qualquer corpo de exército ↄ vanguarda **2** a parte posterior ↄ dianteira

re.tal *adj.2g.* relativo ou pertencente ao reto ('parte final')

re.ta.lhar *v.* {mod. 1} *t.d.* **1** cortar em pedaços **2** golpear várias vezes com instrumento cortante **3** *p.ext.* separar, dividir ☞ cf. *retaliar* ~ **retalhação** *s.f.* - **retalhadura** *s.f.*

re.ta.lho *s.m.* **1** pedaço, fragmento de algo, esp. de tecido **2** sobra de peça de tecido

re.ta.li.a.ção [pl.: *-ões*] *s.f.* revide a uma ofensa ou a uma agressão sofrida; represália, vingança

re.ta.li.ar *v.* {mod. 1} *t.d. e int.* cometer contra (quem ofendeu, prejudicou) ofensa ou dano igual ao recebido; revidar, vingar ☞ cf. *retalhar* ~ **retaliativo** *adj.*

re.tan.gu.lar *adj.2g.* que se assemelha ou tem a forma de retângulo

re.tân.gu.lo *adj.* **1** que tem ângulos retos ■ *s.m.* **2** GEOM quadrilátero cujos ângulos são retos

re.tar.da.do *adj.s.m.* **1** (indivíduo) cujo desenvolvimento mental está aquém da média normal para sua idade ■ *adj.* **2** que demora, tardio ⟨*efeito r.*⟩ ↄ antecipado

re.tar.dar *v.* {mod. 1} *t.d.,int. e pron.* **1** tornar(-se) tardio; atrasar(-se) ↄ adiantar(-se) ❑ *t.d.* **2** deixar para depois; adiar, postergar ↄ antecipar **3** fazer ficar mais lento; desacelerar ↄ acelerar

re.tar.da.tá.rio *adj.s.m.* que(m) está atrasado

re.tem.pe.rar *v.* {mod. 1} *t.d.* **1** dar nova têmpera a **2** mudar o tempero de (comida), pondo mais condimento ou tornando-o mais brando ❑ *t.d. e pron.* **3** (fazer) criar novo vigor, físico ou mental; revigorar(-se) **4** (fazer) ficar melhor, mais perfeito; aprimorar(-se)

re.ten.ção [pl.: *-ões*] *s.f.* **1** ato ou efeito de reter(-se) **2** estado ou condição do que permanece; demora, permanência ⟨*a r. no trânsito nos atrasou muito*⟩ **3** punição que consiste em reter o aluno após a saída dos demais alunos ou em dia de folga ⟨*agora terá que explicar aos pais o motivo da r.*⟩ **4** MED acúmulo anormal de substância em cavidade do organismo ⟨*r. de líquidos*⟩

re.ten.ti.va *s.f.* capacidade que uma pessoa tem de conservar na memória, por um tempo mais ou menos longo, as impressões registradas

re.ter *v.* {mod. 16} *t.d.* **1** guardar, conservar **2** manter em seu poder (algo alheio); guardar, deter **3** segurar com firmeza ⟨*r. o leme*⟩ ↄ soltar **4** impedir o movimento, fluxo ou saída de; deter, segurar, prender **5** impedir a queda de; amparar **6** fixar na mente; memorizar **7** controlar o impulso de (sentimento, emoção); refrear, reprimir ~ **retentor** *adj.s.m.*

re.te.sar *v.* {mod. 1} *t.d. e pron.* (fazer) ficar tenso, estirado; esticar(-se) ↄ afrouxar(-se) ~ **retesamento** *s.m.* - **reteso** *adj.*

re.ti.cên.cia *s.f.* **1** omissão voluntária de algo que devia ser dito **2** *p.ext.* o que foi omitido **3** hesitação em expressar um pensamento, tomar uma decisão etc. ▼ *reticências* *s.f.pl.* **4** sinal de pontuação (...) us. para indicar a omissão de algo, insinuação, suspense etc. ~ **reticenciar** *v.t.d.*

re.ti.cen.te *adj.2g.* **1** indeciso, desconfiado ↄ decidido **2** calado, introvertido ↄ efusivo

re.tí.cu.la *s.f.* rede formada por retas finíssimas, traçadas sobre vidro, chapas etc. ou impressas, us. em processos ópticos e tipográficos ~ **reticulação** *s.f.* - **reticulado** *adj.* - **reticulagem** *s.f.* - **reticular** *adj.2g.*

re.ti.dão [pl.: *-ões*] *s.f.* **1** qualidade do que é reto ('sem curvatura') ↄ sinuosidade **2** *fig.* virtude de seguir o senso de justiça, a razão, o dever; integridade, lisura ⟨*r. de caráter*⟩ ↄ imoralidade

re.tí.fi.ca *s.f.* **1** recondicionamento de motores **2** *infrm.* oficina mecânica que faz esse recondicionamento

re.ti.fi.car *v.* {mod. 1} *t.d.* **1** tornar reto; alinhar **2** endireitar (o que está torto, desarrumado) **3** tornar exato (algo com erro, defeito); emendar, corrigir **4** reajustar, restaurar (motor) **5** purificar (uma subs tância) com nova destilação ⟨*r. cachaça*⟩ ☞ cf. *ratificar* ~ **retificação** *s.f.*

re.ti.lí.neo *adj.* **1** que segue em linha reta ⟨*movimento r.*⟩ **2** *fig.* cujo comportamento denota austeridade; honesto, correto ⮌ desregrado

re.ti.na *s.f.* membrana que recobre a face interna do olho, capaz de captar os sinais luminosos

re.ti.nir *v.* {mod. 24} *int.* **1** produzir som forte, metálico, agudo e repetido ❑ *t.d. e int.* **2** (fazer) soar ou ecoar fortemente; ressoar

re.tin.to *adj.* **1** que recebeu nova tinta, nova cor **2** de cor muito escura

re.ti.ra.da *s.f.* **1** ação de retirar ou o seu efeito **2** saque em dinheiro ⟨*r. da poupança*⟩ ⮌ depósito **3** MIL recuo de tropas

re.ti.ran.te *adj.2g.s.2g. B* que(m) foge da seca do sertão nordestino

re.ti.rar *v.* {mod. 1} *t.d.* **1** puxar para trás ou para si; retrair **2** declarar que não é verdadeiro ou válido (algo já dito) **3** fazer desaparecer; eliminar, dissipar ❑ *t.d. e pron.* **4** (fazer) sair de onde estava; tirar ⟨*r. a carteira do bolso*⟩ ⟨*cansado, retirou-se cedo*⟩ ⮌ pôr ☞ *do bolso* é circunstância que funciona como complemento ❑ *pron.* **5** ir viver em lugar solitário **6** desistir de, largar (profissão ou atividade) ❑ *t.d.i.* **7** (prep. *de*) não deixar (algo) na posse ou no direito de; privar, tirar ⮌ dar **8** (prep. *de*) tirar como proveito, lucro; ganhar ~ **retirado** *adj.*

re.ti.ro *s.m.* **1** lugar afastado, onde se busca paz e recolhimento **2** REL reclusão de religiosos, em conventos, mosteiros etc. **3** *p.ext.* REL local onde essa clausura é feita

re.to *adj.* **1** que não apresenta curvatura ⮌ curvo **2** *fig.* honesto, íntegro ⮌ desonesto ■ *s.m.* ANAT **3** parte final do tubo digestivo, que vai do cólon ao ânus

re.to.car *v.* {mod. 1} *t.d.* fazer os ajustes finais em (obra, texto etc.), para aperfeiçoá-lo, reparar incorreções

re.to.ma.da *s.f.* ação ou efeito de retomar

re.to.mar *v.* {mod. 1} *t.d.* **1** voltar a ter (algo concreto ou abstrato que se perdeu); recuperar, reaver **2** seguir de novo (o mesmo rumo) **3** continuar, voltar a exercer (trabalho, atividade, função etc.), após interrupção ou grande parada; recomeçar

re.to.que *s.f.* **1** ato ou efeito de retocar **2** recuperação ou aperfeiçoamento das cores desbotadas de um quadro, ger. feito por pessoa especializada **3** última demão com que se corrige ou aperfeiçoa uma obra artística ou científica

re.tor.cer *v.* {mod. 8} *t.d.* **1** tornar a torcer ❑ *t.d. e pron.* **2** imprimir movimentos fortes de torção (a); contorcer(-se)

re.tó.ri.ca *s.f.* **1** arte de se expressar com desenvoltura, de bem argumentar **2** *p.ext.* conjunto de regras dessa arte ~ **retoricismo** *s.m.* - **retorismo** *s.m.*

re.tó.ri.co *adj.* **1** de ou próprio de retórica **2** *pej.* de estilo empolado

re.tor.nar *v.* {mod. 1} *int.* **1** voltar (ao ponto de partida); regressar ⟨*r. à terra natal*⟩ ⮌ partir ☞ *à terra natal* é circunstância que funciona como complemento **2** voltar atrás no tempo; retroceder ⟨*r. à infância*⟩ ☞ *à infância* é circunstância que funciona como complemento **3** ir novamente a; voltar ⟨*r. ao escritório*⟩ ☞ *ao escritório* é circunstância que funciona como complemento ❑ *t.i.* **4** (prep. *a*) retomar (atividade, trabalho etc. interrompido, largado, parado) ❑ *t.d.* **5** fazer voltar; reencaminhar ⟨*a chuva retornou-os ao hotel*⟩ ☞ *ao hotel* é circunstância que funciona como complemento

re.tor.no \ô\ *s.m.* **1** regresso, volta ⮌ ida **2** *B* nas estradas, desvio próprio para retornar **3** repetição de um fenômeno ⟨*r. de uma frente fria*⟩ **4** recompensa, resultado ⟨*o investimento teve um bom r.*⟩

re.tor.quir *v.* {mod. 24} *t.d. e t.d.i.* **1** (prep. *a*) argumentar contrariamente a; replicar ⟨*r. o adversário*⟩ ⟨*retorquiu-lhe que não havia explicações*⟩ ❑ *t.i. e int.* **2** (prep. *a*) responder, retrucar ⟨*r. à pergunta maliciosa*⟩ ⟨*surpreso, não soube r.*⟩ ⊙ GRAM/USO verbo defectivo ~ **retorquível** *adj.2g.*

re.tra.ir *v.* {mod. 24} *t.d.* **1** puxar para si, ger. rapidamente; retirar, recolher **2** controlar a força de (algo prestes a irromper); conter ⟨*o vulcão retraía a lava*⟩ **3** impedir que se manifeste; refrear ⮌ liberar ❑ *t.d. e pron.* **4** (fazer) sofrer contração física; encolher(-se) **5** (fazer) voltar para trás; recuar, retirar-se **6** tornar(-se) acanhado, tímido, reservado ❑ *pron.* **7** afastar-se do convívio social; isolar-se ~ **retração** *s.f.* - **retraimento** *s.m.*

re.tra.sa.do *adj.* **1** que passou há pouco **2** *B* imediatamente anterior ao passado ⟨*ano r.*⟩

¹re.tra.tar *v.* {mod. 1} *t.d. e pron.* **1** declarar, admitir que é falso, inválido ou impróprio (algo dito antes) ❑ *pron.* **2** pedir perdão; desculpar-se [ORIGEM: do lat. *retractāre* 'corrigir, retomar, recordar'] ~ **retratação** *s.f.*

²re.tra.tar *v.* {mod. 1} *t.d. e pron.* **1** reproduzir a imagem (de), por pintura, desenho etc. **2** *p.ext.* expressar(-se), mostrar(-se) ⮌ esconder(-se) ❑ *t.d.pred.* **3** atribuir (certa característica, aspecto) a ❑ *t.d.* **4** ser a imagem ou a reprodução de; representar **5** *fig.* apresentar com exatidão, fidelidade; reproduzir [ORIGEM: *retrato* 'figura, imagem' + ²*-ar*]

re.trá.til *adj.2g.* capaz de se retrair ⟨*mesa com pés r.*⟩

re.tra.tis.ta *adj.2g.s.2g.* **1** que(m) se especializou em pintar figuras humanas **2** que(m) tira fotografias de pessoas profissionalmente

re.tra.to *s.m.* **1** imagem de alguém reproduzida em fotografia, pintura, desenho **2** *fig.* descrição exata de algo ⟨*fez um ótimo r. da cena*⟩ **3** fotografia

re.tre.ta \ê\ *s.f.* apresentação de banda de música, ger. em praça pública

re.tre.te \ê *ou* é\ *s.f.* vaso sanitário

re.tri.bu.i.ção [pl.: *-ões*] *s.f.* **1** ato, processo ou efeito de retribuir **2** pagamento por trabalhos feitos ou por serviços prestados; salário, honorários **3** agradecimento por favor ou serviço recebido; reconhecimento

re.tri.bu.ir *v.* {mod. 26} *t.d. e t.d.i.* **1** (prep. *a*) dar como pagamento; remunerar **2** (prep. *a*) dar prêmio, recompensa a; recompensar **3** (prep. *a*) compensar (tratamento ou coisa recebida) de forma equivalente; devolver

retro– *pref.* 'para trás': *retroativo, retrovisor*

re.trô *adj.2g.2n.s.2g.2n.* **1** (o) que assinala um retorno ao passado, imitando ou retomando um estilo anterior (diz-se de moda, decoração, obra artística, literária etc.) **2** (o) que adota estilo, comportamento, atitudes próprias do passado (diz-se de pessoa, grupo social etc.)

re.tro.a.gir *v.* {mod. 24} *int.* ter efeito sobre o passado ~ **retroação** *s.f.*

re.tro.a.li.men.ta.ção [pl.: *-ões*] *s.f.* **1** processo através do qual uma ação é controlada pelo conhecimento do efeito de suas respostas **2** *p.ext.* a resposta resultante desse processo **3** INF retorno automático da informação processada ao ponto inicial

re.tro.a.ti.vo *adj.* que atinge fatos anteriores a sua ocorrência ⟨*aumento r.*⟩ ~ **retroatividade** *s.f.*

re.tro.ce.der *v.* {mod. 8} *int.* **1** voltar para trás, no espaço ou no tempo; recuar ⮌ avançar **2** deslocar-se para trás no tempo; retornar ⟨*r. à infância*⟩ ☞ *à infância* é circunstância que funciona como complemento **3** passar a estágio inferior de desenvolvimento, qualidade; regredir, decair ⮌ progredir **4** *fig.* não levar adiante (desejo, plano etc.); desistir ~ **retrocedimento** *s.m.*

re.tro.ces.so *s.m.* **1** volta ao local de onde se saiu; recuo, retorno ⮌ avanço **2** *p.ext.* volta ao passado **3** *p.ext.* retorno a um estado considerado ultrapassado ⟨*r. político*⟩ **4** atraso, decadência ⮌ progresso

re.tro.gra.dar *v.* {mod. 1} *int.* **1** voltar para trás, no espaço ou no tempo; retroceder ⟨*r. à antiga Grécia*⟩ ⮌ avançar ☞ *à antiga Grécia* é circunstância que funciona como complemento **2** passar a estágio inferior de desenvolvimento, qualidade; retroceder ⮌ progredir ~ **retrogradação** *s.f.*

re.tró.gra.do *adj.* **1** que anda para trás ■ *adj.s.m.* **2** que(m) tem atitudes conservadoras, que(m) se opõe ao progresso ⮌ progressista

re.trós *s.m.* **1** linha para costura **2** *p.ext.* carretel de linha

re.tros.pec.ti.va *s.f.* retrospecto ('relato')

re.tros.pec.ti.vo *adj.* que se volta para o passado

re.tros.pec.to *s.m.* **1** vista ou análise de fato passado **2** relato de acontecimentos decorridos durante certo período; retrospectiva

re.tro.ví.rus *s.m.2n.* grupo de vírus (p.ex., HIV, lentivírus) que carregam o ARN como material genético, responsáveis por doenças como linfoma, AIDS etc.

re.tro.vi.sor \ô\ *adj.s.m.* (espelho) que permite ao motorista ver o que se passa atrás dele, sem se voltar

re.tru.car *v.* {mod. 1} *t.d.,t.i. e t.d.i.* (prep. *a*) responder, ger. de modo imediato, a (objeções, acusações etc.); replicar

re.tum.ban.te *adj.2g.* **1** que retumba; que provoca grande ressonância **2** *fig.* de grande repercussão, fora do comum; extraordinário ⟨*sucesso r.*⟩ ⮌ insignificante

re.tum.bar *v.* {mod. 1} *t.d. e int.* refletir (som) com estrondo; ressoar, ecoar

réu [fem.: *ré*] *s.m.* DIR quem é chamado em juízo ('órgão') para responder por ação civil ou crime

reu.ma.tis.mo *s.m.* doença caracterizada por dor nas articulações e alterações em músculos e ossos ~ **reumático** *adj.*

re.u.ni.ão [pl.: *-ões*] *s.f.* **1** nova união; junção de uma coisa a outra **2** agrupamento de coisas ⟨*r. de flores*⟩ ⟨*r. de interesses*⟩ **3** agrupamento de pessoas para certo fim ⟨*r. de condomínio, de negócios*⟩

re.u.nir *v.* {mod. 24} *t.d. e pron.* **1** dispor(-se) em conjuntos; agrupar(-se) **2** promover encontro ou encontrar-se para festa, recreação ❑ *t.d. e t.d.i.* **3** (prep. *a*) pôr no mesmo grupo, pôr junto (o que estava separado, disperso, desorganizado etc.) ⟨*r. os livros soltos*⟩ ⟨*r. uma ponta da fita à outra*⟩ **4** (prep. *a*) pôr junto, em harmonia (elementos diversos); aliar, combinar ⟨*r. talento e beleza*⟩ ⟨*r. o útil ao agradável*⟩ ❑ *pron.* **5** (prep. *com*) ter audiência, conversa com

re.van.che *s.f.* **1** desforra, vingança **2** DESP prova ou partida que se torna a disputar, a pedido do perdedor ~ **revanchista** *adj.2g.s.2g.*

re.van.chis.mo *s.m.* **1** ato pelo qual alguém busca desforrar-se de ofensa ou agressão recebida ⟨*torcidas rivais estimulam o r. entre si*⟩ **2** tendência, inclinação para a desforra, esp. em certos meios políticos ⟨*é hora de abrir mão do r. e unir forças*⟩

ré.veil.lon [fr.; pl.: *réveillons*] *s.m.* **1** celebração realizada na passagem do ano **2** *p.ext.* véspera de ano-novo ⇨ pronuncia-se **rêveion**

re.vel *adj.2g.* **1** rebelde ■ *adj.2g.s.2g.* DIR **2** (réu) que não comparece para fazer sua defesa

re.ve.la.ção [pl.: *-ões*] *s.f.* **1** declaração, divulgação, denúncia ⮌ ocultação **2** REL manifestação divina **3** descoberta que revela uma vocação em alguém ⟨*r. de talentos*⟩ **4** pessoa que se revela por algum atributo, qualidade etc. ⟨*prêmio r. do ano*⟩ **5** FOT processo que transforma uma imagem fotográfica latente em imagem visível estável

re.ve.lar *v.* {mod. 1} *t.d.,t.d.i. e pron.* **1** (prep. *a*) tornar(-se) visível, perceptível; mostrar(-se) ⮌ esconder(-se) ❑ *t.d. e t.d.i.* **2** (prep. *a*) fazer conhecer; divulgar, propagar ⮌ ocultar **3** (prep. *a*) tornar conhecido por meios sobrenaturais ❑ *pron.* **4** deixar-se conhecer de verdade ⟨*revelou-se um traidor*⟩ ❑ *t.d.* **5** ser o índice, marca de; evidenciar **6** fazer aparecer (imagem fotográfica)

re.ve.li.a *s.f.* **1** rebeldia **2** DIR condição de quem não comparece em juízo, ainda que convocado ⊡ **à r.** *loc.adv.* **1** DIR sem conhecimento da parte interessada **2** sem ser percebido

¹re.ver *v.* {mod. 12} *t.d. e pron.* **1** voltar a ver(-se) ❑ *pron.* **2** identificar influências ou características próprias em; reconhecer-se ❑ *t.d.* **3** tornar a examinar, ponderar, ger. para fazer modificações, melhoras; revisar, reconsiderar [ORIGEM: *re-* + *ver*] ~ **revisto** *adj.*

²re.ver *v.* {mod. 12} *t.d. e int.* **1** deixar cair (líquido) gota a gota; verter ❑ *t.d.fig.* **2** tornar perceptível, evidente; revelar ⮌ esconder [ORIGEM: obscura]

re.ver.be.rar *v.* {mod. 1} *t.d.* **1** refletir (luz, calor, som); repercutir ❑ *int.* **2** emitir brilho, luz; luzir ~ **reverberação** *s.f.* - **reverberante** *adj.2g.*

re.vér.be.ro *s.m.* **1** reflexo de luz ou calor **2** luminosidade intensa

re.ve.rên.cia *s.f.* **1** cumprimento respeitoso, ger. acompanhado de inclinação do tronco para a frente ou de flexão dos joelhos; mesura **2** consideração, respeito profundo **3** tratamento dado aos eclesiásticos ~ **reverencioso** *adj.* - **reverente** *adj.2g.*

re.ve.ren.ci.ar *v.* {mod. 1} *t.d.* **1** prestar culto a; adorar, venerar **2** tratar com consideração; respeitar ⮌ desrespeitar **3** saudar com grande respeito

re.ve.ren.dís.si.mo *adj.* **1** muito respeitável **2** tratamento dado aos bispos, arcebispos, monsenhores, cônegos e padres [abrev: *Rev.*[mo]]

re.ve.ren.do *s.m.* padre, sacerdote

re.ver.são [pl.: *-ões*] *s.f.* **1** retorno ao ponto de partida ou ao estado original **2** restituição de um bem ao dono; devolução

re.ver.sí.vel *adj.2g.* **1** que pode voltar atrás ⟨*decisão r.*⟩ ⮌ irreversível **2** em que o efeito e a causa podem inverter-se (diz-se de fenômeno) **3** que pode ser observado ou us. pelo direito ou pelo avesso ⟨*casaco r.*⟩ **4** DIR que deve retornar ao antigo dono, proprietário etc. ~ **reversibilidade** *s.f.*

re.ver.so *adj.s.m.* **1** (o) que está em posição oposta à normal ■ *adj.* **2** que se voltou para o lado oposto ⮌ defensor **3** que retornou ao ponto de partida ■ *s.m.* **4** o lado oposto ao principal ou esperado; revés ⟨*o r. de uma situação*⟩ ⮌ anverso **5** face que não contém efígie ou emblema (moeda, medalha, papel-moeda)

re.ver.ter *v.* {mod. 8} *int.* **1** voltar (ao ponto de partida, à condição inicial); regressar, retornar ❑ *t.d. e pron.* **2** (fazer) tomar direção, sentido oposto ao que se encontra ⟨*r. a situação*⟩ ⟨*suas expectativas se reverteram*⟩ ❑ *t.d.,t.d.i. e pron.* **3** (prep. *em*) [fazer] passar de estado ou condição (a outro); transformar(-se) ❑ *t.i.* **4** (prep. *em*) ter como consequência; redundar

re.vés *s.m.* **1** reverso ('lado oposto') **2** aspecto ruim de alguma coisa ⟨*o r. da fama*⟩ **3** infortúnio; desgraça ⟨*enfrentou muitos reveses*⟩

re.ves.ti.men.to *s.m.* o que reveste ou cobre; cobertura ⟨*r. de sofá*⟩ ⟨*r. de parede, de piso*⟩

re.ves.tir *v.* {mod. 28} *t.d.* **1** tornar a vestir **2** aplicar em (uma superfície) camada, substância etc. que a ocupe por completo; recobrir ⟨*r. o móvel com verniz*⟩ **3** estar sobre ou à volta de (superfície, objeto etc.); cobrir ⟨*algodão revestia o cristal*⟩ ❑ *pron.* **4** ter ou apresentar certa disposição, característica ⟨*r.-se de orgulho, coragem*⟩

re.ve.za.men.to *s.m.* substituição alternada de pessoas ou coisas que trocam seus lugares, postos etc.

re.ve.zar *v.* {mod. 1} *t.d.,t.i.,int. e pron.* (prep. *com*) substituir(-se) de forma intercalada; alternar(-se)

re.vi.dar *v.* {mod. 1} *t.d.,t.d.i.,t.i. e int.* **1** (prep. *com*) cometer (ofensa, agressão física ou moral) como vingança por (mal tratamento recebido); responder, vingar ⟨*r. um tapa*⟩ ⟨*r. o descaso com desprezo*⟩ ⟨*r. ao bloqueio*⟩ ⟨*ofendido, preferiu não r.*⟩ ❑ *t.d.,t.i. e int.* **2** (prep. *a*) dar em resposta, reação a; replicar ⟨*r. uma crítica*⟩ ⟨*r. ao provocador*⟩ ⟨*provocado, preferiu não r.*⟩

re.vi.de *s.m.* **1** resposta a ofensa; vingança **2** réplica ⮌ aceitação

re.vi.go.ran.te *adj.2g.* **1** que revigora ■ *adj.2g.s.m.* **2** (o) que revigora, fortifica (diz-se de substância, medicamento etc.); tônico

re.vi.go.rar *v.* {mod. 1} *t.d.,int. e pron.* **1** (fazer) adquirir vigor, energia, força; fortificar(-se) ⮌ debilitar(-se) ❑ *t.d. e pron.fig.* **2** tornar(-se) seguro, estável; fortalecer(-se) **3** (fazer) adquirir novo estímulo; reanimar(-se) ~ **revigorado** *adj.*

re.vi.rar *v.* {mod. 1} *t.d. e pron.* **1** virar de novo ou muitas vezes ❑ *t.d.* **2** virar na direção oposta **3** mexer muitas vezes à busca de algo; revolver, remexer **4** deixar com perturbação emocional, moral etc.; inquietar ❑ *t.d.,int. e pron.* **5** remexer(-se) [o corpo] repetidamente ~ **reviramento** *s.m.*

re.vi.ra.vol.ta *s.f.* **1** volta rápida em torno do próprio corpo; viravolta, pirueta ⟨*a r. da dançarina*⟩ **2** *fig.* mudança brusca; viravolta ⟨*as r. do destino*⟩

re.vi.são [pl.: *-ões*] *s.f.* **1** leitura minuciosa e correção de um texto **2** grupo de revisores de um jornal, revista, editora etc. **3** inspeção para correção de falhas ⟨*r. num equipamento*⟩

re.vi.sar *v.* {mod. 1} *t.d.* **1** ter novamente sob os olhos **2** fazer a inspeção de ⟨*r. a despensa antes de sair*⟩ **3** examinar com atenção, procurando possíveis erros; rever **4** *fig.* levar novamente em consideração; repensar

re.vi.sio.nis.mo *s.m.* atitude ou política dos que discutem as bases de uma doutrina ou que delas discordam ~ **revisionista** *adj.2g.s.2g.*

re.vi.sor \ô\ *adj.s.m.* **1** (o) que revisa ■ *s.m.* **2** quem faz trabalho de revisão de originais ou de provas tipográficas

¹re.vis.ta *s.f.* exame cuidadoso de algo ou alguém; inspeção [ORIGEM: *re-* + *vista*]

²re.vis.ta *s.f.* publicação periódica, ger. ilustrada, de artigos, ensaios etc. [ORIGEM: tradução do ing. *review* 'id.'] ⊙ COL hemeroteca

³re.vis.ta *s.f.* teatro de revista

re.vis.tar *v.* {mod. 1} *t.d.* **1** fazer inspeção em ⟨*r. a tropa*⟩ **2** procurar algo em; vasculhar

re.vi.va.lis.mo *s.m.* predisposição ou intenção de reviver ou restaurar (estilos, formas, ideias que pertenciam ao passado) ~ **revivalista** *adj.2g.s.2g.*

re.vi.ver *v.* {mod. 8} *int.* **1** voltar à vida **2** *fig.* adquirir novo vigor, nova força; renovar-se **3** voltar a se manifestar; reaparecer ❑ *t.d.* **4** experimentar de novo (emoções, fatos etc. do passado) de modo vivo, intenso; recordar **5** pôr de novo em uso

re.vo.a.da *s.f.* bando de aves em voo

re.vo.ar *v.* {mod. 1} *int.* **1** voar de volta ao ponto de partida **2** dar pequenos e repetidos voos sem direção definida; esvoaçar, pairar **3** voar alto

re.vo.ga.ção [pl.: *-ões*] *s.f.* ato, processo ou efeito de revogar, de tornar sem efeito alguma coisa; anulação, extinção

re.vo.gar *v.* {mod. 1} *t.d.* fazer ficar sem efeito, deixar de vigorar; anular ~ **revogador** *adj.s.m.*

re.vol.ta *s.f.* **1** manifestação coletiva contra qualquer autoridade; motim, rebelião ⮌ conciliação **2** *p.ext.* desordem, tumulto ⮌ ordem **3** *fig.* sentimento de raiva, indignação ⮌ submissão ~ **revoltoso** *adj.s.m.*

re.vol.tan.te *adj.2g.* que causa indignação; repugnante, repulsivo

re.vol.tar *v.* {mod. 1} *t.d. e pron.* **1** incitar a ou ficar em insurreição contra superior ou autoridade; rebelar(-se) ❑ *t.d.,int. e pron. fig.* **2** (fazer) sentir indignação, repulsa; indignar(-se), irritar(-se)

re.vol.to \ô\ *adj.* **1** muito agitado ⟨*mar r.*⟩ ⮌ tranquilo **2** desgrenhado ⟨*cabelos r.*⟩ ⮌ arrumado **3** furioso, irritado ⮌ calmo

re.vo.lu.ção [pl.: *-ões*] *s.f.* **1** rebelião armada; insurreição **2** mudança política radical **3** *fig.* transformação súbita ⟨*r. econômica*⟩ ⟨*r. dos costumes*⟩ **4** ASTR volta completa de um astro em sua órbita

re.vo.lu.cio.nar *v.* {mod. 1} *t.d.* **1** provocar mudanças significativas, estruturais em **2** revolver ou agitar muito; remexer **3** *fig.* causar agitação emocional ou moral em; perturbar ❑ *t.d. e pron.* **4** incitar a ou participar de revolta; sublevar(-se)

re.vo.lu.cio.ná.rio *adj.s.m.* **1** que(m) participa de revolução ⟨*os r. de 1930*⟩ **2** que(m) é favorável a transformações profundas ⮌ conservador **3** *p.ext.* inovador, ousado ⟨*moda r.*⟩ ⮌ antiquado ■ *adj.* **4** referente a revolução ⟨*processo r.*⟩

re.vo.lu.te.ar *v.* {mod. 5} *int.* **1** agitar-se em vários sentidos, dando voltas; revolver-se **2** pôr-se em movimento, batendo as asas ~ **revoluteio** *s.m.*

re.vol.ver *v.* {mod. 8} *t.d. e pron.* **1** mexer(-se) muito, em várias direções ou dando voltas; revirar(-se), agitar(-se) ❑ *t.d.,int. e pron.* **2** movimentar(-se), deslocando(-se) de lugar; mover(-se) ❑ *t.d.* **3** *p.ext.* cavar (a terra), misturando(-a) **4** examinar em detalhes, com atenção ~ **revolvimento** *s.m.*

re.vól.ver *s.m.* arma de fogo manual, dotada de um tambor giratório com várias câmaras, no qual se colocam os cartuchos ('carga')

re.za *s.f.* prece

re.zar *v.* {mod. 1} *t.d.,t.d.i.,t.i. e int.* **1** (prep. *a*) dizer em voz baixa ou para si (oração ou súplica religiosa); orar ❑ *t.d.* **2** celebrar (missa) **3** ler (livros de orações ou obra sagrada) **4** fazer benzeduras em; benzer **5** conter em si (informação, dado etc.); referir **6** prescrever, determinar **7** resmungar ~ **rezador** *adj.s.m.*

re.zin.gar *v.* {mod. 1} *t.d. e int.* **1** falar baixo e com mau humor; resmungar ❑ *t.i.* **2** (prep. *com*) criticar, repreender ❑ *int. infrm.* **3** brigar, altercar ~ **rezinga** *s.f.*

Rf símbolo de *rutherfórdio*

Rg símbolo de *roentgênio*

Rh símbolo de *ródio*

ri.a.cho *s.m.* pequeno rio; córrego

ri.ba *s.f.* margem alta de um rio; ribanceira

ri.bal.ta *s.f.* TEAT **1** fileira de refletores no piso da parte dianteira do palco **2** *p.ext.* a parte dianteira do palco **3** *p.ext.* o próprio palco

ri.ban.cei.ra *s.f.* **1** riba, barranco **2** precipício

ri.bei.ra *s.f.* **1** terreno às margens de um rio, ger. banhado por ele **2** *p.ext.* terra baixa e alagada pelas águas de um rio ou mar **3** curso de água menos largo e profundo que um rio

ri.bei.rão [pl.: *-ões*] *s.m.* **1** curso de água menor que um rio e maior que um riacho **2** terreno próprio para a lavra de minas de diamantes

ri.bei.ri.nho *adj.* que se localiza ou vive às margens de rio ou ribeira ⟨*população r.*⟩

ri.bei.ro *s.m.* regato, riacho

ri.bom.bar *v.* {mod. 1} *int.* produzir barulho muito forte; ressoar, retumbar ~ **ribombante** *adj.2g.* - **ribombo** *s.m.*

ri.bos.so.mo ou **ri.bos.so.ma** *s.m.* organela citoplasmática composta de ácidos ribonucleicos e proteínas, na qual ocorre a síntese de proteína

ri.ca.ço *adj.s.m.* que(m) é muito rico ⊙ GRAM/USO aum.irreg.de *rico*

rí.ci.no *s.m.* **1** planta cuja semente tem propriedades laxantes **2** o óleo extraído dessa semente

ri.co *adj.s.m.* **1** que(m) possui muitos bens, dinheiro ou coisas de valor ⮌ pobre ■ *adj.* **2** farto, abundante ⟨*fruta r. em vitamina C*⟩ **3** de muito luxo ⟨*ambiente r.*⟩ **4** fértil, produtivo

ri.co.che.te \ê\ *s.m.* salto ou reflexo de um corpo, projétil ou raio após bater em algum obstáculo

ri.co.che.te.ar *v.* {mod. 5} *int.* desviar-se ao bater em um obstáculo

ri.co.ta *s.f.* queijo branco de consistência macia, preparado com o soro de leite desnatado

ric.to *s.m.* ou **ríc.tus** *s.m.2n.* **1** contração dos músculos da face ou da boca, que dá ao rosto um ar de riso **2** abertura da boca

ri.di.cu.la.ri.zar *v.* {mod. 1} *t.d. e pron.* **1** tornar(-se) ridículo ❑ *t.d.* **2** zombar, caçoar ~ **ridicularização** *s.f.*

ri.dí.cu.lo *adj.* **1** que é alvo de caçoada; risível ⟨*um diretor r.*⟩ ⮌ sério **2** que causa vexame; vexaminoso ⟨*atitude r.*⟩ **3** de mau gosto; espalhafatoso ⟨*roupa r.*⟩ ⮌ elegante **4** destituído de bom senso; absurdo ⟨*teoria r.*⟩ ⮌ sensato **5** de pouco valor ⟨*prestação r.*⟩ ■ *s.m.* **6** pessoa ou coisa ridícula

ri.fa *s.f.* sorteio de algo mediante venda de talões numerados ~ **rifar** *v.t.d.*

ri.fle *s.m.* espingarda

ri.gi.dez \ê\ *s.f.* **1** estado do que não é flexível ⮌ flexibilidade **2** *fig.* severidade de princípios e opiniões; austeridade ⮌ transigência

rí.gi.do *adj.* 1 rijo, teso ⟨*metal r.*⟩ ↄ maleável 2 *fig.* inflexível em suas opiniões; intransigente ↄ tolerante
ri.gor \ô\ *s.m.* 1 dureza material; inflexibilidade ⟨*o r. do aço*⟩ 2 grande severidade de princípios; austeridade 3 exatidão excessiva; precisão ⟨*r. na avaliação*⟩
ri.go.ro.so \ô\ [pl.: *rigorosos* \ó\] *adj.* 1 sem flexibilidade; rígido 2 muito severo; intransigente ⟨*chefe r.*⟩ ↄ brando 3 exato, preciso ⟨*apuração r. dos fatos*⟩ 4 muito intenso ⟨*frio r.*⟩ ⟨*verão r.*⟩ ↄ suave
ri.jo *adj.* 1 duro, resistente ⟨*material r.*⟩ ↄ macio 2 de físico ou estrutura forte; robusto ⟨*músculos r.*⟩ ↄ franzino 3 *fig.* que tem vontade firme ⟨*homem r.*⟩ ↄ volúvel ~ **rijeza** *s.f.*
ri.lhar *v.* {mod. 1} *t.d.* 1 comer roendo 2 pôr em atrito (os dentes) uns contra os outros; ranger ❑ *t.d. e int.* 3 (fazer) produzir ruído áspero ~ **rilhador** *adj.s.m.*
rim *s.m.* 1 cada um dos dois órgãos que produzem a urina, situados em cada lado da região lombar ▼ *rins s.m.pl.* 2 a parte inferior da região lombar
ri.ma *s.f.* 1 igualdade de sons, a partir da sílaba tônica da palavra final de dois ou mais versos 2 uniformidade de sons na terminação de duas ou mais palavras 3 palavra que possui terminação idêntica ou similar a outra ⟨*canto é r. de pranto*⟩ ~ **rimador** *adj.s.m.*
ri.mar *v.* {mod. 1} *t.d. e int.* 1 compor versos com rimas ❑ *t.i. e t.d.i.* 2 (prep. *com*) usar palavra(s) formando rima (com outra)
rí.mel *s.m.* cosmético para colorir ou acentuar a curvatura dos cílios
rin.cão [pl.: *-ões*] *s.m.* lugar afastado; recanto
rin.char *v.* {mod. 1} *int.* 1 emitir rincho (equídeos); relinchar ☞ nesta acp., só us. nas 3as p., exceto quando fig. 2 emitir ruído agudo, desagradável; ranger
rin.cho *s.m.* relincho
rin.gue *s.m.* local delimitado, ger. por uma cerca de cordas, no qual se travam lutas de boxe, luta livre etc.
ri.nha *s.f.* 1 briga de galos 2 *p.ext.* local em que se realiza essa briga ~ **rinhar** *v.int.*
ri.ni.te *s.f.* inflamação da mucosa nasal
ri.no.ce.ron.te *s.m.* grande mamífero selvagem, de pele grossa, com um ou dois chifres no focinho e patas curtas de três dedos cada, todos com cascos
ri.no.fo.ni.a *s.f.* MED distúrbio da fonação caracterizado pelo timbre anasalado da voz, em função da alteração de ressonância das cavidades nasais; rinolalia
ri.no.la.li.a *s.f.* rinofonia
rin.que *s.m.* pista própria para patinação
ri.o *s.m.* 1 curso de água natural que deságua noutro rio, no mar ou num lago 2 *fig.* grande quantidade de líquido ⟨*um r. de lágrimas*⟩
ri.o-bran.quen.se [pl.: *rio-branquenses*] *adj.2g.* 1 de Rio Branco (AC) ■ *s.2g.* 2 natural ou habitante dessa capital
ri.o-gran.den.se-do-nor.te [pl.: *rio-grandenses-do-norte*] *adj.2g.* 1 do Rio Grande do Norte (RN); norte-rio-grandense, potiguar ■ *s.2g.* 2 natural ou habitante desse estado; norte-rio-grandense, potiguar
ri.o-gran.den.se-do-sul [pl.: *rio-grandenses-do-sul*] *adj.2g.s.2g.* gaúcho
ri.pa *s.f.* peça de madeira longa e estreita ~ **ripagem** *s.f.* - **ripamento** *s.m.* - **ripar** *v.t.d.*
ri.pa.da *s.f.* 1 golpe com ripa 2 *p.ext.* o efeito desse golpe
ri.que.za \ê\ *s.f.* 1 grande quantidade de dinheiro, bens materiais, propriedades etc.; fortuna ↄ pobreza 2 luxo ⟨*sala decorada com muita r.*⟩ 3 *fig.* abundância de qualquer coisa considerada valiosa ⟨*r. de imaginação*⟩ 4 capacidade produtiva da terra; fertilidade ↄ esterilidade
rir *v.* {mod. 30} *t.i.,int. e pron.* 1 (prep. *de*) contrair os músculos faciais, ger. de modo súbito, e emitir som característico, por ter impressão alegre ou cômica ❑ *int.* 2 apresentar fisionomia de satisfação, prazer; sorrir ❑ *t.i.* 3 (prep. *de*) tratar sem seriedade, com ditos, gestos de humor, malícia, troça; caçoar
ri.sa.da *s.f.* riso alto
ris.ca *s.f.* 1 traço feito em uma superfície com lápis, pincel etc.; risco 2 a repartição dos cabelos feita ger. com pente
ris.ca.do *adj.* 1 que tem riscos 2 marcado com riscos, para realce ou exclusão ⟨*tirou a frase r.*⟩
ris.car *v.* {mod. 1} *t.d.* 1 fazer linhas, traços, desenhos etc. em (uma superfície) com objeto pontiagudo ou lápis, caneta etc. 2 marcar com um traço (palavra, frase, desenho etc.), ger. para excluí-lo 3 desenhar, determinar os contornos de; esboçar 4 acender friccionando (palito de fósforo) 5 suprimir, eliminar, excluir ⟨*r. os indesejados da lista*⟩
[1]**ris.co** *s.m.* 1 traço sobre uma superfície; risca 2 *B* contorno de um desenho para ser bordado [ORIGEM: contrv., talvez do v. *riscar*]
[2]**ris.co** *s.m.* 1 probabilidade de perigo ⟨*r. de infecção*⟩ 2 *p.ext.* probabilidade de insucesso ⟨*r. de perder a verba*⟩ [ORIGEM: do fr. *risque* 'perigo']
ri.sí.vel *adj.2g.s.2g.* (o) que causa riso ~ **risibilidade** *s.f.*
ri.so *s.m.* 1 ato de rir ou o seu efeito 2 o seu som 3 o modo como se ri ⊡ **r. amarelo** *loc.subst.* riso constrangido, sem vontade
ri.so.nho *adj.* 1 que ri; sorridente ↄ choroso 2 alegre, satisfeito ↄ carrancudo
ri.so.ta *s.f.* 1 risada curta 2 *infrm.* riso de zombaria
ri.so.to \ô\ *s.m.* prato feito à base de arroz
ris.pi.dez \ê\ *s.f.* 1 caráter ou qualidade do que é ríspido; aspereza 2 severidade no comportamento, nas atitudes; rigidez
rís.pi.do *adj.* 1 áspero ⟨*tecido r.*⟩ ↄ liso 2 grosseiro no trato ⟨*pessoa r.*⟩ ↄ delicado 3 rígido, severo ⟨*comentários r.*⟩ ↄ brando
ris.so.le *s.m.* pequeno pastel recheado, feito de massa cozida e depois frito
ris.te *s.m.* suporte de ferro que firma o cabo da lança, quando o cavaleiro a carrega ou quando está

pronto para atacar ▣ **em r.** *loc.adv.* em posição erguida ⟨*reclamava com o dedo em r.*⟩

rit.mar *v.* {mod. 1} *t.d.* **1** dar ritmo a; cadenciar ⟨*r. os passos na música*⟩ **2** marcar o ritmo de ⟨*o relógio ritmava as horas*⟩ ~ **ritmado** *adj.*

rít.mi.co *adj.* **1** relativo, pertencente a ou próprio de ritmo **2** em que há ritmo, que possui ritmo ⟨*ginástica r.*⟩

rit.mis.ta *adj.2g.s.2g.* que(m) marca o ritmo; percussionista

rit.mo *s.m.* **1** movimento regular e periódico durante um processo; cadência ⟨*r. das ondas*⟩ ⟨*r. da fala*⟩ **2** padrão de som ou movimento us. em música, poesia ou dança

ri.to *s.m.* **1** conjunto de regras e cerimônias praticadas numa religião **2** qualquer processo de caráter sagrado ou simbólico, capaz de estabelecer e desenvolver costumes ⟨*r. fúnebre*⟩ **3** cerimônia que segue preceitos estabelecidos ▣ **r. de passagem** *loc.subst.* ritual que permite o acesso de um indivíduo de um grupo a outro

ri.tu.al *s.m.* **1** conjunto dos ritos de uma religião e sua prática **2** *p.ext.* o culto religioso **3** *p.ext.* conjunto de regras a se seguir; cerimonial ■ *adj.2g.* **4** relativo a rito ~ **ritualista** *adj.2g.s.2g.* - **ritualístico** *adj.*

ri.val *adj.2g.s.2g.* **1** que(m) pretende obter algo que outro(s) tb. pretende(m); concorrente ⮌ aliado **2** que(m) é igual a outro em algum aspecto ou qualidade

ri.va.li.da.de *s.f.* concorrência, disputa ⮌ colaboração

ri.va.li.zar *v.* {mod. 1} *t.i.* **1** (prep. *com*) competir, concorrer ❑ *t.d. e t.i.* **2** (prep. *com*) igualar-se ou assemelhar-se às qualidades de

ri.xa *s.f.* disputa; briga ~ **rixar** *v.int.* - **rixento** *adj.*

ri.zi.cul.tu.ra *s.f.* cultura de arroz; orizicultura

ri.zó.fa.go *adj.* que come raízes

ri.zo.ma *s.m.* BOT caule subterrâneo capaz de lançar ramos e raízes ~ **rizomático** *adj.* - **rizomatoso** *adj.*

ri.zo.tô.ni.co *adj.* GRAM diz-se de forma verbal cujo acento tônico cai no radical (p.ex., cant-*o*, am-*o*) ⮌ arrizotônico

RJ sigla do Estado do Rio de Janeiro

Rn símbolo de *radônio*

RN sigla do Estado do Rio Grande do Norte

RNA *s.m.* ver *ÁCIDO RIBONUCLEICO*

RO sigla do Estado de Rondônia

roam.ing [ing.] *s.m.* tipo de conexão de telefonia celular feita através de uma rede fora da localidade em que a linha está registrada ⇨ pronuncia-se **rou**min

ro.ba.lo *s.m.* nome comum de peixe comestível de água doce ou salobra, corpo prateado e tamanhos variados

ro.be *s.m.* **1** penhoar **2** roupão

ro.bô *s.m.* **1** máquina, ger. de aspecto humano, capaz de agir e se mover **2** mecanismo comandado eletronicamente, capaz de substituir o homem em certas operações **3** *fig.* pessoa que age mecanicamente ~ **robótico** *adj.*

ro.bó.ti.ca *s.f.* ciência e técnica de concepção, construção e utilização de robôs

ro.bo.ti.zar *v.* {mod. 1} *t.d.* **1** usar robôs em ❑ *t.d. e pron. fig.* **2** (fazer) agir como um robô ~ **robotização** *s.f.*

ro.bus.te.cer *v.* {mod. 8} *t.d.,int. e pron.* **1** tornar(-se) robusto; fortalecer(-se) ⮌ debilitar(-se) **2** *fig.* (fazer) crescer em dignidade; engrandecer(-se) ❑ *t.d. fig.* **3** confirmar, corroborar ⟨*r. uma afirmação*⟩ ⮌ contestar

ro.bus.tez \ê\ *s.f.* **1** característica do que é robusto, vigoroso; força, robusteza, robustidão **2** caráter do que é sólido, firme; dureza, solidez **3** firmeza (nos atos, nas opiniões); arrojo, energia ⟨*r. de caráter*⟩

ro.bus.to *adj.* **1** de constituição física forte; vigoroso ⟨*animal r.*⟩ ⮌ franzino **2** duro, rijo ⟨*madeira r.*⟩ ⮌ mole

ro.ca *s.f.* haste de madeira na qual se enrola o linho, o algodão etc. a ser fiado

ro.ça *s.f.* **1** terreno de lavoura; plantação ⟨*r. de milho*⟩ **2** a zona rural, o campo ⟨*veio da r. para a cidade*⟩

ro.cam.bo.le *s.m.* pão de ló fino recheado e enrolado sobre si mesmo

ro.cam.bo.les.co \ê\ *adj.* que é cheio de peripécias e imprevistos ⟨*história r.*⟩

ro.çar *v.* {mod. 1} *t.d.* **1** cortar mato, arbustos de (terreno), esp. com foice **2** gastar por atrito; desgastar **3** ter fricção ou pequeno atrito com; raspar ⟨*o bonde roçou o carro*⟩ ⟨*roçou a perna no muro*⟩ ☞ *no muro* é circunstância que funciona como complemento **4** passar ou estar rente a; raspar ❑ *t.d.,t.i. e int.* **5** (prep. *em*) passar, deslizar delicadamente por ⟨*o cabelo roçava o ombro*⟩ ⟨*sua roupa roçava na moça*⟩ ⟨*a cortina roça no chão*⟩ ☞ *no chão* é circunstância que funciona como complemento ❑ *t.d. e int.* **6** arrastar(-se) pelo chão

ro.cei.ro *adj.s.m.* **1** que(m) mora na zona rural **2** que(m) trabalha na roça ('terreno')

ro.cha *s.f.* **1** massa mineral que apresenta estrutura e composição únicas **2** pedra, penhasco **3** *fig.* o que é sólido, firme ⟨*meu pai é uma r.*⟩

ro.che.do \ê\ *s.m.* rocha escarpada e alta

ro.cho.so \ô\ [pl.: *rochosos* \ó\] *adj.* **1** em que há rochas ⟨*montanhas r.*⟩ **2** relativo a rocha

ro.ci.o *s.m.* orvalho ☞ cf. *rossio*

rock and roll [ing.] *loc.subst.* **1** ritmo musical de origem americana, ger. executado por instrumentos eletricamente amplificados **2** dança que acompanha esse ritmo ⊙ GRAM/USO essa loc. não se usa no plural ⇨ pronuncia-se roquen**rol**

ro.co.có *s.m.* **1** estilo decorativo desenvolvido no sXVIII, derivado do barroco e caracterizado pelo intenso uso de formas curvas e assimétricas, e muitos ornamentos ■ *adj.2g.* **2** que pertence ou se assemelha a esse estilo **3** *p.ext. pej.* que está fora de uso; antiquado **4** *p.ext. pej.* excessivamente enfeitado ⮌ discreto, sóbrio

ro.da *s.f.* **1** peça circular que gira em torno de um eixo ou de seu centro **2** objeto circular; anel, círculo **3** grupo de pessoas dispostas em círculo **4** brincadeira em que as crianças se dão as mãos formando um círculo e giram ao som de cantigas **5** grupo de pessoas com interesses afins ⟨*o prêmio era o assunto de todas as r.*⟩

ro.da.da *s.f.* **1** movimento inteiro de qualquer roda **2** ato de se mover em torno de seu eixo ou o seu efeito; giro ⟨*deu uma r. para mostrar a saia*⟩ **3** *B* conjunto de ações, providências etc.; série ⟨*r. de negociações*⟩ **4** DESP série de partidas de um campeonato **5** *B* cada uma das vezes que se serve bebida a um grupo que bebe junto ⟨*eu pago a próxima r.*⟩

ro.da.gem *s.f.* **1** ação ou efeito de rodar **2** o conjunto das rodas de uma máquina

ro.da-gi.gan.te [pl.: *rodas-gigantes*] *s.f.* aparelho formado de duas grandes rodas verticais, paralelas e suspensas que giram em torno do mesmo eixo e sustentam, entre si, bancos horizontais móveis

ro.da.mo.i.nho *s.m.* **1** movimento rápido e espiralado, que ocorre em águas, da superfície para o fundo **2** rajada de vento que se movimenta em círculos **3** mecha de cabelos e/ou pelos que crescem em espiral, em sentido contrário ao dos outros

ro.da.pé *s.m.* **1** barra de madeira , mármore etc. colocada ao longo das paredes, na junção com o piso **2** a parte de baixo de uma página impressa

ro.dar *v.* {mod. 1} *t.d. e int.* **1** (fazer) mover-se em volta de um eixo; circular **2** *B* percorrer (um veículo) [certa distância, trajeto] **3** *B* registrar em filme; filmar, gravar ❑ *t.d.* **4** andar em volta de; contornar **5** fazer viagem, passeio por; visitar **6** reproduzir (figura, texto etc.) por meio de molde ou matriz; imprimir **7** *B* em informática, processar (rotina, programa); executar ❑ *int.* **8** *infrm.* andar, caminhar **9** *gír.* ser expulso ou excluído

ro.da-vi.va [pl.: *rodas-vivas*] *s.f.* **1** movimento incessante; agitação **2** confusão

ro.de.ar *v.* {mod. 5} *t.d.* **1** andar, movimentar-se em volta de; contornar **2** localizar-se, ficar em volta de; cercar **3** afastar-se, desviar-se de (obstáculo, dificuldade etc.) **4** *p.ext.* ter convivência com, fazer companhia a; cercar ❑ *pron.* **5** (prep. *de*) estar acompanhado de; cercar-se ~ **rodeamento** *s.m.*

ro.dei.o *s.m.* **1** giro ao redor de algo **2** desculpa, subterfúgio ⟨*fez tantos r. que não disse o que devia*⟩ ☞ mais us. no pl. **3** competição e exibição de peões que montam em cavalos e bois não domesticados

ro.de.la *s.f.* **1** fatia redonda ⟨*r. de pepino*⟩ **2** pequeno objeto de forma circular

ro.di.lha *s.f.* rosca de pano us. para apoiar carga transportada na cabeça

ró.dio *s.m.* elemento químico us. em ligas com platina, em refletores de luz, contatos elétricos, joalheria etc. [símb.: *Rh*] ☞ cf. *tabela periódica* (no fim do dicionário)

ro.dí.zio *s.m.* **1** artefato dotado de esferas que se fixa sob os pés de móveis para que se movam com facilidade **2** *fig.* revezamento em certas funções ou atividades **3** *fig.* alternância de pessoas, fatos, situações etc. ⟨*r. de ideias*⟩ **4** sistema de serviço em que, por um preço fixo, o freguês come à vontade as especialidades da casa ☞ nesta acp., tb. us. como adj.

ro.do \ô\ *s.m.* **1** enxada com base de madeira para juntar cereais **2** *p.ext.* vassoura de cabo longo com uma faixa de borracha na base, us. para puxar água ⊡ **a r.** *loc.adv.* em grande quantidade ⟨*ganhou dinheiro a r.*⟩

ro.do.fí.cea *s.f.* espécime das rodofíceas, classe de algas dos mares tropicais e subtropicais, de coloração avermelhada, que crescem sobre rochas ou outras algas, e servem de alimento ou na formação de recifes; alga vermelha

ro.dó.fi.ta *s.f.* espécime das rodófitas, divisão de algas, considerada por alguns autores como a classe das rodofíceas

ro.do.lo.gi.a *s.f.* estudo das rosas

ro.do.pi.ar *v.* {mod. 1} *int.* **1** dar muitas voltas, girar muito **2** andar ou correr movendo-se em espiral

ro.do.pi.o *s.m.* **1** giro contínuo **2** rotação em torno de um eixo

ro.do.vi.a *s.f.* via destinada ao tráfego de veículos que se movem sobre rodas

ro.do.vi.á.ria *s.f.* estação de embarque e desembarque de passageiros de ônibus

ro.do.vi.á.rio *adj.* **1** relativo a rodovia ■ *adj.s.m.* **2** que(m) é empregado de empresa de ônibus

ro.e.dor *adj.* **1** que rói ■ *s.m.* **2** espécime dos roedores, ordem de mamíferos como ratos, preás, esquilos etc., ger. herbívoros, com um par de dentes incisivos de crescimento contínuo em cada maxilar e membros posteriores ger. maiores que os anteriores

roent.gê.nio \rêntguen\ *s.m.* elemento químico sintético radiativo, anteriormente denominado *unununium* [símb.: *Rg*] ☞ cf. *tabela periódica* (no fim do dicionário)

ro.er *v.* {mod. 9} *t.d. e int.* **1** cortar ou triturar com os dentes ❑ *t.d.* **2** destruir de modo lento e contínuo; corroer **3** devorar em pequenos pedaços e continuamente ❑ *t.d. e pron. fig.* **4** (fazer) sentir sofrimento, inquietação, por raiva, ciúme etc.; atormentar(-se) ~ **roído** *adj.*

ro.gar *v.* {mod. 1} *t.d.,t.d.i. e int.* (prep. *a*) pedir com insistência e humildade; suplicar ⟨*roga que o perdoem*⟩ ⟨*r. ao santo que ilumine os caminhos*⟩ ⟨*r. pelos filhos com fé*⟩ ~ **rogação** *s.f.* - **rogatório** *adj.*

ro.ga.ti.va *s.f.* súplica

ro.go \ô\ *s.m.* **1** súplica **2** prece

ro.jão [pl.: *-ões*] *s.m.* **1** cartucho com pólvora que estoura no ar; foguete **2** *fig. B infrm.* ritmo intenso de vida, de atividade **3** *fig. B infrm.* trabalho exaustivo

ro.jar *v.* {mod. 1} *t.d.* **1** puxar fazendo deslizar por uma superfície; arrastar ❑ *int. e pron.* **2** deslizar pelo solo; rastejar, arrastar-se ❑ *t.d. e t.d.i.* **3** (prep. *a*) atirar longe, com força; arremessar

rol *s.m.* **1** relação, lista **2** determinada categoria ⟨*r. dos vivos*⟩

ro.la \ô\ *s.f.* ave pequena de cor ger. de telha, semelhante ao pombo; rolinha

ro.la.gem *s.f.* 1 movimento do que rola 2 *fig. B* adiamento de pagamento (de dívida)

ro.la.men.to *s.m.* 1 mecanismo com pequenas esferas de aço, colocadas em anéis, que reduzem o atrito e facilitam a rotação de uma peça 2 fluxo de tráfego

ro.lar *v.* {mod. 1} *t.d.* 1 fazer girar; rodar 2 *fig. B* adiar pagamento de (dívida, empréstimo), ger. marcando nova data de vencimento ❑ *t.d. e int.* 3 (fazer) avançar ou cair dando voltas sobre si mesmo ❑ *int.* 4 escorrer, fluir (líquido) 5 mover-se com inquietude; remexer-se ⟨*r. na cama*⟩ 6 *B gír.* acontecer, ocorrer, realizar-se ⟨*rolou uma festa ontem*⟩ ⟨*rolou confusão na saída*⟩ ~ **rolador** *adj.s.m.*

rol.da.na *s.f.* disco com uma ranhura na periferia, pela qual passa um cabo, corda ou corrente que o faz girar, ger. us. para levantar pesos

rol.dão [pl.: *-ões*] *s.m.* 1 falta de ordem; confusão 2 lançamento com força para longe ⊡ **de r.** *loc.adv.* de modo inesperado; repentinamente

ro.le.ta \ê\ *s.f.* 1 jogo de azar em que o número premiado é indicado pela parada de uma pequena bola em uma das casas numeradas de uma roda que gira 2 essa roda 3 borboleta ('dispositivo')

ro.le.te \ê\ *s.m.* 1 parte compreendida entre dois nós do caule da cana 2 *B* rodela de cana-de-açúcar descascada

ro.lha \ô\ *s.f.* objeto roliço de cortiça, plástico etc. us. para tampar garrafas

ro.li.ço *adj.* 1 que tem forma cilíndrica ⟨*ferro r.*⟩ 2 de formas arredondadas ⟨*braços r.*⟩

ro.li.mã *s.m.* 1 rolamento 2 *p.ext.* carrinho composto de uma tábua de madeira sobre rodinhas com rolamentos

ro.li.nha *s.f.* rola

ro.lo \ô\ *s.m.* 1 qualquer objeto de forma cilíndrica e alongada 2 cilindro us. para estender massas de pastéis, empadas etc. 3 *fig. B infrm.* confusão, situação indefinida ⊡ **r. compressor** *loc.subst.* 1 máquina us. para nivelamento de pavimentação e compactação de solo ☞ tb. se diz apenas *compressor* 2 *fig. B* grupo de pressão ⟨*o r. compressor do governo funcionou*⟩

ro.mã *s.f.* fruta com numerosas sementes envoltas em polpa rósea agridoce

ro.man.ce *s.m.* 1 LIT narrativa em prosa, mais longa que a novela, que versa sobre personagens imaginários dados como reais, descrevendo sua psicologia, suas aventuras, seu destino ☞ cf. *fábula* e *conto* 2 *p.ext.* descrição marcada pelo exagero ou pela fantasia 3 *B* caso amoroso; namoro ⊙ GRAM/USO dim.irreg.: *romancete* ⊡ **r. de cavalaria** *loc.subst.* LIT o que narra aventuras dos cavaleiros andantes • **r. de costumes** *loc.subst.* LIT aquele em que se registram as paixões, o comportamento etc. de uma época, região ou classe social • **r. histórico** *loc.subst.* LIT aquele em que figuram personagens e cenas extraídos da história

ro.man.ce.ar *v.* {mod. 5} *t.d.* 1 narrar em forma de romance 2 *p.ext.* dar forma agradável a ❑ *int. p.ext.* 3 contar, criar fatos, histórias inverossímeis; fantasiar

ro.man.cis.ta *adj.2g.s.2g.* que(m) escreve romances

ro.ma.nes.co \ê\ *adj.* referente a romance

ro.mâ.ni.co *adj.s.m.* 1 (período, arquitetura, estilo) dos sXI e XII na Europa, caracterizado por arcos, abóbodas e ricas ornamentações 2 (família de línguas) que derivou do latim 3 (cada língua) que derivou do latim vulgar e acabou por gerar as línguas ditas neolatinas modernas (português, francês, espanhol etc.)

ro.ma.no *adj.* 1 relativo a Roma, Itália ■ *s.m.* 2 natural ou habitante dessa capital

ro.mân.ti.co *adj.* 1 relativo ao romantismo ⟨*autor r.*⟩ 2 *fig.* lírico, poético; apaixonado 3 *fig. pej.* sentimental demais; meloso

ro.man.tis.mo *s.m.* 1 movimento artístico do final do sXVIII que cultua o subjetivismo, o sentimento, a imaginação, os temas nacionais e populares ☞ inicial freq. maiúsc. ■ *adj.* 2 qualidade do que é romântico ou romanesco

ro.man.ti.zar *v.* {mod. 1} *t.d.* 1 contar em forma de romance; romancear ❑ *int.* 2 contar, criar fatos, histórias inverossímeis; fantasiar ❑ *t.d.,int. e pron.* 3 (fazer) ter feição, aspecto românticos ~ **romantização** *s.f.*

ro.ma.ri.a *s.f.* 1 peregrinação religiosa 2 *p.ext.* multidão que se dirige a determinado lugar

ro.mã.zei.ra *s.f.* árvore da romã

[1]rom.bo *s.m.* 1 grande abertura, buraco ⟨*a brasa fez um r. na colcha*⟩ 2 *fig.* desfalque ('desvio'), prejuízo ⟨*r. na conta bancária*⟩ [ORIGEM: obscura]

[2]rom.bo *s.m.* 1 GEOM losango ■ *adj.* 2 cuja ponta é arredondada; obtuso ⮌ pontudo 3 *fig.* pouco sutil; estúpido ⮌ sagaz [ORIGEM: do lat. *rhŏmbus,i* 'losango']

rom.boi.de \ói\ *s.m.* GEOM 1 paralelogramo ■ *adj.2g.* 2 que tem a forma de losango

rom.bu.do *adj.* 1 que não tem ou perdeu a ponta ⟨*lápis r.*⟩ ⮌ pontiagudo 2 *fig.* pouco esperto ⮌ perspicaz

ro.mei.ro *s.m.* quem segue em romaria; peregrino

ro.me.no *adj.* 1 da Romênia, Europa ■ *s.m.* 2 natural ou habitante desse país 3 sua língua

rom.pan.te *adj.2g.* 1 arrogante, presunçoso ⮌ humilde 2 precipitado, imprudente ⮌ ponderado ■ *s.m.* 3 reação impulsiva; ímpeto

rom.per *v.* {mod. 8} *t.d.* 1 criar abertura ou passagem à força, rasgando, partindo, quebrando etc.; arrombar, dilacerar 2 fazer desaparecer; afastar, eliminar ⟨*r. preconceito*⟩ 3 *fig.* extinguir ou desrespeitar (testamento, contrato, compromisso etc.) ❑ *t.d. e pron.* 4 fazer(-se) em pedaços; quebrar(-se) 5 separar(-se) em partes, com violência; arrebentar ⟨*conseguiu r. o laço*⟩ ⟨*a corda rompeu-se*⟩ 6 (fazer) parar por um tempo; interromper(-se) ❑ *int.* 7 ter início; começar, surgir ❑ *t.i.* 8 (prep. *em*) aparecer de repente; irromper ⟨*r. em lágrimas*⟩ ❑ *t.i. e int.* 9 (prep. *com*) desfazer ligação amorosa ou de amizade; terminar ~ **rompedor** *adj.s.m.*

rom.pi.men.to *s.m.* **1** fenda em superfície; rachadura **2** interrupção de algo; suspensão ⊃ prosseguimento

ron.car *v.* {mod. 1} *int.* **1** respirar com ruído durante o sono **2** produzir forte ruído; estrondear ⟨*as trovoadas roncam*⟩ **3** produzir ruído surdo e contínuo ⟨*certos motores roncam*⟩ ~ **roncador** *adj.s.m.* - **roncadura** *s.f.*

ron.cei.ro *adj.* **1** que se movimenta lentamente; vagaroso ⊃ apressado **2** que tem pouca energia; preguiçoso ⊃ ágil

ron.co *s.m.* **1** ruído áspero e grave da respiração de certas pessoas durante o sono **2** *p.ext.* som cavernoso, rouco, contínuo

ron.da *s.f.* **1** visita, inspeção para a verificação da ordem, da segurança de algo **2** serviço de vigilância noturna **3** *p.ext.* indivíduo ou grupo de indivíduos que fazem esse serviço

ron.dar *v.* {mod. 1} *t.d. e int.* **1** percorrer (lugar) vigiando; patrulhar ❑ *t.d.* **2** observar em segredo; espreitar **3** andar ao redor ou nas proximidades de; rodear **4** *fig.* estar junto de; aproximar-se ⟨*o medo rondava sua mente*⟩ ~ **rondante** *adj.2g.s.2g.*

ron.do.ni.a.no *adj.* **1** de Rondônia ■ *s.m.* **2** natural ou habitante desse estado

ron.quei.ra *s.f.* ruído provocado pela respiração difícil

ron.ro.nar *v.* {mod. 1} *int.* fazer (o gato) ruído contínuo com a garganta ⊙ GRAM/USO só us. nas 3as p., exceto quando fig.

[1]**ro.que** *s.m.* no jogo de xadrez, movimento combinado do rei e uma das torres [ORIGEM: contrv., talvez do fr. antigo *roc* 'torre'] ~ **rocar** *v.int.*

[2]**ro.que** *s.m. rock and roll* [ORIGEM: aport. do ing. *rock*]

ro.quei.ro *adj.s.m.* que(m) compõe e/ou executa *rock and roll*

ror *s.m. infrm.* grande quantidade de coisas ou pessoas

ro.rai.men.se *adj.2g.* **1** de Roraima ■ *s.2g.* **2** natural ou habitante desse estado

ro.re.jar *v.* {mod. 1} *t.d. e int.* banhar ou brotar gota a gota (orvalho, suor etc.) ~ **rorejante** *adj.2g.*

ro.sa *s.f.* **1** a flor da roseira ■ *s.m.2n.* **2** cor-de-rosa ■ *adj.2g.2n.* **3** dessa cor **4** diz-se dessa cor ⟨*a cor r.*⟩ ▼ *rosas s.f.pl.* **5** alegria, felicidade ⟨*nem tudo são r.*⟩ ⊃ tristeza

[1]**ro.sá.cea** *s.f.* **1** ornato em forma de rosa **2** vitral de igreja com essa forma [ORIGEM: do lat. *rosacĕus,a,um* 'de rosa, feito de rosas']

[2]**ro.sá.cea** *s.f.* espécime das rosáceas, família botânica que inclui árvores, arbustos e ervas que possuem flores ornamentais [ORIGEM: do lat.cien. *Rosaceae*]

ro.sa-cruz [pl.: *rosa-cruzes*] *adj.2g.s.2g.* (membro) de fraternidade esotérica que tem como emblema a rosa e a cruz ~ **rosa-cruzista** *adj.2g.s.2g.*

ro.sa.do *adj.* **1** de tom levemente rosa **2** corado, enrubescido ⊃ pálido

ro.sa dos ven.tos [pl.: *rosas dos ventos*] *s.f.* gráfico circular que mostra as direções da esfera celeste marcadas pelos pontos cardeais

ro.sal *s.m.* roseiral

ro.sá.rio *s.m.* **1** cordão de contas que correspondem a 15 dezenas de ave-marias e 15 pai-nossos **2** a reza em que se utiliza esse cordão **3** *fig.* enfiada, série ⟨*um r. de mentiras*⟩

ros.bi.fe *s.m.* assado de carne bovina, tostado por fora e sangrento por dentro

ros.ca \ô\ *s.f.* **1** espiral de parafuso, porca, extremidades de tubos etc. **2** pão, bolo, biscoito em forma de argola retorcida

ros.car *v.* {mod. 1} *t.d.* **1** dotar de roscas (pino, parafuso etc.); rosquear **2** aparafusar, atarraxar

ro.sei.ra *s.f.* arbusto da família das rosáceas, cultivado como ornamental ⊙ COL roseiral, rosal

ro.sei.ral *s.m.* **1** conjunto de roseiras num terreno; rosal **2** terreno plantado de roseiras

ro.se.ta \ê\ *s.f.* **1** qualquer objeto que se assemelhe a uma pequena rosa **2** parte móvel da espora, em forma de roda dentada

ro.si.lho *adj.s.m.* (cavalo) que tem o pelo avermelhado entremeado de branco

ros.ma.ni.nho *s.m.* **1** arbusto nativo do Mediterrâneo cultivado por suas flores perfumadas, us. em sachês e para a extração de essências **2** alecrim

ros.nar *v.* {mod. 1} *t.d. e int.* **1** dizer em voz baixa, de forma confusa, ger. com mau humor; resmungar ❑ *int.* **2** emitir (cães, lobos etc.) som surdo, diferente do latido, mostrando os dentes, ger. em sinal de ameaça ☞ nesta acp., só us. nas 3as p., exceto quando fig.

ros.que.ar *v.* {mod. 5} *t.d.* dotar de roscas (pino, parafuso etc.); roscar

ros.sio *s.m.* praça grande ☞ cf. *rocio*

ros.to \ô\ *s.m.* **1** parte anterior da cabeça; cara, face **2** *fig.* expressão do semblante; fisionomia **3** a parte da frente em relação ao observador; dianteira ⊃ traseira

ros.tro \ó\ *s.m.* **1** ZOO extensão saliente da cabeça de alguns insetos **2** BOT prolongamento pontiagudo presente em diversos órgãos vegetais **3** ANAT estrutura anatômica semelhante a um bico

ro.ta *s.f.* caminho, trajetória a ser percorrida ou a percorrer

ro.ta.ção [pl.: *-ões*] *s.f.* movimento giratório em torno de um ponto central ⊡ **r. da Terra** *loc.subst.* movimento que a Terra executa em 23 horas e 56 minutos e que dá origem ao dia e à noite ☞ cf. *translação da Terra*

ro.ta.ti.va *s.f.* máquina impressora composta de dois cilindros que são pressionados um contra o outro enquanto giram

ro.ta.ti.vi.da.de *s.f.* **1** qualidade do que é rotativo **2** rodízio ('alternância')

ro.ta.ti.vo *adj.* **1** que faz girar ou rodar ⟨*engrenagem r.*⟩ **2** que é feito em rodízio, revezamento

ro.ta.tó.rio *adj.* **1** relativo a rotação **2** que gira ou roda

ro.ta.ví.rus *s.m.2n.* grupo de vírus, que possuem forma de roda, causadores da gastrenterite infantil aguda e de diarreia em animais e crianças

ro.tei.ris.ta *adj.2g.s.2g.* que(m) escreve roteiros para cinema, televisão etc.

ro.tei.ro *s.m.* **1** itinerário ou descrição minuciosa de viagem **2** relação de tópicos a serem abordados em trabalho, discussão etc. **3** texto que contém diálogos, planos, cenários de filmes, programas de televisão etc.; *script* ~ **roteirização** *s.f.* - **roteirizar** *v.t.d.*

ro.ti.na *s.f.* **1** caminho utilizado habitualmente **2** prática constante e mecânica de repetir certas ações ↄ eventualidade **3** procedimento regular ou habitual

ro.ti.nei.ro *adj.* **1** relativo a rotina ('procedimento') **2** que acontece habitualmente ↄ inusitado

ro.to \ô\ *adj.* **1** que se rompeu ■ *adj.s.m.* **2** que(m) veste roupa esfarrapada; maltrapilho ⊙ GRAM/USO part. de *romper*

ro.tor \ô\ *s.m.* parte giratória de um máquina ou motor, esp. elétrico

ró.tu.la *s.f.* **1** gelosia **2** ANAT denominação substituída por *patela*

ro.tu.lar *v.* {mod. 1} *t.d.* **1** fixar rótulo, etiqueta, adesivo em **2** ser usado como rótulo em ❑ *t.d.,t.d.pred. e pron.fig.* **3** (prep. *de*) atribuir(-se) [qualidade, defeito] com simplismo ou impropriedade ~ **rotulação** *s.f.*

ró.tu.lo *s.m.* impresso afixado sobre uma embalagem que nomeia, descreve ou dá informações sobre seu conteúdo

ro.tun.da *s.f.* **1** construção circular, ger. com uma cúpula no teto **2** praça circular em que desembocam várias ruas ou avenidas **3** cortina, ger. preta, que cobre o fundo do palco de teatro

ro.tun.do *adj.* **1** redondo, esférico **2** *fig.* que encerra uma questão; decisivo ~ **rotundidade** *s.f.*

rou.ba.lhei.ra *s.f.* **1** roubo de bens que pertencem ao Estado, a uma organização ou empresa **2** *infrm.* roubo escandaloso e em grande proporções ↄ lisura

rou.bar *v.* {mod. 1} *t.d.,t.d.i.,t.i. e int.* **1** (prep. *a, de*) privar (alguém) da posse de (algo), indevidamente, com fraude, engodo, violência ou ameaça; tomar ❑ *t.d. e t.d.i.* **2** (prep. *a, de*) deixar sem (um bem, um direito etc.); destituir, privar **3** *fig.* (prep. *a, de*) causar dano ou destruição a; consumir **4** (prep. *de*) retirar de (família, grupo etc.), de modo violento ou desonesto; raptar **5** (prep. *a*) fazer (agrado, afago) em (alguém) sem consentimento ❑ *t.i.* **6** (prep. *em*) enganar quanto a (qualidade ou quantidade) ⟨*r. no peso*⟩

rou.bo *s.m.* **1** apropriação indevida de algo que pertence a outra pessoa ↄ devolução **2** aquilo que foi roubado **3** favorecimento indevido

rou.co *adj.* que apresenta rouquidão

rou.fe.nho *adj.* **1** fanhoso **2** com som áspero, rouco ↄ cristalino

round [ing.; pl.: *rounds*] *s.m.* período de tempo em que se divide uma luta (de boxe, p.ex.) ⇨ pronuncia-se raund

rou.pa *s.f.* **1** peça moldada, ger. em pano, para cobrir o corpo; indumentária, vestimenta, traje **2** qualquer peça de tecido de uso doméstico ⟨*r. de cama, de banho*⟩ ⊙ COL roupagem, enxoval

rou.pa.gem *s.f.* **1** conjunto de roupas **2** *fig.* aspecto exterior; aparência

rou.pão [pl.: *-ões*] *s.m.* veste aberta na frente, us. ger. sobre a roupa de dormir; chambre

rou.pa.ri.a *s.f.* **1** grande quantidade de roupas **2** local onde se guardam roupas

rou.pei.ro *s.m.* **1** encarregado da rouparia de hospitais, internatos etc. **2** *B* móvel em que se guardam roupas

rou.pe.ta \ê\ *s.f.* batina

rou.qui.dão [pl.: *-ões*] *s.f.* alteração na voz que a torna mais grave e áspera

rou.xi.nol *s.m.* ave de canto melodioso, emitido pelos machos à noite e durante o período reprodutivo

ro.xo \ô\ *s.m.* **1** cor resultante da mistura entre o vermelho e o azul ■ *adj.* **2** que tem essa cor ⟨*cortinas r.*⟩ **3** diz-se dessa cor ⟨*cor r.*⟩

roy.al.ty [ing.; pl.: *royalties*] *s.m.* parte do lucro ou comissão paga ao detentor de uma patente, concessão etc. ⇨ pronuncia-se róialti

R.P.G *s.f.* sigla de *reeducação postural global*

RR sigla do Estado de Roraima

RS sigla do Estado do Rio Grande do Sul

Ru símbolo de *rutênio*

ru.a *s.f.* passagem pública urbana para o trânsito de pessoas ou pessoas e veículos

ru.bé.o.la *s.f.* doença viral contagiosa que provoca pequenas erupções na pele; pode produzir deformações no feto e aborto em mulheres grávidas

ru.bi *s.m.* **1** pedra preciosa de cor vermelho-escura **2** vermelho-escuro como essa pedra ■ *adj.2g.2n.* **3** que tem a cor dessa pedra ⟨*bolsa r.*⟩ **4** diz-se dessa cor ⟨*cor r.*⟩

ru.bi.á.cea *s.f.* espécime das rubiáceas, família botânica que agrupa diversas árvores, arbustos, ervas, cultivadas por suas propriedades estimulantes

ru.bi.á.ceo *adj.* relativo às rubiáceas

ru.bí.dio *s.m.* elemento químico us. em semicondutores, células fotoelétricas, tubos de alto vácuo etc. [símb.: *Rb*] ☞ cf. *tabela periódica* (no fim do dicionário)

ru.bi.gi.no.so \ô\ [pl.: *rubiginosos* \ó\] *adj.* **1** revestido por ferrugem; enferrujado, oxidado **2** de cor vermelho-alaranjada, como a ferrugem

ru.bor \ô\ *s.m.* **1** a cor vermelha e suas variações **2** vermelhidão no rosto causada por vergonha, febre etc.

ru.bo.ri.zar *v.* {mod. 1} *t.d.,int. e pron.* **1** tornar(-se) rubro; avermelhar(-se) **2** (fazer) ficar com a face vermelha, por timidez, indignação etc. ~ **ruborização** *s.f.*

ru.bri.ca *s.f.* assinatura abreviada

ru.bri.car *v.* {mod. 1} *t.d.* **1** pôr rubrica ('assinatura') em (texto, documento etc.) **2** *p.ext.* colocar marca, sinal em; assinalar

ru.bro *s.m.* **1** vermelho muito intenso, como o sangue ■ *adj.* **2** que tem essa cor ⟨*esmalte r.*⟩ **3** diz-se dessa cor ⟨*cor r.*⟩

ru.ço *adj.* **1** pardo claro **2** com cabelos e/ou pelos grisalhos **3** *B* desbotado pelo uso; surrado ■ *adj.s.m.* **4** que(m) tem cabelo louro ou castanho muito claro ~ **ruçar** *v.t.d.,int. e pron.*

rú.cu.la *s.f.* verdura comestível, da mesma família da couve e do repolho, muito apreciada em saladas

ru.de *adj.2g.* **1** não cultivado, lavrado ⟨*terreno r.*⟩ ⮌ cultivado **2** desprovido de delicadeza; grosseiro ⟨*resposta r.*⟩ ⮌ delicado **3** feito sem minúcia; pouco elaborado ⟨*construções r.*⟩

ru.de.za \ê\ *s.f.* **1** qualidade do que é rude **2** irregularidade de uma superfície; aspereza, rugosidade ⮌ planura, regularidade **3** falta de civilidade; descortesia, grosseria ⮌ cortesia, delicadeza, polidez **4** falta de compreensão; intransigência, rigidez, rigor ⟨*a r. do agiota ante seus devedores*⟩ ⮌ compreensão, flexibilidade **5** ignorância, desinformação, incultura ⟨*debochava da r. do colega*⟩ ⮌ sabedoria, sapiência

ru.di.men.tar *adj.2g.* **1** básico, elementar ⮌ complexo **2** pouco desenvolvido ou aperfeiçoado ⮌ profundo

ru.di.men.to *s.m.* **1** estrutura inicial; origem **2** elemento básico **3** conjunto das noções básicas de qualquer ciência ou arte ⮌ desenvolvimento ☞ mais us no pl.

ru.ei.ro *adj.* **1** relativo a rua ■ *adj.s.m.* **2** (aquele) que gosta de andar pelas ruas ⮌ caseiro

ru.far *v.* {mod. 1} *t.d. e int.* percutir (tambor) com toques rápidos e alternados

ru.fi.ão [pl.: *-ões*] *s.m.* **1** quem vive de explorar prostitutas **2** indivíduo brigão

ru.flar *v.* {mod. 1} *int.* **1** mover-se com rumor semelhante ao da ave a bater as asas ❑ *t.d.* **2** agitar (asas) para levantar voo **3** fazer tremular; agitar

ru.fo *s.m.* **1** toque de tambor com alternância rápida das baquetas **2** *p.ext.* qualquer som semelhante ao do tambor assim tocado

ru.ga *s.f.* **1** vinco, sulco que se forma na pele **2** prega ou elevação em qualquer superfície

ru.ge *s.m.* cosmético ger. vermelho us. para dar cor às maçãs do rosto

ru.gi.do *s.m.* **1** a voz de grandes felinos selvagens, como o leão, tigre etc.; urro **2** *p.ext.* som cavernoso semelhante ao urro dos felinos

ru.gir *v.* {mod. 24} *int.* **1** emitir rugidos (felinos); urrar ☞ nesta acp., só us. nas 3as p., exceto quando fig. **2** fazer som semelhante a esse ⟨*a ventania ruge*⟩ ❑ *t.d. e int.* **3** arrastar pelo chão com ruído; ruflar

ru.go.so \ô\ [pl.: *rugosos* \ó\] *adj.* que tem rugas

ru.í.do *s.m.* **1** som confuso, indistinto **2** *fig.* notícia, ger. infundada, que se espalha rapidamente **3** TEL qualquer distúrbio que ocasiona perda de informação na transmissão de uma mensagem

rui.do.so \ô\ [pl.: *ruidosos* \ó\] *adj.* **1** que causa ou produz ruído **2** em que há ruído

ru.im *adj.2g.* **1** que não faz bem, que prejudica ⮌ favorável **2** que faz crueldades; mau, perverso ⮌ bondoso **3** de má qualidade **4** com defeito; imperfeito ⮌ perfeito ~ **ruindade** *s.f.*

ru.í.na *s.f.* **1** ação de ruir **2** o que restou de uma construção desmoronada ☞ tb. us. no pl. **3** *fig.* decadência moral ou material **4** colapso total; derrocada ⟨*r. do Império Romano*⟩ ⮌ prosperidade

rui.no.so \ô\ [pl.: *ruinosos* \ó\] *adj.* **1** prestes a desmoronar **2** que está em ruínas ⮌ perfeito **3** que acarreta perda, prejuízo ou destruição ⮌ benigno

ru.ir *v.* {mod. 26} *int.* **1** cair com ímpeto e rapidez; desmoronar **2** *fig.* desfazer-se, frustrar-se ⟨*sonhos que ruíram*⟩ ⊙ GRAM/USO verbo defectivo

rui.vo *adj.* **1** vermelho-amarelado ■ *s.m.* **2** indivíduo que tem o cabelo dessa cor

rum *s.m.* aguardente obtida por fermentação e destilação simples do caldo ou do melaço da cana-de-açúcar, e envelhecida em tonéis de carvalho

ru.ma *s.f.* grupo de coisas sobrepostas

ru.mar *v.* {mod. 1} *t.d. e int.* **1** (fazer) ir (embarcação) em certa direção; dirigir(-se) ⟨*r. o navio para o sul*⟩ ⟨*r. para o sul*⟩ ☞ *para o sul* é circunstância que funciona como complemento ❑ *int.* **2** pôr-se em direção a; ir ⟨*r. para casa*⟩ ☞ *para casa* é circunstância que funciona como complemento

rum.ba *s.f.* música e dança popular cubana, de ritmo 2/4 ou 4/4, marcada por pronunciado movimento lateral de quadris no fim de cada tempo

ru.mi.nan.te *adj.2g.* **1** que rumina ■ *s.m.* **2** espécime dos ruminantes, subordem de mamíferos possuidores de estômago complexo, que permite que a comida já engolida retorne à boca para nova mastigação

ru.mi.nar *v.* {mod. 1} *t.d. e int.* **1** entre os ruminantes, mastigar de novo (alimento que do estômago volta à boca) **2** *fig.* pensar muito em; refletir ~ **ruminação** *s.f.*

ru.mo *s.m.* **1** cada direção indicada pelas pontas da rosa dos ventos **2** percurso a ser seguido para se chegar a determinado lugar; caminho, itinerário

ru.mor \ô\ *s.m.* **1** som indistinto e contínuo de muitas vozes; murmúrio **2** ruído surdo **3** boato

ru.mo.re.jar *v.* {mod. 1} *t.d. e int.* **1** produzir rumor (em) **2** dizer em voz baixa (segredo, confidência etc.); sussurrar ~ **rumorejante** *adj.2g.*

ru.mo.re.jo \ê\ *s.m.* **1** murmúrio **2** ressonância de muitas vozes; vozerio

ru.mo.ro.so \ô\ [pl.: *rumorosos* \ó\] *adj.* **1** que produz ou causa rumor ⮌ silencioso **2** que causa sensação

ru.olz *s.m.* liga de cor prateada composta de cobre, níquel e prata, us. em ourivesaria

ru.pes.tre *adj.2g.* **1** que vive nas rochas; rupícola ⟨*planta r.*⟩ **2** construído ou gravado na rocha ⟨*habitação r.*⟩ ⟨*desenho r.*⟩

ru.pí.co.la *adj.2g.* que vive em rochedos; rupestre

rup.tu.ra *s.f.* **1** ação de romper(-se) ou o seu efeito; rompimento **2** interrupção da continuidade; corte, divisão

ru.ral *adj.2g.* relativo ao ou próprio do campo; campestre ⮌ urbano

ru.ra.lis.mo *s.m.* **1** utilização de cenas do campo na arte **2** predomínio da vida e população do campo sobre as da cidade **3** encanto pela vida rural

ru.ra.lis.ta *adj.2g.s.2g.* **1** que(m) se dedica às questões do campo **2** que(m) representa os interesses dos proprietários rurais **3** adepto do ruralismo

ru.rí.co.la *adj.2g.s.2g. frm.* agricultor, camponês

rus.ga *s.f.* pequeno desentendimento entre duas pessoas ⮌ entendimento

rus.gar *v.* {mod. 1} *int.* **1** entrar em desentendimento **2** falar em voz baixa, ger. com mau humor; resmungar

rus.guen.to *adj. B* **1** que se envolve muito em rusgas; briguento **2** que está sempre insatisfeito; implicante

rush [ing.] *s.m.2n.* tráfego muito intenso, esp. em horários de entrada ou saída do trabalho ⇨ pronuncia-se râch

rus.so *adj.s.m.* relativo ou pertencente à Federação da Rússia ou o que é seu natural ou habitante

rús.ti.co *adj.* **1** campestre ⮌ urbano **2** que nasce e cresce sem cuidados especiais (diz-se de planta) **3** sem acabamento; que apresenta simplicidade ⮌ sofisticado ~ **rusticidade** *s.f.*

ru.tê.nio *s.m.* elemento químico us. em catalisadores e em ligas muito resistentes à corrosão [símb.: *Ru*] ☞ cf. *tabela periódica* (no fim do dicionário)

ru.ther.fór.dio *s.m.* elemento químico sintético, anteriormente denominado *unnilquadium* [símb.: *Rf*] ☞ cf. *tabela periódica* (no fim do dicionário)

ru.ti.la.ção [pl.: *-ões*] *s.f.* brilho muito intenso; esplendor

ru.ti.lan.te *adj.2g.* **1** cintilante, resplandecente, rútilo **2** cujo brilho ofusca; rútilo ~ **rutilância** *s.f.*

ru.ti.lar *v.* {mod. 1} *t.d. e int.* **1** (fazer) brilhar intensamente; resplandecer ❑ *t.d.* **2** lançar de si; emitir ⟨*seu olhar rutila bondade*⟩

rú.ti.lo *adj.* rutilante

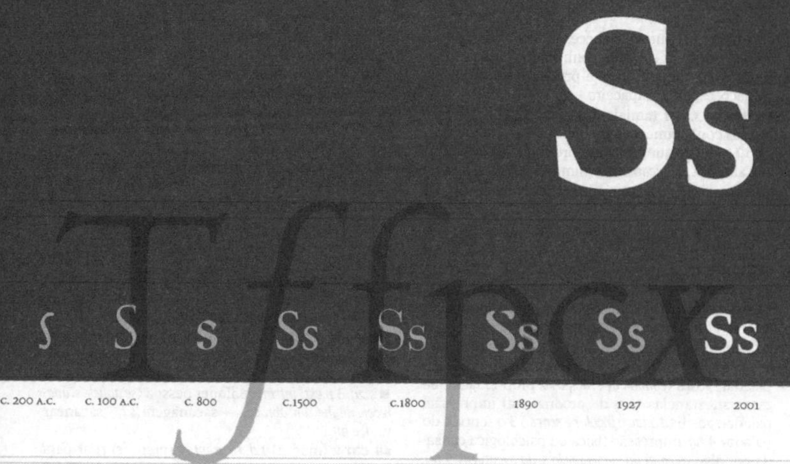

s *s.m.* **1** 19ª letra (consoante) do nosso alfabeto ⟨*casa S*⟩ ⟨*item s*⟩ ■ *n.ord.(adj.2g.2n.)* **2** diz-se do 19º elemento de uma série ⟨*casa s*⟩ ⟨*item 1s*⟩ ☞ empr. posposto a um substantivo ou numeral ▲ **3** símbolo de *segundo* ⊙ GRAM/USO na acp. s.m., pl.: *ss*

S **1** símbolo de *sul* (na rosa dos ventos) **2** símbolo de *entropia* ('grandeza') **3** símbolo de *enxofre*

S. abreviatura de *sul* ('região')

sa.a.ri.a.no *adj.* **1** relativo ao deserto de Saara (norte da África) ■ *s.m.* **2** natural ou habitante dessa região

sa.bá *s.m.* **1** descanso religioso que os judeus devem observar no sábado **2** reunião de feiticeiros e bruxas, segundo crendice popular

sá.ba.do *s.m.* o sétimo dia da semana, a partir do domingo

sa.bão [pl.: *-ões*] *s.m.* **1** substância detergente us. com água para lavagem de roupas, superfícies, utensílios etc. **2** *B infrm.* superfície escorregadia

sa.bá.ti.co *adj.* **1** relativo a sábado ⟨*descanso s.*⟩ **2** relativo a sabá ('reunião') ⟨*orgias s.*⟩ **3** em que se interrompe alguma atividade regular (diz-se de período, ano)

sa.ba.ti.na *s.f.* **1** recapitulação oral de matéria escolar através de perguntas e respostas **2** *fig.* matéria a discutir; tese, debate

sa.ba.ti.nar *v.* {mod. 1} *t.d.* submeter (alguém) a sabatina; arguir

sa.ba.ti.no *adj.* **1** relativo a sabatina **2** relativo a sábado; sabático

sa.be.dor \ô\ *adj.s.m.* **1** (aquele) que sabe alguma coisa; ciente ⮌ desconhecedor **2** (aquele) que tem profundo conhecimento de algo; sábio, erudito ⮌ desconhecedor

sa.be.do.ri.a *s.f.* **1** qualidade de quem sabe muito ⟨*a s. dos seus argumentos convenceu-me*⟩ **2** acúmulo de muitos conhecimentos; erudição, saber ⟨*mestre de muita s.*⟩ **3** prudência e moderação ao agir; temperança ⟨*ela é a voz da s.*⟩ ⮌ imprudência **4** *B infrm.* virtude de esperto; astúcia, manha ⟨*a s. do malandro*⟩

sa.ber *v.* {mod. 19} *t.d.,t.i. e int.* **1** (prep. *de*) ser, estar ou ficar informado, ciente de; conhecer ⟨*s. o horário do voo*⟩ ⟨*logo soube do divórcio*⟩ ⟨*ela o traía e pensava que ele não sabia*⟩ ⮌ ignorar ❑ *t.d.* **2** ter conhecimentos específicos, teóricos ou práticos ⟨*s. álgebra*⟩ **3** ter a certeza de (fatos presentes ou futuros); convencer-se, prever ⮌ desconhecer **4** ter força, mérito, meio, capacidade de ⟨*soube cumprir a missão*⟩ **5** poder explicar; compreender ⟨*sei por que chorava*⟩ **6** ser capaz de; conseguir ⟨*não sabe ser falso*⟩ **7** guardar na memória; decorar ⟨*s. poemas*⟩ ❑ *t.d.pred.* **8** ter como; julgar, considerar ⟨*não o sabia desonesto*⟩ ❑ *int.* **9** ter sabedoria ■ *s.m.* **10** soma de conhecimentos adquiridos; sabedoria, cultura ⟨*o s. dos mestres*⟩ **11** prudência e sensatez ao agir; experiência ⟨*o s. dos mais velhos*⟩ **12** capacidade resultante da experiência; prática ⟨*o s. empírico*⟩

sa.be-tu.do *s.2g.2n.* *infrm.* indivíduo que alardeia sabedoria; sabichão

sa.bi.á *s.2g.* *B* nome comum a aves muito apreciadas pela beleza do canto, dotadas de plumagem marrom, cinza ou preta, com as partes inferiores lisas ou manchadas ⊙ voz v.: chilrar, piar; subst.: chilreio, pio

sa.bi.chão [pl.: *-ões*; fem.: *sabichã* e *sabichona*] *adj.s.m.* **1** que(m) sabe muito **2** *joc.* (aquele) que julga saber muito

sa.bi.do *adj.* 1 que se conhece; público ↄ desconhecido ■ *adj.s.m.* 2 sabedor, conhecedor ↄ desconhecedor 3 *fig.* (aquele) que é prudente, astuto 4 *fig.* velhaco, esperto, trapaceiro

sá.bio *adj.s.m.* 1 (aquele) que tem extensos e profundos conhecimentos em dada especialidade; erudito 2 (aquele) que é sensato, prudente ⊙ GRAM/USO sup.abs.sint.: *sapientíssimo*; aum.irreg. pej.: *sabichão*

sa.bo.a.ri.a *s.f.* local em que se fabricam ou se guardam sabões

sa.bo.ei.ro *s.m.* 1 indivíduo que faz ou vende sabão 2 saboneteira

sa.bo.ne.te \ê\ *s.m.* sabão fino, ger. com aroma, us. na higiene pessoal

sa.bo.ne.tei.ra *s.f.* 1 recipiente para o sabonete 2 ANAT *infrm.* depressão acima da clavícula

sa.bor \ô\ *s.m.* 1 impressão que as substâncias doces, amargas e salgadas exercem sobre o órgão do paladar; gosto ⟨*comida de s. ácido*⟩ 2 propriedade que essas substâncias têm de produzir tal impressão; paladar, gosto ⟨*a água é incolor e sem s.*⟩ 3 o sentido do paladar 4 *fig.* impressão física ou psicológica causada por algo ⟨*gostou da viagem pelo s. da aventura*⟩ 5 *fig.* traço distintivo; caráter, gênero ⟨*música de s. latino*⟩ 6 *fig.* bom humor; graça ⟨*piada sem s.*⟩ 7 *fig.* vontade, capricho ⟨*navegar ao s. do vento*⟩

sa.bo.re.ar *v.* {mod. 5} *t.d.* 1 dar sabor ou gosto a ⟨*erva que saboreia a comida*⟩ 2 apreciar o sabor de; degustar 3 comer ou beber com apetite e gosto 4 *p.ext.* experimentar deleite, prazer com; deliciar-se ⟨*s. uma vitória*⟩ 5 *fig.* sofrer, experimentar lentamente ⟨*s. uma desilusão*⟩

sa.bo.ro.so \ô\ [pl.: *saborosos* \ó\] *adj.* 1 que agrada ao paladar; delicioso, gostoso ⟨*alimento muito s.*⟩ ↄ insípido 2 *fig.* que dá prazer; agradável ⟨*tem um sotaque s.*⟩ ↄ desagradável 3 *fig.* que tem espírito, inteligência; estimulante ⟨*filme s.*⟩ ↄ chato

sa.bo.ta.dor \ô\ *adj.s.m.* que(m) pratica sabotagem

sa.bo.ta.gem *s.f.* 1 ato ou efeito de sabotar 2 dano proposital a estradas, meios de transporte, instalações industriais, militares etc., para a interrupção dos serviços

sa.bo.tar *v.* {mod. 1} *t.d.* 1 danificar de modo intencional e criminoso 2 prejudicar de forma oculta e traiçoeira; minar ⟨*s. o projeto do colega*⟩ 3 dificultar ou impedir (atividade) com resistência passiva

sa.bre *s.m.* 1 arma de lâmina reta ou curva, pontuda e afiada de um só lado 2 espada curta

sa.bu.go *s.m.* 1 parte do dedo à qual a unha adere 2 espiga de milho já sem os grãos

sa.bu.guei.ro *s.m.* nome comum a arbustos cultivados como ornamentais ou pelas propriedades medicinais

sa.bu.jar *v.* {mod. 1} *t.d. e int.* lisonjear de modo excessivo; bajular, adular

sa.bu.ji.ce *s.f.* submissão, servilismo

sa.bu.jo *s.m.* 1 grande cão de caça ■ *adj.s.m. fig.* 2 (aquele) que bajula

sa.bur.ra *s.f.* crosta esbranquiçada que cobre a parte superior da língua, em decorrência de certas doenças, falta de limpeza etc.

sa.ca *s.f.* 1 saco largo e comprido us. no comércio e tb. como medida 2 o conteúdo desse saco ⟨*s. de café, arroz*⟩ 3 bolsa de compras ⊙ GRAM/USO dim.irreg.: *sacola* ⊙ COL sacaria

sa.ca.da *s.f.* plataforma saliente da fachada de casa ou prédio

sa.ca.do *adj.* 1 que foi extraído 2 que se sacou (título, cheque, duplicata etc.) ■ *s.m.* ECON 3 pessoa física ou jurídica contra a qual se emite um título de crédito

sa.ca.dor \ô\ *adj.s.m.* 1 (aquele) que saca ■ *s.m.* ECON 2 pessoa física ou jurídica que emite título de crédito contra um sacado

sa.ca.na *adj.2g.s.2g.* 1 *pej.* que(m) tem mau caráter, engana ou tira vantagens que caberiam a outros; finório, espertalhão 2 *infrm.* brincalhão, gozador ■ *s.2g.* 3 *p.ext. infrm.* qualquer pessoa ⟨*se aquele s. aparecer, dê-lhe um abraço*⟩ ~ **sacanagem** *s.f.* - **sacanear** *v.t.d. e int.*

sa.car *v.* {mod. 1} *t.d.,t.i. e int.* 1 (prep. *de*) tirar para fora de modo brusco, violento; puxar ❑ *int.* DESP 2 dar ou ter direito a um saque ❑ *t.d. e int.* 3 abater (certa quantia) de conta bancária ❑ *t.d. B gír.* 4 observar oculta e atentamente; vigiar ⟨*s. o ambiente*⟩ ❑ *t.d. e t.i. gír.* 5 (prep. *de*) compreender, entender, saber ⟨*não sacou a matéria*⟩ ⟨*s. de matemática*⟩

sa.ca.ri.a *s.f.* 1 grande quantidade de sacos ou de sacas 2 fábrica de sacos

sa.ça.ri.car *v.* {mod. 1} *int.* 1 dançar ou andar sacudindo o corpo; rebolar(-se) 2 divertir-se muito

sa.ca.ri.na *s.f.* adoçante artificial

sa.ca.ri.no *adj.* 1 relativo a cultivo ou a produção de açúcar 2 com as características do açúcar 3 doce como o açúcar

sa.ca-ro.lhas *s.m.2n.* instrumento us. para perfurar e retirar a rolha de cortiça de garrafas

sa.ca.ro.se *s.f.* substância adoçante extraída da cana-de-açúcar ou da beterraba

sa.cer.dó.cio *s.m.* 1 o ofício do sacerdote 2 a carreira eclesiástica 3 poder espiritual dos sacerdotes 4 *fig.* missão honrosa, nobre ou sacrificada ⟨*a medicina é seu s.*⟩

sa.cer.do.te [fem.: *sacerdotisa*] *s.m.* indivíduo responsável pela celebração dos rituais sagrados de uma religião

sa.chê *s.m.* pequeno saco que contém substâncias aromáticas, us. para perfumar roupas

sa.cho *s.m.* pequena enxada estreita e longa, us. para afofar a terra

sa.ci *s.m. B* negrinho lendário, perneta e travesso, que usa cachimbo e um gorro vermelho e mágico

sa.ci.ar *v.* {mod. 1} *t.d. e pron.* 1 aplacar (a fome, a sede), comendo ou bebendo; satisfazer(-se) 2 *fig.* (fazer) ficar plenamente contente, satisfeito, sem queixas, dúvidas etc.; satisfazer(-se) ⟨*s. a curiosidade*⟩ ⟨*s.-se com um livro*⟩

sa.ci.e.da.de *s.f.* **1** estado de alguém satisfeito, saciado ↄ insatisfação **2** plena satisfação do apetite ↄ insatisfação **3** fastio, aborrecimento ⟨*s. da farra*⟩ ↄ divertimento

sa.co *s.m.* **1** recipiente de pano, papel, matéria plástica etc. aberto apenas de um dos lados **2** o conteúdo desse recipiente **3** tecido grosseiro, ger. de juta ou fibra semelhante ⟨*pano de s.*⟩ **4** enseada pequena **5** *B gros.* enfado, chatice ⟨*reunião de condomínio é um s.*⟩ **6** *B gros.* paciência, pachorra ⟨*não tenho s. para aturar aquele chato!*⟩ **7** ANAT nome dado a diversas cavidades do corpo ■ *adj.2g.2n.* **8** diz-se de caimento reto ⟨*paletó, vestido s.*⟩ ⊡ **s. de gatos** *loc.subst. infrm.* **1** grupo de pessoas sem afinidades entre si ⟨*aquele partido é um s. de gatos*⟩ **2** conjunto de objetos sem organização ⟨*seus livros são um s. de gatos*⟩ • **s. sem fundo** *loc.subst. infrm.* **1** pessoa incapaz de guardar segredos **2** aquele que come ou gasta muito • **s. de pancadas** *loc.subst. B* **1** pessoa que é surrada com frequência **2** pessoa a quem se atribuem todas as faltas de um grupo

sa.co.la *s.f.* **1** bolsa us. para transportar compras e objetos **2** bolsa que se leva a tiracolo

sa.co.lei.ro *s.m. B infrm.* **1** pequeno comerciante que traz objetos do exterior, de outro estado ou cidade, para vender de porta em porta ou em locais de trabalho ■ *adj.* **2** relativo a esse comerciante

sa.co.le.jar *v.* {mod. 1} *t.d.,int. e pron.* agitar(-se) muito, várias vezes, de um lado para outro; sacudir(-se), balançar(-se) ~ **sacolejo** *s.m.*

sa.cra.li.zar *v.* {mod. 1} *t.d. e pron.* (fazer) adquirir caráter sagrado; sacramentar

sa.cra.men.tal *adj.2g.* **1** relativo a sacramento ⟨*palavra s.*⟩ **2** *p.ext.* pronunciado em ocasiões oficiais, solenes (diz-se de palavra ou frase) ⟨*elogios s.*⟩ **3** imposto pelo costume, pela prática; habitual ⟨*hora s. do jantar*⟩ ↄ incomum **4** que tem caráter obrigatório ↄ facultativo

sa.cra.men.tar *v.* {mod. 1} *t.d.* **1** ministrar os sacramentos (esp. confissão, comunhão e extrema-unção) a **2** tornar sagrado; consagrar **3** *B infrm.* preencher e legalizar os requisitos de (documento, contrato etc.)

sa.cra.men.to *s.m.* REL **1** cada um dos sete ritos sagrados (batismo, crisma, comunhão, confissão, extrema-unção, ordem e matrimônio) instituídos por Jesus Cristo **2** a hóstia consagrada

sa.crá.rio *s.m.* lugar onde se guardam objetos sagrados

sa.cri.fi.can.te *adj.2g.s.2g.* **1** (aquele) que sacrifica; sacrificador **2** (aquele) que celebra missa

sa.cri.fi.car *v.* {mod. 1} *t.d.,t.d.i.,t.i. e int.* **1** (prep. *a*) oferecer (pessoa, coisa) em sacrifício a (divindade); imolar ❑ *t.d.i. e pron.* **2** (prep. *a*) dedicar-se totalmente a; devotar(-se) ❑ *t.d. e pron.* **3** desprezar ou renunciar voluntariamente a (coisa ou pessoa) em favor de outra; sujeitar(-se) ❑ *t.d.* **4** causar risco, dano a; prejudicar, abater ~ **sacrificador** *adj.s.m.*

sa.cri.fí.cio *s.m.* **1** oferenda solene de vítimas ou donativos à divindade **2** renúncia ou privação voluntária, em favor de algo ou de alguém, por razões religiosas, morais ou práticas

sa.cri.lé.gio *s.m.* **1** pecado grave contra a religião ou contra as coisas sagradas **2** profanação de lugares, objetos e pessoas sagrados ↄ respeito **3** *fig.* ação digna de reprovação ⟨*foi um s. demolir o prédio histórico*⟩

sa.crí.le.go *adj.* **1** em que há sacrilégio ⟨*discurso s.*⟩ ■ *adj.s.m.* **2** (aquele) que comete sacrilégio

sa.cri.pan.ta *adj.2g.s.2g.* **1** velhaco, patife, indigno ↄ digno ■ *s.2g.* **2** falso beato

sa.cris.tão [pl.: *-ães* e *-ãos*; fem.: *sacristã*] *s.m.* **1** empregado que cuida da sacristia **2** quem auxilia o padre durante a missa e os ofícios divinos

sa.cris.ti.a *s.f.* local da igreja onde se guardam os paramentos do padre e outros objetos de culto

sa.cro *s.m.* ANAT **1** osso único que forma a parte posterior da bacia ■ *adj.* **2** ANAT relativo a esse osso **3** sagrado, santo ⟨*música s.*⟩ ↄ profano **4** *fig.* digno de respeito ⟨*o s. lar*⟩

sa.cro.i.lí.a.co *adj.* ANAT relativo aos ossos sacro e ilíaco (diz-se de articulação e ligamento)

sa.cros.san.to *adj.* **1** santo e sagrado **2** que não pode ser violado ⟨*s. privacidade*⟩ **3** *p.ext.* tido como sagrado ⟨*o s. respeito à maternidade*⟩

sa.cu.dir *v.* {mod. 29} *t.d. e pron.* **1** agitar(-se) em vários sentidos, forte e repetidamente; sacolejar ❑ *t.d.* **2** mover de lado para outro; balançar **3** agitar para limpar; bater ⟨*s. lençol, tapete*⟩ ❑ *pron.* **4** mover-se balançando o corpo, os quadris ao andar, dançar; rebolar-se ~ **sacudida** *s.f.* - **sacudidela** *s.f.* - **sacudidor** *adj.s.m.*

sá.di.co *adj.* **1** referente a ou próprio de sadismo ■ *adj.s.m.* **2** (aquele) que é adepto à prática do sadismo **3** *p.ext.* (o) que gosta de fazer o mal ↄ bondoso

sa.di.o *adj.* **1** que tem boa saúde ↄ doentio **2** que é bom para a saúde; saudável ⟨*alimentação s.*⟩ ↄ insalubre **3** *p.ext.* que é bom para o espírito e/ou para a inteligência, a moralidade ⟨*leitura s.*⟩

sa.dis.mo *s.m.* distúrbio psiquíco caracterizado pela obtenção de prazer sexual com a humilhação ou sofrimento físico do outro

sa.do.ma.so.quis.mo *s.m.* distúrbio psiquíco, esp. sexual, que combina o sadismo e o masoquismo ~ **sadomasoquista** *adj.2g.s.2g.*

sa.fa.de.za \ê\ *s.f.* **1** ato ou dito próprio de pessoa ruim, safada; baixeza, indignidade ↄ decência **2** ação ou dito pornográfico ou imoral; imoralidade ↄ moralidade **3** *B* travessura, troça

sa.fa.do *adj.s.m.* **1** *pej.* sem-vergonha, descarado, desavergonhado **2** *B* (o) que leva uma vida devassa; libertino, obsceno ↄ pudico

sa.fa.não [pl.: *-ões*] *s.m.* **1** puxão com que se arranca algo **2** *infrm.* tapa com a mão aberta; bofetão **3** *infrm.* esbarro forte e brusco; empurrão

sa.far *v.* {mod. 1} *t.d.i. e pron.* **1** (prep. *de*) deixar ou ficar livre de (pessoa ou situação desagradável); esquivar-se ❑ *t.d.* **2** fazer sair puxando; sacar ⟨*s. os* sapatos⟩ ❑ *t.d. e t.d.i.* **3** (prep. *a*) tirar, roubar ⟨*safaram(-lhe) o relógio*⟩ ⊙ GRAM/USO part.: *safado,safo*

sa.far.da.na *s.m.* indivíduo sem escrúpulos; safado, canalha

sa.fá.ri *s.m.* **1** expedição para caça ou exploração **2** *p.ext.* qualquer expedição ou viagem aventureira

sa.fe.na *s.f.* ANAT pequeno vaso superficial que leva o sangue dos membros inferiores para o coração

sa.fi.ra *s.f.* **1** pedra preciosa de cor azul **2** *p.ext.* a cor dessa pedra ~ **safírico** *adj.* - **safirino** *adj.*

sa.fis.mo *s.m.* homossexualismo feminino ~ **safista** *adj.2g.s.f.*

sa.fo *adj.* **1** gasto pelo uso ⟨*sapato s.*⟩ ⮌ novo **2** que se livrou de situação difícil ⟨*estar s. de castigos na escola*⟩ ⮌ preso **3** *B infrm.* esperto, vivo ⟨*vendedor s.*⟩ ⮌ tímido ⊙ GRAM/USO part.irreg. de *safar*

sa.fra *s.f.* produção agrícola de um ano; colheita

sa.ga *s.f.* narrativa heroica cheia de acontecimentos maravilhosos e extraordinários

sa.ga.ci.da.de *s.f.* **1** aptidão para compreender ou aprender por simples sinais; agudeza, discernimento, perspicácia ⮌ incapacidade, incompetência **2** manha, malícia, astúcia ⟨*a s. dos aproveitadores*⟩ ⮌ ingenuidade

sa.gaz *adj.2g.* **1** que tem agudeza de espírito; inteligente, perspicaz ⮌ obtuso **2** que não se deixa enganar; esperto, manhoso ⮌ ingênuo

sa.gi.ta.ri.a.no *adj.s.m.* **1** (aquele) que nasceu sob o signo de Sagitário ■ *adj.* **2** relativo ou pertencente a esse signo

sa.gi.tá.rio *adj.s.m.* **1** (aquele) que está armado de arco e setas ■ *s.m.* **2** nona constelação zodiacal, situada entre Escorpião e Capricórnio ☞ inicial maiúsc. **3** ASTRL nono signo do zodíaco (de 22 de novembro a 21 de dezembro) ☞ inicial maiúsc.

sa.gra.ção [pl.: *-ões*] *s.f.* **1** consagração de rei, bispo etc., em cerimônia religiosa **2** essa cerimônia **3** atribuição de caráter sagrado ou religioso a algo

sa.gra.do *adj.* **1** relativo a Deus, a divindade, a religião ou a culto; sacro, santo ⟨*ritual s.*⟩ **2** que recebeu a consagração ⟨*imperador s.*⟩ **3** que inspira ou deve inspirar respeito ou profunda veneração ⟨*a s. imagem dos pais diante dos filhos*⟩ **4** que não se deve infringir; inviolável ⟨*a s. liberdade*⟩ **5** que não se pode deixar de cumprir ⟨*s. compromisso*⟩ ⮌ dispensável

sa.grar *v.* {mod. 1} *t.d.,t.d.i. e pron.* **1** (prep. *a*) dedicar(-se), consagrar(-se) [a Deus ou a seu serviço] ❑ *t.d.i. e pron.* **2** (prep. *a*) oferecer (vida, sentimento etc.) [a fim, atividade etc.]; devotar(-se), dedicar(-se) ❑ *t.d. e t.d.pred.* **3** investir numa dignidade por cerimônias religiosas ⟨*s. um imperador*⟩ ⟨*sagrou-o rei*⟩

sa.gu *s.m.* **1** nome comum a diversas palmeiras de cujo caule se extrai fécula comestível; sagueiro, saguzeiro **2** essa fécula

sa.guão [pl.: *-ões*] *s.m.* **1** sala de entrada em prédios ou casas grandes; *hall* **2** pátio no interior de uma construção

sa.guei.ro \gü\ *s.m.* sagu ('nome de palmeiras')

sa.gui \gü\ *s.m.* nome comum a pequenos macacos florestais dotados de cauda longa, pelagem macia e densa, que vivem em pequenos grupos e se alimentam de insetos e frutas

sa.gum *s.m.* sagu

sa.gu.zei.ro *s.m.* sagu ('nome de palmeiras')

sai.a *s.f.* peça do vestuário feminino que desce da cintura e cobre as pernas ⊙ GRAM/USO dim.irreg.: *saiote*

sai.ão [pl.: *-ões*] *s.m.* planta suculenta cujas folhas são medicinais

sai.bo *s.m. infrm.* sabor, ger. desagradável

sai.bro *s.m.* mistura de argila, areia e pedra ~ **saibrento** *adj.* - **saibroso** *adj.*

sa.í.da *s.f.* **1** ato de sair ou o seu efeito ⟨*o povo aguardava a s. do desfile*⟩ **2** lugar por onde se sai ⟨*a s. fica à direita*⟩ ⮌ entrada **3** momento em que se sai ⟨*a s. do colégio é às cinco horas*⟩ ⮌ entrada **4** *fig.* meio para sair de um apuro; recurso, expediente ⟨*a única s. foi fazer um empréstimo*⟩ **5** *infrm.* resposta ou observação feliz, espirituosa; escapatória ⟨*perguntada sobre a idade, ficou sem s. e sorriu*⟩ **6** procura ou venda ⟨*produto de grande s.*⟩ ⮌ encalhe **7** peça de vestuário feminino us. como agasalho e resguardo, quando se deixa certos lugares, como a praia, a piscina etc.

sa.í.da de prai.a [pl.: *saídas de praia*] *s.f.* peça de roupa feminina us. sobre maiô ou biquíni

sa.i.dei.ra *s.f. B infrm.* **1** última dose de bebida alcoólica que se toma **2** última dança de um baile

sa.í.do *adj.* **1** que se afastou; ausente ⮌ presente **2** que ressai; saliente ⟨*dentes s.*⟩ **3** *B infrm.* atrevido, intrometido ⮌ discreto

sa.i.men.to *s.m.* **1** ato de sair ou o seu efeito; saída **2** cortejo fúnebre; enterro **3** *B infrm.* descaramento, atrevimento, saliência ⮌ discrição

sai.o.te *s.m.* **1** saia curta **2** saia curta e grossa us. pelas mulheres sob outra

sa.ir *v.* {mod. 25} *int.* **1** ir ou passar de dentro para fora ⟨*saiu de casa cedo*⟩ ⟨*a fumaça saía da chaminé*⟩ ☞ *de casa* e *da chaminé* são circunstâncias que funcionam como complemento **2** deixar um local e seus ocupantes; partir **3** *fig.* abandonar, deixar de participar (ocupação, trabalho, grupo etc.) ⟨*s. do emprego*⟩ ☞ *do emprego* é circunstância que funciona como complemento **4** ir a um lugar para se distrair ou exercitar **5** ser lançado de, emitido por; provir ⟨*da boca saía cheiro de tabaco*⟩ ⟨*muita água sai da rocha*⟩ ☞ *da boca* e *da rocha* são circunstâncias que funcionam como complemento **6** fazer-se visível total ou parcialmente ⟨*o sol já saiu*⟩ ⟨*cabelo saía por debaixo do gorro*⟩ **7** ser publicado ⟨*saiu na revista que a guerra acabou*⟩ ⟨*o livro ainda não saiu*⟩ ☞ *na revista* é circunstância que funciona como complemento **8** *infrm.* acontecer de repente; sobrevir ⟨*saiu briga no jogo*⟩ ❑ *t.i. e int.* **9** (prep. *com*) manter relacionamento de companheirismo, amoroso ou erótico (com) ❑ *t.i. fig.* **10** (prep. *a*) parecer-se com (alguém) no aspecto físico, moral ou intelectual ⟨*a neta saiu à avó*⟩ **11** (prep. *para*) caber a (alguém) por sorte ⟨*a rifa saiu para o síndico*⟩ ❑ *pred.* **12** parecer, tornar-se ⟨*saiu envelhecido nas fotos*⟩ ☐ *pron.* **13** chegar a certo resultado (bom ou ruim) ⟨*s.-se bem na entrevista*⟩

sa.í.ra *s.f. B* pequena ave sul-americana dotada de plumagem ger. colorida e brilhante

sal *s.m.* **1** substância branca, cristalina, constituída de cloreto de sódio, us. como tempero e na conservação de alimentos **2** QUÍM substância derivada da reação de um ácido com uma base **3** *fig.* graça, finura de espírito ⟨*moça bonita, mas sem s.*⟩ **4** *fig.* malícia espirituosa, comicidade ⟨*histórias engraçadas, cheias de s.*⟩ ▼ *sais s.m.pl.* **5** substâncias voláteis que, aspiradas, provocam reanimação dos sentidos ⊙ COL salina ~ **salinação** *s.f.*

sa.la *s.f.* **1** compartimento da casa onde se fazem refeições ou se recebem visitas **2** local apropriado para o exercício de alguma função específica ⟨*s. de reuniões*⟩ **3** local para apresentações teatrais, musicais etc. ⟨*s. de espetáculos*⟩ **4** *B* local onde são dadas aulas; classe **5** *B* grupo de alunos de certo ano acadêmico; turma ⟨*a s. toda participou da festa*⟩ ⊙ GRAM/USO dim.irreg.: *saleta* ⊡ **s. de estar** *loc.subst.* compartimento da casa onde a família se reúne, recebe visitas etc. • **s. de almoço** ou **de jantar** *loc.subst.* compartimento da casa com mesa, destinado às refeições • **s. VIP** *loc.subst.* sala reservada aos clientes de muito prestígio e/ou poder, esp. em aeroportos • **fazer s.** *loc.vs.* entreter visitas, convidados

sa.la.da *s.f.* **1** prato frio feito com hortaliças, legumes etc. temperados **2** *fig.* mistura de coisas diferentes

sa.la.dei.ra *s.f.* recipiente onde se prepara e/ou serve a salada

sa.la e quar.to [pl.: *salas e quartos* e *sala e quartos*] *s.m. B* apartamento com apenas um quarto e uma sala ⊙ GRAM/USO eventualmente 2n.

sa.la.frá.rio *s.m.* pessoa desonesta, desleal, ordinária

sa.la.ma.le.que *s.m. infrm.* cumprimento exagerado; mesura

sa.la.man.dra *s.f.* ZOO anfíbio de corpo alongado, ger. com aspecto de lagarto, de cauda longa

sa.la.man.drí.deo *s.m.* ZOO **1** espécime dos salamandrídeos, família de salamandras terrestres, mas de reprodução aquática ■ *adj.* **2** relativo a essa família

sa.la.me *s.m.* tipo de salsichão de origem italiana, ger. feito de carne de porco, temperado com pimenta em grão e comido frio

sa.la.mi.nho *s.m.* variedade de salame feito com tripa fina

sa.lão [pl.: *-ões*] *s.m.* **1** cômodo de uma construção destinado a grandes reuniões, recepções, bailes etc. **2** exposição periódica de obras de arte, de livros, de novos produtos etc. ⟨*s. de gastronomia*⟩ **3** *B* loja de barbeiro ou de cabeleireiro **4** *fig.* reunião de pessoas de sociedade, artistas, políticos etc. ⟨*promove animados s.*⟩

sa.lá.rio *s.m.* pagamento por serviços prestados; ordenado, vencimentos ⊡ **s. mínimo** *loc.subst.* a menor remuneração, fixada por lei, que um trabalhador pode receber

sa.lá.rio-fa.mí.lia [pl.: *salários-família* e *salários-famílias*] *s.m. B* pagamento adicional em função do número de dependentes de um trabalhador

sa.lá.rio-ho.ra [pl.: *salários-hora* e *salários-horas*] *s.m.* quantia que o empregado recebe por hora trabalhada

sa.laz *adj.2g.* devasso, libertino ↄ recatado ⊙ GRAM/USO sup.abs.sint.: *salacíssimo* ~ **salacidade** *s.f.*

sal.dar *v.* {mod. 1} *t.d.* pagar o saldo de (conta, dívida); quitar

sal.do *s.m.* **1** diferença entre o débito e o crédito num balanço, empréstimo, conta etc. **2** resto de uma quantia a pagar ou a receber ⟨*falta um pequeno s. para quitar a casa*⟩ **3** sobra de mercadoria que entra em liquidação **4** *fig.* resultado, consequência ⟨*o s. da briga foi um olho roxo*⟩ **5** *fig.* ajuste de contas; vingança ⟨*a ofensa não ficará sem s.*⟩

sa.lei.ro *s.m.* **1** recipiente em que se põe o sal de cozinha **2** lugar onde se deposita sal para o gado

sa.le.si.a.no *s.m.* **1** membro da Congregação de São Francisco de Sales, fundada por são João Bosco, em 1859, que cuida da educação de jovens ■ *adj.* **2** relativo a essa congregação

sa.le.ta \ê\ *s.f.* pequena sala ⊙ GRAM/USO dim.irreg. de *sala*

sal.ga.di.nho *s.m.* iguaria miúda, p.ex., amendoins, canapés etc., ger. servida como aperitivo; salgado

sal.ga.do *adj.* **1** que contém sal **2** que levou sal, ger. em demasia ⟨*comida s.*⟩ ↄ insosso **3** *fig.* picante, mordaz ⟨*história s.*⟩ **4** *fig. infrm.* muito caro ⟨*conta s.*⟩ ↄ barato ■ *s.m.* **5** carne de porco conservada em sal e/ou defumada **6** salgadinho

sal.ga.du.ra *s.f.* ação ou maneira de salgar

sal.gar *v.* {mod. 1} *t.d.* **1** pôr sal em **2** conservar em sal ☐ *t.d. e pron.* **3** (fazer) ficar com gosto muito forte de sal ~ **salga** *s.f.* - **salgação** *s.f.* - **salgador** *adj.s.m.*

sal-ge.ma [pl.: *sais-gemas*] *s.m.* cloreto de sódio us. para obtenção de cloro e outros fins industriais

sal.guei.ro *s.m.* nome comum a árvores e arbustos ger. cultivados como ornamentais ou pela madeira

sa.li.cá.cea *s.f.* BOT espécime das salicáceas, família de árvores e arbustos, como o choupo e o salgueiro, cultivados como medicinais, pelas madeiras, para produção de papel, para trabalhos trançados ou como ornamentais ~ **salicáceo** *adj.*

sa.li.cí.li.co *s.m.* **1** ácido us. em medicina, em produtos farmacêuticos e tb. na produção de corantes ■ *adj.* **2** diz-se desse ácido

sa.li.cul.tu.ra *s.f.* produção do sal em salinas ~ **salicultor** *adj.s.m.*

sa.li.ên.cia *s.f.* **1** parte mais elevada, que se destaca numa superfície lisa ⟨*um muro com várias s.*⟩ ↄ reentrância **2** *B infrm.* atrevimento, assanhamento ↄ recato

sa.li.en.tar *v.* {mod. 1} *t.d. e pron.* **1** tornar(-se) bem visível; destacar(-se) ⟨*s. um quadro*⟩ ⟨*os detalhes salien-*

tam-se na decoração⟩ ⮌ esconder(-se) **2** distinguir(-se), evidenciar(-se) ⟨*s. a importância de algo*⟩ ⟨*s.-se como profissional*⟩

sa.li.en.te *adj.2g.* **1** que está em posição mais elevada que os outros ⟨*coluna s.*⟩ ⮌ reentrante **2** *fig.* evidente, notório, manifesto ⟨*aspectos mais s. de uma personalidade*⟩ ⮌ obscuro **3** *fig.* importante, fundamental ⟨*ter uma posição s. no governo*⟩ ⮌ acessório **4** *B infrm.* atrevido, assanhado ⮌ recatado

sa.li.na *s.f.* **1** local onde se produz sal por evaporação da água do mar ou de lago de água salgada **2** *p.ext.* empresa que explora esse tipo de atividade

sa.li.nei.ro *adj.* **1** relativo a salina ■ *s.m.* **2** aquele que trabalha nas salinas **3** dono de salinas **4** vendedor de sal

sa.li.ni.da.de *s.f.* **1** teor de sal em determinado meio **2** concentração de sais minerais nas águas do mar

sa.li.no *adj.* **1** que contém ou é formado por sal **2** QUÍM que tem as propriedades de um sal

sa.li.tre *s.m.* QUÍM nitrato de potássio (us. em fogos de artifício, explosivos, fósforos, fertilizantes etc.)

sa.li.va *s.f.* líquido viscoso secretado pelas glândulas salivares, que atua sobre os alimentos para facilitar a sua digestão; cuspe, cuspo

¹sa.li.var *adj.2g.* **1** relativo a saliva **2** que secreta saliva [ORIGEM: *saliva* + *¹-ar*]

²sa.li.var *v.* {mod. 1} *int.* ejetar saliva; cuspir [ORIGEM: do lat. *salivāre* 'salivar'] ~ **salivação** *s.f.*

sal.mão [pl.: *-ões*] *s.m.* **1** peixe que possui ger. manchas escuras ou avermelhadas na parte superior do corpo e cuja carne tem excelente sabor **2** a cor da carne desse peixe ■ *adj.2g.2n.* **3** que tem essa cor ⟨*paredes s.*⟩ **4** diz-se dessa cor ⟨*a cor s.*⟩ ⊙ GRAM/USO dim.irreg.: *salmonete*

sal.mo *s.m.* REL **1** cântico de louvor a Deus ▼ *salmos s.m.pl.* **2** orações poéticas inseridas na Bíblia ☞ inicial maiúsc. ~ **sálmico** *adj.* - **salmista** *adj.2g.s.2g.*

sal.mo.ne.la *s.f.* nome comum a bactérias em forma de bastonetes, comuns em animais e em alimentos, causadoras de meningite, febre tifoide etc.

sal.mo.ne.te \ê\ *s.m.* **1** salmão pequeno **2** peixe do Atlântico tropical, de valor comercial ⊙ GRAM/USO dim.irreg. de *salmão*

sal.mo.ní.deo *s.m.* ZOO **1** espécime dos salmonídeos, família de peixes fluviais, do hemisfério norte, de grande importância para a pesca esportiva e comercial ■ *adj.* **2** relativo a essa família de peixes

sal.mou.ra *s.f.* água muito salgada us. para a conservação de alimentos

sa.lo.bro \ô\ *adj.* ou **sa.lo.bre** \ô\ *adj.2g.* **1** que tem certo sabor de sal **2** que tem alguns sais que a tornam desagradável ao paladar (diz-se de água)

sa.lo.mô.ni.co *adj.* considerado sábio e criterioso como foi Salomão, rei dos hebreus (entre 970 a.C.-931 a.C.)

sal.pi.cão [pl.: *-ões*] *s.m.* *B* espécie de salada feita com galinha desfiada, crustáceos ou carne e legumes picados, ger. servida com maionese ou creme de leite

sal.pi.car *v.* {mod. 1} *t.d.* **1** temperar com gotas salgadas ou pedras de sal **2** matizar ou manchar com pingos; sarapintar ⟨*a tinta salpicou sua roupa*⟩ **3** espalhar (pó, líquido) sobre; polvilhar ⟨*s. talco na criança*⟩ ~ **salpico** *s.m.*

sal.sa *s.f.* erva aromática muito rica em vitamina C, cultivada pelas folhas verdes, crespas ou lisas, us. como condimento, em saladas e guarnições de pratos

sal.sa [esp.] *s.f.* dança e música afro-cubana de ritmo marcado, que lembra o mambo

sal.são [pl.: *-ões*] *s.m.* aipo

sal.sa.par.ri.lha *s.f.* nome comum a plantas com raízes aromáticas, us. como tempero ou para fins medicinais

sal.sei.ro *s.m.* **1** chuva forte, repentina e passageira **2** *B* conflito, briga, escândalo

sal.si.cha *s.f.* tripa ou cobertura sintética comestível que se enche com carne picada e temperada

sal.si.cha.ri.a *s.f.* **1** técnica us. na produção de salsichas **2** fábrica ou loja de salsichas

sal.si.chei.ro *s.m.* quem prepara ou vende produtos de salsicharia

sal.si.nha *s.f.* salsa ('erva aromática')

sal.su.gem *s.f.* **1** percentagem de sal contida nas águas do mar **2** lodo em que há substâncias salinas **3** detrito que flutua na água do mar, nos portos, praias etc. ~ **salsuginoso** *adj.*

sal.tar *v.* {mod. 1} *int.* **1** elevar-se por impulso dos pés e pernas; pular **2** atirar-se, jogar-se ⟨*s. do trampolim*⟩ ☞ *do trampolim* é circunstância que funciona como complemento **3** sair de veículo, montaria, em certo lugar; descer ⟨*s. do ônibus*⟩ ⟨*s. no porto*⟩ ☞ *do ônibus* e *no porto* são circunstâncias que funcionam como complemento **4** *p.ext.* brotar, irromper ⟨*lágrimas saltaram dos olhos*⟩ ☞ *dos olhos* é circunstância que funciona como complemento **5** palpitar em ritmo acelerado ⟨*seu coração parecia s.*⟩ ❑ *t.d.* **6** pular por cima de; transpor ⟨*s. uma poça*⟩ **7** omitir por distração ou de propósito; pular ⟨*s. uma palavra do texto*⟩

sal.te.a.do *adj.* **1** tomado de imprevisto; surpreendido **2** alternado, não sucessivo ⟨*saber algo de cor e s.*⟩ ⮌ consecutivo **3** frito rapidamente em óleo quente ⟨*vitela s. com batata*⟩

sal.te.a.dor \ô\ *adj.s.m.* **1** (aquele) que salteia; assaltante **2** (aquele) que assalta nas estradas ⊙ COL corja, horda

sal.te.ar *v.* {mod. 5} *t.d.* **1** atacar de surpresa, para roubar ou matar **2** *p.ext.* acometer, aparecer de repente, de improviso; surpreender ⟨*a chuva salteou-o*⟩ ~ **salteamento** *s.m.*

sal.tim.ban.co *s.m.* integrante de grupo de artistas populares itinerantes que se exibem em circos, feiras e praças públicas

sal.ti.tan.te *adj.2g.* **1** que dá pequenos saltos **2** *fig.* irrequieto, buliçoso ⮌ quieto

sal.ti.tar *v.* {mod. 1} *int.* dar saltos pequenos e repetidos

sal.to *s.m.* **1** movimento de elevação do solo que um corpo faz para se deslocar no espaço ou recair no mesmo lugar **2** espaço ou altura que se vence com esse movimento **3** reflexo de um corpo, projétil ou raio após bater em obstáculo ⟨*s. de uma bola*⟩ **4** queda-d'água **5** *fig.* mudança brusca de posição ou de situação ⟨*deu um s. na carreira profissional*⟩ **6** parte saliente da sola de calçado na altura do calcanhar

sal.to-mor.tal [pl.: *saltos-mortais*] *s.m.* volta completa do corpo no ar, sem tocar as mãos no chão, dada ger. por atletas ou acrobatas

sa.lu.bér.ri.mo *adj.* muito salubre ⊙ GRAM/USO sup.abs.sint. de *salubre*

sa.lu.bre *adj.2g.* **1** que contribui para a saúde; sadio, saudável ⟨*ambiente s.*⟩ ⮌ insalubre **2** que se pode curar com facilidade ⟨*mal s.*⟩ ⮌ incurável ⊙ GRAM/USO sup.abs.sint.: *salubérrimo* ~ **salubridade** *s.f.*

sa.lu.tar *adj.2g.* **1** bom para a saúde ⟨*ambiente s.*⟩ ⮌ insalubre **2** que aumenta ou restabelece as forças; fortificante **3** *fig.* que visa melhorar, corrigir erros; edificante, construtivo ⟨*ações s.*⟩ ⮌ destrutivo

sal.va *s.f.* **1** descarga simultânea de armas de fogo em sinal de festa ou em honra de alguém **2** saudação militar feita com essa descarga **3** *fig.* repetição de sons, palavras, ditos ⟨*s. de elogios*⟩ **4** pequena bandeja para copos, taças etc. ⊡ **s. de palmas** *loc.subst.* aplauso coletivo, longo e entusiasmado; ovação

sal.va.do *s.m.* qualquer coisa que escapou de uma catástrofe, esp. de incêndio ou naufrágio ☛ mais us. no pl.

sal.va.dor \ô\ *adj.s.m.* **1** (aquele) que salva **2** (o) que protege e ampara ■ *s.m.* **3** título atribuído a Jesus Cristo ☛ nesta acp., inicial maiúsc.

sal.va.do.re.nho *adj.* **1** de El Salvador (América Central) ■ *s.m.* **2** natural ou habitante desse país

sal.va.do.ren.se *adj.2g.* **1** de Salvador (BA) ■ *s.2g.* **2** natural ou habitante dessa capital

sal.va.guar.da *s.f.* **1** proteção e garantia dadas por autoridade ou instituição ⮌ desproteção **2** o que serve de garantia, de defesa, de amparo ⟨*a lei é a s. da ordem*⟩ ⮌ desproteção **3** *fig.* privilégio ou vantagem de certa classe ou espécie ⟨*s. diplomática*⟩ **4** defesa, preservação ⟨*s. do patrimônio cultural*⟩ ⮌ negligência

sal.va.guar.dar *v.* {mod. 1} *t.d.* **1** tomar medidas para deixar fora de perigo; proteger **2** tornar garantido, seguro; assegurar ⟨*s. a liberdade*⟩

sal.var *v.* {mod. 1} *t.d.,t.d.i. e pron.* **1** (prep. *de*) pôr(-se) a salvo, livre de [perigo, dificuldades, problemas etc.]; proteger(-se) ❑ *t.d. e pron.* **2** conservar(-se) salvo ou intacto; preservar(-se) ⟨*s. as aparências*⟩ ⟨*s.-se dos boatos*⟩ **3** livrar(-se) da danação eterna, do inferno ❑ *t.d.* **4** em informática, transferir (dados digitalizados) para disco rígido, *CD*, disquete; gravar ⊙ GRAM/USO part.: *salvado, salvo* ~ **salvação** *s.f.* - **salvamento** *s.m.*

sal.va-vi.das *adj.2g.2n.s.2g.2n.* **1** (o) que é destinado ao salvamento (boia, bote, colete etc.) **2** nadador que socorre os banhistas em casos de afogamento

sal.ve *interj.* expressa saudação ou cumprimento

sal.ve-ra.i.nha [pl.: *salve-rainhas*] *s.f.* oração católica à Virgem Maria que se inicia com essas duas palavras

sál.via *s.f.* nome comum a ervas e arbustos, algumas cultivadas como ornamentais, pelas folhas us. como medicinais e tempero, ou por frutos e sementes de que se fazem bebidas e tinta

sal.vo *adj.* **1** livre de perigo; preservado, intacto ⮌ lesionado **2** propício, favorável ⟨*s. intenções*⟩ **3** omitido, excluído ⟨*episódio vergonhoso s. da imprensa*⟩ **4** que alcançou a graça eterna ⟨*alma s.*⟩ ■ *prep.* **5** exceto, afora ⟨*s. aquele poema, o livro é bom*⟩ ⊙ GRAM/USO part. de *salvar* ⊡ **s. se** *loc.conj.* a não ser que ⟨*preferia não falar, s. se fosse obrigado*⟩ • **a s.** *loc.adv.* em segurança ⟨*chegar a s.*⟩

sal.vo-con.du.to [pl.: *salvo-condutos* e *salvos-condutos*] *s.m.* **1** documento que autoriza alguém a viajar e transitar livremente; passaporte **2** *fig.* privilégio, segurança, isenção ⟨*ele tem s. para fazer qualquer declaração*⟩

sa.mam.bai.a *s.f. B* nome comum a inúmeras plantas, sem flores nem sementes, ger. cultivadas como ornamentais; sambambaia

sa.mam.bai.a.çu *s.f. B* xaxim ('samambaia')

sa.má.rio *s.m.* elemento químico us. em reatores nucleares, em certos ímãs etc. [símb.: *Sm*] ☛ cf. *tabela periódica* (no fim do dicionário)

sa.ma.ri.ta.no *adj.s.m.* (aquele) que é bom, caridoso, salvador ⮌ desumano

sam.ba *s.f.* **1** dança popular brasileira cantada **2** música que acompanha essa dança

sam.bam.bai.a *s.f.* samambaia

sam.ba.qui *s.m.* depósito de ostras, ossos humanos, objetos de pedra, chifre e cerâmica amontoados por índios que viveram no litoral brasileiro em época pré-histórica

sam.bar *v.* {mod. 1} *int.* dançar ao som do samba

sam.bis.ta *adj.2g.s.2g. B* **1** que(m) samba bem **2** compositor de sambas **3** integrante ou frequentador de escolas de samba

sam.bu.rá *s.m. B* cesto de boca estreita, feito de cipó ou taquara, muito us. para carregar material de pesca

sa.mo.var *s.m.* utensílio russo de uso doméstico, constituído de pequena caldeira aquecida, us. para ferver e manter quente a água para o chá

sa.mu.rai *s.m.* guerreiro do Japão feudal a serviço de um nobre

sa.nar *v.* {mod. 1} *t.d.* **1** tornar são; curar, sarar **2** reparar, remediar (erro, engano) **3** ser obstáculo a (mal, dificuldade etc.); conter ⟨*essa legislação vai s. o desequilíbrio fiscal*⟩ ~ **sanativo** *adj.*

sa.na.tó.rio *s.m.* estabelecimento destinado ao tratamento de doentes

san.ção [pl.: *-ões*] *s.f.* **1** aprovação de uma lei, pelo chefe do poder executivo, votada por órgão legislativo ⮌ rejeição **2** *p.ext.* aprovação ou confirmação que se dá, ou se impõe à lei **3** *p.ext.* reconhecimento público; confirmação ⟨*a moda precisa da s. do uso*⟩ ⮌ rejeição **4** medida de repressão imposta por órgão ou autoridade ~ **sancionador** *adj.s.m.*

san.cio.nar *v.* {mod. 1} *t.d.* **1** dar sanção a (lei) ⮌ vetar **2** ter como aceitável; aprovar, admitir ⮌ proibir ~ **sancionador** *adj.s.m.*

san.dá.lia *s.f.* calçado feito de uma sola com tiras que a prendem ao pé

sân.da.lo *s.m.* **1** pequena árvore de madeira aromática us. em perfumaria **2** óleo essencial, perfume, pigmento ou cosmético extraído e/ou preparado a partir da madeira dessa árvore

san.deu [fem.: *sandia*] *adj.s.m.* **1** (aquele) que pratica ou diz sandices **2** (aquele) que age como um tolo

san.di.ce *s.f.* **1** ato ou afirmação que traduz ignorância ou falta de inteligência; disparate, tolice **2** contrassenso, loucura ⮌ juízo

san.di.nis.ta *adj.2g.s.2g.* que(m) é partidário da Frente Sandinista de Libertação Nacional, fundada por Augusto Sandino, na Nicarágua, em 1962

san.du.í.che *s.m.* alimento servido entre duas fatias de pão ou produto similar

sa.ne.a.men.to *s.m.* **1** ato de tornar um lugar sadio, limpo, habitável; asseio, limpeza ⮌ sujeira **2** série de medidas que oferece condições de vida sadia para a população ou para a agricultura **3** *fig.* conjunto de ações para estabelecer princípios éticos ⟨*o s. da administração pública*⟩ ⮌ corrupção

sa.ne.ar *v.* {mod. 5} *t.d.* **1** tornar são, habitável, salubre; limpar ⟨*s. uma vala negra*⟩ **2** deixar saudável, sem doença; curar, sarar ⟨*s. um doente*⟩ **3** remediar, reparar (mal, dano) ⟨*s. injustiças*⟩ **4** eliminar falhas ou excessos de; corrigir ⟨*s. as finanças públicas*⟩ ~ **saneador** *adj.s.m.*

san.fo.na *s.f.* *B* **1** instrumento da família do acordeão com dois teclados de botões; concertina **2** *infrm.* acordeão

san.fo.nei.ro *s.m.* *B* aquele que toca sanfona

san.gra.dou.ro *s.m.* canal pelo qual se desvia a água de rio, fonte, barragem etc.

san.gra.du.ra *s.f.* sangramento

san.gra.men.to *s.m.* **1** ato de sangrar ou o seu efeito **2** perda de sangue decorrente de lesão de vaso

san.grar *v.* {mod. 1} *t.d.* **1** extrair sangue de (pessoa, animal), picando uma veia com lanceta ou agulha **2** fazer sair, escoar (líquido) de; drenar ⟨*s. uma barragem*⟩ **3** extorquir bens ou valores de **4** causar mágoa, desgosto a; ferir ☐ *int.* **5** verter sangue naturalmente ~ **sangrador** *adj.s.m.*

san.gren.to *adj.* **1** de que sai ou brota sangue ⟨*ferida s.*⟩ **2** coberto de sangue; ensanguentado ⟨*espada s.*⟩ **3** *fig.* que se caracteriza por derramamento de sangue; cruel, feroz ⟨*batalha s.*⟩ **4** *fig.* que tem cor de sangue ⟨*rosas s.*⟩

san.gri.a *s.f.* **1** MED corte em veia para fazer escorrer o sangue **2** perda de sangue provocada por agressão ou acidente **3** *p.ext.* extração de certos produtos naturais, como resina, látex etc. **4** *p.ext.* abertura para escoamento do excesso de água de açude, local encharcado etc. **5** *fig.* *infrm.* extorsão ardilosa ou fraudulenta de valores ⟨*s. dos cofres públicos*⟩ **6** bebida preparada com vinho, água, açúcar e pedaços de frutas ⊡ **s. desatada** *loc.subst.* *fig.* fato, situação urgente que exige providências imediatas

san.gue *s.m.* **1** líquido vermelho e viscoso, que corre pelas veias e artérias, bombeado pelo coração, condutor de gases e nutrientes necessários à vida **2** *fig.* vida, existência humana ⟨*guerras custam s.*⟩ **3** *fig.* linhagem, família, origem ⟨*filhos do mesmo s.*⟩ **4** *fig.* alguém ou algo considerado como fonte de energia, de vitalidade ⟨*a empresa recebeu s. novo*⟩

san.gue-fri.o [pl.: *sangues-frios*] *s.m.* tranquilidade, presença de espírito diante de situações que envolvam sofrimento, perigo ⟨*matar alguém a s.*⟩ ⮌ intranquilidade

san.guei.ra *s.f.* abundância de sangue derramado

san.gues.su.ga *s.f.* **1** animal invertebrado, marinho, terrestre ou de água doce, dotado de ventosas, que suga o sangue de vertebrados **2** *p.ext.* *pej.* indivíduo que explora outros, freq. pedindo favores ou dinheiro

san.gui.ná.rio \gu *ou* gü\ *adj.s.m.* **1** (aquele) que se satisfaz em ver ou derramar sangue ■ *adj.* **2** *p.ext.* cruel, feroz ⟨*luta s.*⟩ **3** relativo a sangue

san.guí.neo \gu *ou* gü\ *adj.* **1** relativo a sangue ⟨*célula s.*⟩ **2** que tem a cor do sangue ⟨*lábios s.*⟩ **3** que contém sangue ⟨*líquido s.*⟩ **4** sedento de sangue; sanguinário ■ *adj.s.m.* **5** (aquele) que tem temperamento forte, vigoroso, exaltado

san.gui.no.lên.cia *s.f.* **1** condição ou estado do que tem sangue **2** *fig.* ferocidade, crueldade

san.gui.no.len.to *adj.* **1** em que há grande derramamento de sangue ⟨*luta s.*⟩ **2** coberto de sangue ⟨*corpo ferido e s.*⟩ **3** tinto ou misturado com sangue ⟨*saliva s.*⟩ **4** que se satisfaz em ver ou derramar sangue; sanguinário

sa.nha *s.f.* desejo de vingança; rancor

sa.nha.ço *s.m.* *B* pássaro de plumagem cinza-azulada ou esverdeada que se alimenta de frutas; sanhaçu

sa.nha.çu *s.m.* *B* sanhaço

sa.ni.da.de *s.f.* **1** qualidade de quem tem saúde **2** normalidade das funções orgânicas; saúde ⟨*recuperar a s. física e mental*⟩ ⮌ doença **3** conjunto de condições que propiciam o bem-estar e a saúde ⟨*a s. de uma casa*⟩

sâ.nie *s.f.* líquido composto de sangue e pus que sai de uma úlcera, ferida ou fístula ~ **sanioso** *adj.*

sa.nís.si.mo *adj.* extremamente são ⊙ GRAM/USO sup.abs.sint. de *são*

sa.ni.tá.rio *adj.* **1** relativo a higiene ⟨*cuidado s.*⟩ **2** relativo a banheiro ⟨*louça s.*⟩ ■ *s.m.* **3** privada **4** toalete, mictório, banheiro

sa.ni.ta.ris.ta *adj.2g.s.2g.* especialista em saúde pública

sâns.cri.to *s.m.* 1 antiga língua sagrada e literária da Índia, pertencente ao grupo indo-europeu ■ *adj.* 2 relativo a essa língua

san.sei *adj.2g.s.2g.* que(m) é neto de imigrantes japoneses, nascido no continente americano ☞ cf. *issei* e *nissei*

san.ta.lá.cea *s.f.* espécime das santaláceas, família de árvores, arbustos e ervas, parasitas de raízes de outras plantas, várias das quais são us. para extração de madeira e óleos, como o sândalo ~ **santaláceo** *adj.*

san.tan.tô.nio *s.m. B* 1 saliência da sela à qual o montador pode se agarrar 2 barra de metal transversal em teto de carros de corridas para evitar que este se amasse muito nas capotagens

san.tei.ro *adj.* 1 devoto, beato ■ *adj.s.m.* 2 (aquele) que esculpe ou vende imagens e gravuras de santos 3 *B infrm.* (aquele) que indica locais para a prática de furtos

san.tel.mo *s.m.* pequena chama azulada que surge no topo dos mastros de navios durante tempestades, devido à eletricidade atmosférica

san.ti.da.de *s.f.* 1 estado de graça, de santificação ⟨*sua s. era visível*⟩ 2 dedicação a coisas religiosas; religiosidade ⟨*pessoa de grande s.*⟩ ⊃ impiedade ⊡ Sua S. *loc.subst.* título ou tratamento dado ao papa

san.ti.fi.ca.ção [pl.: *-ões*] *s.f.* 1 engrandecimento e valorização de alguém ou algo; exaltação 2 processo de inscrição, pelo papa, de alguém morto, no catálogo dos santos 3 celebração de acordo com os ritos religiosos ⟨*s. de uma data*⟩

san.ti.fi.can.te *adj.2g.* 1 que santifica ⟨*a graça s.*⟩ 2 *fig.* que sublima, que eleva ⟨*atitude s.*⟩

san.ti.fi.car *v.* {mod. 1} *t.d. e pron.* 1 tornar(-se) santo; sacralizar(-se) 2 elevar(-se) pelo ensino e prática dos princípios religiosos ⟨*s. um herege*⟩ ⟨*s.-se pela caridade*⟩ □ *t.d.* 3 declarar santo; canonizar ⟨*s. um morto*⟩ 4 celebrar conforme a lei da Igreja ⟨*s. os domingos*⟩ ~ **santificador** *adj.s.m.*

san.tís.si.mo *adj.* 1 extremamente santo 2 tratamento dado ao papa ☞ inicial maiúsc. ■ *s.m.* 3 a hóstia consagrada ⊙ GRAM/USO sup.abs.sint. de *santo*

san.tis.ta *adj.2g.* 1 de Santos (SP) ■ *s.2g.* 2 natural ou habitante dessa cidade

san.to *adj.* 1 que tem um caráter sagrado, religioso 2 bondoso, fraterno ⟨*s. criatura*⟩ ⊃ mau 3 perfeito, primoroso ⟨*s. união*⟩ ⊃ comum 4 que não pode ser violado ⟨*s. liberdade*⟩ 5 diz-se de cada um dos dias santificados segundo a Igreja 6 útil, eficaz ⟨*um s. remédio*⟩ ⊃ ineficiente ■ *adj.s.m.* 7 (indivíduo) canonizado pela Igreja 8 (indivíduo) dado como milagroso e a quem o povo rende culto 9 que(m) é inocente, puro 10 *pej.* (indivíduo) que se finge de inocente, simples, ingênuo ■ *s.m.* 11 estátua ou imagem de quem foi canonizado

san.to-an.tô.nio [pl.: *santo-antônios*] *s.m.* santantônio

san.to.men.se *adj.* 1 de São Tomé e Príncipe (África) ■ *s.m.* 2 natural ou habitante desse país

san.tu.á.rio *s.m.* 1 parte de um templo em que se realiza a missa 2 lugar, templo ou edifício consagrado por uma religião 3 BIO área em que a interferência humana se encontra proibida, para preservação das espécies ali existentes

[1]**são** [pl.: *ãos*] *s.m.* forma de tratamento empregada para os santos que têm seus nomes iniciados por consoante, como, p.ex., *são Brás* [abrev.: *S.*] ☞ inicial freq. maiúsc. [ORIGEM: de *santo*]

[2]**são** [pl.: *sãos*] *adj.s.m.* 1 (aquele) que tem saúde, que não tem defeito físico; sadio ⊃ doente ■ *adj.* 2 que readquiriu a saúde; curado ⊃ doente 3 que contribui para a saúde física e/ou espiritual; salutar ⟨*ambiente s.*⟩ ⊃ insalubre 4 ileso, salvo ⟨*apesar da chuva, chegou s. e salvo*⟩ ⊃ lesionado 5 *fig.* sem defeitos; puro ⊃ imoral 6 *fig.* confiável, sincero ⟨*conselho s.*⟩ ⊃ falso ⊙ GRAM/USO sup.abs.sint.: *saníssimo* [ORIGEM: do lat. *sanus,a,um* 'são, sadio']

são-ber.nar.do [pl.: *são-bernardos*] *s.m.* 1 raça de cães de origem suíça, de pelagem muito densa 2 cão dessa raça, famoso por socorrer vítimas de tempestades de neve e avalanches

são-lu.i.sen.se [pl.: *são-luisenses*] *adj.2g.* 1 de São Luís (MA) ■ *s.2g.* 2 natural ou habitante dessa capital

[1]**sa.pa** *s.f.* pá com que se cavam trincheiras, fossas etc. [ORIGEM: do fr. *sape* 'id.']

[2]**sa.pa** *s.f.* atividade de cavar trincheiras, fossos etc., ger. em operações militares [ORIGEM: regr. de *sapar*]

[3]**sa.pa** *s.f.* fêmea do sapo [ORIGEM: *sapo* com troca da vogal temática *-o* para *-a*]

sa.pa.ri.a *s.f.* certa quantidade de sapos

sa.pa.ta *s.f.* 1 chinelo grosseiro de couro 2 estribo fechado em forma de chinelo 3 peça de mecanismo que provoca a frenagem por atrito 4 ENG alicerce que serve de base para uma construção 5 MÚS sapatilha ('almofada')

sa.pa.ta.ri.a *s.f.* 1 ofício de sapateiro 2 fábrica de sapatos 3 loja de sapatos 4 oficina para consertos de sapatos

sa.pa.te.a.do *s.m.* dança executada com sapatos dotados de chapa metálica na sola, para produzir um ruído característico

sa.pa.te.a.dor \ô\ *adj.s.m.* (aquele) que dança o sapateado

sa.pa.te.ar *v.* {mod. 5} *int.* 1 dançar sapateado 2 bater com os pés no chão com força e repetidamente ~ **sapateio** *s.m.*

sa.pa.tei.ra *s.f.* 1 mulher de sapateiro 2 *B* local onde se guardam sapatos

sa.pa.tei.ro *s.m.* quem vende, fabrica ou conserta calçados

sa.pa.ti.lha *s.f.* 1 sapato de bailarinos 2 sapato flexível e macio 3 MÚS almofada de algodão e pelica aplicada às chaves dos instrumentos de sopro
sapata

sa.pa.to *s.m.* calçado, ger. de sola dura, que cobre o pé

sa.pé ou **sa.pê** *s.m.* **1** nome comum a algumas plantas de que se usam os caules secos para cobrir casas, estábulos etc. **2** o caule seco dessas plantas

sa.pe.ca *adj.2g.s.2g.* **1** que(m) é assanhado, irrequieto ⮌ quieto **2** que(m) é saliente, namorador ⮌ comportado

sa.pe.car *v.* {mod. 1} *t.d.* *B* **1** secar para conservar; crestar ⟨*s. as folhas do mate*⟩ ❑ *int. e pron.* **2** queimar-se ligeiramente; chamuscar-se

sa.pe.qui.ce *s.f.* *B* *infrm.* qualidade peculiar de quem é sapeca

sá.pi.do *adj.* que tem sabor; gostoso ⮌ insípido

sa.pi.ên.cia *s.f.* grande acervo de conhecimentos das coisas divinas e humanas; sabedoria, erudição ⮌ ignorância

sa.pi.en.te *adj.2g.s.2g.* **1** que(m) tem sabedoria, erudição **2** que(m) conhece as coisas divinas ⊙ GRAM/USO sup.abs.sint.: *sapientíssimo*

sa.pi.en.tís.si.mo *adj.* extremamente sábio ⊙ GRAM/USO sup.abs.sint. de *sábio* e *sapiente*

sa.pin.dá.cea *s.f.* BOT espécime das sapindáceas, família de árvores, arbustos e cipós, com algumas espécies cultivadas pelos frutos comestíveis, pelas madeiras e para produção de bebidas estimulantes, como o guaraná ~ **sapindáceo** *adj.*

sa.pi.nho *s.m.* **1** sapo pequeno **2** doença parasitária que se manifesta sob a forma de placas brancas em certas mucosas, em particular nas fendas dos lábios

sa.po *s.m.* **1** animal anfíbio sem cauda, de pele rugosa e seca ⊙ COL saparia ⊙ VOZ v.: coaxar ⊡ **engolir s.** *loc.vs.* *B* *infrm.* suportar situação desagradável sem reagir

sa.po-cu.ru.ru [pl.: *sapos-cururus*] *s.m.* *B* grande sapo amarelado, com manchas marrons e verrugas avermelhadas, dotado de glândulas de veneno atrás dos olhos

sa.po-ju.ru.ru [pl.: *sapos-jururus*] *s.m.* sapo-cururu

sa.pó.lio *s.m.* *B* tipo de sabão, que contém pó mineral, us. para arear utensílios domésticos

sa.po.ná.ceo *adj.* **1** que tem as propriedades do sabão **2** que pode ser us. como sabão

sa.po.tá.cea *s.f.* BOT espécime das sapotáceas, família de árvores e arbustos, com algumas espécies cultivadas pelos frutos, como o sapoti e o abio, outras pelas madeiras, como as maçarandubas, e tb. para extração de látex, resinas e óleos ~ **sapotáceo** *adj.*

sa.po.ti *s.m.* **1** árvore de regiões tropicais, com seiva leitosa, us. como chicle desde os maias e astecas; sapotizeiro **2** o fruto dessa árvore, de casca fina marrom, polpa doce e sementes pretas, com propriedades medicinais

sa.po.ti.zei.ro *s.m.* sapoti ('árvore')

sa.pro.fi.tis.mo *s.m.* BOT modo de nutrição cuja base é a matéria orgânica em decomposição

sa.pró.fi.to *s.m.* BOT vegetal que se nutre a partir de matéria orgânica em decomposição

¹sa.que *s.m.* ato de saquear ou o seu efeito; pilhagem [ORIGEM: do v. *saquear*]

²sa.que *s.m.* **1** retirada de dinheiro de conta bancária, investimento etc. **2** expedição de título de crédito ou ordem de pagamento **3** DESP jogada inicial de vôlei, tênis etc. [ORIGEM: do v. *sacar*]

sa.quê *s.m.* aguardente japonês feito de arroz fermentado

sa.que.ar *v.* {mod. 5} *t.d. e int.* **1** apossar-se com violência dos pertences, valores de; pilhar ⟨*s. uma loja*⟩ ⟨*ser preso por s.*⟩ ❑ *t.d.* **2** apoderar-se ilicitamente de; roubar **3** *fig.* assolar, devastar ⟨*o tufão saqueou a cidade*⟩ ~ **saqueador** *adj.s.m.*

sa.ra.ba.ta.na *s.f.* zarabatana

sa.ra.bu.lho *s.m.* **1** aspereza das louças devido ao uso **2** *p.ext.* pequena ferida com crosta

sa.ra.co.te.ar *v.* {mod. 5} *t.d.,int. e pron.* **1** mexer (o corpo, os quadris) em movimentos rápidos e vivazes; rebolar(-se) ❑ *int.* **2** mover-se de modo irrequieto, agitado ~ **saracoteador** *adj.s.m.*

sa.ra.co.tei.o *s.m.* **1** agitação **2** requebro dos quadris; rebolado

sa.ra.cu.ra *s.f.* ave pernalta que vive em brejos ou lagoas

sa.ra.do *adj.* **1** que recuperou a saúde **2** *infrm.* moldado por esportes e exercícios ⟨*corpo s.*⟩

sa.rai.va *s.f.* **1** granizo **2** saraivada

sa.rai.va.da *s.f.* **1** chuva de granizo **2** *p.ext.* grande quantidade de coisas arremessadas repentinamente ⟨*s. de balas*⟩ **3** *fig.* grande quantidade de coisas que se sucedem sem parar ⟨*s. de mentiras*⟩

sa.ram.po *s.m.* doença infecciosa que apresenta febre alta e manchas vermelhas na pele seguidas de descamação

sa.ra.pa.tel *s.m.* ensopado de sangue, tripas e miúdos de porco ou carneiro

sa.ra.pin.tar *v.* {mod. 1} *t.d. e pron.* pintalgar

sa.rar *v.* {mod. 1} *t.d.,t.i.,int. e pron.* **1** (prep. *de*) restituir ou recuperar a saúde (doente, enfermo); curar(-se) ❑ *t.d.* **2** eliminar os efeitos, os sintomas de (doença, mal) ❑ *int.* **3** cicatrizar-se, fechar-se ⟨*a ferida sarou*⟩

sa.ra.rá *adj.2g.s.2g.* **1** (mulato) de cabelos muito crespos e alourados ■ *s.2g.* **2** albino

sa.rau *s.m.* reunião festiva, ger. noturna, para ouvir música, poesia, dançar ou conversar

sar.cas.mo *s.m.* ironia maliciosa; escárnio ~ **sarcástico** *adj.*

sar.có.fa.go *s.m.* **1** túmulo no qual os antigos colocavam os cadáveres que não seriam incinerados **2** *p.ext.* qualquer túmulo, tumba

sar.co.ma *s.m.* tumor maligno de tecido conjuntivo que pode ocorrer em osso, músculo etc. ⊡ **s. de Kaposi** *loc.subst.* sarcoma hemorrágico, benigno ou maligno, que se forma na pele e, por vezes, nos gânglios linfáticos e vísceras

sar.da *s.f.* pequena mancha que aparece na pele, acentuada após exposição ao sol

sar.den.to *adj.* que tem a pele manchada de sardas

sar.di.nha *s.f.* pequeno peixe marinho que vive em cardume, muito us. na alimentação
sar.dô.ni.co *adj.* de ironia maldosa
sar.ga.ço *s.m.* nome comum a algas flutuantes que ocorrem em mares quentes
sar.gen.to *s.m.* **1** patente militar entre o cabo e o subtenente **2** militar que ocupa esse posto
sa.ri.guê \gü\ *s.m.* gambá
sa.ri.lhar *v.* {mod. 1} *t.d.* **1** enrolar (fio) em sarilho ❑ *int.* **2** mover-se de um lado para outro
sa.ri.lho *s.m.* **1** cilindro ao qual se enrolam cabos us. para erguer pesos **2** pequena roda dentada us. para tirar água de poços e cisternas **3** MIL haste com braços em cruz para apoiar armas **4** MIL grupo de armas apoiadas umas nas outras pelas baionetas **5** *infrm.* confusão, briga
[1]**sar.ja** *s.f.* tecido entrançado de lã, algodão ou seda [ORIGEM: do fr. ant. *sarge* 'id.']
[2]**sar.ja** *s.f.* incisão superficial para drenar pus de um tumor ou retirar sangue [ORIGEM: obscura] ~ **sarjar** *v.t.d.*
sar.je.ta \ê\ *s.f.* **1** escoadouro para as águas das chuvas que beira o meio-fio das calçadas **2** *fig.* estado de decadência e humilhação
sar.na *s.f.* doença contagiosa da pele, causada por certos ácaros e caracterizada por intensa coceira; escabiose ⊡ **s. para se coçar** *fraseol.* o que causa aborrecimento, preocupação ~ **sarnento** *adj.s.m.*
sar.nam.bi *s.m.* amêijoa, sernambi
sa.ron.gue *s.m.* pano colorido enrolado no corpo como um vestido ou saia
sar.ra.bu.lho *s.m.* **1** sangue de porco coagulado **2** ensopado feito com esse sangue, miúdos, carne e gordura de porco **3** *fig.* confusão
sar.ra.ce.no *adj.s.m.* (indivíduo) do povo nômade anterior ao islamismo que habitava os desertos entre a Síria e a Arábia, e depois o norte da África e a península Ibérica
sar.ra.fo *s.m.* pedaço de madeira estreito e comprido; ripa
sar.ro *s.m.* **1** borra que o vinho ou outros líquidos deixam no fundo de suas vasilhas **2** resíduo de nicotina e fumo **3** crosta que se forma em volta de dentes mal escovados
sa.shi.mi [jap.] *s.m.* fatia fina de peixe cru, degustada com molho de soja e pasta apimentada ⇨ pronuncia-se saximi
sa.tã *s.m.* diabo ☞ inicial freq. maiúsc.
sa.ta.nás *s.m.* diabo ☞ inicial freq. maiúsc.
sa.tâ.ni.co *adj.* **1** relativo a Satanás **2** diabólico, terrível ⟨*dor s.*⟩
sa.ta.nis.mo *s.m.* **1** qualidade do que é satânico **2** culto a Satanás ~ **satanista** *adj.2g.s.2g.*
sa.ta.ni.zar *v.* {mod. 1} *t.d.* dar aspecto ou caráter satânico a
sa.té.li.te *s.m.* **1** corpo celeste que gravita em torno de outro ■ *adj.* **2** *p.ext.* que se forma ao redor das metrópoles (diz-se de cidade) ⊡ **s. artificial** *loc.subst.* artefato ou veículo que gira em torno do Sol, de um planeta ou de um satélite para fins de pesquisa, telecomunicações ou observação
sá.ti.ra *s.f.* **1** composição literária que ironiza costumes, pessoas, instituições **2** ironia, zombaria ~ **satírico** *adj.s.m.*
sa.ti.ri.zar *v.* {mod. 1} *t.d.* **1** expor fazendo parecer ridículo; ridicularizar, zombar **2** fazer críticas satíricas ❑ *int.* **3** escrever sátiras
sá.ti.ro *s.m.* **1** semideus lascivo da floresta, representado por um ser com chifres, pernas de bode e uma pequena cauda **2** *fig.* homem devasso
sa.tis.fa.ção [pl.: *-ões*] *s.f.* **1** contentamento pela realização do que se queria ⮌ insatisfação **2** prazer, alegria ⮌ aborrecimento **3** explicação, desculpa ou justificativa que se dá ou exige de alguém
sa.tis.fa.tó.rio *adj.* **1** que causa satisfação **2** razoável, aceitável ⟨*explicação s.*⟩ ⮌ insatisfatório
sa.tis.fa.zer *v.* {mod. 14} *t.d. e t.i.* **1** (prep. *a*) dar execução a; cumprir, realizar **2** (prep. *a*) atender plenamente a (exigências, requisitos); cumprir, preencher ❑ *t.d.,t.i.,int. e pron.* **3** (prep. *a*) ser suficiente ou conveniente (para); bastar, contentar(-se) ❑ *t.d. e pron.* **4** comer e/ou beber até fartar(-se); saciar(-se) ⟨*s. a vontade de beber*⟩ ⟨*s.-se com o bolo*⟩ ⊙ GRAM/USO part.: *satisfeito*
sa.tis.fei.to *adj.* **1** que denota contentamento, alegria; alegre, contente ⮌ aborrecido, descontente, desgostoso **2** sem fome ou sede; alimentado, farto, saciado ⮌ esfomeado, faminto, sedento **3** que se realizou; cumprido, executado, feito, realizado ⟨*ordem s.*⟩ ⮌ insatisfeito, irrealizado **4** que foi plenamente atendido em suas exigências ou necessidades; acatado, contemplado, respeitado ⟨*promessa s.*⟩ ⮌ desconsiderado, descumprido, desrespeitado **5** cujo pagamento foi efetuado; liquidado, pago, quitado, solvido ⮌ contraído, devido
sa.tu.ra.do *adj.* **1** repleto, abarrotado **2** *fig.* muito aborrecido, entediado ou farto ⮌ animado **3** QUÍM que só possui ligações simples (diz se de composto químico) ☞ cf. *insaturado* **4** QUÍM que contém a máxima quantidade de gás ou sólido dissolvido (diz-se de solução)
sa.tu.rar *v.* {mod. 1} *t.d. e pron.* **1** aplacar a fome, a sede (de); saciar(-se) **2** chegar aos limites de resistência ou tolerância; fartar(-se) **3** encher(-se) inteiramente; impregnar(-se) ~ **saturação** *s.f.* - **saturador** *adj.s.m.*
sa.tur.ni.no *adj.* **1** relativo ao planeta Saturno ☞ cf. *Saturno* na parte enciclopédica **2** relativo ao chumbo e a seus compostos **3** provocado pelo chumbo (diz-se de doença)
sa.tur.nis.mo *s.m.* intoxicação por chumbo ou por um de seus compostos
sa.tur.no *s.m.* nome do sexto planeta do sistema solar, a partir do Sol ☞ inicial maiúsc.; cf. *Saturno* na parte enciclopédica ~ **saturnal** *adj.2g.*
sau.da.ção [pl.: *-ões*] *s.f.* **1** gesto ou palavra de cumprimento **2** demonstração de cortesia, admiração ou respeito

sau.da.de *s.f.* sentimento nostálgico ligado à memória de alguém ou algo ausente ⟨*s. do irmão*⟩ ⟨*s. da praia*⟩

sau.dar *v.* {mod. 2} *t.d. e pron.* **1** dirigir cumprimentos (a); cumprimentar(-se) ❑ *t.d.* **2** demonstrar respeito a; aclamar, louvar ⟨*s. o time campeão*⟩

sau.dá.vel *adj.2g.* **1** que é bom para a saúde; salutar ⟨*hábitos s.*⟩ ⮌ insalubre **2** que tem saúde ⟨*pessoa s.*⟩ ⮌ doente **3** que proporciona bem-estar ⟨*ambiente s.*⟩

sa.ú.de *s.f.* **1** estado do organismo livre de doenças ⮌ doença **2** força física, vigor ■ *interj.* **3** voto que se faz a alguém que espirra **4** expressão us. ao se fazer um brinde

sau.do.sis.mo *s.m.* apego ao passado ~ **saudosista** *adj.2g.s.2g.*

sau.do.so \ô\ [pl.: *saudosos* \ó\] *adj.* **1** que sente saudades ⟨*pai s. dos filhos*⟩ **2** que inspira saudades ⟨*tempos s.*⟩

sau.na *s.f.* **1** banho de vapor ou de calor seco **2** estabelecimento, cômodo ou equipamento próprio para esse banho **3** *p.ext.* recinto quente, abafado ⟨*o ônibus era uma s.*⟩

sáu.rio *s.m.* **1** espécime dos sáurios, subordem de répteis com escamas que inclui os lagartos, encontrados em todo o mundo ■ *adj.* **2** relativo a esse espécime ou a essa subordem

sa.ú.va *s.f.* nome comum a várias formigas que cortam pedaços de folhas e carregam para seus ninhos, e constituem uma das maiores pragas agrícolas no Brasil

sa.va.na *s.f.* vegetação tropical seca caracterizada por grama, arbustos rasteiros e árvores esparsas

sa.vei.ro *s.m.* embarcação a vela, de um ou dois mastros, us. para transporte de passageiros, carga ou para pesca

sax \cs\ *s.m.2n.* saxofone ⊙ GRAM/USO admite-se tb. o pl. *saxes*

sa.xão \cs\ [pl.: *-ões*] *s.m.* **1** indivíduo de antigo povo germânico **2** *p.ext.* inglês **3** língua falada pelos antigos saxões **4** indivíduo do povo germânico que habita o moderno estado da Saxônia ■ *adj.* **5** relativo a esses indivíduos, povos ou língua

sa.xo.fo.ne \cs\ *s.m.* instrumento de sopro de metal, com chaves e palheta simples; sax ~ **saxofonista** *adj.2g.s.2g.*

sa.zão [pl.: *-ões*] *s.f.* **1** cada uma das estações do ano **2** época própria para a colheita dos frutos **3** *fig.* ocasião favorável ~ **sazonal** *adj.2g.*

sa.zo.nar *v.* {mod. 1} *t.d.,int. e pron.* **1** (fazer) ficar maduro; amadurecer(-se) ❑ *pron. fig.* **2** tornar-se melhor; aprimorar-se ⮌ piorar ❑ *t.d.* **3** temperar, condimentar

Sb símbolo de *antimônio*

Sc símbolo de *escândio*

SC sigla do Estado de Santa Catarina

script [ing.; pl.: *scripts*] *s.m.* roteiro ('texto') ⇨ pronuncia-se script

[1]**se** *pron.p.* **1** da 3ª p. do sing., caso oblíquo **2** indica fato ocorrido com o sujeito: *o pintor matou*-se **3** designa reflexividade: *ele mirou*-se *com prazer* (mirou a si mesmo) **4** designa reciprocidade: *feriram*-se *à bala* **5** assinala a voz passiva: *alugam*-se *casas* (= casas são alugadas) **6** marca indeterminação do sujeito: *precisa*-se *de vendedores* (= alguém não indicado precisa de vendedores) [ORIGEM: do lat. *se*, ac. do pron. *sui,sibi,se* 'id']

[2]**se** *conj.cond.* **1** no caso de ⟨*se chover, não vou*⟩ ■ *conj.temp.* **2** quando, enquanto ⟨*se fala, irrita a todos*⟩ ■ *conj.caus.* **3** visto que, uma vez que ⟨*se você tem carro, por que ir a pé?*⟩ ■ *conj.intg.* **4** se acaso, se por acaso, se porventura ⟨*não sei se ele vem*⟩ [ORIGEM: do lat. conj. *sī* 'se']

Se símbolo de *selênio*

[1]**SE** sigla do Estado de Sergipe

[2]**SE** sigla de *sueste* ou *sudeste* (na rosa dos ventos)

S.E. abreviatura de *sudeste* ('região')

sé *s.f.* igreja principal de uma diocese

se.a.bór.gio *s.m.* elemento químico artificial, anteriormente denominado *unnilhexium* [símb.: *Sg*] ☞ cf. *tabela periódica* (no fim do dicionário)

se.a.ra *s.f.* **1** campo de cereais **2** terreno cultivado

se.bá.ceo *adj.* **1** que contém ou produz matérias sebosas ⟨*cisto s.*⟩ **2** que tem sebo; sebento, seboso

se.be *s.f.* cerca de plantas vivas ou de arbustos e ramos secos

se.ben.to *adj.* seboso

se.bo \ê\ *s.m.* **1** produto da secreção das glândulas sebáceas que protege a pele **2** substância gordurosa; tecido adiposo **3** camada suja, lustrosa e gordurenta ⟨*casaco coberto de s.*⟩ **4** *B* livraria que comercializa livros usados

se.bor.rei.a \éi\ *s.f.* secreção excessiva das glândulas sebáceas ~ **seborreico** *adj.*

se.bo.so \ô\ [pl.: *sebosos* \ó\] *adj.* **1** da natureza do sebo **2** coberto ou sujo de sebo ou gordura; engordurado ⮌ desengordurado ■ *adj.s.m.* **3** *B pej.* que(m) é sujo, imundo **4** *B infrm.* que(m) é convencido, pretensioso ⮌ modesto

se.ca \ê\ *s.f.* falta de chuvas

se.ca.dor \ô\ *adj.s.m.* **1** (o) que seca **2** (aparelho) que se usa para secar (cabelos, grãos, roupa etc.)

se.ca.gem *s.f.* ato de secar ou o seu efeito; enxugamento

[1]**se.can.te** *adj.2g.s.2g.* (substância) que acelera a secagem dos óleos [ORIGEM: do lat. *siccans,antis* 'o que seca']

[2]**se.can.te** *adj.2g.s.f.* **1** GEOM (reta) que intercepta outra reta ou curva **2** MAT (função) que é igual ao inverso do cosseno [ORIGEM: do lat. *secans,antis* 'que separa cortando']

se.ção ou **sec.ção** *s.f.* **1** porção retirada de um inteiro **2** local onde algo foi cortado ou dividido **3** cada uma das divisões correspondentes a determinado serviço ou estabelecimento comercial ⟨*s. de pessoal*⟩ ⟨*s. de móveis*⟩ **4** subdivisão de uma obra, tratado, estudo etc. ☞ cf. *sessão* e *cessão*

se.car *v.* {mod. 1} *t.d.,int. e pron.* **1** (fazer) ficar sem água ou umidade; enxugar, desidratar(-se) ⮌ molhar(-se) **2** (fazer) deixar de correr (líquido); estancar(-se) **3** (fazer) perder o viço, força; murchar(-se) ❑ *int. e pron.* **4** emagrecer, definhar ❑ *t.d. B infrm.* **5** lançar um mau-olhado sobre; invejar ⊙ GRAM/USO part.: *secado, seco*

sec.ção *s.f.* → *SEÇÃO*

sec.cio.nar *v.* {mod. 1} *t.d. e pron.* → *SECIONAR*

se.ces.são [pl.: *-ões*] *s.f.* **1** ato de separar(-se) do que estava unido; separação **2** DIR separação de uma porção da unidade política para constituir outra

se.cio.nar ou **sec.cio.nar** *v.* {mod. 1} *t.d. e pron.* dividir(-se) em pedaços ou porções; cortar, partir(-se)

se.co \ê\ *adj.* **1** sem umidade **2** sem chuva ⟨*dias s.*⟩ **3** de que se extrai a umidade para conservação ou exportação (diz-se de alimento) ⟨*tomate s.*⟩ ⟨*bacalhau s.*⟩ **4** murcho, ressequido ⟨*árvore s.*⟩ **5** muito magro **6** *fig.* sem cortesia, grosseiro ⟨*resposta s.*⟩ **7** *fig. B infrm.* cheio de desejo; ansioso ⟨*s. por férias*⟩ ⊙ GRAM/USO part. de *secar*

se.cre.ção [pl.: *-ões*] *s.f.* **1** produção e liberação de substâncias por glândulas **2** a substância secretada

se.cre.tar *v.* {mod. 1} *t.d.* expelir (secreção); segregar, excretar

se.cre.ta.ri.a *s.f.* **1** local público ou particular onde são feitos serviços de administração e arquivados documentos; repartição **2** conjunto de órgãos públicos que cuida de um certo setor da administração estadual ⟨*s. de saúde*⟩ ☞ cf. *secretária*

se.cre.tá.ria *s.f.* **1** escrivaninha **2** mulher que desempenha as funções de secretário ☞ cf. *secretaria* ⊡ **s. eletrônica** *loc.subst. B* dispositivo acoplado ao telefone que atende a chamadas e grava recados

se.cre.ta.ri.a.do *s.m.* **1** função ou cargo de secretário **2** conjunto dos secretários de um estado **3** *B* curso preparatório para o exercício da função de secretário

se.cre.ta.ri.ar *v.* {mod. 1} *t.d. e int.* desempenhar as funções de secretário (para)

se.cre.tá.rio *s.m.* **1** quem faz a ata das assembleias **2** quem é responsável pela organização administrativa de uma empresa, repartição etc. **3** quem redige cartas, organiza correspondência, agenda compromissos etc. num escritório

se.cre.to *adj.* **1** que está em segredo; incógnito ⟨*inimigo s.*⟩ ⊃ visível **2** confidencial ⟨*pacto s.*⟩ ⊃ público

se.cre.tor \ô\ *adj.s.m.* (o) que segrega

sec.tá.rio *adj.s.m.* **1** que(m) pertence a uma seita **2** que(m) segue apaixonadamente uma doutrina ou posição religiosa **3** intransigente ⊃ tolerante ~ **sectarismo** *s.m.*

se.cu.lar *adj.2g.* **1** relativo a século **2** que atingiu cem anos; centenário ⟨*construção s.*⟩ **3** que se faz a cada século ⟨*comemoração s.*⟩ **4** que não cabe à Igreja; profano ⟨*ensino s.*⟩ ⊃ religioso **5** *p.ext.* muito antigo ou muito longo ⟨*regra s.*⟩ ⟨*discussão s.*⟩ ■ *adj.2g.s.2g.* **6** (eclesiástico) que não pertence a uma ordem religiosa e participa do mundo civil ~ **secularidade** *s.f.*

se.cu.la.ri.zar *v.* {mod. 1} *t.d. e pron.* **1** (fazer) voltar à vida leiga (o que era da vida religiosa) ❑ *t.d.* **2** sujeitar às leis civis ⟨*s. o matrimônio*⟩ **3** tomar (bens ou terras de Igreja) ~ **secularização** *s.f.*

sé.cu.lo *s.m.* **1** espaço ou duração de 100 anos; centenário **2** *p.ext.* período de tempo dado como longo ⟨*esperavam há um s.*⟩ **3** tempo ou época conhecida por algum fato ou pessoa importante **4** a vida profana, não religiosa

se.cun.dar *v.* {mod. 1} *t.d.* **1** ajudar em (trabalho, função, tarefa); auxiliar **2** criar condições para; propiciar ❑ *t.d. e int. B* **3** fazer ou tentar pela segunda vez; repetir

se.cun.dá.rio *adj.* **1** que está em segundo lugar ou ordem **2** de menor importância ⟨*questão s.*⟩ ■ *s.m.* **3** antigo curso equivalente ao ensino médio

se.cun.di.nas *s.f.pl.* placenta, cordão umbilical e membranas expulsas após o parto

se.cu.ra *s.f.* **1** qualidade de seco **2** falta de água; seca **3** sensação de sede **4** *fig.* aspereza no trato; frieza ⊃ amabilidade

se.cu.ri.tá.rio *adj.* **1** relativo a seguro ■ *adj.s.m.* **2** que(m) trabalha para companhia de seguros

se.da \ê\ *s.f.* **1** substância brilhosa que constitui o casulo do bicho-da-seda **2** *p.ext.* o fio feito dessa substância **3** *p.ext.* o tecido feito com esse fio

se.dar *v.* {mod. 1} *t.d.* **1** acalmar (o que estava excitado ou perturbado) **2** dar sedativo a; dopar **3** controlar ação exagerada de ~ **sedação** *s.f.*

se.da.ti.vo *adj.s.m.* (medicamento) que acalma ou faz diminuir dor, ansiedade etc.

se.de *s.f.* **1** local onde uma empresa ou instituição tem seu principal estabelecimento **2** local escolhido para acontecer algo ⟨*a s. do campeonato*⟩

se.de \ê\ *s.f.* **1** vontade ou necessidade de ingerir líquido **2** *fig.* desejo ardente; ânsia ⟨*s. de poder*⟩ ~ **sedento** *adj.*

se.den.tá.rio *adj.s.m.* **1** que(m) passa muito tempo sentado, em função de sua atividade profissional **2** *p.ext.* que(m) se movimenta ou se exercita pouco ⊃ ativo ■ *adj.* **3** que tem habitação fixa **4** em que se fica sentado todo o tempo (diz-se de trabalho ou ocupação) ~ **sedentariedade** *s.f.* - **sedentarismo** *s.m.*

se.di.ar *v.* {mod. 1} *t.d.* servir de sede a (evento, comemoração etc.); acolher

se.di.ção [pl.: *-ões*] *s.f.* **1** perturbação da ordem pública **2** crime contra a segurança do Estado

se.di.ci.o.so \ô\ [pl.: *sediciosos* \ó\] *adj.s.m.* **1** que(m) provoca sedição; revoltoso, insurgente ■ *adj.* **2** que tem caráter de sedição ⟨*movimento s.*⟩ **3** que não segue regras; indisciplinado ⊃ obediente

se.di.men.ta.ção [pl.: *-ões*] *s.f.* **1** formação de sedimento **2** solidificação **3** GEOL processo de formação ou acumulação de sedimento em camadas; acumulação

[1]**se.di.men.tar** *adj.2g.* **1** próprio de ou que contém sedimento ⟨*depósito s.*⟩ **2** GEOL formado pela acumulação de sedimentos [ORIGEM: *sedimento* + [1]*-ar*]

[2]**se.di.men.tar** *v.* {mod. 1} *int. e pron.* **1** formar sedimento ❑ *t.d. e pron. fig.* **2** tornar(-se) firme, sólido; so-

lidificar(-se) ⮌ enfraquecer(-se) [ORIGEM: *sedimento* + [2]*-ar*]

se.di.men.to *s.m.* **1** material sólido depositado pela ação da gravidade na água ou no ar **2** *p.ext.* qualquer depósito material insolúvel

se.do.so \ô\ [pl.: *sedosos* \ó\] *adj.* **1** que tem o aspecto e a natureza da seda **2** *p.ext.* agradável ao tato; macio ⟨*tecido s.*⟩ ⮌ áspero

se.du.ção [pl.: *-ões*] *s.f.* **1** conjunto de qualidades que despertam simpatia, atração, desejo etc.; fascínio ⮌ repulsa **2** capacidade de persuasão **3** *p.ext.* aquilo que seduz, atrai, encanta ~ **sedutor** *adj.s.m.*

se.du.zir *v.* {mod. 24} *t.d.* **1** convencer com astúcia, prometendo vantagens **2** exercer influência irresistível sobre; fascinar **3** atrair para fins sediciosos **4** persuadir (moça virgem) a ter relações sexuais

se.ga *s.f.* ceifa ☞ cf. *cega*

se.ga.dei.ra *s.f.* ceifadeira

se.gar *v.* {mod. 1} *t.d. e int.* **1** cortar (cereais, ervas etc.) com foice ❑ *t.d.* **2** *p.ext.* fatiar **3** *fig.* pôr fim a ⟨*s. a amizade*⟩ ☞ cf. *cegar* ~ **segador** *adj.s.m.*

[1]**seg.men.tar** *adj.2g.* **1** relativo a segmento **2** formado por vários segmentos ⟨*reta s.*⟩ [ORIGEM: *segmento* + [1]*-ar*]

[2]**seg.men.tar** *v.* {mod. 1} *t.d.* dividir em segmentos; fracionar [ORIGEM: *segmento* + [2]*-ar*] ~ **segmentação** *s.f.*

seg.men.to *s.m.* **1** parte de um todo **2** GEOM porção de uma reta ou uma curva limitada por dois pontos ~ segmentado *adj.*

se.gre.dar *v.* {mod. 1} *t.d.,t.d.i. e int.* (prep. *a*) dizer em segredo ou em voz baixa; confidenciar, cochichar

se.gre.do \ê\ *s.m.* **1** o que não deve ser revelado **2** o que se diz, em voz baixa, no ouvido de alguém; confidência **3** meio conhecido por poucos para atingir determinado fim ⟨*o s. do sucesso*⟩ **4** dispositivo oculto manejável somente de uma certa maneira ⟨*s. do cofre, do alarme*⟩

se.gre.gar *v.* {mod. 1} *t.d.,t.d.i. e pron.* **1** (prep. *de*) separar(-se) para isolar, evitar contato; desligar(-se) **2** (prep. *de*) [fazer] ficar distante, à parte (de); separar(-se) ❑ *t.d.* **3** expelir (qualquer secreção); secretar

se.gui.da *s.f.* ato de seguir ou o seu efeito ⊡ **em s.** *loc.adv.* logo depois; imediatamente ⟨*falo com ele em s.*⟩

se.guin.te *adj.s.m.* (o) que (se) segue; (o) que vem logo depois

se.guir *v.* {mod. 28} *t.d.* **1** ir atrás ou na companhia de; acompanhar **2** ir na pista ou no encalço de; perseguir **3** ter como modelo; imitar **4** acompanhar com o olhar **5** observar com atenção; examinar **6** ser partidário de; aderir **7** cumprir, respeitar (normas, regras, preceitos) **8** exercer (carreira, profissão) **9** ir ao longo de ⟨*s. a margem do rio*⟩ ❑ *t.d.,int. e pron.* **10** vir depois de; suceder, prosseguir ❑ *int.* **11** continuar, prosseguir ⟨*mandou a tropa s. sem ele*⟩ **12** estar ao pé de, próximo a ⟨*na foto, segue o endereço*⟩ **13** ir em certa direção ⟨*siga à direita*⟩ ~ **seguidor** *adj.s.m.* - **seguimento** *s.m.*

se.gun.da-fei.ra [pl.: *segundas-feiras*] *s.f.* o segundo dia da semana, a partir do domingo

se.gun.do *n.ord.* (*adj.s.m.*) **1** (o) que, numa sequência, ocupa a posição número dois ■ *s.m.* **2** a 60ª parte do minuto [símb.: *s*] **3** GEOM unidade de medida de ângulo ou arco equivalente à 360ª parte do grau [símb.: "] **4** auxiliar de um lutador ■ *prep.* **5** de acordo com ■ *conj.confr.* **6** conforme **7** à medida que ■ *adv.* **8** em segundo lugar

se.gun.do-sar.gen.to [pl.: *segundos-sargentos*] *s.m.* **1** nas três armas, graduação imediatamente superior à de terceiro-sargento e inferior à de primeiro-sargento **2** oficial que detém essa graduação

se.gun.do-te.nen.te [pl.: *segundos-tenentes*] *s.m.* **1** no Exército e na Aeronáutica, posto logo acima do de aspirante a oficial e imediatamente inferior a primeiro-tenente **2** na Marinha do Brasil, posto logo acima do de guarda-marinha e imediatamente inferior a primeiro-tenente **3** oficial que detém um desses postos

se.gu.ra.do *adj.* **1** que se segurou **2** que tem seguro ⟨*pessoa s.*⟩ **3** que está no seguro ⟨*casa s.*⟩

se.gu.ra.dor \ô\ *adj.s.m.* **1** que(m) segura **2** (o) que agarra ou prende **3** DIR (o) que se compromete a ser o fiador ou tomador dos riscos mencionados no contrato de seguro

se.gu.ra.do.ra \ô\ *s.f.* companhia de seguro

se.gu.ra.men.te *adv.* **1** com toda a segurança, sem erro **2** muito possivelmente; certamente, decerto

se.gu.ran.ça *s.f.* **1** ação ou efeito de tornar seguro; firmeza ⮌ instabilidade **2** estado ou condição do que está protegido ⮌ risco **3** autoconfiança ⮌ insegurança ■ *s.2g.* **4** indivíduo responsável pela proteção pessoal de alguém ou de algo

se.gu.rar *v.* {mod. 1} *t.d. e pron.* **1** acautelar(-se) contra os efeitos de acidentes ou prejuízos **2** apoiar(-se) para não cair; firmar(-se) ❑ *t.d.* **3** agarrar, prender, pegar ⟨*s. a filha pelo braço*⟩ **4** tornar seguro; fixar **5** não se desfazer de; guardar ⟨*s. as melhores cartas*⟩ **6** levar nas mãos, nos braços; carregar ❑ *t.d. e t.d.i.* **7** (prep. *a*) dar como certo; assegurar, garantir ⊙ GRAM/USO part.: *segurado, seguro*

se.gu.ro *adj.* **1** estável, fixo ⮌ instável **2** posto a salvo; protegido ⮌ desamparado **3** autoconfiante ⮌ hesitante **4** preso ⮌ solto ■ *s.m.* **5** o que serve de garantia, amparo, proteção **6** contrato que obriga indenização em casos de acidente, morte etc.

sei.o *s.m.* **1** cada uma das glândulas mamárias da mulher **2** *fig.* a parte interna; interior ⟨*o s. da floresta*⟩ **3** *fig.* a alma, o espírito **4** ANAT cavidade no interior de um osso

seis *n.card.* **1** cinco mais um **2** diz-se desse número ⟨*cartões de número s.*⟩ **3** diz-se do sexto elemento de uma série ⟨*capítulo s.*⟩ **4** que equivale a essa quantidade (diz-se de medida ou do que é contável) ⟨*ter s. filhos*⟩ ■ *s.m.2n.* **5** representação gráfica desse número ⟨*no exame de vista, não enxergou o s.*⟩ ☞ em algarismos arábicos, *6*; em algarismos romanos, *VI*

seis.cen.té.si.mo *n.ord.* (*adj.s.m.*) sexcentésimo

sei.ta *s.f.* **1** conjunto de pessoas que professam a mesma doutrina ou religião **2** doutrina ou sistema que se afasta da crença ou opinião geral

sei.va *s.f.* **1** líquido com propriedades nutritivas que circula no interior dos vegetais **2** *p.ext.* qualquer fluido orgânico aquoso

sei.xo *s.m.* pedra miúda arredondada

se.la *s.f.* assento que se põe sobre o lombo das montarias ☞ cf. *cela* ⊙ COL selaria

[1]**se.lar** *v.* {mod. 1} *t.d.* **1** pôr sinete, estampilha, selo ou carimbo em **2** cerrar, fechar bem ⟨*s. um cofre*⟩ **3** *fig.* tornar efetivo; validar ⟨*s. um contrato*⟩ **4** *fig.* pôr fim a; concluir ⟨*s. a tese*⟩ [ORIGEM: do lat. *sigillāre* 'pôr selo em']

[2]**se.lar** *v.* {mod. 1} *t.d.* pôr a sela em (montaria) [ORIGEM: *sela* + [2]*-ar*]

se.la.ri.a *s.f.* **1** indústria ou comércio de selas **2** conjunto de selas e outros arreios **3** local onde se guardam selas e arreios

se.le.ção [pl.: *-ões*] *s.f.* **1** escolha sob critérios definidos **2** grupo de atletas escolhidos entre os melhores; escrete ⊡ **s. natural** *loc.subst.* BIO sobrevivência de indivíduos ou grupos que melhor se adaptam ao meio ambiente

se.le.cio.na.do *s.m.* **1** grupo de atletas que formam uma seleção ■ *adj.* **2** escolhido; preferido ↄ rejeitado

se.le.cio.nar *v.* {mod. 1} *t.d.* optar por (alguém ou algo), entre dois ou mais, segundo certos critérios; escolher

se.lei.ro *adj.s.m.* **1** que(m) fabrica selas ou é dono de selaria **2** que(m) monta bem ☞ cf. *celeiro*

se.lê.nio *s.m.* elemento químico us. em semicondutores, xerografia, fotômetros etc. [símb.: *Se*] ☞ cf. *tabela periódica* (no fim do dicionário)

se.le.ni.ta *adj.2g.* **1** relativo à Lua ■ *s.2g.* **2** hipotético habitante da Lua

se.le.ta *s.f.* **1** conjunto de textos literários escolhidos; antologia **2** certa variedade de laranja

se.le.ti.vo *adj.* **1** que diz respeito a seleção **2** que seleciona ⟨*audição s.*⟩

se.le.to *adj.* **1** escolhido ⟨*público s.*⟩ **2** que ressalta entre os melhores; excelente

self-ser.vice [ing.] *s.m.* **1** sistema em lojas, restaurantes, mercados etc., em que o cliente se serve sozinho ■ *adj.2g.2n.s.m.* **2** (estabelecimento comercial) que adota esse sistema ⟨*inauguraram mais um s.*⟩ ⟨*restaurante s.*⟩ ⊙ GRAM/USO em ing., invariável; pl. corrente no Brasil: *self-services* ⇨ pronuncia-se sélf sérvis

se.lim *s.m.* **1** sela pequena para montarias **2** assento triangular de velocípedes e bicicletas

se.lo \ê\ *s.m.* **1** peça com a figura, a assinatura, as armas ou a marca simbólica de um Estado, rei etc. gravadas, us. para autenticar documentos e objetos; sinete **2** pequeno sinal que se põe sobre algo para identificação ou para que não seja violado; carimbo **3** impresso adesivo que se usa em correio **4** marca de fábrica de certos produtos ou instituições ⟨*s. de garantia*⟩ ⟨*s. de qualidade*⟩

sel.va *s.f.* **1** floresta, bosque **2** *fig.* grande quantidade de algo ⟨*s. de prédios*⟩ **3** *fig. pej.* ambiente hostil ⟨*o escritório é uma s.*⟩

sel.va.gem *adj.2g.* **1** próprio da selva ou que nela habita ⟨*vida s.*⟩ ⟨*tribo s.*⟩ **2** que vive sem cultura ou cuidados especiais ⟨*vegetação s.*⟩ **3** *fig.* que se desenvolve sem controle ⟨*capitalismo s.*⟩ ↄ controlado **4** não domesticado; feroz (diz-se de animal) ↄ domesticado ■ *adj.2g.s.2g.* **5** que(m) manifesta natureza não civilizada **6** que(m) é grosseiro ↄ gentil ~ **selvageria** *s.f.*

sel.vá.ti.co *adj.* selvagem ('da selva', 'grosseiro')

sel.ví.co.la *adj.2g.s.2g.* silvícola

sem *prep.* **1** expressa os sentidos de: **2** ausência, privação ⟨*comida s. sal*⟩ **3** ausência de condição necessária ⟨*agir s. pensar*⟩ **4** exceção ⟨*foi a turma toda, s. o professor*⟩

se.má.fo.ro *s.m.* aparelho de sinalização urbana, rodoviária ou ferroviária que orienta o tráfego por meio de luzes; sinal, sinaleiro

se.ma.na *s.f.* **1** período de sete dias a partir de domingo **2** espaço de sete dias consecutivos **3** série de seis ou cinco dias úteis (de segunda a sábado ou sexta) ⟨*trabalhou a s. toda e viajou no sábado*⟩

se.ma.na.da *s.f.* **1** quantia que se dá ou recebe por semana **2** remuneração por uma semana de trabalho

se.ma.nal *adj.2g.* **1** relacionado a ou pertencente a semana **2** que ocorre uma vez a cada semana ⟨*feira s.*⟩ ⟨*revista s.*⟩

se.ma.ná.rio *s.m.* publicação semanal; hebdomadário

se.mân.ti.ca *s.f.* ramo da linguística que estuda a evolução e as alterações sofridas pelo significado das palavras no tempo e no espaço

se.mân.ti.co *adj.* **1** que diz respeito à semântica **2** que diz respeito ao significado das palavras

sem.blan.te *s.m.* **1** face, rosto **2** aparência, fisionomia ⟨*s. triste*⟩

sem-ce.ri.mô.nia [pl.: *sem-cerimônias*] *s.f.* **1** descontração, informalidade ↄ formalidade **2** desprezo pelas convenções sociais **3** *p.ext.* falta de educação

se.me.a.du.ra *s.f.* **1** ato de lançar sementes à terra e o seu efeito **2** *p.ext.* extensão de terreno semeado **3** *p.ext.* quantidade de grão suficiente para semear um terreno

se.me.ar *v.* {mod. 5} *t.d. e int.* **1** lançar sementes de (vegetal) para que germinem ❑ *t.d. fig.* **2** espalhar, propagar ⟨*s. uma notícia, s. ódio*⟩ **3** ser causa de; promover ⟨*s. pânico*⟩ ~ **semeador** *adj.s.m.*

se.me.lhan.ça *s.f.* **1** qualidade de semelhante **2** relação entre seres, coisas ou ideias que têm elementos iguais ou parecidos, além dos comuns à espécie ↄ diferença

se.me.lhan.te *adj.2g.s.m.* **1** (o) que é da mesma natureza, forma, espécie em relação a outro ser ou coisa ⟨*ideias s.*⟩ ⟨*pessoas s.*⟩ ■ *s.m.* **2** qualquer ser humano ⟨*deve-se respeitar os s.*⟩

se.me.lhar *v.* {mod. 1} *t.d.,t.i. e pron.* assemelhar

sê.men [pl.: *sêmenes* e *(B) semens*] *s.m.* esperma

se.men.te *s.f.* 1 parte do fruto, ger. dura, responsável pela reprodução do vegetal 2 *fig.* germe; origem

se.men.tei.ra *s.f.* 1 canteiro de mudas 2 conjunto de plantas deixadas para produzir sementes

se.mes.tral *adj.2g.* 1 referente ao período de seis meses 2 que dura seis meses 3 que ocorre de seis em seis meses ⟨*pagamento s.*⟩ ~ **semestralidade** *s.f.*

se.mes.tre *s.m.* período de seis meses seguidos

sem-fim [pl.: *sem-fins*] *s.m.* 1 número indeterminado ⟨*um s. de perguntas*⟩ 2 extensão indeterminada; vastidão ☞ cf. *sem fim* ⊙ GRAM/USO nas duas acp., tb. us. como adj.

semi– *pref.* 'meio, metade': *semicircunferência, semi-interno*

se.mi.a.nal.fa.be.to *adj.s.m.* 1 que(m) foi parcialmente alfabetizado 2 *fig. pej.* que(m) demonstra poucos conhecimentos sobre determinado assunto ⟨*crítico s.*⟩

se.mi.a.quá.ti.co *adj.* que usa tanto o ambiente terrestre quanto o aquático (diz-se de animal, como a lontra)

se.mi.á.ri.do *adj.* 1 não inteiramente árido (clima, região) ■ *s.m.* 2 região vizinha às regiões áridas

se.mi.au.to.má.ti.co *adj.* não totalmente automático

se.mi.bre.ve *s.f.* 1 figura de ritmo de maior duração 2 seu símbolo (𝅝)

se.mi.cír.cu.lo *s.m.* metade de um círculo determinada por um diâmetro ~ **semicircular** *adj.2g.*

se.mi.cir.cun.fe.rên.cia *s.f.* metade de uma circunferência limitada por um diâmetro

se.mi.col.chei.a *s.f.* 1 figura de ritmo que equivale à metade da colcheia 2 seu símbolo (𝅘𝅥𝅯)

se.mi.con.du.tor \ô\ *adj.s.m.* (substância, dispositivo) cuja resistência elétrica varia entre a de um condutor e a de um isolante

se.mi.deus *s.m.* MIT 1 ser imortal, superior aos homens e inferior aos deuses, como os faunos e as ninfas 2 herói, filho de um ser divino e de um mortal

se.mi.fi.nal *adj.2g.s.f.* (rodada ou partida) que antecede a final de um campeonato

se.mi.fi.na.lis.ta *adj.2g.s.2g.* que(m) se classifica para disputar a semifinal de um campeonato

se.mi.fu.sa *s.f.* 1 figura de ritmo que equivale à metade da fusa 2 seu símbolo (𝅘𝅥𝅱)

se.mi-in.ter.na.to [pl.: *semi-internatos*] *s.m.* 1 estado ou condição de semi-interno 2 estabelecimento escolar em que os alunos são semi-internos

se.mi-in.ter.no [pl.: *semi-internos*] *adj.s.m.* (aluno) que permanece quase o dia inteiro na escola

se.mi.mor.to \ô\ [pl.: *semimortos* \ó\] *adj.* 1 quase morto 2 *fig.* muito cansado; fraco

se.mi.nal *adj.2g.* 1 relativo a ou que produz sêmen 2 *fig.* que inspira ou gera novas obras

se.mi.ná.rio *s.m.* 1 instituição para formação de padres 2 congresso científico ou cultural 3 exposição e debate promovidos por um grupo de alunos, sobre um determinado tema ⟨*quase não houve aulas, só s.*⟩

se.mi.na.ris.ta *adj.2g.* 1 próprio de seminário ■ *adj.2g.s.2g.* 2 que(m) é aluno de seminário ('instituição')

se.mí.ni.ma *s.f.* 1 figura de ritmo que equivale a metade da mínima 2 seu símbolo (𝅘𝅥)

se.mi.no.vo \ô\ [pl.: *seminovos* \ó\] *adj.s.m.* diz-se de ou produto (ger. automóvel) usado, mas supostamente bem conservado

se.mi.nu *adj.* 1 parcialmente vestido 2 maltrapilho

se.mio.lo.gi.a *s.f.* estudo das significações que podem ser atribuídas aos fatos da vida social concebidos como sistemas de significação: imagens, gestos, sons melódicos, elementos rituais, protocolos, sistemas de parentesco, mitos etc. ~ **semiológico** *adj.*

se.mi.ó.ti.ca *s.f.* ciência que estuda a relação entre os signos, linguísticos ou não, e seus significados; semiologia ~ **semiótico** *adj.*

se.mi.pla.no *s.m.* GEOM região do plano limitada por uma reta

se.mi.pre.ci.o.so \ô\ [pl.: *semipreciosos* \ó\] *adj.* de menor valor comercial que uma pedra preciosa (diz-se de gema)

se.mir.re.ta *s.f.* parte de uma reta limitada por um ponto

se.mi.ta *s.2g.* 1 grupo étnico e linguístico que compreende os hebreus, fenícios, assírios, aramaicos e árabes ■ *adj.2g.s.2g.* 2 (membro) desse grupo

se.mí.ti.co *adj.* 1 que diz respeito aos semitas 2 relativo ou pertencente aos judeus

se.mi.tis.mo *s.m.* 1 conjunto das características próprias dos semitas 2 conjunto das características próprias dos judeus 3 construção peculiar às línguas semíticas

se.mi.tom *s.m.* MÚS metade de um tom, o menor intervalo na música ocidental tradicional

se.mi.vi.vo *adj.* quase morto

se.mi.vo.gal *s.f.* cada uma das vogais *i* e *u* quando, juntas a outra vogal, formam um ditongo, p.ex., *quem*; *pai*

sem-nú.me.ro *s.m.2n.* grande número; número indeterminado ⟨*um s. de ofertas*⟩

sê.mo.la *s.f.* 1 farinha granulada extraída do grão do trigo ou de outros cereais, como o milho, us. em massas, sopas, mingaus etc. 2 semolina

se.mo.li.na *s.f.* farinha granulada extraída do grão de arroz, us. para engrossar caldos ou pudins; sêmola

se.mo.ven.te *adj.2g.s.2g.* (o) que se move por si próprio

sem-par *adj.2g.2n.* sem igual; raro ⟨*espetáculo s.*⟩

sem.pi.ter.no *adj.* 1 que dura para sempre; eterno ⮌ finito 2 muito velho

sem.pre *adv.* 1 durante todo o tempo; eternamente ⟨*seremos s. amigos*⟩ 2 muito frequentemente; habitualmente ⟨*vai s. ao cinema*⟩ 3 continuamente ⟨*s. morou na Tijuca*⟩ 4 de qualquer maneira ⟨*está s. lá, chova ou faça sol*⟩

sem.pre-vi.va [pl.: *sempre-vivas*] *s.f.* nome comum dado a flores ornamentais que secam sem murchar

sem-pu.lo *s.m.2n.* FUTB *B* chute dado antes de a bola chegar ao chão

sem-sal *adj.2g.2n.* **1** que não tem sal; insosso **2** *fig.* sem entusiasmo, sem graça ⟨*pessoa s.*⟩

sem-ter.ra *adj.2g.2n.s.2g.2n.* (trabalhador rural) sem a posse legal da terra em que vive ou trabalha

sem-te.to *adj.2g.2n.s.2g.2n.* que(m) vive nas ruas

sem-ver.go.nha *adj.2g.2n.s.2g.2n.* (o) que não tem vergonha, dignidade, moral ~ **sem-vergonhice** *s.f.*

se.na *s.f.* **1** conjunto de seis seres, objetos etc. da mesma espécie **2** loteria oficial em que se sorteiam seis dezenas, premiando quem acertar seis, cinco ou quatro das dezenas sorteadas

se.na.do *s.m.* **1** uma das câmaras do poder legislativo, composta pelos representantes dos estados da federação ☞ inicial freq. maiúsc. **2** conjunto dos membros dessa câmara **3** local onde esses membros se reúnem

se.na.dor \ô\ *s.m.* membro do Senado

se.não *conj.altv.* **1** do contrário ⟨*coma, s. ficará de castigo*⟩ ■ *conj.advrs.* **2** mas ⟨*não conseguiu apoio nem aprovação, s. críticas*⟩ ■ *prep.* **3** exceto ⟨*todos, s. você, riram*⟩ ■ *s.m.* **4** pequena imperfeição; falha ⟨*um teste sem qualquer s.*⟩ ⊙ GRAM/USO pl. do subst.: *senões*

se.na.to.ri.a ou **se.na.tó.ria** *s.f.* **1** cargo ou função de senador **2** mandato ('período') de um senador ~ **senatorial** *adj.2g.*

sen.da *s.f.* caminho estreito; vereda

se.nec.tu.de *s.f.* idade senil; velhice

se.nha *s.f.* **1** gesto, frase, sinal combinado secretamente entre pessoas ou grupos **2** bilhete ou papel numerado que autoriza o portador a ser atendido numa ordem **3** INF conjunto de caracteres destinado a identificar o usuário de computador e dar-lhe acesso a dados, programas etc.

se.nhor \ô\ *s.m.* **1** aquele que tem algo; dono, proprietário ⟨*era s. de um tesouro em livros*⟩ **2** patrão, amo ⊃ empregado **3** *fig.* aquele que tem pleno domínio sobre si, sobre coisa ou sobre situação ⟨*s. da própria vontade*⟩ **4** homem de meia-idade ou idoso ⟨*ele já é um s.*⟩ **5** tratamento cerimonioso dispensado aos homens [abrev.: *Sr.*] **6** homem adulto indeterminado ⟨*havia um s. sentado à janela*⟩ **7** Deus **7.1** Jesus Cristo ☞ nestas duas acp., inicial maiúsc. ■ *adj.* **8** *infrm.* grande, ótimo, desejável ⟨*comprar um s. carro*⟩

se.nho.ra \ó *ou* ô\ *s.f.* **1** dona da casa; patroa ⊃ empregada **2** aquela que possui algo; dona, proprietária **3** mulher adulta indeterminada ⟨*uma s. telefonou para você*⟩ **4** a esposa em relação ao marido **5** mulher adulta ou casada ⟨*já era uma s. quando engravidou*⟩ **6** tratamento cortês dispensado à mulher casada

se.nho.ri.a *s.f.* **1** autoridade de senhor ou senhora **2** domínio, direitos feudais sobre uma terra **3** terra sob esse domínio **4** proprietária de bens imóveis ⊡ **Vossa S.** *loc.subst.* tratamento cerimonioso us. esp. em linguagem comercial

se.nho.ri.al *adj.2g.* **1** relativo a senhor **2** relativo a senhorio **3** relativo a nobreza, a aristocracia **4** *p.ext.* dotado de requinte; distinto, elegante ⊃ modesto

se.nho.ri.o *s.m.* **1** domínio ou direito de senhor sobre algo; mando, autoridade **2** domínio, posse **3** quem aluga propriedade sua; dono, proprietário **4** proprietário de bens imóveis ⊃ inquilino

se.nho.ri.ta *s.f.* *B* **1** moça solteira **2** tratamento dispensado à moça solteira

se.nil *adj.2g.* **1** relativo a velhice ou a velhos ⟨*idade s.*⟩ **2** que resulta da velhice ⟨*fraqueza s.*⟩ **3** que é portador de demência própria dos velhos ⊃ lúcido

se.ni.li.da.de *s.f.* **1** estado ou condição de velho, senil; velhice, decrepitude ⊃ juventude **2** debilidade física e mental ligada à idade ou a uma alteração prematura dos tecidos

sê.nior [pl.: *seniores* \ô\] *adj.2g.s.m.* **1** (aquele) que é o mais velho entre dois ⊃ júnior **2** (o) que se estabeleceu primeiro ⊃ júnior **3** (aquele) que é mais antigo ou graduado em certa atividade ⊃ júnior **4** desportista que passou da idade de júnior, mas que ainda não é veterano

se.no *s.m.* MAT razão entre o cateto oposto a um ângulo de um triângulo retângulo e a hipotenusa ~ **senoidal** *adj.2g.*

sen.sa.bor \ô\ *adj.2g.* **1** que não tem sabor ou gosto; insípido ⊃ saboroso ■ *adj.2g.s.2g.* **2** *fig.* (aquele) que é desinteressante, maçante

sen.sa.bo.ri.a *s.f.* **1** conversa ou escrito enfadonho, monótono **2** contratempo

sen.sa.ção [pl.: *-ões*] *s.f.* **1** impressão captada pelos órgãos dos sentidos ⟨*s. visual, olfativa, gustativa*⟩ **2** *fig.* conhecimento imediato e intuitivo ⟨*s. de que algo não vai bem*⟩ **3** vivência significativa que mobiliza afetos e emoções ⟨*s. confusa de atração e repulsa*⟩ **4** impacto causado por acontecimento especial ⟨*queria causar s. na festa*⟩

sen.sa.cio.nal *adj.2g.* **1** que tem grande repercussão no público ⟨*notícia s.*⟩ **2** maravilhoso, espetacular ⟨*uma peça s.*⟩ ⊃ comum

sen.sa.cio.na.lis.mo *s.m.* **1** gosto ou busca pelo sensacional **2** exploração de notícias sensacionais, sem compromisso com a verdade dos fatos ~ **sensacionalista** *adj.2g.s.2g.*

sen.sa.to *adj.* **1** que tem juízo; equilibrado ⊃ desequilibrado **2** que age ou pensa com cautela; precavido ⊃ descuidado **3** regrado em seus hábitos; sério ⊃ descomedido **4** que tem bom senso ⟨*decisão s.*⟩ ⊃ tolo **5** lógico, racional ⟨*explicação s.*⟩ ⊃ incoerente ~ **sensatez** *s.f.*

sen.si.bi.li.da.de *s.f.* **1** faculdade de sentir compaixão pela humanidade; piedade, empatia ⊃ indiferença **2** faculdade de receber, por meio do sistema nervoso, informações do meio externo e interno e de a elas reagir através de sensações ⟨*perdeu a s. nas mãos*⟩ ⊃ insensibilidade **3** capacidade de captar e expressar sentimentos e coisas ⟨*a s. do artista*⟩ ⊃ insensibilidade **4** facilidade para ser ferido ou incomodado por algum agente físico ⟨*sua pele tem s. ao sol*⟩ ⊃ insensibilidade **5** disposição especial para sentir ofensas e injúrias; melindre ⟨*ferir a s.*⟩ ⊃ frieza **6** precisão de certos aparelhos para indicar erro ou diferença ⟨*a s. de uma balança*⟩

sen.si.bi.li.zar *v.* {mod. 1} *t.d.,int. e pron.* **1** tornar(-se) sensível; comover(-se) ⮌ insensibilizar(-se) ❑ *t.d.* **2** impressionar vivamente; tocar **3** tornar sensível à ação de qualquer agente ~ **sensibilização** *s.f.* - **sensibilizador** *adj.s.m.* - **sensibilizante** *adj.2g.*

sen.si.ti.va *s.f.* nome comum a algumas plantas com folhas que ger. se contraem quando tocadas

sen.si.ti.vo *adj.* **1** relativo a sensações e a sentidos ⟨*órgão s.*⟩ ■ *adj.s.m.* **2** (aquele) que é muito suscetível ⮌ indiferente **3** (aquele) que é dotado de poderes extrassensoriais ~ **sensitividade** *s.f.*

sen.sí.vel *adj.2g.* **1** que recebe impressões ou sensações externas ⟨*os meus dentes são s. ao frio*⟩ ⮌ insensível **2** que é percebido por (sentido); perceptível ⟨*s. ao paladar, ao tato, ao olfato*⟩ ⮌ insensível **3** que produz dor; doloroso ⟨*golpe s.*⟩ ⮌ indolor **4** capaz de sentir e captar o que existe e de expressá-lo ⟨*artista s.*⟩ ⮌ insensível **5** que requer tato ou habilidade; delicado ⟨*assunto s.*⟩ ⮌ indelicado **6** que tem sentimento de compaixão; solidário ⟨*s. aos problemas dos outros*⟩ ⮌ desumano **7** evidente, manifesto ⟨*desde o início seu amor era s.*⟩ ⮌ secreto **8** que se impressiona ou se ofende facilmente ⟨*pessoa muito s., chorava à toa*⟩ ⮌ insensível **9** que indica a menor alteração, contato ou diferença (diz-se de instrumento) ⟨*alarme, balança s.*⟩

sen.so *s.m.* **1** qualidade de sensato; prudência ⮌ imprudência **2** faculdade de julgar, de sentir, de apreciar; juízo ⟨*s. de adequação*⟩ ☞ cf. *censo* ⊡ **bom s.** *loc.subst.* capacidade de pensar e agir de maneira equilibrada, prudente e coerente

sen.sor \ô\ *adj.s.m.* (dispositivo) que responde a estímulos físicos (calórico, luminoso, sonoro etc.) e transmite um impulso correspondente ☞ cf. *censor*

sen.so.ri.al *adj.2g.* **1** ANAT relativo a sensório ('região do cérebro') ⟨*nervo s.*⟩ **2** referente a sensação ⟨*antenas com função s.*⟩

sen.só.rio *adj.* **1** relativo a sensibilidade ou a sensação ⟨*imagens s.*⟩ ■ *s.m.* ANAT **2** região do cérebro que seleciona e combina todas as sensações ☞ cf. *censório*

sen.su.al *adj.2g.* **1** relativo a sentidos ou a órgãos dos sentidos ⟨*impressão s.*⟩ **2** referente ao amor carnal ⟨*prazer s.*⟩ ⮌ espiritual **3** que atrai fisicamente; belo ⟨*pessoa s.*⟩ ⮌ repugnante **4** que desperta desejos sexuais; lascivo ⟨*corpo, voz s.*⟩ ⮌ casto ■ *adj.2g.s.2g.* **5** (aquele) que se devota aos prazeres dos sentidos ~ **sensualização** *s.f.*

sen.su.a.li.da.de *s.f.* **1** inclinação pelos prazeres dos sentidos **2** propensão exagerada para os prazeres do sexo; volúpia ⮌ recato

sen.su.a.lis.mo *s.m.* **1** doutrina filosófica que prega que o conhecimento provém unicamente da sensação **2** sensualidade

sen.tar *v.* {mod. 1} *int. e pron.* **1** flexionar as pernas até apoiar as nádegas em alguma superfície horizontal ⟨*s. no sofá*⟩ ⟨*demorou a s.-se*⟩ ☞ *no sofá* é circunstância que funciona como complemento ❑ *t.d.* **2** fazer tomar assento ⟨*s. o filho na cadeira*⟩ ☞ *na cadeira* é circunstância que funciona como complemento

sen.ten.ça *s.f.* **1** frase que encerra um pensamento de ordem geral e de valor moral; provérbio, máxima **2** decisão pronunciada por um juiz ou autoridade sobre fato que lhe é submetido **3** *p.ext.* decisão ou resolução tomada por qualquer pessoa **4** julgamento de Deus sobre os homens

sen.ten.ci.ar *v.* {mod. 1} *t.d. e t.d.i.* **1** (prep. *a*) julgar ou condenar por meio de sentença ⟨*s. um réu* (*à pena máxima*)⟩ ❑ *t.d.* **2** decidir mérito ou demérito de; julgar ⟨*a história vai s. os tiranos*⟩ ❑ *int.* **3** pronunciar sentença

sen.ten.ci.o.so \ô\ [pl.: *sentenciosos* \ó\] *adj.* **1** que tem a forma ou caráter de sentença **2** *p.ext.* que se expressa com gravidade ⟨*falar com jeito s.*⟩ ⮌ natural

sen.ti.do *adj.* **1** que se ofende facilmente; suscetível, sensível ⮌ insensível **2** que causa tristeza, piedade ou saudade ⟨*canto s.*⟩ ⮌ alegre **3** magoado, ressentido ⟨*ficou s. por não ter sido convidado*⟩ **4** feito com sentimento, com dor, com convicção ⟨*apelo s.*⟩ **5** percebido pelos sentidos; pressentido ■ *s.m.* **6** cada um dos órgãos (tato, visão, audição, paladar e olfato) de percepção **7** faculdade de julgar; bom senso ⟨*s. de responsabilidade*⟩ **8** alvo, fim, propósito ⟨*suas últimas ações não tinham s. algum*⟩ **9** ponto de vista; aspecto, face ⟨*analisou a questão sob todos os s.*⟩ **10** razão de ser; lógica, cabimento ⟨*argumento sem s.*⟩ ⮌ incoerência **11** a consciência das coisas ⟨*recuperou os s.*⟩ ☞ mais us. no pl. **12** atenção, pensamento ⟨*estuda, mas com o s. na televisão*⟩ **13** cuidado, cautela ⟨*tenha s. no que faz*⟩ **14** direção ⟨*s. Rio-São Paulo*⟩ **15** rumo ⟨*s. norte*⟩ **16** LING o que uma palavra, frase num determinado contexto quer dizer; significado ▼ ***sentidos*** *s.m.pl.* **17** conjunto de funções da vida orgânica que buscam experimentar o prazer físico, a sensualidade **18** faculdades intelectuais ■ *interj.* **19** voz de comando para chamar a atenção da tropa ⊡ **sexto s.** *loc.subst.* intuição

sen.ti.men.tal *adj.2g.s.2g.* **1** (aquele) que é marcado por sentimento, sensibilidade ou idealismo emocional **2** (o) que resulta do sentimento e não do pensamento ou da razão **3** (aquele) que tem excesso de sentimento ou de sensibilidade

sen.ti.men.ta.lis.mo *s.m.* **1** tendência a mostrar-se sentimental; exagero de reações e comportamentos sentimentais **2** ideia sentimental ou sua expressão ~ **sentimentalista** *adj.2g.s.2g.*

sen.ti.men.to *s.m.* **1** aptidão para sentir; sensibilidade ⮌ indiferença **2** afeto, afeição, ligação ⟨*não tem o menor s. por aquela pessoa*⟩ **3** expressão viva; entusiasmo, emoção ⟨*declamar com s.*⟩ **4** experiência afetiva de desprazer; tristeza, mágoa ⟨*chorar de s.*⟩ ⮌ alegria **5** intuição, pressentimento **6** sensação subjetiva de alegria, pesar, paixão, medo etc. ⟨*foi tomado por um s. de pânico*⟩ ▼ ***sentimentos*** *s.m.pl.* **7** conjunto de qualidades morais ⟨*pessoa de bons s.*⟩ **8** pêsames

sen.ti.ne.la *s.f.* **1** soldado armado que guarda um posto **2** pessoa que está de vigia; guarda ☞ tb. us. no

masc. **3** ato de estar atento a algo ou alguém, ou o seu efeito; vigia ⟨*a enfermeira passou a noite de s.*⟩
sen.tir *v.* {mod. 28} *t.d.* **1** perceber por qualquer órgão dos sentidos **2** experimentar no corpo, na mente ⟨*s. dor, fome, medo*⟩ **3** ser sensível a; comover-se por ⟨*s. a dor alheia*⟩ **4** perceber ao longe ou antes de acontecer; pressentir, prever ❑ *t.d. e pron.* **5** ter ou tomar consciência de (impressão íntima, estado espiritual, ou condição física) ⟨*s. o amor pulsar*⟩ ⟨*s.-se bem à mesa*⟩ **6** encarar de modo negativo; ressentir-se ❑ *pron.* **7** estar em certa condição física, mental provisória; passar ⟨*s.-se mal no calor*⟩ ❑ *t.d.,t.d.pred. e pron.* **8** julgar(-se), considerar(-se) ❑ *int.* **9** ter pesar ⟨*sinto por tê-lo traído*⟩
sen.za.la *s.f.* alojamento das antigas fazendas que abrigava os escravos
sé.pa.la *s.f.* BOT cada uma das peças florais que constituem o [2]cálice
se.pa.ra.ção [pl.: *-ões*] *s.f.* **1** ato de separar(-se) ou o seu efeito; desunião, divisão ⮌ união **2** quebra de uma união íntima **3** fim de casamento **4** aquilo que separa (muro, parede etc.) ou serve para tal fim ⮌ junção
se.pa.rar *v.* {mod. 1} *t.d.,t.d.i. e pron.* **1** (prep. *de*) pôr(-se) à parte; apartar(-se), desagregar(-se) ⮌ unir(-se) **2** (prep. *de*) pôr(-se) a certa distância de; afastar(-se) ⮌ juntar(-se) ❑ *t.d. e t.d.i.* **3** (prep. *para*) garantir que esteja disponível para (um, uns) e não para outros; reservar ❑ *t.d.* **4** distribuir segundo certos critérios ⟨*s. a correspondência*⟩ **5** impedir a união, o convívio de; distanciar, desavir ⮌ reconciliar **6** fazer parar; interromper, apartar ⟨*s. uma briga*⟩ ❑ *pron.* **7** deixar de ser uno; partir-se ⟨*a rua se separa em duas*⟩ **8** romper relacionamento amoroso, esp. casamento ~ **separador** *adj.s.m.*
se.pa.ra.ta *s.f.* GRÁF edição à parte de artigos já publicados em revista ou jornal
se.pa.ra.tis.mo *s.m.* **1** doutrina política ou religiosa baseada na separação ou independência **2** tendência de constituição de um Estado independente ~ **separatista** *adj.2g.s.2g.*
sé.pia *s.f.* **1** nome comum a moluscos marinhos, conhecidos como sibas, que secretam um líquido negro **2** esse líquido secretado, us. para sua defesa, é utilizado pelos humanos na confecção de tintas **3** pigmento presente nesse líquido ■ *s.m.* **4** a cor desse pigmento, que vai de um cinzento-acastanhado a um marrom-escuro ■ *adj.2g.2n.* **5** que tem essa cor ⟨*cromos sépia*⟩ **6** diz-se dessa cor ⟨*a cor s.*⟩
sep.si.a *s.f.* MED sépsis
sép.sis *s.f.2n.* MED presença de micro-organismos patogênicos ou suas toxinas no sangue ou nos tecidos; sepsia
sep.te.ná.rio *adj.* **1** que contém ou vale sete elementos ou unidades ■ *s.m.* **2** espaço de sete dias ou sete anos
sep.tê.nio *s.m.* período de sete anos; setênio
sep.ti.ce.mi.a *s.f.* MED estado infeccioso generalizado devido à presença de microrganismos patogênicos e suas toxinas no sangue ~ **septicêmico** *adj.*
sép.ti.co *adj.* **1** que causa infecção ⟨*processo s.*⟩ **2** que contém germes patogênicos ⟨*fossa s.*⟩
sep.ti.lha *s.f.* poesia ou estrofe de sete versos; setilha
sep.tin.gen.té.si.mo *n.ord.* *(adj.s.m.)* **1** (o) que, numa sequência, ocupa o número 700 ■ *n.frac.* *(adj.s.m.)* **2** (o) que é 700 vezes menor que a unidade
sep.tis.sí.la.bo *adj.s.m.* (o) que tem sete sílabas; setissílabo
sep.to *s.m.* ANAT estrutura vegetal ou animal que divide duas cavidades ou massas de tecido mais mole
sep.tu.a.ge.ná.rio *adj.s.m.* (aquele) que está na faixa dos 70 anos de idade
sep.tu.a.gé.si.mo *n.ord.* *(adj.s.m.)* **1** (o) que, numa sequência, ocupa a posição número 70 ■ *n.frac.* *(adj.s.m.)* **2** (o) que é 70 vezes menor que a unidade
sép.tu.plo *n.mult.* *(adj.s.m.)* **1** (o) que contém sete vezes a mesma quantidade ▼ *séptuplos* *s.m.pl.* **2** sete irmãos nascidos do mesmo parto ~ **septuplicar** *v.t.d.,int. e pron.*
se.pul.cral *adj.2g.* **1** relativo a ou próprio de sepulcro ⟨*estátua s.*⟩ **2** que contém sepulcros ⟨*terreno s.*⟩ **3** relativo a morte ⟨*silêncio s.*⟩ **4** *fig.* que evoca a morte; sombrio, triste ⟨*sala de aula s.*⟩ ⮌ alegre **5** *fig.* que ressoa grave; rouco, cavernoso ⟨*voz s.*⟩ ⮌ suave
se.pul.cro *s.m.* **1** sepultura, túmulo **2** local no centro do altar onde se guardam as relíquias dos santos **3** *fig.* local onde morre muita gente ⊡ **Santo S.** *loc.subst.* local onde, segundo a tradição, Jesus Cristo foi sepultado (hoje dentro de uma basílica, em Jerusalém)
se.pul.tar *v.* {mod. 1} *t.d.* **1** pôr em túmulo; enterrar **2** pôr fim a; extinguir ❑ *pron.* **3** afastar-se do convívio social; isolar-se ~ **sepultamento** *s.m.*
se.pul.to *adj.* **1** enterrado, sepultado **2** *fig.* que se extinguiu; acabado ⟨*um amor s.*⟩ ⊙ GRAM/USO part.irreg. de *sepultar*
se.pul.tu.ra *s.f.* buraco na terra onde se enterram os cadáveres
se.quaz *adj.2g.s.2g.* **1** (aquele) que segue um filósofo, uma religião etc.; partidário, sectário **2** (aquele) que faz parte de agremiação, partido, bando ou seita ■ *s.2g.* **3** parceiro de criminoso
se.que.la \qü\ *s.f.* **1** efeito de uma causa; consequência, resultado ⟨*as s. de uma guerra*⟩ ⮌ causa **2** ato de dar seguimento a algo que foi iniciado ou o seu efeito; continuação ⟨*esse filme é a s. de um sucesso de bilheteria*⟩ **3** sequência ou cadeia de algo; série, sucessão ⟨*proferiu uma s. de palestras e viajou*⟩ **4** MED anomalia consequente direta ou indiretamente de uma moléstia
se.quên.cia \qü\ *s.f.* **1** seguimento, continuação ⮌ interrupção **2** sucessão ou cadeia de algo; série ⟨*proferiu uma s. de insultos e saiu*⟩ **3** ordem das palavras numa frase ~ **sequencial** *adj.2g.*

se.quen.te \qü\ *adj.2g.* que vem ou acontece logo depois; seguinte ⮌ antecedente

se.quer *adv.* **1** pelo menos, ao menos ⟨*não vai comer s. a sobremesa?*⟩ **2** nem mesmo ⟨*não é s. corajoso*⟩

se.ques.trar \qü\ *v.* {mod. 1} *t.d.* **1** tomar à força ou às escondidas ⟨*s. documentos*⟩ **2** DIR pôr sob sequestro; apreender ⟨*s. os bens do réu*⟩ **3** levar consigo ilegalmente, ger. pedindo resgate para libertar **4** desviar da rota (avião, ônibus etc.) mediante violência, mantendo os passageiros como reféns ~ **sequestrador** *adj.s.m.* - **sequestro** *s.m.*

se.qui.dão [pl.: *-ões*] *s.f.* **1** falta de água; secura **2** *fig.* falta de expressividade; frieza ⟨*a s. de um estilo literário*⟩ ⮌ sensibilidade

se.qui.lho *s.m.* espécie de biscoito seco e quebradiço, ger. feito de araruta

se.qui.o.so \ô\ [pl.: *sequiosos* \ó\] *adj.* **1** que tem sede; sedento **2** muito seco ⮌ molhado **3** *fig.* extremamente desejoso, cobiçoso, ávido ⮌ desinteressado

sé.qui.to \qui *ou* qüi\ *s.m.* cortejo que acompanha uma pessoa, ger. distinta, para servi-la ou honrá-la; comitiva

se.quoi.a \ói\ *s.f.* árvore norte-americana que chega a viver mil anos e medir mais de 100 m de altura e ter mais de 8 m de diâmetro de tronco

ser *v.* {mod. 22} *pred.* **1** ter como característica ou propriedade de si mesmo ⟨*o fogo é quente*⟩ ⟨*o homem é mortal*⟩ ⟨*ela sempre foi inteligente*⟩ **2** ter ou estar em certa condição ou situação, permanente ou temporária ⟨*um dia serei rico*⟩ ⟨*seu escrito é inédito*⟩ **3** ter total ou parcialmente os mesmos atributos, qualidades ou condições de ⟨*Deus é amor*⟩ ⟨*essa flor é uma orquídea*⟩ **4** ter significado, função, aspecto, efeito etc. equivalente ou comparável ao de (outro); representar ⟨*desistir é assumir a derrota*⟩ ⟨*suas palavras foram um consolo*⟩ **5** *infrm.* representar certo preço ou valor; custar ⟨*quanto é a dúzia de maçãs?*⟩ **6** *fig.* parecer ou estar inteiramente formado ou tomado por ⟨*a rua era lama pura*⟩ ⟨*a festa foi um luxo*⟩ **7** ter existência ou presença, constituindo grupo ou quantidade especificada ⟨*somos cinco na sala*⟩ ❑ *int.* **8** fazer parte do conjunto dos entes materiais ou das entidades abstratas do universo **9** ter ou ocupar lugar; estar, ficar ⟨*aqui foi um templo romano*⟩ **10** apresentar-se como fato; ocorrer, acontecer ⟨*a reunião será amanhã*⟩ **11** determina ou expressa a passagem de tempo, momento, período ⟨*ainda era cedo*⟩ ⟨*são oito horas*⟩ ❑ *t.i.* **12** (prep. *de*) ter por dono; pertencer ⟨*a bolsa é dela*⟩ **13** (prep. *de*) ser próprio de; convir ⟨*essa atitude é de moleque*⟩ **14** (prep. *por*) mostrar-se favorável a ⟨*sempre foi pelos pobres*⟩ **15** (prep. *de*) ter inclinação a, atração por ou hábito de ⟨*não é de falar muito*⟩ **16** (prep. *com*) dizer respeito a ou ser da competência de; depender, caber ⟨*reclamação é com o chefe*⟩ **17** *infrm.* (prep. *com*) despertar interesse, atenção ou preocupação de ⟨*aventura é com ele mesmo*⟩ ■ *s.m.* **18** o que existe ou se supõe existir; ente **19** pessoa, indivíduo ⟨*apenas um s. aqui sabe a verdade*⟩ **20** qualquer ente vivo ⟨*as coisas e os s.*⟩ **21** a natureza íntima de uma pessoa; essência ⟨*o s. verdadeiro da mulher*⟩ **22** o sentimento, a consciência de si mesmo ⟨*isso diz respeito ao seu próprio s.*⟩ ⊙ GRAM/USO **a)** como *pred.*, liga o predicativo ao sujeito e é por vezes considerado de sentido vazio; **b)** us. com particípio, é verbo auxiliar e forma a voz passiva do verbo principal da locução: *Ela foi ferida pelo cão* ⊡ **isto é** *loc.adv.* locução que se coloca entre duas palavras ou frases para introduzir, na segunda, uma explicação, um desenvolvimento ou uma retificação do que foi dito antes; ou seja, quer dizer • **ou seja** *loc.adv.* isto é

se.rá.fi.co *adj.* **1** referente ou próprio dos serafins **2** *fig.* que experimenta um estado de santidade e graça celestial; místico ⟨*visão s.*⟩ **3** *fig.* belo, puro, sublime ⟨*amor s.*⟩

se.ra.fim *s.m.* **1** anjo, querubim **2** *fig.* pessoa de rara beleza

se.rão [pl.: *-ões*] *s.m.* **1** trabalho extraordinário feito à noite **2** remuneração desse trabalho

se.rei.a *s.f.* **1** ser mitológico, metade mulher e metade peixe, cujo canto melodioso atrairia quem o ouvisse para dentro do mar **2** *fig.* mulher atraente, sedutora

se.re.le.pe *s.m.* **1** caxinguelê ■ *adj.2g.s.2g. fig.* **2** (aquele) que é esperto, vivo **3** (aquele) que é gracioso, atraente ⮌ feio

se.re.nar *v.* {mod. 1} *t.d.,int. e pron.* **1** tornar(-se) sereno, calmo; tranquilizar(-se) ⮌ agitar(-se) ❑ *t.d. e int.* **2** tornar(-se) menos intenso; abrandar ⮌ intensificar(-se)

se.re.na.ta *s.f.* **1** cantoria romântica feita à noite ao ar livre **2** MÚS composição musical de caráter simples e melodioso

se.re.no *adj.* **1** isento de movimentos bruscos; tranquilo, manso ⟨*rio s.*⟩ ⮌ agitado **2** que denota paz e tranquilidade de espírito ⟨*rosto s.*⟩ ⮌ perturbado **3** claro, limpo (diz-se do tempo) ⟨*céu s.*⟩ **4** isento de perturbações ou de inquietações ⟨*vida s.*⟩ ⮌ agitado **5** em que não há tumulto; ordeiro ⟨*uma classe s.*⟩ ⮌ desordeiro ■ *s.m.* **6** orvalho, relento **7** *B infrm.* o ar livre ao crepúsculo ou à noite ⊙ GRAM/USO sup.abs.sint.do adj.: *sereníssimo* ~ **serenidade** *s.f.*

se.res.ta *s.f. B* serenata ('cantoria')

ser.gi.pa.no *adj.* **1** de Sergipe ■ *s.m.* **2** natural ou habitante desse estado

se.ri.a.do *adj.* **1** disposto em série **2** que se realiza em série ■ *adj.s.m.* **3** (filme) que é exibido em partes e em intervalos regulares

se.ri.ar *v.* {mod. 1} *t.d.* **1** dispor em série **2** distribuir em classes; ordenar, classificar ~ **seriação** *s.f.*

se.ri.ci.cul.tu.ra *s.f.* **1** criação de bicho-da-seda **2** beneficiamento e industrialização da seda ~ **sericicultor** *adj.s.m.*

se.ri.cul.tu.ra *s.f.* sericicultura ~ **sericultor** *adj.s.m.*

sé.rie *s.f.* **1** continuação ordenada e sucessiva de coisas ou fatos da mesma classe; sequência ⟨*s. de eventos novos*⟩ ⟨*colocar as fichas em s.*⟩ **2** grupo de objetos parecidos ou iguais que formam um conjunto ⟨*s. de selos*⟩ **3** divisão de acordo com uma classificação;

classe, categoria **4** quantidade considerável ⟨*trabalho com uma s. de erros*⟩ **5** *B* classe, ano escolar ⟨*cursava a 3ª s.*⟩ **6** conjunto de obras literárias independentes, de diversos autores, publicado com um título comum ⊡ **fora de s.** *loc.adv.* **1** em pequena escala e segundo padrões próprios **2** fora do comum; excepcional ~ **serial** *adj.2g.*

se.ri.e.ma *s.f. B* grande ave sul-americana de plumagem cinzenta com tons pardos ou amarelados e um feixe de penas no bico vermelho ⊙ voz v.: guinchar; subst.: guincho

se.ri.fa *s.f.* traço ou barra que remata cada haste de certas letras, de um ou de ambos os lados

se.ri.gra.fi.a *s.f.* **1** técnica de impressão de desenhos de cores planas através de uma moldura com tela **2** estampa impressa através desse processo

se.ri.gue.la \gü\ *s.f.* **1** umbu ('fruto') **2** umbuzeiro ☞ cf. *ciriguela*

se.rin.ga *s.f.* pequena bomba portátil que serve para injetar ou aspirar líquido ou gás, us. esp. para retirar líquidos ou para introduzir substâncias no corpo

se.rin.gal *s.m.* **1** grande concentração de seringueiras em determinada área **2** propriedade em geral à margem dos rios amazônicos

se.rin.ga.lis.ta *adj.2g.s.2g.* que(m) é dono de seringal ('propriedade'); seringueiro

se.rin.guei.ra *s.f.* árvore amazônica de madeira branca, cujo látex de qualidade superior é considerado como a melhor fonte de produção de borracha natural ⊙ COL seringal

se.rin.guei.ro *s.m.* **1** trabalhador que extrai o látex da seringueira e com ele prepara a borracha; borracheiro **2** seringalista

sé.rio *adj.* **1** que merece consideração especial, cuidado ou atenção; importante ⟨*uma descoberta, um trabalho s.*⟩ ⊃ insignificante **2** que pode ter consequências graves; perigoso ⟨*um problema s. de saúde*⟩ **3** isento de fingimento, de brincadeira; verdadeiro ⟨*sua decisão de parar de fumar agora é s.*⟩ ⊃ mentiroso **4** de aparência sóbria; austero ⟨*roupa s.*⟩ ⊃ alegre **5** sisudo, grave ⟨*homem s.*⟩ ⊃ risonho **6** que cumpre seus compromissos ou é digno de confiança ⟨*aluno, profissional, governante s.*⟩ ⊃ irresponsável **7** que age com honradez; honesto ⊃ inescrupuloso **8** que não transgride as regras da moral sexual ⊃ devasso ☞ cf. *cério* ~ **seriedade** *s.f.*

ser.mão [pl.: *-ões*] *s.m.* **1** discurso religioso pregado pelo sacerdote, esp. católico **2** *fig.* advertência severa; repreensão, descompostura ⊃ louvor

ser.nam.bi *s.m.* **1** molusco comestível que vive enterrado na areia da praia, encontrado na costa brasileira **2** amêijoa, sarnambi

se.ro.al.bu.mi.na *s.f.* BIOQ soroalbumina

se.rô.dio *adj.* **1** que ocorre tarde ou fora do tempo apropriado ⟨*amor s.*⟩ ⊃ precoce **2** que aparece fora da estação própria (diz-se de planta, flor, fruto) **3** antigo, ultrapassado ⟨*ideia s.*⟩ ⊃ contemporâneo

se.ro.po.si.ti.vo *adj.s.m.* MED soropositivo ~ **seropositividade** *s.f.*

se.ro.so \ô\ [pl.: *serosos* \ó\] *adj.* **1** relativo a soro **2** que contém soro ⟨*líquido s.*⟩ **3** que produz uma secreção fluida e aquosa ⟨*cavidade s.*⟩ ~ **serosidade** *s.f.*

se.ro.to.ni.na *s.f.* MED substância existente nos tecidos e fluidos dos vertebrados e invertebrados, com propriedades similares às das drogas alucinógenas

ser.pe.an.te *adj.2g.* **1** que se arrasta, ondulando pelo chão **2** que provoca ou faz curvas como uma serpente ao se deslocar ⟨*riacho s.*⟩

ser.pe.ar *v.* {mod. 5} *int.* **1** arrastar-se pelo chão, movendo-se sinuosamente; serpentear **2** *p.ext.* ter curso sinuoso ou tortuoso; ziguezaguear

ser.pen.tá.rio *s.m. B* viveiro de cobras

ser.pen.te *s.f.* **1** ZOO espécime das serpentes, subordem de répteis escamados, tb. chamada de ofídios, conhecidas vulgarmente como cobras; cobra **2** nome geral dado às cobras venenosas ou de aspecto ameaçador ou gigantesco **3** *fig. pej.* pessoa má, traiçoeira; víbora ⊙ voz v.: sibilar; subst.: silvo

ser.pen.te.ar *v.* {mod. 5} *int.* serpear

ser.pen.ti.for.me *adj.2g.* em forma de serpente ou que descreve curvas como ela ⟨*riacho s.*⟩

ser.pen.ti.na *s.f.* **1** castiçal de braços em espiral **2** tubo metálico em espiral, us. para operar troca de calor com o ambiente **3** fita de papel estreita e colorida, que se desenrola em arremesso, us. esp. no carnaval

ser.pen.ti.no *adj.* **1** relativo a serpente **2** que tem ou descreve curvas; ondulante

ser.ra *s.f.* **1** instrumento de cortar madeira, metal etc., dotado de lâmina ou disco fino dentado **2** lâmina ou disco desse instrumento **3** *fig.* longa extensão de montanhas e montes ⊙ GRAM/USO dim.irreg.: *serreta* ⊙ COL cordilheira, serrania

ser.ra.gem *s.f.* **1** ato de serrar **2** resíduo de madeira serrada

ser.ra.lha.ri.a *s.f.* → *SERRALHERIA*

ser.ra.lhei.ro *s.m.* indivíduo que fabrica ou conserta fechaduras ou construções metálicas

ser.ra.lhe.ri.a ou **ser.ra.lha.ri.a** *s.f.* **1** a arte ou a obra do serralheiro **2** oficina para trabalhos em ferro

ser.ra.lho *s.m.* **1** palácio dos príncipes maometanos ou do sultão da Turquia **2** espaço desse palácio destinado às mulheres; harém **3** *p.ext.* as mulheres desse harém **4** *fig.* local destinado à prostituição

ser.ra.ni.a *s.f.* conjunto de serras ou montes

ser.ra.ní.deo *s.m.* ZOO **1** espécime dos serranídeos, família de peixes ósseos, ger. marinhos, representados pelos badejos e garoupas ■ *adj.* **2** relativo a essa família de peixes

ser.ra.no *adj.* **1** relativo a serra ⟨*região s.*⟩ ■ *adj.s.m.* **2** (aquele) que nasceu ou vive nas serras; montanhês

ser.rar *v.* {mod. 1} *t.d.* e *int.* cortar com serra ou serrote ☞ cf. *cerrar* ~ **serração** *s.f.* - **serrador** *adj.s.m.*

ser.ra.ri.a *s.f.* oficina em que se serram madeiras

ser.re.ar *v.* {mod. 5} *t.d.* **1** dar aspecto de serra a **2** recortar como os dentes de uma serra; dentear

ser.ri.lha *s.f.* **1** serra ('instrumento') com pequenos dentes **2** adorno estriado na periferia das moedas **3** bordo denteado de qualquer objeto

ser.ri.lhar *v.* {mod. 1} *t.d.* abrir serrilhas em

ser.ro.te *s.m.* serra manual portátil

ser.ta.ne.jo *adj.* **1** relativo a sertão ⟨*tradição s.*⟩ **2** não cultivado; rude, rústico ■ *adj.s.m.* **3** (aquele) que habita o sertão

ser.ta.nis.ta *adj.2g.s.2g.* **1** (pessoa) que frequenta e conhece bem o sertão e os hábitos sertanejos ■ *adj.2g.* **2** relativo ou pertencente a sertão

ser.tão [pl.: *-ões*] *s.m.* **1** região agreste, afastada do centro urbano e das terras cultivadas **2** o interior do país **3** *B* região pouco povoada do interior do país, esp. a zona mais seca que a caatinga, onde permanecem tradições e costumes antigos

ser.ven.te *s.2g.* **1** empregado que cuida da limpeza e da arrumação de um ambiente ■ *adj.2g.s.2g.* **2** trabalhador que ajuda o pedreiro nas construções

ser.ven.ti.a *s.f.* **1** qualidade do que é útil ou pode servir; utilidade ⊃ inutilidade **2** uso proveitoso de algo **3** servidão, escravidão ⊃ liberdade

ser.ven.tu.á.rio *s.m.* **1** pessoa que presta um serviço provisório **2** aquele que desempenha função pública, autorizada pelo Estado, como escrivão, oficial de justiça etc., cujos rendimentos provêm dos serviços executados

ser.vi.çal *adj.2g.* **1** que está sempre pronto a servir **2** zeloso, diligente ⟨*coração s.*⟩ ⊃ descuidado **3** relativo a criados ■ *s.2g.* **4** empregado doméstico

ser.vi.ço *s.m.* **1** ação de dar de si algo em forma de trabalho ou o seu efeito; trabalho **2** trabalho estabelecido por contrato; emprego ⟨*s. público*⟩ **3** local onde esse trabalho acontece; emprego ⟨*saiu cedo do s.*⟩ **4** celebração de cerimônias religiosas ⟨*s. fúnebre*⟩ **5** qualidade do que serve; serventia ⟨*vacina de grande s.*⟩ ⊃ inutilidade **6** favor, obséquio ⊃ desfavor **7** taxa incluída em contas de restaurantes, hotéis etc. para gratificação dos empregados **8** modo de servir em restaurante ou hotel ⟨*s. rápido*⟩ **9** conjunto de peças para mesa (talheres, copos, pratos etc.) **10** o saque, em esportes como tênis, vôlei etc. ⊡ **s. militar** *loc.subst.* conjunto das obrigações previstas em lei e impostas aos cidadãos para a defesa do país • **de s.** *loc.adj.* **1** destinado a banhistas, entregadores etc. (diz-se das vias de acesso e das dependências de um prédio ou casa) ⟨*entrada, elevador de s.*⟩ **2** que está de plantão (diz-se de profissional)

ser.vi.dão [pl.: *-ões*] *s.f.* **1** serventia, escravidão ⊃ liberdade **2** sujeição, dependência ⊃ autonomia **3** passagem pública em terreno ou propriedade particular ⟨*seu quintal era s. dos vizinhos*⟩

ser.vi.dor \ô\ *adj.s.m.* **1** aquele que serve; servente **2** empregado doméstico ■ *s.m.* **3** INF computador que compartilha dados e serviços entre usuários de uma rede

ser.vil *adj.2g.* **1** do servo, do empregado, do escravo **2** *fig.* de caráter vil, baixo; indigno ⟨*ato s.*⟩ ⊃ nobre **3** que segue fielmente um modelo ou original ⟨*tradução s.*⟩ ⊃ original

ser.vi.lis.mo *s.m.* **1** espírito de servidão, de obediência, submissão **2** ato, dito ou modo daquele que é servil

ser.vir *v.* {mod. 28} *t.d.* e *t.i.* **1** (prep. *a*) trabalhar em favor, a serviço de (alguém, instituição, causa) ❑ *t.i.* e *int.* **2** (prep. *a*) trabalhar como empregado ou servo de **3** (prep. *a*) ter serventia como ⟨*a corda servia(-lhe) de cinto*⟩ **4** (prep. *a*) ser útil, conveniente ou apropriado para ⟨*a crítica lhe serviu de estímulo*⟩ ⟨*qualquer desculpa serve*⟩ ❑ *t.d.* e *int.* **5** fazer o serviço militar (em) ou ser militar ❑ *t.d.* **6** prestar favor, serviço ou ajuda a **7** dar atenção a (freguês, cliente) ou apresentar(-lhe) o que pediu ❑ *t.d.* e *t.d.i.* **8** (prep. *a*) apresentar (algo) a (alguém), pondo(-o) à disposição ❑ *pron.* **9** (prep. *de*) aceitar ou usar algo oferecido **10** (prep. *de*) tomar para si (porção, unidade etc. de algo) **11** (prep. *de*) lançar mão de; valer-se, utilizar ⊃ dispensar ❑ *t.i.* **12** (prep. *a, para*) ser adequado às necessidades de **13** (prep. *em, a*) adequar-se (roupa ou acessório) ao corpo de

ser.vo *adj.s.m.* **1** (aquele) que não é livre, que sofre algum domínio ou tirania **2** (aquele) que faz ou presta serviços; serviçal **3** (aquele) que é sujeito a um poder ou a um senhor; escravo ☞ cf. *cervo*

ses.ma.ri.a *s.f.* terreno não cultivado ou abandonado, cedido no Brasil pelos reis de Portugal aos novos povoadores

ses.mei.ro *s.m.* aquele a quem se fazia a doação de sesmaria

ses.qui.cen.te.ná.rio *adj.s.m.* **1** (o) que tem 150 anos ■ *s.m.* **2** comemoração do 150° aniversário

ses.são [pl.: *-ões*] *s.f.* **1** período em que uma assembleia, corporação etc. mantém-se em reunião **2** essa reunião **3** espaço de tempo em que se realiza uma atividade ou parte dela ⟨*uma s. de fotos*⟩ **4** cada uma das apresentações de um espetáculo num mesmo dia ⟨*assistiu ao filme na primeira s.*⟩ **5** cada encontro do terapeuta com seu cliente ☞ cf. *cessão* e *seção*

sés.sil *adj.2g.* **1** que não tem suporte ⟨*flor s.*⟩ **2** BIO que se encontra preso à porção principal do corpo de um ser vivo (diz-se de órgão)

ses.ta *s.f.* **1** repouso após o almoço **2** a hora desse repouso ☞ cf. *cesta*

ses.tro *adj.* **1** que está à esquerda ⊃ direito **2** *fig.* agourento, sinistro ⊃ benigno ■ *s.m.* **3** destino, sorte, sina **4** vício, hábito, cacoete **5** manha para evitar o trabalho ⟨*o s. das mulas*⟩

ses.tro.so \ô\ [pl.: *sestrosos* \ó\] *adj.* **1** manhoso, teimoso ⟨*cavalo s.*⟩ **2** capaz de perceber algo rapidamente; esperto, vivo ⊃ preguiçoso

se.ta *s.f.* **1** flecha **2** sinal com forma de flecha que indica direção, rumo

se.te *n.card.* **1** seis mais um **2** diz-se desse número ⟨*cartões de número s.*⟩ **3** diz-se do sétimo elemento de uma série ⟨*capítulo s.*⟩ **4** que equivale a essa quantidade (diz-se de medida ou do que é contável) ⟨*ter s. filhos*⟩ ■ *s.m.* **5** a representação gráfica desse número ⟨*no exame de vista, não pôde ler o s.*⟩ ☞ em algarismos arábicos, *7*; em algarismos romanos, *VII*

se.tei.ra *s.f.* **1** pequena abertura nas muralhas, pela qual se atiravam setas contra os inimigos **2** em edificações, fresta para passagem de luz

se.tem.bro *s.m.* o nono mês do ano no calendário gregoriano, composto de 30 dias

se.te.mês *adj.2g.s.2g. B* setemesinho

se.te.me.si.nho *adj.s.m.* (criança) que nasceu de sete meses

se.te.ná.rio *adj.s.m.* septenário

se.tê.nio *s.m.* septênio

se.ten.tri.ão [pl.: *-ões*] *s.m.* **1** o polo Norte **2** conjunto das regiões do norte

se.ten.tri.o.nal *adj.2g.* situado no ou voltado para o Norte ↄ meridional

se.ti.lha *s.f.* septilha

sé.ti.mo *n.ord.* *(adj.s.m.)* **1** (o) que, numa sequência, ocupa a posição número sete ■ *n.frac.* *(adj.s.m.)* **2** (o) que é sete vezes menor que a unidade

se.tin.gen.té.si.mo *n.ord.* *(adj.s.m.)* **1** septingentésimo ■ *n.frac.* *(adj.s.m.)* **2** septingentésimo

se.tis.sí.la.bo *adj.s.m.* septissílabo

se.tor \ô\ *s.m.* **1** subdivisão de uma região, distrito, seção etc. **2** cada uma das divisões de um estabelecimento qualquer, correspondente a certo serviço ou assunto; seção ⟨*s. de pessoal*⟩ **3** ramo de atividade; âmbito ⟨*s. social*⟩ ⊡ **s. primário** *loc.subst.* parte das atividades econômicas que compreende a agricultura e o extrativismo • **s. secundário** *loc.subst.* parte das atividades econômicas representada pela indústria • **s. terciário** *loc.subst.* parte das atividades econômicas que compreende o comércio, os transportes, os serviços, as atividades financeiras e a administração pública ~ **setorial** *adj.2g.*

se.tu.pli.car *v.* {mod. 1} *t.d.,int. e pron.* **1** tornar(-se) sete vezes maior **2** (fazer) crescer muito; aumentar ↄ diminuir

sé.tu.plo *n.mult.* *(adj.s.m.)* **1** séptuplo ▼ *sétuplos s.m.pl.* **2** séptuplos

seu [pl.: *seus*; fem.: *sua*] *pron.pos.* determina um substantivo (coisa ou pessoa) relacionado a pessoas de quem se fala ou a quem se fala, significando o que pertence ou diz respeito a elas ⟨*este é s. irmão*⟩ ⟨*o livro é s.*⟩ ⟨*s. trem sai às três*⟩ ⊡ **os seus** *loc.subst.* a família, os amigos da pessoa de quem se fala ou a quem se fala

seu-vi.zi.nho [pl.: *seus-vizinhos*] *s.m. infrm.* dedo anular

se.van.di.ja *s.f.* **1** nome comum aos parasitos e vermes ■ *s.2g.* **2** quem vive à custa dos outros **3** pessoa excessivamente servil

se.ve.ri.da.de *s.f.* **1** falta de flexibilidade ao julgar, disciplinar, castigar ⟨*educa os filhos com s.*⟩ ↄ delicadeza **2** inflexibilidade de caráter; rigor, sisudez ⟨*s. de comportamento*⟩ **3** aspecto sério, reservado ou simples de um ambiente ⟨*a s. de um convento*⟩ ↄ ostentação **4** qualidade do que causa desconforto ou sofrimento físico (diz-se de clima) ↄ amenidade

se.ve.ro *adj.* **1** que impõe as condições com todo o rigor; rígido ⟨*julgamento s.*⟩ ↄ clemente **2** que não se deixa comover; inflexível ⟨*era s. com a família*⟩ ↄ tolerante **3** muito sério; grave ⟨*fisionomia s.*⟩ ↄ alegre **4** importante, relevante ⟨*assuntos s.*⟩ ↄ insignificante **5** que se caracteriza pela rispidez; duro, rígido ⟨*falar em tom s.*⟩ ↄ suave **6** que não dá margem à repreensão ou censura; digno ⟨*comportamento s.*⟩ ↄ indigno **7** exato, sério ⟨*um s. cumpridor de suas obrigações*⟩ ↄ incorreto **8** diz-se do estilo correto, simples, sóbrio ⟨*pintura s.*⟩ ↄ extravagante **9** *fig.* bem definido; acentuado, distinto ⟨*traços s.*⟩ ↄ indefinido

se.ví.cia *s.f.* **1** ato de causar maus-tratos físicos ou morais a alguém **2** o efeito físico ou moral desses maus-tratos ☞ mais us. no pl.

se.xa.ge.ná.rio \cs\ *adj.s.m.* (aquele) que está na faixa dos 60 anos de idade

se.xa.gé.si.mo \cs\ *n.ord.* *(adj.s.m.)* **1** (o) que, numa sequência, ocupa a posição número 60 ■ *n.frac.* *(adj.s.m.)* **2** (o) que é 60 vezes menor que a unidade

se.xan.gu.lar \cs\ *adj.2g.* GEOM de seis ângulos

sex.cen.té.si.mo \cs\ *n.ord.* *(adj.s.m.)* **1** (o) que, numa sequência, ocupa a posição número 600 ■ *n.frac.* *(adj.s.m.)* **2** (o) que é 600 vezes menor que a unidade

se.xê.nio \cs\ *s.m.* período de seis anos seguidos

se.xis.mo \cs\ *s.m.* atitude de discriminação baseada no sexo ~ **sexista** *adj.2g.s.2g.*

se.xo \cs\ *s.m.* **1** condição orgânica que distingue o macho da fêmea e que lhes permite reproduzir-se **2** nos vegetais, o que distingue os órgãos reprodutores femininos e masculinos **3** conjunto das pessoas que têm a mesma forma do aparelho sexual, mulheres e homens ⟨*um concurso para ambos os s.*⟩ **4** *fig.* sensualidade, volúpia, sexualidade **5** prazer sexual ⟨*só pensa em s.*⟩ **6** *B* órgão genital ~ **sexual** *adj.2g.*

se.xo.lo.gi.a \cs\ *s.f.* ciência que estuda a sexualidade ~ **sexológico** *adj.* - **sexologista** *adj.2g.s.2g.* - **sexólogo** *s.m.*

sex.ta-fei.ra [pl.: *sextas-feiras*] *s.f.* o sexto dia da semana, a partir de domingo

sex.tan.te *s.m.* **1** a sexta parte de um círculo **2** instrumento óptico para medir, a bordo de navio ou aeronave, a altura de um astro acima do horizonte

sex.ta.var *v.* {mod. 1} *t.d.* dar seis lados ou ângulos a

sex.te.to \ê\ *s.m.* grupo formado por seis cantores ou músicos

sex.ti.lha *s.f.* **1** estrofe de seis versos **2** *B infrm.* estrofe de seis versos de sete sílabas, com o 2º, o 4º e o 6º rimados

sex.to *n.ord.* *(adj.s.m.)* **1** (o) que ocupa, numa sequência, a posição número seis ■ *n.frac.* *(adj.s.m.)* **2** (o) que é seis vezes menor que a unidade

sêx.tu.plo *n.mult.* *(adj.s.m.)* **1** (o) que contém seis vezes a mesma quantidade ▼ *sêxtuplos s.m.pl.* **2** seis irmãos nascidos de um mesmo parto ~ **sextuplicar** *v.t.d.,int. e pron.*

se.xu.a.do \cs\ *adj.* **1** que tem sexo **2** BIO que tem células sexuais diferenciadas para sua reprodução (diz-se de ser vivo)
se.xu.a.li.da.de \cs\ *s.f.* **1** conjunto de aspectos externos ou internos, determinado pelo sexo do indivíduo **2** sensualidade, lubricidade, volúpia ↄ castidade
se.xu.a.lis.mo \cs\ *s.m.* **1** estado de seres que têm órgãos sexuais **2** predominância da sexualidade no modo de ser **3** a atividade sexual
se.zão [pl.: *-ões*] *s.f.* febre intermitente ou cíclica
Sg símbolo de *seabórgio*
shi.at.su [jap.] *s.m.2n.* técnica terapêutica em que se massageiam com os dedos pontos específicos do corpo ⇨ pronuncia-se chiatssu
shi.i.ta.ke [jap.] cogumelo comestível e de propriedades terapêuticas, muito utilizado na culinária oriental ⇨ pronuncia-se chiitake
shopp.ing cen.ter [ing.; pl.: *shopping centers*] *loc.subst.* centro comercial que reúne lojas, restaurantes, cinemas etc. ⇨ pronuncia-se xópin center
short [ing.] *s.m. shorts* ⇨ pronuncia-se xórt
shorts [ing.] *s.m.pl.* calça curta esportiva, menor que a bermuda ⇨ pronuncia-se xórts
show [ing.; pl.: *shows*] *s.m.* espetáculo de entretenimento, em teatro, televisão, rádio, casas noturnas ou ao ar livre, apresentado para uma plateia ⇨ pronuncia-se xôu
show bu.si.ness [ing.] *loc.subst.* indústria de espetáculos recreativos (esp. teatro, cinema, televisão, rádio, feiras de amostras e circos) ⇨ pronuncia-se xôu biznis
show.mí.cio *s.m. B* reunião em praça pública, com números musicais e discursos de caráter social ou político
show.room [ing.; pl.: *showrooms*] *s.m.* local em que se expõem produtos industriais e comerciais para venda ⇨ pronuncia-se **xourum**
¹si *pron.p.* da 3ª p. sing. e pl., caso oblíquo tônico, não reflexivo, para os dois gêneros, forma do pron. *ele* (*ela, eles, elas*), sempre que precedido de preposição, salvo quando se trata da preposição *com* (caso em que se diz *consigo*) [ORIGEM: do lat. *si*, forma reduzida do pron. reflexivo lat. *sibi*] ⊡ **de per si** *loc.adv.* **1** considerado isoladamente **2** um de cada vez • **de si para consigo** *loc.adv.* consigo mesmo • **fora de si** *loc.adv.* agitado, exaltado, desnorteado, furioso ou em êxtase • **por si** *loc.adv.* por sua conta
²si *s.m.* nota musical [ORIGEM: do it. *si* 'id.']
Si símbolo de *silício*
SI sigla de *sistema internacional de unidades*
si.a.mês *s.m.* **1** gêmeo (pessoa ou animal) que nasceu ligado a outro por partes similares de seus corpos **2** raça de gato de olhos azuis e pelo curto, creme no corpo e castanho na face, orelhas, patas e cauda ■ *adj.* **3** relativo a essa pessoa ou animal **4** diz-se desse gato
si.ba *s.f.* **1** nome comum a moluscos nadadores, de corpo curto, largo e achatado, e concha interna, que produzem um líquido negro, chamado sépia **2** essa concha interna, us. como pó de polir e como alimento de pássaros de gaiola
si.ba.ri.ta *adj.s.m.* (aquele) que é dado à vida de prazeres ou à preguiça ~ **sibaritismo** *s.m.*
si.be.ri.a.no *adj.* **1** da Sibéria (região da Federação Russa) ■ *s.m.* **2** natural ou habitante dessa região
si.bi.la *s.f.* **1** para os gregos e romanos, profetisa **2** *p.ext.* bruxa, feiticeira
si.bi.lar *v.* {mod. 1} *int.* **1** produzir som agudo e prolongado, assoprando; assobiar **2** fazer ruído semelhante ao das abelhas ao voar; zumbir **3** assobiar como as cobras, serpentes etc. ~ **sibilante** *adj.2g.s2g.* - **sibilo** *s.m.*
si.bi.li.no *adj.* **1** relativo a sibila **2** *fig.* difícil de entender; obscuro, enigmático ⟨*estilo s.*⟩ ↄ claro
si.cá.rio *adj.* **1** sedento de sangue; cruel ↄ bondoso ■ *s.m.* **2** assassino pago; facínora ⊙ COL bando
si.ci.li.a.no *adj.* **1** da Sicília (Itália) ■ *s.m.* **2** natural ou habitante dessa ilha
si.cô.mo.ro *s.m.* **1** figueira de origem africana, cultivada pelos figos comestíveis e pela madeira **2** a madeira dessa árvore
si.cra.no *s.m.* indivíduo indeterminado ⊙ GRAM/USO empr. ger. depois de *fulano* e de *beltrano*
si.de.ral *adj.2g.* **1** relativo a estrelas ou a astros **2** relativo ou próprio do céu; celeste ⟨*região s.*⟩
si.de.rar *v.* {mod. 1} *t.d.* **1** deixar sem ação; paralisar **2** *fig.* causar perturbação em; atordoar
si.dé.reo *adj. frm.* sideral
si.de.rur.gi.a *s.f.* conjunto dos conhecimentos teóricos e práticos empr. na produção, fundição e preparação do ferro e do aço ~ **siderúrgico** *adj.s.m.*
si.de.rúr.gi.ca *s.f.* usina ou empresa de siderurgia
si.dra *s.f.* bebida preparada com suco fermentado de maçã ☞ cf. *cidra*
si.fão [pl.: *-ões*] *s.m.* **1** tubo em forma de S, us. para passar um líquido de um vaso para outro sem incliná-lo **2** tubo de dupla curvatura, us. em latrinas, pias etc. para impedir que deles exale mau cheiro **3** garrafa dotada de dispositivo que faz jorrar a água gasosa sob pressão nela contida
sí.fi.lis *s.f.2n.* doença infecciosa ger. transmitida por contato sexual, causada por uma bactéria e caracterizada por lesões da pele e mucosas; lues ~ **sifilítico** *adj.s.m.*
si.fo.náp.te.ro *s.m.* ZOO **1** espécime dos sifonápteros, ordem de insetos vulgarmente conhecidos como pulgas, que parasitam aves e mamíferos ■ *adj.* **2** relativo a essa ordem de insetos
si.gi.lo *s.m.* **1** o que permanece escondido da vista ou do conhecimento **2** coisa ou notícia que não se pode revelar ou divulgar **3** silêncio ou discrição sobre algo que nos foi revelado ~ **sigiloso** *adj.*
si.gla *s.f.* grupo de letras ou sílabas iniciais que funcionam como abreviação de uma ou mais palavras ⊙ COL siglário
si.glá.rio *s.m.* conjunto de siglas

sig.moi.dos.co.pi.a *s.f.* MED exame da última parte do cólon com um sigmoidoscópio

sig.moi.dos.có.pio *s.m.* MED instrumento dotado de lentes e iluminação, us. em exames de gastrenterologia ~ **sigmoidoscópico** *adj.*

sig.na.tá.rio *adj.s.m.* (aquele) que assina ou subscreve texto, documento etc.

sig.ni.fi.ca.do *s.m.* **1** importância, valor de algo ou alguém ⟨*seu sacrifício não tem o menor s. para ela*⟩ **2** LING sentido de uma palavra; acepção, conceito

sig.ni.fi.can.te *adj.2g.* **1** significativo ■ *s.m.* **2** LING sequência de fonemas ou letras correspondente a um significado

sig.ni.fi.car *v.* {mod. 1} *t.d.* **1** ter o sentido de; querer dizer, exprimir **2** expressar, exprimir **3** ser sinal ou indício de; denotar ~ **significação** *s.f.*

sig.ni.fi.ca.ti.vo *adj.* **1** que exprime com clareza; expressivo ⟨*olhar s.*⟩ ⊃ inexpressivo **2** que contém revelação importante ⟨*índices s. do aumento da criminalidade*⟩ **3** considerável, grande ⟨*compareceu um número s. de pessoas à estreia*⟩ ⊃ pequeno

sig.no *s.m.* **1** sinal indicativo; indício, marca **2** cada uma das 12 divisões do zodíaco e sua correspondente constelação

sig.no de sa.lo.mão [pl.: *signos de salomão*] *s.m.* REL estrela de davi

sí.la.ba *s.f.* vogal ou grupo de sons da fala pronunciados numa só emissão de voz ~ **silábico** *adj.*

si.la.ba.da *s.f.* erro de pronúncia, esp. o que resulta do deslocamento do acento tônico de uma palavra, como, por ex., o uso de *rúbrica* por *rubrica*

si.la.bar *v.* {mod. 1} *t.d.* e *int.* **1** ler ou pronunciar (as palavras), separando as sílabas ❑ *t.d.* **2** separar em sílabas na escrita ~ **silabação** *s.f.*

si.la.gem *s.f.* *B* **1** ato de armazenar forragem ou cereal em silos, ou o seu efeito **2** essa forragem tirada para alimentar os animais

si.len.ci.a.dor \ô\ *adj.s.m.* **1** (o) que silencia ■ *s.m.* **2** peça que se adapta ao cano de arma de fogo para abafar o som do tiro

si.len.ci.ar *v.* {mod. 1} *t.d.* e *int.* **1** (fazer) ficar calado, sem fazer ruído; calar(-se) **2** deixar de informar; omitir ⟨*s. fatos importantes*⟩ ⟨*s. sobre o álibi*⟩ ⊃ declarar

si.lên.cio *s.m.* **1** estado de quem se abstém de falar **2** interrupção de comunicação oral ou escrita **3** ausência ou cessação de ruído, agitação **4** qualidade do que é calmo, tranquilo **5** sigilo, segredo ⟨*pediu s. quanto ao fato*⟩ ⊃ indiscrição ■ *interj.* **6** us. com a intenção de fazer calar ou cessar barulho

si.len.ci.o.so \ô\ [pl.: *silenciosos* \ó\] *adj.* **1** em que não há ruídos ⟨*noite s.*⟩ ⊃ barulhento **2** que não fala ⟨*aluno s.*⟩ ⊃ tagarela **3** que não produz barulho ⟨*sapatos s.*⟩ ⊃ barulhento ■ *s.m.* **4** dispositivo us. para reduzir o ruído de veículos, máquinas etc.

si.lep.se *s.f.* GRAM **1** figura com a qual a concordância das palavras se faz pelo sentido e não pelas regras da gramática, p.ex., *pediu à garotada que não fizessem barulho*, por *pediu à garotada que não fizesse* **2** emprego de um mesmo vocábulo, tanto no seu sentido próprio como no figurado, num único enunciado, p.ex., *era baixo de estatura e de instintos*

síl.fi.de *s.f.* *frm.* mulher esbelta e delicada

si.lhu.e.ta \ê\ *s.f.* traçado do perfil de pessoa ou objeto de acordo com os contornos que a sua sombra projeta

sí.li.ca *s.f.* composto químico derivado do silício, branco e duro, us. na fabricação de vidro etc.

si.li.ca.to *s.m.* grupo de substâncias minerais encontradas em boa parte das rochas da crosta terrestre

si.lí.cio *s.m.* elemento químico não metálico, muito abundante na crosta terrestre, us. em aços de grande dureza e em semicondutores [símb.: *Si*] ☞ cf. *cilício*; cf. *tabela periódica* (no fim do dicionário)

si.li.co.ne *s.m.* composto resistente ao calor, à água e à oxidação, us. em dermatologia, cosmética, como lubrificante etc.

si.lo *s.m.* reservatório fechado, próprio para armazenamento de cereais, cimento etc.

si.lo.gis.mo *s.m.* FIL raciocínio estruturado a partir de duas premissas, das quais, por dedução, se chega a uma terceira, dita conclusão ~ **silogístico** *adj.*

si.lu.ri.a.no *s.m.* **1** terceiro período geológico da era paleozoica, entre o Ordoviciano e o Devoniano, em que se verificam o progresso dos crustáceos e o aparecimento dos escorpiões ☞ inicial maiúsc. ■ *adj.* **2** desse período

sil.var *v.* {mod. 1} *t.d.* e *int.* **1** produzir (som agudo e prolongado), assoprando com a boca ou com instrumento ❑ *int.* **2** soprar, produzindo som agudo; assobiar ⟨*o vento silvava*⟩ ~ **silvo** *s.m.*

sil.ves.tre *adj.2g.* **1** próprio das selvas; selvagem ⟨*mel s.*⟩ **2** que vive ou nasce sem ser cultivado; nativo ⟨*fruto s.*⟩ ⊃ cultivado

sil.ví.co.la *adj.2g.s.2g.* que(m) nasce ou vive na selva; selvagem

sil.vi.cul.tu.ra *s.f.* ciência que estuda as espécies florestais, além da identificação, caracterização e devido uso das madeiras ~ **silvicultor** *adj.s.m.*

sim *adv.* **1** exprime afirmação, aprovação, consentimento ⟨*s., concordo com isso*⟩ ⊃ não **2** exprime uma repetição de algo já afirmado ⟨*é preciso, s., estudar*⟩ ⊃ não ■ *s.m.* **3** ato de consentir ⟨*o s. do pai foi um alívio*⟩ ⊃ não

si.ma.ru.bá.cea *s.f.* BOT espécime das simarubáceas, família de árvores e arbustos com várias espécies ornamentais, us. para fins medicinais ou para extração de madeiras e óleo das sementes ~ **simarubáceo** *adj.*

sim.bi.o.se *s.f.* BIO associação de dois organismos que vivem juntos, com benefício de ambos ou de apenas um deles ~ **simbiótico** *adj.*

sim.bó.li.ca *s.f.* **1** conjunto dos símbolos de uma religião, uma época, um povo etc. **2** ciência que trata dos símbolos

sim.bo.lis.mo *s.m.* **1** expressão ou interpretação por meio de símbolos **2** movimento literário e artístico do fim do sXIX, marcado por uma visão subjetiva, simbólica e espiritual do mundo ☞ nesta acp., inicial maiúsc. ~ **simbolista** *adj.2g.s2g.*

sim.bo.li.zar *v.* {mod. 1} *t.d.* **1** expressar ou representar por símbolo(s) **2** ser o símbolo de; significar, representar ~ **simbolização** *s.f.* - **simbolizador** *adj.s.m.*

sím.bo.lo *s.m.* **1** o que, por analogia ou convenção, representa, sugere ou substitui outra coisa ⟨*o leão é o s. da coragem*⟩ **2** ser, objeto ou imagem a que se atribuiu certo significado; emblema ⟨*traz na farda s. militares*⟩ **3** sinal gráfico, arbitrário e convencional, us. para representar operações, quantidades, elementos etc. ⟨*s. algébrico, de perigo*⟩ ⊙ COL simbólica ~ **simbólico** *adj.*

sim.bran.quí.deo *s.m.* ZOO **1** espécime dos simbranquídeos, família de peixes de águas tropicais e subtropicais, com algumas espécies capazes de utilizar o oxigênio do ar ■ *adj.* **2** relativo a essa família de peixes

si.me.tri.a *s.f.* **1** correlação entre as partes dispostas em cada lado de uma linha divisória, um plano médio, um centro ou eixo ↄ assimetria **2** *p.ext.* semelhança entre duas metades ↄ assimetria **3** *fig.* correspondência entre duas ou mais situações ou fenômenos ↄ assimetria **4** conjunto de proporções equilibradas ⟨*s. de um prédio*⟩ ↄ assimetria ~ **simétrico** *adj.*

si.mi.a.no *adj.* simiesco

si.mi.es.co \ê\ *adj.* semelhante ao macaco

si.mi.lar *adj.2g.* **1** que tem a mesma natureza; análogo ↄ diferente ■ *s.m.* **2** objeto ou produto semelhante ~ **similaridade** *s.f.*

sí.mi.le *adj.2g.* **1** que se semelha; análogo ↄ diferente ■ *s.m.* **2** comparação entre coisas semelhantes

si.mi.li.tu.de *s.f.* semelhança, analogia ↄ diferença

sí.mio *s.m.* ZOO **1** espécime dos símios, subordem de primatas de cérebro grande, face capaz de expressar emoção, olhos voltados para a frente, desprovidos de cauda, como o orangotango e o homem ■ *adj.* **2** relativo a essa subordem

si.mo.ni.a *s.f.* comércio ilícito de coisas sagradas, como perdão, sacramentos etc.

sim.pa.ti.a *s.f.* **1** afinidade de espírito que aproxima duas ou mais pessoas ↄ antipatia **2** relação de atração espontânea por alguém ou algo ⟨*ter enorme s. pelo dia*⟩ ↄ antipatia **3** disposição favorável; inclinação, tendência ⟨*sempre teve s. pelas artes*⟩ ↄ aversão **4** boa disposição em atender às solicitações de alguém ↄ indiferença **5** pessoa que costuma ser agradável, delicada, afável ↄ antipatia **6** *B* prática supersticiosa us. como proteção ou para conseguir algo ⟨*s. para acabar com soluços*⟩

sim.pá.ti.co *adj.* **1** que inspira ou revela simpatia, amabilidade ⟨*garçom s.*⟩ ↄ rude **2** que agrada aos sentidos; aprazível, atraente ⟨*ambiente s.*⟩ ↄ desagradável **3** ANAT relativo à parte do sistema nervoso ■ *s.m.* **4** indivíduo que revela amabilidade, delicadeza ↄ antipático ⊙ GRAM/USO sup.abs.sint.do adj.: *simpaticíssimo, simpatiquíssimo*

sim.pa.ti.zan.te *adj.2g.s.2g.* **1** (aquele) que tem simpatia por alguém ou algo ⟨*político s. da direita*⟩ ⟨*os s. da escola de samba vibraram com a vitória*⟩ **2** (pessoa) que sente afinidade por uma causa, uma orientação política ⟨*é s. da causa ecológica*⟩

sim.pa.ti.zar *v.* {mod. 1} *t.i.* (prep. *com*) ter afeição, interesse, afinidade por ↄ antipatizar

sim.ples *adj.2g.2n.* **1** que não é composto, múltiplo, nem se desdobra em partes ⟨*movimento s.*⟩ **2** que não se compõe de partes ou substâncias diferentes ⟨*objeto s.*⟩ **3** que evita ornatos, artifícios ou qualquer aparato; modesto ⟨*cerimônia, decoração s.*⟩ ↄ pomposo **4** de fácil entendimento, compreensão ou resolução ⟨*uma questão s.*⟩ ↄ complexo **5** isento de significações secundárias; puro ⟨*um s. cumprimento*⟩ ☞ nesta acp., usa-se antes do substantivo **6** só, único ⟨*uma s. barata assustou-a*⟩ **7** que não tem graduação, título, nem exerce função de responsabilidade ⟨*era um s. soldado*⟩ ☞ nesta acp., usa-se antes do substantivo **8** que não é sofisticado; habitual, comum ⟨*comida s.*⟩ ↄ sofisticado **9** sem luxo; singelo, modesto ⟨*levava uma vida s.*⟩ ↄ luxuoso **10** GRAM formado de uma única oração (diz-se de período) ↄ composto **11** GRAM formado por um só núcleo (diz-se de sujeito) ↄ composto ■ *adj.2g.2n.s.2g.2n.* **12** (aquele) que não tem recursos materiais ↄ rico **13** (indivíduo) ingênuo, crédulo e sem malícia ↄ malicioso **14** (aquele) que é de origem humilde ■ *adv.* **15** com simplicidade ⟨*vestia-se s.*⟩ ↄ sofisticadamente ⊙ GRAM/USO sup.abs.sint. do adj.: *simplicíssimo, simplíssimo* ~ **simplicidade** *s.f.*

sim.pli.fi.car *v.* {mod. 1} *t.d.* **1** tornar mais simples, fácil ou claro; ajudar, facilitar ↄ complicar **2** MAT reduzir (fração) a termos menores ~ **simplificação** *s.f.* - **simplificador** *adj.s.m.*

sim.plis.mo *s.m.* **1** simplificação exagerada, ger. com desprezo de aspectos fundamentais **2** uso de meios por demais simples; ingenuidade ⟨*métodos de um s. infantil*⟩ ↄ malícia ~ **simplista** *adj.2g.s.2g.*

sim.pló.rio *adj.s.m.* (aquele) que é muito crédulo; ingênuo ↄ esperto ~ **simploriedade** *s.f.*

sim.pó.sio *s.m.* reunião de especialistas para discussão de algum assunto; congresso

si.mu.la.cro *s.m.* **1** representação artificial da realidade ⟨*s. de vestibular*⟩ **2** falso aspecto, aparência enganosa ⟨*s. de democracia*⟩ **3** cópia malfeita ou grosseira; arremedo ⟨*o cenário era um s. de ilha deserta*⟩ **4** espectro, sombra, fantasma

si.mu.la.do *adj.* **1** falso, fingido ⟨*doença s.*⟩ ↄ verdadeiro **2** a que se dá, por fraude, a aparência de realidade ⟨*contrato s.*⟩ ↄ autêntico **3** feito à imitação de coisa verdadeira ⟨*voo s.*⟩ ↄ real

si.mu.lar *v.* {mod. 1} *t.d.* **1** fazer parecer real (o que não é); fingir, aparentar **2** representar com semelhança certos aspectos de; imitar, reproduzir ~ **simulação** *s.f.* - **simulatório** *adj.*

si.mu.li.í.deo *s.m.* ZOO **1** espécime dos simuliídeos, família de insetos que reúne mosquitos ger. de cor escura, cujas fêmeas alimentam-se do sangue de vertebrados ■ *adj.* **2** relativo a essa família de insetos

si.mul.tâ.neo *adj.* que se faz ou se realiza ao mesmo tempo (ou quase) que outra coisa; concomitante ⊃ assíncrono ~ **simultaneidade** *s.f.*

sin– *pref.* 'reunião, simultaneidade': *sincronia, sinergia, sinfonia*

si.na *s.f. infrm.* destino, sorte, fado

si.na.go.ga *s.f.* templo judeu ~ **sinagogal** *adj.2g.*

si.nal *s.m.* **1** o que possibilita conhecer, reconhecer ou prever algo ⟨*céu nublado é s. de chuva*⟩ **2** o que se convencionou ou combinou com um objetivo e que tem certa informação ⟨*s. de incêndio*⟩ **3** som para indicar o início e o término das aulas **4** gesto para comunicar algo a alguém ⟨*fez-lhe um s. com a cabeça*⟩ **5** o que restou de algo que desapareceu; vestígio, rastro ⟨*sumiu sem deixar s.*⟩ **6** marca, traço ⟨*olheiras são s. de cansaço*⟩ **7** mancha ou marca da pele **8** aviso, indicação ⟨*não ligou para o s. de perigo*⟩ **9** algo dado para garantir o cumprimento de um contrato; penhor **10** *fig.* manifestação, prova ⟨*ofereceu-lhe o jantar como s. de gratidão*⟩ **11** *fig.* manifestação clara de algo; demonstração ⟨*não tinha s. de remorso*⟩ **12** MAT símbolo de uma operação matemática **13** *B* semáforo, sinaleiro ▼ *sinais s.m.pl.* **14** feições de uma pessoa ⊙ COL sinalização ⊡ **s. diacrítico** *loc.subst.* aquele que modifica o valor fonológico de uma letra, como a cedilha e o til

si.nal da cruz [pl.: *sinais da cruz*] *s.m.* REL gesto com que o cristão se benze, tocando a testa, o peito e cada um dos ombros, e pronunciando certas palavras

si.na.lei.ra *s.f. B* semáforo

si.na.lei.ro *adj.s.m.* **1** (o) que dá sinais **2** encarregado de sinalizar em pista de pouso, linha de trem etc. ■ *s.m. B* **3** semáforo

si.na.li.za.ção [pl.: *-ões*] *s.f.* **1** conjunto de sinais us. como meio de comunicação ⟨*s. visual, luminosa*⟩ **2** conjunto dos sinais que facilitam e dão mais segurança à circulação em estradas, portos, aeroportos etc. ⟨*acidente por erro de s.*⟩

si.na.li.zar *v.* {mod. 1} *t.d.* **1** pôr sinalização em (certos locais) **2** anunciar por sinais **3** *fig.* dar mostra de; indicar ❑ *int.* **4** exercer as funções de sinaleiro

si.na.pis.mo *s.m.* cataplasma feito de mostarda, farinha e vinagre

sin.ce.ra.men.te *adv.* **1** com sinceridade, sem mentira; honestamente ⟨*declarou-se a ela s.*⟩ **2** de fato, deveras; efetivamente, realmente ⟨*estava s. arrependido*⟩ **3** expressa reprovação ou descontentamento; francamente ⟨*s., meu caro, que vergonha!*⟩

sin.ce.ri.da.de *s.f.* **1** qualidade, estado ou condição do que é sincero; franqueza, lisura ⟨*a s. é uma virtude*⟩ ⊃ falsidade, fingimento, hipocrisia **2** atitude franca, verdadeira; honestidade, veracidade ⟨*falou com s. sobre o assunto*⟩ ⊃ deslealdade, insinceridade

sin.ce.ro *adj.* **1** que se exprime sem enganar ou disfarçar pensamentos ou sentimentos ⟨*pessoa s.*⟩ ⊃ fingido **2** que é dito ou feito sem fingimento ⟨*s. cumprimentos*⟩ ⊃ falso **3** em quem se pode confiar; verdadeiro, leal ⟨*amizade s.*⟩ ⊃ desleal **4** que demonstra afeto; cordial ⟨*abraço s.*⟩ ⊃ frio

sín.co.pe *s.f.* **1** LING supressão de fonema dentro de palavra **2** MED desmaio por má irrigação sanguínea no cérebro **3** MÚS articulação do som na parte fraca do tempo ou compasso, prolongando-se pela parte forte seguinte

sin.cre.tis.mo *s.m.* **1** REL fusão de diferentes cultos ou doutrinas com reinterpretação de seus elementos **2** *p.ext.* fusão de elementos culturais diversos ~ **sincretista** *adj.2g.s.2g.*

sin.cre.ti.zar *v.* {mod. 1} *t.d. e t.d.i.* **1** (prep. *em*) integrar (elementos diferentes) [numa síntese] ❑ *t.d.* **2** tentar combinar (elementos díspares, heterogêneos); conciliar

sin.cro.ni.a *s.f.* qualidade do que ocorre ao mesmo tempo; simultaneidade ⊃ assincronia ~ **sincronismo** *s.m.*

sin.crô.ni.co *adj.* que acontece ou existe ao mesmo tempo; síncrono ⊃ assíncrono

sin.cro.ni.zar *v.* {mod. 1} *t.d.* **1** tornar sincrônico (ação, movimento etc.) **2** estabelecer relação entre (fatos ocorridos ao mesmo tempo) **3** fazer coincidir com as imagens o som de (filme, programa etc.)

sín.cro.no *adj.* sincrônico ⊃ assíncrono

sin.dé.ti.co *adj.* GRAM diz-se de oração ligada a outra por conjunção coordenativa ☞ cf. *assindético*

sin.di.ca.lis.mo *s.m.* **1** movimento que tem como objetivo unir associações de trabalhadores para defender seus interesses **2** conjunto dos sindicatos ~ **sindicalista** *adj.2g.s.2g.*

sin.di.ca.li.zar *v.* {mod. 1} *t.d. e pron.* **1** organizar(-se) em sindicato **2** filiar(-se) a sindicato ~ **sindicalização** *s.f.*

sin.di.cân.cia *s.f.* conjunto de procedimentos que visam apurar a verdade de algo; investigação, inquérito

sin.di.car *v.* {mod. 1} *t.d.,t.i. e int.* **1** (prep. *de*) tomar informações (de algo) por ordem superior; investigar ❑ *t.d. e pron.* **2** reunir(-se) em sindicato; sindicalizar(-se)

sin.di.ca.to *s.m.* associação de profissionais de uma mesma categoria ⊙ COL sindicalismo ~ **sindical** *adj.2g.*

sín.di.co *s.m. B* pessoa eleita para administrar condomínio

sín.dro.me *s.f.* MED conjunto de sintomas observáveis em vários processos patológicos diferentes, sem causa específica ⊡ **s. de Down** *loc.subst.* MED distúrbio cromossômico que se caracteriza por retardo mental e por traços físicos semelhantes aos do povo mongol

si.ne.cu.ra *s.f.* emprego que dá muito dinheiro e pouco trabalho

sine die [lat.] *loc.adv.* sem data marcada ⇨ pronuncia-se sine die
si.né.do.que *s.f.* GRAM tipo de metonímia em que uma palavra é empregada por outra de sentido mais genérico ou de sentido mais específico
si.né.drio *s.m.* assembleia administrativa e legislativa entre os antigos judeus
si.nei.ro *adj.s.m.* que(m) fabrica ou toca sino
si.né.re.se *s.f.* GRAM passagem de um hiato a ditongo no interior de uma palavra (p.ex.: *ma-goa-do* por *ma-go-a-do*) ☞ cf. *diérese*
si.ner.gi.a *s.f.* **1** ação ou esforço simultâneo; cooperação **2** ECON ação conjunta de empresas para obter desempenho melhor do que aquele conseguido isoladamente
si.ne.ta \ê\ *s.f.* sino pequeno
si.ne.te \ê\ *s.m.* **1** tipo de carimbo que imprime monograma ou outra marca distintiva do seu proprietário **2** a marca feita com esse objeto; chancela **3** *fig.* sinal, marca
sin.fo.ni.a *s.f.* composição para orquestra em forma de sonata, caracterizada pelos vários executantes para cada tipo de instrumento e pela grande diversidade de timbres ~ **sinfônico** *adj.* - **sinfonista** *adj.2g.s.2g.*
sin.ge.lo *adj.* **1** desprovido de ornatos ou enfeites **2** que não tem malícia; puro, inocente ~ **singeleza** *s.f.*
sing.na.tí.deo *s.m.* ZOO **1** espécime dos singnatídeos, família de peixes ósseos, representados pelos cavalos-marinhos, cujos machos carregam os ovos no ventre ■ *adj.* **2** relativo a essa família
sin.grar *v.* {mod. 1} *int.* **1** seguir caminhos nas águas; navegar ❑ *t.d.* **2** percorrer, navegando ⟨*s. o Atlântico*⟩
sin.gu.lar *adj.2g.* **1** único de sua espécie; sem igual ⟨*pedra s.*⟩ ⮌ ordinário **2** fora do comum; excepcional ⟨*fez um trabalho s.*⟩ ⮌ banal **3** inusitado ⟨*atitute s.*⟩ ⮌ usual ■ *adj.2g.s.m.* GRAM **4** (flexão de número) que indica apenas uma só coisa ou pessoa ☞ cf. *plural* ~ **singularidade** *s.f.*
sin.gu.la.ri.zar *v.* {mod. 1} *t.d. e pron.* **1** tornar(-se) diferente, singular; destacar(-se) ⮌ banalizar(-se) ❑ *t.d.* **2** expor em detalhes; minuciar ⟨*s. uma descrição*⟩ ~ **singularização** *s.f.*
si.nhô *s.m.* *B infrm.* forma de tratamento us. pelos escravos para dirigir-se ao senhor
si.nhô-mo.ço [pl.: *sinhôs-moços*; fem.: *sinhá-moça*] *s.m.* sinhozinho
si.nho.zi.nho [fem.: *sinhazinha*] *s.m.* *B infrm.* forma de tratamento us. pelos escravos para dirigir-se ao filho do senhor; sinhô-moço
si.nis.tra *s.f.* a mão esquerda ⮌ destra
si.nis.tro *adj.* **1** que usa a mão esquerda com mais habilidade; canhoto ⮌ destro **2** que prevê acontecimentos ruins; funesto, agourento ⮌ propício **3** que causa o mal ⮌ inofensivo **4** terrível, assustador ■ *s.m.* **5** desastre, acidente **6** dano, esp. sobre bem segurado
si.no *s.m.* instrumento metálico, cônico e oco percutido com badalo ⊙ COL carrilhão
si.nó.di.co *adj.* relativo ao movimento dos astros
sí.no.do *s.m.* REL **1** assembleia regular de párocos convocada pelo seu bispo **2** assembleia periódica de bispos de todo o mundo, presidido pelo papa ~ **sinodal** *adj.2g.*
si.no.ní.mia *s.f.* GRAM **1** relação de sentido entre dois vocábulos de significação próxima ⮌ antonímia **2** estudo de ou teoria sobre os sinônimos **3** lista de sinônimos
si.nô.ni.mo *adj.s.m.* GRAM (palavra) que tem com outra semelhança de significação ⊙ COL sinonímia ~ **sinonímico** *adj.*
si.nop.se *s.f.* resumo, ger. escrito ~ **sinóptico** *adj.*
sin.tag.ma *s.m.* GRAM unidade sintática composta de um núcleo e de outros termos que a ele se unem, formando uma locução ⟨*s. nominal*⟩ ~ **sintagmático** *adj.*
sin.tá.ti.co ou **sin.tá.xi.co** \ss\ *adj.* **1** de, relativo ou pertencente a sintaxe **2** conforme as regras da sintaxe
sin.ta.xe \ss\ *s.f.* parte da gramática que estuda a estruturação das palavras numa frase e das orações no discurso
sin.tá.xi.co \ss\ *adj.* → *SINTÁTICO*
sin.te.co *s.m.* verniz transparente para cobrir assoalho de madeira ~ **sintecar** *v.t.d.*
sín.te.se *s.f.* **1** reunião de elementos diferentes num todo coerente **2** operação intelectual que apreende o todo partindo dos elementos que o constituem **3** exposição abreviada e genérica; resumo **4** preparação de um composto químico a partir de substâncias mais simples **5** QUÍM biossíntese
sin.té.ti.co *adj.* **1** que não se detém em detalhes; conciso, resumido ⮌ {\super 1}analítico **2** produzido por síntese artificial ou elaborado com compostos artificiais ⟨*insulina s.*⟩ ⟨*seda s.*⟩ ⮌ natural
sin.te.ti.za.dor \ô\ *adj.* **1** que sintetiza ■ *s.m.* **2** instrumento eletrônico que imita sons de vários instrumentos, voz etc.
sin.te.ti.zar *v.* {mod. 1} *t.d. e t.d.i.* **1** (prep. *em*) reunir ou mostrar o que é mais importante sobre; resumir **2** (prep. *em*) combinar (partes, elementos) compondo um todo ❑ *t.d.* **3** ter as características principais, exemplares de; representar **4** QUÍM produzir (uma substância) por síntese natural ou artificial
sin.to.ma *s.m.* **1** sensação subjetiva (dor, mal-estar etc.), narrada pelo paciente, us. para estabelecer o diagnóstico de uma doença **2** *fig.* indício, sinal ~ **sintomático** *adj.*
sin.to.ma.to.lo.gi.a *s.f.* estudo dos sintomas relatados por um paciente ~ **sintomatológico** *adj.* - **sintomatologista** *adj.2g.s.2g.*
sin.to.ni.a *s.f.* **1** igualdade de frequência de dois circuitos de transmissão ou recepção de ondas de rádio **2** *fig.* acordo, harmonia ⟨*s. de ideias*⟩ ⮌ discordância
sin.to.ni.zar *v.* {mod. 1} *t.d. e int.* **1** ajustar (aparelho de rádio) ao comprimento de onda da emissora ❑ *t.i.* *B* **2** (prep. *com*) entrar em sintonia; harmonizar-se

si.nu.ca *s.f.* **1** espécie de bilhar jogado com oito bolas numa mesa com seis caçapas **2** *infrm.* situação embaraçosa

si.nu.o.so \ô\ [pl.: *sinuosos* \ó\] *adj.* **1** cheio de curvas ⟨*rio s.*⟩ ⮌ reto **2** *fig.* cheio de ardis; astucioso ⟨*transação s.*⟩ ~ **sinuosidade** *s.f.*

si.nu.si.te *s.f.* inflamação de cavidade óssea próxima ao nariz

si.o.nis.mo *s.m.* movimento internacional judeu que resultou na criação do Estado de Israel ~ **sionista** *adj.2g.s.2g.* - **sionístico** *adj.*

si.re.ne ou **si.re.na** *s.f.* dispositivo de som estridente us. para sinalizar algo, como alarmes, horários em fábricas, deslocamento de ambulâncias e radiopatrulhas

si.re.ní.deo *s.m.* ZOO espécime dos sirenídeos, família de salamandras aquáticas que não possuem membros posteriores, dentes e pálpebras

si.rê.nio *s.m.* ZOO epécime dos sirênios, ordem de mamíferos aquáticos, herbívoros, que possuem cauda com forma de nadadeira

si.ri *s.m.* designação comum de certos crustáceos marinhos semelhantes ao caranguejo, que possuem o último par de pernas em forma de remo

si.ri.gai.ta *s.f. B pej.* mulher espertalhona

sí.rio *adj.* **1** da Síria (Ásia) ■ *s.m.* **2** natural ou habitante desse país ☞ cf. *círio*

si.ro.co \ô\ *s.m.* vento que sopra do sudeste sobre o Mediterrâneo

si.sal *s.m.* **1** planta que fornece fibra áspera e resistente us. para fazer cordas, tapetes etc. **2** essa fibra

sis.mo *s.m.* terremoto ~ **sísmico** *adj.*

sis.mó.gra.fo *s.m.* instrumento que registra e mede terremotos ~ **sismografia** *s.f.*

si.so *s.m.* **1** bom senso, juízo ⮌ desatino **2** ODONT terceiro molar, que aparece entre os 17 e 21 anos; dente de siso

sis.te.ma *s.m.* **1** conjunto de elementos, concretos ou abstratos, relacionados entre si **2** conjunto de unidades organizadas de determinada forma para alcançar um fim ⟨*s. eleitoral*⟩ ⟨*s. financeiro*⟩ **3** qualquer conjunto natural de partes interdependentes ⟨*s. auditivo*⟩ ⟨*s. planetário*⟩ **4** *p.ext.* constituição política, econômica ou social de um estado, de uma comunidade etc. ⟨*s. capitalista*⟩ **5** método, modo ⊡ **s. internacional de unidades** *loc.subst.* sistema de unidades de medida utilizado internacionalmente, composto por unidade de base (quilograma, metro, segundo, kelvin, mol, ampere e candela) e unidades derivadas [sigla: *SI*] • **s. métrico decimal** *loc.subst.* sistema de unidades de medida que emprega o metro e seus múltiplos e submúltiplos decimais • **s. nervoso** *loc.subst.* nos vertebrados, conjunto dos centros nervosos (cérebro, medula e gânglios) e dos nervos que agem no comando e coordenação dos órgãos e do aparelho locomotor, na recepção dos estímulos sensoriais e, nos humanos, nas funções psíquicas e intelectuais • **s. operacional** *loc.subst.* *software* que controla a operação de *hardwares* e outros *softwares* instalados no computador • **s. solar** *loc.subst.* conjunto de corpos celestes (planetas, satélites, cometas etc.) que gravitam em torno do Sol ~ **sistematicidade** *s.f.*

sis.te.má.ti.ca *s.f.* **1** conjunto de elementos classificados e organizados segundo um ou mais critérios **2** BIO ciência que classifica os seres vivos através do estudo comparativo de suas características

sis.te.má.ti.co *adj.* **1** que segue ou observa um sistema **2** *p.ext.* que se processa segundo um método ou ordenação; metódico

sis.te.ma.ti.zar *v.* {mod. 1} *t.d.* **1** organizar num sistema ❑ *t.d. e pron.* **2** tornar(-se) metódico, ordenado, coerente ~ **sistematização** *s.f.*

sis.tê.mi.co *adj.* **1** relativo a sistema ou sistemática **2** MED que afeta o corpo inteiro

sís.to.le *s.f.* movimento de contração do coração, que ejeta o sangue para a aorta e para a artéria pulmonar ☞ cf. *diástole* ~ **sistolar** *adj.2g.* - **sistólico** *adj.*

si.su.do *adj.s.m.* que(m) é muito sério, circunspecto ⮌ alegre ~ **sisudez** *s.f.*

si.te [ing.; pl.: *sites*] *s.m.* INF endereço na internet que pode conter textos, gráficos e informações em multimídia ⇨ pronuncia-se sáiti

[1]**si.ti.an.te** *s.2g.* quem possui ou mora em sítio, roça [ORIGEM: formação irreg. de [1]*sítio* + *-ante*]

[2]**si.ti.an.te** *adj.s.m.* que(m) sitia [ORIGEM: de *sitiar* + *-ante*]

si.ti.ar *v.* {mod. 1} *t.d.* impor cerco militar a; bloquear ~ **sitiador** *adj.s.m.*

[1]**sí.tio** *s.m.* **1** local ocupado por um corpo qualquer **2** qualquer local; lugar **3** *B* chácara ou moradia rural **4** INF *site* [ORIGEM: obscura]

[2]**sí.tio** *s.m.* ação de sitiar ou o seu efeito [ORIGEM: contrv., talvez regr. de *sitiar*]

si.to *adj.* que se situa, estabelecido

si.tu.a.ção [pl.: *-ões*] *s.f.* **1** localização de um corpo; posição **2** estado de algo ou alguém **3** combinação de circunstâncias num dado momento; conjuntura ⟨*s. favorável*⟩ **4** poder dirigente de um estado, de uma empresa etc. ⟨*candidato da s.*⟩ ⮌ oposição

si.tu.a.cio.nis.mo *s.m.* condição dos que exercem e/ou apoiam o governo ☞ cf. *oposicionismo*

si.tu.a.cio.nis.ta *adj.2g.* **1** próprio do situacionismo ■ *adj.2g.s.2g.* **2** partidário do situacionismo ☞ cf. *oposicionista*

si.tu.ar *v.* {mod. 1} *t.d. e pron.* **1** pôr(-se) em certo lugar; posicionar(-se) ⟨*s. a casa na encosta*⟩ ⟨*veio s.-se a meu lado*⟩ ☞ *na encosta* é circunstância que funciona como complemento ❑ *t.d.* **2** determinar lugar certo a; localizar ⟨*s. a novela no Rio*⟩ ☞ *no Rio* é circunstância que funciona como complemento ❑ *pron.* **3** estar localizado em; ficar **4** assumir uma opinião; posicionar-se

skate [ing.; pl.: *skates*] *s.m.* esqueite ⇨ pronuncia-se squêit

slide [ing.; pl.: *slides*] *s.m.* diapositivo ⇨ pronuncia-se slaid

slo.gan [ing.; pl.: *slogans*] *s.m.* frase curta e persuasiva us. em campanhas políticas, publicitárias etc. ⇨ pronuncia-se slôugã
Sm símbolo de *samário*
smart.phone [ing.; pl.: *smartphones*] *s.m.* telefone móvel com funcionalidades comparáveis às de um computador pessoal ⇨ pronuncia-se smartfone
smok.ing [ing.; pl.: *smokings*] *s.m.* terno preto com lapela de cetim, us. com gravata borboleta em eventos formais ⇨ pronuncia-se smouquin
SMS [ing.] mensagem curta de texto enviada e recebida em telefone celular ⇨ pronuncia-se esse eme esse
Sn símbolo de *estanho* ('elemento químico')
so– *pref.* 'movimento de baixo para cima': *soerguer*
S.O. abreviatura de *sudoeste* ('região')
só *adj.2g.s.m.* **1** que(m) não tem companhia; solitário ⮌ acompanhado ■ *adj.2g.* **2** que é apenas um; único ⮌ vários ■ *adv.* **3** apenas, unicamente ⟨*da vida só quer saúde*⟩
so.a.lhar *v.* {mod. 1} *t.d.* assoalhar
so.a.lhei.ra *s.f.* calor mais intenso do sol; soleira ⟨*usava chapéu para proteger-se da s.*⟩
so.a.lho *s.m.* assoalho
so.an.te ou **so.nan.te** *adj.2g.* que soa
so.ar *v.* {mod. 1} *t.d. e int.* **1** emitir ou produzir (som) ❑ *int.* **2** repercutir, ecoar ⟨*o grito soou na caverna*⟩ **3** ser indicado por som (horas); bater ❑ *pred. fig.* **4** ter semelhança com; parecer-se ⟨*o elogio soou como zombaria*⟩
sob– *pref.* 'posição inferior ou abaixo': *sobescavar, sobpor*
sob \ô\ *prep.* **1** por baixo de ⟨*usava camiseta s. a blusa de lã*⟩ ⮌ sobre **2** debaixo de ⟨*dormiu s. a mangueira*⟩ ⮌ acima de **3** no tempo de ou no governo de ⟨*s. o reinado de Pedro II*⟩
so.ba *s.m.* chefe de pequeno estado africano
so.be.jar *v.* {mod. 1} *t.i. e int.* (prep. *de*) ultrapassar os limites do necessário; restar, sobrar
so.be.jo \ê\ *adj.* **1** que sobra ⟨*o pão s. é distribuído aos pobres*⟩ ■ *s.m.* **2** qualquer coisa que sobrou; resto ⟨*s. de comida*⟩ ⊡ **de s.** *loc.adv.* a mais que o necessário; demasiadamente ⟨*sabia de s. o que vinha se passando*⟩
so.be.ra.ni.a *s.f.* **1** qualidade ou condição de soberano **2** autoridade suprema do poder do Estado **3** *fig.* atitute ou sentimento de arrogância ⮌ humildade
so.be.ra.no *adj.* **1** que detém o poder sem restrições ⟨*país s.*⟩ ⟨*vontade s.*⟩ ⮌ subordinado **2** que ocupa o mais alto grau em seu gênero ⟨*futebol s.*⟩ ⮌ inferior ■ *s.m.* **3** quem exerce o poder supremo de uma monarquia; monarca **4** quem tem grande influência ou poder
so.ber.ba \ê\ *s.f.* arrogância, presunção ⮌ modéstia ~ **soberbia** *s.f.*
so.ber.bo \ê\ *adj.s.m.* **1** que(m) é arrogante ⮌ humilde ■ *adj.* **2** que é mais alto ou está mais elevado **3** de aspecto grandioso, magnífico ⮌ singelo
so.bra *s.f.* o que fica depois de tirado o necessário ou principal
so.bra.çar *v.* {mod. 1} *t.d.* **1** segurar embaixo do ou com o braço **2** apoiar nos braços; sustentar
so.bra.do *s.m.* **1** piso de madeira **2** o pavimento superior de uma casa **3** *B* casa de dois andares
so.bran.cei.ro *adj.* **1** que está em local mais alto ⟨*platô s. sobre o vale*⟩ ⮌ baixo **2** que está em posição de superioridade ⟨*manteve-se s. a todos os infortúnios*⟩ ⮌ medroso **3** de quem se julga melhor; arrogante ⟨*olhar s.*⟩ ⮌ humilde ~ **sobrançaria** *s.f.* - **sobranceria** *s.f.*
so.bran.ce.lha \ê\ *s.f.* arco de pelos acima de cada órbita ocular
so.brar *v.* {mod. 1} *t.i. e int.* **1** (prep. *a, de*) possuir ou existir em excesso; sobejar, exorbitar **2** (prep. *a, de*) subsistir depois de uso, destruição, gasto etc.; restar ⟨*sobrou(-lhe) muito dinheiro*⟩ ⟨*pouco sobrou do jantar*⟩ ❑ *int.* **3** ser esquecido ou posto em segundo plano
sobre– *pref.* **1** 'posição acima': *sobrescrever, sobrevoar* **2** 'excesso': *sobrecarregar*
so.bre \ô\ *prep.* **1** por ou em cima de ⟨*a casa s. a colina*⟩ ⟨*dorme com a mão s. o peito*⟩ **2** na superfície de ⟨*pássaros s. a lagoa*⟩ ⟨*uma blusa leve s. a pele*⟩ **3** a respeito de ⟨*leu o texto s. o pai*⟩ ⟨*prova s. a última aula*⟩ **4** em relação de dominância ou influência ⟨*exerce poder s. os irmãos*⟩
so.bre.a.vi.so *s.m.* prevenção, precaução ⮌ imprudência ⊡ **de s.** *loc.adv.* à espera
so.bre.ca.pa *s.f.* cobertura solta com que se envolve a capa de um livro para protegê-la
so.bre.car.ga *s.f.* carga excedente
so.bre.car.re.gar *v.* {mod. 1} *t.d.* **1** pôr excesso de carga em **2** impor esforço, responsabilidade excessivos a ⟨*s. os empregados, os filhos*⟩ **3** aumentar excessivamente ⟨*s. os preços*⟩
so.bre.car.ta *s.f.* envelope
so.bre.ca.sa.ca *s.f.* casaco masculino comprido, abotoado até a cintura, hoje em desuso
so.bre.ce.nho *s.m.* **1** o par de sobrancelhas **2** *fig.* semblante carrancudo
so.bre.céu *s.m.* dossel
so.bre.co.mum *adj.2g.s.m.* GRAM (substantivo) que possui apenas um gênero gramatical para designar pessoas de ambos os sexos (p.ex.: o carrasco, a criança, a vítima) ☞ cf. *comum de dois* e *epiceno*
so.bre.co.xa \ô\ *s.f.* *B infrm.* coxa das aves
so.bre.cu *s.m.* *infrm.* uropígio
so.bre.cus.to *s.m.* custo indireto acrescentado ao custo de alguma coisa
so.bre-hu.ma.no [pl.: *sobre-humanos*] *adj.* acima da capacidade ou natureza humana
so.bre.ja.cen.te *adj.2g.* que está por cima ⮌ subjacente
so.bre.le.var *v.* {mod. 1} *t.d. e pron.* **1** exceder em altura; ultrapassar **2** erguer(-se) do chão; levantar(-se) ❑ *t.d.* **3** tornar mais elevado ou alto ❑ *t.d.,t.i. e int. fig.* **4** (prep. *a*) ser de maior qualidade ou importância; suplantar ❑ *t.i.,int. e pron.* **5** (prep. *a*) sobressair entre outros; destacar-se

so.bre.lo.ja *s.f.* **1** pavimento entre o térreo e o primeiro andar de prédio comercial **2** loja situada nesse pavimento ⟨*ter uma s. em Ipanema*⟩

so.bre.ma.nei.ra *adv.* além da normalidade; em excesso; demasiado ⊃ pouco

so.bre.me.sa \ê\ *s.f.* fruta, doce etc. que se come após a parte principal da refeição

so.bre.mo.do *adv.* sobremaneira

so.bre.na.dar *v.* {mod. 1} *int.* nadar ou surgir à superfície da água; boiar, flutuar

so.bre.na.tu.ral *adj.2g.s.m.* **1** (o) que está fora das leis da natureza **2** (o) que é extraordinário ou maravilhoso

so.bre.no.me *s.m.* nome de família

so.bre.pe.liz *s.f.* veste branca que um clérigo usa sobre a batina

so.bre.por *v.* {mod. 23} *t.d.i. e pron.* **1** (prep. *a*) pôr(-se) em cima ou por cima de ❑ *t.d.i.* **2** *fig.* (prep. *a*) colocar por cima, para esconder ⟨*s. o riso às lágrimas*⟩ **3** (prep. *a*) juntar por acréscimo; acrescentar ⟨*a seus títulos vai s. o de doutor*⟩ **4** (prep. *a*) dar mais importância a; antepor ⟨*s. o bem público ao particular*⟩ ❑ *pron.* **5** (prep. *a*) vir depois; seguir-se ⊙ GRAM/USO part.: *sobreposto* ~ **sobreposição** *s.f.*

so.bre.pu.jar *v.* {mod. 1} *t.d.* **1** exceder em altura; ultrapassar, sobrelevar **2** vencer, dominar, superar ⟨*s. o inimigo, um obstáculo*⟩ **3** ter primazia sobre; suplantar ⟨*o bem público há de s. o particular*⟩ ❑ *t.i. e int.* **4** (prep. *a*) ganhar destaque; sobressair ~ **sobrepujança** *s.f.*

so.bres.cre.ver *v.* {mod. 8} *t.d.* **1** escrever sobre ou acima de **2** sobrescritar ☞ cf. *subscrever* ⊙ GRAM/USO part.: *sobrescrito*

so.bres.cri.tar *v.* {mod. 1} *t.d.* escrever nome e endereço do destinatário em (envelope) ☞ cf. *subscritar*

so.bres.cri.to *s.m.* nome e endereço que se escrevem sobre envelope ou invólucro de correspondência

so.bres.sa.ir *v.* {mod. 25} *int.* **1** ser, estar ou ficar saliente; destacar-se **2** atrair a atenção; salientar-se **3** ser bem perceptível entre outros (sons, cores etc.); distinguir-se ❑ *t.i.,int. e pron.* **4** (prep. *a*) ganhar destaque sobre (os demais); sobrepujar

so.bres.sa.len.te ou **so.bres.se.len.te** *adj.2g.s.m.* (peça) reservada para repor outra gasta, quebrada etc.

so.bres.sal.tar *v.* {mod. 1} *t.d. e pron.* **1** tomar ou ser tomado de supresa, de repente; surpreender(-se) **2** (fazer) sentir receio, temor; assustar(-se)

so.bres.sal.to *s.m.* **1** reação brusca causada por forte emoção ⊃ serenidade **2** inquietação inesperada; susto ⊃ calma

so.bres.se.len.te *adj.2g.s.m.* → SOBRESSALENTE

so.bres.tar *v.* {mod. 7} *t.d. e int.* não (deixar) ir adiante; parar, interromper ⊃ prosseguir ~ **sobrestamento** *s.m.*

so.bre.ta.xa *s.f.* taxa adicional ~ **sobretaxar** *v.t.d.*

so.bre.tu.do *adv.* **1** principalmente ⟨*teme a família, s. o pai*⟩ ■ *s.m.* **2** casaco masculino comprido e largo que se usa sobre outras vestes para proteger do frio e da chuva

so.bre.vi.da *s.f.* **1** prolongamento da vida além de certo limite **2** prolongamento da existência além da morte

so.bre.vir *v.* {mod. 31} *t.i. e int.* **1** (prep. *a*) vir ou acontecer logo depois; seguir-se ❑ *int.* **2** acontecer de modo inesperado ~ **sobrevindo** *adj.s.m.*

so.bre.vi.ver *v.* {mod. 8} *t.i. e int.* (prep. *a*) continuar a viver ou existir depois de (fato ruim, perda, morte etc.); manter-se ~ **sobrevivência** *s.f.* - **sobrevivente** *adj.2g.s.2g.*

so.bre.vo.ar *v.* {mod. 1} *t.d. e int.* voar ou pairar por cima (de) ~ **sobrevoo** *s.m.*

so.bri.nha *s.f.* filha de irmã ou irmã, ou de cunhado e cunhada

so.bri.nho *s.m.* filho de irmão ou irmã, ou de cunhado ou cunhada

só.brio *adj.* **1** sem excessos; simples ⟨*decoração s.*⟩ ⊃ extravagante **2** não alcoolizado ⊃ bêbado ~ **sobriamente** *adv.* - **sobriedade** *s.f.*

so.ca *s.f.* **1** *infrm.* caule subterrâneo **2** brotação da cana-de-açúcar após o primeiro corte

so.ca.pa *s.f.* **1** disfarce, máscara **2** *fig.* fingimento, dissimulação ⊃ sinceridade ⊡ **à socapa** *loc.adv.* de maneira disfarçada; furtivamente ⟨*rir à s.*⟩

so.car *v.* {mod. 1} *t.d. e pron.* **1** dar ou trocar socos ❑ *t.d.* **2** moer, esmagar, sovar (alimento, massa) **3** apertar ou bater (algo) para endurecer ou ganhar consistência **4** *p.ext.* pôr de qualquer jeito num espaço pequeno; meter ⟨*s. as roupas na mala*⟩ ☞ *na mala* é circunstância que funciona como complemento ❑ *pron. fig.* **5** ir para lugar reservado; refugiar-se

so.ca.var *v.* {mod. 1} *t.d.* escavar por baixo

so.ci.al *adj.2g.* **1** que pertence a ou vive em sociedade ⊃ individual **2** de boa convivência; sociável **3** *B* que não deve ser us. por empregados, entregadores etc. (diz-se de elevador, entrada etc. de edifício ou casa) ■ *s.m.* **4** o que pertence a todos; público, coletivo **5** o que diz respeito ao bem-estar das massas, esp. as menos favorecidas

so.ci.a.lis.mo *s.m.* conjunto de doutrinas que pregam a reorganização social por meio da estatização dos bens e dos meios de produção ☞ cf. *capitalismo, comunismo* ~ **socialista** *adj.2g.s.2g.*

so.ci.a.li.zar *v.* {mod. 1} *t.d. e pron.* **1** tornar(-se) sociável **2** tornar(-se) socialista ou estatal **3** adaptar(-se) [p.ex., uma criança, um delinquente] à convivência normal com outras pessoas ❑ *t.d. fig.* **4** dividir com todos ~ **socialização** *s.f.*

so.ci.á.vel *adj.2g.* **1** aberto ao convívio social; afável ⊃ reservado **2** passível de associação ~ **sociabilidade** *s.f.*

so.ci.e.co.nô.mi.co *adj.* → SOCIOECONÔMICO

so.ci.e.da.de *s.f.* **1** agrupamento de seres que convivem em colaboração mútua **2** conjunto de pessoas que vivem em determinado período de tempo e lugar, seguindo normas comuns ⟨*s. medieval*⟩ **3** grupo de pessoas que vivem, por vontade própria, sob normas comuns; comunidade, coletividade **4** grupo que, sob contrato, une recursos para certo fim, negócio etc. ⊡ s. **anônima** *loc.subst.* empresa mercantil cujo capital é dividido em ações • **alta s.** *loc.subst.* elite, alta-roda

so.ci.e.tá.rio *adj.s.m.* **1** que(m) faz parte de uma sociedade comercial ■ *adj.* **2** que vive em sociedade

só.cio *s.m.* **1** parceiro, aliado ⮌ adversário **2** aquele que se associou a outro para abrir uma empresa comercial, industrial, de serviços etc. **3** aquele que ingressou em uma associação ou clube

so.cio.bi.o.lo.gi.a *s.f.* biossociologia

so.cio.e.co.nô.mi.co ou **so.ci.e.co.nô.mi.co** *adj.* relativo a fatores econômicos e sociais

so.cio.e.du.ca.ti.vo *adj.* que envolve condições, elementos, circunstâncias, fatores sociais e educativos ⟨*medidas s.*⟩

so.cio.lo.gi.a *s.f.* estudo da organização e do funcionamento das sociedades humanas e das leis fundamentais que regem as relações sociais, as instituições etc. ~ **sociológico** *adj.* - **sociólogo** *s.m.*

so.co \ô\ *s.m.* pancada forte dada com a mão fechada; murro

so.có *s.m.* designação comum a várias aves que se alimentam de peixes e vivem isoladas ou aos pares

so.ço.brar *v.* {mod. 1} *t.d.* **1** revolver de cima para baixo e vice-versa; revirar ☐ *t.d. e int.* **2** (fazer) naufragar; afundar(-se) **3** *fig.* reduzir(-se) a nada; aniquilar(-se) ☐ *t.d. e pron. fig.* **4** tornar(-se) inquieto, agitado; perturbar(-se) ~ **soçobro** *s.m.*

so.co-in.glês [pl.: *socos-ingleses*] *s.m.* peça metálica que se encaixa entre os dedos da mão para intensificar o soco

so.cor.rer *v.* {mod. 8} *t.d.* **1** trazer auxílio, esmola ou remédio a; ajudar, salvar ☐ *pron.* **2** (prep. *de*) lançar mão de; valer-se ⟨*s.-se de mentira para vencer*⟩

so.cor.ris.ta *adj.2g.s.2g.* **1** que(m) tem habilitação profissional para prestar primeiros socorros **2** que(m) é membro de instituição criada para tal fim

so.cor.ro \ô\ [pl.: *socorros* \ó\] *s.m.* **1** ajuda, assistência em caso de perigo, doença etc. **2** aquilo que se dá para auxiliar ou socorrer alguém **3** reboque, guincho ■ *interj.* **4** serve para pedir auxílio ou proteção ⊡ **primeiros s.** *loc.subst.* em casos de emergência, atendimento prestado enquanto se aguarda a chegada do médico ou a internação hospitalar do paciente

so.crá.ti.co *adj.* **1** relativo a Sócrates ou a sua filosofia ■ *adj.s.m.* **2** que(m) é partidário dessa filosofia ☞ cf. *Sócrates* na parte enciclopédica

¹so.da *s.f.* **1** carbonato de sódio **2** hidróxido de sódio; soda cáustica [ORIGEM: do it. *soda* 'planta']

²so.da *s.f.* água artificialmente gaseificada com gás carbônico [ORIGEM: do ing. *soda water* 'id.']

só.dio *s.m.* elemento químico us. em ligas, lâmpadas, motores de aviões etc. [símb.: *Na*] ☞ cf. *tabela periódica* (no fim do dicionário)

so.do.mi.a *s.f.* 'coito anal ~ **sodomizar** *v.t.d.*

so.er *v.* {mod. 9} *int.* **1** ser comum, frequente; costumar ☐ *t.d.* **2** ter por hábito; costumar ⊙ GRAM/USO verbo defectivo

so.er.guer *v.* {mod. 8} *t.d. e pron.* **1** levantar(-se) um pouco **2** *fig.* tornar a erguer(-se), recobrando solidez, força, vitalidade; reerguer(-se) ~ **soerguimento** *s.m.*

so.ez \ê\ *adj.2g.* sem valor; desprezível, vulgar ⮌ superior

so.fá *s.m.* assento com encosto e estofado, para duas ou mais pessoas

so.fá-ca.ma [pl.: *sofás-cama* e *sofás-camas*] *s.m.* sofá que se reverte em cama

so.fis.ma *s.m.* argumento ou raciocínio falso, mas com aparência de verdade ~ **sofista** *adj.2g.s.2g.* - **sofístico** *adj.*

so.fis.mar *v.* {mod. 1} *t.d.* **1** dar interpretação falsa a ☐ *int.* **2** raciocinar por ou usar sofisma(s) ~ **sofismável** *adj.2g.*

so.fis.ti.ca.ção [pl.: *-ões*] *s.f.* **1** extremo requinte **2** estado do que é muito avançado, eficiente

so.fis.ti.ca.do *adj.* **1** que tem requinte, bom gosto ⮌ ordinário **2** muito avançado, complexo ⮌ simples

so.fis.ti.car *v.* {mod. 1} *t.d.* **1** tornar mais complexo, com afetação ou exagero; complicar ☐ *t.d. e pron.* **2** *B* tornar(-se) fino, culto; requintar(-se) **3** tornar(-se) melhor, mais eficiente; aprimorar(-se) ⮌ piorar ~ **sofisticador** *adj.s.m.*

so.fre.ar *v.* {mod. 5} *t.d.* **1** controlar (cavalo) com as rédeas ☐ *t.d. e pron. fig.* **2** conter o ímpeto (de); controlar(-se) ~ **sofreadura** *s.f.* - **sofreamento** *s.m.*

sô.fre.go *adj.* **1** que come ou bebe com pressa ou avidez **2** *p.ext.* impaciente pela posse ou realização de alguma coisa ~ **sofregamente** *adv.*

so.fre.gui.dão [pl.: *-ões*] *s.f.* **1** voracidade, gulodice ⮌ saciedade **2** *p.ext.* impaciência, ansiedade ⮌ paciência

so.frer *v.* {mod. 8} *t.d. e int.* **1** sentir (dores físicas ou morais); padecer **2** experimentar com resignação e paciência; aguentar ☐ *t.d.* **3** ser alvo de (golpe, pancada, acusação etc.); receber **4** passar por; experimentar ⟨*o projeto sofreu mudanças*⟩ ☐ *t.i.* **5** (prep. *de*) ser acometido por (doença, mal) ☐ *int.* **6** ter danos ou prejuízos; perder ~ **sofredor** *adj.s.m.*

so.fri.men.to *s.m.* **1** dor física causada por ferimento ou doença; padecimento ⮌ bem-estar **2** dor moral; amargura, consternação, desgosto ⮌ alegria, contentamento, deleite **3** vida miserável; desgraça, desventura, infortúnio ⟨*enriqueceu à custa do s. alheio*⟩ ⮌ bem-aventurança, felicidade, sucesso

so.frí.vel *adj.2g.* **1** que se pode sofrer; tolerável ⮌ insuportável **2** que não é bom nem inteiramente mau; razoável, passável

soft.ware [ing.; pl.: *softwares*] *s.m.* programa ou conjunto de instruções que o computador interpreta e executa ⇨ pronuncia-se **sóftuér**

so.ga *s.f.* corda grossa

so.gra *s.f.* a mãe de um dos cônjuges em relação ao outro

so.gro \ô\ [pl.: *sogros* \ó\; fem.: *sogra* \ó\] *s.m.* o pai de um dos cônjuges em relação ao outro

so.ja *s.f.* planta originária da China e do Japão, e sua semente rica em proteínas, da qual se extrai óleo, farinha etc.

¹sol *s.m.* **1** estrela em torno da qual a Terra e outros planetas giram ☞ inicial maiúsc. **2** sua luz e calor ⟨*tomar s.*⟩ ⟨*o s. cobre a cama*⟩ **3** qualquer estrela ⟨*há outros sóis com planetas*⟩ [ORIGEM: do lat. *sol,sōlis* 'id.']

²sol *s.m.* nota musical [ORIGEM: do it. *sol* 'id.']

so.la *s.f.* **1** couro grosso curtido **2** peça do calçado que encosta no chão; solado ⊡ **s. do pé** *loc.subst.* planta do pé

so.la.do *s.m.* **1** sola ■ *adj.* **2** em que se pôs sola (diz-se de calçado) **3** *p.ext.* de consistência densa e dura como uma sola (diz-se de bolo ou outra massa)

so.la.ná.cea *s.f.* BOT espécime das solanáceas, família de arbustos, cipós e ervas, cultivados como alimento (p.ex., a batata, o tomate, o tabaco, algumas pimentas) e tb. para a extração de drogas medicinais e como ornamentais ~ **solanáceo** *adj.*

so.la.par *v.* {mod. 1} *t.d.* **1** fazer cova em; escavar **2** abalar as bases de; aluir **3** *fig.* atacar, destruir, abalar **4** *fig.* não deixar que percebam; encobrir, disfarçar ⊃ expor ~ **solapador** *adj.s.m.* - **solapamento** *s.m.*

¹so.lar *s.m.* palacete ou casa imponente ⊃ casebre [ORIGEM: ¹*solo* + *-ar*]

²so.lar *adj.2g.* relativo ou semelhante ao Sol [ORIGEM: do lat. *solāris,e* 'do Sol']

³so.lar *v.* {mod. 1} *t.d.* **1** pôr sola em (calçado) ❑ *t.d. e int. B* **2** não assar por igual (bolo, massa) [ORIGEM: *sola* + ²*-ar*]

⁴so.lar *v.* {mod. 1} *t.d. e int.* executar ou tocar um solo (de música, dança) [ORIGEM: ²*solo* + ²*-ar*]

so.lá.rio *s.m.* **1** estabelecimento onde se tratam certas doenças com banhos de sol **2** terraço ou cômodo reservado para banhos de sol

so.la.van.co *s.m.* balanço brusco, esp. de veículo; tranco

sol.da *s.f.* substância que se funde para ligar peças metálicas

sol.da.da *s.f.* salário de criado, operário etc.

sol.da.des.ca \ê\ *s.f.* **1** grupo de soldados; tropa **2** *pej.* grupo insubordinado de soldados

¹sol.da.do *adj.* unido, ligado com solda [ORIGEM: part. de *soldar*]

²sol.da.do *s.m.* **1** militar que ocupa o mais baixo grau da hierarquia das Forças Armadas e das Forças Auxiliares **2** designação genérica para militar terrestre [ORIGEM: do it. *soldato* 'quem luta em troca de pagamento'] ⊙ COL tropa ~ **soldadesco** *adj.*

sol.dar *v.* {mod. 1} *t.d.* **1** unir ou lacrar por meio de solda ❑ *t.d.,t.d.i.,int. e pron. fig.* **2** (prep. *a, com*) unir(-se), formando um todo ~ **soldadura** *s.f.* - **soldagem** *s.f.*

sol.do \ô\ *s.m.* salário de militar

so.le.cis.mo *s.m.* GRAM erro de sintaxe

so.le.da.de *s.f.* **1** lugar desabitado **2** tristeza de quem está só

¹so.lei.ra *s.f.* **1** laje ou madeira na parte inferior do vão de uma porta ou de uma janela **2** limiar da porta [ORIGEM: ¹*solo* + *-eira*]

²so.lei.ra *s.f.* soalheira [ORIGEM: ¹*sol* + *-eira*]

so.le.ne *adj.2g.* **1** que se faz com pompa ⊃ modesto **2** executado com formalidades da lei ou do costume ⊃ informal **3** que denota seriedade; austero, grave ⊃ informal

so.le.ni.da.de *s.f.* **1** qualidade do que é solene **2** festa solene **3** cerimônia ou festividade formal ⟨*s. de formatura*⟩

so.le.ni.zar *v.* {mod. 1} *t.d.* **1** comemorar com cerimônia e pompa **2** dar caráter solene a

so.ler.te *adj.2g.* **1** que age com desembaraço; hábil, esperto ⊃ tolo **2** hábil para enganar, aparentando honestidade; velhaco, ardiloso ⊃ ingênuo

so.le.trar *v.* {mod. 1} *t.d. e int.* **1** ler ou pronunciar devagar, proferindo as sílabas letra por letra ❑ *t.d.* **2** ler devagar ou por partes **3** ler por alto ~ **soletração** *s.f.*

sol.fe.jar *v.* {mod. 1} *t.d. e int.* entoar melodia, cantando o nome das notas ~ **solfejo** *s.m.*

sol.fe.ri.no *s.m.* **1** cor entre encarnado e roxo ■ *adj.* **2** que tem essa cor ⟨*moldura s.*⟩ **3** diz-se dessa cor ⟨*cor s.*⟩

so.li.ci.ta.ção [pl.: *-ões*] *s.f.* **1** ação de solicitar ou o seu efeito **2** pedido insistente **3** atração carregada de desejo ⟨*s. da carne*⟩

so.li.ci.tar *v.* {mod. 1} *t.d. e t.d.i.* **1** (prep. *a*) pedir com insistência; rogar **2** (prep. *a*) pedir com educação ou de acordo com as convenções; requerer ❑ *t.d.* **3** tentar conseguir; buscar ~ **solicitante** *adj.2g.s.2g.*

so.lí.ci.to *adj.* **1** que está pronto para atender; prestativo ⊃ indolente **2** que não poupa esforços para ajudar; atencioso ⊃ relapso

so.li.ci.tu.de *s.f.* **1** qualidade de quem é solícito **2** prontidão para atender um pedido ⊃ negligência **3** cuidado atencioso ⊃ descaso

so.li.dão [pl.: *-ões*] *s.f.* estado de quem está ou se sente só

so.li.da.ri.e.da.de *s.f.* **1** cooperação mútua entre duas ou mais pessoas ⊃ desamparo **2** *fig.* interdependência entre seres e coisas ⊃ independência **3** identidade de sentimentos, de ideias, de doutrinas

so.li.dá.rio *adj.* **1** em que há responsabilidade ou interesse mútuo **2** que adere à causa, sentimento etc. de outros ⊃ indiferente

so.li.da.ri.zar *v.* {mod. 1} *t.d.,t.d.i. e pron.* (prep. *com*) tornar(-se) solidário com

so.li.déu *s.m.* pequeno barrete que cobre o alto da cabeça, us. por bispos, padres e judeus

so.li.dez \ê\ *s.f.* **1** qualidade do que é sólido, compacto ⊃ maciez **2** característica do que é firme, resistente, durável ⟨*s. de uma amizade*⟩ ⟨*s. de um prédio*⟩ ⊃ instabilidade

so.li.di.fi.car *v.* {mod. 1} *t.d.,int. e pron.* **1** converter(-se) em sólido; endurecer(-se) **2** *fig.* tornar(-se) estável, firme, durável; fortalecer(-se) ⊃ enfraquecer(-se) ~ **solidificação** *s.f.*

só.li.do *adj.* 1 que tem consistência dura ↄ mole 2 feito de matéria compacta, sem partes ocas; maciço ⟨*construção s.*⟩ ⟨*investimento s.*⟩ ■ *s.m.* 3 figura geométrica de três dimensões ⟨*o cubo é um s.*⟩ ↄ instável

so.li.ló.quio *s.m.* conversa de alguém consigo próprio; monólogo

so.lis.ta *adj.2g.s.2g.* que(m) executa ²solo

so.li.tá.ria *s.f.* 1 designação comum a vários vermes platelmintos, ger. longos e finos, encontrados no homem e em outros animais 2 *B* cela para isolar um prisioneiro rebelde ou violento

so.li.tá.rio *adj.s.m.* 1 que(m) está ou vive só ■ *adj.* 2 que ocorre em solidão 3 isolado, apartado ■ *s.m.* 4 joia com uma só pedra preciosa

so.li.tu.de *s.f.* solidão

¹so.lo *s.m.* 1 camada superior da crosta terrestre 2 piso, chão [ORIGEM: do lat. *sŏlum,i* 'chão, pavimento']

²so.lo *s.m.* melodia ou dança executada por um só artista [ORIGEM: do it. *solo* 'só']

sols.tí.cio *s.m.* época em que o Sol está no ponto mais distante do equador, ao norte ou ao sul ☞ cf. *equinócio*

sol.ta \ô\ *s.f.* peia de amarrar cavalgadura ⊡ à s. *loc.adv.* livremente ⟨*viver à s.*⟩

sol.tar *v.* {mod. 1} *t.d. e pron.* 1 tornar(-se) livre; libertar(-se) ↄ prender 2 livrar(-se) da timidez; desinibir(-se) ↄ inibir(-se) ❑ *t.d.* 3 retirar o que prende ⟨*s. os cabelos*⟩ ↄ prender 4 desfazer, desatar (nó, elo etc.) ↄ atar 5 desfazer a tensão de; afrouxar ⟨*s. as rédeas*⟩ ↄ apertar 6 lançar a distância; disparar ⟨*s. uma flecha*⟩ 7 deixar escapar (som, fala, grito) de lábios, bico etc.; emitir 8 lançar de si; emitir ⟨*s. fumaça*⟩ 9 dar livre curso a, deixar fluir ⟨*s. a imaginação, o pranto*⟩ ↄ refrear 10 deixar escapar das mãos; largar ⟨*soltou a bandeja do café*⟩ ↄ pegar 11 desprender, exalar (cheiro, perfume etc.) 12 *infrm.* dar, liberar (dinheiro, recursos, verba etc.) ⊙ GRAM/USO part.: *soltado, solto* ~ **soltador** *adj.s.m.* - **solto** *adj.* - **soltura** *s.f.*

sol.tei.rão [pl.: *-ões*] *adj.s.m.* (homem maduro) que nunca se casou

sol.tei.ro *adj.s.m.* 1 que(m) não se casou ↄ casado 2 *B infrm.* que(m) não está mais casado ↄ casado

so.lu.ção [pl.: *-ões*] *s.f.* 1 resultado, conclusão de um problema, enigma etc. 2 MAT conjunto de operações que levam à resposta de um problema ou equação 3 QUÍM líquido em que uma ou mais substâncias estão dissolvidas

so.lu.çar *v.* {mod. 1} *int.* 1 soltar soluço(s) 2 chorar muito, entremeando o pranto com soluços ❑ *t.d.* 3 exprimir entre soluços ~ **soluçante** *adj.2g.*

so.lu.cio.nar *v.* {mod. 1} *t.d.* dar, ser ou encontrar a solução para (problema, questão, enigma etc.); resolver

so.lu.ço *s.m.* 1 espasmo do diafragma seguido de ruído 2 suspiro ruidoso que entrecorta o choro

so.lu.to *s.m.* QUÍM numa solução, a substância dissolvida ☞ cf. *solvente*

so.lú.vel *adj.2g.* 1 que se pode dissolver ↄ indissolúvel 2 *fig.* que se pode resolver, decifrar etc. ↄ irresolvível, indecifrável ~ **solubilidade** *s.f.*

sol.vá.vel *adj.2g.* solvível ~ **solvabilidade** *s.f.*

sol.ven.te *s.m.* QUÍM numa solução, substância líquida em que outra se dissolve ☞ cf. *soluto*

sol.ver *v.* {mod. 8} *t.d.* 1 encontrar ou dar solução para (problema, dificuldade, questão, enigma etc.); resolver 2 pôr fim ao funcionamento de (algo), desmembrando-o; dissolver ⟨*s. o parlamento*⟩ 3 dissolver (substância sólida, em pó ou pastosa) em meio líquido 4 pagar, saldar (dívida) ~ **solvência** *s.f.*

sol.ví.vel *adj.2g.* que (se) pode solver

som *s.m.* 1 vibração que se propaga pelo ar e pode ser percebida pelo aparelho auditivo 2 sensação auditiva provocada por essa vibração 3 *B infrm.* música ⟨*gosto de descansar ouvindo um s.*⟩ 4 *B infrm.* equipamento para reprodução sonora ⟨*comprou um s. novo*⟩

¹so.ma *s.f.* 1 conjunto constituído pela reunião de diversos subconjuntos; total, conjunto, somatório 2 MAT operação e resultado da adição 3 *p.ext.* grande quantidade 4 certa quantidade de dinheiro; quantia [ORIGEM: do lat. *summa,ae* 'apogeu; totalidade']

²so.ma *s.m.* 1 o corpo 2 conjunto das células de um organismo, com exceção das reprodutivas [ORIGEM: do gr. *sôma,atos* 'corpo']

so.mar *v.* {mod. 1} *t.d. e t.d.i.* 1 (prep. *a, com*) fazer a soma de (uma coisa, quantidade) [a outras]; adicionar ↄ retirar ❑ *t.d.* 2 formar o total de; totalizar ❑ *pron.* 3 vir para junto de; acrescentar-se

so.má.ti.co *adj.* do corpo; físico, corporal

so.ma.ti.zar *v.* {mod. 1} *t.d. e int.* manifestar problemas orgânicos em consequência de (conflitos psíquicos, nervosismo, depressão etc.) ~ **somatização** *s.f.*

so.ma.tó.rio *adj.* 1 que envolve ou indica ¹soma ■ *s.m.* MAT 2 ¹soma dos resultados de várias ¹somas

som.bra *s.f.* 1 área escurecida pela presença de um corpo opaco que impede a passagem da luz 2 ausência de luz; escuridão ↄ claridade 3 *fig.* indício, sinal ⟨*sem s. de dúvida*⟩ 4 *fig.* fantasma, espírito 5 *fig.* pessoa que segue outra por toda parte ⟨*o irmão menor é sua s.*⟩ 6 maquiagem que serve para colorir as pálpebras ~ **sombroso** *adj.*

som.bre.ar *v.* {mod. 5} *t.d. e pron.* 1 cobrir(-se) de sombra ❑ *t.d.* 2 tornar menos claro, como sombra; escurecer ❑ *t.d. e int.* 3 fazer gradação de escuro em (pintura, desenho etc.) ~ **sombreamento** *s.m.*

som.brei.ro *adj.* 1 que faz sombra ⟨*árvore s.*⟩ ■ *s.m.* 2 chapéu de aba muito larga

som.bri.nha *s.f.* guarda-chuva us. por mulheres

som.bri.o *adj.* 1 com sombra ou pouca luz ⟨*bosque s.*⟩ ⟨*sala s.*⟩ ↄ iluminado 2 *fig.* que traz desânimo, tristeza ↄ estimulante 3 *fig.* sinistro, condenável

so.me.nos *adj.2g.2n.* de menor valor ou menos importante; irrelevante ⟨*objetos de s. importância*⟩ ↄ relevante

so.men.te *adv.* apenas, só, unicamente

so.mí.ti.co *adj.s.m.* avarento, mesquinho ⊃ gastador

so.nam.bu.lis.mo *s.m.* distúrbio que leva algumas pessoas a se levantar, falar, andar durante o sono

so.nâm.bu.lo *adj.s.m.* que(m) sofre de sonambulismo ~ **sonambúlico** *adj.*

so.nan.te *adj.2g.* → SOANTE

so.nar *s.m.* equipamento que utiliza a propagação de ondas sonoras na água para detecção de objetos e comunicação no mar

so.na.ta *s.f.* MÚS **1** forma de composição instrumental em três ou quatro movimentos **2** composição com essa forma

son.da *s.f.* **1** prumo us. para conhecer a profundidade e a natureza do fundo (de mar, rio, represa etc.) **2** *p.ext.* qualquer instrumento com que se fazem investigações das condições físicas de um local **3** broca que perfura o solo para verificar a existência de minério, água, petróleo etc. **4** MED tubo fino e longo que se introduz no corpo para fins diagnósticos ou terapêuticos

son.da.gem *s.f.* **1** ação de sondar ou o seu efeito **2** investigação das condições físicas de um local feita com aparelhagem especial **3** *fig.* pesquisa, estudo minucioso; investigação

son.dar *v.* {mod. 1} *t.d.* **1** examinar com sonda **2** *fig.* investigar de modo cauteloso, discreto; tentear

so.ne.ca *s.f. infrm.* dormida rápida, cochilo

so.ne.ga.ção [pl.: *-ões*] *s.f.* **1** ato ou efeito de sonegar(-se) **2** falta deliberada e fraudulenta de pagamento de algum imposto, esp. o de renda; calote **3** ocultação de dados, documentos etc.; omissão ⟨*s. de informações*⟩

so.ne.ga.dor \ô\ *adj.s.m.* que(m) deixa de pagar imposto devido

so.ne.gar *v.* {mod. 1} *t.d.* **1** deixar de mencionar ou descrever (algo), nos casos em que a lei o exige **2** não pagar ou não contribuir com (quantia devida prevista em lei) **3** *p.ext.* guardar para si (informação); ocultar ⊃ partilhar

so.nei.ra *s.f.* sonolência

so.ne.tis.ta *adj.2g.s.2g.* que(m) escreve sonetos

so.ne.to \ê\ *s.m.* poema com dois quartetos e dois tercetos

son.ga.mon.ga *s.2g. infrm.* pessoa sonsa, fingida

song.book [ing.; pl.: *songbooks*] *s.m.* coletânea de canções, ger. de um mesmo compositor; cancioneiro ⇨ pronuncia-se **songbuc**

so.nha.dor \ô\ *adj.s.m.* **1** que(m) sonha **2** que(m) sonha acordado, devaneia, fantasia; imaginativo ⟨*é poeta e s.*⟩ **3** que(m) anseia por (algo); desejoso

so.nhar *v.* {mod. 1} *t.d.,t.i. e int.* **1** (prep. *com*) ver a imagem de (algo ou alguém) enquanto dorme, em sonho(s) **2** (prep. *com*) ter fantasias, devaneios com (o que é inacessível) ❑ *t.d. e t.i.* **3** (prep. *com*) desejar muito, com insistência; almejar

so.nho *s.m.* **1** sequência de imagens produzidas pela mente durante o sono **2** *fig.* forte aspiração, desejo **3** *fig.* ilusão, utopia ⊃ realidade **4** doce de massa frita passado em açúcar e ger. recheado

sô.ni.co *adj.* relativo ao som ou a sua velocidade

so.ni.do *s.m.* **1** qualquer som; ruído **2** som muito forte; estrondo

so.ní.fe.ro *adj.* **1** que provoca sono ⊃ excitante ■ *s.m.* **2** substância que provoca sono

so.no *s.m.* **1** estado de repouso com supressão temporária da consciência e desaceleração do metabolismo corporal **2** vontade ou necessidade de dormir **3** *fig.* falta de vontade de agir; moleza

so.no.lên.cia *s.f.* **1** vontade de dormir; sono **2** estado de moleza causado pela sensação de sono ⊃ vigor

so.no.len.to *adj.2g.* **1** relativo a sonolência **2** que tem sonolência ou sono ⊃ desperto **3** que causa sono

so.no.plas.ta *s.2g.* quem trabalha em sonoplastia

so.no.plas.ti.a *s.f.* **1** conjunto de efeitos sonoros (música, ruídos etc.) em filme, peça, rádio, televisão etc. **2** atividade de criar e usar tais efeitos

so.no.ri.za.dor \ô\ *s.m.* **1** conjunto de relevos baixos e seguidos fixados em ruas e estradas para fazer o carro trepidar ruidosamente ■ *adj.* **2** que sonoriza

so.no.ri.zar *v.* {mod. 1} *t.d. e pron.* **1** tornar(-se) sonoro (um som) ❑ *t.d.* **2** instalar aparelhagem de som em (ambiente) **3** fazer amplificação, reprodução ou edição do som em (concerto, filme, espetáculo etc.) ❑ *int.* **4** produzir som; soar ~ **sonorização** *s.f.*

so.no.ro *adj.* **1** que tem, produz ou amplia um som **2** que tem som intenso; estrondoso, ruidoso ⟨*risada s.*⟩ ⊃ silencioso **3** *fig.* que tem som agradável, harmonioso ⊃ desarmonioso

so.no.te.ra.pi.a *s.f.* MED tratamento que consiste em fazer o paciente dormir por dias seguidos, com o auxílio de medicamentos ~ **sonoterápico** *adj.*

son.so *adj.s.m.* que(m) é dissimulado, fingido ~ **sonsice** *s.f.*

so.pa \ô\ *s.f.* **1** alimento líquido preparado com carnes, legumes e/ou massas **2** *infrm.* coisa fácil de resolver ⊃ dificuldade

so.pa.pe.ar *v.* {mod. 5} *t.d.* atingir com sopapos; estapear, bater

so.pa.po *s.m.* **1** golpe dado sob o queixo **2** tapa dado com força; bofetão

so.pé *s.m.* parte inferior (de monte, encosta, serra etc.) ⟨*o s. da montanha*⟩ ⊃ cume

so.pei.ra *s.f.* vasilha, ger. larga, funda e com tampa, para servir sopa

so.pe.sar *v.* {mod. 1} *t.d.* **1** avaliar com a mão o peso de **2** equilibrar o peso de; contrabalançar ⟨*s. os pratos da balança*⟩ **3** sustentar o peso de ⟨*vigas sopesam o teto*⟩ **4** considerar, avaliar ⟨*s. uma proposta*⟩

so.pi.tar *v.* {mod. 1} *t.d.* **1** fazer dormir; adormecer ⊃ acordar **2** tirar a sensibilidade de; entorpecer **3** tirar a força, a intensidade de; abrandar ⊃ intensificar **4** refrear, conter, reprimir ⊃ liberar ~ **sopitável** *adj.2g.*

so.por \ô\ *s.m.* **1** sonolência causada por ingestão de substância química **2** sono profundo **3** estado de coma
so.po.rí.fe.ro *adj.s.m.* (substância) que causa sopor, sono; soporífico
so.po.rí.fi.co *adj.s.m.* soporífero
so.pra.no *s.m.* MÚS **1** a voz feminina de registro mais agudo ■ *s.2g.* **2** cantora com essa voz ■ *adj.2g.* **3** que tem esse registro (diz-se de cantora ou instrumento)
so.prar *v.* {mod. 1} *t.d. e int.* **1** expelir o ar dos pulmões com força em certa direção ❑ *t.d.* **2** fazer mover-se com sopro ⟨*s. o pó*⟩ **3** apagar com sopro ⟨*s. uma vela*⟩ **4** encher de ar por meio de sopro, fole etc. ⟨*s. um balão*⟩ ❑ *t.d. e t.d.i.* **5** (prep. *a*) dizer em voz baixa (lição, resposta etc.) ⟨*s. a alternativa certa*⟩
so.pro \ô\ *s.m.* **1** expulsão do ar inspirado **2** o ar expirado **3** movimento do ar; vento, brisa **4** MED ruído anormal ouvido por auscultação, que pode ocorrer em vários órgãos **5** *fig.* estímulo, incentivo ⮌ desencorajamento **6** *fig.* poder misterioso ou sobrenatural ⟨*o s. divino o guiou*⟩ **7** tempo curto; instante ⟨*só lhe resta um s. de vida*⟩
so.que.ar *v.* {mod. 5} *t.d.* dar socos em; socar, esmurrar
so.que.te *s.f.* meia curta de mulher ⊙ GRAM/USO tb. us. adjetivamente
so.que.te \ê\ *s.m.* **1** instrumento us. para comprimir a pólvora dentro da boca do canhão **2** peça para socar ou comprimir terra **3** *B* utensílio de cozinha próprio para socar, amassar; pilão
–sor *suf.* equivale a *-or* (1)
sór.di.do *adj.* **1** que é ou está sujo ⮌ limpo **2** *p.ext.* nojento, repugnante ⮌ aprazível **3** *fig.* que fere a decência, os bons princípios; indigno ⮌ decente ~ **sordidez** *s.f.*
so.ro \ô\ *s.m.* **1** líquido de cor amarelada que surge após a coagulação do sangue **2** MED esse líquido contendo bactérias ou toxinas, us. com finalidade de prevenção ou tratamento de doenças **3** MED solução medicamentosa us. para alimentar, hidratar etc. pacientes **4** líquido amarelo-claro que se separa da parte sólida do leite quando este coalha
so.ro.al.bu.mi.na *s.f.* BIOQ proteína presente no plasma, essencial ao transporte de ácidos graxos e à regulação do volume do sangue; seroalbumina
so.ro.ne.ga.ti.vo *adj.s.m.* que(m) não tem anticorpos para determinado antígeno no soro sanguíneo
so.ro.po.si.ti.vo *adj.s.m.* MED **1** (aquele) que tem anticorpos para certo antígeno no soro sanguíneo **2** (aquele) que tem anticorpos no soro sanguíneo para o vírus da aids ~ **soropositividade** *s.f.*
só.ror ou **so.ror** \ô\ *s.f.* forma de tratamento us. para freiras ⊙ GRAM/USO fem. de *frei*
sor.ra.tei.ro *adj.* **1** que faz ou é feito às ocultas ⮌ manifesto **2** que esconde seus verdadeiros sentimentos ou intenções; dissimulado
sor.ri.den.te *adj.2g.* **1** que sorri **2** que expressa alegria **3** *fig.* que indica algo bom ⟨*futuro s.*⟩
sor.rir *v.* {mod. 30} *int. e pron.* **1** rir sem fazer ruído, com ligeira contração muscular da boca e dos olhos **2** mostrar-se alegre ❑ *t.i.* **3** (prep. *a*) dirigir um sorriso a **4** (prep. *a*) ser favorável a; favorecer ⟨*a sorte lhe sorriu*⟩ ⮌ desfavorecer
sor.ri.so *s.m.* riso leve, sem som
sor.te *s.f.* **1** o destino e seus efeitos ⟨*as trapaças da s.*⟩ **2** acaso feliz, favorável ⟨*escapou por s.*⟩ ⟨*sua s. foi estar em casa*⟩ ⮌ azar **3** modo como alguém ou algo termina ⟨*o irmão teve melhor s.*⟩ **4** característca de quem consegue o que quer ⟨*homem de muita s.*⟩ ⮌ azar **5** sorteio e o que nele se ganha **6** espécie, tipo ⟨*tinha gente de toda s. naquela festa*⟩
sor.te.ar *v.* {mod. 5} *t.d.* dar, ganhar ou escolher ao acaso
sor.tei.o *s.m.* **1** maneira de escolher, aleatoriamente, esp. por meio de números; loteria, rifa **2** concessão de prêmios por meio dessa escolha aleatória
sor.ti.lé.gio *s.m.* **1** ato de magia; bruxaria **2** *p.ext.* plano preparado em segredo; artimanha ⟨*usou de s. para conseguir o emprego*⟩
sor.tir *v.* {mod. 27} *t.d. e pron.* **1** abastecer(-se) de produtos, mercadorias, provisões etc. ❑ *t.d.* **2** pôr junto (coisas diversas); misturar ~ **sortimento** *s.m.*
so.rum.bá.ti.co *adj.s.m.* que(m) é tristonho, sombrio ⮌ alegre
sor.ve.dou.ro *s.m.* **1** redemoinho em rio, mar etc., que leva coisas para o fundo; turbilhão **2** cavidade natural de que não se vê o fundo; abismo
sor.ver *v.* {mod. 8} *t.d.* **1** beber aspirando, fazendo ruído **2** beber em pequenos goles **3** aspirar para a boca, fazendo um vácuo; sugar **4** embeber-se de; absorver **5** *fig.* atrair para o fundo; submergir ⟨*o mar sorveu o navio*⟩ **6** *fig.* destruir, aniquilar ~ **sorvedura** *s.f.*
sor.ve.te \ê\ *s.m.* iguaria doce feita de suco de frutas, cremes ou leite, que se consome gelada
sor.ve.tei.ra *s.f.* máquina de fazer sorvete
sor.ve.tei.ro *adj.s.m.* que(m) faz ou vende sorvetes
sor.ve.te.ri.a *s.f.* local onde se fazem ou vendem sorvetes
sor.vo \ô\ *s.m.* **1** ato de sorver ou o seu efeito; sorvedura **2** trago, gole
SOS código internacional para pedido de socorro
só.sia *s.2g.* indivíduo quase idêntico a outro
sos.lai.o *s.m.* ▶ só usado em: **de s.** *loc.adv.* de lado, obliquamente ⟨*olhou-a de s.*⟩
sos.se.gar *v.* {mod. 1} *t.d.,int. e pron.* **1** (fazer) ficar quieto, sem agitar-se; aquietar(-se) ⮌ agitar(-se) **2** (fazer) ficar sem preocupação; tranquilizar(-se), acalmar(-se) ⮌ preocupar(-se)
sos.se.go \ê\ *s.m.* **1** descanso, repouso ⮌ movimento **2** ausência de preocupações; tranquilidade ⮌ inquietação
sota– *pref.* 'posição inferior, subordinação': *sota-vento*
só.tão [pl.: *-ãos*] *s.m.* compartimento entre o teto e o telhado
so.ta.que *s.m.* pronúncia característica de um país, região, indivíduo etc. ⟨*s. gaúcho*⟩ ⟨*s. francês*⟩

so.ta-ven.to [pl.: *sota-ventos*] *s.m.* **1** direção para onde sopra o vento **2** lado da embarcação contrário àquele que recebe o vento ☞ cf. *barlavento*, em todas as acp.
so.te.ro.po.li.ta.no *adj.* **1** de Salvador, BA ■ *s.m.* **2** natural ou habitante dessa capital
so.ter.rar *v.* {mod. 1} *t.d. e pron.* cobrir(-se) de terra, escombros, areia etc.; enterrar(-se) ~ **soterramento** *s.m.*
soto– *pref.* 'posição inferior, subordinação': *soto-pôr*
so.to-pôr *v.* {mod. 23} *t.d.i. e pron.* **1** (prep. *a*) pôr(-se) por baixo (de); subpor(-se) ⮌ sobrepor(-se) ❑ *t.d.i.* **2** (prep. *a*) deixar em plano inferior, para favorecer (outro ou outrem); preterir ⊙ GRAM/USO part.: *soto-posto*
so.tur.no *adj.* **1** escuro, sombrio ⟨*casa s.*⟩ ⮌ claro **2** sem alegria, melancólico ⟨*pessoa s.*⟩ ⮌ contente
so.va *s.f.* espancamento, surra
so.va.co *s.m. infrm.* axila
so.var *v.* {mod. 1} *t.d.* **1** misturar bem a massa de (alimento), enrolando-a e apertando com as mãos **2** amassar bem (p.ex., barro, argila) para ficar homogêneo e liso **3** dar várias pancadas em; surrar **4** *fig.* usar muito; surrar ⟨*s. terno, botas*⟩
so.ve.la *s.f.* instrumento formado por uma agulha reta ou curva, com cabo, us. por sapateiros para furar o couro
so.ver.ter *v.* {mod. 8} *t.d. e pron.* **1** (fazer) sumir ❑ *t.d.* **2** cobrir de terra; soterrar ⮌ desenterrar
so.vi.e.te *s.m.* conselho deliberativo da antiga União Soviética, com representantes dos trabalhadores, camponeses e militares ☞ cf. *União Soviética* na parte enciclopédica
so.vi.é.ti.co *adj.s.m.* **1** (natural ou habitante) da antiga União Soviética ☞ cf. *União Soviética* na parte enciclopédica ■ *adj.* **2** relativo a soviete
so.vi.na *adj.2g.s.2g.* que(m) guarda dinheiro e não se dispõe a gastá-lo; pão-duro ⮌ mão-aberta
so.vi.ni.ce *s.f.* característica ou atitude de sovina; avareza, mesquinharia, usura ⮌ desprendimento, generosidade, prodigalidade
so.zi.nho *adj.* **1** inteiramente só, sem nenhuma companhia ⟨*prefere comer s.*⟩ ⮌ acompanhado **2** sem auxílio ou intervenção de ninguém ⟨*fez o trabalho s.*⟩ ⟨*a estante caiu s.*⟩
SP sigla do Estado de São Paulo
spam [ing.; pl.: *spams*] *s.m.* mensagem indesejada ou não solicitada, ger. com fins comerciais, recebida por correio eletrônico via internet ⇨ pronuncia-se spem
SPC *s.m.* sigla de Serviço de Proteção ao Crédito
spin.ning [ing.] *s.m.2n.* aula de ginástica composta apenas de exercícios sobre bicicleta ergométrica ⇨ pronuncia-se **spinin**
split [ing.; pl.: *splits*] *s.m.* tipo de ar-condicionado próprio para ambientes sem contato direto com o exterior ⇨ pronuncia-se split
spray [ing.; pl.: *sprays*] *s.m.* **1** recipiente fechado, com uma bomba de pressão, que projeta um jato de pequenas gotas de líquido **2** *p.ext.* esse jato (de tinta, perfume etc.) ⇨ pronuncia-se **sprêi**
sprin.kler [ing.] *s.m.* ver CHUVEIRO AUTOMÁTICO ⇨ pronuncia-se **sprinklêr**
Sr símbolo de *estrôncio*
staff [ing.; pl.: *staffs*] *s.m.* **1** conjunto de funcionários de uma empresa, instituição etc. **2** grupo de assessores de um político, dirigente etc. ⇨ pronuncia-se stéf
status [lat.] *s.m.2n.* **1** situação, estado ou qualidade de uma pessoa ou coisa em determinado momento; condição **2** *p.ext.* prestígio social ⇨ pronuncia-se status
stent [ing.; pl.: *stents*] pequeno tubo artificial que se insere em um conduto do corpo, a fim de prevenir ou impedir seu estreitamento ⟨*colocou um s. na artéria do coração*⟩ ⇨ pronuncia-se **stent**
step [ing.; pl.: *steps*] *s.m.* ver ¹ESTEPE ⇨ pronuncia-se stép
strip.tease [ing.; pl.: *stripteases*] *s.m.* ato de se despir em público lenta e sensualmente, ger. ao som de música ⇨ pronuncia-se **striptiz**
su.ã *s.f.* parte inferior do lombo de porco
su.a.dou.ro *s.m.* **1** o que faz suar (bebida, remédio etc.) ⟨*tomou um s. para baixar a febre*⟩ **2** local quente **3** parte do lombo da cavalgadura onde se põe a sela
su.ar *v.* {mod. 1} *int.* **1** verter suor pelos poros; transpirar **2** *p.ext.* cobrir-se de ou verter líquido ou umidade **3** *fig.* empregar grandes esforços; empenhar-se ❑ *t.d.* **4** ensopar de suor; molhar
su.a.ren.to *adj.* **1** coberto de suor ⟨*rosto s.*⟩ **2** que faz suar ⟨*dia s.*⟩
su.ás.ti.ca *s.f.* **1** símbolo em forma de cruz com as extremidades das hastes curvas ou angulares **2** essa cruz, com as hastes angulares voltadas para o lado direito, us. como símbolo do nazismo
su.a.ve *adj.2g.* **1** de pouca força ou intensidade; brando ⟨*brisa s.*⟩ **2** feito sem movimentos rápidos ou repentinos ⟨*aterissagem s.*⟩ **3** sem aspereza; macio ⟨*mãos s.*⟩ ⟨*tecido s.*⟩ **4** pouco íngreme ⟨*ladeira s.*⟩ **5** que se faz sem esforço ⟨*trabalho s.*⟩ ~ **suavidade** *s.f.*
su.a.vi.zar *v.* {mod. 1} *t.d. e pron.* **1** tornar(-se) suave, doce; abrandar(-se) **2** tornar(-se) menos intenso; amenizar(-se) ⮌ intensificar(-se) **3** tornar(-se) menos severo, inflexível; afrouxar ~ **suavização** *s.f.* - **suavizante** *adj.2g.*
sub– *pref.* **1** 'posição abaixo ou inferior': *subconjunto, subdelegado, subsolo* **2** 'falta, insuficiência': *subdesenvolvido, subnutrido*
su.ba.li.men.ta.ção [pl.: *-ões*] *s.f.* subnutrição ~ **subalimentado** *adj.s.m.*
su.ba.li.men.tar *v.* {mod. 1} *t.d. e pron.* subnutrir
su.bal.ter.no *adj.s.m.* que(m) está sob as ordens de outro ou é inferior a outro ⟨*oficial s.*⟩ ~ **subalternidade** *s.f.*
su.ba.lu.gar *v.* {mod. 1} *t.d. e t.d.i.* (prep. *a*) sublocar ~ **subaluguel** *s.m.*
su.ba.quá.ti.co *adj.* que está ou vive sob a água

su.bar.ren.dar *v.* {mod. 1} *t.d. e t.d.i.* (prep. *a*) transferir (a outrem) os direitos e os deveres sobre o arrendamento de (propriedade arrendada) ~ **subarrendamento** *s.m.* - **subarrendatário** *adj.s.m.*

su.ba.tô.mi.co *adj.* **1** menor que um átomo **2** relativo a cada uma das partículas que compõem os átomos, isto é, os prótons, nêutrons e elétrons

sub.con.jun.to *s.m.* MAT conjunto que está contido em outro

sub.cons.ci.en.te *adj.2g.* **1** que existe na mente, mas não ao alcance imediato da consciência ■ *s.m.* **2** conjunto dos fatos ou vivências fora do âmbito da consciência ☞ cf. *consciente* e *inconsciente*

sub.con.ti.nen.te *s.m.* grande extensão de terra ligada a um continente, menor do que este, considerada como um pequeno continente ~ **subcontinental** *adj.2g.*

sub.cu.tâ.neo *adj.* aplicado, operado ou situado sob a pele ⟨*injeção s.*⟩ ⟨*tecido s.*⟩

sub.de.le.ga.do *s.m.* substituto do delegado ou o funcionário imediatamente inferior a ele

sub.de.le.gar *v.* {mod. 1} *t.d.i.* **1** (prep. *a*) transmitir (parte de ou o que já fora delegado) a (terceiros) ❑ *t.d.* **2** nomear ou substituir (alguém) como subdelegado

sub.de.sen.vol.vi.do *adj.s.m.* pouco desenvolvido; atrasado ⟨*país s.*⟩ ⟨*região s.*⟩

sub.de.sen.vol.vi.men.to *s.m.* condição de país, região ou economia com baixo padrão de vida, escolarização, serviços de assistência e saúde de baixa qualidade, dependência externa quanto a produtos industrializados, instituições frágeis etc.

sub.di.vi.dir *v.* {mod. 24} *t.d.,t.d.i. e pron.* **1** (prep. *em*) dividir(-se) de novo (resultado de uma divisão) **2** (prep. *em*) separar(-se) em várias partes; fragmentar(-se)

sub.di.vi.são [pl.: *-ões*] *s.f.* **1** divisão do que já estava dividido **2** divisão de algo inteiro em duas ou mais partes menores; ramificação ⟨*as s. do rio começavam ali*⟩

su.bem.pre.go \ê\ *s.m.* emprego sem qualificação e mal remunerado

su.ben.ten.der *v.* {mod. 8} *t.d.* perceber ou compreender (o que não está bem claro ou explicado, apenas sugerido) ~ **subentendimento** *s.m.*

su.bes.ta.ção [pl.: *-ões*] *s.f.* ELETR numa rede elétrica, estação que distribui a corrente elétrica de uma central

su.bes.ti.mar *v.* {mod. 1} *t.d.* dar menos estima, valor, apreço ou importância do que o devido; desdenhar ⮌ superestimar ~ **subestimação** *s.f.*

sub.fa.tu.rar *v.* {mod. 1} *t.d.* emitir fatura com preço menor do que o realmente cobrado por (serviço, produto), recebendo à parte a diferença, para burlar a lei ☞ cf. *superfaturar* ~ **subfaturamento** *s.m.*

sub.gru.po *s.m.* grupo que é parte de outro grupo

su.bi.da *s.f.* **1** movimento para cima (a pé, de carro etc.) ⮌ descida **2** elevação de terreno; ladeira **3** ato ou processo de aumentar ⟨*s. dos preços*⟩ ⮌ queda

su.bir *v.* {mod. 29} *t.d.* **1** percorrer de baixo para cima ⟨*s. uma ladeira*⟩ **2** elevar de plano mais baixo para mais alto; levantar, erguer ⮌ baixar ❑ *int.* **3** mover-se para lugar mais alto ⟨*s. no telhado*⟩ ☞ *no telhado* é circunstância que funciona como complemento **4** ficar maior em volume, altura, intensidade etc.; aumentar ⟨*o nível da água subiu*⟩ ⟨*a febre subiu*⟩ ⮌ baixar **5** entrar em (veículo, embarcação etc.) ⟨*s. no ônibus*⟩ ⮌ descer ☞ *no ônibus* é circunstância que funciona como complemento **6** ficar sobre; montar, trepar ⟨*s. no muro*⟩ ⮌ descer ☞ *no muro* é circunstância que funciona como complemento ❑ *t.d. e int.* **7** (fazer) ficar maior (preço); encarecer ❑ *t.i.* **8** (prep. *a*) elevar-se a (cargo, posição social mais altos) ⟨*s. a gerente*⟩

sú.bi.to *adj.* **1** que chega de repente; inesperado ⟨*morte s.*⟩ ■ *adv.* **2** de maneira rápida e inesperada ⊡ **de s.** *loc.adv.* de forma imprevisível, de repente

sub.ja.cen.te *adj.2g.* **1** que está por baixo ⟨*camada s.*⟩ **2** *fig.* que não se manifesta claramente ⟨*intenções s.*⟩

sub.je.ti.var *v.* {mod. 1} *t.d.* tornar ou julgar subjetivo ~ **subjetivação** *s.f.*

sub.je.ti.vi.da.de *s.f.* **1** característica do que é subjetivo ⮌ objetividade **2** domínio da consciência, das percepções e sentimentos de um indivíduo ⮌ objetividade

sub.je.ti.vo *adj.* **1** do sujeito; pessoal ⟨*sensação s.*⟩ **2** que não é imparcial; tendencioso ⟨*julgamento s.*⟩ ⮌ isento **3** que não é concreto, exato ou objetivo ⟨*realidade s.*⟩ ~ **subjetivismo** *s.m.*

sub.ju.gar *v.* {mod. 1} *t.d.* **1** prender (bois) no jugo **2** sujeitar pela força das armas; dominar **3** *fig.* ter domínio sobre; vencer, domar ⟨*s. o adversário*⟩ ⟨*s. os nervos*⟩ ❑ *pron. fig.* **4** (prep. *a*) deixar-se dominar, seguindo os caprichos de ~ **subjugação** *s.f.* - **subjugador** *adj.s.m.* - **subjugante** *adj.2g.*

sub.jun.ti.vo *adj.* **1** subordinado, dependente ⮌ autônomo **2** GRAM que exprime a ação ou estado expressado pelo verbo como um fato irreal, ou simplesmente possível ou desejado, ou que faz certo julgamento sobre o fato real (diz-se de modo verbal) ■ *s.m.* **3** GRAM modo subjuntivo

sub.le.var *v.* {mod. 1} *t.d.* **1** mover de baixo para cima; erguer ⮌ baixar ❑ *t.d. e pron. fig.* **2** provocar ou armar revolta; rebelar(-se) ~ **sublevação** *s.f.*

su.bli.mar *v.* {mod. 1} *t.d. e pron.* **1** tornar(-se) sublime; engrandecer(-se) ⮌ envilecer(-se) **2** FÍS (fazer) passar diretamente do estado sólido ao gasoso ❑ *pron.* **3** distinguir-se pela excelência; sobressair ⮌ ofuscar-se ~ **sublimação** *s.f.*

su.bli.me *adj.2g.* **1** próximo da perfeição ⮌ abominável **2** esplêndido, encantador ⮌ simples ~ **sublimidade** *s.f.*

sub.li.mi.nar *adj.2g.* diz-se de estímulo indireto que atua no subconsciente ~ **subliminal** *adj.2g.* - **subliminaridade** *s.f.*

sub.lin.gual *adj.2g.* que está, fica ou é posto sob a língua ⟨*comprimido s.*⟩

sub.li.nhar *v.* {mod. 1} *t.d.* **1** traçar linha embaixo de (palavra, frase, número etc.), chamando a atenção do leitor; grifar **2** *p.ext.* fazer sobressair (palavra, frase etc.) com entonação, gesto etc.; frisar

sub.lo.car *v.* {mod. 1} *t.d. e t.d.i.* (prep. *a*) transmitir (a terceiro) em nova locação (parte de ou todo o imóvel que alugou); subalugar ~ **sublocação** *s.f.* - **sublocatário** *s.m.*

sub.lu.nar *adj.2g.* que está abaixo da Lua ou entre a Terra e a Lua ⟨*órbita s.*⟩

sub.ma.ri.no *adj.* **1** que está no fundo do mar ⟨*vegetação s.*⟩ **2** que se realiza sob as águas do mar ⟨*pesca s.*⟩ ■ *s.m.* **3** navio de guerra que opera submerso

sub.mer.gir *v.* {mod. 24} *t.d. e int.* **1** cobrir(-se) de água; inundar(-se) ❑ *t.d.,int. e pron.* **2** (fazer) ficar totalmente mergulhado na água; afundar ↄ emergir ⊙ GRAM/USO **a)** part.: *submergido, submerso*; **b)** cf. observação no modelo ~ **submersão** *s.f.*

sub.me.ter *v.* {mod. 8} *t.d.* **1** tirar a liberdade e a independência de; dominar ↄ emancipar ❑ *t.d.,t.d.i. e pron.* **2** (prep. *a*) [fazer] ter obediência servil a; subjugar ❑ *t.d.i. e pron.* **3** (prep. *a*) [fazer] ser alvo, objeto de; sujeitar(-se) **4** (prep. *a*) apresentar(-se) ao exame ou à apreciação de

sub.mi.nis.trar *v.* {mod. 1} *t.d. e t.d.i.* **1** (prep. *a*) prover com o necessário; fornecer ❑ *t.d.i.* **2** (prep. *a*) dar a conhecer; apresentar ↄ ocultar

sub.mis.são [pl.: *-ões*] *s.f.* **1** condição em que se é obrigado a obedecer ⟨*s. às leis*⟩ ↄ desobediência **2** disposição para obedecer; docilidade ↄ revolta **3** *pej.* obediência servil, humilhante ↄ oposição

sub.mis.so *adj.* **1** disposto à submissão; obediente ⟨*soldados s.*⟩ **2** que serve sem contestar ou reclamar; servil, subserviente ⟨*servidor s.*⟩ **3** que demonstra ou envolve submissão ⟨*atitude s.*⟩ **4** dócil, humilde ⟨*sempre fora uma mulher s. e carinhosa*⟩

sub.múl.ti.plo *s.m.* MAT número inteiro que divide outro número inteiro sem deixar resto

sub.mun.do *s.m.* setor social que desenvolve atividades ligadas a delinquência, vício, crime organizado etc. ⟨*o s. das drogas*⟩

sub.nu.tri.ção [pl.: *-ões*] *s.f.* alimentação insuficiente em quantidade e deficiente em vitaminas, sais minerais, proteínas etc.

sub.nu.tri.do *adj.s.m.* desnutrido

sub.nu.trir *v.* {mod. 24} *t.d. e pron.* alimentar(-se) pouco ou mal, sem ingerir as quantidades necessárias dos alimentos e nutrientes; subalimentar(-se)

su.bo.fi.ci.al *s.m.* **1** na Aeronáutica e na Marinha, graduação que corresponde à de subtenente no Exército **2** militar que detém essa graduação

su.bor.dem *s.f.* BIO categoria taxonômica situada abaixo da ordem e acima da família

su.bor.di.na.ção [pl.: *-ões*] *s.f.* **1** ordem de sujeição de um a outro, ger. do inferior ao superior; dependência ↄ autonomia **2** disciplina, obediência ↄ insubordinação **3** GRAM processo sintático que consiste numa relação de dependência entre unidades linguísticas com funções diferentes, formando um sintagma; p.ex., o verbo subordina-se ao sujeito; os complementos verbais, ao verbo etc. ☞ nesta acp. cf. *coordenação*

su.bor.di.nar *v.* {mod. 1} *t.d.i.* **1** (prep. *a*) ter influência ou poder sobre (um ser inferior) [para que siga suas determinações]; dominar ❑ *t.d.i. e pron.* **2** (prep. *a*) pôr(-se) sob a dependência de; submeter(-se) ~ **subordinado** *adj.s.m.*

su.bor.nar *v.* {mod. 1} *t.d.* induzir a burlar a lei em troca de (dinheiro, vantagem etc.); peitar ~ **subornado** *s.m.* - **subornador** *adj.s.m.* - **subornável** *adj.2g.*

su.bor.no \ô\ *s.m.* **1** oferecimento de dinheiro ou vantagem em troca de um benefício, ger. indevido ou ilegal **2** esse dinheiro ou essa vantagem

sub.pre.fei.to *s.m.* quem, subordinado ao prefeito, administra parte da cidade

sub.pre.fei.tu.ra *s.f.* **1** porção de município administrada por subprefeito **2** local ou repartição onde ele trabalha **3** o mandato do subprefeito

sub.pro.du.to *s.m.* **1** produto obtido de outro ⟨*a gasolina é um s. do petróleo*⟩ **2** *fig.* consequência indireta ⟨*o mau humor é s. do cansaço*⟩

sub-re.gi.ão [pl.: *sub-regiões*] *s.f.* cada subdivisão de uma região ~ **sub-regional** *adj.2g.*

sub-rep.tí.cio [pl.: *sub-reptícios*] *adj.* **1** feito às ocultas; clandestino ↄ público **2** conseguido por meios ilegais; fraudulento ↄ honesto ~ **sub-repção** *s.f.*

sub-ro.gar *v.* {mod. 1} *t.d.i.* **1** (prep. *por*) colocar em lugar de; substituir, trocar ❑ *t.d. e pron.* **2** assumir ou tomar o lugar de (outrem) ❑ *t.d. e t.d.i.* **3** (prep. *a*) transferir (encargo, direito) a; substabelecer ~ **sub-rogação** *s.f.*

sub.sa.a.ri.a.no *adj.* relativo ou situado ao sul do deserto do Saara, na África

subs.cre.ver *v.* {mod. 8} *t.d. e pron.* **1** assinar embaixo; firmar ❑ *t.d. e t.i.* **2** (prep. *a*) estar ou pôr-se de acordo com; aprovar ❑ *t.i. e t.d.i.* **3** (prep. *para*) obrigar-se a dar cota ou contribuição para ❑ *t.d.* **4** adquirir por subscrição (cota, ações de uma empresa etc.) ⊙ GRAM/USO part.: *subscrito* ~ **subscrito** *adj.s.m.*

subs.cri.ção [pl.: *-ões*] *s.f.* **1** assinatura ao fim de carta, documento etc. **2** compromisso escrito de contribuição financeira **3** lista para angariar recursos para certo fim

subs.cri.tar *v.* {mod. 1} *t.d.* pôr assinatura em; subscrever ☞ cf. *sobrescritar*

sub.se.quen.te \qü\ *adj.2g.s.m.* (o) que se segue imediatamente a outro; seguinte ↄ anterior ~ **subsequência** *s.f.*

sub.ser.vi.ên.cia *s.f.* **1** característica ou estado do que é subserviente; submissão, servilismo **2** comportamento de quem bajula; bajulação, adulação

sub.ser.vi.en.te *adj.2g.* que se submete às vontades de outrem ↄ intransigente

sub.si.di.ar *v.* {mod. 1} *t.d.* **1** dar subsídio a; financiar **2** ajudar com subsídio para; contribuir

sub.si.di.á.ria *s.f.* empresa controlada por outra que tem a maior parte de suas ações

sub.si.di.á.rio *adj.* **1** relativo a subsídio **2** que subsidia, ajuda **3** secundário, acessório **4** que faz parte ou é controlado por empresa mais poderosa ⟨*companhia s.*⟩

sub.sí.dio *s.m.* **1** ajuda financeira **2** quantia que o governo destina a obras e atividades; subvenção ⟨*cortar o s. ao trigo*⟩ ⟨*novos s. para o cinema*⟩ ▼ ***subsídios*** *s.m.pl.* **3** dados, informações ⟨*s. para a tese*⟩ **4** salário, esp. de parlamentares

sub.sis.tên.cia *s.f.* **1** manutenção da vida ⟨*lutava pela s.*⟩ **2** conjunto de meios para mantê-la; sustento **3** permanência, continuação ⟨*a s. de medidas impopulares*⟩ ~ **subsistente** *adj.2g.*

sub.sis.tir *v.* {mod. 24} *int.* **1** continuar a existir; perdurar **2** ficar, existir depois da destruição, do uso, do gasto, da dispersão etc.; restar **3** prover as próprias necessidades; sustentar-se **4** *fig.* viver em condições impróprias e difíceis

sub.so.lo *s.m.* **1** camada logo abaixo do solo **2** parte de um prédio abaixo do nível do chão

subs.ta.be.le.cer *v.* {mod. 8} *t.d.i.* **1** (prep. *a*) transferir (encargo, procuração recebidos) a; sub-rogar ❑ *t.d.* **2** nomear como substituto ~ **substabelecimento** *s.m.*

subs.tân.cia *s.f.* **1** qualquer espécie de matéria ⟨*s. sólida*⟩ **2** a parte essencial de algo **3** *fig.* força, vigor ⟨*faltou s. em sua apresentação*⟩ **4** o que há de nutritivo nos alimentos ⟨*esse caldo não tem s.*⟩

subs.tan.ci.al *adj.2g.* **1** relativo a substância **2** que é considerado grande ⟨*aumento s. de preços*⟩ ■ *adj.2g.s.m.* **3** (o) que tem substância, nutritivo **4** (o) que é mais importante ⟨*a introdução foi s.*⟩

subs.tan.ci.o.so \ô\ [pl.: *substanciosos* \ó\] *adj.* **1** em que há substância, conteúdo; substancial **2** que alimenta; nutritivo, substancial

subs.tan.ti.va.ção [pl.: *-ões*] *s.f.* ato ou efeito de substantivar(-se)

subs.tan.ti.var *v.* {mod. 1} *t.d.* **1** usar como substantivo ❑ *t.d. e pron.* **2** tornar(-se) substantivo (vocábulo, locução etc.)

subs.tan.ti.vo *adj.s.m.* **1** GRAM (palavra) que nomeia um ser, coisa, ação, estado, qualidade ■ *adj.* **2** fundamental, substancial ⟨*crescimento s.*⟩

subs.ti.tu.i.ção [pl.: *-ões*] *s.f.* **1** ato ou efeito de substituir(-se); troca, permuta **2** DESP troca de um jogador por outro, durante uma partida

subs.ti.tu.ir *v.* {mod. 26} *t.d.,t.d.i. e pron.* **1** (prep. *por*) pôr(-se) em lugar de; trocar(-se) ❑ *t.d.* **2** ser, existir ou fazer-se em vez de **3** executar as funções e o serviço de **4** tomar o lugar de

subs.ti.tu.ti.vo *adj.s.m.* **1** substituto ■ *s.m.* **2** DIR alteração sugerida para o texto de um projeto de lei, proposta etc.

subs.ti.tu.to *adj.s.m.* **1** (o) que substitui ⟨*peça s.*⟩ **2** que(m) exerce temporariamente a função de outro ⟨*professor s.*⟩

subs.tra.to *s.m.* **1** o que sustenta; base ⟨*o s. de uma tese*⟩ **2** a essência **3** ECO superfície, sedimento, base ou meio no qual os organismos vivos se apoiam ou se desenvolvem

sub.te.nen.te *s.2g.* **1** no Exército, a graduação mais elevada entre as praças e que, na Marinha e na Aeronáutica, corresponde à de suboficial **2** militar que detém essa graduação

sub.ter.fú.gio *s.m.* **1** evasiva ⟨*responder com subterfúgios*⟩ **2** pretexto ou manobra para fugir de algo difícil

sub.ter.râ.neo *adj.* **1** que fica ou ocorre sob a terra ⟨*abrigo s.*⟩ ■ *s.m.* **2** passagem ou construção feita debaixo da terra

sub.tí.tu.lo *s.m.* título secundário que complementa o principal

sub.to.tal *s.m.* total parcial ~ **subtotalidade** *s.f.*

sub.tra.ção [pl.: *-ões*] *s.f.* **1** MAT operação aritmética em que se diminui um número de outro **2** ato de se apossar de bem alheio sem violência; furto ⊃ devolução

sub.tra.en.do *s.m.* MAT número subtraído de outro ☞ cf. *diminuendo*

sub.tra.ir *v.* {mod. 25} *t.d. e t.d.i.* **1** (prep. *a*) apropriar-se de (algo), às escondidas, com astúcia ou fraude; furtar **2** (prep. *de*) tirar (quantidade, quantia, parcela, número) [de outro]; diminuir ❑ *pron.* **3** (prep. *a*) esquivar-se, livrar-se

sub.tro.pi.cal *adj.2g.* situado perto dos trópicos

su.bur.ba.no *adj.* **1** referente a subúrbio ■ *adj.s.m.* **2** que(m) vive em subúrbio

su.búr.bio *s.m.* região longe do centro de uma cidade; periferia

sub.ven.ção [pl.: *-ões*] *s.f.* ajuda financeira dada por órgão governamental ~ **subvencional** *adj.2g.*

sub.ven.cio.nar *v.* {mod. 1} *t.d.* **1** prestar auxílio a; ajudar **2** dar subvenção a; subsidiar

sub.ver.são [pl.: *-ões*] *s.f.* **1** revolta contra a ordem ou o poder estabelecido **2** perturbação, tumulto

sub.ver.si.vo *adj.s.m.* (aquele) que defende ou executa atos visando à transformação ou derrubada da ordem estabelecida; revolucionário

sub.ver.ter *v.* {mod. 8} *t.d. e pron.* **1** revolver(-se) de baixo para cima; revirar(-se) ❑ *t.d.* **2** causar agitação, desequilíbrio em; perturbar ⊃ serenar **3** realizar mudanças profundas em; revolucionar ⊃ conservar **4** destruir os bons valores de; perverter ⊃ encaminhar

su.ca.ta *s.f.* **1** ferro-velho ('objeto', 'local') **2** *fig.* coisa imprestável ou sem importância

su.ca.te.ar *v.* {mod. 5} *t.d.* **1** transformar em sucata **2** *fig.* deixar arruinar-se por negligência, por falta de cuidados, de investimentos etc.

suc.ção [pl.: *-ões*] *s.f.* ato de sugar ou o seu efeito

su.ce.dâ.neo *adj.s.m.* (o) que pode substituir outro por ter as mesmas propriedades; substituto ⟨*medicamento s.*⟩

su.ce.der *v.* {mod. 8} *int.* **1** ocorrer, acontecer ❑ *t.i. e pron.* **2** (prep. *a*) vir ou ocorrer em seguida (a); seguir-se ⊃ preceder ❑ *t.d. e t.i.* **3** (prep. *a*) assumir, por direito, nomeação ou eleição, as funções de; substituir

su.ces.são [pl.: *-ões*] *s.f.* **1** série de coisas, fatos, pessoas que ocorrem seguidamente ⟨*s. de reis*⟩ ⟨*s. de ideias*⟩ **2** transmissão de direitos, encargos ou bens de uma pessoa falecida a seus herdeiros ⟨*direito de s.*⟩ ⟨*s. do reino*⟩ **3** *p.ext.* conjunto dos herdeiros ou descendentes ⟨*não deixaram s.*⟩ ⮌ ascendência

su.ces.si.vo *adj.* **1** que vem em seguida ⟨*governo s.*⟩ ⮌ anterior **2** que se repete sem intervalos; consecutivo ⟨*três faltas s.*⟩ **3** hereditário ⟨*direitos s.*⟩

su.ces.so *s.m.* **1** o que acontece; fato **2** bom resultado; triunfo ⟨*a tentativa não teve s.*⟩ ⮌ insucesso **3** *B* o que alcança êxito ou fama ⟨*o livro foi um s.*⟩ ⮌ fracasso

su.ces.sor \ô\ *adj.s.m.* **1** (o) que sucede a outro ou o substitui ⮌ antecessor ■ *s.m.* **2** herdeiro (esp. de trono) ⟨*único s. da família*⟩ ▼ ***sucessores*** *s.m.pl.* **3** os descendentes

sucessório *adj.* **1** relativo a sucessão ⟨*linha s. de um reino*⟩ **2** relativo à transmissão de bens e direitos de alguém que morreu

sú.cia *s.f.* corja, malta

su.cin.to *adj.* **1** de poucas palavras; conciso ⮌ prolixo **2** limitado ao essencial; breve ⟨*exame s.*⟩

su.co *s.m.* **1** [1]sumo **2** secreção de glândula ou mucosa ⟨*s. gástrico*⟩

su.cu.len.to *adj.2g.* **1** cheio de suco ou caldo ⟨*fruta s.*⟩ ⮌ seco **2** que tem aspecto, aroma e sabor atraentes ⟨*bife s.*⟩

su.cum.bir *v.* {mod. 24} *t.i.* **1** (prep. *a*) cair sob o peso ou a força de; dobrar-se ❑ *int.* **2** *fig.* perder o ânimo; abater-se ⮌ animar-se **3** morrer, perecer ❑ *t.i. e int.* **4** (prep. *a*) ser vencido, dominado por; ceder ⮌ resistir

su.cu.pi.ra *s.f.* árvore brasileira de madeira nobre e resistente

su.cu.ri *s.f.* serpente sul-americana não venenosa, a maior do mundo, que vive em rios e lagoas e se alimenta de vertebrados, que mata enroscando-se neles e triturando seus ossos; anaconda, boiuna

su.cur.sal *s.f.* **1** filial **2** representação de um jornal, revista em outra cidade, país etc.

su.da.ção [pl.: *-ões*] *s.f.* produção de suor

su.dá.rio *s.m.* **1** pano com que se enxugava o suor **2** mortalha ⊡ **Santo S.** *loc.subst.* REL mortalha que se crê ter envolvido Cristo, após ser retirado da cruz

su.des.te *s.m.* **1** direção a meio entre o sul e o leste **2** na rosa dos ventos, ponto colateral que marca essa direção [símb.: *SE*] ■ *adj.2g.s.m.* **3** que ou o que se situa a sudeste (diz-se de região ou conjunto de regiões) [abrev.: *S.E.*] **3.1** diz-se de ou região brasileira que compreende os estados do Espírito Santo, Rio de Janeiro, de São Paulo e Minas Gerais [abrev.: *S.E.*] ☞ inicial maiúsc. ■ *adj.2g.* **3.2** que fica, está ou segue na direção sudeste (acp. 1 e 2)

sú.di.to *adj.s.m.* que(m) está submetido a outrem; vassalo ⮌ soberano, livre

su.do.es.te *s.m.* **1** direção a meio entre o sul e o oeste **2** na rosa dos ventos, ponto colateral que marca essa direção [símb.: *SW*] ■ *adj.2g.s.m.* **3** que ou o que se situa a sudoeste (diz-se de região ou conjunto de regiões) [abrev.: *S.O.*] **4** (vento) que sopra dessa direção ■ *adj.2g.* **5** que se situa ou segue na direção sudoeste (acp. 1 e 2)

su.do.re.se *s.f.* produção de suor; transpiração

su.do.rí.fe.ro *adj.s.m.* (o) que faz suar

su.do.rí.pa.ro *adj.* **1** relativo a suor **2** que produz suor ⟨*glândulas s.*⟩

su.es.te *adj.2g.s.m.* sudeste ('direção') [símb.: *SE*]

su.é.ter *s.2g.* agasalho de lã fechado, que se veste pela cabeça; pulôver

su.fi.ci.ên.cia *s.f.* **1** condição do que é suficiente ⮌ insuficiência **2** habilitação, qualificação **3** vaidade, presunção

su.fi.ci.en.te *adj.2g.s.m.* **1** (o) que basta ou satisfaz ⟨*ganhava o s.*⟩ ⟨*tinha comida s.*⟩ ⮌ insuficiente ■ *adj.2g.* **2** que está entre o bom e o tolerável ⟨*conhecimento s.*⟩ ⮌ insuficiente

su.fi.xa.ção \cs\ [pl.: *-ões*] *s.f.* GRAM processo de formação de palavras em que um sufixo é acrescentado a uma palavra ☞ cf. *prefixação*

su.fi.xo \cs\ *s.m.* GRAM elemento acrescentado após o radical para produzir formas derivadas ou flexionadas (gênero, número etc.) ☞ cf. *prefixo* e [2]*infixo* ~ **sufixal** *adj.2g.* - **sufixar** *v.t.d. e int.*

su.flê *s.m.* prato leve de forno, salgado ou doce, à base de um creme (de legumes, queijo, chocolate etc.) e claras em neve

su.fo.ca.ção [pl.: *-ões*] *s.f.* ou **su.fo.ca.men.to** *s.m.* **1** ato ou efeito de sufocar(-se); extrema dificuldade de respirar; asfixia **2** sensação de falta de ar; abafamento

su.fo.car *v.* {mod. 1} *t.d.,int. e pron.* **1** (fazer) perder a respiração; asfixiar **2** (fazer) sentir falta de ar ou forte mal-estar, ger. por calor, indisposição ❑ *t.d.* **3** impedir o desenvolvimento, a manifestação de; reprimir

su.fo.co \ô\ *s.m.* **1** dificuldade de respirar **2** *B infrm.* situação muito difícil, assustadora, angustiante

su.fra.gar *v.* {mod. 1} *t.d.* **1** aprovar, apoiar com voto; eleger **2** rezar em favor da alma de

su.frá.gio *s.m.* **1** processo de escolha por votação **2** voto em uma eleição **3** aprovação, concordância **4** oração pelos mortos

su.ga.dor *adj.* **1** que suga ■ *s.m.* ZOO **2** sugadouro

su.ga.dou.ro *s.m.* aparelho bucal de certos insetos, us. para sugar; sugador

su.gar *v.* {mod. 1} *t.d.* **1** fazer (líquido) entrar na boca com movimentos dos lábios e da língua, que formam um vácuo na cavidade bucal; chupar **2** extrair líquido de; absorver ❑ *t.d. e t.d.i. fig.* **3** (prep. *a, de*) apropriar-se com fraude ou abuso; extorquir ~ **sugação** *s.f.*

su.ge.rir *v.* {mod. 28} *t.d. e t.d.i.* **1** (prep. *a*) fazer pensar (algo) sem expor inteira ou claramente; insinuar ❑ *t.d.i.* **2** (prep. *a*) apresentar (ideia, solução) a (alguém), para que a aceite ou não; propor **3** (prep. *a*) fazer surgir pensamento ou sentimento por associação de ideias; despertar ❑ *t.d.* **4** ser indício de; indicar

su.ges.tão [pl.: *-ões*] *s.f.* **1** o que é sugerido; proposta, conselho **2** estímulo, inspiração **3** ideia, lembrança ⟨*a casa era a s. do desespero*⟩

su.ges.tio.nar *v.* {mod. 1} *t.d. e pron.* **1** convencer(-se) por meio de sugestão; influenciar(-se) ❑ *t.d.* **2** fazer pensar ou agir por sugestão; manipular

su.ges.ti.vo *adj.* **1** que contém conselho ou insinuação **2** inspirador

su.í.ça *s.f.* cada uma das faixas de barba masculina junto à orelha; costeleta ☞ mais us. no pl.

su.i.ci.da *adj.2g.* **1** relativo a ou que envolve suicídio **2** que serviu de instrumento de suicídio ⟨*faca s.*⟩ **3** perigoso, danoso ⟨*atitude s.*⟩ ■ *adj.2g.s.2g.* **4** (o) que comete suicídio

su.i.ci.dar-se *v.* {mod. 1} *pron.* **1** pôr fim à própria vida; matar-se **2** *fig.* causar a própria ruína; desgraçar-se

su.i.cí.dio *s.m.* **1** dar fim à própria vida ⟨*cometer s.*⟩ **2** *fig.* desgraça causada pela ação do próprio indivíduo ⟨*aceitar este emprego foi s.*⟩

su.í.ço *adj.* **1** da Suíça (Europa) ■ *s.m.* **2** natural ou habitante desse país

su.í.deo *s.m.* ZOO **1** espécime dos suídeos, família de mamíferos que compreende os porcos domésticos e selvagens ■ *adj.* **2** relativo a essa família de mamíferos

su.in.gue *s.m.* **1** estilo de *jazz* popular nos anos 1930, ger. executado por grande orquestra **2** *infrm.* ginga, molejo ~ **suingar** *v.int.*

su.í.no *s.m.* **1** espécime dos suínos, mamíferos que compreendem a família dos porcos e a dos caititus e queixadas **2** porco ■ *adj.* **3** relativo a suíno e a porco

su.i.no.cul.tu.ra *s.f.* criação de porcos ~ **suinocultor** *adj.s.m.*

su.í.te *s.f.* **1** quarto com banheiro anexo exclusivo **2** COMN desdobramento de matéria jornalística já publicada **3** MÚS série de composições instrumentais com variação de andamentos, ger. no mesmo tom

su.jar *v.* {mod. 1} *t.d. e pron.* **1** (fazer) adquirir sujeira, manchas, substância poluidora etc. ↄ limpar(-se) **2** construir má imagem (para); manchar(-se)

su.jei.ra *s.f.* **1** acúmulo de lixo, poeira etc. ⟨*a sala está uma s.*⟩ **2** mancha de poeira, barro etc. **3** *fig. infrm.* ato ou comportamento desonesto

su.jei.tar *v.* {mod. 1} *t.d. e t.d.i.* **1** (prep. *a*) impor domínio moral a (o que era livre e independente), tornando obediente ou dependente; submeter ❑ *t.d.i. e pron.* **2** (prep. *a*) [fazer] seguir, obedecer; submeter(-se) ⟨*s. o doente à dieta*⟩ ⟨*s.-se a imposições*⟩ ❑ *pron.* **3** (prep. *a*) entregar-se à lei, vontade, desejos de alguém; render-se **4** aceitar sem relutar; conformar-se ↄ resistir ⊙ GRAM/USO part.: *sujeitado, sujeito* ~ **sujeição** *s.f.*

su.jei.to *s.m.* **1** pessoa indeterminada ou cujo nome não se diz ⟨*passou por aqui um s.*⟩ **2** GRAM termo da oração a respeito do qual se faz uma declaração ■ *adj.* **3** que se submete ao poder ou à vontade dos outros **4** que possui fatores que predispõem a algo negativo ⟨*s. a febres*⟩ ⟨*região s. a enchentes*⟩ **5** suscetível, passível de ⟨*textos s. à revisão*⟩

su.ji.da.de *s.f.* **1** condição ou estado do que é ou está sujo; sujeira **2** o que suja; imundície **3** fezes, excremento

su.jo *adj.s.m.* **1** que(m) não tem asseio ou está coberto de sujeira ↄ limpo **2** *fig.* desonesto, inescrupuloso ⟨*negócio s.*⟩ ↄ honesto ■ *adj.* **3** obsceno ⟨*piada s.*⟩ **4** *B* desmoralizado ⟨*está s. com o chefe*⟩ **5** que parece sujo; turvo (diz-se de cor) ⟨*branco s.*⟩

sul *s.m.* **1** na rosa dos ventos, ponto cardeal que marca essa direção [símb.: *S*] **2** direção à direita de quem se volta para o nascente ■ *adj.2g.s.m.* **3** que ou o que se situa ao sul (diz-se de região ou conjunto de regiões) [abrev.: *S.*] **3.1** diz-se de ou região brasileira que compreende os estados do Paraná, Santa Catarina e Rio Grande do Sul [abrev.: *S.*] ☞ inicial maiúsc. **4** (vento) que sopra dessa direção ■ *adj.2g.* **5** que fica, está ou segue na direção sul (acp. 1 e 2)

sul-a.me.ri.ca.no [pl.: *sul-americanos*] *adj.* **1** da América do Sul ■ *s.m.* **2** natural ou habitante desse continente

sul.car *v.* {mod. 1} *t.d.* **1** fazer sulcos em **2** *fig.* navegar, deixando esteira **3** marcar ruga(s), prega(s) em

sul.co *s.m.* **1** marca estreita e mais ou menos profunda; ranhura **2** *p.ext.* traço profundo na pele; ruga

sul.fa *s.f.* nome de uma família de substâncias medicamentosas com efeito bactericida

sul.fa.to *s.m.* sal do ácido sulfúrico ou ânion dele derivado ~ **sulfatar** *v.t.d. e pron.*

súl.fur *s.m.* enxofre ~ **sulfúrico** *adj.*

sul.fu.ro.so \ô\ [pl.: *sulfurosos* \ó\] *adj.* **1** relativo a enxofre **2** que contém enxofre ⟨*água s.*⟩ **3** que tem a aparência (cor, cheiro etc.) do enxofre

su.li.no *adj.* **1** do sul do Brasil; sulista ■ *s.m.* **2** natural ou habitante dessa região; sulista

su.lis.ta *adj.2g.s.2g.* **1** (natural ou habitante) de região ou país ao sul **2** sulino

sul-ma.to-gros.sen.se [pl.: *sul-mato-grossenses*] *adj.2g.s.2g.* mato-grossense-do-sul

sul.ta.na *s.f.* concubina de sultão, esp. a favorita

sul.tão [pl.: *-ães, -ãos, -ões*] *s.m.* **1** antigo imperador da Turquia **2** nome comum a alguns imperadores muçulmanos **3** *fig.* homem com muitas amantes

su.ma *s.f.* resumo, sinopse ↄ aumento ⊡ **em s.** *loc.adv.* resumidamente

su.ma.ré *s.m.* orquídea terrestre de flor amarela

su.ma.ren.to *adj.* cheio de sumo; suculento, sumoso

su.ma.ri.ar *v.* {mod. 1} *t.d.* **1** fazer sumário de **2** resumir, sintetizar

su.má.rio *adj.* **1** resumido, curto ⟨*explicação s.*⟩ ↄ prolixo **2** que cobre pouco ⟨*biquíni s.*⟩ **3** que não demora; decisivo, rápido ⟨*julgamento s.*⟩ ■ *s.m.* **4** resumo dos pontos principais de livro, discurso etc. ⟨*fez um s. da palestra*⟩ **5** lista de assuntos, capítulos, seções etc., e as páginas que se encontram numa obra

su.ma.ú.ma *s.f.* imensa árvore nativa da América do Sul e da África, com raízes em forma de tábuas, flores brancas e sementes, envoltas em paina, de que se extrai óleo
su.mé.rio *s.m.* **1** natural ou habitante da Suméria, antiga região asiática **2** língua falada nessa região ■ *adj.* **3** relativo a essa região, indivíduo, povo e língua
su.mi.ço *s.m.* **1** ato ou efeito de sumir; desaparecimento **2** perda, extravio
su.mi.da.de *s.f.* **1** qualidade de alto, eminente **2** cume ↄ sopé **3** *fig.* pessoa de muito saber ou talento ⟨*uma s. em física*⟩
su.mi.dou.ro *s.m.* **1** orifício ou fenda por onde algo desaparece **2** rio que desaparece para dentro da terra, ressurgindo em locais mais baixos **3** *fig.* lugar onde tudo some **4** *p.ext.* lugar ou coisa em que se gasta muito dinheiro ⟨*essa obra é um s.*⟩ **5** esgoto
su.mir *v.* {mod. 29} *t.d.,t.i.,int. e pron.* **1** (prep. *com*) pôr(-se) onde não pode ser encontrado; desaparecer, ocultar(-se) ❑ *int. e pron.* **2** gastar-se muito rápida ou inexplicavelmente; desaparecer ❑ *int.* **3** não estar mais onde deveria; desaparecer **4** ausentar-se por longo tempo de local que frequenta
[1]su.mo *s.m.* caldo que se extrai de matéria animal ou vegetal por pressão ou sucção; suco [ORIGEM: de um lat. **zumu* 'id.'] ~ **sumoso** *adj.*
[2]su.mo *adj.* **1** mais elevado em poder ou categoria ⟨*s. sacerdote*⟩ **2** muito grande ⟨*tenho s. prazer em ajudá-lo*⟩ ↄ comedido **3** extraordinário, excelente ⟨*s. intérprete da alma humana*⟩ ↄ medíocre [ORIGEM: do lat. *summus,a,um* 'o mais alto']
sú.mu.la *s.f.* sinopse, resumo
sun.dae [ing.; pl.: *sundaes*] *s.m.* sorvete coberto com calda e, ger., castanhas, confeitos etc. ⇨ pronuncia-se sândei
sun.ga *s.f.* *B* calção de banho de cintura baixa, curto e justo
sun.tu.á.rio *adj.* **1** relativo a gastos, despesas **2** luxuoso ↄ despojado
sun.tu.o.si.da.de *s.f.* **1** qualidade do que é suntuoso **2** grande riqueza; luxo, pompa
sun.tu.o.so \ô\ [pl.: *suntuosos* \ó\] *adj.* **1** que consome muito dinheiro; dispendioso **2** *p.ext.* luxuoso, magnífico ↄ simples
su.or *s.m.* **1** líquido incolor, salgado e de odor característico, secretado pelas glândulas sudoríparas e eliminado pelos poros **2** *fig.* trabalho árduo, intenso ⟨*o emprego é fruto de seu s.*⟩
super- *pref.* **1** 'posição acima': *supercílio, supervisão* **2** 'excesso': *superalimentação, superprodução*
su.pe.ra.bun.dar *v.* {mod. 1} *int.* **1** existir ou manifestar-se em excesso ❑ *t.i.* **2** (prep. *a*) ser mais do que o necessário para; exceder ~ **superabundância** *s.f.* - **superabundante** *adj.2g.*
su.pe.ra.ção [pl.: *-ões*] *s.f.* ato ou efeito de superar(-se)
su.pe.ra.do *adj.* **1** que foi derrotado; vencido, subjugado **2** que já não tem vigência ou aplicação; ultrapassado, obsoleto
su.pe.ra.li.men.ta.ção [pl.: *-ões*] *s.f.* dieta farta, de alto valor nutritivo, para atletas, doentes etc.
su.pe.ra.li.men.tar *v.* {mod. 1} *t.d. e pron.* **1** alimentar(-se) em excesso, ingerindo nutrientes além das necessidades do organismo **2** ingerir ou receitar dieta de alto valor nutritivo (esp. pessoas ou animais debilitados, doentes)
su.pe.ra.que.cer *v.* {mod. 8} *t.d.* **1** submeter à temperatura muito alta ❑ *t.d.,int. e pron.* **2** aquecer(-se) em excesso ~ **superaquecimento** *s.m.*
su.pe.rar *v.* {mod. 1} *t.d.* **1** alcançar vitória sobre; derrotar ↄ perder **2** livrar-se de; afastar, ultrapassar ⟨*s. problemas, obstáculos*⟩ ❑ *t.d. e pron.* **3** ser ou tornar-se superior (a) em quantidade, eficiência, talento, criatividade etc.; exceder, sobrepujar ~ **superável** *adj.2g.*
su.pe.ra.vit [lat.] *s.m.2n.* diferença a mais entre receita e despesa ↄ *deficit* ⇨ pronuncia-se superávit ~ **superavitário** *adj.*
su.pe.rá.vit *s.m.* ver *SUPERAVIT*
su.per.cí.lio *s.m.* sobrancelha ~ **superciliar** *adj.2g.* *v.int.*
su.per.ci.vi.li.za.ção [pl.: *-ões*] *s.f.* civilização muito desenvolvida ~ **supercivilizado** *adj.s.m.*
su.per.con.du.ti.vi.da.de *s.f.* FÍS ausência de resistência elétrica de certas substâncias quando atingem temperaturas muito baixas
su.per.con.du.tor \ô\ *adj.s.m.* FÍS (metal, composto etc.) em que ocorre supercondutividade
su.per.di.men.si.o.nar *v.* {mod. 1} *t.d.* **1** fazer com que (algo) pareça maior do que na realidade é **2** dar importância exagerada a (algo)
su.per.do.se *s.f.* dose excessiva ~ **superdosagem** *s.f.*
su.per.do.ta.do *adj.s.m.* que(m) tem inteligência acima da média ☞ cf. *bem-dotado*
su.pe.re.go *s.m.* **1** PSICN nível psíquico que inibe moralmente o ego, desenvolvido sob a influência da educação durante o processo de socialização **2** *infrm.* indivíduo que é um modelo, um exemplo (para alguém)
su.pe.res.ti.mar *v.* {mod. 1} *t.d.* dar mais estima, valor, apreço ou importância do que o devido ou real; supervalorizar ↄ subestimar ~ **superestima** *s.f.* - **superestimação** *s.f.*
su.pe.res.tru.tu.ra *s.f.* estrutura, construção etc. erguida como um prolongamento vertical de outra ↄ infraestrutura ~ **superestrutural** *adj.2g.*
su.per.fa.tu.rar *v.* {mod. 1} *t.d.* **1** cobrar preço muito alto por **2** emitir fatura de venda com preço acima do realmente cobrado para (produto, serviço) ☞ cf. *subfaturar* ~ **superfaturamento** *s.m.*
su.per.fi.ci.al *adj.2g.* **1** que fica na superfície; pouco profundo ⟨*corte s.*⟩ ↄ profundo **2** que não se aprofunda; que não chega ao essencial ⟨*conhecimento s.*⟩ ⟨*reforma s.*⟩ ↄ profundo **3** que não tem seriedade ⟨*comentário s.*⟩ ⟨*leitura s.*⟩
su.per.fi.ci.a.li.da.de *s.f.* caráter do que é superficial ↄ profundidade

su.per.fí.cie *s.f.* 1 extensão de área delimitada ⟨*terreno com 100 m² de s.*⟩ 2 face externa dos corpos ⟨*a s. da mesa está áspera*⟩ 3 parte da água em contato com o ar ⟨*o submarino subiu à s.*⟩ 4 *fig.* pouco aprofundamento em estudo, conhecimento etc.

su.pér.fluo *adj.s.m.* 1 (o) que vai além da necessidade ⟨*artigos s.*⟩ ⟨*só compra o que é s.*⟩ ⊃ necessário 2 *p.ext.* (o) que é redundante, excessivo ⟨*explicação s.*⟩ ⟨*tire o s. do seu texto*⟩ ⊃ indispensável ~ **superfluidade** *s.f.*

su.per-he.rói [pl.: *super-heróis*] *s.m.* 1 personagem fictício com poderes sobre-humanos, que combate o mal, defende os fracos etc. 2 *p.ext.* indivíduo de excelente comportamento, grande coragem etc. ⟨*o pai era seu s.*⟩

su.per-ho.mem [pl.: *super-homens*] *s.m.* homem com qualidades extraordinárias ⟨*só um s. consegue trabalhar tanto*⟩

su.pe.rin.ten.dên.cia *s.f.* 1 ato de superintender ou o seu efeito 2 cargo ou função de superintendente 3 local ou departamento onde se exercem essas funções

su.pe.rin.ten.den.te *adj.2g.s.2g.* que(m) dirige ou supervisiona empresa, obra etc.

su.pe.rin.ten.der *v.* {mod. 8} *t.d.* 1 dirigir como chefe (obra, empresa etc.); administrar 2 inspecionar em nível superior; supervisionar

su.pe.ri.or \ô\ *adj.2g.* 1 que está acima ou por cima de ⟨*gaveta s.*⟩ ⊃ inferior 2 de maior valor ou qualidade ⟨*preço s. a 20 reais*⟩ ⟨*mercadoria s.*⟩ ⊃ inferior 3 de nível universitário ⟨*curso s.*⟩ ■ *adj.s.m.* 4 chefe, diretor ⊃ subalterno 5 REL que(m) dirige convento ou comunidade religiosa

su.pe.ri.o.ri.da.de *s.f.* 1 posição ou condição de ser superior a outro(s); vantagem ⟨*s. numérica*⟩ ⟨*s. tecnológica*⟩ ⊃ inferioridade 2 arrogância, vaidade ⟨*fala comigo com s.*⟩

su.per.la.ti.vo *adj.* 1 que exprime qualidade num grau elevado ⟨*elogio s.*⟩ 2 extremo ⟨*a casa era a expressão s. de sua riqueza*⟩ ■ *s.m.* 3 GRAM grau do adjetivo ou do advérbio que indica qualidade marcadamente superior ou inferior

su.per.lo.tar *v.* {mod. 1} *t.d.* 1 ingressar (em um lugar) em quantidade maior do que o ambiente comporta 2 pôr (unidades de algo) além do correto ou desejável

su.per.mer.ca.do *s.m.* grande loja de alimentos, artigos para limpeza, eletrodomésticos etc., em que o cliente se serve sozinho e paga na saída ~ **supermercadista** *adj.2g.s.2g.*

su.per.po.pu.la.ção [pl.: *-ões*] *s.f.* excesso de população; superpovoamento

su.per.por *v.* {mod. 23} *t.d.i. e pron.* sobrepor ⊙ GRAM/USO part.: *superposto* ~ **superposição** *s.f.*

su.per.po.vo.a.men.to *s.m.* superpopulação ~ **superpovoar** *v.t.d.*

su.per.pro.du.ção [pl.: *-ões*] *s.f.* 1 produção em excesso 2 produção grandiosa, e ger. de custo elevado, de evento, filme, programa de televisão etc.

su.per.sen.sí.vel *adj.2g.* 1 incompreensível aos sentidos 2 sensível demais ~ **supersensibilidade** *s.f.*

su.per.sô.ni.co *adj.* 1 diz-se de velocidade superior à do som 2 que tem ou alcança essa velocidade ⟨*avião s.*⟩

su.pers.ti.ção [pl.: *-ões*] *s.f.* 1 crença infundada em certos atos que trariam sorte, azar etc. 2 crença em presságios e sinais, originada por acontecimentos casuais ou coincidências

su.pers.ti.ci.o.so \ô\ [pl.: *supersticiosos* \ó\] *adj.* 1 que é fruto de superstição ■ *adj.s.m.* 2 que(m) tem superstição

su.pérs.ti.te *adj.2g.* que sobreviveu

su.per.ve.ni.en.te *adj.2g.* que vem depois; subsequente ~ **superveniência** *s.f.*

su.per.vi.são [pl.: *-ões*] *s.f.* 1 ato de supervisionar ou o seu efeito 2 função de supervisor

su.per.vi.sar *v.* {mod. 1} *t.d.* supervisionar

su.per.vi.sio.nar *v.* {mod. 1} *t.d.* dirigir ou orientar inspecionando (trabalho, grupo, tarefa) de um nível superior

su.per.vi.sor \ô\ *adj.s.m.* (aquele) que tem o cargo ou a função de supervisionar

su.pe.tão *s.m.* ▸ só usado em: **de s.** *loc.adv.* de repente

su.pim.pa *adj.2g.* B *infrm.* ótimo, excelente

su.pi.no *adj.* 1 deitado de costas 2 que está em local elevado; alto 3 *fig.* excessivo ⟨*alegria s.*⟩

su.plan.tar *v.* {mod. 1} *t.d.* 1 calcar com os pés; pisar ❑ *t.d. e pron.* 2 ser ou tornar-se superior (a) em tamanho, quantidade, eficiência, talento etc.; superar(-se) ~ **suplantação** *s.f.*

¹su.ple.men.tar *adj.2g.* relativo a ou que serve de suplemento ⟨*aulas s.*⟩ [ORIGEM: *suplemento* + ¹*-ar*] ~ **suplementação** *s.f.*

²su.ple.men.tar *v.* {mod. 1} *t.d.* 1 acrescentar alguma coisa a 2 suprir ou compensar a deficiência de [ORIGEM: *suplemento* + ²*-ar*]

su.ple.men.to *s.m.* 1 o que supre uma falta ⟨*s. de verba*⟩ ⟨*s. alimentar*⟩ 2 acréscimo a um livro, apresentação etc. 3 caderno ou página com matéria especial em jornal ou revista; encarte ⟨*s. literário*⟩

su.plen.te *adj.2g.s.2g.* substituto previamente escolhido para eventual falta do titular ⟨*senador s.*⟩ ⟨*s. de deputado*⟩ ~ **suplência** *s.f.*

su.ple.ti.vo *adj.* 1 que serve de suplemento ■ *s.m.* B 2 ensino para adolescentes e adultos que não concluíram sua escolarização na idade própria

sú.pli.ca *s.f.* pedido humilde e intenso

su.pli.car *v.* {mod. 1} *t.d. e t.d.i.* (prep. *a*) pedir de maneira humilde e intensa; implorar ~ **suplicante** *adj.2g.s.2g.*

sú.pli.ce *adj.2g.* que suplica

su.pli.ci.ar *v.* {mod. 1} *t.d.* 1 aplicar suplício em; torturar 2 *fig.* causar sofrimento a; afligir, magoar

su.plí.cio *s.m.* 1 tortura física imposta por sentença ('decisão') 2 sofrimento físico provocado intencionalmente; crueldade 3 *p.ext.* sofrimento longo e intenso ⟨*o trabalho era, para ele, um s.*⟩ ⊃ prazer

su.por *v.* {mod. 23} *t.d.* **1** admitir como hipótese **2** presumir como verdadeiro, existente, necessário etc.; pressupor ⟨*o efeito supõe a causa*⟩ ❑ *t.d.pred. e pron.* **3** considerar(-se), julgar(-se) ⊙ GRAM/USO part.: *suposto*

su.por.tar *v.* {mod. 1} *t.d.* **1** ter sobre ou contra si e não ceder ao peso ou à força; aguentar, resistir **2** ser capaz de segurar ou carregar (certo peso) **3** *fig.* reagir com firmeza ou resignação a (algo ruim, penoso); aguentar **4** *fig.* ser tolerante com (algo desagradável); aturar ~ **suportável** *adj.2g.*

su.por.te *s.m.* **1** o que sustenta; base ⟨*s. para vasos de plantas*⟩ **2** o que dá apoio, auxilia ⟨*o filho era seu s.*⟩

su.po.si.ção [pl.: *-ões*] *s.f.* **1** ideia sem comprovação **2** hipótese **3** proposição que se aceita verdadeira ou possível para dela se tirar uma indução ou conclusão ⟨*partiu de uma s. falsa*⟩

su.po.si.tó.rio *s.m.* medicamento sólido, de forma cônica ou cilíndrica, que se introduz em orifícios do corpo, esp. ânus e vagina

su.pos.to \ô\ [pl.: *supostos* \ó\] *adj.* **1** admitido por hipótese; conjeturado ⟨*julgado por s. crimes*⟩ ⊃ real **2** falso, fictício ⟨*s. testamento*⟩ ⊃ autêntico ~ **supostamente** *adv.*

supra– *pref.* **1** 'posição acima': *supracitado, suprarrenal* **2** 'excesso': *suprassumo*

su.pra.ci.ta.do *adj.* citado acima ou anteriormente

su.pra.par.ti.dá.rio *adj.* **1** que está acima dos partidos ⟨*interesses s.*⟩ **2** que reúne vários partidos ⟨*frente s.*⟩

su.prar.re.nal *adj.2g.s.f.* (glândula) que fica acima dos rins

su.pras.su.mo *s.m.* grau mais elevado de algo; máximo ⟨*o s. do conforto*⟩ ⟨*s. da tolice*⟩

su.pre.ma.ci.a *s.f.* superioridade absoluta; hegemonia ⟨*s. dos países ricos*⟩ ⊃ inferioridade

su.pre.mo \ê\ *adj.* **1** que está acima de tudo ⟨*autoridade s.*⟩ ⊃ insignificante **2** que se refere a Deus; divino ⟨*a s. sabedoria*⟩ ⊃ profano **3** que está no limite máximo ⟨*num esforço s., fez a prova*⟩ ⊃ mínimo

su.pri.mir *v.* {mod. 24} *t.d.* **1** agir para acabar com; extinguir, eliminar ❑ *t.d. e t.d.i.* **2** (prep. *de*) tirar (parte) de (um todo); cortar ~ **supressão** *s.f.*

su.prir *v.* {mod. 24} *t.d.* **1** ocupar o lugar de (pessoas ou coisas); substituir, preencher **2** ajuntar (uma parte) a algo incompleto; inteirar ❑ *t.d.i. e pron.* **3** (prep. *de*) fornecer ou adquirir (algo necessário ou útil); prover ~ **suprimento** *s.m.*

su.pu.rar *v.* {mod. 1} *int.* formar ou expelir pus ~ **supuração** *s.f.* - **supurativo** *adj.s.m.*

–sura *suf.* equivale a *-ura* ('ação')

sur.dez \ê\ *s.f.* ausência, diminuição ou perda do sentido da audição

sur.di.na *s.f.* **1** som baixo, abafado **2** dispositivo móvel ou fixo us. para abafar o som e alterar o timbre de certos instrumentos musicais ⊡ **na s.** *loc.adv.* às escondidas ⟨*armaram o golpe na s.*⟩

sur.do *adj.s.m.* **1** que(m) não ouve **2** que(m) não demonstra solidariedade; insensível ⟨*s. aos apelos*⟩ ■ *adj.* **3** abafado (diz-se de som) ⊃ sonoro ■ *s.m.* **4** tambor grave

sur.do-mu.do [pl.: *surdos-mudos*] *adj.s.m.* que(m) é surdo e mudo ~ **surdo-mudez** *s.f.*

sur.fe *s.m.* esporte aquático em que o praticante, de pé sobre uma prancha de poliuretano e resina, faz manobras sobre as ondas ⊡ **s. de peito** *loc.subst.* ato de nadar sob o impulso da arrebentação de uma onda, até a praia ~ **surfar** *v.int.* - **surfista** *adj.2g.s.2g.*

sur.gir *v.* {mod. 24} *int.* **1** chegar, vir ou tornar-se visível, perceptível, ger. de repente; aparecer ⊃ sumir **2** erguer-se de baixo, para fora de; elevar-se, aparecer ⟨*a baleia surgiu das ondas*⟩ ☞ *das ondas* é circunstância que funciona como complemento **3** vir do fundo para a superfície; emergir ⊃ submergir

su.ro *adj.* B sem rabo ou sem parte dele

sur.pre.en.der *v.* {mod. 8} *t.d.* **1** ver ou parar alguém quando fazia algo; flagrar **2** pegar desprevenido ⟨*a chuva os surpreendeu na rua*⟩ **3** aparecer de repente diante de ⟨*s. o inimigo*⟩ **4** fazer surpresa para ❑ *t.d.,int. e pron.* **5** (fazer) ter surpresa, pasmo; espantar(-se), admirar(-se) ~ **surpreendente** *adj.2g.*

sur.pre.sa \ê\ *s.f.* **1** fato ou coisa que surpreende **2** fato repentino e imprevisto **3** sensação por ele causada

sur.pre.so \ê\ *adj.* **1** que se surpreendeu **2** chocado, perplexo

sur.ra *s.f.* **1** ação de maltratar por meio de pancadas; espancamento **2** *infrm.* derrota imposta a um adversário ⊃ vitória **3** *infrm.* esforço excessivo

sur.rão [pl.: *-ões*] *s.m.* **1** saco para mantimentos; embornal **2** roupa gasta e suja

sur.rar *v.* {mod. 1} *t.d.* **1** curtir ou bater (as peles) para amaciar **2** dar surra em; bater, espancar ❑ *pron.* **3** ficar gasto demais (roupa) pelo uso excessivo ~ **surrador** *adj.s.m.*

sur.re.a.lis.mo *s.m.* movimento literário e artístico surgido no início do sXX, que busca representar as manifestações do inconsciente ~ **surrealista** *adj.2g.s.2g.*

sur.ru.pi.ar *v.* {mod. 1} *t.d. e t.d.i.* (prep. *a, de*) tirar às escondidas; furtar

sur.tir *v.* {mod. 24} *t.d.* dar como resultado, produzir (efeito)

sur.to *s.m.* **1** aparecimento repentino de vários casos de uma doença em determinado lugar ⟨*s. de gripe*⟩ **2** arroubo, impulso ⟨*s. de honestidade*⟩ **3** MED crise psicótica ~ **surtar** *v.int.*

su.ru.bim ou **su.ru.bi** *s.m.* bagre de cabeça grande e achatada

su.ru.cu.cu *s.f.* jararacuçu

su.ru.cu.tin.ga *s.f.* jararacuçu

su.ru.ru *s.m.* **1** tipo de mexilhão **2** *B infrm.* confusão, briga de muitas pessoas

sus.ce.tí.vel ou **sus.cep.tí.vel** *adj.2g.* **1** capaz de receber, experimentar certas modificações ⟨*ser s. a opiniões e críticas*⟩ **2** que tem tendência a sentir influências ou contrair doenças ⟨*s. a resfriados*⟩ ⮌ resistente **3** que se ofende muito ⟨*pessoa muito s.*⟩ ~ **suscetibilidade/susceptibilidade** *s.f.*

sus.ci.tar *v.*{mod. 1} *t.d.* **1** fazer nascer ou aparecer; criar ❑ *t.d. e t.d.i.* **2** (prep. *em*) ser a causa, o motivo de; provocar, causar **3** (prep. *em*) fazer surgir ou trazer à mente; sugerir, lembrar

su.se.ra.no *adj.s.m.* que(m) tem feudo do qual pessoas e outros feudos dependem ~ **suserania** *s.f.*

su.shi [jap.] *s.m.* bolinho de arroz envolvido ou não em folha de alga, ornado com fatias de peixe cru, ovas de peixe etc. ⇨ pronuncia-se **suxi**

sus.pei.ção [pl.: *-ões*] *s.f.* suspeita, desconfiança, dúvida

sus.pei.ta *s.f.* **1** suposição não provada, fundamentada em certos indícios ⮌ certeza **2** pressentimento

sus.pei.tar *v.*{mod. 1} *t.d. e t.i.* **1** (prep. *de*) imaginar com base em indícios; pressentir, supor ❑ *t.d. e t.d.pred.* **2** (prep. *de*) lançar suspeita sobre; acusar ❑ *t.i.* **3** (prep. *de*) supor a culpa de; desconfiar **4** (prep. *de*) não confiar em; duvidar ⮌ acreditar

sus.pei.to *adj.* **1** que inspira desconfiança, suspeita ⟨*atitude s.*⟩ ⮌ confiável **2** de cuja existência, veracidade ou exatidão não se tem certeza ⮌ seguro ■ *adj.s.m.* **3** (aquele) de quem se suspeita ⟨(*indivíduo*) *s. de um crime*⟩

sus.pei.to.so \ô\ [pl.: *suspeitosos* \ó\] *adj.* **1** que desperta dúvida ou suspeita ⟨*casamento s.*⟩ **2** desconfiado, receoso ⟨*decisão s.*⟩

sus.pen.der *v.*{mod. 8} *t.d. e pron.* **1** deixar ou ficar pendente; pendurar(-se) **2** pôr(-se) em posição alta; levantar(-se) ❑ *t.d.* **3** puxar ou empurrar para cima; levantar **4** *fig.* privar, provisoriamente ou não, de função, cargo etc. ⟨*s. o jogador*⟩ **5** *fig.* fazer parar temporária ou definitivamente; interromper **6** *fig.* impedir a realização de (algo antes decidido ou planejado); cancelar ⊙ GRAM/USO part.: *suspendido, suspenso*

sus.pen.são [pl.: *-ões*] *s.f.* **1** interrupção temporária ou definitiva de (algo) ⟨*s. do pagamento*⟩ **2** castigo imposto a alguém que o priva de suas atividades temporária ou definitivamente ⟨*s. do jogador, do funcionário*⟩ **3** QUÍM sistema constituído de líquido e partículas que não se dissolvem **4** conjunto de molas e peças que sustenta a carroceria e amortece a trepidação nos veículos

sus.pen.se *s.m.* **1** gênero cinematográfico, literário etc. que se utiliza de artifícios para criar e manter o interesse e a expectativa do público ⟨*filme de s.*⟩ ⟨*o s. de uma cena*⟩ **2** *p.ext.* situação ou fato cuja continuação ou desfecho são aguardados com ansiedade ⟨*manteve o s. até o fim*⟩

suspenso *adj.* **1** sustentado do alto; pendente, pendurado ⟨*um lustre s. do teto*⟩ ⟨*ponte s.*⟩ **2** que se interrompeu temporária ou definitivamente; parado, sustado ⟨*sessão s.*⟩ **3** momentaneamente privado das suas funções, atividades ou cargo ⟨*empregado s.*⟩ ⟨*aluno s.*⟩ **4** que se acha confuso e incapaz de tomar decisões; perplexo, hesitante

sus.pen.só.rio *s.m.* cada uma das duas tiras que passam pelos ombros e seguram as calças ou saias pelo cós

sus.pi.caz *adj.2g.* **1** que causa suspeitas; suspeito ⟨*atitude s.*⟩ **2** que costuma suspeitar de outrem; desconfiado ⟨*pessoa s.*⟩ ~ **suspicácia** *s.f.*

sus.pi.rar *v.* {mod. 1} *int.* **1** inspirar profunda e longamente, por tristeza, saudade, cansaço etc. **2** *B* soltar a voz (a ema) ☞ nesta acp., só us. nas 3as p., exceto quando fig. ❑ *t.d.* **3** exprimir entre suspiros (sentimento, emoção) **4** sentir saudades de

sus.pi.ro *s.m.* **1** inspiração longa seguida de expiração de som melancólico, ger. provocada por cansaço, tristeza ou alívio **2** respiradouro **3** doce feito de claras de ovos batidas com açúcar, ger. assado em forno

sus.sur.rar *v.* {mod. 1} *int.* **1** produzir leve rumor; murmurar ❑ *t.d. e t.d.i.* **2** (prep. *a*) dizer em voz baixa; cochichar ~ **sussurrante** *adj.2g.* - **sussurro** *s.m.*

sus.tân.cia *s.f.* o que alimenta, fortalece; substância

sus.tar *v.* {mod. 1} *t.d.,int. e pron.* (fazer) parar; suspender(-se), interromper(-se) ~ **sustação** *s.f.* - **sustamento** *s.m.*

sus.te.ni.do *s.m.* MÚS **1** sinal gráfico que indica que a nota por ele antecedida deve subir um semitom [símb.: #] ■ *adj.* **2** alterada por este sinal (diz-se de nota) ☞ cf. *bemol*

sus.ten.tá.cu.lo *s.m.* o que sustenta; apoio ⟨*os s. da ponte*⟩ ⟨*o s. da família*⟩

sus.ten.tar *v.*{mod. 1} *t.d.* **1** segurar por baixo, carregando o peso de; suster **2** segurar no alto; carregar **3** garantir os meios para a realização e continuação de; manter ⟨*s. uma guerra, um projeto*⟩ **4** impedir a ruína de; auxiliar **5** sofrer com resignação; suportar **6** defender com argumentos, provas **7** afirmar categoricamente **8** repetir (algo já dito); insistir, reafirmar ❑ *t.d. e pron.* **9** manter o equilíbrio (de); apoiar(-se), firmar(-se) **10** manter a resistência (a); aguentar(-se), resistir **11** dar ou receber o necessário à vida; manter(-se) **12** *fig.* manter(-se) firme, sem fraquejar; fortalecer(-se) ❑ *pron.* **13** conservar a mesma posição; suster-se ~ **sustentação** *s.f.* - **sustentável** *adj.2g.*

sus.ten.to *s.m.* **1** satisfação das necessidades básicas para a sobrevivência ⟨*já ganha para o s. da família*⟩ **2** o que é necessário para essa satisfação ⟨*tira seu s. da terra*⟩

sus.ter *v.*{mod. 16} *t.d. e pron.* **1** segurar(-se) para evitar que caia; sustentar(-se) **2** interromper movimento (de); parar **3** conter(-se), refrear(-se) **4** manter(-se) em equilíbrio; sustentar(-se) ❑ *t.d.* **5** impedir de soltar-se, mover-se etc.; deter, segurar **6** alimentar, nutrir **7** fazer que não se perca ou acabe; conservar

sus.to *s.m.* **1** sobressalto, medo repentino ⟨*levou um s. ao ver a arma*⟩ **2** choque causado por notícia ou fato **3** *p.ext.* falta de tranquilidade; receio

su.ta.che *s.f.* trança ou cadarço de seda, lã ou algodão us. para enfeitar peças de roupa

su.ti.ã *s.m.* peça do vestuário feminino us. para sustentar os seios sob a roupa

su.til *adj.2g.* **1** quase imperceptível ⟨*um s. fio de seda*⟩ ↄ espesso **2** delicado, minucioso ⟨*trabalho s.*⟩ ↄ grosseiro **3** *fig.* de grande sensibilidade; perspicaz, astuto ⟨*observação s.*⟩ ↄ tolo

sú.til *adj.2g.* feito de pedaços costurados uns nos outros

su.ti.le.za \ê\ *s.f.* **1** particularidade, minúcia ⟨*as s. do poema*⟩ **2** agudeza de espírito **3** fala ou argumento inesperado e inteligente ⟨*a s. do bom texto cômico*⟩ **4** fala ou ação de difícil entendimento ⟨*raciocínio cheio de s.*⟩ **5** delicadeza ⟨*s. de um gesto*⟩

su.tu.ra *s.f.* MED costura cirúrgica ~ **suturar** *v.t.d.*

su.ve.nir *s.m.* objeto típico de um lugar, trazido como lembrança

SW símbolo de *sudoeste* (na rosa dos ventos)

Tt

c. 200 a.C. c. 100 a.C. c. 800 c.1500 c.1800 1890 1927 2001

t *s.m.* **1** 20ª letra (consoante) do nosso alfabeto ■ *n.ord.* *(adj.2g.2n.)* **2** diz-se do 20º elemento de uma série ⟨*casa T*⟩ ⟨*item 1t*⟩ ☞ empr. posposto a um substantivo ou numeral ▲ **3** símbolo de *tonelada* ⊙ GRAM/USO na acp. s.m., pl.: *tt*

T9 [ing.] *s.m.* *software* com uma lista ampliável de palavras que auxilia a digitação da mensagem via celular (p.ex., ao digitar duas letras, o programa sugere a palavra) ⊙ GRAM/USO tb. us. como adj.2g.2n.: *modo de digitação* T9 ⇨ pronuncia-se ti **nain**, *corrente* tê nove

Ta símbolo de *tântalo*

ta.ba *s.f. B* aldeia indígena

ta.ba.ca.ri.a *s.f.* loja onde se vendem cigarros, charutos etc.; charutaria

ta.ba.co *s.m.* **1** erva nativa das Américas, cultivada para a produção de cigarros, charutos etc., e tb. para combater pragas e vermes **2** folha seca dessa planta us. para fumar ou mascar; fumo

ta.ba.gis.mo *s.m.* **1** consumo abusivo de tabaco **2** intoxicação causada por esse consumo ~ **tabagista** *adj.2g.s.2g.* - **tabagístico** *adj.*

ta.ba.ja.ra *s.2g.* **1** indivíduo dos tabajaras, grupo indígena que vive no município de Viçosa (CE) ■ *adj.2g.* **2** relativo a esse indivíduo ou grupo

ta.ba.quei.ra *s.f.* caixa, bolsa etc. para guardar fumo

ta.ba.réu [fem.: *tabaroa*] *s.m. B* habitante do campo ou da roça; caipira

ta.ba.tin.ga *s.f. B* argila mole de coloração variada ⊙ COL tabatingal

ta.be.fe *s.m.* **1** *infrm.* pancada dada com a mão; bofetada **2** nome de dois doces de ovos **3** coalhada de soro de leite

ta.be.la *s.f.* **1** quadro sistemático para consulta de dados **2** lista us. para registro, fixação ou recordação **3** relação oficial de preços de mercadorias **4** suporte retangular onde a cesta de basquete é fixada **5** relação dos jogos de um campeonato com as datas **6** troca rápida de passes entre jogadores de futebol, rumo ao gol ⊡ **por t.** *loc.adv. B infrm.* de forma indireta ⟨*na discussão, seu irmão foi atingido por t.*⟩

ta.be.la.men.to *s.m.* **1** organização em tabela, lista, colunas etc. **2** fixação de preços por tabela **3** controle oficial desses preços

ta.be.lar *v.* {mod. 1} *t.d.* **1** organizar (dados, informações) em tabela; tabular **2** *p.ext.* submeter a uma tabela de preços ❑ *t.i.* e *int. B* **3** (prep. *com*) trocar passes rápidos com (outro jogador) rumo ao gol

ta.be.li.ão [pl.: *-ães*; fem.: *tabeliã* e *tabelioa*] *s.m.* escrivão público ~ **tabelional** *adj.2g.* - **tabelionar** *adj.2g.*

ta.be.li.o.na.to *s.m.* **1** função exercida pelo tabelião **2** local de trabalho do tabelião; cartório

ta.ber.na ou **ta.ver.na** *s.f.* **1** restaurante que serve refeições simples **2** estabelecimento onde se vende vinho a varejo ~ **taberneiro** *adj.s.m.*

ta.ber.ná.cu.lo *s.m.* REL **1** entre os hebreus, santuário portátil da arca da Aliança **2** local considerado sagrado **3** local onde ficam as hóstias no altar católico

ta.bi.que *s.m.* **1** divisória us. em uma casa **2** parede feita de taipa

ta.bla.do *s.m.* estrutura de tábuas erguida acima do chão us. para apresentações artísticas, comícios etc.

tab.let [ing.] *s.m.* INF dispositivo de entrada de dados que permite inserir gráficos desenhados à mão por meio de uma caneta ou estilete especial pressionado contra uma superfície sensível, similar a uma prancheta ⇨ pronuncia-se tablet ▣ *t.PC* INF computador portátil cuja tela, além de ser monitor de vídeo, é o principal dispositivo de entrada e comando [Pode ter acesso à internet ou funcionar como celular.]

ta.ble.te *s.m.* medicamento, alimento ou qualquer produto sólido em forma de placa, ger. retangular ⟨*t. de doce, de fermento, de sabão*⟩

ta.bloi.de \ói\ *s.m.* 1 publicação que tem cerca da metade do tamanho habitual dos jornais ■ *adj.2g.* 2 relativo a essa publicação

ta.bu *s.m.* 1 proibição religiosa, social ou cultural de certo comportamento, gesto ou linguagem ⟨*t. sexual, linguístico*⟩ 2 o que é objeto dessa proibição ■ *adj.2g.* 3 que não pode ser us., feito, tocado ou pronunciado, por crença, respeito ou pudor

tá.bua *s.f.* 1 peça de madeira serrada, plana, pouco espessa e relativamente larga 2 espécie de móvel us. para diversos fins; mesa ⟨*t. de passar roupa*⟩ 3 quadro, tabela ⟨*t. de matérias de um livro*⟩ ▣ **t. de salvação** *loc.subst. fig.* último recurso a que se apela em uma situação crítica

ta.bu.a.da *s.f.* 1 tabela com as operações aritméticas elementares e seus resultados 2 o livro que contém essa tabela 3 reprodução oral dessa tabela

ta.bu.la.dor \ô\ *adj.s.m.* 1 (mecanismo) que permite, em máquinas de escrever, computadores etc., tabular colunas no texto em que se escreve ■ *s.m.* INF 2 nos teclados de computador, tecla que permite passar de um campo a outro e/ou possibilita fazer alinhamentos, tabulações etc.

[1]**ta.bu.lar** *adj.2g.* relativo a tábua, tabela, mapa ou ao seu uso [ORIGEM: do lat. *tabulāris,e* 'feito em forma de tábua']

[2]**ta.bu.lar** *v.* {mod. 1} *t.d.* 1 organizar (informações) em tabela; tabelar 2 ajustar as margens laterais em máquina de escrever, computador etc. para alinhar (o texto) [ORIGEM: do ing. (*to*) *tabulate* 'colocar em forma de tabela'] ~ **tabulação** *s.f.*

ta.bu.lei.ro *s.m.* 1 prancha sobre a qual se movimentam as peças de um jogo 2 mesa de tábuas na qual os feirantes expõem seus produtos 3 recipiente raso e com bordas baixas à volta, us. ger. para servir alimentos, líquidos etc.; bandeja 4 recipiente em que se assam comidas no forno; assadeira

ta.bu.le.ta \ê\ *s.f.* 1 placa na qual se inscrevem anúncios, avisos etc. 2 o que se escreve ou desenha sobre essa placa; anúncio

ta.ça *s.f.* 1 copo com pé us. para beber vinho 2 o conteúdo desse copo ⟨*tomar uma t. de champanhe*⟩ 3 *p.ext.* troféu esportivo com a forma desse copo

ta.ca.cá *s.m.* *B* caldo feito com a goma da mandioca, camarões, tucupi e temperos, a que se adiciona jambu, erva com a propriedade de provocar sensação de formigamento na boca

ta.ca.da *s.f.* 1 pancada com taco, ger. em bola ou similar, no bilhar, no hóquei etc. 2 *B infrm.* pedido de dinheiro 3 *fig. infrm.* golpe de sorte

ta.ca.nho *adj.* 1 pequeno, baixo ou curto, quanto às dimensões ⟨*físico t.*⟩ 2 *fig.* sem riqueza material; pobre ⊃ rico 3 *fig.* sem valor; insignificante ⟨*um padrão t.*⟩ ⊃ importante ■ *adj.s.m.* 4 que(m) não tem clareza de ideias; estúpido 5 avarento, sovina ⊃ esbanjador 6 (indivíduo) velhaco, manhoso ⊃ ingênuo ~ **tacanharia** *s.f.*

ta.cão [pl.: *-ões*] *s.m.* 1 salto do calçado 2 parte mais grossa da sola do calçado, na altura do calcanhar

ta.ca.pe *s.m.* *B* arma indígena de ataque; borduna

[1]**ta.car** *v.* {mod. 1} *t.d.* 1 dar pancada com taco em (bola de bilhar, golfe etc.) ☐ *t.d.i.* *B infrm.* 2 (prep. *em*) bater com (algo) em; acertar ⟨*t. a mão na cara do agressor*⟩ [ORIGEM: de *taco* + [2]*-ar*]

[2]**ta.car** *v.* {mod. 1} *t.d.* e *t.d.i.* 1 (prep. *em*) atirar, lançar, jogar a distância ☐ *t.d.i.* 2 (prep. *em*) atear (fogo) em [ORIGEM: alt. de *atacar*]

[1]**ta.cha** *s.f.* 1 nódoa, mancha 2 *fig.* defeito moral; desonra ☞ cf. *taxa* [ORIGEM: do fr. *tache* 'id.']

[2]**ta.cha** *s.f.* prego de cabeça redonda, chata e larga ☞ cf. *taxa* [ORIGEM: contrv., talvez do esp. *tacha* 'id.'] ~ tachear *v.t.d.*

ta.char *v.* {mod. 1} *t.d.pred. e pron.* (prep. *de*) atribuir(-se) defeitos, imperfeições; acoimar(-se), qualificar(-se) ☞ cf. *taxar*

ta.cho *s.m.* grande panela de metal, barro etc., larga e pouco funda, ger. com alças

tá.ci.to *adj.* 1 não traduzido por palavras; silencioso, calado ⟨*amores t.*⟩ ⊃ patente 2 que não é preciso dizer por estar implícito ou subentendido ⟨*um acordo t.*⟩ ⊃ explícito 3 secreto, oculto ⟨*um t. entendimento*⟩ ⊃ aparente

ta.ci.tur.no *adj.* 1 de poucas palavras; calado ⊃ falador 2 *fig.* tomado pela tristeza ou insatisfação; triste ⊃ alegre 3 *p.ext.* mal-humorado, carrancudo ⊃ risonho

ta.co *s.m.* 1 bastão de madeira longo e roliço, us. para tocar a bola em jogo de bilhar, golfe etc. 2 pedaço de madeira, ger. retangular, us. para revestir pisos

ta.cô.me.tro *s.m.* dispositivo que fornece informações sobre a velocidade de um veículo

tác.til *adj.2g.* → TÁTIL

tac.to *s.m.* → TATO

ta.fe.tá *s.m.* tecido de seda com brilho e armado

ta.ga.re.la *adj.2g.s.2g.* 1 (aquele) que fala muito; linguarudo ⊃ discreto 2 que(m) não guarda segredo; indiscreto ⊃ discreto

ta.ga.re.lar *v.* {mod. 1} *int.* falar muito, sem pensar; matraquear

ta.ga.re.li.ce *s.f.* 1 hábito de tagarelar ⊃ mudez 2 coisa de pouca importância que se diz ou escreve 3 indiscrição, intrometimento ⊃ discrição

tai.a.çu.í.deo *s.m.* ZOO 1 espécime dos taiaçuídeos, família de mamíferos aparentados aos porcos, que inclui o queixada e o caititu ■ *adj.* 2 relativo a essa família de mamíferos

tai.fa *s.f.* grupo de taifeiros ou marinheiros

tai.fei.ro *s.m.* **1** soldado que faz o serviço de copa, mesa e camarotes dos oficiais de marinha **2** serviçal de navio mercante ⊙ COL taifa

tai.ga *s.f.* BOT região situada ao norte da Europa, Ásia e América setentrional, constituída por florestas com algumas árvores que não perdem as folhas mesmo no rigoroso inverno

ta.i.nha *s.f.* grande peixe tropical de listas negras longitudinais ⊙ GRAM/USO dim.irreg.: *tainhota* ⊙ COL cardume

ta.i.nho.ta *s.f. B* filhote de tainha ⊙ GRAM/USO dim.irreg. de *tainha*

tai.o.ba *s.f. B* erva tropical da família do antúrio e do inhame, cujas folhas e tubérculos são comestíveis

tai.pa *s.f.* **1** processo de construção de paredes que usa barro amassado para preencher espaços entre paus, varas etc., trançados **2** parede feita por esse processo; estuque **3** esse barro amassado

tal *pron.dem.* **1** este, esta, isto, esse, essa, isso, aquele, aquela, aquilo ⟨*nunca foi possível esquecer t. fato*⟩ **2** semelhante, análogo ⟨*nunca viu t. paixão*⟩ **3** us. com conotação ger. pejorativa ou desdenhosa ⟨*o t. político nunca vem trabalhar*⟩ **4** us. quando se trata de algo que se deseja generalizar ⟨*página t.*⟩ ☞ empr. a seguir a um substantivo ■ *adv.* **5** desse jeito ou modo, assim ⟨*t. era o estado real das coisas*⟩ ■ *s.2g.* **6** aquele de quem se fala, mas cujo nome se oculta ⟨*falo do t. que me pediu dinheiro*⟩ **7** *B infrm.* pessoa notável ⟨*em matemática, ele é o t.*⟩ ⊡ **de t.** *loc.adj.* expressão us. após um nome próprio, quando não se sabe ou se quer ocultar o sobrenome de alguém ⟨*Jorge de t.*⟩ • **t. como** *loc.adv.* **1** us. para apresentar um exemplo ou uma enumeração ⟨*os pedidos eram básicos, tais como casa, comida e dinheiro*⟩ **2** introduz uma comparação ⟨*falar t. como o pai*⟩

ta.la *s.f.* MED dispositivo us. para imobilizar um membro ou parte do corpo fraturada ou deslocada

ta.la.ga.da *s.f. B infrm.* gole de bebida alcoólica que se toma de uma vez

ta.la.gar.ça *s.f.* tecido encorpado, us. para bordar ou na encadernação de livros

ta.lan.te *s.m.* **1** vontade, desejo ⟨*a polícia prendia e soltava a seu t.*⟩ **2** atitude de interesse; empenho ⟨*progredir na medida de seu t.*⟩

ta.lão [pl.: *-ões*] *s.m.* **1** ANAT calcanhar dos humanos e de certos animais **2** parte do calçado ou da meia que cobre o calcanhar **3** extremidade de ferradura **4** bloco de folhas com uma parte destacável e outra onde se anota o emitente; talonário ⟨*t. de cheques*⟩

[1]ta.lar *v.* {mod. 1} *t.d.* **1** abrir fenda em (terreno), para a água escoar **2** causar graves danos a; devastar, arrasar [ORIGEM: do esp. *talar* 'devastar']

[2]ta.lar *adj.2g.* **1** relativo a talão ('calcanhar') **2** que desce até os calcanhares ⟨*veste t.*⟩ [ORIGEM: do lat. *talāris,e* 'que desce até os tornozelos; comprido']

ta.lás.si.co *adj.* **1** relativo a mar e a águas oceânicas profundas **2** *frm.* da cor do mar ⟨*azul t.*⟩

ta.las.so.fo.bi.a *s.f.* PSIC pavor do mar

ta.las.so.fó.bi.co *adj.* PSIC relativo a talassofobia e/ou a talassófobo

ta.las.só.fo.bo *s.m.* PSIC quem tem medo do mar

ta.las.so.te.ra.pi.a *s.f.* MED uso do clima marinho e de banhos de mar para o tratamento de doenças ~ **talassoterápico** *adj.*

tal.co *s.m.* mineral em pó finíssimo, us. em remédios, cosméticos etc.

ta.len.to *s.m.* **1** inteligência notável, que se afirma por méritos excepcionais ⟨*seu t. de advogado salvou o réu*⟩ **2** *p.ext.* capacidade inata ou adquirida ⟨*ter t. para a música*⟩ ⊃ incapacidade

ta.len.to.so \ô\ [pl.: *talentosos* \ó\] *adj.* **1** que tem muito talento, inteligência **2** habilidoso na sua arte e/ou ciência ⟨*cirurgião, músico t.*⟩

[1]ta.lha *s.f.* obra de arte que se faz entalhando a madeira [ORIGEM: de *talhar*] ⊙ COL talhame

[2]ta.lha *s.f.* **1** vaso bojudo us. para armazenar líquidos e cereais **2** *B* moringa [ORIGEM: de um lat. **tinacŭla* 'pequeno vaso de servir vinho']

ta.lha.dei.ra *s.f. B* ferramenta us. para esculpir ou cortar madeira, metal etc.

ta.lha.do *adj.* **1** que foi dividido, cortado ⟨*fruta t.*⟩ ⊃ inteiro **2** *fig.* convencionado, ajustado ⟨*pagou o preço t.*⟩ **3** disposto verticalmente, em escarpa ou rampa ⟨*rochedo t.*⟩ **4** apropriado, adequado ⟨*pessoa t. para um cargo*⟩ **5** coagulado, coalhado ⟨*leite t.*⟩ **6** ajustado e costurado, depois de cortado (diz-se de peça de vestuário) ■ *s.m.* **7** *B* passagem estreita de rio entre paredes íngremes

ta.lha.dor \ô\ *adj.s.m.* **1** (instrumento ou máquina) us. para talhar, cortar ■ *s.m.* **2** proprietário ou funcionário de açougue

ta.lha-mar [pl.: *talha-mares*] *s.m.* **1** quebra-mar **2** parte externa da proa de uma embarcação

ta.lhar *v.* {mod. 1} *t.d.* **1** fazer talho(s) em; cortar **2** entalhar, esculpir, gravar ⟨*t. o mármore*⟩ ⟨*t. a imagem de um santo*⟩ **3** cortar tecido, couro na justa medida do corpo, para confeccionar (roupa, sapato) **4** abrir sulcos em; fender ⟨*t. a terra*⟩ **5** cortar ramos de (plantas); podar ❑ *t.d.i.* **6** (prep. *a*) fazer (algo) à imitação de; ajustar, moldar ❑ *int. e pron.* **7** coalhar(-se), coagular(-se) [o leite] ❑ *pron.* **8** ficar com fendas; abrir-se, rachar-se ~ **talhadura** *s.f.* - **talhamento** *s.m.*

ta.lha.rim *s.m.* massa alimentícia em tiras

ta.lhe *s.m.* **1** feição do corpo ou de qualquer objeto **2** *p.ext.* tronco do corpo humano **3** aspecto e forma de qualquer objeto; talho ⟨*o t. de uma letra*⟩ **4** modo de cortar um tecido ou esculpir uma obra de arte; talho

ta.lher *s.m.* **1** utensílio us. para comer, como garfo, faca, colher **2** *fig.* lugar de cada um à mesa ⟨*banquete de 300 t.*⟩ ⊙ COL faqueiro

ta.lho *s.m.* **1** rasgo, corte **2** golpe com objeto cortante; sulco, vergão **3** *p.ext.* corte da carne, no açougue, e sua divisão em categorias **4** talhe ('aspecto', 'modo de cortar')

ta.li.ão [pl.: *-ões*] *s.m.* qualquer vingança em proporção igual ou considerada equivalente ao mal sofrido; retaliação

ta.li.bã *adj.2g.s.2g.* **1** (o) que é membro do movimento nacionalista islâmico que governou o Afeganistão entre 1996 e 2001 ■ *s.m.* **2** esse movimento ☞ inicial maiúsc. ■ *adj.2g.* **3** que resulta desse movimento ⟨*governo t.*⟩

ta.li.do.mi.da *s.f.* MED substância presente em medicamentos sedativos e hipnóticos, que deve ser evitada por gestantes por causar má-formação no feto

tá.lio *s.m.* elemento químico us. em vidros de baixo ponto de fusão, células fotelétricas, pesticidas etc. [símb.: *Tl*] ☞ cf. *tabela periódica* (no fim do dicionário)

ta.lis.mã *s.m.* objeto a que se atribui o poder mágico de conseguir o que se almeja

tal.mu.de *s.m.* livro que contém a lei oral, a doutrina, a moral e as tradições dos judeus ☞ inicial maiúsc. ~ **talmúdico** *adj.*

ta.lo *s.m.* **1** parte das plantas que dá suporte a flores, folhas e frutos **2** nervura fibrosa principal das folhas de certas plantas ⟨*t. de couve*⟩ ~ **taloso** *adj.*

ta.lo.ná.rio *s.m.* **1** bloco cujas folhas são talões **2** talão de cheques

tal.pí.deo *s.m.* ZOO **1** espécime dos talpídeos, família de mamíferos da Eurásia e América do Norte, que inclui diversas espécies de toupeiras ■ *adj.* **2** relativo a essa família de mamíferos

ta.lu.de *s.m.* **1** superfície inclinada de um aterro, muro ou qualquer obra **2** terreno enclinado; escarpa

ta.lu.do *adj.* **1** que tem talo rijo (diz-se esp. de vegetal) **2** *fig.* de grande vulto; considerável ■ *adj.s.m.* **3** (indivíduo) grande, corpulento, parrudo **4** (criança ou jovem) que é ou está bem desenvolvido ↄ franzino

tal.vez *adv.* possivelmente, porventura ⟨*um dia t. saibamos a verdade*⟩

ta.man.ca.da *s.f.* pancada com tamanco

ta.man.co *s.m.* calçado cuja base é de madeira inteiriça

ta.man.du.á *s.m.* mamífero desdentado, de focinho longo, dotado de língua longa e pegajosa, e grandes garras us. para abrir formigueiros e cupinzeiros

ta.man.du.á-ban.dei.ra [pl.: *tamanduás-bandeiras* e *tamanduás-bandeira*] *s.m.* tamanduá de cauda comprida e peluda, de coloração cinza acastanhada, com listra preta que vai do peito até a metade do dorso

ta.ma.nho *adj.* **1** tão grande, tão extenso ⟨*nunca recebera t. castigo*⟩ ■ *s.m.* **2** grandeza física (volume, área etc.) ⟨*o t. da sala*⟩ **3** porte, corpo, estatura ⟨*um homem do seu t. devia tomar juízo!*⟩ **4** cada uma das medidas de roupa e calçado padronizadas pela indústria ⟨*calça t. 42*⟩

tâ.ma.ra *s.f.* fruto da tamareira

ta.ma.rei.ra *s.f.* palmeira africana cultivada esp. pelas tâmaras, mas tb. pelo açúcar que delas se extrai, e como ornamental

ta.ma.rin.dal *s.m.* aglomeração de tamarindeiros

ta.ma.rin.dei.ro *s.m.* árvore que produz o tamarindo

ta.ma.rin.do *s.m.* **1** árvore cultivada como ornamental e pelos frutos **2** o fruto dessa árvore, cuja polpa é escura e ácida, us. em farmácia e na alimentação

tam.bém *adv.* **1** da mesma forma ⟨*um queria falar e o outro t.*⟩ **2** além disso ⟨*arrematou joias e t. pinturas*⟩ **3** por outro lado, de outra forma ⟨*uns gostam de calor, mas, t., há os que preferem o frio*⟩ **4** realmente, na verdade ⟨*essa história t. já é demais!*⟩ ■ *conj.coord.* **5** nem ⟨*nada disse, t. ninguém nada lhe perguntou*⟩ **6** mas, porém ⟨*ela não veio ontem, t., hoje, trabalhou dobrado*⟩

tam.bor \ô\ *s.m.* **1** instrumento musical de percussão, ger. dotado de forma cilíndrica, revestido por membrana e tocado com as mãos ou baquetas **2** parte do revólver em que se colocam as balas **3** grande cilindro de metal us. para transportar e/ou armazenar substâncias as mais variadas

tam.bo.re.te \ê\ *s.m.* assento individual sem encosto e sem braços; banco

tam.bo.ril *s.m.* **1** tamborim **2** peixe marinho, comestível, que atrai presas com um pedúnculo no focinho ⊙ GRAM/USO dim.irreg.: *tamborilete*

tam.bo.ri.lar *v.* {mod. 1} *int.* **1** percutir levemente com os dedos **2** produzir som semelhante ao do tambor ~ **tamborilada** *s.f.*

tam.bo.rim *s.m.* pequeno tambor seguro por uma das mãos e tocado por baqueta

ta.moi.o \ô\ *s.2g.* **1** indivíduo dos tamoios, povo indígena que habitava a costa brasileira, do norte de São Paulo a Cabo Frio, e o vale do Paraíba (RJ) ■ *adj.2g.* **2** relativo a esse indivíduo e a esse povo

tam.pa *s.f.* peça móvel com que se tapa ou cobre algo ⊙ GRAM/USO aum.irreg.: *tampão*

tam.pão [pl.: *-ões*] *s.m.* **1** grande tampa ou tampo **2** tampa de caixa de esgoto, pia, tanque etc. **3** MED bola de gaze ou algodão, us. para obstruir canal ou cavidade, deter hemorragia etc. ⊙ GRAM/USO aum.irreg. de *tampa*

tam.par *v.* {mod. 1} *t.d.* pôr tampa ou tampo em; tapar, fechar ↄ destampar

tam.po *s.m.* **1** peça us. para vedar ou tampar tonéis, tinas etc. **2** peça de madeira ou plástico que cobre o vaso sanitário **3** superfície de uma mesa **4** no piano, a cobertura móvel do teclado

tam.po.nar *v.* {mod. 1} *t.d.* **1** obstruir, vedar com tampão **2** MED pôr tampão em (cavidade, orifício) para estancar hemorragia, impedir saída de remédio etc. ~ **tamponamento** *s.m.*

tam.pou.co *adv.* também não, muito menos ⟨*não lê e t. estuda*⟩

ta.na.ju.ra *s.f.* **1** fêmea alada de diversas espécies de saúva **2** *fig. joc.* mulher de cintura fina e quadris largos

ta.na.to.lo.gi.a *s.f.* **1** estudo sobre a morte, suas causas e fenômenos relacionados a ela **2** MED rotina de realização de autópsias ~ **tanatológico** *adj.* · **tanatologista** *adj.2g.s.2g.*

ta.na.to.pra.xi.a \cs\ *s.f.* qualquer das técnicas de conservação de cadáveres (p.ex., o embalsamamento)

tan.ga *s.f.* **1** pedaço de pano ou outro material us. para cobrir o sexo **2** parte de baixo do biquíni, esp. quando muito cavada

tan.ga.rá *s.m.* ave cujas fêmeas são verdes e cujos machos, ger. coloridos, executam uma dança para o acasalamento

tan.gên.cia *s.f.* GEOM contato de uma reta com a curva ou superfície que ela toca

tan.gen.ci.al *adj.2g.* **1** relativo a tangência ou a tangente **2** *fig.* feito de modo superficial ⟨*um exame t.*⟩ ⊃ profundo

tan.gen.ci.ar *v.* {mod. 1} *t.d.* **1** traçar uma tangente a **2** seguir a tangente de **3** estar ou passar muito perto de; tocar **4** *fig.* ser muito parecido, semelhante; aproximar-se ⟨*sua depressão tangencia a loucura*⟩ ⟨*sua prosa tangencia a poesia*⟩

tan.gen.te *adj.2g.* **1** que toca ⟨*violino t.*⟩ **2** que tangencia ⟨*linha t.*⟩ ■ *s.f.* **3** reta que toca uma curva ou superfície sem cortá-la **4** MAT razão entre o cateto oposto a um ângulo agudo de um triângulo retângulo e o cateto adjacente

tan.ger *v.* {mod. 8} *t.d.* **1** chegar até encostar em (ponto, objeto, pessoa etc.); tocar, atingir **2** executar, tocar (música) **3** apressar, estimular a marcha de (ser humano ou animal); tocar ❑ *t.d. e int.* **4** (fazer) soar (instrumento ou objeto); tocar ❑ *t.i.* **5** (prep. *a*) dizer respeito a; referir-se ~ **tangedor** *adj.s.m.* · **tangimento** *s.m.*

tan.ge.ri.na *s.f.* fruto da tangerineira, redondo, amarelo e com suco refrescante; bergamota, mexerica, laranja-cravo

tan.ge.ri.nei.ra *s.f.* árvore de flores brancas e aromáticas, e frutos apreciados como alimento, cultivada tb. para extração de óleo us. em cosméticos

tan.gí.vel *adj.2g.* **1** que se pode tanger ⟨*cordas t. de uma harpa*⟩ **2** que se pode tocar ou alcançar ⟨*corpos t.*⟩ **3** *fig.* suficientemente claro para se entender ⟨*sinal t. de interesse pela moça*⟩ ~ **tangibilidade** *s.f.*

tan.glo.man.glo *s.m.* **1** doença que supostamente se origina de feitiço, magia; tangolomango **2** *p.ext. infrm.* qualquer doença

tan.go *s.m.* **1** dança de origem espanhola que se desenvolveu esp. na Argentina **2** música que acompanha essa dança

tan.go.lo.man.go *s.m.* *B* tanglomanglo

ta.ni.no *s.m.* QUÍM ácido de origem vegetal, us. esp. para curtir o couro, na produção de tintas e bebidas, e tb. no tratamento de queimaduras ~ **taninoso** *adj.*

ta.no.a.ri.a *s.f.* **1** ofício de tanoeiro **2** local onde se fabricam tonéis, pipas, barris

ta.no.ei.ro *s.m.* aquele que fabrica tonéis, pipas, barris etc.

[1]**tan.que** *s.m.* **1** depósito natural de águas; açude, cisterna, poço **2** *p.ext.* reservatório para armazenar líquidos ⟨*t. de água, de gasolina*⟩ **3** recipiente em que se lava roupa [ORIGEM: contrv., talvez de *estanque*]

[2]**tan.que** *s.m.* carro de guerra, robusto, blindado e dotado de armas de combate [ORIGEM: do ing. *tank* 'id.']

tan.tã *adj.2g.s.2g.* *B infrm.* que(m) não está no uso da razão; desequilibrado, maluco ⊃ são

[1]**tan.tá.li.co** *adj.* relativo a tântalo ⟨*ácido t.*⟩ [ORIGEM: *tântalo* + *-ico*]

[2]**tan.tá.li.co** *adj.* **1** relativo a Tântalo, personagem mitológico condenado a passar sede e fome por roubar os manjares dos deuses e entregá-los aos homens **2** *p.ext.* que apresenta sofrimento; penoso ⟨*momento t.*⟩ ⊃ agradável [ORIGEM: *Tântalo* + *-ico*]

tan.ta.li.zar *v.* {mod. 1} *t.d.* **1** ser um suplício para, ser terrível; torturar **2** despertar em (alguém) o desejo por algo inatingível **3** atrair fortemente a atenção ou a admiração de; maravilhar ~ **tantalização** *s.f.*

tân.ta.lo *s.m.* elemento químico us. em aços, filamento de lâmpadas incandescentes, instrumentos cirúrgicos e dentários etc. [símb.: *Ta*] ☞ cf. *tabela periódica* (no fim do dicionário)

tan.to *adv.* **1** em tão grande quantidade ⟨*t. repetiu a leitura que decorou*⟩ **2** em tão alto grau ⟨*desejava t.!*⟩ **3** com tamanha intensidade ⟨*bateu t. que quase matou*⟩ ■ *pron.ind.* **4** tal número ou quantidade ⟨*não deves ler tantos livros*⟩ ■ *adj.* **5** tamanho, tão grande ⟨*nunca teve t. tristeza*⟩ **6** tão numeroso ⟨*t. aplausos fizeram-na chorar*⟩ ☞ mais us. no pl. ■ *s.m.* **7** porção, quantidade, quantia indeterminada ⟨*ganhar t. pelos aluguéis*⟩ **8** volume, extensão (iguais ao de outro) ⟨*um tanque com quatro tantos de água de outro*⟩ **9** quantidade igual a outra certo número de vezes ⟨*um quadro que vale três tantos de outro*⟩ ▼ *tantos* *s.m.pl.* **10** muitos ⟨*entre os t. citados, estava seu nome*⟩

tão *adv.* em tal grau, maneira ou quantidade (em frases comparativas de igualdade) ⟨*t. grande que se perdia de vista*⟩ ⊡ **t. logo** *loc.adv.* assim que, mal ⟨*foi operado t. logo chegou ao hospital*⟩

tão só *adv.* tão somente

tão so.men.te *adv.* apenas, só, unicamente; tão só ⟨*faz t. somente o que mandam*⟩

ta.pa *s.m.* **1** pancada aplicada com a mão aberta **2** *drg.* tragada em cigarro de maconha ⊙ GRAM/USO aum.irreg.: *tapona*

ta.pa-bu.ra.co *s.2g.2n.* *infrm.* indivíduo sem função definida que substitui outro temporariamente

ta.pa.gem *s.f.* **1** barreira us. para defesa militar **2** cerca em volta de horta, quintal etc. **3** barragem feita com cipós na margem dos rios

ta.pa-o.lho [pl.: *tapa-olhos*] *s.m.* *infrm.* **1** pancada no olho **2** venda us. em um dos olhos e presa por uma tira em volta da cabeça

ta.par *v.* {mod. 1} *t.d.* **1** vedar (abertura, buraco, recipiente etc.) com rolha, tampa, tampo etc.; fechar ⊃ abrir **2** não deixar à mostra; esconder, ocultar, cobrir ⊃ mostrar ~ **tapamento** *s.m.*

ta.pa-se.xo [pl.: *tapa-sexos*] *s.m.* roupa mínima que cobre apenas os órgãos genitais

tape [ing.; pl.: *tapes*] *s.m.* ELETRÔN fita magnética us. para reproduzir ou gravar sons e imagens ⇨ pronuncia-se têipi ▣ *t. deck loc.subst.* ELETRÔN dispositivo us. para gravação e reprodução de fitas de videocassete

ta.pe.ar *v.* {mod. 5} *t.d.* enganar, ludibriar ~ **tapeação** *s.f.* - **tapeador** *adj.s.m.*

ta.pe.ça.ri.a *s.f.* **1** tecido bordado, próprio para adornar e/ou forrar móveis, assoalhos, paredes ou janelas **2** *p.ext. B* local onde se fabricam ou se vendem tapetes

ta.pe.cei.ro *s.m.* quem tece e/ou vende tapetes

ta.pe.ra *s.f. B* **1** aldeia indígena abandonada **2** casa em ruínas tomada pelo mato ■ *adj.2g.* **3** diz-se de indivíduo sem um ou os dois olhos

ta.pe.re.bá *s.m.* **1** fruto da cajazeira; cajá **2** cajazeira **3** umbuzeiro **4** umbu ('fruto')

ta.pe.te \ê\ *s.m.* **1** peça de tecido ou outro material, us. para revestir e/ou adornar pisos, paredes etc. **2** *fig.* o que cobre uma superfície extensa de solo ⟨*t. de flores, de grama*⟩ ~ **tapetar** *v.t.d.*

ta.pi.o.ca *s.f. B* farinha comestível extraída das raízes da mandioca ou do aipim

ta.pir *s.m.* anta

ta.pi.rí.deo *s.m.* ZOO **1** espécime dos tapirídeos, família de grandes mamíferos que compreende as antas e os tapires ■ *adj.* **2** relativo a essa família

ta.po.na *s.f. infrm.* forte tapa ⊙ GRAM/USO aum.irreg. de *tapa*

ta.pui.a *s.2g.* **1** indígena dos tapuias, grupo indígena que habita o noroeste de Goiás **2** nome dado pelos portugueses ao indígena dos grupos que não falavam línguas do tronco tupi, e que viviam no interior do país **3** indígena dominado pelo branco e que perdeu alguns traços de sua própria civilização **4** filho de branco e índia; mameluco ■ *adj.2g.* **5** relativo a esses indígenas **6** relativo a esse mameluco

ta.pui.o *s.m. B* **1** tapuia ('nome', 'filho') **2** descendente de índio ■ *adj.* **3** relativo a tapuia **4** relativo a esse descendente

ta.pu.me *s.m.* proteção provisória, ger. de madeira, com que se veda a entrada de uma área numa construção

ta.qua.ra *s.f.* BOT *B* nome comum a várias plantas de caule oco como os bambus ⊙ COL taquaral

ta.qua.ral *s.m.* grande aglomerado de taquaras em certa área

ta.que.ar *v.* {mod. 5} *t.d.* revestir com, pôr tacos em (piso, lugar); assoalhar ~ **taqueamento** *s.m.*

ta.qui.car.di.a *s.f.* MED aceleração dos batimentos cardíacos ⮌ bradicardia ~ **taquicardíaco** *adj.s.m.*

ta.qui.gra.fi.a *s.f.* estenografia ~ **taquigrafar** *v.t.d. e int.* - **taquigráfico** *adj.* - **taquígrafo** *s.m.*

ta.ra *s.f.* **1** defeito de fabricação ⟨*moeda com t.*⟩ **2** *fig.* defeito físico, mental ou moral **3** grande interesse por algo ⟨*sua t. é cinema*⟩ **4** *fig.* perversão, depravação ⟨*foi condenado por sua t.*⟩ **5** desconto da diferença entre o peso da mercadoria e o de sua embalagem ⟨*a t. é a diferença entre o peso bruto e o peso líquido*⟩ **6** peso de um veículo sem carga

ta.ra.do *adj.* **1** equilibrado com o desconto do peso da tara ⟨*balança t.*⟩ **2** que traz defeito ou falha ⟨*moeda t.*⟩ **3** *B gír.* muito interessado; gamado ⟨*t. por cinema*⟩ ■ *adj.s.m.* **4** *B* que(m) é moralmente devasso ou sexualmente degenerado

ta.ra.me.la *s.f.* → TRAMELA

ta.ra.me.lar *v.* {mod. 1} *t.d.* **1** fechar com a taramela ('peça'); trancar ❑ *int. infrm.* **2** falar muito e sem pensar; tagarelar

ta.ran.te.la *s.f.* **1** dança popular originária de Nápoles (Itália), ger. acompanhada por castanholas e tamborim **2** *p.ext.* música que acompanha essa dança

ta.rân.tu.la *s.f.* aranha marrom ou negra cuja picada é venenosa

ta.rar *v.* {mod. 1} *t.d.* **1** pesar para descontar a tara **2** marcar o peso da tara em (recipientes, carrocerias etc.) ❑ *t.i. B infrm.* **3** (prep. *por*) desejar de forma ardente; apaixonar-se

tar.dar *v.* {mod. 1} *t.d.* **1** passar para data ou oportunidade posterior; adiar ⮌ antecipar ❑ *t.d.,t.i. e int.* **2** (prep. *em, a*) levar mais tempo ou muito tempo para; retardar(-se), demorar ⟨*t. em responder*⟩ ⟨*tardou a levantar-se*⟩ ⮌ apressar(-se) ❑ *t.i. e int.* **3** (prep. *em*) agir com lentidão, não ter pressa ~ **tardança** *s.f.*

tar.de *adv.* **1** depois do tempo ou da hora certa, apropriada ou combinada ⟨*chegar t. para a festa*⟩ **2** em hora avançada ⟨*dormir t.*⟩ ⮌ cedo ■ *s.f.* **3** período do dia que vai do meio-dia ao crepúsculo

tar.di.nha *s.f. infrm.* o fim da tarde

tar.di.o *adj.* **1** que se dá após o tempo apropriado ⟨*apoio t.*⟩ ⮌ antecipado **2** que leva muito tempo; lento ⟨*crescimento t.*⟩ ⮌ ligeiro

tar.do *adj.* **1** que tudo faz sem pressa ⟨*trabalhador t.*⟩ ⮌ apressado **2** que demora ⟨*passo t.*⟩ ⮌ rápido **3** preguiçoso, indolente ⮌ ativo

ta.re.fa *s.f.* **1** trabalho que se deve realizar em determinado prazo; empreitada **2** contrato de trabalho cujo salário é calculado pelo serviço executado ~ **tarefeiro** *s.m.*

ta.ri.fa *s.f.* **1** tabela de preços de serviços como telefone, água e esgoto, energia elétrica etc. **2** tabela de taxas alfandegárias **3** tabela fixada para o transporte de passageiro ou de carga ⊙ GRAM/USO aum. irreg.: *tarifaço* ~ **tarifário** *adj.*

ta.ri.fa.ço *s.m. B* grande aumento das taxas dos serviços em geral, impostos etc. ⊙ GRAM/USO aum. irreg. de *tarifa*

ta.ri.far *v.* {mod. 1} *t.d.* **1** reduzir a tarifa de **2** aplicar tarifa a ~ **tarifação** *s.f.*

ta.rim.ba *s.f.* **1** estrado em que dormem soldados **2** *fig.* tempo de prática em uma profissão ou arte; experiência, jeito

ta.rim.ba.do *adj. B* que tem muita experiência e prática ⟨*médico t.*⟩ ⮌ inexperiente

ta.rim.bar *v.* {mod. 1} *int.* servir nas Forças Armadas

tar.ja *s.f.* **1** listra preta posta em envelopes, objetos etc. para indicar luto **2** listra negra us. para encobrir

parte de um trabalho impresso **3** ornato que contorna um objeto ⊙ GRAM/USO dim.irreg.: *tarjeta*
tar.jar *v.*{mod. 1} *t.d.* pôr tarja em; cercar, orlar
tar.je.ta \ê\ *s.f.* **1** tarja pequena ou estreita **2** pequeno ferrolho sobre placa metálica ⊙ GRAM/USO dim. irreg. de *tarja*
ta.rô *s.m.* **1** baralho ilustrado us. por cartomantes **2** *p.ext.* jogo de interpretações que usa esse baralho
tar.ra.fa *s.f.* rede de pesca circular com peso nas bordas ~ **tarrafar** *v.t.d.*
tar.ra.xa *s.f.* **1** peça com voltas em espiral **2** ferramenta us. para fazer roscas **3** peça us. para apertar; cunha
tar.so *s.m.* ANAT esqueleto da parte posterior do pé
tar.ta.mu.de.ar *v.*{mod. 5} *t.d. e int.* falar (algo) com dificuldade, repetindo, interrompendo ou prolongando sílabas, letras; gaguejar
tar.ta.mu.do *adj.s.m.* **1** que(m) se exprime com dificuldade; gago **2** (aquele) que fala com voz trêmula ~ **tartamudez** *s.f.*
[1]**tár.ta.ro** *s.m.* **1** natural ou habitante da Tartária (república da Federação Russa) **2** língua falada nessa república ■ *adj.* **3** relativo a essa república e a essa língua [ORIGEM: do lat. *tartărus* 'tártaro, mongol']
[2]**tár.ta.ro** *s.m.* **1** substância espessa originária do suco de uva e do vinho; sarro **2** ODONT depósito duro sobre a borda dos dentes ou sob as gengivas [ORIGEM: do lat.*tartărum,i* 'sarro']
tar.ta.ru.ga *s.f.* **1** réptil cujo corpo é coberto por uma carapaça, encontrado tanto na água doce ou salgada como em ambientes terrestres **2** nome comum a répteis aquáticos, em oposição às espécies terrestres, ger. conhecidas como jabutis **3** *fig. pej.* indivíduo lerdo ou descansado
tar.tu.fi.ce *s.f.* **1** disfarce, dissimulação, hipocrisia ⮌ sinceridade **2** ato, dito ou modos de tartufo
tar.tu.fo *s.m.* **1** indivíduo hipócrita ⮌ verdadeiro **2** beato enganador
ta.ru.go *s.m.* **1** espécie de torno us. para unir ou prender duas peças de madeira **2** peça que se embute na parede para receber prego, parafuso etc.
tas.ca *s.f.B* tasco ('porção')
tas.car *v.* {mod. 1} *t.d.* **1** tirar o tasco de (linho) **2** *infrm.* comer, mastigar (alimento) **3** tirar pedaço de (algo), mordendo **4** *infrm.* dar uma surra em; espancar **5** *B infrm.* lançar-se sobre; atacar, pegar ⟨*ninguém tasca meu bolo*⟩ **6** *B* ceder um pedaço de (o que se come) ❑ *t.d.i.B* **7** (prep. *em*) dar, aplicar ⟨*tascou-lhe um tapa*⟩ **8** (prep. *em*) atear, pôr (fogo) em
tas.co *s.m.* **1** a parte mais grossa e fibrosa do linho **2** *B infrm.* porção de alimento que se está comendo; pedaço, tasca
tã-tã [pl.: *tã-tãs*] *s.m.* MÚS **1** instrumento de percussão chinês **2** certo tambor africano
ta.ta.me *s.m.* esteira de palha de arroz us. nas casas japonesas e sobre a qual tb. se praticam certas artes marciais, tais como o judô e o caratê
ta.ta.ra.na *s.f.* → *TATURANA*
ta.ta.ra.ne.ta *s.f.* tetraneta
ta.ta.ra.ne.to *s.m.* tetraneto
ta.ta.ra.vó *s.f.* tetravó
ta.ta.ra.vô *s.m.* tetravô
ta.te.ar *v.*{mod. 5} *t.d.* **1** conhecer pelo tato; apalpar, tocar **2** examinar com cuidado **3** tentar conhecer com cautela; sondar ❑ *int.* **4** orientar-se pelo tato ou usando algum objeto ~ **tateante** *adj.2g.*
ta.ti.bi.ta.te *adj.2g.s.2g.* **1** (aquele) que fala trocando algumas consoantes **2** *p.ext.* que(m) gagueja **3** *fig.* que(m) é muito acanhado, embaraçado
tá.ti.ca *s.f.* **1** manobra militar durante um combate **2** *p.ext.* maneira hábil de encaminhar empreendimento, negócio, disputa etc. ⟨*o time melhorou depois de mudar de t.*⟩
tá.ti.co *adj.* **1** que é feito com tática ⟨*manobra t.*⟩ **2** que é resultado de uma determinada tática ⟨*decisão t.*⟩ ■ *adj.s.m.* **3** (indivíduo) especialista em tática
tá.til ou **tác.til** *adj.2g.* **1** relativo a tato ⟨*órgão t.*⟩ **2** que pode ser tocado, tateado ~ **tatilidade** *s.f.*
ta.to ou **tac.to** *s.m.* **1** sentido pelo qual se percebem as sensações de temperatura, extensão e consistência **2** *fig.* procedimento cauteloso; prudência **3** *fig.* habilidade, capacidade ⮌ inabilidade
ta.to.ra.na *s.f.* → *TATURANA*
ta.tu *s.m.* mamífero desdentado, terrestre, cujo corpo é coberto por placas que formam uma carapaça
ta.tu.a.gem *s.f.* **1** arte de gravar na pele, através de pigmentos coloridos, desenhos, símbolos etc. **2** *p.ext.* qualquer marca ou desenho feitos por esse processo **3** *p.ext.* sinal, marca, cicatriz
ta.tu.ar *v.*{mod. 1} *t.d.* **1** fazer tatuagem em (o corpo, parte dele ou alguém) **2** pintar ou gravar (marca, desenho) em ⟨*quer t. uma lua no pescoço*⟩ ☞ *no pescoço* é circunstância que funciona como complemento ❑ *pron.* **3** fazer tatuagem em si próprio ou deixar que o façam ~ **tatuador** *adj.s.m.*
ta.tu-bo.la [pl.: *tatus-bolas* e *tatus-bola*] *s.m.* tatu capaz de se enrolar dentro da carapaça, formando uma bola
ta.tu.í *s.m.* pequeno crustáceo esbranquiçado que vive enterrado na areia da zona de arrebentação das praias
ta.tu.ra.na , **ta.ta.ra.na** ou **ta.to.ra.na** *s.f.B* lagarta de mariposa, dotada de abundantes, longos e finíssimos pelos que, ao menor contato, liberam forte toxina
tau.ma.tur.gi.a *s.f.* **1** realização de milagres **2** poder de quem opera milagres
tau.ma.túr.gi.co *adj.* relativo a taumaturgia ou a taumaturgo
tau.ma.tur.go *adj.s.m.* **1** que(m) opera milagres **2** *p.ext.* (aquele) que adivinha; visionário
tau.ri.no *adj.s.m.* **1** que(m) é do signo de Touro ■ *adj.* **2** relativo a esse signo **3** relativo ou pertencente a touro ('boi')
tau.ro.ma.qui.a *s.f.* arte de tourear ~ **tauromáquico** *adj.*
tau.to.lo.gi.a *s.f.* GRAM pleonasmo; redundância ~ **tautológico** *adj.*

ta.ver.na *s.f.* → TABERNA

ta.vo.la.gem *s.f.* **1** qualquer casa de jogo **2** o vício do jogo

ta.xa *s.f.* **1** tributo arrecadado pela União, pelos estados ou pelos municípios, a título de prestar certos serviços ⟨*t. de incêndio*⟩ **2** *p.ext.* preço cobrado ao usuário pela prestação de algum serviço ⟨*t. de condomínio*⟩ **3** proporção de algo num conjunto, ger. expressa em percentagem ⟨*t. de mortalidade infantil*⟩ ☞ cf. *tacha* ⊡ **t. de câmbio** *loc.subst.* **1** ECON preço da moeda estrangeira no mercado de capitais **2** relação de troca entre duas moedas

ta.xar *v.* {mod. 1} *t.d.* **1** cobrar imposto sobre; tributar **2** regulamentar preços de (mercadorias, serviços, salários etc.) ❑ *t.d.pred. e pron.* **3** atribuir(-se) qualidade ou defeito; qualificar(-se), considerar(-se) ☞ cf. *tachar* ~ **taxação** *s.f.*

ta.xa.ti.vo *adj.* **1** que limita ou regulamenta, com base em lei ou decreto; restritivo ⟨*ordem t.*⟩ **2** *fig.* que não dá margem a objeção ou resposta; categórico ⟨*resposta t.*⟩ ⊃ discutível

tá.xi \cs\ *s.m.* carro de aluguel para transporte de passageiros provido de taxímetro ⊡ **t. aéreo** *loc.subst.* *B* pequeno avião de aluguel

ta.xi.ar \cs\ *v.* {mod. 1} *int.* movimentar-se (avião) na pista para decolagem ou após o pouso

ta.xi.der.mi.a \cs\ *s.f.* antigo processo de encher de palha animal morto, deixando-o com aparência de vivo ~ **taxidérmico** *adj.* - **taxidermista** *adj.2g.s.2g.*

ta.xí.me.tro \cs\ *s.m.* aparelho que, num táxi, registra o preço que o passageiro deve pagar pela corrida

ta.xi.no.mi.a \cs\ ou **ta.xo.no.mi.a** \cs\ *s.f.* **1** ciência da classificação **2** BIO parte da biologia que trata da classificação dos seres vivos ~ **taxinômico** *adj.* - **taxonômico** *adj.*

ta.xis.ta \cs\ *s.2g.* condutor de táxi

ta.xo.no.mi.a \cs\ *s.f.* → TAXINOMIA

Tb símbolo de *térbio*

Tc símbolo de *tecnécio*

tchau *interj.* **1** até logo, até a vista ■ *s.m.* **2** aceno, adeus ⟨*dar um t.*⟩

tche.co *s.m.* **1** natural ou habitante da República Tcheca (Europa Central) **2** língua da família indo-europeia falada nessa república ■ *adj.* **3** relativo ao povo dessa região e a essa língua

te *pron.p.* da segunda p. do sing., caso oblíquo, com função de objeto direto (*a ti*) ou objeto indireto (*de ti, para ti, em ti*)

Te símbolo de *telúrio*

tê *s.m.* nome da letra *t*

te.ar *s.m.* **1** máquina us. para fabricar tecidos, tapetes etc. **2** *B* equipamento us. para dividir mármore em pedaços

te.a.tral *adj.2g.* **1** relativo ou pertencente a teatro ⟨*arte t.*⟩ **2** que visa causar efeito espetacular ⟨*gesto t.*⟩ **3** *fig. pej.* pouco natural; forçado ⟨*tom t.*⟩ ⊃ espontâneo

te.a.tra.li.da.de *s.f.* **1** qualidade de quem sabe exibir-se num palco **2** aquilo que tem caráter de grande espetáculo ⟨*um número de grande t.*⟩ **3** *pej.* teatralismo ('tendência')

te.a.tra.lis.mo *s.m.* *B* **1** conjunto de efeitos teatrais **2** *fig. pej.* tendência a atrair a atenção sobre si, com um comportamento teatral, dramático; teatralidade

te.a.tra.li.zar *v.* {mod. 1} *t.d.* **1** tornar representável no teatro **2** dar caráter dramático a; dramatizar ⟨*t. uma dor*⟩

te.a.tro *s.m.* **1** lugar destinado à apresentação de obras dramáticas, óperas e outros espetáculos ⟨*ir ao t.*⟩ **2** conjunto de obras dramáticas de um autor, de uma época ou de um país ⟨*o t. medieval*⟩ **3** *fig.* a arte de representar ⟨*formar-se em t.*⟩ **4** *fig.* o ofício do ator ⟨*deixou o t. e foi ser médica*⟩ **5** *fig.* local em que acontece algo notável; palco ⟨*aquela região foi t. de muitos combates*⟩ **6** *fig.* fingimento, hipocrisia ⟨*tudo que disse é puro t.*⟩ ⊃ sinceridade ⊡ **t. de revista** *loc.subst.* espetáculo teatral com dança, números falados, musicais etc.

te.a.tró.lo.go *s.m.* escritor de peças teatrais

te.ce.du.ra *s.f.* **1** ato de tecer ou o seu efeito **2** conjunto das tramas dos fios de um tecido **3** *fig.* rede de intrigas; trama ⟨*uma t. de boatos*⟩

te.ce.la.gem *s.f.* **1** ofício de tecelão **2** indústria de tecidos

te.ce.lão [pl.: *-ões*; fem.: *teceloa* e *tecelã*] *s.m.* quem tece o pano no tear

te.cer *v.* {mod. 8} *t.d.* **1** entrelaçar metodicamente os fios de ⟨*t. a lã*⟩ **2** confeccionar (tecidos, redes, cestos etc.) entrelaçando fios **3** construir a habitação (certos animais), entrelaçando fios produzidos por seu próprio corpo ou materiais da natureza **4** *fig.* compor (algo) encadeando seus elementos ⟨*t. a trama de um romance*⟩ **5** *fig.* formar na imaginação; criar ⟨*t. sonhos*⟩ **6** *fig.* expressar verbalmente; dizer ⟨*t. elogios, comentários*⟩ **7** *fig.* arquitetar, tramar (intriga, golpe etc.)

te.ci.do *s.m.* **1** produto final da tecelagem de fios de algodão, seda, lã ou sintéticos, us. para fazer roupas, cortinas etc.; fazenda, pano **2** BIO grupo de células com mesma forma e função

te.cla *s.f.* **1** peça móvel que, ao ser pressionada pelo dedo, produz um som no órgão, piano e instrumentos afins **2** peça que, ao ser pressionada, faz funcionar rádio, gravador, televisão etc. **3** cada uma das peças de calculadora, teclado de computador etc. que corresponde a um sinal e que se aciona para aparecer em papel, tela etc. ⊙ COL teclado

te.cla.dis.ta *adj.2g.s.2g.* que(m) toca teclado de instrumento musical

te.cla.do *s.m.* **1** conjunto de teclas de um instrumento musical, computador etc. **2** parte de máquina ou instrumento em que se agrupam as teclas

te.clar *v.* {mod. 1} *t.d.* **1** acionar por meio de teclas ❑ *int.* **2** pressionar tecla de instrumento musical, máquina de datilografia etc. ❑ *t.i.* **3** (prep. *com*) usar o computador para se comunicar com ~ **teclagem** *s.f.*

tec.né.cio *s.m.* elemento químico artificial us. em radiologia [símb.: *Tc*] ☞ cf. *tabela periódica* (no fim do dicionário)

téc.ni.ca *s.f.* 1 conjunto de procedimentos ligados a uma arte ou ciência ⟨*t. pedagógicas*⟩ 2 *p.ext.* maneira própria de realizar uma tarefa ⟨*uma t. especial de resolver problemas*⟩ ~ **tecnicidade** *s.f.*

tec.ni.cis.mo *s.m.* 1 caráter, qualidade ou condição do que é técnico 2 conjunto de termos do universo da técnica ou da tecnologia ⟨*os t. da mecânica, da informática*⟩ 3 *p.ext.* uso excessivo desses termos na linguagem comum ~ **tecnicista** *adj.2g.s.2g.*

téc.ni.co *adj.* 1 relativo a uma arte, profissão, ofício ou ciência ⟨*parecer t.*⟩ 2 dotado de certa técnica (diz-se de pessoa) ⟨*jogador muito t.*⟩ 3 que visa formar profissionais de nível médio ⟨*escola t.*⟩ ■ *s.m.* 4 perito, especialista ⟨*o parecer de um t.*⟩ 5 treinador esportivo ⊙ COL equipe

tec.ni.co.lor \ô\ *adj.2g.* 1 processado esp. em cores (diz-se de cinema ou filme) ■ *s.m.* 2 esse processo ou esse tipo de filme

tec.no.cra.ci.a *s.f.* sistema de organização política e social baseado na supremacia dos técnicos ~ **tecnocrático** *adj.*

tec.no.cra.ta *adj.2g.s.2g.* 1 adepto da tecnocracia 2 governante ou alto funcionário que busca apenas soluções técnicas ou racionais para os problemas, sem levar em conta aspectos humanos e sociais

tec.no.fo.bi.a *s.f.* aversão à tecnologia ~ **tecnofóbico** *adj.* - **tecnófobo** *s.m.*

tec.no.lo.gi.a *s.f.* 1 conjunto dos conhecimentos científicos, dos processos e métodos us. na criação e utilização de bens e serviços ⟨*t. da informação*⟩ 2 técnica ou conjunto de técnicas de um domínio particular ⟨*as novas t. cirúrgicas*⟩ ⊡ **t. de ponta** *loc.subst.* aquela que se utiliza de técnicas de última geração ~ **tecnológico** *adj.* - **tecnologista** *adj.2g.s.2g.* - **tecnólogo** *adj.s.m.*

te.co-te.co [pl.: *teco-tecos*] *s.m. B* pequeno avião com um só motor, próprio para treinamento ou para trajetos curtos

tec.tô.ni.ca *s.f.* 1 a arte de construir edifícios 2 ramo da geologia que trata das deformações da crosta terrestre decorrentes das forças internas que sobre ela aconteceram

té.dio *s.m.* sensação de enfado, fadiga, aborrecimento ou zanga ⊃ prazer

te.di.o.so \ô\ [pl.: *tediosos* \ó\] *adj.* que contém ou provoca tédio ⊃ prazeroso

teen.ager [ing.; pl.: *teenagers*] *s.2g.* adolescente ⇨ pronuncia-se **tinêidjar**

Te.flon ® *s.m.* nome comercial de material não aderente e resistente ao calor, us. em revestimentos, isolantes térmicos etc.

te.gu.men.to *s.m.* 1 ANAT o conjunto formado pela pele e seus anexos (pelos, cabelos, unhas e glândulas) 2 BOT estrutura que reveste e protege um órgão vegetal ou parte dele ~ **tegumentar** *adj.2g.*

tei.a *s.f.* 1 tecido formado pelo entrelaçamento dos fios no tear; trama 2 *fig.* qualquer estrutura semelhante a essa trama ⟨*t. de corrupção*⟩ 3 *fig.* série, sequência de eventos ⟨*sua vida é uma t. de alegrias*⟩ 4 rede tecida pela aranha

tei.í.deo *s.m.* ZOO 1 espécime dos teiídeos, família de lagartos que inclui o calango e o teiú, dotados de língua longa e bipartida ■ *adj.* 2 relativo a essa família de lagartos

tei.ma *s.f.* 1 repetição proposital de uma atitude, um comportamento; birra ⟨*sua t. resultou em nada*⟩ 2 *p.ext.* sentimento ou demonstração de aversão ou antipatia ⟨*tem t. com o genro*⟩ ⊃ simpatia

tei.mar *v.* {mod. 1} *t.d.,t.i. e int.* (prep. *em*) manter constância e firmeza em (postura, atitude, decisão etc.); insistir, persistir ⊃ desistir

tei.mo.si.a *s.f.* 1 qualidade de teimoso ⟨*t. herdada do pai*⟩ 2 atitude de quem insiste firmemente em algo ⟨*sua t. em querer sempre ter razão decepcionava*⟩

tei.mo.so \ô\ [pl.: *teimosos* \ó\] *adj.s.m.* 1 (o) que teima; turrão, cabeçudo ■ *adj.* 2 que não desiste facilmente; obstinado ⊃ conformado 3 *fig.* que se prolonga ⟨*gripe t.*⟩ ⊃ ligeiro

te.í.na *s.f.* QUÍM alcaloide principal da folha do chá, análogo à cafeína

te.ís.mo *s.m.* doutrina que afirma a existência de um único Deus ~ **teísta** *adj.2g.s.2g.*

tei.ú *s.m.* grande lagarto brasileiro terrestre que se alimenta de pequenos animais e frutos

te.la *s.f.* 1 tecido formado por fios de lã, seda, ouro etc.; teia, trama 2 *p.ext.* tecido preparado e esticado sobre o qual se pintam quadros 3 *p.ext.* quadro pintado sobre esse tecido 4 *B* trançado de arame, próprio para cercados 5 painel sobre o qual se projetam filmes, *slides* etc. 6 superfície de TV, computador etc. em que aparece a imagem ⊙ GRAM/USO aum.irreg.: *telão* ⊡ **t. subcutânea** *loc.subst.* tecido gorduroso situado abaixo da derme, antes denominado *hipoderme*

te.lão [pl.: *-ões*] *s.m.* 1 grande tela 2 *B* sistema de projeção de imagens em tela grande, como no cinema ⊙ GRAM/USO aum.irreg. de *tela*

te.le.ci.na.gem *s.f.* conversão de imagens de filmes de cinema ou *slides* em sinais elétricos, para transmissão por TV

te.le.ci.ne.si.a *s.f.* deslocamento de objetos a distância, sem intervenção de uma força ou energia observáveis ~ **telecinético** *adj.*

te.le.co.mu.ni.ca.ção [pl.: *-ões*] *s.f.* 1 sistema de comunicação a distância por fios, ondas eletromagnéticas etc. ▼ *telecomunicações s.f.pl.* 2 a totalidade dos meios técnicos de comunicação; comunicações

te.le.con.fe.rên.cia *s.f.* comunicação entre mais de dois interlocutores ligados por telefonia, computador ou televisão

te.le.du.ca.ção [pl.: *-ões*] *s.f.* processo de ensino a distância, ger. por meio de rádio ou televisão

te.le.fé.ri.co *s.m.* 1 cabine suspensa por cabos, us. para transportar pessoas ou cargas ■ *adj.s.m.*

2 (cabo) que transporta algo a distância, em deslocamento aéreo

te.le.fo.nar *v.* {mod. 1} *t.i. e int.* (prep. *a, para*) comunicar-se por telefone; ligar

te.le.fo.ne *s.m.* **1** aparelho que transmite e reproduz o som falado a grandes distâncias **2** *p.ext.* série de números com que se efetua uma ligação telefônica ⟨*meu t. mudou*⟩ **3** *B infrm.* tapa aplicado simultaneamente nas duas orelhas de alguém com as mãos em concha ▣ **t. celular** *loc.subst.* telefone portátil que utiliza ondas de rádio para a transmissão de sinais; celular ~ **telefonada** *s.f.*

te.le.fo.ne.ma *s.m.* comunicação telefônica

te.le.fo.ni.a *s.f.* processo de transmissão e reprodução de sons a distância, tendo como receptor um telefone

te.le.fô.ni.co *adj.* **1** COMN relativo a telefone ou telefonia **2** que se utiliza de telefone ⟨*mensagem t.*⟩

te.le.fo.nis.ta *s.2g.* profissional que recebe e transmite telefonemas numa central telefônica

te.le.fo.to *s.f.* fotografia transmitida a distância por ondas de rádio

te.le.fo.to.gra.fi.a *s.f.* **1** arte ou técnica de fotografar a grandes distâncias **2** telefoto ~ **telefotografar** *v.t.d.*

te.le.gra.far *v.* {mod. 1} *t.d.,t.d.i.,t.i. e int.* (prep. *a, para*) comunicar(-se) pelo telégrafo

te.le.gra.fi.a *s.f.* processo que transmite através de fios textos escritos em código Morse

te.le.grá.fi.co *adj.* **1** relativo a telégrafo ou a telegrafia **2** transmitido ou recebido pelo telégrafo **3** relativo ou semelhante a um telegrama **4** *fig.* muito conciso ⟨*estilo t.*⟩ ↄ prolixo

te.lé.gra.fo *s.m.* aparelho que transmite ou recebe mensagens a distância, por meio de sinais ~ **telegrafista** *s.2g.*

te.le.gra.ma *s.m.* **1** comunicação transmitida ou recebida por telégrafo **2** o impresso que traz essa comunicação

te.le.gui.a.do *adj.s.m.* **1** (engenho) guiado a distância por ondas de rádio **2** *fig.* (indivíduo) que age influenciado por alguém ~ **teleguiar** *v.t.d.*

te.le.jor.nal *s.m. B* noticiário transmitido pela televisão

te.le.jor.na.lis.mo *s.m. B* produção e apresentação de telejornais

tele.mar.ket.ing [ing.] *s.m.2n.* utilização de telefone e demais meios de telecomunicação para fazer *marketing* de bens ou serviços ⇨ pronuncia-se télemarquetin

te.le.no.ve.la *s.f.* novela exibida em capítulos pela televisão

te.le.ob.je.ti.va *s.f.* lente especial para fotografar ou filmar a grande distância

te.le.o.lo.gi.a *s.f.* doutrina que considera a finalidade como princípio explicativo da realidade ~ **teleológico** *adj.*

te.le.pa.ta *adj.2g.s.2g.* que(m) pratica a telepatia

te.le.pa.ti.a *s.f.* comunicação extrassensorial entre duas mentes ~ **telepático** *adj.*

Tele.Promp.Ter ® [ing.] *s.m.* tela rotativa que exibe o texto a ser lido pelos atores ou apresentadores de programas, telejornais etc. ⇨ pronuncia-se **teleprompter**

te.les.có.pi.co *adj.* **1** relativo a telescópio **2** realizado com auxílio do telescópio ⟨*observação t.*⟩ **3** visível somente pelo telescópio ⟨*astro t.*⟩

te.les.có.pio *s.m.* instrumento óptico constituído de lentes e/ou espelhos que permite aproximar a imagem de um objeto muito distante

te.les.pec.ta.dor \ô\ *adj.s.m. B* que(m) assiste a programas de televisão

te.le.vi.são [pl.: *-ões*] *s.f.* **1** transmissão e recepção de imagens em movimento e áudio convertidos em sinais eletromagnéticos **2** aparelho receptor de imagens televisionadas; televisor **3** estação transmissora dessas imagens; televisora

te.le.vi.sar *v.* {mod. 1} *t.d.* televisionar

te.le.vi.sio.nar *v.* {mod. 1} *t.d.* transmitir (imagem, programa etc.) por televisão; televisar

te.le.vi.si.vo *adj.* **1** relativo a televisão; televisual **2** transmitido pela televisão **3** produzido para exibição em televisão ⟨*filme t.*⟩

te.le.vi.sor \ô\ *adj.* **1** relativo a televisão ⟨*rede t.*⟩ ■ *adj.s.m.* **2** (aparelho) que recebe imagens televisionadas

te.le.vi.so.ra \ô\ *s.f.* estação transmissora de imagens televisionadas; televisão

te.le.vi.su.al *adj.2g.* relativo a televisão; televisivo

te.lex \cs\ *s.m.2n.* **1** serviço telegráfico que permite a comunicação direta entre usuários por meio de aparelho próprio que conjuga teclado de letras e impressora **2** aparelho us. nesse serviço **3** a mensagem transmitida por esse aparelho ⊙ GRAM/USO admite-se tb. o pl. *telexes*

te.lha \ê\ *s.f.* peça, ger. de barro cozido, us. em cobertura de casas e edifícios ⊙ COL telhado

te.lha.do *s.m.* **1** conjunto de telhas que cobrem uma edificação **2** parte superior e exterior de uma edificação, ger. coberta por telhas

te.lha-vã [pl.: *telhas-vãs*] *s.f.* telhado sem [2]forro

te.lhei.ro *s.m.* **1** fabricante de telhas **2** cobertura feita de telhas e sustentada por colunas, us. para abrigar utensílios, animais, lenha etc.

te.lú.ri.co *adj.* **1** relativo à Terra ou ao solo **2** relativo ao telúrio

te.lú.rio *s.m.* elemento químico us. em semicondutores [símb.: *Te*] ☞ cf. *tabela periódica* (no fim do dicionário)

te.ma *s.m.* **1** aquilo sobre o que se discorre numa conversa ou num trabalho **2** MÚS fragmento melódico que é desenvolvido no decorrer de uma composição **3** GRAM parte da palavra constituída do radical mais a vogal temática ⊙ COL temário

te.ma.ki *s.m.* espécie de *sushi* envolto em folha de alga, formando um cone aberto

te.má.rio *s.m.* reunião dos temas a serem discutidos em seminários, congressos

te.má.ti.co *adj.* **1** relativo a tema **2** baseado num tema

te.me.mi.nó *s.2g.* **1** indivíduo dos tememinós, grupo indígena, considerado extinto, que habitava o sul do Espírito Santo, o Rio de Janeiro e o vale do Paranapanema (SP) ■ *adj.2g.* **2** relativo a esse indivíduo ou grupo indígena

te.mer *v.* {mod. 8} *t.d. e int.* **1** sentir medo ou temor (de); recear ❑ *t.i.* **2** (prep. *por*) sentir inquietação quanto a; preocupar-se ❑ *t.d. p.ext.* **3** ter profundo respeito e obediência a ⟨*t. as leis de Deus*⟩ ~ **temente** *adj.2g.*

te.me.rá.rio *adj.* **1** que apresenta risco; perigoso ⮌ seguro **2** audacioso, imprudente ⮌ cauteloso **3** sem fundamento; contestável ⟨*juízo t.*⟩ ⮌ procedente

te.me.ri.da.de *s.f.* **1** audácia excessiva ⮌ covardia **2** qualidade, ação ou dito de temerário

te.me.ro.so \ô\ [pl.: *temerosos* \ó\] *adj.* **1** que causa medo ⟨*tempestade t.*⟩ **2** que sente temor; medroso ⟨*criança t.*⟩ ⮌ corajoso

te.mor \ô\ *s.m.* **1** sensação de ameaça; medo, receio ⮌ tranquilidade **2** *p.ext.* sentimento de profundo respeito e obediência ⟨*t. aos pais*⟩ ⮌ desrespeito

têm.pe.ra *s.f.* **1** consistência que se dá aos metais banhando-os, em brasa, na água fria **2** esse banho **3** *fig.* comportamento característico de alguém; caráter, índole ⟨*t. aristocrática*⟩

tem.pe.ra.do *adj.* **1** que possui têmpera (diz-se de metal) **2** que tem tempero ⟨*comida bem t.*⟩ **3** de intensidade moderada ⟨*clima t.*⟩ ⮌ exagerado

tem.pe.ra.men.tal *adj.2g.* **1** relativo a temperamento **2** de natureza, índole instável ■ *adj.2g.s.2g.* **3** que(m) reage obedecendo apenas aos impulsos de seu temperamento

tem.pe.ra.men.to *s.m.* modo de agir; têmpera ⟨*t. violento*⟩

tem.pe.ran.ça *s.f.* qualidade ou virtude de quem é moderado, comedido ⮌ descontrole

tem.pe.rar *v.* {mod. 1} *t.d.* **1** pôr tempero em; condimentar **2** *fig.* reduzir a intensidade de; suavizar ⮌ intensificar **3** misturar de forma proporcional ⟨*t. vodca com suco*⟩ **4** dar a (um metal) consistência ou rijeza ❑ *t.d. e pron.* **5** moderar(-se), conter(-se) ⮌ liberar(-se)

tem.pe.ra.tu.ra *s.f.* grau ou quantidade de calor existente num corpo ou num lugar

tem.pe.ro \ê\ *s.m.* substância us. para realçar o sabor da comida; condimento

tem.pes.ta.de *s.f.* manifestação atmosférica, ger. acompanhada de vento, chuva, granizo ou neve; temporal ⮌ calmaria

tem.pes.ti.vo *adj.* que ocorre no momento certo; oportuno ⮌ inesperado ~ **tempestividade** *s.f.*

tem.pes.tu.o.so \ô\ [pl.: *tempestuosos* \ó\] *adj.* **1** que causa tempestade ou está sujeito a ela ⮌ pacífico **2** *fig.* muito agitado; violento ⮌ tranquilo ~ **tempestuosidade** *s.f.*

tem.plo *s.m.* edifício destinado ao culto religioso

tem.po *s.m.* **1** período contínuo e indefinido no qual os eventos se sucedem e criam no homem a noção de presente, passado e futuro **2** oportunidade para a realização de algo ⟨*estar sem t. para estudar*⟩ **3** época em que determinados acontecimentos ocorrem ⟨*o t. das grandes descobertas*⟩ **4** conjunto das condições meteorológicas ⟨*previsão do t.*⟩ **5** época propícia para certos fenômenos ou atividades; sazão ⟨*t. de colheita*⟩ **6** GRAM flexão verbal que indica o momento em que se dá o fato expresso pelo verbo **7** MÚS duração de cada unidade do compasso, a partir da qual se estabelecem as relações rítmicas ⊡ **a t.** *loc.adv.* **1** dentro do prazo **2** no momento apropriado • **dar um t.** *loc.vs.* parar por algum período • **nesse meio t.** *loc.adv.* nesse intervalo

têm.po.ra *s.f.* parte lateral da cabeça, entre o olho e a orelha; fonte

tem.po.ra.da *s.f.* **1** certo espaço de tempo **2** estação do ano **3** época propícia para realização de certas atividades ⟨*t. de caça*⟩

[1]**tem.po.ral** *adj.2g.* **1** relativo a tempo **2** temporário, passageiro ⮌ permanente **3** não religioso; mundano ⮌ espiritual ■ *s.m.* **4** chuva forte com vento [ORIGEM: do lat. *temporālis,e* 'relativo a tempo']

[2]**tem.po.ral** *adj.2g.* ANAT da têmpora ⟨*região t.*⟩ [ORIGEM: do lat. *temporālis,e* 'id.']

tem.po.rão [pl.: *-ãos*; fem.: *temporã*] *adj.* **1** que surge fora da época adequada ■ *adj.s.m.* *B* **2** (filho) que nasce muito tempo depois do irmão que o precede

tem.po.rá.rio *adj.* provisório, não definitivo ⮌ permanente ~ **temporariedade** *s.f.*

tem.po.ri.za.dor \ô\ *adj.s.m.* (dispositivo) cuja função é ativar ou desativar um circuito, um alarme em momentos predeterminados

tem.po.ri.zar *v.* {mod. 1} *t.d.* **1** transferir para depois; adiar, protelar ⮌ antecipar ❑ *t.i.* **2** (prep. *com*) ser flexível, tolerante com; contemporizar ❑ *int.* **3** esperar ocasião mais propícia ~ **temporização** *s.f.*

te.naz *adj.2g.* **1** que apresenta resistência **2** que adere ou prende com firmeza **3** *fig.* obstinado, persistente ⟨*t. defensor da liberdade*⟩ ■ *s.f.* **4** alicate ⊙ GRAM/USO nas acp. adj., sup.abs.sint.: *tenacíssimo* ~ **tenacidade** *s.f.*

ten.ção [pl.: *-ões*] *s.f.* **1** o que se pretende fazer; intenção, propósito **2** devoção, adoração ☞ cf. *tensão*

ten.cio.nar *v.* {mod. 1} *t.d.* ter intenção, propósito de; intentar, planejar ⮌ desistir

ten.da *s.f.* **1** barraca de acampamento **2** barraca para comércio de gêneros alimentícios

ten.dão [pl.: *-ões*] *s.m.* tecido fibroso que une o músculo ao osso ⊡ **t. calcâneo** *loc.subst.* ANAT tendão, antes denominado *tendão de aquiles*, situado na parte posterior e inferior da perna • **t. de aquiles** *loc.subst.* ANAT denominação substituída por *tendão calcâneo*

ten.dên.cia *s.f.* **1** inclinação, vocação **2** força ou ação pela qual um corpo é levado a mover-se num determinado sentido **3** orientação, direção ⟨*novas t. da moda*⟩

ten.den.ci.o.so \ô\ [pl.: *tendenciosos* \ó\] *adj.* em que há alguma intenção oculta ⟨*versão t. dos fatos*⟩ ⮌ imparcial

ten.den.te *adj.2g.* **1** que se inclina para determinado fim **2** propenso, favorável

ten.der *v.* {mod. 8} *t.d. e pron.* **1** estender(-se) no espaço; esticar(-se) ⮌ encolher(-se) ❑ *t.i.* **2** (prep. *a*) encaminhar-se para (certo rumo, desfecho, solução etc.) ⟨*sua iniciativa tende ao fracasso*⟩ **3** (prep. *para*) ter inclinação, pendor ou disposição para **4** (prep. *para*) ter característica, aspecto parecido com; aproximar-se ❑ *int.* **5** inclinar-se, voltar-se ⟨*o navio tendeu para a direita*⟩ ☞ *para a direita* é circunstância que funciona como complemento

ten.di.nha *s.f. B* pequena mercearia, ger. em bairros pobres; birosca

ten.di.ni.te *s.f.* inflamação de tendão

te.ne.bro.so \ô\ [pl.: *tenebrosos* \ó\] *adj.* **1** cheio de trevas; escuro, sombrio ⮌ claro **2** que provoca horror; medonho **3** *fig.* digno de desprezo; infame ⮌ nobre ~ **tenebrosidade** *s.f.*

te.nên.cia *s.f. B infrm.* precaução, cautela ⊡ **tomar t. (de)** *loc.vs. B infrm.* ser cauteloso

te.nen.te *s.m.* **1** posto militar imediatamente inferior ao de capitão **2** oficial nesse posto

te.nen.te-bri.ga.dei.ro [pl.: *tenentes-brigadeiros*] *s.m.* **1** na Força Aérea, patente imediatamente superior à de major-brigadeiro **2** oficial que detém essa patente

te.nen.te-co.ro.nel [pl.: *tenentes-coronéis*] *s.m.* **1** no Exército, patente logo acima da de major e imediatamente inferior à de coronel **2** oficial que detém essa patente

tê.nia *s.f.* **1** designação comum a vários vermes de corpo alongado entre os quais se encontram importantes parasitas intestinais do homem **2** solitária

te.ní.a.se *s.f.* infecção provocada por tênia

tê.nis *s.m.2n.* **1** *B* sapato de material leve e sola de borracha flexível, ger. us. em práticas esportivas **2** esporte praticado por dois jogadores ou duas duplas, com raquete e bola de borracha numa quadra dividida ao meio por uma rede ⊡ **t. de mesa** *loc.subst.* jogo semelhante ao tênis, praticado sobre uma mesa dividida por uma rede e jogado com raquete e bola de celuloide; pingue-pongue

te.nis.ta *adj.2g.s.2g.* que(m) joga tênis

te.nor \ô\ *s.m.* **1** MÚS a voz masculina de registro mais agudo **2** cantor com essa voz ■ *adj.2g.2n.* **3** de registro comparável ao da voz dos tenores (diz-se de instrumento)

te.no.ri.no *s.m.* tenor que canta em falsete

ten.ro *adj.* **1** mole, macio ⟨*carne t.*⟩ ⮌ duro **2** que tem pouco tempo; recente ⟨*t. amizade*⟩ ⮌ antigo **3** fresco, verdejante ⟨*relva t.*⟩

ten.são [pl.: *-ões*] *s.f.* **1** estado do que está esticado ⮌ afrouxamento **2** *fig.* estado do que ameaça romper-se, desfazer-se ⟨*t. nas negociações*⟩ ⮌ tranquilidade **3** FÍS diferença de potencial entre dois pontos de um circuito elétrico **4** MED estado de sobrecarga física ou mental ☞ cf. *tenção* ⊡ **t. alta** *loc.subst.* hipertensão • **t. arterial** *loc.subst.* pressão arterial • **t. pré-menstrual** *loc.subst.* MED conjunto de sintomas (irritação, ansiedade, dor de cabeça etc.) que podem ocorrer nos dias que antecedem à menstruação [sigla: *TPM*]

ten.si.vo *adj.* que provoca tensão

ten.so *adj.* **1** esticado com força ⮌ frouxo **2** *fig.* em estado de tensão ('sobrecarga') ⟨*situação t.*⟩ ⮌ descontraído

ten.sor \ô\ *adj.s.m.* **1** (o) que estende **2** ANAT (músculo) que estende qualquer órgão ou membro

ten.ta.ção [pl.: *-ões*] *s.f.* **1** disposição para prática de atos censuráveis **2** desejo intenso **3** pessoa ou coisa provocante ■ *s.m. B infrm.* **4** o diabo

ten.ta.cu.lar *adj.2g.* **1** relativo a tentáculo **2** que tem tentáculos

ten.tá.cu.lo *s.m.* apêndice fino e flexível de certos invertebrados aquáticos, como polvo, lula etc., us. na locomoção e esp. para obtenção de alimentos

ten.ta.dor \ô\ *adj.s.m.* **1** (o) que tenta ■ *s.m.* **2** *fig.* o diabo

ten.ta.me ou **ten.tâ.men** [pl.: *tentâmenes* e *(B) tentamens*] *s.m.* tentativa, ensaio

ten.tar *v.* {mod. 1} *t.d.* **1** esforçar-se para conseguir; buscar, procurar **2** pôr em experiência; testar **3** pôr em execução; empreender, arriscar **4** despertar vontade em ⟨*o convite não chegou a tentá-la*⟩ **5** induzir a ou seduzir para o mal; atentar

ten.ta.ti.va *s.f.* **1** esforço ou ensaio para fazer, resolver, estabelecer, conseguir algo **2** experimento

ten.ta.ti.vo *adj.* **1** que tenta, instiga; tentador **2** que se pode tentar, experimentar ⟨*proposta t.*⟩ ⮌ definitivo **3** ainda experimental ⮌ definitivo

[1]**ten.te.ar** *v.* {mod. 5} *t.d.* **1** averiguar com cuidado; sondar **2** tocar com parte do corpo ou objeto para se orientar; tatear ⟨*t. o caminho*⟩ **3** fazer teste com; experimentar [ORIGEM: *tenta* 'estilete cirúrgico' + *-ear*]

[2]**ten.te.ar** *v.* {mod. 5} *t.d.* **1** dar atenção, cuidado a; cuidar ⟨*t. as relações familiares*⟩ ⮌ descuidar **2** examinar ou dirigir com atenção, cuidado; pesar ⟨*t. as despesas*⟩ **3** aliviar provisoriamente; paliar ⟨*t. a dor*⟩ [ORIGEM: [1]*tento* + *-ear*]

[1]**ten.to** *s.m.* **1** cuidado especial; atenção ⮌ descuido **2** capacidade de avaliar as coisas com bom senso; juízo [ORIGEM: do lat. *tentus,a,um* 'detido, contido, atento']

[2]**ten.to** *s.m.* **1** peça com que se marcam pontos no jogo **2** *p.ext.* esse ponto **3** *p.ext. B* gol [ORIGEM: do lat. *talentum,i* 'peso, moeda romana']

tê.nue *adj.2g.* **1** delicado, fino **2** *fig.* fraco, débil ⮌ forte **3** quase imperceptível; sutil ⟨*perfume t.*⟩ ⮌ forte

te.o.cen.tris.mo *s.m.* doutrina que considera Deus o centro de tudo ~ **teocêntrico** *adj.* - **teocentrista** *adj.2g.s.2g.*

te.o.cra.ci.a *s.f.* sistema de governo em que a autoridade máxima é Deus e o poder é exercido por seus representantes religiosos ~ **teocrático** *adj.*

te.o.cra.ta *adj.2g.s.2g.* **1** que(m) exerce o poder teocrático **2** integrante ou partidário de uma teocracia

te.o.lo.gi.a *s.f.* **1** estudo de Deus e suas relações com o homem **2** doutrina religiosa ~ **teológico** *adj.*

te.ó.lo.go *s.m.* especialista em teologia

te.or \ô\ *s.m.* **1** o conteúdo de um documento escrito **2** proporção, em um todo, de determinado componente ⟨*t. alcoólico de uma bebida*⟩

te.o.re.ma *s.m.* proposição que pode ser demonstrada por meio de um processo lógico

te.o.ri.a *s.f.* **1** conjunto de regras sistematizadas que fundamentam uma ciência **2** conhecimento especulativo sobre determinado assunto; conjectura ~ **teorético** *adj.*

te.o.ri.ca.men.te *adv.* **1** do ponto de vista teórico; segundo a teoria ⟨*vamos aplicar o que aprendemos t.*⟩ **2** em teoria, em tese; hipoteticamente ⟨*ambos os tratamentos são t. eficazes*⟩

te.ó.ri.co *adj.* **1** referente a teoria **2** próprio de uma teoria ⟨*socialismo t.*⟩ **3** hipotético, especulativo ⟨*conhecimento t.*⟩ ⮌ empírico ■ *adj.s.m.* **4** que(m) é hábil em formular teorias **5** (pessoa) que teoriza sobre ou domina a teoria de uma arte, ciência, atividade, método ou conhecimento

te.o.ri.zar *v.* {mod. 1} *t.d.* **1** expor ou explicar por meio de teoria(s) **2** reduzir a teoria(s) ❑ *int.* **3** discorrer teoricamente ~ **teorização** *s.f.*

té.pi.do *adj.* **1** ligeiramente quente ☞ cf. *morno* **2** *fig.* sem força ou intensidade; frouxo ⮌ forte ~ **tepidez** *s.f.*

te.qui.la *s.f.* aguardente mexicana produzida pela destilação do agave

ter *v.* {mod. 16} *t.d.* **1** estar com a posse, a propriedade ou estar no gozo de; possuir, usufruir ⟨*t. uma casa, fortuna*⟩ **2** manter à disposição ou contar com; possuir ⟨*seu restaurante tem vinho?*⟩ ⟨*teve um bom advogado*⟩ **3** levar ou trazer consigo; portar ⟨*você tem fósforos?*⟩ **4** receber por transmissão; herdar **5** passar por, viver (certa experiência) ⟨*tive o desprazer de vê-lo*⟩ **6** possuir como medida (certa extensão, altura etc.); medir **7** ser formado ou constituído por; compor-se ⟨*o livro tem dez capítulos*⟩ **8** contar de idade ou de existência ⟨*tem dez anos*⟩ **9** encerrar em si; conter ⟨*o tonel tinha 20 litros de álcool*⟩ **10** levar a efeito; realizar ⟨*teremos reunião hoje*⟩ **11** ser visitado, assistido etc. por; receber ⟨*teve muitos ouvintes*⟩ **12** gozar de (certo *status*, privilégio, título, direito) **13** manter vinculação (p.ex., de parentesco, hierárquica, afetiva) com ⟨*t. filhos, amigos, patrão*⟩ **14** dar vida a (filhos, crias) **15** conquistar para si; alcançar, obter ⟨*quero-a, mas não a terei*⟩ ⟨*t. a atenção merecida*⟩ **16** frequentar, assistir a (curso, aula, lição) ⮌ dar **17** apresentar ou caracterizar-se por (atributo, detalhe, qualidade); possuir ⟨*t. juízo, muito gênio*⟩ **18** experimentar no organismo; sentir ⟨*t. sede*⟩ **19** tomar consciência de (impressão, estado, sensação); sentir ⟨*t. ódio, medo*⟩ **20** adquirir por contágio (doença); contrair ⮌ sarar **21** sustentar intelectualmente (opinião, ideia); defender ❑ *pron.* **22** ficar em certa posição; conservar-se ⟨*mal podia t.-se em pé*⟩ ❑ *t.d.,t.d.pred. e pron.* **23** (prep. *por*) fazer julgamento sobre; considerar(-se), julgar(-se) ❑ *int.* *B infrm.* **24** estar presente; haver ⟨*tem muita gente aqui*⟩ **25** fazer, haver ⟨*tem muito tempo que viajou*⟩ **26** acontecer, realizar-se ⟨*hoje vai t. reunião*⟩ ☞ nestas três acp., é impessoal ⊙ GRAM/USO **a)** o verbo *ter*, seguido de prep. *de* e verbo no infinitivo, exprime 'obrigatoriedade' ou 'firme propósito' de realizar o fato expresso por este verbo: *tenho de fazer exercícios* **b)** modernamente, nessas construções, tem-se us. *que* em vez da prep. *de*

te.ra.peu.ta *s.2g.* aquele que fornece tratamento ou cuidado médico a alguém

te.ra.pêu.ti.ca *s.f.* ramo da medicina que se dedica ao tratamento das doenças; terapia

te.ra.pêu.ti.co *adj.* **1** relativo a terapêutica **2** que tem propriedades medicinais, curativas ⟨*produto t.*⟩

te.ra.pi.a *s.f.* **1** terapêutica **2** qualquer intervenção para tratar problemas físicos e/ou psíquicos

tér.bio *s.m.* elemento químico us. em aparelhos de televisão colorida [símb.: *Tb*] ☞ cf. *tabela periódica* (no fim do dicionário)

ter.çã *s.f.* MED febre provocada pela malária, que reaparece a cada três dias ⊙ GRAM/USO tb. us. adjetivamente: *febre terçã*

ter.ça-fei.ra [pl.: *terças-feiras*] *s.f.* o terceiro dia da semana, a partir de domingo

ter.çar *v.* {mod. 1} *t.d.* **1** mesclar (três substâncias, elementos etc.) em partes iguais **2** dividir em três partes **3** pôr em diagonal (esp. espada, lança); atravessar **4** passar transversalmente; cruzar ❑ *t.d. e t.d.i.* **5** (prep. *com*) misturar em proporções adequadas ❑ *t.i.* **6** (prep. *por*) intervir em favor de; interceder **7** (prep. *por*) lutar em defesa de; defender ~ **terçador** *adj.s.m.*

ter.cei.ri.za.ção [pl.: *-ões*] *s.f.* ECON contratação de serviços de terceiros por uma empresa, para a realização de certas tarefas ~ **terceirizar** *v.t.d. e pron.*

ter.cei.ro *n.ord.* *(adj.s.m.)* **1** (o) que, numa sequência, ocupa a posição número três ■ *s.m.* **2** mediador, intermediário **3** outra pessoa ⟨*não houve opinião de t.*⟩ ☞ nesta acp., tb. us. no pl.

ter.cei.ro-sar.gen.to [pl.: *terceiros-sargentos*] *s.m.* **1** nas forças armadas, graduação imediatamente superior à de cabo e imediatamente inferior à de segundo-sargento **2** praça que detém essa graduação

ter.ce.to \ê\ *s.m.* **1** estrofe de três versos **2** MÚS trio

ter.ci.á.rio *s.m.* **1** primeiro e mais antigo período geológico da era cenozoica, anterior ao Quaternário ☞ inicial maiúsc. ■ *adj.* **2** desse período **3** que está ou vem em terceiro lugar

ter.ço \ê\ *n.frac.* *(adj.s.m.)* **1** (o) que é três vezes menor que a unidade ■ *s.m.* **2** a terça parte do rosário

ter.çol *s.m.* pequeno abscesso na borda da pálpebra

te.re.bin.ti.na *s.f.* resina extraída de certas plantas, us. na fabricação de vernizes, diluição de tintas etc.

te.re.si.nen.se *adj.2g.* **1** de Teresina (PI) ■ *s.2g.* **2** natural ou habitante dessa capital

ter.gi.ver.sar *v.* {mod. 1} *int.* **1** usar evasivas, subterfúgios, rodeios **2** voltar as costas ~ **tergiversação** *s.f.*

ter.mal *adj.2g.* **1** quente **2** relativo a termas **3** cuja temperatura normal é superior a 25°C (água)

ter.mas *s.f.pl.* **1** balneário equipado para uso terapêutico das águas medicinais quentes **2** estabelecimento equipado para banhos; balneário **3** entre alguns povos da Antiguidade, edifício destinado aos banhos públicos

ter.me.lé.tri.ca ou **ter.mo.e.lé.tri.ca** *s.f.* usina que utiliza algum tipo de combustível para gerar energia elétrica ~ **termelétrico/termoelétrico** *adj.*

tér.mi.co *adj.* **1** relativo a calor ou a termas **2** que conserva a temperatura ⟨*garrafa t.*⟩

ter.mi.na.ção [pl.: *-ões*] *s.f.* **1** momento em que algo é interrompido ⮌ introdução **2** modo como uma coisa acaba **3** parte final

ter.mi.nal *adj.2g.* **1** que constitui o limite ou a extremidade **2** que evolui para a morte (diz-se da última fase de uma doença) ⮌ inicial ■ *s.m.* **3** aquilo que termina, completa **4** estação final de trem, ônibus etc. **5** INF conjunto de teclado e monitor que se comunica com um ou mais computadores remotos

ter.mi.nan.te *adj.2g.* **1** decisivo, categórico ⮌ refutável **2** que põe fim; conclusivo

ter.mi.nar *v.* {mod. 1} *t.d.,t.i.,int. e pron.* **1** (prep. *com*) [fazer] chegar ao fim; acabar(-se), concluir(-se) ⟨*t. uma tarefa*⟩ ⟨*conseguiu t. com a festa*⟩ ⟨*a viagem terminou(-se) antes da hora*⟩ ⮌ começar ❑ *t.d.* **2** ocupar a extremidade de **3** estabelecer os limites de; delimitar ❑ *int. e pron.* **4** ter como limite ⟨*a rua terminava(-se) num beco*⟩ ☞ *num beco* é circunstância que funciona como complemento ❑ *t.i.* **5** (prep. *com*) pôr fim a ligação amorosa com; romper **6** (prep. *em*) ter certo fim (a palavra) ⟨*no infinitivo, os verbos terminam em -r*⟩ ~ **terminável** *adj.2g.*

ter.mi.na.ti.vo *adj.* que faz terminar

tér.mi.no *s.m.* **1** momento em que algo se interrompe; fim ⮌ início **2** parte extrema de um objeto; extremidade

ter.mi.no.lo.gi.a *s.f.* **1** conjunto de palavras de uma ciência, de uma técnica ou das ciências e tecnologias em geral **2** vocabulário próprio de um escritor, de uma região etc. ~ **terminológico** *adj.*

ter.mo \ê\ *s.m.* **1** fim no tempo ou espaço ⟨*pôr t. a uma conversa*⟩ ⟨*o t. de um município*⟩ **2** marco divisório, limite **3** palavra, vocábulo ⟨*t. botânico*⟩ **4** teor, conteúdo (de um texto) ⟨*os t. de uma declaração*⟩ **5** modo, maneira ⟨*falar com bons t.*⟩ **6** MAT qualquer elemento de uma expressão algébrica

ter.mo.di.nâ.mi.ca *s.f.* parte da física que estuda o calor e as demais formas de energia ~ **termodinâmico** *adj.*

ter.mo.e.lé.tri.ca *s.f.* → TERMELÉTRICA

ter.mô.me.tro *s.m.* **1** instrumento para medição de temperatura **2** *fig.* indicação do estado físico ou moral de algo; medida ~ **termométrico** *adj.*

ter.mo.nu.cle.ar *adj.2g.* FÍS que provoca fusão nuclear acompanhada de liberação de energia (diz-se de processo)

ter.mor.re.sis.ten.te *adj.2g.* que não mais se deforma sob a ação do calor (diz-se de matéria plástica)

ter.mos.fe.ra *s.f.* camada atmosférica (entre 95 km e 500 km de altitude) onde ocorre grande aumento de temperatura

ter.mos.ta.to *s.m.* dispositivo que controla as variações de temperatura de um sistema ~ **termostático** *adj.*

ter.ná.rio *adj.* **1** relativo ao número três **2** que contém três unidades **3** MÚS que tem três tempos

[1]**ter.no** *adj.* **1** que sente ou desperta afetos ⟨*amigo t.*⟩ **2** que revela suavidade, brandura ⟨*voz t.*⟩ **3** que causa pena; lastimoso ⟨*gemidos t.*⟩ [ORIGEM: do lat. *tener,era,erum* 'id.']

[2]**ter.no** *s.m.* **1** conjunto de três seres, objetos etc. de igual natureza; trio **2** traje composto de paletó, calça e, eventualmente, colete do mesmo tecido e cor [ORIGEM: do lat. *tĕrnus,i*, mais comum no pl. *tĕrni* 'cada três']

ter.nu.ra *s.f.* **1** qualidade do que é [1]terno **2** meiguice, carinho **3** afeto suave

ter.ra *s.f.* **1** nome do terceiro planeta do sistema solar, a partir do Sol ☞ inicial maiúsc.; cf. *Terra* na parte enciclopédica **2** a superfície mais externa da crosta terrestre; chão, solo **3** região, território ⟨*vivia em t. estranha*⟩ **4** terreno cultivado de uma propriedade ⟨*extensas t. de café*⟩ **5** pó, poeira ⟨*móveis cobertos de t.*⟩ **6** *fig.* a vida material ⮌ céu ■ *s.m.* **7** ELETR ponto de contato de um circuito elétrico com o solo

ter.ra a ter.ra *adj.2g.2n.* prosaico, trivial

ter.ra.ço *s.m.* **1** varanda descoberta **2** cobertura plana de um edifício **3** superfície plana, natural ou construída, num terreno inclinado ou numa encosta

ter.ra.co.ta *s.f.* **1** argila manufaturada e cozida em forno **2** cerâmica obtida por esse processo

ter.ral *adj.2g.* **1** relativo a terra ■ *adj.2g.s.m.* **2** (vento) que sopra da terra para o mar

ter.ra.ple.nar *v.* {mod. 1} *t.d.* preparar (terreno, lugar) para abrigar uma construção, executando as operações necessárias, como escavação, aterro, compactação da terra etc.

ter.rá.queo *adj.s.m.* (habitante) da Terra

ter.rei.ro *s.m.* **1** espaço de terra plano e amplo **2** porção de terra cultivável **3** terreno, ger. cimentado, onde cereais, grãos de café etc. são colocados para secar **4** REL *B* local onde se celebram cultos de candomblé, umbanda etc.

ter.re.mo.to *s.m.* tremor na superfície da Terra causado por movimentos de massas rochosas no seu interior; sismo

ter.re.no *s.m.* **1** espaço não construído de uma propriedade ⟨*possuía alguns t. em Búzios*⟩ **2** chão, solo ⟨*t. irregular*⟩ **3** área de ação; campo, domínio ⟨*uma questão do t. da física*⟩ ■ *adj.* **4** que se assemelha à terra ou é da cor dela **5** *fig.* mundano ⮌ espiritual

tér.reo *adj.* **1** relativo à ou próprio da terra ■ *adj.s.m.* **2** (pavimento) que fica ao nível do solo

ter.res.tre *adj.2g.* **1** relativo à ou próprio da Terra **2** que provém da terra ⟨*fruto t.*⟩ **3** que vive na terra ⟨*animais t.*⟩

ter.ri.fi.can.te *adj.2g.* que aterroriza; terrífico

ter.ri.fi.car *v.*{mod. 1} *t.d.* causar terror a; apavorar, aterrorizar

ter.rí.fi.co *adj.* terrificante

ter.ri.na *s.f.* vasilha larga e funda, ger. com tampa, us. para servir caldos, sopas etc.

ter.ri.to.ri.al *adj.2g.* relativo a ou pertencente a um território

ter.ri.tó.rio *s.m.* **1** grande extensão de terra **2** área de um distrito, município, cidade, país etc. **3** DIR extensão geográfica do Estado sobre a qual ele exerce a sua soberania

ter.rí.vel *adj.2g.* **1** que provoca terror; assustador, temível **2** muito grande; enorme ⮌ mínimo **3** que produz resultados nefastos ~ **terribilidade** *s.f.*

ter.ror \ô\ *s.m.* **1** medo intenso; pavor **2** o que inspira esse medo **3** aspecto amedrontador ⟨*o t. da guerra*⟩ **4** terrorismo

ter.ro.ris.mo *s.m.* emprego sistemático da violência para fins políticos, esp. práticas como atentados, sequestros etc.

ter.ro.ris.ta *adj.2g.* **1** relativo a terrorismo ■ *adj.2g. s.2g.* **2** partidário do terrorismo **3** que(m) pratica atos de terrorismo

ter.ro.so \ô\ [pl.: *terrosos* \ó\] *adj.* **1** que tem cor, aspecto, natureza ou mistura de terra **2** *fig.* sem brilho ⮌ brilhante

ter.tú.lia *s.f.* **1** reunião de parentes ou amigos **2** palestra literária **3** pequena agremiação literária

te.são [pl.: *-ões*] *s.2g. gros.* **1** estado ereto do pênis **2** *p.ext.* desejo sexual **3** *p.ext. B infrm.* qualquer coisa que causa prazer ~ **tesudo** *adj.s.m.*

te.sar *v.* {mod. 1} *t.d.* tornar teso, estirado; entesar, retesar ⮌ afrouxar

te.se *s.f.* **1** proposição para discussão **2** proposição defendida para obtenção de um grau acadêmico ⟨*t. de doutorado*⟩ ⊡ **em t.** *loc.adv.* teoricamente

te.so \ê\ *adj.* **1** que se esticou; estirado ⟨*manter a corda t.*⟩ ⮌ frouxo **2** imóvel, parado ⟨*corpo t.*⟩ ⮌ móvel **3** rijo, duro ⮌ flexível

te.sou.ra *s.f.* instrumento cortante, composto de duas lâminas móveis que se unem por um eixo

te.sou.rar *v.*{mod. 1} *t.d.* **1** cortar com tesoura **2** destroçar com cortes **3** *infrm.* falar mal de; malhar ⮌ elogiar

te.sou.ra.ri.a *s.f.* **1** local onde se administra o tesouro público **2** cargo ou local de trabalho do tesoureiro

te.sou.rei.ro *s.m.* funcionário responsável pelas finanças de uma empresa, instituição etc.

te.sou.ro *s.m.* **1** grande quantidade de coisas valiosas como dinheiro, joias etc. **2** *fig.* pessoa ou coisa a que se tem profunda afeição ⊡ **T. Público** *loc.subst.* **1** o dinheiro do Estado **2** a administração desse dinheiro

tes.si.tu.ra *s.f.* **1** MÚS disposição das notas para se acomodarem a determinada voz ou instrumento **2** *p.ext.* composição, organização ⟨*a t. de um romance*⟩

tes.ta *s.f.* **1** parte superior do rosto, entre as sobrancelhas e o couro cabeludo **2** *fig.* frente, vanguarda ⟨*vinham na t. do cortejo*⟩ ⮌ retaguarda ⊡ **à t. de** *loc.adv.* à frente de

tes.ta.da *s.f.* **1** porção de via pública que fica à frente de um prédio **2** parte anterior do imóvel que o separa da via pública **3** pancada com a testa **4** *fig. B* atitude impensada; tolice

tes.ta de fer.ro [pl.: *testas de ferro*] *s.2g.* quem se faz passar por responsável de ato ou empreendimento de outrem

tes.ta.dor \ô\ *adj.s.m.* **1** que(m) faz um testamento **2** que(m) dá testemunho de alguma coisa

tes.ta.men.tal *adj.2g.* referente a testamento; testamentário

tes.ta.men.tá.rio *s.m.* **1** herdeiro por testamento ■ *adj.* **2** testamental

tes.ta.men.tei.ro *adj.s.m.* que(m) cumpre ou faz cumprir as determinações de um testamento

tes.ta.men.to *s.m.* documento mediante o qual alguém determina a distribuição de seus bens após a sua morte ⊡ **Antigo** ou **Velho T.** *loc.subst.* a Bíblia judaica, dividida em três partes: Pentateuco, Profetas e Escritos • **Novo T.** *loc.subst.* parte cristã da Bíblia, composta por: Evangelhos, Atos dos apóstolos, Epístolas e Apocalipse

[1]**tes.tar** *v.*{mod. 1} *t.d. e t.d.i.* **1** (prep. *a*) deixar em testamento (para) ❑ *int.* **2** fazer o seu testamento ❑ *t.d.* **3** dar testemunho de; atestar ⟨*t. a salvação*⟩ [ORIGEM: do lat. *testāri* 'ser testemunha, deixar em testamento']

[2]**tes.tar** *v.* {mod. 1} *t.d.* **1** *B* aplicar teste(s) a; avaliar ⟨*t. candidatos*⟩ **2** *p.ext.* pôr à prova; experimentar ⟨*t. o som*⟩ ⟨*t. a paciência dos pais*⟩ [ORIGEM: *teste* + [2]*-ar*]

tes.te *s.m.* **1** prova, exame para avaliar as qualidades de alguém ou algo **2** exame para avaliar os conhecimentos de alguém **3** MED exame para estabelecer um diagnóstico

tes.te.mu.nha *s.f.* **1** quem presencia um fato qualquer ⟨*ele foi t. da minha alegria*⟩ **2** DIR quem é chamado ou convocado para depor numa investigação ⟨*t. de acusação*⟩ ⟨*t. de defesa*⟩ **3** pessoa presente a uma transação ou cerimônia para atestar a sua ocorrência ⟨*t. de casamento*⟩ ⊙ COL testemunhal

tes.te.mu.nhal *adj.2g.* **1** relativo a testemunha ou a testemunho **2** resultante das declarações de uma testemunha **3** que serve para testemunhar ■ *s.m.* **4** conjunto de testemunhas

tes.te.mu.nhar *v.*{mod. 1} *t.d. e int.* **1** declarar como testemunha ❑ *t.d.* **2** ser testemunha de; ver, presenciar ❑ *t.d. e t.d.i.* **3** (prep. *a*) tornar evidente, claro; comprovar, demonstrar ⟨*os dados podiam t. (a todos) nosso sucesso*⟩

tes.te.mu.nho *s.m.* **1** ação de testemunhar ou o seu efeito **2** declaração de testemunha **3** prova, evidência

tes.tí.cu.lo *s.m.* ANAT cada uma das duas glândulas sexuais masculinas produtoras de testosterona e dos espermatozoides ~ **testicular** *adj.2g.*

tes.ti.fi.car *v.* {mod. 1} *t.d. e t.d.i.* **1** (prep. *a*) tornar evidente; testemunhar, comprovar ⟨*tal gesto testifica (aos pais) sua maturidade*⟩ **2** (prep. *a*) afirmar com certeza; assegurar ⟨*testificou(-lhe) que estava certa*⟩

tes.to \ê\ *s.m.* **1** tampa de vasilha **2** vaso de barro us. para caiar ☞ cf. *texto*

tes.tos.te.ro.na \ô\ *s.f.* hormônio masculino produzido nos testículos

tes.tu.do *adj.sm* **1** (o) que tem testa ou cabeça grande **2** *fig.* que(m) é teimoso; cabeçudo

te.ta \ê\ *s.f.* glândula mamária; mama

te.tâ.ni.co *adj.* MED **1** referente a ou próprio do tétano **2** que produz sintomas semelhantes aos do tétano

té.ta.no *s.m.* MED infecção provocada por bacilo que penetra na pele através de ferimento e cuja toxina age no sistema nervoso central, provocando contrações musculares

te.tei.a \éi\ *s.f.* **1** enfeite, adorno **2** ser ou objeto gracioso e delicado

te.to *s.m.* **1** parte superior interna de um recinto, que assenta ger. sobre paredes **2** *p.ext.* telhado **3** *p.ext.* casa, habitação **4** condição de visibilidade para pouso ou decolagem de aeronaves **5** limite máximo de determinado valor ⟨*t. salarial*⟩

te.tra.ci.cli.na *s.f.* antibiótico de ampla ação bactericida

te.tra.clo.re.to \ê\ *s.m.* QUÍM composto que contém quatro átomos de cloro

te.tra.e.dro *s.m.* GEOM poliedro de quatro faces ~ **tetraédrico** *adj.*

te.tra.go.nal *adj.2g.* **1** relativo a tetrágono **2** que tem forma de tetrágono **3** com quatro ângulos

te.trá.go.no *adj.* **1** tetragonal ■ *s.m.* **2** quadrilátero

te.tra.ne.ta *s.f.* filha do trineto ou da trineta; tataraneta

te.tra.ne.to *s.m.* filho do trineto ou trineta; tataraneto

te.tra.ple.gi.a *s.f.* MED paralisia que atinge os membros inferiores e superiores ao mesmo tempo

te.tra.plé.gi.co *adj.* **1** relativo a tetraplegia ■ *adj.s.m.* **2** (aquele) que sofre de tetraplegia

te.tras.sí.la.bo *adj.s.m.* (palavra ou verso) que tem quatro sílabas ~ **tetrassilábico** *adj.*

te.tra.vó *s.f.* mãe do trisavô ou da trisavó; tataravó

te.tra.vô [fem.: *tetravó*] *s.m.* pai do trisavô ou da trisavó; tataravô

té.tri.co *adj.* **1** fúnebre ⊃ feliz **2** que causa pavor; medonho

teu [fem.: *tua*] *pron.pos.* determina um substantivo (coisa ou pessoa) relacionado à pessoa com quem se fala, significando o que pertence ou diz respeito a ela ⟨*este é t. irmão*⟩ ⟨*o livro é t.*⟩ ⟨*t. trem sai às duas*⟩ ⊡ **os teus** *loc.subst.* a família, os amigos da pessoa com quem se fala

teu.tão [pl.: *-ões*; fem.: *teutoa*] *s.m.* **1** indivíduo dos teutões, povo germânico **2** língua falada por esse povo **3** *p.ext.* a língua alemã ■ *adj.* **4** relativo a esse indivíduo, povo ou língua

teu.to *adj.s.m.* teutônico

teu.tô.ni.co *adj.s.m.* **1** teutão **2** da Alemanha

te.vê *s.f.* televisão

têx.til *adj.2g.* **1** que se pode tecer **2** de tecelagem ⟨*indústria t.*⟩

tex.to \ê\ *s.m.* **1** conjunto de palavras, frases escritas **2** trecho ou fragmento da obra de um autor ☞ cf. *testo* ⊙ COL coletânea

tex.tu.al *adj.2g.* **1** relativo a texto **2** fielmente reproduzido ou transcrito ⟨*citação t.*⟩ ⊃ inexato ~ **textualidade** *s.f.*

tex.tu.al.men.te *adv.* com fidelidade ao que foi dito ou escrito por outrem; literalmente ⟨*repetiu t. suas palavras*⟩

tex.tu.ra *s.f.* **1** trama, tecido **2** aspecto tátil de uma superfície

te.xu.go *s.m.* designação comum a diversos mamíferos de hábitos noturnos que vivem em tocas e cujos pelos são us. na confecção de pincéis

tez \ê\ *s.f.* pele, esp. a do rosto; cútis

Th símbolo de *tório*

ti *pron.p.* da 2ª p. sing., caso oblíquo tônico, não reflexivo, para os dois gêneros, forma do pron. *tu*, sempre que precedido de preposição, salvo quando se trata da preposição *com* (caso em que se diz *contigo*) ⟨*ela ainda sofre por ti*⟩

Ti símbolo de *titânio*

ti.a *s.f.* **1** para os filhos, a irmã do pai ou da mãe **2** para os sobrinhos, a mulher do tio

ti.a.mi.na *s.f.* substância encontrada em cereais, legumes, leite, ovos etc.

ti.a.ra *s.f.* adorno de cabeça em forma de semicírculo

ti.be.ta.no *adj.* **1** do Tibete (região da China) ■ *s.m.* **2** natural ou habitante dessa região **3** a língua falada nessa região e em alguns territórios vizinhos

tí.bia *s.f.* ANAT o maior e mais interno osso da perna ~ **tibial** *adj.2g.*

tí.bio *adj.* **1** morno, tépido **2** sem vigor; fraco ⊃ vigoroso **3** sem ânimo; indolente ⊃ vibrante **4** em que há pequena quantidade; escasso ⊃ abundante ~ **tibieza** *s.f.*

ti.ção [pl.: *-ões*] *s.m.* **1** pedaço de lenha ou carvão aceso ou meio queimado **2** *fig.* indivíduo muito sujo **3** *fig.* indivíduo negro ☞ nesta acp., uso por vezes pej.

ti.co *s.m.* *B* pequena quantidade ⟨*comeu um t. de comida*⟩

ti.co-ti.co [pl.: *tico-ticos*] *s.m.* **1** certo passarinho de topete, comum em quase todo o Brasil **2** pequeno velocípede **3** serra de dentes pequenos, us. para recortar peças em madeira fina

ti.e.te *s.2g.* *B* *infrm.* admirador ou admiradora fanática; fã

ti.fo *s.m.* infecção causada por microrganismos que contaminam a água, o leite e os alimentos ~ **tífico** *adj.*
ti.foi.de \ói\ *adj.2g.* que se assemelha ao tifo
ti.fo.so \ô\ [pl.: *tifosos* \ó\] *adj.* **1** tifoide ■ *adj.s.m.* **2** (o) que sofre de tifo
ti.ge.la *s.f.* **1** vasilha côncava, ger. sem asas, us. para preparar ou servir alimentos **2** o conteúdo dessa vasilha
ti.gre [fem.: *tigresa*] *s.m.* grande felino asiático de pelo amarelado com listras negras
ti.jo.lei.ro *s.m.* **1** fabricante ou vendedor de tijolos **2** forno para cozer tijolos
ti.jo.lo \ô\ [pl.: *tijolos* \ó\] *s.m.* **1** bloco de barro cozido us. em construções **2** a cor avermelhada do tijolo ■ *adj.2g.2n.* **3** que tem essa cor ⟨*vestido t.*⟩ **4** diz-se dessa cor ⟨*a cor t.*⟩
ti.ju.co *s.m.* **1** pântano, atoleiro **2** barro, esp. quando de cor escura
til *s.m.* GRAM sinal (~) que indica nasalização da vogal sobre a qual é posto
ti.lá.pia *s.f.* designação comum a vários peixes originários da África, que se reproduzem rapidamente em lagos e açudes do Brasil
tíl.bu.ri *s.m.* carro de duas rodas e dois assentos, com capota, puxado por um só animal
tí.lia *s.f.* designação comum a certas árvores de regiões temperadas, cultivadas como ornamentais e por suas madeiras claras
ti.lin.tar *v.* {mod. 1} *t.d. e int.* (fazer) emitir sons metálicos repetidos, como sino, moedas que se chocam etc. ~ **tilintante** *adj.2g.*
ti.mão [pl.: *-ões*] *s.m.* **1** roda ou volante com que se manobra o leme de uma embarcação **2** *fig.* ação de dirigir ou governar
tim.ba.le *s.m.* tímpano ('instrumento')
tim.bra.do *adj.* marcado em relevo com timbre
tim.brar *v.* {mod. 1} *t.d.* **1** pôr timbre em ❑ *t.d.pred.* **2** (prep. *de*) atribuir certa característica, qualidade a; taxar
tim.bre *s.m.* **1** insígnia colocada sobre um escudo para indicar a nobreza de seu proprietário **2** *p.ext.* marca que se coloca sobre um impresso para distingui-lo de outros **3** carimbo, selo **4** MÚS qualidade que permite distinguir sons de mesma altura e intensidade ~ **timbragem** *s.f.*
ti.me *s.m.* **1** DESP grupo de atletas que constituem uma equipe **2** *p.ext.* grupo de pessoas empenhadas numa mesma tarefa
ti.mi.dez \ê\ *s.f.* **1** estado, condição ou característica de tímido; acanhamento ⮌ coragem, ousadia **2** qualidade de quem é fraco, frouxo
tí.mi.do *adj.* **1** que não tem facilidade no convívio social; acanhado ⮌ extrovertido **2** que tem temor; receoso ⮌ destemido **3** *fig.* que revela fraqueza; delicado ⟨*a t. luz da lua*⟩ ⮌ intenso
ti.mo.nei.ro *s.m.* **1** quem controla o timão de uma embarcação **2** *fig.* quem dirige ou regula algo
ti.mo.ra.to *adj.* **1** que tem temor; medroso ⮌ corajoso **2** acanhado, tímido ⮌ extrovertido **3** cuidadoso, exigente
ti.mo.ren.se *adj.2g.* **1** do Timor (Oceania) ■ *s.2g.* **2** natural ou habitante desse país
tim.pâ.ni.co *adj.* relativo a ou próprio do tímpano ('membrana')
tim.pa.nis.ta *adj.2g.s.2g.* que(m) toca tímpano ('instrumento')
tím.pa.no *s.m.* **1** nas campainhas, peça de metal em forma de sino **2** ANAT membrana fina e tensa que constitui o limite entre a orelha média e a orelha externa **3** MÚS instrumento de percussão afinável, composto por uma membrana de couro ou plástico esticada sobre uma semiesfera de cobre; timbale
tim-tim [pl.: *tim-tins*] *interj.* **1** expressão us. pelos que saúdam com copos de bebida ■ *s.m.* **2** *p.ext.* o ruído do bater desses copos ⊡ **t. por t.** *loc.adv.* minuciosamente ⟨*ouviu tudo t. por t.*⟩
ti.na *s.f.* **1** vasilha semelhante a um barril cortado ao meio us. para carregar água, lavar roupa etc. **2** banheira
tin.gir *v.* {mod. 24} *t.d.* **1** imergir na tinta, dando nova cor a ❑ *t.d. e pron.* **2** *fig.* (fazer) tomar cor; colorir(-se) **3** tornar(-se) corado; enrubescer ⮌ empalidecer ~ **tingidura** *s.f.* - **tingimento** *s.m.*
ti.nha *s.f.* infecção da pele por fungos de diversos tipos
ti.nho.rão [pl.: *-ões*] *s.m.* planta ornamental e venenosa, com propriedades vermífugas e anticatarrais
ti.nho.so \ô\ [pl.: *tinhosos* \ó\] *adj.s.m.* **1** que(m) sofre de tinha **2** *fig.* que(m) é insistente; teimoso ■ *s.m.* **3** *infrm.* o diabo
ti.nir *v.* {mod. 24} *int.* **1** soar (vidro, metal etc.) de maneira aguda ou vibrante **2** sentir (o ouvido) vibração interior semelhante a esse som; zunir **3** *infrm.* tremer de frio ou de medo; tiritar **4** estar muito quente ~ **tinido** *adj.*
ti.no *s.m.* **1** juízo, discernimento **2** faculdade de perceber ou pressentir coisas; intuição ⟨*possui grande t. comercial*⟩ **3** *fig.* qualidade de prever e evitar inconveniências e perigos; prudência, precaução ⟨*aqui é preciso agir com t.*⟩ ⮌ imprudência
tin.ta *s.f.* **1** substância corante us. para pintura **2** essa substância, em estado líquido ou pastoso, us. para tingir, escrever ou imprimir **3** tom, cor ou conjunto de cores ⟨*o verão dá novas t. à cidade*⟩
tin.tei.ro *s.m.* frasco ger. de vidro em que se coloca tinta para escrever
tin.tu.ra *s.f.* matéria corante us. para tingir (tecido, cabelo etc.)
tin.tu.ra.ri.a *s.f.* **1** estabelecimento onde se lavam e passam roupas; lavanderia **2** estabelecimento onde se tingem tecidos, roupas etc. ~ **tintureiro** *s.m.*
ti.o *s.m.* **1** para os filhos, o irmão do pai ou da mãe **2** para os sobrinhos, o marido da tia
ti.o-a.vô [pl.: *tios-avôs, tios-avós*] *s.m.* para os netos, o irmão do avô ou da avó

tí.pi.co *adj.* que tipifica; característico ⟨*exemplo t. de falta de educação*⟩ ⟨*comida t. de Minas Gerais*⟩ ↄ atípico ~ **tipicidade** *s.f.*

ti.pi.fi.car *v.* {mod. 1} *t.d. e pron.* tornar(-se) típico; caracterizar(-se)

ti.po *s.m.* **1** objeto ou coisa us. para produzir outro igual; modelo **2** categoria de seres ou objetos agrupados segundo algumas características; espécie ⟨*carros desse t. são caros*⟩ **3** conjunto de características de uma família, povo, região etc. ⟨*t. eslavo*⟩ **4** GRÁF bloco de metal fundido ou de madeira, que traz, em uma das faces, gravação em relevo de um sinal de escrita **5** GRÁF caráter ('sinal'), letra **6** *infrm.* qualquer indivíduo; sujeito ⟨*era um t. gozador*⟩

ti.po.gra.fi.a *s.f.* **1** a arte e a técnica de compor e imprimir com uso de tipos ('bloco') **2** conjunto de procedimentos que abrangem as várias etapas de criação de caracteres, impressão e acabamento de um livro **3** *p.ext.* estabelecimento destinado a composição, paginação e impressão de livros, textos etc.

ti.po.grá.fi.co *adj.* relativo a tipografia ou a tipógrafo

ti.pó.gra.fo *s.m.* **1** proprietário ou administrador de oficina tipográfica **2** quem executa serviços tipográficos

ti.poi.a \ói\ *s.f.* tira de pano que se amarra ao pescoço para apoiar mão ou braço enfermo

ti.po.lo.gi.a *s.f.* **1** estudo, análise ou classificação baseada em tipos **2** *B* conjunto dos caracteres tipográficos utilizados num trabalho gráfico

ti.que *s.m.* **1** hábito ridículo ou incômodo; cacoete **2** *fig.* prática repetitiva; mania ▣ **t. nervoso** *loc.subst.* atividade repetida de um ou vários músculos, independente da vontade

ti.que-ta.que [pl.: *tique-taques*] *s.m.* imitação de som repetido e cadenciado

tí.que.te *s.m.* bilhete impresso que dá direito a um serviço qualquer, como uma passagem, um ingresso etc.

ti.ra *s.f.* **1** pedaço de pano, papel, couro etc., mais comprido do que largo **2** qualquer estrutura com largura e espessura bem menores que o comprimento; faixa ⟨*uma t. de terreno*⟩ **3** fragmento de história em quadrinhos, apresentado numa só faixa horizontal ■ *s.2g. B infrm.* **4** policial

ti.ra.co.lo *s.m.* tira atravessada de um lado do pescoço para o lado oposto do corpo, passando por baixo do braço ▣ **a t.** *loc.adv.* colocado desse modo ⟨*leva uma bolsa a t.*⟩

ti.ra.da *s.f.* **1** longa caminhada **2** frase longa **3** *infrm.* dito espirituoso

ti.ra.gem *s.f.* número de exemplares de uma edição de livro, revista etc.

ti.ra-gos.to [pl.: *tira-gostos*] *s.m.B* petisco, ger. salgado, que acompanha bebidas

ti.ra-man.chas *s.m.2n.* produto para acabar com manchas

ti.ra.ni.a *s.f.* **1** governo de tirano **2** *p.ext.* opressão, violência

ti.râ.ni.co *adj.* próprio de tirano ou tirania

ti.ra.ni.zar *v.* {mod. 1} *t.d.* **1** governar ou tratar com tirania **2** *p.ext.* tratar com grande severidade ou rigor; oprimir ⟨*t. os filhos*⟩

ti.ra.no *s.m.* **1** quem usurpa o poder **2** soberano injusto e cruel **3** quem se excede em autoridade ■ *adj.* **4** tirânico ⟨*governo t.*⟩

ti.ra.nos.sau.ro *s.m.* grande dinossauro carnívoro, bípede, de até 12 metros e 6 toneladas, com membros anteriores muito reduzidos e dentes enormes

ti.ran.te *adj.2g.* **1** que se aproxima de ou se assemelha a ⟨*t. a azul*⟩ **2** *fig.* excetuado(s) ⟨*os alunos, t. um ou dois, eram ótimos*⟩ ■ *s.m.* **3** correia que prende as cavalgaduras ao veículo que puxam **4** viga que sustenta o madeiramento de um teto ■ *prep.* **5** exceto, salvo ⟨*eram iguais, t. a cor dos cabelos*⟩

ti.rar *v.* {mod. 1} *t.d.* **1** fazer sair de onde estava; retirar ⟨*t. a carteira do bolso*⟩ ↄ pôr **2** pôr de lado; excluir ⟨*tirando as contas, pouco sobra do salário*⟩ ↄ incluir **3** *B* obter em banco (extrato, demonstrativo, dinheiro etc.) **4** puxar para fora de; sacar, arrancar ⟨*tirou o punhal e atirou-o*⟩ ⟨*t. pregos da parede*⟩ **5** afastar de si ou mover, levantando, depondo, despindo etc.; retirar ⟨*t. a roupa*⟩ ↄ colocar **6** fazer desaparecer; apagar, eliminar ⟨*t. manchas, rugas*⟩ ↄ causar **7** atingir, receber (quantia, avaliação acadêmica etc.) ⟨*t. nota oito em física*⟩ ⟨*t. bom lucro dos investimentos*⟩ **8** extrair (texto, informação) de uma fonte **9** reproduzir (texto, ilustração etc.) **10** ter imagem em (fotografia, radiografia etc.); bater **11** *B* transcrever (música, letra) por ouvi-la ou lembrar-se dela **12** *B* tocar (uma música) sem cifras ou partitura **13** convidar (para dançar) **14** *B* formar opinião sobre; julgar, avaliar ⟨*não sei de onde ela tirou isso*⟩ ❑ *t.d.i.* **15** (prep. *de*) retirar (quantidade, parcela, número) [de outro]; subtrair ⟨*t. cinco de sete*⟩ ↄ adicionar **16** (prep. *de*) deduzir a partir de; concluir **17** *fig.* (prep. *de, a*) deixar sem; levar, privar ⟨*a traição tirou-lhe a paz*⟩ ⟨*a dor tirou-lhe os movimentos*⟩ ↄ restituir **18** (prep. *de*) colher, auferir (certo resultado) de ⟨*t. proveito da ocasião*⟩ ❑ *t.d. e t.d.i.* **19** (prep. *de*) apossar-se de (algo alheio) por fraude, violência etc. ↄ devolver ❑ *t.d.i. e pron.* **20** (prep. *de*) [fazer] desvencilhar-se de situação difícil ou perigosa; salvar(-se) ❑ *t.i.* **21** (prep. *a*) ter semelhança com; aproximar-se

ti.ra-tei.ma *s.m.* ou **ti.ra-tei.mas** *s.m.2n. infrm.* **1** prova categórica **2** qualquer objeto us. para castigar

ti.re.oi.de \ói\ *s.f.* **1** glândula controlada pela hipófise, situada na base do pescoço e responsável pela secreção de hormônios ■ *adj.2g.* **2** relativo a essa glândula ~ **tireóideo** *adj.*

ti.ri.ri.ca *s.f.* **1** nome comum a várias ervas daninhas ■ *adj.2g.* **2** *B infrm.* muito irritado; furioso

ti.ri.tar *v.* {mod. 1} *int.* tremer de frio, medo ou febre; tinir ~ **tiritante** *adj.2g.*

ti.ro *s.m.* **1** disparo de arma de fogo **2** bala ou carga que se dispara de cada vez **3** *p.ext.* distância que a carga pode alcançar ⟨*o objetivo ficava a um t. de fuzil*⟩

⊡ t. de misericórdia *loc.subst. fig.* medida ou ação que põe fim a qualquer coisa
ti.ro.cí.nio *s.m.* 1 aprendizagem; estágio ⟨*fez t. em enfermaria*⟩ 2 prática, experiência ⊃ inexperiência 3 discernimento ⟨*ter bom t.*⟩ ⊃ inépcia
ti.ro de guer.ra [pl.: *tiros de guerra*] *s.m. B* escola de treinamento e formação de reservistas do Exército
ti.ro.tei.o *s.m.* 1 sucessão de tiros 2 troca de tiros 3 troca de palavras entre pessoas que discutem ou brigam ⟨*t. de recriminações*⟩ 4 *fig.* grande quantidade de palavras, sons etc. ⟨*foi vítima de um t. de inconveniências*⟩ ~ **tirotear** *v.t.d. e int.*
ti.sa.na *s.f.* bebida, ger. us. como medicamento, obtida por maceração, infusão ou cocção
tí.si.ca *s.f.* tuberculose
tí.si.co *adj.* 1 referente a ou próprio da tísica ■ *adj.s.m.* 2 tuberculoso 3 *fig.* (indivíduo) muito magro
tis.nar *v.* {mod. 1} *t.d. e pron.* 1 tornar(-se) negro com carvão, fumo etc.; enegrecer(-se) 2 sujar(-se), manchar(-se) ❑ *t.d.* 3 queimar superficialmente; tostar
tis.ne *s.m.* 1 fuligem 2 escurecimento da pele pela ação do calor ou do fogo
ti.tã *s.m.* 1 pessoa ou coisa gigantesca ☞ cf. *Júpiter* e *Titã* na parte enciclopédica 2 pessoa de grande capacidade, poder ou conhecimento ~ **titânico** *adj.*
ti.tâ.nio *s.m.* elemento químico us. em aço, ligas leves e estáveis a altas temperaturas, na construção de barcos, aviões etc. [símb.: *Ti*] ☞ cf. *tabela periódica* (no fim do dicionário)
tí.te.re *s.m.* 1 marionete 2 *fig. pej.* indivíduo que se deixa manipular por outra pessoa ■ *adj.2g.* 3 que representa interesses alheios ⟨*político t.*⟩
ti.ti.lar *v.* {mod. 1} *t.d.* 1 fazer cócegas ligeiras em; coçar 2 *fig.* fazer afagos a; lisonjear, agradar ⊃ desagradar ❑ *int.* 3 palpitar, estremecer ⟨*sua veia titilava fortemente*⟩ 4 causar coceira; coçar ~ **titilante** *adj.2g.*
ti.ti.o *s.m. B* tio
ti.tu.be.an.te *adj.2g.* que titubeia; hesitante, vacilante ⊃ decidido, resoluto
ti.tu.be.ar *v.* {mod. 5} *int.* 1 não conseguir se manter em pé; cambalear ❑ *t.i. e int.* 2 (prep. *em*) ficar indeciso, inseguro quanto a; hesitar ⊃ decidir-se ❑ *t.d.* 3 falar com hesitação; gaguejar
ti.tu.bei.o *s.m.* dúvida, vacilação ⊃ certeza
[1]**ti.tu.lar** *v.* {mod. 1} *t.d.* 1 dar título a; intitular 2 registrar em livros de padrões e títulos autênticos [ORIGEM: do lat. *titulāre* 'dar um título a']
[2]**ti.tu.lar** *adj.2g.s.2g.* 1 que(m) tem título honorífico 2 que(m) ocupa função ou cargo efetivo ⟨*professor, goleiro t.*⟩ ⊃ substituto, reserva [ORIGEM: *título* + [1]*-ar*] ~ **titularidade** *s.f.*
tí.tu.lo *s.m.* 1 nome ou expressão colocada em começo de livro, capítulo, matéria de jornal, filme etc. para indicar o assunto ou identificar a obra 2 *p.ext.* obra, trabalho ⟨*autor de muitos t.*⟩ 3 letreiro, rótulo 4 qualificação que exprime uma relação social, uma função, um cargo honorífico etc. ⟨*t. de benfeitor*⟩ ⟨*t. de barão*⟩ 5 grau conferido por escola superior ⟨*t. de bacharel em Letras*⟩ 6 documento que atesta a propriedade de um bem ou de um valor 7 razão que justifica uma ação ou algo; pretexto, motivo ⟨*não sabiam a que t. queria vê-lo*⟩ ⊡ t. de crédito *loc.subst.* documento que formaliza um crédito
-tivo *suf.* equivalente a *-ivo*
Tl símbolo de *tálio*
Tm símbolo de *túlio*
TO sigla do Estado do Tocantins
to.a *s.f.* cabo para reboque de embarcação ⊡ à t. *loc.adv.* 1 ao acaso ⟨*andar à t.*⟩ 2 sem motivo ⟨*brigaram à t.*⟩ 3 sem fazer nada ⟨*vive à t.*⟩ ☞ cf. *à toa* (adj.)
to.a.da *s.f.* 1 entoação, canto 2 cantiga de melodia simples e monótona e texto ger. curto
to.a.le.te *s.f.* 1 ato de lavar-se, pentear-se, maquiar-se etc. (para deitar-se, sair etc.) 2 traje, esp. feminino, para noite ■ *s.m.* 3 banheiro ('local')
to.a.lha *s.f.* 1 pano de tecido absorvente, próprio para enxugar ⟨*t. de rosto*⟩ 2 peça de tecido ou plástico que se estende sobre a mesa à hora das refeições
to.a.lhei.ro *s.m.* 1 porta-toalhas 2 empresa que fornece toalhas para firmas, consultórios etc. e substitui as já usadas por limpas
to.ar *v.* {mod. 1} *int.* 1 fazer tom ou som forte 2 repercutir, ressoar, ecoar ⟨*a música toava em seus ouvidos*⟩ ❑ *t.i.* 3 (prep. *com*) estar em hamonia com; condizer, combinar ~ **toante** *adj.2g.*
to.bo.gã *s.m.* 1 DESP trenó pequeno com esquis de aço atados a uma estrutura leve, us. em campeonatos anuais 2 rampa ondulada sobre a qual se desliza, em parque de diversões
to.ca *s.f.* 1 buraco onde certos animais se abrigam 2 *fig. B* o que serve de abrigo; refúgio
to.ca-dis.cos *s.m.2n.* aparelho elétrico que reproduz o som gravado num disco de vinil; eletrola
to.ca-fi.tas *s.m.2n.* aparelho que reproduz sons gravados em fita magnética
to.cai.a *s.f. B* vigilância secreta ao inimigo ou à caça ⊡ de t. *loc.adv.* de vigia, à espreita
to.cai.ar *v.* {mod. 1} *t.d.* 1 esperar, às escondidas, em prontidão para atacar ou matar; tocaiar 2 atacar a partir de uma tocaia ❑ *t.d. e int.* 3 observar escondido; vigiar, espreitar
to.can.te *adj.2g.* 1 referente, relativo ⟨*assuntos t. à escola*⟩ 2 que comove; emocionante ⟨*filme t.*⟩ ⊃ frio ⊡ no t. a *loc.adv.* a respeito de ⟨*no t. a dinheiro, estamos bem*⟩
to.can.ti.nen.se *adj.2g.* 1 do Tocantins ■ *s.2g.* 2 natural ou habitante desse estado
to.car *v.* {mod. 1} *t.d.,t.i. e int.* 1 (prep. *em*) pôr a mão em; pegar, apalpar ⊃ largar ❑ *t.d.,t.i.,t.d.i. e pron.* 2 (prep. *em*) pôr(-se) em contato com; encostar(-se) ⊃ afastar(-se) ❑ *t.d. e t.i.* 3 (prep. *em*) fazer alusão ou referência a; mencionar ⊃ omitir 4 (prep. *em*) servir-se de, consumir (alimento ou bebida) ❑ *pron.* 5 tornar-se próximo; unir-se, identificar-se ⟨*suas ideias se tocavam*⟩ ⊃ desavir-se 6 ficar magoado; ofender-se 7 *B infrm.* dar-se conta de; perceber ⊃ ignorar ❑ *int. e pron. B* 8 ir na direção de; dirigir-se ⟨*do aeroporto tocou(-se) para casa*⟩ ⊃ voltar ☞ *para casa* é circunstân-

cia que funciona como complemento ❑ *t.d.* **9** estimular a marcha de; tanger ⟨*t. os bois*⟩ **10** *p.ext.* fazer sair do lugar em que estava; expulsar ⟨*tocou o brigão do bar*⟩ ⮌ atrair ☞ *do bar* é circunstância que funciona como complemento **11** estar vizinho a ou junto de; confinar ⟨*seu terreno toca o meu*⟩ **12** causar abalo a; sensibilizar, comover ⮌ empedernir **13** provocar inspiração ou mudança em; influir **14** fazer mover a; impulsionar ⟨*t. a bola no campo adversário*⟩ **15** *fig. B* fazer progredir, ir adiante ⟨*t. o projeto, a vida*⟩ ⮌ paralisar ❑ *t.d. e int.* **16** fazer soar (música, melodia) num ou mais instrumentos musicais ⟨*a banda pôs-se a t. (um samba)*⟩ **17** (fazer) emitir toques, sons, ger. para anunciar (algo) ⟨*o relógio tocou três horas*⟩ ⟨*t. a campainha*⟩ ⟨*ouviu o sinal t.*⟩ ❑ *t.i.* **18** (prep. *a*) caber por sorte; pertencer **19** (prep. *a*) ser da responsabilidade de; competir, caber **20** (prep. *a*) dizer respeito a; interessar

to.ca.ta *s.f.* MÚS peça para instrumentos de teclado, ger. vivaz e virtuosística

to.cha *s.f.* facho de fogo, ger. na ponta de uma haste de qualquer material, us. para iluminar, sinalizar etc.

to.co \ô\ *s.m.* **1** parte de planta cortada que fica presa ao solo **2** pedaço de vela ou tocha; coto **3** *B* resto de algo que se quebrou ou consumiu ⟨*t. de lápis*⟩

to.da.vi.a *conj.advrs.* mas, contudo

to.do \ô\ *adj.* **1** a que não falta parte alguma; completo ⟨*comeu o bolo t.*⟩ ⟨*choveu o dia t.*⟩ ■ *pron.ind.* **2** seja qual for; qualquer ⟨*t. cidadão tem direitos iguais*⟩ ■ *adv.* **3** completamente, por inteiro ⟨*sou t. ouvidos*⟩ ■ *s.m.* **4** totalidade ⟨*as partes formam o t.*⟩

to.do-po.de.ro.so [pl.: *todo-poderosos*] *adj.s.m.* **1** que(m) pode tudo ⟨*Deus t.*⟩ **2** que(m) tem poderes relativamente ilimitados ⟨*exército t.*⟩ ■ *s.m.* **3** Deus ☞ inicial maiúsc.

to.fu [jap.] *s.m.* espécie de queijo feito de leite de soja ⇨ pronuncia-se **tofu**

to.ga *s.f.* **1** manto de lã us. pelos antigos romanos **2** roupa de magistrado

to.ga.do *adj.s.m.* **1** que(m) usa toga **2** diz-se de ou magistrado judicial ⟨*juiz t.*⟩

toi.ci.nho *s.m.* → TOUCINHO

tol.da *s.f.* **1** toldo ('cobertura') **2** espécie de telhado de palha ou madeira us., em certos barcos, para abrigar carga e/ou passageiros

tol.dar *v.* {mod. 1} *t.d.* **1** cobrir com tolda ou toldo **2** *fig.* obscurecer, cegar ⟨*a ira pode t. a razão*⟩ ❑ *t.d. e pron.* **3** tornar(-se) nublado; anuviar(-se) ⮌ desanuviar(-se) **4** tornar(-se) turvo; turvar(-se)

tol.do \ô\ *s.m.* cobertura, ger. de lona ou plástico, posta em janela, porta, varanda etc., para abrigar da chuva e/ou do sol

to.le.rân.cia *s.f.* **1** característica de certas pessoas de admitir e respeitar ideias diferentes das suas ⮌ intolerância **2** dispensa (de regra geral); licença ⟨*t. de horário*⟩ **3** capacidade do organismo para suportar (a ação de certas substâncias) ⟨*t. aos antibióticos*⟩

to.le.ran.te *adj.2g.* **1** que tolera; que desculpa certas falhas ou erros ■ *adj.2g.s.2g.* **2** que(m) é dotado de tolerância ou indulgência ⟨*ser t. com as crianças*⟩ ⟨*os t. ouvem opiniões diferentes*⟩

to.le.rar *v.* {mod. 1} *t.d.* **1** aguentar com resignação, paciência; aceitar, suportar ⟨*t. uma visita incômoda*⟩ ⮌ recusar **2** ser conivente com; consentir ⟨*t. os excessos do filho*⟩ ⮌ impedir **3** MED ser capaz de suportar, de assimilar (medicação)

to.le.rá.vel *adj.2g.* **1** que se pode tolerar; suportável ⟨*mal-estar t.*⟩ ⮌ intolerável, insuportável **2** que não tem grandes defeitos; aceitável, sofrível ⟨*um acabamento t.*⟩ ⮌ intolerável, inaceitável **3** merecedor de indulgência ⟨*erro t.*⟩ ⮌ intolerável

to.le.te \ê\ *s.m.* **1** cada uma das hastes de ferro ou madeira que servem de apoio para os remos **2** rolo de madeira, fumo etc.

to.lher *v.* {mod. 8} *t.d.* **1** ser obstáculo a; atrapalhar, impedir ⟨*a dor tolheu seus movimentos*⟩ ⮌ permitir **2** impor proibição a; vedar ⮌ autorizar **3** impedir que se manifeste; conter ⟨*o susto tolheu sua voz*⟩ ⮌ liberar ❑ *t.d. e t.d.i.* **4** (prep. *de*) deixar sem; privar ⟨*tolheram sua liberdade*⟩ ⟨*a doença tolhera-o da visão*⟩ ❑ *t.d. e pron.* **5** deixar ou ficar sem os movimentos; paralisar(-se) ~ **tolhido** *adj.s.m.* - **tolhimento** *s.m.*

to.li.ce *s.f.* **1** ato ou dito tolo, impensado ⮌ sensatez **2** coisa ou motivo fútil, insignificante ⟨*gastou o dinheiro em tolices*⟩ ⟨*brigaram por uma t.*⟩

to.lo \ô\ *adj.s.m.* **1** bobo ⮌ esperto ■ *adj.* **2** que não tem sentido ou significação ⟨*ideia t.*⟩ ⮌ coerente

to.lu.e.no *s.m.* QUÍM hidrocarboneto aromático obtido do petróleo e do carvão, us. como solvente e na fabricação de explosivos, corantes etc.

tom *s.m.* **1** variação de altura, intensidade ou duração de um som ⟨*t. breve*⟩ ⟨*t. estridente*⟩ **2** MÚS altura de um som na escala musical **3** MÚS tônica a partir da qual se estabelecem as relações tonais; tonalidade ⟨*qual o t. dessa canção?*⟩ **4** maneira de se expressar, falando ou escrevendo ⟨*t. ameaçador*⟩ **5** modo de realizar algo; estilo, caráter ⟨*romance de t. realista*⟩ **6** qualidade da cor; matiz, tonalidade ⟨*um belo t. de azul*⟩

to.ma.da *s.f.* **1** dispositivo intermediário entre uma fonte de energia elétrica e um aparelho alimentado por esta energia **2** TV registro contínuo de cena de filme ou vídeo

to.mar *v.* {mod. 1} *t.d. e t.d.i.* **1** (prep. *de*) apossar-se de (algo alheio); tirar, arrebatar ⮌ devolver **2** (prep. *com*) pedir, exigir (explicação, satisfação) [a alguém] **3** (prep. *de*) ser vítima de (pancada, surra); levar ⮌ dar ❑ *t.d.* **4** *fig.* apropriar-se de; assumir ⟨*o medo tomou-o por completo*⟩ **5** conquistar, dominar ⟨*t. o castelo*⟩ ⟨*t. o poder*⟩ **6** realizar apreensão ou a prisão de; capturar **7** segurar com firmeza, para proteger, amparar **8** ingerir (alimentos, medicamentos) **9** engolir o conteúdo de ⟨*t. um copo de café*⟩ **10** *B* ingressar, embarcar em (ônibus, trem etc.) ⮌ descer **11** preencher, ocupar (espaço, local) **12** fazer uso de (tempo); consumir, gastar **13** ser surpreendido por; levar ⟨*t. um* *susto*⟩ **14** *fig.* invadir o espírito de; dominar ⟨*o riso tomou a plateia*⟩ **15** sofrer a ação de; expor-se ⟨*t. sol*⟩ **16** seguir ou encaminhar-se por ⟨*t. a rua da direita*⟩ **17** passar a ter; adquirir, assumir ⊃ perder **18** receber, ter (aula, instrução) ❑ *t.d. e t.i.* **19** (prep. *de*) ter em mãos, ger. para utilizar; empunhar, pegar, segurar ❑ *t.d.pred. e t.i.pred.* **20** (prep. *a*) fazer opção por; escolher ❑ *t.d. e pron. fig.* **21** sentir-se invadido por (impressão, sentimento) ⟨*t. ódio à mulher*⟩ ⟨*t.-se de amores pelo vizinho*⟩ ❑ *t.d. e t.d.pred.* **22** levar em consideração; considerar ⟨*toma tudo seriamente*⟩ ⟨*t. as palavras como insulto*⟩

to.ma.ra *interj. B* exprime desejo, votos ⟨*t. que chova logo*⟩

to.ma.te *s.m.* fruto vermelho comestível, rico em proteínas e açúcar, muito us. em saladas, molhos etc.

to.ma.tei.ro *s.m.* planta hortense que produz frutos comestíveis de polpa vermelha carnuda e rica em vitamina C

tom.ba.di.lho *s.m.* construção erguida na popa de um navio, us. para alojamento

[1]tom.ba.men.to *s.m.* **1** ato de se guardar alguma coisa num arquivo público **2** *B* ato de o governo colocar sob sua guarda bens imóveis e/ou móveis de valor histórico, arqueológico, paisagístico etc. [ORIGEM: [2]*tombar* + *-mento*]

[2]tom.ba.men.to *s.m.* ato de cair, ruir ⊃ erguimento [ORIGEM: [1]*tombar* + *-mento*]

[1]tom.bar *v.*{mod. 1} *t.d. e int.* **1** (fazer) cair, deitar por terra; derrubar ❑ *t.d.* **2** deixar cair enviesado; inclinar ⟨*com sono, tombava a cabeça*⟩ ❑ *int.* **3** movimentar-se para baixo; descer ⟨*tomba o sol no horizonte*⟩ ⊃ subir **4** perder a vida; morrer ❑ *int. e pron.* **5** cair para o lado; inclinar-se, virar ⟨*o ônibus tombou(-se) na curva*⟩ [ORIGEM: do rad. *tumb-*, imitativo do som da pancada de uma queda, + [2]*-ar*]

[2]tom.bar *v.*{mod. 1} *t.d.* **1** fazer o [2]tombo de; arrolar, inventariar **2** *B* pôr (o governo) sob sua guarda (bens imóveis e/ou móveis de interesse público por seu valor histórico, artístico etc.) [ORIGEM: [2]*tombo* + [2]*-ar*]

[1]tom.bo *s.m.* queda, trambolhão [ORIGEM: de [1]*tombar*]

[2]tom.bo *s.m.* **1** inventário dos prédios urbanos e rurais com todas as demarcações **2** registro ou relação de coisas ou fatos referentes a uma especialidade, a uma região etc. [ORIGEM: contrv., talvez do lat. *tomus,i* 'volume, tomo', ou relacionado ao port. *tumba*]

tôm.bo.la *s.f.* tipo de loteria com fins beneficentes em que os prêmios não são em dinheiro

to.mi.lho *s.m.* erva aromática, de folhas pequenas retas ou em forma de lança, us. como tempero

to.mo *s.m.* divisão de uma obra que pode ou não corresponder a um volume do trabalho impresso

to.mo.gra.fi.a *s.f.* exame radiológico que permite visualizar as estruturas anatômicas na forma de cortes ~ **tomógrafo** *s.m.*

to.na *s.f.* **1** película externa, mais ou menos fina, que envolve certos corpos; pele, casca **2** parte externa e visível de um corpo ⊡ **à t.** *loc.adv.* à superfície ⟨*boiavam à t. da água*⟩ ⟨*os problemas vieram à t.*⟩

to.na.li.da.de *s.f.* **1** cor, matiz **2** MÚS sistema de relações entre os tons, notas e harmonias de uma peça musical **3** MÚS tom ('tônica') ⟨*a peça está numa t. muito aguda*⟩ ~ **tonal** *adj.2g.*

to.nan.te *adj.2g.* **1** que troveja ⟨*tempestade t.*⟩ **2** vibrante, forte ⟨*voz t.*⟩ ⊃ fraco

to.nel *s.m.* recipiente para líquidos formado por tábuas abauladas unidas e presas por aros metálicos e dois tampos planos ⟨*t. de vinho*⟩ ~ **tonelaria** *s.f.*

to.ne.la.da *s.f.* unidade de medida de massa igual a 1.000 kg [símb.: *t*]

to.ne.la.gem *s.f.* **1** capacidade ('volume') de um caminhão, navio etc. **2** a medida dessa capacidade

tô.ni.ca *s.f.* **1** FON sílaba ou vogal sobre a qual recai a acentuação **2** ponto tratado com ênfase ⟨*a demissão foi a t. do discurso*⟩ **3** MÚS nota que nomeia o tom de uma escala musical

tô.ni.co *adj.s.m.* **1** (remédio) revigorante ■ *adj.* **2** relativo a tom **3** que se pronuncia com mais intensidade (vogal, sílaba) ⊃ átono ~ **tonicidade** *s.f.* - **tonificação** *s.f.*

to.ni.fi.car *v.*{mod. 1} *t.d. e pron.* (fazer) adquirir força, vigor; fortalecer(-se), robustecer(-se) ⊃ enfraquecer(-se) ~ **tonificante** *adj.2g.*

to.ni.tru.an.te *adj.2g.* **1** muito ruidoso **2** *fig.* que fala ou canta com estrondo ⟨*voz t.*⟩ ~ **tonitruância** *s.f.*

ton.su.ra *s.f.* corte redondo dos cabelos no topo da cabeça, us. pelos clérigos ~ **tonsurar** *v.t.d. e pron.*

ton.tas *s.f.pl.* ◗ só usado em: **às tontas** *loc.adv.* sem rumo, cuidado, critério etc. ⟨*andar às t.*⟩

ton.te.ar *v.*{mod. 5} *int.* **1** agir como tonto; disparatar **2** deixar tombar a cabeça; cabecear ❑ *t.d. e int.* **3** (fazer) ter tonturas; estontear, atordoar(-se) **4** (fazer) sofrer agitação, perturbação; alvoroçar

ton.tei.ra *s.f.* **1** tolice ⊃ sensatez **2** MED *infrm.* vertigem

ton.ti.ce *s.f.* asneira, tolice ⊃ sensatez

ton.to *adj.s.m.* **1** que(m) tem ou sente tontura **2** que(m) está confuso, atrapalhado ⟨*ficou t. com a notícia*⟩

ton.tu.ra *s.f.* sensação de que tudo está girando; vertigem

top [ing.; pl.: *tops*] *s.m.* **1** bustiê **2** blusa curta colante, ger. sem mangas ⇨ pronuncia-se tóp

to.pa.da *s.f.* **1** tropeço **2** encontrão, esbarrão

to.par *v.* {mod. 1} *t.d.,t.i. e pron.* **1** (prep. *com*) ficar frente a frente com; deparar(-se), encontrar(-se) ❑ *int.* **2** bater sem querer com o pé em ⟨*topou no degrau e caiu*⟩ ☞ *no degrau* é circunstância que funciona como complemento **3** ir de encontro a; chocar-se, bater ⟨*topou no poste*⟩ ☞ *no poste* é circunstância que funciona como complemento ❑ *t.d. B infrm.* **4** aceitar, concordar com (negócio, proposta etc.) ⊃ recusar **5** ter simpatia por; gostar ⟨*não topo o vizinho*⟩ ⊃ detestar

to.pa-tu.do *s.2g.2n.*quem aproveita ou aceita tudo que surge ou que lhe é proposto

to.pá.zio *s.m.*pedra preciosa ger. amarela

to.pe *s.m.* **1** topo ⮌ base **2** laço de fita em chapéu, flâmula, estandarte **3** altura física, moral, intelectual etc.

to.pe.te \ê *ou* é\ *s.m.***1** tufo de cabelos no alto da testa **2** *B infrm.* audácia, ousadia ⮌ respeito

to.pe.tu.do *adj.* **1** que traz ou usa topete ■ *adj.s.m. infrm.* **2** *B* valentão, arrogante

tó.pi.co *adj.***1** relativo a lugar **2** de uso externo (diz-se de remédio) ■ *s.m.***3** ponto de um texto, discurso etc.; tema, assunto **4** breve comentário de jornal, ger. sobre assunto da atualidade

to.po \ô\ *s.m.***1** parte mais alta; cume, tope **2** a extremidade ou ponta de algo; fim

to.po.gra.fi.a *s.f.* **1** representação gráfica do relevo de um terreno **2** descrição exata e minuciosa de uma localidade; topologia ~**topográfico** *adj.* - **topógrafo** *s.m.*

to.po.lo.gi.a *s.f.***1** descrição minuciosa de um local; topografia **2** MAT estudo das propriedades geométricas de um corpo não alteradas por uma deformação contínua ~**topológico** *adj.*

to.po.ní.mia *s.f.* **1** estudo dos nomes próprios de lugares **2** lista de topônimos

to.pô.ni.mo *s.m.*nome próprio de lugar

to.que *s.m.***1** ato de tocar ou o seu efeito **2** som produzido por contato ou percussão **3** sinal militar dado por clarim, corneta etc. ⟨*t. de recolher*⟩ **4** *fig.* o que restou; vestígio, marca ⟨*um t. de juventude*⟩ **5** *B infrm.* conselho discreto **6** MED exame de uma cavidade natural do corpo praticado com o auxílio dos dedos

–tor *suf.*→ -OR

to.ra *s.f.*tronco grosso de madeira, cortado ou não

to.rá *s.f.* **1** lei sagrada dos judeus ☞ inicial maiúsc. **2** livro que a contém ☞ inicial maiúsc.

to.rá.ci.co *adj.*relativo a ou próprio do tórax

to.ran.ja *s.f.* fruta cítrica grande, arredondada, de casca amarela grossa e polpa branca ~**toranjeira** *s.f.*

to.rar *v.*{mod. 1} *t.d.* **1** partir (a madeira) em toros **2** *B* cortar rente; tosar

tó.rax \cs\ *s.m.2n.*ANAT parte do corpo entre o pescoço e o músculo do diafragma que aloja os pulmões e o coração

tor.çal *s.m.*cordão torcido de retrós ou seda

tor.ção [pl.: *-ões*] *s.f.*rotação brusca e doída (de articulação, órgão etc.); torcedura

tor.ce.dor \ô\ *adj.***1** que torce ■ *adj.s.m.***2** *B* que(m) torce por um time

tor.ce.du.ra *s.f.*torção

tor.cer *v.*{mod. 8} *t.d.***1** revirar em espiral; enroscar, enrolar ⮌ destorcer **2** unir enrolando **3** lesar os ligamentos de (parte do corpo) por movimento brusco de rotação ⟨*t. o pé*⟩ **4** *fig.* alterar o sentido ou a proporção real de; deturpar, distorcer ⮌ preservar **5** reduzir à obediência; sujeitar ⟨*não conseguiu t. o filho*⟩ ❑ *t.d.,int. e pron.***6** mudar a direção ou a orientação (de); desviar ❑ *t.d. e pron.***7** tornar(-se) curvo; vergar(-se), dobrar(-se) ⮌ endireitar(-se) **8** contrair ou contorcer (o corpo, parte dele) por dor, desespero, riso etc. **9** alterar a forma ou o aspecto habitual (de); contorcer(-se) ⟨*t. o nariz*⟩ ⟨*ao vê-lo, seus olhos torceram-se*⟩ ⮌ endireitar(-se) ❑ *pron.* **10** seguir um curso sinuoso; serpear ⟨*os rios torciam-se na floresta*⟩ **11** mover-se dando voltas ⟨*a fumaça torcia-se no ar*⟩ ❑ *t.i.fig.* **12** (prep. *por*) desejar vivamente ⟨*torço por sua melhora*⟩ **13** *B* (prep. *por*) mostrar sua predileção por (equipe desportiva, agremiação etc.)

tor.ci.co.lo *s.m.*forte contração de músculo do pescoço, que leva a uma posição anormal da cabeça

tor.ci.da *s.f.* **1** mecha de candeeiro, lamparina etc.; pavio **2** numa competição, o conjunto dos torcedores ⟨*a t. foi ao ginásio*⟩ **3** conjunto dos simpatizantes de um clube, entidade ou agremiação esportiva ⟨*o Flamengo tem uma imensa t.*⟩

–tório *suf.*equivalente a *-ório*

tó.rio *s.m.*elemento químico us. como combustível nuclear, em lâmpadas solares, células fotoelétricas etc. [símb.: *Th*] ☞ cf. *tabela periódica* (no fim do dicionário)

tor.men.ta *s.f.* **1** tempestade violenta, esp. no mar; temporal, borrasca ⮌ calmaria **2** *fig.* grande barulho; desordem ⮌ calma

tor.men.to *s.m.* **1** sofrimento físico; suplício **2** aflição, angústia ⟨*sua partida era um t.*⟩

tor.men.to.so \ô\ [pl.: *tormentosos* \ó\] *adj.* **1** relativo a ou em que há tormenta ⟨*mar t.*⟩ ⮌ bonançoso **2** que causa tormento; aflitivo **3** penoso, árduo

tor.na.do *s.m.* tempestade violenta cujo núcleo, uma nuvem em forma de cone invertido, gira velozmente, derrubando árvores, construções etc.

tor.nar *v.* {mod. 1} *int. e pron.* **1** voltar ao lugar de onde saiu; regressar ⟨*tornou(-se) para bordo*⟩ ⮌ partir ☞ *para bordo* é circunstância que funciona como complemento ❑ *int.* **2** manifestar-se, acontecer de novo ⟨*a infância jamais torna*⟩ ❑ *t.d.i.***3** (prep. *a*) dar de volta (o que é devido ou esperado); restituir, devolver ⮌ tomar ❑ *t.d.pred. e pron.***4** (fazer) mudar de estado, forma etc.; transformar(-se) ⮌ manter(-se)

tor.nas.sol *s.m.***1** girassol **2** QUÍM corante obtido de várias espécies de liquens, us. esp. como indicador ácido-base

tor.ne.a.do *adj.2g.s.m.***1** (o) que foi feito ou lavrado ao torno ■ *adj.* **2** bem-feito, bem contornado; roliço ⟨*braços t.*⟩ **3** *fig.* escrito e redigido com elegância

tor.ne.ar *v.*{mod. 5} *t.d.* **1** trabalhar ou modelar no torno **2** dar forma cilíndrica, arredondada ou roliça a **3** estar em volta de; rodear **4** *fig.* tornar mais apurado; aprimorar, polir ~**torneamento** *s.m.*

tor.ne.a.ri.a *s.f.*ofício de torneiro

tor.nei.o *s.m.* **1** justa ('medieval') **2** competição esportiva

tor.nei.ra *s.f.* **1** tubo com uma espécie de chave us. para reter ou deixar sair líquido ou gás; bica **2** a chave desse tubo

tor.nei.ro *s.m.*quem trabalha com o torno

tor.ni.que.te \ê\ *s.m.* **1** tipo de cruz horizontal que gira sobre um eixo vertical, colocada à entrada de rua, estrada etc., que deixa passar apenas pessoas a pé **2** instrumento destinado a apertar **3** instrumento ou recurso us. para impedir o fluxo de sangue em um membro

tor.no \ô\ *s.m.* suporte giratório us. para fabricar ou arredondar peças de madeira, ferro, aço etc.

tor.no.ze.lei.ra *s.f.* **1** peça elástica para proteger o tornozelo **2** adorno para o tornozelo

tor.no.ze.lo \ê\ *s.m.* ANAT região entre a perna e o pé

to.ro *s.m.* tronco de árvore cortada, ainda com a casca, sem os ramos

to.ró *s.m.* *B* chuva forte e súbita

tor.pe \ô\ *adj.2g.* **1** que contraria os bons costumes, a moral; indecoroso ⮌ decente **2** que causa repulsa; repugnante ⮌ atraente **3** mesquinho, vil ⮌ nobre

tor.pe.de.ar *v.* {mod. 5} *t.d.* **1** lançar torpedo(s) contra **2** *fig.* agir para evitar, prejudicar ou acabar com (plano, projeto etc.) ~ **torpedeamento** *s.m.*

tor.pe.dei.ro *s.m.* navio de guerra que lança torpedos

tor.pe.do \ê\ *s.m.* **1** míssil cilíndrico lançado contra alvos marítimos **2** *B infrm.* bilhete que alguém entrega ou manda entregar a outrem em local público, ger. com intenções amorosas

tor.pe.za \ê\ *s.f.* **1** qualidade do que é torpe **2** ato que revela indignidade; infâmia **3** ato indecoroso, obsceno; obscenidade

tor.por \ô\ *s.m.* **1** entorpecimento, insensibilidade ⮌ sensibilidade **2** apatia, indiferença ⮌ ânimo **3** MED ausência de reação a estímulos comuns

tor.que *s.m.* força que o motor imprime ao eixo de manivela, fazendo-o girar para impulsionar o veículo

tor.quês *s.f.* espécie de alicate us. para segurar e/ou arrancar pregos, grampos etc. ou para cortar arame

tor.ra.da *s.f.* fatia de pão torrado

tor.ra.dei.ra *s.f.* utensílio, ger. elétrico, para fazer torradas

tor.rão [pl.: *-ões*] *s.m.* **1** porção de terra mais ou menos endurecida **2** terreno próprio para cultivo **3** *fig.* pedaço de algo que se esfarela facilmente ⟨*t. de açúcar*⟩ **4** *fig.* terra natal

tor.rar *v.* {mod. 1} *t.d.* **1** tornar muito seco (ao sol ou ao fogo); ressecar **2** queimar levemente; tostar **3** tornar (mais) moreno; queimar ⟨*t. a pele*⟩ **4** *fig. B infrm.* gastar com exagero (dinheiro, bens); esbanjar ⮌ poupar ❑ *t.d. e int. B infrm.* **5** vender a preço ínfimo; liquidar, queimar **6** importunar, aborrecer ⟨*t. a paciência*⟩ ⟨*aquela conversa torrava*⟩ ~ **torra** *s.f.* - **torração** *s.f.*

tor.re \ô\ *s.f.* **1** parte alta, ger. cilíndrica, de uma construção **2** campanário **3** peça do jogo de xadrez, em forma de torre com ameias, que pode se movimentar em linha reta, para frente, para trás e para os lados

tor.re.ão [pl.: *-ões*] *s.m.* **1** torre larga com ameias **2** torre ou terraço no alto de prédio

tor.re.fa.ção [pl.: *-ões*] *s.f.* **1** ação de torrefazer ou o seu efeito **2** local ou estabelecimento onde se torra café

tor.re.fa.to *adj.* bem torrado; torrefeito

tor.re.fa.zer *v.* {mod. 14} *t.d.* torrificar ⊙ GRAM/USO part.: *torrefeito*

tor.re.fei.to *adj.* torrefato

tor.ren.ci.al *adj.2g.* **1** relativo ou semelhante a torrente **2** abundante, copioso ⮌ escasso

tor.ren.te *s.f.* **1** fluxo de água rápido e violento causado por enxurrada **2** grande quantidade de coisa que jorra ou cai ⟨*t. de lava*⟩ ⟨*t. de lágrimas*⟩ **3** fluência impetuosa ⟨*t. de palavras*⟩

tor.res.mo \ê\ *s.m.* toucinho picado e frito

tór.ri.do *adj.* quente demais; ardente ⟨*zona t.*⟩

tor.ri.fi.car *v.* {mod. 1} *t.d.* **1** expor ao fogo; queimar, torrar **2** tornar tórrido **3** torrar levemente, tostar ~ **torrificação** *s.f.* - **torrificante** *adj.2g.*

tor.so \ô\ *s.m.* **1** corpo humano sem a cabeça e os membros; tronco **2** estátua ou pintura do tronco de alguém

tor.ta *s.f.* **1** massa ('mistura') assada com recheio doce ou salgado **2** bolo em camadas, com recheio e cobertura

tor.to \ô\ [pl.: *tortos* \ó\] *adj.* **1** retorcido; sinuoso ⮌ reto **2** não perpendicular; inclinado ⟨*o quadro estava t. na parede*⟩ ⮌ direito **3** *fig.* que se mostra injusto, errado ⟨*resposta t.*⟩ ⟨*comportamento t.*⟩ ⮌ correto

tor.tu.o.si.da.de *s.f.* **1** qualidade ou estado de tortuoso **2** forma tortuosa ⟨*caminho reto, sem tortuosidades*⟩

tor.tu.o.so \ô\ [pl.: *tortuosos* \ó\] *adj.* **1** sinuoso, torto ⟨*caminho t.*⟩ ⮌ reto **2** *fig.* que não é honesto ou justo ⟨*usou de meios t. para vencer*⟩ ⮌ leal

tor.tu.ra *s.f.* **1** volta tortuosa; dobra **2** dor violenta infligida a alguém; suplício **3** *p.ext.* sofrimento, angústia ⟨*a t. de uma separação*⟩

tor.tu.ran.te *adj.2g.* **1** que tortura, que atormenta; torturador **2** que causa aflição; angustiante ⟨*remorsos t.*⟩

tor.tu.rar *v.* {mod. 1} *t.d.* **1** submeter a dor longa, intensa, crescente; supliciar ❑ *t.d. e pron.* **2** (fazer) sofrer grande aflição, angústia; atormentar(-se) ⮌ consolar(-se)

tor.ve.li.nho *s.m.* rodamoinho

tor.vo \ô\ *adj.* **1** que causa terror; medonho **2** indignado ⮌ tranquilo **3** de aspecto sombrio, sinistro ~ **torvar** *v.t.d.,int. e pron.*

to.sa *s.f.* trabalho de tosar a lã ou aparar-lhe a felpa; tosadura, tosquia

to.são [pl.: *-ões*] *s.m.* pelagem de carneiro

to.sar *v.* {mod. 1} *t.d.* **1** cortar o velo de (animais que produzem lã); tosquiar **2** aparar os fios levantados de (estofos de lã, panos etc.) **3** *fig.* cortar rente; raspar ⟨*t. o cabelo*⟩ ~ **tosadura** *s.f.*

tos.co \ô\ *adj.* **1** tal como veio da natureza **2** sem apuro ou refinamento ⮌ lapidado **3** inculto, bronco ⮌ refinado

tos.qui.ar *v.* {mod. 1} *t.d.* **1** cortar rente (lã, pelo, cabelo) **2** cortar lã, pelo ou cabelo de; tosar **3** cortar curto; desbastar, aparar ⟨*t. o gramado*⟩ ~ **tosquia** *s.f.* - **tosquiadura** *s.f.*

tos.se *s.f.* **1** ato de tossir **2** o som provocado por esse ato **3** expectoração repetida de ar pela boca ⟨*estar com t.*⟩ ~ **tossida** *s.f.* - **tossidela** *s.f.*

tos.sir *v.* {mod. 28} *int.* **1** expelir o ar dos pulmões de modo repentino e com ruído explosivo característico ❑ *t.d.* **2** expelir da garganta

tos.tão [pl.: *-ões*] *s.m.* **1** antiga moeda de 100 réis **2** *infrm.* qualquer quantia pequena

tos.tar *v.* {mod. 1} *t.d. e pron.* **1** queimar(-se) leve ou superficialmente; crestar(-se) **2** dar ou adquirir cor (mais) escura; bronzear(-se) ~ **tostadela** *s.f.* - **tostadura** *s.f.*

to.tal *s.m.* **1** resultado de uma adição; soma **2** reunião das partes que formam um todo ■ *adj.2g.* **3** inteiro, completo ⟨*perda t. da lavoura*⟩ ⮌ parcial

to.ta.li.da.de *s.f.* **1** reunião de todas as partes de um conjunto ⮌ porção **2** condição de ser total, inteiro ⮌ parcialidade

to.ta.li.tá.rio *adj.* **1** diz-se de regime político que concentra todos os poderes do Estado em um único grupo ou partido e exerce forte intervenção em todos os âmbitos da vida dos cidadãos **2** diz-se de Estado em que vigora esse regime ■ *adj.s.m.* **3** que(m) é adepto do totalitarismo

to.ta.li.ta.ris.mo *s.m.* **1** autoritarismo **2** doutrina ou regime ditatorial ~ **totalitarista** *adj.2g.s.2g.*

to.ta.li.za.ção [pl.: *-ões*] *s.f.* **1** ato ou efeito de totalizar, de perfazer um todo **2** resultado de soma

to.ta.li.zar *v.* {mod. 1} *t.d.* **1** calcular o total de ⟨*t. as despesas*⟩ **2** realizar por completo; concluir, completar ⟨*t. a colheita*⟩ **3** atingir o total de; perfazer ⟨*as compras totalizaram cem dólares*⟩ ~ **totalizador** *adj.s.m.*

to.tem *s.m.* **1** animal, planta ou objeto sagrado, tido como ancestral protetor de tribo ou clã **2** *p.ext.* representação desse animal, planta ou objeto ~ **totêmico** *adj.* - **totemismo** *s.m.*

tou.ca *s.f.* peça de tecido ou lã que cobre a cabeça

tou.ça *s.f.* moita

tou.ca.dor \ô\ *s.m.* penteadeira

tou.cei.ra *s.f.* **1** grande moita **2** conjunto de plantas da mesma espécie que nascem muito próximas entre si ⟨*t. de capim*⟩

touch screen [ing.; pl.: *touch screens*] *loc.subst.* INF tela de monitor de vídeo sensível ao toque de dedo ou instrumento próprio, permitindo interação com a informação visual que está sendo exibida ⇨ pronuncia-se tatch scrin

tou.ci.nho ou **toi.ci.nho** *s.m.* gordura de porco, que fica por baixo da pele, com ou sem o respectivo couro

tou.pei.ra *s.f.* **1** nome comum a diversos pequenos mamíferos que se alimentam de insetos, de corpo e focinho longos, olhos muito pequenos e patas anteriores adaptadas para cavar ou nadar **2** *pej.* pessoa pouco inteligente

tou.ra.da *s.f.* duelo em arena pública entre homem e touro

tou.re.ar *v.* {mod. 5} *t.d. e int.* **1** correr ou lidar com (touros) ❑ *t.d. fig.* **2** efetuar ataque contra; investir ~ **toureador** *adj.s.m.*

tou.rei.ro *adj.* **1** relativo a touro ■ *adj.s.m.* **2** que(m) toureia

tou.ro *s.m.* **1** boi não castrado, us. como reprodutor ou em tauromaquia **2** *fig.* homem muito forte **3** segunda constelação zodiacal, situada entre Áries e Gêmeos ☞ inicial maiúsc. **4** ASTRL segundo signo do zodíaco (de 21 de abril a 20 de maio) ☞ inicial maiúsc.

to.xi.ci.da.de \cs\ *s.f.* **1** qualidade do que é tóxico; toxidez **2** grau de efetividade de uma substância tóxica

tó.xi.co \cs\ *adj.s.m.* **1** (o) que produz efeitos nocivos no organismo **2** (o) que contém veneno ■ *s.m.* **3** droga, entorpecente

to.xi.co.lo.gi.a \cs\ *s.f.* ramo da medicina que estuda a composição e os efeitos das substâncias tóxicas e dos venenos, e trata intoxicações e envenenamentos ~ **toxicológico** *adj.* - **toxicólogo** *s.m.*

to.xi.co.ma.ni.a \cs\ *s.f.* uso compulsivo de substâncias que atuam sobre o psiquismo, como o álcool e as drogas ~ **toxicomaníaco** *adj.s.m.* - **toxicômano** *adj.s.m.*

to.xi.dez \cs...ê\ *s.f.* qualidade do que é tóxico; toxicidade

to.xi.na \cs\ *s.f.* substância tóxica produzida por um organismo vivo, que pode causar doenças em seres de outras espécies

TPM *s.f.* sigla de *tensão pré-menstrual*

tra- *pref.* → TRANS-

tra.ba.lha.dor \ô\ *adj.s.m.* **1** que(m) trabalha **2** que(m) gosta de trabalhar ⮌ malandro ■ *s.m.* **3** empregado, operário ⊙ COL equipe

tra.ba.lhar *v.* {mod. 1} *t.i. e int.* **1** (prep. *em, com*) ocupar-se com ofício, profissão ou atividade ❑ *int.* **2** realizar bem as atividades; funcionar ⟨*o relógio parou de t.*⟩ ❑ *t.i.* **3** (prep. *em*) empenhar-se para executar ou alcançar (algo) ⟨*t. na redação do livro*⟩ **4** (prep. *para*) ter influência em (um resultado); contribuir ⟨*tudo trabalhava para sua vitória*⟩ **5** (prep. *com*) ter comércio de (produtos, serviços) ⟨*a loja trabalha com carne*⟩ ❑ *t.d.* **6** dar nova forma, tratamento a (mármore, madeira etc.); manipular **7** preparar (solo) para cultivo **8** executar ou preparar com esmero ⟨*t. um discurso*⟩ **9** preparar para desempenhar certo papel ou função ⟨*t. os alunos, o povo*⟩ **10** *B* exercitar, fortalecer (musculatura, membros, o corpo)

tra.ba.lhei.ra *s.f.* **1** trabalho cansativo ⟨*foi uma t. terminar a pesquisa*⟩ **2** *fig.* grande dificuldade ⟨*tirá-lo de casa é uma t.*⟩ ⮌ facilidade

tra.ba.lhis.mo *s.m.* nome dado às formas de ação política e econômica que dão destaque aos direitos dos trabalhadores

tra.ba.lhis.ta *adj.2g.* **1** relativo ao trabalhismo **2** relativo ao trabalho **3** relativo aos trabalhadores e aos seus direitos ⟨*lei t.*⟩ ⟨*justiça t.*⟩ ■ *adj.2g.s.2g.* **4** adepto do trabalhismo **5** especialista em direito do trabalho ⟨*consultou um (advogado) t.*⟩

tra.ba.lho *s.m.* **1** atividade profissional, remunerada ou não ⟨*t. de meio expediente*⟩ ⟨*t. voluntário*⟩ **2** atividade produtiva ou criativa, exercida para determinado fim ⟨*t. manual*⟩ **3** o resultado ou o exercício dessas atividades ⟨*o t. de um jornalista*⟩ ⟨*um belo t. de tapeçaria*⟩ **4** local onde a atividade é exercida ⟨*mora perto do t.*⟩ **5** esforço, lida **6** REL em cultos afro-brasileiros, prática ritual que visa obter auxílio, proteção ou conquista de algum desejo

tra.ba.lho.so \ô\ [pl.: *trabalhosos \ó*] *adj.* **1** que dá ou causa trabalho **2** difícil ⟨*travessia t.*⟩ ⊃ fácil

tra.bé.cu.la *s.f.* **1** trave pequena **2** filamento cruzado de teia de aranha ⊙ GRAM/USO dim.irreg. de *trave*

tra.bu.co *s.m.* bacamarte

tra.ça *s.f.* nome comum a larvas de várias espécies de mariposa que corroem papel, tecido etc.

tra.ça.do *adj.* **1** representado por meio de traços **2** delineado, delimitado ⟨*a trilha t. era bem clara*⟩ **3** *fig.* que se esboçou; delineado, projetado ⟨*o plano t. não deu certo*⟩ ■ *s.m.* **4** ato ou efeito de traçar (linhas, riscos etc.) ⟨*o t. de uma curva*⟩ **5** esboço ou desenho definitivo de trabalho a realizar-se ou já realizado (planta, projeto etc.) ⟨*o t. de uma estrada de ferro*⟩

tra.ção [pl.: *-ões*] *s.f.* **1** ato de puxar, arrastar, alongar ou o seu efeito **2** ação de uma força que desloca objeto móvel por meio de corda, cabo etc. ~ **tratório** *adj.*

tra.çar *v.* {mod. 1} *t.d.* **1** descrever, desenhar traços; riscar ⟨*t. um curva, uma reta*⟩ **2** representar por traços; desenhar ⟨*o avião traçou um arco no céu*⟩ **3** fazer traços em; pautar, riscar ⟨*t. uma folha*⟩ **4** pôr marca, demarcação em; assinalar ⟨*t. limites de um terreno*⟩ ⊃ desmarcar **5** desenhar os contornos de; esboçar ⟨*t. a planta do prédio*⟩ **6** compor o retrato, a imagem, a trajetória de ⟨*t. o perfil de um bandido*⟩ **7** descrever, expor ⟨*t. a situação da firma*⟩ **8** projetar, planejar ⟨*t. meios de vencer*⟩ ⟨*t. um plano*⟩ **9** pôr de través, a tiracolo; cruzar ⟨*t. o colar, as pernas*⟩

tra.ce.jar *v.* {mod. 1} *int.* **1** fazer traços ou linhas; riscar ❑ *t.d.* **2** formar com traços sucessivos ⟨*t. uma linha*⟩ **3** descrever ou planejar superficialmente ~ **tracejamento** *s.m.*

tra.ço *s.m.* **1** risco ou linha feita com lápis, giz, pincel etc. **2** modo próprio de desenhar **3** linha do rosto; fisionomia ⟨*mulher de t. delicados*⟩ **4** caráter, qualidade ⟨*a bondade era seu t. marcante*⟩ **5** *fig.* o que restou; vestígio, rastro ⟨*traços da civilização inca*⟩

tra.ço de u.ni.ão [pl.: *traços de união*] *s.m.* hífen

tra.di.ção [pl.: *-ões*] *s.f.* **1** herança cultural passada oralmente através das gerações ⟨*t. indígenas*⟩ **2** conjunto dos valores morais, espirituais etc., transmitidos de geração em geração ⟨*eles romperam com as t.*⟩

tra.di.cio.nal *adj.2g.* **1** pertencente ou relativo a tradição **2** transmitido por tradição

tra.di.cio.na.lis.mo *s.m.* forte ligação com as tradições; conservadorismo ⊃ renovação ~ **tradicionalista** *adj.2g.s.2g.*

trad.ing com.pa.ny [ing.; pl.: *trading companies*] *loc.subst.* companhia de grande porte que atua no comércio internacional ⇨ pronuncia-se trêidin câmpani

tra.du.ção [pl.: *-ões*] *s.f.* **1** transposição de uma língua para outra **2** obra traduzida ⟨*temos uma ótima t. de Goethe*⟩ **3** o que expressa de modo indireto; imagem, reflexo ⟨*o texto era a t. de seus sentimentos*⟩ **4** ato de tornar claro o significado de algo; interpretação, explicação

tra.du.tor \ô\ *adj.* **1** que traduz ⟨*software t. de textos*⟩ ■ *adj.s.m.* **2** (aquele) cuja função ou profissão é traduzir textos

tra.du.zir *v.* {mod. 24} *t.d.* e *t.d.i.* **1** (prep. *para*) passar (texto, frase etc.) de uma língua para (outra) ❑ *t.d.pred.* **2** dar certo sentido a; considerar, interpretar ⟨*traduziu seu gesto como uma recusa*⟩ ❑ *t.d. e pron.* **3** tornar(-se) evidente, perceptível; manifestar(-se), revelar(-se) ❑ *t.d.* **4** ser representação de; simbolizar **5** tornar conhecido ou compreensível; explicar ~ **traduzível** *adj.2g.*

tra.fe.gar *v.* {mod. 1} *int.* deslocar-se no tráfego ☞ cf. *traficar*

trá.fe.go *s.m.* trânsito ('circulação') ☞ cf. *tráfico*

tra.fi.can.te *adj.2g.s.2g.* (aquele) que trafica, que faz tráfico

tra.fi.car *v.* {mod. 1} *t.d.*, *t.i.* e *int.* (prep. *com*) fazer negócio clandestino, fraudulento, ilegal ⟨*t. (com) entorpecentes*⟩ ⟨*foi preso quando traficava*⟩ ☞ cf. *trafegar*

trá.fi.co *s.m.* comércio ou negociação ilegal ☞ cf. *tráfego*

tra.ga.da *s.f.* **1** ato de aspirar fumaça de cigarro **2** gole, esp. de bebida alcoólica; trago

tra.gar *v.* {mod. 1} *t.d.* **1** engolir num gole **2** comer rapidamente, com avidez **3** fazer sumir; absorver ⟨*a onda tragou o barco*⟩ **4** aspirar ⟨*t. o ar da manhã*⟩ **5** *fig.* ser tolerante, paciente com; aguentar ❑ *t.d. e int.* **6** inalar a fumaça de (cigarro)

tra.gé.dia *s.f.* **1** peça dramática ger. com final infeliz ou desastroso **2** *fig.* catástrofe, desgraça ⟨*sua demissão foi uma t.*⟩

trá.gi.co *adj.* **1** próprio de tragédia **2** *fig.* que traz morte ou desgraça; funesto

tra.gi.co.mé.dia *s.f.* **1** peça que mescla tragédia e comédia **2** *fig.* mistura de acontecimentos trágicos e risíveis ~ **tragicômico** *adj.*

tra.go *s.m.* **1** gole **2** dose de bebida alcoólica

tra.i.ção [pl.: *-ões*] *s.f.* **1** quebra de fidelidade; deslealdade ⊃ lealdade **2** *p.ext.* infidelidade amorosa ⊃ fidelidade

trai.ço.ei.ro *adj.* **1** em que há ou que revela traição ⟨*golpe t.*⟩ ⟨*palavras t.*⟩ **2** que é perigoso sem que o pareça ⟨*animal t.*⟩ ⟨*ondas t.*⟩ ■ *adj.s.m.* **3** (aquele) que atraiçoa, que é desleal; traidor

tra.i.dor \ô\ *adj.s.m.* **1** (aquele) que atraiçoa; traiçoeiro ■ *adj.* **2** perigoso sem o parecer; traiçoeiro

trail.er [ing.; pl.: *trailers*] *s.m.* **1** montagem de trechos de filme, novela etc., exibida como anúncio antes do lançamento **2** veículo puxado por carro, us. em viagens, excursões ou como casa ⇨ pronuncia-se trêiler

trai.nei.ra *s.f.* **1** barco de pesca a motor com um grande porão, us. no litoral sul do Brasil **2** *B* grande rede em forma de trapézio, us. na pesca da sardinha

tra.ir *v.* {mod. 25} *t.d.* **1** ser desleal, infiel com; atraiçoar, enganar **2** abandonar, contrariar (crença, convicção etc.) ⮌ seguir **3** deixar de cumprir (promessa, compromisso etc.) **4** revelar de modo involuntário ⟨*seu olhar traía seus desejos íntimos*⟩ ❑ *pron.* **5** revelar, por descuido, o que deveria ficar oculto

tra.í.ra *s.f.* peixe carnívoro de cerca de 60 cm de comprimento, cor variando do negro ao pardo-escuro, ventre branco e manchas escuras espalhadas pelo corpo

tra.jar *v.* {mod. 1} *t.d.,int. e pron.* usar como vestuário; vestir(-se)

tra.je ou **tra.jo** *s.m.* **1** roupa que se veste habitualmente **2** vestuário próprio de uma profissão **3** roupa, vestimenta

tra.je.to *s.m.* espaço a percorrer de um ponto a outro; percurso

tra.je.tó.ria *s.f.* **1** trajeto **2** FÍS linha descrita por um corpo em movimento

tra.jo *s.m.* → *TRAJE*

tra.lha *s.f.* **1** pequena rede de pesca que pode ser lançada por uma só pessoa **2** amontoado de objetos velhos ou inúteis; bugiganga, cacareco

tra.ma *s.f.* **1** conjunto de fios paralelos à largura de um tecido ☞ cf. *urdidura* **2** o que foi tecido; tela **3** TEAT sucessão de fatos numa história; enredo **4** intriga contra alguém ou algo; complô

tra.mar *v.* {mod. 1} *t.d.* **1** passar a trama entre os fios da urdidura de; tecer **2** *fig.* planejar a execução de (ger. algo ruim); urdir, maquinar ❑ *t.i. e t.d.i.* **3** (prep. *contra*) planejar secretamente e em conjunto (ações danosas) contra; conspirar

tram.bi.que *s.m.* *B infrm.* negócio fraudulento; trapaça ~ **trambicar** *v.t.d. e t.i.*

tram.bi.quei.ro *adj.s.m.* (aquele) que faz trambiques

tram.bo.lhão [pl.: *-ões*] *s.m.* **1** queda em que se rola **2** queda com barulho ~ **trambolhar** *v.int.*

tram.bo.lho \ô\ *s.m.* **1** peso atado aos pés de animais domésticos para dificultar seu deslocamento **2** *fig.* obstáculo, empecilho

tra.me.la ou **ta.ra.me.la** *s.f.* peça que gira presa a um prego, us. para fechar porta, porteira etc.

tra.mi.ta.ção [pl.: *-ões*] *s.f.* **1** ato ou efeito de tramitar **2** DIR conjunto dos atos necessários para o andamento de um processo

tra.mi.tar *v.* {mod. 1} *int.* seguir o curso regular para a consecução (documento, requisição etc.)

trâ.mi.te *s.m.* **1** o que conduz a algum ponto; via **2** procedimento normal para atingir determinado fim ⟨*os t. para a realização do concurso*⟩ ☞ mais us. no pl.

tra.moi.a \ói\ *s.f.* artimanha; trapaça ~ **tramoieiro** *s.m.*

tra.mon.ta.na *s.f.* **1** a estrela polar **2** vento que sopra do norte **3** *p.ext.* direção, rumo

tram.po *s.m.* *B gír.* trabalho, serviço

tram.po.lim *s.m.* **1** prancha para impulsionar salto, mergulho etc. **2** *fig.* pessoa ou coisa que serve de meio para se obter ou realizar algo

tran.ca *s.f.* **1** viga de madeira ou ferro que fecha portas e janelas pelo lado de dentro **2** artefato us. em portões, portas de residências, veículos etc. para fins de segurança

tran.ça *s.f.* entrelaçamento de três madeixas, fios etc. ~ **trançador** *adj.s.m.*

tran.ça.do *adj.* **1** disposto em trança; entrelaçado **2** que se cruzou; atravessado ⟨*sentou-se com as pernas t.*⟩

tran.ca.fi.ar *v.* {mod. 1} *t.d.* **1** prender em penitenciária, xadrez etc. ⮌ libertar ▲ *t.d. e pron.* **2** isolar(-se) num ambiente, afastando(-se) do convívio social; encarcerar(-se)

tran.car *v.* {mod. 1} *t.d.* **1** fechar com chave ou tranca **2** prender em penitenciária, cela etc.; encarcerar **3** suspender temporariamente (matrícula, inscrição), podendo reativá-la depois ❑ *t.d. e pron.* **4** manter(-se) em recinto fechado ❑ *pron.* **5** mostrar-se reservado, pouco comunicativo ~ **trancamento** *s.m.*

tran.çar *v.* {mod. 1} *t.d.,t.d.i. e pron.* **1** (prep. *com*) juntar(-se), metendo(-se) uns por entre os outros; entrançar(-se) ❑ *t.d.* **2** fazer trança em

tran.co *s.m.* **1** salto largo que dá o cavalo **2** solavanco ⟨*o carro deu um t.*⟩ **3** encontrão, esbarrão ⟨*levou um t. na saída do cinema*⟩ ⊡ **aos t. e barrancos** *loc.adv. fig.* com muito custo

tran.qui.la.men.te \qü\ *adv.* **1** com calma, tranquilidade; em paz **2** com facilidade, sem esforço ⟨*ela passará na prova t.*⟩

tran.qui.li.da.de \qü\ *s.f.* **1** qualidade de tranquilo ⮌ intranquilidade **2** estado do que é ou está tranquilo, sem agitações, inquietações ou alvoroço ⮌ afobação, preocupação

tran.qui.li.za.dor \qü...ô\ *adj.* **1** que tranquiliza; tranquilizante ⟨*notícia t.*⟩ ■ *s.m.* **2** indivíduo que tranquiliza

tran.qui.li.zan.te \qü\ *adj.2g.* **1** que tranquiliza ■ *adj.2g.s.m.* **2** (medicamento) que acalma; sedativo

tran.qui.li.zar \qü\ *v.* {mod. 1} *t.d. e pron.* tornar(-se) tranquilo; acalmar(-se), serenar ⮌ agitar(-se)

tran.qui.lo \qü\ *adj.* **1** sem agitação, inquietação ⟨*férias t.*⟩ ⮌ instável **2** calmo, sereno ⟨*bebê t.*⟩ ⮌ perturbado **3** em que não há dúvida; certo, seguro ⟨*a aprovação é t.*⟩ ⮌ incerto

tran.qui.ta.na *s.f.* → *TRAQUITANA*

trans–, **tra–**, **tras–** ou **tres–** *pref.* 'mudança, deslocamento para além de ou através de': *transatlântico, transbordar, travestir, trasladar, tresnoitado*

tran.sa \z\ *s.f. B infrm.* **1** combinação para atingir determinado fim; acordo **2** assunto, questão **3** relação sexual

tran.sa.ção \z\ [pl.: *-ões*] *s.f.* **1** ato de transigir ou o seu efeito **2** ajuste em consequência do qual se realiza uma negociação ou contrato; acordo, convenção **3** operação comercial **4** *infrm.* transa

tran.sa.cio.nar \z\ *v.* {mod. 1} *t.d.,t.d.i. e int.* (prep. *com*) efetuar transações ou negócios (com); comerciar ~ **transacional** *adj.2g.*

tran.sac.to \z\ *adj.* → TRANSATO

tran.sa.do \z\ *adj. gír.* moderno, na moda (*roupa t.*; *decoração t.*); especial, diferente (*conto t.*; *blogue t.*); feito com capricho, bem-acabado (*carro t.*; *desenho t.*) etc.

tran.sar \z\ *v.* {mod. 1} *t.d. infrm.* **1** chegar a acordo sobre; combinar ↄ desajustar ❑ *t.i. e int. infrm.* **2** (prep. *com*) fazer sexo (com)

tran.sa.tlân.ti.co \z\ *adj.* **1** que fica além do oceano Atlântico **2** que atravessa o oceano Atlântico ■ *s.m.* **3** grande navio de passageiros que atravessa o oceano

tran.sa.to \z\ ou **tran.sac.to** \z\ *adj.* que já passou; pretérito

trans.bor.dar *v. t.d. e int.* **1** (fazer) sair pelas bordas **2** entornar, derramar ❑ *t.i. fig.* **3** (prep. *de*) estar repleto, tomado de ⟨*sentia o peito t. de angústia*⟩ ~ **transbordamento** *s.m.* - **transbordante** *adj.2g.*

trans.bor.do \ô\ *s.m.* **1** ato de transbordar ou o seu efeito; transbordamento **2** passagem de mercadoria, passageiro etc., de um transporte para outra linha do mesmo; baldeação

trans.cen.dên.cia *s.f.* **1** caráter do que é transcendente **2** superioridade de inteligência; perspicácia, sagacidade **3** FIL na tradição metafísica, caráter inerente a um princípio ou ser divino que ultrapassa a realidade sensível, e com a qual mantém, em decorrência de sua perfeição e superioridade absolutas, uma relação de superioridade e de distância

trans.cen.den.ta.lis.mo *s.m.* doutrina filosófica que afirma a supremacia da intuição ou da fé sobre os instrumentos materiais e racionais do conhecimento humano ~ **transcendentalista** *adj.2g.s.2g.*

trans.cen.den.te *adj.2g.* **1** que ultrapassa os limites normais; superior, sublime ⟨*espírito t.*⟩ ↄ inferior **2** que vai além da natureza física das coisas; metafísico ⟨*entidades t.*⟩ ↄ físico **3** que ultrapassa a capacidade normal de conhecer ou compreender ⟨*verdade t.*⟩ **4** agudo, sagaz ⟨*olhar t.*⟩ ↄ idiota

trans.cen.der *v.* {mod. 8} *t.d. e t.i.* **1** (prep. *a*) elevar-se sobre ou ir além de; ultrapassar, exceder ❑ *t.d.* **2** ser superior a; superar, exceder ⟨*o líder transcende seu grupo*⟩ ❑ *pron.* **3** ultrapassar suas limitações; superar-se

trans.con.ti.nen.tal *adj.2g.* que atravessa um continente de um extremo a outro

trans.cor.rer *v.* {mod. 8} *int.* **1** decorrer, passar (o tempo) **2** desenrolar-se, acontecer de certa forma ⟨*a viagem transcorreu bem, sem incidentes*⟩ ❑ *t.d.* **3** passar além de (região, vale, ilha etc.); transpor ~ **transcorrência** *s.f.*

trans.cre.ver *v.* {mod. 8} *t.d.* **1** reproduzir (texto escrito ou falado) copiando-o **2** realizar a transcrição ('escrita') de ⊙ GRAM/USO part.: *transcrito*

trans.cri.ção [pl.: *-ões*] *s.f.* **1** ato de reproduzir um texto, copiando-o **2** o texto assim reproduzido **3** escrita fonética de uma língua, procurando registrar a sua pronúncia real ~ **transcrito** *adj.s.m.*

trans.cur.so *s.m.* **1** ato de transcorrer; passagem ⟨*o t. do tempo*⟩ **2** intervalo de tempo

trans.du.ção [pl.: *-ões*] *s.f.* **1** BIO transferência de ADN entre bactérias, através de um vírus que nelas penetra e as destrói **2** FÍS processo pelo qual uma energia se transforma em outra, de natureza diferente

tran.se \z\ *s.m.* **1** estado de extrema angústia; agonia ⟨*viver um terrível t.*⟩ **2** estado alterado de consciência, em que há distanciamento da realidade exterior; êxtase

tran.sep.to *s.m.* corredor transversal de igreja

tran.se.un.te \z\ *adj.2g.* **1** que não permanece; passageiro ⟨*condições t.*⟩ ↄ duradouro ■ *adj.2g.s.2g.* **2** (pessoa) que passa ou está passando; passante

tran.se.xu.al \cs\ *adj.2g.s.2g.* **1** que(m) manifesta o transexualismo **2** *p.ext.* que(m) recebeu tratamento médico e cirúrgico para adquirir as características físicas do sexo oposto ■ *adj.2g.* **3** relativo a transexualismo **4** relativo à mudança de sexo ⟨*cirurgia t.*⟩ ~ **transexualidade** *s.f.*

tran.se.xu.a.lis.mo \cs\ *s.m.* PSIQ sentimento de total falta de adaptação ao próprio sexo, associado a um desejo forte de adquirir as características físicas do sexo oposto

trans.fe.rên.cia *s.f.* **1** troca de um lugar pelo outro ⟨*t. de escola*⟩ **2** remoção, mudança ⟨*t. de cargo*⟩ ↄ manutenção **3** adiamento, suspensão ⟨*t. da festa*⟩ **4** INF movimentação de dados ou de controle de um programa de computador **5** DIR transmissão de um bem ou um direito para outra pessoa

trans.fe.ri.dor \ô\ *s.m.* **1** instrumento semicircular us. para medir ou reproduzir ângulos em um desenho ■ *adj.* **2** que transfere

trans.fe.rir *v.* {mod. 28} *t.d. e pron.* **1** mudar(-se) de um lugar para outro; deslocar(-se) ⟨*t. domicílio*⟩ ⟨*t. a conta para outro banco*⟩ ⟨*a empresa transferiu-se para São Paulo*⟩ ↄ manter(-se) ☞ *para outro banco* é circunstância que funciona como complemento ❑ *t.d.i.* **2** (prep. *a*) pôr a cargo de; incumbir ⟨*transferiu-lhe a culpa pelo ocorrido*⟩ **3** (prep. *a*) transmitir (a outrem) [propriedade, direitos etc.] por meios legais ❑ *t.d.* **4** marcar para depois; adiar ⟨*transferiu a festa para dia 15*⟩ ☞ *para dia 15* é circunstância que funciona como complemento

trans.fi.gu.ra.ção [pl.: *-ões*] *s.f.* **1** alteração radical de figura, feições, forma, caráter **2** mudança no modo de proceder, de pensar, de sentir

trans.fi.gu.rar *v.* {mod. 1} *t.d. e pron.* **1** (fazer) mudar de figura, feição ou caráter; alterar(-se) ⟨*o acidente* *transfigurou-o*⟩ ⟨*t. conceitos*⟩ ⟨*t.-se por medo*⟩ ⮌ conservar(-se) ❑ *t.d.i. e pron.* **2** (prep. *em*) [fazer] passar de um estado ou condição a (outro); transformar(-se) ⟨*t. perdas em ganhos*⟩ ⟨*t.-se em monstro*⟩ ⮌ manter(-se) ❑ *t.d.* **3** dar ideia errônea de (fatos, palavras etc.); deturpar ~ **transfigurador** *adj.s.m.*

trans.fi.xar \cs\ *v.* {mod. 1} *t.d.* perfurar de lado a lado; atravessar, transpassar ~ **transfixação** *s.f.*

trans.for.ma.ção [pl.: *-ões*] *s.f.* ato ou efeito de transformar(-se); alteração, mudança ⮌ conservação

trans.for.ma.dor \ô\ *s.m.* **1** ELETR dispositivo que transforma a tensão, a intensidade ou a forma de uma corrente elétrica ■ *adj.s.m.* **2** (o) que transforma

trans.for.mar *v.* {mod. 1} *t.d. e pron.* **1** (fazer) tomar nova feição ou caráter; alterar(-se) ⮌ conservar(-se) ❑ *t.d.i. e pron.* **2** (prep. *em*) [fazer] passar dum estado ou condição a (outro); converter(-se) ⮌ manter(-se) ❑ *pron.* **3** (prep. *em*) passar-se por outra pessoa; disfarçar-se

trans.for.mis.ta *s.2g.* **1** ator que caricatura tipos diferentes com trocas rápidas e sucessivas de trajes, que identificam esses personagens **2** travesti ■ *adj.2g.* **3** diz-se desse ator ou desse travesti ~ **transformismo** *s.m.*

trâns.fu.ga *s.2g.* **1** soldado desertor **2** *p.ext.* pessoa que muda de partido político **3** pessoa que muda de crença religiosa

trans.fun.dir *v.* {mod. 24} *t.d.* **1** derramar (líquido) de um recipiente para outro ❑ *t.d. e t.d.i.* **2** (prep. *em*) fazer passar (sangue ou componentes dele) para a corrente sanguínea de (pessoa ou animal) ❑ *t.d.i.* **3** (prep. *em*) transmitir, difundir ⟨*t. uma doutrina na comunidade*⟩ ❑ *pron.* **4** (prep. *em*) transformar-se, converter-se

trans.fu.são [pl.: *-ões*] *s.f.* ato ou efeito de transfundir(-se) ⊡ **t. de sangue** *loc.subst.* injeção de sangue ou de um de seus componentes na corrente sanguínea de um indivíduo

trans.gê.ni.co *adj.s.m.* BIO (organismo) que contém um ou mais genes artificialmente transferidos de outra espécie

trans.gre.dir *v.* {mod. 27} *t.d.* **1** ir além de; atravessar ⟨*t. a fronteira*⟩ **2** não seguir determinações de (ordem, lei etc.); infringir ⮌ cumprir

trans.gres.são [pl.: *-ões*] *s.f.* ato ou efeito de transgredir

trans.gres.sor \ô\ *adj.s.m.* (aquele) que transgride; contraventor, infrator ⮌ cumpridor

tran.si.ção \zi\ [pl.: *-ões*] *s.f.* passagem de um ponto, estado, condição etc. a outro

tran.si.do \zi\ *adj.* **1** dominado por medo, tristeza, frio etc. **2** *p.ext.* assustado, apavorado ⟨*olhos t.*⟩

tran.si.gên.cia \zi\ *s.f.* **1** conciliação, contemporização ⟨*t. com amigos*⟩ ⮌ desavença **2** condescendência, tolerância ⟨*não podemos tolerar t. com o nepotismo*⟩ ⮌ intolerância

tran.si.gen.te \zi\ *adj.2g.s.2g.* (aquele) que transige, que cede; condescendente

tran.si.gir \zi\ *v.* {mod. 24} *t.i. e int.* **1** (prep. *com*) chegar a acordo por mútuas concessões; conciliar, ceder **2** (prep. *com*) ser tolerante com; condescender

tran.sir \zi\ *v.* {mod. 24} *t.d.* **1** passar através de; transpassar ❑ *int.* **2** ficar imóvel de frio, dor ou medo ⊙ GRAM/USO verbo defectivo

tran.sis.tor \zi...ô\ *s.m.* **1** ELETRÔN dispositivo semicondutor us. para controlar o fluxo de eletricidade em um equipamento eletrônico **2** *B* rádio de pilha, portátil, montado com esse dispositivo ~ **transistorizar** *v.t.d.*

tran.si.tar \zi\ *v.* {mod. 1} *t.d. e int.* **1** passar ou andar ao longo, entre ou através de; percorrer ⟨*t. o quintal*⟩ ⟨*veículos transitam por aqui*⟩ ☞ *por aqui* é circunstância que funciona como complemento ❑ *int.* **2** mudar de lugar, situação ou condição ⟨*t. de um partido para outro*⟩ ☞ *de um partido* e *para outro* são circunstâncias que funcionam como complemento

tran.si.tá.vel \zi\ *adj.2g.* que pode ser transitado; por onde se pode passar

tran.si.ti.vi.da.de \zi\ *s.f.* **1** qualidade ou estado do que é transitivo, passageiro **2** GRAM propriedade de alguns verbos necessitarem de um ou mais complementos, para formar uma frase com sentido completo

tran.si.ti.vo \zi\ *adj.* **1** que dura pouco; transitório ⮌ duradouro **2** GRAM que requer a presença de um ou mais complementos (diz-se de verbo) ⮌ intransitivo

trân.si.to \zi\ *s.m.* **1** ato de transitar ⟨*à noite, o t. por aqui deve ser evitado*⟩ **2** circulação, esp. de veículos e pedestres; tráfego ⟨*rua de pouco t.*⟩ **3** passagem, acesso ⟨*a pedra interrompeu o t. por aqui*⟩ ⮌ obstrução **4** movimentação de um corpo celeste **5** *fig.* boa aceitação em certos meios ⟨*ter bom t. no meio acadêmico*⟩ ⮌ desprestígio

tran.si.to.ri.e.da.de \zi\ *s.f.* qualidade de transitório

tran.si.tó.rio \zi\ *adj.* **1** efêmero, passageiro ⟨*situação t.*⟩ ⮌ duradouro **2** provisório, temporário ⟨*cargo t.*⟩ ⮌ permanente

trans.la.ção [pl.: *-ões*] *s.f.* **1** ato, processo ou efeito de transladar **2** FÍS movimento de um sistema físico no qual todos os seus componentes se deslocam paralelamente e mantêm as mesmas distâncias entre si ⊡ **t. da Terra** *loc.subst.* movimento orbital da Terra em torno do Sol, cuja duração é de 365 ou 366 dias ☞ cf. *rotação da Terra* ~ **translativo** *adj.*

trans.la.dar *v.* {mod. 1} *t.d.* **1** transferir para outro lugar; mudar, levar ⟨*t. o corpo para o país natal*⟩ ☞ *para o país natal* é circunstância que funciona como complemento **2** transferir para outra ocasião; adiar **3** fazer cópia de; reproduzir, transcrever ❑ *t.d.i.* **4** (prep. *para*) passar (texto, frase etc.) de uma língua para (outra); traduzir ❑ *pron.* **5** mudar-se, transferir-se ⟨*t.-se para o interior*⟩ **6** alterar-se, transformar-se ⮌ conservar-se

trans.la.do *s.m.* traslado

trans.li.te.rar *v.* {mod. 1} *t.d.* representar com um sistema de escrita (algo escrito com outro) ~**transliteração** *s.f.*

trans.lú.ci.do *adj.* **1** diz-se de corpo que deixa passar a luz, sem que se possa ver um objeto atrás dele; diáfano ⮌ opaco **2** levemente iluminado ⟨*manhã t.*⟩ ⮌ sombrio **3** *fig.* culto, ilustrado ⟨*espírito t.*⟩ ⮌ inculto ~**translucidar** *v.t.d.* - **translucidez** *s.f.*

trans.lu.zir *v.* {mod. 24} *int.* **1** brilhar através de ⟨*o sol transluzia entre as nuvens*⟩ ☞ *entre as nuvens* é circunstância que funciona como complemento ❑ *int. e pron.fig.* **2** mostrar-se por meio de; transparecer ⟨*a fé transluz(-se) de seus atos*⟩ ☞ *de seus atos* é circunstância que funciona como complemento ~ **transluzimento** *s.m.*

trans.mi.grar *v.* {mod. 1} *int. e pron.* **1** mudar(-se) de um lugar, país para outro ⟨*t.(-se) para São Paulo*⟩ ☞ *para São Paulo* é circunstância que funciona como complemento ❑ *int.* **2** passar (a alma) de um corpo para outro ~**transmigração** *s.f.* - **transmigratório** *adj.*

trans.mis.são [pl.: *-ões*] *s.f.* **1** ato de comunicar; comunicação ⟨*t. de notícia*⟩ **2** ação de passar característica genética, posses, cargo etc. a alguém **3** condução, propagação ⟨*t. de calor*⟩ **4** envio de informação sonora ou visual por ondas eletromagnéticas ⟨*t. de jogo pela TV*⟩

trans.mis.sí.vel *adj.2g.* passível de ser transmitido

trans.mis.sor \ô\ *s.m.* **1** emissor de mensagem cifrada e convertida em sinais **2** equipamento que emite sinais telegráficos, telefônicos, radiofônicos etc. ■ *adj.s.m.* **3** (aquele) que transmite

trans.mi.tir *v.* {mod. 24} *t.d. e pron.* **1** ser condutor de ou conduzido por; propagar(-se), transportar(-se) ⟨*o metal transmite calor*⟩ ⟨*o som transmite-se por ondulação*⟩ ❑ *t.d. e t.d.i.* **2** (prep. *a*) passar a (alguém) por sucessão, contágio, herança etc. ⟨*bichos que transmitem doenças*⟩ ⟨*t. bens, valores aos filhos*⟩ **3** (prep. *a*) destinar para; expedir, enviar ⟨*t. ordem, mensagem (ao filho)*⟩ **4** (prep. *a*) fazer sentir; infundir ⟨*sua fala transmite calma (aos pacientes)*⟩ ❑ *t.d.* **5** enviar (informação sonora ou visual) por sinais elétricos, eletromagnéticos **6** noticiar, relatar ~**transmissivo** *adj.*

trans.mu.dar *v.* {mod. 1} *t.d., t.d.i. e pron.* transmutar

trans.mu.tar *v.* {mod. 1} *t.d. e t.d.i.* **1** (prep. *a*) dar a posse de (algo) a; passar, transmitir ❑ *t.d., t.d.i. e pron.* **2** (prep. *em*) [fazer] passar de um estado ou condição a (outro); transformar(-se) ⮌ conservar(-se) ❑ *t.d.* **3** mudar de lugar; transferir ~**transmutação** *s.f.*

trans.na.cio.nal *adj.2g.* que se estende por várias nações ⟨*corporações t.*⟩

tran.so.ce.â.ni.co *adj.* **1** que se situa além-mar ⟨*país t.*⟩ **2** que atravessa o oceano ⟨*regata t.*⟩

trans.pa.re.cer *v.* {mod. 8} *int.* **1** aparecer, total ou parcialmente, através de; transluzir **2** *fig.* fazer-se conhecido; revelar-se, mostrar-se ⮌ ocultar-se

trans.pa.rên.cia *s.f.* **1** característica de deixar passar luz e formas que certos materiais têm ⮌ opacidade **2** o que é transparente **3** *fig.* clareza, limpidez ⟨*política da t.*⟩ ⮌ obscuridade **4** folha de material translúcido na qual se imprimem ou escrevem textos, desenhos etc. para projeção

trans.pa.ren.te *adj.2g.* **1** que deixa passar a luz e ver nitidamente o que está por trás ⟨*água t.*⟩ ⮌ opaco **2** claro, luminoso ⟨*luz t.*⟩ ⮌ sombrio **3** *fig.* que tem clareza, exatidão ⟨*contabilidade t.*⟩ ⮌ obscuro **4** *fig.* que permite perceber com clareza a verdade ⟨*caráter t.*⟩ ⮌ obscuro

trans.pas.sar *v.* {mod. 1} *t.d.* **1** furar de parte a parte; atravessar, transfixar **2** passar através de; transpor ⟨*o suor transpassou a roupa*⟩ **3** ir de um extremo a outro de; atravessar ⟨*t. um rio*⟩ **4** ir além de (limites); ultrapassar **5** fechar (saia, cinto etc.), sobrepondo duas partes **6** *fig.* causar profunda dor moral a; ferir, pungir ⟨*a traição transpassou sua alma*⟩ ~**transpasse** *s.m.*

trans.pi.ra.ção [pl.: *-ões*] *s.f.* **1** eliminação de suor pelos poros **2** suor

trans.pi.rar *v.* {mod. 1} *t.d. e int.* **1** secretar (suor) pelos poros do corpo; suar ❑ *t.d.fig.* **2** lançar de si; exalar ⟨*ele transpira sabedoria*⟩ **3** deixar perceptível, evidente; transparecer, revelar ⟨*seu olhar transpira amor*⟩ ❑ *int.* **4** tornar-se público; divulgar-se

trans.plan.tar *v.* {mod. 1} *t.d.* **1** remover (vegetal) e plantá-lo em outro lugar **2** transferir de um lugar ou contexto para outro **3** MED implantar (tecido, órgão etc.) em outra parte do corpo ou em outro indivíduo ~**transplantação** *s.f.*

trans.plan.te *s.m.* **1** ato de plantar novamente vegetais em outro lugar **2** MED transferência de tecido, órgão ou parte dele para outra parte do corpo ou para outro corpo

trans.pla.ti.no *adj.* **1** que fica além do rio da Prata (América do Sul) ☞ cf. *cisplatino* **2** relativo ao povo que habita na região além do rio da Prata ■ *s.m.* **3** natural ou habitante dessa região

trans.por *v.* {mod. 23} *t.d.* **1** passar além de; ultrapassar **2** superar, vencer (obstáculo) **3** alterar a ordem de **4** mudar de um lugar para outro; transferir ❑ *pron.* **5** não se deixar ver; esconder-se ⊙ GRAM/USO part.: *transposto* ~ **transponível** *adj.2g.* - **transposição** *s.f.*

trans.por.ta.do.ra \ô\ *s.f.* *B* empresa especializada no transporte de cargas

trans.por.tar *v.* {mod. 1} *t.d.* **1** levar ou conduzir de um lugar para outro; carregar ⟨*t. a carga até a fronteira*⟩ ☞ *até a fronteira* é circunstância que funciona como complemento ❑ *pron.* **2** passar de um lugar para outro; transferir-se ❑ *t.d.i.* **3** (prep. *a*) fazer chegar (conhecimento, informação) a; transmitir ❑ *t.d. e pron. fig.* **4** levar ou ir mentalmente para (época, momento); remontar ⟨*o jogo transportou-o à infância*⟩ ⟨*ao vê-la, transportou-se à infância*⟩ ☞ *à infância* é circunstância que funciona como complemento **5** (fazer) sentir êxtase; arrebatar(-se) ~ **transportador** *adj.s.m.*

trans.por.te *s.m.* **1** ato de transportar ou o seu efeito ⟨*o t. à noite é proibido*⟩ **2** veículo que transporta ⟨*o trem é um t. econômico*⟩

trans.tor.nar *v.*{mod. 1} *t.d.***1** modificar a ordem de; desorganizar ⮌ ordenar **2** provocar confusão em; atrapalhar ⮌ organizar ❑ *t.d. e pron.* **3** (fazer) sofrer perturbação; atordoar(-se), confundir(-se) **4** (fazer) perder o equilíbrio emocional; descontrolar(-se) ⮌ conter(-se)

trans.tor.no \ô\ *s.m.* **1** situação incômoda; contratempo ⟨*a visita causou um t.*⟩ **2** contrariedade, decepção ⟨*o filho na escola foi um t.*⟩ ⮌ satisfação **3** perturbação de saúde ⟨*t. digestivo*⟩

tran.subs.tan.ci.a.ção [pl.: *-ões*] *s.f.* **1** transformação de uma substância em outra **2** REL no catolicismo, conversão de pão e vinho no corpo e sangue de Cristo ~**transubstanciar** *v.t.d. e pron.*

tran.su.dar *v.*{mod. 1} *int.* **1** sair (o suor) pelos poros **2** correr em gotas; exsudar ❑ *t.d.* **3** deixar passar (um líquido); ressudar ~**transudação** *s.f.*

tran.su.mân.cia *s.f.* migração de rebanhos ou de pessoas ~**transumante** *adj.2g.*

trans.va.sar *v.* {mod. 1} *t.d.* derramar (líquido) de um recipiente para outro; transfundir ☞ cf. *transvazar*

trans.va.zar *v.*{mod. 1} *t.d. e pron.*(fazer) transbordar (um líquido) para fora do recipiente; derramar, entornar ☞ cf. *transvasar*

trans.ver.sal *adj.2g.s.f.* **1** (linha) que forma ângulo reto com outra **2** diz-se de ou rua, avenida etc. que corta outra

trans.ver.so *adj.* em posição transversal ⟨*flauta t.*⟩

trans.vi.ar *v.*{mod. 1} *t.d. e pron.* afastar(-se) do bom caminho, do dever; corromper(-se) ⮌ regenerar(-se) ~**transvio** *s.m.*

tra.pa.ça *s.f.* **1** contrato fraudulento feito com quem empresta dinheiro **2** ação enganosa; fraude, vigarice ~**trapacear** *v.int.*

tra.pa.cei.ro *adj.s.m.* que(m) faz trapaças; vigarista

tra.pa.gem *s.f.* monte de trapos

tra.pa.lha.da *s.f.* **1** grande desordem; confusão **2** ação de má-fé; logro

tra.pa.lhão [pl.: *-ões*; fem.: *trapalhona*] *adj.s.m.* **1** (o) que (se) atrapalha muito **2** que(m) faz trapaças

tra.pei.ro *s.m.* catador de trapos ou de papéis nas ruas, para vender

tra.pé.zio *s.m.* **1** GEOM quadrilátero que tem dois lados paralelos **2** tipo de balanço us. para exercícios físicos ou em acrobacias de circo **3** ANAT grande músculo posterior do pescoço humano **4** ANAT um dos ossos localizados na mão ~**trapezoidal** *adj.2g.* - **trapezoide** *adj.2g.*

tra.pe.zis.ta *adj.2g.s.2g.* que(m) trabalha em trapézio

tra.pi.che *s.m.* **1** armazém à beira do cais **2** *B* pequeno engenho de açúcar movido por bois ~**trapicheiro** *adj.s.m.*

tra.pis.ta *adj.2g.* **1** relativo à ordem religiosa da Trapa ■ *adj.2g.s.2g.* **2** diz-se de ou religioso dessa ordem

tra.po *s.m.* **1** roupa ou pedaço de pano gasto, velho, usado **2** *fig.* indivíduo muito velho **3** *fig.* indivíduo de aparência muito cansada, abatida ⊙ COL trapagem

tra.que *s.m.* **1** estrondo pouco ruidoso; estouro **2** ventosidade, flatulência **3** certo fogo de artifício que, ao estourar, produz estalos

tra.quei.a \éi\ *s.f.* ANAT canal situado na frente do esôfago, que liga a laringe aos brônquios e serve para a passagem de ar

tra.que.jo \ê\ *s.m.* *B* muita prática ou experiência

tra.que.os.to.mi.a *s.f.* MED abertura cirúrgica da traqueia e colocação de uma cânula para a passagem de ar ~**traqueostômico** *adj.*

tra.que.o.to.mi.a *s.f.* MED traqueostomia ~ **traqueotômico** *adj.*

tra.qui.na *adj.2g.s.2g.* traquinas

tra.qui.na.da *s.f.* **1** barulho forte; estrondo **2** ação de um traquinas ou o seu resultado; travessura, traquinagem, traquinice **3** *fig.* intriga, tramoia

tra.qui.na.gem *s.f.* traquinada ('ação')

tra.qui.nas *adj.2g.2n.s.2g.2n.* (indivíduo) inquieto, travesso ~**traquinar** *v.int.*

tra.qui.ni.ce *s.f.* **1** característica de quem é traquinas **2** traquinada ('ação')

tra.qui.ta.na ou **tran.qui.ta.na** *s.f.* **1** antiga carruagem de quatro rodas e um só assento **2** *p.ext. infrm.* automóvel velho, de mau aspecto

tras– *pref.* → TRANS-

trás *adv.* **1** depois de, após ⟨*chegaram todos, um t. o outro*⟩ ⮌ antes **2** na parte posterior; atrás, detrás ■ *prep.* **3** atrás, detrás ⟨*mora t. da estação*⟩

tra.san.te.on.tem ou **tra.san.ton.tem** *adv.* no dia anterior a anteontem

tras.bor.dar *v.*{mod. 1} *t.d.,t.i. e int.* transbordar

tra.sei.ra *s.f.* a parte oposta à da frente ⮌ dianteira

tra.sei.ro *adj.* **1** que fica atrás; dorsal ⟨*a parte t. do boi*⟩ ⮌ dianteiro ■ *s.m.* **2** *infrm.* conjunto das nádegas

tras.la.dar *v.*{mod. 1} *t.d.,t.d.i. e pron.* transladar

tras.la.do *s.m.* **1** ação ou efeito de trasladar; translado **2** em viagens de negócios ou de turismo, transporte de passageiros dos aeroportos, portos, estações etc. até o local de estadia ou vice-versa; translado

tras.pas.sar *v.*{mod. 1} *t.d.* transpassar

tras.te *s.m.* **1** móvel ou utensílio de pouco valor da casa **2** *fig. infrm.* indivíduo sem caráter ou imprestável **3** MÚS divisão no braço dos instrumentos de cordas, us. para orientar a posição dos dedos a fim de obter as notas necessárias

tras.to *s.m.* MÚS traste

tra.ta.dis.ta *s.2g.* indivíduo que escreve tratado sobre algo

tra.ta.do *adj.s.m.* **1** (o) que foi acordado, combinado ■ *s.m.* **2** convenção entre dois ou mais países **3** trato ('contrato') **4** obra ou estudo extenso sobre um tema científico, de artes etc.

tra.ta.dor \ô\ *adj.s.m.* que(m) trata ou cuida de algo, esp. de animais, como o cavalo

tra.ta.men.to *s.m.* **1** ação de cuidar de pessoa, coisas ou animais; trato ⟨*receber t. de rei*⟩ **2** maneira de interagir com alguém; trato ⟨*t. carinhoso*⟩ **3** título honorífico ou de graduação ⟨*não sabia que forma de t.*

usar com tão ilustre pessoa⟩ **4** conjunto dos meios us. na cura de doença ⟨*t. contra o câncer*⟩ **5** abordagem de um tema, questão, assunto ⟨*o t. de uma intriga numa novela*⟩

tra.tan.te *adj.2g.s.2g.* que(m) age como velhaco ~ **tratantada** *s.f.* - **tratantice** *s.f.*

tra.tar *v.* {mod. 1} *t.d. e t.i.* **1** (prep. *de*) expor pensamentos, ideias sobre (tema, questão, proposta etc.); discorrer ❑ *t.i.* **2** (prep. *de*) ter por assunto; versar **3** (prep. *de*) examinar em conjunto (assunto, problema); discutir ❑ *t.d. e t.d.i.* **4** (prep. *com*) fazer acerto com; ajustar, combinar ⊃ descombinar ❑ *t.d.pred. e pron.* **5** (prep. *de*) dar ou trocar entre si denominação, qualificativo, título etc. ❑ *t.d.,t.i. e pron.* **6** (prep. *com*) manter relações de convivência (com) **7** (prep. *de*) tomar conta, ocupar-se de; cuidar(-se) **8** (prep. *de*) eliminar ou suavizar (doença, indisposição etc.) com medicamentos, procedimentos ❑ *t.d.* **9** portar-se ou agir com (alguém ou algo) de certa maneira ⟨*o pai tratou-a bem*⟩ **10** preparar para cozinhar (alimento) ❑ *pron.* **11** submeter-se a tratamento ou procedimento médico **12** ter atenção, esmero consigo mesmo; cuidar-se ⊃ relaxar **13** (prep. *de*) estar em questão, em causa ⟨*trata-se de questão de saúde*⟩ ☞ nesta acp., só us. na 3ª p.s.

tra.ta.ti.va *s.f.* trato ('contrato')

tra.tá.vel *adj.2g.* **1** que se pode tratar ⟨*mal, doença t.*⟩ ⊃ intratável **2** fácil de lidar; afável ⊃ desagradável

tra.to *s.m.* **1** tratamento ('ação', 'maneira') ⟨*t. dado a um animal*⟩ ⟨*t. social*⟩ **2** contrato entre particulares ou entre um particular e uma autoridade; tratado, tratativa **3** delicadeza, cortesia ⟨*mostrou t., apesar do ambiente hostil*⟩ ⊃ indelicadeza ⊡ **dar tratos à bola** *loc.vs. fig.* empenhar-se, esforçar-se

tra.tor \ô\ *s.m.* **1** veículo pesado us. para operar equipamentos agrícolas, de aterro, de escavação etc. ■ *adj.* **2** que aplica tração

tra.to.ris.ta *s.2g.* indivíduo que dirige trator

trau.ma *s.m.* traumatismo

trau.má.ti.co *adj.* referente a trauma

trau.ma.tis.mo *s.m.* **1** lesão de um tecido, órgão ou parte do corpo, causada por um agente externo **2** o estado físico ou psíquico resultante dessa lesão **3** *fig.* sofrimento moral

trau.ma.ti.zan.te *adj.2g.* que traumatiza, que causa trauma

trau.ma.ti.zar *v.* {mod. 1} *t.d. e pron.* causar ou sofrer trauma

trau.ma.to.lo.gi.a *s.f.* MED especialidade que cuida dos traumatismos

trau.ma.to.lo.gis.ta *adj.2g.s.2g.* profissional que se dedica à traumatologia

trau.pí.deo *s.m.* ZOO **1** espécime dos traupídeos, família de aves de plumagem colorida e contrastante, representada por gaturamos, saíras e sanhaços ■ *adj.* **2** relativo a essa família de aves

trau.te.ar *v.* {mod. 5} *t.d. e int.* cantar baixo, para si mesmo; cantarolar ~ **trauteio** *s.m.*

tra.va *s.f.* **1** ato de travar ou o seu efeito; travamento **2** qualquer dispositivo que impeça o movimento de algum mecanismo **3** pedaço de madeira us. atravessado para trancar porta ou janela **4** peça de metal colocada à boca de cavalgadura e que serve para guiá-la **5** cada uma das saliências da sola da chuteira

tra.van.ca *s.f.* obstáculo, empecilho

tra.vão [pl.: *-ões*] *s.m.* **1** trava em que se amarram os animais **2** freio preso às rédeas das cavalgaduras **3** freio de máquinas ou de automóveis

tra.var *v.* {mod. 1} *t.d.* **1** segurar com força; agarrar ⊃ soltar **2** juntar, prender (peças de madeira) **3** prender com peia; pear **4** dificultar ou impedir os movimentos a; tolher ⊃ libertar **5** dar início a; começar ⟨*t. contato*⟩ ⊃ acabar **6** pôr entrave em; obstruir ⊃ liberar ❑ *t.d. e pron.* **7** dispor(-se) transversalmente; cruzar(-se) ⊃ descruzar(-se) ❑ *t.d. e int.* **8** parar por meio do travão; frear, brecar **9** deixar ou ter travo, amargor; amargar ❑ *int.* **10** tornar-se difícil de movimentar; emperrar ⊃ desemperrar **11** parar de funcionar (máquina, mecanismo) ~ **travamento** *s.m.*

tra.ve *s.f.* **1** grande tronco grosso e comprido, us. para sustentar partes elevadas de uma construção **2** viga **3** cada poste lateral do gol ⊙ GRAM/USO dim.irreg.: *trabécula* ⊙ COL travejamento

tra.ve.ja.men.to *s.m.* **1** colocação de traves ou vigas em um local **2** conjunto de traves ou vigas

tra.ve.jar *v.* {mod. 1} *t.d.* **1** colocar traves em **2** pôr sobre vigas; vigar ⟨*t. um telhado*⟩

tra.vés *s.m.* direção oblíqua ou diagonal

tra.ves.sa *s.f.* **1** trave ou barra longa atravessada sobre tábuas **2** parte superior das portas, esp. de madeira **3** pequena rua secundária transversal **4** prato largo no qual a comida é servida à mesa **5** pente pequeno e arqueado us. para prender os cabelos **6** traço horizontal de certas letras maiúsculas, como o *A*, o *H*, o *E* etc.

tra.ves.são [pl.: *-ões*] *s.m.* **1** grande barra ou travessa **2** sinal de pontuação (—) que indica a mudança de interlocutores num diálogo, que acrescenta comentários num texto etc.

tra.ves.sei.ro *s.m.* almofada us. para deitar a cabeça

tra.ves.si.a *s.f.* **1** ação de atravessar uma região, um continente, um mar etc., ou o seu efeito **2** caminho longo e solitário

tra.ves.so \ê\ *adj.* **1** que se comporta de modo irrequieto, ruidoso; traquinas ⟨*menino t.*⟩ ⊃ quieto **2** malicioso, maroto ⟨*sorriso, olhar t.*⟩ ⊃ ingênuo

tra.ves.su.ra *s.f.* **1** ação de quem é travesso; traquinice **2** resultado dessa ação; arte, traquinada **3** atitude graciosa e maliciosa; brejeirice

tra.ves.ti *s.2g.* pessoa que se veste e se comporta como se fosse do sexo oposto

tra.ves.tir *v.* {mod. 24} *t.d. e pron.* **1** vestir(-se) para aparentar ser de outro sexo, condição ou idade ❑ *t.d.,t.d.i. e pron. fig.* **2** (prep. *em*) [fazer] tomar nova aparência, caráter; transformar(-se) ⮌ conservar(-se) ❑ *t.d. fig.* **3** tornar irreconhecível; falsificar

tra.ves.tis.mo *s.m.* PSIC prática de vestir-se ou disfarçar-se com roupas do sexo oposto

tra.vo *s.m.* **1** sabor amargo e adstringente; cica ⟨*esta fruta tem t.*⟩ **2** *fig.* impressão desagradável, dolorosa ⟨*experimentar o t. da derrota*⟩

tra.vor \ô\ *s.m.* travo

tra.zer *v.* {mod. 20} *t.d. e t.d.i.* **1** (prep. *para*) transportar ou conduzir, deslocando-se para o lugar onde está quem fala **2** (prep. *a*) fazer surgir em (mente do falante); suscitar, sugerir **3** (prep. *a*) ocasionar como consequência; acarretar ⟨*dinheiro não traz felicidade*⟩ ⟨*o cargo lhe trouxe satisfação*⟩ **4** (prep. *a*) fazer aproximar-se; atrair, chamar ❑ *t.d.* **5** dirigir (um veículo) até onde está quem fala ou de quem se fala; guiar **6** levar consigo ou sobre si; carregar **7** ter em si; apresentar ⟨*t. ferida na mão*⟩ **8** conter em si; abranger, incluir ⟨*o livro traz boas dicas*⟩ **9** fazer-se ou estar acompanhado de ⟨*os famosos trazem muita gente à volta*⟩ ⟨*trouxe o irmão para a festa*⟩

tre.cen.té.si.mo *n.ord. (adj.s.m.)* **1** tricentésimo ■ *n.frac. (adj.s.m.)* **2** tricentésimo

tre.cho \ê\ *s.m.* **1** intervalo entre dois pontos no tempo ou no espaço **2** fragmento de texto, música etc. **3** parte de um todo; fração, segmento

tre.co *s.m. B infrm.* **1** objeto que não se sabe ou não se quer nomear ☞ tb. us. no pl. **2** perturbação na saúde; mal-estar

trê.fe.go *adj.* **1** hábil para enganar; astuto, esperto ⮌ ingênuo **2** que se agita sem cessar; irrequieto ⮌ quieto

tré.gua *s.f.* suspensão temporária de confronto, hostilidade, esforço, dor etc.

trei.na.dor \ô\ *adj.s.m.* (profissional) que instrui ou treina um atleta ou um time

trei.nar *v.* {mod. 1} *t.d.* **1** tornar hábil, capaz com instrução, disciplina ou exercício; preparar **2** executar regularmente (atividade); praticar ❑ *int. e pron.* **3** exercitar para ter perícia, habilidade, destreza em algo; preparar-se ~ **treinamento** *s.m.*

trei.no *s.m.* **1** ação, processo ou efeito de treinar(-se) **2** a habilidade, o conhecimento ou a experiência adquirida em qualquer ramo de atividades; destreza, treinamento **3** DESP conjunto de exercícios feitos com jogadores para avaliar suas habilidades; jogo onde são ensaiadas táticas de defesa e ataque

tre.jei.to *s.m.* **1** gesto cômico **2** movimento que altera a expressão do rosto; careta **3** tique nervoso

tre.la *s.f.* **1** correia para animais, ger. cães **2** *infrm.* conversa longa e despretensiosa; tagarelice ⟨*viver de t. com a vizinha*⟩ **3** *fig.* independência, liberdade ⟨*ela quer t., mas não vou dar*⟩

tre.li.ça *s.f. B* **1** estrutura ornamental feita de ripas cruzadas **2** cruzamento de vigas na estrutura de uma ponte

trem *s.m.* **1** comitiva, caravana **2** bagagem de uma viagem **3** *B* veículo sobre trilho com vagões puxados por locomotiva **4** ritmo, compasso ⟨*o t. de uma corrida*⟩ **5** conjunto dos utensílios us. em certa tarefa ⟨*t. de cozinha*⟩ **6** *B* qualquer coisa ⟨*trouxe para aqui os t. que comprou*⟩ ▣ **t. de pouso** *loc.subst.* mecanismo que sustenta as rodas de avião

tre.ma *s.m.* duplo ponto (¨) que, em algumas línguas, se sobrepõe a uma vogal para indicar que esta é pronunciada em sílaba separada (como no francês *naïve*) ou para alterar o som de determinada vogal (como no alemão *Führer*) [No português do Brasil, com o Acordo Ortográfico de 1990, o trema passou a ser us. apenas em palavras derivadas de nomes próprios estrangeiros (p.ex., *hübnerita*, a partir de Adolf *Hübner*).]

trem-ba.la [pl.: *trens-balas* e *trens-bala*] *s.m.* trem de passageiros de alta velocidade

tre.me.dal *s.m.* área pantanosa; lodaçal

tre.me.dei.ra *s.f.* **1** *B infrm.* tremor ('movimentação') **2** *fig.* malária

tre.me.li.car *v.* {mod. 1} *int.* **1** tremer de frio, susto ou medo; tiritar ❑ *t.d. e int.* **2** (fazer) tremer rápida e continuamente

tre.me.li.que *s.m.* **1** ato de tremer de frio, susto ou medo, ou o seu efeito **2** *B infrm.* trejeito afetado, pedante

tre.me.lu.zir *v.* {mod. 24} *int.* brilhar com luz trêmula, intermitente ~ **tremeluzente** *adj.2g.*

tre.men.da.men.te *adv.* em grau muito elevado; muito

tre.men.do *adj.* **1** que causa terror; medonho ⟨*uma noite t.*⟩ **2** que provoca o respeito; respeitável ⟨*era um t. adversário e a luta seria difícil*⟩ **3** difícil de suportar; penoso ⟨*tempos t.*⟩ **4** de grande intensidade; enorme ⟨*sede, fome t.*⟩ **5** extraordinário, formidável ⟨*viagem t.*⟩

tre.mer *v.* {mod. 8} *t.d. e int.* **1** agitar(-se) fisicamente por medo, forte emoção ou por fenômeno externo **2** provocar ou sofrer grande abalo ❑ *t.d. e t.i. fig.* **3** (prep. *de*) sentir medo ou receio de; temer ~ **tremente** *adj.2g.*

tre.me-tre.me [pl.: *tremes-tremes* e *treme-tremes*] *s.m.* **1** tremor constante **2** *B* raia encontrada na costa brasileira, que produz uma corrente elétrica capaz de paralisar presas

tre.mo.cei.ro *s.m.* tremoço ('planta')

tre.mo.ço \ô\ [pl.: *tremoços* \ó\] *s.m.* **1** planta cultivada desde a Antiguidade para adubo e pelas sementes nutritivas, comestíveis após cozimento; tremoceiro **2** essa semente, amarelada e achatada

tre.mor \ô\ *s.m.* **1** série de movimentos repetidos que agita algo ⟨*t. da chama*⟩ **2** movimentação involuntária, pequena e repetida do corpo ou de parte dele; tremura ⟨*t. de frio*⟩ **3** *fig.* medo, receio ⟨*t. do escuro*⟩ ⮌ destemor

tre.mu.lar *v.* {mod. 1} *t.d. e int.* **1** mover(-se) no ar continuamente; tremer ❑ *int.* **2** brilhar com variações rápidas; tremeluzir **3** *fig.* vibrar de modo contínuo e trêmulo (som)

trê.mu.lo *adj.* **1** que tem vibrações físicas, em razão de algum fator externo ou interno ⟨*mãos t.*⟩ **2** sem segurança ou firmeza; hesitante ⟨*passo, voz t.*⟩ ⮌ firme

3 que cintila; brilhante ⟨*luzes t.*⟩ ↄ sombrio **4** *fig.* acanhado, receoso ⟨*comportamento t.*⟩ ↄ seguro

tre.mu.ra *s.f.* tremor ('movimentação')

tre.na *s.f.* **1** corda que faz mover o pião **2** *B* fita métrica ger. us. para medir terrenos

tre.no *s.m.* MÚS canto lamentoso; elegia

tre.nó *s.m.* pequeno carro provido de esquis, us. na locomoção sobre neve ou gelo

tre.pa.dei.ra *s.f.* planta que cresce apoiando-se sobre outra ou sobre barrancos, muros, cercas etc.

tre.pa.na.ção [pl.: *-ões*] *s.f.* MED técnica cirúrgica de perfuração de um orifício em um osso, esp. do crânio

tré.pa.no *s.m.* MED instrumento cirúrgico us. para abrir orifício em osso, esp. do crânio ~ **trepanar** *v.t.d.*

tre.par *v.* {mod. 1} *int.* **1** ir para cima de (algo), agarrando-se com os pés e as mãos; subir ⟨*t. em árvores*⟩ ☞ *em árvores* é circunstância que funciona como complemento **2** subir ao longo de ⟨*a planta trepava pelo muro*⟩ ☞ *pelo muro* é circunstância que funciona como complemento ❑ *t.d. e int.* **3** pôr(-se) em cima ou por cima de; sobrepor(-se) ⟨*t. o irmão na bicicleta*⟩ ⟨*o dente trepou sobre outro*⟩ ☞ *na bicicleta* e *sobre outro* são circunstâncias que funcionam como complemento ❑ *t.i. e int. fig. B gros.* **4** (prep. *com*) fazer sexo (com)

tre.pi.da.ção [pl.: *-ões*] *s.f.* **1** movimento vibratório; estremecimento **2** movimento saltitante e sacudido de alguns veículos quando em marcha ⟨*t. do carro*⟩

tre.pi.dan.te *adj.2g.* **1** caracterizado por tremores; oscilante ⟨*chama t.*⟩ **2** que vibra, sacode ⟨*automóvel t.*⟩ **3** *fig.* muito agitado, movimentado ⟨*festa t.*⟩ ↄ calmo

tre.pi.dar *v.* {mod. 1} *t.d. e int.* **1** (fazer) sofrer rápido tremor físico; estremecer ❑ *t.i. e int. fig.* **2** (prep. *em*) revelar hesitação em; vacilar ❑ *int.* **3** tremer de medo, susto; tiritar

tré.pli.ca *s.f.* a resposta a uma réplica

tre.pli.car *v.* {mod. 1} *t.i. e int.* **1** (prep. *a*) responder a uma réplica ❑ *t.d.* **2** contestar ou responder com tréplica a (réplica, contradita etc.)

tres- *pref.* → TRANS-

três *n.card.* **1** dois mais um **2** diz-se desse número ⟨*caixas de número t.*⟩ **3** diz-se do terceiro elemento de uma série ⟨*camisas t.*⟩ **4** que equivale a essa quantidade (diz-se de medida ou do que é contável) ⟨*ter t. filhos*⟩ ■ *s.m.2n.* **5** representação gráfica desse número ⟨*no exame de vista, não pôde ler o t.*⟩ ☞ em algarismos arábicos, *3*; em algarismos romanos, *III*

tre.san.dar *v.* {mod. 1} *t.d.* **1** mover para trás; recuar, desandar ↄ avançar **2** *fig.* provocar (confusão, desordem); perturbar ❑ *t.d.,t.i. e int.* **3** (prep. *a*) exalar (odor desagradável); feder

tres.ca.lar *v.* {mod. 1} *t.d. e int.* exalar odor forte (de); cheirar ~ **trescalante** *adj.2g.*

3D *adj.2g.2n.* produzido em três dimensões (diz-se de imagem)

tres.lou.ca.do *adj.s.m.* **1** louco, doido ↄ são **2** (indivíduo) sem juízo ↄ prudente

tres.lou.car *v.* {mod. 1} *t.d. e int.* (fazer) perder o juízo, a razão; enlouquecer

tres.ma.lha.do *adj.* **1** que fugiu ⟨*prisioneiro t.*⟩ **2** que se desgarrou, separando-se dos demais ⟨*boi t.*⟩

tres.ma.lhar *v.* {mod. 1} *t.d.* **1** deixar cair ou perder as malhas de ❑ *t.d.,int. e pron.* **2** (deixar) escapar, afastando(-se) do bando; debandar **3** *p.ext.* espalhar(-se) em diferentes direções; dispersar(-se) ↄ aglomerar(-se) ❑ *int. e pron.* **4** sair do caminho; extraviar-se ~ **tresmalho** *s.m.*

tres.noi.ta.do *adj.* **1** que passou a noite em claro ou que dormiu muito pouco ⟨*médico t.*⟩ ■ *adj.s.m.* **2** que(m) sofre de insônia ~ **tresnoitar** *v.t.d. e int.*

tres.pas.sar *v.* {mod. 1} *t.d.* transpassar

tres.pas.se *s.m.* **1** ato de trespassar ou o seu efeito **2** *fig.* falecimento, morte

tres.va.ri.o *s.m.* ausência de razão; alucinação ↄ juízo

tre.ta \ê\ *s.f.* **1** habilidade no jogo da esgrima **2** *p.ext.* astúcia, manha ▼ *tretas s.f.pl.* **3** palavreado us. para enganar ⟨*diz t. na maioria do tempo*⟩ ~ **treteiro** *adj.s.m.*

tre.va *s.f.* **1** total ausência de luz; escuridão ⟨*procuramos uma luz nas t.*⟩ ↄ claridade **2** *fig.* falta de conhecimento; ignorância ↄ sabedoria **3** *fig.* o castigo do inferno ⟨*seus pecados o condenaram à t.*⟩ ☞ tb. us. no plural

tre.vo \ê\ *s.m.* **1** erva medicinal ou ornamental cujas folhas são compostas de três partes **2** *B* ponto de encontro de vias elevadas e/ou rebaixadas, para evitar cruzamentos de nível em rodovias de tráfego intenso

trí.a.da *s.f.* tríade ('conjunto')

trí.a.de *s.f.* **1** conjunto de três entidades, objetos etc. de igual natureza; tríada **2** MÚS acorde de três sons ~ **triádico** *adj.*

tri.a.gem *s.f.* separação, seleção, escolha

[1]**tri.an.gu.lar** *adj.2g.* **1** que tem três ângulos **2** cuja base é um triângulo ⟨*prisma t.*⟩ **3** que tem forma de triângulo ⟨*músculo t.*⟩ **4** que envolve três grupos, pessoas, países etc. ⟨*torneio t.*⟩ [ORIGEM: do lat. *triangulāris,e* 'id.'] ~ **triangulação** *s.f.*

[2]**tri.an.gu.lar** *v.* {mod. 1} *t.d.* **1** dividir (terreno, região etc.) em triângulos ❑ *int.* FUTB **2** trocar passes (três ou mais jogadores) em posições que lembram a formação de um triângulo [ORIGEM: *triângulo* + [2]*-ar*]

tri.ân.gu.lo *s.m.* **1** GEOM polígono de três lados **2** instrumento de percussão feito de metal, na forma triangular, tocado por vareta de metal

tri.á.si.co *adj.* composto por três; triplo

tri.ás.si.co *s.m.* **1** primeiro e mais antigo período geológico da era mesozoica, anterior ao Jurássico, em que surgem os primeiros dinossauros ☞ inicial maiúsc. ■ *adj.* **2** desse período

tri.a.tle.ta *s.2g.* atleta que disputa provas de triatlo

tri.a.tlo *s.m.* competição com três atividades esportivas diferentes (natação, ciclismo e corrida)

tri.bal *adj.2g.* **1** relativo a tribo **2** que tem por base a tribo ⟨*organização t.*⟩

tri.bo *s.f.* **1** grupo indígena que ocupa um mesmo território e ao qual se atribui uma origem comum **2** *p.ext.* grupo com ocupações e interesses comuns, ou ligado por laços de amizade **3** BIO na classificação dos seres vivos, categoria que agrupa gêneros afins de uma família

tri.bo.lo.gi.a *s.f.* FÍS parte da física que estuda o fenômeno do atrito em suas diversas manifestações

tri.bu.la.ção [pl.: *-ões*] *s.f.* sofrimento moral; aflição ⮌ prazer

tri.bu.na *s.f.* **1** lugar elevado de onde falam os oradores **2** lugar de onde o sacerdote faz o sermão aos fiéis **3** palanque reservado para autoridades e figuras importantes em assembleias, cerimônias, espetáculos etc.

tri.bu.nal *s.m.* **1** lugar em que se realizam audiências judiciais e se fazem os julgamentos **2** conjunto dos magistrados ou pessoas que administram a justiça **3** jurisdição de magistrados

tri.bu.ní.cio *adj.* **1** relativo a tribuno **2** *fig.* que tem caráter revoltoso ⟨*discurso t.*⟩

tri.bu.no *s.m.* orador popular, defensor dos direitos do povo

tri.bu.tar *v.* {mod. 1} *t.d.* **1** impor tributos a ou cobrar tributo sobre; taxar ❑ *t.d.i.* **2** (prep. *a*) pagar como tributo **3** (prep. *a*) dedicar, prestar como tributo ⟨*t. respeito ao pai*⟩ ~ **tributação** *s.f.*

tri.bu.tá.rio *adj.* **1** relativo a tributo ■ *adj.s.m.* **2** que(m) paga tributo ■ *s.m.* **3** rio que deságua em outro curso de água ⟨*os t. do rio Amazonas*⟩

tri.bu.to *s.m.* **1** contribuição monetária imposta pelo Estado ao povo **2** *fig.* aquilo que se sofre por razões morais, necessidade etc. ⟨*pagar alto t. por uma ousadia*⟩ **3** homenagem prestada ⟨*t. aos mortos*⟩ ~ **tributal** *adj.2g.*

tri.cen.te.ná.rio *adj.* **1** que tem entre 300 e 400 anos ■ *s.m.* **2** espaço de 300 anos **3** festejo de evento ocorrido há 300 anos

tri.cen.té.si.mo *n.ord.* *(adj.s.m.)* **1** (o) que, numa sequência, ocupa a posição número 300 ■ *n.frac.* *(adj.s.m.)* **2** (o) que é 300 vezes menor que a unidade

trí.ceps *s.m.2n.* ANAT **1** músculo que tem três feixes fibrosos em uma das extremidades ■ *adj.2g.2n.* **2** diz-se desse músculo

tri.ci.clo *s.m.* veículo com pedal ou motor, selim e três rodas

tri.cô *s.m.* **1** malha tecida à mão com duas agulhas ou em máquina apropriada ⟨*blusa feita de t.*⟩ **2** ato de tecer essa malha ⟨*aprender t.*⟩ **3** peça de vestuário feita dessa malha

tri.co.lor \ô\ *adj.* de três cores ⟨*bandeira t.*⟩

tri.cór.nio *s.m.* chapéu de três bicos ou de três pontas

tri.co.tar *v.* {mod. 1} *t.d. e int.* **1** fazer (roupa, manta etc.) em trabalho de tricô ❑ *int. fig.* **2** fazer intrigas, mexericos

tri.den.te *s.m.* **1** forquilha ou forcado de três dentes **2** o bastão mitológico de Netuno, divindade romana que reina nos mares ■ *adj.2g.* **3** que tem três dentes ⟨*garfo t.*⟩

tri.di.men.sio.nal *adj.2g.* **1** que tem altura, largura e comprimento **2** que dá a sensação de relevo ⟨*fotografia t.*⟩

tri.di.men.sio.na.li.da.de *s.f.* caráter de tridimensional

trí.duo *s.m.* espaço de três dias seguidos

tri.e.dro *s.m.* GEOM ângulo sólido de três faces

tri.e.nal *adj.2g.* **1** que dura três anos ⟨*mandato t.*⟩ **2** que é nomeado por três anos ⟨*diretor t.*⟩ **3** que ocorre de três em três anos ⟨*eleição t.*⟩ **4** que dá fruto de três em três anos (diz-se de planta)

tri.ê.nio *s.m.* período de três anos

tri.fá.si.co *adj.* de três fases (diz-se de corrente elétrica)

tri.fo.li.a.do *adj.* com três folhas ou folíolos ⟨*ramo t.*⟩

tri.fó.lio *s.m.* **1** nome comum a várias plantas da família do trevo **2** forma decorativa que reproduz um trevo ou a disposição de suas folhas

tri.fur.ca.ção [pl.: *-ões*] *s.f.* divisão em três partes ou ramos ⟨*a t. de uma estrada*⟩

tri.gê.meo *s.m.* **1** cada um dos três irmãos que nasceram do mesmo parto **2** ANAT nervo do conjunto de nervos cranianos ■ *adj.* **3** diz-se desses irmãos **4** ANAT diz-se desse nervo

tri.gé.si.mo *n.ord.* *(adj.s.m.)* **1** (o) que, numa sequência, ocupa a posição número 30 ■ *n.frac.* *(adj.s.m.)* **2** (o) que é 30 vezes menor que a unidade

tri.go *s.m.* **1** planta cujos frutos, ricos em amido, constituem o cereal mais us. na alimentação humana desde a Antiguidade **2** o grão dessa planta

tri.go.no.me.tri.a *s.f.* MAT parte da matemática que estuda a resolução dos triângulos ~ **trigonométrico** *adj.*

tri.guei.ro *adj.* **1** relativo a trigo ⟨*produção t.*⟩ ■ *adj.s.m.* **2** que(m) tem a cor do trigo maduro; moreno

tri.lar *v.* {mod. 1} *int.* soltar a voz (certas aves); gorjear ⊙ GRAM/USO só us. nas 3ªs p., exceto quando fig.

tri.lha *s.f.* **1** caminho, ger. estreito e tortuoso, entre vegetação; trilho **2** vestígio deixado no caminho percorrido; pista **3** *fig.* exemplo, modelo ⟨*segue a t. dos pais*⟩ ⊡ **t. sonora** *loc.subst.* **1** fita na qual está gravado o som de filme, novela etc. **2** *p.ext.* conjunto das músicas de um filme, novela etc.

tri.lhão [pl.: *-ões*] *n.card.* *infrm.* trilião

tri.lhar *v.* {mod. 1} *t.d.* **1** tirar os grãos ou os bagos de (cereal, fruta, legume), com ¹trilho; debulhar **2** sinalizar com pegadas, vestígios **3** ir por, seguir (caminho, direção, rumo) **4** *fig.* guiar-se por (conduta moral, regra, preceito); seguir

¹tri.lho *s.m.* espécie de grade us. para debulhar cereais [ORIGEM: do lat. *tribŭlum,i* 'id.']

²tri.lho *s.m.* **1** cada uma das barras paralelas pela qual passam bondes, trens etc. **2** qualquer estrutura us. como guia ou apoio à movimentação de painel corrediço **3** trilha ('caminho') [ORIGEM: de *trilhar*]

tri.li.ão [pl.: *-ões*] *n.card.* **1** mil biliões (10^{12}) ■ *s.m.* *p.ext.* **2** grande número ⟨*contou a história um t. de vezes*⟩
tri.lín.gue \gü\ *adj.2g.* **1** que tem três línguas ⟨*país t.*⟩ **2** feito em três línguas ⟨*discurso t.*⟩ ■ *adj.2g.s.2g.* **3** (aquele) que conhece ou fala três línguas
tri.lo *s.m.* trinado
tri.lo.gi.a *s.f.* grupo de três obras artísticas unidas entre si por temática comum ~**trilógico** *adj.*
tri.men.sal *adj.2g.* **1** que ocorre três vezes ao mês **2** trimestral ~**trimensalidade** *s.f.*
tri.mes.tral *adj.2g.* **1** que dura três meses ⟨*curso t.*⟩ **2** que ocorre de três em três meses ⟨*prova t.*⟩ ~**trimestralidade** *s.f.*
tri.mes.tre *s.m.* período de três meses
tri.na.do *s.m.* **1** MÚS grupo de notas que consiste na repetição rápida de uma nota alternada com uma próxima **2** som melodioso de alguns pássaros
tri.nar *v.*{mod. 1} *int.* **1** soltar a voz (pássaro); gorjear, trilar ☞ nesta acp., só us. nas 3as p., exceto quando fig. **2** alternar rápida e repetidamente duas notas próximas
¹trin.ca *s.f.* reunião de três coisas ou seres similares ⟨*t. de ases*⟩ ⟨*t. de meninos bagunceiros*⟩ [ORIGEM: contrv., talvez do esp. *trinca* 'atadura, ligadura']
²trin.ca *s.f.B* **1** pequeno ferimento superficial; arranhão **2** qualquer abertura estreita; fresta [ORIGEM: de *trincar*]
trin.car *v.*{mod. 1} *t.d.* **1** cortar ou prender com os dentes; morder **2** comprimir, apertar (os dentes) **3** partir em vários pedaços; cortar, picar **4** triturar com os dentes; mastigar ❑ *t.d. e int.* **5** (fazer) ficar com fendas, rachaduras; estalar, rachar
trin.cha *s.f.* **1** ferramenta us. para alargar orifícios quadrados em madeira **2** haste de ferro com ponta estreita us. para soltar pregos **3** grande pincel largo e achatado
trin.chan.te *adj.2g.s.2g.* **1** (o) que trincha ■ *s.m.* **2** faca grande us. para cortar a carne **3** móvel sobre o qual se corta a carne
trin.char *v.*{mod. 1} *t.d.* cortar em pedaços ou fatias (esp. carne servida à mesa)
trin.chei.ra *s.f.* **1** buraco aberto na terra para proteger os soldados dos ataques inimigos **2** *fig.* alicerce, fortaleza ⟨*sua t. política é a escola*⟩
trin.co *s.m.* **1** em certas fechaduras, pequena tranca de mola acionada por maçaneta ou chave **2** fechadura que tem essa tranca **3** som produzido pelo movimento dessa tranca **4** *p.ext.* som produzido pelo atrito do dedo polegar sobre o dedo médio, que escorrega para a palma da mão
trin.da.de *s.f.* **1** conjunto de três entidades, seres, objetos etc. de igual natureza **2** REL doutrina católica que proclama a união do Pai, Filho e Espírito Santo, formando um só Deus ☞ nesta acp., inicial maiúsc.
tri.ne.ta *s.f.* filha do bisneto ou da bisneta
tri.ne.to *s.m.* filho do bisneto ou bisneta
¹tri.no *adj.* composto por três; triplo [ORIGEM: do lat. *trinus,a,um* 'id.']
²tri.no *s.m.* trinado [ORIGEM: onomatopaica]
tri.nô.mio *s.m.* MAT **1** polinômio de três termos ■ *adj.s.m.p.ext.* **2** (o) que tem três partes
trin.que *s.m.* **1** cabide em que o mascate expõe roupas de tecido barato **2** *p.ext.* elegância, esmero ⊡ **estar nos trinques** *loc.vs.* estar bem vestido
tri.o *s.m.* **1** conjunto de três entidades, seres, objetos etc. de igual natureza; trindade **2** grupo de três músicos ou cantores **3** MÚS composição escrita para três instrumentos ou três vozes
tri.pa *s.f.* **1** intestino animal **2** *B infrm.* o que tem forma alongada e estreita; tira ⟨*umas t. de pano presas ao chapéu*⟩
tri.pa.nos.so.mí.a.se *s.f.* MED doença causada por tripanossomo
tri.pa.nos.so.mo *s.m.* BIO parasita do sistema circulatório do homem e de outros vertebrados, causador da doença de Chagas e da doença do sono
tri.par.tir *v.*{mod. 24} *t.d. e pron.* dividir(-se) em três partes ~**tripartição** *s.f.*
tri.par.ti.te *adj.2g.* dividido em três partes
tri.pé *s.m.* **1** tripeça **2** suporte portátil com três apoios, sobre o qual se assenta um aparelho, como, p.ex., uma máquina fotográfica, um telescópio etc.
tri.pe.ça *s.f.* assento de três pés, ger. baixo e arredondado; tripé
trí.plex \cs\ *n.mult.* **1** multiplicado por três ■ *adj.2g.2n.s.m.2n.* **2** (o) que se triplica em características ou funções **3** *B* (o) que se construiu em três andares ⟨*alugamos um (apartamento) tríplex*⟩ ⊙ GRAM/USO em nível infrm. da língua, pronuncia-se como oxítona
tri.pli.ca.ção [pl.: *-ões*] *s.f.* **1** multiplicação por três **2** *p.ext.* aumento excessivo
tri.pli.car *v. t.d.,int. e pron.* **1** tornar(-se) três vezes maior; multiplicar-se por três ⟨*t. o salário dos vendedores*⟩ ⟨*mesmo se a receita (se) triplicasse, o problema da educação não cessaria*⟩ **2** *p.ext.* fazer crescer ou crescer tremendamente ⟨*triplicava a paciência para esperar o atendimento*⟩ ⟨*sua ira triplicava(-se)*⟩
tri.pli.ca.ta *s.f.* **1** terceira cópia **2** DIR documento substituto de duplicata ('título') extraviada
trí.pli.ce *n.mult.* **1** multiplicado por três ■ *adj.2g.* **2** composto por três elementos ou desenvolvido em três etapas ⟨*lista t.*⟩ ■ *s.f.* **3** nome reduzido de vacina us. contra difteria, tétano e coqueluche ~**triplicidade** *s.f.*
tri.plo *n.mult.* **1** que contém três vezes a mesma quantidade ⟨*receita t. de bolo*⟩ ■ *s.m.* **2** quantidade três vezes maior ⟨*seis é o t. de dois*⟩ ■ *adj.* **3** que tem três características, três componentes, três etapas etc.
tri.pu.di.ar *v.*{mod. 1} *int.* **1** dançar ou saltar batendo com os pés ❑ *t.i. e int.* **2** (prep. *sobre*) exultar por vitória, superioridade sobre (outrem), desprezando-o ou humilhando-o ~**tripudiante** *adj.2g.s.2g.*
tri.pú.dio *s.m.* **1** ato de tripudiar ou o seu efeito **2** dança de sapateado **3** agressão ou desafio a convenções sociais e morais; libertinagem ⊃ moralidade

tri.pu.la.ção [pl.: *-ões*] *s.f.* conjunto de pessoas que trabalham a bordo de navio ou avião

tri.pu.lan.te *s.2g.* membro de tripulação ⊙ COL equipagem

tri.pu.lar *v.*{mod. 1} *t.d.* **1** prover de pessoal (embarcação ou aeronave) **2** dirigir, pilotar (embarcação ou aeronave)

tri.que.cí.deo *s.m.* ZOO **1** espécime dos triquecídeos, família de mamíferos aquáticos conhecidos como peixes-boi ■ *adj.* **2** relativo a essa família de mamíferos

tri.qui.u.rí.deo *s.m.* ZOO **1** espécime dos triquiurídeos, família de peixes ósseos, marinhos, que possuem corpo muito alongado e comprimido, e dentes longos ■ *adj.* **2** relativo a essa família de peixes

tri.sa.nu.al *adj.2g.* **1** que dura três anos ⟨*plano t.*⟩ **2** que ocorre de três em três anos ⟨*exposição t.*⟩

tri.sa.vó *s.f.* mãe do bisavô ou da bisavó

tri.sa.vô [fem.: *trisavó*] *s.m.* **1** pai do bisavô ou da bisavó ▼ *trisavós s.m.pl.* **2** gerações anteriores de um indivíduo; ancestrais

tris.si.lá.bi.co *adj.* que tem três sílabas

tris.sí.la.bo *adj.s.m.* (palavra) que tem três sílabas

tris.so.mi.a *s.f.* BIO condição de organismo que tem um cromossomo a mais no par de cromossomos, o que causa anomalias, como, p.ex., a síndrome de Down

tris.te *adj.2g.* **1** que exprime ou desperta tristeza; comovente ⟨*olhar t.*⟩ ⮌ alegre **2** que provoca sentimentos de piedade; doloroso ⟨*a fome é t.*⟩ ⮌ agradável **3** que atormenta pelo aspecto medíocre ou odioso; insuportável ⟨*espetáculo ridículo, t.*⟩ ⮌ satisfatório **4** palavra que qualifica pessoas ou coisas com atributos negativos; feio, mau, preguiçoso etc. ⟨*que horror, esse filme é t.!*⟩ ⟨*essa menina é t., vive batendo na irmã*⟩ ⟨*esse homem é t., não quer trabalhar*⟩ ■ *adj.2g.s.2g.* **5** (pessoa) que não sente alegria

tris.te.za \ê\ *s.f.* **1** estado emocional caracterizado pela melancolia ⮌ alegria **2** caráter do que desperta esse estado ⟨*a t. daquela noite marcou sua vida*⟩ ⮌ alegria **3** falta de alento; desânimo ⮌ ânimo

tris.to.nho *adj.* **1** que experimenta ou aparenta tristeza ⟨*um rapaz t.*⟩ ⮌ alegre **2** que desperta sentimentos de tristeza ⟨*uma noite t.*⟩ ⮌ alegre

tri.ton.go *s.m.* GRAM grupo de três vogais pronunciado em uma única sílaba

tri.tu.ra.dor \ô\ *adj.s.m.* **1** (o) que tritura ■ *s.m.* **2** aparelho us. para triturar material sólido

tri.tu.rar *v.*{mod. 1} *t.d.* **1** reduzir a pó ou a pequenos pedaços; moer **2** transformar em massa **3** *fig.* causar aflição, mágoa a; atormentar ~**trituração** *s.f.*

tri.un.fal *adj.2g.* **1** relativo a triunfo **2** que comemora uma vitória ⟨*exército t.*⟩ **3** *fig.* magnífico, esplêndido ⟨*saída t*⟩ ⮌ humilhante **4** *fig.* muito bem-sucedido ⟨*uma turnê t.*⟩ ⮌ fracassado

tri.un.fa.lis.mo *s.m.* sentimento exagerado de triunfo ~**triunfalista** *adj.2g.s.2g.*

tri.un.fan.te *adj.2g.* triunfal

tri.un.far *v.*{mod. 1} *t.i. e int.* **1** (prep. *de*) obter triunfo, vitória (sobre); vencer, ganhar ⮌ perder **2** (prep. *de*) levar vantagem (sobre); prevalecer ❑ *int.* **3** encher-se de alegria; exultar ⮌ entristecer ~**triunfador** *adj.s.m.*

tri.un.fo *s.m.* **1** vitória em guerra, competição, disputa ⮌ derrota **2** êxito brilhante ou glorioso ⟨*a peça foi um grande t.*⟩ ⮌ fracasso **3** grande satisfação; regozijo ⟨*a queda do ditador foi motivo de t.*⟩ ⮌ desgosto **4** aclamação festiva, ruidosa ⟨*ao longe ouviam-se gritos de t.*⟩ **5** *B* espécie de jogo de cartas

tri.un.vi.ra.to *s.m.* **1** cargo e título de triúnviro **2** governo de três pessoas ou triúnviros **3** *p.ext.* período de duração desse governo

tri.ún.vi.ro *s.m.* membro de triunvirato ~**triunviral** *adj.2g.*

tri.vi.al *adj.2g.* **1** que é do conhecimento de todos; corriqueiro ⟨*conceito t.*⟩ ⮌ novo **2** que é muito usado, repetido; vulgar ⟨*expressão t.*⟩ ⮌ inédito **3** que tem pouco valor ⟨*brigaram por motivo t.*⟩ ⮌ importante **4** que não revela maiores qualidades; ordinário ⟨*espetáculo t.*⟩ ⮌ excepcional ■ *s.m.* **5** qualquer prato simples e cotidiano das refeições caseiras

tri.vi.a.li.da.de *s.f.* **1** qualidade do que é trivial; banalidade **2** dito ou coisa trivial; banalidade ⟨*disse algumas t. e saiu*⟩ ⟨*o filme era uma t.*⟩

tri.vi.a.li.zar *v.*{mod. 1} *t.d. e pron.* tornar(-se) trivial, corriqueiro; banalizar(-se) ⮌ singularizar(-se)

triz *s.m.* ▸ só usado em: **por um t.** *loc.adv.* por pouco, quase ⟨*por um t. não morreu no acidente*⟩

tro.a.da *s.f.* **1** ação de fazer um barulho semelhante ao estrondo de muitos tiros disparados **2** esse barulho

tro.ar *v.*{mod. 1} *int.* fazer grande barulho; estrondear ⊙ GRAM/USO verbo impessoal, exceto quando fig.

tro.ca *s.f.* **1** permuta de coisa por outra ⟨*fazer a t. de um carro por outro novo*⟩ **2** preferência de alguma coisa em relação a outra ⟨*t. da cidade pelo campo*⟩ **3** transferência mútua de algo entre seus respectivos donos ⟨*fazer a t. de figurinhas*⟩ **4** colocação de coisa ou pessoa no lugar de outra; substituição ⟨*fazer a t. das lâmpadas queimadas*⟩ **5** ato de confundir uma coisa com outra ⟨*t. de nomes*⟩ **6** mudança, transformação ⟨*t. de hábitos*⟩ ⮌ manutenção

tro.ça *s.f.* **1** ação ou palavras para provocar riso; zombaria **2** ato ou dito engraçado, divertido **3** *B* festa ou brincadeira muito animada

tro.ca.di.lho *s.m.* jogo de palavras com sons semelhantes e significados diferentes, de que resultam equívocos por vezes engraçados

tro.ca.do *adj.* **1** que foi mudado ou substituído ■ *s.m.* **2** conjunto de moedas ou cédulas de pequeno valor; troco ☞ nesta acp., tb. us. no pl.

tro.ca.dor \ô\ *adj.s.m.* **1** (aquele) que troca ■ *s.m.* **2** indivíduo que cobra as passagens nos ônibus

tro.car *v.*{mod. 1} *t.d.,t.i. e t.d.i.* **1** (prep. *de, por*) pôr ou dar (uma coisa) no lugar de (outra); substituir, mudar ⟨*t. a camisa, nomes*⟩ ⟨*t. de roupa, de assunto*⟩ ⟨*t. o carro velho por um novo*⟩ ⮌ destrocar ❑ *t.d.i.* **2** (prep. *em*) converter, transformar em ⟨*t. o amor em ódio*⟩ ❑ *t.d.* **3** mudar as características originais de; alterar ⟨*o jornal trocou suas declarações*⟩ ⊃ conservar **4** mudar a posição de; cruzar ⟨*bêbado, trocava os pés*⟩ ❑ *t.d. e pron.* **5** mudar a roupa (de) ⟨*t. o bebê*⟩ ⟨*t.-se para sair*⟩

tro.çar *v.* {mod. 1} *t.d. e t.i.* (prep. *de*) expor ao ridículo com gestos, atos de zombaria; caçoar

tro.ca-tro.ca [pl.: *trocas-trocas* e *troca-trocas*] *s.m.* negociação que não envolve dinheiro, mas troca entre duas coisas ou pessoas

tro.cis.ta *adj.2g.s.2g.* (aquele) que gosta de fazer troças; debochado

tro.co \ô\ *s.m.* **1** trocado **2** soma devolvida a quem pagou com nota, ou moeda, de valor maior que o preço da mercadoria **3** *fig. infrm.* vingança, resposta

tro.ço \ó\ *s.m. B gír.* palavra us. em lugar de qualquer fato ou objeto; negócio, coisa ⟨*aritmética é um t. difícil*⟩

tro.ço \ô\ [pl.: *troços* \ó\] *s.m.* **1** pedaço de pau **2** *p.ext.* pedaço de qualquer coisa **3** reunião de pessoas; multidão

tro.féu *s.m.* **1** triunfo sobre o inimigo; êxito, vitória **2** *p.ext.* qualquer objeto que atesta vitória ou grande feito ⟨*t. de caça, de futebol*⟩

tro.glo.di.ta *s.2g.* **1** indivíduo dos trogloditas, povos da África que habitavam em cavernas ■ *adj.2g.* **2** relativo a esses povos ■ *adj.2g.s.2g.* **3** *fig.* (indivíduo) primitivo, incivilizado

tro.glo.di.tí.deo *s.m.* ZOO **1** espécime dos trogloditídeos, família de aves americanas, cujas vozes são variadas e de alta qualidade, que inclui, entre outros, os uirapurus e as cambaxirras ■ *adj.* **2** relativo a essa família de aves

tro.le *s.m. B* **1** carretilha de metal que desliza sobre cabo elétrico e transmite energia ao motor de bondes e ônibus elétricos **2** pequeno carro, movido a força humana, que desliza sobre os trilhos nas ferrovias

tró.le.bus *s.m.2n. B* ônibus elétrico ligado a cabos aéreos

tro.lha \ô\ *s.f.* **1** pequena tábua us. para alisar reboco de parede ■ *s.m.* **2** ajudante de pedreiro

tró-ló-ló [pl.: *tró-ló-lós*] *s.m. B infrm.* **1** música ligeira, fácil de cantar **2** *p.ext.* conversa vazia; lero-lero

trom *s.m.* estrondo ou qualquer grande ruído, como o som de trovão ou canhão

trom.ba *s.f.* **1** extensão longa, tubular e flexível do focinho de animais, como o elefante e a anta, com narinas na ponta, us. esp. para conduzir alimento e água até a boca **2** *p.ext. joc.* expressão fechada, zangada

trom.ba.da *s.f.* **1** pancada com a tromba ou com o focinho **2** *p.ext.* qualquer colisão forte; batida

trom.ba-d'á.gua [pl.: *trombas-d'água*] *s.f.* **1** fenômeno meteorológico em que nuvens espessas e negras se movem, formando um cone cuja base é voltada para o alto; manga-d'água **2** *p.ext.* forte pancada de chuva

trom.ba.di.nha *s.m. B infrm.* criança que vive nas ruas cometendo pequenos delitos

trom.bar *v.* {mod. 1} *t.i. e int. B infrm.* (prep. *com*) sofrer choque com; colidir, bater

trom.be.ta \ê\ *s.f.* MÚS nome comum a grandes instrumentos de sopro, feitos de madeira ou metal, que emitem sons muito potentes

trom.be.te.ar *v.* {mod. 5} *t.d. e int.* **1** tocar na trombeta (música, melodia) ❑ *t.d. fig.* **2** fazer divulgação de; alardear

trom.be.tei.ro *adj.s.m.* **1** que(m) toca trombeta **2** que(m) fabrica trombeta

trom.bi.car *v.* {mod. 1} *t.d. fig.* **1** enganar com artimanhas; ludibriar ❑ *pron. B infrm.* **2** sair-se mal; estrepar-se, trumbicar-se

trom.bo.ne *s.m.* **1** instrumento de sopro de metal, com vara ou pistons, e tubo longo com voltas sobre si mesmo **2** *infrm.* pessoa de voz grossa

trom.bo.se *s.f.* MED formação de coágulo em um vaso sanguíneo ou no coração ~ **trombótico** *adj.*

trom.bu.do *adj.s.m.* **1** (o) que tem tromba **2** *fig.* que(m) é carrancudo, emburrado

trom.pa *s.f.* **1** instrumento musical de sopro, metálico, composto de tubo longo enrolado sobre si mesmo e que termina em um bocal largo **2** ANAT denominação substituída por *tuba* **3** instrumento de vidro us. em laboratório de química para aspirar o ar ⊡ **t. de Eustáquio** *loc.subst.* ANAT denominação substituída por *tuba auditiva* • **t. de Falópio** *loc.subst.* ANAT denominação substituída por *tuba uterina*

trom.pe.te *s.m.* instrumento metálico de sopro com corpo cilíndrico alongado que termina em forma de sino

trom.pe.tis.ta *adj.2g.s.2g.* que(m) toca trompete

trom.pis.ta *adj.2g.s.2g.* que(m) toca trompa

tron.cho *s.m.* **1** talo grosso de couve ■ *adj.s.m.* **2** (membro) cortado, mutilado ■ *adj.* **3** torto de um lado ⟨*mesa t.*⟩ ⊃ reto

tron.co *s.m.* **1** caule grosso de árvores e arbustos **2** parte do corpo humano composta do tórax, abdome e bacia **3** TEL canal de comunicação entre dois equipamentos de uma mesma central **4** LING grande grupo de línguas que se supõe terem tido uma origem remotamente comum

tron.cu.do *adj. B* **1** com o tronco bem desenvolvido; corpulento, forte ⊃ franzino **2** *p.ext.* de maior diâmetro; grosso ⟨*pernas t.*⟩ ⊃ fino

tro.no *s.m.* **1** assento elevado destinado ao rei **2** *fig.* poder ou autoridade real **3** *joc.* vaso sanitário; latrina

tro.pa *s.f.* **1** grande grupo de soldados **2** conjunto de muitas pessoas **3** *p.ext. B* o conjunto dos trabalhadores braçais em estiva ou armazém de depósito **4** *B* bando de animais, esp. de carga

tro.pe.ção [pl.: *-ões*] *s.m.* **1** ato de bater o pé contra um obstáculo, o que faz perder o equilíbrio ou o ritmo, ou o seu efeito; tropeçada, tropeço **2** *fig. B* equívoco, erro

tro.pe.çar *v.* {mod. 1} *int.* **1** bater sem querer com o pé em; topar ⟨*tropeçou na pedra e caiu*⟩ ☞ *na pedra* é circunstância que funciona como complemento ❑ *t.i. fig.* **2** (prep. *em*) encontrar inesperadamente (obstáculo, problema etc.) **3** (prep. *em, com*) incidir em erro ⟨*t. na tabuada*⟩ ⊃ acertar ❑ *t.i. e int. fig.* **4** (prep. *em*) mostrar-se hesitante, indeciso (em); vacilar ⟨*tropeçou na resposta*⟩ ⟨*declamou o poema sem t.*⟩

tro.pe.ço \ê\ *s.m.* **1** tropeção ('ato') **2** obstáculo em que se tropeça **3** *fig.* dificuldade, embaraço ⟨*a língua é um t. para o viajante estrangeiro*⟩ ⊃ facilidade **4** *fig.* erro, mancada ⟨*cometer muitos t.*⟩ ⊃ acerto

trô.pe.go *adj.* que anda ou se move com dificuldade

tro.pei.ra.da *s.f.* grupo de tropeiros

tropeiro *s.m.* **1** condutor de tropas **2** condutor de bestas de carga ou de gado

tro.pel *s.m.* **1** grande número de pessoas ou animais movendo-se desordenadamente **2** *p.ext.* grande barulho provocado pela marcha de animais **3** *fig.* confusão, balbúrdia ⟨*em meio ao t., perdeu a carteira*⟩

tro.pe.li.a *s.f.* **1** confusão causada por gente em grande número **2** *fig.* ardil, artimanha **3** *fig.* arte de traquinas; travessura **4** *infrm.* dano, prejuízo

tro.pi.cal *adj.2g.* **1** relativo ou pertencente a trópico ⟨*clima, floresta t.*⟩ **2** situado entre os trópicos, zona de clima quente, úmido e chuvoso (diz-se de região) ■ *s.m.* **3** tecido leve, ger. us. no vestuário masculino

tro.pi.car *v.* {mod. 1} *int.* **1** tropeçar várias vezes **2** andar a trote (a cavalgadura); trotar ~ **tropicada** *s.f.* - tropicão *s.m.*

tró.pi.co *s.m.* GEO **1** cada um dos dois círculos paralelos do globo terrestre e distantes 23° 27' do equador **2** a região compreendida entre esses círculos ⊡ **t. de Câncer** *loc.subst.* o círculo que é paralelo ao norte do equador • **t. de Capricórnio** *loc.subst.* o círculo que é paralelo ao sul do equador

tro.pis.mo *s.m.* BIO reação de atração ou de afastamento apresentada por organismos vivos ou por suas partes, em resposta a estímulos externos

tro.pos.fe.ra *s.f.* camada da atmosfera mais próxima da Terra, situada de 10 km a 12 km de altitude ~ **troposférico** *adj.*

tro.qui.lí.deo *s.m.* ZOO **1** espécime dos troquilídeos, família de aves que compreende os beija-flores ■ *adj.* **2** relativo a essa família de aves

tro.ta.dor \ô\ *adj.s.m.* (cavalo) que trota

tro.tar *v.* {mod. 1} ou **tro.te.ar** *v.* {mod. 5} *int.* **1** andar a trote (cavalgadura) ☞ nesta acp., só us. nas 3as p., exceto quando fig. **2** cavalgar a trote

tro.te *s.m.* **1** marcha ritmada de cavalgaduras, entre o passo e o galope **2** troça, zombaria **3** *p.ext.* telefonema anônimo para brincar, zombar etc. **4** brincadeira que alunos antigos das universidades impõem aos calouros

tro.te.ar *v.* {mod. 5} *int.* → TROTAR

trou.xa *s.f.* **1** embrulho de pano para transportar objetos, ger. roupas **2** *p.ext.* grande embrulho ■ *adj.2g.s.2g.* **3** *infrm.* que(m) é facilmente iludido ou enganado; tolo ⊃ esperto

tro.va *s.f.* **1** cantiga poética medieval **2** composição poética popular, composta de quatro versos **3** cantiga, canção ⟨*tocava violão e cantava trovas para a amada*⟩

tro.va.dor \ô\ *adj.s.m.* **1** na Idade Média, (aquele) que fazia ou cantava trovas **2** *p.ext.* (poeta) que declama poemas

tro.va.do.res.co \ê\ *adj.* que diz respeito aos trovadores medievais, a sua lírica e a sua época

tro.vão [pl.: *-ões*] *s.m.* **1** forte ruído causado por descarga elétrica na atmosfera; trovoada **2** *p.ext.* qualquer ruído forte ⊙ COL trovoada

tro.var *v.* {mod. 1} *int.* compor ou cantar trovas

tro.ve.jar ou **tro.vo.ar** *v.* {mod. 1} *int.* **1** soar, retumbar (o trovão) ☞ nesta acp., é impessoal, exceto quando fig. **2** *p.ext.* soar forte como trovão (barulho, voz); ressoar ~ **trovejante** *adj.2g.*

tro.vo.a.da *s.f.* **1** série de trovões **2** *p.ext.* grande estrondo ⟨*a t. dos canhões*⟩

tro.vo.ar *v.* {mod. 1} *int.* → TROVEJAR

tru.a.ni.ce *s.f.* **1** palhaçada, momice **2** mentira ardilosa

tru.ão [pl.: *-ões*] *s.m.* pessoa que diverte outras; palhaço ~ **truanesco** *adj.*

tru.ca.gem *s.f.* CINE **1** efeito cinematográfico que cria a ilusão de uma realidade inesperada, divertida ou dramática **2** fase final da produção de um filme, quando se fazem os truques

tru.ci.dar *v.* {mod. 1} *t.d.* matar de modo cruel; massacrar

tru.cu.lên.cia *s.f.* **1** ato de crueldade, de violência **2** qualidade do que é brutal, grosseiro, do que não tem finura; grosseria

tru.cu.len.to *adj.* **1** que usa de violência; cruel, bárbaro ⟨*um marido t.*⟩ ⊃ bondoso **2** que contém grosseria ⟨*resposta t.*⟩ ⊃ cortês

tru.fa *s.f.* **1** cogumelo subterrâneo comestível, de cor escura e sabor marcante, encontrado somente na Europa **2** bombom de chocolate, aromatizado com conhaque, café etc., recoberto de pó de cacau

tru.fei.ra *s.f.* terreno em que se acham trufas ('cogumelo')

tru.fei.ro *adj.* **1** relativo a trufa ⟨*região t.*⟩ ■ *adj.s.m.* **2** que(m) apanha trufas **3** (animal) farejador de trufas

tru.ís.mo *s.m.* verdade incontestável ou evidente

trum.bi.car-se *v.* {mod. 1} *pron.* sair-se mal; estrepar-se, trombicar-se

trun.car *v.* {mod. 1} *t.d.* **1** separar do tronco; cortar **2** retirar uma parte de; mutilar ⟨*t. uma imagem*⟩ **3** tirar parte importante de (escrito, obra literária), dificultando a compreensão ~ **truncamento** *s.m.*

trun.fo *s.m.* **1** certo jogo de cartas em parceria **2** *p.ext.* em jogos de cartas, naipe que prevalece sobre os outros **3** a carta desse naipe **4** *fig.* aquilo que dá vantagem a alguém para conseguir algo

tru.que *s.m.* **1** ação que visa enganar; tramoia **2** modo hábil e sutil de agir ⟨*um médico com muitos t. para acalmar os clientes*⟩ **3** processo us. para criar ilusões, em filmes ou no palco

trus.te *s.m.* ECON fusão de empresas, sem perda de autonomia jurídica, para assegurar o controle sobre o mercado e aumentar a margem de lucro

tru.ta *s.f.* **1** peixe de grande valor comercial, encontrado ou criado ger. em águas doces, frias e correntes **2** *infrm.* negociata, trambique ⊙ COL trutaria

tru.ta.ri.a *s.f.* grande quantidade de trutas

tsé-tsé [pl.: *tsé-tsés*] *s.2g.* mosca africana transmissora de parasitas causadores da doença do sono

tu *pron.p.* representa a 2ª p.s. e é us. para indicar aquele a quem se fala ou escreve

tu.ba *s.f.* **1** instrumento de sopro grande e grave, dotado de três ou quatro pistões, us. em banda de música **2** ANAT estrutura ou canal em forma de tubo, anteriormente denominada *trompa* ⊡ **t. auditiva** *loc.subst.* ANAT canal auditivo que vai do tímpano à faringe, anteriormente denominado *trompa de Eustáquio* • **t. uterina** *loc.subst.* ANAT canal que corre em cada um dos lados do fundo do útero até o final do respectivo ovário, anteriormente denominado *trompa de Falópio*

tu.bá.ceo *adj.* em forma de tuba ('instrumento')

tu.ba.gem *s.f.* tubulação ('conjunto', 'instalação')

tu.ba.rão [pl.: *-ões*] *s.m.* **1** nome de grandes peixes marinhos, predadores e comestíveis **2** *fig.* empresário sem escrúpulos, que só visa ao próprio lucro

tu.bá.rio *adj.* ANAT relativo a tuba ('estrutura em forma de tubo') ⟨*gravidez t.*⟩

tu.bér.cu.lo *s.m.* **1** parte espessa do caule de certas plantas rica em reservas nutritivas, ger. subterrânea **2** ANAT saliência arredondada na superfície de um órgão **3** MED pequena lesão arredondada na superfície de um órgão

tu.ber.cu.lo.se *s.f.* doença contagiosa, que pode afetar quase todos os tecidos do corpo, esp. os pulmões, causada por um bacilo

tu.ber.cu.lo.so \ô\ [pl.: *tuberculosos* \ó\] *adj.s.m.* **1** que(m) tem tuberculose ■ *adj.* **2** relativo a tubérculo ⟨*caule t.*⟩

tu.be.ri.for.me *adj.2g.* em forma de tubérculo

tu.bi.for.me *adj.2g.* em forma de tubo; tubular

tu.bo *s.m.* **1** qualquer estrutura cilíndrica e oca pela qual podem passar líquidos ou gases **2** ANAT qualquer cavidade tubária ⊙ COL tubulação ⊡ **os tubos** *loc.adv. B infrm.* grande soma de dinheiro ⟨*o vestido custa os t.*⟩ • **t. de ensaio** *loc.subst.* QUÍM recipiente cilíndrico de vidro ou plástico, us. em laboratórios; proveta

tu.bu.la.ção [pl.: *-ões*] *s.f.* **1** conjunto de tubos; encanamento, tubagem **2** instalação de um ou mais tubos; tubagem **3** canalização para passagem de gás, água, eletricidade etc.

tu.bu.lar *adj.2g.* **1** relativo a tubo **2** que tem a forma de tubo; tubiforme

tu.ca.no *s.m. B* **1** ave de bico muito grande e forte, coloração preta, vermelha, laranja ou verde, e plumagem dorsal negra, com a garganta branca ou amarela ■ *s.2g.* **2** indivíduo dos tucanos, grupo indígena que habita no noroeste do Amazonas e na Colômbia

tu.cu.na.ré *s.m. B* **1** peixe amazônico prateado com mancha redonda no rabo, muito apreciado na alimentação **2** tipo de embarcação us. na Amazônia

tu.cu.pi *s.m.* molho feito com mandioca e pimenta, típico da cozinha do norte do Brasil

tu.do *pron.ind.* **1** o total das coisas ou seres que são objeto do discurso ⟨*disse t.*⟩ ⮌ nada **2** a totalidade das coisas (concretas ou abstratas), sem faltar nenhuma ⟨*t. é belo aqui*⟩ ⟨*tem t. para ser uma ótima médica*⟩ ⮌ nada **3** o que é importante, essencial ⟨*a saúde é t.*⟩ ⮌ nada

tu.do-na.da [pl.: *tudos-nadas* e *tudo-nadas*] *s.m.* quantidade insignificante, quase nada ⟨*queria somente um t. de felicidade*⟩

tu.fão [pl.: *-ões*] *s.m.* **1** furacão nos mares do Oriente, esp. no da China **2** *p.ext.* ventania, vendaval

¹tu.far *v.* {mod. 1} *t.d.,int. e pron.* **1** (fazer) aumentar de volume; inchar(-se), estufar(-se) ⮌ murchar ❑ *int. e pron. fig.* **2** encher-se de orgulho ou vaidade; enfatuar-se ⮌ humilhar-se [ORIGEM: do port.ant. *tufo* (ligado ao lat. *typhus,i* 'inchação, orgulho') + ²*-ar*]

²tu.far *v.* {mod. 1} *t.d. e pron.* dar ou tomar forma de tufo [ORIGEM: *tufo* + ²*-ar*]

tu.fo *s.m.* **1** porção de coisas que crescem ou estão juntas (como pelos, penas, cabelos etc.) **2** *p.ext.* qualquer coisa arredondada e proeminente; saliência

tu.gir *v.* {mod. 24} *t.d. e int.* **1** falar baixo; murmurar, sussurrar **2** *p.ext.* expressar-se oralmente; dizer, falar

tu.gú.rio *s.m.* **1** choupana, casebre **2** *p.ext.* abrigo, refúgio

tu.im *s.m. B* nome comum a pequenas aves de coloração ger. verde e cauda curta; periquito ⊙ VOZ v.: chalrar; subst.: chalreio

tui.ui.ú *s.m. B* ave de plumagem branca, enorme bico negro levemente curvado para cima e pescoço negro, nu e com a base vermelha

tu.le *s.m.* tecido leve e transparente, de fios de seda ou algodão; filó

tu.lha *s.f.* **1** recipiente us. para armazenagem de cereais **2** *p.ext.* construção rural para armazenar grãos ou provisões; celeiro **3** grande quantidade de cereais

tú.lio *s.m.* elemento químico us. em tubos de raios X [símb.: *Tm*] ☞ cf. *tabela periódica* (no fim do dicionário)

tu.li.pa *s.f.* **1** planta ornamental de flores eretas e raiz bulbosa, de grande valor comercial **2** a flor dessa planta **3** *B* copo alto, em forma de cone, us. para servir chope **4** *p.ext.* o conteúdo de bebida que cabe nesse copo ~ **tulipáceo** *adj.*

tum.ba *s.f.* **1** cova em que se enterram os mortos; sepultura **2** construção de pedra, mármore etc. sobre essa cova

tu.me.fa.ção ou **tu.me.fac.ção** [pl.: *-ões*] *s.f.* **1** MED aumento de volume em algum tecido ou órgão do corpo, devido a inflamação ou edema; inchação **2** *fig.* arrogância, vaidade ⮌ modéstia ~ **tumefato/tumefacto** *adj.*

tu.me.fa.zer *v.*{mod. 14} *t.d. e pron.*(fazer) sofrer tumefação; inchar(-se), intumescer(-se) ⊃ desinchar(-se) ⊙ GRAM/USO part.: *tumefeito*

tú.mi.do *adj.* **1** que aumentou de volume; dilatado ⟨*olhos t. de chorar*⟩ ⊃ desinchado **2** saliente, proeminente ⟨*queixo t.*⟩ ⊃ cavado **3** grosso, volumoso ⟨*lábios t.*⟩ ⊃ fino **4** *fig.* presunçoso, vaidoso ⊃ modesto ~ **tumidez** *s.f.*

tu.mor \ô\ *s.m.* MED crescimento anormal de tecido ~ **tumoral** *adj.2g.*

tú.mu.lo *s.m.* **1** cova coberta de terra ou por uma laje de pedra, mármore etc., na qual um cadáver é enterrado **2** grande e imponente monumento funerário de uma família **3** *fig.* lugar triste, sem vida ⟨*nas férias, a escola fica um t.*⟩ ~ **tumular** *adj.2g.*

tu.mul.to *s.m.* **1** explosão de rebeldia; motim ⟨*um t. na prisão*⟩ **2** briga envolvendo várias pessoas; pancadaria ⟨*t. entre torcedores de futebol*⟩ **3** alvoroço, barulho ⟨*o t. das grandes cidades*⟩ ⊃ silêncio **4** confusão, desordem ⟨*o t. da bolsa de valores*⟩ ⊃ tranquilidade **5** desavença, discórdia ⟨*t. entre duas famílias*⟩ ⊃ harmonia **6** *fig.* desassossego, inquietação ⟨*os t. da alma*⟩ ⊃ paz

tu.mul.tu.ar *v.*{mod. 1} *t.d. e int.* **1** incitar à ou atuar em revolta; levantar(-se), sublevar(-se) ❑ *t.d.* **2** desordenar, desarrumar ⊃ arrumar **3** destruir a paz, a tranquilidade de; agitar ⊃ serenar **4** causar confusão em; perturbar, atrapalhar ~ **tumultuante** *adj.2g.*

tu.mul.tu.o.so \ô\ [pl.: *tumultuosos* \ó\] *adj.* **1** em que há tumulto ⟨*uma recepção t.*⟩ **2** agitado, efervescente ⟨*fugiu da vida t. da cidade grande*⟩ **3** em que há revoltas, lutas, choques **4** acompanhado de rixas, disputas, desavenças ⟨*um t. processo de divórcio*⟩ **5** sem ordem, sem disciplina; confuso

tu.nar *v. t.d.* praticar alterações mecânicas e/ou estéticas, introduzir aprimoramentos em (carros, motocicletas, equipamentos eletroeletrônicos etc.), visando personalizá-los ou melhorar o seu aspecto, desempenho etc. ~ **tunagem** *s.f.*

tun.da *s.f.* **1** ato de maltratar por meio de pancadas, socos etc.; surra **2** *fig.* crítica dura

tun.dra *s.f.* **1** GEO paisagem geográfica da região ártica, caracterizada por vegetação baixa, herbácea, constituída por gramíneas, liquens e musgos **2** BOT essa vegetação

tú.nel *s.m.* **1** passagem subterrânea sob montanha, rio, estrada, rua etc., destinada à comunicação **2** *fig.* situação de opressão e desesperança que parece não ter fim ⟨*ver a luz no fim do t.*⟩

tungs.tê.nio *s.m.* elemento químico us. em filamentos de lâmpadas incandescentes, elétrodos, aviões etc. [símb.: *W*] ☞ cf. *tabela periódica* (no fim do dicionário)

tú.ni.ca *s.f.* **1** roupa feminina mais longa que a blusa **2** casaco militar justo e abotoado na frente **3** veste do sacerdote **4** ANAT membrana que envolve órgãos animais ou certos órgãos vegetais

tu.pã *s.m.* na mitologia dos indígenas de língua tupi, o trovão, cultuado como divindade suprema ☞ inicial freq. maiúsc.

tu.pi *s.2g.* **1** indígena de qualquer um dos grupos tupis, povos cujas línguas pertencem a um tronco linguístico de mesmo nome ■ *s.m.* **2** tronco linguístico formado de várias línguas desses povos, habitantes do Brasil e de vários outros países da América do Sul ■ *adj.2g.* **3** relativo a esse indígena, a esses povos ou a esse tronco linguístico

tu.pi-gua.ra.ni [pl.: *tupis-guaranis*] *s.2g.* **1** indígena pertencente a qualquer dos grupos tupis-guaranis, povos cujas línguas pertencem a uma família de mesmo nome ■ *s.m.* **2** família linguística que inclui o tupi, o guarani e outras línguas indígenas ■ *adj.2g.* **3** relativo a esse indígena, a esses povos ou a essa família linguística

tu.pi.nam.bá *s.2g.* **1** indígena dos tupinambás, grupo que habitava a costa brasileira, hoje considerado extinto ■ *s.m.* **2** língua da família linguística tupi-guarani falada por esse povo ■ *adj.2g.* **3** relativo a esse indígena, a esse grupo ou a essa língua

tu.pi.ni.quim *s.2g.* **1** indígena dos tupiniquins, grupo da família linguística tupi-guarani, que habita no município de Aracruz (ES) e no município de Ilhéus (BA) ■ *adj.2g.* **2** relativo a esse indígena e a esse grupo **3** *B infrm.* brasileiro

-tura *suf.* equivale a *-ura* (1)

tur.ba *s.f.* **1** grande número de pessoas reunidas; multidão **2** multidão desordenada ou em movimento **3** conjunto dos grupos menos favorecidos de uma comunidade **4** coro de vozes

tur.ban.te *s.m.* **1** faixa de tecido enrolada na cabeça, de origem oriental, us. por homens **2** *p.ext.* echarpe ou lenço enrolado em torno da cabeça das mulheres

tur.bar *v.* {mod. 1} *t.d., int. e pron.* turvar ~ **turbação** *s.f.* - **turbamento** *s.m.*

túr.bi.do *adj.* **1** que é pouco transparente ou límpido; escuro ⟨*céu t.*⟩ ⊃ claro **2** que inquieta ou perturba ⟨*notícia t.*⟩ ⊃ calmante ~ **turbidez** *s.f.*

tur.bi.lhão [pl.: *-ões*] *s.m.* **1** massa de ar em forte movimento giratório ⟨*t. de fumaça*⟩ **2** movimento de um líquido que forma um redemoinho na superfície; sorvedouro **3** *fig.* aquilo que arrasta ou excita violentamente ⟨*um t. de desejos*⟩

tur.bi.na *s.f.* máquina geradora de energia mecânica giratória, a partir da energia cinética de água, gás etc. em movimento ~ **turbinagem** *s.f.*

tur.bi.nar *v.* {mod. 1} *int.* **1** deslocar-se (a água) de modo circular ou helicoidal, formando um rodamoinho ❑ *t.d. B infrm.* **2** melhorar as qualidades, o funcionamento, as características de ⟨*t. carro, computador*⟩

tur.bu.lên.cia *s.f.* **1** ação ou comportamento caracterizado por agitação, tumulto ⟨*as greves geraram um clima de t.*⟩ ⊃ tranquilidade **2** *p.ext.* agitação ruidosa e desordenada ⟨*a t. das crianças no recreio*⟩ ⊃ disciplina

tur.bu.len.to *adj.s.m.* **1** que(m) se comporta de modo irrequieto, ruidoso **2** (o) que é animado, alegre ⊃ triste **3** (o) que se agita **4** que(m) se comporta com violência, brutalidade ⊃ pacífico

tur.fa *s.f.* BIO massa constituída de restos de vegetais em decomposição, us. como fertilizante, forragem, combustível e na feitura de carvão

tur.fe *s.m.* **1** local para corridas de cavalo; hipódromo **2** o esporte das corridas de cavalos

tur.fis.ta *s.2g. B* **1** quem gosta de corridas de cavalos **2** quem joga em corridas de cavalos

tur.fís.ti.co *adj.* relativo a turfe ou a turfista

tur.gi.dez \ê\ *s.f.* condição ou qualidade de túrgido; turgência

túr.gi.do *adj.* **1** dilatado, inchado ⟨*trazia o rosto t. e a expressão desesperada*⟩ **2** gordo, cheio ⟨*corpo t.*⟩ ⮌ franzino ~**turgência** *s.f.*

tu.rí.bu.lo *s.m.* vaso no qual se queima o incenso nas igrejas; incensório ~**turibular** *v.t.d.*

tu.ris.mo *s.m.* **1** ação de viajar por diversão ou para fins culturais **2** atividade econômica de dirigir grupos de turistas em viagem, dando informações e vendendo itinerários de excursão **3** conjunto de serviços decorrentes dessa atividade ~**turístico** *adj.*

tu.ris.ta *s.2g.* **1** indivíduo que faz turismo **2** *infrm. joc.* aquele cuja presença é imprevisível e inconstante ⟨*quase não aparece no trabalho; é um t. perfeito*⟩

tur.ma *s.f.* **1** conjunto de pessoas; grupo ⟨*t. de torcedores*⟩ **2** conjunto dos estudantes da mesma sala; classe **3** grupo profissional ⟨*t. da faxina*⟩ **4** *B* grupo de amigos **5** divisão de horário de trabalho ou estudo; turno ⟨*ser da t. da noite*⟩

tur.ma.li.na *s.f.* pedra semipreciosa de coloração variada, us. tb. em aparelhos de rádio e instrumentos ópticos ~**turmalínico** *adj.*

tur.nê *s.f.* viagem com itinerário e paradas predeterminadas, ger. feita por artista, grupo de pessoas etc.

tur.no *s.m.* **1** cada um dos grupos de pessoas que alternam um trabalho ou ocupação com outro; turma ⟨*o pessoal desse t. é ótimo*⟩ **2** *B* hora, vez ⟨*agora é seu t. de falar*⟩ **3** *B* período fixado para um trabalho, serviço, tarefa, estudo etc.; horário ⟨*o t. da noite começa às 24 horas*⟩ **4** *B* cada uma das etapas de um campeonato ou torneio

tur.que.sa \ê\ *s.f.* **1** pedra preciosa de cor azul, verde-azulada ou verde-amarelada ■ *s.m.* **2** a cor dessa pedra ■ *adj.2g.2n.* **3** que tem essa cor ⟨*almofadas turquesa*⟩ **4** diz-se dessa cor ⟨*a cor t. de seus olhos*⟩

tur.ra *s.f.* **1** diferença entre pontos de vista ⮌ entendimento **2** teimosia, teima **3** pancada, voluntária ou involuntária, com a cabeça ou a testa **4** *p.ext.* encontro violento; colisão ■ *adj.2g.* **5** que não se deixa convencer; teimoso

tur.rão [pl.: *-ões*; fem.: *turrona*] *adj.s.m.* que(m) é teimoso, obstinado

tur.rar *v.* {mod. 1} *t.d. e int.* **1** bater com a cabeça, a testa ou os chifres (em) ❑ *t.i. e int. fig.* **2** (prep. *com*) discutir com calor; altercar, brigar

tur.va.ção [pl.: *-ões*] *s.f.* **1** distúrbio, perturbação ⟨*as t. do delírio*⟩ **2** exaltação, irritabilidade ou inquietude ⮌ calma **3** perda de transparência ⟨*a t. do vinho*⟩

tur.var *v.* {mod. 1} *t.d.,int. e pron.* **1** (fazer) ficar opaco, sem transparência; embaçar ⮌ desembaçar **2** cobrir(-se) de nuvens; nublar(-se) ⮌ desanuviar(-se) **3** *fig.* tornar(-se) fechado ou triste ⮌ alegrar(-se) **4** (fazer) sofrer abalo psicológico, moral etc.; perturbar(-se) ~**turvamento** *s.m.*

tur.vo *adj.* **1** que se movimenta muito; agitado ⟨*as águas t. da cachoeira*⟩ ⮌ tranquilo **2** sem transparência; opaco ⟨*urina t.*⟩ ⮌ transparente **3** coberto de nuvens ou de nebulosidade ⟨*um céu t.*⟩ ⮌ limpo **4** *fig.* desamparado, inseguro ⟨*o t. olhar dos retirantes*⟩ **5** *fig.* carrancudo, fechado ⟨*semblante t.*⟩ ⮌ alegre **6** *fig.* intranquilo, instável ⟨*tempos t. de uma revolução*⟩ ⮌ estável

tu.ta.no *s.m.* **1** matéria que preenche as cavidades ósseas; medula **2** *fig.* essência, âmago ⟨*o t. de uma lei*⟩ **3** *infrm.* palavra us. em lugar de algumas boas qualidades, como coragem, talento etc. ⟨*pessoa de t.*⟩

tu.te.la *s.f.* **1** proteção exercida em relação a alguém ou a algo mais frágil ⟨*estar sob a t. de um político*⟩ **2** *p.ext.* dependência, subordinação ou submissão a alguém ou algo mais poderoso ⟨*muitos países não se livram da t. americana*⟩ ⮌ independência **3** DIR responsabilidade legal por alguém incapaz, como um órfão, um doente etc. **4** DIR a autoridade legal para ter essa responsabilidade

¹tu.te.lar *adj.2g.* **1** que tem sob sua responsabilidade ou ação a guarda, a defesa ou a proteção de alguém ou algo **2** relativo a tutela [ORIGEM: do lat. *tutelāris,e* 'id.']

²tu.te.lar *v.* {mod. 1} *t.d.* **1** exercer tutela sobre ⟨*t. um menor*⟩ **2** *p.ext.* agir na defesa de; amparar, proteger [ORIGEM: *tutela* + *²-ar*]

tu.tor \ô\ *s.m.* **1** DIR indivíduo que exerce uma tutela **2** quem ampara, protege; guardião **3** quem ou o que supervisiona, dirige, governa **4** em algumas instituições de ensino, aluno escolhido para instrução de outros alunos ■ *adj.* **5** que exerce tutela, judicial ou não ~**tutorial** *adj.2g.*

tu.to.ri.a *s.f.* **1** DIR função ou autoridade de tutor **2** governo, direção ⟨*a t. de uma escola religiosa*⟩ **3** proteção de alguém ou algo

¹tu.tu *s.m. B* feijão cozido engrossado com farinha de mandioca [ORIGEM: contrv., talvez do quimb. *ki'tutu* 'indigestão']

²tu.tu *s.m. infrm.* dinheiro [ORIGEM: onomatopaica]

tu.xau.a *s.m. B* **1** entre indígenas da Amazônia, o chefe do tempo **2** indivíduo influente no lugar em que mora

TV *s.f.* abrev. de *televisão* ▣ **TV a cabo** *loc.subst.* TV sistema de televisão exclusivo para assinantes

twist [ing.] *s.m.2n.* dança americana caracterizada pelo movimento de rotação das pernas e dos quadris ⇨ pronuncia-se **tuíst**

tzar [fem.: *tzarina*] *s.m.* czar ~**tzarismo** *s.m.*

Uu

◡ U u Uu Uu Uu Uu Uu

c. 200 A.C. c. 100 A.C. c. 800 c.1500 c.1800 1890 1927 2001

u *s.m.* **1** 21ª letra (vogal) do nosso alfabeto ■ *n.ord. (adj.2g.2n.)* **2** diz-se do 21º elemento de uma série ⟨*casa U*⟩ ⟨*item 1u*⟩ ☞ empr. posposto a um substantivo ou numeral ⊙ GRAM/USO na acp. s.m., pl.: *uu*

U símbolo de *urânio*

u.a.ca.ri *s.m.* nome comum a macacos amazônicos arborícolas, de hábitos diurnos, cauda curta e cabeça quase sem pelos

uai *interj. B* exprime espanto, admiração, susto ou impaciência

uau *interj.* exprime alegria, surpresa

u.bá *s.f.* pequena canoa indígena, de fundo chato, talhada em tronco ou casca de árvore

[1]**ú.be.re** *s.m.* mama de animal, esp. de vaca; teta [ORIGEM: do lat. *ūber,ĕris* 'peito, teta']

[2]**ú.be.re** *adj.2g.* **1** fértil, fecundo ⟨*terras ú.*⟩ ⮌ estéril **2** que se desenvolve com abundância e vigor ⊙ GRAM/USO sup.abs.sint.: *ubérrimo* [ORIGEM: do lat. *ūber,ĕris* 'id.'] ~ **uberdade** *s.f.*

u.bí.quo *adj.* onipresente ~ **ubiquação** *s.f.* - **ubiquidade** *s.f.*

–uça *suf.* 'aumento': *dentuça*

–ucho *suf.* 'diminuição': *gorducho*

UCP sigla de *unidade central de processamento*

–udo *suf.* 'posse, abundância': *cabeçudo, cabeludo, massudo*

u.é *interj.* exprime espanto, surpresa, admiração

u.fa *interj.* exprime cansaço, desabafo, por vezes alívio

u.fa.nar *v.* {mod. 1} *t.d. e pron.* **1** (fazer) sentir orgulho ou vaidade; envaidecer(-se) ⮌ humilhar(-se) ❑ *pron.* **2** ostentar os próprios méritos e conquistas, reais ou falsos; gabar-se

u.fa.nis.mo *s.m.* **1** atitude ou sentimento exorbitante de orgulho de si mesmo ou de algo **2** orgulho exagerado do país em que se nasceu ~ **ufanista** *adj.2g.s.2g.*

u.fa.no *adj.* **1** orgulhoso, vaidoso **2** *pej.* arrogante, convencido ⮌ humilde ~ **ufania** *s.f.*

–ugem *suf.* 'semelhança': *ferrugem*

UHT *s.f.* **1** método de esterilização de alimentos líquidos (esp. leite) que consiste em submetê-los, por um tempo muito curto, a uma temperatura entre 130°C e 150°C e imediatamente resfriá-los a uma temperatura inferior a 32°C ■ *adj.2g.2n.* **2** esterilizado por esse método ⟨*leite UHT*⟩

ui *interj.* **1** exprime espanto, surpresa ou susto **2** exprime sensação de dor

ui.a.ra *s.f. B* **1** mãe-d'água **2** boto rosado amazônico

ui.ra.pu.ru *s.m.* ave florestal de plumagem colorida, ger. preto com vermelho, laranja ou branco, e canto melodioso

u.ís.que *s.m.* **1** bebida alcoólica feita de grãos fermentados de cevada, milho ou centeio **2** *p.ext.* cada dose servida dessa bebida ⟨*tomou dois u.*⟩

ui.var *v.* {mod. 1} *int.* **1** soltar uivos (p.ex., cão, lobo) ☞ nesta acp., só us. nas 3ªˢ p., exceto quando fig. **2** *fig.* produzir ruído agudo e contínuo ⟨*o vento uivava*⟩ ❑ *t.d. e int. fig.* **3** exprimir (algo) com voz semelhante ao uivo

ui.vo *s.m.* **1** voz triste e aguda de animais como cães, lobos e raposas **2** *p.ext.* grito alto e contínuo de dor ou tristeza ~ **uivante** *adj.2g.*

úl.ce.ra *s.f.* ferida interna ou externa na pele ou mucosa, que provoca dor e, por vezes, sangramento ⊙ COL ulceração

ul.ce.ra.ção [pl.: *-ões*] *s.f.* **1** o processo de formação de uma úlcera **2** a úlcera ou grupo de úlceras

ul.ce.rar *v.* {mod. 1} *t.d.* **1** causar úlcera em ❑ *t.d.,int. e pron.* **2** transformar(-se) em úlcera **3** cobrir(-se) de úlceras

ul.ce.ra.ti.vo *adj.* **1** que produz úlcera ou ulceração ⟨*processo u.*⟩ **2** que diz respeito à ulceração ou é por ela caracterizado ⟨*colite u.*⟩

ul.ce.ro.so \ô\ [pl.: *ulcerosos* \ó\] *adj.* **1** relativo a ou da natureza da úlcera ■ *adj.s.m.* **2** que(m) tem úlceras

ul.na *s.f.* ANAT osso longo da parte interna do antebraço, antes denominado *cúbito* ~ **ulnar** *adj.2g.*

-ulo ou **-culo** *suf.* 'diminuição': *cubículo, nódulo, óvulo, versículo*

ul.te.ri.or \ô\ *adj.2g.* **1** que ocorre depois; posterior ⟨*o erro foi corrigido na edição u.*⟩ ↄ anterior **2** que está além de ⟨*região u. dos Alpes*⟩ ~ **ulterioridade** *s.f.*

úl.ti.ma *s.f.* **1** notícia mais recente; novidade ⟨*sabe da ú.?*⟩ **2** fato habitual a respeito de alguém ⟨*depois da ú. que aprontou, foi demitido*⟩ ▼ *últimas s.f.pl.* **3** o ponto extremo ⊡ **nas ú.** *loc.adv.* à beira da morte

ul.ti.mar *v.* {mod. 1} *t.d. e pron.* **1** (fazer) chegar ao fim; completar(-se), terminar(-se) ↄ iniciar(-se) ❑ *t.d.* **2** ajustar definitivamente (um negócio) ~ **ultimação** *s.f.*

ul.ti.ma.to ou **ul.ti.má.tum** *s.m.* **1** exigência, pedido ou proposta final apresentada por um Estado a outro, cuja rejeição leva, ger., à guerra **2** na guerra, comunicado enviado por um chefe militar ao inimigo, exigindo rendição imediata **3** *p.ext.* exigência final e irrevogável ⟨*recebeu um u. da namorada e parou de fumar*⟩ ~ **ultimação** *s.f.*

úl.ti.mo *adj.s.m.* **1** (o) que vem depois de todos ↄ primeiro ■ *adj.* **2** mais moderno ou recente ⟨*a ú. moda*⟩ ↄ antigo **3** anterior ⟨*esta aula foi melhor que a ú.*⟩ **4** que não volta atrás; decisivo ⟨*a ú. palavra*⟩ ↄ momentâneo

ultra- *pref.* **1** 'além de': *ultrapassar* **2** 'excesso': *ultracorreção*

ul.tra.cor.re.ção [pl.: *-ões*] *s.f.* preocupação excessiva em falar corretamente que resulta em erro

ul.tra.jan.te *adj.2g.* que ultraja; desrespeitoso, ofensivo

ul.tra.jar *v.* {mod. 1} *t.d.* **1** atingir gravemente a dignidade de; ofender, insultar **2** não seguir determinações de (lei, regra); transgredir ↄ obedecer

ul.tra.je *s.m.* **1** ofensa muito grave ↄ elogio **2** afirmação caluniosa a respeito de alguém

ul.tra.le.ve *adj.* **1** extremamente leve ■ *s.m.* **2** pequeno avião de um ou dois lugares dotado de motor pouco potente

ul.tra.mar *adj.2g.2n.s.m.* **1** (região) situada além do mar ⟨*terras ultramar*⟩ ⟨*partiram para o u.*⟩ ■ *s.m.* **2** tinta azul extraída do lápis-lazúli **3** a cor dessa tinta

ul.tra.ma.ri.no *s.m.* **1** situado no ultramar ⟨*província u.*⟩ **2** relativo ou pertencente ao ultramar **3** da cor do ultramar ('tinta') ⟨*azul u.*⟩

ul.tra.pas.sa.do *adj.* **1** *fig.* que foi superado ⟨*dificuldades u.*⟩ **2** que se tornou fora de moda ou obsoleto; antiquado ⟨*ideias u.*⟩ ↄ moderno

ul.tra.pas.sa.gem *s.f.* ato ou efeito de passar à frente de pessoa ou veículo indo no mesmo sentido

ul.tra.pas.sar *v.* {mod. 1} *t.d.* **1** ir além de; transpor, extrapolar **2** *fig.* ser superior a; exceder **3** passar à frente de (pessoa, animal, veículo indo no mesmo sentido)

ul.tras.som *s.m.* **1** vibração acústica inaudível ao ouvido humano **2** ultrassonografia

ul.tras.so.no.gra.fi.a *s.f.* **1** técnica de visualização de órgãos internos ou feto por meio de ultrassons; ultrassom **2** exame baseado nessa técnica; ultrassom

ul.tra.vi.o.le.ta *adj.2g.2n.s.2g.* diz-se de ou radiação eletromagnética invisível situada além da região da luz violeta (sigla: *UV*)

u.lu.lan.te *adj.2g.* **1** que uiva ou produz ruído semelhante ao uivo **2** *B infrm.* de caráter óbvio

u.lu.lar *v.* {mod. 1} *int.* soltar a voz (esp. aves noturnas, cães etc.) de modo triste, lamentoso; uivar ⊙ GRAM/USO só us. nas 3^{as}p., exceto quando fig.

um *n.card.* **1** número que indica a unidade **2** diz-se desse número ⟨*pastas de número um*⟩ **3** diz-se do primeiro elemento de uma série ⟨*casa um*⟩ **4** que equivale a essa quantidade (diz-se de medida ou do que é contável) ⟨*gastei um litro de gasolina*⟩ ⟨*fiquei uma hora no engarrafamento*⟩ ■ *s.m.* **5** representação gráfica desse número ⟨*na placa, o um está apagado*⟩ ☞ em algarismos arábicos *1*; em algarismos romanos *I* ■ *art.ind.* **6** qualquer; algum ⟨*um dia desses apareço por aí*⟩ ■ *pron.ind.* **7** alguém ⟨*ela é uma que vencerá na vida*⟩

um.ban.da *s.f.* religião afro-brasileira que, originalmente, conjugava elementos espíritas e bantos

um.ba.ú.ba *s.f.* embaúba

um.be.la ou **um.bre.la** *s.f.* **1** guarda-chuva **2** qualquer objeto em forma de guarda-chuva **3** pequeno dossel levado por uma só pessoa

um.bi.go *s.m.* **1** ANAT depressão localizada no centro do abdome, formada a partir da cicatriz do corte do cordão umbilical **2** qualquer depressão semelhante a essa cicatriz ⟨*o u. da maçã*⟩

um.bi.li.cal *adj.2g.* ANAT relativo ao ou próprio do umbigo ⟨*hérnia u.*⟩

um.bral *s.m.* **1** cada uma das peças verticais, componentes dos vãos de portas ou janelas **2** *p.ext.* local de entrada

um.bre.la *s.f.* → *UMBELA*

um.brí.fe.ro *adj.* **1** que faz sombra; umbroso ⟨*árvore u.*⟩ **2** que tem sombra; sombrio ⟨*sala u.*⟩

um.bro.so \ô\ [pl.: *umbrosos* \ó\] *adj.* **1** que produz sombra ⟨*floresta u.*⟩ **2** que é sombrio, escuro ⟨*caverna u.*⟩ ↄ claro

um.bu ou **im.bu** *s.m.* **1** fruto do umbuzeiro; ciriguela, seriguela, taperebá **2** árvore desse fruto; umbuzeiro

um.bu.zei.ro ou **im.bu.zei.ro** *s.m.* árvore alta da América tropical, com pequenos frutos avermelhados comestíveis, raízes e casca do caule com propriedades medicinais; ciriguela, seriguela, imbu, umbu, taperebá

–ume *suf.* 'quantidade, abundância, coleção': *pretume*

u.me *s.m.* alume

u.mec.tar *v.* {mod. 1} *t.d.* umedecer com substância que dilui ~ **umectante** *adj.2g.*

u.me.de.cer *v.* {mod. 8} *t.d.,int. e pron.* deixar ou ficar levemente molhado; umidificar(-se) ⊃ secar ~ **umedecedor** *adj.* · **umedecimento** *s.m.*

ú.me.ro *s.m.* osso do braço que se articula com o ombro e o cotovelo ~ **umeral** *adj.2g.*

u.mi.da.de *s.f.* **1** qualidade ou estado do que está impregnado de vapor de água ou levemente molhado **2** MET quantidade de vapor de água na atmosfera, determinada por uma dada medida

ú.mi.do *adj.* **1** levemente molhado **2** impregnado de líquido ou de vapor de água ⟨*ar ú.*⟩ **3** que tem consistência de água; aquoso

u.nâ.ni.me *adj.2g.* **1** que é da mesma opinião, sentimento etc. que outrem ⟨*gostos u.*⟩ **2** que é resultado de acordo ou concordância geral ⟨*voto u.*⟩

u.na.ni.mi.da.de *s.f.* **1** qualidade do que é unânime **2** conformidade nas avaliações, julgamentos, opinião, votos etc. ⟨*o síndico foi reeleito por u.*⟩

un.ção [pl.: *-ões*] *s.f.* **1** ato de untar ou o seu efeito **2** ato de ungir ou o seu efeito **3** sentimento de piedade religiosa

un.dí.co.la *adj.2g.s.m.* (o) que vive na água

un.dí.va.go *adj.* que anda ou flutua sobre as ondas

un.do.so \ô\ [pl.: *undosos \ó*] *adj.* **1** que apresenta ondulações ⟨*canavial u.*⟩ **2** que forma ou tem ondas ⟨*correnteza u.*⟩ ⟨*cabelos u.*⟩

un.gir *v.* {mod. 24} *t.d. e pron.* **1** passar(-se) óleo, unguento ou qualquer substância gordurosa ❑ *t.d.* **2** REL aplicar óleos consagrados em ⟨*u. um batizando*⟩ **3** REL dar a extrema-unção a **4** molhar, umedecer ❑ *t.d. e t.d.pred.* **5** investir de autoridade por sagração; sagrar

un.gue.al *adj.2g.* relativo a unha

un.guen.to \gü\ *s.m.* medicamento gorduroso que se aplica sobre a pele

un.guí.fe.ro \gü\ *adj.* com unhas, garras ou estruturas similares

un.gu.la.do *adj.s.m.* (mamífero) que possui cascos

u.nha *s.f.* lâmina dura que recobre a última falange dos dedos e artelhos ⊡ **com unhas e dentes** *loc.subst.* de todas as formas possíveis ⟨*agarrou a oportunidade com u. e dentes*⟩ • **fazer as u.** *loc.vs. B* cortar, lixar e pintar as unhas com esmalte • **ser u. e carne** *loc.vs.* ser muito unido, ter muita intimidade ~ **unguiforme** *adj.2g.*

u.nha.da *s.f.* ferimento feito com a unha

u.nha de fo.me [pl.: *unhas de fome*] *adj.2g.s.2g.* avarento ⊃ gastador

u.nha-de-ga.to [pl.: *unhas-de-gato*] *s.f.* planta com espinhos recurvados

u.nhar *v.* {mod. 1} *t.d.,int. e pron.* **1** ferir(-se) com as unhas; arranhar(-se) ❑ *t.d.* **2** marcar com riscos feitos com a unha

u.nhei.ro *s.m. infrm.* inflamação crônica da pele em volta da unha

u.ni.ão [pl.: *-ões*] *s.f.* **1** junção, ligação ⊃ separação **2** pacto ⊃ discórdia **3** casamento **4** *p.ext.* qualquer relação comparável ao casamento **5** harmonia, conciliação ⊃ discórdia **6** *B* o governo federal brasileiro ☞ inicial maiúsc. **7** confederação ('agrupamento')

u.ni.ca.me.ra.lis.mo *s.m.* sistema de governo em que o poder legislativo é representado por uma só câmara

u.ni.ce.lu.lar *adj.2g.* composto por apenas uma célula ~ **unicelularidade** *s.f.*

ú.ni.co *adj.* **1** de que só existe um em seu gênero; sem outro igual ⟨*obra-prima ú.*⟩ ⟨*filho ú.*⟩ **2** que é incomum, raro; exclusivo ⟨*paisagem de beleza ú.*⟩ ⊃ banal **3** que é o mesmo para vários indivíduos ou coisas ⟨*cinto de tamanho ú.*⟩ ~ **unicidade** *s.f.*

u.ni.cor.ne *adj.2g.* **1** que possui apenas um chifre ■ *s.m.* **2** unicórnio

u.ni.cór.nio *s.m.* cavalo mitológico com chifre único no meio da testa

u.ni.da.de *s.f.* **1** qualquer quantidade que se tome para comparar grandezas da mesma espécie **2** o número um **3** uniformidade, homogeneidade ⟨*u. de opiniões*⟩ ⊃ heterogeneidade **4** coesão, união ⊃ desunião **5** tropa militar constituída para manobrar em conjunto **6** setor, repartição ⟨*u. de terapia intensiva*⟩ ⊡ **u. central de processamento** *loc.subst.* conjunto de circuitos internos de armazenamento, processamento e controle de um computador (sigla: *UCP*, em inglês, *CPU*) • **u. de terapia intensiva** *loc.subst.* unidade hospitalar própria para pacientes em situação de alto risco [sigla: *UTI*]

u.ni.di.men.sio.nal *adj.2g.* com apenas uma dimensão ~ **unidimensionalidade** *s.f.*

u.ni.di.re.cio.nal *adj.2g.* **1** que se move em uma única direção **2** que indica uma única direção

u.ni.fi.car *v.* {mod. 1} *t.d. e pron.* **1** reunir(-se) formando um todo; unir(-se) ⊃ separar(-se) **2** tornar(-se) uniforme, semelhante; padronizar(-se) ⊃ diferenciar(-se) ❑ *t.d.* **3** fazer convergir para o mesmo fim ⟨*u. os objetivos de todos*⟩ ~ **unificação** *s.f.* · **unificador** *adj.s.m.*

u.ni.for.me *adj.2g.* **1** que tem a mesma ou aprox. a mesma forma ou aspecto que outros do mesmo tipo ⟨*dentes u.*⟩ ⟨*preços u.*⟩ ⊃ diferente **2** que não varia em forma, intensidade etc. ⟨*tom de voz u.*⟩ ⊃ variável ■ *s.m.* **3** traje comum a uma categoria; farda

u.ni.for.mi.da.de *s.f.* **1** qualidade ou estado do que é uniforme **2** identidade ou semelhança entre itens de um dado conjunto ou série, ou entre as partes de um todo ⟨*as pérolas não apresentavam u.*⟩ **3** ausência de variedade, de diversidade, de multiplicidade ⟨*lamentou a atual u. dos comportamentos humanos*⟩

u.ni.for.mi.zar *v.* {mod. 1} *t.d. e pron.* **1** tornar(-se) uniforme; padronizar(-se) **2** (fazer) vestir uniforme ou farda ~ **uniformização** *s.f.*

u.ni.la.te.ral *adj.2g.* **1** que se situa ou vem de um lado só ⟨*compressão u.*⟩ **2** feito ou emitido por uma só pessoa, grupo, partido etc. ⟨*opinião u.*⟩ ⟨*atitude u.*⟩ **3** em que só uma das partes se obriga para com a outra (diz-se de contrato) ~ **unilateralismo** *s.m.*

u.ni.la.te.ra.li.da.de *s.f.* qualidade ou atributo do que é unilateral; unilateralismo

u.ni.lê.nio *s.m.* → UNNILENNIUM

u.ni.lé.xio \cs\ *s.m.* → UNNILHEXIUM

u.ni.lóc.tio *s.m.* → UNNILOCTIUM

u.nil.pên.tio *s.m.* → UNNILPENTIUM

u.nil.quá.dio *s.m.* → UNNILQUADIUM

u.nil.sép.tio *s.m.* → UNNILSEPTIUM

u.ní.pa.ro *adj.* **1** que dá à luz um filho ou uma cria por vez ■ *s.m.* **2** quem pariu uma só vez

u.nir *v.* {mod. 24} *t.d.,t.d.i. e pron.* **1** (prep. *a*) reunir(-se) [com outros] formando um todo; unificar(-se) ⮌ separar(-se) **2** (prep. *a*) [fazer] ficar junto, grudado; aderir, colar(-se) ⮌ soltar(-se) **3** (prep. *a*) associar(-se) [uma coisa] (com outra); aliar(-se), misturar(-se) ⟨*u. o útil ao agradável*⟩ ⟨*água e azeite não se unem*⟩ ❑ *t.d. e t.d.i.* **4** (prep. *a*) pôr em contato com (o que o completa); juntar, ligar ⟨*u. as pontas da corda*⟩ ⟨*u. o fio à tomada*⟩ **5** (prep. *a*) servir de elo entre; comunicar, ligar ⟨*o corredor vai u. os quartos*⟩ ⟨*a rua une o centro à periferia*⟩ **6** (prep. *a*) ligar(-se) pelo casamento; casar(-se) ❑ *t.d.* **7** estabelecer harmonia entre; conciliar ⮌ desarmonizar

u.nis.sex \cs\ *adj.2g.2n.* que pode ser usado por homem ou mulher

u.nís.so.no *adj.* **1** que tem o mesmo som que outro som, voz etc. **2** *fig.* que soa junto, em harmonia com outros ⟨*o ruído u. do público*⟩ ~ **unissonância** *s.f.*

u.ni.tá.rio *adj.* **1** relativo a unidade ⟨*preço u.*⟩ **2** que defende a unidade política de um país

u.ni.val.ve *adj.2g.* que tem a concha constituída por uma só peça (diz-se de molusco)

u.ni.ver.sal *adj.2g.* **1** que pertence ao universo **2** da Terra como um todo; mundial **3** que pode ser exercido ou aproveitado por todos ⟨*método u. de aprendizagem*⟩ **4** comum a todos de uma classe ou grupo ⟨*queixas u. dos trabalhadores*⟩ **5** geral; total ⟨*conhecimento u.*⟩

u.ni.ver.sa.li.da.de *s.f.* **1** caráter do que é universal, geral, total ⟨*a u. da atração pela beleza*⟩ **2** natureza ou índole do que se refere à humanidade ou se estende a todo o globo ⟨*u. de certos fenômenos climáticos*⟩

u.ni.ver.sa.lis.mo *s.m.* **1** característica do que é universal **2** tendência a tornar universal uma religião, ideia, sistema etc., fazendo que alcance e inclua a totalidade e não um grupo particular ~ **universalista** *adj.2g.s.2g.*

u.ni.ver.sa.li.zar *v.* {mod. 1} *t.d. e pron.* **1** tornar(-se) universal; generalizar(-se) ⮌ particularizar(-se) ❑ *t.d.i.* **2** (prep. *a*) tornar comum a; propagar ~ **universalização** *s.f.*

u.ni.ver.si.da.de *s.f.* **1** conjunto de faculdades e escolas que visam à formação profissional e científica de pessoal de nível superior **2** *p.ext.* sede na qual funciona esse conjunto de faculdades ⟨*vai de ônibus para a u.*⟩

u.ni.ver.si.tá.rio *adj.s.m.* **1** que(m) é aluno de universidade ou de algum curso superior ■ *adj.* **2** de universidade ⟨*professor u.*⟩

u.ni.ver.so *s.m.* **1** o conjunto de tudo que existe, inclusive os astros e planetas; o cosmos ☞ inicial por vezes maiúsc. **2** o sistema solar ☞ inicial por vezes maiúsc. **3** a Terra e seus habitantes ☞ inicial por vezes maiúsc. **4** *fig.* ambiente em que se vive ou trabalha **5** *fig.* domínio de uma disciplina, atividade etc. **6** *fig.* conjunto de partes harmoniosamente reunidas ⟨*esta obra é um u. fascinante*⟩

u.ni.vi.te.li.no *adj.* que provém de um mesmo óvulo (diz-se de gêmeos)

u.ní.vo.co *adj.* **1** que só tem um significado ⮌ ambíguo **2** MAT que associa a cada elemento de um conjunto apenas um elemento de outro conjunto (diz-se de relação) ~ **univocidade** *s.f.*

un.ni.len.ni.um ou **u.ni.lê.nio** *s.m.* denominação substituída por *meitnério*

un.nil.he.xi.um \cs\ ou **u.ni.lé.xio** \cs\ *s.m.* denominação substituída por *seabórgio*

un.ni.loc.ti.um ou **u.ni.lóc.tio** *s.m.* denominação substituída por *hássio*

un.nil.pen.ti.um ou **u.nil.pên.tio** *s.m.* denominação substituída por *dúbnio*

un.nil.qua.di.um ou **u.nil.quá.dio** *s.m.* denominação substituída por *rutherfórdio*

un.nil.sep.ti.um ou **u.nil.sép.tio** *s.m.* denominação substituída por *bóhrio*

u.no *adj.* **1** único em seu gênero; singular **2** sem partes; indivisível ⟨*massa u.*⟩ **3** unido, íntegro ⟨*a turma deve permancer u.*⟩

un.tar *v.* {mod. 1} *t.d.* **1** aplicar óleo ou qualquer matéria gordurosa em; ungir ❑ *t.d. e pron.* **2** besuntar(-se), lambuzar(-se) ~ **untura** *s.f.*

un.to *s.m.* **1** gordura de porco; banha **2** *p.ext.* qualquer substância gordurosa **3** medicamento gorduroso us. sobre a pele; unguento

un.tu.o.si.da.de *s.f.* qualidade do que é ou se apresenta untuoso; oleosidade

un.tu.o.so \ô\ [pl.: *untuosos* \ó\] *adj.* **1** em que há gordura; gorduroso, oleoso **2** *fig. pej.* bajulador

u.num.pên.tio *s.m.* → UNUNPENTIUM

u.nun.bi.um ou **u.núm.bio** *s.m.* denominação provisória do elemento químico artificial de número atômico 112 [símb.: *Uub*] ☞ cf. *tabela periódica* (no fim do dicionário)

u.nun.he.xi.um \cs\ ou **u.nu.né.xio** \cs\ *s.m.* denominação provisória do elemento químico artificial de número atômico 116 [símb.: *Uuh*] ☞ cf. *tabela periódica* (no fim do dicionário)

u.nun.ni.li.um ou **u.nu.ní.lio** *s.m.* denominação substituída por *darmstádtio*

u.nu.noc.ti.um ou **u.nu.nóc.tio** *s.m.* denominação provisória do elemento químico artificial de número atômico 118 [símb.: *Uuo*] ☞ cf. *tabela periódica* (no fim do dicionário)
u.nun.pen.ti.um ou **u.num.pên.tio** *s.m.* denominação provisória do elemento químico artificial de número atômico 115 [símb.: *Uup*] ☞ cf. *tabela periódica* (no fim do dicionário)
u.nun.qua.di.um ou **u.nun.quá.dio** *s.m.* denominação provisória do elemento químico artificial de número atômico 114 [sím.: *Uuq*] ☞ cf. *tabela periódica* (no fim do dicionário)
u.nun.tri.um ou **u.nún.trio** *s.m.* denominação provisória do elemento químico artificial de número atômico 113 [símb.: *Uut*] ☞ cf. *tabela periódica* (no fim do dicionário)
u.nu.nu.ni.um ou **u.nu.nú.nio** *s.m.* denominação substituída por *roentgênio*
–uoso *suf.* → *–oso*
u.pa *interj.* expressa admiração, espanto, estímulo
up.grade [ing.; pl.: *upgrades*] *s.m.* atualização dos componentes (*hardware* ou *software*) de um computador ⇨ pronuncia-se **apgreid**
–ura *suf.* **1** 'ação ou resultado de ação': *atadura, clausura, soltura* **2** 'qualidade': *largura*
u.râ.nio *s.m.* elemento químico us. na produção de energia nuclear [símb.: *U*] ☞ cf. *tabela periódica* (no fim do dicionário) ~ **urânico** *adj.*
u.ra.no *s.m.* nome do sétimo planeta do sistema solar, a partir do Sol ☞ inicial maiúsc.; cf. *Urano* na parte enciclopédica
u.ra.no.gra.fi.a *s.f.* astronomia
ur.ba.ni.da.de *s.f.* civilidade, cortesia ⮌ grosseria
ur.ba.nis.mo *s.m.* estudo da organização das aglomerações humanas, que visa criar condições adequadas de habitação às populações das cidades ~ **urbanístico** *adj.*
ur.ba.nis.ta *adj.2g.* **1** relativo ou pertencente ao urbanismo ■ *adj.2g.s.2g.* **2** especialista em urbanismo
ur.ba.ni.zar *v.* {mod. 1} *t.d. e pron.* **1** tornar(-se) urbano **2** *p.ext.* tornar(-se) cortês, polido; educar(-se) ❑ *t.d.* **3** realizar técnicas e obras para dotar (cidade ou área de cidade) de condições de infraestrutura, planejamento, administração e embelezamento ⟨*u. as favelas*⟩ ~ **urbanização** *s.f.*
ur.ba.no *adj.* **1** relativo a ou próprio da cidade ⟨*população, paisagem u.*⟩ ⮌ campestre **2** que tem caráter de cidade ⟨*aglomeração u.*⟩
ur.be *s.f.* cidade ('área')
ur.di.dei.ra *s.f.* **1** mulher que urde fios **2** máquina que urde
ur.di.dor \ô\ *adj.s.m.* **1** que(m) urde fios, tramas etc. ■ *s.m.* **2** tecelão
ur.di.du.ra *s.f.* **1** conjunto de fios transversais à largura do tear ☞ cf. *trama* **2** *fig.* enredo, trama
ur.dir *v.* {mod. 24} *t.d.* **1** dispor (os fios da urdidura) para depois tecer **2** *p.ext.* entrelaçar fios para (teia, tecido etc.); tecer **3** *fig.* planejar a execução de; tramar, maquinar **4** criar na imaginação; fantasiar, pensar ~ **urdimento** *s.m.*
u.rei.a \éi\ *s.f.* substância encontrada na urina dos mamíferos, que tb. pode ser produzida sinteticamente para uso na indústria farmacêutica, na fabricação de papel, como fertilizante etc. ~ **ureico** *adj.*
u.re.mi.a *s.f.* acúmulo no sangue de substâncias tóxicas que normalmente devem ser eliminadas pelos rins na urina
u.ren.te *adj.2g.* que queima; ardente
u.re.ter *s.m.* ANAT cada um dos dois canais que conduzem a urina dos rins à bexiga ~ **ureteral** *adj.2g.* · **uretérico** *adj.*
u.re.tra *s.f.* canal pelo qual se elimina a urina da bexiga e que, no homem, tb. conduz o esperma ~ **uretral** *adj.2g.*
ur.gên.cia *s.f.* **1** o que exige atitude ou solução rápida ⟨*tenho u. deste documento*⟩ **2** situação grave e prioritária; emergência
ur.gen.te *adj.2g.* que deve ser feito imediatamente
ur.gir *v.* {mod. 24} *int.* **1** ser necessário realizar-se ou resolver-se sem demora; instar ⟨*urge comermos*⟩ **2** estar próximo de ocorrer; instar ⟨*a catástrofe urgia*⟩ **3** não admitir demora ou atraso ❑ *t.i.* **4** (prep. *com*) solicitar com insistência; insistir ⟨*u. com os pais para sair*⟩ **5** (prep. *a*) ser indispensável para ⟨*urge ao idoso ter atenção*⟩ ❑ *t.d.* **6** reclamar como necessário; exigir, requerer ⮌ dispensar ⊙ GRAM/USO só us. nas 3as p.
u.ri.na *s.f.* líquido orgânico formado nos rins, coletado na bexiga e depois expelido pela uretra
u.ri.nar *v.* {mod. 1} *int.* **1** expelir urina ❑ *t.d.* **2** expelir junto com urina ⟨*u. sangue*⟩ **3** molhar com urina ⟨*u. as calças*⟩ ❑ *pron.* **4** sujar-se com urina involuntariamente **5** *fig. infrm.* sentir muito medo
u.ri.ná.rio *adj.* relativo a urina ⟨*retenção u.*⟩ ⟨*sistema u.*⟩
u.ri.nol *s.m.* penico
ur.na *s.f.* **1** caixa na qual se depositam as cinzas ou os restos mortais **2** caixão de defunto **3** recipiente inviolável, us. para recolher os votos numa eleição, cupons para sorteio etc.
u.ro.de.lo *s.m.* **1** espécime dos urodelos, ordem de anfíbios com cauda, que compreende as salamandras ■ *adj.* **2** relativo a esse espécime ou a essa ordem
u.ro.lo.gi.a *s.f.* ramo da medicina que estuda as vias urinárias dos dois sexos e o sistema reprodutor masculino ~ **urológico** *adj.*
u.ro.lo.gis.ta *adj.2g.s.2g.* especialista em urologia
u.ro.pí.gio *s.m.* ZOO apêndice triangular do qual saem as penas da cauda das aves; sobrecu
ur.rar *v.* {mod. 1} *int.* **1** soltar urros (o animal); rugir **2** *p.ext.* produzir forte ruído (o vento, o mar); bramir ☞ nestas acp., só us. nas 3as p., exceto quando fig. ❑ *t.d. fig.* **3** soltar, proferir à maneira de urros
ur.ro *s.m.* **1** rugido de algumas feras **2** *fig.* berro rouco e forte ⟨*um u. de dor*⟩
ur.sa.da *s.f. infrm.* traição, deslealdade

ur.so *s.m.* grande mamífero carnívoro, peludo e feroz, de membros curtos e fortes, e cauda curta ~**ursídeo** *adj.* - **ursino** *adj.*

ur.ti.cá.ria *s.f.* MED erupção cutânea que se caracteriza por placas avermelhadas, ger. acompanhadas de coceira ~**urticante** *adj.2g.*

ur.ti.ga *s.f.* planta cujas folhas peludas causam coceira e irritação na pele ~**urtical** *adj.2g.*

u.ru.bu *s.m.* ave de cabeça e pescoço nus que se alimenta de carne podre de animais mortos

u.ru.bu-rei [pl.: *urubus-reis* e *urubus-rei*] *s.m.* ave de plumagem alvinegra, pescoço e cabeça nus, pintados de vermelho, com uma proeminência carnosa amarelo-alaranjada

u.ru.cu ou **u.ru.cum** *s.m.* **1** fruto de cuja polpa se extrai corante vermelho **2** esse corante

u.ru.cu.ba.ca *s.f. B infrm.* má sorte constante

u.ru.cum *s.m.* → *URUCU*

u.ru.cun.go *s.m.* berimbau

u.ru.cu.zei.ro *s.m.* árvore do urucu

u.ru.guai.o *adj.* **1** do Uruguai (América do Sul) ■ *s.m.* **2** natural ou habitante desse país

u.ru.pê *s.m.* certo tipo de cogumelo que decompõe madeira e causa doença em árvores

u.ru.tu *s.2g.* serpente venenosa com até 2 m de comprimento, corpo marrom com manchas pretas, alto da cabeça marrom-escuro com riscas claras, formando uma espécie de cruz

u.sar *v.* {mod. 1} *t.d.* e *t.i.* **1** (prep. *de*) ter como hábito ou empregar habitualmente; costumar **2** (prep. *de*) lançar mão de; servir-se, empregar ↄ dispensar **3** (prep. *de*) ter como fonte de energia; consumir ⟨*carros que usam* (*de*) *álcool*⟩ **4** (prep. *de*) trazer vestido ou sobre si (roupa, acessório) ❑ *t.d.* **5** tirar vantagem de; aproveitar ⟨*u. as fraquezas do inimigo*⟩ **6** expor-se à vista de; apresentar-se ⟨*u. cabelos curtos*⟩ ~ **usável** *adj.2g.*

-usco *suf.* **1** 'diminuição': *chamusco* **2** 'depreciação': *velhusco*

u.sei.ro *adj.* que costuma usar ou fazer algo ⊡ **u. e vezeiro** *loc.adj.* que tem por hábito fazer repetidamente a mesma coisa ⟨*u. e vezeiro em filar cigarros*⟩

u.si.na *s.f.* **1** estabelecimento industrial equipado de máquinas, no qual se transforma matéria-prima em produtos finais ou semiacabados; fábrica **2** engenho ('fazenda') **3** conjunto de instalações para geração e aproveitamento de energia ⊡ **u. hidrelétrica** *loc.subst.* hidrelétrica • **u. termelétrica** *loc.subst.* termelétrica

u.si.nei.ro *adj.* **1** referente a usina ■ *adj.s.m.* **2** *B* que(m) é proprietário de usina de açúcar

u.so *s.m.* **1** prática, exercício ⟨*o u. de uma teoria*⟩ **2** emprego habitual ⟨*fazer u. dos conhecimentos*⟩ **3** aplicação de algo de acordo com sua finalidade ⟨*ferramenta com diversos u.*⟩ **4** costume, prática consagrada pela tradição

u.su.al *adj.2g.* costumeiro, habitual ↄ desusado ~ **usualidade** *s.f.*

u.su.á.rio *adj.s.m.* **1** que(m) possui ou desfruta alguma coisa por direito de uso ⟨*u. de transporte coletivo*⟩ **2** que(m) usa habitualmente algo

u.su.ca.pi.ão [pl.: *-ões*] *s.f.* DIR direito de posse de bens móveis ou imóveis, adquirido por uso ininterrupto e longo do bem em questão ⊙ GRAM/USO tb. us. como s.m. ~**usucapir** *v.t.d. e int.*

u.su.fru.ir *v.* {mod. 26} *t.d.* e *t.i.* **1** (prep. *de*) possuir ou usar (algo inalienável) ⟨*u.* (*de*) *um imóvel*⟩ **2** (prep. *de*) estar na posse de (benefício material ou moral); gozar, desfrutar **3** *p.ext.* (prep. *de*) usar de forma prazerosa; desfrutar, apreciar

u.su.fru.to *s.m.* **1** DIR direito de gozar ou fruir de um bem que pertence a outrem **2** *p.ext.* posse ou uso de algo garantido por esse direito ~ **usufrutuário** *adj.*

u.su.ra *s.f.* **1** juro ou rendimento de capital **2** agiotagem ('empréstimo') **3** *p.ext. infrm.* avareza, mesquinharia ↄ generosidade ~**usurar** *v.int.*

u.su.rá.rio *adj.* **1** em que há usura ■ *adj.s.m.* **2** (aquele) que faz empréstimos com usura; agiota **3** *p.ext.* (indivíduo) obcecado por adquirir e acumular dinheiro, que não gosta de gastar; muito apegado a bens materiais; avaro, mesquinho, sovina

u.sur.pa.ção [pl.: *-ões*] *s.f.* **1** ato ou efeito de usurpar **2** DIR crime de posse ilícita de bens, títulos, estado, autoridade etc.

u.sur.par *v.* {mod. 1} *t.d.* e *t.d.i.* **1** (prep. *a*) apossar-se de (algo) sem ter direito, à força ou por fraude ❑ *t.d.* **2** exercer (cargo, função etc.) indevidamente ~**usurpador** *adj.s.m.*

u.ten.sí.lio *s.m.* **1** qualquer instrumento de trabalho; ferramenta **2** objeto criado para ser us. em determinada função ⟨*u. de cozinha*⟩

ú.te.ro *s.m.* órgão muscular oco do aparelho genital feminino em que o feto dos mamíferos se desenvolve até o fim da gestação ~**uterino** *adj.*

UTI *s.f.* sigla de *unidade de terapia intensiva*

ú.til *adj.2g.* **1** que tem serventia ↄ inútil **2** que traz benefícios ⟨*empreendimento ú.*⟩ ↄ desvantajoso **3** reservado para o trabalho produtivo (dia, hora etc.)

u.ti.li.da.de *s.f.* **1** qualidade do que é útil **2** uso proveitoso de algo ⟨*u. de um método*⟩ **3** função, serventia ⟨*ferramenta com várias u.*⟩ **4** proveito, vantagem ⟨*o novo equipamento foi de grande u.*⟩ **5** utensílio ⟨*u. domésticas*⟩

u.ti.li.tá.rio *adj.* **1** relativo à utilidade **2** que tem por objetivo a utilidade, o interesse comum ■ *s.m.* **3** carro us. para transporte de pequenas cargas **4** INF programa de computador us. para pesquisa, cópia e organização de arquivos ou detecção e correção de defeitos

u.ti.li.ta.ris.mo *s.m.* doutrina que valoriza o que é útil ~**utilitarista** *adj.2g.s.2g.*

u.ti.li.za.ção [pl.: *-ões*] *s.f.* ato ou efeito de utilizar(-se)

u.ti.li.zar *v.* {mod. 1} *t.d.* **1** lançar mão de; usar, empregar **2** tornar (algo) útil, proveitoso; aproveitar ⟨*sabe u. o tempo vago*⟩ ↄ desperdiçar ❑ *t.d. e pron.* **3** (prep. *de*) tirar vantagem de; aproveitar(-se) ⟨*u. as*

falhas do inimigo⟩ ⟨*u.-se de amizade para subir na vida*⟩ ⮌ desperdiçar
u.to.pi.a *s.f.* **1** descrição imaginativa de uma sociedade ideal **2** *p.ext.* plano irrealizável; fantasia
u.tó.pi.co *adj.* **1** relativo à ou próprio da utopia **2** *p.ext.* que tem o caráter de utopia; que é fruto da imaginação, da fantasia, de um ideal, de um sonho
u.to.pis.ta *adj.2g.s.2g.* que(m) tem projetos idealistas; sonhador
Uub símbolo de *ununbium*
Uuh símbolo de *ununhexium*
Uuo símbolo de *ununoctium*
Uup símbolo de *ununpentium*
Uuq símbolo de *ununquadium*
Uut símbolo de *ununtrium*
Uuu símbolo de *unununium*
u.va *s.f.* fruta oval, que dá em cachos, de cor verde, rosada, rubra ou preta, comestível ao natural e tb. seca, em geleias, sucos etc., e de que se fazem o vinho e o vinagre
ú.vu.la *s.f.* ANAT **1** nome genérico de massas carnosas pendentes **2** pequena massa carnosa pendente da borda do palato; campainha
u.vu.li.te *s.f.* inflamação da úvula
u.xo.ri.cí.dio \cs\ *s.m.* assassinato da mulher pelo marido ~ **uxoricida** *adj.2g.*

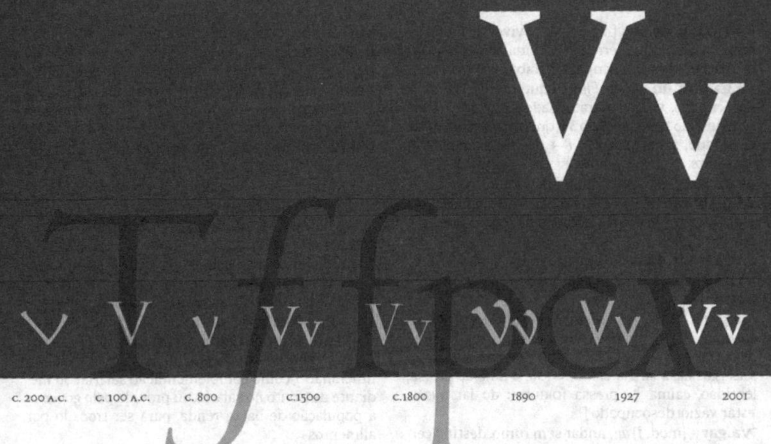

v *s.m.* **1** 22ª letra (consoante) do nosso alfabeto ■ *n.ord. (adj.2g.2n.)* **2** diz-se do 22º elemento de uma série ⟨*casa V*⟩ ⟨*item 1v*⟩ ☞ empr. posposto a um substantivo ou numeral ⊙ GRAM/USO na acp. s.m., pl.: *vv*

V **1** símbolo de *volt* **2** símbolo de *vanádio*

va.ca *s.f.* fêmea do boi ⊙ COL vacaria

va.cân.cia *s.f.* **1** estado do que não está ocupado ou preenchido ⮌ preenchimento **2** período durante o qual isso ocorre ~ **vacante** *adj.2g.*

va.ca.ri.a *s.f.* **1** rebanho de vacas **2** curral em que se recolhem as vacas

va.ci.la.ção [pl.: *-ões*] *s.f.* **1** movimento alternado de um lado a outro; oscilação **2** *fig.* indecisão, dúvida ⮌ determinação

va.ci.lan.te *adj.2g.* **1** que oscila ou não tem firmeza ⮌ fixo **2** *fig.* que se mostra incerto, inseguro ⮌ determinado

va.ci.lar *v.* {mod. 1} *int.* **1** balançar por falta de firmeza **2** estar sem firmeza; cambalear ⮌ firmar-se **3** sofrer abalo, tremor; tremer, oscilar **4** *p.ext.* perder a força; enfraquecer ⮌ fortalecer-se ❑ *t.i. e int. fig.* **5** (prep. *em*) mostrar-se indeciso (quanto a); hesitar ⮌ decidir-se

va.ci.lo *s.m. B infrm.* erro, deslize (intencional ou não) ⟨*perder a matrícula foi o maior v.*⟩

va.ci.na *s.f.* preparado farmacêutico destinado a imunizar um organismo contra determinada doença ⊡ **v. B.C.G.** *loc.subst.* aquela que produz imunidade contra tuberculose • **v. Sabin** *loc.subst.* aquela que produz imunidade contra poliomielite • **v. tríplice** *loc.subst.* aquela que produz imunidade contra difteria, tétano e coqueluche

va.ci.nar *v.* {mod. 1} *t.d. e pron.* (fazer) ficar imune a micróbios, vírus etc., por meio de vacina ~ **vacinação** *s.f.*

va.cum *adj.2g.s.m.* (gado) composto de vacas, bois, touros, novilhos

vá.cuo *adj.s.m.* (espaço) sem qualquer matéria; vazio ~ **vacuidade** *s.f.*

va.cú.o.lo *s.m.* BIO pequena cavidade de uma célula preenchida por ar ou fluido

va.de.ar *v.* {mod. 5} *t.d.* atravessar (rio, brejo etc.) pelos lugares mais rasos ☞ cf. *vadiar*

va.de-mé.cum [pl.: *vade-mécuns*] *s.m.* livro de uso muito frequente, que o usuário costuma carregar consigo

va.di.a.gem *s.f.* **1** ato ou efeito de vadiar **2** vida de vadio, ociosidade, vagabundagem **3** o conjunto dos vadios

va.di.ar *v.* {mod. 1} *int.* **1** andar à toa, sem destino certo; vagar, passear **2** viver sem ocupação, na ociosidade ⮌ trabalhar

va.di.o *adj.s.m.* **1** que(m) não tem ocupação, trabalho **2** que(m) não se empenha

¹va.ga *s.f.* lugar ou cargo disponível ⟨*há v. na garagem*⟩ ⟨*a v. de secretária foi preenchida*⟩ [ORIGEM: regr. de ¹*vagar*]

²va.ga *s.f.* grande onda ⊙ GRAM/USO aum.irreg.: *vagalhão* [ORIGEM: do fr. *vague* 'onda']

va.ga.bun.da.gem *s.f.* **1** vida ou condição de vagabundo **2** situação ou estado daquele que passa o tempo sem ocupação, sem empenho, sem responsabilidades; ociosidade, preguiça, vadiagem **3** o conjunto dos vagabundos

va.ga.bun.dar *v.* {mod. 1} *int.* vagabundear

va.ga.bun.de.ar *v.* {mod. 5} *int.* **1** viver de modo errante, sem objetivo certo **2** levar vida ociosa, sem ter ocupação; vadiar ⮌ ocupar-se, trabalhar

va.ga.bun.do *adj.s.m. infrm.* **1** que(m) não trabalha; desocupado, vadio ⮌ trabalhador **2** que(m) anda sem destino ⮌ sedentário **3** *B* que(m) age com desonestidade; canalha ■ *adj. B* **4** de má qualidade ⮌ excelente

va.ga.lhão [pl.: *-ões*] *s.m.* onda enorme

va.ga-lu.me [pl.: *vaga-lumes*] *s.m.* designação comum a certos besouros dotados de órgãos que emitem luz

va.ga.mun.do *adj.s.m.* que(m) anda sem destino

va.gão [pl.: *-ões*] *s.m.* **1** cada um dos carros do trem **2** *p.ext.* o que ele transporta

¹va.gar *v.* {mod. 1} *int.* **1** estar ou ficar vago, vazio; desocupar-se ⮌ ocupar-se ❑ *t.i.* **2** (prep. *para, a*) sobrar, restar (tempo) ❑ *t.d.* **3** deixar ou proclamar vago ⟨*os acionistas vagaram a diretoria*⟩ ■ *s.m.* **4** falta de pressa; lentidão, calma ⮌ pressa [ORIGEM: do lat. *vacāre* 'estar vazio, desocupado']

²va.gar *v.* {mod. 1} *int.* andar sem rumo, destino certo; errar [ORIGEM: do lat. *vagāre* 'andar errante']

va.ga.ro.so \ô\ [pl.: *vagarosos* \ó\] *adj.* sem pressa; lento ⮌ apressado

va.gem *s.f.* **1** fruto longo e fino de certas plantas no qual as sementes ficam dispostas em fileira **2** fruto do feijoeiro; feijão

va.gi.do *s.m.* **1** choro da criança recém-nascida **2** *fig.* som semelhante a esse choro ~ **vagir** *v.int.s.m.*

va.gi.na *s.f.* **1** na genitália feminina, canal que se estende do útero à vulva **2** qualquer estrutura anatômica em forma de estojo comprido ~ **vaginal** *adj.2g.*

va.gi.ni.te *s.f.* colpite

¹va.go *adj.* não preenchido ou ocupado; vazio [ORIGEM: do lat. *vacŭus,a,um* 'vazio']

²va.go *adj.* **1** que vagueia **2** inconstante, mutável ⮌ estável **3** sem características bem definidas ⟨*v. lembrança*⟩ ⮌ nítido [ORIGEM: do lat. *vagus,a,um* 'id.']

va.go.ne.te \ê\ *s.m.* vagão pequeno ⊙ GRAM/USO dim.irreg. de *vagão*

¹va.gue.ar *v.* {mod. 5} *t.d. e int.* **1** andar por (lugares) sem rumo certo; perambular, vagar ❑ *int.* **2** ficar ocioso, sem trabalho ou ocupação; vadiar [ORIGEM: *²vagar + -ear*] ~ **vagueação** *s.f.*

²va.gue.ar *v.* {mod. 5} *int.* flutuar nas vagas ou ao sabor delas [ORIGEM: *²vaga + -ear*]

vai.a *s.f.* desagrado manifestado por um público com gritos e assobios ⮌ ovação ~ **vaiar** *v.t.d. e int.*

vai.da.de *s.f.* **1** qualidade do que é vão **2** necessidade de ser admirado e elogiado **3** orgulho excessivo de si mesmo ⮌ modéstia

vai.do.so \ô\ [pl.: *vaidosos* \ó\] *adj.s.m.* que(m) tem ou mostra vaidade

vai e vem *s.m.2n.* vaivém

vai não vai *s.m.2n.* situação ou atitude que revela indecisão

vai.vém *s.m.* **1** movimento de um lado para outro; balanço, oscilação ⮌ imobilidade **2** *fig.* sucessão de mudanças de eventos ⮌ constância

va.la *s.f.* escavação longa que escoa água, esgoto etc. ⊡ **v. comum** *loc.subst.* sepultura coletiva para indigentes ou para vítimas de epidemias, calamidades etc.

val.de.vi.nos *s.m.2n.* sujeito vagabundo ou irresponsável

¹va.le *s.m.* **1** depressão alongada entre montes, colinas, montanhas **2** depressão alongada cavada pelas águas de um rio [ORIGEM: do lat. *valles* ou *vallis,is* 'id.']

²va.le *s.m.* **1** declaração escrita de um empréstimo, adiantamento etc. **2** documento com valor impresso para ser trocado por determinados serviços ou mercadorias, como transporte, alimentação, medicamento [ORIGEM: de *valer*]

va.le-a.li.men.ta.ção [pl.: *vales-alimentações* e *vales-alimentação*] *s.m.* vale fornecido pelo empregador ao funcionário, como complementação salarial ou mediante desconto no salário, ou provido pelo governo à população de baixa renda, para ser trocado por alimentos

va.lên.cia *s.f.* QUÍM **1** capacidade que os átomos e radicais químicos possuem de se unir e formar compostos **2** número de ligações com hidrogênio que um átomo ou radical é capaz de fazer **3** validade

va.len.tão [pl.: *-ões*] *adj.s.m.* **1** que(m) é muito valente **2** que(m) diz ser mais valente do que realmente é

va.len.te *adj.2g.s.2g.* que(m) não tem medo do perigo; corajoso

va.len.ti.a *s.f.* qualidade do que ou de quem é valente, intrépido; coragem

va.ler *v.* {mod. 10} *t.d.* **1** corresponder em valor a; equivaler ⟨*o bilhete vale ida e volta*⟩ **2** ter o valor ou o preço de; custar **3** ser digno de; merecer ⟨*este fato não vale sua atenção*⟩ ⮌ desmerecer ❑ *t.i.* **4** (prep. *por*) ter o mesmo valor de ⟨*o lanche valeu por um jantar*⟩ **5** (prep. *a*) ter utilidade para; servir **6** (prep. *a*) prestar auxílio a, socorrer, acudir ⟨*valha-me Deus!*⟩ ❑ *int.* **7** ter muito valor, importância ⟨*sua amizade vale muito*⟩ **8** ser conveniente, útil, proveitoso; convir ⟨*valeu ter viajado?*⟩ ❑ *t.d.i.* **9** (prep. *a*) trazer como consequência para; acarretar, atrair ❑ *pron.* **10** (prep. *de*) contar com, servir-se de; utilizar ⮌ dispensar

va.le.ta \ê\ *s.f.* pequena vala à beira de ruas para escoamento de águas

va.le.te *s.m.* carta de baralho com a figura de um jovem escudeiro

va.le-trans.por.te [pl.: *vales-transportes* e *vales-transporte*] *s.m.* vale que o empregador fornece ao funcionário, seja a título de complementação salarial, seja mediante desconto no salário, para ser utilizado no pagamento do transporte de ida e volta ao trabalho

va.le-tu.do *s.m.2n.* **1** certa luta livre que permite golpes muito violentos **2** *p.ext.* contexto em que qualquer expediente é válido

va.li.a *s.f.* **1** aquilo que uma coisa vale; preço, valor **2** proveito, serventia

va.li.da.ção [pl.: *-ões*] *s.f.* ação de tornar ou declarar algo válido; legitimação, ratificação ⊃ invalidar
va.li.da.de *s.f.* **1** funcionamento satisfatório, eficácia **2** DIR qualidade de ato jurídico que foi concluído de acordo com as formalidades legais exigidas
va.li.dar *v.* {mod. 1} *t.d. e pron.* tornar(-se) ou declarar(-se) válido, legal, legítimo ⊃ invalidar(-se), anular(-se)
va.li.dez \ê\ *s.f.* característica ou estado do que é válido
vá.li.do *adj.* **1** que goza de saúde; são, sadio ⟨*homem v.*⟩ ⊃ inválido **2** que é apropriado ao fim a que se destina ⟨*método v.*⟩ ⊃ inadequado **3** que tem existência ou valor legal ⟨*contrato v.*⟩ ⊃ ilegal
va.li.o.so \ô\ [pl.: *valiosos \ó*] *adj.* **1** de grande valor monetário; caro ⊃ barato **2** que é de grande utilidade ⊃ inútil **3** que é importante ⊃ irrelevante
va.li.se *s.f.* maleta de mão
va.lo *s.m.* **1** fosso que protege campo de batalha ou acampamento da tropa **2** vala pouco profunda; rego **3** rede de cercar peixe
va.lor \ô\ *s.m.* **1** preço de um bem ou serviço; valia **2** importância que se atribui a algo ou alguém; mérito, estima **3** duração de nota musical ■ *s.m.pl.* **4** bens, riquezas **5** quaisquer títulos de crédito negociáveis em bolsa de valores
va.lo.rar *v.* {mod. 1} *t.d.* **1** analisar (algo) para atribuir-lhe valor ou julgamento **2** emitir juízo sobre o valor de ❑ *t.d. e pron.* **3** valorizar(-se)
va.lo.ri.za.do *adj.* **1** a que se deu valor ou cujo valor foi reconhecido **2** que teve o seu valor aumentado; encarecido
va.lo.ri.zar *v.* {mod. 1} *t.d. e pron.* **1** dar ou reconhecer o valor, a importância de (algo, alguém ou si mesmo) ⊃ desvalorizar(-se) **2** (fazer) ter aumento no valor ou no preço ⊃ desvalorizar(-se) ❑ *t.d.* **3** dar destaque positivo a ⟨*o quadro valorizou a sala*⟩ ~ **valorização** *s.f.* - **valorizador** *adj.s.m.*
va.lo.ro.so \ô\ [pl.: *valorosos \ó*] *adj.* que tem valor, bravura, energia ⊃ medroso
val.sa *s.f.* **1** certa dança de compasso ternário **2** música que acompanha essa dança
val.sar *v.* {mod. 1} *int.* **1** dançar valsas ❑ *t.d.* **2** dançar em ritmo de valsa
val.sis.ta *adj.2g.s.2g.* que(m) dança valsa
val.va *s.f.* **1** ZOO cada uma das peças da concha de um molusco **2** BOT cada um dos segmentos resultantes da abertura de antera ou de fruto maduro
vál.vu.la *s.f.* **1** pequena valva **2** peça que interrompe ou abre a passagem de um líquido ou gás numa tubulação **3** ANAT estrutura no interior de um orifício cardíaco ou de um vaso que permite o retorno do sangue a seu ponto de origem ~ **valvular** *adj.2g.*
vam.pi.ro *s.m.* **1** ser lendário que sai à noite de seu túmulo para sugar o sangue dos vivos **2** designação comum aos morcegos que se alimentam de sangue ~ **vampírico** *adj.*
van [ing.; pl.: *vans*] *s.f.* utilitário que comporta entre oito e 16 passageiros ⇨ pronuncia-se vã
va.ná.dio *s.m.* elemento químico us. em aços, reatores nucleares e tubos de raios X [símb.: *V*] ☞ cf. *tabela periódica* (no fim do dicionário)
van.da.lis.mo *s.m.* **1** ação própria dos vândalos ('povo') **2** *p.ext.* ato ou efeito de produzir estrago ou destruição de monumentos ou quaisquer bens públicos ou particulares
vân.da.lo *s.m.* **1** indivíduo dos vândalos, povo germânico que invadiu o sul da Europa e o norte da África no sV, provocando grande destruição ■ *adj.s.m.fig.* **2** destruidor ou descuidado ⟨*grupo de v.*⟩ ⟨*ataque v.*⟩ ~ **vandalização** *s.f.* - **vandalizar** *v.t.d.,int. e pron.*
van.gló.ria *s.f.* exaltação dos próprios méritos; vaidade, bazófia ⊃ modéstia
van.glo.ri.ar *v.* {mod. 1} *t.d.* **1** estimular vanglória, vaidade em; envaidecer ❑ *pron.* **2** ostentar os próprios méritos e conquistas, reais ou falsos; gabar-se
van.glo.ri.o.so \ô\ [pl.: *vangloriosos \ó*] *adj.* que é exageradamente convencido dos próprios méritos ou qualidades, que exibe suas pretensas conquistas; vaidoso
van.guar.da *s.f.* **1** parte de tropa militar que vai na frente ⊃ retaguarda **2** dianteira, frente ⊃ traseira **3** *fig.* parcela de indivíduos que exerce papel pioneiro entre outros do mesmo grupo
van.guar.dis.ta *adj.2g.s.2g.* que(m) atua como vanguarda de um movimento
van.ta.gem *s.f.* **1** posição ou condição de superioridade ⊃ desvantagem **2** circunstância que beneficia algo ou alguém ⊃ desvantagem **3** ganho obtido numa transação; lucro ⊃ prejuízo
van.ta.jo.so \ô\ [pl.: *vantajosos \ó*] *adj.* em que há superioridade, benefício ou lucro
vão [pl.: *vãos*] *adj.* **1** que não tem conteúdo; vazio **2** que não tem eficácia; inútil ⟨*esforço v.*⟩ ⊃ eficaz **3** que se baseia em aparências ou mentiras; enganador, falso ⟨*promessas v.*⟩ ⊃ verdadeiro ■ *s.m.* **4** espaço que se encontra vazio ⊡ **em vão** *loc.adv.* inutilmente
va.por \ô\ *s.m.* **1** substância em estado gasoso, ger. oriunda da vaporização de um líquido ou da sublimação de um sólido **2** embarcação movida por máquina acionada a vapor de água ⊡ **a todo v.** *loc.adv.* muito rapidamente
va.po.ri.za.ção [pl.: *-ões*] *s.f.* **1** FÍS passagem do estado líquido ao gasoso ⊃ liquefação **2** conversão de um líquido em gotículas
va.po.ri.zar *v.* {mod. 1} *t.d. e pron.* **1** converter(-se) em vapor ❑ *t.d.* **2** espalhar em gotículas; borrifar ⟨*v. desodorante na sala*⟩ ~ **vaporizador** *adj.s.m.*
va.po.ro.so \ô\ [pl.: *vaporosos \ó*] *adj.* **1** que tem ou exala vapores **2** *fig.* tênue, transparente ⟨*tecido v.*⟩ **3** *fig.* que tem aparência delicada, diáfana ⟨*moça v.*⟩ ~ **vaporosidade** *s.f.*
va.quei.ro *s.m.* pastor de gado bovino
va.que.ja.da *s.f.* **1** competição de 'peões; rodeio **2** ação de reunir o gado espalhado nos campos
va.qui.nha *s.f.* B **1** *infrm.* coleta de dinheiro entre um grupo de amigos para pagamento de uma despesa comum **2** designação comum a vários pequenos

besouros de formato oval e que se alimentam de folhas

va.ra *s.f.* **1** galho fino e comprido **2** peça de qualquer material, fina, roliça e longa **3** cajado, [1]bordão **4** haste à qual se prende uma linha com anzol para pescar **5** DIR área judicial em que o juiz exerce sua autoridade **6** DIR o cargo de juiz **7** manada de porcos **8** antiga unidade de comprimento brasileira equivalente a 1,10 m

va.ral *s.m.* **1** em veículos puxados por animal, cada uma das duas varas grossas entre as quais ele é atrelado **2** fio ou arame esticado, ger. entre varas, no qual se pendura roupa para secar

va.ran.da *s.f.* parte da casa sem parede externa; alpendre, sacada, balcão

va.rão [pl.: *-ões*] *adj.s.m.* **1** (indivíduo) do sexo masculino ■ *s.m.p.ext.* **2** homem respeitável

va.ra.pau *s.m.* **1** pau comprido **2** *fig. B infrm.* pessoa bem alta e magra

va.rar *v.*{mod. 1} *t.d.* **1** golpear com vara **2** transpor, percorrer (grandes distâncias) **3** *fig.* passar (certo período) **4** perfurar de lado a lado; atravessar ❑ *t.d. e int.* **5** ir para o interior de; embrenhar-se ⟨*v. a sala*⟩ ⟨*v. pela mata*⟩ ☞ *pela mata* é circunstância que funciona como complemento ❑ *int.* **6** sair ou passar por ⟨*v. pela porta*⟩ ☞ *pela porta* é circunstância que funciona como complemento

va.re.jar *v.*{mod. 1} *t.d.* **1** sacudir ou bater com vara **2** derrubar batendo com vara ⟨*v. frutas*⟩ **3** *fig.* destruir, arrasar **4** *B* atirar com força; arremessar **5** procurar algo em; revistar ~**varejadura** *s.f.* - **varejamento** *s.m.*

va.re.jei.ra *s.f.* mosca-varejeira

va.re.jis.ta *adj.2g.s.2g.* **1** que(m) negocia a varejo ⊃ atacadista ■ *adj.2g.* **2** próprio do varejo ⊃ atacadista

va.re.jo \ê\ *s.m.* venda de mercadorias em pequenas porções ou quantidades ☞ cf. [2]*atacado*

va.re.ta \ê\ *s.f.* **1** vara não muito longa e fina **2** cada uma das hastes da armação do guarda-chuva **3** jogo constituído de vários palitos coloridos

var.gem *s.f.* várzea

va.ri.a.ção [pl.: *-ões*] *s.f.* ato ou efeito de variar ⟨*v. de temperatura*⟩ ⟨*gostava de acompanhar as v. da moda*⟩

va.ri.a.do *adj.* **1** que se apresenta em formas múltiplas, diferentes ⟨*formatos v.*⟩ **2** que apresenta diversidade em algum ou alguns atributos como tons, cores, formato, tamanho, sonoridade etc. **3** que apresenta diversidade de tipos dentro de uma mesma classe ou espécie ⟨*doces v.*⟩ **4** que difere de outro em espécie ⟨*exposição de animais v.*⟩ **5** em estado de perturbação mental ou delírio; alucinado, desvairado

va.ri.an.te *adj.2g.s.f.* **1** (o) que varia ou pode variar ■ *s.f.* **2** GRAM forma alternativa de uma palavra, p.ex., *assobio* e *assovio* **3** caminho alternativo ou que substitui um trecho interrompido de uma estrada

va.ri.ar *v.*{mod. 1} *t.d.* **1** tornar diverso, variegado; diversificar ⊃ uniformizar, unificar **2** apresentar (algo conhecido) com novo aspecto **3** alternar, revezar ⟨*v. o banho quente e o frio*⟩ ❑ *int.* **4** exibir aspectos novos ou diferenciados; alterar-se, mudar ⊃ manter-se **5** ser diferente; discrepar ⟨*as opiniões sobre isso variam*⟩ ⊃ igualar-se **6** perder o uso da razão; desvairar **7** mudar de direção; desviar-se ❑ *t.i. e int.* **8** (prep. *de*) optar por (algo diverso) como alternativa ao que é familiar, comum ⟨*que tal variarmos de cinema?*⟩ ⟨*vamos sair, só para v.*⟩

va.ri.á.vel *adj.2g.s.f.* **1** (o) que pode variar ■ *s.f.* MAT **2** símbolo que representa qualquer um dos elementos de um conjunto **3** quantidade que pode assumir qualquer valor de um conjunto de valores

va.ri.ce.la *s.f.* catapora

va.ri.co.so \ô\ [pl.: *varicosos* \ó\] *adj.* que tem varizes ou relativo a elas

va.ri.e.da.de *s.f.* **1** qualidade ou estado do que possui diferentes formas ou tipos **2** conjunto de elementos diversificados ▼ ***variedades*** *s.f.pl.* **3** espetáculo em teatro, rádio, televisão com números variados

va.ri.e.gar *v.*{mod. 1} *t.d.* **1** dar cores ou tons diversos a; matizar **2** tornar diverso, variado; diversificar, variar ⊃ uniformizar

vá.rio *adj.* **1** que apresenta diferentes formas **2** sem coerência; contraditório, incongruente ⊃ coerente **3** que não é constante; volúvel ⟨*humor v.*⟩ ⊃ constante ▼ ***vários*** *pron.ind.pl.* **4** alguns; muitos

va.rí.o.la *s.f.* MED doença contagiosa causada por vírus, caracterizada por febre, dor no corpo, vômitos e lesões na pele ~**variólico** *adj.* - **varioloso** *adj.s.m.*

va.riz *s.f.* MED vaso sanguíneo ou linfático dilatado, que perdeu sua elasticidade ☞ mais us. no pl.

va.ro.ni.a *s.f.* descendência pela linha paterna

va.ro.nil *adj.2g.* **1** de homem, de varão; viril ⊃ feminino **2** *p.ext.* que tem força; potente ⊃ fraco **3** *p.ext.* corajoso, heroico ⊃ covarde

var.rão [pl.: *-ões*] *s.m.* porco reprodutor; cachaço

var.re.du.ra *s.f.* **1** ação de varrer ou o seu efeito; varrição **2** busca cuidadosa; rastreamento

var.rer *v.*{mod. 8} *t.d. e int.* **1** limpar com vassoura ❑ *t.d.* **2** *fig.* deixar vazio; esgotar, esvaziar ⊃ encher **3** arrastar-se por; roçar **4** *fig.* fazer desaparecer; excluir, expulsar ⟨*v. do bairro os bandidos*⟩ ☞ *do bairro* é circunstância que funciona como complemento **5** *fig.* destruir, arrasar, devastar ⟨*o incêndio varreu a mata*⟩ **6** *fig.* examinar em detalhes; vasculhar ⟨*v. o texto buscando erros*⟩ ~**varredor** *adj.s.m.* - **varrição** *s.f.*

vár.zea *s.f.* **1** grande extensão de terra plana **2** *B* terreno baixo e plano à margem de um rio ou ribeirão; vargem

va.sa *s.f.* **1** lama muito fina, de origem orgânica, encontrada no fundo do mar **2** depósito de terra e matéria orgânica no fundo das águas do mar, rios, lagos etc.; lodo **3** *fig.* a camada mais baixa da sociedade; escória, ralé

vas.co *adj.* → BASCO

vas.con.ço *s.m.* **1** idioma basco **2** *fig.* linguagem ininteligível

vas.cu.lar *adj.2g.* relativo a vaso ('canal', 'espécie de tubo') ~**vascularização** *s.f.* - **vascularizar** *v.t.d.*

vas.cu.lhar *v.* {mod. 1} *t.d.* **1** limpar com vasculho **2** examinar com cuidado, procurando algo; revistar ~ **vasculhador** *adj.s.m.*

vas.cu.lho *s.m.* vassoura de cabo longo com que se limpam tetos

va.sec.to.mi.a *s.f.* MED corte ou laqueadura dos canais pelos quais passam os espermatozoides, promovendo a esterilização masculina

va.se.li.na *s.f.* **1** substância gordurosa e incolor de uso farmacêutico ■ *s.2g.* **2** *fig. B pej.* indivíduo maleável nas opiniões para agradar a todos, em todas as ocasiões

va.si.lha *s.f.* **1** vaso para pôr líquidos **2** *B* recipiente para guardar alimentos sólidos ou líquidos ⊙ COL vasilhame

va.si.lha.me *s.m.* conjunto de vasilhas

va.so *s.m.* **1** recipiente côncavo, de vários formatos, próprio para conter líquidos ou sólidos **2** objeto semelhante a esse no qual se põe terra e uma planta **3** ANAT canal que conduz sangue ou linfa **4** BOT espécie de tubo que permite a circulação de seiva na planta ⊡ **v. linfático** *loc.subst.* ANAT canal que conduz linfa • **v. sanguíneo** *loc.subst.* ANAT qualquer canal que conduz sangue • **v. sanitário** *loc.subst.* vaso de louça para dejeções em banheiro; latrina, privada

va.so.mo.tor \ô\ *adj.* que produz contração ou dilatação dos vasos sanguíneos ⊙ GRAM/USO fem.irreg.: *vasomotriz*

vas.sa.la.gem *s.f.* **1** estado ou condição de vassalo **2** tributo que o vassalo pagava ao suserano **3** submissão, dependência ↄ independência **4** grupo de vassalos

vas.sa.lo *adj.s.m.* **1** feudatário ■ *adj. fig.* **2** que se subordina a; submisso ⊙ COL vassalagem

vas.sou.ra *s.f.* utensílio com pelos ou fibras na extremidade de um cabo longo, us. para arrastar e juntar o lixo do chão

vas.sou.ra.da *s.f.* golpe aplicado com vassoura

vas.ti.dão [pl.: *-ões*] *s.f.* **1** espaço de grande dimensão ↄ exiguidade **2** *fig.* importância, relevância ↄ insignificância

vas.to *adj.* **1** extenso, espaçoso ↄ pequeno **2** *fig.* importante, relevante ↄ insignificante

va.ta.pá *s.m.* *B* prato baiano à base de massa de pão, camarão seco, castanhas, leite de coco e dendê

va.te *s.m.* **1** pessoa que faz vaticínios; profeta **2** poeta

va.ti.ca.no *adj.* relativo ao Vaticano, palácio papal em Roma

va.ti.ci.nar *v.* {mod. 1} *t.d.,t.d.i. e int.* **1** (prep. *a*) adivinhar (algo) sobre o futuro (de); prenunciar, profetizar ❑ *t.d. p.ext.* **2** prever com base em fatos, indícios; antever ~ **vaticinação** *s.f.* - **vaticinador** *adj.s.m.*

va.ti.cí.nio *s.m.* profecia

vau *s.m.* local raso de rio, mar, lagoa, pelo qual se pode passar a pé ou a cavalo

va.za *s.f.* conjunto de cartas recolhidas da mesa pelo ganhador

va.za.dou.ro *s.m.* local em que se despejam líquidos ou detritos

va.za.men.to *s.m.* **1** ato de vazar ou o seu efeito **2** abertura pela qual vaza um líquido ⟨*o cano está com um v.*⟩ **3** *p.ext.* o líquido vazado

va.zan.te *adj.2g.* **1** que vaza ■ *s.f.* **2** intervalo entre uma preamar e a baixa-mar subsequente **3** período de menor volume da água de um rio ☞ cf. *cheia*

va.zão [pl.: *-ões*] *s.f.* **1** ato de vazar ou o seu efeito; vazamento **2** *fig.* movimento de saída; escoamento **3** *fig.* venda, comercialização ⟨*produtos populares têm mais v.*⟩ ⊡ **dar v. a** *loc.vs.* **1** dar solução a ⟨*dar v. aos compromissos*⟩ **2** liberar, soltar ⟨*dar v. a sentimentos*⟩

va.zar *v.* {mod. 1} *t.d.,int. e pron.* **1** (fazer) ficar vazio (recipiente, vasilha); esvaziar(-se) ↄ encher(-se) ❑ *t.d. e pron.* **2** (deixar) sair, externar; desabafar(-se) ⟨*vazou sua mágoa*⟩ ⟨*sua ira vazou-se em gritos*⟩ ❑ *t.d. e int.* **3** (fazer) correr (líquido); entornar, escoar(-se) ❑ *int.* **4** (deixar) escapar (um líquido) pouco a pouco ⟨*o tanque está vazando*⟩ ⟨*a água vaza pelo furo do cano*⟩ **5** tornar-se conhecido (algo sigiloso), por denúncia, engano, indiscrição ou negligência ❑ *t.d.* **6** despejar (metal fundido) nos moldes **7** deixar oco ou abrir buraco em; furar, escavar **8** passar através de; traspassar, varar

va.zi.o *adj.* **1** que não contém nada ↄ cheio **2** que não contém determinada coisa ⟨*a rua estava v.*⟩ **3** *fig.* que não tem qualidades positivas ⟨*mente v.*⟩ ↄ fértil **4** *fig.* que não produz efeito positivo; fútil, vão ↄ importante ■ *s.m.* **5** espaço não ocupado por matéria; vácuo

vê *s.m.* nome da letra *v*

ve.a.do *s.m.* **1** designação comum a vários mamíferos cervídeos de coloração acastanhada, pernas longas e cauda curta **2** *fig. gros.* homossexual do sexo masculino

ve.da.ção [pl.: *-ões*] *s.f.* **1** ato ou efeito de vedar; estancamento, veda **2** tudo que serve para vedar, estancar **2.1** qualquer tapume (cerca, sebe, valado etc.) próprio para cercar, fechar ou defender uma área **3** *fig.* ato de não permitir; impedimento, interdição, proibição ⟨*v. de trânsito*⟩

ve.dar *v.* {mod. 1} *t.d.* **1** fechar bem abertura(s) [de recipiente ou local] para impedir que algo saia ou entre **2** impedir que escape (líquido, luz, som etc.) por abertura(s) ❑ *t.d.,int. e pron.* **3** (fazer) deixar de correr; estancar(-se) ❑ *t.d. e t.d.i.* **4** (prep. *a*) impedir ou proibir (atividade, entrada etc.) [a alguém] ↄ autorizar ~ **veda** *s.f.*

ve.de.te *s.f.* **1** atriz de teatro de revista **2** atriz principal de um espetáculo **3** *p.ext.* quem se destaca em sua atividade

ve.ei.ro *s.m.* filão ('depósito mineral')

ve.e.mên.cia *s.f.* **1** força impetuosa que se manifesta nos sentimentos ou na sua expressão; ardor, fervor, intensidade ↄ apatia, desinteresse, indiferença **2** vigor de ânimo; arrebatamento, entusiasmo **3** eloquência que busca comover, tocar, convencer; altiloquência, magniloquência, oratória **4** grande força; energia, ímpeto, violência ⟨*o vento sopra com v.*⟩ ↄ bonança. brandura, calma

ve.e.men.te *adj.2g.* **1** que se manifesta com intensidade; vivo, ardente ⟨*sentimentos v.*⟩ ⮌ fraco **2** que tem energia, vigor ⟨*v. obstinação*⟩ ⮌ frágil **3** que denota emoção; comovente ⮌ indiferente

ve.ge.ta.ção [pl.: *-ões*] *s.f.* **1** ação de vegetar ou o seu efeito **2** conjunto de plantas características de uma região

ve.ge.tal *adj.2g.* **1** referente a planta **2** procedente de planta ■ *s.m.* **3** planta

ve.ge.tar *v.* {mod. 1} *t.d. e int.* **1** (fazer) crescer (planta); medrar ⮌ murchar ❑ *int. fig.* **2** ter vida puramente física, sem atividade mental ⟨*após o acidente, vegetou*⟩ **3** levar vida sem entusiasmo, atividades

ve.ge.ta.ri.a.no *adj.s.m.* que(m) só come vegetais

ve.ge.ta.ti.vo *adj.* **1** relativo a crescimento e nutrição **2** que faz vegetar, crescer, medrar ⟨*força v.*⟩ **3** relativo, pertencente ou característico das plantas **4** BIO cujo funcionamento é involuntário ou inconsciente ⟨*sistema nervoso v.*⟩ ⮌ consciente, cônscio **5** BOT diz-se do período ou estado em que um vegetal não se reproduz **6** BOT diz-se de estrutura vegetal que não está relacionada à reprodução ⟨*broto v.*⟩ **7** *fig.* caracterizado pela ausência de atividade ⟨*estado v.*⟩ ⮌ ativo, atuante, operante ■ *s.m.* **8** o que vegeta **9** o que é vegetal

vei.a *s.f.* **1** vaso que reconduz o sangue ao coração **2** *fig.* disposição, tendência, vocação ⟨*v. cômica*⟩ ⊡ **v. cava** *loc.subst.* a que drena o sangue para a aurícula direita do coração

ve.i.cu.la.ção [pl.: *-ões*] *s.f.* **1** ação de veicular ou o seu efeito **2** *fig.* ação de propagar, difundir **3** divulgação de mensagem publicitária pelos veículos de comunicação

[1]**ve.i.cu.lar** *adj.2g.* relativo ou pertecente a veículo [ORIGEM: *veículo* + [1]*-ar*]

[2]**ve.i.cu.lar** *v.* {mod. 1} *t.d.* **1** transportar em veículo; carregar **2** fazer a difusão de; propagar, transmitir ⟨*a rádio veicula boas músicas*⟩ ⟨*o mosquito veicula doença*⟩ [ORIGEM: *veículo* + [2]*-ar*]

ve.í.cu.lo *s.m.* **1** qualquer meio us. para transportar ou conduzir pessoas, carga etc. **2** automóvel **3** *fig.* qualquer meio capaz de propagar, difundir algo ⟨*a língua é um v. da cultura*⟩

vei.o *s.m.* **1** parte da mina em que se encontra o minério; filão **2** faixa longa de cor diferente em rocha, madeira etc. ⟨*mármore com veios*⟩ **3** *p.ext.* rachadura, estria **4** corrente de água doce; riacho

-vel *suf.* 'passível de': *amável, navegável, perecível, suportável, visível*

[1]**ve.la** *s.f.* **1** peça de tecido que se estende no mastro de certas embarcações para que o vento soprado sobre essa superfície movimente o barco **2** *p.ext.* embarcação movida dessa forma [ORIGEM: do lat. *vēla,ae* 'id.']

[2]**ve.la** *s.f.* **1** vigília **2** peça de cera ou outra substância gordurosa, ger. cilíndrica, com um pavio no centro que se acende para iluminar **3** peça cilíndrica oca que serve para filtrar água **4** peça que origina a fagulha que aciona o motor de combustão interna [ORIGEM: regr. de [1]*velar*]

[1]**ve.lar** *v.* {mod. 1} *t.d.* **1** permanecer de guarda; vigiar **2** passar acordado **3** ficar acordado junto de (doente ou morto) ❑ *int.* **4** ficar acordado, em vigília ❑ *t.d. e t.i.* **5** (prep. *por*) dispensar cuidados, proteção a; zelar [ORIGEM: do lat. *vigilāre* 'velar, não dormir, vigiar'] ~ **velador** *adj.s.m.*

[2]**ve.lar** *v.* {mod. 1} *t.d. e pron.* **1** cobrir(-se) com véu **2** *fig.* (fazer) desaparecer, encobrindo(-se); tapar(-se) ⮌ exibir(-se) **3** *fig.* tornar(-se) secreto; ocultar(-se) ⮌ expor(-se) **4** *fig.* tornar(-se) sombrio, preocupado; anuviar(-se) ⮌ desanuviar(-se) ❑ *t.d. fig.* **5** tornar escuro; escurecer ⮌ clarear [ORIGEM: do lat. *velāre* 'cobrir, ocultar, dissimular']

[3]**ve.lar** *adj.2g.* referente ao véu palatino [ORIGEM: *véu* (do lat. *vēlum*) sob a f. *vel-* + [1]*-ar*]

ve.lei.da.de *s.f.* **1** ideia caprichosa ou excêntrica; fantasia ⟨*v. de poeta*⟩ **2** comportamento sem reflexão; leviandade ⮌ seriedade **3** presunção, vaidade ⮌ simplicidade

ve.lei.ro *s.m.* barco movido a vela

ve.le.jar *v.* {mod. 1} *t.d. e int.* navegar em barco a vela (por) ~ **velejador** *adj.s.m.*

ve.lha.ca.ri.a *s.f.* **1** ação ou comportamento de pessoa que é velhaca ou que age como tal; cafajestada, canalhice, patifaria, ⮌ decência, dignidade, integridade **2** atributo do que é velhaco ⟨*sua ação teve erro, mas não v.*⟩

ve.lha.co *adj.s.m.* **1** que(m) é traiçoeiro, patife **2** que(m) é obsceno; devasso

ve.lha.ri.a *s.f.* **1** o que é antiquado ⮌ novidade **2** *pej.* objeto velho de pouco valor; traste **3** grupo de velhos

ve.lhi.ce *s.f.* período da vida humana que se segue à maturidade

ve.lho *adj.* **1** que tem muito tempo de vida ⮌ jovem **2** muito usado ⟨*sapato v.*⟩ ⮌ novo **3** que data de época passada; antigo ⮌ recente **4** que é antigo numa situação, função ⟨*v. morador do bairro*⟩ ⮌ novo **5** que se contrapõe ao moderno; antiquado ⟨*v. técnicas de impressão*⟩ ⮌ moderno ■ *s.m.* **6** homem idoso **7** *infrm.* pai, papai ⟨*meu v. viajou*⟩ ▼ *velhos s.m.pl.* **8** *infrm.* o pai e a mãe ⟨*chamei meus v. para jantar*⟩ ⊙ COL velharia

ve.lo *s.m.* **1** lã de carneiro, ovelha ou cordeiro **2** *p.ext.* pele desses animais com a respectiva lã **3** *p.ext.* lã cardada

ve.lo.ci.da.de *s.f.* **1** movimento rápido, ligeiro ⮌ lentidão **2** relação entre espaço percorrido e tempo de percurso

ve.lo.cí.me.tro *s.m.* instrumento que mede e indica a velocidade de um veículo

ve.lo.cí.pe.de *s.m.* veículo infantil de três rodas, movido por pedais ligados à roda dianteira

ve.lo.cis.ta *adj.2g.s.2g.* *B* que(m) pratica corridas de velocidade ou é especialista nesse esporte

ve.ló.dro.mo *s.m.* local para corrida de bicicletas

ve.ló.rio *s.m.* envento coletivo no qual pessoas velam o defunto exposto, durante as horas que precedem o enterro ou a cremação

ve.loz *adj.2g.* que se movimenta com rapidez; rápido, ligeiro ⊃ lento ⊙ GRAM/USO sup.abs.sint.: *velocíssimo*

ve.lu.do *s.m.* **1** tecido que tem uma das superfícies coberta por pelos curtos, densos e macios **2** *fig.* maciez ou suavidade que lembra esse tecido ⟨*o v. de sua voz*⟩ ~ **veludoso** *adj.*

ve.nal *adj.2g.* **1** relativo a venda ⟨*valor v. do imóvel*⟩ **2** que pode ser vendido **3** *fig.* que se corrompe por dinheiro ~ **venalidade** *s.f.* - **venalizar** *v.t.d. e pron.*

ven.ce.dor \ô\ *adj.s.m.* **1** que(m) vence ou venceu; ganhador ⟨*o (time) v. da copa*⟩ ⊃ perdedor **2** que(m) triunfa, que comemora as honras da vitória; triunfante, vitorioso ⟨*o público aclama os (atletas) v.*⟩ ⊃ vencido ■ *s.m.* **3** indivíduo que conseguiu superar dificuldades, vencer na vida

ven.cer *v.* {mod. 8} *t.d. e int.* **1** obter vitória ou triunfo (sobre); derrotar, ganhar ⊃ perder ❑ *t.d.* **2** ser vitorioso em (competição, eleição etc.); ganhar ⊃ perder **3** ter vantagem, primazia sobre (problema, obstáculo etc.); superar **4** ter domínio sobre; refrear, conter ⊃ liberar **5** percorrer (caminho, percurso) **6** ir além de; ultrapassar ⟨*venceu a curva e capotou*⟩ **7** ganhar, receber (salário) ❑ *int.* **8** ser bem-sucedido; triunfar **9** chegar ao fim (prazo de validade, vencimento etc.) ~ **vencível** *adj.2g.*

ven.ci.lho *s.m.* corda de vime ou palha com que se prendem as videiras ao suporte, se amarram feixes etc.

ven.ci.men.to *s.m.* **1** ação de vencer ou o seu efeito **2** DIR fim do prazo para cumprimento de uma obrigação **3** DIR fim da validade de um contrato **4** remuneração de um cargo público ☞ nesta acp., mais us. no pl.

[1]**ven.da** *s.f.* **1** ato de vender ou o seu efeito **2** *B* bar, botequim **3** *B* pequena mercearia [ORIGEM: *de vender*]

[2]**ven.da** *s.f.* faixa de pano us. para cobrir os olhos [ORIGEM: f.divg. de [2]*banda*]

ven.dar *v.* {mod. 1} *t.d.* **1** cobrir com venda **2** pôr venda nos olhos de **3** *fig.* incapacitar de perceber a realidade; cegar ~ **vendagem** *s.f.*

ven.da.val *s.m.* vento muito forte ⊃ calmaria

ven.de.dor \ô\ *adj.s.m.* que(m) vende ⊃ comprador

ven.dei.ro *s.m.* proprietário de venda

ven.der *v.* {mod. 8} *t.d. e t.d.i.* **1** (prep. *a*) dar (a outrem) em troca de dinheiro **2** (prep. *a*) ceder o direito ao uso de (projeto, obra etc.) **3** *fig. pej.* (prep. *a*) sacrificar, trair por interesse ❑ *t.d.* **4** ter negócio de (produto, serviço); comercializar **5** *fig.* possuir muito de (qualidade, virtude etc.) ⟨*v. saúde*⟩ ❑ *int.* **6** trabalhar como vendedor **7** ser facilmente vendido ~ **vendável** *adj.2g.* - **vendível** *adj.2g.*

ven.di.lhão [pl.: *-ões*] *s.m.* **1** vendedor ambulante **2** *fig.* quem negocia coisas de valor moral ⟨*v. da pátria*⟩

ve.ne.no *s.m.* **1** substância que destrói ou altera funções vitais de um organismo **2** *fig.* que causa prejuízo moral **3** *fig.* intenção perversa; intriga ⟨*há muito v. no que ela diz*⟩

ve.ne.no.so \ô\ [pl.: *venenosos \ó*] *adj.* **1** que tem veneno ou propriedade de envenenar **2** *fig.* em que há intenção perversa ⟨*comentário v.*⟩

ve.ne.ra.ção [pl.: *-ões*] *s.f.* **1** respeito inspirado pela dignidade; reverência **2** sentimento de amor devotado; admiração ⟨*v. pelos pais*⟩

ve.ne.ran.do *adj.* digno de respeito ou veneração; respeitável, venerável

ve.ne.rar *v.* {mod. 1} *t.d.* **1** dedicar respeito e deferência a; reverenciar ⟨*v. a pátria*⟩ **2** render culto a; cultuar, adorar ⟨*v. um santo*⟩ ⊃ blasfemar **3** ter consideração ou estima por; respeitar ⟨*v. a arte nacional*⟩

ve.ne.rá.vel *adj.2g.* **1** digno de veneração, que se deve respeitar; respeitável, venerando **2** na Igreja católica, diz-se de pessoa cujo processo de beatificação foi instaurado ⊙ GRAM/USO sup.abs.sint.: *venerabilíssimo*

ve.né.reo *adj.* **1** relativo a contato sexual **2** que afeta os órgãos genitais ⟨*doença v.*⟩

ve.ne.ta \ê\ *s.f.* **1** acesso de loucura **2** *fig.* ímpeto, impulso ⊡ **dar na v.** *loc.vs.* ter vontade de

ve.ne.zi.a.na *s.f.* janela feita de lâminas (de madeira ou metal) que formam frestas, escurecendo o ambiente, mas deixando penetrar o ar

ve.ne.zi.a.no *adj.* **1** de Veneza (Itália) ■ *s.m.* **2** natural ou habitante dessa cidade

ve.ne.zu.e.la.no *adj.* **1** da Venezuela (América do Sul) ■ *s.m.* **2** natural ou habitante desse país

vê.nia *s.f.* **1** licença, permissão ⟨*nada faz sem a v. do patrão*⟩ **2** absolvição de culpa; perdão ⟨*pedir v. ao pai*⟩ **3** saudação respeitosa ⟨*fazer v. ao santo*⟩

ve.ni.al *adj.2g.* digno de perdão; desculpável ~ **venialidade** *s.f.*

ve.no.so \ô\ [pl.: *venosos \ó*] *adj.* que tem veias ou se refere a elas

ven.ta *s.f.* **1** narina ▼ **ventas** *s.f.pl.* **2** *infrm.* nariz ou focinho **3** *fig. infrm.* rosto, cara ⊡ **nas v. de** *loc.adv.* na presença de

ven.ta.na *s.f.* janela ('abertura')

ven.ta.ni.a *s.f.* vento contínuo e forte

ven.ta.ni.lha *s.f.* cada buraco da mesa de sinuca

ven.tar *v.* {mod. 1} *int.* haver vento ou soprar o vento ⊙ GRAM/USO verbo impessoal, exceto quando fig.

ven.ta.ro.la *s.f.* espécie de leque que não se fecha; abano

ven.ti.la.ção [pl.: *-ões*] *s.f.* **1** ato ou efeito de ventilar **2** passagem contínua de ar fresco e renovado, num espaço ou recinto; aeração, arejamento, circulação ⟨*quarto com boa v.*⟩ **3** agitação ou movimentação do ar, natural ou provocada ⟨*comprou circulador de ar para a v. da cozinha*⟩ **4** *fig.* exposição de assunto, para fins de exame e discussão **5** movimento de ar nos pulmões

ven.ti.la.dor \ô\ *adj.* **1** que ventila ■ *s.m.* **2** aparelho munido de pás que se movimentam para produzir corrente de ar

ven.ti.lar *v.* {mod. 1} *t.d.* **1** fazer circular o ar em; arejar **2** *p.ext.* expor ao vento; arejar **3** *fig.* trazer à mente; cogitar, pensar **4** *fig.* discutir, debater abertamente ❑ *pron.* **5** refrescar-se com abano; abanar-se

ven.to *s.m.* **1** movimento natural do ar atmosférico **2** agitação do ar provocado artificialmente ⟨*v. do leque, do ventilador*⟩ **3** o ar atmosférico ⟨*crescer ao v.*⟩ **4** *infrm.* ventosidade, flatulência

ven.to.i.nha *s.f.* **1** lâmina móvel do cata-vento; grimpa **2** pequeno ventilador que refrigera um motor

ven.to.sa *s.f.* **1** instrumento cônico que se aplica sobre a pele para fazer o sangue subir à superfície **2** órgão circular e abaulado de certos animais, como o polvo, que adere a determinadas superfícies

ven.to.si.da.de *s.f.* expulsão de gases do estômago ou intestino; flatulência

ven.to.so \ô\ [pl.: *ventosos* \ó\] *adj.* **1** em que venta muito ⟨*Chicago é uma cidade v.*⟩ **2** exposto ao vento ⟨*jardim v.*⟩ **3** caracterizado pela ocorrência de ventos ou de ventanias ⟨*tarde v.*⟩

ven.tre *s.m.* **1** abdome **2** útero ⟨*bendito é o fruto do vosso v.*⟩ **3** intestino ⟨*prisão de v.*⟩ ~ **ventral** *adj.2g.*

ven.trí.cu.lo *s.m.* ANAT pequena cavidade, esp. do coração ou do cérebro ~ **ventricular** *adj.2g.*

ven.tri.lo.qui.a *s.f.* técnica de falar, movendo muito pouco os lábios, para dar a impressão de que a voz vem de outra pessoa

ven.trí.lo.quo *adj.s.m.* que(m) pratica a ventriloquia

ven.tu.ra *s.f.* **1** acontecimento imprevisível; acaso, destino **2** felicidade ⮌ infelicidade **3** risco, perigo ⮌ segurança

vê.nus *s.f.* nome do segundo planeta do sistema solar; estrela-d'alva ☞ inicial maiúsc.; cf. *Vênus* na parte enciclopédica ~ **venusiano** *adj.*

ver *v.* {mod. 12} *t.d. e int.* **1** perceber pela visão; enxergar ❑ *t.d. e pron.* **2** dirigir os olhos a ou fixá-los em (algo, alguém, si mesmo); olhar(-se) **3** encontrar-se (com) **4** manter relações ou contato (com) ❑ *t.d.* **5** estar presente a; testemunhar, assistir **6** ter contato, experiência com; conhecer ⟨*é a melhor pessoa que já vi*⟩ ⮌ desconhecer **7** ter cuidado com; atentar, cuidar **8** tomar consciência ou conhecimento de; entender, perceber ⮌ ignorar **9** experimentar, provar, verificar ⟨*vamos v. como está o bolo*⟩ **10** pesquisar, procurar ⟨*v. uma palavra no dicionário*⟩ **11** fazer avaliação de; ponderar ⟨*v. se o preço é justo*⟩ **12** providenciar, trazer, tratar ⟨*v. uma babá*⟩ ⟨*v. um café para as visitas*⟩ ❑ *t.d.,t.d.pred. e pron.* **13** fazer julgamento de (outrem ou si mesmo); considerar(-se) ❑ *pron.* **14** perceber-se, reconhecer-se ⟨*viu-se derrotado*⟩

ve.ra.ci.da.de *s.f.* **1** atributo ou qualidade do que é verdadeiro ou corresponde à verdade; exatidão, fidedignidade, verdade ⟨*é preciso estabelecer a v. dos fatos*⟩ ⮌ inexatidão, mentira **2** capacidade de ser verdadeiro ou de dizer a verdade; autenticidade ⮌ falsidade

ve.ra.ne.ar *v.* {mod. 5} *int.* **1** passar o verão em ⟨*v. na Bahia*⟩ ☞ *na Bahia* é circunstância que funciona como complemento **2** viajar a lazer no verão

ve.ra.nei.o *s.m.* ato de veranear, de passar o verão de folga, em local aprazível

ve.ra.ni.co *s.m.* **1** verão ameno **2** calor intenso em estação mais amena que o verão

ve.rão [pl.: *-ões*] *s.m.* estação mais quente do ano, entre o outono e a primavera

ve.raz *adj.2g.* **1** que diz a verdade; sincero ⮌ mentiroso **2** em que há verdade; verdadeiro, verídico ⮌ falso

ver.ba *s.f.* **1** cada cláusula, condição ou artigo de uma escritura ou outro documento **2** quantia de um orçamento destinada a fim específico ⟨*a v. da segurança pública*⟩ **3** *p.ext.* qualquer importância em dinheiro

ver.bal *adj.2g.* **1** relativo a verbo **2** expresso oralmente; falado, oral ⟨*declaração v.*⟩

ver.ba.lis.mo *s.m.* **1** transmissão oral de conhecimentos **2** MED psitacismo

ver.ba.li.zar *v.* {mod. 1} *t.d. e int.* **1** expressar em palavras (pensamento, sentimento) **2** expor oralmente; falar ~ **verbalização** *s.f.*

ver.be.na *s.f.* designação comum a várias ervas muito perfumadas, quase todas nativas de regiões tropicais e temperadas das Américas, cultivadas como ornamentais

ver.be.rar *v.* {mod. 1} *t.d. e pron.* **1** golpear(-se) com vara ou açoite; flagelar(-se) ❑ *t.d.* **2** fazer enérgica censura a; reprovar, criticar ⮌ elogiar ❑ *int.* **3** reverberar ~ **verberação** *s.f.*

ver.be.te \ê\ *s.m.* **1** papel com anotação **2** essa anotação **3** conjunto de informações explicativas sobre uma palavra listada em dicionário ou enciclopédia

ver.bo *s.m.* **1** palavra, discurso **2** GRAM classe de palavras que designam ação, processo ou estado ⊡ **v. abundante** *loc.subst.* verbo com duas ou mais formas equivalentes no particípio (p.ex.: *entregado* e *entregue*) • **v. defectivo** *loc.subst.* verbo que não se conjuga em todas as formas • **v. de ligação** *loc.subst.* verbo que estabelece a ligação entre um sujeito e um predicativo; verbo predicativo (p.ex.: *o dia está lindo*) • **v. intransitivo** *loc.subst.* verbo cuja ação do sujeito dispensa objeto • **v. irregular** *loc.subst.* verbo que não segue os padrões de sua conjugação, apresentando alterações no seu radical e/ou na sua flexão • **v. predicativo** *loc.subst.* verbo de ligação • **v. pronominal** *loc.subst.* verbo que exige ou aceita pronome oblíquo átono de mesma pessoa e número do sujeito (p.ex.: *lastimar-se, queixar-se*) • **v. transitivo** *loc.subst.* verbo cuja ação do sujeito recai sobre o objeto • **soltar o verbo** *loc.vs.* dizer tudo que pensa, sem contenção

ver.bor.ra.gi.a *s.f. pej.* uso excessivo de palavras para dizer coisas de pouca importância; verborreia

ver.bor.rá.gi.co *adj.* 1 que pratica ou é propenso à verborragia; verborreico ⟨*professor v.*⟩ 2 em que há verborragia; verborreico ⟨*discurso v.*⟩

ver.bor.rei.a \éi\ *s.f.pej.* verborragia ~**verborreico** *adj.*

ver.bo.so \ô\ [pl.: *verbosos* \ó\] *adj.* 1 que fala muito; palavroso 2 que tem facilidade para exprimir-se verbalmente; eloquente 3 que é abundante em palavras; prolixo ⊃ lacônico ~**verbosidade** *s.f.*

ver.bos.subs.tan.ti.vo *adj.* GRAM que tem as propriedades de verbo e de substantivo ⟨*locução v.*⟩

ver.da.de *s.f.* 1 o que está de acordo com o real; exatidão ⊃ falso 2 *p.ext.* procedimento sincero, sem fingimento ⊃ mentira

ver.da.dei.ro *adj.* 1 que está em conformidade com os fatos ou a realidade; palpável, real, verídico ⟨*depoimento v.*⟩ ⊃ fantasioso, inverídico, irreal 2 que não é fictício, imaginário ou enganoso; factual, real ⟨*história v.*⟩ 3 que é realmente o que parece; autêntico, genuíno, legítimo ⟨*um v. vinho francês*⟩ ⟨*um Monet v.*⟩ ⊃ duvidoso, enganoso, fraudado 3.1 *fig.* extremamente semelhante a ⟨*o divórcio foi uma v. guerra*⟩ 4 que é exato; certo, incontestável, preciso, válido ⟨*este é o v. resultado da apuração dos votos*⟩ ⊃ contestável, errado, inexato 5 *fig.* certo, com quem se pode contar; confiável, fiel, leal ⟨*amigo v.*⟩ ⊃ desleal, infiel, insincero ■ *s.m.* 6 a verdade, a realidade

ver.de *adj.2g.* 1 que tem a cor da relva ⟨*parede v.*⟩ 2 diz-se dessa cor ⟨*cor v.*⟩ 3 que ainda tem seiva ⟨*madeira v.*⟩ ⊃ seco 4 que ainda não amadureceu ⟨*fruta v.*⟩ ⊃ maduro 5 *fig.* que não tem prática, experiência ⊃ experiente 6 *fig.* que tem o viço, o frescor do que é novo ■ *s.m.* 7 a cor da relva 8 a vegetação, as plantas em geral ou de determinado lugar ■ *adj.2g.s.2g.* 9 que(m) participa de ou apoia movimento, grupo ou partido político que defende o meio ambiente ⟨*parlamentar v.*⟩ ⟨*os v. fizeram uma passeata*⟩ ⊡ **jogar v. para colher maduro** *fraseol.* dizer algo para provocar alguém a dizer algo que não responderia se perguntado diretamente ~**verdoso** *adj.*

ver.de.jan.te *adj.2g.* que verdeja, que se torna verde ou ostenta a cor verde; verde, verdoso, viçoso

ver.de.jar *v.* {mod. 1} *int.* ter cor verde ou tornar-se verde ⊙ GRAM/USO só us. nas 3as p., exceto quando fig.

ver.do.en.go *adj.* 1 *B* de cor esverdeada 2 quase maduro (diz-se de fruto)

ver.dor \ô\ *s.m.* 1 propriedade do que é verde 2 a cor verde das plantas; verdura ⟨*o v. de nossas matas*⟩ 3 *p.ext.* a vegetação, o verde 4 *fig.* viço, força, vigor 5 qualidade ou estado do que ainda não está maduro 5.1 *fig.* falta de experiência ou de prática de pessoa jovem; bisonhice, embaraço, imperícia, inexperiência ⊃ desembaraço, experiência, perícia, traquejo

ver.du.go *s.m.* [1]carrasco

ver.du.ra *s.f.* 1 a cor verde das plantas 2 ervas us. na alimentação humana; hortaliça

ver.du.rei.ro *s.m. B* vendedor de verduras, legumes e frutas

ve.re.a.dor \ô\ *s.m.* membro do poder legislativo de um município

ve.re.an.ça *s.f.* cargo ou função de vereador ~**verear** *v.int.*

ve.re.da \ê\ *s.f.* 1 *B* caminho estreito 2 *fig.* caminho, direção 3 *B* nas caatingas, área mais úmida e com mais vegetação

ve.re.di.to ou **ve.re.dic.to** *s.m.* 1 sentença judicial 2 *p.ext.* opinião ou juízo

ver.ga \ê\ *s.f.* 1 vara flexível de madeira 2 barra fina de metal 3 viga de pedra ou madeira que se apoia nas ombreiras de portas e janelas

ver.ga.lhão [pl.: *-ões*] *s.m.* barra de metal comprida e sólida

ver.ga.lhar *v.* {mod. 1} *t.d.* bater com vergalho ('chicote') em; açoitar

ver.ga.lho *s.m.* 1 pênis de boi ou cavalo, cortado e seco 2 chicote feito dele 3 *p.ext.* qualquer chicote

ver.gão [pl.: *-ões*] *s.m.* 1 verga comprida ou grossa 2 marca na pele provocada por chicotada ou outra causa

ver.gar *v.* {mod. 1} *t.d.,int. e pron.* 1 tornar(-se) curvo; arquear(-se), dobrar(-se) ⊃ esticar(-se) 2 (fazer) perder as forças, o ânimo; abater(-se) ⊃ animar(-se) ❑ *t.d.,t.i. e pron.fig.* 3 (prep. *a*) tornar(-se) submisso a; sujeitar(-se) ❑ *int.* 4 ceder ao peso de algo ~**vergadura** *s.f.* - **vergamento** *s.m.*

ver.gas.ta *s.f.* 1 vara fina e flexível, us. para açoitar 2 *p.ext.* qualquer chicote, chibata 3 *fig.* castigo, flagelo

ver.gas.tar *v.* {mod. 1} *t.d.* 1 golpear com vergasta; açoitar 2 *fig.* enxotar, espantar 3 *fig.* criticar ou repreender com severidade ⊃ elogiar

ver.go.nha *s.f.* 1 sentimento de ultraje, humilhação; opróbrio ⊃ glória 2 sentimento penoso de insegurança; timidez ⟨*v. de cantar, de errar*⟩ ⊃ desembaraço 3 atitude indecorosa, desonesta ⟨*roubar é uma v.*⟩

vergonheira *s.f.* 1 grande vergonha; série de vergonhas ⟨*bêbedo, suas apresentações no palco são uma v.*⟩ 2 coisa ou situação que provoca vergonha; vexame ⟨*o exame oral foi uma v.*⟩ 3 atitude ou ato desonesto; patifaria, negociata ⟨*a v. na política não tem fim*⟩

ver.go.nho.so \ô\ [pl.: *vergonhosos* \ó\] *adj.* 1 que causa vergonha 2 que tem ou sente vergonha ⟨*rapaz v.*⟩ ⊃ desembaraçado

ve.rí.di.co *adj.* verdadeiro, autêntico, real ⊃ falso, mentiroso ~**veridicidade** *s.f.*

ve.ri.fi.car *v.* {mod. 1} *t.d.* 1 examinar a veracidade de; averiguar 2 provar a verdade de; confirmar, comprovar ⊃ contestar ❑ *pron.* 3 acontecer, realizar-se ~**verificação** *s.f.* - **verificável** *adj.2g.*

ver.me *s.m.* 1 designação comum a invertebrados sem patas, de corpo longo e mole 2 larva 3 *fig. pej.* pessoa vil, desprezível ~**vermicular** *adj.2g.* - **verminoso** *adj.*

ver.me.lhão [pl.: *-ões*] *s.m.* pigmento de mercúrio us. em tintas
ver.me.lhi.dão [pl.: *-ões*] *s.f.* **1** qualidade do que é vermelho ⟨*a v. do tomate*⟩ **2** rubor das faces
ver.me.lho \ê\ *s.m.* **1** a cor do sangue ■ *adj.* **2** que tem essa cor ⟨*xícara v.*⟩ **3** diz-se dessa cor ⟨*cor v.*⟩ **4** *fig.* ruborizado, corado ■ *adj.s.m.* **5** (indivíduo) que segue o comunismo ou socialismo ~ **vermelhar** *v.t.d.,int. e pron.*
ver.mi.ci.da *adj.2g.s.m.* vermífugo
ver.mí.fu.go *adj.s.m.* (substância ou produto) que combate vermes; vermicida
ver.mi.no.se *s.f.* doença por infestação de vermes
ver.mu.te *s.m.* aperitivo à base de vinho e extratos aromáticos
ver.ná.cu.lo *adj.* **1** próprio de um país, nação ou região ⮌ estrangeiro **2** sem estrangeirismos na pronúncia, vocabulário ou sintaxe; castiço ■ *s.m.* **3** a língua própria de um país, nação ou região ~ **vernaculizar** *v.t.d.*
ver.nis.sa.ge [fr.; pl.: *vernissages*] *s.m.* ver VERNISSAGEM ⇨ pronuncia-se vérnis**saj**
ver.nis.sa.gem *s.f.* inauguração de uma exposição de obras de arte
ver.niz *s.m.* **1** solução incolor à base de resina, us. para proteger e dar brilho em madeira, couro, cerâmica etc. **2** *fig.* cortesia superficial
ve.ro *adj.* verdadeiro, real ⮌ falso
ve.rô.ni.ca *s.f.* a imagem de Cristo estampada, gravada ou pintada sobre um tecido
ve.ros.sí.mil *adj.2g.* **1** que parece verdadeiro ⮌ inacreditável **2** que é possível ou provável por não contrariar a verdade; plausível ⮌ improvável ~ **verossimilhança** *s.f.* - **verossimilhante** *adj.2g.*
ver.ru.ga ou **ber.ru.ga** *s.f.* **1** saliência pequena na pele causada por vírus **2** pequena protuberância rugosa nas plantas ~ **verrugoso/berrugoso** *adj.* - **verruguento/berruguento** *adj.*
ver.ru.ma *s.f.* instrumento de aço com ponta em espiral, us. para furar madeira ~ **verrumar** *v.t.d. e int.*
ver.sa.do *adj.* **1** que foi ou é objeto de estudo ou discussão; estudado, tratado ⟨*o assunto aqui v.*⟩ **2** conhecedor, perito ⟨*v. em fotografia*⟩
ver.sal *s.2g.* **1** letra maiúscula ■ *adj.2g.* **2** diz-se dessa letra
ver.sa.le.te \ê\ *s.m.* letra com forma de maiúscula e altura de minúscula
ver.são [pl.: *-ões*] *s.f.* **1** tradução de um texto para uma língua estrangeira **2** esclarecimento de algum fato ou assunto; explicação **3** cada um dos diferentes modos de contar ou interpretar um assunto ⟨*v. pessoal dos fatos*⟩ **4** produto que é apresentado para comercialização com modificações em relação a sua forma anterior
[1]**ver.sar** *v.*{mod. 1} *t.d.* **1** pegar (esp. livros) para manusear, consultar **2** observar ou estudar em detalhes **3** exercitar, praticar, treinar ❑ *t.d. e t.i.* **4** (prep. *sobre*) ter como tema; tratar [ORIGEM: do lat. *versāre* 'voltar, revirar, mudar']
[2]**ver.sar** *v.*{mod. 1} *t.d.* **1** pôr em versos (algo em prosa); versificar **2** compor em versos ❑ *int.* **3** fazer versos; versejar [ORIGEM: *verso* + [2]*-ar*]
ver.sá.til *adj.2g.* **1** que tem tendência a mudar ⟨*temperamento v.*⟩ ⮌ constante **2** que se move facilmente ⟨*ave v.*⟩ **3** que tem variadas qualidades ou habilidades, podendo aprender ou realizar diferentes coisas ⟨*artista v.*⟩ **4** que tem utilidade variada; polivalente ⟨*sala v.*⟩
ver.sa.ti.li.da.de *s.f.* **1** qualidade ou atributo do que é versátil **2** falta de firmeza em princípios ou opiniões; inconstância, instabilidade, volubilidade ⮌ constância, perseverança **3** capacidade de ser diverso nas suas habilidades, saberes, usos etc.; polivalência ⟨*artista de grande v.*⟩ ⟨*aparelho de muita v.*⟩
ver.se.jar ou **ver.si.fi.car** *v.*{mod. 1} *int.* **1** compor versos; versar ❑ *t.d.* **2** pôr em versos (algo em prosa); versar **3** compor em versos; versar ⟨*v. um soneto*⟩ ~ **versejador** *adj.s.m.*
ver.sí.cu.lo *s.m.* **1** cada subdivisão de um artigo ou parágrafo **2** REL no catolicismo, pequeno verso tirado das Escrituras
ver.si.fi.car *v.*{mod. 1} *t.d. e int.* → VERSEJAR
[1]**ver.so** *s.m.* **1** cada linha de um poema **2** *p.ext.* poema, poesia **3** *p.ext.* qualquer quadra ou estrofe que se declama **4** *p.ext.* a linguagem literária característica das obras poéticas, em oposição à prosa; poesia [ORIGEM: do lat. *versus,us* ' linha (de escritura)'] ⊙ COL estrofe
[2]**ver.so** *s.m.* **1** página de uma folha de papel que fica oposta à da frente ⮌ frente **2** *p.ext.* o lado posterior de qualquer objeto ⮌ frente [ORIGEM: do lat. *versus,a,um* 'virado']
ver.sus [lat.] *prep.* contra ⇨ pronuncia-se **vér**sus
vér.te.bra *s.f.* ANAT cada um dos cerca de 33 ossos que compõem a coluna vertebral
ver.te.bra.do *s.m.* ZOO **1** espécime dos vertebrados, subdivisão de um ramo de animais, que compreende peixes, anfíbios, répteis, aves e mamíferos, caracterizados pela presença de coluna vertebral segmentada e de crânio que protege o cérebro ■ *adj.* **2** ZOO relativo a esse espécime **3** que possui vértebras
ver.te.bral *adj.2g.* **1** relativo, semelhante ou pertencente à(s) vértebra(s) **2** composto por ou que apresenta vértebras ⟨*coluna v.*⟩
ver.ten.te *adj.2g.* **1** que verte ⟨*águas v.*⟩ **2** a respeito de que se fala ⟨*assunto v.*⟩ ■ *s.f.* **3** encosta de montanha **4** cada lado de um telhado
ver.ter *v.*{mod. 8} *t.d. e int.* **1** fazer correr ou transbordar (um líquido) para fora do recipiente; derramar, entornar **2** (deixar) sair com força; jorrar, brotar ⟨*a mina vertia água*⟩ ⟨*o petróleo verteu das profundezas*⟩ ☞ *das profundezas* é circunstância que funciona como complemento ❑ *int.* **3** ter origem em; brotar ⟨*o rio verte da colina*⟩ ☞ *da colina* é circunstância que funciona como complemento **4** correr para; desaguar ⟨*o rio verte no mar*⟩ ☞ *no mar* é circunstância que funciona como complemento **5** deixar sair ou cair

um líquido em gotas; gotejar ❑ *t.d.i.* **6** (prep. *para*) passar de uma língua para (outra); traduzir

ver.ti.cal *adj.2g.* **1** perpendicular ao horizonte ⟨*linha v.*⟩ ⮌ horizontal **2** que se opera, usa etc. nessa posição ⮌ horizontal **3** *fig.* que compreende pessoas de níveis diferentes ⟨*a organização v. de uma empresa*⟩ ■ *s.f.* GEOM **4** reta perpendicular a uma outra reta ou a um plano horizontal ⮌ horizontal ~ **verticalidade** *s.f.*

vér.ti.ce *s.m.* **1** o ponto oposto mais afastado da base de uma figura **2** *p.ext.* ápice, cume ⮌ base **3** GEOM ponto em que duas ou mais retas se cruzam, formando um ângulo

ver.ti.gem *s.f.* **1** MED sensação de que o corpo ou as coisas ao seu entorno giram; tonteira, tontura **2** *p.ext.* qualquer sensação de desmaio ou fraqueza **3** *fig.* perda momentânea do autocontrole; loucura

ver.ti.gi.no.so \ô\ [pl.: *vertiginosos* \ó\] *adj.* **1** que causa vertigem ⟨*altura v.*⟩ **2** que tem vertigem ⟨*paciente v.*⟩ **3** *fig.* que muda muito e rapidamente ⟨*os v. tempos contemporâneos*⟩ **4** *fig.* que causa intensa perturbação ⟨*um sentimento v.*⟩ ⮌ calmo

ver.ve *s.f.* **1** entusiasmo e inspiração de artista, orador ou poeta **2** *p.ext.* graça, vivacidade ⟨*conta anedotas com muita v.*⟩ **3** *fig.* sentimento de vida, vitalidade ⟨*anda desanimado, sem v.*⟩ ⮌ abatimento

ves.go \ê\ *adj.s.m.* **1** que(m) sofre de desvio de um ou ambos os olhos; estrábico ■ *adj.* **2** *p.ext.* oblíquo, tortuoso, torto ⟨*linha v.*⟩ **3** que se revela desleal, insincero ⟨*proposta v.*⟩ ⮌ leal ~ **vesguear** *v.int.* - **vesguice** *s.f.*

ve.sí.cu.la *s.f.* **1** ANAT pequeno reservatório membranoso em forma de saco, ger. preenchido por líquido ⟨*v. biliar*⟩ **2** MED bolha na pele cheia de líquido ~ **vesical** *adj.2g.*

ve.si.cu.lar *adj.2g.* **1** relativo a ou próprio da vesícula **2** BOT em forma de vesícula

ves.pa \ê\ *s.f.* inseto alado, da ordem que reúne as abelhas, formigas e marimbondos, provido de ferrão no abdome ⊙ COL vespeiro ⊙ VOZ v.: zumbir; subst.: zumbido

ves.pei.ro *s.m.* **1** ninho de vespas **2** agrupamento de vespas; enxame **3** *fig.* local ou situação perigosa, em que há desavenças, traições

vés.per *s.m.* o planeta Vênus, quando aparece à tarde ☞ inicial maiúsc.

vés.pe.ra *s.f.* **1** dia imediatamente anterior àquele de que se trata ▼ *vésperas s.f.pl.* **2** os dias que mais proximamente antecedem a um fato

ves.pe.ral *adj.2g.* **1** relativo a tarde ■ *s.f.* B **2** filme, peça, concerto etc. realizados à tarde

ves.per.ti.no *adj.* **1** relativo a tarde ⟨*hora v.*⟩ **2** que ocorre à tarde ⟨*cinema com sessão v.*⟩ ■ *s.m.* **3** jornal publicado à tarde

ves.tal *s.f.* **1** mulher virgem oferecida para velar o fogo sagrado perpétuo do altar de Vesta, a deusa romana do lar **2** *p.ext.* mulher casta; virgem ■ *adj.2g.* **3** relativo a essa deusa e a essa virgem

ves.te *s.f.* **1** roupa, vestimenta **2** roupa que se usa para certo fim ⟨*v. sacerdotal*⟩

ves.ti.á.rio *s.m.* **1** local com armário para trocar de roupa em clube, escola etc. **2** antessala de casa, restaurante etc., us. para deixar chapéus, casacos etc.

ves.ti.bu.lan.do *adj.s.m.* B (estudante) que se prepara para prestar o exame vestibular

ves.ti.bu.lar *s.m.* **1** B o exame que dá acesso aos cursos universitários ■ *adj.2g.* **2** B diz-se desse exame **3** relativo a vestíbulo ⟨*entrada v. do edifício*⟩

ves.tí.bu.lo *s.m.* **1** saguão de entrada **2** ANAT cavidade que dá acesso a um órgão oco

[1]ves.ti.do *s.m.* roupa feminina composta de uma peça única em forma de saia e blusa [ORIGEM: do lat. *vestītus,us* 'roupa']

[2]ves.ti.do *adj.* **1** coberto com roupa ⮌ nu **2** trajado de modo apropriado para uma ocasião ⟨*v. para o casamento*⟩ **3** que usa roupa de um certo tipo ou feita de um material ou tecido ⟨*homens v. de terno*⟩ ⟨*príncipes v. de seda e veludo*⟩ [ORIGEM: do lat. *vestītus,a,um*, part. pas. de *vestire* 'vestir']

ves.tí.gio *s.m.* **1** rastro, pegada **2** *fig.* sinal, indício ⟨*sumiu sem deixar v.*⟩ **3** *fig.* o que restou de algo destruído ou desaparecido ⟨*v. de uma antiga civilização*⟩

ves.ti.men.ta *s.f.* **1** peça de roupa que veste qualquer parte do corpo **2** roupa us. em cerimônia, liturgia etc.; traje

ves.tir *v.* {mod. 28} *t.d. e pron.* **1** cobrir(-se) com roupa ⮌ despir(-se) **2** *fig.* recobrir(-se), envolver(-se) ⟨*o capim vestiu o quintal*⟩ ⟨*o campo vestiu-se de flores*⟩ ❑ *t.d. e t.d.i.* **3** (prep. *em*) pôr (peça de roupa) [em] ❑ *int.* **4** acomodar-se de certa forma ⟨*esta calça veste bem*⟩ ⟨*a blusa veste mal*⟩ ❑ *t.d.* **5** usar (vestimenta, peça de roupa etc.); trajar **6** usar ou colocar (luvas) **7** *p.ext.* fazer roupa para; costurar **8** usar roupa (de certa marca, tipo etc.) ❑ *t.d.pred. e pron.* **9** (prep. *de*) [fazer] usar certa roupa como disfarce, fantasia

ves.tu.á.rio *s.m.* **1** conjunto das peças de vestir; roupa **2** *fig.* modo de apresentar-se vestido e arrumado ⟨*destaca-se mais pelo v. do que pela beleza*⟩

ve.tar *v.* {mod. 1} *t.d.* **1** opor veto a (lei, proposta etc.) **2** *p.ext.* pôr obstáculo ou oposição a; impedir, proibir ⮌ autorizar

ve.te.ra.no *adj.s.m.* **1** que(m) serviu muitos anos como militar **2** *p.ext.* que(m) é experiente numa atividade ou profissão ⮌ novato ■ *s.m.* **3** militar já fora do serviço ativo **4** universitário que já cursou o primeiro ano ⮌ calouro

ve.te.ri.ná.ria *s.f.* ramo da medicina que diagnostica e trata das doenças dos animais

ve.te.ri.ná.rio *s.m.* **1** médico dos animais ■ *adj.* **2** relativo a veterinária ⟨*clínica v.*⟩

ve.to *s.m.* **1** DIR ato do chefe do poder executivo que nega, total ou parcialmente, aprovação de uma lei votada pelo poder legislativo **2** *p.ext.* proibição, impedimento ⟨*queria ir, mas teve o v. do pai*⟩ ⮌ autorização

ve.tor \ô\ *s.m.* **1** segmento orientado de reta **2** todo ser vivo capaz de transmitir parasita, bactéria ou vírus causadores de doenças ☞ nesta acp., tb. us. como adj. ~ **vetorial** *adj.2g.*

ve.tus.to *adj.* **1** de idade muito avançada; antigo ↺ novo **2** originário de época remota ⟨*costumes v.*⟩ ↺ contemporâneo **3** danificado ou deteriorado pelo tempo ⟨*o v. casario da vila*⟩ ↺ preservado **4** respeitável pela idade ⟨*v. ancião*⟩ ~ **vetustez** *s.f.*

véu *s.m.* **1** pano fino us. pelas mulheres para cobrir rosto ou cabeça **2** *fig.* o que serve para ocultar, envolver ou encobrir algo

ve.xa.me *s.m.* **1** tudo aquilo que causa aflição ou dor; opressão **2** tudo o que causa vergonha ou afronta **3** sentimento de vergonha ~ **vexativo** *adj.*

ve.xa.mi.no.so \ô\ [pl.: *vexaminosos* \ó\] *adj.* que vexa ou causa vexame; vexativo, vexatório

ve.xar *v.* {mod. 1} *t.d.* **1** impor maus-tratos a; maltratar **2** humilhar, afrontar ❑ *t.d. e pron.* **3** (fazer) sentir vergonha; envergonhar(-se) ↺ desinibir(-se)

ve.xa.tó.rio *adj.* vexaminoso

vez \ê\ *s.f.* **1** termo que marca a ocorrência de um fato ou a repetição de um evento idêntico ou análogo ⟨*o relógio bateu uma v. ou várias v.?*⟩ **2** ocasião, oportunidade ⟨*desta v. farei tudo certo*⟩ **3** hora, turno ⟨*esperar a sua v.*⟩ **4** quantidade que multiplica algo ou serve para comparar coisas ⟨*uma v. três é igual a três*⟩ ⟨*ganhou duas vezes mais que o irmão*⟩ ⊡ **às vezes** *loc.adv.* ocasionalmente ⟨*às v. ela chora, às v. ri*⟩ • **de v.** *loc.adv.B* **1** quase maduro ⟨*a goiaba está de v.*⟩ **2** definitivamente ⟨*resolver de v. o problema*⟩ • **em v. de** *loc.adv.* **1** em lugar de ⟨*quero o vestido de seda em v. do de algodão*⟩ **2** ao contrário de, ao invés de ⟨*em vez de rir, chorou*⟩ ☞ cf. *ao invés de* • **de v. em quando** *loc.adv.* ocasionalmente, uma vez ou outra

ve.zei.ro *adj.* **1** que tem costume de fazer certa coisa; acostumado **2** que repete o que fez; reincidente ~ **vezar** *v.t.d. e pron.*

ve.zo \ê\ *s.m.* **1** hábito de fazer algo censurável **2** *p.ext.* costume, hábito

VHF *s.m.* [ing.] sigla de frequência muito elevada

vi.a *s.f.* **1** avenida, caminho, estrada ⟨*as principais v. estão engarrafadas*⟩ **2** rumo, direção ⟨*essa v. de raciocínio não os ajudará*⟩ **3** ANAT qualquer canal do organismo, conduto **4** meio de deslocamento ou transporte de algo ou alguém, ou de transmissão de uma mensagem ⟨*v. aérea*⟩ **5** cada exemplar ou cópia de carta ou documento escrito ⟨*recibo em três v.*⟩ ■ *prep.* **6** através de; por ⟨*chegamos a Campo Grande v. Corumbá*⟩ **7** por meio de; por ⟨*transmissão v. satélite*⟩ ⊡ **v. de regra** *loc.adv.* geralmente ⟨*saía v. de regra acompanhado*⟩ • **Via Láctea** *loc.subst.* faixa luminosa larga composta por imenso número de estrelas e outros corpos celestes, da qual fazem parte o Sol e o sistema solar; galáxia

vi.a.bi.li.da.de *s.f.* **1** atributo ou condição do que é viável, exequível, realizável; exequibilidade, possibilidade ↺ impossibilidade, inexequibilidade, inviabilidade **2** *fig.* característica do que pode ter bom resultado, bom êxito; factibilidade, probabilidade ↺ improbabilidade, inviabilidade

vi.a.bi.li.zar *v.* {mod. 1} *t.d.* tornar viável, possível; possibilitar ↺ impedir ~ **viabilização** *s.f.*

vi.a.ção [pl.: *-ões*] *s.f.* **1** conjunto de caminhos, vias de determinado território **2** serviço ou empresa de transporte de passageiros ou carga

vi.a.du.to *s.m.* via urbana situada acima do nível do solo

vi.a.gem *s.f.* **1** deslocamento que se faz para ir de um local a outro relativamente distante ⟨*fez uma v. a São Paulo*⟩ ⟨*dormiu na v.*⟩ **2** *fig. drg.* experiência alucinógena provocada pela ingestão de entorpecente **3** *p.ext. infrm.* experiência intensa que proporciona forte emoção, prazer etc. ⟨*o filme foi uma v.*⟩ ~ **viageiro** *adj.s.m.*

vi.a.ja.do *adj.* que fez muitas viagens; que conhece muitos lugares

vi.a.jan.te *adj.2g.s.2g.* que(m) viaja; excursionista, viageiro

vi.a.jar *v.* {mod. 1} *int.* **1** fazer viagem ou viagens **2** transitar por (um caminho, estrada etc.) ⟨*v. por estrada de terra*⟩ ☞ *por estrada de terra* é circunstância que funciona como complemento ❑ *t.d.* **3** passar por (lugar) viajando; visitar

vi.an.dan.te *adj.2g.s.2g.* que(m) viaja; viajante

vi.á.rio *adj.* referente a viação ⟨*sistema v.*⟩

vi.a-sa.cra [pl.: *vias-sacras*] *s.f.* **1** série de 14 quadros com cenas da paixão de Cristo **2** *p.ext.* o conjunto de orações rezadas diante desses quadros

vi.a.tu.ra *s.f.* automóvel, veículo

vi.á.vel *adj.2g.* que pode ser realizado ↺ inviável

ví.bo.ra *s.f.* **1** nome comum a diversas serpentes venenosas encontradas na Europa, África e Ásia **2** *fig.* pessoa má, traiçoeira

vi.bra.ção [pl.: *-ões*] *s.f.* **1** movimento agitado e rápido; trepidação ↺ estabilidade **2** oscilação, tremor ↺ imobilidade **3** *fig.* sentimento ou manifestação de entusiasmo ⟨*v. da torcida*⟩ ↺ desinteresse

vi.bra.fo.ne *s.m.* espécie de xilofone com lâminas de metal providas de ressoadores cujas tampas abrem e fecham acionadas por motor elétrico ~ **vibrafonista** *s.2g.*

vi.brar *v.* {mod. 1} *t.d. e int.* **1** (fazer) sofrer tremor; tremer **2** (fazer) oscilar, balançar **3** emitir ou fazer-se ouvir (som, canção); soar ❑ *t.d.* **4** mover com força; agitar, brandir **5** produzir som tocando (corda, instrumento); dedilhar ❑ *int.* **6** ter som claro e distinto **7** sentir, mostrar alegria ou entusiasmo intenso ~ **vibrante** *adj.2g.* - **vibrátil** *adj.2g.*

vi.bra.tó.rio *adj.* **1** que vibra; vibrátil, vibrante ⟨*cristal v.*⟩ **2** em que há vibração ⟨*cama v.*⟩

vi.bri.ão [pl.: *-ões*] *s.m.* nome comum a bactérias móveis em forma de bastão curvo

vi.çar *v.* {mod. 1} *t.d. e int.* → VICEJAR

vi.ca.ri.a.to *s.m.* **1** cargo ou jurisdição de vigário **2** duração do exercício desse cargo **3** colocação de uma pessoa no lugar de outra; substituição

vi.cá.rio *adj.* **1** substituto ■ *s.m.* **2** vigário

vi.ce *s.2g.* redução de substantitvos compostos, tendo *vice-* como primeiro elemento, p.ex. *vice-presidente, vice-campeão* ⟨*quando o presidente viaja, o v. assume*⟩

vi.ce-al.mi.ran.te [pl.: *vice-almirantes*] *s.m.* **1** na Marinha do Brasil, posto de oficial-general, logo acima de contra-almirante e imediatente abaixo de almirante de esquadra **2** oficial que ocupa esse posto

vi.ce-cam.pe.ão [pl.: *vice-campeões*] *adj.s.m.* (o) que obteve o segundo lugar num campeonato

vi.ce-go.ver.na.dor [pl.: *vice-governadores*] *s.m.* **1** cargo imediatamente abaixo do de governador **2** quem ocupa esse cargo e exerce a função de governador em caso de ausência ou impedimento deste

vi.ce.jan.te *adj.2g.* **1** que viceja, que tem viço; verde, verdejante, verdoso ⟨*horta v.*⟩ ⮌ murcho, ressequido, seco **2** que emprega muitos recursos de retórica; florido, ornado ⟨*estilo v.*⟩ ⮌ desempolado, simples

vi.ce.jar ou **vi.çar** *v.* {mod. 1} *t.d. e int.* **1** (fazer) adquirir viço, desenvolver-se com força **2** encher(-se) de plantas (um local)

vi.cê.nio *s.m.* período de 20 anos ~ **vicenal** *adj.2g.*

vi.ce-pre.si.den.te [pl.: *vice-presidentes*] *s.m.* **1** cargo imediatamente abaixo do de presidente **2** quem ocupa esse cargo e substitui o presidente em caso de ausência ou impedimento ~ **vice-presidência** *s.f.*

vi.ce-rei [pl.: *vice-reis*] *s.m.* representante direto do poder do rei numa província ou num Estado subordinado a um reino

vi.ce-ver.sa *adv.* **1** em sentido inverso; ao contrário ⟨*o que está em cima desce, e v.*⟩ **2** mutuamente ⟨*eu telefono para você, e v.*⟩

vi.ci.ar *v.* {mod. 1} *t.d. e pron.* **1** tornar(-se) mau, impuro física ou moralmente; deteriorar(-se), perverter(-se) ❑ *t.d.* **2** alterar (balança, medidor etc.) para ter vantagem **3** falsificar, adulterar (documento, contrato etc.) ❑ *t.d.,t.d.i. e pron.* **4** (prep. *em*) [fazer] adquirir dependência por (substância ou hábito nocivo) ⟨*v. uma criança (em drogas)*⟩ ⟨*v.-se em jogo*⟩

vi.ci.nal *adj.2g.* **1** próximo, adjacente ⟨*bairro v. a este*⟩ ⮌ distante **2** que liga localidades próximas ⟨*estrada v.*⟩ ~ **vicinalidade** *s.f.*

ví.cio *s.m.* **1** defeito físico ou moral **2** tendência para o mal; depravação **3** hábito nocivo e ger. incontrolável **4** *p.ext.* costume persistente de fazer algo; mania

vi.ci.o.so \ô\ [pl.: *viciosos \ó*] *adj.* **1** em que há vício(s) ⟨*vida v.*⟩ **2** que apresenta erro ou defeito ⟨*produto v.*⟩ ⮌ perfeito **3** que revela falhas de caráter ou degradação moral; depravado ⮌ virtuoso ~ **viciosidade** *s.f.*

vi.cis.si.tu.de *s.f.* **1** inconstância dos fatos; sucessão de mudanças ⟨*as v. dos dias*⟩ ⮌ estabilidade **2** acaso, eventualidade ⟨*coragem para enfrentar as v. da vida*⟩ ⮌ certeza **3** condição contrária ou desfavorável a algo ou alguém; revés ⮌ sorte ~ **vicissitudinário** *adj.*

vi.ço *s.m.* **1** força de crescimento das plantas ⟨*o v. do milharal*⟩ ⮌ fraqueza **2** energia vital; vigor ⟨*era idoso, mas cheio de v.*⟩ ⮌ esgotamento **3** caráter do que é jovem; frescor

vi.ço.so \ô\ [pl.: *viçosos \ó*] *adj.* **1** que tem força vegetativa; que cresce e se desenvolve com vigor; pujante, verdejante, vicejante ⟨*roseirais v.*⟩ ⮌ murcho, ressequido, seco **2** coberto de verdura; em que plantas vicejam, vicejante ⟨*um vale fértil e v.*⟩ ⮌ ressecado, seco **3** que está com aparência saudável; sadio, são ⟨*faces v.*⟩ ⮌ doentio, malsão **4** cheio de energia vital ou juvenil; bem-disposto, forte, vigoroso ⮌ desanimado

vi.cu.nha *s.f.* **1** ruminante andino, menor e mais claro que a lhama **2** a lã desse animal **3** o tecido feito com essa lã

vi.da *s.f.* **1** conjunto de propriedades que mantêm ativos animais e plantas **2** período entre nascer e morrer; existência **3** *fig.* tempo de existência ou funcionamento de algo ⟨*a v. de um automóvel*⟩ **4** modo de viver ⟨*v. de rico*⟩ ⟨*v. santa*⟩ **5** conjunto de acontecimentos na existência de alguém; biografia **6** *fig.* conjunto dos fatos e atividades relativos a um grupo, uma época, um lugar ⟨*v. republicana*⟩ **7** *fig.* ânimo, força ⟨*dar v. ao espetáculo*⟩

vi.de *s.f.* muda de videira; bacelo

vi.de [lat.] fórmula us. para remeter a outro trecho, texto, fato etc. ⟨v. *bula*⟩ ⟨v. *verso*⟩ ⇨ pronuncia-se vide

vi.dei.ra *s.f.* trepadeira que dá uva

vi.dên.cia *s.f.* **1** [2]dom de vidente **2** visão sobrenatural

vi.den.te *adj.2g.* **1** que pode ver o passado, prever o futuro ou ver cenas nas quais não está presente ■ *s.2g.* **2** pessoa que faz previsões; profeta, adivinho **3** aquele que é capaz de ver ⮌ cego

ví.deo *s.m.* **1** técnica de reprodução de imagens em movimento **2** parte visual de uma transmissão televisiva ou cinematográfica **3** filme, programa, espetáculo etc. gravados para reprodução em aparelho de televisão; videoteipe **4** tela da televisão **5** tela do monitor de um computador **6** videocassete

vi.de.o.cas.se.te *s.m.* **1** fita magnética que registra e/ou reproduz som e imagem; vídeo **2** equipamento que reproduz as imagens gravadas nessa fita; vídeo

vi.de.o.cli.pe *s.m.* curta-metragem em filme ou vídeo que ilustra uma música; clipe

vi.de.o.clu.be *s.m.* **1** local que exibe obras gravadas em vídeo **2** loja de venda ou aluguel de fitas de vídeos já gravadas; videolocadora

vi.de.o.con.fe.rên.cia *s.f.* teleconferência com transmissão de som e imagem realizada via televisão, em circuito fechado ou em rede de computadores

vid.eo game [ing.; pl.: *video games*] *loc.subst.* jogo com controle eletrônico praticado em tela de computador ou de televisão ⇨ pronuncia-se **video guêim**

vi.de.o.la.pa.ros.co.pi.a *s.f.* MED laparoscopia feita com o auxílio de uma câmera de vídeo

vi.de.o.lo.ca.do.ra *s.f.* loja de aluguel de videocassetes, *video games*, videodiscos etc.

vi.de.o.te.ca *s.f.* **1** coleção de fitas de vídeo **2** móvel ou local em que ficam guardadas essas fitas

vi.de.o.tei.pe *s.m.* **1** gravação de imagens e som em fita magnetizada; vídeo **2** essa fita; vídeo

vi.de.o.tex.to *s.m.* sistema de visualização de informações em monitor de vídeo, transmitidas por linha telefônica ou televisão a cabo

vi.dra.ça *s.f.* **1** folha de vidro polido us. em janelas **2** caixilho em que foi encaixada essa folha

vi.dra.ça.ri.a *s.f.* local de fabricação e/ou comércio de vidros; vidraria

vi.dra.cei.ro *s.m.* quem fabrica, vende ou instala vidros

vi.dra.do *adj.* **1** revestido de substância vitrificável; vitrificado ⟨*cerâmica v.*⟩ **2** guarnecido de vidros ou vidraças; envidraçado ⟨*recinto v.*⟩ **3** que tem o brilho do vidro; brilhante, lustroso, vidrento ⟨*sapatos v. de tanto polimento*⟩ ⮌ baço, embaçado, fosco **4** sem brilho, sem transparência; embaçado, fosco, vidrento ⟨*olhos v.*⟩ ⮌ brilhante, brilhoso **5** *fig. B infrm.* extremamente interessado; apaixonado, gamado, obcecado ⟨*estar v. numa garota*⟩ ⮌ alheio, avesso, indiferente

vi.drar *v.* {mod. 1} *t.d.* **1** cobrir com substância vitrificável **2** pôr vidros ou vidraça em; envidraçar ❑ *t.i. e int. B gír.* **3** (prep. *em*) ficar fascinado, encantado por; gamar

vi.dra.ri.a *s.f.* **1** arte de fabricar vidros ou objetos de vidro **2** grande quantidade de vidros **3** vidraçaria

vi.drei.ro *adj.s.m.* **1** que(m) trabalha com vidro ■ *adj.* **2** referente à indústria do vidro

vi.dri.lho *s.m.* pequeno canudo oco de massa de vidro ou similar, us. na confecção de bijuterias, bordados em tecidos etc.

vi.dro *s.m.* **1** substância sólida, frágil e translúcida, fabricada por fusão a altas temperaturas de areia e carbonatos, seguida de rápida solidificação **2** recipiente feito desse material; frasco **3** lâmina desse material ⟨*v. da janela*⟩ ⟨*v. do relógio*⟩

vi.e.la *s.f.* rua estreita; travessa

vi.és *s.m.* **1** direção oblíqua **2** tira de pano cortada obliquamente, us. como enfeite ou para acabamentos **3** *fig.* meio dissimulado de fazer, conseguir ou concluir algo **4** caráter básico de algo; natureza ⟨*comentário de v. satírico*⟩ **5** *fig.* tendência determinada por fatores externos ⟨*o v. inflacionário de uma medida econômica*⟩ ⊡ **de v.** *loc.adv.* de esguelha, de lado ⟨*olhar de v.*⟩

vi.ga *s.f.* peça us. para dar sustentação horizontal à construção, reforçando as colunas; trave

vi.ga.ri.ce *s.f.* trapaça

vi.gá.rio *s.m.* padre que substitui o pároco ~ **vicarial** *adj.2g.*

vi.ga.ris.ta *adj.2g.s.2g.* que(m) se aproveita da boa-fé dos outros; trapaceiro ⮌ honesto ~ **vigarismo** *s.m.*

vi.gên.cia *s.f.* tempo durante o qual algo tem validade ⟨*v. de uma lei, contrato, costume*⟩

vi.gen.te *adj.2g.* que está em vigor, que vigora, que vige; atual, contemporâneo ⟨*a velha constituição continuava v.*⟩ ⮌ antigo, antiquado, caduco

vi.ger *v.* {mod. 8} *int.* estar em vigência; vigorar, valer

vi.gé.si.mo *n.ord.* *(adj.s.m.)* **1** (o) que, numa sequência, ocupa a posição número 20 ■ *n.frac. (adj.s.m.)* **2** (o) que é 20 vezes menor que a unidade ~ **vigesimal** *adj.2g.*

vi.gi.a *s.2g.* **1** sentinela ■ *s.f.* **2** observação atenta ⮌ descuido **3** claraboia **4** guarita para sentinela **5** *p.ext.* orifício pelo qual se espreita

vi.gi.ar *v.* {mod. 1} *t.d.* **1** observar com atenção; controlar **2** observar às escondidas; espionar **3** cuidar com atenção; velar **4** verificar se (algo) está-se realizando como previsto; fiscalizar ❑ *int.* **5** ficar de sentinela, de guarda

vi.gi.lân.cia *s.f.* **1** ato ou efeito de vigiar; guarda, patrulhamento, vigia ⮌ descuido, negligência **2** estado de quem permanece alerta, de quem age com precaução para não correr risco; cautela, cuidado, prudência ⮌ descuido, imoderação, precipitação **3** interesse ou zelo que se aplica na realização de algo; aplicação, atenção, diligência ⮌ desatenção, desinteresse

vi.gi.lan.te *adj.2g.s.2g.* **1** (o) que vigia ⮌ distraído ■ *s.2g.* **2** sentinela, segurança ⟨*os. v. do banco*⟩

vi.gí.lia *s.f.* **1** estado daquele que passa a noite em claro em vigilância ⮌ sono **2** REL celebração noturna em véspera de festa religiosa

vi.gor \ô\ *s.m.* **1** qualidade do que possui força; energia ⮌ exaustão **2** *p.ext.* manifestação de firmeza; segurança ⟨*defender com v. uma opinião*⟩ ⮌ apatia **3** *p.ext.* valor, vigência ⟨*lei em v.*⟩

vi.go.rar *v.* {mod. 1} *t.d. e int.* **1** (fazer) adquirir vigor físico; fortalecer(-se) ⮌ enfraquecer(-se) ❑ *t.d.* **2** tornar mais ativo, eficaz; potencializar ⟨*v. um remédio*⟩ **3** *fig.* dar estímulo a; encorajar ⮌ desestimular ❑ *int.* **4** estar em vigência; viger, valer ~ **vigorante** *adj.2g.*

vi.go.ro.so \ô\ [pl.: *vigorosos* \ó\] *adj.* **1** forte, poderoso ⮌ fraco **2** que tem saúde; saudável ⮌ doentio **3** que tem viço ⮌ murcho **4** robusto, corpulento ⟨*homem v.*⟩ ⮌ frágil **5** expressivo, acentuado ⟨*discurso v.*⟩ ⮌ débil

vil *adj.2g.* **1** que não tem dignidade; desprezível, vulgar ⟨*inimigo v.*⟩ ⮌ digno **2** de pouco valor; barato ⮌ valioso

vi.la *s.f.* **1** *B* conjunto de casas em beco, ger. com uma única saída para a rua **2** pequena cidade **3** agrupamento de moradias ⟨*v. militar*⟩

vi.la.ni.a *s.f.* **1** afronta, ultraje ⮌ elogio **2** ato indigno

vi.lão [pl.: *-ões*] *adj.s.m.* **1** que(m) mora em vila **2** (indivíduo) desprezível, indigno ⮌ digno

vi.la.re.jo \ê\ *s.m.* pequena aldeia, povoado

vi.le.za \ê\ *s.f.* baixeza, indignidade ⮌ nobreza

vi.li.pen.di.ar *v.* {mod. 1} *t.d.* **1** tratar com desdém; desprezar ⮌ respeitar **2** considerar vil, indigno, sem valor; rebaixar ⮌ elevar **3** causar ofensa a; insultar

vi.li.pên.dio *s.m.* **1** desvalorização, aviltamento ⮌ exaltação **2** desprezo, desconsideração ⮌ respeito

vi.li.pen.di.o.so \ô\ [pl.: *vilipendiosos* \ó\] *adj.* em que há vilipêndio, menoscabo; afrontoso, agressivo, depreciador ⟨*palavras v.*⟩ ⊃ dignificante, elogiante, enaltecedor

vi.me *s.m.* **1** vara de vimeiro, ger. flexível, us. em trabalhos trançados **2** *p.ext.* qualquer vara flexível

vi.mei.ro *s.m.* nome comum a algumas árvores e arbustos de que se extrai o vime

vi.na.gre *s.m.* condimento resultante da fermentação do ácido de certas bebidas, esp. o vinho, ou de frutas ~ **vinagrado** *adj.*

vi.na.grei.ra *s.f.* **1** recipiente onde se faz ou guarda vinagre **2** arbusto de até 3 m, caule avermelhado e folhas de sabor azedo us. na culinária

vi.na.gre.te \ê\ *s.m.* molho preparado com vinagre, óleo, sal, pimenta e outros condimentos para acompanhar saladas, pratos frios etc.

vin.car *v.* {mod. 1} *t.d.* **1** fazer vinco(s) em **2** *fig.* pôr em destaque; realçar, marcar ⊃ disfarçar ❑ *t.d. e int.* **3** (fazer) ficar com rugas; encarquilhar(-se) ⊃ desenrugar(-se)

vin.co *s.m.* **1** marca ou sulco que fica em algo que se dobrou ⟨*calça com v.*⟩ **2** sulco ou prega na pele ou em qualquer superfície

vin.cu.la.ção [pl.: *-ões*] *s.f.* ato ou efeito de ligar(-se) por vínculo; conexão, junção, liame, ligação ⊃ desconexão, desvinculação

vin.cu.lar *v.* {mod. 1} *t.d. e pron.* **1** unir(-se) por laços ou nós ❑ *t.d.,t.d.i. e pron.* **2** (prep. *a*) [fazer] estar unido, preso por algum vínculo; ligar(-se) ⊃ separar(-se) ❑ *t.d. e t.d.i.* **3** (prep. *a*) estabelecer relação lógica ou de dependência; associar ⊃ desvincular ~ **vinculador** *adj.s.m.*

vín.cu.lo *s.m.* **1** o que ata, liga ou aperta **2** o que liga duas ou mais pessoas ou instituições; relacionamento ⟨*v. de ternura*⟩ ⟨*v. empregatício*⟩

vin.da *s.f.* **1** ato de chegar, comparecer ou o seu efeito ⟨*a v. do médico foi um alívio*⟩ ⊃ ausência **2** regresso, volta ⊃ ida

vin.di.car *v.* {mod. 1} *t.d.* **1** exigir a restituição de (algo que lhe pertence) **2** reclamar ou exigir com base na lei; reivindicar ~ **vindicação** *s.f.* - **vindicador** *adj.s.m.* - **vindicante** *adj.2g.s.2g.* - **vindicativo** *adj.*

vin.di.ma *s.f.* **1** colheita das uvas **2** época dessa colheita **3** *p.ext.* conjunto de uvas colhidas ~ **vindimador** *adj.s.m.*

vin.di.mar *v.* {mod. 1} *t.d. e int.* **1** colher a uva (de) ❑ *t.d.p.ext.* **2** fazer a colheita de; apanhar ⟨*v. frutas no pomar*⟩ **3** *fig.* aniquilar, destruir

vin.di.ta *s.f.* **1** vingança **2** punição ou castigo legal

vin.dou.ro *adj.* que está por vir ou por acontecer ⟨*mês v.*⟩ ⟨*festas v.*⟩

vin.gan.ça *s.f.* ato praticado em represália contra aquele que é ou seria o causador de algum dano; retaliação, revide

vin.gar *v.* {mod. 1} *t.d. e pron.* **1** (prep. *de*) obter reparação de (ofensa); desforrar ❑ *t.d.* **2** servir de castigo a; punir ⟨*sua pobreza vinga sua avareza*⟩ ❑ *int.* **3** resistir vivo; crescer, desenvolver-se **4** *fig.* produzir resultado; consolidar-se, crescer ~ **vingador** *adj.s.m.*

vin.ga.ti.vo *adj.* **1** que se vinga; que sente necessidade de vingar-se ⟨*pessoa v.*⟩ **2** em que há vingança ⟨*atitude v.*⟩

vi.nha *s.f.* **1** grande plantação de videiras **2** videira ⊙ COL vinhedo

vi.nha-d'a.lho [pl.: *vinhas-d'alho*] *s.f.* molho de vinagre, alho etc. próprio para temperar e/ou amaciar carnes; marinada

vi.nha.ta.ri.a *s.f.* **1** fabricação de vinhos **2** cultura de videiras ~ **vinhateiro** *adj.s.m.*

vi.nhá.ti.co *s.m.* árvore da família das leguminosas, de madeira amarelada

vi.nhe.do \ê\ *s.m.* grande plantação de vinhas em determinada área

vi.nhe.ta \ê\ *s.f.* **1** pequena peça ou trecho musical tocado em início e encerramento de programa de televisão ou rádio **2** ornamento tipográfico que ilustra texto ou livro ~ **vinhetista** *s.2g.*

vi.nho *s.m.* **1** bebida alcoólica resultante da fermentação do mosto da uva **2** nome comum a vários tipos de bebidas resultantes da fermentação do sumo de plantas ou frutas **3** a cor do vinho tinto ■ *adj.2g.2n.* **4** dessa cor ⟨*camisa v.*⟩ **5** diz-se dessa cor ⊡ **v. branco** *loc.subst.* vinho de cor branca ou amarelada, feito com a polpa de uvas brancas ou tintas • **v. tinto** *loc.subst.* vinho de cor vermelha acentuada, feito com a polpa e a película de uvas tintas

vi.ni.cul.tor \ô\ *adj.s.m.* que(m) se dedica à vinicultura

vi.ni.cul.tu.ra *s.f.* fabricação de vinho

vi.nil *s.m.* material us. na fabricação de discos ('placa') de sulco contínuo cuja leitura é feita por uma agulha

vin.tém *s.m.* antiga moeda portuguesa equivalente a 20 réis

vi.o.la *s.f.* **1** instrumento de cordas dedilháveis menor que o violão, com cinco ou seis cordas duplas **2** instrumento de arco e quatro cordas friccionáveis semelhante ao violino, porém maior e de som mais grave

vi.o.la.ção [pl.: *-ões*] *s.f.* **1** desrespeito ao que é sagrado; profanação ⟨*v. de túmulos*⟩ **2** estupro **3** transgressão a normas, leis etc.; desobediência ⟨*v. do espaço aéreo*⟩ ⟨*v. contratual*⟩

vi.o.lá.cea *s.f.* BOT espécime das violáceas, família que reúne muitas ervas e arbustos, poucos cipós e árvores, vários cultivados como ornamentais, como a violeta e o amor-perfeito, e alguns como medicinais

vi.o.lá.ceo *s.m.* **1** a cor roxa da violeta ■ *adj.* **2** que tem essa cor ⟨*estofo v.*⟩ **3** diz-se dessa cor ⟨*a cor v.*⟩ **4** relativo a violácea e a sua família

vi.o.lão [pl.: *-ões*] *s.m.* instrumento de seis cordas dedilháveis com caixa de ressonância em forma de oito

vi.o.lar *v.* {mod. 1} *t.d.* **1** tratar com desrespeito; profanar ⟨*v. um túmulo*⟩ **2** ter relação sexual forçada com; estuprar **3** não seguir o que manda (lei, contrato etc.); transgredir ⊃ obedecer **4** desrespeitar (direito alheio) ⊃ respeitar **5** abrir (correspondência alheia) sem permissão **6** abrir à força; arrombar **7** entrar sem permissão em; invadir **8** conhecer, divulgar (segredo, intimidade) sem permissão ~ **violador** *adj.s.m.*

vi.o.lei.ro *s.m.* quem toca viola ('instrumento menor que o violão')

vi.o.lên.cia *s.f.* **1** uso de força física **2** ação de intimidar alguém moralmente ou o seu efeito **3** ação, freq. destrutiva, exercida com ímpeto, força ⟨*a v. da tempestade*⟩ **4** expressão ou sentimento vigoroso; fervor ⟨*a v. de um discurso*⟩ ⮌ doçura

vi.o.len.tar *v.* {mod. 1} *t.d.* **1** usar violência ou ameaça contra **2** ter relação sexual forçada com; estuprar **3** abrir à força; arrombar ❑ *pron.* **4** agir contra sua vontade ou consciência; forçar-se ~ **violentador** *adj.s.m.*

vi.o.len.to *adj.* **1** que ocorre com muita intensidade ⟨*dor v.*⟩ ⮌ suave **2** que possui ou usa grande força; brutal ⟨*ação v.*⟩ ⟨*animal v.*⟩ ⮌ comedido ~ **violentamente** *adv.*

vi.o.le.ta \ê\ *s.f.* **1** planta ornamental de flores vistosas e folhas cobertas de pequenos pelos ■ *s.m.* **2** a cor roxa, mais comum dessa planta ■ *adj.2g.2n.* **3** dessa cor ⟨*saia v.*⟩ **4** diz-se dessa cor ⟨*a cor v.*⟩

violinista *adj.2g.s.2g.* que(m) toca violino

vi.o.li.no *s.m.* instrumento de arco e quatro cordas friccionáveis, que se toca apoiado sobre o ombro

vi.o.lis.ta *adj.2g.s.2g.* que(m) toca viola ('instrumento de arco')

vi.o.lon.ce.lis.ta *adj.2g.s.2g.* que(m) toca violoncelo

vi.o.lon.ce.lo *s.m.* instrumento de arco e quatro cordas friccionáveis, que se toca apoiando-o no chão, entre as pernas

vi.o.lo.nis.ta *adj.2g.s.2g.* que(m) toca violão

vi.pe.ri.no *adj.* **1** próprio da víbora ou semelhante a ela **2** venenoso ⟨*substância v.*⟩ **3** *fig.* que agride ou critica em excesso; mordaz

vir *v.* {mod. 31} *int.* **1** ir ou ser levado de um lugar para (onde estamos) **2** atingir ou chegar a (certa extensão, comprimento, altura) ⟨*seu cabelo vem na cintura*⟩ ☞ *na cintura* é circunstância que funciona como complemento **3** estar presente; comparecer ⟨*os ministros vieram à reunião*⟩ ⮌ faltar ☞ *à reunião* é circunstância que funciona como complemento **4** partir, ser proveniente de; proceder ⟨*a seda vem da China*⟩ ☞ *da China* é circunstância que funciona como complemento **5** ir para o lugar de onde saiu; regressar ⟨*nos falamos quando vier de Paris*⟩ ⮌ partir ☞ *de Paris* é circunstância que funciona como complemento **6** ter como origem; derivar ⟨*o português vem do latim*⟩ ☞ *do latim* é circunstância que funciona como complemento **7** estar prestes a ocorrer ou chegar **8** acontecer, ocorrer, surgir ⟨*a doença veio de repente*⟩

[1]**vi.ra** *s.f.* tira estreita de couro que se prega entre as solas do sapato, junto às bordas [ORIGEM: do lat. *viria,ae* 'pequeno bracelete']

[2]**vi.ra** *s.m.* música e dança popular portuguesas acompanhadas por cavaquinho, guitarra e tambor [ORIGEM: do v. *virar*]

vi.ra.bre.quim *s.m.* eixo de manivela

vi.ra.ção [pl.: *-ões*] *s.f.* **1** brisa marinha que sopra à tarde **2** *B gír.* biscate

vi.ra-ca.sa.ca [pl.: *vira-casacas*] *s.2g.* quem troca constantemente de partido, time, opinião conforme sua conveniência

vi.ra.da *s.f.* **1** ato de virar(-se) ou o seu efeito ⟨*dar uma v. na maçaneta*⟩ **2** mudança súbita de situação, atitude etc. ⟨*a v. do time foi um alívio*⟩ ⟨*o emprego deu uma v. na sua vida*⟩

vi.ra.do *adj.* **1** que alguém virou ou que virou por si mesmo ⟨*cadeira v. para a parede*⟩ ■ *s.m. B* **2** prato feito com feijão escorrido e refogado, misturado com farinha, servido freq. com linguiça, torresmo e ovo

vi.ral *adj.2g.* relativo a ou causado por vírus; virótico

vi.ra-la.ta [pl.: *vira-latas*] *adj.2g.s.2g.* (animal doméstico) sem raça definida

vi.rar *v.* {mod. 1} *t.d.,int. e pron.* **1** colocar(-se) em direção ou posição oposta à anterior **2** (fazer) tomar a direção de; desviar **3** (fazer) ficar de cabeça para baixo; emborcar ❑ *t.d.* **4** seguir por (caminho que volteia ou se dobra); dobrar ⟨*v. a esquina*⟩ **5** pôr o lado interior para fora; revirar ⟨*v. os bolsos*⟩ ⮌ desvirar **6** jogar para fora; derramar, despejar **7** despejar bebendo ⟨*virou uma garrafa de vinho*⟩ ❑ *t.d.i. e int.* **8** (prep. *para*) apontar em certa direção; voltar ⟨*virou o olhar para o pai*⟩ ⟨*a janela virava para o nascente*⟩ ❑ *t.d. e int.* **9** mover(-se) em torno do próprio eixo; girar **10** sobrepor(-se) parte de (tecido, papel etc.) sobre ele mesmo; dobrar(-se) ❑ *pron.* **11** dirigir seu rosto ou o corpo para; voltar-se **12** esforçar-se para vencer dificuldades, alcançar objetivos etc. ❑ *int.* **13** sofrer alteração (o tempo); mudar ❑ *pred.* **14** assumir a forma ou a natureza de; transformar-se

vi.ra.vol.ta *s.f.* reviravolta ~ **viravoltar** *v.int.* - **viravoltear** *v.int.*

vir.gem *adj.2g.s.2g.* **1** que(m) nunca teve relações sexuais ■ *adj.2g.* **2** *p.ext.* que ainda não foi fecundado **3** *p.ext.* casto; puro **4** *p.ext.* que nunca foi visto ou explorado ⟨*mata v.*⟩ **5** *p.ext.* que nunca foi usado ⟨*fita v.*⟩ ■ *s.f.* **6** a mãe de Jesus Cristo ☞ inicial maiúsc. **7** sexta constelação zodiacal, situada entre Leão e Libra ☞ inicial maiúsc. **8** ASTRL sexto signo do zodíaco (de 23 de agosto a 22 de setembro) ☞ inicial maiúsc.

vir.gi.nal *adj.2g.* **1** relativo a ou próprio de virgem **2** que não tem pecado; casto

vir.gin.da.de *s.f.* **1** condição de quem nunca teve relação sexual **2** estado do que se encontra intacto **3** *p.ext.* pureza, inocência ⟨*v. de espírito*⟩

vir.gi.ni.a.no *adj.s.m.* **1** que(m) é do signo de Virgem **2** relativo ou pertencente a esse signo

vír.gu.la *s.f.* sinal de pontuação (,) indicando uma pausa ligeira, us. para separar frases ou elementos dentro de uma frase ~ **virgulação** *s.f.* - **virgular** *v.t.d. e int.*

vi.ril *adj.2g.* **1** relativo ao ou próprio do homem; masculino **2** *p.ext.* com características consideradas próprias do homem; másculo **3** *p.ext.* corajoso, forte ~ **virilizar** *v.t.d. e pron.*

vi.ri.lha *s.f.* ANAT área de junção da parte superior interna de cada coxa com o abdome

vi.ri.li.da.de *s.f.* **1** qualidade do que é viril **2** conjunto dos atributos e características físicas e sexuais próprias do homem; hombridade, masculinidade ⟨*privar um homem de sua v.*⟩ **3** capacidade do homem de realizar o ato sexual ou de procriar **4** idade do homem que vai da adolescência à velhice **5** *fig.* força física ou moral; energia, vigor

vi.ro.lo.gi.a *s.f.* ramo da microbiologia que estuda os vírus

vi.ro.lo.gis.ta *adj.2g.s.2g.* especialista em virologia

vi.ro.se *s.f.* doença causada por vírus

[1]**vi.ró.ti.co** *adj.* relativo a ou próprio de virose [ORIGEM: *virose* + *-ico*]

[2]**vi.ró.ti.co** *adj.* relativo a ou pertencente a vírus [ORIGEM: de *vírus*, com influência de *'virótico*]

vir.tu.al *adj.2g.* **1** possível de ser, existir ou ocorrer ⟨*solução hipotética, v.*⟩ **2** simulado por programas de computador ⟨*realidade v.*⟩ **3** praticamente completo ⟨*o v. esquecimento de um escritor*⟩ ~ **virtualidade** *s.f.*

vir.tu.de *s.f.* **1** qualidade ger. moral ⟨*a honestidade é uma v.*⟩ **2** poder de produzir um efeito ou atingir um objetivo ⟨*a v. calmante de um chá*⟩ **3** a prática do bem ⊡ **em v. de** *loc.prep.* em consequência de, em razão de ⟨*saíram mais cedo em v. do calor*⟩

vir.tu.o.se \ô\ *s.2g.* **1** músico muito talentoso **2** *p.ext.* quem tem total domínio de uma técnica ou arte ⟨*um v. do violão*⟩ ~ **virtuosidade** *s.f.* - **virtuosístico** *adj.*

vir.tu.o.sis.mo *s.m.* **1** a técnica e o talento do virtuose; virtuosidade ⟨*o v. de um grande pianista*⟩ **2** *p.ext.* grande habilidade técnica (na arte ou em geral) ⟨*cozinhava com v.*⟩ **3** *pej.* talento baseado na técnica, sem profundidade de inspiração

vir.tu.o.so \ô\ [pl.: *virtuosos* \ó\] *adj.* **1** que tem virtudes ■ *s.m.* **2** quem possui ou pratica virtudes

vi.ru.lên.cia *s.f.* **1** qualidade ou estado do que tem vírus **2** capacidade de um vírus ou bactéria se multiplicar dentro de um organismo, provocando doença **3** *fig.* caráter do que tem violência ou impulso violento ⟨*a v. de uma crítica*⟩

vi.ru.len.to *adj.* **1** ref. a vírus ⟨*ferida v.*⟩ **2** que tem capacidade de se multiplicar num organismo, provocando doença; patogênico **3** que contém vírus ou veneno ⟨*substância v.*⟩ **4** que é provocado por vírus ⟨*afecção v.*⟩ **5** *fig.* cheio de violência ou rancor ⟨*discurso v.*⟩

ví.rus *s.m.2n.* **1** agente infeccioso diminuto que se multiplica no interior de células vivas **2** INF programa de computador capaz de criar cópias de si mesmo, que ger. destrói arquivos, memória etc. ⊡ **v. da imunodeficiência humana** *loc.subst.* nome de dois tipos de vírus, responsáveis pela aids [sigla, em ing.: *HIV*]

vi.sa.gem *s.f.* **1** careta **2** *B* assombração, fantasma

vi.são [pl.: *-ões*] *s.f.* **1** sentido através do qual, por meio dos órgãos da vista, se percebem cor, forma e tamanho dos objetos **2** *p.ext.* representação imaginária causada por delírio ou ilusão; aparição, fantasma **3** *fig.* ponto de vista

[1]**vi.sar** *v.* {mod. 1} *t.d.* pôr sinal de visto em [ORIGEM: do fr. *viser* 'examinar documento para validá-lo']

[2]**vi.sar** *v.* {mod. 1} *t.d.* **1** dirigir a vista para; olhar **2** dirigir-se (projétil, tiro) para ❑ *t.d. e t.i. fig.* **3** (prep. *a*) ter como objetivo; mirar, propor-se [ORIGEM: do fr. *viser* 'dirigir o olhar para']

vís.ce.ra *s.f.* **1** qualquer órgão situado na cavidade do tronco ▼ *vísceras s.f.pl.* **2** o conjunto desses órgãos; entranhas **3** *fig.* a parte mais íntima ou essencial de qualquer coisa; âmago ~ **visceroso** *adj.*

vis.ce.ral *adj.2g.* **1** relativo ou pertencente a víscera(s); visceroso **2** que se encontra arraigado; muito íntimo ou profundo ⟨*amor v. pela família*⟩

vis.ce.ral.men.te *adv.* de modo essencial, íntimo, substancial; profundamente ⟨*estão v. unidos na luta*⟩

vis.co *s.m.* visgo

vis.con.de *s.m.* homem com título de nobreza superior ao de barão e inferior ao de conde ~ **viscondado** *s.m.*

vis.co.si.da.de *s.f.* **1** atributo ou condição do que é viscoso, pegajoso; viscidez **2** propriedade pela qual as partículas de uma substância aderem umas às outras ⟨*óleo de pouca v.*⟩

vis.co.so \ô\ [pl.: *viscosos* \ó\] *adj.* que tem visco; pegajoso, grudento ~ **viscidez** *s.f.*

vi.sei.ra *s.f.* **1** parte anterior do capacete que protege o rosto **2** pala do boné ou quepe **3** aba que se usa na cabeça, acima dos olhos, para proteger o rosto do sol

vis.go *s.m.* seiva pegajosa de certos vegetais; visco ~ **visguento** *adj.*

vi.si.bi.li.da.de *s.f.* **1** caráter ou condição do que pode ser percebido pelo sentido da vista ⊃ invisibilidade **2** percepção pela vista; visão ⟨*o prédio tirou a v. da praia*⟩

vi.si.go.do \ô\ *adj.* **1** diz-se da ramificação ocidental dos godos, antigo povo germânico ■ *adj.s.m.* **2** (indivíduo) desse povo ☞ cf. *ostrogodo*

vi.sio.ná.rio *adj.s.m.* **1** que(m) tem ou acredita ter visões sobrenaturais **2** que(m) tem ideias grandiosas ou acredita em ideais ⊃ realista **3** que(m) tem ideias extravagantes; excêntrico ⊃ banal

vi.si.ta *s.f.* **1** ato de ir ver alguém por cortesia ou dever **2** aquele que cumpre esse ato ⟨*as v. chegaram tarde*⟩ **3** inspeção, vistoria ~ **visitação** *s.f.* - **visitador** *adj.s.m.*

vi.si.tan.te *adj.2g.s.2g.* **1** que(m) visita, faz visitas; visitador **2** que(m) percorre um local para conhecê-lo e apreciá-lo ⟨*aulas de um professor v.*⟩ ⟨*guias turísticos recebem os v. no aeroporto*⟩

vi.si.tar *v.* {mod. 1} *t.d.* **1** ir até um lugar ver (alguém) por cortesia, dever, afeição etc. **2** ir a (um lugar) por interesse ou curiosidade ⟨*v. museus*⟩ **3** percorrer para fiscalizar; inspecionar

vi.sí.vel *adj.2g.* **1** que pode ser visto ⮌ invisível **2** que se destaca, que é facilmente visto ou notado ⟨*alterações v. de comportamento*⟩ ⮌ imperceptível **3** fácil de se perceber; óbvio ⟨*era v. que estava triste*⟩ ⮌ inevidente

vi.si.vel.men.te *adv.* de maneira visível, evidente ⟨*ele está v. muito cansado*⟩

vis.lum.brar *v.* {mod. 1} *t.d. e int.* **1** lançar uma luz fraca (em) ❑ *t.d.* **2** enxergar com dificuldade, de forma confusa; entrever **3** *fig.* perceber ou compreender parcialmente ❑ *int. p.ext.* **4** mostrar-se vagamente ou aos poucos; despontar

vis.lum.bre *s.m.* **1** luz fraca **2** visão incompleta, imprecisa ⟨*tinha-se apenas um v. da estrada*⟩ **3** *p.ext.* início do surgimento de algo, de algum sentimento etc. ⟨*v. da aurora*⟩ ⟨*um v. de saudade*⟩ **4** *fig.* ideia imprecisa, compreensão parcial ⟨*um v. sobre o seu futuro*⟩ ⟨*meros v. do raciocínio do professor*⟩

vi.so *s.m.* **1** maneira de apresentar-se; aspecto ⟨*as respostas sempre tinham um v. de certeza*⟩ **2** sinal, vestígio ⟨*há um v. de honestidade em suas palavras*⟩

vi.son [fr.; pl.: *visons*] *s.m.* **1** animal semelhante à doninha, de pelo macio **2** a pele desse animal **3** agasalho feito dessa pele ⇨ pronuncia-se **vizon**

vi.sor \ô\ *adj.s.m.* **1** (o) que permite ou ajuda a ver ■ *s.m.* **2** em câmaras fotográficas e filmadoras, dispositivo us. para enquadrar o que se vai fotografar ou filmar

vís.po.ra *s.f.* [1]loto

vis.ta *s.f.* **1** visão **2** olho ('órgão da visão') ⟨*perdeu a v. direita*⟩ **3** o que é visto; cena ⟨*a v. da rua escura fez com que desistisse*⟩ **4** paisagem, panorama ('visão') ⟨*linda v. da janela*⟩

vis.to *adj.* **1** percebido pela visão ⟨*a rua v. daqui parece maior*⟩ **2** tido em certo conceito ⟨*pessoa bem v.*⟩ ■ *s.m.* **3** declaração, sinal, marca que atesta a verificação de um documento ⟨*este pedido precisa do v. do diretor*⟩ **4** carimbo em passaporte que autoriza a entrada em certos países ▣ **v. que** *loc.conj.* dado que, já que ⟨*não viajará, v. que está doente*⟩

vis.to.ri.a *s.f.* **1** DIR ato em que peritos, na presença do juiz, inspecionam coisas ou locais relacionados a uma ação judicial **2** *p.ext.* exame, inspeção ⟨*fez uma v. no alojamento*⟩

vis.to.ri.ar *v.* {mod. 1} *t.d.* fazer vistoria, exame em; inspecionar

vis.to.so \ô\ [pl.: *vistosos* \ó\] *adj.* **1** agradável de se ver ⟨*pessoa alta e v.*⟩ **2** que chama a atenção por seu tamanho, brilho, cores etc. ⟨*roupa, casa v.*⟩ ⮌ discreto

vi.su.al *adj.2g.* **1** relativo à visão ⟨*campo v.*⟩ ⟨*percepção v.*⟩ ■ *s.m. B infrm.* **2** aparência, aspecto exterior ⟨*pintou o cabelo para mudar o v.*⟩

vi.su.a.li.za.ção [pl.: *-ões*] *s.f.* **1** capacidade ou ato de formar na mente imagens visuais de coisas que não estão à vista, ou a imagem daí resultante ⟨*tem o dom da v.*⟩ ⟨*é capaz de fazer v. fantásticas*⟩ **2** conversão de conceitos em formas visíveis ⟨*fazer a v. das estatísticas em gráficos e escalas*⟩ **3** ato ou processo de tornar (algo) visível, perceptível à vista ⟨*usam-se certas substâncias para a v. das células*⟩ **4** *fig.* ato ou processo de colocar (algo) em evidência ⟨*a v. dos movimentos sociais*⟩

vi.su.a.li.zar *v.* {mod. 1} *t.d.* converter em imagem mental ou real

vi.tal *adj.2g.* **1** que diz respeito à vida ou a sua preservação ⟨*o calor v. do Sol*⟩ ⟨*o coração é um órgão v.*⟩ **2** *fig.* essencial ⟨*uma opinião v. para minha decisão*⟩ ⮌ dispensável

vi.ta.lí.cio *adj.* que dura a vida toda ⟨*cargo v.*⟩ ⟨*pensão v.*⟩ ⮌ temporário ~ **vitaliciedade** *s.f.*

vi.ta.li.da.de *s.f.* **1** o que é vital **2** capacidade de se desenvolver ⟨*a v. de uma planta*⟩ ⮌ fragilidade **3** vigor físico ou mental ⟨*atleta de grande v.*⟩ **4** *p.ext.* ânimo, entusiasmo ⟨*a v. da turma era contagiante*⟩

vi.ta.li.zar *v.* {mod. 1} *t.d.* **1** restituir a vida a; ressuscitar **2** dar mais força, vigor a; revigorar ⮌ debilitar(-se) ~ **vitalizante** *adj.2g.*

vi.ta.mi.na *s.f.* **1** molécula orgânica essencial ao metabolismo dos seres vivos **2** *B* suco de fruta(s) e/ou legume(s) batidos ger. com leite

vi.ta.mi.nar *v.* {mod. 1} *t.d.* **1** incorporar vitamina(s) a (bebida, alimento) **2** *fig.* aumentar o rendimento de; otimizar

vi.ta.mí.ni.co *adj.* que contém vitamina ('molécula')

vi.te.la *s.f.* **1** novilha de menos de um ano **2** a carne dessa novilha ou de vitelo **3** prato feito com essa carne

vi.te.li.no *adj.* **1** relativo à gema do ovo **2** amarelo como a gema do ovo

vi.te.lo *s.m.* **1** novilho com menos de um ano **2** BIO material nutritivo contido nos óvulos dos animais

vi.ti.li.go *s.m.* doença caracterizada por descoloração localizada da pele

ví.ti.ma *s.f.* **1** aquele que sofre qualquer desgraça, dano ou infortúnio ⟨*as v. da enchente, do nazismo*⟩ ⟨*v. da injustiça*⟩ ⮌ algoz **2** aquele que foi oferecido em sacrifício aos deuses **3** DIR aquele contra quem se comete um crime ⟨*v. de assalto*⟩ ⮌ algoz

vi.ti.mar *v.* {mod. 1} *t.d. e pron.* **1** tornar(-se) vítima; sacrificar(-se) ❑ *t.d. p.ext.* **2** causar a morte de; matar **3** causar dano a; prejudicar

vi.ti.vi.ni.cul.tu.ra *s.f.* cultivo de vinhas e fabricação de vinho ~ **vitivinicultor** *adj.s.m.*

vi.tó.ria *s.f.* **1** ato de triunfar sobre um inimigo ou antagonista ⮌ derrota **2** sucesso alcançado na extinção de uma adversidade ou como resultado de um esforço ⟨*v. dos bombeiros sobre o incêndio*⟩ ⮌ insucesso

vi.to.ri.ar *v.* {mod. 1} *t.d.* **1** saudar com entusiasmo; aclamar **2** mostrar aprovação a; aplaudir ⮌ atacar ❑ *int.* **3** comemorar vitória

vi.tó.ria-ré.gia [pl.: *vitórias-régias*] *s.f.* planta aquática nativa da América do Sul, com folhas planas que

formam um disco circular de quase 2 m de diâmetro e flores solitárias brancas
vi.to.ri.en.se *adj.2g.* 1 de Vitória (ES) ■ *s.2g.* 2 natural ou habitante dessa capital
vi.to.ri.o.so \ô\ [pl.: *vitoriosos \ó*] *adj.s.m.* que(m) alcançou a vitória, venceu, triunfou; ganhador, triunfante, vencedor ⮌ perdedor, vencido
vi.tral *s.m.* painel feito de vidros coloridos que ger. formam desenhos; vitrô
vi.tra.lis.ta *adj.2g.s.2g.* (artista) que faz vitrais
ví.treo *adj.* 1 relativo a ou próprio de vidro 2 que tem a natureza do vidro ou é feito de vidro ⟨*parede v.*⟩ 3 *p.ext.* que tem o aspecto do vidro ⟨*olhos v.*⟩
vi.tri.fi.ca.do *adj.* 1 que se transformou em vidro ⟨*usa-se areia v. para fabricar objetos vítreos*⟩ 2 recoberto de substância vitrificável; vidrado ⟨*azulejo v.*⟩ ⮌ desvitrificado 3 *fig.* que tomou aparência ou consistência de vidro ⟨*os olhos v. de um morto*⟩
vi.tri.fi.car *v.* {mod. 1} *t.d.,int. e pron.* 1 converter(-se) em vidro 2 (fazer) tomar aparência de vidro ~ **vitrificação** *s.f.* - **vitrificável** *adj.2g.*
vi.tri.ne ou **vi.tri.na** *s.f.* local, ger. envidraçado, onde se expõem mercadorias destinadas à exposição ou à venda; mostruário
vi.tri.nis.ta *adj.2g.s.2g.* *B* que(m) se ocupa da arrumação e decoração de vitrinas
vi.trô *s.m.* *B* vitral
vi.tro.la *s.f.* fonógrafo
vi.tu.pe.rar *v.* {mod. 1} *t.d.* 1 dirigir vitupérios a; insultar 2 criticar, repreender severamente 3 tratar com desdém; desprezar ⮌ respeitar ~ **vituperação** *s.f.* - **vituperador** *adj.s.m.*
vi.tu.pé.rio *s.m.* 1 palavra, ato ou gesto que ofende a dignidade ou a honra de alguém; afronta, insulto 2 acusação infame; injúria ~ **vituperioso** *adj.*
vi.ú.va-ne.gra [pl.: *viúvas-negras*] *s.f.* aranha venenosa negra com uma mancha vermelha no ventre, ger. encontrada embaixo de pedras, troncos secos e em cavidades no solo
vi.u.vez *s.f.* 1 estado de viúvo ou viúva 2 *fig.* estado ou sentimento de desamparo, privação, solidão; abatimento, desalento, desânimo, desesperança ⮌ alento, ânimo, consolo
vi.ú.vo *adj.s.m.* (homem) cuja esposa faleceu e que não se casou novamente
vi.va *s.m.* 1 aplauso, felicitação etc. ⟨*ouviram-se muitos v. ao final do espetáculo*⟩ ■ *interj.* 2 expressa aclamação, entusiasmo, desejo de que (alguém) viva muito e com sucesso
vi.va.ci.da.de *s.f.* 1 qualidade do que tem vida ou vitalidade; força, vigor ⮌ abatimento, derreamento, esmorecimento 2 qualidade de leveza, desembaraço ou rapidez que se imprime a uma ação ou reação; agilidade, presteza ⟨*respondeu ao juiz com v.*⟩ ⮌ lentidão, lerdeza, morosidade 3 facilidade de compreender ou perceber rapidamente; argúcia, esperteza, inteligência ⮌ burrice, estupidez 4 entusiasmo, com que se realiza uma atividade; arrebatamento, energia, expressividade ⟨*a v. do debate contagiou a assistência*⟩ ⮌ apatia, indiferença, indolência 5 qualidade do finório; malícia, manha, sagacidade, velhacaria ⮌ correção, honestidade, integridade
vi.val.di.no *adj.s.m.* *B infrm.* que(m) é espertalhão
vi.va.men.te *adv.* 1 de modo intenso; fortemente, intensamente ⟨*empenhou-se v. na tarefa*⟩ 2 com vivacidade, esperteza, animação; animadamente ⮌ desanimadamente 3 com muito vigor, energia ⟨*repreendeu-o v. pelo acontecido*⟩ 4 de modo rápido; rapidamente ⟨*levantou-se v. após a queda*⟩
viva-voz *s.m.2n.* função ou dispositivo que permite que se escute a voz daquele com quem se fala ao telefone sem segurar o aparelho
vi.vaz *adj.2g.* 1 que vive ou pode viver por muito tempo; vivedouro 2 ativo, dinâmico ⟨*dança v.*⟩ ⟨*pessoa v.*⟩ ⮌ desanimado ⊙ GRAM/USO sup.abs.sint.: *vivacíssimo*
vi.ve.dou.ro *adj.* que vive ou pode viver por muito tempo; vivaz
vi.vei.ro *s.m.* local apropriado para criação, reprodução ou conservação de animais ou plantas
vi.vên.cia *s.f.* 1 existência, vida ⮌ morte 2 conhecimento adquirido com a vida; experiência, prática ⟨*grande v. em negócios*⟩ ⮌ inexperiência ~ **vivencial** *adj.2g.* - **vivenciamento** *s.m.*
vi.ven.ci.ar *v.* {mod. 1} *t.d.* viver (uma situação) intensamente, sendo muito afetado por ela
vi.ven.da *s.f.* casa, mais ou menos luxuosa, em que se vive
vi.ven.te *s.2g.* 1 ser vivo ■ *adj.2g.* 2 vivo, que vive ⟨*o pai ainda é v.*⟩
vi.ver *v.* {mod. 8} *int.* 1 ter vida 2 continuar a existir; perdurar 3 morar em; habitar ⟨*quer v. na Europa*⟩ 4 levar a vida (de certo modo) ⟨*v. bem*⟩ ⟨*vive sozinho*⟩ ❑ *t.d. e int.* 5 aproveitar (a vida) no que há de melhor ❑ *t.i.* 6 (prep. *de*) ter como principal alimento; alimentar-se 7 (prep. *de*) retirar o sustento de; manter-se 8 (prep. *com*) ter relações com; conviver ❑ *t.d.* 9 passar por (certa experiência); vivenciar
ví.ve.res *s.m.pl.* provisão de alimentos
vi.vi.do *adj.* 1 que viveu muito 2 experiente ⟨*jovem, mas v.*⟩
ví.vi.do *adj.* 1 que tem vivacidade, animação 2 cintilante, brilhante 3 intenso, vigoroso ~ **vividez** *s.f.*
vi.vi.fi.car *v.* {mod. 1} *t.d.* 1 dar vida a; animar 2 restituir a vida; reanimar ❑ *t.d. e pron.* 3 tornar(-se) animado, vívido; revigorar(-se) ~ **vivificação** *s.f.*
vi.ví.pa.ro *adj.s.m.* ZOO (animal) cujo ovo se desenvolve completamente dentro do útero materno e que pare filhos já formados ~ **viviparidade** *s.f.*
vi.vis.sec.ção ou **vi.vis.se.ção** [pl.: *-ões*] *s.f.* operação feita em animal vivo para estudo ou experimentação
vi.vo *adj.* 1 que tem vida ⮌ morto 2 esperto, inteligente ⟨*criança muito v.*⟩ ⮌ tolo 3 cheio de entusiasmo; dinâmico ⟨*discussão v.*⟩ ⮌ indiferente 4 que penetra nos sentidos; intenso ⟨*luz v.*⟩ ⟨*dor v.*⟩ ⮌ fraco 5 dotado de recursos para exprimir ideias, sentimentos, emoções; expressivo ⟨*narrativa v.*⟩ ⮌ insignificante

■ *s.m.* **6** ser que está com vida ↄ morto ▣ **ao v.** *loc.adv.* no momento em que ocorre ⟨*CD gravado ao v.*⟩

vi.zi.nhan.ça *s.f.* **1** fato de estar próximo de algo ou alguém ⟨*receia a v. com a família*⟩ **2** *p.ext.* região perto ou ao redor de um local; cercania, imediação ⟨*mora aqui na v.*⟩ **3** *p.ext.* grupo de pessoas que moram próximas ⟨*amigos da v.*⟩

vi.zi.nho *adj.s.m.* **1** que(m) está ou mora próximo ⟨*cidade v.*⟩ ⟨*v. do prédio*⟩ ■ *adj.* **2** que está ao lado; limítrofe ⟨*sentaram-se em cadeiras v.*⟩ ~ **vizinhar** *v.t.d.,t.i.,int. e pron.*

vi.zir *s.m.* antigo governador ou ministro de um reino muçulmano

vo.ar *v.* {mod. 1} *int.* **1** sustentar-se ou mover-se no ar **2** *p.ext.* deslocar-se velozmente pelo ar **3** *fig.* viajar de avião (para) ⟨*v. para São Paulo*⟩ ☞ *para São Paulo* é circunstância que funciona como complemento **4** *p.ext.* agitar-se ao vento; tremular **5** *p.ext.* mover-se com velocidade (para) ⟨*esse carro voa*⟩ ⟨*voou para o quarto*⟩ ☞ *para o quarto* é circunstância que funciona como complemento **6** *fig.* passar rapidamente **7** desaparecer rapidamente; sumir ⟨*dinheiro na sua mão voa*⟩ **8** *fig.* desligar-se da realidade; vagar ⟨*deixou o pensamento v.*⟩ ~ **voador** *adj.s.m.*

vo.ca.bu.lá.rio *s.m.* **1** conjunto de vocábulos de uma língua **2** esse conjunto com suas definições; dicionário **3** conjunto de termos de dado campo de conhecimento ou atividade, com ou sem definições; glossário ⟨*v. médico*⟩ **4** conjunto de vocábulos conhecidos ou utilizados por alguém ⟨*como lê pouco, tem um v. muito pequeno*⟩ ⊙ COL léxico ~ **vocabularização** *s.f.* - **vocabularizar** *v.t.d.*

vo.cá.bu.lo *s.m.* palavra ⊙ COL vocabulário

vo.ca.ção [pl.: *-ões*] *s.f.* **1** ato de chamar(-se) ou o seu efeito **2** disposição natural; tendência ⟨*v. para o sacerdócio*⟩ **3** *p.ext.* qualquer talento ou dom natural ⟨*v. para a dança*⟩ ↄ inaptidão

vo.ca.cio.nal *adj.2g.* relativo a ou próprio de vocação ⟨*teste v.*⟩

vo.cal *adj.2g.* **1** que diz respeito à voz ou aos seus órgãos ⟨*som v.*⟩ ⟨*pregas v.*⟩ **2** que se exprime por meio da voz ⟨*grupo v.*⟩

vo.cá.li.co *adj.* **1** relativo a ou próprio de vogal ⟨*som v.*⟩ ☞ cf. *consonantal* **2** formado por vogais ⟨*encontro v.*⟩

vo.ca.lis.ta *s.2g.* cantor de conjunto musical popular

vo.ca.li.za.ção [pl.: *-ões*] *s.f.* **1** emissão de sons falados ou cantados **2** passagem de som consonântico a vocálico

vo.ca.li.zar *v.* {mod. 1} *int.* cantar modulando a voz sobre uma vogal ~ **vocalizador** *adj.s.m.*

vo.ca.ti.vo *adj.s.m.* GRAM (termo) que expressa, num discurso direto, aquele com o qual se está falando, p.ex.: – *Rapaz*, volte aqui!

vo.cê *pron.trat.* aquele a quem se fala ou escreve ⟨*v. almoçou?*⟩ ⟨*vi v. na rua*⟩

vo.ci.fe.rar *v.* {mod. 1} *t.d. e int.* **1** falar aos gritos ou com raiva; berrar ❑ *t.i.* **2** (prep. *contra*) reclamar, acusar com veemência ou cólera ~ **vociferador** *adj.s.m.*

vod.ca *s.f.* aguardente de cereal originária da Rússia

vo.du *s.m.* **1** nome genérico de cada uma das divindades jejes, equivalentes aos orixás **2** culto religioso das Antilhas, esp. Haiti, semelhante ao candomblé afro-brasileiro

vo.e.jar *v.* {mod. 1} *int.* bater as asas com força ⊙ GRAM/USO só us. nas 3ªs p., exceto quando fig.

vo.ga *s.f.* **1** ato de remar ou o seu efeito **2** ritmo das remadas **3** moda, mania ⟨*cabelos longos estão em v.*⟩ ■ *s.m.* **4** remador que marca o ritmo das remadas

vo.gal *adj.2g.s.f.* **1** (som da fala) produzido sem obstrução da corrente de ar pela boca **2** (letra) que representa esse som ■ *s.m.* DIR **3** juiz que representa empregados ou empregadores em questões trabalhistas **4** quem tem direito a voto em assembleias **5** membro de júri, comissão etc. ▣ **v. temática** *loc.subst.* GRAM vogal que se junta a uma raiz ou radical, formando o tema, a que se juntam as desinências ☞ nos verbos em português, as vogais temáticas são *a*, *e* e *i*, para a 1ª, 2ª e 3ª conjugações, respectivamente

vo.lan.te *adj.2g.* **1** que pode voar **2** que pode ser facilmente movido ou transportado; móvel ⟨*consultório v.*⟩ ■ *s.m.* **3** peça circular presa a um eixo, que permite fazê-lo girar ⟨*v. de uma válvula*⟩ **4** nos veículos a motor, peça presa a um eixo, que permite dar rumo ao veículo; direção, guidão **5** formulário para marcar apostas de loteria ■ *s.2g.* FUTB **6** jogador de função defensiva no meio-campo

vo.lá.til *adj.2g.* **1** que pode voar **2** que se evapora ⟨*substância v.*⟩

vo.la.ti.li.zar *v.* {mod. 1} *t.d.,int. e pron.* **1** (fazer) passar ao estado de gás ou vapor **2** *fig.* (fazer) desaparecer; dissipar(-se)

vô.lei *s.m.* esporte praticado entre duas equipes de seis jogadores que devem passar a bola de um lado a outro de uma quadra retangular, dividida ao meio por uma rede, usando as mãos e os punhos; voleibol ▣ **v. de praia** *loc.subst.* modalidade adaptada de vôlei jogada em quadra de areia (ger. na praia), com equipes de dois ou quatro jogadores

vo.lei.bol *s.m.* vôlei

vo.lei.o *s.m.* **1** no tênis, frescobol etc., devolução da bola ao oponente antes que ela toque no chão **2** no futebol, lance em que o jogador chuta a bola a meia altura, de lado, antes que ela toque no chão

vo.li.ção [pl.: *-ões*] *s.f.* manifestação da vontade ~ **volitivo** *adj.*

volt *s.m.* unidade de medida de tensão elétrica [símb.: *V*]

vol.ta *s.f.* **1** regresso, retorno ↄ ida **2** movimento circular em torno de um centro ou eixo; giro ⟨*deu duas v. na chave*⟩ ⟨*uma v. ao redor da casa*⟩ **3** passeio ou caminhada curta ⟨*dar uma v. pelo bairro*⟩ **4** circuito circular completo ⟨*as v. da corrida*⟩ **5** curva numa linha ou caminho ⟨*fez a v. na segunda esquina*⟩ ⟨*as v. de uma espiral*⟩ **6** o que se recebe em resposta a algo que se disse ou fez ⟨*a ofensa vai ter v.*⟩ ▣ **v. e meia** *loc.adv.* frequentemente ⟨*aparece v. e meia*⟩ • **à v. de** *loc.adv.* ao redor de • **por v. de** *loc.adv.* em torno de; mais ou menos ⟨*chegaram por v. das três horas*⟩ • **dar a v. por cima** *fraseol. fig.* superar uma frustração, uma situação difícil etc. ⟨*foi reprovado, mas deu a v. por cima*⟩

vol.ta.gem *s.f.* **1** tensão elétrica medida em volts **2** indicação do potencial de corrente elétrica necessário para o funcionamento de máquina ou aparelho elétrico

vol.tar *v.* {mod. 1} *int.* **1** vir ou ir de um local para lugar de onde partiu ou onde estivera; regressar, retornar ⟨*v. de Paris*⟩ ⟨*v. para a casa dos pais*⟩ ⊃ partir ☞ *de Paris* e *para a casa dos pais* são circunstâncias que funcionam como complemento **2** retroceder no tempo; regressar ⟨*v. à infância*⟩ ☞ *à infância* é circunstância que funciona como complemento ❑ *t.i.* e *t.d.i.* **3** (prep. *para*) [fazer] tornar à posse de; restituir, devolver ❑ *t.i.* **4** (prep. *a*) retornar a (estado anterior); recobrar ⟨*v. ao normal, v. a si*⟩ **5** (prep. *a*) ocupar-se novamente de (assunto, hábito etc.); tornar ⟨*v. ao tema anterior*⟩ ⟨*v. a fumar*⟩ ❑ *t.i. e int.* **6** (prep. *a*) manifestar-se ou acontecer de novo; reaparecer, recomeçar ⟨*v. a chover*⟩ ⟨*a febre voltou*⟩ ❑ *t.d.,t.d.i. e pron.* **7** (prep. *para*) dirigir a frente de (algo) para outra direção; apontar, virar ⟨*v. o banco para o canto*⟩ ⟨*v. a arma para o rival*⟩ ⟨*v.-se para os convidados*⟩ ☞ *para o canto* é circunstância que funciona como complemento ❑ *t.d.i. e pron.* **8** (prep. *para*) dirigir(-se), aplicar(-se) para ⟨*v. as atenções para a família*⟩ ⟨*v.-se para Deus*⟩ ❑ *t.d. e pron.* **9** mover (o corpo) em torno de si mesmo; virar(-se) ❑ *pron.* **10** (prep. *contra*) tomar atitude contrária ou hostil com; revoltar-se

vol.te.ar *v.* {mod. 5} *t.d.* **1** deslocar-se à volta de; contornar ❑ *t.d. e int.* **2** (fazer) dar voltas; girar ❑ *int.* **3** dar pequenos voos em roda ~ **volteador** *adj.s.m.* - volteio *s.m.*

vol.tí.me.tro *s.m.* instrumento que mede a diferença de potencial entre dois pontos de um circuito elétrico

vo.lu.bi.li.da.de *s.f.* **1** qualidade ou característica daquilo que gira ou se move com facilidade; mobilidade ⊃ imobilidade **2** *p.ext.* falta de constância ou de perseverança; inconstância, instabilidade, mutabilidade ⊃ equilíbrio, permanência

vo.lu.me *s.m.* **1** unidade encadernada de uma obra escrita ⟨*dicionário em dois v.*⟩ **2** FÍS grandeza que indica a quantidade de matéria em um corpo; massa **3** *p.ext.* quantidade de água que flui de uma fonte ou curso de água ⟨*o v. do rio aumentou com a chuva*⟩ **4** *fig.* quantidade de qualquer coisa ⟨*imenso v. de trabalho*⟩ **5** pacote, fardo ⟨*voltou de viagem carregada de volumes*⟩ **6** intensidade da voz ou do som emitido por instrumento ou aparelho ⟨*o v. do rádio*⟩

vo.lu.mo.so \ô\ [pl.: *volumosos* \ó\] *adj.* que tem grandes proporções ⟨*mala v.*⟩ ⟨*gritaria v.*⟩

vo.lun.ta.ri.a.do *s.m.* **1** serviço dos voluntários **2** grupo de voluntários

vo.lun.ta.ri.e.da.de *s.f.* **1** qualidade do que é feito por vontade ou iniciativa própria; espontaneidade **2** qualidade do que age apenas segundo sua própria vontade; capricho

vo.lun.tá.rio *adj.* **1** que não é forçado; espontâneo ⟨*movimento v.*⟩ ⟨*demissão v.*⟩ ⊃ consciente, obrigatório ■ *s.m.* **2** quem ingressa no serviço militar ou num exército por vontade própria **3** quem se dedica a um trabalho sem vínculo empregatício ⟨*v. do corpo de bombeiros*⟩

vo.lun.ta.ri.o.so \ô\ [pl.: *voluntariosos* \ó\] *adj.s.m.* **1** que(m) só age segundo sua própria vontade **2** que(m) é obstinado

vo.lú.pia *s.f.* grande prazer dos sentidos, esp. o sexual

vo.lup.tu.o.si.da.de *s.f.* **1** qualidade do que é voluptuoso; lascividade, lubricidade ⊃ decência, pureza, recato **2** volúpia

vo.lup.tu.o.so \ô\ [pl.: *voluptuosos* \ó\] *adj.* **1** que aprecia ou procura os prazeres dos sentidos ⟨*pessoa v.*⟩ **2** em que existe grande prazer ⟨*carícia v.*⟩ ⟨*leitura v.*⟩

vo.lu.ta *s.f.* **1** ornato em espiral no alto das colunas **2** *p.ext.* qualquer objeto, enfeite ou motivo decorativo enrolado em espiral

vo.lu.te.ar *v.* {mod. 5} *int.* dar voltas; girar, rodopiar ~ voluteio *s.m.*

vo.lú.vel *adj.2g.* **1** que gira facilmente **2** que muda facilmente de opinião; inconstante ⟨*pessoa v.*⟩ ⊃ constante ⊙ GRAM/USO sup.abs.sint.: *volubilíssimo*

vol.ver *v.* {mod. 8} *pron.* **1** dar voltas; virar-se **2** decorrer, passar (o tempo) ❑ *t.d. e pron.* **3** dirigir(-se) para outra direção, virar(-se) ❑ *t.d.* **4** mexer ou cavoucar muitas vezes; remexer **5** virar em torno de um eixo; girar **6** dizer ou fazer em resposta a; devolver, retrucar ⟨*v. uma ofensa*⟩ ❑ *t.d.i. e int.* **7** (prep. *a*) [fazer] voltar a (local, ponto ou estado anterior); regressar ⟨*nada pode v. ao pai o filho morto*⟩ ⟨*v. à casa dos pais*⟩ ❑ *t.d.i. e pron.* **8** (prep. *em*) tornar(-se), transformar(-se) ⟨*v. frutas em suco*⟩ ⟨*o ouro volveu-se em pó*⟩

vol.vo \ô\ *s.m.* MED obstrução causada por torção do intestino

vô.mi.co *adj.* vomitório

vo.mi.tar *v.* {mod. 1} *t.d. e int.* **1** expelir pela boca (o que estava no estômago) ❑ *t.d. e pron. p.ext.* **2** sujar(-se) de vômito ❑ *t.d. fig.* **3** lançar pela boca ou de si; expelir **4** falar (injúrias, tolices etc.)

vo.mi.ti.vo *adj.s.m.* vomitório

vô.mi.to *s.m.* **1** expulsão do conteúdo do estômago pela boca **2** o material expelido

vo.mi.tó.rio *adj.s.m.* (o) que provoca vômito; vomitivo

von.ta.de *s.f.* **1** faculdade que tem o ser humano de querer, de praticar ou não certos atos **2** ânimo, determinação, firmeza ⟨*com v. de ferro, conseguiu sua casa*⟩ **3** empenho, interesse, zelo ⟨*a v. política de um governo*⟩ **4** desejo motivado por um apelo físico, fisiológico, psicológico ou moral; querer ⟨*v. de comer, dormir*⟩ **5** sensação de prazer; gosto ⟨*comia e dançava com v.*⟩ **6** capricho, fantasia, veleidade ⟨*criança cheia de v.*⟩ **7** deliberação, determinação, decisão ⟨*escreveu no tes-*

tamento suas v.⟩ ▣ **à v.** *loc.adv.* sem constrangimento; livremente ⟨*sirva-se à v.*⟩ ☞ cf. *à vontade* (subst.) • **boa v.** *loc.subst.* disposição favorável (em relação a alguém ou algo)

vo.o *s.m.* **1** deslocamento de animal, inseto ou aeronave no ar e sem contato com o solo **2** o trajeto que uma aeronave percorre ⟨*v. tranquilo*⟩ ▣ **v. livre** *loc.subst.* esporte que consiste em planar sem motor ou leme numa asa-delta • **levantar v.** *loc.vs.* iniciar o voo; decolar

vo.ra.ci.da.de *s.f.* **1** qualidade, atributo daquele que devora, que é voraz ⟨*a v. do tubarão*⟩ **2** *p.ext.* grande apetite ou vontade de comer; avidez, gula, sofreguidão ⤺ anorexia, inapetência **2.1** *fig.* vontade intensa ou exacerbada; avidez, gana, vontade ⟨*lê com v. as obras modernas*⟩ **3** *fig.* capacidade de destruir, consumir, tragar; sofreguidão ⟨*come com v.*⟩ ⤺ comedimento, moderação

vo.ra.gem *s.f.* **1** o que devora, destrói com violência **2** redemoinho **3** *fig.* o que arrebata ⟨*v. das paixões*⟩ ~ **voraginoso** *adj.*

vo.raz *adj.2g.* **1** que é difícil de saciar; devorador ⟨*fera v.*⟩ **2** *p.ext.* que come muito ⟨*criança v.*⟩ **3** *p.ext.* que é capaz de destruir ⟨*incêndio v.*⟩ ⟨*vício v.*⟩ **4** *fig.* ambicioso, ávido ⟨*v. desejo de poder*⟩ ⤺ desinteressado

vór.ti.ce *s.m.* rodamoinho

vos *pron.p.* **1** da 2ª p. do pl., caso oblíquo, com função de objeto direto ou objeto indireto, equivalente a: *a vós, em vós, para vós* e *de vós* **2** com alguns verbos, indica a voz passiva

vós *pron.p.* representa a 2ª p.pl. e é us. para indicar aqueles a quem se fala ou escreve

vos.so *pron.pos.* o que vos pertence

vo.ta.ção [pl.: *-ões*] *s.f.* **1** aprovação ou escolha por meio de votos **2** conjunto de votos

vo.tar *v.* {mod. 1} *t.d.* **1** submeter à votação **2** aprovar, decidir por meio de voto **3** fazer voto de ⟨*os padres votam castidade*⟩ ❑ *t.d. e t.i.* **4** (prep. *em*) eleger por meio de voto ❑ *int.* **5** ter direito a voto ❑ *t.d.i. e pron.* **6** (prep. *a*) oferecer(-se) a [Deus, santo etc.]; consagrar(-se) ~ **votante** *adj.2g.s.2g.*

vo.ti.vo *adj.* **1** relativo a voto ('promessa') **2** oferecido em cumprimento a voto ('promessa') ⟨*missa v.*⟩

vo.to *s.m.* **1** sufrágio eleitoral **2** promessa, juramento ⟨*fazer um v. a um santo*⟩ **3** manifestação de preferência dos participantes de uma assembleia, eleição etc. **4** REL obrigação a que alguém se compromete além dos deveres impostos pelas leis da religião ⟨*v. de castidade, de pobreza*⟩ **5** expectativa ou desejo íntimo, e sua manifestação ⟨*faço votos de que fique bom*⟩

vo.vô [fem.: *vovó*] *s.m.* avô

voz *s.f.* **1** som produzido pela vibração de pregas na laringe dos vertebrados, us. como meio de comunicação **2** capacidade de falar **3** direito de se manifestar; voto, opinião ⟨*as crianças não têm v. naquela casa*⟩ **4** GRAM forma do verbo que indica se a ação é praticada, sofrida ou praticada e sofrida pelo sujeito **5** MÚS cada uma das partes vocais de uma composição ⊙ GRAM/USO aum.irreg.: *vozeirão* ⊙ COL rumor, vozerio

vo.ze.ar *v.* {mod. 5} *int.* **1** emitir gritos; berrar **2** soltar a sua voz (algumas aves); cantar ☞ nesta acp., só us. nas 3ªs p., exceto quando fig. ❑ *t.d.* **3** dizer em voz alta; gritar

vo.zei.rão [pl.: *-ões*] *s.m.* voz forte e grossa

vo.ze.ri.o *s.m.* *B* som de muitas vozes juntas

vul.ca.ni.za.ção [pl.: *-ões*] *s.f.* tratamento dado à borracha para torná-la mais resistente e flexível

vul.ca.ni.zar *v.* {mod. 1} *t.d.* **1** submeter (borracha) à vulcanização **2** *p.ext.* transmitir intenso calor a; calcinar ⤺ esfriar ~ **vulcanizado** *adj.*

vul.ca.no.lo.gi.a *s.f.* ramo da geologia que estuda os vulcões

vul.cão [pl.: *-ões*] *s.m.* abertura na crosta terrestre pela qual são expelidos magma e gases

vul.gar *adj.2g.* **1** referente à plebe, ao ¹vulgo; popular ⤺ nobre **2** comum, corriqueiro ⤺ raro **3** chulo, grosseiro ⟨*comportamento v.*⟩ ⤺ fino

vul.ga.ri.da.de *s.f.* **1** qualidade ou estado daquilo que é vulgar; banalidade **2** vileza ⟨*dizer vulgaridades*⟩

vul.ga.ri.zar *v.* {mod. 1} *t.d. e pron.* **1** tornar(-se) comum; popularizar(-se) ⤺ singularizar(-se) **2** tornar(-se) muito conhecido; divulgar(-se) **3** (fazer) perder a dignidade, o respeito ⤺ dignificar(-se) ~ **vulgarização** *s.f.*

vul.ga.ta *s.f.* tradução latina da Bíblia reconhecida pela Igreja como a versão oficial

¹vul.go *s.m.* **1** a classe popular da sociedade; plebe, povo **2** a maior parte das pessoas [ORIGEM: do lat. *vūlgus* ou *vōlgus,i* 'o povo']

²vul.go *adv.* vulgarmente [ORIGEM: do lat. *vulgo* 'por toda parte, aqui e ali']

vul.ne.ra.bi.li.da.de *s.f.* qualidade ou estado do que é ou se encontra vulnerável ⟨*a v. de uma fortaleza*⟩ ⤺ invulnerabilidade

vul.ne.rar *v.* {mod. 1} *t.d.* **1** provocar ferimento em; machucar **2** causar mágoa a; ofender

vul.ne.rá.vel *adj.2g.* **1** que pode ser fisicamente ferido **2** sujeito a ser atacado, derrotado, prejudicado ou ofendido

vul.pi.no *adj.* **1** relativo a raposa ⟨*fome v.*⟩ **2** *fig.* ardiloso, astuto ⟨*vendedor v.*⟩ ⤺ sincero

vul.to *s.m.* **1** face, rosto **2** aparência, aspecto ⟨*netos com o v. altivo dos avós*⟩ **3** constituição física, corpo ⟨*um deus com v. humano*⟩ **4** figura ou imagem pouco nítida ⟨*no nevoeiro, viam-se apenas vultos*⟩ **5** *fig.* importância, interesse ⟨*negócio de v.*⟩ **6** pessoa notável, importante ⟨*os v. da História*⟩ **7** imagem de escultura ⟨*v. em mármore*⟩

vul.to.so \ô\ [pl.: *vultosos* \ó\] *adj.* **1** que faz grande volume; volumoso ⟨*cargas v.*⟩ **2** muito grande, considerável ⟨*uma v. soma em dinheiro*⟩ ⤺ insignificante **3** importante, considerável ⟨*v. fatos históricos*⟩ ⤺ insignificante

vul.tu.o.so \ô\ [pl.: *vultuosos* \ó\] *adj.* MED que tem a face e os lábios vermelhos e inchados, e os olhos salientes

vul.va *s.f.* ANAT conjunto das partes externas dos órgãos genitais femininos dos mamíferos ~ **vulvar** *adj.2g.*

w W w Ww Ww Ww Ww Ww

c. 200 a.C. c. 100 a.C. c. 800 c.1500 c.1800 1890 1927 2001

w *s.m.* **1** 23ª letra do nosso alfabeto, que representa o som da consoante 'v' (wagneriano) e, como semivogal, o da vogal 'u' (watt), us. em símbolos internacionais, em abreviaturas universalmente consagradas, em termos estrangeiros e em derivados de nomes próprios dos quais consta essa letra ■ *n.ord.* *(adj.2g.2n.)* **2** diz-se do 23º elemento de uma série ⟨*casa W*⟩ ⟨*item 1w*⟩ ☞ empr. posposto a um substantivo ou numeral ⊙ GRAM/USO na acp. s.m., pl.: *ww*

W **1** símbolo de *watt* **2** símbolo de *oeste* (na rosa dos ventos) **3** símbolo de *tungstênio*

waf.fle [ing.; pl.: *waffles*] *s.m.* tipo de panqueca aberta, assada em uma forma elétrica especial ⇨ pronuncia-se **uófol**

wag.ne.ri.a.no *adj.* **1** relativo ao compositor Richard Wagner (1813-1883) e a sua obra ☞ cf. *Wagner* na parte enciclopédica ■ *adj.s.m.* **2** que(m) admira, estuda ou é adepto das teorias e/ou do estilo musical desse compositor ~ **wagnerismo** *s.m.* - **wagnerista** *adj.2g.s.2g.*

walk.ie-talk.ie [ing.; pl.: *walkie-talkies*] *s.m.* pequeno rádio emissor e receptor, us. para a comunicação em curtas distâncias ⇨ pronuncia-se **uóki tóki**

walk.man ® [ing.; pl.: *walkmans*] *s.m.* aparelho portátil com rádio, toca-fitas, us. com fones de ouvido ⇨ pronuncia-se **uókmen**

watt *s.m.* unidade de medida de energia elétrica ou mecânica [símb.: *W*]

web [ing.; pl.: *webs*] *s.f.* INF nome pelo qual a rede mundial de computadores se tornou conhecida ☞ cf. *internet* ⇨ pronuncia-se **uéb**

wes.tern [ing.; pl.: *westerns*] *s.m.* faroeste ⇨ pronuncia-se **uéstern**

wind.sur.fe \uind\ *s.m.* esporte em que se navega em pé sobre uma prancha dotada de uma vela ~ **windsurfista** *adj.2g.s.2g.*

work.shop [ing.; pl.: *workshops*] *s.m.* curso rápido e intensivo, em que técnicas, saberes, artes etc. são demonstrados e aplicados; oficina ⇨ pronuncia-se **uôrquichóp**

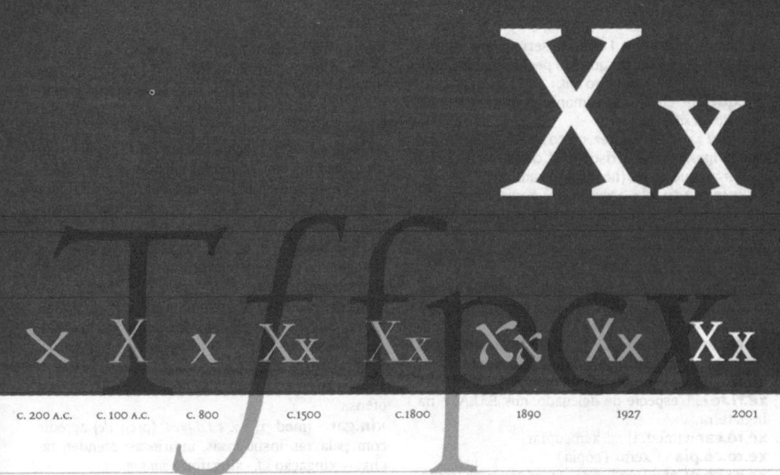

x *s.m.* **1** 24ª letra (consoante) do nosso alfabeto **2** incógnita ■ *n.ord.* *(adj.2g.2n.)* **3** diz-se do 24º elemento de uma série ⟨*casa X*⟩ ⟨*item 1x*⟩ ☞ empr. posposto a um substantivo ou numeral ⊙ GRAM/USO na acp. s.m., pl.: *xx*

xá *s.m.* título de monarcas iranianos até a revolução islâmica de 1979

xá.ca.ra *s.f.* narrativa popular rimada, de origem árabe ☞ cf. *chácara*

xa.drez \ê\ *s.m.* **1** jogo que simula o conflito entre dois exércitos, cada qual representado por 16 peças que se movimentam sobre um tabuleiro de 64 casas de duas cores alternadas **2** padrão semelhante ao desenho quadriculado desse tabuleiro ⟨*o x. brilhante da bolsa*⟩ **3** *B infrm.* cela, prisão ■ *adj.2g.2n.* **4** que é quadriculado ⟨*colcha x.*⟩

xa.dre.zis.ta *adj.2g.s.2g.* enxadrista

xa.le ou **xai.le** *s.m.* manta us. por mulheres sobre os ombros como agasalho

xa.mã *s.m.* sacerdote de certos povos asiáticos com poderes mágicos para curar doentes, prever o futuro e desvendar enigmas

xam.pu *s.m. B* produto líquido us. para lavar os cabelos

xan.tun.gue *s.m.* tecido de seda com fios torcidos e superfície áspera

xa.rá *s.2g. B* pessoa com nome ('prenome') igual ao de outra

xar.da ou **czar.da** *s.f.* dança e música populares húngaras

xa.re.le.te \ê\ *s.m.* peixe marinho de dorso azulado, comum no Atlântico ocidental e Pacífico

xa.réu *s.m.* peixe marinho comum no nordeste do Brasil, com cerca de 1 m de comprimento

xa.ro.pa.da *s.f.* **1** quantidade de xarope que se toma em um só gole **2** *fig. B infrm.* coisa entediante, enfadonha

xa.ro.pe *s.m.* **1** remédio líquido e doce **2** *p.ext.* qualquer solução preparada com muito açúcar ~ xaroposo *adj.*

xa.van.te *s.2g.* **1** indivíduo dos xavantes, povo indígena do centro-oeste brasileiro ■ *s.m.* **2** a língua falada pelos xavantes ■ *adj.2g.* **3** relativo a esse indivíduo, povo ou língua

xa.ve.co *s.m.* **1** antigo navio mourisco **2** barco velho, em mau estado de conservação **3** *p.ext. B* indivíduo ou objeto de pouca importância **4** *p.ext. B infrm.* comportamento trapaceiro; patifaria ⊃ integridade

xa.xa.do *s.m.* dança masculina pernambucana cujo ritmo é marcado por batidas dos pés no chão

xa.xim *s.m. B* **1** samambaia nativa da Mata Atlântica (MG, RJ a RS), de folhas que atingem até 2 m; samambaiaçu **2** massa fibrosa retirada do caule dessa planta, da qual se fabricam vasos, placas e jardineiras, adubo etc. **3** vaso e placa feitos dessa massa

Xe símbolo de *xenônio*

xe.no.fi.li.a *s.f.* simpatia acentuada pelo que é estrangeiro ⊃ xenofobia

xe.nó.fi.lo *adj.s.m.* que(m) tem forte simpatia pelo que é estrangeiro ⊃ xenófobo

xe.no.fo.bi.a *s.f.* repulsa ao que é estrangeiro ⊃ xenofilia

xe.nó.fo.bo *adj.s.m.* que(m) tem aversão ao que é estrangeiro ⊃ xenófilo

xe.nô.nio *s.m.* elemento químico da família dos gases nobres, us. em *laser* ultravioleta, tubos de descarga etc. [símb.: *Xe*] ☞ cf. *tabela periódica* (no fim do dicionário)

xe.pa \ê\ *s.f. B infrm.* **1** comida servida em quartel **2** resto de mercadorias que são pechinchadas ao final da feira livre ~ **xepeiro** *s.m.*

[1]**xe.que** *s.m.* chefe muçulmano ☞ cf. *cheque* [ORIGEM: do ár. *xāyh* 'id.']

[2]**xe.que** *s.m.* **1** em xadrez, cerco ao rei **2** *p.ext.* situação perigosa; ameaça, risco ☞ cf. *cheque* [ORIGEM: do ár. *xāh* 'ataque ao rei (no jogo de xadrez)']

xe.que-ma.te [pl.: *xeques-mate, xeques-mates*] *s.m.* em xadrez, cerco sem saída ao rei e que põe fim à partida

xe.rém *s.m. B* milho pilado grosso, us. como comida para os pintos

xe.re.ta \ê\ *adj.2g.s.2g. B pej.* que(m) invade assuntos particulares de outras pessoas; intrometido, bisbilhoteiro

xe.re.tar *v.* {mod. 1} *t.d. e int.* investigar, participar de modo indiscreto, inconveniente; bisbilhotar

xe.rez \ê\ *s.m.* vinho andaluz branco e licoroso

xe.ri.fe *s.m.* espécie de delegado, nos E.U.A. e na Inglaterra

xe.ro.car *v.* {mod. 1} *t.d.* xerocopiar

xe.ro.có.pia *s.f.* xerox ('cópia')

xe.ro.co.pi.ar *v.* {mod. 1} *t.d.* fazer cópia de (texto, imagem) em máquina xerox; xerocar, xerografar

xe.ro.gra.far *v.* {mod. 1} *t.d.* xerocopiar

xe.ro.gra.fi.a *s.f.* **1** processo de reprodução de texto ou imagem com o uso da máquina xerox **2** *p.ext.* cópia obtida por esse processo

xe.ro.grá.fi.co *adj.* relativo a xerox e a xerografia

xe.rox \cs\ ou **xé.rox** \cs\ *adj.2g.2n.s.m.2n.* **1** (máquina) que copia a seco texto ou imagem **2** diz-se de ou essa cópia ☞ marca registrada (*Xerox*) que passou a designar seu gênero; cf. *fotocópia* ⊙ GRAM/USO admite-se, na forma oxítona, o pl. *xeroxes*

xe.xéu *s.m.* **1** japiim **2** *infrm.* mau cheiro corporal

xi *interj.* exprime decepção, espanto, desagrado

xí.ca.ra *s.f.* **1** pequeno recipiente com asa us. esp. para bebidas quentes **2** a quantidade comportada por esse recipiente ⟨*uma x. de farinha de trigo*⟩

xi.foi.de \ói\ *adj.2g.* em forma de espada

xi.fo.pa.gi.a *s.f.* deformidade genética que duplica a parte superior do corpo desde o tórax

xi.fó.pa.go *adj.s.m.* (gêmeo) que tem o corpo ligado ao outro na região do tórax e da cabeça

xi.i.ta *adj.2g.s.2g.* **1** (membro) de certa seita muçulmana caracterizada pelo zelo extremo da tradição **2** (pessoa) radical, extremista ~ **xiismo** *s.m.*

xi.lin.dró *s.m. B infrm.* prisão, cadeia

xi.lo.fo.ne *s.m.* instrumento com lâminas de madeira de tamanhos variados que são percutidas com baqueta ~ **xilofonista** *adj.2g.s.2g.*

xi.lo.gra.far *v.* {mod. 1} *t.d.* xilogravar

xi.lo.gra.fi.a *s.f.* **1** técnica de gravura em relevo cujos caracteres são entalhados em prancha de madeira e que permite a impressão tipográfica de figura ou texto **2** impressão obtida por esse processo ~ **xilógrafo** *adj.s.m.*

xi.lo.gra.var *v.* {mod. 1} *t.d.* gravar em madeira (imagem ou texto em relevo), para posterior impressão; xilografar

xi.lo.gra.vu.ra *s.f.* **1** arte e técnica de fazer gravuras em relevo sobre madeira **2** estampa obtida através dessa técnica ~ **xilogravador** *adj.s.m.* · **xilogravurista** *adj.2g.s.2g.*

xin.ga.men.to *s.m.* agressão por meio de palavras; ofensa

xin.gar *v.* {mod. 1} *t.d. e t.d.pred.* (prep. *de*) agredir com palavras insultuosas, injuriosas; ofender, tachar ~ **xingação** *s.f.* · **xingatório** *adj.s.m.*

xin.to.ís.mo *s.m.* religião japonesa que venera várias divindades representantes das forças da natureza ~ **xintoísta** *adj.2g.s.2g.*

xin.xim *s.m. B* guisado baiano de carne ou frango com camarão seco, dendê, amendoim e castanha

xi.que.xi.que *s.m.* **1** designação comum a vários arbustos pequenos ou ervas lenhosas, ocorrentes no Brasil e freq. us. como adubo verde **2** certo tipo de cacto de frutos globosos, nativo de Pernambuco e da Bahia

xis *s.m.2n.* nome da letra *x*

xis.to *s.m.* designação comum a certas rochas com propriedade de dividir-se em finas lâminas ~ **xistoso** *adj.*

xi.xi *s.m. infrm.* urina

XML [ing.] *s.m.* em informática, linguagem us. para codificar documentos eletronicamente e de forma estruturada para armazenamento e envio pela internet

xô *interj.* expressão us. para enxotar aves

xo.dó *s.m. B infrm.* **1** namoro ou namorado **2** afeto especial; estima

xu.cro *adj.* chucro

Yy

Y Y y Yy Yy Yy Yy Yy

c. 200 A.C. c. 100 A.C. c. 800 c.1500 c.1800 1890 1927 2001

y *s.m.* **1** 25ª letra (vogal ou semivogal) do nosso alfabeto, us. em símbolos internacionais, em abreviaturas universalmente consagradas, em termos estrangeiros e em derivados de nomes próprios dos quais consta essa letra ■ *n.ord. (adj.2g.2n.)* **2** diz-se do 25º elemento de uma série ⟨*casa Y*⟩ ⟨*item 1y*⟩ ☞ empr. posposto a um substantivo ou numeral ⊙ GRAM/USO na acp. s.m., pl.: *yy*

Y símbolo de *ítrio*

ya.ki.so.ba [jap.] *s.m.* prato japonês de macarrão com carne e verduras ⇨ pronuncia-se iakissôba

yang [chn.] *s.m.* REL princípio fundamental presente nas manifestações ativas, quentes e luminosas do universo, cuja interação com a força oposta e complementar *yin* influenciou a filosofia, a religião e a medicina chinesas ⇨ pronuncia-se iang

Yb símbolo de *itérbio*

yd símbolo de *jarda*

yin [chn.] *s.m.* REL princípio fundamental presente nas manifestações passivas, frias e escuras do universo, cuja interação com a força oposta e complementar *yang* influenciou a filosofia, a religião e a medicina chinesas ⇨ pronuncia-se in

yom kippur [heb.] *loc.subst.* REL entre os judeus, o dia do perdão, dedicado a orações e jejum em busca do perdão divino ☞ iniciais maiúsc. ⇨ pronuncia-se iom ki**pur**

Y

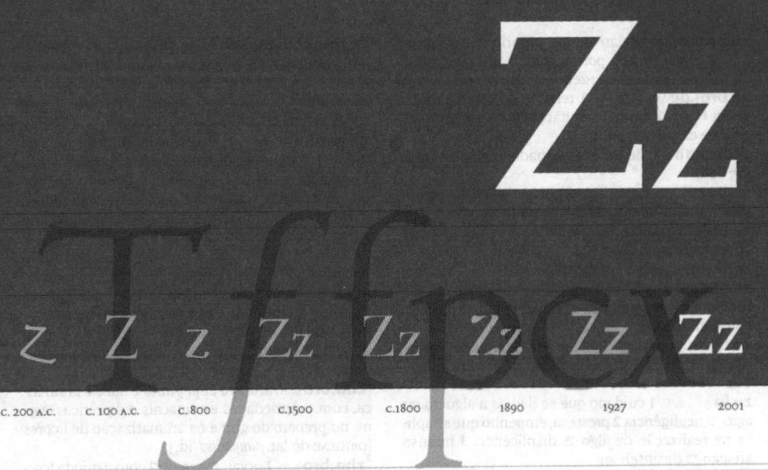

z *s.m.* **1** 26ª letra (consoante) do nosso alfabeto ■ *n.ord. (adj.2g.2n.)* **2** diz-se do 26º elemento de uma série ⟨*casa Z*⟩ ⟨*item 1z*⟩ ☞ empr. posposto a um substantivo ou numeral ⊙ GRAM/USO na acp. s.m., pl.: *zz*

za.bum.ba *s.2g.* grande tambor de sonoridade grave ~ **zabumbar** *v.int.* - **zabumbeiro** *adj.s.m.*

za.ga *s.f.* FUTB **1** a dupla de zagueiros **2** a posição desses jogadores no campo

za.gai.a *s.f.* azagaia

za.guei.ro *s.m.* FUTB jogador da defesa que atua imediatamente à frente do goleiro; beque

zai.no *adj.s.m.* **1** (cavalo) que não apresenta malhas brancas no pelo **2** (animal) de pelagem castanho-escura sem mesclas **3** (cavalo ou touro) que possui pelagem negra e fosca ■ *adj.* **4** que age com dissimulação; matreiro ⊃ sincero

zam.bi *s.m.* zumbi ('chefe')

zam.bo *adj.s.m.* **1** que(m) tem pés ou pernas tortos; cambaio **2** mestiço de negro com índio

zan.ga *s.f.* **1** sensação de mau humor; irritação **2** exaltação de natureza violenta; ira **3** desavença; inimizade ⊃ harmonia

zangado *adj.* **1** que se zangou; que experimentou cólera ou aborrecimento; bravo, colérico, enfurecido, furioso ⊃ impassível, imperturbável, sereno **2** que se zanga com frequência; que mantém uma constante irritação; irritadiço ⊃ calmo, tranquilo

zan.gão ou **zân.gão** [pl.: *-ões, -ãos*; fem.: *abelha*] *s.m.* o macho da abelha

zan.gar *v.* {mod. 1} *t.d.,int. e pron.* **1** tornar(-se) irritado, raivoso; aborrecer(-se), irar(-se) ⊃ acalmar(-se) ❑ *t.i.* **2** (prep. *com*) censurar com severidade; repreender, brigar

zan.zar *v.* {mod. 1} *int.* **1** andar ao acaso, sem destino certo; errar **2** andar de um lado para outro

za.pe.ar *v.t.d. e int.* trocar seguidamente de canal de TV para percorrer sua programação ⟨*z. programas esportivos*⟩ ⟨*zapeia a noite inteira, trocando de canal*⟩

za.ra.ba.ta.na *s.f.* tubo longo para arremessar setas, grãos etc. com o sopro

zar.cão [pl.: *-ões*] *s.m.* **1** produto us. sob a tinta para evitar ferrugem **2** a cor alaranjada forte desse produto ■ *adj.2g.2n.* **3** dessa cor ⟨*grade z.*⟩ **4** diz-se dessa cor ⟨*portão de cor z.*⟩

za.ro.lho \ô\ *adj.s.m.* **1** que(m) é cego de um olho **2** que(m) é estrábico, vesgo

zar.par *v.* {mod. 1} *int.* **1** partir (uma embarcação) **2** *p.ext.* ir embora; partir, sair **3** retirar-se depressa; fugir

-zarrão *suf.* equivalente a *-arrão*

zar.zu.e.la *s.f.* teatro musical espanhol em um ato, ger. com melodias folclóricas e texto irônico

zás *interj.* zás-trás

zás-trás *interj.* **1** sugere ação rápida **2** sugere pancada, batida rápida

zê *s.m.* nome da letra *z*

ze.bra \ê\ *s.f.* **1** mamífero quadrúpede africano, listrado de preto e branco **2** *p.ext.* faixa listrada de preto e branco pintada em ruas, avenidas etc. para o trânsito de pedestres **3** *B infrm.* em competições esportivas, resultado inesperado ▣ **dar z.** *loc.vs. B infrm.* dar um resultado inesperado ou negativo ~ **zebral** *adj.2g.*

ze.brar *v.* {mod. 1} *t.d.* **1** cobrir com listras semelhantes às da zebra **2** cobrir com quaisquer listras; listrar

ze.bri.no *adj.* **1** relativo a ou próprio da zebra; zebral **2** caracterizado por ou semelhante ao padrão da pelagem das zebras; zebral

ze.broi.de \ói\ *adj.2g.* **1** relativo ou semelhante a zebra ■ *s.m.* **2** animal resultante do cruzamento de zebra e cavalo

ze.bru.no *adj.* de cor acastanhada (diz-se de cavalo); baio

ze.bu *adj.2g.s.m.* (espécime) de gado bovino de origem indiana, dotado de uma grande corcova

ze.bu.ei.ro ou **ze.bu.zei.ro** *adj.s.m.* que(m) cria ou negocia gado zebu

zé.fi.ro *s.m.* vento suave; aragem

ze.la.dor \ô\ *adj.s.m.* **1** que(m) zela, vigia ■ *s.m.* **2** *B* funcionário encarregado de tomar conta de prédios, condomínios etc.

ze.lar *v.* {mod. 1} *t.d. e t.i.* (prep. *por*) tratar com atenção, cuidado e interesse; proteger, velar ⮌ negligenciar

ze.lo \ê\ *s.m.* **1** cuidado que se dedica a alguém ou algo ⮌ negligência **2** presteza, empenho que se aplica na realização de algo ⮌ displicência **3** intensa afeição ⮌ desinteresse

ze.lo.so \ô\ [pl.: *zelosos* \ó\] *adj.* **1** que demonstra cuidado, esmero, atenção e aplicação no que faz; cuidadoso, diligente ⟨*trabalhador z.*⟩ ⮌ descuidado, negligente **2** que vigia, vela, permanece atento; cuidadoso, cauteloso, precavido ⟨*conduta z. no trânsito*⟩ ⮌ desprevenido, imprevidente **3** que dispensa grande atenção, afeto, interesse e cuidados para com alguém; atencioso, atento, dedicado, desvelado ⟨*acompanhante z.*⟩ ⮌ desatento, desconcentrado, distraído **4** que tem ciúmes; cioso, ciumento ⟨*namorado z.*⟩ ⮌ desinteressado, indiferente

zé-nin.guém [pl.: *zés-ninguém*] *s.m.* pessoa pobre ou socialmente sem importância

zê.ni.te *s.m.* ponto da esfera celeste que se situa na vertical do observador, sobre a sua cabeça ⮌ nadir ~ **zenital** *adj.2g.*

ze.pe.lim *s.m.* balão dirigível rígido e alongado muito us., na década de 1930, em travessias transatlânticas com passageiros

zé-pe.rei.ra [pl.: *zé-pereiras* e *zés-pereiras*] *s.m. B* **1** antigo bloco de foliões animado ao som do zabumba **2** ritmo carnavalesco executado no zabumba

zé-po.vi.nho [pl.: *zé-povinhos* e *zés-povinhos*] *s.m.* **1** *infrm.* homem do povo **2** *pej.* a camada mais humilde da população; ralé ⮌ alta sociedade

ze.rar *v.* {mod. 1} *t.d.* **1** pagar, quitar (contas, dívidas etc.) **2** retirar o total de (dinheiro, conta bancária etc.) **3** dar nota zero a ❑ *t.d. e t.i.* **4** (prep. *em*) obter nota zero em

ze.ro *n.card.* **1** cardinal que corresponde a um conjunto vazio **2** diz-se desse número ⟨*camiseta tamanho z.*⟩ **3** diz-se do elemento inicial de uma série ⟨*volume z.*⟩ ■ *s.m.* **4** a representação gráfica desse número **5** ponto inicial de contagem, medida etc. **6** coisa nenhuma; nada ⊡ **z. à esquerda** *loc.subst.* em que não há valor algum; nulidade ⟨*em casa, é um z. à esquerda*⟩

ze.ro-qui.lô.me.tro *adj.2g.2n.s.m.2n.* **1** (veículo) que ainda não percorreu nenhuma distância ■ *adj.2g.2n.* **2** novo em folha (diz-se de máquina)

zi.go.ma *s.m.* ANAT osso quadrangular que constitui as maçãs do rosto ~ **zigomático** *adj.*

zi.go.to \ô *ou* ó\ *s.m.* BIO primeira célula gerada da união dos gametas masculino e feminino

zi.gue-za.gue [pl.: *zigue-zagues*] *s.m.* **1** linha quebrada em ângulos salientes e reentrantes alternados **2** traçado que lembra essa forma ~ **ziguezagueante** *adj.2g.* - **ziguezaguear** *v.int.*

zi.lhão [pl.: *-ões*] *n.mult. infrm.* **1** falso numeral multiplicativo que descreve um grande número indeterminado de algo ⟨*zilhões de preocupações*⟩ ■ *s.m. infrm.* **2** grande quantidade ⟨*um z. de coisas para resolver*⟩

zim.bó.rio *s.m.* parte superior externa da cúpula de grandes edifícios, esp. de igrejas; cúpula ('teto'), domo

¹zim.bro *s.m.* arbusto cuja pinha é doce e aromática, com propriedades estomacais e diuréticas, esp. us. no preparo do gim e na aromatização de licores [ORIGEM: do lat. *junipĕrus,i* 'id.']

²zim.bro *s.m.* **1** orvalho; sereno **2** chuva miúda [ORIGEM: obscura]

zi.na.bre *s.m.* azinhavre

zin.car *v.* {mod. 1} *t.d.* revestir (esp. metal) com capa de zinco

zin.co *s.m.* **1** elemento químico us. em várias ligas, calhas e telhados, em pilhas secas etc. [símb.: *Zn*] ☞ cf. *tabela periódica* (no fim do dicionário) **2** chapa ou folha desse metal, us. para cobrir construções ⟨*telhado de z.*⟩

zín.ga.ro *adj.* **1** relativo ou próprio do povo cigano ■ *s.m.* **2** cigano ('indivíduo')

–zinho *suf.* equivalente a *-inho*

zi.par *v.* {mod. 1} *t.d.* compactar (arquivo) para armazenamento de dados ou transmissão via *modem*

zí.per [pl.: *zíperes*] *s.m.* fecho ecler

zir.cô.nio *s.m.* elemento químico us. em ligas que resistem à corrosão, como as necessárias à construção de barcos, reatores nucleares etc. [símb.: *Zr*] ☞ cf. *tabela periódica* (no fim do dicionário)

–zito *suf.* equivalente a *-ito* ('diminuição')

zi.zi.ar *v.* {mod. 1} *int.* **1** emitir seu ruído característico (p.ex., cigarra, gafanhoto) ☞ nesta acp., só us. nas 3as p., exceto quando fig. **2** produzir som agudo, prolongado e sibilante; zunir ~ **ziziamento** *s.m.* - **zizio** *s.m.*

Zn símbolo de *zinco*

zo.a.da *s.f.* **1** som confuso; barulheira **2** zumbido

zo.ar *v.* {mod. 1} *int.* **1** fazer barulho, produzir som forte e confuso **2** fazer ruído ao voar (p.ex., besouro, mosca); zumbir ☞ nesta acp., só us. nas 3as p., exceto quando fig. **3** produzir ruído semelhante; zumbir ❑ *t.d.,t.i. e int. B gír.* **4** (prep. *com*) rir de (alguém) ou fazer brincadeira, por divertimento; gozar

zo.dí.a.co *s.m.* ASTRL faixa da esfera celeste dividida em 12 partes iguais, sendo cada uma delas nomeada conforme a constelação mais próxima ☞ cf. *signo* ~ **zodiacal** *adj.2g.*

zo.ei.ra *s.f.* zoada

zom.bar *v.* {mod. 1} *t.i.* e *int.* **1** (prep. *de*) expor ao ridículo com gestos, palavras etc.; debochar, caçoar **2** (prep. *de*) tratar com menosprezo; desdenhar ❑ *t.d.* **3** dizer em tom de brincadeira; brincar ❑ *t.i. p.ext.* **4** (prep. *de*) não dar importância a; desprezar ⟨*z. do perigo*⟩ ⮌ importar-se ~ **zombador** *adj.s.m.*

zom.ba.ri.a *s.f.* **1** o que é dito ou feito com intenção de provocar riso; caçoada **2** desprezo, escárnio ⮌ reconhecimento **3** o que é objeto de troça, desdém, ironia ⟨*serve de z. aos colegas*⟩

zom.be.tei.ro *adj.s.m.* **1** (indivíduo) brincalhão ⮌ sisudo ■ *adj.* **2** em que há zombaria, troça, ironia

zo.na *s.f.* **1** região delimitada; faixa ⟨*z. petrolífera*⟩ **2** GEO região com características particulares ⟨*z. urbana*⟩ **3** *B infrm.* local de prostituição **4** *B infrm.* bagunça, desordem ⮌ organização ⊡ **z. franca** *loc.subst.* área beneficiada com isenção de impostos ou redução de tarifas alfandegárias sobre produtos importados ~ **zonal** *adj.2g.*

zo.ne.ar *v.* {mod. 5} *t.d.* **1** separar, delimitar ou distribuir por zonas ❑ *t.d.* e *int. B gír.* **2** (fazer) ficar em desordem; bagunçar ⮌ arrumar **3** promover tumulto, confusão (em)

zon.zei.ra *s.f.* tontura, vertigem

zon.zo *adj.* **1** com tonteira **2** atordoado, desnorteado ⮌ tranquilo

zo.o *s.m.* forma reduzida de jardim zoológico

zo.o.fa.gi.a *s.f.* ZOO hábito alimentar de certos animais que ingerem a presa ainda viva ~ **zoofágico** *adj.* - **zoófago** *adj.s.m.*

zo.o.fi.li.a *s.f.* **1** amor aos animais ☞ cf. *zoofobia* **2** BOT polinização feita por animais ~ **zoófilo** *adj.s.m.*

zo.o.fo.bi.a *s.f.* medo doentio de animais ☞ cf. *zoofilia* ~ **zoófobo** *adj.s.m.*

zo.o.la.tri.a *s.f.* **1** adoração por animais **2** REL culto a animais considerados como manifestações de divindades ~ **zoólatra** *adj.2g.s.2g.*

zo.ó.li.te ou **zo.ó.li.to** *s.m.* animal fossilizado ou parte dele ~ **zoolítico** *adj.*

zo.o.lo.gi.a *s.f.* ramo da biologia que estuda os animais ~ **zoologista** *adj.2g.s.2g.*

zo.o.ló.gi.co *adj.* **1** relativo à zoologia ■ *s.m.* **2** jardim zoológico

zo.ó.lo.go *s.m.* especialista em zoologia

zo.o.plânc.ton [pl.: *zooplânctones, (B) zooplânctons*] *s.m.* BIO conjunto de pequenos animais que vivem em suspensão nas águas doces, salobras e marinhas

zo.o.tec.ni.a *s.f.* ZOO **1** ciência da produção, criação, trato, domesticação ou manejo de animais **2** ciência voltada ao aperfeiçoamento genético de animais economicamente úteis ~ **zootécnico** *adj.s.m.*

zor.ra \ô\ *s.f.* **1** carro baixo e resistente us. para o transporte de cargas pesadas **2** pião que assobia ao girar **3** *B infrm.* barulheira; bagunça

Zr símbolo de *zircônio*

zu.ar.te *s.m.* tecido de algodão encorpado e tosco, ger. azul ou preto

zum.bai.a *s.m.* salamaleque

zum.bi *s.m.* **1** ser humano ressuscitado por poderes sobrenaturais, capaz apenas de movimentos automáticos **2** *fig.* indivíduo de comportamento maquinal, como se estivesse destituído de consciência ou vontade própria **3** título do chefe de um quilombo; zambi

zum.bi.do *s.m.* **1** ruído de abelha, besouro etc. **2** qualquer ruído semelhante ao dos insetos

zum.bir *v.* {mod. 24} *int.* **1** fazer ruído ao voar (p.ex., besouro, mosca); zoar, zunir ☞ nesta acp., só us. nas 3ªs p., exceto quando fig. **2** produzir ruído semelhante; zoar **3** *fig.* perceber (o ouvido) som como um zumbido; zunir

zum-zum [pl.: *zum-zuns*] ou **zum-zum-zum** [pl.: *zum-zum-zuns*] *s.m.* **1** zumbido **2** *infrm.* boato, falatório

zu.ni.do *s.m.* zumbido

zu.nir *v.* {mod. 24} *int.* **1** movimentar-se produzindo ruído agudo, sibilante; assobiar ⟨*o vento zunia pelas frestas*⟩ **2** zumbir **3** *B* partir ou deslocar-se com pressa, rapidez; correr ❑ *t.d.* e *t.d.i. B* **4** (prep. *em*) atirar (algo) com força (em); arremessar

zu.ra *adj.2g.s.2g. B infrm.* avarento, sovina

zu.re.ta \ê\ *adj.2g.s.2g. infrm.* **1** (indivíduo) amalucado, doido ⮌ ajuizado **2** (indivíduo) aborrecido, indignado ⮌ calmo

zur.ra.pa *s.f.* **1** vinho ruim ou estragado **2** *p.ext.* qualquer bebida de má qualidade ■ *adj.2g.* **3** de má qualidade; ordinário

zur.rar *v.* {mod. 1} *int.* soltar a voz (esp. burro, jumento) ⊙ GRAM/USO só us. nas 3ªs p., exceto quando fig. ~ **zurrador** *adj.s.m.*

zur.ro *s.m.* voz do burro

zur.zir *v.* {mod. 24} *t.d.* **1** bater com chibata, vara etc.; açoitar **2** dar golpes violentos em; espancar **3** *fig.* causar dor ou sofrimento a; magoar ⮌ felicitar **4** impor pena ou castigo a; punir **5** repreender severamente

Adendos

I Correspondência de medidas

1 lineares

1 polegada = 2,54 centímetros
1 pé = 12 polegadas = 30,48 centímetros
1 jarda = 3 pés = 91,44 centímetros
1 milha (inglesa) = 1.609,30 metros
1 milha náutica (nó) = 1.853 metros
1 légua terrestre = 3 milhas = 4.827 metros
1 légua marítima = 3 nós = 5.559 metros
1 quilômetro = 1.000 metros

2 de superfície

1 polegada quadrada = 6,45 centímetros quadrados
1 pé quadrado = 929,03 centímetros quadrados
1 quilômetro quadrado = 1.000.000 de metros quadrados
1 hectare = 10.000 metros quadrados
1 alqueire mineiro = 4,84 hectares = 48.400 metros quadrados
1 alqueire paulista = 2,42 hectares = 24.200 metros quadrados

3 de volume líquido

1 galão inglês = 4,54 litros
1 galão americano = 3,78 litros
1 barril = 42 galões americanos = 159 litros
1 *pint* = 1/8 galão inglês = 0,568 litro

4 de volume sólido

1 *bushel* = 8 galões ingleses = 36,37 litros

5 de peso comum

1 onça = 1/16 libra = 28,35 gramas
1 libra = 453,60 gramas
1 tonelada inglesa = 2.240 libras = 1.016 quilos
1 tonelada americana = 2.000 libras = 907,20 quilos

6 de peso de pedras preciosas

1 quilate = 200 miligramas
1 onça *troy* = 31,10 gramas
1 libra = 12 onças *troy* = 373,20 gramas
1 grão = 64,80 gramas

II Prefixos para múltiplos e submúltiplos decimais

múltiplos	submúltiplos
10 - deca (da)	10^{-1} - deci (d)
10^2 - hecto (h)	10^{-2} - centi (c)
10^3 - quilo (k)	10^{-3} - mili (m)
10^6 - mega (M)	10^{-6} - micro (μ)
10^9 - giga (G)	10^{-9} - nano (n)
10^{12} - tera (T)	10^{-12} - pico (p)

III Unidades de base

Comprimento: metro (m)
Massa: quilograma (kg)
Tempo: segundo (s)
Intensidade de corrente elétrica: ampere (A)
Temperatura termodinâmica: Kelvin (K)
Intensidade luminosa: candela (cd)
Quantidade de matéria: mol (mol)

IV Unidades derivadas

Superfície: metro quadrado
Volume: metro cúbico
Velocidade: metro por segundo
Aceleração: metro por segundo ao quadrado
Densidade: quilograma por metro cúbico
Frequência: hertz
Força: newton
Pressão: quilograma por metro quadrado
Energia, trabalho, quantidade de calor: joule
Potência: watt
Tensão elétrica, potencial elétrico: volt
Resistência elétrica: ohm
Capacitância: farad

V Quadro de algarismos

arábico	romano
1	I
2	II
3	III
4	IV (IIII)
5	V
6	VI
7	VII
8	VIII
9	IX
10	X
11	XI
12	XII
13	XIII
14	XIV (XIIII)
15	XV
16	XVI
17	XVII
18	XVIII
19	XIX (XVIIII)
20	XX
21	XXI
25	XXV
29	XXIX (XXVIIII)
30	XXX
40	XL (XXXX)
50	L
60	LX
70	LXX
80	LXXX
90	XC (LXXXX)
100	C
101	CI
105	CV
110	CX
200	CC
300	CCC
400	CD (CCCC)
500	D
600	DC
700	DCC
800	DCCC
900	CM (DCCCC)
1.000	M
2.000	MM
3.000	MMM

VI Quadro dos numerais

nº	cardinal	ordinal	fracionário
1	um	primeiro	—
2	dois	segundo	meio
3	três	terceiro	terço
4	quatro	quarto	quarto
5	cinco	quinto	quinto
6	seis	sexto	sexto
7	sete	sétimo	sétimo
8	oito	oitavo	oitavo
9	nove	nono	nono
10	dez	décimo	décimo
11	onze	undécimo ou décimo primeiro	onze avos
12	doze	duodécimo ou décimo segundo	doze avos
13	treze	décimo terceiro	treze avos
14	catorze (quatorze)	décimo quarto	catorze (quatorze) avos
15	quinze	décimo quinto	quinze avos
16	dezesseis	décimo sexto	dezesseis avos
17	dezessete	décimo sétimo	dezessete avos
18	dezoito	décimo oitavo	dezoito avos
19	dezenove	décimo nono	dezenove avos
20	vinte	vigésimo	vinte avos ou vigésimo
21	vinte e um	vigésimo primeiro	vinte um avos
30	trinta	trigésimo	trinta avos ou trigésimo
31	trinta e um	trigésimo primeiro	trinta e um avos
40	quarenta	quadragésimo	quarenta avos ou quadragésimo
41	quarenta e um	quadragésimo primeiro	quarenta e um avos
50	cinquenta	quinquagésimo	cinquenta avos ou quinquagésimo
51	cinquenta e um	quinquagésimo primeiro	cinquenta e um avos
60	sessenta	sexagésimo	sessenta avos ou sexagésimo
61	sessenta e um	sexagésimo primeiro	sessenta e um avos
70	setenta	septuagésimo	setenta avos ou septuagésimo
71	setenta e um	septuagésimo primeiro	setenta e um avos
80	oitenta	octogésimo	oitenta avos ou octogésimo
81	oitenta e um	octogésimo primeiro	oitenta e um avos
90	noventa	nonagésimo	noventa avos ou nonagésimo
91	noventa e um	nonagésimo primeiro	noventa e um avos
100	cem	centésimo	cem avos ou centésimo
101	cento e um	centésimo primeiro	cento e um avos
200	duzentos	ducentésimo	duzentos avos ou ducentésimo
300	trezentos	trecentésimo ou tricentésimo	trezentos avos ou trecentésimo
400	quatrocentos	quadringentésimo	quatrocentos avos ou quadringentésimo
500	quinhentos	quingentésimo	quinhentos avos ou quingentésimo
600	seiscentos	sexcentésimo ou seiscentésimo	seiscentos avos ou sexcentésimo
700	setecentos	septingentésimo ou setingentésimo	setecentos avos ou septingentésimo
800	oitocentos	octingentésimo	oitocentos avos ou octingentésimo
900	novecentos	nongentésimo ou noningentésimo	novecentos avos ou nongentésimo

nº	cardinal	ordinal	fracionário
1.000	mil	milésimo	milésimo
2.000	dois mil	segundo milésimo ou bismilésimo	dois mil avos ou bismilésimo
3.000	três mil	terceiro milésimo	três mil avos
4.000	quatro mil	quarto milésimo	quatro mil avos
5.000	cinco mil	quinto milésimo	cinco mil avos
6.000	seis mil	sexto milésimo	seis mil avos
7.000	sete mil	sétimo milésimo	sete mil avos
8.000	oito mil	oitavo milésimo	oito mil avos
9.000	nove mil	nono milésimo	nove mil avos
10.000	dez mil	décimo milésimo	dez mil avos
20.000	vinte mil	vigésimo milésimo	vinte mil avos
100.000	cem mil	centésimo milésimo	cem mil avos
200.000	duzentos mil	ducentésimo milésimo	duzentos mil avos
1.000.000	um milhão	milionésimo	milionésimo
10.000.000	dez milhões	décimo milionésimo	dez milhões de avos
10^9	um bilhão	bilionésimo	bilionésimo
10^{12}	um trilhão	trilionésimo	trilionésimo

VII Correspondência entre os alfabetos grego e latino

grego *(minúscula)*	**grego** *(maiúscula)*	**nome da letra grega**	**correspondente latino**
α	Α	alfa	a/A
β	Β	beta	b/B
γ	Γ	gama	g/G
δ	Δ	delta	d/D
ε	Ε	épsilon	e/E
ζ	Ζ	dzeta	z/Z
η	Η	eta	e/E
θ	Θ	teta	th/Th
ι	Ι	iota	i/I
κ	Κ	capa	k/K
λ	Λ	lambda	l/L
μ	Μ	mi (mu)	m/M
ν	Ν	ni (nu)	n/N
ξ	Ξ	xi (csi)	ks/Ks
ο	Ο	ômicron	o/O
π	Π	pi	p/P
ρ	Ρ	rô	r,rh/R,Rh (inicial)
σ, ς	Σ	sigma	s/S
τ	Τ	tau	t/T
υ	Υ	ípsilon	u/U
ϕ, φ	Φ	fi	ph/Ph
χ	Χ	qui (chi)	kh/Kh
ψ	Ψ	psi	ps/Ps
ω	Ω	ômega	ö/O

VIII Lista de elementos químicos

nome	símbolo	nº atômico
Actínio	Ac	89
Alumínio	Al	13
Amerício	Am	95
Antimônio	Sb	51
Argônio	Ar	18
Arsênio	As	33
Astatínio	At	85
Bário	Ba	56
Berílio	Be	4
Berkélio	Bk	97
Bismuto	Bi	83
Bóhrio	Bh	107
Boro	B	5
Bromo	Br	35
Cádmio	Cd	48
Cálcio	Ca	20
Califórnio	Cf	98
Carbono	C	6
Cério	Ce	58
Césio	Cs	55
Chumbo	Pb	82
Cloro	Cl	17
Cobalto	Co	27
Cobre	Cu	29
Criptônio	Kr	36
Cromo	Cr	24
Cúrio	Cm	96
Darmastádtio	Ds	110
Disprósio	Dy	66
Dúbnio	Db	105
Einstêinio	Es	99
Enxofre	S	16
Érbio	Er	68
Escândio	Sc	21
Estanho	Sn	50

nome	símbolo	nº atômico
Estrôncio	Sr	38
Európio	Eu	63
Férmio	Fm	100
Ferro	Fe	26
Flúor	F	9
Fósforo	P	15
Frâncio	Fr	87
Gadolínio	Gd	64
Gálio	Ga	31
Germânio	Ge	32
Háfnio	Hf	72
Hássio	Hs	108
Hélio	He	2
Hidrogênio	H	1
Hólmio	Ho	67
Índio	In	49
Iodo	I	53
Irídio	Ir	77
Itérbio	Yb	70
Ítrio	Y	39
Lantânio	La	57
Laurêncio	Lr	103
Lítio	Li	3
Lutécio	Lu	71
Magnésio	Mg	12
Manganês	Mn	25
Meitnério	Mt	109
Mendelévio	Md	101
Mercúrio	Hg	80
Molibdênio	Mo	42
Neodímio	Nd	60
Neônio	Ne	10
Netúnio	Np	93
Nióbio	Nb	41
Níquel	Ni	28

nome	símbolo	nº atômico
Nitrogênio	N	7
Nobélio	No	102
Ósmio	Os	76
Ouro	Au	79
Oxigênio	O	8
Paládio	Pd	46
Platina	Pt	78
Plutônio	Pu	94
Polônio	Po	84
Potássio	K	19
Praseodímio	Pr	59
Prata	Ag	47
Promécio	Pm	61
Protactínio	Pa	91
Rádio	Ra	88
Radônio	Rn	86
Rênio	Re	75
Ródio	Rh	45
Roentgênio	Rg	111
Rubídio	Rb	37
Rutênio	Ru	44
Rutherfórdio	Rf	104
Samário	Sm	62
Seabórgio	Sg	106
Selênio	Se	34

nome	símbolo	nº atômico
Silício	Si	14
Sódio	Na	11
Tálio	Tl	81
Tântalo	Ta	73
Tecnécio	Tc	43
Telúrio	Te	52
Térbio	Tb	65
Titânio	Ti	22
Tório	Th	90
Túlio	Tm	69
Tungstênio	W	74
Unúmbio	Uub	112
Ununéxio	Uuh	116
Ununquádio	Uuq	114
Ununóctio	Uuo	118
Unumpêntio	Uup	115
Unúntrio	Uut	113
Urânio	U	92
Vanádio	V	23
Xenônio	Xe	54
Zinco	Zn	30
Zircônio	Zr	40

* Em *itálico*, os elementos artificiais.

IX Tabela periódica

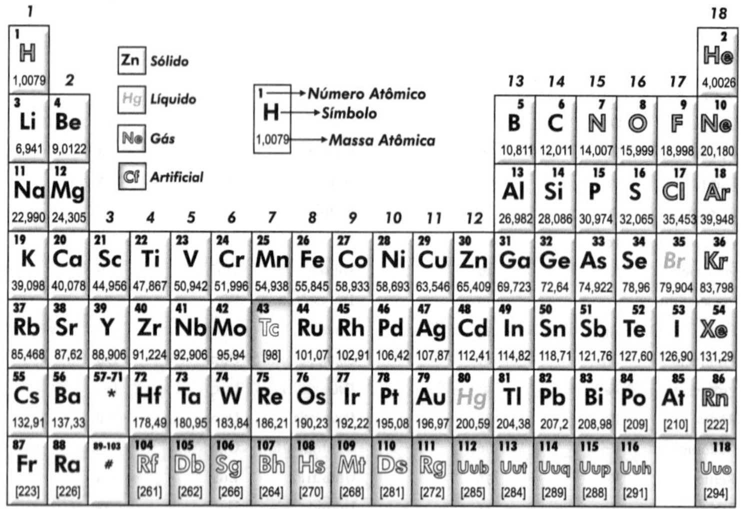

Zn Sólido
Hg Líquido
Ne Gás
Cf Artificial

1 → Número Atômico
H → Símbolo
1,0079 → Massa Atômica

1	2	3	4	5	6	7	8	9	10	11	12	13	14	15	16	17	18
1 H 1,0079																	2 He 4,0026
3 Li 6,941	4 Be 9,0122											5 B 10,811	6 C 12,011	7 N 14,007	8 O 15,999	9 F 18,998	10 Ne 20,180
11 Na 22,990	12 Mg 24,305											13 Al 26,982	14 Si 28,086	15 P 30,974	16 S 32,065	17 Cl 35,453	18 Ar 39,948
19 K 39,098	20 Ca 40,078	21 Sc 44,956	22 Ti 47,867	23 V 50,942	24 Cr 51,996	25 Mn 54,938	26 Fe 55,845	27 Co 58,933	28 Ni 58,693	29 Cu 63,546	30 Zn 65,409	31 Ga 69,723	32 Ge 72,64	33 As 74,922	34 Se 78,96	35 Br 79,904	36 Kr 83,798
37 Rb 85,468	38 Sr 87,62	39 Y 88,906	40 Zr 91,224	41 Nb 92,906	42 Mo 95,94	43 Tc [98]	44 Ru 101,07	45 Rh 102,91	46 Pd 106,42	47 Ag 107,87	48 Cd 112,41	49 In 114,82	50 Sn 118,71	51 Sb 121,76	52 Te 127,60	53 I 126,90	54 Xe 131,29
55 Cs 132,91	56 Ba 137,33	57-71 *	72 Hf 178,49	73 Ta 180,95	74 W 183,84	75 Re 186,21	76 Os 190,23	77 Ir 192,22	78 Pt 195,08	79 Au 196,97	80 Hg 200,59	81 Tl 204,38	82 Pb 207,2	83 Bi 208,98	84 Po [209]	85 At [210]	86 Rn [222]
87 Fr [223]	88 Ra [226]	89-103 #	104 Rf [261]	105 Db [262]	106 Sg [266]	107 Bh [264]	108 Hs [270]	109 Mt [268]	110 Ds [281]	111 Rg [272]	112 Uub [285]	113 Uut [284]	114 Uuq [289]	115 Uup [288]	116 Uuh [291]		118 Uuo [294]

57 La 138,91	58 Ce 140,12	59 Pr 140,91	60 Nd 144,24	61 Pm [145]	62 Sm 150,36	63 Eu 151,96	64 Gd 157,25	65 Tb 158,93	66 Dy 162,50	67 Ho 164,93	68 Er 167,26	69 Tm 168,93	70 Yb 173,04	71 Lu 174,97
89 Ac [227]	90 Th 232,04	91 Pa 231,04	92 U 238,03	93 Np [237]	94 Pu [244]	95 Am [243]	96 Cm [247]	97 Bk [247]	98 Cf [251]	99 Es [252]	100 Fm [257]	101 Md [258]	102 No [259]	103 Lr [262]

*Série dos Lantanídeos
#Série dos Actinídeos

X Fahrenheit/Centígrados, Centígrados/Fahrenheit

Na conversão de Fahrenheit em graus centígrados (ou vice-versa), vá sempre à coluna central, em números mais escuros. O equivalente da temperatura procurada em graus Fahrenheit aparece em graus Celsius à direita e o equivalente da temperatura em graus Celsius aparece em Fahrenheit à esquerda.

°F		°C
– 40,0	**– 40**	– 40,0
– 38,2	**– 39**	– 39,4
– 36,4	**– 38**	– 38,9
– 34,6	**– 37**	– 38,3
– 32,8	**– 36**	– 37,8
– 31	**– 35**	– 37,2
– 29,2	**– 34**	– 36,7
– 27,4	**– 33**	– 36,1
– 25,6	**– 32**	– 35,6
– 23,8	**– 31**	– 35
– 22	**– 30**	– 34,4
– 20,2	**– 29**	– 33,9
– 18,4	**– 28**	– 33,3
– 16,6	**– 27**	– 32,8
– 14,8	**– 26**	– 32,2
– 13	**– 25**	– 31,7
– 11,2	**– 24**	– 31,1
– 9,4	**– 23**	– 30,6
– 7,6	**– 22**	– 30
– 5,8	**– 21**	– 29,4
– 4	**– 20**	– 28,9
– 2,2	**– 19**	– 28,3
– 0,4	**– 18**	– 27,8
1,4	**– 17**	– 27,2
3,2	**– 16**	– 26,7
5	**– 15**	– 26,1
6,8	**– 14**	– 25,6
8,6	**– 13**	– 25
10,4	**– 12**	– 24,4
12,2	**– 11**	– 23,9
14	**– 10**	– 23,3
15,8	**– 9**	– 22,8
17,6	**– 8**	– 22,2
19,4	**– 7**	– 21,7
21,2	**– 6**	– 21,1
23	**– 5**	– 20,6
24,8	**– 4**	– 20
26,6	**– 3**	– 19,4
28,4	**– 2**	– 18,9
30,2	**– 1**	– 18,3

°F		°C
32	**0**	– 17,8
33,8	**1**	– 17,2
35,6	**2**	– 16,7
37,4	**3**	– 16,1
39,2	**4**	– 15,6
41	**5**	– 15
42,8	**6**	– 14,4
44,6	**7**	– 13,9
46,4	**8**	– 13,3
48,2	**9**	– 12,8
50	**10**	– 12,2
51,8	**11**	– 11,7
53,6	**12**	– 11,1
55,4	**13**	– 10,6
57,2	**14**	– 10
59	**15**	– 9,4
60,8	**16**	– 8,9
62,6	**17**	– 8,3
64,4	**18**	– 7,8
66,2	**19**	– 7,2
68	**20**	– 6,7
69,8	**21**	– 6,1
71,6	**22**	– 5,6
73,4	**23**	– 5
75,2	**24**	– 4,4
77	**25**	– 3,9
78,8	**26**	– 3,3
80,6	**27**	– 2,8
82,4	**28**	– 2,2
84,2	**29**	– 1,7
86	**30**	– 1,1
87,8	**31**	– 0,6
89,6	**32**	0
91,4	**33**	0,6
93,2	**34**	1,1
95	**35**	1,7
96,8	**36**	2,2
96,6	**37**	2,8
100,4	**38**	3,33
102,2	**39**	3,89

Enciclopédia

Vera Lúcia Coelho Villar

Romeu Loures

Esta pequena enciclopédia tem 2.145 entradas minuciosamente escolhidas para suprir de informação geral os leitores, estendendo-se sobre personalidades (escritores, artistas, políticos etc.), cenas da história, dados geográficos e de cultura em geral. Todas as cidades brasileiras com mais de 50 mil habitantes têm verbete com seus dados de produção, turismo, bens tombados etc. Do mesmo modo, os países do mundo ganharam resumos. Optamos por não comprimir em excesso os textos, para que a minienciclopédia cumprisse com eficiência o seu objetivo. Os dados sobre o Brasil são os mais atuais, extraídos do censo do IBGE de 2010. Os referentes ao mundo foram obtidos nas fontes mais recentes disponíveis.

Uma série de adendos finaliza esta segunda parte do volume e inclui as montanhas mais altas dos seis continentes, os pontos mais altos do Brasil, um quadro das nossas capitanias hereditárias, outro de países/ nacionalidade/ idiomas/ moedas e um abrangente quadro de grupos e línguas indígenas do Brasil. A grafia de topônimos como: *Aquirás, Camarajibe, Campos dos Goitacases, Itaquatiara, Majé, Moçoró, Mojiguaçu, Mojimirim, Piraçununga, Susano*, segue, nesta enciclopédia, apenas a forma preconizada como preferencial pelo *Vocabulário onomástico da língua portuguesa*, da Academia Brasileira de Letras (1999). O mesmo se dá com os nomes de pessoas. O registro é feito, salvo casos especiais, pelas regras de correção da língua, e não seguindo o registro feito em cartório, se dessas regras este se afastar (*Susana, Teresa* etc.).

Aa

Aachen, Aix-la-Chapelle para os franceses, cidade da Alemanha. Foi capital do império de Carlos Magno, que ali morreu. Termas.

Abaeté, lagoa situada em Salvador BA, famosa pelo contraste de suas águas escuras com as areias brancas.

Abaetetuba (**PA**), município com 1.610,7 km², no nordeste paraense. Desmembrado de Belém e instalado (1880) com o antigo nome de Abaeté, obteve o nome definitivo em 1943. Hab.: 141.054.

ABC (**região do**), região industrial do Estado de São Paulo, formada pelos municípios de Santo André, São Bernardo do Campo e São Caetano do Sul; por vezes inclui-se o município de Diadema, mudando a sigla para ABCD.

Abel, filho de Adão e Eva, que, segundo a Bíblia, foi morto pelo irmão, Caim.

Abertura dos Portos, ato (28/1/1808) do príncipe regente português D. João, mais tarde rei D. João VI o Clemente, suspendendo o monopólio português e abrindo os portos brasileiros às nações amigas.

ABF sigla de *Academia Brasileira de Filologia*

ABI sigla de *Associação Brasileira de Imprensa*

Abissínia, antigo nome da *Etiópia*.

ABL sigla de *Academia Brasileira de Letras*

ABNT sigla de *Associação Brasileira de Normas Técnicas*

Abolicionismo, movimento pela extinção do trabalho escravo no Brasil, cuja figura principal foi Joaquim Nabuco e que culminou com a promulgação da Lei Áurea (13/5/1888).

Abraão [Ur, Caldeia, séc. XIX a.C. — ?], patriarca hebreu, uma das figuras importantes do Antigo Testamento da Bíblia, cuja obediência foi testada por Deus, que lhe ordenou o sacrifício do filho Isaac.

Abrantes (Miguel Calmon Du Pin e Almeida, **marquês de**) [Santo Amaro BA, 1794 ou 1796 – Rio de Janeiro RJ, 1865], diplomata e estadista brasileiro, várias vezes ministro e defensor do Brasil em causas internacionais.

Abreu, Casimiro José Marques **de** [Capivari, atual Barra de São João RJ, 1839 — *id.*, 1860], poeta romântico brasileiro, compôs esp. versos sobre a infância, a vida em família e a saudade da pátria, reunidos em um único livro, *Primaveras*. Patrono da cadeira 6 da ABL.

Abreu, João **Capistrano** Honório **de** [Ceará, 1853 — Rio de Janeiro RJ, 1927], historiador e pesquisador brasileiro. Obras: *O descobrimento do Brasil e o seu desenvolvimento no século XVI*, *Capítulos de história colonial* etc.

Abreu (José Gomes de Abreu, dito **Zequinha de**) [Sta. Rita do Passa Quatro SP, 1880 — São Paulo SP, 1935], pianista e compositor popular brasileiro, autor de maxixes, valsas, como *Tardes de Lindoia*, e choros, como o *Tico-tico no fubá*.

Abreu, Manuel Dias **de** [São Paulo SP, 1894 — Rio de Janeiro RJ, 1962], médico e cientista brasileiro, inventor da *abreugrafia*, método de fixação fotográfica da imagem radioscópica.

Abreu e Lima (**PE**), município com 125,9 km², situado na região metropolitana do Recife. Hab.: 94.428.

Abrilada, tentativa de proclamação de uma república no Campo de Santana, no Rio de Janeiro, pelo major Miguel de Frias (abril de 1832), durante a Regência Feijó. O duque de Caxias venceu a revolta e consolidou o governo regencial.

Abrolhos (**arquipélago de**), área de proteção ambiental composta de cinco ilhas (Guarida, Sueste, Siriba, Sta. Bárbara e Redonda), situada no sul da Bahia, 70 km ao largo do município de Caravelas BA.

Academia Brasileira de Ciências (**ABC**), instituição científica privada fundada em 1916, no Rio de Janeiro, com o nome de Sociedade Brasileira de Ciências. Possui centenas de membros titulares e associados, distribuídos em cinco seções: Matemática, Física, Química, Geociências e Biologia. Publicações: *Anais da Academia Brasileira de Ciências* e *Revista Brasileira de Biologia*.

Academia Brasileira de Filologia (**ABF**), entidade cultural fundada em 1944, no Rio de Janeiro, com o objetivo de estudar a língua e seus documentos e estabelecer a autenticidade de textos literários. Compõe-se de 40 membros vitalícios, brasileiros, e de sócios correspondentes, do país e estrangeiros.

Academia Brasileira de Letras (**ABL**), instituição criada por Machado de Assis e Lúcio de Mendonça, no Rio de Janeiro (1896), com a finalidade de preservar a língua e a literatura nacionais, e composta de 40 membros efetivos e perpétuos. Publica atualmente: *Revista brasileira*, *Discursos acadêmicos*, *Vocabulário ortográfico da língua portuguesa* etc.

Academia Brasileira de Música (**ABM**), instituição fundada pelo compositor Heitor Villa-Lobos, no Rio de Janeiro (1945), e constituída de 90 membros, personalidades de destaque nas áreas da composição e educação musical, da interpretação e da musicologia.

Academia Nacional de Medicina (**ANM**), sociedade fundada em 1829 sob o nome de Sociedade de Medicina do Rio de Janeiro, que promove o estudo das ciências médicas e colabora com o governo como órgão consultivo em questões de saúde pública. Conta com 100 membros titulares. Publicação: *Boletim da Academia Nacional de Medicina*.

Açailândia (MA), município com 5.806,3 km², situado na divisa com o Estado do Pará, na área de transição de palmeiras e cerrados para a Floresta Amazônica. Hab.: 104.030.

Ação Integralista Brasileira (1932-1938), organização política de âmbito nacional inspirada no fascismo italiano, fundada por Plínio Salgado.

Acará (PA), município com 4.343,7 km², a Denpasa cultiva ali 3.152 hectares de palma para a produção de óleo. Hab.: 53.605.

Acari (RN), município com 608,5 km², situado na divisa com o Estado da Paraíba; antiga aldeia dos índios cariris. Casa de Câmara e Cadeia e Igreja de N.Sª. do Rosário tombadas pelo Iphan. Hab.: 11.035.

Aconcágua (pico do), ponto culminante dos Andes e do continente americano, na Argentina, com 6.959 m.

Açores, arquipélago português (ilhas: São Miguel, Terceira, São Jorge, Faial, Graciosa, Pico, Santa Maria, Flores e Corvo), no oceano Atlântico, com 2.333 km². Região autônoma desde 1976, com assembleia e governo próprios. Capital: *Ponta Delgada*; recurso principal: agropecuária. Hab.: 244.000 (2007).

Acra, capital de Gana, porto no golfo da Guiné. Recurso principal: refino de petróleo. Hab.: aprox. 1,5 milhão.

Acre (AC), estado brasileiro desde 1962, na região norte, com 152.581,3 km² e 22 municípios, sendo os mais populosos, além da capital: Cruzeiro do Sul e Tarauacá. Grande parte da população é ribeirinha e utiliza barcos para locomover-se. A Floresta Amazônica recobre todo o estado, com suas seringueiras, palmeiras e bambuzais, além de árvores frutíferas (açaí, andiroba, camu-camu, copaíba, cacau etc.) e plantas medicinais. Capital: *Rio Branco*; recursos principais: borracha, castanha-do-pará e madeira. Hab.: 732.793.

Adão, segundo a Bíblia, o primeiro homem criado por Deus, expulso do paraíso terrestre juntamente com a mulher, *Eva*, após ter comido o fruto proibido.

Adonias Aguiar **Filho** [Ilhéus BA, 1915 — *id.*, 1990], jornalista, crítico, ensaísta e romancista brasileiro. Membro da ABL. Obras: *O forte*, *Corpo vivo*, *Memórias de Lázaro* etc.

Adônis, na mitologia grega, rapaz de grande beleza, nascido da casca da árvore em que sua mãe, Mirra, foi transformada pelos deuses. Afrodite apaixonou-se por ele.

Adorno, Antônio **Dias** [?, Bahia, ? — ?, Bahia, 1583], sertanista, chefiou uma bandeira em fevereiro de 1574, com 150 brancos e 400 índios, à procura de pedras preciosas.

Adriático (mar), formado pelo Mediterrâneo, banha a Itália, a Albânia, a Eslovênia, a Croácia, a Bósnia-Herzegóvina e as Repúblicas da Sérvia e de Montenegro.

Afeganistão, país da Ásia, entre o Irã e o Paquistão, com 652.090 km². Em 2004 ganhou nova constituição e adotou o regime presidencial. Em 2005 teve novo parlamento eleito. Capital: *Cabul*; recursos principais: agricultura (trigo, uva, outras frutas, algodão em pluma), mineração (lápis-lazúli) e indústria: alimentícia, têxtil (algodão), fertilizantes (químicos) etc. Hab.: 28.149.916 (2009).

Afonso Celso, (Afonso Celso de Assis Figueiredo, **conde de**) [Ouro Preto MG, 1860 — Rio de Janeiro RJ, 1938], político, escritor e jornalista brasileiro, um dos membros fundadores da Academia Brasileira de Letras. Obras: *Oito anos de parlamento*, *Porque me ufano de meu país*, *O imperador no exílio* etc.

África, um dos cinco continentes, com 30.330.000 km² e 53 países. Pode-se dividi-lo em três regiões: o planalto do norte, os planaltos central e do sul e as montanhas do leste. A característica peculiar do planalto do norte é o deserto do Saara, que se estende por mais de um quarto do território africano. Recursos minerais: grandes jazidas de carvão, reservas de petróleo e de gás natural, bem como as maiores reservas do mundo de ouro, diamantes, cobre, bauxita, manganês, níquel etc. Hab.: aprox. 920 milhões.

África do Sul (República da), país da África, com 1.219.090 km², situado no Sul do continente, dividido em nove províncias. República presidencialista desde 1994. Capitais: *Pretória* (administrativa), *Cidade do Cabo* (legislativa) e *Bloemfontein* (judiciária); recurso principal: mineração (carvão, ouro, minério de ferro). Hab.: 49.052.489 (2009).

Afrodite, Vênus entre os romanos, segundo a mitologia foi uma das 12 divindades gregas do Olimpo, considerada a deusa da beleza, do amor e da fertilidade.

Agostinho, santo [Tagaste, Argélia 354 — Hipona, Numídia, 430], filho de santa Mônica, é um dos doutores da Igreja e seus escritos são um tratado sobre a fé, no qual demonstra todo seu amor e devoção ao Criador. Obras: *De civitate Dei* ("Sobre a cidade de Deus") e *Confessiones* ("Confissões").

Agreste, região semiárida do nordeste brasileiro, com vegetação intermediária entre a floresta e a caatinga, faixa de transição entre a Zona da Mata e o Sertão.

Águas Lindas de Goiás (GO), município com 191,2 km², situado no entorno de Brasília. Foi instalado em 1997. Hab.: 159.505.

Agulhas Negras (pico das), (2.787 m) no maciço de Itatiaia, um dos dez maiores do Brasil, na fronteira entre os estados do Rio de Janeiro e São Paulo.

Aires, Matias Ramos da Silva de Eça [São Paulo SP, 1705 — Lisboa, Portugal, 1763], escritor brasileiro, cursou Direito na Universidade de Coimbra (1723) e viveu em Paris (1728-1733), onde estudou Direito Civil e Canônico, Física, Química e Matemática. Escreveu *Reflexões sobre a vaidade dos homens* (1752), obra moralista, de grande êxito na época.

Alagoas (**AL**), estado brasileiro desde 1889, na região nordeste, com 27.767,6 km² e 102 municípios, sendo os mais populosos, além da capital: Arapiraca, Palmeira dos Índios, União dos Palmares e Rio Largo. É um dos estados brasileiros mais densamente povoados. Capital: *Maceió*; recursos principais: agroindústria do açúcar e do álcool, polo alcoolquímico, indústrias (têxtil e de alimentos) e turismo. Hab.: 3.120.922.

Alagoinhas (**BA**), município com 733,9 km², o maior produtor baiano de limão. Hab.: 142.160.

Alasca, região a noroeste da América do Norte, com 1.717.854 km², cedida pela Rússia aos EUA (1867); é estado americano desde 1958. Capital: *Juneau*; recursos principais: pesca do salmão, exploração de ouro, petróleo e carvão e turismo. Hab.: 663.661 (2005).

Albânia, país da Europa, nos Bálcãs, às margens do mar Adriático, com 28.748 km². República parlamentarista desde 1991. Capital: *Tirana*; recursos principais: agricultura (trigo, batata, milho) e pecuária. Hab.: 3.639.453 (2009).

Albuquerque, Jerônimo [? — ?], o "Adão pernambucano" aqui chegou em outubro de 1535, na comitiva de Duarte Coelho. Feito prisioneiro pelos tabajaras, ia ser devorado, mas foi salvo pela filha do cacique Arcoverde, depois batizada Maria do Espírito Santo Arcoverde. Da união com Maria nasceram oito filhos, inaugurando a mais antiga linhagem indígena pernambucana. Fundou a cidade de Natal (25/12/1599). — **Jerônimo de Albuquerque Maranhão** [Olinda PE, 1548 — São Luís MA, 1618], seu filho, militar e colonizador brasileiro, lutou junto ao pai contra os índios potiguares; conquistou o Rio Grande do Norte, do qual foi nomeado capitão (1599), e combateu os franceses na ilha da Trindade. Capitão-mor da capitania do Maranhão, fixou-se na cidade de São Luís, onde faleceu.

Albuquerque Coelho, **Matias de** (marquês de Alegrete) [Olinda PE, 1590 — Lisboa, 1647], governador da capitania de Pernambuco (1620) e governador-geral (1624), sucedendo a Diogo de Mendonça Furtado, combateu os holandeses, retomou Porto Calvo e fez enforcar Domingos Calabar.

Alcântara (**MA**), município com 1.483,2 km², situado na baía de São Marcos, que o separa de São Luís; foi das mais ricas cidades do país. Conjunto arquitetônico e urbanístico tombado pelo Iphan. Abriga uma base aeroespacial. Hab.: 21.852.

Alcorão ou **Corão,** livro sagrado que contém o código religioso, moral e político dos muçulmanos, segundo a tradição transmitido por Deus a Maomé por meio do arcanjo Gabriel.

Alegre, Manuel José de **Araújo Porto** (barão de Santo Ângelo) [Rio Pardo RS, 1806 — Lisboa, Portugal, 1879], pintor e escritor, precursor do Romantismo brasileiro; estudou pintura com Debret, no Rio de Janeiro. Obras: *Brasilianas, Colombo.*

Alegrete (**RS**), município com 7.803,9 km², o maior do estado em área. Agropecuária, esp. produção de leite. Hab.: 77.673.

Aleijadinho (Antônio Francisco Lisboa, dito **o**) [Ouro Preto MG, c.1730 — *id.*, 1814], arquiteto e escultor do Rococó brasileiro, autor de numerosas obras, entre as quais as estátuas dos 12 profetas e as 66 imagens dos Passos do Calvário, em Congonhas do Campo MG.

Alemanha (**República Federal da**), país do centro-norte da Europa, com 356.733 km². República parlamentarista desde 1990, divide-se em 16 estados. Capital da Alemanha unificada desde 1990: *Berlim*; recurso principal: indústria, esp. automobilística. Hab.: 82.329.758 (2009).

Alencar, José Martiniano **de** [Mecejana CE, 1829 — Rio de Janeiro RJ, 1877], escritor considerado o maior representante do Romantismo brasileiro. Obras: *O guarani*, *Iracema*, *Senhora* etc. Patrono da cadeira 23 da ABL.

Alexandre Magno ou **o Grande** [Pela, Macedônia, 356 a.C. — Babilônia, 323 a.C.], rei da Macedônia, foi aluno de Aristóteles. Por muitos considerado o maior gênio militar da história, lutou contra os persas e derrotou Dario III. Em apenas três anos expandiu o território helênico por todo o império persa, o maior reunido por um homem.

Alfaiates, Revolta dos ver *Baiana, Conjuração*

Alfenas (**MG**), município com 848,3 km², instalado em 1869; é cercado pela represa da hidrelétrica de Furnas. Hab.: 73.722.

Aliança Renovadora Nacional (**Arena**), partido político brasileiro criado pelo Ato Institucional nº 2 (1965), que extinguiu os partidos existentes e implantou o bipartidarismo no país.

Almeida, Araci Teles **de** [Rio de Janeiro RJ, 1914 — *id.*, 1988], cantora popular, começou na Rádio Educadora em 1933. Amiga e principal intérprete de Noel Rosa, gravou 30 músicas do compositor.

Almeida, Guilherme de Andrade e [Campinas SP, 1890 — São Paulo SP, 1969], jornalista, escritor e tradutor, participou da Semana de Arte Moderna (1922). Obras: poesia — *Nós, A dança das horas, A frauta que eu perdi* etc.; prosa — *O sentimento nacionalista na poesia brasileira, Histórias talvez* etc.

Almeida, José Américo de [Areia PB, 1887 — João Pessoa PB, 1980], ficcionista, ensaísta e político brasileiro, membro da ABL. Obras: *Reflexões de um cabra, A bagaceira, O boqueirão, Coiteiros, A Paraíba e seus problemas* etc.

Almeida, Manuel Antônio de [Rio de Janeiro RJ, 1831 — Macaé RJ, 1861], escritor e crítico literário brasileiro, precursor do romance urbano. Obras: *Memórias de um sargento de milícias, Memórias.* Patrono da cadeira 28 da ABL.

Almeida, Miguel Calmon Du Pin e ver *Abrantes, marquês de*

Almeida Júnior, José Ferraz de [Itu SP, 1850 — Piracicaba SP, 1899], pintor naturalista brasileiro, frequentou a Escola de Belas-Artes de Paris, financiado por D. Pedro II. Obras: *Caipiras negaceando, A partida da monção* etc.

Almirante (Henrique Foréis Domingues, dito) [Rio de Janeiro RJ, 1908 — *id.*, 1980], cantor e radialista brasileiro, organizou o primeiro grande arquivo de música popular, hoje incorporado ao acervo do Museu da Imagem e do Som (MIS), no Rio de Janeiro.

Almirante Tamandaré (PR), município com 195,1 km^2, no sudeste do estado, instalado em 1947. Indústrias de cal e calcário. Hab.: 103.245.

Alpes (maciço dos), maior cadeia de montanhas da Europa (1.200 km), atravessa seis países, do mar Mediterrâneo até Viena (Áustria). Ponto culminante: *Monte Branco* (4.808 km); recursos principais: pecuária e turismo.

Alphonsus de Guimaraens ver *Guimaraens, Alphonsus de*

Alsácia, região ao leste da França, às margens do rio Reno, com 8.280 km^2. Capital: *Estrasburgo*. Hab.: 1.815.488 (2006).

Altamira (gruta de), com suas gravuras e pinturas rupestres, é um dos mais impressionantes sítios paleolíticos conhecidos. Descoberta em 1879 e situada na Cantábria, Espanha, está classificada como patrimônio mundial desde 1985.

Altamira (PA), município com 159.695,9 km^2, situado na margem esquerda do rio Xingu, é o maior do Brasil em área. Teve sua origem nas missões jesuíticas (primeira metade do séc. XVIII). Hab.: 105.030.

Alto Volta, antigo nome de *Burquina Fasso*.

Alvarenga, Manuel Inácio da **Silva** [Vila Rica, atual Ouro Preto MG, 1749 — Rio de Janeiro RJ, 1814], poeta brasileiro, considerado um dos grandes representantes do Arcadismo no país. Sua obra principal é *Glaura* (1799). Participou da Inconfidência Mineira.

Alves, Antônio Frederico de **Castro** [Muritiba BA, 1847 — Salvador BA, 1871], poeta romântico brasileiro. Defendeu o abolicionismo em versos de tom dramático e eloquente. Obras: *Espumas flutuantes, Cachoeira de Paulo Afonso, Vozes d'África, Navio negreiro, Os escravos, Gonzaga ou a revolução de Minas* (teatro) etc. Patrono da cadeira 7 da ABL.

Alves, Francisco de Morais [Rio de Janeiro RJ, 1898 — Estrada Rio-São Paulo, 1952], cantor popular, dito Chico Viola e Rei da Voz, iniciou a carreira artística no Circo Spinelli. Sua primeira gravação (de uma série de mil) foi a marcha *Pé de anjo*, de Sinhô. Musicou 150 composições.

Alves de Sousa, **Ataulfo** [Miraí MG, 1909 — Rio de Janeiro RJ, 1969], compositor e cantor popular brasileiro, compôs mais de 300 músicas. Dedicou-se tb. à pintura. Obras: *Ai que saudades da Amélia, Pois é, Mulata assanhada, Na cadência do samba* etc.

Alvim, Álvaro [Vassouras RJ, 1863 — Rio de Janeiro RJ, 1928], médico e cientista brasileiro, introdutor da radiologia e da radioterapia no Brasil e o primeiro a instalar um aparelho de raios X no Rio de Janeiro (1897).

Alvorada (RS), município com 70,8 km^2, situado na região metropolitana de Porto Alegre; desmembrado de Viamão, foi instalado em 1965. Hab.: 195.718.

Alvorada de Minas (MG), município com 374,9 km^2. Balneário Tanque do Carimbe, com cascatas e piscinas naturais. Igreja de São José, tombada pelo Iphan. Hab.: 3.548.

Amado, Jorge [Ferradas BA, 1912 — Salvador BA, 2001], escritor brasileiro mundialmente conhecido, autor de diversos romances e novelas de cunho social, membro da ABL. Obras: *Cacau; Suor; Mar morto; Dona Flor e seus dois maridos; Gabriela, cravo e canela* e outros, traduzidos em inúmeras línguas e adaptados para teatro, cinema e televisão.

Amapá (AP), estado desde 1988, situado no extremo setentrional da região norte do país e cortado pela linha do equador; tem 142.814,5 km^2 e 16 municípios, sendo o mais populoso, além da capital, Santana. Capital: *Macapá*; recursos principais: extração de castanha-do-pará, madeira e palmito e mineração de manganês. Ecoturismo. Hab.: 668.689.

Amaral Leite Penteado, **Amadeu** Ataliba Augusto [Capivari SP, 1875 — São Paulo SP, 1929], poeta pós-parnasiano, folclorista, filólogo e ensaísta, estudou o linguajar regional. Obras: poesia — *Urzes, Névoa, Espumas, Lâmpada antiga*; prosa — *Letras floridas, O elogio da mediocridade, A pulseira de ferro, Dialeto caipira* etc.

Amarelo (mar), situado no oceano Pacífico, com 293.965 km^2 e 88 m de profundidade média, entre a China e a Coreia.

Amazonas (AM), o maior estado do Brasil, na região norte, com 1.570.745,6 km^2 e 62 municípios, sendo os mais populosos, além da capital: Manacapuru, Tefé, Parintins e Itacoatiara. Abriga a Foresta Amazônica e sua bacia hidrográfica (6.217.220 km^2) e possui mais de 20 mil km de vias navegáveis. Principais rios: Amazonas, Negro, Solimões, Purus, Juruá e Madeira. Capital: *Manaus*; recursos principais: Zona Franca e ecoturismo. Hab.: 3.480.437.

Amazonas, barão do ver *Barroso, almirante*

Amazonas (rio), o maior e mais caudaloso rio do Brasil, primeiro do mundo em volume de águas e em extensão (6.937 km); nasce na cordilheira dos Andes, no Peru, e desemboca no oceano Atlântico, junto à ilha de Marajó PA.

Amazônia, grande região do norte da América do Sul, formada pela bacia do rio Amazonas e com a maior floresta equatorial do mundo, a *Floresta Amazônica*. — **Amazônia Legal** — com 5.035.747,80 km^2 (61,2% do território nacional) e 3,5 milhões de hectares de floresta virgem, detém 1/5 das águas doces do planeta e 17 milhões de hectares de reservas e parques nacionais e abrange nove estados do Brasil (Acre, Amapá, Amazonas, Maranhão, Mato Grosso, Pará, Rondônia, Roraima e Tocantins). Hab.: 24.728.000 (2009).

América, um dos cinco continentes e o maior em extensão (15.000 km de norte a sul), com 42.560.270 km², é formado pelas Américas do Norte, Central e do Sul. Hab.: 902.892.047.

América Central, parte mais estreita do continente americano, com 742.266 km², estende-se do istmo de Tehuantepec, México, até o limite do Panamá com a Colômbia, compreendendo Guatemala, Honduras, Belize, El Salvador, Nicarágua, Costa Rica e Panamá. Hab.: 75 milhões.

América do Norte, parte superior do continente americano, com 23.967.436 km², compreende o Canadá, os Estados Unidos da América e a parte do México acima do istmo de Tehuantepec. Hab.: 522.257.000.

América do Sul, parte inferior do continente americano, com 17.850.568 km², estende-se do limite da Colômbia com o Panamá até o cabo Horn, na Argentina, compreendendo os seguintes países: Colômbia, Venezuela, Guiana, Suriname, Brasil, Equador, Peru, Bolívia, Chile, Paraguai, Argentina e Uruguai. Hab.: 378 milhões (2009).

América Latina, nome dado ao conjunto de países da América colonizados por espanhóis e portugueses.

Americana (**SP**), município com 133,6 km², situado na região leste do estado e colonizado por americanos, alemães, portugueses, árabes e italianos. Indústria têxtil. Hab.: 210.701.

Américo de Figueiredo e Mello, **Pedro** [Areia PB, 1843 — Florença, Itália, 1905], pintor brasileiro, autor de telas famosas sobre a história do Brasil, como *Batalha do Avaí*, *Batalha do Campo Grande* e *Grito do Ipiranga* etc.

Amora, Antônio Augusto **Soares** [São Paulo SP, 1917 — *id.*, 1999], linguista, crítico literário, professor de Literatura Portuguesa, foi um dos fundadores e organizadores da Fundação Padre Anchieta, além de professor emérito da Universidade de São Paulo. Obras: *História da literatura brasileira*, *Panorama da poesia brasileira* etc.

Amparo (**SP**), município com 446 km², situado na região de Campinas; estância hidromineral na serra da Mantiqueira, com fontes de águas medicinais. Turismo. Hab.: 65.836.

Amsterdã, capital dos Países Baixos (Holanda setentrional). Cidade industrial, construída entre numerosos canais, e porto movimentado no golfo do Ij, ligado ao mar do Norte e ao rio Reno por dois canais. Hab.: 761.262 (2009).

Ananindeua (**PA**), município com 185 km². Antiga parada da Estrada de Ferro de Bragança e depois distrito de Belém; sua instalação data de 1944. Hab.: 471.744.

Anápolis (**GO**), município com 918,4 km², situado no planalto Central, é o principal centro comercial de grãos do estado. Base aérea, sede do 1º Grupo de Defesa Aérea. Hab.: 335.032.

Anchieta (**ES**), município com 720,6 km², situado na foz do rio Benevente, no litoral sul. Antiga aldeia indígena, povoada pelos jesuítas (1565). Igreja de N.Sª. da Assunção tombada pelo Iphan. Hab.: 23.894.

Anchieta, Pe. José de [S. Cristóbal de la Laguna, Canárias, 1534 — Reritiba, atual Anchieta, ES, 1597], jesuíta, dito o Apóstolo do Brasil, dedicou-se à catequese dos índios. Compôs uma gramática (*Arte da gramática da língua mais usada na costa do Brasil*) e um vocabulário do tupi e usou o teatro na educação das crianças e dos jovens nativos. Obras: *Bem-Aventurada Virgem Mãe de Deus Maria*, *Fragmentos históricos e sermões*, *Cartas jesuíticas*, *Poesias* etc.

Andaraí (**BA**), município com 1895,1 km², situado na chapada Diamantina. Antigo território dos cariris, foi invadido por garimpeiros em busca de pedras e ouro. Conjunto arquitetônico, urbanístico e paisagístico de Igatu, com ruínas de habitações de pedra, tombado pelo Iphan. Hab.: 13.948.

Andes (**cordilheira dos**), grande cadeia de montanhas, a oeste da América do Sul; estende-se da Venezuela até a Terra do Fogo, na Argentina (7.500 km). Ponto culminante: *Aconcágua* (6.959 m).

Andorra (**Principado de**), país do Sudoeste da Europa, nos Pireneus, entre a França e a Espanha, com 453 km². Monarquia parlamentarista, independente desde 1993. Capital: *Andorra la Vella*; recursos principais: turismo e comércio. Hab.: 83.888 (2009).

Andrada, Antônio Carlos Ribeiro **de** [Barbacena MG, 1870 — Rio de Janeiro RJ, 1946], político, ocupou o cargo de prefeito de Belo Horizonte. Foi eleito deputado federal e senador, foi ministro de Estado, organizou a Aliança Liberal e criou o Partido Progressista.

Andrada e Silva, **José Bonifácio de** [Santos SP, 1763 — Niterói RJ, 1838], escritor, orador, poeta e estadista brasileiro, dito o Patriarca da Independência pela influência que exerceu junto a D. Pedro I. Foi tutor de D. Pedro II e um dos homens mais cultos de sua época. Obra poética: *Poesias avulsas*. — **Antônio Carlos** Ribeiro **de Andrada** Machado e Silva [Santos SP, 1773 — ?, 1845], seu irmão, político e grande orador, diplomata e jornalista, participou da revolução de 1817 e foi preso. Foi autor do projeto de constituição para a Constituinte de 1823, anulado por D. Pedro I, e deputado por São Paulo às Cortes Constituintes portuguesas.

Andrade, Joaquim Pedro de [Rio de Janeiro RJ, 1932 — *id.*, 1989], cineasta brasileiro. Obras: *Garrincha, alegria do povo* (documentário), *Macunaíma*, *O padre e a moça* etc.

Andrade, José **Oswald de** Sousa [São Paulo SP, 1890 — *id.*, 1954], poeta, romancista, dramaturgo, ensaísta e jornalista brasileiro, um dos expoentes do movimento modernista de 1922, criador da *Revista de antropofagia*. Obras principais: *Pau-Brasil*, *Memórias sentimentais de João Miramar*, *Marco zero*, *O rei da vela* (teatro) etc.

Andrade, Mário Raul **de** Morais [São Paulo SP, 1893 — *id.*, 1945], poeta, romancista, contista, crítico e musicólogo brasileiro, líder do movimento modernista de 1922, influenciou gerações de escritores. Obras: *Pauliceia desvairada*; *Amar, verbo intransitivo*; *Macunaíma*; *Pequena história da música* etc.

Andrade, Rodrigo Melo Franco de [Belo Horizonte MG, 1898 — Rio de Janeiro RJ, 1969], historiador, jornalista e escritor brasileiro, fundador e primeiro diretor do Instituto do Patrimônio Histórico e Artístico Nacional — Iphan (1937-1968). Obras: *Brasil, monumentos históricos e arqueológicos*; *Rio Branco e Gastão da Cunha*; *Artistas coloniais* etc.

Andradina (SP), município com 960 km²; planejado pelo maior fazendeiro do Estado de São Paulo, Antônio Joaquim de Moura Andrade, o "rei do gado", foi instalado em 1937. Recurso principal: pecuária. Hab.: 55.317.

Angola (República Popular de), país da África ocidental, junto ao oceano Atlântico, com 1.246.700 km². Antiga colônia de Portugal, é uma república presidencialista, independente desde 1975. Capital: *Luanda*; recursos principais: agricultura (café, cana-de-açúcar, mandioca), mineração (diamante), petróleo. Hab.: 12.799.293 (2009).

Angra dos Reis (RJ), município com 800,4 km². Com um grande terminal marítimo de petróleo, um estaleiro naval e as usinas nucleares Angra I e II, é tb. polo turístico. Capela do Senhor do Bonfim, casa da Fazenda Morcego, convento do Carmo, igrejas de N.Sª. da Lapa da Boa Morte, de N.Sª. do Carmo, Matriz de N.Sª. da Conceição e o conjunto arquitetônico e paisagístico de Mambucaba, entre outros bens tombados pelo Iphan. Hab.: 169.270.

Anguilla, colônia britânica nas Antilhas, com 96 km², compreendendo a ilha principal e algumas ilhotas próximas, ao norte das ilhas de Sotavento, nas Pequenas Antilhas. Desmembrada de São Cristóvão e Névis, adquiriu autonomia em 1971. Capital: *The Valley*. Hab.: 14.436 (2009).

Anhanguera ("diabo velho" ou "espírito maligno") [séc. XVII], nome dado pelos indígenas ao bandeirante paulista Bartolomeu Bueno da Silva, que encontrou ouro nos sertões de Goiás.

Anjos, Augusto de Carvalho Rodrigues **dos** [Espírito Santo PB, 1884 — Leopoldina MG, 1914], poeta simbolista brasileiro, considerado um pré-modernista e célebre por sua temática angustiada. Obra: *Eu e outras poesias*.

Anjos, Ciro Versiani **dos** [Montes Claros MG, 1906 — Rio de Janeiro RJ, 1994], romancista e ensaísta brasileiro. Foi membro da ABL. Obras: *O amanuense Belmiro*, *Abdias*, *Montanha* etc.

ANM sigla de *Academia Nacional de Medicina*

Antártica ou **Antártida**, continente de cerca de 14.000.000 km² quase inteiramente localizado dentro do círculo polar austral e habitado apenas nas estações de pesquisa científica e por animais (p.ex., pinguins, *krill*) e plantas (p.ex., musgos) perfeitamente adaptados às temperaturas glaciais.

Antígua e Barbuda, país com 440 km², situado a leste da América Central, no mar do Caribe, formado por três ilhas do arquipélago das Pequenas Antilhas (Antígua, Barbuda e Redonda). Monarquia parlamentarista, independente desde 1981. Capital: *Saint John's* (Antígua); recurso principal: turismo. Hab.: 85.632 (2009).

Antilhas, arquipélago da América Central, estende-se desde as proximidades da península da Flórida até a Venezuela (2.500 km) e separa o mar das Antilhas do oceano Atlântico. É formado pelas *Grandes Antilhas* (Cuba, Jamaica, Hispaniola e Porto Rico), ao norte, e *Pequenas Antilhas*, a leste e ao sul, que se subdividem em ilhas de Barlavento (Barbados, Martinica etc.) e de Sotavento (Aruba, Curaçau, Trinidad e Tobago etc.). Hab.: 33 milhões.

Antilhas (mar das), tb. dito mar do Caribe ou das Caraíbas, é a parte do Atlântico entre a América Central, a América do Sul e o arco das Antilhas.

Antipoff, Helena [Grodno, Belarus, 1892 — Belo Horizonte MG, 1974], pedagoga de origem bielorrussa, emigrou para o Brasil, onde trabalhou na reforma do ensino, em Minas Gerais. Fundou a Faculdade de Filosofia e o Instituto Pestalozzi.

Antonil, André João (padre Giovanni Antonio Andreoni S.J.) [Lucca, Itália, 1649 — Salvador BA, 1716], cronista da vida colonial brasileira, chegou ao Brasil em 1681 e viveu na Bahia. Obra: *Cultura e opulência do Brasil*.

Antônio Carlos (MG), município com 525 km². Fazenda da Borda do Campo tombada pelo Iphan. Hab.: 11.112.

Antônio de Pádua ou **de Lisboa, santo** (Fernando Martim de Bulhom) [Lisboa, Portugal, 1195 — Pádua, Itália, 1231], franciscano, conhecido como grande pregador, fixou-se em Pádua, reformou a cidade, acabou com a prisão de devedores e ajudou os pobres. No Brasil e em Portugal é o santo casamenteiro.

Antônio Prado (RS), município com 347,6 km², na região dos vinhedos, foi a última colônia italiana. Conjunto arquitetônico e urbanístico e casa de Dona Neni tombados pelo Iphan. Hab.: 12.837.

Antunes Filho, José Alves de [São Paulo SP, 1929], diretor teatral muitas vezes premiado, estreou em 1953, montando a comédia *Week End*, de Noel Coward. *Macunaíma* foi seu espetáculo mais aplaudido e a origem do grupo de mesmo nome.

Apalaches (montes), cordilheira a leste da América do Norte, entre o Estado do Alabama e o estuário do rio São Lourenço, com grandes jazidas de hulha. Ponto culminante: *monte Mitchell* (2.037 m).

Aparecida de Goiânia (**GO**), município com 288,4 km² situado na microrregião de Goiânia. Indústrias metalúrgicas. Hab.: 455.735.

Apolo, na mitologia grega, deus da luz, da beleza e das artes, em cujo templo, em Delfos, uma pitonisa servia-lhe de oráculo.

Apucarana (**PR**), município com 558,3 km², situado no topo de uma montanha. No verão, para ali acorrem milhares de andorinhas, oriundas da América do Norte. Hab.: 120.884.

Aquiles, segundo a mitologia grega, filho de Tétis, a ninfa marinha, que o mergulhou, assim que nasceu, no rio Estige, para torná-lo invulnerável. O calcanhar pelo qual ela o segurava não foi coberto pela água, tornando-se seu ponto fraco – o proverbial "calcanhar de aquiles".

Aquirás (**CE**), município com 480,9 km², a primeira capital do Ceará. Local tradicional de jangadeiros e rendeiras, tem 24 km de praias e um grande parque aquático. Mercado da Carne tombado pelo Iphan. Hab.: 72.651.

Arábia, grande planície do Sudoeste da Ásia, entre o mar Vermelho e o golfo Pérsico, com cerca de 3.000.000 km². Hab.: 62 milhões (2009).

Arábia Saudita (**Reino da**), país do Sudoeste da Ásia, o maior da península da Arábia, com 2.149.690 km². Monarquia islâmica desde 1932. Não há uma constituição formal no país; a 'charia', conjunto das leis do Islã, regulamenta os assuntos públicos. Capital: *Riyad* (Riad); recurso principal: petróleo. Hab.: 28.686.633 (2009).

Aracaju (**SE**), capital do Estado de Sergipe desde 1855, com 174 km². Primeira cidade planejada do Brasil, seu litoral, com 25 km de praias, justifica a expansão do turismo. Hab.: 570.937.

Aracati (**CE**), município com 1.229,1 km², situado às margens do rio Jaguaribe, na divisa com o Estado do Rio Grande do Norte. Casa de Câmara e Cadeia, Igreja Matriz de N.Sª. do Rosário e conjunto arquitetônico e urbanístico da cidade tombados pelo Iphan. Atrações turísticas: praias de Canoa Quebrada, Majorlândia e Quixaba. Hab.: 69.167.

Araçatuba (**SP**), município com 1.167,3 km², no Noroeste do estado, em região pecuarista. Sua origem está intimamente ligada ao surgimento da Estrada de Ferro Noroeste do Brasil. Hab.: 181.618.

Aracruz (**ES**), município com 1.436 km². Antiga aldeia dos índios tememinós, ali fica o único porto do Brasil para exportação de celulose. Sede da indústria que produz celulose para fabricação de papel (Aracruz). Hab.: 81.746.

Araguaia (**rio**), corta os estados de Goiás, Mato Grosso e Pará; deságua no rio Tocantins, após percorrer 2.114 km e formar a ilha do Bananal.

Araguaína (**TO**), município com 4.000,4 km², seu desenvolvimento socioeconômico começou a partir de 1960, com a construção da rodovia Belém–Brasília. Hab.: 150.520.

Araguari (**MG**), município com 2.730,6 km², localizado no Triângulo Mineiro, na divisa com o Estado de Goiás, às margens da BR-050. Hab.: 109.779.

Aral (**mar de**), grande lago salgado asiático (34.000 km²), entre o Cazaquistão e o Uzbequistão. O quarto maior lago mundial em 1960 (68.000.000 km²), hoje, está em vias de desaparecer.

Aranha, José Pereira da **Graça** [São Luís MA, 1868 — Rio de Janeiro RJ, 1931], escritor e diplomata brasileiro, estreou na literatura com o romance *Canaã* (1902). Foi um dos líderes da Semana de Arte Moderna (São Paulo, 1922) e um dos fundadores da ABL (cadeira n.º 38). Outras obras: *A viagem maravilhosa* (romance), *Malasarte* (teatro), *O espírito moderno* (ensaio) etc.

Aranha, Osvaldo Euclides de Sousa [Alegrete RS, 1894 — Rio de Janeiro RJ, 1960], político brasileiro, um dos arquitetos da Revolução de 1930, com grande influência no primeiro governo de Getúlio Vargas. Chefiou a delegação brasileira na primeira sessão especial da assembleia geral da O.N.U. (1947) e lutou pela criação do Estado de Israel.

Arapiraca (**AL**), município com 351,4 km², tem a maior área contínua de plantação de tabaco do mundo. Hab.: 214.521.

Arapongas (**PR**), município com 381 km², situado no médio rio Paranapanema; é conhecido como "Cidade dos Passarinhos", pois mais de 400 logradouros têm nome de pássaros. Fábricas de móveis. Hab.: 104.161.

Araranguá (**SC**), município com 303,7 km², localizado no extremo sul do estado; antigo território de índios carijós e caingangues, foi colonizado pelos italianos. Hab.: 61.339.

Araraquara (**SP**), município com 1.006 km², situado na região central do estado. Grande produtor de sucos cítricos e cana-de-açúcar. Hab.: 208.725.

Araras (**SP**), município com 643,4 km², seu nome deriva da grande quantidade dessas aves existentes na região. Foi a primeira cidade do estado a libertar escravos, antes mesmo da Lei Áurea (1888). Hab.: 118.898.

Arariboia ou **Ararigboia**, indígena brasileiro, chefe dos tememinós, lutou ao lado de Estácio de Sá e Mem de Sá contra os franceses e tamoios (1560-65) e estabeleceu-se em uma aldeia, hoje o município de Niterói RJ.

Araripe (**chapada do**), planalto do nordeste brasileiro, 700 m acima do nível do mar, situado entre os estados de Pernambuco, Ceará e Piauí; abriga uma Floresta Nacional (1946), uma Área de Proteção Ambiental (1997) e um Geoparque (2006).

Araripe Jr., Tristão de Alencar [Fortaleza CE, 1848 — Rio de Janeiro RJ, 1911], crítico, ensaísta e romancista. Teve atuação destacada no movimento abolicionista, ao lado de José do Patrocínio (1882/88), participou da fundação da ABL (1896) e foi consultor-geral da República (1903-1911). Obras: *Contos brasileiros, Gregório de Matos, José de Alencar* etc.

Araripina (PE), município com 1.847,4 km², situado na divisa com os estados do Piauí e Ceará. Grande produtor de gesso. Hab.: 77.363.

Araruama (RJ), município com 633,7 km², situado na Região dos Lagos, às margens da lagoa de mesmo nome. Fazendas de café e cana-de-açúcar, da época do Império, abertas à visitação. Plantações de laranja e salinas. Hab.: 112.028.

Araucária (PR), município com 469,1 km², situado às margens do rio Iguaçu, na região metropolitana de Curitiba. Indústrias (química, de papel e papelão e de madeira) e agropecuária. Hab.: 119.207.

Araújo, Murilo [Serro Frio MG, 1894 — Rio de Janeiro RJ, 1980], poeta simbolista brasileiro, estreou em 1917, com *Carrilhões*, e participou da Semana de Arte Moderna (1922) e do grupo Festa, com Cecília Meireles e Adonias Filho, entre outros. Outras obras: *Árias de muito longe, A cidade de ouro, A iluminação da vida, A estrela azul* etc.

Araxá (MG), município com 1.165,1 km²; estação termal, construída sobre a cratera de um vulcão extinto e rico em águas minerais e lamas medicinais. Maior produtor mundial de nióbio. Ali teria vivido Ana Jacinta de São José, dita Dona Beja. Hab.: 93.683.

Arcoverde (PE), município com 353,3 km², porta de entrada do sertão pernambucano. Turismo: festa de São João. Hab.: 69.157.

Arena sigla de *Aliança Renovadora Nacional*

Ares, Marte entre os romanos, na mitologia grega foi uma das 12 divindades do Olimpo; deus da guerra, tinha em volta três demônios que lhe serviam de escudeiros: Deimos (Temor), Fóbos (Terror) e Éris (Discórdia).

Arês (RN), município com 112,5 km², instalado em 1876. Portada do cemitério tombada pelo Iphan. Hab.: 12.931.

Argel, capital da Argélia, grande centro comercial e financeiro, situada no litoral do mar Mediterrâneo, cujo bairro antigo, a Casbá, de origens otomanas, foi declarado patrimônio da humanidade (1992). Hab.: 3.200.000.

Argélia (República Democrática e Popular da), país do norte da África, junto ao Mediterrâneo, com 2.381.741 km². República mista, independente desde 1962. Capital: *Argel*; recursos principais: produtos petrolíferos (o país possui uma das maiores jazidas de gás natural do mundo). Hab.: 34.178.188 (2009).

Argentina (República), país do sudeste da América do Sul, entre os Andes e o oceano Atlântico, com 2.766.889 km². República presidencialista, independente desde 1816. Os rios Paraná, Paraguai e Uruguai formam a bacia do Prata, segunda maior do continente. Capital: *Buenos Aires*; recursos principais: agricultura (esp. trigo) e pecuária. Hab.: 40.913.584 (2009).

Arinos de Melo Franco, **Afonso** [Belo Horizonte MG, 1905 — Rio de Janeiro RJ, 1990], jurista e político mineiro, um dos autores do Manifesto dos Mineiros (1943), que apressou a derrubada da ditadura de Getúlio Vargas. Criou a lei contra a discriminação racial, dita Afonso Arinos, e, como senador pelo Rio de Janeiro, presidiu a Comissão de Sistematização da Assembleia Nacional Constituinte (1987).

Ariquemes (RO), município com 4.426,5 km², situado às margens do rio Jamari. O maior garimpo de cassiterita a céu aberto do mundo. Cacau, café e guaraná. Indústria de móveis. Hab.: 90.354.

Aristóteles [Estagira, Macedônia, 384 a.C. — Cálcis, Eubeia, Grécia, 322 a.C.], filósofo grego, discípulo de Platão, preceptor de Alexandre o Grande, da Macedônia, fundou aos 49 anos o Liceu de Atenas, onde dava aulas passeando. Obras: *Poética, Ética a Nicômaco, Ética a Euderno, Política, Retórica* etc.

Armênia (República da), país do extremo Leste da Europa, no Cáucaso, com 29.800 km². República parlamentarista, independente desde 1991. Capital: *Erevan*; recursos principais: agricultura, pecuária, mineração (cobre, basalto, granito etc.) e indústrias (metalúrgica, máquinas industriais e equipamentos elétricos). Hab.: 2.967.004 (2009).

Arquimedes [Siracusa, 287 a.C. — *id.*, 212 a.C.], sábio e inventor grego, considerado o mais importante matemático e físico da Antiguidade. Calculou o valor de pi (p) e estabeleceu as leis fundamentais da estática dos sólidos, da hidrostática etc. Tb. lhe são atribuídas a invenção do parafuso sem fim, da roldana móvel, das rodas dentadas etc.

Artêmis, Diana entre os romanos, na mitologia grega foi uma das 12 divindades do Olimpo; deusa do nascimento e da caça, armava-se com um arco e passava o tempo nas montanhas, acompanhada de seus cães.

Ártico (oceano), o menor dos oceanos, com 12.257.000 km², formado por pequenos mares situados no extremo norte do globo terrestre e limitados pelo litoral norte da Europa, Ásia e América do Norte e pelo círculo polar ártico. Liga-se ao oceano Atlântico por uma passagem entre a Groenlândia e as ilhas Spitzberg, e ao oceano Pacífico pelo estreito de Bering.

Aruba, ilha no mar do Caribe, com 193 km², situada diante do litoral da Venezuela. Capital: *Oranjestad*. Recursos principais: refino do petróleo venezuelano e turismo. Hab.: 103.065 (2009).

Arujá (SP), município com 97,4 km², situado na região nordeste, entre a zona do Alto Tietê e o vale do Paraíba. Grande polo industrial. Hab.: 74.818.

Ásia, o maior dos cinco continentes, com 44.397.460 km² – um terço da área terrestre –, localiza-se no hemisfério norte. É formado por 44 países: Afeganistão, Arábia Saudita, Bangladesh, Barein, Brunei, Butão, Camboja, Catar, Cazaquistão, China, Chipre, Cingapura, Coreia do Norte, Coreia do Sul, Emirados Árabes Unidos, Filipinas, Iêmen, Índia, Indonésia, Irã, Iraque, Israel, Japão, Jordânia, Kuwait, Laos, Líbano, Malásia, Maldivas, Mongólia,

Myanmar, Nepal, Omã, Paquistão, Quirguistão, Síria, Sri Lanka, Tadjiquistão, Tailândia, Taiwan, Turcomenistão, Turquia, Uzbequistão e Vietnã. Hab.: aprox. 4 bilhões.

Ásia Menor, termo histórico que designa a Anatólia, península em que os continentes da Europa e da Ásia se encontram e que hoje forma a maior parte da Turquia asiática.

Assis, Joaquim Maria **Machado de** [Rio de Janeiro RJ, 1839 — *id.*, 1908], jornalista, contista, cronista, romancista, poeta e teatrólogo; fundador da cadeira 23 e por mais de dez anos presidente da ABL, tb. chamada Casa de Machado de Assis. Com 16 anos incompletos publicou o primeiro trabalho literário ("Ela", poema), no jornal *Marmota Fluminense*. Seu primeiro livro de poesias foi *Crisálidas* (1864) e o primeiro romance, *Ressurreição* (1872). Outras obras: *Contos fluminenses, Histórias da meia-noite* (contos), *A mão e a luva, Helena, Iaiá Garcia, Memórias póstumas de Brás Cubas, Quincas Borba, Dom Casmurro, Memorial de Aires* (romances) etc.

Assis (SP), município com 461,7 km², antiga aldeia dos índios caingangues, teve seu desenvolvimento inicial ligado à chegada dos trilhos da Estrada de Ferro Sorocabana. Pecuária de corte, cultivo de soja, trigo e cana-de-açúcar. Hab.: 95.156.

Associação Brasileira de Imprensa (ABI), entidade fundada em 1908, que visa congregar os profissionais da área, dando-lhes assistência e defendendo-lhes os interesses.

Associação Brasileira de Normas Técnicas (ABNT), entidade privada criada em 1940, responsável pela normalização técnica no país, fornecendo a base necessária ao desenvolvimento tecnológico brasileiro.

Associação Latino-Americana de Livre Comércio (ALALC), órgão criado em 1960, com sede em Montevidéu, visando à formação de um mercado comum latino-americano.

Assunção, capital do Paraguai, às margens do rio Paraguai, com 117 km². Recursos principais: indústria têxtil, comércio. Hab.: 680.250 (2009).

Ataíde, Belarmino Maria **Austregésilo** Augusto **de** [Caruaru PE, 1898 — Rio de Janeiro RJ, 1993], jornalista e escritor brasileiro, presidente da ABL durante 34 anos. Obras: *Histórias amargas, Quando as hortênsias florescem, Vana verba* etc.

Ataíde, Manuel da Costa [Mariana MG, 1762 — *id.*, 1837], pintor barroco brasileiro, autor de várias pinturas e douramentos em igrejas de Ouro Preto e Mariana MG.

Ataíde, Tristão de ver *Lima, Alceu de Amoroso*

Atena, Minerva entre os romanos, na mitologia grega foi uma das 12 divindades do Olimpo; deusa da guerra, inventou o carro de combate e ensinou o homem a extrair azeite das azeitonas.

Atibaia (SP), município com 478 km², estância climática hidromineral (1945), na Serra da Mantiqueira. Maior produtor de morangos do país. Casa de Câmara e Cadeia tombada pelo Iphan. Hab.: 126.614.

Atlântico (oceano), com 106.200.000 km² e formado por uma série de grandes bacias ao longo das costas continentais, separa a América da Europa e da África. O segundo do mundo em superfície e quase inteiramente localizado no hemisfério ocidental, alonga-se no sentido norte-sul e comunica-se com o oceano Ártico pelo estreito da Islândia e com o Pacífico e o Índico pela ampla passagem que se abre entre a América, a África e a Antártida.

Atlas, conjunto de montanhas ao norte da África, formado por diversas cadeias, como o Grande Atlas (4.165 m), em Marrocos.

Aulete, Francisco Júlio **Caldas** [Lisboa, Portugal, 1826 — *id.*, 1878], pedagogo português, publicou uma *Gramática nacional* e uma *Cartilha nacional*, além do seu *Dicionário contemporâneo*, um dos melhores da língua portuguesa.

Australásia, conjunto geográfico formado pela Austrália, Nova Zelândia e Tasmânia.

Austrália (Comunidade da), país do sudoeste da Oceania pertencente à Comunidade Britânica, com 7.713.364 km². Monarquia parlamentarista, independente desde 1901. É formado por seis estados e dois territórios. Capital: *Camberra*; recursos principais: agropecuária, indústria (aeronáutica, automobilística, têxtil etc.) e mineração (bauxita, ferro, cobre, ouro, chumbo, prata e zinco). Hab.: 21.262.641 (2009).

Áustria (República da), país da Europa central, com 83.853 km². República parlamentarista, composta por nove províncias. Capital: *Viena*; recursos principais: mineração (minério de ferro), indústria (máquinas, metalúrgica, alimentícia, madeireira, papel, química), extrativismo mineral (petróleo, gás natural), pecuária e turismo. Hab.: 8.210.281 (2009).

Autran, Paulo [Rio de Janeiro RJ, 1922 — São Paulo SP, 2007], ator brasileiro. Trabalhou no Teatro Brasileiro de Comédia (TBC). Formou companhia teatral com Tônia Carrero e Adolfo Celi. Atuou tb. em cinema e telenovelas.

Avaí (Batalha de), combate às margens do arroio Avaí, no Paraguai (1868), durante a Guerra da Tríplice Aliança, em que o Exército brasileiro, chefiado pelo duque de Caxias, derrotou os paraguaios.

Avaré (SP), município com 1.216,6 km², no vale do Paranapanema. Numerosos haras. Indústrias (metalurgia, laticínios, equipamentos náuticos). Hab.: 82.935.

Azerbaijão ou **Azerbaidjão (República do)**, país do sudeste da Europa, situado no Cáucaso, às margens do mar Cáspio, com 86.600 km². Antiga república soviética, atual república mista, independente desde 1991. Capital: *Baku*; recursos principais: indústrias (refino de petróleo, alimentícia, química, têxtil, máquinas), extração de petróleo, gás natural e minérios. Hab.: 8.238.672 (2009).

Azevedo, Aluísio Tancredo Gonçalves de [São Luís MA, 1857 — Buenos Aires, Argentina, 1913], romancista brasileiro, representante do Naturalismo no Brasil. Obras: *O mulato, Casa de pensão, O coruja, O cortiço* etc.

Azevedo, Artur Nabantino Gonçalves de [São Luís MA, 1855 — Rio de Janeiro RJ, 1908], contista e teatrólogo brasileiro, um dos criadores do teatro musicado (revistas, farsas cômicas e operetas). Obras: *Contos efêmeros, A capital federal, O dote, O mambembe* etc.

Azevedo, Fernando de [São Gonçalo de Sapucaí MG, 1894 — São Paulo SP, 1974], educador, crítico e sociólogo, realizou um levantamento sobre instrução pública que foi um marco decisivo na história educacional brasileira. Fundou a Associação Brasileira de Educação e a Biblioteca Pedagógica Brasileira e foi membro da ABL. Obras: *A educação na encruzilhada, Princípios de sociologia, Sociologia educacional* etc.

Azevedo, Manuel Antônio **Álvares de** [São Paulo SP, 1831 — Rio de Janeiro RJ, 1852], poeta romântico brasileiro, foi tb. dramaturgo e contista. É patrono da cadeira 2 da ABL. Obras: *Lira dos 20 anos, Macário* (teatro), *A noite na taberna* (contos) etc.

Azov (mar de), golfo formado pelo mar Negro, entre a Ucrânia e o Sul da Rússia, com 38.400 km² e profundidade máxima de 15 m.

Bb

Babilônia (chapada da), altiplano (1.000 m) do Estado de Minas Gerais, situado entre os rios Grande e das Velhas.

Babo, Lamartine de Azevedo [Rio de Janeiro RJ, 1904 — *id.*, 1963], o mais versátil dos compositores do começo do séc. XX, celebrizou-se pelas marchinhas para o carnaval, das quais a mais famosa é *O teu cabelo não nega*. Outras obras: *Eu sonhei que tu estavas tão linda, Hino do Flamengo* etc.

Bacabal (MA), município com 1.682,6 km², situado na região central do estado, às margens do rio Mearim. Criação de gado. Hab.: 99.960.

Bach, Johann Sebastian [Eisenach, 1685 — Leipzig, Alemanha, 1750], compositor barroco alemão, autor de obras para coro vocal, piano, órgão, cravo, flauta, violino etc. e orquestra. Obras: *Cravo bem temperado, Concertos de Brandemburgo* etc.

Baco, divindade romana identificada com o *Dionísio* grego.

Badaró, João Batista **Líbero** [Laigneglia, Itália, 1796 — São Paulo SP, 1830], jornalista e político italiano radicado no Brasil, liberal, com papel importante na independência do Brasil.

Baden-Powell (Robert Stephenson Smyth, lorde) [Londres, Inglaterra,1857 — Nyeri, Quênia,1941], general inglês, fundador do escotismo (1908). Sua experiência no Exército convenceu-o de que os meninos britânicos precisavam de mais educação física e experiência de vida ao ar livre.

Baffin (Terra de), grande ilha ao norte do Canadá, com 476.068 km², rica em minério de ferro.

Bagdá, capital do Iraque, às margens do rio Tigre. Recursos principais: comércio, têxteis. Hab.: 7 milhões (2006).

Bahamas ou **Baamas (Comunidade das)**, país da América Central, com 13.878 km², formado por um arquipélago com cerca de 700 ilhas e 2.400 recifes de coral, que se estendem por mais de 800 km da costa leste da Flórida até o extremo noroeste de Cuba. Monarquia parlamentarista, independente desde 1973. As ilhas mais povoadas são a Nova Providência, onde fica a capital, e a Grande Bahama. Capital: *Nassau*; recurso principal: turismo. Hab.: 309.156 (2009).

Bahia (BA), o maior estado da região Nordeste, com 564.692,6 km² e 417 municípios, sendo os mais populosos, além da capital: Feira de Santana, Vitória da Conquista, Ilhéus, Itabuna e Juazeiro. Capital: *Salvador*; recursos principais: agricultura (cacau, mamona, coco, dendê, fumo, sisal etc.), pecuária, petróleo, indústria petroquímica e turismo. Hab.: 14.021.432.

Bahrein ou **Barein,** Estado monárquico do sudoeste asiático que é um arquipélago formado por 35 ilhas, com 678 km², a que chegaram os portugueses em 1500. Ex-protetorado britânico, monarquia islâmica, independente desde 1971. Capital: *Manama*; recursos principais: refino de petróleo e indústrias (químicas, metalúrgicas etc.). Hab.: 727.785 (2009).

Baiana (Conjuração), tb. dita Revolta dos Alfaiates, conspiração emancipacionista, surgida na Bahia (1798) por articulação de pequenos comerciantes e artesãos, destacando-se os alfaiates, além de soldados, religiosos, intelectuais e setores populares.

Baixo Império, período compreendido entre os séculos III e V, caracterizado pela crise e decadência do Império Romano, devido à desorganização econômica e à consequente desordem social.

Bajé (RS), município com 4.095,5 km². Forte de Santa Tecla e Igreja Matriz de São Sebastião tombados pelo Iphan. Hab.: 116.792.

Balaiada, movimento ocorrido no Maranhão (1838-41) devido a uma crise na economia agrária, e caracterizado por intensa participação popular (vaqueiros, escravos, sertanejos), como no caso de Manuel Francisco dos Anjos Ferreira, um fazedor de balaios (donde o nome da rebelião).

Bálcãs (península dos), região montanhosa do sul da Europa, que se estende pela Albânia, Bósnia-Herzegóvina, Croácia, Eslovênia, Grécia, Kosovo, Macedônia, Romênia, Sérvia, Montenegro e a parte europeia da Turquia. Recursos principais: agricultura e indústrias extrativas.

Baleares (ilhas), situadas na zona mais ocidental do Mediterrâneo, compõem-se de quatro ilhas principais: Maiorca, Minorca, Ibiza e Formentera. Os árabes ali chegaram em 901. Capital: *Palma de Maiorca*; recurso principal: turismo. Hab.: 983.131 (2005).

Bali, ilha da Indonésia, separada de Java pelo estreito de Bali. Cidade principal: *Singaradja*; recursos principais: artesanato e turismo. Hab.: 3.551.000 (2009).

Balneário Camboriú (SC), município com 46,4 km², está situado na foz do rio Itajaí-Açu. Suas praias no verão atraem milhares de turistas. Hab.: 108.107.

Balsas (MA), município com 13.141,6 km², situado na divisa com o Estado de Tocantins, é um grande produtor de soja. Hab.: 83.537.

Báltico (mar) do interior do oceano Atlântico, de baixa salinidade, com 422.000 km² e profundidade média de 55 m; separa a Escandinávia do continente europeu e comunica-se com o mar do Norte por vários estreitos. Gelado 150 dias por ano, é rico em esturjões, enguias e salmões.

Bálticos (países), nome dado ao conjunto formado por Letônia, Estônia e Lituânia, países de pequena dimensão banhados pelo mar Báltico, que foram os primeiros a se declararem independentes da União Soviética (1990-1991). Recursos principais: a pesca e a extração de xisto, turfa, madeira e âmbar. Hab.: cerca de 7 milhões.

Baluchistão ver *Beluchistão*

Balzac, Honoré de [Tours, França, 1799 — Paris, França, 1850], escritor francês, autor da *Comédia humana*, que reúne 90 romances sobre a sociedade burguesa, além de contos e peças teatrais

Bananal (ilha do), importante santuário ecológico do Brasil . É a maior ilha fluvial do mundo, situada entre os estados do Tocantins e Mato Grosso, cercada pelos rios Araguaia e Javaés, com aprox. 20.000 km², um terço dos quais corresponde ao Parque Nacional do Araguaia (desde 1959) e o restante a uma reserva indígena, em que vivem javaés e carajás.

Bananal (SP), município com 616,3 km². Casa da Fazenda do Resgate tombada pelo Iphan. Hab.: 10.220.

Bandeira, Antônio [Fortaleza CE, 1922 — Paris, França, 1967], pintor e desenhista brasileiro, autodidata, integrou o grupo de artistas da Escola de Paris, cidade para onde se mudou definitivamente em 1965.

Bandeira (pico da), o terceiro mais alto do Brasil (2.889,8 m), situado no Parque Nacional do Caparaó, entre os estados do Espírito Santo e de Minas Gerais, devendo seu nome ao fato de D. Pedro II ter mandado lá hastear uma bandeira (1859).

Bandeira Filho, **Manuel** Carneiro de Sousa [Recife PE, 1886 — Rio de Janeiro RJ, 1968], um dos mais importantes poetas da literatura nacional e dos pioneiros do Modernismo. Obras: *A cinza das horas, Carnaval, Estrela da manhã, Itinerário de Pasárgada* etc.

Bandeirantes do Brasil (Federação das), instituição fundada em 1919 para ajudar meninas e moças a desenvolver seu potencial como cidadãs responsáveis.

Bandeiras, expedições armadas ao interior do Brasil organizadas por particulares, os *bandeirantes*, com o fim de desbravar os sertões, descobrir ouro e pedras preciosas, aprisionar indígenas e tb. escravos fugidos. As mais importantes percorreram os sertões nos séc. XVII e XVIII.

Bangladesh (República Popular de), república parlamentarista, independente desde 1971, localizada no delta dos rios Ganges e Bramaputra, no centro-sul da Ásia, com 143.998 km². Capital: *Daca*; recurso principal: indústrias (têxtil e de vestuário). Hab.: 156.050.883 (2009).

Barão de Cocais (MG), município com 340,6 km². Capelas de N.Sª. do Rosário e de Santana e Igreja Matriz de São João Batista tombadas pelo Iphan. Hab.: 28.432.

Barata Ribeiro, **Agildo** da Gama [Rio de Janeiro RJ, 1905 — *id.*, 1968], tenente do Exército brasileiro, revolucionário de 1930, participante da insurreição comunista de 1935, ex-militante do PCB. Seu filho, **Agildo Ribeiro** (Rio de Janeiro RJ, 1938), é ator cômico de teatro e TV.

Barbacena (Felisberto Caldeira Brant Pontes Oliveira e Horta, **visconde** e **marquês de**) [Mariana MG, 1772 — Rio de Janeiro RJ, 1842], destacado militar e político, chegou ao posto de marechal no Exército brasileiro e comandante em chefe em operações no Rio Grande do Sul. Formou um gabinete para D. Pedro I, ocupando a pasta da Fazenda.

Barbacena (MG), município com 788 km². Capela de N.Sª. da Boa Morte, Igreja Matriz de N.Sª. da Piedade, sobrado dos Andradas e sede da Fazenda do Registro Velho tombados pelo Iphan. Hab.: 126.325.

Barbados, país integrado à Comunidade Britânica de Nações, com 430 km², localizado em uma ilha situada no oceano Atlântico, 160 km a leste do arco das Pequenas Antilhas. Monarquia parlamentarista, independente desde 1966. Capital: *Bridgetown*; recurso principal: turismo. Hab.: 284.589 (2009).

Barbosa, Adoniram (João Rubinato, dito) [Valinhos SP, 1910 — São Paulo SP, 1982], compositor e cantor popular. Obras: *Saudosa maloca, Trem das onze, Samba do Arnesto* etc.

Barbosa, Francisco de Assis [Guaratinguetá SP, 1914 — Rio de Janeiro RJ, 1991], jornalista, biógrafo, historiador e ensaísta. Membro da ABL. Obras: *A vida de Lima Barreto, Achados do vento, Retratos de família, Machado de Assis em miniatura* etc.

Barbosa, Haroldo [Rio de Janeiro RJ, 1915 — *id.*, 1979], compositor, redator e humorista. Obras: *Adeus, América; Adiós, pampa mia; Amor; Baião de Copacabana; Bar da noite; Palhaçada; Nossos momentos* etc.

Barbosa, Orestes [Rio de Janeiro RJ, 1893 — *id.*, 1966], escritor brasileiro, autor de poemas, crônicas, crítica teatral e letras de músicas. Obras: *Penumbra sagrada* (livro de poemas), *Pato preto* (crônica), *Carioca, Sergipana, Flor do asfalto, Chão de estrelas* (letras) etc.

Barbosa de Oliveira , **Rui** [Salvador BA, 1849 — Petrópolis RJ, 1923], jurista, estadista, escritor, jornalista, diplomata e político brasileiro; foi um dos fundadores da ABL; jornalista atuante, defendeu a abolição da escravatura; como diplomata, foi considerado um dos sete sábios de Haia (Holanda), durante a Segunda Conferência de Paz. Obras: *O dever do advogado, A questão social e política, Cartas de Inglaterra, Oração aos moços, Réplica* etc.

Barcarena (PA), município com 1.310,3 km², foi palco da Cabanagem, movimento popular ocorrido durante a regência. Extração e industrialização da bauxita e do caulim. Hab.: 99.800.

Bardi, Pietro Maria [La Spezia, Ligúria, Itália, 1900 — São Paulo SP, 1999], crítico e historiador de arte, veio para o Brasil em 1946 e, a convite de Assis Chateaubriand, orientou a aquisição do acervo do Museu de Arte de São Paulo, fundado em 1947, e encarregou-se de sua direção. — **Lina Bo Bardi** [Roma, Itália, 1914 — São Paulo SP, 1992], sua mulher, arquiteta, projetou o prédio do MASP, a Casa de Vidro e o SESC — Fábrica da Pompeia, todos em São Paulo, e fez intervenções no Centro Histórico de Salvador BA.

Barein ver *Bahrein*

Barra do Corda (MA), município com 7.962,4 km², situado às margens dos rios Corda e Mearim, na região central do estado. Produz arroz. Hab.: 82.692.

Barra do Garças (MT), município com 9.141,8 km², antiga aldeia de índios xavantes e bororos, está situado na região do alto Araguaia, na divisa de Mato Grosso com Goiás. Reserva de vida selvagem. Esportes radicais. Pesca. Hab.: 56.423.

Barra do Piraí (RJ), município com 578,4 km², situado no vale do Paraíba, na confluência do rio Paraíba com o rio Piraí, é importante entroncamento rodoferroviário. Hab.: 94.855.

Barra Mansa (RJ), município com 547,4 km², localizado no vale do Paraíba, é importante eixo fluvial para a ligação Rio-São Paulo. Hab.: 177.861.

Barreiras (BA), município com 7.895,2 km², importante entroncamento rodoviário entre o norte, o nordeste e o centro-oeste do Brasil. Maior produtor de grãos do nordeste do país. Hab.: 137.428.

Barreto, Afonso Henriques de **Lima** [Rio de Janeiro RJ, 1881 — *id.*, 1922], escritor brasileiro, fino representante do romance urbano carioca. Obras: *Clara dos Anjos, Triste fim de Policarpo Quaresma, Recordações do escrivão Isaías Caminha* etc.

Barreto, João **Paulo** Emílio Cristóvão dos Santos Coelho ver *João do Rio*

Barreto, Luís Carlos [Sobral CE, 1928], cineasta, produtor e roteirista brasileiro, começou como corroteirista e coprodutor de *Assalto ao trem pagador* (1961). Figura importante do Cinema Novo, produziu mais de 70 filmes nacionais — **Bruno Barreto** [Rio de Janeiro RJ, 1955], seu filho, cineasta brasileiro, cujo primeiro longa-metragem foi *Tati, a garota* (1973). Outras obras: *A estrela sobe, Dona Flor e seus dois maridos, Gabriela, cravo e canela* etc. — **Fábio Barreto** [Rio de Janeiro RJ, 1957], tb. filho de Luís Carlos, cineasta brasileiro cujo primeiro longa-metragem foi *Índia, a filha do Sol*. Outras obras: *Luzia homem, Bela Donna, Paixão de Jacobina, Lula, o filho do Brasil* etc.

Barreto, Mário Castelo Branco [Rio de Janeiro RJ, 1879 — *id.*, 1931], filólogo e gramático brasileiro, patrono da ABF. Obras: *Estudos da língua portuguesa, Fatos da língua portuguesa, Gramática e linguagem, Através do dicionário e da gramática* etc.

Barreto, Vítor **Lima** [São Paulo SP, 1906 — Campinas SP, 1982], cineasta brasileiro. Seu filme *O cangaceiro* foi o primeiro longa-metragem brasileiro a ganhar um prêmio no festival de cinema de Cannes, na França (1953). Obra: *Primeira missa, São Paulo em festa, Santuário* etc.

Barreto de Menezes, **Tobias** [Campos do Rio Real SE, 1839 — Recife PE, 1889], escritor, ensaísta, poeta, professor, advogado e filósofo brasileiro, mestre da oratória, foi um dos fundadores da Escola do Recife. É patrono da cadeira 38 da ABL. Obras: *Ensaios e estudos de filosofia e crítica, Filosofia e crítica, Estudos alemães, Polêmicas, Discursos* etc.

Barretos (SP), município com 1.563,6 km². Recurso principal: bovinos. Festa do Peão de Boiadeiro. Hab.: 112.102.

Barriga (serra da), situada no município de União dos Palmares, a 83 km de Maceió, foi o local de nascimento do núcleo do Quilombo dos Palmares, símbolo da resistência negra no país. Tombada pelo Governo Federal, ali foi criado o Parque Nacional de Zumbi.

Barros, Manoel Wenceslau Leite **de** [Cuiabá MT, 1916], poeta brasileiro de intimismo naturalista, aos 21 anos publicou *Poemas concebidos sem pecado*. Outras obras: *Face imóvel, Compêndio para uso dos pássaros, Gramática expositiva do chão, Matéria de poesia, O guardador de águas* etc.

Barroso, almirante (Francisco Manuel Barroso da Silva, barão do Amazonas) [Lisboa, Portugal, 1804 — Montevidéu, Uruguai, 1882], herói da Guerra do Paraguai, participou da Batalha de Riachuelo, derrotando os paraguaios. É dele a frase: "O Brasil espera que cada um cumpra o seu dever."

Barroso, Ari Evangelista Resende [Ubá MG, 1903 — Rio de Janeiro RJ, 1964], compositor popular, pianista, responsável pela música brasileira mais executada no exterior, *Aquarela do Brasil*, compôs tb. para o teatro e o cinema. Homem de rádio e TV, sua "Hora de calouros" notabilizou-se por descobrir novos talentos musicais. Músicas: *Rancho Fundo, Maria, Na batucada da vida, Na baixa do sapateiro, Camisa amarela* etc.

Barroso, Gustavo Dodt [Fortaleza CE, 1888 — Rio de Janeiro RJ, 1959], historiador e jornalista brasileiro, fundou o Museu Histórico Nacional (1922), militou na Ação Integralista Brasileira (1933) e foi duas vezes presidente da ABL. Obras: *Terra de sol, Heróis e bandidos, Almas de lama e aço, O livro dos enforcados* etc.

Barueri (SP), município com 64,2 km², na região metropolitana de São Paulo, não possui zona rural, concentrando-se toda a população na zona urbana. Tem 99,9% de vias asfaltadas. Hab.: 240.656.

Basquíria ou Bashkortostão, república autônoma da Federação Russa com 143.600 km². Capital: *Ufa*; recursos principais: petróleo, gás natural, linhito. Hab.: 4.104.336 (2002).

Bastilha, fortaleza construída em Paris (1369-1383), para proteger a cidade dos ingleses, e depois transformada em prisão, tornou-se o símbolo da tirania e arbitrariedade da monarquia. Sua tomada pelos parisienses (14/7/1789) marcou o início da Revolução Francesa.

Bastos, Aureliano Cândido **Tavares** [atual Marechal Deodoro AL, 1839 — Nice, França, 1875], escritor, jornalista, historiador e político brasileiro. Notabilizou-se por sua oposição política à centralização administrativa do Segundo Império. É patrono da cadeira 35 da ABL. Obras: *Cartas do solitário, A província, Estudos sobre a reforma eleitoral* etc.

Batatais (SP), município com 850,7 km², situado entre duas colinas. Teve grande impulso econômico com o café. Estância turística. Hab.: 56.481.

Bates, Henry Walter [Leicester, Inglaterra, 1826 — Londres, Inglaterra, 1892], naturalista inglês, viveu na Amazônia brasileira de 1848 a 1859, onde catalogou e estudou o comportamento de cerca de 8.000 insetos até então desconhecidos.

Batista de Oliveira, **Wilson** [Campos RJ, 1913 — *id.*, 1969], compositor brasileiro, polemizou com Noel Rosa a partir do samba *Lenço no pescoço* (1933). Os dois conheceram-se pessoalmente entre um e outro desafio e tornaram-se amigos.

Bauhaus, escola de arquitetura e artes aplicadas fundada em Weimar, Alemanha, por Walter Gropius (1919) e extinta em 1933 pelo regime nacional-socialista. Procurava conciliar a estética industrial com as vanguardas artísticas.

Bauru (SP), município com 673,4 km², situado no sudeste do estado. Antiga aldeia dos índios caingangues. Hab.: 344.039.

BBC sigla da *British Broadcasting Corporation*, emissora oficial inglesa de rádio e televisão fundada em 1927.

Beatles, grupo inglês de música *pop*, de Liverpool. Surgido na década de 1960, o quarteto (Paul McCartney, John Lennon, George Harrison e Ringo Star) dissolveu-se em 1970.

Bebedouro (SP), município com 682,5 km², antigo pouso de tropas e boiadas à beira do córrego Bebedor, teve sua instalação oficial em 1884. Economia baseada na produção de suco de laranja. Hab.: 75.044.

Bechuanalândia, antigo nome de *Botsuana*.

Becker Yáconis, **Cacilda** [Piraçununga SP, 1928 — São Paulo SP, 1969], atriz brasileira, uma das pioneiras da revolução do teatro no país. Primeira atriz por muitos anos, a partir de 1948, do Teatro Brasileiro de Comédia (TBC), fundou mais tarde com o marido, Walmor Chagas, o Teatro Cacilda Becker.

Beckman, Manuel (ou Bequimão) [Portugal, primeiro terço do séc. XVII — São Luís MA, 1685], senhor de engenho do Brasil colonial e principal líder da revolta, que levou seu nome, contra a Companhia de Comércio do Estado do Maranhão (1684). Condenado, foi decapitado.

Beja (Ana Jacinta de São José, dita **Dona**) [Formiga MG, 1800 — Estrela do Sul MG, 1874], viveu em Araxá MG e, por ter sido mãe solteira de duas filhas, escandalizou a sociedade. Teria tido influência política e sido proprietária de imóveis e escravos. A residência em que teria recebido personalidades para saraus e reuniões políticas hoje abriga um museu.

Belarus, Bielorrússia ou **Rússia Branca**, país da Europa oriental, com 207.600 km², situado entre a Ucrânia e os países bálticos. Ex-república federada da URSS, atual república mista, independente desde 1991. Capital: *Minsk*; recursos principais: indústria pesada e agricultura. Hab.: 9.648.533 (2009).

Bela Vista de Goiás (GO), município com 1.276,6 km². Casa do Senador Canedo tombada pelo Iphan. Hab.: 24.539.

Belém (PA), capital do Estado do Pará, com 1.064,9 km², às margens da baía de Guajará e do rio Guamá. Maior entreposto comercial da região Norte. Atrações turísticas: o *Círio de Nazaré*, uma das maiores festas religiosas do Brasil; monumentos tombados pelo Iphan: Forte do Castelo, Igreja da Sé, parque zoobotânico do Museu Emílio Goeldi, conjunto arquitetônico do mercado Ver-o-Peso etc. Hab.: 1.392.031.

Belford Roxo (RJ), município com 80 km², na baixada Fluminense, foi desmembrado de Nova Iguaçu e instalado em 1/1/1993. Hab.: 469.261.

Bélgica (Reino da), país da Europa ocidental, com 30.519 km². Monarquia parlamentarista. Capital: *Bruxelas*; recursos principais: siderurgia e metalurgia. Hab.: 10.414.336 (2009).

Belize (ant. Honduras Britânicas), país da América Central, a sudeste da península de Iucatã, com 22.965 km². Monarquia parlamentarista, independente desde 1981. Capital: *Belmopan*; recurso principal: agricultura (cana-de-açúcar, banana, citrinos, cacau e coco). Hab.: 307.899 (2009).

Belo Horizonte (**MG**), capital do Estado de Minas Gerais, com 330,9 km². Planejada para ser a sede do governo, foi inaugurada em 1897. Casa da Fazenda do Leitão, Igreja de São Francisco de Assis, conjunto paisagístico da serra do Curral e conjunto arquitetônico e paisagístico da Pampulha tombados pelo Iphan. Hab.: 2.375.444.

Belo Jardim (**PE**), município com 647,6 km², localizado no vale do Ipojuca, em pleno Agreste pernambucano. Recursos principais: agroindústria e turismo. Hab.: 72.412.

Belo Vale (**MG**), município com 365,4 km², um dos primeiros arraiais mineiros fundados pelos bandeirantes. Casa da Fazenda da Boa Esperança tombada pelo Iphan. Hab.: 7.536.

Beluchistão ou **Baluchistão,** região da Ásia que se estende do leste do Irã ao oeste do Paquistão. Atualmente é uma província do Paquistão.

Benedetti, Lúcia [Mococa SP, 1914 – São Paulo SP, 1988], escritora e teatróloga brasileira especializada na temática infantil; a Fundação Nacional do Livro Infantil e Juvenil criou um prêmio que leva seu nome. Obras: *A rainha do fundo do mar, O casaco encantado, Auto de Natal* etc.

Beneditinos, membros da ordem monástica mais antiga do Ocidente, fundada por são Bento (529), que tem por divisa "reza e trabalha".

Bengala, região da Ásia meridional banhada pelos rios Bramaputra e Ganges e politicamente dividida entre a Índia (Bengala Ocidental) e Bangladesh (Bengala Oriental). A língua aí falada, o bengali, é usada por cerca de 180 milhões de falantes.

Bengala (**golfo de**), situado no norte do oceano Índico, entre o Decã (região ao sul da Índia), Bangladesh e Myanmar.

Benim (**República do**), antigo Daomé, país da África Ocidental, com 112.622 km². República presidencialista, independente desde 1960. Capital: *Porto Novo*; recursos principais: agropecuária e pesca. Sua antiga estatuária de bronze e marfim é das mais belas da África negra. Hab.: 8.791.832 (2009).

Bento Gonçalves (**RS**), município com 382,5 km², situado na serra gaúcha, foi instalado em 1938. Maior produtor de vinho do país. Hab.: 107.341.

Bequimão ver *Beckman, Manuel*

Berilo (**MG**), município com 586,7 km². Igrejas de N.Sª. do Rosário e Matriz de N.Sª. da Conceição tombadas pelo Iphan. Hab.: 12.307.

Bering (**estreito de**), separa a Sibéria do Alasca e une o oceano Pacífico ao Ártico.

Bering (**mar de**), parte do oceano Pacífico, com 2.261.330 km² e 1.491 m de profundidade, entre a Ásia e a América.

Bermudas conjunto de 360 ilhas (20 habitadas), situadas no Atlântico, a leste do cabo Hatteras (EUA), com 53 km². Cap.: *Hamilton*. Em 1941, os EUA arrendaram 6 km² para ali construir uma base aeronaval. Hab.: 67.837 (2009).

Bernardelli, José Maria Oscar **Rodolfo** [Guadalajara, México, 1852 — Rio de Janeiro RJ, 1931], escultor naturalizado brasileiro, diretor da Escola Nacional de Belas-Artes (1915) e autor de inúmeras obras no campo da escultura monumental, no Rio de Janeiro e em outras cidades brasileiras. — **Henrique Bernardelli** [Valparaíso, Chile, 1858 — Rio de Janeiro RJ, 1936], irmão de Rodolfo, pintor e desenhista, professor de pintura na Escola Nacional de Belas-Artes, autor da decoração do Teatro Municipal, entre outras obras.

Bernardes, Artur da Silva [Viçosa MG, 1875 — Rio de Janeiro RJ, 1955], político brasileiro, presidente da República (1922-1926), teve sua administração marcada por revoltas militares (como o *Tenentismo*, p.ex.) e crises políticas.

Bessarábia, região do leste da Europa situada entre os rios Dniester e Prut, anexada pelos soviéticos e hoje pertencente à Moldávia.

Betânia Viana Teles Veloso, **Maria** [Santo Amaro da Purificação BA, 1946], cantora brasileira, apresentou-se em público pela primeira vez na peça *Boca de Ouro* (1963), de Nélson Rodrigues, musicada por seu irmão, *Caetano Veloso*, e projetou-se no *show Opinião* (Teatro de Arena, 1965), cantando *Carcará*, de João do Vale e José Cândido.

Betim (**MG**), município com 345,9 km², situado na zona metalúrgica e instalado em 1923. Fábrica de automóveis Fiat. Hab.: 377.547.

Betinho (Herbert José de Sousa, dito) [Bocaiuva MG, 1935 — Rio de Janeiro RJ, 1997], sociólogo e cientista político brasileiro exilado em 1970; morou no Chile, Panamá, Canadá e México. De volta ao Brasil, fundou o Instituto Brasileiro de Análises Sociais e Econômicas — Ibase, criou a Ação da Cidadania contra a Miséria e pela Vida e a campanha "Natal sem fome".

Beviláqua, Clóvis [Viçosa CE, 1859 — Rio de Janeiro RJ, 1944], jurista brasileiro, redator do anteprojeto do Código Civil (1889) e um dos fundadores da ABL. Obra mais importante: *A teoria geral do Direito Civil* (1908).

Bezerros (**PE**), município com 492,5 km², localizado no Agreste pernambucano; tem mirantes com cerca de 900 m de altitude, de onde se pode ver a paisagem da reserva ecológica da serra Negra e praticar voos de asa-delta. Ecoturismo. Hab.: 58.675.

Biafra, república da região do sudeste da Nigéria, rica em petróleo; manteve-se independente de maio de 1967 a janeiro de 1970, quando se rendeu ao governo central da Nigéria, após uma guerra civil que deixou quase um milhão de mortos, na maioria de fome.

Bielorrússia ou **Rússia Branca** ver *Belarus*

Biguaçu (SC), município com 324,5 km², situado na região metropolitana de Florianópolis. Turismo. Sobradão e conjunto arquitetônico e paisagístico da vila de São Miguel tombados pelo Iphan. Hab.: 58.238.

Bilac, Olavo Brás Martins dos Guimarães [Rio de Janeiro RJ, 1865 — *id.*, 1918], poeta brasileiro expoente do Parnasianismo, defendeu a República e a abolição da escravatura e foi um dos fundadores da ABL e da Academia das Ciências de Lisboa. Obras: *Poesias*, *A tarde*, *Dicionário de rimas*, *Conferências literárias* etc.

Biquíni (atol de), situado no oceano Pacífico, a noroeste das ilhas Marshall, é usado desde 1946 pelos EUA como centro experimental de explosões atômicas.

Birigui (SP), município com 530,6 km², no noroeste do estado. Antiga parada de locomotivas da Estrada de Ferro Noroeste. Indústrias de móveis, confecções, cartonagem. Hab.: 108.722.

Birmânia, antigo nome de *Myanmar*.

Biscaia, província do norte da Espanha, na região dos países Bascos, junto ao mar Cantábrico, com 2.217 km², tb. chamado golfo de Biscaia. Capital: *Bilbao*. Recursos principais: siderurgia e metalurgia. Hab.: 1,2 milhão.

Bittencourt, Edmundo [Santa Maria RS, 1866 — Rio de Janeiro RJ, 1943], jornalista brasileiro, fundou o *Correio da Manhã* (1901), jornal de opinião, defensor das causas populares. Combateu o controle do poder pelas oligarquias e chegou a duelar a pistola com o senador gaúcho Pinheiro Machado (1906), ferindo-se no combate.

Bloqueio Continental, série de medidas adotadas por Napoleão (1806) para isolar totalmente a Inglaterra do continente europeu, com maus resultados para a economia francesa. Levou à invasão de Portugal (fins de 1807), à insurreição espanhola e às hostilidades com a Rússia.

Blumenau (SC), município com 519,8 km², às margens do rio Itajaí-Açu. Originou-se de uma colônia agrícola estabelecida pelo filósofo alemão Dr. Hermann Bruno Otto Blumenau. Hab.: 309.214.

Boa Esperança (cabo da), situado no extremo sul de uma península da região da Cidade do Cabo (África do Sul), eleva-se a 243 m de altitude e nele se juntam as águas dos oceanos Atlântico e Índico. Antigo cabo das Tormentas, foi transposto pela primeira vez pelo navegador português *Bartolomeu Dias* (1488).

Boa Viagem (CE), município com 2.836,7 km², situado no sertão cearense. Agricultura (esp. algodão). Hab.: 52.521.

Boa Vista (RR), capital do Estado de Roraima desde 1943, com 5.687 km². A instalação como município data de 1890; a cidade, às margens do rio Branco, foi planejada por Oscar Niemeyer, faz fronteira com a Venezuela. Hab.: 284.258.

Bobadela, (Gomes Freire de Andrade, **conde de**) [Juromenha, Portugal, 1685 — Rio de Janeiro RJ, 1763], militar e político português, foi nomeado governador e capitão-general do Rio de Janeiro (1733), onde fomentou obras públicas, de assistência e culturais.

Bocage, Manuel Maria Barbosa du [Setúbal, Portugal, 1765 — Lisboa, Portugal, 1805], poeta português arcádico e romântico, que deixou o melhor de si próprio nos sonetos, sendo famosos os eróticos e satíricos. Obras: *Rimas*, *Poesias*.

Bocaina (serra da), nome de várias elevações no relevo brasileiro, sendo a mais alta (2.000 m) a situada entre os estados de São Paulo e Rio de Janeiro.

Bocaiuva, Quintino Antônio Ferreira de Sousa [Itaguaí RJ, 1836 — Rio de Janeiro RJ, 1912], jornalista e político brasileiro. Defensor da República, foi ministro do primeiro gabinete republicano, senador e governador do Rio de Janeiro.

Boêmia, região ocidental da República Tcheca, com 52.769 km², que formou com a Morávia e a Eslováquia, até 31/12/1992, a Tchecoslováquia. Jazidas de hulha e ferro.

Boff (Genésio Darci, dito **Leonardo**) [Concórdia SC, 1938], teólogo brasileiro, da Ordem dos Frades Menores Franciscanos. Criador da Teologia da Libertação e ardoroso defensor da causa dos direitos humanos, foi premiado no Brasil e no exterior por sua luta em favor dos oprimidos e marginalizados. Obras: *Igreja, carisma e poder*, *Feminino e masculino*, *Tempo de transcendência e espiritualidade* etc.

Bogotá, capital da Colômbia, fundada em 1538 e situada na cordilheira dos Andes, a 2.640 m de altitude. Conserva várias igrejas dos séc. XVI e XVII. Hab.: 7.421.831 (2005).

Bojunga Nunes, **Lígia** [Pelotas RS, 1932], escritora brasileira, dedicada à literatura infantojuvenil. Recebeu diversos prêmios no Brasil e no exterior, destacando-se a medalha *Hans Christian Andersen* (1982). Obras: *A bolsa amarela*, *Angélica*, *Corda bamba*, *Tchau* etc.

Bolívar, Simón [Caracas, Venezuela, 1783 — Santa Marta, Colômbia, 1830], general venezuelano, dito El Libertador; derrotou os espanhóis e tornou independentes a Bolívia, a Colômbia, o Equador, o Peru e a Venezuela.

Bolívia (República da), país da América do Sul, com 1.098.581 km², situado na vertente ocidental dos Andes. República presidencialista, independente desde 1825. Capitais: administrativa — *La Paz*, legal — *Sucre*; recursos principais: agricultura (coca), petróleo, gás natural e minérios (cobre, ouro, prata, estanho, zinco). Hab.: 9.775.246 (2009).

Bolshoi, teatro de Moscou para espetáculos de ópera e balé. A sua escola de balé é, juntamente com o Balé Kirov, a principal companhia da Rússia. A primeira e única cidade do mundo a ter uma filial dessa escola é Joinville SC, no Brasil.

Bom Jesus da Lapa (BA), município com 3.951,4 km², situado no centro-oeste do estado, às margens do rio São Francisco. Cresceu em torno da gruta de Bom Jesus, descoberta em 1691. Santuário religioso e centro de peregrinação e turismo. Hab.: 63.508.

Bom Jesus do Amparo (MG), município com 195,4 km². Casa da Fazenda do Rio São João tombada pelo Iphan. Hab.: 5.495.

Bom Jesus dos Navegantes (festa do), procissão marítima realizada em Salvador BA, a 1º de janeiro, em honra do Senhor Bom Jesus dos Navegantes e de N. Sª. da Boa Viagem, na baía de Todos-os-Santos. Atração turística.

Bonito (MS), município com 13.630,9 km². Grutas do lago Azul e de N.Sª. Aparecida tombadas pelo Iphan. Hab.: 19.598.

Bopp, Raul [Tupanciretã RS, 1898 — Rio de Janeiro RJ, 1984], poeta modernista, do grupo Verde-Amarelo, e diplomata brasileiro. Obras: *Cobra Norato, Memórias de um embaixador* etc.

Borba de Carvalho Filho, Hermilo [Palmares PE, 1917 — Recife PE, 1976], escritor e crítico brasileiro, de estilo autobiográfico e linguagem despojada, pautada na realidade política e na cultura popular brasileira. Obras: *Apresentação do bumba meu boi, Fisionomia e espírito do mamulengo, Sobrados e mocambos* etc.

Bornéu, ilha do sudeste asiático, a maior da Insulíndia e a terceira maior do mundo, com 750.000 km². Está dividida entre a Indonésia (Kalimantan), ao sul, e a Malásia (Sabah e Sarawak) e o Brunei, ao norte. Hab.: 10 milhões.

Bósforo (estreito de), braço de mar entre a Europa e a Ásia, que liga o mar Negro ao mar de Mármara, com cerca de 30 km de comprimento, largura entre 600 e 3.000 m e profundidade entre 30 e 120 m.

Bósnia-Herzegóvina (República da), país europeu nos Bálcãs, com 51.129 km² (9.119 km² da Herzegóvina). República presidencialista tripartite — com um representante bósnio-muçulmano, um croata e um sérvio — de 1918 a 1992 fez parte da Iugoslávia, mas teve a independência proclamada em 1992. Capital: *Sarajevo*; recursos principais: minérios e indústrias (têxteis, aço, couro e alimentos). Hab.: 4.613.414 (2009).

Bosquímanos ver *Boxímanes*

Botafogo (enseada de), situada no Rio de Janeiro, na baía de Guanabara, entre os morros da Viúva e da Urca; seu primeiro nome foi *Le Lac* ("O lago"), dado pelos franceses. Passou à denominação atual depois que nela foi morar João Sousa Pereira Botafogo, dono de uma fazenda que se estendia da praia até a quinta de São Clemente.

Botafogo Gonçalves Fonseca, **Ana** Maria [Rio de Janeiro RJ, 1956], primeira-bailarina do Teatro Municipal, premiada pelo Ministério da Cultura do Brasil com o Troféu Mambembe/1998 pelo conjunto de seu trabalho e divulgação da dança em todo o território nacional.

Botelho, Diogo [? — ?], oitavo governador e capitão-mor da Bahia e quinto governador-geral do Brasil (1602 a 1607); continuou a obra do seu antecessor, D. Fernando de Sousa, subjugou os aimorés e autorizou Pero Coelho de Sousa a montar um exército para explorar os rios cearenses e expulsar franceses instalados em arraiais na serra da Ibiapaba.

Botelho de Oliveira, **Manuel** [Salvador BA, 1636 — *id.*, 1711], poeta, advogado e político brasileiro, escreveu versos em latim, italiano e espanhol, além do português. Obras: *À ilha de Maré, Música do parnaso, Lira sacra*.

Botsuana (República da), antiga Bechuanalândia, país do sul da África, com 581.730 km². República presidencialista, independente desde 1966. Capital: *Gaborone*; recursos principais: extração de diamantes, minério de cobre, minério de níquel, carbonato de sódio. Hab.: 1.990.876 (2009).

Botticelli (Alessandro di Mariano Filipepi, dito **Sandro**) [Florença, Itália, 1445 — *id.*, 1510], pintor renascentista italiano, começou pintando retratos para as grandes famílias de Florença, como os Médici. Pintou alguns afrescos da Capela Sistina, em Roma (1481-1482). Outras obras: *Adoração dos magos, O nascimento de Vênus, Madona do* Magnificat etc.

Botucatu (SP), município com 1.482,8 km², situado na região de Itapetininga. Teve 26% de seu território transformados em área de proteção ambiental. *Campus* da Universidade Estadual Paulista — Unep. Hab.: 127.370.

Boxímanes \cs\ ou **bosquímanos,** povos nômades de pele pardo-amarelada, rosto triangular e baixa estatura, que habitam esp. Botsuana, Namíbia, noroeste da África do Sul e sudeste de Angola.

Braga, Antônio **Francisco** [Rio de Janeiro RJ, 1868 — *id.*, 1945], compositor e regente brasileiro, autor da música do *Hino à Bandeira* e um dos fundadores da Sociedade de Concertos Sinfônicos. Obras: *Jupira* (ópera), *Marabá* (poema sinfônico), entre muitas outras.

Bragança (PA), município com 2.090,2 km², às margens do rio Caeté e banhado pelo oceano Atlântico; é dos mais antigos do estado. Atrações turísticas: praia de Ajuruteua e ilha de Canelas (santuário ecológico, reserva de guarás). Hab.: 113.165.

Bragança Paulista (SP), município com 513,5 km², estância climática na serra da Mantiqueira. O nome é uma homenagem à família real portuguesa. Indústria (linguiça) e agropecuária. Hab.: 146.663.

Braga, Rubem [Cachoeiro de Itapemirim ES, 1913 — Rio de Janeiro RJ, 1990], escritor e jornalista brasileiro; autor de vários livros. Fundou a *Folha do Povo* (São Paulo SP), e *Diretrizes*, com Samuel Wainer, e *Comício*, com Joel Silveira e Rafael Correia de Oliveira (Rio de Janeiro RJ).

Braguinha (Carlos Alberto Ferreira Braga, dito João de Barro) [Rio de Janeiro RJ, 1907 — *id*., 2006], compositor popular brasileiro, começou a cantar no grupo amador "A Flor do Tempo"; como profissional, apresentava-se ao lado de Noel Rosa no "Bando dos Tangarás". Especializou-se em marchinhas para o carnaval, como *Linda lourinha, Dama das camélias, Cadê Mimi, As pastorinhas, Chiquita bacana* etc.

Brahms, Johannes [Hamburgo, Alemanha, 1833 — Viena, Áustria, 1897], compositor erudito alemão, recebeu do pai as primeiras aulas de música aos cinco anos e, aos sete, já era capaz de tocar violino, violoncelo e trompa, além de piano. Compôs música sinfônica e de câmara. Algumas obras: *Concerto n.º 2 para piano e orquestra, Variações para um tema de Haydn, Réquiem* etc.

Braille, Louis [Coupvray, Seine-et-Marne, França, 1809 — Paris, França, 1852], pedagogo francês cego, inventou um alfabeto para os deficientes visuais (escrita *Braille*) que utiliza pontos em relevo.

Branco (cabo), situado na costa ocidental da África, junto à fronteira do Saara Ocidental com a Mauritânia, foi descoberto (1441) por Nuno Tristão, navegador português.

Branco (cabo), ponto extremo oriental da América, situado no Estado da Paraíba, no limite com o Estado de Pernambuco.

Branco, Camilo Castelo [Lisboa, Portugal, 1825 — S. Miguel de Seide, Portugal, 1890], escritor português de estilo castiço, a pujança do seu gênio criador revelou-se esp. na novela (58 obras que vão do Romantismo ao Realismo). Obras: *Vingança, Amor de perdição, O romance d'um homem rico, Novelas do Minho, A brasileira de Prazins, A corja* etc.

Branco (rio), afluente do rio Negro, no Estado de Roraima, formado pelos rios Tacutu e Urariquera (584 km).

Brandão, Inácio de Loiola [Araraquara SP, 1936], escritor brasileiro. Recebeu o Prêmio Jabuti (2000) por *O homem que odiava a segunda-feira* (contos). Obras: *Zero, Bebel que a cidade comeu, Não verás país nenhum, O ganhador* etc.

Brant Pontes Oliveira e Horta, **Felisberto Caldeira** ver *Barbacena, visconde e marquês de*

Brás Cubas, personagem principal do romance de Machado de Assis, *Memórias póstumas de Brás Cubas* (1881), um típico burguês da segunda metade do século XIX, homem contraditório, que passou a vida sem realizar quase nada e que, após morrer, conta a própria história, do fim para o começo.

Brás Pereira Gomes, **Venceslau** [Brasópolis MG, 1868 — Itajubá MG, 1966], presidente da República (1914-1918), em seu governo, durante a Primeira Guerra Mundial, ocorreu o afundamento do navio brasileiro *Paraná*, o que provocou o rompimento das relações com o Império Alemão e uma declaração de guerra (26/10/1917). Tb. houve a pacificação do *Contestado*.

Brasil Mineiro da Campanha, **Vital** [Campanha MG, 1865 — Rio de Janeiro RJ, 1950], médico sanitarista, durante as epidemias de febre amarela, varíola e cólera, chefiou a comissão sanitária (Cachoeira, no vale do Paraíba) e combateu a peste bubônica na cidade de Santos. Foi o primeiro diretor do Instituto Butantã.

Brasil (República Federativa do), quinto país do mundo em extensão territorial e o maior da América Latina (8.514.876,599 km^2). População: 190.732.694 hab. (IBGE, 2010); produto interno bruto *per capita:* 7,625 US$ (ONU/PNUD, 2002). Constitui uma república presidencialista, dividida administrativamente em 26 estados, agrupados em cinco grandes regiões (norte, nordeste, sudeste, sul e centro-oeste), o *Distrito Federal*, onde está a capital do país, *Brasília*, e 5.561 municípios. Pontos extremos do território: ao norte, nascente do rio Ailã (RO), ao sul, o arroio Xuí (RS), a leste, a ponta do Seixas (Cabo Branco PB) e a oeste, a nascente do rio Moa, na serra da Contamana AC. Fusos horários: quatro. Climas: equatorial, tropical de altitude, tropical atlântico, semiárido e subtropical. Malha viária: *ferrovias* — 30.223 km; *rodovias* — 1.355.000 km (140.000 pavimentados). Recursos principais: *agricultura* — café, cana-de-açúcar (para açúcar refinado e álcool combustível), cacau, milho, soja etc.; *pecuária* — gado bovino para corte e leite, além de suínos, aves, ovinos e equinos; *silvicultura* — carnaúba, castanha, borracha, plantas medicinais, óleos vegetais, resinas, madeiras para construção e móveis etc.; *mineração* — ferro, petróleo bruto, gás natural, prata, manganês, diamante, cromo, zircônio etc.; *indústria* — alimentos processados, ferro e aço, cimento, tecidos, veículos automotores, produtos químicos, navios, equipamentos elétricos etc.; *energia* — 1.253 empreendimentos em operação (usinas hidrelétricas, termelétricas etc.) geram cerca de 85 milhões de kW.

Cronologia histórica (quadro)

1500-1822	**Brasil Colônia**
1500	Descobrimento por Pedro Álvares Cabral
1503	Expedições de Gaspar de Lemos, Fernão de Noronha – exploração do pau-brasil
1508-1510	João Ramalho e Caramuru: colonizadores acidentais
1516-1526	Expedições guarda-costas de Cristóvão Jacques
1530-1532	Expedição de Martim Afonso de Sousa: fundação da primeira vila (São Vicente)
1534-1536	Capitanias hereditárias
1540	Escravidão de indígenas
1548-1549	Governo-geral (Tomé de Sousa, Salvador, Bahia) e vice-reinados

Brasil (República Federativa do)

1555	Primeira invasão francesa — Villegagnon no Rio de Janeiro (França Antártica)
1570	Escravidão negra: o tráfico de bantos e povos de línguas sudanesas
1580	Portugal fica sob domínio espanhol (mudança de orientação no Brasil)
1612-1615	Franceses no Maranhão (França Equinocial)
1624	Primeira invasão holandesa: Bahia
1630	Segunda invasão holandesa: ocupação de Pernambuco
1637-1644	Maurício de Nassau: missões artísticas e científicas
1640	Restauração do trono português (dinastia de Bragança)
1641-1644	Invasão holandesa no Maranhão
1645	Insurreição Pernambucana
1645-1649	Batalha do Monte das Tabocas e duas dos Guararapes
1674-1681	Entradas e bandeiras
1684	Revolta de Beckman
1687	Missões jesuíticas
1694	Destruição do quilombo de Palmares
1702	A corrida do ouro: Minas Gerais e a cobrança do "quinto"
1708-1709	Guerra dos Emboabas
1710-1712	Guerra dos Mascates
1711	Duguay-Trouin e a invasão do Rio de Janeiro
1720	O levante de Vila Rica (Filipe dos Santos)
1725	As monções (expedições fluviais)
1729	Mineração: diamantes no arraial do Tijuco
1750-1777	Tratado de Madri — marquês de Pombal — As derramas
1754-1756	Os Sete Povos das Missões e as guerras contra os guaranis
1759	Expulsão dos jesuítas pelo marquês de Pombal
1763	Transferência da capital para o Rio de Janeiro
1785	Proibição de indústrias no Brasil
1789-1792	A Inconfidência Mineira e a morte de Tiradentes
1794	A Conjuração do Rio de Janeiro
1808	Vinda de D. João e sua corte para o Brasil; Abertura dos Portos
1809-1827	As questões de Caiena e a do Prata
1815	Elevação do Brasil a Reino Unido a Portugal e Algarves
1816-1819	As missões artísticas francesa e austro-alemã
1822-1889	Brasil Império
1822-1831	Primeiro Reinado: D. Pedro I
1822	Proclamação da Independência do Brasil
1823	Assembleia Constituinte
1824	Confederação do Equador
	Primeira Constituição
1825-1828	Guerra da Cisplatina
1826	Abdicação de D. Pedro I do trono de Portugal
1831	Abdicação de D. Pedro I do trono do Brasil
1831-1840	Regências Trina Provisória, Trina Permanente, 1ª e 2ª Regências Unas
1835-1845	Guerra dos Farrapos
1835-1840	Cabanagem
1837-1838	Sabinada
1838-1841	Balaiada
1840-1889	Segundo Reinado: D. Pedro II
1847-1889	Parlamentarismo
1848-1849	Revolução Praieira
1850	Extinção do tráfico de escravos
1865-1870	Guerra do Paraguai
1870-1875	Questão Religiosa
1871	Lei do Ventre Livre
1883	Questão Militar
1885	Lei dos Sexagenários
1888	Lei Áurea
1889	Proclamação da República
1889	Brasil República
1889-1930	A Primeira República ou República Velha
1889	Mal. Deodoro da Fonseca: chefe do Governo Provisório
1889	Governo Provisório: iniciado com o banimento da família imperial (17/11)
1891	Mal. Deodoro da Fonseca: eleito pelo Congresso Constituinte, renunciou
	Mal. Floriano Peixoto, vice-presidente, assumiu o cargo
1892-1894	Mal. Floriano Peixoto
1893-1894	Revolta da Armada
1893-1895	Revolta Federalista
1894-1898	Prudente de Morais: presidente eleito pelo voto direto
1896-1897	Guerra de Canudos
1898-1902	Campos Sales: presidente eleito pelo voto direto
1902-1906	Rodrigues Alves: presidente eleito pelo voto direto
1906-1909	Afonso Pena: presidente eleito pelo voto direto
1909	Afonso Pena: presidente; faleceu no cargo
	Nilo Peçanha: vice-presidente; assumiu
1910	Nilo Peçanha
	Mal. Hermes da Fonseca: presidente eleito pelo voto direto
	Revolta da Chibata
1911-1914	Mal. Hermes da Fonseca
1914	Venceslau Brás: presidente eleito pelo voto direto
1915-1918	Venceslau Brás

1918	Rodrigues Alves: presidente; faleceu sem assumir
	Delfim Moreira: vice-presidente; assumiu o cargo
1919-1922	Epitácio Pessoa: presidente eleito pelo voto direto
1922	Artur Bernardes: presidente eleito pelo voto direto
1923-1926	Artur Bernardes
1925	Início da Coluna Prestes
1926	Washington Luís: presidente eleito pelo voto direto
1927-1930	Washington Luís
1930	Washington Luís: deposto pela Revolução de 1930
	Getúlio Vargas: chefe do Governo Provisório
1931-1934	Getúlio Vargas
1932	Revolução Constitucionalista; Ação Integralista Brasileira
1934	Getúlio Vargas: presidente eleito pela Assembleia Constituinte
1935-1936	Getúlio Vargas
1935	Intentona Comunista
1937	Getúlio Vargas: chefe do Estado Novo
1938-1944	Getúlio Vargas II
1945	Getúlio Vargas II: deposto; redemocratização
	Min. José Linhares: assumiu a presidência
1946	Gen. Eurico Gaspar Dutra: presidente eleito pelo voto direto
	Assembleia Nacional Constituinte
1947-1950	Gen. Eurico Gaspar Dutra
1951	Getúlio Vargas III: presidente eleito pelo voto direto
1952-1954	Getúlio Vargas III
1953	Petrobras
1954	Getúlio Vargas III: suicidou-se
	Café Filho: vice-presidente; assumiu o cargo; impedido em novembro
	Carlos Luz: presidente da Câmara dos Deputados; assumiu
1955	Nereu de Oliveira Ramos: vice-presidente do Senado; assumiu a presidência
1956	Juscelino Kubitschek: presidente eleito pelo voto direto; tomou posse
1957-1960	Juscelino Kubitschek
1960	Inauguração de Brasília
1961	Jânio Quadros: eleito presidente; tomou posse e renunciou após 8 meses
	João Goulart: vice-presidente; assumiu a presidência. Instalou-se o parlamentarismo
	Tancredo Neves: 1º ministro; Francisco Brochado da Rocha: 1º ministro
1962	João Goulart: presidente; Hermes Lima: 1º ministro
1963	João Goulart: presidente. Reinstaura-se o presidencialismo
1964	João Goulart deposto por golpe militar
	Pascoal Ranieri Mazzilli: presidente da Câmara; assumiu a presidência
	Mal. Castelo Branco: presidente eleito pelo Congresso
1965-1966	Mal. Castelo Branco
1967	Gen. Costa e Silva: presidente eleito indiretamente
1969	Mal. Costa e Silva: adoeceu no cargo
	Junta Militar: ministros militares assumiram provisoriamente
1970	Gen. Emílio Garrastazu Médici: presidente eleito indiretamente
1970-1974	Gen. Emílio Garrastazu Médici
1974-1979	Gen. Ernesto Geisel: presidente eleito indiretamente
1979	Gen. João Batista Figueiredo: presidente eleito indiretamente
	Lei da Anistia
1980-1984	Gen. João Batista Figueiredo
1985	Tancredo Neves: presidente eleito indiretamente
	Faleceu na véspera de assumir a presidência
	José Sarney: vice-presidente; assumiu a presidência
1986-1990	José Sarney
1990	Fernando Collor de Mello: presidente eleito pelo voto direto
1991-1992	Fernando Collor de Mello
1992	Fernando Collor de Mello: sofreu *impeachment*
	Itamar Franco: vice-presidente; assumiu interinamente (2/10) enquanto Collor era julgado. Assumiu o cargo em caráter definitivo a 29/12
1993-1994	Itamar Franco
1994	Fernando Henrique Cardoso: presidente eleito pelo voto direto
1995-1998	Fernando Henrique Cardoso
1999-2002	Fernando Henrique Cardoso: presidente reeleito pelo voto direto
2002	Luís Inácio Lula da Silva: presidente eleito pelo voto direto
2003-2006	Luís Inácio Lula da Silva
2007-2010	Luís Inácio Lula da Silva: presidente reeleito pelo voto direto
2010	Dilma Rousseff: presidente eleita pelo voto direto

Brasília (DF), capital do Distrito Federal, com 5.801,9 km², concebida por Lúcio Costa e construída por Oscar Niemeyer, com jardins de Burle Marx, sob encomenda do presidente Juscelino Kubitschek e inaugurada em 1960. É a maior área urbana tombada do mundo. Conjunto urbanístico, Catedral Metropolitana e Catetinho tombados pelo Iphan. Patrimônio da Humanidade, pela Unesco. Hab.: 2.562.963.

Brecheret, Vítor [São Paulo SP, 1894 — *id*., 1955], escultor brasileiro, participou da Semana de Arte Moderna (1922) e foi um dos fundadores da Sociedade Pró-Arte Moderna. Em 1936 iniciou sua obra mais famosa, o *Monumento às bandeiras* (Parque Ibirapuera SP).

Brecht, Bertolt [Augsburg, Alemanha, 1898 — Berlim, Alemanha, 1956], poeta e dramaturgo alemão. Deixou a Alemanha, com a subida de Hitler ao poder; esteve na Finlândia, na Dinamarca e nos EUA, onde permaneceu até 1947. Foi nesse período que escreveu suas grandes obras da maturidade. De regresso à Europa, fundou o Berliner Ensemble. Obras: *A mãe*, *A ópera dos três vinténs*, *Galileu*, *Mãe coragem*, *O círculo de giz caucasiano* etc.

Brennand, Francisco [Recife PE, 1927], pintor e escultor brasileiro, usa o barro para conseguir efeitos de rara criatividade, em figuras mitológicas e eróticas, e imagens religiosas.

Breves (PA), município com 9.550,4 km^2, antiga sesmaria doada em 1738 a dois irmãos portugueses, Manuel e Ângelo Breves, que ali construíram um engenho (Engenho dos Breves). Realiza anualmente o Festival Brevense de Folclore. Hab.: 92.865.

Britânicas (ilhas), grupo de ilhas do Noroeste da Europa com 314.900 km^2. Dele fazem parte a Grã-Bretanha (Inglaterra, País de Gales e Escócia), a Irlanda do Norte e a República da Irlanda, o arquipélago das Hébridas, as ilhas Órcadas e Shetland, bem como a ilha de Man.

Brito, Francisco de **Paula** [Rio de Janeiro RJ, 1809 — *id*., 1861], livreiro e escritor brasileiro, dono de uma tipografia, depois livraria, que marcou o início do movimento editorial no Rio de Janeiro. Obras: *A mulher do Simplício*, *Poesias de Francisco de Paula Brito* (ed. póstuma).

Brizola, Leonel Itajiba de Moura [Carazinho RS, 1922 — Rio de Janeiro RJ, 2004], político brasileiro, chefiou a campanha eleitoral que levou à presidência o seu cunhado, João Goulart (1961). De 1964 a 1977 viveu no exílio. Em 1980 fundou o Partido Democrático Trabalhista — PDT. Governador do Estado do Rio de Janeiro por duas vezes (1982 e 1990).

Broadway, rua de Nova York, em Manhattan, em que se localiza o maior conjunto de teatros dos EUA.

Broca, José **Brito** [Guaratinguetá SP, 1903 — Rio de Janeiro RJ, 1961], crítico literário e historiador cultural brasileiro. Em São Paulo, trabalhou em vários jornais e escreveu as primeiras crônicas literárias, sob os pseudônimos de Lauro Rosas e Alceste. Sua obra *A vida literária no Brasil — 1900* foi quatro vezes premiada.

Brodósqui (SP), município com 279,8 km^2. Casa natal de Cândido Portinari tombada pelo Iphan. Hab.: 21.105.

Brumado (BA), município com 2.166,5 km^2, situado na serra das Éguas, é o portão de entrada do sertão. Reservas de magnesita e talco. Hab.: 64.550.

Brunei (Sultanato de), pequeno país da Ásia tropical, com 5.765 km^2, situado a noroeste da ilha de Bornéu. Monarquia islâmica, independente desde 1984. Capital: *Bandar Seri Begawan*; recursos principais: petróleo e gás natural. Hab.: 388.190 (2009).

Brusque (SC), município com 283,4 km^2, situado no vale do rio Itajaí-Mirim; é um dos maiores polos têxteis do Sul do país e sede da única colônia de língua inglesa do estado e do primeiro núcleo de colonização polonesa do Brasil. Hab.: 105.495.

Bruxelas, capital da Bélgica, situada às margens do rio Senne. Porto fluvial, centro industrial e sede de arcebispado e de organismos internacionais, como a Organização do Tratado do Atlântico Norte (Otan). Hab.: 1.050.000.

Buarque de Holanda (Francisco, dito **Chico**) [Rio de Janeiro RJ, 1944], compositor, cantor e escritor brasileiro, filho de Sérgio Buarque de Holanda. Venceu o 2.° Festival MPB da Record com *A banda* (1966). Perseguido pela ditadura militar, foi para Roma (1969-70). Sua obra inclui, além da discografia e filmografia, peças teatrais (*Gota d'água*, *Calabar*, *Roda viva*, *Ópera do malandro*) e romances (*Fazenda modelo*, *Benjamim*, *Estorvo*, *Budapeste*, *Leite derramado*).

Buarque de Holanda Ferreira, **Aurélio** [Passo de Camaragibe AL, 1910 — Rio de Janeiro RJ, 1989], ensaísta, tradutor, contista e lexicógrafo. Aos 15 anos ingressou no magistério. Foi membro da ABL e da ABF. Obras: *Território lírico*, *Vocabulário ortográfico brasileiro*, *Novo dicionário da língua portuguesa* (1975), *Minidicionário da língua portuguesa* etc.

Bucareste, capital da Romênia (desde 1862), na Valáquia. É o principal centro industrial e comercial do país. Hab.: 1.926.334 (2002), 2.600.000 na área metropolitana.

Buda (em sânscrito, "iluminado") [Kapilavastu, Índia, c.566 a.C. — *id*., c.486 a.C.], cognome de Siddharta Gautama, fundador do budismo. Após tornar-se monge viajante e levar uma vida penitente, atingiu a "iluminação".

Budapeste, capital da Hungria, às margens do rio Danúbio. A atual cidade formou-se pela fusão de Buda, na margem direita, e Pest, na margem esquerda (1873), unidas por seis pontes. Recursos principais: metalurgia, produtos têxteis, químicos e alimentícios. Hab.: 1.712.710 (2009), 3.271.110 na região metropolitana ou Grande Budapeste.

Bueno, Maria Ester Adion [São Paulo SP, 1939], tenista brasileira, aos 15 anos era a campeã do país. Venceu em Wimbledon (Inglaterra) por sete vezes, e em Forest Hills (Estados Unidos) outras sete. Ganhou ao todo 571 torneios e seu nome faz parte do International Tennis Hall of Fame, em Nova York.

Bueno da Ribeira, **Amador** [Sevilha, Espanha, ? — São Paulo SP, c.1649], bandeirante de origem espanhola, veio para o Brasil (1571), onde ficou conhecido como o Aclamado, por ter sido escolhido para ser rei de São Paulo, honraria que recusou. Participou de diversas bandeiras para capturar indígenas e tornou-se rico proprietário de terras e escravos.

Buenos Aires, capital da República Argentina, junto ao rio da Prata, com 200 km². Fundada em 1580, chamou-se de início Sta. Maria del Buen Aire, em honra da padroeira dos marinheiros. Porto movimentado, comércio de carne e cereais. Hab.: 3.000.000 (10.800.000 na área metropolitana).

Bujumbura, capital do Burundi, situada no extremo norte do lago Tanganica. Hab.: 300.000.

Bulgária (República da), país europeu, com 110.912 km², situado na península dos Bálcãs. República parlamentarista, independente desde 1908. Capital: *Sófia*; recursos principais: bauxita, cobre, chumbo, petróleo e gás natural. Hab.: 7.204.687 (2009).

Buriticupu (MA), município com 2.544,9 km², tem 43,9 mil hectares de terra repletos de árvores valiosas para o mercado madeireiro, como o ipê e o jatobá. Seu nome foi formado com a junção de buriti e cupuaçu. Hab.: 62.226.

Burle Marx, Roberto ver *Marx, Roberto Burle*

Burquina Fasso (República do), país da África ocidental, antigo Alto Volta, dos mais pobres do continente, com 274.200 km². República mista, independente desde 1960. Capital: *Uagadugu*; recursos principais: gado e agricultura. Hab.: 15.746.232 (2009).

Burroughs, Edgar Rice [Chicago, EUA, 1875 — Encino, Califórnia, EUA 1950], escritor norte-americano, criador de Tarzã (1914), personagem sobre quem escreveu 26 livros.

Burundi (República do), país do centro-leste da África, antigo Urundi, com 27.834 km². República presidencialista, independente desde 1962. Ditadura militar desde 1996. Capital: *Bujumbura*; recursos principais: mineração (ouro, estanho); reservas não exploradas de níquel, vanádio e urânio. Hab.: 8.988.091 (2009).

Bush, George [Milton, Mass., EUA, 1924], político americano, diretor da CIA (1976-1977), vice-presidente (1981-1989) e presidente dos EUA (1989-1993). — **George** Walter **Bush** [New Haven, Conn., EUA, 1946], presidente dos EUA (2001-2009), eleito pelo Partido Republicano.

Butão ou **Butã (Reino do)**, país asiático, com 47.000 km², situado no centro-sul da Ásia, a leste do Himalaia, entre a Índia e o Tibete. Monarquia independente desde 1949. Capital: *Timfu*, único centro urbano; recursos principais: mineração (carvão, gipsita, calcário, dolomita, ardósia), indústria (cimento). Hab.: 691.141 (2009).

Búzios (Armação dos Búzios), península de aprox. 8 km de extensão, 180 km ao norte do Rio de Janeiro, situada em região habitada por tamoios e goitacases e onde piratas franceses, ingleses e holandeses agiam (séc. XVI). Em 1950, José Bento Ribeiro Dantas deu início ao desenvolvimento da cidade. Balneário concorrido, tem 24 praias. Hab.: 27.538.

Cc

Cabanada, revolta popular que pretendia trazer o imperador D. Pedro I de volta ao trono do Brasil, ocorrida em Pernambuco e Alagoas (1832-1835), contra o governo da Regência Trina Permanente. Liderados por Vicente Ferreira de Paula, os cabanos — assim chamados devido às suas pobres moradias — entraram em luta contra as tropas do governo e prosseguiram mesmo após a morte do imperador (1834).

Cabanagem, grande revolta popular que explodiu na província do Grão-Pará, em 1833, e da qual participaram negros, índios e mestiços que trabalhavam na exploração de produtos da floresta e moravam em cabanas à beira dos rios — daí o nome de *cabanos*. Um dos seus chefes foi o padre Batista Campos, que costumava benzer os pedaços de pau utilizados como armas pelos pobres. Os cabanos chegaram a tomar o poder, mas foram derrotados em 1840 pelas tropas do governo do Império.

Cabardino-Balcária (Kabardino-Balkaria), república autônoma da Federação Russa, situada nos contrafortes ao norte do Cáucaso, com 12.500 km². Capital: *Naltchik*. Hab.: 901.494 (2002).

Cabedelo (PB), município com 31,2 km², situado na Zona da Mata, porto fluvial entre a foz do rio Paraíba e o oceano Atlântico. Fortaleza de Santa Catarina e ruínas do Forte Velho tombadas pelo Iphan. Folclore: nau catarineta. Hab.: 57.926.

Cabo (Cidade do), capital legislativa da África do Sul e da Província do Cabo, fundada pelos holandeses (1652) à beira da baía de Table. Recursos principais: construção naval, refinarias de petróleo, indústria pesada, petroquímica e lapidação de diamantes, além do turismo. Hab.: 3.497.097 (2007).

Cabo de Santo Agostinho (PE), município com 447,8 km², com 24 km de praias, foi o primeiro ponto do solo brasileiro a ser pisado pelos europeus, já que consta que Vicente Pinzón ali chegou em janeiro de 1500 e tomou posse das terras para a Espanha, antes que Cabral chegasse ao Brasil. A posse foi anulada pelo Tratado de Tordesilhas. Igreja de N.Sª. de Nazaré tombada pelo Iphan. Hab.: 185.123.

Cabo Frio (RJ), município com 400,69 km², situado na Região dos Lagos. Extração de sal. Pesca. Turismo. Conjunto paisagístico, Capela de N.Sª. da Guia, Convento e Igreja de N.Sª. dos Anjos e Forte de São Mateus tombados pelo Iphan. Hab.: 186.222.

Cabo Verde (**República de**), país africano, com 4.033 km², a oeste de Dacar, Senegal, no oceano Atlântico. É constituído por dez ilhas de origem vulcânica e cinco ilhotas, divididas em dois grupos, Sotavento (Santiago, Fogo, Brava, Maio) e Barlavento (Santo Antão, São Vicente, Santa Luzia, São Nicolau, Sal, Boavista e os ilhéus Branco e Raso). A maior ilha é Santiago (903 km²) e a menor, a Brava. Capital: *Praia* (em Santiago); recurso principal: agricultura (café, banana, cana-de-açúcar, frutos tropicais etc.). Hab.: 429.474 (2009).

Cabral, Pedro Álvares [Belmonte, Portugal, 1467 ou 1468 — Santarém, Portugal, 1520 ou 1526], navegador português a quem D. Manuel I confiou o comando da 2ª armada (13 caravelas e 1.500 homens) que enviou à Índia. Consta ter-se desviado da rota, descobrindo o Brasil no dia 22 de abril de 1500. Seguiu depois até a Índia e voltou a Portugal em 1501 com apenas cinco embarcações, mas carregadas de especiarias. Morreu esquecido em Santarém, no Ribatejo, por ter-lhe D. Manuel concedido muitas honras, mas nunca mais utilizado seus serviços.

Cabral de Melo Neto, João [Recife PE, 1920 — Rio de Janeiro RJ, 1999], poeta e diplomata brasileiro, membro da ABL. Filho de senhor de engenho, sua vida e obra foram influenciadas pelo campo e pela literatura de cordel. Obras: *Pedra do sono, O cão sem plumas, Duas águas, Quaderna, Morte e vida severina, A escola das facas, Agrestes* etc.

Cabrália (**baía**), situada no Estado da Bahia, município de Sta. Cruz de Cabrália, com 13 km de extensão e 5,5 km de largura, nela aportou a esquadra de Pedro Álvares Cabral, em 1500.

Caçador (**SC**), município com 981,9 km², no alto vale do rio do Peixe. Indústrias: madeira serrada, celulose, papel e papelão, mobiliário. Hab.: 70.735.

Caçapava (**SP**), município com 369,9 km², às margens da rodovia Presidente Dutra, no vale do Paraíba. Abriga as principais indústrias de vidro do país. Hab.: 84.844.

Caçapava do Sul (**RS**), município com 3.047,1 km², nas serras do sudeste. Importante centro geológico com fósseis. Forte de Caçapava tombado pelo Iphan. Hab.: 33.700.

Cáceres (**MT**), município com 24.398,3 km², antiga aldeia dos índios bororos às margens do rio Paraguai, é uma das entradas do Pantanal mato-grossense. Marco do Jauru tombado pelo Iphan. Festival de pesca de água doce. Pecuária. Hab.: 87.912.

Cachoeira (**BA**), município com 398,4 km², situado na região metropolitana de Salvador, na margem esquerda do rio Paraguaçu. Conjunto arquitetônico e paisagístico, igrejas do Seminário de Belém, do Convento do Carmo, da Ordem Terceira do Carmo, do Convento de Paraguaçu, casas, sobrados e outros prédios tombados pelo Iphan. Monumento nacional em 1971. Hab.: 32.035.

Cachoeira do Sul (**RS**), município com 3.735,1 km², cidade centenária às margens do rio Jacuí, antiga aldeia de índios provenientes da região das Missões. Recurso principal: agricultura (arroz). Hab.: 83.827.

Cachoeirinha (**RS**), município com 43,7 km², desmembrado de Gravataí e instalado em 1965. Pecuária (gado leiteiro). Hab.: 118.294.

Cachoeiro de Itapemirim (**ES**), município com 876,8 km², antiga aldeia dos índios puris às margens do rio Itapemirim e mais tarde parada obrigatória de tropeiros que desciam dos sertões. Extração e industrialização de mármore. Hab.: 189.878.

Cacoal (**RO**), município com 3.792,6 km², situado na divisa com o Estado de Mato Grosso. Próspero distrito industrial. Hab.: 78.601.

Caetano dos Santos, **João** [Rio de Janeiro RJ, 1808 — *id.*, 1863], ator e empresário teatral brasileiro, rompeu com a tradição criando uma dramaturgia autenticamente nacional, e inaugurou sua companhia com uma peça (*O príncipe amante da liberdade ou A independência da Escócia*) interpretada exclusivamente por atores nacionais. Publicou dois livros com seu ideário estético: *Reflexões dramáticas* e *Lições dramáticas*.

Caeté (**MG**), município com 541 km², na região metropolitana de Belo Horizonte. Foi palco da Guerra dos *Emboabas*, a primeira revolução civil do país. Igreja de N.Sª. do Rosário, Matriz de N.Sª. de Nazaré, Matriz de N.Sª. do Bonsucesso e conjunto arquitetônico e paisagístico do Santuário de N.Sª. da Piedade tombados pelo Iphan. Produtor de laranja. Hab.: 40.786.

Café Filho, João [Natal RN, 1889 — Rio de Janeiro RJ, 1970], presidente do Brasil de 1954 a 1955. Vice-presidente da República desde 1951, assumiu a presidência após o suicídio de Getúlio Vargas (24/08/1954). Depois de 15 meses de governo, renunciou por motivos de saúde.

Caicó (**RN**), município com 1.228,5 km², antiga aldeia dos índios caicós, na região do Seridó, foi elevado a município com o nome de Vila Nova do Príncipe. Tem o nome atual desde 1890. Hab.: 62.727.

Caieiras (**SP**), município com 95,8 km²; seu nome deve-se ao primeiro núcleo habitacional planejado para trabalhadores livres no país, surgido em torno de uma produtora de cal. Hab.: 86.623.

Caiena, capital da Guiana Francesa, situada na ilha homônima. Sob o domínio português de 1809 a 1817, dessa ocupação resultou a vinda para o Brasil de plantas e árvores, como a cana-caiana ou caiena (variedade de cana-de-açúcar) e a fruta-pão. Hab.: 64.297 (2007).

Caiena (**questão de**), em 1º de maio de 1808, já instalada no Brasil a sede do reino, D. João VI declarou guerra a Napoleão e à França, considerando nulos os tratados assinados anteriormente. Visando ampliar seu império na América, eliminar a ameaça francesa e, ao mesmo tempo, vingar-se da invasão napoleônica em Portugal, resolveu ocupar a Guiana Francesa, incorporando-a aos seus domínios.

Caim, filho de Adão e Eva, que, segundo a Bíblia, matou o irmão mais novo, Abel.

Caimãs (ilhas), colônia britânica, ao sul de Cuba, com 295 km². Capital: *Georgetown*. Região turística, esp. para pesca e mergulho. Hab.: 49.035 (2009).

Cairo, capital do Egito fundada em 969 e situada às margens do rio Nilo, perto das célebres pirâmides. Centro administrativo, comercial e intelectual. Recurso principal: indústria têxtil. Hab.: 7.947.121 (2008), 17.285.000 na região metropolitana.

Cairu, José da Silva Lisboa, **visconde de** [Salvador BA, 1756 — Rio de Janeiro RJ, 1835], político, jornalista, economista brasileiro e o primeiro professor de Ciências Econômicas. Conselheiro de D. João VI, foi o responsável por medidas econômicas em prol da autonomia brasileira, como a abertura dos portos às nações amigas. Escreveu, entre outras obras, *Princípios de economia política*.

Cairu (BA), município com 451,1 km², situado na costa do Dendê, Sul do estado, foi desmembrado de Ilhéus. Suas principais atrações são o morro de São Paulo e Boipeba, ilhas do arquipélago de Tinharé. Convento e Igreja de Santo Antônio, ruínas da Fortaleza e Fonte Grande do morro de São Paulo tombados pelo Iphan. Hab.: 15.366.

Cajamar (SP), município com 128,3 km². Extração de calcário para produção de cimento e brita. Hab.: 64.113.

Cajazeiras (PB), município com 586,2 km², situado na planície dos rios Piranha e do Peixe, região castigada pela seca. Centro de educação e cultura. Hab.: 58.437.

Calabar, Domingos Fernandes [Porto Calvo AL, c.1600 — *id.*, 1635], militar brasileiro; participou das lutas contra a invasão holandesa, mas passou para o lado inimigo (1632). Profundo conhecedor da região, foi nomeado major do exército holandês. Três anos depois, foi preso por Matias de Albuquerque e enforcado.

Calais (passo de), estreito que separa do continente europeu o Reino Unido e do mar do Norte o canal da Mancha, com 185 km de extensão e 31 km de largura. Sob o passo há um túnel que liga a França à Inglaterra.

Caldas, Antônio Pereira de **Sousa** [Rio de Janeiro RJ, 1762 — *id.*, 1814], sacerdote, poeta e orador sacro brasileiro. Seus poemas, considerados blasfemos, fizeram-no seguir a carreira eclesiástica. Patrono da cadeira 34 da ABL. Obras: *Poesias sacras e profanas*, *Ao homem selvagem* etc.

Caldas Novas (GO), município com 1.589,5 km². Polo turístico do Estado de Goiás, dotado de piscinas termais. Hab.: 70.463.

Califórnia (golfo da), situado entre a península da Califórnia (Baixa Califórnia) e o México, tem 1.100 km e uma área de 150.000 km².

Callado, Antônio Carlos [Niterói RJ, 1917 — Rio de Janeiro RJ, 1997], jornalista e escritor brasileiro, membro da ABL, trabalhou no *Correio da Manhã*, em *O Globo* e na *BBC* de Londres. Foi correspondente na Guerra do Vietnã pelo *Jornal do Brasil*. Obras: *Quarup*, *A assunção de Salviano*, *Bar Don Juan*, *Reflexos do baile*, etc. (romances); *A cidade assassinada*, *Frankel*, *Pedro Mico* (teatro).

Calmon Muniz de Bittencourt, **Pedro** [Salvador BA, 1902 — Rio de Janeiro RJ, 1985], historiador, ensaísta e orador brasileiro, celebrizou-se com a sua *História do Brasil*, em sete volumes.

Calógeras, João **Pandiá** [Rio de Janeiro RJ, 1870 — Petrópolis RJ, 1934], engenheiro, político e historiador brasileiro, foi autor da Lei Calógeras, de regulação da propriedade das minas. Ministro da Fazenda do governo Venceslau Brás, reorganizou o Banco do Brasil; ministro da Guerra de Epitácio Pessoa. Obras: *As minas do Brasil e sua legislação*, *Os jesuítas e o ensino*, *Rio Branco e a política exterior* etc.

Calvário, em hebraico *Gólgota* ("caveira"), é a colina de Jerusalém em que, segundo a Bíblia, Jesus Cristo foi crucificado e onde hoje se situa a Igreja do Santo Sepulcro.

Camaçari (BA), município com 759,8 km², na região metropolitana de Salvador, antiga aldeia indígena fundada pelos jesuítas, é a sede do maior polo petroquímico do Nordeste. Turismo: orla com 42 km, incluindo a praia de Arembepe. Hab.: 247.984.

Câmara, Dom Hélder Pessoa [Fortaleza CE, 1909 — Recife PE, 1999], religioso brasileiro, arcebispo emérito de Recife e Olinda, criou as comunidades eclesiais de base, o Banco da Providência e a Cruzada São Sebastião (Rio de Janeiro) e foi o fundador e primeiro presidente da Conferência Nacional dos Bispos do Brasil (CNBB). Recebeu inúmeros prêmios e títulos nacionais e internacionais e foi indicado ao Prêmio Nobel da Paz por seu trabalho em prol dos direitos humanos.

Camarajibe (PE), município com 55 km², antigo distrito de São Lourenço da Mata emancipado em 1982, suas terras foram as primeiras a serem ocupadas pelos portugueses (séc. XVI) para exploração do pau-brasil. Hab.: 144.506.

Camarão, Antônio **Filipe** [aldeia Igapó, Pernambuco, 1601 — *id.*, 1648], nome adotado por Poti, chefe índio potiguara, ao ser batizado (1612). Herói na luta contra os holandeses na Bahia (1624) e em Pernambuco (1630), notabilizou-se como guerreiro, o que lhe valeu o título de Dom, de "Governador de todos os índios do Brasil" e a patente de capitão-mor. Sua mulher, **Clara Camarão** [Pernambuco, início do séc. XVII — *id.*, 1648], tb. índia, lutou a seu lado, chefiando um grupo de mulheres.

Camargo, Iberê Bassani de [Restinga Seca RS, 1914 — Porto Alegre RS, 1994], pintor, gravador e desenhista brasileiro, com obras figurativas, abstratas e expressionistas. Fundou o curso de gravura no Instituto Nacional de Belas-Artes (1953, RJ); executou o painel de 49 m² oferecido pelo Brasil à Organização Mundial de Saúde, em Genebra.

Camargo, Joraci Schafflor [Rio de Janeiro RJ, 1898 — *id.*, 1973], jornalista, cronista, professor e teatrólogo, membro da ABL. Em 1931, escreveu a primeira comédia para o ator Procópio Ferreira, *O bobo do rei*, considerada pela crítica como o início do teatro social no Brasil. Outras obras: *Deus lhe pague*, *Sindicato dos mendigos*, *Figueira do inferno* etc.

Camarões, República de, país do centro-oeste da África, com 475.442 km², situado no golfo da Guiné. República presidencialista, independente desde 1960. Capital: *Iaundê*; recursos principais: petróleo, bauxita e ferro. Hab.: 18.879.301 (2009).

Cambé (PR), município com 494,6 km², foi fundado por alemães e chamou-se Nova Dantzig, antes da Segunda Guerra Mundial. Hab.: 96.735.

Camberra, capital federal da Austrália, situada no sudeste do país, projetada pelo arquiteto americano Walter Burley Griffin e fundada em 1927, às margens do lago artificial que leva o nome do arquiteto. O clima e a infraestrutura fazem dela excelente local para velejar, pescar, praticar esportes e voo livre. Hab.: 347.000.

Camboja ou **Cambodja (Reino do)**, país do sudeste asiático, antigo Império *khmer* e ex-República Popular do Kampuchea, com 181.035 km², situado na península da Indochina. Monarquia parlamentarista, independente desde 1953. Capital: *Phnom Penh*; recurso principal: agricultura (esp. arroz). Turismo (ruínas de Angkor, antiga capital do império). Hab.: 14.494.293 (2009).

Cametá (PA), município com 3.081,3 km², às margens do rio Tocantins, que o atravessa e forma várias ilhas. Hab.: 120.904.

Caminha, Adolfo Ferreira [Aracati CE, 1867 — Rio de Janeiro RJ, 1897], romancista, contista e poeta, grande representante do Naturalismo no Brasil; sua curta vida coincidiu com um período de profundas transformações econômicas, políticas e sociais no país. Obras: *A normalista*, *Bom-crioulo*, *Cartas literárias* (crítica), *Voos incertos* (poesia) etc.

Caminha, Pero Vaz de [Porto ?, Portugal, 1450 — Calicut, Índia, 1500], escrivão na esquadra de Pedro Álvares Cabral, enviou ao rei D. Manuel a *Carta sobre o achamento do Brasil*, o mais importante documento relativo ao descobrimento do país.

Camocim (CE), município, com 1.123,9 km², cercado por antigas muralhas de pedra. Importante porto pesqueiro. Hab.: 60.163.

Camões, Luís Vaz de [?, c.1525 — Lisboa, Portugal, 1580], poeta português, combateu em Ceuta, onde perdeu um dos olhos. Autor do célebre poema épico *Os Lusíadas*, foi após a sua morte que se publicou a maior parte de sua obra lírica e suas peças de teatro. É um dos maiores nomes da literatura portuguesa de todos os tempos.

Campelo Júnior, Manuel **Neto** Carneiro [Recife PE, 1900 — *id.*, 1968], político brasileiro. Foi ministro da Agricultura durante o governo Dutra. Presidiu o Sindicato dos Plantadores de Cana-de-Açúcar e depois o Instituto do Açúcar e do Álcool.

Campina Grande (PB), município com 620,62 km², situado na região do Agreste, é o maior polo industrial e tecnológico do estado e importante centro universitário. Turismo: Festa de São João. Hab.: 385.276.

Campinas (SP), município com 795,7 km², antigo pouso de tropeiros a caminho das minas de Goiás e Mato Grosso. É o terceiro polo industrial do país. Palácio dos Azulejos tombado pelo Iphan. Aeroporto internacional (Viracopos), centros de pesquisa e universidades (entre as quais a Unicamp). Hab.: 1.080.999.

Campo Bom (RS), município com 61,4 km². Grande indústria de calçados, exporta para mais de 20 países. Hab.: 60.081.

Campo Formoso (BA), município com 6.806 km². Ali se localizam as duas maiores cavernas do Brasil: a Toca da Boa Vista (92.100 m) e a Toca da Barriguda (23.700 m). Hab.: 66.638.

Campo Grande (MS), capital do Mato Grosso do Sul, com 8.096 km², fundada em 1899. É uma das maiores comunidades de descendentes de japoneses oriundos de Okinawa; destaca-se no cultivo de milho, algodão, arroz e café e na pecuária. Hab.: 787.204.

Campo Largo (PR), município com 1.249,4 km². Museu Parque do Mate tombado pelo Iphan. Indústrias de louça e cerâmica. Fonte de água mineral. Hab.: 112.486.

Campo Limpo Paulista (SP), município com 80 km²; a cidade surgiu com a construção do leito da estrada de ferro São Paulo Railway (1867), ligando Jundiaí a Santos, para o transporte de café dos fazendeiros da zona bragantina. Hab.: 74.114.

Campo Maior (PI), município com 1.699,3 km², o maior produtor de gado de corte do estado. Cemitério do Batalhão tombado pelo Iphan. Hab.: 45.180.

Campo Mourão (PR), município com 757,1 km², antiga aldeia guarani. Sede de importante cooperativa agropecuária e importante eixo rodoviário. Hab.: 87.287.

Campos, Augusto de

Campos, Augusto Luís Browne **de** [São Paulo SP, 1931], poeta concretista, ensaísta, crítico e tradutor, publicou sua primeira obra, *O rei menos o reino* (poemas), em 1951 e no ano seguinte lançou a revista literária *Noigandres*, com seu irmão, Haroldo de Campos, e Décio Pignatari. Outras obras: *Poetamenos*, *Linguaviagem*, *Equivocábulos*. — **Haroldo** Érico Browne **de Campos** [São Paulo SP, 1929 — *id.*, 2003], foi tb. poeta concretista, crítico, ensaísta e tradutor. Traduziu James Joyce, Goethe, Mallarmé, Dante, além de textos em grego, hebraico etc.

Campos, Dioclécio **Redig de** [Belém PA, 1905 — Roma, Itália, 1990], crítico, historiador e restaurador de arte brasileiro. Formou-se em Filosofia e Letras pela Universidade de Roma, Itália. Tornou-se superintendente dos museus e do patrimônio da Santa Sé, no Vaticano, Itália.

Campos, Roberto de Oliveira [Cuiabá MT, 1917 — Rio de Janeiro RJ, 2001], político e economista brasileiro, diplomou-se em economia pela Universidade de Colúmbia, NY, EUA. No Brasil, foi colaborador e executor do plano de metas do governo Juscelino Kubitschek, criador do FGTS — Fundo de Garantia do Tempo de Serviço, da caderneta de poupança, do BNDES etc.

Campos dos Goitacases (**RJ**), município com 4.031,9 km², situado no litoral norte do estado. Capela de N.S.ª do Rosário do Visconde, solares da Baronesa de Muriaé, de Santo Antônio, do Colégio, do Visconde e dos Airizes tombados pelo Iphan. Maiores reservas de petróleo e gás natural do país. Usina termelétrica. Hab.: 463.545.

Canaã, romance de Graça Aranha (1902) sobre a colonização alemã.

Canadá, país da Comunidade Britânica que abrange o extremo setentrional da América do Norte, com 9.976.139 km². É o segundo maior país em extensão territorial e, hoje, um dos mais prósperos do mundo. Governo federalista e parlamentarista, independente desde 1867, divide-se em dez províncias e dois territórios federados. Capital: *Otawa*; recursos principais: indústria (alimentos, papel), mineração (ouro, urânio, prata, cobre, ferro), petróleo, gás natural e agropecuária (cevada, trigo, cereais). Hab.: 33.487.208 (2009).

Cananeia (**SP**), município com 1.244,5 km², estância balneária do litoral sul do estado desde 1948, originou-se de antiga aldeia dos tupis. Abriga as ilhas do Cardoso, Bom Abrigo, Casca e Cananeia. Hab.: 12.226.

Canárias (**ilhas**), arquipélago espanhol situado a oeste da costa de Marrocos, no oceano Atlântico, com 7.447 km². Principais ilhas: Tenerife, La Palma, La Gomera, El Hierro, Gran Canaria, Lanzarote, Fuerteventura. Capital: *Las Palmas* (Gran Canária). Recurso principal: turismo. Hab.: 1.968.280 (2005).

Canastra (**serra da**), nome de três serras do Brasil: a primeira, com cerca de 1.000 m de altitude, no Estado de Minas Gerais, junto à cidade de Araxá; a segunda, no Estado da Bahia, na divisa com o Estado de Sergipe (c.500 m), e a terceira, no Estado da Paraíba, no limite com o Estado do Rio Grande do Norte (c.600 m).

Canaveral (**cabo**), estreito promontório que se estende sobre o oceano Atlântico, na costa leste da Flórida, EUA, antigo cabo Kennedy (1946 a 1972), no qual se situa o Centro de Voo Espacial Kennedy.

Candeias (**BA**), município com 264,4 km², na microrregião de Salvador, foi centro de romarias à Igreja de N.S.ª das Candeias, a partir do séc. XVII. A grande mudança, porém, ocorreu a partir de junho de 1941, com a descoberta de petróleo. Engenhos da Freguesia e Matoim tombados pelo Iphan. Hab.: 83.077.

Cândido de Melo e Sousa, **Antônio** [Rio de Janeiro RJ, 1918], escritor, ensaísta e professor universitário, é um dos principais críticos da literatura e cultura brasileiras. Foi um dos fundadores do Partido dos Trabalhadores. Obras: *Formação da literatura brasileira*, *Literatura e sociedade* etc.

Cândido do Nascimento, **João** [Encruzilhada RS, 1880 — Rio de Janeiro RJ, 1969], marinheiro brasileiro, dito o Almirante Negro, foi o líder da *Revolta da Chibata* (1910), página sangrenta, heroica e esquecida de nossa história.

Caneca (Joaquim do Amor Divino Rabelo, dito **Frei**) [Recife PE, 1779 — *id.*, 1825], sacerdote e revolucionário brasileiro, participou da *Revolução Pernambucana* de 1817 e foi um dos chefes da revolução republicana e separatista de 1824. Morreu fuzilado.

Canguaretama (**RN**), município com 245,5 km², situado no litoral sul do estado. Capela de N.S.ª das Candeias tombada pelo Iphan. Atração turística: passeio pelo estuário do rio Curimataú, com mangues e rica biodiversidade. Hab.: 30.900.

Canguçu (**RS**), município com 3.525 km², situado no topo da serra dos Tapes; foi palco da Guerra dos Farrapos. Hab.: 53.268.

Canindé (**CE**), município com 3.218,4 km², situado no sertão. Recebe anualmente numerosos romeiros devotos de são Francisco das Chagas. Hab.: 74.486.

Canoas (**RS**), município com 131 km², situado na região metropolitana de Porto Alegre. Antiga aldeia de indígenas guaranis, foi colonizado por alemães, italianos, palestinos e ucranianos. Indústrias metalúrgicas e petroquímicas. Hab.: 324.025.

Canoinhas (**SC**), município com 1.144,8 km², fundado em 1912, sua economia foi organizada em torno da exploração das reservas de madeira e erva-mate. Hab.: 52.775.

Canudos (**Guerra de**), teve como estopim uma encomenda de madeira para a construção da igreja da cidade de Canudos feita por *Antônio Conselheiro* em Juazeiro BA. Por ter pago adiantado e não ter recebido a madeira, espalhou-se o boato de que a cidade seria invadida pelos conselheiristas. O juiz local, que tinha antigas divergências com Conselheiro, solicitou tropas policiais e foi atendido pelo governador Luís Viana. A guerra durou um ano (1896-1897) e mobilizou mais de 10 mil soldados oriundos de 17 estados brasileiros. Estima-se que morreram mais de 25 mil pessoas, culminando com a destruição total da cidade de Canudos.

Capanema (**PA**), município com 614 km², conhecido pelos tapetes de serragem que ornamentam a festa de *Corpus Christi*. Hab.: 63.628.

Capibaribe ou **Capiberibe** (**rio**), nasce na serra do Jacarará, na divisa de Pernambuco com a Paraíba. Seu curso tem cerca de 250 km e sua bacia aprox. 5.880 km². Com cerca de 74 afluentes, banha 32 municípios pernambucanos.

Capitanias hereditárias, faixas de terra de extensão entre 30 e 50 léguas, do litoral até a linha de Tordesilhas, em que foi dividido o território brasileiro (1534-1536). D. João III doou-as a pessoas de sua confiança, os capitães-mores, para que nelas fundassem vilas, construíssem engenhos, nomeassem funcionários, aplicassem a justiça etc., com o direito de explorá-las e transmitir a sua posse a descendentes.

Capitu, principal personagem feminina do romance *Dom Casmurro*, de Machado de Assis, caracterizada por seus "olhos de cigana oblíquos e dissimulados".

Capivara (serra da) ver *Serra da Capivara (Parque Nacional da)*

Capri, ilha italiana, no golfo de Nápoles, com 121 km^2; divide-se em dois municípios: Capri e Anacapri. De clima temperado, é centro turístico. Hab.: 13.000.

Caracas, capital da Venezuela, situada a 25 km do porto comercial de La Guaíra, no mar das Antilhas, a 900 m de altitude. Recursos principais: indústrias de alimentos e têxteis, turismo. Hab.: 5.170.000 (2007).

Caraguatatuba (SP), município com 483,9 km^2, situado no litoral norte do Estado de São Paulo, entre a serra do Mar e o oceano Atlântico, belo balneário procurado por turistas. Hab.: 100.899.

Carajás (serra dos), situada no Estado do Pará, estende-se para o sul até o Mato Grosso. Sua altitude máxima não ultrapassa os 600 m. Sua riqueza está nos minerais: são 525.000 km^2 com bilhões de toneladas de metais, inclusive a mais rica jazida de minério de ferro do mundo.

Caramuru (Diogo Álvares Correia, dito) [Viana do Castelo, Portugal, ? — Salvador BA, 1557], colonizador português, sobreviveu a um naufrágio ocorrido na baía de Todos-os-Santos (c.1510). Casou-se com Paraguaçu, filha de um cacique tupinambá, aprendeu a língua e os costumes indígenas e muito contribuiu para a fundação das primeiras povoações da Bahia.

Carapicuíba (SP), município com 35 km^2, foi uma das 12 aldeias fundadas pelo Pe. Anchieta (c.1580). Conjunto arquitetônico e urbanístico e Capela de São João Batista tombados pelo Iphan. Hab.: 369.908.

Caratinga (MG), município com 1.250,8 km^2, situado no Sul do estado. Reserva Particular do Patrimônio Natural (RPPN) Feliciano Miguel Abdalla, com 950 km de área contínua de mata Atlântica preservados. Hab.: 85.322.

Carazinho (RS), município com 665 km^2, situado entre as bacias hidrográficas do Uruguai e do Jacuí, no Centro-Norte do estado. Fazia parte da redução de Santa Teresa, província das Missões. Hab.: 59.301.

Cardiff, capital do País de Gales, situada no canal de Bristol, na Grã-Bretanha. Porto comercial. Recursos principais: siderurgia, metalurgia e estaleiros navais. Hab.: 321.000 (2007).

Cardim, Fernão [Viana do Alentejo, Portugal, 1540 — Salvador BA, 1625], padre jesuíta português, veio em 1583 para o Brasil (Bahia), onde foi reitor do Colégio dos Jesuítas. Obras: *Narrativa epistolar* (...), *Tratados da terra e gente do Brasil* etc.

Cardoso, Fernando Henrique [Rio de Janeiro RJ, 1931], sociólogo e político brasileiro, eleito presidente da República em 1994 e reeleito em 1998. Exilado em 1964, foi professor no Chile, na Argentina e na França. Obras: *Capitalismo e escravidão no Brasil meridional*, *O modelo político brasileiro*, *Democracia para mudar* etc.

Cardoso Filho, Joaquim **Lúcio** [Curvelo MG, 1913 — Rio de Janeiro RJ, 1967], jornalista, dramaturgo, poeta e escritor brasileiro. Criador de um universo literário intimista, a inquietação marcou sua vida e obra. Obras: *Crônica da casa assassinada*, *A luz no subsolo*, *Mãos vazias* etc.

Cardoso Valdez, **Elisete** [Rio de Janeiro RJ, 1918 — *id.*, 1990], cantora popular brasileira, dita A divina, foi descoberta por Jacó do Bandolim e apresentou-se pela primeira vez em 1936, na Rádio Guanabara, ao lado de Vicente Celestino, Araci de Almeida, Noel Rosa e Moreira da Silva. Sua primeira gravação foi *Canção de amor*, em 1950.

Carélia, república autônoma da Federação Russa com 180.500 km^2. Grande parte está ocupada por lagos e o restante, coberto de pinheiros e abetos. Capital: *Petrozavodsk*; recurso principal: indústria madeireira. Hab.: 609.700 (2008).

Cariacica (ES), município com 280 km^2, situado na região central do estado, foi uma antiga aldeia dos goitacases, colonizada por jesuítas. Atrações: Reserva Biológica Estadual Duas Bocas e Parque Municipal do Monte Mochuara. Hab.: 348.933.

Caribe (mar do) ou **Caraíbas (mar das)** ver *Antilhas, mar das*

Cariri (região do), é um oásis em pleno semiárido do Ceará, por sua natureza exuberante. Ali estão as cidades de Barbalha, única estância hidromineral do estado, e Santana do Cariri, que concentra um dos maiores sítios de fósseis do mundo, em que podem ser encontrados vegetais, invertebrados, peixes, anfíbios, quelônios, lagartos, crocodilos, pterossauros e dinossauros.

Cáritas ["caridade" em latim], organização católica internacional, surgida em 1927 e reestruturada em 1951, que tem por objetivo promover e coordenar obras de alcance social.

Carlos Braga, **Roberto** [Cachoeiro de Itapemirim ES, 1941], cantor e compositor popular brasileiro; tornou-se símbolo do movimento Jovem Guarda (1965-68). Em cinco décadas, vendeu mais de 100 milhões em discos. Participou de diversos filmes nacionais.

Carlos Magno [?, 742 — Aachen, Alemanha, 814], filho de Pepino, o Breve, rei dos francos a partir de

768 e imperador do Ocidente coroado pelo papa Leão III (800). Conquistou o norte da Itália, a Baviera, a Saxônia e a Panônia, criando um vasto império no Ocidente. Defensor do cristianismo, foi o criador da Europa cristã ocidental. Sua maior obra foi como patrono da cultura.

Carlota Joaquina de Bourbon [Aranjuez, Espanha, 1775 — Queluz, Portugal, 1830], rainha de Portugal, filha de Carlos IV de Espanha e esposa de D. João VI. Ambiciosa e manipuladora, em 1806 tornaram-se públicas as suas desavenças com o marido, que considerava fraco e tolerante. Veio para o Brasil em 1808 e ficou até 1821. Recusou-se a jurar a Constituição portuguesa de 1822.

Carmo (RJ), município serrano, com 321,1 km², na divisa com o Estado de Minas Gerais, emancipado em 1881. Igreja Matriz de N.S.ª do Carmo tombada pelo Iphan. Hab.: 17.439.

Cárpatos, cadeia montanhosa da parte oriental da Europa, em forma de arco, com 1.300 km de extensão, estendendo-se sobre a República Tcheca, Eslováquia, Polônia, Romênia e Ucrânia. Atinge a altitude máxima de 2.663 m no monte Tatra (Cárpatos ocidentais). Nos seus contrafortes há jazidas de petróleo, gás natural, hulha e linhito.

Carpina (PE), município com 146,1 km², na Zona da Mata, instalado em 1928. Os festejos de Reis atraem turistas. Hab.: 74.851.

Carrero (Maria Antonieta Portocarrero Thedim, dita **Tônia**) [Rio de Janeiro RJ, 1922], atriz brasileira, estreou em teatro com a peça *Um deus dormiu lá em casa*, com Paulo Autran. Fez cinema na Vera Cruz (*Tico-tico no fubá*, *É proibido beijar* etc.), entrou para o Teatro Brasileiro de Comédia — TBC (*Leito nupcial*) e fez novelas na TV (*Sangue do meu sangue*, *Pigmalião 70*, entre outras). — **Cecil Thiré** [Rio de janeiro RJ, 1943], seu filho, é ator e diretor teatral.

Cartola (Angenor de Oliveira, dito) [Rio de Janeiro RJ, 1908 — *id.*, 1980], compositor popular brasileiro. Ganhou o apelido quando trabalhava em obras, por usar um chapéu-coco para não sujar os cabelos. Foi um dos fundadores da Estação Primeira de Mangueira, para a qual compôs o primeiro samba-enredo e escolheu as cores, verde e rosa. Obras: *Alvorada no morro*, *O mundo é um moinho*, *As rosas não falam* etc.

Cartum, capital do Sudão, situada na confluência do Nilo Branco com o Nilo Azul, é o principal centro industrial, comercial e cultural do país. Hab.: 2.207.794 (8.363.915 na região metropolitana) [2007].

Caruaru (PE), município com 920,6 km², conhecido como Princesa do Agreste, é o maior centro de arte popular e local da mais famosa feira popular do país. Hab.: 314.951.

Carvalho, Eleazar de [Iguatu CE, 1912 — São Paulo SP, 1996], maestro brasileiro, regente da Orquestra Sinfônica Brasileira, fez sua primeira apresentação no Teatro Municipal do Rio de Janeiro (1940). Foi maestro titular da Orquestra Sinfônica de Saint Louis, nos Estados Unidos, e, em 1972, assumiu a Orquestra Sinfônica do Estado de São Paulo, onde ficou 24 anos. Foi membro da Academia Brasileira de Música. Obras: *A descoberta do Brasil* e *Tiradentes* (óperas).

Carvalho, Joubert de [Uberaba MG, 1900 — Rio de Janeiro RJ, 1977], compositor popular brasileiro. Começou a compor aos 10 anos. Formou-se em Medicina, mas continuou compondo valsas, toadas, foxtrotes, canções, até hoje sucessos. Obras: *Cai cai, balão*, *Tutu Marambá*, *Taí*, *Maringá*, *De papo pro ar* etc.

Carvalho, Ronald de [Rio de Janeiro RJ, 1893 — *id.*, 1935], poeta, ensaísta, crítico e historiador brasileiro, estudou Filosofia em Paris, lançou ali sua primeira obra, *Luz gloriosa*; estabeleceu-se em Portugal, onde participou do lançamento da revista *Orpheu*, marco inicial do Modernismo português. No Brasil, tomou parte na Semana de Arte Moderna (1922). Obras: *Poemas e sonetos*, *Epigramas irônicos e sentimentais*, *Toda a América* (poesia), *Pequena história da literatura brasileira* (prosa) etc.

Carvalho, Vicente Augusto **de** [Santos SP, 1866 — São Paulo SP, 1924], advogado, jornalista e poeta lírico brasileiro, de tendência parnasiana. Obras: *Ardentias*; *Relicário*; *Rosa, rosa de amor*; *Poemas e canções*; *Versos da mocidade* etc.

Casa Nova (BA), município com 9.657,5 km², localizado à margem esquerda do lago de Sobradinho. Agricultura em área irrigada. Vitivinicultura. Hab.: 64.944.

Cascavel (CE), município com 837,9 km². Atrações turísticas: 15 km de praias, artesanato de barro e móveis de cipó. Hab.: 66.124.

Cascavel (PR), município com 2.100,1 km², situado no oeste do estado, foi colonizado por poloneses, alemães e italianos que se dedicaram à lavoura de cereais e criação de suínos. É responsável por 26% da produção de grãos do estado. Hab.: 286.172.

Cascudo, Luís da **Câmara** [Natal RN, 1898 — *id.*, 1986], jornalista, pesquisador e autoridade nacional em folclore, desde cedo dedicou-se às pesquisas de campo sobre as tradições, hábitos, crendices e superstições nas áreas rurais e urbanas. Na África, pesquisou sobre a influência africana na alimentação brasileira, de que resultou a *História da alimentação no Brasil*. Outras obras: *Vaqueiros e cantadores*, *Antologia do folclore brasileiro*, *Dicionário de folclore brasileiro*, *Geografia dos mitos brasileiros* etc.

Casimiro de Abreu (RJ), município com 460,8 km², situado na microrregião da Bacia de São João. Casa de Casimiro de Abreu tombada pelo Iphan. Reserva biológica com micos-leões-dourados. Hab.: 35.373.

Cáspio (mar), maior mar interior da Terra, situa-se 28 m abaixo do nível dos oceanos, com 371.000 km² e profundidade máxima de 995 m. Situa-se entre o extremo leste da Europa e o extremo oeste da Ásia, a leste do Cáucaso. Alimentado pelo rio Volga, sofre forte evaporação. Constitui uma das principais fontes de exploração pesqueira da Federação Russa.

Castanhal (PA), município com 1.029,2 km², foi desmembrado de Belém e instalado em 1932. Criação de gado e exportação de pimenta-do-reino. Hab.: 173.096.

Castilho, Antônio Feliciano de [Lisboa, Portugal, 1800 — *id.*, 1875], escritor português, cego aos 6 anos de idade, foi poeta clássico, embora tivesse feito versos românticos (1836-1838). Esteve no Brasil em 1863. Criticou as renovações da literatura portuguesa e foi um dos polemistas da Questão Coimbrã. Obras: *Cartas de Eco a Narciso*, *A primavera*, *A noite do castelo*, *O outono* etc.

Castro, Inês Pires **de** [Galícia, Espanha, 1320 — Coimbra, Portugal, 1355], dama galega; viajou para Portugal no séquito de D. Constança, noiva castelhana do infante D. Pedro, que por ela se apaixonou, tomando-a como amante. Tiveram quatro filhos. O rei D. Afonso IV expulsou-a de Portugal, mas D. Pedro trouxe-a de volta assim que ficou viúvo. Por ordem do rei, Inês foi degolada. É lenda literária que, ao subir ao trono, D. Pedro mandou desenterrá-la e coroou-a rainha.

Castro, Josué Apolônio **de** [Recife PE, 1908 — Paris, França, 1973], escritor, cientista e professor universitário, realizou o primeiro inquérito levado a efeito no Brasil para apurar as condições de alimentação e nutrição do povo (1932). Foi presidente da Organização de Alimentação e Agricultura das Nações Unidas (FAO, 1951). Obras: *Geopolítica da fome*, *O livro negro da fome*, *Geografia da fome* etc.

Castro (PR), município com 2.531,5 km², colonizado por holandeses, alemães e poloneses. Produção de leite, extração de talco e calcário, ecoturismo. Hab.: 67.082.

Castro Alves ver *Alves, Antônio Frederico de Castro*

Castro Alves (BA), município com 762,9 km². Capela de São José de Jenipapo tombada pelo Iphan. Hab.: 25.419.

Cataguases (MG), município com 482,3 km², situado na Zona da Mata, antiga aldeia de índios coroados, coropós e puris, catequizados por jesuítas. Conjunto histórico, arquitetônico e paisagístico tombado pelo Iphan. Indústria de tecidos. Hab.: 68.810.

Catalão (GO), município com 3.777,6 km², na divisa com o Estado de Minas Gerais. Jazidas de minério. Hab.: 86.597.

Catanduva (SP), município com 292,2 km², situado no noroeste do estado, desenvolveu-se com a chegada da Estrada de Ferro Araraquara. Produção de laranjas. Hab.: 112.843.

Catar, Qatar (Al-) ou **Katar (Estado de)**, país do sudoeste da Ásia, com 11.586 km², situado em uma península, no golfo Pérsico. Monarquia islâmica (emirado), independente desde 1971. Capital: *Doha*; recurso principal: petróleo. Hab.: 833.285 (2009).

Catete (Palácio do), construído no Rio de Janeiro (1860-1864) por Antônio Clemente Pinto, primeiro barão de Nova Friburgo, foi adquirido pelo governo brasileiro e serviu de palácio presidencial de 1896 a 1960, tornando-se depois o Museu da República.

Catmandu ou **Katmandu**, capital do Nepal, situada a 1.450 m de altitude, nos Himalaias. É o principal centro industrial, comercial e cultural do país. Hab.: 949.486 (2009).

Caucaia (CE), município com 1.227,9 km², situado na região metropolitana de Fortaleza, antiga aldeia indígena potiguara. Casa de Câmara e Cadeia tombada pelo Iphan. Hab.: 324.738.

Caxambu (MG), município com 84 km², estância hidromineral turística, com 12 fontes de água mineral, situada no planalto da Mantiqueira. Hab.: 21.719.

Caxias (Luís Alves de Lima e Silva, **barão, marquês** e **duque de**) [Vila do Porto da Estrela RJ, 1803 — Barão de Juparanã RJ, 1880], militar e estadista brasileiro, patrono do Exército; aos 5 anos de idade assentou praça como cadete no Regimento de Infantaria do Exército. Combateu em guerras internas e externas e saiu-se sempre vitorioso. O dia de seu nascimento, 25 de agosto, passou a ser, por decreto, o Dia do Soldado.

Caxias (MA), município com 5.224 km², situado na região Leste do estado, antigo aglomerado de aldeias dos índios guanarés, invadido por colonizadores portugueses no séc. XVIII. Produz óleo de babaçu. Hab.: 155.202.

Caxias do Sul (RS), município com 1.644 km², situado na serra gaúcha; foi colonizado por agricultores italianos, que introduziram as primeiras mudas de videira. Produção de vinho. Festa da uva. Hab.: 435.482.

Caymmi, Dorival [Salvador BA, 1914 – Rio de Janeiro RJ, 2008], compositor e cantor popular, fez de sua terra natal o tema principal de suas canções. Obras: *O que é que a baiana tem*, *Você já foi à Bahia?*, *Saudade de Itapoã*, *A lenda do Abaeté* etc. Seus filhos Nana, Dorival e Danilo tb. se dedicam à música.

Cazaquistão (República do), país do centro-oeste da Ásia, com 2.717.300 km², um dos dez maiores em extensão territorial. Antiga república soviética, atual república mista, independente desde 1991. Capital: *Astana*; recursos principais: mineração (minério de ferro, cobre, zinco) e indústrias (metalúrgica, petroquímica etc.). Hab.: 15.399.437 (2009).

Ceará (CE), estado brasileiro ao norte da região Nordeste, com 148.825,602 km² e 184 municípios, sendo os mais populosos, além da capital: Juazeiro do Norte, Maracanaú, Caucaia, Sobral, Crato, Iguatu, Crateús, Quixadá e Maranguape. Diversidade de ecossistemas: caatinga, floresta, mata de cocais, matas de várzea e manguezais. Capital: *Fortaleza*; recursos principais: agricultura (esp. caju e algodão), pecuária de corte (bovinos, suínos), pesca (lagosta e camarão), indústrias (têxtil, vestuário, calçados etc.), extrativismo mineral (calcário, argila, granito etc.) e artesanato. É um dos centros turísticos mais procurados do país. Hab.: 8.448.055.

Ceará-Mirim (RN), município com 739,6 km². Cidade histórica. Ecoturismo e parques nacionais. Agropecuária. Hab.: 67.844.

Cearense, Catulo da Paixão [São Luís MA, 1863 — Rio de Janeiro RJ, 1946], poeta popular, compositor, cantor e teatrólogo brasileiro, sofreu influência dos cantadores do Nordeste, com quem conviveu durante parte da juventude, chegando a produzir literatura de cordel. Acompanhava ao violão os seus recitais poéticos. Obras: canções — *Luar do sertão, Flor amorosa, Caboca de Caxangá* etc.; poemas — *Alma do sertão, Sertão em flor* etc.

Ceilão, antigo nome de *Sri Lanka*

Celi, Adolfo [Messina, Itália, 1922 — Siena, Itália, 1986], ator e diretor teatral italiano; no Teatro Brasileiro de Comédia (TBC), encenou peças que mudaram a gramática do teatro brasileiro, como *Arsênico e alfazema, Antígona , Seis personagens à procura de um autor* e *A longa jornada de um dia para dentro da noite*. A seguir formou sua própria companhia de teatro, com Paulo Autran e Tônia Carrero, a Companhia Tônia--Celi-Autran.

Celsius, Anders [Uppsala, Suécia, 1701 — *id.*, 1744], astrônomo e físico sueco. Foi o criador da escala termométrica centesimal (1742), que tem seu nome.

Centro-Africana (República), país situado na África Central, com 622.984 km². República mista, independente desde 1960. Capital: *Bangui*; recursos principais: mineração de diamantes e extração de cobre. Hab.: 4.511.488 (2009).

Centro-Oeste (região) ver *Região Centro-Oeste*

Cervantes Saavedra, **Miguel de** [Alcalá de Henares, Espanha, 1547 — Madri, Espanha, 1616], escritor, dramaturgo e poeta espanhol, autor de *Dom Quixote*, uma das obras-primas da literatura universal. Outras obras: *Novelas exemplares, Viagem ao Parnaso* etc.

César, Caio **Júlio** [Roma, 101 a.C. — *id.*, 44 a.C.], general e estadista romano, uma das grandes figuras da história universal. Formou extenso império através da Europa, cuja capital era Roma. Morreu assassinado por inimigos políticos.

Chade ou **Tchad (República do)**, ex-colônia francesa, com 1.284.000 km², situada no centro-norte da África. República mista, independente desde 1960. Capital: *Ndjamena*; recursos principais: agricultura (algodão, sorgo, amendoim), pecuária, mineração (carbonato de sódio, argila, sal). Hab.: 10.329.208 (2009).

Chagas, Carlos Ribeiro Justiniano [Oliveira MG, 1879 — Rio de Janeiro RJ, 1934], cientista, pesquisador e médico brasileiro, especializou-se em doenças tropicais e descobriu o mal que tem o seu nome (1908). Foi diretor do Instituto Osvaldo Cruz. — **Evandro Serafim Lobo Chagas** [Rio de Janeiro RJ, 1905 — *id.*, 1940], seu filho, tb. médico, seguiu-lhe os passos, na pesquisa sobre doenças tropicais. — **Carlos Chagas Filho** [Rio de Janeiro RJ, 1910 — *id.*, 2000], cientista e ensaísta, foi membro da ABL e presidente da Academia Brasileira de Ciências.

Chalaça (Francisco Gomes da Silva, dito) [Lisboa, Portugal, 1791 — *id.*, 1853], cortesão português, veio com a corte de D. João VI para o Brasil e tornou-se amigo e confidente de Pedro I. Foi ele quem apresentou a marquesa de Santos ao imperador. O apelido deve-se ao fato de ter sido bom contador de anedotas.

Champollion, Jean-François [Figeac, França, 1790 — Paris, França, 1832], linguista e estudioso francês, aos 11 anos já conhecia o latim e o grego e começava a aprender hebraico. Foi o primeiro a decifrar os hieróglifos egípcios, usando as inscrições da Pedra de Roseta.

Chapada dos Guimarães (MT), município com 6.206,5 km², situado no centro-sul do estado, dentro do parque nacional de mesmo nome. Igreja da Sé de Santana tombada pelo Iphan. Hab.: 17.799.

Chapadinha (MA), município com 3.247,1 km², cortado pela estrada BR 222. Riquezas naturais: amêndoa de babaçu, cera de carnaúba. Gaúchos e paulistas vêm comprando ali terras e preparando-as para o plantio de soja. Hab.: 73.281.

Chapecó (SC), município com 624,3 km², situado na região oeste do estado, na divisa com o Estado do Rio Grande do Sul. Criação, abate e comercialização de aves e suínos. Indústrias alimentícias. Hab.: 183.561.

Chaplin, Charles Spencer [Londres, Inglaterra, 1889 — Corsier-sur-Vevey, Suíça, 1977], ator e cineasta inglês, foi um dos fundadores da United Artists e criou o personagem *Carlitos*, um vagabundo, de bengala e chapéu-coco. Filmes: curtos — *Carlitos repórter, O vagabundo* etc.; longos — *O grande ditador, Em busca do ouro, Luzes da cidade* etc.

Chateaubriand Bandeira de Melo, Francisco de **Assis** [Umbuzeiro PB, 1891 — São Paulo SP, 1968], jornalista brasileiro, fundador dos *Diários Associados* (1924) e do Museu de Arte de São Paulo (MASP), e criador das revistas *O Cruzeiro* e *A Cigarra*, entre outras publicações. Foi membro da ABL. Obras: *Terra desumana*; *Um professor de energia — Pedro Lessa* etc. — **Gilberto Chateaubriand** [Paris, França, 1925], seu filho, é colecionador de arte.

Chibata (Revolta da), movimento que surgiu em 1910, quando a tripulação negra e pobre da armada brasileira, liderada por João Cândido, o Almirante Negro, prendeu os oficiais e tomou o controle dos navios, rebelando-se contra os maus-tratos recebidos. O governo resolveu anistiar os revoltosos e atender a todas as suas reivindicações, desde que o grupo se rendesse e entregasse os navios, mas a promessa não foi cumprida.

Chile (**República do**), país com 756.945 km², no sudoeste da América do Sul, encravado entre a cordilheira dos Andes e o oceano Pacífico; tem o território mais estreito do mundo — sua largura máxima é de 175 km. República presidencialista, independente desde 1818. Capital: *Santiago*; recursos principais: mineração (cobre, ouro, prata, molibdênio, minério de ferro, nitrogênio, minério de manganês, chumbo, carvão), indústria (alimentícia, metalúrgica). Hab.: 16.601.707 (2009).

China (**República Popular da**), principal país da Ásia e o mais populoso do mundo, com 9.596.961 km²; é banhado pelo mar da China e composto, basicamente, por florestas de coníferas e estepes geladas. Regime de partido único (Partido Comunista Chinês) e um órgão supremo (Congresso Nacional do Povo). Capital: *Beijing* (Pequim); recurso principal: agropecuária. Hab.: 1.338.612.968 (70% vivendo nas áreas rurais e em pequenas aldeias) [2009].

Chipre (**República do**), país situado em uma ilha com 9.251 km², na extremidade nordeste do mar Mediterrâneo. República presidencialista, independente desde 1960. Capital: *Nicósia*; recursos principais: mineração (ferro, cobre), azeite de oliva, vinho. Hab.: 796.740 (2009).

Christie (**Questão**), crise diplomática, surgida entre o Brasil e a Inglaterra no Segundo Reinado, originada por dois incidentes: o saque de um navio inglês naufragado, no Rio Grande do Sul, e a prisão de oficiais navais britânicos embriagados, no Rio de Janeiro. Causou o rompimento das relações diplomáticas entre os dois países (maio de 1863 a setembro de 1875).

Cianorte (**PR**), município com 811,6 km², maior polo atacadista de confecções do sul do país. Hab.: 69.962.

Cícero (Cícero Romão Batista, dito **Padre**) [Crato CE, 1844 — Juazeiro do Norte CE, 1934], religioso brasileiro, desenvolveu intenso trabalho pastoral em Juazeiro do Norte CE e ganhou a simpatia e o respeito da comunidade. Suspenso pela Igreja católica por ter divulgado milagres ocorridos em sua paróquia, tomou o caminho da política e tornou-se a maior liderança da região. Até hoje fazem-se romarias à cidade de Juazeiro, onde lhe ergueram grande estátua.

Cingapura (**República de**), país com 697 km², localizado na maior ilha de um arquipélago do sudeste da Ásia. República parlamentarista, independente desde 1965. Capital: *Cidade de Cingapura*; recursos principais: mineração (granito) e indústrias (produtos eletroeletrônicos, refino de petróleo, química, metalúrgica, naval). Hab.: 4.657.542 (2009).

Cintra, Luís Filipe **Lindley** [Lisboa, Portugal, 1925 — *id.* 1991], linguista português, doutorado em Filologia pela Faculdade de Letras da Universidade de Lisboa (1952), local em que exerceu toda a sua atividade docente. Fez parte da equipe de linguistas que recolheu material para o *Atlas linguístico da península Ibérica* (1953-1954). Obras: *Breve gramática do português contemporâneo* e *Nova gramática do português contemporâneo* (com Celso Cunha), entre outras.

Círio de Nazaré, uma das maiores festas religiosas do Brasil, em homenagem a N. Sª. de Nazaré, introduzida pelos jesuítas (1793) e realizada em Belém PA, no segundo domingo de outubro.

Cisplatina (**Guerra**), luta pela independência do Uruguai (1825), envolvendo Brasil e Argentina, que lutaram entre si. Um acordo de paz foi firmado (1828), pelo qual a província cisplatina não pertenceria nem ao Brasil nem à Argentina e, sim, seria um país independente.

Clark, Lygia [Belo Horizonte MG, 1920 — Rio de Janeiro RJ, 1988], pintora e escultora neoconcretista brasileira, criou os *Bichos*, estruturas móveis de placas de metal que convidam à manipulação, e a *Obra-mole*, pedaços de borracha laminada entrelaçados (1960). Criou tb. "Objetos relacionais" com fins terapêuticos (1978 a 1985).

Cléopatra [Alexandria, 69 a.C. — *id.*, 30 a.C.], rainha do Egito (51 a.C.), da linhagem dos Ptolomeus; uniu-se a Júlio César, imperador romano, com quem teve um filho, e depois a Marco Antônio. Suicidou-se, para não ser levada a Roma como prisioneira por Otávio Augusto.

CNBB ver *Conferência Nacional dos Bispos do Brasil*

Coari (**AM**), município com 57.921,6 km², a segunda maior cidade do Estado do Amazonas, situada na margem direita do rio Solimões. Extrativismo vegetal (madeira, castanha, cacau). Hab.: 75.909.

Cochrane, Thomas ver *Maranhão* (*Thomas Cochrane, marquês do*)

Codó (**MA**), município com 4.364,5 km², situado nas margens do rio Itapicuru. Tradicional desse município é o terecô ou tambor da mata, denominação usual de certo ritual religioso afro-brasileiro. Hab.: 118.072.

Coelho, Paulo [Rio de Janeiro RJ, 1947], escritor, compositor e jornalista brasileiro, tornou-se conhecido como parceiro de Raul Seixas (*Gita*, *Eu nasci há dez mil anos* etc.). Membro da ABL, tem livros traduzidos em 56 línguas. Obras: *O diário de um mago*, *Brida*, *O alquimista* etc.

Coelho Neto (Henrique Maximiano) [Caxias MA, 1864 — Rio de Janeiro RJ, 1934], escritor, jornalista e professor brasileiro, um dos fundadores da ABL, destacou-se nos romances e nos contos (*Rapsódia* foi o primeiro livro publicado). É autor do poema "Ser mãe". Outras obras: *A capital federal*, *Fruto proibido*, *O rei fantasma*, *O paraíso* etc.

Coelho Pereira, **Duarte** [Miragaia, c.1480 — *id.*, 1554], militar e administrador português, primeiro donatário da capitania hereditária de Pernambuco, a que mais prosperou. — **Gonçalo Coelho** [séc. XV — séc. XVI], seu pai, foi um navegador e cosmógrafo português que comandou uma expedição de seis navios à Índia (1503), passou pelo Brasil e fez um reconhecimento de alguns pontos do litoral, publicando uma *Descrição do Brasil*. — **Duarte Coelho de Albuquerque** [Olinda PE, 1537 — África, 1580], filho de Duarte Coelho e segundo donatário da capitania de Pernambuco, expulsou de lá os franceses e enviou tropas para auxiliar o governador-geral Mem de Sá a combatê-los no Rio de Janeiro (1567).

Colatina (ES), município com 1.423,3 km², situado no noroeste do estado, às margens do rio Doce. Indústrias de confecções e moveleira. Hab.: 111.794.

Collor de Mello, **Fernando** Afonso [Rio de Janeiro RJ, 1949], político brasileiro, prefeito de Maceió e governador de Alagoas, foi o primeiro presidente da República eleito pelo voto direto após 1960. Assumiu o governo (1990), mas teve o mandato cassado e os direitos políticos suspensos por oito anos (1992).

Colômbia (República da), país com 1.138.914 km², situado no noroeste da América do Sul, o único do continente banhado simultaneamente pelo oceano Pacífico e o mar do Caribe. República presidencialista, independente desde 1810. Capital: *Santa Fé de Bogotá*; recursos principais: agricultura (café, cacau, cana-de-açúcar, banana, tabaco) e mineração (petróleo, gás natural, carvão, níquel, ouro, esmeralda). Hab.: 45.644.023 (2009).

Colombo, Cristóvão [Gênova, Itália, 1451 — Valladolid, Espanha, 1506], navegador genovês considerado o descobridor da América, em 1492. Sua expedição ao dito Novo Mundo, composta por uma frota de três caravelas (Santa Maria, Pinta e Niña), foi patrocinada pelos reis Fernando de Aragão e Isabel de Castela.

Colombo (PR), município com 198 km², situado na região metropolitana de Curitiba; colonizado por imigrantes italianos. Atração turística: grutas do Bacaetava. Hab.: 213.027.

Comores (República Federal Islâmica de), país com 2.235 km², situado entre a África e Madagascar, no oceano Índico. República presidencialista, independente desde 1975. Formado por três ilhas. Capital: *Moroni* (ilha de Njazidja); recursos principais: agricultura, mineração, indústria alimentícia, esp. baunilha e essências. Hab.: 752.438 (2009).

Companhia de Jesus, ordem fundada por santo Inácio de Loiola (1540) para a conversão dos heréticos e a serviço da Igreja. Os jesuítas dedicaram-se à catequese indígena e à educação dos colonos. Estabeleceram as primeiras missões, onde os nativos eram aculturados, cristianizados e preservados da escravização colonial.

Companhia Geral do Grão-Pará e Maranhão, empresa privada criada pelo marquês de Pombal (1755), recebeu concessão do Estado português para navegar, transportar e comercializar produtos da região por cerca de 20 anos. Fornecia créditos, escravos e ferramentas aos lavradores, que começaram a dedicar-se mais intensamente e com mais condições à cultura do algodão, mudando toda a economia do Maranhão, que experimentou então grande prosperidade.

Comte, Augusto [Montpellier, França, 1798 — Paris, França, 1857], filósofo francês. Fundou a escola filosófica conhecida como Positivismo e é considerado um dos fundadores da Sociologia.

Conceição do Coité (BA), município com 1.086,2 km², situado no nordeste do estado. Indústria de fibras de sisal (terceiro produtor baiano). Hab.: 62.042.

Conceição do Mato Dentro (MG), município com 1.671,4 km², situado na zona metalúrgica do estado, na borda da serra do Espinhaço. Chafariz da praça D. Joaquim, igrejas de N.S.ª do Rosário e Matriz de N.S.ª da Conceição e prédio na praça D. Joaquim tombados pelo Iphan. Hab.: 17.914.

Concórdia (SC), município com 797,2 km². Considerado um dos melhores lugares do estado em qualidade de vida. Lago da hidrelétrica de Itá. Avicultura, suinocultura. Frigoríficos. Hab.: 68.627.

Confederação dos Tamoios, reunião dos chefes índios da região do litoral norte paulista e sul fluminense (1554 a 1567), devido à revolta ante a ação violenta dos portugueses contra os índios tupinambás. Cunhambebe, eleito chefe da confederação, junto com Pindobuçu, Aimberê e outros, resolveu guerrear os portugueses. Mas não houve luta, pois foi combinada a Paz de Iperoígue (praia em Ubatuba), que depois os portugueses traíram, dizimando os índios.

Conferência Nacional dos Bispos do Brasil (CNBB), entidade religiosa que congrega a ação evangelizadora dos bispos do Brasil, idealizada por Dom Hélder Câmara e concretizada em 1952.

Confúcio (K'ung Ch'iu, dito) [Tsou, China, 551 a.C. — *id.*, 479 a.C.], erudito chinês, criador do Confucionismo, pregador moralista, tratadista e legislador, legou um conjunto de normas e elevados valores morais expressos em frases curtas, de fácil entendimento.

Congo (República Democrática do), antigo Zaire, com 2.344.858 km², no centro da África, é o terceiro maior país africano. República presidencialista, independente desde 1960. Capital: *Kinshasa*; recursos principais: exploração e produção de diamantes, reservas de cobre e cobalto. Parques nacionais de Kahuzi-Biega e Virunga, ambos santuários de gorilas, declarados Patrimônio Natural da Humanidade. Hab.: 68.692.542 (2009).

Congo (República do), país com 342.000 km², localizado no centro-oeste da África e cortado pela linha do equador. República presidencialista, independente desde 1960. Capital: *Brazzaville*; recursos principais: agricultura (mandioca, banana-da-terra, cana-de-açúcar, cacau etc.), mineração (petróleo, gás natural), indústrias (alimentícia, madeireira, têxtil, química). Hab.: 4.012.809 (2009).

Congonhas (MG), município com 305,5 km², situado na região metropolitana de Belo Horizonte. Conjunto arquitetônico e urbanístico, Igreja Matriz de N.S.ª da Conceição e Santuário de Bom Jesus de Matosinhos tombados pelo Iphan. Hab.: 48.550.

Conjuração Mineira ver *Inconfidência Mineira*

Conselheiro (Antônio Vicente Mendes Maciel, dito **Antônio**) [Campo Maior de Quixeramobim CE, 1830 — Canudos BA, 1897], andarilho e pregador com fama de milagreiro que reuniu seguidores e criou uma comunidade às margens do rio Vaza-Barris, em Canudos BA. Vários conflitos com autoridades e proprietários de terra locais provocaram a intervenção federal contra os seus seguidores, os *conselheiristas*, e originaram a *Guerra de Canudos*.

Conselheiro Lafaiete (MG), município com 369,5 km², situado na serra do Espinhaço; antiga aldeia dos índios carijós, suas terras foram desbravadas por garimpeiros. Turismo ecológico. Hab.: 116.527.

Constant Botelho de Magalhães, **Benjamim** [Niterói RJ, 1836 — Rio de Janeiro RJ, 1891], militar, professor e político brasileiro, lutou na Guerra do Paraguai, fundou o Clube Militar (1887) e fez parte da campanha pela proclamação da República. Foi quem criou na bandeira brasileira a divisa "Ordem e Progresso".

Constitucionalista (Revolução), desencadeou-se em São Paulo (1932), no Governo Provisório de Getúlio Vargas, com o fito de trazer o país de volta ao regime constitucional. Em maio de 1933, realizaram-se eleições para a Assembleia Nacional Constituinte, preparatória da Constituição de 1934.

Contagem (MG), município com 194,5 km², situado na região metropolitana de Belo Horizonte, o segundo mais populoso do estado. Antigo posto de registro do gado que vinha do rio São Francisco. Hab.: 603.048.

Contamana ou **do Divisor (serra da)**, situada no extremo oeste do continente brasileiro, na nascente do rio Moa na fronteira do Estado do Acre com o Peru. Seu ponto mais alto tem 609 m.

Contestado ou **dos Pelados (Guerra do)**, conflito iniciado (1912) em uma região disputada por Paraná e Santa Catarina, em que camponeses, expulsos de suas terras e sem trabalho, decidiram organizar uma comunidade sob o comando de um líder religioso, o "monge" João Maria, que se considerava enviado por Deus. O governo sufocou o movimento, utilizando até aviões (1916).

Cony, Carlos Heitor [Rio de Janeiro RJ, 1926], jornalista e escritor brasileiro, representante do Neorrealismo; escreveu seu primeiro romance, *O ventre* (1958), sob a influência de Jean-Paul Sartre. Outras obras: *A verdade de cada dia*, *Tijolo de segurança*, *Matéria de memória*, *Quase memória* etc.

Cook (ilhas), Estado autônomo associado, arquipélago formado por 15 ilhas com 236 km², situado no Pacífico sul, a nordeste da Nova Zelândia. Capital: *Avarua*. Hab.: 11.870 (2009).

Copérnico, Nicolau [Torun, Polônia, 1473 — Frauenburg, Polônia, 1543], astrônomo e matemático polonês, autor da teoria segundo a qual o Sol é o verdadeiro centro do sistema solar, devendo-se a sucessão de dias e noites ao movimento da rotação da Terra sobre seu próprio eixo.

Corão ver *Alcorão*

Corção Braga, **Gustavo** [Rio de Janeiro, 1896 — *id.*, 1978], professor, jornalista e escritor católico brasileiro, foi colaborador semanal de *O Estado de S. Paulo*, *Diário de Notícias*, do Rio de Janeiro, e *Correio do Povo*, de Porto Alegre. Obras: *A descoberta do outro*, *Três alqueires e uma vaca*, *Lições de abismo* etc.

Corcovado (morro do), com 710 m de altitude, em plena floresta da Tijuca, é uma atração turística da cidade do Rio de Janeiro RJ, com o *Cristo Redentor* no topo.

Cordisburgo (MG), município com 865 km², situado na microrregião de Sete Lagoas, onde fica a gruta de Maquiné. Hab.: 8.667.

Coreia do Norte (República Democrática Popular da Coreia), Estado socialista com 120.538 km², situado no leste da Ásia. Regime de partido único (PTC) e um órgão supremo (Assembleia Suprema do Povo). Capital: *Pyongyang*; recursos principais: agricultura (arroz, milho, batata etc.) e indústrias (aço, química, cimento, máquinas, têxtil). Hab.: 22.666.345 (2009).

Coreia do Sul (República da Coreia), país com 99.016 km², um dos chamados Tigres Asiáticos. Situado no Leste da Ásia. República mista. Capital: *Seul*; recursos principais: mineração (carvão, minério de ferro, ouro) e indústrias (naval, química, siderúrgica, alimentícia, têxtil). Hab.: 48.508.972 (2009).

Coroatá (MA), município com 2.263,8 km², situado à margem esquerda do rio Itapicuru-Mirim, no centro do Maranhão. Hab.: 61.653.

Coronel Fabriciano (MG), município com 221 km², na zona metalúrgica do estado, suas terras começaram a ser desbravadas por engenheiros que construíram a Estrada de Ferro Vitória-Minas. Hab.: 103.797.

Correia, Manuel **Pio** [Portugal, 1874 — Paris, França, 1934], botânico naturalizado brasileiro. Foi pesquisador e autor de inúmeros trabalhos científicos, entre eles a obra referencial *Dicionário das plantas úteis do Brasil e das exóticas cultivadas* (6 vol., 1926-1931), um marco no estudo da botânica nacional.

Correia, Raimundo de São Luís da Mota Azevedo [Maranhão, 1859 — Paris, França, 1911], magistrado, professor e poeta parnasiano brasileiro, fundador da ABL (cadeira n.º 5). Obras: *Primeiros sonhos*, *Sinfonias*, *Versos e versões*, *Aleluias* etc.

Correia Baima Filho, Manuel **Viriato** [Pirapemas MA, 1884 — Rio de Janeiro RJ, 1967], jornalista, advogado e escritor brasileiro, radicou-se no Rio de Janeiro, onde advogou e atuou na imprensa. Membro da ABL. Escreveu romances, peças teatrais, livros para crianças e crônicas históricas. Obras: *Terra de Santa Cruz, Histórias de nossa história, História do Brasil para crianças* etc.

Cortés, Hernán [Medellín, 1485 — Castilleja de la Cuesta, Espanha, 1547], conquistador espanhol; encarregado da exploração do império asteca, contrariou as ordens e lançou-se à sua conquista. Foi governador-geral da Nova Espanha (1522).

Corumbá (MS), município com 64.960,8 km^2, situado às margens do rio Paraguai, abrange 60% do pantanal sul-mato-grossense. Pecuária, mineração, pesca e turismo. Conjunto histórico arquitetônico e paisagístico e Forte de Coimbra tombados pelo Iphan. Hab.: 103.772.

Costa, Cláudio Manuel da [Ribeirão do Carmo MG, 1729 — Ouro Preto MG, 1789], poeta brasileiro, considerado o mais barroco dos árcades, participou da Inconfidência Mineira. Patrono da cadeira 8 da ABL. Obras: *Obras poéticas* (lírica); *Vila Rica* (épica) etc.

Costa, Duarte da [?, Portugal, séc. XV ou XVI — ?] segundo governador-geral do Brasil (1553-1557), tendo sucedido Tomé de Sousa. Seu governo foi marcado pela invasão dos franceses, que vieram fundar a França Antártica, e tb. por conflitos entre jesuítas e colonos que sujeitavam os indígenas ao trabalho forçado.

Costa, Lúcio [Toulon, França, 1902 — Rio de Janeiro RJ, 1998], arquiteto e urbanista brasileiro, estudou pintura e arquitetura na Escola Nacional de Belas-Artes, da qual foi diretor (1930). Venceu o concurso nacional para a elaboração do plano piloto de Brasília (1957); chefiou a equipe que projetou a recuperação de Florença (Itália), afetada por uma inundação (1964) etc.

Costa (Maria da Graça Costa Pena Burgos, dita **Gal**) [Salvador BA, 1945], cantora popular brasileira; iniciou-se na música quando conheceu Caetano Veloso e participou do *show* "Nós, por exemplo", no Teatro Vila Velha, em Salvador BA, fazendo dueto com Maria Betânia. A partir de então, mudou-se para o Rio de Janeiro e seu nome artístico tornou-se conhecido no país. Participou do movimento tropicalista.

Costa do Marfim (República da), país com 322.463 km^2, situado no oeste da África. República presidencialista, independente desde 1960 (ditadura militar desde 1999). Capital: *Abidjan*; recursos principais: agricultura (cacau, café), mineração, indústrias alimentícia e têxtil (algodão), refino de petróleo. Hab.: 20.617.068 (2009).

Costa do Ouro, antigo nome de *Gana*.

Costa Marques (RO), município com 12.722,1 km^2, situado na fronteira com a Bolívia, na região Madeira-Guaporé. Forte Príncipe da Beira tombado pelo Iphan. Hab.: 13.700.

Costa, Pereira Furtado de Mendonça **Hipólito** José **da** [Colônia do Sacramento, hoje no Uruguai, 1774 — Londres, Inglaterra, 1823], jornalista brasileiro; após ter sido acusado pela Inquisição de disseminar a maçonaria e ficar três anos preso, fugiu para Londres, onde fundou o *Correio Braziliense*, que consta ser o primeiro jornal do Brasil. É patrono da cadeira 17 da ABL. Obras: *Diário de minha viagem para Filadélfia, Narrativa da perseguição* etc.

Costa Rica (República da), país com 51.100 km^2, situado no sudoeste da América Central. República presidencialista, independente desde 1821. Capital: *San José*; recursos principais: agricultura (banana, café, frutas tropicais, flores), turismo. Hab.: 4.253.877 (2009).

Cotia (SP), município com 324 km^2. Casas do Sítio do Padre Inácio e do Sítio Mandu tombadas pelo Iphan. Hab.: 201.023.

Coutinho, Bento do Amaral [Rio de Janeiro RJ, 2ª metade do séc. XVII — *id.*, 1711], herói brasileiro que comandou o batalhão de estudantes e voluntários que derrotou o corsário francês Duclerc, quando este invadiu o Rio de Janeiro (1710). Ao fazer o mesmo contra Duguay-Trouin, foi morto.

Couto, Deolindo [Teresina PI, 1902 — Rio de Janeiro RJ, 1992], médico neurologista, professor e ensaísta brasileiro, fundador e diretor do Instituto de Neurologia da Universidade do Brasil. Obras: *Vultos e ideias; Afrânio Peixoto, professor e homem de ciência; Clementino Fraga, o médico* (ensaios) etc.

Couto, Diogo do [Lisboa, 1542 — Goa, Índia, 1616], historiador português, participou de várias expedições no Oriente. De volta a Portugal, encontrou Camões em Moçambique e ajudou-o financeiramente. Obras: *Diálogo do soldado prático* e *Décadas* (IV a XII).

Couto, Miguel [Rio de Janeiro RJ, 1865 — *id.*, 1934], médico e professor brasileiro, membro da Academia Nacional de Medicina, presidiu a entidade durante 21 anos consecutivos. Em 1930, apresentou um projeto sobre educação, em que era sugerida a criação no Ministério da Educação de dois departamentos: o do ensino e o da higiene. Obras: *Lições de clínica médica, Só há um problema: a educação* etc.

Couto, Rui **Ribeiro** [Santos SP, 1898 — Paris, 1963], escritor e jornalista brasileiro. Escreveu poesias, romances, contos e crônicas. Recebeu influências simbolistas e esp. modernistas. Membro da ABL. Obras: *Um homem na multidão, A casa do gato cinzento, Cabocla* etc.

Crateús (CE), município com 2.985,4 km^2, localizado no sertão dos Inhamuns. Região de caatinga. Vários sítios arqueológicos importantes. Hab.: 72.853.

Crato (CE), município com 1.009,2 km^2, situado na região do Cariri, das mais férteis do Nordeste, na divisa com o Estado de Pernambuco. É a terra natal do Pe. Cícero Romão Batista. Hab.: 121.462.

Crespo, Antônio Cândido **Gonçalves** [Rio de Janeiro RJ, 1846 — Lisboa, Portugal, 1883], poeta parnasiano luso-brasileiro, formou-se em Direito em

Coimbra e naturalizou-se português, para poder advogar. Fez carreira no mundo das letras e tb. na política, pois chegou a ser deputado às Cortes, pela Índia (1879). Obras: *Miniaturas* e *Noturnos*.

Criciúma (**SC**), município com 235,6 km², situado na região Sul do estado, possui uma das maiores reservas de carvão mineral do país. Indústria de vestuário. Cerâmica. Hab.: 192.236.

Criciúma (**serra da**), situada na fronteira de Minas Gerais com o Estado do Espírito Santo (1.200 m de altitude).

Cristo Redentor, imagem com 38 m de altura, revestida de pedra-sabão, executada na França pelo escultor polonês Paul Landowski e transportada nos trens da Estrada de Ferro do Corcovado, Rio de Janeiro, para o topo do morro. Foi eleito, em 7/7/2007, uma das sete maravilhas do mundo moderno.

Croácia (**República da**), país com 56.538 km², situado no centro-sul da Europa. República mista, independente desde 1991. Capital: *Zagreb*; recursos principais: agropecuária, petróleo e turismo. Hab.: 4.489.409 (2009).

Cromwell, Oliver [Huntington, Inglaterra, 1599 — Londres, Inglaterra, 1658], político inglês, de formação puritana. Em 1649 conseguiu a condenação à morte de Carlos I e a proclamação da República (Commonwealth). Tornou-se ditador virtual da Grã-Bretanha, incorporou a Irlanda e a Escócia, dissolveu o Parlamento (1653) e proclamou-se Lorde Protetor.

Cronos, Saturno entre os romanos, na mitologia grega era filho de Urano e Gaia, e pai de Zeus (Júpiter).

Cruz, Eddy Dias da ver *Rebelo, Marques*

Cruz, Joaquim Carvalho [Taguatinga TO, 1963], atleta brasileiro, campeão olímpico, vencedor dos 800 metros rasos nos Jogos Olímpicos de Los Angeles (1984), quando estabeleceu um novo recorde.

Cruz, Osvaldo Gonçalves [São Luís do Paraitinga SP, 1872 — Petrópolis RJ, 1917], médico sanitarista brasileiro, assumiu a direção técnica do Instituto de Manguinhos (1900). Como diretor da Saúde Pública (1903), liderou a equipe sanitária que erradicou as doenças que dizimavam a população: febre amarela, varíola e peste bubônica. Membro da ABL.

Cruz Alta (**RS**), município com 1.360,3 km². Teve início quando os jesuítas, depois que os bandeirantes destruíram a missão de Sta. Teresa e os expulsaram, mudaram-se para a Capela do Menino Jesus, onde havia um enorme cruzeiro de madeira. Hab.: 62.825.

Cruz das Almas (**BA**), município com 150,9 km², localizado no Recôncavo Baiano. Plantações de fumo, laranja e mandioca. Escola de Agronomia. Atração turística: festa de São João, "guerra de espadas" (fogos de artifício). Hab.: 58.584.

Cruzeiro (**SP**), município com 304,5 km², situado às margens do rio Paraíba. Instalado (1891) com o nome de Vila Novais, passou ao nome atual (1901), devido a um marco divisório no formato de cruz. Hab.: 77.070.

Cruzeiro do Sul (**AC**), município com 7.924,9 km², situado a oeste de Rio Branco, quase na fronteira com o Peru. É a capital do vale do Juruá, um dos mais importantes polos econômicos e turísticos do estado. Hab.: 78.444.

Cuba (**República de**), país com 110.861 km², ilha das Antilhas, única nação comunista das Américas, localizada na entrada do golfo do México. Regime de partido único (PCC) e um órgão supremo (Assembleia Nacional do Poder Popular). Capital: *Havana*; recursos principais: agricultura (cana-de-açúcar, tabaco, arroz, frutas cítricas, banana), turismo. Hab.: 11.451.652 (2009).

Cubatão (**SP**), município com 142,3 km², situado na área da baixada Santista, no sopé da serra do Mar. Usinas hidrelétrica e termelétrica. Indústrias químicas. Refino de petróleo. Título de Exemplo Mundial de Recuperação Ambiental, dado pela ONU (1992). Hab.: 118.797.

Cuiabá (**MT**), capital do Mato Grosso, com 3.538,2 km², situada na margem esquerda do rio Cuiabá, no centro da América do Sul. Conjunto arquitetônico, urbanístico e paisagístico e Igreja de N.S.ª do Rosário e São Benedito tombados pelo Iphan. Ecoturismo. Pantanal mato-grossense. Hab.: 551.350.

Cunha (Antônio Álvares da Cunha, 1º **Conde da**) [Portugal, ? — *id.*, 1791], primeiro vice-rei do Brasil, encarregado de instalar no Rio de Janeiro a capital (1763) antes localizada em Salvador. Fortificou a cidade, promoveu reformas e mandou fazer o primeiro levantamento topográfico.

Cunha, Brasílio Itiberê da [Paranaguá PR, 1846 — Berlim, Alemanha, 1913], compositor e diplomata brasileiro, um dos pioneiros na utilização de temas folclóricos na música erudita. Outras obras: *Poème d'amour*, *Rhapsodies brésiliennes*, *A sertaneja* etc.

Cunha, Celso Ferreira da [Teófilo Otoni MG, 1917 — Rio de Janeiro RJ, 1989], professor, ensaísta e filólogo, dedicou-se ao estudo dos cancioneiros medievais, importantes para o conhecimento da origem e evolução da língua. Foi membro da ABL e da ABF. Escreveu várias gramáticas (*Gramática da língua portuguesa*, *Nova gramática do português contemporâneo*, com Luís Filipe Lindley Cintra etc.).

Cunha, Euclides Rodrigues Pimenta **da** [Cantagalo RJ, 1866 — Rio de Janeiro RJ, 1909], engenheiro, jornalista, escritor e ensaísta brasileiro, participou ativamente da propaganda republicana no jornal *O Estado de S. Paulo*. Durante a Guerra de Canudos, foi enviado por esse jornal para presenciar o fim do conflito. Escreveu, então, sua obra-prima: *Os sertões: campanha de Canudos*. Foi membro da ABL. Outras obras: *Contrastes e confrontos*, *Peru versus Bolívia*, *À margem da história* etc.

Cunha Filho, **Fausto** Fernandes da [Recife PE, 1923 — Rio de Janeiro RJ, 2004], escritor e crítico literário, mudou-se ainda jovem para o Rio de Janeiro, onde foi um dos fundadores da *Revista Branca*, dedicada à divulgação de obras dos escritores da Geração 1945. Atuou nos jornais *Folha de S. Paulo*, *A Manhã*, *Correio da Manhã*, entre outros. Obras: *Poesia de Deolindo Tavares*, *A luta literária*, *As noites marcianas* etc.

Cunhambebe [?, ? — litoral de São Paulo, 1557], guerreiro da tribo dos tupinambás, índios que habitavam extensa faixa no litoral; entrou para a história por sua valentia, destreza e obstinação contra os portugueses. Exímio estrategista, foi eleito chefe supremo da *Confederação dos Tamoios*, principal movimento de resistência contra os portugueses.

Curie, família de cientistas franceses: **Pierre** [Paris, 1859 — *id.*, 1906] e sua mulher **Marie** [Varsóvia, Polônia, 1867 — perto de Sallanches, França, 1934], descobriram os elementos radiativos polônio e rádio, recebendo por isso o Prêmio Nobel de Física (1903), juntamente com Antoine Henri Becquerel. Marie foi a primeira mulher a ensinar na Sorbonne e recebeu ainda o Prêmio Nobel de Química (1911), por ter conseguido obter o rádio em estado puro. — **Irene** [Paris, 1897 — *id.*, 1956], filha dos dois, e seu marido **Jean Frédéric Joliot** [Paris, 1900 — Arcouest, França, 1958] tb. receberam o Prêmio Nobel de Química (1935), pela descoberta do isótopo radiativo artificial e do pósitron.

Curitiba (**PR**), capital do Paraná, com 434,9 km², modelo de qualidade de vida e de planejamento urbano. Antigo ponto estratégico do caminho do Viamão a São Paulo e às Minas Gerais, o povoado inicial viu crescer o comércio com a passagem dos tropeiros. Prédio do Paço Municipal tombado pelo Iphan. Hab.: 1.746.896.

Curvelo (**MG**), município com 3.295,8 km², situado no chapadão central do estado; é o pioneiro da indústria têxtil mineira. Hab.: 74.184.

Dd

Dacar, capital do Senegal, situada na extremidade da península de Cabo Verde; porto pesqueiro e comercial. Hab.: 1.030.594 (2.452.656 na área metropolitana) [2005].

Dacca, capital da República Popular de Bangladesh, situada no delta do rio Bramaputra. Principal centro industrial e comercial do país. Recursos principais: estaleiros navais, indústrias química e metalúrgica. Hab.: 7.000.940 (2008).

Dacosta (Mílton da Costa, dito **Mílton**) [Niterói RJ, 1915 — Rio de Janeiro RJ, 1988], pintor e gravador brasileiro, estudou em Nova York e Paris e frequentou os ateliês de Braque e Rouault. Casou-se com a tb. pintora **Maria Leontina** Franco da Costa [São Paulo SP, 1917 — Rio de Janeiro RJ, 1984].

Daguestão, república autônoma da Federação Russa, situada no Cáucaso, na costa leste do mar Cáspio, com 50.300 km². Capital: *Makhatchkala*; recursos principais: gás natural, petróleo, hulha e enxofre. Hab.: 2,5 milhões (2002).

Daimler, Gottlieb [Schorndorf, 1834 — Cannstatt, Alemanha, 1900], engenheiro alemão, criou um motor de combustão interna (1883) e adaptou-o a sua motocicleta; em seguida ao primeiro automóvel Daimler, a barcos, veículos sobre trilhos, dirigíveis e, por fim, a aviões.

Dalí, Salvador Felipe Jacinto [Figueras, Espanha, 1904 — *id.*, 1989], pintor espanhol de obra afim do Surrealismo, criou cenas oníricas de desenho refinado e técnica meticulosa. Dentre suas numerosas obras, destacam-se *A persistência da memória*, *A última ceia*, *Metamorfose de Narciso* e *Sono*.

Dalmácia, região a sudoeste dos Bálcãs, junto ao mar Adriático, com 19.635 km². Compreende parte da Croácia, da Bósnia-Herzegóvina e de Montenegro. Hab.: 1 milhão.

Damão, território da Índia, ao norte de Bombaim, com 72 km². Faz parte da União Indiana, juntamente com a ilha de Diu. Conquistado por D. Constantino de Bragança (1559), esteve na posse de Portugal até ser ocupado pelas tropas indianas (1961). Capital: *Damão*; recurso principal: turismo. Hab.: aprox. 100.000 (2009).

Damasco, capital da Síria, situada no oásis de Ghuta, é o centro comercial e financeiro do país, célebre por seus tecidos. Hab.: 1.669.000 (6.500.000 na aglomeração urbana) [2005].

Dâmocles [séc. IV a.C.], cortesão do tirano Dionísio, o Moço, de Siracusa. O rei ofereceu-lhe um banquete, mas pendurou sobre o lugar que ele ocuparia uma espada presa apenas por uma simples crina de cavalo. A expressão "espada de Dâmocles" passou a significar "a iminência de perigo mortal".

Dante Alighieri [Florença, Itália, 1265 — Ravena, Itália, 1321], poeta italiano, cultivou o lirismo e a epopeia. Escreveu, entre outras obras, *A vida nova*, coleção de poemas inspirados em seu amor por Beatriz, e a *Divina comédia*, com 100 cantos repartidos por três partes (Inferno, Purgatório e Paraíso) — epopeia que tem por tema o destino do homem após a morte, a sua aventura espiritual à luz da revelação cristã.

Danton, Georges Jacques [Arcis-sur-Aube, 1759 — Paris, França, 1794], político revolucionário francês, provocou o ataque à Bastilha e a queda da monarquia. Após a fuga de Luís XVI, tornou-se praticamente o chefe do governo. Afastado do poder por Robespierre, morreu na guilhotina.

Danúbio (rio), o segundo maior rio da Europa central (o primeiro é o Volga), nasce na Floresta Negra e deságua no mar Negro após um percurso de 2.850 km, em sua maior parte navegáveis.

Daomé, antigo nome do *Benim*.

Dardanelos (estreito dos), antigo Helesponto, braço de mar situado entre a Europa e a Ásia, com 65 km de comprimento, largura variando entre 1.200 e 6.000 m e profundidade média de 50 m. Faz a ligação entre o mar de Mármara e o mar Egeu.

Dario I, o Grande [?, c.550 a.C. — Egito, 486 a.C.], fundador do império persa, sufocou revoltas internas e, depois de restabelecer a ordem no império, empreendeu importante reforma administrativa. Alargou as fronteiras persas, conquistando a Trácia e a Macedônia, ao norte da Grécia, mas foi derrotado pelos gregos na planície de Maratona (490 a.C.).

Darwin, Charles [Shrewsbury, 1809 — Down, Kent, Inglaterra, 1882], médico e naturalista inglês, estabeleceu uma nova teoria na obra *Sobre a origem das espécies* (1859): a formação das novas espécies é fruto da seleção natural e da sobrevivência do mais forte na luta pela conservação da vida.

David [?, c.1015 — ?, c.965 a.C.], sucedendo a Saul, foi proclamado rei de Judá e, a seguir, de todas as tribos de Israel. Submeteu os filisteus e conquistou Jerusalém, fazendo dela a capital e centro religioso do Estado hebreu. Autor de muitos salmos, dos mais belos da Bíblia.

Debret, Jean Baptiste [Paris, 1768 — *id.*, 1848], desenhista, gravador e pintor francês que veio para o Brasil e viveu no Rio de Janeiro (1816-1831); suas gravuras e pinturas retratam fielmente os costumes e vestuários do país no séc. XIX.

Debussy, Claude Achille [Sain-Germain-en-Laye, 1862 — Paris, França, 1918], compositor francês, rompeu com o Romantismo alemão e francês. Mestre do impressionismo musical. Obras: *Prèlude à l'après-midi d'un faune* ("Prelúdio à tarde de um fauno"), *La mer* ("O mar"), *Pelléas et Mélisande* etc.

Decã, região no sul da Índia, constituída por um planalto de altitude média entre 500 e 600 m. De um lado e outro cercam-no os Gates, orientais e ocidentais, enquanto ao sul erguem-se vários maciços que atingem 2.700 m. Ali predominam florestas, pastos e lavouras e encontra-se a maior parte dos minérios do país.

Dedo de Deus (pico) [1.695 m]. Seu contorno lembra uma espécie de mão apontando o indicador para cima. É um dos vários monumentos geológicos da serra dos Órgãos, entre as cidades de Petrópolis e Teresópolis RJ, e encontra-se nos limites do Parque Nacional da Serra dos Órgãos.

Delfim Neto, Antônio [São Paulo SP, 1928], economista e político brasileiro, ministro da Fazenda do governo Costa e Silva; autor do Plano Estratégico de Desenvolvimento, tentativa de contenção do processo inflacionário (1974), e ministro da Agricultura e do Planejamento do governo Figueiredo (1980). Foi deputado federal por São Paulo.

Delfino dos Santos, **Luís** [Nossa Senhora do Desterro, hoje Florianópolis SC, 1834 — Rio de Janeiro RJ, 1910], poeta romântico, parnasiano e simbolista brasileiro. Teve uma vastíssima produção literária, mas nunca editou um livro em vida. Obras: *Algas e musgos*, *Rosas negras*, *Poesias líricas* etc.

Della Costa Polloni, Gentile **Maria** Marchioro [Flores da Cunha RS, 1926], atriz brasileira, fundou uma companhia de teatro, ao lado do marido, Sandro Polloni, e construiu sua própria casa de espetáculos.

D'El-Rei, Francisco **Homem** [séc. XVIII], marinheiro e piloto brasileiro, tornou-se sertanista, por ter encalhado sua embarcação no Rio de Janeiro. Embrenhou-se terra adentro e chegou até as Minas Gerais, onde fundou uma vila que hoje é Belo Horizonte.

Dentro (mar de), região de mangue formada por lagunas emolduradas por extensas porções de mata Atlântica. Um dos últimos santuários de flora e fauna da mata Atlântica, com extensão de cerca de 200 km pontilhados continuamente por ilhas — desde Iguape, no litoral sul de São Paulo, até Guaraqueçaba, no Paraná.

Descartes, René [La Haye atual Descartes, França, 1596 — Estocolmo, 1650], filósofo, matemático e físico francês, considerado o pai da filosofia moderna. Seu sistema tornou-se conhecido como filosofia cartesiana. Sua proposição básica era: "Penso, logo existo."

Descoberto (serra do), situada em Minas Gerais, na divisa dos municípios de Guarani e Descoberto, junto ao rio Pomba, integra o Patrimônio Natural do Alto da Boa Vista, supervisionado pelo Ibama.

D'Eu (Luís Filipe Maria Fernando Gastão D'Orléans, **conde**) [Neuilly, França, 1842 — a bordo do navio *Massília*, 1922], príncipe que adotou a nacionalidade brasileira, marido da princesa Isabel. Como marechal de exército, substituiu Caxias à frente das tropas na Guerra do Paraguai, comandou a artilharia e acompanhou a rendição dos paraguaios em Uruguaiana.

Diadema (SP), município com 30,7 km^2, situado na região metropolitana de São Paulo, cuja urbanização ocorreu em consequência da expansão industrial de São Bernardo do Campo. Autopeças e embalagens. Metalurgia, indústrias de cosméticos e plásticos. Hab.: 386.039.

Diamantina (MG), município com 3.869,8 km^2, situado na região do Jequitinhonha. Conjunto arquitetônico e urbanístico, igrejas de N.S^a. das Mercês, de N.S^a. do Amparo, de N.S^a. do Rosário, de São Francisco de Assis, do Senhor do Bonfim, Matriz de Santana e Museu do Diamante tombados pelo

Iphan. Patrimônio Histórico da Humanidade (1999). Hab.: 45.884.

Diana, divindade romana identificada com a *Ártemis* grega.

Diários Associados, grupo de empresas de comunicação fundado por Assis Chateaubriand (1924), chegou a contar com 32 jornais, 22 estações de rádio, 17 estações de televisão e 19 revistas, além de uma agência de notícias e outra de publicidade.

Dias, Antônio [Campina Grande PB, 1944], pintor brasileiro, estudou sob a orientação de Osvaldo Goeldi. Foi premiado na Bienal de Paris (1965). Professor da Universidade Federal da Paraíba, ali criou o Núcleo de Arte Contemporânea.

Dias, Antônio **Gonçalves** [Caxias MA, 1823 — costas do Maranhão, 1864], poeta romântico brasileiro, em 1847 publicou os *Primeiros cantos*, livro que lhe trouxe a fama e a admiração de Alexandre Herculano e do imperador Dom Pedro II. É patrono da cadeira 15 da ABL e da 6 da ABF. Obras: *I-Juca-Pirama*, *A canção do exílio*, *Canção do tamoio* (poemas), *Leonor de Mendonça*, *Boabdil* (prosa) etc.

Dias, Bartolomeu [séc. XV], navegador português; descobriu, em 1486, um cabo que chamou das Tormentas, hoje cabo da Boa Esperança. Em 1500, acompanhou Pedro Álvares Cabral na viagem em que este descobriu o Brasil.

Dias, Cícero [Escada PE, 1908 — Paris, 2003], pintor brasileiro, estudou na Escola de Belas-Artes do Rio de Janeiro; em 1927 ali realizou sua primeira exposição de desenhos e aquarelas. Viajou para a França (1937), expôs seus trabalhos em Paris, frequentou o ateliê de Picasso e juntou-se aos surrealistas.

Dias, Henrique [Pernambuco, início do séc. XVII — *id.*, 1662], herói brasileiro. Um dos líderes da reação contra as invasões holandesas em Pernambuco e na Bahia, comandava um contingente de negros e mulatos, muitos ex-escravos. Participou ativamente da Insurreição Pernambucana, junto a Filipe Camarão, João Fernandes Vieira e André Vidal de Negreiros.

Dias, Marcílio [Rio Grande RS, 1838 — a bordo da corveta Parnaíba, Paraguai, 1865], marinheiro brasileiro, herói da Guerra do Paraguai, morreu em combate na batalha naval do Riachuelo.

Di Cavalcânti (Emiliano Augusto Cavalcânti de Albuquerque Melo, dito) [Rio de Janeiro RJ, 1897 — *id.*, 1976], pintor, desenhista e caricaturista brasileiro, participou da Semana de Arte Moderna (1922). Em Paris, conheceu Picasso, a maior influência de sua carreira artística. No Brasil, optou pela arte figurativa, passando a mostrar o país em seus múltiplos aspectos e retratando esp. mulatas.

Dickens, Charles [Landport, Portsmouth, 1812 — Gadshill, Rochester, Inglaterra, 1870], escritor inglês, começou a carreira como cronista parlamentar e redator de jornais humorísticos. Com *As aventuras do Sr. Pickwick*, aos 26 anos, tornou-se um autor de sucesso. Outras obras: *David Copperfield*, *Oliver Twist*, *Um conto de Natal* etc.

Diegues (Carlos José Fontes Diegues, dito **Cacá**) [Maceió AL, 1940], cineasta brasileiro, no Rio de Janeiro criou um cineclube e iniciou as atividades de cineasta amador, com David Neves, Arnaldo Jabor, Paulo Perdigão e outros. É um dos líderes do Cinema Novo. Obras: *Ganga Zumba*, *Joana francesa*, *Xica da Silva*, *Bye-bye Brasil*, *Orfeu*, *Deus é brasileiro* etc.

Diesel, Rudolf Christian Karl [Paris, França, 1858 — Canal da Mancha, 1913], engenheiro alemão, inventor do motor que leva seu nome.

Dinamarca, país do Norte da Europa, com 43.077 km², formado por uma península, a Jutlândia, 406 ilhas, sendo 97 inabitadas, a Groenlândia e as ilhas Féroe, ambos territórios externos. Monarquia parlamentarista. Capital: *Copenhague*; recurso principal: agropecuária. Hab.: 5.500.510 (2009).

Dionísio ou **Dioniso**, Baco entre os romanos, na mitologia grega era o deus do vinho e da embriaguez.

Disney (Walter Elias, dito **Walt**) [Chicago, 1901 — Los Angeles, EUA, 1966], desenhista, produtor e cineasta norte-americano, pioneiro e grande divulgador do desenho animado e criador de personagens como Mickey, Pato Donald etc. Implantou os parques temáticos Disneyland e Disneyworld.

Distrito Federal (DF), unidade da federação brasileira, com 5.801,9 km², situada no planalto Central. Concentra as sedes dos poderes Executivo, Legislativo e Judiciário, os ministérios, as embaixadas e a maioria dos órgãos públicos federais. É composto por um município, Brasília, sua capital, e 18 cidades-satélites: Gama, Taguatinga, Brazlândia, Sobradinho, Planaltina, Paranoá, Núcleo Bandeirante, Ceilândia, Guará, Cruzeiro, Samambaia, Santa Maria, São Sebastião, Recanto das Emas, Lago Sul, Riacho Fundo, Lago Norte e Candangolândia. Hab.: 2.562.963.

Divina Pastora (SE), município com 92,2 km², situado na microrregião de Cotinguiba. Igreja Matriz da Divina Pastora tombada pelo Iphan. Hab.: 4.326.

Divinópolis (MG), município com 708,9 km², situado na região oeste do estado; antiga aldeia indígena. Indústrias de confecções. Hab.: 213.076.

Divisor (serra do) ver *Contamana ou do Divisor (serra da)*

Djacarta ver *Jacarta*

Djanira da Mota e Silva [Avaré SP, 1914 — Rio de Janeiro RJ, 1979], pintora, desenhista e gravadora brasileira, começou a pintar em um sanatório em São José dos Campos. Em 1940, já no Rio de Janeiro, aprimorou sua arte em contato com Émeric Marcier e Mílton Dacosta. Ganhou o Prêmio Guggenheim, em Nova York (1958).

Djavan Caetano Viana [Maceió AL, 1949], cantor, músico e compositor popular brasileiro, gravou no Rio de Janeiro seu primeiro LP, *A voz, o violão e a arte* *de Djavan* (1976), contendo "Flor-de-lis", uma de suas canções mais consagradas. Outros discos: *Alumbramento, Seduzir, Lilás* etc.

Djibuti (República de), país situado no nordeste do continente africano, com 23.200 km², é uma das áreas mais quentes e áridas do planeta. Seus desertos contêm lagos salgados e apenas 1% do território é arável. República mista, ex-Somália francesa, foi a última colônia a conquistar a independência no continente (1977). Capital: *Djibuti*; recursos principais: comércio e serviços. Hab.: 516.055 (2009).

Doce (rio), interestadual (MG e ES), nasce na serra da Mantiqueira, no município de Ressaquinha MG, a 1.200 m de altitude, e tem mais de 1.000 km de extensão até a foz, no Espírito Santo. Seu vale é rico em jazidas minerais, esp. ferro e pedras preciosas.

Dodô (Adolfo Antônio Nascimento, dito) [Salvador BA, 1914 — *id.*, 1976], músico brasileiro, criador, com Osmar Macedo, do 'trio elétrico' e do 'pau elétrico', espécie de bandolim eletrificado, conhecido tb. como guitarra baiana.

Domínica (Comunidade de), Estado-membro da Comunidade Britânica, com 751 km², situado em uma ilha de origem vulcânica do arquipélago das Pequenas Antilhas, no mar das Antilhas. República parlamentarista, independente desde 1978. Capital: *Roseau*. Recurso principal: turismo. Hab.: 72.660 (2009).

Dominicana (República), país do centro-leste da América Central, no mar das Antilhas, com 48.442 km². República presidencialista com 26 províncias e um distrito nacional (Santo Domingo), independente desde 1865. Capital: *Santo Domingo*; recurso principal: agricultura, esp. café, tabaco e bananas. Patrimônio Cultural da Humanidade, pela Unesco, em 1900 (área colonial de Santo Domingo). Hab.: 9.650.054 (2009).

Dominicanos, ordem católica fundada em 1215 por são Domingos de Gusmão, que tem como finalidade o apostolado por meio de pregação e ensino.

Donga (Ernesto Joaquim Maria dos Santos, dito) [Rio de Janeiro RJ, 1891 — *id.*, 1974], compositor popular e violonista brasileiro, autor do primeiro samba gravado, *Pelo telefone* (1916), com letra de João Mauro de Almeida. Participou do conjunto Oito Batutas, criado por Pixinguinha.

Don (rio), localizado na Europa, nasce ao sul de Moscou, percorre 1.967 km e deságua no mar de Azov.

Dourados (MS), município com 4.086,3 km², o segundo do estado; a cidade, fundada no séc. XIX, foi habitada por gaúchos, paraguaios e índios caiouás. Hab.: 196.068.

Douro (região do), situada no nordeste de Portugal, estende-se por cerca de 250.000 ha, dividida em três sub-regiões: Baixo Corgo, Cima Corgo e Douro Superior. Cerca de 15% da região estão ocupados por vinhas; é ali que se produz o vinho do Porto.

Douro (rio), nasce na Espanha, nos picos da serra de Urbión, a 2.080 m de altitude, e tem a foz na cidade do Porto, Portugal. Seu curso tem a extensão total de 850 km, sendo 213 km em Portugal.

Dover, cidade inglesa, porto de onde partem e onde chegam os *ferry boats* e a ferrovia que fazem a travessia de 35 km do canal da Mancha entre a Inglaterra e a França (cidade de Calais). Hab.: 39.878 (2001).

Drummond (João Batista Viana Drummond, **barão de**) [Itabira do Mato Dentro MG, 1825 — Rio de Janeiro RJ, 1897], diretor da Companhia de Ferro-Carril de Vila Isabel e criador do Jardim Zoológico, no Rio de Janeiro. Inventou uma loteria para dar manutenção aos animais, conhecida como jogo do bicho.

Drummond de Andrade, Carlos [Itabira MG, 1902 — Rio de Janeiro RJ, 1987], poeta e prosador brasileiro, começou a carreira de escritor como colaborador do *Diário de Minas* e fundou com outros escritores *A Revista*, veículo de afirmação do modernismo em Minas. Colaborou como cronista no *Correio da Manhã* e no *Jornal do Brasil*. Obras: *Alguma poesia, Brejo das almas, O sentimento do mundo, A rosa do povo, Lição de coisas* etc.

Duarte (Ariclenes Venâncio Martins, dito **Lima**) [Desemboque MG, 1930], ator brasileiro, radioator, dublador, atuou em diversos filmes (*Auto da Compadecida; Eu, tu, ele; Sargento Getúlio; Os sete gatinhos* etc.) e novelas de televisão; continua trabalhando no cinema e na TV.

Dublin, capital da República da Irlanda, situada na costa leste do território. Foi fundada no séc. IX pelos *vikings*, que ali ficaram até que Brian Boru, o rei guerreiro da Irlanda, os expulsou, depois da Batalha de Clontarf (1014). Indústrias elétricas, metalúrgicas, alimentares e gráficas. Hab.: 505.739 (1.661.185 na área metropolitana).

Duclerc, Jean-François [Guadalupe, ? — Rio de Janeiro RJ, 1711], corsário francês, invadiu o Rio de Janeiro, com cinco navios e mil homens. As tropas do governo e um grupo de estudantes e voluntários, chefiado por Bento do Amaral Coutinho e pelo Pe. Francisco de Meneses, resistiram. Foi aprisionado e morreu assassinado em circunstâncias misteriosas.

Duguay-Trouin, René [Saint-Malo, 1673 — Paris, França, 1736], corsário francês, comandou a esquadra de 18 embarcações que, em 1711, invadiu o Rio de Janeiro. Ameaçou incendiar a cidade, se não fosse pago um resgate, e conseguiu 600 quilos de ouro, 610.000 cruzados, 100 caixas de açúcar, 200 bois, escravos etc.

Dulce (Maria Rita Lopes Pontes, dita **irmã**) [Salvador BA, 1914 — *id.*, 1992], aos 13 anos começou a ajudar mendigos, enfermos e desvalidos e, aos 18 anos, decidiu tornar-se freira. Cuidou de doentes, criou um albergue, construiu uma farmácia, um posto de saúde e uma cooperativa de consumo. Fundou o Círculo Operário da Bahia.

Dumas, Alexandre [Villers-Cotterêts, 1802 — Puys, França, 1870], romancista e dramaturgo francês, seus romances, publicados em fascículos, obtiveram grande êxito popular. Obras: *O conde de Monte Cristo, Os três mosqueteiros, Vinte anos depois* etc. — Alexandre, dito **Dumas Filho** [Paris, França, 1824 — Marly-le-Roi, França, 1895], seu filho ilegítimo, começou escrevendo novelas e terminou por dedicar-se exclusivamente ao teatro. É autor de *A dama das camélias, As ideias de madame Aubray, Denise* etc.

Duque de Caxias (**Refinaria**), com 13 km² e uma capacidade de 242 mil barris por dia, produz lubrificantes, gasolina, óleo *diesel*, querosene de aviação, GLP, *bunker* e nafta petroquímica. Inaugurada em 1961, é hoje a mais completa refinaria do sistema Petrobras.

Duque de Caxias (**RJ**), município da baixada Fluminense, com 464,6 km². Casa-grande da Fazenda São Bento e Igreja Matriz de N.Sª do Pilar tombadas pelo Iphan. Polo industrial. Refinaria de petróleo. Hab.: 855.046.

Duran (Adileia Silva da Rocha, dita **Dolores**) [Rio de Janeiro RJ, 1930 — *id.*, 1959], cantora e compositora brasileira, criou, em parceria com músicos como Tom Jobim, várias canções da MPB: *Castigo, A noite do meu bem, Por causa de você, Estrada do sol* etc.

Durão, frei José de **Santa Rita** [Cata Preta MG, 1722 — Lisboa, Portugal, 1784], poeta neoclássico brasileiro e orador. Pode ser considerado o criador do indianismo no Brasil: seu poema épico *Caramuru*, a primeira obra a ter como tema o habitante nativo do Brasil, foi escrito ao estilo de Camões.

Dutra, Eurico Gaspar [Cuiabá MT, 1883 — Rio de Janeiro RJ, 1974], militar e político brasileiro, foi ministro da Guerra do governo de Getúlio Vargas. Presidente da República de 1946 a 1951, em seu governo ocorreram a promulgação de uma nova Constituição, a proibição dos jogos de azar e a inauguração da primeira estação de televisão do país (TV Tupi, 1950).

Ee

Eanes, Gil [séc. XV], navegador português, escudeiro do Infante D. Henrique, que pela primeira vez passou além do cabo Bojador, ou Cabo do Medo (1434), na costa africana, dissipando o terror supersticioso que este promontório inspirava e iniciando assim a época dos grandes descobrimentos.

Eastman, George W. [Waterville, Nova York, EUA, 1854 — Rochester, Nova York, EUA, 1932], industrial norte-americano, em 1884 organizou a companhia Eastman Dry Plate and Film. Fabricou a primeira máquina fotográfica *Kodak* (1888).

Eça de Queirós ver *Queirós, José Maria Eça de*

Eckout, Albert [Groningen, Países Baixos, c.1610 — ? c.1665], pintor e desenhista holandês, veio para o Brasil na comitiva do conde Maurício de Nassau, de quem recebeu a incumbência de retratar a fauna, a flora e o povo durante a dominação holandesa em Pernambuco.

Eco, Umberto [Alessandria, Itália, 1932], linguista, ensaísta e escritor italiano, tem-se dedicado à pesquisa nos campos da informação e comunicação. Obras: *Tratado de semiótica geral, O nome da rosa* (romance) etc.

Edimburgo, capital da Escócia desde 1492, situada na costa Sul do estuário de Forth. Minas de ferro e de carvão. Hab.: 468.100 (2007).

Edimburgo (príncipe Philip da Grécia e Dinamarca, **duque de**) [Corfu, Grécia, 1921], príncipe grego naturalizado britânico e casado desde 1947 com a rainha Elizabeth II da Inglaterra.

Édipo, segundo a mitologia grega, filho de Laio, rei de Tebas, e de Jocasta. Abandonado ao nascer e adotado, soube por um oráculo que seria o assassino do pai e que se casaria com a própria mãe — profecia que se cumpriu.

Edison, Thomas Alva [Milan, Ohio, 1847 — West Orange, EUA, 1931], físico e inventor norte-americano, construiu o fonógrafo (1877), a lâmpada elétrica (1878) e a primeira central elétrica (Nova York, 1882), uma câmara cinematográfica (1889) e um aparelho de projeção (1895).

Edmundo de Melo Pereira da Costa, **Luís** [Rio de Janeiro RJ, 1878 — *id.*, 1961], escritor e jornalista brasileiro, membro da ABL. Como cronista histórico, publicou: *O Rio de Janeiro no tempo dos vice-reis, O Rio de Janeiro do meu tempo* etc. Como poeta, escreveu: *Nimbus, Poesias, Rosa dos ventos* etc.

Egeu (**mar**), porção do mar Mediterrâneo entre a costa leste da Grécia, com a ilha de Creta ao sul, e o litoral da Turquia. Tem 196.000 km² e sua profundidade máxima é de 1.256 m. Portos principais: Pireu (Grécia) e Izmir (Turquia).

Egito (**República Árabe do**), país com 1.001.449 km², situado no nordeste da África, na fronteira com a Ásia, é berço de uma das mais remotas civilizações da Antiguidade. República presidencialista. Capital: *Cairo*; recursos principais: agricultura (esp. algodão), mineração (petróleo, gás natural, manganês etc.), indústrias (têxtil e alimentícia), refino de petróleo, turismo. Pirâmides consideradas patrimônio da humanidade. Hab.: 83.082.869 (2009).

Eiffel (torre), construída em Paris (1887-1889) por Alexandre Gustavo Eiffel, engenheiro francês, tem 324 m de altura.

Einstein, Albert [Ulm, Alemanha, 1879 — Princeton, EUA, 1955], físico alemão, formulou a *Teoria da relatividade restrita* (1905) e a *Teoria da relatividade generalizada* (1915), revolucionando a física de Newton. Recebeu o Prêmio Nobel de Física (1921).

Eire ver *Irlanda*

Elba, ilha montanhosa, com 224 km², a maior do arquipélago toscano e a terceira em grandeza das ilhas italianas, situada no mar Tirreno. Capital: *Portoferraio*. Ali esteve preso e depois exilado Napoleão Bonaparte, que fez construir estradas e incrementou a produção e exportação do vinho. Turismo.

Élis Fleury de Campos Curado, **Bernardo** [Corumbá de Goiás GO, 1915 — *id.*, 1997], poeta, contista e romancista brasileiro, escreveu o primeiro conto aos 12 anos. Fundou a revista *Oeste* (1942) e publicou *Ermos e gerais* (contos, 1944). Foi membro da ABL. Outras obras: *O tronco* (romance), *Veranico de janeiro*, *Caminhos e descaminhos* (contos) etc.

Elis Regina ver *Regina, Elis*

Elizabeth II [Londres, Inglaterra, 1926], rainha da Grã-Bretanha e da Irlanda do Norte desde 1952. Em 1947, casou-se com o príncipe Philip da Grécia, duque de Edimburgo, com quem teve quatro filhos: Charles, Anne, Andrew e Edward.

El Salvador (República de), o menor país da parte continental da América Central, com 21.041 km², e o único da região que não possui litoral no mar das Antilhas – é banhado pelo oceano Pacífico. República presidencialista, independente desde 1821. Divide-se em 14 departamentos, cada um com governo próprio. Capital: *San Salvador*; recursos principais: café e cana-de-açúcar. Hab.: 7.185.218 (2009).

Emboabas (Guerra dos), sucessão de conflitos pelo controle das Minas Gerais (1708-1710), em que se enfrentaram, de um lado, os paulistas — descobridores e exploradores da área — e, do outro, os emboabas, gente chegada após os paulistas se terem ali estabelecido.

Embu (SP), município com 70 km², na região metropolitana do estado, com tradição artística, desde que os jesuítas ali esculpiam santos. Daí ser tb. chamado Embu das Artes. Igreja de N.S.ª do Rosário tombada pelo Iphan. Hab.: 240.007.

Emirados Árabes Unidos, país localizado no extremo sul do golfo Pérsico, Oriente Médio, aprox. 83.600 km²; federação formada por sete emirados (Abu Dhabi, Dubai, Sharjah, Aiman, Um al Qaiuan, Al Fujayrah e Ra's al Khaymah), cada um governado por um xeque, com total soberania nos assuntos internos. Capital: *Abu Dhabi*; recurso principal: exploração de petróleo e gás natural. Hab.: 4.798.491 (2009).

Empresa Brasileira de Correios e Telégrafos (ECT), instituição pública, importante fator de integração nacional pela natureza dos serviços que presta. A data do início da atividade postal regular no país é a de nomeação do alferes João Cavalheiro Cardoso para o cargo de Correio da Capitania do Rio de Janeiro (1663).

Engels, Friedrich [Barmen, Alemanha, 1820 — Londres, Inglaterra, 1895], cientista social, jornalista e teórico socialista alemão. Colaborador de Karl Marx, fez importantes contribuições à teoria marxista.

Entradas, nome que se davam às incursões feitas pelos portugueses ao interior do Brasil, logo após o Descobrimento, em busca de ouro, prata, pedras preciosas ou visando tomar terras dos indígenas.

Equador (Confederação do), movimento republicano de caráter separatista (1824) que ocorreu em Pernambuco e em outras províncias do nordeste brasileiro, como reação à tendência absolutista do governo de D. Pedro I. Os rebeldes foram cercados no Recife pelas forças do brigadeiro Francisco de Lima e Silva e pela frota do almirante Cochrane e fugiram para o interior, onde os principais chefes foram julgados e condenados à prisão (Cipriano Barata) ou executados (Frei Caneca).

Equador (República do), país do noroeste da América do Sul, com 283.561 km², banhado pelo oceano Pacífico e cortado por duas cadeias montanhosas da cordilheira dos Andes. República presidencialista, independente desde 1809. Capital: *Quito*; recursos principais: agricultura (café, cacau e banana, da qual é o maior exportador mundial) e exploração de petróleo. Hab.: 14.573.101 (2009).

Erechim (RS), município com 430,7 km², situado na região noroeste do estado, sobre a cordilheira da serra Geral. Foi colonizado por poloneses, italianos e alemães. Hab.: 96.105.

Eritreia (República da), país do leste da África, com 117.600 km², às margens do mar Vermelho. República presidencialista, independente desde 1993, ocupa posição estratégica no estreito de Bab el-Mandeb (ou Bab al-Mandab), que dá acesso ao canal de Suez. Capital: *Asmará*; recurso principal: turismo (arquipélago de corais Dahlak, parque nacional). Hab.: 5.647.168 (2009).

Ernesto do Rego Batista, **Pedro** [Recife PE, 1886 — Rio de Janeiro RJ, 1942], médico e político brasileiro, participou da Revolução de 1930 e foi interventor no Distrito Federal (1931 a 1936). Foi preso sob acusação de ligação com os comunistas e, em seguida, absolvido (1935). Em 1937 abandonou a vida política.

Escada (PE), município com 347,1 km², localizado na região da mata sul do estado, onde o solo fértil para a lavoura da cana motivou a concentração de engenhos para produção de açúcar. Hab.: 63.535.

Escandinávia, península do norte da Europa que compreende os países da Noruega, Suécia e Finlândia. É delimitada ao norte pelo mar de Barents, a leste pela Rússia e pelo mar Báltico, e a oeste pelo mar do Norte e o mar da Noruega. A altura máxima é de 2.472 m, ao sul da Noruega.

Escócia, um dos quatro países que formam o Reino Unido da Grã-Bretanha e Irlanda do Norte (junto com Inglaterra, o País de Gales e Irlanda do Norte), com 78.772 km^2, localizado no norte da Grã-Bretanha. Capital: *Edimburgo*; recursos principais: indústrias de aparelhos eletrônicos, têxteis e bebidas (uísque). Hab.: 5.168.500 (2008).

Escurial ou **Escorial** (**serra do**), elevação no Estado da Bahia, junto ao rio São Francisco, com 1.200 m de altitude.

Eslováquia (**República Eslovaca**), país da Europa, com 49.035 km^2, situado na porção oriental da antiga Tchecoslováquia, que foi dividida pacificamente no início da década de 1990. República parlamentarista, independente desde 1993. Capital: *Bratislava*; recursos principais: agricultura (cereais), indústria madeireira, jazidas de carvão, minério de cobre e ferro etc. Hab.: 5.463.046 (2009).

Eslovênia, país da Europa Central, nos Bálcãs, com 20.273 km^2, é a mais ocidental das repúblicas da ex-Iugoslávia. República mista, independente desde 1991. Capital: *Liubliana*; recursos principais: mineração (carvão, minério de chumbo, minério de zinco), indústrias (de equipamentos elétricos, alimentícia, química, metalúrgica, madeireira). Hab.: 2.005.692 (2009).

Esopo [séc. VII ou VI a.C.], fabulista grego, ex-escravo, libertado pelo último dono, foi mestre da prosopopeia, figura de linguagem pela qual animais ou coisas falam. Não deixou nada escrito: as fábulas que lhe são atribuídas pela tradição foram recolhidas pela primeira vez por Demétrio de Falera, por volta de 325 a.C.

Espanha (**Reino da**), país do sudoeste da Europa, com 505.370 km^2, ocupa cerca de 80% da península Ibérica e é banhado pelo mar Mediterrâneo e pelo oceano Atlântico. Monarquia parlamentarista. Capital: *Madri*; recursos principais: indústrias (automobilística, naval, química, siderúrgica, têxtil, de calçados) e turismo. Hab.: 40.525.002 (2009).

Espártaco [Trácia, Grécia, ? — Lucânia, Itália, 71 a. C.], prisioneiro de guerra trácio; vendido como escravo (73 a. C.), conseguiu evadir-se e chefiar uma rebelião de escravos contra Roma, mas acabou derrotado e executado.

Espia (**morro da**), situado entre os estados de Santa Catarina e Paraná, com 1.350 m de altitude.

Espia (**ponta da**), no litoral paulista, separada da ilha Anchieta por um estreito canal de cerca de 900 m.

Espigão (**serra do**), situada no Estado de Santa Catarina, perto da fronteira com o Estado do Paraná, com cerca de 1.200 m de altitude.

Espigão Mestre, extenso chapadão, com altitudes de 700 a 900 m, entre as bacias dos rios Tocantins (TO) e São Francisco (BA), onde nascem vários de seus afluentes e predominam grandes áreas de solos estéreis.

Espinhaço (**serra do**), cadeia de montanha, entre as bacias do rio São Francisco e de rios que deságuam no Atlântico, alcança 2.044 m no pico do Itambé (MG). Recebe denominações locais (p.ex., chapada Diamantina, na Bahia).

Espírito Santo (**ES**), estado brasileiro na região sudeste, com 46.077,5 km^2 e 78 municípios, sendo os mais populosos, além da capital: Vila Velha, Cariacica, Serra e Cachoeiro de Itapemirim. Capital: *Vitória*. Recursos principais: extração de petróleo, gás natural e calcário; agricultura (café, milho, feijão etc.); indústrias (química, alimentícia, madeireira, metalúrgica e de mineração). Hab.: 3.512.672.

Estado Novo, regime (1937-1945) que se caracterizou pelo poder centralizado no Executivo, instituído após o golpe de Estado dado por Getúlio Vargas. Foi criado o Departamento de Imprensa e Propaganda (DIP), encarregado do controle ideológico dos meios de comunicação.

Estados Unidos da América (**EUA**), o quarto país mais extenso do mundo, com 9.826.675 km^2; banhado pelos oceanos Atlântico e Pacífico, está situado no centro da América do Norte. Divisão administrativa: 50 estados e o Distrito de Colúmbia. República presidencialista, independente desde 1776. Capital: *Washington D.C.*; recursos principais: agricultura (tabaco, milho, soja etc.); pecuária; extração de petróleo, gás natural, carvão, minérios etc.; indústrias (de transportes, alimentícia, máquinas, química, metalúrgica etc.). Hab.: 307.212.123 (2009).

Estância (**SE**), município com 642,3 km^2, situado na região leste do estado. Área de catequese dos jesuítas, é das mais antigas cidades do país. Casa à praça Rio Branco tombada pelo Iphan. Hab.: 64.464.

Esteio (**RS**), município com 27,5 km^2, na região metropolitana de Porto Alegre. Indústrias (de cimento, óleos, escovas, telhas). Hab.: 80.664.

Estocolmo, capital da Suécia, fundada há mais de 750 anos (c.1250), é um extenso arquipélago, composto de cerca de 20.000 ilhas e ilhotas. Hab.: 825.057 (2009), 1.252.020 na área metropolitana.

Estônia, país localizado no centro-norte da Europa, com 45.100 km^2, é o menor e mais ocidental dos países bálticos e tem mais de 1.500 ilhas e ilhotas espalhadas pelo litoral. República mista, independente desde 1991. Capital: *Tallin*; recursos principais: mineração (óleo de xisto, turfa); indústrias (alimentícia, de bebidas, têxtil etc.). Hab.: 1.299.371 (2009).

Estrada, Joaquim Osório **Duque** [Pati do Alferes RJ, 1870 — Rio de Janeiro RJ, 1927], poeta, professor e crítico brasileiro, venceu o concurso que escolheu o autor da letra do Hino Nacional do Brasil (1909). Membro da ABL. Obras: *A arte de fazer versos*, *Crítica e polêmica* etc.

Estrasburgo, cidade do nordeste da França, capital da Alsácia junto à fronteira da Alemanha, à beira do rio Reno, cercada de canais naturais e artificiais. Recursos principais: refinaria de petróleo, metalurgia, construção de maquinaria e indústria química. É sede do Conselho da Europa e do Parlamento Europeu. Hab.: 272.975 (2006).

Estrela, Arnaldo de Azevedo [Rio de Janeiro, 1908 — Petrópolis RJ, 1980], pianista brasileiro, venceu o concurso Columbia Concertos, em Nova York, e realizou numerosas turnês internacionais. Catedrático da Escola de Música da UFRJ. Seu livro, *Os quartetos de cordas de Villa-Lobos*, foi premiado em concurso (1970).

Estrela (serra da), com cerca de 800 m de altitude, está situada na fronteira dos estados de Mato Grosso e Goiás, entre o rio Araguaia e o rio das Garças.

Estrondo (serra do), elevação no Estado do Tocantins, com cerca de 400 m de altitude, que se estende por 200 km no sentido norte-sul, entre os rios Tocantins e Araguaia.

Etiópia (República Federal Democrática da), antiga Abissínia, país da África Oriental, com 1.104.300 km², é uma das duas únicas nações africanas (a outra é a Libéria) que não foram colonizadas por europeus. República parlamentarista. Sua população detém uma das menores rendas *per capita* do mundo. Capital: *Adis Abeba*; recurso principal: agricultura (café, feijão, cana-de-açúcar, trigo, milho, sorgo e cevada). Hab.: 85.237.338 (2009).

Etna, o vulcão mais ativo da Europa (3.323 m), está localizado na Sicília (Sul da Itália). Desde a primeira erupção conhecida (475 a.C.) até hoje, contam-se cerca de 150. A pior foi em 1669 — durou quatro meses e destruiu 27 mil casas na Catânia, porto italiano na Sicília.

Euclides [Grécia, c.360 a.C. — *id.*, 300 a.C.], matemático grego conhecido por sua obra *Os elementos*, tratado de geometria que se tornou o centro do ensino de matemática por 2.000 anos.

Euclides da Cunha (BA), município com 2.324,9 km², situado na região nordeste do estado, desmembrado de Monte Santo e instalado em 1898. Turismo. Hab.: 56.312.

Eufrates, o maior rio do Oriente Médio, nasce na Turquia, atravessa a Síria e o Iraque e vai unir-se ao rio Tigre, formando o Shatt al-Arab. Deságua no golfo Pérsico, após 2.775 km de percurso.

Euler, Leonhard [Basileia, Suíça, 1707 — São Petersburgo, Rússia, 1783], matemático suíço, iniciou a carreira na Academia de Berlim, Alemanha, onde passou 25 anos. Ocupou-se de quase todos os ramos da matemática pura e aplicada, sendo responsável pelas notações que se usam até hoje.

Eunápolis (BA), município com 1.196,6 km², situado na região sul do estado. Grande produtor baiano de pimenta-do-reino. Hab.: 100.246.

Eurásia, massa continental formada pela Ásia e pela Europa, com cerca de 55 milhões de km². Hab.: aprox. 4,8 bilhões.

Europa, o mais densamente povoado dos cinco continentes, com 10.498.000 km², localiza-se no hemisfério norte. É formado por 48 países, 27 dos quais integram hoje a União Europeia (UE), bloco econômico em que não há barreiras comerciais. O euro, moeda única comum, começou a operar em 11 dos países-membros em 1999. Hab.: 744.700.000 (2006).

Eva, segundo a Bíblia, a primeira mulher, criada por Deus a partir de uma das costelas de *Adão*. Depois de ter comido e feito Adão comer o fruto proibido, ambos foram expulsos do Paraíso.

Everest (monte), pico dos Himalaias situado na Ásia, na fronteira do Nepal com o Tibete. Com 8.846 m de altitude, é o cume mais elevado do mundo.

FAB ver *Força Aérea Brasileira (FAB)*

Fahrenheit, Daniel Gabriel [Gdansk, Alemanha, 1686 — Haia, Holanda, 1736], físico alemão. Elaborou uma escala de temperatura que leva seu nome e até hoje é utilizada nos países de língua inglesa. Criou o primeiro termômetro de mercúrio (1714).

Falkland, ilhas ver *Malvinas ou Falkland (ilhas)*

Farias, Roberto [Nova Friburgo RJ, 1932], cineasta brasileiro; todos os filmes que dirigiu foram roteirizados por ele próprio. Obras: *O assalto ao trem pagador; Pra frente, Brasil; Cidade ameaçada* etc.

Farofa (serra da), com 1.200 m de altitude, situada no Estado de Santa Catarina, na fronteira com o Rio Grande do Sul.

Farrapos (Guerra dos) ou **Revolução Farroupilha,** a mais longa guerra civil brasileira. (1835-1845), foi liderada por fazendeiros de gado gaúchos que repudiavam o desinteresse do governo central pelos problemas das províncias. Comandados por Bento Gonçalves, tomaram Porto Alegre, proclamando a República Rio-Grandense (ou República de Piratini); auxiliados por Giuseppe Garibaldi, conquistaram tb. Santa Catarina. Capitularam em 1845.

Farroupilha (**RS**), município com 361,7 km², na serra Gaúcha, está ligado ao início da colonização italiana no estado. Grande produtor de quiuís. Hab.: 63.641.

Fazenda, José **Vieira** [Rio de Janeiro RJ, 1847 — *id*., 1917], médico, político e historiador brasileiro. Nomeado bibliotecário do IHGB (1898), fez inúmeras pesquisas históricas, destacando-se *Antiqualhas e memórias do Rio de Janeiro*.

Fazenda Rio Grande (**PR**), município com 116,6 km², na microrregião de Curitiba. Hab.: 81.687.

FEB ver *Força Expedicionára Brasileira (FEB)*

Federação Russa, antiga União Soviética (URSS), com 17.098.242 km², é a maior nação do mundo, localizada uma parte no leste da Europa e outra no norte da Ásia. República mista, divide-se em 21 repúblicas, uma região autônoma, 49 regiões administrativas, 6 províncias e 10 distritos autônomos. Capital: *Moscou*; recursos principais: extrativismo mineral (cobre, minério de ferro, níquel, turfa, gás natural, petróleo) e indústrias (alimentícia, de máquinas, siderúrgica). Hab.: 140.041.227 (2009).

Federalista (**Revolução**), iniciou-se no Rio Grande do Sul (1893), durante o governo de Floriano Peixoto, como resistência ao excessivo controle exercido pelo governo central e tentativa de garantir um sistema federativo em que os estados tivessem maior autonomia. Os revoltosos receberam a adesão dos participantes da Revolta da Armada, que tomaram Santa Catarina e parte do Paraná (1894). Os focos de revolução só foram dominados em 1895.

Feijó, Padre Antônio **Diogo** [São Paulo SP, 1784 — *id*., 1843], estadista brasileiro, foi deputado por São Paulo em Lisboa e lutou abertamente pela Independência do Brasil. Após a abdicação de D. Pedro I, assumiu a regência do Império (1835) e presidiu o Senado (1839). Obras: *Demonstração da abolição do celibato, Preliminares da filosofia* etc.

Feira de Santana (**BA**), município com 1.362,9 km². No início era parada obrigatória de viajantes e tropeiros procedentes do alto sertão baiano e de outros estados a caminho do porto de Cachoeira. Segundo maior polo comercial do estado. Criação de gado. Hab.: 556.756.

Fernandes, Millôr [Rio de Janeiro RJ, 1924], escritor, jornalista, teatrólogo, cartunista, trabalhou na revista *O Cruzeiro* e escreveu para vários jornais. Obras: *Fábulas fabulosas, Livro branco do humor, Livro vermelho dos pensamentos de Millôr* etc.; *Um elefante no caos; Liberdade, liberdade*; *É...* etc. (teatro).

Fernando de Noronha (**PE**), município (Distrito Estadual) com 17 km² na ilha principal, é um arquipélago vulcânico (21 ilhas, ilhotas e rochedos). Foi descrito por Américo Vespúcio em 1503. Forte de N.S.ª dos Remédios e Igreja de N.S.ª dos Remédios tombados pelo Iphan. Turismo. Hab.: 2.629.

Fernandópolis (**SP**), município com 549,5 km², situado na região noroeste do estado. Plantações de cana-de-açúcar. Hab.: 64.707.

Féroe ou **Feroé** (**ilhas**), arquipélago dinamarquês com 1.399 km², no norte da Europa. Autônomo desde 1948. Capital: *Thoshavn*; recursos principais: pesca e criação de gado. Hab.: 48.856 (2009).

Ferraz de Vasconcelos (**SP**), município com 30 km², na área metropolitana de São Paulo, conhecido como berço da uva tipo Itália. Hab.: 168.290.

Ferreira, Alexandre Rodrigues [Bahia, 1755 — Lisboa, Portugal, 1815], naturalista brasileiro. Estudou a biodiversidade da região amazônica (1783). Seus manuscritos, reunidos em *Viagem filosófica*, constituem importante fonte de estudo da estrutura social brasileira da época.

Ferreira, Ascenso Carneiro Gonçalves [Palmares PE, 1895 — Recife PE, 1965], escritor, poeta e ensaísta brasileiro, sua temática é a vida nordestina. Foi o primeiro poeta brasileiro a gravar seus poemas em disco. Obras: *Catimbó, Cana-caiana, Xenhenhém*.

Fico (**Dia do**), assim ficou conhecido o dia 9 de janeiro de 1822, quando D. Pedro I, então regente do Império no lugar de D. João, seu pai, recusou-se a partir para Portugal, com a frase: "se é para o bem de todos e felicidade geral da nação, diga ao povo que fico".

Figueiredo, Guilherme Oliveira **de** [Campinas SP, 1915 — *id*., 1997], escritor, jornalista, poeta e dramaturgo brasileiro. Obras: autobiografia — *A bala perdida: memórias*; teatro — *A raposa e as uvas* e *Um deus dormiu lá em casa* etc.

Fiji ou **Fidji** (**República de**), arquipélago do centro-sul da Oceania, no oceano Pacífico, com 18.274 km² (nove ilhas e cerca de 300 ilhotas e atóis de origem vulcânica), dos quais apenas um terço é habitado. República mista, independente desde 1970; ditadura militar desde 2000. Capital: *Suva*; recursos principais: agricultura (cana-de-açúcar e coco) e exportação de açúcar. Hab.: 944.720 (2009).

Filipinas (**República das**), arquipélago do sudeste asiático (7 mil ilhas), com 300.000 km², 90% dos quais nas 11 ilhas maiores. República presidencialista, independente desde 1898. Capital: *Manila*; recursos principais: agricultura (coco, cana-de-açúcar), exportação de matérias-primas (madeira). Hab.: 97.976.603 (2009).

Finlândia (**República da**), nação escandinava com 338.145 km²; o norte do território abrange parte da Lapônia, região montanhosa e semidesértica. República mista, independente desde 1917. Capital: *Helsinque*; recursos principais: indústrias de madeira e papel. Hab.: 5.250.275 (2009).

Fleming, Sir **Alexander** [Lochfield, Escócia, 1881 — Londres, Inglaterra, 1955], bacteriologista escocês, descobridor da penicilina e Prêmio Nobel de Fisiologia e Medicina (1945).

Floresta Amazônica, situada no norte da América do Sul, tem cerca de 67% no Brasil, sendo o restante distribuído entre Venezuela, Suriname, Guianas, Bolívia, Colômbia, Peru e Equador. É banhada pelo rio Amazonas e afluentes e formada por três tipos de mata: igapó (sempre inundada), várzea (inundada na cheia) e mata de terra firme.

Floriano (**PI**), município com 3.409,6 km², porto fluvial no rio Parnaíba, na divisa com o Estado do Maranhão. Castanha-de-caju. Hab.: 57.707.

Florianópolis (**SC**), capital do Estado de Santa Catarina, com 433,3 km². Dividido em duas partes, a maior parte do município fica na ilha de Sta. Catarina e apenas 12 km² no continente. Fortaleza de Sto. Antônio de Ratones, Forte de Santa Bárbara, sítio arqueológico e paisagístico da ilha do Campeche, Museu Casa Natal de Vítor Meirelles e Ponte Hercílio Luz, entre outros bens tombados pelo Iphan. Hab.: 421.203.

Fluminense (**baixada**), região litorânea do Estado do Rio de Janeiro, de relevo baixo e ondulado, onde estão os municípios de Belford Roxo, Duque de Caxias, Guapimirim, Itaguaí, Japeri, Magé, Mangaratiba, Mesquita, Nilópolis, Nova Iguaçu, Paracambi, Queimados, São João de Meriti e Seropédica.

FMI ver *Fundo Monetário Internacional (FMI)*

Fonseca, Hermes Rodrigues **da** [São Gabriel RS, 1855 — Petrópolis RJ, 1923], militar e político brasileiro, republicano. Ministro da Guerra (1906-1909), instituiu a lei do serviço militar obrigatório. Foi presidente da República (1910-1914).

Fonseca, José Rubem [Juiz de Fora MG, 1925], contista e romancista brasileiro. Obras: *Os prisioneiros*, *A coleira do cão*; *Feliz ano novo* (contos); *O caso Morel*, *A grande arte*, *Agosto*, *Bufo & Spallanzani*, *O seminarista* (romances).

Fonseca, **Mal.** Manuel **Deodoro da** [atual Marechal Deodoro AL, 1827 — Rio de Janeiro RJ, 1892], militar e político brasileiro, proclamador da República (1889), primeiro presidente eleito pelo Congresso (1891), logo depois dissolveu-o e declarou estado de sítio. Intimado pelo almirante Custódio de Melo, à frente de uma esquadra armada, rendeu-se, renunciando em favor de Floriano Peixoto.

Força Aérea Brasileira (**FAB**), surgiu em 20 de janeiro de 1941, quando da criação do ministério da Aeronáutica, no governo Getúlio Vargas. Tem a missão de defender a integridade e a inviolabilidade do espaço aéreo brasileiro.

Força Expedicionária Brasileira (**FEB**), força militar enviada pelo Brasil à Europa, para lutar ao lado dos Aliados na Segunda Guerra Mundial. Seus integrantes eram ditos pracinhas e combateram os alemães na Itália (1944), sob as ordens do general Mascarenhas de Morais. Suas principais batalhas aconteceram em Monte Castelo e Castelnuovo di Garfagna.

Ford (Sean Aloysius Feeney O'Fearna, dito **John**) [Cape Elizabeth, Maine, 1895 — Palm Desert, Califórnia EUA, 1973], cineasta norte-americano de origem irlandesa, recebeu o Oscar por *O delator*, *As vinhas da ira*, *Depois do vendaval* (direção) e *Como era verde meu vale* (direção e melhor filme).

Formiga (**MG**), município com 1.502,4 km², situado no centro-oeste do estado, próximo ao lago de Furnas; é uma das raras cidades mineiras que conservam o nome dado pelos primeiros povoadores da região. Hab.: 65.064.

Formosa, antigo nome de *Taiwan*.

Formosa (**GO**), município com 5.806,8 km², situado na região leste do estado, na divisa com o Estado de Minas Gerais. Parque Municipal de Itiquira, com a maior queda de água da região centro-oeste (169 m). Hab.: 100.084.

Fortaleza (**CE**), capital do Estado do Ceará, com 313,1 km². Tem um dos mais importantes parques industriais do Nordeste. Turismo. Casa de José de Alencar, Passeio Público, prédio da antiga sede do DNOCS e Teatro José de Alencar tombados pelo Iphan. Hab.: 2.447.409.

Foz do Iguaçu (**PR**), município com 617,7 km², localizado na fronteira com o Paraguai e a Argentina. Cataratas do Iguaçu tombadas pela Unesco como Patrimônio Natural da Humanidade. Usina Binacional de Itaipu (com o Paraguai). Hab.: 256.081.

Fragoso, Augusto **Tasso** [São Luís MA, 1869 — Rio de Janeiro RJ, 1945], político e historiador militar brasileiro. Elaborou o anteprojeto da Carta Geral da República (1906). Foi o chefe da Casa Militar da Presidência no governo Hermes da Fonseca. Após a Revolução de 1930, integrou a junta governativa que assumiu o poder. Escreveu, entre outros, *História da guerra entre a Tríplice Aliança e o Paraguai*.

Franca (**SP**), município com 607,3 km², situado na região nordeste do estado. Não tem favelas nem bolsões de miséria. Indústria de calçados, curtumes, agricultura e pecuária. Hab.: 318.785.

França, o terceiro maior país da Europa, com 551.500 km², situado no oeste da Europa. República mista. Capital: *Paris*; recursos principais: turismo, indústrias (aeroespaciais, de telecomunicações e de biotecnologia); exportação de alimentos (esp. queijos e vinhos). Hab.: 64.057.792 (2009).

França Antártica, primeira tentativa de estabelecimento, no Rio de Janeiro, de uma colônia de protestantes franceses, liderada por Nicolau Durand de *Villegaignon* (1555). O grupo foi expulso (1565) pelas forças do governador-geral Mem de Sá e de Estácio de Sá.

França Equinocial, segunda tentativa francesa de estabelecimento de uma colônia no Brasil, desta vez no Maranhão (1612), sob a liderança de Daniel de la Touche, senhor de La Ravardière, com a fundação da cidade de São Luís. Os franceses renderam-se e entregaram o forte S. Luís (1615).

França Júnior, Joaquim José da [Rio de Janeiro RJ, 1838 — Caldas MG, 1890], escritor brasileiro, autor de peças teatrais de apelo crítico e popular. Obras: *Meia hora de cinismo*, *A república modelo*, *Defeito de família*, *Amor com amor se paga*, *Caiu o ministério* etc.

Francisco Beltrão (PR), município com 734,9 km², um dos principais polos econômicos do estado. Pecuária, indústrias alimentícias, de confecções, móveis etc. Hab.: 78.957.

Francisco de Assis, são [Assis, Itália, 1182 — *id.*, 1226], religioso italiano, fundou a Ordem dos Frades Menores, que em poucos anos se transformou numa das maiores da cristandade. Com Clara de Assis, criou o ramo feminino da mesma ordem; e, para os que viviam no mundo mas desejavam ser fiéis ao espírito de pobreza, fundou a Ordem Terceira.

Francisco Morato (SP), município com 49,1 km², na Grande São Paulo, instalado em 1964. Hab.: 154.538.

Franco, Afrânio de Melo [Paracatu MG, 1870 — Rio de Janeiro RJ, 1943], político e jurista brasileiro, um dos fundadores da Faculdade de Direito de Minas Gerais (1892). Participou da preparação do Código Civil (1916) e presidiu a comissão que elaborou o anteprojeto da Constituição (1932).

Franco, Itamar Augusto Cautiero [Salvador BA, 1930], político brasileiro, assumiu a presidência da República após o *impeachment* de Fernando Collor de Melo (29/9/1992). No seu governo (1992-1994) foi lançado o Plano Real, programa brasileiro de estabilização econômica (27/02/1994) que aumentou o poder aquisitivo da moeda nacional.

Franco da Rocha (SP), município com 134 km², situado na região metropolitana de São Paulo. Hab.: 131.603.

Freire (ou **Freyre**), **Gilberto** de Melo [Recife PE, 1900 — *id.*, 1987], sociólogo e escritor brasileiro, sua obra retrata a terra, a vida, as coisas, os animais, os fatos do cotidiano, enfim a própria identidade do Brasil e do brasileiro. Obras: *Casa grande & senzala*, *Sobrados e mocambos*, *Novo mundo nos trópicos* etc.

Freire, Nélson [Boa Esperança MG, 1944], pianista brasileiro consagrado internacionalmente; aos oito anos tocou um concerto de Mozart com a Orquestra Sinfônica Brasileira. João Moreira Sales, cineasta, filmou um documentário sobre sua vida e obra (2003).

Freire, Paulo Reglus Neves [Recife PE, 1921 — São Paulo SP, 1997], educador brasileiro, criou um método de alfabetização para adultos. Obras: *Pedagogia do oprimido*, *Educação prática da liberdade* etc.

Freud, Sigmund [Freiberg, Morávia, 1856 — Londres, Inglaterra, 1939], neurologista austríaco, seus estudos sobre o inconsciente humano e suas motivações deram-lhe o título de "Pai da psicanálise". Obras: *A interpretação dos sonhos*, *O inconsciente*, *Psicanálise e teoria da libido* etc.

Freyre, Gilberto ver *Freire, Gilberto*

Fundo Monetário Internacional (FMI), organização criada em uma conferência das Nações Unidas (1944) para promover a cooperação e a estabilidade econômica internacional, estimular o crescimento econômico e fornecer assistência financeira temporária a países em crise.

Furtado, Celso Monteiro [Pombal PB, 1920 — Rio de Janeiro RJ, 2004], economista brasileiro, doutor em Economia pela Universidade de Paris e membro da ABL. Obras: *Formação econômica do Brasil*, *O Brasil pós-"milagre"*, *Dialética do desenvolvimento* etc.

Furtado, Diogo de Mendonça [?, Portugal, séc. XVII — ?], administrador português, governador-geral do Brasil (1621-1624), foi preso quando da invasão holandesa na Bahia e enviado para a Holanda.

Gg

Gabão (República do), país com 267.667 km², situado no centro-oeste da África, é um dos mais ricos e urbanizados do continente. República mista, independente desde 1960. Capital: *Libreville*; recursos principais: extração de petróleo, mineração de ferro e manganês. Hab.: 1.514.993 (2009).

Gal Costa ver *Costa (Maria da Graça Costa Pena Burgos, dita Gal)*

Gales, País de, um dos quatro países que compõem o Reino Unido da Grã-Bretanha e da Irlanda do Norte (os outros são a Inglaterra, a Irlanda do Norte e a Escócia), com 20.766 km², ocupa uma larga península da costa oeste da ilha da Grã-Bretanha. Monarquia parlamentarista. Capital: *Cardiff.*; recursos principais: mineração de carvão, processamento de metais, jazidas de pedra calcária e ardósia, indústria metalúrgica (alumínio, ferro, aço, folha de flandres e outros metais). Hab.: 3.004.600 (2008).

Galileu Galilei [Pisa, 1564 — Arcetri, Itália, 1642], físico, matemático e astrônomo italiano, descobriu a lei dos corpos e enunciou o princípio da inércia. Construiu a primeira luneta astronômica e fez observações da Via Láctea (1610) que o levaram a adotar o sistema de Copérnico.

Galvão (santo Antônio de Sant'Ana Galvão, dito **são frei**) [Guaratinguetá SP, 1739 — São Paulo SP, 1822], sacerdote católico da Ordem dos Frades Menores, primeiro santo brasileiro, canonizado pelo papa Bento XVI em 11 de maio de 2007.

Gama, José **Basílio da** [atual Tiradentes MG, 1741 — Lisboa, Portugal, 1795], poeta brasileiro, tornou-se secretário do Marquês do Pombal, a quem louvou no poema épico *O Uraguai*. É patrono da cadeira 4 da

ABL. Outras obras: *Declamação trágica: poema dedicado às belas-artes, Soneto ao rei D. José* etc.

Gama, Luís Gonzaga Pinto da [Salvador BA, 1830 — São Paulo SP, 1882], escritor, advogado e líder abolicionista brasileiro, filho de Luísa Mahin, escrava liberta, e de pai desconhecido, foi alfabetizado aos 17 anos. É patrono da cadeira 15 da ABL. Obra principal: *Primeiras trovas burlescas de Getulino.*

Gama, Vasco da [Sines, Portugal, 1468? — Cochim, Índia, 1524], navegador e explorador português, alcançou as Índias contornando o continente africano (1497).

Gâmbia (**República do**), país da África ocidental, com 11.295 km², economicamente pobre, pertencente à Comunidade Britânica. República presidencialista, independente desde 1965. Capital: *Banjul*; recursos principais: mineração (argila, areia sílica), agropecuária. Hab.: 1.782.893 (2009).

Gana (antiga Costa do Ouro), país da África ocidental, com 238.533 km², uma das nações economicamente mais estáveis do continente, membro da Comunidade Britânica. República presidencialista, independente desde 1957. Capital: *Acra*; recursos principais: agricultura (cacau), extrativismo mineral (petróleo, ouro, manganês e diamantes). Hab.: 23.832.495 (2009).

Gândavo, Pêro de Magalhães [Braga, ? — ?, d.1576], historiador e cronista português, viveu no Brasil nas capitanias da Bahia e de Ilhéus. É autor de um manual ortográfico da língua portuguesa (1574) e da primeira História do Brasil (*História da província de Santa Cruz e tratado da Terra do Brasil*).

Gandhi (Mohandas Karamchand Gandhi, dito **Mahatma**) [Porbandar, 1869 — Nova Délhi, Índia, 1948], líder pacifista indiano. Na luta pela independência de seu país, usou o método da resistência passiva, negou-se a colaborar com o domínio britânico e pregou a não violência.

Garanhuns (**PE**), município com 472,5 km², situado na serra da Borborema, região agreste do sul do estado. Antiga aldeia dos índios cariris. Fontes ricas em magnésio. Hab.: 129.392.

Garcia, padre José Maurício Nunes [Rio de Janeiro RJ, 1767 — *id.*, 1830], compositor e organista autodidata brasileiro, compôs motetos, salmos, missas, réquiens, matinas, obras orquestrais etc. Sua mais antiga obra conhecida é uma antífona, *Tota pulchra est Maria* ('Toda bela é Maria'), que fez aos 16 anos.

Garibaldi (Ana Maria Ribeiro da Silva, dita **Anita**) [Morrinhos SC, 1821 — Mandriole, Itália, 1849], heroína brasileira da Guerra dos Farrapos e da luta pela unificação da Itália. — **Giuseppe Garibaldi** [Nice, França, 1807 — Caprera, Itália, 1882], seu marido, herói italiano, lutou no Rio Grande do Sul e no Uruguai. Na Itália, organizou a expedição dos Camisas Vermelhas (1860), que desembarcou na Sicília e derrotou as tropas do rei de Nápoles.

Garrafadas (**Noite das**), assim ficou conhecida a noite de 13/03/1831, em que brasileiros, insatisfeitos com o reinado de D. Pedro I, entraram em conflito com portugueses que lhe ofereciam uma festa; na briga houve grande quebra de garrafas. Pouco depois (07/04/1831), o monarca abdicou em favor de seu filho, Pedro de Alcântara, encerrando o 1º Reinado.

Garrett, João Francisco da Silva Leitão de **Almeida** [Porto, 1799 — Lisboa, Portugal, 1854], poeta e dramaturgo português, responsável pela introdução do Romantismo em Portugal. Obras: *Um auto de Gil Vicente, Frei Luís de Sousa* etc.

Garrincha (Manuel Francisco dos Santos, dito **Mané**) [Pau Grande, Magé RJ, 1933 — Rio de Janeiro RJ, 1983], jogador brasileiro de futebol, conhecido como "Anjo das pernas tortas", ponta-direita aclamado internacionalmente, foi bicampeão mundial (1958 e 1962).

Gato, Manuel de **Borba** [São Paulo SP, c.1630 — Sabará MG, 1718], bandeirante brasileiro, acompanhou o sogro, Fernão Dias Pais, na procura de esmeraldas pelo sertão mineiro e foi o primeiro a achar ouro no rio das Velhas. Acusado do assassinato de um fidalgo, ficou foragido por 18 anos, vivendo com os índios no vale do rio Sabará, onde fundou a cidade de Sabará.

Gattai, Zélia [São Paulo SP, 1916 – Salvador BA, 2008], fotógrafa e escritora brasileira, filha de pais italianos, cuja vida narra em seu primeiro livro (1979), *Anarquistas graças a Deus.* Membro da ABL. Outras obras: *Um chapéu para viagem, Jardim de inverno* etc.

Geisel, Ernesto [Bento Gonçalves RS, 1908 — Rio de Janeiro RJ, 1996], militar e político brasileiro, apoiou as revoluções de 1930 e 1932. Eleito indiretamente presidente da República (1974-1979), os anos de seu governo foram marcados por uma lenta transição ao regime democrático.

Geórgia (**República da**), país do sudeste europeu, no Cáucaso, com 69.700 km², às margens do mar Negro. República presidencialista, independente desde 1918. Capital: *Tbilisi*; recursos principais: turismo, extração de carvão e manganês. Hab.: 4.615.807 (2009).

Gerchman, Rubens [Rio de Janeiro RJ, 1942 — São Paulo SP, 2008], pintor, desenhista e gravador brasileiro, iniciou sua aprendizagem artística no Liceu de Artes e Ofícios do Rio de Janeiro (1957). Prêmio de viagem ao estrangeiro do Salão Nacional de Arte Moderna (1967).

Gibraltar, última colônia existente em território europeu, na península Ibérica, com 6,5 km², que, pelo Tratado de Utrecht (1713), a Espanha cedeu ao Reino Unido, mantendo-se até o presente sob a soberania da Coroa britânica. Capital: *Gibraltar*; recursos principais: turismo e serviços. Hab.: 28.034 (2009).

Gil Moreira, **Gilberto** Passos [Salvador BA, 1942], cantor e compositor brasileiro, aos 18 anos formou o conjunto "Os desafinados". Logo após conhecer Caetano Veloso, Maria Bethânia e Gal Costa, iniciou a carreira fazendo com eles o *show* "Nós, por exemplo", no Teatro Vila Velha, em Salvador BA (1963). Ministro da Cultura (2002-2008).

Gilberto Prado Pereira de Oliveira, **João** [Juazeiro BA, 1931], cantor, violonista e compositor brasileiro, mudou a maneira de tocar violão e cantar no país. Em 1958 gravou duas músicas que lançaram seu estilo e inauguraram o movimento bossa nova: *Chega de saudade* e *Desafinado*. — **Bebel Gilberto** [Nova York, EUA, 1966], sua filha, tb. é cantora.

Gilmar dos Santos Neves [Santos SP, 1930], goleiro brasileiro, foi duas vezes campeão do mundo (1958 e 1962).

Giorgi, Bruno [Mococa SP, 1905 — Rio de Janeiro RJ, 1993], escultor brasileiro; autor do *Monumento à juventude brasileira* (1947, jardins do Palácio da Cultura RJ); *Candangos* (1960, praça dos Três Poderes) e *Meteoro* (1967, no lago do Ministério das Relações Exteriores), ambos em Brasília, entre outros.

Gnattali, Radamés [Porto Alegre RS, 1906 — Rio de Janeiro RJ, 1988], compositor brasileiro, sua música destaca-se pela temática nacionalista, recriada em um estilo pessoal; autor de 6 mil arranjos, foi considerado um dos melhores arranjadores de música popular do país. Obras: *Brasilianas*, *Concerto romântico* etc.

Goeldi, Emílio Augusto [Ennetbuhl, 1859 — Berna, Suíça, 1917], naturalista e zoólogo suíço, veio dirigir o Museu Nacional do Rio de Janeiro (1884) a convite do imperador Pedro II. Em Belém PA (1895), reorganizou o Museu Paraense, que hoje tem seu nome. Obras: *As aves do Brasil*, *Os mamíferos do Brasil* etc. — **Osvaldo Goeldi** [Rio de Janeiro RJ, 1895 — *id.*, 1961], seu filho, gravurista e desenhista expressionista, ilustrou várias obras literárias.

Goiana (**PE**), município com 501,1 km², no litoral norte do estado. Convento e Igreja de N.Sª. da Soledade, igrejas da Ordem Terceira do Carmo, N.Sª. da Conceição, N.Sª. da Misericórdia e Matriz de N.Sª. do Rosário, entre outros bens tombados pelo Iphan. Hab.: 75.648.

Goiânia (**GO**), capital do Estado de Goiás, com 739,5 km². É uma cidade planejada, próxima de Brasília, com ruas em forma de raio, tendo como centro a praça cívica, onde estão as sedes dos governos estadual e municipal. Hab.: 1.301.892.

Goiás (**GO**), estado brasileiro a leste da região centro-oeste, com 340.086,6 km² e 246 municípios, sendo os mais populosos, além da capital: Anápolis e Luziânia. Relevo de planalto e planície; vegetação de cerrado. Ali está encravado o Distrito Federal. Capital: *Goiânia*; recursos principais: agricultura (esp. a soja), pecuária (corte e leite), exploração de madeira (esp. mogno), extrativismo vegetal (babaçu, pequi), extrativismo mineral (calcário, titânio, ardósia, níquel, cobre etc.), indústrias (de alimentos, metalúrgica, química etc.). Hab.: 6.004.045.

Góis, Damião de [Alenquer, 1502 — Batalha, Portugal, 1574], historiador, cronista e humanista português, desempenhou importantes missões diplomáticas na Holanda, Polônia, Alemanha, Itália etc. Obras: *Crônica do felicíssimo rei D. Manuel*, *Crônica do príncipe D. João*, *Livro de Marco Túlio Cícero* etc.

Golan (**planalto** ou **colinas do**), região a sudoeste da Síria, ocupada por Israel na Guerra dos Seis Dias (1967).

Gomes, Antônio **Carlos** [Campinas SP, 1836 — Belém PA, 1896], compositor e maestro brasileiro, iniciou os estudos musicais aos 10 anos, aprendendo a tocar vários instrumentos, e aos 15 já compunha valsas, polcas e quadrilhas. Obras: *A noite do castelo*, *Joana de Flandres*, *O guarani*, *Fosca* (óperas) etc.

Gonçalves, Mílton [Monte Santo MG, 1934], ator e diretor. O Teatro de Arena de São Paulo foi sua escola e seu trabalho: ali foi ator, contrarregra, produtor, iluminador etc. Além de atuar em teatro (mais de 30 peças), faz tb. cinema (mais de 100 filmes) e TV (seriados, minisséries, casos especiais e novelas).

Gonçalves da Silva, **Bento** [Triunfo RS, 1788 — Pedras Brancas RS, 1847], militar e político brasileiro, líder da Revolução Farroupilha e presidente da República Rio-Grandense (1836-1845), única experiência republicana efetiva no Brasil antes da Proclamação da República.

Gonzaga, Ademar [Rio de Janeiro RJ, 1901 — *id.*, 1978], cineasta, pioneiro do cinema brasileiro, ator, crítico, diretor e criador dos Estúdios Cinédia (*Alô, alô carnaval*; *O ébrio*; *Bonequinha de seda*).

Gonzaga (Francisca Edwiges Neves, dita **Chiquinha**) [Rio de Janeiro RJ, 1847 — *id.*, 1935], compositora, pianista e regente; historicamente foi a primeira mulher, a primeira pianista de choro e tb. a primeira compositora brasileira a ser levada à cena. Obras: *Atraente*, *Abre alas*, *Lua branca* etc.

Gonzaga, Tomás Antônio [Porto, Portugal, 1744 — Moçambique, África, 1810], poeta lírico português. Ouvidor em Vila Rica (Ouro Preto), apaixonou-se por Maria Doroteia Joaquina de Seixas Brandão, a quem se referia como Marília, e para quem compôs as *Liras*. Foi preso e depois enviado para o degredo em Moçambique. Patrono da cadeira 37 da ABL.

Gonzaga do Nascimento, **Luís** [Exu PE, 1912 — Recife PE, 1989], compositor, sanfoneiro e cantor brasileiro. *Vira e mexe* foi seu primeiro sucesso (1941). Outras obras: *Asa branca*, *Juazeiro*, *Que nem jiló* etc. — Luís Gonzaga do Nascimento Júnior, dito **Gonzaguinha** [Rio de Janeiro RJ, 1945 — Pato Branco PR, 1991], seu filho, foi cantor e tb. compositor. Obras: *Grito de alerta*, *Explode coração*, *É* etc.

Goulart (João Belchior Marques, dito **Jango**) [São Borja RS, 1918 — Mercedes, Argentina, 1976], político brasileiro, presidente da República após a renúncia de Jânio Quadros (de 08/09/1961 a 24/01/1963), junto com o primeiro gabinete parlamentarista, chefiado por Tancredo Neves. Restabeleceu o presidencialismo, mas foi deposto por um golpe de Estado em 31 de março de 1964.

Gouveia, Delmiro Augusto da Cruz [Ipu CE, 1863 — Pedra (Delmiro Gouveia) AL, 1917], industrial brasileiro, instalou uma fábrica de linhas, abriu estradas e construiu a primeira hidrelétrica da América Latina (Usina Angiquinho). Morreu assassinado.

Governador Celso Ramos (**SC**), município litorâneo, com 93 km², situado na região metropolitana de Florianópolis. Fortaleza de Santa Cruz de Anhatomirim tombada pelo Iphan. Hab.: 13.012.

Governador Valadares (**MG**), município com 2.348,1 km², na região do vale do Rio Doce. Pico do Ibituruna e campeonatos de voo livre. Mineração e agropecuária. Hab.: 263.594.

Grã-Bretanha e Irlanda do Norte (**Reino Unido da**), monarquia parlamentarista formada por quatro países: Inglaterra, Irlanda do Norte, Escócia e País de Gales, com 244.100 km², localizado na Europa ocidental. Capital: *Londres*; recursos principais: mineração (carvão, gás natural, petróleo, calcário), indústrias (alimentícia, equipamentos de transporte, máquinas não elétricas), química, metalúrgica. Hab.: 61.113.205 (2009).

Gracindo (Pelópidas Gracindo, dito **Paulo**) [Rio de Janeiro RJ, 1911 — *id.*, 1995], ator brasileiro, trabalhou em teatro (*Gata em teto de zinco quente*, *O rei de Ramos* etc.), rádio (*O direito de nascer*, *Balança mas não cai*), cinema (*A falecida*, *Terra em transe* etc.) e televisão (*O bem-amado*, *Roque santeiro* etc.). — Epaminondas Xavier Gracindo, dito **Gracindo Júnior** [Rio de Janeiro, 1943], seu filho, é ator de teatro, cinema e TV.

Gramado (**RS**), município com 242,9 km², situado na serra Gaúcha, colonizado por italianos e alemães. Indústria de alimentos, malhas, chocolates e vinhos. Turismo. Hab.: 32.300.

Granada, país em uma ilha com 334 km², no sudeste da América Central (Antilhas). Monarquia parlamentarista, independente desde 1974 e membro da Comunidade Britânica. Capital: *Saint George's*; recursos principais: agricultura (esp. noz-moscada, cardamomo, banana e cacau), pecuária (suínos, ovinos, caprinos). Hab.: 90.739 (2009).

Grande (**rio**), com 1.351 km de extensão, é um dos dois rios dos estados de Minas Gerais e São Paulo que formam o rio Paraná (o outro é o Paranaíba). Alimenta usinas hidrelétricas (Furnas, Mal. Mascarenhas de Morais, Camargos e Itutinga).

Grande (**rio**), um dos afluentes da margem esquerda do rio São Francisco, na Bahia, com 505 km de extensão.

Grande Otelo (Sebastião Bernardo da Costa ou Bernardes de Sousa Prata, dito) [Uberlândia MG, 1915 — Paris, França, 1993], ator brasileiro de teatro (*O petróleo é nosso*), cinema (várias chanchadas da Atlântida, *Assalto ao trem pagador*, *Macunaíma* etc.), *shows* etc.

Gravatá (**PE**), município com 513,3 km², estância climática serrana da região do agreste pernambucano. Antiga aldeia cariri. Turismo. Hab.: 76.669.

Gravataí (**RS**), município com 463,8 km², situado na região metropolitana de Porto Alegre; antiga aldeia guarani. Foi colonizado por açorianos, desmembrado de Porto Alegre e instalado em 1880. Hab.: 255.762.

Grécia ou **República Helênica**, país do sul da Europa, com 131.990 km², berço da civilização europeia. República parlamentarista, independente desde 1832. Capital: *Atenas*; recursos principais: turismo, indústria alimentícia (esp. azeite de oliva). Hab.: 10.737.428 (2009).

Greenhalgh, João Guilherme [Rio de Janeiro RJ, 1845 — Paraguai, 1865], herói naval brasileiro morto na Batalha do Riachuelo, tentando evitar que um oficial paraguaio arriasse a bandeira do Brasil hasteada na corveta *Parnaíba*.

Groenlândia, território da Dinamarca com 2.166.086 km², dos quais 4/5 cobertos de gelo (inlândsis), é a maior ilha do mundo, situada a nordeste da América do Norte. Capital: *Nuuk* (ou *Godthab*); recurso principal: pesca. Bases aeronáuticas. Hab.: 57.600 (2009).

Guadalupe, uma das pequenas Antilhas francesas, departamento da França desde 1946, com 1.708 km². Capital: *Basse-Terre*; recursos principais: agricultura (cana-de-açúcar, banana) e rum. Hab.: 400.736 (2006).

Guaíba (**rio**), na realidade um lago, formado pelos rios Jacuí, Caí, Sinos e Gravataí, com 60 km de extensão. Em sua margem esquerda fica Porto Alegre RS.

Guaíba (**RS**), município com 377 km², situado a 37 km de Porto Alegre, na outra margem do rio Guaíba. Indústrias de celulose e papel. Hab.: 95.230.

Guam (**Território de**), ilha com 544 km², ao norte da Oceania sob o domínio dos EUA. Base militar norte-americana. Capital: *Agaña*; recurso principal: turismo. Hab.: 178.430 (2009).

Guanabara (**baía de**), com 412 km², no Estado do Rio de Janeiro, é a segunda maior baía do litoral do Brasil. Banha o Rio de Janeiro, Niterói, Duque de Caxias, Magé, São Gonçalo e Itaboraí.

Guanabara (**Quarteto da**), conjunto instrumental criado em 1972 e formado inicialmente por Mariuccia Iacovino, violino, Arnaldo Estrela, piano, Frederick Stephany, viola, e Iberê Gomes Grosso, violoncelo.

Guanambi (**BA**), município com 1.301,7 km², localizado numa das ramificações da serra Geral, 525 m acima do nível do mar. Pecuária. Hab.: 78.801.

Guaporé (**rio**), com 1.185 km de extensão, seu vale é uma região riquíssima em biodiversidade e belezas naturais na fronteira oeste do Estado de Rondônia, divisa do Brasil com a Bolívia.

Guarabira (PB), município com 180,7 km², situado na microrregião do Piemonte da Borborema, ao pé da cordilheira do mesmo nome, e banhado pelo rio Mamanguape. Hab.: 55.340.

Guarapari (ES), município com 592,2 km², situado no litoral do estado. Estação balneária com praias de areias monazíticas. Igreja de N.Sª. da Conceição tombada pelo Iphan. Hab.: 105.227.

Guarapuava (PR), município com 3.115,3 km², situado na região centro-sul do estado. Agricultura (erva-mate, grãos) e pecuária. Hab.: 167.463.

Guararapes (Batalhas dos), lutas que determinaram o fim do domínio holandês no nordeste brasileiro (19/04/1648 e 18/02/1649), travadas no monte Guararapes, Recife PE.

Guararema (SP), município com 270,4 km², situado na região metropolitana de São Paulo. Turismo. Igreja de N.Sª. da Escada tombada pelo Iphan. Hab.: 25.861.

Guaratinguetá (SP), município com 751,4 km², situado no vale do Paraíba. Agropecuária. Casa de Rodrigues Alves tombada pelo Iphan. Hab.: 112.091.

Guaratuba (PR) município litorâneo com 1.325,8 km², na região de Paranaguá. Turismo. Igreja Matriz de Guaratuba tombada pelo Iphan. Hab.: 32.088.

Guarnieri, Gianfrancesco Sigfrido Benedetto Martinenghi de [Milão, Itália, 1934 — São Paulo SP, 2006], teatrólogo e ator italiano naturalizado brasileiro. Integrou a fase nacionalista do Teatro de Arena, produzindo textos voltados à realidade nacional e discutindo problemas sociais e políticos. Trabalhou em teatro, cinema e TV. Obras: *Eles não usam* black-tie, *Gimba*, *A semente*, *O filho do cão* etc.

Guarnieri, Mozart **Camargo** [Tietê SP, 1907 — São Paulo SP, 1993], compositor brasileiro com cerca de 700 títulos em que predominam as composições para piano e canto e piano. Obras: *Pedro Malasarte* e *Um homem só* (óperas), sonatas, cantatas, sinfonias, concertos etc.

Guarujá (SP), município com 142,6 km², situado na ilha de Santo Amaro, litoral sul do estado. Turismo. Fortaleza de Barra Grande e Forte de São Filipe tombados pelo Iphan. Hab.: 290.607.

Guarulhos (SP), município industrial com 318 km², no nordeste da região metropolitana de São Paulo. Aeroporto de Cumbica. Hab.: 1.222.357.

Guatemala ou **Cidade de Guatemala**, capital da República da Guatemala. Arcebispado. Hab.: 2.655.900 (2003).

Guatemala (República da), país ao norte da América Central, com 108.889 km². República presidencialista, independente desde 1821. Capital: *Cidade de Guatemala*; recursos principais: agricultura (café, cana-de-açúcar, algodão), madeiras raras e extração de petróleo. Hab.: 13.276.517 (2009).

Guerras Mundiais — Primeira Guerra Mundial (1914-1918), iniciou-se com o assassinato do arquiduque Francisco Ferdinando, herdeiro do trono da Áustria-Hungria, e terminou com um armistício (11/11/1918) entre as nações envolvidas (Alemanha, França, Grã-Bretanha, Estados Unidos e mais 28 nações aliadas ou coligadas) — **Segunda Guerra Mundial** (1939-1945), a mais terrível guerra da história mundial inaugurou a era atômica e opôs os países aliados (Polônia, Inglaterra, França e, mais tarde, URSS, Estados Unidos e China) ao bloco das potências do Eixo (Alemanha, Itália, Japão e países que serviram de apoio estratégico). As principais causas do conflito estão relacionadas com os acordos resultantes da Primeira Guerra Mundial; em 1º de setembro de 1939 a Alemanha atacou a Polônia. Em 2 de setembro de 1945, a bordo do encouraçado *Missouri*, na baía de Tóquio, os Aliados assinaram com o Japão o acordo de rendição.

Guiana (República Cooperativa de), país com 214.969 km², ao norte da América do Sul. República mista, independente desde 1966. Membro da Comunidade Britânica. Capital: *Georgetown*; recursos principais: agricultura (cana-de-açúcar, arroz) e jazidas de bauxita, ouro e diamante. Hab.: 772.298 (2009).

Guiana Francesa, departamento francês com 91.000 km², ao norte da América do Sul. Capital: *Caiena*; recursos principais: agricultura (cana-de-açúcar) e jazidas de bauxita. Hab.: 209.000 (2007).

Guignard, Alberto da Veiga [Nova Friburgo RJ, 1896 — Belo Horizonte MG, 1962], pintor e desenhista brasileiro, fundador da Escola de Belas-Artes em Belo Horizonte. Seus quadros inspiraram-se na paisagem de sua terra natal.

Guimaraens (Afonso Henrique da Costa Guimarães, dito **Alphonsus de**) [Conceição do Mato Dentro MG, 1870 — Belo Horizonte MG, 1921], poeta simbolista brasileiro. Obras: *Setenário das dores de Nossa Senhora e câmara ardente*, *Kyriale* etc. — **João Alphonsus de Guimaraens** [Conceição do Mato Dentro MG, 1901 — Belo Horizonte MG, 1944], seu filho, foi contista e romancista. Obras: *Galinha cega*, *Pesca da baleia* etc. — **Alphonsus de Guimaraens Filho** [Mariana MG, 1918 — Rio de Janeiro RJ, 2008], tb. seu filho, foi poeta. Obras: *A cidade do Sul*, *Poemas reunidos* etc.

Guimarães, Bernardo Joaquim da Silva [Ouro Preto MG, 1825 — *id.*, 1884], poeta romântico, crítico e ficcionista brasileiro, estreou com *Cantos de solidão* (poemas). Patrono da cadeira 5 da ABL. Obras: *A escrava Isaura*, *O índio Afonso*, *O garimpeiro* (ficção).

Guimarães, Ulysses Silveira [Rio Claro SP, 1916 — Angra dos Reis RJ, 1992], político e advogado brasileiro, foi deputado estadual e federal, ministro, presidente do PMDB e da Assembleia Nacional Constituinte. Liderou a campanha pelas eleições diretas, lutando pela redemocratização do país (1984).

Guimarães Júnior, Luís Caetano Pereira [Rio de Janeiro RJ, 1845 — Lisboa, Portugal, 1898], poeta lírico e diplomata brasileiro; aos 16 anos escreveu *Lírio* *branco*, romance dedicado a Machado de Assis. Foi um dos fundadores da ABL (cadeira 31). Obras: *Uma cena contemporânea* (teatro); *Corimbos, Noturnos* (poesia); *A família agulha* (romance) etc. — **Luís Guimarães Filho** [Rio de Janeiro RJ, 1878 — Petrópolis RJ, 1940], seu filho, foi tb. poeta e diplomata. Obras: *Versos íntimos, Pedras preciosas* etc.

Guiné (República da), país com 245.857 km², situado na África ocidental, ao sul do Senegal. Ex-colônia francesa. República presidencialista, independente desde 1958. Capital: *Conacri*; recurso principal: produção de bauxita. Hab.: 10.057.975 (2009).

Guiné-Bissau (República da), país com 36.125 km², situado na África ocidental, ao sul do Senegal, e banhado pelo oceano Atlântico. Ex-província ultramarina de Portugal, república mista, independente desde 1974. Capital: *Bissau*; recurso principal: agricultura (caju, coco, amendoim). Hab.: 1.533.964 (2009).

Guiné Equatorial (República da), país situado na África ocidental, no golfo da Guiné, com 28.051 km². Ex-província espanhola, república mista, independente desde 1968. Capital: *Malabo*; recurso principal: agricultura (café e cacau). Hab.: 633.441 (2009).

Guinle Filho, Jorge [Nova York EUA, 1947 — *id.*, 1987], pintor brasileiro, estudou em Paris, fez a primeira exposição no Rio de Janeiro (1973) e destacou-se entre os representantes da Geração 80.

Gullar, José Ribamar **Ferreira** [São Luís MA, 1930], poeta, crítico e teatrólogo brasileiro, com 15 anos publicou seu primeiro poema ("O trabalho") e quatro anos depois o livro *Um pouco acima do chão.* Obras: poesia — *Muitas vozes, Poema sujo* etc.; ensaios — *Cultura posta em questão, Relâmpagos* etc.; teatro — *Se correr o bicho pega, se ficar o bicho come, A saída? Onde fica a saída?* etc.

Gurupá (PA), município com 8.540 km². Criação de camarão nos rios. Forte de Santo Antônio tombado pelo Iphan. Hab.: 29.060.

Gurupi (TO), município com 1.836,0 km², instalado em 1958, sedia uma das etapas do Rally Internacional dos Sertões, no mês de julho. Hab.: 76.765.

Gusmão (Pe. **Bartolomeu** Lourenço **de**) [Santos SP, 1685 — Toledo, Espanha, 1724], jesuíta e inventor brasileiro, dedicou-se à construção de um aeróstato (espécie de balão), pela qual ficaria conhecido como o Padre Voador. — **Alexandre de Gusmão** [Santos SP, 1695 — Lisboa, Portugal, 1753], seu irmão, geógrafo e diplomata brasileiro, destacou-se na negociação com a Espanha do Tratado de Madri (1750), que revogou o limite estabelecido pelo Tratado de Tordesilhas (1494), triplicando o território que originalmente caberia a Portugal e que viria a constituir, em sua maior parte, o Brasil atual.

Gutenberg, Johannes Gensfleisch zur Laden zum [Mogúncia, Alemanha, c. 1398 — *id.*, 1468), aristocrata alemão, inventou os tipos móveis de metal para impressão.

Hades, Plutão entre os romanos, na mitologia grega foi uma das 12 divindades do Olimpo; deus do inferno.

Haiti (República do), país da América Central, com 27.750 km², situado a oeste da ilha de Hispaniola, no mar do Caribe. República mista, independente desde 1804. Capital: *Porto Príncipe*; recurso principal: agricultura, esp. café e cana-de-açúcar. Hab.: 9.035.536 (2009).

Haydée, Márcia Salverry Pereira da Silva [Niterói RJ, 1937], bailarina clássica de renome internacional, começou a carreira aos 15 anos no Royal Ballet, em Londres. Foi par de Rudolf Nureiev e diretora e primeira bailarina do Balé Nacional de Stuttgart, Alemanha (1976).

Helênica (República) ver *Grécia*

Henfil (Henrique de Souza Filho, dito) [Ribeirão das Neves MG, 1944 — Rio de Janeiro RJ, 1988], cartunista, jornalista e escritor brasileiro, foi colaborador de *O Pasquim* (1969) e lançou a revista *Os fradinhos*, seus personagens mais famosos. Obras: *Diário de um cucaracha, Dez em humor, Diretas já* etc.

Henrique, o Navegador [Porto, 1434 — Sagres, Portugal, 1460], infante português filho do rei D. João I, fundou em Sagres uma escola de navegação, um observatório astronômico e um estaleiro. Dedicou-se ao estudo das cartas marítimas e organizou expedições que descobriram a costa africana até Serra Leoa.

Hera, Juno entre os romanos, na mitologia grega foi uma das 12 divindades do Olimpo; deusa do casamento, simbolizava a grandeza e a soberania maternal.

Héracles, Hércules entre os romanos, na mitologia grega foi um semideus, personificação da força, filho de Zeus com Alcmena.

Herculano de Carvalho e Araújo, **Alexandre** [Lisboa, 1810 — Val-de-Lobos, Santarém, Portugal, 1877], erudito historiador e escritor do Romantismo português. Obras: *A harpa do crente* (poesia), *Eurico, o* *presbítero* (romance), *O monge de Cister, Lendas e narrativas, História de Portugal* etc.

Hércules, divindade romana identificada com o Héracles grego.

Hermes, Mercúrio entre os romanos, na mitologia grega foi uma das 12 divindades do Olimpo; deus dos pastores e protetor dos rebanhos.

Herval, marquês do ver *Osório (Manuel Luís, marquês do Herval, dito general)*

Higino Duarte Pereira, **José** [Pernambuco, 1847 — México, 1901], magistrado brasileiro, pesquisou e selecionou na Holanda um total de cerca de 12 mil folhas manuscritas sobre a fase da ocupação holandesa (1630-1654), material inédito arquivado no Instituto Arqueológico, Histórico e Geográfico de Pernambuco.

Himalaias, sistema montanhoso de 2.410 km em extensão no continente asiático, formado por uma série de cordilheiras paralelas e convergentes, constituindo a região montanhosa mais alta do planeta. Ali está o *monte Everest* (8.846 m), a montanha mais elevada do mundo.

Hirszman, Leon [Rio de Janeiro RJ, 1937 — *id.*, 1987], cineasta brasileiro, um dos fundadores do Cinema Novo. Obras: *A falecida, São Bernardo, Eles não usam* black-tie etc.

Hitler, Adolf [Braunau, Áustria, 1889 — Berlim, Alemanha, 1945], ditador alemão, líder do nazismo, chefe de Estado da Alemanha e causador da Segunda Guerra Mundial (1939). Promoveu o genocídio do povo judeu. Ante a iminente vitória dos Aliados, suicidou-se com a mulher, Eva Braun. Deixou uma biografia (*Minha luta*).

Holanda, designação não oficial dos *Países Baixos*.

Honduras, país da América Central com 112.088 km², banhado pelo mar do Caribe e oceano Pacífico. Grande parte da superfície é coberta por florestas. República presidencialista, independente desde 1821. Capital: *Tegucigalpa*; recurso principal: agricultura (banana e café). Hab.: 7.792.854 (2009).

Honduras Britânica, antigo nome de *Belize*.

Hong Kong, região administrativa especial administrada pela China, com 1.104 km² de terras continentais e 235 ilhas, no sudeste da Ásia. É um dos principais portos do mundo. Capital: *Vitória*; recursos principais: turismo e indústria têxtil. Hab.: 7.055.071 (2009).

Hortência de Fátima Marcari Oliva [Potirandaba SP, 1957], atleta brasileira, jogou basquete na seleção brasileira durante 16 anos. Medalha de ouro nos Jogos Pan-americanos (1991) e campeã mundial (1994).

Hortolândia (SP), município com 62,2 km², a 24 km de Campinas, colonizado por espanhóis e italianos. Hab.: 192.225.

Houaiss, Antônio [Rio de Janeiro RJ, 1915 — *id.*, 1999], filólogo, enciclopedista, crítico literário e diplomata, membro da ABL e da ABF. Obras: *Seis poetas e um problema, Sugestões para uma política da língua, Português do Brasil, A crise da nossa língua de cultura, Elementos de bibliologia, Enciclopédia Delta Larousse, Enciclopédia Mirador internacional, Dicionário Houaiss da língua portuguesa* (concluído em dezembro de 2000) etc.

Humboldt (Alexander, **Barão von**) [Berlim, Alemanha, 1769 — *id.*, 1859], naturalista e explorador alemão, é autor da expressão Hileia amazônica, referindo-se à imensa área de floresta da Amazônia. Obra: *Cosmos*.

Hungria (República da), país do leste da Europa, com 93.032 km². República parlamentarista, independente desde 1918. Capital: *Budapeste*; recursos principais: bauxita e manganês (2°. produtor da Europa); reservas de gás natural maiores que as de petróleo. Hab.: 9.905.596 (2009).

Ibéria, nome dado pelos geógrafos e historiadores da Antiguidade à atual península Ibérica.

Ibérica (península), região do sudoeste da Europa, dividida entre Portugal e Espanha, com c.597.000 km². Hab.: 50,2 milhões.

IBGE ver *Instituto Brasileiro de Geografia e Estatística*

Ibirité (MG), município com 73 km², situado na região metropolitana de Belo Horizonte, instalado em 1962. Hab.: 159.026.

Ibiúna (SP), município com 1.059,6 km², estância turística a 62 km de São Paulo; centro abastecedor hortifrutigranjeiro da capital. Hab.: 71.228.

Icó (CE), município histórico com 1.871,9 km², na região centro-sul do estado. Conjunto arquitetônico e urbanístico e Casa de Câmara e Cadeia tombados pelo Iphan. Hab.: 65.453.

Idade da Pedra, período da Pré-História que teve início há mais de 3 milhões de anos — quando os seres humanos começaram a fabricar pela primeira vez toscas ferramentas de pedra — e terminou por volta de 3000 a.C., quando se descobriu o bronze. Divide-se em Idade da Pedra Lascada (Paleolítico) e Idade da Pedra Polida (Neolítico).

Idade do Bronze, período da Pré-História em que o bronze começou a ser mais us. que a pedra ou o cobre como matéria-prima na fabricação de armas e ferramentas, não se referindo a um período de tempo específico. Na maioria das regiões, a Idade do

Bronze ger. sobrepôs-se a uma Idade da Pedra, mais antiga.

Idade do Ferro, período da História em que o homem começou a fazer utensílios e armas de ferro, em substituição ao bronze. Seu início varia de acordo com a região geográfica. No Oriente Médio e no Sudeste da Europa, começou aproximadamente em 1200 a.C.

Iêmen (República do), país do sudoeste da Ásia, com 527.968 km², ao sul da península da Arábia, às margens do mar Vermelho e golfo de Áden. República mista, reunificada em 1990. Capital: *Sanaa*; recurso principal: petróleo. Hab.: 23.822.783 (2009).

Igaraçu (PE), município com 305,5 km², na região metropolitana do Recife; antiga aldeia dos índios caetés. Conjunto arquitetônico e paisagístico, Convento e Igreja de Santo Antônio, igrejas de São Cosme e São Damião e do Sagrado Coração de Jesus etc. tombados pelo Iphan. Hab.: 101.987.

Igarapé-Miri (PA), município com 1.996,8 km², a 73 km de Belém. Hab.: 58.023.

Igreja de Jesus Cristo dos Santos dos Últimos Dias, doutrina protestante, fundada nos EUA por Joseph Smith em 1830. Seus seguidores são ditos mórmons.

Iguaçu (Parque Nacional do), com cerca de 185.000 ha e localizado no extremo Oeste do Paraná, foi criado em 10/1/1939 e tombado pela Unesco (1986) como Patrimônio Natural da Humanidade. Faz fronteira com o território argentino e é uma das maiores reservas florestais da América do Sul. Ali estão as **cataratas do Iguaçu**, de forma semicircular, com 2.700 m de largura e altura de até 72 m.

Iguatu (CE), município com 1.029 km², situado no centro-sul do estado, às margens do rio Jaguaribe. Fachada da Igreja Matriz de Santana tombada pelo Iphan. Hab.: 96.523.

IHGB ver *Instituto Histórico e Geográfico Brasileiro*

Ijuí (RS), município com 689,1 km², situado na região noroeste do estado. Turismo. Extração de erva-mate. Hab.: 78.920.

Ilhabela (SP), município com 348,3 km², estação balneária do litoral norte do estado. Casa da Fazenda Engenho d'água tombada pelo Iphan. Hab.: 28.176.

Ilhéus (BA), município com 1.841 km², do litoral sul do estado, é o principal porto exportador da Bahia. Capela de N.S.ª Santana tombada pelo Iphan. Hab.: 184.231.

Imperatriz (MA), município com 1.367,9 km², na região oeste do estado, às margens do rio Tocantins. Atrações turísticas: balneários Estância do Recreio e do Bananal, praias do Cacau e do Imbiral e ilha da Serra Quebrada. Hab.: 247.553.

Império Romano, vigorou de 31 a. C. a 476 d. C., tendo atingido o seu auge no início da Era Cristã. Após o regime republicano (510 a 31 a.C.), durante o qual Roma ocupou toda a bacia do mar Mediterrâneo, o império estendeu a todo esse território uma civilização comum.

Inconfidência Mineira (ou **Conjuração Mineira**), principal movimento de emancipação do Brasil Colônia, inicialmente organizado como oposição à cobrança por Portugal do pagamento de tributos atrasados. Lideraram a conspiração (1789-1792) proprietários rurais, intelectuais, clérigos e militares de Minas Gerais. Denunciados, 11 dos acusados foram condenados à morte, mas apenas Tiradentes foi executado, tendo tido os demais a pena comutada em degredo perpétuo por D. Maria I.

Indaiatuba (SP), município com 310,5 km², situado na região sudoeste do estado; antigo pouso de sertanistas, viajantes e tropeiros que iam para Sorocaba. Hab.: 201.848.

Índia (República da), país com 3.287.590 km², situado no centro-sul da Ásia, é o segundo mais populoso do mundo (China é o primeiro). República parlamentar, independente desde 1947. Capital: *Nova Délhi*; recursos principais: agricultura (esp. arroz), minérios (carvão e ferro), reservas de petróleo. Hab.: 1.166.079.217 (2009).

Indonésia (República da), país asiático, com 1.904.569 km², situado no sudeste do continente; é o maior arquipélago-Estado do mundo, com 17.500 ilhas: Grandes Ilhas de Sonda (Bornéu, Java, Samatra etc.), Pequenas Ilhas de Sonda (Bali, Timor etc.) e Molucas. República presidencialista, independente desde 1945. Capital: *Jacarta*; recursos principais: agricultura (arroz, chá, café, seringueira, dendê etc.) e petróleo. Hab.: 240.271.522 (2009).

Inglaterra, maior dos quatro países que constituem o Reino Unido da Grã-Bretanha e Irlanda do Norte (os outros são a Escócia, o País de Gales e a Irlanda do Norte), com 130.395 km², e uma das maiores nações industriais e comerciais do mundo. Situa-se na região sudeste da ilha da Grã-Bretanha. Monarquia constitucional. Capital: *Londres*; recursos principais: extração de carvão, minério de ferro, petróleo e gás natural (no mar do Norte); indústrias (aço e ferro, automóveis, aviões, cerâmica e porcelana etc.). Hab.: 61.113.205 (2009).

Inhaúma (Joaquim José Inácio, **visconde de**) [Lisboa, Portugal, 1808 — Rio de Janeiro RJ, 1869], militar brasileiro, foi comandante da esquadra brasileira na Guerra do Paraguai.

Inquisição, instituição judicial eclesiástica, criada na Idade Média (séc. XIII) pela Igreja católica, para localizar, processar e sentenciar sumariamente pessoas culpadas de heresia e pretensos feiticeiros.

Instituto Brasileiro de Geografia e Estatística (IBGE), órgão federal criado por Getúlio Vargas (1938) para coordenar nacionalmente todas as atividades estatísticas das diversas esferas administrativas. É integrado pelo Conselho Nacional de Estatística e pelo Conselho Nacional de Geografia.

Instituto Butantã, centro de renome internacional em pesquisa científica de animais dotados de veneno, possui uma das maiores coleções de serpentes do mundo (54 mil exemplares) e é o maior produtor nacional de soros e vacinas. Foi criado em 1901 e seu primeiro diretor foi Vital Brasil.

Instituto do Patrimônio Histórico e Artístico Nacional (**Iphan**), órgão federal, criado em 1990, em substituição à Secretaria do Patrimônio Histórico e Artístico Nacional (1937), fundada por Rodrigo Melo Franco de Andrade. Realiza um trabalho permanente de fiscalização, proteção, identificação, restauração, preservação e revitalização dos monumentos, sítios e bens móveis do país.

Instituto Histórico e Geográfico Brasileiro (**IHGB**), criado em 1838, dedica-se a publicar e arquivar documentos sobre história e geografia do Brasil.

Insulíndia, região da Ásia que compreende o conjunto de ilhas entre o sudeste da Ásia e a Austrália, formado pela Indonésia, Filipinas, Malásia e Brunei.

Insurreição Pernambucana, revolta contra o domínio holandês em Pernambuco (1645-1654) liderada por João Fernandes Vieira, com a participação de Antônio Filipe Camarão, porque a Holanda, em guerra na Europa, passou a cobrar os empréstimos que fizera às elites rurais pernambucanas.

Intentona Comunista, insurreição político-militar promovida pelo Partido Comunista Brasileiro (PCB), em novembro de 1935, com o objetivo de derrubar o presidente Getúlio Vargas e instalar um governo no Brasil.

Invasões Holandesas, em 1621 o governo da Holanda e um grupo de comerciantes fundaram a Companhia das Índias Ocidentais, para tentar recuperar seus negócios na África e na América, onde tinham tido os seus interesses econômicos prejudicados quando o trono português passou para a Coroa espanhola (1580). Investiram contra a Bahia (1624) e Pernambuco (1630). Foram rechaçados na primeira vez, mas conseguiram seu intento na segunda.

Ipatinga (**MG**), município com 165,5 km², situado na região do vale do Rio Doce, sede da Usiminas (Usina Siderúrgica de Minas Gerais). Hab.: 239.177.

Iperó (**SP**), município com 170,9 km², na microrregião de Sorocaba. Remanescentes da Fábrica de Ferro São João do Ipanema tombados pelo Iphan. Hab.: 28.301.

Iphan ver *Instituto do Patrimônio Histórico e Artístico Nacional*

Ipirá (**BA**), município com 3.023,6 km², situado na região centro-norte do estado. Pecuária e artesanato em couro. Hab.: 59.352.

Ipiranga (**Grito do**), episódio ocorrido em 7 de setembro de 1822, às margens do rio Ipiranga. D. Pedro, tendo recebido ordens para retornar a Portugal, lançou o brado "Independência ou Morte", proclamando a independência do Brasil.

Ipojuca (**PE**), município litorâneo com 527,3 km², na microrregião de Suape. Usinas de cana-de-açúcar. Convento e Igreja de Santo Antônio tombados pelo Iphan. Hab.: 80.542.

Iraque (**República Democrática Islâmica do**), país do sudoeste da Ásia, com 438.317 km². República presidencialista, ex-ditadura militar desde 2003, após a queda de Saddam Hussein. Capital: *Bagdá*; recursos principais: agricultura (tâmaras) e petróleo. Hab.: 28.945.657 (2009).

Irã (**República Islâmica do**), país do sudoeste da Ásia, com 1.648.000 km². República presidencialista. Capital: *Teerã*; recursos principais: agricultura (algodão, arroz, cereais), fabrico artesanal de tapetes, petróleo. Hab.: 66.429.284 (2009).

Irati (**PR**), município com 999,5 km², na região sudeste do estado, antiga aldeia dos índios caingangues. Hab.: 56.288.

Irecê (**BA**), município com 313,6 km², situado na região centro-norte do estado; é um dos maiores produtores de feijão da Bahia. Hab.: 66.404.

Irlanda (**República da**) ou **Eire**, país do noroeste da Europa, com 70.284 km², independente desde 1921. República mista. Capital: *Dublin*; recursos principais: pecuária e indústrias (de alimentos, bebidas alcoólicas, tabaco etc.). Hab.: 4.203.200 (2009).

Irlanda do Norte, um dos quatro países integrantes do Reino Unido da Grã-Bretanha e Irlanda do Norte (junto com Escócia, País de Gales e Inglaterra), e o menor dos quatro, com 14.120 km². Capital: *Belfast*; recursos principais: indústrias de tecidos (linho, lã, algodão), estaleiros, fábricas de aviões. Hab.: 1.741.600 (2006).

Isabel, a Redentora (Isabel Cristina Leopoldina Augusta Micaela Gabriela Rafaela Gonzaga de Bragança, **princesa**) [Rio de Janeiro RJ, 1846 — Castelo d'Eu, França, 1921], filha do imperador D. Pedro II, casada com o príncipe francês Luís Gastão de Orléans, conde d'Eu, promulgou a Lei do Ventre Livre (1871) e a Lei Áurea (1888), acabando com a escravidão no Brasil.

Islândia (**República da**), país da Europa, uma ilha com 103.000 km² situada logo abaixo do círculo polar ártico. República mista, independente desde 1944. Capital: *Reykjavik*; recurso principal: pesca (bacalhau, hadoque, arenque etc.). Hab.: 306.694 (2009).

Israel (**Estado de**), país da Ásia ocidental, com 22.145 km², situado no litoral leste do mar Mediterrâneo. República parlamentarista, independente desde 1948. Ocupa militarmente os territórios: colinas de Golan (Síria), Cisjordânia e a Grande Jerusalém. Capital: *Jerusalém* e *Tel-Aviv* (reconhecida pela ONU); recursos principais: agricultura, lapidação de diamantes. Hab.: 7.233.701 (2009).

Itabaiana (**SE**), município com 336,6 km², na microrregião do agreste de Itabaiana. Indústria madeireira, confecção de carrocerias de caminhão. Hab.: 86.981.

Itaberaba (**BA**), município com 2.357,1 km², situado no centro-norte do estado. Maior produtor de abacaxi do Nordeste. Hab.: 61.623.

Itabira (**MG**), município com 1.256,4 km², na microrregião de mesmo nome. Terra natal de Carlos Drummond de Andrade. Minério de ferro (Cia. Vale do Rio Doce). Igreja de N.Sª. do Rosário tombada pelo Iphan. Hab.: 109.551.

Itabirito (**MG**), município com 543 km². Igrejas de N.Sª. do Rosário e de São Vicente e conjunto paisagístico do pico de Itabira, ou do Itabirito, tombados pelo Iphan. Hab.: 45.484.

Itaboraí (Joaquim José Rodrigues Torres, **visconde de**) [Porto das Caixas RJ, 1802 — Rio de Janeiro RJ, 1872], político brasileiro, foi deputado, senador, presidente da província do Rio de Janeiro (aos 28 anos) e presidente do Banco do Brasil.

Itaboraí (**RJ**), município com 424,2 km². Casa do visconde de Itaboraí (atual Fórum), ruínas do Convento de São Boaventura e Igreja Matriz de São João Batista tombadas pelo Iphan. Hab.: 218.090.

Itabuna (**BA**), município com 443,2 km², no sul do estado, centro geográfico da região cacaueira. Cultura e industrialização do cacau, criação de gado e cavalos de raça, extração de granito etc. Hab.: 204.710.

Itaguaí (**RJ**), município com 271,5 km², situado na região metropolitana do Rio de Janeiro e sede do porto de Sepetiba. Hab.: 109.163.

Itaituba (**PA**), município com 62.040,9 km², situado no noroeste do estado, às margens do rio Tapajós. Jazidas de calcário, ouro e pedras preciosas. Hab.: 97.343.

Itajaí (**SC**), município com 289,2 km², situado no litoral norte do estado, na foz do rio Itajaí-Açu. Terra de índios xoclengues colonizada por imigrantes alemães. Hab.: 183.388.

Itajubá (**MG**), município com 290,4 km², situado na região sul/sudoeste do estado. Antiga aldeia dos índios puris (coroados). Sete universidades. Fábrica de helicópteros (Helibras — Helicópteros do Brasil S/A). Hab.: 90.679.

Itália (**República Italiana**), país da Europa, com 301.268 km², situado em uma península do mar Mediterrâneo. República parlamentarista. Capital: *Roma*; recursos principais: agricultura (esp. oliveiras e vinhedos), pecuária e indústrias (alimentícia, metalúrgica, mecânica, têxtil etc.). Hab.: 58.126.212 (2009).

Itamaracá (**PE**), município com 65,4 km², situado em uma ilha separada do continente pelo canal de Santa Cruz e rio Jaguaribe. Fortaleza de Orange tombada pelo Iphan. Hab.: 22.449.

Itamaraju (**BA**), município com 2.369,9 km², situado no sul do estado. Antiga aldeia dos índios pataxós, foi desmembrado de Prado e instalado em 1961. Hab.: 63.355.

Itanhaém (Manuel Inácio de Andrade Souto Maior, **barão e marquês de**) [Marapicu RJ, 1782 — *id.*, 1867], militar e político brasileiro, foi nomeado tutor de D. Pedro II e suas irmãs (1833) e redigiu um texto ("Instruções"), contendo os princípios a observar na educação do príncipe.

Itanhaém (**SP**), município histórico do litoral sul do estado, com 599 km², é a segunda cidade mais antiga do Brasil. Convento e igrejas de N.Sª. da Conceição e Matriz de Santana tombados pelo Iphan. Hab.: 87.053.

Itaparica (**BA**), município com 762,9 km², situado em uma ilha da região metropolitana de Salvador. Turismo. Conjunto arquitetônico, urbanístico e paisagístico, igrejas Matriz do Santíssimo Sacramento e de São Lourenço e Forte de São Lourenço tombados pelo Iphan. Hab.: 20.760.

Itapecerica da Serra (**SP**), município com 151,5 km², na região metropolitana de São Paulo, represa de Guarapiranga. Hab.: 152.380.

Itaperuna (**RJ**), município com 1.105,5 km², situado na região noroeste do estado, divisa com Minas Gerais. Fonte de águas minerais no distrito de Raposo. Hab.: 95.876.

Itapetinga (**BA**), município com 1.609,5 km², situado na região sul do estado. Agropecuária. Hab.: 68.314.

Itapetininga (**SP**), município com 1.792 km², situado na região sul do estado; antigo pouso de tropeiros que levavam gado para Minas Gerais. Três universidades. Agricultura (pêssegos) e pecuária. Hab.: 144.416.

Itapeva (**SP**), município com 1.826,7 km², situado no sudoeste do estado. Mata de araucária e mata Atlântica. Mineração. Hab.: 87.765.

Itapevi (**SP**), município com 91,3 km², situado na região oeste da Grande São Paulo, desmembrado de Cotia e instalado em 1959. Hab.: 200.874.

Itapipoca (**CE**), município com 1.614,6 km², situado no litoral norte do estado. Assentamento Maceió (1985) abriga 5.000 pessoas em 12 comunidades. Hab.: 116.065.

Itaporanga d'Ajuda (**SE**), município com 757,2 km², situado no litoral. Igreja do Engenho Retiro, primeira residência jesuíta no estado. Casa de Tejubeba tombada pelo Iphan. Hab.: 30.428.

Itaquaquecetuba (**SP**), município com 81,8 km², na região metropolitana de São Paulo, banhado pelo rio Tietê. Hab.: 321.854.

Itaquatiara (**AM**), município com 8.891,9 km², situado na região centro do estado, na margem esquerda do rio Amazonas. Hab.: 86.840.

Itararé (Aparício Fernando de Brinkerhoff Torelly, **barão de**) [São Leopoldo do Sul RS, 1895 — Rio de Janeiro RJ, 1971], jornalista e humorista brasileiro, colaborou em vários jornais cariocas e fundou seu próprio jornal, *A manha*, tabloide de circulação nacional. Obras: *Pontas de cigarro*, *Almanhaque*.

Itarema (**CE**), município com 720,6 km², no litoral norte do estado. Igreja de N.Sª. da Conceição de Almofala tombada pelo Iphan. Hab.: 37.462.

Itatiaia (**Parque Nacional do**), com cerca de 30.000 ha, foi o primeiro parque criado no país (1937). Localizado na divisa dos estados do Rio de Janeiro e de Minas Gerais, abrange a serra da Mantiqueira, onde está o pico das Agulhas Negras, o quarto mais alto do Brasil (2.787 m).

Itatiba (**SP**), município com 322,5 km², situado na serra da Jurema, região de Campinas. Indústria de móveis. Hab.: 101.450.

Itaúna (**MG**), município com 495,8 km², situado na região oeste do estado, desmembrado de Pará de Minas e instalado em 1901. Siderurgia, pecuária. Hab.: 85.396.

Itaverava (**MG**), município com 282,6 km², situado no nordeste do estado. Igreja Matriz de Santo Antônio e Sobrado do Padre Taborda tombados pelo Iphan. Hab.: 5.798.

Itororó (**Batalha de**), confronto na Guerra do Paraguai (06/12/1868), entre cinco mil paraguaios e 20 mil brasileiros comandados pelo duque de Caxias, na ponte sobre o arroio Itororó. Os paraguaios foram derrotados.

Ituaçu (**BA**), município com 1.216,1 km², situado no sudoeste do estado. Gruta de Mangabeira (há uma igreja inteira construída dentro dela) tombada pelo Iphan. Hab.: 18.127.

Ituiutaba (**MG**), município com 2.587,3 km², situado no Triângulo Mineiro. Agropecuária. Indústria alimentícia. Hab.: 97.159.

Itumbiara (**GO**), município com 2.461,2 km², situado na região sul do estado. Beneficiamento de grãos. Usinas elétricas de Cachoeira Dourada e Itumbiara, no rio Paranaíba. Hab.: 92.942.

Itu (**SP**), município com 640 km², situado na microrregião de Sorocaba. Convento e igrejas de N.Sª. do Carmo, Matriz de N.Sª. da Candelária e Museu Republicano Convenção de Itu tombados pelo Iphan. Hab.: 154.200.

Iugoslávia (**República Federativa da**), extinta em fevereiro de 2003, era formada por seis repúblicas (Eslovênia, Croácia, Bósnia-Herzegóvina, Sérvia, Montenegro e Macedônia) e duas regiões autônomas (Kosovo e Voivodina), passando a chamar-se República da Sérvia e Montenegro. Em junho de 2006, Sérvia e Montenegro tornaram-se independentes, constituindo a *República da Sérvia* e a *República de Montenegro*.

Ivo, Ledo [Maceió AL, 1924], poeta, romancista e ensaísta, estreou (1944) com o livro de poemas *As imaginações*. Membro da ABL. Obras: *Ode e elegia, Acontecimento do soneto, Cântico, Ninho de cobras, Poesia observada* etc.

Ivoti (**RS**), município com 63,1 km², situado na serra gaúcha, colonizado por alemães. Ponte do Imperador tombada pelo Iphan. Hab.: 19.877.

Jaboatão dos Guararapes (**PE**), município com 256 km², na região metropolitana do Recife. Igrejas de N.S.ª da Piedade e de N.S.ª dos Prazeres e Parque Histórico Nacional dos Guararapes tombados pelo Iphan. Hab.: 644.699.

Jabor, Arnaldo [Rio de Janeiro RJ, 1940], cineasta brasileiro, do Cinema Novo, autor de documentários e filmes premiados: *Toda nudez será castigada* (Festival de Berlim, 1973), *Eu sei que vou te amar* (Festival de Cannes, 1986) etc. É tb. comentarista político (jornal e TV).

Jaboticabal (**SP**), município com 706,4 km², situado no noroeste do estado. Cultura de cana-de-açúcar, usinas de açúcar e álcool. Hab.: 71.667.

Jabre (**pico do**), localizado no parque estadual de mesmo nome, no município de Matureia, microrregião da serra do Teixeira PB, tem 1.197 m de altitude.

Jacareí (**SP**), município com 460 km², situado na região do vale do Paraíba. Grandes fábricas de cerveja. Hab.: 211.308.

Jacarta ou **Djacarta**, capital da Indonésia, situada junto à costa a noroeste da ilha de Java. Estaleiros navais. Hab.: aprox. 15 milhões (2009).

Jacobina (**BA**), município com 2.319,8 km², situado na região centro-norte do estado. Sítio arqueológico (gruta dos Ossos). Capela do Bom Jesus da Glória tombada pelo Iphan. Hab.: 79.295.

Jacó do Bandolim (Jacob Pick Bittencourt, dito) [Rio de Janeiro RJ, 1918 — *id.*, 1969], instrumentista e compositor brasileiro, tocava violão e bandolim. A preferência pelo choro é demonstrada nos discos que gravou a partir de 1957: *Choros evocativos, Assanhado, Chorinhos e chorões, Vibrações* (os dois últimos com o conjunto Época de Ouro) etc.

Jaguar (Sérgio de Magalhães Gomes de Jaguaribe, dito) [Rio de Janeiro RJ, 1932], humorista e cartunista brasileiro, um dos fundadores de *O Pasquim*, colabora em vários jornais do Rio de Janeiro.

Jaguaribe Gomes de Matos, **Hélio** [Rio de Janeiro RJ, 1923], sociólogo e escritor brasileiro, fundou o Instituto Superior de Estudos Brasileiros (Iseb, 1956) e foi ministro da Ciência e Tecnologia (1991). Obras: *Brasil, sociedade democrática*, *Desenvolvimento econômico e político* etc.

Jaguaripe (BA), município com 891,3 km², situado no Recôncavo Baiano, cortado por túneis subterrâneos que eram us. pelos moradores como defesa contra os índios. Casa do Ouvidor, Igreja Matriz de N.S.ª da Ajuda e prédio do Paço Municipal tombados pelo Iphan. Hab.: 16.467.

Jamaica, país situado em uma ilha no centro do mar do Caribe (a terceira maior das Antilhas), América Central, com 10.990 km². Nação independente, da Comunidade Britânica, monarquia parlamentarista. Capital: *Kingston*; recursos principais: produção de bauxita e turismo. Hab.: 2.825.928 (2009).

Janaúba (MG), município com 2.188,8 km², situado na região norte do estado. Fruticultura irrigada. Hab.: 66.803.

Jandira (SP), município com 17,5 km², situado na microrregião de Osasco; seu surgimento está ligado à chegada à região de imigrantes europeus, esp. italianos, e ao desenvolvimento da Estrada de Ferro Sorocabana. Hab.: 108.436.

Januária (MG), município com 6.691,1 km², situado às margens do rio São Francisco, suas terras foram desbravadas por Manuel de Borba Gato, genro de Fernão Dias. Engenho de cana-de-açúcar. Hab: 65.464.

Japão, país situado em um arquipélago, no leste da Ásia, com 372.801 km². Monarquia parlamentarista. Capital: *Tóquio*; recursos principais: pesca, agropecuária, indústrias de equipamento de transporte e maquinaria elétrica e eletrônica. Hab.: 127.078.679 (2009).

Japeri (RJ), município com 82,8 km², situado na baixada Fluminense, às margens do rio Guandu. Agricultura e comércio. Hab.: 95.391.

Jaraguá (GO), município com 1.888,9 km², situado na microrregião de Anápolis. Igreja de N.S.ª do Rosário tombada pelo Iphan. Hab.: 41.888.

Jaraguá do Sul (SC), município com 532,6 km², situado na região nordeste do estado. Suas terras eram parte do dote da princesa Isabel, ao casar-se (1864). Hab.: 143.206.

Jardel Jércolis **Filho** [São Paulo SP, 1928 — Rio de Janeiro RJ, 1983], ator brasileiro de teatro, cinema e televisão. Filmes: *Floradas na serra*, *Terra em transe*, *Macunaíma*, *Rio Babilônia*.

Jardim, Antônio da **Silva** [Capivari RJ, 1860 — vulcão Vesúvio, Itália, 1891], jornalista brasileiro, defensor da república, considerado radical até por seus companheiros republicanos. Colaborou no periódico carioca *Gazeta de Notícias*. Publicou: *A crítica de escada abaixo*, *Campanhas de um propagandista* etc.

Jaru (RO), município com 2.944 km², situado na região leste do estado. Reserva biológica. Turismo. Frigoríficos e curtumes. Hab.: 52.043.

Jataí (GO), município com 7.174,2 km², situado na região sul do estado, na serra do Caiapó. Grãos e bananas. Lençol de águas termais. Hab.: 88.048.

Jatene, Adib Domingos [Xapuri AC, 1929] cirurgião cardíaco brasileiro, opera no Incor — Instituto do Coração, no Hospital das Clínicas SP. Foi duas vezes ministro da Saúde (1992 e 1995). Já escreveu mais de 300 trabalhos científicos.

Jaú (SP), município com 688,3 km², situado na região centro-oeste do estado. Indústria (esp. calçados) e agricultura (cana-de-açúcar). Hab.: 131.068.

Jequié (BA), município com 3.035,4 km², situado no centro-sul do estado, desenvolveu-se em torno de movimentada feira que atraía comerciantes de toda região. Pecuária e agricultura. Hab.: 151.921.

Jequitinhonha, visconde de (Francisco Gomes Brandão, que adotou o nome de Francisco Gê Acaiaba de Montezuma) [Salvador BA, 1794 — Rio de Janeiro RJ, 1870], político brasileiro, um dos precursores do abolicionismo, teve parte ativa na luta pela independência da Bahia. Fundador e presidente honorário da Ordem dos Advogados do Brasil (1830), foi tb. sócio-fundador do Instituto Histórico e Geográfico Brasileiro (IHGB).

Jesus Cristo, para os cristãos, o filho de Deus que se tornou homem, o Messias que veio salvar a humanidade. Para os católicos, nasceu da Virgem Maria por obra e graça do Espírito Santo.

Ji-Paraná (RO) município com 6.896,8 km², situado na região leste do estado, na divisa com Mato Grosso. Indústria madeireira e turismo. Hab.: 116.587.

Joana Angélica (sóror) [Salvador BA, 1762 — *id.*, 1822], monja da Ordem Concepcionista, abadessa do Mosteiro da Lapa, em Salvador BA, heroína da Independência, morreu trespassada por uma baioneta ao tentar impedir que as forças portuguesas invadissem o mosteiro.

João de Barro ver *Braguinha* (*Carlos Alberto Ferreira Braga, dito João de Barro*)

João do Rio (João Paulo Emílio Cristóvão dos Santos Coelho Barreto, dito) [Rio de Janeiro RJ, 1881 — *id.*, 1921], jornalista, escritor, teatrólogo e ensaísta brasileiro, adotou o pseudônimo que o consagrou quando trabalhava no jornal *Cidade do Rio*. Obras: *A bela madame Vargas*, *A última noite* (teatro), *As religiões do Rio* (reportagens), *Vida vertiginosa*, *Os dias passam* (crônicas) etc.

João Monlevade (MG), município com 99,2 km², situado na microrregião de Itabira; sede da Cia. Siderúrgica Belgo-Mineira, criada em 1939. Hab.: 73.451.

João Pessoa (PB), capital do Estado da Paraíba, com 210,5 km², situada no litoral. Ali fica a ponta do Seixas, extremo oriental da América. Turismo. Pesca. Extração de caju e coco. Capela do Engenho da

Graça, Convento e Igreja de Santo Antônio, Fonte do Tambiá, igrejas da Misericórdia, da Ordem Terceira de São Francisco, da Ordem Terceira do Carmo, entre outros bens imóveis tombados pelo Iphan. Hab.: 723.514.

Jobim (Antônio Carlos Brasileiro de Almeida Jobim, dito **Tom**) [Rio de Janeiro RJ, 1927 — Nova York, EUA, 1994], compositor brasileiro conhecido internacionalmente. Além de piano, aprendeu flauta, harmônica de boca e violão. Na gravadora Continental, fazia arranjos e orquestrações para Dalva de Oliveira, Orlando Silva, Elisete Cardoso e Dick Farney. Compôs, entre muitos outros sucessos, *Garota de Ipanema* (com Vinicius de Moraes).

Jobim, Danton [Avaré SP, 1906 — Rio de Janeiro RJ, 1978], redator-chefe do *Diário Carioca*, diretor de *Última Hora* (1965), criador do primeiro curso de jornalismo do Brasil e um dos maiores teóricos da comunicação brasileira. Foi presidente da Associação Brasileira de Imprensa (ABI) e senador pelo Estado da Guanabara. Obras principais: *Introdução ao jornalismo contemporâneo*, *Espírito do jornalismo* (1963) etc.

Jofre, Éder [São Paulo SP, 1936], pugilista entre os dez maiores da história, primeiro brasileiro campeão mundial de boxe, primeiro sul-americano a ingressar no Hall da Fama do Boxe (Nova York). Conquistou os títulos mundiais de pesos galo e pena.

Joinville (**SC**), município com 1.130,9 km², situado na região norte do estado, é o 3º polo industrial do sul do país. Suas terras faziam parte do dote da irmã de D. Pedro II, D. Francisca, ao casar-se com o príncipe de Joinville. Cemitério Protestante, Palácio dos Príncipes e parque à rua Mal. Deodoro tombados pelo Iphan. Hab.: 515.250.

Jordânia (**Reino Hachemita da**), país da Ásia ocidental, com 89.342 km²; monarquia parlamentarista, independente desde 1946. Capital: *Amã*; recursos principais: extrativismo mineral (sal de fosfato, sais de potássio) e indústrias (química, refino de petróleo, alimentícia, produtos minerais não metálicos). Hab.: 6.342.948 (2009).

Juazeiro (**BA**), município com 6.389,6 km², situado na região do vale do rio São Francisco, na divisa com o Estado de Pernambuco. Polo agroindustrial e porto fluvial. Turismo: Gruta do Convento, com mais de 5.000 m de comprimento, na divisa com Campo Formoso. Hab.: 197.984.

Juazeiro do Norte (**CE**), município com 248,5 km², situado na região sul do estado, no Cariri. É famoso pela devoção ao padre Cícero, responsável até hoje pelo grande número de fiéis que para ali são atraídos. Hab.: 249.936.

Judas Iscariotes, um dos 12 apóstolos de Jesus Cristo, que, por 30 moedas de prata, indicou-o à guarda com um beijo — o "beijo de Judas", sinônimo de traição. No Brasil é tradição malhar um judas no Sábado de Aleluia.

Juiz de Fora (**MG**), município com 1.436,9 km², situado na Zona da Mata do estado. Indústria automobilística (Mercedes Benz) e siderúrgica (Belgo-Mineira); pecuária e agricultura. Cine-Teatro Central tombado pelo Iphan. Hab.: 517.872.

Jundiaí (**SP**), município com 432 km², situado na microrregião de mesmo nome; suas terras começaram a ser povoadas a partir da construção da Capela de N.Sª. do Desterro. Produtor de café. Parque industrial diversificado. Hab.: 370.251.

Juno, divindade romana identificada com a *Hera* grega.

Junqueira, Ivan Nóbrega [Rio de Janeiro RJ, 1934], crítico literário, ensaísta e poeta brasileiro; presidente da ABL (2004-05). Detentor de importantes prêmios literários, seus poemas estão vertidos para oito línguas. Obras: *Os mortos*, *Três meditações na corda lírica*, *A rainha arcaica*, *A sagração dos ossos* etc.

Júpiter, divindade romana identificada com o *Zeus* grego. Em astronomia, é o primeiro dos planetas gasosos e o maior do sistema solar. Diâmetro equatorial: 142.796 km; diâmetro polar: 133.708 km; distância média do Sol: 778.330.000 km; satélites: 16.

Juruena (**rio**), corre nos estados de Mato Grosso e Pará (1.036 km). Conhecido por ser piscoso; tem como atrativo o salto do Juruena, com cerca de 40 m de queda. Um braço do seu leito abastece a usina hidrelétrica Santa Lúcia, em Sapezal MT.

Juruna, Mário [Couto Magalhães MT, 1943 — Brasília DF, 2002], cacique xavante, lutou pelos direitos indígenas. Como deputado federal, criou a Comissão Permanente do Índio, propôs soluções para a demarcação das terras e idealizou o I Encontro de Lideranças dos Povos Indígenas do Brasil, reunindo 664 caciques de todo o país.

Kk

Kafka, Franz [Praga, atual República Tcheca, 1883 — Kierling, Áustria, 1924], escritor tcheco. Seus escritos não se encaixam em nenhuma escola literária tradicional. Grande parte de sua obra só foi publicada postumamente. Autor de: *A metamorfose*, *O processo*, *O julgamento* etc.

Kant, Immanuel [Königsberg, antiga Prússia, 1724 — *id.*, 1804], filósofo alemão. Em seus estudos, dedicou-se esp. a desvendar a natureza e os limites do conhecimento humano. Obras: *Crítica da razão pura*, *Crítica da razão prática* etc.

Kardec (Léon Hippolyte Denizard Rivail, dito **Allan**) [Lyon, França, 1804 — Paris, França 1869], pedagogo e escritor francês, foi discípulo de Pestalozzi e dedicou-se ao ensino. Estudou o fenômeno das "mesas girantes e falantes" e converteu-se ao espiritismo. Obras: *O livro dos espíritos*, *O livro dos médiuns* etc.

Katar ver *Catar*

Katmandu ver *Catmandu*

Kepler, Johannes [Weil, hoje Weil der Stadt, Württemberg, Alemanha, 1571 — Ratisbona, atual Regensburg, Alemanha, 1630], astrônomo e matemático alemão. Formulou três leis do movimento planetário, que formaram a base da lei da gravitação universal de Newton.

Khouri, Walter Hugo [São Paulo SP, 1929 — *id.*, 2003], cineasta brasileiro; foi assistente do diretor Lima Barreto em *O Cangaceiro*. Seu primeiro longa-metragem foi *O gigante de pedra* (1952). Outros filmes: *Amor, estranho amor*; *Noite vazia*; *Corpo ardente* etc.

Kierkegaard, Sören Aabye [Copenhague, Dinamarca, 1813 — *id.*, 1855], filósofo e pensador religioso dinamarquês, considerado um dos fundadores do existencialismo. Dedicou-se esp. ao pensamento religioso, na filosofia e na literatura.

Kiribati (**República do**), país da Oceania centro-oriental, um arquipélago da Polinésia com 33 ilhas e 726 km². Antiga ilha Gilbert, que formava com Ellice (atual Tuvalu) uma colônia inglesa, tornou-se independente (1979) e país-membro da ONU (1999). Capital: *Bairiki*; recurso principal: turismo. Hab.: 112.850 (2009).

Klink, Amir [São Paulo SP, 1955], navegador brasileiro, em 1984 realizou a primeira travessia do Atlântico Sul a remo, viagem contada no livro *Cem dias entre céu e mar*, e dois anos depois a viagem preparatória à Antártida e cabo Horn, a bordo do veleiro polar "Rapa Nui". A bordo do "Paratii", percorreu 27.000 milhas, da Antártida ao Ártico, em 642 dias (final de 1989). Os livros *Paratii – entre dois polos* e *As janelas do Paratii* relatam e ilustram esse projeto.

Krajcberg, Frans [Kozienice, Polônia, 1921], gravador e pintor, veio para o Brasil (1948) e naturalizou-se brasileiro (1954); fixado em Nova Viçosa BA, passou a recolher do mangue e da floresta os materiais com que trabalha. Suas obras estão expostas em museus e coleções particulares do Rio de Janeiro, São Paulo, Paris e Nova York.

Krieger, Edino [Brusque SC, 1928] violinista e compositor brasileiro. Estudou no Conservatório Brasileiro de Música RJ (1943), ganhou o prêmio Música Viva com sua composição *Trio de sopros* (1945) e passou a fazer parte do grupo que defendia no Brasil o dodecafonismo. Foi diretor da Orquestra Sinfônica Nacional.

Kubitschek de Oliveira, **Juscelino** [Diamantina MG, 1902 — Via Dutra, em Resende RJ, 1976], político brasileiro, foi deputado federal (1934 e 1945) e prefeito de Belo Horizonte (1940). Elegeu-se governador de seu estado (1950) e presidente da República (1955). Iniciou a construção de estradas e hidrelétricas e a instalação da indústria automobilística. A construção da nova capital federal (inaugurada em 1960), Brasília, foi outra realização sua.

Kuweit ou **Kuwait** (**Estado do**), pequeno país desértico, com 17.818 km²; localizado no sudoeste asiático. Monarquia islâmica, independente desde 1961. Capital: *Cidade do Kuweit* ou *Kuwait*; recurso principal: petróleo. Hab.: 2.691.158 (2009).

Lacerda, Benedito [Macaé RJ, 1903 — Rio de Janeiro RJ, 1958], flautista e compositor popular brasileiro. Criou o conjunto Gente do Morro (1930), depois chamado Regional Benedito Lacerda. Compôs grandes sucessos carnavalescos: *Macaco, olha o teu rabo*; *Jardineira*; *Despedida da Mangueira* etc.

Lacerda, Carlos Frederico Werneck de [Vassouras RJ, 1914 — Rio de Janeiro RJ, 1977], político e jornalista brasileiro. Fundou o jornal *A Tribuna da Imprensa* (1949). Foi um dos líderes da oposição ao segundo governo Vargas e do golpe militar de 1964. Primeiro governador eleito do antigo Estado da Guanabara (1960-1965), atual Estado do Rio de Janeiro.

Lacombe, Américo Lourenço **Jacobina** [Rio de Janeiro RJ, 1909 — *id.*, 1993], historiador e professor brasileiro. Secretário do Conselho Nacional de Educação, diretor da Casa de Rui Barbosa e presidente do Instituto Histórico e Geográfico Brasileiro (IHGB). Membro da ABL. Obras: *Um passeio pela história do Brasil*, *Ensaios brasileiros de história*, *Formação literária de Rui Barbosa* etc.

Laet, Carlos Maximiliano Pimenta **de** [Rio de Janeiro RJ, 1847 — *id.*, 1927], professor, jornalista, escritor, filólogo e político brasileiro, grande defensor da monarquia durante a campanha republicana.

Membro fundador e presidente da ABL. Obras: *Poesias, A descoberta do Brasil, Antologia nacional* (com Fausto Barreto) etc.

La Fontaine, Jean de [Château-Thierry, França, 1621 — Paris, França, 1695], poeta francês conhecido pelas suas *Fábulas* (1668 a 1694), versos leves inspirados nas *Fábulas de Esopo*, que mostram o comportamento humano através dos animais. São utilizadas, até hoje, como parte da educação das crianças de muitos países.

Lagarto (SE), município com 969,2 km², situado a 78 km de Aracaju, foi uma antiga aldeia dos índios cariris, na confluência dos rios Piauí e Jacaré. Hab.: 94.852.

Lagoa Santa (MG), município da região metropolitana de Belo Horizonte, com 231,9 km². É o segundo produtor de abacaxi do estado. Túmulos do Dr. Pedro Guilherme Lund e seus colaboradores tombados pelo Iphan. Gruta da Lapinha, com 511 m de extensão e 40 de profundidade. Hab.: 52.526.

Laguna (Retirada da), episódio da Guerra do Paraguai, em 1867, quando uma tropa de 1.700 homens, liderada pelo coronel Carlos de Morais Camisão, entrou em território inimigo, foi rechaçada pelos paraguaios e teve de retirar-se.

Laguna (SC), município histórico litorâneo, com 440,5 km², situado na extremidade sul de uma península da região sul do estado. Por ali passava a linha imaginária do Tratado de Tordesilhas. Centro histórico e casa à praça da Bandeira tombados pelo Iphan. Pesca e turismo. Hab.: 51.554.

Lajeado (RS), município com 90,4 km², na região centro-oriental do estado, às margens do rio Taquari. Agroindústria, indústria alimentícia e de móveis. Hab.: 71.481.

Lajes (SC), município com 2.644,3 km², situado na microrregião Campos de Lajes, na divisa com o Estado do Rio Grande do Sul. Pioneira do turismo rural. Hab.: 156.737.

Lampião (Virgulino Ferreira da Silva, dito) [Serra Talhada PE, 1898 — Angicos SE, 1938], cangaceiro brasileiro, dito Rei do Cangaço. Chefiou um bando que dominou o sertão nordestino por quase 20 anos. Suas histórias serviram de inspiração para muitos autores da literatura de cordel.

Langsdorf, Georg Heinrich von [Wöllstein, Alemanha, 1773 — Freiburg, Alemanha, 1852], naturalista alemão. Participou da expedição russa à América do Sul (1803) e realizou importante pesquisa sobre a fauna e a flora brasileiras. Foi cônsul-geral da Rússia no Rio de Janeiro (1813-1820). Obra: *Observações de uma viagem à volta do mundo.*

Laos (República Popular Democrática do), país do sudeste asiático, com 236.800 km². Regime de partido único (militar ditatorial de orientação comunista). Capital: *Vientiane*; recursos principais: agricultura (arroz, milho, cana-de-açúcar, café) e pecuária (bovinos, búfalos, suínos). Hab.: 6.834.942 (2009).

Lapa, Manuel **Rodrigues** [Anadia, Portugal, 1897 — *id.*, 1989], filólogo e historiador literário português. Dedicou-se à pesquisa de textos clássicos. Morou algum tempo no Brasil, onde foi professor na Faculdade de Filosofia de Belo Horizonte MG. Obras: *Lições de literatura portuguesa — época medieval, Estilística da língua portuguesa* etc.

Lapa (PR), município da microrregião de mesmo nome, com 2.045,8 km², situado na divisa com o Estado de Santa Catarina. Conjunto arquitetônico e paisagístico, cadeia pública, Igreja Matriz da Lapa e Teatro São João tombados pelo Iphan. Hab.: 44.936.

Laranjeiras (SE), município com 162,5 km², situado na região leste do estado, no vale do Cotinguiba. Importante cidade histórica. Conjunto arquitetônico e paisagístico, Capela do Engenho Jesus Maria José, Casa do Engenho Retiro, Igreja de Comandaroba e Igreja Matriz do Coração de Jesus tombados pelo Iphan. Hab.: 26.903.

Lara Resende, Otto de Oliveira ver *Resende, Otto de Oliveira Lara*

Lassance (MG), município com 3.213,5 km², situado na região de Pirapora, na margem direita do rio São Francisco. Casa de Saúde Carlos Chagas e estação ferroviária tombadas pelo Iphan. Hab.: 6.490.

Lattes, César Mansueto Giulio [Curitiba PR, 1924 — Campinas SP, 2005], físico brasileiro, um dos fundadores e diretor do Centro Brasileiro de Pesquisas Físicas, instituto que inspirou a criação do hoje Conselho Nacional de Desenvolvimento Científico e Tecnológico (CNPq), em 1951. A descoberta do píon, partícula nuclear elementar, em 1947, foi o grande marco da sua carreira.

Lauro de Freitas (BA), município com 60 km², situado na região metropolitana de Salvador. Aeroporto internacional. Igreja Matriz de Santo Amaro de Ipitanga tombada pelo Iphan. Hab.: 163.414.

Lavras (MG), município com 564,4 km² situado na região sul do estado. Café e gado leiteiro. Igreja Matriz de N.Sª. do Rosário tombada pelo Iphan. Hab.: 92.171.

Leão Diegues, **Nara** Lofego [Vitória ES, 1942 — Rio de Janeiro RJ, 1989], cantora e compositora brasileira, dita Musa da bossa nova, e uma das grandes intérpretes desse movimento. Imortalizou clássicos da MPB: *O barquinho*; *Olê, olá*; *Esse mundo é meu*; *Com açúcar, com afeto*; *Apanhei-te cavaquinho* etc.

Le Corbusier (Charles-Édouard de Jenneret-Gris, dito) [La Chaux-de-Fonds, Suíça, 1887 — Riviera, França, 1965], arquiteto e urbanista franco-suíço, um dos pioneiros da arquitetura moderna, criador de um novo estilo de habitação, dito funcional. Exerceu influência decisiva sobre a obra dos arquitetos brasileiros Lúcio Costa e Oscar Niemeyer.

Lei Áurea foi promulgada pela regente princesa Isabel em 13.5.1888, abolindo a escravidão no Brasil.

Leibniz, Gottfried Wilhelm [Liepzig, Alemanha, 1646 — Hannover, Alemanha, 1716], matemático e filósofo alemão. Descobriu, simultaneamente com

Isaac Newton, a teoria do cálculo integral e diferencial. Inventou a máquina de calcular. Obras: *Novos ensaios sobre o entendimento humano* etc.

Lei dos Sexagenários, escrita originalmente pelo então jovem deputado Rui Barbosa, foi aprovada em 1885, tornando livres os escravos com idade igual ou superior a 65 anos. Provocou grande mobilização nas cidades e nos campos contra a escravidão.

Lei do Ventre Livre, promulgada pelo governo imperial, tornou livres as crianças nascidas de mães escravas a partir de 28.9.1871.

Leite, Ascendino [Conceição do Piancó PB, 1915 – João Pessoa PB, 2010], romancista, memorialista e jornalista brasileiro. Fundou a *Gazeta da Paraíba* (1936) e dirigiu vários jornais no Rio de Janeiro e em São Paulo. Obras: *A viúva branca*, *Estética do modernismo*, *A prisão*, *O brasileiro* etc.

Leme (SP) município com 403 km², situado na região administrativa de Campinas e cortado pelo rio Moji-Guaçu. Anualmente acontece a Romaria dos Canoeiros e Cavaleiros de Leme. Hab.: 91.804.

Leminski Filho, **Paulo** [Curitiba PR, 1944 — *id.*, 1989], poeta brasileiro, porta-voz da poesia concreta paulista (1964). Compositor, teve suas canções gravadas por Caetano Veloso e pelo conjunto A cor do som. Obras: *Catatau*, *Caprichos e relaxos*, *Agora é que são elas*, *Distraídos venceremos* etc.

Lençóis (BA), município da chapada Diamantina, região centro-sul do estado, com 1.240,3 km². Conjunto arquitetônico e paisagístico tombado pelo Iphan. Hab.: 10.368.

Lençóis Paulista (SP), município com 803,8 km², localizado na região centro-oeste do estado, microrregião de Bauru, instalado em 1866. Hab.: 61.454.

Lênin (Vladimir Ilitch Ulianov, dito) [Simbirsk, Rússia, 1870 — Gorki, Rússia, 1924], estadista russo, fundador do Estado soviético. Chefiou a revolução socialista de 1917 e lançou as bases da doutrina comunista. Obras: *Imperialismo, etapa superior do capitalismo*; *O Estado e a revolução* etc.

Leôni Ramos, **Raul de** [Petrópolis RJ, 1895 — Itaipava RJ, 1926], poeta brasileiro da fase pré-modernista, considerado um autor independente, sem ligações com movimentos literários. Obras: *Ode a um poeta morto*, *Luz mediterrânea* etc.

Leônidas da Silva [Rio de Janeiro RJ, 1913 — Cotia SP, 2004], jogador de futebol brasileiro, centroavante, dito Diamante Negro. Jogou no Flamengo (1936-1941) e tornou-se um grande ídolo da história do clube. Artilheiro da Copa de 1938. Considerado o inventor do chute "bicicleta".

Leopoldina (Maria Leopoldina Josefa Carolina de Habsburgo, **imperatriz**) [Viena, Áustria, 1797 — Rio de Janeiro RJ, 1826], primeira imperatriz brasileira, esposa de D. Pedro I. Dita Paladina da Independência por sua atuação política favorável à independência do Brasil.

Leopoldina (MG), município com 942,3 km², situado na região da Zona da Mata, às margens da BR-116. Pecuária leiteira. Hab.: 51.136.

Léry, Jean de [La Margelle, França, 1534 — Berna, Suíça, 1611], missionário protestante francês, veio ao Brasil (1557) para fixar-se na França Antártica, colônia fundada por Villegaignon no Rio de Janeiro. Publicou o livro *Viagem à terra do Brasil*, fonte de estudo das origens do país, da vida e dos costumes dos primeiros habitantes.

Lesoto (Reino de), país do sul da África, com 30.355 km². Monarquia parlamentarista, independente desde 1966. Capital: *Maseru*; recurso principal: agropecuária. Hab.: 2.130.819 (2009).

Lessa, Aureliano José [Diamantina MG, 1828 — Conceição do Serro MG, 1861], poeta brasileiro, da segunda fase do Romantismo, companheiro de Álvares de Azevedo. Obras: *Poesias póstumas* etc.

Lessa, Orígenes [Lençóis SP, 1903 — Rio de Janeiro RJ, 1986], jornalista e escritor brasileiro. Trabalhou em diversos jornais e foi redator publicitário. Na literatura, escreveu contos e romances. Membro da ABI e da ABL. Obras: *O feijão e o sonho*, *Rua do sol*, *O evangelho de Lázaro*, *Não há de ser nada* etc.

Letícia Quadros, **Ana** [Teresópolis RJ, 1929], gravadora e pintora brasileira, notabilizou-se por suas gravuras de caracóis e folhas. Bastante atuante nos anos 1960, foi contemporânea de Ivan Serpa, Osvaldo Goeldi e Darel Lins.

Letônia (República da), país do norte da Europa central, um dos países bálticos, com 64.500 km². República parlamentarista, é uma das 15 ex-repúblicas da União Soviética que se tornaram independentes em 1991. Capital: *Riga*; recursos principais: agricultura e serviços. Hab.: 2.231.503 (2009).

Líbano (República do), país da Ásia ocidental, com 10.400 km², situado na extremidade leste do mar Mediterrâneo. República parlamentarista, independente desde 1943. Capital: *Beirute*; recurso principal: agricultura (trigo, algodão, oliveira, vinhas). Hab.: 4.017.095 (2009).

Libéria (República da), país da África ocidental, com 111.369 km². República presidencialista, independente desde 1847. Capital: *Monróvia*; recursos principais: agricultura (arroz, café, cana-de-açúcar, cacau), extrativismo mineral (ferro). Hab.: 3.441.790 (2009).

Líbia (Grande Jamahirya Popular Socialista da), país do norte da África, com 1.759.540 km². República ditatorial militar desde 1969. Capital: *Trípoli*; recurso principal: petróleo. Hab.: 6.310.434 (2009).

Liechtenstein (Principado de), país da Europa centro-ocidental, entre a Suíça e a Áustria, com 160 km². Monarquia parlamentarista, independente desde 1806. Capital: *Vaduz*; recursos principais: agricultura (trigo, aveia, centeio, milho) e indústrias (têxteis, produtos farmacêuticos, instrumentos de precisão etc.). Hab.: 34.761 (2009).

Lima, Alceu de Amoroso (Rio de Janeiro RJ, 1893 — Petrópolis RJ, 1983) ensaísta, crítico e pensador brasileiro, adotou o pseudônimo de Tristão de Ataíde; convertido ao catolicismo, tornou-se um paladino da Igreja católica no Brasil. Obras: *Introdução à economia moderna, preparação à sociologia, No limiar da idade nova, O espírito e o mundo* etc.

Lima, Antônio **Augusto de** [Nova Lima MG, 1859 — Rio de Janeiro RJ, 1934], professor, político e poeta parnasiano brasileiro. Desempenhou importantes funções públicas. Foi um dos fundadores da Faculdade de Direito de Minas Gerais. Membro da ABL. Obras: *Contemporâneas, Símbolos, Noites de sábado* etc.

Lima, Arthur Moreira [Rio de Janeiro RJ, 1940], pianista brasileiro. Tocou com a OSB, pela primeira vez, aos 9 anos. Apresentou-se em orquestras de diversos países e lançou alguns discos. Além da música clássica, a MPB tb. faz parte de seu repertório.

Lima, Hermes [Livramento do Brumado BA, 1902 — Rio de Janeiro RJ, 1978], magistrado e político brasileiro. Chefe da Casa Civil durante o governo João Goulart, membro do Conselho Federal de Educação, ministro do Supremo Tribunal Federal, membro da ABL. Obras: *Introdução à ciência do direito, Problemas do nosso tempo, Lições da crise* etc.

Lima, Jorge Mateus **de** [União dos Palmares AL, 1895 — Rio de Janeiro RJ, 1953], escritor brasileiro, recebeu influências de diversos movimentos literários no romance e na poesia. A religiosidade fez parte da sua temática e tornou-se conhecido como o poeta do lirismo cristão. Obras: *Invenção de Orfeu, O acendedor de lampiões, O anjo, Calunga, Mulher obscura* etc.

Lima, José Inácio Ribeiro de **Abreu e**, dito *padre Roma* [Recife PE, 1768 — Salvador BA, 1817], revolucionário e religioso brasileiro, lutou na Revolta Pernambucana de 1817 e foi julgado e executado na Bahia. — **José Inácio de Abreu e Lima** [Recife PE, 1794 — *id.*, 1869], seu filho, militar, revolucionário, político e historiador brasileiro, lutou pela independência da Venezuela, junto a Simón Bolívar.

Lima Barreto, Afonso Henriques de ver *Barreto, Afonso Henriques de Lima*

Lima Barreto, Vítor ver *Barreto, Vítor Lima*

Lima e Silva, Luís Alves de ver *Caxias, duque de*

Lima Sobrinho, Alexandre José **Barbosa** [Recife PE, 1897 — Rio de Janeiro RJ, 2000], advogado, jornalista, ensaísta, historiador, professor, político brasileiro e membro da ABL, defendeu a liberdade de imprensa e os direitos humanos. Obras: *A língua portuguesa e a unidade do Brasil, Estudos nacionalistas, Sistemas eleitorais e partidos políticos* etc.

Limeira (SP), município com 581 km², da região central do estado, localizado entre os rios Moji-Guaçu e Piracicaba. Maior produtor de cítricos da América Latina. Hab.: 276.010.

Limoeiro (PE), município da região do Agreste do estado, com 269,9 km², entre a serra do Redentor e o rio Capibaribe. Hab.: 55.574.

Lincoln, Abraham [Kentucky EUA, 1809 — Washington EUA, 1865], político norte-americano, décimo sexto presidente dos EUA (1861 a 1865), conhecido pelos seus ideais democráticos e abolicionistas. Governou em meio à Guerra de Secessão e seu maior feito foi preservar a unidade norte-americana durante o conflito. Morreu assassinado por um fanático oposicionista.

Linhares (ES), município com 3.501,6 km², situado no litoral norte do estado, às margens do rio Doce; antiga aldeia dos índios botocudos, é responsável por 60% do petróleo e 90% do gás natural do estado. Hab.: 141.254.

Linhares, José [Baturité CE, 1886 — Caxambu MG, 1957], magistrado brasileiro. Foi juiz de Direito, desembargador, ministro do Tribunal Superior Eleitoral e presidente do Supremo Tribunal Federal. Presidiu interinamente o país por três meses (1945-1946), após a queda de Getúlio Vargas. Passou o cargo para o marechal Eurico Gaspar Dutra.

Lins, Álvaro de Barros [Caruaru PE, 1912 — Rio de Janeiro RJ, 1970], escritor, crítico, ensaísta, professor e jornalista brasileiro. Foi chefe da Casa Civil do governo Juscelino Kubitscheck, embaixador em Portugal e membro da ABL. Obras: *História literária de Eça de Queirós, A glória de César e o punhal de Brutus, Literatura e vida literária* etc.

Lins, Osman da Costa [Vitória de Santo Antão, PE, 1924 — São Paulo SP, 1978], escritor brasileiro, produziu romances, contos, peças teatrais e ensaios. Obras: *O visitante, Avalovara, Lisbela e o prisioneiro, Guerra do cansa-cavalo* etc.

Lins (SP), município da região oeste do estado, com 571,4 km², formado a partir do povoamento de um núcleo em torno da estação ferroviária da Estrada de Ferro Noroeste do Brasil. Hab.: 71.493.

Lins e Silva, Evandro ver *Silva, Evandro Lins e*

Lira Barbosa, **Carlos** Eduardo [Rio de Janeiro RJ, 1936], compositor e cantor popular brasileiro, um dos pioneiros da bossa nova. Compôs: *Coisa mais linda, Minha namorada, Primavera, Marcha da quarta-feira de cinzas* etc.

Lisboa, Henriqueta [Lambari MG, 1903 — Belo Horizonte MG, 1985], poetisa simbolista brasileira, primeira mulher eleita para a Academia Mineira de Letras (1963), recebeu o prêmio Machado de Assis da ABL. Obras: *Fogo-fátuo, Enternecimento, Velário, Flor da morte* etc.

Lisboa, João Francisco [Pirapema MA, 1812 — Lisboa Portugal, 1863], historiador, pensador político e escritor brasileiro, patrono da ABL, cadeira 18. Obras: *Jornal de Timon, Vida do padre Antônio Vieira, Obra completa* etc.

Lispector, Clarice [Tchetchelnik, Ucrânia, 1925 — Rio de Janeiro RJ, 1977], jornalista e escritora brasileira de origem ucraniana, publicou romances, contos, crônicas e livros infantojuvenis. Inspirou-se nos conflitos da existência humana e dissecou a alma dos personagens. Obras: *O lustre, A hora da estrela, Perto do coração selvagem, Laços de família* etc.

Liszt, Franz [Doborján, Hungria, 1811 — Bayreuth, Alemanha, 1886], compositor húngaro, conhecido pelo virtuosismo ao piano. Compôs poemas sinfônicos e regeu óperas e concertos. Obras: *Fausto, Rapsódias húngaras, Sonata em si menor, Sonhos de amor* etc.

Lituânia (**República da**), país do norte da Europa central, com 65.200 km², o maior dos países bálticos. República parlamentarista, uma das 15 ex-repúblicas da União Soviética que se tornaram independentes em 1991. Capital: *Vilnius*; recursos principais: agropecuária e indústria de alimentos e máquinas. Hab.: 3.555.179 (2009).

Lobato, José Bento **Monteiro** [Taubaté SP, 1882 — São Paulo SP, 1948], escritor brasileiro, um dos maiores autores de literatura infantil da língua portuguesa. Criou personagens antológicos, como a boneca Emília e o visconde de Sabugosa. Foi um nacionalista, defensor do petróleo brasileiro. Obras: *O sítio do pica-pau amarelo, Reinações de Narizinho, Caçadas de Pedrinho, Memórias da Emília* etc.

Lobo, Aristides da Silveira [Mamanguape PB, 1838 — Barbacena MG, 1896], político brasileiro, um dos chefes do levante da Proclamação da República (1889). Adversário do governo Deodoro da Fonseca (1891), apoiou Floriano Peixoto.

Lobo (Eduardo de Góis Lobo, dito **Edu**) [Rio de Janeiro RJ, 1943], cantor e compositor brasileiro. Sua obra é fortemente influenciada pela bossa nova. Fez parcerias com Vinicius de Moraes e Capinam, entre outros. Recebeu o prêmio Shell de melhor compositor brasileiro (1994). Discografia: *Arena canta Zumbi, 5 na bossa, Camaleão, O grande circo místico* etc.

Lobo, Francisco **Rodrigues** [Leiria, Portugal, c.1580 — Lisboa, Portugal, 1622], escritor português, destacou-se na prosa e na poesia. Suas *Éclogas* são consideradas clássicos da língua portuguesa. Autor tb. de importante trilogia pastoril: *Primavera, Pastor peregrino* e *Desencantado*.

Lomas Valentinas (**Batalha das**), uma das decisivas batalhas da Guerra do Paraguai (1868), comandada pelo futuro duque de Caxias e pelo general Mena Barreto, forçou os paraguaios, liderados pelo general Solano López, a baterem em retirada da região.

Londrina (**PR**), município com 1.650,8 km², situado na região norte central do estado. Plantações de café. Hab.: 506.645.

Lopes, Fernão [Portugal, séc. XIV — ? séc. XV], cronista português, registrou a história dos primeiros reis portugueses. Seus escritos são de grande importância para a história de Portugal e para a língua portuguesa. Obras: *Crônica del rei Dom João I, Crônica del rei Dom Pedro I, Crônica do senhor rei Dom Fernando* etc.

Lopes, José **Leite** [Recife PE, 1918 – Rio de Janeiro, 2006], físico brasileiro, diretor científico do Centro Brasileiro de Pesquisas Físicas. Professor universitário no Brasil, México, França, Argentina e Venezuela. Membro da ABC. Obras: *Introdução à física atômica, Sobre a teoria das forças nucleares* etc.

Lopes, Moacir Costa [Quixadá CE, 1927 – Rio de Janeiro RJ, 2010], romancista brasileiro. Seus livros têm sido adotados em colégios do ensino fundamental e estudados em universidades brasileiras e estrangeiras. Obras: *Maria de cada porto, A ostra e o vento, O almirante negro* etc.

Lopes Neto, João **Simões** [Pelotas RS, 1865 — *id.*, 1916], escritor e jornalista brasileiro. Produziu diversos gêneros literários, mas notabilizou-se como dramaturgo e contista. Obras: *Mixórdia, Os cacharéis* etc.

Lorena (**SP**), município com 413,7 km², situado na região do vale do Paraíba, aos pés da serra da Mantiqueira. Hab.: 82.553.

Lucena (**PB**), município com 89,2 km². Igreja de N.Sª. da Guia tombada pelo Iphan. Hab.: 11.730.

Luft, Lia Fett [Santa Cruz RS, 1938], tradutora e escritora brasileira, formou-se em Pedagogia e Letras anglo-germânicas. Professora de Linguística, traduziu mais de cem livros. Escreveu poemas, romances, crônicas e ensaios. Obras: *Canções de limiar, A asa esquerda do anjo, O quarto fechado, O rio do meio, Histórias do tempo, Perdas & Ganhos* etc.

Luís Pereira de Sousa, **Washington** [Macaé RJ, 1869 — São Paulo SP, 1957], político brasileiro, elegeu-se presidente da República (1926-1930), sendo o último da República Velha (1989-1930). A Revolução de 1930 eclodiu pouco antes do fim de seu mandato. Foi deposto por uma junta militar e Getúlio Vargas assumiu o poder.

Luís IX ou **São Luís** [Poissy, França, 1214 — Tunis, França, 1270], rei da França (1226-1270), conhecido por sua integridade e justiça. Assinou o Tratado de Paris (1259) com Henrique III da Inglaterra e obteve a Normandia, Anjou, Maine e Poitou. Lançou as bases do parlamento francês. Construiu em Paris a Sainte-Chapelle e a Sorbonne. Foi canonizado (1287).

Luís XIV, o Grande [Saint-Germain-en-Laye, França, 1638 — Versalhes, França, 1715], rei da França (1643-1715), dito o Rei-Sol, monarca absolutista, a ele se atribui a frase "O Estado sou eu". Restabeleceu as finanças, fomentou o comércio e a indústria, investiu em obras públicas e na marinha. Incentivou escritores e artistas. Deflagrou várias guerras para impor o predomínio francês, o que arruinou as finanças do país.

Luís XVI [Versalhes, França, 1754 — Paris, França, 1793], rei da França (1774-1791) e dos franceses (1791-1792), mergulhou o país em crise econômica. Ao eclodir a Revolução Francesa (1789), tentou fugir do país (1791). Foi preso, julgado traidor da República e condenado à morte na guilhotina. Sua mulher, Maria Antonieta, teve o mesmo fim.

Lula da Silva, Luís Inácio [Garanhuns PE, 1945], político brasileiro. Torneiro mecânico na juventude, presidiu o Sindicato dos Metalúrgicos do ABC paulista na década de 1970. Foi um dos fundadores do

PT (1980). Presidente de honra do partido, elegeu-se à Presidência da República em 2002 e reelegeu-se em 2006.

Lund, Peter Wilhelm [Copenhague, Dinamarca, 1801 — Lagoa Santa MG, 1880], naturalista dinamarquês radicado no Brasil, tido como pai da paleontologia brasileira. Encontrou em Minas Gerais (1843) os ossos do dito Homem da Lagoa Santa, um antepassado do homem moderno.

Lutero, Martinho [Eisleben, Alemanha, 1483 — *id.*, 1546], teólogo alemão, líder da Reforma, movimento religioso que originou o protestantismo em oposição ao catolicismo. Foi excomungado pelo papa Leão X (1521). Suas doutrinas e crenças ficaram conhecidas como *luteranas*.

Lutz, Adolfo [Rio de Janeiro RJ, 1855 — *id.*, 1940], médico e cientista brasileiro, estudioso do combate a diversas doenças epidêmicas: cólera, febre amarela, febre tifoide e malária. Foi diretor do Instituto Bacteriológico de São Paulo, agora chamado Instituto Adolfo Lutz. Obras: *A propósito da leishmaniose*, *Novas espécies de mosquitos no Brasil*, *Sobre a difteria* etc.

Luxemburgo (**Grão-Ducado de**), o menor dos países da Comunidade Europeia, com apenas 2.586 km², incrustrado entre a França, a Alemanha e a Bélgica. Monarquia parlamentarista, independente desde 1867. Capital: *Cidade de Luxemburgo*; recurso principal: indústria (metalúrgica e siderúrgica). Hab.: 491.775 (2009).

Luz, Carlos Coimbra da [Três Corações MG, 1894 — Rio de Janeiro RJ, 1961], político brasileiro, ocupou interinamente a Presidência da República (1955), durante o governo Café Filho. Ao longo de sua vida pública, exerceu diversos cargos municipais, estaduais e federais.

Luziânia (**GO**), município histórico com 3.961,5 km², no entorno de Brasília. É rico em ouro, cristais de rocha e madeira de lei. Hab.: 174.546.

Mm

Mabe, Manabu [Kumamoto, Japão, 1924 — São Paulo SP, 1997], pintor brasileiro de origem japonesa. Chegou ao Brasil em 1934. Pintou seus primeiros quadros na década de 1940, tendo sido premiado em diversas exposições nacionais e internacionais. Dedicou-se tb. à tapeçaria. A temática de sua obra é tanto abstrata como figurativa.

Macaé (**RJ**), município litorâneo, com 1.215,9 km², situado na região norte do estado. Suas terras faziam parte da Capitania de São Tomé. Extração de petróleo. Hab.: 206.748.

Macaíba (**RN**), município com 512,4 km², situado na região metropolitana de Natal, a apenas 20 km da capital. Primeiro produtor de mandioca e o segundo maior de caju do estado. Hab.: 69.538.

Macapá (**AP**), capital do Estado do Amapá desde 1943, com 6.407,1 km², localizada na margem esquerda do rio Amazonas, em sua foz. Foi colonizada por açorianos. Zona de livre comércio desde 1991. Fortaleza de São José tombada pelo Iphan. Hab.: 397.913.

Macau (**Região Administrativa Especial de**), antiga colônia portuguesa, localizada na Ásia oriental, com 28,6 km², desde dezembro de 1999 região autônoma administrada pela China. Capital: *Macau*; recursos principais: ópio, chá e pesca. Hab.: 559.846 (2009).

Macaúbas (Abílio César Borges, **barão de**) [Rio de Contas BA, 1824 — Rio de Janeiro RJ, 1891], educador brasileiro conhecido por suas ideias renovadoras, como a da abolição dos castigos corporais nas escolas. Foi o criador do livro didático no Brasil e mestre de Castro Alves, Rui Barbosa e Raul Pompeia.

Macedo, Joaquim Manuel de [Itaboraí RJ, 1820 — Rio de Janeiro RJ, 1882], escritor brasileiro, amigo pessoal de D. Pedro II. Seu primeiro romance, *A moreninha* (1945), alcançou grande popularidade. Patrono da cadeira 20 da ABL. Obras: *Os dois amores*, *A luneta mágica*, *Memórias de um sobrinho de meu tio* etc.

Macedônia (**República da**), país do sudeste europeu, com 25.713 km². República parlamentarista, independente desde 1991. Capital: *Skopje*; recurso principal: agropecuária. Hab.: 2.066.718 (2009).

Maceió (**AL**), capital do Estado de Alagoas, cidade turística litorânea com 510,6 km², entre a lagoa de Mundaú e o oceano Atlântico. Tem a maior unidade de preservação marinha do Brasil, a costa dos Corais (415.565 ha). Hab.: 932.608.

Machado, Ana Maria [Rio de Janeiro RJ, 1941], escritora brasileira, autora, entre outros estilos, de literatura infantojuvenil. Suas obras foram traduzidas para vários idiomas. Membro da ABL. Obras: *Alice e Ulisses*, *Aos quatro ventos*, *A audácia dessa mulher* etc.

Machado, Anésia Pinheiro [Itapetininga SP, 1902 — Rio de Janeiro RJ, 1999], aviadora brasileira, primeira mulher no mundo a tirar brevê de piloto (1922). Recebeu várias condecorações do governo do Brasil e de governos estrangeiros. Suas cinzas estão no Museu Santos Dumont, em Minas Gerais.

Machado, Aníbal Monteiro [Sabará MG, 1894 — Rio de Janeiro RJ, 1964], escritor brasileiro. Presidente da Associação Brasileira de Escritores (1944), ajudou a criar grupos de teatro, como o Teatro Popular Brasileiro, Os Comediantes, o Teatro Experimental do Negro e o Tablado. Obras: *João ternura, O telegrama de Artaxerxes, A morte da porta-estandarte* etc. — **Maria Clara Machado** [Belo Horizonte MG, 1921 — Rio de Janeiro RJ, 2001], teatróloga, diretora e atriz brasileira, referência do teatro infantil. Fundou o Tablado, grupo de teatro amador e escola de atores (Rio de Janeiro, 1951). Obras: *Pluft, o fantasminha, A bruxinha que era boa, O rapto das cebolinhas, A menina e o vento* etc.

Machado, Gilka da Costa de Melo [Rio de Janeiro RJ, 1893 — *id.*, 1980], poetisa simbolista brasileira, adepta do verso livre. Recebeu o prêmio Machado de Assis da ABL (1979). Obras: *Cristais partidos, Mulher nua, Carne e alma* etc.

Machado, José Gomes **Pinheiro** [Cruz Alta RS, 1852 — Rio de Janeiro RJ, 1915], político brasileiro. Abolicionista e um dos fundadores do Partido Republicano Conservador (1879). Elegeu-se senador na primeira Constituinte republicana (1891). Teve muita força e influência política.

Machado de Assis, Joaquim Maria ver *Assis, Joaquim Maria Machado de*

Maciel, Luís Carlos [Porto Alegre RS, 1938], teatrólogo, cineasta, escritor e jornalista brasileiro. Lecionou na Escola de Teatro da Universidade Federal da Bahia. Foi um dos fundadores da edição brasileira da revista *Rolling Stones*. Obras: *A nova consciência, A morte organizada* etc.

Maciel, Olegário [Pitangui MG, 1855 — Belo Horizonte MG, 1933], político brasileiro. Durante o Império, elegeu-se duas vezes deputado por MG. Após a Proclamação da República, foi deputado na Assembleia Constituinte mineira e senador. Durante o governo Getúlio Vargas, foi nomeado interventor (1930) e depois presidente de Minas Gerais, cargo que ocupou até a morte.

Madagascar (**República de**), país situado em uma ilha do sudeste africano, separada do continente pelo canal de Moçambique, com 587.040 km². República parlamentarista, independente desde 1960. Capital: *Antananarivo*; recursos principais: agricultura (maior produtor mundial de baunilha) e pecuária. Hab.: 20.653.556 (2009).

Madeira (**rio**), afluente da margem direita do rio Amazonas, é o 3°. rio do país em extensão (3.370 km) e o 20°. do mundo. Banha algumas das regiões mais férteis do Brasil, nos estados do Amazonas e de Rondônia.

Magaldi, Antônio **Sábato** [Belo Horizonte MG, 1927], crítico de teatro brasileiro, tornou-se conhecido como comentarista cultural de *O Estado de S. Paulo* e do *Jornal da Tarde*. Foi professor da Sorbonne, em Paris, França. Membro da ABL. Obras: *Panorama do teatro brasileiro, Iniciação ao teatro, Cenário ao avesso* etc.

Magalhães, Antônio **Valentim** da Costa [Rio de Janeiro RJ, 1859 — *id.*, 1903], jornalista e escritor brasileiro. Colaborou em diversas publicações literárias e foi diretor de *A semana*. Como poeta, foi um dos precursores do Parnasianismo. Membro fundador da ABL. Obras: *Vinte contos, Flor de sangue, Cantos e lutas, Rimário* etc.

Magalhães, Basílio de [São João del Rei MG, 1874 — Lambari MG, 1957], historiador, escritor e professor brasileiro, um dos primeiros a estudar com seriedade o folclore brasileiro. Escreveu tb. livros didáticos de história e geografia. Membro do IHGB. Obra: *A expansão geográfica do Brasil até os fins do século XVII*.

Magé (**RJ**), município da região metropolitana do Rio de Janeiro, com 385,7 km², localizado no lado norte da baía de Guanabara. Trecho da estrada de ferro Mauá-Fragoso tombado pelo Iphan. Hab.: 228.150.

Mairiporã (**SP**), município com 321,4 km², situado na região metropolitana de São Paulo, na serra da Cantareira, considerada Patrimônio da Humanidade pela Unesco. Hab.: 80.920.

Malásia (**Federação da**), país do sudeste asiático, com 329.758 km². Monarquia parlamentarista, independente desde 1957. Capital: *Kuala Lumpur*; recurso principal: exportação de aparelhos e componentes eletrônicos. Hab.: 25.715.819 (2009).

Malaui ou **Malawi** (**República do**), país situado no sudeste da África, com 118.484 km². República presidencialista, independente desde 1964. Capital: *Lilongue*; recurso principal: agricultura (chá). Hab.: 14.268.711 (2009).

Maldivas (**República das**), país situado em um arquipélago ao sul da Ásia, no oceano Índico, com 298 km². República presidencialista, independente desde 1965. Capital: *Male*; recurso principal: pesca. Hab.: 396.334 (2009).

Mali (**República do**), país situado no noroeste da África, com 1.240.192 km², é um dos mais pobres do mundo. República mista, independente desde 1960. Capital: *Bamaco*; recurso principal: agropecuária. Hab.: 12.666.987 (2009).

Mallarmé, Stéphane [Paris, França, 1842 — Valvins, França, 1898], poeta francês, integrante do movimento simbolista, sua obra antecipou a moderna poesia do século XX.

Malta (**República de**), país localizado em ilhas do sul da Europa, no mar Mediterrâneo, com 316 km². República parlamentarista independente desde 1964. Capital: *La Valleta*; recursos principais: turismo e agricultura. Hab.: 405.165 (2009).

Malthus, Thomas Robert [Guildford, Surrey, 1766 — Haileybury, 1834], economista inglês, famoso por sua obra *Um ensaio sobre o princípio da população* (1798), que sugeriu a Charles Darwin a relação entre o progresso e a sobrevivência do indivíduo mais apto, tese fundamental para a teoria da evolução das espécies.

Malvinas ou **Falkland** (**ilhas**), arquipélago formado por duas ilhas maiores e quase 200 ilhas ou ilhotas, com 12.200 km², situado no Atlântico sul, ao largo da costa da Argentina. Capital: *Stanley*; recursos principais: pesca, agricultura, criação de ovinos. Hab.: 3.140 (2009).

Manacapuru (AM), município com 7.329,2 km², localizado à margem esquerda do rio Solimões, no encontro deste com o rio Manacapuru. Extrativismo vegetal e pesca. Hab.: 85.144.

Manaus (AM), capital do Estado do Amazonas, cidade portuária histórica, com 11.401 km², situada na margem esquerda do rio Negro. Zona Franca. Conjunto arquitetônico e paisagístico do Porto de Manaus, Mercado Público, Reservatório do Mocó e Teatro Amazonas tombados pelo Iphan. Hab.: 1.802.525.

Manga (MG), município na divisa entre Minas Gerais e Bahia, às margens do rio São Francisco, com 1.968 km². Igreja Matriz de N.Sª. da Conceição tombada pelo Iphan. Hab.: 19.846.

Mangaratiba (RJ), município litorâneo da região metropolitana do Rio de Janeiro, com 351,6 km². Turismo. Igreja de N.Sª. da Guia tombada pelo Iphan. Hab.: 36.311.

Manhuaçu (MG), município com 627,2 km², situado na região da Zona da Mata do estado. Cafeicultura e pecuária, esp. produção de leite. Hab.: 79.635.

Man (ilha de), ilha na Europa ocidental, localizada a meio do mar da Irlanda, com 572 km². Território dependente do Reino Unido. Capital: *Douglas*; recursos principais: turismo e pesca. Hab.: 76.512 (2009).

Maomé [Meca, Arábia Saudita c. 570 — Medina, 632], fundador da religião islâmica, dito o Profeta do Islã. Seus seguidores, os muçulmanos ou maometanos, acreditam ter sido ele o último mensageiro de Deus, por ter completado os ensinamentos sagrados dos profetas anteriores (Abraão, Moisés e Jesus).

Maquiavel, Nicolau [Florença, Itália, 1469 — *id.*, 1527], estadista, escritor e estudioso de política italiano. Notabilizou-se pelo seu livro *O príncipe* (1513), pelo qual é considerado o pai da moderna ciência política.

Marabá (PA), município com 15.092,2 km², situado na margem esquerda do rio Tocantins, rico em jazidas de ouro e cobre. Hab.: 233.462.

Maracanaú (CE), município da região metropolitana de Fortaleza, com 105,7 km², cercado pelos rios Timbó e Maranguapinho. Indústrias. Hab.: 209.748.

Maragogipe (BA), município com 436 km², situado no Recôncavo Baiano. Turismo náutico, reduto de saveiros. Igreja Matriz de São Bartolomeu, Forte do Paraguaçu, casa da Fazenda São Roque e Paço Municipal tombados pelo Iphan. Hab.: 42.815.

Marajó (ilha de), situada no Estado do Pará, na foz do rio Amazonas, a maior ilha fluviomarinha do mundo (45.000 km²) é um dos mais preservados santuários ecológicos da Amazônia, tendo o búfalo como meio de transporte mais comum. Recursos principais: pecuária e produção de borracha.

Maranguape (CE), município com 590,8 km², situado a 30 km de Fortaleza, no pé da serra com o mesmo nome. Hab.: 112.926.

Maranhão, Jerônimo de Albuquerque ver em *Albuquerque, Jerônimo*

Maranhão (MA), estado brasileiro a oeste da região nordeste, com 331.983,2 km² e 217 municípios, sendo os mais populosos, além da capital: Imperatriz, Caxias, Bacabal, Santa Inês e Alcântara. Diversidade de ecossistemas: desde a Floresta Amazônica e litoral a cerrados e pântanos. Maior banco de corais da América Latina. Capital: *São Luís;* recursos principais: agricultura (arroz), indústrias de transformação de alumínio e extrativismo vegetal (babaçu). Hab.: 6.569.683.

Maranhão (Thomas Cochrane, **marquês do**) [Annsfield, Escócia, 1775 — Kensington, Inglaterra, 1860], militar e político inglês, teve papel determinante na luta pela Independência do Brasil, do Chile e do Peru. Foi o primeiro almirante da Marinha do Brasil. Comandou a esquadra brasileira que lutou contra a resistência portuguesa contrária à independência.

Marechal Deodoro (AL), município com 333,5 km², banhado pelas lagoas de Mundaú e Manguaba. Casa do Mal. Deodoro da Fonseca e Convento e Igreja de São Francisco tombados pelo Iphan. Polo cloroalcoolquímico. Hab.: 45.994.

Maria Bonita [? — Angicos SE, 1938], apelido dado por Lampião a sua companheira, cujo nome se desconhece. Sabe-se que era casada com um sapateiro e largou tudo para viver no cangaço. Morreram juntos em uma emboscada da polícia.

Maria I [Lisboa, Portugal, 1734 — Rio de Janeiro RJ, 1816], dita A Louca, rainha de Portugal (1777-1816), filha mais velha de D. José I. Subiu ao trono e mudou os rumos políticos do país, restabelecendo a influência da nobreza e dos jesuítas. Pressionada política e emocionalmente, enlouqueceu em 1792. Seu filho, D. João VI, governou como regente até a sua morte.

Maria II de Bragança [Rio de Janeiro RJ, 1819 — Lisboa, Portugal, 1853], rainha de Portugal (1834-1853), filha de D. Pedro I e da imperatriz Leopoldina, chegou ao trono com 15 anos. Enfrentou grandes crises e muitas revoltas durante seu reinado. Só após a reforma da Constituição (1852), a situação tranquilizou-se.

Mariana (MG), município histórico, com 1.193,2 km², situado na microrregião de Ouro Preto. Conjunto arquitetônico e urbanístico, Casa do Seminário Menor, Fonte da Samaritana, igrejas da Sé, de N.Sª. das Mercês, de São Francisco de Assis, Matriz de Bom Jesus do Monte e Passos da Ladeira do Rosário, entre outros bens tombados pelo Iphan. Hab.: 54.179.

Mariano Carneiro da Cunha, **Olegário** [Olinda PE, 1889 — Rio de Janeiro RJ, 1958], poeta brasileiro. Sua poesia, de cunho pessoal, teve alguma influência simbolista. O compositor Joubert de Carvalho musicou-lhe os poemas *Cai, cai, balão* e *Tutu Marambá*. Membro da ABL. Obras: *Ângelus, Últimas cigarras, Castelos na areia, A vida que já vivi* etc.

Maricá (RJ), município litorâneo, recortado por vários lagos, com 362,4 km², situado na região metropolitana do Rio de Janeiro. Turismo. Hab.: 127.519.

Marília (SP), município com 1.170 km², situado no oeste do estado. Agropecuária e indústria. Universidades. Hab.: 216.684.

Maringá (PR), município planejado, com 487,9 km² e extensas áreas verdes, situado no centro da região norte do estado e cortado pelo trópico de Capricórnio. Hab.: 357.117.

Marinho, Irineu [Niterói RJ, 1876 — Rio de Janeiro RJ, 1925], jornalista brasileiro. Na *Gazeta de Notícias*, foi repórter, chefe de reportagem e diretor. Fundou o jornal *A Noite* e morreu poucos dias após fundar o jornal *O Globo*. — **Roberto Marinho** [Rio de Janeiro RJ, 1904 — *id*., 2003], seu filho, jornalista brasileiro, continuou a obra paterna. Tornou-se um grande empresário. Com 61 anos, fundou a *TV Globo* (1965). Membro da ABL. Obra: *Uma trajetória liberal*.

Marituba (PA), município novo, com 103,2 km², instalado em 1994 na região metropolitana de Belém. Cidade-dormitório. Hab.: 108.251.

Marques Rebelo ver *Rebelo (Eddy Dias da Cruz, dito Marques)*

Marrocos (Reino do), país do noroeste da África, com 446.550 km². Monarquia parlamentarista, independente desde 1956. Capital: *Rabat*; recursos principais: minerais (fosfato, chumbo), extração de madeira e cortiça, e turismo. Hab.: 34.859.564 (2009).

Marshall (República das Ilhas), país da Oceania, independente dos EUA desde 1986 e reconhecido pela ONU em 1991; é um arquipélago com 1.152 ilhas a leste do oceano Pacífico, com 181,3 km². República parlamentar. Capital: *Majuro* (Dalap-Uliga-Darrit); recurso principal: turismo. Hab.: 64.522 (2009).

Marte, divindade romana identificada com o *Ares* grego. Em astronomia, planeta esp. explorado em missões espaciais, por sua proximidade com a Terra. Tipo: rochoso; diâmetro: 6.794 km; distância média do Sol: 227.940.000 km; satélites: Fobos e Deimos.

Martinho da Vila (Martinho José Ferreira, dito) [Duas Barras RJ, 1938], cantor e compositor popular brasileiro. Popularizou o samba de partido-alto. Faz parte da ala dos compositores da escola de samba Vila Isabel. Obras: *Disritmia*; *Canta, canta, minha gente*; *Ex-amor*; *Mulheres*; *Devagar, devagarinho* etc.

Martinica (Departamento Ultramarino da), ilha no sudeste da América Central, pertencente ao grupo Barlavento das Pequenas Antilhas, com 1.128 km², território administrado pela França. Capital: *Fort-de-France*; recursos principais: cultura de cana-de-açúcar e frutas tropicais. Hab.: 426.131 (2006).

Martins Pena, Luís Carlos ver *Pena, Luís Carlos Martins*

Marx, Karl Heinrich [Trier, Prússia, 1818 — Londres, Inglaterra, 1883], filósofo, cientista social e revolucionário alemão. Foi o principal idealizador do socialismo e do comunismo revolucionário. Obras: *Manifesto do Partido Comunista, O capital* etc.

Marx, Roberto **Burle** [São Paulo SP, 1909 — Rio de Janeiro RJ, 1994], arquiteto, pintor e paisagista de renome internacional, projetou, entre outros, os jardins do Parque Ibirapuera, SP, do Aterro do Flamengo, RJ, do Eixo Monumental, em Brasília, e da sede da Unesco, em Paris. Sua coleção de plantas, no Rio de Janeiro, foi doada à Fundação Nacional Pró-Memória (1985).

Mascates (Guerra dos), guerra civil entre Olinda e Recife (1710), depois que esta foi elevada à categoria de vila. A aristocracia de Olinda, que até então era o centro das decisões em Pernambuco, não aceitou a ascensão da povoação vizinha, em que os comerciantes (mascates) começavam a prosperar.

Mata de São João (BA), município da microrregião de Catu, com 670,3 km². Casa da Torre de Garcia D'Ávila tombada pelo Iphan. Atrações turísticas: Praia do Forte e Imbassaí. Hab.: 40.210.

Matão (SP), município com 527 km², situado na região nordeste do estado, a 300 km de São Paulo. Hab.: 76.799.

Matarazzo, conde **Francisco** [Castellabate, perto de Salerno, Itália, 1854 — São Paulo, 1937], patriarca de uma família de industriais paulistas. Pioneiros da industrialização brasileira, a família Matarazzo criou um dos maiores complexos fabris da América do Sul.

Matias Barbosa (MG), município com 156,7 km², situado no sul do estado. Capela de N.Sª. da Conceição tombada pelo Iphan. Hab.: 13.435.

Mato Grosso (MT), estado brasileiro a oeste da região centro-oeste, com 903.357,9 km² e 139 municípios, sendo os mais populosos, além da capital: Várzea Grande, Rondonópolis, Cáceres e Barra do Garça. Apresenta três ecossistemas: o Pantanal, a Floresta Amazônica e os cerrados. Ali está o marco geodésico da América Latina. Capital: *Cuiabá*; recursos principais: agricultura (cana-de-açúcar, soja, arroz, algodão), extrativismo mineral (cassiterita, ouro, diamante), pecuária e extrativismo vegetal (borracha, castanha, madeira, babaçu). Hab.: 3.033.991.

Mato Grosso do Sul (MS), estado brasileiro ao sul da região centro-oeste, com 357.124,9 km² e 77 municípios, sendo os mais populosos, além da capital: Dourados, Corumbá e Três Lagoas. Contém dois terços do Pantanal. Capital: *Campo Grande*; recursos principais: agricultura (soja, arroz, café, trigo), extrativismo mineral (ferro, manganês, calcário, estanho), pecuária, indústria (cimento, fiação, curtume e siderúrgica), além de uma das maiores jazidas mundiais de ferro (em Corumbá, no Monte Urucum). Hab.: 2.949.341.

Matos Guerra, **Gregório de** [Salvador BA, 1623 — Recife PE, 1696], poeta brasileiro, dito Boca do Inferno devido à veia satírica dos seus versos. Como poeta, foi um cronista da sociedade colonial brasileira do séc. XVII. Patrono da cadeira 16 da ABL. Bibliografia: *Obras poéticas, Obras completas* etc.

Matosinhos (MG), município com 252,9 km², na região de Sete Lagoas. Patrimônio arqueológico (pinturas na pedra). Lapa da Cerca Grande tombada pelo Iphan. Hab.: 32.978.

Mauá (Irineu Evangelista de Sousa, **barão de**) [Arroio Grande RS, 1813 — Petrópolis RJ, 1889], empresário, industrial e político brasileiro. Foi dono de fundição, estaleiro, banco, companhia de iluminação a gás e companhia de navegação, entre outros. Destacou-se pela criação da primeira estrada de ferro no Brasil (1852).

Mauá (SP), município com 62,3 km², situado na região do ABC, na Grande São Paulo. Polo petroquímico de Capuava e polo industrial de Sertãozinho. Hab.: 417.281.

Maurício ou **Mauritius (República de)**, país situado em ilhas do sudeste africano, no oceano Índico, com 2.040 km². República parlamentarista, independente desde 1968. Capital: *Port Louis*; recursos principais: agricultura (cana-de-açúcar, chá e tabaco), empresas do setor financeiro e turismo. Hab.: 1.284.264 (2009).

Mauritânia (República Islâmica da), país do noroeste da África, com 1.030.700 km². República mista, independente desde 1960. Capital: *Nouakchott*; recursos principais: minério de ferro e agricultura. Hab.: 3.129.486 (2009).

Mauro, Humberto [Volta Grande MG, 1897 — *id.*, 1983], cineasta brasileiro, trabalhou como diretor, ator, roteirista e fotógrafo. Produziu muitos estilos, entre eles documentários e filmes de aventura. Obras: *Brasa dormida, Sangue mineiro, O canto da saudade* etc.

Mayotte (Coletividade Territorial de), ilha do arquipélago de Comores, na África meridional, com 374 km². Território independente, administrado pela França. Capital: *Mamoudzou*; recursos principais: turismo e agricultura (flor de ilangue-ilangue, baunilha e canela). Hab.: 223.765 (2009).

Maysa Figueira Monjardim Matarazzo [Vitória ES, 1936 — Niterói RJ, 1977], cantora e compositora popular brasileira. Sua música *Meu mundo caiu* imortalizou um estilo musical, dito *fossa*. Seu LP *O barquinho* tornou-se marco da bossa nova, gênero no qual tb. se destacou. Obras: *Ouça, Adeus, Agonia, Rindo de mim* etc.

MDB ver *Movimento Democrático Brasileiro*

Meca, cidade santa da Arábia Saudita, terra natal de Maomé, centro de peregrinações que os muçulmanos procuram visitar ao menos uma vez na vida. Ali está a mesquita que guarda a *caaba*. Hab.: 1 milhão.

Medeiros, Antônio Augusto **Borges de** [Caçapava do Sul RS, 1864 — Porto Alegre RS, 1961], político brasileiro, governador do Rio Grande do Sul e chefe do Partido Republicano gaúcho, apoiou a *Revolução Constitucionalista* de 1932, articulando um levante no Rio Grande do Sul contra o interventor federal, Flores da Cunha, e sendo por isso preso.

Médici, Emílio Garrastazu [Bajé RS, 1905 — Rio de Janeiro RJ, 1985], militar e político brasileiro, 3°. militar presidente da República eleito indiretamente, após a Revolução de 1964. A rodovia Transamazônica (2.075 km) e o milagre econômico foram marcas do seu governo.

Medina, cidade santa da Arábia Saudita que serviu de refúgio a Maomé em 622. Hab.: 1.300.000 (2006).

Meireles, Cecília [Rio de Janeiro RJ, 1901 — *id.*, 1964], poetisa brasileira, um dos grandes nomes da literatura moderna do Brasil. Sua poesia é lírica e pessoal. Foi tb. educadora, tradutora e folclorista. Recebeu da ABL o prêmio Machado de Assis. Obras: *Espectros*; *Giroflê, giroflá*; *Ou isto ou aquilo* etc.

Meireles de Lima, **Vítor** [Desterro, hoje Florianópolis SC, 1832 — Rio de Janeiro RJ, 1903], pintor e professor de pintura brasileiro. Pintou esp. telas históricas. Lecionou na antiga Academia Imperial de Belas-Artes e no Liceu de Artes e Ofícios. Foi o mestre de Henrique Bernardelli, Rodolfo Amoedo, Antônio Parreiras e Eliseu Visconti.

Melo, Custódio José **de** [Salvador BA, 1840 — Rio de Janeiro RJ, 1902], militar e político brasileiro, lutou na Guerra do Paraguai. Comandou revoluções contra os presidentes Deodoro da Fonseca (1891), que renunciou, e Floriano Peixoto (1893), que o exilou. Durante o governo Campos Sales, foi acusado de conspiração e preso.

Melo, José Alexandre **Teixeira de** [Campos RJ, 1833 — Rio de Janeiro RJ, 1907], médico, jornalista, historiador e poeta brasileiro. Sua poesia lírica, influenciada pelo Romantismo, apresenta características que a tornam precursora do Parnasianismo no Brasil. Membro fundador da ABL. Obras: *Sombras e sonhos, Efemérides nacionais* etc.

Melo Franco, Afrânio de ver *Franco, Afrânio de Melo*

Mercosul (Mercado Comum da América do Sul), zona de livre comércio, instituída em 1995. Seus membros são Argentina, Bolívia, Brasil, Chile, Paraguai, Uruguai e Venezuela.

Mercúrio, divindade romana identificada com o Hermes grego. Em astronomia, é um planeta que pode ser visto a olho nu ao amanhecer e ao entardecer. Tipo: rochoso; diâmetro: 4.878 km e distância média do Sol: 57.910.000 km.

Mesquita (RJ), município com 34,8 km², situado na baixada Fluminense, região metropolitana do Rio de Janeiro. Hab.: 168.403.

México (Estados Unidos Mexicanos), país do sul da América do Norte, com 1.964.375 km². República presidencialista, independente desde 1821. Capital: *Cidade do México*; recursos principais: turismo, carvão, minério de ferro. Hab.: 111.211.789 (2009).

Micronésia (Federação dos Estados da), país situado em um arquipélago com 607 ilhas e ilhotas, na Oceania ocidental, com 702 km². República presidencialista, independente desde 1991. Capital: *Palikir*; recursos principais: agricultura (coco, banana, mandioca) e turismo. Hab.: 107.434 (2009).

Mignone, Francisco [São Paulo SP, 1897 — Rio de Janeiro RJ, 1986], compositor nacionalista brasileiro. Compôs óperas, poemas sinfônicos, música de câmara etc. Obras: *O sargento de milícias*, *Maracatu do Chico Rei*, *Festa nas igrejas*, *Valsas brasileiras* etc.

Miguez, Leopoldo Américo [Rio de Janeiro RJ, 1850 — *id.*, 1902], compositor brasileiro. Compôs a melodia do Hino da Proclamação da República. Foi diretor do Instituto Nacional de Música. Estudou na Europa e recebeu influências de Wagner e de Liszt. Obras: *Sinfonia em si bemol*, *Parisina*, *Prometeu* etc.

Milliet da Costa e Silva, **Sérgio** [São Paulo SP, 1898 — *id.*, 1966], sociólogo, jornalista e escritor modernista brasileiro. Sua obra inclui diversos gêneros literários. Fundador da revista *Cultura* e da Sociedade de Etnografia e Folclore. Membro da Academia Paulista de Letras. Obras: *Pelo caminho*, *A claraboia*, *Roteiro do café e outros ensaios* etc.

Minas Gerais (MG), o maior estado da região sudeste, o quinto do Brasil em área, com 586.528,2 km² e 853 municípios, sendo os mais populosos, além da capital: Contagem, Juiz de Fora, Montes Claros e Uberlândia. Maior produtor nacional de aço bruto (Cia. Vale do Rio Doce). Capital: *Belo Horizonte*; recursos principais: agricultura (café, feijão), pecuária (esp. gado leiteiro) e extrativismo mineral (ferro, manganês). Hab.: 19.595.309.

Minas Novas (MG), município com 1.810,7 km², situado no vale do Jequitinhonha. Igreja de São José e Sobradão tombados pelo Iphan. Hab.: 30.803.

Minerva, divindade romana identificada com a Atena grega.

Miranda (Maria do Carmo Miranda da Cunha, dita **Carmen**) [Marco de Canaveses, Portugal, 1909 — Califórnia, EUA, 1955], cantora e atriz naturalizada brasileira, tb. dita a Pequena Notável. Seu traje de baiana tornou-se sua marca registrada. Trabalhou no cinema americano (*Uma noite no Rio*, *Entre a loura e a morena* etc.). Musicografia: *No tabuleiro da baiana*, *Na baixa do sapateiro*, *O que é que a baiana tem?* etc.

Moçambique (República de), país do sudeste da África, com 801.590 km². República mista, independente desde 1975. Capital: *Maputo*; recursos principais: açúcar e refino de petróleo. Hab.: 21.669.278 (2009).

Mococa (SP), município com 854 km², situado no vale do rio Pardo, na divisa com o Estado de Minas Gerais. Turismo rural (antigas fazendas de café). Hab.: 66.303.

Moçoró (RN), município com 2.110,2 km², situado na divisa com o Estado do Ceará. Produção de sal. Maior produtora terrestre de petróleo do país. Hab.: 259.886.

Moisés, líder e profeta dos israelitas, escolhido por Deus para libertar os judeus da escravidão no Egito e dar-lhes um código de leis. Consolidou a ideia de um Deus único e criador de todas as coisas, promulgou os dez mandamentos e várias leis civis convenientes para a legislação da época.

Moji das Cruzes (SP), município com 714,1 km², situado na região metropolitana de São Paulo. Produção de cogumelos. Casarão do Chá e Convento e Igreja do Carmo tombados pelo Iphan. Hab.: 387.241.

Mojiguaçu (SP), município com 813,1 km², às margens do rio do mesmo nome, a 160 km da capital. Central Hidrelétrica (AES — Tietê — Usina Mogiguaçu). Produção de cítricos. Hab.: 137.286.

Mojimirim (SP), município com 499,1 km², situado na região metropolitana de Campinas. Indústria alimentícia. Hab.: 86.244.

Moju (PA), município com 9.093,8 km², situado no nordeste paraense. Hab.: 69.921.

Moldávia (República da), país do centro-leste europeu, com 33.851 km². República mista independente desde 1991. Capital: *Chisinau*; recursos principais: agricultura (cereais) e pecuária. Hab.: 4.320.748 (2009).

Mônaco (Principado de), pequeno país da Europa ocidental, entre a França e a Itália, com 2 km². Monarquia parlamentarista. Capital: *Mônaco-Ville*; recursos principais: turismo e lazer (cassinos). Competições automobilísticas. Hab.: 32.965 (2009).

Mongólia (República da), país do centro-leste asiático, com 1.566.500 km². República parlamentarista, independente desde 1945. Capital: *Ulan Bator*; recursos principais: criação de ovelhas, cavalos e camelos; minerais (cobre, estanho, carvão e petróleo). Deserto de Gobi. Hab.: 3.041.142 (2009).

Monte Alegre (PA), município com 21.703 km², situado na região do baixo Amazonas, no oeste do estado. Agropecuária, produção de cal, pesca. Hab.: 55.459.

Monteiro, Antônio Peregrino **Maciel** [Recife PE, 1804 — Lisboa, Portugal, 1868], político, médico e poeta brasileiro. Sua formação cultural europeia tornou-o precursor do Romantismo no Brasil. Patrono da ABL, cadeira 27. Obra: *Poesias* (ed. póstuma).

Monteiro, Vicente do Rego [Recife PE, 1889 — *id.*, 1970], pintor, desenhista, muralista, escultor e poeta brasileiro. Teve participação ativa na Semana de Arte Moderna de 1922. Sua pintura é *art déco* e a temática religiosa é nela frequente.

Monteiro Lobato, José Bento ver *Lobato, José Bento Monteiro*

Montello, Josué [São Luís MA, 1917 — Rio de Janeiro RJ, 2006], escritor brasileiro. Escreveu novelas, ensaios, literatura infantil, biografias, dramaturgia e romances. Recebeu diversos prêmios literários. Membro da ABL e da Academia Portuguesa da História. Obras: *Cais da sagração, Aleluia, O baile da despedida* etc.

Montenegro (Arlete Pinheiro Monteiro Torres, dita **Fernanda**) [Rio de Janeiro, RJ, 1929], atriz brasileira. Interpreta comédia e drama, e atua no teatro, cinema e televisão. Filmografia: *Eles não usam black-tie, A hora da estrela, O auto da compadecida, Central do Brasil* etc. Teatro: *As lágrimas amargas de Petra von Kant* (Prêmio Molière), *Panorama visto da ponte, É...* etc.

Montenegro (República de), país balcânico do sudeste da Europa, com 14,026 km². É uma ex-república iugoslava que fazia parte de uma confederação com a Sérvia denominada Estado da Sérvia e Montenegro até 5 de junho de 2006, data em que foi reconhecida a sua independência. Capital: *Podgorica*; recurso principal: turismo. Hab.: 672.180 (2009).

Montenegro (RS), município com 420 km², situado na microrregião de mesmo nome, no vale do Caí, uma das regiões mais produtivas do estado. Agropecuária. Hab.: 59.436.

Monte Santo (BA), município com 3.285,1 km², situado no sertão de Canudos. Local de peregrinação. Conjunto arquitetônico, urbanístico e paisagístico tombado pelo Iphan. Hab.: 52.360.

Montes Claros (MG), município com 3.582 km² situado na serra do Espinhaço, no Polígono das Secas, nordeste do estado. Indústrias têxteis e de alimentos. Hab.: 361.971.

Montezuma, Francisco Gomes Brandão, dito Francisco Gê **Acaiaba de** ver *Jequitinhonha, visconde de*

Montserrat (Colônia de), território ultramarino administrado pelo Reino Unido, é uma das ilhas do grupo sotavento, das Pequenas Antilhas, no norte do Caribe, 40 km a sudoeste de Antígua, com 102 km². Capital: *Plymouth*; recurso principal: turismo. Hab.: 5.097 (2009).

Moog, Clodomir **Viana** [São Leopoldo RS, 1906 — Rio de Janeiro RJ, 1988], ensaísta e romancista brasileiro. Durante muitos anos foi o representante brasileiro na Comissão de Ação Cultural da OEA. Membro da ABL. Obras: *Heróis da decadência, Um rio imita o Reno, Bandeirantes e pioneiros, Toia* etc.

Morada Nova (CE), município com 2.779,2 km², situado a leste do estado, na microrregião do baixo Jaguaribe. Agricultura (arroz). Hab.: 62.086.

Moraes, Marcus **Vinicius** da Cruz **de** Mello [Rio de Janeiro RJ, 1913 — *id.*, 1980], poeta e compositor brasileiro. Como compositor, foi um expoente da bossa nova e formou, com Tom Jobim, uma das parcerias mais celebradas da MPB. Bibliografia: *Antologia poética, Orfeu da Conceição, Para viver um grande amor* etc. Musicografia: *Garota de Ipanema, Valsa de Eurídice, Tarde em Itapoã, Eu sei que vou te amar* etc.

Morais, Antônio **Evaristo de** [Rio de Janeiro RJ, 1871 — *id.*, 1939], advogado, historiador e jornalista brasileiro, conhecido como defensor dos fracos e dos pobres devido à sua atuação na justiça e na imprensa. Foi um dos fundadores da ABI. Obras: *Apontamentos de direito operário, A campanha abolicionista, Estudos de direito criminal* etc.

Morais Filho, Evaristo de [Rio de Janeiro RJ, 1914], jurista e sociólogo brasileiro, lecionou na Faculdade Nacional de Direito. Publicou vários estudos sobre Direito do Trabalho. Membro da ABL. Obras: *O problema de uma sociologia do direito, Liberdade e cultura, Liberalismo e federalismo* etc.

Morais Silva, Antônio de [Rio de Janeiro RJ, 1757 — Recife PE, 1824], lexicógrafo, filólogo e magistrado brasileiro. Sua maior obra, o *Dicionário da língua portuguesa*, lançada em 1789 com dois volumes, recebeu sucessivas ampliações e reedições. Outras obras: *Epítome da gramática da língua portuguesa*, *Gramática portuguesa* etc.

Moreira da Costa Ribeiro, **Delfim** [Cristina MG, 1868 — Rio de Janeiro RJ, 1920], político brasileiro, exerceu diversos cargos no legislativo. Vice-presidente, tomou posse em 1918, como presidente interino devido à enfermidade de Rodrigues Alves. Após a morte do presidente, passou a faixa presidencial para Epitácio Pessoa.

Movimento Democrático Brasileiro, partido político criado pelo Ato Institucional nº 2 (1965), que extinguiu os partidos políticos existentes e instituiu o bipartidarismo, reunindo os oposicionistas, em contraponto à Arena (Aliança Renovadora Nacional), partido político da situação.

Mucugê (BA), município com 2.482,2 km², situado na chapada Diamantina. Conjunto arquitetônico e paisagístico e cemitério tombados pelo Iphan. Ecoturismo. Hab.: 10.548.

Muriaé (MG), município com 843,3 km², situado na Zona da Mata do estado. Parque Estadual da Serra do Brigadeiro (flora e espécimes raros de animais em extinção). Hab.: 100.861.

Musas, na mitologia grega, deusas das artes e ciências, filhas de Zeus e de Mnemósine, a deusa da memória. Podiam ver o futuro. Eram nove: Calíope (musa da poesia épica), Érato (poesia lírica), Melpômene (tragédia), Talia (comédia), Clio (história), Urânia (astronomia), Polímnia (canto religioso), Terpsícore (dança) e Euterpe (música).

Mussolini, Benito [Dovia di Predappio, 1883 — Giulino di Mezzegra, Como, 1945], político italiano, inicialmente socialista, depois fundador e chefe do Movimento Fascista (1919). Tomou o poder em 1922. Responsável pela entrada de seu país na Segunda Guerra Mundial, junto com os alemães (1940), foi deposto em julho de 1943 e fuzilado em abril de 1945.

Myanmar, Myanma ou **Mianmá** (**União de**), antiga Birmânia, país do sudeste asiático, com 676.578 km², situado na parte oeste da Indochina. Independente desde 1948; regime militar desde 1988. Capital: *Yangum*; recursos principais: petróleo e minérios. Hab.: 48.137.741 (2009).

Nabuco, de Araújo **Joaquim** Aurélio Barreto [Recife PE, 1849 — Washington D.C., EUA, 1910], político, diplomata e escritor brasileiro, paladino da abolição da escravatura e advogado do Brasil na questão dos limites com a Guiana Inglesa.

Namíbia (**República da**), país do sudoeste da África, com 824.292 km². República mista, independente desde 1990. Deserto de Kalahari. Capital: *Windhoek*; recursos principais: pesca e mineração (cobre, zinco, cádmio); segundo produtor mundial de chumbo. Hab.: 2.108.665 (2009).

Napoleão I [Ajácio, Córsega, 1769 — Santa Helena, 1821], imperador dos franceses (1804-1815), nascido Napoleão Bonaparte. No comando do exército da Itália, em 1796, obteve várias vitórias. Empreendeu campanha no Egito (1798-1799), mas sua frota foi destruída pelo almirante Nelson. Nomeado cônsul vitalício (1802), promulgou o Código Civil e proclamou-se imperador da França (1804). Abdicou em 1814 e foi confinado na ilha de Elba. Fugiu para a França em 1815, promulgou nova constituição e foi derrotado na batalha de Waterloo e preso na ilha de Santa Helena.

Nascentes, Antenor de Veras [Rio de Janeiro, 1886 — *id.*, 1972], filólogo, lexicógrafo e professor brasileiro. Grande estudioso da língua portuguesa, renovador do ensino do português. Escreveu livros didáticos e consagrou-se como dicionarista. Obras: *Dicionário etimológico da língua portuguesa*, *Gíria brasileira* etc.

Nascimento, Edson Arantes do ver *Pelé*

Nascimento, Mílton [Rio de Janeiro RJ, 1942], cantor e compositor popular brasileiro, um dos grandes representantes da música "mineira" (LP *Clube da Esquina*, 1972). Já recebeu diversos prêmios no Brasil e no exterior, inclusive o Grammy de World Music (1998). Musicografia: *Travessia*, *Nos bailes da vida*, *Canção da América*, *Caçador de mim*, *Coração de estudante* etc.

Nassau (Johann Mauritius Van Nassau-Siegen, dito **Maurício de**) [Dillemburg, Alemanha, 1604 — Kleve, Alemanha, 1679], militar e administrador colonial holandês. Foi nomeado governador das possessões holandesas no Brasil (1637-1644) pela Companhia das Índias Ocidentais. Entre as suas realizações, destacam-se o incentivo às atividades culturais e as inúmeras obras de melhorias na cidade do Recife.

Natal (**RN**), capital do Estado do Rio Grande do Norte, com 170,3 km²; importante porto marítimo no oceano Atlântico. Foi base aérea norte-americana na Segunda Guerra Mundial. Turismo. Forte dos Reis Magos, Palácio do Governo e casa na rua da Conceição tombados pelo Iphan. Hab.: 803.811.

Natividade (**TO**), município com 3.215,9 km². Conjunto arquitetônico, urbanístico e paisagístico tombado pelo Iphan. Hab.: 9.000.

Nauru (**República do**), país do centro-norte da Oceania, no oceano Pacífico, com 21 km²; o terceiro menor país do mundo, depois do Vaticano e de Mônaco. República parlamentarista, independente desde 1968. Capital: *Yaren*; recurso principal: fosfato. Hab.: 14.019 (2009).

Nava, Pedro da Silva [Juiz de Fora MG, 1903 — Rio de Janeiro RJ, 1984], escritor e médico brasileiro, especialista em reumatologia. Na literatura, foi poeta e memorialista. Participou do grupo modernista mineiro "A revista". Obras: *O defunto*, *Baú de ossos*, *Balão cativo* etc.

Navio (**serra do**), localizada no noroeste do Estado do Amapá, às margens do rio Amapari, com altitude média de 150 m; ali se implementou o primeiro grande projeto de extrativismo mineral (manganês) na Amazônia.

Nazaré (**BA**), município com 256,3 km², situado na microrregião de Sto. Antônio de Jesus, às margens do rio Jaguaribe. Igrejas de N.Sª. da Conceição, de N.Sª. de Nazaré de Camamu e Matriz de N.Sª. de Nazaré tombadas pelo Iphan. Grande produtor de azeite de dendê. Hab.: 27.269.

Nazaré da Mata (**PE**), município com 150,8 km², localizado no sul da Região da Mata. Sede de bispado. Capela do Engenho Bonito tombada pelo Iphan. Hab.: 30.782.

Nazareth, Ernesto [Rio de Janeiro, 1863 — *id.*, 1934], compositor brasileiro. Compôs valsas, polcas e maxixes para o piano. Sua musicalidade, influenciada pela seresta e pelo choro, expressou a alma carioca no início do séc. XX. Obras: *Ameno Resedá*, *Apanhei-te, cavaquinho*; *Polonaise* etc.

Neblina (**pico da**), ponto culminante do Brasil, com 3.014 m de altitude, na serra do Imeri, Estado do Amazonas, na fronteira com a Venezuela.

Negreiros, André Vidal de [Engenho São João PB, 1606 — Engenho Novo PE, 1681], militar e administrador colonial brasileiro, líder vitorioso do exército luso-brasileiro que derrotou os holandeses na Bahia e em Pernambuco (*Insurreição Pernambucana* e *Batalhas de Guararapes*). Ocupou vários cargos, entre eles governador do Estado do Maranhão e do Grão-Pará e chefe de governo de Angola.

Negro (rio), principal afluente do rio Amazonas, percorre 1.700 km e banha três países sul-americanos: nasce no leste da Colômbia, na fronteira com a Venezuela, entra no Brasil pelo Estado do Amazonas e corre na direção sudeste até encontrar o rio Solimões e formar o Amazonas.

Neiva, Artur [Salvador BA, 1880 — Rio de Janeiro RJ, 1943], cientista brasileiro, discípulo de Osvaldo Cruz, estudou os *barbeiros*, mosquitos transmissores da doença de Chagas. Fez diversas campanhas sanitárias. Remodelou o serviço sanitário de São Paulo SP. Foi diretor do Museu Nacional (Rio de Janeiro RJ).

Nélson Cavaquinho (Nélson Antônio da Silva, dito) [Rio de Janeiro RJ, 1910 — *id*.., 1986], compositor popular brasileiro, legítimo representante da cultura carioca relacionada ao samba e ao choro. Seu parceiro mais constante foi Guilherme de Brito. Obras: *A flor e o espinho*, *Palhaço*, *Luz negra* etc.

Neolítico, período da Pré-História que se estende de 7.000 a.C. a 2.500 a.C., caracterizado pelo uso de artefatos de pedra polida, e que entra pela Idade do Bronze (c.3.000 a.C. no Oriente Médio). É tb. chamado de Idade da Pedra Polida.

Nepal (Reino do), país do centro-sul da Ásia, norte da Índia, com 147.181 km². Os Himalaias, cordilheira com o ponto mais alto do planeta, o monte Everest. Capital: *Katmandu*; recursos principais: agricultura (arroz, cana-de-açúcar, tabaco) e pecuária. Hab.: 28.563.377 (2009).

Nepomuceno, Alberto [Fortaleza CE, 1864 — Rio de Janeiro RJ, 1920], compositor e maestro brasileiro, estudou no Brasil e na Europa. Foi professor e diretor do INM, atual Escola de Música da UFRJ. Inspirou-se nos elementos populares brasileiros. Obras: *Série brasileira*, *Abul*, *O garatuja* (baseado na obra de José de Alencar) etc.

Néri, Adalgisa [Rio de Janeiro RJ, 1905 — *id*., 1980], escritora, jornalista e política brasileira. Colaborou em diversas revistas e jornais cariocas. Na política, elegeu-se por três vezes deputada estadual. Foi poetisa, mas sua obra mais conhecida é o romance memorialista *A imaginária*. Outras obras: *Poemas*, *A mulher ausente*, *Mundos oscilantes* etc.

Néri, Ana Justina Ferreira [Cachoeira de Paraguaçu, atual Cachoeira BA, 1814 — Rio de Janeiro RJ, 1880], pioneira da enfermagem no Brasil, dita Mãe dos Brasileiros por sua atuação voluntária na assistência aos soldados feridos durante a Guerra do Paraguai. O governo federal deu seu nome à primeira escola oficial de enfermagem do país (1923).

Néri, Ismael [Belém PA, 1900 — Rio de Janeiro RJ, 1934], artista plástico brasileiro, de influências cubista e esp. surrealista. Estudou na Escola Nacional de Belas-Artes, no Rio de Janeiro, e na Academia Julien, em Paris. Sua obra só teve o valor reconhecido postumamente.

Neruda (Neftalí Ricardo Reyes Basoalto, dito **Pablo**) [Parral, Chile, 1904 — Santiago, Chile, 1973], poeta chileno, considerado um dos grandes da América Latina, influenciado esp. pelo Surrealismo. Recebeu o Prêmio Nobel de Literatura (1971). Obras: *Vinte poemas de amor e uma canção desesperada*, *Cem sonetos de amor*, *A rosa separada* etc.

Neto Campelo ver *Campelo Júnior, Manuel Neto Carneiro*

Netuno, divindade romana identificada com o Poseídon grego. Em astronomia, é o último dos planetas gasosos. Diâmetro equatorial: 49.528 km; diâmetro polar: 48.600 km; distância média do Sol: 4.504.000.000 km; satélites: 8.

Neves (Luiz Moreira Neves, dito **Dom Lucas Moreira**) [São João del Rei MG, 1925 — Roma, Itália, 2002], sacerdote brasileiro, arcebispo de Salvador BA (1987-1998). Nomeado cardeal pelo papa João Paulo II (1988), foi presidente da CNBB e prefeito da Sagrada Congregação para os Bispos, no Vaticano.

Neves, Tancredo de Almeida [São João del Rei MG, 1910 — São Paulo SP, 1985], político brasileiro. Foi deputado, senador, ministro da Justiça no governo Getúlio Vargas e presidente do BNDES, no governo JK. Em 1985, então governador de Minas Gerais, candidatou-se e foi eleito presidente da República, indiretamente, pelo Colégio Eleitoral. Seria o primeiro presidente civil desde 1964, mas faleceu pouco antes de tomar posse.

Newton, Sir **Isaac** [Lincolnshire, Inglaterra, 1642 — Londres, Inglaterra, 1727], físico, astrônomo e matemático inglês, considerado um dos maiores nomes da ciência de todos os tempos. Formulou as teorias físicas do movimento e da gravitação, criou o cálculo infinitesimal, um novo ramo da matemática, e fez importantes descobertas na física óptica.

Nicarágua (República da), maior país da América Central, com 130.370 km². República presidencialista, independente desde 1821. Capital: *Manágua*; recursos principais: agricultura (banana, café, algodão), pecuária e indústria (vestuário, tecidos). Hab.: 5.891.199 (2009).

Niemeyer Soares Filho, **Oscar** [Rio de Janeiro RJ, 1907], arquiteto brasileiro considerado grande nome da arquitetura mundial. Utiliza o concreto como escultura em seus projetos. Obras: conjunto arquitetônico da Pampulha MG, Museu de Arte Contemporânea (MAC) RJ, Palácio da Alvorada, Palácio do Planalto e Congresso Nacional DF etc.

Níger (República do), país do centro-oeste africano, com 1.267.000 km². República mista, independente desde 1960. Capital: *Niamei*; recurso principal: jazidas de minérios (urânio, ferro, carvão e estanho). Hab.: 15.306.252 (2009).

Nigéria (República Federal da), país do centro-oeste da África, com 923.768 km². República presidencialista, independente desde 1960. É o décimo país mais populoso do mundo. Capital: *Ajuba*; recursos principais: agricultura (amendoim, cacau) e petróleo. Hab.: 149.229.090 (2009).

Nilópolis (RJ), município com 19,2 km², situado na região metropolitana do Rio de Janeiro. Campo de Instrução de Gericinó, do Ministério do Exército. Hab.: 157.483.

Niquelândia (GO), município com 9.843,1 km², situado na microrregião de Porangatu, às margens do rio Tocantins. Jazidas de níquel. Ruínas da Igreja de N.Sª. do Rosário (antiga São José do Tocantins) tombadas pelo Iphan. Hab.: 42.380.

Niterói (RJ), município com 129,3 km², na região metropolitana do Rio de Janeiro. Estaleiros, turismo. Fortaleza de Santa Cruz, Igreja de São Lourenço, conjunto arquitetônico e paisagístico da ilha da Boa Viagem, Museu Antônio Parreiras e Museu de Arte Contemporânea (MAC), entre outros bens imóveis tombados pelo Iphan. Hab.: 487.327.

Niue (Governadoria do), território autônomo administrado pela Nova Zelândia, com 260 km², situado em uma ilha do leste da Oceania. Capital: *Alofi*. Hab.: 1.398 (2009).

Nóbrega, Pe. Manuel da [Minho, Portugal, 1517 — Rio de Janeiro RJ, 1570], missionário jesuíta português, chefiou a primeira missão jesuítica ao Brasil e tornou-se conhecido como o grande catequizador dos indígenas brasileiros. Conseguiu pacificar os tamoios. Fundou a aldeia de Piratininga (1554), atual São Paulo SP.

Nordeste (região) ver *Região Nordeste*

Noronha, Fernando ou **Fernão de** [?, séc. XV — ?, séc. XVI], comerciante português, enviou diversas expedições marítimas à costa brasileira para explorar o pau-brasil. Uma delas descobriu a ilha de São João (1504), atual Fernando de Noronha. Ganhou do rei de Portugal essa ilha, que foi a 1ª capitania hereditária do Brasil.

Norte (região) ver *Região Norte*

Noruega (Reino da), país do extremo norte europeu, com 323.802 km². Monarquia parlamentarista, independente desde 1905. Capital: *Oslo*; recursos principais: polpa de madeira, papel, petróleo e produtos químicos. Hab.: 4.660.539 (2009).

Nossa Senhora do Socorro (SE), município com 157,5 km², na região metropolitana de Aracaju. Igreja Matriz de N.Sª. do Perpétuo Socorro tombada pelo Iphan. Hab.: 160.829.

Nova Caledônia e Dependências (Território de Ultramar de), arquipélago localizado a leste da Oceania, com 18.575 km²; território autônomo sob a administração da França, independente desde 1979. Capital: *Numeia* (*Noumea*); recurso principal: níquel. Hab.: 227.436 (2009).

Nova Era (MG), município com 363,1 km², situado na região central do estado. Produção de ferro. Jazida de esmeraldas. Igreja Matriz de S. José e conjunto arquitetônico e paisagístico da praça da Matriz tombados pelo Iphan. Hab.: 17.540.

Nova Friburgo (RJ), município com 932,6 km², situado na região serrana do estado. Horticultura, floricultura, indústria têxtil. Casa e Parque da Cidade, Hotel do Parque São Clemente e conjunto arquitetônico e paisagístico da praça Getúlio Vargas tombados pelo Iphan. Hab.: 182.016.

Nova Iguaçu (RJ), município com 523,9 km², situado na região metropolitana do Rio de Janeiro. Reserva Biológica de Tinguá. Casa da Fazenda São Bernardino tombada pelo Iphan. Hab.: 795.212.

Nova Lima (MG), município com 428,4 km², situado na região metropolitana de Belo Horizonte. Extração de minério de ferro e ouro. Hab.: 81.162.

Nova Zelândia, país do sudoeste do Pacífico, na Polinésia, com 267.710 km². Composto por duas ilhas principais e numerosas ilhotas, estende-se por mais de 1.600 km ao longo de seu eixo principal norte-nordeste. Monarquia parlamentarista, membro da Comunidade Britânica. Capital: *Wellington*; recurso principal: pecuária (bovinos e ovinos). Hab.: 4.213.418 (2009).

Novais Pinto, **Guiomar** [São João da Boa Vista, SP, 1896 — São Paulo, 1979], pianista brasileira, considerada grande intérprete de Chopin. Começou a tocar piano aos quatro anos. Ganhou uma bolsa do governo (1909) e estudou no Conservatório de Paris, França, formando-se em primeiro lugar. Apresentou-se por todo o mundo e recebeu muitos prêmios e condecorações.

Novo Gama (GO), município com 191,6 km², no entorno do Distrito Federal, a 40 km de Brasília. Hab.: 95.013.

Novo Hamburgo (RS), município com 223,6 km², no vale dos Sinos, região metropolitana de Porto Alegre. O maior exportador de calçados do país. Casa Presser tombada pelo Iphan. Hab.: 239.051.

Nutels, Noel [Ananiev, Rússia, 1913 — Rio de Janeiro RJ, 1973], médico sanitarista e indigenista brasileiro. Foi diretor do Serviço de Proteção ao Índio, da Fundação Nacional do Índio e da Fundação Brasil Central. Publicou dezenas de trabalhos em revistas científicas do Brasil e do exterior.

Oo

Oceania, não é exatamente um continente, mas uma divisão geográfica do mundo, com 14 países independentes e 8.480.354 km². Ali estão a Austrália, a Nova Zelândia e cerca de dez mil ilhas e atóis espalhados pelo oceano Pacífico (ilhas Fidji, Salomão e Marshall, Kiribati, Micronésia, Nauru, Palau, Papua Nova Guiné, Samoa, Tonga, Tuvalu e Vanuatu). Hab.: 33,5 milhões (2009).

OEA ver *Organização dos Estados Americanos*

Oeiras (**PI**), município com 2.719,5 km², antiga capital do estado. Igreja Matriz de N.Sª. das Vitórias, Ponte Grande e o sobrado João Nepomuceno tombados pelo Iphan. Hab.: 35.646.

Ohtake, Tomie [Kioto, Japão, 1913], artista plástica japonesa naturalizada brasileira. Seu estilo é o abstracionismo geométrico. Além de pintura, trabalhou com serigrafia, litografia e gravuras em metal. Realizou obras públicas, como os painéis para o Memorial da América Latina.

Oiapoque (**rio**), situado no Estado do Amapá, na fronteira com a Guiana Francesa; nasce na serra de Tumucumaque e percorre 350 km antes de desaguar no oceano Atlântico.

Oiticica, **Hélio** [Rio de Janeiro RJ, 1937 — *id*., 1980], artista plástico brasileiro, influenciado esp. pelo Neoconcretismo. Fundou o grupo Frente, com Ivan e Franz Weissman e Lygia Clark (1953-1956). Vanguardista e experimentador, a linguagem de sua obra instiga a interação do observador. Um de seus trabalhos, *Tropicália*, deu nome ao Tropicalismo, movimento do final dos anos 1960.

Olinda (**PE**), município com 43,5 km², situado na região metropolitana do Recife. Conjunto arquitetônico, urbanístico e paisagístico, Convento e Forte de São Francisco, igrejas da Misericórdia, de N.Sª. do Monte, de Santa Teresa, do Antigo Convento de N.Sª. do Carmo, Igreja e Mosteiro de São Bento e Seminário de Olinda, entre outros bens imóveis tombados pelo Iphan. Patrimônio Cultural da Humanidade desde 1982. Hab.: 375.559.

Olinto Marques da Rocha, **Antônio** [Ubá MG, 1919 — Rio de Janeiro, 2009], escritor, jornalista, poeta e crítico literário brasileiro. Foi adido cultural em Londres e na Nigéria e especializou-se na África. Assinou a crítica literária do jornal *O Globo* durante 25 anos. Recebeu o Prêmio Machado de Assis da ABL (1994). Membro da ABL. Obras: *Presença*, *Resumo*, *Caderno de crítica*, *A verdade na ficção* etc.

Omã (**Sultanato de**), pequeno país situado no extremo sudeste da península da Arábia, a sudoeste da Ásia, com 309.500 km². Monarquia islâmica, dividida em oito governadorias. Capital: *Mascate*; recursos principais: extração de petróleo e gás natural, e indústria metalúrgica (cobre). Hab.: 3.418.085 (2009).

ONU ver *Organização das Nações Unidas*

Organização das Nações Unidas (**ONU**), organismo internacional sediado em Nova York, constituído em 1945, e criado pelos Estados que acataram as obrigações previstas na Carta das Nações Unidas no interesse da salvaguarda da paz e da segurança internacionais e da cooperação econômica, social e cultural entre as nações.

Organização das Nações Unidas para Educação, Ciência e Cultura (**Unesco**), organismo da ONU sediado em Paris e criado em 1945 com o fito de contribuir para a paz e a segurança internacionais, estreitando os laços entre as nações por meio da educação, ciência, cultura, comunicação e respeito aos direitos humanos e liberdades fundamentais.

Organização dos Estados Americanos (**OEA**), organismo internacional constituído em 30 de abril de 1948, que reúne os 35 Estados independentes das Américas que assinaram os princípios de paz e colaboração mútua estabelecidos no ato constitutivo da Carta da Organização dos Estados Americanos, de Bogotá.

Orlando da Silva, **Artur** [Recife PE, 1858 — *id*., 1916], advogado, jornalista e escritor brasileiro, pertenceu à chamada Escola do Recife. Foi redator-chefe do *Diário de Pernambuco* (1901-1911) e um dos primeiros a defender a aproximação dos países latino-americanos com os EUA. Membro da ABL. Obras: *Meu álbum*; *Pan-americanismo*; *O Brasil, a terra e o homem* etc.

Orquestra Sinfônica Brasileira (**OSB**), entidade cultural sem fins lucrativos, criada em 11 de julho de 1940 por um grupo de músicos liderados pelo maestro José Siqueira, com o objetivo de preservar a música erudita.

Osasco (**SP**), município com 64,9 km², situado na região metropolitana de São Paulo. Grande parque industrial (esp. indústrias têxteis e metalúrgicas). Hab.: 666.469.

Oscarito (Oscar Lorenzo Jacinto de la Imaculada Concepción Teresa Diaz, dito) [Málaga, Espanha, 1906 — Rio de Janeiro RJ, 1970], ator cômico naturalizado brasileiro. Formou com o ator Grande Otelo uma dupla de muito sucesso no cinema, nas chamadas "chanchadas" da Atlântida. Filmografia: *Assim era a Atlântida*, *Nem Sansão nem Dalila*, *Dupla do barulho* etc.

Osório (Manuel Luís, marquês do Herval, dito **general**) [Santo Antônio do Arroio RS, 1808 — Rio de Janeiro RJ, 1879], militar e político brasileiro, destacado comandante na Guerra do Paraguai. Na Guerra dos Farrapos esteve inicialmente ao lado dos rebeldes, mas passou para o lado do governo, iniciando as negociações para pacificar a província.

Oswald, Henrique José Pedro Maria Carlos Luís [Rio de Janeiro RJ, 1852 — *id*., 1931], pianista e compositor brasileiro. Foi professor catedrático do INM, atual Escola de Música da UFRJ, e compositor de grande produção musical. Sofreu influência esp. do estilo romântico europeu. Obras: *Opus 43*, *Festa*, *Idílio* etc.

Otaviano de Almeida Rosa, **Francisco** [Rio de Janeiro RJ, 1825 — *id*., 1889], político, jornalista e poeta romântico brasileiro. Defendeu as causas do Partido Liberal e engajou-se na campanha pela promulgação da Lei do Ventre Livre. Participou da elaboração do Tratado da Tríplice Aliança (1865). Patrono da cadeira 13 da ABL. Obras: *Cantos de Selma*, *Traduções e poesias* etc.

Ottoni, Teófilo Benedito [atual Serro MG, 1807 — Rio de Janeiro RJ, 1869], político brasileiro. Conhecido por suas ideias republicanas durante o Império, liderou a revolução liberal no seu estado (1842); foi derrotado, preso e depois anistiado. Fundou a Companhia do Mucuri (1850), para desenvolver e colonizar o nordeste mineiro. — **Cristiano Benedito Ottoni**, seu irmão, [atual Serro MG, 1811 — Rio de Janeiro RJ, 1896], político brasileiro, elegeu-se deputado e senador diversas vezes. Autor do primeiro plano ferroviário do Brasil (*O futuro das estradas de ferro no Brasil*, 1859), foi o primeiro diretor da Estrada de Ferro Dom Pedro II, atual Central do Brasil, Rio de Janeiro RJ.

Ouricuri (PE), município com 2.422,8 km², situado no sertão de Araripe, na região oeste do estado. Seus primitivos habitantes foram índios da família dos cariris. Hab.: 64.335.

Ourinhos (SP), município com 296,2 km², situado na região sudoeste do estado. Importante entroncamento ferroviário responsável pela distribuição de combustível no sul do país. Hab.: 103.026.

Ouro Branco (MG), município com 260,7 km², situado na microrregião de Conselheiro Lafaiete; compõe o Circuito do Ouro. Siderúrgica Açominas. Igreja Matriz de Sto. Antônio e Matriz de Sto. Antônio de Itatiaia tombadas pelo Iphan. Hab.: 35.260.

Ouro Preto (MG), município histórico, antiga Vila Rica, com 1.245,1 km², situado na serra do Espinhaço. Conjunto arquitetônico e urbanístico, Casa dos Contos, igrejas de N.Sª. das Mercês e Misericórdia, de Bom Jesus do Matosinho, de N.Sª. do Carmo, de N.Sª. do Rosário, de São Francisco de Assis, Matriz do Pilar, Museu da Inconfidência, entre outros bens imóveis tombados pelo Iphan. Monumento Nacional, em 1933, e Patrimônio Histórico e Cultural da Humanidade, pela Unesco, em 1980. Hab.: 70.227.

Ovale, Jaime [Belém PA, 1894 — Rio de Janeiro RJ, 1955], compositor erudito e poeta brasileiro. Sua música mais famosa, *Azulão*, foi feita em parceria com Manuel Bandeira. A inspiração de sua obra erudita está nas raízes da cultura brasileira. Obras: *Pedro Álvares Cabral*, *Legenda* etc.

Pp

Pacaraima (serra do), situada no Estado de Roraima; ali fica o monte Roraima, com 2.875 m de altitude.

Pacatuba (CE), município com 132,4 km², situado na microrregião de Fortaleza, a 25 km dessa capital. Hab.: 72.249.

Pacheco, José **Félix** Alves [Teresina PI, 1879 — Rio de Janeiro RJ, 1935], escritor simbolista e político brasileiro, fundador do Gabinete de Identificação e Estatística, hoje Instituto Félix Pacheco. Introduziu no Brasil o processo de tirar impressões digitais. Elegeu-se várias vezes para cargos legislativos. Membro da ABL. Obras: *Chicotadas, poesias revolucionárias*; *Tu, só tu* etc.

Paço do Lumiar (MA), município com 132,4 km², na região metropolitana de São Luís. Hab.: 104.881.

Pais, Fernão Dias [? SP, 1608 — ? MG, 1681], bandeirante brasileiro, desbravou o sul do Brasil. Foi depois nomeado governador das esmeraldas e partiu para o interior do país à procura de pedras preciosas. Nada encontrou. Olavo Bilac inspirou-se nele para compor o poema "O caçador de esmeraldas".

País Basco, comunidade autônoma pertencente à França e à Espanha e situada na região dos Pireneus ocidentais, com 7.234 km². Compreende, na Espanha, as províncias Alava (cap. *Vitória*), Biscaia (cap. *Bilbao*), Guipúzcoa (cap. *San Sebastián*) e Navarra (cap. *Pamplona*); e, na França, Soule, Labourd e a Baixa Navarra (*Pyrenées-Atlantiques*, sudoeste da França); recursos principais: indústria, comércio, pesca, turismo e siderurgia. Hab.: 2.124.846 (2005).

Países Baixos (Reino dos), país do noroeste da Europa, junto ao mar do Norte, com 41.543 km². Monarquia parlamentarista. Capital: *Amsterdã*; recursos principais: pesca, mineração (gás natural, petróleo), indústrias (alimentícia, de máquinas, química). Hab.: 16.715.999 (2009).

Pajeú (rio), afluente do rio São Francisco, nasce na chapada de Borborema, na serra da Balança, entre os estados de Pernambuco e Paraíba (430 km).

Palau (República de), país constituído por um arquipélago no oeste da Oceania, com 459 km². República presidencialista, independente desde 1994. Capital: *Koror*; recursos principais: agricultura (coco, banana, raízes e tubérculos) e indústria (vestuário). Hab.: 20.796 (2009).

Paleolítico, período mais antigo da Pré-História, caracterizado pelo uso de armas e ferramentas feitas de pedaços de rocha quebrados grosseiramente. É tb. chamado de Idade da Pedra Lascada.

Palestina (Território da Autoridade), país situado no extremo oeste da Ásia, dividido em duas partes: uma estreita faixa de terra entre o deserto de Neguev e o litoral, denominada "Faixa de Gaza", e uma parte da Cisjordânia, na margem ocidental do rio Jordão, com 6.220 km². República independente, não instituída. Capital (provisória): *Jericó*. Área em conflito entre palestinos e israelenses.

Palheta, Francisco de Melo [? PA, 1670 — 1750], desbravador brasileiro, chefiou diversas expedições pelo interior do país, alcançando inclusive a Guiana Francesa, lugar de onde trouxe as primeiras sementes de café (1727). Plantado primeiramente no Pará, em 1767 o fruto já era exportado para a Europa.

Palhoça (SC), município com 394,6 km², situado na região metropolitana de Florianópolis entre o litoral e a serra do Mar. Turismo: Parque Estadual Serra do Tabuleiro. Hab.: 137.299.

Palmares (PE), município com 336,8 km², situado na região da Mata do estado. Seu nome recorda a rebelião dos negros, os quilombos e a República Independente dos Palmares. Hab.: 59.524.

Palmares (Quilombo dos) ver *Quilombo dos Palmares*

Palmas (TO), capital do Estado do Tocantins, com 2.218,9 km², cidade planejada e construída (1989) sobre o centro geodésico do Brasil, às margens do rio Tocantins. Hab.: 228.297.

Palmeira dos Índios (AL), município com 460,6 km², situado na região do Agreste do estado, na divisa com o Estado de Pernambuco. Antiga aldeia de índios cariris. Hab.: 70.434.

Palmeiras (BA), município com 695,7 km², situado na chapada Diamantina. Conjunto paisagístico do morro do Pai Inácio tombado pelo Iphan. Hab.: 8.408.

Palmério, Mário de Ascensão [Monte Carmelo MG, 1916 — Uberaba MG, 1996], professor, educador, político e romancista brasileiro. Fundou as Faculdades de Odontologia, de Direito e de Medicina, em Minas Gerais. Começou na literatura aos 40 anos de idade. Membro da ABL. Obras: *Vila dos confins*, *Chapadão do bugre* etc.

Panamá (canal do), liga os oceanos Atlântico e Pacífico, encurtando distâncias entre o Ocidente e o extremo Oriente. Tem 82 km de extensão e três sistemas de eclusas. Em suas extremidades ficam a Cidade do Panamá, no Pacífico, e Colón, no Atlântico (mar das Antilhas).

Panamá (República do), país situado no sudoeste da América Central, com 75.420 km². República presidencialista, independente desde 1903. Capital: *Cidade do Panamá*; recursos principais: turismo, esp. ecoturismo. Hab.: 3.360.474 (2009).

Pancetti (Giuseppe Gianinni, dito **José**) [Campinas SP, 1904 — Salvador BA, 1959], pintor brasileiro. Não se ligou a nenhum movimento. Pintou esp. marinhas, autorretratos e paisagens litorâneas brasileiras. Conquistou muitos prêmios e a medalha de ouro do Salão Nacional de Belas-Artes (1948).

Pantagruel, personagem de um romance de François Rabelais (c.1494-1553), é o príncipe do país Utopia, um gigante comilão, fortíssimo, que busca salvar seu reino de uma invasão.

Pantanal Mato-grossense (Parque Nacional do), criado em 1981, possui uma área de 135.000 ha, com perímetro de 260 km. Está localizado no extremo sudoeste do Estado do Mato Grosso, no município de Poconé, junto à divisa com o Estado do Mato Grosso do Sul, na confluência dos rios Paraguai e Cuiabá. Uma de suas principais atrações é a abundância de fauna (jacarés, garças, capivaras, tuiuiús, piranhas etc.).

Pão de Açúcar, elevação na cidade do Rio de Janeiro RJ, com 396 m de altitude; o nome vem da semelhança de forma com o açúcar em massa saído das formas, nos antigos engenhos. Uma linha de bondes aéreos liga-o ao morro da Urca (220 m) e este à praia Vermelha.

Papagaio (serra do) ver *Serra do Papagaio (Parque Estadual da)*

Papua-Nova Guiné (Estado Independente de), país a oeste da Oceania, com 462.840 km². Monarquia parlamentarista, independente desde 1975. Capital: *Port Moresby*; recursos principais: agricultura (cacau, coco, chá), pecuária, extração de cobre e turismo. Hab.: 6.057.263 (2009).

Paquistão (República Islâmica do), país do centro-sul da Ásia, com 796.095 km². República parlamentarista, ditadura militar desde 1999. Capital: *Islamabad*; recursos principais: agricultura (algodão, cana-de-açúcar), indústria (cimento, fertilizantes) e extração (gás natural, petróleo). Hab.: 176.242.949 (2009).

Pará (PA), estado brasileiro da região norte, com 1.247.689,5 km² e 143 municípios, sendo os mais populosos, além da capital: Santarém, Marabá, Altamira, Caucaia e Abaetuba. Porta de entrada da Amazônia, ali fica Marajó, a maior ilha fluviomarinha do mundo. Capital: *Belém;* recursos principais: agricultura (dendê, pimenta-do-reino), pecuária (esp. bovinos e búfalos), e extração de madeira, castanha-do-pará. Hab.: 7.588.078.

Paracatu (MG), município com 8.232,2 km², situado na região noroeste do estado. Mineração de ouro e pecuária leiteira. Igreja de N.Sª. do Rosário e Matriz de Santo Antônio tombadas pelo Iphan. Hab.: 84.687.

Paracatu (rio), afluente do rio São Francisco, corre em Minas Gerais. Tem 441 km de extensão.

Pará de Minas (MG), município com 550,9 km², situado na microrregião de mesmo nome. Maior produtor de frangos do estado. Hab.: 84.252.

Paragominas (PA), município com 19.330,5 km², situado a leste do estado, na fronteira com o Estado do Maranhão. Exploração da madeira. Hab.: 97.788.

Paraguai, Guerra do [1864 — 1870], tb. dita Guerra da Tríplice Aliança, referindo-se ao tratado assinado pelo Brasil, Argentina e Uruguai contra o Paraguai, originou-se devido à política militar e expansionista do presidente paraguaio Solano López. A Batalha do Riachuelo foi decisiva para a vitória dos aliados. A guerra provocou mais de 30 mil baixas no Exército brasileiro.

Paraguai (República do), país do centro-sul da América do Sul, com 406.752 km²; república presidencialista, independente desde 1811. Capital: *Assunção*; recursos principais: agropecuária e indústria alimentícia (carnes). Hab.: 6.995.655 (2009).

Paraguai (rio), nasce na chapada dos Parecis, em Mato Grosso, banha tb. o Estado de Mato Grosso do Sul e, ao longo de seu curso rumo ao sul, recebe vários afluentes importantes, destacando-se os rios Cuiabá e Negro. Desde a nascente até seu encontro com o rio Paraná, na fronteira do Paraguai com a Argentina, percorre 2.621 km, sendo 1.683 km em território brasileiro.

Paraíba (PB), estado brasileiro, a leste da região nordeste, com 56.439,8 km² e 223 municípios, sendo os mais populosos, além da capital: Campina Grande, Santa Rita, Patos, Bayeux e Sousa. Tem 98% de seu território no Polígono das Secas. A ponta do Seixas, limite oriental do país, fica em seu litoral. Capital: *João Pessoa*; recursos principais: agropecuária e indústrias (alimentícia, de cimento e de plásticos). Hab.: 3.766.834.

Paraíba do Norte (rio), formado pelos rios da Serra e do Meio, nasce na chapada da Borborema, no limite do Estado da Paraíba com o Estado de Pernambuco. Tem 360 km de extensão.

Paraíba do Sul (rio), formado pelos rios Paraibuna e Paraitinga, suas águas abastecem parte da população de três estados brasileiros, Rio de Janeiro, São Paulo e Minas Gerais, e são aproveitadas pelas hidrelétricas de Nilo Peçanha, Fontes, Salto do Funil e Ilha dos Pombos. Tem 1.019 km de extensão.

Paraibuna (rio), está localizado na divisa dos estados do Rio de Janeiro e Minas Gerais, onde nasce, perto da cidade de Juiz de Fora. Sua profundidade média é de 4 m e pode chegar a até 30 m em alguns trechos. Deságua no rio Paraíba do Sul. Tem 170 km de extensão.

Paraná (PR), estado brasileiro da região sul, com 199.314,8 km² e 399 municípios, sendo os mais populosos, além da capital: Maringá, Londrina, Ponta Grossa, Foz do Iguaçu e Cascavel. É cortado ao norte pelo trópico de Capricórnio. Capital: *Curitiba;* recursos principais: agricultura (café, soja), indústrias (agroindústria, papel e celulose) e extrativismo vegetal (erva-mate, madeira). Hab.: 10.439.601.

Paranaguá (PR), município histórico litorâneo, com 826,6 km², situado na microrregião de mesmo nome. Colégio dos Jesuítas, Fortaleza da Ilha do Mel, igrejas da Ordem Terceira de São Francisco das Chagas e de São Benedito tombados pelo Iphan. Hab.: 140.450.

Paranaíba (rio), nasce na serra da Mata da Corda, corre nos estados de Minas Gerais e Goiás, e forma, com o rio Grande, o rio Paraná. Tem 1.170 km de extensão.

Paranapanema (rio), nasce na serra de Paranapiacaba, corre nos estados de São Paulo e Paraná e deságua no rio Paraná, formando limite entre os dois estados. Tem 929 km de extensão.

Paranavaí (PR), município com 1.202,4 km², situado na região noroeste do estado, na divisa com o Estado de São Paulo. Agricultura (laranja) e indústria (alimentos, vestuário). Hab.: 81.595.

Paraopeba (rio), nasce na serra da Mantiqueira, banha o Estado de Minas Gerais e deságua na margem direita do rio São Francisco. Tem 546,5 km de extensão.

Parati (RJ), município histórico litorâneo, com 928,4 km², situado na região sul do estado. Conjunto arquitetônico e paisagístico da cidade, Forte Defensor Perpétuo, igrejas de N.Sª. das Dores, de N.Sª. do Rosário, de Santa Rita, Matriz de N.Sª. dos Remédios e município de Parati (Monumento Nacional desde 1966), entre outros monumentos tombados pelo Iphan. Hab.: 37.575.

Parauapebas (PA), município com 7.007,7 km², situado na região sudeste do estado, no sopé da serra de Carajás. Tem 90% de suas terras ocupados pela Cia. Vale do Rio Doce, pelos índios caiapós-xicrins e áreas de preservação ambiental. Hab.: 153.942.

Pardo (rio), afluente do Paraná (428 km), corre no Estado de Mato Grosso do Sul — rio dos estados de Minas Gerais e Bahia (644 km), nasce na serra das Almas e deságua no oceano Atlântico — rio dos estados de Minas Gerais e São Paulo, desce da serra do Cervo MG (573 km), banhando a cidade de São José do Rio Pardo SP — rio do Estado do Rio Grande do Sul (250 km), afluente do rio Jacuí — rio do Estado de São Paulo (240 km), afluente do rio Paranapanema, nasce na serra de Botucatu.

Parima (serra do), formação do relevo brasileiro, localizada no Planalto das Guianas, na fronteira do Brasil com a Venezuela, no extremo oeste do Estado de Roraima.

Parintins (AM), município com 5.952,3 km², situado na região central do estado, na ilha de Tupinambarana, na margem direita do rio Amazonas. Grandes reservas de madeira. Festival folclórico no Bumbódromo. Hab.: 102.066.

Parnaíba (PI), município com 435,5 km², situado no litoral norte do estado, no delta do Parnaíba. Turismo. Hab.: 145.729.

Parnaíba (rio), nasce na serra da Tabatinga, a 800 m de altitude, e banha vários municípios do Estado do Piauí. Um dos rios mais extensos do Nordeste (1.450 km), faz divisa entre Maranhão e Piauí. Na sua foz, forma um delta com cinco ramificações.

Parnamirim (RN), município litorâneo com 120,2 km², situado na região metropolitana de Natal. Na Segunda Guerra Mundial ficou conhecido como "Trampolim da Vitória". Aeroporto Augusto Severo. Hab.: 202.413.

Parreiras, Antônio Diogo da Silva [Niterói RJ, 1860 — *id.*, 1937], pintor brasileiro, fundou a Escola do Ar Livre, onde os alunos pintavam fora dos estúdios. Foi muito premiado em várias edições do Salão Nacional de Belas-Artes, no Rio de Janeiro. A partir do início do séc. XX, dedicou-se à pintura histórica. Obras: *Proclamação da República*, *Prisão de Tiradentes*, *Fundação da República de Piratini* etc.

Paru (rio), afluente da margem esquerda do rio Amazonas (741 km), corre no Estado do Pará.

Pascal, Blaise [Auvergne, França, 1623 — Paris, França, 1662], físico, matemático, filósofo e escritor francês, conhecido esp. por suas descobertas científicas. Formulou a Lei de Pascal, que descreve as relações de pressão sobre um líquido contido em um recipiente fechado, princípio hoje us. nos motores hidráulicos e compressores de ar.

Pascoal, Hermeto [Arapiraca AL, 1936], músico brasileiro. Começou a tocar sanfona de ouvido, ainda criança. Seu estilo musical é único e pessoal, difícil de ser rotulado. Tornou-se conhecido por usar objetos comuns e animais para obter sons durante as gravações. Obras: *O ovo*, *Porco na festa* etc.

Pascoal (monte), elevação montanhosa, com 586 m de altitude, foi o primeiro ponto de terra avistado pelos portugueses, em 1500, quando descobriram o Brasil. — O **Parque Nacional do Monte Pascoal**, criado no seu entorno, é uma das mais importantes reservas de mata Atlântica do sul da Bahia, com 22.500 ha de área total e 110 km de perímetro.

Passo Fundo (RS), município com 780,3 km², situado na região noroeste do estado. Usinas hidrelétricas de Ernestina e Jacuí. Agricultura (trigo, soja) e pecuária (bovinos). Bispado. Hab.: 184.869.

Passos, Édison Junqueira [Carangola MG, 1893 — Rio de Janeiro RJ, 1954], engenheiro e político brasileiro. Dirigiu a construção da Estrada de Ferro Moçoró, em 1919. Foi secretário de Viação da Prefeitura do antigo Distrito Federal, catedrático da Escola Nacional de Engenharia, deputado federal e presidente do Clube de Engenharia.

Passos, Francisco **Pereira** [São João Marcos RJ, 1836 — no mar, 1913], engenheiro e político brasileiro, autor de projetos ferroviários como o trecho do morro do Corcovado RJ. Elegeu-se prefeito do Rio de Janeiro (1903-1906), construiu avenidas e túneis e realizou importantes obras de infraestrutura.

Passos (MG), município com 1.339,1 km², situado na região sudoeste do estado. Gado leiteiro e indústria de confecção. Hab.: 106.313.

Pasteur, Louis [Dole, França, 1822 — Villeneuve-l'Étang, França, 1895], químico e biólogo francês, um dos grandes cientistas da humanidade. Descobriu o princípio das vacinas preventivas e que as doenças são transmitidas por bactérias. Desenvolveu um processo (pasteurização) que mata os germes pela alternância de frio e calor.

Pati do Alferes (RJ), município com 319,1 km², situado na microrregião de Vassouras. Igreja Matriz de N.Sª. da Conceição tombada pelo Iphan. Maior produtor de tomates do estado. Hab.: 26.381.

Pato Branco (PR), município com 539,4 km², situado na região sudoeste do estado. Parque industrial de eletrônica (*software*).Hab.: 72.373.

Patos (lagoa dos), grande lagoa costeira no Estado do Rio Grande do Sul, com 280 km de extensão e 60 km de largura, recebe as águas dos rios Turucu, Jacuí e Camaquã. Comunica-se com o Atlântico pela barra do Rio Grande e com a lagoa Mirim pelo canal de São Gonçalo. Em suas margens estão localizadas as cidades de Porto Alegre, Pelotas e Rio Grande.

Patos (PB), município com 512,7 km², situado no sertão, na margem esquerda do rio Espinhares, microrregião Depressão do Alto Piranhas. Turismo religioso (Santuário Cruz da Menina). Hab.: 100.695.

Patos de Minas (MG), município com 3.189 km², situado no Triângulo Mineiro / Alto Paranaíba. Agricultura e indústria de alimentos. Hab.: 138.836.

Patrocínio, José Carlos **do** [Campos RJ, 1854 — Rio de Janeiro RJ, 1905], jornalista, orador e escritor brasileiro, um dos líderes do movimento abolicionista. Considerado grande jornalista, foi proprietário dos periódicos *Gazeta da Tarde* e *Cidade do Rio*. Membro fundador da ABL. Obras: *Os retirantes*, *Pedro espanhol* etc.

Patrocínio (MG), município com 2.866,5 km², estância hidromineral, situado no Alto Paranaíba. Exportação de café. Hab.: 82.541.

Paudalho (PE), município com 277,7 km², situado ao norte da Zona da Mata do estado. Mosteirinho de São Francisco tombado pelo Iphan. Hab.: 51.374.

Paula, Inimá José **de** [Itanhomi MG, 1918 – Belo Horizonte MG, 1999], pintor paisagista brasileiro, autodidata, frequentou o ateliê de Cândido Portinari. Conhecido por seu lirismo, foi abstracionista e depois recebeu forte influência do *fauvismo*. Ganhou diversos prêmios e medalhas em mostras e bienais no Brasil e no exterior. Catedrático da Escola Nacional de Belas-Artes, no Rio de Janeiro RJ.

Paulinho da Viola (Paulo César Batista de Faria, dito) [Rio de Janeiro RJ, 1942], cantor e compositor popular brasileiro, um dos grandes nomes contemporâneos do samba e do choro. Desde pequeno conviveu com grandes músicos, como Pixinguinha e Jacó do Bandolim. Fez parte do conjunto *A voz do morro*. Obras: *Coração leviano*, *E a vida continua*, *Sinal fechado*, *Foi um rio que passou em minha vida* etc.

Paulínia (SP), município com 139,3 km², situado no nordeste do estado. Polo petroquímico. Rhodia. Hab.: 82.150.

Paulista (PE), município com 93,5 km², situado na região metropolitana do Recife. Turismo (praia de Maria Farinha). Forte do Pau Amarelo tombado pelo Iphan. Hab.: 300.611.

Paulo Afonso (BA), município com 1.573,6 km², situado na região do vale do São Francisco, na divisa dos estados de Sergipe e Alagoas. Cachoeira de Paulo Afonso. Hab.: 108.419.

Pederneiras, Mário Veloso Paranhos [Rio de Janeiro RJ, 1868 — *id.*, 1915], poeta brasileiro, pertenceu à segunda geração simbolista. Fundou as revistas *Galáxia*, *Mercúrio*, *Rio-Revista* e *Fon-Fon*. Foi pioneiro no uso do verso livre. Obras: *Agonia*, *Rondas noturnas*, *Histórias do meu casal*. — **Raul** Paranhos **Pederneiras** [Rio de Janeiro RJ, 1874 — *id.*, 1953], seu irmão, caricaturista e escritor brasileiro, consagrou-se no *Jornal do Brasil*, com a série de cartuns *Cenas da vida carioca*. Lecionou na Escola Nacional de Belas-

-Artes. Obras: *Lições de caricatura*, *Geringonça carioca* etc.

Pedra da Mina (pico), o ponto mais alto da serra da Mantiqueira (2.797 m) e o quarto em altura do país, 8 m acima do pico das Agulhas Negras RJ, está situado entre Passa Quatro MG e Queluz SP.

Pedra do Sino de Itatiaia (pico), situado na serra da Mantiqueira MG (2.670 m), é o nono em altura do país.

Pedro I, Dom [Queluz, Portugal, 1798 — *id.*, 1834], primeiro imperador do Brasil. Proclamou a Independência brasileira no dia 7 de setembro de 1822 e subiu ao trono, ficando até 1831. Absolutista e cercado por pressões políticas, abdicou em favor de seu filho, ainda criança, Dom Pedro II.

Pedro II, Dom [Rio de Janeiro RJ, 1825 — Paris, França, 1891], segundo e último imperador do Brasil (1840 — 1889), filho de Dom Pedro I e da imperatriz Leopoldina, subiu ao trono com 14 anos. Seu reinado foi marcado por transformações sociais e econômicas, pela *Guerra do Paraguai* (1864-1870) e pela promulgação da Lei da *Abolição da Escravatura* (1888). Com o advento da República, foi convidado a retirar-se do Brasil com a família (1889).

Pedro Leopoldo (MG), município com 291 km^2, a 40 km de Belo Horizonte. O fóssil conhecido como Luzia, com idade de 11.500 anos, encontrado na região, é uma das peças de maior importância da arqueologia brasileira. Hab.: 58.696.

Pedrosa, Mário [João Pessoa PB, 1900 — Rio de Janeiro RJ, 1981], crítico de arte e literatura, e jornalista brasileiro. Presidiu a Associação Brasileira de Críticos de Arte, dirigiu o Museu de Arte Moderna de São Paulo SP. Colaborou em diversos jornais, como o *Diário da Noite* (SP) e o *Jornal do Brasil* (RJ). Obras: *Panorama da pintura moderna*; *Arte, forma e personalidade*; *Rosa de Luxemburgo* etc.

Peixe (rio), situado no Estado de São Paulo, é afluente da margem esquerda do rio Paraná (500 km).

Peixoto, Floriano Vieira [Ipioca AL, 1839 — Barra Mansa RJ, 1895], militar e político brasileiro, vice-presidente no governo Deodoro da Fonseca. Quando este renunciou, assumiu a presidência (1891 a 1894). Autoritário, dito *Marechal de Ferro*, enfrentou muitas revoltas durante seu governo, como a Revolução Federalista e a Revolta da Armada.

Peixoto, Inácio José de **Alvarenga** [Rio de Janeiro RJ, 1744 — Angola, 1793], poeta brasileiro, ativo participante da Inconfidência Mineira, foi condenado a desterro na África, onde morreu. Suas obras poéticas só foram publicadas postumamente (1865).

Peixoto, Júlio **Afrânio** [Lençóis BA, 1876 — Rio de Janeiro RJ, 1947], escritor, professor e médico brasileiro. Escreveu romances, crítica literária, livros didáticos e ensaios sobre Pedagogia, Medicina e Direito. Foi autor regionalista, de influência simbolista. Membro da ABL. Obras: *Rosa mística*, *Esfinge*, *Fruta do mato*.

Pelé (Édson Arantes do Nascimento, dito) [Três Corações MG, 1940], jogador de futebol brasileiro, eleito pela Fifa (2000) o melhor jogador de futebol do século XX. Marcou 1.284 gols oficiais. Participou de quatro Copas do Mundo e conquistou três (1958, 1962 e 1970), recorde que ainda não foi alcançado por nenhum outro jogador. Consagrou-se vestindo a camisa 10 da seleção brasileira.

Pelotas (RS), município com 1.608,7 km^2, situado no sudeste do estado, às margens do canal São Gonçalo, que liga as lagoas dos Patos e Mirim. Caixa-d'água na praça Piratinino de Almeida, obelisco republicano, prédios na praça Cel. Pedro Osório e Teatro Sete de Abril tombados pelo Iphan. Indústria de conservas. Hab.: 327.778.

Pena, Afonso Augusto Moreira [Santa Bárbara MG, 1847 — Rio de Janeiro RJ, 1909], político brasileiro, presidente da República (1906-1910), legítimo representante da chamada política café com leite. Seu governo sofreu grande desgaste político por causa da sucessão presidencial. Faleceu antes de completar o mandato.

Pena, Cornélio de Oliveira [Petrópolis RJ, 1896 — Rio de Janeiro RJ, 1958], escritor modernista brasileiro. Escreveu densos romances psicológicos, ambientados esp. nas grandes fazendas de Minas Gerais. Obras: *Fronteira*, *Dois romances de Nico Horta*, *Repouso* etc.

Pena, Luís Carlos **Martins** [Rio de Janeiro RJ, 1815 — Lisboa, Portugal, 1848], dramaturgo brasileiro, considerado o fundador do teatro de costumes no Brasil. Sua obra é bem-humorada e os tipos populares são seus preferidos. Patrono da cadeira 29 da ABL. Obras teatrais: *O juiz de paz na roça*, *Um sertanejo na corte*, *As casadas solteiras* etc.

Penedo (AL), município com 689,2 km^2, situado na região leste do estado, sobre um rochedo às margens do rio São Francisco, na divisa com o Estado de Sergipe. Convento dos Franciscanos, igrejas de São Gonçalo Garcia dos Homens Pardos e de N.S^a. da Corrente tombados pelo Iphan. Hab.: 60.389.

Pereira, Geraldo Theodoro [Juiz de Fora MG, 1908 — Rio de Janeiro RJ, 1955], compositor popular brasileiro. Seu samba sincopado é considerado precursor da bossa nova. Boêmio, sua música fala do cotidiano dos cariocas dos morros. Obras: *Acabou a sopa*, *Acertei no milhar*, *Bolinha de papel*, *A voz do morro* etc.

Pereira, Lafayette Rodrigues [Queluz MG, 1834 — Rio de Janeiro RJ, 1917], advogado, jornalista, político e diplomata brasileiro. Ocupou diversos cargos públicos, entre eles, presidente das províncias do Ceará e do Maranhão, e conselheiro de Estado. Membro da ABL. Obras: *Direitos de família*, *Direito das coisas* etc.

Pereira, Lúcia Vera **Miguel** [Barbacena MG, 1903 — Rio de Janeiro RJ, 1959], escritora brasileira, filha do médico Miguel Pereira, na literatura escreveu ensaios, romances, críticas e biografias. Obras: *Maria Luísa*, *Amanhecer*, *A vida de Gonçalves Dias* etc.

Pernambuco (**PE**), estado brasileiro, no centro-leste da região nordeste, com 98.311,6 km² e 185 municípios, sendo os mais populosos, além da capital: Jaboatão dos Guararapes, Olinda, Caruaru, Paulista e Petrolina. Abriga o arquipélago de Fernando de Noronha, uma das grandes atrações turísticas do país. Capital: *Recife*; recursos principais: agricultura (cana-de-açúcar), pecuária, indústrias (alimentícia, têxteis, cimento) e turismo. Hab.: 8.796.032.

Perneta, Emiliano David [Curitiba, PR, 1866 — *id*., 1921], escritor brasileiro, vanguardista do Simbolismo no país. Fundou e dirigiu diversos jornais e revistas literárias, destacando-se sua atuação no periódico carioca *Folha Popular* (1891). Obras: *Músicas*, *O inimigo*, *Alegoria*, *Ilusão* etc.

Peruíbe (**SP**), município com 326,2 km², situado no litoral sul do estado. Estação Ecológica Jureia-Itatins. Praias, rios, cachoeiras. Hab.: 59.793.

Peru (**República do**), país situado a oeste da América do Sul, na costa do oceano Pacífico, com 1.285.216 km². República presidencialista, independente desde 1821. Foi o berço de uma das civilizações mais interessantes e intrigantes da história — os Incas. Capital: *Lima*; recursos principais: ecoturismo, agricultura e pesca. Hab.: 29.546.963 (2009).

Pesqueira (**PE**), município com 1.000,2 km², situado na região do Agreste do estado, na divisa com o Estado da Paraíba. Artesanato e doces. Hab.: 62.793.

Pessoa, Epitácio Lindolfo da Silva [Umbuzeiro PB, 1865 — Petrópolis RJ, 1942], político e jurista brasileiro, elegeu-se presidente da República (1919 a 1922), concorrendo com Rui Barbosa. O ano final de seu governo foi marcado por intensa agitação política, destacando-se a Revolta dos 18 do Forte de Copacabana.

Pessoa, Fernando Antônio Nogueira [Lisboa, 1888 — *id*., 1935], poeta modernista português, de estatura internacional, ao lado de Luís de Camões. Criou nomes imaginários de autores para escrever suas obras: Alberto Caeiro, Álvaro de Campos e Ricardo Reis. Só depois de sua morte foi editada sua obra completa. Em vida publicou apenas *Mensagem* (1934).

Pessoa Cavalcanti de Albuquerque, **João** [Umbuzeiro PB, 1878 — Recife PE, 1930], político brasileiro. Elegeu-se presidente da Paraíba em 1928. Um ano depois foi candidato à vice-presidência da República na chapa de Getúlio Vargas (1929). Este fato desencadeou revoltas armadas em seu estado, culminando com seu assassinato. Seu nome foi dado à capital do Estado da Paraíba, em 1930.

Petrobras (Petróleo Brasileiro S.A.), empresa de economia mista criada em 1953, que opera no segmento de energia, esp. em prospecção, produção, refino, comercialização e transporte de petróleo e derivados no Brasil e em outros 27 países.

Petrolina (**PE**), município com 4.558,5 km², situado no sertão do São Francisco, na divisa com o Estado da Bahia. É o maior polo agroindustrial do Nordeste. Agricultura irrigada (uva, melão, cebola). Carrancas. Hab.: 294.081.

Petrópolis (**RJ**), município com 774,6 km², situado na região serrana, foi capital do estado por nove anos (1894-1903). Conjunto urbano-paisagístico, Casas da Fazenda Samambaia, da Fazenda Santo Antônio, de Santos-Dumont, do Padre Correia, de Carlos Oswald, Palácio de Cristal, da Princesa Isabel e Palácio Imperial tombados pelo Iphan. Museu Imperial. Indústria têxtil e de confecções. Hab.: 296.044.

Piauí (**PI**), estado brasileiro, a noroeste da região nordeste, com 251.529,1 km² e 222 municípios, sendo os mais populosos, além da capital: Parnaíba, Picos e Floriano. Abriga o delta do Parnaíba, com suas cerca de 80 ilhas. Achados pré-históricos e pinturas rupestres. Capital: *Teresina*; recursos principais: agropecuária e extrativismo vegetal (carnaúba, babaçu, castanha-de-caju etc.). Hab.: 3.119.015.

PIB ver *Produto Interno Bruto*

Picasso, Pablo Ruiz Blasco [Málaga, Espanha, 1881 — Mougins, França, 1973], artista plástico espanhol, considerado um dos grandes mestres da pintura do séc. XX, criador do estilo dito Cubismo. Os horrores da Guerra Civil Espanhola foram a inspiração da célebre *Guernica* (1937).

Picos (**PI**), município com 803,2 km², situado na região sudeste do estado. Universidade federal. Agricultura (esp. alho e cebola), produção de mel e de castanha-de-caju. Hab.: 73.417.

Piedade (**SP**), município com 745,5 km², situado nas encostas da serra de Paranapiacaba. Reserva Estadual do Jurupará, com 24.000 ha. de mata Atlântica (criada em 1992). Agricultura (esp. cebola e alcachofra). Hab.: 52.214.

Pignatari, Décio [Jundiaí SP, 1927], poeta, semiólogo, ensaísta e teórico da comunicação brasileiro, grande nome da poesia concreta e um dos precursores desse estilo, em 1956, ao lado dos irmãos Haroldo e Augusto de Campos. Foi membro fundador da Associação Internacional de Semiótica, em Paris, França (1969).

Pilar (**PB**), município com 101,2 km², situado na microrregião de Sapé, a leste do estado. Prédio da Antiga Cadeia Pública tombado pelo Iphan. Hab.: 11.191.

Pilar de Goiás (**GO**), município com 906,6 km², situado na microrregião de Ceres, nas montanhas do centro-norte do estado. Antigo reduto de escravos negros foragidos (Quilombo Papuã). Conjunto arquitetônico e paisagístico e Casa da Princesa tombados pelo Iphan. Hab.: 2.766.

Pindamonhangaba (**SP**), município com 730,2 km², situado na região central do vale do Paraíba paulista, a leste do estado. Produção de leite e derivados, e cultura de arroz. Aviários. Hab.: 147.034.

Pindaré-Mirim (MA), município com 238,5 km², situado às margens do rio Pindaré. Prédio do Engenho Central São Pedro (onde funcionou a Companhia Progresso Agrícola do Maranhão) tombado pelo Iphan. Hab.: 31.145.

Pinhais (PR), município com 61 km², situado na região metropolitana de Curitiba. Cia. de Cimento Portland Paraná. Cerâmica. Hab.: 117.166.

Pinheiro (MA), município com 1.465,5 km², situado na baixada Maranhense. Barragem e eclusa do rio Pericumã. Hab.: 78.147.

Pinzón, Vicente Yañez [Palos, Espanha, 1460 — *id.*, 1523], navegador espanhol, financiou parte da viagem de Cristóvão Colombo à América (1492) e dela participou no comando da caravela *Niña*. Em 1499 liderou viagem de exploração em direção ao hemisfério austral. Descobriu a foz do rio Amazonas. Sem registros precisos, considera-se que atingiu o atual cabo de Santo Agostinho, em Pernambuco.

Piracicaba (SP), município com 1.369,5 km², situado às margens do rio Piracicaba. Antiga aldeia dos índios paiaguás, desenvolveu-se graças aos engenhos de açúcar. Indústrias (metalúrgica, alimentícia, têxtil, petroquímica). Bispado. Aeroporto. Hab.: 364.872.

Piraçununga (SP), município com 726,9 km², situado na região leste do estado. Turismo, agropecuária, metalurgia e mecânica. Hab.: 70.138.

Piracuruca (PI), município com 2.380,5 km², Parque Nacional Sete Cidades, inscrições rupestres. Igreja Matriz de N.Sª. do Carmo tombada pelo Iphan. Hab.: 27.548.

Piranga (MG), município com 657,4 km², situado na microrregião de Viçosa, às margens do rio Piranga. Conjunto arquitetônico e paisagístico do Santuário do Senhor Bom Jesus de Matosinhos tombado pelo Iphan. Hab.: 17.230.

Pirapora (MG), município com 575,4 km², situado na região norte do estado, às margens do rio São Francisco. Agropecuária. Carrancas. Hab.: 53.379.

Piraquara (PR), município com 227,5 km², situado aos pés da serra do Mar, na região metropolitana de Curitiba. Muitas nascentes de água. Hab.: 93.279.

Piratini (RS), município histórico com 3.561,4 km², situado na região sudeste do estado. Casa de Garibaldi, Palácio Farroupilha e Quartel Farroupilha tombados pelo Iphan. Hab.: 19.831.

Pireneus, cordilheira (430 km) que se estende do golfo de Gasconha ao golfo de Lion; a vertente norte pertence à França, e a vertente sul, à Espanha. Maior altitude: 3.404 m, no pico de Aneto.

Pirenópolis (GO), município histórico com 2.227,7 km². Festa do Divino Espírito Santo e Cavalhadas. Conjunto arquitetônico, urbanístico e paisagístico, Casa da Fazenda da Babilônia e Igreja Matriz de N.Sª. do Rosário tombados pelo Iphan. Hab.: 23.065.

Piripiri (PI), município com 1.408,9 km², situado na região norte do estado. Parque Nacional Sete Cidades, inscrições rupestres. Hab.: 61.840.

Pita, Sebastião da **Rocha** [Salvador, 1660 — *id.*, 1738], escritor, poeta e historiador brasileiro. Sua obra mais importante, *História da América portuguesa, desde o ano de 1500 até o de 1724*, foi pioneira na pesquisa histórica nacional.

Pitágoras [Samos, Grécia, primeira metade do séc. VI a.C. — Metaponto, Itália, início do séc. V a.C.], filósofo e matemático grego, formulou o teorema que leva seu nome sobre a relação matemática entre os lados de um triângulo retângulo. Na filosofia, considerava o número como a essência de todas as coisas.

Pitangui (MG), município com 568,3 km², situado a 131 km de Belo Horizonte; foi a Sétima Vila do Ouro das Gerais. Casa do Padre Belquior e Paço Municipal tombados pelo Iphan. Hab.: 25.339.

Pitanguy, Ivo Hélcio Jardim de Campos [Belo Horizonte MG, 1926], médico brasileiro, referência mundial no campo da cirurgia plástica, premiado e condecorado no Brasil e no exterior. Membro titular da ANM, do Colégio Brasileiro de Cirurgiões e da Sociedade Brasileira de Cirurgia Plástica. Membro da ABL. Obras: *Um jeito de ver o Rio*, *Aprendendo com a vida* etc. Obras científicas: *Mamoplastias*, *Atlas de cirurgia palpebral* etc.

Pixinguinha (Alfredo da Rocha Viana Júnior, dito) [Rio de Janeiro RJ, 1897 — *id.*, 1973], músico e compositor popular brasileiro, mestre da flauta, um dos responsáveis pela popularização do choro. Liderou vários grupos musicais, entre eles a *Orquestra típica Pixinguinha-Donga*. Compôs mais de mil músicas; a mais famosa, *Carinhoso* (letra de Braguinha), tornou-se referência da MPB.

Pizarro, Francisco [Cáceres, Espanha, c.1475 — Lima, Peru, 1541], conquistador espanhol, derrotou o Império Inca e conquistou o Peru. Fundou a cidade de Lima, atual capital desse país. Ganhou do rei espanhol o título de marquês e o cargo de governador.

Planaltina (GO), município com 2.539,1 km², situado no entorno de Brasília. Hab.: 81.612.

Platão [Atenas, Grécia, c.428 a.C. — *id.*, c.348 a.C.], filósofo e pensador grego, um dos maiores da cultura ocidental, discípulo de Sócrates. Fundou a Academia, escola de filosofia e ciências, considerada a primeira universidade. Escreveu os *Diálogos*, peças teatrais em que os personagens discutem temas filosóficos. O filósofo grego Aristóteles foi o seu discípulo mais famoso.

Plutão, divindade romana identificada com o Hades grego. Em astronomia, é um planeta-anão do sistema solar. Diâmetro: 2.320 km; distância média do Sol: 5.913.520.000 km; satélite: 1.

PNB ver *Produto Nacional Bruto*

Poá (**SP**), município com 17,1 km² situado na microrregião de Moji das Cruzes. Estância turística e hidromineral. Hab.: 106.033.

Poços de Caldas (**MG**), município com 544,4 km², situado no sudoeste do estado, na divisa com o Estado de São Paulo, foi construído sobre a cratera de um vulcão extinto. Fontes de águas e lama medicinais. Hab.: 152.496.

Polígono das Secas, compreende a área do nordeste brasileiro (1.079.893 km²) reconhecida pela legislação (1951) como sujeita a repetidos e longos períodos de estiagem e, portanto, objeto de especiais providências do setor público. Abrange oito estados do Nordeste (exceto o Maranhão e o litoral leste) e parte do norte do Estado de Minas Gerais.

Polinésia Francesa (**Território da**), arquipélago ao sul da Oceania, com 4.167 km²; colônia ultramarina francesa. Compreende as ilhas da Sociedade (com Taiti), as Marquesas, Tuamotu e Gambier e mais de 100 outras ilhas e atóis. Capital: *Papeete* (em Taiti); recurso principal: turismo. Hab.: 287.032 (2009).

Polo, Marco [Veneza, Itália, 1254 — *id.*, 1324], comerciante e explorador italiano, tornou-se famoso por suas viagens pelo Oriente. Partiu com 17 anos e retornou a sua terra natal 24 anos depois. Escreveu *O livro das maravilhas*, que relata os hábitos e os costumes do império de Kublai Khan e faz um mapeamento geográfico da Ásia oriental.

Polônia (**República da**), país do centro-norte da Europa, com 312.685 km². República mista, independente desde 1918. Capital: *Varsóvia*; recursos principais: indústria (máquinas, ferro, aço, navios etc.) e mineração (cobre, prata, carvão e zinco) Hab.: 38.482.919 (2009).

Pombal (Sebastião José de Carvalho e Melo, primeiro conde de Oeiras e primeiro **marquês de**) [Lisboa, Portugal, 1699 — Quinta de Pombal, Portugal, 1782], estadista português, a mais importante figura política durante o reinado de D. José I (1750 a 1777). Considerado um déspota esclarecido, melhorou a organização da economia colonial brasileira, com o intuito de gerar mais lucros para Portugal.

Pombo, José Francisco da **Rocha** [Morretes PR, 1857 — Rio de Janeiro RJ, 1933], historiador e escritor brasileiro. Considerado um dos pioneiros do romance simbolista no país. Eleito para a ABL, morreu antes da posse. Obras: *História do Brasil*, *Nossa pátria*, *No hospício* etc.

Pompeia, Raul d'Ávila [Angra dos Reis RJ, 1863 — Rio de Janeiro RJ, 1895], escritor e jornalista brasileiro. Escreveu ficção, poemas e crônicas, recebendo, na poesia, certa influência do Parnasianismo. Abolicionista e republicano, colaborou em diversos jornais paulistas e cariocas. Obras: *O Ateneu*, *As joias da coroa* etc.

Ponta Grossa (**PR**), município com 2.067,5 km², situado na região centro-oriental do estado. Centro processador de soja. Turismo. Parque estadual de Vila Velha. Hab.: 311.697.

Ponta Porã (**MS**), município com 5.328,6 km², situado na região sudoeste do estado, na fronteira com o Paraguai. Erva-mate. Hab.: 77.866.

Ponte Nova (**MG**), município com 470,3 km², situado na Zona da Mata do estado, às margens do rio Piranga. Cana-de-açúcar. Hab.: 57.361.

Portella, Eduardo Matos [Salvador BA, 1932], crítico literário, professor e ensaísta brasileiro. Foi diretor da Faculdade de Letras da UFRJ, ministro da Educação e Cultura no governo João Figueiredo, diretor-geral adjunto da Unesco, na França, e membro da ABL. Obras: *Dimensões I*, *Teoria da comunicação literária*, *Vanguarda e cultura de massa* etc.

Portinari, Cândido Torquato [Brodósqui SP, 1903 — Rio de Janeiro RJ, 1962], artista plástico modernista brasileiro, pintor nacional de expressão internacional. Sua temática explora esp. problemas sociais. Produziu vasta obra, destacando-se, p.ex., os afrescos da biblioteca do Congresso norte-americano, em Washington, e o painel do edifício da ONU, em Nova York, ambos nos EUA.

Porto Alegre (Manuel Marques de Sousa, dito **barão, visconde** e **conde de**) [Rio Grande RS, 1804 — Rio de Janeiro RJ, 1875], político e militar brasileiro. Sempre apoiando o monarquismo, empunhou armas e foi o líder em diversas batalhas, como a resistência à Revolução Farroupilha, a vitória de Monte Caseros e o cerco de Uruguaiana.

Porto Alegre (**RS**), capital do Estado do Rio Grande do Sul, com 496,8 km², situada na margem esquerda do rio Guaíba. Cais do Porto — pórtico central e armazéns, casa do visconde de Pelotas, Correios e Telégrafos, Igreja de N.Sª. das Dores, Palacete Argentina, prédios do Observatório Astronômico e da Faculdade de Direito tombados pelo Iphan. Indústrias (têxtil, de artefatos de couro e de tecidos) e metalurgia. Hab.: 1.409.939.

Porto Calvo (**AL**), município com 260,1 km², situado na microrregião da Zona da Mata alagoana. Igreja de N.Sª. da Apresentação tombada pelo Iphan. Hab.: 25.718.

Porto Rico (**Comunidade de**), ilha ao norte da América Central, uma das ilhas antilhanas a leste do Haiti, com 13.790 km²; território independente administrado pelos EUA. Capital: *San Juan*; recurso principal: exportação de açúcar, café, cacau, tabaco etc. Hab.: 3.971.020 (2009).

Porto Seguro (**BA**), município histórico com 2.408,5 km², situado na região sul do estado. Conjunto arquitetônico e paisagístico da cidade alta e Monte Pascoal tombados pelo Iphan. Turismo. Hab.: 126.770.

Porto Velho (**RO**), capital do Estado de Rondônia, com 34.082,3 km², situado na margem direita do rio Madeira, na divisa com o Estado do Amazonas. Extração de cassiterita. Universidade. Hab.: 426.558.

Portugal (República Portuguesa), país do extremo oeste da Europa, situado na península Ibérica, com 92.090 km², incluindo os Açores e a ilha da Madeira. República mista. Capital: *Lisboa*; recursos principais: pesca e vinho. Hab.: 10.707.924 (2009).

Posêidon ou **Posídon**, Netuno entre os romanos, na mitologia grega foi uma das 12 divindades do Olimpo; deus grego dos mares.

Poti ver *Camarão, Antônio Filipe*

Pouso Alegre (MG), município com 543,9 km², situado na região sudoeste do estado, no vale do Sapucaí. Indústrias (alimentícia, têxtil e metalúrgica). Universidades. Hab.: 130.586.

Prado, Adélia Luzia [Divinópolis MG, 1935], escritora e professora brasileira. Destacou-se na prosa e na poesia. Recebeu o Prêmio Jabuti de Poesia (1978). Obras: *Bagagem*, *O coração disparado*, *O homem da mão seca* etc.

Prado Júnior, Caio [São Paulo SP, 1907 — *id.*, 1990], escritor e político brasileiro, de ideias marxistas. Presidiu a Aliança Nacional Libertadora. Fundou a *Revista Brasiliense*. Teve os direitos políticos cassados em 1969. Obras: *Evolução política do Brasil*, *O mundo do socialismo*, *Dialética do conhecimento* etc.

Prados (MG), município histórico com 261,6 km², situado na microrregião de São João del Rei. Igrejas de N.Sª. da Penha e Matriz de N.Sª. da Conceição tombadas pelo Iphan. Hab.: 8.395.

Praia Grande (SP), município com 149 km², situado na microrregião de Santos. Estação balneária. Turismo. Hab.: 260.769.

Praieira (Revolução ou **Insurreição)**, último levante de caráter liberal e federalista contra o Império, ocorrida em Pernambuco (1848-1849). Seus líderes foram o deputado Joaquim Nunes Machado, o jornalista Antônio Borges da Fonseca e o capitão Pedro Ivo Veloso da Silveira.

Prata (questão do), surgida (1809) devido à insistência de D. João VI em retomar a Colônia do Sacramento, atual Uruguai, e com ela a Banda Oriental, para dessa forma fixar a fronteira meridional brasileira na margem esquerda da bacia do rio da Prata.

Prazeres, Heitor dos [Rio de Janeiro RJ, 1898 — *id.*, 1966], pintor primitivo e compositor popular brasileiro. Seus quadros retratam a vida dos morros cariocas. Na música, dedicou-se ao samba e foi autor de diversos sucessos carnavalescos. Compôs: *Deixaste meu lar*, *Mulher de malandro*, *Pierrô apaixonado* (com Noel Rosa) etc.

Presidente Prudente (SP), município com 562,1 km², situado no planalto ocidental paulista. Pecuária. Exportação de carne bovina. Bacia leiteira. Hab.: 207.625.

Prestes (Coluna), movimento político-militar de origem tenentista, que se deslocou pelo interior do país, pregando reformas políticas e sociais, e combatendo o governo do presidente Artur Bernardes (1924 a 1927) e, depois, de Washington Luís. Sem jamais ser vencida, enfrentou tropas regulares do Exército, forças policiais dos estados e bandos de jagunços estimulados por promessas oficiais de anistia.

Prestes, Luís Carlos [Porto Alegre RS, 1898 — Rio de Janeiro RJ, 1990], político brasileiro ligado ao movimento comunista. Foi um dos líderes do tenentismo. Organizou a Coluna Prestes (1924-1927). Em 1945, líder do Partido Comunista Brasileiro, elegeu-se senador, mas foi cassado em 1948.

Prestes de Albuquerque, **Júlio** [Itapetininga SP, 1882 — São Paulo SP, 1946], político brasileiro. Elegeu-se governador, deputado federal e seis vezes deputado estadual, sempre por São Paulo. Em 1930, elegeu-se presidente da República, mas não tomou posse, em decorrência da revolução que levou Getúlio Vargas ao poder.

Produto Interno Bruto (PIB), produto interno de um país, incluindo os gastos de depreciação. Mostra a produção total obtida dentro dos limites da nação, independentemente da nacionalidade dos recursos.

Produto Nacional Bruto (PNB), somatório de todos os bens e serviços produzidos por um país durante certo período. É índice utilizado para medir o desempenho da economia nacional.

Purus (rio), afluente da margem direita do rio Amazonas, nasce no Peru, nas encostas da cordilheira dos Andes (3.330 km).

Qatar ver *Catar*

Qorpo-Santo (José Joaquim de Campos Leão, dito) [Triunfo RS, 1829 — Porto Alegre RS, 1883], teatrólogo brasileiro, considerado um dos precursores do teatro do absurdo e do surrealismo na dramaturgia. Obras (encenadas postumamente): *A separação de dois esposos*, *Mateus e Mateusa* etc.

Quadros, Jânio da Silva [Campo Grande MS, 1917 — São Paulo SP, 1992], político brasileiro, ocupou vários cargos, como prefeito e governador de São Paulo, até atingir a presidência da República (1961). Renunciou após seis meses no poder, alegando ser pressionado por "forças ocultas".

Queimados (RJ), município com 76,9 km², situado na baixada Fluminense, região metropolitana do Rio de Janeiro. Desmembrado de Nova Iguaçu, foi instalado em 1990. Hab.: 137.938.

Queirós, Dinah Silveira de [São Paulo SP, 1910 — Rio de Janeiro RJ, 1982], contista, romancista e cronista brasileira. Consagrou-se com o romance *Floradas na serra* (1939). Membro da ABL. Obras: *A sereia verde*, *A muralha*, *As noites do morro do Encanto* etc.

Queirós, José Maria **Eça de** [Póvoa de Varzim, Portugal, 1845 — Neuilly-sur-Seine, França, 1900], escritor português, maior vulto do Realismo em seu país e um dos grandes romancistas do séc. XIX. Autor de romances que reproduzem um exato quadro da sociedade portuguesa de seu tempo. Obras: *O crime do padre Amaro*, *O primo Basílio*, *A relíquia*, *Os Maias* etc.

Queirós, Rachel de [Fortaleza CE, 1910 — Rio de Janeiro RJ, 2003], escritora e jornalista brasileira, considerada a mais importante autora da literatura nacional. Primeira mulher a entrar para a ABL (1977). Obras: *O quinze*; *As três Marias*; *Memorial de Maria Moura* etc.

Queirós Coutinho Matoso da Câmara, **Eusébio de** [São Paulo de Luanda, Angola, 1812 — Rio de Janeiro RJ, 1868], político e magistrado brasileiro. Foi um dos líderes do Partido Conservador e ministro da Justiça no gabinete do Visconde de Olinda. Autor de importantes leis, como a que extinguiu o tráfico de escravos africanos no Brasil (1850).

Quênia ou **Kênia** (**República do**), país da África oriental, com 580.367 km², república presidencialista, independente desde 1963. Capital: *Nairóbi*; recurso principal: turismo (safáris). Hab.: 39.002.772 (2009).

Quental, Antero Tarquínio **de** [Ponta Delgada, Açores, 1842 — *id.*, 1891], poeta e prosador português. Sua poesia rompeu com os rígidos padrões da época. Tornou-se líder de sua geração e referência na literatura portuguesa. Obras: *Odes modernas*, *Sonetos completos*, *Primaveras românticas* etc.

Questão Militar, série de eventos (1884-1887) que colocaram em confronto direto oficiais do Exército e políticos conservadores e monarquistas. O estopim foi o fato de os militares estarem proibidos por lei de discutir assuntos políticos na imprensa. O verdadeiro motivo foi o crescente ressentimento dos militares com o egoísmo impatriótico da classe política.

Questão Religiosa, conflito (1872) entre a Igreja católica e a maçonaria. Como ambas as partes radicalizaram suas posições, quase se tornou um confronto entre o próprio D. Pedro II, maçom, e o papa Pio IX. Os bispos de Olinda e do Pará foram presos por ordem do imperador e condenados a quatro anos de prisão, com trabalhos forçados (1874). A pena foi comutada para prisão simples.

Quilombo dos Palmares, maior e mais importante quilombo do Brasil, ocupou uma área de cerca de 400 km², onde hoje estão localizados os estados de Alagoas e Pernambuco. Estado independente formado por escravos negros fugidos que se organizaram em aldeias para produzir e resistir à escravidão (1630 a 1695). Seu primeiro rei foi Gangazumba, que terminou envenenado e foi substituído por Zumbi, o mais famoso herói da resistência negra.

Quintana, Mário de Miranda [Alegrete RS, 1906 — Porto Alegre RS, 1994], escritor, jornalista e tradutor brasileiro, notabilizou-se como poeta. Sua obra recebeu influência simbolista e surrealista: *A rua dos cataventos*, *Espelho mágico*, *Antologia poética*, *Velório sem defunto* etc.

Quirguistão ou **Quirguizistão** (**República do**), país do centro-oeste da Ásia, com 199.951 km², república mista, independente desde 1991. Capital: *Bishkek*; recursos principais: agricultura (trigo, legumes e verduras) e pecuária. Hab.: 5.431.747 (2009).

Quitéria de Jesus Medeiros, **Maria** [Salvador BA, 1792 — *id.*, 1853], patriota e heroína brasileira. Alistou-se no Exército durante as guerras da Independência e lutou contra os portugueses. Foi promovida a cadete e condecorada pessoalmente por D. Pedro I com a *Ordem Imperial do Cruzeiro do Sul* (1823).

Quixadá (CE), município com 2.019,8 km², situado no sertão de Quixeramobim. Possui 121 açudes com capacidade para armazenar 633.130.000 m³ de água e sete lagoas com capacidade de 4.380.000 m³. Açude do Cedro tombado pelo Iphan. Hab.: 80.605.

Quixeramobim (CE), município com 3.275,8 km², situado no sertão de mesmo nome. Barragem do Jaguaribe com área de 3.579 km². Casa de Câmara e Cadeia tombada pelo Iphan. Hab.: 71.912.

Rabelo, Laurindo José da Silva [Rio de Janeiro RJ, 1826 — *id.*, 1864], poeta do Romantismo brasileiro, dito Poeta Lagartixa por seu físico esguio. Notabilizou-se por seus versos satíricos e por vezes nostálgicos. Patrono da cadeira 26 da ABL. Bibliografia: *Trovas*, *Obras completas* etc.

Rademaker Grünewald, **Augusto** Hamann [Rio de Janeiro RJ, 1905 — *id.*, 1985], almirante brasileiro, lutou na batalha do Atlântico, durante a Segunda

Guerra Mundial. Participou ativamente do golpe militar de 1964, que depôs o presidente João Goulart. Foi ministro da Marinha no governo Costa e Silva e vice-presidente da República no governo Médici.

Ramos, Graciliano [Quebrangulo AL, 1892 — Rio de Janeiro RJ, 1953], escritor brasileiro. Seus romances contam a vida e o sofrimento do nordestino com uma linguagem seca e vigorosa e são considerados clássicos da literatura nacional. Obras: *São Bernardo, Angústia, Vidas secas, Memórias do cárcere* etc.

Ramos, Nereu de Oliveira [Lajes SC, 1888 — Curitiba PR, 1958], político brasileiro, ocupou muitos cargos, entre eles: deputado federal constituinte (1934), governador de SC, senador e vice-presidente da República (no governo Dutra). Foi um dos fundadores do PSD (1945) e ministro da Justiça no governo JK.

Rangel, Alberto do Rego [Recife PE, 1871 — Nova Friburgo RJ, 1945], historiador e escritor brasileiro, discípulo de Euclides da Cunha. Sua obra constitui importante trabalho de pesquisa sobre fatos e figuras da história do Brasil. Autor de: *Inferno verde — cenas e cenários do Amazonas, No rolar do tempo, A educação do príncipe* etc.

Rangel, Flávio Nogueira [São Paulo SP, 1934 — Rio de Janeiro RJ, 1988], diretor de teatro e dramaturgo brasileiro, importante figura do movimento teatral brasileiro dos anos 1970. Autor de: *Gimba, Seria cômico se não fosse trágico* (com Millôr Fernandes); *Liberdade, liberdade* etc.

Raposos (MG), município com 71,8 km^2, situado na região metropolitana de Belo Horizonte. Igreja de N.S^a. da Conceição tombada pelo Iphan. Hab.: 15.345.

Ratto, Gianni [Milão, Itália, 1916 — São Paulo SP, 2005], diretor, ator, figurinista e cenógrafo italiano, fixou-se no Brasil desde 1954. Foi um dos fundadores do Teatro dos Sete. Dirigiu o Teatro Brasileiro de Comédia (TBC). Escreveu: *A mochila do mascate, Antitratado de cenografia* etc.

Reale, Miguel [São Bento do Sapucaí SP, 1910 – São Paulo SP, 2006], advogado, jurista, professor, filósofo e ensaísta brasileiro. Foi reitor da USP e secretário de Justiça de SP. Fundou a *Revista Brasileira de Filosofia*. Membro da ABL. Obras: *O Estado moderno, Fundamentos do direito, Pluralismo e liberdade, Introdução à filosofia* etc.

Real Gabinete Português de Leitura, maior biblioteca de autores portugueses fora de Portugal, fundada pela colônia portuguesa no Rio de Janeiro (1837). Tornou-se biblioteca pública a partir de 1900. Em 1935, passou a receber da Biblioteca Nacional de Lisboa um exemplar de cada livro publicado em Portugal.

Rebelo (Eddy Dias da Cruz, dito **Marques**) [Rio de Janeiro, 1907 — *id.*, 1973], escritor e jornalista brasileiro. Produziu diversos gêneros literários. Pertencente à segunda geração modernista, foi um cronista da vida simples do subúrbio carioca. Membro da ABL. Obras: *Três caminhos, Estela me abriu a porta, A estrela sobe* etc.

Rebouças, André Pinto [Cachoeira BA, 1838 — Funchal, ilha da Madeira, 1898], engenheiro e jornalista brasileiro. De suas obras de engenharia destacam-se as primeiras docas do Rio de Janeiro, Bahia, Pernambuco, Paraíba e Maranhão. Utilizou a imprensa para divulgar suas ideias abolicionistas.

Recife (PE), capital do Estado de Pernambuco, com 217,4 km^2, situada na foz dos rios Capiberibe e Beberibe. Antigo bairro do Recife — conjunto arquitetônico, urbanístico e paisagístico, casas de Gilberto Freire e Joaquim Nabuco, Convento e Igreja de N.S^a. do Carmo, Forte de Cinco Pontas, Igrejas da Ordem Terceira de N.S^a. do Carmo, de N.S^a. do Pilar, Mercado de São José e Teatro Sta. Isabel, entre outros bens tombados pelo Iphan. Turismo. Hab.: 1.536.934.

Redenção (PA), município com 3.823,7 km^2, situado na região sudeste do estado. Desmembrado de Conceição do Araguaia, foi instalado em 1982. Hab.: 75.505.

Redenção da Serra (SP), município com 309,1 km^2, situado entre as montanhas da serra do Mar, no vale do Paraíba. Fazenda Ponte Alta tombada pelo Iphan. Turismo rural, ecológico e cultural. Hab.: 3.879.

Redondo (morro do), situado no Estado de Minas Gerais, entre os rios Araçuaí e das Velhas (1.200 m).

Reforma, movimento contra certas práticas da Igreja católica, iniciado em 1517 por Martinho Lutero, teólogo alemão; deu origem ao protestantismo.

Regências, sistema de governo brasileiro adotado logo após a abdicação de D. Pedro I em favor de seu filho menor, D. Pedro II. O período, um dos mais conturbados da história brasileira, durou de 1831 a 1840 e dividiu-se em várias fases, ditas Regência Trina Provisória, Regência Trina Permanente e Regência Una. Dentre os regentes que governaram o país, destacam-se o brigadeiro Lima e Silva, apelidado Chico Regência, e o padre Diogo Antônio Feijó.

Região Centro-Oeste, formada pelos estados de Mato Grosso, Mato Grosso do Sul, Goiás e Distrito Federal, com 1.61.077 km^2 e cerca de 12 milhões de hab. Ali fica Brasília, a capital federal. Agropecuária. Reservas de manganês. Pantanal mato-grossense e chapada dos Guimarães.

Região Nordeste, formada pelos estados do Maranhão, Piauí, Ceará, Rio Grande do Norte, da Paraíba, de Pernambuco, Alagoas, Sergipe e da Bahia, com 1.561.177,8 km^2 e cerca de 48 milhões de hab. Bacia do rio São Francisco. Polígono das Secas. Divide-se em Zona da Mata (cana-de-açúcar, cacau e coco), Agreste (pecuária), Sertão Semiárido (caatinga e seca) e Meio-Norte (babaçu, carnaúba e arroz). Metrópoles: Salvador BA, Recife PE e Fortaleza CE.

Região Norte, formada pelos estados do Acre, Amazonas, Amapá, Pará, de Rondônia, Roraima e Tocantins, com 3.869.638 km^2 e cerca de 13 milhões de hab. Única região brasileira cortada pela linha do equador. Extensa planície. Bacia Amazônica e Floresta Amazônica. Extrativismo vegetal (seringueira, guaraná, baunilha, castanha-do-pará) e mineral (manganês AP; cassiterita RO, AM e PA; minério de ferro, bauxita, cobre e níquel PA; ouro PA, RO e RR; e diamante RR). Ilha de Marajó (o maior rebanho de búfalos do país). Zona Franca de Manaus AM.

Região Sudeste, formada pelos estados do Espírito Santo, Rio de Janeiro, São Paulo e Minas Gerais, com 927.286 km² e cerca de 72,5 milhões de hab. A região possui grandes reservas de minério de ferro MG; sal marinho RJ; manganês MG; apatita SP e MG; petróleo, na bacia de Campos no litoral norte do Estado do Rio de Janeiro, que representa 92% da produção nacional. Agricultura (café, cana-de-açúcar e laranja).

Região Sul, a menor das regiões brasileiras, formada pelos estados do Paraná, de Santa Catarina e do Rio Grande do Sul, com 577.142 km² e cerca de 25,5 milhões de hab. Extrativismo vegetal: madeiras (pinho, cedro, imbuia), erva-mate e carvão mineral, esp. em Santa Catarina, que fornece 70% do carvão brasileiro, e Rio Grande do Sul. Agricultura (esp. soja e trigo) e pecuária.

Regina, Elis (E.R. Carvalho da Costa) [Porto Alegre RS, 1945 — São Paulo SP, 1982], cantora brasileira, considerada uma das maiores intérpretes do país em todos os tempos, lançou alguns grandes compositores nacionais (João Bosco e Aldir Blanc, Renato Teixeira, Fátima Guedes). Foi a primeira a inscrever a voz como instrumento na Ordem dos Músicos do Brasil. Deixou extensa discografia: *Trem azul*, *Luz das estrelas*, *Elis Regina no fino da bossa* etc. Seus filhos, **João Marcelo Bôscoli** (com Ronaldo Bôscoli) e **Pedro Camargo** e **Maria Rita Mariano** (com César Camargo Mariano), tb. se dedicam à música.

Registro (SP), município com 716,3 km², situado no vale da Ribeira, litoral sul do estado. Agricultura (banana e chá preto) e turismo rural. Pesca. Hab.: 54.279.

Rego Cavalcanti, **José Lins do** [Pilar PB, 1901 — Rio de Janeiro RJ, 1957], escritor brasileiro. Suas memórias do sertão nordestino formaram a base de seus romances, que retratam a decadência dos senhores de engenho, o patriarcalismo, o cangaço e o misticismo. Membro da ABL. Obras: *Menino de engenho*, *Cangaceiros*, *Riacho doce* etc.

Reidy, Afonso Eduardo [Paris, França, 1909 — Rio de Janeiro RJ, 1964], arquiteto brasileiro. Entre seus projetos destacam-se: o Ministério da Educação, o túnel Rio Comprido-Lagoa e o MAM, todos no Rio de Janeiro RJ, e o MAM em São Paulo SP.

Reino Unido da Grã-Bretanha e Irlanda do Norte ver *Grã-Bretanha e Irlanda do Norte (Reino Unido da)*

Reis, Aarão Leal de Carvalho [Belém PA, 1853 — Rio de Janeiro RJ, 1936], engenheiro brasileiro, planejou a construção da cidade de Belo Horizonte MG (1894). Foi diretor do Banco do Brasil e da Comissão das estradas de ferro em PE e deputado federal.

Renault, Abgar de Castro Araújo [Barbacena MG, 1901 — Rio de Janeiro RJ, 1995], escritor, político e educador brasileiro. Foi secretário da Educação de MG, ministro da Educação e Cultura e representante brasileiro junto à Unesco. Como poeta, participou do movimento modernista mineiro. Membro da ABL. Obras: *Sonetos antigos*, *A outra face da lua*, *Pássaros perdidos* etc.

República Velha ou **Primeira República**, período da história brasileira que se iniciou com a Proclamação da República (1889) e terminou com a Revolução de 1930. Foi marcado pelo domínio político das oligarquias paulistas e mineiras, dita "política café com leite".

Resende, Otto de Oliveira **Lara** [São João del Rei MG, 1922 — Rio de Janeiro RJ, 1992], escritor e jornalista brasileiro, colaborou em vários jornais e revistas mineiras e cariocas. Escreveu contos, novelas, romances e crônicas. Membro da ABL. Obras: *O lado humano*, *O retrato na gaveta*, *Boca do inferno*, *O braço direito* etc.

Resende (RJ), município com 1.113,5 km², situado na região sul do estado, na divisa com os estados de São Paulo e Minas Gerais. Sede da Academia Militar das Agulhas Negras. Turismo (esp. Visconde de Mauá, na serra da Mantiqueira). Hab.: 119.801.

Resende Costa (MG), município com 631,5 km², situado na microrregião de São João del Rei. Artesanato (tapeçaria). Casa à praça Cônego Cardoso, 84 tombada pelo Iphan. Hab.: 10.918.

Reunião (Departamento de), ilha no sudeste da África, com 2.512 km², território ultramarino administrado pela França. Sede: *Saint-Dénis*; recursos principais: agricultura (baunilha e outras especiarias), exportação de açúcar e rum. Hab.: 767.000.

Revolução Francesa, processo social e político ocorrido na França (1789-1799). Causas: incapacidade das classes dominantes (nobreza, clero e burguesia) de enfrentar os problemas do Estado, indecisão da monarquia, excesso de impostos, empobrecimento dos trabalhadores, agitação intelectual e o exemplo da Guerra da Independência norte-americana. Consequências: queda de Luís XVI, abolição da monarquia e proclamação da república.

Riachuelo (batalha naval do), combate ocorrido no rio Paraná, no dia 11 de junho de 1865, durante a Guerra do Paraguai. A esquadra brasileira, liderada pelo almirante Barroso, alcançou a vitória em menos de 24 horas acabando com o domínio naval paraguaio na bacia do Prata.

Riachuelo (SE), município com 262,8 km², situado na microrregião do Baixo Cotinguiba. Capela do Engenho Penha tombada pelo Iphan. Hab.: 9.351.

Ribeirão das Neves (MG), município com 154,1 km², situado na microrregião de Belo Horizonte. Hab.: 296.376.

Ribeirão Pires (SP), município com 99,1 km², situado na região metropolitana de São Paulo, na serra do Paranapiacaba. Estância turística. Esportes aquáticos e radicais (rapel, *trekking* etc.) Hab.: 113.043.

Ribeirão Preto (SP), município com 650,3 km², situado na região nordeste do estado. Produção de açúcar e álcool. Café. Santuário das Sete Capelas. Hab.: 605.114.

Ribeiro, Bernardim [Vila do Torrão, Portugal, c.1500 — Lisboa, Portugal, c.1550], escritor e poeta português, fundador da poesia bucólica no seu país e considerado um dos maiores desse gênero, ao lado de Luís de Camões. Escreveu: *Menina e moça, Éclogas* etc.

Ribeiro, Darcy [Montes Claros MG, 1922 — Brasília DF, 1997], etnólogo, antropólogo, professor, educador e político brasileiro. Estudou as comunidades indígenas brasileiras. Fundou a UnB. Elegeu-se vice-governador (1982) e depois senador (1990), ambos pelo RJ. Membro da ABL. Obras: *As Américas e a civilização, O povo brasileiro, Maíra* etc.

Ribeiro Carneiro Monteiro, **Bento** Manuel [? RS, 1856 — Rio de Janeiro RJ, 1921], militar e político brasileiro. Formou-se em engenharia e chefiou a construção de estradas de ferro, linhas telegráficas e colônias militares. No governo Hermes da Fonseca, foi prefeito do Distrito Federal.

Ribeiro de Andrade Fernandes, **João** Batista [Laranjeiras SE, 1860 — Rio de Janeiro RJ, 1934], polígrafo brasileiro, foi filólogo, folclorista, ensaísta, jornalista e crítico literário. Membro da ABL. Obras: *Dicionário gramatical, História do Brasil, Estudos filológicos* etc.

Ribeiro Vaughan, **Júlio** César [Sabará MG, 1845 — Santos SP, 1890], escritor, filólogo, gramático e jornalista brasileiro, um dos primeiros romancistas naturalistas do país. Patrono da cadeira 24 da ABL. Obras: *Gramática portuguesa, Trechos gerais de linguística* etc.

Ricardo Leite, **Cassiano** [São José dos Campos SP, 1895 — Rio de Janeiro RJ, 1974], escritor e jornalista brasileiro. Notabilizou-se como poeta, sofreu influência do Parnasianismo e, depois, do Modernismo. Membro da ABL. Obras: *Vamos caçar papagaios, O arranha-céu de vidro, O sangue das horas* etc.

Rio Bonito (RJ), município com 462,1 km², situado nas baixadas litorâneas do estado. Turismo rural. Igreja de Santana do Basílio tombada pelo Iphan. Hab.: 55.586.

Rio Branco (AC), capital do Estado do Acre, com 9.222,5 km², situado às margens do rio Acre. Porto fluvial. Madeira, borracha, plantas medicinais etc. Hab.: 335.796.

Rio Claro (SP), município com 498 km², situado na região de Campinas. Cana-de-açúcar, cítricos e pastagens. Sobrado da baronesa de Dourados tombado pelo Iphan. Hab.: 186.299.

Rio de Contas (BA), município com 1.052,3 km², situado na chapada Diamantina. Conjunto arquitetônico, Casa da Câmara e Cadeia, casa natal do barão de Macaúbas, igrejas de Santana e Matriz do Santíssimo Sacramento tombados pelo Iphan. Hab.: 12.979.

Rio de Janeiro (Conjuração do), também conhecida como **Conjuração Carioca**, movimento conspiratório surgido em 1794, no seio de uma sociedade literária, cujos membros foram acusados de conspirar contra a dominação portuguesa e tramar a independência do Brasil.

Rio de Janeiro (RJ), estado brasileiro da região sudeste, com 43.696 km² e 92 municípios, sendo os mais populosos, além da capital: São Gonçalo, Nova Iguaçu, Duque de Caxias e Niterói. Capital: *Rio de Janeiro*; recursos principais: agricultura (cana-de-açúcar, arroz, laranja), petróleo (bacia de Campos), agropecuária (vale do Paraíba do Sul), indústrias (construção naval, siderurgia, química, editorial e gráfica) e turismo. Hab.: 15.993.583.

Rio de Janeiro (RJ), capital do Estado do Rio de Janeiro, cidade turística litorânea com 1.182,2 km², situada no litoral leste do estado. Prédios públicos (Biblioteca Nacional, Casa da Moeda, Teatro Municipal, Fundação Oswaldo Cruz, Observatório Nacional etc.), igrejas (Santa Teresa, Santo Antônio, Candelária, N.Sª. da Glória do Outeiro, entre várias outras), morros (Corcovado, Pedra da Gávea, Pão de Açúcar, Cara de Cão, Dois Irmãos etc.), museus (do Açude e Chácara do Céu, Nacional de Belas-Artes), parques (do Flamengo, Guinle, Lage e Nacional da Tijuca), Estádio Mário Filho (Maracanã), Fortaleza da Conceição, Jardim Botânico, conjunto paisagístico da Lagoa Rodrigo de Freitas, Passeio Público, praça Quinze de Novembro, praia de Paquetá, entre outros bens tombados pelo Iphan. Hab.: 6.323.037.

Rio dos Cedros (SC), município com 555,6 km², situado na microrregião de Blumenau. Escola rural tombada pelo Iphan. Hab.: 10.280.

Rio do Sul (SC), município com 258,4 km², situado na região do vale do Itajaí. Turismo ecológico. Hab.: 61.196.

Rio Grande (RS), município com 2.813,9 km², situado na região sudeste do estado. Único porto marítimo do estado. Indústria de carnes. Petróleo. Casa da Alfândega e Igreja Matriz de São Pedro tombadas pelo Iphan. Hab.: 197.253.

Rio Grande do Norte (RN), estado brasileiro, a nordeste da região nordeste, com 52.796,7 km² e 167 municípios, sendo os mais populosos, além da capital: Moçoró, Apodi, Açu, Piranhas e Potengi. A maior parte de seu território fica no Polígono das Secas. Capital: *Natal*; recursos principais: agricultura (algodão, feijão, caju), extrativismo vegetal (carnaúba), pecuária e indústrias (alimentícia, têxtil, de vestuário). Hab.: 3.168.133.

Rio Grande do Sul (RS), estado brasileiro, ao sul da região sul, com 281.748,5 km² e 497 municípios, sendo os mais populosos, além da capital: Pelotas, Caxias do Sul, Canoas, Santa Maria e Novo Hamburgo. Capital: *Porto Alegre*; recursos principais: agricultura (aveia, soja, milho, erva-mate), vinicultura, pecuária, mineração (calcário, cobre, granito) e indústrias (couro, calçado, pele, têxtil, alimentícia). Hab.: 10.615.532.

Rio Largo (**AL**), município com 309,4 km², situado na região leste do estado, às margens do rio Mundaú. Agroindústria. Hab.: 68.512.

Rio Verde (**GO**), município com 8.388,3 km², situado na região sudeste do estado. Agropecuária e turismo rural. Hab.: 176.502.

Ritápolis (**MG**), município com 391,8 km², situado na região de São João del Rei. Remanescentes da Fazenda do Pombal, onde nasceu Tiradentes, tombados pelo Iphan. Hab.: 4.931.

Rocas (**atol das**), reserva biológica marinha com 36.249 ha, foi a primeira do Brasil, criada em 1979. Única formação de atol existente no Atlântico sul, esse santuário ecológico, localizado cerca de 260 km a leste da cidade de Natal RN, abriga cerca de 150 mil aves, além de peixes, tartarugas e crustáceos. Foi descoberto em 1503 por Gonçalo Coelho, que ali naufragou.

Rocha, Glauber Pedro de Andrade [Vitória da Conquista BA, 1939 — Rio de Janeiro RJ, 1981], cineasta brasileiro. Foi o nome principal do dito Cinema Novo, movimento estético que buscou uma linguagem cinematográfica nacional. Obras: *Deus e o diabo na terra do sol*, *Terra em transe*, *O dragão da maldade contra o santo guerreiro* etc.

Rocha, Ruth Machado Lousada [São Paulo SP, 1931], escritora brasileira, uma das grandes autoras da literatura infantojuvenil do país. Recebeu diversas premiações nacionais e internacionais. Obras: *Quem tem medo de dizer não?*; *Boi, boiada, boiadeiro*; *Palavras, muitas palavras*, *Minidicionário* etc.

Rodin, François-**Auguste**-René [Paris, França, 1840 — Meudon, França, 1917], escultor francês, considerado grande mestre. Dedicou-se, quase que exclusivamente, às figuras humanas. *O pensador* e *O beijo* estão entre suas obras mais conhecidas.

Rodrigues, Augusto [Recife PE, 1913 — Resende RJ, 1993], pintor, desenhista e caricaturista brasileiro, grande incentivador da educação artística infantil. Fundou a Escolinha de Arte do Brasil (1948) e dedicou-se à pintura figurativa.

Rodrigues, João **Barbosa** [São Gonçalo de Capivari MG, 1842 — Rio de Janeiro RJ, 1909], botânico e antropólogo brasileiro, estudou a fauna e a flora do rio Amazonas. Obras: *Iconografia das orquídeas do Brasil* (17 volumes) etc.

Rodrigues, Lupicínio [Porto Alegre, RS, 1914 — *id.*, 1974], compositor popular brasileiro. Autor de sambas famosos, notabilizou-se tb. como grande nome do estilo dito "dor de cotovelo". Obras: *Se acaso você chegasse*, *Brasa*, *Nervos de aço*, *Vingança* etc.

Rodrigues, Nelson Falcão [Recife PE, 1912 — Rio de Janeiro RJ, 1980], dramaturgo, romancista e jornalista brasileiro. Como autor teatral, desenvolveu nova estética e linguagem cênica; considerado criador do moderno teatro brasileiro. Obras: *Vestido de noiva*, *A falecida*, *Perdoa-me por me traíres*, *Boca de ouro*, *O beijo no asfalto* etc.

Rodrigues, Raimundo **Nina** [Vargem Grande MA, 1862 — Paris, França, 1906], médico, etnógrafo, folclorista e sociólogo brasileiro, considerado introdutor do africanismo no país. Foi grande estudioso dos costumes e das religiões dos antigos escravos na Bahia. Obras: *O animismo fetichista dos negros da Bahia*, *Os africanos no Brasil* etc.

Roma, Padre ver *Lima, José Inácio Ribeiro de Abreu e*

Romênia, país do sudeste europeu, com 238.391 km²; é uma república mista dividida em 41 condados e uma municipalidade. Capital: *Bucareste*; recursos principais: exploração de petróleo e gás natural, mineração (minério de ferro, carvão, linhita etc.). Hab.: 22.215.421 (2009).

Romero, Sílvio Vasconcelos da Silveira Ramos [Lagarto SE, 1851 — Rio de Janeiro RJ, 1914], crítico, ensaísta e professor brasileiro. Foi um dos líderes da chamada Escola do Recife e um dos primeiros a buscar uma metodologia para a crítica literária no país. Membro fundador da ABL. Obras: *História da literatura brasileira*, *A literatura brasileira e a crítica moderna* etc.

Rondônia (**RO**), estado brasileiro, a oeste da região norte, com 237.576,1 km² e 52 municípios, localizados esp. às margens dos rios, sendo os mais populosos, além da capital: Ji-Paraná, Ariquemes, Cacoal e Vilhena. Um dos estados de menor densidade populacional do país. Capital: *Porto Velho*; recursos principais: extrativismo vegetal (borracha, madeira, castanha-do-pará) e mineral (primeiro produtor brasileiro de estanho). Hab.: 1.560.501.

Rondonópolis (**MT**), município com 4.165,2 km², situado na região sudeste do estado. Maior produtor de grãos do Estado de Mato Grosso. Pecuária leiteira. Turismo. Hab.: 195.550.

Roosevelt, Franklin Delano [Nova York, EUA, 1882 — Warm Springs, EUA, 1945], político norte-americano. Elegeu-se, quatro vezes consecutivas, presidente dos EUA (1933 a 1945). Implantou uma série de medidas socioeconômicas, chamadas *New Deal*.

Roquette-Pinto, Edgar [Rio de Janeiro RJ, 1884 — *id.*, 1954], antropólogo brasileiro. Fundou a Rádio Sociedade do Rio de Janeiro (atual Rádio Ministério da Educação e Cultura), a *Revista Nacional de Educação* e o Instituto Nacional do Cinema Educativo etc. Membro da ABL. Obras: *Rondônia*, *Guia de antropologia*, *Samambaia* etc.

Roraima (**monte**), monte do Estado de Roraima, na convergência dos limites com Venezuela e Guiana (2.772 m de altitude), é a maior atração turística do parque nacional de mesmo nome.

Roraima (RR), estado brasileiro, a noroeste da região norte, com 224.298,9 km^2 e 15 municípios, sendo os mais populosos, além da capital: Mucajaí, Alto Alegre e Normandia. Criação de reserva ianomâmi (1991). Capital: *Boa Vista*; recursos principais: extrativismo vegetal (madeira, castanha-do-pará), mineral (ouro, diamante, cassiterita), agricultura e pecuária. Hab.: 451.227.

Rosa, Noel de Medeiros [Rio de Janeiro RJ, 1910 — *id.*, 1937], músico e compositor popular brasileiro, considerado um dos grandes sambistas cariocas, autor de obras-primas do gênero: *Fita amarela*, *Conversa de botequim*, *Pra que mentir?*, *Pastorinhas*, *Pierrô apaixonado* etc.

Rousseff, Dilma Vana [Belo Horizonte MG, 1947], economista e política brasileira. Ajudou na fundação do Partido Democrático Trabalhista (PDT) e, em 2001, filiou-se ao Partido dos Trabalhadores (PT). Foi ministra de Minas e Energia (2002-2005) e, depois, da Casa Civil. Em 2010, foi eleita a primeira presidente do Brasil (2011-2014).

Ruanda (República Ruandesa), país do centro-leste da África, com 26.338 km^2. República mista, independente desde 1962. Capital: *Kigali*; recursos principais: exportação de chá e café, e mineração de estanho e tungstênio. Hab.: 10.473.282 (2009).

Rubens, Petrus Paulus [Siegen, Vestfália, 1577 — Antuérpia, 1640], pintor flamengo, um dos maiores do seu tempo. Sua influência é o Barroco e seus quadros são carregados de cores e emoções. De sua obra destacam-se, esp., os retratos e os autorretratos.

Rubião, Murilo Eugênio [Carmo de Minas MG, 1916 — Belo Horizonte MG, 1991], jornalista literário e contista brasileiro, um dos pioneiros do realismo fantástico no país. Foi presidente da Fundação de Arte de Ouro Preto MG. Obras: *O pirotécnico Zacarias*, *A estrela vermelha*, *O convidado* etc.

Rugendas, Johann Moritz [Augsburgo, Alemanha 1802 — Weilheim, Alemanha, 1858], pintor e desenhista alemão. Chegou ao Brasil, em 1821, na expedição do barão de Langsdorff. Pintou cenas brasileiras, mostrando cenas do cotidiano rodeadas de paisagens exuberantes. Escreveu *Viagem pitoresca ao Brasil*.

Ruschi, Augusto [Santa Teresa ES, c.1916 — Vitória ES, 1986], naturalista e zoólogo brasileiro, considerado uma das grandes autoridades mundiais em beija-flores. Catalogou centenas de espécies da fauna e da flora brasileira e seu nome virou gênero de orquídea (*Ruschia*).

Russas (CE), município com 1.588,1 km^2, situado na região do Baixo Jaguaribe. Açude do D.N.O.C.S. (abastecimento, irrigação e piscicultura). Hab.: 69.892.

Rússia (Federação Russa), maior país do mundo, estende-se do norte da Ásia até o norte da Europa, com 17.098.242 km^2. República mista, herdeira política da extinta União Soviética. Capital: *Moscou*; recursos principais: mineração (cobre, minério de ferro, carvão, gás natural, petróleo) e indústrias (alimentícia, máquinas, siderurgia, equipamentos de transporte, química). Hab.: 140.041.247 (2009).

Rússia Branca ver *Belarus*

Ss

Sá, Estácio de [Portugal, c.1520 — Rio de Janeiro RJ, 1567], militar e administrador colonial português, sobrinho de Mem de Sá. Foi o fundador, em 1º de março de 1565, e primeiro capitão-mor da cidade de São Sebastião do Rio de Janeiro, atual Rio de Janeiro.

Sá, Francisco [Brejo de Santo André MG, 1862 — Rio de Janeiro RJ, 1936], engenheiro e político brasileiro. Ocupou diversos cargos públicos e foi o responsável, na cidade do Rio de Janeiro, por obras de modernização e infraestrutura.

Sá, Mem de [Coimbra, c.1500 — Salvador BA, 1572], administrador colonial português, terceiro governador do Brasil (1557-1572). De seu governo destacam-se o processo de pacificação dos indígenas e a expulsão dos franceses, que invadiram o Rio de Janeiro.

Sabará (MG), município histórico com 303,6 km^2, situado na região metropolitana de Belo Horizonte. Casa da Intendência, igrejas de N.Sª. das Mercês, N.Sª. do Carmo, N.Sª. do Ó e de N.Sª. do Pilar, conjunto arquitetônico e urbanístico da rua D. Pedro II e Teatro Municipal, entre outros bens tombados pelo Iphan. Hab.: 126.219.

Sabin, Albert [Bialystok, Polônia, 1906 — Washington D.C., EUA, 1993], médico norte-americano de origem polonesa. Grande pesquisador, sua maior descoberta foi a vacina oral contra a poliomielite (1955), dita vacina Sabin.

Sabinada, revolta que explodiu na Bahia (1837-1838), liderada por Francisco Sabino Álvares da Rocha Vieira. Os revoltosos, ditos sabinos, proclamaram a independência e instalaram um governo, a República Baiense. Conseguiram apoio popular, mas o movimento foi violentamente rechaçado pelas tropas federais.

Sabino, Fernando Tavares [Belo Horizonte MG, 1923 – Rio de Janeiro RJ, 2004], escritor e jornalista brasileiro. Consagrou-se como grande cronista contemporâneo. Recebeu o prêmio Machado de Assis, da ABL (1999). Obras: *O encontro marcado*, *O homem nu*, *O grande mentecapto*, *Faca de dois gumes* etc.

Sá e Benevides, Salvador Correia **de** [Rio de Janeiro RJ, 1594 — Lisboa, 1688], militar e administrador colonial português. Ocupou vários cargos importantes como capitão-mor do Rio de Janeiro, governador das capitanias do sul do Brasil e governador de Angola, entre outros.

Saint-Pierre e Miquelon (Território da Coletividade de), arquipélago na costa leste do Canadá, com 242 km². Território autônomo em comunidade com a França desde 1946. Capital: *Saint-Pierre*; recurso principal: pesca. Hab.: 7.051 (2009).

Sales, Herberto de Azevedo [Andaraí BA, 1917 — Rio de Janeiro RJ, 1999], jornalista e escritor brasileiro, foi romancista, contista, memorialista e diretor do Instituto Nacional do Livro. Membro da ABL. Obras: *Cascalho*, *A porta de chifre*, *Histórias ordinárias*, *Subsidiário* etc.

Salgado, Plínio [São Bento do Sapucaí SP, 1895 — São Paulo SP, 1975], político, escritor modernista e jornalista brasileiro. Na política, foi líder e fundador da Ação Integralista Brasileira (1932). Publicou trabalhos políticos: *A psicologia da revolução*, *O que é integralismo?*, *Espírito da burguesia* etc.

Salgueiro (PE), município com 1.639,2 km², situado na região do sertão, na divisa com o Estado do Ceará. Agropecuária. Hab.: 56.641.

Salomão (ilhas), país-membro da Comunidade Britânica, é um arquipélago no sudoeste do oceano Pacífico, a leste da Papua Nova Guiné, com 28.896 km². Departamento francês de ultramar, independente desde 1978. Capital: *Honiara*; recursos principais: pesca e agricultura. Hab.: 595.613 (2009).

Salto (SP), município com 134,2 km², na microrregião de Sorocaba, às margens do rio Tietê. Usina hidrelétrica. Indústrias (cimento, química, componentes eletrônicos). Hab.: 105.569.

Salvador (BA), capital do Estado da Bahia, com 706,7 km², situada na entrada da baía de Todos-os-Santos. Cidade histórica mais antiga do país. Centro histórico, conjunto arquitetônico, urbanístico e paisagístico, Catedral Basílica, Convento e Igreja de São Francisco, Fortalezas de São Pedro, Barbalho e Monte Serrat, Forte de São Marcelo, Oratório da Cruz do Pascoal, Palacete Berquó, Solar do Unhão e inúmeras igrejas, prédios, sobrados solares, palácios e casas tombados pelo Iphan. Hab.: 2.676.606.

Salvador (Vicente Rodrigues Palha, dito **frei Vicente do**) [Salvador BA, c.1564 — *id.*, c.1639], padre franciscano, historiador e cronista brasileiro, autor de uma *História do Brasil* (1627). No Estado da Bahia foi cônego, vigário-geral e governador do bispado.

Samoa (Estado Independente de), país na Oceania central com 2.831 km², arquipélago formado por duas ilhas principais, Upolu e Savaii; monarquia parlamentarista. Capital: *Apia*; recursos principais: agricultura (banana, coco e cacau), indústrias (alimentícia, bebidas, tabaco, construção, madeireira, couro). Hab.: 219.998 (2009).

Samoa Americana (Território da), arquipélago no sul da Oceania, com 197 km²; território autônomo administrado pelos EUA. Capital: *Pago-Pago*; recursos principais: agricultura, pesca e turismo. Hab.: 65.628 (2009).

Sampaio, Teodoro Fernandes [Santo Amaro BA, 1885 — Rio de Janeiro, 1937], geógrafo e historiador brasileiro. Acompanhou o geógrafo norte-americano Orville Derby nos seus estudos e expedições ao vale do rio São Francisco. Publicou *O tupi na geografia nacional*, *O rio São Francisco e a Chapada Diamantina* etc.

San Marino (República de), país do sul da Europa, situado no norte da Itália, próximo ao mar Adriático, com 61 km²; república parlamentarista. Capital: *San Marino*; recursos principais: turismo e selos postais. Hab.: 30.324 (2009).

Santa Bárbara (MG), município histórico com 684,2 km², situado na microrregião de Itabira. Conjunto arquitetônico e paisagístico do Caraça (colégio), casa no largo do Rosário, Igreja de Santo Amaro, Matriz de N.Sª. da Conceição e de Santo Antônio tombados pelo Iphan. Hab.: 27.850.

Santa Bárbara do Oeste (SP), município com 271,4 km², situado na microrregião de Campinas. Cana-de-açúcar. Indústrias (açúcar, álcool, mecânica e têxtil). Hab.: 180.148.

Santa Catarina (SC), estado no centro da região Sul, o menor da região, com 95.346,1 km² e 293 municípios, sendo os mais populosos, além da capital: Joinville, Blumenau, Criciúma, Itajaí e Chapecó. Ali fica o 5º maior centro de lazer e entretenimento do mundo, Beto Carrero World. Capital: *Florianópolis*; recursos principais: agricultura (arroz, milho, maçã), agropecuária, extrativismo mineral (carvão) e indústrias (agroindustrial, moveleira, cerâmica, metalomecânica, têxtil, máquinas e equipamentos eletromecânicos). Hab.: 6.249.682.

Santa Cruz Cabrália (BA), município histórico litorâneo, com 1.550,7 km², situado na região sul do estado, próximo à foz do rio João de Tiba. Ali foi rezada a primeira missa do Brasil. Conjunto paisagístico, esp. o ilhéu da Coroa Vermelha, e conjunto arquitetônico e paisagístico da cidade alta (com a Igreja de N.Sª. da Conceição e a Casa da Câmara e Cadeia) tombados pelo Iphan. Hab.: 26.198.

Santa Cruz do Capibaribe (PE), município com 335,5 km², situado no extremo oeste do estado, na região do Alto Capibaribe. Feira da Sulanca, maior feira livre do país, produz 96 milhões de peças de vestuário por ano, fatura R$ 300 milhões anuais e concentra 60% das indústrias de confecção do estado. Hab.: 87.538.

Santa Cruz do Sul (RS), município com 733,4 km², situado na região centro-leste do estado. Universidade. Agricultura (fumo), pecuária (bovinos e suínos). Bispado. Hab.: 118.287.

Santa Helena e Ascensão, arquipélago no oceano Atlântico sul, com 308 km^2; território ultramarino administrado pelo Reino Unido. Foi ali que esteve preso Napoleão Bonaparte. Capital: *Jamestown*; recursos principais: agricultura de subsistência e pesca. Hab.: 7.637 (2009)

Santa Inês (**MA**), município com 407,6 km^2, situado na região oeste do estado, antiga aldeia dos guajajaras e urubus. Pecuária. Hab.: 78.182.

Santa Lúcia, país do leste da América Central, maior das ilhas de Barlavento, Pequenas Antilhas, no mar do Caribe, com 616 km^2. Monarquia parlamentarista, independente desde 1979. Capital: *Castries*; recursos principais: agricultura (banana) e turismo. Hab.: 160.267 (2009).

Santa Luzia (**MG**), município histórico com 233,7 km^2, situado na região metropolitana de Belo Horizonte. Convento de Macaúbas e casa à praça da Matriz (quartel-general da Revolução de 1842) tombados pelo Iphan. Hab.: 203.184.

Santa Maria (**RS**), município com 1.779,5 km^2, situado na região central do estado. Agricultura (arroz, trigo). Indústrias (móveis, serralheria). Bispado. Hab.: 261.027.

Santana (**AP**), município com 1.577,5 km^2, situado na margem esquerda do rio Amazonas, a 20 km de Macapá, a capital do estado. Porto. Hab.: 101.203.

Santana de Parnaíba (**SP**), município histórico com 183,8 km^2, situado no vale do Tietê, região metropolitana de São Paulo. Capela de N.S^{a}. da Conceição e casas à praça da Matriz, n.ºs 9, 19 e 25 tombadas pelo Iphan. Hidrelétrica. Hab.: 108.875.

Santana do Livramento (**RS**), município com 6.950,3 km^2, situado na região sudoeste do estado, na Campanha, fronteira com o Uruguai. Casa de Davi Canabarro (chefe da Revolução Farroupilha) tombada pelo Iphan. Produção de vinho. Hab.: 82.513.

Santana e Silva, **Sérgio** Andrade [Rio de Janeiro RJ, 1941], contista, romancista e poeta brasileiro, vencedor por duas vezes do Prêmio Jabuti. Seu livro, *Senhorita Simpson*, foi adaptado para o cinema (*Bossa nova*, de Bruno Barreto). Obras: *Amazona*, *Simulacros*, *Breve história do espírito* etc.

Sant'Anna, Afonso Romano de [Belo Horizonte MG, 1937], poeta, jornalista e crítico literário brasileiro. Cronista na imprensa carioca e presidente da Fundação Biblioteca Nacional (1990). Autor de poesia vanguardista. Obras: *Carlos Drummond de Andrade: análise da obra*, *Música popular e moderna poesia brasileira* etc.

Santarém (**PA**), município com 22.887 km^2, situado na margem direita do rio Amazonas, na foz do rio Tapajós. Indústria madeireira; frigoríficos. Produção de borracha, castanha-do-pará e juta. Agropecuária. Usina hidrelétrica. Hab.: 294.774.

Santa Rita (**PB**), município com 726,5 km^2, situado na microrregião de João Pessoa, às margens do rio Paraíba. Agricultura (cana-de-açúcar), usinas de açúcar. Têxteis. Capelas de N.S^{a}. das Batalhas, de N.S^{a}. do Socorro e do Engenho tombadas pelo Iphan. Hab.: 120.333.

Santa Rosa (**RS**), município com 489,8 km^2, situado na região noroeste do estado. Agricultura (soja) e indústria de máquinas e implementos agrícolas. Hab.: 68.595.

Santa Rosa Júnior, Tomás [João Pessoa PB, 1909 — Nova Délhi, Índia, 1956], pintor, ilustrador, gravador, desenhista, cenógrafo e crítico de arte brasileiro. Notabilizou-se como ilustrador das obras de grandes escritores, como Jorge Amado e Graciliano Ramos. No teatro, é considerado um revolucionário da cenografia nacional.

Santiago (**RS**), município com 2.413 km^2, situado na região centro-ocidental do estado, às margens do rio Rosário. Suas terras faziam parte das Missões. Agropecuária e apicultura. Hab.: 49.082.

Santo Amaro (**BA**), município histórico, com 518,2 km^2, situado na região metropolitana de Salvador. Igrejas Matriz de N.S^{a}. da Purificação e de N.S^{a}. da Oliveira dos Campinhos, Paço municipal, Santa Casa e Solar do conde de Subaé tombados pelo Iphan. Hab.: 57.811.

Santo Amaro das Brotas (**SE**), município com 234,6 km^2, situado na microrregião do Baixo Cotinguiba. Capela de N.S^{a}. da Conceição e Igreja Matriz de Santo Amaro tombadas pelo Iphan. Hab.: 11.389.

Santo André (**SP**), município com 174,8 km^2, situado na região metropolitana do estado, no ABC paulista. Bispado. Indústrias (metalúrgica, química, farmacêutica, têxtil). Hab.: 673.914.

Santo Ângelo (**RS**), município com 680,4 km^2, situado na região noroeste do estado, nas Missões. Turismo. Casa feita com material missioneiro e ruínas da Igreja de São Miguel tombadas pelo Iphan. Hab.: 76.304.

Santo Antônio de Jesus (**BA**), município com 259,2 km^2, situado no Recôncavo Baiano. Agropecuária. Hab.: 90.949.

Santo Antônio do Descoberto (**GO**), município com 938,3 km^2, situado no entorno de Brasília. Usina Corumbá II. Turismo. Hab.: 63.166.

Santoro, Cláudio [Manaus AM, 1919 — Brasília DF, 1989], músico e regente brasileiro, importante compositor erudito. Obras: *14 Sinfonias*, *Canto do amor e paz*, *25 Prelúdios* etc.

Santos (Domitila de Castro Canto e Melo, dita viscondessa e **marquesa de**) [São Paulo SP, 1797 — *id.*, 1867], titular do Império brasileiro e dama do Paço. Sua ligação amorosa com D. Pedro I, com quem teve quatro filhos, tornou-a famosa.

Santos, Joaquim **Felício dos** [Diamantina MG, 1828 — *id.*, 1895], escritor, historiador e político brasileiro. Foi deputado e senador constituinte (1890), mas foi na literatura que se notabilizou, com a obra

Memórias do distrito diamantino (1868), considerada um clássico na historiografia brasileira.

Santos, Milton de Almeida [Brotas de Macaúbas BA, 1926 — São Paulo SP, 2001], professor e geógrafo brasileiro. Publicou dezenas de livros e centenas de artigos científicos, editados em vários países. Notabilizou-se como um dos intelectuais brasileiros de maior projeção internacional. Obras: *Espaço e método*, *Por uma outra globalização* etc.

Santos, Nélson Pereira dos [São Paulo, 1928], cineasta e jornalista brasileiro. Estreou na direção com *Rio 40 graus* (1955), considerado um dos precursores do Cinema Novo. Filmografia: *O boca de ouro*, *Vidas secas*, *Como era gostoso o meu francês*, *Tenda dos milagres* etc.

Santos (SP), município com 280,3 km², situado no litoral paulista, na ilha de São Vicente. Maior porto do país. Casa de Câmara e Cadeia, Casa do Trem, Fortaleza de São João, Igreja da Ordem Terceira de N.Sª. do Carmo e Igreja e Mosteiro de São Bento entre outros bens tombados pelo Iphan. Hab.: 419.757.

Santos, Turíbio Soares [São Luís MA, 1943], violonista brasileiro de renome internacional. Estudou com dois grandes nomes do violão: o inglês Julian Bream e o espanhol Andrés Segovia. Diretor do Museu Villa-Lobos (desde 1986), solista de importantes orquestras europeias e criador da Orquestra Brasileira de Violões.

Santos Dumont (MG), município com 637,3 km², situado na Zona da Mata, serra da Mantiqueira. Pecuária leiteira e indústria de laticínios. Usinas hidrelétricas. Casa do Sítio Cabangu tombada pelo Iphan. Hab.: 46.289.

Santos-Dumont, Alberto [atual Santos Dumont MG, 1873 — Guarujá SP, 1932], inventor e aeronauta brasileiro, patrono da FAB, considerado o Pai da Aviação. Sua maior invenção, o *14-bis*, foi o primeiro aparelho mais pesado que o ar a decolar usando meios mecânicos próprios (1906). Caiu em depressão quando o avião começou a ser us. em guerras e acabou por se suicidar.

São Bento do Sul (SC), município com 495,5 km², situado na região norte do estado, na divisa com o Estado do Paraná. Estância climática. Indústria de móveis. Metalurgia e cerâmica. Hab.: 74.797.

São Bernardo do Campo (SP), município com 406,1 km², situado na região metropolitana de São Paulo, no ABC paulista. Indústria automobilística, agricultura e pecuária. Hab.: 765.203.

São Borja (RS), município com 3.616 km², situado na região sudoeste do estado, na Campanha, fronteira do Brasil com a Argentina. Ponte da Integração liga o município à cidade de São Tomé. Agropecuária. Hab.: 61.662.

São Caetano do Sul (SP), município com 15,4 km², situado na região metropolitana de São Paulo, no ABC paulista. Tem a mais alta densidade demográfica do país. Indústrias (tecnologia de ponta). Hab.: 149.571.

São Carlos (SP), município com 1.140,9 km², situado na região de Araraquara, centro do estado. Bispado. Universidade. Indústrias (mecânica, de material elétrico e eletrônico, de móveis). Fazenda do Pinhal tombada pelo Iphan. Hab.: 221.936.

São Cristóvão (SE), município com 437,4 km², situado na região leste do estado. Monumento Histórico Nacional desde 1939. Conjunto arquitetônico, urbanístico e paisagístico, Convento e Igreja do Carmo, igrejas da Misericórdia e da Ordem Terceira do Carmo, Matriz de N.Sª. das Vitórias, entre outros monumentos tombados pelo Iphan. Hab.: 78.876.

São Cristóvão e Névis (Federação de), país formado por duas ilhas das Pequenas Antilhas, no arquipélago de Sotavento, ao leste da América Central, com 261 km². Monarquia parlamentarista, independente desde 1983. Capital: *Basseterre*; recurso principal: agricultura (algodão e cana-de-açúcar). Hab.: 40.131 (2009).

São Francisco (MG), município com 3.299,8 km², situado na região norte do estado, às margens do rio de mesmo nome. Pecuária (um dos maiores rebanhos bovinos do estado). Hab.: 53.898.

São Francisco (rio), chamado "rio da unidade nacional", nasce na serra da Canastra MG, percorre 3.160 km e drena uma área de 631.133 km². O maior rio genuinamente brasileiro banha cinco estados (MG, BA, SE, AL e PE) e 504 municípios. É navegável entre Pirapora MG e Juazeiro BA / Petrolina PE (1.371 km) e entre Piranhas AL e a foz, no oceano Atlântico. Várias hidrelétricas (Paulo Afonso, Três Marias, Sobradinho etc.) são movidas por suas águas.

São Francisco do Conde (BA), município com 266,6 km², situado na região metropolitana de Salvador. Convento e Igreja de Santo Antônio e casa do Engenho São Miguel e Almas tombados pelo Iphan. Hab.: 33.172.

São Francisco do Sul (SC), município histórico com 492,8 km², situado na região norte do estado. Porto natural. Centro histórico tombado pelo Iphan. Hab.: 42.569.

São Gabriel (João de Deus Mena Barreto, primeiro **barão** e **visconde de**) [São Gabriel RS, 1769 — *id.*, 1849], titular do império e militar brasileiro. Lutou nas batalhas de Ibirocaí (1816), Catalão (1817) e Taquarembó (1820). Foi governador das armas e da província do Rio Grande do Sul.

São Gabriel (João Propício de Figueiredo Mena Barreto, segundo **barão** com grandeza **de**) [Rio Pardo RS, 1808 — São Gabriel RS, 1867], militar brasileiro. Tomou parte na Batalha do Passo do Rosário e na Revolução Farroupilha. Durante a campanha do Uruguai, recebeu o comando do exército brasileiro em operações naquele país (1864).

São Gabriel (RS), município com 5.019,6 km², situado na região sudoeste do estado. Sobrado à praça Fernando Abott tombado pelo Iphan. Agricultura (arroz, soja) e pecuária (gado de corte). Hab.: 60.508.

São Gonçalo (RJ), município com 249,1 km², situado na região metropolitana do estado. Indústria (esp. têxtil). Fazenda do Columbandê tombada pelo Iphan. Hab.: 999.901.

São Gonçalo do Amarante (RN), município com 251,3 km², situado na microrregião de Macaíba, a 18 km de Natal. Igreja de São Gonçalo tombada pelo Iphan. Hab.: 87.700.

São João da Barra (RJ), município com 458,6 km², situado na região norte do estado. Praias. Foz do rio Paraíba do Sul, no pontal de Atafona. Casa de Câmara e Cadeia tombada pelo Iphan. Hab.: 32.767.

São João da Boa Vista (SP), município com 516,1 km², situado na região de Campinas, na encosta oeste da serra da Mantiqueira, divisa com o Estado de Minas Gerais. Agropecuária (esp. batata-inglesa). Hab.: 83.661.

São João del Rei (MG), município histórico com 1.463,5 km², situado na região dos Campos das Vertentes. Turismo. Conjunto arquitetônico e urbanístico, igrejas de N.Sª. do Carmo, de São Francisco de Assis e Matriz de N.Sª. do Pilar, entre outros bens imóveis tombados pelo Iphan. Hab.: 84.404.

São João de Meriti (RJ), município com 34,9 km², situado na região metropolitana do Rio de Janeiro, na baixada Fluminense. Universidade. Hab.: 459.356.

São José (SC), município com 113,2 km², situado no litoral catarinense, região metropolitana de Florianópolis. Colonizado por açorianos. Turismo (Balneário de Guararema, Pedra Branca). Hab.: 210.513.

São José de Ribamar (MA), município com 386,3 km², situado na região norte do estado, na ilha de São Luís. Centro de peregrinação e romaria. Hab.: 162.925.

São José do Barreiro (SP), município com 570,6 km², situado no vale do Paraíba, no sopé da serra da Bocaina. Turismo ecológico e fazendas de café. Casa da Fazenda do Pau D'Alho tombada pelo Iphan. Hab.: 4.097.

São José do Rio Pardo (SP), município com 419 km², situado na serra da Mantiqueira, região de Campinas. Barraca em que Euclides da Cunha escreveu *Os sertões* tombada pelo Iphan. Hab.: 51.910.

São José do Rio Preto (SP), município com 431,3 km², situado na região noroeste do estado. Estação Ecológica do Noroeste Paulista (área de 168,63 ha). Hab.: 408.435.

São José dos Campos (SP), município com 1.099,6 km², situado no vale do Paraíba. Estância hidromineral. Instituto Nacional de Pesquisas Espaciais (Inpe), Centro Tecnológico da Aeronáutica (CTA) e Empresa Brasileira de Aeronáutica (Embraer). Indústrias. Hab.: 627.544.

São José dos Pinhais (PR), município com 945,7 km², situado na região metropolitana de Curitiba. Indústria (eletrodomésticos, celulose, móveis, plásticos etc.). Aeroporto internacional Afonso Pena. Hab.: 263.488.

São Leopoldo (RS), município com 102,3 km², situado na região metropolitana de Porto Alegre. Indústrias metalúrgicas, de borracha, couro e peles, de calçados. Hab.: 214.210.

São Lourenço da Mata (PE), município com 264,3 km², situado na região metropolitana do Recife. Antiga aldeia de índios tabajaras. Reservas ecológicas. Hab.: 102.956.

São Luís (MA), capital do Estado do Maranhão, com 827,1 km², situada na ilha de São Luís. Liga-se ao continente por duas pontes. Patrimônio da humanidade. Conjunto arquitetônico e paisagístico, Academia Maranhense de Letras, Fortaleza de Santo Antônio, Palacete Gentil Braga, Sambaqui do Pindaí, ruínas do Sítio do Fisco e outros bens imóveis tombados pelo Iphan. Hab.: 1.011.943.

São Luís do Paraitinga (SP), município histórico com 617,1 km², situado no vale do Paraíba, entre as montanhas da serra do Mar. Turismo ecológico. Agricultura (milho, feijão) e pecuária leiteira. Casa natal de Osvaldo Cruz tombada pelo Iphan. Hab.: 10.404.

São Luís Gonzaga (RS), município com 1.297,9 km², situado na região noroeste do estado, nas Missões. Ruínas de São Lourenço tombadas pelo Iphan. Hab.: 34.558.

São Mateus (ES), município histórico com 2.343,2 km², situado no litoral norte do estado. Antiga aldeia dos índios aimorés. Petróleo. Hab.: 109.067.

São Miguel das Missões (RS), município com 1.383,4 km², situado na região noroeste do estado, nas Missões. Uma das rotas turísticas culturais reconhecidas pela Unesco (1966). Ruínas da Igreja de São Miguel das Missões tombadas pelo patrimônio mundial em 1983. Hab.: 7.421.

São Miguel dos Campos (AL), município litorâneo com 360,8 km², situado na região leste do estado. Petróleo e gás natural. Agroindústria. Hab.: 54.591.

São Nicolau (RS), município com 485,3 km², situado na região noroeste do estado, nas Missões. Ruínas tombadas pelo Iphan. Hab.: 5.727.

São Paulo (SP), estado brasileiro da região sudeste, com 248.209,4 km² e 645 municípios, sendo os mais populosos, além da capital: Campinas, Guarulhos, Osasco, Santo André, São Bernardo do Campo. O mais importante centro industrial e econômico da América do Sul. Capital: *São Paulo*; recursos principais: agricultura (cana-de-açúcar, cebola, laranja, mandioca), pecuária (gado bovino para corte e leiteiro, suínos, ovinos e caprinos), mineração (calcário, caulim, dolomita), indústrias (têxtil, metalúrgica, de calçados, aeronáutica etc.). Hab.: 41.252.160.

São Paulo (SP), capital do Estado de São Paulo, com 1.523 km², situado a sudeste da região sudeste. Maior centro consumidor e produtivo do país. Estação da Luz, Igreja da Ordem Terceira do Carmo, Mosteiro da Luz, conjunto composto pelo Museu Paulista, Monumento à Independência, Parque da

Independência e Casa do Grito entre outros imóveis tombados pelo Iphan. Hab.: 11.244.369.

São Pedro da Aldeia (RJ), município com 339,6 km², situado na Região dos Lagos, no litoral norte do estado. Base aeronaval. Igreja jesuítica e residência anexa tombadas pelo Iphan. Hab.: 88.013.

São Raimundo Nonato (PI), município com 2.427,8 km², situado na região sudoeste do estado. Parque Nacional da Serra da Capivara tombado pelo Iphan e declarado Patrimônio Histórico e Natural da Humanidade pela Unesco (1991). Hab.: 32.347.

São Roque (SP), município com 307,5 km², situado na microrregião de Sorocaba. Sítio de Santo Antônio tombado pelo Iphan. Hab.: 78.873.

São Sebastião (SP), município com 403,3 km², situado no litoral norte do estado. Estação balneária. Terminal da Petrobras. Sobrado na avenida Dr. Altino Arantes tombado pelo Iphan. Hab.: 73.833.

São Sebastião do Paraíso (MG), município com 822,2 km², situado na região sudoeste do estado. Agricultura (café). Produção de couro. Hab.: 65.034.

São Sebastião do Passé (BA), município com 549,4 km², situado no litoral norte, microrregião de Catu. Extração de petróleo. Sobrado do Engenho Lagoa e Capela de Santo Antônio dos Valasques tombados pelo Iphan. Hab.: 92.153.

São Tomé e Príncipe (República Democrática de), país formado por duas ilhas do centro-oeste africano, no golfo da Guiné, com 964 km². República mista, independente desde 1975. Capital: *São Tomé*; recursos principais: agricultura (café, coco, cacau) e pecuária. Hab.: 212.679 (2009).

São Vicente (SP), município com 148,4 km², situado na microrregião de Santos. Estância balneária. Primeira vila fundada no país (1532). Remanescentes da Vila Colonial tombados pelo Iphan. Hab.: 332.424.

São Vicente e Granadinas, país formado pela ilha de São Vicente e ilhas do arquipélago das Granadinas do Norte (Barlavento), no mar das Antilhas, com 389 km². Monarquia parlamentarista, independente desde 1979. Capital: *Kingstown*; recurso principal: agricultura (banana, raízes e tubérculos, cana-de-açúcar, coco etc.). Hab.: 104.574 (2009).

Sapiranga (RS), município com 137,5 km², situado na região metropolitana de Porto Alegre. Hab.: 75.020.

Sapucaia do Sul (RS), município com 58,6 km², situado na microrregião de Porto Alegre. Hab.: 130.988.

Saquarema (RJ), município com 354,6 km², situado na Região dos Lagos, no litoral norte do estado. Turismo e esportes náuticos (esp. o surfe). Hab. 74.221.

Saraiva, conselheiro José Antônio [Santo Amaro BA, 1823 — Salvador BA, 1895], político e conselheiro do Império brasileiro. Foi deputado, senador e presidente das províncias de Alagoas, São Paulo, Pernambuco e Piauí. Nesta última, fundou a cidade de Teresina, transformando-a na capital, que até então era Oeiras. Foi homem de confiança de D. Pedro II.

Saramago, José de Sousa [Azinhaga, Portugal, 1922 — Lanzarote, Espanha 2010], escritor português, considerado um dos maiores do seu país. Foi o primeiro autor de língua portuguesa a conquistar o Prêmio Nobel de Literatura (1998). Obras: *Terra do pecado*, *A jangada de pedra*, *História do cerco de Lisboa*, *O evangelho segundo Jesus Cristo* etc.

Sarandi (PR), município com 103,2 km², situado na microrregião de Maringá. Hab.: 82.842.

Sardinha, Pero Fernandes [Évora, Portugal ? — Alagoas, 1556], sacerdote português, primeiro bispo brasileiro, nomeado por D. João III, rei de Portugal. Estabeleceu-se em Salvador BA, onde criou as paróquias da Sé de Nossa Senhora da Vitória de Vila Velha e de São Jorge, em Ilhéus. Tendo naufragado no litoral de Alagoas, foi preso e devorado pelos índios caetés.

Sarney, José Ribamar Ferreira de Araújo Costa [Pinheiro MA, 1930], político e escritor brasileiro. Presidente da República (1985-1990) e primeiro civil a governar o país após o golpe de 1964. Em seu governo houve a promulgação da nova Constituição Federal (1988). Membro da ABL. Obras: *Marimbondos de fogo*, *O dono do mar* etc.

Saturno, o sexto planeta a partir do Sol e o segundo maior, famoso por seus anéis. Tipo: gasoso; diâmetro equatorial: 120.536 km; diâmetro polar: 108.728 km; distância média do Sol: 1.429.400.000 km; satélites: 18.

Schemberg, Mário [Recife PE, 1916 — São Paulo SP, 1990], físico brasileiro, alcançou renome internacional por suas pesquisas nas áreas da física quântica, do eletromagnetismo e da gravitação. Formulou, junto com o físico brasileiro José Leite Lopes, a teoria do elétron puntiforme.

Scliar, Moacyr Jaime [Porto Alegre RS, 1937], médico e escritor brasileiro. Sua obra literária abrange crônica, conto, romance, ensaio, literatura infantil e é marcada pelo humor. Já recebeu por três vezes o Prêmio Jabuti. Membro da ABL. Obras: *O centauro no jardim*, *A majestade do Xingu*, *O imaginário cotidiano* etc.

Segall, Lasar [Vilnius, Lituânia, 1891 — São Paulo SP, 1957], pintor, desenhista, gravador e escultor naturalizado brasileiro. Retratou as questões sociais brasileiras e é considerado introdutor da arte moderna no Brasil, ao lado de Anita Malfatti. Sua residência, em São Paulo SP, tornou-se um museu com seu nome e abriga grande parte de sua obra.

Seicheles ou **Seychelles (República de)**, país formado por um arquipélago de cerca de 90 ilhas, no oceano Índico, a sudeste da África, com 455 km². República presidencialista, independente desde 1976. Capital: *Vitória*; recursos principais: agricultura (coco, chá, canela, limão e lima, baunilha, patchuli), pecuária (bovinos, suínos, caprinos) e pesca. Hab.: 87.476 (2009).

Seixas (ponta do), ponto extremo oriental do Brasil, situado em João Pessoa, capital do Estado da Paraíba.

Semana de Arte Moderna, encontro de artistas brasileiros, no Teatro Municipal de São Paulo SP (1922), com o objetivo de lançar o movimento modernista brasileiro. Houve exposição de artes plásticas, conferências, leituras, música e dança. Participaram, entre outros artistas, Anita Malfatti, Di Cavalcanti, Oswald de Andrade, Vítor Brecheret e Goeldi.

Senador Canedo (GO), município com 244,7 km², situado na microrregião de Goiânia. Hab.: 84.399.

Senegal (República do), país da África ocidental, com 196.722 km². República mista, independente desde 1960. Capital: *Dacar*; recursos principais: agricultura (amendoim, algodão em pluma), pecuária (bovinos, ovinos, caprinos), mineração (fosfato de cálcio, sal, fosforito) e indústria (alimentícia, química, têxtil, refino de petróleo). Hab.: 13.711.597 (2009).

Senhor do Bonfim (BA), município com 816,6 km², situado no centro-norte do estado, junto às nascentes do rio Itapicuru. Festejos de São João. Bispado. Açude para irrigação e abastecimento. Hab.: 74.431.

Senna da Silva, **Ayrton** [São Paulo SP, 1960 — Imola, Itália, 1994], automobilista brasileiro, tricampeão mundial de Fórmula 1 (1988, 1990 e 1991). Considerado um dos maiores pilotos de todos os tempos, faleceu em um acidente durante o GP de San Marino, Itália.

Sergipe (SE), estado brasileiro da região nordeste, com 21.910,3 km² e 75 municípios, sendo os mais populosos, além da capital: Lagarto, Itabaiana e Estância. Menor estado do país, apresenta a melhor renda *per capita* da região. Capital: *Aracaju;* recursos principais: agricultura (cana-de-açúcar, laranja, coco-da-baía, maracujá) extrativismo (mármore, potássio, calcário etc.), pecuária e indústrias (têxtil, de alimentos, petroquímica). Hab.: 2.068.031.

Seropédica (RJ), município com 283,7 km², situado na microrregião de Itaguaí. Universidade Federal Rural. Hab.: 78.183.

Serpa, Ivan Ferreira [Rio de Janeiro, 1923 — *id.*, 1973], pintor, gravador e desenhista brasileiro, professor do ateliê livre do MAM RJ e um dos criadores do Grupo Frente (1954). Foi um dos precursores do concretismo no Brasil; produziu tb. obras figurativas e abstratas.

Serra (ES), município litorâneo com 553,2 km², situado na região metropolitana de Vitória. Centro industrial. Siderúrgica. Balneários. Igreja dos Reis Magos tombada pelo Iphan. Hab.: 409.324.

Serra da Capivara (Parque Nacional da), com 97.933 ha. e situado no sudeste do Estado do Piauí, foi criado (1979) para a proteção de sítios arqueológicos em que se encontram antigos vestígios da presença do homem (entre 50 mil e 60 mil anos) e pinturas rupestres, talvez as primeiras manifestações da arte pré-histórica americana. Patrimônio mundial pela Unesco.

Serra do Papagaio (Parque Estadual da), criado em 5.8.1998, com área total de 22.917 ha., está localizado na região sul de Minas Gerais, na serra da Mantiqueira, abrangendo os municípios de Aiuruoca, Alagoa, Baependi, Itamonte e Pouso Alto.

Serra Leoa (República de), país da África ocidental, ao norte da linha do equador, com 71.740 km². República presidencialista, independente desde 1961. Capital: *Freetown*; recursos principais: agricultura (amendoim, banana, café, cacau), pecuária (bovinos, ovinos) e mineração (ouro, diamantes, minério de ferro e bauxita). Hab.: 6.440.053 (2009).

Serra Talhada (PE), município com 2.979,9 km², situado na região do sertão do estado, no Alto Pajeú. Açude para irrigação e abastecimento. Piscicultura. Hab.: 79.241.

Serrinha (BA), município com 568,4 km², situado na região nordeste do estado. Universidade estadual. Mineração. Hab.: 77.285.

Serro (MG), município histórico com 1.217,6 km², situado no Alto Jequitinhonha. Agropecuária, mineração e laticínios. Conjunto arquitetônico e urbanístico, igrejas do Bom Jesus de Matosinhos, de N.Sª. da Conceição e de N.Sª. do Carmo tombados pelo Iphan. Hab.: 20.833.

Sertãozinho (SP), município com 402,8 km², situado no nordeste do estado, na região de Ribeirão Preto. Usinas de açúcar e álcool. Hóquei sobre patins. Hab.: 110.094.

Sérvia (República da), país balcânico do sudeste da Europa, com 77.474 km². É uma ex-república iugoslava que fazia parte de uma confederação com Montenegro denominada Sérvia e Montenegro até 5 de junho de 2006, data em que declarou sua independência. Capital: *Belgrado*; recursos principais: agricultura (trigo, milho, cânhamo, linho) e indústrias (processamento do cobre e manufatura de tecidos, produtos químicos e maquinaria). Hab.: 7.379.339 (2009).

Sete Lagoas (MG), município com 537,4 km², situado a 69 km de Belo Horizonte, na zona metalúrgica. Exportação de ferro-gusa. Reserva de ardósia. Pecuária leiteira. Casa à praça Santo Antônio tombada pelo Iphan. Hab.: 214.071.

Severo de Albuquerque Maranhão, **Augusto** [Macaíba RN, 1864 — Paris, França, 1902], aeronauta e político brasileiro. Construiu um balão dirigível, o *Pax*, e faleceu a bordo do seu invento, que explodiu durante o primeiro voo, realizado em Paris.

Shakespeare, William [Stratford on Avon, Inglaterra, 1564 — *id.*, 1616], escritor inglês, considerado um dos maiores dramaturgos de todos os tempos e grande poeta da língua inglesa. Escreveu peças históricas, trágicas e cômicas. Obras: *Hamlet*, *Romeu e Julieta*, *Macbeth*, *Rei Lear*, *Ricardo III* etc.

Shaw, George **Bernard** [Dublin, Irlanda 1856 — Ayot Saint Lawrence, Irlanda, 1950], dramaturgo, crítico e ensaísta irlandês. Prêmio Nobel de Literatura (1925). Escreveu mais de 50 peças teatrais. Obras: *Cândida* , *Pigmalião*, *Santa Joana* etc.

Silva, Antônio José da [Rio de Janeiro, 1705 — Lisboa, Portugal, 1739], teatrólogo brasileiro, dito o Judeu, figura exponencial da dramaturgia portuguesa do séc. XVIII, expoente do estilo rococó. Obras: *Anfitrião*, *O labirinto de Creta*, *Guerras do alecrim e manjerona* etc.

Silva, Evandro Lins e [Parnaíba PI, 1912 — Rio de Janeiro RJ, 2002], jurista brasileiro, um dos maiores criminalistas do país. Foi ministro das Relações Exteriores, do STF e um dos fundadores do PSB (1947). Defendeu incontáveis presos políticos na época da ditadura militar. Membro da ABL. Obras: *A defesa tem a palavra*, *Arca de guardados*, *O salão dos passos perdidos* etc.

Silva (Francisca da Silva, dita **Chica da**) [? — ?, 1796], figura popular brasileira. Escrava liberta, amante do contratador de diamantes João Fernandes de Oliveira, viveu no arraial do Tijuco, hoje Diamantina MG, e foi detentora de poder e riquezas. Sua casa foi tombada pelo Iphan.

Silva, Francisco Manuel da [Rio de Janeiro, 1795 — *id.*, 1865], compositor brasileiro, autor da melodia do *Hino Nacional brasileiro*. Compôs valsas, peças para canto e piano e música religiosa. Escreveu diversas obras de teoria musical.

Silva Neto, Serafim Pereira **da** [Rio de Janeiro, 1917 — *id.*, 1960], professor e filólogo brasileiro, seus estudos têm importância considerável para a nossa língua. Fundou a *Revista Brasileira de Filologia*. Obras: *História da língua portuguesa*, *Fonte do latim vulgar* etc.

Silveira, Nise da [Maceió AL, 1905 — Rio de Janeiro RJ, 1999], psicóloga e psicanalista brasileira, fundou o Museu de Imagens do Inconsciente (1952), centro de estudos voltado para a terapia ocupacional, e a Casa das Palmeiras (1956), clínica de reabilitação para doentes mentais. Publicou: *Jung vida e obra*; *Imagens do inconsciente*; *A farra do boi* etc.

Silveira, Tasso Azevedo **da** [Curitiba PA, 1895 — Rio de Janeiro RJ, 1968], poeta, ensaísta e jornalista brasileiro. Foi um dos fundadores da revista simbolista *Festa*. Sua poesia, de cunho religioso, recebeu influência do modernismo. Obras: *Alegorias do homem novo*, *Cântico do Cristo do Corcovado*, *O canto absoluto* etc.

Simões Filho (**BA**), município com 192,1 km², situado na região metropolitana de Salvador. Indústrias. Hab.: 118.020.

Simonsen, Mário Henrique [Rio de Janeiro, 1935 — *id.*, 1997], economista brasileiro, ministro da Fazenda e do Planejamento, durante o governo Geisel. Foi professor e primeiro diretor de pós-graduação da FGV. Publicou: *A nova economia brasileira* etc.

Sinhô (José Barbosa da Silva, dito) [Rio de Janeiro RJ, 1888 — *id.*, 1930], compositor popular e pianista brasileiro. Notabilizou-se como autor de sambas e marchinhas. Compôs *Fala, meu louro*; *Pé de anjo*; *Jura* etc.

Sinop (**MT**) município com 3.194,3 km², situado na região norte do estado. Foi colonizado pela Sociedade Imobiliária do Nordeste do Paraná, cujas iniciais lhe deram o nome. Indústria madeireira. Hab.: 113.082.

Siqueira Campos, Antônio de [Rio Claro SP, 1898 — Rio da Prata, perto de Montevidéu, Uruguai, 1930], militar e político brasileiro. Tomou parte em diversas revoltas como o movimento tenentista, a revolta dos Dezoito do Forte de Copacabana e a Coluna Prestes.

Síria (**República Árabe da**), país da Ásia Ocidental, com 185.180 km². República presidencialista, independente desde 1946. Capital: *Damasco*; recursos principais: agricultura (algodão em pluma, frutas, legumes e verduras), pecuária (bovinos, ovinos, caprinos) e mineração (gás natural, petróleo). Hab.: 20.178.485 (2009).

Sirinhaém (**PE**), município com 378,7 km², situado na Zona da Mata, ao sul do estado. Praias selvagens e desertas. Convento de Santo Antônio tombado pelo Iphan. Hab.: 40.306.

Soares (José Eugênio Soares, dito **Jô**) [Rio de Janeiro, RJ, 1938], ator, diretor, escritor, dramaturgo e apresentador de televisão brasileiro, considerado um dos grandes humoristas do país. Criou tipos famosos como o Capitão Gay e o Zé da Galera. Obras: *O xangô de Baker Street*, *O homem que matou Getúlio Vargas* etc.

Sobral (**CE**), município com 2.123 km², situado na região noroeste do estado. Indústrias. Conjunto arquitetônico e urbanístico tombado pelo Iphan. Hab.: 188.271.

Sócrates [Atenas, Grécia, c.470 a.C. — *id.*, Grécia, 399 a.C.], filósofo grego. Seus pensamentos, baseados na teoria das ideias, valorizavam a ética e a lógica. Nada publicou em vida e seus ensinamentos vêm das obras de seus discípulos, esp. Platão e Xenofonte.

Sodré, Nélson Werneck [Rio de Janeiro RJ, 1911 — Itu SP, 1999], militar, ensaísta, crítico, historiador e memorialista brasileiro. Na carreira militar chegou a general. Foi professor do Instituto Superior de Estudos Brasileiros. Obras: *Memórias de um escritor*, *História da literatura brasileira*, *O naturalismo no Brasil* etc.

Sodré e Silva, **Lauro** Nina [Belém PA, 1858 — Rio de Janeiro RJ, 1944], político e militar brasileiro. Abolicionista e republicano. Assumiu o governo do Pará (1891) e foi o único governador que se opôs ao golpe de Estado do marechal Deodoro. Candidatou-se à presidência da República, mas perdeu para Campos Sales.

Solimões (rio), nasce no Peru, entra no Brasil pelo município de Benjamin Constant AM e encontra-se com o rio Negro nas imediações de Manaus AM, passando a se chamar Amazonas. O encontro dos dois rios provoca curioso fenômeno: as águas escuras do rio Negro e as barrentas do Solimões correm lado a lado, sem se misturar, por quilômetros.

Somália (República Democrática Somali), país do extremo leste da África, com 637.657 km², às margens do golfo de Áden e do oceano Índico. República presidencialista, independente desde 1960. Grave período de fome (1991-1994). Capital: *Mogadíscio*; recurso principal: agricultura de subsistência. Hab.: 9.832.017 (2009).

Sorocaba (SP), município com 449,1 km², situado na macrorregião metropolitana de São Paulo. Polo industrial (cerca de 1.400 indústrias). Hab.: 586.311.

Sousa, Auta de [Macaíba RN, 1876 — Natal RN, 1901], poetisa brasileira. Deixou somente um livro de poesia publicado, *Horto* (1900), de tendência simbolista, prefaciado por Olavo Bilac.

Sousa, Bernardino José **de** [Vila Cristina SE, 1884 — Rio de Janeiro RJ, 1949], historiador e magistrado brasileiro. Escreveu *Onomástica geral da geografia brasileira*, *O ciclo do carro de boi do Brasil* etc.

Sousa, Gabriel Soares de [Ribatejo, Portugal, c.1540 — sertão da Bahia, c.1592], cronista português, autor de importante estudo para o conhecimento da sociedade brasileira do séc. XVI: *Tratado descritivo do Brasil* (1587).

Sousa, Herbert José **de** ver *Betinho*

Sousa (Manuel de Sousa Coutinho, *dito* **Frei Luís de**) [Santarém, Portugal, c.1556 — Benfica, Portugal, 1632], escritor português, importante prosador da língua. Notabilizou-se tb. como tradutor e grande latinista. Obras: *Vida de Dom frei Bartolomeu dos mártires*, *História de são Domingos* etc.

Sousa, Otávio Tarquínio de [Rio de Janeiro RJ, 1889 — *id.*, 1959], romancista, biógrafo, historiador e crítico literário brasileiro. Foi o primeiro presidente da Associação Brasileira de Escritores. Obras: *História dos fundadores do império do Brasil*; *Fatos e personagens em torno de um regime* etc.

Sousa (PB), município com 842,4 km², situado na depressão do Alto Piranhas, no sertão do estado. Vale dos Dinossauros (vestígios de animais pré-históricos). Casa, capela e sobrado da Fazenda Acauã tombados pelo Iphan. Hab.: 65.807.

Sousa, Tomé de [Portugal, 1501 — *id.*, c.1579], administrador colonial português, primeiro governador do Brasil (1549-1553). De seu governo, destaca-se a construção da cidade de Salvador BA e o incentivo ao desenvolvimento da agricultura e da pecuária naquele estado.

Sousândrade (Joaquim de Sousa Andrade, dito) [Vila de Guimarães MA, 1832 — São Luís MA, 1902], poeta brasileiro, representante da segunda geração romântica, considerado um precursor do Simbolismo e do Modernismo no país. Obras: *Harpas selvagens*, *Obras poéticas*, *O novo Éden* etc.

Sri Lanka (República Social Democrática do), antigo Ceilão, país do sul da Ásia, situado em uma ilha do oceano Índico, com 65.610 km². República com forma mista de governo, independente desde 1948. Capital: *Colombo*; recursos principais: chá, especiarias, pedras preciosas. Hab.: 21.324.791 (2009).

Staden, Hans [Alemanha, séc. XVI], viajante e cronista alemão. Escreveu importante material de pesquisa histórica sobre os indígenas brasileiros do séc. XVI, colhido em duas viagens que fez ao Brasil: *Descrição verdadeira de um país de selvagens nus, ferozes e canibais*.

Stevenson, Robert Louis Balfour [Edimburgo, Escócia, 1850 — Vailima, Samoa, 1894], romancista, ensaísta e poeta escocês. Escreveu contos cheios de imaginação e fantasia, inspirados em muitas de suas viagens. Obras: *A ilha do tesouro*, *Raptado*, *O médico e o monstro* etc.

Suaçunas (Conspiração dos), influenciados pelos ideais republicanos, os irmãos Suaçuna, Francisco de Paula (proprietário do Engenho Suaçuna), Luís Francisco e José Francisco de Paula Cavalcante de Albuquerque, tramaram (1801) a independência de Pernambuco. Foram denunciados e presos e, mais tarde, libertados por falta de provas.

Suassuna, Ariano Vilar [João Pessoa, PB, 1927], advogado, professor, teatrólogo e romancista brasileiro. Fundou o Teatro Popular do Nordeste (1959) e iniciou o Movimento Armorial (1970), dedicado ao estudo da cultura tradicional nordestina. Membro da ABL. Obras: *Auto da compadecida*, *O santo e a porca*, *A pena e a lei* etc.

Suazilândia (Reino da), país do sul da África, com 17.364 km². Monarquia parlamentarista, independente desde 1968. Capital: *Mbabane*; recurso principal: mineração (carvão, ouro, diamante). Hab.: 1.123.913 (2009).

Sudão (República do), país do centro-leste da África, com 2.505.813 km². República presidencialista (ditadura militar desde 1989), independente desde 1956. O rio Nilo atravessa o país de norte a sul. Capital: *Cartum*; recursos principais: agricultura irrigada (esp. algodão). Hab.: 41.087.825 (2009).

Sudeste (região) ver *Região Sudeste*

Suécia (Reino da), país do norte da Europa, com 450.295 km². Monarquia parlamentarista, com um dos sistemas previdenciários mais desenvolvidos do mundo. Capital: *Estocolmo*; recursos principais: madeira, minério de ferro e energia hidráulica. Hab.: 9.059.651 (2009).

Suíça (Confederação Helvética), país do centro-oeste da Europa, com 41.277 km². República confederativa. Capital: *Berna*; recursos principais: indústrias (alimentícia, esp. chocolate, de relógios de precisão, química, têxtil, farmacêutica). Hab.: 7.604.467 (2009).

Sul (região) ver *Região Sul*

Sumaré (SP), município com 153 km², situado na região metropolitana de Campinas. Indústrias nos setores automotivo, metalomecânico, plásticos e borracha e químico. Hab.: 241.437.

Suriname (República do), país ao norte da América do Sul, antiga Guiana Holandesa, com 163.820 km². República mista, independente desde 1975. Capital: *Paramaribo*; recursos principais: agricultura (arroz, banana) e mineração (bauxita, ouro, petróleo). Hab.: 481.267 (2009).

Surubim (PE), município com 252,8 km², situado na microrregião do Alto Capibaribe. Casa Grande da Fazenda Cachoeira do Taepe tombada pelo Iphan. Hab.: 58.444.

Susano (SP), município com 205,8 km², situado na microrregião de Moji das Cruzes. Termelétricas. Indústrias de papel, papelão e produtos farmacêuticos. Hab.: 262.568.

Svalbard (Spitzbergen), arquipélago ao norte da Europa, com 62.045 km², situado entre o extremo norte daquele país e o polo Norte. Território autônomo administrado pela Noruega. Capital: *Longyearbyen*; recurso principal: turismo. Hab.: 2.116 (2009).

Swift, Jonathan [Dublin, Irlanda, 1667 — *id.*, 1745], escritor irlandês, autor de um dos maiores clássicos da literatura em língua inglesa, *Viagens de Gulliver*, que conta a história de um náufrago que vai parar em uma ilha habitada por indivíduos minúsculos.

Tt

Taboão da Serra (SP), município com 20,5 km², situado na microrregião de Itapecerica da Serra. Indústrias mecânicas, químicas e de móveis. Hab.: 244.719.

Tacutu (rio), situado no Estado de Roraima, forma o rio Branco, juntando-se ao Urariguera, e serve de limite entre o Brasil e a Guiana (400 km).

Tadjiquistão ou **Tajiquistão (República do)**, país situado no centro-oeste da Ásia, com 143.100 km². República presidencialista, independente desde 1991. Capital: *Dushanbe*; recursos principais: mineração (carvão, gás natural, petróleo, ouro), indústrias (alimentícia, têxtil, metalúrgica). Hab.: 7.349.145 (2009).

Tagliaferro, Madalena [Petrópolis RJ, 1893 — Rio de Janeiro RJ, 1986], pianista brasileira, professora do Conservatório de Paris. Nessa mesma cidade, promovia anualmente importante concurso de piano com seu nome.

Tahan (Júlio César de Melo e Sousa, dito **Malba**) [Rio de Janeiro RJ, 1895 — Recife PE, 1974], escritor e professor brasileiro. Produziu contos, romances e livros didáticos, esp. sobre o ensino da matemática. Obras: *O homem que calculava*, *Céu de Alá*, *O livro de Aladim* etc.

Tailândia (Reino da), país situado no sudeste da Ásia, com 513.120 km²; monarquia parlamentarista. Capital: *Bangcoc*; recursos principais: agropecuária, mineração (pedras preciosas, estanho), indústrias (têxtil, do vestuário). Hab.: 65.905.410 (2009).

Taiwan (República da China — território da ilha de Taiwan ou **Formosa)**, antiga Formosa, país com 35.980 km², situado no leste da Ásia; é um arquipélago (uma ilha grande e 77 menores), situado a 160 km da China continental, no mar da China oriental. República mista. Capital: *Taipé*; recursos principais: indústrias de produtos eletrônicos (esp. computadores), têxteis (fios sintéticos) etc., agricultura (arroz, milho, cana-de-açúcar), pecuária (suínos, ovinos, caprinos), mineração (carvão, mármore). Hab.: 22.974.347 (2009).

Tamandaré (Joaquim Marques Lisboa, **barão, visconde, conde** e **marquês de**) [Rio Grande RS, 1807 — Rio de Janeiro RJ, 1897], almirante brasileiro, patrono da Marinha do Brasil. Considerado a figura mais importante da Marinha brasileira no séc. XIX. O Dia do Marinheiro é comemorado na data de seu nascimento.

Tangará da Serra (MT), município com 11.565,9 km², sendo 53% do território (5.843 km²) ocupados por reservas indígenas, situado na região médio norte do estado. Aviários e frigoríficos. Hab.: 84.076.

Tanzânia (República Unida da), país do sudeste da África, com 947.300 km²; república presidencialista. Capital: *Dodoma* (constitucional) e *Dar es Salaam* (sede do governo); recursos principais: agricultura (café, algodão, castanha-de-caju), pecuária, mineração (diamante, ouro), indústria (alimentícia, têxtil). Hab.: 41.048.532 (2009).

Tapajós (rio), afluente da margem direita do rio Amazonas, corre nos estados de Mato Grosso e Pará (1.784 km).

Taquara (RS), município com 457,1 km², situado na microrregião Gramado-Canela. Pecuária leiteira. Indústria calçadista, metalúrgica, eletrônica. Hab.: 54.656.

Taquari (bacia do rio), abrange cerca de 78.000 km² nos estados de Mato Grosso e Mato Grosso do Sul. Da sua área total, 50.000 km² constituem a planície de aluvião correspondente a 36 % do Pantanal.

Taquaril (serra do), situada no Estado do Rio de Janeiro, com 1.200 m de altitude.

Taquaritinga (SP), município com 594,2 km², situado na microrregião de Jabuticabal. Hab.: 53.985.

Tarsila do Amaral [Capivari SP, 1886 — São Paulo SP, 1973], pintora brasileira, modernista. Assimilou na Europa influências cubistas (fase Pau-Brasil). Participou da Semana de Arte Moderna (1922), tendo sempre atuação de relevo nos movimentos da arte nacional. Obras: *A negra*, *O abaporu* (fase antropofágica), *Operários* etc.

Tatuí (SP), município com 524,1 km², situado na microrregião de Sorocaba. Pecuária leiteira. Cerâmica. Hab.: 107.975.

Tauá (CE), município com 4.018,1 km², situado no sertão de Inhamuns, no sudoeste do estado. Agropecuária. Hab.: 55.755.

Taubaté (SP), município com 626 km², situado no vale do Paraíba. Terra natal de Monteiro Lobato. Pecuária leiteira e hortifrutigranjeiros. Capela de N.S^a. do Pilar e casa de Monteiro Lobato tombadas pelo Iphan. Hab.: 278.724.

Taunay (Félix Émile Taunay, **barão de**) [Montmorency, França, 1795 — Rio de Janeiro RJ, 1881], pintor brasileiro de origem francesa, diretor da Academia de Belas-Artes e um dos fundadores do IHGB. Sua obra, de estilo academicista, está em grande parte no acervo do Museu Nacional de Belas-Artes, no Rio de Janeiro RJ. — O **visconde de Taunay** (Alfredo Maria Adriano d'Escragnolle Taunay) [Rio de Janeiro RJ, 1843 — *id.*, 1899], seu filho, foi engenheiro militar, professor, político, historiador, sociólogo, romancista e memorialista. Presidiu as províncias de Santa Catarina e do Paraná. Membro fundador da ABL. Obras: *Inocência*, *A retirada de Laguna*, *O encilhamento* etc. — **Afonso d'Escragnolle Taunay** [Florianópolis SC, 1876 — São Paulo SP, 1958], seu neto, foi professor, historiador, ensaísta, biógrafo, romancista, tradutor e lexicógrafo brasileiro. Dedicou-se especialmente aos estudos sobre o bandeirismo paulista. Membro da ABL. Obras: *Leonor de Ávila*, *História geral das bandeiras paulistas*, *Léxico de termos técnicos e científicos* etc.

Tavares, Aurélio de **Lyra** [João Pessoa PB, 1905 — Rio de Janeiro RJ, 1998], engenheiro civil, general de exército, ensaísta, historiador da engenharia militar e memorialista brasileiro. Membro da ABL. Obras: *O Brasil de minha geração; Nosso exército, essa grande escola* etc.

Tavares, Heckel [Satuba AL, 1896 — Rio de Janeiro RJ, 1969], compositor brasileiro. Sua obra musical, influenciada pelo nosso folclore, situa-se entre o erudito e o popular: *Sabiá; Azulão; Casa de caboclo; Chove, chuva* etc.

Tavares da Silva Cavalcante, **Adelmar** [Recife PE, 1888 — Rio de Janeiro RJ, 1963], advogado, professor, jurista, magistrado e poeta brasileiro. Notabilizou-se como trovador, um dos maiores nesse gênero no Brasil. Membro da ABL. Obras: *Trovas e trovadores*, *A poesia das violas*, *Noite cheia de estrelas* etc.

Távora, João **Franklin** da Silveira [Baturité CE, 1842 — Rio de Janeiro RJ, 1888], escritor e jornalista brasileiro, considerado precursor da geração modernista nordestina. Escreveu contos, romances e peças de teatro. Patrono da cadeira 14 da ABL. Obras: *O cabeleira*, *O matuto*, *A casa de palha* etc.

Tchad ver *Chade*

Tcheca (República), país da Europa central desde 1993, com 78.864 km²; república parlamentarista, criada após a dissolução da antiga Tchecoslováquia. Capital: *Praga*; recursos principais: jazidas de carvão e indústrias (cristais, equipamentos militares, maquinaria, produtos químicos etc.). Hab.: 10.211.094 (2009).

Teatro Brasileiro de Comédia (TBC), fundado em 1948 pelo italiano Franco Zampari, é considerado um marco na modernização do teatro brasileiro. Formou toda uma geração de diretores, dramaturgos e atores, entre eles, Cacilda Becker, Paulo Autran e Tônia Carrero. Fechou as portas em 1964.

Tefé (AM), município com 23.704,4 km², situado na fronteira noroeste do país, na margem esquerda do rio Solimões. 16ª Brigada de Infantaria Motorizada. Hab.: 61.399.

Tefé (Antônio Luís von Hoonholtz, **barão de**) [Itaguaí RJ, 1837 — Petrópolis RJ, 1931], almirante e ministro plenipotenciário brasileiro. Participou ativamente da Guerra do Paraguai, esp. da batalha naval do Riachuelo. Foi senador pelo Estado do Amazonas e escreveu o primeiro compêndio de hidrografia do Brasil.

Teixeira, Anísio Spínola [Caetité BA, 1900 — Rio de Janeiro RJ, 1971], educador e escritor brasileiro, seus estudos influenciaram fortemente o sistema educacional brasileiro e de toda a América Latina. Sua obra pedagógica é considerada a mais importante sobre educação na língua portuguesa: *A universidade e a liberdade humana*, *Educação no mundo moderno* etc.

Teixeira, Bento [Porto, Portugal, c.1560 — ?, d.1618], poeta luso-brasileiro, autor da primeira obra da literatura brasileira, *Prosopopeia* (1601), um elogio aos primeiros donatários da capitania de Pernambuco, obra inspirada em *Os lusíadas* de Camões.

Teixeira de Freitas (BA), município com 1.153,8 km², situado na região sul do estado, na microrregião de Porto Seguro. Turismo. Hab.: 138.491.

Telêmaco Borba (PR), município com 1.225,6 km², situado no leste do estado, às margens do rio Tibagi. Agropecuária. Centro industrial da madeira. Indústria de papel. Hab.: 69.878.

Teles, Lygia Fagundes [São Paulo, SP, 1923], escritora brasileira, considerada entre os grandes autores da moderna ficção brasileira. Recebeu os principais prêmios literários do país. Membro da ABL. Obras: *A estrutura da bolha de sabão*, *As horas nuas* etc.

Tenentismo, movimento político, militar e revolucionário brasileiro, liderado pela jovem oficialidade das forças armadas (1922 a 1932). De sua ação, destacaram-se os episódios da Revolta dos 18 do Forte de Copacabana (1922) e a Revolução de 1924.

Teófilo Otoni (MG), município com 3.242,8 km², situado no nordeste do estado, no vale do Mucuri. Exploração e comercialização de pedras preciosas. Hab.: 134.733.

Teresina (PI), capital do Estado do Piauí, com 1.755,7 km², foi a primeira capital planejada do país e é a única capital nordestina não litorânea. Banhada pelo rio Parnaíba. Indústria de confecções. Igreja de São Benedito tombada pelo Iphan.. Hab.: 814.439.

Teresópolis (RJ), município com 770,5 km², situado na região serrana, é o mais alto do estado. Cercado pela serra dos Órgãos. Turismo: Dedo de Deus. Produção de hortaliças. Hab.: 163.805.

Terra, quinto maior planeta do sistema solar. Diâmetro: 12.756,3 km; distância média do Sol: 149.600.000 km; satélite: 1.

Tianguá (CE), município com 908,8 km², situado na região noroeste do estado, na serra de Ibiapaba, divisa com o Estado do Piauí. Pecuária leiteira. Turismo rural. Hab.: 68.901.

Tibete (Região Autônoma do), situada no oeste da China, ao norte dos Himalaias, com 1.200.000 km². República parlamentarista ocupada pela China. Capital: *Lhasa*; recurso principal: criação de carneiros, cabras e iaques. Hab.: 2.800.000 (2007).

Tibiriçá [?, ? — ?, 1562], índio brasileiro, cacique dos guaianases, dito Martim Afonso após sua conversão ao catolicismo. Combateu ao lado das forças do governador Mem de Sá, quando de um ataque indígena à cidade de São Paulo.

Tietê (rio), nasce em Salesópolis SP, na serra do Mar, a 840 m de altitude, percorre o estado de leste a oeste. Não conseguindo vencer os picos rochosos rumo ao litoral, segue para o interior, atravessa a região metropolitana de São Paulo e percorre 1.100 km até a sua foz no rio Paraná, divisa com Mato Grosso do Sul.

Tigre, Manuel **Bastos** [Recife PE, 1882 — Rio de Janeiro RJ, 1957], jornalista, poeta, compositor, teatrólogo, humorista e publicitário brasileiro. Foi autor da letra do primeiro *jingle* do Brasil (1934), "Chopp em garrafa", com música de Ari Barroso e cantado por Orlando Silva. Obras: *Versos perversos, Fonte da Carioca, A ceia dos coronéis, Poemas da primeira infância* etc.

Timbaúba (PE), município com 289,5 km², situado na região da Mata Norte do estado. Turismo rural, voo livre, esportes radicais. Hab.: 53.823.

Timberg, Natália [Rio de Janeiro RJ, 1929], atriz brasileira, considerada uma das grandes intérpretes do teatro. Iniciou a carreira nos teleteatros da TV Tupi e integrou o elenco do Teatro Brasileiro de Comédias (TBC). Atuou tb. no cinema: *Viagem aos seios de Duília, Dedé Mamata, Condenado à liberdade* etc.

Timon (MA), município com 1.740,5 km², situado na microrregião de Caxias, às margens do rio Parnaíba. Hab.: 155.396.

Timor Leste (República Timor Lorosa'e), país do sudeste asiático, com 14.874 km². República presidencialista, independente desde 1975. Capital: *Dili*; recursos principais: agricultura (café), silvicultura (sândalo) e mineração (petróleo, mármore). Hab.: 1.131.612 (2009).

Timóteo (MG), município com 145,1 km², situado na região do vale do Rio Doce, no chamado "Vale do Aço". Sede da Cia. de Aços Especiais Itabira. Hab.: 81.119.

Tiomno, Jaime [Rio de Janeiro, 1920 – *id.*, 2011], físico brasileiro. Foi diretor de pesquisas do CNPq e catedrático de Física superior da USP. Formulou a teoria física que levou à descoberta do méson K, partícula atômica elementar (1961).

Tiradentes (Joaquim José da Silva Xavier, dito) [São João del Rei MG, 1746 — Rio de Janeiro RJ, 1792], herói nacional, mártir da independência do Brasil. Participou da Inconfidência Mineira, foi preso, enforcado e esquartejado. A data de sua morte, 21 de abril, é feriado nacional.

Tiradentes (MG), município histórico com 83,2 km², situado na região dos Campos das Vertentes, às margens do rio das Mortes. Conjunto arquitetônico e urbanístico, capelas da S^ma. Trindade e do Senhor Bom Jesus, Chafariz de São José, igrejas de N.S^a. do Rosário e Matriz de Santo Antônio, entre outros bens tombados pelo Iphan. Hab.: 7.002.

Titãs, segundo a mitologia grega, eram os 12 filhos gigantes de Gaia (a Terra) e Urano (o Céu). Seis eram do sexo masculino e seis do sexo feminino.

Tocantins (rio), corta os estados de Tocantins, Goiás, Maranhão e Pará. Encontra o rio Araguaia na divisa dos estados de Tocantins e Pará e deságua na baía de Marajó (2.416 km).

Tocantins (TO), estado brasileiro a sudeste da região norte do país, criado pela divisão da parte norte de Goiás, com 277.620,9 km² e 139 municípios, sendo os mais populosos, além da capital: Araguaína, Gurupi e Porto Nacional. Capital: *Palmas*; recursos principais: agricultura (arroz, milho, feijão etc.), pecuária (bovinos e suínos) e extrativismo mineral (cristal de rocha) e vegetal (babaçu, pequi, mogno etc.). Hab.: 1.383.453.

Todos-os-Santos (baía de), situada no litoral do Estado da Bahia, é a maior baía da costa brasileira, com 1.100 km² de extensão. É bordejada por exuberantes manguezais nos estuários dos rios Paraguaçu, Subaé, Jaguaripe, dentre outros, apresentando uma flora muito rica e duas pequenas baías em seu interior: a do Iguape e a de Aratu.

Togo (República Togolesa), país do oeste da África, com 56.785 km². República presidencialista (ditadura militar desde 1967), independente desde 1960. Capital: *Lomé*; recursos principais: agricultura (algodão em pluma, café, cacau, mandioca, milho) e mineração (fosfato de cálcio, cádmio, calcário). Hab.: 6.019.877 (2009).

Toledo (PR), município com 1.197 km², situado na região oeste do estado. Universidade. Piscicultura comercial. Suinocultura. Hab.: 119.353.

Tomar do Jeru (SE), município com 287,6 km², situado a 131 km de Aracaju, na divisa com o Estado da Bahia. Igreja de N.Sª. do Socorro tombada pelo Iphan. Hab.: 12.873.

Tomás de Aquino, são [Nápoles, Itália, 1225 — Fossanova, Itália, 1274], teólogo e filósofo italiano da Igreja cristã. Influenciado pelo pensamento de Aristóteles, afirmava não haver conflito entre a filosofia e o cristianismo. Escreveu vários livros, destacando-se a *Suma teológica*. Foi canonizado em 1323.

Tonga (Reino de), país do centro-sul da Oceania, em um arquipélago da Polinésia, no oceano Pacífico, com 747 km². Monarquia parlamentarista, independente desde 1970. Capital: *Nukualofa*; recursos principais: agricultura (coco, baunilha) e pecuária. Hab.: 120.898 (2009).

Toquelau ou **Tokelau (ilhas)**, território autônomo administrado pela Nova Zelândia, com 12 km², situado na Polinésia, Pacífico sul. Cada atol tem seu centro administrativo. Recurso principal: pesca. Hab.: 1.416 (2009).

Torelly, Aparício ver *Itararé, barão de*

Três Corações (MG), município com 825,9 km², situado na região sudoeste do estado, é a terra natal de Pelé. Agricultura (café, milho) e pecuária. Indústria de couro. Extração da pedra de São Tomé. Hab.: 72.796.

Três Estados (pico dos), situado na serra da Mantiqueira, no encontro dos estados de Minas Gerais, Rio de Janeiro e São Paulo; está entre os dez maiores do país, com 2.665 m de altitude.

Três Lagoas (MS), município com 10.206,3 km², situado na região leste do estado, na divisa com o Estado de São Paulo. Pecuária. Hab.: 101.722.

Três Pontas (MG), município com 689,4 km², situado na região sudoeste do estado e banhado pelo rio Verde. Terra de Mílton Nascimento. Grande produtor de café. Hab.: 53.825.

Três Rios (RJ), município com 324,4 km², situado na região central do estado, divisa com o Estado de Minas Gerais. É banhado pelos rios Paraíba do Sul, Paraibuna e Piabanha. Turismo ecológico. Estação Rodoviária de Paraibuna tombada pelo Iphan. Hab.: 77.503.

Trevisan, Dalton Jérson [Curitiba PR, 1925], escritor e advogado brasileiro, notabilizou-se como contista, considerado um dos maiores desse gênero no país. Obras: *O vampiro de Curitiba*, *Cemitério de elefantes*, *Essas malditas mulheres* etc.

Trindade (GO), município com 713,2 km², situado na região metropolitana de Goiânia. Romaria de Trindade (julho), quando milhares de romeiros dirigem-se ao Santuário do Divino Pai Eterno. Hab.: 104.506.

Trinidad e Tobago (República de), país do sudeste da América Central, situado em duas ilhas do mar das Antilhas, com 5.128 km². República parlamentarista, independente desde 1962. Capital: *Port of Spain*; recursos principais: agricultura (cana-de-açúcar, café, cacau, frutas cítricas) e mineração (petróleo, gás natural, asfalto natural). Hab.: 1.229.953 (2009).

Trinta e Um de Março (pico), situado na serra do Imeri, entre o Estado do Amazonas e a Venezuela, é o segundo mais alto do Brasil, com 2.992,4 m de altitude.

Triunfo (José Joaquim de Andrade Neves, **barão do**) [Rio Pardo RS, 1807 — Assunção, Paraguai, 1869], militar brasileiro. Comandante das brigadas de cavalaria, destacou-se em ações militares no Uruguai e na Guerra do Paraguai. Seu nome, Andrade Neves, foi dado ao Regimento Escola de Cavalaria do Exército.

Triunfo (RS), município com 823,4 km², situado na microrregião de São Jerônimo. Terra natal de Bento Gonçalves, que teve a casa tombada pelo Iphan. Hab.: 25.811.

Trombetas (rio), um dos mais importantes da Bacia Amazônica, tem 800 km de extensão. Seu trecho navegável fica entre a cachoeira da Porteira e a foz (260 km).

Tubarão (SC), município com 300,2 km², situado na região sul do estado, entre a serra e o mar. Cerâmica. Turismo. Hab.: 97.281.

Tucano (BA), município com 2.801,2 km², situado na região nordeste do estado, em plena caatinga. Ali está a estância hidromineral de Caldas do Jorro, um oásis no sertão. Turismo. Agricultura. Hab.: 52.391.

Tucuruí (PA), município com 2.086,1 km², situado na região sudeste do estado, às margens do rio Tocantins. Hidrelétrica. Produção de alumínio. Danças folclóricas (carimbó, lundu etc.). Pesca do tucunaré. Hab.: 97.109.

Tucuruí (Usina de), criada para aproveitar o potencial hidrelétrico do rio Tocantins; inaugurada em 1984. Já gerou mais de 250 milhões de MWh de energia, beneficiando cerca de 11 milhões de habitantes em 360 municípios dos estados do Pará, Maranhão e Tocantins.

Tunísia (República da), país do norte da África, com 163.610 km². República mista, independente desde 1956. Capital: *Túnis*; recursos principais: agricultura (trigo, cevada, azeitona, tâmara), pecuária (camelos, ovinos, caprinos) e mineração (petróleo, fosforito). Hab.: 10.486.339 (2009).

Tupã (SP), município com 629,1 km², situado na Alta Paulista, no oeste de São Paulo. Indústrias (calçados, malas para viagem, implementos agrícolas, móveis) e agricultura (café, amendoim, arroz etc.). Hab.: 63.492.

Turcomenistão (República do), país da Ásia central, com 488.100 km². República ditatorial de orientação comunista, independente desde 1991. Capital: *Ashkhabad*; recursos principais: agricultura (algodão em pluma), mineração (petróleo, gás natural), indústrias (refino de petróleo, têxtil, beneficiamento de algodão). Hab.: 4.884.887 (2009).

Turks e Caicos (ilhas), arquipélago no norte da América Central, com 948 km². Território ultramarino administrado pelo Reino Unido. Com mais de 30 ilhas, divide-se em dois grandes grupos, mas apenas oito das maiores são habitadas. Capital: *Cockburn Town*; recursos principais: turismo e pesca. Hab.: 22.942 (2009).

Turquia (República da), país do sudeste europeu e oeste da Ásia, com 783.562 km². República parlamentarista. Capital: *Ancara*; recursos principais: agricultura (algodão em pluma, tabaco, trigo), mineração (cromita, feldspato, cobre, bórax) e indústrias (têxtil, alimentícia, refino de petróleo, siderúrgica, química). Hab.: 76.805.724 (2009).

Tuvalu (ilhas de), país situado no centro da Oceania, no oceano Pacífico, um arquipélago com nove atóis, com 26 km². Monarquia parlamentarista, independente desde 1978, membro da Comunidade Britânica. Capital: *Fongafale* (atol Funafuti); recursos principais: agricultura (coco), indústria alimentícia (coco), química (sabão) e artesanato. Hab.: 12.373 (2009).

Uu

Uaupés (rio), nasce na Colômbia, nas encostas da serra de Araraquara, e corre para o Brasil, Estado do Amazonas, onde encontra o rio Negro (1.102 km).

Ubá (MG), município com 407,6 km², situado na Zona da Mata. Produção de móveis, fabricação de vestuário, calçados e colchões. Terra natal de Ari Barroso. Hab.: 101.466.

Ubaldo Ribeiro, João Osório Pimentel [Itaparica BA, 1941], jornalista, professor, romancista, contista e cronista brasileiro. Considerado um dos grandes escritores do moderno romance brasileiro. Membro da ABL. Obras: *Sargento Getúlio*, *Viva o povo brasileiro*, *O sorriso do lagarto* etc.

Ubatuba (SP), município litorâneo com 712,1 km², situado na região do vale do Paraíba. Única cidade litorânea cortada pelo trópico de Capricórnio. Turismo. Sobrado do Porto tombado pelo Iphan. Hab.: 78.870.

Uberaba (MG), município com 4.512,1 km², situado na região do Triângulo Mineiro. Pecuária (gado zebu). Produção de grãos. Igreja de Santa Rita tombada pelo Iphan. Hab.: 296.000.

Uberlândia (MG), município com 4.115,8 km², situado na região do Triângulo Mineiro. Ecoturismo e esportes náuticos (rio Araguari). Hidrelétrica. Hab.: 600.285.

Ucrânia (República da), país do centro-leste da Ásia, com 603.700 km². República mista, independente desde 1991. Capital: *Kiev*; recursos principais: mineração (minério de ferro, manganês, petróleo, gás natural, carvão, turfa) e indústrias (metalúrgica, de máquinas, química, de engenharia mecânica). Hab.: 45.700.395 (2009).

Uganda (República de), país do centro-leste da África, com 241.038 km². República presidencialista, ditadura militar desde 1986. Capital: *Campala*; recursos principais: agricultura (café, algodão em rama) e indústrias (equipamentos de transporte, alimentícia, materiais de construção, têxtil, fertilizantes). Hab.: 32.369.558 (2009).

Umuarama (PR), município com 1.232,7 km², situado na região noroeste do estado. Pecuária (gado bovino de corte e leiteiro). Indústrias (alimentos, móveis etc.). Centro universitário. Hab.: 100.716.

Unaí (MG), município com 8.463,5 km², situado na região noroeste do estado, no chapadão de Paracatu. Agricultura (soja). Turismo (gruta do Tamboril e corredeiras do rio Preto). Hab.: 77.590.

Unesco (United Nations Educational, Scientific and Cultural Organization) ver *Organização das Nações Unidas para Educação, Ciência e Cultura*

União dos Palmares (AL), município histórico com 427,8 km², situado na região leste do estado. Quilombo dos Palmares. Serra da Barriga tombada pelo Iphan. Hab.: 62.401.

União Ibérica (1580-1640), após as mortes do rei Dom Sebastião I, na batalha de Alcácer-Quibir contra os mouros, no norte da África (1578), e do seu tio e sucessor, cardeal D. Henrique (1580), e não havendo herdeiros, extinguiu-se a segunda dinastia de Portugal, a de Avis. Filipe II, rei da Espanha, neto de Dom Manuel o Venturoso, tomou a Coroa portuguesa, unindo Portugal e Espanha. O fato marcou uma mudança na orientação da política de colonização do Brasil, até então baseada na ocupação da costa e na extração do pau-brasil.

União Soviética (União das Repúblicas Socialistas Soviéticas — URSS), formada por 15 repúblicas socialistas — Federação Russa, Bielorrússia, Ucrânia, Letônia, Estônia, Lituânia, Armênia, Azerbaidjão, Geórgia, Cazaquistão, Quirguistão, Uzbequistão, Tadjiquistão, Moldávia e Turcomenistão —, foi o maior país do mundo (mais de 1/7 da superfície terrestre) e a nação comunista mais poderosa entre 1922, quando foi criada, até dezembro de 1991, quando foi extinta.

Urano divindade grega que personificava o céu; em astronomia, é o sétimo planeta a partir do Sol. Tipo: gasoso; diâmetro equatorial: 51.118 km; massa: 8.686 elevado a 25 kg; distância média do Sol: 2.870.990.000 km; satélites: 15.

Uruguai (República Oriental do), país do sudeste da América do Sul, com 176.215 km^2; república presidencialista, independente desde 1825. Capital: *Montevidéu*; recursos principais: agricultura (arroz, cana-de-açúcar, trigo), pecuária (bovinos, ovinos), mineração (ouro, pedras semipreciosas), indústrias (alimentícia, têxtil, vestuário, petroquímica, couro). Hab.: 3.494.382 (2009).

Uruguaiana (RS), município com 5.716 km^2, situado no extremo oeste do estado, na fronteira com a Argentina. Exportação de carne, lã e arroz. Turismo. Hab.: 125.507.

Uzbequistão (República do), país do centro-oeste da Ásia, com 447.400 km^2; república presidencialista, independente desde 1991. Capital: *Tashkent*; recursos principais: mineração (petróleo, gás natural, carvão), indústrias (máquinas e equipamentos, metalúrgica). Hab.: 26.606.007 (2009).

Vacaria (RS), município com 2.123,6 km^2, situado na região nordeste do estado, na divisa com Santa Catarina. Maior produtor de maçãs do estado e segundo do país. Produz tb. mudas de flores para exportação. Hab.: 61.345.

Valença (BA), município histórico litorâneo com 1.190,3 km^2, situado na costa do Dendê. Polo turístico. Estaleiros navais. Primeiro produtor de dendê do estado. Casa da Fazenda Santa Mônica tombada pelo Iphan. Hab.: 88.729.

Valença (RJ), município histórico, com 1.304,7 km^2, situado na região sul do estado, entre os vales dos rios Preto e Paraíba do Sul, na divisa com o Estado de Minas Gerais. Distrito de Conservatória (serestas). Hab.: 71.894.

Valentim da Fonseca e Silva (dito **Mestre**) [Rio de Janeiro, 1750 — *id.*, 1813], escultor e entalhador brasileiro. De suas obras no Rio de Janeiro, destacam-se as escadarias e a cascata dos Jacarés, no Passeio Público, os dois lampadários da igreja do Mosteiro de São Bento e a decoração da Igreja da Candelária.

Valinhos (SP), município turístico com 148,5 km^2, situado na microrregião de Campinas. Fruticultura (figo e goiaba). Hab.: 106.968.

Valparaíso de Goiás (GO), município com 60,1 km^2, situado no entorno de Brasília. Hab.: 132.947.

Vanuatu (República de), país da Oceania (Melanésia), a nordeste da Nova Caledônia, arquipélago vulcânico com 12.189 km^2. República parlamentarista, independente desde 1980. Capital: *Porto-Vila*; recursos principais: agricultura (coco, cacau, café), pecuária (suínos, bovinos), indústria alimentícia. Hab.: 218.519 (2009).

Vargas, Getúlio Dornelles [São Borja RS, 1883 — Rio de Janeiro RJ, 1954], político brasileiro. Assumiu a presidência do país após a Revolução de 1930 e permaneceu até 1945. Elegeu-se novamente em 1950, tomou posse em 1951 e suicidou-se antes do fim do mandato (24/8/1954). Promoveu grandes avanços na legislação trabalhista brasileira e criou muitas empresas estatais importantes, como a Petrobras e a Eletrobras.

Varginha (MG), município com 395,6 km^2, situado na região sudoeste do estado. Cultivo e industrialização de café e produção de leite. Porto seco. Hab.: 123.120.

Varnhagen, Francisco Adolfo de (visconde de Porto Seguro) [Sorocaba SP, 1816 — Viena, Áustria, 1878], historiador e diplomata brasileiro. Considerado um dos maiores pesquisadores da história brasileira dos séc. XVI, XVII e XVIII. Membro do IHGB, da Academia Real de Ciências de Lisboa e patrono da cadeira 39 da ABL.

Várzea Grande (MT), município com 938 km^2, situado na região metropolitana de Cuiabá. Artesanato (redes), pecuária e indústria de transformação. Hab.: 252.709.

Várzea Paulista (SP), município com 34,6 km^2, situado na microrregião de Jundiaí. Agropecuária. Hab.: 107.146.

Vasconcelos, Bernardo **Pereira de** [Ouro Preto MG, 1795 — Rio de Janeiro RJ, 1850], político e magistrado brasileiro. Uma das figuras mais influentes do Império, ocupou diversos cargos, entre eles o de senador, ministro da Fazenda, ministro da Justiça e conselheiro de Estado.

Vassouras (RJ), município histórico com 552,4 km^2, situado no vale do Paraíba, na região centro-sul do estado. Universidade. Fazendas de café. Conjunto urbano-paisagístico, Casa da Hera e Fazenda Santa Eufrásia tombados pelo Iphan. Hab.: 34.439.

Vaticano (Estado da Cidade do), estado soberano, situado em Roma, capital da Itália, com 0,44 km^2. Papado vitalício, constituído após o Tratado de Latrão (1929), assinado entre a Santa Sé (Pio XI) e o governo italiano (Benito Mussolini), reconhecendo a soberania do papa. Hab.: 826 (2009).

Veadeiros (chapada dos), o ponto de maior luminosidade visto da órbita da Terra, segundo a Nasa, devido à quantidade de cristais de quartzo que afloram do solo; possui o mais antigo patrimônio geológico do continente, a placa Araí, formada há 1 bilhão e 800 milhões de anos. — O **Parque Nacional da Chapada dos Veadeiros**, criado em 11 de janeiro de 1961 e ocupando área de 65.515 ha., está localizado no Estado de Goiás, a 250 km de Brasília e 500 km de Goiânia. Sua rica fauna abriga espécies ameaçadas de extinção como o veado-campeiro, o cervo-do-pantanal, a onça-pintada e o lobo-guará.

Veiga (José Jacinto Veiga, dito **J.J.**) [Corumbá MS, 1915 — Rio de Janeiro RJ, 1999], contista brasileiro, um dos introdutores do realismo fantástico na literatura do país. Obra: *Os cavalinhos de Platiplanto*, *A máquina extraviada*, *Objetos turbulentos* etc.

Veiga e Barros, **Evaristo** Ferreira **da** [Rio de Janeiro RJ, 1799 — *id.*, 1837], político, jornalista e escritor brasileiro. Liberal moderado, fundou o jornal *Aurora Fluminense*. Patrono da ABL, foi um dos pioneiros do Romantismo no Brasil. Autor da letra do Hino da Independência, musicado por Dom Pedro I.

Velhas (rio das), é o maior afluente em extensão (1.135 km) do rio São Francisco e tem grande importância econômica e social para o estado onde corre, Minas Gerais. No seu alto curso está localizada a região metropolitana de Belo Horizonte.

Velho, Domingos Jorge [São Paulo, ? — Piancó PB, c.1703], bandeirante paulista. Grande desbravador do interior do país, combateu tribos indígenas hostis e comandou a destruição do Quilombo dos Palmares.

Veloso, Caetano Emanuel Vianna Telles [Santo Amaro da Purificação BA, 1942], cantor e compositor brasileiro. Foi um dos mentores do Tropicalismo, integrou o conjunto Doces Bárbaros e é considerado um dos artistas mais importantes da MPB. Compôs: *Alegria, alegria*; *Sampa*; *Força estranha*; *Podres poderes*; *Você é linda*; *Haiti* etc.

Venâncio Aires (RS), município com 773,2 km², situado na região centro-oeste do estado, entre os vales Taquari e rio Pardo. Indústrias de beneficiamento de fumo e erva-mate. Hab.: 65.964.

Venezuela (República da), país do norte da América do Sul, com 912.050 km². República presidencialista, independente desde 1811. Capital: *Caracas*; recursos principais: mineração (petróleo, gás natural, carvão, diamante, bauxita, minério de ferro) e indústrias (refino de petróleo, metalúrgica, siderúrgica, alimentícia, química). Hab.: 26.814.843 (2009).

Vênus, divindade romana identificada com a *Afrodite* grega. Em astronomia, é o segundo planeta a partir do Sol, pode ser visto a olho nu e é chamado de estrela matutina e estrela vespertina. Tipo: rochoso; diâmetro: 12.103,6 km e distância média do Sol: 108.200.000 km.

Vergueiro, Nicolau Pereira **de Campos** [Bragança, Portugal, 1778 — Rio de Janeiro RJ, 1859], político português radicado no Brasil. Figura importante na vida política brasileira no início do séc. XIX. Liberal, participou do movimento que levou à abdicação de D. Pedro I. Elegeu-se membro da Regência Trina Provisória e depois ocupou, sucessivamente, o ministério da Fazenda e da Justiça.

Verissimo, Érico Lopes [Cruz Alta RS, 1905 — Porto Alegre RS, 1975], escritor brasileiro. Produziu diversos gêneros literários, mas notabilizou-se com o romance. Sua obra caracteriza-se pelos temas regionais e históricos do Rio Grande do Sul. Obras: *Olhai os lírios do campo*, *O tempo e o vento* (trilogia), *Incidente em Antares* etc. — **Luís Fernando Veríssimo**, seu filho [Porto Alegre, RS, 1936], é escritor, humorista e jornalista brasileiro, um dos grandes cronistas contemporâneos. Tem colaborado em diversas revistas e jornais. Já foi redator publicitário e de programas televisivos. Entre sua vasta obra, destacam-se: *Clube dos anjos*, *Comédias para ler na escola*, *Comédias da vida privada* etc.

Veríssimo, José Dias de Matos [Óbidos, PA, 1857 — Rio de Janeiro RJ, 1916], escritor e crítico literário brasileiro, considerado um dos introdutores do Realismo na literatura nacional. Membro do IHGB e da ABL. Obras: *Estudos de literatura brasileira*, *Viagens no sertão*, *Cenas da vida amazônica* etc.

Vespasiano (MG), município com 70,1 km², situado na região metropolitana de Belo Horizonte, na área da depressão do São Francisco. Polo industrial. Folclore (boi da mata). Hab.: 104.612.

Vespúcio, Américo [Florença, Itália, c.1454 — Sevilha, Espanha, 1512], explorador e navegador italiano, o primeiro a perceber que as terras visitadas por Colombo, Pinzón e Cabral não integravam as três antigas partes do mundo (Europa, Ásia e África), mas formavam um novo continente. Teria alcançado a América em 1499, um ano após a 3ª expedição de Cristóvão Colombo, e o Brasil, a mando de D. Manuel I, em 1501. O nome do continente americano foi dado em sua homenagem.

Via Láctea, galáxia em espiral, em que fica a Terra, de diâmetro equivalente a 100.000 anos-luz e espessura de 16.000 anos-luz. O nome vem de sua aparência leitosa.

Viamão (RS), município com 1.494,2 km², situado na região metropolitana de Porto Alegre. Indústrias metalúrgicas e de couro. Igreja de N.Sª. da Conceição de Viamão tombada pelo Iphan. Hab.: 239.234.

Viana (ES), município com 311,6 km², situado na região metropolitana de Vitória. Um dos mais antigos núcleos da colonização açoreana no estado. Agropecuária e turismo. Hab.: 64.999.

Viana Filho, Luís [Paris, França, 1908 — São Paulo SP, 1990], ensaísta, biógrafo e político brasileiro. Colaborou em diversos órgãos da imprensa. Foi governador e senador pelo Estado da Bahia. Membro da ABL. Obra: *O negro na Bahia*, *A vida de Joaquim Nabuco*, *A vida de José de Alencar* etc.

Viana Filho, Oduvaldo [São Paulo SP, 1936 — Rio de Janeiro RJ, 1974], ator e autor teatral brasileiro, tb. dito Vianinha. Sua dramaturgia refletiu os problemas sociais e políticos do país. Foi um dos fundadores do Teatro de Arena e do Grupo Opinião. Autor de: *Chapetuba F.C.*, *Se correr o bicho pega, se ficar o bicho come*, *Rasga coração* etc.

Vicente, Gil [Guimarães, Portugal, c.1465 — Lisboa, Portugal, c.1536], dramaturgo português. Considerado o maior escritor da literatura renascentista portuguesa, antes de Luís de Camões. Obra: *Auto pastoril castelhano*, *Barca do inferno*, *Farsa dos físicos*, *Templo de Apolo* etc.

Viçosa (MG), município com 299,3 km², situado na Zona da Mata do estado. Universidade Federal. Agropecuária e agroindústria. Hab.: 72.244.

Vieira, padre Antônio [Lisboa, Portugal, 1608 — Salvador BA, 1697], orador sacro, missionário português, um dos maiores escritores da língua no séc. XVII. Da sua obra, destacam-se os *Sermões* e as *Cartas*. Foi notável orador e por muitas vezes representou o governo português. Viveu no Brasil a maior parte de sua vida.

Vietnã, Vietname ou **Viet-Nam (República Socialista do)**, país do sudeste da Ásia, com 331.210 km². Regime de partido único (PC) e um órgão supremo (Assembleia Nacional). Capital: *Hanói*; recursos principais: agricultura (arroz, látex, chá, algodão em pluma), pecuária (bovinos, búfalos), mineração (carvão, estanho, zinco, petróleo) e indústrias (alimentícia, química, máquinas, têxtil). Hab.: 86.967.524 (2009).

Vigia (PA), município com 533,8 km², situado na microrregião de Salgado. Igreja da Madre de Deus tombada pelo Iphan. Hab.: 47.902.

Vila Bela da Santíssima Trindade (MT), município com 13.630,9 km², situado na microrregião do Alto Guaporé, na fronteira com a Bolívia. Ruínas da Igreja Matriz da Santíssima Trindade tombadas pelo Iphan. Hab.: 14.491.

Vila Flor (RN), município com 47,6 km², situado no litoral sul do estado. Ruínas da Casa de Câmara e Cadeia tombadas pelo Iphan. Hab.: 2.872.

Vilas Boas (irmãos), sertanistas e indigenistas brasileiros, **Orlando** [Santa Cruz do Rio Pardo SP, 1915 — São Paulo SP, 2002], **Cláudio** [Botucatu SP, 1918 — São Paulo SP, 1998] e **Leonardo** [Botucatu SP, 1920 — São Paulo SP, 1962] seguiram os passos do marechal Rondon. Lideraram a expedição Roncador-Xingu (1943), que durante 40 anos criou 43 cidades e a reserva do Parque Nacional do Xingu. Pode-se dizer que foram os responsáveis por incorporar o indígena e o território do Xingu à sociologia e à geografia nacional.

Vila Velha (ES), município com 208,8 km², situado na região metropolitana de Vitória. Indústria alimentícia (chocolate). Convento e Igreja de N.Sª. da Penha e Igreja de N.Sª. do Rosário tombados pelo Iphan. Hab.: 414.420.

Vilhena (RO), município com 11.518,9 km², situado no planalto dos Parecis, na divisa com o Estado de Mato Grosso. Extrativismo e industrialização da madeira. Hab.: 76.187.

Villa-Lobos, Heitor [Rio de Janeiro RJ, 1887 — *id.*, 1959], compositor e regente brasileiro, considerado o maior nome da história da música erudita no Brasil. Compôs mais de mil peças, com influências modernistas, folclóricas e populares, nos mais diversos gêneros e formações instrumentais e vocais. De sua obra destacam-se os *Choros* e as *Bachianas brasileiras*.

Villegaignon, Nicolau Durand de [Provins, França, 1510 — Beauvais, França, 1575], oficial de marinha e colonizador francês. Organizou uma expedição ao Brasil (1555) e fundou a França Antártica, na atual ilha de Villegaignon, no Rio de Janeiro. A colônia tinha o objetivo de explorar as riquezas do país e acolher protestantes, proibidos de exercer sua religião na França. Ficou no Brasil até 1558.

Vinci, Leonardo da [Vinci, perto de Florença, Itália, 1452 — Amboise, França, 1519], astrônomo, pintor, escultor, arquiteto, engenheiro, cientista e inventor italiano, considerado o maior nome no campo das artes e das ciências na Renascença. Foi grande estudioso da anatomia. Inventou máquinas voadoras. Na astronomia, formulou a teoria heliocêntrica, contrária à teoria da época. Pintou um dos quadros mais famosos de todos os tempos, a *Gioconda* (Mona Lisa).

Virgílio Marão, Públio [atual Pietole, Itália, c.70 a.C. — Brindisi, Itália, 19 a.C.], poeta latino, considerado o maior poeta da Roma antiga e um dos grandes nomes da literatura universal. Sua obra-prima, *Eneida*, conta a epopeia nacional de Roma. Influenciou escritores, como Dante Alighieri e Luís de Camões, através dos séculos.

Visconti, Eliseo D'Angelo [Giffoni Valle Piana, Itália, 1866 — Rio de Janeiro RJ, 1944], pintor e desenhista brasileiro. Impressionista, é considerado o introdutor desse movimento no país. Notabilizou-se como grande paisagista. Autor da decoração do Teatro Municipal, da Biblioteca Nacional e do Palácio Tiradentes, todos no Rio de Janeiro RJ.

Viseu (PA), município com 4.904,1 km², situado na microrregião de Guamá, na margem esquerda do rio Gurupi. Hab.: 56.681.

Vitalino Pereira dos Santos (dito **Mestre**) [Caruaru PE, 1909 — *id.*, 1963], ceramista popular brasileiro. Sua obra foi ligada aos tipos e às tradições nordestinas, destacando-se figuras de cangaceiros, homens do campo, animais etc. Deu notoriedade à feira de artesanato de Caruaru PE, local em que vendia seus trabalhos.

Vitória (ES), capital do Estado do Espírito Santo, com 93,4 km², município histórico formado por 34 ilhas, na baía de Vitória, e uma área continental. A maior ilha é a de Vitória, porto ligado à terra firme por uma ponte. Pesca e turismo. Igrejas de N.Sª. do Rosário, de Santa Luzia e de São Gonçalo e Chácara Barão de Monjardim tombadas pelo Iphan. Hab.: 325.453.

Vitória da Conquista (BA), município com 3.204,2 km², situado no sudoeste do estado, tem a melhor infraestrutura urbana da região. Agropecuária. Hab.: 306.374.

Vitória de Santo Antão (PE), município histórico, com 371,8 km², situado na Zona da Mata, palco de uma batalha durante a invasão holandesa. Hab.: 130.540.

Volpi, Alfredo [Lucca, Itália, 1896 — São Paulo SP, 1988], pintor brasileiro de origem italiana. Veio para o Brasil ainda bebê. Autodidata, jamais admitiu a influência de pintores ou movimentos sobre sua obra. Voltou-se esp. para temas populares e religiosos e notabilizou-se por suas casas, bandeiras, fachadas e composições.

Volta Redonda (RJ), município com 182,3 km², situado no médio vale do Paraíba, entre as serras do Mar e Mantiqueira. Companhia Siderúrgica Nacional. Hab.: 257.996.

Votorantim (SP), município com 183,9 km², situado na região sudoeste do estado. Indústrias (papel, celulose, tecidos e esp. cimento), agricultura (hortifrutigranjeiros) e pecuária (corte e leite). Hab.: 108.872.

Votuporanga (SP), município com 421,6 km², situado na região noroeste do estado. Agricultura (café, milho, laranja etc.), pecuária (de corte e leiteira) e indústrias, esp. moveleira e de confecções. Hab.: 84.728.

Vulcano, divindade romana identificada com o *Hefestos* grego.

Wagner, Richard [Leipzig, Alemanha, 1813 — Veneza, Itália, 1883], compositor alemão. Criou uma nova linguagem musical e notabilizou-se por suas óperas: *O anel do Nibelungo, Tristão e Isolda, Lohengrin, Parsifal* etc.

Wandenkolk, Eduardo [Rio de Janeiro RJ, 1838 — *id.*, 1902], militar e político brasileiro. Participou da Guerra do Paraguai. Ocupou diversos postos de destaque, como senador (eleito quatro vezes consecutivas), ministro da Marinha do Governo Provisório (1889) e chefe do Estado-Maior da Armada.

Washington, George [Bridges Creek, Virgínia, EUA, 1732 — Mount Vernon, EUA, 1799], general e político norte-americano. Liderou as tropas que venceram a guerra da Independência (1781) e foi um dos fundadores da República. Presidiu a Assembleia Constituinte, que redigiu a Constituição dos EUA (1787) e foi o primeiro presidente eleito de seu país.

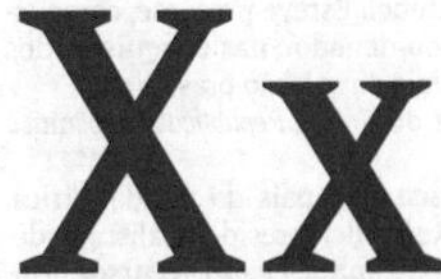

Xavier, Joaquim José da Silva ver *Tiradentes*

Xingu (rio), com 1.979 km de extensão, corre da savana tropical da região central do Estado do Mato Grosso, rumo ao norte da Amazônia. Corta o Parque Nacional do Xingu, reserva indígena criada em 1961. Sua bacia cobre uma área de 531.000 km².

Xuí (arroio), localizado no extremo sul do território brasileiro, delimita a fronteira entre o Brasil e o Uruguai. Desemboca no oceano Atlântico, ao lado do farol da barra do Xuí, o ponto mais meridional do país.

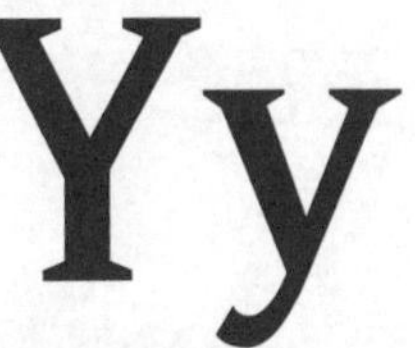

Yáconis, Cleide Becker [Piraçununga SP, 1922], atriz brasileira, irmã de Cacilda Becker. Integrou o elenco do Teatro Brasileiro de Comédia (TBC), no qual estreou em 1950. Atuou em dezenas de peças teatrais. Fez cinema e foi uma das pioneiras da televisão. Participou da fundação do Teatro Cacilda Becker, no Rio de Janeiro RJ.

Zz

Zagallo, Mário Jorge Lobo [Maceió AL, 1931], jogador e técnico de futebol brasileiro, uma das grandes figuras do nosso futebol. Esteve presente, como jogador, técnico ou coordenador, nas conquistas dos cinco títulos mundiais da seleção brasileira.

Zaire antigo nome do *Congo, República Democrática do*.

Zâmbia (República de), país do sul da África, com 752.618 km^2. República presidencialista, independente desde 1964. Capital: *Lusaka*; recursos principais: agricultura (milho, sorgo), pecuária (bovinos, caprinos), mineração (cobre, cobalto), indústrias (metalúrgica, automobilística, refino de petróleo, alimentícia etc.). Hab.: 11.862.740 (2009).

Zerbini, Euríclides de Jesus [Guaratinguetá SP, 1912 — São Paulo SP, 1993], médico brasileiro. Realizou no Hospital das Clínicas de São Paulo SP (maio de 1968) a primeira cirurgia de transplante de coração humano da América do Sul. A cirurgia aconteceu poucos meses depois da primeira realizada em todo o mundo.

Zeus, Júpiter entre os romanos, na mitologia grega foi uma das 12 divindades do Olimpo; o chefe dos deuses.

Zico (Arthur Antunes Coimbra, dito) [Rio de Janeiro RJ, 1953], jogador de futebol brasileiro, tb. dito Galinho de Quintino. Atacante e artilheiro, considerado um dos maiores jogadores de todos os tempos, é um dos grandes ídolos do Flamengo, clube pelo qual conquistou dezenas de títulos, destacando-se o Mundial Interclubes (1981). Em 2002, tornou-se técnico da seleção japonesa de futebol. Após a Copa de 2006 foi treinador de um clube turco, em 2008, de um time do Uzbequistão e, em 2009, do Olympiacos, da Grécia.

Zimbábue (República do), país do sudeste da África, com 390.757 km^2. República presidencialista, independente desde 1965. Capital: *Harare*; recursos principais: agricultura (tabaco, cana-de-açúcar, café), mineração (ouro, níquel, amianto), indústrias (alimentícia, siderúrgica, química, têxtil). Hab.: 11.392.629 (2009).

Ziraldo Alves Pinto [Caratinga MG, 1932], desenhista e escritor brasileiro. Notabilizou-se por suas caricaturas e charges políticas. Foi um dos fundadores de *O Pasquim*. Autor de histórias em quadrinhos, roteiros cinematográficos, peças teatrais e literatura infantil. Dentre seus muitos personagens, destacam-se *O menino maluquinho*, *A supermãe*, a *Turma do Pererê* e o *Mineirinho*.

Zumbi dos Palmares [Palmares AL, 1655 — *id*., 1695], figura histórica brasileira, símbolo da resistência negra contra o escravismo e de sua luta por liberdade. Foi líder do Quilombo dos Palmares na luta contra as tropas coloniais portuguesas. O dia de sua morte, 20 de novembro, passou a ser comemorado como Dia da Consciência Negra.

Zwinglio, Ulrich [Wildhaus, Suíça, 1484 — Kappel, Suíça, 1531], humanista e reformador suíço, líder da Reforma protestante, formulou teses doutrinárias que exigiam o recurso exclusivo à Bíblia, o uso da língua alemã na liturgia e a rejeição do magistério de Roma.

I Montanhas mais altas dos seis continentes

continente	montanha mais alta	altura acima do nível do mar
Ásia	Monte Everest	8.846 metros
América	Monte Aconcágua	6.959 metros
África	Monte Kilimanjaro	5.892 metros
Antártida	Monte Vinson	5.140 metros
Europa	Mont Blanc	4.808 metros
Austrália	Monte Kosciusko	2.230 metros

II Pontos mais altos do Brasil IBGE / 2000

	localização	altitude
Pico da Neblina	Serra Imeri (Amazonas)	3.014,1 metros
Pico 31 de Março	Serra Imeri (Amazonas)	2.992,4 metros
Pico da Bandeira	Serra do Caparaó (ES/MG)	2.889,8 metros
Pico das Agulhas Negras	Serra de Itatiaia (RJ/MG)	2.787,0 metros
Pico do Cristal	Serra do Caparaó (MG)	2.780,0 metros

III Capitanias hereditárias DOADAS POR DOM JOÃO III, ENTRE 1534 E 1536

capitania	donatário
Maranhão (1° lote)	Aires da Cunha, que se associou a João de Barros
Maranhão (2° lote)	Fernando Álvares de Andrade
Ceará	Antônio Cardoso de Barros
Rio Grande do Norte	João de Barros, sócio de Aires da Cunha
Itamaracá	Pero Lopes de Sousa
Pernambuco ou Nova Lusitânia	Duarte Coelho
Bahia de Todos-os-Santos	Francisco Pereira Coutinho
Ilhéus	Jorge de Figueiredo Correia
Porto Seguro	Pero do Campo Tourinho
Espírito Santo	Vasco Fernandes Coutinho
São Tomé	Pero de Góis
São Vicente *(dividida em dois lotes: São Vicente e Rio de Janeiro)*	Martim Afonso de Sousa
Santo Amaro	Pero Lopes de Sousa
Santana	Pero Lopes de Sousa

Obs.: **1**) A primeira capitania foi a da ilha de São João ou da Quaresma, doada por D. Manuel I a Fernão de Noronha (1504).
2) As capitanias que mais prosperaram foram as de Pernambuco e São Vicente.
3) Após 1536, foram criadas mais três: a) ilha da Trindade – Belchior Camacho; b) ilha de Itaparica – Dom Antônio de Ataíde, e c) Paraguaçu ou Recôncavo da Bahia – Dom Álvaro da Costa.

IV Países/nacionalidades/idiomas/moedas

País	Nacionalidade	Idioma	Moeda
Afeganistão	afegane/afegã	pusthu e dari	afegani
África do Sul	sul-africana	africânder, inglês, línguas tribais	rand
Albânia	albanesa	tosco	lek novo
Alemanha	alemã	alemão	euro
Andorra	andorrana/andorrense	catalão	euro
Angola	angolana/angolense	português, dialetos tribais	novo kuanza
Antígua e Barbuda	antiguana	inglês	dólar do Caribe oriental
Arábia Saudita	árabe-saudita/saudita	árabe	rial saudita
Argélia	argelina/argeliana	árabe	dinar argelino
Argentina	argentina	espanhol	peso argentino
Armênia	armênia	armênio	dram
Austrália	australiana	inglês	dólar australiano
Áustria	austríaca	alemão	euro
Azerbaidjão	azerbaidjana/azeri	azerbaijanês	manat azerbaidjano
Baamas (Bahamas)	baamesa/baamiana/ baamense	inglês	dólar baamense
Bangladesh	bengalesa/bengali	bengali e dialetos regionais	taca
Barbados	barbadiana	inglês	dólar barbadiano
Barein (Bahrein)	bareinita, baremês, baremense	árabe	dinar bareinita
Bélgica	belga	neerlandês, francês e alemão	euro
Belize	belizenha/belizense	inglês	dólar belizenho
Benin	beninense/beninesa	francês, ioruba	franco C.F.A.
Bielorrússia (Belarus)	bielorrussa	bielorrusso e russo	rublo bielorrusso
Bolívia	boliviana	espanhol, quéchua, aimará	boliviano
Bósnia-Herzegóvina	bósnia/bosnense/ bosníaca/bosniense	servo-croata/ serbo-croata	marco conversível

País	Nacionalidade	Idioma	Moeda
Botsuana	botsuanesa/botsuana/ botsuanense	inglês	pula
Brasil	brasileira	português	real
Brunei	bruneana	malaio	dólar bruneano
Bulgária	búlgara	búlgaro	lev novo
Burquina (Burkina Fasso)	burquinense/burquinabê	francês	franco C.F.A.
Burundi	burundiense/ burundinesa/burundiana	francês, quirundi	franco burundinês
Butão (Butã)	butanesa/butâni/ butani/butanense	dzonka	ngultrum e rupia indiana
Cabo Verde	cabo-verdiana	português	escudo cabo-verdiano
Camarões	camaronense/ camaronesa	francês, inglês, línguas regionais	franco C.F.A.
Camboja	cambojana/cambojiana/ campucheana	khmer	riel novo
Canadá	canadense	inglês e francês	dólar canadense
Catar, Katar ou Qatar	catarense/catari/	árabe e inglês	rial catariano
Cazaquistão	cazaque/ cazaquistanesa	kazac, russo	tenge
Chade (Tchad)	chadiense/tchadiana/ tchadiense	francês	franco C.F.A.
Chile	chilena	espanhol	peso chileno
China	chinesa/sínica	chinês (mandarim, wu, min)	iuan
Chipre	cipriota/cípria	grego, turco	euro
Cingapura	cingapuriana/ cingapurense	malaio, mandarim, tâmil, inglês	dólar cingapuriano
Colômbia	colombiana	espanhol, línguas indígenas	peso colombiano
Comores	comorense/comoriana	comorense, árabe e francês	franco comorense
Congo (República do)	congolense/congolesa	francês, congo, ruanda	franco C.F.A.
Congo (Rep. Democrática do)	congolense/congolesa	francês, quicongo, lingala	franco congolês
Coreia do Norte	norte-coreana	coreano	won norte-coreano

País	Nacionalidade	Idioma	Moeda
Coreia do Sul	sul-coreana	coreano	won sul-coreano
Costa do Marfim	ebúrnea/marfinense/ marfiniana	francês	franco C.F.A.
Costa Rica	costa-riquenha/ costa-riquense, costa-ricense	espanhol	colom costa-riquenho
Croácia	croata	croata	kuna
Cuba	cubana	espanhol	peso cubano
Dinamarca (Escandinávia)	dinamarquesa	dinamarquês	coroa dinamarquesa
Djibouti	djibutiense/djibutiana	árabe, francês	franco djibutiano
Dominica	dominiquesa/ dominiquense	inglês, crioulo	dólar do Caribe oriental
Egito	egípcia	árabe	libra egípcia
El Salvador	salvadorenha/ salvatoriana/salvadorense	espanhol	colom salvadorenho e dólar americano
Emirados Árabes Unidos	árabe	árabe	dirrã
Equador	equatoriana	espanhol, línguas regionais	dólar americano
Escandinávia – *ver* Dinamarca, Finlândia, Islândia, Noruega, Suécia			
Eritreia	eritreia	árabe, tigrino, línguas regionais	nafka
Escócia (Reino Unido)	escocesa	inglês, gaélico	libra esterlina
Eslováquia (Rep. Eslovaca)	eslovaca	eslovaco, línguas regionais	coroa eslovaca
Eslovênia	eslovena	esloveno	euro
Espanha	espanhola	espanhol	euro
Estados Unidos da América	americana/ norte-americana/ estadunidense	inglês	dólar americano
Estônia	estoniana	estônio	coroa estoniana
Etiópia	etíope	aramaico, línguas regionais	birr
Federação Russa (Rússia)	russa	russo	rublo
Fidji	fidjiana/fijiana/	fidjiano, híndi, inglês	dólar fidjiano

País	Nacionalidade	Idioma	Moeda
Filipinas	filipina	tagalo, inglês, espanhol	peso filipino
Finlândia (Escandinávia)	finlandesa/finesa/ finense/fínica	finez, sueco	euro
França	francesa (esp. bretão)	francês, línguas regionais	euro
Gabão	gabonense/gabonesa	francês, fang	franco C.F.A.
Gâmbia	gambiana/gambiense	inglês, línguas regionais	dalasi
Gana	ganense/ganesa	inglês, línguas tribais	cedi novo
Geórgia	georgiana	georgiano	lari
Grã-Bretanha (Inglaterra, Escócia, País de Gales)	britânica/bretã	inglês, galês, gaélico	libra esterlina
Granada	granadina	inglês, crioulo francês	dólar do Caribe oriental
Grécia	grega	grego	euro
Guatemala	guatemalteca/ guatemalense	espanhol, línguas indígenas	quetzal
Guiana	guianense/guianesa	inglês, línguas regionais	dólar guianense
Guiné	guineana/guineia	francês e línguas indígenas (mandinga, p.ex.)	franco guineano
Guiné-Bissau	guineense	português, crioulo português	franco C.F.A.
Guiné Equatorial	guinéu-equatoriana	espanhol, fang, línguas tribais	franco C.F.A.
Haiti	haitiana	francês, crioulo francês	gurde
Holanda – *ver* Países Baixos			
Honduras	hondurenha	espanhol, línguas indígenas	lempira
Hungria	húngara/hungaresa/ magiar	húngaro	forinte
Iêmen	iemenita	árabe	rial iemenita
Ilhas Marshall	marshalina	inglês, línguas regionais	dólar americano
Ilhas Salomão	salomônica	inglês, dialetos regionais	dólar das Ilhas Salomão
Ilhas Seychelles	seichelense	crioulo francês, inglês, francês	rupia seichelense

País	Nacionalidade	Idioma	Moeda
Índia	indiana/hindu/índia	híndi, inglês	rupia indiana
Indonésia	indonésia	bahasa	rupia indonésia
Inglaterra	inglesa/bretã/britânica	inglês	libra esterlina
Irã	iraniana/irânica	iraniano	rial iraniano
Iraque	iraquiana	árabe	dinar iraquiano
Irlanda (Eire)	irlandesa	irlandês, inglês	euro
Irlanda do Norte (Ulster)	irlandesa, bretã, britânica	inglês, gaélico	euro
Islândia (Escandinávia)	islandesa	islandês	nova coroa islandesa
Israel	israelense	hebraico	shekel
Itália	italiana	italiano, dialetos	euro
Jamaica	jamaicana	inglês, crioulo inglês	dólar jamaicano
Japão	japonesa/japônica	japonês	iene
Jordânia	jordaniana/jordaniense/ jordânia	árabe	dinar jordaniano
Kiribati	quiribatiana	kiribati, inglês	dólar australiano
Kuwait (Kuweit, Coveite)	kuwaitiana/kuweitiana/ kowaitiana/koweitiana/ coveitiana	árabe, inglês	dinar kuwaitiano
Laos	laosiana	lao	kip
Lesoto	lesotiana/lesotense/ lesota	inglês, sotho	loti
Letônia	letã/leta	letão	lat
Líbano	libanesa	árabe	libra libanesa
Libéria	liberiana	inglês, línguas tribais	dólar liberiano
Líbia	líbia/líbica	árabe	dinar líbio
Liechtenstein	liechtensteinense/ liechtensteiniense/ listenstainiana	alemão	franco suíço
Lituânia	lituana	lituano	litas
Luxemburgo	luxemburguesa	luxemburguês	euro
Macedônia	macedônia	macedônio	novo dinar macedônio
Madagascar	malgaxe/ madagascarense	francês, malgaxe, dialetos locais	franco malgaxe
Malásia	malásia/ malaia	malaio	dólar malásio, ringgit

País	Nacionalidade	Idioma	Moeda
Malaui	malauiana, malauiense, malauita	chicheua, inglês	kwacha do Malaui
Maldivas	maldívia	divehi	rupia das Maldivas
Mali	malinesa	francês, línguas nativas	franco C.F.A.
Malta	maltesa	maltês, inglês	euro
Marrocos	marroquina	árabe	dirrã marroquino
Maurício	mauriciana	inglês	rupia mauriciana
Mauritânia	mauritana/mauritânica/ mauretânica	árabe, línguas regionais	uguia
México	mexicana	espanhol	peso mexicano
Mianmá (Myanmar)	birmanesa/bermá/ bermã/bermana/ birmã/ birmane/birmanense/ birmaniana/birmana/ mianmarense	birmanês, dialetos regionais	kyat
Micronésia (Estados Federados)	micronésia	micronesiano, inglês	dólar americano
Moçambique	moçambicana	português, línguas regionais	metical
Moldávia (Moldova)	moldávia/moldávica	romeno, russo	leu
Mônaco	monegasca	francês, inglês, italiano, monegasco	euro
Mongólia	mongol/mogol	mongol, cazaque	tugrik
Montenegro	montenegrina	montenegrino, sérvio	euro
Namíbia	namibiana	inglês, africânder, alemão, dialetos locais	dólar da Namíbia
Nauru	nauruana	nauruano	dólar australiano
Nepal	nepalesa	nepalê, dialetos locais	rupia nepalesa
Nicarágua	nicaraguense/ nicaraguana	espanhol	córdoba
Níger	nigerense/nigerina	francês, línguas locais	franco C.F.A.
Nigéria	nigeriana	inglês, hauçá, ioruba, ibo	naira
Noruega	norueguesa	bokmal, nynorsk	coroa norueguesa
Nova Zelândia	neozelandesa	inglês	dólar neozelandês
Omã	omani/omanense/ omaniana	árabe, dialetos	rial omani

País	Nacionalidade	Idioma	Moeda
País de Gales	galesa/galense/bretã/ bretânica	inglês, galês	libra esterlina
Países Baixos (Holanda)	holandesa	neerlandês	euro
Palau	palauense	paluano, inglês	dólar americano
Palestina	palestina	árabe	shekel
Panamá	panamenha	espanhol	balboa
Papua Nova Guiné	papuásia	inglês	kina
Paquistão	paquistanesa/ paquistanense	urdu	rupia paquistanesa
Paraguai	paraguaia	espanhol	guarani
Peru	peruana	espanhol, aimará, quéchua	sol novo
Polônia	polonesa/polaca	polaco	zloty
Portugal	portuguesa	português	euro
Quênia	queniana	suaíli	xelim queniano
Quirguistão ou Quirguízia	quirguiz/quirguistanesa	quirguiz, russo	som
Reino Unido (Grã Bretanha e Irlanda do Norte)	bretã/britânica	inglês	libra esterlina
República Centro--Africana	centro-africana/	francês, sango	franco C.F.A.
República Dominicana	dominicana	espanhol	peso dominicano
República Tcheca	tcheca/checa	tcheco	coroa tcheca
Romênia	romena	romeno	leu
Ruanda	ruandesa	francês, ruanda (banto), dialetos tribais	franco ruandês
Rússia – *ver* Federação Russa			
Samoa (Estado Independente)	samoana/samoense	inglês, samoano	tala
San Marino	samarinesa	italiano	euro
Santa Lúcia	santa-luciense	inglês	dólar do Caribe oriental
São Cristóvão e Névis	são-cristovense	inglês	dólar do Caribe oriental
São Tomé e Príncipe	santomense/ são-tomense/sã-tomense	português	dobra

País	Nacionalidade	Idioma	Moeda
São Vicente e Granadinas	são-vicentina	inglês	dólar do Caribe oriental
Senegal	senegalesa	francês, línguas regionais	franco C.F.A.
Serra Leoa	serra-leonesa/ serra-leonense	inglês	leone
Sérvia	sérvia	sérvio	dinar sérvio
Síria	síria/siríaca/sírica	árabe	libra síria
Somália (República Democrática Somali)	somali/somaliana/ somaliense	somali	xelim somaliano
Sri Lanka	cingalesa	cingalês, tâmil, inglês	rupia cingalesa
Suazilândia	suazi/suazilandesa	suazi, inglês	lilangeni
Sudão	sudanesa	árabe	libra sudanesa ou dinar sudanês
Suécia (Escandinávia)	sueca	sueco	coroa sueca
Suíça	suíça/helvécia/ helvética	alemão, francês, italiano, reto-romanês	franco suíço
Suriname	surinamesa	neerlandês	dólar surinamês
Tadjiquistão	tadjique/tadjiquistanesa/ tajiquistanesa	tágico	somoni
Tailândia	tailandesa	thai	baht
Taiwan (Formosa)	taiwanesa/formosina	chinês (mandarim), dialetos	novo dólar de Taiwan
Tanzânia	tanzaniana	suaíli, inglês, línguas locais	xelim tanzaniano
Timor Leste	timorense	português e titum	dólar americano e rupia indonésia
Togo	togolesa/togolense/ toguense/toguesa	francês	franco C.F.A.
Tonga	tonganesa	tonganês, inglês	paanga
Trinidad e Tobago	trinitário-tobagense/ trinitária/ trinitina/ tobaguiana	inglês	dólar de Trinidad e Tobago
Tunísia	tunisiana/tunetana	árabe	dinar tunisiano
Turcomenistão	turcomena/turcmena	turquemeno	manat turcomeno
Turquia	turca	turco	lira turca
Tuvalu	tuvaluana	tuvaluano, inglês	dólar australiano

País	Nacionalidade	Idioma	Moeda
Ucrânia	ucraniana/ucraína/ ucrânia	ucraniano	hryvnia
Uganda	ugandense/ugandesa	inglês, línguas locais	novo xelim ugandense
Uruguai	uruguaia	espanhol	peso uruguaio
Uzbequistão	uzbeque/uzbequistanesa	uzbeque	som
Vanuatu	vanuatense	bislama, inglês, francês, línguas regionais	vatu
Vaticano	vaticana	italiano, latim	euro
Venezuela	venezuelana	espanhol	bolívar
Vietnã (Vietname)	vietnamita/vietnamesa/ vietnamense	vietnamita	dong
Zaire – *ver* Congo (República Democrática)			
Zâmbia	zambiense/zambiana/ zâmbia	inglês, línguas locais	kwacha da Zâmbia
Zimbábue	zimbabuana/ zimbabuense	línguas locais, inglês	dólar zimbabuano

V Grupos indígenas brasileiros

© INSTITUTO SOCIOAMBIENTAL, TENDO COMO FONTE NA CLASSIFICAÇÃO LINGUÍSTICA O PROF. ARYON D'ALLIGNA RODRIGUES

Acre

Povo	*Etnônimo*	*Outros nomes, grafias e/ou subgrupos*	*Família/língua*
achaninca	Ashaninka	Kampa	aruaque
arara	Arara	Shawãdawá, Shawanauá	pano
catuquina	Katukina		pano
caxinauá	Kaxinawá	Huni-Kuin, Cashinauá	pano
chanenaua	Shanenawa	Katukina	pano
culina	Kulina	Madija, Madihá	arauá
iaminaua/jaminaua	Yaminawa	Jaminawa, Iaminawa	pano
iauanauá	Yawanawá		pano
machineri	Machineri	Manchineri	aruaque
naua			?
nuquini	Nukini		pano
poianaua	Poyanawa		pano

Alagoas

Povo	*Etnônimo*	*Outros nomes, grafias e/ou subgrupos*	*Família/língua*
jiripancó	Jiripancó	jeripancó	português
carapotó	Karapotó		português
cariri-xocó	Kariri-Chocó		português
tingui-botó	Tingui Botó	Huni-Kuin, Cashinauá	português
uassu	Wassu		português
xucuru-cariri	Xukuru Kariri		português
calancó*	Kalankó		português
caruazu	Karuazu		português

Amapá

Povo	*Etnônimo*	*Outros nomes, grafias e/ou subgrupos*	*Família/língua*
galibi-maruorno	Galibi Marworno	galibi do uaçá, aruã*	caribe
galibi	Galibi	galibi do oiapoque	caribe
caripuna	Karipuna		crioulo francês
palicur	Palikur	Aukwayene, Aukuyene, Paliku'ene	aruaque
oiampi	Waiãpi	Wayampi, Oyampi, Wayãpy	tupi-guarani

Amazonas

Povo	Etnônimo	Outros nomes, grafias e/ou subgrupos	Família/língua
apurinã	Apurinã		aruaque
arapaço	Arapaso		tucano
banauá-iafi	Banawa Yafi		arauá
baníua	Baníwa	baniva, Walimanai, Wakuenai, curipaco, curripaco, coripaco (Kuripako)	aruaque
bará/bará-tucano	Bará	Waípinõmakã	tucano
barasana	Barasana	Hanera	tucano
baré	Baré		nheengatu
caixana	Kaixana		português
cambeba	Kambeba	omágua	tupi-guarani
canamanti	Kanamanti		arauá
canamari	Kanamari	Tüküná	catuquina
caxarari	Kaxarari		pano
cocama	Kocama		tupi-guarani
corubo	Korubo		pano
cubeo	Kubeo	Cobewa, Kubéwa, Pamíwa	tucano
culina	Kulina	Madija, Madihá	arauá
culina-pano	Kulina Pano	culino-pano, curina-pano	pano
deni	Deni		arauá
desana/desano	Desana/Desáno	Wira, Umukomasã	tucano
diarroi	Diahui	Jahoi, Jahui,	tupi-guarani
ianomâmi	Yanomami	ianam, ianomâmi, ianomam, sanumá	ianomâmi
jamamadi	Yamamadi,	Djeoromitxi	arauá
jarauara	Jarawara		arauá
juma	Yuma		tupi-guarani
macu	Maku	Maku Yuhupde, Maku Hupdá, Maku Nadeb, Maku Dow, Maku Cacua, Nucak	macu
macuna	Makuna, Yeba-masã		tucano
marubo	Marubo		pano
matis	Matis		pano
matsé	Matsé	Mayoruna	pano
miranha	Miranha	Mirãnha, Miraña	bora
miriti-tapuia	Miriti-Tapuya	Buia-Tapuya	tucano
mura	Mura		mura
parintintim	Parintintin		tupi-guarani
paumari	Paumari		arauá
pirarrã	Pirahã	Mura Pirahã	mura
piratapuia	Piratapuya	Piratapuyo, Pira-Tapuya, Waíkana	tucano
sateré-maué	Sateré-Mawé		maué

siriano	Siriano		tucano
suruuarrá	Suruwaha	Sorowaha	arauá
tariana	Tariano	tariano, Taliaseri	aruaque
tenharim	Tenharín		tupi-guarani
ticuna	Tikuna	Tukuna, Magüta	ticuna
torá	Torá		txapacura
tsunhum-djapá	Tsohom Djapá	Tyonhwak Dyapa	catuquina
tucano	Tukano	Ye'pâ-masa, Dasea	tucano
tuiuca	Tuyuka	Dokapuara, Utapinõmakãphõná	tucano
uaimiri-atroari	Waimiri Atroari	Kinã	caribe
uaiuai	Wai Wai	Waiwai, Karafawyana, Xereu, Katuena, Mawayana	caribe
uanano	Wanano	uanana, Wanana	tucano
uarequena	Warekena/ Werekena	arequena, ariquena, uerequena	aruaque
uitoto	Witoto		uitoto

Bahia

Povo	*Etnônimo*	*Outros nomes, grafias e/ou subgrupos*	*Família/língua*
caimbé	Kaimbé		português
cantaruré	Kantaruré		português
pancararé	Pankararé		português
pancaru	Pankaru		português
pataxó	Pataxó		português
pataxó hã hã hãe	Pataxó Hã-Hã-Hãe		português
quiriri	Kiriri		português
tumbalalá	Tumbalalá		português
tuxá	Tuxá		português
xucuru-cariri	Xukuru-Kariri		português

Ceará

Povo	*Etnônimo*	*Outros nomes, grafias e/ou subgrupos*	*Família/língua*
calabaça	Kalabaça		português
canindé	Kanindé		português
cariri	Kariri		português
jenipapo-canindé	Jenipapo-Kanindé		português
paiacu	Paiaku		português
pitaguari	Pitaguari		português
potiguara	Potiguara		português
tabajara	Tabajara		português
tapeba	Tapeba		português
tremembé	Tremembé	taramembé	português

Espírito Santo

Povo	*Etnônimo*	*Outros nomes, grafias e/ou subgrupos*	*Família/língua*
guarani	Guarani	Ñandeva (Avakatueté, Chiripá), M'bya	tupi-guarani
tupiniquim	Tupiniquim		português

Goiás

Povo	*Etnônimo*	*Outros nomes, grafias e/ou subgrupos*	*Família/língua*
avá-canoeiro	Avá-Canoeiro		tupi-guarani
carajá	Karajá		português
tapuia	Tapuia	Tapuia-Xavante, Tapuio	português

Maranhão

Povo	*Etnônimo*	*Outros nomes, grafias e/ou subgrupos*	*Família/língua*
apaniecra-canela	Apanyekra Canela	canela, Kanela, Timbira	jê
caapor-urubu	Kaapor	Urubu-Kaapor, Ka'apor, Kaaporté	tupi-guarani
cricati	Krikati	Krinkati, Timbira	jê
guajá	Guajá	Awá, Avá	tupi-guarani
guajajara	Guajajara	Tenethehara	tupi-guarani
pucobié-gavião	Pukobyé Gavião	Pukobiê, Pykopjê	jê
rancocamecra	Rankokamekra	canela, Kanela, Timbira	jê
canela	Canela		
tembé	Tembé		tupi-guarani

Mato Grosso

Povo	*Etnônimo*	*Outros nomes, grafias e/ou subgrupos*	*Família/língua*
apiacá	Apiaká		tupi-guarani
arara do aripuanã	Arara do Aripuanã	Arara do Beiradão	caribe ?
aueti	Aweti		aueti
bacairi	Bakairi	Kurâ	caribe
bororo	Bororo	Boe	bororo
caiabi	Kaiabi	Kayabi	tupi-guarani
caiapó	Kayapó	Mebegnokre, Metuktire	jê
calapalo	Kalapalo		caribe
camaiurá	Kamayurá		tupi-guarani
carajá	Karajá		carajá
chiquitano	Chiquitano	xiquitano	?
cinta-larga	Cinta Larga	matétamãe	mondé
cuicuro	Kuikuro	cuicúru, Kuikuru	caribe
enáuenê-nauê	Enawenê-Nawê	salumã	aruaque
iaualapiti	Yawalapiti		aruaque
iranxe	Irantxe		iranxe, menqui
juruna	Yudjá	iudjá, Yuruna	juruna
matipu	Matipu	matipuri	caribe

meinaco	Mehinako	Meináku	aruaque
menqui	Menky	Myky, Munku, Menki	iranxe
nambiquara	Nambikwara	Anunsu, nambiquara do campo (Halotesu, Kithaulu, Wakalitesu, Sawentesu), nambiquara do norte (Negarotê, Mamaindê, Latundê, Sabanê e Manduka, Tawandê), nambiquara do sul (Hahaintesu, Alantesu, Waikisu, Alaketesu, Wasusu, Sararé), nhambiquara	nambiquara
nauquá	Nahukwá	nafuquá	caribe
panará	Panará	crenacarore, crenacore, índios gigantes, Krenhakarore, Krenakore, Krenakarore, Kreen-akarore	jê
pareci	Paresi	Haliti	aruaque
ricbacta	Rikbaktsa	ericbatissa, ricbatissa	ricbacta
suiá	Suyá	Kisêdjê	jê
tapaiuna	Tapayuna	beiço de pau	jê
tapirapé	Tapirapé	Tapi'irape	tupi-guarani
trumai	Trumai		trumai
txicão	Txikão	icpengue, Ikpeng	caribe
uaurá	Waurá	Wauja	aruaque
umutina	Umutina	umotina	bororo
xavante	Xavante	A'uwe, Akwe, Awen, Akwen	jê
zoró	Zoró		mondé

Mato Grosso do Sul

Povo	*Etnônimo*	*Outros nomes, grafias e/ou subgrupos*	*Família/língua*
cadiuéu	Kadiweu		guaicuru
camba	Kamba		?
chamacoco	Chamacoco		zamuco
uarani	Guarani	caiouá, Kaiowá (Pãi Tavyterã), nhandeva, Ñandeva (Avakatueté, Chiripá)	tupi-guarani
guató	Guató		guató
ofaié	Ofayé	ofaié-xavanta, Ofayé-Xavante	ofaié
terena	Terena		aruaque

Minas Gerais

Povo	*Etnônimo*	*Outros nomes, grafias e/ou subgrupos*	*Família/língua*
	Aranã*		português
caxixó	Kaxixó		português
crenaque	Krenak		crenaque
maxacali	Maxakali		maxacali
pataxó	Pataxó		português
xacriabá	Xakriabá		português

Pará

Povo	*Etnônimo*	*Outros nomes, grafias e/ou subgrupos*	*Família/língua*
*	Ewarhuyana		caribe
amanaié	Amanayé		tupi-guarani
anambé	Anambé		tupi-guarani
aparaí	Aparaí	apalaí	caribe
apiacá	Apiaká		tupi-guarani
arara	Arara	Ukarãgmã, Ukarammã	caribe
arauetê	Araweté		tupi-guarani
assurini do tocantins	Asurini do Tocantins		tupi-guarani
assurini do xingu	Asurini do Xingu		tupi-guarani
caiabi	Kayabi		tupi-guarani
caiapó	Kayapó	Mebegnokre, Gorotire, A'ukre, Kikretun, Mekragnotire, Kuben-Kran-Ken Kokraimoro, Metuktire, Xikrin, Kararaô	jê
carajá	Karajá		carajá
caxuiana	Katxuyana	Kaxuyana	caribe
curuaia	Kuruaya		mundurucu
hixcariana	Hixkaryana		caribe
juruna	Yudjá	iudjá, Yuruna	juruna
mundurucu	Munduruku		mundurucu
panará	Panará	crenacarore, crenacore, índios gigantes, Krenhakarore, Krenakore, Krenakarore, Kreen-akarore	jê
paracanã	Parakanã	Apiterewa	tupi-guarani
paracatejê-gavião	Gavião Parkatejê	Gavião do Mãe Maria	jê
sateré-maué	Sateré-Mawé		maué
suruí-aiqueuara	Suruí Aikewara		tupi-guarani
tembé	Tembé		tupi-guarani
tirió	Tiriyó	diau, pianocotó, tiriô, Trio, Tarona, Yawi, Pianokoto, Tsikuyana, Kah'yana	caribe
turiuara	Turiwara		tupi-guarani
uaiana	Wayana	Waiana	caribe
uaiuai	Wai Wai	Waiwai, Karafawyana, Xereu, Katuena, Mawayana	caribe
xipaia	Xipaia	Shipaya	juruna
zoé	Zoé	poturu	tupi-guarani

Paraíba

Povo	*Etnônimo*	*Outros nomes, grafias e/ou subgrupos*	*Família/língua*
potiguara	Potiguara		português

Paraná

Povo	*Etnônimo*	*Outros nomes, grafias e/ou subgrupos*	*Família/língua*
caingangue	Kaingang		jê
guarani	Guarani	nhandeva, Ñandeva (Avakatueté, Chiripá), embiá, M'bya	tupi-guarani
xetá	Xetá		tupi-guarani

Pernambuco

Povo	*Etnônimo*	*Outros nomes, grafias e/ou subgrupos*	*Família/língua*
aticum-umã	Atikum		português
cambiuá	Kambiwá		português
capinauá	Kapinawá		português
fulniô	Fulniô, Fulni-ô	carnijó, iatê	macro-jê
pancararu	Pancararu		português
pipipã	Pipipã		português
trucá	Truká		português
tuxá	Tuxá	rodela	português
xucuru	Xukuru		português

Rio de Janeiro

Povo	*Etnônimo*	*Outros nomes, grafias e/ou subgrupos*	*Família/língua*
guarani	Guarani	nhandeva, Ñandeva (Avakatueté, Chiripá), embiá, M'bya	tupi-guarani

Rio Grande do Sul

Povo	*Etnônimo*	*Outros nomes, grafias e/ou subgrupos*	*Família/língua*
caingangue	Kaingang		jê
guarani	Guarani	nhandeva, Ñandeva (Avakatueté, Chiripá), embiá, M'bya	tupi-guarani

Rondônia

Povo	*Etnônimo*	*Outros nomes, grafias e/ou subgrupos*	*Família/língua*
acunsu	Akunsu	Akunt'su	?
aicanã	Aikanã	aicaná, masacá, massacá, tubarão	aicanã
ajuru	Ajuru		tupari
amondaua	Amondawa		tupi-guarani
arara-caro	Arara Karo		ramarrama
aricapu	Arikapu	maxubi	jabuti
aruá	Aruá		mondé
canoê	Kanoe		canoê
caripuna	Karipuna		tupi-guarani
caritiana	Karitiana		ariquém
cassupá	Cassupá		português
caxarari	Kaxarari		pano
cinta-larga	Cinta Larga	matétamãe	mondé
columbiara	Columbiara	corumbiara	?
cuiubi	Kuyubi		txapacura
gavião	Gavião	diguti, Digüt	mondé
jabuti	Jabuti		jabuti
macurape	Makurap		tupari
nambiquara	Nambikwara	nhambiquara, Anunsu, Nambikwara do Norte(Latundê, Sabanê)	nambiquara
oro-uim	Oro Win		txapacura
pacaá-nova	Pakaa Nova	Wari, Pacaás Novos	txapacura
quasa	Kwazá	Coaiá, Koaiá	quasa, língua isolada
saquirabiape	Sakirabiat	Mekens, Sakirabiap, Sakirabiar	tupari
suruí-paíter	Suruí	Paíter	mondé
tupari	Tupari		tupari
uru eu uau uau	Uru-Eu-Wau-Wau	uru pa in, Urupain	tupi-guarani

Roraima

Povo	*Etnônimo*	*Outros nomes, grafias e/ou subgrupos*	*Família/língua*
hixcariana	Hixkaryana		caribe
ianomâmi	Yanomami	Ianoama, Xirianá, Yanomam	ianomâmi
iecuana	Yekuana	maiongongue, maquiritare, Maiongong, Ye'kuana, Yekwana	caribe
ingaricó	Ingarikó	Akawaio, capom, Kapon	caribe
macuxi	Makuxi	Macushi, Pemon	caribe
patamona	Patamona	Kapon	caribe
taurepangue	Taurepang	arecuna, jaricuna, Taulipang, Pemon	caribe
uaimiri-atroari	Waimiri	Kinã	caribe
uaiuai	Wai Wai	Waiwai, Karafawyana, Xereu, Katuena	caribe
uapixana	Wapixana	Uapitxana, Vapidiana, Wapisiana, Wapishana	aruaque

Santa Catarina

Povo	*Etnônimo*	*Outros nomes, grafias e/ou subgrupos*	*Família/língua*
caingangue	Kaingang		jê
guarani	Guarani	Ñandeva (Avakatueté, Chiripá), M'bya	tupi-guarani
xoclengue	Xokleng	aueicoma, Shokleng	

São Paulo

Povo	*Etnônimo*	*Outros nomes, grafias e/ou subgrupos*	*Família/língua*
guarani	Guarani	Ñandeva (Avakatueté, Chiripá), M'bya	tupi-guarani
caingangue	Kaingang		jê
crenaque	Krenak	Borun	crenaque
pancararu	Pankararu		português
terena	Terena		aruaque

Sergipe

Povo	*Etnônimo*	*Outros nomes, grafias e/ou subgrupos*	*Família/língua*
xocó	Xokó		português

Tocantins

Povo	*Etnônimo*	*Outros nomes, grafias e/ou subgrupos*	*Família/língua*
apinajé	Apinayé	Apinaié	jê
avá-canoeiro	Avá-Canoeiro		tupi-guarani
javaé	Javaé	carajá, Karajá	carajá
carajá	Karajá		carajá
craó	Krahô	craô, Kraô, Timbira	jê
xambioá	Xambioá	carajá do norte, Karajá do Norte	carajá
xerente	Xerente	Akwe, Awen, Akwen	jê

Cedido para utilização nesta edição. Reprodução proibida sem autorização do Instituto Socioambiental.